ENCYCLOPEDIANA,

O U

DICTIONNAIRE

ENCYCLOPÉDIQUE

DES ANA.

ENCYCLOPEDIANA,

OU

DICTIONNAIRE

ENCYCLOPÉDIQUE

DES ANA.

CONTENANT ce qu'on a pu recueillir de moins connu ou de plus curieux parmi les saillies de l'esprit, les écarts brillants de l'imagination, les petits faits de l'histoire générale et particulière, certains usages singuliers, les traits de mœurs & de caractères de la plupart des personnages illustres anciens & modernes ; les élans des ames fortes & généreuses, les actes de vertu, les attentats du vice, le délire des passions, les pensées les plus remarquables des philosophes, les dictums du peuple, les réparties ingénieuses, les anecdotes, épigrammes & bons mots ; enfin les singularités en quelque sorte des Sciences, des Arts, & de la Littérature.

> *Jucunda & idonea dicere vitæ.*
> HORAT. *de Arte poeticâ.*

A PARIS,

Chez PANCKOUCKE, Hôtel de Thou, rue des Poitevins.

M. DCC. XCI.

AVERTISSEMENT

DES ÉDITEURS.

L'*ENCYCLOPÉDIANA* eſt un ſupplément à l'Encyclopédie méthodique, dont elle fait une partie auſſi néceſſaire qu'agréable. Le mérite de cette collection conſiſtoit à renfermer dans un ſeul volume (de 964 pages *in-4°.*) ce que tous les ouvrages, connus ſous le titre d'*Ana*, & ce qu'un très-grand nombre de volumes de recueils fugitifs, de livres rares & ſinguliers, offrent de remarquable & de ſaillant dans les différentes parties des Sciences, des Arts, de l'Hiſtoire & de la Littérature. On s'eſt attaché principalement à faire connoître les hommes célèbres par les traits de mœurs & de caractères, & par les ſaillies d'humeur, & d'eſprit qui leur ſont échappés. Ils ſont peints dans cette nouvelle galerie, moins ſuivant le coſtume de leur repréſentation, que dans le négligé de leur vie privée.

On a ſur-tout eu l'attention de recueillir les penſées, les mots, les ſingularités, les ridicules, les formes, les traits qui peuvent convenir & s'approprier à des perſonnages mis en ſcène. L'ancienne Encyclopédie *in-folio* devant parcourir dans ſon immenſe projet le cercle entier de toutes les connoiſſances, n'avoit cependant qu'effleuré quelques-uns de ces objets que nous nous ſommes propoſés de completter tant dans cette *Encyclopédiana*, par rapport à la Littérature, que dans le Dictionnaire des amuſemens des ſciences mathématiques & phyſiques, des arts & de l'induſtrie, qui eſt actuellement ſous preſſe, & dont on a déjà publié les planches gravées. Il eût été sans doute possible de donner une grande extension à l'un & à l'autre de ces recueils; c'étoit même sous ce point de vûe que nous l'avions d'abord proposé à l'entrepreneur de l'Encyclopédie (1).

En effet, disions-nous, l'Encyclopédie méthodique ayant pour objet principal l'enseignement, comprend dans sa vaste étendue le domaine utile des sciences, des arts, de l'histoire, & des belles-lettres. L'*Encyclopédiana*, au contraire, ayant pour but l'amusement des lecteurs, doit présenter ces mêmes objets sous des formes toûjours agréables, variées & intéressantes. L'Encyclopédie méthodique pose les principes, elle établit les loix & les règles, elle donne les élémens & le développement des connoissances humaines; & dans sa marche didactique, elle procède avec la gravité qui convient à l'importance de sa doctrine & de ses préceptes. L'*Encyclopédiana*, plus rapide dans sa course, écarte tout ce que les sciences & les arts ont de sérieux, & ne prenant de toutes choses que la fleur & le plaisir, elle cherche à les répandre avec autant de légereté que de profusion. Cette partie de l'Encyclopédie moins profonde, moins lumineuse, moins savante que les autres, mais aussi plus vive, plus diversifiée, plus singulière, doit se montrer toujours sous des dehors séduisans. Enfin, l'*Encyclopédiana* fermera le cercle des connoissances, en

_____

(1) Il avoit été présenté à M. Panckoucke le projet d'environ quinze volumes in-4°. sous le titre d'*Encyclopédiana des sciences, des arts & de la littérature*: mais l'entrepreneur de l'Encyclopédie méthodique, qui réunit les lumières de l'homme de lettres à celles de l'habile négociant, a su calculer avec précision l'intérêt des Souscripteurs, & préscrire la juste étendue qu'il falloit donner à cette collection.

s'atttachant essentiellement à reprendre tout ce que les savans auteurs & éditeurs de l'Encyclopédie méthodique ont dû rejeter de leur plan. Cependant l'*Encyclopédiana* n'exclut point dans son exécution l'ordre & la méthode ; c'est au contraire en les observant qu'elle peut justifier son titre ; c'est en quelque sorte en repassant sur les traces de l'Encyclopédie méthodique, que l'*Encyclopédiana*, & ensuite le dictionnaire des amusemens des sciences & des arts, compléteront toutes les parties, & suppléeront à ce que l'Encyclopédie a été forcée d'omettre, de rejetter ou de négliger.

N. B. *Tous les mots de cette* Encyclopédiana *seront repris dans le Vocabulaire universel de l'Encyclopédie méthodique.*

A

A, première lettre de l'alphabet dans toutes les langues connues, l'éthiopique exceptée, où l'*a* est la treizieme lettre.

Il n'a point fait une panse d'a, expression familière pour désigner quelqu'un qui n'a point travaillé à un ouvrage qu'on lui attribue, ou qu'il devoit faire.

On dit d'un ignorant qu'il ne sait ni *a* ni *b*.

Ci-dessous gît M. l'abbé,
Qui ne savoit ni *a* ni *b*,
Dieu nous en doint bientôt un autre
Qui sache au moins sa patenôtre.
MÉNAGE.

Le peuple, pour louer un homme de mérite & d'honneur, dit qu'il est marqué à l'*a*.

Cette expression fait allusion aux monnoies, dont celles réputées de meilleur aloi, ou fabriquées dans la capitale, étoient marquées d'un *a*.

Ce caractère *a* forma, suivant l'histoire, un talisman favorable à Antiochus Soter, dans une bataille contre les gaulois. Ce prince vit en songe Alexandre, qui lui dit que s'il donnoit à son armée la tablette d'ordre en forme de pentalpha ou quintuple A, ce qui répond à un pentagone équilatéral, il seroit vainqueur. Antiochus Soter se conforma à l'avis qu'il eut en songe, & remporta en effet une grande victoire.

Les romains appelloient l'*a* la lettre salutaire ; voici pourquoi : lorsqu'il s'agissoit d'absoudre ou de condamner un accusé, on distribuoit à chaque Magistrat trois espèces de jettons, sur lesquels étoient gravées les lettres suivantes, *A* qui signifioit *absolvo*, j'absous ; sur un autre *C* qui vouloit dire, *condemno*, je condamne ; & sur le troisième *N L*, *non liquet*, le crime n'est pas prouvé.

A étoit encore à Rome une lettre de suffrage. Quand on proposoit une nouvelle loi, on distribuoit au peuple deux ballottes de bois, sur l'une étoit un *A* qui signifioit *antiquam volo*, je m'en tiens à l'ancienne loi ; & sur l'autre, *U R*, *uti rogas*, comme vous le proposez.

Dans une séance de l'académie françoise, M. de Voltaire parla du dictionnaire de l'académie, prétendant qu'il falloit le retoucher ; il partagea les lettres entre ses confrères, & prit pour lui l'*a*, comme la lettre la plus chargée (quelle activité à quatre-vingt-quatre ans !) « Messieurs, leur dit-il » en riant, je vous recommande l'entreprise au » nom de l'alphabet ».

Encyclopédiana.

AARON-RASHID. Le père de *Rashid* ayant démêlé ses talens, le déclara son successeur, au préjudice du droit de Musa son frère aîné ; mais à la mort du calife, *Rashid* respectant le droit de la nature, obligea tous les grands à prêter à son frère le serment de fidélité qu'ils lui devoient. Cet acte de générosité & de justice ne détruisit point la haine que le nouveau calife avoit contre *Rashid* ; & méprisant la loi qui assuroit le sceptre au plus âgé de la famille, il déclara son fils héritier du califat. Cette injustice scandalisa les zélés musulmans ; Musa crut devoir étouffer ces murmures dans le sang de son frère ; mais la mère des deux princes fit périr un fils indigne de vivre, pour conserver les jours du vertueux *Rashid*, qui fut proclamé calife l'an 786.

Des victoires signalées furent les premiers titres que le calife s'acquit à l'amour de ses sujets.

Après celle qu'il venoit de remporter sur l'empereur Nicéphore, le prince vaincu lui envoya de riches présens, entr'autres plusieurs épées de prix. Le calife les coupa avec son cimetere, en présence des ambassadeurs. Rapportez, dit-il, à votre maître ce que vous venez de voir, pour le convaincre que ces armes ne résisteront jamais aux miennes ; je pourrois encore lui faire don de mon cimetere ; mais il lui faudroit mon bras pour s'en servir.

Rashid fit neuf fois le pélerinage de la Mécque, avec une magnificence que ses successeurs ne purent égaler. Sa marche ressembloit à une pompe triomphale ; les peuples s'empressoient en foule sur son passage, les chemins étoient couverts de riches tapis, & la terre sembloit produire partout des parfums & des fleurs.

Charlemagne fut le seul prince de son temps dont il rechercha l'amitié. Il lui fit présent d'une horloge sonnante qui passa pour une merveille.

Un jour que ce calife marchoit à la tête de son armée, une femme vint se plaindre que des soldats avoient pillé son champ. N'as-tu pas lu dans l'alcoran, lui dit *Aaron*, que les princes désolent les lieux par où passe leur armée. J'ai lu aussi, répondit la femme, que les maisons des princes seront détruites à cause de leurs injustices. *Rashid* ne la désapprouva pas, & la fit indemniser. Ce prince mourut en 809, âgé de quarante-six ans, dont il avoit régné vingt-trois, avec gloire & avec équité.

ABAILARD. Pierre *Abailard* naquit à Palais, près de Nantes, en 1079, d'une famille noble.

A.

Il joignoit aux talens de l'homme de lettres les agrémens de l'homme aimable. Il fut perfécuté par S. Bernard, dont il avoit l'ambition d'être le rival ; mais le plus grand de tous fes malheurs fut d'abufer de la confiance du chanoine Fulbert, qui lui avoit confié l'éducation d'Héloïfe fa nièce., à peine fortie de l'enfance. L'innocente écolière prit également de l'amour pour l'étude & pour le maître qui la lui faifoit chérir.

> *Nullà reparabilis arte*
> *Læfa pudicitia eft.*

Abailard propofa d'époufer celle fur laquelle il avoit ufurpé les droits d'un époux légitime ; mais il exigeoit que le mariage fût tenu fecret, & que l'enfant déjà né fût élevé fous l'ombre du myftère. Le mariage fut célébré ; mais Fulbert croyant qu'il étoit de l'honneur de fa nièce, d'être connue pour époufe d'*Abailard*, publia leur union. *Abailard* détermina la tendre Héloïfe à fe retirer pour quelque temps au couvent d'Argenteuil. Fulbert alors, croyant qu'il vouloit la forcer d'être religieufe, pour s'en débarraffer, conçut le projet d'une horrible vengeance. Il apofta des hommes armés qui dégraderent *Abailard* de la dignité d'homme. Ce malheureux docteur alla cacher fa honte dans le monaftère de Saint-Denis en France, où il fe fit religieux. Son amante défefpérée prit le voile à Argenteuil, d'où elle fortit pour aller au Paraclet, près Nogent-fur-Seine, où fon amant avoit fait bâtir un oratoire. Après bien des traverfes, *Abailard* mourut au monaftère Saint-Marcel, âgé de foixante-trois ans. Ses cendres furent dépofées au Paraclet, où Héloïfe les avoit fait tranfporter.

ABANDON (*dans le ftyle*). « Quand un efprit » jufte & plein de chaleur, dit Voltaire, poffède » bien fa penfée, elle fort de fon cerveau tout » ornée des expreffions convenables, comme Mi- » nerve fortit tout armée du cerveau de Ju- » piter ».

Après cette heureufe définition, le pere de la Henriade fournira un des plus beaux exemples qu'on puiffe choifir de l'*abandon dans le ftyle*.

Pour les cœurs corrompus l'amitié n'eft point faite ;
O tranquille amitié, félicité parfaite,
Seul mouvement de l'ame où l'excès foit permis,
Corrige les défauts qu'en moi le ciel a mis ;
Compagne de mes pas dans toutes mes demeures,
Et dans tous les états, & dans toutes les heures.
Sans toi tout l'homme eft feul, il peut par ton appui
Multiplier fon être & vivre dans autrui.
Amitié, don du ciel, & paffion du fage ;
Amitié, que ton nom couronne cet ouvrage,
Qu'il préfide en mes vers comme il règne en mon cœur.

Qu'on fe rappelle encore ce beau trait de l'*abandon dans le ftyle*, tiré de l'oraifon funèbre de M. le Tellier, chancelier de France, par Boffuet.

« Ne dites pas à ce zélé magiftrat qu'il travaille » plus que fon grand âge ne le peut fouffrir ; vous » irriteriez le plus patient des hommes. Eft-on, » difoit-il, dans les places pour fe repofer & » pour vivre ? Ne doit-on pas fa vie à Dieu, au » prince & à l'état ? Sacrés autels, vous m'êtes » témoins que ce n'eft pas aujourd'hui par ces ar- » tificieufes fictions de l'éloquence, que je lui mets » en la bouche ces fortes paroles ! Sache la pofté- » rité, fi le nom d'un fi grand miniftre fait aller » mon difcours jufqu'à elle, que j'ai moi-même » entendu ces faintes réponfes ».

ABBANCAS, philofophe ancien, qui, au rapport de Lucien, laiffa périr dans les flammes fa femme & fes deux enfans pour fauver fon ami : on lui demanda la raifon de cette préférence, *c'eft*, dit-il, *qu'il eft plus difficile d'avoir un ami qu'une femme & des enfans.*

ABBAYES. Un plaifant raifonnoit ainfi : « Au- » trefois l'églife ne connoiffoit que le *vocatif*, » c'étoit la vocation pure & fincère qui en ouvroit » la porte : mais à préfent on décline tous les cas. » Les nominations attachées à certaines abbayes » royales, ou accordées par les concordats & les » indults, font le *nominatif* ; les réfignations ou » collations, qui n'ont en vue que l'intérêt du fang » & l'avancement de fes proches, font le *génitif* ; » la fimonie a le *datif* pour elle : comme l'*accafatif* » eft le partage du dévolut ; & l'*ablatif*, c'eft quand » par violence, par procès injuftes, ou par féduc- » tions, on arrache un bénéfice au véritable titu- » laire ».

Le père de Hugues-Capet n'étoit riche que par fes *abbayes*, on l'appelloit *Hugues abbé*.

Ogine, mère de Louis-d'Outremer, poffédoit l'*abbaye* de Sainte-Marie de Laon, que le Roi donna enfuite à fa femme Gerberge.

La princeffe de Conti, fous le règne de Louis XIV, avoit poffédé l'*abbaye* de Saint-Denis.

ABBÉ. C'eft, dans le fens propre, le poffeffeur d'une abbaye ; & dans un fens général tout homme qui porte un habit eccléfiaftique.

On l'attend comme les moines font l'abbé, façon de parler proverbiale pour dire qu'on dîne toujours en attendant.

Faute d'un moine, on ne laiffe pas de faire un abbé ; autre expreffion proverbiale qui fignifie qu'on ne laiffe pas de délibérer, ou de conclure une affaire en l'abfence, ou malgré l'oppofition de quelqu'un.

Le moine répond comme l'abbé chante, ce qui signifie que les inférieurs ne font pas toujours du même avis que leurs supérieurs.

Abbé de Sainte-Espérance, se dit d'un abbé qui attend un bénéfice.

Jouer à l'abbé, c'est s'amuser d'une sorte de jeu où l'on doit imiter tout ce que fait celui qu'on nomme l'*abbé*.

Un jeune abbé est, dans le ton du monde, un jeune homme qui sait s'adoucir les yeux, montrer ses dents, rendre sa bouche petite, avoir la main douce & potelée, marcher légérement, faire un petit conte agréablement : joignez à cela une certaine idée de volupté & de délicatesse, de la gaieté, de l'esprit, de la galanterie, & vous aurez son portrait.

L'*abbé* de Cosnac ayant été nommé à l'évêché de Valence, vint trouver l'archevêque de Paris, afin de prendre jour pour son sacre. « Êtes-vous » prêtre, lui demanda l'archevêque ? Non, dit » l'*abbé*.... Vous êtes donc diacre ?... Encore » moins. C'est-à-dire, continua l'archevêque, » que vous n'êtes que sous-diacre. Point du tout, » répliqua l'*abbé*.... Je n'ose pas vous interroger » davantage ; j'appréhende que vous ne soyez pas » baptisé ». Ce qu'il y avoit de certain, c'est que l'*abbé* de Cosnac n'avoit pas même la tonsure.

On demandoit à un jeune *abbé* s'il n'avoit point de bénéfice, il répondit que non : j'en avois un, dit-il, que mon pere avoit acheté, on lui a dit que c'étoit une simonie, il l'a revendu.

Un *abbé* qui assistoit à la première représentation de la tragédie de Brutus, s'étoit placé sur le devant d'une loge, quoiqu'il y eût des dames derrière lui. Il fut apostrophé par le parterre, qui lui cria à plusieurs reprises *place aux dames*, *à bas la calotte*. L'*abbé* impatient de ces clameurs, prend sa calotte & la jette au parterre : *tiens, la voilà, parterre, tu la mérites bien*. Ce mot fut trouvé heureux & applaudi. On laissa l'*abbé* tranquille.

Un jeune *abbé* qui avoit toutes les graces de son âge, figure agréable, propos galans, l'air confiant avec les femmes, & qui possédoit sur-tout l'art de chanter divinement, sollicitoit un bénéfice chez l'évêque de Mirepoix, chargé de la distribution des graces. C'étoit un jour d'audience. Le prélat expédia tout le monde avant lui. Sur le point de rentrer dans son cabinet, il dit : « Monsieur l'*abbé*, des bénéfices, n'est-ce pas » ? Celui-ci baissant les yeux avec la timidité d'un séminariste, marmottoit un *oui*... Alors l'Evêque qui le connoissoit bien, se met à lui chanter ou à lui dire pour toute réponse :

Quand on sait aimer & plaire
A-t-on besoin d'autre bien ? &c.

Un *abbé* le Sueur fut visiter Voltaire à titre d'homme de lettre. « Monsieur l'*abbé*, lui dit » l'auteur de la Henriade : vous avez un beau » nom en peinture ».

Un *abbé*, appelé *Mouton*, fit assigner différentes personnes pour reconnoître les redevances dues à son abbaye. Un villageois vint le trouver, & lui demanda pourquoi il en agissoit ainsi ? *C'est*, dit l'*abbé*, *pour me défendre du loup*. Cette réponse offensa le paysan, qui répartit : *plût à Dieu que le loup vous eût mangé étant agneau, & que vous ne fussiez jamais venu mouton dans notre pays*.

Un *abbé* qui jouissoit de plusieurs bénéfices, disputoit contre un légat du pape, & lui soutenoit l'autorité du concile au-dessus du souverain pontife. Ou n'ayez qu'un bénéfice, lui répondit spirituellement le légat, ou croyez à l'autorité du pape.

Un ecclésiastique qui n'avoit pas toujours tenu une conduite exemplaire, sollicitoit le régent de lui accorder une abbaye. Le duc d'Orléans, fatigué enfin des demandes de cet *abbé*, lui dit un jour, pour s'en défaire : « Je vous conseille, Monsieur, » puisque vous voulez absolument une abbaye, » d'en fonder une, ce n'est qu'à ce titre que vous » pourrez être satisfait ».

Un *abbé* de qualité se présenta avec des cheveux un peu longs devant son évêque, qui étoit fils d'un chirurgien du roi ; le prélat lui fit une mercuriale très-vive sur l'indécence de tels cheveux dans un ecclésiastique. L'*abbé* piqué sortit une paire de ciseaux de sa poche, & la présentant à son évêque : Monseigneur, lui dit-il, je ne sais point précisément la forme que doivent avoir mes cheveux, comme vous êtes fils de maître, voudriez-vous bien me les marquer. Cette saillie étoit déplacée ; l'*abbé* ne devoit point manquer de respect à son évêque ; aussi fut-il relégué dans un séminaire pour quelque temps.

Un jeune *abbé* à qui on pouvoit reprocher une prononciation affectée, & des gestes maniérés, prêchoit dans une ville de province ; s'étant trouvé le lendemain chez le président de la jurisdiction, il se plaignit de ce que les officiers de cette jurisdiction avoient quitté son sermon pour aller à la comédie. Ces gens, répondit le président, sont de mauvais goût, de vous quitter pour des comédiens de campagne.

Un auteur tout plein d'esprit, connu par des couplets charmans, mais d'un caractère sans doute trop insouciant, en un mot, l'*abbé* de l'At... vivoit aujourd'hui dans la compagnie la plus choisie, & se trouvant demain dans la plus mauvaise. Une femme aimable, qui vouloit le corriger de cet humiliant abandon, prit sur elle de lui dire un jour : « Mon cher *abbé*, j'ai le plus grand plaisir à vous » recevoir, mais quelquefois, je suis fâchée de

» ne pouvoir pas vous faluer quand je vous ren-
» contre ». « Que voulez-vous, madame, répondit
» naïvement l'abbé ; j'allume mon flambeau au fo-
» leil & je l'éteins dans la boue ».

L'abbé de... qui étoit fujet, faute de mémoire,
à refter court en chaire, venoit de fe faire peindre.
On trouva le portrait fort reffemblant, & quelqu'un dit : Il n'y manque que la parole. Ne voyez-
vous pas, repartit auffi-tôt un railleur, que
M. l'abbé eft repréfenté prêchant ?

Dans un chapitre de province, un jeune abbé
fut tenté de fe déguifer un foir pour aller au bal,
& fut affez foible pour fuccomber à la tentation.
Tous les chanoines en furent inftruits, & délibé-
rèrent fur la peine qu'ils devoient infliger au coupable. Ils s'en remirent après de longs débats, à
la décifion de leur doyen. « Meffieurs, dit-il à
» fes confrères : remettons-lui ces petites efca-
» pades, il s'en laffera comme nous ».

Un abbé fut mis à la baftille pour avoir paru long-
temps dans le monde fous des habits de femme.
Quelques avantures d'éclat le trahirent, & la cour
informée de fa conduite, le fit enfermer. Il s'occupoit dans fa prifon à faire des vers malins, &
le plus fouvent contre les perfonnes les plus ref-
pectables. Un de fes amis l'étant allé voir, lui
demanda à quoi il paffoit le temps ? A compofer
des chanfons, lui répondit le prifonnier, cela
m'amufe. Voulez-vous que je vous en dife une
que je fis hier. En même temps il lui chanta quelques couplets, que fon ami trouva fi hardis qu'il
lui dit : Es-tu fou, mon cher abbé, de compofer
de pareilles chanfons ? Crois-moi, change d'amufement ; car tu pourrois bien t'en repentir.... Fi
donc, interrompit l'abbé, tu n'y penfes pas. Qu'ai-je
à craindre ? Ne fuis-je pas payé d'avance.

Le roi François I jouant un jour à la paume
avec un abbé, fut tellement piqué d'un coup de
renvoi, qu'il s'écria, dans fon impatience : L'abbé,
je te donne à tous les diables ; & moi, fire, je
vous donne à tous mes moines, qui font bien
d'autres compagnons.

L'abbé Brigalier avoit infructueufement dépenfé
beaucoup d'argent pour être initié dans les myftères de la magie ; condamné à refter dans fon
ignorance, il prétendit à force d'adreffe au moins
paffer pour magicien. Un jour une dame de la cour
qui le croyoit fort habile, ayant acheté une pièce
d'étoffe rouge pour une verte, s'adreffa à lui, afin
qu'il la changeât en la couleur qu'elle défiroit. Le
changement fe fit fous les yeux de la dame, qui
ne s'apperçut pas de la fubftitution d'une autre
pièce d'étoffe, & qui par fes éloges commença la
réputation de l'abbé.

Mademoifelle de Montauban, dont cet abbé étoit
aumonier, fe plaifoit à tous fes tours, & en parloit férieufement au comte des Chapelles, homme

de beaucoup d'efprit, & très-peu crédule, qui,
avant que de croire, demandoit à voir. L'abbé fe
défendoit d'opérer, ce qu'il appelloit modeftement
fes merveilles, par rapport à l'interdiction dont il
étoit menacé de la part de fon archevêque. Cette
excufe en effet très-valable, piqua la curiofité du
comte, qui promit le fecret le plus inviolable.
L'abbé, d'accord avec mademoifelle de Montauban
pour tromper le comte, n'oppofoit plus qu'une
foible réfiftance, lorfqu'une jeune demoifelle, auffi
du complot, entra dans la chambre toute en pleurs,
& à travers fes fanglots, proféra : mademoifelle,
je fuis défefpérée, mon petit oifeau vient de mourir.
Eh bien, répondit mademoifelle de Montauban ;
il n'eft pas queftion de pleurer ; ne voilà-t-il pas
monfieur l'abbé qui le reffufcitera ? Il a déjà fait
des chofes auffi furprenantes. N'a-t-il pas l'autre
jour changé un poulet en un coq d'inde ?

L'abbé Brigalier dit formellement qu'il n'en feroit rien ; & puis, ajouta-t-il, eft-ce qu'il eft
poffible de reffufciter un oifeau qui eft mort. Preffé
cependant par les deux dames, il promit de les contenter, & demanda une urne pareille à celles où
les anciens confervoient les cendres des morts, &
comme il ne s'en trouva pas, il fe fervit d'une boîte
de confitures, après l'avoir fait fcrupuleufement
examiner par le comte des Chapelles. L'oifeau mort
fut placé dans la boîte, qui liée avec un ruban noir,
fut placée dans un petit tour qui répondoit dans
un couvent de religieufes avec lequel mademoifelle
de Montauban avoit communication par fa chambre.
On tourna le tour du côté des nones, qui,
d'intelligence, fubftituèrent une pareille boîte où
il y avoit un oifeau vivant, & renvoyèrent l'ouverture du tour du côté de mademoifelle de Montauban. L'abbé marmota quelques paroles, fit plufieurs fignes, ouvrit la boîte, & au grand étonnement du comte, en laiffa envoler le petit oifeau.
Dès le foir même on fit au fouper du roi l'hiftoire
de la réfurrection du moineau, & le comte des
Chapelles attefta qu'il en avoit été le témoin.

Le même abbé Brigalier étant à Lyon, avoit
promis à plufieurs dames & des cavaliers de leur
faire voir le diable. Embarraffé pour tenir fa promeffe, il rencontra un petit gueux, qu'il emmena
chez lui, & l'ayant habillé grotefquement, il le
plaça derrière un tableau qui repréfentoit le diable.
La compagnie arrive, fe place, l'abbé commence
fes grotefques cérémonies, & lorfque la crainte
commence à s'emparer des vifages, le petit diable
pouffe le tableau, faute à travers le quadre, fait
quelques tours dans la chambre & fe fauve à la
faveur d'une tapifferie par une porte dérobée. Long-
temps les fpectateurs ont cru avoir vu le diable,
& tout Lyon affuroit alors que l'abbé Brigalier avoit
un commerce intime avec le diable.

ABBESSE. Une abbeffe étant curieufe de voir
madame la Palatine de Bavière, abbeffe de Mau-

buiſſon, mais inquiète ſur la préſéance & le rang, lui fit demander ſi la droite lui ſeroit donnée. *Depuis que je ſuis religieuſe*, dit madame la Palatine, *je ne connois ni la droite ni la gauche que pour faire le ſigne de la croix.*

A. B. C. ou *abécé*; c'eſt le livret contenant la combinaiſon des lettres de l'alphabet pour apprendre à lire.

C'eſt, dans un autre ſens, tout commencement ou les premiers élémens d'une ſcience, d'une affaire.

Remettre quelqu'un à l'a b c; c'eſt l'obliger à recommencer de nouveau ce qu'il a mal fait.

Renvoyer une perſonne *à l'a b c*; c'eſt la traiter d'ignorante.

On a dit que *l'a b c* eſt la ſcience de bien des gens qui s'en croient davantage.

Un prince ayant choiſi pour ſon bibliothécaire un homme qui ſavoit à peine ſon *a. b. c.* : *C'eſt,* dit une femme de qualité, *le ſeroit du grand ſeigneur qu'on a donné à garder à un eunuque.*

ABCÈS. Un cardinal étoit réduit preſqu'à l'extrémité par un *abcès* à la gorge qu'on ne pouvoit crever. Un ſinge qui étoit dans ſa chambre ſe ſaiſit de ſa calotte rouge qu'il mit ſur ſa tête, & ſe préſenta ainſi coeffé devant le cardinal, qui fit un ſi grand éclat de rire que l'*abcès* creva & qu'il guérit.

On raconte la même guériſon d'Eraſme; il prit tant de plaiſir à la lecture des lettres connues ſous le titre *Epiſtola obſcurorum virorum* qu'un rire fou lui prit & lui fit crever un *abcès* fort dangereux qu'il avoit au viſage. Bayle dit, à cette occaſion, que c'eſt une des preuves du profit qu'on peut tirer de la lecture.

ABDALLA, juriſconſulte muſulman du VIIe ſiècle; il diſoit qu'un docteur devoit laiſſer à ſes diſciples quelque point de la loi à éclaircir, & qu'il devoit ſouvent répondre *je ne ſuis point.*

ABDALMALEK. Le calife *Abdalmalek*, fils de Mahomet, étendit ſon empire vers le midi, en ſe rendant maître de la Mecque, où *Abdalla* fils de Zobair, s'étoit cantonné, & défit enſuite Maſaab, frère du même *Abdalla.* Il étoit dans le château de Coufa, lorſqu'on lui apporta la tête de Maſaab, qui avoit été défait & tué par ſes troupes. Un de ceux qui étoient près de ſa perſonne, lui dit alors : « Je fais maintenant réflexion à une aventure qui me paroît fort ſingulière; c'eſt que j'ai vu apporter dans ce même château la tête d'Houſſain, fils d'Ali, à Obcidallah qui l'avoit défait; celle d'Obcidallah à Mokhtar ſon vainqueur; celle de Mokhtar à Maſaab, & celle de Maſaab qu'on vous pré-

ſente maintenant ». Abdalmalek fut auſſi ſurpris que troublé de ce diſcours, & commanda ſur l'heure même que l'on démolît ce château pour en détourner le mauvais augure.

ABDICATION. Les *abdications* volontaires les plus célèbres dans l'hiſtoire moderne, ſont celles de l'empereur Charles-Quint, de Chriſtine, reine de Suède, de Philippe V, roi d'Eſpagne, & de Victor Amédée II, roi de Sardaigne.

Lorſque Charles-Quint fit *abdication* de la couronne d'Eſpagne en faveur de Philippe II. « Mon » fils, lui dit l'empereur, je fais aujourd'hui une » action dont l'antiquité fournit peu d'exemples, » je ne compte pas avoir dans la ſuite beaucoup » d'imitateurs ».

Dans ce moment Charles-Quint ne prévoyoit pas qu'il ſe repentiroit de cette action, avant la fin de l'année; c'eſt ce qui lui arriva.

ABDOLONIME. *Abdolonime*, deſcendant fort éloigné des anciens rois de Sidon, avoit preſqu'oublié la nobleſſe de ſon origine qu'il vivoit ignoré, & cultivoit ſon champ pour fournir à ſa ſubſiſtance. Après la défaite de Straton, Alexandre-le-Grand avoit confié à Epheſtion le ſoin de donner à Sidon un nouveau ſouverain. Deux ſidoniens après avoir refuſé la couronne, vinrent trouver *Abdolonime* dans ſa retraite; dépouillez, lui dirent-ils, ces vêtemens vils & groſſiers; c'eſt vous qu'on a choiſi pour roi de Sidon; n'oubliez jamais que c'eſt votre indigence vertueuſe qui vous a placé ſur le trône. Alexandre fit paroître le nouveau ſouverain chargé des marques de ſa dignité. Je voudrois bien ſavoir, lui dit-il, comment vous avez ſupporté la pauvreté? Plût aux dieux, lui répondit *Abdolonime*, que je puiſſe porter la couronne avec autant de force que j'ai ſupporté la miſère : mon induſtrie laborieuſe a fourni à tous mes beſoins; &, tant que je n'ai rien poſſédé, j'ai trouvé l'abondance dans la modération de mes deſirs.

L'hiſtoire garde le ſilence ſur la manière dont *Abdolonime* régna ſur ſes ſujets.

ABEILLE. (Gaſpard), né à Riez en Provence en 1648, mort à Paris en 1718. Cet abbé compoſa des tragédies, des comédies, & des opéra, des odes, des épîtres, mais rien n'eſt reſté de ſes ouvrages que ce vers qu'une princeſſe diſoit à une autre, dans la tragédie d'Argélie.

Vous ſouvient-il, ma ſœur, du feu roi notre père?

Comme l'actrice héſitoit à répliquer, il s'éleva une voix du parterre qui répondit pour elle :

Ma foi, s'il m'en ſouvient, il ne m'en ſouvient guère.

On en peut dire autant de toutes ſes pièces. Le principal talent de l'abbé *Abeille* étoit d'amuſer ſes amis, & les grands seigneurs de son temps, par le rôle de farceur qu'il joüoit dans leur société, & par des grimaces & des gestes comiques dont il accompagnoit ses contes & ses récits. Il avoit l'avantage d'être fort laid ; ce qui secondoit merveilleusement sa pantomime. On voit encore dans la bonne compagnie des gens faire rire aux larmes en contrefaisant les singes, les vieilles femmes du peuple, les ivrognes, & tout ce qu'on ne peut voir dans le naturel, sans une sorte de dégoût; ce qui est sans doute fort divertissant. Au reste c'est un moyen de parvenir. L'abbé *Abeille* eut un riche prieuré; il fut de l'académie françoise, & vécut dans la familiarité du maréchal de Luxembourg, du prince de Conti, du duc de Vendôme, &c.

ABEILLES. Les mœurs, l'industrie, l'intelligence des *abeilles* ont excité, de tout temps, l'admiration des hommes; les anciens croyoient qu'il y avoit en elles un rayon de la divinité; & ce qu'ils en ont dit paroîtroit incroyable, si ces merveilles ne se renouvelloient journellement sous nos yeux.

Le trait suivant prouve qu'elles sont susceptibles de reconnoissance.

Une femme de distinction, déjà avancée en âge, vivoit sur un petit bien aux environs de Nantes. Elle y passoit toute la belle saison, & revenoit ensuite à la ville. Cette dame aimoit beaucoup les *abeilles*; elle en avoit une très-grande quantité, & prenoit un plaisir infini à leur procurer toutes les petites douceurs propres à ces insectes. Dans les derniers jours de mai, une maladie la fit retourner à Nantes, où peu après elle mourut. Toutes les *abeilles*, par un instinct inconcevable, se sont rassemblées sur son cerceuil qu'elles n'ont abandonné qu'au moment de l'inhumation. Un voisin de la dame, s'étant apperçu de l'arrivée de cet essaim, a eu quelque doute, & s'est rendu promptement à la campagne, où il a trouvé en effet les ruches entièrement désertes.

Les papiers anglois de 1766, offrent un trait frappant de leur intelligence.

M. Wildman de Plimouth s'est présenté à sa société des arts avec trois essaims d'*abeilles*, qu'il avoit apportés avec lui, partie sur son visage & sur ses épaules, & partie dans ses poches. Il fit mettre les ruches de ces *abeilles* dans une chambre voisine de l'assemblée; il donna un coup de sifflet, & à ce signal les mouches le quittèrent toutes, & allèrent dans leurs ruches; à un autre coup de sifflet elles revinrent reprendre leur poste sur la personne, & dans les poches de leur maître. Il eut exercice fut réitéré plusieurs fois, sans qu'aucun des spectateurs ait reçu la moindre piquure. La société d'agriculture, qui n'accorde des prix qu'à des découvertes utiles, a cru devoir, pour la singularité de la chose, en donner à M. Wildman.

Ces *abeilles* sont d'un bon produit, & le temps qu'on leur donne est bien utilement employé.

Un évêque faisant la visite de son diocèse, alla demander à dîner à un curé à portion congrue, & lui recommanda d'épargner la dépense. Le curé promit, mais ne tint pas sa promesse, car il donna un repas splendide à monseigneur. Sa grandeur ne put revenir de sa surprise, & fit des reproches au curé, lui représentant qu'il étoit fou de tant se constituer en frais, que sa portion congrue ne lui permettoit pas, & qu'il alloit la manger en un jour. Monseigneur, que votre grandeur veuille bien ne pas en être inquiète; tout ce qu'elle voit ne prend rien sur le revenu de ma cure que je donne tout entier aux pauvres. Mais vous avez donc du bien de patrimoine ? Non, monseigneur. C'est inconcevable; comment faites-vous donc ? J'ai ici un couvent de jeunes pucelles qui ont soin de moi, & ne me laissent manquer de rien. Quoi! vous avez un couvent? je n'en connois point en ce lieu. Tout cela est très-singulier & même suspect, monsieur le curé. Monseigneur, vous voulez rire. Mais, quoi? Je veux savoir cette énigme, voir ce couvent, absolument je veux le voir. Après dîner, votre grandeur le verra, & elle en sera contente.

Effectivement, après le dîner, le curé conduisit le prélat dans un vaste enclos, couvert de paniers de mouches à miel, & lui dit, monseigneur, voilà le petit couvent qui nous a donné à dîner: il me procure tous les ans 1800 liv. avec lesquelles je vis & reçois bien les honnêtes gens qui me viennent voir. Qu'on juge de l'étonnement & de la satisfaction de l'évêque! Quelque temps après, de retour dans son palais, plusieurs curés à portion congrue allèrent lui faire la cour pour obtenir de meilleures cures; il leur cita l'exemple du curé, en s'écriant : *ayez des mouches, ayez des mouches*.

Leur police admirable est bien agréablement décrite dans ces vers de madame des Houlières.

Quels états sont mieux policés
Que l'est une ruche d'*abeilles*?
C'est-là que les abus ne se font point glissés,
Et que les volontés en tout temps sont pareilles.
De leur roi qui les aime, elles sont le soutien :
On sent leur aiguillon dès qu'on cherche à leur nuire.
Pour les châtier, il n'a rien ;
Il n'est roi que pour les conduire,
Et que pour leur faire du bien.

Les *abeilles* passoient chez les anciens pour les nourrices de Jupiter, sur ce qu'on en avoit trouvé des ruches dans l'antre de Dicté où Jupiter avoit été nourri.

Le roi Alphonse assiégeant une ville nommée

Vicaro, repouffa les habitans jufqu'au château. Ceux-ci y ayant trouvé plufieurs ruches de
mouches à miel, les jettèrent fur les affiégeans ;
de telle forte que ces *abeilles* irritées de la rupture
de leurs maifons, les firent retirer par ce coup,
avec autant de précipitation, que fi les affiégés
avoient fait une fortie de trois ou quatre mille
hommes.

Les *abeilles*, comme on voit, font fufceptibles
de haine & de vengeance.

J'ai vu, dit Voltaire, des *abeilles* très-tranquilles
aller pendant fix mois travailler dans un pré voifin
couvert de fleurs qui leur convenoient. On vint
faucher le pré; elles fortirent en fureur de la ruche,
fondirent fur les faucheurs qui leur voloient leur
bien, & les mirent en fuite.

Voici des vers que ce grand poëte a traduits
d'une fable angloife.

    Les *abeilles* autrefois
    Parurent bien gouvernées,
    Et leurs travaux & leurs rois
    Les rendirent fortunées.
    Quelques avides bourdons
    Dans les ruches fe glifsèrent.
    Ces bourdons ne travaillèrent,
    Mais ils firent des fermons.
    Ils dirent dans leur langage :
    Nous vous promettons le ciel,
    Accordez-nous en partage
    Votre cire & votre miel.
    Les *abeilles* qui les crurent
    Sentirent bientôt la faim ;
    Les plus fottes en moururent.
    Le roi d'un nouvel effaim
    Les fecourut à la fin.
    Tous les efprits s'éclairèrent,
    Ils font tous défabufés ;
    Les bourdons font écrafés,
    Et les *abeilles* profpèrent.

ABELERÈS ; nom qu'on donne aux filles de
joie dans cette partie de l'Afrique appellée la *Côte
d'or*. Elles font fi néceffaires au peuple que les
magiftrats ont foin qu'elles ne lui manquent pas ;
les *Kabchirs* ou les femmes mariées ne font même
en fûreté qu'autant que les *abelerès* font en nombre
fuffifant.

La plupart des femmes de diftinction dans le
royaume de Juidu, quand elles font au lit de la
mort, achètent de jolies efclaves pour être *abelerès* dans tel canton. Cette libéralité paffe dans
ce pays pour une action pieufe qui aura récompenfe dans l'autre monde.

ABLANCOURT (Nicolas Perrot d') né en
1606, mort en 1664.

Il voulut toujours n'être que traducteur. Il y a
affez de bons livres anciens, difoit-il, il vaut mieux
les traduire que d'en faire de nouveaux. Mais
fes traductions, quoique élégantes, ne font pas
bien exactes, on les appelloit *les belles infidèles*.
On a dit dans fon épitaphe :

    Dans fes fameux écrits toute la France admire
    Des grecs & des romains les précieux tréfors,
      A fon trépas on ne peut dire
    Qui perd le plus des vivans ou des morts.

ABLUTION. C'étoit chez les anciens une
cérémonie religieufe qu'ils avoient vraifemblablement imitée des juifs ; car on lit dans l'écriture-
fainte que Salomon plaça à l'entrée du temple du
vrai Dieu un grand vafe appellé, *la mer d'airain*, où
les prêtres felavoient avant que d'offrir le facrifice,
après avoir fanctifié l'eau en y jettant les cendres
de la victime immolée. C'eft fans doute auffi l'origine des bénitiers qui font aujourd'hui dans toutes
nos églifes.

Les Mahométans font affujettis à de fréquentes
ablutions, ils ont pour cet effet des fontaines
dans les parvis de toutes les mofquées.

ABONDANCE. Les anciens avoient divinifé
l'abondance ; ils la repréfentoient fous la figure
d'une femme de bonne mine, couronnée de guirlandes de fleurs ; verfant d'une corne qu'elle tient
de la main droite toutes fortes de fruits ; & répandant à terre de la main gauche des grains qui fe
détachent d'un faifceau d'épis. Dans quelques
endroits elle porte deux cornes au lieu d'une.

L'*abondance*, dépouillée de fes attributs divins,
confifte dans la facilité de fatisfaire tous nos defirs.

    L'*abondance* nous fait ignorer les befoins ;
    Où le befoin n'eft pas les defirs ne font guère ;
    Les defirs moins ardens font que l'on goûte moins
      La douceur de les fatisfaire.

ABOU-JOSEPH ; célèbre docteur mufulman,
interrogé fur une queftion difficile qui étoit de fon
reffort, répondit naïvement qu'il n'en favoit rien.
Mais, lui dit-on, le calife vous paie pour votre
favoir. Oui, fans doute, répliqua le docteur, *pour
ce que je fais ; car pour ce que je ne fais pas, fes
tréfors ne feroient pas fuffifans*.

ABRÉVIATIONS. Les *abréviations* font des
lettres initiales, ou quelqu'autre caractère dont on
fe fert en différentes occafions pour exprimer ou
rappeller à l'efprit un fens plus étendu. Par exemple, D. O. M. pour *Deo optimo maximo* ; ou bien
D. V. C. pour *dicavit, vovet, confeerat* ; S. D.
pour *falutem dicit*, & autres femblables. L'étude
des *abréviations* eft affez confidérable ; mais on ne
peut fe difpenfer de connoître les plus ufitées.

autrement on est exposé à faire comme celui qui voyant M. T. *Ciceronis opera*, traduisoit *opera de Monsieur Thomas Ciceron*. Cette ignorance nous rappelle la piété aveugle d'une bonne femme, qui, en finissant son action de grace, adressoit au ciel avec ferveur ces mots qui se trouvoient à la fin son livre de prières, *ex typis viduæ Vincent, viâ Jacobeâ M. DCC. LXXVI.* & croyoit dire une oraison fort agréable au seigneur.

A. E. I. O. U. Charles-Quint avoit pris, par abréviation, ces cinq voyelles pour devise, dont le sens est :

Austriacorum Est Imperare Orbi Universo.

On donna à Lully un prologue d'opéra que l'on trouvoit excellent : la personne qui le lui présenta, pria ce musicien de vouloir bien l'examiner devant elle. Lorsque Lully fut au bout, la personne lui demanda s'il n'y trouvoit rien à redire : *Je n'y trouve qu'une abréviation à faire*, répondit-il, *c'est qu'au lieu qu'il y a fin du prologue, il devoit y avoir fi du prologue.*

ABSENCE. C'est pour un amant que l'absence de l'objet chéri est un tourment cruel.

L'attente d'un retour ardemment desiré
Donne à tous les instans une longueur extrême,
    Et l'*absence* de ce qu'on aime
Quelque peu qu'elle dure a trop long-temps duré.
                MOLIERE.

Pour un mari l'*absence* est dangereuse.

Un jeune homme, époux d'une Agnès,
Contraint d'aller aux champs, la pria d'être honnête :
Si quelqu'autre que moi jouit de tes attraits,
Il me viendra, dit-il, des cornes à la tête.
    Des cornes! Que dites-vous là ?
     Revenez comme vous voilà,
     J'aime bien mieux être fidelle.
Il part ; à son retour qu'elle trouva trop prompt,
    Ne lui voyant rien sur le front,
    Que vous êtes menteur, dit-elle,
                BOURSAULT.

ABOYEUR. On appelle ainsi un homme hargneux qui fait plus de bruit que de mal.

Il y a des gens dans Paris qui méritent bien le titre d'*aboyeurs* qu'on leur donne. On les trouve dans certaines sociétés, aux promenades, dans les cafés, aux spectacles. Là ils décident des talens, s'échauffent pour ou contre tel livre, tel artiste ou tel acteur. Ils sont les instrumens des haines cachées & des intrigues fameliques.

Il y a un peu plus de quarante ans qu'un nommé M. D.... tenoit ses assises dans quib. salleu du

café de Procope, vis-à-vis de l'ancien théâtre françois. Là ce fameux *aboyeur* déchiroit à belles dents les pieces nouvelles & les talens des acteurs qui les représentoient. Les comédiens délibérérent sur le moyen de fermer la bouche à ce terrible antagoniste, & se déterminérent à lui offrir son entrée *gratis*, pendant tout le cours de l'année. « Je » suis, Messieurs, leur répondit-il, on ne peut » pas plus sensible à votre honnêteté ; mais en » acceptant votre offre, il faudroit me taire ou » vous louer, & j'aime mieux conserver le droit » de dire mon sentiment ».

ABUS. Il y a douze *abus* dans le monde, dit un auteur italien : un sage sans les œuvres, un vieillard sans religion, un jeune homme sans docilité, un riche sans charité, une dame sans pudeur, un religieux sans christianisme, un pauvre sans humilité, un évêque sans souci, un clergé sans discipline, un peuple sans police, un gentilhomme sans cœur, & un roi sans bonté.

ABUS DE MOT. Voici un singulier *abus de mot* rapporté par Voltaire. « Dans le temps que » les fragmens de Pétrone faisoient grand bruit » dans la littérature, Meibomius, grand savant de » Lubeck, lit dans une lettre imprimée d'un autre » savant de Bologne : nous avons ici un Pétrone » entier, je l'ai vu de mes yeux & avec admira- » tion ». Aussi-tôt il part pour l'Italie, court à Bologne, va trouver le bibliothécaire Capponi, lui demande s'il est vrai qu'on ait à Bologne le Pétrone entier. Capponi lui répond que c'est une chose dès long-tems publique. — Puis-je voir ce Pétrone? ayez la bonté de me le montrer. Rien n'est plus aisé, dit Capponi : il le mène à l'église où repose le corps de S. Pétrone. Meibomius prend la poste & s'enfuit.

ACACE, évêque d'Amide, sur le Tigre, en 420, vendit les vases sacrés de son église pour racheter sept mille esclaves perses qui mouroient de faim & de misère ; il leur donna quelque argent, & les renvoya libres à Véranius leur roi. Ce prince, touché de ce trait de bienfaisance si extraordinaire, voulut avoir avec Acace une entrevue, dont le fruit fut la paix entre Véranius & l'empereur Théodose le jeune, entre l'empire de Constantinople & l'empire des perses.

ACADÉMIE. Il y avoit dans un fauxbourg d'Athènes une maison dont le propriétaire se nommoit Académus ; Platon & ses sectateurs s'y assembloient pour traiter des matières philosophiques ; c'est de là que sont venus les noms d'académicien & d'académie qui sont encore en usage parmi nous. On se sert ordinairement du mot *académie* pour désigner une compagnie de gens de lettres, établie pour la culture & l'avancement des arts & des sciences.   Alcuin

Alcuin nous a transmis par ses lettres quelques détails sur une académie établie par Charlemagne, & dont ce prince étoit lui-même un des membres. Les plus beaux génies de la cour qui la composoient portoient chacun le nom de l'auteur ancien qu'il avoit lu & pour lequel il avoit le plus de goût. L'empereur se nommoit, d'après ce choix, David; Alcuin se nommoit Flaccus Albinus; un autre se nommoit Homère, Adelard, évêque de Corbie, se nommoit Augustin, &c.

L'académie françoise a été instituée en 1635 par le cardinal de Richelieu pour perfectionner la langue, & en général elle a pour objet toutes les matières de grammaire, de poésie & d'éloquence; sa devise est *à l'immortalité.*

Les places d'académiciens sont devenues des brevets d'honneur, qui figurent avec ceux des maréchaux de France & des ministres, elles sont même recherchées par des princes, par des héros, que la renommée exalte, que la gloire couronne.

L'académie royale des inscriptions & médailles fut d'abord composée de quatre membres seulement. MM. Charpentier, Quinault, l'abbé Tallemant & Félibien le père. C'est sous le ministère de M. Colbert, qu'ils commencèrent leurs travaux, qui consistoient à s'occuper des inscriptions, devises, médailles; monumens destinés à transmettre à la postérité les principaux traits de notre histoire, & sur-tout de celle de Louis XIV. M. de Louvois ayant succédé à M. Colbert, Racine & Despreaux furent nommés de *l'académie* des inscriptions. On voit, dans le livre des médailles qui composent l'histoire de Louis XIV, celle qui a été frappée au sujet de l'établissement de *l'académie* des inscriptions. Elle représente Mercure écrivant avec un style sur une table d'airain; il s'appuie sur une urne pleine de médailles. La légende est : *rerum gestarum fides*; & l'exergue, *academia regia inscriptionum & numismatum, instituta M. DC.LXIII.* La devise de cette académie est : *vetat mori.*

L'académie royale des sciences est redevable de son établissement aux soins de M. Colbert. Elle fut établie en 1666; elle est maintenant composée de géomètres, d'astronomes, de méchaniciens, d'anatomistes, de botanistes & de chymistes. Elle a pour devise : *invenit & perficit.*

L'académie royale de peinture & de sculpture doit sa naissance aux démêlés qui survinrent entre les maîtres peintres & sculpteurs de Paris, & les peintres privilégiés du Roi. Lebrun, Sarrasin, Corneille & les autres peintres du Roi formèrent le projet d'une *académie* particulière, & obtinrent le 20 Janvier 1648 un arrêt tel qu'ils le desiroient.

Les *académies* se sont multipliées considérablement en France & chez les étrangers. Frédéric I, *Encyclopédiana.*

roi de Prusse, établit à Berlin, en 1700, une célèbre *académie*, sous le nom d'*académie* royale des sciences & des belles-lettres de Prusse, & M. Leibnitz en fut président. L'*académie* royale des sciences à Paris eut l'honneur de choisir parmi ses membres un président à cette illustre compagnie; & ce choix tomba sur M. de Maupertuis.

Le Czar Pierre I. avoit eu le projet d'établir à Pétersbourg une *académie*, qui s'occupât des sciences & des belles-lettres; sa mort, arrivée en 1725, réserva la gloire de cette institution à la Czarine Catherine, qui fonda cette *académie* en 1726. Elle a cette devise modeste, *paulatim.*

L'Italie seule a plus d'*académies* que le reste du monde ensemble : on en compte vingt-cinq dans la ville de Milan. La plupart des *académies* d'Italie ont des noms singuliers & bisarres; on en peut juger par ceux-ci : *Impatienti, Inabili, Indomiti, Inquieti, Alterati, Humidi, Infernati, Lunatici, Volanti, Insensati, Insipidi, Audaci, Fantastici, Infecondi, Notturni, Ombrosi, Erranti, Extravaganti, Ostinati, Vagabondi,* &c.

L'*académie* de la Crusca est la plus célèbre de toute l'Italie. Crusca en italien veut dire *son*, & ce mot fait allusion au but de ses travaux, qui consistent à perfectionner la langue italienne, & à séparer les mauvaises expressions, pour ainsi dire, comme on sépare le son de la farine. Les meubles de la salle sont tous allégoriques; la chaire est faite en forme de trémie, dont les degrés sont des meules de moulin : une meule sert aussi de siège au directeur; les autres sièges sont faits en forme de hottes, & le dossier en forme de pelle à four. La table est un pétrin. L'académicien qui lit quelque mémoire a la moitié du corps passé dans un blutoir. Les portraits même qui décorent la salle ont la forme d'une pelle à four.

« Le mot d'*académie* devint si célèbre, dit Voltaire, que lorsque Lully, qui étoit une espèce de favori, eut obtenu l'établissement de son opéra en 1672, il eut le crédit de faire insérer dans ses patentes que c'étoit une *académie* royale de musique, & que les gentilshommes & les demoiselles pourroient y chanter sans déroger. Il ne fit pas le même honneur aux danseurs & aux danseuses; cependant le public a toujours conservé l'habitude d'aller à l'opéra, & jamais à l'*académie* de musique ».

On voit enfin dans Paris plusieurs *académies* qui ont dans leurs établissemens des vues toutes différentes & opposées les unes aux autres; *académie* de musique pour exciter les passions, *académie* de philosophie pour les calmer; *académie* d'éloquence & de peinture, qui apprennent à immortaliser les hommes; *académies* d'armes qui enseignent à les tuer; *académie* de chirurgie qui s'étudie à les conserver.

Les *académies*, comme toutes les institutions

utiles , ont excité l'envie & la jaloufie , & les traits fatyriques n'altérant en aucune manière la gloire qu'elles fe font acquife , nous croyons pouvoir les rapporter pour ce qu'ils valent , fans crainte de paroître les approuver.

« L'*académie* françoife , dit un critique , eft un corps où l'on reçoit des gens titrés , des gens d'églife , des gens de robe & *même des gens de lettres* ».

Piron s'écrioit , en paffant devant la falle de l'*académie* françoife : ils font là quarante qui ont de l'efprit comme quatre.

Le même auteur , qui ne pût jamais être reçu à l'*académie* , fit fon épitaphe de la manière fuivante :

Ci gît Piron qui ne fut rien ,
Pas même académicien.

Paracelfe difoit qu'il n'avoit étudié ni à Paris , ni à Rome , ni à Touloufe , ni dans aucune *académie* : qu'il n'avoit eu d'autre univerfité que la nature : c'eft à la nature , ajoutoit-il , que je dois ce que je fais.

Après fa réception dans l'*académie* françoife , M. de Fontenelle dit : « Il n'y a plus que trente-neuf perfonnes dans le monde qui aient plus d'efprit que moi ».

On connoît les deux vers fuivans du même auteur :

Sommes-nous trente-neuf, on eft à nos génoux.
Mais fommes-nous quarante, on fe moque de nous.

Lainez , poëte fingulier , & dont on a retenu des vers , en récitoit de charmans dans la meilleure compagnie , en préfence de M. de Fontenelle , qui crut faire un compliment à ce poëte , en lui difant : « pourquoi , Monfieur , un homme de votre mérite ne demande-t-il pas à entrer dans l'*académie* françoife ? -- Eh ! Monfieur , lui répondit fièrement Lainez , qui feroit votre juge » ?

Le poëte Maynard ayant été reçu académicien dans fa vieilleffe , dit avec raifon :

En cheveux blancs , il me faut donc aller ,
Comme un enfant , tous les jours à l'école !
Que je fuis fou d'apprendre à bien parler ,
Lorfque la mort vient m'ôter la parole !

Defpréaux avoit propofé d'occuper l'*académie* françoife à corriger les fautes de françois qui fe font gliffées dans La Fontaine , dans Molière , dans Corneille , &c. Par-là , la pureté de notre langue feroit à jamais fixée , les bons livres françois imprimés aux dépens du Roi feroient un des plus glorieux monumens de la nation. Cette idée a eu le fort de plufieurs autres projets utiles , d'être approuvés & négligés.

ACADÉMISTE. Un de nos jeunes feigneurs , du nombre de ceux qui croient qu'un grand nom légitime les actions les plus repréhenfibles , en courant à cheval dans les allées du bois de Boulogne , renverfa & bleffa affez grièvement un particulier. Celui-ci fe relève , & faififfant la bride du cheval d'une main , de l'autre defarçonne le cavalier , & le jette étendu fur le fable. Un promeneur , témoin de la fcène , demande à fon voifin ce que cela fignifie : « c'eft , lui répond l'homme interrogé , un jeune *académifte* à qui l'on donne une leçon d'équitation ».

ACCLAMATIONS. Les *acclamations* étoient chés les anciens des fignes publics d'approbation.

Néron avoit une paffion démefurée pour la mufique & pour le théâtre. Lorfqu'il jouoit en public de la lyre , Séneque & Burrhus donnoient les premiers le ton des *acclamations*. Cinq mille foldats , qu'on appelloit *auguftales* , les répétoient après eux , & le refte des fpectateurs étoit forcé de les imiter.

Sous le règne de Théodoric , on joignit aux *acclamations* les applaudiffemens de la main , qui furent foumis , à leur tour , à une mefure réglée.

ACCOUCHEMENT. Il s'eft paffé à Padoue , en 1777 , un événement affez extraordinaire. Une fage-femme enceinte & à terme affiftoit un dame qui étoit en travail d'enfant. Elle fut furprife par les douleurs de l'enfantement. La fervante de la maifon , fille d'un certain âge , guidé par la fage-femme , reçut , comme elle put , les deux enfans , tous deux mâles , & les mit dans le même berceau , fans diftinguer la place qu'elle donna à chacun. L'un des deux étant mort quelques minutes après fa naiffance , le furvivant fut réclamé par les deux mères , qui s'adrefsèrent à la juftice , qui ne put rien décider fur un fait fi douteux.

Corneille le Bruyn , rapporte dans l'hiftoire de fes voyages , qu'entre autres curiofités qui fe trouvent dans le cabinet du grand-duc de Tofcane , il y a une chaife garnie de pierreries , & difpofée de façon à pouvoir fervir aux *accouchemens* , fuivant l'ufage ancien du pays.

La reine , mère de Louis XIV , difoit à une dame enceinte : Ah ! que vous me feriez de plaifir d'accoucher ce mois d'août , afin que vous puiffiez venir à Bourbon avec moi ! La dame de retour chez elle , dit à fon mari qu'il falloit envoyer chercher la fage-femme , parce qu'elle vouloit accoucher dès la nuit fuivante , pour ne pas défobliger une auffi bonne reine.

L'empereur Jofeph I , n'étant encore que roi des Romains , reprochoit à fon époufe qu'elle lui donnoit toujours des archiducheffes : Sire , lui répondit cette princeffe , fi votre majefté avoit

» remis en dépôt à quelque perſonne de ſa cour » une caiſſe remplie de creutzers, pourriez-vous » exiger qu'il vous la reſtituât remplie de ducats » d'or ? Je vous rends le dépôt dont je n'ai été » que la dépoſitaire. Il n'étoit pas en mon pouvoir » de le changer ».

Lorſque madame la ducheſſe de la Valière accoucha du premier enfant qu'elle eut de Louis XIV, on prit les plus grandes précautions pour cacher cet *accouchement*. Le célèbre accoucheur Clément fut conduit, avec un bandeau ſur les yeux, dans une maiſon où madame de la Valière étoit voilée, & où le Roi ſe tint caché dans les rideaux du lit. Ce fut auſſi cet accoucheur qui reçut, avec le même myſtère, le premier enfant que le Roi eut de madame de Monteſpan, & comme il avoit extrêmement ſoif, il ſe fit ſervir à boire par Louis XIV, qui ſe trouvoit à côté de lui, & qu'il ne connoiſſoit certainement pas.

Un journal rapporte qu'en 1785, à Sagan, ville de la Baſſe-Siléſie, la femme d'un ſoldat, qui étoit enceinte de cinq mois, accoucha d'un garçon qui ſe portoit très-bien; la mère ſe trouva d'abord aſſez mal; mais les ſecours qu'elle reçut des médecins, ou la bonté de ſon tempérament, la rétablirent, & elle fut bientôt en état de ſortir; l'enfant eſt mort. Dans la ſeptième ſemaine après cette couche, la même femme mit au monde un nouvel enfant; huit jours après elle accoucha d'un autre, & de huit jours en huit jours elle accoucha ainſi de ſix enfans tous morts en venant au monde; il n'y a que celui venu dans la ſeptième ſemaine qui ſoit né vivant. Tous ces *accouchemens* ſucceſſifs affoiblirent ſi prodigieuſement cette femme qu'elle mourut dans l'année.

ACCUSATION. Perſonne n'eſt exempt d'être accuſé: Caton, le plus honnête homme de ſon ſiècle, fut accuſé quarante-deux fois, & autant de fois abſous.

A Athènes, l'accuſateur qui n'avoit point pour lui la cinquième partie des ſuffrages, payoit une amende de mille dragmes. C'eſt ce qui arriva à Eſchine, après avoir ſuccombé dans l'*accuſation* qu'il avoit intentée contre Cteſiphon, défendu par Démoſthène.

A Rome, l'injuſte accuſateur étoit noté d'infamie; on lui imprimoit la lettre K ſur le front. On donnoit des gardes à l'accuſateur, pour qu'il fût hors d'état de corrompre les juges ou les témoins.

Les Perſes condamnoient le délateur aux mêmes peines qu'il vouloit faire ſouffrir à l'accuſé, s'il ſe trouvoit innocent.

Lorſqu'Alexandre-le-Grand rendoit la juſtice, il avoit coutume, pendant que l'accuſateur parloit, de ſe boucher une oreille avec la main: & comme

on lui en demandoit la raiſon: « c'eſt, diſoit-il, » que je garde l'autre à l'accuſé ».

Parmi nous, ſi l'accuſateur eſt convaincu de calomnie, il peut ſuivant les circonſtances, être puni de mort.

En 1669, le ſieur d'Aulnoy fut ſur le point d'être juſticié pour crime de lèze-majeſté. Heureuſement un des accuſateurs (ils étoient trois) ſe repentit d'une action ſi noire, & en fit l'aveu. Tous trois furent condamnés à perdre la tête, parce qu'ils étoient gentilshómmes; mais le repentir de celui-ci lui valut ſa grace.

ACHILLE. *Achille*. Ce mot veut dire *qui n'a jamais teté*. En effet, *Achille*, fils de Thétis & de Pélée, fut confié dès ſa naiſſance à Chilon qui le nourrit ſeulement avec la moëlle de lion, ce qui contribua, dit-on, à le rendre fort & courageux. *Achille* d'ailleurs étoit invulnérable, parce que ſa divine mère l'avoit plongé dans les eaux du Styx: le ſeul endroit du talon par où elle le tenoit en ce moment fut ſuſceptible d'être bleſſé.

Thétis informée qu'on aſſembloit les nobles de la Grèce pour aller au ſiége de Troie, envoya ſecrétement ſon fils à la cour de Lycomède, reine de Scyros, où on le tenoit déguiſé ſous des habits de femme; mais le divin Calchas ayant annoncé que Troye ne ſeroit priſe qu'en préſence d'*Achille*, Ulyſſe, le plus fin des grecs, ſe mit à le chercher. Arrivé à Scyros, il préſenta aux femmes de la cour des bijoux, parmi leſquels il avoit placé des armes. *Achille* laiſſant toutes les premières bagatelles, ſe ſaiſit d'un ſabre, & ſe découvrit par ſon inclination guerrière. Ulyſſe l'amena au ſiége de Troye, & c'eſt dans Homère qu'il faut lire ſes exploits, ſa colère contre Agamemnon, qui devint ſi funeſte à tous les grecs, ſon amitié pour Patrocle, & comment il périt glorieuſement au ſiége de Troye. D'autres ont dit qu'une flèche décochée par Paris, & guidée par Apollon, atteignit ce héros au talon, ſeul endroit où il n'étoit pas invulnérable, & le fit périr. L'endroit où il fut bleſſé ſe nomme encore aujourd'hui le *tendon d'Achille*. Ce héros fut honoré comme un demi-dieu, & on lui éleva un temple à Sigée, où on célébroit des jeux en ſon honneur.

Alexandre-le-Grand honora le tombeau d'*Achille* d'une couronne, & s'écria: « O, heureux *Achille* » d'avoir trouvé pendant ta vie un ami comme » Patrocle, & après ta mort un poëte comme » Homère! »

ACINDYNUS. (Septimius) conſul Romain, l'an 340 de J. C.

Dans le temps qu'*Acindynus* fut gouverneur d'Antioche, il fit mettre en priſon un homme qui ne payoit pas les impôts. La femme du priſonnier obtint la promeſſe d'une ſomme conſidérable, d'un particulier fort riche qui abuſa de ſon malheur; mais ce corrupteur eut l'infamie de lui donner une bourſe pleine de terre au lieu d'argent. Il fut traduit devant *Acindynus*, qui le condamna non-ſeulement à payer ce qui étoit dû au fiſc par le mari, mais encore de donner à la femme le champ d'où avoit été tirée la terre dont la bourſe étoit remplie.

ACTEURS. On comprend ſous le nom général d'*acteurs* les hommes & les femmes qui jouent un rôle dans une pièce de théâtre.

La profeſſion d'*acteur* étoit très-honorée en Grèce, rien au contraire n'égale le mépris qu'elle inſpiroit aux Romains.

Theſpis fut le premier qui ait introduit ſur la ſcène un déclamateur; avant lui, toutes les pièces étoient chantées. Eſchyle en introduiſit un ſecond, Sophocles un troiſième, & les auteurs grecs ſe bornèrent à ce nombre.

La conſidération qu'on doit accorder aux comédiens, a fait le ſujet d'une grande conteſtation entre Jean Jacques Rouſſeau & d'Alembert; chacun ſait à quoi s'en tenir. Les anecdotes que nous allons rapporter prouvent que dans cette carrière les grands talens ne ſuffiſent point pour garantir des déſagrémens, & que la médiocrité eſt bien rarement ſupportable.

La figure dans un *acteur* fait la moitié de ſon jeu; celui qui repréſente un premier perſonnage dans une tragédie, avec une figure ignoble, ou même commune, paroîtra moins jouer ſon rôle que le parodier. On peut ici ſe rappeler l'aventure d'un *acteur* qui débutoit au théâtre françois par le rôle de Mithridate, dans la tragédie de ce nom. Il n'étoit point dépourvu de talens, il avoit même beaucoup d'intelligence & de feu; mais ſon extérieur n'étoit rien moins qu'héroïque. Dans la ſcène où Monime dit à Mithridate : *Seigneur, vous changez de viſage!* Un plaiſant cria à l'actrice : *laiſſez-le faire.* Le parterre perdit de vue auſſi-tôt les talens du nouvel *acteur*, pour ne penſer qu'au peu de convenance qui ſe trouvoit entre ſon rôle & ſa perſonne.

Le ſieur le Grand, qui avoit la taille & la figure ingrate, ayant un jour joué un rôle tragique, où il n'avoit pas plu, vint haranguer le parterre, & finit par dire : « Au reſte, meſſieurs, il vous eſt plus » aiſé de vous accoutumer à ma figure, qu'à moi » d'en changer ». Cette franchiſe le rendit dans la ſuite plus ſupportable.

Un *acteur* qui venoit de Flandre, débutoit à Paris dans le rôle d'Andronic, avec fort peu de ſuccès, lorſqu'il vint à dire :

Mais pour ma fuite, ami, quel parti dois-je prendre?

Un plaiſant répondit :

L'ami, prenez la poſte & retournez en Flandre.

Un *acteur* en commençant le rôle d'Hypolite, dans Phèdre, au lieu de ce vers ci :

Le deſſein en eſt pris, je pars, cher Théramène.

Fit voir qu'il étoit auſſi habile que qui que ce ſoit à eſtropier les vers, & dit :

Le deſſein en eſt pris, je pars & te ramène.

On en a vu qui ont pouſſé l'ineptie juſqu'à inſérer & réciter dans leurs rôles les petites notes d'une pièce, comme dans le Tartuffe, où il y a : c'eſt un ſcélérat qui parle.

Le fameux Chaſſé, *acteur* de l'opéra, ſe faiſoit un jour décrotter. La beſogne achevée, le petit ſavoyard ne voulut point d'argent. Pourquoi donc, lui dit Chaſſé? Entre confrères, répondit-il, il ne faut rien prendre; je fais les monſtres à l'opéra, comme vous y faites les rois.

Le cocher & le laquais du comédien Baron, furent outrageuſement battus par ceux du marquis de Biran, avec lequel Baron vivoit dans une grande familiarité. « Monſieur le marquis, lui dit Baron, » vos gens ont maltraité les miens, je vous en » demande juſtice ». Il revint pluſieurs fois à la charge, ſe ſervant toujours des mêmes termes : *vos gens & les miens.* M. de Biran, choqué du parallèle, lui répondit : « Que diable veux-tu que » j'y faſſe, mon pauvre Baron? pourquoi as-tu des gens?

Un poſtulant au théâtre, qui, dans toute une tragédie, n'étoit chargé que de cet hémiſtiche :

C'en eſt fait, il eſt mort.

dit....

C'en eſt mort, il eſt fait.

Un autre dont le rôle ſe réduiſoit à ces deux mots :

Sonnez, trompettes.

s'en vint dire :

Trompez, ſonnettes.

Un autre encore au lieu de dire : madame, voilà une lettre qui preſſe, s'écria : Ah! mon dieu, que de chandelles!

Un autre devoit dire : arrête, lâche, arrête; il prononça ſi brièvement que tout le monde entendit arrête la charette.

A la mort de Baron, ſon emploi fut donné à Sarazin. Cet *acteur* ne ſuivoit que de bien loin les traces de ſon prédéceſſeur. Voltaire le chargea du rôle de Brutus dans la tragédie de ce même nom. On répéta la pièce au théâtre; la molleſſe de Sarazin dans une invocation au dieu Mars, le peu de fermeté, de grandeur & de majeſté qu'il mettoit dans ſon premier acte impatienta Voltaire : » Songez donc, lui dit-il, que vous êtes Brutus

» le plus ferme de tous les conſuls de Rome, &
» qu'il ne faut pas parler au dieu Mars comme
» ſi vous diſiez : Ah! bonne vierge, faites-moi
» gagner à la loterie un lot de cent francs ».

Un acteur, qui, à l'exception de l'organe & de la prononciation, ne manquoit pas d'ailleurs de talens, ſi l'on en peut ſuppoſer avec deux pareils défauts, venoit de débuter à Paris; quelqu'un ayant demandé à un autre ce qu'il en penſoit : fort bon, dit-il, il ne lui manque que la parole.

Quelques-uns prétendent que pour bien jouer la comédie, il faut ſe perſuader qu'on eſt excellent, & dire aux ſpectateurs : regardez-moi, conſidérez mes graces, je vais vous enchanter par ma voix, ma taille, ma figure, mon eſprit, & tous mes talens. Ce principe eſt faux; l'heureuſe effronterie qui eſt ſi mal nommée eſt malheureuſement un titre de médiocrité. Le public apperçoit bientôt le trop d'aſſurance, elle le révolte, & d'ailleurs elle fait tomber bien plus d'acteurs par la négligence qu'elle ſuppoſe, qu'elle n'en fait réuſſir avec des talens; Dufreſne, quelque certain qu'il fût d'être applaudi, avouoit qu'il ne jouoit jamais mieux que lorſqu'il trembloit : on ſent que cela devoit être, mais l'appréhenſion d'un grand acteur n'eſt pas l'épouvante d'un mauvais comédien qui ſe rend juſtice.

Un acteur, ayant débuté à Paris dans le rôle de Mithridate, avec quelques petites diſgraces de la part du public, s'avança pour haranguer le parterre, & lui dit qu'il travailloit depuis quinze ans à ramener le bon goût & le naturel au théâtre. Sur quoi un plaiſant lui répartit par ces deux vers du rôle qu'il venoit de jouer :

Prince, quelques raiſons que vous nous puiſſiez dire,
Votre devoir ici n'a pas dû vous conduire.

Pareille aventure étoit déjà arrivée à un acteur après la tragédie d'Andronic : car ayant fini auſſi ſon diſcours d'excuſes, quelqu'un lui cria ce vers-ci de la même pièce :

Prince, n'avez-vous rien à nous dire de plus?

A quoi l'acteur répliqua fièrement :

Non, d'en avoir tant dit, je ſuis même confus.

On applique auſſi cette anecdote à la repréſentation du Gentilhomme Guépin par Viſé. Les jugemens pour & contre s'étant partagés entre le parterre d'un côté, les loges & le théâtre de l'autre; un ami de l'auteur, au moment des ſiffiets & des brouhaha, s'avança ſur le bord de la ſcène & dit : Meſſieurs, ſi vous n'êtes pas contens, on vous rendra votre argent; ſur quoi quelqu'un lui cria :

Prince, n'avez vous rien à nous dire de plus?

Un autre ajouta :

Non, d'en avoir tant dit, il eſt même confus.

Un premier acteur de l'opéra étant tombé malade au moment d'une nouvelle repréſentation, on choiſit, pour le remplacer, un acteur ſubalterne. Celui-ci, chanta & fut ſifflé; mais ſans ſe déconcerter, il regarda fixement le parterre & lui dit : Je ne vous conçois pas, & devez-vous imaginer que pour ſix cents livres que je reçois par année, j'irai vous donner une voix de mille écus? Le public oublia le peu de talent de l'acteur, & l'applaudit pendant le reſte de ſon rôle.

Un acteur de l'opéra chantant d'une voix mal aſſurée un monologue qui commençoit par je viens, un plaiſant ajouta : du cabaret, Ma foi, oui, dit l'acteur, & l'on applaudit cette plaiſanterie.

Il n'y a pas long-temps qu'en province plus d'un comédien repréſentoient Mahomet en robe de chambre d'homme, & Joad en jupon de femme, on voyoit Oroſmane doubler Luſignan. C'eſt au bon goût d'une actrice célèbre, qui s'eſt trop tôt retirée du théâtre, que l'on doit le retour du coſtume exact.

Beauchâteau, comédien de l'hôtel de Bourgogne, étant un jour dans l'égliſe de Notre-Dame, vit une femme toute en pleurs auprès d'un pillier de l'égliſe. Il s'approche d'elle, & lui demande le ſujet de ſon chagrin; elle lui apprend qu'elle étoit venue à Paris pour un procès qui duroit depuis ſi long-temps, qu'il ne lui reſtoit plus aucune reſſource, & qu'elle n'oſoit même retourner dans ſa chambre dont elle devoit le loyer. Beauchâteau touché de ce récit, la retire dans ſa maiſon, lui donne le logement, la table, & un honnête entretien. Cette femme acquérant de la confiance avec ſon bienfaiteur lui conta entr'autres choſes qu'elle avoit eu une ſœur qui étoit morte dans un couvent où elle avoit expié par une pénitence auſtère le malheur de s'être rendue à la paſſion d'un préſident, & qu'elle avoit laiſſé une fille dont elle étoit fort inquiète, ne ſachant ce qu'elle étoit devenue. L'épouſe de Beauchâteau ſe ſentit toute émue à ce diſcours; & cédant tout-à-coup aux mouvemens de ſa tendreſſe, elle ſe précipite aux pieds de cette perſonne, & l'appelle cent fois ſa chère tante. En effet, elle ſe reconnut cette fille; le fruit de la ſéduction du préſident, & la nièce de cette dame que ſon mari avoit recueillie avec tant de généroſité.

Dufreſne, célèbre acteur françois, jouant dans une tragédie, d'un ton de voix trop foible, un des ſpectateurs cria plus haut : l'acteur répondit avec fierté : & vous, plus bas.

Le parterre indigné repartit par des huées qui firent ceſſer le ſpectacle.

La police prit connoissance de cette affaire, & obligea Dufresne de faire des excuses au public. Cet *acteur* obéissant à regret à ce jugement & s'avançant sur le bord du théâtre, commença ainsi sa harangue : « Messieurs, je n'ai jamais mieux senti la » bassesse de mon état que par la démarche que je » fais aujourd'hui ». Il parut si pénétré que le public l'interrompit par ses applaudissemens, & mit fin à cet acte d'humiliation.

Cuvillier, *acteur* de l'opéra, a mérité qu'on dit de lui.

> Ta voix, ton geste & ta figure,
> En toi, tout plaît aux spectateurs,
> L'art d'accord avec la nature,
> A formé le chantre & l'*acteur*.

Dans une des villes méridionales de la France, certain *chanteur*, détestable de tout point, mais engagé avec cette clause ridicule, *en chef & sans partage*, fut vainement sollicité par son directeur, de se départir de ses droits en faveur d'un chanteur en second, moins mauvais que lui. Un jour que le public lui marquoit son mécontentement d'une manière plus énergique qu'à l'ordinaire, il s'avança effrontément sur le bord de la scène & dit : *Messieurs, je suis honnête homme, on me paie pour chanter, je chante & je chanterai*, ou en jargon provençal, *my pagoun per canta, io canti e canterqi*. On trouva ce genre de probité tout aussi opiniâtre qu'original.

Voltaire disoit de l'*acteur* Paulin, à qui il destinoit les rôles de tyran : *c'est un tyran que j'élève à la brochette.*

Voltaire envoyant dès la pointe du jour les corrections qu'il avoit faites dans le rôle de *Polyphonte*, son domestique lui représenta qu'il étoit trop matin, & que l'*acteur* devoit être encore endormi. *Vas toujours*, dit Voltaire, *les tyrans ne dorment point.*

Dans la tragédie de Childeric, un *acteur* chargé d'apporter une lettre, & ne pouvant passer facilement sur le théâtre à cause des spectateurs ; Dumont, vieux plaisant qui s'étoit arrogé le droit d'avoir une chaise au parterre, cria : *place au facteur*; on rit, & la tragédie tomba.

Feu Desessarts, célèbre *acteur* à La Haye, fut un jour surpris à la chasse sur les plaisirs du Stathouder. Un des principaux gardes qui n'avoit jamais vu ce comédien que dans des rôles de princes, l'ayant abordé en lui demandant *de quel droit il venoit chasser en ce lieu-là ?* L'autre sans se démonter lui répondit, avec l'air & le ton de la fierté la plus héroïque : *de quel droit, dites-vous ?*

> Du droit qu'un esprit vaste & ferme en ses desseins
> A sur l'esprit grossier des vulgaires humains.
>
> *Trag. de Mahomet.*

Ce qui en imposa tellement au garde que, tout étoudi du ton & de la réponse, il se retira en disant : *Ah ! c'est autre chose, excusez, Monsieur, je ne savois pas cela.*

La mémoire ayant fait faux-bon à un de ces débutans qui ne doutent de rien, & ne veulent pas même avoir l'air de jamais manquer, il prit le parti de faire taire tout uniment le souffleur, en lui disant à haute voix : *paix, taisez-vous, laissez-moi rêver un peu seulement..... à la fin* voyant que rien ne venoit, *mon dieu !* s'écria-t-il, en frappant du pied, *je le savois si bien ce matin !*

Thomas Betterton a passé pour le plus fameux *acteur* qui ait paru sur le théâtre anglois, avant celui qui en a fait la gloire, le célèbre Garrik. Ce comédien naquit à Westminster en 1635. Son père qui étoit cuisinier de Charles I, voulut en faire un libraire ; mais la nature avoit décidé qu'il seroit l'ornement de la scène angloise. En effet, il s'y distingua bientôt avec éclat, & enleva tous les suffrages dès l'âge de vingt-deux ans. Il joua d'abord les rôles de femmes avec applaudissement dans la troupe du roi, mais lorsque Charles I. perdit & le trône & la vie, les comédiens furent renversés de leur trône imaginaire, & la plupart prirent parti dans les armées. Le calme étant revenu, Betterton entra dans la troupe que Charles II. permit au chevalier Davenant de rassembler, & qui prit le nom de comédiens du duc d'Yorck. Betterton en fut le héros. On croit que ce fut lui qui introduisit le premier les changemens de décorations en Angleterre. Il épousa mademoiselle Sanderson, qui joignoit aux talens naturels requis pour faire une excellente actrice, la beauté, les graces & les vertus.

« Batterton, dit l'auteur du *Tatler*, étoit un » homme étonnant, qui, par son action, faisoit » sentir ce qu'il y a de plus grand dans la nature » humaine, & bien plus vivement que les plus » sublimes raisonnemens des philosophes, & les » plus charmantes descriptions des poètes ». Cet *acteur* réussissoit également dans le tragique & dans le comique.

Quelques années après sa retraite du théâtre, on représenta pour son compte la pièce intitulée : *L'amour payé par l'amour*. Cette représentation lui valut cinq cens livres sterlings. L'affluence du monde qui y vint justifia la reconnoissance qu'on lui portoit, & ce grand *acteur* eut lieu d'être content des spectateurs & des comédiens. L'épilogue composé par M. Row, finit d'une manière pathétique. « C'est, dit-il, le souvenir des plaisirs qu'il vous a » procurés, qui vous engage à consacrer avec » gloire le cothurne de ce grand maître, & vous » ne voulez pas permettre qu'un homme qui » vous a tant de fois touché par de feintes dou- » leurs, vous soit enlevé par des souffrances » réelles ».

Le théâtre anglois perdit, en 1748, un célèbre acteur nommé Quin. Cet habile comédien ayant eu une scène fort vive avec le directeur Rich, se retira à Bath ; mais ennuyé bientôt de la vie uniforme qu'il y menoit, il tenta de se raccommoder avec Rich, & lui écrivit la lettre suivante : *Je suis à Bath*, QUIN. Rich, moins disposé à se réconcilier, lui répondit ainsi : *Restez-y jusqu'à ce que le diable vous emporte*. RICH.

Quin, né en 1693, destiné au barreau par son père, obligé, à sa mort, de discontinuer l'étude des loix par nécessité, monté sur le théâtre par goût, acquit la réputation la mieux méritée, & y resta sans rival, jusqu'à ce que le célèbre Garrik vînt partager avec lui les suffrages du public. Brouillé avec le Directeur Rich, Quin fut choisi pour maître de langue angloise par le feu prince de Galles, père du roi régnant, qui lui avoit fait une pension considérable.

Un acteur anglois, après avoir, pendant trente années, joué la comédie avec succès, eut le malheur de s'estropier & de rester boiteux. Malgré cette disgrace, il ne voulut poit abandonner le théâtre qu'il aimoit passionnément, & sur-tout les rôles tragiques ; il prit, pour remonter sur la scène, le rôle de Richard III, que Shakespear a jugé à propos de représenter boiteux, rôle qu'il supposa capable de faire oublier sa défectuosité. Le jour arrivé, notre acteur se présente avec une noble confiance, & la certitude du plus grand succès ; mais lorsqu'il vint à déclamer ces paroles : « Les chiens aboient en me voyant boiter » ; il y eut un telle rumeur dans la salle, que le pauvre héros, hué & baffoué, fut obligé de quitter la scène pour n'y plus reparoître.

Après l'étonnant succès du singulier opéra des gueux, M. Cibber, fameux acteur, a voulu donner au public une pièce à-peu-près dans le même genre ; mais elle fut très-mal reçue. Le poëme de M. Cibber étoit précisément l'opposé de celui de M. Gay : celui-ci avoit présenté la grandeur & l'autorité sous le jour le plus méprisable, & s'étoit attaché à donner de l'agrément aux vices les plus bas ; au lieu que Cibber s'étoit plu à faire triompher la vertu & l'innocence ; aussi ne se trouva-t-il que l'héritier de la couronne, le prince de Galles, qui osât entreprendre de protéger la pièce.

La première représentation avoit été si tumultueuse que personne ne l'avoit entendue : le prince se trouva à la seconde ; & Cibber s'appercevant qu'elle ne seroit pas mieux écoutée, s'avança sur le bord du théâtre & dit aux spectateurs : « Messieurs, puisque je vous vois peu disposés à permettre que ce drame aille plus loin, je vous donne ma parole que, passé ce soir, on ne le représentera plus ; mais j'espère en même-temps que vous daignerez respecter le prince qui honore cette représentation de sa présence ; & que vous voudrez bien suspendre, pour ce moment, les témoignages de mécontentement que vous m'avez donnés hier, & que vous pensez que j'ai mérités ». On applaudit cette harangue, la pièce fut jouée sans trouble ; mais elle ne reparut pas une troisième fois. Quelque tems après, Cibber, au moyen de quelques changemens & d'un nouveau titre, & sur-tout de l'attention de cacher le nom de l'auteur, redonna sa pièce, qui fut reçue avec les plus grands applaudissemens. On la joue souvent sous le titre de Damon & Philis.

Les théâtres de Paris pourroient fournir de pareilles anecdotes.

Le plaisir qui, dans une femme de théâtre, fait naître les talens, les détruit bientôt. Il en est de même d'une comédienne galante, comme d'un recueil d'historiettes ; on se l'envoie, on se le prête, on s'en amuse un moment. A la fin le livre se délabre, il ne reste aux curieux que l'*errata*.

Un amateur de spectacle se plaignoit de ce que les acteurs dirigeoient tout, brouilloient tout, commandoient en despotes dans le spectacle : un homme sensé lui tint ce propos : « Voulez-vous que ce soit les hommes qui distribuent les rôles & qui règnent sur le théâtre ? nommez les femmes directrices ; car tant que les hommes seront directeurs, ils seront eux-mêmes dirigés par les femmes ».

ACTRICE. Mademoiselle Duclos, dans Inès de Castro, voyant rire le public à l'arrivée des enfans au cinquième acte, eut la hardiesse de l'apostropher en ces termes : « Ris donc, sot de parterre, à l'endroit le plus touchant de la tragédie ! Ce qui, par un hasard inconcevable, loin d'indisposer les spectateurs, fut fort applaudi.

Dancourt, annonçant au public le spectacle qu'on devoit jouer, on lui demanda *Ariane*, de Th. Corneille, dans laquelle excelloit mademoiselle Duclos ; mais cette actrice étoit enceinte, & l'acteur fit signe, par un geste adroit, de son embarras. Cependant mademoiselle Duclos, qui l'observoit de la coulisse, s'avance avec fureur, lui donne un soufflet, & dit ensuite tranquillement au parterre : *Messieurs, à demain*.

Madame Favart fut la première qui observa le costume, & qui osa sacrifier les agrémens de la figure à la vérité des caractères. Dans *Bastienne*, elle mit un habit de serge, tel que les villageoises le portent, une chevelure plate, une simple croix d'or, les bras nuds & des sabots. Cette nouveauté déplut à quelques critiques du parterre. Mais un homme d'esprit, l'abbé de Voisenon, les fit taire en disant : *messieurs, ces sabots donneront des souliers aux comédiens*.

Mademoiselle Champmélé, célèbre actrice,

sacrifia Racine au Comte de Clermont-Tonnerre ; ce qui a donné lieu au quatrain suivant :

Au tendre amour elle fut destinée,
Qui prit long-temps Racine dans son cœur ;
Mais, par un insigne malheur,
Le Tonnerre est venu qui l'a déracinée.

Cet *actrice* avoit la voix belle & des plus sonores ; quand elle déclamoit, si l'on eût ouvert la loge du fond de la salle, sa voix auroit été entendue au-delà de la rue, dans le café de Procope.

Mademoiselle Lecouvreur, célèbre *actrice* du théâtre françois, morte en 1730, déclamoit avec beaucoup de noblesse. Un seigneur étranger la voyant représenter Elisabeth dans le *Comte d'Essex*, fut si frappé de la dignité de son jeu, qu'il dit : *j'ai vu une reine parmi des comédiens.*

Comme on différoit la représentation d'une pièce allégorique à la foire Saint-Germain, on demanda au directeur du spectacle ce qui causoit ce retardement ?

« C'est, répondit-il, que mademoiselle Rosette, qui devoit représenter dans la pièce le » rôle de *la Vertu*, vient d'accoucher, & qu'on » attend qu'elle soit rétablie ». Cette réponse, qui se répandit dans le public, fit supprimer le rôle de la vertu à l'opéra comique.

Mademoiselle de Laguerre se livroit volontiers aux plaisirs de la table & de la boisson : jouant un jour à l'opéra le rôle d'Iphigénie en Tauride, un plaisant du parterre feignit d'ignorer quel personnage elle représentoit. « Mais c'est Iphigénie » en Tauride, lui dit un de ses voisins. — Dites-» donc Iphigénie en Champagne ».

On disoit d'une *actrice* qui étoit assez bonne ; mais fort laide : « on a beau l'applaudir, elle fait » toujours la mine ».

M. le duc de .... au sortir d'une représentation, suivit une *actrice* qui venoit d'y jouer un rôle. On en fit compliment à la mère de la demoiselle, qui répondit : « En vérité, Monsieur, vous faites » trop d'honneur à ma fille : M. le duc ne lui a » encore fait que des politesses de foyer ».

Mademoiselle A.... première chanteuse de l'académie de musique, rencontra un jour sur l'escalier du théâtre une très-agréable chanteuse des chœurs, qui tenoit par la main une petite fille : « Mon Dieu, le joli enfant ! à qui est-il, » mademoiselle, dit la première *actrice* ? — A moi, » mademoiselle, répondit la subalterne. — Mais, » ajouta l'héroïne du chant, il me semble que » vous n'êtes pas mariée ! — Non, mademoiselle, » reprit vivement la chanteuse des chœurs ; mais » je suis de l'opéra ».

Mademoiselle de R...., de l'opéra, avoit

épousé M. le comte de .... & disoit de son mari, il est doux comme un agneau. Quelqu'un répliqua : oui, c'est l'agneau de Dieu qui ôte les péchés du monde.

On jouoit Britannicus sur un théâtre de province, l'*actrice* chargée du rôle d'Agrippine, manquant de mémoire ou de bon-sens, au lieu de dire :

Mit Claude dans mon lit, & Rome à mes genoux.

dit :

Mit Rome dans mon lit, & Claude à mes genoux.

Une autre dans le rôle de Camille de la tragédie des Horaces, au lieu de dire :

Que l'un de vous me tue, & que l'autre me venge.

dit,

Que l'un de vous me tue, & que l'autre me mange.

On reprochoit à la Denelle, *actrice* fort spirituelle, à un souper où étoit le président son amant, de n'avoir rien dit de divertissant pour le président. Voudriez-vous, dit-elle, que j'eusse ennuyé le reste de la compagnie pour le divertir lui seul.

Un *actrice* nouvelle, qui jouoit à Londres le rôle de lady Anne dans la tragédie de Richard III, ayant répété ce passage : ah ! quand aurai-je un peu de repos ? Un de ses créanciers qui étoit dans la galerie s'écria : jamais, si vous ne me payez pas les trente schelins que vous me devez.

Mademoiselle Woffington, *actrice* excellente dans le tragique, morte peu après M. Berry, emporta les regrets de tous les honnêtes gens. L'armée britannique d'Allemagne lui fut redevable, pendant la dernière guerre, de la souscription volontaire établie à Londres & dans plusieurs villes du Royaume, pour lui procurer des soulagemens. Le produit de cette souscription considérable a été employée à lui fournir un nombre suffisant de gilets & de souliers, qu'un hiver rigoureux lui rendoit très-nécessaires. Mademoiselle Woffington a fait légataire universel un officier général.

Les fastes de la scène françoise attestent aussi, par d'illustres preuves, que les favoris de Mars sont chers aux filles de Melpomène.

C'est cette demoiselle Woffington qui, sortant de jouer un rôle en homme, dit, en rentrant au foyer : en vérité, la moitié du parterre vient de me prendre pour un homme. A quoi cela sert-il, lui répondit malignement une comédienne, si l'autre moitié du public sait précisément le contraire ?

On peut évoquer ici les mânes de la célèbre mademoiselle Oldfielh, morte en 1730, & enterrée dans l'abbaye de Westminster. Elle fut exposée pendant deux jours sur un magnifique lit de parade. Ses obsèques se firent avec autant de
pompe

pompe & de décence que fi, durant fa vie, elle avoit été un des illuftres perfonnages qu'elle avoit eu l'art de repréfenter avec tant de dignité. Le drap mortuaire qui couvroit fon cercueil, fut porté par fix perfonnes de la première diftinction, dont étoient le lord Laward & le lord Harley; le doyen de Weftminfter officia à la cérémonie.

Le Boileau anglois, l'immortel Pope, nous a repréfenté mademoifelle Oldfield comme la perfonne de fon temps qui avoit porté le plus loin le luxe & la fenfualité; il lui fait tenir le difcours fuivant, dans le moment de fon agonie, où il fuppofe qu'elle portoit fes vues au-delà du trépas, & qu'elle étoit alarmée de l'abandon où feroit fon corps, dont la parure avoit fait un de fes foins principaux.

« Quelle horreur!.... un linceul de laine, ah! cela me révolte. Préparez, dit-elle à fes femmes, mes dentelles les plus précieufes, mon linge le plus beau; leur fecours rendra quelque vie à ce corps, à ce teint, que leur chaleur naturelle aura quitté: fur-tout que le rouge ne me foit point épargné. On ne peut fouffrir l'idée d'être laide, même après la mort ». Tels furent, dit Pope, les derniers mots qui fortirent de cette bouche charmante.

Ce fut à l'occafion de la mort de mademoifelle Lecouvreur, célèbre *actrice* françoife, à qui on refufa les honneurs de la fépulture, que M. de Voltaire fit une pièce de vers, dans laquelle il rappelle ceux que l'on rendit en Angleterre aux mânes de mademoifelle Oldfield.

Acteurs des petits fpectacles.

Le fieur Moreau, connu fous le nom de *petit arlequin*, à caufe de fa très-petite taille, joua un rôle fingulier dans une fête donnée à Chantilly, il y a plufieurs années, par le prince de Condé, il fortit d'un ananas qu'on avoit fervi fur la table, & chanta les couplets fuivans en s'adreffant aux dames:

Sur l'air: *Il faut, quand on aime une fois.*

Sous différens traits tour à tour
   J'ai paru pour vous plaire;
Mais à vos regards en ce jour
   Je m'offre fans myftère:
Reconnoiffez en moi l'Amour
   Qui cherche ici fa mère.

Mais dans mon cœur en ce moment
   Je fens un trouble naître. —
Ici chaque objet eft charmant,
   Ah! que le tour eft traître!
Maman, maman, maman, maman,
   Comment vous reconnoître?

Encyclopédiana.

Vous refufez de m'éclaircir,
   Et caufez mes déroutes;
Oh! mon embarras va finir.
   Mais vous formez des doutes:
Hé bien, je vais vous en punir,
   Je vous adopte toutes.

Le fieur Dorvigni, un des *acteurs* de ces petits fpectacles, fut appellé dans une fociété; & comme on lui connoît le talent des impromptûs, on lui demanda un quatrain fur le nom du roi. Mais, dit-il, il y a cinq lettres dans Louis. — Eh bien, faites, répondit-on en riant, un quatrain en cinq vers.

Voici le cinquième vers qu'il compofa fur-le-champ:

Son image eft par-tout, excepté dans ma poche.

Le fpectacle de l'*Ambigu comique* venoit d'être transporté dans la falle des Variétés fur le boulevard, on jouoit la *Matinée du comédien*; & dans une fcène où les deux perfonnages doivent s'affeoir, il ne fe trouva qu'une chaife fur le théâtre. Le fieur Talon eut la préfence d'efprit de dire à fon interlocuteur, en lui préfentant fa chaife: « excufez; nous ne faifons que d'emménager ».

Acteurs de fociété.

Des *acteurs* de fociété répétoient chez M. de Voltaire la tragédie de Mahomet. Une jeune perfonne de quinze ans, très-jolie & très-intéreffante, jouoit le rôle de *Palmire*; mais elle étoit fort loin de mettre, dans les imprécations contre Mahomet, la force & l'énergie qu'exigeoit la fituation de fon perfonnage. M. de Voltaire, pour lui montrer combien elle s'écartoit du fens de fon rôle, lui dit avec douceur: « Mademoifelle, figurez-vous que Mahomet eft un impofteur, un fourbe, un fcélérat, qui a fait poignarder votre père, qui vient d'empoifonner votre frère, &, qui, pour couronner fes bonnes œuvres, veut abfolument coucher avec vous. Si tout ce petit manège vous fait un certain plaifir, vous avez raifon de le ménager comme vous faites; mais fi cela vous répugne à un certain point, voilà comme il faut s'y prendre ». Alors M. de Voltaire joignant l'exemple au précepte, répéta lui-même l'imprécation, & vint à bout de la faire rendre parfaitement par la demoifelle.

Une dame paffoit la plus grande partie de l'année à la campagne, & y jouoit régulièrement la comédie; mais fa troupe, comme la plupart de celles de fociété, étoit fujette à fe compofer différemment, fuivant les liaifons qu'elle formoit à Paris pendant l'hiver. « Je me fouviens (dit l'auteur des mélanges (M. le Marquis de P...) de l'avoir vue, durant un été, très-engouée d'un jeune homme, d'une charmante figure, qui rempliſſoit les rôles d'amoureux dans ſa troupe. Cependant l'année ſuivante il ne parut plus ſur ſon théâtre, & fut remplacé par un autre ſujet. Des voiſins de campagne, qui ne voyoient la dame que pendant la belle ſaiſon, lui témoignèrent leur ſurpriſe de ce changement. *Vous paroiſ- ſiez ſi contente de cet acteur*, lui diſoit-on. « Il eſt » vrai, répondit-elle, il étoit aſſez bon pour la » repréſentation, mais il manquoit toujours aux » répétitions ».

Une troupe de ſociété avoit trouvé plaiſant la repréſentation d'une tragédie dans laquelle tous les rôles d'hommes étoient joués par des femmes, & les rôles de femmes étoient remplis par des hommes. Cette ſingularité fit beaucoup rire.

On connoît la comédie du *triple mariage*, de Néricault Deſtouches. Un père de famille ſe trouva dans le cas d'en faire l'application à ſa ſituation actuelle. Il avoit un fils & une fille qui conçurent chacun une inclination pour une demoiſelle & un jeune homme qui, quoique honnêtes à tous égards, n'auroient pas été choiſis par le père pour en faire un gendre & une bru, s'il avoit été conſulté, parce qu'ils n'étoient pas riches. Cependant, ayant été preſſé par des amis communs de ſe prêter au choix de ſes enfans, il ſe détermina à y conſentir d'autant plus volontiers, que, de ſon côté, il avoit envie de ſe remarier à une jeune perſonne qui étoit ſans fortune. Mais pour leur faire ſentir qu'il devoit prendre ſon mariage en auſſi bonne part qu'il conſentoit de bonne grâce à les ſatisfaire, il donna une petite fête à ſa maiſon de campagne, y fit jouer la comédie du *triple mariage*, voulut que ſes enfans y priſſent un rôle, & ſe chargea de celui du vieillard : il fit maſquer la demoiſelle qu'il aimoit, & enfin déclara ſon mariage en plein théâtre : il fut très-applaudi, la ſoirée fut la plus agréable du monde, l'union fut parfaite dans cette famille de bonnes gens, & jamais peut-être n'a-t-on tiré meilleur parti d'un dénouement de comédie.

J'ai connu beaucoup (dit le Marquis de P...) M. de P**&madame ſon épouſe, qu'il a enlevée d'une façon fort ſingulière. Ils jouoient enſemble la comédie dans une troupe de ſociété bourgeoiſe. On ſavoit bien qu'ils étoient très-amoureux l'un de l'autre, & l'on n'ignoroit pas que leurs parens refuſoient de conſentir à leur mariage. Mademoiſelle de B** avoit une taille charmante, la figure très-agréable ; mais l'air d'une vierge, & tout-à-fait propre à repréſenter les rôles d'Agnès, auſſi s'en acquittoit-elle parfaitement. M. de P** étoit grand, bien fait ; mais il étoit maigre & pâle, & on lui trouvoit une figure ſépulchrale, qui fit qu'on rit beaucoup aux répétitions & à la première repréſentation de l'*Ecole des femmes*, dans laquelle ils jouèrent les rôles

d'Agnès & d'Horace, lorſqu'on entendit ce vers :

Agnès & le corps mort s'en ſont allés enſemble.

On leur en fit l'application. Cependant ils reparurent au dénouement pour cette fois là ; mais à une ſeconde repréſentation, ils avoient ſi bien pris leurs meſures, qu'ils s'échappèrent, on ne les revit plus. Ils paſſèrent en Hollande, s'y marièrent, & allèrent s'établir à Berlin, où ils ont vécu aſſez conſidérés & aſſez tranquilles, quoique déshérités par leurs parens.

Le bon bourgeois auquel eſt arrivé l'aventure ſingulière que je vais raconter, s'appelloit *Gueulette*, & s'eſt diſtingué dans la littérature par pluſieurs pièces de théâtre aſſez jolies, & par quelques romans & des contes qui ont encore fait plus de fortune. M. Gueulette avoit donc une maiſon de campagne à Choiſy-le-Roi, où il s'amuſoit avec une ſociété de gens de ſon état, avocats, notaires & procureurs, à jouer des comédies ; mais ſur-tout des farces, des parades, & des pièces de marionnettes. Il avoit un talent ſupérieur pour faire le *polichinelle*.

Quoique les plaiſirs que cette ſociété prenoit ainſi fuſſent très-innocens, car les femmes & les enfans de tous ces honnêtes gens étoient de la partie, c'étoient de vrais amuſemens de famille ; cependant, comme ils lâchoient quelquefois des plaiſanteries un peu fortes, le curé de Choiſy s'aviſa d'y trouver à redire : il en dit même quelque choſe au prône, ce qui n'eut d'autre effet que d'engager M. Gueulette & ſa compagnie à ceſſer d'aſſiſter à la grand'meſſe ; mais il ne fut pas long-temps ſans être obligé d'avoir recours à ſon paſteur. L'on ſait que pour bien faire le *polichinelle* il faut mettre dans ſa bouche un petit inſtrument qu'on appelle *pratique*, qui fait paroître la voix enrouée. M. Gueulette, quoique très-accoutumé à s'en ſervir, eut le malheur d'avaler ſa pratique, elle s'arrêta dans ſon goſier & penſa l'étrangler : il appella à ſon ſecours. D'abord on crut qu'il plaiſantoit ; mais le voyant devenir cramoiſi, on comprit qu'il ne badinoit pas ; on fut même alarmé. Le chirurgien du village fut appellé, & trouva le cas grave. Il conſeilla des ſecours ſpirituels : on alla chercher le Curé, qui trouva le mourant entouré de ſes amis, *Gilles*, *Caſſandre* & *madame Gigogne*, tous en pleurs. Le Polichinelle voulut commencer par témoigner à ſon curé les bonnes diſpoſitions dans leſquelles il alloit expirer ; mais comme la *pratique* l'obligeoit à s'énoncer d'une façon tout-à-fait comique, loin d'édifier, il ſcandaliſa au point que le curé ſe mit en fureur, diſant qu'on ne ſe moquoit pas ainſi d'un homme de ſon caractère. Il s'en fallut peu que M. Gueulette ne fût forcé à ſe faire enterrer pour prouver à ſon paſteur qu'il étoit de bonne foi. Mais enfin tout s'éclaircit, le curé revint de ſon erreur, & M. Gueulette de fa maladie; mais il renonça à l'ufage de la *pratique*.

Voici la relation d'une fête exécutée par des acteurs de fociété.

Madame la marquife de M*** s'étant trouvée fort avancée dans fa groffeffe, au commencement de l'autômne de *1767*, réfolut de faire fes couches dans fon beau château de*** affez voifin de la capitale, pour qu'elle y fût à portée de tous les fecours qui pouvoient lui être utiles. Sa famille & celle de fon mari s'y étoient raffemblées, & une fociété bien compofée de perfonnes des deux fexes achevoit de rendre le féjour délicieux pour elle. On y jouoit la comédie fur un joli théâtre de plain-pied à l'appartement de la dame, & on lui procura ce plaifir jufqu'au dernier moment de fa groffeffe. On avoit fait encore mieux, on avoit pris de juftes mefures pour lui donner une fête auffi-tôt qu'elle feroit en état de s'en amufer. Tout fut prêt à temps; & l'exécution on ne peut pas plus heureufe. La marquife ayant donné le jour à un enfant charmant, qui fut baptifé le lendemain de fa naiffance, on n'attendit plus que quelques jours pour annoncer à l'accouchée que *Démogorgon*, roi des génies & des fées, demandoit la permif-fion de la vifiter avec une nombreufe fuite de divi-nités fubalternes, que toutes vouloient lui témoi-gner leur zèle en ornant de leurs plus précieux dons l'enfant nouveau né. On fit entrer le roi des génies qui, avec une très-belle voix de baffe-taille, fit un compliment en mufique, & annonça les plus grandes profpérités. Enfuite, quatre fées & deux génies douèrent l'enfant par autant de jolies ar-riettes, & firent chacune un préfent relatif aux avantages promis. Tout-à-coup une fymphonie terrible annonce la fée Caraboffe, qui, furieufe de n'avoir pas été invitée avec les autres, veut s'en venger. Dans un air de fureur elle déclare fes mauvais deffeins, & prédit des malheurs effrayans; enfin elle fort, comme elle étoit arrivée, fur un char ridicule, traîné par des chats miaulans. Pour remettre le calme dans l'ame de la belle accouchée, les bonnes fées lui affurent que tous les maux, pré-dits par Caraboffe feroient éloignés du jeune enfant par leur bénigne influence & le pouvoir de leur art. C'eft ce qui fut exprimé par un air à cinq par-ties. Telle fut la première fête donnée à madame la marquife de M*** dans fa chambre même &, peu après fes couches. En fe retirant, Démogorgon in-vita la dame, dès qu'elle le pourroit fans s'incom-moder, à fe rendre dans le palais des fées, où l'on fe propofoit de lui donner une nouvelle fête, qui prouveroit quelle amitié les bons génies avoient pour elle.

Le jour de ce nouveau divertiffement étant ar-rivé, ce fut fur le théâtre du château qu'il fe donna. Une feconde repréfentation de ce qui s'étoit paffé dans la chambre de l'accouchée fervit de prologue, & le refte de la fête fut divifé en trois actes. On fuppofe que Démogorgon & la fée fouveraine con-duifent la dame dans le grand fallon du principal appartement de leur palais. Ils lui apprennent que tout l'ameublement de ce fuperbe fallon eft com-pofé de princes & de princeffes enchantés, & qu'à fa confidération ils vont ranimer tous ces meubles qui reprendront leur première forme. Les fées tou-chent de leurs baguettes une pendule, qui, après avoir fonné l'heure, conte fon hiftoire, & fe trouve être un prince enchanté: une belle glace de miroir étoit là la princeffe dont il étoit épris. Un tableau, deux ftatues forment autant de fcènes. Il y avoit dans cet acte un ballet férieux compofé d'un ca-napé, de plufieurs fauteuils, chaifes & tabourets; un autre ballet galant compofé de tous les meubles d'une toilette; & enfin, d'un ballet comique com-pofé de magots de porcelaine, de pagodes de la Chine, &c.

Au fecond acte, le théâtre repréfentoit un beau jardin rempli d'arbres & de fleurs, ou plutôt, de bergères & de bergers enchantés comme les meu-bles du fallon. Un chêne chantoit un grand air, un ormeau lui répondoit, un buiffon de rofes, un pied de lys, le brillant laurier, le petit myrthe formoient enfemble des duo. Jufqu'à la violette & à la penfée chantoit leur petit air : enfin, toutes les fleurs qui peuvent entrer dans la compofition d'un beau parterre formèrent un ballet charmant. Les arbres fruitiers y jouoient auffi leur perfon-nage, la pomme d'apis, la poire de bon chrétien, celle de meffire-jean, & les prunes de la reine claude & de mirabelle y paroiffoient, & tous danfèrent comme les acteurs du premier acte, avoient chanté après avoir repris la figure humaine.

Au troifième acte, on fe trouva tranfporté dans la ménagerie des fées. On y voyoit des animaux de toute efpèce, quadrupèdes fauvages & domef-tiques, oifeaux & même des poiffons. Ces derniers chantèrent (bien entendu que ce fut qu'après avoir été défenchantés) le roffignol, le ferin & la fauvette fe diftinguèrent par l'excellence de leur mufique, chacun des animaux reprenoit fa figure foit avant, foit après avoir chanté; mais confer-voit toujours quelque chofe de fon premier état. Il en fut de même des danfeurs & des danfeufes. Un ballet de ci-devant dindons, d'oies fauvages & de canes privés, & une jolie contredanfe, d'un coq au milieu de fes poules terminèrent la fête.

ACTIVITÉ. Jules-Céfar difoit ordinairement que dans les entreprifes hardies & périlleufes, il faut agir & non délibérer, parce que la promptitude contribue plus que tout le refte à les faire réuf-fir. La réflexion, ajoutoit-il, refroidit le courage & rend l'homme timide. Ce célèbre romain, après avoir vaincu l'armée de la république, de l'Italie vole dans le Pont, en Afie, attaque Pharnace, fils de Mithridate, en triomphe dès le premier choc, & fait rentrer les rebelles dans les fers des romains. C'est pour exprimer cette étonnante célérité, qu'il écrivit à ses amis ces mots, devenus si fameux : « Je suis venu, j'ai vu, j'ai vaincu ».

Lacédémone étoit menacée par les républiques rivales de sa puissance, tandis qu'Agésilas, par ses victoires, humilioit, dans le fond de l'Asie, le faste & l'orgueil du roi de Perse. Sparte instruit son roi de l'orage qui se forme contr'elle, & ce prince part aussi-tôt avec son armée. Il passe l'Hellespont, traverse la Thrace, & se contente d'envoyer demander aux différens peuples qu'il trouve sur sa route, s'il marche en pays d'amis ou d'ennemis? Sans attendre la réponse, il s'avançoit toujours. Ceux qu'on appelloit Troadenses, qui avoient vendu bien cher à Xerxès la liberté de passer chez eux, voulurent arrêter le monarque spartiate, exigeant cent talens & cent esclaves, pour la liberté du passage. « Je vais les leur porter, répondit en riant l'intrépide Agésilas. » Il marche contr'eux, les bat & les dissipe, passe tranquillement, & n'ayant mis que trente jours à parcourir tant de contrées, par son arrivée soudaine, il déconcerte les Grecs conjurés & sauve sa patrie.

ADAGE. On peut définir ce mot, un proverbe sentencieux.

Le fils d'un gouverneur de province fut élevé dans le palais d'Uglimith. Ce jeune homme, dans un âge encore tendre, avoit de l'esprit, de la prudence & du jugement ; le roi qui étoit fort jeune en fit son ami, & les jeunes gens de la cour le prirent en aversion; ils lui tendirent des pièges, ils cherchèrent à le perdre, ou à le faire périr ; mais ils ne purent y réussir, parce qu'il avoit dans le roi un véritable ami. Un jour ce prince lui disoit « Quelle peut être la cause de la haine que tu » inspires à mes courtisans ? Elle est violente ; ne » pourrois-tu la faire cesser »... O roi, répondit le favori, j'ai fait usage de ta puissance pour le bonheur de tes sujets & pour ta gloire ; à mesure que je concilios l'affection du ton peuple & ton cœur, j'éloignois de moi mes anciens amis, mes égaux : je ne connois qu'un moyen de les ramener ; c'est de faire des fautes «. Poursuis, & ne » crains rien, dit le roi; *le soleil ne doit pas cesser* » *d'éclairer, parce que sa lumière blesse les yeux des* » *oiseaux de nuit*».

Nous-Chirvam, surnommé le Juste, roi de Perse, étant à la chasse, voulut manger du gibier qu'il avoit tué ; mais il n'avoit pas de sel. Il en envoya chercher au village le plus voisin, en défendant de le prendre sans le payer. « Quel mal » arriveroit-il, dit un courtisan, si l'on ne payoit » pas un peu de sel? Si un roi, répondit Nous-Chirvam, cueille une pomme dans le jardin de » ses sujets ; le lendemain ses favoris couperont » l'arbre ».

On peut citer encore comme d'excellens *adages* les vers suivans qui sont en même-temps proverbes & maximes.

Le feu qui semble éteint souvent dort sous la cendre.

Les nœuds les plus sacrés sont les plutôt rompus.

Le trop de confiance attire le danger.

Qui n'appréhende rien présume trop de soi.

Celui-là fait le crime à qui le crime sert.

Qui veut mourir ou vaincre est vaincu rarement.

Le crime est oublié si-tôt qu'on le répare.

Il part de bons avis quelquefois de la haine.

L'amour n'est qu'un plaisir, l'honneur est un devoir.

On garde sans remords ce qu'on acquiert sans crime.

A raconter ses maux souvent on les soulage.

Ce n'est point obéir qu'obéir lentement.

Qui peut ce qu'il lui plaît commande alors qu'il prie.

La parole des rois doit être inviolable.

Toute fourbe est honteuse aux cœurs nés pour l'empire.

Qui commence le mieux ne fait rien s'il n'achève.

Tel donne à pleines mains qui n'oblige personne ;
La façon de donner vaut mieux que ce qu'on donne.

Un service au-dessus de toute récompense,
A force d'obliger, tient presque lieu d'offense.

Les foibles déplaisirs s'amusent à parler,
Et quiconque se plaint cherche à se consoler.

Quiconque, sans l'ouïr, condamne un criminel,
Son crime eût-il cent fois mérité le supplice,
D'un juste châtiment il fait une injustice.

Lorsque le déshonneur souille l'obéissance ;
Les rois peuvent douter de leur toute-puissance :
Qui la hasarde alors n'en fait pas bien user,
Et qui veut pouvoir tout ne doit pas tout oser.

L'estime & le respect sont de justes tributs
Qu'aux plus fiers ennemis arrachent les vertus.
CORNEILLE.

Un bienfait reproché tient toujours lieu d'offense.

Au travers des périls un grand cœur se fait jour.

La gloire des méchans en un moment s'éteint.

Déteſtables flatteurs, préſent le plus funeſte
Que puiſſe faire aux rois la colère céleſte.

Nulle paix pour l'impie ; il la cherche, elle fuit.

On ne partage point la grandeur ſouveraine,
La haine des ſujets ne fait pas les tyrans.   RACINE.

Je ſuis homme : tout homme eſt un ami pour moi.

Le cruel repentir eſt le premier bourreau
Qui, dans un ſein coupable enfonce le coûteau.
                                          RACINE fils.

Un ſot trouve toujours un plus ſot qui l'admire.

L'ignorance vaut mieux qu'un ſavoir affecté.

Pour chanter un Auguſte, il faut être un Virgile.

Le mérite en repos s'endort dans la pareſſe.

Le plus ſage eſt celui qui ne penſe pas l'être.

L'honneur eſt comme une iſle eſcarpée & ſans bords,
On n'y peut plus rentrer dès qu'on en eſt dehors.

Même aux yeux de l'injuſte, un injuſte eſt horrible.
Et tel qui n'admet point la probité chez lui,
Souvent à la rigueur l'exige dans autrui.

Un poëme inſipide & ſottement flatteur
Déshonore à la fois le héros & l'auteur.
                                          BOILEAU.

Où la guêpe a paſſé le moucheron demeure.

Rien ne ſert de courir ; il faut partir à point.

Nous nous pardonnons tout, & rien aux autres hommes.

Qu'un ami véritable eſt une douce choſe !

Rien n'eſt ſi dangereux qu'un ignorant ami ;
        mieux vaudroit un ſage ennemi.

On ſe voit d'un autre œil qu'on ne voit ſon prochain.

Toute puiſſance eſt foible, à moins que d'être ûni.

Un ſot plein de ſavoir eſt plus ſot qu'un autre homme.

        Plutôt ſouffrir que mourir ;
        C'eſt la deviſe des hommes.

Hélas ! on voit que de tout temps
Les petits ont pâti des ſottiſes des grands.

        Patience & longueur de temps,
        Font plus que force ni guerrage.

C'eſt un double plaiſir de tromper le trompeur.

En toute choſe il faut conſidérer la fin.

        Amour, Amour, quand tu nous tiens,
        On peut bien dire, adieu prudence !

De loin c'eſt quelque choſe, & de près ce n'eſt rien.

Chacun ſe dit ami, mais fou qui s'y repoſe ;
        Rien n'eſt plus commun que ce nom,
        Rien n'eſt plus rare que la choſe.

        Il n'eſt pour voir que l'œil du maître.
Quant à moi, j'y mettrois encor l'œil de l'amant.

Un *tien* vaut, dit-on, mieux que deux *tu l'auras*,
        L'un eſt ſûr, l'autre ne l'eſt pas.

        Plus fait douceur que violence.

        Aide-toi, le ciel t'aidera.

Le bien, nous le faiſons : le mal, c'eſt la fortune.
On a toujours raiſon, le deſtin toujours tort.

Le monde eſt vieux, dit-on, je le crois : cependant
Il le faut amuſer encor comme un enfant.

        L'homme eſt de glace aux vérités,
        Il eſt de feu pour les menſonges.

        Ventre affamé n'a point d'oreilles.

L'abſence eſt auſſi bien un remède à la haine
        Qu'un appareil contre l'amour.
                                          LA FONTAINE.

La crainte ſuit le crime, & c'eſt ſon châtiment.

Rarement de ſa faute on aime le témoin.

Faiſons notre devoir, les dieux feront le reſte.

C'eſt un poids bien peſant qu'un nom trop tôt fameux.

La bouillante jeuneſſe eſt facile à ſéduire.

Qui ſert bien ſon pays n'a pas beſoin d'aïeux.

La bouche obéit mal lorſque le cœur murmure.

C'eſt le foible qui trompe, & le puiſſant commande.

On pardonne aiſément à ceux qui font à craindre.

Le ciel donne ſouvent des rois dans ſa vengeance.

Les regards des héros produiſent les grands hommes.

La vertu qui n'eſt plus eſt bientôt oubliée.

Malheur aux cœurs ingrats & nés pour les forfaits,
Que les crimes d'autrui n'ont attendri jamais.

On a vu plus d'un roi, par un triste retour,
Vainqueur dans les combats, esclave dans sa cour.

Les mortels sont égaux, ce n'est point la naissance,
C'est la seule vertu qui fait leur différence.
　　　　　　　　　VOLTAIRE.

Les gens qui n'aiment qu'eux ne sont pas ceux qu'on
　　aime.　　　　　　　　BARTHE.

Pour les infortunés, espérer c'est jouir.
　　　　　　　　　GILBERT.

La vertu doit régner, ou conseiller les rois.

On vous juge d'abord par ceux que vous voyez.

Qui peut taire un complot lui-même en est coupable.

L'éloge des absens se fait sans flatterie.

Et l'ami d'un heureux n'est souvent qu'un flatteur.

L'aigle d'une maison n'est qu'un sot dans une autre.

L'esprit qu'on veut avoir gâte celui qu'on a.

Un rapport clandestin n'est pas d'un honnête homme.
Quand j'accuse quelqu'un, je le dis & me nomme.

Tôt ou tard la vertu, les graces, les talens,
Sont vainqueurs des jaloux & vengés des méchans.
　　　　　　　　　GRESSET.

ACCIUS, (Lucius) poëte tragique ancien, fort estimé, mort vers l'an 80 avant J. C. Quelqu'un lui ayant demandé pourquoi il ne plaidoit pas, lui qui réussissoit si bien sur le théâtre. *Dans mes tragédies, répondit-il, je dis ce qu'il me plaît, au lieu qu'au barreau il me faudroit dire souvent & entendre ce que je ne voudrois pas.*

Suivant l'expression de Pline, *Accius, quoique très-petit de taille, mérita une très-grande statue dans le temple des muses.*

ADAM (Jean) jésuite, mauvais prédicateur, mort en 1684. Un seigneur l'ayant entendu prêcher à la cour, dit à la reine : son discours m'a convaincu qu'*Adam n'est pas le premier homme du monde.*

ADAM d'Orleton, évêque de Winchester, mort en 1375. On lui demanda quel traitement il falloit faire à l'infortuné roi Edouard II que ses sujets tenoient en prison, il répondit : *Edwardum regem occidere nolite timere bonum est.* Cette phrase étant sans ponctuation pouvoit signifier il est bon de craindre, ou il est bon de ne pas craindre de tuer le roi Edouard. La haine suivit cette dernière interprétation & le roi fut sacrifié.

ADDISSON (Joseph) poëte & célèbre écri-

vain anglois, mort en 1719, auteur de la tragédie de Caton d'Utique & du *spectateur*, ouvrage périodique qui l'a fait nommer le *sage*, parce qu'il y enseigne la sagesse en la présentant sous les traits les plus piquans. Il fut élevé aux premières places de l'état. Il dit dans son *spectateur*, n°. 291. « Une » des grandes marques à laquelle vous reconnoî- »trez un critique qui n'a ni goût ni savoir, c'est » qu'il se hasardera rarement à louer un endroit » de quelqu'auteur qui n'ait pas encore été re- » marqué ».

Un poëte vint trouver *Addisson*, pour le prier d'examiner une pièce de vers de sa composition. *Addisson* se contenta d'effacer les vers d'Homère que le jeune homme avoit cités pour épigraphe ; & lui rendit son ouvrage. Comme il lui en demanda la raison : « Souvenez-vous, lui dit *Ad-* » *disson*, de cet empereur romain, aux statues du- » quel on faisoit d'abord peu d'attention, mais » que l'on trouva ensuite très-ridicules lorsqu'on » y eut placé les têtes sacrées des dieux ».

ADÉLAÏDE, veuve de Lothaire, roi d'Italie, étoit une des plus belles personnes de son temps. Bérenger, qui avoit succédé à Lothaire, voulant la forcer d'épouser son fils Adalbert, l'assiégea dans Pavie, prit cette ville, viola cette princesse & l'enferma ensuite dans le château de Garde, ne lui laissant qu'une femme pour la servir, & un prêtre pour lui dire la messe ; elle trouva le moyen de s'échapper de sa prison : l'archevêque de Reggio lui avoit offert une retraite ; elle ne marchoit que de nuit à pied, se cachant le jour dans les bleds ; tandis que son aumônier alloit quêter des vivres dans les villages ; un autre prêtre la rencontre, lui fit des propositions déshonnêtes, qu'elle rejeta avec dignité. Eh bien, lui dit-il, abandonnez-moi au moins votre servante ; sinon, j'irai vous découvrir à Bérenger. La princesse obéit à la nécessité, & la suivante à sa maitresse.

ADEPTE. L'empereur Rodolphe II ayant appris qu'il y avoit en Franche-Comté un chymiste qui passoit pour être certainement adepte, envoya un homme de confiance pour l'engager de venir le trouver à Prague. Le commissionnaire n'épargna ni persuasion ni promesse pour s'acquitter de sa commission ; mais le Franc-Comtois fut inébranlable, & se tint constamment à cette réponse. « Ou je » suis *adepte*, ou je ne le suis pas ; si je le suis, » je n'ai pas besoin de l'empereur, & si je ne le » suis pas, l'empereur n'a que faire de moi ».

ADIEUX. M. de Montigny, de l'académie des sciences, mourut avec courage, après une maladie assez longue. Sentant approcher sa fin, il exigea que mesdames ses nièces sortissent de son appartement. « Recevez mes derniers *adieux*, leur dit- » il, je sens qu'il est l'heure pour tout le monde » de se retirer ».

ADJUDANT. Le comte de.... aimoit éperdument la marquise de.... Le comte ayant été nommé
pour commander un corps d'armée en Italie, étoit
dans l'indécision s'il accepteroit cet honneur ; cependant le devoir & la gloire l'emportèrent sur sa
passion ; il partit, mais à peine avoit-il eu le temps
de rassembler ses troupes dans un camp, que l'on
vit arriver la marquise, qui pendant la campagne
suivit les mouvemens de l'armée. Lorsqu'on la voyoit
passer, & que quelqu'étranger demandoit : « Quelle
» est cette dame ? Quoi ! répondoient les officiers,
» & d'après eux les soldats, vous ne la connoissez
» pas ? c'est le premier *adjudant* de notre général ».

AGASICLES, roi de Lacédémone, mort vers
l'an 650 avant J. C.

Un philosophe lui demanda comment un roi
pouvoit vivre tranquille ? *C'est*, répondit-il, *en
traitant ses sujets comme un père traite ses enfans.*

ADMIRATION. L'*admiration* est un sentiment
vif qui s'élève dans l'ame, à la vue d'un objet qui
surpasse notre attente.

Le Czar Pierre-le-Grand embrasse avec transport la statue du cardinal de Richelieu, & s'écrie
dans l'enthousiasme dont il est pénétré : O grand
» homme, si tu eusses vécu de mon temps, je
» t'aurois donné la moitié de mon empire, pour
» apprendre de toi le secret merveilleux de gou-
» verner l'autre ! » Voilà de *l'admiration.*

Les larmes que versa le grand Condé, lorsqu'il
entendit pour la première fois les vers qu'Auguste
adresse à Cinna dans la tragédie de ce nom, furent
des larmes excitées par l'*admiration.*

ADOPTION. La coutume d'*adopter* étoit fort
familière chez les Romains. C'étoit, dans les premiers temps de la république, aux pontifes qu'on
devoit s'adresser pour obtenir la permission de faire
passer, par *adoption*, un enfant dans sa famille :
ensuite on eut recours aux magistrats & au peuple.
On demandoit au père de celui qu'on vouloit adopter, s'il vouloit abandonner son fils dans toute
l'étendue de la puissance paternelle, & donner droit
de vie & de mort sur lui.

Chez les Lombards, il suffisoit de recevoir honorablement quelques boucles de cheveux des personnes qu'on vouloit *adopter.*

On trouve des exemples d'*adoption* sous la première race de nos rois. Cette cérémonie se faisoit
en présence du monarque, & l'acte qui en étoit
dressé, accordoit tous les droits de fils légitime.

Chez les Germains, c'étoit en recevant les armes qu'on devenoit majeur, & c'étoit aussi par le
même signe qu'on étoit *adopté.* Lorsque Gontran
voulut déclarer majeur & *adopter* en même-temps
son neveu Childebert, il lui dit : « J'ai mis ce

» javelot dans tes mains, comme un signe que je
» t'ai donné mon royaume » ; Puis se tournant vers
l'assemblée : « Vous voyez que mon fils Childebert
» est devenu homme, obéissez-lui ».

Théodoric, roi des Ostrogoths, voulant *adopter*
le roi des Hérules, lui écrivit : « C'est une belle
» chose parmi nous, de pouvoir être *adopté* par
» les armes ; car, les hommes courageux sont les
» seuls qui méritent de devenir nos enfans. Il y a
» une telle force dans cet acte, que celui qui en
» est l'objet aimera toujours mieux mourir, que
» de souffrir quelque chose de honteux : ainsi, par
» la coutume des nations, & parce que vous êtes
» un homme, nous vous *adoptons* par ces bou-
» cliers, ces épées, ces chevaux que nous vous
» envoyons ».

ADRESSE. Ce mot, dans le sens propre, signifie la
manière de faire ou d'exécuter avec précision quelque chose de difficile, d'éviter ou de surmonter les
obstacles qui se présentent. On peut par exemple
montrer de l'adresse, à la course, à sauter un fossé,
à faire des armes, à tirer de l'arc ; en un mot,
l'*adresse* consiste dans une manière particulière d'exécuter les mouvemens méchaniques du corps.

Un jour l'empereur Adrien exerçoit ses troupes,
& chaque soldat exécutoit en particulier les évolutions militaires analogues aux fonctions qu'il avoit
dans les armées. Un archer Batave, nommé Soranus, parut à son tour. Ce guerrier, déjà connu
par son *adresse*, voulut surpasser sa réputation. Il
décoche une flèche, & avec une seconde il coupe
la première qu'il atteint au milieu de son vol. Adrien,
rempli d'admiration, prit les Bataves & Soranus
en si grande amitié, que dès le moment il en composa sa garde ; & lorsque cet habile archer fut mort,
il lui éleva un magnifique mausolée.

L'indigne fils de Marc-Aurèle, le barbare Commode, étoit de la plus grande *adresse.* Un jour dans
un spectacle, voyant une panthère qui s'élançoit
sur un malheureux destiné à combattre contr'elle,
il prit son arc, & d'une flèche subitement lancée,
il perça la tête de l'animal, sans toucher à l'homme.

Le mot d'*adresse* se prend aussi dans un sens figuré, & consiste dans l'art de conduire ses entreprises de manière à réussir. En voici quelques
exemples.

On pilloit la maison d'un riche négociant, un
Arabe ayant mis la main sur un sac plein d'or,
& craignant que les gens attroupés dans la maison
& dans la rue, ne lui enlevassent sa proie, il s'avisa
de le jeter dans une des marmites qui étoient auprès du feu dans la cuisine, ensuite ayant mis la
marmite sur sa tête, il se retira promptement. On
se mit à rire en le voyant emporter une marmite,
& laisser aux autres tant de choses précieuses ; mais
l'adroit Arabe gagnoit sa demeure, en disant aux

railleurs, j'ai pris ce qui eſt pour l'inſtant le plus néceſſaire à ma famille. Il ne mentoit pas, & ſon *adreſſe* lui conſerva ſon butin.

Un aveugle avoit cinq cents écus qu'il cacha dans un coin de ſon jardin ; un voiſin le vit, & les enleva pendant la nuit. L'aveugle déſeſpéré du larcin, fut trouver ſon voiſin qu'il ſoupçonnoit d'en être l'auteur. Voiſin, dit-il, d'un air qui annonçoit un homme ſans inquiétude, je viens vous demander un conſeil ; j'ai mille écus dont j'ai caché la moitié dans un lieu ſûr, croyez-vous qu'il ſoit prudent de mettre l'autre moitié dans le même endroit. Oui-da, voiſin, je vous le conſeille, dit le voleur d'écus, & dans l'eſpérance d'une plus belle priſe, il ſe hâta de remettre les cinq cents écus où il les avoit pris ; mais l'aveugle ayant, par un tour d'*adreſſe*, fait rapporter ſon argent, le prit & n'en remit plus.

ADRESSES. Les *adreſſes*, en Angleterre, ont pris naiſſance du temps de Richard Cromwel. Lorſqu'il ſuccéda à ſon père Olivier au protec-torat, il reçut des *adreſſes* de tous les corps du royaume, qui dévouoient à ſon ſervice leurs vies & leurs fortunes, tandis que la plupart tramoient déjà le projet de ſa deſtruction. Ce Richard Crom-wel n'étoit pas auſſi imbécile qu'on l'a imaginé. Lorſqu'après l'intervalle de ſept mois de ſon règne burleſque, il fit emporter ſes meubles de Whitéhall, il apperçut un vieux coffre que l'on traînoit avec fort peu de ménagement, & il recommanda qu'on en eût plus de ſoin, parce qu'il contenoit, dit-il, les vies & les fortunes du bon peuple d'Angle-terre.

Aucun prince n'a reçu plus d'*adreſſes* de ſon peuple que Charles II, tandis que le même peuple le laiſſoit manquer de tout, & lui fourniſſoit à peine de quoi pourvoir aux dépenſes du gouvernement : ce qui mit ce prince dans la néceſſité humiliante de devenir, contre ſon gré, penſionnaire de la France. Killegrew, ſon bouffon de facétieuſe mé-moire, ſe moqua un jour aſſez plaiſamment des offres ſtériles de la nation angloiſe. Il recommanda en particulier au tailleur du roi, de faire, pour un habit de ſa majeſté, une poche très-grande, & l'autre extrêmement petite. Charles étonné d'une ſemblable diſproportion, apprit que c'étoit une imagination de Killegrew, & lui en demanda la raiſon. *La grande poche*, répondit le bouffon, *ſervira à contenir les adreſſes de vos ſujets, & l'autre à recevoir l'argent qu'ils ont envie de vous donner.*

Jacques II trouva la même ſincérité dans ſon peuple : lorſqu'il publia ſa déclaration pour la liberté de conſcience, tous les non-conformiſtes s'empreſſèrent de lui offrir leurs *vies* & leurs *for-tunes*, & l'on ſait qu'ils furent enſuite les plus ardens promoteurs de ſon excluſion.

Guillaume III n'éprouva pas, de la part de

ſes ſujets, la reconnoiſſance qu'il devoit en at-tendre, & il ne trouva pas dans la ſouveraineté, ce que les ames aveuglées par l'ambition eſpèrent y rencontrer : la couronne fut pour lui une cou-ronne d'épines. Son peuple, craignant toujours de ſe voir enveloppé dans des alliances étrangères, & ſoupçonnant Guillaume d'avoir plus à cœur l'in-térêt de la Hollande que celui de l'Angleterre, ne lui accordoit ordinairement les fonds néceſ-ſaires pour ſoutenir la guerre, que lorſque la cam-pagne étoit déjà fort avancée, & que les ennemis avoient eu le temps de gagner pluſieurs avantages. C'eſt-là la principale raiſon pour laquelle ce prince, grand même dans ſes défaites, fut toujours vaincu par les François.

Vers la fin du règne de la reine Anne, ſa ma-jeſté reçut des *adreſſes* portant les plus fortes pro-teſtations d'aſſurer la branche proteſtante, de la part d'hommes qui firent tous leurs efforts, après la mort de cette princeſſe, pour rétablir le pré-tendant.

L'*adreſſe* la plus remarquable du règne de Geor-ges I, fut celle du Bourg de Totneſs dans le Dé-vonſhire. Lorſque l'empereur Charles VI & le roi d'Eſpagne s'unirent par le traité de Vienne, cette alliance parut peu favorable à l'Angleterre, & le bourg que nous venons de nommer, voulut ſi-gnaler ſon zèle, en aſſurant à ſa majeſté qu'ils étoient diſpoſés à lui accorder, non-ſeulement les quatre ſchelings pour livre de la taxe des terres, mais encore les ſeize autres reſtans de la livre, ſi ſon ſervice l'exigeait. Or, il eſt bon de ſavoir que ce même bourg, ſi généreux, n'avoit pas un pouce de terre qui lui appartînt.

On doit voir avec plaiſir qu'il règne aujourd'hui plus de ſincérité & de franchiſe dans les *adreſſes* qu'on préſente au ſouverain. Il n'en eſt plus, comme autrefois, lorſqu'il n'y avoit, dans un comté, dans une ville, ou un bourg, qu'un petit nombre d'hom-mes adroits, capables d'écrire une *adreſſe*, dans laquelle ils faiſoient dire aux membres de leur aſſo-ciation ce qu'ils jugeoient à propos : alors, dans la plupart des corporations du royaume, excepté le maire & les échevins, à peine trouvoit-on un homme en état d'écrire deux lignes d'anglois & de ſens commun.

ADRIEN (Ælius) empereur, fils adoptif & ſucceſſeur de Trajan, mort l'an 138 de J. C.

Pluſieurs concurrens lui diſputèrent l'empire ; *Adrien* les fit rentrer dans le devoir. Un d'eux ſe préſenta pour obtenir ſon pardon ; le *voilà*, dit l'empereur en l'embraſſant.

Ses ennemis ſembloient le craindre ; *raſſurez-vous*, leur dit-il, *Adrien eſt votre empereur, vous êtes ſauvés.*

Le philoſophe Favorin diſputoit contre lui, &
finiſſoit

finiffoit toujours par lui céder; comme on lui en fit des reproches. *Il eft*, répondit-il, *trop dangereux d'avoir raifon avec un homme qui a trente légions pour réfuter vos argumens.*

Il avoit raifon, car cet empereur fit affaffiner l'architecte Apollodore qui critiqua un édifice bâti fur le plan de cet empereur, en lui difant que les déeffes affifes dans fon temple fe cafferoient la tête contre la voûte, fi elles vouloient fe lever.

Il fuffifoit à Adrien d'entendre un difcours une feule fois pour le répéter fur le champ.

Lorfqu'il fentit la mort s'approcher de lui, il compofa, dans les derniers inftans, ces petits vers badins.

> *Animula vagula, blandula,*
> *Hofpes, comefque corporis,*
> *Quæ nunc abibis in loca*
> *Pallidula, rigida, nudula?*
> *Nec, ut foles, dabis jocos.*

> Ma petite ame, ma mignonne,
> Tu t'en vas donc, ma fille, & Dieu fache où tu vas.
> Tu pars feule & tremblante, hélas!
> Que deviendra ton humeur folichonne?
> Que deviendront tant de jolis ébats?
> *Trad. par* FONTENELLE.

Il eft le premier des empereurs romains qui introduifit la coûtume de laiffer croître la barbe, & ce qu'il fit pour cacher une difformité de fon vifage, fut adopté comme un ornement par fes fucceffeurs.

L'empereur *Adrien* mettoit toujours de la politeffe dans fes difcours, même en parlant à des gens d'une condition vile, & détestoit ceux qui, fous prétexte qu'un prince ne doit jamais déroger à la majefté de fon rang, lui faifoient une efpece de crime du plaifir qu'il goûtoit à donner ces marques d'humanité.

ADRIEN VI, pape, mort en 1523. Il fit une épitaphe dans laquelle il dit, *que le malheur de fa vie a été d'avoir eu à commander.* Ce fouverain pontife avoit pour principe qu'*il falloit donner les hommes aux bénéfices, & non pas les bénéfices aux hommes.*

ADVERSITÉ. L'*adverfité* eft un état d'infortune & de malheur, ou plutôt une fuite d'accidens fâcheux.

Nous donnerons comme un terrible exemple d'infortune, les dernières années de Périclès, célèbre général Athènien.

Cet homme qui avoit régné fi long-temps dans Athènes, qui avoit érigé neuf trophées pour autant de victoires qu'il avoit remportées, auffi illuftre

Encyclopédiana.

dans la paix que dans la guerre, & pour qui la fortune fembloit avoir oublié fon inconftance, fe vit accablé dans fa vieilleffe, de tous les maux qui peuvent toucher un cœur fenfible. Les Atheniens lui ôtèrent fa charge de général, & le condamnèrent à une groffe amende. Devenu fimple particulier, il crut au moins goûter la paix au fein de fa famille. Il y trouva des chagrins encore plus cuifans; il avoit perdu, par la pefte qui régnoit encore à Athènes, un grand nombre de parens & d'amis. La divifion fe mit au fein de la famille qui lui reftoit. Xantipe, fon fils aîné, ayant fait de folles dépenfes & des dettes que Périclès ne put payer, le décria par-tout, & ce fils dénaturé ayant été attaqué de la pefte, n'abandonna pas même à la mort fon inimitié contre fon père. Périclès perdit enfuite fa fœur & fes autres parens; enfin, la pefte l'enleva lui-même après cette longue adverfité.

Pour les grandes ames, l'*adverfité* préfente encore des avantages.

> La plus trifte faifon a des rigueurs utiles:
> La bife, les frimats, la neige & les glaçons,
> Engraiffent nos guérets, rendent nos champs fertiles,
> Les purgent d'herbes, de reptiles,
> Préparent par degrés d'abondantes moiffons;
> Tels font pour nous les temps rudes & difficiles,
> Tels font les chagrins, les revers
> Que l'on peut de la vie appeller les hivers.
> Dans nos cœurs devenus dociles
> Leur falutaire horreur fait germer les vertus.
> Par de fecrets refforts, par de puiffans mobiles,
> Un Néron devient un Titus.
> L'*adverfité* nous rend habiles
> A fupporter les maux fans en être abattus.

Denis le jeune, chaffé de fon royaume de Syracufe, étant interrogé par un grec, à quoi la philofophie de Platon lui avoit fervi: « — à voir l'inconftance de la fortune fans m'étonner, & à la fouffrir fans me plaindre ».

L'*adverfité* eft le creufet des ames fortes & vertueufes. Montrer de la conftance dans les revers, foutenir le malheur & s'y foumettre, voilà la preuve d'un grand cœur, dont le trait fuivant nous offre un beau modèle.

Depuis le fyftême de LAW, une famille de diftinction, compofée du père, de la mère & de cinq enfans, paffa la vie dans une cabane, à l'extrémité d'un village; expofée, nous ne dirons pas aux injures de l'air; mais du moins aux privations les plus fenfibles pour les perfonnes qui ont connu longtemps les douceurs de l'abondance. Un revers de fortune leur ayant fait perdre en peu de jours tout leur bien, le père, dont l'humeur étoit violente, balança s'il ne devoit point avoir recours au remède anglois. Son époufe s'apperçut de fes agi-

D

tations, & le connoiffant capable d'une réfolution funefte, elle fe hâta d'employer tous les moyens pour la prévenir; mais quels motifs pouvoit-elle employer? La tendreffe qu'il avoit pour elle & pour fes enfans, n'étoit propre qu'à porter fa douleur au comble; il n'y penfoit qu'avec des transports qui reffembloient au dernier défefpoir. D'un autre côté, la feule idée de recourir à l'affiftance de fes proches, tourmentoit mortellement un homme fier, qui n'avoit jamais eu befoin des fecours de perfonne. Il étoit d'ailleurs incertain de l'obtenir, & le refus l'eût fait mourir plus cruellement que tous les fupplices. Ajoutez la honte de déchoir aux yeux de toute la ville, lui qui y tenoit un des premiers rangs. Enfin, il ne parloit que de fe donner la mort; & lorfque fon époufe, qui étoit continuellement à le veiller, l'exhortoit à prendre des fentimens plus modérés, il ne lui répondoit qu'en la preffant elle-même de fe délivrer de la vie à fon exemple, & d'infpirer la même réfolution à leurs enfans. C'eft de lui-même qu'on tient ce détail. Il a avoué que fa patience fut pendant quelques jours à l'extrémité, ou plutôt qu'il étoit abfolument abandonné de la raifon. Une idée qui vint à fon époufe, & qu'elle lui exprima avec les plus tendres larmes de l'amour, rendit prefqu'en un moment la force & même le calme à fon efprit.

« Tout n'eft pas défefpéré, lui dit-elle, j'ai de » la fanté, & nos cinq enfans en ont auffi. Quit-» tons la ville où nous fommes, pour aller de-» meurer à Paris; nous n'y ferons connus de per-» fonne; & nous travaillerons, vos enfans & moi, » à vous faire vivre honnêtement. Elle ajouta, » que fi fon travail ne fuffifoit pas, elle fe ré-» duiroit à demander fecrétement l'aumône pour » fournir à fon entretien ». Il rêva quelques mo-mens à cette propofition, & prenant fon parti avec une conftance digne de tout ce qu'il a fait depuis: « Non, lui dit-il, je ne vous rabaifferai » point à cette indignité; mais puifque vous êtes » capable de tant de courage, je fais ce qui nous » refte à faire. Mon défefpoir ne venoit que de » ma tendreffe & de ma compaffion pour vous ». Il parut plus tranquille après ce difcours; toute fa famille le devint comme lui, & fans être fauvés de la mifère, ils retrouvèrent la paix dont ils ne jouiffoient plus depuis long-temps.

Il ne perdit pas un moment pour recueillir les débris de fa fortune, qui ne confiftoient plus que dans fes meubles, dont la plus grande partie fut même arrêtée par quelques créanciers; à peine fit-il cent piftoles de ce qu'il eut de refte; enfuite il quitta fecrétement la ville avec fa famille. Au lieu de prendre le chemin de Paris, comme fon époufe s'y attendoit, il prit celui d'une province voifine, & dès le premier bourg où il fe crut inconnu, il quitta fes habits pour en prendre d'autres d'une étoffe fort vile; il fit faire la même chofe à fon époufe

& à fes enfans. « Puifqu'il a plu à la providence, » leur dit-il, de changer notre condition, il faut » porter la marque du fort auquel nous fommes » condamnés; tâchons auffi d'en prendre les fen-» timens ». Ayant continué fa route, il arriva dans un grand village, qui lui parut propre au deffein qu'il avoit médité. Il y loua une cabanne dans l'endroit le plus écarté avec un petit champ & quelques arpens de vignes; il y mit des meubles conformes au lieu. « Vous m'avez offert, dit-il à » fa femme, de travailler avec vos enfans pour » mon entretien; il n'eft pas jufte que je vive du » travail d'autrui. Nous travaillerons chacun de » notre côté pour notre fubfiftance. Mes fils parta-» geront mon travail, & vous ferez partager le » vôtre à vos filles ». Voyant quelques larmes qui couloient de fes yeux: « Si je croyois, ajouta-t-il, » que ces larmes marquaffent quelque répugnance » pour le genre de vie que je vous fais embraffer, » je vous offrirois à mon tour de vous procurer » une vie plus douce dans une ville où je pourrois » vous envoyer d'ici les petits profits de mon tra-» vail; mais je vous connois trop bien pour croire » que vos propres peines foient celles qui vous » touchent; foyez fûre que vous n'avez aucune » raifon de vous affliger des miennes; je fens que » je puis être heureux dans la condition où nous » fommes. Nous avons moins de commodités, » mais nous aurons moins de befoins ».

Il employa ce qui lui reftoit d'argent à fe pour-voir de laine & de toile pour occuper fes filles, & d'inftrumens propres à cultiver la terre pour fes fils & pour lui-même. Il prit un paifan en fa maifon pour leur en montrer l'ufage. Quelques jours d'exercice lui firent furmonter toutes les difficultés. L'exemple continuel de leur père & de leur mère, leur infpira une forte d'émulation qui n'a pu fe refroidir. Ils vivent entr'eux dans une paix & dans une union admirables. Quoiqu'ils aient peu de communication avec leurs voifins, leur douceur & leur civilité n'ont pas laiffé de les faire aimer. C'eft chez eux que les habitans du village prennent les ouvrages de laine qui font en ufage à la campagne; le profit qu'ils en tirent fuffiroit feul pour la vie fobre dont ils ont contracté l'habitude. Ils fe promènent les jours de fêtes, lifent & s'amufent innocemment. Le père a pro-pofé plufieurs fois à fes deux fils, âgés de plus de trente ans, de prendre le parti des armes, ou de chercher quelqu'autre voie de fortune; ils protef-tent que rien n'eft capable de leur faire quitter leur cabane auffi long-tems que leur père, leur mère & leurs fœurs peuvent avoir befoin de leurs fecours.

C'eft du curé même dont on a fu toutes les particularités de cette hiftoire.

ADULTÈRE. Sous l'empereur Théodore, une femme convaincue d'adultère, fut livrée à la bru-talité de quiconque vouloit l'outrager,

Lycurgue puniffoit un homme convaincu *d'adul-tère* comme un parricide.

Les Locriens lui crevoient les yeux.

Autrefois les Saxons brûloient la femme *adul-tère*, & fur fes cendres ils élevoient un gibet où périffoit fon complice.

Canut, roi d'Angleterre, ordonna que dans un cas *d'adultère* l'homme feroit banni, & que la femme auroit le nez & les oreilles coupés.

Chez les Juifs on lapidoit les deux coupables.

Au royaume de Tunquin, la femme *adultère* eft jettée à un éléphant qui l'enlève avec fa trompe, & la foule au pied, jufqu'à ce qu'elle foit fans vie.

En Mingrelie, quand un homme furprend fa fem-me en *adultère*, il a droit de contraindre le galant à payer un cochon, & d'ordinaire il ne prend point d'autre vengeance; le cochon fe mange entr'eux trois.

Dans les îles Mariannes, fi une femme eft con-vaincue que fon mari lui eft *adultère*, elle fe fait juftice à elle-même, en l'apprenant à toutes les femmes du village, qui fe donnent un rendez-vous. Elles s'y trouvent la lance à la main, & le chapeau de leurs maris fur leurs têtes. Dans cet équipage elles s'avancent vers la maifon du mari dont on fe plaint, elles défolent fes terres, arrachent fes grains, & font par-tout du dégât. Elles fondent enfuite fur la maifon, & fi le mari n'a pris la fuite, elles-l'y attaquent, & l'obligent à l'abandonner. Si c'eft la femme qui a fait une infidélité à fon mari, il peut s'en venger fur l'amant, & même lui ôter la vie; mais il ne lui eft pas per-mis de maltraiter fa femme, il ne peut que la quitter.

Ce n'eft point un déshonneur chez les Turcs à un mari dont la femme eft convaincue *d'adul-tère*; la honte retombe fur les parens de la femme.

La peine de l'*adultère* fe réduit, parmi nous pour la femme, à la perte de la dot & de toutes les conventions matrimoniales, & à être reléguée dans un monaftère, encore le mari a-t-il, pen-dant deux ans, la liberté de la reprendre.

Augufte, épris des charmes de l'époufe d'un ami particulier du philofophe *Athénodore*, l'en-voya chercher dans une litière couverte, pendant que le fage étoit au logis de fon ami. Le mari & la femme furent également confternés; mais ils n'avoient pas le courage de réfifter à l'empereur. Le philofophe s'offrit à les tirer d'embarras; & pre-nant les habits de la dame, lorfque la litière fut venue, il y entra en fa place, & fut porté dans la chambre de l'empereur. Ce prince ayant levé les rideaux de la litière, fut bien furpris d'en voir fortir, l'épée à la main, *Athénodore*, dont il ref-

pectoit la vertu. « Eh quoi! *Céfar*, lui dit le fage, » vous ne craignez pas que quelqu'un n'imagine, » pour attenter à votre vie, l'artifice que j'em-» ploie innocemment? » *Augufte*, furpris des dan-gers où fes défirs impétueux pouvoient l'entraîner, rectifia fon cœur, & l'accoutuma bientôt à n'aimer que ce qui eft honnête.

Une dame ayant demandé audience à Jean III, roi de Portugal, & l'ayant obtenue, lui dit : Sire, votre majefté auroit-elle pardonné à mon mari, s'il m'avoit furprife & tuée en *adultère*? Après que le roi lui eut répondu, qu'en ce cas, il auroit pardonné à fon mari, elle ajouta : tout va donc bien, fire; parce qu'ayant fu que mon mari étoit avec une autre dans une des maifons de ma cam-pagne, j'y fuis allée avec deux de mes efclaves, à qui j'ai promis la liberté s'ils m'affiftoient dans mon entreprife; & après avoir rompu la porte, je les ai furpris & les ai tués tous les deux d'un coup de poignard. Je vous demande, fire, le même pardon que vous n'euffiez pas refufé à mon mari, fi j'euffe été convaincue du même crime. Le roi, étonné de fa réfolution, lui pardonna.

Une femme difoit qu'elle avoit pris de l'eftime pour un homme qu'on favoit qu'elle aimoit avec paffion. Un plaifant lui demanda, madame : *com-bien de fois vous a-t-il eftimé?*

AFFECTATION. L'*affectation* eft le vice ordi-naire aux gens qu'on appelle beaux parleurs. C'eft une manière trop recherchée, trop étudiée de s'ex-primer. Les différens exemples d'*affectation* que nous allons offrir, prouvent qu'il y en a de plus d'une efpèce.

Voiture, écrivant à Mademoifelle Paulet, qu'il s'eft embarqué fur un vaiffeau chargé de fucre, lui dit que s'il vient à bon port, il arrivera confit, & que s'il fait naufrage, il aura du moins la con-folation de mourir en eau douce.

Le même auteur écrivoit à Coftard qu'il vouloit s'abftenir de recevoir de fes lettres, à caufe qu'on étoit en carême; & que pour un temps de péni-tence, *c'étoient de trop grands feftins:* pour vous, ajoutoit-il, vous pouvez, fans fcrupule, recevoir ce que je vous envoie, à peine ai-je de quoi vous faire une légère collation. Je ne vous fervirai que des légumes.

Balzac écrivoit à un homme affligé. Votre éloquence rend votre douleur vraiment conta-gieufe; & quelle glace, je ne dis pas de Lorraine, mais de Norwège & de Mofcovie, ne fondroit à la chaleur de vos belles larmes.

Voici une *affectation* férieufe.

Le célèbre avocat Lemaître, dans fon plaidoyer pour une fille défavouée, dit que fon père a été pour elle un ciel d'airain, & fa mère une terre de fer.

Marivaux a eu dans fon ftyle une forte d'*affectation* qui lui étoit particulière, on a dit de lui qu'il s'amufoit à pefer des riens dans des balances de toile d'araignée.

L'*affectation* de Fontenelle étoit la plus fupportable de toutes, elle eonfiftoit à rechercher des tours ingénieux & finguliers. Il difoit, par exemple, pour exprimer la reffemblance du portrait d'un homme taciturne ; *on diroit qu'il fe tait.* Il difoit au cardinal Dubois : vous avez travaillé dix ans à vous rendre inutile. Voici l'éloge qu'il faifoit de La Fontaine : il étoit fi bête qu'il ne favoit pas qu'il valoit mieux qu'Efope & Phèdre.

AFFAIRES. Combien de gens fe font des *affaires* de tout, parce qu'ils ne favent s'occuper de rien.

AFFECTION. Il exifte dans une prifon de police à Mofcow un gentilhomme qui y eft renfermé pour avoir fait mourir quelques payfans à coups de fouet. Une femme âgée d'environ foixante & dix ans, a bâti, auprès de la porte de cette prifon, une miférable cabanne où elle peut à peine fe défendre des injures de l'air. C'eft-là qu'elle habite uniquement par compaffion pour le prifonnier. Elle a été fa nourrice, & elle continue à lui rendre tous les fervices qui dépendent d'elle. Il feroit difficile de trouver un pareil exemple d'*affection* auffi défintéreffé ; car le gentilhomme, attendu l'énormité du crime qu'il a commis, n'a aucune efpérance d'être remis en liberté. Cette bonne femme ne peut donc attendre d'autre récompenfe que le plaifir de lui faire du bien. M. William Coxe qui raconte ce fait, donna à la vieille une petite pièce de monnoie qu'elle alla auffi-tôt porter au prifonnier.

AGATE. La pierre qu'on nomme fimplement *agate*, offre quelquefois, par le mélange ou la variété des teintes, des figures bifarres & fouvent intéreffantes.

Telle étoit la fameufe *agate* de Pyrrhus, roi d'Albanie, fur laquelle on voyoit, au rapport de Pline, Apollon avec fa lyre & les neufs mufes, chacune avec fes attributs; ou l'*agate* dont Boëce de Boot fait mention, elle n'étoit que de la grandeur de l'ongle, & on y voyoit un évêque avec fa mitre : & en retournant un peu la pierre, le tableau changeoit, il y paroiffoit un homme & une tête de femme. L'imagination a fouvent beaucoup de part aux raretés qu'on prétend découvrir fur un grand nombre d'*agates*.

AGESILAS II, roi de Sparte, mort l'an 356 avant J. C.

Il étoit petit, boiteux & de mauvaife mine, mais courageux, grand guerrier, & un des hommes les plus célèbres de l'antiquité.

On demandoit à *Agéfilas* s'il préféroit la valeur à la juftice. « La valeur feroit inutile, répondit-il, » fi tous les hommes étoient juftes ».

Les Ephores, jaloux de l'amour que les Lacédémoniens avoient pour ce bon roi, le condamnèrent à l'amende, parce qu'*il s'approprioit*, par fes vertus, *les citoyens qui appartiennent à la république.*

Il difoit du roi de Perfe : *ce roi que vous appellez Grand, peut-il l'être plus que moi, à moins qu'il ne foit plus jufte.*

Cynifca, fa fœur, fut la première femme qui remporta le prix de la courfe aux jeux olympiques fur des chevaux qu'elle avoit dreffés elle-même à la prière de fon frère.

Ce roi ayant défait les Corinthiens, on lui propofa de détruire Corinthe ; *non,* dit-il, *il faut laiffer à la Grèce des barrières contre les barbares.*

Les peuples de la Grèce qu'il avoit défendus voulurent lui ériger des ftatues ; mais il les refufa, en difant qu'*il ne faut pas d'autres monumens à l'homme de bien que fes actions mêmes.*

AGIS II, roi de Sparte, mort vers l'an 397 avant J. C.

Un fophifte, grand parleur, pour exalter fon art devant *Agis II*, roi de Sparte, difoit que le difcours étoit la chofe du monde la plus excellente. « Quand tu ne parles point, lui répliqua » le monarque, tu n'as donc aucun mérite ».

Un député d'une ville alliée lui fit un difcours fort ennuyeux, & demanda fa réponfe : *Dis à ceux qui t'ont envoyé, que tu as eu bien de la peine à finir & moi à t'entendre.*

AGIS IV, roi de Sparte, mort fur un échafaud, vers l'an 241 avant J. C. Il entreprit d'abolir les dettes, & de partager, par égales portions, les terres entre tous les citoyens. On brûla dans la place publique tous les titres & les contrats de propriété, il s'écrioit, que *jamais il n'avoit vu de feu fi beau ;* mais les mécontens le firent condamner à la mort. Il dit à fes amis, qui pleuroient fon infortune : *effuyez vos larmes, puifque je fuis innocent, & gardez-les pour ceux qui me font mourir injuftement.*

AGNODICE, jeune & belle Athénienne, eut tant de paffion pour la médecine, qu'elle fe traveftit en homme, pour étudier & pour exercer cette fcience. On fit, en fa faveur, une loi particulière pour lever la défenfe qui interdifoit la médecine aux femmes.

AGRA. Cette grande ville d'Afie eft la capitale du royaume du Mogol ; elle eft bâtie en forme de demi-lune, avec un mur de pierres rouges,

& un foſſé de cent pieds de large. On y admire le mauſolée de Tadgemehal, femme du mogol Cha-gean, qui employa vingt ans à le faire bâtir. Mais ce qui eſt d'une magnificence unique, c'eſt le palais des empereurs mogols, qui s'élève en forme de château au milieu de vingt autres palais de ſeigneurs; c'eſt là qu'on voit ce trône & ces tréſors fameux, & cette treille dont il y a quelques ceps d'or avec ſes feuilles émaillées de leurs couleurs naturelles, & chargée de grappes, d'émeraudes, de rubis & de grenats.

AGRICULTURE. L'*agriculture*, cette puiſſance créatrice qui fournit à tout l'exiſtence & la vie; cette puiſſance abſolue qui ne dépend d'aucune autre, & dont au contraire toutes les autres dépendent; cette puiſſance néceſſaire, qui a droit de prétendre aux faveurs accordées aux autres arts & aux talens; oubliée, mépriſée, perſécutée, par l'eſprit de ſyſtème, n'offre plus que le triſte ſpectacle d'un accablement général: on arrache à l'infortuné plébéien les alimens les plus néceſſaires à la vie; & le champ qu'il arroſe de ſes larmes, la vigne qu'il baigne de ſes ſueurs, lui portent ſouvent des fruits que ſes yeux voient paſſer en des mains étrangères.

Diſcours couronné.

Socrate appelloit l'*agriculture* la mère & la nourrice de tous les arts.

M. de Sully s'en exprimoit à-peu-près comme Socrate, quand il diſoit que le labourage & le pâturage étoient les deux mamelles dont un état eſt alimenté.

Tous les peuples ont témoigné la plus grande reconnoiſſance envers ceux qui leur avoient enſeigné l'art de rendre la terre fertile. Chez les anciens, l'*agriculture* a fait les délices des plus grands hommes. Cyrus, le jeune, avoit planté lui-même la plupart des arbres de ſon jardin & les cultivoit avec ſoin.

Celui qui tuera un bœuf deſtiné au labourage, porte une loi d'Athènes, ou celui qui volera quelques outils d'*agriculture* ſera puni de mort.

Les romains, ſur-tout, ſe ſont diſtingués par leur amour pour l'*agriculture*. Quel ſpectacle impoſant de voir Quintus-Cincinnatus quitter la pièce de terre qu'il cultivoit pour la nourriture de ſa famille, marcher à l'ennemi en qualité de dictateur, vaincre, recevoir les honneurs du triomphe, & revenir après ſeize jours reprendre ſes travaux ruſtiques.

Après la priſe de Carthage on diſtribua aux rois amis de Rome, les livres des différentes bibliothèques, la république ne conſerva pour elle que les 28 livres d'*agriculture* compoſées par le capitaine Magon.

Caton étudia la culture des champs & en écrivit.

Par quelle fatalité, dit Voltaire, l'*agriculture* n'eſt-elle véritablement honorée qu'à la Chine? Tout miniſtre d'état en Europe doit lire avec attention le mémoire ſuivant d'un jéſuite, qui n'a jamais été contredit par aucun autre miſſionnaire, & entièrement conforme à toutes les relations que nous avons de ce vaſte empire.

Au commencement du printemps chinois, c'eſt-à-dire, dans le mois de février, le tribunal des mathématiques ayant eu ordre d'examiner quel étoit le jour convenable du labourage, détermina le 24 de la onzième lune, & ce fut par le tribunal des rites que ce jour fut annoncé à l'empereur dans un mémorial, où le même tribunal des rites marquoit ce que ſa majeſté devoit faire pour ſe préparer à cette fête.

Selon ce mémorial, 1°. l'empereur doit nommer les douze perſonnes illuſtres qui doivent l'accompagner & labourer après lui; ſavoir, trois princes & neuf préſidens des cours ſouveraines. Si quelques-uns des préſidens étoient trop vieux ou infirmes, l'empereur nomme ſes aſſeſſeurs pour tenir leur place.

2°. Cette cérémonie ne conſiſte pas ſeulement à labourer la terre pour exciter l'émulation par ſon exemple, mais elle renferme encore un ſacrifice que l'empereur, comme grand pontife, offre au Chang-ti, pour lui demander l'abondance en faveur de ſon peuple. Or, pour ſe préparer à ce ſacrifice, il doit jeûner & garder la continence les trois jours précédens. La même précaution doit être obſervée par tous ceux qui ſont nommés pour accompagner ſa majeſté, ſoit princes, ſoit autres, ſoit mandarins de lettres, ſoit mandarins de guerre.

3°. La veille de cette cérémonie, ſa majeſté choiſit quelques ſeigneurs de la première qualité, & les envoie à la ſalle de ſes ancêtres ſe proſterner devant la tablette & les avertir, comme ils feroient s'ils étoient encore en vie, que le jour ſuivant il offrira le grand ſacrifice.

Voilà, en peu de mots, ce que le mémorial du tribunal des rites marquoit pour la perſonne de l'empereur. Il déclaroit auſſi les préparatifs que les différens tribunaux étoient chargés de faire. L'un doit préparer ce qui ſert aux ſacrifices. Un autre doit compoſer les paroles que l'empereur récite en faiſant le ſacrifice. Un troiſième doit faire porter & dreſſer les tentes ſous leſquelles l'empereur dînera, s'il a ordonné d'y porter un repas. Un quatrième doit aſſembler quarante ou cinquante vénérables vieillards, laboureurs de profeſſion, qui ſoient préſens, lorſque l'empereur laboure la terre. On fait venir auſſi une quarantaine de laboureurs plus jeunes pour diſpoſer la charrue, atteler les bœufs, & préparer les grains qui doivent être ſemés. L'empereur ſème cinq ſortes de grains, qui ſont cenſés les plus néceſſaires à la Chine, &

sous lesquels sont compris tous les autres, le froment, le riz, le millet, la fève & une autre espèce de mill qu'on appelle *Cac-leang.*

Ce furent là les préparatifs : le vingt-quatrième jour de la lune sa majesté se rendit avec toute la cour en habit de cérémonie, au lieu destiné à offrir au *Chang-ti* le sacrifice du printemps, par lequel on le prie de faire croître & de conserver les biens de la terre. C'est pour cela qu'il l'offre avant que de mettre la main à la charrue.

L'empereur sacrifia, & après le sacrifice il descendit avec les trois princes & les neuf présidens qui devoient labourer avec lui. Plusieurs grands seigneurs portoient eux-mêmes les coffres précieux qui renfermoient les grains qu'on devoit semer ; toute la cour y assista en grand silence. L'empereur prit la charrue & fit, en labourant, plusieurs allées & venues : lorsqu'il quitta la charrue, un prince du sang la conduisit & laboura à son tour, ainsi du reste.

Après avoir labouré en différens endroits, l'empereur sema les différens grains. On ne laboure pas alors tout le champ entier, mais les jours suivans les laboureurs de profession achèvent de le labourer.

Il y avoit cette année là quarante-quatre anciens laboureurs, & quarante-deux plus jeunes. La cérémonie se termina par une récompense que l'empereur leur fit donner.

A cette relation d'une cérémonie qui est la plus belle de toutes, puisqu'elle est la plus utile, il faut joindre un édit du même empereur Yont-Chin. Il accorde des récompenses & des honneurs à quiconque défrichera des terreins incultes, depuis quinze arpens jusques à vingt vers la Tartarie ; car il n'y en a point d'incultes dans la Chine proprement dite, & celui qui en défriche quatre-vingt devient mandarin du huitième ordre.

Que doivent faire nos souverains d'Europe en apprenant de tels exemples ? admirer & rougir, mais sur-tout imiter.   *Voltaire.*

AGRIPPINE fit mourir l'empereur Claude son époux, & assura l'empire à Néron son fils. Comme on lui disoit que ce monstre lui donneroit la mort, *n'importe,* dit cette mère ambitieuse, *pourvu qu'il règne.* Néron la fit massacrer dans sa chambre, l'an 59 de J. C. Comme un centurion lui portoit un coup sur la tête : *frappe plutôt ce sein,* lui dit *Agrippine, puisqu'il a donné le jour à Néron.*

AGUERRE, comtesse de Sault. Elle sut résister au duc de Savoie, qui vint la trouver à Aix. Elle entend un des conjurés envoyés par ce duc, qui dit à ses camarades : *Que n'exécutons-nous notre ordre ? Frappez,* leur dit la comtesse, *je n'ai pas le cœur assez bas pour demander la vie ;* & s'a-

dressant à des magistrats qui s'approchoient : *& vous, pères de la patrie, leur dit-elle, vous dépositaires de l'autorité suprême, vous souffrez qu'un audacieux s'élève un trône au milieu de la Provence!* Cependant les assassins d'abord interdits la chargent de fers. Alors elle feint d'être malade, & se met dans un lit. Une femme de sa suite trouve le moment de prendre sa place, & trompant les gardes par ses plaintes, elle donne le temps à la comtesse de se déguiser en savoyard avec une barbe longue, touffue, & de s'évader avec son fils habillé en paysan. Les marseillois là reçurent & la défendirent.

AIGUILLES *discriminales.* Les modes changeoient à Rome moins fréquemment que parmi nous. Les *aiguilles discriminales* servirent, pendant long-temps, à distinguer les femmes mariées d'avec les filles. Celles-ci portoient leurs cheveux frisés sur le front, les femmes au contraire les séparoient sur le devant de la tête, & les *aiguilles discriminales* servoient à cette séparation.

AIMANT. Un grand médecin, aussi très-habile en chirurgie, fut un jour appellé chez un malade qui s'étoit fait entrer une paille de fer dans l'œil. Elle étoit si petite, que les instrumens les plus fins n'y prenoient point : le médecin désespéroit de pouvoir réussir. Sa femme ne put voir son embarras sans rire. Elle voulut parier avec lui, qu'elle alloit sur le champ guérir le malade. *Fabrice Hildan,* car c'est lui-même qui est ici l'acteur & l'historien, fut surpris de cette promesse. Ils vont ensemble chez le malade, qu'ils trouvèrent très-inquiet & très-souffrant. La nouvelle Agnodice ne s'en épouvante point : elle dit à son mari qu'il ouvre l'œil, & ait soin de tenir les paupières écartées. Alors elle tire de sa poche son instrument : c'étoit un *aimant* bien monté, qu'elle promène le plus près qu'elle peut de la surface de l'œil : on vit, quelques instans après, la paillette de fer s'élancer vers l'*aimant.* On devine bien quel l'opératrice ne resta pas muette. Pour Fabrice, il avoua que sans sa femme il n'auroit pas eu la moindre idée de cette heureuse ressource ; & tous furent contens. (*Fabr. Hildanus, cent.* 5.).

AISANCE. Où règne une *aisance* honnête, fruit du travail & de l'industrie, là sont ordinairement les bonnes mœurs.

AJUSTEMENS. A Surate, ville des Indes Orientales, les danseuses, qui sont des filles dévouées au public, & qui font vœu de débauche, ce qu'elles observent très-régulièrement, ont un *ajustement particulier.*

C'est une espèce de corset, pour conserver leur sein, qui contribue beaucoup à leur beauté. Elles l'enferment dans des étuis faits exprès d'un bois très-léger, joints ensemble, & bouclés par derrière, ce qui contient leur sein, & l'empêche de groffir, & cependant les étuis font fi polis, fi brillans & fi élaftiques, qu'ils fe prêtent à tous les mouvemens du corps, fans applatir ni offenfer le tiffu tendre de la chair. Ils font couverts d'une feuille d'or ou d'argent doré; elles y ajoutent des diamans, fuivant leur faculté, & cet *ajuftement* eft une des parties les plus magnifiques de leur toilette.

ALARIC I, roi des goths, mort vers l'an 420. Il réduifit Rome à l'extrémité. *Je fens en moi, difoit-il, quelque chofe qui m'excite à mettre Rome en cendres.* Il fe laiffa pourtant toucher par les prières des romains, en exigeant d'eux tout ce qu'ils avoient de plus précieux, & comme ils lui demandèrent ce qu'il vouloit leur laiffer : -- *la vie.*

ALBANE. François l'*Albane* étoit né à Bologne en 1578. Il eut pour feconde époufe, une femme d'une grande beauté, dont il eut douze enfans auffi beaux que leur mère. L'étude des belles-lettres avoit contribué à lui donner des idées agréables, & pour peindre Vénus & les amours, il n'eut qu'à copier fa famille. On a reproché à ce peintre, plein de graces, de charmes & d'enjouement, que les têtes de fes tableaux fe reffembloient prefque toutes, nous venons d'en dire la caufe. *Albane* jouit pendant quatre-vingt deux ans d'une vie heureufe, & mourut en 1660.

ALBE, (Ferdinand Alvarez de Tolède, duc d'), général efpagnol, né en 1508, mort en 1582. Les gantois s'étant révoltés en 1539, l'empereur Charles-Quint délibéra fur le traitement qu'il feroit aux rebelles, & voulut favoir le fentiment du duc d'*Albe.* L'inflexible duc répondit : *qu'une ville rebelle devoit être ruinée.* L'empereur, fur cette réponfe, lui ordonna de monter au haut d'une tour, pour qu'il pût voir de là la grandeur de Gand. Lorfqu'il en fut defcendu, Charles-Quint lui demanda *combien il croyoit qu'il fallût de peaux d'Efpagne pour faire un gand de cette grandeur.* Le duc, qui s'apperçut qu'on avoit été bleffé de fa févérité, garda le filence.

Lors de la journée de Mulberg en 1547, le duc d'*Albe* fit des prodiges de valeur. Quelques hiftoriens ont dit qu'il parut pendant l'action un phénomène fingulier dans le ciel. Le roi de France, Henri II, ayant demandé au duc d'*Albe* la vérité du fait : *Sire*, lui répondit le général Efpagnol en riant : *j'étois fi occupé de ce qui fe paffoit fur la terre, que je n'ai pas remarqué ce qui paroiffoit au ciel.*

En 1568, les habitans des Pays-Bas, aigris de ce qu'on attentoit continuellement à leur liberté, & de ce qu'on vouloit gêner leurs opinions, paroiffoient difpofés à prendre les armes. Philippe II, roi d'Efpagne, envoya le duc d'*Albe* pour les contenir. Ce choix annonça les plus grandes barbaries. Dom Carlos, fils de Philippe, en fut fi perfuadé, qu'il dit en colère & le poignard à la main, à ce

général : « je te porterai ce fer dans le fein, plutôt » que de fouffrir que tu ailles, comme un ennemi, » ruiner des provinces qui me font fi chères ». Il fe jetta en même temps fur le duc, qui ne parvint que difficilement à fauver fes jours.

Les premières démarches du duc d'*Albe* confirmèrent l'opinion qu'on avoit de lui. Il fit périr fur un échaffaud les comtes d'Egmond & de Hornes. Comme quelques perfonnes lui paroiffoient étonnées de ce qu'il avoit fait tomber fa févérité fur les têtes les plus illuftres, il leur dit : *que peu de têtes de faumons valent mieux que plufieurs milliers de grenouilles.*

Après la prife de Harlem en 1573, le duc d'*Albe* quitta les Pays-Bas. Il y avoit commencé fon adminiftration en faifant conftruire à Anvers une citadelle qui avoit cinq baftions. Par une vanité jufqu'alors inconnue, il en avoit nommé quatre de fon nom & de fes qualités, *le Duc, Ferdinand, Tolède, d'Albe.* On donna au cinquième le nom de l'Ingénieur. Il n'y étoit fait nulle mention du roi d'Efpagne. Lorfque cette citadelle fut achevée, l'orgueilleux duc, qui avoit remporté de grands avantages fur les confédérés, y fit placer fa ftatue. Il étoit repréfenté avec un air menaçant, le bras droit étendu fur la ville. A fes pieds étoient la nobleffe & le peuple, qui profternés, fembloient lui demander grace. Ces deux ftatues allégoriques avoient des écuelles pendues aux oreilles & des befaces au cou, pour rappeller le nom de *gueux* qu'on avoit donné aux mécontens. Elles étoient entourées de ferpens, de couleuvres & d'autres fymboles qui défignoient la fauffeté, la malice & l'avarice, vices reprochés par les Efpagnols, aux vaincus. Toutes les figures, ainfi que le piédeftal, étoient de bronze, & l'on s'étoit fervi pour ériger ce monument, des canons qui avoient été pris à la bataille de Gemmingen. On lifoit au-devant du piédeftal, cette infcription faftueufe : « A la gloire » de Ferdinand Alvarez de Tolede, duc d'Albe, » gouverneur général de la Flandre, pour le roi » d'Efpagne : pour avoir éteint les féditions, chaffé » les rebelles, mis en fûreté la religion, fait ob- » ferver la juftice, & affermi la paix dans ces pro- » vinces ».

ALBERONI. Jules-Alberoni, né à Plaifance en 1664, d'un père jardinier, cultiva comme lui la terre, jufqu'à l'âge de quatorze ans. La première place qu'il obtint fut celle de clerc-fonneur à la cathédrale de Plaifance. On le fit prêtre. Son évêque lui donna l'intendance de fa maifon & un canonicat dans fon églife. Quelques-temps après ayant obtenu un bénéfice plus confidérable, le poëte Campiftron, qui avoit été volé, fe réfugia chez lui. *Albéroni* l'accueillit avec beaucoup d'humanité, l'habilla, & lui prêta même de l'argent pour aller à Rome. Ce petit événement fut l'origine de fa fortune, Campiftron, fecrétaire du duc de Vedôme, ayant suivi son maître en Italie, se souvint de son bienfaiteur ; il en parla au prince, à qui *Albéroni* trouva occasion de se rendre agréable. Il revint à Paris avec le duc de Vendôme, & repartit avec lui pour l'Espagne. Il devint agent du duc de Parme à la cour de Madrid. Il donna à madame des Ursins l'idée d'engager Philippe V à épouser Elisabeth Farnèze, héritière de Parme, de Plaisance & de Toscane. Le roi ayant accepté cette union, *Albéroni* fut chargé de cette négociation, dont il s'acquitta avec tout le succès possible. Bientôt après *Albéroni* fut nommé cardinal, grand d'Espagne & premier ministre, & cette époque fut la fin de ses prospérités. Il conçut des projets, qui allumèrent la guerre entre l'Espagne & plusieurs autres couronnes, qui ne firent la paix qu'à condition que le cardinal seroit renvoyé. Il le fut en effet, & se retira à Gênes. Mais par une nouvelle bisarrerie de la fortune, le pape le fit arrêter comme coupable d'intelligence avec le Turc. Il fut jugé à Rome par des commissaires du sacré collège, & condamné à subir un an de prison, qu'il passa chez les jésuites. Enfin, *Albéroni* mourut en 1752, âgé de quatre-vingt-sept ans.

ALBERT (le Grand), *Albert*, plus connu sous le nom de *Grand Albert*, portoit ce nom, parce qu'il s'appelloit Groot, qui veut dire grand. Il étoit né en Souabe en 1205, d'une famille illustre. Il entra chez les dominicains, & devint provincial de cet ordre, il devint ensuite évêque de Ratisbonne, & retourna dans sa cellule en qualité de simple religieux. *Albert* est bien plus recommandable comme évêque & comme religieux, que comme auteur. On a raconté, & des auteurs crédules ont écrit de lui des choses merveilleuses ; on lui attribue des recueils ridicules de secrets, auxquels il n'a pas eu la moindre part. Il mourut à Cologne en 1282, âgé de soixante-dix-sept ans.

ALBINOS, peuple d'Afrique, qui ont les cheveux blonds, les yeux bleus & le corps dont la blancheur ressemble à celle d'un lépreux ou d'un mort. Leurs yeux sont foibles & très-languissans & brillent beaucoup à la clarté de la lune. Les nègres regardent ces *Albinos* comme des monstres, & ne leur permettent pas de se multiplier.

ALBORNOS (Gilles Alvarez Carillo) archevêque de Tolède, mort en 1367.

Le pape Clément VI l'ayant fait cardinal, il se démit de son archevêché, disant *qu'il seroit blâmable de garder une épouse qu'il ne pouvoit pas servir.*

On doit admirer la manière noble dont le cardinal *Albornos* rendit compte à Urbain V de l'argent qu'on lui avoit donné. Ce cardinal ayant défait les sept tyrans qui troubloient l'Italie, rétablit l'au-

torité des papes ; peu de temps après ses envieux portant Urbain à lui faire rendre compte de son administration ; *Albornos* fit charger un chariot des clefs de toutes les villes & de toutes les places qu'il avoit soumises au saint siège ; & l'ayant fait tirer jusqu'au vatican par des bœufs couronnés de laurier, il alla aux pieds du pape le supplier de recevoir le compte de ce qu'il lui avoit demandé : Urbain surpris de ce qu'il voyoit, & honteux de sa défiance, l'embrassa, lui disant devant tout le monde, que lui & ses successeurs lui devroient toujours le rétablissement de l'église.

ALBUQUERQUE (*Alphonse duc d'*) mort à Goa en 1515. Ce général portugais s'étant rendu maître d'Ormus dans le Golfe Persique, le roi de Perse envoya demander un tribut au vainqueur, qui fit apporter, devant les ambassadeurs, des boulets, des grenades & des sabres : *Voilà*, leur dit-il, *la monnoie des tributs que paie mon maître.*

Il assiégeoit Malaca, un des principaux marchés de l'Inde ; mais les assiégés ayant fait prisonnier Aranjo, son ami, menaçoient de le faire périr s'il continuoit le siège. Il reçut ce billet de son ami : *Ne pense qu'à la gloire & à l'avantage du Portugal ; si je ne puis être un instrument de ta victoire, que je n'y sois pas au moins un obstacle.* La place fut emportée, & Aranjo sacrifié.

Les Portugais, forcés dans la citadelle de Goa, se réfugient sur leurs vaisseaux. Comme ils ne peuvent pas sortir du port, & que les vivres leur manquent, ils se voient exposés à ce que la famine a de plus affreux. Trois d'entr'eux, qui n'ont pas un courage suffisant pour supporter l'horreur de cette situation, passent dans le camp Indien, & y rendent compte de l'état misérable où il se sont trouvés. Le chef de ces infidèles, qui a autant de politesse que de bravoure, envoie sur le champ une fuste pleine de vivres & de rafraîchissemens, en faisant dire : que c'est par les armes, & non par la faim, qu'il veut vaincre ses ennemis. Le grand *Albuquerque*, qui croit qu'on cherche à savoir jusqu'où peut aller l'extrémité où il se trouve, use de feinte. Il fait exposer sur le tillac une barrique de vin, avec le peu de biscuit qui est réservé pour les malades, comme si chacun pouvoit en prendre à discrétion ; & renvoyant le présent, il dit à l'officier qui est chargé de le lui offrir : « dites » à votre maître, que je lui suis obligé, mais que » je ne recevrai ses dons que lorsque nous serons » amis ».

ALCHYMIE. L'*alchymie* est cette partie éminente de la chymie qui s'occupe à perfectionner, à améliorer ou à transmuer les métaux. Cet art mystérieux, s'appelle aussi *science* ou *philosophie hermétique.*

L'*alchymie* est, selon l'étymologie du mot, la chymie par excellence. Ceux qui s'y sont appliqués ont

ont eu différens buts, qui paroiſſent tous également chimériques.

Zozime, qui vivoit au commencement du cinquième ſiècle, eſt le premier auteur qui parle de faire de l'or. Son manuſcrit grec, qui a pour titre : *l'art de faire de l'or, & de l'argent*, eſt conſervé à la bibliothèque du roi.

Le ſecret chimérique de la pierre philoſophale a été en vogue parmi les chinois, long-temps avant qu'on en eût les premières notions en Europe. Ils parlent dans leurs livres, en termes magnifiques, de la ſemence d'or, & de la poudre de projection. Ils promettent de tirer de leurs creuſets non-ſeulement de l'or, mais encore un remède ſpécifique & univerſel, qui procure à ceux qui le prennent une eſpèce d'immortalité.

On peut comparer les *alchymiſtes* aux marchands de billets de loterie, qui offrent d'enrichir les autres, & vivent ſouvent dans la plus grande miſère. Tous ces meſſieurs devroient profiter de la leçon ſuivante.

Un alchymiſte qui ſe vantoit d'avoir trouvé le ſecret de faire de l'or, demandoit une récompenſe à Léon X. Ce pape, le protecteur des arts, parut acquieſcer à cette demande, & le charlatan ſe flattoit déjà de la plus grande fortune. Lorſqu'il revint ſolliciter ſa récompenſe, Léon lui fit donner une grande bourſe vuide, en lui diſant : que puiſqu'il ſavoit faire de l'or, il n'avoit beſoin que d'une bourſe pour le contenir.

Un des meilleurs tours qu'on ait jamais fait en alchymie, fut celui d'un roſe-croix, qui alla trouver Henri I, duc de Bouillon de la maiſon de Turenne, prince ſouverain de Sedan, vers l'an 1620. « Vous n'avez pas, lui dit-il, une ſouveraineté proportionnée à votre grand courage. Je veux vous rendre plus riche que l'empereur. Je ne puis reſter que deux jours dans vos états ; il faut que j'aille tenir, à Veniſe, la grande aſſemblée des frères. Gardez ſeulement le ſecret ; envoyez chercher de la litharge chez le premier apothicaire de votre ville. Jettez-y un grain ſeul de la poudre rouge que je vous donne ; mettez le tout dans un creuſet, & en moins d'un quart d'heure vous aurez de l'or ».

Le prince fit l'opération, & la réitéra trois fois en préſence du virtuoſe. Cet homme avoit fait acheter auparavant toute la litharge qui étoit chez les apothicaires de Sedan, & l'avoit fait enſuite revendre chargée de quelques onces d'or.

L'adepte en partant fit préſent de toute ſa poudre tranſmutante au duc de Bouillon.

Le prince ne douta point qu'ayant fait trois onces d'or avec trois grains, il ne fît trois cents mille onces avec trois cents mille grains, & que par conſéquent il ne fût bientôt poſſeſſeur, dans la

ſemaine, de trente-ſept mille cinq cents marcs, ſans compter ce qu'il feroit dans la ſuite : il falloit trois mois au moins pour faire cette poudre. Le philoſophe étoit preſſé de partir ; il ne lui reſtoit plus rien ; il avoit tout donné au prince ; il lui falloit de la monnoie courante, pour tenir à Veniſe les états de la philoſophie hermétique. C'étoit un homme très-modéré dans ſes deſirs & dans ſa dépenſe, il ne demandoit que vingt mille écus pour ſon voyage. Le duc de Bouillon, honteux du peu, lui en donna quarante mille. Quand il eut épuiſé toute la litharge de Sedan, il ne fit plus de l'or, il ne revit plus ſon philoſophe, & en fut pour ſes quarante mille écus.

L'hiſtoire ſuivante eſt une nouvelle preuve que l'art des alchymiſtes n'eſt ſouvent que l'art de tromper.

Noël Picard, ſurnommé Dubois, qui dans ſon contrat de mariage paſſé par-devant Me Capitin, notaire, ſe faiſoit nommer Jean de Mailly, ſieur de la Maillerie & Dubois, étoit natif de Colommiers-en-Brie, & fils d'un chirurgien. Ayant en ſa jeuneſſe appris un peu de latin, il commença l'étude de la chirurgie pour exercer la profeſſion de ſon père ; mais comme il avoit naturellement l'eſprit changeant, il s'ennuya bientôt de cet état, & ſe mit au ſervice d'un homme de qualité nommé Dufay, qui le prit pour ſon valet-de-chambre chirurgien, & l'emmena avec lui dans le Levant, où il fut trois à quatre ans à voyager. Dubois ne tarda point à ſe faire connoître pour un eſprit inquiet & avide de s'inſtruire dans les ſciences occultes de la chyromancie, la magie, l'aſtrologie & l'*alchymie*. Etant de retour de ſes voyages, il vint demeurer à Paris, & rechercha la connoiſſance des adeptes de la philoſophie hermétique. Il paſſa ſix ans dans leur ſociété & dans la débauche. Il eut des remords, & dans un accès de dévotion, ou peut-être n'ayant plus de moyens de ſubſiſter, il entra chez les capucins de la rue Saint-Honoré ; mais au bout de ſept à huit mois il s'ennuya de ce nouveau genre de vie, il jetta le froc, & s'échappa par-deſſus les murs des tuileries. Comme il n'avoit point encore fait de profeſſion, on le laiſſa tranquille. Trois ans après ſon eſprit inquiet le ramena dans l'ordre ſéraphique ; il prononça ſes vœux après le temps de ſon noviciat. Il fut admis aux ordres ſacrés, même de prêtriſe. Il ſe fit appeller le père Simon : dix ans s'écoulèrent dans cet état. Il avoit conſervé des habitudes avec ſes anciens compagnons de plaiſir ; ſon goût pour la diſſipation ſe réveilla ; il quitta encore l'habit de capucin, & s'alla promener en Allemagne. Il fut reconnu, embraſſa la religion luthérienne, & s'adonna tout entier à l'étude du grand-œuvre : il n'apprit point à faire de l'or, mais le ſecret d'en impoſer aux ignorans qui cherchent la pierre philoſophale. Avec ce beau ſecret, il revint à Paris, où il comptoit bien pouvoir faire des dupes. Il crut que les capucins ne fongeroient plus à lui, après une absence de fept à huit ans. Il fit abjuration de fon apoftafie, & par une audace fingulière, cet homme qui étoit moine & prêtre, fe maria à Saint-Sulpice, avec Sufanne Leclerc, fille d'un guichetier de la Conciergerie.

Dubois, naturellement caufeur & charlatan, s'introduifit chez plufieurs gens de qualité; & s'attira la confiance de quelques-uns, entr'autres de l'abbé Blondeau, oncle de madame de Chavigny Bouthillier, efprit foible & crédule, qui le regarda comme un homme merveilleux, poffédant les fecrets les plus rares, & particuliérement celui de faire de l'or avec la plus grande facilité. Ce fut cet abbé qui le fit connoître du fameux père Jofeph, ayant préalablement obtenu de lui qu'il ne le feroit point rechercher pour fa vie paffée. Le père capucin promit tout ce qu'il exigea de lui, dans l'efpérance de procurer au cardinal de Richelieu, fon protecteur, un adepte qui alloit augmenter la grandeur de fon éminence & la richeffe de la France; qui devoit donner les moyens de foulager les peuples, & fournir abondamment à toutes les dépenfes des guerres ruineufes, contre les ennemis du roi. Son éminence ne tarda pas d'être informée de cette heureufe aventure; & comme le père Jofeph avoit tout afcendant fur fon efprit, elle ne forma aucun doute fur ce qu'il lui raconta. Enfin il fut arrêté que le fabriquant d'or travailleroit en préfence du roi, de la reine, du cardinal, du père Jofeph, de l'abbé Blondeau, des furintendans & autres, qui avoient intérêt à la réuffite du grand-œuvre. Le jour étant pris, Dubois fe rend au Louvre, apporte une coupelle & un creufet pour fon expérience; allume le feu, y met fes vaiffeaux; & de peur qu'on ne le foupçonne de fourberie, il accepte pour aide de fon travail, un garde-du-corps, nommé Saint-Amour, que le roi lui-même lui choifit. Tout étant difpofé, Dubois demanda à haute voix s'il plairoit à fa majefté de commander qu'un de fes foldats donnât dix ou douze balles de moufquet pour les convertir en or; ce qui fut fait fort folemnellement & avec tout l'appareil du myftère. Le plomb mis dans la coupelle, on donna au feu le degré de chaleur néceffaire pour en tirer l'effet tant défiré. Dubois fit voir en même-temps qu'il jettoit fur les balles la valeur d'un grain de fa poudre de projection. Après quoi, il couvrit de cendres le plomb qui étoit dans la coupelle, comme chofe néceffaire, dit-il, à fon procédé, & fans doute afin de mafquer mieux fes manœuvres. Le temps venu de faire voir le réfultat de cette grande opération, Dubois, fous prétexte d'arranger la coupelle, gliffa adroitement, fans que perfonne s'en apperçut un certain poids d'or fous la cendre, comme il l'a depuis confeffé au procès. Etant alors affuré d'avoir de l'or, il fupplia le roi de vouloir bien lui-même écarter peu à peu les cendres avec

un foufflet, ou d'en donner l'ordre à qui il lui plairoit. Le roi ne voulut confier ce foin à perfonne; & comme il fouffloit fort, dans l'impatience de découvrir cet échantillon des richeffes infinies qui lui étoient promifes, les fpectateurs, tous très-intéreffés, très-curieux, très-attentifs, recevoient les cendres qui voltigeoient fur les affiftans, & la reine elle-même s'en laiffoit accabler. Enfin, lorfque le rameau d'or parut, il excita dans toute l'affemblée un cri d'allégreffe, & caufa une furprife fi agréable, que fa majefté & fon éminence embrafferent Dubois, & lui prodiguèrent leur faveur, & les témoignages de leur fatisfaction & de leur reconnoiffance. Le roi, dans fon enthoufiafme, le déclara noble & le fit chevalier, en lui donnant la belle petite accollade, à la façon des anciens preux & chevaliers de la Table Ronde. Il lui conféra en même-temps l'office de préfident des tréforeries de France, de la nouvelle création à Montpellier, & lui permit de chaffer dans toute l'étendue de fes plaifirs. Le cardinal dit qu'il falloit ôter les tailles, taillons, fubfides, & toutes les impofitions qui font à charge au peuple; que le roi ne réferveroit que fon domaine avec quelques fermes & droits feulement, comme des marques de fa fuzeraineté & de fa puiffance fouveraine; il annonçoit la renaiffance de l'âge d'or, & la fuprême domination de la France fur toutes les puiffances de l'Europe : le chapeau du cardinal fut de nouveau promis au père Jofeph. L'abbé Blondeau fut nommé confeiller d'état, & reçut le jour même fes lettres, avec promeffe du premier évêché vacant. Saint-Amour eut huit mille francs pour avoir aidé à cette belle œuvre; enfin toute la cour étoit dans le raviffement. & dans l'ivreffe de la joie. Dubois fit une nouvelle expérience, & employa le même tour de foupleffe pour entretenir l'enthoufiafme de fes fpectateurs. Le roi tira lui-même du feu le creufet avec des pincettes. La vue de ce nouveau lingot caufa un redoublement de plaifir, quoique cet or fût moindre que le premier qui pefoit neuf onces, ce fecond n'étant que de quatre. On envoya auffi-tôt chercher un orfèvre qui, après avoir fait l'effai de ces deux échantillons, trouva qu'ils n'étoient autres que des piftoles, c'eft-à-dire à vingt-deux karats. Dubois craignant que ce rapport fi parfait avec la monnoie ne fit foupçonner quelque chofe, s'empreffa de dire que pour fes effais il le faifoit de l'or à ce titre; mais que dans fon travail en grand de la tranfmutation, fon or feroit pur à vingt-quatre karats. Cette raifon contenta l'affemblée qui fe plaifoit dans fon illufion; mais elle parut très-fufpecte à l'orfèvre.

Les expériences étant faites, & ne laiffant rien à defirer, le cardinal tira Dubois à part; il entretint fur l'or qu'il devoit fournir dorénavant; il lui dit que le roi avoit befoin régulièrement de fix cents mille francs par femaine; & le charlatan eut l'effronterie de les promettre ; pourvu qu'on lui laiſſât ſeulement dix jours pour donner, diſoit-il, la dernière perfection de cuiſſon à neuf onces de poudre de multiplication qu'il avoit, & qui, par un accident, avoit été *incruée* (jargon de l'art pour dire aigrie & altérée) ; ajoutant qu'il vouloit porter cette poudre à ſa perfection, & faire un or purifié. Le cardinal lui répondit qu'il lui accordoit non-ſeulement dix jours, mais vingt, s'il en avoit beſoin. Dubois, au lieu de faire un travail qu'il ſavoit bien inutile, prend le plaiſir de la chaſſe, fait grand'chère chez lui, aſſemble tous les adeptes de ſa connoiſſance, les régale avec magnificence, les entretient de ſes ſuccès & de ſa ſcience ſublime. Il eſt regardé par-tout comme un homme extraordinaire, & en quelque ſorte divin. Cependant le tems ſe paſſoit, & rien ne ſe préparoit ; le cardinal envoya le père Joſeph ſolliciter le faiſeur d'or de ſe mettre à l'œuvre ; il demande quelques jours qu'on lui accorde, & qu'il ne met pas mieux à profit. Le roi n'étoit pas moins impatient de voir de gros ſaumons d'or de cinq à ſix cents mille livres que Dubois avoit promis. Comme ils ne paroiſſoient point, on eut des ſoupçons, & bientôt des craintes d'avoir été dupé, ce qui n'étoit que trop vrai. Il y eut des ordres pour veiller de près ce charlatan, & l'empêcher de prendre la fuite, comme en effet il le méditoit. Enfin ſon éminence l'envoya chercher dans une de ſes voitures. Etant arrivé à Ruel, le cardinal ne voulut point le voir, & le fit enfermer pour travailler. Dubois fit ou feignit de faire beaucoup d'eſſais qui ne produiſirent rien: Alors on le transféra au château de Vincennes, où, après beaucoup de tentatives encore inutiles, il ne laiſſa plus douter qu'il ne fût un impoſteur. M. de la Fermas vint le prendre dans un carroſſe & le conduiſit à la Baſtille. M. le cardinal ne lui pardonna point de l'avoir abuſé ſi publiquement & ſi ſolemnellement. Il nomma une commiſſion pour faire ſon procès ; & ſon éminence voulant paroître avoir été trompée par un art ſurnaturel, auquel toute ſa politique avoit été forcée de céder, elle fit principalement inſiſter ſur le fait de magie dont Dubois fut accuſé. Avant de procéder, M. de la Fermas, chef de la commiſſion, prit des inſtructions des alchymiſtes ; il lut quelques traités de leur vaine ſcience, d'après leſquels il interrogea Dubois en grand détail, dans les termes de l'art hermétique, enſuite ſur la magie, & ſur la rognure des monnoies d'or, qui étoit le malheureux talent de ce fourbe & ſa coupable reſſource, quoiqu'il n'en voulût pas convenir. Après dix ou douze jours d'interrogatoire, il fut condamné à la queſtion pour confeſſer la vérité, & avouer qu'il avoit eu deſſein de tromper le Roi & ſon éminence. Alors Dubois eut l'effronterie de ſoutenir qu'il n'étoit point coupable de ce projet, & que même, pour ſe juſtifier, il étoit prêt de répéter ſes expériences & de faire de l'or. On le relâcha auſſi-

tôt, & comme on eſt toujours crédule pour ce qu'on deſire, on lui fit apprêter dès le lendemain ce qui étoit néceſſaire pour ſon travail. Cependant deux des plus habiles orfèvres de Paris furent avertis de venir le voir opérer, & de prendre garde à ſes tours de ſoupleſſe. Dubois allume ſon feu à ſa manière. Des hommes font ponctuellement ce qu'il ordonne, il ne touche qu'à peu de choſes ; & toujours obſervé par les deux orfèvres, manquant d'ailleurs de la poudre d'or qu'il n'avoit pu ſe procurer dans la priſon, il traîna ſes expériences juſqu'à la chûte du jour ; à la fin il y renonça, diſant qu'il n'étoit point libre, & qu'il ne vouloit point enſeigner ſon ſecret à des gens qu'il ne connoiſſoit pas. Mais quand il vit qu'on alloit de nouveau l'appliquer à la queſtion, il promit de faire l'aveu de toutes ſes fourberies, & il découvrit les moyens qu'il avoit employés pour en impoſer au roi, au cardinal &, aux Miniſtres. Ce premier crime confeſſé, il fut interrogé ſur la magie, à laquelle on avoit encore dans ce temps la ſimplicité de croire. On prétend même qu'il en fut convaincu, & qu'il ne put s'empêcher de l'avouer. Son interrogatoire étoit fondé ſur un accident qu'on ſuppoſe qui arriva, une nuit à l'un des gardes de ſon éminence, lorſque ce fourbe étoit retenu à Ruel. On rapporte que ce garde ſe plaint d'avoir été rudement battu ſur les deux heures après minuit, ſans qu'il pût jamais voir ni toucher celui qui le frappoit ; & l'on fit courir le bruit que c'étoit un diable que Dubois avoit lâché contre lui, pour ſe venger de quelque mauvais traitement. Ce fait, avec pluſieurs autres, ſont cités dans le procès comme preuves de ſa ſorcéllerie. M. de la Fermas l'interrogeant ſur cette magie, dont il ſe défendoit foiblement, lui demanda pourquoi les diables qui étoient à ſes ordres, ou ſes amis, ne l'enlevoient point de ſa priſon, où ne lui apprenoient pas le beau ſecret de faire de l'or dont il s'étoit tant vanté, qui étoient les deux choſes dont il avoit le plus de beſoin dans la ſituation où il ſe trouvoit pris. Mais il ne dit rien à ces queſtions auxquelles il n'y avoit en effet point de réponſe. Après ce ſecond chef d'accuſation, on paſſa à un troiſième plus réel, ce fut la fauſſe monnoie & la rognure des pièces d'or. A cet égard on trouva chez Dubois beaucoup d'outils & de pièces de conviction. Cette poudre d'or des monnoies étoit l'appât que ce maître fourbe employoit pour attraper les perſonnes crédules ; car avec la valeur de huit ou dix piſtoles, dont il faiſoit de petits lingots qui lui ſervoient d'eſſais & de montre pour un plus grand ouvrage qu'il promettoit, il attiroit des ſix ou ſept cents écus de la part de ceux qu'il prenoit dans ſes filets. L'abbé Blondeau, qui étoit ſa dupe & ſon confident, lui avoit avancé juſqu'à huit mille francs avant qu'il le fît connoître au père Joſeph.

Dubois avoit compoſé un petit livret où il

difoit qu'étoit renfermé fon fecret de faire de l'or, & il vendoit fon ouvrage en manufcrit, plus ou moins, fuivant qu'il trouvoit des acheteurs intéreffés & crédules. Il y avoit même de fes difciples de bonne-foi, qui débitoient à fon profit fon ouvrage ; on cite ent'autres un M. de la Jaille, maître de comptes de Nantes.

Enfin cet homme atteint & convaincu de plufieurs délits qui méritoient la mort, fut jugé par une commiffion, & condamné à être pendu. Il voulut encore foutenir qu'il avoit fait de l'or, & que c'étoit la crainte des tourmens qui lui avoit arraché un aveu contraire. Mais depuis cette fois il ne fut pas écouté ; &, comme on le menoit au fupplice, le confeffeur, qui étoit un carme, le détermina à avouer fes fautes, il le promit. Alors on le fit entrer chez un Notaire, où il déclara & certifia, qu'il étoit vrai, comme il alloit mourir & rendre compte de fa vie à Dieu, qu'il avoit trompé, de deffein prémédité, le roi, la reine & M. le cardinal ; qu'il leur en demandoit pardon, que tout ce qu'il avoit fait n'étoit que fourberie, qu'il n'avoit jamais connu ni vu perfonne qui fût faire de l'or qu'en trompant ; mais que cela lui avoit fervi à paffer commodément fa vie, ce qui étoit très-aifé à faire, à caufe de l'extrême crédulité des hommes : & figna, en préfence de M. de la Fermas, & déchargea Saint-Amour, qu'il avoit chargé par fes réponfes dans le procès. De là il remonta dans fa charrette, & fut traîné au fupplice, qu'il fubit avec réfignation & avec courage, le 25 Juin 1637.

L'hiftoire fait mention de trois de ces impofteurs qui fe font adreffés à nos rois, fous prétexte de fabriquer de l'or.

Le premier fut un nommé Jean Gaulthier, baron de Plumerolec, qui trompa Charles IX, & lui emporta cent vingt mille livres, après avoir feulement travaillé huit jours ; mais deux mois après il fut pris & pendu. Le fecond a été, en 1615 ou 1616, un nommé Guy de Crufembourg, à qui, par arrêt du confeil, on donna vingt mille écus pour travailler dans la baftille, où ayant été environ trois femaines, il s'évada, & depuis on n'en a point entendu parler ; & le troifième eft ce Dubois dont nous venons de rapporter l'aventure & la fin tragique.

ALCIBIADE. *Alcibiade*, athénien, étoit defcendant d'Ajax. Socrate fut fon inftituteur.

Les auteurs ont dit d'*Alcibiade*, que la nature, en le formant, réunit toutes fes forces pour en faire un homme accompli.

Il manifefta dès fon enfance ce qu'il feroit le refte de fa vie. Un jour qu'il jouoit aux offelets dans la rue, un chariot s'avance, il prie le conducteur d'attendre, celui-ci, peu complaifant,

pouffe fes chevaux plus vivement ; les camarades du jeune *Alcibiade* prennent la fuite, mais lui fe couche devant la roue, en difant : *malheureux, paffes, fi tu l'ofes.*

Etant entré dans l'école d'un grammairien, il lui demanda un Homère, & lui donna un fouflet, pour le punir de n'avoir pas un fi beau modèle à offrir à fes élèves.

Il fut deux fois couronné aux jeux olympiques, où il effaçoit, par fa magnificence, celle des plus grands rois.

On l'accufe d'avoir été le corrupteur des mœurs d'Athènes, & l'intimité qui le lioit à Socrate, fit fufpecter celles de ce philofophe.

Alcibiade, accufé d'impiété & de facrilège, évita par un exil volontaire la mort à laquelle il avoit été condamné par contumace.

On prétend qu'il étoit père de la célèbre Laïs, qui fembloit avoir hérité de fes graces & de fa beauté.

ALCITRYOMANCIE, divination qui fe faifoit par le moyen d'un coq. Cet art étoit en ufage chez les grecs qui le pratiquoient ainfi. On traçoit un cercle fur la terre, & on le partageoit en vingt-quatre efpaces égaux dans chacun defquels on figuroit une des lettres de l'alphabet, & fur chaque lettre on mettoit un grain d'orge ou de bled. Cela fait, on plaçoit au milieu du cercle un coq fait à ce manège, on obfervoit foigneufement les lettres de deffus lefquelles il enlevoit le grain, & de ces lettres raffemblées, on formoit un mot qui fervoit de réponfe à ce qu'on vouloit favoir.

Plufieurs devins cherchèrent quel devoit être le fucceffeur de l'empereur Valens. Le coq ayant enlevé les grains qui étoient fur les lettres Θ Ε Ο Δ, ils conclurent que ce feroit Théodore, mais ce fut Théodofe, qui feul échappa aux perfécutions de Valens.

ALCORAN. *Alcoran*, en arabe, veut dire, *livre*, & c'eft en effet chez les mahométans le livre par excellence, la collection des révélations prétendues du faux prophète Mahomet.

Les mufulmans croient, comme article de foi, que l'ange Gabriel apporta, pendant le cours de vingt-trois ans à leur prophète, tout ce qui eft contenu dans l'*alcoran*, verfet à verfet, écrit fur un parchemin fait de la peau du bélier qu'Abraham immola à la place de fon fils Ifaac.

Il y a, felon Mahomet, fept paradis : l'argent, l'or, les pierres précieufes font la matière des premiers cieux. Le feptième eft un jardin délicieux arrofé de fontaines & de rivières de lait, de miel & de vin, avec des arbres toujours verds, dont les pepins fe changent en des filles fi belles & fi douces, que fi l'une d'elles avoit craché dans la

mer, l'eau n'en auroit plus d'amertume. C'est là
que les croyans seront servis des mets les plus
rares, les plus délicieux, & seront les époux des
houris, ou jeunes filles, qui, malgré des plaisirs &
des jouissances continuelles, seront toujours vierges.
L'enfer consiste dans la privation de tous ces plaisirs
& dans quelques autres peines qui finiront un jour
par la bonté de Mahomet.

L'alcoran commande à tous les musulmans, aux
fils même des rois d'apprendre un métier, & d'y
travailler pendant quelques heures, chaque jour.

Tout l'alcoran doit être écrit sur le linge du
grand-visir.

ALEMBERT. (d') Ce savant fut un enfant
de l'amour. Il vint au monde le 16 novembre 1717.
Mais ses père & mère, madame de Tencin & le
chevalier Destouches n'osant le reconnoître, le
nouveau né fut porté deux heures avant le jour
sur l'escalier de l'église de saint Jean-le-Rond.
Attiré par ses cris, le bédeau le recueillit & le fit
baptiser sur le champ sous le nom de Jean-le-Rond.

Cependant le chevalier Destouches réclama cet
enfant, & chargea la femme d'un vitrier, établi
à Paris, rue Michel-le-Comte, de le nourrir &
de l'élever.

La réputation que cet homme célèbre s'acquit
dans les sciences exactes & dans la littérature,
fut confirmée par le discours préliminaire de l'encyclopédie. Il avoit, comme on sait, entrepris cet
ouvrage avec Diderot, son ami, en 1750.

Le roi de Prusse avoit pour d'Alembert une estime
& une amitié particulière; il lui offrit la place de
directeur de l'académie de Berlin; mais notre philosophe n'accepta pas. Ce sacrifice qu'il fit à l'amour
qu'il avoit pour son pays, fut suivi d'un autre
encore plus méritoire.

L'impératrice de Russie lui offrit de se charger
de l'éducation du grand duc, & attacha à cette
honorable fonction cent mille livres de rente, &
d'autres avantages considérables que d'Alembert
refusa constamment; il se contenta de l'estime
générale de ses concitoyens & de l'amitié d'un
très-grand nombre de gens distingués par leur
mérite & par leur rang; on peut dire que d'Alembert joignoit au mérite de penser celui de faire penser les autres; & l'esprit dans ses ouvrages parle
toujours raison. Il mourut à Paris, le 29 octobre 1783.

Un jeune homme parodia ces quatre vers déjà
connus, sur le refus que fit d'Alembert de se laisser
aller à la fortune qui l'appelloit en Russie.

Est-ce à vous d'écouter l'ambition funeste,
Et la soif des faux biens dont on est captivé?
Un instant les détruit; mais la sagesse reste:
Voilà le seul trésor, & vous l'avez trouvé.

Quelqu'un fit observer à M. d'Alembert, que
tel écrivain, digne à la vérité de beaucoup d'éloges,
exaltoit ses propres talens avec trop de confiance.
Il faut le lui pardonner, reprit le philosophe, son
amour propre n'offense personne.

D'Alembert ayant remporté le prix sur la question
proposée par l'académie de Berlin: quelle est la
cause générale des vents? profita de cette occasion
pour dédier son ouvrage au roi de Prusse, par
ces trois vers latins, qui font allusion aux victoires & à la paix que le héros prussien proposoit
à l'Autriche.

Hæc ego de ventis; dum ventorum ocior alis
Palantes agit Austriacos Fredericus; & orbi
Insignis lauro, ramum prætendit olivæ.

Dans un voyage que d'Alembert fit à Wesel, où
le roi l'appella après la paix de 1763, ce prince lui
sauta au cou & l'embrassa tendrement. La première question que le monarque fit au géomètre,
fut celle-ci: Les mathématiques fournissent-elles
quelques méthodes pour calculer les probabilités en
politique? La réponse de d'Alembert fut, qu'il ne
connoissoit point de méthode pour cet objet; mais
que s'il en existoit quelqu'une, elle venoit d'être rendue inutile par le héros qui lui faisoit cette question.

Le jour que M. le Mière & M. le comte de
Tressan vinrent prendre place à l'académie françoise, M. d'Alembert, impatient qu'on ne commençât pas la séance, dit très-haut à l'auteur de
la veuve du Malabar: « M. le Mière, on attend
» après vous ». Aussi-tôt une voix se fit entendre
dans l'assemblée, & prononça distinctement ces
mots: « si vous attendez après lui, il y avoit assez
» long-tems qu'il attendoit après vous ».

M. d'Alembert qui pleuroit la mort de mademoiselle d'Espinasse, dit, en apprenant la mort
de madame Geoffrin: « hélas! je passois toutes
» mes soirées chez l'amie que j'avois perdue, &
» toutes mes matinées avec celle qui me restoit
» encore. Il n'y a plus pour moi ni soir ni matin ».

L'abbé de Voisenon, au sortir d'une séance de
l'Académie, disoit d'un ton fâché: « s'il se fait
» ici quelqu'étourderie, on ne manque jamais de
» me la prêter ». M. d'Alembert répondit sur-le-
champ: « monsieur l'abbé, on ne prête qu'aux
» riches ».

M. le comte du Nord, ou le grand-duc de
Russie, dit à M. d'Alembert, qu'il regretteroit
toujours que son éducation n'eût pas été remise en
ses mains. M. d'Alembert s'excusa sur sa mauvaise
santé, sur ses amis, sur le climat de la Russie:
« En vérité, monsieur, lui dit le comte du Nord,
» c'est le seul mauvais calcul que vous ayez fait en
» votre vie ».

ALI, cousin-germain & gendre de Mahomet,
fut un de ses disciples les plus ardens; il adopta

le système de son apostolat sanguinaire. « C'est moi,
» lui dit-il, en lui prêtant serment de fidélité,
» c'est moi, grand prophète de Dieu, qui veux
» être ton visir. Je casserai les dents, j'arracherai
» les yeux, je fendrai le ventre, & je romprai les
» jambes à ceux qui s'opposeront à moi ». Son
zèle sembloit le désigner pour être le successeur
de Mahomet ; mais Abubekre ayant été nommé
calife, *Ali* se retira dans l'Arabie.

Après la mort du calife Orthman, *Ali* fut nommé pour lui succéder ; mais un parti contraire
s'étant élevé, il fut assassiné l'an de J. C. 660.

ALIBOUR. Il étoit premier médecin de Henri IV, & n'est gueres connu que par l'anecdote
suivante. Le roi l'envoya visiter la belle Gabrielle
d'Estrées, mariée depuis peu à M. de Liancourt,
en face d'Eglise seulement. Elle avoit mal passé la
nuit. *Alibour* vint dire au roi qu'il avoit trouvé un
peu d'émotion chez la malade ; mais que la fin de
sa maladie seroit bonne. Ne comptez-vous pas la
saigner, dit le roi ? Je m'en donnerai bien de
garde, répondit ingénument le vieillard, avant
qu'elle soit à mi-terme. Comment, reprit le
roi, que voulez-vous dire, bon homme ? *Alibour*
appuya son sentiment, que le prince crut bien
détruire, en lui apprenant plus particuliérement
à quel point il en étoit avec la dame. Je ne sais,
dit le Médecin, ce que vous ayez fait ou point
fait : mais je vous renvoie à six ou sept mois d'ici
pour connoître la vérité de ce que je dis. Le roi
quitta son médecin, & fort en colère fut chez la
belle malade, qui apparemment trouva moyen de
s'excuser ; car la chronique dit qu'il n'y eut entre
lui & elle aucune mésintelligence ; quoique la prédiction du médecin se fût accomplie ; & le roi,
loin de désavouer l'enfant, le reconnut pour sien,
& le nomma *César*. La mort d'Aliboru, qui arriva
quelque temps après, à la suite d'une violente colique, fit soupçonner qu'il avoit été empoisonné,
pour le punir de sa prophétie, & des propos qu'il ne
cessoit de tenir tant contre la favorite que contre
le nouveau César. Les médecins de nos jours
sont plus discrets ; aussi ne courent-ils pas les
mêmes risques.

ALIMENT. Hormouz, roi de Perse, demandoit un jour à son médecin combien il falloit
d'*alimens* par jour pour le soutien d'un homme
formé ? Le médecin répondit que cela alloit environ à une livre. « Comment une si petite quantité pourroit-elle suffire à un aussi grand corps
» que le mien ! — Cette quantité suffit, si vous
» voulez seulement que votre nourriture vous
» porte ; si vous en prenez davantage, ce sera
» vous qui la porterez ».

ALLAIN, fils d'un sellier, a composé plusieurs
comédies, entr'autres l'*Epreuve réciproque*, en un
acte, en prose. Cette pièce a le défaut de n'être
pas assez développée ; ce qui fit dire à la Mothe,

au sortir de la prmière représentation, *Allain,
tu n'as pas assez allongé la courroie.*

L'ALLÉGORIE est pour les arts comme pour
les lettres, une ruse par laquelle on présente un
objet pour en exprimer un autre, par les rapports
qu'ils ont entr'eux. Une *allégorie* remarquable par
sa singularité est l'épitaphe d'un libraire de Boston,
composée par lui-même : « Ci gît, comme un
» vieux livre à reliure usée & dépouillée de titres
» & d'ornemens, le corps de Ben. Franklin,
» imprimeur. Il devint l'aliment des vers ; mais
» le livre ne périra pas : il paroîtra encore une
» fois dans une nouvelle & très-belle édition, revue & corrigée par l'auteur ».

En peinture & en sculpture, le mérite de l'*allégorie* est de ne présenter qu'une intention au spectateur, autrement il prend le change, & voit souvent le contraire de ce que l'artiste a voulu représenter.

Un homme peu instruit passait par la place des
Victoires, on lui faisoit remarquer la statue de
Louis XIV. Voyant la Victoire qui tenoit une
couronne au-dessus de la tête du monarque, apprenez-moi, dit-il, si la déesse pose ou retire la
couronne à ce prince.

Beautru considérant un jour au-dessus d'une
cheminée la Justice & la Paix en sculpture, qui se
baisoient : « voyez-vous, dit-il, en s'adressant à
» un ami avec qui il étoit, elles s'embrassent, elles
» se baisent & se disent adieu pour ne se revoir
» jamais ».

Le fils du grand Condé se servit d'une *allégorie*
bien ingénieuse pour peindre l'histoire de son père
dans la galerie de Chantilly. Il se rencontroit un
inconvénient dans l'exécution du projet. Le héros,
durant sa jeunesse, avoit fait un grand nombre
d'exploits éclatans, comme le secours de Cambrai, celui de Valenciennes, la retraite devant
Arras, contre son roi & sa patrie. Afin de pouvoir parler de ces événemens, le prince Jules fit
dessiner la muse de l'histoire, qui tenoit un livre
sur le dos duquel étoit : *vie du prince de Condé.*
Cette muse arrachoit les feuillets du livre qu'elle
jettoit par terre, & on lisoit sur ces feuillets : *Secours de Cambrai, secours de Valenciennes, retraite
de devant Arras* : enfin, toutes les belles actions de
Condé, durant son séjour dans les Pays-Bas ; actions dont toutes étoient louables, à l'exception
de l'écharpe qu'il portoit quand il les fit.

ALLELUIA. A Chartres, le jour qu'on quitte
l'*alleluia*, un enfant de chœur jette dans l'église
une toupie & la fouette, pour faire allusion à ce
qu'on quitte l'*alleluia* ; c'est pourquoi on l'appelle
l'*alleluia fouetté.*

ALEXANDRE-LE-GRAND, roi de Macédoine, né à Pella, trois cents cinquante-six ans
avant J. C. L'on rapporte que la foudre tomba

fur Olympias, enceinte d'*Alexandre*, & que le temple d'Ephèfe fut brûlé par Hégeftrate le jour de fa naiffance, événemens que l'on a regardés comme les préfages, & qui font plutôt les images de fon règne.

Alexandre encore enfant, faifoit déja paroître cette ambition demefurée qui devoit le rendre un des fléaux du genre humain. On vint un jour lui annoncer que Philippe avoit gagné une bataille; & que me reftera-t-il donc à faire, s'écria le jeune prince d'un air chagrin?

On lui témoignoit fon étonnement de ce qu'il n'avoit jamais, ainfi que Philippe dans fa jeuneffe, difputé le prix aux jeux olympiques. Qu'on me donne, répondit *Alexandre*, des rois pour antagoniftes, & je me préfenterai.

Les Macédoniens eurent lieu fur-tout d'être furpris de la dextérité courageufe avec laquelle il dompta un cheval auquel chacun d'eux avoit renoncé. Ce cheval étoit le fougueux Bucéphale, qu'un certain Philonicus de Theffalie avoit amené à Philippe, & qu'il vouloit lui vendre treize talens.

Le roi Macédonien ayant répudié, pour caufe d'infidélite, Olympias, mère d'*Alexandre*, le jeune prince en témoigna un vif reffentiment. Cependant fon père l'invita aux nôces de la nouvelle époufe qu'il avoit choifie. Au milieu de cette fête, Attale, favori de Philippe, eut l'imprudence de dire que les macédoniens devoient prier les dieux d'accorder un légitime fucceffeur au roi. Eh quoi! miférable! me prends-tu donc pour un bâtard, s'écria *Alexandre*? Il lance en même-temps fa coupe à la tête d'Attale. Philippe, échauffé par les vapeurs du vin, & croyant fon fils auteur de la querelle, court fur lui l'épée à la main; mais le pied lui manqua, & l'on eut le tems de l'arrêter. *Alexandre* encore plein de l'offenfe qui lui avoit été faite, ne put s'empêcher de dire avec un fourire infultant: *Voyez, Macédoniens, quel chef vous avez pour paffer en Afie, il n'a pu faire un pas fans fe laiffer tomber.*

Alexandre, après avoir réglé dans la Grèce tout ce qui étoit néceffaire pour fes grands deffeins, reprit le chemin de la Macédoine, & paffa à Delphes pour confulter le dieu. La prêtreffe, qui prétendoit qu'il n'étoit point alors permis de l'interroger, ne vouloit point entrer dans le temple. *Alexandre*, impatient, la prit par le bras pour l'y mener de force, & elle s'écria: *Ah! mon fils, on ne peut te réfifter. Je n'en veux pas davantage*, dit Alexandre, *cet oracle me fuffit.*

Un jeune macédonien amena, dans un bal où étoit *Alexandre*, une courtifanne, pleine de graces & de talens. Ce prince, en la voyant, ne put fe défendre de quelques defirs; mais ayant appris que ce jeune homme aimoit cette fille avec paffion,

il lui fit dire de fe retirer promptement, & d'emmener fa maîtreffe.

Alexandre-le-Grand, la veille qu'il livra la célèbre bataille du Granique, répondit à Parménion, qui lui confeilloit d'attaquer Darius pendant la nuit; *je ne veux point dérober la victoire, nous combattrons à la clarté du foleil.*

La Phrygie venoit d'être fubjuguée par l'armée d'*Alexandre*, & ce prince s'étoit rendu maître de la ville de Gordium qui en étoit la capitale. Il vit dans cette ville le char fi célèbre de Gordius, dont le joug tenoit par un nœud fi artiftement fait, qu'il n'étoit pas poffible de le dénouer. Suivant une ancienne tradition, l'empire du monde étoit promis à celui qui pourroit furmonter la difficulté. *Alexandre* coupa le nœud, & s'attribua l'accompliffement de l'oracle.

On demanda à *Alexandre* pourquoi il faifoit plus d'honneur à fon précepteur qu'à fon père: le roi Philippe, dit-il, en me donnant la vie m'a fait defcendre du ciel en terre; mais mon maître Ariftote, par fes inftructions, m'a enfeigné le chemin qu'il faut tenir pour monter de la terre au ciel. Les pédans qui inftruifent la jeuneffe, tirent une grande vanité de cette réponfe.

Alexandre-le-Grand, fur le point de partir pour la célèbre expédition d'Afie, diftribua prefque toutes fes richeffes entre fes capitaines & fes foldats. « Que vous refte-t-il donc, feigneur, lui » dit alors Perdiccas? — L'efpérance, répondit-il. » Elle nous fera commune avec vous, lui répliqua » Perdiccas; » fur le champ il lui rendit fon préfent.

Alexandre ayant vaincu en bataille le roi Darius, & tenant fa femme prifonnière qui furpaffoit en beauté toutes les dames de l'Afie, jeune d'âge, bien que ce monarque victorieux n'eût aucun fupérieur, auquel il fût tenu de rendre compte de fes actions, il eut tel pouvoir fur foi-même, que fes courtifans lui ayant fait état de cette grande beauté; afin de fuir tout foupçon & mauvaife occafion, il ne la voulut voir, ni fouffrir qu'elle fût menée devant lui, mais la fit traiter & fervir avec autant d'honneur que fi elle eût été fa propre fœur. *Plutarque.*

La conduite qu'il tint envers fon médecin Philippe, n'eft pas moins admirable. Elle prouve du moins que la grande ame de ce prince croyoit à la vertu. Le froid des eaux du Cydne, dans lefquelles il s'étoit jetté tout en fueur, lui avoit occafionné une fièvre violente qui devenoit encore plus dangereufe par fon impatience. L'armée étoit dans la plus grande confternation, & aucun médecin n'ofoit entreprendre de le guérir. Dans ces circonftances, Philippe d'Acarnanie, fon premier médecin & fon confident, demanda le temps de préparer un breuvage, dont l'effet devoit être propre pour lui rendre la fanté. On avoit envoyé au roi, pendant cet intervalle, une lettre par laquelle on lui donnoit avis de se défier de Philippe comme d'un traître, à qui Darius avoit promis mille talens & sa sœur en mariage. Quelle situation pour un prince malade ! Alexandre cependant n'en parut point troublé ; mais après avoir reçu entre ses mains le breuvage, il présente la lettre à son médecin ; & les yeux attachés sur lui, il vuide la coupe sans se troubler. Le remède agit si puissamment sur le malade, qu'il perdit d'abord connoissance, & qu'on eut tout lieu de soupçonner du poison ; mais une guérison prompte & en quelque sorte miraculeuse, rendit bientôt Alexandre plein de force & de santé à son armée.

Avant la bataille d'Arbelles, si fatale à l'empire de Perse, Darius avoit fait offrir une partie de ses états & son alliance à Alexandre, l'avertissant de se défier des caprices de la fortune. Parménion consulté sur ces propositions, répondit qu'il les accepteroit, s'il étoit Alexandre : & moi, si j'étois Parménion, lui répartit le conquérant.

La mort du malheureux Darius massacré inhumainement par ses perfides sujets, fit verser à Alexandre des larmes sincères, quoiqu'elle le rendît maître de tous ses états. Il auroit pu borner là ses conquêtes ; mais sa passion toujours plus ardente pour la gloire l'entraîna vers les Indes, où il défit Porus, le plus grand & le plus vaillant roi de ce pays. Ce prince, en présence de son vainqueur, ne perdit rien de sa fierté. Comment, lui demanda Alexandre, veux-tu que je te traite ? — En roi. Charmé de cette réponse, le conquérant ordonna qu'on prît grand soin du roi vaincu, lui rendit son royaume, & l'aggrandit par ses nouvelles conquêtes.

Un macédonien conduisoit un mulet chargé d'or pour Alexandre. Le mulet étoit si fatigué, qu'il ne pouvoit plus ni marcher, ni se soutenir. Le muletier prenant alors la charge, la porta avec beaucoup de peine un assez long espace de chemin. Le roi qui le vit accablé sous le poids, lui dit : « Prends courage, mon ami, & porte cette charge chez toi, car je te la donne ».

Ce prince, dans le cours de ses conquêtes, envoya souvent des présens magnifiques à Olympias sa mère qui étoit restée en Macédoine ; mais il ne voulut jamais souffrir qu'elle se mêlât des affaires du gouvernement. Cette princesse s'en plaignoit en termes fort durs contre son fils, & cherchoit toutes les occasions de mortifier ceux auxquels Alexandre avoit donné sa confiance, Antipater ayant écrit un jour à ce prince une longue lettre où il dévoiloit les intrigues d'Olympias, le roi, après l'avoir lue, se contenta de dire : « Antipater ignore qu'une seule larme d'une mère efface dix mille lettres comme celle-là ».

Alexandre-le-grand, invincible en tout ce qu'il entreprenoit, étant en son voyage de la conquête des Indes ; Taxiles, un des rois du pays, vint au-devant de lui, le priant qu'ils n'eussent point de guerre ensemble : si tu es, lui dit ce prince, moindre que moi, reçois des bienfaits de moi : & si tu es plus grand : que j'en reçoive de toi. Alexandre admirant & louant fort la façon grave, jointe à la courtoisie de cet Indien, lui répondit : pour le moins, faut-il que nous combattions tous deux de cela, à savoir lequel de nous deux fera plus de bien à son compagnon ; tant ce généreux monarque eût été martyr de céder à un autre en bonté, douceur & courtoisie.

Plutarque.

« O ! Athéniens, si vous saviez ce que je souffre » pour être loué de vous, disoit Alexandre » !

Xenocrates, philosophe, refusa d'Alexandre trente mille écus qu'il lui avoit envoyé en don, disant qu'il n'en avoit pas affaire. Comment, répliqua Alexandre, n'a-t-il pas un ami. Quant à moi, les richesses de Darius me peuvent à peine suffire à départir entre mes amis.

Comme ses courtisans l'animoient contre un homme qui blâmoit toutes ses actions, il se contenta de dire : c'est le sort des rois d'être blâmés, même quand ils se conduisent le mieux.

On dit à Alexandre que plusieurs de ses soldats avoient fait le complot de s'emparer de ce qu'ils trouveroient de plus riche dans les dépouilles des perses : tant mieux, dit-il, c'est une preuve qu'ils ont envie de se bien battre.

Alexandre étant à l'article de la mort, ses domestiques, après avoir reçu ses derniers ordres, lui demandèrent où étoient ses trésors ? « Vous les » trouverez, leur dit-il, dans la bourse de mes » amis ».

Je laisse, dit-il, mon empire au plus digne ; mais je prévois que mes meilleurs amis célébreront mes funérailles les armes à la main.

Alexandre-le-Grand mourut à Babylone, à l'âge de trente ans ou environ, après en avoir régné treize. Il avoit fait un si grand nombre de conquêtes, que l'on disoit communément qu'il en avoit fait plus que de pas. Ce prince pleuroit souvent, lorsqu'il entendoit dire qu'il y avoit encore plusieurs mondes, & qu'il n'avoit pas pu achever d'en conquérir un seul.

Alexandre étoit l'ami des arts & le protecteur de ceux qui les cultivoient ; il donna près de deux millions à Aristote, pour faciliter les expériences physiques. Son siècle vit fleurir les Diogène, les Pyrrhon, les Protogène, les Apelle, les Praxitelle, les Lysippe. Staturate, fameux architecte, proposa à ce héros de tailler le mont Atos en forme humaine, & d'en faire une statue où il eût été représenté portant dans une main une ville peuplée

peuplée de dix mille habitans, & dans l'autre un fleuve déposant ses eaux à la mer.

La Motte a fait sur *Alexandre* les vers suivans.

> Le fameux vainqueur de l'Asie
> N'étoit qu'un voyageur armé,
> Qui, pour passer sa fantaisie,
> Voulut voir en mourant l'univers alarmé :
> De bonne-heure Aristote auroit dû le convaincre
> Que le grand art des rois est celui de régner.
> Il perdit tout son temps à vaincre,
> Et n'en eut pas pour gouverner.

ALEXANDRE SÉVÈRE, empereur romain, fut le successeur d'Héliogabale.

Alexandre ne souffrit jamais que les offices qui donnoient pouvoir & jurisdiction fussent vendus ; » c'est une nécessité, disoit-il, que celui qui achete » en gros, vende en détail ».

« Un certain Vetronius Turinus s'étoit insinué dans les bonnes graces de l'empereur. Il en abusa pour mettre à contribution tous ceux qui sollicitoient des places ou des pensions. Souvent même il se faisoit payer pour des services qu'il n'avoit pas rendus. Dans les procès il lui étoit très-ordinaire de recevoir de l'argent des deux parties. *Alexandre*, instruit de cet odieux manége, ne crut pas indigne de son rang de tendre un piege à l'avidité de cet infidèle ministre, pour acquérir contre lui une preuve évidente & palpable. Quelqu'un, de concert avec l'empereur, demanda publiquement une grace, & il implora secrètement l'appui de Turinus. Celui-ci promit de parler de l'affaire, & n'en fit rien. La grace ayant été obtenue, Turinus prétendit qu'on lui en avoit obligation, & il exigea une certaine somme qui lui fut comptée en présence de témoins. Alors l'empereur le fit accuser. Turinus ne pût se défendre, ni disconvenir d'un crime prouvé par le témoignage de ceux mêmes qui étoient intervenus dans la négociation. Comme *Alexandre* vouloit en faire un exemple, il administra encore aux juges la preuve d'un grand nombre de trafics également odieux, dont l'accusé s'étoit rendu coupable, & qui étoient demeurés inconnus, parce que l'on n'avoit osé attaquer un homme dont le crédit effrayoit. Après ces éclaircissemens, *Alexandre* compta que sa sévérité ne pouvoit être blâmée : & pour proportionner le supplice au crime, il ordonna que Turinus seroit attaché dans la place publique à un poteau, au pied duquel on amasseroit du bois verd & humide, qui, étant allumé, ne pouvoit produire que beaucoup de fumée. Turinus mourut ainsi étouffé, pendant que le crieur public répétoit à diverses reprises & à haute voix ces paroles : « Celui qui a vendu de la fumée est » puni par la fumée ».

Encyclopédiana.

Cet empereur aimoit la société des gens d'esprit & des savans : *pourquoi ne me demandez-vous rien*, leur disoit-il : *aimez-vous mieux vous plaindre en secret que de m'avoir obligation ?*

Alexandre vivoit avec simplicité ; & sa maxime étoit que *la majesté de l'empire se soutient par la vertu, & non par une vaine ostentation*.

ALLUSION. Ce mot formé du latin, *ad ludere*, jouer sur, est effectivement un jeu de pensées ou de mots.

Un abbé de qualité représentoit au père de la Chaise, qui avoit la feuille des bénéfices, que depuis long-temps il lui demandoit un bénéfice : » Votre heure n'est pas encore venue, lui dit ce » Jésuite. Elle viendra, lui répartit l'abbé, quand » il vous plaira, car vous gouvernez le soleil ». On sait que le soleil étoit l'emblème de Louis XIV.

Un autre abbé gascon demandoit depuis long-tems un bénéfice au même père de la Chaise. Un jour que ce bon prêtre se promenoit appuyé sur sa canne, suivant sa coutume, l'abbé vint l'aborder, & le sollicita de nouveau. Le jésuite qui l'avoit leurré depuis long-tems de belles espérances, lui annonça qu'il n'y avoit rien à faire pour lui. Ah ! mon père, répartit aussi-tôt l'abbé dans son accent gascon, j'ai été un grand sot de me fier à vos promesses, & ma mère avoit bien raison de me dire qu'il ne falloit jamais s'asseoir sur une chaise qui n'avoit que trois pieds. Le gascon faisoit *allusion*, comme l'on voit, au nom du jésuite, & à la nécessité où il étoit de s'appuyer sur une canne.

Quoi, fille de David, vous parlez à ce traître ?

Ce vers fut appliqué à la Balicourt qui causoit avec M. de Thibouville dans le foyer de la comédie, avant de jouer *Athalie* où elle faisoit le rôle de Josabet.

Madame la duchesse de Modène, fille de M. le duc d'Orléans, régent, étant venue à Paris après un long séjour en Italie, assista, en arrivant, à une des représentations de Jephté, opéra qui étoit alors dans la nouveauté. Le public, enchanté de la revoir, témoigna sa joie par les plus vifs applaudissemens, auxquels la princesse parut infiniment sensible. Les acclamations redoublèrent ; & la princesse laissa couler des larmes de joie, lorsqu'on prononça ces mots, qui faisoient *allusion* aux bords de la Seine où elle avoit pris naissance.

Rivages du Jourdain, où le ciel m'a fait naître, &c.

La reine, monsieur, madame, & M. le comte d'Artois ont honoré, le 13 Janvier 1775, l'opéra de leur présence. On jouoit Iphigénie, de M. Gluck. Au divertissement du second acte, quand Achille en se tournant du côté du peuple, lui adresse ces paroles :

Chantons, célébrons, notre reine.

L'assemblée s'empressant d'adopter une application si heureuse, la fit répéter deux fois, ce qui ne s'étoit peut-être jamais vu à l'opéra; & témoigna, par de très-longs applaudissemens, sa joie & son amour à l'auguste & charmante princesse, qui voulut bien se prêter à cet hommage, & le justifier par la sensibilité dont elle donna des marques.

Madame la dauphine, duchesse de Bourgogne, s'amusoit beaucoup de la pêche. Un paysan qui la regardoit, dit assez haut : Madame pêchera tant qu'elle voudra, elle ne prendra jamais aussi bien qu'elle a pris, faisant allusion au dauphin.

Lorsque le duc Jean d'Anjou s'approcha de Naples, à la tête d'une grande armée, pour s'emparer de cette ville, il fit mettre sur ses drapeaux le passage de l'évangile de S. Jean, fuit missus cui nomen erat Joannes. Alphonse d'Aragon, qui défendoit la ville, lui répondit par cet autre passage de l'écriture, pris du même endroit, & qu'il plaça également sur ses drapeaux : ipse venit & non receperunt eum.

On a appliqué au corps des médecins ce passage de l'écriture sainte : non mortui laudabunt te. Les morts ne chanteront pas vos louanges.

La veille d'une bataille, un Officier vint demander au maréchal de Toiras, la permission d'aller voir son père qui étoit à l'extrémité, allez, lui dit ce général, père & mère honoreras, afin que vives longuement.

M. de Beaufort se sauva du donjon de Vincennes, où il étoit prisonnier, quelque temps avant que les Princes y fussent conduits. M. le prince de Conti dit à un Gentilhomme qui venoit le voir, je vous prie, monsieur, de me procurer l'Imitation de J. C. & à moi, dit le prince de Condé, l'imitation de Beaufort.

Mademoiselle de Scudéri ayant vu à Vincennes des pots d'œillets que le prince de Condé avoit pris plaisir de cultiver durant sa captivité, elle fit sur-le-champ ce quatrain, où l'allusion est si ingénieuse :

En voyant ces œillets qu'un illustre guerrier
Arrosa de la main qui gagna des batailles,
Souviens-toi qu'Apollon bâtissoit des murailles,
Et ne t'étonne pas que Mars soit jardinier.

Voiture, qui étoit fils d'un marchand de vin, jouant un jour aux proverbes avec des dames, mademoiselle des Loges lui dit en riant : celui-là ne vaut rien, perçons-en d'un autre. Elle faisoit allusion à la profession de son père.

L'Abbé de Vertot fut d'abord capucin; il passa ensuite dans d'autres ordres, & changea souvent de bénéfices, on appelloit cela les révolutions de l'Abbé de Vertot.

Il y avoit un père Hercule, jésuite, qui faisoit les sermons d'un certain évêque; & quand on alloit à ses sermons, on disoit : allons entendre les travaux d'Hercule.

Le cardinal de Retz, archevêque de Paris, allant au parlement avec un poignard dans sa poche, dont on appercevoit la poignée, le peuple disoit : voilà le bréviaire de notre archevêque.

Un pape ayant employé les trésors de l'église à faire bâtir des palais, tandis que les pauvres manquoient de secours, on écrivit sur les portes de ces beaux édifices : Dic ut lapides isti panes fiant.

Un traitant des gabelles avoit fait bâtir un hôtel, où il y avoit une niche à remplir par une statue. Comme il étoit embarrassé du choix, quelqu'un lui dit, faites-y mettre la statue de la femme de Loth changée en sel.

Le pape Innocent XI, fils d'un banquier, fut élevé sur le saint siège le jour de S. Mathieu. Pasquin dit aussi-tôt, invenerunt hominem sedentem in telonio.

On disoit du fameux père Bourdaloue qui étoit plus rigide à ses auditeurs qu'à ses pénitens, « Il surfait dans la chaire, mais dans le confessional il donne à bon marché. »

Louis XIV ayant demandé à madame de Maintenon quel étoit l'opéra le plus à son goût; elle se décida pour Atys : sur quoi le roi lui répondit galamment par un vers de cet opéra, Madame, Atys est trop heureux.

Le président Jeannin qui s'étoit toujours opposé au massacre de la saint-Barthelemi, fit mettre au bas de son portrait :

Non ego, cum danais, trojanam excindere gentem,
Aulide, juravi.

Un catholique, pour justifier son mariage avec une jolie protestante, citoit ces deux vers de la tragédie des Horaces de Corneille :

Rome, si tu te plains que c'est là te trahir,
Fais-toi des ennemis que je puisse haïr.

Une dame juive, qui vouloit cacher son extraction, s'emporta dans une dispute jusqu'à frapper un cavalier. Celui-ci se contenta de lui rappeler son origine par ces paroles que J. C. adressa au Juif qui lui donna un soufflet : si j'ai bien dit, pourquoi me frappez-vous.

On sait que le maréchal de Berwick remporta une victoire à Almanza en Espagne. Un jour qu'un soldat répondit en espagnol à ce général,

Camarade, lui dit Berwick, où as-tu appris l'espagnol? -- *A Almanza, mon général.*

ALPHONSE, roi d'Arragon, eut le surnom de *magnanime*, mort à Naples en 1548.

Alphonse assiégeoit Gayette, ville d'Italie, au royaume de Naples. Comme cette place commençoit à manquer de vivres, on força les femmes, les enfans, les vieillards & toutes les bouches inutiles d'en sortir. Alphonse les reçut aussi-tôt dans son camp, & comme ses officiers cherchoient à lui inspirer des sentimens moins généreux: « Pensez-vous donc, leur dit-il, que je suis venu ici » pour faire la guerre à des femmes & à des enfans »?

Ce même prince voyant qu'une galère chargée de matelots & de soldats périssoit, commanda qu'on les allât secourir; & comme il s'apperçut que le péril empêchoit qu'on n'exécutât ses ordres, il se mit lui-même dans une chaloupe pour courir au secours de la galère, & il dit à ceux qui lui représentoient le danger auquel il s'exposoit: » J'aime mieux être le compagnon que le spectateur » de leur mort ».

Ce prince alloit volontiers sans suite & à pied dans les rues de sa capitale. Lorsqu'on lui faisoit des représentations sur le danger auquel il exposoit sa personne: « un père, répondoit-il, qui se » promène au milieu de ses enfans, n'a rien à » craindre ».

Il y a ce trait connu de sa libéralité. Un de ses trésoriers étoit venu lui apporter une somme de dix mille ducats. Un officier qui se trouvoit-là dans le moment, dit tout bas à quelqu'un, je ne demanderois que cette somme pour être heureux: *Tu le seras*, dit Alphonse qui l'avoit entendu, & il lui fit aussi-tôt emporter les dix mille ducats.

Ce prince ne pouvoit souffrir la danse, il disoit assez plaisamment, « qu'un fou ne différoit » d'un homme qui danse, que parce que celui-ci » restoit moins long-tems dans sa folie ».

Il étoit venu, avec plusieurs de ses courtisans, voir les bijoux d'un joaillier. Il fut à peine sorti de la boutique, que le marchand courut après lui pour se plaindre du larcin qu'on lui avoit fait d'un diamant de grand prix. Alphonse rentra chez le marchand, & ayant fait apporter un grand vase plein de son, il ordonna que chacun de ses courtisans y mît la main fermée, & l'en retirât toute ouverte. Il commença le premier. Après que tout le monde y eut passé, il ordonna au joaillier de vuider le vase sur la table: par ce moyen le diamant fut trouvé, & personne ne fut deshonoré.

Alphonse avoit, ainsi que Salomon, signalé le commencement de son règne par un jugement remarquable. Une jeune esclave affirmoit devant lui

que son maître étoit le père d'un enfant qu'elle avoit mis au monde, & demandoit en conséquence sa liberté, suivant une ancienne loi d'Espagne. Le maître nioit le fait, & soutenoit n'avoir jamais eu aucun commerce avec son esclave. *Alphonse* ordonna que l'enfant fût vendu au plus offrant. Les entrailles paternelles s'émurent aussi-tôt en faveur de l'infortuné, & lorsque les enchères alloient commencer, le père reconnut son fils, & mit sa mère en liberté.

Le roi *Alphonse* dit à quelques personnes qui le pressoient de donner bataille dans une conjoncture dangereuse, « le devoir d'un général c'est de vain-» cre, non pas de combattre seulement ».

Alphonse avoit coutume de dire que parmi tant de choses que les hommes possèdent, ou qu'ils recherchent avec ardeur pendant le cours de leur vie, tout n'est qu'un vain *amusement*, excepté du bois sec & vieux pour brûler, du vin vieux pour boire, d'anciens amis pour converser, & de vieux livres pour lire.

ALMANACH. Nos ancêtres traçoient le cours des lunes pour toute l'année, sur un morceau de bois quarré qu'ils appelloient *al monaght*, ces mots signifioient, *contenant toutes les lunes*. Telle est selon quelques auteurs, l'origine & l'étymologie des *almanachs*.

En 1579, Henri III défendit, par une ordonnance, à tous faiseurs d'*almanachs* d'avoir la témérité de faire des prédictions sur les affaires de l'État ou des particuliers, soit en termes exprès, ou en termes couverts.

Cette défense étoit nécessaire alors; mais aujourd'hui on distribue sans danger l'*almanach* de Liège, de Mathieu Lansberg.

Lorsque l'empereur Cam-hi voulut charger les missionnaires jésuites de faire l'*almanach*, ils s'en excusèrent d'abord, dit-on, sur les superstitions extravagantes dont il faut le remplir. « Je crois » beaucoup moins que vous aux superstitions, leur » dit l'empereur, faites-moi seulement un bon » calendrier, & laissez mes savans y mettre toutes » leurs fadaises ».

Une femme du monde, mais du plus grand ton, avoit toujours sur sa table un *almanach* royal: quand il arrivoit quelqu'un, il falloit qu'il lui montrât son nom: s'il n'y étoit pas, elle jugeoit cet homme indigne de ses faveurs.

Fontenelle disoit de l'*almanach* royal, « c'est » le livre qui contient le plus de vérités ».

ALTESSE. Un homme de la cour alla faire une visite à un prince de l'empire qui venoit de marier sa fille, & trouva nombreuse compagnie où beaucoup de petits princes se traitoient mutuellement d'*alteße*. Il se rendit ensuite dans une autre maison où l'on jouoit. A son retour chez lui, une dame lui demanda ce qu'il avoit fait dans la soirée. — J'ai été dans deux sociétés, répondit-il ; dans l'une on jouoit à l'*alteße*, & dans l'autre au lotto.

Gionani Botero dit qu'un curé du Montferrat refusa le titre d'*alteße* au duc de Mantoue, parce que son bréviaire, où il avoit appris ce qu'il savoit du cérémonial, ne donnoit ce titre qu'à Dieu, *tu solus magnus, tu solus altißimus*.

ALVARÈS. Le comte d'*Alvarès*, grand-d'Espagne, étoit riche, puißant & vivement épris de son épouse ; elle accoucha d'un fils, & mourut trois jours après la naißance de cet enfant. Le comte, pénétré de douleur, ne survécut que dix mois à sa femme. Le jeune *Alvarès*, se trouvant orphelin, resta sous la tutelle de son oncle, gentilhomme sans fortune, & chargé d'une nombreuse famille. Les biens immenses de ce pupille le tentèrent, & lui inspirèrent l'affreux projet de sacrifier le dernier rejetton de cette illustre famille, pour enrichir ses enfans. Une ame aßez atroce pour former un tel complot, est ordinairement capable de l'exécuter ; cependant cet oncle sanguinaire, n'osant pas verser lui-même le sang de son neveu, chargea un de ses valets de cette barbare commißion, & lui remit ce jeune enfant, avec ordre de l'étrangler. Les mains de ce domestique n'étoient point accoutumées au meurtre : encouragé néanmoins par l'espoir de la récompense qui lui étoit promise, il saißit la victime, & lui donna d'un bras mal aßuré trois coups de poignard. Les cris de l'enfant, sa foibleße, & la vue du sang qui couloit de sa bleßure, émurent l'aßaßin : il s'arrêta, s'attendrit : revenu de sa fureur, & sans consulter son intérêt, il porta ce malheureux enfant chez le chirurgien du plus prochain village. Les bleßures n'étoient point mortelles, mais aßez conßidérables pour laißer sur les épaules du comte des marques ineffaçables. Le valet revint chez son maître, & lui dit qu'il avoit fidèlement exécuté ses ordres. On croit facilement ce qu'on desire avec ardeur. Ce barbare tuteur raßembla les parens, & leur dit que son jeune pupille étoit mort dans les convulßions. Le valet, pour mieux accréditer cette nouvelle, mit quelques hardes dans une bière, & la ßt solemnellement enterrer. Quelques jours après, ce domestique, dans la crainte qu'on ne vînt à découvrir la vérité, retourna chez le chirurgien auquel il avoit confié le jeune *Alvarès* : il prit cet enfant, & le porta dans un village beaucoup plus éloigné, où il le remit à un paysan, auquel il paya par avance une bonne somme pour sa penßion. *Alvarès* resta chez ce paysan jusqu'à l'âge de ßx ans : mais alors le domestique revint encore ; & pour s'affranchir des craintes qui l'agitoient sans ceße, il retira le

comte, & le confia à un marchand qui devoit s'embarquer le lendemain pour la Turquie. Il donna de l'argent à ce voyageur ; &, lui faisant entendre que cet enfant étoit le fils naturel d'un homme de condition, il lui recommanda un secret inviolable. Cependant le crime de l'oncle ne resta pas long-temps impuni : la mort enleva bientôt sa nombreuse famille ; tous ses enfans périrent, & sa maison fut remplie de deuil ; il fut attaqué lui-même d'une maladie mortelle. Dans ce moment affreux, pénétré de l'horreur de sa conduite, il sentit des remords, & ßt part de son repentir & de ses craintes au complice de son atrocité. Celui-ci avoua tout ce qu'il avoit fait. Cet aveu calma les inquiétudes du vieillard ; & l'espérance de rendre à son neveu son état & sa fortune, ranima ses forces. Il guérit, & ne s'occupa plus que du soin de découvrir la retraite de son infortuné pupille : mais ses recherches furent long-temps inutiles. Il apprit enfin que le marchand avoit vendu le jeune comte à un Turc ; que celui-ci l'avoit revendu à un marchand anglois, établi à Constantinople, & qui s'en étoit retourné à Londres, accompagné de son esclave. *Alvarès* envoya außi-tôt un exprès à Londres ; mais il arriva trop tard ; le jeune comte n'étoit plus dans cette capitale : il découvrit seulement que le jeune homme s'étoit conduit avec tant de décence & de ßdélité chez son maître, que celui-ci, pour récompenser son zèle, l'avoit mis en apprentißage chez un barbier, où, après avoir appris à raser, il étoit entré au service du comte de Gallas, ministre de l'empereut à la cour d'Angleterre. Le comte de Gallas s'en étoit retourné à Vienne, & son nouveau domestique l'y avoit suivi. Le vieux *Alvarès* ne se découragea pas ; il envoya son confeßeur à Vienne ; mais, depuis long-temps son neveu n'étoit plus auprès du comte de Gallas. On sut qu'après avoir été quelque temps valet-de-chambre du comte d'Oberstoff, il s'étoit marié avec une des femmes de l'épouse du comte, & s'étoit retiré en Bohême. Cette nouvelle incertitude affligea vivement le vieux *Alvarès*. Il y avoit peu de temps qu'étant à Barcelonne, son zèle pour la maison d'Autriche l'avoit déterminé à prêter à l'Empereur quatre cents mille florins. *Alvarès* s'adreßa à ce souverain même : il envoya son confeßeur à la cour, faire part de sa ßtuation, de son crime, & du deßr extrême qu'il avoit de retrouver son neveu. L'empereur, touché du malheureux état de l'oncle & du jeune *Alvarès*, ßt accompagner en Bohême ce même confeßeur par un de ses officiers, chargé des ordres les plus précis. On ßt les plus grandes perquißtions ; & ce ne fut qu'après des recherches inßnies qu'on découvrit la retraite du jeune Comte d'*Alvarès*. Il étoit alors maître-d'hôtel chez un gentilhomme. On l'interrogea sur sa naißance & sur les premières années de sa vie. Le jeune *Alvarès* répondit qu'il ne savoit absolument ni d'où il étoit, ni à quelle famille il appartenoit; qu'il se souvenoit seulement qu'étant dans son enfance esclave en Turquie, son maître lui avoit dit qu'il étoit fils d'un seigneur espagnol; mais qu'il n'avoit jamais pu concilier l'orgueil de cette naissance avec le malheureux état auquel son père l'avoit condamné en naissant. Le confesseur demanda à examiner les épaules du maître-d'hôtel; &, voyant les marques indiquées des trois coups de poignard, il ne balança pas à découvrir à l'héritier de la maison d'*Alvarès* le danger qu'il avoit couru, le crime de son oncle & ses remords. Le jeune *Alvarès*, trop humilié depuis qu'il avoit vu le jour, pour s'enorgueillir du rang & de la fortune que le ciel venoit de lui rendre, n'ambitionna point les honneurs auxquels sa naissance pouvoit le faire aspirer. Son épouse, craignant que cet événement ne la séparât pour jamais de son mari, au lieu d'être flattée de cette nouvelle, se livroit déjà aux plus vives alarmes. Le comte, amoureux & sans ambition, se rendit à Vienne, remercia l'empereur des soins qu'il avoit daigné prendre, reçut de ce prince le remboursement des quatre cents mille florins, acheta dans la Silésie la terre de Ratibot, où il se retira avec la comtesse d'*Alvarès* son épouse. — *Alvarès* étoit le fils d'un grand-d'Espagne; il eût pu l'être lui-même, il eût vécu dans le sein des grandeurs; mais il eût fait le malheur d'une épouse qu'il adoroit: il aima mieux garder la foi qu'il lui avoit jurée, que d'être décoré de marques & de titres qui supposent des vertus, mais qui n'en donnent pas toujours. Il se contenta de faire transporter en Almagne la plus grande partie de sa fortune, & d'en jouir dans le sein de l'amitié.

AMANT. Quel empire n'auroit pas la beauté sur les hommes, si elle se trouvoit toujours unie à la vertu!

« J'ai connu des hommes en notre France, dit Brantome, qui, plus poussés de leurs maîtresses que de leurs volontés, ont entrepris & parfait de belles actions. La belle Agnès voyant le roi Charles VII auprès de sa personne, menant une vie molle & lâche, sans songer aux affaires de son royaume, lui dit, qu'on lui avoit prédit qu'elle seroit aimée d'un des plus vaillans & des plus courageux princes de la chrétienté; que lorsqu'il lui fit l'honneur de l'aimer, elle avoit cru qu'il étoit ce prince dont l'astrologie lui avoit parlé; mais qu'elle s'étoit trompée, & que ce roi si courageux n'étoit pas lui; mais le roi d'Angleterre, qui faisoit de si belles actions, & qui, à sa barbe, lui prenoit tant de villes, & qu'elle alloit le trouver. Le roi fut si piqué de ce discours, que prenant courage, & quittant sa chasse & ses plaisirs, il se donna tout entier à la guerre, & obligea les anglois de sortir de son royaume ».

La ville de Falaise étoit assiégée par Henri IV, on alloit donner l'assaut: un nommé de la Chenaye, marchand, étoit amoureux & aimé d'une fille de son état; il lui proposa un moyen qu'il imaginoit pour sortir de la ville & la mettre en sûreté: « comme je suis persuadée, lui répondit-elle, » que vous ne pensez à abandonner vos compa- » triotes, lorsqu'ils vont combattre avec tant de » courage, que parce que vous tremblez pour » moi, la proposition que vous me faites, ne vous » ôte ni mon amour ni mon estime; & pour le » prouver, je suis prête à unir ma destinée à la » vôtre: venez, je vais vous donner ma foi sur » la brèche ». Ils arrivent l'un & l'autre sur le » rempart, combattent avec tant de courage que Henri IV commanda qu'on leur sauvât la vie, s'il étoit possible. La Chenaye ayant été tué d'un coup de fusil, sa maîtresse refusa quartier, combattit jusqu'à ce que se sentant blessée à mort, elle s'approcha du corps de son *amant*, pour mêler son sang avec le sien, & mourut en le tenant embrassé.

Lors de la prise de la ville d'Oïa, dans les Indes, par les portugais, en 1508, un officier portugais, nommé Sylvéira, découvrant un maure de fort bonne mine qui se déroboit par un sentier, avec une jeune femme d'une beauté extraordinaire, courut vers eux pour les arrêter. Le Maure ne parut point alarmé pour lui-même; mais après avoir tourné le visage pour se défendre, il fit signe à sa compagne de fuir, tandis qu'il alloit combattre. Elle s'obstina, au contraire, à demeurer près de lui, en l'assurant qu'elle aimoit mieux mourir ou rester prisonnière, que de s'échapper seule. Sylvéira, touché de ce spectacle, leur laissa la liberté de se retirer, en disant à ceux qui le suivoient: à Dieu ne plaise que mon épée coupe des liens si tendres.

Un *amant* vertueux, & qui a de l'élévation dans l'ame, est plein de respect pour ce qu'il aime; c'est ce que le poëte Dryden voulut faire entendre un jour à un seigneur anglois. Ce seigneur reprochoit à Dryden que, dans une de ses tragédies, Cléomènes s'amusoit à causer tête à tête avec son amante, au lieu de former quelque entreprise digne de son amour. « Quand je suis auprès d'une » belle, lui disoit le jeune lord, je sais mieux » mettre le temps à profit. Je le crois, répliqua » Dryden, mais aussi m'avouerez-vous bien que » vous n'êtes pas un héros ».

Une femme dont l'ame étoit assez élevée pour préférer l'estime publique à ses plaisirs, avoit un *amant* qui, dans une action, avoit manqué de bravoure. « Toute la ville, lui dit-elle, veut que » vous ayez mon cœur; mais l'action que vous ve- » nez de faire prouve bien que toute la ville se » trompe ».

Le comte de Peltzer, officier dans le service prussien, étoit fils unique d'une veuve de soixante ans; il étoit bien fait, brave à l'excès, &

éperduement amoureux de mademoiselle de Beuf-kow. Elle étoit dans sa dix-huitième année, belle, douce, & née avec une sensibilité extrême. Son *amant*, dans l'âge vainqueur de vingt-un ans, étoit aimé autant qu'il aimoit, & le jour étoit nommé pour les rendre heureux : c'étoit le 20 Juin 1770.

Les troupes prussiennes sont toujours prêtes à entrer en campagne, & le 17 Juin, à dix heures du soir, le régiment du comte reçut ordre de partir à minuit pour la Silésie. Il étoit à Berlin, & sa maîtresse à un château à quatre lieues de la ville. Il partit donc sans la voir, & il lui écrivit du premier endroit où l'on s'arrêta, qu'il lui étoit impossible de vivre sans elle, qu'il la prioit de le suivre incessamment, & que le mariage se feroit dans la Silésie. L'officier manda en même temps au frère de la demoiselle, qui étoit son intime ami, de plaider sa cause avec ses parens. Elle part donc accompagnée par ce frère & par la mère de son *amant*. Jamais le sable de la Prusse n'a paru si pesant qu'à cette charmante fille ; mais enfin le voyage finit, & elle arrive à la ville d'Herstadt, c'étoit le matin, & jamais, m'a dit son frère, mes yeux n'ont vu de femme plus jolie que ma sœur, l'exercice du voyage avoit ajouté à son éclat, & ses yeux peignoient ce qui se passoit dans son cœur. Mais, ô perspectives humaines, que vous êtes trompeuses ! que le moment de la félicité touche souvent au malheur ! La voiture est arrêtée dans la rue pour laisser passer des soldats qui, s'avançant à pas lents, portoient dans leurs bras un officier blessé. Le tendre cœur de la jeune personne fut touché du spectacle ; elle ne soupçonnoit guère que ce fût son *amant*.

Les fourageurs autrichiens étoient venus près de cette ville, & le jeune comte étoit sorti pour les repousser. Brûlant de se distinguer, il s'élance avec ardeur devant sa troupe, & tombe la victime de sa malheureuse impétuosité.

Peindre la situation de cette fille infortunée, seroit insulter au cœur & à l'imagination de tout lecteur sensible. Son *amant* est placé dans son lit, sa mère est à ses pieds, & sa maîtresse lui tient la main. « O, Charlotte, s'écrie-t-il, en ouvrant un » œil mourant ». Il vouloit parler ; mais sa voix est rompue, il fond en larmes. Son accent avoit percé l'âme de sa maîtresse, elle perd la raison. « Non, je ne te survivrai pas, dit-elle, en se sai-» sissant d'une épée ». On la désarme, & l'officier mourant fait signe avec la main qu'on l'approche de lui. Quand elle vint, il lui serre le bras, & après deux pénibles efforts pour parler, il dit : avec un sanglot : « vis, ma Charlotte ; pour » consoler ma mère, & il expire. ô malheur ! Dans la troupe qui fit cette sortie si fatale au jeune *amant*, il n'y eut que deux hommes blessés, & lui seul de tué. Quand je passai par Berlin, en 1779, la demoiselle n'avoit pas encore recouvré la raison.

Un seigneur étranger entendant une maîtresse qu'il idolâtroit, vantet la beauté d'une étoile, lui dit : « ne me la demande pas, car je ne pourrois » te la donner ».

Un *amant* qui avoit une maîtresse à qui il manquoit un œil, se fit borgne pour lui ressembler : on jugera d'abord que cet *amant* n'étoit point françois, mais espagnol.

Si l'on en croit un de nos poëtes, il est un moyen de connoître un *amant* sincère. Plût à Dieu que son secret fût bon :

Beautés qui, dans la fleur de l'âge,
Craignez un tendre engagement :
Voulez-vous d'un *amant* volage
Distinguer un fidèle *amant* ;
L'un flatteur & plein d'assurance,
Vous peint vivement son ardeur,
L'autre soupire, & son silence
Est un éloge pour son cœur.

Ecoutons plutôt les conseils que donne aux *amans* heureux le naïf La Fontaine.

Soyez-vous l'un à l'autre un monde toujours beau,
Toujours divers, toujours nouveau,
Tenez-vous lieu de tout, comptez pour rien le reste,
J'ai quelquefois aimé ; je n'aurois pas alors
Contre le louvre & ses trésors,
Contre le firmament & sa voûte céleste,
Changé le bois, changé les lieux
Honorés par les pas, éclairés par les yeux
De l'aimable & jeune bergère,
Pour qui, sous le fils de Cythère,
Je me vis engagé par mes premiers sermens.

AMASIS. *Amasis*, de simple soldat, devint roi d'Egypte, vers l'an 569 avant J. C. Il gagna le cœur de ses sujets par la douceur & la sagesse de ses loix, parmi lesquelles on en a remarqué une qui prescrit à chaque particulier de rendre compte tous les ans à un magistrat de la manière dont il subsistoit.

AMAZONES. Ce mot, dérivé du grec, signifie *privé d'une mamelle*. Les *Amazones* étoient des femmes courageuses & guerrières, qui fondèrent un empire dans l'Asie-mineure, sur les côtes de la mer noire.

Il n'y avoit point d'hommes parmi elles pour la propagation de leur espèce ; elles alloient chercher des étrangers, elles tuoient tous les enfans mâles qui leur naissoient, & retranchoient aux filles la mammelle droite, pour les rendre plus propres à tirer de l'arc. Les *Amazones* étoient forcées de rester vierges jusqu'à ce qu'elles euffent tué trois ennemis de l'état.

Le mot d'*amazones* a été donné aux femmes guerrières. Il y en avoit beaucoup dans les armées des premiers califes.

Parmi nous les femmes ont adopté, pour aller au bal ou à la campagne, un habillement qu'elles appellent le costume des *amazones*. Elles portent le chapeau d'homme, une veste à peu près dans le goût des nôtres, des souliers plats, & ne conservent que les jupons de femme. Cette bigarrure assez piquante inspira le couplet suivant au galant abbé de Lattaignant. Il est adressé à une femme vêtue en *amazone*.

> L'autre jour l'aimable Baronne,
> Etant vêtue en *amazone*,
> Fit naître un plaisant différend
> Entre les dieux de la tendresse :
> Vénus la vouloit pour amant,
> L'amour la vouloit pour maîtresse.

Lorsque le célèbre capitaine Dérar combattoit en Syrie contre les généraux de l'empereur Héraclius, du temps du calife Abubecre, succeffeur de Mahomet, Pierre, qui commandoit dans Damas, avoit pris dans ses courses plusieurs musulmanes avec quelque butin, il les conduisoit à Damas : parmi ses captives étoit la sœur de Dérar lui-même. L'histoire arabe d'Avalkedi dit qu'elle étoit parfaitement belle, & que Pierre en devint épris ; il la ménageoit dans la route, & épargnoit de trop longues traites à ses prisonnières. Elles campoient dans une vaste plaine sous des tentes, gardées par des troupes un peu éloignées. Caulah, c'étoit le nom de cette sœur de Dérar, proposé à une de ses compagnes, nommée Oferra, de se soustraire à la captivité ; elle lui persuade de mourir plutôt que d'être les victimes de la lubricité des chrétiens ; le même enthousiasme musulman saisit toutes ces femmes ; elles s'arment des piquets ferrés de leurs tentes, de leurs couteaux, espèces de poignards qu'elles portent à la ceinture, & forment un cercle se serrant les unes contre les autres, pour opposer leurs armes à l'ennemi.

Pierre ne fit d'abord qu'en rire ; il avance vers ces femmes ; il est reçu à grands coups de bâtons ferrés ; il balance long-temps à user de la force : enfin il s'y résout, & les sabres étoient déjà levés, lorsque Dérar arrive, met les grecs en fuite, délivre sa sœur & toutes les captives.

La célèbre comtesse de Montfort, en Bretagne, » étoit vertueuse (dit d'Argentré) outre tout » naturel de son sexe ; vaillante de sa personne » autant que nul homme ; elle montoit à cheval, » elle le manioit mieux que nul écuyer ; elle com-» battoit à la main, elle couroit, donnoit parmi

» une troupe d'hommes d'armes, comme le plus » vaillant capitaine ; elle combattoit par mer & par » terre tout de même assurance ».

On la voyoit parcourir l'épée à la main ses états envahis par son compétiteur, Charles de Blois. Non-seulement elle soutint deux assauts sur la brèche d'Hennebon, armée de pied en cap ; mais elle fondit sur le camp des ennemis, suivie de cinq cents hommes, y mit le feu, & le réduisit en cendre.

Marguerite d'Anjou, femme de l'infortuné Henri VI, roi d'Angleterre, combattit elle-même dans dix batailles pour délivrer son mari.

En 1472, quand l'armée bourguignone assiégeoit Beauvais, Jeanne Hachette, à la tête de plusieurs femmes, soutint long-temps un assaut, arracha l'étendard qu'un officier des ennemis alloit arborer sur la brèche, jetta le porte-étendard dans le fossé, & donna le temps aux troupes du roi d'arriver pour secourir la ville.

Cette *amazone* a mérité à son sexe une distinction flatteuse. Le jour de l'anniversaire de ce fameux siège, les femmes & les filles de Beauvais ont le pas sur les hommes à la procession.

Mademoiselle de la Charse, de la maison de la Tour-du-Pin-Gouvernet, se mit, en 1693, à la tête des communes en Dauphiné, & repoussa les Barbets qui faisoient une irruption. Le roi lui donna une pension comme à un brave officier.

AMBASSADEURS. On distingue deux sortes d'*ambassadeurs*, les *ambassadeurs* ordinaires, & les *ambassadeurs* extraordinaires.

Il n'y a pas plus de deux cents ans que les princes se sont envoyés des *ambassadeurs* ordinaires, qui résident chez les puissances étrangères qui leur sont alliées. Avant ce temps, toutes les grandes affaires se négocioient par le ministère d'*ambassadeurs* extraordinaires.

Les femmes ont quelquefois été honorées du titre & des fonctions d'ambassadrices. Madame la maréchale de Guébriant eut cet avantage. L'histoire fait aussi mention d'une ambassadrice envoyée par le roi de Perse vers le grand-seigneur.

La dignité d'*ambassadeur* est très-ancienne, puisqu'on lit au livre des rois, que David fit la guerre aux ammonites pour venger l'injure faite à ses *ambassadeurs*.

Alexandre fit passer au fil de l'épée les habitans de Tyr, pour avoir insulté ses *ambassadeurs*.

Voltaire nous a tracé les devoirs des *ambassadeurs* dans ces vers de la tragédie de Brutus :

Les vrais *ambassadeurs*, interprètes des loix,
Sans les déshonorer, savent servir leurs rois ;

De là foi des humains diſcrets dépoſitaires,
La paix ſeule eſt le fruit de leurs ſaints miniſtères ;
Des ſouverains du monde ils ſont les nœuds ſacrés ;
Et, par-tout bienfaiſans, ſont par-tout révérés.

Les *ambaſſadeurs* ne doivent point aller aux noces, aux enterremens, aux aſſemblées publiques, à moins que leur maître n'y ait intérêt. Ils ne doivent point porter le deuil même de leurs proches, parce qu'ils repréſentent la perſonne de leur ſouverain.

En France, le nonce du pape a la préféance ſur tous les autres *ambaſſadeurs*, & porte la parole en leur nom quand il s'agit de complimenter le roi.

Dans toutes les cours de l'Europe, l'*ambaſſadeur* de France a le pas ſur celui d'Eſpagne.

Le baron de Batteville, *ambaſſadeur* d'Eſpagne, ayant inſulté à Londres le comte d'Eſtrades, *ambaſſadeur* de France à la même cour, Louis XIV exigea une réparation publique ; & dans une audience du roi, au mois de Mai 1662, l'*ambaſſadeur* d'Eſpagne, en préſence de vingt-ſept autres, tant *ambaſſadeurs* qu'envoyés, proteſta que le roi ſon maître ne diſputeroit jamais le pas à la France. On frappa une médaille à cette occaſion.

Dans le temps que l'on pourſuivoit en France les proteſtans, un *ambaſſadeur* d'Angleterre demanda à Louis XIV la liberté de ceux qui étoient aux galères pour cauſe de religion : le monarque lui répondit : « que diroit le roi de la Grande-Bretagne, ſi je lui demandois les priſonniers de Newgate (priſon de Londres où l'on enferme les malfaiteurs)? Sire, repliqua l'*ambaſſadeur*, le roi mon maître les accorderoit à votre majeſté, ſi elle les réclamoit comme ſes frères.

Gaubier de Banault, étant *ambaſſadeur* en Eſpagne, aſſiſtoit à une comédie où l'on repréſentoit la bataille de Pavie, voyant un acteur terraſſer celui qui faiſoit le rôle de François I, en l'obligeant à demander quartier dans les termes les plus humilians, ſauta ſur le théâtre, & paſſa ſon épée au travers du corps de cet acteur.

Un *ambaſſadeur* de Charles-Quint auprès de Soliman, empereur des Turcs, venoit d'être appellé à l'audience de cet empereur. Comme il vit, en entrant dans la ſalle d'audience, qu'il n'y avoit point de ſiège pour lui, & que ce n'étoit pas par oubli, mais par orgueil qu'on le faiſoit tenir debout, il ôta ſon manteau & s'aſſit deſſus avec autant de liberté que ſi c'étoit un uſage établi depuis long-temps ; il expoſa l'objet de ſa miſſion avec une aſſurance & une préſence d'eſprit que Soliman lui-même ne put s'empêcher d'admirer. Lorſque l'audience fut finie, l'*ambaſſadeur* ſortit ſans prendre ſon manteau. On crut d'abord que c'étoit par oubli, & on l'avertit : il répondit avec autant de gravité que de douceur : « les ambaſſa-

deurs du roi mon maître ne ſont point dans l'uſage de remporter leur ſiège avec eux ».

Henri VIII, roi d'Angleterre, ayant des démêlés avec François I, roi de France, réſolut de lui envoyer un *ambaſſadeur*, & de le charger de paroles fières & menaçantes. Il choiſit pour cet emploi l'évêque Bonner en qui il avoit beaucoup de confiance. Cet évêque lui repréſenta que ſa vie ſeroit en grand danger, s'il tenoit de pareils diſcours à un Roi qui étoit auſſi fier que François I: « Ne craignez rien, lui dit Henri VIII, ſi le roi de France vous faiſoit mourir, je ferois abattre bien des têtes à quantité de François qui ſont ici en ma puiſſance. — Je le crois, répondit l'évêque ; mais de toutes ces têtes, ajouta-t-il, il n'y en a pas une qui pourroit être adaptée ſur mes épaules mieux que celle-ci, en montrant la ſienne ». Cette réponſe agréable plut au roi, & l'obligea de réformer l'inſtruction de ſon *ambaſſadeur*.

En 1586, Philippe II avoit envoyé le jeune connétable de Caſtille à Rome, pour féliciter Sixte V ſur ſon exaltation. Le pape, mécontent de ce qu'on lui avoit député un *ambaſſadeur* ſi jeune, ne put s'empêcher de lui dire : « hé quoi! votre maître manque-t-il d'hommes, pour m'envoyer un *ambaſſadeur* ſans barbe? — Si mon ſouverain eût penſé, lui répliqua ce fier eſpagnol, que le mérite conſiſtât dans la barbe, il vous auroit envoyé un bouc, & non un gentilhomme comme moi ».

Le préſident Jeannin fut envoyé *ambaſſadeur* en Eſpagne, ce qui lui a valu depuis le nom de Jeannin de Caſtille. Les fiers eſpagnols qui connoiſſoient l'extraction de ce grand homme, ſe plaignoient à leur roi que les françois avoient tant de mépris pour eux, qu'ils envoyoient un *ambaſſadeur* qui n'étoit pas ſeulement gentilhomme. Le lendemain de cette plainte, l'*ambaſſadeur* eut ſon audience. Le roi, en conſéquence, lui demanda : êtes-vous gentilhomme? il répondit, oui, ſi Adam l'étoit. De qui êtes-vous fils, continua le roi? Le préſident répliqua : de mes vertus. Ces paroles, pleines de nobleſſe & de vérité, frappèrent le cœur du roi, qui l'honora d'un accueil favorable & l'écouta. Il acquit dans la ſuite l'eſtime parfaite de ſa majeſté, & la vénération des grands. Il traita avec ſuccès à cette cour, où il fut très-regretté.

Polycratidas ayant été envoyé en ambaſſade aux lieutenans du roi de perſe, on lui demanda s'il venoit de ſon propre mouvement, ou s'il étoit envoyé du peuple : « ſi j'obtiens ce que je demande, répondit-il, c'eſt de la part du peuple ; ſinon, c'eſt de mon propre mouvement ».

Dom Pèdre de Tolède, étant *ambaſſadeur* pour le roi d'Eſpagne à la cour de France, s'entretenoit avec le roi Henri IV. Ce prince, venant à **parler**

parler familièrement de son royaume de Navarre, lui dit que le roi d'Espagne son maître le lui avoit usurpé; que, s'il vivoit encore quelques années, il le sauroit bien recouvrer. Dom Pédre chercha à justifier son maître; &, alléguant qu'il avoit hérité de ce royaume, il ajouta que la justice avec laquelle il le possédoit, lui aideroit à le défendre. Le roi lui répliqua: « Bien! bien! votre » raison est bonne, jusqu'à ce que je sois devant » Pampelune; mais alors, nous verrons qui entre-» prendra de la défendre contre moi ». L'ambassadeur se leva là-dessus, & s'en alla précipitamment vers la porte. Le roi lui demanda où il alloit si vîte? « A Pampelune, sire, pour y attendre votre majesté ».

Le lord Waldegrave, ayant abjuré la religion catholique, fut envoyé en France, où il demeura plusieurs années, en qualité d'ambassadeur. Un jour qu'il étoit dans une maison où il y avoit une nombreuse assemblée, son cousin, le duc de Berwick, qui avoit eu quelques démêlés avec lui, & qui cherchoit à le mortifier, tourna la conversation sur la religion, & pria l'ambassadeur d'avouer franchement lesquels des ministres d'état ou des ministres de l'Evangile, devoient se glorifier de sa conversion. *En vérité, mylord*, reprit vivement Waldegrave, *je ne puis vous satisfaire, en quittant la religion catholique, j'ai renoncé à la confession*.

On a dit qu'il y avoit des occasions où il étoit essentiel à un ambassadeur de mettre en avant une proposition singulière & même chimérique, pour juger, par l'impression qu'elle fait sur ceux qui l'écoutent, de l'esprit & de l'intention de la cour. Un homme très-spirituel disoit, en parlant de cette manière de se conduire: « c'est jetter une sottise à » terre, pour voir qui courra après ».

Les Athéniens ayant envoyé des ambassadeurs en Arcadie, avec ordre de passer par les chemins qu'ils leur avoient prescrits; & ceux-ci ayant passé par d'autres chemins, furent condamnés à mort à leur retour, quoique leur ambassade fût favorable à la république.

Un ambassadeur, venu nouvellement de Constantinople, pour résider à Rome, avoit tellement dans la tête les grandeurs de l'empire Ottoman, que faisant sa harangue au pape Léon, après l'avoir appellé, après saint Bernard, *Abel par sa primauté, Noé par son gouvernement, Melchisedech par son ordre, Aaron par sa dignité*; il ajouta, comme une expression superlative à toutes les autres: enfin, *il sultano della chiesa catholica, e il grand turco delli christiani*.

Un grand talent dans un ambassadeur, est de pouvoir se plier en quelque sorte aux défauts de ceux auprès de qui il est envoyé. Ainsi, quelqu'un demandoit à un ambassadeur françois, qui revenoit de Suisse, combien de fois il s'étoit enivré pour le service du roi?

Encyclopédiana.

Feu M. le comte du Luc, frère de M. de Vintimille, qui avoit été ambassadeur de France en Suisse, disoit, dans une lettre qu'il écrivoit à Louis XIV, qu'il avoit été sept heures à table, & qu'il avoit pensé crever; mais, ajouta-t-il, que ne seroit-on pas pour le service de votre majesté? & il finissoit par ces mots: J'aime beaucoup mieux prier Dieu pour sa santé, que d'y boire.

Un prince d'Italie, à qui les saillies ne réussissoient jamais, parce qu'il y mettoit plus d'aigreur que d'esprit, étant un jour sur un balcon avec un ministre étranger qu'il cherchoit à humilier, lui dit: « C'est de ce balcon, qu'un de mes ayeux » fit sauter un ambassadeur. Apparemment, répon-» dit sèchement le ministre, que les ambassadeurs » ne portoient point d'épée dans ce temps-là ». Repartie un peu vive, mais que le prince s'étoit attirée; parce que voulant mortifier un seul homme, il avoit offensé tous les représentans de toutes les couronnes.

Ce même prince qui prenoit le titre de roi de deux souverainetés où il n'avoit pas un pouce de terre, voulant humilier une seconde fois le même ministre, lui demanda en public, où étoit situé le marquisat dont il prenoit le titre? entre vos deux royaumes, monseigneur, répliqua froidement l'ambassadeur.

Un seigneur de la cour de France prenant congé de Louis XIV, qui l'envoyoit en qualité de son ambassadeur vers un autre souverain: « La principale » instruction que j'ai à vous donner, lui dit le roi, » est que vous observiez une conduite toute op-» posée à celle de votre prédécesseur ». Sire, lui répondit le nouvel ambassadeur, je vais faire en sorte que votre majesté ne donne pas une pareille instruction à celui qui me succédera.

Un roi du Nord demandoit à un ambassadeur anglois s'il harangueroit le peuple au cas qu'on lui tranchât la tête. L'ambassadeur répondit qu'oui, & qu'il avoit même déjà préparé son discours. — Je voudrois bien l'entendre, lui dit le roi. Le voici: » Vous me voyez, messieurs, au moment de perdre » la tête. Je ne regrette point la vie; mais je vois » avec chagrin que ceux qui doivent aux autres » des exemples d'humanité, aiment à jouir de mon » malheur.

Le monarque un peu confus de la leçon, le pria de ne point continuer.

Popilius, ambassadeur romain ayant porté des dépêches du sénat à Antiochus-le-Grand; ce prince les prit en disant qu'il en délibéreroit; mais le fier ambassadeur traça un cercle autour du roi avec sa houssine, & dit de donner sa réponse avant de sortir du cercle; ce que ce prince se crut obligé de faire sans hésiter.

Un ambassadeur Espagnol entretenoit Henri IV de la vaste puissance de son maître. Le roi offensé

G

de fon orgueil, lui dit avec vivacité, que, » s'il » lui prenoit envie de monter à cheval il iroit dé- » jeûner à Milan, entendre la meffe à Rome & » dîner à Naples ». — *Si votre majefté va fi vite*, répondit l'ambaffadeur, *elle pourroit auffi, dans le même jour, entendre les vêpres en Sicile*.

Le docteur Dale, *ambaffadeur* de la reine Eli- fabeth d'Angleterre, fe trouvant dans une confé- rence avec les *ambaffadeurs* des autres fouverains, on demanda dans quelle langue on traiteroit. *En françois*, reprit l'ambaffadeur efpagnol; car, s'adref- fant au docteur Dale, « votre maîtreffe prend le » titre de reine de France : *non*, lui répliqua l'an- » glois, *traitons plutôt en hébreu*, puifque votre- » maître fe qualifie de roi de Jérufalem. 7·

Le comte de *Pifani* & l'évêque du Mans, qui étoient de la maifon de Rambouillet, revenant de Rome, où ils étoient *ambaffadeurs*, furent pris fur les galères de France, par un pirate nommé *Barbe- Rouffe*; ce corfaire les garda huit jours, & comp- toit d'en tirer une forte rançon. Un jour ayant quitté la galère, le comte fongea à s'évader; l'évêque voulut l'en détourner, craignant la furie du corfaire; *Pifani* lui répart en colère: « Allez » prier Dieu, je ferai le refte ». En effet, il tua le capitaine & quelques-uns des principaux, & fe fauva avec l'évêque.

La cérémonie du mariage de Charles II, roi d'Efpagne, avec la princeffe Marie-Louife d'Or- léans, fe fit dans une petite chapelle du palais: le roi commanda de ne laiffer entrer que les grands d'Efpagne, & de ne point admettre les *ambaffa- deurs*. Le marquis de Villars, *ambaffadeur* de France, dit : « La jeune reine étant nièce du roi mon maî- » tre, & mariée de ma main, je ne dois point » être compris dans l'exclufion ». En effet, il fut admis à l'augufte cérémonie. En entrant dans la chapelle, il alla fe mettre à la tête du banc des grands, fur un petit tabouret qui étoit deftiné pour le connétable de Caftille: celui-ci arrivant peu de temps après, alla droit au marquis de Villars, & lui dit, que c'étoit fa place : « J'en conviens, dit » le marquis, mais montrez m'en une plus hono- » rable, & je la prendrai ». Il n'auroit point été aifé d'affigner la place à ces deux prétendans; mais on apporta un fecond tabouret au conné- table, & tout fut dit.

A l'affemblée de Lubeck, en 1652, Morofini, *ambaffadeur* de Venife, étant affis dans une falle du palais, vit venir de loin trois *ambaffadeurs* des électorats, qui devoient paffer devant lui; il prévit qu'il y auroit une conteftation à qui fe falueroit le premier; il ôta fon chapeau & le mit fur fes genoux: les électoraux le voyant découvert, cru- rent qu'ils ne pouvoient fe défendre de le faluer en paffant devant lui, à quoi il répondit par une

inclination refpectueufe. Ces trois *ambaffadeurs* fe vantèrent d'avoir été falués les premiers, mais Mo- rofini les prit pour dupes, car il ne s'étoit pas dé- couvert pour les faluer, mais bien pour ne les pas faluer; telle étoit la politique alors.

A l'affemblée de Soiffons, tenue en 1733, pour terminer la guerre de Bohême, lors du mi- niftère du cardinal de Fleury, il s'éleva une diffi- culté à-peu-près pareille; c'étoit pour déterminer les rangs, & affigner les places à chacun des dé- putés, ce qui n'étoit point facile; la politique ne fe trouva point en défaut, car on fit faire par or- dre du roi (Louis XV), une table ronde; ainfi chaque miniftre plénipotentiaire pouvoit dire avoir la première place.

Des *ambaffadeurs* de Hollande en France étant à dîner chez le contrôleur-général des finances, le miniftre leur dit en leur préfentant un fromage: *voilà du fruit de votre pays*; un d'eux, pour ré- pondre à cette plaifanterie, jetta une poignée de ducats au milieu de la falle, & dit : *en voilà auffi*.

M. Chanut, *ambaffadeur* de France en Suède, étant au-lit de la mort, un feigneur Suédois lui dit : « Je comprends que ce qui doit vous faire » de la peine en mourant, c'eft de penfer que » vous ferez enfeveli parmi les proteftans ». L'am- baffadeur lui répondit : « on n'aura qu'à creufer » ma foffe un peu plus bas qu'à l'ordinaire, & je » ferai enterré parmi les catholiques ».

Le grand mogol, Cha-jeham, fort enclin à la raillerie, demandoit à un *ambaffadeur* de Perfe : fi fon maître étoit plus grand qu'un certain petit ef- clave fort laid, dont l'emploi étoit de chaffer les mouches autour du trône : « *non*, répondit l'am- » baffadeur, il s'en faut bien; mon maître eft feu- » lement plus grand que toi de toute la tête ».

Un *ambaffadeur* d'Efpagne confeilloit à Jacques II, de ne pas tant fe livrer aux prêtres, dont les con- feils imprudens pourroient lui faire perdre la cou- ronne. « Quoi donc, répondit Jacques, le roi d'Ef- pagne ne confulte-t-il pas fon confeffeur? » Oui, répliqua l'*ambaffadeur*, & c'eft pour cela que nos affaires vont fi mal.

Un grand duc de Tofcane fe plaignoit à un *ambaffadeur* de Venife, de ce que fa république lui avoit envoyé un vénitien qui s'étoit fort mal conduit pendant le féjour qu'il avoit fait auprès de lui. « Il ne faut pas, dit l'*ambaffadeur*, que » votre alteffe s'en étonne, car je puis l'affurer » que nous avons beaucoup de fous à Venife. » Nous avons auffi des fous à Florence, lui ré- » pondit le grand duc, mais nous ne les envoyons » pas dehors pour traiter les affaires publiques ».

Au concile de Conftance, Dom Diégo d'Anaya, évêque de Cuença, *ambaffadeur* de Jean II, roi de

Caftille , ayant eu prife de parole avec l'*ambaf-*
fadeur d'Angleterre qui lui difputoit la préféance,
termina le différend par des voies de fait. Il prit
fon adverfaire par le milieu du corps & le porta
comme un enfant, (l'anglois étoit de petite corpulence) au bas de l'églife, où il le jetta dans un
caveau, qui, ce jour-là, fe trouvoit ouvert. Puis
revenant à fa place, il dit à fon collègue dom
Martin Fernandés de Cordava : « comme prêtre,
» je viens d'enterrer l'*ambaffadeur* d'Angleterre ;
» faites le refte comme homme d'épée & cavalier
» de naiffance. »

M. P*** *ambaffadeur* de France auprès de Victor
Amédée, duc de Savoie, fe conduifoit avec toute
la fierté qu'il croyoit convenir à fon caractère.
Quelques jours après le prince eut perdu par
Montmelian, irrité de quelques traits de hauteur prétendue que lui fit l'*ambaffadeur*, s'approcha d'une
fenêtre, l'ouvre, & lui dit avec colère : Vous voyez
bien cette fenêtre ? oui, dit fièrement M. P***,
en s'avançant auprès, j'en découvre Montmelian.

Nicolas de Harlay, *ambaffadeur* auprès de la
reine Elifabeth, dans une de fes audiences fecrettes,
infinua politiquement à cette princeffe une propofition de mariage avec le roi fon maître. « Il ne
» faut pas fonger à cela, répondit-elle, mon gen-
» darme (c'eft le nom de guerre qu'elle donnoit
» à Henri IV) n'eft pas mon fait, ni moi le fien ;
» non pas que je ne fois encore en état de donner
» du plaifir à un mari qui me conviendroit ; mais
» pour d'autres raifons ».

Ce même *ambaffadeur*, dans le cabinet de cette
princeffe, feul avec elle, où il étoit queftion encore de ce mariage ; en parlant elle découvrit un
de fes bras ; Sancy mit un genou en terre, & le lui
baifa. Elifabeth s'en fâcha, ou fit mine de s'en
fâcher, comme fi notre *ambaffadeur* lui eût manqué
de refpect. « Madame, lui dit-il, j'ai fait ce qu'en
» pareil cas auroit fait mon maître, que je repré-
» fente ». Cette excufe plût à la reine, & Henri IV
approuva la galanterie.

AMBIGAT. *Ambigat*, roi des Celtes étoit
contemporain de Tarquin l'ancien, roi de Rome.
Il régnoit fur cette même étendue de pays qui
compofe aujourd'hui la monarchie françoife, en
y joignant toute la Flandre : Bourges étoit la capitale de fes états. Son peuple étoit fi nombreux
que les provinces en étoient furchargées. Il fit
publier qu'il vouloit envoyer Sigovèze & Bellovèze,
fils de fa fœur, établir des colonies dans les pays
où les dieux & les augures les conduiroient. Trois
cens mille de fes fujets, vers l'an 600 avant J. C.
fuivirent ces jeunes princes. Bellovèze franchit les
Alpes, & s'établit le long du Po.

Sigovèze traverfa la forêt Hercynie, entra dans
la Bohême, y laiffa une partie de fon armée, &
alla avec le refte terminer fes courfes entre l'Elbe

& le Vefer au bord de l'ocean. Quelques auteurs
prétendent que les Semnons, dont parle Tacite,
& qui étoient les plus puiffans parmi les Suèves,
defcendoient de ceux du pays de Sens qui avoient
fuivi Sigovèze. Ce font aujourd'hui les Saxons.

AMBITION. Les romains avoient élevé un
temple à l'*ambition* : ils repréfentoient cette divinité avec des ailes, & les pieds nuds.

Les traits d'*ambition* font fans nombre, & malheureufement toutes les hiftoires en offrent en abondance. Nous nous contenterons d'en rapporter
quelques-uns.

Ecoutons auparavant les confeils que nos poetes
nous donnent pour nous en garantir.

Des grandeurs & des biens ne foyons point avides,
Nous ferions par le fort confondus & trahis :
Jamais l'ambition ne voit fes vœux remplis,
     C'eft le tonneau des Danaïdes.

L'avare eft l'ennemi le plus grand de lui-même ;
Mais l'ambitieux l'eft de tout le genre humain :
Il marche à la grandeur le poignard à la main.
Sans ceffe accompagné du crime fanguinaire,
Il eft entreprenant, & fouvent téméraire :
Sans regrets, fans remords, dans l'horreur des forfaits
Il n'eft rien qu'il n'immole à fes vaftes projets.
L'empefé magiftrat, le financier fauvage,
La prude aux yeux dévots, la coquette volage,
Vont en pofte à Verfailles, effuyer des mépris
Qu'ils reviennent foudain rendre en pofte à Paris.

Alexandre fut le plus ambitieux des hommes,
ab uno difce omnes.

     Suivez, jufques dans Babylone,
     Ce fier vainqueur de l'univers,
     Et contemplez-le fur le trône,
     Maître de cent peuples divers ;
     Lorfqu'il enchaîne la victoire,
     Et qu'à jamais comblé de gloire,
     Il n'en fauroit plus acquérir,
     Un cruel ennui le dévore
     De ne pouvoir trouver encore
     Un autre monde à conquérir.

Sefoftris, roi d'Egypte, après la mort de fon père
ne s'occupa de rien moins que de faire la conquête
du monde. Ce fut environ l'an 1500 avant J. C.
qu'il partit à la tête de fix cents mille hommes d'infanterie & de quarante mille chevaux, fans compter
vingt-fept mille chars armés en guerre. Ses conquêtes furent rapides, & Sefoftris, pour en perpétuer
la mémoire faifoit élever des colonnes qui portoient
cette infcription : « Sefoftris le roi des rois & le
feigneur des feigneurs, a conquis ce pays par fes

armes ». A fon retour il fit ériger cent temples fuperbes aux dieux tutelaires de cent villes d'E- gypte, & voulut que les captifs qu'il avoit faits pendant fon expédition, fuffent les feuls qui tra- vaillaffent aux monumens de fes victoires. Lorf- qu'il paroiffoit dans quelque cérémonie publique, il faifoit traîner fon char par les rois & les chefs des nations fubjuguées. Quelle *ambition* !

Lucullus, dévoré de cette paffion terrible, ne dédaigna pas, pour obtenir le gouvernement de Cilicie, de fe mettre aux pieds de la courtifane Précie, & cet illuftre romain aima mieux s'avilir en obtenant cette dignité du caprice d'une femme, que de faire le facrifice de fon *ambition*.

On lifoit devant Charles XII les ouvrages de Boileau. Voici comme ce poëte peint l'ambitieux Alexandre dans la fatyre huitième.

Cet écervelé qui mit l'Afie en cendre,
Ce fougueux l'Angeli, qui de fang altéré,
Maître du monde entier, s'y trouvoit trop ferré,
L'enragé qu'il étoit, né roi d'une province
Qu'il pouvoit gouverner en bon & fage prince,
S'en alla follement, & fe croyant un dieu,
Courir comme un bandit qui n'a ni feu ni lieu,
Et traînant avec foi les horreurs de la guerre,
De fa vafte folie emplir toute la terre.
Heureux fi de fon temps, pour cent bonnes raifons,
La Macédoine eût eu des petites maifons,
Et qu'un fage tuteur l'eût en cette demeure,
Par avis de parens, enfermé de bonne heure.

A ce portrait Charles XII qui avoit goûté les vers précédens, fe mit en fureur, & déchira la page qui peignoit l'*ambition* fous des couleurs fi défavorables.

Sixte V fut tourmenté par l'*ambition* la plus démefurée. Voici les moyens qu'il employa pour parvenir à la fatisfaire. Il étoit cardinal ; Grégoire XIII s'affoibliffoit de jour en jour, & paroiffoit menacé d'une mort prochaine : alors Sixte V con- trefit l'infirme, & le moribond, afin que les car- dinaux le choififfent dans l'efpérance de voir bien- tôt la place vacante. Il marchoit appuyé fur un bâton, le corps courbé à moitié vers la terre, fa voix étoit tremblante & caffée. Ce fut par mille ftratagèmes de cette nature qu'il parvint au fouve- rain pontificat ; mais, à peine fut-il élu, qu'il renonça à la feinte pour fuivre ouvertement fa paffion dominante.

L'ambitieufe Sémiramis, après avoir obtenu de la fimplicité du roi des affyriens le droit de régner abfolument fur tous fes fujets, l'efpace de cinq jours, abufa tellement de fa nouvelle puiffance, qu'elle commanda qu'on le fît mourir, ce qui fut exécuté.

Un cardinal, miniftre très-ambitieux, offrit un abbaye à un évêque, qui la refufa, parce qu'il ne croyoit pas pouvoir poffeder plus d'un béné- fice. Le cardinal furpris de ce défintéreffement, lui dit : Si vous n'aviez pas écrit fur certaine ma- tière, je vous canoniferois : « Plût à Dieu, mon- » feigneur, que vous en euffiez le pouvoir, & que » je vous en euffe donné le fujet, lui répondit » l'évêque, nous ferions contens tous deux ». C'étoit finement lui reprocher fon ambition.

AMBOISE. George d'*Amboife* naquit en 1460, de l'illuftre maifon connue fous le nom de cette fei- gneurie. Lorfqu'il eut changé l'archevêché de Nar- bonne contre celui de Rouen, qu'il avoit accepté pour fe rapprocher de la cour, il réprima les abus de toute efpèce qui régnoient en Normandie. Louis XII étant monté fur le trône, d'*Amboife* fut nommé premier miniftre. A leur avénement, les rois avoient coutume de mettre fur le peuple une taxe extraordinaire ; Louis XII, par le confeil d'*Amboife*, ne fuivit point cet ufage, & bientôt au contraire il diminua les impôts d'un dixième. Ferme, laborieux, & cependant doux & honnête, d'*Amboife* travailla à la réforme des monaftères & à celle de la juftice. Il fut nommé cardinal & légat du pape, & ne joignit à ces dignités le revenu d'aucune abbaye. Le cardinal d'*Amboife* eût été honoré de la tiare, s'il eût eu plus de politique que de bonne foi. Ce furent les intrigues des Vénitiens qui l'éloignèrent du fouverain ponti- ficat.

Un gentilhomme de Normandie lui ayant offert une terre qu'il défiroit vendre pour former la dot de fa fille, d'*Amboife* dota la demoifelle, & força le père de garder fa terre. Le cardinal d'*Amboife* attaqué de la goutte, mourut à Lyon en 1510, âgé de cinquante ans. On dit qu'il répétoit fou- vent au frère infirmier qui le fervoit dans fa ma- ladie : frère Jean, que n'ai-je été toute ma vie frère Jean.

AMBROISIE. L'*ambroifie* étoit, felon les payens, le mets dont ils fuppofoient que leurs dieux fe nour- riffoient, & qui rendoient immortels ceux qui en mangeoient.

Lucien, fe moquant des dieux de la fable, dit qu'il falloit que l'*ambroifie* ne fût pas fi excellente que les poëtes le difoient, puifque les dieux def- cendoient du ciel pour venir fur les autels fuccer la graiffe & le fang des victimes, comme font des mouches fur un cadavre.

AME. Dans une compagnie où étoient Marivaux & Fontenelle, la converfation s'étant tournée fur la métaphyfique, & de-là fur l'*ame*, quelqu'un demanda au premier ce que c'étoit donc que l'*ame* ? Il répondit modeftement qu'il n'en fa-

voit rien. Eh bien, reprit l'interrogateur, deman-
dons-le à M. de Fontenelle. « Il a trop d'esprit,
» dit M. de Marivaux, pour en savoir plus que
» moi là-dessus ».

AMÉRIC - VESPUCE.

Améric - Vespuce, qui a donné son nom au nouveau monde, naquit en 1451 à Florence, d'une famille ancienne. Son goût pour les voyages se manifesta de bonne heure. Ayant appris que Colomb venoit de découvrir un autre hémisphère, il conçut le projet de participer à sa gloire. Il obtint de Ferdinand, roi d'Espagne, quatre vaisseaux avec lesquels il partit de Cadix en 1497. Au bout de dix-huit mois il revint en Espagne, laissant à Colomb l'honneur d'avoir le premier abordé aux îles de l'amérique, & se réservant la gloire de la découverte du continent. Ce voyage fut suivi d'un autre que Vespuce fit avec six vaisseaux toujours sous les enseignes de Ferdinand. Il revint de ce second voyage en 1500, rapportant à Cadix des pierreries & beaucoup d'autres choses précieuses; mais il eut la douleur de voir ses souverains aussi peu reconnoissans que ses compatriotes.

Emmanuel, roi de Portugal, informé des chagrins de Vespuce lui fit offrir trois vaisseaux pour un troisième voyage. Vespuce les accepta & partit de Lisbonne en 1501. Le roi de Portugal extrêmement satisfait des découvertes que Vespuce avoit faites pendant ce voyage, lui donna six vaisseaux pour en chercher de nouvelles. L'illustre navigateur fut troublé dans ce quatrième voyage par les vents contraires & le manque de vivres; il revint en Portugal en 1504, & mourut en 1514, laissant son nom à la moitié du globe connue sous le nom d'amérique.

AMÉRIQUE.

L'histoire du monde n'offre pas d'événement plus singulier aux yeux du philosophe que la découverte du nouveau continent, qui, avec les mers qui l'environnent, forme tout un hémisphère de notre planete. Ce fut vers la fin du quinzième siècle que Christophe Colomb & Améric-Vespuce abordèrent le premier aux îles, le second au continent de l'*amérique*.

Parmi les peuplades répandues dans les forêts & les solitudes de ce monde qu'on venoit de découvrir, on ne peut en nommer que deux qui eussent formé une espèce de société politique, c'étoient les méxiquains & les péruviens. Ils n'avoient point d'instrumens de fer pour abattre les bois, ni pour labourer les terres. Point d'animaux capables de traîner la charrue dont ils ignoroient même la construction. Le bœuf, l'âne & le cheval y manquoient. Les hommes, peu industrieux & peu inventifs, paroissoient vivre dans une enfance perpétuelle; ce n'est que dans un âge assez avancé qu'il leur poussoit quelques poils au menton, & dans quelques endroits du corps; cette différence est la seule qui étoit entre leur conformation & la nôtre.

Les voyageurs ont raconté sur l'*amérique* des choses merveilleuses qu'un homme sage se dispense de croire. Cependant il y a des anecdotes qui pour paroître extraordinaires n'en sont pas moins vraies.

La soif de l'or que firent paroître les premiers conquérans de l'*Amérique* a long-temps persuadé aux habitans infortunés de ces régions, que l'or étoit le dieu des européens : en 1511 les caciques ou petits souverains de l'île de Cuba, s'étant assemblés afin de pourvoir à la défense du pays; Harvey, le plus considérable d'entr'eux, leur dit que toutes les précautions seroient inutiles, si avant tout on ne s'efforçoit pas de rendre favorable le dieu des espagnols. Il se fait aussi-tôt apporter un vase rempli d'or; la voilà, ajouta-t-il, cette divinité, célébrons une fête en son honneur, elle nous regardera d'un œil favorable. Tous à l'instant se mettent à fumer, à danser & à chanter autour de ce trésor, jusqu'à ce qu'ils tombassent d'yvresse & de fatigue.

Le lendemain matin, Harvey rassemble les caciques à leur réveil, & leur tient ce discours. « J'ai
» beaucoup réfléchi sur l'affaire dont je vous ai
» parlé. Mon esprit n'est pas encore tranquille,
» & tout bien considéré, je pense que pour que
» nous soyons en sûreté il faut éloigner de nous
» le dieu des espagnols. Par-tout où ils le trouvent
» ils s'y établissent pour le posséder. Inutilement
» le cacherions-nous, ils ont un secret merveilleux
» pour le découvrir. Si vous l'aviez avalé, ils vous
» éventrèroient pour l'avoir. Je ne connois que
» le fond de la mer où ils n'iront pas le chercher,
» c'est là qu'il faut le mettre. Quand il ne sera
» plus parmi nous, ils nous laisseront en repos.
» Car, c'est uniquement ce qui les fait sortir de
» chez eux ». L'expédient fut approuvé; les caciques prirent aussi-tôt tout l'or qu'ils avoient, & le jettèrent dans la mer loin du rivage. Mais leur précaution fut inutile, & les espagnols reparurent bientôt après.

A M I.

Qu'un ami véritable est une douce chose !
Il cherche vos besoins au fond de votre cœur,
  Il vous épargne la pudeur
  De les lui découvrir vous-même,
  Un songe, un rien, tout lui fait peur,
  Quand il s'agit de ce qu'il aime.

En trouvant un ami vertueux & fidelle,
Crois de la main de Dieu recevoir un trésor,
Crois, du siècle de fer, passer au siècle d'or,
Crois voir du feu céleste une vive étincelle.

Cambyse ayant fait prisonnier Psammenite, roi d'Egypte, pour augmenter encore la douleur de ce malheureux prince, il fit habiller fa fille en efclave, & ordonna qu'en préfence de fon père on l'envoyât puifer de l'eau. A ce fpectacle, Pfammenite baiffa les yeux fans rien dire. Cambyfe fit enfuite paffer devant lui fon fils chargé de chaînes, Pfammenite ne donna encore aucune marque de douleur; mais appercevant un de fes *amis* réduit à demander fon pain, il s'arracha les cheveux, & répandit un torrent de larmes, & s'écria dans fa douleur : les malheurs de ma famille font trop grands pour être pleurés; je n'ai trouvé des larmes que pour déplorer le fort de mon ancien *ami*.

Callifthènes d'Olynthe, qui avoit fuivi Alexandre dans fes conquêtes, fut accufé de trahifon auprès de ce prince, qui le fit mutiler, & le condamna à être renfermé dans une cage de fer à la fuite de l'armée. Lyfimaque, l'un des capitaines d'Alexandre, & l'*ami* fidèle de Callifthènes, ne difcontinua pas cependant de venir le voir.

Ce philofophe, après l'avoir remercié de cette attention courageufe, le pria, au nom des dieux, que ce fût pour la dernière fois. Laiffez-moi, dit-il, fupporter mes malheurs, & n'ayez point la cruauté d'y joindre les vôtres. « Je vous verrai » tous les jours, répondit Lyfimaque, fi le roi » vous favoit abandonné des gens vertueux, il » n'auroit plus de remords, & feroit fondé à vous » croire coupable. Oh! j'efpère qu'il ne jouira pas » du plaifir de voir que la crainte d'encourir fa » difgrace, m'a fait abandonner un *ami* ».

Philippe, roi de Macédoine, faifoit vendre les prifonniers qu'il avoit faits à la guerre, & affiftoit lui-même à cette vente. Un des prifonniers s'étant apperçu que le monarque avoit fa robe retrouffée d'une manière indécente, s'écria : excufez-moi, Philippe, je fuis un ancien *ami* de votre père. Philippe furpris, lui demanda comment il avoit fait cette amitié. Je vais vous le dire, reprit le prifonnier, & s'approchant du prince comme pour lui parler à l'oreille. Baiffez votre robe, lui dit-il. Philippe auffi-tôt donna la liberté à cet homme, & convint qu'il venoit de lui faire connoître qu'il étoit en effet fon *ami*.

Darius affiégeoit depuis long-temps Babylone, fans pouvoir s'en rendre maître. Zopire, un de fes *amis*, fe coupe le nez & les oreilles, & dans cet état il fe préfente aux portes de la ville, accufant Darius de cruauté, pour l'avoir ainfi défiguré. Les babyloniens le reçoivent, & connoiffant fon expérience, ils le choififfent pour leur chef. Zopire à la première occafion livra la ville à Darius, mais le roi n'eut pas plutôt vu fon favori fi cruellement mutilé, qu'il s'écria, faifi de douleur : j'aimerois mieux revoir mon cher Zopire fain & entier, que de prendre cent villes comme Babylone.

Philippe de Valois préfenta un jour à Laurent de Médicis, un florentin nommé Giacomini Thi-

balduni, qui avoit confpiré plufieurs fois contre la vie du prince, & le pria de lui rendre fes bonnes graces. Laurent lui dit avec bonté : Philippe, je ne vous aurois aucune obligation, fi c'eût été un *ami* que vous m'euffiez recommandé, mais je ne puis trop vous remercier de m'avoir procuré un *ami* dans la perfonne de Giacomini, ci-devant mon ennemi. Je vous prie de me rendre fouvent de pareils fervices.

Au fiège de la Capelle en 1650, un efpagnol apprend que fon *ami* a été renverfé d'un coup de moufquet dans la tranchée, il vole auffi-tôt à fon fecours ; il le trouve mort étendu fur la pouffière. Son premier mouvement eft de fe jetter fur fon *ami* ; il l'embraffe, le tient quelque temps preffé contre fon fein, & fuffoqué par la douleur, il expire un moment après.

L'archiduc inftruit de cet événement, ordonna que les deux *amis* fuffent dépofés dans le même tombeau, & les ayant fait transporter avec pompe à Avefnes, il leur fit élever un maufolée en marbre.

Malgré de fi beaux traits, on peut encore dire, avec La Fontaine.

Chacun fe dit ami ; mais fou qui s'y repofe :
　　Rien n'eft plus commun que le nom,
　　Rien n'eft plus rare que la chofe.

M. S*** perd un *ami* qui, en mourant, laiffe des dettes & deux enfans en bas âge, fans biens, fans efpérances, fans reffources. L'*ami* qui lui furvit retranche fon train, fon équipage, & va fe loger dans un fauxbourg, d'où tous les jours il venoit fuivi d'un laquais au palais, & y rempliffoit les devoirs de fa charge. Il eft auffi-tôt foupçonné d'avarice, de mauvaife conduite ; il eft en butte à toutes les calomnies. Enfin, au bout de deux ans, M. S*** reparoît dans le monde. Il avoit accumulé une fomme de vingt mille livres, qu'il plaça au profit des enfans de fon *ami*.

L'homme uniquement nul, difoit le chancelier Bacon, eft celui qui n'a point d'*amis*, le monde n'eft pour lui qu'un vafte defert, un lieu d'exil & de trifteffe, qu'il partage avec les animaux errans.

Une bonne femme, après avoir fait fa prière devant un faint Michel, prit deux petits cierges ; & attacha l'un à l'image de faint Michel, & l'autre à celle du diable qui eft repréfenté fous fes pieds. Le curé, qui paffoit, lui dit : eh ! que faites-vous là, bonne femme ? Ne voyez-vous pas que c'eft le diable à qui vous offrez cette bougie ? Monfieur, répliqua-t-elle, on m'a toujours dit qu'il étoit bon d'avoir des *amis* par-tout : on ne fait où l'on peut aller.

On demandoit à un fage ce que c'étoit qu'un *ami*, il répondit : ce mot n'a point de fignification.

Un galant homme de la cour de France, alla chez un de ses *amis* pour le féliciter d'une dignité qu'il avoit obtenue depuis peu : celui-ci tout fier de sa nouvelle élévation, demande qui il étoit ? L'autre, sans se déconcerter, change de langage, & lui dit : je viens vous témoigner la douleur que j'ai du malheur qui vous est arrivé, & je suis fort touché de vous voir sourd & aveugle, puisque vous ne reconnoissez plus vos anciens *amis*.

Un homme ayant prêté une somme considérable à un de ses *amis*, qui n'étoit pas exact à la lui rendre, & qui le fuyoit depuis ce temps-là, le rencontra, & lui dit : rendez-moi mon argent ou mon *ami*.

Il n'y a rien de plus commun qu'un faux *ami*, rien de plus rare qu'un vrai *ami*. Un homme d'esprit demandant un jour à son fils, qui se retiroit fort tard, d'où il venoit ? Mon père, lui répondit son fils, je viens de voir un de mes *amis*. De voir un de vos *amis* ! repartit le père avec étonnement, vous en avez donc beaucoup. Hélas ! comment avez-vous donc fait étant si jeune, continua-t-il, puisqu'il y a plus de soixante ans que je suis au monde, & que je n'ai pû trouver encore un seul *ami* ?

Un homme condamné à mort, trouva un *ami* assez confiant pour le cautionner, & prendre sa place pendant le temps qui lui fut accordé pour aller donner ordre à ses affaires. Le criminel vint délivrer son *ami* le jour même du supplice. Denis, tyran de Syracuse, admirant dans ces *amis* l'assurance de l'un & la fidélité de l'autre, pardonna au coupable, & pour récompense, je vous demande, leur dit-il, d'être reçu pour troisième dans votre amitié.

M. Freind, premier médecin de la reine d'Angleterre, avoit assisté au parlement en 1722, comme député du bourg de Lanceston, & s'étoit élevé avec force contre le ministère. Cette conduite hardie ayant indisposé la cour, on suscita à Freind un crime de haute trahison; & il fut enfermé au mois de mars dans la tour de Londres. Environ six mois après, le ministre tomba malade, & envoya chercher Richard Méad, autre médecin anglois, & le plus grand *ami* de Freind. Après s'être instruit à fond de la maladie du ministre, il lui dit : qu'il répondoit de sa guérison; mais qu'il ne lui donneroit pas seulement un verre d'eau, qu'il n'eût rendu la liberté qu'on avoit si injustement ravie à M. Freind. Le ministre, quelques jours après, voyant sa maladie augmenter, fit supplier le roi d'élargir le prisonnier. L'ordre expédié, le malade crut que Méad alloit ordonner ce qui convenoit à son état; mais ce médecin persista dans sa résolution, jusqu'à ce que son *ami* fût rendu à sa famille. Alors il traita le ministre, & lui procura bientôt une guérison parfaite. Le soir même il porta à Freind environ cinq mille guinées qu'il avoit reçues pour ses honoraires, en

traitant les malades de son *ami* pendant sa détention, & le contraignit de recevoir cette somme, quoiqu'il eût pu la retenir légitimement, puisqu'elle étoit le fruit de ses peines.

Bias, l'un des sept philosophes à qui les grecs donnèrent le nom de sages, avoit sur l'amitié des sentimens que Cicéron condamne, mais que l'expérience ne justifie que trop souvent « Avec ses » *amis*, disoit-il, il faut se comporter comme s'ils » dévoient être un jour nos plus cruels ennemis ». Cependant personne n'avoit plus de franchise que Bias, dans ce doux commerce du cœur; personne ne s'ouvroit à ses *amis* plus volontiers que ce philosophe.

Le philosophe Aristippe s'étoit brouillé avec Eschine, son *ami*. Qu'est devenue votre amitié, lui dit quelqu'un ? — Elle dort; mais je vais la réveiller. Aussi-tôt il court chez Eschine : « Ne » cesserons-nous pas de faire les enfans? Attendrons-nous, pour nous reconcilier, que le bruit » de notre rupture se soit répandu dans tous les » carrefours ? — Je suis tout prêt à renouer avec » vous. — N'oubliez pas au moins que j'ai fait les » premiers pas, quoique plus ancien que vous, » reprit Aristippe : vous avez commencé la querelle, & j'ai voulu la finir ».

Eudamidas de Corinthe touchoit à sa dernière heure, & laissoit sa mère & sa fille exposées à la plus cruelle indigence. Il n'en fut point allarmé. Il jugea des cœurs d'Arethus & de Carixène, ses fidèles *amis*, par le sien propre. Il fit ce testament qui ne doit jamais être oublié : « Je lègue à » Aréthus de nourrir ma mère, & de l'entretenir » dans sa vieillesse; à Carixène, de marier ma » fille, & de lui donner une plus grande dot qu'il » pourra; & au cas que l'un des deux vienne à » mourir, je substitue en sa part celui qui survivra ». Ces deux citoyens généreux se montrèrent les dignes *amis* du vertueux Eudamidas, en remplissant, avec un noble scrupule, ses dernières intentions.

Cicéron disoit que de la même manière que les hirondelles paroissent l'été, & disparoissent l'hiver; de même les faux *amis* se présentent dans la bonne fortune, & s'éloignent dans la mauvaise.

AMITIÉ. Le comte d'Aubigné, ayeul de madame de Maintenon, avoit beaucoup de générosité dans les sentimens. Henri IV lui reprochant un jour de ce qu'il se montroit l'ami du seigneur de la Tremouille, disgracié & exilé de la cour. « Sire, lui répondit d'Aubigné, M. de la Tre- » mouille est assez malheureux, puisqu'il a perdu » la faveur de son maître; j'ai cru ne devoir point » l'abandonner dans le temps qu'il avoit le plus » besoin de mon amitié ».

Que Montagne peint bien, dans son vieux &

énergique langage, la tendre & vive *amitié*. Il parle ici de M. de la Boetie, son ami, que la mort lui avoit enlevé.

» A notre première rencontre, nous nous trou- » vâmes si pris, si connus, si obligés entre nous, » que rien dès-lors ne nous fut si proche, que » l'un à l'autre. Si je compare tout le reste de » ma vie, quoiqu'avec la grace de Dieu, je » l'aie passée, douce, aisée, &, sauf la perte d'un » tel ami, exempte d'affliction poignante; si je la » compare, dis-je, toute aux quatre années qu'il » m'a été donné de jouir de la douce compagnie » & société de ce personnage, ce n'est que fumée, » ce n'est qu'une nuit obscure & ennuyeuse. De- » puis le jour que je le perdis, je ne fais que traîner » languissant, & les plaisirs même qui s'offrent à » moi, au lieu de me consoler, me redoublent » le regret de sa perte. Nous étions à moitié de » tout; il me semble que je lui dérobe sa part. » J'étois déjà si fait & accoutumé à être deuxième » par-tout, qu'il me semble n'être plus qu'à » demi ».

Oh! mes amis, il n'y a plus d'amis. Le philo- sophe qui tenoit ce propos, considéroit ce qui se passe dans les grandes villes, où l'on voit rare- ment naître les fortes passions de l'amour & de l'*amitié*, parce que chacun distrait par ses occu- pations & ses plaisirs, n'y reçoit que de foibles impressions de ce qui l'environne. On rencontre néanmoins quelquefois sur ces vastes scènes des cœurs généreux qui sacrifient à la tendre *amitié*.

Phalere étant banni de son royaume, disoit que la rencontre qu'il avoit faite de l'*amitié* du sage Cratès, lui avoit ôté tout le soin & la solli- citude de sa maison.

La plupart des hommes qui n'ont en vue que leurs intérêts, croient que leurs amis y doivent entrer sans réflexion, & déférer à toutes leurs de- mandes, sans examiner si elles sont justes. Publius Rutilius ayant refusé ce qu'un de ses amis lui de- mandoit, celui-ci lui dit : « Et à quoi m'est bonne » votre *amitié*, si vous refusez de faire la chose » dont je vous prie? Et à quoi la vôtre m'est-elle » bonne, répartit Rutilius, si elle m'oblige de faire » une chose contre mon honneur?

AMITIÉ FRATERNELLE.

Le général Elliot ayant réclamé, au-nom de l'Angleterre, la liberté de quatorze de ses compatriotes, pris sur un bâtiment portugais par un corsaire algérien, il s'est trouvé parmi ces esclaves un jeune homme nommé John Williams, qui, en visitant les bagnes reconnut son frère aîné, qui, depuis dix ans, gé- missoit dans les fers, & qu'il croyoit mort. Tou- ché de sa situation, sa tendresse pour ce frère lui a suggéré le dessein de prendre sa place. « J'ai, lui » a-t-il dit, toutes les forces que vous avez per- » dues, je suis jeune & en état de les conserver

» encore long-temps, je puis soutenir le tra- » vail qui vous feroit périr; partez, je suis bien » sûr que si le ciel vous procure des moyens ou » des amis, je ne porterai pas long-temps ces » fers ». Le frère a résisté d'abord, mais a été obligé de céder aux instances de son frère. Son maître a accepté avec empressement cet échange, & John Williams, resté volontaire esclave, a don- né un exemple touchant d'*amitié fraternelle* qui mérite qu'on s'intéresse à son sort.

Les anciens, pour donner une image de la véri- table *amitié*, avoient imaginé de la représenter sous le symbole d'une couronne de grenade. Sa couleur, qui ne varie point, exprimoit la constance qu'on doit attendre de l'*amitié*. Le fruit ayant le cœur ouvert, & ses graines étant autant de marques d'une véritable union, indiquoient les caractères essentiels de l'*amitié*.

L'Ilio Geraldi, dans son ouvrage des dieux du paganisme, prétend qu'on sculptoit l'*amitié* sous la figure d'une jeune femme, la tête nue, vêtue d'un habit grossier, & la poitrine découverte jus- qu'à l'endroit du cœur, où elle portoit la main, embrassant de l'autre côté un ormeau sec.

Pour les cœurs corrompus l'*amitié* n'est point faite. O divine *amitié*, félicité parfaite! Seul mouvement de l'ame où l'excès soit permis, Change en biens tous les maux où le ciel m'a soumis. Compagne de mes pas, dans toutes mes demeures, Dans toutes les saisons & dans toutes les heures, Sans toi l'homme est tout seul; il peut, par ton appui, Multiplier son être, & vivre dans autrui.

VOLTAIRE.

AMIS DE COLLÈGE.

Le lord chef de la justice d'Holt, vit un jour conduire devant son tribunal un malheureux accusé d'avoir volé sur les grands chemins. Le crime fut prouvé, & il le condamna à la mort. En l'interrogeant, il le recon- nut pour un de ses compagnons d'études; il ne put s'empêcher de lui demander des nouvelles de quelques-uns de ses anciens condisciples avec les- quels il avoit été lié. Que sont devenus, lui de- manda-t-il, Thom, William, John, &c. qui étoient de si bons compagnons, & avec qui... « Ah! Milord, répondit le voleur, en poussant un » profond soupir, ils sont tous pendus, excepté » vous & moi ».

AMITIÉ DE COLLÈGE.

Les deux classes de l'école de Westminster ne sont séparées que par un rideau qu'un écolier déchira un jour par hasard. Comme cet enfant étoit d'un naturel doux & ti- mide, il trembloit de la tête aux pieds, dans la crainte du châtiment qui lui seroit infligé par un maître connu pour être très-rigide. Un de ses camarades le tranquillisa en lui promettant de se charger de la faute, & de subir la punition : ce que

réellement

réellement il fit. Ces deux amis, qui étoient devenus hommes lorsque la guerre civile éclata, embrassèrent des intérêts opposés : l'un suivit le parti
du parlement, & l'autre le parti du roi ; avec
cette différence que celui qui avoit déchiré le rideau tâcha de s'avancer dans les emplois civils,
& celui qui en avoit subi la peine dans les militaires.

Après des succès & des malheurs variés, les
républicains remportèrent un avantage décisif dans
le nord de l'Angleterre ; firent prisonniers tous les
officiers considérables de l'armée de Charles, &
nommèrent, peu après, des juges pour faire le
procès à ces rebelles, ainsi qu'on les appelloit
alors. L'écolier timide, qui est un de ces magistrats, entend prononcer parmi les noms des criminels celui de son généreux ami qu'il n'a pas vu
depuis le collège, le considère avec toute l'attention possible, croit le reconnoître, s'assure par des
questions sages qu'il ne se trompe pas ; &, sans se
découvrir lui-même, prend avec grand empressement le chemin de Londres. Il y employe si heureusement son crédit auprès de Cromwel, qu'il
préserve son ami du triste sort qu'éprouvent ses
infortunés complices.

AMIOT (Jacques), né à Melun en 1513 ;
il étoit fils d'un corroyeur. S'étant échappé
fort jeune de la maison de son père, il s'égara, &
tomba malade en chemin. Un gentilhomme qui le
vit étendu dans un champ, en eut pitié, le prit en
croupe derrière lui, & l'emmena à Orléans, où il le
mit à l'hôpital. Comme sa maladie ne venoit que de
lassitude, il fut bientôt guéri ; on le congédia ; &
on lui donna douze sols. Ce fut en reconnoissance
de cette charité, qu'étant devenu grand aumônier
de France & évêque d'Auxerre, il légua douze
cents écus à cet hôpital d'Orléans.

Un gentilhomme du Berri avoit chargé Amiot
de l'éducation de ses enfans. Henri II passant par
cette province, Amiot lui fit présenter par ses disciples une épigramme grecque que le roi rejetta
en disant : c'est du grec, à d'autres. Le chancelier
de l'Hôpital qui étoit présent, ramassa le papier, &
fut si charmé de cette petite pièce de vers, qu'il dit
au roi que l'auteur méritoit d'être précepteur de
ses enfans ; origine de la fortune d'Amiot, selon
l'abbé de Saint-Réal.

Ce même auteur rapporte qu'un jour, au souper
du Roi Charles IX, dont Amiot avoit dirigé les
études, la conversation étant tombée sur Charles-
Quint, on loua cet empereur d'avoir fait son précepteur pape. Cette action fut exagérée d'une manière qui fit impression sur l'esprit du roi, jusques-
là qu'il dit, en regardant Amiot, que si l'occasion
se présentoit, il en feroit bien autant pour le sien.
Quelque temps après la charge de grand aumônier de France étant venue à vaquer, le roi la lui

Encyclopédiana.

donna, quelque chose qu'il pût dire pour se défendre de l'accepter. Mais cette nouvelle ayant été
portée à la reine, qui avoit destiné cette charge à
un autre, elle fit appeller Amiot dans son cabinet,
où elle le reçut d'abord avec ces effroyables paroles : *J'ai fait bouquer*, lui dit-elle, *les Guises &*
les Châtillons ; les connétables & les chanceliers, les
rois de Navarre & les princes de Condé ; & je vous
ai en tête, petit prestolet ! Amiot eut beau protester
qu'il avoit refusé cette place, la reine lui fit entendre que s'il l'acceptoit, il ne vivroit pas vingt-
quatre heures ; c'étoit le style de ce temps-là. Les
paroles de cette princesse étoient des arrêts ; & le
roi étoit entier dans ses sentimens jusqu'à l'opiniâtreté. Entre ces deux extrémités, Amiot, pour se
dérober également à la colère de la mère & aux
libéralités du fils, prit le parti de se cacher. Cependant il ne paroissoit point à la table du roi,
lorsqu'au quatrième jour, ce prince commanda
qu'on le cherchât, mais ce fut en vain. Alors
Charles IX se doutant de ce que ce pouvoit être,
entra dans une telle fureur, que la reine qui le craignoit, fit dire à Amiot qu'elle le laisseroit en
repos.

Amiot montra d'abord du désintéressement ;
mais quand il fut pourvu d'un bénéfice, il désira
d'en obtenir un autre. Un jour qu'il demandoit à
Charles IX une abbaye considérable, ce prince lui
dit : « Hé quoi ! mon maître, vous disiez que si
» vous aviez mille écus de rente, vous seriez con-
» tent ; je crois que vous les avez & plus. Sire,
» répondit-il, l'appétit vient en mangeant ».

Comme on paroissoit désirer qu'il continuât
l'histoire de France, il dit qu'*il étoit trop attaché*
à ses maîtres pour écrire leur vie.

AMOUR. Quelqu'un demandoit à Zénon si
les sages devoient aimer ? Il répondit que si les sages
n'aimoient point, les belles seroient bien malheureuses.

Dans la jeunesse, dit Saint-Evremont, nous
vivons pour aimer ; & dans un âge plus avancé
nous aimons pour vivre.

Les anciens ont représenté l'*Amour* sous cent
formes différentes, ils ont raconté sa naissance
d'autant de manières. Mars & Vénus, le Ciel &
la Terre, Flore & Zéphire, sont, suivant divers
auteurs, ceux dont l'*Amour* tire son origine ; &
ces allégories nous offrent les caractères de l'*amour* ;
sentimens sublimes & desirs grossiers, force & foiblesse, inconstance & beauté. Le bandeau qu'on
lui met sur les yeux, désigne combien il est
aveugle. Le doigt qu'il porte sur sa bouche, avertit
les amans d'être discrets. Ses aîles sont le symbole
de sa légèreté ; son arc est le symbole de sa puissance ; son flambeau allumé marque son activité.

H

L'*amour* est-il un mal ? l'*amour* est-il un bien ? Voltaire décide ainsi la question.

> Un *amour* vrai, sans feinte & sans caprice,
> Est, en effet, le plus grand frein du vice;
> Dans ses liens qui sait se-retenir
> Est honnête homme, ou va le devenir.

Lorsque François I. fut fait prisonnier à Pavie, un Gentilhomme, nommé Beauregard, fut un de ceux qui furent obligés de prendre la fuite, il ne voulut point retourner en France, pour n'être pas témoin de la consternation de sa patrie; il s'arrêta à Turin, peu de temps après il y devint amoureux d'une veuve, nommée Aurélia. Beauregard étoit un cavalier accompli, c'étoit un esprit vieux dans un corps jeune, il avoit une de ces figures gracieuses, avec laquelle tout le monde sympathise. Aurélia étoit en femme ce qu'il étoit en homme. Elle avoit une de ces beautés éclatantes qui effacent toutes les autres; Beauregard en devint éperduement amoureux; Aurélia ne vouloit point écouter sa passion. Elle lui reprochoit à tout, moment qu'il étoit françois, que la légereté, l'indiscrétion étoient les vices de sa nation. Beauregard l'assuroit qu'il étoit exempt de ces défauts, & qu'il étoit capable des plus grands efforts pour lui prouver son amour. Hé bien, lui dit Aurélia, je vous demande que vous soyez muet pendant une année. Beauregard sur-le-champ ne lui parla que par signe; quand il fut de retour chez lui, il ne s'expliqua que par signe avec ses domestiques. Tout le monde crut qu'il avoit perdu la parole; on déplora son malheur. Les médecins qui furent appellés prescrivirent des remèdes, il n'en voulut faire aucuns; il alloit voir Aurélia à qui il parloit par signe; & voulant exprimer sa passion, il mettoit souvent sa main sur son cœur, & montroit ensuite les yeux de sa belle, pour lui faire voir la cause de son mal. Aurélia ne parut point touchée; elle lui ordonna de s'éloigner d'elle, il passa en France. François I ayant été mis en liberté, Beauregard qui étoit connu de ce monarque parut à la Cour. François I qui l'aimoit, lui envoya des médecins qui proposèrent plusieurs remèdes; il feignit de les écouter. Comme il ne guérissoit point, les empyriques parurent, & il leur joua le même tour qu'il avoit joué aux médecins. Une étrangère qui se vantoit d'avoir des secrets particuliers, se présenta à François I, comme une femme qui avoit fait des cures extraordinaires, qui avoit ressuscité comme dit Molière, des gens qui étoient morts. Sa beauté frappa ce monarque qui ne haïssoit pas les dames. Il manda Beauregard qui fut encore plus surpris que le roi à la vue de cette belle empyrique. Pour vous montrer, dit-elle au roi, quelle est la vertu que j'ai, je veux par une parole seule le guérir; *parlez*, dit-elle à Beauregard. Alors la langue de ce cavalier se délia. C'étoit Aurélia elle-même, dont le cœur s'étoit fléchi, lors-

qu'elle avoit appris la fidélité avec laquelle son amant avoit exécuté l'ordre qu'elle lui avoit prescrit, elle l'avoit jugé capable de tout faire pour elle, & elle avoit payé son *amour* par un *amour* égal. C'est la seule monnoie qui ait cours parmi ceux qui s'aiment. Ces deux amans racontèrent au roi leur histoire, dont le dénouement fut leur mariage.

L'*amour* de Pétrarque pour Laure, est bien extraordinaire. Laure étoit mariée depuis long-temps, elle avoit eu de fréquentes couches, & des chagrins domestiques qui avoient fait évanouir tous ses attraits, tandis que le poëte passionné employoit tout le feu de sa verve pour les exalter. Un étranger qui avoit fait le voyage d'Avignon tout exprès pour contempler cette merveille tant vantée, demeura stupéfait à son abord. « Quoi ! » s'écria-t-il, est-ce là l'objet qui a tourné la cer- » velle à Pétrarque ? »

La reine Elisabeth aimoit si ardemment le comte d'Essex, que dans un tendre moment, elle lui donna une bague, lui disant que si jamais il s'oublioit jusqu'à faire contre l'état quelque entreprise qui méritât la mort, il lui envoyât cette bague, avec confiance d'obtenir son pardon. Le comte d'Essex aima quelque temps après une autre femme; dans la suite il se révolta, & fut condamné à la mort; en cette extrémité il donna à cette femme la bague, pour la porter à Elisabeth; comme elle en savoit le mystère, elle aima mieux garder la bague, & laisser couper la tête à son amant, que de le voir infidèle.

La maîtresse de Corneille Béga, peintre, étant attaquée de la peste, & abandonnée de tout le monde, il se rendit auprès d'elle, malgré les représentations des médecins & de ses parens; il ne cessa de lui prodiguer les plus tendres soins, jusqu'à ce que la mort eût frappé du même coup & l'amant & l'amante.

Jean George IV, électeur de Saxe, avoit pour maîtresse une demoiselle saxonne, appellée de son nom de famille Neitzsch, & de son nom seigneurial, la comtesse de Rochlitz (en Lusace); laquelle étant morte de la petite-vérole à Dresde en Misnie, le 27 Avril 1694, l'entraîna dix jours après au tombeau: Il gagna la petite-vérole à force de la baiser dans son cercueil.

Hipparchia, éperduement amoureuse du philosophe Cratès, le rechercha en mariage, sans que ni les parens, ni ce philosophe même, pussent la détourner de sa poursuite. Mais, lui dit Cratès, connoissez-vous bien ce que vous aimez ? Je ne veux rien vous cacher: voilà l'époux, dit-il, en ôtant son manteau; puis jettant son sac & son bâton, voilà, ajouta-t-il, en montrant sa bosse, le douaire de ma femme: voyez si vous en êtes contente, & si vous pouvez vous accommoder de cette façon de vie. Elle accepta toutes ces conditions & il l'époufa.

La Fontaine a bien eu raifon de dire :

Tout eft myſtère dans l'amour,
Ses flèches, ſon carquois, ſon flambeau, ſon enfance,
Ce n'eſt pas l'ouvrage d'un jour,
Que d'épuiſer cette ſcience.

L'amour eſt dépeint par les poëtes avec un bandeau ſur les yeux, pour marquer l'aveuglement dans lequel il nous plonge ; la force de cette paſſion ne ſe meſure même que par le degré de cet aveuglement. C'eſt ce qu'avoit très-bien ſenti cette femme, qui, ſurpriſe par ſon amant entre les bras de ſon rival, oſa lui nier le fait dont il étoit témoin. « Quoi ! lui dit-il, vous pouffez à » ce point l'impudence ?... Ah ! perfide, s'écria » t-elle, je le vois, tu ne m'aimes plus ; tu crois » plus ce que tu vois que ce que je te dis ».

Une jeune languedocienne qui avoit été trois mois privée de voir ſon amant, le rencontre au ſortir de ſa maiſon. Elle lui témoignoit les plus tendres ſentimens, lorſqu'il ſurvint une forte pluie ; le jeune homme en paroiſſoit inquiet, & cherchoit à s'en garantir. « Quoi ! vous avez été trois mois » abſent, lui dit ſon amante avec emportement ; » vous m'aimez, vous me voyez, & vous ſongez » qu'il pleut » !

Un eſpagnol ne ceſſoit de ſoupirer pour une très-jolie perſonne. Déſeſpéré de n'avoir encore pu en obtenir la moindre faveur, il va lui-même, pendant la nuit, mettre le feu à la maiſon où elle demeure, & tout auſſi-tôt lui annoncer le danger, afin du moins de pouvoir la tenir dans ſes bras tout le temps qu'il faut pour la ſauver des flammes. Que cette anecdote ſoit vraie ou fauſſe, elle peut ſervir à peindre l'amour romaneſque d'un amant eſpagnol.

Une courtiſanne à Madrid, tua ſon amant pour une infidélité qu'il lui avoit fait. Elle fut priſe & amenée devant le roi, à qui elle ne cacha rien de l'affaire. Le roi, en la renvoyant, lui dit : tu as trop d'amour pour avoir de la raiſon.

Un jeune officier étant tombé malade, on le conduiſit dans le couvent de.... On prit un grand ſoin de lui. Une jeune religieuſe ſe diſtingua par ſes attentions. Elle le veilla preſque nuit & jour pendant ſa maladie qui fut longue & dangereuſe. Elle lui tint compagnie pendant ſa convaleſcence. Le malade s'attacha tellement à ſa garde qu'il ne pouvoit prendre un bouillon à moins qu'il ne lui fût préſenté par elle. Enfin il ſe rétablit entièrement. Il ſortit du couvent ; mais quoique la ville où étoit ſon régiment fût aſſez éloignée du couvent, il ne ſe paſſoit guère de jours qu'il n'allât voir la religieuſe. Il l'avoit ſans ceſſe devant les yeux, & ne reſpiroit que pour elle. Au bout de

quelques mois, cette vertueuſe fille vint à mourir. On ne peut exprimer quelle fut la douleur du jeune homme. Il renonça long-temps à toute ſociété, & s'enferma dans ſa chambre, où il croyoit ſans ceſſe la voir & l'entendre. Souvent il s'écrioit avec tranſport : « la voilà, oui, c'eſt elle ; la » voilà ». Ses amis s'efforcèrent de l'arracher à ſa ſolitude & au ſouvenir de ſa paſſion. Souvent au milieu des plaiſirs où ils l'entraînoient malgré lui, il arrêtoit ſes yeux ſur quelque choſe & s'écrioit : « Quoi ! vous ne la voyez pas » ? Le haſard voulut qu'un de ſes camarades rencontra une fille qui, pour l'âge & la figure, reſſembloit à la religieuſe au point de tromper les yeux même d'un amant. Il la fit habiller comme la défunte, & lui ordonna de ſe tenir prête à paroître quand on le jugeroit à propos. Au milieu d'un ſouper, le jeune officier commençant à fixer ſes yeux ſur un endroit de l'appartement, on tira tout-à-coup un paravent qui laiſſa paroître la fauſſe religieuſe. « Ah ! ciel, » elles ſont deux, s'écria l'amant ». Il tomba à la renverſe, & on eût beaucoup de peine à le faire revenir. On aſſure que cette paſſion dura preſque autant que ſa vie.

Il étoit de l'eſſence de l'ancienne chevalerie d'avoir ſa dame, à qui, comme à un être ſuprême, on rapportoit tous ſes ſentimens, toutes ſes penſées, toutes ſes actions : on étoit perſuadé que l'amour perfectionnoit les ames bien nées, & qu'il étoit entrepreneur de grandes choſes. « Ah ! ſi » ma dame me voyoit » ! diſoit Fleuranges, en montant le premier à l'aſſaut.

Qu'il eſt important de s'oppoſer dans le commencement à un amour qui déshonore ! car lorſqu'il a fait des progrès, on ne peut plus l'arrêter. Nous faiſons cent réſolutions loin de l'objet de notre tendreſſe : il paroît, nous les oublions, & nous ne voulons plus que ce que veut l'amour. Le grand Corneille dit :

L'amour, par tyrannie, obtient ce qu'il demande ;
S'il parle, il faut céder, obéir, s'il commande ;
Et ce Dieu, tout aveugle & tout enfant qu'il eſt,
Diſpoſe de nos cœurs quand & comme il lui plaît.

AMOUR JALOUX. Dans le ſiècle dernier, vers l'an 1626, M. André Gordier, françois, riche, établi dans l'iſle de Jerſey, paſſionnément épris de la fille d'un commerçant de Guernezey, obtint le conſentement des parens de ſa maîtreſſe, & déjà tout étoit prêt pour ſon mariage, lorſqu'il diſparut tout-à-coup, la veille de ſes noces. Ses amis, ſes voiſins, ſes parens, ainſi que ceux de ſa future, ſe donnèrent beaucoup de ſoins, firent les plus exactes recherches, & ne découvrirent rien. Pendant quelques jours, on ne s'occupa d'autre choſe à Jerſey, comme à Guernezey ; mais enſuite on n'en parla plus, & l'on avoit preſque oublié le malheureux Gordier, lorſque trois ou quatre jeunes gens qui s'amufoient à gravir fur un rocher près de la côte, apperçurent une caverne, dont l'entrée étoit fort étroite. La difficulté d'y entrer les excita : ils y entrèrent, & frémirent d'horreur à l'afpect d'un cadavre étendu au milieu de cet antre : c'étoit le corps d'André Gordier, qu'à fes habits, à quelques traits encore mal confondus par la mort, les jeunes gens reconnurent. Il avoit trois bleffures, deux au dos & l'autre à la tête. Cette découverte fut bientôt publiée : elle alarma les deux familles, intéreffées à venger cet affaffinat ; mais le cadavre feul ne préfentoit aucune forte d'éclairciffemens, & les perquifitions nouvelles que l'on fit n'aboutirent à rien.

Inconfolable de la mort de fon amant, la jeune fille du marchand de Guernezey ne vouloit plus entendre parler de mariage, & refufoit obfinément tous ceux qui defiroient de remplacer Gordier. Dans le nombre des prétendans, fe diftinguoit fur-tout M. Gaillard, jeune commerçant, fort aimable, riche, & très-eftimé par fes mœurs & fa probité. Les parens de la jeune fille le fecondoient de toute leur puiffance, & ne ceffoient de la preffer de fe déclarer pour lui. Fatiguée de leurs inftances, & dévorée de chagrin, elle tomba malade ; & fon état étoit d'autant plus alarmant, que la plus profonde trifteffe fe joignoit à fa maladie. La mère de Gordier, qui avoit pris pour cette jeune perfonne la plus forte amitié, ne fut pas plutôt informée de fa fituation, qu'elle vola près d'elle. Les deux infortunées répandirent un torrent de larmes, & cet épanchement foulagea beaucoup la malade. On commençoit à fe flatter de fa prochaine convalefcence, lorfque madame Gordier, jettant au hafard fur fon amie les yeux fur la montre de fon amie, apperçut à l'extrémité de la chaîne, un bijou qu'elle reconnut, dont elle fut fi vivement frappée, qu'elle tomba évanouie. Revenue à elle-même, elle dit à fon amie que c'étoit elle-même qui avoit fait faire ce bijou, & qu'elle l'avoit donné à fon fils pour le préfenter à fa fiancée, comme un gage de leur union prochaine. A ces mots, cette fille fut faifie d'une telle horreur, qu'elle ne put qu'articuler péniblement quelques lettres G… L… A… D…, & au même moment elle expira dans les bras de madame Gordier. Cette mort & les circonftances qui l'avoient accompagnée, avoient quelque chofe de fi terrible, & paroiffoient envelopper un fecret fi affreux, que madame Gordier, femme très-impétueufe, concevant les plus injuftes & les plus horribles foupçons, s'exhala en reproches atroces, qui jettèrent la divifion entre les deux familles. Quelques amis communs s'empreffèrent d'éteindre cette difcorde naiffante : on en vint aux éclairciffemens. Le frère de Gordier protefta avoir plufieurs fois entendu dire à fon frère, qu'il ne donneroit, qu'il ne feroit même voir ce bijou à fa prétendue

que le jour même de fes noces. La fœur de la défunte, dépofa, de fon côté, que ce bijou ne venoit pas de M. Gordier, mais de M. Gaillard, qui en avoit fait préfent à fa fœur quelques mois après la mort de M. Gordier. Il n'y avoit dans tout cela que matière à foupçon, beaucoup d'incertitude, & pas une lueur de préfomption ; car enfin, difoient ceux qui connoiffoient M. Gaillard, il eft fort ordinaire que deux bijoux fe reffemblent, & rien ne démontroit que ce fût là celui que M. Gordier deftinoit à fa future. Madame Gordier convint de tout, & d'autant plus volontiers, ajouta-t-elle, que le bijou de mon fils renfermoit fon portrait. A cette déclaration, on comprit que la mort de la jeune perfonne ne venoit que de l'horreur qu'elle avoit prife tout à coup pour M. Gaillard, & l'on connut qui elle vouloit nommer par les lettres mal articulées qu'elle s'étoit efforcée de prononcer. Le frère de Gordier, qui avoit le fecret du défunt, prit le bijou, preffa le reffort, & le bijou ouvert, fit voir le portrait d'André Gordier. Un eccléfiaftique, préfent à cette fcène, confeilla de prendre les plus grandes précautions, & furtout d'ufer de beaucoup de modération dans cette affaire, foit pour découvrir le véritable auteur du meurtre de Gordier, foit pour ménager la réputation de M. Gaillard, s'il n'étoit pas coupable, comme paroiffoient le démontrer fa conduite, fes mœurs, fon état, & la haute idée qu'il avoit dans tous les temps donnée de fa probité. D'après ces confeils, on fit prier M. Gaillard de venir inceffamment à la maifon où l'on étoit affemblé, & il s'y rendit fur-le-champ. Trop vive & trop ulcérée pour fe contenir, à peine fût-il entré, que madame Gordier lui reprocha, dans les termes les plus amers, l'affaffinat de fon fils. M. Gaillard parut fort étonné, non de cette furprife qui décèle les coupables, mais de cet air qu'a l'innocent qu'on accufe injuftement, & il répondit, fans fe déconcerter, qu'on s'expliquât plus clairement, & qu'il n'entendoit rien à ce qu'on lui difoit. On lui montra ce bijou qui étoit encore ouvert, & madame Gordier ajouta que fon fils l'ayant fur lui le jour qu'il fut tué, c'étoit là une preuve évidente qu'il étoit feul l'auteur de cet affaffinat. Cette obfervation déconcerta un peu M. Gaillard, qui affura d'abord qu'il n'avoit jamais fait préfent de ce bijou à la perfonne qu'il recherchoit en mariage ; mais la fœur de celle-ci lui foutint le fait, & lui rappella le jour, l'heure & les circonftances auxquelles il avoit préfenté ce bijou fermé à fa fœur. M. Gaillard, fe fentant vivement preffé, fe troubla, pâlit, & avoua que le bijou venoit de lui, à la vérité ; mais que cela ne prouvoit point qu'il fût un affaffin, puifqu'il avoit acheté ce bijou du juif Lévi, connu de tous les habitans du pays, où il reftoit depuis près de vingt ans. Ce juif n'étoit plus fur les lieux ; & l'impoffibilité de fuivre cette affaire donnant la plus grande affurance & beaucoup d'avantage à M. Gaillard fur ses accusateurs, on fit tout ce qu'on put pour lui faire oublier l'outrage qu'il prétendoit avoir reçu. Cependant, après quelques mois d'informations & de recherches, on découvrit enfin le juif Lévi à Jersey, où on le fit arrêter. Lorsque M. Gaillard eut appris la nouvelle de cet emprisonnement, il courut s'enfermer dans sa chambre, où on le trouva, quelques heures après, mort de trois coups de canif qu'il s'étoit donnés dans le cœur. Avant de se tuer, il avoit laissé sur sa table ce billet en forme de prières.

« Il n'y a que ceux qui connoissent le délire & l'impétuosité de l'*amour* qui auront quelque indulgence pour le crime que j'ai commis dans la vue de posséder l'objet de ma passion. Mais vous, être suprême, père de la clémence ; vous qui mîtes dans mon ame le germe dévorant de ce désir, j'ose encore espérer que vous excuserez le crime affreux que j'ai commis pour contenter la passion effrénée qui m'embrâsoit. Vous détestez les forfaits ; mais vous les pardonnez en faveur du repentir ; les hommes les poursuivent, les commettent & les punissent. Pour me mettre à l'abri des supplices déshonorans qui me sont réservés & des remords qui m'accablent, j'ai cru devoir mettre fin à ma vie, criminelle sans doute, mais plus malheureuse encore ».

AMOUR CONJUGAL. La reine Hipsicratée, femme du roi Mithridate, porta telle amitié à son mari, que, pour l'amour de lui s'étant fait tondre, quoiqu'elle fût jeune & très-belle, elle s'accoutuma à porter les armes, & aller à cheval à la guerre avec lui ; & ayant été vaincu par Pompée, elle l'accompagna en sa fuite par toute l'Asie, adoucissant par ce moyen l'ennui qu'il avoit de sa perte.

Julie, femme de Pompée, voyant la robe de son époux teinte du sang d'une victime qu'il avoit immolée, croyant voir le sang de Pompée, sentit une douleur si vive qu'elle mourut dans le même moment.

Artémise, reine de carie, poussa l'amour pour Mausole son époux, jusqu'à ne pas vouloir que la mort même les séparât. Elle avaloit chaque jour une portion des cendres de son mari, & devint ainsi le tombeau de celui qu'elle avoit aimé.

Portia, fille de Caton d'Utique, & femme du célèbre Brutus, voyant son époux rêveur & pensif, remarquant, pendant la nuit, ses agitations, ses soupirs étouffés, & l'espèce de délire où le jettoit la grandeur de son entreprise, jugea qu'il avoit formé quelque projet important & périlleux, dont il ne lui avoit point parlé. La veille du jour où César fut tué, Brutus étant sorti de sa chambre de grand matin, Portia se lève, prend un rasoir qui se trouva sous sa main, se fait une blessure assez considérable, & tombe évanouie. Au bruit des

femmes qui s'empressoient de la secourir, Brutus étonné, alarmé, vole dans son appartement. Il apperçoit son épouse ensanglantée qui lui dit : « J'ai voulu, cher époux, éprouver mon courage. Si la fortune ne couronne pas ton projet, ne crains rien : Portia saura te suivre ». Cette généreuse & tendre épouse, après la mort de son mari, ne mit point de bornes à son deuil. « Quand cesserez-vous donc de pleurer, lui disoit-on ? — Quand je cesserai de vivre ». On prit la précaution d'écarter d'elle toute espèce de fer ; mais ces soins furent inutiles : elle avala des charbons ardens & mourut.

Pauline, femme de Sénèque, ne voulut point survivre à son mari, dont Néron avoit ordonné la mort, elle se fit, à son exemple, ouvrir les veines. Mais Néron lui ayant envoyé des gens, pour l'obliger à permettre qu'on lui arrêtât le sang, elle porta le reste de sa vie sur son visage, une pâleur, dit Tacite, qui fut un glorieux témoignage de son *amour* pour son mari.

Un ouvrier ayant été arrêté pour une dette de dix-huit cents livres, sa femme présenta requête au Parlement, en vue d'obtenir la permission de se constituer prisonnière à la place de son mari, afin qu'étant en liberté, il pût, par son travail, se mettre en état de satisfaire ses créanciers. La requête fut admise ; mais son procédé parut si beau que les Magistrats eux-mêmes, & quelques autres personnes, ne voulant pas qu'elle eût à souffrir d'être si généreuse, contribuèrent beaucoup au-delà de ce qu'il falloit pour acquitter la dette de son mari.

Madame la Comtesse d'H** donne, dans Paris, un exemple éclatant de la force de l'*amour conjugal*. La mort lui enleva son mari en 1769 : cette tendre épouse, entièrement livrée à sa vive douleur, s'est appliquée à imaginer tous les moyens possibles de l'entretenir. Elle a fait élever à Notre-Dame, à la mémoire de son époux, un riche mausolée de la composition de Lemoyne, s'y est fait représenter elle-même dans l'attitude la plus douloureuse. Non contente de ce lugubre tribut, elle avoit fait jetter en cire la figure en grand du comte ; elle l'a fait revêtir de la robe de chambre dont il se servoit, & l'a fait placer dans un fauteuil à côté du lit où elle avoit coutume de coucher. Plusieurs fois par jour elle va s'enfermer dans ce triste lieu, pour s'entretenir avec cette image muette, & de la constance de son *amour*, & de la vivacité de ses regrets.

Un médecin de Bourgogne fut envoyé par une dame charitable au village de Russey, à une lieue de Dijon, où régnoit alors une fièvre putride maligne. On le conduisit chez une femme d'environ trente ans, dont le mari étoit mort depuis quelques jours de l'épidémie régnante ; il étoit accompagné du curé du lieu & d'un chirurgien ; leur arrivée ne parut pas intéreffer la malade, qui gardoit un profond filence. Le médecin s'approche d'elle, l'interroge, & cherchant à lui donner du courage, lui repréfente ce qu'elle a lieu d'attendre de la dame qui l'envoie. Vaincue par fes importunités, elle fe tourne enfin vers lui, & lui dit, d'un ton fait pour déchirer l'ame : « Je vous fuis bien » obligée, ainfi qu'à madame, je ne prendrai » point de remèdes; mon mari eft mort, nous » étions pauvres, mais nous nous aimions bien ».

Charles-Emmanuel, duc de Savoie, qui avoit des prétentions fur la ville de Genève, tenta, au commencement du dernier fiècle, de s'en emparer par furprife : il la fit efcalader de nuit; mais le fuccès ne répondit point à fes vues, l'alarme commença avant qu'il y eût un affez grand nombre d'affiégeans fur les murailles; les citoyens coururent aux armes, & repouffèrent les ennemis trop foibles pour leur réfifter. Ceux qui tombèrent entre leurs mains furent livrés à une mort ignominieufe. Du nombre de ces prifonniers étoit un officier de marque. La nouvelle de fon malheur eft portée à fon époufe. Cette dame étoit enceinte; elle vole vers le lieu où fon mari va périr, & demande à l'embraffer pour la dernière fois. On lui refufa cette grace, & l'officier fut pendu, fans qu'elle eût pu l'approcher. Elle fuivit néanmoins le corps de fon mari au lieu où il devoit être expofé. Là elle s'affit devant ce trifte fpectacle, & y demeura fans vouloir prendre de nourriture, ni ceffer d'y fixer fes regards. La mort qu'elle attendoit avec impatience, vint enfin lui fermer les yeux en cette fituation.

Sinorix & Sinatus, au rapport de Plutarque, étoient deux des plus puiffans feigneurs du pays de Galatie. Camma, femme du dernier, n'étoit pas moins recommandable par fa vertu que par fa beauté. Sinorix en devint amoureux; il connoiffoit la févérité de fes mœurs, & ne pouvoit fe flatter d'aucun retour. Il a recours au crime, il affaffine Sinatus. Quelque temps après, il demande Camma en mariage, & fait agir fes parens. Cette veuve infortunée ne rejette pas tout-à-fait la propofition, elle fait feulement quelque difficulté; mais enfin on convient du jour pour la cérémonie du mariage. Camma fe rend devant l'autel de Diane dont elle étoit prêtreffe. Alors ayant, fuivant l'ufage, répandu devant la déeffe un peu d'un breuvage qu'elle avoit préparé, elle en but, & donna le refte à Sinorix. Auffi-tôt qu'il en eut avalé : « Je t'appelle à témoin, dit-elle, en s'adref- » fant à la déeffe, que fi j'ai furvécu à mon mari, » ce n'a été que pour venger fa mort. Pour toi, » Sinorix, le plus méchant de tous les hommes, » donne ordre que tes amis te préparent un tom- » beau, au lieu d'un lit nuptial ». Il mourut le même jour, & Camma le lendemain.

L'empereur Conrad III ayant pris la ville de Munich, réfolut de faire paffer tous les hommes au fil de l'épée, permettant aux femmes d'en fortir, & d'emporter avec elles ce qu'elles avoient de plus cher. Ces femmes profitant de cette permiffion, chargèrent leurs maris fur leurs épaules, difant qu'elles n'avoient rien de plus cher au monde. Cette action plut fi fort à l'Empereur, qu'il fit grace à tous les habitans, & même à leur prince, qu'il avoit réfolu de détruire entièrement.

On demandoit à une dame romaine qui étoit reftée veuve dans le printems de fes jours, pourquoi elle ne fe marioit point? -- C'eft que mon mari eft toujours préfent pour moi.

Après l'entreprife malheureufe du roi Jacques pour remonter fur le trône d'Angleterre, les feigneurs anglois qui avoient embraffé fon parti, furent condamnés à périr par la main du bourreau. On les exécuta le 16 Mars 1716. Le lord Nilhifdale devoit fubir le même fort; mais il fe fauva par la tendreffe ingénieufe de fon époufe. On avoit permis aux femmes de voir leurs maris la veille de leur mort, pour leur faire les derniers adieux. Milady Nilhifdale entre dans la tour, appuyée fur deux femmes-de-chambre, un mouchoir devant les yeux, & dans l'attitude d'une femme défolée. Lorfqu'elle fut dans la prifon, elle engagea le lord, qui étoit de même taille qu'elle, de changer d'habits, & de fortir dans la même attitude qu'elle avoit en entrant, elle ajouta que fon carroffe le conduiroit au bord de la Tamife, où il trouveroit un bateau qui le meneroit fur un navire prêt à faire voile pour la France. Le ftratagême s'exécuta heureufement. Milord Nilhifdale difparut, & arriva à trois heures du matin à Calais. En mettant pied à terre, il fit un faut, en s'écriant : « vive » Jéfus, me voilà fauvé! ». Ce tranfport le décela; mais il n'étoit plus au pouvoir de fes ennemis. Le lendemain matin on envoya un miniftre pour préparer le prifonnier à la mort. Ce miniftre fut étrangement furpris de trouver une femme au lieu d'un homme. La nouvelle s'en répandit dans le moment. Le lieutenant de la tour confulta la cour pour favoir ce qu'il devoit faire de milady Nilhifdale. Il reçut ordre de la mettre en liberté, & elle alla rejoindre fon mari en France.

Voilà bien des traits d'*amour conjugal*; mais dans tous ce font les femmes qui font les héroïnes. En voici un où le mari eft le héros.

On demandoit à un homme de condition deux mille écus pour faire enterrer fa femme. Deux mille écus, s'écria-t-il, j'aimerois autant qu'elle ne fût pas morte.

Comme ce trait ne peut pas effacer ceux que nous avons cités en faveur du beau fexe, il faut remarquer que d'ordinaire les maris font des victimes journalières de l'*amour conjugal*.

On a connu un homme qui, trois ans après la mort de sa femme, ne se couchoit jamais sans avoir visité la chambre où elle étoit morte. Il avoit contracté le besoin d'y pleurer ; & lorsque des personnes qui ne concevoient point ce qu'ils appelloient une folie, lui en faisoient des reproches, il leur répondoit : « Je sens que je vis encore, car je pleure ».

AMOUR PATERNEL. L'amour que les pères & mères doivent à leurs enfans nous est enseigné par les animaux, bien plus éloquemment que par les traités de morale : heureusement nous pouvons nous passer de leurs leçons ; & les héros de l'espèce humaine ont souvent été des pères tendres & dignes d'être nos modèles, si nous étions assez malheureux pour en avoir besoin.

Agésilaüs, pour jouer avec ses enfans, marchoit à califourchon sur un bâton : un de ses amis le trouvant en cet état, témoigna de la surprise ; mais le roi lui dit : « Je te prie de ne rien dire à » personne de ce que tu vois, jusqu'à ce que tu » aies des enfans ».

Jamais père ne fut peut-être plus sensible & plus tendre que Caton l'ancien. Cet homme sévère, ce rigide réformateur des mœurs romaines, n'éprouvoit point de satisfaction plus vive que celle de voir lever, nettoyer, emmailloter son fils nouvellement né. Tous les soirs il assistoit à cette espèce de toilette. Souvent il y mettoit lui-même la main ; il souriait à l'enfant, il le carressoit, il l'endormoit lui-même dans son berceau. Lorsqu'il le vit en état d'être appliqué aux études, il voulut être son précepteur, son gouverneur, son maître, & ne permit jamais que personne partageât avec lui ce qu'il appelloit le premier, & le plus essentiel de ses devoirs. Un de ses amis lui conseilloit de se décharger sur un esclave instruit & honnête homme, d'une partie de ce soin pénible & rebutant. « Il n'est ni pénible ni rebutant, ré- » pondit-il, & quand il le seroit, croyez-vous que » je verrois tranquillement un esclave tirer les » oreilles à mon fils » ?

Cassus Lucius, convaincu de plusieurs larcins & concussions, voyant que Ciceron alloit prononcer l'arrêt portant confiscation de biens & bannissement, lui envoya dire qu'il étoit mort pendant le procès & avant la condamnation, & sur-le-champ il s'étouffa d'une serviette, voulant conserver ses biens à ses enfans ; car alors les loix touchant la peine de ceux qui ont pillé le public, ou qui se font mourir étant prévenus, n'étoient pas encore faites.

Fabius Maximus, surnommé Rullianus, l'un des plus grands capitaines de l'ancienne Rome, après avoir rempli avec éclat les plus brillantes dignités de la république, après avoir été cinq fois

consul, jouissoit dans sa vieillesse d'un repos honorable : cependant l'amour paternel l'engagea à se faire le lieutenant de son fils : il l'accompagna dans une guerre longue & difficile, l'aidant de sa prudence & de ses conseils. Le jeune homme l'ayant heureusement terminée, on vit ce vénérable vieillard suivre à cheval le char victorieux de son fils.

En 1513, l'armée françoise, commandée par la Trimouille, est battue à Novarre par les suisses, & deux fils de la Marck restent pour morts sur le champ de bataille. Leur père, désespéré de ce malheur, va avec sa compagnie de cent hommes d'armes pour les r'avoir ou pour périr avec eux. Il fait une si furieuse charge, qu'il pousse les vainqueurs jusqu'à l'endroit où sont ses enfans. Il en met un en travers devant lui sur son cheval, un domestique hardi en fait autant de l'autre, & ils les rapportent au camp criblés de coups. Le temps & des soins très-tendres guérissent ces blessures. La perte de ces deux jeunes gens eût été considérable : l'aîné fut le maréchal de Fleurange, & le cadet Jametz. L'un & l'autre parvinrent à une grande réputation.

Tendresse maternelle.

L'exemple suivant du courage que donne la tendresse maternelle mérite d'être conservé. Le régiment du lord Forbe ayant été envoyé dans l'Inde, le bâtiment de transport sur lequel il étoit embarqué périt sur la côte d'Afrique, avec le vaisseau de guerre le Lichfield. Plusieurs femmes avoient suivi leurs maris dans cette expédition. Dans le moment où l'on ne vit plus d'espoir de se sauver, & où le vaisseau étoit prêt à s'enfoncer, la femme d'un sergent nommé Evans, se jetta à la mer avec un enfant de six mois qu'elle enveloppa dans ses habits, & qu'elle soutint avec ses dents ; elle se mit à la nage, & eut assez de force pour gagner le bord avec son enfant, tandis que vingt autres femmes, & quatre-vingt-sept hommes qui étoient sur le vaisseau périrent à ses yeux.

La femme d'un noble vénitien ayant vu mourir son fils unique, s'abandonnoit aux plus cruelles douleurs. Un religieux tâchoit de la consoler. « Souvenez-vous, lui disoit-il, d'Abraham, à » qui Dieu commanda de plonger lui-même le » poignard dans le sein de son fils, & qui obéit » sans murmurer. — Ah ! mon père, répondit-elle » avec impétuosité, Dieu n'auroit jamais com- » mandé ce sacrifice à une mère ».

Le trait suivant n'étant pas impossible, nous allons le rapporter, parce que ceux qui nous en ont fait part méritent notre confiance.

Un des lions nourris aux frais de la république

de Venife, s'étant échappé, laiffoit après lui mille traces de fa cruauté. Il faifit auprès de fa mère un enfant encore au maillot. Le voir & fe jetter à genoux, fut pour la mère un même temps. Rendsmoi mon enfant, s'écrie-t-elle ; & le monftre, fenfible aux accens de la nature, dépofe l'enfant aux genoux de celle dont la voix avoit fufpendu fa dent meurtrière.

En aimant fes enfans c'eft foi-même qu'on aime ?
Mais pour jouir d'un fort parfaitement heureux,
Il faut s'en faire aimer de même.
Comptez qu'on ne parvient à ce bonheur fuprême
Qu'en partageant fon ame également entr'eux.

AMOUR FILIAL. Un vieillard anglois avoit douze fils au fervice, ils obtinrent un jour un congé, & vinrent voir leur père, qu'ils trouvèrent accablé d'infirmités & dans l'indigence. Point de pain, dit l'un d'eux, à avoir donné douze défenfeurs à la patrie, & nous ne pouvons l'affifter. Mais n'y a-t-il pas un lombard ici, dit le plus jeune ? — Oui, mais qu'y porter ! on n'y prête de l'argent que fur gages.... Et nous n'avons rien : — Quoi, rien ? & n'avons-nous pas l'honneur de ce vieillard & le nôtre ? — il eft connu : perfonne ne peut le contefter... Mettons cet honneur en gage. — On nous confiera bien cinquante livres fterling fur ce dépôt... Cette idée fut approuvée : les douze fils fignèrent un billet en ces termes : douze anglois, fils d'un tailleur réduit à la plus grande indigence, à l'âge de près de cent ans, fervant tous douze le roi & la patrie, demandent à la direction du lombard la fomme de cinquante livres, afin de foulager leur père infortuné. Pour fûreté, ils engagent leur honneur, & promettent le rembourfement dans le terme d'une année. Ce gage fut reçu à la direction ; on leur donna cinquante livres, on déchira le billet, & on promit de fournir aux befoins du vieillard pendant fa vie.

La fingularité de ce fait attira plufieurs perfonnes bienveillantes chez le vieillard, qui lui firent des préfens ; & le mirent en état de récompenfer la piété filiale de fon honnête famille.

Les annales japonnoifes font mention de cet exemple extraordinaire d'amour filial. Une femme étoit reftée veuve avec trois garçons, & ne fubfiftoit que de leur travail. Quoique le prix de cette fubfiftance fût peu confidérable, les travaux néanmoins de ces jeunes gens n'étoient pas toujours fuffifans pour y fubvenir. Le fpectacle d'une mère qu'ils chériffoient, en proie aux befoins, leur fit un jour concevoir la plus étrange réfolution. On avoit publié depuis peu, que quiconque livreroit à la juftice le voleur de certains effets, toucheroit une fomme affez confidérable. Les trois frères s'accordèrent entr'eux qu'un des trois paffera pour voleur, & que les deux autres le mèneront au juge. Ils tirent au fort pour favoir qui fera la victime

de l'amour filial, & le fort tombe fur le plus jeune, qui fe laiffe lier & conduire comme un criminel. Le magiftrat l'interroge ; il répond qu'il a volé : on l'envoie en prifon ; & ceux qui l'ont livré touchent la fomme promife. Leur cœur s'attendrit alors fur le danger de leur frère : ils trouvent le moyen d'entrer dans la prifon ; & croyant n'être vus de perfonne, ils l'embraffent tendrement & l'arrofent de leurs larmes. Le magiftrat qui les apperçoit par hafard, furpris d'un fpectacle fi nouveau, donne commiffion à un de fes gens, de fuivre les deux délateurs ; il lui enjoint expreffément de ne les point perdre de vue, qu'il n'ait découvert de quoi éclaircir un fait fi fingulier. Le domeftique s'acquitte parfaitement de fa commiffion ; & rapporte qu'ayant vu entrer ces deux jeunes gens dans une maifon, il s'en étoit approché, & les avoit entendu raconter à leur mère ce que l'on vient de lire ; que la pauvre femme, à ce récit, avoit jetté des cris lamentables, & qu'elle avoit ordonné à ces enfans de reporter l'argent qu'on leur avoit donné, difant qu'elle aimoit mieux mourir de faim, que de fe conferver la vie au prix de celle de fon cher fils. Le magiftrat, pouvant à peine concevoir ce prodige de piété filiale, fait venir auffi-tôt fon prifonnier, l'interroge de nouveau fur fes prétendus vols, & le menace même du plus cruel fupplice : mais le jeune homme, tout occupé de fa tendreffe pour fa mère, refte immobile. Ah ! c'en eft trop, lui dit le magiftrat en fe jettant à fon cou ; enfant vertueux, votre conduite m'étonne. Il va auffi-tôt faire fon rapport à l'empereur, qui, charmé d'une action fi héroique, voulut voir les trois frères, les combla de careffes, affigna au plus jeune une penfion confidérable, & une moindre à chacun des deux autres.

AMOUR PATRIOTIQUE. Un gentilhomme françois nommé la Tour, étant allé à Londres, y époufa une fille d'honneur de la reine d'Angleterre, & fut fait chevalier de l'ordre de la Jarretière. Cette diftinction fut la fource, ou devint la récompenfe de l'infidélité qu'il fit à fa patrie. Il s'engagea à mettre les anglois en poffeffion du cap Sable, feul fort qui reftoit alors aux françois dans le Canada, & on lui donna deux vaiffeaux de guerre, où il s'embarqua avec fa nouvelle époufe.

Dès qu'il fut à la vue du fort, il fe fit débarquer, alla feul trouver fon fils qui y commandoit, chercha à l'éblouir par l'idée qu'il voulut lui donner de fon crédit à la cour de Londres ; & le flatte des plus grands établiffemens, s'il vouloit fe livrer à l'Angleterre. Le jeune commandant écoute avec indignation les propofitions de fon père, & n'eft pas plus intimidé par les menaces, que féduit par les careffes. Alors on prend le parti de l'attaquer, & il défend fa place avec le même fuccès qu'il avoit défendu fa vertu.

La Tour le père fe trouva embarraffé. Ne pouvant

vant pas retourner en Angleterre, il prévient son fils qu'il demeure en Acadie. Le jeune homme lui répondit qu'il lui donneroit un asyle, qu'il pourvoieroit abondamment à ses besoins; mais qu'il ne permettroit jamais que ni lui ni sa femme entrassent dans son fort. Quoique la condition parût dure, on s'y soumit & l'on fut dédommagé, autant qu'il étoit possible, de cette sévérité, par les attentions les plus tendres & les plus suivies.

AMOUR PROPRE. De toutes les passions qui dominent le cœur humain, le plus cruel tyran c'est l'amour-propre: c'est lui qui règle nos desirs, c'est lui qui fait naître nos pensées. Sans cesse occupés de nos intérêts, de nos plaisirs & de nos peines, nous en faisons le principe & le motif de toutes nos actions : c'est lui enfin qui nous commande en maître, & c'est à lui que nous obéissons comme ses esclaves.

Un des principaux effets de l'amour-propre, est de ne nous faire estimer que ce que nous aimons à faire, que ce que nous faisons avec succès. Ecoutez un homme vain, il voudra que tout le monde règle sa façon de penser, sa conduite & ses goûts sur les siens. « Je ris de tous ceux qui me trouvent ridicule, disoit un cynique—Eh bien! » lui dit-on; personne au monde ne rit donc plus » souvent que vous ».

Un gueux des environs de Madrid demandoit noblement l'aumône. Un passant lui dit : « n'êtes-» vous pas honteux de faire ce métier infâme, » quand vous pouvez travailler »? Monsieur, répondit le mendiant, je vous demande de l'argent, & non pas des conseils; puis il lui tourna le dos, en conservant toute la fierté castillane.

Un missionnaire voyageant dans l'Inde, rencontra un faquir chargé de chaînes, nud comme un singe, couché sur le ventre, & se faisant fouetter pour les péchés de ses compatriotes, les indiens, qui lui donnoient quelques liards du pays. Quel renoncement à soi-même, disoit un des spectateurs! Renoncement à moi-même! reprit le faquir; apprenez que je ne me fais fesser dans ce monde, que pour vous le rendre dans l'autre, quand vous serez chevaux & moi cavalier.

Maas s'appliquoit un jour à peindre une dame fort laide, & qui avoit le visage excessivement marqué par la petite vérole. La dame se leva tout-à-coup pour voir l'ébauche de sa tête, qu'elle trouva rendue avec tant de vérité, qu'elle en fut effrayée. — « Ce ne sont point-là mes traits, dit-» elle au peintre : cette figure me fait horreur, » elle est hideuse; tâchez de la changer, ou je » me retire pour ne plus revenir ». Maas connoissoit trop bien son monde pour contredire cette dame : aussi l'assura-t-il qu'il alloit travailler à la *Encyclopédiana.*

ressemblance. Il se remit à l'ouvrage, & ne regarda plus son modèle; il peignit d'idée un joli minois, une bouche riante, de beaux yeux & un teint de lys & de roses. L'ouvrage étant achevé, il pria la dame de voir son portrait, auquel il avoit, disoit-il, donné la dernière main. Elle le trouva pour lors très-ressemblant, le fit emporter, & paya généreusement.

Un maître à danser, françois, demandoit à un de ses amis, s'il étoit vrai que Harlay eût été fait comte d'Oxford & grand trésorier d'Angleterre? On lui dit qu'oui. Cela m'étonne, répondit le maître à danser : Quel mérite la reine a-t-elle donc trouvé à ce Harlay? Pour moi, j'ai eu cet homme deux ans entre les mains, & jamais je n'en ai pû rien faire.

Bussy raconte que Louis XIV ayant fait l'honneur à madame de Sévigné de danser avec elle, son amour-propre fut si flaté, qu'elle vint lui dire: ce prince obscurcira la gloire de ses prédécesseurs. Il n'y a plus lieu d'en douter, répondit Bussy, puisqu'il vient de danser avec vous : & il ajoute qu'elle étoit si transportée qu'elle fut sur le point de crier, *vive le roi.*

Un sourire, un regard, un petit air flatteur,
Quelques attentions de la part de Glicère,
   Nous persuadent que son cœur
   A tout autre amant nous préfère.
Le penchant aussi-tôt nous parle en sa faveur,
   Et nous aspirons à lui plaire.
   C'est ainsi que presque toujours
   Des amitiés & des amours
   L'amour-propre devient le père.

Un officier des mousquetaires, à la tête d'une brigade de sa compagnie, étoit à Paris dans une grande place, chargé d'appaiser le soulèvement que la cherté du pain causoit parmi le peuple, en 1709, il vouloit nétoyer la place des mutins qui la remplissoient : il dit à sa troupe : « tirez sur la » canaille, mais épargnez les honnêtes gens ». Ces mots furent entendus de tout le monde ; personne ne voulut être compris dans la canaille, & la sédition fut appaisée sur le champ.

L'amour-propre est de tous les âges & de tous les états.

L'amour-propre est, hélas! le plus sot des amours :
Cependant des erreurs il est la plus commune :
Quelque puissant qu'on soit en richesse, en crédit,
Quelque mauvais succès qu'ait tout ce qu'on écrit,
   Nul n'est content de sa fortune,
   Ni mécontent de son esprit.

AMURAT IV. Abaza s'étant révolté contre

I

Amurat IV, cet empereur envoya l'affiéger dans Erzerum, par le grand-vifir Khofron, qui prit la ville, & fe faifit de la perfonne du chef des rébelles. Le vifir, quoique naturellement févere, accorda le pardon aux habitans, & reprit en triomphe la route de Conftantinople. Comme il approchoit de cette capitale, tout le peuple fortit en foule à fa rencontre, attiré par la réputation d'Abaza. Chacun s'empreffoit de voir cet illuftre captif, qui avoit été, pendant plufieurs années, la terreur de l'empire Ottoman. *Amurat* lui-même impatient de fatisfaire fa curiofité, quitta le férail, & s'avança à cheval hors de la ville, environné d'une troupe de jeunes gens de fon âge. On lui préfente Abaza chargé de chaînes. Il arrête quelque temps fur lui des regards de furprife & d'admiration ; puis, rompant tout-à-coup le filence : « Je te pardonne, » Abaza, dit-il ; tes exploits m'ont fait oublier ta » trahifon ; &, pour mieux t'engager à la réparer, » je te fais bacha de Bofnie ». Auffi-tôt mille cris de joie applaudiffent à la générofité du jeune fultan, tandis qu'Abaza lui jure, à fes pieds, une fidélité inviolable.

AN (jour de l').

De trois cents foixante-cinq jours
Qui de l'*an* compofent le cours,
C'eft le premier de tous où l'on ment davantage,
Nul autre ne fait voir tant de duplicité.
    Combien, dans ce jour fi fêté,
    Voit-on, par un fatal ufage,
De faux baifers & donnés & rendus !
Combien de l'amitié tiennent le doux langage,
Qui voudroient voir périr ceux qu'ils flattent le plus !
De là certainement vient le double vifage
    Que la fable donne à Janus.

ANA. On appelle *ana* des recueils, des penfées, des difcours familiers, & quelques petits opufcules d'un homme qui s'eft fait un nom.

On nomme encore *ana* des traits détachés & piquants, qui, fans avoir l'appareil de l'érudition ni même de la fcience, excitent pourtant un intérêt affez vif.

La petite pièce qui fuit offre une lifte critique des *ana* les plus connus.

Fortunius un jour dîna
Chez un grand, où l'on raifonna
Bien fort fur Perroniana,
Thuana, Valefiana,
Après quoi l'on examina
Lequel de Patiniana
Vaut moins ou de Naudœana ?
S'il falloit à Chevrœana

Préférer Parrhafiana !
Et prifer Ménagiana
Plus que les Scaligerana ?
En liberté chacun prôna,
Où fuivant fon goût condamna
L'un Saint-Evremoniana,
L'autre Fureteriana.
Un tiers l'avantage donna
Sur eux à Sorbériana.
Tel contre Anonymiana,
Contre le Vafconiana,
Et contre Arlequiniana,
Tint bon pour Santoliana.
Au deffert, on queftiona
Si le nom Bourfautiana,
Celui d'Ancilloniana,
De Vigneul-Marvilliana,
Et de Coloméfiana,
Jamais des auteurs émana.
Si l'on verroit Pithœana,
Et d'autres que promis on a,
Tels que font Baluziana,
De Selden, Seldeniana,
De Daumius, Daumiana,
De Calvin, Calviniana,
De Bourbon, Borboniana,
De Grotius, Grotiana,
De Bignon, Bignoniana,
De Sallot, Sallotiana,
De Ségrais, Ségraifiana,
Commire, Commiriana,
Enfin Caufauboniana,
Et le Bourdelotiana,
Même Furftembergiana ?
Fortunius lors opina,
Et d'un ton qui prédomina,
La difpute ainfi termina :
Meffieurs, nul de tous ces *ana*
Ne vaut l'ypécacuanha,
Ni l'encyclopédiana.

ANACHARSIS, mort vers l'an 556 avant J. C. Le fameux philofophe *Anacharfis* étoit Scythe, & un grec qui n'avoit d'autre mérite que d'être né en Grèce, le regardant avec envie, lui reprochoit la barbarie de fon pays : j'avoue, lui répliqua *Anacharfis*, que mon pays me fait honte ; mais tu fais honte à ton pays. Ce mot peut être fort bien appliqué à ces petits efprits qui méprifent les étrangers, feulement parce qu'ils font étrangers, fans confidérer que le favoir, l'efprit, & le mérite font de tous pays.

Le peuple d'Athènes étoit le maître de rejetter le décret du fénat ou d'en ordonner l'exécution après l'avoir examiné. C'eft à ce fujet qu'*Anacharfis* difoit à Solon : « J'admire que chez vous

» les fages n'aient que le droit de délibérer, & » que celui de décider foit réfervé aux fous.

Il vaut mieux, difoit *Anacharfis*, n'avoir qu'un feul ami qui foit utile, qu'une foule d'intimes qui ne fervent à rien.

La vue d'un ivrogne étoit, felon *Anacharfis*, la meilleure leçon de la fobriété.

Il comparoit les loix aux toiles d'araignées, qui ne prennent que les mouches, & qui ne peuvent arrêter des êtres puiffans.

Il demanda à un pilote de quelle épaiffeur étoit le vaiffeau; comme on lui dit de tant de pouces. Quoi! nous fommes, répondit-il, fi près de la mort.

Un honnête homme, difoit *Anacharfis*, eft fobre dans le parler, dans le manger, dans les plaifirs.

Il eft bien étonnant, difoit-il encore, que dans les jeux publics de la Grèce, les artiftes combattent, & ne foient pas jugés par des artiftes.

ANACRÉON. *Anacréon*, poëte lyrique grec, naquit à Théos, vers l'an 532 avant J. C. Il partagea fon temps entre l'amour & le vin, & chanta l'un & l'autre.

Un préfent de quatre talens qu'*Anacréon* reçut de Polycrate, tyran de Samos, l'ayant empêché de dormir pendant deux nuits, il renvoya ce tréfor, & fit dire à fon bienfaiteur : « Que quelque » confidérable que fût la fomme, le fommeil valoit » encore mieux ».

Ce poëte vécut quatre-vingt-quatre ans, il ne fe nourriffoit, dans les denières années, que de raifins fecs : mais un pepin qui s'arrêta à fon gofier l'étouffa.

ANAGRAMME, Tranfpofition, ou dérangement des lettres d'un nom ou autre mot, pour en faire une nouvelle combinaifon, d'où il réfulte un fens quelconque.

Il y a plufieurs fortes d'*anagramme*, on peut en juger par celles que nous allons citer.

L'*anagramme* de *logica* eft *caligo*.

Calvin à la tête de fes inftitutions, mit l'*anagramme* de fon nom de *Calvinus* qui eft *Alcuinus*. Tout le monde fait qu'*Alcuinus* eft un anglois qui s'eft illuftré en France par fa doctrine, fous le règne de Charlemagne.

L'*anagrame* de Verfailles eft *ville fera*.

On peut citer comme une *anagrame* heureufe celle qu'on a trouvée fur le meurtrier de Henri III, frère Jacques Clément. Les lettres de ces mots combinées portent : c'eft l'enfer qui m'a créé.

Louis quatorzième roi de France & de Navarre.

Va, Dieu confondra l'armée qui ofera te réfifter.

Le père Prouft, & le père d'Orléans, tous deux jéfuites, s'amufoient à tirer mutuellement de leurs noms des *anagrammes* fatyriques. Le père Prouft ayant trouvé *afne d'or* dans le nom de fon confrère, le défia de lui rendre le change, vu la briéveté de fon nom; le père d'Orléans en vint cependant à bout, & lui fit voir que *pur fot* fe trouvoit en entier dans *Prouft*.

Marie Touchet, maîtreffe de Charles IX, étoit fille de Jean Touchet, lieutenant particulier au préfidial d'Orléans. Elle eut de ce roi un fils, qui fut comte d'Auvergne & duc d'Angoulême. Elle fe maria avec François de Balzac, feigneur d'Entragues, de Marcouffi & de Malzerbès, dont elle eut deux filles : Henriette qui fut maîtreffe de Henri IV, & marquife de Verneuil, & Marie, maîtreffe du maréchal de Baffompière. Les auteurs qui ont parlé de *Marie Touchet*, conviennent tous que c'étoit la plus agréable dame de la cour. Brantome qui s'y connoiffoit bien, en dit des merveilles; & jamais *anagramme* ne fut plus véritable que la fienne, qui difoit : *je charme tout*.

L'*anagramme* que nous allons rapporter femble mériter d'être confervée comme un exemple heureux de ces pénibles bagatelles : en voici l'occafion.

Toute l'illuftre maifon de Lefcinski s'étoit raffemblée à Seffa pour complimenter, fur fon heureux retour, le jeune Staniflas, depuis roi de Pologne. On exécuta plufieurs ballets dans lefquels les danfeurs, au nombre de treize, repréfentoient autant de héros. Chaque danfeur tenoit un bouclier fur lequel étoit gravé en caractère d'or, l'une des treize lettres des deux mots, *domus lefcinia*, & à la fin de chaque ballet, les danfeurs fe trouvoient rangés de manière que leurs boucliers formoient autant d'*anagrammes* différentes.

Premier ballet....	Domus lefcinia.
Deuxième	Ades incolumis.
Troifième	Omnis es lucida.
Quatrième	Mane fidus loci.
Cinquième	Sic columna dei.
Sixième	I fcande folium.

Les juifs cabaliftes ont fait de l'art des *anagrammes* la troifième partie de leur cabale. Leur but eft de trouver dans la tranfpofition des lettres ou des mots, des fens cachés & myftérieux.

Céfar Coupé, célèbre anagrammatifte, & fertile en bons mots fur les maris qui avoient des femmes coquettes, en eut une qui fit parler d'elle. Il fut obligé de s'en féparer. Quelqu'un qui avoit une

I 2

revanche à prendre contre ce fatyrique, publia l'*anagramme* de fon nom, où l'on trouvoit, *cocu féparé.*

André, Rudiger, médecin à Leipfick, s'avifa, étant au collège, de faire l'*anagramme* de fon nom en latin : il trouva de la manière la plus exacte dans *Andreas Rudigerus* ces mots, *arare rus Dei dignus*, qui veulent dire, digne de labourer le champ de Dieu. Il conclut de-là que fa vocation étoit pour l'état eccléfiaftique, il fe mit à étudier la théologie. Peu de temps après cette belle découverte, il devint précepteur des enfans du célèbre Thomafius. Ce favant lui dit un jour, qu'il feroit mieux fon chemin en fe tournant du côté de la médecine. Rudiger avoua que naturellement il avoit plus de goût & d'inclination pour cette fcience ; mais qu'ayant regardé l'*anagramme* de fon nom comme une vocation divine, il n'avoit pas ofé paffer outre. « Que vous êtes fimple, lui » dit Thomafius ! c'eft juftement l'*anagramme* de » votre nom qui vous appelle à la médecine. *Rus* » *Dei*, n'eft-ce pas le cimetiere, & qui le laboure » mieux que les médecins ? » Rudiger ne put réfifter à cet argument, & fe fit médecin.

ANAMORPHOSE. Ce mot fignifie une repréfentation défigurée de quelqu'image fur un plan, ou fur une furface courbe, & qui, néanmoins à un certain point de vue, paroît régulière & faite avec des juftes proportions.

On voit dans le cloître des minimes de la place Royale à Paris, deux *anamorphofes* tracées fur les deux côtés du cloître. L'une repréfente la Magdeleine, & l'autre faint Jean écrivant fon évangile. Elles font telles, que quand on regarde directement on ne voit qu'une efpèce de payfage, & quand on regarde d'un certain point de vue, elles repréfentent des figures humaines très-diftinctes.

Quelquefois célui qui deffine l'*anamorphofe* fait enforte que la repréfentation de l'objet défiguré offre elle-même quelque chofe de régulier. On a vu, par exemple, une *anamorphofe* qui offroit au premier coup d'œil des foldats & des chariots fur la rive d'un fleuve ; & quand on fe plaçoit à certain point de vue, le tableau changeoit & préfentoit la tête d'un fatyre.

Le Clerc, célèbre graveur, a placé dans un morceau de fa compofition, connu fous le nom d'*académie des fciences*, un homme qui regarde une *anamorphofe*, dont le fujet eft une tête.

ANATOMIE. L'*anatomie* eft l'art de difféquer ou de féparer adroitement les parties folides des animaux, pour en connoître la fituation, la figure, &c. On fait remonter l'*anatomie* au premier âge du monde. L'infpection des entrailles des victimes, la coutume d'embaûmer, les traitemens des plaies & les boucheries même aidèrent à connoître la fabrique du corps animal.

Paufanias nous apprend qu'Hyppocrate fit fondre un fquelette d'airain, qu'il confacra à Apollon de Delphes. Ce fait prouve que les grecs faifoient grand cas de cette fcience.

On eft étonné de voir la précifion avec laquelle Homère défigne la bleffure qu'Enée reçut de Diomède : les deux nerfs, dit-il, qui retiennent le fémur s'étant rompus, l'os fe brifa au dedans de la cavité où eft reçu le condyle fupérieur. Ce n'eft pas le feul paffage ou Homère prouve qu'il étoit très-inftruit en *anatomie*. Quelques auteurs ont prétendu qu'on tireroit de fes ouvrages un corps d'*anatomie* affez étendu.

On trouve dans Paufanias la première diffection légale chez les grecs. Ariftodême voulut immoler fa fille pour fatisfaire à un oracle ; un amant au défefpoir imagina, pour fauver fa maîtreffe, de publier que cette victime ne pouvoit être agréable aux dieux, puifque la fille d'Ariftodême étoit groffe. Le père rempli d'un patriotifme farouche, ouvrit les flancs de fa fille, & vengea fon innocence des calomnies de fon amant.

La coutume de brûler les cadavres retarda, chez les romains, les progrès de l'*anatomie*. La religion & les loix civiles faifoient refpecter les corps morts fous les peines les plus févères. Il fallut fe contenter des tombeaux ouverts ou des malfaiteurs.

Ce fut dans les ouvrages des anatomiftes, fur les enfans expofés, fur les animaux, & fur-tout fur les finges, que Gallien s'inftruifit dans cette fcience.

Douze cents ans après Gallien, on recommença à difféquer ; tous ces fiècles furent perdus pour l'*anatomie*. Frédéric II rappella cet art falutaire, en ordonnant que tous les ans il feroit fait en Sicile la diffection d'un corps humain.

Depuis cette époque, les découvertes en *anatomie* fe font multipliées, & la France a la gloire d'avoir beaucoup contribué aux progrès de cette fcience.

Vous êtes fi habile dans l'*anatomie*, difoit quelqu'un à M. Petit, que vous devriez guérir toutes les maladies. « Cela eft vrai, répondit le célèbre » docteur ; mais malheureufement nous fommes » comme les portefaix de Paris, qui connoiffent » bien toutes les rues, mais qui ne favent pas » ce qui fe paffe dans les maifons ».

ANAXAGORE. *Anaxagore*, né à Clazomène l'an 500 avant J. C., fut furnommé l'*Efprit*, parce qu'il enfeignoit que l'efprit divin étoit la caufe de cet univers. Ses parens lui reprochoient un jour qu'il laiffoit dépérir un riche patrimoine. J'ai employé, répondit-il, à former mon esprit le temps que j'aurois employé à cultiver mes terres, & je préfère une goutte de sagesse à des tonnes d'or.

Ce philosophe enseignoit que la lune étoit habitée, que le soleil étoit une masse de matière enflammée, un peu plus grande que le Péloponèse : que les cieux étoient de pierre, & que tout l'univers étoit composé de parties semblables.

Anaxagore, accusé d'impiété, s'éloigna d'Athènes ; ayant appris qu'il étoit condamné à mort, il dit tranquillement : il y a long-temps que la nature a prononcé contre mes juges & contre moi le même arrêt de mort.

Anaxagore tomba dans l'indigence, ce qu'ayant appris Périclès, son disciple, il vint, mais trop tard à son secours ; ce philosophe lui fit dire : « Quand on veut conserver la lumière d'une lampe, » on a soin d'y verser de l'huile ».

Ses disciples lui demandèrent s'il vouloit être enseveli dans son pays. Cela est inutile, répondit *Anaxagore*, le chemin qui mène aux enfers n'est pas plus long d'un lieu que de l'autre.

ANAXANDRE, roi de Sparte, vers l'an 684 avant J. C. On lui demandoit pourquoi les lacédémoniens n'avoient point de trésors : « C'est afin » répondit-il, qu'on ne corrompe pas ceux qui en » auroient les clefs ».

ANAXARQUE. *Anaxarque*, philosophe d'Abdère, fut le favori d'Alexandre-le-Grand. Il lui parla avec une liberté digne de Diogène. Alexandre s'étant blessé, il lui montra du sang de sa blessure, en ajoutant : voilà du sang humain, & non pas de celui qui anime les dieux.

Un jour qu'Alexandre lui demandoit à table ce qu'il pensoit du festin, il ne manque rien, dit *Anaxarque*, si ce n'est la tête d'un grand seigneur dont on auroit dû faire un plat, & dans l'instant il jetta les yeux sur Nicocréon, tyran de Chypre. Après la mort d'Alexandre, Nicocréon le destina au supplice le plus cruel, il voulut d'abord lui faire couper la langue, mais le philosophe lui dit avec dédain : je t'en empêcherai bien, & aussi-tôt il coupa sa langue avec ses dents & la cracha au visage du tyran. Nicocréon outré de rage le fit mettre dans un mortier de fer où il fut pilé vif.

ANAXIDAME, roi de Lacédémone, vers l'an 684 avant J. C.

Un étranger lui demanda qui avoit l'autorité dans Sparte ? — *Les loix.*

ANAXIMÈNES. La ville de Lampsaque fut sauvée par la finesse d'*Anaximènes* en cette sorte : Alexandre-le-Grand, qui avoit été disciple de ce philosophe, étant sur le point de détruire cette

ville : *Anaximènes* fut au-devant pour le supplier de n'en rien faire. Le conquérant se doutant de cette prière, jura, comme il approchoit de lui, qu'il ne feroit rien de tout ce qu'il le prieroit. Alors le philosophe le pria de détruire la ville ; mais Alexandre se crut lié par son serment, & obligé de conserver la ville.

ANCRE (le maréchal d'). Condé ayant commencé la guerre civile, on prend à Paris les mesures qui sont d'usage dans les temps de trouble. Il n'est plus permis de sortir de la ville, ni d'y entrer sans permission. Le maréchal d'Ancre, qui veut aller passer la nuit dans un fauxbourg, se présente à la porte de Bussi, accompagné des gentilshomme ordinaires de sa suite. Le cordonnier Picard, qui y est de garde, arrête le carosse & demande le passeport. L'orgueilleux favori ordonne à son cocher & à ses gens d'avancer : on leur présente la hallebarde & le mousquet. « Coquin, dit » le maréchal au cordonnier, sais-tu qui je suis ? » Je vous connois fort bien, répond Picard d'une » manière hardie & méprisante ; cependant vous ne » sortirez pas, à moins que vous n'ayez un passe- » port ».

D'*Ancre* crève de rage & de dépit, mais il n'ose faire violence. La populace, qui s'attroupe, l'auroit assommé sans miséricorde. On va seulement chercher le commissaire de quartier, afin qu'il ordonne à ceux qui sont de garde de laisser sortir le maréchal.

Quelque temps après, le vindicatif italien commande à son écuyer de prendre deux valets, & de faire donner des coups de bâton au cordonnier Picard. L'ordre est si bien exécuté, que le pauvre homme demeure presque mort sur la place. Peu de jours après, les gens du maréchal, qui comptant trop sur l'autorité de leur maître, s'étoient laissé arrêter, sont pendus devant la porte du malheureux qui avoit été si inhumainement traité. L'écuyer auroit eu le même sort, si Picard n'avoit consenti à se désister de ses poursuites.

ANDRÉ (Charles), perruquier, demeurant à Paris, né à Langres, en 1721, a fait imprimer le tremblement de terre de Lisbonne, tragédie. L'auteur rend compte dans sa préface de son éducation, de son mariage & de ses talens pour les vers. On l'avoit mis au collège ; mais, dit-il, avec une simplicité tout-à-fait originale : « Ayant malheureu- » sement été créé sans bien, j'ai été contraint de » quitter mes études, & d'embrasser l'état de la » perruque, qui étoit celui, disoit-on, qui me » convenoit le mieux... Je m'appliquois dans ma » jeunesse à faire de petites rimes satyriques & des » chansons, qui n'ont pas laissé de m'attirer quel- » ques bons coups de bâton ; ce qui ne m'a pas » empêché de continuer toujours à composer quel-

» ques petits ouvrages , moins fatyriques , mais
» qui n'ont pas paru.

  » Comme je fuis affez penfif de mon naturel ,
» il me venoit fouvent des idées qui me faifoient
» tenir le fer à frifer d'une main & la plume de
» l'autre. M'étant trouvé plufieurs fois à accom-
» moder des perfonnes de goût & d'efprit , & me
» voyant penfer , ils m'ont fi fort queftionné , qu'ils
» m'ont forcé à leur avouer que je penfois tou-
» jours à compofer quelques vers ; leur ayant fait
» voir quelqu'un de mes petits ouvrages , ils m'ont
» perfuadé que j'avois des talens pour le genre
» poétique ; ce qui m'a déterminé à compofer une
» tragédie ».

  Les occupations journalières de M. André ne
lui permettoient point de travailler à fa pièce ; il
déféfpéroit de la pouvoir finir ; «mais ayant été ,
» dit-il , interrompu fur la fin de feptembre , pen-
» dant deux nuits confécutives par ces fortes de
» gens , qui par leurs odeurs font capables d'em-
» peftiférer tout le genre humain ; j'ai tâché de
» diffiper leurs odorats, en m'appliquant d'un grand
» zèle à ma tragédie. C'eft ce qui m'a occafionné ,
» mon cher lecteur , à vous la mettre plûtôt au
» jour ».

  M. André porta l'ouvrage aux comédiens françois , qui furent enchantés de cette lecture , tant
elle leur parut fingulière. Ils témoignèrent à l'auteur à quel point ils étoient fâchés de ne pouvoir
jouer fa pièce ; que malheureufement elle les entraîneroit dans trop de dépenfes , & qu'il en coûteroit prodigieufement , fur-tout pour que leur
théâtre pût s'abîmer , & pour faire trembler toute
la falle du fpectacle. M. André fe rendit à de fi
bonnes raifons , & fe contenta de rendre fa tragédie publique par la voie de l'impreffion. Elle eût
tout le fuccès qu'il devoit en attendre ; l'édition fut
bientôt épuifée ; M. André la vendit lui-même ,
& jouit de la plus grande célébrité. Cinquante ca-
roffes étoient tous les jours à fa porte ; tout Paris
voulut fe procurer des exemplaires de ce chef-
d'œuvre de ridicule , & la fatisfaction d'en connoître perfonnellement l'auteur inimitable. Il reçut
dans fa boutique ces vifites & ces complimens avec
une modeftie pleine de nobleffe & de gravité. On
lui adreffa de tous côtés des lettres de félicitation ; un anglois lui écrivit pour le prier de lui envoyer fa pièce , afin qu'il la traduifît dans fa langue,
& qu'il la fît jouer à Londres. M. André a fait
imprimer cette lettre honorable à la tête de fa
tragédie ; il y a placé auffi une épître dédicatoire
à l'illuftre & célèbre poëte M. de Voltaire , qu'il
appelle fon cher confrère.

  ANECDOTES. On a dit long-temps du vin
de Bretigny qu'il faifoit danfer les chèvres. Voici
par quelle *anecdote* on explique cette phrafe populaire. Il y avoit , dit-on , à Bretigny , un habitant

nommé Chèvre , c'étoit le coq de fon village , &
une grande partie du vignoble lui appartenoit.
Cet homme aimoit à boire , & dans la gaîté que
l'ivreffe lui infpiroit , il avoit la folie de faire danfer
prefqu'à toute heure fa femme & fes enfans ; c'étoit
ainfi qu'il faifoit danfer fes chèvres quand il étoit
animé par les fumées du vin de Bretigny.

  Un député des états de Bourgogne ayant fait
une longue harangue au prince de Condé , lui
demanda ce qu'il diroit aux états de la part de fon
alteffe. Dites-leur , répondit le prince , que nous
avons eu tous deux bien de la peine, vous à achever
votre harangue , & moi à vous entendre.

  Les chanoines de l'églife de Bayeux , fe levoient
autrefois la nuit pour chanter les matines , & voici
la manière fingulière dont ils puniffoient ceux qui
manquoient à ce devoir les jours de grandes fêtes.
Immédiatement après l'office , les habitués de
l'églife , avec la croix , la bannière & le benitier ,
alloient au logis des chanoines abfens , & faifoient
par cette proceffion une efpèce de mercuriale à la
pareffe , cet ufage qui duroit encore à Bayeux en
1640 , a donné lieu de dire à ceux qui fe font attendre , qu'on ira les chercher avec la croix & la
bannière.

  Madame la ducheffe d'Aiguillon , nièce du cardinal de Richelieu , vint fe plaindre un jour à la
reine de ce que mademoifelle de Saint-Chaumont
lui avoit reproché qu'elle avoit eu cinq ou fix enfans de fon oncle. Eh ! quoi , madame , dit M. de
Charoft , qui étoit préfent , ne favez-vous pas que
de tout ce qui fe dit à la cour , il n'en faut jamais
croire que la moitié.

  Sully entrant un matin chez Henri IV , au moment où la maîtreffe du roi fortoit vêtue d'une
robe verte , il le trouva ému , & lui dit : Sire ,
la fanté de votre majefté me paroît un peu altérée.
Il eft vrai , dit le roi , j'ai eu la fièvre toute la
nuit , elle vient feulement de me quitter. Vous
dites vrai , fire , reprit Sully , je l'ai vu paffer , elle
étoit toute verte.

  M. Falconet , habile médecin , fut appellé auprès d'une dame malade imaginaire. Il l'interrogea,
elle lui avoua qu'elle mangeoit , buvoit & dormoit
bien , & qu'elle avoit tous les fignes d'une fanté
parfaite. Hé bien , lui dit le médecin en homme
d'efprit , laiffez-moi faire , je vous donnerai un
remède qui vous ôtera bientôt tout cela.

  L'abbé de Vertot avoit un fiège fameux à décrire , les mémoires qu'il attendoit ayant tardé trop
longtemps , il écrivoit l'hiftoire du fiège , moitié
d'après le peu qu'il en favoit , moitié d'après fon
imagination. Les mémoires arrivèrent enfin ; j'en
fuis bien fâché , dit-il , mais mon fiège eft fait.

  Le cardinal de Richelieu , s'étant fait lire une
tragédie de la Calprenède , dit que la pièce étoit

bonne, mais que les vers étoient lâches ; cette réponse fut rendue à l'auteur, qui répliqua par cette saillie vraiment gasconne. « Comment lâche, cadédis ! il n'y a jamais eu rien de lâche dans la maison de la Calprenède.

Pendant les troubles du règne de Charles VII, La Hire, son favori, étant venu le trouver pour l'entretenir sur une affaire très-importante, le roi tout occupé d'une fête qu'il alloit donner, lui en fit voir les apprêts, en lui demandant son avis. » Je pense, dit La Hire, qu'on ne sauroit perdre » son royaume plus gaiement ».

La reine mère, Catherine de Médicis, se fit lire, en présence du duc d'Alençon, le testament de l'amiral de Coligni, où il conseilloit au roi de ne point trop enrichir ni trop élever ses frères : quand on fut à cet endroit, la reine dit au duc d'Alençon : voilà le bon service que vous rendoit l'amiral que vous aimiez tant ! « Je ne sais pas, » répondit ce prince, s'il m'aimoit ; mais il a montré » par ce conseil qu'il aimoit le roi, & je l'en re- » grette davantage ».

Une jeune personne, très-jolie & très-coquette, qui venoit d'être mariée à un homme fort âgé, avoit beaucoup d'amans, & ne gardoit aucune mesure dans sa conduite. Le vieillard jugeant qu'on devoit du moins éviter le scandale, fit faire à l'appartement de sa femme un escalier dérobé, auquel conduisoit une petite porte sur le derrière de la maison. Il demanda ensuite à sa femme, comme une grace, d'empêcher qu'à l'avenir ses amans se rencontrassent dans leur rendez-vous, & de les faire entrer par l'escalier dérobé ; & lui donnant une demi-douzaine de clefs de la petite porte : « Madame, lui dit-il, donnez-leur à chacun une » de ces clefs ; s'ils les perdent, on en fera faire » d'autres ». Une conduite si modérée & si propre à faire honte à cette femme de sa conduite, la fit rentrer en elle-même, elle renonça à ses amans, & aima de bonne-foi son mari.

Pendant une guerre très-vive que la république de Genève eut à soutenir dans le seizième siècle contre la maison de Savoye, un genevois fort brave & très-estimé dans sa patrie, nommé Pecolat, fut pris les armes à la main dans un combat. Les vainqueurs, charmés d'avoir en leur puissance un des premiers d'entre les ennemis, lui firent souffrir d'horribles tourmens pour l'obliger à révéler les projets de la république ; mais ils ne purent lui arracher même une plainte ; il fatigua & rendit vaine la cruauté de ses bourreaux. Le conseil du duc de Savoye, composé de gens fort habiles en matière de politique, mais d'ailleurs très-stupides, comme la plupart de leurs contemporains, soupçonna de la magie dans ce silence obstiné ; & pour rompre le charme, ordonna qu'on lui rasât tout le corps, car on croyoit alors que la magie résidoit dans les cheveux. Tandis qu'on exécutoit cette ridicule

sentence, Pécolat arracha le rasoir des mains du barbier, se coupa la langue & la jetta aux pieds des juges, afin qu'on ne pût, quoi qu'on fît, lui arracher aucun secret : les juges étonnés de ce trait de patriotisme & d'intrépidité, cessèrent de le tourmenter, prirent un soin particulier de lui, & le renvoyèrent libre & comblé de présens, après lui avoir rendu les honneurs dont il étoit digne.

Lorsque le grand Condé commandoit en Flandre l'armée espagnole, & faisoit le siège d'une de nos places, un soldat ayant été maltraité par un officier général, & ayant reçu plusieurs coups de canne pour quelques paroles peu respectueuses qui lui étoient échappées, répondit qu'il sauroit bien l'en faire repentir. Quinze jours après, ce même officier général chargea le colonel de tranchée de lui trouver dans son régiment un homme ferme & intrépide pour un coup de main dont il avoit besoin, avec promesse de cent pistoles de récompense. Le soldat en question, qui passoit pour le plus brave du régiment, se présenta, & ayant mené avec lui trente de ses camarades dont on lui avoit laissé le choix, il s'acquitta de sa commission avec un courage & un bonheur incroyable. A son retour, l'officier général, après l'avoir beaucoup loué, lui fit compter les cent pistoles qu'il lui avoit promises. Le soldat sur-le-champ les distribua à ses camarades, disant qu'il ne servoit pas pour de l'argent, & demanda seulement, que si l'action paroissoit mériter quelque récompense, on le fît officier. *Au reste*, ajouta-t-il, en s'adressant à l'officier général qui ne le reconnoissoit point, *je suis ce soldat que vous maltraitiez si fort il y a quinze jours, & je vous avois bien dit que je vous en ferois repentir.* L'officier, plein d'admiration & attendri jusqu'aux larmes, l'embrassa, lui fit des excuses, & le nomma officier le même jour. Le grand Condé prenoit plaisir à raconter ce fait, comme la plus belle action de soldat dont il eût jamais ouï parler.

Le Maréchal de Brissac condamna le jeune Boissy son parent à la mort, pour avoir été à la brèche à Vignel contre ses ordres, quoique la place eût été prise d'assaut ; mais cette peine fut commuée en quelques jours de prison, après lesquels il fut élargi, & reçut une chaîne d'or pour récompense de sa valeur.

Le roi demandant au maréchal de Grammont où étoit le comte de Louvigny son fils ; qu'il n'avoit pas vu à la cour depuis long-temps, il lui répondit : « Sire, je l'ai laissé à Bidache, où il étudie » en médecine & en chirurgie ; car il n'y a que ces » gens-là qui fassent fortune ». C'étoit le temps où le roi venoit de donner l'évêché de Nevers au fils de M. Valot son premier médecin, & celui de Digne au fils de M. Félix son premier chirurgien.

Un foldat, dans un régiment décimé, tire au fort le pénultième avec le dernier de ceux qui dévoient être pendus ; il tire le fatal billet : & le dernier foldat, qui étoit un écoffois, compofa à cent écus pour être pendu à fa place, difant qu'il étoit tous les jours expofé à la mort depuis dix-huit ans, fans avoir rien acquis ; qu'il vouloit au moins affurer cent écus à fa famille. Le prince d'Orange lui fit donner les cent écus & la vie.

Rodolphe, comte d'Ausbourg, ayant été élu empereur, vint à Aix-la-Chapelle pour la cérémonie de fon couronnement. Les Electeurs y formèrent une difficulté, parce que le fceptre y manquoit. Mais Rodolphe la leva habilement, il fe faifit d'un crucifix qui étoit fur l'autel, & dit : *voici le fceptre d'un prince catholique.* Cet expédient fut généralement adopté. Les électeurs lui firent tous leur ferment fur le crucifix.

Milton, devenu aveugle, fe maria en troifièmes noces à une femme très-belle, mais d'un caractère violent & d'une humeur aigre & difficile. Le lord Buckingham ayant dit un jour à fon mari, en plaifantant, qu'elle étoit une rofe : *je n'en puis juger par les couleurs,* répondit triftement Milton, *mais j'en juge par les épines.*

Une joueufe de mauvaife humeur, femme d'un âge avancé, mais qui, à force d'art étoit venue à bout de démentir la nature, venoit de perdre tout fon argent : furieufe, elle fe lève, & oubliant que fes dents font poftiches, en voulant les faire grincer, elle ébranle le malheureux ratelier, qui tombe fur la table. Un plaifant affis vis-à-vis d'elle le ramaffe, & le lui préfente en difant gravement : « madame, eft-ce là votre enjeu » ?

Milton étant devenu prefqu'en même-temps veuf & aveugle, ce dernier malheur ne l'empêcha pas de fe remarier. Un de fes amis s'étonnoit qu'étant aveugle il eût pu trouver une compagne. « Vous vous trompez, lui dit-il, il ne me manque » plus que d'être fourd, pour être le premier parti » d'Angleterre ».

Chapelle ayant fait une épigramme très-piquante fur un petit-maître : celui-ci le trouva dans une compagnie, & parla des vers affommans qu'on avoit fait contre lui, il dit hautement qu'il s'en vengeroit aux dépens du dos du poète : il parloit fans ceffe de fa vengeance. Chapelle, fatigué de toutes fes fanfaronades, lui dit : « hé bien, » voilà mon dos, donne vîte une douzaine de » coups de bâton, & va-t-en ». Le petit-maître, étourdi de cette faillie, s'en fut fans accomplir fa promeffe.

M. d'Argenfon étant miniftre de la guerre, reçut des plaintes de l'abus que fes commis faifoient du contre-feing. L'un d'eux ayant envoyé à un ami qu'il avoit à Strasbourg une paire de pantouffles fous enveloppe contre-fignée, les commis

de la pofte, charmés de trouver une preuve fi forte de l'abus dont ils s'étoient plaints, députèrent l'un des principaux d'entre eux chez le miniftre, pour lui remettre le paquet. M. d'Argenfon voyant que les commis s'étoient permis de le décacheter. « Vous vous êtes expofé, dit-il au dé- » puté, à pourrir dans un cachot : favez-vous ce » que ces pantouffles fignifient ? elles font le fecret » de l'état, faites-les partir fur-le-champ, vous » me répondrez du retard qu'elles éprouveront ». Le commis confondu obéit, & le miniftre réprimanda en particulier celui qui avoit donné lieu à cette fcène.

Une femme alla trouver un religieux, & lui dit qu'elle avoit volé un paquet qui chargeoit fa confcience : *il faut le reftituer,* lui répartit le moine. — Mais, mon père, on ne me foupçonne pas, & fi je reftitue, me voilà déshonorée... — Hé bien, reprit le religieux, apportez-moi ce vol, je ferai moi-même la reftitution. La femme trouva cet expédient merveilleux, & peu de temps après elle remit entre les mains du religieux une corbeille bien couverte d'un linge qui l'enveloppe, avec une adreffe fur une carte. Le religieux prend la corbeille, & la femme fe retire avec précipitation. Le moine porte en triomphe le dépôt au couvent, & dit en entrant à fes confrères, *voilà de mes œuvres.* En même temps on entendit les cris d'un enfant. C'étoit, en effet, un nouveau-né renfermé dans la corbeille, que la femme maligne avoit remis aux bons religieux, comme un paquet qui chargeoit fa confcience.

Un docteur étant, dans fon cabinet, occupé à travailler, il entra une jeune fille qui lui demanda du feu : mais vous n'avez rien, lui dit-il, pour le mettre. — N'importe, répondit la petite, qui prit un peu de cendres froides dans fa main, & par-deffus quelques charbons allumés. Le docteur, furpris, jetta fes livres par terre, en difant : « avec » toute ma fcience, je n'aurois pas fu en faire » autant ».

Danchet avoit l'art de déclamer, il récitoit une tragédie de fa façon aux comédiens, & l'ornoit de la déclamation. Ponteuil, charmé, l'interrompit pour lui dire : Ah ! monfieur, que ne vous faites-vous comédien ! Danchet le regardant avec mépris, déclama ces deux vers de Corneille :

Le maître qui prit foin d'inftruire ma jeuneffe
Ne m'a jamais appris à faire de baffeffe.

Le Chevalier de * * *, qui annonçoit beaucoup plus d'efprit que de conduite, ayant perdu au jeu une fomme affez confidérable, propofa de jouer le double. Le fort lui fut contraire, il perdit. Alors feignant d'être au défefpoir, il jetta les cartes en difant : parbleu ! voilà un coup impayable. Auffi-tôt il fe leva, s'en fut, & ne paya pas.

Un

Un laquais trop officieux vint avertir le comte de ... qu'un homme faisoit l'amour à la comtesse son épouse. Le mari parut furieux, il s'arme d'un pistolet, monte précipitamment à l'appartement de la comtesse, & commande à son valet de garder exactement la porte. Il entre, surprend, en effet, sa perfide épouse. Mais, sans se déconcerter, il ordonne à l'amant de sauter sur-le-champ par la fenêtre, en le menaçant de lui brûler la cervelle. L'amant s'échappe par la croisée qui n'étoit que de la hauteur d'un entresol. Le mari sort aussi-tôt, laissant les portes ouvertes, en grondant beaucoup son laquais d'avoir calomnié sa femme, & le chasse de sa maison. Le comte sauva ainsi son honneur & celui de son épouse.

Il y a quelques années que, dans le carrefour appelé la pointe Saint-Eustache à Paris, on voyoit une grande pierre posée sur un égout en forme de petit pont, & que l'on appelloit le Pont-Alais, du nom de Jean Alais. Cet homme, pour se rembourser d'une somme qu'il prêtoit au roi, fut l'inventeur & le fermier d'un impôt d'un denier sur chaque panier de poisson qu'on apportoit aux halles. Il en eut tant de regret, qu'il voulut, en expirant, être enterré sous cette pierre, dans cet égout des ruisseaux des halles.

On a détruit ce petit monument qui embarrassoit le passage.

Tite-Live rapporte que les troupes de M. Fabius Amburtus furent mises en déroute par les Falisques & les Tarquiniens, qui avoient garni leurs premiers rangs de leurs prêtres, ayant à la main, & faisant flamboyer, au lieu d'épées, de grosses couleuvres.

Dans le douzième siècle, un moine de saint-Médard de Soissons, nommé Guernon, se voyant à l'heure de la mort, s'accusa publiquement d'avoir parcouru plusieurs monastères, & d'y avoir fabriqué de fausses chartres en leur faveur.

ANGE POLITIEN. *Ange Politien*, l'un des plus doctes & des plus polis écrivains du quinzième siècle, composa, dans les premières années de son adolescence, un poëme latin sur le tournoi de Julien de Médicis, ouvrage qui lui fit donner place parmi les plus grands poëtes. Quelque temps après, le prince qu'il avoit célébré dans ses vers, ayant été assassiné dans la conjuration de Pazzi, *Politien* publia une relation historique de cet événement : elle parut si belle aux doctes de son temps, qu'ils la jugèrent digne des honneurs que l'on rend aux ouvrages des bons siècles.

ANGELUS, prière que récitent les catholiques romains, & dont l'objet est d'implorer la protection de la sainte vierge : elle est composée de trois versets, d'autant d'*Ave Maria* & d'un *oremus*. On l'appelle *Angelus*, parce que le premier verset commence par ces mots : *Angelus domini nuntiavit Mariæ*, &c. Louis XI établit en France l'usage de cette prière, qui n'est point d'obligation, & il ordonna que, dans chaque église, on sonneroit une cloche trois fois par jour, le matin, à midi & le soir, pour avertir de la réciter. On croit que la terreur des armes de Mahomet II engagea le pape Calixte III à instituer cette prière dans toute l'étendue du monde chrétien.

Deux françois se cherchant l'un l'autre à Florence, dans la place du vieux palais, sans pouvoir se trouver, à cause de la foule qui regardoit un baladin, on vint à sonner l'*angelus*, & tous les italiens s'étant mis à genoux, les deux françois se virent seuls debout, & ainsi se retrouvèrent.

Un pauvre curé de village faisoit la controverse : un ministre, dans son église, lui répondoit à chaque passage allégué, cela n'est point dans le texte hébreu : comme il vit que cela faisoit impression sur l'esprit des auditeurs, il s'avisa de dire : je parie que cet homme si savant en hébreu ne sait pas seulement son *angelus*. Le ministre qui ne s'attendoit pas à cette apostrophe, paroissant étonné, fut hué de toute l'assemblée.

ANGLOIS. L'*anglois*, séparé par les mers du reste du monde, diffère de tous les autres peuples par ses mœurs, son caractère, son tour d'esprit : les traits qui le caractérisent sont en partie l'effet du gouvernement, & en partie celui du climat & du sol. Comme le gouvernement est chargé des plus grands intérêts de l'Europe, chaque citoyen ayant une part dans le gouvernement, se pénètre de sa propre importance, & prend cet intérieur sombre qui tient au sentiment d'un bonheur solide, & que les étrangers ont pris mal à propos pour de la tristesse & de la mélancolie. Le sol est fertile, & cet avantage favorise le luxe ; mais comme le pays produit abondamment des alimens de toute espèce, & qu'il n'y croît point de vin, les habitans sont plus sujets à tomber dans les excès de la gourmandise que dans ceux de l'ivrognerie, & cette particularité produit un effet mécanique sur leur tempéramment. Elle augmente leur sévérité apparente ; de sorte qu'ils sont graves sans être phlegmatiques, & ont l'extérieur dur, avec des cœurs très-compatissans. Ils sont distingués des autres peuples de l'Europe par leur exactitude dans le raisonnement, & leurs voisins même les appellent assez généralement la nation des philosophes.

Cette supériorité de raison est l'ouvrage de la liberté ; ils poursuivent la vérité par-tout où elle les conduit, sans être effrayés des résultats ; & comme ils ne redoutent point le pouvoir, ils donnent l'essor aux plus secrets mouvemens de la pensée. Toutes les fois que la philosophie prendra racine dans une nation libre & grave, elle y fleurira inévitablement ; la liberté donne le courage de tenter des entreprises littéraires ; la gravité suppose la constance pour exécuter.

On a long-temps douté si la passion des *anglois* pour la liberté est un pur effet du hasard, ou si elle résulte de l'influence de certaines causes extérieures, ou si un *anglois* est naturellement plus amoureux de la liberté, que d'autres peuples qui n'en connoissent pas les avantages & la douceur.

Si nous faisons attention à quelques espèces d'animaux que le pays produit, si nous considérons leur impétuosité, leur courage, leur férocité, & si nous remarquons que ces mêmes animaux perdent ces qualités dès qu'ils sont transplantés dans un autre climat, nous serons portés à attribuer à des causes physiques cette horreur pour la servitude, qui a toujours distingué les *anglois*.

Ils ont toujours été singuliérement jaloux de leurs privilèges, & dans le temps même des romains, on a observé qu'ils traitoient fort durement les étrangers, parce qu'ils les regardoient comme des espions & des ennemis secrets de leur liberté & de leur constitution.

Ce principe de liberté, d'impatience du joug, résulte probablement des avantages de leur situation. Comme ils n'ont point d'ennemis au-dehors qui puissent distraire leur attention, tous leurs soins sont concentrés sur le bonheur intérieur dont ils jouissent ; & comme ils ne connoissent point de rivaux qui soient réellement à craindre, ils ne voient point de plus dangereux ennemis que ceux qui voudroient restreindre cette liberté, dont les étrangers les laissent jouir paisiblement.

C'est à M. de Voltaire que nous sommes redevables de la peinture du bonheur dont jouissent les *anglois*.

De leurs troupeaux féconds leurs plaines sont couvertes,
Les guérets de leurs bleds, les mers de leurs vaisseaux.
Ils sont craints sur la terre, ils sont rois sur les eaux.
Leur flotte impérieuse asservissant Neptune,
Des bouts de l'univers appelle la fortune.
Londres, jadis barbare, est le centre des arts,
Le magasin du monde, & le temple de Mars.
Aux murs de Westminster, on voit paroître ensemble,
Trois pouvoirs étonnés du nœud qui les rassemble,
Les députés du peuple, & les grands & le roi,
Divisés d'intérêts, réunis par la loi :
Tous trois membres sacrés de ce corps invincible,
Dangereux à lui-même, à ses voisins terrible.

Après l'éloge de l'Angleterre, on sera peut-être flatté de voir la critique, ou plutôt la satyre des mœurs & des usages d'Angleterre, extraite de l'Inspecteur anglois.

Il y a une isle située au nord de l'Europe, fameuse par la liberté de penser, de parler & d'agir, dont jouissent ses habitans.

Où la façon de s'habiller faisant tous les jours des progrès merveilleux dans l'invention des modes, la mode est parvenue au comble du ridicule.

Où, parmi les femmes du premier rang, celle-là se croit la plus distinguée qui peut approcher le plus de la mal-propreté de sa femme-de-chambre ; ou bien, sous un habit de campagne, ressembler de loin à un voleur de grand chemin, qui vient fièrement vous demander la bourse.

Où les jeunes beautés oublient la douceur & la délicatesse qui font l'apanage de leur sexe, jouent les amazones, prennent les armes, & n'attaquent que les jeunes gens qu'elles sont sûres de battre.

Où les commères se donnent des rendez-vous assidus à l'église, pour se communiquer les calomnies du jour.

Où le sexe qui affiche la dévotion, sait allier admirablement la broderie & les bijoux, avec les termes de *vile créature*, de *misérable pécheresse*, &c.

Où, loin de dire avec l'apôtre, que *la piété est un véritable profit*, on renverse la phrase en disant que *le profit est la véritable piété*.

Où le faquin du bel air & le scélérat à la mode sont fêtés, tandis que le mérite modeste se tient à l'écart.

Où faire un affront & soutenir son insolence à la pointe de l'épée, c'est avoir du courage & de l'honneur.

Où c'est jouer le plus beau rôle dans la noblesse, que de n'avoir point d'entrailles, d'insulter à la calamité d'autrui, & de prendre la crainte de Dieu pour de la poltronnerie.

Où l'on voit une société qui fait profession de croire que c'est manquer de respect à Dieu, que d'ôter le chapeau à un homme, & de boire à la santé.

Où l'on bâtit des palais d'une telle magnificence, que lorsqu'ils sont finis, il n'y a plus d'argent pour allumer le feu à la cuisine.

Où souvent les chevaux sont mieux logés que les maîtres.

Où les matelots invalides sont magnifiquement renfermés dans un édifice royal, dont l'architecture a été faite aux dépens de leur nourriture, tandis que le monarque habite un bâtiment de pièces rapportées.

Où, pour dîner chez un homme, il faut payer aux domestiques trois fois plus que la valeur du dîner, & se croire encore fort redevable au maître.

Où l'on a découvert que le nez étoit un organe beaucoup plus convenable à la parole, que la bouche.

Où le cou penché est la posture la plus décente.

Où les hommes les plus intimément liés sont les plus cruels ennemis, & se font du mal en proportion de l'intérêt qu'ils y trouvent.

Où les proverbes inventés pour ridiculiser le vice, sont devenus des règles de conduite, tels que ceux-ci : *fermer l'écurie quand le cheval est volé, arriver le lendemain de la foire*, &c.

Où, si l'état a besoin d'un ministre, si un seigneur veut un secretaire, s'il faut un pilote pour un vaisseau, &c. on cherche moins celui qui convient le mieux à l'emploi, que celui à qui l'emploi convient le mieux.

Où un homme qui a ruiné ses affaires & celles d'autrui, lorsqu'il n'ose plus se montrer dans son pays, est envoyé pour remplir un poste important dans une province éloignée.

Où, lorsqu'il se commet un crime atroce contre la nation, les juges font si bien qu'il demeure impuni.

Où la puissance & le crédit s'arrogent le droit de changer la nature des choses.

Où l'art de flatter est celui de réussir, & le secret de faire des dupes est le moyen d'avoir des protecteurs.

Où l'on insulte & l'on attaque son ennemi sans se précautionner contre son ressentiment.

Où, être le singe perpétuel d'un peuple frivole, cultiver sa langue, y porter son argent, en rapporter toutes les modes, y prendre des cuisiniers, des perruquiers & des valets-de-chambre, enfin tous les instrumens de la corruption, & les raffinemens de la débauche, c'est être parvenu au suprême degré de la gentillesse.

Où l'inspecteur s'arrête ici, sauf à reprendre la plume.

En Angleterre, pour obliger les maris à ne pas s'éloigner de leurs femmes, il y a une loi fort singulière : c'est qu'encore qu'un homme soit long-temps absent de chez lui, pourvu qu'il ne sorte point de l'enceinte des quatre mers, c'est-à-dire de la Grande-Bretagne; si, pendant cette absence, sa femme accouche d'un enfant, il est obligé de reconnoître ce bâtard pour légitime, & de lui faire part de ses biens en cette qualité. En vertu d'une autre loi, les filles au-dessus de l'âge de

sept ans peuvent donner leur foi, & se promettre en mariage à un amant; mais elles ont permission de rompre ou de renouveller leur promesse lorsqu'elles ont atteint leur douzième année.

L'*anglois*, aimable chez les étrangers, est très-difficile à vivre dans sa patrie. C'est ce qu'un ambassadeur de France vouloit faire entendre à un seigneur de la Grande-Bretagne. « L'*anglois*, lui » disoit l'ambassadeur, est bien estimable hors de » son isle ». Il a du moins, répondit le lord, l'avantage de l'être quelque part. Sa répartie étoit piquante; mais l'ambassadeur l'avoit méritée par la tournure malignement épigrammatique avec laquelle il avoit rendu sa pensée.

Plusieurs faits semblent indiquer que l'on pourroit trouver en Angleterre, plus que par-tout ailleurs, des caractères singuliers.

Un seigneur *anglois* fort connu pour sa singularité, s'avisa un jour, étant dans ses terres, d'ordonner à son cocher d'aller chercher de la crême au village. Cet homme, offensé de la proposition, répondit que c'étoit l'affaire des servantes. Ah! quelle est donc la vôtre, demanda le maître? — panser mes chevaux, les atteler, & conduire la voiture. — Eh bien, mettez donc les chevaux, prenez une des filles dans ma voiture, & qu'elle aille chercher de la crême. L'ordre étoit positif & fut exécuté.

Un trait qui pourra contribuer à faire connoître le courage de cette nation, est la réponse de Guillaume III à un ambassadeur danois. Le lord Molesworth, qui avoit été ministre d'Angleterre à la cour de Copenhague, fit imprimer, à la fin du dernier siècle, un ouvrage estimé sur le Danemarck, intitulé : *account of Danmark*. Cet écrivain y parloit du gouvernement arbitraire de ce royaume, avec cette franchise que donne l'air de liberté qu'un *anglois* respire. Le roi de Danemarck alors régnant fut offensé de quelques réflexions de l'auteur, & ordonna à son ministre d'en faire des plaintes au roi d'Angleterre Guillaume III. « Que » voulez-vous que je fasse, dit Guillaume? — Sire, » répondit le ministre danois, si vous vous plai- » gniez au roi mon maître d'une semblable of- » fense, il vous enverroit la tête de l'auteur. » — C'est ce que je ne veux ni ne peux pas faire, » répliqua le roi; mais, si vous le desirez, l'auteur » mettra ce que vous venez de me dire dans la se- » conde édition de son ouvrage ».

Les algériens bombardés en 1684 par des escadres françoises, demandent pardon à Louis XIV, & rendent libres tous les esclaves chrétiens. Il se trouve parmi ces malheureux quelques *anglois* qui soutiennent à Damfreville, que c'est la considération qu'on a pour leur pays qui fait tomber leurs fers. Le capitaine françois remit ces *anglois* à terre, & dit aux algériens : « ces gens-ci prétendent

K 2

» n'être délivrés qu'au nom de leur roi, le mien
» ne prend pas la liberté de leur offrir sa protection ;
» je vous les remets : c'est à vous à montrer ce
» que vous devez au roi d'Angleterre ». Tous les
anglois sont aussi-tôt remis à la chaîne.

ANGLUS. Jean-Marie *Anglus*, duc de Milan,
étant averti qu'un curé de ses états refusoit d'enterrer un mort à cause de sa pauvreté, alla lui-
même au convoi, & ayant fait faire une grande
fosse, il fit lier le curé avec le cadavre du mendiant, puis il les fit jetter dans la fosse & enterrer
tous les deux.

ANGUILLE. On prétend qu'à Melun on représentoit le mystère de S. Barthelemi, qui, suivant la tradition de l'église, fut écorché ; & comme
toutes les actions se faisoient sur le théâtre, un
nommé *Languille* qui avoit le personnage du saint,
fut attaché à une croix, afin d'être en apparence
écorché. Celui qui le lioit lui fit mal, & il poussa
un grand cri. On dit à cette occasion : *Languille
crie avant qu'on l'écorche*. C'est l'origine du dicton
du peuple.

ANIMAUX. Nous allons rapporter quelques
singularités de l'histoire des *animaux*.

CANARDS. On peut citer comme un fait singulier, le morceau de l'histoire-naturelle qui suit.

Deux ouvertures du lac de Cirknitz, dégor-
gent, en automne, avec leurs eaux, lorsqu'il
survient quelque grand orage, une multitude
de *canards* gras, sans plumes, aveugles &
tous noirs. Ces deux ouvertures sont au midi du
lac, peu au-dessus de son niveau. Elles ont chacune à leur entrée une toise en largeur & en hauteur : on peut, en temps sec, se promener dans
leur enceinte, & y pénétrer assez avant. En temps
humide, à l'époque du retour des eaux, avec
éclairs & tonnerre, le lac n'a pas de bouches
aussi terribles ; les eaux s'y élancent avec le bruit
& l'écume des plus grandes cataractes. C'est par
ces bouches que viennent alors ces *canards* extraordinaires. Ils naissent comme au sein du fracas.
On n'a point encore d'éclaircissemens sur la naissance de ces animaux vomis des entrailles de la
terre, sans qu'on voie à qui ils peuvent devoir
leur existence. Ils se montrent d'abord sous l'appareil le plus hideux ; mais bientôt leur nudité
& leur aveuglement cessent ; & dans l'espace de
quinze jours, si les chasseurs les laissent vivre, ils
ont des plumes & voient clair. Cette métamorphose est si singulière, qu'on seroit tenté de la
ranger parmi celles d'Ovide, si elle n'avoit pour
garant le célèbre Busching.

CARPES. Il est constant qu'on a fait manger à
Mademoiselle, qui épousa depuis M. de Lauzun,

lorsqu'elle étoit dans la communauté d'Eu, des
carpes qui avoient plus de quatre-vingts ans. On
connoissoit leur âge à des anneaux remplis de caractères, qui leur avoient été attachés aux nageoires, & que les pêcheurs reconnurent aussi-
tôt, selon ce qu'ils avoient entendu dire à leurs
pères. Elles étoient d'une beauté parfaite. « J'ai
» vu, dit M. de Buffon, chez M. le comte de
» Maurepas, dans les fossés de son château de
» Ponchartrain, des *carpes* qui avoient au moins
» cent cinquante ans bien avérés ; elles m'ont
» paru aussi agiles & aussi vives que des *carpes*
» ordinaires ».

CHAT. Il est d'usage dans les pensions d'avertir
de l'heure des repas par le son d'une cloche. Le
chat de la maison, qui ne trouvoit son dîner au
réfectoire que quand il avoit entendu ce son, ne
manquoit pas d'y être attentif. Il arriva un jour
qu'on l'avoit enfermé dans une chambre, & ce
fut inutilement pour lui que la cloche avoit sonné.
Quelques heures après, ayant été délivré de sa
prison, son appétit le fit descendre tout de suite
au réfectoire ; mais il n'y trouva rien. Au milieu
de la journée, on entend sonner : chacun veut
savoir ce que c'est : on trouve le *chat* qui étoit
pendu à la cloche, & qui la remuoit tant qu'il
pouvoit, pour faire venir un second dîner.

CHIEN. On rapporte à-peu-près la même
chose d'un *chien* qu'on nourrissoit dans une communauté. Tous ceux de cette communauté qui
arrivoient tard, & vouloient prendre leur repas,
tiroient une petite sonnette, & le cuisinier passoit
leur portion par le moyen d'une boîte tournante
qu'on appelle *tour* dans les maisons religieuses. Le
chien étoit attentif à tous ces mouvemens, parce
qu'ordinairement on lui abandonnoit quelques
os dont il se régaloit. Ces revenans-bons ne sa-
tisfaisoient pas toujours son appétit ; néanmoins il
s'en contentoit ; lorsqu'un jour, n'ayant pu rien
attraper, il s'avise de tirer lui-même la sonnette
avec sa gueule. Le garçon de cuisine, croyant
que c'étoit une personne de la communauté,
passe une portion ; le *chien* ne s'en fait pas faute,
& l'avale dans le moment. Le jeu lui paroît doux,
il recommence le lendemain ; & sûr de sa pitance,
ne fait plus la cour à personne. Cependant le
cuisinier, qui s'étoit plusieurs fois apperçu qu'on
lui demandoit une portion de plus, porta ses
plaintes. On fait des recherches, on examine, on
surprend à la fin le drôle, qui ordinairement
n'attendoit pas que toutes les personnes de la communauté eussent leur portion, pour demander la
sienne. On admira la finesse de cet animal ; & pour
ne pas le priver du fruit de son industrie, on
continua de lui passer sa pitance, que l'on composoit de tout ce qui étoit resté sur les assiettes.

Un autre *chien*, non moins avisé, étoit dressé à

faire plusieurs commissions. Lorsque son maître vouloit l'envoyer chez le traiteur, il faisoit certains signes que le *chien* connoissoit, & cet animal revenoit gaiement avec ce que le traiteur lui avoit mis à la gueule. Tout alloit au mieux, lorsqu'un beau soir deux *chiens* du quartier, flattés par l'odeur de petits pâtés que ce nouveau messager portoit, s'avisèrent de l'attaquer. *Gueule-noire*, c'étoit le nom de ce messager, pose aussi-tôt son panier à terre, se met devant, & se bat courageusement contre le premier qui avance. Mais comment faire ? lorsqu'il se collette avec l'un, l'autre court au panier, & avale des petits pâtés. Il n'y en avoit bientôt plus, & Gueule-noire alloit être la dupe de tout ceci. Que fait-il ? Voyant qu'il n'est pas possible de sauver le dîner de son maître, il se jette dessus au milieu des deux champions, & sans marchander davantage, dépêche le plus vîte qu'il peut le reste des petits pâtés. Pasquin, valet du Dissipateur, cite assez plaisamment, dans la comédie de ce nom, l'exemple de ce *chien*. Scène I. acte I.

Un célèbre chirurgien rencontra dans la rue un petit *chien* qui avoit la cuisse écrasée, & qui ne pouvoit se traîner ; soit fantaisie, soit envie de faire une expérience, il enveloppe ce petit animal dans un mouchoir, le rapporte chez lui, lui remet la cuisse, le panse & le guérit. Il lui donna ensuite la liberté, que le convalescent ne reçut qu'après beaucoup de carresses & de jappemens qui exprimoient sa reconnoissance.

Au bout d'un an, arrive à sa porte ce même *chien*, qui gratte, qui aboie, qui fait tant de bruit qu'on est obligé de lui ouvrir. Le chirurgien reconnoît son malade, qui renouvelle ses carresses, descend l'escalier, remonte, va & vient, & fait tant qu'on le suit pour savoir ce qu'il demande. Quelle fut la surprise du chirurgien, de voir dans sa cour un autre chien qui avoit la patte cassée, & que le premier lui amène à guérir.

Il y a quelques années qu'un chanoine & un *chien* eurent une querelle considérable ensemble ; le *chien* mordit le chanoine en passant devant la porte de son maître ; le chanoine battit cet animal à coups de bâton. Les voies de fait ayant été défendues aux parties, le *chien* ne sut se mieux venger qu'en contrefaisant à l'église la voix du chanoine, qui étoit fort aigre & fort désagréable. Toutes les fêtes & dimanches le *chien* ne manquoit jamais d'aller à l'église avec son maître, & aussi-tôt que son ennemi chantoit, il heurloit de toute sa force à-peu-près sur le même ton, & cessoit de le faire dès que le chanoine ne chantoit plus. Il s'en plaignit au maître du *chien*, qui lui promit de l'enfermer quand il iroit à la messe ou à vêpres ; il tint parole, & entrant à l'église, il dit au chanoine : vous ne vous plaindrez pas de mon *chien* aujourd'hui, car je l'ai enfermé ; mais

cet animal s'étant vu seul dans la maison, à l'heure qu'il avoit accoutumé d'être dans l'église, chercha les moyens de s'échapper : il sauta par une fenêtre qu'il trouva ouverte, & courut se mettre sous un banc dans l'église, sans que l'on s'en fût apperçu : pendant que le chanoine ne chantoit point, le chien ne dit mot ; mais dès qu'il eut commencé un pseaume, le chien cria de toute sa force, ce qui surprit son maître & le chanoine, qui le fit assigner, prétendant qu'il avoit part aux insolences de son domestique, & conclut aux réparations. L'on en rit à l'audience, & les parties furent renvoyées hors de cour.

Un enfant d'environ treize ans étoit à se baigner dans la rivière, lorsqu'il fut entraîné par le courant de l'eau dans un trou extrêmement profond, où il ne pouvoit manquer de périr, si un chien qu'il avoit ne lui fût venu à son secours. Cet animal plongea après lui quatorze ou quinze fois de suite, & le ramena autant de fois à la surface, en le prenant tantôt par les cheveux, & tantôt par les bras. Enfin, par son manège, on eut le temps d'accourir sauver cet enfant ; mais le malheureux animal, exténué de fatigue, & ne pouvant être assez tôt secouru, périt en conservant la vie à son jeune maître.

Quelques voyageurs étant à Baldok, furent se promener autour de la ville pour en examiner les dehors. Ils s'arrêtèrent à un cimetière où ils virent avec étonnement un *chien* assis sur son derrière, comme s'il demandoit quelque chose. Il s'approchèrent peu à peu, & remarquèrent qu'il étoit sur une tombe qui paroissoit nouvellement posée, au-dessus de laquelle il y avoit une épitaphe qu'on auroit cru qu'il regardoit attentivement. Ils s'amusèrent à le considérer. Il ne détourna jamais les yeux de son objet, & il ne fit aucune attention à ses spectateurs, quoiqu'ils se fussent approchés à trois pas du tombeau ; mais à un mouvement qu'ils firent, la crainte le pressa de prendre la fuite. Alors les voyageurs lurent l'inscription, qui portoit seulement que Sara Godsmith étoit inhumée en cet endroit. Un homme de cette ville passa par hasard dans ce cimetière : ils lui demandèrent s'il y avoit quelque particularité au sujet de la personne dont le corps reposoit sous cette tombe. Oui, messieurs, répondit-il, c'étoit la femme la plus grosse qu'il y eût dans le monde ; car elle pesoit deux cents soixante livres. Il ajouta qu'elle avoit un petit chien qui ne faisoit qu'aboyer, & dont néanmoins elle étoit folle ; que depuis plus de deux ans qu'elle étoit morte, il ne manquoit jamais, quelque temps qu'il fît, de venir trois fois par jour sur cette tombe, & d'y rester dans l'attitude où ces Messieurs l'avoient trouvé, & y glapissant continuellement.

M. P... avoit un *chien* nommé Muphty, qu'il

aimoit beaucoup. Un jour qu'il devoit recevoir une somme de douze cents livres à la campagne, il monte à cheval, & Muphty ne manque pas de l'accompagner. Cet animal est témoin de tout : il voit que M. P.... compte & recompte l'argent, qu'il enferme dans un sac avec soin, & qu'il remonte à cheval d'un air satisfait.

Muphty prend part à la joie de son maître, il s'agite, il saute autour de lui, & jappe pour le féliciter. Vers le milieu du chemin, M. P.... est obligé de mettre pied à terre ; il attache son cheval à un arbre, & passe derrière une haie : en s'éloignant, il se rappelle que son argent est resté sur le cheval, & que le premier venu pourroit s'en emparer ; il va prudemment prendre le sac, le pose à côté de lui au pied d'un buisson, où il s'arrête quelque temps ; ensuite il n'y pense plus, se lève, & se dispose à partir.

Muphty qui observoit tous ses mouvemens & qui le suivoit pas à pas, s'apperçoit de cette distraction, il court au sac, essaie de le soulever, ou de le traîner avec ses dents ; ce poids étant trop lourd il retourne à son maître & s'accroche à ses habits pour l'empêcher de monter à cheval : il crie, il mord : M. P... n'y fait aucune attention, repousse son chien, & part.

Le chien s'étonne de ce que ses avis ne sont pas mieux écoutés ; il se jette au-devant du cheval pour l'empêcher d'avancer ; il aboie jusqu'à ce que la voix lui manque : enfin, son zèle l'emporte, il se jette sur le cheval & le mord en cinq ou six endroits.

C'est alors que M. P... commence à craindre que son chien ne soit enragé. Dans certains esprits, les soupçons se changent bientôt en certitude. On traverse un ruisseau. Muphty, quoique tout haletant, continue de crier & de mordre, &, dans l'excès de son zèle, il ne songe point à se désaltérer. Ah! mon malheur est donc certain, s'écria M. P..., mon chien est enragé ; s'il alloit se jetter sur quelqu'un ! ... il faut le tuer ! .... Un chien qui m'étoit si fidèle ! ... Mais si j'attends, il pourroit bien me mordre moi-même.... Allons, c'est un devoir ... Il prend un pistolet, vise & lâche le coup, en détournant les yeux ; le chien tombe, & se débattant se tourne vers son maître, & semble lui reprocher son ingratitude.

M. P..., s'éloigne en frémissant, il se retourne, & Muphty agite sa queue en le regardant, comme pour lui dire le dernier adieu. M. P... au désespoir, est tenté de descendre pour chercher quelque remède au coup qu'il a porté, un reste de frayeur l'arrête ; il continue tristement sa route, livré à des regrets, à des remords, & poursuivi de l'image de Muphty mourant ; il ne sait comment expier ce trait de barbarie ; il donneroit tout pour qu'il fût possible de le réparer ; & il

maudit mille fois son voyage. Tout-à-coup cette idée lui rappelle celle de son sac ; il voit qu'il ne l'a plus, il se souvient de l'endroit où il l'a laissé ; c'est, pour lui un coup de lumière : voilà l'explication des cris & de la colère du malheureux Muphty. Il retourne à toute bride chercher son argent, en déplorant son injustice : une trace de sang qu'il apperçoit le long du chemin le fait frissonner, & met le comble à sa douleur, il arrive au pied du buisson, & qu'y trouve-t-il ? ... Muphty expirant, qui s'étoit traîné jusques-là, pour veiller du moins sur le bien de son malheureux maître, & pour le servir jusqu'au dernier instant.

Un gros chien, chassé de différentes maisons, se vint un jour réfugier sous la chaise du prince d'Orange, tandis qu'il étoit à table. Le prince le chassa plusieurs fois, & le fit chasser par ses gens ; mais le chien ne manquoit jamais de revenir à l'heure des repas, & prenoit si bien son temps, que Maurice le trouvoit toujours à ses pieds, & que, las de le rebuter, & faisant réflexion à la constance de cet animal, il défendit qu'on le renvoyât. Le prince lui donne lui-même à manger, le chien le caresse, & ce nouveau courtisan accompagne par-tout son maître sans l'importuner. Il demeure à la porte de sa chambre, & ne suit le prince que lorsqu'il en sort, & qu'il va hors de son palais : il marche à côté de son carrosse, & l'on eût dit qu'il étoit un de ses gardes. Cela plut tellement à Maurice, qu'il prit ce chien en amitié, lui donna l'entrée jusques dans son cabinet, & lui légua en mourant une somme dont il fut entretenu pendant sa vieillesse, qui se prolongea assez.

CHIENNE. On a rapporté dans le journal économique du mois de Mai 1765, un exemple singulier de la sensibilité d'une chienne pour ses petits. Un particulier avoit dans sa meute une chienne qu'il aimoit beaucoup, & qui avoit le privilège de manger & de dormir dans le sallon. Cette chienne ayant mis bas, il prit le temps qu'elle étoit absente pour noyer ses petits dans un étang voisin. La chienne étant revenue quelque temps après, fut fort inquiète de ne plus les voir. Elle fut les chercher, & les ayant trouvé noyés, elle les apporta les uns après les autres aux pieds de son maître, & lorsqu'elle fut au dernier, elle le regarda fixement, & mourut sur-le-champ.

CHEVAL. M. de Boussanelle, capitaine de cavalerie, fait mention, dans ses Observations militaires, imprimées à Paris en 1760, qu'en 1757, un cheval de sa compagnie, hors d'âge, très-beau, & du plus grand feu, ayant tout-à-coup les dents usées au point de ne pouvoir plus mâcher le foin & broyer l'avoine, fut nourri pendant deux mois, & l'eût été davantage, si on l'eût gardé, par les deux *chevaux* de droite & de gauche qui mangeoient avec lui; que ces deux *chevaux* tiroient du ratelier du foin qu'ils mâchoient, & jettoient ensuite devant le vieillard; qu'ils en usoient de même pour l'avoine, qu'ils broyoient bien menue, & mettoient ensuite devant lui. C'est ici, ajoute l'auteur, le témoignage d'une compagnie entière de cavalerie, officiers & cavaliers.

CIGOGNES. Les *cigognes* sont assez communes en Flandre, où elles perchent sur les plus hauts clochers. Après la bataille de Denain, & avant que la nouvelle pût en être arrivée à Paris, quatre *cigognes* parurent sur la tête de quatre statues qui sont au coin de la lanterne du dôme. Les invalides dirent qu'il y avoit eu sûrement une bataille en Flandre, d'où le bruit avoit fait fuir les *cigognes*, & plusieurs présagèrent de l'endroit où elles s'étoient arrêtées, que nous avions gagné la bataille. Plusieurs personne dignes de foi, qui vivoient encore en 1756 à l'hôtel, avoient vu cette espèce de phénomène.

COULEUVRES. On a vu à Paris, en 1766, dans un des spectacles du boulevard, une femme qui avoit accoûtumé plusieurs *couleuvres* à venir à son commandement, à former, par leurs entrelassemens différentes figures, à se jouer autour de son cou & de ses bras. On les voyoit la flatter, lui obéir, s'éloigner & accourir avec une complaisance singulière. Les spectateurs pouvoient aussi les prendre, les toucher, les caresser : elles étoient comme des animaux familiers & domestiques.

ELÉPHANT. Un soldat de Pondichery, qui avoit coutume de donner à un *éléphant* une certaine mesure d'arac, chaque fois qu'il touchoit son prêt, ayant un jour bu plus que de raison, & se voyant poursuivi par la garde, qui vouloit le conduire en prison, se réfugia sous l'éléphant & s'y endormit. Ce fut en vain que la garde tenta de l'arracher de cet asyle. L'animal reconnoissant défendit son bienfaiteur, & vint à bout d'écarter les soldats. Le lendemain, cet homme, revenu de son ivresse, frémit à son réveil de se voir couché sous un animal d'une grosseur si énorme. L'*éléphant*, qui peut-être s'apperçut de son effroi, le caressa avec sa trompe pour le rassurer, & sembla lui faire entendre qu'il pouvoit s'en aller.

Un *éléphant* maltraité par son cornac, c'est-à-dire, son conducteur, s'en étoit vengé en le tuant. La femme du cornac prit ses deux enfans & les jetta aux pieds de l'animal furieux, en lui disant : « Puisque tu as tué mon mari, ôtes-moi » aussi la vie, ainsi qu'à mes enfans ».

L'*éléphant* parut touché de regret, porta avec sa trompe le plus grand des deux enfans, le mit sur son cou, l'adopta pour son cornac, & n'en voulut point souffrir d'autre.

L'empereur Domitien voulant donner une fête aux romains, fit dresser une troupe d'*éléphant* pour danser un ballet. Un de ces animaux fut corrigé pour n'avoir pas bien retenu sa leçon, & l'on remarqua que la nuit suivante il la répétoit de lui-même au clair de la lune.

Un homme qui avoit un *éléphant* fort bien dressé, lui donna un chaudron pour le faire raccommoder. Le maître gronda son *éléphant*, après lui avoir fait voir que le chaudron étoit encore troué, & le renvoya chez l'ouvrier. Pour cette fois le chaudron fut bien raccommodé. Cependant l'*éléphant* avant de le reporter, alla à un puits tirer de l'eau, & s'assura par lui-même que le chaudron ne la laissoit plus échapper.

GRENOUILLE. Le règne animal offre, en Amérique, les diversités les plus étonnantes. L'oiseau-mouche, & la *grenouille*-taureau sont aussi remarquables l'un que l'autre, le premier par sa petitesse extrême, le second par l'énormité de sa grosseur. Voici ce que M. Kalu, suédois, en dit dans son voyage dans l'Amérique septentrionale. Vers l'automne, aussi-tôt que l'air devient un peu froid, ces *grenouilles* se cachent dans la bourbe, & y passent l'hiver dans l'engourdissement. Au printemps, lorsque l'air se réchauffe, elles sortent de leurs retraites, & croassent. Leur croassement ressemble exactement au beuglement d'un taureau, ou à celui d'un bœuf qui seroit enroué. Leur voix est si forte, que deux hommes, qui parleroient ensemble très-haut sur le bord d'un fossé où il y a de ces animaux, ne pourroient pas s'entendre. Ce qu'il y a de plus incommode, c'est que ces *grenouilles* croassent toutes ensemble, s'arrêtent par intervalles, & recommencent ensuite. Il paroit qu'elles ont un chef; car aussi-tôt que l'une de ces grenouilles se met à croasser, toutes les autres en font autant, & quand la même vient à cesser, toutes les autres se taisent. Le signal du silence est un son dur & fort, qui ressemble au mot *poop*. Ces animaux sont assez silencieux pendant le jour, à moins que le ciel ne soit couvert : ils croassent pendant la nuit; & si le temps est calme, on les entend à un mille & demi de distance. Lorsqu'ils croassent, ils sont près de la surface de l'eau, sous les buissons, & la tête hors de l'eau. On peut les prendre facilement, avant qu'ils s'apperçoivent qu'on les approche : aussi-tôt qu'ils ont la tête sous l'eau, ils se croient cachés, quoique leurs corps soient à découvert. Quelquefois ces *grenouilles* s'éloignent de l'étang; mais au moindre danger elles y rentrent à grands sauts, car une *grenouille* de cette espèce, dans toute sa vigueur, franchit près de treize verges par saut. Voici un fait qu'on a raconté au voyageur que j'ai cité, & qui est arrivé dans le temps que les suédois vivoient avec les 'indiens. On fait que ces derniers font d'excellens coureurs. Pour connoître le degré de viteffe d'une *grenouille*-taureau, quelques fuédois gagèrent avec un jeune indien exercé à la courfe qu'il n'attraperoit pas un de ces animaux qui auroit fur lui deux fauts, ou fix verges. En effet, ils portèrent une *grenouille* dans la campagne, & lui mirent un charbon allumé fur le dos. La douleur que cet animal éprouvoit, & la proximité de l'indien qui le pourfuivoit, produifirent un tel effet, qu'il fut arrivé à l'étang plufieurs minutes avant l'indien. La population de ces *grenouilles* varie fuivant les années : elle eft quelquefois très-confidérable, & quelquefois très-petite. On ignore fi les ferpens vont les attaquer comme les *grenouilles* ordinaires. Les femmes font leurs ennemis jurés. Ces animaux mangent les oifons & les jeunes canards, quelquefois même les poules qui viennent trop près de leurs étangs. On ne les a jamais vus mordre quand on les tient ; mais fi on les bat, elles jettent des cris femblables à ceux des enfans. On mange les cuiffes de ces fortes de *grenouilles*, comme celles des autres plus petites, & c'eft un mets très-délicat.

GRUES. Les *grues* font fort lentes à prendre leur effor, & pour n'être point furprifes à l'improvifte, elles fe relèvent les unes les autres pendant la nuit pour faire fentinelle ; & comme celle qui eft au guet craint de s'endormir, elle tient un pied en l'air, & faifit avec fes griffes une pierre ou une motte de terre qui, venant à tomber quand elle s'endort, la réveille auffi-tôt. La *grue* ne peut foutenir, en volant, le poids de fa tête, & par un inftinct tout particulier, elle la repofe fur le dos de celle qui va devant elle ; lorfque celle-ci eft fatiguée, elle quitte fa place, & va repofer la fienne fur le dos de celle qui eft à la queue, fans quoi elle ne pourroit voler.

LAPINS. Pline affure que les habitans de Minorque demandèrent un fecours de troupes à Augufte, contre les *lapins* qui renverfoient leurs maifons & leurs arbres,

LIONNE. L'hiftorien du Paraguai rapporte un fait extraordinaire d'une lionne. Les efpagnols fe trouvoient affiégés dans Buénos-aires par les peuples du canton. Le gouverneur avoit défendu à tous ceux qui demeuroient dans la ville, d'en fortir. Mais craignant que la famine, qui commençoit à fe faire fentir, ne fît violer fes ordres, il mit des gardes de toutes parts, avec ordre de tirer fur tous ceux qui chercheroient à paffer l'enceinte défignée. Cette précaution retint les plus affamés, à l'exception d'une feule femme nommée Maldonota, qui trompa la vigilance de fes gardes. Cette femme, après avoir erré dans des champs déferts, découvrit une caverne, qui lui parut une retraite fûre contre les dangers ; mais elle y trouva une *lionne*, dont la

vue la faifit de frayeur. Cependant les careffes de cet animal la raffurèrent un peu : elle reconnut même que ces careffes étoient intéreffées. La lionne étoit pleine, & ne pouvoit mettre bas ; elle fembloit demander un fervice que Maldonota ne craignit point de lui rendre. Lorfqu'elle fut heureufement délivrée, fa reconnoiffance ne fe borna point à des témoignages préfens : elle fortit pour chercher fa nourriture ; &, depuis ce jour, elle ne manqua point d'apporter, aux pieds de fa libératrice, une provifion qu'elle partageoit avec elle. Ces foins durèrent auffi long-temps que fes petits la retinrent dans la caverne. Lorfqu'elle les en eut retirés, Maldonota ceffa de la voir, & fut réduite à chercher fa fubfiftance elle-même. Mais elle ne put fortir fouvent fans rencontrer les indiens, qui la firent efclave. Le ciel permit qu'elle fût reprife par des efpagnols, qui la ramenèrent à Buénos-aires. Le gouverneur en étoit forti. Un autre efpagnol, qui commandoit en fon abfence, homme dur jufqu'à la cruauté, favoit que cette femme avoit violé une loi capitale, il ne la crut pas affez punie par fes infortunes. Il donna ordre qu'elle fût liée au tronc d'un arbre, en pleine campagne, pour y mourir de faim, qui étoit le mal dont elle avoit voulu fe garantir par fa fuite ; ou pour y être dévorée par quelque bête féroce. Deux jours après, il voulut favoir ce qu'elle étoit devenue. Quelques foldats, qu'il chargea de cet ordre, furent furpris de la trouver pleine de vie, quoiqu'environnée de tigres & de lions, qui n'ofoient s'approcher d'elle, parce qu'une *lionne*, qui étoit à fes pieds avec plufieurs lionceaux, fembloient la défendre. A la vue des foldats, la *lionne* fe retira un peu, comme pour leur laiffer la liberté de délier fa bienfaitrice. Maldonota leur raconta l'aventure de cet animal, qu'elle l'avoit reconnu au premier moment ; & lorfqu'après lui avoir ôté fes liens, ils fe difpofoient à la reconduire à Buénos-aires, il la careffa beaucoup, en paroiffant regretter de la voir partir. Le rapport qu'ils en firent au commandant lui fit comprendre qu'il ne pouvoit, fans paroître plus féroce que les lions même, fe difpenfer de faire grace à une femme dont le ciel avoit pris fi fenfiblement la défenfe. On cite plufieurs garans de ce fait fingulier.

MULE. Plutarque, dans la vie de Caton le cenfeur, parle d'une mule, qui, ayant été très-long-temps employée à des travaux publics, fut mife en liberté ; on la laiffoit paître où elle vouloit. Mais cet animal regrettant en quelque forte d'être utile, venoit de lui-même fe préfenter au travail, & marchoit à la tête des autres bêtes de fomme, comme pour les exciter & les encourager ; ce que le peuple vit avec tant de plaifir, qu'il ordonna que la mule feroit nourrie jufqu'à fa mort aux dépens du public.

OISEAUX. On voit communément fur les bords du

du Nil, de gros crocodiles étendus sur l'eau, comme de grandes poutres, sans mouvement. Une multitude d'oiseaux, qui ressemblent assez à des vanneaux, & qui sont aussi gros, volent autour, & entrent, de temps en temps, dans leurs gueules béantes. Dès qu'ils y ont demeuré un peu de temps, les crocodiles la ferment, & la rouvrent bientôt après, pour les laisser sortir. Ces *oiseaux* ont, en effet, une pointe très-aigue au bout des aîles, & piquent le crocodile quand ils se trouvent enfermés; ce qui l'oblige à leur rendre la liberté: ils se nourrissent apparemment de ce qui reste aux dents de cet animal, ayant de quoi se garantir, par leur piquure, du danger qu'ils courroient sans ce secours. C'est, sans doute, ces *oiseaux* dont parle Pline, & qu'il nomme *Trochilos*. Bœtar, auteur arabe, en raconte la même chose, sans les nommer. Il y a des aîles de ces oiseaux curieux dans le cabinet de M. le duc d'Orléans.

OURS. Tout l'équipage de la frégate la Carcasse, envoyée pour faire des découvertes vers le pôle arctique, a été témoin du fait qu'on va lire. Ce vaisseau étoit arrêté par les glaces. Un jour, de grand matin, la sentinelle du grand mât avertit que trois *ours* accouroient sur les glaces vers la frégate. L'équipage avoit tué quelques jours auparavant un cheval marin, & en avoit jetté sur la glace quelques parties de rebut.

Apparemment que l'odeur de ces chairs enflammées, répandue au loin par la fumée, attiroit ces *ours*. Effectivement, ils se précipitèrent sur la flamme, en retirèrent avec leurs pattes ce qui n'étoit pas encore consumé, & le dévorèrent. L'équipage leur jetta quelques autres morceaux de chair. La mère vint les ramasser un à un, les porta auprès de ses *oursins*, en forma trois parts, leur donna les deux plus grandes, & ne réserva pour elle que la moindre. Au moment qu'elle enlevoit le dernier morceau, ses deux petits furent tués, & elle reçut elle-même un coup de fusil. C'est alors qu'elle offrit un spectacle propre à toucher le cœur le plus dur. Blessée grièvement & pouvant à peine se traîner, elle retourne, en répandant son sang, à l'endroit où ses oursins étoient tombés, leur porte le morceau de chair qu'elle avoit pris, le partage, & leur présente. Voyant qu'ils ne se mettoient pas en devoir de le dévorer, elle pose une de ses pattes sur l'un, puis sur l'autre, pour les faire lever, & pousse des cris douloureux en les voyant rester immobiles; son affliction se peint dans ses yeux & dans sa démarche. Elle s'éloigne en soupirant & la tête baissée, s'arrête à quelque distance, revient encore auprès de ses petits, tourne autour d'eux, les flaire, lèche leurs plaies, & se traîne de nouveau à quelques pas, en se retournant souvent, & remplissant l'air de ses gémissemens. Enfin, étant encore revenue une troisième fois auprès d'eux, elle sentit, après tant de tentatives inutiles, qu'ils

Encyclopédiana.

étoient froids & sans vie. Elle se tourna vers le vaisseau, & sembloit par ses hurlemens maudire les meurtriers de ses petits, ou les prier de lui donner la mort elle-même; on lui tira alors quelques coups de fusil qui la renversèrent entre les deux oursins.

LE POISSON VOLANT de la Jamaïque, est une des particularités les plus remarquables de cette île. Il a deux nageoires très-longues qui lui servent également à aller sur l'eau & à s'élever dans l'air. Il ressemble au hareng pour la grosseur & pour la figure. Ces *poissons* sont fort unis entr'eux, & volent de compagnie en grand nombre, cherchant à éviter d'autres poissons dont ils sont exposés à être dévorés. Ils demeurent hors de l'eau qu'aussi long-temps que leurs aîles ou nageoires sont mouillées; ils ne peuvent plus se soutenir en l'air lorsqu'elles viennent à se sécher. Il arrive souvent, à cause de cela, qu'elles tombent dans les vaisseaux, & deviennent aisément la proie des matelots, qui les mangent, ou les font servir d'appât pour prendre de plus gros *poissons*. Le goût de leur chair peut se comparer à celui de la merluche, dont ce *poisson* diffère peu. Il est à-peu-près de la même grosseur, mais moins grand, & sa peau n'est ni aussi transparente, ni aussi argentée.

POURCEAU. Voici un fait singulier, rapporté dans le journal du voyage fait aux îles Malouines. On avoit transporté environ une douzaine de *pourceaux* mâles ou femelles; dans ce nombre étoit un *pourceau* coupé. Après les avoir débarqués tous, ils alloient chercher leur vie dans la campagne, & ne manquoient pas de revenir tous les soirs passer la nuit tout auprès du camp. Au commencement, on leur avoit fait une espèce de litière avec du foin; & ils s'y trouvoient bien sans doute, quoiqu'à la belle étoile, puisqu'ils s'y rendoient exactement. Quelqu'un remarqua que le *pourceau* coupé devançoit ordinairement le retour des autres d'environ une demi-heure, alloit rôder autour de la litière, & en arrangeoit le foin, qu'il en arrachoit avec les dents pour le porter au gîte, & remplissoit les endroits où il manquoit. Les autres étant arrivés, se couchoient ensemble, & lui ne s'y mettoit que le dernier. Lorsque quelqu'un d'eux ne se trouvoit pas à son aise, il se levoit & s'en prenoit au *pourceau* coupé: le mordoit, & l'obligeoit à coups de dents d'aller chercher du foin, & d'en fortifier la litière: les femelles sur-tout étoient fort difficiles sur cet article. Quelques personnes ont remarqué que les jumens ne peuvent souffrir les chevaux hongres.

RENARD. Un *renard* voulant faire sa proie d'un coq d'Inde qu'il voyoit perché sur un arbre, imagina ce stratagème: il se mit à tourner autour de l'arbre avec beaucoup de vitesse, & pendant assez long-temps, attentif au mouvement circulaire de son ennemi; le coq d'Inde faisoit autant de tours de tête

L

pour ne le point perdre de vue. Enfin, étourdi par ce tournoiement, il tomba du haut de l'arbre, & le *renard* s'en faifit.

Quand le *renard* voit la loutre pêcher, il se tapit derrière une pierre, & quand elle remonte au bord pour dévorer le poiffon qu'elle a pris, le *renard* fait un grand faut pour effrayer la loutre, & pour l'obliger à lui abandonner fa proie.

On a obfervé dans le voifinage d'une cabane de pêcheur, qu'un *renard* mettoit par rangée des têtes de poiffons. On ne favoit quel pouvoit être fon but, lorfque peu de temps après, un corbeau qui fondit deffus devint fa proie.

Cet animal fe fert de fa queue pour prendre des écreviffes, qui aiment à s'attacher à des corps velus.

Quand il eft tourmenté par les puces, ce qui lui arrive fouvent, il prend dans fon museau une touffe de mouffe ou de foin, & entre enfuite dans l'eau à reculons, mais fi lentement que fes hôtes incommodes ont le temps de fe retirer dans les endroits fecs de fon corps. Il s'enfonce enfin jufqu'à l'extrémité de fon museau, & quand il croit avoir ramaffé toutes fes puces dans la touffe qu'il tient, il la lâche, & fort promptement de l'eau.

La femelle du *renard* étant pourfuivie par un chien, piffe fur fa propre queue, elle la fecoue, & jette ainfi fon urine aux yeux de fon ennemi, qui, en étant aveuglé, parce qu'elle eft très-âcre, fe voit forcé de lâcher prife.

SERPENT. Le *ferpent*, que l'on regarde comme le fymbole de l'ingratitude, eft néanmoins fufceptible d'éducation; autrefois les macédoniens en élevoient. Ils leur faifoient têter les femmes, & jouer avec les enfans. Madame du Noyer rapporte dans une de fes lettres, que pendant fon féjour à Dijon, elle alla rendre vifite à une confeillère du parlement, qui avoit élevé un ferpent. Comme cette dame avoit quelqu'indifpofition, madame du Noyer la trouva couchée fur un lit paré : elle avoit bonne compagnie auprès d'elle. Son déshabillé lui donnoit un petit air de nymphe. « Je m'approchai de cette aimable malade, continue celle qui lui rendoit vifite; mais quelle fut ma furprife, quand je vis qu'elle badinoit avec un ferpent, qui étoit attaché à fon bras, avec un ruban couleur de feu affez long pour lui laiffer la liberté de fe promener fur le lit! Je fis un cri effroyable à cet afpect, & l'horreur que l'on a naturellement pour ces fortes d'animaux, me fit frémir : mais la dame me dit que je n'avois rien à craindre, que fon *ferpent* ne me feroit point de mal; & après qu'elle lui eut donné un petit coup, comme on auroit fait à un joli épagneul, elle lui dit de dormir; & ce docile *animal* fe gliffa dans fon fein, où un moment après il parut effectivement

endormi. Vous avez vu mon *ferpent*, ajouta cette dame, on peut vous dire qu'il y a fix ans que je l'ai, &, que, contre le naturel de ceux de fon efpèce, il ne m'a jamais fait aucun mal. Toute la compagnie certifia la même chofe, & je fortis de chez cette dame dans un étonnement dont je ne puis encore revenir. Elle voulut que je viffe tout ce qu'il favoit faire : elle fiffla à demi-bas; il s'éveilla, fit mille fingeries, après quoi on fit ouvrir une boëte de vermeil, qui étoit pleine de fon, dont il fe régala ».

Un citoyen de Patras, ville d'Achaïe, province du Péloponèfe, après avoir long-temps nourri un gros *ferpent*, voulut s'en défaire : il le porta dans un bois éloigné, où il le laiffa; & s'en retournant, il fut attaqué par des voleurs, qui lui auroient ôté la vie, fi le *ferpent*, qui entendit fes cris, ne fût venu à fon fecours; il fe jetta avec furie fur les voleurs & les mit en fuite. Un *ferpent* reconnoiffant, quel prodige !

ANJOU (Marguerite d') femme de Henri VI, roi d'Angleterre.

Marguerite d'*Anjou* étoit fille de Réné d'*Anjou* qui portoit les titres de roi de Naples, de duc de Lorraine & de comte du Maine, fans pofféder aucuns de ces états. Il n'y a peut-être point en de princeffe plus malheureuse en père, & fur-tout en époux.

Marguerite, femme entreprenante, courageufe, inébranlable, auroit été une héroïne, fi elle n'avoit fouillé fes vertus par un crime atroce. Née avec les talens néceffaires au gouvernement d'un empire, elle eut toutes les vertus guerrières : l'ambition, la néceffité la rendirent quelquefois cruelle, & fa hardieffe & la foibleffe de fon époux furent les fources des malheurs de l'Angleterre.

Marguerite veut gouverner : fous le prétexte d'une confpiration dans laquelle eft entré le duc de Glocefter, oncle du roi, elle le fait arrêter, & le lendemain il eft trouvé mort dans fon lit. Cet acte tyrannique rend la reine toute-puiffante dans l'état, le nom du roi eft odieux au peuple, & réveille les efpérances du duc d'Yorck, defcendant d'Edouard III, & même d'un degré plus près de la fouche commune, que la branche régnante. Le duc d'Yorck portoit fur fon écu une rofe blanche, & le roi Henri VI une rofe rouge; noms fameux qui fervirent à diftinguer les partis pendant cette horrible guerre civile.

Le duc d'Yorck, foutenu par le parlement, fait chaffer de la cour le comte de Suffolck, premier miniftre & favori de la reine; &, profitant des inftans de maladie de Henri VI, qui le rendoient fouvent incapable d'agir & de penfer, il fe met à la tête du confeil. Le roi, en revenant de fon affoupiffement, fe voit fans autorité : Marguerite l'excite à être roi. Le duc d'Yorck est chassé du conseil, mais il ne part que pour se mettre à la tête d'une armée. La reine traîne son époux débile à la bataille de Saint-Alban : il y est blessé, pris : mais son persécuteur n'ose encore le détrôner, il se contente de régner sous le nom de protecteur.

La courageuse Marguerite ne peut souffrir l'esclavage de son époux, elle veut qu'il soit libre pour l'être elle-même ; elle forme un parti, lève des troupes, enlève le roi de Londres, devient la générale de son armée, & combat vaillamment, mais malheureusement à la sanglante journée de Nortampton. Le fameux comte de Warwick étoit l'ame du parti rebelle : son génie l'emporta sur celui de Marguerite : elle eut la douleur, en fuyant avec son fils le prince de Galles, de laisser son mari dans les fers de ses ennemis.

Cette fois le duc d'Yorck ne se contenta pas du titre de protecteur, & réclama la couronne, comme y ayant droit du chef d'Edouard III, à l'exclusion du roi régnant. Cette grande discussion est plaidée devant le parlement comme une affaire ordinaire, & ce suprême tribunal décide que Henri VI gardera le trône pendant sa vie, & que le duc d'Yorck, à l'exclusion du prince de Galles, sera son successeur. On ajoute que, si le roi violoit cette loi, la couronne, dès le moment, seroit dévolue au duc d'Yorck. C'étoit fournir des alimens au feu de la guerre civile.

Cependant Marguerite, sans armée, sans parti, ayant à combattre Londres, le parlement & le duc d'Yorck victorieux, ne perd pas courage. Elle fuit dans la principauté de Galles, & bientôt elle reparoît devant son ennemi dans la province d'Yorck, près du château de Sandal, à la tête de dix-huit mille combattans. La bataille s'engage, la fortune est favorable à cette héroïne. Le duc d'Yorck, vaincu, tombe percé de coups ; son second fils Rutland est tué en fuyant ; la tête du père est plantée sur les murailles de la ville, & Marguerite marche vers Londres pour briser les fers de son époux. Bientôt elle jouit d'une nouvelle gloire : c'est celle de voir fuir devant elle le grand Warwick, humilié d'être vaincu par une femme dans les plaines de Saint-Alban, & de rendre la liberté à son époux sur le champ de bataille.

Si Marguerite triomphe, le bouillant Warwick ne désespère pas de lui arracher la victoire. Il vole à Londres ; il présente au peuple le fils du duc d'Yorck, & dit : « lequel voulez-vous pour » votre roi, ou ce jeune prince, ou Henri de » Lancastre » ? Le peuple répond, Yorck. Cette acclamation porte ce prince sur le trône, il est reconnu roi sous le nom d'Edouard IV, & la tête de son père est encore exposée sur les murailles d'Yorck, comme celle d'un coupable.

A cette nouvelle, Marguerite rassemble soixante mille combattans ; mais elle n'expose ni son mari, ni son fils : elle livre bataille à cet audacieux faiseur de roi (c'est ainsi qu'il fut appellé dans la suite) ; elle est vaincue, trente-six mille soldats sont égorgés, près de Tawton, aux confins de la province d'Yorck ; & la reine fuit en Ecosse avec son mari & son fils.

Marguerite, mal secourue en Ecosse, passe en France, où, rebutée par la fausse politique de Louis XI, qui commençoit à régner, elle ne peut rassembler que cinq cents hommes. Avec ce foible secours, elle repasse la mer ; un tempête sépare son vaisseau de sa petite flotte. Elle arrive presque seule en Angleterre ; mais son courage est au-dessus des événemens : ses ressources ne sont point épuisées, & ses ennemis, avec étonnement, la voient encore leur présenter bataille près d'Exham. Elle la perd & fuit avec son fils ; & le malheureux Henri, prisonnier de son rival, rentre dans la tour de Londres. C'est dans cette occasion que, tenant son fils Edouard dans ses bras, la reine s'engage dans une forêt, où des brigands la dépouillent de tout ce qu'elle avoit de plus riche. Enivrés d'une telle capture, ces malheureux prennent querelle ensemble sur le partage, & Marguerite saisit cette occasion pour s'échapper. Accablée de lassitude, elle s'enfonçoit dans le plus épais du bois, lorsqu'elle est encore rencontrée par un voleur de la bande de ces derniers. Celui-ci étoit prêt à la percer. Marguerite ranime son courage, elle présente au voleur son fils Edouard, & d'un ton de dignité qui lui étoit naturel, elle lui dit : « mon ami, sauve le fils de ton roi ». A ce nom de roi, le voleur laisse tomber son épée, & offre à la reine tous les secours dont elle peut le croire capable. Marguerite le charge de son fils qu'elle ne peut plus soutenir. Ils sortent tous trois de la forêt : quelques seigneurs du parti de Lancastre se rencontrent heureusement sur leur chemin, & tous ensemble fuient vers Carlile, de là en Ecosse, & peu de tems après en France, chez René d'Anjou, père de la reine.

Pendant trois ans que dura l'exil de Marguerite, il se passa bien des choses en Angleterre. Edouard devoit sa couronne à Warwick ; mais Edouard fut ingrat. Dans le temps que ce guerrier négocioit en France le mariage de son maître avec Bonne de Savoie, sœur de la femme de Louis XI, Edouard épouse Elisabeth Woodwil, & la déclare reine. Le favori, outragé, se plaint : il est chassé du conseil, & le soutien de la couronne devient bientôt l'ennemi du prince qui la porte. Déjà un parti se lie aux intérêts de Warwick, il arme tous les bras des mécontens : ce n'est plus la rose rouge qui dispute le sceptre à la rose blanche, c'est le maître ingrat qui repousse les coups que lui porte le sujet irrité. On se livre des combats, on négocie : les meurtres, les trahisons se succèdent ; & Warwick oblige Edouard à quitter l'Angleterre. Auffi-tôt il va à la tour de Londres, & replace fur le trône le prince qu'il en avoit fait defcendre. Edouard eft déclaré ufurpateur par un parlement, lâche organe de la volonté du plus fort. Cependant Edouard IV, après fept mois d'exil, rentre dans Londres, & Henri VI eft replongé dans fa prifon. Marguerite arrivoit alors avec fon fils, le prince de Galles : elle apprend fon nouveau malheur ; mais il lui refte Warwick, & rien n'eft encore défefpéré. La fortune, dans un moment, peut changer. Cette reine fe nourriffoit de cet efpoir, lorfqu'on lui apprit que Warwick, fa dernière reffource, venoit d'être tué, & qu'Edouard IV étoit vainqueur.

Qui croiroit que l'infortunée Marguerite pût encore fe relever de tant de défaftres ? Elle raffemble une nouvelle armée, & livre bataille à Edouard, près des bords de la Saverne, dans le parc de Teuksbury. Ce fut la dernière : le génie d'Yorck l'emporta cette fois. Le jeune prince de Galles, fait prifonnier, fut préfenté à Edouard, qui lui demanda, « qui l'avoit rendu fi hardi que » d'entrer dans fes états ? Je fuis venu dans les » états de mon père, répondit le prince, pour le » venger, & pour fauver de vos mains mon héri- » tage ». Edouard, irrité, le frappa de fon gantelet au vifage, & les hiftoriens rapportent que les frères du Roi fe jettèrent fur lui comme des bêtes féroces, & l'affaffinèrent. L'infortuné Henri VI, qui jufques-là avoit été épargné, fut maffacré dans la prifon, & Marguerite ne dut fa vie qu'à l'efpoir qu'Edouard conçut que les françois paieroient fa rançon. Cette reine fut racheté pour cinquante mille écus. Elle foutint les droits de fon mari & de fon fils dans douze batailles, & mourut en 1482. Elle fut la mère & l'époufe la plus malheureufe, & fans doute la plus refpectable, fans le meurtre de l'oncle de fon mari.

ANJOU (René d'). René d'Anjou, Roi de Naples & de Sicile, & comte de Provence, avoit un goût extraordinaire pour tous les beaux arts ; il aimoit éperdument la poéfie & la peinture ; il fit une quantité prodigieufe de vers & de tableaux. Il ornoit des uns & des autres les appartemens de fes palais, & les chapelles des églifes : mais fa grande paffion étoit de faire repréfenter quelques-uns de nos myftères, pendant les proceffions des fêtes folemnelles : il n'épargnoit pour cela ni dépenfes, ni foins : il s'en faifoit une occupation fi férieufe, qu'étant en Provence, & ayant reçu des lettres du Prince de Calabre fon fils, qui lui demandoit un prompt fecours, il écrivit pour toute réponfe, qu'il avoit bien autre chofe à faire, & qu'il travailloit actuellement à régler la marche d'une proceffion.

ANNE D'AUTRICHE, mère de Louis XIV. Cette Reine donna toute fa confiance au cardinal Mazarin : mais apprenant que fon fils vouloit époufer fa nièce. « Si le Roi, dit-elle, à Ma- » zarin, étoit capable de cette indignité, je me » mettrois, avec mon fecond fils, à la tête de » toute la nation contre le roi & contre vous ».

La reine avoit plus que perfonne que j'aie vue, dit le cardinal de Retz, cette forte d'efprit qui lui étoit néceffaire pour ne pas paroître fotte à ceux qui ne la connoiffoient pas. Elle avoit plus d'aigreur que de hauteur, plus de hauteur que de grandeur, plus de manières que de fonds, plus d'application à l'argent que de libéralité, plus d'intérêt que de défintéreffement, plus d'attachement que de paffion, plus de dureté que de fierté, plus de mémoire des injures que des bienfaits, plus d'intention de piété que de piété, plus d'opiniâtreté que de fermeté, plus d'incapacité que tout ce deffus.

Anne d'Autriche, avoit la peau fi délicate, qu'on ne pouvoit trouver de batifte affez fine pour lui faire des chemifes & des draps. Le cardinal Mazarin lui difoit, « que fi elle alloit en enfer, elle » n'auroit d'autre fupplice que celui de coucher » dans des draps de toile de Hollande.

ANNE, Reine d'Angleterre, morte en 1714. La ducheffe de Malborough avoit pris un tel afcendant fur l'efprit de cette princeffe, qu'elle ofa lui écrire, après un petit différend : « Rendez- » moi juftice & ne me faites point de réponfe.

Du temps de la reine Anne d'Angleterre, le capitaine Hardy, dont le vaiffeau étoit dans le parage de la baie de Lagos ; reçut un avis certain que les gallions d'Efpagne étoient arrivés dans le port de Vigo, fous l'efcorte de dix-fept vaiffeaux de guerre, il mit auffi-tôt à la voile fans attendre d'ordre, & alla porter cet avis à l'amiral Georges Rook, qui en profita, & prit les gallions, après avoir détruit & diffipé la flotte. Lorfque la victoire fe fut déclarée pour lui, l'amiral ordonna qu'on amenât le capitaine Hardy fur fon bord. Dès qu'il l'apperçut, il lui dit d'un air févère : « vous venez de rendre un fervice important à la » reine ; votre diligence a ajouté à la gloire & aux » richeffe de votre pays : vous êtes en même-temps » coupable ; ignoriez-vous que vous expofiez votre » vie en quittant votre pofte fans ordre ? --Celui » qui fongeroit à fa vie, lorfque la gloire & l'in- » térêt de fa fouveraine & de fon pays exigent » qu'il la hafarde, reprit le capitaine, ne méri- » teroit pas de remplir une commiffion de capi- » taine à fon fervice ». L'amiral, frappé de cette réponfe, l'envoya porter la première nouvelle de la victoire à la reine Anne, qui fur-le-champ le créa chevalier, & le fit contre-amiral.

ANNEAU. On appelle anneau un petit corps circulaire que l'on met au doigt, foit pour

fervir d'ornement, foit pour quelque cérémonie.

L'évêque porte un *anneau*, comme le gage du
mariage fpirituel qu'il a contracté avec fon
églife.

L'ufage de l'*anneau* pour fceller les lettres eft
de la plus haute antiquité. Chez les grecs, les
anneaux étoient quelquefois de différens métaux
mêlés, comme d'or & d'argent, &c. Les romains
fe contentèrent long-temps d'*anneaux* de fer.
Pline affure que Marius fut le premier qui en porta un d'or. Lorfque les romains eurent adopté
l'ufage de joindre aux *anneaux* des pierres gravées, ils les portèrent à la main gauche, &
c'étoit un ridicule de les porter à la main droite.
Le luxe des *anneaux* fe multiplia tellement qu'on
en porta à tous les doigts, & même à toutes les
jointures. On en eut pour toutes les faifons, enfuite pour toutes les femaines. Enfin l'empereur
Héliogabale finit par ne jamais mettre un *anneau*
deux fois.

Il n'y a prefque aucune partie du corps qui,
chez différens peuples, n'ait été ornée d'un *anneau*. Beaucoup de nations en portent encore aux
oreilles.

Dans les Indes orientales, les naturels du pays
portoient des *anneaux* au nez, aux joues, aux
lèvres & au menton. Les habitans de Guzarate
ont porté des *anneaux* aux pieds. Lorfque Pierre
Alvara eut la première audience du roi de Calicut,
il le trouva tout couvert de pierres précieufes en-
chaffées dans des *anneaux*.

L'*anneau*, chez les anciens, n'étoit pas feulement un ornement, mais fervoit encore à diftinguer les états & les conditions.

L'*anneau* d'or n'étoit porté que par les chevaliers romains & les fénateurs qui avoient été chargés de quelque ambaffade. Le peuple portoit l'*anneau* d'argent, & les efclaves l'*anneau* de fer.

L'*anneau* du mariage qu'on donne encore parmi
nous étoit en ufage chez les hébreux.

De Bréville, dans fes antiquités de Paris, dit que
c'étoit autrefois une coutume de fe fervir d'*anneau*
de jonc dans le mariage, lorfqu'on avoit eu avec la
future un commerce illicite.

Les anciens germains portoient un *anneau* de
fer pour marque d'efclavage, jufqu'à ce qu'ils
euffent tué un ennemi de la nation.

ANNÉE PLATONIQUE.
Deux allemands
étant au cabaret, & parlant de cette grande *année
platonique*, où toutes les chofes doivent retourner à leur premier état, voulurent faire accroire
au maître du logis qui les écoutoit attentivement,
qu'il n'y avoit rien de fi vrai que cette révolu-

tion; de forte, difoient-ils, que dans feize mille
ans d'ici: nous ferons à boire chez vous à pareil
jour, à pareille heure, dans la même maifon, &c.
& là-deffus ils le prièrent de leur faire crédit jufques-là. Le cabaretier leur répondit qu'il le vouloit bien; mais, dit-il, parce qu'il y a feize mille
ans, jour pour jour, heure pour heure, que vous
étiez à boire ici comme vous faites, & que vous
vous en allâtes fans payer, acquittez le paffé,
& je vous ferai crédit.

ANNIBAL.
Annibal fembloit né pour mettre
dans les mains des carthaginois le fceptre du
monde que Rome a long-temps confervé. Son
paffage en Italie, par les Alpes, fuffifoit feul pour
rendre fon nom immortel. Il remporta fur les romains les célèbres victoires de Téfin, de Trébie,
celle du lac de Thrafimène, & celle de Cannes,
après laquelle il envoya à Carthage trois boiffeaux
d'anneaux d'or de 5630 chevaliers romains qui
périrent dans cette journée.

Après la ruine de Carthage, *Annibal* s'étant réfugié chez Prufias, & ne s'y trouvant point en
fûreté contre la haine des romains, prit un poifon fubtil qu'il portoit depuis long-temps dans fa
bague. Ce fut l'an 183 avant J. C. Il avoit foixante-
quatre ans.

C'eft à ce même Prufias qu'*Annibal* confeilloit
de livrer bataille à l'ennemi. « Je n'ofe, répon-
» dit le prince, les entrailles de la victime ne
» m'annoncent rien de bon. — Eh quoi! reprit
» vivement *Annibal*, en croyez-vous plutôt une
» miférable charogne qu'un vieux général » ?

Annibal étoit né foldat, & l'exercice continuel
des armes en fit un grand capitaine. Ce fut dans
la feconde guerre punique qu'il fit éclater ces talens fupérieurs qui lui donnèrent tant d'avantages
fur les généraux romains : toujours jufte dans fes
projets, des vues immenfes, le génie admirable
pour diftribuer dans le temps l'exécution de fes
deffeins, toute l'adreffe pour agir, fans fe laiffer
appercevoir, infini dans les expédiens, auffi habile à fe tirer du péril qu'à y jetter les autres; du
refte, fans foi, fans religion, fans humanité, &
cependant ayant fu fe donner tous les dehors de
ces vertus, autant qu'il convenoit à fes intérêts.

Annibal étoit fils du carthaginois Amilcar, le
plus implacable ennemi de Rome. Lorfqu'il n'a-
voit encore que neuf ans, fon père lui fit jurer
fur les autels une haine éternelle contre les romains; & l'on peut dire que jamais ferment n'a
été mieux obfervé.

Maharbal, général de la cavalerie carthaginoife,
avoit confeillé à Annibal de ne pas perdre un moment après la victoire remportée à Cannes, &
de marcher droit à Rome. *Annibal* lui répondit,

« qu'il falloit du temps pour délibérer fur une en-
» treprife fi importante ». Alors Maharbal lui dit
ce mot qui a été fi célèbre : « Annibal, les dieux
» n'accordent pas toutes leurs faveurs à un hom-
» me : vous favez vaincre ; mais vous ne favez pas
» profiter de la victoire ».

Ce général victorieux alla perdre fa gloire &
fes efpérances dans les délices de Capoue, où
fous prétexte de laiffer repofer fes foldats, il leur
donna le temps de s'énerver, & aux romains celui
de revenir de leur furprife.

Annibal, depuis cette époque éprouva des revers. Ses foldats commencèrent à redouter les
peines & les fatigues, & leur général ne put s'empêcher d'avouer que, « jufques-là il avoit eu une
» armée d'hommes ; mais qu'il n'avoit plus qu'une
» armée de femmes ».

Si Annibal, au fortir de Capoue, eût encore
des fuccès, ils ne furent ni fi rapides, ni fi continuels. Fabius Maximus, qu'on lui mit en tête,
trouva le fecret de le vaincre en évitant de combattre. Marcellus fuccéda à Fabius dans le commandement des troupes, & préfenta trois batailles aux carthaginois, avec des fuccès différens.
Lorfqu'il fe préparoit à livrer une quatrième bataille, Annibal fe retira, en difant : « que faire
» avec cet homme, qui ne peut demeurer, ni vic-
» torieux, ni vaincu » ?

ANNOBLISSEMENT.

Je neconnois point, dit
Sainte-Foix, de titre d'annobliffement plus flatteur
& plus beau que celui que produifirent à la réformation les defcendans d'Anne Mufnier. Trois
hommes, dans une allée du jardin du comte
de Champagne, en attendant fon lever, s'entretenoient du complot qu'ils avoient fait de l'affaffiner. Anne Mufnier, cachée derrière un arbre,
avoit entendu une partie de leur converfation :
voyant qu'ils fortoient, emportée par l'horreur
d'un attentat contre fon prince, ou craignant de
n'avoir pas le temps d'avertir, elle cria de l'autre
bout de l'allée, en leur faifant figne qu'elle vouloit leur parler : un d'eux s'avança, elle le fit tomber à fes pieds d'un coup de couteau de cuifine,
fe défendit contre les deux autres, & reçut plufieurs bleffures. Il vint du monde : on trouva fur
ces fcélérats des indices de leur confpiration, ils
l'avouèrent dans les tortures, & furent écartelés.

Anne Mufnier Girard, de Langres, fon mari
& leurs defcendans, furent annoblis.

ANSON.

Georges Anfon, né en Angleterre,
d'une famille noble & ancienne, fe dévoua, dès fa
plus tendre enfance, au fervice de mer. Son nom
étoit déjà très-fameux en Angleterre, lorfque le
gouvernement lui confia fix vaiffeaux, en 1739,
pour porter la guerre fur les poffeffions des efpagnols en Amérique. Après une campagne heureufe,

Anfon faifoit voile vers les ifles Ladronnes, avec
le Centurion, feul vaiffeau qu'il eût confervé ; mais
il arriva à Macao, où il radouba fon vaiffeau, &
fe remit en mer. Quelques jours après il rencontra
un navire efpagnol richement chargé, il l'attaqua,
&, quoique avec des forces inférieures, il le
prit, avec quinze mille piaftres qu'il contenoit.
Il revint en Angleterre en 1744, & fit porter à
Londres en triomphe, fur trente-deux charriots,
au fon des tambours & des trompettes, & aux
acclamations de la multitude, toutes les richeffes
qu'il avoit conquifes. Ses différentes prifes fe
montoient en or à dix millions, elles furent le
prix de fa valeur & de celle de fes compagnons,
& le roi refufa d'entrer en partage.

Anfon vainquit l'illuftre M. de la Jonquière,
dans un combat où la fupériorité des forces lui
fit feule remporter l'avantage. Cette victoire lui
valut le titre de vice-amiral, & bientôt après celui
de premier lord de l'amirauté.

M. de la Jonquière étant fon prifonnier, lui dit :
« Vous avez vaincu l'Invincible, & la Gloire, vous
» fuit ». C'étoient en effet les noms de deux vaiffeaux de l'efcadre qui avoit été défaite.

Anfon eut encore quelques occafions de fignaler
fes talens & fa valeur ; mais enfin, après quarante ans de courfes maritimes, la mort l'enleva à
fa patrie, dont il avoit été la gloire & l'ornement.

ANTHROPOMANTIE,

divination qui fe
faifoit par les entrailles d'hommes ou de femmes
qu'on éventroit. L'empereur Héliogabale pratiquoit cette exécrable divination. Julien l'apoftat,
dans des facrifices nocturnes, & dans des opérations magiques, faifoit périr grand nombre de
jeunes enfans pour confulter leurs entrailles.
Lorfqu'il eut pris la route de Perfe, dans l'expédition même où il périt, étant à Carra en Méfopotamie, il s'enferma dans le temple de la Lune ;
& après avoir fait ce qu'il voulut avec les complices de fon impiété, il fcella les portes, & y
pofa une garde qui ne devoit être levée qu'à
fon retour. Ceux qui entrèrent dans le temple,
fous le règne de Jovien fon fucceffeur, y virent
une femme pendue par les cheveux, les mains
étendues & le ventre ouvert, Julien ayant voulu
chercher dans fon foie quelle feroit l'iffue de la
guerre.

ANTHROPOPHAGIE.

L'anthropophagie eft
l'acte ou l'habitude de manger de la chair humaine. Quelques auteurs font remonter l'origine
de cette coutume barbare jufqu'au déluge. Nous
lifons dans Tite-Live qu'Annibal faifoit manger à
fes foldats de la chair humaine, pour les rendre
plus féroces. On dit que l'ufage de vivre de chair
humaine fubfifte encore dans quelques parties mé-

ridionales de l'Afrique, & dans les contrées fauvages de l'Amérique.

ANTICHAMBRE. M. de .... intendant des finances, fortant de fon cabinet avec des foufermiers, & faifant des excufes à madame de .... de ce qu'elle étoit dans l'antichambre avec les laquais, elle lui répondit : « ce n'eft pas là où je » les crains, c'eft dans le cabinet de mes juges ». Elle plaidoit alors contre les intéreffés.

ANTIGONE, mort l'an 301 avant Jefus-Chrift.

Après la mort d'Alexandre, *Antigone* fe fit couronner roi d'une partie de l'Afie ; il auroit voulu l'être de tout le monde entier. Il avoit hérité du courage, de l'activité & de l'ambition de fon maître. C'eft cependant ce même homme qui difoit à fon fils : « que la royauté étoit une hon- » nête fervitude, & que fi l'on favoit ce que » pèfe une couronne, on craindroit de la mettre » fur fa tête ».

Antigone étoit perfuadé qu'un général doit toujours fe réferver le fecret de fa marche. Son fils Démétrius lui demandant un jour *quand il décam- péroit?* « As-tu peur, lui dit-il, de ne pas enten- » dre le fon de la trompette » ?

Dans le moment qu'il venoit de donner audience à des ambaffadeurs, fon fils, qui revenoit de la chaffe, entra dans la falle, embraffa fon père, & s'affit auprès de lui, ayant encore fes dards dans fes mains. *Antigone* venoit de rendre réponfe à fes ambaffadeurs, & il les renvoyoit ; mais il les rappella & leur dit : « vous inftruirez » de plus vos maîtres de la manière dont nous » vivons mon fils & moi ».

Antigone employoit toutes fortes de moyens pour fe procurer de l'argent, & lorfqu'on lui repréfentoit qu'Alexandre fe comportoit bien différemment : *Alexandre*, avoit-il coutume de répondre, *moiffonnoit ; mais, moi, je ne fais que glaner.*

Un cynique fe préfenta un jour devant *Antigone*, & lui demanda une dragme : « ce n'eft pas « affez pour un prince, lui répondit-il. — Donne- » moi donc un talent. — C'eft trop, reprit *Anti-* « *gone*, pour un cynique ».

Antigone, fur la fin de fes jours, avoit la même indulgence pour tous ceux qui l'approchoient : « J'ai befoin, difoit-il quelquefois, de conferver » par la douceur ce que j'ai acquis par la force ».

Comme il campoit l'hiver dans un lieu fort incommode, il dit à quelque foldat qu'il entendoit murmurer près de fa tente : « allez vous » plaindre ailleurs, afin que je ne fois pas obligé » de vous punir ».

Antigone dit à un écrivain qui lui avoit dédié un traité de la juftice : « cela vient fort à propos dans » un temps où je prends le bien d'autrui ».

Ce roi avoit fait une étroite alliance avec les Athéniens : ils offrirent à un de fes domeftiques de lui donner le droit de bourgeoifie à Athènes. « Je ne veux pas dit ce prince, qu'il accepte cet » honneur là, de peur qu'étant quelque jour en » colère, je ne vinffe à battre un athénien ».

Antigone prioit les dieux de le préferver de fes amis. Un courtifan lui demanda pourquoi il ne faifoit pas plutôt cette prière pour fes ennemis : « il eft facile, dit-il, de fe garantir des embûches » des ennemis ; mais les amis qui manquent de » fidélité font capables de ruiner les monar- » chies ».

Il confultoit un jour le philofophe Ménédeme, pour favoir s'il devoit fe trouver à certaine partie de débauche? Le fage, pour toute réponfe, lui dit : *Seigneur, vous êtes roi.*

ANTIMOINE. *L'antimoine*, ce remede fi célebre, a été découvert par un moine, nommé *Bafile Valentin*, allemand de nation, qui cherchoit la pierre philofophale, & qui ayant jeté le réfidu de fes expériences aux pourceaux, reconnut que ceux qui en avoient mangé, après avoir été purgés violemment, en étoient devenus bien plus gras. La fantaifie lui prit de faire le même effai fur fes confreres : mais la dofe étoit trop forte, & les religieux en moururent : delà le nom d'*antimoine* qu'on donna dans la fuite à ce minéral.

ANTIOCHUS VII, roi de Syrie, mort l'an 130 avant J. C., s'égara un jour à la chaffe, & étant entré chez un laboureur il l'interrogea fur le prince. *Notre roi*, dit le payfan, *eft jufte & bienfaifant, mais il a de méchans miniftres.* Le roi fe fit connoître & lui dit : *mon ami, tu m'as dit des vérités que je n'ai jamais entendues à ma cour.*

ANTIPATHIE. *L'antipathie* eft l'inimitié naturelle, ou l'averfion d'une perfonne ou d'une chofe pour une autre.

Il y a une telle *antipathie* entre le loup & le cheval, que fi le cheval paffe où le loup a paffé, il fent un engourdiffement en fes pieds, qui l'empêche prefque de marcher. C'eft Pline qui nous apprend cette *antipathie*.

M. Boyle parle d'une dame qui avoit grande averfion pour le miel : fon médecin croyant qu'il entroit beaucoup de fantaifie dans cette averfion, mêla un peu de miel dans un emplâtre qu'il fit appliquer au pied de la dame ; il s'en repentit bientôt, en voyant le dérangement fâcheux que l'emplâtre avoit produit, & que l'on ne fit ceffer qu'en l'ôtant.

-Henri III. ne pouvoit demeurer feul dans une chambre où il y avoit un chat.

Le duc d'Epernon s'évanouiſſoit a la vue d'un levraut.

Le maréchal d'Albert ſe trouvoit mal dans un repas, où l'on ſervoit un marcaſſin ou un cochon de lait.

Uladiſlas, roi de Pologne, ſe troubloit & prenoit la fuite, quand il voyoit des pommes.

Éraſme ne pouvoit ſentir le poiſſon, ſans avoir la fiévre.

Scaliger frémiſſoit de tout ſon corps, en voyant du creſſon.

Tychobrahé ſentoit ſes jambes défaillir, à la rencontre d'un liévre ou d'un renard.

Boyle avoit des convulſions, lorſqu'il entendoit le bruit que fait l'eau en ſortant d'un robinet.

La Mothe le Vayer ne pouvoit ſouffrir le ſon d'aucun inſtrument, & goûtoit un plaiſir vif au bruit du tonnerre.

Marie de Médicis ne pouvoit ſouffrir la vue d'une roſe, pas même en peinture, & elle aimoit toute autre ſorte de fleurs.

Le chevalier de Guiſe s'évanouiſſoit à la vue d'une roſe.

ANTIPODES. On entend par le mot d'antipodes, les peuples qui occupent des contrées diametralement oppoſées les unes aux autres.

Les antipodes ſouffrent à peu près le même degré de chaud & de froid, & ont les jours & les nuits également longs; mais en temps oppoſés. Il eſt midi pour les uns quand il eſt minuit pour les autres, & lorſque ceux-ci ont le jour plus long, les autres ont le jour plus court.

Platon paſſe pour avoir imaginé le premier la poſſibilité des antipodes, & pour être l'inventeur de ce nom. Comme ce philoſophe concevoit la terre ſphérique il n'avoit plus qu'un pas à faire pour conclure l'exiſtence des antipodes.

La plupart des anciens ont traité cette opinion avec un ſouverain mépris, n'ayant jamais pu concevoir comment les arbres & les hommes ſubſiſtoient ſuſpendus en l'air, les pieds en haut. Boniface, archevêque de Mayence & legat du pape Zacharie, dans le huitième ſiècle, déclara héretique un prêtre ou évêque de ce temps, nommé Virgile, qui avoit ſoutenu qu'il y avoit des antipodes.

Saint Auguſtin en avouant la ſphéricité de la terre, combat cependant l'exiſtence des antipodes avec des raiſons paſſables pour ſon temps. Mais cette vérité ſi prouvée, ſi conſtante aujourd'hui ne s'eſt établie que bien lentement, & la découverte de l'Amérique a beaucoup contribué à reunir tous les eſprits ſur ce point important.

ANTIQUITÉ. On ne peut ſe défendre d'un ſentiment d'admiration, à l'aſpect des chefs-d'œuvres qui ont reſiſté aux aſſauts du temps; quelquefois même une choſe de peu d'importance nous ſemble précieuſe par cela ſeulement qu'elle eſt antique; mais ce qui doit nous rendre difficiles, c'eſt la fraude à laquelle ſe ſont livrés grand nombre d'artiſtes. Michel-Ange a donné aux curieux d'antiquités une leçon dont il eſt à ſouhaiter qu'ils profitent. Il avoit fait une ſtatue de cupidon, après en avoir caſſé un bras, il enterra le reſte du corps dans un endroit où il ſavoit qu'on devoit fouiller. Le cupidon ayant été tiré, tout le monde le prit pour un antique. Alors Michel-Ange détruiſit l'erreur en montrant le bras qu'il avoit tenu caché.

L'ignorance nous a privés d'un grand nombre d'antiquités précieuſes, le fait ſuivant en eſt un exemple.

Vers le commencement du ſixième ſiècle on découvrit un tombeau ſur le chemin, proche de Terracine, lequel étoit appelé par les romains la voie appienne, on y trouve le corps d'une jeune fille nageant dans une liqueur inconnue; elle avoit les cheveux blonds attachés avec une boucle d'or, elle étoit auſſi fraîche que ſi elle eût été en vie. Au pied de ce corps, il y avoit une lampe qui brûloit, & qui s'éteignit d'abord que l'air s'y fut introduit. On reconnut à quelques inſcriptions que ce cadavre étoit là depuis 1500, & on conjectura que c'étoit le corps de Tullie, fille de Cicéron; on le tranſporta à Rome & on l'expoſa au Capitole, où le monde courut en foule pour le voir. Comme le peuple crédule continuoit à lui rendre les honneurs des ſaints, le pape qui avoit cent moyens de ſouſtraire cette précieuſe antiquité à la vénération des idiots, & qui n'en vit aucuns, la fit jetter dans le Tibre.

Par quelle biſarerie avons nous plus de reſpect pour les vieilles choſes que pour les vieilles perſonnes.

Êtres inanimés, rebut de la nature,
  Ah! que vous faites d'envieux!
  Le temps, loin de vous faire injure,
  Ne vous rend que plus précieux.
On cherche avec ardeur une médaille antique,
D'un buſte, d'un tableau, le temps hauſſe le prix:
Le voyageur s'arrête à voir l'affreux débris
D'un cirque, d'un tombeau, d'un temple magnifique;
Et pour notre vieilleſſe on n'a que du mépris.

Le chancelier Bacon, dit que l'antiquité des ſiècles eſt la jeuneſſe du monde, & qu'à proprement parler c'eſt nous qui ſommes les anciens.

ANTISTHÈNE

ANTISTHENE enseigna d'abord l'éloquence, mais ayant entendu Socrate, il s'adonna à la philosophie : allez, disoit-il à ses disciples, chercher un maître ; pour moi, j'en ai trouvé un. Il forma lui-même une école de philosophie & on alloit entendre ses leçons dans un lieu consacré à un chien : origine du nom de *Cynique* qu'on donna aux sectateurs d'*Antisthène*, & qui leur fut conservé dans la suite par la singularité de leurs mœurs & de leurs sentimens, par la hardiesse de leurs actions & de leurs discours. *Antisthène* conduit par les principes outrés de sa philosophie, rejetta loin de lui les commodités de la vie. Il s'affranchit de la tyrannie du luxe & des richesses ; & de la passion des femmes, des entraves de la réputation & des dignités, enfin de tout ce qui subjugue ou tourmente les hommes. On le voyoit se promener dans les rues d'*Athènes*, l'épaule chargée d'une besace, le dos couvert d'un mauvais manteau, le menton hérissé d'une longue barbe, la main appuyée sur un bâton. Son austère philosophie exigea de lui bien des privations, bien des sacrifices. Il ressentit sans cesse la contrainte du rôle qu'il s'étoit imposé, & ce fut peut-être ce qui contribua le plus à rendre sa vertu chagrine.

Quelqu'un lui demandoit par quel motif il avoit embrassé la philosophie ; *c'est pour vivre bien avec moi*, répondit-il.

Un prêtre l'initioit aux mystères d'Orphée, & lui vantoit le bonheur de l'autre vie : *pourquoi ne meurs-tu donc pas*, lui cria le philosophe cynique ?

Il conseilla un jour aux Athéniens *d'employer les ânes au lieu des bœufs & des chevaux pour labourer la terre.* Comme on lui témoignoit que sa proposition étoit ridicule ; « ne faites-vous pas la même chose, répondit-il, lorsque vous choisissez pour généraux des gens qui n'ont d'autre mérite que celui d'avoir été nommés par vous » ?

Antisthène vivoit vers l'an 324 avant J. C.

ANTITHÉSE. Quelques exemples d'*antithèse* feront mieux connoître cette figure de rhétorique, que les différentes définitions qu'on nous en a donné.

Pour se passer de société, dit Aristote, il faut être un dieu ou une bête brute.

Tu ne saurois m'avoir pour ami & pour flatteur en même temps, disoit Phocion à Antipater.

La plupart des grandes pensées prennent le tour de l'*antithèse*, soit pour marquer plus vivement les rapports de différence & d'opposition, soit pour rapprocher les extrêmes.

Caton disoit : j'aime mieux ceux qui rougissent que ceux qui pâlissent.

Écoutez, vous autres jeunes gens, disoit Au-
Encyclopediana.

guste, un vieillard que les vieillards ont bien voulu écouter quand il étoit jeune.

Ce vers de Racine :

Je sentis tout mon corps & transir & brûler.

Ce vers de Corneille :

Et, monté sur le faîte, il aspire à descendre.

Ce vers de Voltaire :

Triste amante des morts, elle hait les vivans.

Celui de Crébillon :

La crainte fit les dieux, l'audace fit les rois.

Cet autre du même poëte :

Ai-je assez de vertus pour lui trouver des crimes ?

Et ceux-ci, de La Fontaine, en peignant un chêne superbe :

Celui de qui la tête aux cieux étoit voisine,
Et dont les pieds touchoient à l'empire des morts.

sont autant d'exemples & de modèles d'*antithèses*.

Autres antithèses.

« La jeunesse vit d'espérance, la vieillesse vit de souvenir. »

Agis parlant de ses envieux, disoit : » ils auront à souffrir des maux qui leur arrivent & des biens qui m'arriveront. »

Henri IV. parlant à un ambassadeur d'Espagne, lui dit, monsieur l'ambassadeur, « voilà Biron : je le présente volontiers à mes amis & à mes ennemis. »

Un homme reprochoit ainsi à sa maîtresse de parler mal d'une honnête femme, *aimable vice, respectez la vertu.*

ANTOINE (Marc), mort l'an 30 avant J. C. Ce triumvir vint souper chez Cassius, & lui demanda s'il portoit toujours un poignard sur lui ; *oui*, dit ce fier républicain, *& très large, si tu songes à t'emparer de la souveraine puissance.*

Fulvie, femme d'*Antoine*, l'excita à des cruautés. Cicéron fut sa première victime.

Les soldats d'*Antoine* lui ayant porté la tête d'un proscrit, Antoine étonné leur dit : *hélas ! je ne le connois point & ne l'ai jamais vu.*

Antoine vaincu par Octave, envoya défier son ennemi à un combat singulier ; mais celui-ci, lui répondit qu'il *avoit d'autres chemins pour sortir de la vie.*

Antoine au désespoir, apprenant que Cléo-

M

patre qu'il aimoit, s'étoit donné la mort, & voyant Eros, son affranchi, qui se poignarda & lui jetta son épée ; *Est-il possible*, s'écria ce guerrier, *que j'apprenne mon devoir d'une femme & d'un affranchi.* En disant ces mots, il se plongea le poignard dans le sein. Il eut encore le temps de se traîner sous la fenêtre de Cléopatre, & de se faire enlever dans son appartement par des cordes & des chaînes qu'on lui jetta. *Je meurs satisfait, dit-il, puisque j'expire entre les bras de ma chere Cléopatre.*

César s'étoit attaché à *Antoine*, parce qu'il le voyoit livré aux plaisirs : *je ne redoute point*, disoit César, *un voluptueux dont les mains cueillent des fleurs & n'aiguisent point de poignards.*

ANTONIN LE PIEUX, empereur romain, mort en 161, âgé de soixante-treize ans.

Nul faste ne l'environnoit. Sa taille étoit grande, majestueuse, son air de tête annonçoit toute la beauté de son ame. Pausanias dit qu'il ne méritoit pas seulement le titre de *pieux* ; mais encore celui de *père des hommes*.

Quelques sénateurs ambitieux avoient conspiré contre lui. Il ne put dérober leur chef à la vengeance du sénat, qui le proscrivit ; mais il arrêta toutes recherches contre ses complices. « Je ne veux » point, dit-il, commencer mon gouvernement par » des actes de rigueur : ce ne seroit point une » chose qui pût me faire honneur ou plaisir, s'il » se trouvoit par les informations, que je fusse » haï d'un grand nombre de mes concitoyens. »

Il répétoit avec complaisance ces paroles de Scipion l'Africain : « J'aime mieux conserver un seul » citoyen, que de tuer mille ennemis. »

Les injures n'étoient point capables d'altérer la douceur naturelle de ce prince. Dans une émeute populaire, occasionnée par une famine, quelques séditieux s'étant présentés à lui, au lieu de venger l'autorité outragée, il descendit à leur rendre compte des mesures qu'il prenoit pour soulager la misère publique ; & il ajouta un secours effectif en faisant acheter à ses dépens, des bleds, des vins, des huiles qu'il distribua gratuitement aux pauvres citoyens.

Un acteur de tragédie alla demander vengeance à *Antonin* contre le sophiste Polémon, homme très-emporté. Il se plaignoit de ce qu'il l'avoit chassé du théâtre. « Quelle heure étoit-il, dit l'empereur, » lorsqu'il vous a chassé? Il étoit midi, répondit » l'acteur. Eh bien, reprit *Antonin*, il m'a chassé » de sa maison à minuit, & j'ai pris patience. » En effet, *Antonin* étant proconsul fut obligé de quitter son logement au milieu de la nuit.

Lorsqu'il lui falloit user de sévérité, c'étoit toujours en y mêlant quelque adoucissement. Un mem-

bre du sénat avoit été convaincu de parricide, & le coupable avoit lui-même avoué son crime. Comme il n'étoit pas possible de sauver la vie à un tel monstre, l'empereur, pour épargner au moins à ses yeux l'horreur du supplice, fit transporter le criminel dans une isle déserte, afin qu'il y pérît de faim & de misère.

Lorsque l'empereur *Antonin* fut nommé César, il distribua la plus grande partie de ses biens à ses amis. Sa femme, qui étoit avare, lui en ayant fait des reproches : « Songez, lui répondit-il, que, du » moment où nous avons été placés sur le trône, » ce que nous possédions a cessé d'être à nous. »

Lorsqu'il fut atteint de la maladie dont il mourut, il eut des momens de délire, & on a remarqué qu'il se mettoit alors en colère ; mais ce n'étoit que contre les princes qui vouloient déclarer la guerre à son peuple. Quelqu'un lui ayant alors demandé le mot du ralliement, il répondit : *aequanimitas*, la tranquillité. Il se retourna aussi-tôt, & mourut aussi paisiblement que s'il n'eût fait que s'endormir.

ANVERS. Pendant que les espagnols faisoient, en 1585, le siège très-long, très-opiniâtre & très-meurtrier d'*Anvers*, il arriva une petite circonstance qui produisit un grand événement.

Une femme de condition de la ville est malade, & a besoin pour sa guérison, de prendre du lait d'ânesse. Comme il n'est pas possible d'en trouver dans la place, un jeune homme s'offre d'en aller chercher une dans le fauxbourg, quoiqu'il soit occupé par les assiégeans ; en effet il l'amenoit, lorsqu'il est pris & conduit au duc de Parme.

Ce général traite le jeune homme avec bonté, loue l'honnêteté de son entreprise, fait charger l'ânesse de perdrix, de chapons, de tout ce qui peut être utile à une malade, ordonnant que tout soit mené à la dame, & qu'on dise au conseil & au peuple d'*Anvers*, qu'il leur souhaite toutes sortes de prospérités.

Cette générosité du duc de Parme, à laquelle on ne s'attend pas, fait une révolution générale en sa faveur. Il est décidé qu'il faut lui envoyer au nom du public, des confitures & le meilleur vin qui soit dans la ville. Les esprits s'adoucissent insensiblement par ces attentions mutuelles : on s'accoutume à penser que les espagnols ne sont pas aussi féroces qu'on l'a cru. Cette opinion fait qu'on ne pousse pas la résistance aussi loin qu'on l'auroit fait sans cela, & qu'il y a beaucoup de maux d'évités pour les assiégeans & pour les assiégés.

La prise de cette importante place causa une si grande joie à Philippe II, qu'en ayant appris la nouvelle pendant la nuit, il va sur-le-champ, tout myſtérieux & tout auſtere qu'il eſt, frapper à la porte de ſa fille Iſabelle, en criant : *Anvers eſt à nous.*

A PARTE. L'*à parte* eſt une des licences accordées à l'art dramatique, pour la vraiſemblance de laquelle on ſuppoſe que l'acteur qui parle *à parte*, n'eſt point entendu de celui avec lequel il eſt en ſcène, quoiqu'il doive l'être, & qu'il le ſoit en effet du ſpectateur, qui eſt beaucoup plus éloigné du théatre. Il faut refléchir pour ſe prêter à cette licence, que le ſpectateur n'aſſiſte au ſpectacle que, pour ainſi dire, en eſprit, & que les perſonnages qu'il vient y voir, ſont ſenſés ignorer qu'il eſt préſent. Cette réflexion devroit ſur-tout conduire les acteurs à éviter le contre-ſens abſurde, qu'ils ne font que trop ſouvent en adreſſant l'*à-parte* au public, qu'ils ne devroient point appercevoir.

L'anecdote ſuivante prouve que quelquefois l'*à-parte* ne ſort point des règles de la vraiſemblance.

La *Fontaine*, *Boileau*, *Moliere* & d'autres beaux-eſprits, raiſonnoient ſur les *à parte*, que pluſieurs perſonnes trouvent peu naturels, peu néceſſaires. *La Fontaine* ſe déclaroit contre, & s'échauffoit beaucoup pour en prouver le peu de vraiſemblance. Pendant qu'il parloit avec tant de vivacité, *Boileau*, qui étoit à côté de lui, diſoit tout haut : *le butor de La Fontaine ! l'entêté, l'extravagant que ce La Fontaine !* &c. Et *la Fontaine* pourſuivoit toujours ſans l'entendre. Tout le monde ſe prit à rire, & *La Fontaine* en demandant la cauſe : « *Vous déclamez,* lui dit *Boileau, contre les* à » parte ; *& il y a une heure que je vous débite aux* » *oreilles une kyrielle d'injures, ſans que vous y ayez* » *fait attention.* »

APELLE, peintre grec, vivoit du temps d'Alexandre-le-Grand.

Apelle, au rapport de Pline, avoit réuni au plus haut degré de perfection toutes les parties qui forment le grand peintre.

Apelle avoit pour maxime qu'un peintre, jaloux de ſa réputation, ne doit laiſſer paſſer aucun jour ſans deſſiner ; *Nulla dies ſine lineâ.*

Un peintre ſe glorifioit devant lui de peindre fort vite ; *on s'en apperçoit bien,* lui répond *Apelle.*

Un autre artiſte lui montroit une Vénus revêtue d'habillemens ſuperbes, & lui demandoit d'un air content ce qu'il en penſoit. *Je vois,* lui dit *Apelle, que n'ayant pu faire ta Vénus belle, tu l'as fait riche.*

Après la mort d'Alexandre, il ſe retira dans les états de Ptolémée, auprès duquel il ne trouva pas le même appui contre l'envie qui le perſécutoit ; car ayant été accuſé d'une conſpiration contre ce prince, il alloit être condamné à mort, quoiqu'innocent, ſi l'un des complices n'eût prévenu cette injuſtice par ſa déclaration. Echappé de ce danger, il ſe retira à Epheſe, où, pour ſe venger de ſes ennemis, il fit ſon chef-d'œuvre, le tableau de la *Calomnie.* Pline nous en a conſervé l'ordonnance. On y voyoit la crédulité avec de longues oreilles, tendant les mains à la calomnie qui alloit à ſa rencontre. La crédulité étoit accompagnée de l'ignorance & du ſoupçon ; l'ignorance étoit repréſentée ſous la figure d'une femme aveugle ; le ſoupçon, ſous celle d'un homme agité d'une inquiétude ſecrete, & s'applaudiſſant tacitement de quelque découverte. La calomnie, au regard farouche, occupoit le milieu du tableau ; elle ſecouoit une torche de la main gauche, & de la droite, elle traînoit par les cheveux l'innocence ſous la figure d'un enfant qui ſembloit prendre le ciel à témoin ; l'envie la précédoit, l'envie aux yeux perçans & au viſage pâle & maigre ; elle étoit ſuivie de l'embûche & de la flaterie. A une diſtance qui permettoit encore de diſcerner les objets, on appercevoit la vérité qui s'avançoit lentement, conduiſant le repentir en habit lugubre. Cette belle compoſition feroit encore honneur à un habile peintre qui ſauroit l'exécuter.

Le même auteur parle du portrait du roi Antigone, qui étoit borgne, & qu'*Apelle* peignit de profil, pour cacher ſa difformité.

Alexandre-le-Grand, critiquant quelques tableaux d'*Apelle*, ce peintre lui dit franchement : « Seigneur, auſſi-tôt que vous avez voulu juger » de mes ouvrages, les apprentifs même qui » broyoient mes couleurs n'ont pu s'empêcher de rire.

Apelle rencontra un jour la courtiſane Phryné, encore toute jeune, qui, portant une cruche d'eau, revenoit du Pyrée ; il fut tellement épris de ſa beauté naiſſante, qu'il l'amena ſouper avec lui, & avec pluſieurs de ſes amis. Comme on le plaiſantoit ſur l'extrême jeuneſſe de Phryné : — « Je vous prédis, leur dit-il, qu'elle effacera » toutes les beautés d'Athènes, & je vous pro-» mets que cet enfant verra quelques jours à ſes » pieds des vieillards & des ſages ».

Apelle ſurprit un jour cette Phryné, qui, venant de ſe baigner, n'étoit ſeulement couverte que de ſes cheveux, dont l'ébène éclatant relevoit la blancheur d'une peau admirable. *Apelle*, rentré chez lui, l'ame remplie de ce charmant ſpectacle, & vivement amoureux de Phryné, conçut l'idée de peindre ſa fameuſe Vénus ſortant des eaux. Le prodigieux fuccès de ce tableau dut énorgueillir la belle Phryné, puifque Vénus n'étoit que fon image, & qu'elle fervoit ordinairement de modèle lorfqu'on vouloit repréfenter la mère de l'amour.

Apelle fit le portrait d'Alexandre, & l'on difoit dans la Grèce, « qu'il y avoit deux Alexan-» dres, l'un invincible, fils de Philippe; l'autre » inimitable, celui d'*Apelle* ».

Il paroît cependant qu'Alexandre ne trouva pas toujours qu'*Apelle* eût l'art de bien faifir fa reffemblance. Le monarque ne louoit que foiblement un de fes portraits, fait de la main de fon peintre chéri, lorfqu'un cheval, comme frappé à l'afpect de celui qui étoit repréfenté, fe mit à hennir auffi-tôt : *Apelle* dit alors, en riant, au vainqueur de l'Afie : « — Seigneur, ce cheval » paroît mieux fe connoître en peinture que » vous ».

Alexandre fut inconfolable de la mort de Bucéphale. *Apelle* réuffit tellement à rendre la reffemblance de ce fameux cheval, qu'Alexandre ordonna pendant long-temps qu'on portât à manger à cette fimple repréfentation.

Alexandre étoit vivement épris d'une jeune beauté nommé Campafpe, & voulut qu'*Apelle* en immortalifât les traits. S'appercevant que le peintre devenoit très-fenfible aux charmes de fon modèle, à mefure qu'il cherchoit à les rendre, il eut la générofité de le lui céder.

Apelle vint trouver Protogène à Rhodes, & ne le rencontrant point la première fois, il deffina fur un tableau où l'on ne voyoit encore rien de tracé, les premiers linéamens d'une figure : après quoi, il s'en alla. Protogène, étant de retour, ne fut pas long-temps à deviner leur auteur. — « C'eft » *Apelle*, s'écria-t-il, car il n'y a que lui au » monde qui foit capable d'un deffin de cette » fineffe & de cette légéreté ». Protogène effaya de l'emporter fur ce nouveau rival, en décrivant d'autres contours.

Apelle revint, & ne voulant pas qu'il fût dit qu'il eût été furpaffé dans les premiers principes, de la peinture, il reprit le pinceau, &, avec une couleur différente des deux autres, il conduifit des traits fi favans & fi merveilleux, parmi ceux qui avoient été tracés, qu'il épuifa toute la fubtilité de l'art. Protogène étant rentré chez lui, n'eut pas plutôt diftingué ces derniers traits, qu'il s'écria : — « Je fuis vaincu, & je » cours embraffer mon maître ». — Il vole au port, en difant ces mots, où, ayant rencontré fon rival, il lia avec lui une amitié fincère qui ne fe démentit jamais.

Apelle demanda un jour à Protogène combien

il retiroit de fes ouvrages : étonné du prix médiocre qu'en recevoit un fi habile homme, & du peu de confidération dont il jouiffoit dans fa patrie, il lui dit : — « & moi, je vous offre cinq » talens pour chacun de vos tableaux ». — La générofité d'*Apelle* fit ouvrir les yeux aux rhodiens fur le mérite de leur peintre; & depuis ce temps-là, Protogène eut tout ce qu'il méritoit.

Dès qu'*Apelle* avoit achevé un tableau, il l'expofoit fur la galerie de fa maifon, aux regards des paffans; & caché lui-même derrière fon ouvrage, il écoutoit la critique des fpectateurs, afin de corriger les défauts qu'on lui reprochoit juftement. Un cordonnier paffant un jour devant la maifon d'*Apelle*, & y trouvant un tableau expofé de la forte, obferva que le peintre avoit mis une courroie de moins aux fandales d'une figure : *Apelle* fit auffi-tôt difparoître cette petite négligence. Le cordonnier, tout fier du fuccès de fa remarque, s'avifa le lendemain de cenfurer mal-à-propos une jambe : *Apelle*, indigné de l'ignorance de ce prétendu connoiffeur, fortit alors de fa cachette, &, le regardant avec mépris : — « Ar-» rête, lui dit-il, & ne t'avife pas de paffer la » fandale ». — Cet avis judicieux fut reçu en proverbe dans toute la Grèce : *ne futor ultra crepidam* (cordonnier, ne paffe pas la chauffure), y difoit-on aux ignorans, qui vouloient s'ingérer de parler de chofes qu'ils n'entendoient point.

Apelle avoit commencé à peindre une Vénus, lorfque la mort le furprit au milieu de fon ouvrage : ce tableau refta toujours imparfait; aucun peintre n'ayant jamais ofé entreprendre de l'achever.

Long-temps après la mort de ce premier des peintres grecs, les habitans de Pergame achetèrent, des deniers publics, un palais antique & ruiné, dans lequel il y avoit quelques peintures d'*Apelle* : « Non feulement, dit un hiftorien la-» tin, pour empêcher les araignées de tendre » leurs toiles dans une maifon que les ouvrages » d'*Apelle* rendoient refpectable; mais encore pour » garantir ces mêmes ouvrages des ordures des » oifeaux ». Les habitans de Pergame firent plus, ils fufpendirent dans ce vieux palais, qu'ils réparèrent entièrement, le corps d'*Apelle* dans un réfeau de fils d'or.

APIS. *Apis* étoit, chez les égyptiens, une divinité célèbre. C'étoit un bœuf dans lequel l'ame du grand Ofiris s'étoit retirée. Il lui avoit donné la préférence fur les autres animaux, parce que le bœuf eft le fymbole de l'agriculture dont ce prince avoit tant défiré la perfection. Le bœuf *Apis* devoit être de certaines marques extérieures, qui quelquefois le rendoient affez rare. Au furplus, les prêtres y pourvoyoient.

Quand on avoit trouvé *Apis*, avant de le conduire à Memphis, on le nourriffoit pendant quarante jours dans la ville du Nil. Des femmes avoient seules l'honneur de le visiter & de le servir. Elles se présentoient dans un déshabillé dont tout autre qu'un taureau auroit senti le prix. Après la quarantaine, on lui faisoit une niche dorée dans une barque, on l'y plaçoit, & il descendoit à Memphis. Les prêtres & le peuple alloient en pompe le recevoir. Les enfans assez heureux pour recevoir son haleine en obtenoient le don de prédiction. On le conduisoit dans le temple d'Osiris, où il avoit deux superbes étables. Son séjour dans l'une annonçoit le bonheur de l'Egypte, & c'étoit un présage fâcheux quand il habitoit l'autre.

Apis n'avoit qu'un certain temps à vivre, & lorsque sa dernière heure étoit censée venue, les prêtres le noyoient avec de grandes cérémonies, ensuite on l'embaumoit, & ses funérailles occasionnoient des dépenses considérables.

Les égyptiens consultoient Apis comme un oracle. En le consultant, on se mettoit les mains sur les oreilles; on les tenoient bouchées jusqu'à ce qu'on fût sorti de l'enceinte du temple: alors on prenoit pour réponse du dieu la première chose qu'on entendoit.

APPLAUDISSEMENS.
Lorsqu'on donna au théâtre françois la comédie de l'Egoïsme, le public s'apperçut, dès la première représentation, qu'un homme du parterre applaudissoit de toutes ses forces. Il fut remarqué encore à la seconde, ainsi qu'aux suivantes. Ses claquemens de mains redoubloient à mesure que les représentations se succédoient. Un des amis de l'auteur l'avertit de la bonne volonté du personnage, & lui dit en riant que cela méritoit bien un remercîment de sa part. M. de Cailhava fut assez heureux pour apprendre le nom & découvrir la demeure de l'original: il se rendit un matin chez cet amateur si zélé: « mon cher monsieur, lui dit-il, je viens » vous rendre grâce de la bonne volonté que vous » avez témoignée pour ma comédie, & de toute » la chaleur que vous avez mise pour la faire » réussir. — Trève de remerciemens, dit notre » homme, j'avois parié pour dix représentations, » & je me suis arrangé pour ne pas perdre le » pari ».

APOLLON.
Apollon, fils de Jupiter & de Latone, étoit l'inventeur de la poésie, de la musique, le chef des muses, le père de la lumière. Les aventures de ce dieu sont en très-grand nombre, & si connues, que nous nous croyons dispensés d'en faire le détail. Nous nous bornerons à dire qu'on le représentoit de plusieurs manières, suivant ses différens attributs. Tantôt il étoit peint sous la forme d'un jeune homme sans barbe, une lyre à la main, & des instrumens de musique à ses côtés. Tantôt on le plaçoit au sommet du parnasse, au milieu des neuf muses, ayant sur sa tête une couronne de laurier. Quelquefois il conduisoit le char du soleil, traîné par quatre chevaux blancs. Souvent il portoit un carquois sur les épaules, & un arc & des fleches dans ses mains. C'étoit principalement à Claros, à Délos & à Delphes que ce dieu rendoit ses principaux oracles.

APOLLONIUS.
Apollonius, surnommé de Tyanes, d'un bourg de Cappadoce, où il naquit quelque temps avant J. C., cultiva dès son enfance la philosophie de Pythagore. Il ne se nourrissoit que de légumes, s'abstenoit du vin, & des femmes; donnoit son bien aux pauvres, vivoit dans les temples, & par cette vie singulière, attira sur lui tous les regards. Il parut dans plusieurs villes de la Grèce comme un prédicateur du genre humain. Il vint à Rome, pour voir, disoit-il, quel animal c'étoit qu'un tyran. Il se mit à faire des miracles. Il y eut une éclipse de soleil, accompagnée de tonnerre. Apollonius regarda le ciel, & dit d'un ton prophétique: quelque chose de grand arrivera, & n'arrivera pas. Trois jours après, la foudre tomba sur la table de Néron, & fit tomber sa coupe qu'il portoit à la bouche. Le peuple appliqua la prophétie d'Apollonius à cet événement.

Néron ayant chanté en plein théâtre, Tigellin demanda à Apollonius ce qu'il pensoit de l'empereur; j'en pense plus honorablement que vous, répondit-il, vous le croyez digne de chanter, & moi de se taire.

Le roi de Babylone lui demanda un moyen pour régner sûrement. Ayez, dit Apollonius, beaucoup d'amis, & peu de confidens.

Un eunuque ayant été surpris avec une belle esclave du roi, on vouloit le faire mourir. Apollonius dit: au contraire, pour le punir, laissez-lui la vie, son amour fera son supplice.

L'empereur Domitien le fit jetter dans les fers, comme magicien. Un espion vint lui demander comment il supportoit les entraves qui lui serroient les pieds. Je n'en sais rien, répondit Apollonius, car mon esprit est ailleurs. Il mourut avec beaucoup de courage, peu d'années avant J. C.

APOLLONIUS, philosophe stoïcien, de la ville de Chalcis. L'empereur Antonin le fit venir à Rome pour être l'instituteur de Marc-Aurèle, son fils adoptif. Ce pédant étant arrivé, fit dire qu'il attendoit son disciple, & que c'étoit à lui de venir trouver son maître. L'empereur le lui envoya, en lui observant « qu'il étoit bien étrange qu'Apollo- » nius trouvât le chemin de son logis au palais » plus long, que celui de Chalcis à Rome. »

APOLOGUE.

L'apologue est un don qui vient des immortels ;
   Ou si c'est un présent des hommes,
Quiconque nous l'a fait mérite des autels.
    Nous devons tous tant que nous sommes,
     Eriger en divinité
Le sage par qui fut ce bel art inventé.
C'est proprement un charme ; il rend l'ame attentive,
    Ou plutôt, il la tient captive,
    Nous attachant à des récits
Qui mènent à son gré les cœurs & les esprits.

Voilà ce que La Fontaine nous dit d'un art où lui-même excelloit. Lui seul a mérité le nom de fabuliste françois.

Ce que Démosthène n'avoit point obtenu par la force de son éloquence, il l'obtint par un *apologue*.

Menenius Agrippa appaisa une sédition en récitant la fable des membres & de l'estomach. La Fontaine a versifié ces deux *apologues*.

Louis XII aimoit les apologues, il en fit même qui méritent d'être cités.

La reine son épouse lui ayant fait quelques reproches un peu trop vifs, il lui fit cet *apologue*.

A la création du monde, Dieu avoit donné des cornes aux biches comme aux cerfs ; mais les biches, fières de se voir la tête armée, prétendirent l'emporter sur les cerfs, & même leur donner la loi. Dieu s'en fâcha ; & pour punir leur orgueil déplacé, leur ôta l'ornement qui le leur inspiroit. Depuis ce temps, les biches sont sans cornes : pensez-y, madame.

Le gendre de Louis XII, devenu depuis roi de France, sous le nom de François I, abusoit du droit qu'il avoit à la couronne, pour emprunter des sommes considérables, le roi croyant voir en lui l'impatience de régner, lui récita l'*apologue* suivant.

Un fils voyageant avec son père, s'ennuyoit de ne pas arriver ; il apperçut enfin la pointe d'une tour élevée sur une montagne : nous y voilà bientôt, s'écria-t-il avec joie, il se trompoit. Il fallut encore marcher long-temps, ils n'arrivèrent même que sur la fin du jour. En entrant dans la ville, le père dit au jeune homme : « mon fils, ne dites jamais que vous êtes à la ville avant d'en avoir passé les portes.

Un des plus grands seigeurs de la cour, mais qui n'avoit que médiocrement cultivé son esprit, se proposa pour une place vacante à l'académie françoise. A le recevoir, ou à le refuser, l'embarras étoit égal. Ce fut dans cette occasion que Patru ouvrit l'assemblée par un *apologue.* « Mes-

» sieurs, dit-il, un ancien grec avoit une lyre
» admirable ; il s'y rompit une corde : au lieu
» d'en mettre une de boyau, il en voulut une
» d'argent ; & la lyre, avec sa corde d'argent,
» perdit son harmonie ».

Un homme sans fortune avoit deux fils : il mourut. L'aîné se rendit à la cour, y sut plaire, & obtint une place auprès du prince. Le plus jeune cultiva un champ que son père lui avoit laissé ; & vécut du travail de ses mains. Un jour l'aîné disoit au cadet : « pourquoi n'apprends-tu » pas à faire la cour & à plaire, tu ne serois pas » obligé de travailler ainsi pour vivre ? Le cadet » lui répondit : pourquoi n'apprends-tu pas à travailler comme moi, tu ne serois pas obligé d'être » esclave » ?

Es-tu de l'ambre, disoit un sage à un morceau de terre odoriférante qu'il avoit ramassé dans un bois ? Tu me charmes par ton parfum. Elle lui répondit : je ne suis qu'une terre vile ; mais j'ai habité long-temps avec la rose.

Le ministre d'un roi fut disgracié, & se retira dans une maison de religieux : comme il n'avoit pas mérité sa disgrace, il s'en consola aisément, il prit même du goût pour le nouveau genre de vie qu'il avoit embrassé. Le roi qui l'aimoit, & qui estimoit ses talens, sentit la perte qu'il avoit faite, & l'alla trouver pour le prier de revenir à la cour. Mais le ministre refusa le roi, & lui dit : « Tu » m'avois élevé aux premières dignités, j'ai soutenu avec fermeté l'agitation des grandeurs. Tu » m'as forcé à la retraite, j'en goûte le repos, » laisse-m'en jouir. Se retirer du monde, c'est » arracher les dents aux animaux dévorans, c'est » ôter au méchant l'usage de son poignard, à la » calomnie ses poisons, à l'envie ses serpens. » Le roi insista, & lui dit : « J'aurois besoin d'un » esprit éclairé & d'un cœur droit & bon, qui » voulût supporter avec moi le fardeau de ma » puissance. Je ne puis trouver qu'en toi l'homme » qui m'est nécessaire. -- Tu le trouveras, répondit » le ministre, si tu le cherches parmi ceux qui ne » te cherchent pas ».

L'oie & le loup.

Un loup, pressé par la faim, se jette au milieu d'un troupeau d'oies qui passoient dans la campagne ; il prend la plus grasse, & l'emporte derrière un buisson. Celle-ci se plaint amèrement de ce que plus dodue que ses compagnes, elle va être tristement dévorée, tandis que les autres, quoique plus maigres, seront néanmoins mangées dans des festins joyeux, au bruit des vielles & au son des chansons folâtres.

« S'il ne tient qu'à cela pour te consoler, lui » répondit le loup, je vais chanter ». Il la lâche fottement, & se met à heurler. L'oie libre prend son vol, & disparoît.

La mauvaise plaisanterie retombe presque toujours sur son auteur.

(*Marie de France*).

Le loup & le curé.

Un curé ayant apprivoisé un loup, entreprit de lui apprendre à lire : ça, dit-il, en lui montrant un alphabet, répète après moi : *A.* — *A*, reprit le loup. Bon, dit le curé, continuons : *B.* — *Bée, Bée*, répéta le loup, & croyant entendre le bêlement des agneaux qui sortoient de la bergerie, il courut au-devant d'eux pour tenter d'en manger quelqu'un.

Ce qu'on a dans le cœur revient toujours à l'entendement.

(*Marie de France*).

La femme & le mari.

Un gros bénêt de paysan voulant un jour rentrer dans sa cabane, trouva la porte fermée ; il regarde par le trou de la serrure, & croit voir un homme sur son lit. Outré de rage, il se retire, bien résolu d'en témoigner le soir son mécontentement à sa femme. « Qu'as-tu, lui dit-elle, en » le voyant arriver de mauvaise humeur ? — J'ai » vu ce matin un homme sur mon lit. — Voilà tes » anciennes folies qui te reprennent. — Folies !… » je crois ce que j'ai vu. — Il ne faut pas souvent » croire ce que l'on voit ». Puis, le prenant par la main, elle le conduisit à un cuvier rempli d'eau. « Regarde, dit-elle, que vois-tu ? — Parbleu ! » je vois une figure d'homme… Eh bien, ré- » plique la matoise, tu n'es pas dans cette eau, & » cependant tu t'y vois ; il n'est pas surprenant » que tu te sois vu sur ton lit : apprends que les » yeux mentent quelquefois ». Le pauvre idiot convint de son tort, & promit à sa femme de ne plus croire ce qu'il verroit.

(*Marie de France*).

Le serpent & le paysan.

Un serpent qui logeoit dans le creux d'un rocher où jadis on avoit déposé un trésor, s'étoit lié d'amitié avec un paysan, qui, deux fois le jour, devoit lui apporter une jatte pleine de lait. Cette convention remplie avec exactitude assuroit au paysan successivement une partie du trésor que possédoit le serpent ; mais s'il y manquoit, son ami le menaçoit de l'en faire repentir. Dès la première fois, le paysan eut une pièce d'or en échange de son lait, il la montra à sa femme, & il continua pendant quelque temps à tirer un salaire aussi avantageux d'une marchandise assez commune. Il s'enrichissoit : mais la paysanne trou-

voit que le profit n'alloit pas encore assez vite à son gré. Elle conseilla à son mari de tuer le serpent, afin de pénétrer dans sa caverne, & de devenir tout d'un coup possesseur du trésor. Il croit ce mauvais conseil, &, armé d'une coignée, il va porter à son ami le plat de lait, & au moment que le serpent sort de sa roche, il lève le bras pour le frapper ; mais le reptile, aux aguets, esquive le coup qui tombe sur la pierre, & qui y fait une furieuse entaille. Le paysan, tout confus, se retire, & le lendemain, en s'éveillant, aperçoit son fils étranglé dans son berceau, & trouve toutes ses brebis mortes dans leur étable. Désespéré, il se prend à sa femme, dont le détestable avis a causé son malheur. Pour l'adoucir, elle lui conseille d'aller s'humilier devant son ancien ami le serpent, & lui demander grace. Il y va, se prosterne à genoux, lui présente du lait, & implore sa miséricorde. « C'en est fait, » lui dit le reptile, il ne peut plus y avoir d'union » entre nous. Ce que nous pourrions faire tous » deux pour nous procurer le retour de notre ami- » tié ; seroit suspect à l'un & à l'autre. Lorsque tu » jetteras les yeux sur le berceau de ton fils, tu » me maudiras ; & ma haine pour toi prendra de » nouvelles forces toutes les fois que je verrai ici » l'empreinte de ta coignée. Je puis oublier ton » crime ; mais je ne puis plus faire société avec » toi ».

On peut oublier les maux que nous ont fait les méchans ; mais il ne faut pas se mettre dans le cas d'en éprouver de nouvelles trahisons.

(*Marie de France*).

APOPHTEGME. *L'apophtegme* est une sentence courte, énergique, instructive d'un homme illustre.

Sadi…, tu demandes si la fourmi, qui est sous tes pieds, a droit de se plaindre ? oui, ou tu n'as pas le droit de te plaindre lorsque tu es écrasé par l'éléphant.

Les agrémens sont les vertus des cours, & presque des vices dans des sages.

Il y a des expiations pour les sacrilèges qui ont violé leurs vœux ; mais qu'y a-t-il, qui puisse expier une offense faite à l'amitié ?

Le diamant tombé dans un fumier, n'en est pas moins précieux, & la poussière que le vent élève jusqu'au ciel n'en est pas moins vile.

Croire qu'un foible ennemi ne peut pas nuire, c'est croire qu'une étincelle ne peut pas causer un incendie.

Diogène. — La pudeur est le coloris de la vertu.

Il suffit de voir les courtisans en particulier pour les haïr.

L'espérance est la dernière chose qui meurt dans l'homme.

La liberté est le plus grand des biens & le fondement de tous les autres.

Diogènes tendoit la main à une statue pour s'accoutumer, disoit-il, au refus.

Quelqu'un paroissant étonné de lui voir porter une lanterne en plein jour, il lui dit, je cherche un homme.

Une autre fois voyant un vieillard qui cajoloit une fille, ne crains-tu point, lui demanda-t-il, d'être pris au mot.

Zénon ... un ami est un autre soi-même.

Les plus sages ne sont pas sages en tout : & les plus savans ignorent souvent les choses les plus vulgaires.

Nous n'avons qu'une bouche & deux oreilles : la nature nous apprend par-là, qu'il faut peu parler, & beaucoup écouter.

Les ambassadeurs d'un prince avoient engagé Zénon à un repas splendide, & s'étonnoient de ce qu'il ne disoit mot. Comme ils lui demandoient ce qu'ils rapporteroient à leur prince : » dites-lui, » leur répondit-il, que vous avez vû un vieillard » qui savoit se taire au milieu d'un festin. »

Bion ... honorons la vieillesse puisque c'est où nous tendons tous.

L'avare ne possède pas son bien, mais c'est son bien qui le possède.

La prudence est l'œil du courage, elle tient lieu de valeur aux vieillards, & la valeur supplée à la prudence dans les jeunes gens. La prudence en effet écarte les vieillards du danger, & la valeur en tire les jeunes gens.

Chilon. Désirer de trouver dans une épouse la beauté, la richesse & la naissance réunies, c'est vouloir se donner une maîtresse au lieu d'une compagne.

Une ame généreuse ne perd jamais la mémoire des bienfaits qu'elle a reçus ; mais elle oublie aisément ceux que sa main répand.

C'est moins la mort qui est horrible, que le phantôme sous lequel on nous la fait envisager.

Les trois choses les plus difficiles, sont de taire un secret, d'oublier une injure, & de bien user de son loisir.

Il n'y a pas moins de lâcheté à attaquer un homme désarmé, qu'à parler mal de ceux qui ne peuvent se défendre.

La prudence est à désirer pendant qu'on est jeune ; & la gaieté est le baume de la vieillesse. C'est ce

que ce philosophe vouloit exprimer, en disant : » Qu'il falloit être jeune en sa vieillesse, & vieux » en sa jeunesse. »

L'or est la pierre de touche de l'homme. Un autre sage a dit : « Qu'on éprouve l'or par le feu, la « femme par l'or, & l'homme par la femme. »

Aristote. Les racines des sciences sont amères, mais le fruit en est doux.

Il n'y a rien qui vieillisse sitôt, qu'un bienfait.

Les prodigues vivent comme s'ils avoient peu de temps à vivre ; & les avares, comme s'ils ne devoient jamais mourir.

L'amitié est comme l'ame de deux corps. « Ajoutons ici ce que dit un philosophe moderne. « Les » ames humaines veulent être accouplées pour » valoir tout leur prix ; & la force unie des amis, » comme celle des lames d'un aimant artificiel, » est incomparablement plus grande que la somme » de leurs forces particulières. » Divine amitié ! c'est-là ton triomphe.

Celui qui entre dans la carrière des sciences, doit jetter l'œil sur ceux qui le devancent, & non sur ceux qui le suivent.

L'espérance est le songe d'un homme éveillé.

Soyons amis de Socrate & de Platon, mais encore plus de la vérité.

Socrate. Ce philosophe recommandoit trois choses à ses disciples : la sagesse, la prudence & le silence.

Comme ses amis se fâchoient de ce que quelqu'un qu'il avoit salué ne lui avoit pas rendu son salut : « Pourquoi vous fâcher, dit-il, de ce qu'un » autre n'est pas si civil que moi ? »

On a recueilli plusieurs de ses maximes ; mais nous nous contenterons de rapporter ce trait qui le caractérise le plus. L'oracle l'avoit déclaré le plus sage des hommes. « Nous ne savons, dit-il, » ni les sophistes, ni les poëtes, ni les orateurs, » ni les artistes, ni moi, ce que c'est que le vrai, » le bon & le beau ; mais il y a entre nous cette » différence, que, quoique ces gens ne sachent » rien, tous croient savoir quelque chose : au lieu » que moi, si je ne sais rien, au moins je n'en suis » pas en doute. De sorte que toute cette supériorité » de sagesse qui m'est accordée par l'oracle, se ré-» duit seulement à être convaincu que j'ignore ce » que je ne sais pas. »

Antisthène ..., les états sont sur le point de périr, lorsque la récompense du mérite est devenue le prix de l'intrigue.

La plus nécessaire de toutes les sciences est d'apprendre à se garantir de la contagion du mauvais exemple.

Le seul bien qui ne peut nous être enlevé, est le plaisir d'avoir fait une bonne action.

Xénophon . . . , les bienfaits sont des trophées qu'on s'érige dans le cœur des hommes.

Héraclite . . . , les loix sont les remparts de la liberté, & de l'état par conséquent.

Démocrite . . . , les richesses ne consistent pas dans la possession des biens; mais dans l'usage qu'on en fait.

Anaxagoras . . . L'âge & le sommeil nous enseignent peu à peu le chemin de la mort.

La science nuit autant à ceux qui ne savent pas s'en servir, qu'elle est utile aux autres : ou, comme dit Montagne, elle est un sceptre en de certaines mains, & en d'autres une marotte.

Solon . . . , ne jugeons point du bonheur d'un homme avant sa dernière heure.

Un empire est chancelant, si le magistrat n'obéit aux loix, & le peuple au magistrat.

Les loix ressemblent aux toiles d'araignées, qui n'arrêtent que les mouches, c'est sur la médiocrité seule ajoute un auteur moderne, que s'exerce toute la force des loix; elles sont également impuissantes contre les trésors du riche & contre la misère du pauvre. Le premier les élude, le second les échappe; l'un brise la toile, l'autre passe au travers.

Cléobule . . . . Il y a deux choses à craindre : l'envie des amis & la haine des ennemis.

Périandre . . . La bienfaisance doit être la garde des rois.

On lui demandoit pourquoi il retenoit la domination qui lui avoit été confiée ? C'est, répondit-il, qu'il est aussi dangereux de descendre du trône que d'y monter.

Bias . . . . Il vaut mieux être juge entre ses ennemis qu'entre ses amis, parce que dans le premier cas on se fait un ami, & dans l'autre un ennemi.

L'espérance est le pavot qui endort nos peines; mais l'amour du gain les réveille.

Parmi les bêtes sauvages, la plus à craindre est le tyran; parmi les domestiques, c'est le flatteur.

Pittacus . . . . Ne divulguez pas vos desseins, afin que, s'ils sont renversés, vous ne soyez point exposé à la risée.

Thalès . . . . La meilleure forme d'un état est celle où le partage des richesses n'est pas trop inégal : on n'a point alors de pauvres à défendre, ni de riches à contenir.

Encyclopédiana.

La trop grande envie de parler est un signe de folie.

La félicité du corps, consiste dans la santé, & celle de l'esprit dans le savoir.

Pythagore . . . Le spectacle du monde ressemble à celui des jeux olympiques. Les uns y tiennent boutique & ne songent qu'à leur profit, les autres y paient de leurs personnes, & cherchent la gloire; d'autres se contentent de voir les jeux, & la condition de ces derniers n'est pas la pire.

L'ami qui nous cache nos défauts nous sert moins que l'ennemi qui nous les reproche.

Il n'y a rien de si timide qu'une mauvaise conscience.

APOSTROPHE. L'*apostrophe*, si l'on en juge par l'étymologie du mot, est une figure par laquelle l'orateur semble oublier l'auditeur pour s'adresser à d'autres personnes, & même à d'autres objets.

Les orateurs célèbres ont employé cette figure avec tant de succès, qu'on cite par préférence quelques *apostrophes* comme des morceaux dignes de passer à la postérité.

Le cardinal du Perron disoit que l'*apostrophe* adressée par Démosthène aux grecs tués à la bataille de Marathon, lui faisoit autant d'honneur que s'il les avoit ressuscités.

Cicéron, dans l'oraison pour Milon, s'adresse aux citoyens illustres qui avoient répandu leur sang pour la patrie, & les intéresse à la personne d'un homme qui en avoit tué l'ennemi dans la personne de Clodius. Ensuite il *apostrophe* les tombeaux, les autels, les bois sacrés du mont Albin. On regarde encore comme un des plus beaux endroits de Cicéron l'*apostrophe* qu'il adresse à Tubéron, dans l'oraison pour Ligarius. *Quid enim Tubero, tuus ille districtus in acie Pharsalicâ gladius agebat ?* &c. Ce morceau est remarquable, & par la vivacité du discours, & par l'effet qu'il fit dans l'ame de César. Ce prince, qui tenoit dans ses mains la condamnation de Ligarius, décidée d'avance, la laissa tomber à ses pieds, tant son trouble étoit grand.

Nous finirons par citer l'*apostrophe* de M. Bossuet, dans l'oraison funèbre de madame la duchesse d'Orléans. « Hélas ! nous ne pouvons » arrêter un instant les yeux sur la gloire de la » princesse, sans que la mort s'apprête aussi-tôt » pour tout offusquer de son ombre ! O mort ! » éloigne-toi de notre pensée; & laisse-nous trom- » per pour un moment la violence de notre dou- » leur par le souvenir de notre joie ».

APOTHÉOSE. Ce mot vient du grec, &

N

fignifie divinifer. Depuis Augufte, à qui on éleva des temples de fon vivant, & qu'on plaça dans la fuite au rang des dieux, les *apothéofes* fe multiplièrent : voici les cérémonies qui s'obfervoient. Si-tôt que l'empereur étoit mort, toute la ville prenoit le deuil. On enfeveliffoit le cadavre avec une grande pompe. On mettoit dans le veftibule du palais, fur un lit d'ivoire, couvert d'étoffes d'or, une figure de cire qui repréfentoit parfaitement le défunt, pâle cependant, comme s'il étoit encore malade. Le Sénat, en robe de deuil, reftoit rangé au côté gauche du lit pendant une grande partie de la journée ; & au côté droit étoient fes femmes & les filles de qualité, en grandes robes blanches, mais fans ornemens. Ces cérémonies duroient fept jours, pendant lefquels les médecins faifoient affiduement leurs vifites, & déclaroient que la maladie augmentoit. Enfin ils annonçoient la mort. Alors les chevaliers les plus diftingués, & les plus jeunes fénateurs portoient cette figure de cire fur une eftrade dreffée dans une place publique, & enrichie d'or & d'ivoire. Le nouvel empereur & les magiftrats s'y raffembloient. Deux chœurs de mufique chantoient les louanges du défunt, fon fucceffeur en faifoit l'éloge. Enfuite on le portoit dans le champ de Mars, où fe trouvoit un bûcher tout dreffé. C'étoit une charpente quarrée en forme de pavillon, de quatre ou cinq étages qui alloient en diminuant en forme de pyramide. Le dedans étoit rempli de matières combuftibles, & le dehors revêtu de draps d'or & compartimens d'ivoire, & de riches peintures ; chaque étage formoit un portique foutenu par des colonnes. On faifoit des courfes de chevaux & de chars. Le nouvel empereur, une torche à la main, alloit mettre le feu au bûcher, les magiftrats en faifoient autant, & la flamme gagnant bientôt le faîte, en chaffoit un aigle ou un paon, qui, felon le peuple, alloit porter au ciel l'âme du feu empereur, qui dès-lors avoit fon culte & fes autels. Cette cérémonie s'étant renouvellée, tomba bientôt dans le difcrédit, & même dans le mépris.

APOTHICAIRE. Il n'eft pas rare de voir différens particuliers, même d'un rang diftingué, s'adreffer aux *apothicaires* pour les maux dont ils font attaqués. Il eft peut-être encore moins rare de rencontrer des *apothicaires* qui fe font un mérite & même un lucre de cette confiance auffi dangereufe qu'abufive. Si on ne leur paie pas leurs vifites, ils ne perdent rien pour cela : les drogues qu'ils fourniffent les dédommagent au centuple & de leurs peines, & de leurs confultations. L'anecdote fuivante prouve au moins que tous, ni ne penfent, ni n'agiffent de même.

Un des plus célèbres *apothicaires* de Paris, membre de plufieurs académies, M. Baumé étoit occupé dans fon laboratoire à des opérations effentielles. On le fait venir dans fa boutique pour une perfonne qui demandoit à lui parler. Cette perfonne, après lui avoir appris fort au long le commencement, les progrès & l'état de fon mal, finit par lui demander ce qu'il falloit qu'elle fît. M. B... qui, pendant que le particulier lui parloit, étoit plus inquiet de ce qui fe paffoit dans fon laboratoire que des maux qu'on lui détailloit, répondit brufquement : *il faut, monfieur, il faut que vous preniez un médecin ou un chirurgien.* Le particulier, étonné de cette réponfe vive à laquelle il ne s'attendoit pas, regarde fixement M. B..., & lui replique avec autant de vivacité, *eft-ce en infufion ou en décoction ?*

Un homme qui avoit paffé fa vie & dépenfé une partie de fa fortune, à former une riche & curieufe collection de médailles, mourut à Marfeille. Son héritier, *apothicaire*, qui ne connoiffoit rien hors la caffe & le féné, & qui, de crainte d'être diffipé de fon application à fa profeffion, n'avoit jamais voulu rien favoir autre chofe, trouva fort fingulier que fon cher parent eût raffemblé une fi grande quantité de *liards* n'ayant plus de cours ; pour s'en débarraffer, il imagina de faire fondre tout ce cuivre, & d'en faire fabriquer un fuperbe mortier, qui, fuivant lui, décoroit bien plus utilement fa boutique.

APPARENCE.

Les hommes de tout temps jugeant fans connoiffance ;
Par un faux éclat prévenus,
Ont fouvent pris pour des vertus
Ce qui n'en a que l'*apparence*.
Parmi ces illuftres mortels,
Quelquefois ceux que l'on encenfe
Ne font que de grands criminels,
A qui notre feule ignorance,
Au lieu de châtimens, décerne des autels.

APPLAUDISSEMENS. Les *applaudiffemens* chez les romains, accompagnoient les acclamations, & fe faifoient en cadence. On applaudiffoit auffi en fe levant, en portant les deux mains à la bouche, & en les avançant vers ceux qu'on vouloit applaudir. Quelquefois on croifoit les pouces en joignant & élevant les mains. Tantôt on faifoit voltiger un pan de fa toge ; mais comme cela étoit embarraffant, l'empereur Aurélien s'avifa de faire diftribuer au peuple des bandes d'étoffes deftinées à cet ufage.

APPLICATION. Une *application* bien faifie, ou qui fait voir entre un paffage tiré d'un auteur, & un événement récent, un rapport que l'on n'apperçoit pas d'abord, peut caufer à l'efprit une furprife agréable.

On faifoit des *applications* malignes de plufieurs endroits de la tragédie d'*Hérode*, par l'abbé Nadal, dans laquelle on croyoit trouver des rapports entre la cour d'Hérode & celle de Louis XIV, à ces deux vers fur-tout que Tyron dit à Hérode, en parlant de Salomé :

> Efclave d'une femme, indigne de ta foi ;
> Jamais la vérité ne parvint jufqu'à toi.

Lors de la première repréfentation, une perfonne du théâtre dit qu'il y avoit trop de hardieffe dans ces vers. M. le duc d'Aumont, protecteur de l'abbé Nadal, qui entendit ce difcours, répondit que ce n'étoit pas dans les vers qu'il falloit trouver de la hardieffe, mais dans l'*appl.cation* qui venoit d'en être faite.

Un avocat, fils d'un épicier, revenoit de plaider, & s'étoit énoncé dans un ftyle un peu fatyrique. L'avocat qui lui avoit répondu, avoit, au contraire, fait paroître beaucoup de douceur & de modération : celui-ci étoit fils d'un herborifte. Le premier préfident de Harlay, au fortir de l'audience, lui fit l'*application* de ce vers de Virgile dans les Géorgiques : *mella decuffit foliis*. Il n'a exprimé que du miel de fes feuilles. A l'égard du fecond, il lui dit : *piperata façandia. Votre éloquence a le piquant du poivre.*

L'archevêque de Harlay, un des plus beaux hommes de fon temps, ayant obtenu que l'archevêché de Paris fût érigé en duché-pairie, plufieurs dames de la cour vinrent lui faire leur compliment, en lui difant : *les brebis viennent féliciter leur pafteur de ce qu'on a couronné fa houlette.* L'archevêque dit, en regardant ces dames :

> *Formofi pecoris cuftos.*

Madame de Bouillon repliqua fur-le-champ par une ingénieufe application de la fin de ce vers :

> *Formofior ipfe.*

Le père Arnoux, jéfuite, en prêchant la paffion, vit entrer la reine Médicis, & ayant de recommencer fon fermon dit : *infandum, regina, jubes renovare dolorem.*

Un homme offroit fa protection à un gentilhomme plus en crédit que lui : *Je l'accepte, monfieur,* lui dit le gentilhomme, *les petits préfens entretiennent l'amitié.*

Madame du Deffans, à qui l'on racontoit que madame ** avoit repris la fantaifie de coucher avec fon mari : *c'eft peut-être,* dit-elle, *une envie de femme groffe.*

Le 20 & le 25 du mois de Septembre 1779, on repréfenta à la comédie françoife la tragédie de *Gafton & Bayard*, de du Belloy. Le public faifit

avec le tranfport de l'enthoufiafme, ces quatre vers du *chevalier fans peur.*

> Ecoute, ô mon élève ! efpoir de ta patrie,
> D'Eftaing, cœur tout de flamme, à qui le fang me lie !
> Toi, né pour être un jour, par tes hardis exploits,
> Ainfi que ton aïeul, bouclier de tes rois.

Un jeune & riche gafcon, nommé Adam, étant venu à Paris, un de fes amis le mit en penfion chez une femme, qui lui communiqua ce qu'il n'avoit pas eu intention de venir chercher. Il fut obligé de fe retirer dans une maifon particulière de fanté, où fon ami ne tarda pas à l'aller joindre. Comme il erroit dans plufieurs corridors fans trouver fon homme, pour fe faire entendre de lui, il s'avifa de crier : *Adam, ubi es ?* (Adam, où êtes-vous ?) Adam, qui reconnut la voix de fon ami, & qui n'en étoit pas éloigné, lui répondit : *mulier quam dedifti mihi fociam peccare me fecit.* (La femme que vous m'avez donnée pour compagne m'a fait tomber dans le péché).

Le duc de Bouillon, que Louis XIII venoit d'abfoudre d'un crime de rébellion, rencontra le cardinal de la Valette, qui lui dit : *beati quorum remiffa funt iniquitates.* Comme ce cardinal avoit été foupçonné d'avoir tramé quelque confpiration qu'on n'avoit pu découvrir, le duc lui répondit, *& quorum tecta funt peccata.*

Un curé, en procès avec fes paroiffiens, qui ne vouloient point paver fon églife, étayoit fon bon droit fur ce paffage de Jérémie : *paveant illi, non paveam ego.*

Quand M. de Crébillon, dans fon difcours de remerciement à l'académie, prononça ce vers :

> Aucun fiel n'a jamais empoifonné ma plume.

le public confirma, par des *applaudiffemens* réitérés, la juftice qu'il fe rendoit.

A-PROPOS. Un des meilleurs *à-propos* dont l'hiftoire ait fait mention, eft celui de Pierre Danez, au concile de Trente. Un homme qui n'auroit pas eu l'efprit préfent, n'auroit rien répondu au froid jeu de mots de l'évêque italien : *ce coq chante bien : ifte gallus bene cantat.* Danez répondit par cette terrible réplique : *plût à Dieu que Pierre fe repentît au chant du coq.*

Le pape Clément XI fe plaignoit avec larmes de ce qu'on avoit ouvert malgré lui les églifes de Sicile qu'il avoit interdites. Le marquis Mafer, ambaffadeur de Sicile, lui repliqua : *pleurez, faint père, quand on les fermera.*

Il y a dans le voifinage de Dijon deux vignobles célèbres, l'un appellé *Beze*, l'autre *Cham-Bertin.*

Un jour qu'un galant homme, possesseur d'une bonne partie des vignes de Beze, traitoit quelques-uns de ses amis, un des conviés chanta ce triolet, qui plut beaucoup à la compagnie, par l'heureux à-propos des noms rapprochés de celui du maître du festin.

Beze qui produit ce bon vin
Doit paſſer pour très-catholique.
J'eſtime plus que Cham-Bertin,
Beze qui produit ce bon vin.
Si le diſciple de Calvin,
Beze, paſſe pour hérétique,
Beze qui produit ce bon vin,
Doit paſſer pour très-catholique.

APULÉE, auteur de la fameuſe fable de l'âne d'or : il épouſa une riche veuve ; ce qui fit dire aux parens de cette femme, qu'il s'étoit ſervi de la magie pour avoir ſon cœur & ſa bourſe. » Vous » vous étonnez, dit Apulée aux juges, qu'une » femme ſe ſoit remariée après treize ans de viduité ? » Etonnez-vous plutôt qu'elle ait tant attendu : » vous croyez qu'il a fallu la magie pour qu'une » veuve de ſon âge épouſât un jeune homme ! C'eſt » ſa jeuneſſe au contraire qui prouve que la magie » étoit ſuperflue.

ARABES. Les Arabes, enivrés de la nobleſſe de leur antiquité & de leur deſcendance des patriarches, réſervent toute leur eſtime pour eux-mêmes, & tout leur mépris pour le reſte des nations.

Les arabes ſont grands & bien faits, ils entretiennent leur vigueur par des exercices pénibles, & par une vie active. La frugalité qui leur eſt inſpirée par la ſtérilité de leur climat, ſemble en eux une vertu naturelle. L'eau eſt un breuvage qu'ils préférent à toutes les boiſſons aromatiſées qui troublent la raiſon & énervent les forces. Uniquement occupés des moyens de ſubſiſter & du plaiſir de ſe reproduire, ils n'éprouvent ni les tourmens de l'ambition ni ceux de l'ennui. Ils ne connoiſſent point cet eſſaim de maladies qui affligent les peuples abrutis par l'intempérance. Ils n'ont d'autres lits que le gazon & la mouſſe, ni d'autre oreiller qu'une pierre. Cette vie tranquille les conduit à une longue vieilleſſe ; & quand il faut payer le tribut que la nature impoſe à l'humanité, ils ſemblent plutôt ceſſer d'être que mourir. Leurs vertus & leurs vices tiennent à l'influence du climat, & le peu de cas qu'ils font de la vie eſt la ſource de leur dureté & de leur peu de ſenſibilité. L'hiſtoire des arabes offre des traits de cruauté & des traits de rare bienfaiſance. Peres tendres, enfans reſpectueux, ils écoutent avec une délicieuſe émotion la voix de la nature ; c'eſt avec leur ſang qu'ils ſcellent leurs alliances, pour leur imprimer un caractère plus ſacré. Les droits de l'amitié ſont inviolables. Deux amis contractent des obligations réciproques, dont ils ne peuvent ſe diſpenſer ſans être traités de profanateurs.

L'arabe, au milieu des fureurs de la guerre, eſt un tigre qui ne reſpire que le carnage ; revenu dans ſa tente, on trouve en lui la douceur de l'agneau : tantôt on le voit dans les déſerts & ſur les routes dépouiller le voyageur, & tantôt exercer la plus généreuſe hoſpitalité envers l'étranger qui ſe réfugie dans ſa tente, & qui ſe confie à ſa foi. Dans chaque canton habité on allume pendant la nuit des feux qu'on nomme feux de l'hoſpitalité, pour appeller les voyageurs qui s'égarent dans leur route, ou qui ont beſoin de ſe repoſer ; & après les avoir bien régalés, on les reconduit au ſon des inſtrumens, & on les comble de préſens.

Chez les anciens arabes, le jour même du couronnement du nouveau roi, on prenoit les noms & on faiſoit une liſte de toutes les femmes enceintes de huit ou neuf mois : on les enfermoit dans un palais : on en avoit beaucoup de ſoin, & l'enfant de celle qui accouchoit la première, ſi c'étoit un garçon, étoit dès-lors déſigné l'héritier préſomptif de la couronne. La royauté, diſoient-ils, ne doit pas être dévolue à une ſeule famille, elle appartient à toute la nation.

Un ſage arabe avoit diſſipé ſes biens au ſervice d'un calife, & le monarque, noyé dans les délices, lui diſoit ironiquement : connois-tu quelqu'un qui faſſe profeſſion d'un plus grand détachement que toi ? — Oui, ſeigneur. — Quel eſt-il ? — Vous : je n'ai ſacrifié que ma fortune, vous ſacrifiez votre gloire.

ARAGONOIS. Lorſque les affaires de Philippe V paroiſſoient déſeſpérées, & que l'on croyoit qu'il alloit abandonner l'Eſpagne & revenir en France, un aragonois aima mieux perdre la vie par la main du bourreau, que de violer la foi qu'il lui avoit jurée, il ne voulut jamais prêter ſerment à l'archiduc ; & ſes enfans, lorſque Philippe V ſe vit enfin paiſible ſur le trône, ne demandèrent à ce prince, pour toute récompenſe, que la permiſſion d'avoir des armoiries, & de porter dans leur écuſſon une fleur de lys & un homme attaché à une potence, pour marquer à toute la terre que la mort la plus ignominieuſe n'a rien que d'honorable, quand on l'endure pour la défenſe de ſon roi.

ARC. Il eſt inutile de décrire la forme de l'arc, qui eſt univerſellement connue. Cette arme offenſive eſt la plus ancienne. Les grecs, les romains, mais ſur-tout les parthes, s'en ſervoient fort avantageuſement. Elle eſt encore en uſage en Aſie, en Afrique & dans le Nouveau Monde. Les anciens en attribuoient l'invention à Apollon. Avant l'invention des armes à feu, on nommoit archers ceux qui ſe ſervoient de l'arc pendant la guerre.

Les habitans des villes étoient obligés de s'exercer à tirer de l'*arc* ; c'est-là l'origine des compagnies de l'*arc*, qui subsistent encore dans plusieurs villes de France. Louis XI abolit en 1481 l'usage de l'*arc* & de la flèche, pour y substituer les hallebardes, les piques & les sabres.

En Angleterre il y a des loix & des réglemens pour engager le peuple à se perfectionner dans l'art de tirer de l'*arc*. Ce fut en effet à leurs archers que les anglois dûrent le gain des batailles de Creci, de Poitiers & d'Azincourt.

ARC (Jeanne d'), dite la Pucelle d'Orléans ; elle se prétendit envoyée de dieu pour délivrer la France de l'oppression des anglois. Comme on lui demanda des preuves de sa mission : *qu'on me mène à Orléans*, dit-elle, *& on en verra des signes certains.*

En effet, la ville fut délivrée. Les anglois, se retirant avec précipitation, abandonnerent leurs malades, leurs vivres, leur artillerie, leur bagage : *laissons-les fuir*, dit cette héroïne ; *l'objet est rempli, point de carnage inutile.*

Elle assiégea Gergeau avec un détachement françois, commandé par le duc d'Alençon. *Avant, gentil duc, à l'assaut*, s'écria la Pucelle ; *ne craignez rien, j'ai promis à la duchesse d'Alençon de vous ramener sain & sauf.*

A la journée de Patay en Beauce, on lui demanda s'il falloit combattre les anglois qui étoient supérieurs en nombre. *Oui, certainement*, répondit-elle, *fussent-ils pendus aux nues.*

Elle ajouta, *avez-vous de bons éperons ? Quoi*, dit le duc d'Alençon, *faudra-t-il prendre la fuite ? Non*, dit Jeanne d'*Arc, mais les ennemis la prendront, & il faudra les poursuivre*, ce qui arriva.

On sait que cette fille guerrière conduisit Charles VII à Reims, où ce roi fut sacré ; elle parcourut les provinces du royaume ; elle fut prise au siège de Compiegne, par un archer anglois, sans que les françois fissent le moindre effort pour la délivrer. Jean de Luxembourg-Ligny, général des troupes Bourguignonnes, qui l'avoit en sa possession, la vendit aux anglois dix mille francs : & Pierre Cauchon, évêque de Beauvais, pour satisfaire les anglois, poursuivit sa condamnation sous de faux prétextes : elle fut brûlée vive dans une place publique de Rouen, le 14 juin 1431. Charles VII fit revoir son procès, & réhabilita la mémoire de cette héroïne en 1456.

Une fausse Jeanne qui lui ressembloit parfaitement, prit son nom, & épousa un gentilhomme de la maison des Armoises : elle reçut même à Orléans les honneurs dûs à la libératrice de la ville.

ARCÉSILAS, philosophe de l'école de Platon,

mort vers l'an 300 avant J. C. Il disoit que *la mort étoit de tous les maux le seul dont la présence n'incommodoit jamais personne, & qui ne chagrinoit qu'en son absence.*

Quelqu'un lui demandant pourquoi on voyoit tant de disciples quitter l'école de leurs maîtres, excepté ceux d'Epicure qui ne l'abandonnoient jamais, il répondit : *parce que des hommes on peut faire des eunuques ; mais que des eunuques on ne peut point en faire des hommes.*

ARCHÉLAÜS, roi de Macédoine, mort vers l'an 399 avant J. C. Il attira à sa cour les philosophes & les plus célèbres artistes de son temps. Mais Socrate y ayant été appellé, répondit qu'il ne pouvoit se résoudre à aller voir un homme de qui il recevroit des biens qu'il ne pouvoit lui rendre.

Un homme en place, qui s'étoit rendu coupable de plusieurs infidélités chez les lacédémoniens, souffroit impatiemment qu'on l'appellât traitre ; il s'en plaignit à *Archélaüs* : » les macédoniens, » lui répondit ce prince, sont si grossiers, qu'ils » appellent les choses par leur nom.

ARCHIDAME, fils & successeur d'Agésilas-le-Grand, roi de Sparte, se rendit célèbre par ses vertus guerrières.

La première fois qu'*Archidame* vit des arbalêtres, il dit que la véritable valeur périroit bientôt, puisqu'on alloit se battre de si loin.

Quelqu'un lui demandoit un jour jusqu'où s'étendoit l'empire des lacédémoniens. Par-tout où ils peuvent étendre leurs lances, répondit-il.

Il écrivit à Philippe, roi de Macédoine, trop fier du succès de ses armes : regarde ton ombre au soleil, tu ne la trouveras pas plus grande qu'elle n'étoit avant la victoire. Ce prince mourut les armes à la main, l'an 338 avant J. C.

ARCHILÉONIDE, femme lacédémonienne, ayant appris que son fils avoit été tué dans un combat, demanda s'il étoit mort en brave homme ? Des étrangers, témoins de la valeur du jeune guerrier, en firent de grands éloges à sa mère, & lui dirent qu'ils ne croyoient pas qu'il y eût à Sparte un plus vaillant citoyen. » Vous vous trompez, répondit » cette généreuse mère ; mon fils, il est vrai, avoit » du courage ; mais, grace au ciel, il reste encore » à ma patrie plusieurs citoyens qui valent mieux » que lui ».

ARCHILOQUE, poëte grec, mort vers l'an 664 avant J. C.

Les furies inspirèrent *Archiloque*, &, pour mieux servir sa rage, elles l'armèrent le premier du vers ïambe, dont la cadence vive & précipitée est très-propre à exprimer la fureur & l'emportement.

Le principal objet des fureurs d'*Archiloque*, fut un nommé Lycambe, également homme de lettres, mais ennemi de la fatyre, & qui refufa au poëte de lui donner fa fille en mariage. *Archiloque* irrité l'accabla fous traits envenimés de fes iambes, & l'on rapporte que cet homme trop fenfible & fa fille fe pendirent de défefpoir.

La fureur de médire l'animoit tellement, qu'il ne s'eft point épargné lui-même. Il nous apprend qu'il avoit fervi à l'armée, & que pour mieux fe d'rober à l'ennemi, il jetta fon bouclier dont le poids l'embarraffoit extrêmement dans la fuite : « j'ai perdu mon bouclier, dit-il, mais j'ai con- » fervé ma vie, & il ne me fera pas difficile d'en » recouvrer un meilleur que le premier ». Les bra- ves fpartiates qui n'aimoient pas ces fortes de plai- fanteries, le bannirent de leur république.

Ce fatyrique affaffin périt par le fer d'un ennemi qui chercha à venger en lui l'outrage que fes poé- fies avoient faites aux bonnes mœurs, aux loix, à la juftice. Cicéron s'eft fervi de fon nom pour défigner les placards licentieux que le conful Bibu- lus faifoit afficher contre Céfar ; il les appella *Ar- chilochia edicta.*

ARCHIMEDE, né à Syracufe, mort vers l'an 208 avant J. C.

Il fut le premier reftaurateur des fciences exactes ; né avec un génie dévorant, l'étude fut pour lui en quelque forte un befoin. L'application qu'il y donnoit lui faifoit oublier toute autre fonction. On étoit même fouvent obligé de le tirer par force de fon cabinet, où fon efprit occupé de fpécu- lations fublimes paroiffoit dédaigner tout autre objet. Plutarque ajoute que fes efclaves le menoient par force au bain ; & que pendant qu'on le frot- toit, il s'occupoit encore à tracer des figures de géométrie fur fa peau.

Il y a un fait bien connu dans l'hiftoire, qui prouve qu'*Archimède* découvrit le premier les prin- cipes de l'hydroftatique qui a pour objet l'équi- libre de l'eau, & fon action fur les corps qui y font plongés. Hiéron, roi de Syracufe, vouloit faire aux dieux l'offrande d'une couronne d'or. Il la commanda d'un prix confidérable, & pefa l'or qu'il vouloit qu'on y employât. L'orfèvre lui apporta une couronne précifément du même poids ; mais on reconnut qu'il y avoit de l'argent mêlé avec l'or, & par conféquent que l'ouvrier avoit volé une partie de la quantité de ce dernier mé- tal qui lui avoit été remis. Hiéron, frappé de ce larcin, voulut convaincre l'orfèvre de fa friponne- rie, & comme la couronne étoit travaillée avec beaucoup d'art, il demanda à *Archimède*, s'il ne feroit pas poffible de découvrir la quantité de l'al- liage, fans détruire la couronne. L'habile mathé- maticien rêva long-temps à ce problème ; & quoi- que d'une fagacité extraordinaire, il défefpéroit

d'en trouver la folution, lorfqu'un jour en fe bai- gnant, il remarqua qu'à mefure qu'il entroit dans le bain, l'eau montoit par deffus les bords. Cette fimple obfervation, ftérile pour tout autre, lui préfenta la folution de la queftion qu'il cherchoit, tranfporté de joie, il s'élança du bain ; & fans faire attention à l'état où il étoit, il courut chez lui en criant : *je l'ai trouvé, je l'ai trouvé.* Il con- clut avec raifon que les corps de différens vo- lumes devoient déplacer une quantité d'eau rela- tive à leur volume. Si la couronne eft d'or pur, elle déplacera, dit-il, un volume d'eau égal à une pareille quantité d'or. Si au contraire il y a de l'ar- gent, elle déplacera une plus grande quantité d'eau, parce que l'argent a un plus grand volume que l'or. *Archimède*, en conféquence, ne s'occupa plus qu'à déterminer la quantité d'argent que con- tenoit la couronne d'or. Il fit à cet effet un alliage d'or & d'argent du même poids & du même vo- lume que la couronne ; volume qu'il connut par le même déplacement d'eau.

On attribue à ce même mathématicien une ma- chine ingénieufe formée d'un cylindre autour du- quel tourne, foit en dedans, foit en dehors, un tuyau en vis, & qui puife l'eau & l'élève lorfqu'on tourne le cylindre. Cette machine a été appellée depuis *la vis d'Archimède.*

Cet homme illuftre imagina auffi un miroir com- pofé de plufieurs miroirs, qui, ajuftés fur une efpèce de chaffis, réuniffoient par réflexion les rayons du foleil à une grande diftance. Quelques hiftoriens ajoutent qu'*Archimède* avec ces miroirs brûla plufieurs navires romains à la diftance de trois mille ; ce qui doit paroître prodigieux. Le miroir que M. de Buffon, fur la defcription de celui d'*Archimède*, a fait exécuter au jardin du roi, eft compofé d'environ quatre cens glaces planes d'un demi-pied en quarré : il fond le plomb & l'étain à cent quarante pieds de diftance, & allume le bois beaucoup plus loin.

Un jour qu'*Archimède* expliquoit à Hiéron les effets prodigieux des leviers, il s'appliqua à lui démontrer que, par leur multiplication & leur combinaifon, il n'étoit point d'effort dont il ne fût capable, & s'applaudiffant de la force de fes démonftrations, donnez-moi un point d'appui, difoit-il à ce prince, & je foulèverai la terre ; *Da mihi punctum & terram movebo.*

Archimède eut occafion de déployer fon génie contre les romains qui affiégeoient la ville de Sy- racufe par mer & par terre. Il inventa plufieurs ma- chines qui leur cauſèrent bien du dégât, & peut- être auroit-il obligé l'armée ennemie de fe reti- rer, fi les Syracufains ceffant d'obferver les ma- nœuvres des affiégeans pour célébrer la fête de Diane, ne leur euffent donné la facilité d'entrer dans la ville par efcalade. Un foldat pénétra dans l'appartement d'*Archimède* qui méditoit avec tant d'attention, qu'il n'avoit pas entendu le tumulte que les romains occafionnoient dans la ville. Ce foldat lui ordonna de le fuivre pour venir parler à Marcellus fon général. L'ordre étoit précis; mais Archimède, fans vouloir fe déranger, continua à réfoudre fon problême & à en chercher la démonftration. Le foldat, plus curieux de pillage que de démonftration & de problême, le tua fur-le-champ. Marcellus témoigna beaucoup de regret de la perte de ce grand homme.

ARCY (d'). Le fieur d'*Arcy*, qui avoit été page de la mufique de Henri IV, & qui eft mort, dit-on, âgé de cent vingt-trois ans, a joui jufqu'à fa dernière maladie, d'une grande fanté. Il venoit fouvent faire fa cour à Louis XIV, qui prenoit plaifir à l'interroger. Ce bon vieillard parloit au roi très-facilement, quoique perfonne n'eût un pareil avantage. « J'ai, lui difoit-il, plus de gloire » que vous, car j'ai fervi fous votre père & fous » vous ». Il retranchoit les expreffions de *fire* & de *majefté*, comme des ornemens qui embarraffoient fes difcours.

Le roi demanda un jour à d'*Arcy* fon régime de vie : « je mange, lui dit-il, quand j'ai faim, & je » bois quand j'ai foif ; j'ai mon garde-manger à » côté de mon lit : me fens-je appétit, je prends » ma lampe pour chercher de quoi manger, & » puis je me rendors : je me promène dans votre » parc deux fois par jour. — Mais quel âge avez-» vous lui demanda fa majefté ? C'eft ce qui vous » refte à favoir, répondoit d'*Arcy* ».

Louis XIV, déjà vieux, aimoit à voir cet homme qui avoit pouffé fi loin fa carrière : c'étoit un exemple bien agréable à fa majefté, qui l'encourageoit & lui donnoit l'efpérance de l'imiter. Je n'oublierai point de dire que ce bon vieillard avoit les entrées de la chambre.

ARDSCHIR, roi de Perfe, mort l'an 238 de J. C.

Les maximes de ce monarque étoient ; *que le peuple eft plus obéiffant quand le roi eft jufte ;*

Que le plus méchant de tous les princes eft celui que les gens de bien craignent, & duquel les méchans efpèrent.

Il répétoit fouvent à fes officiers : *n'employez pas l'épée, quand le bâton fuffit.*

ARÉOPAGE. L'*aréopage* délibéroit fi l'on accorderoit à Alexandre les honneurs divins qu'il exigeoit en maître qui veut être obéi. Tous les fénateurs opinoient pour la négative. Eh ! Meffieurs, leur dit Démades, prenez garde, en voulant conferver le ciel, de perdre la terre.

ARÉTIN (Pierre l'), fils naturel d'un gentilhomme d'Arezzo, & dépourvu des biens de la fortune, étoit né en 1556. Il avoit d'abord embraffé le métier de relieur qu'il quitta bientôt. Ayant pris la plume, il prodigua tour à tour l'adulation la plus baffe & la fatyre la plus effrénée ; il parvint à intéreffer même les puiffances de la terre au fort de fes écrits fatyriques. Cette audace lui avoit fait donner de fon vivant le furnom de *fléau des princes.*

Charles-Quint & François I, craignant les foudres de ce petit Jupiter, n'héfitèrent point d'acheter fon amitié par des préfens. Charles-Quint, à fon retour de fa malheureufe expédition d'Afrique, lui envoya une chaîne d'or, préfent allégorique qui fembloit devoir enchaîner fa plume fatyrique. Celui-ci dit, en la pefant : *elle eft bien légère pour une fi lourde fottife.*

Arétin partageoit d'abord fes éloges entre ces deux monarques qui avoient été en concurrence pour l'empire. Mais la penfion que Charles-Quint lui affigna décida fa plume ; il ne chanta plus que fon bienfaiteur. *Le faint-père, difoit-il, me donne l'accolade ; mais des baifers ne font point des lettres-de-change.*

Perfonne n'étoit plus importun que l'*Arétin*, quand on lui avoit donné quelque efpérance ; ni plus infolent quand il avoit obtenu ce qu'il demandoit. Il répondit à un tréforier de la cour de France qui venoit de lui payer une gratification : « Ne foyez pas furpris fi je garde le filence. J'ai » ufé mes forces à demander, il ne m'en refte plus » pour remercier ».

Pierre Strozzi, capitaine au fervice de France ayant enlevé fur Ferdinand, roi de Hongrie, le château de Murano, *Arétin*, alors dévoué à la maifon d'Autriche, ne put retenir un trait de fatyre. Strozzi qui n'entendoit pas raillerie, le menaça de le faire poignarder dans fon lit. *Arétin* qui le favoit homme à tenir parole, fe barricada dans fa maifon, n'ofant ni fortir, ni laiffer entrer perfonne, tant que ce général fut fur les terres de la république de Venife.

Une chûte affez fingulière termina la vie de l'*Arétin*. Laurenzini raconte qu'un jour, en écoutant le récit d'un tour qu'une de fes fœurs avoit joué à quelque galant, il lui prit un rire fi violent, qu'il tomba de fon fiège, & fe caffa la tête.

La petite pièce fatyrique, en forme d'épitaphe, que l'on compofa fur fa mort, peut faire connoître ce que l'on penfoit alors de cet écrivain.

Le temps, par qui tout fe confume,
Sous cette tombe a mis le corps
De l'*Arétin*, de qui la plume
Bleffa les vivans & les morts.
Son encre noircit la mémoire
De monarques de qui la gloire
Eft vivante après le trépas :
Et s'il n'a pas contre Dieu même

Vomi quelqu'horrible blafphême,
C'est qu'il ne le connoiſſoit pas.

ARGENSON (d'), lieutenant de police, mort en 1721.

Les citoyens d'une ville bien policée jouiſſent de l'ordre qui y eſt établi ; fans fonger combien il en coûte de peines à ceux qui l'établiſſent ou le conſervent, à-peu-près comme tous les hommes jouiſſent de la régularité des mouvemens céleſtes, fans en avoir aucune connoiſſance ; & même plus l'ordre d'une police reſſemble par fon uniformité à celui des corps céleſtes, plus il eſt inſenſible, & par conféquent il eſt d'autant plus ignoré qu'il eſt plus parfait. Mais qui voudroit le connoître & l'approfondir en feroit effrayé. Entretenir perpétuellement dans une ville telle que Paris, une conſommation immenſe, dont une infinité d'accidens peuvent toujours tarir quelques fources ; réprimer la tyrannie des marchands à l'égard du public, & en même-temps animer le commerce ; empêcher les uſurpations mutuelles des uns fur les autres, fouvent difficiles à démêler ; reconnoître dans une foule infinie tous ceux qui peuvent fi aiſément y cacher une induſtrie pernicieuſe, en purger la ſociété, ou ne les tolérer qu'autant qu'ils peuvent lui être utiles, par des emplois dont d'autres qu'eux ne fe chargeroient pas, ou ne s'acquitteroient pas fi bien ; tenir les abus néceſſaires dans les bornes précifes de la néceſſité qu'il font toujours prêts à franchir, les renfermer dans l'obſcurité à laquelle ils doivent être condamnés, & ne les en tirer pas même par des châtimens trop éclatans, ignorer ce qu'il vaut mieux ignorer que punir, & ne punir que rarement & utilement ; pénétrer par des conduits fouterreins dans l'intérieur des familles, & leur garder les ſecrets qu'elles n'ont pas confiés, tant qu'il n'eſt pas néceſſaire d'en faire uſage ; être préfent par-tout fans être vu ; enfin mouvoir ou arrêter à fon gré une multitude immenſe & tumultueuſe, & être l'ame toujours agiſſante, & preſqu'inconnue de ce grand corps : voilà quelles font en général les fonctions du magiſtrat de la police. Il ne femble pas qu'un homme feul y puiſſe fuffire, ni par la quantité des choſes dont il faut être inſtruit, ni par celle des vues qu'il faut fuivre, ni par l'application qu'il faut apporter, ni par la variété des conduites qu'il faut tenir, & des caractères qu'il faut prendre ; mais la voix publique répondra fi M. d'Argenfon a fuffi à tout.

Sous lui la propreté, la tranquillité, l'abondance, la füreté de la ville furent portés au plus haut degré. Il eût rendu compte d'un inconnu qui s'y feroit gliſſé dans les ténèbres, quelqu'ingénieux qu'il fût à fe cacher ; étoit toujours fous fes yeux ; &, fi enfin quelqu'un lui échappoit, du moins, ce qui fait preſque un effet égal, perfonne n'eût oſé fe croire bien caché.

Environné & accablé dans fes audiences d'une foule de gens du peuple, pour la plus grande partie peu inſtruits même de ce qui les amenoit, vivement agités d'intérêts très-légers & fouvent très-mal entendus, accoutumés à mettre à la place du diſcours un bruit inſenſé, il n'avoit ni l'inattention, ni le dédain qu'auroient pu s'attirer ou les perſonnes ou les matières ; il fe donnoit tout entier aux détails les plus vils, ennoblis à fes yeux par leur liaiſon néceſſaire avec le bien public ; il fe conformoit aux façons de penſer les plus baſſes & les plus groſſières ; il parloit à chacun fa langue, quelque étrangère qu'elle lui fût ; il accommodoit la raiſon à l'uſage de ceux qui la connoiſſoient le moins ; il concilioit avec bonté des eſprits farouches, & n'employoit la déciſion d'autorité qu'au défaut de conciliation. Quelquefois des conteſtations peu fuſceptibles, ou peu dignes d'un jugement férieux, il les terminoit par un trait de vivacité plus convenable & auſſi efficace. Il s'égayoit lui-même, autant que la magiſtrature le permettoit, des fonctions fouverainement ennuyeuſes & déſagréables, & il leur prêtoit de fon propre fonds de quoi le foutenir dans un fi rude travail.

(*Eloge par M. de Fontenelle*).

Il mourut dans fa retraite, au-dehors de la maiſon des filles de la Croix, au fauxbourg Saint-Antoine. Il étoit, dit le duc de S.-Simon, obligeant, poli, reſpectueux, fous une écorce dure & bruſque, & une figure de Rhadamante, mais dont les yeux pétilloient d'eſprit, & réparoient tout le reſte.

Un jour d'émeute, la populace aſſailloit fa porte. M. d'*Argenfon* monte dans fa voiture, & dit à fon cocher, en fortant de la cour, *au pas*. Le peuple le voit, tremble & fe diſſipe.

ARGENT.

L'argent, l'argent, dit-on, fans lui tout eſt ſtérile,
La vertu, fans *argent*, n'eſt qu'un meuble inutile :
L'argent feul au palais peut faire un magiſtrat,
L'argent en honnête homme érige un ſcélérat.

Pyrrhus, Philippe, & beaucoup d'autres héros, ont éprouvé que l'*argent* foumet les villes plus promptement que la plus nombreuſe armée.

En amour fur-tout l'*argent* avance les négociations.

Au temps heureux où régnoit l'innocence,
On goûtoit en aimant mille & mille douceurs,
Et les amans ne faiſoient de dépenſes
　　Qu'en foins & qu'en tendres ardeurs ;
　　Mais aujourd'hui, fans l'opulence
　　Il faut renoncer aux plaiſirs ;
Un amant qui ne peut dépenſer qu'en foupirs,
　　N'eſt plus payé qu'en eſpérance.

M.

; M. le maréchal de la Ferté nous fournit un exemple plaifant des outrages que *l'argent* fait oublier.

Lorfqu'il prit poffeſſion du gouvernement de Lorraine , les juifs le vinrent faluer ; il ne voulut pas , d'abord , les recevoir : « Je ne puis , dit-il , » les voir fans horreur , ils ont trahi mon maître ». On lui apprit qu'ils lui portoient un préfent de quatre mille piſtoles. « Hélas ! dit-il , lorſqu'ils » ont trahi mon maître , ils ne le connoiſſoient » pas ».

ARIOSTE (Louis) , né à Reggio , d'une famille alliée aux ducs de Ferrare , mort en 1535.

Ce poëte étoit le feul que le favant abbé de Longuerue avoit admis dans fa bibliothèque : « pour ce fou-là , difoit-il , il m'amufe quelque- » fois ».

Ariofte poſſédoit parfaitement la langue latine , mais il préféra d'écrire en italien. Le cardinal Bembo voulut le diſſuader de fe fervir de cette langue , lui repréfentant , « qu'il acquerroit plus » de gloire en écrivant en latin , qui eſt une langue » plus étendue ». *J'aime mieux* , lui répondit l'*Ariofte* , *être le premier des écrivains italiens , que le fecond des latins.*

Il avoit bâti une maiſon à Ferrare , & y avoit joint un jardin qui étoit ordinairement le lieu où il méditoit & compofoit. Cette maiſon étoit petite & fort fimple. On lui demanda pourquoi il ne l'avoit pas rendu plus magnifique , ayant fi noblement décrit dans fon *Roland* , tant de palais fomptueux , tant de beaux portiques & d'agréables fontaines ? Il répondit , « qu'on aſſembloit » bien plutôt & plus aiſément des mots que des » pierres ». Il avoit fait mettre fur fa maiſon ce diſtique latin :

Parva , fed apta mihi , fed nulli obnoxia , fed non

    Sordida , parta meo fed tamen ære domus.

L'*Ariofte* s'emporta un jour contre un potier de terre qui chantoit des ſtances de fon poëme , & briſa pluſieurs de fes vafes , en lui difant : *tu brifes l'harmonie de mes vers , qui valent bien un autre prix que ta vile marchandife.*

Le cardinal d'Eſt , à qui il dédia fon *Orlando furiofo* , admirant la fécondité de fon génie , s'écrioit : *meſſire Louis , où diable avez-vous puifé tant de faillies bouffonnes ?*

On a une excellente traduction de ce poëme charmant , par MM. Panckoucke & Framery.

L'*Ariofte* , d'une fanté délicate & foible , fut obligé fouvent d'avoir recours à l'art des médecins ; il fit paroître beaucoup de fermeté & de tranquillité dans fa dernière maladie , & dit à

ceux qui étoient préfens , « que pluſieurs de fes » amis étoient déjà partis , qu'il fouhaitoit de les » revoir , & que chaque moment le faifoit lan- » guir , tant qu'il ne feroit point parvenu à ce » bonheur ».

ARISTARQUE vivoit environ 148 ans avant J. C. Son nom exprimoit déjà du temps d'Horace , un cenfeur judicieux & délicat , & il eſt encore en ufage parmi nous. *Ariſtarque* fit la critique des ouvrages d'Homère & de Pindare , d'Aratus & de pluſieurs autres. A l'âge de foixante-douze ans , il fut attaqué d'une hydropifie , & voyant qu'il n'en pouvoit guérir , il fe laiſſa mourir de faim.

ARISTIDE fut un des hommes célèbres qui honorèrent la république d'Athènes. Il obtint le furnom de *Juſte* , & fa vie entière répondit à ce titre glorieux. Il mourut vers l'an 475 avant J. C.

Un jour que l'on jouoit une tragédie d'Efchile , l'acteur ayant récité ce vers , qui contenoit l'éloge d'Amphiaraüs , *il ne veut point feulement paroître homme de bien & jufte , mais l'être effectivement ,* tout le monde jetta les yeux fur *Ariſtide* , & lui en fit l'application.

Il préfidoit au jugement de la caufe de deux particuliers. L'un des deux pour le prévenir en fa faveur , dit que fa partie adverfe s'étoit toujours montrée oppofée aux démarches d'*Ariſtide*. « Eh » mon ami , lui répartit ce juge intègre en l'inter- » rompant , dis feulement les maux qu'il t'a » faits ; car c'eſt ton affaire que je juge & non la » mienne ».

Le peuple d'Athènes , qui prétexta fouvent la crainte d'une trop grande puiſſance , pour éloigner un citoyen auquel il portoit envie , exila *Ariſtide* par un jugement de l'oſtracifme. Ce fut dans cette occaſion qu'un payfan ne le connoiſſant pas , vint le prier de mettre fur fa coquille le nom d'*Ariſtide*. L'illuſtre athénien lui demanda , « fi » celui qu'il vouloit bannir lui avoit fait quelque » tort » : *Aucun* , répondit cet homme : *mais je fouffre impatiemment de l'entendre toujours appeller le jufte.* « *Ariſtide* , fans prononcer un feul » mot , prit la coquille , écrivit fon nom & la » rendit. Il partit pour fon exil , mais en priant » les dieux de ne pas permettre qu'il arrivât à fon » ingrate patrie , aucun malheur qui le fît re- » gretter ».

Lorfque *Ariſtide* partit pour fon exil , & qu'on le conduifoit hors d'Athènes , un de fes ennemis lui cracha au vifage. Il s'eſſuya fans fe plaindre , & fe tourna vers le magiſtrat qui l'accompagnoit : » c'eſt à vous , lui dit-il , d'*avertir* cet homme , » de peur qu'il n'en agiſſe ainſi envers quelque » autre ».

Aristide qui avoit rempli les charges les plus eminentes de la république, mourut néanmoins si pauvre, qu'Athènes fut obligée de faire les frais de ses funérailles, de doter ses filles, & d'avoir soin de son fils Lysimachus, à qui il ne laissoit pour tout héritage que le poids de sa gloire & l'exemple de ses vertus.

ARISTIPPE, de Cyrène, florissoit vers l'an 400 avant J. C. Il quitta la Lybie dont il étoit originaire, pour aller entendre Socrate à Athènes; mais il ne suivit pas le plan de sagesse de ce grand philosophe.

On railloit *Aristippe* sur le commerce qu'il avoit avec la courtisane Laïs : « il est vrai, dit-il, je » possède Laïs; mais Laïs ne me possède pas ».

Aristippe interrogé pourquoi les hommes donnoient plus volontiers aux pauvres qu'aux philosophes : *c'est*, répondit-il, *parce qu'ils croient devenir plutôt l'un que l'autre.*

On demandoit à *Aristippe* la différence qu'il y avoit entre un homme éclairé & un ignorant : *qu'on les envoie*, dit-il, *hors de leur pays, & on le verra.*

Aristippe s'étant embarqué, & ayant reconnu que le vaisseau appartenoit à des pirates, se mit à compter son argent, & le laissa tomber exprès dans la mer, faisant croire, par de feints gémissemens, qu'il lui étoit échappé des mains sans y penser. Il évita, par ce tour adroit, le danger où sa vie étoit exposée : ce qui lui fit dire à voix basse en le jettant : *il vaut mieux que je te perde que si tu étois cause de ma perte.*

Diogène lavant des choux, & voyant *Aristippe*, lui dit : « Si tu savois vivre de choux, tu ne fe- » rois point la cour à un tyran ». *Aristippe* lui répondit : « Si tu savois vivre avec des rois, tu ne » laverois point des *choux* ».

Aristippe demandoit au roi Denis une grace pour un de ses amis, & ne pouvant l'obtenir, il se jetta à ses pieds, & les embrassa, pour le prier en la manière qu'il vouloit être prié. Quelqu'un lui reprochant cette action comme indigne d'un sage, il répondit plaisamment : « la faute ne m'en doit pas » être imputée, mais au roi Denis, qui met ses » oreilles à ses pieds ».

Denis lui avoit un jour donné le choix de trois belles femmes, il les garda toutes trois en disant : *qu'il en avoit mal pris à Pâris, d'avoir donné la préférence à une des trois déesses.* Mais les ayant conduites jusques hors de chez lui, il les renvoya, pour faire voir qu'il savoit également jouir & s'abstenir.

Comme on lui demandoit ce que la philosophie lui avoit appris? *A bien vivre avec tout le monde.*

En quoi les philosophes sont-ils au-dessus des autres hommes? « C'est, disoit-il, que quand il » n'y auroit point de loix, ils vivroient comme ils » sont ».

On le railloit, & il se retiroit tout doucement : celui qui l'attaquoit le suivit, & lui demanda pourquoi il s'en alloit? « c'est, lui répondit-il, que » comme vous êtes le maître de faire des raille- » ries, il dépend aussi de moi de ne pas les » écouter ».

Ayant fait naufrage sur les côtes de l'isle de Rhodes; & appercevant sur le rivage des figures de mathématique : *Courage, mes amis, s'écria-t-il, je vois des traces d'hommes.*

Ayant perdu une terre considérable, il dit à quelqu'un, qui lui témoignoit prendre beaucoup de part à sa perte : « vous n'avez qu'une métairie, » & il me reste encore trois terres; pourquoi ne » m'affligerois-je pas plutôt avec vous »?

Il comparoit ceux qui laissoient l'étude de la sagesse pour cultiver les autres sciences, aux amans de Pénélope qui, au lieu de s'attacher à la maîtresse, s'amusoient avec les suivantes.

Un homme fort riche desirant qu'*Aristippe* donnât des leçons à son fils, il demanda cinquante drachmes. *Eh comment*, dit l'avare, *avec ce prix j'acheterois un esclave.* — *Achète-le*, répartit le philosophe, *tu en auras deux, lui & ton fils?*

On s'étonnoit devant *Aristippe* de ce que les philosophes alloient trouver les princes, & jamais les princes les philosophes. Il dit : *ne sont-ce pas les médecins qui doivent aller chez leurs malades.*

ARISTON, roi de Lacédemone, mort vers l'an 540 avant J. C. Un courtisan l'engageoit à faire du bien à ses amis, & du mal à ses ennemis, il lui répondit : « Qu'il convenoit bien plus » à un roi de conserver ses anciens amis, & de » savoir s'en faire de nouveaux de ses plus grands » ennemis. ».

Apprenant que les athéniens faisoient un éloge funèbre, de leurs citoyens tués dans un combat, entre les lacédémoniens, *s'ils honorent*, dit-il, *ainsi les vaincus, quels honneurs méritent donc les vainqueurs?*

ARISTOPHANE. *Aristophane*, poëte comique grec, florissoit vers l'an 446 avant J. C.

Les premiers magistrats, les généraux les plus célèbres, les dieux même furent exposés à la risée du peuple par ce satyrique outré, qui en les montrant par leur côté foible, les couvroit d'abord de ridicule, & les exposoit bientôt au mépris.

Aristophane fit jouer sa première comédie, qui

est perdue, sans se faire connoître, parce qu'il étoit trop jeune selon les loix, qui défendoient aux poëtes de donner au théâtre des comédies avant l'âge de trente ou quarante ans.

Cléon, fils de corroyeur & corroyeur lui-même, étoit d'une insolence extrême. Il avoit une voix terrible & imposante, avec un art merveilleux de gagner le peuple, & de le mettre dans ses intérêts. Enflé d'un succès extraordinaire que lui procura la fortune, plutôt que la bravoure, il devint presque le maître de l'état. *Aristophane*, pour démasquer cet homme vil, eut la hardiesse d'en faire sa comédie des *Chevaliers*, sans redouter son crédit ; mais il fut obligé de jouer lui-même le rôle de Cléon, & il monta sur le théâtre, pour la première fois, aucun des comédiens n'ayant osé faire ce personnage, ni s'exposer à la vengeance d'un homme si redouté. Il se barbouilla le visage de lie, faute de masque, n'ayant trouvé aucun ouvrier assez hardi pour faire un masque ressemblant à Cléon, comme on en faisoit pour ceux qu'on vouloit jouer en public.

Cléon, pour se venger des railleries d'*Aristophane*, l'avoit accusé devant le peuple, & lui avoit même disputé son droit de citoyen d'Attique. *Aristophane* se tira d'affaire par un bon mot qui réjouit ses juges. Il consistoit en une citation fort heureuse de deux vers de Télémaque dans Homère, qu'il s'appliqua fort plaisamment.

Je suis fils de Philippe, à ce que dit ma mère.
Pour moi, je n'en sais rien. Qui sait quel est son père ?

Il n'est pas certain qu'*Aristophane* ait été cause de la mort de Socrate. Il n'en fut pas moins coupable de l'avoir accusé publiquement d'impiété dans les *Nuées*.

ARISTOTE, surnommé *le prince des philosophes*, fut le chef de la secte des péripatéticiens. Il étoit né en Macédoine, l'an 384 avant J. C.

Aristote se mit dans sa jeunesse au rang des disciples de Platon. Mais ses talents naturels, son ardeur insatiable de tout savoir, ses lectures immenses, le firent de bonne heure regarder comme un génie du premier ordre. Ceux qui étudioient avec lui ne l'appelloient que l'*esprit* ou l'*intelligence*. Strabon dit de lui qu'il fut le premier qui pensa à se former une bibliothèque, & il y a lieu de croire qu'*Aristote* profita habilement des découvertes de ceux qui l'avoient précédé.

Aristote employa beaucoup de temps à voyager, dans le dessein de s'instruire.

Philippe, roi de Macédoine, ayant dessein de le charger de l'éducation d'Alexandre son fils. « Je rends moins graces aux dieux, lui écrivoit-il, » de me l'avoir donné, que de l'avoir fait naître

» pendant votre vie ; je compte que, par vos » conseils, il deviendra digne de vous & de » moi ».

Aristote reçut toutes sortes d'honneurs à la cour de Macédoine ; mais la récompense la plus flatteuse sans doute que ce philosophe obtint pour tous ses soins, fut d'entendre Alexandre-le-Grand répéter souvent : *je dois à mon père le bonheur de vivre, & à Aristote, de bien vivre.*

Un témoignage encore plus flatteur du mérite supérieur d'*Aristote*, est la lettre que ce même prince, maître de la terre, lui écrivit sur les débris même des trônes qu'il venoit de renverser : « J'apprends que tu publies tes traités acroatiques. » Quelle supériorité me reste-t-il maintenant sur » les autres hommes ? Les hautes sciences que tu » m'as enseignées vont devenir communes ; & tu » savois cependant que j'aime encore mieux surpasser les hommes par la science des choses sublimes que par la puissance. Adieu ».

Aristote enseignoit alors la philosophie à Athènes. Les athéniens lui avoient donné le Lycée pour y fonder sa nouvelle école. Le concours des auditeurs étoit prodigieux. Le matin il enseignoit la philosophie, & le soir la rhétorique ; & comme il donnoit ses leçons en se promenant, ses disciples furent appelés *Péripatéticiens*.

Aristote avoit bien des rivaux jaloux de sa gloire. Ils tinrent leur haine secrette pendant la vie d'Alexandre ; que l'on savoit aimer tendrement son précepteur. Mais après la mort de ce conquérant, ils osèrent se montrer plus à découvert. Ils cherchèrent à lui porter des coups plus sûrs, en se servant du ministère d'un prêtre de Cérès, qui l'accusa d'impiété devant le juge. Comme cette accusation pouvoit avoir des suites fâcheuses, & que l'exemple de Socrate étoit encore récent, le philosophe ne crut pas devoir attendre le succès du jugement, & il se retira secretement à Chalcis, dans l'isle d'Eubée. Ses amis firent de vains efforts pour l'arrêter : *Empêchons*, leur dit-il en partant, *qu'on ne fasse une nouvelle injure à la philosophie ;* paroles qui faisoient allusion à la mort de Socrate.

Aristote étoit d'une activité si infatigable pour l'étude, que « lorsqu'il se mettoit en devoir de » se reposer, il tenoit dans la main une boule d'airain appuyée sur les bords d'un bassin, afin que » le bruit qu'elle feroit en tombant dans le bassin » pût le réveiller ».

Un bavard lui demandoit s'il ne l'avoit pas ennuyé : *non, dit-il, car je ne t'écoutois pas.*

Le fameux *Aristote*, étant près de mourir, fut prié par ses disciples de se nommer un successeur. Théophraste de Lesbos, & Ménédème de Rhodes

O 2

prétendoient tous deux à cet honneur. *Ariſtote* ſe fit apporter deux bouteilles, l'une de vin de Rhodes, l'autre de vin de Lesbos. Il goûta d'abord le premier vin, & en fut très-content : il paſſa enſuite au vin de Lesbos ; & lorſqu'il en eut bu : « Ces deux vins, dit-il, ſont très-bons, ſans » doute ; celui de Lesbos me paroît cependant » plus agréable ». Il vouloit, par cet ingénieux trait de politeſſe, donner honnêtement la préférence à Théophraſte.

ARITHMÉTIQUE. La ducheſſe de .... repréſentoit depuis long-temps à ſon mari l'énormité de la dépenſe de leur maiſon, qui abſorboit & audelà leurs revenus : elle en accuſoit l'intendant, dont la fidélité lui paroiſſoit ſuſpecte, & elle en donnoit pour preuves ſon luxe en habits, l'abondance des mets qui chargeoient ſa table, & le gros jeu qu'on diſoit qu'il jouoit. « Vous avez » bien raiſon, madame, lui répondit le duc, j'ai » déjà fait toutes ces obſervations ; je ſoupçonne » du louche dans ſes comptes ; mais que faire ? » ſes additions ſont toujours juſtes ».

ARLAUD, peintre Genevois, mort en 1747, avoit enſeigné le deſſin au duc de Chartres, depuis duc d'Orléans, & régent du royaume. Ce prince ne fut pas plutôt à la tête du gouvernement, qu'il s'empreſſa de combler de bienfaits les excellens artiſtes. *Arlaud* venoit ſouvent lui faire ſa cour, & avoit la ſatisfaction d'être diſtingué dans la foule. « Je n'ai point oublié que » je vous dois les premiers principes du deſſin, » lui dit un jour le duc : je ſuis trop reconnoiſſant » pour ne pas récompenſer mon maître : allez » choiſir dans ma galerie les tableaux qui vous » plaiſent davantage, & faites-les emporter ; je » vous les donne ». Le peintre eut beau proteſter « qu'il avoit aſſez reçu de la généroſité de ſon alteſſe, & qu'il étoit d'ailleurs récompenſé par la gloire d'avoir eu un tel élève, il fallut ſe rendre. *Arlaud* entre dans la galerie où ſont raſſemblés les chefs-d'œuvres des plus grands artiſtes de toutes les écoles, & fixe ſon choix ſur deux tableaux peints par le régent lui-même. Ce trait adroit d'un fin courtiſan fut admiré. « Je ſuis fâché, » lui dit le prince, que vous contentiez de » ſi peu de choſe. — C'eſt, monſeigneur, ce qui » pouvoit m'être le plus précieux, répondit *Arlaud*, qui trouva, en arrivant chez lui, deux excellens tableaux, & vingt mille francs en or que lui envoyoit ſon auguſte élève, pour récompenſer ſes ſoins & ſon déſintéreſſement.

ARLEQUIN. Quelques-uns prétendent que le nom d'*Arlequin* doit ſon origine à un jeune acteur italien qui vint à Paris ſous le règne de Henri III. Comme ce comédien étoit accueilli dans la maiſon du préſident Achilles de Harlai, ſes camarades l'appellèrent *Harlequino*, ſelon l'uſage des italiens,

qui donnent ſouvent le nom des maîtres aux valets, & celui des patrons aux cliens. D'autres diſent que le nom d'*Harlequinus* ſe trouve dans une lettre de Raulin, imprimée en 1521, & dans d'autres écrits antérieurs au règne de Henri III.

On a fait beaucoup de pièces ſous le titre d'*Arlequin* .... On s'eſt auſſi beaucoup ſervi de ce rôle pour parodier différens opéra.

La petite farce italienne d'*Arlequin* bouffon fournit une anecdote qui trouve naturellement place dans cet article.

Cette pièce fit beaucoup de plaiſir. On en imprima le canevas, & l'on en fit des extraits pour la commodité des dames, qui voulurent toutes applaudir l'italien. Les maîtres de cette langue firent de grands progrès de fortune, & il étoit de mode d'en avoir un dans ſa loge, pour ſe faire interprèter la pièce, à-peu-près comme les cicéroni, que les voyageurs prennent en Italie pour ſe faire expliquer les antiquités du pays.

Après une repréſentation de cette comédie, Thomaſſin s'avança ſur le bord du théâtre, & s'adreſſant aux ſpectateurs, dans un jargon moitié italien, moitié françois, qui faiſoit plaiſir dans ſa bouche, dit : « Meſſieurs, je veux vous dire *una* » *picciole* fable que j'ai lue ce matin : car il me » prend quelquefois envie de *diventar* ſavant ; » mais *la diro* en italien : & ceux qui l'*entende-* » *ranno*, l'*expliqueranno* à ceux qui ne l'entendent » pas ». Alors il raconta, de la manière la plus comique, la fable de La Fontaine, du *meûnier*, *de ſon fils & de l'âne* : il accompagnoit ſon récit de tous les geſtes qui lui étoient familiers : il deſcendoit de l'âne avec le meûnier, & il y montoit avec le jeune homme, il trottoit devant eux : il prenoit tous les différens tons des contrôleurs & des contrôleuſes ; & après avoir fini ce récit comique, il ajouta en françois : « Meſſieurs, ve-» nons à l'application ; je ſuis le bon homme, je » ſuis ſon fils, & je ſuis encore l'âne. Les uns » me diſent : *Arlequin*, il faut parler françois ; » les dames ne vous entendent point, & bien » des hommes ne vous entendent guère. Lorſque » je les ai remerciés de leur avis, je me tourne » d'un autre côté ; & des ſeigneurs me diſent : » *Arlequin*, vous ne devez pas parler françois ; » vous perdrez votre feu, &c. Je ſuis bien embarraſſé ; parlerai-je italien ? parlerai-je fran-» çois ? je vous le demande, Meſſieurs ». Alors quelqu'un du parterre, qui avoit apparemment recueilli les voix, répondit : « Parlez comme il vous » plaira, vous ferez toujours plaiſir ».

Thomaſſin, Dominique & Carlin ſont les trois héros de Bergame qui ont rendu le rôle d'*Arlequin* le plus intéreſſant du théâtre italien, dont il ne reſte aujourd'hui que le nom.

L'ancienne troupe italienne avoit eu pour devise ces paroles : *castigat ridendo mores* ; & voici comme elles furent données par Santeuil au célèbre Dominique, qui jouoit le rôle d'*Arlequin* dans cette troupe. Cet acteur avoit envie d'avoir des vers latins de Santeuil, pour mettre au bas du buste d'*Arlequin* qui devoit décorer l'avant-scène de la comédie italienne. Sachant que le poëte ne vouloit pas se donner la peine d'en faire pour tout le monde, il imagina ce moyen pour en obtenir. Il s'habilla de son habit de théâtre, avec sa sangle & son épée de bois, prit un manteau qui le couvroit jusqu'aux talons ; & ayant caché son petit chapeau, il se mit dans une chaise à porteur. Quand il fut à la porte de Santeuil, il heurta ; en entrant, il jetta son manteau à terre ; & ayant pris son petit chapeau, il courut, sans rien dire, d'un bout de la chambre à l'autre, en faisant des postures plaisantes. Santeuil étonné d'abord, & ensuite réjoui de ce qu'il voyoit, entra dans la plaisanterie, & courut lui-même dans tous les coins de sa chambre comme *Arlequin* ; & puis ils se regardoient tous deux, faisant des grimaces pour se payer de la même monnoie. La scène ayant duré un peu de temps, *Arlequin* leva enfin son masque, & ils s'embrassèrent avec la joie de deux amis qui se reconnoissent & sont charmés de se revoir. Santeuil lui fit sur le champ ce demi-vers : *castigat ridendo mores*, & le renvoya fort satisfait de sa complaisance & de sa bonne humeur.

Ce même Dominique, né à Bologne, jouoit dans une si grande perfection, que lorsqu'il mourut, ses camarades tinrent leur théâtre fermé pendant plus d'un mois, pour marquer au public le regret qu'ils avoient de sa perte. Voici de quelle manière il fut saisi de la maladie qui l'emporta à l'âge de quarante-huit ans. Le sieur Beauchamp, maître à danser de Louis XIV, avoit exécuté devant ce prince une entrée fort singulière, dont sa majesté avoit été très-satisfaite. Dominique, dans un divertissement donné devant le roi, imita, d'une façon extrêmement comique, la danse de Beauchamp. Ce prince parut y prendre tant de plaisir, que le comédien fit durer sa danse aussi long-temps qu'il lui fut possible. Comme il s'étoit fort échauffé, & qu'il n'eut pas le temps de changer de linge, parce qu'il falloit qu'il jouât son rôle tout de suite, il lui survint un rhume qui se tourna en fluxion de poitrine ; & il en mourut huit jours après. Il laissa plusieurs enfans, parmi lesquels il y en eut deux, un garçon & une fille, dont on a beaucoup parlé dans le monde. L'un est le célèbre Dominique, si connu au nouveau théâtre italien & à la foire, où il jouoit le rôle de Trivelain, & où il donna de très-bonnes pièces de sa composition. L'autre est la demoiselle Biancolelli, dite Isabelle, qui épousa M. de Turgis, officier dans les gardes françoises.

Rich, fameux *Arlequin* de Londres, sortant un soir de la comédie, appella un fiacre, & lui dit de le conduire à la taverne du Soleil, sur le marché de Clarre. A l'instant où le fiacre étoit prêt d'arrêter, Rich s'apperçut qu'une fenêtre de la taverne étoit ouverte, & ne fit qu'un saut de la portière dans la chambre ; le cocher descend, ouvre son carrosse, & est bien surpris de n'y trouver personne. Après avoir bien juré suivant l'usage, contre celui qui l'avoit si bien escroqué, il remonte sur son siège, tourne & s'en va. Rich épie l'instant où la voiture repassoit vis-à-vis de la fenêtre, & d'un saut se remet dedans ; alors il crie au cocher qu'il se trompe, & qu'il a passé la taverne. Le fiacre tremblant retourne de nouveau, & s'arrête encore à la porte. Rich descend de voiture, gronde beaucoup cet homme, tire sa bourse & lui offre son paiement. A d'autres, M. le diable, s'écria le cocher, je vous connois bien, vous voudriez m'empaumer, gardez votre argent : à ces mots, il fouette, & se sauve à toute bride.

Les saillies échappées aux *Arlequins* ont été recueillies sous le titre d'*Arlequiniana*, ou d'*Arlequinades* ; nous allons en citer quelques-unes, pour en donner une idée.

Dans une des pièces de l'ancien théâtre italien qui étoient des cannevas que les acteurs remplissoient sur le champ, *Arlequin* (l'inimitable Carlin) entendit son maître faire la plus amère satyre des hommes ; « Et les femmes, monsieur, qu'en dites-vous ? -- Les femmes ! ah ! c'est encore pis. -- si bien donc, reprend *Arlequin*, que nous serions parfaits si nous n'étions ni hommes ni femmes ».

Arlequin, parlant de la noblesse, disoit : « Si Adam s'étoit avisé d'acheter une charge de secrétaire du roi, nous serions tous nobles ».

Arlequin, pressé de raconter la mort de son père, répondoit : hélas ! dispensez-m'en ; le pauvre homme mourut de chagrin de se voir pendre.

On dit qu'un verre de vin soutient un homme, & moi, reprit *Arlequin*, j'en ai bu plus de soixante & je ne peux pas me soutenir, comment cela se fait-il ?

Pantalon donna à son valet *Arlequin* des rys de veau pour les apprêter, & comme ce valet avoit peu de mémoire il lui donna par écrit l'accomodage qu'il vouloit qu'il en fît ; ce valet mit les rys sur une planche, & il vint un chat qui les emporta : « ah chat, cria le valet, en lui montrant loin le papier ; ah ! chat, dis-moi, que te servira emporté ces rys de veau, car sans ce papier là tu ne sauras pas les accomoder comme il faut ».

Carlin tiroit de ce conte une scène extrêmement plaisante.

On avoit défendu le chant aux italiens ; on
fit paroître sur le bord de la coulisse, un âne
qui se mit à braire ; *taisez-vous insolent*, lui dit
Arlequin, votre musique est ici défendue.

Un jour qu'il y avoit peu de spectateurs à la
comédie italienne, Colombine vouloit dire une
scène tout bas à *Arlequin, parlez plus haut*, dit
Carlin, *nous sommes entre nous & personne ne
nous écoute.*

Un aubergiste se venant plaindre à *Arlequin*
qu'on lui avoit volé sa bourse où il y avoit
trois cents écus ; les aviez-vous comptés, lui
dit *Arlequin* ? Oui, répondit le plaignant. Brebis comptée, répond *Arlequin*, le loup la
mange.

Un autre aubergiste se plaignoit qu'on lui avoit
volé une montre la meilleure du monde. Si elle
étoit aussi bonne que tu le dis, dit *Arlequin*,
elle t'auroit montré l'heure qu'on devoit te la
prendre ; mais quel est le voleur ? -- c'est un
étranger, répondit l'aubergiste. -- C'est peut-être
la mode de son pays, dit *Arlequin*.

ARMAND. (François Huguet) plus connu
sous le nom seul d'*Armand*, naquit à Richelieu
en 1699, d'une honnête bourgeoise du Poitou.
Il eut l'honneur d'être tenu sur les fonts de baptême, au nom de M. le duc maréchal de Richelieu, qui n'étoit alors guères plus âgé que
son filleul. L'enfant fut élevé sous le nom d'*Armand*, qu'il a porté toute sa vie, par un sentiment de respect pour son parain. L'abbé Nadal,
poitevin comme lui, le plaça chez un notaire à
Paris ; mais un penchant pour les plaisirs & pour
le théâtre, lui fit abandonner la chicane. Après
diverses aventures dignes de Gilblas de Santil-
lane, il joua la comédie en Languedoc, & revint ensuite à Paris, où il débuta sur le théâtre de la comédie françoise en 1723, par le
rôle de Pasquin, dans l'*Homme à bonnes fortunes*. La nature lui avoit donné le masque le
plus propre à caractériser les talens d'un valet
adroit & fourbe ; c'est principalement dans ce
rôle qu'il excelloit. On le grava dans le personnage de Carondas, au moment où, à l'exemple du valet de Zénon, il voloit le philosophe
son maître, par un mal-entendu de philosophie.
Ce rôle, dans la comédie des *Philosophes*, celui
de Fabrice dans l'*Ecossoise*, & celui du garçon
libraire dans la *Présomption à la mode*, furent
les derniers qu'il représenta dans les pièces nouvelles. Ce comédien mourut à Paris en 1765.
Il s'étoit retiré du théâtre peu de temps avant
sa mort, avec une pension du roi, après qua-

rante-deux ans de service. Il étoit le doyen des
comédiens françois.

Le caractère de cet excellent acteur étoit de
voir tout gaiement ; & dans les affaires les plus
sérieuses, il ne pouvoit se refuser une plaisanterie. Il narroit d'une façon à faire distinguer
les différens interlocuteurs qu'il mettoit en action dans ses récits ; il imitoit leur voix, leurs
moindres gestes ; on eût dit que Scaron l'avoit
deviné dans le personnage de la Rancune. On
a conservé un discours que cet acteur avoit
composé étant clerc de notaire, & qu'il débita
dans une comédie bourgeoise, dont il s'étoit
chargé de faire le prologue.

» Messieurs, mon dessein n'est pas, dans ce
» jour qui renouvelle l'année, de vous jetter de
» la poudre aux yeux, ni de vous faire croire
» que des vessies sont des lanternes. Je sais trop
» que marchand d'oignons doit se connoître en
» ciboules, & que vous êtes des éveillés de
» Poissy, à qui l'on ne vous feroit pas passer
» des chats pour des lièvres ; parce que vous en
» avez bien vu d'autres, & qu'on ne sauroit
» vous en donner à garder. Je n'ignore pas qu'un
» discours bien garni de fleurs de rhétorique,
» viendroit ici juste comme de cire, ou, si vous
» voulez, comme Mars en carême, & que ce
» ne seroit point tirer ma poudre aux moineaux,
» ni semer des marguerites devant des pourceaux.
» Mais il n'y en a pas de plus embarrassé que
» celui qui tient la queue de la poêle : à petit
» mercier, petit panier, & à bon entendeur de-
» mi-mot. Si nous ne remplissons pas nos rôles
» comme les grands acteurs que vous avez jour-
» nellement sous les yeux, c'est qu'il n'est pas
» permis à tout le monde d'aller à Corinthe,
» & que qui est apprenti n'est pas maître. Loin
» de nous en faire accroire, nous avouons de
» bonne foi, que si nous comptions moins sur
» votre indulgence, nous ne saurions tous sur
» quel pied danser. Mais si vous daignez nous
» mettre le cœur au ventre, nous ne vous pro-
» mettons pas poires molles, ni plus de beurre
» que de pain ; & nous irons de cul & de tête,
» comme des corneilles qui abattent des noix,
» Ainsi, messieurs, sans tourner si long-temps
» autour du pot, ni chercher midi à quatorze
» heures, d'autant plus que vous n'ignorez pas
» que trop gratter cuit, & trop parler nuit, je
» me contenterai de vous prier de ne pas nous
» recevoir comme des chiens dans un jeu de
» quilles, en vous assurant que notre recon-
» noissance ne sera pas entre le ziste & le zeste,
» ni moitié figue, moitié raisin ; & que lorsqu'il
» s'agira de vous faire épanouir la rate, on
» ne nous verra jamais n'y aller que d'une
» fesse, &c......

Cette harangue fut extrêmement applaudie ;

l'abbé Nadal ne put se contenir ; il se leva, monta sur le théâtre, courut embrasser son jeune protégé, & lui promit une amitié qu'il lui conserva toujours.

Son humeur gaie & facétieuse ne le quitta jamais. Le commencement de sa fortune fût même l'effet de sa plaisanterie. Il avoit l'habitude, en allant se promener avec ses amis, de parier, ou la dépense du moment, ou des billets de loterie, au premier bossu que le hasard lui faisoit rencontrer sur son chemin ; & rarement ces billets étoient malheureux. Un jour, au sortir de la comédie, il rencontra (ce qu'il regardoit comme un présage très-favorable) un bossu, dont la physionomie le frappa plaisamment. Dans l'accès de sa gaieté, il alla prendre sur le champ, quelques billets de loterie à la devise du bossu. Un de ces billets lui rapporta huit mille livres : c'étoit, disoit-il quelquefois, le plus beau des bossus.

Étant à Lyon à se divertir avec des amis, survint un fâcheux qui, après avoir soupé à leurs dépens, leur demanda encore à coucher pour cette nuit ; chacun s'en défendit en faisant retraite. *Armand*, resté seul ; connoissant l'humeur du personnage : & voulant éviter une affaire, lui promit de partager son lit. C'étoit une belle nuit d'été ; *Armand* conduit le fâcheux à la promenade, met son épée en bandoulière, ses souliers dans sa poche, grimpe au haut d'un arbre, & s'y établit aussi tranquillement que dans l'appartement le plus commode. « Que faites-» vous donc, dit l'importun, que ce manége » commençoit à impatienter ? Je loge ici, ré-» pondit *Armand*, je vous invite à faire de » même ».

Armand saisissoit avec une présence d'esprit singulière tout ce qui pouvoit plaire au public dont il étoit fort aimé : Jouant le rôle de Pasquin, dans Attendez-moi sous l'orme, après ces mots : *Que dit-on d'intéressant ? Vous avez reçu des nouvelles de Flandres* ; il répliqua sur le champ : *Un bruit se répand que Port-Mahon est pris.* Le vainqueur de Port-Mahon étoit le parrain d'*Armand*.

Armand entreprit un jour, en buvant avec deux de ses camarades, de les faire pleurer avec la fable du *Tartuffe.* « Figurez-vous, mes bons » amis, leur disoit-il, un honnête gentilhomme » qui retire chez lui un misérable, à qui il donne » tout son bien avec sa fille, & qui, pour le » récompenser de ses bontés, veut séduire sa » femme, les chasse de sa propre maison & se » charge de conduire un exempt pour l'arrêter. » Ah ! le coquin, le monstre, le scélérat, s'écrioient » les convives déjà gris ! & en disant cela, ils » fondoient en larmes ». Alors *Armand*, continuant avec ce sang froid qui le rendoit si plai-

sant : « Là, là, consolez-vous, leur dit-il, ne » pleurez pas, mon gentilhomme en fut quitte » pour la peur ; l'exempt lui dit :

» Remettez-vous, monsieur, d'une alarme si » chaude. » — « Que diable, c'est le sujet du » Tartuffe que tu nous débites ? — Eh ! oüi, » mes amis. A-t-on si grand tort de dire que » nombre de comédiens ne connoissent que leur » rôle, même dans les pièces qu'ils représentent » journellement ».

ARMOIRIES. Les *armoiries* ne furent inventées que du temps des croisades, pour distinguer la noblesse de tous les royaumes de la chrétienté qui s'étoient enrôlés dans cette guerre.

Les armes les plus simples & les moins diversifiées sont les plus belles & les plus nobles.

En Angleterre, un homme qui n'est pas gentilhomme de naissance, & qui n'a point d'*armoirie*, peut prendre & transmettre à la postérité celle du gentilhomme, du pair, ou du prince qu'il a fait prisonnier dans une guerre légitime.

Un empereur, pour se moquer, demanda à un ambassadeur de Venise dans quel endroit du monde on trouvoit des lions ailés, tels que ceux qu'on voit dans les *armoiries* de l'état vénitien : « On les trouve, lui répondit l'ambassa-» deur, dans le même pays où l'on voit des » aigles à deux têtes ».

Louis XV appelloit le médecin Quesnay son penseur & lui donna, pour armes, trois fleurs de pensées.

Henri IV s'étant égaré à la chasse, s'arrêta dans un hameau. Il descendit chez une vieille femme, à laquelle il dit simplement qu'il étoit un seigneur de la cour que le mauvais temps obligeoit à chercher un asyle. La bonne femme courut vite chez son voisin, & revint un moment après avec un air fort triste. Henri lui demanda la cause de son chagrin. « Je viens de » chez mon voisin, reprit-elle, lui demander » quelques provisions afin de vous traiter un peu » plus convenablement ; mais il n'a qu'une din-» de, qu'il n'a jamais voulu me donner à moins » qu'il n'en vînt manger sa part. — Et pour-» quoi ne lui avez-vous pas permis de venir, » dit le roi ? — C'est, monseigneur, repartit la » vieille, parce que c'est un plaisant qui vous » choqueroit peut-être par ses contes & par ses » airs familiers. — Faites-le venir, dit le roi, » qui vouloit égayer son frugal repas ». La femme sort & revient un moment après avec le voisin, qui tenoit à sa main une belle dinde. On l'apprête, on se met à table. Le voisin réjouit le prince par plufieurs contes fort plaifans ; le roi voulut favoir pourquoi il s'étoit obftiné à venir manger fa dinde avec un feigneur de la cour, devant lefquels les gens de fon état étoient fouvent d'une extrême timidité. » Ah ! dit celui-» ci avec tranfport, c'eft que je n'ai pu réfifter » à l'envie de fouper avec mon roi. Oui, fire, » dit-il, en fe jettant à fes pieds, je vous ai » reconnu. J'ai fervi fous vous : j'ai combattu » pour mon roi à la journée d'Arques. Eh ! quel » françois ne paieroit de fon fang l'honneur que » je reçois aujourd'hui ». Le roi attendri le relè-ve, le reconnoît, lui demande quelle eft la chofe qu'il défiroit le plus vivement. » Sire, » dit le voifin, je fupplie votre majefté de m'en-» noblir. -- Vous ennoblir, dit le roi, y penfez-» vous ? malgré vos fentimens, votre naiffance » eft obfcure. Vous ennoblir, ventre-faim-gris, « ajouta-t-il en riant, & quelles feroient vos ar-» mes ? -- Mes armes ! Oh, je n'en fuis pas en » peine. -- Eh bien, dit le roi, quelles font-» elles ? -- Ma dinde, Sire, s'écria le plaifant ». Henri ne put s'empêcher de rire. » La dinde, » foit, dit-il ; je vous accorde ce que vous me » demandez ». On affure que la famille de cet homme fubfifte & porte encore une dinde dans fes armes.

ARNAULD. Le célèbre *Arnauld*, né à Paris en 1612, régenta un cours de philofophie du-rant fa licence. On argumenta contre quelqu'une de fes thèfes ; & il avança, chofe unique, que le difputant avoit raifon, & qu'à l'avenir il fui-vroit fon fentiment.

Monfieur *Arnauld*, obligé de fe cacher pour des matières de religion, trouva une retraite à l'hôtel de Longueville, à condition qu'il n'y pa-roîtroit qu'en habit féculier, coeffé d'une grande perruque, & l'épée au côté. Il y fut attaqué de la fièvre, & madame de Longueville ayant fait venir le médecin Brayer, lui recommanda d'avoir foin d'un gentilhomme qu'elle protégeoit particulièrement, & à qui elle avoit donné de-puis peu une chambre dans fon hôtel. Brayer monté chez le malade, qui, après l'avoir en-tretenu de fa fièvre, lui demanda des nouvel-les. On parle, dit Brayer, d'un livre nouveau de Port-Royal qu'on attribue à M. *Arnauld* ou à M. de Sacy : mais je ne le crois pas de M. de Sacy, il n'écrit pas fi bien. A ce mot M. *Arnauld*, oubliant fon habit gris & fa perruque, lui répond vivement : que voulez-vous dire ? mon neveu écrit mieux que moi. Brayer envi-fage fon malade, fe met à rire, defcend chez madame de Longueville, & lui dit : la maladie de votre gentilhomme n'eft pas confidérable : je vous confeille cependant de faire enforte qu'il ne voie perfonne ; il ne faut pas le laiffer par-ler, Madame de Longueville étonnée des répon-

fes indifcrètes qui échappoient fouvent à M. *Ar-nauld* & à M. Nicole, difoit qu'elle aimeroit mieux confier fon fecret à un libertin.

Ce docteur craignant d'être recherché même chez madame de Longueville, s'étoit logé au fauxbourg Saint-Jacques, dans un taudis ignoré ; il y tomba malade. Ses amis lui envoyèrent un médecin, qui, dans la converfation, comprit bientôt que fon malade étoit un homme de mé-rite. *Arnauld*, curieux de nouvelles, lui demanda ce qu'on difoit dans Paris. » Rien d'intéreffant, » lui répondit ce médecin, fi ce n'eft que M. » *Arnauld* eft arrêté ». Oh ! *pour cette nouvelle*, répliqua ce dernier, *elle eft un peu difficile à croire ; c'eft moi qui fuis Arnauld*. Le médecin étonné lui remontra fon imprudence. « Heureu-» fement, ajouta-t-il, vous avez affaire à un » honnête homme ; fans cela, voyez à quoi vous » vous expofiez ». Il fit avertir la ducheffe de Longueville, qui, toute alarmée, envoya cher-cher *Arnauld*. Elle lui donne de nouveau un logement chez elle, & ne veut fe repofer que fur elle-même du foin de lui donner à manger. « Demandez, lui difoit elle, tout ce que vous » voudrez ; mais ce fera moi qui vous l'appor-» terai ».

La retraite de ce fameux docteur chez ma-dame de Longueville, finit à la fameufe paix de Clément IX, en 1668. L'archevêque de Sens & l'évêque de Châlons, médiateurs de cet ac-commodement, préfentèrent eux-mêmes le doc-teur *Arnauld* au nonce, qui le reçut avec la plus grande diftinction, & rendit un témoignage éclatant à fa foi, en lui difant, qu'il avoit une plume d'or pour la défenfe de l'églife de Dieu. Louis XIV, inftruit de cette vifite, témoigna fon défir de voir le favant théologien, & ce docteur lui fut préfenté par M. de Pompone, fon neveu. Il fit au roi fon compliment, & ce prince lui dit d'un air obligeant, « qu'il avoit » été bien-aife de voir un homme de fon mé-» rite, & qu'il fouhaitoit qu'il pût employer les » talens que Dieu lui avoit donnés, à défendre » l'églife ». Toute la cour, à l'exemple du prin-ce, combla de careffes le refpectable docteur ; & Monfieur, frère du roi, étant furvenu, s'a-vança quelques pas, & dit : » il faut bien faire » quelqu'avance pour voir un homme fi rare & » fi extraordinaire ».

L'adverfaire des jéfuites, retiré à Bruxelles, avoit de Rome la permiffion de dire la meffe dans fa chambre. Ses liaifons avec cette cour étonneront fans doute ; mais elles n'en font pas moins véritables. Il entretint toute fa vie des correfpondances avec le facré collège. Il avoit des inftructions très-fûres concernant les papiers les plus importans envoyés à la congrégation de *la propagande*. Perfonne ne connoiffoit mieux que

que lui la bibliothèque du Vatican. Il citoit les pièces originales, l'endroit où on les avoit placées, & défioit les jésuites d'en contester l'autenticité. Ils ne purent faire mettre à l'*index* sa *morale pratique*, tandis que le livre du père le Tellier, *sur les chrétiens de la Chine*, y fut mis. Son crédit à Rome étoit au point qu'il en plaisantoit lui-même. » On me croit, en France, » disoit-il, le plus grand ennemi des papes, & » l'on ignore comme j'ai toujours été avec eux ». Un souverain pontife a permis qu'on fouillât dans le Vatican, & qu'on mît dans une édition projettée à Venise des œuvres entières d'*Arnauld*, tout ce qui a rapport aux liaisons dont il est ici parlé.

Les applaudissemens que l'on donnoit à ses ouvrages, ne l'aveugloient point sur leur imperfection. Il étoit même le premier à les critiquer. Allant voir son frère, l'évêque d'Angers, par la voiture publique, il entendit parler de son livre *de la perpétuité de la foi* : on le vantoit beaucoup. Le docteur lui seul le déprécia. Quelqu'un indigné lui dit : « Il appartient bien » à vous de vous ériger en censeur du grand » *Arnauld*, & que trouvez-vous à blâmer dans » son livre ? -- Beaucoup de choses, répondit » *Arnauld*, on a manqué tel & tel endroit : on » eut dû mettre plus d'ordre, pousser davantage » le raisonnement ». Il parla de tout en maître, & cependant personne ne fut désabusé. Le carrosse de son frère étant venu le prendre à quelques lieues d'Angers, on reconnut que le censeur d'*Arnauld* étoit *Arnauld* lui-même, & chacun se répandit en excuses.

On demandoit à M. *Arnauld* comment il falloit s'y prendre pour se former un bon stile. Lisez Cicéron, répondit le docteur, mais il ne s'agit pas, lui dit-on, d'écrire en latin, mais en françois : *Eh bien, en ce cas*, reprit *Arnauld*, *lisez Cicéron*.

Monsieur *Arnauld* ayant fini ses jours assez paisiblement dans les pays étrangers, après une vie fort agitée, les religieuses de Port-Royal des champs, aussi zélées pour sa mémoire après sa mort, qu'elles l'avoient été pour sa personne durant sa vie, souhaitèrent d'avoir son cœur dans leur église, consolation qu'on ne songea pas à leur refuser. Elles le reçurent avec les transports qu'on peut s'imaginer, & le placèrent dans le lieu le plus honorable qu'elles purent trouver.

Le cœur étant placé, il fut question d'une épitaphe. On s'adressa à Santeuil qui étoit alors en possession de faire toutes les épitaphes du monde. Comme l'affaire étoit délicate, les religieuses crurent devoir prendre le poëte à leur avantage. Elles l'invitèrent à venir passer quelques jours dans leur solitude, où on lui fit tant

de caresses qu'il ne put se défendre de faire ce qu'on lui demandoit. Il leur livra des vers latins que M. de la Fémas a traduits ainsi :

Enfin, après un long orage,
Arnauld revient en ces saints lieux,
Il est au port, malgré les envieux
Qui croyoient qu'il feroit naufrage.
Ce martyr de la vérité,
Fut banni, fut persécuté,
Et mourut en terre étrangère,
Heureuse de son corps d'être dépositaire.
Mais son cœur toujours ferme & toujours innocent,
Fut porté par l'amour à qui tout est possible,
Dans cette retraite paisible
D'où jamais il ne fut absent.

ARNAULD, abbé de Pomponne, fils du ministre mort en 1756; Louis XIV daigna le consoler sur la mort de son père, en lui disant : *vous pleurez un père que vous retrouvez en moi, & je perds un ami que je ne retrouverai plus.*

ARNAUD (l'abbé) mort à Paris, le 2 Décembre 1784. La clarté est le mérite de la langue françoise, disoit un homme de lettres à M. l'abbé *Arnaud*; » dites, répondit-il, que c'est » son grand besoin ».

Un amateur, au sortir de l'opéra d'Iphigénie en Tauride, dit qu'il y trouvoit de très-beaux morceaux; » il n'y en a qu'un, lui répond l'abbé *Arnaud*. -- Lequel, demanda le premier? » -- L'ouvrage entier ».

ARNOULD. *Arnould*, fils naturel de Carloman, disputoit, en 888, l'empire à Gui, duc de Spolete, qui s'étoit déja rendu maître de Rome. *Arnould*, après plusieurs batailles, arriva devant cette capitale, & se préparoit à en faire le siége, lorsqu'un lièvre effrayé traversa le camp en courant vers la ville. Ses soldats le poursuivoient jettant de grands cris. Les assiégés ignorant ce qui se passoit, crurent que c'étoit le signal pour monter à l'assaut : comme leurs préparatifs pour la défense n'étoient point encore faits, la frayeur les saisit, ils abandonnent leurs remparts : *Arnould* s'en apperçoit, profite du moment, monte à l'assaut, prend Rome & s'y fait couronner empereur.

ARRIE. *Arrie*, dame romaine, morte l'an 42 de J. C., ne pouvant sauver Pœtus, son mari, de la mort dont il étoit menacé par l'empereur Claude, elle s'enfonça, sous le sein, un poignard qu'elle présenta tout sanglant en disant : *tiens, Pœtus, il ne m'a point fait de mal.*

ARUSPICES. Les *Aruspices* étoient chez les romains les ministres de la religion, chargés d'exa-

B

miner les entrailles des victimes pour en tirer des préfages. C'étoit d'Etrurie que les romains faifoient venir leurs arufpices, ils envoyoient même tous les ans des jeunes gens en ce pays pour s'inftruire dans la fcience des arufpices, & ces jeunes gens étoient choifis parmi les meilleures familles de Rome. Ils obfervoient principalement le cœur, le foie, les reins, la rate & la langue des victimes. Les romains ont cru que lorfque Céfar fut affaffiné on ne trouva point de cœur dans les deux victimes qu'on avoit immolées.

ASCENDANT. L'afcendant d'un grand homme, eft tout puiffant, même fur les nations les plus corrompues.

ASCLÉPIADE. Afclépiade, médecin, mort l'an 96 avant J. C. Il gagea contre la fortune, qu'il ne feroit jamais malade pendant fa vie, à peine de perdre la réputation qu'il avoit acquife de fameux médecin; en effet, il gagna fa gageure, n'ayant jamais été malade, & étant mort d'une chûte dans une extrême vieilleffe.

Afclépiade difoit que la doctrine d'Hypocrate n'étoit que la méditation de la mort.

Sa maxime étoit qu'un médecin doit guérir fes malades, *fûrement, promptement, agréablement.*

ASPASIE. Afpafie, de Milet dans l'Ionie, fut célèbre courtifane & fophifte. Son éloquence & fes talens pour la politique la rendirent fi célèbre que Socrate même venoit à fon école. Périclès l'aima paffionnément, quitta fa femme pour l'époufer, & ce héros fe laiffa conduire par elle. On dit que c'eft elle qui fit entreprendre la guerre de Samos, pour vénger les habitans de Milet, fes compatriotes. Les mégariens ayant enlevé deux filles de fa fuite, elle décida qu'il falloit les combattre; & de là la guerre de Mégare, d'où naquit celle de Péloponefe. Son nom devint fi fameux dans toute l'Afie, que Cyrus le fit auffi porter à fa maîtreffe. Afpafie vivoit vers l'an 428 avant J. C.

ASPERTINI, (Ami) peintre, mort en 1552. C'étoit un homme extrêmement bifarre; on l'appelloit l'homme à *deux pinceaux*, parce que, par fingularité, il peignoit en même temps des deux mains: l'une produifoit le clair, & l'autre l'obfcur.

ASSAISONNEMENT. Le plus exquis de tous les mêts des fpartiates étoit ce qu'ils appelloient la fauce noire, & les vieillards le préféroient à tout ce qu'on pouvoit leur fervir fur la table. Denys-le-tyran, s'étant trouvé à un de ces repas, n'en jugea pas de même, & ce ragoût

lui parut déteftable : « Je n'en fuis pas furpris, » dit celui qui l'avoit préparé, l'*affaifonnement* » y a manqué. — Et quel *affaifonnement*, de » manda le prince? La courfe, la fueur, la » fatigue, la faim, la foif: voilà, ajouta le » cuifinier, ce qui relève ici tous nos mêts ».

ASSAS, (le chevalier d') capitaine françois, mort en 1760. Ce brave officier étant furpris par une troupe d'ennemis en embufcade qui le menaçoient d'une mort certaine s'il proféroit un feul mot, le chevalier d'*Affas* s'écrie : *Auvergne, faites feu, ce font les ennemis*, & tombe mort auffi-tôt percé de mille coups de bayonnette. Louis XV, pour récompenfer cette action, a créé une penfion pour être héréditaire de mâle en mâle dans la famille de ce héros.

ASSAUT. Briffac forme le projet de s'emparer de Cardé, petite, mais importante place du Piémont, & donne à Biragues le commandement des troupes deftinées à cette expédition. Comme la place n'eft guère défendue que par quatre cents bannis, néceffairement deftinés à un fupplice infame, s'ils font pris, on s'attend à une réfiftance opiniâtre.

Biragues, pour les étonner, fait brufquement donner un affaut par fes meilleures troupes, qui font reçues avec tant de réfolution qu'elles demandent à faire retraite. *Quoi donc!* s'écrie le fage & intrépide chef, *feroit-il poffible que le défir de la gloire vous infpirât moins de courage que le défefpoir n'en donne à ces brigands!* Prenant alors lui-même une pique, il arrête un Officier par la main, lui montre la brèche. *C'eft-là*, dit-il, *qu'il faut aller mourir, plutôt que de nous fauver par une retraite honteufe.* Son courage ranime celui des foldats : ils retournent à l'affaut, & combattent avec tant d'opiniâtreté, qu'ils forcent la garnifon. Comme elle n'attend point de quartier, elle fe fait tuer fur la brèche.

Valenciennes fut prife d'affaut par un de ces événemens finguliers qui caractérifent le courage impétueux de la nation françoife. Louis XIV faifoit ce fiège, ayant avec lui fon frère & cinq maréchaux de France; d'Humières, Schomberg, la Feuillade, Luxembourg & de Lorges. Les maréchaux commandoient chacun leur jour, l'un après l'autre. Vauban dirigeoit toutes les opérations.

On n'avoit pris encore aucun des dehors de la place. Il fallut d'abord attaquer deux demi-lunes. Derrière ces demi-lunes étoit un grand ouvrage couronné, paliffadé & fraifé, entouré d'un foffé coupé de plufieurs traverfes : dans cet ouvrage couronné étoit encore un autre ouvrage entouré d'un autre foffé. Il falloit, après s'être rendu maître de tous ces retranchemens, franchir un bras de l'Escaut. Ce bras franchi, on trouvoit un autre ouvrage qu'on nomme pâté : derrière ce pâté couloit le grand cours de l'Escaut, profond & rapide, qui sert de fossé à la muraille. Enfin la muraille étoit soutenue par de larges remparts. Tous ces ouvrages étoient couverts de canons : une garnison de trois mille hommes préparoit une longue résistance.

Le roi tint conseil de guerre pour attaquer les ouvrages de dehors. C'étoit l'usage que ces attaques se fissent toujours pendant la nuit, afin de marcher aux ennemis sans être apperçu, & d'épargner le sang du soldat. Vauban proposa de faire l'attaque en plein jour. Tous les maréchaux de France se récrièrent contre cette proposition: Louvois la condamna. Vauban tint ferme, avec la confiance d'un homme certain de ce qu'il avance. Vous voulez, dit-il, ménager le sang du soldat : vous l'épargnerez bien davantage quand il combattra de jour sans confusion & sans tumulte, sans craindre qu'une partie de nos gens tire sur l'autre, comme il n'arrive que trop souvent. Il s'agit de surprendre l'ennemi ; il s'attend toujours aux attaques de nuit : nous le surprendrons en effet, lorsqu'il faudra qu'épuisé des fatigues d'une veille, il soutienne les efforts de nos troupes fraîches. Ajoutez à cette raison que, s'il y a dans cette armée des soldats de peu de courage, la nuit favorise leur timidité ; mais que pendant le jour, l'œil du maître inspire la valeur, & élève les hommes au-dessus d'eux-mêmes.

Le roi se rendit aux raisons de Vauban, malgré Louvois & cinq maréchaux de France. A neuf heures du matin, les deux compagnies de mousquetaires, une centaine de grenadiers, un bataillon des gardes, un du régiment de Picardie, montent de tous côtés sur ce grand ouvrage à couronne. L'ordre étoit simplement de s'y loger, & c'étoit beaucoup ; mais quelques mousquetaires noirs ayant pénétré par un petit sentier jusqu'au retranchement intérieur qui étoit dans cet ouvrage, ils s'en rendent d'abord les maîtres. Dans le même temps, les mousquetaires gris y abordent par un autre endroit : les bataillons des gardes les suivent : on tue & on poursuit les assiégés. Les mousquetaires baissent le pont-levis qui joint cet ouvrage aux autres : ils suivent l'ennemi de retranchement en retranchement, sur le petit bras de l'Escaut & sur le grand. Les gardes s'avancent en foule : les mousquetaires sont déjà dans la ville, avant que le roi sache que le premier ouvrage attaqué est emporté.

Ce n'étoit pas encore ce qu'il y eut de plus étrange dans cette action. Il étoit vraisemblable que de jeunes mousquetaires, emportés par l'ardeur du succès, se jetteroient aveuglément sur les troupes & sur les bourgeois qui venoient à eux dans la rue, qu'ils y périroient, ou que la

ville alloit être pillée : mais ces jeunes gens, conduits par un cornette nommé Moissac, se mirent en bataille derrière des charrettes ; & tandis que les troupes qui venoient se formoient sans précipitation, d'autres mousquetaires s'emparoient des maisons voisines, pour protéger par leur feu ceux qui étoient dans la rue. On donnoit des ôtages de part & d'autre ; le conseil de ville s'assembloit ; on députoit vers le roi ; tout cela se faisoit, sans qu'il y eut rien de pillé, sans confusion, sans faire de faute d'aucune espèce. Le roi fit la garnison prisonnière de guerre, & entra dans Valenciennes, étonné d'en être le maître.

ASSOUCI. Charles Coypeau, sieur d'Assouci, appellé le singe de Scarron, naquit à Paris en 1604, d'un Avocat en Parlement. A l'âge de huit ans, il s'échappa de la maison paternelle, se rendit à Calais, où il se présenta comme fils de César Nostradamus. S'étant mêlé de vouloir guérir, il vint à bout de procurer la santé à un malade d'imagination. Le peuple de Calais croyant qu'il mêloit à ses connoissances en médecine quelque peu de magie, voulurent le jetter dans la mer. Il partit pour Londres, ensuite alla à Turin, & enfin à Montpellier, d'où il fut obligé de sortir pour des causes graves. Il se rendit à Rome, où ses satyres contre cette cour le firent mettre à l'inquisition. Il en sortit, & revint en France, où il se fit mettre à la bastille & au châtelet pour les mêmes causes qui lui avoient fait quitter Montpellier; le crédit de ses amis l'en firent sortir. enfin il mourut en 1679, laissant des ouvrages qui ne lui ont pas fait un grand nom.

ASTER vint s'offrir à Philippe, roi de Macédoine, comme un tireur qui ne manquoit jamais les oiseaux à la volée. Je te prendrai à mon service, dit ce prince, quand je ferai la guerre aux étourneaux.

L'arbalétrier, piqué de cette réponse, chercha à s'en venger, & se jetta dans la ville de Méthon que Philippe assiégeoit. De-là il décocha une flèche qui créva l'œil droit du monarque, & qui portoit pour inscription : Aster envoie ce trait à Philippe. Le même trait fut renvoyé avec ces mots : Philippe fera pendre Aster quand la ville sera prise ; ce qui arriva.

ASTROLOGUES. L'astrologie est l'art prétendu d'annoncer les événemens avant qu'ils soient arrivés.

Sous Catherine de Médicis, & même sous Henri III & sous Henri IV, l'astrologie étoit encore en grand crédit, & de nos jours le comte de Boullainvilliers, homme d'ailleurs de beaucoup d'esprit, en étoit infatué, & en a écrit très-sérieusement.

Les *Aſtrologues* répondoient ordinairement comme les oracles, par des phraſes auxquelles on pouvoit donner pluſieurs ſens, & la crédulité adoptoit toujours le ſens qui avoit le plus de rapport aux circonſtances.

Voici quelques traits d'*aſtrologie* & d'*aſtrologues*.

Une dame égyptienne fit venir chez elle un fameux *aſtrologue*, & l'interrogea ſur ce qu'elle déſiroit d'apprendre. L'*aſtrologue* dreſſa auſſi-tôt différentes figures *aſtrologiques*, & fit ſur chacune un diſcours d'autant plus long que ce qu'il diſoit ne ſatisfaiſoit pas la dame. A la fin il ſe tut; & la dame n'étant pas plus inſtruite qu'auparavant, ſe contenta de lui donner une drachme. L'*aſtrologue*, qui s'attendoit à recevoir une meilleure récompenſe, ajouta, qu'il voyoit encore par les figures tracées, qu'elle n'étoit pas des plus riches. La dame lui répondit que cela étoit vrai. L'*aſtrologue* regardant toujours les figures, lui demanda: N'auriez-vous rien perdu? « J'ai perdu, lui répondit-elle, l'argent » que je viens de te donner ».

Dara, un des quatre fils du grand mogol Cha-Jeham, ajoutoit beaucoup de foi, ainſi que la plupart des princes de l'Orient, aux prédictions des *aſtrologues*. Un de ces charlatans lui avoit prédit, au péril de ſa tête, qu'il régneroit; & telle étoit la foibleſſe de ce prince, qu'il s'en fioit plus à cette prédiction qu'à ſes droits, à l'amitié de ſon père & à ſon courage. L'*aſtrologue* ſe moquoit de la ſimplicité de Dara. Cet impoſteur ne craignit pas même de répondre à ceux qui lui demandèrent comment il oſoit, ſur ſa vie, garantir un événement auſſi incertain: « Il » arrivera de deux choſes l'une, où Dara parvien- » dra à la couronne, & ma fortune eſt faite; où » il ſera vaincu, & dès-lors ſa mort eſt certaine, » & je ne redoute plus ſa vengeance ».

Le calife Almanſor avoit conſulté deux *Aſtrologues* ſur ſon horoſcope. Le premier lui prédit que les prétendans au califat mourroient avant lui; le ſecond qu'il vivroit beaucoup plus long-temps que ceux qui pouvoient prétendre au califat. Ce dernier *aſtrologue* annonçoit la même choſe que le premier. Sa prédiction néanmoins fut la ſeule bien reçue & bien récompenſée, parce qu'il avoit habilement évité le terme de mourir, qui laiſſe toujours une idée fâcheuſe dans l'eſprit. Ceci rappelle le mot de la reine Pariſatis, qui vouloit qu'on n'eût que des paroles de ſoie pour les grands.

L'empereur Frédéric, maître de Vicenze, étant ſur le point de quitter cette ville qu'il avoit emportée d'aſſaut quelques jours auparavant, il défia le plus fameux de ſes *aſtrologues* de deviner par quelle porte il ſortiroit le lendemain. L'impoſteur répondit au défi par un tour de ſon métier.

Il remit à Frédéric un billet cacheté, lui commandant ſur toutes choſes de ne l'ouvrir qu'après qu'il ſeroit ſorti.

L'empereur fit abattre pendant la nuit quelques toiſes de la muraille, & ſortit par la brèche. Il ouvrit enſuite le billet. Il ne fut pas peu ſurpris d'y lire ces propres mots: *le roi ſortira par la porte neuve*. C'en fut aſſez pour que l'*aſtrologue* & l'*aſtrologie* lui paruſſent infiniment reſpectables.

Le roi de Boutan, dit Voltaire dans ſes mélanges, chap. XIII, eut un jour beſoin d'être ſaigné. Un chirurgien gaſcon, qui étoit venu à ſa cour, dans un vaiſſeau de notre compagnie des Indes, fut nommé pour tirer cinq onces de ce ſang précieux. L'aſtronome du quartier cria que la vie du roi ſeroit en danger, ſi on le ſaignoit dans l'état où étoit le ciel. Le gaſcon pouvoit lui répondre qu'il ne s'agiſſoit que de l'état où étoit le roi de Boutan; mais il attendit prudemment quelques minutes, & prenant enſuite ſon almanach, *vous avez raiſon, grand homme*, dit-il à l'aſtronome, *le roi ſeroit mort ſi on l'avoit ſaigné dans l'inſtant où vous parliez: le ciel a changé depuis ce temps-là, & voici le moment favorable*. L'aſtronome en convint, & le roi fut ſaigné & guéri. Peu à peu on s'eſt accoutumé à ſaigner les rois comme leurs ſujets, quand ils en ont eu beſoin.

Bayle rapporte dans ſon dictionnaire l'anecdote ſuivante, pour faire voir qu'il arrive des conjectures fortuites qui peuvent éblouir quelques perſonnes ſur la vanité de l'*aſtrologie*, & les empêcher de la condamner abſolument. Marcellus, profeſſeur de rhétorique au collège de Liſieux, avoit compoſé en latin l'éloge du maréchal de Gaſſion, mort d'un coup de mouſquet au ſiège de Lens. Il étoit prêt de le réciter en public, quand un vieux docteur, qui faiſoit ſon occupation principale de lire toutes les affiches, ſurpris d'y voir celle qui annonçoit la harangue de Marcellus pour les deux heures après midi, courut s'en plaindre à M. Hermant, recteur de l'Univerſité; & lui repréſentant qu'il ne falloit pas ſouffrir qu'on fît, dans une univerſité catholique, l'oraiſon funèbre d'un homme mort dans la religion prétendue réformée, le pria d'indiquer une aſſemblée pour en décider. Le recteur n'ayant pû la lui refuſer, il y fut réſolu, à la pluralité des voix, qu'on iroit ſur le champ défendre à Marcellus de prononcer le panégyrique de M. Gaſſion. Pendant que les ſages gémiſſoient intérieurement ſur cette défenſe, les *aſtrologues* en triomphoient, faiſant obſerver à tout le monde, que dans l'almanach du célèbre Larrivey, de 1648, entre les prédictions, il y avoit écrit, en gros caractères: *latin perdu*.

Un *aſtrologue* avoit prédit à Henri IV, roi d'Angleterre, qu'il mourroit à Jéruſalem. Il tomba ſubitement malade dans l'abbaye de Weſtminſter, & y mourut dans une chambre appelée *Jéruſalem*;

ce qui fut regardé comme l'*accompliſſement* de cette prédiction.

Ferdinand le Catholique, roi d'Eſpagne, ayant été averti qu'il mourroit à Madrigal, évita avec ſoin d'y aller. Mais pendant qu'il éloignoit ainſi ſa mort, à ce qu'il penſoit, il la trouva à Madrigalois ou petit Madrigal, pauvre village dont il n'avoit jamais entendu parler. Car paſſant fortuitement par cet endroit, il ſe trouva mal tout d'un coup; &, ayant été porté dans une miſérable chaumière, qui étoit la meilleure retraite que le lieu pût lui fournir, il y mourut dans un réduit qui pouvoit à peine contenir ſon lit.

Alvaro de Luna, favori de Jean II, roi de Caſtille, prince de peu d'eſprit, après avoir gouverné l'état à ſa fantaiſie, en qualité de connétable du royaume, fut enfin mis à mort au contentement de ſes ennemis. On dit que ce malheureux ayant conſulté un *aſtrologue* judiciaire, en reçut avis de ſe garder de Cadahalſo. Il crut que c'étoit d'un village près de Tolède, qui lui appartenoit, qui porte ce nom, & s'abſtint d'y aller. Mais ayant eu la tête tranchée ſur un échafaud que les eſpagnols appellent auſſi *Codahalſo*, on vit bien qu'il s'étoit trompé ſur le mot.

Jacques I, roi d'Ecoſſe, fut maſſacré de nuit dans ſon lit, par ſon oncle Gautier, comte d'Athol, qui vouloit monter ſur le trône. Ce traître reçut à Edimbourg le prix de ſa trahiſon; car il fut mis ſur un pilier; & là, devant tout le monde, on lui mit ſur la tête une couronne de fer que l'on avoit fait rougir dans un grand feu; il y avoit cette inſcription: *le roi des traîtres.* Un *aſtrologue* l'avoit aſſuré qu'il ſeroit couronné publiquement dans une grande aſſemblée de peuple.

Un *aſtrologue* ſe tira ingénieuſement de danger du temps de Louis XI; il avoit prédit au roi qu'une dame qu'il aimoit mourroit dans huit jours. La choſe étant arrivée, le prince fit venir l'*aſtrologue*, & commanda à ſes gens de ne pas manquer, à un ſignal qu'il leur donneroit, de ſe ſaiſir de cet homme, & de le jetter par les fenêtres. Auſſi-tôt que le roi l'apperçut: « Toi, qui pré- » tends être un ſi habile homme, lui dit-il, & qui » ſais ſi préciſément le ſort des autres, apprends » dans ce moment quel ſera le tien, & combien » tu as encore de temps à vivre ». Soit que l'*aſtro- logue* eût été ſecrettement averti du deſſein du roi, ou qu'il s'en doutât: « Sire, lui répondit-il ſans » témoigner aucune frayeur, je mourrai trois jours » avant votre majeſté ». Le roi n'eut garde, après cette réponſe, de donner aucun ſignal pour le faire jetter par les fenêtres; au contraire, il eût ſoin particulier de ne le laiſſer manquer de rien.

Pluſieurs *aſtrologues* ont reçu des leçons dont leurs confrères auroient dû profiter, en voici quelques exemples.

Hégiage, général arabe ſous le calife Valid, conſulta dans ſa dernière maladie un *aſtrologue* qui eut la fermeté de lui prédire une mort prochaine. « Je compte tellement ſur votre habileté, répon- » dit Hégiage, que je veux vous avoir avec moi » dans l'autre monde; & je vais vous y envoyer » le premier, afin que je puiſſe me ſervir de vous » dès mon arrivée ». Il ordonna en effet qu'on lui coupât la tête, ce qui fut exécuté ſur le champ.

Un *aſtrologue* regardant au viſage Jean Galéas, duc de Milan, lui dit: « Seigneur, arrangez vos » affaires, car vous ne pouvez vivre long-temps ». Comment le ſais-tu, lui répondit le duc? — Par la connoiſſance que j'ai des aſtres, répondit l'*aſtro- logue*. — Et toi, combien dois-tu vivre? — Ma planète me promet une longue vie. — Oh bien, répartit le duc, afin que tu ne te fies plus à ta planète, tu mourras maintenant contre ton opi- nion, & il le fit pendre ſur-le-champ.

Un empereur, irrité contre un *aſtrologue*, lui demandoit avec menaces: « de quel genre de » mort, malheureux, compte-tu mourir? — Je » mourrai, dit-il, de la fièvre. — Tu en as » menti, répondit l'empereur, tu périras tout-à- » l'heure d'une mort violente ». On alloit ſaiſir ce pauvre malheureux, lorſqu'il dit à l'empereur: » Seigneur, ordonnez qu'on me tâte le pouls, & » on verra que j'ai la fièvre ». Cette ſaillie le tira d'affaire.

Henri VII, roi d'Angleterre, envoya chercher un *aſtrologue* anglois, qui ſe mêloit de prédire les bonnes & les mauvaiſes fortunes des autres, & lui demanda où il paſſeroit les fêtes de Noël. L'*aſtro- logue* lui répondit qu'il n'en ſavoit rien. « Je ſuis » donc meilleur *aſtrologue* que toi, répondit le » roi, car je ſais que tu les paſſeras dans la tour » de Londres ». Ce qui arriva effectivement, car le roi l'y fit conduire.

Tibère, pendant ſon exil à Rhodes, conſultoit ces eſpèces de devins ſur un rocher fort élevé au bord de la mer; & lorſque leur réponſe donnoit à ſoupçonner de la fourberie, ou de l'ignorance, il les faiſoit à l'inſtant précipiter.

Ayant un jour conſulté dans ce même lieu un certain Thraſyllus, ce devin lui promit l'empire & toutes ſortes de proſpérités. Puiſque tu es ſi habile, lui dit Tybère, pourrois-tu me dire com- bien il te reſte de temps à vivre, Thraſyllus, ſans s'émouvoir, examina la poſition des aſtres lors de ſa naiſſance, & d'un air effrayé, s'écria: je ſuis à l'inſtant même menacé d'un grand péril. Tibère, charmé de cette réponſe, le raſſura & le protégea dans la ſuite.

Cardan, médecin & mathématicien célèbre du

quinzième siècle, donnoit dans toutes les erreurs de l'*astrologie* judiciaire. Ayant marqué qu'il mourroit en un certain temps, il s'abstint de manger, afin que sa mort confirmât sa prédiction, & que sa vie ne décriât point le métier.

M. de S... en 1674, pendant que l'on étoit fort en peine de M. de Turenne, dont on ignoroit les mouvemens, eut la hardiesse & le bonheur de prédire le combat de Seinzheim, & tous les glorieux succès qui le suivirent, un mois avant qu'ils arrivassent. Lorsqu'on en apprit la nouvelle, tout le monde en fut fort surpris, & bien des gens s'imaginèrent que M. de S... n'avoit prédit tous ces événemens que par les lumières de l'*astrologie* judiciaire. Le roi voulut en être éclairci : il interrogea M. S... en particulier, & il avoua à sa majesté que ce n'étoit que les lumières du bon sens, & une étude exacte du génie des généraux & de la nature de l'armée. Le roi dit, en sortant de son cabinet : sans mentir, S... vient de me dire les choses du monde les plus extraordinaires pour un *astrologue*. Les courtisans le prirent dans un sens différent de celui de sa majesté, & l'approbation prétendue du roi fit passer S... pour un second Nostradamus.

Il faut bien chercher à abuser les autres pour faire des almanachs, & bien aimer à s'abuser soi-même pour y croire.

Sylvius, professeur en éloquence, & principal du collège de Beauvais à Paris, après avoir dit à Turnèbe son ami, tout le mal possible des *astrologues*, l'assura qu'il avoit pris la peine, au commencement de l'année, de parcourir tout l'almanach, & de marquer *temps serein* par-tout où ils mettoient temps pluvieux ; *temps couvert* par-tout où ils plaçoient sérénité ; & qu'ayant pris garde à l'événement, il avoit trouvé qu'il étoit beaucoup meilleur *astrologue* qu'eux.

Le Pape Urbain VIII a fait une bulle magnifique, & en beau latin, contre l'*astrologie* judiciaire ; il s'en mêloit pourtant lui-même & beaucoup, jusqu'à faire des almanachs. Il avoit un ancien domestique qui l'ayant vu dans toutes sortes de situations, & ayant vieilli avec lui, usoit de tous ses droits avec grande liberté. Une nuit, le pape l'appella, & à force de crier *Onoufrio*, *Onoufrio*, le fit lever, & lui demanda quel temps il faisoit. Onoufrio, pour en être plutôt débarrassé, répondit qu'il faisoit beau temps. *Sapiamo*, dit le pape, donnant à entendre qu'il l'avoit prédit & mis sur son almanach. Onoufrio qui, éveillé, entendoit pleuvoir à verse, perdant patience, ouvrit les rideaux du pape, & les fenêtres de sa chambre, en lui disant : *vede coïone, vede coïone*. Le pape en rioit encore le matin, & ne put s'empêcher de le conter à quelques courtisans. Le

rébarbatif Barberin l'ayant su, menaça Onoufrio des galères : Onoufrio se mit à changer de conduite, à servir le pape à genoux, & avec crainte & tremblement, comme une divinité. Le pape, importuné de ces respects, en apprit enfin la cause. L'éminence étant venue chez son oncle, en fut traitée à son tour presque aussi mal que l'avoit été Onoufrio.

Le pape Jean XXI ayant étudié toute sa vie l'*astrologie*, avoit trouvé, par la connoissance qu'il prétendoit avoir de l'influence des astres, que sa vie seroit longue, & il le disoit à tous ceux qui l'approchoient. Un jour qu'il s'en vantoit en présence de quelques personnes, une voûte qu'il faisoit construire au palais de Viterbe, creva ; il en fut si fort blessé, qu'il en mourut six jours après.

L'empereur Adrian étoit si expert *astrologue*, que toutes les années, au premier jour de Janvier, il couchoit par écrit tout ce qu'il lui devoit arriver durant l'année. Et l'année qu'il devoit mourir, il écrivit seulement jusqu'au mois de son trépas, donnant à connoitre par son silence le temps de sa mort.

L'ASTRONOMIE est la connoissance du ciel & des phénomènes célestes. Les auteurs anciens varient beaucoup sur l'origine de l'*astronomie*. Bélus, chez les Assyriens ; Atlas, roi de Mauritanie ; Uranus, dont le royaume étoit sur les bords de l'Océan Atlantique, sont ceux qui paroissent s'y être appliqués les premiers. Selon Diodore de Sicile, Uranus forma l'année sur le cours du soleil & de la lune. Atlas inventa la sphère, ce qui donna lieu à la fable qu'il portoit le ciel sur ses épaules.

Les plus illustres personnages de l'antiquité se sont appliqués à l'étude de l'*astronomie* ; & parmi les modernes, les noms de Copernic, de Galilée, de Newton, de Cassini, de Lacaille, & beaucoup d'autres se sont illustrés par quelques découvertes extrêmement utiles aux progrès de cette science.

La superstition est le plus grand obstacle qu'aient trouvé les *astronomes* pour marcher à la vérité. On en peut juger par ce qui arriva au philosophe Anaxagore. Ce trait s'est souvent renouvelé, même parmi les modernes.

Anaxagore avoit enseigné que le soleil étoit une masse de feu ardent. Cette opinion fut regardée comme une impiété par les athéniens qui avoient adoré le soleil comme un dieu. Anaxagore fut mis en prison, & condamné à boire de la ciguë ; mais Périclès accourant au tribunal, fit révoquer la sentence. Anaxagore fut banni.

Le père Boscovich a donné la relation d'un voyage astronomique & littéraire qu'il avoit fait, dans les états de l'église, avec le père Maire, par ordre du Pape Benoît XIV, pour mesurer deux degrés du méridien, & corriger des erreurs des cartes géographiques; il y raconte quelques traits qui peignent bien l'ignorance de quelques-uns des sujets de sa sainteté. Les paysans le voyant avec le quart de cercle à la main, le prenoient pour un magicien qui cherchoit les trésors cachés, & évoquoit les ombres; ils crurent le chasser en lui jettant de l'eau bénite: effrayés de ne point lui voir prendre la fuite, ils la prirent eux-mêmes. Un curé de village, aussi peu éclairé que ses paroissiens, frémit à la vue de ces instrumens dont son breviaire ne lui avoit donné aucune idée; courut se cacher dans une caverne d'où il n'osa pas sortir que lorsqu'on l'eut assuré de l'éloignement des deux astronomes. Il avoit eu la précaution, avant de fuir, de prendre les clefs de l'église & celles de la tour de son clocher. Lorsqu'il fut revenu de sa première frayeur, il alla sonner les cloches lui-même, pour s'assurer si si les moines n'avoient pas jetté aucun charme sur elles. Ses paroissiens, partageant sa terreur, & animés par ses exhortations, crurent faire un acte de religion en détruisant les guérites que les deux astronomes avoient fait élever au haut des montagnes, pour faire leurs observations; ils se contentèrent d'abord de les faire relever; mais las de les voir détruire tous les jours, ils demandèrent des soldats pour défendre leurs observatoires.

ATHÈNES. Cécrops, fondateur d'*Athènes*, avoit donné droit de suffrage aux femmes dans les délibérations publiques, & c'étoit par elles que la ville avoit été mise sous la protection de Minerve, qui l'emporta d'une voix sur Neptune. Peu de temps après, l'Attique ayant été ravagée par les eaux, les *athéniens* s'imaginèrent que c'étoit Neptune irrité qui se vengeoit. Pour l'appaiser, on résolut de punir les femmes de la préférence qu'elles avoient fait obtenir à Minerve; il fut décidé qu'à l'avenir elles ne seroient plus admises dans les assemblées, ni qu'aucun enfant ne porteroit désormais le nom de sa mère comme auparavant.

ATOMES. Néoclès disoit de son frère Epicure, que lorsqu'il fut conçu, la nature rassembla dans le ventre de sa mère, tous les *atômes* de la prudence. Molière a sûrement eu cette expression en vue, lorsqu'il fait dire à une de ses précieuses ridicules, *que son père est composé d'atômes bourgeois*.

ATTICUS (Hérode), consul, l'an 143. Il répondit dans sa vieillesse à un homme puissant qui le menaçoit: *ne sais-tu pas qu'à mon âge on ne craint plus*.

Il avoit un fils qui ne pût apprendre l'alphabeth

que par un moyen singulier. *Atticus* lui donna vingt-quatre domestiques dont chacun portoit le nom & l'empreinte d'une lettre.

ATTILA, prince Scythe, florissoit vers l'an 434 de J. C. Ce conquérant avoit coutume de dire qu'*il étoit le fléau de Dieu & le marteau de l'univers; que les étoiles tomboient devant lui, & que la terre trembloit*.

AVARE. (I') L'auteur anglois qui a traduit dans sa langue l'*avare* de Molière, fait ordonner par son *avare*, qu'on écrive en lettres d'or cette sentence qui le charme; » Il faut manger » pour vivre, & non pas vivre pour manger ». Un moment après, il songe qu'il lui en coûteroit trop, & que cette maxime sera tout aussi lisible en l'écrivant avec de l'encre ordinaire. Le traducteur a renchéri sur l'original.

Un gentilhomme *avare* voyageoit avec son fils & cherchoit son gîte dans tous les châteaux qu'il trouvoit sur son chemin. A table, on vint à parler de D. Quichotte; le fils dit: *savez-vous la différence de D. Quichotte à mon père, c'est qu'il prenoit toutes les hôtelleries pour des châteaux, & mon père prend tous les châteaux pour des hôtelleries*.

Un curé exhortant à la mort un *avare* qui étoit à l'agonie, lui mit entre les mains un crucifix d'argent. Le mourant, après l'avoir soulevé, dit: il est bien léger; je ne puis prêter que tant dessus.

Euchio, cassé de vieillesse, fait son testament. Je donne & lègue, (il soupire à ce mot) mes fiefs à Edouard. — Et votre argent, monsieur? — Mon argent? quoi! tout?..... Ah! puisqu'il le faut, ajoute-t-il en pleurant, je le donne à Paul. — Et votre château, monsieur? — Arrêtez; mon château? pour cela, non...., je ne peux m'en dessaisir.... & il rend l'âme.

M. Charpentier a dit qu'il devroit être permis de jetter un dévolu sur les richesses d'un *avare*, comme l'on fait sur les bénéfices d'un ecclésiastique qui est indigne ou incapable de les posséder.

Un gros *avare*, mon voisin, disoit, il n'y a pas long-temps: *on en veut toujours à nous autres pauvres riches*. (Voltaire.)

Un *avare* voulant accoutumer son cheval à ne point manger, lui diminuoit tous les jours le foin & l'avoine; le cheval mourut. Que je suis malheureux, dit cet homme! j'ai perdu mon cheval dans le temps qu'il s'accoutumoit à ne plus manger.

Il ne faut quelquefois qu'un mot dit à propos, pour faire rentrer un homme en lui-même.

& produire un grand changement dans sa manière de vivre.

Herminio Grimaldi, Gênois, étoit l'homme le plus riche, & en même temps le plus *avare* qu'il y eût de son temps en Italie. Il ne savoit ce que c'étoit que de faire plaisir à ses concitoyens, ou politesse aux étrangers. Guillaume Borsieri, homme de condition, qui avoit entendu parler de l'humeur de Grimaldi, l'alla voir un jour dans une assez belle maison qu'il avoit fait bâtir depuis peu; & après avoir vu les appartemens qui étoient embellis de choses rares: vous, lui dit le propriétaire, qui avez une connoissance si étendue, pourriez-vous m'indiquer quelque chose de nouveau qu'on n'ait pas vu ici, & que je puisse faire peindre dans cette maison. Borsierri, surpris de cette demande, lui répondit qu'il étoit aisé de lui donner le sujet d'un excellent tableau qui représenteroit une chose qui manquoit à sa maison, & qu'on n'y avoit jamais vu. Pressé d'en dire le nom, je vous conseille, lui dit-il, de faire peindre la générosité. Grimaldi frappé de ce mot, prit son parti sur-le-champ: oui, monsieur, reprit-il avec une vivacité qui ne lui étoit pas ordinaire, je l'y ferai représenter de manière que qui que ce soit ne pourra me reprocher de ne l'avoir pas connue. Depuis cet instant il changea entièrement de conduite, & fit un usage si splendide de ses grands biens, qu'on ne parloit plus que de la magnificence & des libéralités de Grimaldi.

AVARICE. De tous les vices qui avilissent l'homme, il n'y en a pas qui jettent de si profondes racines dans l'ame, & qui s'empare si absolument de toutes nos facultés, que l'*avarice*.

Un homme riche, fort avare, & ennuyé de la vie, conservoit encore assez de sens & de raison pour regarder le suicide comme une mort furtive & honteuse, comme un vol fait au genre humain; il vouloit néanmoins cesser de vivre: agité par ces idées contradictoires, il imagina un moyen qui paroissoit lui fournir la solution de ses difficultés. Il alla trouver le sieur de Longueval, pour lors exécuteur des hautes-œuvres. — « Bonjour, monsieur, lui dit-il..., est-ce au » maître des hautes-œuvres que je parle »? Longueval lui répondit que oui; s'imaginant, à l'air respectueux & timide de l'inconnu, qu'il étoit visité par un confrère indigent, qui venoit peut-être lui demander son assistance, de l'emploi, ou sa protection; mais la seconde question lui fit connoître qu'il ne parloit pas à un homme du métier. — « Combien vous vaut, monsieur, » une exécution ordinaire? — C'est suivant, » répondit Longueval ». (en ce temps il y avoit des prix fixés pour chaque exécution; aujourd'hui le maître des hautes-œuvres est appoin-

té.) — » Je demande, continua-t-il, à combien » montent vos honoraires pour la peine que vous » avez de pendre un homme? — Elle est assez » modique; elle est de tant. — Eh bien, je vous » en donne le double, faites-moi l'amitié de me » pendre ». A une proposition si extraordinaire, le boureau lui objecta que cela ne se pouvoit. » Obtenez, lui dit-il, une sentence qui vous y » condamne, & je ferai volontiers votre affaire, » sans cette formalité je ne puis vous obliger. Ce refus excita la colère du solliciteur: il crut injurier le bourreau, en lui disant qu'il n'étoit pas digne de la charge dont il étoit revêtu. » Je m'avise d'un moyen plus simple, reprit-il, » après un moment de réflexion...., puisque vous » ne voulez pas m'expédier, je dois renoncer » à votre secours, mais je me pendrai moi-même, » vous n'en aurez rien, & j'aurai la satisfaction » d'épargner la somme que j'allois sacrifier pour » me délivrer du poids importun de la vie. — » Quelle erreur est la vôtre, repartit l'exécuteur, » comme la passion vous aveugle! remarquez donc, » Monsieur, je vous prie, 1°. que votre procédé seroit une contravention manifeste, & » que, dans un état bien policé, il n'est pas » permis d'empiéter ainsi sur la profession d'autrui; 2°. que du côté de l'intérêt, cela m'est » absolument indifférent, parce que la justice » m'ordonnera de vous rependre, & mon salaire » est égal pour un mort comme pour un vivant; » 3°. que vous ne gagnerez rien, parce que » les frais du procès criminel, qui seront assez » considérables, & l'amende à laquelle vous serez personnellement condamné, seront pris sur » votre bien..... ». Cette dernière considération toucha vivement l'homme ennuyé de vivre; il renonça au projet d'une mort volontaire, & son *avarice* lui sauva la vie.

L'*avare* rarement finit ses jours sans pleurs,
Il a le moins de part aux trésors qu'il enserre,
    Thésaurisant pour les voleurs,
    Pour ses parents ou pour la terre.

Dinargues Philon étoit si avare qu'il quitta le dessein de se pendre pour ne pas dépenser deux liards à acheter une corde, cherchant la mort à meilleur marché.

L'*avarice* tourna tellement la tête à Hemocrate, qu'en mourant il se constitua lui-même l'héritier de tous ses biens.

Darius visitant le tombeau de Sémiramis, y lut cette inscription: *que celui des rois qui aura besoin d'argent, fasse ouvrir ce tombeau, & qu'il y prenne tout ce qu'il voudra.* Darius s'imagina qu'il alloit posséder des richesses immenses; mais étant descendu dans le fond du mausolée, il n'y trouva qu'un squelette, avec cette autre inscription:

ſi tu n'étois le plus-méchant des rois , & ſi tu n'étois dominé par une avarice inſatiable, tu n'aurois point troublé la cendre des morts.

L'avare Cuttler, dont parle Pope, dans ſes épîtres morales , croyant donner un excellent avis au prodigue Villiers, duc de Buckingham, lui diſoit : » que ne vivez-vous comme moi » ? -- vivre comme vous, chevalier Cuttler ! j'en ſerai toujours le maître, répondit Villiers, quand je n'aurai plus rien.

Ce Cuttler, homme très-riche & très-avaricieux, voyageoit ordinairement à cheval, & ſeul, pour éviter toute dépenſe. Le ſoir, en arrivant à l'auberge, il feignoit d'être indiſpoſé, afin qu'on ne lui ſervît point à ſouper ; il ordonnoit au valet d'écurie d'apporter dans ſa chambre, un peu de paille pour mettre dans ſes bottes, il faiſoit baſſiner ſon lit & ſe couchoit. Lorſque le domeſtique s'étoit retiré, il ſe relevoit, & avec la paille de ſes bottes & la chandelle qu'on lui avoit laiſſée, il faiſoit un petit feu, où il grilloit un hareng, qu'il tiroit de ſa poche. Il avoit toujours la précaution de ſe munir d'un morceau de pain, & de faire monter une bouteille d'eau ; il ſoupoit ainſi à peu de frais. ―

L'avarice de M. Chapelain fut cauſe de ſa mort. S'étant mis en chemin un jour d'académie pour ſe rendre à l'aſſemblée & gagner deux ou trois jettons, ſe trouvant dans la rue. Saint-Honoré, près la porte du cloître, ne voulant pas payer un double pour paſſer le ruiſſeau ſur une planche qu'on y avoit jettée ; il attendit que l'eau fût écoulée, mais ayant regardé au cadran & voyant qu'il étoit près de trois heures , il paſſa au travers de l'eau & en eut juſqu'à mi-jambe. S'étant rendu à l'Académie, il ne s'approcha pas du feu, quoiqu'il y en eût un très-grand ; il s'aſſit d'abord à un bureau, en cachant ſes jambes deſſous , afin qu'on ne s'apperçût pas de quelle manière il étoit mouillé ; le froid le ſaiſit , & il eut une oppreſſion de poitrine dont il mourut.

Lorſqu'on a lu l'avare de Plaute & celui de Molière, on eſt tenté de croire que tous les traits qui le caractériſent ont été épuiſés. Cependant en voici un qui n'eſt peut-être pas moins vrai, moins énergique, que ceux employés par ces grands maîtres. On parloit d'une perſonne qui aimoit à rendre ſervice. Quelqu'un qui lui avoit des obligations , dit : » Un tel » eſt très-honnête homme : il eſt pauvre, mais » cela ne m'empêche pas d'en faire en cas ſin-» gulier. Il y a quarante ans que je ſuis ſon » ami, & il ne m'a pas demandé un ſou ».

AUBIGNÉ (d'). Théodore Agrippa d'Aubigné, né en Saintonge l'an 1550, mort en 1630.

D'Aubigné étoit fils d'un officier qui commandoit à Orléans pour les calviniſtes durant les guerres de religion. Son père ayant été obligé de faire un aſſez long voyage en Guienne pour les affaires de ſon parti, le trouva extrêmement libertin à ſon retour. Pour le punir & le corriger, il lui envoya un habit de bure ; & le fit conduire par toutes les boutiques de la ville, afin qu'il eût à choiſir un métier. Le jeune homme prit cette mortification tellement à cœur, qu'il en eût une groſſe fièvre, dont il penſa mourir. Dès qu'il fut guéri, il alla ſe jetter aux genoux de ſon père pour lui demander pardon, il parla d'une manière ſi touchante, qu'il tira les larmes des yeux de ceux qui étoient préſens, & que le père lui pardonna.

D'Aubigné ayant perdu ſon père, ſon curateur le voyant obſtiné à ne plus étudier ; & à embraſſer le parti des armes, le mit en priſon. Averti par quelques-uns de ſes amis qu'ils partoient pour l'armée ; le priſonnier dont on emportoit tous les ſoirs les habits , deſcendit la nuit par la fenêtre de ſa chambre avec ſes draps, en chemiſe & les pieds nuds ; il alla les joindre en cet état. Leur troupe ayant rencontré quelques catholiques, les attaqua, & les défit après un léger combat. D'Aubigné y gagna une arquebuſe , mais il ne voulut point prendre d'habit, & arriva au rendez-vous tout nud. Là, quelques capitaines eurent ſoin de le faire habiller & de lui donner des armes ; & en leur faiſant une obligation pour cette avance , il mit au bas de ſon écrit ces mots : à la charge que je ne reprocherai point à la guerre qu'elle m'a dépouillé, n'en pouvant ſortir en plus piteux état que j'y entre.

Henri IV ayant envoyé d'Aubigné en pluſieurs provinces , ne lui donna pour toute récompenſe que ſon portrait ; d'Aubigné y mit au bas ce quatrain :

> Ce prince eſt d'étrange nature,
> Je ne ſais qui diâble l'a fait :
> Il récompenſe en peinture
> Ceux qui le ſervent en effet.

M. d'Aubigné, grand père de madame de Maintenon, raconte de lui-même une anecdote aſſez ſingulière : il étoit à la tête des proteſtans qui s'oppoſèrent à la cour du temps de Henri IV, & ſe conduiſit avec tant de vigueur, qu'il fut réſolu de le faire arrêter & conduire à la baſtille. D'Aubigné, inſtruit de cette réſolution, réfléchit pendant quelques momens ſur le moyen d'éviter ce danger ; il s'arrête à celui-ci. Il vint à la cour, & demanda une penſion au roi. Sa majeſté, charmée de ſa ſoumiſſion, l'embraſſa avec tendreſſe, & lui accorda ſa demande. Au ſortir du Louvre, d'Aubigné ſe rendit à l'arſenal; chez le duc de

Q

Sully, qui le félicita, & lui montra le château, en lui difant : *J'ai eu grande peur de vous recevoir ici d'une autre manière que je ne le fais ; votre prudence me fauve ce défagrément, & je m'en réjouis avec vous.*

D'*Aubigné* dans fa jeuneffe recherche en mariage Diane de Talcy. Contant un jour au père de fa maîtreffe fes malheurs, & les befoins d'argent qui l'empêchoient de fe rendre à la Rochelle où les proteftans le demandoient, le vieillard lui dit : « Les originaux de l'entreprife d'Amboife » font dans votre maifon. Dans l'une de ces piè- » ces fe trouve le feing du chancelier de l'Hôpi- » tal, aujourd'hui retiré de la cour, inutile à » tout le monde, infidèle à votre parti. Si vous » voulez que je l'envoie avertir que vous avez ce » papier entre les mains, je m'engage à vous » faire donner vingt mille écus, foit par lui, foit » par ceux qui voudroient s'en fervir pour le » perdre ». Sur le champ d'*Aubigné* alla cher- cher fes papiers, & les jetta au feu en préfence de Talcy. « Je fuis pauvre, lui dit-il, je pourrois » fuccomber à la tentation : brûlons-les de peur » qu'ils ne me brûlent ». Talcy, frappé de cet acte de vertu, lui accorda auffi-tôt fa fille. Mais l'oncle de cette demoifelle s'étant oppofé à ce mariage, à caufe de la différence de religion, d'*Aubigné* époufa par la fuite mademoifelle de Lezai.

On fait que l'ingratitude n'étoit pas le vice de Henri IV ; mais ce prince, obligé de fe con- cilier, par fes bienfaits, les feigneurs catholiques, fe voyoit fouvent forcé de priver fes plus anciens ferviteurs des récompenfes qu'ils méritoient. D'*Aubigné* en faifoit quelquefois des plaintes. Ce gentilhomme couchant dans la garderobe du roi, dit un foir à la Force qui dormoit à côté de lui : « la Force, notre maître eft le plus ingrat » mortel qu'il y ait fur la terre ». La Force qui fommeilloit, lui demanda ce qu'il difoit : « Sourd que tu es, cria le roi, que l'on croyoit » bien endormi, il te dit que je fuis le plus in- » grat des hommes ». *Dormez, fire,* répondit d'*Aubigné, nous en avons encore bien d'autres à dire.* « Le lendemain, dit d'*Aubigné* dans fon » hiftoire, le roi ne me fit pas plus mauvais vi- » fage ; mais auffi il ne me donna point un fol de » plus ».

Ségur, chef du confeil de Henri IV, rapporta à ce prince plufieurs propos libres de d'*Aubigné*. Il fut queftion de l'exiler. Cependant d'*Aubigné* eut la confiance de fe préfenter devant Henri & de lui dire : « Mon maître, je fuis venu pour » favoir quel eft mon crime ; & fi vous voulez » payer mes fervices en bon prince ou en vrai » tyran. Vous favez bien, lui répondit le roi, » que je vous aime : mais Ségur eft irrité contre » vous ; réconciliez-vous avec lui ». D'*Aubigné*

l'alla trouver, & l'effraya fi fort par fes reproches menaçans, que Ségur courut dire au roi : « Sire, » M. d'*Aubigné* eft plus homme de bien que vous » & moi ».

Henri étoit fi fûr de la fidélité d'*Aubigné* que, nonobftant que ce gentilhomme eût refufé de le fuivre au fiège de Paris, ce prince mit en fa gar- de le cardinal de Bourbon, reconnu roi de France par la ligue. En vain Dupleffis-Mornay allégua les fujets de plainte que d'*Aubigné* avoit contre la cour. *La parole de* d'Aubigné *mécon- tent,* répliqua le roi, *vaut la reconnoiffance d'un autre.*

La ducheffe de Retz effaya de corrompre fa fidélité, & lui dépêcha un gentilhomme italien qui lui offrit de fa part un don de deux cents mille écus, ou bien le gouvernement de Belle-Ifle avec cinquante mille écus, s'il vouloit fermer les yeux fur l'évafion de fon prifonnier. « Belle-Ifle, ré- » pondit d'*Aubigné*, me conviendroit mieux » pour manger en fûreté le pain de mon infidé- » lité ; mais ma confcience qui me fuit par-tout » de très-près s'embarqueroit avec moi quand je » pafferois dans cet afyle ; partez donc, & foyez » affuré que fi vous ne m'aviez furpris un fauf- » conduit, je vous enverrois pieds & mains liés » au roi mon maître ».

Henri IV lui reprochant un jour de ce qu'il fe montroit l'ami du feigneur de la Tremoille dif- gracié & exilé de la cour : « Sire, lui répondit » d'*Aubigné*, M. de la Tremoille eft affez mal- » heureux, puifqu'il a perdu la faveur de fon » maître ; j'ai cru ne devoir point l'abandonner » dans le temps qu'il avoit le plus befoin de mon » amitié ».

Trois filles de la reine, mefdemoifelles de Bour- deilles, de Beaulieu & de Terme, qui faifoient bien entr'elles cent quarante ans, regardant M. d'*Aubigné* avec mépris, lui dirent d'un ton moqueur : *que contemplez-vous là, monfieur ?* les antiquités de la cour, mefdames, répondit-il du même ton.

D'*Aubigné* eft l'auteur de *la confeffion de Sancy*, & du *Divorce fatyrique*, qui traite des amours de Marguerite, première femme de Henri IV ; il étoit lieutenant-général des armées du roi & grand écuyer fous Henri III. Comme il étoit huguenot, il fe retira à Genève, où il fe maria à l'âge de foixante-douze ans, à une demoifelle fort jeune. Comme c'eft la coutume chez les calviniftes, de faire les mariages devant ou après la prédication, il arriva que le miniftre prit pour fon texte ces paroles de l'Evangile : *Seigneur, pardonnez-leur, ils ne favent ce qu'ils font ;* & ce fut par un pur hafard : cependant d'*Aubigné* le prit pour lui, & s'en fâcha fi fort, qu'il s'en plaignit au fénat de

Genève, qui obligea le ministre de lui en aller faire des excuses.

D'*Aubigné* s'étant rendu à Genève, pensa épouser en secondes noces une veuve d'une naissance distinguée. Pour éprouver son courage, dans le temps qu'il la recherchoit, il lui annonça qu'il avait été condamné à avoir le cou coupé par un arrêt qui avoit été rendu en France. « Je m'estimerai fort heureuse, lui dit-elle, de partager » votre destinée. L'homme ne séparera point ce » que Dieu aura joint ».

AUBRIOT (Hugues), intendant des finances & prévôt de Paris sous Charles V, étoit de Dijon; il décora Paris de plusieurs édifices pour l'utilité & l'agrément. En 1369, il fit bâtir la Bastille pour servir de forteresse contre les anglois, le pont Saint-Michel, le petit Châtelet, les murs de la porte Saint-Antoine, &c. *Aubriot* fut la victime de son zèle pour l'ordre public. Ayant fait arrêter des écoliers insolens, l'Université, dont les privilèges étoient alors excessifs, se déchaîna contre lui, & avec l'appui du duc de Berri, elle lui fit faire son procès, sous prétexte d'hérésie, & le fit renfermer à la Bastille. Des séditieux surnommés *Maillotins*, l'en tirèrent en 1381, pour le mettre à leur tête; mais *Aubriot* les ayant quitté dès le soir même, préféra la patrie aux cabales. Il mourut l'année suivante.

AUBIGNAC (l'Abbé d'), né à Paris en 1604, joua dans le monde une sorte de rôle; mais principalement dans le monde savant. Point de genre de littérature qu'il n'ait embrassé. Il fut tour à tour grammairien, humaniste, poëte, antiquaire, prédicateur & romancier. Il avoit du feu dans l'imagination; mais plus encore dans le caractère. Malheur à quiconque n'adoptoit pas ses idées, & refusoit de reconnoître les loix qu'il vouloit établir sur le Parnasse. L'abbé d'*Aubignac* se croyoit fait pour y régner seul. Jamais homme de lettres ne fut d'une humeur plus altière, d'une vanité plus ridicule, d'un commerce plus difficile & plus insupportable.

Le cardinal de Richelieu avoit chargé l'abbé d'*Aubignac* de l'éducation du duc de Fronsac. Le précepteur sut si bien gagner les bonnes graces de son élève, que, dès qu'il fut majeur, il lui donna une pension viagère de quatre mille livres à prendre sur tous ses biens. Après la mort prématurée de ce jeune seigneur, l'abbé d'*Aubignac* fut obligé, pour être payé de cette pension, d'avoir un procès avec le prince de Condé, seul héritier du duc, qui refusoit de la continuer. Ce procès fut terminé par une savante requête que l'abbé d'*Aubignac* adressa à M. le prince, & par laquelle il le fit seul juge de leur contestation. Cette action de générosité excita celle du prince, qui, après avoir lu la requête, ordonna que le procès

demeureroit fini, & se condamna lui-même à payer la pension.

L'abbé d'*Aubignac* avoit composé, pour l'instruction de son élève, le jeune duc de Fronsac, l'insipide roman de *Macarise* ou la *Reine des isles fortunées*. Cet abbé, qui desiroit de passer pour un romancier du premier ordre, quêtoit des éloges par-tout. Ses amis lui en donnèrent. Quelques-uns firent des vers à la louange de Macarise, & d'*Aubignac* mit ces vers à la tête de son roman. Boileau lui-même en composa comme les autres; mais *heureusement*, dit-il une de ses lettres, je portai l'épigramme trop tard, & elle n'y fut pas mise : Dieu en soit loué. Richelet, un des amis de l'abbé, fit un éloge assez mince de l'ouvrage. Il en est des louanges médiocres qu'on donne, dit un homme d'esprit comme des confidences faites à demi. L'air de réserve blesse toujours. D'*Aubignac* s'en plaignit. Richelet s'en moqua, & lui fit cette réponse épigrammatique :

Hédelin, c'est à tort que tu te plains de moi.
   N'ai-je pas loué ton ouvrage ?
Pouvois-je plus faire pour toi
   Que de rendre un faux témoignage ?

L'abbé d'*Aubignac* eut aussi des querelles avec Ménage, parce que celui-ci n'avoit pas pour Térence cette admiration aveugle que d'*Aubignac* exigeoit. Il se brouilla également avec mademoiselle Scudéri, qui se plaignit que l'abbé, dans son *Royaume de coquetterie*, n'avoit fait que copier & étendre ses idées de sa *Carte de Tendre*. Il pardonna encore moins à Corneille, qui n'avoit pas cité la *Pratique du théâtre* dans l'examen de ses tragédies.

D'*Aubignac*, pour confirmer les règles qu'il avoit prescrites dans sa Pratique du théâtre, composa la tragédie en prose de *Zénobie*. Jamais pièce n'ennuya plus méthodiquement; elle ne servit qu'à prouver que les connoissances ne suppléent point aux talens. Comme cependant il se vantoit d'avoir seul, entre tous nos auteurs, exactement suivi les règles d'Aristote : « Je sais bon gré à » l'abbé d'*Aubignac*, disoit le grand Condé, » d'avoir suivi les règles d'Aristote; mais je ne » pardonne pas aux règles d'Aristote d'avoir fait » faire à l'abbé d'*Aubignac* une si mauvaise tra» gédie ».

AUBIGNY (M. d'), qui étoit de la maison de Stuar, étoit réfugié en France durant les troubles de son pays. M. le cardinal lui donna une petite abbaye. M. d'*Aubigny*, pendant les troubles de Paris, fit tout ce qu'il put faire de mal à M. le cardinal; & comme on lui demandoit pourquoi il étoit si animé contre son éminence : ah,

Q 2

dit-il, *je ne saurois lui pardonner l'abbaye qu'il m'a donnée.*

AUBUSSON (François d'), duc de la Feuillade, maréchal de France, se distingua à la bataille de Rhétel en 1650, & dans beaucoup d'autres occasions. Ce fut lui qui, ayant acheté l'hôtel de Sennetere, le fit abattre pour en former une place, au milieu de laquelle il fit élever une statue pédestre de Louis XIV. Cette place fut nommée *la place des Victoires.* Tout le monde connoît la plaisanterie du gascon, qui, voyant que la place des Victoires n'étoit éclairée que par quatre lanternes, s'écria en impromptu:

Cadédis, d'Aubusson, je crois que tu nous bernes,
De placer le Soleil entre quatre lanternes.

Ce courtisan vouloit acheter une cave dans l'église des Petits-Pères, & il prétendoit la pousser sous terre jusqu'au milieu de la place des Victoires, afin de se faire enterrer précisément sous la statue de Louis XIV.

Il mourut subitement en 1691, & n'a eu que le temps de s'écrier : *que n'ai-je fait pour Dieu ce que j'ai fait pour le roi ?*

AUDITEUR. Un cordonnier de Leyde alloit toujours à l'université lorsqu'on y soutenoit quelques thèses. Quelqu'un lui demanda s'il savoit le latin ? « Non, répondit l'artisan. — Eh ! que ve- » nez-vous donc faire ici ? — Ah ! dit-il ; je » m'amuse à voir qui a tort ou raison dans la dis- » pute. — Et comment cela ? — Rien de plus fa- » cile .... Je le connois à la mine des disputans ; » car celui qui n'a rien de bon à répliquer s'em- » porte & fait la grimace ».

AVENIR. Il n'y a rien de plus avantageux pour notre repos que d'ignorer notre desti- née. C'est être malheureux avant le temps que de connoître le mal *à venir* ; car nous ne pouvons pas nous empêcher d'abandonner à la douleur & à la tristesse des jours sur lesquels elle n'a encore aucun droit. « Pensez-vous, comme dit Cicéron, » qu'il eût été fort avantageux à Crassus, qui » jouissoit de tant de richesses, de savoir qu'il de- » voit un jour périr au-delà de l'Euphrate avec » son fils, après l'entière défaite de son armée, » & que son corps devoit être traité par les enne- » mis avec la dernière ignominie » ? Dans quelles angoisses croyez-vous que César & Pompée eussent passé leur vie ? Quel contentement eussent- ils pu retirer de la gloire d'avoir fait tant de belles actions, si, au milieu de leurs victoires & de leurs triomphes, l'image de leurs malheurs se fût offerte à leurs yeux ; que l'un se fût représenté qu'il devoit être assassiné sur les bords de l'Egypte, & l'autre au milieu du sénat, de la main de ceux qui lui de- voient leur fortune.

AVENTURES. M. de Sherlock, jeune anglois rempli de mérite, a publié en notre langue des lettres qui ont eu le plus grand succès. Il raconte qu'il vit un seigneur russe qui s'enretournoit fort tristement dans son pays, & qui lui fit part en ces termes des *aventures* qu'il avoit eues dans la capitale de la France : — « Ma première maîtresse fit ma conquête à un bal masqué, dix jours après mon arrivée ; & elle me vainquit par un seul mot, *vous êtes charmant.* J'avois alors dix- neuf ans ; elle étoit jolie, & c'étoit la première fois de ma vie qu'une femme m'avoit dit ce mot. Quand un homme dit une fois à une femme hon- nête, *je vous aime*, le diable le lui répète cent fois: le diable me répéta mille fois que j'étois charmant ; & sur cette douce persuasion, je de- vins éperduement amoureux. Mais je quittai cette femme peu de temps après ; car outre qu'elle étoit très-sotte & très-ennuyeuse, je sentis la nécessité de sortir de ses mains pour me mettre dans celles d'un chirurgien. Quand je fus répandu dans le monde, je racontai le succès de cette bonne for- tune, & l'on me consola, en me disant, qu'outre que j'avois été platement dupe, je m'étois dés- honoré en m'attachant à une femme qui n'appar- tenoit à aucun spectacle. Je me décidai à répa- rer bientôt ce tort, & je me liai fort avec une danseuse de l'opéra. C'étoit là plus jolie jambe de Paris, une bouillante provençale, vive, gaie, & faisant des cabrioles depuis le matin jusqu'au soir. Elle étoit si exigeante, je veux dire de louis d'or, qu'elle me rappella souvent le mot du maré- chal de Villars à Louis XIV, il ne lui falloit que trois choses, de l'argent, de l'argent, de l'argent. Ses caprices ne finissoient jamais, & entr'autres je commençai à soupçonner qu'elle en avoit un pour mon valet-de-chambre ; mais elle me guérit bientôt de cette jalousie ; car un soir en entrant chez elle, je la trouvai dans les bras d'un jeune officier françois. J'en demandai sur le champ rai- son au galant militaire, & il me donna un coup d'épée qui me mit dans les mains d'un autre chi- rurgien pendant trois mois. Je rentrai dans le beau monde, avec la ferme résolution d'être sage à l'avenir. On m'assuroit que je me formois éton- namment ; que je brillerois beaucoup à mon re- tour dans mon pays ; qu'il n'y avoit point de roses sans épines. Ah ! pourquoi n'avois-je pas un ami, pour me dire que les roses se flétrissent, & que les épines restent ! Me trouvant toujours au foyer de l'opéra, je succombai encore à la tentation, & je pris une troisième maîtresse. Pour mon malheur, elle chantoit comme un ange. Si l'autre avoit la jambe fine, celle-ci avoit les bras parfaits, & je pensois mourir de plaisir quand elle les déployoit pour m'embrasser en chantant :

O toi, le seul objet que mon cœur ait au monde!

C'étoit à la fois une Sirène & une Circé ; elle

avoit un œil mourant, une belle peau, une douceur enchanterefse, & un air d'honnêteté qui auroit trompé Ulyffe. Sa mère avoit été danfeufe ; & mademoifelle étoit née dans les coulifses ; & depuis fon enfance, elle avoit appris à danfer & à chanter, à recevoir les amis de fa maman, & à affifter à leurs foupers. Elle avoit tout pour elle, naiffance, éducation, exemples, préceptes, expérience, & j'étois dans ma vingtième année. Comme elle avoit fait des études fuivies, elle s'appliquoit férieufement à me ruiner. Le comble de l'art eft de cacher l'art même, & elle avoit atteint ce dernier degré de perfection. Toutes fes fineffes étoient imperceptibles, & ce n'eft qu'en y réfléchiffant dans ma trifte retraite depuis huit mois, que je les ai démêlées. Elle voyoit que j'étois défiant, & elle ne me louoit jamais. Avois-je l'air de vouloir dire un bon mot, elle n'y applaudiffoit que par un doux fourire, qui donnoit du brillant à fon œil, & la faifoit paroître à la fois belle & fincère. Tous mes goûts étoient confultés & prévenus. C'étoit toujours de la gaieté, de l'agrément, de la variété ; les fpectacles, des foupers de filles & de beaux efprits, des concerts, du jeu. La mère ne ceffoit de faire un éloge journalier du mérite de fa fille, ni d'affaifonner fon panégyrique des épigrammes les plus fanglantes contre fes fœurs de l'opéra. Ma Sophie, difoit-elle, ne reffemble pas à ces malheureufes que vous voyez, qui font toutes des trompeufes, des intéreffées, des perfides ; elle eft douce & fage, & Dieu merci, élevée dans les bons principes. — Je fuis perfuadée qu'elle étoit fage, car elle avoit bien l'efprit du métier, & ne penfoit uniquement qu'à faire fortune. J'avois déja fait des dettes, je n'ofai plus demander de l'argent à mon père, qui fe plaignoit de ma dépenfe, & me menaçoit de ne plus m'en envoyer. Je dis cela un jour à mon amie. — Qu'eft-ce que cela fait, me répondit-elle ? j'en ai affez pour vous & pour moi ; — & en difant ces mots, elle courut à fon fecretaire, & elle en tira une bourfe de cent louis, qu'elle me mit entre les mains en me donnant un baifer. Elle me chanta enfuite ces deux vers :

Travaillons, travaillons gaiement,
Et l'amour tiendra lieu d'argent.

Elle mit dans fon chant tant d'expreffion, qu'elle me fit éprouver un fentiment délicieux, & que ces deux vers me parurent renfermer un fens très-raifonnable. En conféquence, je ne penfai plus ni à mon père, ni à mes créanciers. La provençale me ruinoit fans penfer à autre chofe qu'à fes plaifirs. Je crois l'avoir déja dit, elle étoit fans caprice, & n'avoit qu'une paffion décidée, c'étoit l'avarice. Je lui donnois volontiers, parce qu'elle ne demandoit jamais rien, mais laiffoit tout paroître l'effet de ma libéralité. Sa mère, il eft vrai, louoit beaucoup la générofité ;

elle avoit même réduit les quatre vertus cardinales à celle-là feule ; & au commencement de l'année, elle me prouva que je devois donner à fa fille une rivière de diamans pour fes étrennes. Sa propofition me parut forte ; il étoit queftion de trente mille francs. Milord **, me difoit-elle, en avoit donné une à fa maîtreffe, qui lui faifoit trois ou quatre infidélités par jour. Certain Baron allemand, que je connoiffois, ajouta-t-elle, en avoit auffi commandé une pour la fienne, quoique ce fût une créature fans fentimens ; mais qui méritoit cependant d'être payée par fon entretenur ; attendu qu'il l'excédoit d'ennui ; elle finit par me faire fentir qu'il y alloit de la gloire de la Ruffie. Je ne pus me défendre contre ce dernier argument. Je donnai le collier, ou plutôt ce fut le marchand qui lui en fit préfent, puifque j'oubliai de le payer. Je continuois à travailler gaiement, felon la maxime de ma tendre aimante, quand mon père, ne pouvant plus foutenir mes extravagances, ceffa de m'envoyer de l'argent ; & quand il fut avéré que je n'avois plus de reffources, alors le mafque tomba, la fille refta, & la Circé devint une Mégère. Après une fcène violente, elle me ferma la porte au nez. Pour fe débarraffer de moi, elle confeilla au joaillier qui m'avoit fourni le collier de diamans de me faire mettre en prifon ; & je viens de fortir du Fort-l'Evêque, où j'ai refté huit mois. Maintenant, dépouillé de tout, comme fi j'étois tombé entre les mains des voleurs, ruiné, abîmé, je retourne dans ma patrie, où je ferai pénitence de mes folles prodigalités ».

Un jeune homme en bas blancs attendoit la fin d'un orage, fous le grand guichet du Louvre ; un homme affez mal mis, mais fuivi d'une longue épée, arrive en courant. En paffant auprès de l'élégant, il l'éclabouffe, & le couvre de boue. Celui-ci témoigne de l'humeur, l'autre d'en rire. Le jeune homme aux bas blancs court fur l'autre la canne levée ; le coupable s'arrête, comptant quelques pièces de monnoie : « Mon petit ami, » dit-il à fon adverfaire, en lui retenant le bras, » prenez votre mal en patience & cet argent. » bien cinq fols pour payer le blanchiffage de vos » bas ; mais je n'ai pas cent louis pour m'enfuir » quand je vous aurai tué ». Et auffi-tôt il part comme un trait.

Le chevalier de... fortoit d'une orgie très-bruyante, ainfi que trois de fes amis ; ils fe trouvoient tous enfemble à pied, au milieu de la rue, dans une nuit d'hiver fort obfcure, & par un temps affreux. « Qu'allons-nous devenir, cria le che-» valier de... à fes compagnons, tous auffi » mouillés qu'il l'étoit lui-même, il n'eft que » deux heures fonnées ; nous coucherons-nous à » l'heure qu'il eft, comme de petits bourgeois ? » Ecoutez, il me vient une excellente idée : il » pleut à verfe ; nous fommes crottés en chiens

» barbets.......... Parbleu! allons au bal de
» l'opéra faits comme nous sommes : ce bifarre
» équipage nous épargnera la peine de nous mafquer ». -- La proposition parut bien folle, &
fut acceptée avec tranfport. Cependant on defiroit un carroffe, quand la troupe joyeufe entendit
tout-à-coup le bruit d'une voiture. -- « Eft-ce un
» fiacre que le fort daigne nous envoyer ? s'écriè-
» rent-ils d'une commune voix. -- « Oui, messieurs,
» j'en fuis un pour mes péchés », répondit le co-
» cher, qui pouvoit à peine faire mouvoir deux
» roffes étiques, étrillées en vain de plufieurs
» coups de fouet : je fuis chargé ; mais fi vous
» voulez me fuivre, je ne vais qu'à quatre pas,
» & vous pourrez me faire rouler toute la nuit.
» -- Voyons quels font ceux qui fe donnent les
» airs d'être en voiture, tandis que nous fommes
» à pied, reprit le chevalier de...; ils feront
» peut-être affez polis pour nous céder leur place ».
-- Alors cette jeuneffe pétulante faifit les rênes des
fantômes de chevaux, & le chevalier ouvre la
portière, allonge le bras, tâte légèrement : --
» Oh! oh! mes amis, dit-il, je fens des meubles ;
» voici, je crois, des paillaffes ou des matelas :
» c'eft un déménagement fecret ; gardons-nous de
» le troubler. Puifque ce maraud nous affure qu'il
» va tout près d'ici, accompagnons-le jufqu'à
» l'endroit où il doit s'arrêter ». -- Il referme la
portière, & le cocher continue à fouetter fes hari-
delles, dont il étoit facile de fuivre au petit pas
le grand trot. La voiture s'arrêta devant une petite porte qui fervoit d'entrée à une allée longue &
obfcure, dans laquelle le chevalier, trop ferré
contre le mur, fut contraint de fe jetter. L'obfcurité empêchant de l'appercevoir, le cocher
defcendit de fon siège, & fe mit en devoir de
travailler à débarraffer le carroffe. Alors la portière s'ouvrit, un homme fauta promptement à
terre, porta fur fes épaules un paquet, dont il
heurta rudement le chevalier, en le pofant à
quelques pas de lui. M. de... fut heurté &
froiffé de la forte, tant qu'il y eut quelque chofe
dans la voiture, & n'eut pas la force de s'en
plaindre, parce que la frayeur lui ôta l'ufage de
la voix, quand il s'apperçut avec la dernière
furprife, que les prétendus meubles n'étoient autre chofe que des corps morts à demi enveloppés
dans de vieux lambeaux de toile. Tantôt il recevoit un coup de pied d'un des cadavres ; tantôt il
fentoit une main froide lui paffer fur le vifage.
Saifi d'horreur, il fe tenoit collé contre la muraille ; il fe faifoit le plus mince qu'il lui étoit poffible. L'homme qui étoit forti du carroffe avoit
une lanterne fourde qu'il ouvroit par intervalles ;
& ne croyant pas qu'il y eût quelqu'un dans
l'allée, il n'examinoit heureufement que fon horrible fardeau. Ce fut à la lueur vacillante de cette
lanterne fourde, que le pauvre chevalier découvrit
les triftes objets dont il étoit environné : ce
qui redoubla fon effroi, fut de voir le cadavre

d'un enfant, qui, à fon vifage rouge & enflammé, paroiffoit fraîchement étranglé. La mauvaife
mine de l'affaffin augmentoit encore les terreurs du
chevalier ; cet homme avoit tout l'air d'un coupe-
jarret ; fon œil étoit hagard, & fa phyfionomie
dure & féroce : M. de... découvrit même fous
fon ample redingote, des épées & des poignards.
Le cocher l'aidoit à décharger la voiture, & ils
plaifantoient enfemble fur les morts qu'ils jettoient dans l'allée : -- « Celui-ci eft prefque en-
» core tout chaud, difoient-ils. En voilà un bien
» robufte, qui n'a pas quitté la vie fans peine ».
Le chevalier parvint enfin à pouffer un cri de
frayeur ; fes amis, qui fe tenoient de l'autre côté
de la rue, l'entendirent, & fe hâtèrent de voler à
fon fecours ; ils mirent l'épée à la main, dérangèrent un peu les chevaux qui leur fermoient le
paffage, & fe précipitèrent dans l'allée où le
chevalier croyoit toucher à fa dernière heure.
Comme le particulier venoit d'ouvrir fa lanterne,
ils furent d'abord interdits de l'affreux fpectacle
qui s'offrit à leurs yeux. -- « Vous voyez,
» s'écria M. de...; un infame affaffin, qui
» vient cacher ici les meurtres qu'il a faits. Ce
» miférable cocher, en le fecondant, ofe parta-
» ger fes crimes ». -- A ces mots, les jeunes gens
leur fautent au collet. -- « Ah! Meffieurs, ayez
» pitié de moi, s'écria l'homme defcendu du
» fiacre, je vais vous découvrir la vérité. Je fuis
» un pauvre étudiant en chirurgie ; j'ai déterré
» ces cadavres pour les diffequer, moi & plu-
» fieurs de mes confrères. Tout eft fi cher ac-
» tuellement, qu'il n'y a pas jufqu'aux corps
» morts, que nous n'achettions autrefois des
» foffoyeurs que douze à quinze francs, qui ne
» nous coûtent plus du double de leur valeur.
» Cet honnête cocher a bien voulu m'aider,
» moyennant un écu de fix livres. Vous voyez
» que mon crime eft excufable, puifque je ne
» trouble la cendre des morts que pour procurer
» la fanté aux vivans. Cependant il eft bon que
» l'on ne fache rien de mon innocent manège,
» parce que l'on pourroit me tenir quelque temps
» en prifon. -- Et ces poignards qui font cachés
» fous votre redingote ? s'écria le chevalier, re-
» mis de fa frayeur, mais un peu piqué de n'avoir
» eu qu'une terreur panique : -- Hélas! répondit
» l'élève de Saint-Côme, ce font des inftrumens
» de chirurgie, que je viens de prendre chez le
» coutellier ».

Une belle nuit d'été, un Marquis des mieux
faits & des plus qualifiés de France, ne pouvant
dormir, fe releva à une heure après minuit,
commanda de mettre les chevaux au carroffe, &
à la faveur de la lune qui étoit fort claire, fe fit
mener du côté de Mênil-montant. En paffant par
un chemin, bordé de deux haies vives, une dame
en déshabillé, affife fur le gafon au pied d'un
arbre, voyant le carroffe s'approcher, fe leva

promptement, & demanda : « Est-ce vous, mon-
» sieur le marquis? vous vous faites long-temps
» attendre ». Le marquis qui n'étoit point préparé
à cette rencontre, ne laissa pas de répondre :
« Oui, Madame, c'est moi », & de descendre au
plus vîte du carrosse. La dame qui d'abord le reconnut, & qui en étoit connue de même, fut
embarrassée, parce que ce n'étoit pas lui qu'elle
attendoit. Quand elle se fut un peu remise : « Eh
» bon Dieu, monsieur le marquis, lui dit-elle,
» que venez-vous chercher ici à l'heure qu'il est?
» -- Mais vous-même, madame, lui répondit le
» marquis, qu'y cherchez-vous? -- Moi, répli-
» qua-t-elle, je cherchois.... je cherchois....
» -- hé qui, madame, lui répartit le marquis?
» je vous en conjure, j'ai trop de respect pour
» vous pour abuser de votre confidence : si je ne
» suis pas assez heureux pour mériter des graces,
» je suis assez généreux pour ne point envier
» celles que l'on fait à d'autres, & assez discret
» pour les ensevelir dans un éternel oubli. --Eh,
» que voulez-vous que je vous dise, reprit-elle?
» vous pouvez bien penser qu'une femme comme
» moi n'est point ici à l'heure qu'il est sans avoir
» quelques vues : je vous ai déjà dit que je cher-
» chois.... ». Le marquis voyant que sa présence
lui causoit de la confusion, ne voulut pas lui en
faire davantage, & se contenta de lui dire, avec
autant de malice que d'esprit : « Adieu, madame,
» adieu, je ne voudrois pas, pour mille pistoles,
» avoir perdu ce que vous cherchez ». Après
quoi il remonta dans son carrosse, & la laissa
chercher ce qu'apparemment elle trouva.

La veuve d'un sous-lieutenant, accompagnée de
ses quatre fils, présenta, au mois de Septembre
1784, un placet à l'Empereur pour obtenir une
pension. Le placet étoit signé du nom de cette
veuve, & sous ce nom on lisoit ces deux mots :
premier lieutenant. Sa majesté surprise de cette singulière signature, en demanda la raison. « Je suis
» effectivement, répliqua la suppliante, premier
» Lieutenant, quoique veuve légitime d'un sous-
» lieutenant. Après avoir servi long-temps dans
» un de vos régimens de campagne, une blessure
découvrit mon sexe. Je me suis ensuite mariée
avec un sous-lieutenant dont j'ai eu quatre enfans
mâles. L'empereur, touché du sort de cette héroïne, lui donna une gratification de cinquante
ducats, lui accorda une pension de trois cents
florins, & fit placer ses quatre enfans dans une
maison de fondation.

Un jeune homme de Paris qui, avec une
compagnie nombreuse alloit à Lyon, pour jouir
de la satisfaction de voir cette seconde ville
du royaume, raconte ainsi l'aventure qu'il y
eut : « Nous étions logés à la Petite-Notre-
» Dame, & nous étions liés avec une fort bonne
» compagnie qui étoit dans l'auberge, ensorte
» que nous mangions ensemble. La veille de notre

» départ, j'étois dans la cour sur les cinq heu-
» res du soir, lorsqu'un homme y entra, me-
» nant son cheval par la bride. -- Prend soin de
» mon cheval, dit-il au valet d'écurie. -- Nous
» n'avons pas de lit, lui répondit ce valet; ainsi,
» monsieur, cherchez une autre auberge. -- Cela
» est juste, reprit cet homme, il faut donner
» quelque chose au valet, & j'aurai soin de toi
» demain matin. --Je ne vous dis pas cela, re-
» prit ce garçon, je vous avertis que nous n'a-
» vons point de place, & que je ne puis mettre
» votre cheval à l'écurie, qui est pleine. --Cela
» suffit, reprit cet homme; tu as l'air d'un brave
» garçon, aie bien soin de ma bête. --Je crois
» que ce diable d'homme-là est fou, s'écria le
» valet; voyant l'étranger prendre le chemin
» de la cuisine : que veut-il que je fasse de son
» cheval? -- Je pense qu'il est sourd, dis-je au
» valet : prenez garde que son cheval ne sorte,
» vous en seriez responsable. -- Je suivis cet
» homme à la cuisine. L'hôtesse lui fit le même
» compliment que son valet; il lui répondit qu'il
» lui étoit bien obligé; mais qu'il la prioit de
» ne point le fatiguer à lui faire des compli-
» mens, parce qu'il étoit si sourd, qu'il n'en-
» tendroit pas tirer le canon : & tout de suite
» il prit une chaise, & s'établit auprès du feu,
» comme s'il eût été chez lui. L'hôtesse tint
» conseil avec son mari & le cuisinier; & vu
» qu'il n'y avoit pas moyen de faire sortir cet
» homme de force, il fut décidé qu'il coucheroit
» roit sur sa chaise. J'entrai dans la salle, où
» je racontai à la compagnie l'embarras de l'hô-
» tesse : on en rit, & moi tout le premier, qui
» ne croyois pas que je serois la dupe de l'a-
» vanture. On servit; & notre homme entra à
» la suite des plats, & s'assit auprès de la ta-
» ble, vis-à-vis de la porte. Comme nous étions
» en société, on lui dit qu'il pouvoit se mettre
» à la table d'hôte, & que nous ne voulions
» pas d'étranger. On lui avoit fait ce compli-
» ment à tue-tête; il crut apparemment qu'on
» vouloit le faire mettre à la place distinguée;
» car il répondit qu'il étoit fort bien, & qu'il
» savoit trop bien vivre, pour se mettre au haut
» bout de la table. Voyant qu'il n'étoit pas
» possible de nous faire entendre, il fallut pren-
» dre patience; il mangea comme quatre; &
» lorsqu'on apporta la carte de la dépense, il
» tira trente sous de sa poche, & les mit sur
» la table. La dépense de chacun de nous étoit
» bien plus forte; ce qu'on tâcha de lui faire
» comprendre; mais il répondit toujours qu'il
» n'étoit pas homme à souffrir qu'on payât son
» écot, & qu'il nous étoit trop obligé de vou-
» loir le défrayer; que quoiqu'il fût mal mis, il
» avoit le gousset garni : ce qu'il disoit, sans dou-
» te, parce qu'on lui rendoit sa monnoie pour
» qu'il donnât davantage. Sur ces entre-faites,
» ayant vu monter une bassinoire, il fit une ré-

» vérence & fortit, en nous laiffant tous écla-
» ter de rire. Une minute après, la fervante
» defcendit & me dit d'aller défendre mon lit,
» dont cet homme s'étoit faifi fans vouloir en-
» tendre fes raifons. Nous y montâmes tous ; mais
» il avoit barricadé la porte, & nous fentîmes
» qu'il feroit inutile d'y frapper. Comme il parloit
» feul, nous prêtâmes l'oreille. — Que ma con-
» dition eft miférable, difoit-il ! on pourroit en-
» foncer ma porte fans que je l'entendiffe : je
» n'ai d'autre reffource que de veiller toute la
» nuit avec ma chandelle allumée, pour faire ufage
» de mes piftolets fi on entreprenoit de me voler.
» Il n'en eut pas la peine, je paffai la nuit au-
» près du feu, & je pardonnai de bon cœur à
» cet homme qui me paroiffoit fort à plaindre.
» Il fe leva le lendemain de bonne-heure, donna
» trente fous pour la dépenfe de fon cheval, &
» étant monté deffus, il m'adreffa la parole : —
» Je vous demande pardon, me dit-il, d'avoir
» pris votre lit. Un de mes amis, à qui on avoit
» refufé un logement ici, a gagé vingt louis que
» je n'y coucherois pas : cette fomme valoit bien
» la peine d'être lourd. Au refte, monfieur, j'ai
» compris, par votre difcours, que vous allez
» prendre la diligence d'eau ; je vous y trouve-
» rai, & vous prierai d'accepter un bon déjeû-
» ner ; pour réparer la mauvaife nuit que vous
» avez paffée. — Il piqua des deux en achevant
» ces mots & nous laiffa fort étonnés du fang-
» froid avec lequel il avoit joué fon rôle ».

Un homme d'une grande qualité étant entré
dans une hôtellerie où il devoit dîner, l'hôteffe,
qui ne le connoiffoit point, voyant qu'il avoit
une affez méchante figure, le pria de l'aider à
apprêter le repas pour un gros feigneur qu'on
attendoit. Il y confentit ; les gentilshommes de
fa fuite furvinrent, & l'ayant vu travailler de
la forte, lui demandèrent ce qu'il faifoit : « Je
» paie, leur dit-il en riant, l'intérêt de ma
» mauvaife mine ».

Un mandarin de Nankin paffoit pour le
plus riche particulier de la Chine. L'empereur Kam-hi, qui fe propofoit de lui enlever
une partie de fes tréfors, lui fit dire de venir
le trouver dans le parc où il fe promenoit. Il
lui ordonna de prendre la bride d'un âne qu'il
monta, & de le conduire autour du parc ; le
mandarin obéit, & reçut une pièce d'or pour
récompenfe. L'empereur voulut, à fon tour, lui
donner le même amufement, en vain le mandarin s'en excufa, il fallut fouffrir que fon maître
lui rendît l'office de palfrenier. Après cette bi-
zare promenade, combien de fois, lui dit l'empereur, fuis-je plus grand & plus puiffant que
toi ? le mandarin fe profterna à fes pieds, lui
répondit qu'on ne pouvoit faire, entre eux, aucune comparaifon : » Eh bien, lui di Kam-hi, je
» vais la faire ; je fuis vingt mille fois plus grand

» que toi ; ainfi tu paieras ma peine à propor-
» tion du prix que j'ai cru devoir mettre à la
» tienne ». Le mandarin paya vingt mille pièces
d'or en fe félicitant, fans doute de la modération de l'empereur, qui étoit bien le maître de
fe croire cent mille fois plus grand & plus
puiffant que lui.

Deux étudians, allant à Ségovie, virent un
tombeau fur lequel étoit gravée cette infcription :
ici eft enterrée l'ame du licentié Pierre Garcias.
L'un d'eux plaifanta fur l'abfurdité de ces paroles, comme fi une ame, difoit-il, pouvoit être
enterrée. Son camarade conçut, au contraire,
qu'elles pourroient cacher un fens raifonnable.
Il laiffa gagner les devants à fon compagnon,
leva la pierre fur laquelle l'infcription étoit gravée, fouilla dans la terre, y trouva un tréfor
& une autre infcription fur laquelle il lut ces
mots : fois mon héritier, toi qui as eu affez d'efprit pour comprendre le fens des paroles de l'infcription, & fais un meilleur ufage que moi de
mon argent. L'écolier, fort fatisfait, remit la
pierre, & continua fon chemin avec l'ame du
licentié.

Un cochon, fort gras & fort méchant, défoloit un charcuitier de Paris, qui réfolut de
s'en débarraffer en le tuant. En conféquence de
fon projet, il attacha l'animal à un des barreaux
du foupirail de fa cave, & alla chercher fon
grand couteau pour lui couper le cou. Pendant
ce temps-là le cochon rompit le lien qui le retenoit, fe fauva dans une rue voifine, entra
dans une allée & monta jufqu'au troifième étage ; il trouva la porte d'une chambre ouverte,
dans laquelle demeuroit une vieille femme, qui
venoit d'en fortir pour aller chercher du feu
chez fa voifine. Le cochon pénétra dans cette
chambre, découvrit derrière la porte un panier
plein d'ordures ; & comme il s'amufoit à y fouiller, en fe démenant il fit fermer la porte. La
bonne femme, revenant fur ces entrefaites, fut
très-furprife de trouver fa porte fermée, dont
elle avoit laiffée la clef fur fa table. Comme elle
entendoit un certain bruit, elle cria qu'on lui
ouvrît, le cochon fe mit alors à grogner, &
elle crut qu'on lui répondoit, non ; faifie de
frayeur, elle s'imagina qu'il y avoit un voleur
dans fon appartement & courut chercher le commiffaire & la garde ; l'officier de police demanda
à fon tour qu'on lui ouvrît ; le cochon recommença à grogner, & tous les auditeurs crurent
auffi qu'on leur répondoit, non. Auffi-tôt la porte
eft enfoncée, le cochon effrayé veut fe fauver,
paffe entre les jambes du commiffaire, s'embar-
raffe dans fa robe, & roule avec lui tous les
efcaliers ; il fe dépêtre enfin de fa longue robe
noire, & s'enfuit à toutes jambes dans la rue,
en jettant des cris affreux, laiffant l'officier public

blic perſuadé qu'un million de diables venoit de lui faire faire une furieuſe culbute.

Le plus ſûr moyen de ſe guérir bientôt de l'amour, c'eſt d'épouſer la perſonne que l'on aime : & ce qui eſt encore plus biſarre, c'eſt que l'on préfère de laides maîtreſſes à de belles femmes, qui auroient mille charmes, ſi elles n'avoient pas le nom d'épouſes. Un homme de conſidération, qui avoit une femme fort belle, jeune, riche & de bonne maiſon, ceſſa de l'aimer dès qu'il l'eut épouſée, & eut un attachement fort grand pour une femme âgée, laide, & d'une naiſſance fort douteuſe & fort incertaine. Pour régaler ſa femme il lui diſoit tous les jours, que ſi elle n'étoit pas ſa femme, il feroit tout ſon poſſible pour avoir ſes bonnes grâces, mais que l'ayant épouſée il ne pouvoit aimer comme un plaiſir une choſe qui ne lui donnoit point de peine; c'étoit le langage qu'il lui tenoit ordinairement. Un jour il ſe trouva aux Tuilleries avec un de ſes amis, pour faire ce qu'on y fait, qui eſt de cenſurer les habits, la beauté, l'air, & très-ſouvent les mœurs & la conduite. Ce mari, qui avoit la vue fort baſſe, cenſuroit comme les autres, & ne trouvoit, ce ſoir-là, aucune femme digne de ſes regards. Comme il parloit avec ſon ami, il en paſſa une très-belle & très-bien faite à ſon gré, qu'il ne connut point, & qui étoit ſa femme : ſon ami la ſalua, & l'autre lui demanda s'il la connoiſſoit; cet ami, qui eut envie de ſe divertir, lui dit que c'étoit une provinciale, qu'il avoit vue autrefois à Montpellier, & qui étoit venue à Paris pour plaider contre ſon époux, qui avoit d'autres inclinations. Il approuva le deſſein de la femme, il dit qu'elle étoit trop jolie pour vivre avec un tel animal, & en même temps il offrit de la ſervir de ſon crédit & de ſa bourſe, après quoi il preſſa ſon ami de le préſenter à elle pour la ſaluer. L'ami feignit d'abord beaucoup de difficultés, lui diſant que cette femme étoit fort retirée, que ſon mari la faiſoit épier, & que la moindre viſite qu'elle recevroit d'un homme, ſeroit un préjugé contre elle & ſa mauvaiſe conduite; cependant que pour le ſatisfaire, il alloit lui demander ſi elle agréeroit ſes offres & ſes complimens. Au moment il alla raconter à la dame ce que ſon mari venoit de lui dire, ſans oublier l'ardeur qu'il ſentoit pour elle, la prenant pour une femme de Montpellier. L'ami revint & lui dit qu'elle étoit trop heureuſe de trouver un homme comme lui qui voulût entrer dans ſes intérêts. Là deſſus il courut lui faire beaucoup de fades complimens, qu'elle écouta, ſa coëffe baiſſée, pour n'être pas ſi-tôt reconnue, & pour faire durer plus long-temps la comédie. Enfin elle ſe découvrit le viſage, & il reconnut ſa femme. Elle le railla ſans lui donner le temps de lui répondre : les dames qui étoient avec elle le plaiſan-

Encyclopédiana.

tèrent à leur tour, & ce jour, contre ſon ordinaire, il entendit aſſez la raillerie; il trouva ſa femme jolie plus qu'il n'avoit encore fait, mais il n'oſa faire paroître ſa tendreſſe. Voici ce qu'il fit. Il quitta ſon ami, & courut chez lui; il fit auſſi-tôt appeller ſes gens pour le mettre en robe de chambre, & en bonnet de nuit, puis il dit à un d'eux de courir aux Tuilleries, dans une telle allée, où ſa femme ſe promenoit, & de lui dire qu'il avoit une affaire très-importante à lui communiquer. Le valet-de-chambre, qui ne ſavoit rien de l'hiſtoire, s'acquita de la commiſſion. La dame craignant qu'il ne lui fût arrivé quelque choſe de fâcheux, demanda ſi ſon mari étoit ſeul; il lui dit qu'il étoit déshabillé, en robe de chambre & en bonnet de nuit. Toutes ces dames ſe mirent à rire, & devinèrent d'abord de quoi il s'agiſſoit. Elles allèrent toutes enſemble voir le mari, qu'elles recommencèrent à railler comme auparavant, elles voulurent faire une nouvelle noce, & on prépara un ſouper magnifique, après quoi on coucha la mariée avec autant de cérémonies que la première nuit de ſon mariage. Le lendemain ce mari retomba dans le dégoût pour ſa femme, avec qui il vivoit pourtant honnêtement, mais ſans lui donner aucune marque d'inclination. Le jour ſuivant il alla voir ſa maîtreſſe, qui ſavoit l'aventure; à peine fut-il entré qu'elle prit des pincettes, avec quoi elle le pourſuivit dans ſa chambre, le menaçant de l'aſſommer, s'il ne lui juroit de ne plus tomber dans une pareille fragilité: il le jura à genoux; & ſa repentance finit la conteſtation.

Ladiſlas, roi de Naples, avide de faire des conquêtes ſur le beau ſexe, aſſiégea Florence qui étoit à la veille de ſe rendre. Il fit dire aux aſſiégés que ſi on lui livroit une jeune florentine, dont la renommée avoit répandu par-tout la beauté, il lèveroit le ſiège. On fut obligé d'accepter la condition : la belle étoit fille d'un médecin, & pouvoit avoir quinze ou ſeize ans. Elle ſe para de ſes plus beaux atours pour paroître encore plus belle aux yeux du prince, que la renommée ne la lui avoit annoncé. Son père, ſans lui faire part de ſon deſſein, lui mit autour du cou un mouchoir de prix, qu'il lui noua avec tant de force qu'on auroit plutôt déchiré le mouchoir que de rompre le nœud. Le roi fut tranſporté en la voyant; ſon impatience amoureuſe lui fit franchir le cérémonial : il fut à peine au comble de ſes vœux, qu'il fut entre les bras de la mort, dont l'embuſcade étoit dreſſée dans le mouchoir empoiſonné. La belle eut le même ſort.

Aventure ſingulière, écrite par M...... à un de ſes amis.

Je vais te confier, cher ami, un ſecret affreux, que je ne puis dire qu'à toi. La noce de

R

mademoiselle de Vildac avec le jeune Sainville s'est faite hier ; comme voisin j'ai été obligé de m'y trouver. Tu connois M. de Vildac ; il a une phisionomie sinistre dont je me suis toujours défié. Je l'observai hier au milieu de toutes ces fêtes ; bien loin de prendre part au bonheur de son gendre & de sa fille, il sembloit que la joie des autres fût un fardeau pour lui. Quand l'heure de se retirer fut venue, on m'a conduit dans l'appartement qui est au dessous de la grande tour. A peine commençois-je à m'endormir, que j'ai été réveillé par un bruit sourd au dessus de ma tête. J'ai prêté l'oreille, & j'ai entendu quelqu'un qui traînoit des chaînes, & qui descendoit lentement quelques degrés. En même temps une porte de ma chambre s'est ouverte : le bruit des chaînes a redoublé : celui qui les portoit s'est avancé vers la cheminée ; il a rapproché quelques tisons à demi-éteints, & il a dit d'une voix sépulchrale : « Ah ! qu'il y a long-» temps que je ne me suis chauffé ! » Je te l'avoue, cher ami, j'étois effrayé. J'ai saisi mon épée pour pouvoir me défendre ; j'ai entr'ouvert doucement mes rideaux. A la lueur que produisoient les tisons, j'ai apperçu un vieillard décharné, & à moitié nud, une tête chauve, une barbe blanche. Il approchoit ses mains tremblantes des charbons. Cette vue m'a ému. Pendant que je le considérois, le bois a produit de la flamme : il a tourné les yeux du côté de la porte par laquelle il étoit entré ; il a fixé le plancher, & s'est livré à une douleur extraordinaire. Un instant après s'étant jeté à genoux, il a frappé la terre avec le front. J'entendois qu'il disoit en sanglotant : mon dieu ! ô mon dieu ! …… Dans ce moment, mes rideaux ont fait du bruit ; il s'est retourné avec effroi. « Y a-t-il quelqu'un ? a-t-il dit ; y a-t-il quelqu'un dans ce lit ? — Oui, lui ai-je répondu en ouvrant tout-à-fait mes rideaux. Mais qui êtes-vous ? Ses pleurs l'ont empêché de parler : il m'a fait signe de la main que la voix lui manquoit ; enfin il s'est calmé. « Je suis le plus malheureux des hommes, m'a-t-il dit ; je ne devrois peut-être pas vous en dire davantage ; mais il y a tant d'années que je n'ai vu personne, que le plaisir de parler à un de mes semblables m'entraîne. Ne craignez rien, venez vous asseoir auprès de cette cheminée ; ayez pitié de moi, vous adoucirez mes maux en les écoutant ». La frayeur que j'avois eue, a fait place à un mouvement de compassion : je suis allé m'asseoir auprès de lui, cette marque de confiance l'a touché. Il a pris ma main, il l'a mouillée de larmes. « Homme généreux, m'a-t-il dit, commencez par satisfaire ma curiosité ; dites-moi pourquoi vous logez dans cet appartement qu'on n'habite jamais : que veut dire le fracas des boîtes que j'ai entendu ce matin ? que s'est-il passé d'extraordinaire dans le château » ? Quand je lui ai appris le mariage de la fille de Vildac, il a étendu les bras vers le ciel. » Vildac a une fille ! elle est mariée ! …… Grand dieu, faites qu'elle soit heureuse ! faites sur-tout qu'elle ignore le crime ! Apprenez enfin qui je suis …… Vous parlez au père de Vildac… ». Le cruel Vildac ? … » Mais ai-je le droit de m'en plaindre ? Seroit-ce à moi à l'accuser ?

Quoi ! me suis-je écrié avec étonnement, Vildac est votre fils ? & ce monstre vous retient ici ! vous ne parlez à personne ? il vous a chargé de chaînes ?

Voilà, m'a-t-il répondu, ce que peut produire un vil intérêt. Le cœur dur & farouche de mon malheureux fils n'a jamais connu aucun sentiment. Insensible à l'amitié, il s'est rendu sourd au cri de la nature, & c'est pour s'emparer de mes biens qu'il m'a chargé de fers.

Il étoit allé un jour chez un seigneur voisin qui avoit perdu son père : il le trouva entouré de ses vassaux, occupé à recevoir des rentes & à vendre ses récoltes. Cette vue fit un effet affreux sur l'esprit de Vildac. La soif de jouir de son patrimoine le dévoroit depuis long-temps : je remarquai, à son retour, qu'il avoit l'air plus sombre & plus rêveur qu'à l'ordinaire. Quinze jours après, trois hommes masqués m'enlevèrent pendant la nuit ; après m'avoir dépouillé de tout, ils me conduisirent dans cette tour. J'ignore comment Vildac s'y est pris pour répandre le bruit de ma mort ; mais j'ai compris, par le bruit des cloches & par quelques chants funèbres, qu'on célébroit mon enterrement. L'idée de cette cérémonie m'a plongé dans une douleur profonde. J'ai inutilement demandé, comme une grace, qu'il me fût permis de parler à Vildac : ceux qui m'apportent du pain, me regardent sans doute comme un criminel condamné à périr dans cette tour. Il y a environ vingt ans que j'y suis. Je me suis apperçu, ce matin, qu'en m'apportant à manger, on avoit mal fermé ma porte. J'ai attendu la nuit pour en profiter. Je ne cherche pas à m'échapper, mais la liberté de faire quelques pas de plus, est quelque chose pour un prisonnier.

Non, me suis-je écrié, vous quitterez cette indigne demeure ; le ciel m'a destiné à être votre libérateur : sortons, tout est endormi. Je serai votre défenseur, votre appui, votre guide. — Ah ! m'a-t-il dit, après un moment de silence, ce genre de solitude a bien changé mes principes & mes idées. Tout n'est qu'opinion ; à présent que je suis fait à ce que ma position a de plus dur, pourquoi la quitterois-je pour une autre ? Qu'irai-je faire dans le monde ? Le sort en est jeté, je mourrai dans cette tour. — Y songez-vous ? nous n'avons qu'un moment ; la nuit s'avance, ne perdons pas de temps, venez. — Votre zèle me touche ; mais j'ai si peu de jours à vivre que la liberté me tente peu : irai-je, pour en jouir, déshonorer mon fils ? -- C'est lui qui s'est déshonoré. -- Eh ! que m'a fait sa fille ? cette jeune innocente est dans les bras de son époux, & j'irois les couvrir d'infamie ? Ah ! plutôt que ne puis-je la voir, l'arroser de mes larmes, la serrer dans mes bras ! mais je m'attendris inutilement, je ne la verrai jamais. Adieu ; le jour va paroître, on pourroit nous entendre, je vais rentrer dans ma prison..... Non, lui ai-je dit en l'arrêtant, je ne le souffrirai pas : l'esclavage affoiblit votre ame, c'est à moi à vous prêter du courage. Nous examinerons après s'il faut vous faire connoître ; commençons par sortir. Je vous offre mon château, mon crédit, ma fortune. On ignorera qui vous êtes ; on cachera, s'il le faut, le crime de Vildac à toute la terre. Que craignez-vous ? Rien : je suis pénétré de reconnoissance ; je vous admire..... Mais tout est inutile ; je ne saurois vous suivre. -- Eh bien ! choisissez : je vous laisse ici ; je vais au gouverneur de la province ; je lui dirai qui vous êtes ; nous viendrons à main armée vous arracher à la barbarie de votre fils. -- Gardez-vous d'abuser de mon secret ; laissez-moi mourir ici : je suis un monstre indigne du jour..... Il est un crime qu'il faut que j'expie, le plus infame, le plus horrible..... Tournez les yeux, voyez ce sang dont il reste des traces sur le plancher & sur les murailles. Ce sang est celui de mon père, & c'est moi qui l'ai assassiné. J'ai voulu, comme Vildac....... Ah ! je le vois encore ! il me tend ses bras ensanglantés !..... Il veut m'arrêter... Il tombe..... Oh ! image affreuse ! oh ! désespoir » !

En même temps le vieillard s'est jeté à terre, il s'arrachoit les cheveux..... Il étoit dans des convulsions effrayantes ; je voyois qu'il n'osoit plus se tourner vers moi ; je demeurois immobile. Après quelques momens de silence nous avons cru entendre du bruit : le jour commençoit à paroître, il s'est levé. Vous êtes pénétré d'horreur, m'a-t-il dit : adieu, fuyez-moi, je remonte dans ma tour, & c'est pour n'en sortir jamais. Je suis resté sans voix & sans mouvement : tout me donnoit de la terreur dans ce château ; j'en suis sorti aussi-tôt. Je me prépare à présent à aller habiter une autre de mes terres ; je ne saurois ni voir Vildac, ni demeurer ici. O mon ami ! comment est-il possible que l'humanité produise des monstres & des forfaits pareils !

Cette *aventure* est arrivée en province vers le commencement de ce siécle : avant que de l'imprimer on a eu soin d'en déguiser les noms. (*La Morale en action*)

AVEUGLE. Quoique le docteur Saunderson, mort il y a quelques années, eût été privé de la vue dès sa tendre enfance, cette privation n'arrêta pas ses progrès dans les mathématiques ; ils furent si surprenans qu'on lui donna la chaire de professeur de cette science, dans l'université de Cambridge. Ses leçons étoient d'autant plus claires, qu'il supposoit, sans doute, parler à des aveugles ; il y joignoit un cours complet d'optique.

Notre docteur n'avoit besoin que de toucher une suite de médailles pour en connoître les fausses, & même celles, qui auroient pu échapper à la sagacité du plus habile connoisseur. On lui présentoit un instrument de mathématique, & il jugeoit de son exactitude par la simple imposition des mains sur les divisions. Les moindres vicissitudes de l'atmosphère l'affectoient, & dans un temps calme, il s'appercevoit de la présence des objets peu éloignés de lui.

Un jour qu'il assistoit dans un jardin à des démonstrations astronomiques, il distingua par l'impulsion de l'air sur son visage, le temps où le soleil étoit couvert de nuages : cependant Saunderson étoit non-seulement privé de la vue, mais encore de l'organe.

Il y avoit à Mastricht un *aveugle* qui, chez le rhingrave, jouoit au piquet avec des hommes de qualité ; mais quand c'étoit à lui à donner, ils ne lui permettoient pas de toucher les cartes, parce qu'au toucher il les connoissoit parfaitement bien.

L'*aveugle* né de Puiseaux en Gâtinois, estimoit la proximité du feu au degré de la chaleur ; la plénitude des vaisseaux au bruit que font en tombant les liqueurs transvasées, & le voisinage des corps, à l'action de l'air sur son visage. Il s'étoit fait de ses bras des balances fort justes, & de ses doigts des compas presque infaillibles. Le poli des corps n'avoit guère moins de nuances pour lui que le son de la voix. Il jugeoit de la beauté par le toucher, & faisoit entrer dans ce jugement la prononciation & le son de la voix. Il adressoit au bruit & à la voix très-sûrement. On rapporte qu'il eut, dans sa jeunesse, une querelle avec un de ses frères, qui s'en trouva fort mal. Impatienté des propos désagréables qu'il essuyoit, il saisit le premier objet qui lui tomba sous sa main, le lui lança, l'atteignit au milieu du front, & l'étendit par terre. Cette aventure & quelques autres le firent appeller devant le tribunal du lieutenant de police de Paris, où il demeutoit pour lors. Les signes extérieurs de la puissance qui nous affectent si vivement, n'en imposent point aux *aveugles*. Le nôtre comparut devant le magistrat, comme devant son semblable ; les menaces ne l'intimidèrent point. « Que me ferez-» vous ? dit-il à M. Hérault. -- Je vous jetterai »dans un cul de basse-fosse, lui répondit le ma-

R 2

» giſtrat. — Eh ! monſieur, lui répliqua l'*aveugle*, » il y a vingt-cinq ans que j'y ſuis ».

On penſeroit peut-être qu'un *aveugle* né n'a aucune idée nette de la viſion. Que l'on en juge par cette réponſe. On demandoit à l'*aveugle* de Puiſeaux ce que c'étoit que des yeux ? « C'eſt, répondit-il, un organe ſur lequel l'air fait l'effet de » mon bâton ſur ma main. Cela eſt ſi vrai, ajouta-t-il, que quand je place ma main entre vos » yeux & un objet, ma main vous eſt préſente, » mais l'objet vous eſt abſent. La même choſe » m'arrive quand je cherche une choſe avec mon » bâton, & que j'en rencontre une autre ».

Il définiſſoit un miroir, une machine qui met les choſes en relief loin d'elles-mêmes, ſi elles ſe trouvent placées convenablement par rapport à elles. « C'eſt comme ma main, ajoutoit-il, qu'il ne » faut pas que je poſe à côté d'un objet pour le ſen- » tir ». Combien de philoſophes renommés, dit un » auteur moderne, ont employé moins de ſubtilités pour arriver à des notions auſſi fauſſes ?

(*Lettre ſur les aveugles*).

Un homme *aveugle* avoit une femme qu'il aimoit beaucoup, quoiqu'on lui eût dit qu'elle étoit fort laide. Un fameux médecin vint dans le pays, & offrit à l'*aveugle* de lui rendre la vue. Il ne voulut pas y conſentir : « je perdrois, dit-il, » l'amour que j'ai pour ma femme, & cet amour » me rend heureux ».

Un *aveugle* des Quinze-vingts avoit deux filles jumelles qu'on prenoit ſouvent l'une pour l'autre ; il les diſtinguoit d'abord en leur tâtant le viſage, & diſoit ſans jamais ſe tromper : *voilà Louiſon*, *voilà Jeannette*. Il ſentoit quand elles étoient dans certains jours du mois. Un matin, ſe trouvant un peu incommodé, il revint chez lui plutôt qu'à l'ordinaire ; Louiſon étoit avec un jeune homme qu'elle aimoit, & qu'il fit ſortir doucement ; mais l'ouïe de notre *aveugle* étoit apparemment auſſi fine que l'odorat & le toucher ; il prit Louiſon par la main, la flaira au viſage & à la gorge ; prétendit qu'il étoit certain de ſon impudicité toute récente ; &, comme il étoit très-brutal, il commençoit à la maltraiter cruellement, lorſque le jeune homme, qui étoit reſté à la porte, rentra & lui dit qu'il ne demandoit qu'à épouſer ſa fille, à qui il avoit promis la foi de mariage : notre *aveugle*, s'étant informé des mœurs du garçon, lui accorda Louiſon, avec une dot de onze mille livres.

Aveugle qui ceſſe de l'être.

M. Grant, expert chirurgien de Londres, s'étant propoſé de faire l'extraction de la cataracte à un *aveugle* né, de vingt ans, ſon opération réuſſit admirablement, en préſence d'un grand nombre de perſonnes, qui admirèrent l'habileté de ce ſavant artiſte. Voilà pour la réputation du chirurgien : mais la ſcène qui ſuivit l'opération doit être l'objet des plus ſublimes réflexions du philoſophe. Tous les ſpectateurs gardoient un profond ſilence, afin de mieux obſerver les mouvemens qu'occaſionneroient dans l'ame du jeune homme les nouvelles ſenſations qu'il éprouveroit. Lorſque ſes yeux furent frappés des premiers rayons de la lumière, on apperçut ſur ſon viſage l'expreſſion d'un raviſſement extraordinaire : il fut au point de s'évanouir de joie & d'étonnement. M. Grant étoit devant, tenant ſes inſtrumens à la main ; il l'examina attentivement, & porta ſur lui-même ſes regards, comme pour comparer les deux objets. Tout lui ſembloit pareil, excepté les mains, parce qu'il prenoit les inſtrumens pour une partie de ſes mains. Pendant que cette ſcène ſe paſſoit, ſa mère ne put contenir ſes tranſports de joie ; elle courut à lui les bras ouverts en s'écriant : *mon fils, mon cher fils !* Le jeune homme reconnut ſa mère à la voix : la parole lui manque, il ne peut proférer que ces mots : *Eſt-ce vous ? eſt-ce ma mère ?* & il s'évanouit. Il y avoit dans l'appartement une jeune fille, avec laquelle il avoit été élevé, qu'il aimoit tendrement, & dont il étoit aimé. Le voyant ſans connoiſſance, elle laiſſa échapper un cri de douleur, qui ſembla rappeler le jeune homme à la vie. Il entendit la voix de ſa maîtreſſe, ouvrit les yeux, &, après quelques momens de ſilence, il s'écria : « Qu'eſt-ce qu'on » m'a donc fait, où m'a-t-on tranſporté ? Ce que » je ſens autour de moi, eſt-ce la lumière dont on » m'a ſi ſouvent parlé ? Le ſentiment nouveau que » j'éprouve, eſt-il celui de la vue ? … Toutes » les fois que vous dites que vous êtes bien aiſe » de vous voir l'un l'autre, êtes-vous auſſi heu » reux que je le ſuis en ce moment ? … Où eſt » Thom qui me ſert de guide ? il me ſemble main » tenant que je marcherois bien ſans lui ». Il voulut faire un pas ; mais il s'arrêta, & parut effrayé. Comme l'agitation de ſon ame étoit extrême, M. Grant lui conſeilla de fermer les yeux & de les ouvrir peu à peu, afin de les accoutumer par degrés à ſupporter la lumière. Il ne ſe rendit qu'avec peine à ces raiſons. On lui tint quelque temps les yeux couverts, & dans ce retour de cécité, il ſe plaignit amèrement qu'on l'avoit trompé, qu'on avoit employé quelque enchantement pour lui faire croire qu'il jouiſſoit de ce qu'on appelle vue. Enfin il proteſta que les impreſſions qui étoient reſtées dans ſon ame le rendroient fou, ſi ce ſens en effet ne lui étoit pas rendu. Il voulut deviner les noms des perſonnes qu'il avoient vues dans la foule, & conter ce qu'il avoit remarqué ; mais les impreſſions lui manquèrent. Après cette rude épreuve, on crut qu'il n'y avoit plus de riſque à lui ôter ſon bandeau, & l'on chargea la jeune fille de cette douce commiſſion, en lui recommandant expreſſément de tâcher de le diſtraire, par ſes diſcours, de l'impreſſion trop vive des objets. Elle s'approcha de lui, & dénouant son bandeau, elle lui dit : « Monsieur William, je vais vous rendre l'usage de la vue; mais je ne saurois m'empêcher d'avoir quelque inquiétude. Je vous ai aimé dès mon enfance, quoique vous fussiez aveugle; vous m'avez aimée aussi : mais vous allez connoître la beauté; vous allez éprouver des sentimens qui vous ont été inconnus jusqu'ici. Si vous alliez cesser de m'aimer! si quelque objet, que vous trouverez plus aimable, alloit m'effacer de votre cœur !.... Ah! ma chère amie, répondit le jeune homme, si je devois, en jouissant de la vue, perdre les tendres émotions que j'ai senties toutes les fois que j'ai entendu le son de votre voix; si je ne devois plus distinguer le pas de celle que j'aime, lorsqu'elle s'approche de moi, & s'il falloit que je changeasse ce plaisir si doux & si fréquent, pour le sentiment tumultueux que j'ai éprouvé pendant le peu de temps que j'ai joui de la vue, j'aime mieux renoncer pour la vie à ce sens nouveau. Je n'ai desiré de voir, que pour vous sentir, vous posséder, vous aimer d'une autre manière, arrachez-moi ces yeux s'ils ne doivent servir qu'à vous rendre moins chère à mon cœur ».

La jeune fille l'embrassa tendrement, & William ne pouvoit se lasser de la regarder; il l'appelloit en la touchant, & la prioit de parler pour se convaincre que c'étoit elle qu'il touchoit. Tout l'étonnoit, il ne pouvoit accorder les sensations qu'il éprouvoit par la vue, avec celles qu'il avoit reçues des mêmes objets par les autres sens; & ce n'a été que par degrés qu'il est parvenu à distinguer & à reconnoître les formes, les couleurs & les distances.

Tristan, ayant pris un fort dans l'isle de Jocotora, trouva un *aveugle* qui s'étoit retiré au fond d'un puits : il lui demanda comment il avoit pu y descendre. « Les *aveugles*, répondit-il, voient le chemin de la liberté ». La liberté fut le fruit de sa réponse.

Dans les nouvelles de la république des lettres, il est fait mention d'un organiste qui, quoiqu'*aveugle*, ne laissoit pas d'être fort habile dans son art, qui discernoit par le tact toute sorte de monnoie, & même de couleurs : qui jouoit aux cartes; qui gagnoit beaucoup, quand c'étoit à lui à faire, parce qu'au toucher il connoissoit ce qu'il donnoit à chaque joueur.

Un *aveugle* se retirant à l'entrée de la nuit, fut rencontré par un particulier, qui, après l'avoir interrogé, se montra sensible à sa situation, & promit d'adoucir sa misère, s'il vouloit venir avec lui. L'*aveugle* ne demandant pas mieux que d'être secouru, se laissa docilement conduire. Son nouveau bienfaiteur lui ayant fait traverser plusieurs rues, le mena dans l'appartement qu'il oc-

cupoit, & lui tint à peu-près ce discours: --- » Je suis auteur, c'est-à-dire, que je fais des livres; mais je ne cultive point les lettres dans le dessein qu'elles me procurent de quoi vivre, je desire seulement que mes ouvrages me mettent dans le cas de faire du bien aux indigens. Voilà un petit livre de ma composition, intitulé : *Histoire du grand saint René*; je vous fais présent de l'édition entière, vous n'aurez qu'à la vendre à bon marché, comme une suite de la bibliothèque bleue; vous en aurez certainement du débit ». --- L'*aveugle* se retira fort content, chargé des brochures dont on le rendoit possesseur, & ne manqua pas de les mettre en vente dès le lendemain matin. Il cria pendant assez long-temps: *A quatre sols la vie du grand saint René*, sans trouver d'acheteurs. Mais la curiosité portant quelques personnes à jetter les yeux sur cette vie mémorable, on fut étrangement surpris de voir que c'étoit une violente satyre contre plusieurs citoyens, à qui l'auteur en vouloit sans doute. Chacun alors s'empressoit de se procurer cette brochure, lorsqu'un inspecteur de police, informé de l'aventure, accourut saisir toute la boutique du nouveau libraire. L'*aveugle* conta si naïvement ce qui lui étoit arrivé, qu'il ne parut nullement coupable. On se doute bien qu'il ne peut point indiquer la demeure de son prétendu bienfaiteur, & encore moins le faire connoître.

Le sieur Richard, directeur de la poste, à Joyeuse en Vivarais, étant allé se promener après soupé jusqu'à une vigne qu'il a près de cette ville, rentra à dix heures, se coucha & dormit sans ressentir la moindre incommodité. Le lendemain sa fille, voyant qu'il se levoit beaucoup plus tard qu'à son ordinaire, entra dans sa chambre, lui demanda s'il étoit malade, & pourquoi il ne se levoit pas?. c'est, répondit-il, que j'attends qu'il soit jour. --- Il est jour depuis long-temps. --- *Ouvrez donc ces volets*. --- Ils sont ouverts, & il est dix heures. --- *Cela n'est pas possible, c'est une plaisanterie, car il n'est pas jour*. Enfin il fut convaincu qu'il étoit *aveugle*. Sa famille, ne voyant aucune altération dans ses yeux, avoit peine à le croire. On appella des médecins & des chirurgiens qui tentèrent quelques remèdes; mais tous leurs soins furent inutiles, & ils finirent par déclarer qu'il resteroit *aveugle* toute sa vie. Cependant trois semaines après, étant à l'église, il lui sembla qu'il appercevoit comme au travers d'un nuage épais, la lueur de la lampe; le lendemain il l'apperçut un peu mieux. Depuis ce moment, sans avoir senti aucunes douleurs, sans avoir fait aucun remède, sa vue s'éclaircit de jour en jour; &, au bout de trois mois, elle se trouva aussi bonne qu'auparavant.

Martin Chastelin étoit de Waavich, petite ville

de Flandres : il étoit *aveugle* né , & cependant il faifoit au tour des ouvrages furprenans ; il faifoit même les inftrumens dont il avoit befoin pour fon métier. Il faifoit des orgues ; des épinettes, des violes , des violons, il les accordoit, & en jouoit paffablement. On lui demandoit un jour ce qu'il defiroit le plus de voir , les couleurs , répondit-il, parce que je connois prefque tout le refte : mais , lui répliqua-t-on , n'aimeriez - vous pas mieux voir le ciel ? non , dit-il, j'aime mieux le toucher.

Cet *aveugle* me fait fouvenir de celui à qui M. Rohaut vouloit faire comprendre ce que c'é-toit que la lumière. Cet illuftre philofophe s'é-puifoit , & ceux qui étoient avec lui en beaux difcours pour lui en donner une idée ; ils n'en pouvoient venir à bout, quand il les interrompit dans le milieu de leurs raifonnemens. Attendez, dit-il, meffieurs, j'y fuis, la lumière n'eft - elle pas faite comme du fucre.

Un *aveugle* marchoit dans les rues, une lu-mière à la main, dans une nuit obfcure, avec une cruche fur le dos. Un coureur de pavé le rencontra & lui dit : fimple que vous êtes, à quoi vous fert cette lumière ? la nuit & le jour ne font-ils pas la même chofe pour vous ? L'*a-veugle* lui répondit en riant : ce n'eft pas pour moi que je porte cette lumière ; mais c'eft afin que des étourdis comme toi ne viennent point me heurter , & me faire caffer ma cruche.

En 1425 on mit quatre *aveugles* armés, en un parc, chacun un bâton en la main ; & un fort pourcel, lequel ils devoient avoir s'ils le pouvoient tuer ; & firent bataille étrange, car ils frappoient l'un fur l'autre cuidant frapper le pour-cel qui fut enfin tué. (*Journal de Paris*, *j*ag. 104).

AUGURES. Les *augures* étoient chez les ro-mains les interprètes des dieux. On les conful-toit pour être inftruit fur le fort de fes entrepri-fes. Ils en jugeoient par le vol des oifeaux, & par la manière dont mangeoient les poulets facrés.

Voici comment les *augures* exerçoient leur mi-niftère : affis & revêtu de la robe teinte en pour-pre & en écarlate, l'*augure* fe tournoit du côté de l'Orient, & défignoit avec fon bâton augural une partie du ciel ; il examinoit alors attentive-ment quels oifeaux paffoient, comment ils vo-oient , de quelle manière ils chantoient, & de quel côté de la partie du ciel défignée ils fe trouvoient. Ils prédifoient auffi l'avenir par le moyen du tonnerre & des éclairs. Les favans n'étoient pas dupes de toutes leurs cérémonies, à en juger par le fentiment de Cicéron, qui s'étonne que deux *augures* puiffent s'entre-regar-der fans éclater de rire.

AUGUSTE, né 63 ans avant J. C., étoit d'une taille au deffous de l'ordinaire, mais très - bien proportionnée. Sa phyfionomie étoit pleine de dou-ceur & d'agrémens, très-peu curieux de fa pa-rure, il fembloit regretter le temps que l'on étoit obligé de lui dérober pour fon habillement. Il avoit le regard fi vif que l'on en foutenoit diffi-cilement l'éclat ; & il fe fentoit flatté, ainfi qu'A-lexandre, lorfqu'on baiffoit les yeux pour ne pas rencontrer les fiens. Plufieurs hiftoriens ont peint fon caractère & fon efprit avec des couleurs bien différentes , parce qu'ils n'ont point diftingué en lui le citoyen ambitieux & l'empereur. Octave étoit injufte, cruel, vindicatif, adonné à toutes fes paffions ; *Augufte* fut un empereur doux, hu-main, généreux & le protecteur des arts. Une grande pénétration , un art merveilleux de pro-fiter des conjonctures & de tirer parti des ver-tus & des défauts des autres, étoit fa qualité dominante , & fut celle qui contribua le plus, peut-être, à fon élévation.

Pendant les horreurs de la profcription, un citoyen qu'il faifoit mener au fupplice , le con-jura de permettre au moins qu'il fût enfeveli après fa mort : *ne t'en mets point en peine*, répliqua d'un air féroce le barbare triumvir, *les corbeaux en auront foin.*

Après la victoire remportée fur les meurtriers de Céfar, victoire qui fut due à la bravoure d'An-toine , Octave contraignit un fénateur à tirer au fort avec fon fils à qui auroit fa grace ; ils la refusèrent tous deux. Il les obligea de fe battre, & vit tranquillement le père fe jetter fur l'épée de fon fils, qui fe tua auffi-tôt pour ne pas fur-vivre à fon père.

Les paroles outrageantes qu'il ajoutoit aux fup-plices le rendirent fi odieux aux prifonniers, que, lorfqu'on les amenoit chargés de chaînes, ils fa-luoient Antoine avec refpect, & chargeoient Oc-tave d'injures & de reproches piquans.

La débauche la plus facrilège fe mêloit à ces cruautés. On faifoit des contes affez vifs d'un fouper qu'Octave tenoit fort fecret, & qu'on appelloit le fouper des douze divinités, parce que les douze convives qui s'y trouvoient, fix hom-mes & fix femmes, avoient pris les ornemens & les attributs des douze principales divinités de l'Olympe. Octave repréfentoit Apollon. On égayoit le repas en renouvellant les adultères dont la fable nous a fait le détail.

Antoine, de fon côté, fe livroit à toutes for-tes de débauches entre les bras de la courti-fanne Glaphira : Fulvie, fon époufe, voulut en-gager Octave à la confoler de cette infidélité ; mais ce triumvir, encore plus politique que tendre, fut infenfible : elle alla jufqu'à le menacer de lui faire la guerre ; Octave répondit par une épi-

gramme licentieuſe que Martial nous a conſervée.

Il avoit rejetté le nom de monarque ou de
roi trop odieux aux romains, & avoit pris celui
de Céſar auquel il ajouta le titre d'empereur;
le peuple abuſé lui accorda ſous ce nom d'*imperator*, la ſouveraine puiſſance qu'il lui auroit
refuſée ſous celui de *rex*.

Sa clémence envers Cinna, petit-fils du grand
Pompée par ſa mère, mérite les plus grands éloges. Cinna avoit conſpiré contre *Auguſte*. La conſpiration ayant été découverte, ce prince le fit
venir dans ſon cabinet; & après lui avoir nommé
les conjurés, comme Cinna n'attendoit plus que
l'arrêt de ſa mort, l'empereur lui tint ce diſcours:
« Je t'avois pardonné autrefois comme à un ennemi, je te pardonne aujourd'hui comme à un
parricide; ſi tu as été inſenſible à la première
grace, ne le ſois pas à la ſeconde, & qu'il y
ait déſormais entre nous une amitié ſincère &
réciproque ». En même temps il lui tendit la
main, déclara qu'à ſa conſidération, il pardonnoit
à ſes complices, & le déſigna conſul pour l'année ſuivante. Cette clémence déſarma tous ſes
ennemis, & il n'y eut plus dans la ſuite aucune
conſpiration contre ſa vie.

Auguſte protégea les lettres & les cultiva. Suétone cite pluſieurs ouvrages de cet empereur. Il
avoit entrepris une tragédie d'*Ajax*; mais peu
ſatisfait de cette pièce il la ſupprima: & quelques-uns de ſes amis lui ayant demandé ce qu'é-
toit devenu ſon Ajax: « Mon Ajax, répondit-il,
s'eſt défait lui-même avec l'éponge ». Il faiſoit
alluſion à ce que la fable rapporte de la mort
d'Ajax qui ſe tua lui-même en ſe perçant de ſon
épée.

Cet empereur avoit pour principe qu'il ne faut
rien faire avec précipitation; ce qu'il exprimoit
en grec par ces mots: *Hâtez-vous lentement*. Il
ajoutoit qu'on faiſoit une choſe aſſez tôt quand
on la faiſoit bien.

Auguſte, dans les dernières années de ſon règne, marqua une crainte extrême d'être aſſaſſiné; il n'admettoit perſonne en ſa préſence qu'a-
vec précaution, & ne permettoit aux ſénateurs
de l'aborder qu'un à la fois. Cette précaution
fit imaginer aux pères conſcripts de propoſer au
timide empereur de veiller tour-à-tour jour &
nuit à la porte de ſon appartement. Antiſtius
Labeo, homme d'eſprit, pendant qu'on délibéroit
là-deſſus, fit ſemblant de dormir, & même ron-
fla quelques momens; puis paroiſſant ſe réveiller
tout d'un coup: « Meſſieurs, dit-il, ne comptez
pas ſur moi pour la garde de l'empereur, je l'in-
commoderois ſûrement plus que je ne lui ſerois
utile ». Les ſénateurs ne purent s'empêcher de

ſourire, & l'empereur honteux de ſa timidité n'oſa
rien décider.

Auguſte avoit le foible de compoſer des comédies, mais par bonheur il étoit aſſez prudent pour
ne les point montrer.

Il ne put cependant ſe défendre un jour d'en
lire une en ſecret à quelques-uns de ſes courtiſans,
qui ne manquèrent pas de l'applaudir. *Auguſte*
en ſourit, & pour leur faire connoître qu'il n'é-
toit pas la dupe de leur fauſſes louanges, il leur
dit, après leur en avoir fait la lecture: *Je ſuis
perſuadé qu'il n'y a que des adulateurs qui puiſſent louer mes comédies; auſſi ne vous ai-je lu
celle-ci que pour vous éprouver. Je ſais maintenant quels gens vous êtes.*

Auguſte ayant promis, par un édit ſolemnel,
dix mille ſeſterces ou vingt-cinq mille écus à celui
qui lui pourroit amener vivant Caracotta, chef des
voleurs en Eſpagne; ce brigand en ayant été
informé, alla trouver de lui-même l'empereur,
& le ſupplia de lui pardonner. *Auguſte* lui fit
la grace entière, lui paya la ſomme qu'il avoit
promiſe par ſon édit, & crut qu'il n'y auroit
plus de ſûreté publique, s'il en uſoit d'une autre
manière.

Des ambaſſadeurs de Sarragoſſe vinrent dire à
Auguſte qu'une palme venoit de croître ſur l'autel
qu'ils avoient érigé en ſon honneur: c'eſt une
preuve, leur répondit ce prince, de votre aſſiduité à y faire des ſacrifices.

Horace avoit une fiſtule lacrymale, & Virgile
étoit aſthmatique, ce qui donna lieu à *Auguſte*,
qui les fit aſſeoir à ſes côtés, de dire qu'il étoit
bien à plaindre, puiſqu'il étoit entre les ſoupirs &
les larmes: *ſedeo inter ſuſpiria & lacrymas*.

Un chevalier romain étant mort, on trouva
que ſes dettes excédoient de beaucoup ſon bien;
on vendit cependant ſes meubles pour en acquitter une partie. *Auguſte* ordonna qu'on achetât
pour lui le lit de cet homme: il faut, dit-il en
riant, que ce lit ait une vertu ſoporifique, puiſqu'un homme, qui devoit plus qu'il n'avoit,
dormoit deſſus bien tranquillement; ce lit ſera
excellent pour moi qui ne puis dormir.

Auguſte entendant dire qu'Alexandre, après
avoir conquis la plus grande partie de la terre,
étoit en peine de ſavoir à quoi il pourroit occuper le reſte de ſes jours, fut ſurpris de ce ſentiment: « Hé quoi! dit-il, Alexandre ignoroit
donc que bien gouverner un empire conquis, eſt
un emploi plus conſidérable que de faire de nouvelles conquêtes »?

Auguſte qui avoit établi une loi de la manière
de juger & punir ceux qu'on accuſoit d'adultère,
n'eut pas plutôt ouï qu'un jeune homme avoit
commis le même crime avec Julie, fille de cet

empereur, qu'il se jetta sur lui & le frappa tout furieux; alors le jeune homme s'écria; César, vous avez fait une loi. *Auguste*, à ce mot, reconnoissant son emportement, se retint, & ressentit tant de déplaisir qu'il ne voulut rien manger de tout ce jour-là.

On peut dire à la louange d'*Auguste*, qu'on ne savoit s'il aimoit plus ses sujets qu'il n'en étoit aimé, puisqu'on voyoit tous les jours à Rome des testateurs ordonner par testament à leurs héritiers d'aller au capitole offrir des victimes pour remercier les dieux de ce que l'empereur leur survivoit. Voilà peut-être le trait historique qui fait le plus d'honneur à la mémoire d'*Auguste*.

Un homme à qui l'on venoit d'ôter un emploi dont il s'étoit mal acquitté, demandoit une somme d'argent à *Auguste*: «Ce n'est pas l'intérêt qui me fait parler, disoit-il; mais si je reçois de vous cette somme, le public croira que c'est en échange de l'emploi que vous m'ôtez, & mon honneur sera sauvé. — S'il ne s'agit que de votre honneur, répondit le prince, vous n'avez qu'à dire par-tout que vous avez reçu cette somme; je ne vous démentirai jamais ».

Etant à Milan, *Auguste* remarqua une statue de Brutus, monument de la reconnoissance des peuples de la Gaule Cisalpine, envers le plus doux & le plus équitable des gouverneurs. Il passa outre; puis, s'arrêtant, & prenant un air & un ton sévère, il reprocha vivement aux principaux de la ville qui l'environnoient, qu'ils avoient au milieu d'eux un de ses ennemis. Les gaulois effrayés veulent se justifier, & nient le fait. « Eh quoi! leur dit *Auguste*, en leur montrant de la main la statue du proconsul, n'est-ce pas-là l'ennemi de ma famille & de mon nom »? Alors, les voyant consternés, réduits à garder le silence, il sourit, & d'un visage gracieux, loua leur attachement fidèle à leur ami, même malheureux, & laissa subsister la statue.

Auguste eut l'imprudence de se plaindre au sénat des débauches de sa fille Julie, par un mémoire qu'il y fit lire à ce sujet; il s'en repentit bientôt après; il disoit, dans son chagrin, qu'il n'auroit pas fait cette faute, si Agrippa ou Mécènes eussent été vivants.

L'empereur *Auguste* ne portoit point d'autres habits que ceux qu'avoient filés sa femme, sa fille ou ses nièces.

Le dernier jour de sa vie, *Auguste* s'informa d'abord si le danger où il se trouvoit ne causoit aucun tumulte au dehors; ensuite il demanda un miroir, fit ajuster sa chevelure, rémédia à la difformité de ses joues pendantes; & voyant ses amis rassemblés autour de son lit; « N'ai-je pas bien joué mon rôle dans le drame de la vie humaine, leur dit-il; & sans attendre leur réponse il ajouta la formule qui terminoit les pièces de théâtre: « Eh bien, battez des mains & applaudissez l'acteur ».

Un instant avant de mourir, *Auguste* ayant congédié toutes les personnes qui étoient autour de lui, serra tout-à-coup Livie dans ses bras & lui dit: » Conserve la mémoire d'un époux qui t'a tendrement aimée: adieu pour jamais ». Il expira en l'embrassant.

AUGUSTE I. roi de Pologne.

Les postillons d'*Auguste* I. roi de Pologne, pour éviter un mauvais chemin, entrèrent dans un champ labouré; le paysan à qui il appartenoit saisit d'une main les rênes des chevaux, & tenant de l'autre une grosse hache, menaçoit de briser les roues du carrosse. Deux pages s'avancèrent & commençoient à le maltraiter lorsque le prince, entendant du bruit & en ayant demandé le sujet, fit donner quelqu'argent à ce paysan, & ordonna à son postillon de reprendre le grand chemin, en disant: « Ce pauvre homme n'a-t-il pas raison de défendre son bien, & si quelqu'un de mes sujets lui avoit fait tort ne serois-je pas obligé de le punir ».

AULAIRE (Saint).

Lorsqu'il fut question de recevoir à l'académie, le marquis de *Saint-Aulaire*, Despréaux s'y opposa vivement, & répondit à ceux qui lui représentoient qu'il falloit avoir des égards pour un homme de cette condition: *Je ne lui dispute pas ses lettres de noblesse; mais je lui dispute ses titres du Parnasse.* Un académicien ayant répliqué que M. de *Saint-Aulaire* avoit aussi ses titres du Parnasse, puisqu'il avoit fait de fort jolis vers: *Eh bien, monsieur*, lui dit Boileau, *puisque vous estimez ses vers, faites-moi l'honneur de mépriser les miens.*

Le marquis de *Saint-Aulaire* répondant à M. le duc de la Trimouille, qui remplaçoit le maréchal d'Etrées, dit ingénieusement: il me convient d'arroser de larmes la respectable cendre que vous venez de couvrir de fleurs. La différence des hommages que nous lui rendons, est assortie à celle de nos âges.

Madame la duchesse du Maine, goûtoit extrèmement le marquis de *Saint-Aulaire*, & l'avoit attiré à sa cour. On s'y amusoit quelquefois à ces petits jeux d'esprit, où on se fait les uns aux autres des questions auxquelles il faut répondre d'une manière ingénieuse. Un jour la princesse proposa celui où chacun est obligé de dire son secret en particulier, à la personne qui est préposée pour le demander; elle voulut bien elle-même s'en charger. Le marquis de *Saint-Aulaire*, qui étoit des derniers de la compagnie, auquel son altesse devoit s'adresser, fut assez heureux pour mettre le sien

en

en quatre vers, qu'il crut qu'un homme de 90 ans, pouvoit dire à la princesse sans lui manquer de respect; aussi fut-il bien reçu, & il méritoit de l'être par le tour délicat & fin de sa pensée; le voici :

> La divinité qui s'amuse
> A me demander un secret,
> Si j'étois Apollon, ne seroit pas ma muse;
> Elle seroit Thétis, & le jour finiroit.

Saint - Aulaire mourut en 1742.

AULUGELLE. Il faut avouer qu'il y a des gens qui se font des amusemens bien singuliers. Aulugelle parle d'un certain Lucius Veratius, romain, fort riche, qui ne marchoit jamais par la ville, qu'il ne fût suivi d'un esclave qui portoit une bourse pleine d'argent. D'abord qu'il rencontroit quelqu'un qui n'étoit pas d'un rang à lui faire craindre sa vengeance, il ne manquoit pas de lui donner un soufflet, & prenoit ensuite 25 sols dans sa bourse, qui étoit la somme ordonnée par les loix des douze tables, pour la réparation de cet affront.

AVIDITÉ.

> L'homme est ainsi bâti, quand un sujet l'enflamme,
> L'impossibilité disparoit à son ame.
> Combien fait-il de vœux! combien fait-il de pas!
> S'outrant pour acquérir des biens ou de la gloire.
> Si j'arrondissois mes états,
> Si je pouvois remplir mes coffres de ducats,
> Si j'apprenois l'hébreu, les sciences, l'histoire,
> Tout cela, c'est la mer à boire:
> Mais rien à l'homme ne suffit.

Les gens qui méritent le plus sont souvent les plus modérés dans leurs desirs, l'avidité est le partage de ceux qui n'ont pas d'autres moyens d'être heureux ou d'acquérir de la considération.

Euripide favori d'Archélaus avoit poussé la modération & le désintéressement jusqu'à ne faire au prince aucune demande. Un jour, étant à la table d'Archélaus, un courtisan aussi avide qu'effronté demanda au roi un vase d'or superbe qui ornoit le buffet; Archélaus aussi-tôt dit à un esclave : prenez ce vase & portez-le à Euripide; lui seul peut-être ne l'a point desiré, & cependant lui seul est digne de le recevoir de moi.

Si l'on veut concevoir combien l'avidité est un vice ridicule, il suffit de réfléchir combien il est difficile de la satisfaire.

Un jour que Caligula, après les expéditions dans la Gaule, jouoit avec quelques gaulois, il les vit se disputer sur une somme assez modique :

Encyclopédiana.

Vous vous échauffez beaucoup, leur dit-il, pour quelques dragmes, tandis que je viens de gagner six millions d'écus d'or.

AUMONE. L'Aumône est un don qu'on fait aux pauvres par compassion ou par charité.

Les ecclésiastiques ne subsistoient autrefois que d'aumône. Aujourd'hui les aumônes faites aux églises retournent aux pauvres, & les ecclésiastiques n'en doivent être que les économes & les dispensateurs.

Demander l'aumône est aujourd'hui une profession à laquelle se livrent bien des gens qui pourroient subsister avec d'autres ressources, mais le peu de mal qu'ils ont à amasser des sommes quelquefois assez considérables détermine le plus grand nombre.

Marivaux voyant un homme qui lui demandoit l'aumône & qui paroissoit jouir d'une santé brillante lui en fit l'observation : pourquoi ne travaillez-vous pas? vous avez l'air frais & vigoureux; ah! monsieur, répondit le mendiant, si vous saviez comme je suis paresseux! Marivaux se laissa toucher & lui fit l'aumône pour récompenser, non pas sa paresse, mais sa franchise.

Un homme respectable, après avoir joué un grand rôle à Paris, y vivoit dans un réduit obscur, victime de l'infortune, & si indigent qu'il ne subsistoit que des aumônes de la paroisse : on lui remettoit chaque semaine la quantité de pain suffisante pour sa nourriture; il en fit demander davantage. Le curé lui écrit pour l'engager à passer chez lui; il vient. Le curé s'informe s'il vit seul. Et avec qui, monsieur, répond-il, voudriez-vous que je vécusse? je suis malheureux, vous le voyez, puisque j'ai recours à la charité, & tout le monde m'a abandonné, tout le monde!... Mais, monsieur, continua le curé, si vous êtes seul, pourquoi demandez-vous plus de pain que ce qui vous est nécessaire! L'autre paroît déconcerté; il avoua avec peine qu'il a un chien. Le curé ne le laisse pas poursuivre; il lui fait observer qu'il n'est que le distributeur du pain des pauvres, & que l'honnêteté exige absolument qu'il se défasse de son chien. Eh! monsieur, s'écria en pleurant l'infortuné, si je m'en défais, qui est-ce qui m'aimera? Le pasteur attendri jusqu'aux larmes, tire sa bourse, & la lui donne en disant : prenez, monsieur, ceci m'appartient.

Guadagni fit souvent l'aumône à des seigneurs ruinés, de cent sequins à la fois. Un de ceux-ci qui avoit reçu la somme, fier & hautain, comme le sont tous les gentilshommes pauvres, lui dit : « je vous emprunte cette somme, & je vous la » rembourserai. — Ce n'est pas là mon intention, » répondit Guadagni; & si je voulois que vous » me la rendissiez, je ne vous la prêterois pas ».

S

AVOCAT. La profession d'*avocat* étoit chez les anciens, comme parmi nous, un état honorable dont les fonctions consistoient à faire parler les loix en faveur de tout homme opprimé. Des nombreux privilèges dont les *avocats* ont joui dans différens temps, l'honneur & la gloire d'être les défenseurs des infortunés, sont les seuls qu'ils soient jaloux de conserver. La liste & la vie des *avocats* célèbres qui ont illustré le barreau françois, formeroient l'histoire de l'éloquence & de la vertu. Si nous rapportons quelques plaisanteries auxquelles plusieurs ont donné lieu, nous sommes bien persuadés que la gloire de l'ordre des *avocats* n'en peut être obscurcie.

Autrefois les *avocats* aimoient tant à insérer du latin dans leur françois, que lorsqu'ils n'avoient pas en main de beaux passages, ils y mettoient au moins de petites particules latines, qu'ils regardoient comme des perles & des diamans, qui semés çà & là dans le discours, lui donnoient à leur gré un éclat & un prix inestimable. Voici comment un *avocat* commença son plaidoyer en parlant pour sa fille. « Cette fille est mienne, » messieurs ; est heureuse & malheureuse tout » ensemble : heureuse, *quidem*, d'avoir épousé » le sieur de la Hunaudiere, gentilhomme des » plus qualifiés de la province; malheureuse, *autem*, » d'avoir pour mari le plus grand chicanneur du » royaume, qui s'est ruiné en procès, & qui a » réduit cette pauvre femme à aller de porte en « porte demander son pain, que les Grecs ap- » pellent *ton arton*.

Un *avocat* commençant son plaidoyer en cette maniere : « Les rois, nos prédécesseurs, &c. » — *avocat*, couvrez-vous, lui dit le président, ». vous êtes de trop bonne famille pour rester dé- » couvert ».

Un *avocat* célèbre plaidoit pour des bateleurs & farceurs qui avoient un procès. Le président lui marqua sa surprise de ce qu'il s'étoit chargé de la défense de tels gens. « J'ai pensé, répondit l'*a*- » *vocat*, que puisque la cour avoit bien voulu » leur donner audience, je pouvois plaider pour » eux ».

Un *avocat* parloit de la guerre de Troye & du Scamandre dans une affaire où il ne s'agissoit que d'un mur mitoyen entre deux paysans ; l'*avocat* adverse interrompit l'érudition de son confrère en disant : « La cour observera que ma partie ne » s'appelle pas Scamandre, mais Michault ».

Un *avocat* dont le plaidoyer paroissoit trop étendu pour la cause qu'il défendoit, avoit reçu ordre du premier président d'*abréger* ; mais celui-ci, sans rien retrancher, répondit d'un ton ferme que ce qu'il disoit étoit essentiel. Le président espérant enfin le faire taire, lui dit : « La cour vous or-

» donne de conclure ». Hé bien, dit l'*avocat* je conclus à ce que la cour m'entende.

Un *avocat* du dernier siècle, chargé de défendre la cause d'un homme, sur le compte duquel on vouloit mettre un enfant, se jettoit dans des digressions étrangères à son sujet : le juge ne cessoit de lui dire : au fait, venez au fait, un mot du fait ; l'*avocat* impatienté de la leçon, termina brusquement son plaidoyer, en disant : « Le fait est un » enfant fait, celui qu'on dit l'avoir fait, nie le » fait : voilà le fait ».

Un *avocat* qui défend une cause, se voit souvent dans la nécessité d'employer toutes sortes de moyens, parce que chaque juge a son principe bon ou mauvais, suivant lequel il décide. Dumont, célèbre *avocat*, étoit persuadé de cette vérité. Cet *avocat* plaidant à la grand'chambre, mêloit à des moyens victorieux, d'autres moyens foibles ou captieux. Après l'audience, le premier président du Harlai, lui en fit des reproches. « Monsieur le » président, lui répondit-il, un tel moyen est pour » M. un tel ; cet autre pour M. un tel ». Après quelques séances, l'affaire fut jugée, & Me. Dumont gagna son procès. Le premier président l'appella & lui dit : « Me. Dumont vos paquets ont été rendus » à leur adresse ».

Un *avocat* fit payer très-chèrement une consultation à une demoiselle qu'il vouloit épouser ; comme elle lui en fit des reproches : « j'ai voulu, » lui dit-il, *vous faire sentir combien la profession* » *d'avocat est lucrative, afin que vous compreniez* » *que je suis un bon parti* ».

M. Dumont avoit été interrompu, en plaidant, par M. du Harlai, premier président, qui lui dit : Me. Dumont, abrégez. Cet *avocat* cependant, qui croyoit que tout ce qu'il avoit à dire étoit essentiel dans sa cause, ne retranchoit rien de son plaidoyer. M. du Harlai se crut offensé, & dit à cet *avocat* : si vous continuez de nous dire des choses inutiles, l'on vous fera taire. Me. Dumont s'arrêta alors tout court, & après avoir fait une petite pause, il dit à M. du Harlai : « Monsieur, puisque la cour » ne m'ordonne pas de me taire, vous voulez bien » que je continue ». Le premier président, piqué de cette résistance, ou peut-être de cette distinction faite entre lui & la cour, dit à un huissier : saisissez-vous de la personne de Me. Dumont. huissier, dit cet *avocat*, je vous défends d'attenter à ma personne, elle est sacrée pour vous dans le tribunal où je plaide. M. l'*avocat* général parla pour Me. Dumont, & soutint qu'il ne devoit pas être arrêté. La chambre se leva sans rien décider. Mais la décision de cette affaire fut soumise à Louis XIV qui, bien informé, dit qu'il ne condamnoit pas l'*avocat*. Me. Dumont reprit deux jours après son plaidoyer, qu'il continua sans être interrompu; mais ce fut le dernier qu'il prononça.

M. Lemaître, après s'être fait le plus grand nom par ses plaidoyers, s'étoit retiré à Port-Royal-des-Champs, & cet homme célèbre avoit pris pour sa fonction d'être l'économe du monastère & d'acheter les provisions nécessaires pour la maison; il fut un jour, pour cet effet, à la foire de Poissy, & y acheta un certain nombre de moutons; celui qui les avoit vendus suscita quelques chicanes & lui fit un mauvais procès sur le prix de la vente, prétendant plus d'argent que M. Lemaître, déguisé en marchand sous le nom de Dranssé, ne lui en avoit donné. Ils plaidèrent eux-mêmes leur cause devant le bailli de Poissy. Le Marchand Dranssé soutint son droit avec cette éloquence qui avoit fait tant de réputation à M. Lemaître; il cita les loix, la coutume, les ordonnances de nos rois, & montra un savoir & une érudition qui jettèrent M. le bailli dans le plus grand étonnement. Sa partie adverse l'interrompit deux ou trois fois, à tort & à travers, sans savoir ce qu'il disoit; aussi le juge lui imposa silence en lui disant: « Tais-toi, gros lourdaut, laisse parler ce marchand; s'il falloit vuider le différend à coup de poing, je crois que tu en battrois une vingtaine comme lui; mais il s'agit de raison & de justice, & il aura tes moutons malgré toi, il te les a bien payé ». Puis se retournant du côté du prétendu Dranssé, il prononça une sentence en sa faveur & lui dit: « Je vois bien que vous n'avez pas toujours exercé le métier que vous faites; il faut que vous ayez été autrefois avocat & fils de maître, vous avez la langue trop bien pendue: vous dites d'or: vous savez le droit & la coutume. Je vous conseille de quitter le négoce & de vous faire avocat plaidant, vous acquerrez autant de gloire que le célèbre M. Lemaître ».

L'avocat d'une veuve, qui avoit un procès de famille qui duroit depuis quatre-vingts ans, dit un jour en plaidant devant M. le premier président de Verdun: « Messieurs, les parties adverses qui jouissent injustement du bien de mes pupiles, prétendent que la longueur de leur oppression est pour eux un titre légitime, & que nous ayant accoutumés à notre misère, ils sont en droit de nous la faire toujours souffrir. Il y a près d'un siècle que nous avons intenté action contre eux; & vous n'en douterez point, quand je vous aurai fait voir par des certificats incontestables que mon ayeul, mon père & moi sommes morts à la poursuite de ce procès. — Avocat, interrompit le premier président, Dieu veuille avoir votre âme » : & fit appeler une autre cause.

En Allemagne les avocats fournissent des mémoires des sommes qui leur sont dues pour la suite de chaque affaire. Un d'eux avoit mis en ligne de compte, plus trente sols pour m'être

réveillé la nuit & avoir pensé à votre affaire. Il n'est pas difficile de faire ainsi monter les honoraires.

Un Avocat, étant malade, fit son testament & donna tous ses biens aux fous, aux lunatiques & aux enragés: & comme on lui en demanda la raison, il dit qu'il vouloit les rendre à ceux de qui il les tenoit.

Un avocat qui s'étoit apperçu que quelques conseillers dormoient pendant qu'il plaidoit, s'écria: que je suis à plaindre, la cour sommeille tandis que je suis dans le fort de ma cause! Le premier président, indigné de ce reproche, lui dit: Me. un tel, la cour, bien éveillée, vous interdit.

Un avocat venoit de gagner une affaire d'importance pour une fille qui avoit eu plusieurs amans, mais qui ne l'avoient point enrichie. Comme cette demoiselle se piquoit de reconoissance, elle dit à son défenseur qu'elle n'avoit que son cœur à lui offrir; mais l'avocat prudent lui répondit qu'il ne prenoit point d'épices, & qu'il falloit qu'elle les réservât pour son rapporteur.

Un avocat ayant commencé ainsi son plaidoyer: *Xerxès avoit une armée d'un million d'hommes*; le président voyant qu'il s'alloit engager dans un long préambule, lui dit, en l'interrompant: *faites vite passer cette grande armée, le pays est assez foulé.*

L'origine de l'usage qui oblige les avocats de signer leurs écritures peut être rapportée à une ordonnance du roi Jean, en 1363. Ce prince, dans la vue de réprimer le luxe oratoire dont on se piquoit dans son siècle encore plus qu'à présent, défend de plaider plus de deux fois dans la même cause, & proscrivit sous des peines sévères toutes répétitions inutiles, toutes digressions, toutes déclamations; & afin que la science expérimentée des avocats soit mieux connue de la cour, & qu'ils soient de plus en plus animés à écrire bien, succinctement & essentiellement, ils mettront, dans la suite, leurs noms & leurs surnoms, en fin des mémoires & écritures qu'ils composeront pour leurs cliens.

La mort de M. Légouvé affligea beaucoup le barreau; placé parmi les premiers avocats de nos jours, c'étoit l'homme le plus désintéressé. Son temps, son travail, ses soins, ses secours même, il prodiguoit tout aux indigens. Sa probité fut si noble qu'il ne se permit pas même des moyens légitimes d'avancement. Il disoit souvent: « Ce qui conviendroit à un autre homme, ne conviendroit pas à un avocat ».

Un avocat étant venu présenter à la reine Marguerite le panégyrique de la vierge Marie: combien

AUR

avez-vous plaidé de caufes, lui dit Henri IV?
-- Cinq. -- Combien en avez-vous gagné? --
Deux, fire. -- Le roi regardant madame de
Guife : « ma coufine, je veux vous donner cet
homme pour avocat. -- Sire, je remercie votre
majefté ; car puifque de cinq caufes il en perd
trois, il ne feroit pas bien mes affaires. -- Ventre-
faint-gris ! vous ne dites pas auffi qu'étant l'avocat
de la vierge il gagneroit dorénavant toutes fes
caufes ». Tout le monde rit beaucoup, excepté
l'avocat, qui ne fut plus tenté de faire de pa-
négyriques de la vierge.

Sous le règne de Henri IV, le 13 mai 1602,
le parlement, les chambres affemblées, rendit
un arrêt, portant que les avocats mettroient
aux pieds de leurs écritures, un reçu de leurs
honoraires, & qu'ils donneroient un certificat
de ce qu'ils avoient touché pour leurs plaidoyers.
Les avocats crurent que cet arrêt avilissoit la nobleffe de leur profession, parce que leur travail
ne reçoit point d'estimation ; ils refusèrent de
l'exécuter. Le parlement rendit un fecond arrêt
qui enjoignit aux avocats qui ne voudroient pas
plaider d'en faire leur déclaration au greffe, après
laquelle il leur étoit fait défense d'exercer leur
fonction à peine de faux. Le lendemain que cet
arrêt eut été rendu, tous les avocats s'affemblèrent en la chambre des confultations, ils allèrent
enfuite deux à deux, au nombre de 307, au
greffe, pofer leur chaperon & faire leur déclaration qu'ils ne vouloient plus faire la profession.
Le roi qui étoit en Poitou ayant appris cette
brouillerie, comme il avoit l'ame grande, ne
put s'empêcher d'admirer l'action des avocats ;
il fit expédier des lettres patentes, par lefquelles
il rétablit les avocats dans leurs fonctions, leur
ordonna de retourner au barreau, & de faire
leur profession comme auparavant.

M. V.... , avocat, arrivant dans la grande falle
du palais, vit un nombre de perfonnes affemblées, & un certain brouhaha : il demanda le fujet de ce tumulte, & on lui répondit que c'é-
toit à l'occasion d'un voleur qu'on venoit d'arrêter en flagrant délit. « Tant mieux, dit M.
V...., il faut faire un exemple, & punir févèrement ce coquin-là ; il lui convient bien de venir
au palais voler fans robe »

Un premier préfident demandoit à Me. L'anglois, avocat, pourquoi il fe chargeoit fouvent
de mauvaifes caufes : « Monféigneur, lui répondit
l'avocat, j'en ai tant perdu de bonnes, que
je ne fais plus lefquelles prendre »..

AURÉLIEN, (Lucius Domitius) empereur
romain, mort l'an 275 de J. C.

Aurélien fut un foldat de fortune ; & ce trait
feul annonce qu'il joignoit beaucoup d'audace à
une valeur intrépide.

Aurélien conduifoit de nombreufes armées d'O-
rient en Occident, avec la même facilité qu'un
de nos princes passeroit d'une de nos provinces
dans une autre. L'histoire atteste que dans fes
différens combats il tua de fa main plus de
neuf cents ennemis. N'étant encore que tribun
il combattit contre les francs, nos ancêtres, &
eut la gloire de les vaincre.

Simple officier, il faifoit obferver la discipline
militaire avec une rigidité fans exemple. Un foldat ayant ufé de violence envers une femme, il
le fit écarteler en le faifant attacher à deux branches courbées de force. Les querelleurs, les
ivrognes, les maraudeurs étoient fouettés fur le
champ. Enrichiffez-vous, difoit-il à fes foldats,
des dépouilles des ennemis, & non des biens
des citoyens.

Aurélien eut la gloire de vaincre l'illustre Zénobie, reine de Palmyre, qui s'étoit emparée de
plufieurs provinces de l'empire. Cette reine, après
s'être défendue dans fa capitale avec le courage
d'un homme & le défespoir d'une femme réduite
à l'extrêmité, fut enfin obligée de céder à la
force. On l'amena prifonnière devant l'empereur.
Ce prince irrité lui demanda comment elle avoit
ofé infulter les empereurs romains. « Je vous reconnois, lui dit-elle, pour empereur, vous qui
favez vaincre. Gallien & fes femblables ne m'ont
jamais paru dignes de ce nom ». Cette réponfe
étoit flatteufe fans baffeffe. Aurélien fit fervir fa
prifonnière à la pompe de fon triomphe, & fouilla
fa victoire par le meurtre du fameux Longin, fecrétaire de Zénobie, & qu'il foupçonnoit d'avoir
compofé la lettre impérieufe que cette princeffe
lui avoit écrite.

Une des maximes de fa politique étoit que pour
maintenir le peuple dans la foumiffion, il lui falloit
du pain & des fpectacles. Dans un de fes édits,
après avoir annoncé que les provisions du
bled d'Egypte, fupprimées par Firmus, alloient
reprendre leur cours, il ajoute : » Je me charge
de faire enforte que Rome ne foit troublée par
aucune inquiétude. Occupez-vous de jeux, occupez-vous de courfes de chariots dans le cirque.
Les befoins publics font notre affaire ; la vôtre
ce font les plaifirs ». Il avoit auffi coutume de
dire que rien n'étoit plus aimable que le peuple
romain lorfqu'il étoit bien nourri.

La févérité d'Aurélien, en arrêtant les abus du
pouvoir, contribua au bonheur de fes fujets,
mais cette févérité même lui fut funeste. Elle
devint du moins le principal reffort de la conjuration qui le fit périr. Il avoit menacé de fa
colère un certain Mnesthée, fon fecrétaire,
coupable d'exactions. Celui-ci fachant bien qu'Aurélien ne menaçoit point en vain, réfolut de le
prévenir. Il employa à cet effet la plus noire

perfidie. Comme il savoit imiter parfaitement l'écriture de l'empereur, il dressa une liste des principaux officiers de l'armée, dont il supposa qu'*Aurélien* vouloit se défaire. Ceux qui se virent sur cette liste fatale, déja prévenus contre le caractère sanguinaire d'*Aurélien*, n'eurent aucun soupçon de la fraude. Ils se concertèrent, & trouvant le moment où l'empereur sortoit avec peu de courtisans, ils se jettèrent sur lui & le tuèrent. Il étoit alors près d'Héraclée & se préparoit à marcher contre les perses.

L'empereur *Aurélien* aimoit la simplicité; & jamais on ne le vit faire d'inutiles dépenses pour les objets purement de luxe. La soie étoit alors fort chère, & coûtoit une livre d'or. L'impératrice, un jour, le pria de lui donner une robe de cette étoffe; & ses desirs étoient très-pressans. « Aux dieux ne plaise, répondit *Aurélien*, que j'achete du fil au poids de l'or »!

AURORE. L'*aurore* étoit pour les anciens la déesse qui présidoit à la naissance du jour. Homère la couvre d'un grand voile, & lui donne des doigts & des cheveux couleur de rose; elle verse la rosée, fait éclore les fleurs. Tithon que l'*Aurore* épousa fut, à sa prière, rajeuni par Jupiter; ensuite elle l'abandonna pour le jeune Céphale qu'elle enleva à Procris son épouse.

Si l'*Aurore* n'est plus pour nous une divinité, nous l'admirons du moins comme une des merveilles de la nature.

…Quel spectacle au monde approche de l'*aurore*!
La nuit fuit, & bientôt un beau pourpre colore
L'horison, du côté des bords de l'Orient.
On voit pâlir les feux du vaste firmament :
Le brouillard se dissipe, & du haut des montagnes
Quelques foibles rayons vont dorer les campagnes.
Zéphyr en voltigeant vient agiter les fleurs,
Un instinct de plaisir s'empare de nos cœurs;
Le monde est renaissant; l'astre de la lumière
Remplit de son éclat sa brillante carrière.
Des flambeaux de la nuit ses rayons triomphans
Paroissent & plus purs, & plus étincelans.

AUSTÉRITÉ. L'*austérité* consiste dans la privation des plaisirs & des commodités de la vie; on s'y livre quelquefois par singularité, & l'on oublie que la morale trop sévère peut nuire, autant que la morale trop relâchée, à la régularité des mœurs.

Phocion offrit à ses compatriotes le modèle d'une vie austère, on ne le vit jamais ni rire ni pleurer, ni fréquenter les bains publics, ni avoir en promenade les mains hors de son manteau; n'y avoit que dans les grands froids qu'il ne

marchoit pas pieds nuds; aussi ses soldats disoient-ils, en le voyant vêtu à l'armée, voilà Phocion habillé, c'est signe d'un grand hiver.

Ces exemples d'*austérité* se renouvellèrent souvent chez les anciens, mais les modernes en fournissent peu.

AUTEUR. On a dit qu'il falloit des *auteurs* pour toutes les classes; on pourroit ajouter pour les différens pays.

Il y a ce fait connu d'un homme qui se faisoit présenter à un magistrat qui avoit une bibliothèque considérable : Que faites-vous, lui demanda le magistrat? Je fais des livres, répondit-il. Mais aucun de vos livres ne m'est encore parvenu : je le crois bien, répond l'*auteur*, je ne fais rien pour Paris; dès qu'un de mes ouvrages est imprimé, j'en envoye l'édition en Amérique : je ne compose que pour les colonies.

Nous croyons, dit Voltaire, que l'*auteur* d'un bon ouvrage doit se garder de trois choses, du titre, de l'épître dédicatoire & de la préface. Les autres doivent se garder d'une quatrième, c'est d'écrire.

L'épître dédicatoire n'a été souvent présentée que par la bassesse intéressée à la vanité dédaigneuse.

De là vient cet amas d'ouvrages, mercenaires,
Stances, odes, sonnets, épîtres luminaires;
Où toujours le héros passe pour sans pareil;
Et, fût-il louche & borgne, est réputé soleil;

Les ouvrages d'un *auteur* étoient parsemés de traits trop hardis, un autre, dans ses écrits flateurs, visoit toujours aux pensions de la cour; sur quoi un bel esprit a dit d'eux : « L'un tourne sans cesse autour de la Bastille & l'autre autour du trésor royal ».

Les *auteurs* les plus volumineux, dit Voltaire, que l'on ait eu en France, ont été les contrôleurs généraux des finances; on feroit dix volumes de leurs déclarations depuis le règne de Louis XIV, seulement.

Le défaut des *auteurs*, dans leurs productions,
C'est d'en tyranniser les conversations;
D'être au palais, aux cours, aux ruelles, aux tables
De leurs vers fatigans, lecteurs insatiables.
Pour moi, je ne vois rien de si sot, à mon sens,
Qu'un *auteur* qui par-tout va gueuser de l'encens;
Qui, des premiers venus, saisissant les oreilles,
En fait le plus souvent les martyrs de ses veilles.

Un *auteur* venoit de faire aux comédiens françois la lecture d'une comédie très-obscure;

comme toute l'assemblée se taisoit, le comédien Armand prit sur lui de dire au poëte qui attendoit son arrêt, que ses camarades trouvoient sans doute l'ouvrage trop compliqué, & qu'il étoit difficile de suivre le fil d'une intrigue aussi embarrassée : « Tant mieux, s'écria l'*auteur*, vous voilà sûrs ainsi que moi de deux représentations, le public viendra apprendre à la seconde ce qu'il n'aura pu entendre à la première ».

Un grec, après avoir composé neuf lettres & trois oraisons, crut être accouché de douze déesses, & nomma ses neuf lettres les neuf muses & ses trois oraisons les trois grâces. Les *auteurs* de nos jours pensent encore ainsi.

Un *auteur* vint faire lecture d'une tragédie d'Achille. Le héros ouvroit la scène dont les premières paroles étoient :

Quand ma pique à la main . . . .

A ces mots, les comédiens & les comédiennes se levèrent tout d'un temps en riant aux éclats, & prièrent l'auteur d'en rester là.

On a dit d'un écrivain fort connu, qui depuis long-temps travaille à faire le caractère des autres, qu'il n'avoit réussi qu'à faire le sien, & que son livre étoit le portrait du peintre.

Un poëte tragique se promenoit à grands pas sur le nouveau théâtre de la nation, en attendant la répétition d'une pièce nouvelle ; il avoit l'air d'un homme qui vouloit en observer toutes les proportions. « Que faites-vous là, lui dit un ami qui le vit si occupé ? -- Je prends la mesure d'une tragédie ».

On lisoit devant un homme de lettres un livre excellent, dans lequel il y avoit quelques-unes de ses pensées : « voilà, dit-il, un de mes enfans » qui a fait fortune ».

Madame de Sévigné parle d'un *auteur* qui avoit entrepris de démontrer trente-deux hérésies dans le livre de la fréquente communion, de M. Arnauld. Au commencement de son livre il disoit : *comme nous le prouverons ci-dessous* ; & à la fin il disoit : *comme nous l'avons prouvé ci-dessus* ; & comme bien d'autres critiques, il n'avoit rien prouvé ni ci-dessus ni ci-dessous.

Le savant Budé étant occupé dans son cabinet, vit venir à lui un domestique tout effrayé du feu qui étoit dans sa maison : *Allez*, lui dit-il froidement, *avertir ma femme, vous savez que je ne me mêle point du ménage*.

Voiture étant interprète auprès de la reine-mère, prêtoit souvent aux ambassadeurs étrangers de belles pensées qui n'étoient point dans leur discours ; comme on lui en fit l'observation, il reprit

brusquement, *s'ils ne le disent pas, ils doivent le dire*.

Scarron disoit qu'il étoit sans fortune ; mais qu'il pouvoit vivre commodément avec son marquisat de Quinet. Il appelloit ainsi le produit des ouvrages que Quinet son imprimeur lui achetoit.

On demandoit à M. Dacier, *quel étoit le plus beau de Virgile ou d'Homère ?* Il répondit aussitôt « Homère est plus beau de mille ans ».

Un auteur dit au poëte Théophile : *vous avez de l'esprit ; mais c'est dommage que vous ne soyez pas savant. Vous êtes savant*, lui répliqua Théophile, *mais c'est dommage que vous n'ayez pas d'esprit*.

Duperrier & Santeuil parièrent à qui feroit mieux des vers latins. Ils arrêtèrent le père Rapin dans le temps que ce jésuite alloit à l'église, & déposèrent leur pari entre ses mains. Le père Rapin leur fit honte de cette vanité puérile, & leur dit, pour toute réponse, que leurs vers étoient pitoyables, en même-temps il jetta dans le tronc tout leur argent.

M. Godeau, évêque de Vence, fécond écrivain, disoit que le paradis d'un *auteur* c'étoit de composer ; son purgatoire, de retoucher ses ouvrages ; & son enfer, de corriger les épreuves de l'imprimeur.

La tragédie de *Régulus*, de Pradon, eut quelque succès ; mais son *Antigone* fut fort mal reçue. Un seigneur ayant trouvé cet *auteur* avec un beau manteau d'écarlate qui cachoit un assez mauvais habit, lui dit, par allusion à ses deux pièces : « Pradon, voilà le manteau de *Régulus*, sur le » juste-au-corps d'*Antigone* ».

Le père Mallebranche fut critiqué dans le journal de Trévoux ; & comme on l'engageoit de répondre au journaliste : « Je ne dispute point, dit-il, » avec des gens qui font un livre toutes les semai- » nes, ou tous les mois ».

L'abbé Lenglet mettoit souvent dans ses écrits des traits répréhensibles ; il s'attendoit, à chaque ouvrage qu'il publioit, d'être mis à la Bastille. Quand il appercevoit l'exempt appelé *Tapin*, il ne lui donnoit pas le temps d'expliquer sa commission, & prenant la parole : « Ah ! bon jour, » monsieur Tapin : *allons vite*, disoit-il à sa gou- » vernante, *mon petit paquet, du linge, du tabac* » ; & il suivoit gaiement Tapin, qui le conduisoit à la Bastille.

Un jeune *auteur* dramatique anglois offrit, il y a quelque temps, une tragédie en cinq actes, de sa façon, à un directeur de troupe : « Ma tragédie » est un chef-d'œuvre, disoit modestement l'*au- » teur*, & je réponds qu'elle aura le plus brillant » succès ; car j'ai cherché à travailler dans le goût » de ma nation ; & ma pièce est si tragique que

» tous mes acteurs meurent au troisième acte. » Eh! quels sont donc les acteurs des deux der- » niers actes, lui demanda le directeur ? — Les » ombres de ceux que j'ai tués au troisième, ré- » pondit l'auteur ».

La Force du sang est une pièce médiocre de Brueys, qu'il composa à Montpellier, & qu'il avoit intitulée : *le Sot toujours Sot*, ou *le Baron paysan*. Il l'envoya à M. Palaprat, son ami & le confident de toutes ses entreprises littéraires, en le priant de l'examiner & de la présenter aux comédiens ; mais soit négligence, soit qu'elle ne fût point en état d'être donnée au théâtre, M. Palaprat la garda dans son cabinet sans en faire usage. En vain l'*auteur* le pressa-t-il, par plusieurs lettres, de lui accorder la satisfaction qu'il avoit espérée ; sa vieillesse & ses infirmités lui servirent d'excuses, & la mort vint le dégager enfin du fardeau que l'amitié lui imposoit. M. Brueys, après l'avoir pleuré, pensa aux intérêts de sa muse ; & craignant que la copie qu'il avoit envoyée à son ami, ne fût perdue, ou qu'elle passât dans des mains étrangères, il se hâta d'en envoyer une autre à un homme de lettres, dont il connoissoit le zèle & la fidélité. Celui-ci s'imaginant sans doute que cette pièce étoit plus convenable aux italiens qu'aux françois, se détermina en faveur des premiers. Elle leur fut présentée. Ils la reçurent, à condition que l'*auteur* y feroit quelques changemens ; mais, sur la représentation qu'on leur fit de son âge, qui passoit soixante-dix-huit ans, & qui ne pouvoit manquer de les exposer à beaucoup de lenteurs, ils se chargèrent eux-mêmes d'y faire les corrections qu'ils jugeroient nécessaires. Elle fut bientôt en état de paroître ; mais, lorsqu'on l'adressa, suivant l'usage, à M. le lieutenant de police, pour obtenir l'approbation, on apprit que les comédiens françois avoient reçu la même pièce sous le titre de *la Force du sang*, & qu'ils avoient même déjà la permission de la jouer. Une rencontre si imprévue paroissant surprenante à tout le monde, on confronta les deux pièces, & on ne fit que s'assurer que c'étoit effectivement la même. L'agent de M. Brueys prouvoit ses pouvoirs par les lettres de son ami, & madame Palaprat, qui avoit donné cette pièce au théâtre françois sous le nom de son mari, ne manquoit pas non plus de titres pour soutenir ses droits. Cependant, comme chacun des deux partis ne vouloit point de concurrent, le cas étoit nouveau ; & , pour mettre tout le monde d'accord, il falloit un jugement qui paroissoit difficile à porter. Le lieutenant de police trouva heureusement un moyen de conciliation. Il ordonna que la pièce fût jouée le même jour sur les deux théâtres, & qu'elle demeurât à celui des deux qui auroit le plus de représentations. Ce jugement fut exécuté le 21 Avril 1721, & le théâtre des italiens remporta l'avantage sur celui des françois.

Voici une aventure pareille, qu'on prendroit pour la même histoire, si le lieu de la scène n'en étoit différent. Elle est arrivée environ dix ans après celle du manuscrit de Brueys.

Une dame fort ingénieuse, nommée à Londres mistress Aubin, étant pressée un jour par des créanciers importuns, & se trouvant sans argent pour les satisfaire, leur offrit le manuscrit d'une histoire galante qu'elle avoit composée nouvellement, & qu'elle achevoit de mettre au net. Ils l'acceptèrent, dans la crainte de ne rien obtenir de mieux, & n'étant point assez lettrés pour en connoître la valeur, ils ne se hâtèrent point de s'en défaire. Cependant lorsque la mort de Mistress Aubin leur eut ôté toute espérance d'être satisfaits autrement, ils convinrent du prix avec un libraire, & lui abandonnèrent le manuscrit, en recevant son argent. D'un autre côté, les héritiers de cette dame, qui avoient trouvé le même ouvrage dans ses papiers, & qui ignoroient peut-être l'usage qu'elle en avoit déjà fait, cherchèrent à le vendre, & trouvèrent de même un libraire qui leur fit des conditions avantageuses. Deux presses roulèrent ainsi sur le même ouvrage dans Londres ; & , par un hasard tout-à-fait semblable à celui de l'histoire précédente, il arriva que les deux éditions étant achevées le même jour, les deux libraires se rencontrèrent chez l'*auteur* d'une des feuilles périodiques du pays, chacun pour le prier d'annoncer la sienne. Ils n'eurent pas besoin d'une longue explication pour comprendre mutuellement ce qui les amenoit. Leur première idée fut de se croire l'un & l'autre plus méchans qu'ils n'étoient, & de se reprocher de la mauvaise foi. Moins modérés que les comédiens de Paris, ils passèrent des injures aux coups, & l'*auteur* périodique perdit long-temps ses peines à les vouloir séparer. Enfin les ayant rendus assez tranquilles pour s'expliquer raisonnablement, ils conçurent qu'ils s'étoient soupçonnés mal-à-propos, & que la faute devoit venir de ceux qui leur avoient vendu le manuscrit. Ils jurèrent ensemble d'en tirer satisfaction ; & , ne perdant pas un moment, ils allèrent recommencer une scène aussi ridicule que la première, chez les personnes qu'ils accusoient de tromperie. Le trouble étant ici moins facile à éclaircir, parce que l'héritier de Mistress Aubin avoit ignoré sa dette & la manière dont elle y avoit satisfait ; il s'en fallut peu que la querelle ne devînt sanglante entre des gens qui portoient une épée, & qui étoient jaloux de leur réputation. La justice prit connoissance de ce démêlé. Elle n'eut pas de peine à éclaircir le fond de l'aventure ; mais il fut moins facile de trouver le point d'équité dans une sentence qui ne pouvoit être favorable à quatre parties opposées. Enfin, comme la droiture & la bonne-foi étoient claires de chaque côté, les juges proposèrent aux libraires deux voies d'accommodement, dont ils leur laissèrent le choix : l'une, dès s'associer pour ses deux éditions, & de les vendre à profit commun ; l'autre, de faire dépendre la propriété du manuscrit du débit plus ou moins heureux des exemplaires ; de sorte que celui qui auroit dans un espace de temps borné cette espèce d'avantage sur son adversaire, eût seul le pouvoir de réimprimer l'ouvrage. Comme on s'étoit poussé avec trop de chaleur pour être capable d'une composition modérée, le dernier de ces deux partis fut préféré à l'autre, & les deux libraires se firent même un point d'honneur de vaincre, dans une occasion où le succès sembloit assuré à celui qui auroit le plus grand nombre d'amis & de partisans. Cependant un nouvel incident changea bientôt toutes leurs vues. L'amour qui produit tantôt des divisions, tantôt des raccommodemens, se mêla de les réconcilier, & réussit mieux que les juges. Ils avoient, l'un une fille, l'autre un fils, qui se trouvèrent assez aimables pour ne pas s'arrêter aux raisons que leurs pères avoient de se haïr. Le mariage fut proposé par des amis communs : il s'est conclu, & l'ouvrage de mistress Aubin est devenu une partie de la dot.

AUTOMATE. On appelle *automate* une machine qui porte en elle le principe de son mouvement.

Dans le festin de Trimalcion, Pétrone dit : « Tandis que nous étions à boire, un esclave apporte un squelette d'argent, dont les muscles & les vertèbres avoient une flexibilité merveilleuse. On le jetta jusqu'à deux fois sur la table, & deux fois cette statue fit d'elle-même des mouvemens & des grimaces singulières ; alors Trimalcion s'écria : voilà donc ce que nous serons tous, quand la mort nous aura plongés dans la tombe, tant il est vrai que l'homme est moins que rien ».

Sans doute ce squelette étoit mû par des ressorts particuliers, à peu près comme tous les *automates* de nos fameux artistes. Cette anecdote prouve, 1°. que les anciens avoient comme nous leurs marionnettes ; 2°. l'usage où l'on étoit alors d'apporter au commencement du festin un squelette pour avertir les convives de se livrer à la joie & au plaisir, en leur rappellant qu'ils avoient peu de temps à vivre, & que le lendemain peut-être ils n'existeroient plus.

Il y a un *automate* bien connu sous le nom de *joueur d'échecs* : En voici la description. L'*automate* est assis près d'une table, ses pièces sont rangées suivant les règles du jeu : si-tôt qu'il se présente un joueur, la partie commence. La statue, de grandeur naturelle, paroît réfléchir attentivement, & parcourir toutes les pièces ; de sorte que celui qui joue a tout le temps qu'il veut pour méditer ses coups. Mais à peine il a remué une pièce, que l'*automate*, levant le bras gauche, place la

sienne : lorsqu'il est dans le cas de prendre, il indique avec le doigt celle de son adversaire, on l'ôte, & il place la sienne. Quand le joueur manque aux règles du jeu, la figure hoche la tête jusqu'à ce que la faute soit réparée : l'ordre une fois rétabli, la statue continue d'agir par elle-même sans aucun secours étranger. Cet *automate* n'a jamais perdu, quoiqu'on l'ait mis aux prises avec les plus forts joueurs de tous les pays. Cette machine admirable a été exécutée par M. Kempile, conseiller de la chambre impériale & royale de Presbourg.

AUTREAU naquit à Paris en 1656.

La peinture & la poésie l'occupèrent tour à tour ; mais ce fut à la dernière qu'il se livra davantage. Il cultiva l'une par besoin, & l'autre par goût. Quoiqu'il fût d'un tempérament triste & mélancolique, qui l'éloignoit souvent de la société, il a fait des comédies charmantes, semées du sel de la bonne plaisanterie.

Ses tableaux sont recherchés, on connoit celui dans lequel il a représenté Diogène cherchant un homme, la lanterne à la main, & le trouvant en la personne du cardinal de Fleury.

Autreau, sur un air d'opéra, avoit fait de jolis vers, qu'un gascon, pour avoir la réputation de bel-esprit, s'attribua dès qu'ils parurent. Quelqu'un se douta du larcin ; &, par malheur pour le pauvre gascon, *Autreau* vint dans la compagnie où l'on parloit de son ouvrage, & on lui demanda s'il n'en connoissoit pas le véritable auteur : alors, sans s'expliquer davantage, il dit avec sang-froid : « Pourquoi monsieur n'auroit-il pas composé ces » vers ? Je les ai bien faits, moi ».

Autreau, après avoir long-temps cultivé avec succès la poésie & la peinture, & après avoir donné sur tous les théâtres de la capitale des pièces fort applaudies, fut trop heureux de trouver un asyle dans l'hôpital des incurables, où il termina tranquillement ses jours.

AXIOME, proposition physique ou morale, spéculative ou pratique, dont la vérité se fait connoître par elle-même, sans qu'il soit nécessaire de la démontrer. Les *axiômes* sont appelées autrement *des premières vérités*.

Les *axiômes*, dit le chancelier Bacon, ont cet avantage, qu'ils dévoilent au moins le mérite & le génie d'un homme : on voit d'abord s'il possède à fond sa matière, ou s'il ne va que jusqu'au tuf ; car des *axiômes* sont puérils quand ils ne renferment pas le germe des choses. Ce doit être comme le suc extrait d'un riche fonds d'observations, qui tiennent lieu de preuves & de raisonnemens. Il n'appartient donc qu'aux maîtres de l'art de s'expliquer en *axiômes*, comme aux législateurs d'énoncer leurs volontés par des édits.

Il nous manque, continue le même auteur, un recueil de ces *axiômes* primitifs communs à toutes les sciences, également applicables à la physique, à la morale, à la politique. Cependant la nature est simple & se ressemble par-tout.

Les organes de la réflexion ressemblent aux organes des sens.

C'est un *axiôme* commun à la perspective & à l'acoustique, dont voici l'explication. Le miroir qui réfléchit les objets, est transparent comme l'œil qui les reçoit. Le rocher qui renferme les sons & qui forme l'écho, à la même configuration que l'oreille. Autant de ressemblance, ou plutôt autant de vestiges de la nature qui a imprimé son caractère & son sceau sur toute la matière, ensorte que les traits les plus différentiels ne peuvent effacer l'empreinte dominante d'une même puissance.

Si on ajoute des égaux à des inégaux, les touts seront inégaux.

Axiôme de mathématique qui passe en règle de droit; car dans la justice distributive qui rend à chacun selon ses œuvres, si l'on traite également des actions inégales, il n'y a plus d'égalité, ni d'équité.

La peste est plus contagieuse dans les commencemens que dans la maturité.

C'est une expérience physique applicable à la morale; car la corruption des méchans déterminés est moins funeste à la société, que les irrégularités d'une vertu qui plie & qui se dément.

L'être ne périt jamais entièrement quand le tout retourne à ses principes.

Axiôme de physique, & maxime de politique. Comme la matière, loin d'être anéantie, reprend sa vigueur dans les élémens; aussi pour empêcher la ruine des empires, les loix doivent rappeller les anciennes mœurs.

La nature se représente toute entière en petit.

Ainsi le mouvement des astres se vérifie dans celui des atômes. Aristote transporta dans la politique cet axiôme physique de Démocrite; car il établit le gouvernement monarchique sur le gouvernement domestique, & prit le plan de l'état, dans sa famille.

B

BAARAS, nom d'une plante qu'on trouve sur le mont Liban : voici la description qu'en donne Joseph. Elle ne paroît qu'au mois de Mai, après la fonte des neiges. Elle brille la nuit seulement comme un petit flambeau. Les arabes l'appellent *herbe d'or*, parce qu'ils lui attribuent la vertu de changer les métaux en or ; ils pensent qu'elle est obsédée d'un démon, & disent que ses feuilles enveloppées dans un mouchoir s'échappent & disparoissent ; qu'elle tue ceux qui la cueillent sans les précautions nécessaires. Que de rêveries débitées par un sage historien !

BABEL (tour de). *Babel* en hébreu veut dire *confusion*. La tour de *Babel* étoit située dans la terre de Sennaar, depuis nommée *la Chaldée*, proche l'Euphrate. Nemrod, petit-fils de Cham, en avoit, dit-on, conçu le projet, pour éterniser sa mémoire, & se préparer un asyle contre un nouveau déluge. Cette tour, qui fut bâtie vers l'an du monde 1802, étoit composée de briques liées avec le bitume. Casaubon dit que les ouvriers de la tour de *Babel*, se trouvant, après avoir bâti long-temps, toujours à la même distance des cieux, s'arrêtèrent, comme auroient fait des enfans qui, croyant prendre le ciel avec la main, auroient marché vers l'horison ; qu'ils se dispersèrent, & que leur langage se corrompit.

Hérodote assure qu'on la voyoit encore de son temps à Babylone ; elle étoit composée, selon lui, de huit tours placées l'une sur l'autre, en diminuant toujours en grosseur. Au-dessus de la huitième étoit le temple de Bélus. La première tour avoit un stade, ou cent cinquante pas en hauteur & en largeur.

BABEL-MANDEL. Le détroit qui porte ce nom est ainsi nommé de l'arabe *Bab-almandad*, porte-deuil, parce que les arabes prenoient le deuil pour ceux qui le passoient. On sait que ce détroit joint la mer Rouge à l'Océan.

BABIL. Le *babil* est presque toujours nuisible : c'est ce que le philosophe Zénon vouloit faire comprendre à ses disciples, en leur disant « la nature nous a donné deux oreilles pour écouter, & seulement une bouche pour parler ».

Pour se venger d'une parleuse impitoyable, femme d'esprit d'ailleurs, on s'avisa un jour de lui présenter un homme qu'on lui disoit très-savant. Cette femme le reçoit à merveille ; mais, pressée de s'en faire admirer, elle se met à parler, lui fait cent questions différentes, sans s'apperce-voir qu'il ne lui répondoit rien. La visite faite : « êtes-vous contente', lui dit-on, de votre présenté ? -- Qu'il est charmant, répondit-elle, qu'il a d'esprit ! » A cette exclamation, chacun de rire : ce beau parleur étoit un muet.

BABILLARDS. Les *babillards* sont, a-t-on dit, les canaux par lesquels s'écoule tout le bien & le mal qui se publie dans la ville.

Phocion répliqua un jour à Laosthène, qui s'efforçoit de persuader aux athéniens la guerre par une harangue élégante & fort audacieuse. Tes paroles, lui dit-il, jeune homme, mon ami, ressemblent proprement aux cyprès ; car ils sont grands & hauts, & ne portent fruit qui vaille.

Un *babillard* voyant qu'Aristote ne répondoit rien aux discours qu'il s'épuisoit à lui faire, lui dit : « Je vous incommode peut-être & vous détourne de quelques pensées sérieuses ». *Non, répondit le philosophe, continuez, je ne vous écoute pas.*

Lycurgue avoit ordonné, par une loi expresse, d'exercer les Lacédémoniens au silence dès leur bas âge, & à ne parler que quand ils pouvoient le faire avec force & véhémence.

Deux officiers, l'un de Bayonne, l'autre de Limoges, faisant à Louis XII le récit ennuyeux des suites & de l'événement d'un combat : ce prince, pour les faire taire, demanda au Bayonnois comment on s'y prenoit à Bayonne pour avoir des jambons si délicats ; & vous, dit-il au Limosin, dites-moi, dans quel terrein viennent les meilleures châtaignes ?

BABYLONIENS. Chez les *babyloniens*, il existoit une loi qui ordonnoit aux femmes d'aller s'asseoir près du temple de Vénus Militta, & d'attendre qu'un étranger fît choix d'elles pour faire en l'honneur de la déesse un sacrifice amoureux. C'étoit un acte pieux qu'il falloit accomplir au moins une fois en sa vie.

Les mêmes peuples assembloient tous les ans les filles nubiles dans la place publique ; les plus belles étoient accordées au plus offrant, & l'argent qu'on en retiroit servoit à faire une dot pour les plus laides.

BACHAUMONT. François le Coigneux de *Bachaumont*, né à Paris en 1624, fut conseiller au parlement de cette ville. Du temps de la fronde il fut zélé partisan du cardinal de Retz.

Bachaumont, las d'intriguer, rechercha la fociété des gens les plus aimables de fon fiècle.
Chapelle fut fon intime ami, & c'eft avec lui
qu'il fit un voyage dont ils nous ont laiffé la defcription en vers & en profe. Agé de foixante-dix-
huit ans, Bachaumont finit, dans des difpofitions
très-chrétiennes, une vie dont la plus grande
partie s'étoit écoulée au milieu des plaifirs. *Un
honnête homme*, difoit-il, *doit vivre à la porte de
l'églife, & mourir dans la facriftie.*

BACCHIONITES.

BACCHIONITES. Les philofophes nommés
Bacchionites méprifoient fi univerfellement les
chofes d'ici-bas, qu'ils ne fe réfervoient qu'un
vafe pour boire, encore ajoute-t-on que l'un
d'entre eux ayant vu dans une plaine un berger
qui prenoit de l'eau dans un ruiffeau avec la main,
il jetta loin de lui fa taffe, comme un meuble inutile & fuperflu.

BACCHUS.

BACCHUS. Plufieurs divinités ont porté le
nom de *Bacchus* ; mais c'eft au fils de Jupiter &
de Sémelé que l'on a fait honneur de toutes les
belles actions des autres. Comme *Bacchus* a établi dans l'Inde la culture de la vigne, on le regardoit comme le dieu des buveurs.

> Quand *Bacchus* reçut la naiffance,
> La vieilleffe prit foin d'élever fon enfance ;
> Par un équitable retour,
> *Bacchus*, plein de reconnoiffance,
> Nourrit la vieilleffe à fon tour.

Les fêtes de *Bacchus* fe nommoient *Bacchanales*
ou *Orgies* ; les athéniens les célébroient plufieurs
fois dans l'année avec de grandes cérémonies qui
étoient réglées par l'archonte. Avant l'établiffement des olympiades, les athéniens fe fervoient
de cette époque pour compter leurs années.

Les prêtreffes de *Bacchus*, appellées *bacchantes*, couroient pendant la fête du dieu, au milieu de la nuit, à demi-nues, échevelées, couvertes feulement de peaux de tigres paffées en
écharpe, avec une ceinture de feuilles de pampre,
portant des thyrfes, & pouffant des cris affreux :
les hommes, vêtus comme des fatyres, les uns
après les autres, montés fur des ânes, fuivoient
les bacchantes, au fon des cymbales, des tambours & des clairons.

Ces fêtes s'étant introduites à Rome, & les
excès s'étant multipliés, le fénat défendit, fous
les peines les plus graves, de les célébrer. Ce
fut l'an 563 de la fondation.

BACICI

BACICI (Jean-Baptifte Gauli, dit), peintre,
né à Gênes en 1639, mort en 1709. Il excelloit
fur-tout dans le portrait. Il fit un portrait fort
reffemblant d'un homme mort depuis vingt ans,
d'après la defcription & les avis de gens qui
avoient connu la perfonne qu'il peignoit.

BACON (Nicolas)

BACON (Nicolas), mort en 1578, à l'âge
de foixante-neuf ans. La reine Elifabeth le fit
fecrétaire d'état & chancelier d'Angleterre. Cette
reine l'étant allé voir un jour dans fa maifon
d'Herfort, lui dit : *voilà une maifon bien petite
pour un homme comme vous.* « Madame, répondit
» le chancelier, c'eft la faute de votre majefté,
» qui m'a fait trop grand pour ma maifon ».

BACON (François)

BACON (François), né à Londres en 1560,
fils du chancelier.

Il donna, dès fon enfance, des marques
d'un génie extraordinaire, & fut particulièrement connu & eftimé de la reine Elifabeth. Cette
princeffe prenoit même plaifir à s'entretenir avec
lui. Un jour elle lui demanda quel âge il avoit.
Quoiqu'enfant encore, il répondit avec beaucoup
de vivacité : *j'ai, madame, deux ans de moins que
l'heureux règne de votre majefté :* réponfe dont la
reine fut charmée. Cette princeffe l'appelloit ordinairement fon petit garde des fceaux.

Sous Jacques premier, *Bacon* fut fucceffivement
procureur-général, garde des fceaux & chancelier.
Les exactions que les perfonnes qui avoient obtenu fa confiance fe permirent en fon nom, lui attirèrent bien des chagrins, & finirent par le perdre. L'auteur de l'*Effai fur l'homme* a donc pu
dire de ce chancelier : « Si tu crois que les talens
« conduifent au bonheur, penfe à Bacon, le plus
» habile, le plus éclairé & le plus foible des mor-
» tels ». Le chancelier n'ignoroit pas l'abus que fes
domeftiques faifoient de fon autorité ; & dans le
temps de fa difgrace, un jour qu'il paffoit par un
endroit où il y en avoit plufieurs qui fe levoient
pour le faluer, il leur dit affez tranquillement :
« Affeyez-vous, mes maîtres, votre élévation
» m'a fait tomber ».

Le roi Jacques lui remit l'amende à laquelle il
fut condamné. *Bacon* demanda auffi des lettres
d'abolition de toutes les procédures qui avoient
été faites contre lui, afin que fa mémoire ne paf-
fât point à la poftérité avec une flétriffure. Le roi
les lui accorda.

La mort le furprit lorfqu'il fuivoit avec chaleur
quelques expériences touchant la confervation des
corps. Il fut attaqué d'une fluxion de poitrine qui
le réduifit bientôt à l'extrémité ; mais fans lui
caufer aucun trouble, aucun effroi. Dans une lettre qu'il écrivit alors au comte d'Arundel, faifant
allufion à la caufe de fa maladie, il compare fa
deftinée à celle d'un illuftre philofophe de l'antiquité, Pline le vieux, qui rencontra la mort fur le
mont Véfuve, où il recherchoit avec avidité l'origine des volcans.

Son teſtament offre ce paſſage remarquable. Après avoir recommandé ſon ame & ſon corps, à Dieu : « Je laiſſe, dit-il, & je lègue mon nom & ma » mémoire aux nations étrangères, car mes conci- » toyens ne me connoîtront que dans quelque » temps ».

On ſera peut-être curieux de ſavoir comment *Bacon*, qui avoit ſi bien étudié la phyſique ex- périmentale, gouvernoit ſa ſanté, c'eſt ſon cha- pelain qui nous l'apprendra. Il ſe nourriſſoit bien, & mangeoit beaucoup dans ſa jeuneſſe. Il recher- choit les nourritures légères, & les mets fins & délicats ; mais dans la ſuite il préféra une nourri- ture plus forte & plus ſolide, parce qu'elle four- nit des ſucs plus épais & qui ſe diſſipent moins. Il n'avoit garde de négliger l'uſage du nître, qu'il recommande avec tant d'éloges dans ſes ouvrages. Il en prenoit tous les matins environ trois grains, dans un bouillon fort léger. Il prenoit auſſi tous les ſix ou ſept jours, immédiatement avant le re- pas, une macération de rhubarbe infuſée dans un verre de vin blanc & de bierre mêlée enſemble à la doſe d'une once. On voit à la fin de ſon hiſtoire naturelle, le remède qu'il employoit contre la goutte, & dont il ſe trouvoit ſi bien, que l'accès finiſſoit immanquablement au bout de deux heures.

Bacon mourut ſi pauvre, à cauſe de ſon excesſive libéralité, qu'à peine laiſſa-t-il de quoi l'en- ſévelir. Un peu avant que de mourir, il écrivit une lettre à Jacques premier, roi d'Angleterre, par laquelle il le prioit de le ſecourir, de peur qu'il ne fût réduit, en ſes derniers jours à porter la be- ſace, & qu'il ne fût obligé à l'avenir d'étudier pour vivre ; lui qui n'avoit ſouhaité de vivre que pour étudier.

Lorſque le marquis d'Effiat accompagna en An- gleterre la fille de Henri le Grand, épouſe de Charles premier, il lui fit une viſite ; Bacon qui étoit dans ſon lit, malade, le reçut les rideaux fermés. « Vous reſſemblez aux anges, lui dit le » marquis, on entend toujours parler d'eux, & » on n'a point la ſatisfaction de les voir. — Mon- » ſieur, répondit *Bacon*, ſi votre bonté me com- » pare aux anges, mes infirmités me font ſentir » que je ſuis homme ».

Le plus grand ſervice, peut-être, dit Voltaire, que François *Bacon* ait rendu à la philoſophie, a été de deviner l'attraction.

Cette attraction, cette gravitation, cette pro- priété univerſelle de la matière, cette cauſe qui retient les planettes dans leurs orbites, qui agit dans le ſol, & qui dirige un fétu vers le centre de la terre, a été trouvée, calculée & démon- trée par le grand Newton ; mais quelle ſagacité dans *Bacon* de l'avoir ſoupçonnée lorſque per- ſonne n'y penſoit.

BADAW ou BADAUT. Les pariſiens qui faiſoient un grand commerce par eau, furent ainſi appellés : en langage celtique, *Badaw* ſignifie homme de bateau.

La reſſemblance de ce mot avec celui de *Ba- daut*, qui, dans la même langue, ſignifie un ſot, un niais, l'a fait confondre avec ce dernier, & on en a fait un ſobriquet auſſi faux qu'injurieux pour les habitans de la capitale.

BAGATELLES INDUSTRIEUSES. Un homme détenu dans les priſons de la ville de Mu- nich pour crime de vol, étoit ſur le point d'être condamné à mort, lorſqu'il fit parvenir à l'un de ſes juges une montre de paille de ſa compoſition, qui alloit pendant deux heures ſans qu'on fût obligé de la monter. Cet ouvrage extraordinaire lui attira la viſite de quelques ſeigneurs curieux de ſavoir comment il étoit parvenu à faire cette montre merveilleuſe dans l'obſcurité d'un cachot, privé d'inſtrumens de toute eſpèce. Le malheu- reux artiſte leur dit que la paille ſur laquelle il couchoit, lui avoit ſervi de matériaux ; qu'il avoit tiré de ſa chemiſe tout le fil néceſſaire pour en compoſer la chaîne, & qu'il avoit mis le tout en œuvre, au moyen d'une aiguille & d'un canif qu'il avoit dérobé à la vigilance du geolier. Une adreſſe auſſi ſurprenante lui valut ſa grace.

On admiroit beaucoup autrefois, & même en- core au commencement de ce ſiècle, les acroſ- tiches & d'autres puérilités de cette eſpèce, qui demandoient une grande patience & peu de ta- lent. On s'amuſoit auſſi à faire avec la plume des ouvrages d'une petiteſſe extraordinaire.

Dans le ſeizième ſiècle, un moine italien nom- mé *Pierre Alumnus*, écrivit les actes des apôtres & l'évangile de S. Jean dans la circonférence d'une pièce de deux ſols.

Un artiſte doué de la même patience, préſenta à la reine Eliſabeth un morceau de papier de la grandeur d'un ongle, ſur lequel il avoit écrit les dix commandemens, le ſymbole des apôtres, & l'oraiſon dominicale, ainſi que les noms de la reine & la date de l'année. Toutes les lettres étoient ſi diſtinctes qu'on pouvoit facilement les lire par le moyen des lunettes que l'artiſte avoit faites lui- même.

On a vu l'illiade d'Homère écrite ſur du par- chemin, & renfermée dans une coquille de noix.

Jérôme Faba, prêtre italien, natif de la Ca- labre, s'étoit exercé à un autre genre d'induſ- trie également ſurprenant par ſa difficulté. Il repréſenta en buis tous les myſtères de la paſſion, renfermés pareillement dans une coquille de noix. On lui attribue auſſi un carroſſe de la grandeur d'un grain d'orge, où l'on voyoit deux perſonnes

& le cocher , le tout tiré par deux chevaux. Ces ouvrages furent préfentés à François premier & à Charles-Quint.

Un autre artifte fit un charriot d'ivoire qu'une mouche couvroit de fes aîles ; & un vaiffeau avec fes mâts , cordages , pareillement d'ivoire.

Paul Colomies dit quelque part qu'il avoit vu un orfèvre à Moulins qui avoit enchaîné une puce avec une chaîne d'or de cinquante chaînons, qui ne pefoit pas trois grains.

Madame de Sévigné fait auffi mention dans une de fes lettres qu'il y avoit à Paris un homme qui faifoit voir , comme une chofe merveilleufe, un charriot traîné par des puces. Le dauphin ayant demandé à cette occafion au prince de Conti fon coufin , qui avoit fait les harnois de cet équipage ? reçut pour réponfe : *que c'étoit fans doute quelque araignée du voifinage.*

La mère de Lucas de Héere , peintre célèbre de Gand , a peint un tableau eftimé , dans lequel elle avoit repréfenté un moulin à vent dont les aîles étoient tendues ; le meûnier paroiffoit chargé d'un fac ; on voyoit fur la terraffe du moulin un cheval at- telé à une charrette , & à l'oppofite , un grand che- min où l'on appercevoit des payfans. Ce tableau fi précieux par le travail , étoit encore plus remar- quable par fon extrême petiteffe , puifqu'un grain de bled pouvoit en couvrir la furface.

Lettre fans A.

M. Marchand s'eft amufé à écrire des lettres , dans chacune defquelles il a fupprimé l'une des cinq voyelles. Commençons par la miffive fans A ; elle eft au nom de madame la préfidente le M** ; & adreffée à madame de L** : -- « Voici une nouvelle invention , mon cœur , pour exciter votre curiofité : nous voulons juger de l'inutilité de quelques-unes des cinq voyelles. L'écriture feroit très-bonne , fi l'on pouvoit fe réduire & n'en conferver que deux ou trois : le tout fondé fur le principe , que c'eft une folie que de multiplier les êtres , lorfqu'on n'y voit point de néceffité. Peut-être réuffirons-nous. Eh bien , nous ferons glorieufes de l'entreprife. Tout homme qui invente , mérite que le peuple lui décerne le triomphe.

« Le prix que j'efpère recevoir de mes longues recherches , doit être votre cœur : jugez , fi vous pouvez douter de l'excès de mon zèle. Vous de- vinerez cette voyelle que j'exclus ici : c'eft celle que j'emploie fi fouvent pour vous expliquer les tendres fentimens que vous m'infpirez. Puifqu'elle me fert fi utilement , pourquoi l'exterminer ? Je devrois plutôt lui dédier un temple.

» Le feu de mes nouvelles idées ne doit point me forcer d'oublier les remercîmens qui vous font

dus , de tous les foins que vous vous êtes don- nés pour l'emplette de cette robe couleur de rofe , où le goût domine ; & comme le plus horrible des vices eft celui qui empêche de reconnoître les fervices qu'on nous rend , n'oubliez donc point de remercier pour moi les deux jolies femmes qui veulent bien fe donner tous ces mouvemens pour contenter mon envie.

« Que vous dire de plus , mon cher petit roi ? Figurez-vous combien je fuis gênée , & combien je pefte de l'être. Une rime occupe moins un poëte , que notre chienne de voyelle ne me fournit d'épines. Je voudrois vous dire les plus belles chofes du monde , & elle fe préfente tou- jours pour empêcher l'exécution de mon projet. En bonne foi , rien ne me fied mieux que d'être libre : mon cœur détefte tous les liens qu'il ne reçoit point de vous.

» Je fuis bien fimple de n'ofer prononcer ce mot qui feul exprime dignement ce que je fens pour vous ; celui de tendreffe eft fi peu énergi- que , que je fuis honteufe de l'employer. Qu'il dépeint foiblement les mouvemens de mon cœur , lorfqu'il s'occupe de l'objet qui doit feul remplir fes vœux ! Je fuis votre..... quoique je ne puiffe point vous le dire : on fe permet de le fupprimer , & c'eft mieux.

« Mon invention eft une mifère qui donne bien des peines pour dire des bêtifes , ou ne rien dire : ne-vous en fervez point , fi vous m'en croyez ; pourvu que je fois fûre de recevoir de vos lettres , il n'importe comment.

Mille complimens , & puis c'eft tout , puif- qu'il m'eft impoffible de rien dire de plus ».

Lettre fans E.

Voici une longue épître , dans laquelle on ne trouve point une feule fois la lettre E. -- « J'a- vois conçu , mon charmant papa , l'opinion d'avoir pour mon logis un trou obfcur à S. Victor , au bas du pays latin. Mon goût m'y portoit , ma paffion l'ordonnoit ; mais l'abord du canton m'a paru alarmant. Chacun a fa raifon , ou fon motif bon ou mauvais , pour agir. Plus ou moins d'or à Paris contraint l'inclination ; un pouvoir fon- nant , fait la loi qu'on doit fubir pour choifir du blanc , du noir ou du gris. Un climat trop haut ou trop bas produit , m'a-t-on dit , tantôt un air lourd , froid , mal-fain , tantôt un air trop vif. Il faut pourvoir à tout , avant d'avoir pris mon parti pour un oui ou un non. J'approfondirai mon local ; j'irai , courant , juf- qu'aux confins , pour favoir fi l'on m'a fait un rapport vrai du canton victorin. J'ai cru qu'un fauxbourg lointain iroit à ma fituation. L'on y vit fans façon , à l'abri d'un tas d'oififs , à coup fûr importuns ; fauvons-nous d'un poifon fi fatal.

D'abord ma maifon paroîtra trop loin aux gros richards : d'accord ; mais j'y vivrai fans bruit, fans fracas, affranchi d'un chaos affommant. Aujourd'hui languiffant, quafi moribond, il faut fuir un vain concours d'animaux plats ou fuçans.

» J'irois fans fruit offrir mon tribut aux grands, qui font toujours dans la diffipation ; ils font diftraits, vains ou rampans : laiffons donc un tourbillon fatigant pour moi. Un avorton qui, blanchi fous Mars, iroit, fans profit, offrir à nos brillans milords la croix d'un foldat appauvri, mal difpos, qui, fans fonction, n'a plus qu'un moignon vacillant., l'on riroit à fon air. Craignons un affront dû aux fots. Un intrus vit au plus mal à la cour, foit fous un lambris, foit au grand commun : il s'y voit honni, fi l'on n'y craint pas fon pouvoir, ou s'il n'a pas l'appui d'un favori puiffant. Pour moi, caduc, fans avoir quafi un liard vaillant, j'aurai au moins l'oubli humiliant pour mon lot. Fuyons donc un fol inconnu, vivons *incognito*, arrofons nos choux dans un coin. L'amour n'a plus d'attraits piquans pour mon goût ; j'ai dit bon foir aux plaifirs bruyans. Par foumiffion, foyons un grivois obfcur fur la fin d'un long jour ; vifons au falut pour moi, pour mon prochain, compromis par mon mauvais ton. Faifons auffi mon calcul. J'ai pour tout faint-frufquain vingt-cinq louis par an, qui n'iront pas jufqu'au bout, pour fournir à mon habitation, mon chalit, mon bouillon, mon furplus. Plus, il faut au moins fix francs par mois pour du chocolat, du tabac, du punch, qu'on m'a dit fains pour moi. Un habit brillant n'a jamais fait mon ambition ; du moins faut-il l'avoir bon, chaud ou froid, fuivant la faifon. L'on iroit mal tout nud. Sans un abord coffu, joli ou important, on languit dans l'inanition. Tout humain, fût-il Platon, Catinat ou Job, qui n'a ni pain, ni vin, ni fon gigot fûr, ni appui pour fon pot futur, doit mal dormir la nuit. Ajoutons-y pour ma part, ma contribution aux maux du corps. Suivant la faifon, j'ai pâti plus ou moins, à partir du front jufqu'au bout du talon. L'on plaint, fur fon grabat, un vrai foldat qui n'a jamais craint ni fufil, ni canon ; quand il a fallu courir aux coups. J'ai fuivi un fatal inftinct, fans qu'on m'ait jamais vu ni poltron, ni fanfaron : l'on m'intituloit un bon luron, un franc faraud. Un pur hafard m'a fait furgir au port, mais fans bifcuit. Par fois on vit plus tard qu'on avoit cru : voilà mon cas pofitif. Jamais craintif, jamais foumis au joug, j'ai voulu courir par-tout ; pour n'offrir plus à la fin qu'un vagabond plaintif, qui n'a ici-bas ni maifon, ni ami, ni patron. Nos bons compagnons font tous difparus. Bacchus a fait tout mon favoir, l'Amour a fait mon plaifir, Mars m'a inftruit pour un combat : oublions qu'ils m'ont connu. Hardi champion, battant ou battu, j'ai toujours dit ma chanfon ; j'aimois à dormir

au bruit du tambour. Au camp, nous chaffions aux houfards ; à la garnifon, l'on buvoit, on danfoit, on jouoit du violon ; nous lifions, dans nos loifirs, l'*almanach royal* ou *Noftradamus* : voilà nos occupations, voilà tout mon favoir. J'ai combattu long-temps pour un bon, pour un grand roi, qui m'a nourri quafi *gratis*. Vingt-cinq ducats par mois, mon butin, mon droit aux contributions, ont fait ma part. Ils m'ont fuffi ; je n'ai jamais fait voir mon dos. Mais un maudit combat à Rosbac m'a mis fur cul, fans un fol. Il faut languir, fans pouvoir garnir mon pourpoint. Mais allons toujours, bravons un fort dont tout animal doit garantir fon individu. Chaffons un pronoftic fatal aux bons vivans ; vivons, fi nous pouvons, gais jufqu'au bout, fans mourir par la faim, la foif, ni un noir chagrin. Vivons, pour jouir du don qu'on nous a fait d'un bon roi : *vivat Ludovicus !*

» J'afpirois à vous voir ; mais j'ignorois où nous pourrions difcourir. Il fait grand froid. Quand on pourra fortir fans manchon, nous choifirons un jour pour nous unir aux capucins, au cours ou au Waux-hall à Paffi. Bon foir, mon voifin ».

François-Martin Frappart.

Lettre fans I.

Je vais maintenant rapporter l'épître fans I. — « Comment vous portez-vous, ma belle Flore ? mon humeur veut vous gronder un peu, & tout en douceur : c'est le rôle d'un amant défœuvré, auquel on pardonne de murmurer par un excès d'amour. Vous me mandez des nouvelles étrangères à mon cœur, & vous gardez le *tacet* fur les événemens que vous favez m'être les plus chers. Vos enfans, votre groffeffe, vos nerfs, vos langueurs, votre chûte & le rhume n'ont pas trouvé place dans le compte que vous me rendez de votre état & de vos paffe-temps. Vous me fuppofez fans doute un prophète dont les vues s'étendent à tout, même à la fanté d'une malade abfente. Pour vous donner une leçon, apprenez que mon état fâcheux eft débarraffé des entraves de l'art d'Efculape & de fes fuppôts. L'école de Salerne a perdu fon procès contre ma frêle fubftance. Un repos favorable, fans le concours de la manne & du féné, m'a rendu mes forces, mon courage & mon goût pour toutes les chofes bonnes & agréables.

» La table, les cartes, & les promenades font l'amufement de ce beau canton, où la nature s'eft plu, par préférence, à orner la terre de fes dons. Nous fommes fept hommes avec quatre dames ; c'eft affez pour s'amufer : Nous nous couchons de bonne heure, & nous nous levons de même, pour devancer l'aurore. Nous chaffons peu, & le gouvernement ne nous occupe pas plus que l'algèbre. Nous avons un pasteur reçu docteur, & peu docte ; ses prônes, souvent longs & monotones, nous endorment ; malhonnêtement nous ronflons tout haut, est-ce notre faute, ou celle du prôneur ?

» Le temps est beau & doux, cependant plus chaud que de coutume en Septembre. Convenez que la campagne dans l'automne, outre l'abondance, offre un charmant spectacle. La nature, regardée de près, présente à chaque moment des tableaux propres à étonner, & à pénétrer l'ame de respect envers l'auteur de tous les chefs-d'œuvres offerts à notre vue. Les montagnes, les vallons couronnés de verdure, sont un ornement qu'on ne se lasse pas de regarder ; & les trésors dont nous sommes comblés annuellement pour notre bonheur, nous prouvent que le hasard n'a pas enfanté l'assemblage superbe & pompeux dont notre vue est frappée. Heureux les campagnards ! Horace l'a pensé, un bon laboureur peut être un homme heureux. On dort plus doucement sur l'herbe des champs que sur le duvet de la cour ; sans reproche, sans remords, on rêve agréablement.

» Rendons sans cesse hommage aux beautés dont nous sommes entourés : que n'êtes-vous du nombre ! Mon ame avoue, en pensant à vous, que de tous les tableaux répandus sur la terre, la femme est le plus tentant, le plus séducteur, surtout quand elle a, comme vous, les graces naturelles & les charmes d'un caractère heureux. Vous formez le rondeau de mes études. Après un quart-d'heure de lecture, après quelques propos d'usage ou de morale, ma tête retourne sans cesse à vous avec empressement pour s'arrêter ; elle se sent désolée de ce que mon corps n'est pas à vos genoux ; votre santé, votre tendresse & votre présence sont les termes où tendent mes vœux perpétuels. Mandez souvent comment vous passez le temps. Les nouvelles du monde & de la cour m'affectent peu. Mon attachement sans mesure demande du personnel. Mon zèle & mon amour ne sont affamés que d'apprendre l'état au naturel de votre santé & de votre cœur . . . . . c'en est assez . . . . . On vous embrasse avec transport, charmante Flore.

» Ma lettre renferme un secret, tâchez de le pénétrer.

Lettre sans O.

« Dès demain, cher ami, je vais chercher une retraite chez les capucins. J'ai malheureusement perdu au jeu l'argent que ma mère m'a remis, afin d'acquitter des dettes criardes. Elle en est furieuse, & je m'en désespère, jusqu'à m'arracher les cheveux. J'ai déjà parlé au père gardien du marais, qui m'a dit de revenir à la huitaine. Tu riras, quand tu me verras une belle barbe & les épaules chargées d'une besace. Je sais que je figurerai mal avec un habit de bure, des sandales & les jambes nues, à l'exemple des animaux ; mais je suis dans la nécessité malheureuse d'expier mes fredaines. Il faudra vivre sans argent, sans chemise, jeûner, prier, se discipliner. Cette vie est dure. Je sens que l'état auquel je me livre a ses désagrémens ; mais je ne suis pas maître d'agir d'une autre manière. Ma pénitence ne sera qu'une suite nécessaire de l'état affreux qui m'accable. J'ai été dupé, ainsi qu'un blanc-bec, sans expérience, par des femmes intrigantes. Cette ânerie m'affublera d'une livrée grise. Ne crains pas que j'aille humblement faire la quête ; c'est un métier auquel je n'entends rien, & qui est humiliant ; j'aspirerai à devenir père, & je parviendrai aux dignités supérieures. Un gardien a des privilèges. J'irai dans les campagnes, prêcher, dire la messe, éteindre le feu, & aider les curés dans leur desserte : cela vaut quelque petite aubaine. Ma vie sera plus utile à la patrie que celle d'un bernardin & d'un célestin, qui richement rentés, passent leur temps à table, & vuident plus de pintes de vin qu'ils ne lisent de livres. Je sens, à la vérité, une peine extrême à quitter la jeune Babet. Elle est gentille, fraîche, entendue ; elle aura du bien, & j'ai désiré m'unir à elle par le mariage ; sa tante m'en a flatté ; mais il n'y faut plus penser. Cependant, le sacrifice est rude. Une charmante maîtresse & une femme estimable valent mieux qu'un capuce de laine & un cilice de laine. Ces idées me tuent, quand je pense qu'une cellule est le seul asyle qui me reste, & qu'il faut dire un éternel adieu aux plaisirs du siècle. Ma mère, irritée, me prépare une chambre chez les lazaristes ; mais je préfère à ce supplice, celui de me précipiter dans la rivière. J'ai été tenté de m'arranger avec un capitaine ; mais ma taille est petite, & je suis timide à l'excès. D'ailleurs, j'aime ma liberté. Je suis cependant menacé de la perdre. Tâche de me remettre en grace auprès de ma mère. Elle chérit l'argent ; mais elle est assez pieuse, & elle a un prêtre de S. Sulpice qui la dirige. Qu'il lui parle de Dieu, qu'il lui fasse peur du diable, peut-être la ramènera-t-il à des sentimens plus humains. Elle n'est pas curieuse de faire un capucin dans sa famille. Elle n'a qu'à s'imaginer qu'elle m'a avancé mille écus sur l'héritage qui me reviendra quand elle quittera la terre. Il sera facile de la déterminer ; mais elle est de la vanité, & elle est capable de se laisser prendre par la patience, la fadeur & les caresses. Si elle résiste, je m'enterre définitivement. Je ne me fais déjà plus raser ; & n'ayant pas de gîte ni d'espèces ; je me prépare d'avance la face pâle d'un pénitent. Au reste, le métier que j'embrasse est assez avantageux dans la vie présente & la vie future. Un frère quêteur de la rue Saint-Jacques m'a assuré qu'il n'y a jamais eu de capucins dans l'enfer : c'est apparemment qu'à leur arrivée, le feu eur brûle la barbe , & qu'ils deviennent picpus ».

Lettre fans U.

« J'allai hier , mon cher confrère , dans le marais , cher le moins gras des financiers de Paris. Le repas étoit excellent. Cinq perfonnes le partageoient ; mon ami , fa femme , fa nièce , fon abbé & moi. La table étoit proprement garnie ; & dès les entrées , le maître de la maifon fongea à fatisfaire le befoin de l'appétit : il entreprit de manger des petits pâtés , des cardons , & de tâter à différens mets : fa femme s'y oppofa fortement , prétextant des craintes fondées ; comme le mal d'eftomac , la migraine , &c. Le mari defirant n'être point en refte , prit les mêmes attentions à l'égard de fa femme ; & par cette complaifance recherchée & tendre , s'ils fe garantirent d'acci- dens , ils s'abftinrent de l'innocent plaifir d'effayer des mets délicats permis même à des malades. Le rôti , les falades , l'entre-mets , le deffert enfin , ont été les objets de femblables foins. Moi , je mangeai en affamé ; l'abbé m'imita ; & la nièce , en grignottant , s'attacha à empiffrer fon chat angola. Mais le maître & la maîtreffe fortirent de table légers & difpos , malgré la faim , & malgré l'excellence de la chère , deftinée charitablement à des étrangers & à des parafites. Je repréfentai en riant à mes hôtes , combien mal-à-propos ils fe martyrifoient , en fe retranchant des chofes agréa- bles , & faifant fans relâche le rôle impofant du médecin. La foibleffe de tempérament , les at- tentions , les craintes & la tendreffe maritale , ont été les réponfes à mes fyllogifmes tendans à obli- ger des gens honnêtes , eftimables , mais s'aimant par excès & maladreffe.

« Ce procédé extraordinaire m'a fait faire des réflexions. Les hommes profitent rarement des biens dont ils font en poffeffion libre & entière. Tel néglige une femme charmante , & s'aban- donne à fa maîtreffe méchante & laide. Le robin n'aime point fon métier honorable , & il s'en diftrait par des niaiferies. Le militaire riche & en grade , achète de brillans carroffes , & fe promène à pied. Telles font en partie les difparates de la fo- ciété. Il paroît des réglemens relatifs à l'opéra ; nombre de partifans zélés en feront mécontens & crieront. J'entends fans ceffe dans ce pays-ci parler de liberté , & jamais on n'en profita moins en librairie & en fpectacles. L'efprit badin rencontre des obftacles ; & malgré fa circonfpection , il eft expofé à des recherches incommodes. Il eft bon de prendre fon parti , & de fe confoler en attendant le temps defiré par le fage. Bon foir , mon royal ami ».

Lettre toute en monofyllabes.

Une femme eft fuppofée l'écrire à fon amant.

« Non je n'ai point dit du mal de vous , ni ne vous ai fait de tort. Ce font des fots & des gens peu vrais qui vous font tant de peur. Je fuis fans fiel. Ne vous fiez pas à de vains bruits. Le grand P.... eft faux & fou ; vingt fois par jour on lui dit tout net qu'il eft plat ; mais il n'en croit rien ; il ne voit ni ne fent.

» La B.... a le ton vain , & ne craint pas fes coups de dent. Je lui fais peu ma cour. Elle m'en veut & me hait ; mais je le lui rends bien. Ils font tous les deux trop fots pour vous & pour moi ; ils vont à leur but ; mais je ne crains rien de leurs vues & de leurs traits ; mon cœur eft franc , fans art , & quand il eft pris , je m'y tiens. Je vous dois tout ; mais l'or feul n'a pas fait le nœud qui nous a joints. Je vous vis , je vous crus bon , doux & fûr ; je vous plus , & dès- lors tout fut dit , tout fut fait , & je n'eus plus rien à moi , tout fut à vous. Mon fort eft beau ; quand je vis près de vous en paix. Mes fers n'ont rien de dur ; & cent fois je vous ai vu fous mes loix plus fier qu'un coq , & plus gai qu'un roi. Si ce temps n'eft plus , la mort eft mon lot , & j'y cours .... Mais le trait eft fou : non , je fens qu'il vaut mieux & pour vous & pour moi , nous être chers de plus en plus. Oui , je vis pour vous , la clef de mon cœur eft dans vos mains. Je vis pour vous voir , je m'en fais une loi , & je fuis à vous pour la vie ».

Après avoir joui de toutes ces *bagatelles* , il faut fe rappeler la réponfe de Platon à Annicaris de Cyrène. Il vint un jour à l'académie pour faire admirer la précifion avec laquelle il parcouroit plufieurs fois le premier cercle que les roues de fon char avoient tracées fur le fable : tous les phi- lofophes l'admiroient ; mais Platon fe contenta de dire : « Un homme qui a tant employé de temps à un fi frivole exercice , ne connoît guère le prix de la vérité ».

BAGUETTE DIVINATOIRE.

On a donné le nom de *baguette divinatoire* à un rameau four- chu de coudrier , d'aune , de hêtre ou de pom- mier. On a attribué à la *baguette divinatoire* la pro- priété de découvrir l'eau dans le fein de la terre , les minières , les tréfors cachés , & qui plus eft , les voleurs & les meurtriers fugitifs. En 1692 , un payfan du Lyonnois , nommé *Jacques Aymar* , armé de la *baguette divinatoire* , pourfuivit un meurtrier durant plus de quarante-cinq lieues fur terre , & plus de trente lieues fur mer ; mais par malheur pour la merveilleufe *baguette* , il fut prouvé qu'*Aymar* étoit un fripon & un impofteur.

BAJAZET I, empereur des Turcs.

Il voulut arrêter les progrès du fameux Tamerlan qui le fit prifonnier. Son vainqueur lui demanda quel traitement il lui auroit fait , s'il avoit été vaincu. *Je t'aurois enfermé* , dit *Bajazet* , *dans une cage de fer.*

fer. Eh bien ! tu fubiras le même fort ... & auffitôt il le fit mettre dans une prifon grillée.

Tamerlan qui étoit boîteux, confidérant fon ennemi qui étoit borgne, s'écria : *Il faut que Dieu faffe bien peu de cas de ces empires, puifque ce qu'il ôte à un borgne, il le donne à un boiteux.*

BAIF. Jean-Antoine. *Baif,* né à Venife en 1532, fit fes études avec Ronfard, & compofa des vers qui ne le cédèrent pas à ceux de fon ami, pour la féchereffe & la dureté. Il voulut introduire dans la poéfie françoife la cadence & la mefure des vers grecs & latins ; mais il ne réuffit pas. *Baif* eft le premier qui ait établi, à Paris, une efpèce d'académie de mufique. On faifoit chez lui des concerts affez bons pour le temps, aux quels Charles IX & Henri III affiftèrent fouvent.

BAIGNES (l'abbé de). L'abbé de *Baignes,* furintendant de la mufique de Louis XI étoit un homme d'une imagination fertile. Le roi croyant mettre fon génie en défaut lui demanda un concert exécuté par des pourceaux.

Le muficien raffembla un grand nombre de ces animaux de différens âges, & qui avoient en conféquence différens fons de voix. Il les plaça par ordre fous une tente magnifique, tellement qu'en faifant mouvoir une efpèce de clavier d'orgue, il les piquoit avec des aiguillons qui fe trouvoient fous leurs pates & les forçoit, par la douleur, à fournir en criant les fons dont il avoit befoin pour former une efpèce d'harmonie. Ce concert grotefque fit, dit-on, beaucoup de plaifir au roi.

BAILLY (Iolande). On lifoit autrefois dans l'églife des SS. Innocens, à Paris, une épitaphe citée par Corrozet dans les antiquités de Paris, en ces termes : » Ci-gît Iolande Bailly, qui tré- » paffa l'an 1514, le 88e an de fon âge, le 42e de » fon veuvage, laquelle a vû ou pû voir, devant » fon trépas, deux cens quatre-vingt-quinze en- » fans iffus d'elle «.

BAINS. Les *bains* étoient chez les anciens des bâtimens grands & fomptueux. Les Grecs & les Romains en avoient de publics & de particuliers. Ils fe baignoient après les exercices du corps, & pour l'ordinaire avant le fouper. Les plus voluptueux ne fe baignoient qu'après le repas, & fe faifoient frotter d'huile ou de parfums.

Les empereurs Romains en firent bâtir avec le marbre le plus précieux & dans les règles de la plus noble architecture ; on prétend qu'il y avoit près de 800 bains dans les différents quartiers de Rome.

On trouvoit dans ces *bains* deux fortes de baignoires, les unes fixes & les autres fufpendues, dans lefquelles on joignoit au plaifir de fe baigner celui d'être balancé.

Encyclopédiana.

Sans avoir confervé pour la conftruction des *bains* le luxe des anciens, nous avons continué l'ufage des *bains* chauds &. des *bains* froids, & nos médecins ne font pas plus d'accord fur ce point que ne l'étoient les médecins Romains. Antonius Mufa, médecin d'Augufte, étoit fi entêté de fes *bains* froids, qu'il les ordonnoit à tous fes malades, quelques maladies qu'ils puffent avoir. Il fut affez heureux pour guérir l'empereur, & il n'en falut pas davantage pour le faire regarder avec admiration. Les romains lui élevèrent une ftatue auprès de celle d'Efculape, & Augufte lui donna le droit de porter l'anneau d'or. Enfin Antonius Mufa étoit plus eftimé qu'Hypocrate. Mais fes admirateurs furent bientôt détrompés, & ce médecin perdit fon crédit en tuant par fes *bains* froids le jeune Marcellus. Alors paffant d'une extrémité à l'autre il tomba dans le mépris. On abattit fa ftatue avec indignité. Il fut même obligé de fe cacher pour éviter le fort funefte qui auroit pu devenir le prix de fon ignorance.

BAISER. La coutume de *baifer* la main eft très-ancienne & très-répandue. Les Idolâtres faluoient le foleil, la lune & les étoiles en baifant la main. Chez les Payens les gens riches offroient aux dieux des chofes précieufes. Les pauvres les adoroient en baifant la main. Fernand-Cortez trouva cette coutume établie au Méxique, où plus de mille feigneurs vinrent le faluer en touchant d'abord la terre avec leurs mains & les portant enfuite à leur bouche.

C'eft une marque de refpect de *baifer* la main d'un autre. Homère nous dit, que le vieux Priam baifa les mains d'Achilles en lui redemandant le corps d'Hector.

Chez les Romains les tribuns, les confuls, les dictateurs donnoient leurs mains à *baifer* à leurs inférieurs. La coutume de *baifer* la main du prince eft établie dans prefque toutes les cours de l'Europe.

Dans l'églife même les évêques & les officians donnent leurs mains à *baifer* aux autres miniftres qui les fervent à l'autel.

Dans nos mœurs il n'y a plus que les prêtres, les princes & les jolies femmes, dont les dévots, les courtifans ou les galans défirent de baifer la main.

Dans les premiers temps de notre monarchie, *baifer* la main, le bras, la joue ou la bouche d'une femme libre, étoit des libertés criminelles pour lefquelles la loi prononçoit des amendes proportionnées ; & ce n'eft pas feulement chez les Francs que cette liberté étoit condamnée.

Un certain évêque de Spire, qui vivoit du temps de l'empereur Rodolphe, fut obligé de fortir de l'empire pour avoir donné un *baifer* à l'impératrice. Voici l'anecdote : » L'empereur Rodolphe, de la maifon de Hambourg, époufa fur fes vieux ans ;

V

Agnès fille du duc de Bourgogne, qui étoit fort jeune & d'une grande beauté. Un jour que l'évêque de Spire qui étoit de la famille de Leinengen, lui préfentoit la main pour defcendre de caroffe, cet évêque fut fi charmé de la beauté de l'impératrice, qu'il la baifa malgré elle fur la joue ; ce qui déplut fi fort à cette chafte impératrice, qu'elle en porta des plaintes à fon mari. L'empereur extrêmement furpris & irrité de cet attentat, fit dire à l'évêque qu'il avoit choifi *cette paix* pour lui feul, que l'évêque n'avoit qu'à en choifir une autre qu'il pût *baifer* & qu'au refte il eut à ne plus paroître devant les yeux de l'empereur. Ainfi l'évêque fut obligé de fortir de l'empire, & de demeurer en exil jufqu'à la mort de Rodolphe ».

Le *baifer* fur la joue eft un formulaire muet pour affurer l'amitié, les réconciliations, &c. Il eft en ufage dans les univerfités pour les réceptions de docteurs, de profeffeurs & autres cérémonies.

Le *baifer* en amour eft le fymbole du bonheur. Diane, fuivant la fable, defcendoit du ciel pour prodiguer fes *baifers* au jeune Endimion au milieu de la nuit.

Alain-Chartier, l'homme de fon temps le plus favant & le plus laid, reçut pendant fon fommeil un *baifer* de Marguerite d'Ecoffe, femme de Louis XI.

Ajoutons qu'autrefois un *baifer* étoit un titre confidérable pour une fiancée qui gardoit la moitié du bien qui lui avoit été donné fi le futur mouroit avant d'avoir époufé.

Maintenant, un *baifer* fe donne à l'aventure ;
    Mais ce n'eft pas en bien ufer.
Il faut que le defir & l'efpoir l'affaifonne,
    Et pour moi je veux qu'un *baifer*
    Me promette plus qu'il ne donne.

Dans les coutumes d'Auxerre & de Sens, *baifer* le verrou de la porte du fief dominant eft l'hommage que le vaffal fait à fon feigneur abfent. Cet ufage eft paffé en proverbe.

On connoît le chapitre fur les *baifers*, par Jean de la Caza, dans lequel cet archevêque de Benevent dit qu'on peut fe *baifer* de la tête aux pieds. Il plaint les grands nez qui ne peuvent s'approcher que difficilement ; & il confeille aux dames qui ont le nez long d'avoir des amans camus (*Voltaire*).

BAL. Une femme de la cour de Louis XIV, jeune, aimable & fort confidérée aimoit fecretement le comte d'Evreux, & trompoit trois autres amans, fans que fon mari, ni perfonne s'en doutaffent. Un rival, qui, fans doute avoit découvert fes intrigues, réfolut de fatisfaire fa jaloufie, il vint à un bal que le roi donnoit à Marly. Son déguifement étoit fingulier, il avoit quatre vifages en cire reffemblans aux quatre amans de cette jeune beauté. Le comte d'Evreux en étoit un. Ce mafque étoit couvert d'une robe ample & longue qui déroboit fa taille, & il avoit dans cette enveloppe le moyen de tourner fes vifages comme il vouloit, avec facilité & à tous momens. Il ne fut pas long-temps fans être prié à danfer, en ce premier menuet il tourna & retourna fes vifages & divertit fort l'affemblée. Quand il eut achevé, voilà mon démon qui s'en va faire la révérence à cette jeune dame, en lui préfentant le vifage du comte d'Evreux. Ce n'eft pas tout, il danfoit bien & étoit fort maître de fa danfe, tellement qu'il eut la malice de fi bien s'arranger, que quelques tours & retours qu'il fit en ce moment, le vifage favori tourna fi à point & avec tant de juftteffe qu'il fut toujours vis-à-vis la dame avec qui il danfoit. Elle étoit cependant de toutes les couleurs ; mais fans perdre contenance elle ne fongeoit qu'à couper court. Dès le fecond tour elle préfente la main, le mafque fait femblant de la prendre & d'un autre temps plus léger s'éloigne & fait un autre tour. Elle croit à celui-là être plus heureufe, point du tout, même faute, & toujours ce vifage fur elle.

On peut juger quel fpectacle cela donna. Enfin elle en eut au moins pour le triple d'un menuet ordinaire. Ce mafque tourna encore affez longtemps ; puis trouva le moyen de difparoître fans qu'on s'en apperçût. *Mém. de Saint-Simon.*

BALBOA (Vafco Nuguès de). Ce capitaine caftillan fut fi heureux dans fes expéditions contre les indiens, qu'il envoya 300 marcs d'or au roi d'Efpagne pour fon quint. Il prit poffeffion du golfe de S. Michel, en fe plongeant dans la mer jufqu'à la ceinture, tenant une épée d'une main & fon bouclier de l'autre, & difant aux indiens qui bordoient le rivage : *Vous m'êtes témoins que je prends poffeffion de cette mer pour la couronne de Caftille, & cette épée lui en confervera le domaine :* il fit encore des conquêtes qui lui valurent des richeffes immenfes. Cependant un gouverneur efpagnol, arrivé à Sainte - Marie, trouva dans cette ville *Balboa* avec l'extérieur de la pauvreté faifant couvrir de feuilles d'arbre une méchante caze qui lui fervoit de demeure ordinaire. Ce gouverneur l'accufa de crime de félonie, lui intenta un procès injufte, le fit décapiter en 1517 & s'empara de fes biens, fruits de fon courage & de fes travaux.

BALCON. Il y avoit autrefois fur prefque tous les théâtres des *balcons* placés fur l'avant-fcène où les fpectateurs n'étoient féparés des acteurs que par une grille à hauteur d'appui, & les murmures du public à cet égard étoient très-bien fondés.

Un abbé s'étant un jour placé au *balcon*, le parterre de mauvaise humeur, cria : à bas, à bas, *monsieur l'abbé*, celui-ci sans se déconcerter se leva & dit très-poliment :

« Messieurs, depuis qu'on m'a volé ma montre » d'or à votre compagnie, j'aime mieux qu'il m'en » coûte une place au *balcon*, que de risquer ma » tabatière ».

BALLET. L'origine des ballets se perd dans l'antiquité la plus reculée. La danse, le concours de plusieurs personnes & la représentation d'une action par les gestes & les mouvemens du corps constituent le *ballet*.

Les égyptiens firent de leurs ballets des espèces d'hiérogliphes, ils exprimoient le mouvement des astres, l'ordre & l'harmonie de l'univers. Thésée fit exécuter aux grecs un *ballet* dans lequel ils traçoient par leurs évolutions les détours du labyrinthe de Crète.

Batile & Pilade se rendoient célèbres chez les grecs par leur génie à composer les ballets : le premier dans le genre léger, l'autre dans le genre grave & sérieux.

Les modernes ont mis tout en œuvre pour rendre ce genre de danse intéressant.

Le fameux comte d'Aglié s'est rendu fameux en Savoie par ses inventions heureuses.

Louis XIV & Louis XV ont dansé dans différens ballets qui étoient exécutés par les principaux seigneurs & les dames de la cour.

Les sibarites furent les premiers qui dressèrent des chevaux à la danse, au point d'exécuter des ballets réguliers ; mais cette invention leur devint funeste, car les crotoniates qui leur faisoient la guerre ayant appris tous les airs sur lesquels ils dressoient leurs chevaux, les exécutèrent au moment du combat & les animaux loin de répondre aux manœuvres des cavaliers sibarites, exécutoient les figures de ballets & furent cause de la défaite de leurs maîtres. La trompette est l'instrument qui convient le mieux pour animer le cheval. Pluvinel, un des écuyers de Louis XIII, fit exécuter un *ballet* de chevaux dans le fameux carrouzel que ce prince donna.

BALMONT (la comtesse de Saint), d'une illustre maison de Lorraine. Elle se rendit célèbre par ses vertus & par son courage. Ayant à se plaindre d'un officier de cavalerie qui étoit venu prendre un logement sur ses terres, & qui s'y comportoit fort mal, sans égard à ses représentations, elle lui donna un rendez-vous, par un billet qu'elle signa le chevalier de *Saint-Balmont*. L'officier accepta le défi & se rendit au lieu marqué. La comtesse l'attendoit en habit d'homme. Ils se battirent ; elle eut l'avantage sur lui, & après l'avoir désarmé elle lui dit galamment : « Vous avez cru, monsieur, vous battre contre » le chevalier de *Saint-Balmont*, mais c'est ma-» dame de *Saint-Balmont* qui vous rend votre » épée & qui vous prie à l'avenir d'avoir plus » de considération pour les prières des dames ». Après ces mots elle le quitta rempli de confusion ; il s'absenta aussi-tôt & on ne le revit plus.

BALOURDISES. Le duc de Rispernon étoit sujet à beaucoup de distractions, ses naïvetés passoient en proverbes.

Il étoit inquiet de ce que devenoient les vieilles lunes quand il y en avoit de nouvelles.

C'est lui qui demanda si les chiens du Roi alloient à pied à la chasse.

Il demanda à un homme qui lui racontoit la mort de César, pourquoi cet empereur mourut sans confession, puisqu'il y a, dit-il, tant de prêtres à Rome.

On disoit devant lui que Cicéron parloit avec une éloquence admirable ; il demanda s'il avoit étudié chez les jésuites.

Il dit à une dame qui lui avoit appris qu'elle n'avoit point d'enfans : votre mère en a-t-elle eu ? ne seriez-vous pas stérile de race.

A l'âge de 18 ans il écrivit une lettre à son père sur laquelle il mit cette adresse, à monsieur mon père, mari de madame ma mère, demeurant chez nous.

En parlant d'une tempête sur mer, il dit que le vaisseau avoit pris le mors aux dents.

En faisant le récit d'un combat naval, il dit qu'il resta plus de trente galères sur le carreau.

Un jour qu'on jouoit Agrippine, tragédie de Cyrano de Bergerac, des badauts avertis qu'il y avoit des endroits contre la religion, les entendirent tous sans émotion ; mais lorsque Séjan, résolu de faire périr Tibère qu'il regardoit déja comme sa victime, vint à dire :

Frappons, voilà l'hostie.

Alors pleins d'indignation contre l'auteur & contre l'acteur, ils s'écrièrent : « Ah ! le méchant ! » ah ! l'athée ! comme il parle du Saint Sacre-» ment » !

Le fils de l'intendant de l'évêque de *** se présenta à l'examen de ce prélat, pour être admis aux ordres. Le père avoit prié l'évêque de ne pas proposer à son fils de questions difficiles, parce qu'il étoit d'un génie fort borné. Le prélat lui promit de faire tout pour le mieux ; en effet il lui

fit fimplement cette queftion : « Sem, Cham &
» Japhet, enfans de Noé leur père, de qui font-
» ils fils » ? Quelqu'aifée que fût cette demande,
le poftulant ne put y répondre. L'évêque le renvoya. Il fortit donc, & trouva dans une anti-
chambre fon père, à qui il raconta la demande
du prélat, & l'embarras où elle l'avoit jeté. Son
père, ne pouvant s'empêcher de rire, lui dit que
rien n'étoit plus facile; c'eft la même chofe,
ajouta-t-il, que s'il vous eût dit : « Le fils du
» gouverneur, de qui eft-il fils ? Vous auriez ré-
» pondu : Il eft fils du gouverneur ». Le jeune
homme l'interrompit, en lui difant qu'en effet
rien n'étoit plus facile à concevoir; & il retourna
auffitôt vers l'évêque, qui lui demanda de nouveau en riant : « Sem, Cham, & Japhet, fils de
» Noé leur père, de qui font-ils fils » ? Monfeigneur, lui répondit l'ordinand avec fermeté, ils
font fils du gouverneur.

Un laquais eut ordre de fon maître d'aller voir
l'heure à un cadran folaire, pofé fur une pierre
dans fon jardin. Après avoir tourné vingt fois, le
domeftique embarraffé, apporte officieufe-
ment le cadran folaire à fon maître, en lui difant:
tenez, monfieur, cherchez l'heure vous-même, car
je ne m'y connois pas. Cette naïve balourdife divertit beaucoup le maître.

Dans une des principales villes de commerce
on jouoit Rhadamifte de Crébillon : un de ces
docteurs, qui critiquent à tort & à travers, s'étoit
placé dans un coin de l'amphitéâtre à côté de la
première danfeufe de la troupe (mademoifelle le
Févre). Lorfque Arfame dit, que Corbulon armé
menace l'Ibérie : Corbulon ! dit le fot critique,
comme ils eftropient les noms ! Corbulon au lieu
de Crébillon ! & chaque fois que l'on prononçoit
Corbulon, autant de fois vouloit-il que ce fût
Crébillon. La tragédie finie, la danfeufe s'en va
derrière les couliffes; & rencontrant l'acteur, qui
avoit joué le rôle de roi, lui dit avec un air d'intérêt & de bonne foi : prenez donc garde, mon
cher ami, on fe plaint dans l'amphithéâtre que
vous eftropiez tous les noms, & que vous ne favez
pas vos rôles. — Commeut donc ? dit l'autre. —
Eh ! oui, oui; tous tant que vous êtes, vous
avez toujours dit Corbulon au lieu de Crébillon,
je l'ai entendu moi-même. On peut fe figurer l'effet plaifant que produifit ce double trait de balourdife, & de la part de la danfeufe & de la
part du prétendu Ariftarque.

Un capucin a mis à la tête d'un livre de piété
une épitre dédicatoire, qui commence ainfi: à la
très-fainte Trinité: Madame, c'eft avec un profond refpect que j'apporte ce tribut de louanges
aux pieds de votre facrée perfonne.

Une femme dont le mari venoit de tomber en
apoplexie, courut vîte chercher un médecin &
lui dit que fon mari étoit en ficope, comment,

dit-il, en ficope ? c'eft une fyncope apparemment
que vous voulez dire. Ah ! monfieur, répondit-
elle, une cope de plus ou de moins, qu'eft-ce
que cela fait dans l'état où eft mon pauvre mari ?

Une dame de Paris fe faifoit lire le fujet de Bajazet, par quelqu'un de fa connoiffance. Dans le
moment où celui-ci lifoit, la fcène eft à Conftantinople. — Ah, ah, interrompit-elle, je ne croyois
pas que la rivière de Seine allât jufques-là. Cette
dame avoit une profonde connoiffance de la géographie.

Une perfonne regardant le portail des Feuillans
de la rue S. Honoré à Paris, & entendant dire
qu'il étoit de l'ordre corinthien : « Je croyois, dit-
elle, qu'il étoit de l'ordre de S. Bernard ».

Une dame à qui l'on montroit un tableau de
Jordans, repréfentant l'enlèvement d'Europe: ah!
ah ! dit-elle, eft-ce l'Europe galante ?

Une dame étant dans une affemblée, quelqu'un
vint à parler du prince de Conti. Cette dame demanda s'il étoit de la branche de Conti contenant, chacun fe regardoit, & enfin on lui dit que
l'on ne connoiffoit point celle-là; & comme elle
affirma que rien n'étoit plus fûr, qu'il y avoit
une princeffe de ce nom, tout le monde fe réunit
à lui demander dans quelle généalogie elle avoit
vû cela, & de quelle autorité elle pouvoit s'appuyer. Elle répondit qu'elle l'avoit trouvé dans
fes heures, dont en effet voici à peu-près l'intitulé : heures nouvelles, dédiées à madame la
princeffe de Conti, contenant l'office de la Vierge, &c.

Un homme faifant un inventaire, décrivit ainfi
une tapifferie de Flandres : item, une tapifferie à
perfonnages de bêtes.

Un jeune homme, fort ignorant, n'ofoit fe
préfenter à l'examen pour les ordres. « Afin de
» vous tirer d'embarras, lui dit quelqu'un, re-
» tenez les réponfes de ceux qui feront examinés
» avant vous ». L'avis parut bon; & le jeune
homme va fe préfenter à la fuite de plufieurs or-
dinands. L'évêque demande à l'un d'entre eux ce
qu'il feroit fi une araignée tomboit dans fon calice
après la confécration ? L'ecaléfiaftique interrogé
répondit qu'il falloit prendre l'araignée bien proprement avec les deux doigts, la mettre fur la
patène, & en faire bien dégoutter le fang précieux; qu'enfuite il falloit fe confulter foi-même;
que fi l'on ne fentoit pas une extrême répugnance,
on devoit fans héfiter avaler l'araignée; mais que
fi l'on ne pouvoit fe vaincre là-deffus, il falloit
brûler l'infecte, & en jeter les cendres dans la
pifcine. Le prélat vint enfuite au jeune ignorant,
qui avoit été fort attentif à cette réponfe. « Et
» vous, lui demanda-t-il, que feriez-vous fi un
» âne buvoit dans le bénitier ? — Monfeigneur,
» répondit-il, je prendrois l'âne bien proprement

» avec les deux doigts ; je le mettrois fur la pa-
» tène , & lui ferois rendre gorgé de toute l'eau
» bénite qu'il auroit prife. Enfuite je me conful-
» terois moi-même ; & fi je n'avois pas une ex-
» trême répugnance , je n'en ferois pas à deux
» fois , je l'avalerois ; mais fi je ne pouvois me
» vaincre là-deffus , je brûlerois cet infecte , &
» j'en jetterois les cendres dans la pifcine ».

Deux *huiffiers* nouvellement reçus , & qui n'a-
voient guère fait de procès-verbaux , ayant été
chargés d'exécuter les meubles d'une communauté , furent battus bien complettement ; ils ne
manquèrent pas de dreffer un procès-verbal , &
d'exagérer les excès commis contre les membres
de la juftice ; *lefquels affaffins* , difoient-ils , *en
nous outrageant & excédant , prenoient Dieu depuis
la tête jufqu'aux pieds , & proféraient tous les blaf-
phèmes imaginables contre ledit Dieu , foutenant
que nous étions des coquins , des fripons , des fcélérats & des voleurs ; ce que nous affirmons véritable , en foi de quoi , &c.*

BALUE (*Jean*) , cardinal , né d'une famille
très-obfcure ; il parvint par fes intrigues aux premières dignités de l'églife & de l'état. Il avoit un
crédit extrême fur l'efprit du roi Louis XI. On
le voyoit en camail & en rochet faire défiler les
troupes devant lui , & leur commander. C'eft
dans une de ces occafions que le comte de Dam-
martin dit à Louis XI de lui *permettre d'aller dans
le diocèfe de Balue , faire l'examen des eccléfiaftiques , & leur donner les ordres ; car voilà , dit-il ,
l'évêque d'Evreux qui paffe en revue les gens de
guerre , & m'autorife à aller faire des prêtres.* Il
mourut à Ancone en 1491.

BALUZE (*Etienne*) , né en 1630. Il a formé
le recueil des manufcrits de la bibliothèque de
Colbert , & il a travaillé jufqu'à l'âge de 88 ans.
Il fut exilé pour avoir foutenu les prétentions du
cardinal de Bouillon qui fe difoit indépendant du
roi , étant né d'une maifon fouveraine & dans la
principauté de Sédan avant qu'elle fût cédée à
la France.

BALZAC (*Jean-Louis*) , un des quarante de
l'académie françoife , né à Angoulême en 1594 ,
mort en 1654.

On lui avoit donné de fon temps le titre de
grand épiftolier.

Le père André , mauvais écrivain , mais critique acharné , fous le nom de Phyllarque ou prince
des feuilles , faifant allufion à fa qualité de général
des Feuillans , publia contre *Balzac* deux volumes
de lettres bien fournies d'injures. Ce qui pouvoit
avoir principalement excité la bile de ce religieux ,
c'eft que *Balzac* avoit dit dans un de fes ouvrages :
Il y a quelques petits moines qui font dans l'églife ,

*comme les rats & les autres animaux imparfaits
étoient dans l'arche.* Les Feuillans apparemment
s'étoient offenfés de la comparaifon.

On pouvoit reprocher à *Balzac* de parler avec
trop de complaifance de lui-même. Un jour qu'à
la fortie d'une maladie , il vint faire fa cour au
cardinal de Richelieu , ce cardinal lui demanda ,
s'il ne fe portoit pas mieux ? Bautru qui étoit préfent , fans donner à *Balzac* le temps de répondre ,
dit à ce miniftre : « Comment pourroit-il fe bien
» porter ? Il ne parle que de lui-même , & à cha-
» que fois il met le chapeau à la main : cela
» l'enrhume ».

Boileau affuroit , comme l'ayant fû des perfonnes de la vieille cour , que la fociété de *Balzac* ,
bien loin d'être épineufe comme fes lettres , étoit
remplie de douceur & d'agrément.

La réputation de *Balzac* étoit fi grande , qu'on
alloit de fort loin à fa terre de *Balzac* pour l'y voir.
Les complimens qu'on lui faifoit étoient quelquefois finguliers. Un de ces curieux commença un
jour fa harangue en ces termes : Le refpect & la
vénération que j'ai toujours eue pour vous & pour
meffieurs vos livres , &c.

Un jour on reprochoit avec juftice à Malherbe ,
qu'il ne donnoit des louanges à perfonne , & qu'il
n'approuvoit rien : il répondit : J'approuve ce qui
eft bon ; & pour marque que j'approuve quelque
chofe , je vous annonce que le jeune homme , qui
a fait ces lettres (il parloit de *Balzac*) fera le reftaurateur de la langue françoife.

Balzac travailloit difficilement : auffi dans une
de fes lettres s'écrie-t-il : O bienheureux écrivains , M. de Saumaife en latin & M. de Scuderi
en françois , j'admire votre facilité & j'admire
votre abondance ; vous pouvez écrire plus de
calepins que moi d'Almanachs.

Le prix d'éloquence que donne l'académie françoife , a été fondé par *Balzac* en 1654 ; divers
obftacles ayant retardé l'effet de cette fondation
jufqu'en 1671 , la valeur du prix qui étoit de
deux cens livres , fut porté à trois cens livres ,
par l'augmentation de la fomme ; c'eft une médaille d'or , qui d'un côté repréfente S. Louis ,
& de l'autre une couronne de laurier avec ce mot ,
à l'immortalité , qui eft la devife de l'académie.

BANNIER (*Jean*) , célèbre capitaine fuédois ,
mort en 1641 ; il eut le commandement de l'infanterie fous le roi Guftave. Il aimoit à répéter
qu'il *n'avoit jamais rien hafardé , ni même formé
une entreprife fans y être obligé par une raifon évidente.* Il ne voulut point de *volontaires* dans le
fervice , *parce qu'ils demandent trop d'égards , &
de ménagemens.* Les exemptions , les devoirs de la
difcipline qu'ils ufurpent , ou qu'on ne peut fe dif-

venfer de leur accorder font d'un pernicieux exemple & gâtent tous les autres.

Pourquoi croyez-vous, difoit-il à fes confrères, que Galas & Picolomini n'ont jamais pu rien faire contre moi ; c'eft qu'ils n'ofoient rien entreprendre fans le confentement du miniftre de l'empereur.

Il conçut une violente paffion pour une princeffe de Bade, & l'ayant époufée, l'amour lui ôta toute fon activité ; il quitta le commandement, & mourut après quelques mois de mariage.

BANNISSEMENT. On banniffoit, dit Voltaire, il n'y a pas bien long-temps du reffort de la jurifdiction un petit voleur, un petit fauffaire, un coupable de voie de fait. Le réfultat étoit qu'il devenoit grand voleur, grand fauffaire, & meurtrier dans une autre jurifdiction. C'eft comme fi nous jettions dans les champs de nos voifins les pierres qui nous incommoderoient dans les nôtres.

BARATIER. Il étoit né françois, fils d'un préfident réfugié ; il fut le grec à fix ans, & l'hébreu à neuf. On lui doit la traduction des voyages du juif Benjamin de Tudelle, & beaucoup de differtations favantes.

Le jeune Baratier étonna & enchanta tous ceux qui le connurent par fes connoiffances dans les langues, en hiftoire, en philofophie, en mathématiques ; il n'avoit que dix-neuf ans lorfqu'il mourut en 1740, de l'excès d'un travail extraordinaire, dont Frédéric II fut la caufe. Le jeune Baratier lui ayant été préfenté comme un prodige d'érudition : favez-vous le droit public, lui dit ce roi ? & comme il avoua qu'il l'ignoroit : allez donc l'étudier, lui répliqua féchement ce prince, avant de vous donner pour favant. En effet il fe livra à cette étude avec une telle application, qu'il foutint à Hell, au bout de quinze mois, une thèfe de droit public avec le plus grand éclat, mais aux dépens de fa vie.

BARBARISME. Le barbarifme eft un vice d'élocution qui, comme le mot l'annonce, indique que celui qui parle eft étranger ; on fait que les anciens appelloient barbares tous ceux qui n'étoient point de leur pays. Ainfi un barbarifme eft une façon de parler étrangère, & qui n'eft pas en ufage parmi ceux qui parlent correctement.

Un étranger écrivant à M. de Fénelon, archevêque de Cambrai, lui marquoit : monfeigneur, vous avez pour moi des boyaux de père, il vouloit dire des entrailles de père ; & faifoit un barbarifme.

BARBAZAN. Arnauld-Guillaume de Barbazan, honoré par Charles VII du titre glorieux de chevalier fans reproches, vainquit le chevalier de Lefcale dans un combat fingulier à la tête des armées de

France & d'Angleterre, en 1404. Après fa victoire le roi lui fit préfent d'un fabre avec cette devife ; ut cafu graviore ruant. Ce héros défendit Mélun contre les anglois & mourut des bleffures qu'il avoit reçues à la bataille de Belleville. Charles VII lui avoit permis de porter les trois fleurs de lys de France, fans brifure, & lui donna dans des lettres patentes le nom de reftaurateur du royaume & de la couronne de France. Il eut, comme Duguefclin, l'honneur d'être enterré à S. Denis, au milieu de nos rois.

BARBE. Il eft à remarquer, dit Voltaire, que les orientaux n'ont jamais variés fur leur confidération pour la barbe. Le mariage chez eux a toujours été, & eft encore l'époque de la vie où l'on ne fe rafe plus le menton. L'habit long & la barbe impofent du refpect.

Les occidentaux ont prefque toujours changé d'habits, &, fi on l'ofe dire, de menton. On porta des mouftaches fous Louis XIV, jufques vers l'année 1672 ; fous Louis XIII, c'étoit une petite barbe en pointe. Henri IV la portoit quarrée. Charles-quint, Jules II, François I, remirent en honneur la large barbe qui étoit depuis longtems paffée de mode. Les gens de robe alors, par gravité & par refpect pour les ufages de leurs pères fe firent rafer, tandis que les courtifans en pourpoint & en petit manteau portoient la barbe la plus longue qu'ils pouvoient. Les rois alors, quand ils vouloient envoyer un homme de robe en ambaffade, prioient fes confreres de fouffrir qu'il laiffât croître fa barbe fans qu'on fe mocquât de lui dans la chambre des comptes ou des enquêtes.

Une petite hiftoriette racontée par Paul Joves, dans l'éloge de Francefio Filelfo, montre jufqu'à quel point jadis les favans étoient jaloux de leur barbe. Il étoit queftion de la quantité, ou de l'accent d'une fyllabe grecque entre cet italien & un profeffeur, grec de naiffance, nommé Timothée ; l'un foutenoit que la dernière fyllabe d'un mot étant brève, il falloit un circonflexe fur fa pénultième, l'autre prétendoit que l'accent devoit être aigu, parce que la dernière étoit longue. On gage, l'un fa barbe, l'autre une certaine fomme : le pauvre Timothée perdit, & quelque offre qu'il fit pour racheter fa barbe, l'impitoyable Filelfo la lui fit couper & la garda chez lui, comme un monument éternel de fa victoire. In familia erudita victoria trophæum remanfit. Il pouvoit fe vanter d'avoir fait la barbe à fon homme.

Ceci rappelle un propos du cardinal de Richelieu au fujet du père Jofeph : il difoit qu'il n'y avoit perfonne au monde qui pût faire la barbe à ce capucin, quoiqu'il y eût belle prife.

Hugues, comte de Châlons, ayant été vaincu par Richard, duc de Normandie, alla se jetter à ses pieds avec une selle de cheval sur le dos, pour marquer qu'il se soumettoit entièrement à lui: « avec sa grande *barbe*, dit la chronique. » il avoit plutôt l'air d'une chèvre que d'un cheval ».

En 1536, François Olivier, depuis chancelier de France, ne put être reçu au parlement qu'à la charge de faire couper sa grande *barbe*, s'il vouloit assister aux plaidoyers: une grande *barbe* n'étoit pas alors de la gravité d'un magistrat; cette coquetterie n'étoit permise qu'à la cour.

Le 6 janvier 1521, François I, blessé à la tête d'un tison jetté par une fenêtre, est obligé de se faire couper les cheveux qu'il étoit d'usage de porter longs avec la *barbe* rasée; mais voulant gagner d'un côté ce qu'il perdoit de l'autre, il laissa croître sa *barbe*, & l'on vit aussitôt tous les courtisans avec des cheveux courts & une *barbe* longue.

Henri IV étant à Saint-Germain où il faisoit bâtir, l'historien Fauchet, plein d'amour propre, ne manqua pas de s'y rendre pour demander une pension au monarque. Il trouva le roi dans ses jardins, occupé à faire achever un Neptune, pour l'ornement d'un bassin; le sculpteur faisoit la *barbe* du dieu; Henri IV apperçut Fauchet qui en portoit toujours une très-touffue: « Voilà justement, dit-il en regardant Fauchet, le modèle de la *barbe* que nous cherchons ».

Guillaume Duprat, fils du chancelier Duprat, évêque de Clermont, qui assista au concile de Trente, & fit bâtir le collège des jésuites de Paris, avoit la plus belle *barbe* qu'on eût vue. S'étant présenté à son église cathédrale pour faire l'office, & dire la messe le jour de Pâque, il trouva les portes du chœur fermées, & trois chanoines, dont deux étoient, l'un doyen, & l'autre chantre. Ils attendoient leur prélat à l'entrée; le doyen tenoit en main des ciseaux & un rasoir qu'il élevoit fort haut, afin qu'on le vît.

Le chanoine qui n'avoit point de dignité portoit le livre des anciens statuts du chapitre, & le tenoit ouvert dans l'endroit où il y avoit écrit qu'il faut avoir la *barbe* rase pour entrer au chœur, *Barbis rasis*. D'un autre côté, le chantre ayant une petite bougie en main, montroit à l'évêque l'endroit où ces paroles étoient écrites, & même les prononçoit tout haut, en criant *barbis rasis*, révérend père en dieu, *barbis rasis*; & comme le doyen se mettoit en état avec des ciseaux de faire l'office de barbier: l'évêque effrayé représenta d'abord qu'il étoit trop bonne fête ce jour-là; mais l'impitoyable doyen ne s'arrêtant point, & voulant tondre la belle *barbe*; le pré-

lat s'enfuit en criant, sauve ma *barbe*, je laisse mon évêché.

Il alla à toute jambe dans son château de Beauregard à deux lieues de Clermont; il y tomba malade de chagrin & en mourut.

Il avoit fait serment, pendant sa maladie, de ne jamais mettre le pied à Clermont, où on lui avoit fait un si grand affront. C'est de-là qu'est venu le proverbe *Officium propter barbificium*, on ne fait point l'office qu'on n'ait la *barbe* faite.

M. le comte de Soissons qui fut tué à Sedan avoit la *barbe* rousse. Étant à sa maison de campagne, où Henri IV étoit venu pour une partie de chasse, il demanda, en présence du roi, à son jardinier, qu'il savoit être eunuque, pourquoi il n'avoit point de *barbe*; le jardinier lui répondit que le bon dieu faisant la distribution des *barbes*, il étoit venu lorsqu'il n'en restoit plus que de rousses à donner, & qu'il aima mieux n'en point avoir du tout, que d'en porter une de cette couleur.

BARBE, fille d'un seigneur bohémien appellé *Herman*, épousa l'empereur Sigismond en 1392. Elle se deshonora par sa vie licentieuse. Après la mort de l'empereur quelques courtisans sages, l'engagèrent à *imiter, dans son veuvage, la tourterelle*: » Non, j'aime mieux, dit-elle, suivre » l'exemple de la colombe qui ne vit jamais sans » amours ».

BARBEYRAC, (Jean) né à Béziers, en 1674. Il semble, dit Voltaire que ses *traités du droit des gens, de la guerre, & de la paix* qui n'ont jamais servi, ni à aucun traité de paix, ni à aucune déclaration de guerre, ni à assurer le droit d'aucun homme, soient une consolation pour les peuples des maux qu'ont fait la politique & la force.

BARBIER, (Louis). *Barbier* plus connu sous le nom d'abbé Rivière, mourut en 1670 à Montfort-l'Amauri où il étoit né. De professeur au collège Duplessis, il devint aumônier de Gaston d'Orléans; ses trahisons envers son maître, dont il révéloit les secrets au cardinal Mazarin, lui valurent l'évêché de Langres; il fut même nommé cardinal; mais cette nomination fut révoquée. On dit qu'il fut le premier ecclésiastique qui osa porter perruque. Il laissa, par testament, cent écus à celui qui feroit son épitaphe: Lamonnoye lui fit celle-ci:

Ci gît un très-grand personnage,
Qui fut d'un illustre lignage,
Qui posséda mille vertus,

Qui ne trompa jamais, qui fut toujours fort fage.
Je n'en dirai pas davantage ;
C'eft trop mentir pour cent écus.

BARBYTACE. C'eft le nom d'une ancienne ville de Perfe, dont les habitans, au rapport de Pline, faifoient tous leurs efforts pour ramaffer beaucoup d'or, non afin d'être fort riches, mais dans le deffein d'enfouir un métal fi dangéreux pour l'efpèce humaine.

BARDE. Les anciens *bardes* ont été les plus confidérés & les mieux récompenfés de tous les poëtes de la terre. Les gaulois, les bretons, les germains, les peuples de la Scandinavie, les appelloient les chantres de la guerre ; en effet, la veille des batailles ils compofoient des poëmes guerriers, qui infpiroient à leurs compatriotes une ardeur martiale : pendant l'action ils fe tenoient à l'écart, en lieu de fûreté, & fe contentoient de tout obferver pour le tranfmette en vers au public qui en faifoit grand cas ; heureux les héros qui méritoient leurs éloges ; celui dont ils publioient la lâcheté étoit pour toujours dévoué au deshonneur.

Les *bardes*, en récompenfe de leurs poëmes & de leurs chanfons, recevoient des terres qui étoient exemptes de tout impôt ; ils avoient le droit de fe faire nourrir la moitié de l'année aux frais du public, & fe logeoient le plus fouvent dans la première maifon qui leur fembloit commode.

Les premiers hiftoriens ont puifé dans les recueils des poëmes des *bardes* les premiers chapitres des hiftoires de différents peuples.

BARNEVELDT. Jean d'Olden *Barneveldt*, avocat-général des états de Hollande fut très-habile dans les négociations, & très-eftimé d'Elifabeth & d'Henri IV, bons juges en fait de mérite.

Malgré toutes fes vertus, *Barneveldt* fut accufé de trahifon & d'intelligence avec l'Efpagne. En 1619 il fut jugé par vingt-fix commiffaires à avoir la tête tranchée. Il montra jufqu'à la mort autant de fageffe que de fermeté. Sa dernière lettre à fa femme & à fes enfants, eft un monument précieux de tendreffe & de grandeur d'ame.

BARON (Michel.), fils d'un marchand d'Iffoudun, qui s'étoit fait comédien, entra dans la troupe de la Raifain, & quelque temps après dans celle de Molière.

On l'appella, d'une commune voix, le Rofcius de fon fiècle ; il difoit lui-même, dans fes enthoufiafmes d'amour-propre, que tous les cent ans on voyoit un Céfar, mais qu'il en falloit deux mille pour produire un *Baron*.

Le père de ce célèbre acteur avoit auffi, dans un degré fupérieur, le talent de la déclamation ; fa mère, également comédienne, étoit la plus belle perfonne de fon temps. On rapporte que lorfqu'elle fe préfentoit à la toilette de la reine-mère, fa majefté difoit à toutes fes dames : voilà la *Baron*, & toutes prenoient la fuite.

Cette actrice étoit au foyer de la comédie, lorfqu'un amant, qui l'avoit quittée, vint fe reconcilier avec elle ; la paix fe fit, & l'amant demanda à l'actrice la clef de fon appartement pour aller, difoit-il, fe réparer & attendre la fin de la pièce ; mais le miférable abufant de la confiance qu'on avoit en lui, prit l'argent avec tous les autres meubles de prix & fe fauva. La *Baron* étoit dans une fituation critique, cette nouvelle caufant chez elle une révolution fubite, lui donna la mort.

Baron n'entroit jamais fur la fcène qu'après s'être mis dans l'efprit & dans le mouvement de fon rôle. Il y avoit telle pièce où, au fond du théâtre & derrière les couliffes, il fe battoit, pour ainfi dire, les flancs, pour fe paffionner ; il apoftrophoit avec aigreur & injurieufement tout ce qui fe trouvoit fous fa main, de valets & de camarades de l'un & de l'autre fexe, jufqu'à ne point ménager les termes, & il appelloit cela refpecter le parterre. Il ne fe montroit en effet à lui, qu'avec je ne fais quelle altération de fes traits, & avec ces expreffions muettes, qui étoient comme l'ébauche du caractère de fes différents perfonnages.

Les prédicateurs venoient fouvent à la comédie, dans une loge grillée, étudier *Baron*.

Un jour cependant le parterre ne put s'empêcher d'interrompre cet acteur par un éclat de rire, lorfqu'à l'âge de foixante & quinze ans, jouant le rôle de Rodrigue dans le Cid, il récita ces vers :

Je fuis jeune, il eft vrai ; mais aux ames bien nées,
La valeur n'attend pas le nombre des années.

Ce qui avoit encore pu exciter les ris du parterre, c'eft que *Baron*, dans la même pièce, fe jettoit affez leftement aux genoux de Chimène ; mais quand il falloit qu'il fe relevât, on voyoit arriver deux garçons de théâtre pour lui prêter la main.

Peu de temps après, il voulut encore remplir, dans la tragédie de Britannicus, le premier rôle. Plufieurs fpectateurs, choqués de voir le perfonnage de Britannicus, qui eft un prince à peine forti de l'enfance repréfenté par un veillard feptuagénaire, ne pûrent s'empêcher de rire & d'interrompre le fpectacle. *Baron*, fans fe déconcerter, s'avance fur le bord du théâtre se croise les bras, & après avoir regardé fixement le parterre, il s'écrie, en poussant un profond soupir : *Ingrat parterre que j'ai élevé*, & continue son rôle.

Il vouloit refuser la pension de 3000 livres que Louis XIV lui avoit donnée, parce que l'ordonnance portoit : *Payez au nommé Michel Boyron, dit Baron*, &c.

Il continua de jouir des applaudissemens du public jusqu'au 3 septembre 1729, que représentant Vinceslas dans la tragédie de ce nom, après avoir prononcé ce vers de la première scène :

Si proche du cercueil où je me vois descendre.

Il se trouva si incommodé d'un asthme, qu'il ne put continuer. Il mourut le 22 décembre suivant à 77 ans.

Le portrait de *Baron* a été gravé, & voici quatre vers que le grand Rousseau fit pour être mis au bas :

Du vrai, du pathétique, il a saisi le ton.
De son art enchanteur l'illusion divine
Prêtoit un nouveau lustre aux beautés de Racine,
Un voile aux défauts de Pradon.

Baron a laissé au théâtre plusieurs pièces sous son nom, que l'on joue encore avec succès, telles que l'Homme à bonnes fortunes, la Coquette, le Jaloux, l'Andrienne, &c.

BARREAUX (Jacques Vallée, seigneur des), né en 1602, il quitta une charge de conseiller au parlement de Paris pour se livrer entièrement aux délices d'une vie voluptueuse. Cependant il parut réformer ses mœurs, quand il atteignit soixante-dix ans ; ce qui lui attira cette épigramme :

Des Barreaux, ce vieux débauché,
Affecte une réforme austère ;
Il ne s'est pourtant retranché
Que ce qu'il ne peut plus faire.

« Je demande à Dieu trois choses, disoit des » Barreaux : oubli pour le passé, patience pour le » présent & miséricorde pour l'avenir ».

BART (Jean). Jean *Bart*, né à Dunkerque, d'un simple pêcheur, se rendit fameux par plusieurs combats sur mer, & grand nombre d'actions hardies. Il se conduisoit par-tout en marin. Il ne savoit lire, ni écrire ; mais il savoit bien se battre.

Le chevalier de Forbin l'ayant conduit à Versailles ; on disoit en plaisantant : voilà le chevalier de Forbin *qui mène l'ours*. Il avoit, en effet, *Encyclopédiana*.

une figure terrible : il étoit de haute taille, robuste, avec un air menaçant.

Pendant que Jean *Bart* étoit à Bergue, un anglois qui commandoit deux vaisseaux y aborda, alla dans un lieu public où les officiers avoit coutume de se rendre pour se rafraîchir. Il apperçut un homme dont l'air fier & déterminé, la taille haute & vigoureuse le frappèrent. L'entendant parler facilement anglois, il eut la curiosité de savoir qui il étoit. Ceux à qui il le demanda lui répondirent que c'étoit Jean *Bart*. —C'est lui que je cherche. Cet anglois, après un entretien assez court, dit qu'il avoit envie d'en venir aux prises avec lui. — Cela est très-facile, répondit Jean *Bart* : j'ai besoin de munitions, & partirai si-tôt que j'en aurai reçues. — Je vous attendrai, répartit l'anglois. Jean *Bart* apprit qu'un vaisseau parti de Brest pour lui apporter des vivres, avoit été pris par les Flessinguois, il vendit une de ses prises, acheta des provisions, & lorsqu'il eut fait les préparatifs pour son départ, il avertit le capitaine anglois qu'il mettroit à la voile le lendemain. L'anglois répondit qu'ils se battroient lorsqu'ils seroient en pleine mer ; mais qu'étant dans un port neutre, ils se devoient se traiter réciproquement avec amitié ; & l'invita à déjeûner le lendemain à son bord, avant de partir. Jean *Bart* lui répondit : —Le déjeûner de deux ennemis comme vous & moi qui se rencontrent, doit être des coups de canon ou des coups de sabre. Le capitaine anglois insista. Jean *Bart* étoit brave, par conséquent incapable de bassesse : il jugea du capitaine anglois par lui, accepta son déjeûner, se rendit à son bord, prit un peu d'eau-de-vie, fuma une pipe, dit au capitaine anglois : *il est temps de partir*. L'anglois lui dit : *vous êtes mon prisonnier ; j'ai promis de vous prendre, de vous amener en Angleterre*. Jean Bart jetta sur lui un regard qui annonçoit son indignation & sa fureur, alluma sa mèche, cria à moi ; renversa quelques anglois qui étoient sur le pont, dit : *Non, je ne serai pas ton prisonnier, le vaisseau va sauter*. Tenant sa mèche allumée, il s'élança vers un baril de poudre qu'on avoit par hasard tiré de la sainte-barbe. Tout l'équipage anglois se voyant près de périr, fut saisi d'effroi. Les françois qui étoient dans les vaisseaux de Jean *Bart*, l'avoient entendu, ils se mirent promptement dans des chaloupes, montèrent à l'abordage du vaisseau où il étoit, hachèrent en pièces une partie des anglois, firent les autres prisonniers ; s'emparèrent du vaisseau. En vain le capitaine anglois représenta qu'il étoit dans un port neutre ; Jean *Bart* l'emmena, & le conduisit à Brest.

BARTHELEMI DES MARTYRS, dominicain, né à Lisbonne en 1514, mort en 1590.

La reine Catherine lui donna l'archevêché de Brague. Comme on demanda au concile de

Trente fi les cardinaux avoient auffi befoin d'être réformés , *Barthelemi* élevant la voix dit : *oui , les très-illuftres cardinaux ont befoin d'une très-illuftre réforme.*

Ce prélat vifitoit & foulageoit avec foin les malades. *Je fuis* , difoit-il , *le premier médecin de quatorze cents hôpitaux qui font les paroiffes de mon diocèfe.*

BARWICK. Jacques Filtz-de-James , duc de *Barwick* , maréchal de France , étoit fils naturel de Jacques II , roi d'Angleterre , & d'Arabelle Churchild , demoifelle des plus diftinguées par fon efprit & par fa beauté. Ce général , l'un des plus illuftres qui ait commandé les armées françoifes , fut tué au fiège de Philisbourg en 1734 , d'un coup de canon , entre milord Edouard & le duc de Duras. Le premier fut couvert du fang de fon père , & le dernier fut bleffé par le piquet d'un gabion. *Barwick* s'immortalifa fur-tout par la bataille d'Almanza , qui fe donna le 25 Avril 1707. Le marquis Las-Minas , général des Portugais , perdit tous fes bagages ; fa maîtreffe , vêtue en Amazone , fut tuée auprès de lui. Cette victoire fignalée , qui affuroit à Philippe V la couronne d'Efpagne , ne coûta à fon armée que deux mille hommes , tant tués que bleffés. Après la bataille , on prit tous les bagages , quatre cents charriots , & l'on fit encore plus de quinze cents prifonniers. L'abondance fut telle dans le camp , que les chevaux s'y donnoient pour un écu , les habits pour quinze fols , les fufils pour quatre fols ; & les mulets pour rien.

BAS. Cette partie de l'habillement qui fert à garantir les pieds & les jambes des injures de l'air , étoit autrefois en France de drap , ou de quelque autre étoffe de laine drapée. On eft à préfent dans l'ufage de faire les bas au tricot & au métier , en laine , en foie , en coton , &c.

Les anglois ont voulu fe faire honneur de la découverte du métier à *bas* ; mais il eft bien certain que cette utile & ingénieufe machine eft due à un françois , qui n'ayant point obtenu un privilège qu'il defiroit pour s'établir à Paris , paffa en Angleterre , où il fut magnifiquement récompenfé ; mais il lui fut défendu , fous peine de mort , de donner à aucun étranger aucuns détails fur cette belle invention.

Cependant un françois qui étoit refté quelques temps à Londres , reftitua , par un effort de mémoire , l'heureufe découverte de fon compatriote , & établit à Paris un métier à *bas* qui a fervi de modèle à tous les ouvriers de l'Europe.

On dit que Henri II porta le premier en France des bas de foie faits au métier.

C'eft au château de Madrid , près Paris , que fut établie la première manufacture de bas en ce genre , en 1656.

BASILE (S.) , furnommé *le Grand* , né en 329 , mort en 379.

Il fut évêque de Céfarée. L'empereur Valens voulant l'engager par force dans l'arianifme , lui envoya Modefte , préfet d'Orient. « Vos menaces , lui dit *Bafile* , ne m'effraient point : » quiconque ne tient à rien ne craint point la con-» fifcation. Quant à l'exil , je ne le connois point : » toute la terre eft à Dieu ; par-tout elle fera ma » patrie , ou le lieu de mon paffage. Si vous m'en-» femez dans une prifon , j'y trouverai plus de » contentement avec moi-même que les courtifans » auprès de Valens. A l'égard de la mort , elle » fera pour moi un bienfait , en me réuniffant à » l'être fuprême ».

Modefte paroiffant étonné de la hardieffe de fa réponfe : « Apparemment , lui répliqua *Bafile* , que » vous n'avez jamais rencontré d'évêque ».

BASINE , femme de Bafin , roi de Thuringe , quitta fon mari pour venir en France époufer le roi Childeric I. « Si j'avois cru , lui dit-elle , » trouver au-delà des mers un héros plus brave » & plus galant que vous , j'aurois été l'y » chercher ».

BASOCHE. La *Bafoche* eft une jurifdiction tenue par les clercs des procureurs au parlement de Paris , & de quelques autres Tribunaux , pour connoître des différends qui peuvent s'élever parmi les clercs , & pour régler leur difcipline.

Le roi Philippe-le-Bel voulant engager lesjeunes gens à prendre connoiffance des affaires en fe fixant à Paris , & de l'avis de fon parlement , leur permit d'avoir entre eux une jurifdiction fous le titre de *royaume de la Bafoche.* Il fut dit auffi que tous les ans le roi de la *Bafoche* feroit faire montre à tous les clercs du palais , & à tous fes autres fujets ou fuppôts.

Cette montre étoit une efpèce de carroufel , & attiroit beaucoup de monde. En 1540 , François-premier defira la voir , & fe rendit exprès à Paris ; il s'y trouva fept à huit cents clercs.

En 1548 , les habitans de la Guienne s'étant montrés rebelles envers Henri II , au fujet de la gabelle , le roi de la *Bafoche* & fes fuppôts offrirent d'accompagner le connétable de Montmorenci qui commandoit une armée confidérable ; ils marchèrent au nombre de dix mille hommes , & firent fi bien leur devoir , qu'à leur retour Henri II leur laiffa le choix de la récompenfe ; mais ils eurent la délicateffe de n'en point demander. Cependant le roi leur accorda le droit de couper dans fes forêts tels arbres qu'ils voudroient pour servir à la cérémonie du Mai qu'ils plantoient ordinairement devant l'escalier du palais. Il permit au roi de la *Basoche* & à ses suppôts, d'avoir dans leurs armoiries (qui sont trois écritoires) timbre, casque & morion, pour marque de souveraineté. Ils eurent encore d'autres privilèges dont quelques-uns ont été détruits avec le temps.

Pour ce qui est du titre de roi de la *Basoche*, ils le perdirent sous Henri III, qui voyant que le nombre des clercs augmentoit considérablement ne voulut plus qu'aucun de ses sujets portât le nom de roi. Les prérogatives attachées à cette dignité ont été transmises au chancelier de la *Basoche*, qui est maintenant le premier officier de cette jurisdiction.

Comme les causes sérieuses ne se présentent que rarement à ce tribunal, on est dans l'usage d'en faire plaider de fictives l'un des jours gras, ce qui a fait donner à ces causes le nom de *causes grasses*.

BASSESSE. La *bassesse* est en morale un défaut d'élévation dans les sentimens. La *bassesse* n'est que trop souvent le chemin de la fortune ; mais l'homme qui a l'ame élevée dit avec un de nos poètes :

Qui, moi, pour mendier les biens les plus frivoles,
J'irois de porte en porte encenser des idoles,
Et feindre d'adorer l'objet de mes mépris !
La plus haute fortune est trop chère à ce prix.

Parmi tant de traits de *bassesse* que nous pourrions citer nous n'en choisirons qu'un que la dignité du personnage rend plus frappant.

L'empereur Caligula faisoit de grandes provisions de toutes sortes de marchandises & les revendoit ensuite à un prix exorbitant. Un jour qu'il faisoit vendre des gladiateurs à l'enchère, le préteur Saturninus s'endormit dans la salle. Caligula s'en étant apperçu fit remarquer au crieur le geste du préteur endormi, qui laissant tomber sa tête en avant sembloit approuver les enchères, & qui ne s'éveilla qu'au moment où on lui adjugeoit treize gladiateurs pour 1,125,000 liv. qu'il fallut payer.

BASSE-TAILLE. Ce genre de voix qui avoit obtenu la préférence du temps que Thevenard le faisoit valoir à l'opéra, a été victime de la mode. Les rôles de Roland, d'Egée, d'Amadis de Grèce sont faits pour une *basse-taille*. Les femmes qui décident de tout par ce qu'elles appellent le sentiment, & qui pourtant ne suivent que leur inconstance naturelle, ont depuis long-temps donné la préférence à la haute-contre, elles assurent que c'est la voix du cœur. Il faut maintenant que les héros d'opéra aient une haute-contre. La

basse-taille ne sied qu'aux tyrans, aux magiciens ou aux amans disgraciés. Un temps reviendra où ce genre de voix obtiendra sans doute le beau surnom de *voix du cœur*. Il ne faudroit peut-être qu'un nouveau Thevenard.

BASSOMPIERRE (*François de*), colonel-général des Suisses & maréchal de France, né en Lorraine en 1579, d'une famille noble & ancienne, mort le 12 octobre 1646.

Bassompierre s'attacha de bonne heure à la France & se distingua par sa valeur & ses services. C'étoit l'homme de son temps qui avoit le plus d'enjouement & de vivacité dans l'esprit ; ce qui paroît assez par les réponses plaisantes & ingénieuses qu'il faisoit à propos en toutes sortes d'occasions.

Il avoit aimé une demoiselle d'Entragues & en avoit obtenu des faveurs. Cette demoiselle publioit qu'il subsistoit entre M. de *Bassompierre* & elle une promesse de mariage ; & en conséquence se laissoit appeller madame de *Bassompierre*. Ce maréchal se promenant en carrosse avec la reine, un jour qu'il y avoit un grand nombre de carosses au cours, il arriva que la voiture de mademoiselle d'Entragues fut obligée de s'arrêter quelque temps proche de celle de la reine à cause de la foule. La reine regardant le maréchal : *Voilà*, lui dit-elle, *madame de Bassompierre*. Ce n'est que son nom de guerre, répondit-il assez haut pour être entendu de son ancienne maîtresse. *Vous êtes un sot, Bassompierre*, dit celle-ci. *Il n'a pas tenu à vous, madame*, reprit-il, & là-dessus les carosses recommencèrent à marcher.

Henri IV voulant un jour passer sur un bassin d'eau pris par la glace, *Bassompierre* s'y opposa. Le roi lui dit : « Il n'y a rien à craindre, voilà » bien des gens qui y ont passé avant moi ». *Oh ! sire*, lui dit *Bassompierre*, *vous êtes d'un plus grand poids qu'un autre*.

Marie de Médicis étoit parvenue en 1616 à s'assurer du prince de Condé, qu'elle ne trouvoit pas assez soumis à ses volontés. Thémines, pour avoir arrêté prisonnier le premier prince du sang, désarmé & sans défense, dans la chambre de la reine, fut fait maréchal de France. Tous ceux qui contribuèrent, de quelque manière que ce fût, à cette expédition, furent revêtus des plus grands honneurs. *Bassompierre* seul dédaigna cette voie d'avancement. « Qu'est-ce que cela ? lui dit » la reine dans sa bonne humeur : tu ne demandes » rien aujourd'hui ? Madame, lui répondit-il avec » fierté, je n'ai pas rendu un service si considéra- » ble, que j'en doive demander la récompense à » votre majesté. J'ai fait mon devoir ; j'ai obéi » aux ordres que vous m'avez donnés, en ce » qui concerne les fonctions de ma charge de » colonel-général des Suisses. Quand j'aurai mé- » rité, par quelque action plus belle & plus

» éclatante, les premières dignités de l'état, » j'ose espérer que le roi voudra bien m'en gratifier sans que je les lui demande ».

Ce maréchal fut envoyé ambassadeur en Suisse, & on auroit pu lui demander combien de fois il s'y étoit enivré pour le service du roi. On a rapporté qu'après un festin magnifique que lui firent les députés des Treize-Cantons, le jour qu'il eut son audience de congé, ils l'accompagnèrent & le virent monter à cheval. Le maréchal leur proposa de boire le vin de l'étrier. Ils envoyèrent quérir leur grand verre : *Non*, dit le maréchal, *le vin de l'étrier doit se boire dans la botte*. « Il » se fit ôter une des siennes qu'on remplit de » vin ; il y but la valeur d'une grande rasade ; » après lui tous les députés des Treize-Cantons » y burent, & la botte fut entièrement vuidée ».

Lorsque le cardinal de Richelieu voulut faire assiéger la Rochelle, la principale place des Huguenots, les courtisans qui prévoyoient que le succès de cette expédition rendroit le premier ministre absolu, en dégoûtoient Louis XIII. *Vous verrez*, disoit Bassompierre, *que nous serons assez fous pour prendre la Rochelle*.

M. de *Bassompierre* fut mis à la Bastille pour son grand attachement à des personnes qui avoient déplu au roi & à son premier ministre le cardinal de Richelieu. Il passoit son temps à lire & à écrire. C'est-là qu'il composa des *Mémoires* contenant l'histoire de sa vie, & de ce qui s'est passé de plus remarquable à la cour de France, depuis 1598 jusqu'à son entrée à la Bastille, en 1631, Malleville, son secrétaire, le trouvant qui feuilletoit l'écriture sainte, lui dit : *Que cherchez-vous donc, monseigneur ? Je cherche*, répondit-il, *un passage que je ne saurois trouver*. Il vouloit lui faire entendre qu'il souhaitoit bien sortir d'où il étoit.

Il n'eut sa liberté qu'au bout de dix ans, après la mort du cardinal, qui ne pardonnoit jamais à ceux qui l'avoient offensé. Lorsqu'il reparut à la cour, Louis XIII lui demanda son âge ; *Bassompierre* lui répondit qu'il n'avoit que cinquante ans ; mais le roi ayant appris qu'il en avoit soixante, lui reprocha qu'il n'avoit pas accusé vrai. « Sire, » lui répondit M. de *Bassompierre*, je ne comptois » pas dix années que j'ai passées à la Bastille, » parce qu'elles n'ont point été employées à votre » service ».

Le maréchal de *Bassompierre* examinoit tous les soirs tout ce qu'il avoit dépensé le jour, & comme il avoit donné cent écus au maître d'hôtel pour faire la plus grande chère qu'il pourroit à sept ou huit personnes de qualité ; ce maître d'hôtel lui porta ses comptes lorsqu'il étoit prêt de se coucher. Dans son mémoire il ne trouva que quatrevingt-dix écus pour la dépense du repas, & M. le maréchal après l'avoir lu, lui dit : faites que

le compte soit juste si vous voulez que je l'arrête. Le maître d'hôtel descendit sur le champ & rapporta le compte, après avoir ajouté au bas : *item*, dix écus pour faire les cent écus.

Le maréchal de *Bassompierre* jouant avec Louis XIII, ce prince laissa tomber quelques pièces d'argent, &, se penchant pour les ramasser, tenoit, de peur de surprise, son chapeau sur un monceau de pistoles qui étoient devant lui : ce qu'appercevant *Bassompierre*, il se mit à jetter à droite & à gauche des pistoles aux valets qui se battoient pour les prendre. La reine, qui étoit présente, dit : « sire, vous avez fait le *Bassom-* » *pierre*, & *Bassompierre* a fait le roi ».

BASTERNE. Les *basternes* étoient des espèces de litières, ou de voitures traînées par des bœufs, en usage sous les rois qui précédèrent Charlemagne. La reine Denterie, femme de Théodebert, craignant que ce prince ne lui préférât une fille qu'elle avoit eue du premier lit, la fit mettre dans une *basterne* attelée de jeunes bœufs qui n'avoient point encore été mis au joug, & qui la précipitèrent dans la Meuse.

BATAILLE. La *bataille* est une action générale entre deux armées rangées en *bataille* dans une campagne assez vaste pour que la plus grande partie des troupes puisse en venir aux mains.

Une *bataille* perdue est celle dans laquelle on abandonne à l'ennemi, le champ du *bataille* avec les morts & les blessés.

Ce n'est pas assez de vaincre l'ennemi en *bataille* rangée, il faut profiter de la victoire. On sait qu'Annibal eût peut-être arraché à Rome le sceptre de l'univers, si profitant de sa victoire il eût poursuivi les romains & ne se fût point arrêté à Capoue tout un hiver.

César, au contraire, après avoir vaincu Pompée à la *bataille* de Pharsale forme l'attaque de son camp, le suit sans relâche à marche forcée, le force à s'embarquer, & s'embarque aussi-tôt que son ennemi, de peur qu'il ne lui échappe.

Dans la Grèce, c'étoit une coutume, après une *bataille*, d'assembler l'armée pour adjuger à voix haute & en présence de toutes les troupes, le prix de la valeur à celui qu'on jugeoit l'avoir mérité.

Bataille de Marignan.

Les françois & les espagnols s'attaquent à Marignan avec une impétuosité qui tient de la rage. Le combat avoit déja duré cinq heures, & les troupes de chaque côté étoient très-engagées ; quand la nuit devient si noire, que les deux partis, ne pouvant plus se reconnoître, discontinuent de se charger. Tout-à-coup il se fait une

cessation d'armes, sans que personne l'ait demandée. Les suisses & les françois attendent le jour
sur le terrein qu'ils se trouvent occuper, mêlés
les uns avec les autres, & sans qu'aucun des
partis songe à se retirer. Ils ne demandent que la
lumière pour recommencer à combattre.

A la pointe du jour, les suisses reviennent à la
charge. Ils trouvent dans leurs ennemis plus d'ordre & autant de courage que la veille. La victoire, après avoir long-temps balancé, se déclare
enfin pour les françois. Comme, de part & d'autre, on n'a ni demandé ni donné quartier, le
carnage se trouve très-grand. Les vainqueurs y
perdent cinq à six mille de leurs plus braves soldats; mais le champ de bataille demeure jonché
de quinze mille suisses.

Le maréchal de Trivulce, qui s'étoit trouvé à dix-
huit batailles rangées, dit « que les autres avoient
» été des jeux d'enfant, & que celle de Marignan
» est un combat de géans ». Paul Jove.

François I hasarda cette action contre l'avis de
ses généraux. Il trancha toutes les difficultés par
ce mot, qui est devenu proverbe : *Qui m'aime
me suive.*

Bataille de Coutras.

A la *bataille* de Coutras, avant le commencement de l'action, le roi de Navarre se tourne vers
les princes de Condé & de Soissons, & leur dit,
avec cette confiance qui précède la victoire :
*Souvenez-vous que vous êtes du sang de Bourbon;
& vive Dieu! je vous ferai voir que je suis votre
aîné. Et nous,* lui répondent-ils, *nous vous montrerons que vous avez de bons cadets.*

Henri s'appercevant, dans la chaleur de l'action, que quelques-uns des siens se mettent devant
lui, à dessein de défendre & de couvrir sa personne, leur crie : *A quartier, je vous prie,
ne m'offusquez pas, je veux paroître.* En effet, il
enfonce les premiers rangs des Catholiques, fait
des prisonniers de sa main; & en vient jusqu'à
colleter le brave Casteau-Regnard, cornette de
gendarmes, lui disant, d'un ton qui n'est qu'à
lui : *Rends-toi, Philistin.*

Bataille de Fleurus.

A la journée de Fleurus la *bataille* est fort disputée; & la victoire ne se décide pleinement que
sur les six heures du soir, quoiqu'on se soit chargé
dès les six heures du matin. Luxembourg, tout
accoutumé qu'il est aux grands évènemens & aux
actions de vigueur, ne peut s'empêcher de témoigner son admiration pour ce qu'il a vu faire
d'extraordinaire dans les deux partis. *Je me souviendrai,* dit-il, *de l'infanterie Hollandoise; mais*

*monsieur le prince de Waldeck ne doit point oublier
la cavalerie françoise.*

Après l'action, un officier, homme d'esprit &
philosophe, considère avec une attention très-
sérieuse, sur le champ de *bataille,* les victimes de
cette sanglante journée. *Je ne vois,* dit-il, *sur le
visage des hollandois & des allemands que l'image
de la mort toute platte; mais la rage & la fureur
sont peintes sur le visage des françois : ils semblent
menacer encore l'ennemi & le vouloir égorger.*

Bataille de Nerwinde.

Le maréchal de Luxembourg attaqua le roi
Guillaume à Nerwinde, les françois sont si maltraités au commencement de l'action que M. le
prince de Conti est d'avis de se retirer. M. le duc
insiste pour un nouvel effort, & demande d'être
chargé de le faire. Cette proposition, véritablement digne du petit-fils du grand Condé, est
acceptée; & l'exécution en est si heureuse, qu'elle
décide du gain de la *bataille.*

Berwick avoit prévu cet évènement, dans le
temps où les affaires paroissoient les plus désespé-
pérées. Fait prisonnier, au milieu des efforts inutiles & meurtriers qu'on avoit fait pour s'emparer
du village de Nerwinde, il avoit été conduit à
Guillaume. *Je crois,* lui dit ce prince avec l'air
de satisfaction que donne la certitude de vaincre,
*je crois que M. de Luxembourg n'est pas à se repen-
tir de m'être venu attaquer. Encore quelques heures,
monsieur,* repartit Berwick, *& vous vous repen-
tirez de l'avoir attendu.*

Luxembourg veut écarter le duc de Chartres,
depuis duc d'Orléans & régent de France, des
lieux trop périlleux. Le marquis d'Arcy, son
gouverneur, s'obstine à l'y retenir. *Les princes,*
dit ce brave homme au général, *ne sont à l'armée
que pour montrer aux troupes, par leur exemple,
à combattre avec vigueur. Tout le temps que j'aurai
l'honneur d'être auprès de mon élève, je le mènerai
par-tout. Si le péril auquel s'expose me fait faire
quelque réflexion, ce n'est que celle de ne lui pas
survivre, s'il lui arrivoit quelque malheur.*

Dans la chaleur de l'action, Luxembourg,
voyant revenir du combat un soldat-aux-gardes,
qui a quitté son corps, lui demande où il va. *Je
vais, monseigneur,* répond-il en ouvrant son habit
pour faire voir sa blessure, *mourir à quatre pas
d'ici; ravi d'avoir exposé & perdu la vie pour mon
prince, & d'avoir combattu sous un aussi digne
général que vous. Je puis vous assurer, à l'article
de la mort où je suis, qu'il n'y a aucun de mes
camarades qui ne soit pénétré du même sentiment.*

Luxembourg écrivit à Louis XIV cet évènement, très-considérable & très-glorieux, sur un
chiffon de papier. *Artaignan,* lui dit-il, *qui a bien
vu l'action, en rendra bon compte à votre majesté.*

Vos ennemis y ont fait des merveilles ; vos troupes encore mieux. Pour moi , sire , je n'ai d'autre mérite que d'avoir exécuté vos ordres. Vous m'avez dit de prendre une ville & de donner une bataille ; je l'ai prise , & je l'ai gagnée.

Lorsque Louis est instruit des particularités de cette terrible journée, il dit : *Luxembourg a attaqué en prince de Condé ; & le prince d'Orange a fait sa retraite en maréchal de Turenne.*

BATAILLONS. Remarquons , dit Voltaire , que l'ordre , la marche , les évolutions des bataillons tels , à peu-près , qu'on les met aujourd'hui en usage ont été rétablis en Europe , par un homme qui n'étoit point militaire ; par Machiavel , secrétaire de Florence. *Bataillons* sur trois ; sur quatre , sur cinq de hauteur ; *bataillons marchans* à l'ennemi ; *bataillons* quarrés pour n'être point entamés après une déroute , *bataillons* de quatre de profondeur soutenus par d'autres en colonne ; *bataillons* flanqués de cavalerie , tout est de lui : il apprit à l'Europe l'art de la guerre. On la faisoit depuis long-temps, mais on ne la savoit pas.

BASTARD. Quoique les grecs ne pussent épouser qu'une femme , il paroît cependant que dès les premiers temps , il étoit permis de la répudier , lorsqu'on croyoit en avoir des sujets-légitimes ; mais ce qui est singulier , c'est que les commerces illégitimes n'avoient rien alors de déshonorant ; la naissance des enfans qui en provenoient n'étoit point regardée comme honteuse.

Agamemnon , dans l'Iliade , voulant encourager Teucer , frère d'Ajax , à continuer ses exploits , lui représente , que , quoiqu'il ne fût pas fils légitime de Télamon , il n'en avoit cependant pas moins pris soin de son éducation. Ulysse , dans l'Odyssée , se dit fils d'une concubine. Chez nos ancêtres la bâtardise n'avoit rien de deshonorant. Les historiens donnent à quantité de personnes très-illustres la qualité de *bâtards.*

En Espagne les *bâtards* ont toujours hérité. Le roi Henri de Transtamare ne fut point regardé comme roi illégitime , quoiqu'il fut enfant illégitime , & cette race de *bâtards* a règné en Espagne jusqu'à Philippe V.

La race d'Arragon qui régnoit à Naples , du temps de Louis XII , étoit bâtarde.

On a des lettres du duc de Normandie , roi d'Angleterre , signées *Guillaume le Bâtard.*

Le fameux comte de Dunois n'est pas plus connu sous ce nom que sous celui de *Bâtard d'Orléans.*

Enfin on peut mettre en tête des illustres bâtards Salomon , Rémus & Romulus , Alexandre le-Grand , Ramir , roi d'Arragon , Clovis , notre premier roi chrétien , l'empereur Constance , Jean Sforce & Erasme.

Parmi nous , les *bâtards* ne succèdent point à leur père & mère ; mais ils ont droit d'exiger une pension alimentaire. Les *bâtards* ne peuvent être présentés à des bénéfices simples , ni admis aux moindres ordres sans avoir obtenu des dispenses du pape.

Les armes d'un *bâtard* doivent être croisées d'une barre , d'un filet , ou d'une traverse de la gauche à la droite.

BATHILLE , fameux pantomime , qui parut à Rome sous Auguste. Le philosophe Démétrius , attribuant l'illusion de la pantomime aux instrumens , aux voix & à la décoration , *Bathille* lui répliqua : *regarde-moi jouer seul, & dis après de mon art tout ce que tu voudras.* Il joua sans le secours de la musique. Démétrius , transporté , s'écria : *Je ne te vois pas seulement, je t'entends, tu me parles des mains.*

BATON. Le *bâton* est , pour l'ordinaire , une marque de dignités ; quelquefois c'est une arme offensive , & même défensive , dont il est honteux d'être frappé.

Le *bâton* de maréchal de France , celui de capitaine des gardes , le *bâton* pastoral, celui de chantre , sont autant d'attributs de ces différentes dignités.

Les lacédémoniens qui ne portoient jamais d'épée en temps de paix , portoient pour leur défense un *bâton* épais & crochu qui leur étoit particulier.

Autrefois ceux qui se servoient de *bâtons* seulement pour s'appuyer , étoient obligés de le quitter en se tenant debout pendant qu'on lisoit l'évangile. Cette posture étoit une marque de respect & de résignation aux volontés divines.

La loi des lombards veut que ceux à qui elle permet le duel combattent avec le *bâton.*

Nos loix punissent sévèrement les coups de *bâton.*

Par un réglement des maréchaux de France , fait en 1653. Il est ordonné que celui qui frappera un autre avec le *bâton* , sera puni d'un an de prison , ou de six mois , en payant 3000 liv. En outre , l'agresseur doit demander pardon à genoux à l'offensé.

BATTON , ce brave Dalmate , avoit souvent excité ses concitoyens à la révolte , & avoit fait long-temps la guerre aux romains avec quelque succès. Enfin il fut pris & conduit devant l'empereur Tibère , qui lui demanda qui l'avoit porté à se révolter ainsi ? « Vous-même , répondit

» *Batton*, qui envoyez pour garder votre trou-
» peau, non des chiens & des bergers, mais des
» loups ».

BAUDRIER. Le *baudrier* étoit autrefois une
partie de l'habillement des guerriers, qui servoit à
porter leur-épée. Les militaires admis à la table du
prince ou du général, avoit coutume de quitter
leurs *baudriers*.

Chez les anciens, les *baudriers* étoient couverts
de lames d'or & d'argent, & souvent de pierres
précieuses regardées comme des talismans qui
assuroient les succès dans les batailles. Les figures
d'aigles & de scarabées étoient sur-tout en grand
crédit parmi les guerriers qui avoient ce genre de
superstition.

BAUTRU. Guillaume *Bautru*, comte de Sé-
rant, né à Paris, en 1588, mort en 1665, &
l'un des premiers membres de l'académie françoise,
ce fut, dit, le dictionnaire des grands hommes,
une espèce de *Gorgibus*. Il avoit un soin égal de
sa cuisine & de sa bibliothèque. Il étoit homme
à bons mots. Après avoir visité la bibliothèque de
l'Escurial, dont le bibliothécaire étoit fort ignorant, il dit au roi d'Espagne : « vous devriez
» plutôt, sire, lui donner l'administration de vos
» finances ; c'est un homme qui ne touche pas au
» dépôt qui lui est confié ».

Bautru, pour savoir si un homme donnoit à
manger, demandoit : *le voit-on à midi ?*

Langeli, fou de profession, étoit dans une compagnie où il y avoit long-temps qu'il faisoit son
rôle. Voyant arriver *Bautru* : « Ah! lui dit-il,
» vous venez bien à propos pour me seconder,
« je me lassois d'être seul ».

Bautru considéroit un morceau de sculpture,
représentant la Justice & la Paix qui s'embrassoient : *voyez-vous*, dit-il, *elles s'embrassent & se
disent adieu pour ne se revoir jamais*.

Bautru se promenoit au Luxembourg par une
chaleur excessive, la tête découverte, avec le
duc d'Orléans. Ce prince lui ayant dit qu'il étoit
fort attaché à ses amis : *si votre altesse*, reprit
Bautru, *ne les aime bouillis, elle les aime au moins
bien rôtis*.

Il ne faut point, disoit Beautru, *s'abandonner aux
plaisirs, il ne faut que les côtoyer*.

Bautru disoit qu'au cabaret l'on vendoit la folie
par bouteille.

Il dit au surintendant des finances Desmery, en
lui présentant un poëte : *voilà un homme qui vous
donnera l'immortalité ; mais il faut que vous lui
donniez de quoi vivre*.

BAYARD (chevalier de), l'un des plus grands
capitaines de son siècle, s'appelloit de son nom
de famille *Pierre Terrail*, maison ancienne du
Dauphiné. Il naquit en 1476, & mourut, ainsi
que la plupart de ses ancêtres, les armes à la
main, en 1524, âgé de quarante-huit ans.

Les vertus de cet illustre guerrier lui firent accorder par ses contemporains le glorieux titre de
Chevalier sans peur & sans reproche. Sa valeur n'étoit
ni farouche, ni brutale.

Quoique le chevalier *Bayard* ne fût point riche,
il se priva néanmoins plusieurs fois de parts considérables de butin qui lui revenoient légitimement,
pour les répandre dans le sein de quelques indigens, ou pour les distribuer aux compagnons de
ses victoires. La pudeur alarmée a trouvé plus d'une
fois un asyle assuré auprès de lui. Suivant le portrait que les historiens Expilli & Champier donnent du chevalier *Bayard*, ce guerrier avoit la
taille légère & dégagée, le teint blanc, les yeux
noirs & pleins de feu. Il étoit extrêmement gai,
d'une humeur égale, & ses propos, même dans
les occasions les plus sérieuses, étoient remplis
de saillies. Son grand courage souffroit impatiemment l'usage des arquebuses, comme s'il eût prévu qu'il en dût mourir ». C'est une honte, di-
» soit-il, qu'un homme de cœur soit exposé à
» périr par une misérable *friquenelle*, dont il ne
» peut se défendre ».

En 1500, plusieurs villes du Milanois qui s'é-
toient soulevées contre Louis XII, se soumirent
à l'approche des nouvelles troupes que ce prince
envoya pour les faire rentrer dans son obéissance.
Les députés de ces villes, dans la vue de se rendre
favorable le général françois, lui firent présent
d'une très-belle vaisselle d'argent. Ce général appercevant Bayard, & sachant qu'il n'étoit pas
riche, lui dit de la prendre. « Me préserve le
» ciel, répondit le généreux chevalier, de laisser
» entrer chez moi rien de ce qui vient de gens
» aussi perfides! Cela me porteroit malheur ». Il distribua aussi-tôt cette vaisselle pièce à pièce à ceux
qui se trouvoient là, sans en rien réserver pour
lui.

Les historiens rapportent une multitude de traits
semblables de la générosité & de la grandeur d'ame
du chevalier Bayard. Mais l'action la plus remarquable de sa vie, est celle dont la ville de Bresse
fut témoin. Cette ville s'étant révoltée en 1512,
contre les françois, qui en étoient les maîtres depuis la bataille d'Aignadel, fut attaquée, prise &
saccagée avec fureur. Bayard, qui avoit été
blessé au commencement du siège, se fit porter
chez des gens de qualité, qu'il rassura par ses discours, & par la précaution qu'il prit de placer à
leur porte deux soldats auxquels il donna une somme de huit cents écus, pour les dédommager du
sacrifice qu'ils lui faisoient en ne pillant point. Au
bout de quelques jours, son impatience de rejoindre

l'armée plutôt que sa guérison, qui n'étoit qu'imparfaite, l'ayant déterminé à partir, la maîtresse de la maison courut se jetter à ses genoux ». Le » droit de la guerre, lui dit-elle, vous rend le » maître de nos biens & de nos vies ; & vous nous » avez sauvé l'honneur. Nous espérons cependant » de votre générosité que vous ne nous traiterez » pas avec rigueur, & que vous voudrez bien » vous contenter d'un présent plus proportionné » à notre fortune qu'à notre reconnoissance ». Elle lui présenta en même-temps un petit coffre rempli de ducats d'or. Bayard se mit à sourire & lui demanda combien il y en avoit. La dame croyant qu'il trouvoit le présent trop modique, lui répondit en tremblant : « Deux mille cinq » cents, monseigneur ; mais si vous n'êtes pas » content, nous ferons nos efforts pour en trou- » ver davantage. — Non, Madame, dit le che- » valier, je ne veux point d'argent : les soins que » vous avez pris de moi sont bien au-dessus des » services que j'ai pu vous rendre. Je vous de- » mande votre amitié, & vous conjure d'ac- » cepter la mienne ». La dame, plus surprise que satisfaite d'une modération si rare, se jetta de nouveau aux pieds de son bienfaiteur, & lui dit qu'elle ne se releveroit qu'il n'ait accepté cette marque de sa gratitude. « Puisque vous le » voulez, reprit Bayard, je ne vous refuserai » point ; mais ne pourrai-je point avoir l'hon- » neur de prendre congé de mesdemoiselles vos » filles ? Dès qu'elles furent arrivées, il les remercia de leurs bons offices & de leur attention à lui faire compagnie. « Je voudrois bien, ajouta-t-il, » vous témoigner ma reconnoissance ; mais les » gens de guerre ont rarement des bijoux conve- » nables aux personnes de votre sexe. Madame » votre mere m'a fait présent de deux mille cinq » cents ducats ; je vous en donne à chacune mille » pour vous aider à vous marier : je destine les » cinq cents autres aux religieuses de cette ville » qui ont été pillées, & je vous prie d'en faire la » distribution ».

L'hiver suivant, le chevalier Bayard donna une preuve non moins glorieuse de sa grandeur d'ame. Il logeoit à Grenoble à côté d'une jeune personne dont la rare beauté fit sur lui la plus vive impression. Les informations qu'il fit faire de sa naissance & de sa situation, lui persuadèrent qu'il pouvoit donner un libre cours à ses desirs. Des propositions furent faites à la mère qui, ne prenant conseil que de sa pauvreté, les accepta. Elle força même sa fille de se laisser conduire chez le chevalier. Cette aimable vierge ne l'eut pas plutôt aperçu qu'elle se jetta à ses pieds, & les arrosant de ses larmes : « Monseigneur, lui dit-elle, » vous ne déshonorerez pas une malheureuse vic- » time de la misère, dont votre vertu devroit vous » rendre le défenseur ». Ces mots touchèrent Bayard : « Levez-vous, lui dit-il, ma fille, vous

» sortirez de ma maison aussi sage & plus heu- » reuse que vous n'y êtes entrée ». Sur-le-champ il la conduisit dans une retraite sûre, & le lendemain il fit appeler la mère. Après lui avoir fait les reproches qu'elle méritoit, il lui donna six cents francs pour marier sa fille à un honnête homme qui consentoit de l'épouser avec cette dot. Il ajouta cent écus pour les habits & les frais de la cérémonie. C'est ainsi, dit l'auteur de sa vie, que le bon chevalier changea de vice à vertu.

Les anglois ayant, en 1513, assiégé Térouene, prirent cette place après la journée de Guinegate, dite la journée des Eperons, où les françois furent mis en déroute. Le chevalier Bayard soutint pendant quelque temps les efforts de plusieurs corps très-considérables. Mais forcé à la fin de se rendre comme les autres, il le fit d'une manière également sage & hardie. Il avoit apperçu de loin un gendarme ennemi richement armé qui, voyant les ennemis en déroute, & dédaignant de faire des prisonniers, s'étoit jetté au pied d'un arbre pour se reposer & avoit quitté ses armes. Il pique droit à lui, saute de son cheval, & lui appuyant l'épée sur la gorge : rends-toi, homme d'armes, lui dit-il, ou tu es mort. L'anglois croyant qu'il est survenu du secours aux françois, se rendit sans résistance, & demanda le nom du vainqueur. Je suis, répondit le chevalier d'un ton plus adouci, le capitaine Bayard qui vous rend votre épée avec la sienne, & qui se fait aussi votre prisonnier. Quelques jours après, le chevalier voulut s'en aller. Et votre rançon, dit le gendar- me ? Et la vôtre, répondit Bayard ? Je vous ai pris avant de me rendre à vous, & j'avois votre parole lorsque vous n'aviez pas encore la mienne. Cette singulière contestation fut portée au tribunal de l'empereur & du roi d'Angleterre, qui décidèrent que les deux prisonniers étoient mutuellement quittes de leurs promesses. Mais comme Bayard avoit vu le camp & les travaux des ennemis, on lui imposa l'obligation de faire un voyage de six semaines dans les Pays-Bas, avant de joindre l'armée françoise.

Lors de la fameuse bataille de Marignan en 1515, François I qui s'étoit fort signalé dans cette grande action, voulut être armé chevalier, suivant l'ancien usage, sur le champ même de bataille. Il fit choix de Bayard pour cette fonction glorieuse. Il avoit bien raison, dit son historien, car de meilleure main n'eût su prendre chevalerie. Ce guerrier le frappa sur le cou du plat de son épée, en disant : « Sire, autant vaille que si c'étoit » Roland ou Olivier, Godefroi ou Baudouin son » frère. Certes, vous êtes le premier Prince que » onques fis chevalier. Dieu veuille qu'en guerre » ne preniez la fuite ». Regardant ensuite son épée avec une joie ingénue : « Tu es bien heureuse, » mon épée, d'avoir aujourd'hui, à un si vertueux » & puissant roi, donné l'ordre de chevalerie.

» Certes,

» Certes, ma bonne épée, vous ferez moult bien
» comme relique gardée, & fur toutes autres
» honorée, & ne vous porterai jamais, fi ce n'eſt
» contre turcs, ſarrazins ou maures.

En 1521, les impériaux attaquèrent Méziéres.
Armes, vivres, ſoldats, tout y manqùoit; mais
Bayard en étoit gouverneur. Je voudrois qu'il y eût
dans la place deux mille hommes de guerre & plus,
& que ſa perſonne n'y fût point, diſoit un capitaine
ennemi. Naſſau, près d'attaquer cette place avec
une armée formidable, envoya ſommer Bayard
de ſe rendre; celui-ci répondit au trompette:
« Dites à celui qui vous envoie, qu'avant que
» j'abandonne une place que mon maître a bien
» voulu confier à ma foi, j'aurai fait du corps de
» ſes ennemis entaſſés le ſeul pont par où il me
» ſoit permis d'en ſortir ». L'artillerie des impériaux ayant renverſé une tour & un pan de muraille,
le courage de la garniſon fut ébranlé. Pluſieurs ſor-
tirent avec effroi par la brèche, les autres par les
portes; d'autres plus effrayés ſe précipitoient du
haut des murs dans le foſſé; Bayard ſeul n'étoit
point ému: il fit réparer la brèche, & ayant raſſemblé le peu de ſoldats qui lui reſtoient: « Mes
» amis, leur dit-il, nous ſommes trop heureux
» d'être délivrés de ces lâches dont la timidité ne
» faiſoit que gêner notre valeur, ils ne partage-
» ront plus les lauriers qui n'étoient dus qu'à
» nous ». Ses diſcours & ſon exemple ranimant
la foible garniſon, il donna le ſpectacle unique
d'une place preſque démantelée, défendue pendant ſix ſemaines avec moins de mille hommes,
contre une armée de trente-cinq mille hommes,
ſecondée par une forte artillerie.

Le chevalier Bayard ſuivit l'amiral Bonnivet
en Italie, & fut bleſſé d'un coup de mouſquet à
la retraite de Rebec en 1524. Lorſqu'il s'apperçut que le coup étoit mortel, il ſe fit coucher
ſous un arbre, le viſage tourné contre les impériaux: « car, diſoit-il, n'ayant jamais tourné le
» dos devant l'ennemi, je ne veux pas commencer
» à la fin de ma vie ». Il prit ſon épée, & les yeux
fixés ſur la poignée qui lui repréſentoit une croix,
il attendoit, après s'être confeſſé à ſon maître-
d'hôtel, la fin de ſa deſtinée. Bourbon qui pourſuivoit les fuyards, paſſa devant lui & s'attendrit
ſur ſon ſort. « Je ne ſuis point à plaindre, monſei-
» gneur, lui répondit ce brave homme, avec une
» noble fierté; je meurs en faiſant mon devoir.
» C'eſt de vous qu'il faut avoir pitié en vous
» voyant armé contre votre prince, votre patrie,
» & vos ſermens ».

Un gentilhomme demandoit au chevalier
Bayard quels biens devoit laiſſer à ſes enfans un
noble? Ce qui ne craint, répondit Bayard, ni
le temps, ni la puiſſance humaine; la ſageſſe & la
vertu.

BAYLE. Pierre Bayle naquit, en 1647, au
Encyclopédiana.

Carlat, petite ville du comté de Foix, de Guillaume Bayle, miniſtre des proteſtans de ce canton.
Il quitta la communion proteſtante, & la reprit
enſuite. Sa vie fût pleine de traverſes qu'il dut à
ſon irréligion & à l'affectation qu'il mettoit à ſoutenir des opinions ſingulières. Jurieu, célèbre miniſtre proteſtant, fut un de ſes ennemis déclarés.

« A laquelle des ſectes qui règnent en Hollande
» êtes-vous le plus attaché? lui demandoit le car-
» dinal de Polignac. Bayle répondit: -- Je ſuis
» proteſtant. -- Je le ſais, lui dit Polignac; mais
» êtes-vous luthérien, calviniſte, anglican? --
» Non, répliqua Bayle, je ſuis proteſtant, car je
» proteſte contre tout ce qui ſe dit & tout ce qui
» ſe fait ». Ce trait naïf peut donner une idée de
ce philoſophe.

Un anglois de la première diſtinction lui fit offrir par un de ſes amis cent cinquante guinées,
s'il vouloit lui dédier ſon dictionnaire. Bayle refuſa conſtamment, diſant qu'il étoit trop ennemi
des flatteurs pour le devenir lui-même.

Bayle écrivoit au père Tournemine: Je ne ſuis
que Jupiter aſſemble-nue; mon talent eſt de former des doutes. Ce ſavant critique fit un teſtament qu'un arrêt du parlement de Toulouſe déclara valide en France, quoique Bayle fût reſté
long-tems hors du royaume. Le motif de l'arrêt
fut que les ſavans étoient de tous les pays, &
qu'on ne devoit pas regarder comme fugitif celui
que l'amour des belles-lettres entraînoit dans un
pays étranger.

On a dit de Bayle, « qu'il étoit l'avocat-général
» des philoſophes, mais qu'il ne donne point ſes
» concluſions ».

Milord Schafsburi ayant remarqué que Bayle
n'avoit pas de montre, en acheta une, dans un
voyage qu'il fit en Angleterre, pour la lui donner
lorſqu'il ſeroit de retour à Rotterdam. La difficulté
étoit de la lui faire accepter. Il la tiroit ſouvent
de ſa poche lorſqu'ils étoient enſemble. A la fin
Bayle la prit entre ſes mains, & ne put s'empêcher de la louer. Milord ſaiſit cette occaſion pour
la lui préſenter. Mais Bayle, confus & piqué de
ce que ce ſeigneur ſembloit avoir pris ce qu'il avoit
dit ſans deſſein comme un moyen indirect de lui
demander ſa montre, s'excuſa fortement de la recevoir. Ils conteſtèrent long-temps, & milord
ne put la lui faire recevoir qu'après l'avoir aſſuré
qu'il l'avoit apporté exprès d'Angleterre, pour
lui, & après avoir confirmé ce qu'il diſoit, en lui
faiſant voir ſa propre montre.

Bayle dit dans une de ſes lettres: « On m'écrit
que M. Deſpréaux goûte mon ouvrage. J'en ſuis
ſurpris & flatté. Mon dictionnaire me paroit à ſon
égard un vrai voyage de caravane, où l'on fait
vingt & trente lieues ſans trouver un arbre fruitier
ou une fontaine.

Y

L'abbé d'Olivet croit avoir découvert l'origine des vifs démêlés de Jurieu & de *Bayle*. Il prétend que dans le temps que *Bayle* enseignoit la philosophie à Sédan, il avoit trouvé le secret de gagner les bonnes graces de madame Jurieu. Lorsqu'en 1681, l'académie de Sédan fut supprimée, madame Jurieu fut obligée de suivre son mari hors du royaume : *Bayle* auroit bien voulu se fixer en France : Mais de beaux yeux furent les controverfistes qui déterminèrent le philosophe à quitter sa patrie. Rotterdam ne put voir long-temps une si étroite union sans en juger mal, & l'on persuada enfin à Jurieu, que lui qui voyoit tant de chose dans l'apocalypse, ne voyoit pas ce qui se passoit dans sa maison. Un cavalier en ce cas tire l'épée, un homme de robe intente un procès ; un poëte composeroit une Satyre ; Jurieu, en qualité de théologien, dénonça *Bayle* comme un impie, & pour preuve il allégua l'avis aux réfugiés, non que ce livre contînt quelque chose d'impie ; mais il ne favorisoit pas le calvinisme. *Bayle* auroit pu se justifier en disant que ce livre n'étoit pas de lui, mais de M. de la Roque ; il ne le voulut jamais pour ne pas nuire à son ami.

M. Fagon premier médecin du roi, consulté sur la maladie de *Bayle*, lui prascrivit un excellent régime sans aucun remède particulier. Il finissoit sa consultation par ces paroles : Je souhaiterois passionnément qu'on pût épargner toute cette contrainte, & qu'il fût possible de trouver un remède aussi singulier que le mérite de celui pour lequel on le demande. *Bayle* étoit mort quand cette ordonnance arriva à Rotterdam.

Leibnitz a appliqué à *Bayle* ce vers de Virgile.

Sub pedibusque videt nubes & sidera Daphnis.

BAZAR. Le *Bazar* est chez les orientaux & sur-tout chez les perses, un lieu de commerce & répondant à peu-près aux marchés d'Europe. Un des plus célèbres est celui d'Ispaham. Celui de Tauris est le plus vaste que l'on connoisse : on y a plusieurs fois rangé trente mille hommes en bataille ; il contient plus de quinze mille boutiques.

BAZARIE. Cette province renfermoit de grandes forêts dont les scythes faisoient des parcs pour la chasse, en les entourant de murs & pratiquant de distance en distance des tours pour servir d'abri aux chasseurs.

Il y avoit quatre cents ans qu'on n'y chassoit plus lorsqu'Alexandre y entra. Il fut attaqué par un lion qu'il eut le bonheur de tuer.

BEAU. Ce qui est décent au Japon est indécent à Rome, ce qui est de mode à Pékin ne l'est pas à Paris ; il en est de même du *beau*. Bien des savans ont fait des traités sur le *beau*, ont voulu l'analyser, mais ce qu'il y a de sûr c'est que le *beau* est relatif.

Un jour, dit Voltaire, j'assistois à une tragédie auprès d'un philosophe. Que cela est *beau*, s'écrioit-il : que trouvez-vous là de *beau* ? — C'est que l'auteur a atteint son but. Le lendemain il prit une médecine qui lui fit du bien, elle a atteint son but, lui dis-je, voilà une belle médecine. Il comprit qu'on ne peut dire qu'une médecine est belle, & que pour donner à quelque chose le nom de beauté, il faut qu'elle vous cause de l'admiration & du plaisir. Il convint enfin que cette tragédie lui avoit inspiré ces deux sentimens & que c'étoit-là le *beau*.

Cette historiette est la critique de tout ce qu'on a écrit sur cette matière.

Il y a des actions, dit encore Voltaire, que le monde entier trouve belles. Deux officiers de César, ennemis mortels, se portent un défi, non à qui répandra le sang l'un de l'autre derrière un buisson, en tierce & en quarte comme chez nous ; mais à qui défendra le mieux le camp des romains, que les barbares vont attaquer. L'un des deux après avoir repoussé les ennemis est près de succomber ; l'autre vole à son secours, lui sauve la vie & achève la victoire.

BEAUFORT. François de Vendôme duc ed *Beaufort*, naquit à Paris en 1616. En 1643 il fut accusé d'avoir attenté à la vie du cardinal Mazarin & fut mis à la tour de Vincennes, d'où il s'échappa au bout de cinq ans. Il fut le héros de la fronde & on lui donna, dans le temps, le surnom de roi des halles. Lorsque les mécontens eurent fait leur paix, le duc de *Beaufort* fit la sienne & obtint la survivance de son père pour la charge d'amiral de France. Il se distingua depuis dans plusieurs expéditions militaires & la plus commune opinion est qu'il périt dans une sortie pendant le siége de Candie. La Grange-chancel a prétendu que le duc de *Beaufort* étoit le même que l'infortuné si connu sous le nom d'homme au masque de fer, mais c'est une assertion qu'il n'a confirmé par aucune preuve.

BEAUNE. *Beaune* est une jolie ville de Bourgogne dans le diocèse d'Autun. Elle est connue par ses excellens vins qui sont en réputation depuis fort long-temps.

Pétrarque écrivoit très-sérieusement au pape Urbain V, que le bon vin dont Philippe le Hardi, avoit régalé la cour du pape, en 1395, les retenoit à Avignon ; ils ne peuvent plus vivre heureux sans le vin de *Beaune*, disoit-il, il est devenu pour eux un cinquième élément.

En 1416, le duc Jean envoya quinze queues

dé ce vin aux pères du concile de Conſtance. Il coûtoit alors quinze livres la queue.

Beaune eſt encore très-connue par les plaiſanteries que le poëte Piron faiſoit contre ſes habitans qu'il avoit ſurnommés les ânes de *Beaune.*

BEAUMELLE (*Laurent-Angliviel de la*), né en 1727, mort en 1773. Il eſt particulièrement connu par ſa haine contre Voltaire, *clarus magnis inimicitiis.* Dans ſon ouvrage intitulé, *mes penſées ou le qu'en dira-t-on ;* il s'exprime ainſi : *Il y a eu de meilleurs poëtes que Voltaire, il n'y en eut jamais de ſi bien récompenſé. Le roi de Pruſſe comble de bienfaits les hommes à talens, préciſément par les mêmes raiſons qui engagent un petit prince d'Allemagne, à combler de bienfaits un bouffon ou un nain.* Voilà l'origine & la cauſe de leurs querelles plus que littéraires. Cependant Voltaire diſoit de la *Beaumelle : ce pendard a bien de l'eſprit ;* & la *Beaumelle* diſoit de Voltaire, *perſonne n'écrit mieux que Voltaire.* La Beaumelle répondit à quelqu'un qui lui demandoit pourquoi il maltraitoit tant Voltaire dans ſes livres. *C'eſt qu'il ne m'épargne pas dans les ſiens, & que les miens ſ'en vendent mieux.*

BEAUTÉ. Autrefois on eſtimoit beaucoup en France un grand pied ; & la longueur des ſouliers, ſur-tout dans le quatorzième ſiècle, étoit une marque de diſtinction. Les ſouliers d'un prince avoient deux pieds & demi de long : ceux d'un baron deux pieds, & ceux d'un ſimple chevalier un pied & demi, d'où nous eſt reſtée ſans doute cette expreſſion : *Il eſt ſur un grand pied dans le monde.*

La Fontaine dans la fable des compagnons d'Ulyſſe, fait bien ſentir que l'idée de *beauté* eſt une idée relative.

On ſait que les compagnons du héros avoient été changés en animaux par Circé. Ayant obtenu de l'enchantereſſe, qu'ils pourroient reprendre leur forme humaine, Ulyſſe court à celui qui avoit été changé en ours.

. . . . . . Eh ! mon frère,
Comme te voilà fait : je t'ai vu ſi joli ;
Ah ! vraiment, nous y voici,
Reprit l'ours à ſa manière ;
Comme te voilà fait ! comme doit être un ours.
Qui t'a dit qu'une forme eſt plus belle qu'une autre !
Eſt-ce à la tienne à juger de la nôtre ?
Je m'en rapporte aux yeux d'une ourſe mes amours.

A l'égard des cheveux roux, la haine qu'ils inſpirent eſt répandue par toute la terre. On prétend qu'ils ſont le ſymbole d'un homme traître, ſans doute, parce que Judas avoit les cheveux de cette couleur ; cependant David, ce prince ſelon le cœur de Dieu, étoit roux. On auroit bien de la peine à rendre raiſon de l'averſion que l'on a pour cette couleur de cheveux. Les égyptiens ne pouvoient voir un homme roux ſans l'outrager & l'injurier ; au lieu de ſe ſervir des ânes de cette couleur, ils les jettoient dans des précipices. Un homme roux qui voyageoit en bonne compagnie en Amérique, tomba entre les mains des ſauvages ; il fut le ſeul qu'ils épargnèrent, ils mangèrent tous ſes camarades, ils ne le conſervèrent que par le dégoût & la répugnance qu'ils ont pour les perſonnes de cette couleur ; il paſſa pluſieurs années avec eux dans leur pays, d'où il revint fort inſtruit de leur langue & de leurs mœurs & de la nature du climat.

Qui croiroit qu'il y a eu un ſiècle & même pluſieurs, dans leſquels on louoit comme une perfection chez les femmes d'avoir les deux ſourcils joints enſemble ? C'eſt cependant un fait réel, atteſté par Anacréon, qui vante cet agrément dans ſa maîtreſſe ; par Théocrite, Pétrone & par beaucoup d'autres anciens. Ovide aſſure que de ſon temps les dames romaines ſe peignoient l'entre-deux des ſourcils, pour qu'ils paruſſent n'en faire qu'un. Cette mode étoit auſſi en uſage chez les hébreux. Jezabel, épouſe d'Achab, & mère de Joram, roi d'Iſraël, ayant appris l'arrivée de Jehu, ſe farda les yeux avec de l'antimoine, ou, ſelon l'hébreu, ſe mit les yeux dans l'antimoine.

J'ai fait à l'égard des ſourcils une remarque, qui peut-être a été faite par bien d'autres ; c'eſt que perſonne ne ſait froncer le ſourcil comme une jolie femme, lorſqu'elle voit quelqu'un qui vient à une heure incommode, ou qui lui déplaît. J'en appelle à l'expérience des dames.

Il faut pour être bel homme, à la Chine, être gros & gras, avoir le front large, les yeux petits & plats, le nez court, les oreilles grandes, la bouche médiocre, la barbe longue & les cheveux noirs. Dans ce même pays la plus grande beauté des femmes conſiſte dans la petiteſſe du pied. A leur naiſſance les nourices ont grand ſoin de leur ſerrer les pieds de peur qu'ils ne groſſiſſent.

La beauté des femmes de Cumana dans l'Amérique méridionale, eſt d'avoir les joues maigres, un viſage long, & les cuiſſes très-groſſes. Pour cet effet on leur preſſe, dans l'enfance, la tête entre deux couſſins & on leur lie fortement le deſſus du genou.

Aux iſles Marianes il faut avoir les dents noires & les cheveux blancs.

Dans le fond des Alpes, il y a des contrées où les habitans ont de groſſes loupes à la gorge, auſſi enflées que la tête, & ils appellent cela en langage du pays, des goueſtres. Un jour un françois allant en Italie, paſſoit par un de ces villages; étant dimanche, il voulut ouir la meſſe, qui n'étoit autre que la paroiſſiale. Comme le curé faiſoit ſon prône, il ſe voit interrompu à chaque mot par le ris de ſes paroiſſiens, il ne ſavoit d'où leur provenoit cette humeur de rire. A la fin s'en étant enquis, quelqu'un lui dit qu'il regardât le col de cet étranger, & puis qu'il s'abſtînt de rire s'il pouvoit. Le curé voyant le françois qui avoit le col rond & long, ſans aucune goueſtre, eut de la peine, ſans le don de continence, à s'abſtenir de rire; néanmoins la peur de ſcandaliſer la compagnie, le fit mettre ſur le grave & le ſérieux, & reprenant ſes paroiſſiens de leur immodeſtie, il leur diſoit: Faut-il, meſſieurs, ſe moquer de la ſorte de ceux à qui Dieu n'a pas donné tous leurs membres? né ſavez-vous pas qu'il faut ſupporter les défauts du prochain; & les couvrir, s'il en étoit beſoin, de notre manteau? penſez-vous que cet honnête homme, encore qu'il n'ait point de goueſtre, ne puiſſe entrer en paradis auſſi bien que vous: non, non, l'évangile nous apprend qu'il vaut mieux entrer au royaume du ciel borgne, boſſu, boiteux ou ſans goueſtre, que d'être jetté en gehenne avec la taille belle, & les plus accomplis goueſtres du monde. Le bon homme s'imaginoit, goueſtreux qu'il étoit, auſſi bien que les autres, que ces loupes fuſſent une partie néceſſaire à la *beauté* de la compoſition du corps humain, & que ſans cela il n'étoit pas entier.

Socrate appelloit la *beauté* une courte tyrannie; Platon un privilège de la nature; Théophraſte une éloquence muette; Diogènes la meilleure recommandation; Théocrite un ſerpent caché ſous les fleurs; Bion un bien qui ne nous appartient pas. Les femmes qui font conſiſter leur plus grand mérite dans leur *beauté*, doivent réfléchir qu'une belle femme

A bien peu de temps à l'être,
Et long-temps à ne l'être pas.

Qui pourroit expliquer le charme ſecret qui nous enchante à la vue d'une belle perſonne! Néron charmé à la vue de Poppée, croyoit qu'elle agiſſoit par magie: il fut tenté de lui faire donner la queſtion pour ſavoir d'elle ſon ſecret magique.

Les ombrages épais, dans l'ardeur de l'été,
Les rayons du ſoleil, pendant l'âpre froidure:
La mer, quand elle eſt calme, un ruiſſeau qui murmure
Entre deux verds gazons, & qui ſemble exciter,
Au retour du printemps, les oiſeaux à chanter,
Ne touchent point nos ſens, n'enchantent point nos ames
Par des attraits ſi doux que la *beauté* des femmes.

BEAUNE, (Jacques de) baron de Semblançai, ſurintendant des finances, ſous François I. La reine mère voulant ſe venger de ce que ce ſurintendant avoit déclaré au roi l'argent qu'elle l'avoit obligé de lui donner, pourſuivit ſa mort avec tant d'ardeur qu'il fut pendu en 1527 au gibet de Montfaucon, pour crime de péculat. Ce malheureux ſurintendant dit en mourant: *J'ai bien mérité la mort pour avoir plus ſervi aux hommes qu'à dieu.*

On connoît cette épigramme de Clément Marot, ſur ſon funeſte trépas:

Lorſque Maillard, juge d'enfer, menoit
A Montfaucon Semblançai l'ame rendre,
A votre avis, lequel des deux tenoit
Meilleur maintien? Pour vous le faire entendre,
Maillard ſembloit homme que mort va prendre,
Et Semblançai fut ſi ferme vieillard,
Que l'on cuidoit pour vrai qu'il menât pendre
A Montfaucon le lieutenant Maillard.

BEAUNE. (Renaud de), né en 1527, mort en 1606, archevêque de Bourges, enſuite de Sens, & grand-aumônier. Ce fut ce prélat qui annonça à la conférence de Surenne que Henri IV étoit décidé à faire abjuration. *Comment pouvons-nous le croire,* dit l'archevêque de Lyon, *après qu'il a promis tant de fois?* « Il eſt vainqueur, répondit l'archevêque de Bourges, & à préſent qu'il eſt maître de la plus grande partie des provinces & des principales villes, s'il ſe fait catholique, on ne dira pas que c'eſt par la crainte que lui inſpire des ennemis dont il a triomphé. »

BEDFORT, (Jean duc de) troiſième fils de Henri IV, roi d'Angleterre, mort à Rouen, l'an 1435. Ce duc remporta pluſieurs victoires contre les françois, & répandit l'épouvante dans le royaume. Comme quelques favoris du roi Charles VIII lui conſeilloient de faire démolir ſon tombeau; *laiſſons en paix,* dit ce prince, *un mort qui pendant ſa vie faiſoit trembler tous les françois.*

BEJAUNE. *Bejaune* eſt un terme de fauconerie qui veut dire un oiſeau jeune & niais. Les oiſeaux avant de ſortir du nid ont d'ordinaire le bec jaune c'eſt de là qu'eſt venu le proverbe montrer ſon bec jaune, pour dire montrer ſon peu d'expérience.

On appelle auſſi payer le *bejaune* lorſqu'un nouvel officier donne le premier repas à ſes camarades.

BELENOS. *Belenos* étoit le nom que les anciens gaulois donnoient au ſoleil. Ce nom étoit myſtérieux ; & ce qui eſt digne de remarque , c'eſt que les lettres qui le compoſent , conſidérées ſelon la valeur qu'elles avoient dans les nombres grecs , forment le temps de la révolution du ſoleil autour de la terre qui eſt de 365 jours.

B n λ ι ς α ο ς ι
2. 8. 30. 5. 50. 70. 200.

BÉLISAIRE. *Béliſaire* , général des armées de l'empereur Juſtinien , fut ſurnommé , même de ſon vivant , l'honneur du nom romain ; Geliner , uſurpateur du trône des Vandales , Vitigès , roi des goths , Choſroes I , roi des perſes vaincus par ce héros , prouvent ſa capacité ainſi que ſa valeur. Après des ſuccès qui ſembloient lui promettre une vieilleſſe paiſible , il fut accuſé auprès de Juſtinien , d'avoir voulu s'emparer du trône. L'empereur , déja vieux & devenu méfiant ajouta foi aux accuſations ; priva *Béliſaire* de la dignité de patrice & de ſes autres grades. L'opinion commune , quoique démentie par quelques auteurs , eſt que *Béliſaire* devint ſi pauvre qu'il demandoit ſon pain dans les rues.

On montre encore à Conſtantinople une tour , nommée la tour de *Béliſaire* , c'eſt-là , dit-on , qu'il fut enfermé & que ſuivant l'uſage des priſonniers il tendoit un petit ſac au bout d'une corde , en criant : *donnez une obole au pauvre Béliſaire , à qui l'envie plutôt que le crime a crevé les yeux.* On aſſure que ce grand homme mourut en 565. D'autres hiſtoriens prétendent que le prince déſabuſé lui rendit ſon amitié & le rétablit dans ſa fortune.

BELETTE. La *belette* eſt la plus carnaſſière de tous les petits quadrupèdes. Elle a pour l'ordinaire trente-deux dents diviſées en ſix inciſives , deux canines & huit molaires à chaque machoire. Elle habite les greniers , les vieux murs , les trous de la terre ; elle ſe nourrit d'œufs de pigeons, de poules : elle eſt aſſez courageuſe , malgré ſa petiteſſe , pour attaquer des rats , des ſerpents , des taupes , des chauve-ſouris & autres animaux , ſur leſquels ſon agilité lui donne l'avantage.

Différentes parties de ſon corps ſont employées en pharmacie , ſur-tout contre le venin du ſerpent.

BELLARMIN. Le cardinal *Bellarmin* , né à Monte-Puluano , en 1542 , fut un homme d'une grande érudition. Sa franchiſe reconnue faiſoit dire à Clément VIII qu'il avoit appelé près de lui le cardinal , pour avoir un homme qui lui diſe toujours la vérité. *Bellarmin* fut zélé défenſeur des prérogatives du ſaint-ſiège. Son reſpect pour le pape étoit ſi grand , qu'étant ſur le point de mourir & voyant Grégoire XV qui venoit le viſiter , il lui dit avec enthouſiaſme : *Domine , non*

ſum dignus , &c. Il mourut en 1621 , âgé de 79 ans.

BELLAY (du). Guillaume , Jean & Martin du *Bellay* , tous trois frères , ont illuſtré leur nom ; Guillaume du *Bellay* ſe diſtingua ſous François I , par ſon habileté dans ſes opérations & par des ouvrages dont le ſtyle eſt plein de naiveté , dit-il , par exemple , en parlant de la magnificence qu'étalèrent les courtiſans , à l'entrevue du drap d'or en 1520 , entre François I & Henri VIII que pluſieurs y portèrent leurs moulins , leurs forêts & leurs prés ſur leurs épaules. Cet auteur a le premier révoqué en doute le merveilleux de l'hiſtoire de Jeanne d'Arc.

Jean du *Bellay* né en 1492 , fut évêque de Bayonne , puis cardinal , puis lieutenant général de Picardie & de Champagne , dans ces temps où l'on eut beſoin de ſon intelligence dans les affaires de la guerre & dans les intrigues du cabinet ; il fut enſuite évêque de Paris où il fit conſtruire un rempart & des boulevards qui ſubſiſtent encore. Il fut l'intime ami de Budé , & ces deux illuſtres perſonnages joignirent leurs efforts & leur crédit pour engager François I à fonder le collège royal.

Martin du *Bellay* ſe diſtingua comme ſes frères par ſes talens militaires & politiques. Il fut poſſeſſeur du royaume ou plutôt de la principauté d'Yvetot qui lui venoit du chef de ſa femme.

Dans le même temps Joachim du *Bellay* proche parent des précédens , mérita par ſes talents poétiques le ſurnom d'Ovide françois , & de plus les faveurs de la cour.

BELLEGARDE. Roger de Saint-Lary , ſeigneur de *Bellegarde* , après des exploits diſtingués , fut nommé maréchal de France en 1574. Henri III avoit pour lui des bontés particulières , il lui donna le marquiſat de Saluces & plus de trente mille livres de rente. On l'appelloit à la cour *le torrent de la faveur* ; cependant il la perdit bientôt & ſe rétira dans ſon gouvernement en Piémont , & ſe rendit indépendant. Sur la fin de la même année , il mourut dans ſa nouvelle ſouveraineté : Catherine de Médicis fut fortement ſoupçonnée de l'avoir fait empoiſonner.

BELLIN. Gentil *Bellin* peintre de Véniſe , fut demandé par Mahomet II , & fit pluſieurs tableaux pour cet empereur. Celui de la décollation de S. Jean-Baptiſte donna lieu à l'anecdote ſuivante. Le prince trouva ce tableau fort beau ; mais croyant que les muſcles , devenus viſibles par la ſéparation de la tête & du corps , n'étoient pas exprimés avec aſſez de vérité , il fit venir un eſclave & ordonna qu'on lui coupât la tête. Le peintre s'y oppofa, en difant au Sultan : feigneur, dispenfez-moi d'imiter la nature en outrageant l'humanité ; & de peur que fa tête ne fervît un jour de leçon à quelqu'autre, il obtint fon congé avec une couronne d'or de trois mille ducats. De retour à Venife, il eut une penfion de la république, & fut fait chevalier de S. Marc.

BELLOI (du). Pierre-Laurent Buyrette du *Belloi*, naquit à Saint-Flour en Auvergne, en 1727, il fut d'abord avocat au parlement de Paris ; mais comme il n'avoit embraffé cette carrière que malgré lui, il s'expatria & alla exercer en Ruffie la profeffion de comédien ; de retour à Paris, il fit, en 1765, fa tragédie du fiége de Calais qui fut l'époque la plus brillante de fa vie. Les fentimens patriotiques fi bien développés dans cet ouvrage, ont été faifis par la nation avec une forte d'enthoufiafme. Elle a fenti elle-même le befoin qu'elle avoit d'être réveillée de l'efpèce d'affoupiffement, où fon génie languiffoit depuis quelques années ; & ce n'a pas été la moindre des adreffes de l'auteur, d'avoir fouvent rapproché, & quelquefois même créé des reffemblances entre les françois du quatorzième fiècle & ceux d'aujourd'hui. Auffi un ancien militaire (M. le maréchal de Briffac), dont le courage & la franchife, dignes des beaux jours de la chevalerie, nous retraçoient l'intrépide & vertueux Bayard, a appelé hautement cette pièce le-brandevin de l'honneur ; & l'on prétend qu'il dit à Brizard, dans les foyers, en fortant d'une repréfentation de cette tragédie : « Mon cher Brizard, tu peux » être malade quand tu voudras ; je jouerai ton » rôle » ; enthoufiafme d'un noble chevalier françois fans peur & fans reproche.

L'auteur a été forcé de paroître quatre fois fur le théâtre, aux acclamations réitérées du parterre & des loges ; il a été appelé à toutes les autres repréfentations ; & la falle n'a jamais pû contenir la moitié de ceux qui fe font préfentés pour voir la pièce.

Cette tragédie a eu l'avantage, prefqu'inoui, d'être redemandée trois fois de fuite à la cour ; & M. de *Belloy* a eu l'honneur d'être préfenté à toute la famille royale, qui l'a honoré d'un accueil plein de bonté. La reine a daigné lui dire, entr'autres chofes : « Vous avez bien peint les ames fran- » çoifes ». M. le dauphin dit que, comme frère aîné des françois, cette pièce nationale lui avoit fait le plus grand plaifir. Outre la permiffion que le roi lui a accordée, de lui dédier fa pièce, fa majefté lui a fait donner une médaille d'or du poids de vingt-cinq louis, & une gratification confidérable, que M. le contrôleur général lui a remife, en l'exhortant à travailler dans le même genre.

Il n'eft pas indifférent de rapporter ici les quatre vers qui réuffirent le plus à la cour, le jour de la première repréfentation qui y fut donnée.

Quelles leçons pour vous, fuperbes potentats !
Veillez fur vos fujets dans le rang le plus bas :
Tel qui, fous l'oppreffeur, loin de vos yeux expire,
Peut-être quelque jour eût fauvé votre empire.

Ces vers excitèrent un frémiffement inoui de plaifir & d'attendriffement dans la loge de la famille royale.

Les habitans de Calais ont cru que M. de *Belloi* méritoit le titre de leur concitoyen ; que celui qui avoit peint fortement l'ame d'Euftache, étoit digne d'être admis au nombre de fes fucceffeurs ; & que la plus belle récompenfe que pût défirer un homme qui avoit célébré la gloire de Calais, étoit de fe voir affocié à cette même gloire par l'adoption de la ville même. En conféquence, ils ont envoyé à M. de *Belloi* des lettres de citoyens de Calais, dans une boëte d'or, fur laquelle font gravées les armes de la ville, entourées, d'un côté, d'une branche de laurier ; & de l'autre, d'une branche de chêne, avec cette infcription : *Lauream tulit, civicam recipit*. Ils ont, de plus, fait faire le portrait de M. de *Belloy*, pour être placé dans l'hôtel-de-ville parmi ceux des bienfaiteurs de Calais. On croit lire un trait d'hiftoire des beaux jours de la Grèce.

Le fiége de Calais a été joué à Saint-Domingue, & imprimé aux frais de M. le comte d'Eftaing, gouverneur des Ifles françoifes, qui l'a fait diftribuer *gratis*. Le corps des officiers a écrit à M. du *Belloi* une lettre vraiment patriotique, & lui a envoyé plufieurs exemplaires de fa pièce, avec quatre vers à la tête, & cette infcription fi flatteufe : *Première tragédie imprimée dans l'Amérique françoife*.

Après tous ces fuccès flateurs, du *Belloi* donna au théâtre la tragédie de *Pierre le cruel*, qui lui caufa tant de chagrin, qu'étant tombé en langueur il mourut en 1775, après plufieurs mois de fouffrances. Du *Belloi* eut peine à fuffir aux frais de fa maladie, & Louis XVI qui en fut inftruit, lui envoya fur le champ cinquante louis. Les comédiens eurent la délicateffe de donner à cette époque une repréfentation du Siège de Calais, dont le produit fut remis à l'auteur moribond.

BELLONE. *Bellone* étoit la déeffe de la guerre, on la repréfentoit armée d'un cafque & d'une cuiraffe, les cheveux épars, avec une pique & un flambeau à la main, quelquefois avec une efpèce de fouet enfanglanté. Elle avoit un temple à Rome dans lequel le fénat recevoit certains ambaffadeurs. Au milieu du temple étoit une petite colonne nommée Bellica, fur laquelle on mettoit une pique lorfqu'on étoit fur le point de déclarer la guerre.

Les prêtres de *Bellone* appellés bellonaires, fe faifoient des incifions à la cuiffe ou au bras, ils recevoient dans une de leurs mains, le fang qui couloit de-la bleffure & l'offroient en facrifice à leur déeffe.

BELOMANTIE. Ce mot, fuivant fon étymologie, fignifie divination par le moyen des flèches. En effet, ceux qui avoient recours à ce moyen, pour fe décider, prenoient plufieurs flèches fur lefquelles ils écrivoient des réponfes relatives à leurs projets, ils en mettoient de favorables & de contraires, enfuite il falloit mêler les flèches & choifir enfuite au hafard; celle que le fort amenoit étoit regardée comme l'interprète de la volonté des dieux. C'eft fur-tout avant les expéditions militaires qu'on faifoit ufage de cette divination.

BELZÉBUT. *Belzébut*, qui fignifie feigneur des mouches, fut la divinité la plus révérée des peuples de Chanaan; le plus fouvent il étoit repréfenté avec les attributs de la puiffance fuprême; quelquefois fous la figure d'une mouche. On lui attribuoit le pouvoir de délivrer les hommes des mouches qui ruinoient les moiffons. On facrifioit au dieu des mouches, avant les jeux olympiques, pour que ces animaux n'en troublaffent point la folemnité.

Dans l'écriture fainte, *Belzébut* eft qualifié de prince des démons.

BELVEDER. On prononce fouvent ce mot fans y attacher le fens que préfente fon étymologie: il vient de l'italien & fignifie belle vue. En effet, un *belveder* eft un petit bâtiment conftruit dans l'endroit le plus élevé d'un jardin où l'on fe retire pour découvrir la campagne, pour prendre le frais, ou fe garantir des ardeurs du foleil.

BELUS. *Belus* étoit le nom de la grande divinité des babyloniens. Les prêtres de *Belus* avoient perfuadé au peuple que la divinité honorait de fa préfence toute vierge babylonienne qui fe rendoit dans un lit magnifique, dreffé dans le lieu le plus élevé du temple; & toutes les nuits une compagne nouvelle fe dévouoit à l'heureux *Belus*.

BÊME. Charles Dianowitz étoit le vrai nom de ce Bême ou *Bême*, qui ne fut ainfi nommé, que parce qu'il étoit né dans la Bohême. C'étoit un des domeftiques de la maifon de Guife, & ce fut lui qui devint le meurtrier de l'amiral Coligni. Le cardinal de Lorraine le récompenfa de cet affaffinat, en le mariant avec une de fes bâtardes. En 1575, les proteftans l'ayant fait prifonnier en Saintonge, les rochelois voulurent l'ache-

ter pour le faire écarteler dans la place publique, mais il s'échappa de la prifon. Berthauville, gouverneur de la place où il étoit enfermé, le pourfuivit. *Bême* fe voyant ferré de près, tu fais, dit-il au gouverneur, que je fuis un mauvais garçon, & en même temps il lui tira un coup de piftolet. Berthauville l'ayant échappé, lui répondit, je ne veux plus que tu le fois, & lui paffa fon épée au travers du corps.

BÉNÉDICTION. On entend par *bénédiction*, l'action de fouhaiter quelque chofe d'heureux, foit par des fignes, foit par des paroles; cet ufage eft très-ancien.

Les hébreux fe béniffoient réciproquement, en fe faifant des préfens qu'ils accompagnoient de vœux.

Parmi nous les prêtres béniffent le peuple en différentes occafions, & ces bénédictions font accompagnées de fouhaits relatifs aux circonftances. Ils difent, par exemple, en béniffant les nouveaux époux, croiffez & multipliez, &c.

On peut rapporter à la manière dont les hébreux fe béniffoient par des préfens, l'origine de l'ufage des étrennes, des complimens de bonne année, des préfens & des vœux que nous recevons le jour de nos fêtes.

BÉNÉDICTINS. C'eft aux *bénédictins* que convient proprement le nom de moines, & les plus éclairés d'entre eux s'en font fait honneur, à la tête de leurs ouvrages. Cet ordre tient fon nom de Saint-Benoît qui en fut le fondateur, il fubfifte depuis 1300 ans & la piété profonde qui en eft le caractère diftinctif, ne l'a pas empêché d'être l'afyle des lettres dans le temps qu'elles paroiffoient bannies de la terre.

Un grand nombre de faints, de fouverains pontifes, de cardinaux, de patriarches, d'archevêques, &c. ont illuftré l'ordre de Saint-Benoît.

Plufieurs perfonnages éminens en fainteté, en y introduifant la réforme, l'ont partagé en plufieurs branches ou congrégations. En 940, Saint-Odon, abbé de Cluny, forma la congrégation de Cluny; celle de Saint-Juftine de Padoue s'eft établie en Italie, en 1408; celle de Saint-Maur, en France, en 1621, & c'eft, fans contredit, celle qui s'eft le plus diftingué dans la république des lettres. La congrégation de Saint-Vanne & de Saint-Hydulphe établie en Lorraine, en 1600, s'eft auffi rendue célèbre par des ouvrages qui pafferont à la poftérité. L'ordre de Saint-Benoît eft encore la tige de ceux de Camaldules, de Valombreufe, des Chartreux, de Citeaux, de Grandmont, des Céleftins, &c.

En rendant juftice à l'ordre des *bénédictins*, il

ne faut pas oublier de remarquer que pendant les fureurs de la ligue, ils ne prirent point les armes contre leur souverain, comme tant d'autres religieux.

Les *bénédictins* furent, après l'expulsion des jésuites, chargés d'un grand nombre de colléges que ces pères avoient gouvernés; & comme ils n'avoient pas peu contribué à cet évènement, un peintre ingénieux fit un tableau où S. Ignace de Loyola, patron des jésuites, étoit représenté quittant la terre pour remonter au ciel. Il étoit en habits pontificaux, & Saint-Benoît étoit peint coupant, par derrière, le galon des habits du fondateur de la compagnie de Jésus, pour marquer que cet ordre avoit profité de la destruction de l'autre.

BÉNÉFICE. L'origine des *bénéfices* vient de ce qu'anciennement les évêques donnoient quelquefois aux ecclésiastiques qui avoient long-temps servi, quelque portion des biens de l'église, pour en jouir pendant un temps; ce qui ressembloit aux récompenses que les empereurs accordoient aux soldats romains, en récompense de leurs services, & qu'on appelloit pour cette raison *milites beneficiarii*. On avoit vu très-peu de ces sortes de récompenses avant le huitième siècle, mais depuis elles se sont considérablement multipliées. L'église tolère à présent la pluralité des bénéfices qui autrefois étoit illégitime.

Le cardinal de Bourbon Louis, frère du duc de Vendôme Charles, a possédé en même temps l'archevêché de Sens, les évêchés de Laon, de Meaux, de Luçon & de Tréguier, sans compter une multitude d'abbayes, entre autres celles de Saint-Denis & de Saint-Corneille.

BENJAMIN. *Benjamin* douzième & dernier fils de Jacob & de Rachel, naquit vers l'an 1738 avant Jésus-Christ. Lorsque Joseph, devenu ministre de Pharaon, vit ses frères en Egypte, il leur ordonna de lui amener *Benjamin*. Il fut attendri en le voyant & lui donna une portion cinq fois plus grande qu'à ses autres frères. C'est en faisant allusion à cette préférence qu'on dit encore proverbialement aujourd'hui, vous êtes le *Benjamin*, aux enfans qui obtiennent une préférence particulière.

BENIN. Le roi de *Benin*, en Afrique, est assez puissant pour mettre en peu de temps 100000 hommes sur pied. Il ne paroît en public qu'une fois dans l'année, alors ou honore sa présence en egorgeant quinze ou seize esclaves. Quand il meurt, la plupart des princes de sa cour le suivent au tombeau. On enterre avec le monarque, ses habits & ses meubles, & on tue un grand nombre de sujets pour lui tenir compagnie; cette coutume a lieu pour les grands seigneurs, pour

qui on tue des esclaves. Les hommes dans le royaume de *Benin*, ne portent un habit que lorsque le roi leur en donne; & les femmes vont toutes nues jusqu'au moment de leur mariage. Les beniniens ne rendent aucun culte à Dieu, qu'ils croient trop bon pour avoir besoin d'être prié, Mais ils font des sacrifices au diable par la raison contraire.

BENOIST (Saint). *Saint-Benoît* naquit en 480, dans le duché de Spolette; à l'âge de seize ans, il se retira du monde où sa naissance lui assuroit de grands avantages. Une caverne affreuse dans un désert, à quarante milles de Rome, fut sa première demeure. Il y resta caché pendant trois ans. Ses austérités l'ayant rendu célèbre, une foule d'hommes de tous états se rendirent auprès de lui. Il bâtit jusqu'à douze monastères. Ses succès excitèrent l'envie; il quitta cette demeure & vint à Cassin, petite ville sur le penchant d'une haute montagne, & bientôt s'éleva un monastère qui fut le berceau de l'ordre Bénédictin. Il établit une règle qui recommandoit le travail, la douceur & la patience. *Voulez-vous*, disoit Saint-Grégoire, *un abrégé de la règle de Saint-Benoît? Considérez sa vie; & voulez-vous un abrégé de sa vie? lisez sa règle, l'une est l'expression de l'autre.* *Saint-Benoît* mourut en 543, dans le monastère qu'il avoit fait bâtir sur le Mont-Cassin.

BENOIST VIII. Ce pape politique & guerrier mourut en 1024. En 1016, les Sarrasins menacèrent les domaines du pape. *Benoît*, à la tête des évêques & d'une armée, les attaqua, & les fit massacrer jusqu'au dernier. Leur reine fut prise à sa tête coupée. Ce qui irrita tellement le roi Sarrasin, son époux, qu'il envoya à *Benoît VIII* un sac plein de chataignes & lui fit dire que l'année suivante il lui ameneroit autant de soldats. Le pape lui donna en réponse une caisse remplie de millets, annonçant par-là qu'il lui opposeroit autant de guerriers s'il paroissoit en Italie. L'infidèle fut épouvanté de cette résolution, & n'osa inquiéter son ennemi.

BENOIST XIV. *Benoît XIV* naquit à Bologne en 1675, de l'illustre famille de Lambertini. Lorsqu'en 1728 il reçut le chapeau de cardinal, il écrivit à un de ses amis, il faut croire bien fortement à l'infaillibilité du pape, pour se persuader qu'il ne s'est pas trompé dans ma promotion au cardinalat. L'on veut à toute force que je sois une éminence; moi qui suis le plus petit homme du monde. Ce qu'il y a de sûr, c'est que dans cette nouvelle métamorphose je ne changerai que de couleur, & que je serai toujours Lambertini, par mon caractère. En 1740, les cardinaux ayant long-temps délibéré pour l'élection d'un pape; Lambertini leur dit: Voulez-vous placer

sui

fur la chaire pontificale, un faint? Elifez Gotti: un politique? choififfez Aldovrandi: un bon compagnon? prenez-moi: en effet il fut élu.

Le nouveau fouverain pontife protégea les lettres avec autant d'ardeur qu'il les avoit cultivées, il fonda des académies à Rome, & fit tirer de terre le célèbre obélifque de Séfoftris. Il étoit naturellement vif & très-plaifant: un jour l'ambaffadeur de Venife l'ayant interrompu plufieurs fois par des objections déplacées, le pontife lui dit: Si vous avez été à la comédie, monfieur l'ambaffadeur, vous devez favoir que lorfque le Docteur parle, le Pantalon fe tait.

Il difoit fouvent: je n'ai point la phyfionomie papale, parce que je ne fuis pas affez grave; mais je prierai les peintres & les fculpteurs d'y fuppléer.

Cet homme aimable, favant & vertueux mourut en 1759, également chéri & refpecté des papiftes & des proteftans.

BENSERADE (Ifaac de), poëte françois né à Lions, petite ville de la Haute-Normandie en 1612, mort en 1691, âgé de 78 ans. Il avoit été reçu de l'Académie Françoife en 1674.

Benferade étoit un bel efprit; un poëte de bonne compagnie, dont la converfation enjouée & toujours affaifonnée d'une plaifanterie fine lui procura la faveur des grands & de la fortune. Il excelloit fur-tout à compofer des vers pour les ballets du roi, & il eft original dans ce genre; car par fon tour particulier d'efprit, il favoit confondre d'une manière qui parut à tous très-ingénieufe, le caractère des perfonnes qui danfoient avec celui des perfonnages qu'elles repréfentoient, & il trouvoit le moyen de les flatter par une louange fine, ou de les égayer par une raillerie innocente.

Il n'avoit que huit ans lorfque l'évêque qui lui donnoit la confirmation, lui demanda s'il ne vouloit pas changer fon nom de juif d'Ifaac pour celui d'un chrétien. De tout mon cœur, répondit cet enfant, pourvu qu'on me donne du retour. Le prélat charmé de cette faillie, dit: « il faut lui laiffer fon nom, il le rendra illuftre ».

Le jeune Benferade, à qui fon père laiffa en mourant fort peu de bien, fe fit connoître du cardinal de Richelieu, & obtint de ce miniftre une penfion de fix cents livres. Elle lui fut continuée jufqu'à la mort de cette éminence; & il auroit peut-être trouvé la même protection auprès de madame la ducheffe d'Aiguillon, fi une mauvaife plaifanterie qu'il écrivit après la mort du cardinal ne l'eût extrêmement offenfée.

Ci gît, oui gît, par la morbleu,
Le Cardinal de Richelieu;
Encyclopédiana.

Et ce qui caufe mon ennui,
Ma penfion avec lui.

Un trait d'étourderie lui fit perdre la faveur de la ducheffe d'Aiguillon; un autre trait d'étourderie lui procura celle du cardinal Mazarin. On avoit lu un foir chez la reine quelques vers de ce poëte que le cardinal avoit loués, & qui lui avoient fait dire, qu'étant lui-même fort jeune, il s'étoit auffi fait connoître à la cour de Rome par des vers galans. Benferade, inftruit par fes amis de ce qu'avoit dit fon éminence, courut auffitôt à fon appartement. Le cardinal venoit de fe coucher: Benferade preffa fi fort & fit tant de bruit, qu'on fut obligé de le laiffer entrer. Il courut fe jetter à genoux au chevet du lit, & témoigna fi plaifamment & d'un air fi ingenu, fa joie au cardinal, & fa reconnoiffance de l'honneur qu'il avoit bien voulu lui faire en fe comparant à lui, que le miniftre l'affura de fa protection, & lui promit qu'il ne lui feroit pas inutile. En effet, fix jours après, il lui donna une penfion de deux mille francs fur un bénéfice, & lui accorda dans la fuite d'autres graces plus confidérables.

Benferade eut la gloire de rompre une lance avec l'ingénieux Voiture qui venoit de compofer un fonnet intitulé Uranie; celui de Benferade étoit fur Job. Toute la cour fe partagea entre ces deux fonnets. Ceux qui tenoient pour le Job de Benferade, fe nommoient Jobelins, & les autres qui préféroient l'Uranie de Voiture s'appelloient Uraniens. Le prince de Conti étoit à la tête des premiers, & la belle ducheffe de Longueville des feconds; ce qui donna lieu à cette plaifanterie qui vaut peut-être mieux que les deux fonnets:

Je vous le dis en vérité,
Le deftin de Job eft étrange,
D'être toujours perfécuté,
Tantôt par un démon, & tantôt par un ange.

Au commencement de l'inclination de Louis XIV pour mademoifelle de la Valière, cette demoifelle eut recours à la mufe de Benferade. Elle le pria de paffer chez elle fans le prévenir de fon deffein. Benferade étoit aimable & avantageux; il va chez mademoifelle de la Valière comme à un rendez-vous. Pénétré de fon bonheur, il fe jette en entrant à fes génoux; ce bonheur eft fi grand qu'il a peine à le croire. « Hé non, ce n'eft » pas cela, lui dit Mademoifelle de la Valière en » le relevant: il s'agit d'une réponfe »; & lui montra la lettre du roi qu'elle venoit de recevoir.

Benferade, en poëte courtifan, profita de cette confidence pour donner les louanges les plus délicates au roi, qui le combla de bienfaits. Il jouiffoit de la plus grande réputation, lorfqu'il s'avifa du deffein extravagant de mettre en rondeaux les métamorphofes d'Ovide; & ce fut l'é

Z

cueil de fa gloire poëtique. On fe rappelle ici ce poëte qu'un auteur comique introduit dans une de fes pieces, & qui avoit imaginé de mettre l'hiftoire de France en madrigaux.

Benferade, quoique poëte, connoiffoit très-peu la mythologie. On fait que les Dryades & les Hamadryades font des nymphes des bois, mais que les premieres fuivant la fable font immortelles, & que les autres meurent avec l'arbre qui leur eft confacré. Henriette d'Angleterre, femme de Monfieur, demanda un jour, étant dans fa loge à l'opéra, à *Benferade*, « la différence qu'il mettoit » entre une Dryade & une Hamadryade »? Ce poëte qui ignoroit la diftinction fe trouva fort embarraffé; mais ne voulant pas demeurer court, comme il s'apperçut qu'un archevêque & un évêque attendoient Madame au fortir de fa loge, il dit, *qu'il y avoit autant de différence qu'entre un évêque & un archevêque*. On rit beaucoup de cette comparaifon. Un évêque qui afpiroit à être archevêque, dit à Madame, le lendemain : « Je fuis » Dryade : quand vous le voudrez, madame, » férieufement, je ferai Hamadryade ».

On a rapporté de ce poëte quelques faillies & quelques bons-mots, qui pouvoient être plaifans dans fa bouche. Le cardinal Mazarin jouant au piquet fit une mauvaife chicane à celui avec qui il jouoit. Comme ils difputaient beaucoup, *Benferade* entra, qui entendant difputer le cardinal, & voyant que tout le monde fe taifoit autour de lui, dit : « Monfeigneur, vous avez tort. Comment » peux-tu, *Benferade*, lui dit le cardinal, me con- » damner fans favoir le fait ? Ah ! vertubleu, dit » *Benferade*, le filence de ces meffieurs m'inftruit » parfaitement ; ils crieroient en faveur de votre » éminence auffi haut qu'elle fi vous aviez raifon ».

Il fe trouva un jour dans une compagnie, où fe rencontra une demoifelle dont la voix étoit fort belle, mais l'haleine un peu forte ; cette demoifelle chanta : on demanda le fentiment de *Benferade*, qui dit, que les paroles étoient parfaitement belles, mais que l'air n'en valoit rien.

Benferade dégoûté de la cour s'étoit retiré fur la fin de fa vie à Gentilly. Il avoit embelli fa retraite de diverfes infcriptions qui valoient bien fes autres ouvrages. C'eft dommage, dit M. de Voltaire, qu'on ne les ait pas recueillies. Il avoit gravé celle-ci fur l'écorce d'un arbre & elle fe préfentoit la premiere :

Adieu fortune, honneurs ; adieu vous & les vôtres,
 Je viens ici vous oublier.
Adieu toi-même, amour, bien plus que tous les autres,
 Difficile à congédier.

La Bruyere a, dans fon chapitre *de la fociété & de la converfation*, tracé le portrait de *Benferade*, mais *Benferade* feptuagénaire. Ce portrait a été jugé très-reffemblant, quoiqu'on y reconnoiffe la *charge* ordinaire au peintre. « Je le fais, Théobalde, vous êtes vieilli ; mais voudriez-vous que je cruffe que vous êtes baiffé, que vous n'êtes plus poëte, ni bel efprit, que vous êtes préfentement auffi mauvais juge de tout genre d'ouvrage, que méchant auteur, que plus rien de naïf & de délicat dans la converfation ? Votre air libre & préfomptueux me raffure & me perfuade tout le contraire. Vous êtes donc aujourd'hui tout ce que vous fûtes jamais, & peut-être meilleur : car fi a-votre âge vous êtes fi vif & fi impétueux, quel nom, Théobalde, falloit-il vous donner dans votre jeuneffe, & lorfque vous étiez la *coqueluche* ou l'entêtement de certaines femmes qui ne juroient que par vous & fur votre parole, qui difoient, *cela eft délicieux, qu'a-t-il dit* ?

Senecai a fait auffi le portrait de *Benferade*.

 Ce bel-efprit eut trois talens divers,
  Qui trouveront l'avenir peu crédule,
De plaifanter les grands il ne fit point fcrupule,
  Sans qu'ils le priffent de travers :
Il fut vieux & galant fans être ridicule,
  Et s'enrichit à compofer des vers.

BERCER. Ce mot qui au figuré fe prend en mauvaife part ne devroit pas avoir plus de crédit dans le fens qui lui eft propre. Au figuré *bercer* fignifie ennuyer, tromper, on m'a bercé avec cette hiftoire. Vous nous *bercez* de vaines promeffes. Dans le fens propre on dit *bercer* un enfant pour défigner l'ufage pernicieux à tant de nourices de remuer leurs enfans de côté & d'autre pour les provoquer au fommeil. Cet ufage s'eft tellement accrédité que le lit de l'enfant en a pris le nom de berceau, & n'eft plus un lieu de repos, mais un théâtre de douleurs, qui fouvent devient fon cercueil. Que celles qui fuivent cet ufage fachent donc que ce balottement n'endort les enfans que parce qu'il les étourdit, qu'il fatigue inutilement les fibres extrêmement délicates de leur cerveau ; qu'il nuit à la digeftion, aigrit leur nourriture, & leur procure très-fouvent de violentes tranchées & des vers.

BÉRÉNICE. *Bérénice* femme de Ptolomée Evergete aimoit tendrement fon époux. Pendant une expédition militaire où ce prince courut les plus grands dangers, cette tendre époufe fit vœu de fe faire couper les cheveux & d'en faire une offrande à Vénus, fi Ptolomée revenoit vainqueur. La déeffe ayant exaucé fes vœux, *Bérénice* exacte à les remplir fufpendit fa chevelure, dans le temple de la déeffe. Cette offrande fut enlevée la même nuit & Ptolomée furieux & inconfolable de cette perte, fe feroit livré à tous les excès d'une aveugle vengeance ; mais Conon de Samos, aftronome célebre, l'affura qu'il l'avoit apperçue dans le ciel où elle formoit un espèce de triangle dans la queue du lion. *Bérénice*, ce modèle de l'amour conjugal, survécut à son époux & fut assassinée par l'ordre d'un fils indigne de lui devoir le jour.

BERETIN, nommé Pierre de Cortonne, né en 1596, mort en 1669. Le grand duc Ferdinand qui prenoit souvent plaisir à voir ce peintre célèbre, admiroit un jour un enfant qu'il avoit représenté pleurant, aussi-tôt, Pierre de Cortonne ne fit que donner un coup de pinceau & il parut rire, puis avec une autre touche il le remit dans son premier état. *Prince*, dit le peintre, *vous voyez avec quelle facilité les enfans pleurent & rient.*

BERGHEM. Nicolas *Berghem*, excellent peintre en paysage, étoit né à Amsterdam en 1624. La douceur & le désintéressement formoient son caractère. Il disoit que *l'argent étoit inutile à celui qui savoit s'occuper.*

Sa femme au contraire étoit l'avarice même, elle se tenoit habituellement dans une chambre au-dessus de celle où *Berghem* travailloit, & frappoit au plancher toutes les fois qu'elle prévoyoit que son mari alloit s'endormir. Elle s'emparoit de tout l'argent qu'il gagnoit & ne lui laissoit point de relâche. *Berghem* mourut en 1683.

BERGER. Des poètes nous ont peint les bergers du siècle d'or avec des couleurs séduisantes, ils nous les représentent

Figurant quelques danses légères,
Où tout le jour assis aux pieds de leurs bergères;

conduisant au milieu de plaines émaillées de fleurs des troupeaux dont la laine égale la blancheur de la neige.

Aujourd'hui c'est celui qui jour & nuit garde le troupeau & n'a que des chiens pour compagnons de ses travaux; il faut qu'il soit de bon matin dans les champs, qu'il défende son troupeau des loups, qu'il aide ses brebis à agneler, qu'il connoisse leurs maladies pour les guérir & qu'il veille à ce que les couleuvres ne tètent point ses brebis. Tous ces détails ne ressemblent point aux charmantes descriptions des bergers du siècle d'or, aussi n'y sommes-nous plus.

BERNARD (Saint). *Saint-Bernard* né en 1091 au village de Fontaine en Bourgogne, d'une famille noble, se fit moine de Cîteaux à l'âge de 22 ans. En 1115, Clairvaux ayant été fondé, *Saint-Bernard*, à peine sorti du noviciat, en fut nommé premier abbé.

Le concile assemblé par Louis le gros, pour examiner lequel d'Innocent II ou d'Anaclet étoit pape légitime, s'en rapporta à la décision de *Saint-Bernard*, & son opinion qui fut adoptée

par le concile, fut en faveur d'Innocent II. La suite de cette affaire l'ayant conduit à Milan, la foule étoit si grande pour le voir, qu'il ne pouvoit paroître qu'à sa fenêtre d'où il donnoit ses bénédictions.

En 1140 il fit condamner, au concile de Sens, plusieurs propositions du célèbre & malheureux Abailard, dont il étoit persécuteur déclaré.

A la sollicitation du pape Eugène III son disciple, *Saint-Bernard* persuada d'abord à Louis le jeune d'entreprendre une croisade; ce fut en vain que l'abbé Suger s'y opposa. On dressa à Vesclay en Bourgogne un échafaud en pleine campagne, où *Saint-Bernard* parut avec le roi; il échauffa tellement les esprits par son éloquence, que malgré la grande provision de croix qu'il avoit faite, il mit encore son habit en pièces pour suppléer au drap qui lui manquoit. Il passa ensuite en Allemagne, & détermina l'empereur Conrad III à se joindre aux croisées. Voilà comme le président Hénault nous a peint *Saint Bernard*.

Il avoit été donné à cet homme extraordinaire de dominer les esprits: on le voyoit d'un moment à l'autre passer du fond de ses déserts au milieu des cours; jamais déplacé, sans titre, sans caractère, jouissant de cette admiration personnelle qui est au-dessus de l'autorité: simple moine de Clairvaux; plus puissant que l'abbé Suger, premier ministre de France, & conservant sur le pape Eugène III, qui avoit été son disciple, un ascendant qui les honoroit également l'un & l'autre. Cependant *Saint Bernard* n'étoit pas aussi grand politique qu'il étoit un saint homme & un bel esprit. Ses sermons sont des chef-d'œuvre de sentiment & de force. Après quarante ans de profession *Saint-Bernard* mourut à Clairvaux en 1153, âgé de 63 ans.

BERNARD. Samuel *Bernard*, comte de Coubert, qui fut si connu par son influence dans les affaires de finances, sous le règne de Louis XIV, étoit né en 1652 de Samuel *Bernard*, professeur de l'académie royale de peinture à Paris. Samuel *Bernard* fils, devint extrêmement riche & fut nommé le Lucullus de son siècle. Il mourut en 1739, âgé de 88 ans.

BERNARD. Pierre-Joseph *Bernard*, natif de Grenoble, vint à Paris, où après avoir travaillé chez un notaire, il s'attacha au marquis de Pezay, qu'il accompagna dans la campagne de 1734 en Italie. Le maréchal de Créquy ayant apprécié son mérite le prit pour secrétaire, & la mort seule sépara *Bernard* de son illustre protecteur dont il avoit su se faire un ami. *Bernard*, qui dès sa jeunesse avoit montré de grandes dispositions pour la poésie, composa plusieurs ouvrages charmans, dont le plus considérable est son art d'aimer. Ses

Z z

poéfies légères, dont plufieurs font dignes d'A-
nacréon, l'avoient fait furnommer *Gentil Bernard*,
& fon opéra de Caftor & Pollux, lui fait infiniment d'honneur. Ce fut en 1771 que fa mémoire
s'étant aliénée, mit fin à fa félicité. Un jour affiftant, à Paris, à une repréfentation de fon opéra
de Caftor, le poëte courtifan croyant être à
Verfailles, difoit continuellement: le roi eft-il
content? madame de Pompadour eft-elle contente?
Il mourut dans cet état en 1776.

Voltaire a fait la comparaifon fuivante des trois
Bernards dont nous venons de parler.

> Dans ce pays trois *Bernards* font connus;
> L'un eft ce faint ambitieux reclus,
> Prêcheur adroit, fabricateur d'oracles.
> L'autre *Bernard* eft l'enfant de Plutus,
> Bien plus grand faint, faifant plus grands mi-
>   racles:
> Et le troifième eft l'enfant de Phébus,
> Gentil *Bernard* dont la mufe féconde
> Doit faire encor les délices du monde,
> Quand des premiers on ne parlera pius.

BERNIER. Nicolas *Bernier*, maître de mufique de la Sainte Chapelle & enfuite de la mufique
du roi, naquit à Mantes-fur-Seine en 1664. Ses
talens & fes ouvrages lui avoient mérité l'eftime
du duc d'Orléans, régent. Ce prince lui donna un
jour un motet de fa compofition à examiner, &
bientôt après impatient de favoir le jugement de
Bernier, il monte dans fon cabinet & y trouve
l'abbé de Lacroix qui examinoit fon ouvrage.
Bernier étoit dans une falle voifine à boire & à
chanter avec fes amis. Mais la fête fut troublée
par le prince qui, fâché de fa conduite, n'héfita
point de lui en faire des reproches affez févères.
Bernier a mis en mufique des cantates dont les
paroles font en grande partie de Rouffeau &
de Fufelier. Il mourut en 1734.

BERNINI. Jean-Laurent *Bernini*, appellé vulgairement le cavalier Bernin, étoit né à Naples,
en 1598. Il réuffit également en fculpture, en
peinture & en architecture. Il fculpta, à l'âge
de dix ans, une tête qui réunit tous les fuffrages. En 1665, Louis XIV l'appella de Rome à
Paris, pour travailler aux deffins du Louvre.
Outre cinq louis par jour que le roi lui accorda
pendant huit mois qu'il refta en France, le cavalier Bernin reçut une gratification de cinquante
mille écus, une penfion de deux mille écus pour
lui & une de cinq cents écus pour fon fils.

Les deffins de Claude Perrault ayant obtenu
la préférence fur ceux de *Bernini*, il retourna à
Rome où il mourut en 1680.

On admire, à Verfailles, un bufte de Louis XIV

de fa compofition. Il y a dans les jardins de cette
ville un endroit qui a confervé le nom de cavalier
Bernin, & qui marque la fin du petit parc; c'eft-
là pour l'ordinaire que fe donnent des rendez-
vous de plus d'une efpèce: voici pourquoi ce
lieu eft ainfi nommé. *Bernini* avoit entrepris de
témoigner fa reconnoiffance à Louis XIV, en
exécutant en marbre fa ftatue équeftre, il travailla
pendant quinze ans à cet ouvrage. Mais la ftatue
étant achevée la figure ne fe trouva pas reffem-
blante à celle du roi. Pour remédier à cet inconvénient, on ajouta des flammes de marbre fous
le ventre du cheval, & on donna à la ftatue le
nom de Marcus-Curtius. Le monarque la fit placer
au bout de la pièce d'eau des fuiffes, où elle eft
encore aujourd'hui.

Le cavalier Bernin étoit courtifan & flatteur.
Un jour qu'il deffinoit le portrait de Louis XIV,
il éleva fur la tête de ce prince une boucle de
cheveux, en difant: *Votre majefté peut montrer
fon front à tout l'univers.*

La reine louant le portrait du roi, votre majefté, dit l'artifte, applaudit au portrait parce
qu'elle en chérit l'original.

On lui demanda quelles étoient les plus belles
femmes, des françoifes ou des italiennes? *Toutes
font belles*, répondit-il; *il n'y a de différence,
fi-non que le fang coule fous la peau des italiennes
& que l'on apperçoit le lait fous celle des dames
françoifes.*

BERNOUILLI (Jacques), né à Bafle en 1654,
mort en 1705. Ce grand mathématicien apprit
feul malgré fes parents, la géométrie & l'aftronomie, efpèce de triomphe qu'il célébra dans un
médaillon où il repréfenta Phaëton conduifant le
char du foleil avec cette légende, *je fuis parmi
les aftres, malgré mon père.* Il ordonna qu'on mît
fur fon tombeau fa plus belle découverte géométrique; favoir: une fpirale logarithmique avec
ces mots, *eadem mutata refurgo.*

Jean *Bernouilli*, fon frère, né en 1667, mort
en 1748. Il ne fe rendit pas moins célèbre dans
les mathématiques. Il avoit foutenu à l'âge de
dix-huit ans une thèfe en vers grecs fur cette
queftion, *fi le prince eft pour les fujets?*

Il eut trois fils, Nicolas, Jean & Daniel *Bernouilli*, qui cultivèrent auffi les fciences avec la
plus grande diftinction.

BERRUYER (Jofeph-Ifaac), jéfuite, né en
1681, mort en 1758; il eft l'auteur de l'*hiftoire
du peuple de Dieu*, où l'on a relevé plufieurs expreffions fingulières, telles que celles-ci: *Après
une éternité toute entière Dieu créa le monde.*

*A l'air aifé dont Dieu faifoit les miracles, on
voyait bien qu'ils couloient de fource.*

Le mal alloit toujours croissant à la honte du seigneur Dieu.

Il parle aussi des *aventures des patriarches.*

BERTAUD (Jean), évêque de Sées, secrétaire du cabinet & lecteur de Henri III, né en 1522, mort en 1611. Il a fait des stances en vers qui ont de la facilité & de l'élégance ; telle est celle-ci :

Félicité passée
Qui ne peut revenir,
Tourment de ma pensée,
Que n'ai-je, en te perdant, perdu le souvenir.

BÉRULE (cardinal de). Pierre de *Bérule*, né en 1575 au château de Sérilly en Champagne, étoit d'une famille noble. Il se distingua dans la fameuse conférence de Fontainebleau ; où Duperron combattit Duplessis-Mornay, le pape des huguenots. Henri IV l'envoya en Espagne pour amener des carmélites, & c'est par ses soins que cet ordre fleurit en France. Quelque temps après il fonda la congrégation de l'oratoire de France. Urbain VIII le nomma cardinal, enfin, *Bérule* mourut en 1629 à l'âge de 55 ans, en disant sa messe.

BETEL. Le *betel* est une plante des Indes qui rampe & grimpe comme le lierre. Les indiens mâchent des feuilles de *betel* pendant le jour & pendant la nuit. C'est un usage d'en offrir en saluant quelqu'un ; lorsqu'on se quitte pour quelque temps, on se fait présent de *betel*, que l'on offre dans une bourse de soie. Les femmes le regardent comme un puissant stimulant pour l'amour. L'usage de cette plante rend l'haleine assez douce pour parfumer la chambre où on entre après en avoir mangé ; mais lorsque cet usage n'est pas modéré, les dents en souffrent considérablement, & l'on voit des indiens qui à vingt-cinq ans n'ont plus de dents, pour avoir commis des excès en ce genre. Tout bien considéré, il doit paroître plus étonnant de voir les françois user du tabac, que de voir les indiens user du *betel*.

BÊTES (combat des). C'est dans les amphithéâtres, les cirques & autres édifices publics, que se faisoient les combats des *bêtes* : outre les animaux sauvages, tels que les lions, les ours, les tigres & autres, on y voyoit aussi des animaux domestiques, tels que le cheval, le taureau, l'éléphant. On les faisoit combatre contre ceux de la même espèce, ou d'espèce différente, ou même contre des hommes, qui pour l'ordinaire étoient des criminels. Quelquefois c'étoit des gens gagés, ou des athlètes. Souvent les criminels qui sortoient vainqueurs du combat des *bêtes* étoient absous.

Les romains & les grecs dressoient ces animaux à porter le joug & même à faire des tours de souplesse. On vit à la pompe de Ptolomée Philadelphe, 24 chars tirés par des éléphans, 60 par des boucs, 12 par des lions, 7 par des orix, 5 par des bufles, 8 par des autruches & 4 par des zèbres.

L'empereur Eliogabale fit traîner son char par quatre chiens d'une grandeur énorme, & parut en public traîné par quatre cerfs. Une autre fois il fit atteler des lions & des tigres.

BEURRE. Le *beurre* est une substance grasse & onctueuse, qu'on sépare du lait en le battant.

En Barbarie on fait le beurre en mettant la crême dans une peau de bouc suspendue d'un côté à l'autre de la tente, & en battant uniformément des deux côtés.

Les grecs n'ont eu que fort tard connoissance du *beurre*. Homère, Théocrite & Euripide n'en font aucune mention.

Les romains ne s'en servoient que comme d'un remède ; en Espagne, il étoit employé à la guérison des ulcères.

Sockins qui a écrit un gros volume sur cette matière, dit que le *beurre* est très-bon pour blanchir les dents.

BEZE (Théodore de). Théodore de *Beze* naquit à Vezelay en Bourgogne, en 1519. Il passa ses premières années dans l'étude & dans le charme de la poésie grecque & latine. En 1561 il se trouva à la tête des treize ministres de la réforme, au colloque de Poissi. Il y porta la parole devant Charles IX, la reine mère & les princes du sang qui étoient présens ; mais ayant avancé que Jésus-Christ étoit aussi éloigné de l'eucharistie que le ciel est éloigné de la terre, il scandalisa & irrita tout l'auditoire. La guerre civile n'ayant pas été terminée par ce colloque, *Beze* se fixa auprès du prince de Condé, & se trouva avec lui à la bataille de Dreux, en 1562. Il devint chef de l'église de Genève, après la mort de Calvin, dont il avoit été le disciple le plus fidèle & le plus zélé coadjuteur. Il mourut en 1605, âgé de 86 ans, avec la réputation d'homme aimable, de poète distingué, d'orateur très-éloquent & de théologien emporté.

BIAS, l'un des sept sages de Grèce. Il vivoit vers l'an 608 avant Jésus-Christ, & étoit de Priène ville de Carie.

Des pêcheurs ayant trouvé un trépied d'or avec cette inscription, *au plus sage*, ils le portèrent à *Bias*, qui dans le moment l'envoya au temple d'Apollon ; & fit voir par cette action qu'il étoit digne du présent qu'on lui avoit fait.

La ville de Priéne, sa patrie, étoit affiégée, & chacun se pressoit d'emporter ses effets les plus précieux. Comme on demandoit à *Bias* pourquoi il se retiroit les mains vides : *je porte tout avec moi*, répondit-il, faisant entendre que la science & la vertu étoient les seuls biens réels.

Il étoit sur un vaisseau, & plusieurs personnes de l'équipage connues par leurs débauches, voyant le bâtiment dans un pressant danger, se mirent à prier les dieux. *Taisez-vous*, leur dit *Bias* ; *qu'ils ne sachent pas, s'il se peut, que vous êtes ici.* Il avoit coutume de dire, « parmi les bêtes sauvages, la plus à craindre est un tyran ; parmi les domestiques, c'est le flatteur.

» L'espérance est le pavot qui endort nos peines, mais l'amour du gain les réveille ».

Ce sage eut une fin digne de lui ; il mourut en plaidant pour un de ses amis. Ses concitoyens lui consacrèrent un temple.

BIBLIOMANE. Un *bibliomane* est un homme possédé de la fureur d'avoir des livres. Voici comment la Bruyère peint un *bibliomane* dont il suppose avoir desiré de voir la bibliothèque : « Je vais, dit-il, trouver cet homme qui me reçoit dans une maison, où, dès l'escalier, je tombe en foiblesse, d'une odeur de maroquin noir dont ses livres sont tous couverts. Il a beau me crier aux oreilles, pour me ranimer, qu'ils sont tous dorés sur tranche, ornés de filets d'or, & de la bonne édition ; me nommer les meilleurs l'un après l'autre ; dire que sa galerie en est remplie à quelques endroits près, qui sont peints de manière, qu'on les prend pour de vrais livres rangés sur des tablettes, & que l'œil s'y trompe ; ajouter qu'il ne lit jamais, qu'il ne met jamais le pied dans cette galerie, qu'il y viendra pour me faire plaisir ; je le remercie de sa complaisance & ne veux non plus que lui visiter sa tannerie qu'il appelle bibliothèque ».

L'amour des livres, quand il n'est pas guidé par la philosophie & par un esprit éclairé, est une passion ridicule, & cette passion se nomme bibliomanie ; c'est sur-tout au-dessus des bibliothèques formées par les *bibliomanes*, qu'on pourroit mettre pour inscription :

Les petites maisons de l'esprit humain.

M. Falconet avoit une singulière manière de composer sa bibliothèque & bien opposée à la bibliomanie. Quand il achetoit un ouvrage, fût-il en douze volumes, s'il n'y trouvoit que six pages de bonnes, il conservoit ces six pages & jettoit le reste au feu.

Pour revenir aux *bibliomanes*, il y en a eu un très-connu, qui avoit un amour singulier pour les livres d'astronomie, qu'il payoit fort cher,

quoiqu'il n'entendît rien à cette science ; c'étoit seulement pour les tenir enfermés sous clef dans des cassettes. Un autre qui prenoit grand soin que ses livres fussent reliés très-proprement n'en prêtoit à personne, & même empruntoit ceux dont il avoit besoin, quoiqu'il les eût en sa possession ; mais ils étoient trop beaux, trop bien dorés, pour risquer de les gâter.

Un financier, qui ne connoissoit que quelques régles d'arithmétique, avoit fait dresser un corps de bibliothèque dans son cabinet, où la sculpture & la dorure n'étoient point épargnées. Il ne s'agissoit plus que d'y mettre des livres. Il achete toute une édition *in-quarto*, d'une histoire que le libraire n'avoit pu débiter. Il la paie à tant la toise ; c'étoit le marché qu'il avoit fait. Mais il y avoit un inconvénient, les volumes ne pouvoient entrer dans la bibliothèque. Comme on lui représente qu'il faut espacer davantage les tablettes : Je ne veux pas, dit-il ; qu'on y touche ; vous gâteriez ma sculpture. Comment faire ? Parbleu, répartit-il, vous voilà bien embarrassés, il n'y a qu'à faire rogner les volumes.

BIBLIOTHÈQUE. Le mot de *bibliothèque* vient du grec & signifie dépôt de livres.

Les tables de la loi, les livres de Moïse, ceux des prophètes furent déposés dans le sanctuaire qui étoit regardé à cet égard comme la *bibliothèque* sacrée.

Selon Diodore de Sicile, le premier qui fonda une *bibliothèque* en Egypte, fut Osymandias contemporain de Priam, roi de Troye, & qui fit écrire ces mots au-dessus de l'entrée : « Le trésor des remèdes de l'ame ». Il y avoit à Memphis, aujourd'hui le grand Caire, une très-belle *bibliothèque* qui étoit déposée dans le temple de Vulcain.

Naucrates accuse follement Homère d'y avoir volé l'Iliade & l'Odiffée, & de les avoir ensuite données comme ses propres ouvrages.

La plus grande *bibliothèque* d'Egypte, & peut-être du monde entier fut celle des Ptolomées à Alexandrie. On avoit acheté des livres de toutes nations pour former cette immense collection, qui monta par degré jusqu'à sept cents mille volumes, à la vérité le terme de volume est employé pour signifier rouleau. Or, ces rouleaux étoient bien moins considérables que nos volumes.

Les morceaux les plus précieux de cette magnifique *bibliothèque*, étoient l'écriture sainte qui étoit déposée dans le principal appartement. Les ouvrages d'Aristote qui avoient été payés un prix exorbitant. Les originaux des tragédies d'Eschile, de Sophocle & d'Euripide, que Ptolomée-Phiscon dans un temps de famine avoit exigé des Athéniens pour leur fournir du bled,

Jules-Céfar affiégé dans un quartier d'Alexandrie, fit mettre le feu à la flotte qui étoit dans le port, & caufa l'embrâfement de cette fameufe *bibliothèque*.

Les athéniens parmi les grecs montroient de l'empreffement à former des bibliothèques; mais les lacédémoniens qui parloient peu & à qui l'écriture même paroiffoit fuperflue, n'en eurent jamais.

Chez les romains il y avoit des *bibliothèques* publiques & de particulières. Celle de Cicéron, entr'autres, étoit fort belle, furtout depuis qu'elle avoit été augmentée par celle de fon ami Atticus; felon lui fa *bibliothèque* étoit préférable à tous les tréfors de Créfus.

Simonicus, précepteur de l'empereur Gordien, avoit fondé à Rome une *bibliothèque* de huit mille volumes choifis; l'appartement qui la renfermoit étoit pavée en marbre doré, les murs étoient lambriffés de marbre & d'yvoire, & les armoires de bois d'ébène & de cedre.

Parmi ces grandes *bibliothèques*, il ne faut pas oublier celle fondée par Conftantin le grand, à Conftantinople, l'an 336. Elle éprouva beaucoup de révolutions, & monta cependant jufqu'à cent mille volumes. On affure qu'elle renfermoit la copie authentique du premier concile de Nicée, les ouvrages d'Homère écrits en lettres d'or, une copie des évangiles reliée en plaques d'or du poids de quinze livres, & enrichie de pierreries : les iconoclaftes qui détruifirent.

L'étude étant néceffaire à la Chine pour être bien vu dans le monde, & parvenir aux dignités, il y a néceffairement beaucoup de livres & de *bibliothèques*. Les hiftoriens rapportent, qu'environ 200 ans avant J. C. un empereur de la Chine, dans le deffein d'abolir la mémoire de ceux qui l'avoient précédé, ordonna de brûler tous les livres qui fe trouvoient dans fes états, excepté cependant ceux qui traitoient de médecine, d'agriculture & de divination. Une femme, heureufement, trouva le moyen de conferver plufieurs ouvrages, tels que ceux de Mentius & de Confucius furnommé le Socrate de la Chine.

Il y a auffi au Japon plufieurs belles *bibliothèques*. Le père Kircher & plufieurs autres favans ont ajouté foi à ce qu'on a dit d'une *bibliothèque* fituée dans le monaftère de Sainte-Croix, fur le mont Aara, en Ethiopie; dix millions cent mille volumes, tous écrits fur beaux parchemin & gardés dans des étuis de foie, compofent cette immenfe collection; elle doit, dit-on, fon origine à la reine de Saba, qui avoit reçu de Salomon les livres d'Enoch fur des fujets philofophiques, plufieurs livres de Noé & d'Abraham, ceux d'Efdras, des fybilles, des prophètes, &c.

Les arabes fe vantent d'avoir, dans une *bibliothèque*, à Maroc, la première copie du code de Juftinien.

Celle de Fez eft, dit-on, de trente-deux mille volumes, & renferme, à ce qu'on affure, toutes les décades de Tite-Livre, & les ouvrages d'Hippocrate & de Galien.

De toutes les *bibliothèques* d'Europe, qui contiennent des morceaux auffi rares que curieux, les plus célèbres font celles du Vatican à Rome, de l'Efcurial à Madrid, de Vienne, & de Saint-Marc, à Venife.

La France, particulièrement, offre les richeffes les plus précieufes en ce genre; & Paris, la capitale du monde littéraire, réunit un grand nombre de belles *bibliothèques*, tant publiques que particulières. Nous allons donner quelques détails fur la plus nombreufe & la plus précieufe de toutes, qui eft celle du roi.

Avant le quatrième fiècle, nos rois avoient des *bibliothèques* qui leur étoient particulières & qui, lors de leur mort, fe trouvoient difperfées. Ce n'eft qu'à Charles V, prince extrêmement ami des lettres, qu'on doit faire honneur de l'établiffement d'une *bibliothèque* royale, qui eft devenue depuis la plus belle portion du tréfor de la couronne. Il choifit une des tours du Louvre pour y dépofer neuf cents dix volumes qui formoient toute fa collection; il avoit fait placer dans cette falle trente petits chandeliers, & une lampe d'argent pour éclairer tous ceux qui vouloient venir y travailler.

Ce petit tréfor, qui s'étoit accru fucceffivement, fut entièrement diffipé pendant les troubles du règne de Charles VII.

Louis XI fit fes efforts pour réunir les débris de la librairie du Louvre.

Charles VIII, après fa conquête en Italie, y joignit une grande partie de la *bibliothèque* de Naples.

Louis XII mit beaucoup de zèle à l'augmenter, & l'enrichit de celle de Blois qui étoit très-eftimée.

François I la réunit, en 1454, à celle qu'il avoit commencée à Fontainebleau, & créa, en faveur de Guillaume Budé, la charge de bibliothécaire, fous le titre de maître de la librairie du roi.

Sous le règne de Charles IX, elle fut confiée à Jacques Amyot qui fut remplacé par le préfident de Thou, fous le règne de Henri-le-Grand. Ce prince fit tranfporter la *bibliothèque* de Fontainebleau dans le collège de Clermont à Paris, & de là aux cordeliers. En 1599, on y joignit la belle collection de Catherine de Médicis.

Sous Louis XIII, les augmentations se multiplièrent, & la *bibliothèque* du roi fut transférée dans une autre maison appartenant aux cordeliers, rue de la Harpe.

M. Bignon & M. Colbert (frères du ministre) en eurent successivement la direction.

Sous Louis XIV, les acquisitions furent immenses. En 1666, M. Colbert fit rassembler la *bibliothèque* dans deux maisons qui lui appartenoient dans la rue Vivienne. Ce ministre, & après lui M. de Louvois, se montrèrent zélés protecteurs des lettres par les richesses qu'ils ont fait acquérir au roi dans cette partie. A la mort de Louis XIV. sa *bibliothèque*, qu'il avoit reçue, composée d'environ cinq mille volumes, se montoit à plus de soixante dix mille.

L'heureuse inclination de Louis XV à protéger les lettres & les sciences, contribua infiniment à la perfection d'un ouvrage commencé depuis plusieurs siècles; en effet le nombre des livres de la *bibliothèque* du roi devint trop considérable pour être contenu avec l'ordre nécessaire dans les deux maisons de la rue Vivienne. En 1721, M. l'abbé Bignon, profitant de la décadence du système de Law, obtint du régent un ordre pour faire placer la *bibliothèque* du roi à l'hôtel de Nevers, rue de Richelieu, où avoit été la banque, & ce monument qu'on peut regarder comme le temple des muses & le sanctuaire des arts, offre tout ce que l'ordre, la majesté & la magnificence ont de plus imposant. Cependant, que répondre à celui qui, après avoir parcouru cette enceinte qu'on pourroit appeler sacrée, s'écrioit : *Quam multis non indigeo !* que de choses dont je n'ai pas besoin !

BOINDIN, (Nicolas) né en 1676, mort en 1751. Il est l'auteur de Lamotte de la petite comédie intitulée *le Port de mer*, & restée au théâtre françois. *Boindin* étoit l'orateur du café Procope où il passa la plus grande partie de sa vie. Il prêcha, en quelque sorte, l'athéisme, ce qui lui fit refuser les honneurs de la sépulture. On lui a fait cette épitaphe épigrammatique :

Sans murmurer contre la parque
Dont il connoissoit le pouvoir,
Boindin vient de passer la barque,
Et nous a dit à tous bon soir.
Il l'a fait sans cérémonie,
On sait qu'en ces derniers momens
On suit volontiers son génie :
Il n'aimoit pas les complimens,

BOISROBERT, (François le Metel de) de l'académie françoise ; né à Caen en 1592, mort en 1662.

On se souvient à peine aujourd'hui que l'abbé de *Bois-Robert* a composé des pièces de théâtre, des poésies diverses, des chansons, &c. Ses ouvrages cependant eurent quelque succès dans leur nouveauté, parce que plusieurs flateurs étoient intéressés à les faire valoir, & parce que l'abbé de *Bois-Robert* savoit en imposer par l'agrément de sa déclamation ; aussi disoit-il à son ami Conrard :

En récitant des vers, je fais merveilles,
Je suis Conrard, un grand dupeur d'oreilles.

Le jour de la première représentation de sa pièce des *Apparences Trompeuses*, l'abbé de *Bois-Robert* étoit aux Minimes de la place Royale, où il entendoit la messe à genoux sur un prie-dieu fort propre : il se faisoit autant remarquer par sa bonne mine, que par un bréviaire en grand volume qui étoit ouvert devant lui. Quelqu'un demanda à M. de Coupeauville, abbé de la victoire, qui étoit cet abbé ? M. de Coupeauville répondit : « c'est l'abbé Mondory (acteur) qui doit prêcher cet après-midi à » l'hôtel de Bourgogne ». Quelques jours après M. de Coupeauville rencontra *Bois-Robert* qui s'en revenoit de la comédie à pied. Il lui demanda où étoit son carrosse. « On me l'a saisi & enlevé, » dit *Bois-Robert*, pendant que j'étois à la comédie. » Quoi ! répliqua M. de Coupeauville, à la porte » de votre Cathédrale ? L'affront n'est pas supportable ».

Bois-Robert passoit dans la rue Saint-Anastase, à côté d'un homme qui étoit blessé à mort ; on l'appella pour le confesser. *Bois-Robert* s'approcha ; & comme il étoit pressé d'aller dîner, il dit au mourant : « Camarade, pensez à Dieu ; dites votre » *benedicite* ».

Bois-Robert, par les agrémens de son esprit & de son humeur, sa conversation, & le talent qu'il avoit de railler agréablement, s'acquit la faveur du cardinal de Richelieu, qui le combla de bienfaits. Son plus grand soin étoit de délasser l'esprit du cardinal, après les grandes occupations de ce ministre, tantôt par ses contes agréables, tantôt en lui rapportant toutes les nouvelles de la cour & de la ville. Cet amusement étoit devenu si nécessaire à cette eminence, que Citois, son premier médecin, avoit coutume de lui dire : « Monsei- » gneur, nous ferons tout ce que nous pourrons » pour votre santé ; mais toutes nos drogues sont » inutiles, si vous n'y mêlez un peu de *Bois-* » *Robert* ». Sa faveur auprès du cardinal fut interrompue par une accusation de débauche, dont il a toujours été fort soupçonné. Pour rentrer dans les bonnes graces du ministre, il employa M. Beautru qui avoit beaucoup de crédit auprès de son eminence. *Bois-Robert* n'oublia rien pour se justifier dans l'esprit de M. de Beautru. « Si vous aviez » vu, lui dit-il, la personne au sujet de qui l'on » m'accuse, vous en seriez surpris. Il ne faut que » la voir, pour connoître mon innocence. Bon !
» lui

» lui répliqua Beautru, sa laideur vous excuse-t-
» elle ? Vous n'en êtes que plus coupable ; allez,
» allez, je ferai votre paix ». Beautru ne réussit
pas entièrement à le réconcilier avec le cardinal.
Il fallut que Citois s'en mêlât, & profitât d'une
indisposition du ministre ; car connoissant qu'elle
ne venoit que de quelque chagrin, il lui donna
pour toute ordonnance, *Recipe Bois-Robert*, pour
lui faire comprendre que rien ne pouvoit contribuer davantage au rétablissement de sa santé, que
les contes plaisans de cet abbé. L'ordonnance eut
l'effet qu'il desiroit.

L'abbé de *Bois-Robert* aimoit le jeu avec passion. Il perdit une fois dix mille écus contre M. le
duc de Roquelaure. Ce duc, qui aimoit l'argent,
voulut être payé ; & ce fut Beautru qui fit l'accommodement. L'abbé vendit ce qu'il avoit, &
en fit quatorze mille francs. Beautru dit au duc,
en lui donnant cette somme, qu'il falloit qu'il
remît le surplus, & que l'abbé de *Bois-Robert*
feroit une ode à sa louange ; mais la plus méchante
qu'il pourroit. « Quand on saura dans le monde,
» ajouta-t-il, que M. le duc de Roquelaure a fait
» présent de seize mille francs pour une méchante
» pièce, que ne présumeroit-on pas qu'il eût fait
» pour une bonne » ?

BIENS, richesse. Quelqu'un demandoit à Thémistocle à qui il valoit mieux donner sa fille en
mariage, ou à un homme de mérite sans *bien*,
ou à un homme de *bien* sans mérite ; Thémistocle
répondit qu'il préféroit un homme sans *bien* à
un *bien* sans homme.

BIEN, adverbe. M. S. archidiacre d'Auxerre
crioit toujours en chaire ; quelqu'un le comparant au père Bourdaloue, disoit : « Le père Bourdaloue prêche fort *bien*, & l'archidiacre *bien*
fort.

BIENFAISANCE, vertu qui naît de l'amour,
& nous fait contribuer, autant qu'il est en nous,
au bonheur de nos semblables. La *bienfaisance*
est à la bienveillance ce que l'acte est au desir.

BIENFAISANT. Un ministre, dit le sage Sadi,
étoit *bienfaisant*. Un jour, il déplut à son maître,
& il fut mis en prison ; mais le peuple sollicita
sa délivrance. Les gardes lui rendoient sa prison
agréable ; les courtisans parloient au roi de ses
vertus ; le monarque lui pardonna. « Vendez le
jardin de votre père, pour en acheter un seul
cœur ; brûlez les meubles de votre maison si
vous manquez de bois pour préparer le repas
de votre ami. Faites du bien à vos ennemis,
faites-leur des présens. Ne menacez pas le chien
qui aboie : jettez-lui un morceau de pain ».

Un de nos poëtes modernes a célébré la bien-
Encyclopédiana.

faisance, & c'est à cette divinité qu'il adresse les
vers suivans :

La nature prudente & sage
Unit tous les hommes entr'eux :
Ta main, confirmant son ouvrage,
Resserre ces utiles nœuds :
C'est toi dont le charme nous lie
A nos maîtres, à la patrie,
Aux auteurs même de nos jours ;
C'est toi, dont la vertu féconde
Réunit l'un à l'autre monde
Par un commerce de secours.

César disoit que rien ne le flattoit davantage
que les demandes & les prieres, & que ce
n'étoit qu'alors qu'il se trouvoit véritablement
grand.

Marc-Antoine frappé par les revers de la
fortune, disoit en pensant au bien qu'il avoit
fait : j'ai encore tout ce que j'ai donné.

Chelonie, fille & femme de roi, voyant l'inimitié qui régnoit entre son père & son mari,
suivit son père dans l'adversité, & tâcha de lui
faire oublier ses malheurs. La fortune changea,
son époux devint malheureux, elle alla le rejoindre & le consola de la rigueur de son sort. Cette
princesse suivoit en cela son penchant à la bienfaisance.

Le roi de Pologne, duc de Lorraine & de
Bar, surnommé le *bienfaisant*, eut l'art de régler sa bienfaisance par une économie sage &
raisonnée. Ce prince donna aux magistrats de
la ville de Bar dix mille écus qui doivent être
employés à acheter du bled lorsqu'il est à bas
prix, pour le revendre aux pauvres à bas prix
quand il est monté à un certain point de cherté ;
par cet arrangement la somme augmente toujours
& on peut espérer de pouvoir la répartir sur d'autres objets utiles au bonheur du peuple.

L'empereur Charles VI instruit qu'un de ses
officiers, séduit par l'argent des ennemis méditoit de lui ôter la vie, le fit venir. J'ai appris, lui
dit le prince, que vous n'aviez pas de quoi marier l'aînée de vos filles, recevez ces mille ducats pour sa dot. Par ce trait d'une bienfaisance
& d'une générosité vraiment royale, il prévint
un crime & fit un heureux.

On vint dire à Philippe que Nicanor disoit
toujours du mal de lui, il fit prendre sur cet
homme des informations, & sachant qu'il avoit
rendu à l'état des services dont il n'avoit point
été récompensé, il lui envoya une somme considérable. Nicanor enchanté de la *bienfaisance* de
Philippe se répandit en éloges. Vous voyez, dit
ce prince, combien il est facile aux rois de faire
parler d'eux en bien ou en mal.

Un homme est arrêté le soir pour dettes, il demande un référé chez le magistrat, il l'obtient. Le magistrat touché des malheurs de cet infortuné, mais ne pouvant avec justice le dispenser des formes rigoureuses, le laisse conduire en prison. A peine est-il sorti que cet homme respectable se couvrant d'un simple manteau, court à la prison, avec la somme due; & évite au débiteur, dont il avoit reconnu la bonne-foi, l'horreur de passer une nuit dans les prisons.

« Je passois, dit l'ami des hommes, dans un canton de traverse de Quercy. Je m'arrêtai dans un assez gros lieu, où couloit un ruisseau considérable, ou petite rivière que je remarquai toute pleine d'écrevisses. Je demandai à l'aubergiste combien de gardes avoit le seigneur, pour que la pêche fût ainsi conservée? — Ah! monsieur, me dit le bon homme, ceci appartient à M. le marquis **** ; ce sont les meilleurs seigneurs du monde que nous avons depuis deux cents ans & qui viennent souvent dans le pays. Il n'y a pas un de nous, qui, loin de lui rien prendre, ne fût le premier en pareil cas, à dénoncer son voisin ».

Un homme de qualité d'une province peu éloignée du Quercy, donna pendant une disette, le pain & le couvert dans ses granges à mille pauvres durant six mois. « Allez, mes enfans, leur dit-il à la Saint-Jean, allez tâcher d'en gagner. Je vais en ramasser pour l'année prochaine, si la disette dure ».

Madame M........ alliée aux maisons les plus distinguées, étoit aussi respectable par la beauté de son ame & la bonté de son cœur, que par son grand âge. Les années ne lui avoient rien ôté de la vigueur de son esprit, & dame de quatorze paroisses; toutes les affaires passoient par ses mains & sous ses yeux. A la mort d'une veuve, qui tenoit une de ses terres, les enfans se présentèrent pour en obtenir un nouveau bail: Eh bien, mes amis, leur dit madame de M...., vous avez perdu une bonne mère, & je la regrette sincèrement, car c'étoit une femme bien honnête, est-ce que vous voulez prendre sa place? — Nous venons pour cet objet & nous espérons également satisfaire madame, si elle veut bien nous donner son agrément. — Volontiers, mais il me semble que votre mère tenoit ma ferme à très-bon compte. — Si madame le juge convenable, nous croyons pouvoir en porter l'augmentation à 500 liv. — Non, non, mes enfans, ce seroit pour vous un trop mauvais commencement; c'est moi au contraire qui vous diminue 500 livres; allez & prospérez.

Le saint-père ayant surpris un jeune enfant qui peignoit & dont l'ouvrage lui parut marquer du talent; il rassura sa timidité, & lui dit qu'il vouloit lui donner une place dans les élèves du collège romain. A quoi l'enfant répondit qu'il ne pou-

voit profiter de la bonne volonté du pontife; puisqu'il étoit protestant. « J'aimerois mieux que vous fussiez catholique, répliqua le saint-père, mais la peinture n'a rien de commun avec la religion, & votre culte ne doit mettre aucun obstacle à ma *bienfaisance* à votre égard ».

Le roi de Pologne, Stanislas II, se rendit à la bibliothèque de l'académie de Grodno, & se fit présenter la collection des plantes lithuaniennes. En voyant les trois cents figures de plantes, gravées sur cuivre, sous la direction de Richier de Belleval, par ordre de Henri IV, roi de France, lesquelles ne sont pas encore publiées; sa majesté dit: »Faites connoître au plutôt ce trait de *bien-faisance* de la part du modèle des rois; on ne sauroit trop augmenter ces faits qui immortalisent ce grand homme ».

Un jour du mois de février 1784, Louis XVI chassant à cheval près de Versailles, se trouvoit un peu éloigné de sa suite; enveloppé dans son manteau à cause du froid, rien ne le distinguoit des autres: un jeune paysan l'aborde, le suit, & lui demande l'aumône avec beaucoup d'importunité: mon père & ma mère sont malades, crioit-il en pleurant, nous n'avons rien mangé depuis deux jours. Le roi ému s'arrête, & curieux de savoir la vérité, il lui dit: Tu me trompes peut-être: tu répetes ce qu'on t'a appris pour toucher les passans. Voyons, où demeures-tu? — Ici tout près, monsieur. — Eh bien, conduis-moi. Le monarque & le paysan arrivent dans une chaumière à quelques pas du hameau. Sa majesté y voit le trop fidèle tableau de la misère. Louis XVI donne tout ce qu'il a sur lui, & fait assurer à son retour une petite pension à ces infortunés pour le reste de leurs jours. Cette aventure étant bientôt sue à la cour, quelqu'un s'avisa (sans doute par zèle) d'observer que le roi n'auroit pas dû s'exposer avec tant de confiance. Une jeune princesse aussi aimable qu'auguste, releva ce propos, en disant: « Je ne vois rien que de naturel dans la démarche de mon frère, & c'est un très-grand mal que d'éloigner ainsi des princes l'occasion de connoître la vérité, sous le prétexte de l'intérêt qu'on prend à leurs personnes ». Ces paroles, si véritablement belles dans la bouche d'une jeune princesse, justifient bien les vers suivans de M. Roucher:

Flatteurs, ne dîtes plus aux rois
Qu'élevés au-dessus des loix,
Le ciel de tout impôt affranchit la couronne,
Louis vous répondra qu'en des jours rigoureux,
Le sacrifice entier des délices du trône,
Est l'impôt que les rois doivent aux malheureux.

Le roi Louis XVI. & son auguste épouse, peu de temps avant de monter sur le trône, se promenoient dans le parc de Versailles, libres de faste important qui sans cesse assiége les grands, ils apperçurent une jeune enfant qui portoit une écuelle avec quelques cuillers d'étain. « Que portes-tu-là, lui dit la princesse ? — Madame, c'est de la soupe pour mon père & ma mère qui travaillent là bas aux champs. — Et avec quoi est-elle faite ? — Avec de l'eau, madame, & des racines. — Quoi ! sans viande ? — Oh ! madame, bienheureux quand nous avons du pain. — Eh bien, porte ce louis à ton père, pour vous faire à tous de meilleure soupe... Elle dit au prince : « voyons ce qu'elle deviendra ». Ils la suivent en effet ; & considérant de loin le bon homme courbé sous le poids de son travail, qui, dès que sa fille lui a remis le louis, & lui a fait part de cette heureuse rencontre, tombe à genoux avec sa femme & ses enfans, & lève les mains vers le ciel ; ah ! vois-tu, mon ami ! s'écrie la princesse, ils prient pour nous. Quel plaisir on goûte à faire du bien ! ton cœur ne te dit-il rien à un pareil spectacle ! — Mettez votre main là, dit le prince, en portant à son cœur celle de son épouse ». Oh ! ton cœur bat bien fort ! va, tu es sensible, & je suis contente de toi.

Un mortel bienfaisant est la plus fidelle image de la divinité, qui veut le bonheur des hommes. Les scythes poursuivis par Alexandre jusqu'au milieu des bois & des rochers qu'ils habitoient, dirent à ce conquérant, qui vouloit passer pour le fils de Jupiter Ammon : Tu n'es pas un dieu puisque tu fais du mal aux hommes.

Léopold, duc souverain de Lorraine, étoit un prince bienfaisant. Un de ses ministres lui représentoit que ses sujets le ruinoient. Tant mieux, répondit Léopold, je n'en serai que plus riche, puisqu'ils seront heureux.

Une autre fois on lui faisoit le récit de quelques avantages qu'un souverain venoit de faire à ses peuples : Il le devoit, répondit le duc ; je quitterois demain ma souveraineté, si je ne pouvois faire de bien.

Un gentilhomme, qui ne lui avoit jamais rien demandé, quoiqu'il fût dans le besoin, jouoit avec son maître, & gagnoit beaucoup. Vous jouez bien malheureusement, dit-il au prince. — Jamais, répartit Léopold, la fortune ne m'a mieux servi ; mais je devois seul m'en appercevoir.

Un étranger, qu'il avoit renvoyé dans sa patrie, comblé de bienfaits, osa lui manquer. On en parla au prince, qui dit, avec bonté : Je ne dois pas lui faire un reproche de son ingratitude, puisque je ne l'ai obligé que pour moi.

Un magistrat attendoit que Léopold sortît de son appartement, pour lui demander un emploi dont on venoit de disposer en faveur d'un autre. Le duc voulant sauver le désagrément d'un refus au solliciteur, l'interrompit au milieu de son compliment, & lui dit : Soyez content, monsieur, votre ami vient d'obtenir la charge que vous venez me demander pour lui.

BIENFAITS.

En épanchant ses dons, une ame vertueuse
Sait cacher avec soin une main généreuse ;
D'un cœur né vraiment grand, c'est la première loi.
La vertu pour témoin n'a besoin que de soi.
Et sans s'inquiéter de la reconnoissance,
Le plaisir du bienfait devient sa récompense.

Quand un ami tendre & sincère
Prévient & comble vos souhaits,
Il faut divulguer ses bienfaits ;
C'est être ingrat que de se taire.

En amour, c'est une autre affaire ;
Il faut savoir dissimuler ;
Les faveurs veulent du mystère ;
C'est être ingrat que de parler.

Les amis de l'empereur Vespasien lui conseillèrent de se défier d'un certain Métius-Pomposianus, parce que le bruit s'étoit répandu qu'il devoit, un jour, parvenir à l'empire. Vespasien, bien loin de pourvoir à sa propre sûreté, éleva au consulat ce même Métius ; &, voyant ses amis surpris de sa conduite : « Si Métius doit régner, répondit-il, je veux me le rendre favorable par des bienfaits. Il se souviendra de moi, quand il sera empereur ».

BIENSÉANCE. La bienséance, en général, consiste dans la conformité d'une action avec le temps, les lieux & les personnes ; c'est l'usage qui nous rend sensibles à cette conformité, ce n'est pas le progrès des mœurs, mais le progrès du goût de la culture de l'esprit & de la politesse qui décide des bienséances ; on prétend même que plus le cœur est corrompu, plus on est sévère sur les bienséances.

Chastes sont les oreilles,
Encor que le cœur soit frippon.

On le croira volontiers si l'on se souvient que l'époque à laquelle on devint difficile sur les bienséances théâtrales, fut lorsque l'envie eût fait un crime à Corneille d'avoir manqué à la bienséance, en faisant paroître le Cid dans l'appartement de Chimène, après la mort de son père.

Une jeune femme pressoit un homme plus décent que fortuné de faire sa partie. Celui-ci qui savoit jusqu'où s'étendoient les bienséances, au lieu de lui demander son jeu, lui déclara le sien. « Fi donc, lui dit-elle, qui est-ce donc qui joue

» ce jeu là ? — Des duchesses, repliqua-t-il » : Cette femme étoit la fille d'un traitant.

BIENVEILLANCE. Les yeux de la *bienveillance*, dit un auteur moderne, sont toujours rians. Une femme ne regarde pas son amant comme un autre. Et le favori à qui son maître parle sérieusement, doit dire, comme le marquis de ***. « Je suis perdu ! le prince ne m'a pas demandé des nouvelles de ma femme & n'a point caressé ma levrette ».

BIERRE. Pendant les guerres de 1672, une bonne femme qui vendoit de la bierre à l'armée de Hollande, crioit de toute sa force, à deux sols ma bonne bierre, à deux sols. Un soldat crioit derrière sa tente, à six liards ma bonne bierre, à six liards. Hélas : disoit la bonne femme, voilà un malheureux qui s'est venu camper près de moi pour m'ôter tous mes chalans ; car tout le monde couroit au meilleur marché. Enfin, après avoir bien lamenté sur ce qu'elle croyoit que sa bierre lui resteroit, elle fut étonnée de voir qu'il n'y en avoit plus une goutte dans son tonneau, & cela parce que le soldat avoit trouvé le secret de le percer de l'autre côté de sa tente ; & en faisant deux liards de meilleur marché, il avoit débité avant que la bonne femme se fût apperçue du tour.

BIGAME. On a dit en plaisantant, qu'un homme *bigame* étoit plutôt pendu qu'un autre, parce qu'il a deux femmes qui filent sa corde.

BIGOT. Soit que le mot de *bigot* vienne de l'allemand *bey-gott*, ou de l'anglois *by-god*, il signifie également pardieu & se prend en mauvaise part pour désigner une personne qui, minutieusement attachée aux pratiques extérieures de la religion, en viole les devoirs essentiels & sacrés.

On dit que les normands eurent le surnom de *bigots*, à l'occasion du duc Raoul, qui recevant en mariage la fille de Charles-le-Simple & avec elle l'investiture du duché de Normandie, refusa de baiser les pieds au roi en signe de vasselage, à moins que le roi de son côté ne se prêtât à la cérémonie. Cependant pressé de le faire, il répondit vivement *no by-god*, non, pardieu ! & son jurement fit donner à tous ses sujets le nom de *bigots*.

BIGOTERIE. Elisabeth ne fut jamais une protestante rigide : sa dévotion douce & liante savoit parfaitement se concilier avec les petites foiblesses de l'humanité.

Pendant qu'elle donnoit à ses amans sa flotte & son armée à commander contre les espagnols, elle composoit une prière très édifiante qui devoit être récitée tous les jours sur chaque vaisseau.

Ceci donnera une idée du ton de bigoterie qui caractérisoit alors la cour de cette reine & offrira en même-temps un exemple du style épistolaire du fameux ministre Cécile.

Lettre de mylord Cécile au comte d'Essex.

MON TRÈS-BON SEIGNEUR.

« Je vous envoie ici inclus un digne encouragement pour vous ; mais qui nous laisse ici une extrême consolation : car il n'y a rien de si agréable à l'oreille du Tout-Puissant que la prière ; aucune prière plus efficace, que celle des personnes qui en approchent davantage par leur nature & leur puissance, ni aucun être qui approche autant de sa place & de son essence céleste dans un corps auguste : Et comme sa divine majesté a un œil plus particulièrement attaché sur les actions des princes, aussi a-t-elle sans doute une oreille plus favorable pour écouter leurs prières. Partez donc, mylord, plein de consolation & de confiance dans celles de la reine, ayant vos voiles enflées de son souffle céleste, au lieu de vent en poupe. Vous nous laissez en elle la prudence pour la sûreté de l'état, & la piété (qui est une grande richesse) parfaitement unie dans son sein royal.... Si j'ose vous en faire part, ce n'est pas qu'on me l'ait confié ; ce papier m'est tombé entre les mains par un hasard : je pourrois à peine me justifier d'y avoir jetté les yeux, beaucoup moins d'en avoir pris copie. Ayez donc égard à ma position ; je ne demande que le silence pour prix de ma hardiesse, & vous me trouverez toujours, de votre grandeur, le très-humble à vous faire service ».

Quel jargon *bigot* & emphatique ! Quelle petite ruse de feindre s'être laissé dérober une prière que l'on ordonne à son ministre d'envoyer au général, pour être journellement récitée dans chaque vaisseau.

BILLAUT. Adam *Billaut* plus connu sous le nom de maître Adam, ménuisier de Nevers, fut appellé par les poëtes de son temps, le Virgile au rabot. Il forma plusieurs récueils de vers de sa composition, qu'il intitula, ses chevilles, son villebrequin, son rabot, &c. Le cardinal de Richelieu & le duc d'Orléans lui firent des pensions. Il fut épicurien sans libertinage & stoicien sans superstition. On disoit que si Epicure & Zénon avoient vécu de son temps, il les auroit fait boire ensemble. Le duc de Saint-Agnan, dit de ce poëte buveur, que pour les vers & pour le nom

Il étoit le premier des hommes.

On ne peut s'empêcher, dit Voltaire, de citer de cet homme singulier, qui sans aucune littérature devint poëte dans sa boutique, le rondeau suivant qui vaut mieux que beaucoup de rondeaux de Benferade.

Pour te guérir de cette fciatique
Qui te retient, comme un paralytique,
Entre deux draps fans aucun mouvement,
Prends-moi deux brocs d'un fin jus de farment,
Puis lis comment on le met en pratique.
Prends en deux doigts, & bien chaud les applique
Sur l'épiderme où la douleur te pique,
Et tu boiras le refte promptement,
            Pour te guérir.

Sur cet avis ne fois point hérétique,
Car je te fais un ferment authentique
Que fi tu crains ce doux médicament,
Ton médecin, pour ton foulagement,
Fera l'effai de ce qu'il communique
            Pour te guérir.

BION DE BORYSTHÈNE, philofophe cinique, florilloit 276 ans avant Jéfus-Chrift.

Un envieux paroiffant chagrin, il lui demanda « fi fa triftelle venoit de fes propres malheurs, ou du bonheur des autres.

L'impiété, difoit-il, eft une mauvaife compagne de la fécurité, puifqu'elle la trahit toujours.

Il difoit à fes difciples : « Quand vous écouterez avec la même indifférence les injures & les complimens, vous pourrez croire alors que vous aurez fait des progrès dans la vertu ».

Il difoit encore : « Honorons la vieilleffe, puifque c'eft le but où nous tendons tous ».

BIRAGUE. Réné de Birague, né à Milan, d'une famille noble, vint en France pour échapper à la haine de Louis Sforce. François I le fit confeiller au parlement de Paris, Charles IX le fit garde-des-fceaux, & en 1573 chancelier de France. Il s'unit aux Gondis, aux Guifes & à Catherine de Médicis, pour diriger le complot de la S. Barthelemi. Henri III lui ayant retiré les fceaux, obtint pour lui, de Grégoire XIII, le chapeau de cardinal. Il avoit été marié avant d'entrer dans l'état eccléfiaftique. Birague mourut en 1583, âgé de 74 ans. Ses obfèques furent pompeufes, le roi y affifta en habit de pénitent, & Renaud-de-Beaune, archevêque de Bourges, prononça par fon ordre l'oraifon funèbre.

Birague difoit ordinairement qu'il étoit cardinal fans titre, prêtre fans bénéfice, & chancelier fans fceaux.

L'avocat Servin a fait ainfi fon portrait : « Ce » chancelier étoit italien de nation & de religion, » bien entendu aux affaires de l'état, fort peu en » juftice. De favoir il n'en avoit point, au refte

» libéral, voluptueux, homme du temps, ferviteur abfolu des volontés du roi, répétant qu'il » n'étoit pas chancelier de France, mais chancelier du roi de France ».

BIRAGUE gentilhomme italien, de la famille du chancelier de ce nom, il fe diftingua dans les guerres d'Italie, fous le premier maréchal de Briffac. Il attaqua Cardé petite ville de Piémont, défendue par 400 bannis qui firent tant de réfiftance que fes troupes demandèrent à faire retraite. « Quoi donc, leur cria Birague, feroit-il poffible que le defir de la gloire vous infpirât moins de courage que le défefpoir n'en donne à ces brigands ? En même temps il les conduifit à l'affaut, « c'eft-là, dit-il, qu'il faut aller mourir plutôt que de nous fauver par une retraite honteufe». Son exemple & fon audace enhardirent les foldats. Toute la garnifon fe fit tuer fur la brèche.

BIRON. Armand de Gontaut, baron de Biron, obtint par fa valeur les grades militaires dont il fût honoré & les places importantes qu'il occupa. Celle de grand maître de l'artillerie le fauva du maffacre de la Saint-Barthelemi, car ayant eu le temps de fe mettre en défenfe, il conferva fa vie & celle de fes amis. Il fût un des premiers qui reconnut Henri IV, après la mort funefte d'Henri III Il mourut en 1592, au fiége d'Epernai en Champagne, d'un coup de canon. Il avoit paffé partout les grades militaires, depuis celui de fimple foldat, jufqu'à celui de général. Sa devife étoit une mêche allumée, avec ces mots, perit fed in armis. Il avoit été le parrain du cardinal de Richelieu, auquel il avoit donné le nom d'Armand, devenu depuis fi fameux.

BIRON (Charles de Gontaut, duc de), maréchal de France, né vers l'an 1562. Il eut la tête tranchée en 1602 pour avoir confpiré contre l'état. Il étoit fils d'Armand de Gontaut, baron de Biron, un des grands capitaines de fon fiècle.

Biron hérita de la bravoure & de l'ambition de fon père, mais non de fa fidélité. Il accompagna Henri IV dans toutes fes victoires, & combattit fouvent à côté de lui. Ce prince crut avoir trouvé dans Biron un ami & même un défenfeur zélé de fa couronne.

Après la prife d'Amiens en 1597, lorfque le parlement vint haranguer le roi, ce monarque dit, en montrant ce général : « meffieurs, voilà » le maréchal de Biron que je préfente également » à mes amis & à mes ennemis ». Ce maréchal fut comblé de bienfaits & de dignités ; mais il oublia bientôt la main dont il les tenoit. « Il étoit, » dit le Laboureur, d'un efprit fier & hautain & » prefqu'ingouvernable, ne fe plaifoit qu'aux » chofes difficiles & prefqu'impoffibles, & en-» vioit toute la grandeur d'autrui ».

Au combat de Fontaine-Françoise, le roi dégagea le maréchal de *Biron* du milieu des arquebufades. Un des ferviteurs de fa majefté lui dit qu'il y avoit trop de hafard à fe jetter aveuglément au milieu de fes ennemis. « Il eft vrai, dit le roi ; mais fi je ne le fais, & fi je ne m'avance, le maréchal de *Biron* s'en prévaudra toute fa vie. A la bataille d'Ivry il commandoit le corps de réferve, & n'ayant pu qu'admirer les prodiges de valeur que le roi venoit de faire, *Biron* lui dit, fire, vous avez fait mon perfonnage & j'ai fait le vôtre.

Sa paffion pour le jeu étoit extrême, il y perdit dans une année plus de cinq cents mille écus.

Henri IV n'auroit jamais pu fe réfoudre à laiffer périr fon ancien ami, & celui à qui il avoit fauvé lui-même la vie plufieurs fois, fi par fon obftination il ne fe fût précipité au devant de fa ruine. Lorfque l'on commença à donner des foupçons à Henri fur les liaifons de *Biron* avec les ennemis de la France, il ne voulut point d'abord y ajouter foi. Des papiers de la dernière importance furent remis entre fes mains par le confident même du maréchal. Le plan de la confpiration étoit de rendre le royaume de France électif comme l'empire, d'y faire autant de fouverainetés qu'il y avoit de gouvernemens, de réduire le roi à n'avoir en France que la même autorité dont l'empereur jouit en Allemagne. *Biron* fe flattoit en particulier d'avoir, avec l'appui de la Savoie & de l'Efpagne, la fouveraineté du duché de Bourgogne & de la Franche-Comté, Henri, fans rien faire connoître de ce qu'il avoit appris, écrivit au Maréchal qui étoit en Bourgogne, de fe rendre à la cour. *Biron* allégua plufieurs prétextes pour retarder fon voyage ; enfin il fallut partir. Il fe préfenta au roi qui étoit à Fontainebleau. Auffi-tôt que ce prince l'apperçut, il s'avança vers lui avec quelque précipitation, & l'embraffa en lui difant : « Mon coufin, vous avez bien fait de venir ; car autrement je vous allois querir ». Le maréchal fe répandit en excufes ; mais le roi, fans lui témoigner le moindre mécontentement, fe mit à lui parler avec fa bonté ordinaire. Il le prit par la main, fe promena avec lui dans fes jardins, lui détailla fes différens projets comme à fon ami & même à fon égal. Ce bon prince efpéroit de *Biron* que la feule préfence d'un fouverain dont il étoit aimé, & qu'il projettoit de trahir, feroit renaître dans fon cœur ces fentimens de zèle, de fidélité & d'obéiffance dont le moindre François eft animé pour fon roi. Mais, lorfque ce prince vint à entamer la grande affaire qui l'agitoit, *Biron* ne préfumant pas que le roi fût auffi bien inftruit qu'il difoit, ne fe contenta point de fe tenir modeftement fur la négative ; il dit au roi » que n'ayant point de fautes à fe reprocher, il n'avoit pas befoin de » pardon ; qu'il n'étoit point venu pour fe jufti- » fier, mais pour favoir les noms de fes accufa-

teurs ; & que fi on ne lui en faifoit pas juftice, » il fauroit bien fe la faire lui-même ». Le roi, bien loin de relever l'infolence d'un pareil difcours, quand même celui qui le tenoit auroit été innocent, continua de lui parler avec la plus grande douceur. Ce prince eut plufieurs conférences pareilles avec le maréchal, efpérant toujours l'amener à un aveu qui lui donnât lieu d'exercer toute fa clémence envers ce malheureux feigneur autrefois fon ami. « A la fin, le roi ennuyé un jour de » fes rodomontades & de fon opiniâtreté, le quit- » ta, lui difant pour dernières paroles : *Hé bien* » *il faudra apprendre la vérité d'ailleurs. Adieu,* » *barón de Biron.* Ce mot fut comme un éclair » avant-coureur de la foudre qui l'alloit terraffer ; » le roi le dégradant par là de tant d'éminentes » dignités dont il l'avoit honoré. Ce même jour, » le comte de Soiffons l'exhorta encore de la part » du roi de lui confeffer la vérité, & conclut fa » remontrance par cette fentence du fage : *Le* » *courroux du roi eft le meffager de la mort* ».

Henri fit affembler fon confeil ; & ayant fait mettre fur le bureau les différens papiers concernant la confpiration, il s'énonça en ces termes fur le compte du maréchal : » Je ne veux point per- » dre cet homme ; mais il veut fe perdre lui-même » de fon bon gré : cependant ne me le faites point » perdre fi vous n'eftimez qu'il mérite la mort ; » je lui veux encore dire que s'il fe laiffe mener » par juftice, qu'il ne s'attende plus à grace quel- » conque de moi ». Les miniftres du prince prirent une connoiffance exacte de toutes les pièces du procès. Ils auroient voulu correfpondre à la bonne volonté que le roi avoit toujours pour *Biron* ; mais, étant fommés de dire leur avis en confcience & felon les loix, il n'y eut point de partage entr'eux ; ils répondirent unanimement que l'accufé méritoit la mort. Le roi prit à l'inftant fon parti fur cette terrible réponfe. *Biron* fut arrêté, & fon procès ayant été fait, il fut condamné à avoir la tête tranchée fur un échafaud dreffé dans une des cours de la baftille.

Lorfqu'il fut fur le point d'être exécuté, il tira fon mouchoir de fa poche & fe banda lui-même les yeux. Il fe mit à genoux : un inftant après il ôta brufquement le mouchoir & jetta fur l'exécuteur un regard terrible, on crut que c'étoit pour lui arracher fon coutelas, mais il ne l'avoit point encore pris. On annonça au maréchal qu'il falloit d'abord que l'exécuteur lui coupât les cheveux, alors il fe mit en fureur ; qu'on ne m'approche pas, cria-t-il, je ne faurois l'endurer : fi l'on me met en fougue j'étranglerai la moitié de ce qui eft ici. A ces mots, prononcés avec énergie, plufieurs des affiftans cherchoient déjà à fuir. Enfin, *Biron* dit à un de ceux qui l'avoient gardé pendant fa prifon, de venir lui rendre ce fervice. Enfuite s'étant fait bander les yeux, il dit à l'exéauteur, dépêche, dépêche, & l'arrêt fut exécuté.

Henri IV accorda la confiscation des biens du maréchal à son frère, & comme plusieurs magistrats lui représentèrent que de semblables confiscations étoient contre l'usage, & qu'on ne pouvoit prendre trop de mesures pour écarter des attentats pareils à celui qui avoit donné lieu au procès : « C'est fort bien raisonner, dit le prince ; » mais j'espère que la mort du coupable servira de leçon à son frère, & que ma bonté me l'attachera. »

BLANC. Jean *Blanc*, bourgeois de Perpignan, étoit premier consul en 1474, lorsque les françois en firent le siège. Son fils unique ayant été pris dans une sortie, les généraux ennemis lui firent dire que s'il ne rendoit la place, ils le feroient massacrer à ses yeux. La réponse de Jean *Blanc*, fut que *sa fidélité pour son roi, étoit supérieure à sa tendresse pour son fils.* Cette réponse généreuse fut pour son fils un arrêt de mort, & la défense qu'il fit ensuite immortalisa son nom & mérita, à Perpignan, le titre de très-fidèle.

BLANCHE de Castille, mère de S. Louis. Cette pieuse reine allaita son fils avec un soin & une tendresse qu'elle porta jusqu'à la jalousie, ne voulant pas que le petit prince fut nourri d'un autre lait que le sien. Elle fut attaquée de maladie, & dans l'accès de sa fièvre qui dura long-temps, une dame de la cour qui imitoit sa conduite, & nourrissoit son fils, donna sa mamelle à Louis qui la prit avidement. *Blanche*, à la sortie de son accès, demanda le prince, lui présenta le sein. Surprise qu'il le refusât, elle en soupçonna la cause, & demanda si l'on avoit donné à tetter à son fils. Celle qui lui avoit rendu ce petit office, s'étant nommée, *Blanche*, au lieu de la remercier, la regarda avec dédain, mit le doigt dans la bouche du petit prince, & lui fit rejeter le lait qu'il avoit pris. Comme cette action un peu violente étonnoit ceux qui la virent : « Eh quoi ? leur dit-elle pour se justifier, prétendez-vous que je souffre qu'on m'ôte le titre de mère que je tiens de Dieu & de la nature » ?

Parmi les preuves de courage que cette princesse a données, on peut citer ce qui se passa au siège de Bellême-au-Perche. Cette ville défendue par le duc de Bretagne & les troupes du roi d'Angleterre, passoit pour être imprenable. On étoit au plus fort d'un hyver extrêmement rigoureux ; *Blanche* ne se rebuta point, elle se présentoit partout à côté du roi, se montroit à la tête de l'armée, encourageoit par ses discours les officiers & les soldats, & contribua infiniment à la reddition de la place, qui eut enfin lieu après des travaux & des fatigues incroyables qu'elle avoit partagés.

BLANCHE de Padoue, nommée Porta. Cette femme d'une grande beauté, perdit son mari dans la défense de Bassano, en 1233, & fut prisonnière du tyran Acciolin. Le vainqueur voulant la forcer de satisfaire ses desirs, elle se garantit de ses poursuites en se jettant par une fenêtre ; elle guérit bientôt de ses blessures, excita de nouveau la passion effrénée d'Acciolin qui la fit lier sur un lit. *Blanche* désespérée dissimula, & demanda à voir le corps de son mari ; on lui ouvrit sa tombe, elle s'y précipite & s'y ensevelit en attirant sur elle la pierre qui couvroit le tombeau.

BLANCHET (Thomas), né à Paris, l'an 1617, mort en 1689.

Après avoir terminé les peintures qu'il avoit entreprises dans l'hôtel-de-ville de Lyon, *Blanchet* présenta aux échevins, qui lui demandoient un état du déboursé de ses couleurs, un mémoire dans lequel il mit en compte pour cent mille francs de blanc & de noir. Les échevins comprirent sa pensée, lui firent un paiement proportionné à son ouvrage, lui accordèrent une pension considérable, & un logement pendant sa vie à l'hôtel-de-ville.

BLESSURE. Philippe, roi de Macédoine, se plaignoit quelquefois de ce qu'il étoit devenu boiteux d'une plaie reçue dans un combat : « ne vous fâchez point, lui dit un jour Alexandre son fils, d'une blessure qui à chaque pas que vous faites, vous fait souvenir de votre courage & de votre vertu ».

Alexandre le Grand, ayant reçu un coup de flèche dans un combat, dit à ceux qui l'environnoient : Chacun m'appelle immortel, fils de Jupiter : qu'en dites-vous ? cette blessure ne donne-t-elle pas le démenti à tous ces flatteurs là ? Ce sang qui coule n'est point d'une autre couleur que celui de mes sujets, & il m'avertit que je ne suis qu'un homme.

BOCACE (Jean), écrivain italien né à Certaldo, ville de Toscane, en 1313, de parens pauvres, mort en 1375 à 62 ans.

Bocace fut d'abord garçon de comptoir ; mais le génie de la poésie qui le maîtrisoit, lui fit bientôt abandonner le calcul aride de la banque pour s'adonner à la culture des belles-lettres. Il se mit sous la discipline du célèbre Pétrarque, qui aida son élève de ses conseils & de sa bourse, & lui procura des protecteurs. *Bocace*, inférieur à son maître dans la poésie, lui est supérieur dans la prose. Il en créa & fixa la grace, l'élégance & l'harmonie. Son *Decameron* est l'ouvrage qui a le plus contribué à sa réputation. C'est un recueil de cent nouvelles, remplies d'aventures d'amour fort plaisantes & de beaucoup de tours de friponneries joués à des maris. Une bonne vieille qui lisoit le Décameron pour la première fois, s'écria assez naïvement : *Plut à Dieu que ce fût dire ses heures !*

BODIN (Jean), Angevin, né en 1530, mort en 1596 de la peste, à Laon où il étoit procureur du roi. Il s'est rendu célèbre par ses livres *de la république*. Bodin dans son *traité des sorciers* parle d'un personnage encore en vie, qui avoit un démon familier comme Socrate ; esprit qui se fit connoître à ce personnage, lorsqu'il avoit trente-sept ans & qui depuis dirigeoit tous ses pas & toutes ses actions. Ce génie le touchoit à l'oreille droite, s'il faisoit une bonne action, & à l'oreille gauche si elle étoit mauvaise. Il est évident que c'est de lui-même dont parle *Bodin*.

BOECE. Ancinus-Manlius-Torquatus-Severinus Boetius, d'une des plus illustres familles de Rome, fut consul en 487 & ministre de Théodoric roi des Ostrogoths. Sur un soupçon que le sénat entretenoit des intelligences avec l'empereur Justin, le roi Goth fit mettre *Boëce* en prison. On le conduisit à Pavie, où, après avoir enduré pendant six mois divers genres de supplices, il eut la tête tranchée en 524. C'est dans sa prison qu'il composa son beau livre de la consolation de la philosophie.

BOERHAAVE. Herman *Boerhaave* naquit près de Leyde, en 1668. Cet homme qui s'est fait un nom si fameux parmi les médecins, annonça de bonne heure de grandes dispositions pour l'étude. A vingt ans il reçut de l'université de Leyde une médaille d'or, en récompense de son mérite distingué. Il fut reçu docteur à l'âge de 25 ans, & fut pour les médecins ce qu'est Euclide pour les géomètres. Après avoir fourni une carrière longue & glorieuse, il mourut laissant un grand nombre d'ouvrages excellents. La réputation de *Boerhaave* étoit si étendue qu'un mandarin de la Chine lui écrivit avec cette seule adresse, à l'illustre *Boerhaave*, médecin, en Europe, & la lettre lui fut remise.

Il se délassoit de ses travaux par l'exercice du cheval, & par la musique dont il étoit un amateur passionné ; il jouoit très-bien de la guittare. La satyre n'a point épargné ce grand homme ; mais il en comparoit les traits à ces étincelles qui s'élancent d'un grand feu & qui s'éteignent aussitôt quand on ne souffle pas dessus.

On prétend qu'on trouva dans sa bibliothèque un gros livre magnifiquement relié qu'il avoit annoncé comme contenant les plus beaux secrets de la médecine ; on l'ouvrit & on le trouva en blanc depuis la première page jusqu'à la dernière ; on lisoit seulement au frontispice : tenez-vous la tête fraîche, les pieds chauds, le ventre libre & moquez-vous des médecins. C'est une plaisanterie dont *Boerhaave* n'est sûrement pas l'auteur.

BOILEAU , (Nicolas) surnommé Despréaux, né en 1636, à Crosne, petit village proche Paris, mort à Paris le 11 mars 1711.

Boileau, quoique né avec un esprit caustique & naturellement porté à la satyre, étoit dans la société doux, humain, généreux ; ce qui faisoit dire à l'ingénieuse marquise de Sévigné qu'il n'étoit cruel qu'en vers.

L'enfance de *Boileau* fut confiée à une nourrice de campagne, qui l'emmena dans son village : on l'y laissa près de trois ans. Un jour il voulut battre un dindon qui étoit en colère, l'animal furieux s'élança sur lui, le jetta par terre, & à grands coups de bec le blessa à l'endroit où le malheureux Abaillard fut puni avec tant d'injustice & de barbarie : tous les secours de l'art ne purent rendre au jeune *Boileau* les dons de la nature, ensorte qu'il se vit, presqu'en naissant, hors d'état de pouvoir jamais goûter les plaisirs de l'hymen. Comme le célèbre satyrique ressentoit de temps en temps des douleurs à la partie par laquelle il n'étoit pas un Achille, il découvrit son état au fameux médecin Gendron, dont il connoissoit les lumières & la probité, qui d'ailleurs étoit son ami, & qui a occupé, après lui, sa maison qu'il avoit à Auteuil ; il fit promettre à ce docteur qu'il garderoit le secret sur un accident, qui, tout tragique qu'il est, prête toujours à la plaisanterie ; il craignoit avec raison les épigrammes & les couplets de tant d'auteurs qu'il maltraitoit & qui n'auroient pas manqué de l'attaquer par son endroit sensible. Ne trouveroit-on pas dans cette fatale aventure une cause immédiate de l'humeur chagrine de *Boileau*, la sévérité de sa poësie & de ses mœurs, le fiel de sa plume, ses satyres contre les femmes, son aversion pour l'opéra, son antipathie pour le tendre Quinault qui ne faisoit que des vers dictés par l'amour.

Despréaux demandant un jour à son ami Chapelle ce qu'il pensoit de son style : *Tu es un bœuf qui fait bien son sillon*, répliqua cet ingénieux auteur.

Ceux qui connurent *Boileau* dans son enfance ne prévirent point ce qu'il seroit un jour. Son père même avoit coutume de dire, en le comparant à ses autres enfans : *Pour Colin, ce sera un bon garçon, qui ne dira mal de personne.*

On l'avoit destiné au barreau, & même il plaida une cause dont il se tira fort mal. Comme il étoit prêt de commencer son plaidoyer, le procureur s'approcha pour lui dire : « N'oubliez pas de demander que la partie soit interrogée sur les faits & articles. Et pourquoi, » lui

» lui répondit *Boileau*, la chose n'est-elle pas
» déja faite? Si tout n'est pas prêt, il ne faut
» donc pas me faire plaider ». Le procureur fit
un éclat de rire, & dit à ses confrères : « Voilà
» un jeune avocat qui ira loin, il a de grandes
» dispositions ».

Il quitta le palais & essaya de la Sorbonne ;
mais croyant encore y trouver la chicane sous
un autre habit, il s'en dégoûta également & ne
se livra plus qu'à son talent. Comme on lui représentoit que s'il s'attachoit à la satyre, il se
feroit des ennemis qui auroient toujours les yeux
sur lui : *Eh bien*, répondit-il ; *je serai honnête
homme, & je ne les craindrai point*. Il tint parole.

Boileau composoit ordinairement le second vers
avant le premier. Il regardoit cette méthode
comme un des plus grands secrets de la poësie,
pour donner aux vers tout le sens & toute l'é-
nergie dont ils sont susceptibles.

Lorsqu'il avoit donné au public un nouvel ouvrage, & qu'on venoit lui dire que les critiques
en parloient fort mal : *Tant mieux*, répondoit-il,
*les mauvais ouvrages sont ceux dont on ne parle
pas*.

Il avoit, dans une de ses satyres, appellé le
traiteur Mignot un empoisonneur ; celui-ci porta
ses plaintes au magistrat qui le renvoya en lui
disant : « Que l'injure dont il se plaignoit n'étoit
» qu'une plaisanterie, & qu'il devoit en rire le
» premier ». Mignot, peu content de cette réponse, résolut de se faire justice lui-même : Il
s'avisa pour cet effet d'un expédient nouveau.
Mignot avoit la réputation de faire d'excellens
biscuits, & tout Paris en envoyoit quérir chez
lui. Il sut que l'abbé Cottin avoit composé une
satyre contre Despréaux leur ennemi commun.
Mais, comme vraisemblablement aucun libraire
n'auroit voulu se charger de cette satyre, il la
fit imprimer à ses dépens ; & quand on venoit
chercher des biscuits, il les enveloppoit dans la
feuille qui contenoit la satyre imprimée, afin de
la répandre par-tout. Lorsque *Boileau* vouloit se
réjouir avec ses amis, il envoyoit chercher des
biscuits chez Mignot pour avoir la satyre de
Cottin. Par la suite, Mignot voyant que les vers
de Despréaux, loin de le décrier, n'avoient servi
qu'à le mettre plus en vogue, il chanta les loüan-
ges du poëte, & lui avoua plus d'une fois qu'il
lui devoit sa fortune.

Tout le monde s'empressoit de jouir de la société de *Boileau* pour lui entendre lire ses satyres qu'il ne voulut pas d'abord faire imprimer.
Un autre talent qui le faisoit encore rechercher,
c'est qu'il étoit excellent pantomime. Il contre-
faisoit ceux qu'il voyoit, jusqu'à rendre parfaitement leur démarche, leurs gestes & même leur

son de voix. M. Racine le fils rapporte dans
ses mémoires, que *Boileau* ayant entrepris de
contrefaire un homme qui venoit d'exécuter une
danse fort difficile, il exécuta avec précision cette
même danse, quoiqu'il n'eût jamais appris à danser. Il amusa un jour le roi en contrefaisant devant ce prince tous les comédiens. Le roi voulut qu'il contrefît aussi Molière qui étoit présent,
& demanda ensuite à Molière s'il s'étoit reconnu.
» Nous ne pouvons, répondit Molière, juger
» de notre ressemblance ; mais la mienne est par-
» faite, s'il m'a aussi bien imité qu'il a imité
» les autres ».

Il étoit un temps que tout le monde, à la
cour disoit *gros* pour *grand*, une *grosse* chose,
une *grosse* qualité, une *grosse* réputation. Le roi
avoua un soir chez madame de Montespan que
cette expression nouvelle lui déplaisoit. Despréaux
se trouvant là, dit en fin courtisan, qu'en effet
il étoit surprenant qu'on voulût par-tout mettre
gros pour *grand*, & que par exemple, il y avoit
bien de la différence entre Louis le *grand* & Louis
le *gros*.

Ce prince lui ayant demandé son âge, il
répondit : « Je suis venu au monde un an avant
» votre majesté, pour annoncer les merveilles de
» son règne ».

Etant allé toucher sa pension au trésor royal,
il remit son ordonnance à un commis, qui y lisant ces mots : *la pension que nous avons accordée
à Boileau à cause de la satisfaction que ses ouvrages nous ont donnée*, lui demanda de quelle
espèce étoient ses ouvrages : *de maçonnerie*, répondit-il, *je suis architecte*.

Il eut un jour une dispute fort vive avec un
de ses frères qui étoit chanoine. Il en avoit reçu un
démenti d'un ton assez dur. Leurs amis communs voulurent les reconcilier, & exhortèrent
Despréaux à pardonner à son frère. « De tout
» mon cœur, répondit-il, parce que je me suis
» possédé, & que je ne lui ai dit aucune sottise.
» S'il m'en étoit échappé une, je ne lui par-
» donnerois de ma vie ».

Boileau défendit avec chaleur, soit de vive
voix, soit par écrit, la cause des *anciens* contre
Perrault qui avoit cherché à les rabaisser dans
son *Parallele des anciens & des modernes*. Comme
le satyrique françois ne se montroit d'abord que
simple spectateur d'une querelle littéraire qui devoit l'intéresser, M. le prince de Conti dit un
jour à Racine : » Si *Boileau* continue encore à
» garder le silence, vous pouvez l'assurer que
» j'irai à l'académie écrire sur son fauteuil : *Tu
» dors, Brutus* ! Il se réveilla & donna contre
Perrault les réflexions sur Longin.

Boileau, sans affecter un extérieur dévot, fut
toujours exact à remplir les principaux devoirs de

la religion. Se trouvant aux fêtes de Pâques dans la terre d'un ami, il alla à confesse à un curé, qui ne le connoissoit pas, & qui étoit un homme fort simple. Avant que d'entendre sa confession il lui demanda quelles étoient ses occupations ordinaires : de faire des vers, répondit *Boileau*. — Tant pis, dit le curé. — Et quels vers ? — Des satyres, ajouta le pénitent. — Encore pis, répondit le confesseur. — Et contre qui ? — Contre ceux, dit *Boileau*, qui font mal des vers ; contre les vices du temps ; contre les ouvrages pernicieux, contre les romans, contre les opéra... Ah, s'écria le curé, il n'y a donc pas de mal ; & je n'ai plus rien à vous dire.

On n'oubliera point ici le trait de générosité qu'il fit paroître envers Patru, célèbre avocat en parlement & l'un des quarante de l'académie françoise. Cet avocat qui auroit mieux plaidé la cause de la langue françoise que celle de la fortune, fut réduit à une extrême indigence. Pressé par un créancier impitoyable, il se vit obligé de vendre ses livres, le seul bien qui lui restoit. Despréaux ayant appris l'extrémité où il se trouvoit, & sachant qu'il étoit sur le point de les donner pour une somme assez modique, alla aussitôt offrir près d'un tiers de plus. Mais l'argent compté, il mit dans le marché une condition qui surprit agréablement Patru ; ce fut qu'il garderoit ses livres comme auparavant, & que sa bibliothèque ne seroit qu'en survivance à Despréaux.

M. Despréaux lisant au Roi un endroit de l'histoire de sa vie en présence de quelques courtisans, sa majesté l'arrêta sur le mot de *rebrousser*, pour lequel le roi avoit de la répugnance. Il étoit question du voyage que le roi avoit feint de faire en Flandres, & puis tout d'un coup avoit rebroussé chemin pour tourner du côté de l'Allemagne. Tous les courtisans applaudirent à l'objection du prince, & même jusqu'à M. Racine qui faisoit sa cour aux dépens de son ami ; mais Despréaux persista dans son sentiment avec une obstination respectueuse, insinuant au roi que lorsqu'il n'y avoit qu'un mot dans une langue pour signifier une chose, il falloit le conserver, quelque rude & bisarre que parût ce mot.

Boileau conserva jusqu'à la fin de ses jours son humeur caustique & sévère. L'abbé le Verrier voulant le distraire agréablement dans sa dernière maladie, lui lisoit une tragédie qui faisoit alors beaucoup de bruit. La lecture finie, il dit à cet Abbé : « Eh ! mon ami, ne mourrai-je pas assez promptement ? Les Pradons que nous avons bafoués dans notre jeunesse étoient des soleils auprès de ceux-ci ».

Lorsqu'on lui demandoit comment il se

trouvoit, il répondoit par ce vers de Malherbe :

Je suis vaincu du temps, je cède à ses outrages.

Un moment avant de mourir, il vit entrer un de ses amis, & lui dit en lui serrant la main, *bonjour & adieu : l'adieu sera bien long*. Il mourut d'une hydropisie de poitrine, & laissa par son testament presque tout son bien aux pauvres.

Il se trouva une nombreuse assemblée à son convoi ; ce qui surprit tellement une femme du peuple, qu'elle ne put s'empêcher de dire : *Il avoit bien des amis : on assure cependant qu'il disoit du mal de tout le monde.*

Voici les vers que Regnard a consacrés à la gloire de ce poëte, l'honneur de son siècle.

Favori des neuf sœurs, qui, sur le mont Parnasse,
De l'aveu d'Apollon, marché si près d'Horace :
O toi qui, comme lui, maître en l'art des bons vers,
As joui de ton nom & mis l'envie aux fers :
Qui peut avec plus d'art, dans le siècle où nous sommes,
Aux règles du bon goût assujettir les hommes ?
Qui connoît mieux que toi le cœur & ses travers ?
Le bon sens est toujours à son aise en tes vers ;
Et par un art heureux découvrant la nature,
Là vérité par-tout y brille toute pure ;
Mais qui peut comme toi prendre un si noble essor,
Et de tous les métaux tirer des veines d'or ?

BOILEAU (Jacques), docteur de Sorbonne, frère du poëte, mort en 1716. C'étoit un esprit bizarre, qui écrivoit dans un latin extraordinaire, l'*histoire des flagellans, les attouchemens impudiques, les habits des prêtres*. On lui demandoit pourquoi il écrivoit toujours en latin ? « C'est, » dit-il, de peur que les évêques ne me lisent, » ils me persécuteroient ».

Despréaux disoit de son frère, *que s'il n'avoit été docteur de Sorbonne, il auroit été docteur de la comédie italienne.*

Il fut chargé de haranguer le grand Condé, qui passoit par Sénèse. Le héros affecta de regarder en face l'orateur pour l'intimider. Le docteur s'apperçut de son dessein & affectant de la timidité, lui dit : « Monseigneur, votre altesse ne doit pas être surprise de me voir troublé à la tête d'une compagnie d'ecclésiastiques ; je tremblerois bien davantage, devant vous, à la tête d'une grande armée ». Le prince embrassa l'orateur & l'invita à dîner.

BOISROBERT , (François le Metel de) de l'académie françoise, né en 1592. Il étoit un plaisant de société ; il s'attachoit sur-tout à divertir le cardinal de Richelieu. Citois, premier médecin de ce ministre, lui dit, dans une maladie, *Monseigneur, toutes nos drogues sont inutiles, si vous n'y mêlez une dragme de Boisrobert*; une autre fois le docteur mit au bas de son ordonnance, *recipe Boisrobert*.

Melleville, envieux de la fortune & de la faveur de *Boisrobert*, a fait ce rondeau satyrique.

> Coëffé d'un froc bien raffiné,
> Et revêtu d'un doyenné
> Qui lui rapporte de quoi frire,
> Frère René devient messire,
> Et vit comme un déterminé.
> Un prélat riché & fortuné,
> Sous un bonnet enluminé,
> En est, s'il le faut ainsi dire,
> Coëffé.
>
> Ce n'est pas que frère René
> D'aucun mérite soit orné,
> Qu'il soit docte, qu'il sache écrire;
> Mais seulement qu'il est né
> Coëffé.

BOMBE. Une *bombe* est un boulet creux que l'on remplit de poudre & qu'on jette par le moyen du mortier, sur les endroits qu'on veut détruire.

Elle produit deux effets, savoir: celui de ruiner les édifices les plus solides, par son poids, & celui de causer beaucoup de désordres par ses éclats. On n'est pas d'accord sur l'origine de la bombe. Strada dit que ce fut un habitant de Venlo, qui se mêloit de faire des feux d'artifice, qui inventa les bombes. Les habitans de cette ville se proposèrent de régaler de cette invention le duc de Clèves qui étoit venu chez eux, & à qui ils avoient donné un grand repas. Ils en firent donc la première expérience devant lui, & elle eut plus de succès qu'ils n'avoient desiré; car la bombe étant tombée sur une maison, en enfonça le toît, les planchers & y mit le feu. L'incendie se communiqua aux maisons voisines & brûla les deux tiers de la ville. Le duc de Clèves ne négligea pas une invention si terrible à la guerre, & s'en servit peu de jours après.

Les françois n'en ont fait usage qu'au siège de Lamotte, en 1634.

BOMONIQUE. Le nom de *bomonique* signifie victorieux à l'autel. On donnoit ce nom aux princes lacédémoniens qui se faisoient gloire, à l'envi, de souffrir les coups de fouet qu'on leur donnoit devant l'autel de Diane pendant les sacrifices. Quelques-uns soutenoient cette espèce de supplice une journée toute entière, & on en voyoit souvent expirer avec joie sous les verges. Leurs mères présentes à cette cérémonie, les encourageoient par des chants d'allégresse. Le but de cette institution étoit de rendre la jeunesse insensible aux douleurs & de l'endurcir aux fatigues de la guerre.

BONHEUR. Le mot de *bonheur* exprime une situation, telle qu'on en désireroit la durée sans aucun changement, & en cela le bonheur est différent du plaisir, qui n'est qu'un sentiment agréable, mais court & passager, & qui ne peut jamais être un état.

Le *bonheur* est plus dans le tour d'imagination & dans la manière d'envisager les biens, que dans les biens mêmes; ensorte que l'homme qui sauroit estimer ce qu'il possède, & qui feroit peu de cas de ce qu'il ne possède point, eût-il tort de juger ainsi, jouiroit cependant d'un *bonheur* véritable.

La vie de Métellus offre la suite d'un *bonheur* soutenu; né à Rome, d'une famille des plus illustres, doué de toutes les qualités de l'esprit & du corps; il fut honoré de la dignité de consul, commanda les armées avec succès, & reçut les honneurs du triomphe. Heureux mari, heureux père, il vit ses quatre fils dans les emplois les plus brillans de la république. Il maria dignement ses trois filles, & jouit du plaisir de tenir sur ses genoux, ses petits-fils. Il expira doucement & sans douleur, au milieu des embrassemens de sa famille. Enfin son corps fut porté au bûcher comme en triomphe sur les épaules de ses fils.

Les lettres sur les anglois font mention d'un homme de ces derniers temps & de la plus grande naissance, qui vouloit que rien ne l'affligeât dans le monde. En vain on lui apprenoit un événement fâcheux, il s'obstinoit à le nier. Sa femme étant morte il n'en voulut rien croire; il faisoit mettre sur la table le couvert de la défunte, & s'entretenoit avec elle comme si elle eût été présente; il en agissoit de même lorsque son fils étoit absent. Près de sa dernière heure il soutint qu'il n'étoit pas malade, & mourut avec son heureuse folie.

Ce trait rappelle celui de cet homme de l'antiquité, qui sans sortir de chez lui se figuroit qu'il étoit au spectacle & qu'il y voyoit représenter des chef-d'œuvres. On eut la cruauté de parvenir à le désabuser; il ne fut plus heureux.

On entend aussi quelquefois, par le mot de *bonheur* un hasard heureux, ou le concours de circonstances favorables, mais inattendues.

Timothé, général athénien, fut si heureux dans toutes ses entreprises, que ses envieux disoient publiquement, qu'il étoit redevable de tous ses succès à la fortune plutôt qu'à son mérite. Ils l'avoient fait peindre dormant dans sa tente, un filet à la main; & la fortune au-deſſus de ſa tête, prenoit ſoin d'amener les villes dans le filet.

Le maréchal Boucicaut ayant-été pris dans un combat contre les turcs, fût mené avec les autres priſonniers devant Bajazet. Le ſultan fit d'abord ſéparer ceux dont il eſpéroit une groſſe rançon; mais Boucicaut, dont le nom étoit inconnu & dont les armes très-ſimples n'annonçoient pas le rang, alloit être égorgé ſans pitié comme les autres priſonniers obſcurs, lorſque voyant dans ceux que le ſultan avoit épargnés par avarice, le comte de Nevers, ils ſe regardèrent avec attendriſſement, & le comte de Nevers, montrant Boucicaut, joignit les deux doigts pour faire comprendre au ſultan combien ils étoient unis. Le ſultan comprit que Boucicaut étoit frère du comte de Nevers, & le fit délier. C'eſt à cet heureux háſard que le maréchal Boucicaut dut la vie en cette occaſion.

Leyran, gentilhomme françois, lors du maſſacre de la S. Barthelemi avoit déja reçu deux coups de poignard. Tout en fuyant il arrive au Louvre, ſe ſauve ſans ſavoir où, dans la chambre de la reine de Navarre, qui étoit couchée. Leyran ſe cache dans la ruelle, & la princeſſe s'étant réveillée en ſurſaut & toute effrayée ſe jetta auſſi dans la ruelle. Son rang en impoſa pour un moment aux aſſaſſins, & les gardes étant ſurvenus aſſurèrent les jours de la reine & du gentilhomme Leyran.

Voulons nous avoir une idée d'un véritable *bonheur*, écoutons Lafontaine:

Ni l'or ni les grandeurs ne nous rendent heureux;
Ces deux divinités n'accordent à nos vœux
Que des biens peu certains, qu'un plaiſir peu tranquille.
Des ſoucis dévorans c'eſt l'éternel aſyle,
Véritable vautour que le fils de Japet,
Repréſente enchaîné ſur ſon triſte ſommet.
L'humble toit eſt exempt d'un tribut ſi funeſte,
Le ſage y vit en paix & mépriſe le reſte.
Content de ſes douceurs, errant parmi les bois,
Il regarde à ſes pieds les favoris des rois;
Il lit au front de ceux qu'un vain luxe environne,
Que la fortune vend, ce qu'on croit qu'elle donne.
Approche-t-il du but, quitte-t-il ce ſéjour,
Rien ne trouble ſa fin, c'eſt le ſoir d'un beau jour.

BONNEVAL (Claude Alexandre comte de), mort en 1747, à 75 ans. Il ſervit avec diſtinction en Italie, ſous Catinat & Vendôme; il ſe mit au ſervice de l'empereur, & ſe diſtingua dans la guerre contre les turcs; enfin ſon inconſtance le fit muſulman; il diſoit à ce ſujet, qu'*il n'avoit fait que changer ſon bonnet de nuit en un turban.*

Il ſe félicitoit dans ſes diſgraces de n'avoir jamais perdu ſon appétit ni ſa bonne humeur, &

s'eſtimoit heureux d'*avoir ſa philoſophie dans le ſang.*

BONS MOTS. Quelques traits ſuffiront ici, d'autant plus que ce recueil en contient beaucoup d'autres ſous différentes dénominations.

Un bon mot, ou ce qu'on appelle proprement un mot malin, ne conſiſte ſouvent qu'à donner une cauſe ridicule, à une action qui peut avoir un motif plus relevé.

Un homme de qualité, voyageoit en Eſpagne, on lui fit voir l'eſcurial & le ſuperbe couvent des religieux de l'ordre de S. Hierôme. Le ſupérieur, qui le conduiſoit, lui rapportoit, parmi les particularités de ſa fondation, que Philippe II l'avoit fait bâtir pour accomplir le vœu qu'il fit le jour de la bataille de Saint-Quentin, en cas qu'il ſortît victorieux. Mon père, lui dit le voyageur en admirant l'étendue immenſe de ce bâtiment: Il falloit que ce roi eût grand peur lorſqu'il fit un ſi grand vœu.

M. Duclos, en parlant des grands qui n'aiment pas les gens de letttres, dit: « Ils nous craignent, « comme les voleurs craignent les réverbères ».

Un cordelier avoit prêché dans une cérémonie, à laquelle avoit aſſiſté le cardinal de Richelieu. Le miniſtre ſurpris de l'aſſurance du prédicateur, lui demanda comment il avoit pu prêcher devant lui ſans éprouver le moindre trouble. Sachant, répondit le cordelier, que je devois prêcher devant votre excellence, je me ſuis accoutumé à prêcher dans un champ planté de choux, où il n'y avoit qu'un ſeul chou rouge, & c'eſt celui-là, monſeigneur, qui repréſentoit votre excellence.

M. Delamotte-d'Orléans, évêque d'Amiens, avoit de la piété dans le cœur & de la gaieté dans l'eſprit. Ce prélat aſſiſtoit un jour à un ſermon, que celui qui le débitoit n'avoit point compoſé. Tout-à-coup un chien ſe mit à japper dans l'égliſe. Comme le ſuiſſe s'empreſſoit pour le chaſſer, » laiſſez, laiſſez, dit l'évêque, il crie au voleur ».

On ſoutenoit à M. Huet, évêque d'Avranches, que les janſéniſtes & les huguenots étoient frères; au moins, répondit-il, ce n'eſt pas du même lit.

Charles II, roi d'Angleterre, vit en paſſant un homme au carcan: qu'a-t-il fait, demanda le roi? des écrits ſatyriques, ſire, contre vos miniſtres. Le pauvre ſot, dit le roi! que ne les faiſoit-il contre moi, on ne lui auroit ni rien dit, ni rien fait.

Le prince d'Orange, au déſeſpoir d'avoir été battu à Fleurus, l'euſe, Steinkerque & Nervinde, diſoit en parlant de M. de Luxembourg: « eſt-il » poſſible que je ne battrai jamais ce boſſu-là? » M. de Luxembourg l'ayant ſu, répondit: « com-

» ment fait-il que je fuis boffu ? Il ne m'a jamais vu
» par-derriere ».

M. de Beautru fut bâtonné en public , par
l'ordre du duc d'Epernon , fur lequel il avoit plaifanté. Des Barreaux voyant quelque temps après
M. de Bautru avec un bâton , s'écria : « M. de
» Bautru porte fon bâton comme S. Laurent fon
» gril , pour nous faire fouvenir de fon mar-
» tyre ».

Une marchande qui étant au château à Verfailles , s'approchoit un peu trop de la cour , fut
remarquée par madame la dauphine , qui chargea
une duchesse de lier avec elle converfation , à deffein de l'intimider. « Madame , dit la duchesse ,
» en s'adreffant à cette femme , pouvez-vous me
» dire quel eft l'oifeau le plus fujet à être cocu ?
» Madame, c'eft un duc , répondit la marchande ».

Un foldat qui defiroit fon avancement , s'adreffa au général en lui faifant valoir les longues années de fon fervice. « Où font tes bleffures , dit
le général , ce font là les meilleurs titres ? Peux-
» tu m'en montrer ? Non , mon général , répon-
» dit le vieux foldat , tous les jours de bataille
» je prenois part à votre gloire , & je ne vous ai
jamais quitté ».

Un mari fe plaignoit à Santeuil de l'infidélité
de fa femme : c'eft un mal d'imagination , répon-
» dit-il , peu en meurent , beaucoup en vivent ».

Agis II , roi de Lacédémone , paffant auprès de
Corinthe , & confidérant la hauteur, la force &
l'étendue des murailles de cette ville , demanda
ironiquement : « quelles font donc les femmes qui
font là leur féjour ? »

Memnon , général de Darius , entendant un
foldat qui parloit mal d'Alexandre , le frappa en
lui difant : « c'eft pour lui faire la guerre que je
» t'ai pris , & non pas pour en dire des injures ».

Les fujets de Dénys le tyran fe plaignoient d'un
impôt , il n'eut point d'égard à leurs repréfentations , & l'augmenta à tel point qu'ils ne firent
que rire. « C'eft affez , dit Denys , puifqu'ils
» rient d'un impôt , c'eft qu'ils n'ont rien à rifquer
» ni à perdre ».

Une actrice faifoit une vente des préfens qu'elle
avoit reçus en bijoux , où tout fut porté à un
prix exceffif , plufieurs jolies femmes en murmuroient. « Je vois bien à votre humeur , leur dit
» l'actrice , que vous voudriez les avoir au prix
» coûtant ».

BONTÉ. La bonté confifte en deux points : le
premier , ne pas faire de mal à nos femblables ; le
fecond leur faire du bien.

Téribaze étant à la chaffe avec Artaxercès ,
montra au roi fa robe toute déchirée : « il faut en

» avoir une autre , lui dit Artaxercès. Donnez-
» moi donc la vôtre , répondit Téribaze , car je
» n'en ai point ». Le roi la lui donna ; mais lui
défendit en même-temps de la porter. Téribaze ,
fans trop s'embarraffer de la défenfe , parut à la
cour avec le manteau royal. Mais Artaxercès ,
au lieu de s'en fâcher , n'en fit que rire , & dit à
Téribaze : « Je vous reconnois pour fou , &
» comme tel je vous laiffe la liberté de vous ha-
» biller comme vous voudrez ».

Diane de Poitiers , maîtreffe de Henri II , ne
regardoit pas indifféremment le maréchal de Briffac. Un jour le prince entra chez elle dans un
moment où il n'étoit nullement attendu. Briffac
n'eut que le temps de fe cacher fous le lit ; mais
pas affez promptement pour que le roi ne s'en fût
pas apperçu. Henri , fans témoigner de colère ,
demanda une boîte de confitures fèches , & dit ,
en la jettant fous le lit : « Tiens , Briffac , il faut
» bien que tout le monde vive ».

Cofroès , roi de Perfe , avoit cette forte de bonté
que l'on admire plutôt dans un particulier que dans
un fouverain , qui doit , avant toutes chofes , juftice à fes peuples. Un jour ce prince donnoit un
feftin aux grands du royaume. Un officier , qu'il
avoit dépouillé de fon emploi , prit , fur le buffet ,
un plat d'or , & l'emporta : il n'y eut que le fo-
phi qui s'apperçut du vol. Celui qui avoit foin
de la vaiffelle fit des recherches , fe plaignit.
« Calmez-vous , lui dit Cofroès , celui qui a pris
» le plat ne le rendra pas , & moi qui l'ai vu
» prendre , je n'ai garde de découvrir le voleur ».
Quelques jours après , le même officier parut à la
cour avec un habit neuf. Le roi s'approcha & lui
dit à l'oreille : « Eft-ce mon plat qui vous a donné
» cette belle robe ? Oui , feigneur , répondit
» l'officier ; & montrant enfuite fes caleçons tout
» déchirés : vous voyez , ajouta-t-il , qu'il n'a fait
» les chofes qu'à demi ».

L'impératrice reine étant à Luxembourg , reçut
un meffage de la part d'une femme âgée de cent
huit ans , qui pendant plufieurs années n'avoit
pas manqué de fe préfenter le jour du Jeudi-
Saint , pour être au nombre des pauvres auxquels
cette princeffe lavoit les pieds. Depuis deux ans ,
fes infirmités la retenoient au lit. Elle fit témoigner à l'impératrice la peine fenfible qu'elle ref-
fentoit de n'avoir pu fe trouver à cette cérémonie ,
non à caufe de l'honneur qu'elle auroit reçu ,
mais parce qu'elle avoit été privée du bonheur de
voir une fouveraine adorée. L'impératrice , touchée du meffage , & des fentimens de cette bonne
femme , fe rendit elle-même dans le village qu'elle
habitoit. Elle ne dédaigna pas d'entrer dans une
miférable cabane , & trouva la payfanne fur le
grabat. « Vous regrettez de ne m'avoir point
vue , lui dit avec bonté cette admirable prin-
» ceffe ; couchez-vous , ma bonne , je viens vous

» voir «. Il est inutile de dire que la princesse laissa dans ce réduit des marques de sa générosité.

On vint dire à Henri IV que ses troupes avoient pillé quelques maisons de paysans en Champagne. « Messieurs, dit-il aux officiers qui l'entouroient, » partez en diligence, donnez-y ordre, vous » m'en répondrez. Quoi ! si on ruine mon peu- » ple, qui me nourrira ? qui soutiendra les char- » ges de l'État ? qui paiera vos pensions, mes- » sieurs ? Vive-dieu, s'en prendre à mon peuple, » c'est s'en prendre à moi ».

Henri IV ne vouloit pour courtisans que ses braves, & pour favoris que son peuple. Quand il écrivoit aux gouverneurs des provinces, il finissoit presque toujours ses lettres par ces paroles : » ayez soin de mon peuple, ce sont mes enfans ; » Dieu m'en a commis la garde, j'en suis respon- » sable ».

Ce bon prince, quelque tems avant sa mort, disoit à Sully, son ministre : « Si Dieu me fait la » grace de vivre encore deux ans, je veux qu'il n'y ait pas un paysan dans mon royaume qui ne mette le dimanche une poule dans son pôt.

Menin est attaquée par les françois en 1744 : on dit à Louis XV qu'en risquant une attaque qui coûtera quelques hommes, on sera quatre jours plûtôt dans la ville : « Eh bien, dit ce roi bien- » aimé, prenons-là quatre jours plus tard ; » j'aime mieux perdre quatre jours devant une » place qu'un seul de mes sujets ».

BORDELON (Laurent), né en 1653, mort en 1730. Il est auteur de plusieurs ouvrages bisarres, écrits d'un style insipide ; tel est entr'autres son *histoire des imaginations extravagantes de M. Ousle.* Cet auteur ayant dit un jour dans une société que ses *ouvrages étoient ses péchés mortels,* on lui répliqua aussi-tôt que *le public en faisoit pénitence.*

BORDEU (Théophile de), né en 1722, mort en 1776. Ce médecin célèbre ne put jamais se délivrer d'une mélancolie profonde, qui jointe à une goutte vague, l'emporta au tombeau. Il eut des amis, mais il eut aussi, même parmi ses confreres, des ennemis cruels. Un d'eux lui suscita un procès deshonorant, & apprenant sa mort, dit : *Je n'aurois pas crû qu'il fût mort horizontalement.*

Une dame dit au contraire, en faisant l'éloge de son médecin, que la mort le craignoit si fort, qu'elle l'avoit pris en dormant.

Ce médecin desiroit que parmi le nombre de cours qui s'affichent de toutes parts sur toutes sortes de matieres, on établît aussi *un cours de bon sens.*

BORNES DE L'ESPRIT HUMAIN. On demandoit un jour à Newton pourquoi il march. it quand il en avoit envie, & comment son bras & sa main se remuoient à sa volonté ? Il répondit bravement qu'il n'en savoit rien. Mais du moins, lui dit-on, vous qui connoissez si bien la gravitation des planètes, vous me direz par quelle raison elles tournent dans un sens plutôt que dans un autre, & il avoua encore qu'il n'en savoit rien.

Ceux qui enseignerent que l'Océan étoit salé, de peur qu'il ne se corrompît, & que les marées étoient faites pour conduire nos vaisseaux dans nos ports, furent un peu honteux quand on leur répliqua que la Méditerranée a des ports & point de reflux. Muschembroek lui-même est tombé dans cette inadvertance.

Quelqu'un a-t-il jamais pu dire précisément comment une buche se change dans son foyer en charbon ardent, & par quelle mécanique la chaux s'enflamme avec de l'eau fraîche ?

Le premier principe du mouvement du cœur dans les animaux est-il bien connu ? Sait-on bien nettement comment la génération s'opere ? A-t-on deviné ce qui nous donne les sensations, les idées, la mémoire ? Nous ne connoissons pas plus l'essence de la matiere que les enfans qui en touchent la superficie.

Qui nous apprendra par quelle mécanique ce grain de bled que nous jettons en terre se releve pour produire un tuyau chargé d'un épi ; & comment le même sol produit une pomme au haut de cet arbre, & une châtaigne à l'arbre voisin ? Plusieurs docteurs ont dit, que ne sais-je pas ? Montagne disoit : que sais-je ! (VOLTAIRE).

BOSSUS, BORGNES & BOITEUX. Nous réunissons sous un même article trois classes d'hommes marqués à la même lettre. On a en général bonne opinion de gens marqués au B. On leur reconnoît habituellement de l'esprit, de la finesse & de la gaieté. Les traits suivans en font preuve.

Un *bossu* plein d'enjouement & de gaieté avoit le bon esprit d'être le premier à plaisanter sur sa *bosse.* Un jour entr'autres, dans un cercle de vingt personnes où il étoit, arrive un homme qui avoit, comme lui, le malheur d'être affligé d'une *bosse* considérable, mais devant lequel il étoit dangereux de traiter ce point délicat. A peine il le voit entrer, qu'il avance deux pas à sa rencontre, le regarde de la tête aux pieds avec un air de surprise, & se rapprochant de son voisin, lui dit à l'oreille, d'un ton assez élevé pour être entendu de tout le monde : « Ah ! mon ami, *quelle bosse* ! » Le voisin, qui ne s'attendoit à rien moins, part d'un éclat de rire. Cet éclat se communique, on se retourne, on se mord les levres, on veut se retenir, il n'y a pas moyen. Le nouveau venu déconcerté, jette fur l'homme à l'exclamation un regard de travers. Celui-ci, fans s'émouvoir, hauffe les épaules, & répond, avec un fouris de pitié : « Ah! Monfieur, *Quelle boffe!* — Monfieur, vous m'infultez, dit l'autre, à qui le feu monte au vifage, & je veux en avoir raifon, fortons. —— Eh! monfieur, répliqua le premier, quand nous fortirions, en feriez-vous moins boffu? ——Ah! ç'en eft trop, s'écria le petit homme. En même-temps il tire fon épée & veut en percer fon ennemi. — Oh! oh! tu te fâches, lui répond froidement fon confrère, en lui tournant le dos, eh bien, frappe, fi tu l'ofes ».

Un prédicateur prouvoit en chaire que tout ce que dieu a fait eft bien fait. Voilà, difoit en lui-même un boffu qui l'écoutoit attentivement, une chofe bien difficile à croire; il attend le prédicateur à la porte de l'églife & lui dit : « Monfieur, vous avez prêché que dieu avoit bien fait toutes chofes, voyez comme je fuis bâti ». Mon ami, lui répondit le prédicateur, en le regardant, *il ne vous manque rien, vous êtes bien fait pour un boffu.*

Autrefois on eftimoit beaucoup en France un grand pied; & la longueur des fouliers, fur-tout dans le 14e. fiècle, étoit la mefure de la diftinction. Les fouliers d'un prince avoient deux pieds & demi de long; ceux d'un haut baron, deux pieds. Le fimple chevalier étoit réduit à un pied & demi. M. de Saint-Foix penfe que c'eft de là que nous eft reftée l'expreffion, *il eft fur un grand pied dans le monde.* Cette expreffion, quelle foit fon origine, a fouvent fait naître des plaifanteries. Un *boffu*, qui favoit l'hiftoire apparemment, voulut un jour faire ufage de ce proverbe contre un homme qui avoit un pied très-grand, mais fans aucune prétention à la nobleffe. *Il faut avouer,* lui dit-il, *que vous êtes, Monfieur, fur un grand pied dans le monde.* L'homme au grand pied fe contenta de lui répondre froidement : *il eft vrai, Monfieur, que la fortune ne m'a pas tourné le dos.*

D'Alençon étoit fils d'un huiffier au parlement de Paris, & avoit été reçu dans la même charge. Il étoit boffu, & dévoré de la manie de paffer pour homme d'efprit, quoiqu'il n'en eût que médiocrement; auffi l'abbé de Pons, autre boffu, qui avoit beaucoup de mérite, difoit de lui, avec une efpèce d'indignation : » Cet animal là deshonore le corps des boffus ».

Un jeune homme qui étoit boffu, en prétendant ne l'être pas, fut en députation, avec plufieurs de fes confrères, chez un ancien d'une compagnie où il venoit d'être admis. Cet ancien étoit boffu auffi, mais perfonnage facétieux & plaifantant le premier de fa boffe. Appercevant le jeune homme, il alla auffi-tôt l'embraffer & lui dit : « Eh! bon jour, mon double confrère ». Ce propos offenfa

celui-ci. « C'eft à tort, reprit-il, que vous m'appellez votre double confrère. — Je le vois bien, répliqua l'ancien, pour être de la compagnie des boffus il faut avoir de l'efprit ».

Louis XI comparoit un homme qui avoit une belle bibliotheque, & qui n'en faifoit aucun ufage, à un boffu qui porte fa boffe derrière le dos, & qui jamais ne la voit. On dit ordinairement qu'il n'y a pas de comparaifon qui ne cloche; celle-ci paroît affez jufte.

Galiot de Narni, boffu par le devant,
    Et d'une bifarre figure,
Dans la ville de Sienne entroit fur fa monture;
    Un citadin mauvais plaifant
Lui dit pour le railler : les autres d'ordinaire
    Portent leur paquet par-derriere :
Pourquoi portez-vous donc le vôtre par-devant?
C'eft, répondit Galiot, qu'en pays de filoux
    On agit de cette manière.

Jean du Pont-Alais ou du Pont-Alletz, qui fut en 1510, ou environ, auteur, acteur ou entrepreneur de repréfentations de myfteres pour les entrées folemnelles, étoit boffu, & malgré cela bien reçu à la cour, à caufe de fes bons mots. Il approchoit fouvent Louis XII & François I. Il aborda un jour un cardinal qui étoit boffu comme lui, & eût la malice de fe placer près fon éminence, de manière que les deux boffes fe touchèrent. Le cardinal s'en formalifant, Pont-Alais lui dit : « Monfeigneur, nous voici en état de prouver que deux montagnes, auffi bien que deux hommes, peuvent fe rencontrer, en dépit du proverbe qui dit le contraire ».

LE BOSSU, conte.

Guillot, boffu par-devant, par-derrière,
Et goguenard (tous les boffus le font),
Pour fe baigner, au bord de la rivière,
Mit fes habits, comme tant d'autres font.
Or un voleur à les embler fut prompt.
Mais quand Guillot eut fait fon tripotage,
Et décrafté fon fale parchemin,
Il regagna l'infidèle rivage,
Bien rafraîchi, mais nud comme la main.
Lors de plus près avifant fon dommage,
Il le fupporte en empereur romain.
De fouhaiter que le diable l'emporte,
Maudit larron de mon feul vêtement,
Seroit, dit-il, vengeance un peu trop forte.
Pour un tel cas, je voudrois feulement
Pour te punir du moins, vaille que vaille,
Que cet habit acquis furtivement
Pût te fervir, & fût jufte à ta taille.

Un homme de la plus haute taille fe promenoit

un foir à la foire St.-Ovide, tandis qu'on joûoit en-dehors des parades. Tout occupé des lazis qui fe faifoient à celles d'un jeu de marionettes, il heurta par mégarde un petit *boffu*, qui fe redreffant fur la pointe du pied, apoftropha très-incivilement ce grand homme, ou plûtôt cet homme grand. Celui-ci, fans témoigner la moindre colère, affecta de fe courber & de dire, en élevant la voix : *Qu'eft-ce qui eft là-bas ?* L'Efope, furieux de ce farcafme, mit la main fur la garde de fon épée, & en demanda raifon à fon adverfaire. Mais l'homme de haute ftature, toujours de l'air le plus tranquille, prit le mirmidon par le milieu du corps, & le pofa fur le balcon de la parade, en difant froidement : *Tenez, ferrez votre polichinele, qui s'avife de faire ici du tapage.*

Un officier, devenu *borgne* à la guerre, portoit un œil de verre, qu'il avoit foin d'ôter lorfqu'il fe couchoit. Se trouvant dans une auberge, il appelle la fervante, & lui donne cet œil pour qu'elle le pofe fur une table ; cependant la fervante ne bougeoit point. L'officier perdant patience, lui dit : Eh bien, qu'attends-tu là ? J'attends, Monfieur, que vous me donniez l'autre.

Un *borgne* gageoit contre un homme qui avoit bonne vue qu'il voyoit plus que lui. Le pari accepté ; vous avez perdu, dit le *borgne*, car je vous vois deux yeux, & vous ne m'en voyez qu'un.

Pé Fournier étoit *borgne* ; plaidant un jour, il mit fes lunettes pour lire une pièce, & dit : « Meffieurs, je ne produirai rien qui ne foit néceffaire ». —L'avocat adverfe lui répliqua : « Commencez donc par retrancher un des verres de vos lunettes ». Cette plaifanterie déconcerta Pé Fournier.

On demandoit à un *boiteux* qui alloit à l'armée comme fantaffin, pourquoi il ne s'étoit pas mis plûtôt dans la cavalerie ; c'eft, répondit-il, que je ne vais pas à la guerre pour fuir.

BOSSUET (Jacques Benigne), né à Dijon, le 27 Septembre 1627, mort à Paris le 12 Avril 1704, âgé de 77 ans.

Louis XIV l'avoit nommé à l'évêché de Condom le 13 Septembre 1669, précepteur de M. le dauphin le 11 Septembre de l'année fuivante, premier aumônier de la dauphine en 1680, évêque de Meaux en 1681, confeiller d'état en 1697, & premier aumônier de madame la ducheffe de Bourgogne l'année fuivante ; il avoit été reçu de l'académie françoife en 1671.

Boffuet encore enfant donna d'heureux préfages de ce qu'il feroit un jour. Il récitoit, dès l'âge de fept à huit ans, des fermons qu'il apprenoit par cœur, & qu'il prononçoit de fort bonne grace. La marquife de Rambouillet en ayant ouï parler, fouhaita de l'entendre, & fit naître le

même defir aux perfonnes d'efprit & de qualité qui s'affembloient chez elle les foirs. Le jeune *Boffuet* y fut conduit entre onze heures & minuit, & prêcha avec beaucoup d'agrément & d'affurance. Toute l'affemblée en parut très-fatisfaire. Voiture s'y étoit trouvé. Cet auteur, qui dans la converfation comme dans fes lettres, couroit toujours après l'efprit, dit au fujet de l'âge du prédicateur, & de l'heure de la prédication : *En vérité, je n'ai jamais entendu prêcher fi tôt ni fi tard.*

Louis XIV fut fi content la première fois qu'il l'entendit, qu'il fit écrire en fon nom au père du jeune orateur, pour le féliciter d'avoir un tel fils.

Boffuet excelloit fur-tout dans les oraifons funèbres, genre d'éloquence où il faut de l'imagination & une grandeur majeftueufe qui tient un peu de la Poéfie. Celle de la reine d'Angleterre parut un chef-d'œuvre, & celle de Madame, enlevée à la fleur de fon âge, & morte entre fes bras, eut le plus grand & le plus rare des fuccès, celui de faire verfer des larmes à la cour. Il fut obligé de s'arrêter après ces paroles : « O nuit » défaftreufe ! nuit effroyable ! où retentit tout-» à-coup, comme un éclat de tonnerre, cette » étonnante nouvelle : *Madame fe meurt, Madame eft morte* ». L'auditoire éclata en fanglots, & la voix de l'orateur fut interrompue par les foupirs & par les pleurs.

Lorfque M. Boffuet alla prêter ferment de fidélité entre les mains de madame la ducheffe de Bourgogne, pour la charge de fon premier aumônier, cette princeffe ne put s'empêcher de dire, dans une de fes faillies ordinaires : *Ah ! la bonne tête que j'ai là à mes pieds.*

Ce prélat jouiffoit d'une grande confidération à la cour, & Louis XIV recevoit volontiers fes confeils. Un jour ce prince le voyant entrer, lui dit : « Nous parlions des fpectacles, qu'en pen-» fez-vous ? Sire, il y a de grands exemples pour, » répondit le prélat, mais il y a des raifonnemens » invincibles contre ».

Ce monarque, qui heureufement favorifoit le bon parti dans l'affaire du quiétifme, n'ignoroit pas que M. de Meaux s'étoit fort élevé contre les maximes de fpiritualité de M. de Cambrai ; il lui demanda : « Qu'auriez-vous fait, fi j'avois » protégé M. de Cambrai ». Sire, répondit M. Boffuet, j'en aurois crié vingt fois plus haut ; » quand on défend la vérité on eft affuré d'avoir » tôt ou tard la victoire ».

Tout le temps que M. Boffuet n'employoit point aux fonctions de fon miniftère, il le donnoit à l'étude ; rarement fe permettoit-il la promenade ; c'eft ce que fon jardinier lui repréfenta un jour affez naïvement. Ce prélat l'ayant trouvé fur fon chemin, s'informa comment alloit les arbres fruitiers :

tiers : « Eh! Monseigneur, vous-vous souciez bien de vos arbres ; si je plantois dans votre jardin des saint Augustin & des saint-Chrysostôme, vous les viendriez voir ; mais pour vos arbres, vous ne vous en mettez guère en peine ».

Toutes les fois que le sublime *Bossuet* avoit une oraison funèbre à composer, il lisoit Homère en grec. Cette lecture élevoit son style à la hauteur du sujet : « J'allume, disoit ce grand homme, mon flambeau aux rayons du soleil.

Il y eut, dit-on, un contrat de mariage secret entre *Bossuet*, encore très-jeune, & mademoiselle Des-Vieux ; mais cette demoiselle fit le sacrifice de sa passion & de son état, à la fortune que l'éloquence de son amant devoit lui procurer dans l'église : elle consentit à ne jamais se prévaloir du contrat, qui ne fut point suivi de la célébration. *Bossuet* cessant ainsi d'être son mari, entra dans les ordres. Après la mort du prélat, ce fut la famille de M. Secousse, avocat & homme de lettres, dont on tient cette anecdote, qui régla les reprises & les conventions matrimoniales. Jamais cette demoiselle n'abusa du secret dangereux qu'elle avoit entre les mains. Elle vécut toujours l'amie de l'évêque de Meaux, dans une union sévère & respectée. Il lui donna de quoi acheter la petite terre de Mauléon, à cinq lieues de Paris. Elle prit alors le nom de Mauléon, & a vécu près de cent années.

On raconte que mademoiselle Des-Vieux de *Mauléon* ayant dit un jour au jésuite *la Chaise*, confesseur de Louis XIV, on sait que je ne suis pas janséniste ; le père la Chaise répondit, on sait que vous n'êtes que *mauléoniste*.

BOUCHARDON. Edme *Bouchardon*, sculpteur du roi, naquit en 1698, à Chaumont en Bassigny, d'un père qui professoit la Sculpture & l'Architecture. Les mœurs de *Bouchardon* se conservèrent, dans un siècle de frivolité, aussi simples & aussi pures, que son talent devint sublime. C'est lui qui disoit souvent, *quand je lis l'Iliade, je crois avoir vingt pieds de haut.* Ses ouvrages se ressentent bien de l'élévation d'ame que lui causoit la lecture du poëte grec.

BOUCHER (François), premier peintre du roi, né à Paris en 1704, mort en 1770 ; il fut surnommé à juste titre, le peintre des grâces. Il respectoit les tableaux des grands maîtres, au point qu'il n'osoit en approcher son pinceau pour corriger quelques taches, en s'écriant : *ils sont sacrés pour moi.*

Quand il vouloit donner des leçons à un élève, il prenoit son ouvrage & repeignoit les endroits qui étoient foibles ; *je ne sais*, disoit-il, *conseiller qu'avec le pinceau.*

Encyclopédiana.

BOUCICAUT. Jean le Meingre, dit *Boucicaut*, maréchal de France ; & lieutenant pour le roi Charles VI à Gênes, se promenant à cheval par la ville ; rencontra deux courtisannes vêtues à la mode du pays, qui lui firent la révérence : il la leur rendit avec la plus respectueuse civilité. Un gentilhomme qui étoit devant lui s'arrêta & lui dit : « Monseigneur, savez-vous quelles sont » ces deux dames qui vous ont salué ? —— Non, » répondit le maréchal. —— Ce sont des filles » de mauvaise vie. —— Je ne les connois pas, » répartit *Boucicaut*, mais j'aime mieux avoir » fait la révérence à ces filles perdues, que » d'avoir manqué à saluer une femme de bien ».

A la bataille de Rosebecque, *Boucicaut*, depuis maréchal de France ; très-jeune encore, & nouvellement armé *chevalier*, combattoit où le péril étoit le plus grand, ne prenant conseil que de son courage. Il remarqua un chevalier flamand qui, à coups de sabre, *abattoit* tout ce qui se trouvoit devant lui : rien ne pouvoit résister aux efforts de son bras victorieux. *Boucicaut* court à lui, l'attaque la hache à la main, & le menace d'un ton intrépide. Le flamand, remarquant sa jeunesse, le méprise, & d'un coup violent, lui fait tomber sa hache. *Va tetter, enfant* », lui dit-il ; & tournant d'un autre côté, il ne daignoit pas achever sa victoire. *Boucicaut*, outré de colère, tire son épée, s'élance sur lui, & vient à bout, après quelques momens de combat, de la lui passer au travers du corps.

Le maréchal *de Boucicaut* ne laissa qu'un fils, âgé de trois ou quatre ans, qui fut depuis maréchal de France & gouverneur de Gênes. Ce grand homme ne s'étoit pas soucié d'accumuler d'immenses richesses à la tête de cet héritier de son nom & de sa gloire, & n'avoit songé qu'à lui laisser de grands modèles de vertu. Ses amis le blâmèrent de n'avoir point profité de la faveur du roi Jean son maître. « Je n'ai rien vendu de l'héritage de mes pères, leur répondit-il, & je n'y ai rien non plus augmenté. Si mon fils est homme de bien, il aura assez ; mais s'il ne vaut rien, il aura trop, & ce sera grand dommage ».

BOUFFON. Les *bouffons* ont eu en différens temps une espèce de vogue ; on leur permettoit de dire à-peu-près tout ce qui leur venoit dans l'idée. Quelquefois ils présentoient aux princes des leçons de sagesse. Quelquefois ils abusoient de leurs privilèges, en sorte que plusieurs ont eu lieu de se louer, plusieurs de se repentir d'avoir exercé cette espèce de profession.

Un *bouffon*, qui vivoit du temps de Tibère, voyant passer un convoi, fit arrêter tous ceux qui le composoient, & s'adressant au mort, il lui dit : « Je t'ordonne de dire à Auguste que les legs qu'il avoit faits en faveur du peuple ne font pas encore payés. Tibère ayant appris cette scène fit venir le *bouffon* devant lui ; il lui donna ce qui lui étoit dû, & l'envoyant tout de suite au supplice : *Allez, dites à Auguste que vous êtes payé du legs qu'il avoit fait en votre faveur.*

Le *bouffon* de la reine Elisabeth ayant été long-temps sans oser paroître devant elle, à cause de ses paroles piquantes & hardies, eut enfin permission de venir vers cette princesse, qui lui dit en le voyant : « Eh bien, ne nous venez-vous pas encore reprocher nos fautes » ? Non, Madame, répondit le *bouffon*, ce n'est pas ma coutume de discourir des choses dont tout le monde parle.

Triboulet, fou de François I., ayant appris que Charles V devoit passer en France, écrivit sur des tablettes que l'empereur étoit fou de s'exposer ainsi à la merci de ses ennemis. Si je le laisse passer sans lui rien faire, dit le roi, que diras-tu de moi ? Je ne sais pas ce que je dirai, répondit Triboulet, mais je sais bien ce que je ferai. Eh bien, que feras-tu, reprit François I. Ce que je ferai, répondit le fou, j'effacerai son nom, & j'y placerai le vôtre.

BOUFLERS (Louis de), né en 1534. Loisel, dans ses mémoires du Beauvoisis, dit que ce noble picard fut surnommé le *Robuste*, parce qu'il égaloit la force de Milon de Crotone.

Il rompoit avec les doigts un fer de cheval ; un homme ne pouvoit le faire avancer d'un seul pas lorsqu'il se tenoit ferme sur ses pieds. Il enlevoit un cheval sur ses bras, & le portoit à une grande distance. Il tuoit d'un coup de pierre les quadrupèdes dans leur course, & les oiseaux dans leur vol. Il sautoit tout armé en selle, sans mettre le pied à l'étrier. Il devançoit à la course le cheval le plus agile.

BOUFLERS (Louis François), duc & pair, & maréchal de France, né en 1644, mort en 1711. Il étoit de la même famille de Louis de *Bouflers*. Il se distingua dans le commandement des armées, & sur-tout à la fameuse défense de Lille. *Je suis fort glorieux*, lui dit le prince Eugène, *d'avoir pris Lille ; mais j'aimerois mieux encore l'avoir défendu comme vous.*

Pendant le siège de cette place, un partisan vint lui dire qu'il pourroit tuer le prince Eugène. *Je vous le défends*, répartit *Bouflers, votre fortune est sûre, si vous pouvez le prendre prisonnier ; mais vous serez puni de mort si vous attentez à ses jours.*

Le roi Guillaume ayant pris Namur en 1695, arrêta *Bouflers* prisonnier contre la foi des conventions. Le maréchal s'en plaignit ; on lui observa qu'on en agissoit ainsi par représailles de la garnison

de Dixmude & de Deinse, que les françois avoient retenue malgré les capitulations. Si cela est, dit *Bouflers*, on doit arrêter la garnison & non moi. Monsieur, lui répondit-on, l'on vous estime plus que dix mille hommes.

BOUHOURS (Dominique). Le père *Bouhours*, jésuite, étoit né à Paris en 1628, & mourut dans la même ville en 1702.

C'étoit un homme poli, dit l'abbé de Longuerue, ne condamnant personne & cherchant à excuser tout le monde. Il a écrit avec pureté & avec élégance. Il enseigne aux jeunes gens, dans la plupart de ses écrits, à éviter l'enflure, l'obscur & le recherché, & lui-même donne dans une affectation ridicule : aussi l'Abbé de la Chambre appelloit *Bouhours, l'empeseur des muses.*

Quelqu'un a dit assez plaisamment qu'il ne manquoit au père *Bouhours*, pour écrire parfaitement, que de savoir penser. En effet, ce bel esprit paroit plus s'appliquer aux paroles qu'aux choses. Dans le temple du goût, il est derrière les grands hommes, occupé à marquer sur des tablettes toutes les fautes de langage, & toutes les négligences qui échappent au génie.

La nation allemande fut fort choquée de ce qu'il avoit osé mettre en question dans ses *Entretiens d'Ariste & d'Eugène*, qui parurent en 1671, si un allemand peut être un bel-esprit. Un allemand demanda à son tour, si un françois pouvoit avoir du jugement.

On lui reprocha un jour de ce que, sachant si bien sa langue, il avoit dit *rabaissement des monnoies*, au lieu de *rabais des monnoies* ; il dit, pour s'excuser : « Il n'est pas étrange qu'un religieux, » qui a fait vœu de pauvreté, ignore les termes » des monnoies ».

Ce bel esprit se plaisoit à faire voir dans les anciens les origines des pensées des modernes ; il en montroit même le progrès ; il appelloit cela la généalogie des pensées.

Il se plaignoit à Boileau Despréaux de quelques critiques imprimées contre sa traduction du *nouveau testament*, & lui disoit : « Je sais d'où elles » partent : je connois mes ennemis : je saurai me » venger d'eux. Gardez-vous-en bien, mon père, » reprit Despréaux ; ce seroit alors qu'ils auroient » raison de dire que vous n'avez pas entendu » le sens de votre original, qui ne prêche partout que le pardon des ennemis ».

Ce poëte s'étoit plaint au Jésuite de ce qu'il ne l'avoit pas cité assez souvent dans *la manière de bien penser*. Le père *Bouhours*, pour réparer cette omission, le cita presque à chaque page des *pensées ingénieuses*. Ce jésuite dit un jour avec complaisance au satyrique : « Je ne vous ai pas oublié :

» dans mon nouveau livre ». *Il est vrai*, répartit séchement Despréaux ; *mais vous m'avez mis en assez mauvaise compagnie.*

Nous avons du père *Bouhours* une vie de saint Ignace, où il raconte gravement que quand Ignace écolier étoit dans la classe, son esprit s'envoloit au ciel, & que c'étoit la raison pour laquelle il n'apprenoit rien. Mais il faut lui pardonner ces historiettes & autres semblables à cause de l'habit qu'il portoit.

Lorsque Despréaux eut adressé une épître à son jardinier d'Auteuil, la plupart des personnes qui alloient voir l'auteur, félicitoient maître Antoine de l'honneur que son maître lui avoit fait, & tous lui envioient une distinction si glorieuse. Le père *Bouhours* lui en fit compliment comme les autres : *N'est-il pas vrai, maître Antoine*, lui dit-il d'un air railleur, *que l'épître que votre maître vous a adressée, est la plus belle de toutes ses pièces ?* Nenni da, mon père, répondit maître Antoine, *c'est celle de l'amour de Dieu.*

Le père *Bouhours*, toujours grammairien, sentant approcher sa fin, dit à ceux qui étoient autour de son lit : « Je *vas*, ou je *vais* bientôt » mourir, car l'un ou l'autre se dit ».

BOULAINVILLIERS (Henri comte de), né en 1658, mort en 1722. Malgré son grand savoir & sa philosophie, il avoit le foible de l'astrologie judiciaire, ce qui faisoit dire au cardinal de Fleury, que ses connoissances l'avoient conduit à ignorer le passé, le présent & l'avenir.

BOULEN (Anne de), morte en 1536. Elle éprouva toutes les vicissitudes de la fortune. Fille d'un gentilhomme anglois, elle passa en France avec Marie, femme de Louis XII. Elle fut nommée fille d'honneur de la reine Claude, qui la donna ensuite à la duchesse d'Alençon, depuis reine de Navarre.

Etant de retour en Angleterre, elle y porta un goût vif pour le plaisir & la coquetterie. On dit qu'elle avoit six doigts à la main droite, une tumeur à la gorge, & une surdent ; cependant l'agrément de sa personne, son enjouement & son esprit séduisirent Henri VIII, roi d'Angleterre, qui l'épousa secrettement en 1532, & étant devenue enceinte, elle fut déclarée femme & reine en 1583. Elle fut accusée d'avoir un commerce de galanterie avec son frère, & plusieurs de ses domestiques. Henri VIII, amoureux de Jeanne de Seymour, profita de ces bruits pour la répudier & la condamner à la mort que ses amans ou ses complices avoient déjà subie. Anne de *Boulen* soutint qu'elle pouvoit être coupable de quelques propos libres & de légéreté ; mais que sa conduite étoit innocente. On ne l'écouta point, & prête à monter sur l'échafaud, elle écrivit au roi

son époux : Henri, vous m'avez toujours élevé par degrés ; de simple demoiselle vous me fites marquise, de marquise reine ; & de reine vous voulez aujourd'hui me faire sainte.

Elle continua jusqu'au bout ses protestations d'innocence, & reçut la mort avec intrépidité. Quelques heures avant son supplice, elle dit que ce qui la consoloit, c'étoit que *le bourreau étoit fort adroit, & qu'elle avoit le cou fort petit.*

On prétend que François I & plusieurs courtisans avoient eu ses faveurs en France avant qu'elle passât à Londres : on l'appelloit, dit-on, la *mule du roi*, & la *haquenée d'Angleterre.*

BOURBON. (Nicolas), mort en 1644 à 70 ans. Il excella dans la poésie latine : il fit en l'honneur de Henri IV ces deux vers placés sur la porte de l'arsenal à Paris :

Ætna hæc Henrico Vulcania tela ministrat
Tela giganteos debellatura furores.

Bourbon qui aimoit le bon vin, & qui n'estimoit que les vers latins, disoit que, lorsqu'il lisoit des vers françois, il lui sembloit qu'il buvoit de l'eau.

BOURDALOUE. Louis *Bourdaloue*, né à Bourges en 1632, prit l'habit de jésuite en 1648, son éloquence lui fit en très-peu de temps une réputation si brillante, que Louis-XIV desira l'entendre prêcher, & le père *Bourdaloue* prêcha devant le monarque, plusieurs carêmes & plusieurs avents, avec un succès étonnant. On le nommoit à la cour le prédicateur des rois & le roi des prédicateurs. Souvent *Bourdaloue* quittoit la chaire, où il annonçoit des vérités sublimes aux princes & aux grands du royaume, pour aller dans les prisons ou aux lits des malades pour les consoler & leur faire supporter leurs maux. Un auteur estimé disoit : la conduite de *Bourdaloue* est la meilleure réponse qu'on ait faite aux lettres provinciales. *Bourdaloue* mourut en 1704, âgé de 72 ans.

Une dame de la cour demandant au père *Bourdaloue*, si elle faisoit mal d'aller à la comédie ; *c'est à vous de me le dire*, lui répondit le jésuite.

BOURDON. Sébastien *Bourdon*, peintre & graveur, naquit à Montpellier en 1616. Après avoir voyagé en Italie, il revint en France à l'âge de 27 ans, & se fit connoître par son tableau du martyre de S. Pierre, qu'on voit à Notre-Dame de Paris. Il passa ensuite en Suède, revint en France, & donna de nouvelles preuves de son talent. Il peignoit avec tant de facilité qu'il fit un jour gageure qu'il peindroit en un jour douze têtes d'après nature & de grandeur naturelle. Il ga-

C c 2

gna son pari, & ces têtes ne sont pas les moindres de ses ouvrages. Il mourut à Paris, en 1662.

BOURGEOIS.

Se croire un personnage est fort commun en France,
On y fait l'homme d'importance,
Et souvent on n'est qu'un *bourgeois* :
C'est proprement le mal françois.

Une *bourgeoise* prenoit le titre de marquise, afin de passer pour une femme de qualité ; madame, lui dit quelqu'un, prenez garde à ce que vous faites, le sobriquet de marquise pourroit bien vous rester.

Deux bourgeoises qui se piquoient de noblesse, s'appeloient toutes deux Colin, sans être parentes. L'une dit à l'autre : « Au moins, madame, vous » ne descendez pas des bons Colins, comme moi ». Celle-ci lui répondit avec vivacité : « C'est vous, » madame, qui descendez des faux Colins ; pour » moi, je suis de la bonne roche ». Enfin, après bien des disputes fort vives, elles convinrent de prendre pour juge un célèbre avocat, qui connoissoit parfaitement leur famille. Cet arbitre fut fort embarrassé. Il ne vouloit fâcher ni l'une ni l'autre, ni entretenir la folie d'aucune. Un tour ingénieux le tira d'affaire. « Mesdames, leur dit-il, » voici le moyen de vous accommoder. Il y a deux » Colins aussi anciens l'un que l'autre ; *Colin-Mail-* » *lard* & *Colin-Tampon*. Que l'une de vous deux » se fasse descendre de *Colin-Maillard* ; l'autre re- » connoîtra *Colin-Tampon* ; & vos deux familles » seront également anciennes ».

La pièce où Molière a peint le ridicule des bourgeois qui veulent singer la noblesse, est un de ses chef-d'œuvres. On voit que nous parlons du bourgeois gentilhomme.

BOURIQUES. La cause d'une saisie de vingt-quatre *bouriques* chargées de plâtre, ayant été portée à une jurisdiction, le président renvoya l'affaire au plus ancien avocat pour la juger. Comme un de ses confrères s'en scandalisoit, l'avocat lui dit : Ne voyez-vous pas bien que ces messieurs ne peuvent pas juger en cette cause, ils sont parens au degré de l'ordonnance.

BOURREAU. Voltaire en parlant de l'histoire des différens peuples, disoit : « Pour les anglois, ce seroit au *bourreau* à écrire la leur ; c'est toujours ce gentilhomme là qui termine toutes leurs querelles ».

Un déserteur qu'on alloit pendre, étant sur l'échelle, donna une tasse d'argent à son confesseur, qui étoit un Cordelier. Le *bourreau* piqué de ce qu'il ne la lui avoit pas donnée, dit à l'aumônier : Hé bien, mon père, pendez-le.

BOURSAULT (Edme), né en Bourgogne en 1638, mort en 1701.

Boursault ayant fait en 1671, par ordre du roi, pour l'éducation du dauphin, un livre qui a pour titre, *l'étude des souverains* ; ce prince en fut si content qu'il nomma *Boursault* sous-précepteur de Monseigneur ; mais comme *Boursault* n'avoit jamais étudié le latin, il ne put pas occuper un poste si honorable.

Thomas Corneille aimoit tendrement *Boursault*, & vouloit absolument qu'il demandât à être de l'académie ; & sur ce que celui-ci lui alléguoit toujours son ignorance, & lui disoit de bonne-foi ce que feroit l'académie d'un sujet ignare & non lettré, qui ne savoit ni latin ni grec ? Il n'est pas question, lui répondit-il, d'une académie grecque ou latine, mais d'une académie françoise ; eh ! qui sait mieux le françois que vous ?

Despréaux étant allé aux eaux de Bourbon, pour une extinction de voix, & y étant resté beaucoup plus de temps qu'il ne l'avoit cru, *Boursault* qui étoit receveur des tailles à Montluçon en Bourbonnois, apprit par un de leurs amis communs, que son censeur étoit dans son voisinage, & qu'il y manquoit d'argent. Il n'hésita pas un seul moment à l'aller trouver à Bourbon, & il lui porta une bourse de deux cents louis. Despréaux fut si surpris, & en même temps si touché d'une générosité qu'il avoit si peu méritée, qu'il se réconcilia sincèrement, & lia avec lui une étroite amitié.

Boursault prétend, dans la préface de son Germanicus, que cette pièce brouilla les deux plus grands tragiques que la France ait eus. Corneille, dit-il, parla si avantageusement de cet ouvrage, à l'académie, qu'il lui échappa de dire qu'il ne lui manquoit que le nom de Racine pour être achevé, dont Racine s'étant offensé ; ils en vinrent à des paroles piquantes ; & depuis ce temps-là ils ont vécu, non sans estime l'un pour l'autre, mais sans amitié.

Boursault faisoit en vers tous les huit jours une gazette qui plaisoit beaucoup au roi & à toute la cour. Une semaine s'étant trouvée stérile en nouvelles, le gazetier se plaignit à la table de M. le duc de Guise, de n'avoir rien de divertissant dont il pût remplir sa gazette. Ce prince s'offrit d'abord à lui donner un sujet très-propre à réjouir le roi & la cour. C'étoit une aventure arrivée à la porte de l'hôtel de Guise, chez une brodeuse fort en vogue, où les capucins du Marais faisoient broder un Saint François. Un jour que leur sacristain étoit allé chez la brodeuse pour voir où en étoit l'ouvrage, il s'endormit profondément, la tête sur le métier où il regardoit travailler ; l'habile & malicieuſe ouvrière, qui en étoit préciſément à broder le menton du ſaint, ſaiſit l'occaſion favorable d'ajuſter artiſtement la longue barbe du révérend père, pour en compoſer en diligence la barbe de S. François. Au réveil le religieux fut auſſi étonné qu'indigné de ſe trouver pris par un endroit qu'il croyoit ſi reſpectable; il y eut un débat aſſez plaiſant entre lui & la brodeuſe à qui reſteroit cette barbe.

Ce fût de cette aventure, que *Bourſault* fit la plus jolie de toutes ſes gazettes, par un eſprit de badinage & nullement d'impiété. Le roi qui étoit jeune en rit beaucoup & n'y trouva rien à dire. La vertueuſe reine Marie-Thereſe qui étoit la piété même, ne laiſſa pas d'en rire auſſi, & n'en fut point ſcandaliſée. Toute la cour à l'envi en apprit les vers par cœur. Mais le confeſſeur de cette princeſſe qui étoit un cordelier eſpagnol, n'entendit pas raillerie par les capucins qui croient vengeance contre l'outrage fait à leur ſéraphique père, il mit le ſcrupule dans l'eſprit de cette pieuſe reine, & l'obligea de demander au roi une punition exemplaire. Sa majeſté voulut par bonté tourner la choſe en raillerie, & dit même à cette princeſſe tout ce qu'il put pour l'adoucir; mais la voyant obſtinée à le prendre le ſérieux, il la laiſſa maîtreſſe de faire ce qu'elle voudroit.

La reine excitée toujours par le père confeſſeur qui lui en faiſoit un point de conſcience, manda le chancelier Séguier, à qui elle ordonna de retirer le privilège accordé à l'auteur, & de l'envoyer à la baſtille juſqu'à nouvel ordre, pour lui apprendre à ne plus badiner avec les ſaints. Ce grand chef de la juſtice, protecteur de tous les gens de lettres, & qui honoroit particulièrement *Bourſault* de ſes bontés, ne trouva pas le délit auſſi grand que l'étoit la colère de la reine; ainſi en obéiſſant aux ordres de ſa majeſté, il eut l'attention d'ordonner à l'officier qu'il chargea des ſiens, de laiſſer à l'auteur, quand il iroit l'arrêter, tout le loiſir néceſſaire pour écrire au roi & à ſes protecteurs. *Bourſault*, qui, bien content de lui-même & du ſuccès de ſa gazette, ne s'attendoit à rien moins qu'au compliment de cet officier qui étoit de ſes amis, commença par le prier de ſe mettre à table avec d'autres jeunes gens d'eſprit qui déjeûnoient ce matin-là chez lui; & quoiqu'il ne fût pas fort content du gîte où il devoit coucher, il ne perdit rien de ſa belle humeur, & il ſe ſervit du tems qu'on lui laiſſoit, pour écrire une lettre en vers au grand Condé, ſon protecteur déclaré. Ce prince eut la bonté d'en parler auſſi-tôt au roi, qui fit révoquer ſur le champ l'ordre d'aller à la baſtille; mais qui, par conſidération pour la reine, fit défendre au coupable de continuer de travailler à la gazette, & de plus, lui retira la penſion de deux mille livres.

Bourſault obtint dans la ſuite un privilège pour une ſemblable gazette, ſous le titre *de muſe enjouée*, qu'il faiſoit tous les mois, pour le divertiſſement de monſeigneur le dauphin. Comme c'étoit dans le tems de la guerre qu'on nommoit du prince d'Orange, il lui échappa dans ſa muſe enjouée, quelques traits un peu trop vifs, pour répondre à une médaille frappée en Angleterre, où d'un côté étoit le portrait de Louis XIV. avec ces mots: *Ludovicus Magnus*, & de l'autre, celui du roi Guillaume, avec cette inſcription: *Guillelmus Maximus.* Le récit de *Bourſault*, finiſſoit par ces mots:

Et quand Louis eſt grand par de grandes vertus,
Si Guillaume eſt très-grand, c'eſt par de très-grands crimes.

On commençoit alors à parler de paix, & l'on n'eût pas été bien aiſe qu'on eût à nous reprocher de pareilles apoſtrophes; ainſi le roi ôta à *Bourſault* ſon privilège, en lui faiſant dire par M. le chancelier, qu'il ne le faiſoit point par aucun mécontentement qu'il eût de lui; mais par des raiſons ſupérieures & qui lui étoient étrangères.

BOURSOUFLÉ. On dit vulgairement que le ſtyle d'un auteur eſt *bourſouflé*, lorſque voulant donner de la nobleſſe à ſon ſujet, il prend un ton trop élevé, & finit par devenir ridicule.

Danchet fut un jour conſulté par un jeune poëte, ſur une petite pièce qui commençoit par ce vers:

Maiſon, qui renfermez mon aimable maîtreſſe.

Danchet interrompit le poëte, & lui dit: le mot de maiſon eſt bas; mettez, palais; l'auteur recommença ſon vers de la même façon; je vous ai déja dit de mettre palais, dit vivement Danchet. Eh, Monſieur! répliqua le jeune homme, vous voulez que je mette palais, tandis que ma maîtreſſe eſt à l'hôpital.

BOURVALAIS. Paul-Poiſſon *Bourvalais*, fils d'un payſan des environs de Rennes, porta d'abord la livrée chez un fermier-général, nommé Thevenin. Il retourna dans ſon village, où il devint ſergent. M. de Pontchartrain, premier préſident au parlement de Rennes, le fit entrer dans ſa maiſon, & l'employa dans les affaires, dès qu'il fut nommé intendant des finances. Sous ce protecteur, *Bourvalais* fit une fortune rapide, dont il jouit pendant ſeize ans; mais en 1716, le régent ayant érigé une chambre de juſtice, *Bourvalais* fut accuſé d'avoir abuſé des néceſſités de l'état, & condamné à une reſtitution de plus de quatre millions. Il fut enſuite rétabli dans ſes biens par arrêt du conſeil; mais le chagrin qu'il avoit éprouvé de ſe voir dépouillé de ſon bien, lui cauſa la mort. Il mourut en 1719.

Comme sa fierté croissoit en proportion de sa richesse, Thevenin, dans la chaleur d'une dispute, lui dit : souviens-toi que tu as été mon valet ; cela est vrai, répondit *Bourvalais*, mais si tu avois été le mien, tu le serois encore.

BOUTIERES, lieutenant-général de-là les monts, pour François I, quoiqu'il fût petit de taille, à l'âge de 16 ans, il fit prisonnier un officier albanois qui étoit d'une stature gigantesque. Bayard voyant ce colosse, marqua sa surprise de ce qu'il s'étoit laissé saisir par un enfant, *qui de quatre ans ne porteroit poil au menton.* L'albanois confus voulut faire entendre qu'il avoit été accablé par le nombre ; tu en as menti, reprit le jeune audacieux, *remontons à cheval, je vais te tuer, ou te faire crier une seconde fois, quartier.* Le défi ne fut point accepté.

BOYER. L'abbé Claude *Boyer*, naquit à Alby, en 1618. Après avoir déclamé, comme prédicateur, contre le théâtre, il s'y consacra entièrement. Nous avons de cet auteur, vingt-deux pièces dramatiques, qui ne lui ont pas fait une grande réputation. Sa tragédie de Judith, applaudie pendant un carême entier fut sifflée à la rentrée d'après paques. La Champmêlé demandant quelle pouvoit être la cause d'un pareil changement ; un plaisant répondit : si la pièce n'a pas été sifflée dès sa naissance, c'est que les siffleurs & les sifflets étoient à Versailles, pendant le carême, aux sermons de l'abbé Boileau.

Fatigué de ne pas réussir, l'abbé *Boyer* fit donner sa tragédie d'Agamemnon, sous le nom d'un de ses amis ; Racine ne put s'empêcher d'applaudir. Le véritable auteur s'en étant apperçu, s'écria au milieu du parterre : c'est pourtant du *Boyer*, en dépit de Racine. C'est aveu lui coûta cher, sa pièce fut sifflée le surlendemain.

Voyant qu'une autre de ses pièces n'avoit point de spectateurs, il en attribuoit la cause au mauvais tems, c'est à ce sujet que Furetieres fit l'épigrame suivante.

> Quand les pieces représentées
> De *Boyer*, sont peu fréquentées,
> Chagrin d'avoir peu d'assistans,
> Voyez comme il tourne la chose ;
> Vendredi la pluie en est cause,
> Et Dimanche c'est le beau temps.

L'abbé *Boyer* mourut à Paris en 1698.

BRASIDAS, général des Lacédémoniens, mort d'une blessure, vers l'an 424 avant Jesus-Christ. Comme on louoit devant sa mère ses grandes actions, & qu'on le mettoit au dessus de ses compatriotes, *vous vous trompez*, dit cette généreuse Spartiate, *mon fils avoit de la bravoure ; mais Sparte a plusieurs citoyens qui en ont encore plus que lui.*

BRAVADE. On se sert de ce mot dans le langage familier pour signifier une fausse bravoure, qui ne consiste que dans les paroles, & nullement dans l'âme.

Un gascon racontoit ses prouesses au maréchal de Bassompierre : dans un combat naval, lui crioit-il, j'ai tué trois cents hommes, à moi seul. Et moi, dit le maréchal, étant en Suisse, je me glissai par une cheminée, pour voir une belle que j'aimois : Le gascon soutint que cela étoit impossible. Ah ! monsieur, reprit le maréchal, je vous ai laissé tuer tranquillement vos trois cents hommes, à vous tout seul ; laissez-moi, je vous prie, descendre par une cheminée pour voir une jolie femme.

Un espagnol ayant eu un différend avec M. de Tréville, commandant des mousquetaires, ils se battirent : l'espagnol désarmé & redevable de la vie à son adversaire, lui demanda de quel pays il étoit. Je suis de Bearn, répondit Tréville : je ne m'étonne pas si vous êtes si brave, répondit l'orgueilleux vaincu, vous êtes de la frontière d'Espagne.

Un nourrisson de la Garonne disoit à ses amis : depuis que le duel est défendu, il est venu du poil dans la paume de la main de tous les mâles de notre famille.

Allons, monsieur, l'épée à la main, disoit un parisien à un gascon qui l'avoit offensé. Comment, allons, reprit celui-ci ! à qui croyez-vous parler ? commandez à vos valets ; à rien ne tient que je ne punisse votre peu de savoir vivre, par une mort soudaine ; mais... je vous donne la vie.

BRAVOURE. On peut définir, la *bravoure*, une fermeté d'âme qui nous fait braver le danger, par honneur ou par devoir.

Des soldats perses se vantoient devant un lacédémonien, que les traits & les javelots de l'armée de leur roi, étoient en assez grand nombre pour obscurcir la lumière du soleil ; tant mieux, répondit le spartiate, nous combattrons à l'ombre.

Les romains étant entrés dans la Perse pour humilier cette nation rivale, formèrent le siège de Béjude ; château situé sur un roc escarpé, & défendu par une tour avancée, construite de pierres aussi dures que le diamant. La place paroissoit imprenable. On attaque, on emporte la tour ; on donne l'assaut au corps de la citadelle, & la valeur presque miraculeuse d'un soldat, appellé *Sapérius*, y fait arborer l'aigle romaine. Cet intrépide guerrier s'avance jusqu'au pied de la muraille, brave les traits des assiégés ; puis, enfonçant des coins aigus les uns au-dessus des autres, entre les jointures des pierres, & s'accrochant avec les mains aux inégalités du mur, il vient à bout de monter aux créneaux. Il y touchoit, lorsqu'un perse roulant sur lui une pierre énorme, le précipite du haut en bas. Il n'étoit qu'étourdi de sa chute : il se relève, & courant une seconde fois au rempart, il y remonte avec la même intrépidité. Le perse le renverse encore, en faisant tomber sur lui un pan de muraille déjà ébranlé par le bélier. Sapérius, toujours aussi heureux & aussi magnanime, remonte une troisième fois, parvient enfin au-haut du mur, abat d'un coup de sabre la tête de son ennemi, & la jette aux pieds des assiégeans. Les romains, étonnés de ces prodiges de hardiesse, s'empressent de suivre le heros. Un frere de Sapérius est bientôt à ses côtés, & seconde sa bravoure triomphante. Enfin, une foule de soldats monte à l'escalade, & Béjude est soumis à l'empire romain.

Le comte d'Harcourt disoit à M. d'Aguerre : » le roi nous commande d'attaquer les isles. On » commencera par celle de Sainte-Marguerite. » Croyez-vous pouvoir y descendre avec vos » gens ? — Dites-moi, mon général, le soleil » entre-t-il dans cette isle ? Eh ! oui, sans doute, » il y entre. — S'il y entre, mon régiment pourra » bien y entrer ». Il tint parole.

Le siége de la Rochelle, le boulevard du calvinisme, fournit un singulier exemple de bravoure. Les catholiques, commandés par le duc d'Anjou assiégeoient cette place en 1573. Il y avoit près de la contrescarpe un moulin nommé la Brande, dont Normand, capitaine, avoit obtenu la propriété, sous condition qu'il le feroit garder. Il pense d'abord à le fortifier ; mais voyant qu'il ne parviendra pas à le mettre en état de défense, il se contente d'y tenir pendant le jour, quelques soldats qui se retirent le soir, & qui n'y laissent qu'une sentinelle. Strozzi, un des généraux catholiques, qui croit pouvoir tirer avantage de ce moulin, profite d'un clair de lune pour l'attaquer avec un détachement & deux couleuvrines. Un soldat de l'isle de Rhé, nommé Barbot, unique défenseur de ce mauvais poste, y tient ferme ; il tire avec une célérité incroyable plusieurs coups d'arquebuse sur les assaillans ; & en variant les inflexions de sa voix, fait croire qu'il a un assez grand nombre de camarades. Le capitaine Normand l'encourage du haut d'un cavalier, & lui parlant comme s'il y avoit une compagnie entière dans le moulin, il crie qu'on soutienne bravement l'attaque, & qu'on va envoyer du renfort. Barbot se voyant sur le point d'être forcé, demande quartier pour lui & pour les siens, on le lui accorde. Aussi-tôt il met bas les armes, & montre toute la garnison dans sa personne.

Henri II, duc de Montmorency : assiégeoit la ville de Vals, en Vivarais : un de ses maréchaux-de-camp, le baron de Moreze, s'étant approché de trop près de la place, pour la reconnoître, fut tout-à-coup enveloppé par les assiégés, & percé de coups. Le duc de Montmorency se jette à corps perdu dans la mêlée, écarte l'ennemi par des prodiges de valeur, charge l'officier blessé sur ses épaules & le ramene au camp, au milieu des acclamations de son armée.

Campistron, auteur d'Andronic & de Tiridate, étoit secrétaire de M. le duc de Vendôme : à Stinkerque où ce grand général signala son intrépidité, il vit le poëte à ses côtés, & lui dit : " que faites-» vous ici ? — Campistron répondit froidement : " J'attends, monseigneur, que vous vouliez vous en aller.

Clovis écoutant S. Remi qui lui lisoit la passion, s'écria : que n'étois-je là avec mes francs pour le venger.

Voici un trait qui prouve que les femmes ne sont pas étrangères à la bravoure, & à ce sentiment d'héroïsme qui fait affronter les périls les plus imminens.

Il est arrivé à Grenoble (dit-on dans les affiches du Dauphiné), une jeune fille qui a servi durant toute la guerre dernière, & qui s'est trouvé à tous les combats de MM. d'Estaing, de Guichen & de Graffe. Cette fille, âgée de dix-sept ans, est native de Serres en Gapençois, & se nomme Adélaïde Elie. Elle s'enfuit de la maison paternelle dès l'âge de onze ans, parce qu'elle y étoit maltraitée par une belle-mère, & elle prit la route de Marseille. Arrivée dans cette ville, elle étoit sans ressource & fut réduite à mendier ; mais cet état abject révolta bientôt son ame naturellement fière. Elle forma la résolution de servir le roi. On faisoit alors des enrôlemens de jeunes garçons pour le service des vaisseaux. Elle va chez un frippier pour troquer ses vêtemens de fille contre des vêtemens de garçon, part pour Toulon, & se présente pour servir sur les vaisseaux de la marine royale. Elle est classée sur le pied de sous-mousse, & embarquée sur le vaisseau le Glorieux. C'est sur ce vaisseau qu'elle fit les principales campagnes de cette guerre. Elle y reçut en différentes fois trois coups de feu, dont l'un lui cassa le bras, & les autres l'atteignirent au gras de la jambe & de la cuisse, près du genou. Ces événemens ne la rebutèrent point, & ne lui donnèrent jamais la tentation de se faire connoître. Enfin, sous M. de Graffe elle fut faite prisonnière sur le Glorieux, & conduite en Angleterre, où elle a resté jusqu'à la paix. Elle n'a été reconnue qu'à son retour en France. Le roi, en considération de sa bravoure & de ses blessures, lui a accordé, à titre de pension, la demi-solde de matelot.

BRENNUS. Brennus, général gaulois, passa dans l'orient, à la tête de cent cinquante-deux mille hommes de pied & de vingt mille chevaux. Il remporta d'abord de grands avantages sur différentes nations ; mais au moment où il s'avançoit pour piller le temple de Delphes, son armée fut repoussée ; & le général au désespoir de sa déroute, se donna la mort après s'y être préparé par un excès de vin, vers l'an 278 avant Jésus-Christ. Les poètes grecs répandirent que les dieux avoient eux-mêmes veillé au salut de la Grèce, qu'ils avoient vu Apollon rouler sur les gaulois d'énormes rochers, & que Pan les avoit frappés d'une terreur si subite qu'ils s'entre-tuoient les uns les autres. C'est de là qu'est venu le mot de terreur panique.

Il y eut un autre général gaulois, nommé *Brennus*, qui après avoir vaincu les romains, vint former à Rome le blocus du Capitole. Le tribun, Sulpitius, au lieu de repousser les gaulois par le fer, promit de leur payer, s'ils se retiroient, mille livres d'or. *Brennus* accepta, mais au moment où l'on pesoit le montant du traité, il jetta son épée & son bouclier dans la balance pour augmenter le poids qu'il exigeoit, en disant pour justifier cette injustice, malheur aux vaincus! mais Camille étant accouru, annulla ce traité honteux, livra bataille & força les gaulois à prendre la fuite.

BRISSON. Barnabé *Brisson* occupa sous Henri III les charges d'avocat général & de président à mortier au parlement de Paris. Il eut la réputation d'un homme d'une grande érudition. Après la mort de Henri III, il parla fortement en faveur de l'autorité royale, mais la faction des seize l'ayant fait conduire au Petit-Châtelet, il y fut pendu à la poutre de la chambre du conseil, le 15 novembre 1591.

BROOR, ou **BRAUWER**, ou **BRAUR** (Adrien), né à Oudenarde, l'an 1608, mort en 1640.

Conduit par le seul instinct de la nature, *Broor*, à peine sorti de l'enfance, s'occupoit à représenter des fleurs & des oiseaux, sur de petits morceaux de toile; & sa mère pour subsister, les vendoit aux femmes de la campagne, qui les employoient à leur parure.

François Hals, habile peintre, passa par hasard dans l'endroit où demeuroit le jeune Broor, &, frappé de ses talens naissans, il lui proposa de l'instruire. Broor, charmé de cette heureuse rencontre, ne balança point à le suivre. Mais ce qu'il regardoit comme un extrême bonheur, fut pour lui, pendant long-temps, la source d'une infinité de chagrins & de peines. L'avarice de Hals & de sa femme les portoit à profiter des talens du jeune infortuné dont ils paroissoient plaindre le triste sort. Dès qu'ils l'eurent en leur pouvoir, ils se mirent à l'excéder de travail, & le faisoient presque mourir de faim. Maigre, exténué, à peine avoit-il la figure d'une créature humaine; les haillons dont il étoit couvert, achevoient de lui donner l'air du dernier misérable. Tandis qu'il manquoit du nécessaire, les petits tableaux auxquels il travailloit jour & nuit, étoient vendus secrettement un très-grand prix. L'avidité de ses maîtres ne faisant que croître à mesure qu'elle trouvoit le moyen de se satisfaire, ils l'enfermèrent dans un grenier, afin qu'il pût produire un plus grand nombre d'ouvrages.

Cette séparation inspira de l'inquiétude ou de la curiosité à ses camarades, élèves de Hals, qui épièrent le moment de son absence, pour découvrir ce que faisoit *Broor* dans sa prison. Ils montèrent chacun à leur tour; &, par une petite fenêtre, ils virent avec surprise que cet élève, pauvre & méprisé, étoit un peintre habile, qui composoit de fort jolis tableaux. Un de ces jeunes gens lui proposa de peindre les *cinq sens*, à quatre sous la pièce. Broor y réussit si bien, qu'un autre lui demanda les *douze mois de l'année*, au même prix.

Notre prisonnier se trouvoit très-heureux, & regardoit comme une bonne fortune la vente des petits sujets qu'il traitoit à la dérobée & dans quelques momens de loisir. Mais les profits considérables que ses ouvrages rapportoient, déterminèrent Hals & sa femme à l'observer de si près, qu'il ne lui restoit plus une seule minute dont il pût disposer; la surveillante sur-tout, non satisfaite de l'épuiser de travail, diminuoit encore chaque jour le peu de vivres destinés pour sa subsistance.

Cette situation affreuse alloit enfin le mettre au désespoir, lorsqu'un de ses camarades lui conseilla de se sauver, & lui en facilita même les moyens. Dépourvu de tout & presque nud, *Broor* erra dans la ville, sans savoir où il alloit, ni quel seroit son sort. Après avoir long-temps marché, il s'arrêta dans la boutique d'un marchand de pain d'épice, en fit provision pour toute la journée, en dépensant l'argent qu'il possédoit, & courut se placer sous les orgues de la grande église. Pendant qu'il cherchoit dans son imagination comment il se procureroit un état moins malheureux, il fut reconnu par un particulier, qui le ramena chez son maître, lequel s'étoit donné beaucoup de mouvemens pour le retrouver, & promit de le mieux traiter à l'avenir.

Hals se piqua de tenir parole; il lui acheta un habit à la fripperie, & le nourrit un peu mieux. *Broor*, encouragé, se mit à travailler avec plus d'ardeur, mais toujours au profit de son hôte, qui vendoit fort cher des tableaux qu'il avoit presqué pour rien. *Broor* ignoroit seul ses talens, & les ressources qu'ils lui auroient procurées. Instruit enfin par ses camarades du prix de ses tableaux, il s'échappa plus adroitement que la première fois, & se réfugia dans la ville d'Amsterdam, où il arriva dénué d'amis & d'argent. Son heureuse étoile le conduisit chez un honnête marchand de tableaux, qui lui accorda un asyle. Qu'on juge du plaisir avec lequel *Broor* apprit que ses ouvrages étoient

connus

connu dans Amsterdam, & qu'ils se vendoient un prix considérable.

Il en auroit peut-être douté, si un amateur ne lui eût donné environ cent ducats d'un de ses tableaux. Aussi-tôt que *Broor*, qui avoit demandé cette somme en tremblant, se vit possesseur d'un tel trésor, il le répandit sur son lit; &, transporté de joie d'avoir tant d'argent, il se roula dessus.

Dix jours passés dans la débauche, avec des gens de la lie du peuple, lui firent bientôt trouver la fin de ses richesses. Il revint ensuite, joyeux & content, chez le marchand de tableaux où il logeoit, qui lui demanda ce qu'il avoit fait de son argent : — « Je m'en suis heureusement débarrassé, répondit-il, afin d'être plus libre ». —

Cette alternative de travail & de dissipation, fixa le plan de sa conduite pour tout le reste de sa vie. Il ne songeoit à prendre le pinceau que lorsqu'il n'avoit plus d'argent. Il entroit dans toutes les querelles des ivrognes, après avoir bien bu avec eux. Son attelier étoit ordinairement dans un cabaret, où il lui arrivoit souvent d'être obligé, pour payer sa dépense, d'envoyer vendre ses ouvrages aux amateurs.

Broor se livroit à un tel enthousiasme, en travaillant, qu'on l'entendoit souvent parler Espagnol, Italien ou François, comme s'il eût été avec les personnages qu'il peignoit.

Rien de plus amusant que les aventures que *Broor* éprouvoit chaque jour. Dans une de ses courses, il fut entièrement dépouillé par des voleurs. N'ayant point d'argent pour se former une nouvelle garde-robe, il imagina de se faire un habit de toile, sur lequel il peignit des fleurs dans le goût des robes indiennes. Les dames y furent trompées, & s'empressèrent d'avoir une étoffe & un dessin pareils. *Broor* s'avisa, pour les désabuser, de monter sur un théâtre, à la fin d'une pièce; &, prenant une éponge imbibée d'eau, il effaça, devant elles, toutes les peintures de son habit.

Lorsque la guerre désoloit entièrement la Flandres, *Broor* eut envie d'aller à Anvers. Malgré les représentations de ses amis, il ne put résister à son impatience, & fut pris dans cette ville pour un espion. Renfermé dans la citadelle, il eut le bonheur d'y rencontrer le duc d'Aremberg, qu'il informa de sa profession. Le duc, qui recevoit quelquefois la visite de Rubens, pria ce grand artiste de faire donner à un prisonnier tout ce qu'il falloit pour peindre. Rubens n'eut pas plutôt jetté les yeux sur le tableau que fit le prétendu espion, qu'il s'écria : *ce tableau est de Broor!* & voulut absolument le payer six cents florins.

Rubens employa tous ses amis pour tirer *Broor*

de prison; il se rendit même sa caution; &, ayant obtenu son élargissement, il l'habilla, s'empressa de le loger, & lui donna sa table. Loin de répondre à tant de soins généreux, *Broor* se sauva précipitamment de la maison de son illustre bienfaiteur, afin de jouir de sa liberté.

Broor s'apperçut enfin que ses parens le méprisoient, parce qu'il étoit toujours mal-vétu. Sensible aux marques de leur dédain, il acheta un habit de velours fort propre. Un de ses cousins, le voyant si bien mis, le pria de venir à ses noces. *Broor* ne manqua pas de s'y rendre; &, comme pendant le repas la compagnie loua le bon goût & la propreté de l'habit de notre peintre, il prit un plat rempli de sauce, le répandit entièrement sur lui, & barbouilla de graisse toute sa belle parure, en disant qu'elle devoit faire bonne-chère, puisqu'elle seule étoit invitée, & non pas sa personne.

Après cette équipée, il jetta son habit au feu, en présence des convives, & alla se renfermer dans un cabaret, où la pipe & l'eau-de-vie lui tenoient lieu des richesses & des grandeurs de ce monde.

Las de ne tenir à rien, *Broor* se retira chez un boulanger de Bruxelles, dont la femme étoit jolie. Il sut se faire aimer & de la femme & du mari, singularité qui arrive tous les jours. Ce boulanger, qui faisoit aussi le métier de brocanteur, logeoit, nourrissoit son nouvel ami. *Broor*, par reconnoissance, lui apprenoit à peindre, & rendoit à la dame d'autres services. La liaison entre ces deux hommes, fut tellement intime, leur caractère avoit tant de ressemblance, qu'ils se quittoient à peine un seul instant. Ils poussèrent leurs communs désordres jusqu'à se compromettre avec la justice; accident qui les obligea de prendre la fuite.

Après avoir erré pendant quelque tems, *Broor* revint à Anvers : réduit à la dernière misère, il y tomba malade, & n'eut d'autre asyle que l'hôpital, où il mourut au bout de deux jours.

Rubens l'honora de ses larmes, fit retirer son corps du cimetière dans lequel il avoit été enterré, le fit inhumer de nouveau avec une pompe éclatante; & la ville d'Anvers lui éleva un tombeau magnifique.

BRULART (Pierre), marquis de Puisieux, mort en 1640. Un jour que le cardinal de Richelieu l'avoit invité à dîner, on se mit après le repas à jouer à la prime, le cardinal gagnoit; il survint un coup de dez qu'on fit juger par les spectateurs; *Brulart* fut condamné tout d'une voix : outré de la décision, il dit tout bas, en payant; *tous les corsaires ne sont pas sur mer.* Cependant le cardinal l'entendit, & lui prenant doucement la tête, comme il

D d

fortoit, il lui dit aussi tout bas ; *voila une belle tête qui tient sur ce beau corps ; ce seroit dommage de l'en séparer.*

BRUN (le). Charles *le Brun*, premier peintre de Louis XIV, naquit à Paris en 1618. Dès l'âge de trois ans *le Brun* s'exerçoit à dessiner avec des charbons ; à douze ans il fit le portrait de son aïeul ; qui n'est pas un de ses moindres tableaux. Il étudia chez le célèbre Vouel, avec Mignard & Bourdon, & bientôt il égala son maître.

Après avoir étudié en Italie les chef-d'œuvres de l'antiquité, revenu en France, Louis XIV le combla de bienfaits & de dignités. *Le Brun* reçut la noblesse, le cordon de S. Michel & le portrait du roi, enrichi de diamans. Sa majesté lui permit aussi de porter dans ses armes une fleur de lys.

On disoit un jour devant le roi que les beaux tableaux étoient encore plus admirables après la mort de leur auteur : quoi qu'on en dise, dit le monarque en se tournant vers *le Brun*, ne vous pressez pas de mourir, je vous estime à présent autant que pourra faire la postérité. *Le Brun* après avoir joui long-tems de l'admiration qu'inspiroit son talent, mourut en 1690 âgé de 92 ans.

BRUYERE (Jean de la), écrivain françois du dix-septième siècle, très-connu par ses caractères, né dans un village proche de Dourdan, mort en 1696, âgé de cinquante-sept ans. Il avoit été reçu de l'académie françoise en 1693. Il fut d'abord trésorier de France à Caën, & ensuite placé en qualité d'homme de lettres, par M. Bossuet, auprès de M. le Duc, pour lui enseigner l'histoire, avec mille écus de pension.

La Bruyere nourri de la lecture des ouvrages de Montagne & de Charon, y avoit puisé ce stile vif, nerveux & concis qu'il s'est approprié en l'épurant : sa plume est entre ses mains un pinceau ; tout ce qu'il écrit il le peint. Aucun écrivain françois, avant lui, n'avoit connu cette force, cette justesse d'expressions pittoresques, qui donnent du corps & de l'ame à la pensée. Les attitudes de ses portraits sont toujours variés, & ses peintures sont si vraies, quoique chargées quelquefois, qu'on y reconnoît sans peine les originaux de tous les pays ; peut-être désireroit-on qu'en voulant surpasser la mâle vigueur de ses modèles, il n'eût pas contracté dans leur commerce une sorte de dureté & même d'obscurité de stile : *La Bruyere* dans la société étoit un philosophe ingénieux, un citoyen ennemi de l'ambition, & content de cultiver en paix l'amitié & les lettres.

Ce grand peintre a tracé presque tous les caractères que l'on rencontre dans le monde, &

notamment ceux que Moliere avoit mis sur le théâtre. Il seroit curieux de les comparer, & sur-tout d'en remarquer les différences ; peut-être trouveroit-on que la touche de *la Bruyere* est aussi forte que celle de Moliere, & en même tems plus délicate & plus fine : cependant, il n'en faudroit rien conclure contre notre Plaute & nôtre Terence, il avoit, peut-être, dans l'esprit autant & plus de finesse que *la Bruyere* ; mais l'un faisoit des comédies, & l'autre un livre.

Moliere, disoit le poëte la Motte, est à la vérité un grand peintre ; mais il lui est échappé de faux portraits. On peut voir dans *la Bruyere* un tableau de l'hipocrite, où il commence toujours par effacer un trait du tartuffe, & ensuite en trace un tout contraire.

La Bruyere a protesté contre toutes les clefs qui seroient faites de ses caractères. Il est certain, cependant, qu'il peignit dans son livre des personnes connues & en place. Quand il montra l'ouvrage manuscrit à Malezieux, celui-ci lui dit : voilà de quoi vous attirer beaucoup de lecteurs, & beaucoup d'ennemis.

BUCKINGHAM (Georges de Villiers duc de), étant ambassadeur en France en 1625, comme il osa parler à la reine Anne d'Autriche d'une manière très-galante, la marquise de Senecei sa dame d'honneur, lui dit : *monsieur, taisez vous ! on ne parle pas ainsi à une reine de France.*

BUFFON (Georges-Louis le Clerc comte de), né en 1707, mort en 1788. Ce sublime historien de la nature s'éleva à la hauteur de son sujet ; personne n'avoit plus laborieusement travaillé que M. de Buffon à perfectionner son style ; il disoit, lui-même, que le génie n'étoit qu'une grande aptitude à la patience.

M. de Buffon, avec une figure noble & imposante, avoit un caractère & une conversation qui annonçoient beaucoup de simplicité dans ses mœurs ; cependant il donnoit beaucoup à la représentation extérieure.

Il sut intéresser le gouvernement aux progrès de sa science favorite ; il mettoit une sorte de luxe à entretenir le superbe cabinet du jardin du roi, il auroit voulu en faire le temple de la nature.

On dit qu'il aimoit beaucoup la louange, eh ! qui mieux que ce grand homme mérita le juste tribut de l'admiration & de la reconnoissance? Les souverains qui sont venus en France du fond du nord, comme du midi de l'Europe, se sont tous empressés de lui rendre les hommages les plus flatteurs,

BURIDAN. Jean *Buridan*, recteur de l'université, fut un des fameux dialecticiens du quatorzième siècle : son sophisme de l'âne a long-tems embarrassé les penseurs de l'école ; il supposoit un âne également pressé de la soif & de la faim ; entre une mesure d'avoine & un seau d'eau, faisant une égale impression sur les organes, ensuite il demandoit gravement, que sera cet âne ? si on lui répondoit que l'âne resteroit immobile, donc, répondoit-il, il mourra de faim entre l'eau & l'avoine ; si on lui répondoit : cet âne, M. le recteur, ne sera pas assez âne pour se laisser mourir de faim ; donc, concluoit-il, il se tournera plutôt d'un côté que de l'autre, donc il a le franc arbitre. L'âne de Buridan est par ce sophisme aussi connu que son maître.

BYNG. Jean *Byng*, amiral anglois, connu par ses exploits, l'est encore plus par sa fin malheureuse. Ce fut en 1756 qu'il fut envoyé au secours de Mahon, & c'est dans cette même année que l'escadre françoise, commandée par la Galissonniere, le força de retourner en Angleterre. A peine y fut-il arrivé qu'on lui reprocha de n'avoir canoné que de loin, & de ne s'être pas assez approché du vaisseau amiral françois ; on demanda sa tête au conseil de guerre, qui le condamna : la sentence fut exécutée le 14 mars 1757.

C

CABALE. On appelle *cabale* au théâtre cette espèce de milice que levent les amis ou les ennemis d'un auteur, pour faire réuſſir ou tomber ſa pièce. Un de ces chefs de ligueurs déclamoit un jour contre un jeune poëte qui venoit de mettre au théâtre un drame nouveau ; c'eſt, diſoit-il, un petit préſomptueux dont la pièce ne peut réuſſir. Vous le connoiſſez donc ? lui dit un des auditeurs, ſi je le connois, répondit notre cabaleur ! il m'a lu ſa pièce, je lui ai donné des avis dont il n'a fait aucun cas, & que certainement il ſe repentira de n'avoir pas ſuivis, j'ai eu tort, lui dit le jeune homme qui l'avoit interrogé ; mais, monſieur, ce n'eſt pas aſſez de connoître les gens, il faut encore les reconnoître.

Ce trait nous rappelle le ſuivant.

Un auteur, ami du ſergent de garde au théâtre françois, lui avoit recommandé de placer les ſentinelles de manière à en impoſer à la *cabale*. La pièce fut ſifflée, & n'alla pas juſqu'à la fin. L'auteur en fit des reproches au ſergent ſon ami, qui lui répondit naïvement : « quand il n'y a que » huit ou dix perſonnes de mauvaiſe volonté, on » leur en impoſe ; mais que voulez-vous qu'on » faſſe contre une *cabale* de ſix cents perſonnes » ?

CABARETIER. Il y a long-tems que les aubergiſtes, *cabaretiers* & autres, uſent de l'artifice de faire ſervir le mauvais vin le dernier. En effet, lorſque l'on commence à être ivre, le goût s'émouſſe, & il eſt bien difficile de diſcerner la différence des vins. On rapporte d'une cabaretière à Vienne en Dauphiné, qu'elle ne manquoit pas de dire à ſes garçons, en parlant de ceux qui buvoient chez elle : « dès que vous entendrez » ces meſſieurs chanter en chœur, donnez-leur » le moindre vin ».

CABINETS. On a donné des deſcriptions curieuſes des *cabinets* de phyſique & d'hiſtoire naturelle les plus connues ; mais on connoît peu en France les *cabinets* que les anciens nommoient *cabinets* ſecrets.

La conſtruction de ces *cabinets* eſt telle que la voix de celui qui parle bas à un bout de la voûte, eſt entendue à l'autre bout.

Tout l'artifice conſiſte à ce que la muraille contre laquelle on parle ſoit unie & cintrée en ellypſe.

La priſon de Denys à Syracuſe changeoit en un bruit conſidérable un ſimple chuchotement ; l'aqueduc de Claude portoit la voix à ſeize milles.

Le dôme de l'égliſe de S. Pierre de Londres a la faculté de faire entendre le battement d'une montre, d'un côté de la voûte à l'autre côté.

A Gloceſter, il y a dans une égliſe une galerie où deux perſonnes qui parlent bas s'entendent à la diſtance de vingt-cinq toiſes.

L'obſervatoire de Paris offre un de ces *cabinets* qui ont la faculté de rendre les ſons d'un coin à l'autre.

CACHET (*lettres de*). Ce fut un capucin, le père Joſeph, ſi fameux ſous le miniſtère du cardinal de Richelieu, qui imagina, dit-on, les eſpions ſoudoyés par la police, & les *lettres de cachets*.

CACOPHONIE. La *cacophonie* eſt, comme l'on ſait, un vice d'étourderie produit par la rencontre de pluſieurs mots, d'où il réſulte un ſon déſagréable. On lit avec déplaiſir dans l'ode à la poſtérité, par Rouſſeau, ce vers qui commence par ces mots :

Vierge non encor née. . . . . .

On peut encore citer ce vers échappé à Voltaire :

Non, il n'eſt rien que Nanine n'honore.

Il ſeroit facile de faire d'autres citations pareilles ; mais on ſe contentera de rapporter ce ſingulier trait de *cacophonie*, que fit un magiſtrat en ordonnant, pendant les guerres civiles de Paris, qu'on tendît promptement une chaîne dans une rue : il cria, qu'attend-on donc tant ? que ne la tend-on donc là ?

La Mothe le Vayer cite un homme qui fut vingt-quatre heures à rêver, comment il éviteroit de dire *ce ſeroit*, à cauſe de la reſſemblance des deux premières ſyllabes : ce n'eſt pas ce que nous conſeillons ici.

CAILLY (le chevalier de) ou d'Aceilly, mort en 1674. On a de lui un recueil d'épigrammes & de petites pieces en vers, remarquables par leur ingénuité.

Une coquette à un joueur.

Mon cher frère, diſoit Sylvie,
Si tu quittois le jeu, que je ſerois ravie !
Ne le pourras-tu pas abandonner un jour ?
— Oui, ma ſœur, j'en perdrai l'envie
Quand tu ne feras plus l'amour.
— Va, méchant, tu joueras tout le temps de ta vie.

A un mari.

Battre une femme de la forte,
Sous tes pieds la laisser pour morte,
Et d'un bruit scandaleux les voisins alarmer;
Tu vas passer pour un infame,
Compere; l'on sait bien qu'il faut battre une femme;
Mais il ne faut pas l'assommer.

A un parvenu.

De ce lieu Philémon partit à demi-nu;
Bien suivi, bien couvert, le voilà revenu;
Je ne le connus point dans cette pompe extrême:
Eh! qui ne l'auroit méconnu?
Il se méconnoît bien lui-même.

A un savant.

Dieu me garde d'être savant
D'une science si profonde:
Les plus doctes, le plus souvent,
Sont les plus sottes gens du monde.

A un prédicateur.

Pour nous persuader sans discours superflus,
Dites-en moins, faites-en plus.

De la postérité.

Vous me prêchez à tous momens
Que la postérité fera ses jugemens
Sur tout ce qu'en public nous avons fait paroître:
Je m'embarrasse peu de la postérité
Qui n'est point aujourd'hui, qui n'a jamais été,
Et qui pourra bien ne pas être.

CALABROIS (Mathieu Preti, surnommé le), né dans la Calabre, l'an 1643, mort en 1699.

Comme le Calabrois examinoit, dans une église d'Anvers, un tableau de Rubens, un homme inconnu l'accosta & lui demanda ce qu'il en pensoit, le Calabrois loua beaucoup le tableau, & dit qu'il n'étoit venu à Anvers que pour voir Rubens: cet homme offrit aussi-tôt de le conduire chez le peintre qu'il desiroit de connoître; & en effet, ils entrèrent tous deux dans une maison fort ornée. Plus le Calabrois louoit les peintures de cette maison, plus l'habitant d'Anvers affectoit d'y trouver des défauts. La plaisanterie ayant assez duré, l'étranger embrassa le Calabrois, & se fit connoître pour Rubens.

Cet artiste voulut entrer dans l'ordre de Malthe; il fit ses preuves, ne laissa aucun doute sur la noblesse & l'ancienneté de sa famille, & fut reçu chevalier: il obtint par la suite une commanderie considérable, accordée à ses talens dans la peinture, encore plus qu'à sa naissance.

Il paroît que le Calabrois avoit de la bravoure & se servoit bien de son épée: un spadassin le défia au fleuret, genre d'escrime où il étoit fort habile; & cet exercice se convertit en un vrai combat, en présence du peuple romain. Le Spadassin fut blessé dangereusement, & notre peintre sortit secrètement de Rome.

Il s'embarqua pour Malthe: comme il y faisoit ses caravanes, un chevalier le critiqua sur sa noblesse, l'obligea, par ses mauvais propos, à se battre avec lui, & reçut une blessure mortelle.

Cette aventure força le Calabrois de prendre la fuite. A peine étoit-il rentré dans Rome, qu'il se battit avec un peintre qui censuroit trop fortement ses tableaux; l'ayant blessé, il fut encore obligé de se sauver de Rome.

Mais d'un péril, le Calabrois tomba dans un autre; sa destinée lui suscitoit chaque jour de nouvelles affaires: il se rendit à Naples, ignorant qu'il fût défendu, sous peine de la vie, d'entrer dans le royaume de Naples, à cause de la peste qui venoit de ravager les provinces voisines. Les gardes s'opposèrent à son passage; l'un d'eux le couchant en joue, le Calabrois l'étendit mort sur la place, & en désarma un autre. Enfin les gardes de la ville accourant en grand nombre, le saisirent & le menèrent en prison. C'en étoit fait du Calabrois, si le vice-roi, qui connoissoit son mérite, ne l'eût soustrait à la peine de mort qu'il avoit encourue, en disant: excellens in arte non debet mori (un excellent artiste doit être immortel.) Ce généreux seigneur se contenta de lui imposer, pour toute peine, la tâche de peindre les saints protecteurs, sur les huit portes de la ville; encore lui donna-t-on cinq cents écus.

Tout le monde aimoit le Calabrois, sa bravoure ne l'excitant point à insulter personne, selon l'usage des tapageurs. Sa conversation, loin d'annoncer une humeur querelleuse, étoit fort agréable & soutenue d'une connoissance parfaite de l'histoire & de la fable. Il devint très-dévot dans ses dernières années, menoit chaque jour ses élèves à la messe, & étendoit le soir sur son lit les figures de la Vierge & de plusieurs saints. On le vit souvent porter des secours à de pauvres familles: il ne travailloit même dans sa vieillesse, que pour être plus en état d'adoucir leur misère. Quand on lui représentoit que ses infirmités le dispensoient de manier le pinceau, il répondoit: — « que deviendroient mes pauvres, si je ne travaillois pas? » —

(anecdotes des beaux Arts.)

CALCULS. L'utilité des calculs ne peut être contestée; mais combien de gens se rendent ridicules par la manie de vouloir tout affujettir aux *calculs* : à les en croire, avec des *calculs* on pourroit faire un autre monde.

Jean Hilteu, cordelier allemand, mort en 1562, avoit prédit qu'environ l'année 1516, la puissance du pape commenceroit à déchoir, & qu'ensuite elle iroit de plus en plus vers le précipice, & ne se rétabliroit jamais ; & qu'environ l'an 1600, les turcs regneroient dans l'Italie & dans l'Allemagne, & que le monde finiroit en 1651.

Jean Craig, mathématicien Ecossois, dans un livre des principes de mathématiques de la religion chrétienne, calcule la force & la diminution des choses probables ; & supposant que la probabilité va toûjours en décroissant à mesure qu'on s'éloigne du tems auquel les témoins ont vécu, il prétend prouver par les calculs algébriques, que 3150 ans après la venue de Jesus-Christ, il n'y aura plus de probabilité historique que Jesus-Christ soit venu au monde ; mais Jesus-Christ par son second avénement préviendra cette éclipse ; il croit qu'il ne reviendra qu'un peu avant ce terme, & qu'il vint au monde environ le tems que la probabilité de la religion judaïque tendoit à sa fin.

En 1715, M. Wistons, savant anglois, a employé l'algèbre & la géométrie pour éclaircir l'apocalypse. Après bien des supputations, il conclut que Jesus-Christ reviendra sur la terre en 1715, ou au plus tard en 1716, pour convertir les juifs, & commencer un règne visible de mille ans. L'évêque de Worcester & M. Alix ont fixé la venue de Jesus-Christ au même tems.

Le cardinal Nicolas de Cusa, qui écrivoit ses conjectures en 1452, y suppose que comme le déluge fit périr le premier monde dans le trente-quatrième jubilé de cinquante ans, la fin du monde arrivera dans le trente-quatrième pareil jubilé de l'ère chrétienne, c'est-à-dire avant l'année 1734.

L'auteur du livre intitulé *harmonie des prophéties anciennes avec les nouvelles*, prétend que Jesus-Christ viendra sur la terre en 1759.

Cyprien Keowits, mathématicien de Bohême, prédit que la fin du monde arriveroit l'an 1584, ce qui causa une frayeur si grande & si générale en Allemagne, que chacun jeûna & se confessa.

M. de Lagny, de l'académie des sciences, possédoit supérieurement la science du *calcul* & des mathématiques ; étant à l'extrémité, sa famille l'entouroit, & lui disoit les choses les plus touchantes, mais il ne donnoit aucune marque de connoissance. M. de Maupertuis survint, je vais le faire parler, dit-il : « Le quarré de douze ?... » Cent quarante-quatre », répondit le mourant ; & depuis il ne parla plus.

CALEMBOUR. La meilleure définition qu'on puisse donner du mot *calembour*, se trouve dans les exemples, où l'on verra que cette espèce de saillie, n'a de piquant que l'à propos.

On nommoit un chanoine, qui n'alloit à vêpres qu'en été, parce que l'église étoit trop fraîche, *un bon chrétien d'été.*

Comme tout le monde pilloit la chambre d'un archevêque de Tarentaise, un cordelier qui venoit de prendre le breviaire, appercevant un *crucifix* de grand prix, le mit dans sa manche, disant : *crucifixus etiam pro nobis.*

Rien de plus ridicule, disoit un ministre d'état, aux courtisans qui l'environnoient, que la manière dont se tient le conseil, chez quelques nations nègres.

« Représentez-vous une chambre d'assemblée, » où sont placées une douzaine de grandes cruches ou jattes, à moitié pleines d'eau : c'est là » que, nuds, & d'un pas grave, se rendent une » douzaine de conseillers d'état : arrivés dans » cette chambre, chacun saute dans sa cruche, » s'y enfonce jusqu'au cou, & c'est dans cette posture » qu'on opine & qu'on délibère sur les affaires de l'état ». Mais vous ne riez pas, dit le ministre, au seigneur le plus près de lui. C'est, répondit-il, que je vois tous les jours quelque chose de plus plaisant encore. Quoi donc ? reprit le ministre : *C'est un pays où les cruches seules tiennent conseil.*

Une dame qui, dans une compagnie, faisoit la belle chanteuse, & qui ne pouvoit pas achever son air ; dit à un homme d'esprit, assis à côté d'elle, « je vais le prendre en *mi*, — non, madame, restez-en *là* », répondit-il.

Un gentilhomme breton disoit au maréchal de la Meilleray, dont il avoit à se plaindre : *si je ne suis pas maréchal de France, je suis du bois dont on les fait.* Aussi le deviendrez-vous, lui dit la Meilleray, quand on les fera de bois.

Autres Calembours.

Ah ! je croyois que c'étoit le prince qui vous avoit donné ce *thé*. ---- Pourquoi ? ---- Parce qu'il a beaucoup de *bonté* pour vous.

Je sais que quantité d'esprits *animaux*, vont critiquer mon ouvrage ; ils diront que mon style est plat *de terre*, simple *du jardin-royal*, que j'aurois dû lui donner des parties *quarrées* ; enfin le construire dans l'ordre *de Cîteaux*. Mais il ne faut pas l'examiner dans la rigueur *de l'hiver*, & chercher des beautés *farouches*, & des délicatesses *de conscience.*

Un nommé Franqlin étoit venu trouver le secrétaire du célèbre Franklin dont il se disoit parent, & lui présenta ses titres. Le secrétaire les examine

& les lui rend auffi-tôt, en lui difant : « mettez » un *K* à votre *Q*, & vous pourrez alors vous » fervir de vos papiers ».

Le père Hercule, de la doctrine chrétienne, avoit compofé un fermon, pour un évêque ; quelqu'un qui le favoit, dit en fortant de l'églife : je viens d'entendre prêcher les travaux d'Hercule.

On a repréfenté une piece qui avoit pour titre, *le Perfifleur*. Les mauvais plaifans, les faifeurs de *calembours*, difoient que le *père fifleur* avoit tous fes enfans au parterre, lorfqu'on jouoit cette pièce.

On demandoit à un eccléfiaftique qui portoit fon bréviaire, que portez-vous fous votre bras, l'abbé ? Celui-ci répondit : *cela ne fe dit pas.*

Voltaire, à fon retour à Paris, fut bien furpris du jargon qu'il trouva dans la fociété, du defpotifme avec lequel s'érigeoient en juges, tels hommes, les plus faits pour être jugés, de l'ignorante familiarité de la plupart des jeunes gens. Il fut fur-tout bleffé du *calembour* dont on abufoit en fa préfence ; il le regardoit comme le fléau de la bonne converfation, comme l'éteignoir de l'efprit. Il avoit engagé la fpirituelle madame Dudeffant à fe liguer avec lui : « ne fouffrons pas, lui difoit-il qu'un ● tyran fi bête ufurpe l'empire du grand monde ».

Cependant Voltaire, oui Voltaire lui-même a daigné faire un *calembour*, mais il étoit dans fa quatre-vingt-troifiéme année, & vouloit, fans doute, s'égayer. Une dame lui parlant de fon voyage d'Angleterre, lui dit : « comment avez-» vous trouvé la chair angloife ? — Très-fraiche & très-blanche ».

Une femme peu refpectable demandoit à un homme, pourquoi il la *confidéroit* fi attentivement. *Je vous regarde, madame*, lui répondit-il, *je ne vous confidère pas.*

CALIGULA (Caius-Céfar) empereur romain, fucceffeur de Tibère, naquit à Antium, l'an 15 de Jéfus-Chrift. Il étoit fils de Germanicus : il n'avoit que 25 ans lorfqu'il fut proclamé empereur, & les premières années de fon règne fembloient annoncer aux romains, un prince vertueux, il reçut même le furnom de modèle des princes, mais bientôt il fe déshonora, par un orgueil infupportable. Il vouloit être adoré comme un dieu. Il fit ôter la tête des ftatues de Jupiter & des autres dieux pour y faire mettre la fienne. Il fe bâtit un temple, fe nomma des prêtres & fe fit offrir des facrifices. Il s'initia lui-même dans ce collège facerdotal, avec fa femme & fon cheval. Il avoit fait conftruire une machine qui faifoit grand bruit, afin de lutter contre le tonnerre pendant les orages ; & lançant une pierre contre le ciel, il s'écrioit : *tues-moi, ou je te tue.*

Ses extravagances, fes débauches & fes cruautés, l'ont rendu immortel : un jour qu'il rioit avec excès, deux confuls lui en demandèrent le fujet ; c'eft, leur dit-il, que je penfois qu'il ne tenoit qu'à moi de vous égorger tous deux fur le champ. Il faifoit nourrir, d'hommes vivans, les bêtes féroces deftinées aux jeux publics ; enfin, il pouffa la barbarie jufqu'à fouhaiter que le peuple romain n'eût qu'une tête, pour pouvoir l'exterminer d'un feul coup. Il mangeoit & buvoit avec fon cheval, auquel il avoit fait conftruire une fuperbe écurie, & à qui il fervoit de l'avoine dorée dans des vafes d'or. Cet empereur, la honte du genre humain, régna quatre ans, & fut enfin affaffiné par un tribun des gardes prétoriennes, l'an 41 de Jéfus-Chrift.

Caligula eft le feul peut-être, qui ait *aimé* d'une manière différente de celle des autres ; & je ne crois pas que ceux qui font le métier de galanterie, profitaffent fort de leurs fleurettes, s'ils s'en tenoient à la maxime de cet empereur. Quand il étoit avec des maîtreffes, qu'il en avoit admiré le teint, la bouche, les yeux, la coëffure, il leur difoit pour toute tendreffe : « quand je voudrai, ● je ferai couper cette belle tête ». Il ne carreffoit guère Céfonie, fa chère époufe, fans lui faire peur par cette engageante proteftation d'amour : « je vous ferai donner la torture pour favoir de » vous pourquoi je vous aime toujours avec une » paffion fi violente ».

CALLOT (Jacques) graveur du roi, naquit à Nanci, en 1593 ; dès l'âge de douze ans, il quitta la maifon paternelle pour fe livrer à fon goût naiffant. Il entreprit le voyage de Rome ; mais l'argent lui ayant manqué, il fe mit à la fuite d'une troupe de bohémiens : il revint dans fa patrie, & s'échappa une feconde fois. Enfin il partit, du confentement de fon père, pour l'Italie, il paffa par Rome, vint à Florence, où il refta jufqu'à la mort du grand duc, Côfme fecond, fon protecteur. De retour à Nanci, le duc de Lorraine l'accueillit très-favorablement. Enfin Louis XIII l'appella à Paris, pour deffiner le fiège de la Rochelle & celui de l'ifle de Rhé. Ce prince le pria enfuite de graver la prife de Nanci dont il venoit de fe rendre maître. Je me couperois plutôt le pouce, répondit *Callot*, que de rien faire contre l'honneur de mon prince & de mon pays. Le roi charmé de fon patriotifme, s'écria que le duc de Lorraine étoit heureux d'avoir de tels fujets. Rien ne put empêcher *Callot* de retourner dans fa patrie, où il mourut en 1635, âgé de quarante-deux ans.

CALOMNIE.

Il eft un monftre affreux né de la perfidie,
Cruel dans fes excès & calme en fa furie.
Ses traits défigurés font cachés fous le fard,
Son fouffle eft venimeux, fa langue eft un poignard,

La trahison l'arma de ses noirs artifices;
Il fut, par Tisiphone, endurci dans les vices,
Il respire le meurtre, il blesse en caressant,
Il défend le coupable, il poursuit l'innocent.
De ses traits empestés l'atteinte est incurable;
L'affreuse CALOMNIE est son nom redoutable.
Craignez d'être surpris par ce monstre trompeur,
Fuyez de ses complots la cruelle noirceur.
Penchez vers l'accusé, tâchez de le défendre,
Et ne jugez personne avant que de l'entendre.

Les athéniens vouloient forcer Démosthènes à accuser un citoyen. Jamais ce grand orateur n'y voulut consentir; &, voyant que le peuple murmuroit contre lui, il se leva & dit : « Athéniens, » je serai toujours prêt à vous donner des con- » seils utiles, au risque même de vous déplaire; » mais jamais, pour gagner vos bonnes graces, » on ne me verra *calomnier* personne ».

Henri IV écouta avec modération, toutes les horreurs que d'Orléans, auteur de libelles incendiaires, avoit écrites contre lui, mais quand il eut entendu les *calomnies* qu'il avoit inventées contre la reine sa mère, il haussa les épaules, & ne dit que ces mots : « Ah! le méchant! le mé- » chant! mais il est venu en France sous la foi » de mon passe-port, & je ne veux point qu'il ait » de mal ». Il le fit aussi-tôt mettre en liberté ».

La *calomnie* est l'arme favorite du lâche & du vindicatif hypocrite qui voudroit qu'on lui sçût gré de sa modération, parce qu'il n'assassine pas lui-même son ennemi.

Un quaker, est-il dit dans un apologue, passant par un grand chemin, son cheval marcha sur un chien qui lui mordit la jambe, & faillit à démonter le cavalier. Celui-ci lui dit froidement : *Je ne porte point d'armes; je ne tue pas, mais je te donnerai mauvaise renommée.* Là-dessus ayant apperçu des gens qui travailloient près delà dans les champs, il se mit à crier : *Au chien enragé! au chien enragé!* Dans l'instant le chien fut assommé.

Les loix polonoises contre les calomniateurs, sont très-rigoureuses. Celui qui est convaincu de *calomnie*, doit en plein sénat se coucher à terre, sous le stale; & entre les jambes de celui qu'il a accusé injustement, & dire à haute voix, qu'en répandant en public telle & telle chose contre celui qui est au-dessus de lui, *il a menti comme un chien* : cette confession publique achevée, il faut qu'à trois diverses fois, il imite la voix d'un chien qui aboye. Il est heureux qu'en France cette loi n'ait pas lieu. Quelle longue suite d'aboyemens on entendroit dans la plûpart des cercles, des sociétés & des villes!

CALMET, bénédictin, né en 1672, mort en 1757. Rien de plus utile, dit Voltaire, que ses

compilations sur la bible. Les faits y sont exacts, les citations fidelles. Il ne pense point, mais en mettant tout dans un grand jour, il donne beaucoup à penser.

CALPRENEDE (Gautier-Costes de la), né à Cahors, en 1612; mort en 1663. Il est auteur de romans fort longs & fort ennuyeux; cependant il étoit amusant dans sa conversation, & contoit fort plaisamment. La reine se plaignant un jour à ses femmes-de-chambre, de leur peu d'assiduité auprès de sa personne; elles lui répondirent, » qu'il y avoit dans la première salle de son ap- » partement, un jeune homme qui donnoit un » tour si agréable à ses historiettes, qu'on ne » pouvoit se lasser de l'écouter ». La reine voulut aussi l'entendre, & lui accorda une pension.

CAMARD. Un grand seigneur *camard* ayant donné l'aumône à un pauvre; Dieu vous conserve la vue! lui dit ce misérable. ---- Pourquoi fais-tu cette prière? ---- Eh! monsieur, si votre vue s'affoiblissoit, comment pourriez-vous porter des lunettes?

CAMARGO (Marie-Anne Cupis de). Elle naquit à Bruxelles, le 15 août 1710, d'une famille noble, originaire de Rome, qui a donné, à ce qu'on assure, plusieurs cardinaux à l'église, & entr'autres, Jean-Dominique de Cupis de Camargo, évêque d'Ostie, doyen du sacré collège.

L'aïeul de mademoiselle de Camargo, tué au service de l'empereur, laissa un fils au berceau, & très-peu de bien; ce qui obligea la mere de cet enfant de lui faire acquérir des talens, tels que la musique & la danse, qui pussent suppléer à ce qui lui manquoit du côté de la fortune. Il épousa par la suite une demoiselle sans bien; & c'est de ce mariage que naquit notre célèbre danseuse. Elle reçut en naissant, ces dons heureux que l'on perfectionne, mais qu'on ne donne pas; & l'on dit, qu'étant dans les bras de sa nourrice, entendant son père jouer du violon, elle fut animée par des mouvemens si vifs, si gais, si mesurés, qu'on augura dès lors qu'elle seroit un jour une des plus grandes danseuses de l'Europe.

Lorsqu'elle eut atteint l'âge de dix ans, la princesse de Ligne & d'autres dames de la cour de Bruxelles, firent les frais de l'envoyer à Paris, avec son père, pour y recevoir des leçons de danse, de mademoiselle Prevost, dont les graces la vivacité, la légéreté, la cadence, charmoient la cour & la ville. Elle profita si rapidement de ses leçons, qu'en moins de trois mois, elle retourna à Bruxelles, pour être la première danseuse de l'opéra de cette ville.

Le sieur Pélissier entrepreneur de celui de Rouen, sur la réputation de cette jeune personne,

fonne, offrit à fon père des avantagès fi confidérables, qu'il l'engagea avec fa fille pour fon
fpectacle; mais cet opéra ne pouvant fe foutenir,
le directeur fut obligé de l'abandonner, & fes
débris enrichirent celui de Paris, de trois grands
fujets; favoir: dès demoifelles Pélifier, Petitpas,
& Camargo; celle-ci préfentée par mademoifelle
Prevoft, débuta la première, par les caractères
de la danfe. Jamais fpectacle ne retentit d'autant
d'applaudiffemens qu'en reçut la débutante. Il ne
fut plus queftion, pendant la vivacité de l'enthoufiafme du public, de parler d'autre chofe, dans
les fociétés, que de la jeune Camargo: toutes les
modes nouvelles portèrent fon nom; & un jour
madame la maréchale de Villars vint à elle, auprès du baffin des Tuilleries, avec tant de bonté,
que tout ce qui étoit à la promenade s'attroupa
autour d'elle; & remplit le jardin du bruit des
battemens de mains & des cris de joie.

Des fuccès fi diftingués déplurent à la demoifelle Prevoft, qui voulut humilier fon élève en
l'obligeant d'entrer dans les ballets; ce qui occa-
fionna l'aventure fuivante. La jeune élève figurant
dans une danfe de démons; Dumoulin, furnommé
le diable, qui devoit y danfer feul, ne s'y trouva
pas, lorfqu'on vint à exécuter fon air. La jeune
danfeufe, tout hors d'elle-même, voyant que
cette entrée n'étoit pas remplie, s'élança de fon
rang, danfa de caprice, & tranfporta les fpectateurs d'admiration. Ce trait acheva de la brouiller avec la demoifelle Prevoft, qui refufa de lui
faire danfer une entrée que madame la duchefle
avoit demandée. Le célèbre Blondi, la voyant en
pleurs, de ce refus, lui dit: « Quittez, made-
» moifelle, quittez cette dure & jaloufe maîtreffe,
» qui vous fait éprouver tant de mortifications, je
» veux être votre maître: je ferai l'entrée que
» madame la duchefle demande; & vous la dan-
» ferez mardi prochain ». Les progrès de mademoifelle Camargo, répondirent aux foins de ce
grand danfeur.

Elle réunit bientôt, par les leçons de fon nouveau maître, la nobleffe & le feu de l'exécution,
aux graces, à la légéreté, & à la féduifante gaieté
qu'elle avoit fur le théâtre. Ce dernier caractère
lui étoit fi naturel, qu'elle l'infpiroit aux plus
mélancoliques. C'eft ainfi que la repréfenta le célèbre Lancret, dans le beau portrait qui a comblé
de gloire ce grand peintre, & au bas duquel, M.
de la Faye a mis ce quatrain:

> Fidèle aux loix de la cadence,
> Je forme, au gré de l'art, les pas les plus hardis;
> Originale dans ma danfe,
> Je peux le difputer aux Balons, aux Blondis.

En 1734, mademoifelle Camargo quitta l'opéra,
y rentra fix ans après, & danfa dans les fêtes
grecques & romaines, ouvrage imaginé pour la faire

Encyclopédiana.

paroître dans tout fon éclat. Le public, qui la
retrouva toujours la même, la revit auffi avec la
même admiration, les mêmes applaudiffemens.
Elle eut la penfion du roi, qu'avoit eu mademoifelle Prevoft; & en 1751, qu'elle renonça au théâtre, jufqu'à fa mort, arrivée en 1770, elle vécut en bonne & honnête citoyenne, regrettée de
toutes les perfonnes de fon voifinage, comme un
exemple de modeftie, de charité & de bonne
conduite.

Sa conformation étoit, fans contredit, la plus
favorable à fon grand talent. Ses pieds, fes jambes, fa taille, fes bras & fes mains, étoient de
la forme la plus parfaite. Son cordonnier fit la
plus grande fortune dans fon état, par la vogue
que lui donna notre danfeufe; toutes les femmes
vouloient être chauffées à la Camargo.

Sa danfe, perfectionnée par le fond de l'art,
étoit le réfultat des principes qu'elle avoit reçus
de mademoifelle Prevoft, & des Prieur, Blondi
& Dupré. De leurs manières différentes, elle s'en
étoit faite une propre à elle; auffi, exécuta-t-elle
tous les genres poffibles dans la danfe noble, les
menuets, les paffepieds, mieux que mademoifelle
Prevoft; & elle y conferva ce je ne fais quoi de
piquant, qu'elle avoit pris de fa maîtreffe, ainfi
que dans les entrées de pure grace, les javottes,
les rigaudons, les tambourins, les loures, tout ce
qu'on appelle les grands airs, étoient dans leur
caractère, par la variété des pas qui y étoient propres.

On connoît les vers de M. de Voltaire, fur mademoifelle Sallé & mademoifelle Camargo.

> Ah! Camargo, que vous êtes brillante!
> Mais que Sallé, grands Dieux, eft raviffante!
> Que vos pas font légers! & que les fiens font doux!
> Elle eft inimitable, & vous êtes nouvelle:
> Les nymphes fautent comme vous;
> Mais les graces danfent comme elle.

CAMBRAI. En 1529, la reine mère, Louife
de Savoye, & Marguerite d'Autriche, gouvernante des Pays-Bas, fe rendent à Cambrai, où
elles rédigent les articles d'un traité de paix entre François I & Charles-Quint; & ces deux monarques y accèdent, & les fignent. Ce traité fut
appelé la paix des dames, les alliés y furent prefque comptés pour rien, ce qui fit dire à André
Gritti, doge de Venife: « la ville de Cambrai eft
» le purgatoire des vénitiens, où les empereurs
» & les rois de France, leur font expier les fau-
» tes qu'ils ont faites, en s'alliant à eux ». C'é-
toit auffi à Cambrai, que Louis XII & l'empereur
Maximilien avoient fait une ligue pour le renverfement de la république de Venife.

CAMILLE. Ce romain, connu par fes vertus militaires & civiles, fut nommé dictateur,

Ee

& termina heureusement le siège de Veïes, qui, depuis dix ans, occupoit les principales forces de la république Les Falisques, dont *Camille* assiégeoit la capitale, se rendirent amis des romains, en considération des vertus de *Camille*. Pendant ce siège, un maître d'école lui amena toute la jeunesse dont il étoit chargé, espérant recevoir de lui le prix de sa trahison. *Camille* en eut horreur, & lui dit: Apprends, perfide, que si nous avons les armes à la main, ce n'est pas pour nous en servir contre un âge qu'on épargne, même dans le saccagement des villes. Aussi-tôt, il le fit dépouiller, & ordonna à ses élèves de le battre de verges jusqu'à la ville.

Rome fut ingrate envers ce grand homme, qui ayant été accusé d'avoir détourné une partie du butin fait à Veïes, s'exila volontairement. Bientôt les malheurs de la république remirent à *Camille* les armes à la main; il ne cessa de rendre à sa patrie, des services signalés. A l'âge de 80 ans, ce héros chassa, des terres de la république, l'armée des gaulois, qui s'y étoit avancée. Il mourut de la peste, l'an 365, avant Jésus-Christ.

CAMPANUS. Jean-Antoine *Campanus* naquit en 1427, près de Capoue. Il étoit fils d'une paysane, qui accoucha de lui sous un laurier. Il fut d'abord berger, & devint ensuite valet d'un curé. Il apprit un peu de latin, & se mit précepteur à Naples. Il acquit de la capacité, & obtint d'être employé dans des affaires importantes, & fut nommé, par Pie II, évêque de Crotone. Sixte IV, croyant avoir à se plaindre de lui, le bannit de toute la campagne de Rome. Il voyagea en Allemagne, & ce pays lui déplut si fort, qu'à son retour, se trouvant sur les Alpes, il abaissa ses culottes, & dit, en tournant le derrière à l'Allemagne:

Aspice nudatas, barbara terra, nates.

Campanus eut pour ami, le cardinal Bessarion. *Campanus* fit un jour vingt vers à sa louange, qu'il fit chanter au carnaval, par des musiciens masqués; ils plurent si fort à Bessarion, qu'il donna aux musiciens autant de ducats qu'il y avoit de vers; & comme *Campanus* feignit d'en ignorer l'auteur, Bessarion lui dit, en lui prenant la main: où sont ces doigts, qui ont écrit de moi tant d'agréables mensonges? & lui mit, en même tems, au doigt, une bague de soixante ducats. *Campanus* mourut à Sienne en 1477.

CAMPISTRON (Jean Galbert de) né à Toulouse, en 1656, mort en 1723.

M. de Vendôme avoit prié Racine, de se charger des vers qu'il vouloit mêler dans le divertissement qui se préparoit à Annet, pour M. le Dauphin. Racine s'en excusa & offrit en même tems, *Campistron*, qui justifia le choix qu'on avoit fait de lui, par l'opéra d'Acis & de Galathée. M. de

Vendôme en fut si content, qu'il envoya cent louis à l'auteur. Une pareille somme étoit alors très-capable de remplir ses desirs, & il l'auroit acceptée avec bien de le reconnoissance, si les deux célèbres acteurs Champmêlé & Raisin, ne l'en eussent empêché, en lui disant que cette somme n'étoit pas assez pour M. de Vendôme, qu'il pourroit en espérer une récompense plus considérable. *Campistron* trouva ce sacrifice un peu douloureux. Il ne se rendit qu'avec bien de la peine à ce conseil: mais au bout de quelque tems, il se sut bon gré de l'avoir suivi. Ce prince encore plus touché du désintéressement de l'auteur, que du mérite de l'ouvrage, le prit chez lui en qualité de secrétaire de ses commandemens, lui donna peu à peu toute sa confiance, & se l'attacha pour toujours, en lui conférant quelque tems après, la charge de secrétaire général des galères.

Campistron avoir tout ce qu'il falloit pour remplir les devoirs des différentes places que lui donna M. de Vendôme. Sa négligence à répondre aux lettres qu'on lui écrivoit, est la seule chose qu'on eût pu lui reprocher, & Palaprat nous apprend que *Campistron* avoit là-dessus une réputation si bien établie, qu'un jour qu'il brûloit un tas immense de lettres, M. de Vendôme qui lui voyoit faire cette expédition avec un soin infini, dit à ceux qui se trouvèrent présens: Le voilà tout occupé à faire ses réponses.

Campistron alla dîner un jour à la maison de plaisance de M. l'archevêque de Toulouse. A son retour, il voulut prendre sur la place, des porteurs pour le reconduire chez lui. Ils firent quelques difficultés, à cause de sa pesanteur, & de l'éloignement de sa maison. *Campistron* les menaça & leur donna même des coups de bâton. La colère où il se mit, jointe à la grande réplétion que lui causoit le repas qu'il avoit fait chez M. l'archevêque, le fit aussi-tôt tomber en apoplexie. On le porta promptement chez un chirurgien qui le saigna, & de là chez lui, où il mourut au bout de quelques heures.

L'Alcide ou le triomphe d'Hercule, opéra de *Campistron*, ayant échoué immédiatement après la chute de son opéra d'Achille, on fit le quatrain suivant:

A force de forger, on devient forgeron,
Il n'en est pas ainsi du pauvre Campistron;
     Au lieu d'avancer il recule,
          Voyez Hercule.

M. l'abbé Delisle, a dit plaisamment en parlant de *Campistron*:

Toujours des feux, toujours des beaux yeux; c'est
          toujours
Ou de charmans appas, ou de tendres amours.

CAMOENS, poète portugais, d'une ancienne

famille de Portugal, originaire d'Espagne ; né en 1579, âgé de 53. ans.

Le *Camoëns*, pauvre, exilé de la cour de son prince comme un autre Ovide, errant sur les mers, est une preuve frappante que les infortunes, les disgraces & même les climats les plus barbares, ne font pas capables d'étouffer le feu du vrai génie. Ce poëte a chanté la conquête des Indes orientales par les portugais. Son poëme, sans avoir tous les caractères de l'épopée, est revêtu de ses plus grands charmes. Les images en font variées, & d'un coloris vif & frappant, les passions maniées avec art ; les récits agréables. Avec quelle facilité sa plume passe du sublime au gracieux !... Son épisode d'Inès de Castro est d'une beauté touchante. La description du géant Adamastor, gardien du promontoire des tempêtes, est une fiction neuve & sublime, & comparable peut-être, à tout ce que l'imagination des poëtes a enfanté de plus grand. C'est en faveur de ces beautés, qu'on a pardonné au *Camoëns*, le peu de liaison qu'il y a dans son ouvrage, & ce mélange des dieux du paganisme avec les saints de la religion chrétienne. Ce poëte sut joindre les lauriers de Mars à ceux d'Apollon ; mais sa bravoure n'étoit pas le fruit d'un tempéramment impétueux, ou d'une fureur brutale ; elle devoit son origine à sa grandeur d'ame, sentiment de la véritable gloire, à son amour pour la patrie. Il apporta dans la société un air affable, des mœurs douces, un caractère enjoué, mais trop porté à la satyre ; son indiscrétion dans ses amours acheva de le perdre.

Après avoir voyagé comme Homère, il mourut pauvre comme lui, & n'eut de réputation qu'après sa mort. Il étoit d'une taille au-dessous de l'ordinaire, mais bien proportionnée. Il avoit le visage plein, le teint blanc & relevé d'un vermillon qui répandoit sur sa physionomie une fleur de santé. Ses yeux étoient grands & animés, ses cheveux blonds, son nez aquilin, son front élevé. Il s'annonçoit par un air riant & ouvert ; en un mot toute sa personne, ajoute l'historien de sa vie, (Manuel de Faria) étoit si agréable, qu'elle prevenoit avantageusement en sa faveur.

Les galanteries indiscretes du *Camoëns* à la cour de Lisbonne, un desir vague de faire fortune, & peut-être encore le besoin qu'avoit son imagination ardente, d'être nourri par de nouveaux objets, le portèrent à s'embarquer pour les Indes. Il servit d'abord volontaire sur un vaisseau, & perdit un œil dans un combat naval, donné au détroit de Gibraltar. Sa bravoure se signala encore dans d'autres occasions ; mais ce poëte guerrier étoit si modeste sur cet article, qu'il n'en parle qu'en passant, dans ses écrits.

Il se rendit à Goa, le principal comptoir des portugais dans les Indes, & fit dans cette ville son occupation & ses délices de la poésie. Mais

quelques vers satyriques, qu'il composa contre le vice-roi, le firent exiler d'un lieu, qui pouvoit lui-même être regardé comme un exil, & il fut envoyé sur les frontières de la Chine, où les portugais faisoient bâtir la ville de Macao. Ce fut dans cette terre éloignée que le *Camoëns* composa son poëme de la découverte des Indes ; Vasco de Gama en est le héros. Il l'intitula la *Lusiade*, mot portugais, qui répond à celui de *Portugade*, & qui avoit peu de rapport au sujet. Ce fruit de tant de veilles faillit périr dans un naufrage ; mais le *Camoëns*, à l'exemple de César, sauva ses écrits en les tenant d'une main au-dessus des eaux, & nageant de l'autre.

De retour dans sa patrie, après une absence de seize ans, & n'ayant pour tout bien que son poëme épique, il songea à le publier. Il le dédia au roi Sébastien, encore adolescent, & l'ouvrage parut en 1572. On accorda des éloges à l'auteur, récompense stérile, qui ne l'empêcha pas de mourir de faim.

Dans le cinquième chant de la *Lusiade*, le *Camoëns* déplore de la manière la plus touchante, sa mauvaise fortune, & le peu d'encouragement que les grands de Portugal donnoient au mérite. Mais à peine fut-il mort, qu'on s'empressa de lui composer des épitaphes honorables, & de le placer parmi le petit nombre d'hommes qui ont fait honneur à leur patrie ; & pour que son sort fut en tout semblable à celui d'Homère, plusieurs villes, qui peut-être l'avoient vu mendier l'hospitalité, se disputèrent après sa mort l'honneur de lui avoir donné naissance.

Outre la *Lusiade*, le *Camoëns* a composé beaucoup d'autres poésies, que les portugais se faisoient un plaisir d'apprendre par cœur. Ce poëte, passant un jour dans une des rues de Lisbonne, devant un magasin de porcelaines, & entendant le marchand qui, en chantant quelques-unes de ses strophes, les estropioit, il entra tout d'un coup dans la boutique, & après avoir brisé quelques porcelaines, il dit au maître : « mon » ami, tu-estropies mon ouvrage, & je brise ta » marchandise, c'est la loi du talion. » il paya cependant le dégat qu'il avoit fait. On attribue la même anecdote à l'Arioste.

CAMUS (Jean-Pierre), évêque de Bellay. né à Paris l'an 1582, mort en 1652.

M. de Bellay prêchoit un lundi de pâques, aux incurables. M. le duc d'Orléans entra, suivi d'un cortège considérable, & entr'autres de l'abbé de la Rivière insigne flatteur, & de M. Tubeuf, intendant des finances. Après que Monseigneur eut pris sa place, il fit prier M. de Bellay de recommencer son sermon. L'évêque obéit, & après l'avoir salué fort humblement, lui dit : Monseigneur, dimanche dernier, je prêchai le triomphe de Jesus-Christ à

Jérufalem ; vendredi fa mort, hier fa réfurrection, & aujourd'hui je dois prêcher fon pélerinage à Emaüs, avec deux de fes difciples. J'ai vû, monfeigneur, votre alteffe royale dans le même état. Je vous ai vu triomphant, dans cette ville avec la reine, Marie de Médicis, votre mère : je vous ai vu mort par des arrêts, fous un miniftre : je vous ai vu reffufciter par la bonté du roi, votre frère, & je vous vois aujourd'hui en pélerinage. D'où vient, monfeigneur, que les grands princes fe trouvent fujets à ces changemens ? Ah ! monfeigneur, c'eft qu'ils n'écoutent que les flatteurs, & que la vérité n'entre ordinairement dans leurs oreilles, que comme l'argent entre dans les coffres du roi, un pour cent.

Un jour que M. Camus prêchoit devant l'archevêque . . . . dont les manières étoient bifarres : monfeigneur, lui difoit-il, quand je m'imagine votre tête, je crois voir une bibliotheque. D'un côté, je vous vois les livres de faint Auguftin & de faint Jérôme ; de l'autre, ceux de faint Cyprien & de faint Chryfoftôme, & quantité de places pour en mettre d'autres.

Dans un fermon que M. de Bellay faifoit aux cordeliers, le jour de faint François ; mes pères, leur difoit-il, admirez la grandeur de votre faint : fes miracles paffent ceux du fils de Dieu, Jefus-Chrift, avec cinq pains & trois poiffons ne nourrit que cinq mille hommes, une fois en fa vie ; & faint François avec une aune de toile, nourrit tous les jours, par un miracle perpétuel, quarante mille fainéans.

M. de Bellay prêchant dans l'affemblée des trois états du royaume, un fermon qu'il a fait imprimer, il parla ainfi : Qu'euffent dit nos pères, de voir paffer les offices de judicature à des femmes & à des enfans au berceau ? Que refte-t-il plus, finon comme cet empereur ancien, d'admettre des chevaux au fénat ? Et pourquoi non ? puifque tant d'ânes y ont entré.

M. Camus n'aimoit pas les faints nouveaux, & il difoit un jour, en chaire, fur ce fujet : Je donnerois cent de nos faints nouveaux pour un ancien. Il n'eft chaffé que de vieux chiens ; il n'eft chaffé que de vieux faints.

M. de Bellay fe plaifoit à faire des allufions, quelque mauvaifes qu'elles fuffent. Prononçant un jour le panégyrique de faint Marcel, fon texte fut le nom latin de ce faint, Marcellus, qu'il coupa en trois, pour les trois parties de fon difcours. Il dit qu'il trouvoit trois chofes cachées dans le nom de ce grand faint, 1° que Mar vouloit dire qu'il avoit été une mer de charité & d'amour envers fon prochain ; 2° que cel, montroit qu'il avoit eu, au fouverain degré, le fel de la fageffe des enfans de dieu ; 3° que lus prouvoit affez, comme il avoit porté la lumière de l'évangile à

tout un grand peuple, & comme lui-même avoit été une lumière de l'églife, & la lampe ardente qui brûloit du feu de l'amour divin.

Ce que M. Camus dit un jour à Notre-Dame, avant de commencer fon fermon, eft plus fpirituel : Meffieurs, on recommande à vos charités une jeune demoifelle, qui n'a pas affez de bien pour faire vœu de pauvreté.

Saint François de Sales s'étant plaint un jour à M. Camus de fon peu de mémoire, il lui répondit : Vous n'avez pas à vous plaindre de votre partage, puifque vous avez la très-bonne part, qui eft le jugement, dont je vous affure que je fuis fort court ; à ce mot, faint François de Sales, fe mit à rire, & l'embraffant tendrement, lui dit : Je connois maintenant que vous y allez tout à la bonne foi. Je n'ai jamais trouvé qu'un homme avec vous, qui m'ait dit qu'il n'avoit guère de jugement. Mais ayez bon courage, l'âge vous en apportera affez : c'eft un des fruits de l'expérience & de la vieilleffe.

Le cardinal de Richelieu demanda un jour à M. Camus, fon fentiment fur deux livres nouveaux, dont l'un étoit le Prince de Balzac ; & l'autre, le miniftre d'état de Sichon. Monfeigneur, répondit-il, l'un ne vaut guère, & l'autre, rien du tout.

M. de Bellay, définiffoit la politique, *ars non tam regendi, quam fallendi homines.*

M. de Bellay difoit qu'il étoit furpris de deux chofes, l'une que les catholiques qui difent que l'écriture eft un livre fort obfcur, l'expliquent néanmoins fi rarement dans leurs fermons ; & l'autre que les proteftans qui difent qu'elle eft claire comme le jour, fe tuent cependant à l'expliquer dans leurs livres.

CANDEUR. La *candeur* naît d'un grand amour de la vérité ; elle eft la marque d'une belle ame. La *candeur* eft d'ordinaire l'apanage de l'enfance, mais il eft rare de ne pas la perdre par le commerce du monde.

Dès l'âge de trente ans, Fontenelle follicita une place à l'académie ; on lui préféra l'abbé Tétu, dont le plus grand mérite étoit d'avoir été l'inftituteur des princeffes, filles de Monfieur, frère du roi. C'eft cette confidération qui engagea ce prince à ne pas refufer à l'abbé Tétu une démarche auprès de l'académie ; un gentilhomme fut envoyé vers cette compagnie pour lui témoigner que Monfieur prenoit intérêt à la nomination de l'abbé Tétu. L'académie répondit qu'elle auroit, à la recommandation du prince, les égards qu'elle méritoit. Monfieur, furpris d'une déférence à laquelle il ne s'attendoit pas, dit auffi-tôt, avec *candeur* : Eft-ce qu'ils le recevront ?

Jamais perſonne n'eut plus de *candeur* d'ame, que Nicole ; ſimple, timide, enfant, à bien des égards, ſans le moindre uſage du monde : ce célèbre auteur, amuſoit ſouvent par ſes naïvetés, les illuſtres ſolitaires de Port-Royal. Une demoiſelle étoit venue le conſulter ſur un cas de conſcience : au milieu de l'entretien, arrive le père Fouquet de l'Oratoire, fils du ſur-intendant. Nicole, du plus loin qu'il l'apperçoit, s'écrie : « Voici, mademoiſelle, quelqu'un qui décidera » ſur la choſe ; & ſur le champ, il conte au père Fouquet, toute l'hiſtoire. La demoiſelle rougit beaucoup. L'aventure courut le monde. Lorſqu'on faiſoit des reproches à Nicole, ſur une pareille imprudence, il diſoit pour s'excuſer : »Cet » oratorien étoit mon confeſſeur ; puiſque je n'a- » vois rien de caché pour ce père, cette demoi- » ſelle ne devoit pas être réſervée pour lui ».

Un célèbre docteur muſulman, nommé *Abube-ere Cobbathi*, étant monté en chaire, avoua ſon ignorance ſur quelques difficultés. Auſſi-tôt quelqu'un lui cria que, puiſqu'il ne ſavoit rien, il devoit quitter une place qui n'étoit faite que pour les perſonnes inſtruites. «J'y ſuis monté, répondit l'humble docteur, ſelon la portée de ma ſcience ; mais ſi je m'étois élevé à proportion de » mon ignorance, je ſerois arrivé juſqu'au ciel ». Il falloit être bien philoſophe pour faire un pareil aveu : il en eſt plus d'un dans ce ſiècle, qui rougiroit d'une ſemblable *candeur*.

On rapporte que le vicomte de Turenne s'étoit laiſſé ſurprendre par les charmes d'une jeune marquiſe qu'il avoit vue chez la ducheſſe d'Orléans. Bientôt il pouſſa la foibleſſe pour elle juſqu'à lui découvrir un ſecret important que Louis XIV lui avoit confié. La marquiſe, auſſi indiſcrette que le vicomte, en fit confidence à une autre perſonne ; & le ſecret fut ainſi divulgué. Le roi, qui ne s'étoit ouvert qu'au maréchal de Turenne & au marquis de Louvois, aſſuré de la diſcrétion du vicomte de Turenne, tourna ſes ſoupçons ſur Louvois, & l'accuſa d'avoir révélé ſon ſecret. Turenne, toujours vrai, toujours généreux, même au milieu de ſes foibleſſes, juſtifia Louvois, en avouant ſa faute. Cette noble *candeur* charma le monarque, & redoubla ſa confiance pour un homme qui n'avoit pas voulu cacher ſa honte, en perdant un miniſtre qu'il avoit droit de ne pas aimer. Turenne renonça à tout commerce avec la marquiſe, &, tout le reſte de ſa vie, rougit de cette aventure. On raconte que le chevalier de Lorraine ayant voulu lui en parler, quelques années après : « Commençons donc, lui ré- » pliqua le vicomte, par éteindre les bougies ».

Louis XIV ayant pris connoiſſance des affaires, après la mort du cardinal Mazarin, dit à M. de Colbert & aux autres miniſtres : « Je vous » avoue franchement que j'ai un fort grand pen-

» chant pour les plaiſirs ; mais ſi vous vous ap- » percevez qu'ils me faſſent négliger mes affaires, » je vous ordonne de m'en avertir ».

CAPITOLE. Le *Capitole* étoit une fortereſſe de l'ancienne Rome bâtie ſur le roc Tarpeien, où il y avoit un temple de Jupiter, qui étoit à cauſe du lieu nommé Jupiter *Capitolus*. On prétend que le nom de *Capitole* vient d'une tête d'homme, encore fraîche, qui fut trouvée dans la terre, lorſqu'on creuſa les fondations de cette fortereſſe, l'an 139 de Rome. On ajoute que cette tête étoit celle d'un nommé *Tolus*, d'où vient le nom de *Capitole*, quaſi à *Capite Toli*.

C'eſt à l'imitation de Rome, que pluſieurs grandes villes voulurent avoir leur *Capitole* ; on aſſure même que c'eſt d'un pareil édifice que les capitouls de Toulouſe, ont pris ce nom.

CAPONI. Charles VIII, roi de France, paſſant par la Toſcane, demanda aux florentins de lui fournir de l'argent pour ſon expédition de Naples, & exigeoit qu'on lui donnât une certaine autorité dans la république. *Caponi*, magiſtrat de Florence, fut un des députés vers Charles, qui marchoit avec une armée formidable. Un ſecrétaire du prince, liſoit ſes conditions humiliantes, & Charles prétendoit être obéi : les députés florentins étoient dans la plus grande criſe. *Caponi*, d'un air fier & menaçant, arrache bruſquement le papier des mains du ſecrétaire, le déchire avec fureur, en diſant à Charles : Eh bien ! faites battre le tambour, & nous allons ſonner nos cloches, voilà ma raiſon. Il ſort : Charles & ſa cour ne doutèrent pas que l'audace de *Caponi* n'eût ſoutenue & autoriſée par des troupes toutes prêtes. On le rappelle, & on le laiſſe le maître des conditions.

CARACALLA (Marc-Aurèle-Antonin), né à Lyon, en 188, fut proclamé empereur, avec ſon frère Géta, le jour même de la mort de ſon père. L'inimitié des deux princes ſe manifeſta dans toute ſa force. *Caracalla* fit poignarder Géta, dans les bras même de ſa mère, qui fut inondée de ſon ſang. Il chercha par-tout des apologiſtes de ce meurtre, & Papinien perdit la vie, pour lui avoir répondu, qu'il étoit moins difficile de commettre un fratricide que de l'excuſer. Il dit un jour à ſa mère, qui lui reprochoit ſes énormes profuſions : Sachez que tant que je porterai cela (mettant la main ſur ſon épée), j'aurai tout ce que je voudrai. Après une vie trop longue pour l'honneur de l'humanité & le repos des peuples, ce monſtre fut tué par un centenier des prétoriens, l'an 217. Le jour de ſa mort fut un jour de réjouiſſance.

CARACTERE. Un des plus ſûrs moyens de

connoître les véritables mœurs d'un peuple, est de le considérer dans les états les plus nombreux, & dans cette partie de la nation qui a le moins d'intérêt de se cacher. Transportez-vous à la Chine, & considérez deux crochoteurs qui se rencontrent dans une rue étroite ; ils mettent bas leurs fardeaux, se font mille excuses pour l'embarras qu'ils se causent, & se demandent pardon à genoux. A Londres au contraire, ou à Paris, si deux porte-faix se croisent, ils commencent par se quereller, finissent par se battre.

Combien de voyageurs peu philosophes, qui ne jugent du *caractère* des nations chez lesquelles ils séjournent, que par celui de deux ou trois personnes qu'ils fréquentent. Ils ressemblent, pour la plupart, à cet autrichien qui, passant par Blois, où il n'avoit vu que son hôtesse qui étoit rousse & peu complaisante, mit sur son album: *notà*, que toutes les femmes de Blois sont rousses & acariâtres.

Le duc d'Orléans régent, interrogeoit un étranger, sur le *caractère* & le génie différent des nations de l'Europe. « La seule manière, lui dit l'étranger, de répondre à votre altesse royale, est de lui répéter les premières questions que, chez les divers peuples, l'on fait le plus communément sur le compte d'un homme qui se présente dans le monde. En Espagne, ajouta-t-il, on demande : Est-ce un grand de la première classe ? En Allemagne : peut-il entrer dans les chapitres ? En France : est-il bien à la cour ? En Hollande : combien a-t-il d'or ? En Angleterre : quel homme est-ce ? »

On a tracé ainsi, le *caractère* de quelques nations de l'Europe.

De l'Irlandois.

Les irlandois sont particulièrement distingués par la gaieté & la légèreté de leur humeur ; ils ressemblent en cela aux françois ; les anglois transplantés dans ce pays, y perdent avec le temps leur air sérieux & mélancolique, deviennent plus gais, plus dissipés, plus amoureux du plaisir, & moins adonnés à la réflexion.

On ne peut pas dire que cette différence d'humeur naisse du climat ou du sol, qui sont en général les mêmes qu'en Angleterre : elle ne peut être que l'effet du gouvernement. Les irlandois vivent dans une contrée fertile, séparée du reste du monde, protégée par une nation puissante, contre toute insulte de la part des étrangers ; indifférens sur la grandeur de leurs voisins, ils n'ont point d'intérêts nationaux assez importans pour les inquieter, & pour obscurcir la gaieté de leur *caractère* par la gravité de l'orgueil. Dans cet état, ils se livrent à l'indolence & au plaisir, suivent leur goût autant qu'ils peuvent, sont aisément

dominés par le ressentiment ; & se soumettent sans peine à l'autorité.

De l'Ecossois.

L'Ecosse avoit eu jusqu'au dernier siècle le droit de se gouverner elle-même, tant pour l'administration extérieure qu'intérieure ; ce sentiment du pouvoir, & une longue continuation du même gouvernement, produisent nécessairement l'amour de la patrie ; aussi les écossois sont-ils toujours prévenus en faveur de leurs compatriotes, & jaloux de la gloire de leur pays. La cause de ces passions nationales a cessé avec l'administration nationale ; mais les effets en sont encore sensibles, & dureront peut-être plusieurs siècles.

Le terrein de l'Ecosse est peu fertile, & conséquemment le peuple y est frugal ; il seroit absurde qu'il eût le même goût pour le plaisir, que le peuple d'Irlande ; ce seroit se créer des besoins qu'il n'est pas au pouvoir de la nature de satisfaire : cette frugalité mène plusieurs autres vertus à sa suite. Les écossois ont du courage dans l'adversité, parce que dès leur enfance, ils ont appris à souffrir ; ils sont modérés dans la prospérité, parce qu'il est rare que ceux qui ont vécu dans la simplicité, acquièrent après un certain âge de nouveaux goûts pour le luxe & pour le rafinement des plaisirs.

De l'Anglois.

Les anglois tiennent beaucoup de l'intempérie de leur climat ; ils sont mélancoliques, inconstans & inquiets ; aussi les médecins appellent l'Angleterre, *la région de la rate*. C'est ce qui leur donne une physionomie pensive, & une certaine gravité triste qu'ils conservent même dans les plaisirs.

Ils ont communément une sincérité sans fard, & aiment à dire leur pensée avec une simplicité pleine de bon sens. Ils tiennent le milieu entre la fine contrainte des méridionaux & la grossièreté impolie des peuples du Nord.

On doit louer en eux une honnête intégrité, un mépris de formalités & des minuties, & une attention qui se prête plus aux grandes choses qu'aux petites.

Ce qui fait le plus grand éloge de ce peuple, c'est le *caractère* compatissant des voleurs & des brigands qui infectent les grands chemins. Il n'est peut-être aucune nation qui puisse citer des exemples de cette espèce, & faire voir des méchans qui mêlent la pitié à l'injustice ; qui savent s'arrêter dans le crime, & qui conservent un reste de vertu au milieu de leur violence. Par-tout ailleurs, le vol & le meurtre se suivent toujours ; c'est ce qui n'arrive en Angleterre ; qu'en cas de résis-

tance & de pourſuites ; les bandits des autres
pays, ſont impitoyables : ici les brigands ſont
généreux à l'égard du public, & ſe piquent de
vertu entr'eux. Ainſi, pour caractériſer les anglois, par les vices & les vertus qu'on obſerve
dans la claſſe du peuple, on peut dire qu'ils montrent tous leurs défauts à un étranger, & qu'ils
réſervent leurs vertus pour l'œil pénétrant du
philoſophe.

Des François.

Les françois ont trouvé ou inventé l'art de
réunir les deux extrêmes ; ils ont enſemble les
vertus & les vices qui paroiſſent les plus incompatibles. Il ſont un compoſé de force & de foibleſſe. On peut les dire efféminés, quoique braves ; faux & gens d'honneur ; mais avec fineſſe ;
ſplendides ſans être généreux ; guerriers, mais
rafinés dans leurs manières : poſſédant aſſez de
qualités pour mériter des applaudiſſemens, ſans
cependant être vertueux : ſérieux dans les bagatelles, gais dans toutes leurs opérations & dans
toutes leurs entrepriſes : femmes à la toilette,
héros dans le champ de mars : corrompus, mais
décens dans la conduite : diviſés par leurs ſentimens, & unis dans l'action ; foibles, ſi l'on conſidère leurs mœurs ; forts, ſi l'on a égard à
leurs principes ; mépriſables dans la vie privée,
formidables en tant que nation.

En un mot cette nation légère, capricieuſe,
inconſéquente, ſans but, ſans réflexion, ſans
caractère, change avec la même facilité, de ſyſ-
têmes, de ridicules, de modes & d'amis : &
pour concluſion, elle n'a d'uniformité que dans
ſon inconſtance.

De l'Espagnol.

Nous prenons mal-à-propos pour un ſérieux
imperturbable & bien près du ridicule, la gravité dont nous faiſons reproche aux eſpagnols,
& dont ils ſe vantent avec raiſon. Le genre de
gravité qui caractériſe cette nation, & qui formoit le caractère des ſpartiates & des romains,
n'eſt autre choſe que la conſtance & la fermeté
dans les réſolutions qu'on a priſes après un profond & long examen. C'eſt la qualité oppoſée à
l'inconſidération & à la légèreté, enfin à cette mobilité qui, chez tous les peuples du monde, eſt
le caractère de l'enfance, & qui chez les gaulois
nos ancêtres, éclatoit, au rapport de Céſar, dans
toutes leurs actions, même à tout âge.

Les eſpagnols ſont froids, ſombres en apparence, & réſervés juſqu'à l'affectation ; mais ce
n'eſt là que leur conduite extérieure. Le ſilence
qu'ils obſervent les rend extrêmement ſecrets,
& ils le ſont ſur-tout avec les étrangers ; mais
quand les eſpagnols ſont une fois liés d'amitié,

ils quittent entièrement ces dehors graves & apprêtés ; rien n'eſt caché pour leurs amis : ce ne
ſont plus les mêmes hommes ils ſont doux,
empreſſés, polis, francs & pleins d'attention : fidèles en amitié, ils ſont auſſi implacables dans
leur haine.

La profeſſion des armes eſt ſi naturelle aux eſpagnols, qu'ils lui ſacrifient le commerce, les
manufactures, les arts, l'agriculture ; auſſi l'Eſpagne eſt-elle plus guerrière que riche. Le payſan le
plus indigent abandonne ſa chatrue pour voler aux
combats : on ſait avec quelle chaleur, avec
quelle célérité ſe formèrent les armées eſpagno-
les, lors de la guerre de la ſucceſſion : on n'entendoit dans ce vaſte royaume que ces mots : à
la guerra, à la guerra, & les campagnes reſtè-
rent ſans cultivateurs.

CARLEMARATTE, peintre célèbre, né en
1625, mort en 1713.

Un prince romain ſe plaignoit à Carlemaratte
de la cherté de ſes tableaux ; il répondit que les
fameux artiſtes ſes prédéceſſeurs, ayant été très-
mal payés, le monde entier lui étoit redevable
d'une groſſe ſomme, & qu'il étoit venu pour en
recevoir les arrérages.

CARNAVAL. Le carnaval eſt le naufrage
des innocens, l'heure du berger des femmes coquettes, l'évacuatif de la bourſe, le vénin de
la ſanté, le ſéducteur de la jeuneſſe, & le tombeau des vieillards.

Les folies & les extravagances des hommes,
dans le tems du carnaval, ſe calment avec la cendre, comme les agitations tumultueuſes & le bour-
donnement des abeilles avec la pouſſière.

CARRACHE. La famille des Carrache a eu
l'honneur de donner à la peinture, trois artiſtes
diſtingués, Louis, Auguſtin & Annibal. Nous
allons donner une idée de ces trois artiſtes.

CARRACHE, (Louis, Ludovico) né à Bologne, ainſi que les deux autres Carrache, ſes cou-
ſins, l'an 1555, mort en 1619.

Louis Carrache, mécontent des dégoûts qu'il
eſſuyoit de la part de ſon maître, qui étoit fortement perſuadé de l'incapacité de ſon élève pour
la peinture, prit le parti de le quitter, & alla
conſulter le Tintoret ; ce dernier maître, pen-
ſant auſſi peu favorablement des talens du jeune
homme, lui conſeilla d'embraſſer une autre profeſſion. Le Carrache ne ſe rebuta point, & devint un excellent peintre.

Les tableaux de cet artiſte, qu'on voit à Bologne, ſont aſſez bien conſervés, à cela près,
que les yeux de quelques figures ſont arrachés,

& que de jeunes étudians ont eu la malice, ou la sottise, d'écrire leurs noms sur les ouvrages de ce peintre; gâtant ainsi les figures de beaucoup de tableaux, sans même en épargner les visages.

Dans la représentation de la nativité de notre seigneur, tableau qui se voit à Bologne, Louis *Carrache* fait adorer le fils de Dieu, encore dans la crèche, par saint Charles Borromée.

On voit aussi à Bologne, dans la cathédrale, une annonciation, peinte par *Carrache*, qui n'a point donné à son sujet la décence convenable: la vierge est dans une attitude équivoque, & l'on diroit, qu'avec ses deux mains, l'ange va lui découvrir la gorge.

CARRACHE (Augustin,) né l'an 1558.

Augustin *Carrache* ne pouvoit vivre sans son frère Annibal, & ne pouvoit le souffrir lorsqu'il étoit avec lui. Leur émulation, qui dégénéroit souvent en jalousie, les séparoit, les brouilloit, les raccommodoit, occasionnoit entre eux de violentes querelles; ils se défioient, se chérissoient, absens l'un de l'autre, & se détestoient quand ils étoient ensemble.

Peu de temps avant sa mort, Augustin *Carrache* se retira chez les capucins de Parme. Un jour, pendant que les religieux étoient à l'office, il peignit un Christ; ouvrage très-estimé que l'on conserve avec le plus grand soin.

CARRACHE (Annibal) né l'an 1560.

Cet artiste & son père, revenant un soir de la campagne, furent volés en chemin, sans pouvoir se défendre. Annibal courut porter sa plainte chez les magistrats, & y dessina si bien le portrait des voleurs, qu'on les reconnut & qu'ils furent arrêtés.

Annibal excelloit aussi dans les portraits chargés, ou de caricature; il donnoit à des animaux, & même à des vases, la figure d'un homme qu'il vouloit tourner en ridicule. Un de ses élèves étoit plus occupé de l'envie d'avoir une parure élégante, que du soin de s'instruire de la peinture; Annibal le représenta d'un air si fat, & le portrait exprimoit si bien les défauts de l'original, que le jeune homme en perdit son goût pour les ajustemens trop recherchés.

Annibal vivoit en vrai philosophe, dédaignoit le luxe & les trop grandes sociétés, toujours nuisibles aux artistes, puisqu'elles leur font perdre un temps précieux. Aussi blâmoit-il avec raison la conduite d'Augustin son frère, qui passoit une grande partie de sa vie dans les antichambres & dans la compagnie des princes & des

cardinaux; & qui s'habilloit avec tant de magnificence, qu'il avoit plutôt l'air d'un riche gentilhomme, que d'un peintre. Annibal, l'ayant un jour apperçu à la promenade, marchant fièrement avec des personnes de la première qualité, feignit d'avoir à lui faire part de quelque chose d'important; & le tirant à l'écart, il lui dit à l'oreille: — « Augustin, souviens-toi que tu es » fils d'un tailleur ».

Afin de lui rappeller son origine d'une manière plus sensible, dès qu'Annibal fut de retour, il prit un papier, dessina son père avec des lunettes sur le nez, qui enfiloit une aiguille; & il mit au bas le nom d'*Antoine*, qui étoit celui du bon-homme. Non content de cela, il représenta encore sa mère dans le même dessein, qui tenoit une paire de ciseaux. Cette peinture expressive ne fut pas plutôt achevée, qu'il se hâta de l'envoyer à son frère, qui étoit pour lors dans le palais d'un prince.

On voit qu'Annibal n'étoit point ébloui du faste qui environne les grands, & l'on sent qu'il devoit peu briguer l'honneur de ramper à leurs pieds. Le cardinal Borghèse étant venu un jour lui rendre visite, il s'esquiva par une fausse-porte de sa maison, laissant à ses élèves le soin de recevoir cette éminence.

On louoit beaucoup, devant Annibal *Carrache*, le groupe de Laocoon, chef-d'œuvre de sculpture antique: cet artiste ne sembloit prendre aucune part à la conversation. Comme on parut étonné de son silence, il prit un crayon, toujours sans rien dire, & dessina le fameux groupe sur l'une des murailles de la salle, aussi exactement que s'il l'avoit eu devant les yeux: par ce moyen, il en fit le plus bel éloge.

Il dit un jour à son frère Augustin, qui se piquoit de faire de bons vers & le railloit sur son peu d'esprit; « — les poètes peignent avec » les paroles, & les peintres parlent avec le » pinceau. » —

Annibal avoit mal parlé des ouvrages du Joséphin, qui, voulant se venger de sa critique, lui proposa de mettre l'épée à la main; mais Annibal prit un pinceau, & le montrant à son rival, il lui dit: « C'est avec ces armes que je vous » défie, & que je veux tâcher de vous vaincre ».

Le cardinal Farnèse, qui aimoit Annibal *Carrache*, se voyoit tous les jours blâmé par des gens qui ne pouvoient comprendre qu'on pût estimer un artiste encore vivant: ce cardinal, ne gagnant rien par des disputes, employa la ruse. Il fit faire en secret plusieurs tableaux au *Carrache*, qui sut déguiser sa manière; ensuite il répandit le bruit qu'il attendoit quelques morceaux précieux qu'on devoit incessamment lui envoyer de divers endroits de l'Italie. Le

Carrache ne manqua pas d'enfumer ses tableaux afin de les rendre plus respectables en apparence ; & il les mit dans une caisse, comme s'ils avoient fait un long voyage. Après tous ces préparatifs, on annonça que les tableaux si long-tems attendus, étoient enfin arrivés. La foule des curieux court aussi-tôt avec empressement pour les voir : chacun les attribue au maître qu'il préconise davantage, & tous se réunissent pour faire convenir le cardinal, que son moderne favori peut beaucoup se perfectionner en étudiant avec soin le goût de ces anciens artistes. Le cardinal feignit de se rendre ; mais après s'être diverti de leur entêtement, il cessa de se contraindre, & leur déclara que ce qu'ils mettoient si fort au-dessus du *Carrache*, & qu'ils alloient jusqu'à lui proposer pour l'objet de ses études, étoit cependant l'ouvrage de *Carrache* même.

Cependant cet artiste n'eut pas toujours à se louer des procédés de son Mécène : chargé de peindre la galerie Farnèse, il se mit à cet ouvrage, avec un zèle & une application qu'on ne sauroit décrire. Après s'être adonné pendant huit années de suite à ce grand travail, il se flattoit de recevoir une gratification considérable ; & ne reçut qu'une somme modique de cinq mille livres ; un espagnol, qui gouvernoit l'esprit du cardinal, l'ayant persuadé l'artiste auroit lieu d'être content. On mit en compte tout ce qui lui avoit été fourni pendant qu'il logeoit dans le palais Farnèse ; on évalua jusqu'à la moindre dépense. Cette ingratitude, ou plutôt cette espèce d'insulte du cardina, fit une si vive impression sur l'esprit d'Annibal, qu'une noire mélancolie le conduisit au tombeau.

Ce n'est pas l'intérêt qui le rendit sensible à ce traitement indigne, puisque, lorsqu'on jetta les yeux sur lui pour les peintures d'une des églises de Rome, il en abandonna l'exécution à l'Albane, l'un de ses élèves, & voulut qu'il en eût seul le profit.

Si mal récompensé de l'ouvrage qu'il avoit le plus soigné, Annibal éprouva le dernier découragement ; la palette & les pinceaux lui tomboient des mains, lorsqu'il essayoit quelquefois à se remettre au travail. Voyant approcher sa dernière heure, il déclara qu'il vouloit être enterré à côté de Raphaël, afin que ses cendres se trouvassent unies avec celles d'un peintre qu'il avoit tant estimé.

(*Anecdotes des beaux Arts.*

CARROSSE. Dans presque toute l'Europe, les *carosses* sont tirés par des chevaux. En Espaon se sert de mules ; dans une partie de l'Orient, on y attele des bœufs & quelquefois des rennes, mais c'est moins un usage qu'une ostentation.

Le cocher est ordinairement placé sur un siège *Encyclopédiana.*

élevé sur le train au devant du *carrosse*. Mais en Espagne la politique l'en a déplacé, par un arrêt, depuis qu'un comte duc d'Olivarès se fut apperçu qu'un secret important dont il s'étoit entretenu dans son *carrosse*, avoit été entendu & révélé par son cocher. En conséquence de cet arrêt, les cochers espagnols occupent la place qu'occupent nos cochers dans nos *carrosses* de voiture

Les *carrosses* sont de l'invention des françois ; on n'en comptoit que deux sous François I, l'un à la reine, l'autre à Diane, fille naturelle de Henri II ; l'usage s'en multiplia tellement, que lors de l'enregistrement des lettres-patentes de Charles IX pour la réformation du luxe, en 1563, le parlement arrêta que le roi seroit supplié de défendre les coches par la ville : en effet les magistrats n'avoient point suivi cette nouveauté, & continuèrent jusqu'au commencement du dix-septième siècle, à aller au palais sur des mules.

Quant aux voitures publiques, ce fut sous Louis XIV, qu'un nommé Sauvage conçut le projet d'en établir ; & comme il demeura rue saint-Martin, à l'hôtel saint-Fiacre, ces voitures prirent le nom de *fiacre* qu'elles ont conservé.

CARTEL.

Cartel de François de Vivonne de la Châtaigneraye.

Sire, ayant appris que Guy-Chabot a été dernièrement à Compiegne, où il a dit que quiconque ayoit dit qu'il s'étoit vanté d'avoir couché avec sa belle-mère, étoit méchant & malheureux ; sur-quoi, Sire, avec votre bon plaisir & vouloir, je réponds, qu'il a méchamment menti, & mentira toutes fois & quantes qu'il dira, qu'en cela j'ai dit chose qu'il n'a pas dit ; car il m'a dit plusieurs fois, & s'est vanté d'avoir couché avec sa belle-mère.

François DE VIVONNE.

Cartel de Guy-Chabot de Jarnac.

Sire, avec votre bon plaisir & congé, je dis que François de Vivonne a menti, de l'imputation qu'il m'a donnée, de laquelle je vous ai parlé à Compiegne ; & pour ce, Sire, je vous supplie très-humblement qu'il vous plaise nous octroyer le champ à toute outrance.

GUY-CHABOT.

Serment de François de Vivonne.

Moi, François de Vivonne, jure sur les saints évangiles de Dieu, sur la vraie croix & sur la foi du baptême que je tiens de lui, qu'à bonne & juste cause, je suis venu en ce camp pour

Ff

combattre Guy-Chabot, lequel a mauvaise & injuste cause de se défendre contre moi, & que d'ailleurs ; je n'ai sur moi, ni en mes armes, paroles, charmes, ou incantations, desquelles j'aye espérance de grever mon ennemi, & desquelles je me veuille aider contre lui

Chabot fit le même serment.

Le jour de ce combat, la Châtaigneraye, vrai bravache, avoit prié à souper plus de cent cinquante personnes de la cour ; tous les apprêts de ce souper, qu'il avoit fait dans sa tente au bout des lices où ils se battirent, furent gaspillés & mangés par la valetaille.

(*Mémoires de Vielville.*)

Le combat de la Châtaigneraye & de Jarnac, dans la cour du château de Saint-Germain-en-Laye, le 10 juillet 1547, a été le dernier duel autorisé. Henri II fut si fâché de la mort de la Châtaigneraye, son favori, qu'il jura solemnellement d'abolir ces sortes de combats.

Il paroît que la formule des *cartels* de l'ancienne chevalerie, subsistoit encore du tems de Henri IV. Le fameux comte d'Essex qui commandoit les troupes que la reine Elisabeth avoit envoyées à ce prince, en 1591, écrivit à l'amiral André de Villars-Brancas. « Si vous voulez combattre vous-même à cheval ou à pied, je maintiendrai que la querelle du roi est plus juste que celle de la ligue ; que je suis meilleur que vous, & que ma maîtresse est plus belle que la vôtre ; que si vous refusez de vous battre seul, j'emmenerai avec moi, le moindre desquels, sera une partie digne d'un colonel ; ou soixante, le moindre étant capitaine ».

L'amiral lui répondit :

A l'égard de la conclusion de votre lettre, par laquelle vous voulez maintenir que vous êtes meilleur que moi, je vous dirai que vous en avez menti, & mentirez toutes les fois que vous voudrez le maintenir, aussi bien que vous mentirez lorsque vous direz que la querelle que je soutiens pour la défense de ma religion, n'est pas meilleure que celle de ceux qui s'efforcent de la détruire ; & quant à la comparaison de votre maîtresse à la mienne, je veux croire que vous n'êtes pas plus véritable en cet article qu'aux deux autres ; toute fois ce n'est pas chose qui me travaille fort pour le présent. Ce *cartel* n'a pas eu de suite.

Un des plus célèbres *cartels*, fut celui de trente anglois contre trente bretons, en 1355. On se rendit de part & d'autre, sur les lieux de l'assignation, près d'un gros arbre, entre Ploërmel & Josselin. Il y avoit un mois que les paroles étoient données & qu'on avoit pris jour. Les anglois commencèrent à réfléchir qu'un pareil combat ne devoit pas se donner sans la permission des deux rois,

& proposèrent de différer jusqu'à ce qu'on l'eût obtenue ; les bretons trouvèrent que la réflexion venoit un peu tard, & les assurèrent, qu'il ne seroit pas dit qu'ils étoient venus sur le champ de bataille *sans mener des mains, & savoir qui étoit la plus belle amie* : on se battit donc, & le succès du combat décida que les amies des bretons, étoient les plus belles. Plus de la moitié des anglois furent tués ; les autres s'enfuirent, ou demandèrent la vie.

CARTES. Les *cartes* furent inventées sous le règne de Charles VI, par un peintre nommé Jacquemin Gringonneur. On lit dans un compte de Charles Poupart, argentier de Charles VI : donné 56 sols parisis, à Jacquemin Gringonneur, peintre, pour trois jeux de *cartes*, à or & à diverses couleurs, pour porter devers ledit seigneur roi, pour son ébattement pendant les intervalles de sa funeste maladie.

Il est en effet très facile de reconnoître aux armoiries dont les draperies des figures sont chargées, le costume du règne de Charles VI ; c'étoit alors la mode de broder ses armes sur ses vêtemens, ce qui formoit une distinction entre la noblesse & le peuple.

CASAUBON, (Isaac) né à Bordeaux en 1559, mort en 1614.

Casaubon étoit un calviniste fort modéré. Un de ses fils, nommé Augustin, se fit capucin. Avant de faire ses vœux, il alla, par l'ordre de ses supérieurs, demander la bénédiction à son père. *Casaubon* la lui donna de bon cœur, & lui dit : « Mon fils, je ne te condamne point, ne me condamne point non plus : nous paroîtrons tous deux au tribunal de Jésus-Christ.

Casaubon entreprit la critique des annales de Baronius, à la sollicitation du roi d'Angleterre ; mais comme il n'a pas poussé son examen plus loin que les trente-quatre premières années, on a dit avec raison qu'il n'avoit attaqué l'édifice de Baronius que par les girouetes.

La première fois que *Casaubon* vint en Sorbonne, elle n'avoit pas encore été rebâtie... on lui dit : Voilà une salle où il y a quatre cents ans qu'on dispute. Il demanda, qu'a-t-on décidé ?

Casaubon, s'étant trouvé à une thèse que l'on soutenoit en Sorbonne, il y entendit disputer fort & ferme, mais dans un langage si barbare, qu'il ne put s'empêcher de dire en sortant : Je n'ai jamais ouï tant de latin sans l'entendre.

CASIMIR II, roi de Pologne.

Ce prince, jouant un jour avec un de ses gentilshommes, qui perdoit tout son argent, en recût un soufflet dans la chaleur de la dispute. Ce gentilhomme fut condamné à perdre la tête, mais *Casimir* révoqua la sentence, & dit : « Je ne suis » point étonné de la conduite de ce gentilhomme ; » ne pouvant se venger de la fortune, il n'est » pas surprenant qu'il ait maltraité son favori. » Je me déclare d'ailleurs le seul coupable dans » cette affaire ; car, je ne dois point encourager, » par mon exemple, une pratique pernicieuse ; » qui peut causer la ruine de la noblesse.

CASSANDRE, (François) savant littérateur du dix-septième siècle, mort en 1695.

Cassandre se plaignit de la fortune ; mais il devoit plutôt se plaindre de son caractère solitaire, farouche, intraitable, qui lui fit perdre tous les avantages que ses talens auroient pu lui procurer.

Il mourut plein de haine contre les hommes, & ayant même assez de peine à se réconcilier avec Dieu, à qui ce misantrope prétendoit n'avoir aucune obligation. Son confesseur perplex, voulant l'exciter à l'amour de Dieu par le souvenir des graces qu'il en avoit reçues : Ah oui, dit *Cassandre* d'un ton chagrin & ironique, je lui ai de grandes obligations, il m'a fait jouer ici-bas un joli personnage. Et comme le confesseur insistoit : Vous savez comme il m'a fait vivre, voyez comme il me fait mourir.

C'est lui que Boileau désigne sous le nom de *Damon*, dans sa première satyre, & qu'il a voulu peindre par ce vers :

Je suis rustique & fier, & j'ai l'ame grossière.

CASTEL, (Louis-Bertrand) jésuite, auteur de plusieurs ouvrages de géométrie, de philosophie & de littérature ; né à Montpellier ; en 1688, mort en 1757, à l'âge de 68 ans.

Un jour qu'on parloit devant le célèbre Fontenelle, du père *Castel*, & qu'on louoit le caractère d'originalité qui distingue ses ouvrages, quelqu'un ajouta : « Mais il est fou. Je le sais bien, » répondit M. de Fontenelle, & j'en suis fâché ; » car c'est grand dommage. Mais je l'aime encore » mieux original & un peu fou, que s'il étoit sage » sans être original.

Quelques pensées éparses pourront servir à faire connoître la sorte d'originalité qui distingue les écrits du père *Castel*.

Lorsqu'il parle des facultés de l'ame, l'intelligence, dit-il, est comme une vapeur subtile que le soleil élève, sans préjudice de la sérénité du jour. Le sentiment est comme une vapeur grossière qui forme un brouillard obscur. Les sensations sont comme de grosses gouttes de pluies pesantes & denses, qui rendent le jour sombre & ténébreux. L'idée répond encore à la vision de l'œil ; le sentiment à la persuasion de l'oreille, la sensation à la sécurité aveugle du tact. Le peuple est peuple par les sensations ; le savant est savant par les idées ; l'homme poli, l'homme tout court tient le milieu par les sentimens. —

Dans la rigueur du terme, *imaginer*, ne veut dire autre chose que se former une image, une idée d'une chose qu'on ne voit point, ou dont l'image ne se peint point actuellement dans l'œil ou dans les autres sens. Où en serions-nous, au moins dans les arts ou dans les sciences, si nous ne pouvions nous y permettre d'imaginer ce que nous n'avons point vu, & ce que personne n'a jamais vu ? Jamais inventeur a-t-il atteint au but de son invention sans le secours de cette faculté imaginative ? Je l'avouerai franchement. Inventer & imaginer m'ont toujours paru synonymes.

Un bel esprit, ayant un jour fort pressé le père *Castel*, de convenir que son clavecin oculaire, (il en est parlé plus bas) étoit une imagination, & qu'un ouvrage que ce bel esprit avoit publié, & qu'il citoit en opposition, n'en étoit point une ; le jésuite lui répondit, puisqu'il le vouloit, qu'il étoit prêt de signer sa proposition, & de l'adopter. Son antagoniste n'en vouloit pas tant, car il se fâcha tout de suite de l'excès de la complaisance du bon père, sans doute parce que la compagnie y donna un mauvais tour, en souriant à l'idée qu'elle comprit que le père *Castel* avoit dans l'esprit.

Notre auteur distingue dans le génie deux qualités qui le caractérisent : il est inventif & philosophe ; c'est la vivacité qui le rend inventif ; c'est la maturité qui le rend philosophe : la vivacité ne fait que le bel esprit ; la maturité seule fait le bon sens : il faut les deux pour former le génie. Sans l'esprit de philosophie & le raisonnement, le bel esprit s'évapore en imaginations bisarres, plutôt qu'il n'est inventif. Sans l'esprit d'invention, le génie philosophe n'est qu'un froid bon sens bourgeois, qui rampe terre à terre, & n'est bon que pour celui qui l'a ; l'empêchant de faire des fautes, par l'unique raison qui l'empêche de rien tenter d'extraordinaire & d'éclatant.

Le même fond de génie qui fait le génie de la guerre, fait le génie de toutes les sciences & de tous les arts. Tourné à la poésie, il fait les Homère & les Virgile ; tourné à la philosophie, il fait les Aristote & les Descartes ; tourné aux mathématiques, il fait les Archimède ; tourné à la guerre, il fait les Alexandre, les César, les Turenne, les Condé ; porté même à un certain degré de perfection, ce génie embrasse tout.

Un génie philosophe n'est étonné de rien. Il a tout prévu ; il s'attend à tout ; il voit l'effet dans sa cause ; on n'admire, on ne craint que ce que l'on ne comprend pas. La chûte de l'univers l'écraseroit sans l'étonner. C'est-là le vrai philoso- phe ; tous les autres ne font que des discoureurs & de beaux esprits. Qu'on trouve, ajoute-t-il, un exemple de philosophie, pareil à celui d'un de nos généraux, qui dans le fort d'une bataille, demande une prise de tabac à un de ses lieute- nans, & qui, voyant celui-ci emporté d'un bou- let de canon dans le moment qu'il lui présentoit sa tabatière, se retourne froidement de l'autre cô- té, & dit à un autre officier : « Ce sera donc vous » qui m'en donnerez, puisqu'il a emporté la ta- » batière avec lui ».

L'esprit est un miroir : c'est là son vrai point de comparaison ; le propre & spécifique caractère du miroir, est, sans aucune trace physique & cor- porelle, de représenter tous les objets quelcon- ques, avec la même distinction qu'ils ont en eux- mêmes, sans qu'aucun de ces objets fasse obstacle à l'autre, ou nuise à sa représentation. Il y en a une raison optique, toute géométrique. Deux objets présens à un miroir ne peuvent être repré- sentés à un œil, que dans des points différens, ou dans un même point par des rayons différens, les incidences des rayons étant alors sous diffé- rens angles. La différence du miroir & de l'esprit est, que l'esprit est un miroir actif qui se repré- sente à lui-même, & que le miroir est passif, & ne représente qu'à l'œil d'autrui.

Notre langue n'a point d'accent, si ce n'est dans les provinces éloignées, dont on se moque à Paris. Notre langue est comme l'eau, sans goût marqué, ou comme le blanc, germe de toutes les couleurs, sans être couleur lui-même.

Les italiens peignent plus que nous, sinon mieux ; & ils parlent, comme on dit, la bouche ouverte, plus que nous qui ne parlons qu'à de- mi-mot & du bout des lèvres, comme nous rions en simple souris. La touche italienne est plus forte, plus hardie, plus grande, comme leur coup d'archet. Leur peinture, leur musique, leur dé- clamation est d'appareil, théâtrale, colossale presque. Notre musique est plus de commerce, & d'un usage plus journalier. Nous manions mieux les passions ordinaires. Dans le médiocre, nous sommes excellens. L'italien est admirable par tout où il faut forcer d'expression.

Une demi-vérité est, la plupart du tems, une erreur ; & une demi-science est pire que l'igno- rance. Rien n'est mieux dit, ajoute le père Castel, que ce que disoit un je ne sais quel ancien : « que » ce n'est rien que de trouver la vérité, si on » ne la reconnoît pour ce qu'elle est ». Un coq trouve une perle dans un fumier ; & il l'y laisse ; un esprit grossier ne trouve souvent la vérité que pour la combattre & pour la défigurer : il man- que à la plupart des savans, de savoir qu'ils sa- vent une chose ; faute de cette science réfléchie, ils ne savent rien ; & on peut dire que le savoir

n'est rien, si on ne sait soi-même qu'on sait les choses.

Un prince habile disoit : Le tems & moi, nous en valons deux. Et il avoit raison. Il n'est rien dont on ne vienne à bout avec le tems ; le roitelet, mis sur les aîles de l'aigle, atteint jus- ques aux nues ; un homme mis sur les aîles du tems, élève ses travaux jusqu'à la hauteur des montagnes ; plusieurs hommes, entés les uns sur les autres, font des géans ; & puisque la na- ture ne travaille qu'avec le tems, successivement & assez lentement, on peut en quelque sorte, & sous le bon plaisir de dieu, parier avec elle, & entreprendre de ruiner ses travaux, ou de réédifier ce qu'elle détruit.

Notre philosophe a étendu ses réflexions sur plusieurs autres objets, & ses écrits ont cet avan- tage, que les erreurs même qui s'y trouvent, ap- prennent à penser.

Le père Castel s'est principalement fait connoî- tre par son clavecin oculaire, instrument à tou- ches, analogue au clavecin auriculaire, & destiné à donner à l'ame, par les yeux, les mêmes sen- sations agréables de mélodie & d'harmonie de couleurs, que celles de mélodie & d'harmonie de sons, que le clavecin ordinaire lui communique par l'oreille. Il y a des différences importantes ob- servées entre ces deux clavecins. Quoiqu'il y ait sur le clavecin ordinaire un grand intervalle entre la première & la dernière touche, l'oreille cependant n'apperçoit point de discontinuité en- tre les sons ; ils sont liés pour l'ouie comme si les touches étoient toutes voisines, au lieu que les couleurs sont nécessairement distantes & dis- jointes à la vue. Dans les airs de mouvement, & dans les batteries de couleurs, le spectateur ne pourra par conséquent saisir que quelque no- tes éparses, ou il se tourmentera si fort pour les saisir toutes qu'il en aura bientôt la brelue, & adieu la mélodie & l'harmonie. Comment d'ailleurs retenir un air de couleurs, comme on retient un air de sons.

Le père Castel s'étoit retiré du grand monde plusieurs années avant sa mort. Il vivoit au milieu de ses livres, de ses écrits & de son attelier pour le clavecin oculaire. Cet instrument étoit une belle chimère qui flattoit son imagination.

CASTILLO, (Antoine de) né à Cor- doue, l'an 1605, mort en 1667.

Cet artiste travailloit avec satisfaction ; lors- qu'il vit quelques tableaux de son compatriote Murillo : surpris de la beauté de leur coloris, & des graces qui régnoient dans leur composi- tion, il s'écria avec douleur : « Castillo peut » mourir à présent, car il n'a que trop vécu ». Le regret de se voir surpasser, & d'être trop vieux pour se perfectionner dans la peinture, le

fit tomber, en effet, dans une mélancolie profonde qui le conduifit au tombeau.

CATHERINE DE MEDICIS étoit née à Florence, en 1519; elle mourut en 1589.

Catherine de Médicis, efclave de la fuperftition,
confulta les devins jufqu'à fa mort. On l'avoit
averti qu'un Saint-Germain la verroit mourir:
elle ne voulut jamais demeurer à Saint Germain-
en-Laye, & on dit qu'elle n'y coucha jamais
depuis. Mais un nommé Saint-Germain, docteur en théologie, l'ayant affiftée à l'heure de fa
mort, on regarda la prédiction accomplie.

Voici fon portrait fi bien peint par le préfident
Hénault.

C'eft un efprit vafte & profond, une ame ferme
& indomptable, &, qui, malgré fa roideur, fait
fe plier, & prendre toutes les formes qui lui
font utiles: elle a toutes les qualités de toutes
les fituations où elle fe trouve, & l'ambition de
tous les états. Quand elle vint en France, où
elle n'avoit autre chofe à faire que de plaire à
fon beau-père, François I: elle arrivoit dans une
cour brillante, dont la galanterie faifoit la principale occupation: nulle femme ne l'égala dans
l'art de plaire, & d'en imaginer les moyens;
art fatal qui ne périt plus, & qui ne fait que fe
perfectionner dès qu'une fois il a été inventé.
François I aimoit la chaffe: nulle dame de la
cour ne manioit mieux un cheval que Catherine.
Il fe plaifoit aux tournois: elle en eût difputé
le prix aux feigneurs de la cour, les plus adroits
& les plus exercés. Il aimoit le bal & la danfe:
elle n'y connoiffoit point d'égale. Henri devint
roi, il a une maîtreffe plus âgée que fon amant,
& qui l'avoit fubjugué par une efpèce d'enchantement: Catherine, incapable de jaloufie, quoiqu'elle aimât fon mari, devient l'amie, la confidente, & peut-être même la complaifante de
Diane de Poitiers, fa rivale. La mort funefte du roi vient de mettre Catherine à la tête
des affaires, vous l'allez voir appliquée, férieufe, abfolue, jaloufe de l'autorité, haute ou affable, felon les befoins, renfermée dans elle
feule, ayant l'air de fe livrer, & échapant tout-
à-coup. Catherine n'aimoit effentiellement que
l'autorité: & la galanterie, fi elle en a eu, n'é-
toit qu'un hafard ou un amufement dans fa vie,
& jamais une paffion.

CATINAT (Nicolas de), naquit le 1er Déc.
1637, de Pierre de Catinat, doyen des confeillers
au parlement de Paris, & de Catherine Poiffle.
Ses ancêtres avoient toujours été diftingués par
leurs vertus & par leur défintéreffement. Ils étoient
originaires du Perche & y avoient occupé pendant
long-temps les principales charges de la magiftrature. Un Catinat fut envoyé par cette pro-

vince aux états-généraux de Tours, pour défendre fes priviléges, & on l'a vue fe réunir toute
entière pour acheter à un autre une charge de
confeiller au parlement; afin, dit l'hiftorien, qu'il
y eût dans ce corps un homme incorruptible &
éclairé qui pût repréfenter fes befoins.

La première éducation de Catinat fut celle d'un
homme deftiné au barreau. Il fe fit recevoir avocat, & exerça la fonction pendant quelques
tems. On fait qu'il quitta cete profeffion parce
qu'il lui arriva de perdre une caufe qu'il croyoit
jufte.

Il fut d'abord lieutenant dans le régiment de
Fournille. Louis XIV, témoin d'une belle action
qu'il fit au fiége de Lille, lui donna une fous-
lieutenance au régiment des Gardes, ce qui étoit
alors une grande faveur, parce que ce corps étoit
l'objet de fon affection particulière. Catinat fit dans
le régiment des Gardes les campagnes de 1672,
1673, 1674 & 1675. Il s'y diftingua en plufieurs
occafions. Il fut bleffé à Maftrecht & à la journée
de Senef. Le Grand Condé fut apprécier fon mérite; & lui écrivit après la bataille: Perfonne ne
prend plus de part que moi à votre bleffure; il y a
fi peu de gens comme vous, que l'on perd trop quand
on les perd.

En 1676, Louis XIV le nomma lui-même &
fans follicitations, major-général de l'Armée qui
devoit agir fur la Mozelle, aux ordres du maréchal de Rochefort. M. de Catinat fut chargé du
même emploi pendant plufieurs campagnes, & il
l'auroit exercé plus long-temps, fi l'averfion que le
duc de la Feüillade avoit pour lui n'eût fauvé fes
talens de cet écueil, en l'empêchant de devenir
major du régiment des Gardes, & par conféquent,
toujours major-général de l'armée. Cependant ce
même duc de la Feuillade ne put s'empêcher
d'en parler au roi avec le plus grand éloge. Sire,
lui difoit-il, on peut également faire de lui un
chancelier, un miniftre, un ambaffadeur, un général d'armée, mais non un major du régiment des
Gardes.

Les années fuivantes, M. de Catinat eut le
commandement des troupes de S. Guillain, celui
de Cateau-Cambrefis, & à la paix, il fe trouva
commandant à Dunkerque avec le grade de brigadier. M. de Louvois voulut auffi s'en fervir en
qualité de négociateur; il l'envoya à Pignerol
pour traiter avec le duc de Mantoue de l'entrée
des troupes françoifes dans la ville de Cafal. Cette
négociation ayant manqué par la trahifon d'un
fecrétaire du duc, le roi le nomma infpecteur d'infanterie.

Le Duc de Mantoue confentit enfin à livrer Cafal
aux françois: M. de Louvois envoya fur le champ
à M. de Catinat un brevet de maréchal de camp,
avec ordre de quitter fon gouvernement de Flan-

dres, & de se rendre en secret à Pignerol. Il s'y mit à la tête de douze bataillons, marcha vers Casal, & entra dans la citadelle, avant qu'aucune puissance pût être informée de cet événement.

Telle étoit dès lors sa réputation, que Louvois, le plus despotique des ministres, le laissoit le maître de déterminer à son gré les travaux dont il avoit le projet, & de disposer des fonds. D'ailleurs, cette nouvelle commission donnoit à remplir à M. de Catinat, plusieurs points importans. Il devoit sur-tout entretenir la bonne intelligence entre les Mont Ferrains & les troupes françoises, rétablir dans celle-ci la discipline, & les contenir dans une exacte subordination; entreprise très-difficile à exécuter. M. de Catinat tenta d'y réussir moins par les réglemens, qu'en procurant des occupations analogues aux différens caractères des officiers. Il donna des bals & des spectacles à ceux qui ne pouvoient être occupés que par les plaisirs, fit obtenir des jardins, confia des détails à ceux qui préféroient la vie tranquille. Il voulut paroître faire adopter à sa garnison les coutumes & les usages du pays, & alla même, suivi de tous les officiers, demander à l'évêque de Casal la permission de faire gras le carême; exemple de soumission à l'église qui édifia les Mont-Ferrains. Ce trait, & beaucoup d'autres de sa sagesse, firent dire de lui, au pape Innocent XI, que c'étoit un homme d'une rare prudence. Ce pontife ne rétracta point cet éloge, quand M. de Catinat arrêta l'inquisition, qui vouloit intervenir dans l'abjuration des officiers, & s'ingérer dans la conduite des troupes françoises. Je veux, disoit-il, rester autant qu'il est possible dans nos mœurs. Ce fut pour n'en pas sortir qu'il punit sévérement un officier, qui, croyant satisfaire à ses engagemens avec une courtisanne, lui avoit donné deux jettons, au lieu de deux louis qu'il lui avoit promis : Si vous saviez, mon général, disoit cet officier en s'excusant, la marchandise qu'elle m'a donnée ! Cette raison ne fut pas admise par M. de Catinat, qui lui fit publiquement honte de sa conduite, & l'obligea de tenir sa parole.

La discipline & le bon ordre étant établis dans Casal, M. de Louvois proposa au roi M. de Catinat, pour commander les troupes que sa majesté devoit envoyer contre les religionnaires des vallées du roi de Sardaigne. La modestie du nouveau général approchoit de la timidité. M. de Louvois fut obligé de lui réitérer l'ordre de remercier le roi de ce commandement; il s'en excusoit sur ce qu'il ne croyoit pas, disoit-il, devoir prendre cette liberté. La difficulté du local rendit cette campagne très-pénible; M. de Catinat donna l'exemple à ses troupes en partageant toutes les fatigues. On le voyoit, disent les mémoires du temps, gravissant les montagnes à pied, & glissant sur le cul comme le soldat, dans les descentes. Les ennemis, par la combinaison de ses marches,

se virent attaqués en même-temps par devant & par derrière, & les mesures du général furent si justes, que les vallées se trouvèrent soumises au jour qu'il avoit fixé. Il nous a laissé lui-même un journal de cette expédition; & quand sur la fin de ses jours, il jetta au feu tous ses papiers, pour anéantir s'il étoit possible, le souvenir de tous ses exploits, il conserva en entier ceux qui répondoient à la campagne de 1686, & il écrivit de sa propre main : Papiers que j'ai jugé à propos de conserver.

Au retour de cette expédition, M. de Catinat fut nommé gouverneur de Luxembourg. Il arriva dans cette place le 8 février 1687, & entra dans la ville à pied, enveloppé dans son manteau, pour épargner les cérémonies & la dépense qu'occasionne en pareil cas, l'arrivée d'un commandant. Cette modestie pourroit paroître affectée, si l'on ne savoit d'ailleurs que M. de Catinat soutint toute sa vie ce caractère de simplicité. Son premier acte de commandement, fut de refuser ce que les généraux appellent les traitemens du pays : il ne les accepta, dans la suite, que par ordre du roi. Ce sacrifice n'auroit rien d'admirable de la part d'un homme riche : mais on sait que M. de Catinat, né pauvre, ne pouvoit trouver dans son économie un supplément à la modicité de son revenu : aussi, à la fin de l'année, pria t-il avec confiance le ministre de lui continuer une gratification de deux mille écus, qui les autres années lui étoient de commodité, mais celle-ci de nécessité.

Le roi ayant assemblé à Vaucouleurs un camp de cavalerie, M. de Catinat en eut le commandement. Il reçut ordre, peu de temps après, de lever sous son nom deux régimens, l'un d'infanterie, l'autre de dragons, & de reconnoître le pays de Juliers & la ville d'Aix-la-Chapelle. De retour à Luxembourg, il y trouva des lettres de lieutenant-général, avec ordre de se rendre en secret devant Philisbourg, dont on avoit résolu le siège, que M. le Dauphin devoit commander. Aussi-tôt après la reddition de cette place, il alla mettre à contribution les pays de Juliers & de Limbourg, Faites de rudes exécutions, lui écrivoit M. de Louvois; pillez, massacrez, brûlez, brûlez bien le pays. M. de Catinat sut allier dans cette occasion, le service de l'état avec les loix sacrées de l'humanité; voici les propres termes de ses ordres : Si par l'opiniâtreté des habitans, le feu devient le seul moyen de les soumettre, qu'on ait grand soin de n'enflammer qu'une maison séparée de chaque village, afin que l'incendie ne puisse se communiquer. Mais les contributions furent levées sans incendies & sans ravages. La province de Juliers, écrivoit alors le gazetier de Hollande, a eu le bonheur que les troupes fussent commandées par ce général; si c'eût été tout autre, tout le pays auroit été brûlé.

En envoyant à la cour la relation de la ba-taille de Staffarde, M. de *Catinat* ne s'y donne que la part d'un soldat. Tous les colonels y étoient nommés ; & le roi, au rapport du géné-ral, avoit à chacun d'eux une obligation particu-lière. *Catinat* finissoit en s'excusant au sujet de ceux qu'il oublioit. La cour n'apprit ses propres exploits que par les lettres de différens particu-liers ; on sut que son cheval avoit été tué sous lui, qu'il avoit reçu plusieurs coups de feu dans ses habits, & une contusion au bras gauche. En un mot, il étoit si peu question du général dans cette relation, que, quand elle fut rendue pu-blique, un nouvelliste, qui en avoit écouté la lec-ture, demanda d'un air de curiosité : M. de *Catinat* étoit-il à la bataille ?

Après la célèbre victoire de la Marsaille en 1683, il passa la nuit qui suivit la bataille au bivouac, à la tête des troupes ; il étoit au milieu de la Gendarmerie, qui dans cette journée avoit elle seule pris vingt-huit drapeaux ou étendarts ; il dormoit enveloppé dans son manteau. Les Gen-darmes imaginèrent de rassembler ces trophées, & d'en environner le héros endormi. Les régi-mens voisins apprenant cet hommage rendu à leur général, apportent aussi au tour de lui les trophées qu'ils avoient gagnés, & au lever du jour, il se réveille entouré des gages de sa vic-toire, & salué par les acclamations de son ar-mée.

On obtint de Louis XIV, l'envoi du maréchal de Villeroi à l'armée d'Italie. *Catinat* moins an-cien que lui, se trouva par-là à ses ordres. Il soutint cette injustice en homme, supérieur à la fortune ; il ne se permit ni murmures ni plain-tes. « Je tâche d'oublier, mandoit-il à ses amis, » la disgrace où je suis tombé, pour avoir l'es-» prit plus libre dans l'exécution des ordres de » M. de Villeroi ; je me mettrai jusqu'au cou » pour l'aider. Les méchans seroient outrés, s'ils » savoient jusqu'où va mon intérieur à ce sujet » *Catinat* tint exactement parole. Villeroi, en arrivant, insulte à sa prudence, & contre son avis, attaque le prince Eugène dans le poste de Chiari. Il pen-soit que ce général n'avoit pas osé tenir devant lui, & que les troupes qu'il avoit laissées dans ce poste n'étoient qu'une arrière-garde. *Catinat* qui voyoit les retranchemens garnis, l'assure en-core qu'il se trompoit, & bientôt le feu des enne-mis confirme son opinion. *Au moins*, s'écrie-t-il dans un premier mouvement qu'il ne peut con-tenir, *ce n'est pas ma faute*, & en même-temps il tâche de la réparer comme si c'eût été la sienne. Il se met à la tête des troupes & les ramène au combat. C'est en cette occasion qu'il lui échappa un mot digne des plus grands hommes de l'antiquité. Après une charge infructueuse, il rallioit encore les troupes. Un officier lui dit : *Où voulez-vous que nous allions ? à la mort ?* Il est

vrai, répond *Catinat*, *la mort est devant nous ; mais la honte est derrière.*

La paix ayant été conclue, le maréchal de *Ca-tinat* revint à Paris ; il logeoit dans la rue de Sor-bonne, quartier qui annonce la modestie de son habitation. La vie qu'il menoit pendant la paix étoit fort simple ; il se plaisoit dans la société de sa fa-mille, alloit les dimanches entendre l'office dans la sacristie des Chartreux, & se promenoit ensuite dans leur enclos. M. le Roi, son ami, qui l'ac-compagnoit dans ses promenades, raconte qu'un jour ses enfans s'amusant à jouer pendant qu'il causoit avec le maréchal, jettèrent leurs chapeaux sur des arbres, pour en faire tomber des nids d'oiseaux ; les chapeaux restèrent suspendus aux branches. Le père arrive, & veut essayer de les faire tomber avec sa canne, qui par malheur, reste aussi sur les branches. Le maréchal pour les tirer tous d'embarras, grimpe à l'arbre, s'élance pour ratrapper la canne, & fait en même-temps tomber les chapeaux.

Un des plaisirs les plus vifs de M. de *Catinat*, étoit d'aller le grand matin sur le pont Royal pour y jouir du spectacle que la vue y présente : *Jamais*, disoit-il, *je n'ai rien vu d'aussi beau dans tous les pays que j'ai parcourus.* Il alloit aussi toutes les semaines à l'Hôtel des Invalides. Un des enfans de M. le Roi, ayant souvent entendu parler le maréchal de la beauté de cet édifice, eut la plus grande envie de le voir. Un matin il aban-donne sa classe, arrive chez le maréchal, mis comme un écolier, & le trouve avec M. le duc d'Orléans, depuis régent du royaume, & le ma-réchal de Médavi. M. de *Catinat* ayant obtenu d'eux la permission de le faire entrer ; il lui de-manda quelle raison l'amenoit : l'enfant embar-rassé, dit en hésitant : *On m'a dit, Monsieur, que vous pouviez me faire voir l'Hôtel des Inva-lides, & je viens vous demander cette grace.* Sa naiveté fit rire les auditeurs. Le maréchal envoya dire à M. le Roi que son fils étoit chez lui, & qu'il le lui ramèneroit ; il fit dîner l'enfant, & dès qu'il fut libre, il le prit par la main pour le me-ner à pied aux Invalides. A l'arrivée du maréchal dans l'hôtel, les gardes prennent les armes, les tambours battent ; tous les vieillards, les infirmes accourent ; on crioit dans les cours, *voilà le père la pensée.* Ce bruit effraya l'enfant ; le ma-réchal le rassura, en lui disant que tout cela prou-voit l'amitié que tous ces gens respectables lui portoient. Il lui fit voir toute la maison, le mena, à l'heure du souper, dans tous les réfectoires, fit apporter deux verres, & but avec le jeune homme à la santé de tous les anciens camarades : tout le réfectoire debout & découvert, remercia le maréchal, & le reconduisit avec acclamation.

Il alloit tous les quinze jours à Versailles. Le roi lui demanda pourquoi on ne le voyoit jamais à Marly, & si quelque affaire l'en empêchoit. *Aucune*, sire, répondit le maréchal; *mais la cour est très-nombreuse, & j'en use ainsi pour laisser aux autres la liberté de vous faire leur cour. Voilà bien de la considération*, répondit le roi!

La simplicité de l'extérieur de M. *de Catinat*, fut regardée par ses envieux, comme l'effet d'un orgueil délicat. Cet habit de drap uni, dont le maréchal est toujours vêtu, est pour lui, disoient-ils, la manière la plus sûre de se faire remarquer. Mais la conduite de M. *de Catinat* démentoit cette calomnie, puisqu'il savoit sortir de cette simplicité, quand il étoit obligé d'assister à quelques cérémonies d'éclat. Il étoit alors vêtu comme les autres; on le voyoit avec des habits magnifiques, mais qu'il quittoit avec plaisir, lorsque le moment de la représentation étoit fini. Ce costume simple du maréchal donna lieu à plusieurs anecdotes. Se trouvant un jour à la messe dans l'église des Jacobins, un précepteur, qui ne le connoissoit pas, lui fit céder sa place à ses élèves.

On dit encore qu'étant allé pour affaires chez un premier commis, les valets le firent attendre long-tems dans l'antichambre. Un officier le reconnut & avertit le commis; celui-ci sortit pour lui faire ses excuses, auxquelles il répondit par cette leçon : *Ce n'est pas ma personne que vous avez tort de laisser dans votre antichambre, mais un officier; quels qu'ils soient, ils sont tous également au service du roi, & vous êtes payé par lui pour leur répondre;*

Des vues d'économie lui firent quitter Paris pour se retirer entièrement à Saint-Gratien. Le roi qui entendoit toujours parler de sa pauvreté, voulut un jour s'en instruire par lui-même; il lui fit dire de venir à Marly, & le mena voir ses bâtimens, sur lesquels il lui demanda son avis; en lui disant : c'est le goût des vieux guerriers comme nous, d'aimer à bâtir; apparemment que vous bâtissez aussi à Saint-Gratien? *Sire, c'est un goût*, lui repartit le maréchal avec modestie, *que tout le monde ne peut pas satisfaire.* Louis XIV étonné, reprit : Mais vous êtes à votre aise; vous jouissez de six à sept mille livres de patrimoine, & d'environ quinze mille livres de rente de mes bienfaits, que vous avez bien mérités. Je jouis, il est vrai, répondit le maréchal, du patrimoine que dit votre majesté; mais pour ses bienfaits, il y a plusieurs années que je n'en suis pas payé. Le roi envoya chercher le contrôleur-général, & lui donna ordre de payer M. de *Catinat*; mais l'ordre ne fut exécuté qu'en partie; & il lui étoit encore dû à sa mort plusieurs années de ses pensions.

Louis XIV ne pouvoit lui refuser son estime, &, pour lui en donner une nouvelle marque, il le nomma, en 1705, chevalier de ses ordres. Mais M. de *Catinat* ne voulut pas accepter cette grâce. Ses parens, jaloux de faire passer à leur postérité cette illustration, se réunirent pour le conjurer d'accepter le cordon; ils lui présentèrent sa généalogie, pour lui faire voir qu'il étoit en état de faire ses preuves, & ils ajoutèrent que sa conduite, en cette occasion, leur feroit tort à jamais. Si je vous fais tort, leur répondit-il, rayez-moi de votre généalogie. Il persista dans son refus.

Le maréchal passoit à Saint-Gratien; la plus grande partie de son tems à réfléchir; cet état lui étoit si agréable, qu'il se promenoit toujours seul, & que chacun évitoit avec soin de le rencontrer & de le troubler dans ses réflexions. Nous ne passons pas un jour sans le voir, écrivoit madame de Coulanges; je le trouve seul au bout d'une de nos allées; il y est sans épée; il semble qu'il ne croit pas en avoir jamais porté.

Cette simplicité produisit encore une méprise singulière, dont le souvenir s'est conservé, même jusqu'aujourd'hui, parmi les paysans de Saint-Gratien. Un jeune bourgeois de Paris, chassant auprès de Saint-Gratien, apperçut le maréchal, & lui cria, sans ôter son chapeau : Bon-homme, je ne sais à qui appartient cette terre; je n'ai point permission d'y chasser : cependant je vais me la donner. Le maréchal l'écouta chapeau bas, & continua sa promenade. Le jeune homme voyant rire des paysans, qui travailloient dans la campagne, leur en demanda le sujet. Ces bonnes gens lui répondirent : Nous rions de votre insolence, de parler ainsi à monseigneur; s'il avoit dit un mot nous vous aurions battu.

Le bourgeois confus courut après le maréchal, lui demanda pardon, & l'assura qu'il ne le connoissoit pas : Il n'est pas nécessaire, lui répondit-il, de connoître quelqu'un pour lui ôter son chapeau; mais laissons cela, & venez souper avec moi : ce que le jeune homme n'osa point accepter.

Cependant M. *Catinat* avançoit en âge, & sa santé s'affoiblissoit de jour en jour, par une enflûre aux jambes : il étoit encore attaqué d'une pituite qui menaçoit de l'étouffer. Il fit venir M. Helvétius, & le pria de lui dire à peu près le tems qui lui restoit à vivre. Ce médecin lui fixa l'espace de trois mois, & lui ordonna du lok. Ce maréchal peu crédule, lui demanda : Mais à quoi bon ce lok? A rendre l'agonie plus douce & moins longue, répondit le médecin. Dès qu'il fut parti, le maréchal envoya chercher son testament, & le relut sans y rien changer. Ce testament, comparé avec le partage de M. de *Catinat*, & les successions qui lui étoient échues, montre également son économie personnelle & son désintéressement dans le maniement des affaires; il n'avoit ni diminué, ni augmenté son patrimoine, pendant tout le temps qu'il avoit été au

service

service du roi: Il vit approcher la mort de sang-froid, & mourut le 22 février 1712, dans la soixante-quatorzième année de son âge, en prononçant ces paroles : Mon Dieu, j'ai confiance en vous.

Une circonstance singulière de la vie de ce grand homme, c'est qu'il s'occupoit de la poésie, & que même elle étoit pour lui un besoin. « Rien n'est plus vrai, disoit-il à Palaprat, le jour » de la bataille de la Marsaille, en lui serrant la » main, cela me peine, mais depuis huit jours, » je n'ai songé à faire un vers ».

Enfin, il y a un mot du prince Eugène qui marque bien le cas qu'il faisoit de Catinat. La cour, au commencement d'une campagne, étoit indécise sur le choix de ses généraux, & balançoit entre Catinat, Vendôme & Villeroi. On en parloit dans le conseil de l'empereur. « Si c'est Villeroi » qui commande, dit Eugène, je le battrai ; si c'est » Vendôme, nous nous battrons ; si c'est Cati- » nat, je serai battu ».

CATON LE CENSEUR.
Marcus - Portius Cato surnommé le Censeur, parvint aux premières charges de la république, quoiqu'il fût né d'une famille plébéienne. Sa sagesse, sa valeur, son activité, son éloquence, furent les degrés qui l'y conduisirent. Dans la guerre contre les rebelles d'Espagne, il s'empara en peu de tems de plus de quatre cents places & lui-même disoit qu'il avoit pris plus de villes qu'il n'avoit passé de jours dans son département. Parvenu à la censure, son premier soin fut de s'occuper de réformer les mœurs des romains ; ce qui lui mérita une statue, avec cette inscription : A la gloire de Caton, qui a rémédié à la corruption des mœurs. Caton disoit ordinairement qu'il se repentoit de trois choses : d'avoir passé un jour sans rien apprendre ; d'avoir confié son secret à sa femme ; & d'avoir voyagé par eau, quand il pouvoit voyager par terre. Cet homme célèbre vivoit 205 ans avant Jésus - Christ.

CATON D'UTIQUE,
illustre-romain, arrière petit-fils de Caton le censeur. Il fut surnommé d'Utique, parce qu'il se donna la mort dans cette ville, à l'âge de 48 ans, l'an 45 avant Jésus - Christ.

Caton vécut heureux sans les faveurs de la fortune, & mourut content en dépit d'elle, parce que la vertu qu'il n'abandonna jamais lui tenoit lieu de tout ; c'étoit un stoïcien rigide, un citoyen zélé, un patriote enthousiaste qui aimoit la patrie exclusivement à lui. Quel romain lui est comparable à cet égard ? « L'accessoire » chez Cicéron, a dit le président de Montes- » quieu, c'étoit la vertu ; chez Caton, c'étoit » la gloire. Cicéron se voyoit toujours le premier ;

» Caton s'oublioit toujours. Celui-ci vouloit sau- » ver la république pour elle-même ; celui-là, » pour s'en vanter. Quand Caton prévoyoit, » Cicéron craignoit. Là où Caton espéroit, Ci- » céron se confioit. Le premier voyoit toujours » les choses de sang-froid, l'autre au travers de » cent petites passions.

Caton annonça dès son bas âge cette roideur inflexible de caractère qu'il fit paroître dans toute sa vie. Drusus, son oncle, étoit tribun du peuple, & plusieurs nations d'Italie, alliées des romains, desiroient d'être admises au nombre des citoyens de Rome. Pompédius, l'un des chefs des alliés, s'avisa de demander en badinant au jeune Caton sa recommandation auprès de son oncle. L'enfant gardant le silence, témoigna par son regard & par un air de mécontentement sur le visage, qu'il ne vouloit point faire ce qu'on lui demandoit. Pompédius insista, & voulant pousser à bout cet enfant, il le prit par le milieu du corps, le porta à la fenêtre, & le balançant en dehors, il le menaça de le laisser tomber s'il persévéroit dans son refus. Mais la crainte ne fit pas plus d'effet que les prières ; & Pompédius en le remettant dans la chambre, s'écria : « Quel bonheur pour les alliés que ce ne soit là » qu'un enfant ! Car, s'il étoit en âge d'hom- » me, nous n'aurions pas un seul suffrage.

Sa haine pour la tyrannie se manifesta à l'âge de quatorze ans par un trait remarquable, rapporté par Plutarque. Sarpédon, son gouverneur, l'avoit conduit dans le palais du dictateur Sylla. A l'aspect des têtes sanglantes des proscrits, il demanda le nom du monstre qui avoit assassiné tant de romains. « C'est Sylla, » lui répondit Sarpédon. Eh quoi, lui dit son jeune élève, Sylla les égorge, & Sylla vit encore ! Donne-moi ton épée, ô Sarpédon, afin que je l'enfonce dans le cœur du tyran, & que ma patrie soit libre. Il prononça ces dernières paroles d'un ton de voix si élevé, & avec un regard si animé, que Sarpédon fut saisi de crainte ; & depuis ce moment il observa plus soigneusement son élève, de peur qu'il ne se portât à quelque coup hardi auquel personne n'osoit même penser.

Caton cultiva l'éloquence, afin d'avoir une arme de plus, capable de défendre les droits de la justice. Il auroit regardé au-dessous de lui de discourir dans la seule vue d'obtenir la réputation d'excellent orateur. On blâme votre silence, lui dit un jour un de ses amis. A la bonne heure, répondit Caton, pourvu qu'on ne trouve rien à blâmer dans ma conduite.

Ce romain, insulté par un homme diffamé, lui répondit avec cette fierté qui sied bien à la vertu : « Le combat est trop inégal entre toi & » moi ; ta coutume est de dire & de faire des » infamies, & moi je n'en fais ni n'en dis

Gg

Pour se soumettre l'opinion des hommes, il commença par s'en rendre indépendant. Comme il voyoit que la pourpre d'une couleur vive & éclatante étoit à la mode, il la choisissoit sombre & foncée. Souvent après son dîner il sortoit en public nuds-pieds, & en simple tunique.

Cet homme si extraordinaire se réjouissoit lorsqu'il se trouvoit des citoyens plus capables que lui de remplir les charges de la république, qui étoient vacantes; & il ne sollicita vivement celle de tribun du peuple, que pour en éloigner un certain Métellus dont la liberté romaine avoit tout à craindre.

Il se comporta avec tant d'intégrité dans ses différentes magistratures, que son nom étoit en quelque sorte cité comme celui de la vertu même. Un avocat plaidant une affaire où l'on ne produisoit qu'un témoin, dit aux juges qu'un seul témoin, quand ce seroit *Caton*, ne suffisoit pas pour asseoir un jugement.

Il étoit même passé en proverbe de dire d'un fait trop peu vraisemblable : « Ce fait n'est pas » croyable, quand même ce seroit *Caton* qui » l'auroit dit ».

Un sénateur dont la vie voluptueuse & déréglée étoit connue, faisant en plein sénat l'éloge de la simplicité & de la tempérance, un autre sénateur l'apostropha : « O toi qui parle » comme *Caton*, ne vis donc point comme Lu- » cullus ».

Caton renfermant dans son sein la liberté exilée de l'Italie entière, se retira dans la petite ville d'Utique. Il exhorta les sénateurs à imiter son courage & à se défendre contre l'usurpateur; mais ne trouvant que des hommes intimidés par l'approche de César victorieux, il eut l'humanité de pourvoir à leur sûreté dans leur fuite; il procura de l'argent à ceux qui pouvoient en manquer, & fournit des vaisseaux aux autres. Lorsqu'il eut donné par-tout ses ordres, ne voyant plus d'espérance de sauver les loix & la liberté, il songea à quitter une vie qui leur étoit inutile. On le pressoit de consulter l'oracle de Jupiter Hammon : « Laissez, répondit-il, les oracles aux fem- » mes, aux lâches & aux ignorans. L'homme de » courage, indépendant des dieux, sait vivre & » mourir lui-même. Il se présente également à sa » destinée, soit qu'il la connoisse, ou qu'il l'i- » gnore ».

L'inflexibilité de son caractère l'avoit empêché d'être admis au consulat. Le jour qu'il fut rejetté, il passa ce jour de deuil pour les candidats, à jouer à la longue paume dans le champ de Mars, & à se promener d'un air serein dans la place publique; & la veille du jour qu'il choisit pour se donner la mort, il assembla ses amis & soupa

fort gaiement avec eux. Il passa une partie de la nuit à lire le dialogue de Platon sur l'immortalité de l'ame, & s'endormit quelque tems après. Le matin s'étant éveillé, il envoya un de ses serviteurs vers le port pour savoir si tout le monde étoit embarqué. Lorsqu'on lui eut rendu réponse, il jetta de profonds soupirs sur le sort de ceux qui, dans de pareilles circonstances, étoient obligés de se mettre en mer. Il fit ensuite fermer la porte de sa chambre, & se trouvant seul, il prit son épée & s'en donna un coup au-dessous de l'estomac. Au bruit qu'il fit en tombant, son fils & ses amis inquiets enfoncèrent la porte & le trouvèrent nageant dans son sang. On pansa la plaie qui n'étoit pas mortelle. *Caton* souffrit ces soins, mais c'étoit pour avoir le loisir d'affronter la mort de plus près & de la colleter, suivant l'expression de Montagne; car cette plaie ne fut pas plutôt pansée qu'il y porta les mains, la rouvrit, déchira ses entrailles palpitantes, & expira.

Lorsque César apprit cette mort, il s'écria : O *Caton*, je vous envie la gloire de votre mort, car vous m'avez envié celle de vous sauver la vie. Mais ce langage étoit-il bien sincère?

César lui reprochoit dans son Anti-*Caton*, d'aimer le vin, & de s'être livré à ce goût jusqu'à faire excès. Nous ne dirons point avec Séneque, qu'il est plus aisé de croire l'ivrognerie honnête que *Caton* vicieux; mais nous croyons que l'on peut récuser le témoignage de César, l'ennemi de *Caton*, & qui souffroit impatiemment de voir la censure de ses mœurs & de ses actions, dans la conduite austère de ce vertueux citoyen. César lui a aussi reproché de n'avoir exilé sa femme, Martia Hortensia, que par un motif d'intérêt. Mais, c'est, dit Plutarque, un reproche absurde; car, s'écrie cet historien, quel reproche plus absurde, ô grand Hercule, que de t'accuser de lâcheté?

CATULLE. Ce poëte latin étoit né à Véronne, 86 ans avant Jésus-Christ. Son esprit le fit rechercher des personnages les plus illustres de son tems. Jules-César se vengea bien noblement de quelques épigrammes que *Catulle* avoit composées contre lui. Le prince invita le poëte à souper, & le combla de caresses. Les épigrammes de *Catulle* sont écrites dans un style très-pur; mais il n'en est pas de même des pensées qu'elles renferment; ce qui a donné lieu à ce mot : « Qui écrit comme *Catulle*, vit rarement » comme Caton ».

Ce poëte mourut 57 ans avant Jésus-Christ.

CAUTION. La naissance du fils ainé d'un monarque, dont les états ou la couronne sont héréditaires, inspire toujours une joie universelle :

elle resserré les liens du souverain & des sujets; elle affermit la couronne sur la tête du monarque; elle donne plus de solidité aux obligations qu'il contracte : aussi lors de la naissance de monseigneur le dauphin, Louis XIV, ayant dit à M. Pelletier Desforts, contrôleur-général, qu'il falloit chercher de l'argent pour fournir aux réjouissances ; ce ministre lui répondit : « Sire , » vous en trouverez facilement ; la reine vient » de vous donner une bonne *caution* ».

CAYLUS, (Anne-Claude-Philippe, comte de) né à Paris, le 31 octobre 1692, mort dans la même ville, le 5 septembre 1765.

Le comte de *Caylus* naquit avec le goût des arts. Personne du moins ne montra étant jeune, un desir plus vif de contribuer à leurs progrès, une application plus suivie à l'étude & à la recherche des monuments historiques. Il étoit le correspondant des savans étrangers, le conseil & le protecteur des artistes. Lui-même a gravé, & s'est formé un œuvre qui, pour le nombre des morceaux, égale celui du graveur le plus fécond & le plus laborieux. Une simplicité de caractère qui passoit jusques dans son extérieur, le faisoit aisément distinguer dans la société. Sa politesse n'étoit ni recherchée ni étudiée, elle étoit vraie & rien de plus. Il avoit un cœur excellent ; & souvent on l'a vu se déclarer hautement pour ses amis dans la disgrace.

Le comte de *Caylus* étant jeune embrassa l'état militaire, & s'y distingua ; mais un voyage qu'il fit en Italie, développa en lui son goût naturel pour les arts, & lui fit bientôt abandonner le tumulte des armes, pour aller interroger dans le silence des campagnes, les monumens épars de l'antiquité. Vers l'an 1715, il passa dans le Levant, à la suite de l'ambassadeur de France à la Porte Ottomane. Arrivé à Smyrne, il voulut profiter d'un délai de quelques jours, pour visiter les ruines d'Ephèse, qui n'en sont éloignées que d'environ une journée. La campagne étoit alors infestée par une troupe de brigands, à la tête desquels étoit le redoutable Caracayali : il étoit dangereux de fréquenter les chemins. Mais le comte de *Caylus* qui desiroit toujours puissamment ce qui pouvoit contribuer à ses études, s'avisa d'un singulier expédient qui lui réussit. Vêtu d'une simple toile de voile, ne portant sur lui rien qui pût tenter le voleur le plus avide, il se mit sous la conduite de deux brigands de la bande de Caracayali venus à Smyrne, & convint avec eux d'une certaine somme, à condition néanmoins qu'ils ne toucheroient l'argent qu'au retour. Comme ils n'avoient d'intérêt qu'à le conserver, jamais il n'y eut de guides plus fidèles. Ils le conduisirent avec son interpête vers leur chef, dont il reçut l'accueil le plus gracieux. Caracayali instruit de son voyage, voulut servir sa curiosité ; il l'avertit qu'il y avoit dans le voisinage des ruines dignes d'être connues ; & pour l'y transporter avec plus de célérité, il lui fit donner deux chevaux arabes, de ceux qu'on appelle chevaux de race, estimés les meilleurs coureurs. Le comte se trouva bientôt comme par enchantement sur les ruines indiquées, c'étoient celles de Colophon. Il y admira les restes d'un théâtre, dont les sièges, pris dans la masse d'une colline qui regarde la mer joignoit antrefois au plaisir du spectacle, celui de l'aspect le plus riant & le plus varié. Il retourna passer la nuit dans le fort qui servoit de retraite à Caracayali, & le lendemain il se transporta sur le terrein qu'occupoit anciennement la ville d'Ephèse.

Après un séjour de plusieurs mois dans les différentes contrées du Levant, cet amateur zèlé revint dans le sein de sa patrie, faire jouir ses concitoyens du fruit de ses voyages, & de l'utilité de ses recherches. En 1731, il fut reçu dans l'académie royale de peinture & de sculpture en qualité d'honoraire amateur. Quel citoyen mérita mieux ce titre ! Il encourageoit les artistes, il les aidoit par ses bienfaits, il les éclairoit par ses propres recherches. Nous avons du comte de *Caylus* une vie des plus célèbres peintres & sculpteurs de l'académie. Il a aussi publié une suite de sujets de tableaux qu'il avoit recueillis dans la lecture d'Homère, & des anciens auteurs. Indépendamment des présens dont il gratifioit l'académie de peinture & de sculpture, il y a fondé un prix annuel pour celui des élèves qui, dans un concours, réussira le mieux à dessiner ou à modeler une tête d'après nature, & à rendre avec vérité les traits caractéristiques d'une passion donnée.

Un heureux hasard lui procura le moyen de rappeller à nos yeux la composition & le coloris des tableaux de l'ancienne Rome. Les desseins coloriés qu'avoit faits à Rome, le célèbre Pierre-Santo-Bartholi, d'après des peintures antiques, lui tombèrent entre les mains. Il les fit graver ; & avant que d'en enrichir le cabinet des estampes du roi, il en fit faire à ses dépens une édition, à la perfection de laquelle se prêta l'intelligence éclairée & scrupuleuse de M. Mariette. C'est peut-être le livre d'antiquités le plus singulier qui paroîtra jamais. Toutes les pièces en sont peintes avec une précision & une pureté que rien n'égale. Les exemplaires qui ont été donnés au public, se réduisent à trente.

Quoiqu'en 1742 le comte de *Caylus* eût recherché une place d'académicien honoraire dans l'académie des inscriptions & belles-lettres, il s'occupa toujours également des arts. Toutes les savantes dissertations dont il a enrichi le recueil de cette académie, ont leur progrès & leur perfection pour objet. Mais

ce qui le flatta le plus, ce qui attira toute sa complaisance, fut la découverte de la peinture encauftique.
Un paffage de Pline, mais trop court pour développer clairement le procédé de cette peinture, lui en
fit naître l'idée. Il s'aida du fecours de la chimie, &
crut avoir trouvé le fecret de fubftituer la cire à
l'huile dans l'emploi des couleurs, & de la faire
obéir au pinceau. Il fe flatta d'avoir évité les
luifans de la peinture à l'huile, & de rendre
les tableaux moins fujets aux impreffions du
tems.

L'étude de l'antiquité lui fervoit en quelque
forte de délaffement à fes autres recherches,
& ce favant diftingué nous a laiffé un recueil complet d'antiquités égyptiennes, étrufques, grecques, romaines & gauloifes, en 7 volumes in-
4°, ornés de plus de 800 planches.

Quelques jours avant fa mort, il s'occupoit
encore du projet de faire graver les antiquités
romaines qui fubfiftent dans nos provinces méridionales. Mignard l'architecte en avoit autrefois exécuté les deffeins par ordre de M. Colbert, & ces deffeins avoient été recouvrés par
M. de Caylus. Dans fa dernière maladie, il recommanda la perfection de ce projet à M. Mariette,
dont le zéle & le goût pour les arts lui étoient
bien connus.

Le comte de Caylus vit un jour, fur le bord
d'un foffé, un ruftre qui dormoit d'un profond
fommeil. Près de cet homme, étoit un enfant
de douze ans, qui, d'un œil attentif, confidéroit fon caractère de tête & fon habillement pittorefque. Le comte s'approche avec affabilité &
lui demande à quoi il penfe : « Monfieur, dit l'en-
» fant, fi je favois bien deffiner, je voudrois faire
» cet homme. -- Faites-le toujours, voilà des ta-
» blettes, un crayon ». L'enfant encouragé, trace l'objet de fon mieux, & à peine a-t-il fini fa
tête, que le comte l'embraffe, & s'informe de
fa demeure, pour lui procurer un fort plus
heureux.

Dans les promenades que le comte de Caylus faifoit prefque toujours feul, il s'amufoit quelquefois
à demander la monnoye d'un écu aux pauvres qu'il
rencontroit. Quand ils étoient allés la chercher,
il fe cachoit pour jouir de l'embarras où ils feroient
à leur retour : peu après il fe montroit, prenoit
plaifir à louer le pauvre de fon exactitude, &
le recompenfoit en doublant la fomme. Il a dit
plufieurs fois à des amis que Il m'eft arrivé de
» perdre mon écu ; mais j'étois fâché de ne
» pas avoir été dans le cas d'en donner un
» fecond ».

CÉLIBAT. L'homme eft né pour la fociété ;
& quoiqu'il s'en trouve fouvent de fort dangereufes, ce n'eft pas pour cela une raifon de fe
vouer à refter feul. Ce n'eft pas la fociété qu'il

faut fuir, ce n'eft que la mauvaife fociété ; la
difficulté eft de diftinguer la bonne. A cet égard,
les femmes ont plus d'embarras que les hommes,
pour ne pas fe laiffer abufer dans leur choix.

Les loix des Lycurgue excluoient des emplois
civils & militaires ceux qui s'obftinoient à vivre
dans le célibat ; ils étoient même expofés à être
fouettés tous les ans par les femmes, au pied
de la ftatue de Junon, & expofés à mille plaifanteries.

Augufte parut toujours fort oppofé au célibat,
& porta les plus févéres ordonnances contre les
célibataires. Pendant des jeux auxquels l'empereur affiftoit, les chevaliers romains le preffèrent
d'en adoucir la rigueur. Augufte, pour toute
réponfe, fit venir les enfans de Germanicus, qui
étoient en affez grand nombre, quoique ce prince
n'eût encore que vingt-quatre ans : il en prit plufieurs dans fes bras, mit les autres fur les genoux
de leur pere, & réprima par ce fpectacle touchant des plaintes inconfidérées.

Lorfque Camille fut cenfeur, il nota d'infamie
ceux qui avoient vieilli dans le célibat. Il penfoit
que c'étoit une des premières loix de la nature,
de donner l'être comme on l'a reçu, & que nos
parens, en élevant notre enfance, nous impo-
foient l'obligation de rendre un jour à d'autres
les mêmes foins.

CENDRES (mercredi des). On queftionnoit
un turc revenu d'Europe, fur les chofes remarquables qu'il pouvoit avoir vues. A Venife, répondit-il, prefque tous les habitans deviennent
fous pendant un certain temps de l'année : ils
courent déguifés par les rues, & cette extravagance augmente enfin au point que les eccléfiaftiques font obligés de l'arrêter. Parmi les religieux, il y a des favans, exorciftes, qui font
venir les malades, un certain jour (le mercredi
des cendres), & auffi-tôt qu'ils leur ont répandu
un peu de cendres fur la tête, le bon fens leur
revient, & chacun retourne à fes affaires.

On ne s'attendroit pas de trouver dans Virgile
des vers qui puiffent s'appliquer au jour des cendres. En voici deux très-beaux, tirés du quatrième livre des géorgiques.

Hi motus animorum atque hæc certamina tanta,
Pulveris exigui jactu compreffa, quiefcent.

Ne diroit-on pas que Virgile favoit que les
cendres devoient fuccéder au carnaval.

Ninon Lenclos difoit qu'au lieu des paroles
dont on fe fert, en donnant les cendres, il falloit dire : *Il faut quitter fes amours, il faut quitter*
fes amours.

On rapporte qu'un capucin prêchant à Dijon
le jour des cendres, cita gravement les deux vers
de Virgile ci-deffus, & les appliqua à la céré-

monie qui se pratique à l'église ce jour-là, disant que la réflexion qu'on doit faire sur ce qu'étant poudre, on retournoit en poudre, est capable d'appaiser tous les mouvemens déréglés de l'ame, & tous les combats de la chair contre l'esprit.

Le pape Boniface VIII, faisant la cérémonie de donner les *cendres*, les jetta aux yeux de Porchetto Spinola, archevêque de Gênes, grand-gibelin; & changeant les paroles, lui dit : *Memento homo, quia gibellinus es, & cum gibellinis in cinerem reverteris.*

A Rome, le premier jour de carême, quand le pape reçoit des *cendres*, le cardinal qui les lui donne, supprime par respect le *memento homo, quia pulvis es.*

CENTENAIRES. On a de tout temps fait une attention singulière aux hommes privilégiés, qui ont franchi les bornes ordinaires de la vie humaine; & l'on a soin aujourd'hui par-tout de les faire connoître exactement. Tels sont les deux Anglois Parr & Jenkins, Macrobes modernes, dont la prodigieuse vieillesse est encore pour bien des gens un problème. Toute la tradition d'Angleterre atteste l'âge de Guillaume Parr, qui vécut environ un siécle & demi; & dans un des journaux de Londres, on trouve, en faveur de Jenkins, le témoignage que nous allons rapporter fidèlement.

« Quand je vins demeurer à Boston (dit Mademoiselle Saville), on me conta diverses particularités de l'âge avancé de Henri Jenkins. Je fus long-tems à en douter, jusqu'à ce qu'un jour il vint chez moi demander l'aumône. Je le priai de me dire sincèrement son âge. Il fit une petite pause, après laquelle il me dit qu'il avoit cent soixante-deux ou cent soixante-trois ans. Je lui demandai quels rois il avoit vus ; il me nomma entr'autres Henri VIII. Je lui demandai encore quelle étoit la chose la plus éloignée dont il avoit conservé le souvenir. Il me répondit que c'étoit le champ de bataille de *Flowden*. Je voulus savoir où étoit alors le roi, & quel âge lui Jenkins avoit. Il me dit que le roi étoit alors en France; que le comte de Surrery commandoit les troupes, & que lui Jenkins avoit alors dix ou douze ans ; à telles enseignes qu'il fut envoyé à Nort-Halleton, avec un cheval chargé de fleches, & que de cet endroit on envoya un autre garçon plus âgé, pour les conduire à l'armée. Toutes ces réponses s'accordent en effet avec les histoires du temps. On usoit alors d'arcs & de fleches : c'étoit le comte de Surrery qui étoit général, & Henri VIII étoit à Tournay. On remarquera de plus, que Jenkins, ne sachant ni lire ni écrire, n'avoit pu s'instruire, dans les livres, de ces circonstances. Il y avoit aussi dans la même paroisse quatre à cinq vieillards de cent

ans ou environ, qui convenoient unanimement d'avoir toujours vu Jenkins, depuis qu'ils le connoissoient, dans un âge fort avancé. Jenkins m'ajouta qu'il avoit été sommelier de milord Conyers, & qu'il se rappelloit fort distinctement d'avoir vu l'abbé de l'abbaye des Fontaines, avant la destruction des monastères ».

Henri Jenkins mourut en décembre 1670, à Ellerton, dans le comté d'Yorck. La bataille de *Flowden* s'est donnée le 9 septembre 1513, & il avoit alors douze ans ; d'où il s'ensuit qu'il a vécu cent soixante-neuf ans, c'est-à-dire seize ans plus que le vieux Parr. Ainsi, c'est l'homme qui a vécu le plus long-tems après le déluge. Les cent dernières années de sa vie, il fit le métier de pêcheur. Il se souvenoit d'avoir rendu témoignage à la chancellerie & dans d'autres tribunaux, depuis cent quarante ans. Il alloit à pied aux assises d'Yorck, & on l'a vu nager à plus de cent ans. Il existe une procédure, dans laquelle on trouve la déposition de Henri Jenkins, faite en 1665, comme témoin, âgé alors de plus de cent cinquante-sept ans.

En 1743, on a érigé un monument à ce merveilleux vieillard, & la dépense s'en est faite par la voie de souscription. Voici l'inscription qu'on y a mise :

Que le marbre ne rougisse point de sauver de l'oubli la mémoire de *Henri Jenkins*, personnage d'une naissance obscure, mais dont la vie a été mémorable : car s'il n'a pas été partagé des biens de la fortune, il a été enrichi des dons de la nature. Il a été heureux, si ce n'est par la variété de ses plaisirs, du moins par leur durée. Si le monde a méprisé son état abject, la providence l'a favorisé, en lui donnant les jours d'un patriarche, pour apprendre aux hommes le prix de la tempérance & d'une vie laborieuse. Il a vécu l'âge surprenant de cent soixante-neuf ans. Il a été inhumé en ce lieu, le 6 décembre 1670, & sa mémoire a été illustrée en 1743.

En 1760, Jacques-Marc Donald, âgé de cent dix-sept ans & deux mois, mourut à un mille de la ville de Cork. Il avoit sept pieds deux pouces de hauteur, mangeoit à chaque repas près de quatre livres d'alimens solides, & buvoit à proportion des liqueurs fortes, sans que sa raison en souffrît. Ses membres étoient beaucoup trop gros pour sa hauteur : un bracelet ordinaire auroit pu lui servir d'anneau. Il avoit dans sa jeunesse été exposé, pour de l'argent, à la curiosité du public ; mais cette façon de vivre l'obligeant à la retraite, & sa santé exigeant de l'exercice, il s'engagea dans les grenadiers, & servit depuis 1685, jusqu'en 1716, qu'il revint dans son village, où il travailla à la terre, en journées, jusqu'à l'âge de cent quatorze ans.

Il se fit à Londres, le 29 juin 1700, un mariage d'un homme âgé de cent trois ans, avec une femme âgée de cent.

On a imprimé, il y a quelques années, à Copenhague, l'histoire d'un paysan de Norwege, qui a vécu cent quarante-six ans, & qui paroît toujours avoir joui d'une santé vigoureuse. Les remèdes qu'il usoit dans ses incommodités passagères, n'étoient pas moins étranges que la force de sa constitution. On assure que, pour se purger, il avaloit une balle de mousquet.

CÉRÉMONIES SINGULIERES.

On sait que tous les ans, un certain jour, le doge de Venise, accompagné des sénateurs, & dans sa plus grande pompe, monte sur le bucentaure & épouse la mer. Ceux qui ne connoissent point la sagesse des loix vénitiennes, & qui ne jugent des institutions que par ce qui les frappe, regardent cette cérémonie comme une vanité & une extravagance indécente. Ils pensent que les vénitiens ne solemnisent cette fête, que parce qu'ils se croyent maîtres de la mer : ils comparent le doge au roi de Perse, qui fit battre de verges le Pont - Euxin, qui ne lui avoit pas été favorable. Le mariage du doge avec la mer renferme des vues plus nobles : la mer est le symbole de la république ; il épouse l'une sans pouvoir la posséder, il est à la tête de l'autre sans avoir droit à la puissance souveraine. Il est le premier magistrat ; mais il n'est pas le maître : on ne veut pas qu'il le devienne, & on met, entr'autres barrières à sa domination, une coutume qui l'avertit qu'il n'a pas plus d'autorité sur la république, qu'il gouverne avec le sénat, que sur la mer, malgré le mariage qu'il est obligé de célébrer avec elle. En donnant cette explication naturelle & prise de l'esprit des loix vénitiennes, à l'usage dont il s'agit ici, il n'y a plus de vanité ni de motif d'orgueil, comme dans la vengeance du Roi de Perse. Le doge ne commet plus d'indécence, en suivant une loi qui lui montre les limites de son pouvoir & la nature de ses obligations.

Pierre Candian, second du nom, étant doge de Venise en 932, une troupe de jeunes gens des côtes d'Istrie vint aborder la côte vénitienne avec plusieurs barques légères ; & ayant épié le moment que les demoiselles vénitiennes seroient assemblées, pour être mariées le dernier janvier, suivant la coutume, ils les enlevèrent avec tout leur butin, les mirent dans leurs barques, & à force de rames traversèrent le golfe, pour aller débarquer sur leurs côtes. Ils étoient occupés à partager leur butin, lorsque le lendemain premier février, les vénitiens, que le doge avoit envoyés à leur poursuite le plus promptement possible, les ayant découverts, les inves-

tirent, les passèrent tous au fil de l'épée, ramenèrent les nouvelles mariées, & tout ce qui leur appartenoit. Les vainqueurs entrèrent en triomphe dans Venise ; & c'est en mémoire de cette victoire, que tous les ans à pareil jour (qui est la veille de la purification de la Vierge), le doge, accompagné de toute la seigneurie, va visiter l'église de *Sancta Maria formosa*, pour remercier Dieu d'un événement si singulier. On nomme ce jour-là, la *fête des mariés*. C'est en reconnoissance des soins que le doge prit autrefois de procurer à ces nouveaux mariés la restitution des épouses qu'on leur avoit enlevées, que les jeunes filles présentent un chapeau de paille au doge, comme si on eût voulu par-là désigner l'emblème de la pureté, de la simplicité, de la foiblesse de ces jeunes filles. Les jeunes garçons présentent de leur part deux bouteilles de vin au doge, en signe de la vigoureuse expédition que firent leurs ancêtres, pour punir le rapt que les Istriens avoient fait de leurs futures épouses.

Canut, roi d'Angleterre, à l'exemple de ses prédécesseurs, & sur-tout d'Egbar, qui toute sa vie s'étoit fait appeler le maître & le dominateur des mers ; Canut, dis-je, ambitieux du même titre, résolut d'en prendre possession solemnellement, afin qu'à l'avenir cette qualité ne lui pût être contestée ; & parce que l'acte de cette prise de possession ne pouvoit être plus authentique qu'en obligeant la mer elle-même de lui rendre hommage comme à son souverain ; au tems de la marée, il fit dresser un trône sur la grève de Southampton ; & là en habit royal, la couronne en tête, il tint ce langage à la mer, lorsqu'elle commença à approcher de lui : *Sache que tu es ma sujette, que la terre où je suis est à moi, & que jusqu'ici personne n'a été rébelle à mes volontés. Je te commande donc de demeurer où tu es, sans passer outre, ni être si hardie que d'approcher ton seigneur & gâter ses habits.* A peine achevoit-il ces paroles, qu'une vague vint se briser contre son trône ; & sans respecter sa qualité, le mouilla si bien, qu'il etoit presque tout trempé. En même tems il se lève ; & prenant ceci pour un avertissement du ciel qui vouloit abaisser son orgueil, & lui donner à connoître sa sottise, il témoigna devant sa cour, qu'il n'appartenoit qu'à Dieu de porter le nom de roi, lui qui, au moindre signe, fait trembler le ciel & la terre, & à qui la mer & les autres élémens sont si soumis, qu'en lui obéissant ils adorent son pouvoir. Et afin que son repentir fût public aussi-bien que sa faute, il protesta de ne porter couronne de sa vie, & à l'heure même alla mettre la sienne sur la tête du Crucifix.

On traitoit anciennement les *lépreux* avec beaucoup de rigueur. Dès qu'un homme portoit sur lui des marques de la lèpre, on avertissoit le curé. Celui-ci rassembloit aussi-tôt son clergé, alloit en proceffion à la maifon du lépreux, qui l'attendoit à fa porte, couvert d'un voile noir ou d'une nappe, telle qu'on en met fur les cercueils. Le prêtre faifoit fur lui quelques prières; enfuite la proceffion retournoit à l'Eglife. Le lépreux fuivoit le célébrant à quelque diftance. Arrivé à l'églife, il entroit dans le chœur, & fe plaçoit au milieu d'une chapelle ardente qu'on lui avoit préparée comme à un corps mort. On chantoit une meffe de *requiem*; & à l'iffue de l'office, on faifoit autour du lépreux des encenfemens & des afperfions; on lifoit les *recommandates*, & on entonnoit le *libera*. Il fortoit pour lors de fa chapelle ardente; la proceffion qui l'avoit amené, le conduifoit hors de l'églife, au milieu des chants lugubres, jufqu'à la porte du cimetière, où le prêtre lui adreffoit des exhortations à la patience & à la réfignation : enfuite il lui faifoit défenfes d'approcher perfonne, de ne rien toucher de ce qu'il marchanderoit pour acheter, avant que cela lui apartînt; de fe tenir toûjours au-deffous du vent, quand, par hafard, quelqu'un lui parleroit. *Je te défends*, difoit encore le prêtre, *que tu n'habites à autre femme qu'à la tienne.*

Du tems du fameux Bertand Duguefclin, la nobleffe s'affembloit fouvent pour donner des fêtes aux dames. Le pere de Duguefclin & plufieurs autres gentilshommes bretons publièrent un *tournois*, où fut invité tout ce qu'il y avoit de plus brave en France & en Angleterre. Duguefclin avoit vu les préparatifs de l'équipage de fon pere, & il fe promettoit bien de l'accompagner dans cette fête brillante : mais Renault, avant que de fe rendre à Rennes, lui défendit de fortir de chez lui, fous prétexte que fa jeuneffe le mettoit hors d'état de combattre contre des cavaliers robuftes & aguerris. Le jeune Bertrand, mécontent de l'ordre qu'il avoit reçu, ne fongea qu'aux moyens de l'enfreindre; & s'étant échappé fecrètement, il fe rendit à Rennes. Là, il fuivit la foule qui le conduifit à l'endroit où fe célébroit le tournois. Duguefclin contemploit avec une envie chagrine ces chevaux fi richement enharnachés, ces chevaliers tout brillans d'or & de pierreries. Le bruit des trompettes qui animoient les combattans, & les acclamations que l'on donnoit aux vainqueurs, le mettoient hors de lui-même. Il pouffoit, il preffoit de tous côtés, pour s'approcher de la barrière : fa mauvaife mine lui attiroit des injures de la part de ceux qu'il déplaçoit. Enfin, après bien des efforts, il fe trouva dans une place d'où il pouvoit tout voir commodément; mais il n'en fut pas plus tranquille. Après avoir été long-tems fpectateur, il découvrit un chevalier de fes parens, qui, fatigué de plufieurs courfes, fe retiroit. Il quitte alors fa place, court & arrive en même tems que le chevalier dans l'hôtellerie où il logeoit. S'étant approché de lui, il fe jetta à fes genoux,

& le conjura par la gloire qu'il venoit d'acquérir, de lui prêter fes armes & fon cheval. Le chevalier, qui reconnut fon émotion au feu de fes yeux, charmé de trouver tant d'ardeur & de courage dans un jeune homme, accorda à Duguefclin ce qu'il lui demandoit. Il l'arma lui-même, & lui fit donner un cheval frais. Duguefclin, dans cet équipage, s'avance vers la place du tournois, fe fait ouvrir la barrière & demande à combattre. Un des tenans ne fe préfenta que pour être vaincu. Duguefclin le heurta avec tant de violence, que le chevalier fut renverfé de deffus fon cheval. Il fe releva, & fut terraffé une feconde fois; mais cette nouvelle chûte lui fut plus funefte que la première : il en refta dangereufement bleffé. Duguefclin appella alors. Il vint un autre chevalier : fon père même fe préfenta pour courir contre lui. Bertrand, qui le reconnut à fes armes, accepta le défi; mais les trompettes ayant fonné la charge, au lieu de s'avancer pour combattre, il baiffa la lance & lui fit une révérence profonde. Tout le monde fut étonné de cette action : quelques-uns crûrent que c'étoit par crainte pour Renault; d'autres, que le vainqueur étoit las de fes premières courfes. Mais Duguefclin recommença à courir & à vaincre. Un chevalier normand, dont la force & l'adreffe étoient reconnues de toute l'Europe, s'étoit préfenté au tournois, moins pour y acquérir de la gloire, que pour rappeller le fouvenir de celle qu'il avoit fi fouvent acquife dans ces fortes de jeux. Après avoir terraffé deux ou trois chevaliers, il s'étoit retiré au bout de la carrière, où il s'entretenoit avec les dames, comme un homme qui en avoit affez fait. Les exploits du jeune inconnu attirèrent fes regards; & les dames l'ayant prié de le combattre, pour favoir fon nom, il demanda à courir contre lui. Duguefclin accepta le défi : on les vit partir avec une vîteffe incroyable. Le chevalier normand exécuta fon deffein, & enleva le cafque du breton; mais celui-ci, outré de fe voir découvert, faifit fon adverfaire avec tant d'adreffe & de force, qu'il l'enleva de deffus fon cheval, & le mit au nombre des vaincus. Renault reconnoiffant fon fils, accourt l'embraffe, tranfporté de tendreffe & de joie. Duguefclin, charmé de fe voir applaudi par fon père, qui auparavant faifoit peu de cas de lui, en goûta mieux fa victoire. Il alla recevoir le prix deftiné aux vainqueurs; & fuivi de toute la nobleffe qui l'accompagnoit, il courut offrir fur le champ, au chevalier qui lui avoit prêté fon cheval & fes armes, le fruit de fa bravoure. On vit avec admiration, qu'il alliait au courage & à l'adreffe un cœur généreux & reconnoiffant.

Voici quelques *cérémonies* de coutumes fort fingulières. Par exemple, les jéfuites avoient un beau collège à Rennes; & ce qui avoit contribué à fon établiffement c'eft qu'on y avoit réuni le prieuré de Livré. Ce prieuré avoit un droit seigneurial, qui étoit que toutes les nouvelles mariées étoient obligées, le jour de la fête de la patrone du prieuré, d'aller baiser le seigneur-prieur, qui étoit assis dans une espèce de trône, sur la grande place du prieuré, pour y attendre & recevoir ce baiser féodal.

Les jésuites firent changer ce droit en une somme de cinq sous ou un quarteron de cire, que chaque nouvelle mariée étoit tenue de leur apporter. Ce ne fut pas sans de grandes oppositions de la part des habitans, qui, au lieu d'entrer dans des vues si raisonnables, suscitèrent des procès aux jésuites pendant plus de quarante ans, pour faire rétablir l'ancien usage. Malgré leurs oppositions, il fut permis aux jésuites, par arrêt du parlement de Bretagne, de renoncer au baiser pour un quarteron de cire.

Lorsque l'évêque de Cahors prend possession de son évêché, le vicomte de Cessac, son vassal, doit l'attendre à la porte de la ville, tête nue, sans manteau, la jambe droite nue, le pied aussi nud dans une pantoufle, & en cet état prendre la bride de la mule sur laquelle l'évêque est monté, & le conduire au palais épiscopal, où il le sert à table, pendant son dîner, toujours vêtu de même.

Pour récompense de ce service, la mule de l'évêque lui appartient; & son buffet, qui doit être de vermeil, appartient au vicomte de Cessac. Il y a eu souvent des contestations sur la valeur de ce buffet, qui a été réglé par plusieurs Arrêts à 3000 livres.

La cérémonie qui s'observe à la prise de possession de l'évêché d'Evreux, est encore assez singulière.

Le nouveau prélat est conduit, après plusieurs cérémonies, dans un endroit nommé la maison de la Crosse. L'hôte lui ayant fait une profonde révérence, lui dit: « Monseigneur, soyez le bien » venu en votre petite maison de la Crosse »; & lui présentant la main, le conduit à un fauteuil, & ajoute: « Monseigneur, vous me devez au- » jourd'hui à dîner, & un mets séparé ». En même tems le trésorier d'une certaine paroisse de la ville se présente devant lui, en disant: « Mon- » seigneur, nous sommes obligés de vous dé- » chausser; & vos bas & vos souliers appartien- » nent à notre trésor de saint Léger, ainsi que » les titres que nous portons en font foi ». Mais l'évêque se contente de leur laisser toucher ses bas & ses souliers, & leur en fait donner de neufs. Alors le seigneur de Feuquerolles & de Gauville, qui a fait étendre auparavant quantité de pailles & de nattes sur le chemin par où l'évêque doit se rendre à la cathédrale, lui dit: « Monseigneur, je suis votre homme de foi »; ensuite étendant à terre une poignée de paille,

il continue en ces termes: « Ceci vous doit, » & autre chose ne vous dois ni moi ni mes » sujets ». Marchant ensuite à la droite de l'évêque, il répète toujours la même chose, & répand la paille. Lorsque l'évêque est arrivé à la porte de la ville, le prieur de saint Taurin le présente au chapitre, & adresse ces mots au doyen: Messieurs, voici Monseigneur votre illustrissime évêque que nous vous amenons: vif nous vous le baillons, & mort vous nous le rendrez. Quand cette cérémonie est faite, le seigneur de Convenant se présente le manteau sur les épaules, l'épée au côté, & en botte avec ses éperons. Il quitte cet équipage; & s'agenouillant, il joint ses mains entre celles de l'évêque, auquel il promet fidélité envers & contre tous, fors le roi. La messe se dit ensuite; après vient le repas, où la première fois que l'évêque demande à boire, le seigneur de Gauville lui présente une coupe d'argent doré avec son couvercle, laquelle doit être du poids de quatre marcs, & appartient audit sieur, & le prélat le fait asseoir alors à sa table.

Les mêmes cérémonies se pratiquent à peu près de même à Rouen.

La cérémonie de la dégradation de noblesse, comme elle se faisoit autrefois, étoit fort singulière. Elle fut ainsi pratiquée sous le règne de François I, contre le capitaine Fungel, qui avoit rendu lâchement Fontarabie. On assembloit trente chevaliers sans reproche, devant lesquels le gentilhomme étoit accusé de trahison & de foi-mentie, par un héraut d'armes. On dressoit deux échafauds; l'un pour les Juges, assistés des hérauts & poursuivans d'armes, l'autre pour le chevalier condamné, qui étoit armé de toutes pièces, & son écu planté devant lui, sur un épieu renversé & la pointe en bas. A côté, assistoient douze prêtres en surplis, qui chantoient les vigiles des morts. A la fin de chaque pseaume, ils faisoient une pause, pendant laquelle les officiers d'armes dépouilloient par pièces le condamné, en commençant par le heaume, jusqu'à ce qu'il restât en chemise: puis ils brisoient l'écu en trois morceaux, avec une masse; ensuite le roi d'armes renversoit un bassin d'eau chaude sur la tête de ce coupable; après quoi les juges prenoient des habits de deuil, & s'en alloient à l'église. Le dégradé étoit descendu de l'échafaud avec une corde attachée sous les aisselles, mis sur une civière, & couvert d'un drap mortuaire. Les prêtres chantoient alors à voix hautes plusieurs prières pour les trépassés; enfin, on tiroit le patient de dessus le brancard, & on le livroit au bourreau, qui le dépêchoit sur le champ.

Pour être reçu chanoine de la cathédrale de Witzbourg en Franconie, il faut que le sujet présenté passe devant tous les chanoines en haie, qui tiennent une baguette à la main, dont ils frappent légèrement sur le dos. C'est, dit-on, pour éloigner de ce chapitre les princes de l'Empire, qui auroient honte de se soumettre à cette humiliante *cérémonie*.

Quand l'évêque fait un cardinal, il lui donne douze cents écus de pension & trois mille écus une fois payés, pour ses premières dépenses ; mais il n'y a que les moines qui acceptent cette pension, parce qu'ils sortent de leurs couvens pauvres & dénués de tout. Les cardinaux séculiers la refusent ordinairement, étant riches ou de patrimoine ou par des bénéfices.

Le prieur de saint Thomas d'Epernon, dont le bénéfice doit tous les ans foi & hommage au seigneur du château de Montorgueil, qui est uni à Rambouillet, est obligé, chaque année, de se trouver, au moins par procureur, le lendemain de pâques, à la place où étoit l'ancien château de Montorgueil. Il doit être botté & éperonné, avoir l'épée au côté, une nappe blanche en écharpe, croisée d'une autre écharpe en pervenche, sur la tête une couronne de la même plante, & des gants blancs aux mains. Ainsi équipé, il monte sur un cheval qui doit avoir les quatre pieds & le chanfrein blanc, & à l'arçon de la selle doit être attachée une bouteille ronde de verre, couverte d'osier & remplie de vin. Pour le cavalier, il doit tenir devant lui un grand gâteau, fait de la fleur d'un minot de bled, & orné de pervenche. C'est dans cet équipage qu'il se présente devant le château, & crie trois fois : *Monseigneur de Montorgueil, êtes-vous ici, ou gens pour vous ?* On lui donne acte de cet hommage, malgré les protestations du procureur-fiscal de Montorgueil, qui doit les renouveller tous les ans. Outre ces formalités, le prieur d'Epernon amène avec lui un maréchal, pour visiter ensemble l'équipage ou le cheval sur lequel il est venu. Un autre expert est nommé par les officiers de Montorgueil ; & s'il manquoit le moindre clou aux fers, le cheval seroit confisqué, ainsi que l'année des dîmes du prieur, & le muid de blé dont on a fait le gâteau. Ce muid est évalué à 60 liv. : le gâteau même, les gants & la bouteille sont distribués à la justice.

Ce qu'il y a de plus digne d'être remarqué dans les folies humaines, ce sont les dépenses qu'on fait pour les funérailles, ou la pompe funèbre avec laquelle on a accoutumé d'accompagner les corps aux lieux où ils doivent être enterrés. A la vérité, ces dépenses ne se font que pour certains nobles, ou gens qui se sont distingués ; mais la folie n'en est pas moins grande, parce que les petits veulent toujours imiter les grands.

Le général Bannier, fameux capitaine de son siècle, au tems de Gustave Adolphe, laissa après sa mort trois cents mille écus, dont on dépensa

à son enterrement deux cent trente mille ; de sorte que sa famille, qui étoit en Susse, demeura par-là très-pauvre.

Les obsèques de Cromwel coûtèrent quatre cents mille écus ; mais on demandera peut-être, à quoi employa-t-on tant d'argent ? Ce fut seulement en frais de voyages de magistrats & de milices, en habits différens, en festins magnifiques qu'on fit à plusieurs milliers de personnes, avec tant de profusion & d'excès, qu'on y but pour trente cinq mille écus de vin de toutes sortes ; ce qui est beaucoup moins encore que celui qui fut bu à l'enterrement du général Bannier, dont le prix alla jusqu'à soixante mille écus & au-delà.

En Hollande, on a retranché & aboli toutes sortes de *cérémonies* en ce qui regarde les morts : on ne laisse pas pour cela d'enterrer d'une manière fort dispendieuse, parce qu'on est obligé de régaler tous ceux qui viennent à l'enterrement.

En France, anciennement, on n'épargnoit rien pour la dépense des funérailles, & les seigneurs ordonnoient souvent dans leur testament, qu'on y fît des dépenses excessives.

On observoit une coutume singulière aux enterremens des nobles. On faisoit coucher dans le lit de parade, qui se portoit aux enterremens, un homme armé de pied en cap, pour représenter le défunt. On trouve dans les comptes de la maison de Polignac, qu'on donna 5 sols à Blaise, pour avoir fait le chevalier mort à la sépulture de Jean, fils de Randonnet-Armand, vicomte de Polignac.

On se faisoit aussi inhumer en habits de religieux, & on étoit en ce cas censé moine & frère du monastère.

Rome, qui, depuis long-tems, avoit perdu l'habitude de voir des triomphes, en vit un sous le règne de Théodose, d'une espèce toute nouvelle, & aussi frivole que Rome elle-même l'étoit devenue, en comparaison de ce qu'elle étoit autrefois. Un homme du peuple ayant déjà enterré vingt femmes, en épousa une qui avoit rendu le même office à vingt-deux maris. On attendoit avec impatience la fin de ce nouveau mariage, comme on attend l'issue d'un combat entre deux athlètes célèbres. Enfin, la femme mourut ; & le mari, la couronne sur la tête & une palme à la main, ainsi qu'un vainqueur, conduisit la pompe funèbre au milieu des acclamations d'une populace innombrable.

CERTIFICAT DE MORT. Un caporal, condamné à mort, voulut mander à sa femme cette triste nouvelle. Il écrivoit le jeudi : or, comme il devoit être exécuté le lendemain, & que sa femme ne devoit recevoir la lettre que le samedi, il songea qu'il valoit mieux lui mander ce

Hh

qui feroit le famedi, plutôt que ce qui étoit vrai le jour qu'il écrivoit. Voici fa lettre :

« Ma chère femme, après t'avoir fouhaité une » fanté auffi bonne que la mienne l'eft quant-à-» préfent, je te dirai que j'ai été pendu hier, » entre onze heures & midi. J'ai fait, graces au » ciel, une affez belle mort, & j'ai eu le plaifir » de voir que toute l'affemblée me plaignoit. Sou-» viens-toi de moi, & fais-en reffouvenir mes » pauvres enfans, qui n'ont plus de père. Ton » affectionné mari jufqu'à la mort ».

Malgré toutes les précautions de ce bon homme, pour écrire au jufte ce qui en étoit, fa nouvelle fe trouva fauffe, car il eut fa grace. Mais fa femme n'attendit pas qu'un nouveau courier vînt la tirer d'érreur : elle fe remaria, & le bon caporal ne crut pas devoir protefter contre ce mariage, ayant fourni lui-même fon *certificat de mort*, figné de fa propre main.

CÉSAR (Caïus-Jules), illuftre capitaine & premier empereur romain, né à Rome, l'an 98 avant Jefus-Chrift, & affaffiné l'an 43 avant la même époque, âgé de cinquante-fix ans. Caïus-Julius *Céfar* étoit né de l'illuftre famille des Jules, qui, comme toutes les grandes maifons, avoit fa chimère, en fe vantant de tirer fon origine d'An-chife & de Vénus. C'étoit l'homme de fon tems le mieux fait ; adroit à toutes fortes d'exercices, infatigable au travail, plein de valeur, le courage élevé, vafte dans fes deffeins, magnifique dans fa dépenfe, & libéral jufqu'à la profufion. Son elo-quence infinuante & invincible étoit encore plus attachée aux charmes de fa perfonne qu'à la force de fes raifons. Ceux qui étoient affez durs pour réfifter à l'impreffion que faifoient tant d'aimables qualités, n'échappoient point à fes bienfaits ; & il commença par affujettir les cœurs, comme le fondement le plus folide de la domination à la-quelle il afpiroit.

Les anciens hiftoriens, qui nous ont donné la defcription de fa perfonne, difent qu'il avoit la taille haute, le teint blanc, les yeux vifs, la tête belle. Il étoit chauve fur le devant de la tête ; défaut qu'il avoit fu couvrir par une couronne de laurier.

Le dictateur Sylla prévit de bonne heure ce que feroit un jour *Céfar*. Il avoit voulu le mettre au rang des profcrits : mais les amis du dictateur lui ayant repréfenté qu'aucun motif ne pouvoit le porter à faire périr un enfant fi jeune, il fe contenta de leur répondre : « Vous êtes vous-» mêmes peu fages de ne pas voir dans cet enfant » plufieurs Marius ».

Caton, qui le connoiffoit bien, difoit « qu'il » s'appliquoit de fang-froid, & par une méditation » fombre, à ruiner la république ».

Céfar, encore jeune, avoit pris le parti d'aller à Rhodes étudier la rhétorique fous le célèbre Apollonius ; mais il fut pris dans le trajet par des pirates, qui lui demandèrent vingt talens pour fa rançon. Il fe mit à rire de cette demande, comme venant de gens qui ne favoient pas quelle capture ils avoient faite ; & au lieu de vingt talens, il leur en promit cinquante. Il fut trente jours parmi ces hommes féroces, & les traitoit avec tant de hau-teur & de mépris, que toutes les fois qu'il vou-loit repofer, il envoyoit leur commander de ne point faire de bruit. Il ofa même les menacer de les faire mettre en croix quelque jour. Ces cor-faires regardoient cette menace comme une fan-faronade de jeune homme. Cependant, auffi-tôt que *Céfar* eut recouvré fa liberté, il arma quel-ques petits bâtimens, furprit les pirates qui étoient encore à l'ancre, & leur fit éprouver les fupplices dont il les avoit menacés.

Céfar répudia fa femme Pompeïa. Voici, au rapport de Plutarque, l'anecdote qui y donna lieu. Les romains, dit-il, ont une divinité qu'ils ado-rent fous le nom de *la bonne déeffe*. Sa fête eft cé-lébrée par les femmes, dans la maifon d'un des principaux magiftrats de la république. Les céré-monies de cette fête fe font, pour la plupart, pen-dant la nuit, au milieu des danfes & des concerts de mufique. Tout le tems qu'elles durent, il n'eft permis à aucun homme de fe trouver dans cette maifon. *Céfar*, étant préteur, fa maifon fut choifie pour ces myftères, & fa femme y préfidoit. « Clo-» dius, fon amant, qui n'avoit point encore de » barbe, & par ce moyen efpéroit n'être point » découvert, fe déguifa de l'accoutrement d'une » méneftrière, pour ce qu'il avoit le vifage affez » femblable à une jeune femme ; & trouvant les » portes ouvertes, fut, fans être apperçu, mis » au dedans par une chambrière qui étoit de l'in-» telligence, & qui s'encourut devant, pour » avertir Pompeïa de fa venue. Elle demeura lon-» guement à retourner ; & Clodius n'ayant pas » la patience de l'attendre au lieu où elle l'avoit » laiffé, s'en alla errant çà & là, dans la maifon » qui étoit grande & fpacieufe, fuyant toujours » la lumière. Il fut d'aventure rencontré par l'une » des fervantes d'Aurélia, laquelle cuidant que » c'étoit une femme, le pria de jouer : & comme » il en fit refus, elle le tira en avant, lui deman-» dant qui & d'où elle étoit. Clodius adonc lui » répondit qu'il attendoit une des femmes de » Pompeïa, qui s'appelloit Abra. Ainfi, étant » connu à la voix, la fervante d'Aurélia, s'en-» courut incontinent là où étoient les lumières » & la troupe des dames, criant qu'elle avoit » trouvé un homme déguifé en habit de femme. » De quoi les dames fe trouvant étonnées, Au-» rélia fit auffi-tôt ceffer les cérémonies du facri-» fice, & cacher ce qu'il y avoit de plus fecret ; » & elle-même, les portes de la maifon étant fermées, alla par-tout avec torches & flam- beaux, pour trouver cet homme, lequel fut à la fin trouvé dans la chambre de la servante de Pompeia, avec laquelle il s'y en étoit fui; & étant reconnu des dames, fut chassé dehors de la maison par les épaules ». (*Amyot*). Le lendemain, le bruit se répandit bientôt dans la ville, que Clodius s'étoit rendu coupable d'un attentat horrible; & *César*, instruit de cet évé- nement, répudia aussi-tôt sa femme Pompeia. Mais lorsqu'on le cita en jugement, pour venir déposer contre Clodius, il se contenta de répon- dre qu'il n'avoit aucune connoissance de ce qu'on alléguoit contre l'accusé. Et pourquoi donc, lui demanda-t-on, avez-vous répudié votre femme ? *C'est*, répondit-il, *qu'il ne suffit pas que la femme de César soit innocente, il faut encore qu'elle soit exempte de tout soupçon.*

Il avoit été nommé gouverneur en Espagne. En traversant les Alpes, pour se rendre à son gou- vernement, il s'arrêta dans un village presque dé- sert. Ses amis, qui l'accompagnoient, lui deman- dèrent en riant, s'il n'y auroit point parmi les habitans de ce village, des jalousies & des que- relles pour les premières magistratures. *Pourquoi non*, leur répondit *César* ? *je préférerois*, ajouta- t-il, *d'être ici le premier, que le second à Rome.*

Ce fut en Espagne que voyant une statue d'A- lexandre, il poussa de grands soupirs & se mit à pleurer amèrement. C'étoient les larmes d'un con- quérant avide de gloire, qui se reprochoit de n'a- voir rien fait à un âge où le roi de Macédoine avoit déja subjugué la plus grande partie de la terre.

Il citoit souvent ce vers d'Euripide, qui pei- gnoit bien le caractère de son cœur : *Si la vé- rité & la justice doivent être violées, c'est pour régner.* Toutes ses vues, tous ses desirs se rapportoient à ce terme.

De retour en Italie, il obtint le gouverne- ment des Gaules, & en moins de dix années, il prit d'assaut plus de huit cents villes, dompta nombre de nations, tailla en pièces un million d'hommes, & fit plus d'un million de prisonniers.

César voyant dans une déroute, un enseigne qui fuyoit, courut à sa rencontre; & lui tournant la tête du côté de l'ennemi : *Tu te trompes*, lui dit-il, *c'est là qu'il faut donner.*

César étoit accoutumé, dans le cours de ses voyages, à dicter des lettres en marchant à cheval.

On l'a vu, dans d'autres occasions, dicter quatre lettres importantes à la fois, & occuper sous lui sept secrétaires. C'est ce qui a fait dire à Quintilien, que *César* parloit & écrivoit avec la même ardeur qu'il combattoit.

Ses commentaires sur les guerres des Gaules, doivent, au rapport de Cicéron, faire tomber la plume des mains à tous ceux qui entreprendroient après lui d'écrire la même histoire.

On connoît plusieurs traits de son genre de vie simple & frugale. » Valerius Leo, un sien hôte, » lui donnant un jour à souper dans la ville de » Milan, servit à table des asperges, où on avoit » mis d'une huile de senteur, au lieu de bonne » huile. Il en mangea simplement, sans faire sem- » blant de rien, & tança ses amis, qui s'en of- » fensoient, en leur disant qu'il leur devoit bien » suffire de n'en manger point, si cela leur faisoit » mal au cœur, sans en faire honte à leur hôte, » & que celui qui se plaignoit de telle incivilité, » étoit bien incivil lui-même.

» Quelqu'autre fois, en allant par pays, il fut » contraint par une grosse tempête, qui se leva » soudainement, de se héberger en la maisonnette » d'un pauvre paysan, où il n'y avoit pour tout » logis qu'une seule chambre si petite, qu'il n'y » pouvoit gésir qu'une seule personne, encore » bien maigrement. Il dit à ses amis, qui l'ac- » compagnoient : il faut céder les lieux hono- » rables aux plus grands, & les nécessaires aux » plus malades; suivant lequel propos il voulut » qu'Oppius, qui étoit mal disposé, couchât à » couvert au dedans; & lui, avec ses autres » amis, coucha sous la couverture de la maison » au dehors ».

César désirant de conserver son gouvernement des Gaules, avoit envoyé à Rome un officier, pour demander au sénat que ce gouvernement lui fût continué au-delà du tems prescrit. L'Of- ficier ayant fait cette demande, attendit à la porte du sénat ce qui devoit y être résolu. Comme quelqu'un lui rapporta que la compagnie n'accor- doit point à *César* la prolongation qu'il deman- doit pour ses gouvernemens : *Le sénat la lui refuse*, dit-il; *mais celle-ci la lui donnera*, en mettant la main sur le pommeau de son épée.

Lorsque *César* s'avança pour passer le Rubicon, il s'arrêta un moment sur les bords de cette ri- vière, qui servoit de bornes à sa province : la traverser, c'étoit lever absolument l'étendart de la révolte. La liberté, prête à expirer sous l'effort de ses armes, coûta encore quelques soupirs à son cœur élevé dans le sein d'une république. *Si je diffère à passer cette rivière*, dit-il aux princi- paux officiers dont il étoit environné, *je suis perdu; & si je passe, que je vais faire de mal- heureux !* Mais après avoir réfléchi un moment sur l'état de ses affaires, il passa cette rivière, en s'écriant, comme on fait dans les entreprises incertaines & hasardeuses : *C'en est fait, le sort est jetté.*

Rome, à son approche, parut avoir perdu l'usage de ses forces. *César* y étant entré, voulut s'emparer du trésor. Le tribun Métellus s'y opposa fortement, & chacun le louoit de sa fermeté : mais *César* parlant en vainqueur, le menaça de le tuer sur le champ, s'il n'obéissoit. *Et tu n'ignores pas, jeune homme,* lui dit-il, *qu'il m'est plus aisé de le faire que de le dire.* Ces dernières paroles troublèrent si fort Métellus, qu'il reçut avec soumission tous les ordres de *César.*

Pompée, nommé général des troupes de la république, s'étoit retiré dans le fond de l'Italie, avec une armée peu aguerrie : ses lieutenans commandoient dans différentes provinces. *César* marchant d'abord à eux, dit, *qu'il alloit combattre des troupes sans général, pour revenir ensuite contre un général sans troupes.*

Dans toutes ses expéditions, *César* s'attacha plutôt à se concilier les cœurs par la bienveillance, qu'à les soumettre par la force de ses armes. Un certain Domitius, désespérant de pouvoir défendre sa place, avoit demandé du poison à un de ses esclaves qui étoit médecin. Cet esclave lui donna un breuvage qu'il avala, dans l'espérance de mourir très-promptement : mais bientôt après, ayant appris la clémence dont le vainqueur usoit envers ses prisonniers, il se mit à déplorer son infortune, & à se plaindre de la promptitude avec laquelle il avoit pris cette funeste résolution. Mais le médecin calma ses frayeurs, en l'assurant que le breuvage qu'il lui avoit donné, n'étoit point mortel, & n'étoit capable que de procurer un assoupissement. Domitius aussi-tôt se leva & alla trouver *César,* qui lui accorda la liberté.

Les progrès de ce général furent si rapides, que Cicéron étonné disoit à ses amis : « C'est un » monstre que cet homme-là pour l'activité, la » vigilance, la célérité ».

Prêt à livrer bataille à Pompée, qui s'étoit retiré en Epire, il voyoit avec inquiétude que les troupes qu'Antoine, son lieutenant, devoit lui amener, n'arrivoient point. Que fait-il ? Il prend la résolution dangereuse d'aller lui-même hâter le départ de ces troupes, qui étoient dans un des ports de la mer qui baigne l'Epire. Il prend un habit d'esclave ; & à couvert par ce seul déguisement & par les ténèbres de la nuit, il monte un esquif qui devoit traverser au milieu des vaisseaux ennemis qui couvroient la mer. A peine l'esquif est-il en mer, qu'un vent violent s'élève, & les vagues poussées avec furie contre le bâtiment, le mettent à tout moment à deux doigts de sa perte. Le pilote alarmé, & jugeant qu'il étoit impossible de surmonter cette tempête, commande aux rameurs de ramer vers la poupe, pour remonter

à l'endroit d'où ils étoient partis. A ces mots *César* aussi-tôt se lève, se fait connoître au pilote étonné ; & le prenant par la main : *Marche, mon ami,* lui dit-il, *ose tout & ne crains rien, tu mènes César & sa fortune.*

Dans le premier combat qui se donna en Epire, Pompée eut l'avantage ; & la déroute des ennemis auroit été complette, s'il eût marché droit au camp de *César.* Ce général en convenoit lui-même & disoit, en parlant de cette journée, *que la victoire étoit aux troupes de la république, si leur chef avoit su vaincre.*

La bataille de Pharsale décida de l'empire du monde entre ces deux généraux. On peut remarquer ici, que ce qui contribua le plus aux succès de cette journée, ce fut l'attention qu'eut *César* de recommander à ses soldats de frapper directement au visage les cavaliers de Pompée, qui devoient entamer l'action. Ces jeunes gens, jaloux de conserver leurs agrémens, ne purent résister à de pareils coups ; ils quittérent honteusement le champ de bataille. Pompée s'étant sauvé en Egypte, y fut assassiné aux yeux de Cornélie son épouse.

Avant le combat, *César* adressant la parole à un de ses officiers nommé Caius Crassinius, lui dit : *Hé bien, Crassinius, que devons-nous espérer ? César,* lui répondit ce brave Officier, *nous vaincrons avec gloire, & aujourd'hui vous me louerez mort ou vif.* Comme il s'étoit jetté le premier dans la mêlée, il y trouva une mort glorieuse au commencement du combat.

César, pour assurer sa victoire, livra combat à tous ceux qui tenoient encore au parti de Pompée. Il joignit, dans le Pont, Pharnace ; & malgré l'infériorité de ses forces, remporta à son arrivée une victoire complette sur ce fils de Mithridate. Ce fut en rendant compte à un de ses amis de cette victoire rapide, qu'il lui écrivit ces trois mots célèbres : *Veni, vidi, vici,* je suis venu, j'ai vu, j'ai vaincu.

On a loué sa présence d'esprit en plus d'une occasion. Nous rapporterons celle-ci. Il débarquoit en Afrique, pour la soumettre : en descendant de son vaisseau, il se laissa tomber. Cette chûte pouvoit être regardée comme un mauvais augure par ses soldats ; mais, pour se le rendre favorable, il feignit aussi-tôt d'embrasser la terre, & s'écria : *Afrique, je te tiens.*

Lorsqu'il se rendit en Egypte, le rhéteur Théodote, l'assassin de Pompée, vint lui apporter la tête de ce rival, qu'il avoit conservée avec soin, croyant se rendre par-là agréable à *César.* Mais le vainqueur détourna aussi-tôt la vue de cet horrible présent, & n'accepta que le cachet de Pompée, qu'il prit en versant bien des larmes. Il auroit sans doute plus fait pour sa gloire, s'il

...roit fait punir, comme il le devoit, l'attentat de Théodote.

Céfar s'étoit fait déférer la dictature perpétuelle, & commençoit à faire jouir fes concitoyens, ou plutôt fes fujets, d'un gouvernement doux & tranquille, lorfqu'on tramoit déja des conspirations contre lui. Ses amis ne ceſſoient de lui recommander de veiller fur fa perfonne ; mais il rejettoit leur crainte, en difant *qu'il valoit mieux mourir une fois, que de craindre la mort à toute heure.*

La veille du jour que les conjurés avoient fixé pour l'aſſaſſiner au milieu du fénat, Marcus Lepidus lui donnoit à fouper. Il fe mit à figner quelques dépêches à table, comme c'étoit fa coutume. Pendant qu'il fignoit, les autres convives agitant différentes queſtions, l'un d'eux demanda *quelle étoit la mort que l'on pouvoit regarder comme la plus heureufe ?* Céfar les prévenant tous, répondit, en hauſſant la voix, *la moins attendue.*

Le lendemain, Céfar, malgré plufieurs preſſentimens funeſtes, vint au fénat. Auſſi-tôt qu'il fut entré, les fénateurs fe levèrent pour lui faire honneur. Une partie des conjurés avoit environné fon fiége : les autres allèrent au-devant de lui, comme pour joindre leurs prières à celles de Tullius Cimber, qui intercédoit pour le rappel de fon frère exilé ; & l'accompagnant toujours, ils continuèrent de le prier jufqu'à ce qu'il fût à fon fiége. Il s'aſſit fans vouloir écouter leurs prières ; mais, comme ils revenoient toujours à la charge, & qu'ils le preſſoient plus vivement, jufqu'à lui faire violence, il fe fâcha contre eux. Alors Metellus, prenant la robe avec les deux mains, lui découvrit une partie de la poitrine : c'étoit le fignal dont les conjurés étoient convenus, pour fe jetter fur lui ; & Cafca fut le premier qui lui porta un coup d'épée. Le trouble & l'agitation de l'aſſaſſin empêchèrent que ce coup fût mortel, ni même appuyé, & donnèrent la facilité à Céfar de faifir de fon épée, qu'il tint toujours. En même tems ils fe mirent tous deux à crier, Céfar, en langue romain : *Scélérat de Cafca, que fais-tu ?* Cafca, en grec, & s'adreſſant à fon frère : *Mon frère, à mon fecours.* Les autres fénateurs, qui ne favoient rien de la confpiration, furent fi étonnement & d'horreur, que, friſſonnant dans tout leur corps, ils n'eurent la force, ni de prendre la fuite, ni de fecourir Céfar, ni même de proférer une feule parole. Alors tous les conjurés tirent leurs épées & l'environnent de toutes parts, de forte que, de quelque côté qu'il fe tournât, il ne voyoit que des épées nues qu'on lui portoit au vifage. Car il falloit, ajoute Plutarque, que chacun eût part à ce meurtre, qu'ils goûtaſſent pour ainfi dire, à ce fang, comme aux libations d'un facrifice. Leur fureur fut même fi grande, que chacun s'empreſſant de lui donner

un coup, ils fe bleſſèrent eux-mêmes. Céfar fe traînoit de tous côtés, en cherchant à fe défendre ; mais il n'eut pas plutôt vu venir à lui Brutus, l'épée à la main, Brutus qu'il avoit toujours tendrement aimé, qu'il s'écria : *Et toi auſſi, mon cher Brutus !* Alors, fe couvrant la tête du pan de fa robe, il s'abandonna à fes ennemis. Il tomba, percé de vingt-trois coups, au pied de la ſtatue de Pompée, qui en fut toute enſanglantée ; de forte qu'il fembloit que Pompée, autrefois fon ennemi & fon rival, préfidoit lui-même à cette vengeance. *Plutarque.*

CEZELLI (Conſtance de).

En 1590, le parti de la ligue en Languedoc, demanda des troupes au Roi d'Efpagne. Sur la nouvelle de leur débarquement, Barri de Saint-Aunez, gouverneur pour Henri IV, à Leucate, en partit pour aller communiquer un projet au Duc de Montmorency, commandant en cette province. Il fut pris en chemin par les ligueurs, qui marchèrent auſſi-tôt avec les efpagnols, vers Leucate, perfuadés qu'ayant le gouverneur entre leurs mains, cette place ouvriroit tout de fuite fes portes, ou du moins ne tiendroit pas long-tems ; mais Conſtance de Cezelli, fa femme, après avoir aſſemblé la garnifon & les habitans, & leur avoir repréfenté leur devoir & leur honneur, fe mit fi fièrement à leur tête, une pique à la main, qu'elle infpira du courage aux plus foibles. Les aſſiégeans furent repouſſés par-tout où ils fe préfentèrent. Défefpérés de leur honte & du monde qu'ils avoient perdu, ils envoyèrent dire à cette vaillante femme, que fi elle continuoit à fe défendre, ils alloient faire pendre fon mari. « J'ai des biens confidérables, répondit-elle les larmes aux yeux ; je les ai offerts & je les offre encore pour fa rançon ; mais je ne le racheterai point par une lâcheté, une vie qu'il me reprocheroit, & dont il auroit honte de jouir : je ne le déshonorerai point par une trahifon envers ma patrie & mon roi ».

Les aſſiégeans, après avoir tenté une nouvelle attaque, qui ne leur réuſſit pas mieux que les autres, firent mourir Barri & levèrent le fiége.

La garnifon voulut ufer de repréfailles fur le feigneur de Loupian, qui étoit du parti de la ligue, & qui avoit été fait prifonnier : notre héroïne s'y oppofa. Henri IV lui envoya le brevet de gouvernante de Leucate, avec la furvivance pour fon fils.

CHABRIAS, général athénien, mort l'an 355 avant Jéfus-Chriſt. Il fe rendit célèbre par fes grandes actions : envoyé au fecours des thébains contre les fpartiates, & abandonné de fes alliés, il foutint feul avec fes gens le choc des ennemis. Il fit mettre fes foldats l'un contre l'autre, un genou en tetre, couverts de leurs boucliers, & étendant en avant leurs piques : cette attitude empêcha qu'ils ne fuffent enfoncés. Les athéniens érigèrent une ftatue à *Chabrias*, dans la pofture où il avoit combattu.

Je préférerois, difoit Chabrias, une armée de cerfs commandés par un lion, à une armée de lions commandés par un cerf.

CHAGRIN. Qui eft-ce qui n'a pas mille fujets de *chagrin* ?

Et quis non caufas mille doloris habet ?

Puifque les loix de notre humanité la foumettent à tant d'infortunes, n'eft-il pas raifonnable que nous nous y accommodions doucement, & que nous faffions nos efforts, pour fouffrir patiemment ce que nous ne pouvons éviter ?

Cedamus, levé fit quod benè fertur onus.

Cependant, lorfque le *chagrin* prend le deffus, c'eft un tyran qui va jufqu'à troubler l'ordre de la nature.

Un fou rempli d'erreurs, que le trouble accompagne,
Eft malade à la ville ainfi qu'à la campagne,
En vain monte à cheval pour tromper fon ennui,
Le chagrin monte en croupe & galoppe avec lui.

Si le *chagrin* a cet empire fur les ames foibles, il n'en eft pas ainfi avec l'homme fage, qui le fupporte avec fermeté,

Laurent Samuet devint tout gris après quatre heures de prifon, pour le refte de fes jours, à caufe du *chagrin* dont il fut pénétré, fe voyant entre les mains des françois.

Nous avons mille exemples de gens trop fenfibles, morts fubitement par l'effet d'un violent *chagrin*.

CHAMBRE *des comptes*. Les Officiers de cette *chambre* portoient anciennement de grands cifeaux à leur ceinture, pour marquer le pouvoir qu'ils ont de rogner & de retrancher les mauvais emplois dans les comptes qu'on leur préfente.

CHAMLAY, étoit le plus habile homme de France pour la caftramétation. M. de Turenne difoit qu'il ne pouvoit camper fans M. de *Chamlay*, & que *Chamlay* pouvoit camper fans lui.

En effet, il avoit un talent unique pour les difpofitions & les marches des troupes ; il connoiffoit la pofition des moindres lieux, & jufqu'aux moindres ruiffeaux.

Après la mort de Louvois, Louis XIV voulut lui donner le département de la guerre ; *Chamlay* refufa cette place avec perféverance, difant qu'il avoit trop d'obligations à Louvois pour fe revêtir des dépouilles de ce miniftre, préjudice de Barbefieux fon fils, qui avoit la furvivance de fa charge.

CHAMILLART, contrôleur-général des finances & miniftre de la guerre, mort en 1721.

Chamillart étoit un grand homme qui marchoit mal, dont la phyfionomie ouverte n'annonçoit que la douceur & la bonté. Sa fortune fut d'exceller au billard. Louis XIV, qui s'amufoit fort de ce jeu, l'admit dans fa partie : il fe comporta fi modeftement & fi bien, dit le Duc de Saint-Simon, qu'il plut au roi & aux courtifans, dont il fe trouva protégé à l'envi, au lieu d'en être moqué, comme il arrive à un nouveau venu, inconnu & de la ville.

Du tems que *Chamillart* étoit confeiller au parlement, & qu'il joüoit au billard avec le roi trois fois la femaine, fans coucher à Verfailles, il eut à rapporter un procès. Celui qui le perdit lui vint crier miféricorde, en infiftant fort fur une pièce qui faifoit, dit-il, le gain de fon procès. Voilà l'homme à fe défoler, & *Chamillart* à lire la pièce. Vous avez raifon, lui dit le rapporteur, cette pièce m'étoit inconnue, & je ne comprends pas comment elle a pu m'échapper : elle décide en votre faveur. Vous demandez 20,000 livres, vous en avez été débouté par ma faute ; c'eft à moi de vous les payer : revenez après demain. Cet homme revint le furlendemain, fort furpris de ce qu'il entendoit, & fort incertain de ce qui lui arriveroit. *Chamillart*, cependant, avoit battu monnoie de tout ce qu'il avoit, & emprunté le refte : il lui compta les 20,000 liv., lui demanda le fecret & le congédia.

CHAMILLY, maréchal de France en 1703, il s'appelloit *Bouton* d'une race noble de Bourgogne. C'étoit (dit le duc de Saint Simon) un gros & grand homme, le meilleur, le plus brave & le plus rempli d'honneur, mais fi bête & fi lourd, qu'on ne comprenoit pas qu'il pût avoir quelque talent pour la guerre. Cependant il avoit fervi avec réputation en Portugal & en Candie. A le voir & à l'entendre, on n'auroit jamais pu fe perfuader qu'il eût infpiré un amour auffi méfuré que celui qui eft l'ame de ces fameufes *Lettres portugaifes*, ni qu'il eût écrit les réponfes qu'on y voit à cette religieufe,

CHAMOUSSET (Charles Humbert Piarron de), maître des comptes, né en 1707, mort en 1773. Il fut le héros de l'humanité, par le bien qu'il fit & qu'il projettoit de faire aux malheureux. Il étoit fur le point de contracter un mariage, lorfqu'il adreffa ces paroles à la demoifelle qu'on lui

« S'il est doux d'exister pour ce qu'on aime, il l'est presqu'autant de consacrer une partie de son existence à ceux qu'on plaint. Mon dessein est de me retirer dans ma terre, & d'y fonder un hôpital. Quelle sera ma joie, lorsque mes vassaux vous verront partager ma charité, & vous loueront comme un ange descendu du ciel » !

Cette effusion de cœur déplut à la jeune demoiselle, qui avoit l'idée d'un autre bonheur : le mariage ne se fit point.

CHAMPAGNE (Philippe), né à Bruxelles en 1602, mort en 1674. Cet artiste joignoit à ses talens une piété exemplaire ; & son attachement à la religion le lia d'une manière intime avec les fameux solitaires de Port-Royal.

Il poussoit la modestie & la délicatesse jusqu'au point de ne faire aucuns tableaux dont les figures fussent entièrement nues. Par un autre scrupule, il refusa de peindre le portrait d'une demoiselle qui étoit au couvent des carmelites, parce qu'il auroit fallu travailler le dimanche.

Champagne ne perdoit pas un moment de la journée, & se levoit dès quatre heures du matin. Il disoit à ses élèves : « Vous devez déjeûner sans quitter l'ouvrage ; & la récréation qu'il faut prendre après le dîner, c'est le tems de descendre l'escalier, pour aller à l'endroit du travail ».

Il peignoit si facilement, que, s'étant trouvé en concurrence avec plusieurs peintres, pour un tableau de Saint Nicolas, il fit le tableau, & le plaça dans la chapelle qui lui étoit destinée, pendant que ses confrères n'en traçoient encore que le plan. Chacun en fut très-surpris ; & comme l'ouvrage se ressentoit un peu de l'extrême diligence avec laquelle il venoit d'être fait, quelque critique écrivit à Champagné, pour lui demander combien il vendoit un cent de Saint Nicolas.

Les talens de cet artiste lui procurèrent en France l'accueil le plus distingué. La reine, mère de Louis XIII, avoit pour lui une estime particulière. Le cardinal de Richelieu, jaloux de grossir le nombre de ses partisans, s'efforça d'enlever à la reine un serviteur aussi fidèle. Champagne fut inébranlable, & répondit en refusant les offres brillantes d'une grande fortune : « Je borne toute mon ambition à devenir le premier dans mon art : ainsi, je n'ai rien à désirer de son éminence, puisqu'il lui est impossible de me rendre le plus habile peintre ».

Un jour que Champagne peignoit la reine, sa protectrice, quelques dames de la cour prétendirent qu'il ne saisissoit point la ressemblance de son modèle. Champagne prit aussi-tôt sa palette ; & feignant de se servir de couleurs, il passa plusieurs fois son pinceau sur la tête du portrait de la reine. Les dames s'applaudirent alors de leur discernement, louèrent le peintre, & convinrent que le portrait retouché étoit devenu très-ressemblant.

(Anecdotes des B. A.)

CHAMPMÊLÉ (Marie Desmarets, femme de Charles Chevillet, sieur de); naquit à Rouen, en 1644. Cette actrice mourut en 1698, âgée de cinquante-quatre ans.

Marie Champmêlé, élève de Racine, dont elle étoit la maîtresse, suivant quelques mémoires, remplissoit les premiers rôles tragiques avec un applaudissement général. Racine la forma à la déclamation, en la faisant entrer dans le sens des vers qu'elle avoit à réciter, en lui montrant les gestes, en lui dictant les tons, & en les lui notant même quelquefois. Elle profita si bien de ses leçons, qu'elle effaça toutes ses rivales. Son époux réussissoit mieux qu'elle dans le comique : il jouoit assez bien le rôle des rois dans la tragédie.

Mademoiselle Champmêlé n'étoit pas douée d'un esprit supérieur ; mais un grand usage du monde, beaucoup de douceur dans la conversation, & une certaine naïveté aimable dans sa façon de s'exprimer, lui tenoient lieu d'un génie plus brillant. Sa maison étoit le rendez-vous de plusieurs personnes de distinction de la cour & de la ville, aussi-bien que celui des plus célèbres auteurs de son tems, tels que Despréaux, Racine, la Chapelle, Valincour, &c. La Fontaine, admirateur des talens de cette actrice, & peut-être aussi des graces de sa personne, lui adressa le conte de Belphégor.

Il n'étoit pas nécessaire de dire à Mademoiselle Champmêlé, avec Despréaux :

Il faut, dans la douleur, que vous vous abaissiez ;
Pour m'arracher des pleurs, il faut que vous pleuriez.

Elle s'en acquittoit si bien, qu'on étoit forcé de verser des larmes, quelque force d'esprit qu'on eût, & quelque violence qu'on se fît sur soi-même. C'étoit un plaisir de voir les femmes soupirer & s'essuyer les yeux, & les hommes s'en moquer, tandis qu'eux-mêmes faisoient tous leurs efforts pour ne point pleurer.

Mademoiselle Champmêlé avoit la voix belle & des plus sonores, lorsqu'elle déclamoit, si l'on avoit ouvert la loge du fond de la salle, sa voix auroit été entendue dans le café de Procope.

Racine aima la Champmêlé, qui lui fut infidèle ; & il s'en vengea par un bon mot.

La Champmêlé sacrifia Racine au comte de Cler-

mont - Tonnerre. On fit là-deſſus le quatrain
ſuivant :

A la plus tendre amour elle fut deſtinée,
Qui prit long-temps Racine dans ſon cœur
    Mais par un inſigne malheur,
Le Tonnerre eſt venu, qui l'a déracinée.

La demoiſelle *Champmêlé* étoit petite-fille d'un
préſident au parlement de Rouen, qui avoit déshérité ſon fils, parce qu'il avoit fait un mariage oppoſé à ſa volonté. Elle mourut au village d'Auteuil, peu de tems après avoir quitté le théâtre.
Elle a été célébrée par Deſpréaux, dans ſon épître
à Racine, & par pluſieurs beaux eſprits du tems.

Jamais Iphigénie en Aulide immolée,
N'a coûté tant de pleurs à la Grece aſſemblée,
Que dans l'heureux ſpectacle à nos yeux étalé,
N'en a fait, ſous ſon nom, verſer la Champmêlé.
BOILEAU.

CHANSON.

Fille aimable de la folie,
La *chanſon* naquit parmi nous,
Souple & légère elle ſe plie,
Au ton des ſages & des fous.
Amoureux de la bagatelle,
Nous quittons la lyre immortelle
Pour le tambourin d'Erato :
Homere eſt moins lu que Chapelle ;
Et ſi nous admirons Appelle,
Nous aimons Teniers, & Vateau.

Les *Chanſons* de nos pères étoient plus gaies
que les nôtres. Bacchus étoit preſque toujours
leur Apollon ; & ce dieu du vin, ennemi de
la froideur n'excluoit point la galanterie ; le buveur chantoit, en voyant ſon verre :

Je ſuis un Narciſſe nouveau
Qui s'aime & qui s'admire ;
Dans le vin, & jamais dans l'eau,
Sans ceſſe je me mire ;
En admirant le coloris
Qu'il donne à mon viſage,
De l'amour de moi-même épris
J'avale mon image.

Le buveur amoureux diſoit, en voyant la gaze
qui lui cache le ſein de ſa maîtreſſe :

Sous un menton,
Ce morceau mignon
Fait de toile de linon,
De Cupidon,
Eſt l'étendart & le guidon.
Lorſque le petit fripon
Veut vaincre du premier bon ;

Pour oriflamme, il arbore, dit-on,
Sous ſon menton
Le morceau mignon,
Fait de toile de linon ;
De Cupidon
C'eſt l'étendart & le guidon.

On pourroit citer un grand nombre de *Chan-*
ſons anciennes, qui reſpirent la joie, la candeur
& la naiveté. Celles d'aujourd'hui annoncent plus
d'eſprit, mais moins de naturel ; quelques-unes
pourtant réuniſſent l'un & l'autre. Telle eſt celle-
ci, de M. de Voltaire :

Autrefois un temple étoit :
La fète en eſt paſſée ;
Chaque amant y répétoit
Sa plus douce penſée.
Si ce temple ſe rouvroit
Pour ce tant doux myſtere,
Que de fois on entendroit,
J'adore la Vallière.

Nos *chanſons*, dit Voltaire, valent mieux que
celles d'Anacréon, & le nombre en eſt plus gr...
nant ; on en trouve même qui joignent la mor...
rale avec la gaieté. Telle eſt celle-ci, de l'auteur
du double veuvage.

Philis, plus avare que tendre,
Ne gagnant rien à refuſer,
Un jour exigea de Lyſandre
Trente moutons pour un baiſer.

Le lendemain nouvelle affaire,
Pour le berger le troc fut bon ;
Car il obtint de la bergere
Trente baiſers pour un mouton.

Le lendemain Philis plus tendre,
Craignant de déplaire au berger,
Fut trop heureuſe de lui rendre
Trente moutons pour un baiſer.

Le lendemain Philis plus ſage
Auroit donné mouton & chien
Pour un baiſer que le volage
A Liſette donnoit pour rien.

Qui pourroit n'être pas agréablement touché
de ce couplet vif & galant :

En vain je bois pour calmer mes allarmes,
Et pour chaſſer l'amour qui m'a ſurpris ;
Ce ſont des armes
Pour mon Iris.
Le vin me fait oublier ſes mépris,
Et m'entretient ſeulement de ſes charmes.

A la Fougère.

Vous n'avez point, verte fougère,
L'éclat des fleurs qui parent le princemps ;
Mais leur beauté ne dure guère :
Vous êtes aimable en tout tems ;
Vous prêtez des secours charmans
Aux plaisirs les plus doux qu'on goûte sur la terre ,
Vous servez de lit aux amans,
Aux Buveurs vous servez de verre.

Le connois-tu, ma chère Eléonore,
Ce tendre enfant qui te suit en tout lieu ;
Ce foible enfant qui le seroit encore,
Si tes regards n'en avoient fait un dieu ?
C'est par ta voix qu'il étend son empire ;
Je ne le sens qu'en voyant tes appas ;
Il est dans l'air que ta bouche respire,
Et sous les fleurs qui naissent sous tes pas.
Qui te connoît connoîtra la tendresse ;
Qui voit tes yeux en boira le poison ;
Tu donnerois des sens à la sagesse,
Et des desirs à la froide raison.

CHAPELAIN, (Jean) né à Paris, en 1595,
mort en 1674.

La réputation de *Chapelain* étoit si grande, que
le cardinal de Richelieu, voulant faire la réputation d'un ouvrage, pria ce poète de lui prêter son nom en cette occasion, ajoutant qu'en
récompense, il lui prêteroit sa bourse en quelqu'autre.

Dans la place du cimetière Saint-Jean, à Paris, il y avoit un traiteur fameux, chez qui s'assembloit tout ce qu'il y avoit de jeunes seigneurs
des plus spirituels de la cour, avec Despréaux,
Racine, la Fontaine, Chapelle, Furetière & quelques autres personnes d'élite : & cette troupe
choisie avoit une chambre particulière du logis,
qui lui étoit affectée. Il y avoit sur la table un
exemplaire de la Pucelle de *Chapelain*, qu'on y
laissoit toujours. Quand quelqu'un d'entr'eux avoit
commis une faute, soit contre la pureté du langage, soit contre la justesse du raisonnement, il
étoit jugé à la pluralité des voix, & la peine
ordinaire qu'on lui imposoit, étoit de lire un
certain nombre de vers de ce poëme. Quand la
faute étoit considérable, on condamnoit le dé-
linquant à en lire jusqu'à vingt. Il falloit qu'elle
fût énorme pour être condamné à lire la page
entière.

Un jour *Chapelain* lisoit son poëme chez M.
le Prince. On y applaudissoit, & chacun s'efforçoit de le trouver beau : mais madame de Longueville à qui un des admirateurs demanda si elle
n'étoit pas touchée de la beauté de cet ouvrage,
répondit : Oui, cela est parfaitement beau ; mais
il est bien ennuyeux.

Monsieur Godeau, évêque de Grasse, estimoit
beaucoup la pucelle de *Chapelain*, jusques-là
qu'un de ses amis lui proposant de faire un poëme
épique, il répondit, par une mauvaise pointe,
qu'il n'avoit pas le poumon assez fort pour la
trompette, & qu'en cette occasion, l'évêque cédoit la place au *Chapelain*.

Chapelain fit attendre long tems son poëme,
parce qu'il recevoit une forte pension de M. de
Longueville. Les rieurs de ce tems-là disoient
que la pucelle étoit une fille entretenue par un
grand prince. Dès que l'ouvrage parut, Linière
fit l'épigramme suivante.

Nous attendons de Chapelain,
Ce noble & fameux écrivain,
Une incomparable pucelle ;
La cabale en dit force bien,
Depuis vingt ans on parle d'elle,
Dans six mois on n'en dira rien.

Nous étions mal avec *Chapelain*, Pélisson & moi,
dit Ménage. Pélisson, après sa conversion, voulant se réconcilier avec lui, vint me prendre pour
l'accompagner, me disant qu'il falloit aussi que
je me réconciliasse. Nous allâmes chez lui ; &
je vis encore à la cheminée de M. *Chapelain* les
mêmes tisons que j'y avois vus il y avoit douze
ans.

En voyant l'excessive avarice de *Chapelain*,
les rieurs disoient que c'étoit pour marier sa pucelle à un enfant de bonne maison, & les
autres vouloient que ce fût pour la canoniser.

Chapelain n'étoit pas prévenu en faveur du
sexe. Il disoit souvent que les femmes les plus
spirituelles n'avoient pas la moitié de la raison.

Puimorin, frère de Despréaux, s'avisa un jour
devant *Chapelain* de parler mal de la pucelle.
C'est bien à vous à en juger, lui dit *Chapelain*,
vous qui ne savez pas lire. Je ne sais que trop
lire, depuis que vous faites imprimer, lui répondit Puimorin.

Le cardinal de Richelieu avoit fourni aux auteurs qui travailloient ensemble sous ses ordres,
aux pièces de théâtre, le sujet de la grande pas-
torale, où il y avoit jusqu'à cinq cents vers de
sa façon. Lorsqu'il fut dans le dessein de la donner, il voulut que *Chapelain* la revît, & qu'il
y fit des observations exactes. Ces observations
lui furent apportées par Bois-Robert ; & quoiqu'elles fussent écrites avec beaucoup de discrétion & de respect, elles le choquèrent tellement
ou par leur nombre, ou par la connoissance
qu'elles lui donnoient de ses fautes, que sans
achever de les lire, il les mit en pièce ; la nuit
suivante, comme il étoit au lit, & que tout dormoit chez lui, ayant pensé à la colère qu'il avoit

témoignée, il fit une chose sans comparaison plus estimable que la plus belle comédie du monde, il se rendit à la raison : car il commanda qu'on ramassât & qu'on collât ensemble les pièces de ce papier déchiré ; & après l'avoir lu d'un bout à l'autre, & y avoir fait grande réflexion, il envoya éveiller Bois-Robert pour lui dire qu'il voyoit bien que messieurs de l'académie s'entendoit mieux que lui à ces matières, qu'il ne falloit plus parler de cette impression.

Chapelain étoit appellé par quelques académiciens, le chevalier de l'ordre de l'araignée, parce qu'il avoit un habit si rapiècé & si recousit, que le fil formoit dessus comme une représentation de cet animal. Etant un jour chez M. le Prince où il y avoit grande assemblée, il vint à tomber du lambris, une araignée qui étonna la compagnie par sa grosseur. On crut qu'elle ne pouvoir venir de la maison, parce que tout étoit d'une grande propreté. Aussi-tôt, toutes les dames se mirent à dire d'une commune voix, qu'elle ne pouvoit sortir que de la perruque de M. *Chapelain*, ce qui pouvoit bien être, puisqu'il n'avoit jamais eu qu'une seule perruque.

Chapelain, à l'avarice joignoit la malpropreté. Balzac contoit qu'ayant été dix ans sans le voir, parce qu'ils étoient brouillés, il se raccomoda avec lui, & que l'étant allé visiter, il le trouva dans sa chambre, où il apperçut une même toile d'araignée qui la traversoit, & qu'il y avoit vue avant que d'être brouillé avec lui. *Chapelain* pour épargner ses serviettes, avoit un balai de jonc sur lequel il s'essuyoit les mains.

La prévention qu'on avoit pour *Chapelain*, étoit si forte, qu'on n'osa pas voir d'abord le ridicule de sa pucelle. Il s'en fit jusqu'à six éditions en moins de dix-huit mois. La Ménardière & Linière furent les premiers qui l'attaquèrent.

Chapelain, malgré son avarice, a fait une acte d'une grande générosité. Dès que M. de Montausier eut été nommé gouverneur de M. le dauphin, il jetta les yeux sur *Chapelain*, pour la place de précepteur, & même obtint l'agrément du roi avant que d'en avoir parlé à *Chapelain*. Qu'arriva-t-il ? Que *Chapelain* résista à M. de Montausier, & refusa obstinément ce glorieux emploi, alléguant que son grand âge le rendoit trop sérieux & trop infirme pour qu'il pût se flater d'être agréable à un prince encore si jeune.

Duperrier, gentilhomme provençal, qui se trouvoit quelquefois court d'argent, s'étant adressé un jour à *Chapelain* pour en avoir quelque secours, il crut lui faire une grande libéralité, en lui donnant un écu. Après avoir fait cet effort, il disoit : Nous devons secourir nos amis dans leurs nécessités ; mais nous ne devons pas contribuer à leur luxe.

L'avarice de *Chapelain* fut cause de sa mort. S'étant mis en chemin, un jour d'académie, pour se rendre à l'assemblée, & gagner deux ou trois jettons, il fut surpris par un orage affreux. Ne voulant pas payer un double pour passer le ruisseau, sur une planche que l'on y avoit jettée, il attendoit que l'eau fût écoulée : mais ayant vu qu'il étoit près de trois heures, il passa au travers de l'eau & en eut jusqu'à mi-jambe. La crainte qu'il eut qu'on ne soupçonnât ce qui étoit arrivé, l'empêcha de s'approcher du feu à l'académie ; il s'assit à un bureau, & cacha ses jambes dessous ; le froid le saisit, & il eut une oppression de poitrine dont il mourut.

Chapelain s'étoit mis en pension chez son héritier ; & quand il dînoit ou soupoit en ville, il rabattoit tant par repas sur sa pension. Dans la maladie dont il mourut, il avoit chez lui cinquante mille écus comptant, & le divertissement qu'il prenoit de tems en tems, étoit de faire ouvrir son coffre fort qui étoit près de son lit, & de faire apporter tous ses sacs, pour voir son argent. Le jour qu'il mourut, tous ses sacs étoient encore rangés autour de lui. Un savant dit à M. de Valois : Vous saurez, monsieur, que notre ami *Chapelain* vient de mourir comme un meûnier, au milieu de ses sacs.

CHAPELLE, (Claude Emanuel Lullier, surnommé) né près de Paris, l'an 1621, mort en 1686.

Chapelle étoit l'homme le plus agréable & le plus voluptueux de son siècle. Un jour qu'il étoit à table chez un de ses amis à Paris, un seigneur, qui revenoit de la cour, arriva au milieu du repas, & prit brusquement sa place auprès de *Chapelle* qu'il serroit un peu. Ce seigneur, après avoir débité quelques nouvelles, vint à parler des poètes qui avoient la hardiesse de faire des chansons contre quelques personnes de condition, & dit en même tems : Si je les connoissois, je leur donnerois volontiers vingt coups de canne. *Chapelle* fatigué de ses discours, & inquiet de n'être pas à son aise à table, se lève en présentant le dos & lui disant : Frappe & va-t-en. Ce seigneur étonné du ton dont *Chapelle* avoit prononcé ces paroles, en sentit la force ; il lui fit beaucoup d'honnêteté & le serra moins.

Un jour que *Chapelle* dînoit en nombreuse compagnie, chez le marquis de Marsilli, dont le page pour tout domestique, servoit à boire, il souffroit qu'on ne lui versât pas aussi souvent qu'on le faisoit ailleurs ; la patience lui échappa à la fin : Eh ! je vous prie, dit-il, marquis, donnez-moi la monnoie de votre page.

Despréaux qui étoit ami de *Chapelle*, l'ayant rencontré un jour auprès du palais, lui dit, que le penchant qu'il avoit pour le vin lui faisoit tort; *Chapelle* parut touché du discours de Despréaux. Il le remercia de ses conseils, mais malheureusement il se trouva un cabaret vis-à-vis l'endroit de leur conférence, & *Chapelle* invita Despréaux d'y entrer pour s'asseoir, & pour suivre plus commodément la conversation qu'ils avoient commencée. Despréaux ne put s'en dispenser, pour achever la conversion de *Chapelle*. Il fallut bien en entrant au cabaret demander au moins une bouteille de vin, laquelle fut suivie de plusieurs autres. Enfin ces messieurs, l'un en prêchant, l'autre en écoutant, s'enivrèrent si bien qu'il fallut les porter chez eux.

Chapelle avoit pris de l'inclination pour mademoiselle Chouars qui avoit de l'esprit, de l'érudition & du bon vin; il alloit souvent souper chez elle. Un jour la femme-de-chambre étant entrée après un long repas dans la salle, pour desservir, elle trouva sa maîtresse toute en pleurs, & *Chapelle* d'une tristesse extrême. Elle parut curieuse d'en savoir la raison; & *Chapelle* lui dit qu'ils pleuroient la mort du poëte Pindare, que les médecins avoient tué par des remèdes contraires à son état. Il recommença alors le détail des belles qualités de Pindare, d'un air si pénétré, que la femme-de-chambre oublia ce qu'elle étoit venue faire, & se mit à pleurer avec eux.

Le duc de Brissac voulant aller passer quelque tems dans ses terres, fit si bien qu'il engagea *Chapelle* à l'y suivre. Ils arrivèrent le quatrième jour à Angers, sur le midi, avec dessein d'y passer le reste de la journée. *Chapelle* avoit dans cette ville un chanoine de ses amis, chez lequel il alla faire un long & agréable dîné. Le lendemain, comme le duc étoit prêt de monter en carosse, pour continuer son voyage, *Chapelle* lui signifia qu'il ne pouvoit le suivre, qu'il avoit trouvé un vieux Plutarque sur la table de son ami, qu'il avoit lu à l'ouverture du livre: qui suit les grands, serf devient. Le duc de Brissac eut beau lui dire qu'il le regardoit comme son ami, & qu'il seroit absolument le maître chez lui, il n'en put tirer d'autre réponse sinon que Plutarque l'avoit dit, & que ce n'étoit pas sa faute. Sur cela il quitta le duc, & s'en revint à Paris.

Chapelle revenant de chez Molière à Auteuil, après avoir bu largement à son ordinaire, eut querelle au milieu de la petite prairie d'Auteuil, avec un valet nommé Godemer, qui le servoit depuis plus de trente ans. Ce vieux domestique avoit l'honneur d'être toujours dans le carosse de son maître. Il prit fantaisie à *Chapelle* en descendant d'Auteuil, de lui faire perdre cette prérogative, & de le faire monter derrière son carosse. Godemer accoutumé aux caprices que le vin

causoit à son maître, ne se mit pas beaucoup en peine d'exécuter ses ordres. Celui-ci se met en colère, l'autre se moque de lui; ils se prennent dans le carosse. Le cocher descend de son siège pour aller les séparer. Molière qui étoit à sa fenêtre, apperçut les combattans. Il crut que les domestiques de *Chapelle* l'assommoient, & il accourut au plus vîte: Ah, Molière! lui dit *Chapelle*, puisque vous voilà, jugez si j'ai tort. Ce coquin de Godemer s'est lancé dans mon carosse, comme si c'étoit à un valet de figurer avec moi. Vous ne savez ce que vous dites, répondit Godemer. Monsieur sait que je suis en possession du devant de votre carosse depuis plus de trente ans; pourquoi voulez-vous me l'ôter aujourd'hui sans raison? Vous êtes un insolent, qui perdez le respect, reprit *Chapelle*, si j'ai voulu vous permettre de monter dans mon carosse, je ne le veux plus; je suis le maître, & vous irez derrière ou à pied. Y a-t-il de la justice à cela, répliqua Godemer? Me faire aller à pied présentement que je suis vieux, & que je vous ai bien servi pendant si long-tems! il falloit m'y faire aller pendant que j'étois jeune, j'avois des jambes alors; mais à présent je ne puis plus marcher: en un mot comme en cent, vous m'avez accoutumé au carosse, je ne puis plus en passer, & je serois déshonoré si l'on me voyoit aujourd'hui derrière. Jugez-nous, Molière, je vous prie, ajouta *Chapelle*; j'en passerai par tout ce que vous voudrez. Eh bien! puisque vous vous en rapportez à moi, dit Molière, je vais tâcher de mettre d'accord deux si honnêtes gens. Vous avez tort, dit-il à Godemer, de perdre le respect envers votre maître, qui peut vous faire aller comme il voudra; il ne faut pas abuser de sa bonté. Ainsi je vous condamne à monter derrière son carosse jusqu'au bout de la prairie; & là vous lui demanderez fort honnêtement la permission d'y rentrer. Je suis sûr qu'il vous la donnera. Parbleu, s'écria *Chapelle*, voila un jugement qui vous fera honneur dans le monde: tenez, Molière, vous n'avez jamais donné une marque d'esprit si brillante. Oh bien! ajouta-t-il je fais grace entière à ce maraut, en faveur de l'équité avec laquelle vous venez de nous juger. Ma foi, Molière, ajouta-t-il, je vous suis obligé; car cette affaire-là m'embarrassoit; elle avoit sa difficulté. Adieu, mon cher ami, tu juges mieux qu'homme de France.

Chapelle soupoit un soir tête-à-tête avec le maréchal de * * *. Quand ils eurent un peu bu, ils se mirent à faire des réflexions sur les misères de cette vie, & sur l'incertitude de ce qui la doit suivre. Ils convinrent que rien au monde n'étoit si dangereux que de vivre sans religion: mais ils trouvoient en même tems qu'il n'étoit pas possible de passer en bon chrétien un grand nombre d'années, & que les martyrs avoient été bienheureux de n'avoir eu que des momens à souffrir pour gagner le ciel. Là-dessus, *Chapelle* imagina qu'ils feroient fort bien, l'un & l'autre, de s'en aller en Turquie pour prêcher la religion chrétienne. On nous prendra, disoit-il, on nous conduira à quelque bacha. Je lui répondrai avec fermeté ; vous ferez comme moi, M. le maréchal : on m'empalera, on vous empalera après moi, & nous voilà en paradis. Le maréchal trouva mauvais que *Chapelle* se mît avant lui : C'est moi, dit-il, qui suis maréchal de France, & duc & pair, à parler au bacha, & à être martyrisé le premier, & non pas à un petit compagnon comme vous. Je me moque du maréchal & du duc, répliqua *Chapelle* ; & sur cela M. de * * *, lui jette son assiete au visage. *Chapelle* se jette sur le maréchal, ils renversent tables, buffets, siéges ; on accourt au bruit. On peut penser quelle scène ce fut de leur entendre expliquer le sujet de leur querelle, & conter chacun leurs raisons.

Un jour *Chapelle* soupoit chez Ségrais, avec plusieurs gens de lettres, Despréaux y lut quelques morceaux de son lutrin. Dans la chaleur du repas, *Chapelle* critiqua fortement Despréaux ; celui-ci lui dit : Tais-toi, *Chapelle*, tu es ivre. Je ne suis pas si ivre de vin que tu es ivre de tes vers, répliqua *Chapelle*.

(*Anecdotes littéraires*).

CHAPETONADE. On donne ce nom à une maladie qui attaque souvent, & plus particuliérement ceux qui arrivent à Cartagène en terre-ferme. Ce nom vient du mot *Chapeton* qu'on donne aux européens nouvellement arrivés.

Ceux qui sont attaqués de cette maladie, éprouvent un délire si furieux, qu'on est obligé de les lier, pour les empêcher de se mettre en pièces ; ils expirent souvent au milieu de ces transports, comme dans une espèce de rage.

Les malades ne sont pas reçus dans les hôpitaux, à moins qu'ils ne soient en état de payer. Ceux qui ne peuvent par cette raison y entrer, n'ont d'autre ressource que la nature & la providence. Mais c'est à ce point que le peuple les attend.

Une négresse libre, un mulâtre ou une indienne ; touchée de leur état ; les retire chez elle & les traite avec autant de soin que d'affection.

S'ils meurent entre ses mains, elle les enterre & son zèle va jusqu'à leur faire dire des messes. Il est vrai que la suite ordinaire de cette maladie, est que le malade, s'il guérit, épouse sa bienfaitrice.

CHAPPE D'AUTEROCHE. L'abbé *Chappe* d'Auteroche avoit toujours envisagé la mort avec une force d'ame singulière. La veille de son dé-

part, il étoit à souper chez M. le comte de Mercy, ambassadeur de l'Empire : plusieurs de ses amis lui représentèrent qu'il ne devoit pas entreprendre ce voyage, qu'il y avoit à parier qu'il n'en reviendroit pas. Il leur répondit : « Que » la certitude de mourir le lendemain de son ob- » servation ne seroit pas un motif assez puissant » pour l'en détourner ». Effectivement, quatre jours avant sa mort il dit à ceux qui l'environnoient : « Il faut finir ; je sens que je n'ai plus » que huit jours à vivre, j'ai rempli mon objet » & je meurs content ».

CHARBONNIER. Lorsque l'opéra, au sujet des couches de la reine, donna *gratis* l'un des chefs-d'œuvres de ce théâtre, intitulé, Castor & Pollux ; un *Charbonnier* arriva à la porte, dans une charrette à charbon ; avant d'en descendre, il voulut singer quelques-uns de nos seigneurs ; il tira sa montre, & s'adressant au savoyard crasseux qui lui servoit de cocher : «Revenez » à six heures, lui dit-il, & vous me ramene- » rez chez ma petite ravaudeuse.

CHARDIN, peintre de l'école françoise, mort à Paris, en 1779. Il excelloit dans une imitation fidelle de la nature, & des scènes naïves ; il étoit aussi bon coloriste.

Un particulier demandoit à M. *Chardin* un tableau, il vouloit sur-tout que les *couleurs* en fussent très-vives & très-brillantes. « Eh ! qui vous a dit, s'écria l'artiste avec vivacité, qu'on fait des tableaux avec des couleurs ? »

CHARGE. Une personne demandoit à un particulier s'il avoit une charge ? « oui, répondit-il, j'ai une femme & dix enfans ».

CHARITÉ. La *charité* est l'amour des hommes & l'action par laquelle nous soulageons leurs maux.

La *charité* est un devoir de justice plutôt qu'une œuvre de miséricorde.

Un sage disoit, après avoir passé du faîte des grandeurs au comble de la misère : J'ai perdu ce que j'ai dépensé, & il ne me reste de toutes mes richesses que ce que j'ai donné aux pauvres.

On vint annoncer à Charlemagne, la mort d'un évêque. Il demanda combien il avoit légué aux pauvres ; on lui dit qu'il n'avoit légué que deux livres d'argent : « C'est un bien petit via- » tique pour un si grand voyage, dit un jeune » clerc qui étoit présent ». Le prince satisfait de cette réponse, donna l'évêché à celui qui l'avoit faite, en lui disant : n'oubliez jamais ce que vous venez de dire, & donnez aux pauvres plus que celui dont vous venez de blâmer la conduite.

Charles II roi d'Espagne, étant fort jeune encore, trouva un pauvre sur son passage, en allant à l'église. Il laissa tomber tout doucement une croix de diamans, qui fut aussi-tôt ramassée. A peine les seigneurs qui l'accompagnoient s'en furent aperçus, qu'ils dirent qu'elle avoit été volée ; non, dit le pauvre en la montrant : La voilà ; mais c'est le roi qui me l'a donnée. Charles II ne le démentit pas, & lui racheta la croix douze mille écus.

Jacques Evillon, chanoine & grand-vicaire d'Angers, avoit une si grande *charité* pour les pauvres, qu'il n'avoit point de tapisseries : « Quand, en hiver, j'entre dans ma maison, » répondit-il ; les murs ne me disent pas qu'ils » ont froid ; mais les pauvres qui se trouvent » à ma porte, tout tremblans, me disent qu'ils » ont besoin de vêtemens ».

M. Brayer, l'un des plus habiles & des plus célèbres médecins qu'ait eu la faculté de Paris, chaque premier jour du mois, portoit un sac de mille francs à son curé, pour les pauvres honteux de sa paroisse ; & n'y a point manqué pendant quinze ans : de sorte qu'il a donné aux pauvres, cent quatre-vingt mille livres d'argent monnoyé, sans des *charités* dont peut-être il n'a voulu d'autre témoins que lui-même. On n'en a rien sçu qu'après sa mort, que M. le curé de Saint-Eustache a trouvé juste de rendre ce témoignage à la mémoire d'un homme si charitable.

CHARLATANS.

C'est le nom qu'on donne à ceux qui, sous prétexte de prétendus secrets, qu'eux seuls possèdent, & qu'ils appliquent partout, exercent la médecine. Mais leur plus grand secret est d'avoir beaucoup de suffisance & d'effronterie, moyen toujours sûr de faire des dupes. On les reconnoît parfaitement à ce propos du poète comique : « Rien n'est plus aisé que de » tirer un malade d'affaire ; il guerira, c'est moi » qui vous en donne ma parole d'honneur ».

On donne aussi ce nom à tous ceux qui annoncent ou promettent des choses extraordinaires auxquelles eux-mêmes ne croient pas.

Une dame de Londres, fort riche, abandonnée de tous les médecins, fut guérie par un *charlatan*, d'une tympanite ou hydropisie désespérée ; cet homme ayant appris son état, eut l'audace de l'aller trouver, & lui promit de la guérir immanquablement, moyennant une somme, dont il exigea moitié d'avance, & moitié après la guérison. Un malade est confiant ; la dame se remit entre les mains de ce fourbe, qui se disoit médecin. Il commença par lui faire avaler une araignée, ne doutant pas qu'il ne l'eût empoisonnée ; & craignant d'être poursuivi par la justice, il quitta la ville avec la plus grande promptitude. Quelques mois après, se persuadant que le bruit que devoit faire cet assassinat, seroit passé, notre fourbe revint à Londres, secrètement, & s'informa de quelle manière sa malade étoit morte ; il ne fut pas peu surpris d'apprendre qu'elle se portoit très-bien. Il fut lui rendre visite, & après s'être excusé sur son départ précipité, il reçut l'argent qui lui revenoit, & des remerciemens que certainement il ne méritoit pas. Le fameux Derham rapporte ce fait dans sa théologie physique.

Un *charlatan* étoit à la place de Louis XV, cherchant à vendre des petits livres où il enseignoit des secrets de tours de cartes : « En » voici un, disoit-il, messieurs, que j'ai appris à » Ferney, de ce grand homme qui fait tant de » bruit ici, de ce fameux Voltaire, notre maî- » tre à tous ». Quelques gens sensés, qui par hasard entendoient le *charlatan*, trouvèrent l'éloge très-épigramatique & se mirent beaucoup à rire.

Un seigneur anglois étoit dans son lit, cruellement tourmenté de la goutte, lorsqu'on lui annonça un prétendu médecin qui avoit un remède contre ce mal. Le docteur est-il venu en carrosse, ou à pied, demanda le lord ? A pied, lui répondit le domestique. « Eh bien, réplique le » malade, vas dire à ce fripon de s'en retour- » ner ; car s'il avoit le remède dont il se vante, » il rouleroit carrosse à six chevaux ; & j'aurois » été le chercher moi-même & lui offrir la moi- » tié de mon bien pour être délivré de mon » mal ».

Un homme instruit, prend confiance dans ce qu'il sait, & ignore l'art d'éblouir par un discours apprêté. On peut le comparer à cet habile architecte dont il est parlé dans l'histoire des athéniens. Ce peuple vouloit élever un superbe édifice, & consultoit deux architectes. Le premier qui avoit peu d'expérience, chercha à gagner les suffrages par les plus belles promesses, & par la description d'un projet dont il exagéra la grandeur & la magnificence. Le second, qui étoit très-habile & très expérimenté, se contenta de dire : « Ce que mon confrère a promis, je » l'exécuterai ». Il fut préféré.

Ecoutez un *charlatan*, il est le premier médecin du monde, & le patriote le plus zélé de la nation. L'auteur du spectateur (M. Adisson) rapporte avoir vu à Hammersmith un de ces patriotes, qui disoit un jour à son auditoire : « Je dois ma naissance & mon éducation à cet » endroit, je l'aime tendrement ; & en recon- » noissance des bienfaits que j'y ai reçus ; je fais » présent d'un écu à tous ceux qui voudront » l'accepter ». Chaque auditeur, la bouche béante & les bras immobiles, s'attendoit à recevoir la pièce de cinq schelings. Le docteur met la main dans un long sac, en tire une poignée de

de petits paquet, & dit à l'affemblée : « Mef-
» fieurs, je les vends d'ordinaire cinq fchelings,
» fix fous ; mais en faveur de cet endroit, pour
» lequel j'ai une tendreffe filiale, j'en rabattrai
» cinq fchelings ». Chacun s'empreffe de profiter de fon offre généreufe ; fes paquets font enlevés, les affiftans ayant répondu les uns pour
les autres, qu'il n'y avoit point d'étrangers parmi eux, & qu'ils étoient tous ou natifs, ou du
moins habitans d'Hammerfmith.

Si nous ajoutons foi aux relations des voyageurs, il n'y a pas de joueur de gobelets ou de
faltinbanque en Europe, qui puiffe fe mefurer
avec les charlatans indiens des côtes d'Afie. Nos
foires où fe trouveroient les plus habiles faifeurs de tours, ne leur préfenteroient que le
fpectacle ridicule de quelques enfans qui s'amufent
à faire de petites efpiégleries. Qu'on en juge par
ce feul trait rapporté dans l'Hiftoire générale
des voyages. Tavernier, en paffant à Baroche,
avoit accepté un logement chez les négocians
anglois. Quelques charlatans indiens, ayant offert
d'amufer l'affemblée par des tours de leur profeffion, ce voyageur eut la curiofité de les voir.
Pour premier fpectacle, ils allumèrent un grand
feu, dans lequel ils firent rougir des chaînes dont
ils fe lièrent le corps à nud, fans en reffentir aucun mal. Enfuite, prenant un petit morceau de
bois, qu'ils plantèrent en terre, ils demandèrent
quel fruit on fouhaiteroit en voir fortir. On leur
dit qu'on defiroit des mangues. Alors, un des
charlatans, s'étant couvert d'un linceul, s'ac-
croupit cinq ou fix fois contre terre. Tavernier
qui vouloit le fuivre dans cette opération, prit
une place, d'où fes regards pouvoient pénétrer
par une ouverture du linceul ; & ce qu'il raconte,
ajoute l'hiftorien des voyages, femble demander
beaucoup de confiance au témoignage de fes
yeux. J'apperçus, dit Tavernier, que cet homme
fe coupant la chair fous les aiffelles, avec un
rafoir, frottoit de fon fang le morceau de bois.
Chaque fois qu'il fe retiroit, le bois croiffoit à
vue d'œil ; & à la troifième fois, il en fortit
des branches avec des bourgeons. La quatrième
fois, l'arbre fut couvert de feuilles. La cinquième, on y vit des fleurs. Un miniftre anglois,
qui étoit préfent, avoit protefté d'abord qu'il
ne pouvoit confentir que des chrétiens affiftaffent
à ce fpectacle : mais lorfque d'un morceau de
bois fec, il eut vu que ces gens-là faifoient venir, en moins d'une demie heure, un arbre de
quatre ou cinq pieds de haut, avec des fleurs
comme au printems, il fe mit en devoir de l'aller rompre, & dit feulement qu'il ne donneroit
jamais la communion à aucun de ceux qui de-
meureroient plus long-tems à voir de pareilles
chofes : ce qui obligea les anglois de congédier
ces charlatans, après leur avoir donné la valeur
de dix ou douze écus, dont ils parurent très-
fatisfaits.

Un charlatan difoit en plein marché, qu'il
montreroit le DIABLE. Tout le monde accourut
à ce fingulier fpectacle. Lorfqu'il eut ramaffé le
plus d'argent qu'il put, il ouvrit, devant l'affemblée qui le regardoit. les bras immobiles & la
bouche béante, une grande bourfe vuide, &
leur cria : « Meffieurs, ouvrir fa bourfe, &
» ne rien voir dedans, n'eft-ce pas là le
» diable » :

Un prédicateur italien, qui voyoit de fa chaire, le peuple accourir à un charlatan qui jouoit
une farce dans la place, devant l'églife, fe tuoit
de crier, pour les retenir : « Où allez-vous ?
» reftez, c'eft moi qui fuis le vrai ».

En 1728, dit Voltaire, du tems de Laff, le
plus fameux des charlatans de la première efpèce,
un autre, nommé Villars, confia à quelques
amis que fon oncle qui avoit vécu près de cent
ans, & qui n'étoit mort que par accident, lui
avoit laiffé le fecret d'une eau qui pouvoit aifément prolonger la vie jufqu'à cent cinquante années, pourvu qu'on fût fobre. Lorfqu'il voyoit
paffer un enterrement, il levoit les épaules de
pitié ; fi le défunt, s'écrioit-il, avoit bu de mon
eau, il ne feroit pas où il eft. Ses amis auxquels il en donna généreufement, & qui obfer-
vèrent un peu le régime prefcrit, s'en trouvèrent bien & le prônèrent. Alors il vendit la bouteille fix francs : le débit en fut prodigieux.
C'étoit de l'eau de la Seine avec un peu de
nitre. Ceux qui en prirent & qui s'aftreignirent
à un peu de régime, fur-tout qui étoient nés
avec un bon tempérament, recouvrèrent en
peu de jours une fanté parfaite. Il difoit aux autres, c'eft votre faute fi vous n'êtes pas entièrement gueris ; vous avez été intempérans & in-
continens : corrigez-vous de ces deux vices,
& vous vivrez cent cinquante ans pour le moins.
Quelques-uns fe corrigèrent. La fortune de ce
bon charlatan s'augmenta comme fa réputation.
L'abbé de Pons, l'enthoufiafte, le mettoit fort
au-deffus du maréchal de Villars : il fait tuer des
hommes, lui dit-il, & vous les faites vivre.

On fut enfin que l'eau de Villars n'étoit que
de l'eau de rivière. On n'en voulut plus, & on
alla à d'autres charlatans.

CHARLEMAGNE, (CHARLES furnommé le
grand) empereur d'Occident & roi de France,
fils de Pepin, né en 742 à Satsbourg, château
de la haute Bavière, mort le 8 Janvier 814, dans
la foixante & onzième année de fon âge, la quarante-fixième de fon règne, & la quatorzième de
fon empire. Il eft enterré à Aix-la-Chapelle où il
mourut.

Charlemagne fongea à tenir le pouvoir de la nobleffe dans fes limites, & à empêcher l'oppreffion du clergé & des hommes libres. Il mit un

tel tempéramment dans les ordres de l'état, qu'ils furent contrebalancés & qu'il resta le maître. Tout fut uni par la force de son génie. Il mena continuellement la noblesse d'expédition en expédition; il ne lui laissa pas le temps de former des desseins, & l'occupa toute entière à suivre les siens. L'Empire se maintint par la grandeur du chef: le prince étoit grand, l'homme l'étoit davantage. Les rois ses enfans furent ses premiers sujets, les instrumens de son pouvoir, & les modèles de l'obéissance. Il fit d'admirables réglemens; il fit plus, il les fit exécuter. Son génie se répandit sur toutes les parties de l'empire. On voit, dans les loix de ce prince, un esprit de prévoyance qui comprend tout, & une certaine force qui entraîne tout. Les prétextes, pour éluder ses devoirs sont ôtés; les négligences corrigées, les abus réformés ou prévenus. Il savoit punir; il savoit encore mieux pardonner. Vaste dans ses desseins, simple dans l'exécution, personne n'eut à un plus haut degré l'art de faire les plus grandes choses avec facilité, & les difficiles avec promptitude. Il parcouroit sans cesse son vaste empire, portant la main par-tout où il alloit tomber. Les affaires renaissoient de toutes parts; il les finissoit de toutes parts. Jamais prince ne sçut mieux braver les dangers, jamais prince ne les sut mieux éviter: Il se joua de tous les périls, & particulièrement de ceux qu'éprouvent presque tous les grands conquérans, les conspirations. Ce prince prodigieux étoit extrêmement modéré, son caractère étoit doux, ses manières simples; il aimoit à vivre avec les gens de sa cour. Il fut peut-être trop sensible aux plaisirs des femmes; mais un prince qui gouverna toujours par lui-même, & qui passa sa vie dans les travaux, peut mériter des excuses. Il mit une règle admirable dans sa dépense: il fit valoir ses domaines avec sagesse, avec attention, avec économie; un père de famille pourroit apprendre, dans ses loix, à gouverner sa maison. On voit dans ses capitulaires la source pure & sacrée d'où il tira ses richesses (esprit des loix). Il avoit, suivant les historiens de son temps, la taille haute, le port majestueux, la démarche noble, libre, assurée, le visage agréable, le nez un peu aquilin, les yeux grands, pleins de feu, la chevelure belle, l'air riant & dans toute sa personne mille graces naturelles. » Il ne portoit en hyver, dit Eginhard, » qu'un simple pourpoint fait de peau de loutre, » sur une tunique de laine bordée de soie; il met-» toit sur ses épaules un sayon de couleur bleue; » & pour chaussures il se servoit de bandes de » diverses couleurs, croisées les unes sur les au-» tres. »

Charlemagne dans un de ses capitulaires, ordonne que l'on vende les œufs des basse-cours de ses domaines, & les herbes inutiles de ses jardins. Cet empereur si économe, savoit néanmoins, quand il le falloit, soutenir avec éclat la majesté françoise. Nicéphore, empereur d'Orient, recherchoit son

amitié, & lui avoit envoyé en 803 des ambassadeurs pour assurer la paix entre les deux empires. Ces ambassadeurs trouvèrent *Charlemagne* en Alsace, dans son palais de Seltz. Ce prince, pour leur donner une idée de la magnificence de son empire, & pour rabattre l'arrogance des Grecs, voulut qu'on les introduisît à son audience d'une manière qui leur causât autant de surprise que d'embarras. On les fit passer par quatre grandes salles magnifiquement parées, où l'on avoit distribué les officiers de la maison de l'empereur, tous richement vêtus, tous dans une contenance respectueuse, & debout devant celui des seigneurs qui les commandoit. Dès la première où étoit le connétable assis sur une espèce de trône, les ambassadeurs se mirent en devoir de se prosterner. On les en empêcha, leur représentant que ce n'étoit qu'un officier de la couronne. Même erreur dans la seconde, où ils trouvèrent le comte du palais avec une cour encore plus brillante. La troisième où étoit le maître de la table du roi, & la quatrième où présidoit le grand chambellan, en redoublant leur incertitude, donnèrent lieu à de nouvelles méprises: le degré de magnificence augmentant à proportion du nombre des salles. Enfin, deux seigneurs vinrent les prendre, & les introduisirent dans l'appartement de l'empereur. Le monarque tout éclatant d'or & de pierreries, étoit debout au milieu des rois ses enfans, des princesses ses filles, & d'un grand nombre de ducs & de prélats avec lesquels il s'entretenoit familièrement. Il avoit la main appuyée sur l'épaule de l'évêque Hetton, pour lequel il affecta d'autant plus de considération, qu'il avoit essuyé plus de mépris dans son ambassade à la cour de Constantinople. Les ambassadeurs saisis de crainte se prosternèrent à ses pieds. Il s'apperçut de leur embarras, les releva avec bonté, & les rassura en leur disant qu'Hetton leur pardonnoit, & que lui-même, à la prière du prélat, vouloit bien oublier ce qui s'étoit passé. La négociation ne souffrit aucune difficulté, le traité fut bientôt signé. Il portoit que *Charlemagne* & Nicéphore auroient également le nom d'Auguste; & que le premier prendroit le titre d'empereur d'Occident, & le second celui d'empereur d'Orient. *Histoire de France par Velly, & Sangal de rebus bellicis Caroli Magni.*

Il y avoit trois ans que *Charles* avoit été couronné à Rome empereur d'Occident par Léon III. Le pape assuré des suffrages du clergé, de la noblesse & du peuple qui désiroit un protecteur, en avoit fait une première proposition à *Charlemagne*, que ce heros refusa, soit par sa modération naturelle, soit qu'étant engagé dans beaucoup de guerres, il craignit de s'attirer de nouveaux embarras. Il défendit même qu'on lui en parlât davantage. On feignit de n'y plus songer. Les fêtes de Noël approchoient; & l'on fit de grands préparatifs pour les célébrer avec magnificence. Pepin, un de ses fils & roi d'Italie, s'y rendit accompagné des officiers de l'armée, qui venoit de soumettre les rebelles du duché de Bénévent. Le jour venu, Charles fut prié de prendre pour y assister l'habillement des patrices : il ne voulut point refuser cette légère satisfaction aux romains. Quelque répugnance qu'il eût à porter d'autre habit que celui des françois, il prit une longue tunique avec un grand manteau traînant, dont un des côtés étoit attaché sur son épaule droite. Tout Rome, en le voyant entrer dans l'église, se répandit en acclamations. Il s'approcha de l'autel & se mit à genoux. Il s'inclinoit pour adorer, lorsque le pape qui alloit célébrer la messe, lui mit une couronne sur la tête. Tout le peuple en même temps s'écria : « Vive » Charles, toujours Auguste, grand & pacifique » empereur des romains, couronné de Dieu, & » qu'il soit à jamais victorieux. » Aussitôt Léon se prosterna & fut le premier à l'adorer, disent nos annalistes, c'est-à-dire à lui rendre les respects & les hommages qu'un sujet doit à son souverain. Le jeune Charles, fils aîné du nouveau César, étoit présent à cette cérémonie : le souverain pontife lui présenta la couronne royale, & lui donna l'onction sacrée des rois. Ainsi, cet empire, qui avoit fini l'an 476 dans Augustule, le dernier empereur d'Occident, recommença dans Charlemagne, & dure encore aujourd'hui dans le corps Germanique. *Histoire de France par Velly.*

Charles protégea les sciences & les arts; car la véritable grandeur ne va jamais sans cela. Il avoit dans son palais une académie de gens de lettres & de savans, & se faisoit honneur d'en être membre. Il assistoit à leurs assemblées & donnoit son avis sur les objets sujets à l'examen. Eginhard, secrétaire de *Charlemagne*, & qui a écrit sa vie, ajoute que ce prince faisoit souvent lire pendant qu'il étoit à table, & que cette lecture lui paroissoit le plus doux assaisonnement de ses repas. Nous lui devons la manière de compter par livres, sols & deniers, telle qu'on la pratique aujourd'hui, avec la différence que cette livre étoit réelle & de poids, au lieu que parmi nous elle est numéraire.

Les rois de France avoient autrefois dans plusieurs abbayes ou maisons épiscopales droit de gîte, appellé aussi droit d'*albergie* ou d'*hébergement*, pour eux & leur suite. C'étoit souvent l'une des charges des donations faites à ces abbayes ou aux évêques. *Charlemagne* usa si souvent de ce droit dans le palais d'un évêque qui se trouvoit sur son passage, que le prélat, d'ailleurs généreux, se vit bientôt ruiné. L'empereur, qui ne faisoit pas d'abord attention aux dépenses réitérées qu'il occasionnoit à l'évêque, revint encore lui demander son droit de gîte. Ce prélat n'en fut pas plutôt prévenu qu'il donna des ordres, non pour le service de la table, ou pour le coucher, mais pour faire balayer & nettoyer salles,

sallons, chambres, antichambres, &c. L'empereur qui le vit fort en mouvement pour faire exécuter ses ordres, ne put s'empêcher de lui dire : « Eh! » vous prenez trop de peine : laissez-là ce soin » dont vous vous occupez : tout n'est-il pas assez » net? *Sire*, répondit l'évêque, *il ne s'en faut » guère; mais j'espère qu'aujourd'hui tout le sera de » la cave au grenier.* » Charles qui comprit le reproche, lui dit en souriant : » Ne vous embarrassez pas, monsieur l'évêque; j'ai la main » aussi bonne à donner qu'à prendre; » & sur le champ ce prince unit une terre considérable à l'évêché.

L'aventure du secrétaire Eginhard & d'Imma, fille naturelle de Charles, pourroit encore servir à faire connoître la bonté de ce prince, si cette aventure étoit bien certaine; mas elle n'est rapportée que dans le *Chronicon Lauris Hamensi Cœnobii*, publié par Freher. Ce secrétaire qui étoit un des hommes les plus aimables de son temps, avoit sçu parler au cœur d'Imma. Cette princesse n'osoit d'abord avouer sa foiblesse. Mais Eginhard qui avoit pour Imma les yeux d'un amant passionné, s'apperçut bientôt des sentimens qu'on vouloit lui cacher; &, dans le dessein d'en obtenir l'aveu, il alla de nuit à l'appartement de sa maîtresse. Il se fit ouvrir, sous pretexte qu'il avoit à parler à la princesse de la part de l'empereur; il parla de toute autre chose, & la conversation fut souvent interrompue. Il voulut se retirer avant le jour, mais il s'apperçut qu'il étoit tombé beaucoup de neige. Comme il falloit traverser une grande cour, il craignit que la trace de ses pieds ne le découvrît; il fit part de son inquiétude à la princesse. Quel parti prendre? Imma s'offrit de porter son amant sur ses épaules. La nécessité y fit consentir Eginhard. » L'empereur, qui par un » effet tout particulier de la providence, dit la » chronique, avoit passé toute la nuit sans dormir, se leva de grand matin, & regardant par la » fenêtre, il vit sa fille qui avoit de la peine à marcher sous le fardeau qu'elle portoit. Il fut touché d'admiration & en même-temps ému de » douleur; mais voyant qu'il y avoit quelque » chose de divin dans tout cela, il prit d'abord » le parti de ne rien dire. » Cependant Eginhard, qui n'étoit pas tranquille sur les suites de son intrigue, demanda la permission de se retirer de la cour. Charles lui dit qu'il y penseroit, & lui marqua un certain jour, pour lui faire savoir ses intentions. Ce jour venu, il assembla son conseil, l'instruisit de ce qui s'étoit passé entre sa fille & son secrétaire, & demanda l'avis de l'assemblée. Les uns opinèrent pour une punition exemplaire, les autres, pour un châtiment plus doux; mais le plus grand nombre s'en rapporta à la sagesse du prince. On fit entrer Eginhard, & Charles lui dit que, pour le récompenser de ses services, il vouloit prendre soin lui-même de

son

fon mariage : _Je vous donne pour femme_, ajouta-t-il, _cette porteufe qui vous chargea fi bénignement fur fon dos._ Imma avoit été avertie de venir parler à l'empereur : elle s'avança les yeux baiffés, le vermillon de la pudeur fur le vifage, & tremblant fans doute encore plus pour fon amant que pour elle-même. Mais Charles la prenant par les mains, la remit en celles de l'heureux Eginhard, avec une dot digne de la fille d'un fi grand prince. Cette hiftoriette ou ce conte, comme on voudra l'appeller, a été mis en vers flamands, par Jacob Cats, grand penfionnaire de Hollande, & traduit en vers latins par Gafpard Barlée.

L'ufage de jeûner, du tems de _Charlemagne_, étoit de ne faire qu'un repas à trois heures du foir. _Charlemagne_, par confidération pour fes officiers, mangeoit, les jours de jeûne, à deux heures. Un évêque en fit quelques reproches à l'empereur, qui l'écouta tranquillement & lui dit : « Votre avis eft bon ; mais je vous ordonne » de ne rien prendre, avant que tous mes offi- » ciers aient pris leur réfection ». Il y avoit cinq tables confécutives ; celle de _Charlemagne_ & de fa famille. Elle étoit fervie par les princes & les ducs, qui ne mangeoient qu'après l'empereur. Les comtes fervoient les ducs ; après la table des comtes, étoit celle des officiers de guerre, & enfin celle des petits officiers du palais ; en forte que la dernière table ne finiffoit que bien avant dans la nuit. L'évêque, obligé d'attendre fi long-tems, reconnut bientôt que l'empereur avoit raifon, & qu'il falloit louer fon attention pour fes officiers.

La France révère Charles, non-feulement comme fon héros, mais encore comme fon légiflateur. Ses capitulaires forment la bafe de notre droit. Lorfqu'il fcelloit fes ordres, il le faifoit avec le pommeau de fon épée, où étoit gravé fon fceau, & difoit : _Voilà mes ordres_, & _voilà_, ajoutoit-il en montrant fon épée, _ce qui les fera refpecter de mes ennemis._ Mais ce qui leur attiroit encore plus la vénération des peuples, étoit la juftice qui les accompagnoit toujours.

Pafchal III l'a mis au nombre des faints, en 1165, & fa fête eft encore aujourd'hui célébrée dans plufieurs églifes d'Allemagne. Ce prince avoit érigé dans cet empire un grand nombre d'évêchés, aufquels il avoit annexé de grands fiefs. Il fe flattoit fans doute que fa puiffance contiendroit plus facilement dans le devoir un évêque accoutumé à une vie tranquille & douce, qu'un noble, inquiet & toujours armé.

Le lecteur nous faura fans doute gré de lui mettre fous les yeux les principaux traits que les hiftoriens nous ont tranfmis, d'ailleurs fur un auffi grand prince que _Charlemagne_.

Tout ce qui peut contribuer à former un grand

Encyclopédiana.

homme, fe rencontra dans _Charlemagne_ ; un grand efprit, un grand cœur, une grande ame, avec un extérieur & toutes les qualités requifes pour faire valoir le mérite d'un fi beau & d'un fi riche fonds. L'étendue de fon empire, entouré de tous côtés, ou d'ennemis ou de jaloux de fa puiffance, compofé d'une infinité de nations différentes, la plupart difficiles à contenir dans le devoir, ne l'embarraffa jamais, quoiqu'il eût fouvent plufieurs guerres à foutenir en même tems en Italie, en Efpagne, en Germanie, fur la mer. Ses foins & fa vigilance s'étendoient à tout & par-tout, & ne manquoient guères de le rendre victorieux. Réglant, au milieu de toutes ces guerres, fon état & l'églife, il fit fleurir la piété & les lettres, comme s'il avoit joui de la plus profonde paix ; defcendant dans le détail de tout, voyant tout par lui-même ; toujours en voyage ou en expédition militaire, tandis que fon âge & fa fanté le lui permirent ; également admirable à la tête d'une armée, d'un confeil, d'un concile & même d'une académie de favans. Conftant & ferme dans fes entreprifes, il favoit les foutenir, jufqu'à ce qu'il en fût venu à bout : il prenoit des mefures fi juftes, qu'il n'en manqua prefque jamais aucune.

Sa bonté, fa patience contribuoient beaucoup à lui attacher ceux que fa qualité de roi, de vainqueur ou de père lui avoit foumis..... Il charmoit fes courtifans par fon humeur honnête & aifée, & fon peuple par fes manières honnêtes..... L'application qu'il avoit au gouvernement, ne paroiffoit pas feulement dans les confeils fréquens qu'il tenoit dans les affemblées des feigneurs, & dans les conciles qu'il convoquoit, mais dans l'emploi ordinaire de fon tems. Prefque tout le jour fe paffoit à donner des ordres, à écouter les couriers qui lui venoient de divers endroits, & à conférer avec les miniftres... Il avoit une maxime en matière de récompenfes ; c'étoit de les répandre fur le plus de perfonnes qu'il pouvoit..... La manière dont il fe comportoit dans fon domeftique, pouvoit fervir de modèle à tous fes fujets.

(_Le P. Daniel_).

Charlemagne fongea à tenir le pouvoir de la nobleffe dans fes limites, & à empêcher l'oppreffion du clergé & des hommes libres : il mit un tel tempérament dans les ordres de l'état, qu'ils furent contrebalancés, & qu'il refta le maître. Tout fut uni par la force de fon génie : il mena continuellement la nobleffe d'expédition en expédition ; il ne lui laiffa pas le tems de former des deffeins, & l'occupa toute entière à fuivre les fiens. L'empire fe maintint par la grandeur du chef : le prince étoit grand ; l'homme l'étoit davantage. Les rois, fes enfans, furent fes premiers fujets, les inftrumens de fon pouvoir & les modèles de l'obéiffance. Il fit d'admirables régle-

K k

mens ; il fit plus, il les fit exécuter. Son génie se répandit sur toutes les parties de l'empire : on voit dans les loix de ce prince un esprit de prévoyance qui comprend tout , & une certaine force qui entraîne tout. Les prétextes pour éluder les devoirs sont ôtés ; les négligences corrigées, les abus réformés ou prévenus ; il savoit punir, il savoit encore mieux pardonner. Vaste dans ses desseins, simple dans l'exécution, personne n'eut à un plus haut degré l'art de faire les plus grandes choses avec facilité, & les difficiles avec promptitude. Il parcouroit sans cesse son vaste empire, portant la main par-tout où il alloit tomber. Les affaires renaissoient de toutes parts, il les finissoit de toutes parts. Jamais Prince ne sut mieux braver les dangers, jamais prince ne les sut mieux éviter. Il se joua de tous les périls, & particulièrement de ceux qu'éprouvent presque toujours les grands conquérans, je veux dire les conspirations. Ce prince prodigieux étoit extrêmement modéré ; son caractère étoit doux, ses manières simples ; il aimoit à vivre avec les gens de sa cour. Il fut peut-être trop sensible au plaisir des femmes ; mais un prince qui gouverna toujours par lui-même, & qui passa sa vie dans les travaux, peut mériter plus d'excuses. Il mit une règle admirable dans sa dépense ; il fit valoir ses domaines avec sagesse, avec attention, avec économie : un père de famille pourroit apprendre dans ses loix à gouverner sa maison. On voit dans ses capitulaires la source pure & sacrée d'où il tira ses richesses. Je ne dirai plus qu'un mot : il ordonnoit qu'on vendît les œufs des basses-cours de ses domaines, & les herbes inutiles de ses jardins ; & il avoit distribué à ses peuples toutes les richesses des Lombards, & les immenses trésors de ces Huns qui avoient dépouillé l'univers.

(*Montesquieu*).

Charlemagne, le plus ambitieux ; le plus politique & le plus grand guerrier de son siècle, fit la guerre aux saxons, trente années avant que de les assujettir pleinement. Leur pays n'avoit point encore ce qui tente aujourd'hui la cupidité des conquérans. Les riches mines de Goslar, dont on a tiré tant d'argent, n'étoient point découvertes.... Point de richesses accumulées par une longue industrie, nulle ville digne de l'ambition d'un usurpateur. Il ne s'agissoit que d'avoir pour esclaves des millions d'hommes, qui cultivoient la terre sous un climat triste, qui nourrissoient leurs troupeaux, & qui ne vouloient point de maîtres.... Charles prend d'abord la fameuse bourgade d'Eresbourg ; car le lieu ne méritoit ni le nom de ville, ni celui de forteresse. Il fait égorger les habitans : il y pille & rase ensuite le principal temple du pays, élevé autrefois au dieu *Lanfanu* (principe universel), & dédié alors au dieu *Irminsul*. On y massacra les prêtres sur les débris de l'idole renversée : on pénétra jusqu'au Weser

avec l'armée victorieuse : tous ces cantons se soûmirent. *Charlemagne* voulut les lier à son joug par le christianisme. Tandis qu'il court à l'autre bout de ses états, à d'autres conquêtes ; il leur laisse des missionnaires pour les persuader, & des soldats pour les forcer. Presque tous ceux qui habitoient vers le Weser, se trouvèrent en un an chrétiens & esclaves.

Vitiking retiré chez les Danois, qui trembloient pour leur liberté & pour leurs dieux, revient au bout de quelques années. Il ranime ses compatriotes, il les rassemble : il trouve dans Brême, capitale du pays qui porte ce nom, un évêque, une église & ses saxons désespérés, qu'on traîne à des autels nouveaux. Il chasse l'évêque, détruit le christianisme qu'on n'avoit embrassé que par la force..... Il bat les lieutenans de *Charlemagne*.

Ce prince accourt : il défait à son tour Vitiking ; mais il traite de révolte cet effort courageux de liberté. Il demande aux saxons tremblans, qu'on lui livre leur général ; & sur la nouvelle qu'ils l'ont laissé retourner en Dannemarck, il fait massacrer quatre mille cinq cents prisonniers au bord de la petite rivière d'Alve. Si ces prisonniers avoient été des sujets rebelles, un tel châtiment auroit été une sévérité horrible ; mais traiter ainsi des hommes qui combattoient pour leur liberté & pour leurs loix, c'est l'action d'un brigand, que d'illustres succès & des qualités brillantes ont d'ailleurs fait grand homme.

Il fallut encore trois victoires, avant d'accabler ces peuples sous le joug. Enfin, le sang cimenta le christianisme & la servitude..... Le roi, pour mieux s'assurer du pays, transporta des colonies saxones jusqu'en Italie, & établit des colonies de francs dans les terres des vaincus ; mais il joignit à cette politique sage la cruauté de faire poignarder par des espions, les saxons qui vouloient retourner à leur culte. Souvent les conquérans ne sont cruels que dans la guerre : la paix amène des loix & des mœurs plus douces. *Charlemagne*, au contraire, fit des loix qui tenoient de l'inhumanité de ses conquêtes..... Ce prince soutint l'Émir de Saragosse contre son souverain ; mais il se donna bien garde de le faire chrétien. D'autres intérêts, d'autres soins : il s'allie avec des sarrazins contre des sarrazins ; mais après quelques avantages sur les frontières d'Espagne, son arrière-garde est défaite à Roncevaux, vers les montagnes des Pyrénées, par les chrétiens mêmes de ces montagnes, mêlés aux musulmans..... Content d'assurer ses frontières contre des ennemis trop aguerris, il n'embrasse que ce qu'il peut retenir, & règle son ambition sur les conjonctures qui la favorisent. . . . .

C'est à Rome, c'est à l'empire d'occident que

cette ambition aspiroit. La puissance des rois de Lombardie en étoit le seul obstacle.... Charles passe les Alpes : Didier marche à sa rencontre ; mais une partie des troupes de ce roi malheureux l'abandonne. Il s'enferme dans Pavie, sa capitale : Charlemagne l'y assiège au milieu de l'hiver. La ville, réduite à l'extrémité, se rend après un siège de huit mois.... Didier, le dernier des rois lombards, fut conduit en France, dans le monastère de Corbie, où il vécut & mourut en captif & moine.... Il faut remarquer qu'il ne fut pas le seul souverain que Charlemagne enferma : il traita ainsi un duc de Bavière & ses enfans.

Charlemagne n'osoit pas encore se faire souverain de Rome : il ne prit que le titre de roi d'Italie, se fit couronner comme eux, dans Pavie, d'une couronne de fer. La justice s'administroit encore à Rome, au nom de l'empereur grec. Les papes même en recevoient la confirmation de leur élection. Charlemagne prenoit seulement le titre de patrice.... Les papes n'avoient dans Rome même qu'une autorité précaire & chancelante.... Les inimitiés des familles qui prétendoient au pontificat, remplissoient Rome de confusion. Les deux neveux d'Adrien conspirèrent contre Léon III, son successeur, élu pape, selon l'usage, par le peuple & le clergé romain. Ils l'accusent de beaucoup de crimes, ils animent les romains contre lui : on le traîne en prison, on accable de coups à Rome celui qui étoit si respecté par-tout ailleurs. Il s'évade, il vient se jetter aux genoux du patrice Charlemagne, à Paderbonn. Ce prince, qui agissoit déjà en maître absolu, le renvoya avec une escorte, & des commissaires pour le juger. Ils avoient ordre de le trouver innocent. Enfin, Charlemagne, maître de l'Italie, comme de l'Allemagne & de la France, juge du pape, arbitre de l'Europe, vint à Rome en 801 ; il se fait reconnoître & couronner empereur.

Il n'avoit point de capitale : seulement Aix-la-Chapelle étoit le séjour qui lui plaisoit le plus. Ce fut là qu'il donna des audiences, avec le faste le plus imposant, aux ambassadeurs des califes & à ceux de Constantinople. D'ailleurs, il étoit toujours en guerre ou en voyage, ainsi que vécut Charles-Quint, long-tems après lui. Il partagea ses états comme tous les rois de ce tems-là : mais quand de ses fils, qu'il avoit destinés pour régner, il ne resta plus que ce Louis, si connu sous le nom de débonnaire, auquel il avoit déjà donné le royaume d'Aquitaine, il l'associa à l'empire dans Aix-la-Chapelle, & lui commanda de prendre lui-même sur l'autel la couronne impériale, pour faire voir au monde que cette couronne n'étoit due qu'à la valeur du père & au mérite du fils, & comme s'il eût pressenti qu'un jour les ministres de l'autel voudroient disposer de cette couronne.... Mais en laissant l'empire à Louis,

& en donnant l'Italie à Bernard, fils de son fils Pepin, ne déchiroit-il pas lui-même cet empire qu'il vouloit conserver à sa postérité ? N'étoit-ce pas armer nécessairement ses successeurs les uns contre les autres ? Etoit-il à présumer que le neveu, roi d'Italie, obéiroit à son oncle empereur, ou que l'empereur voudroit bien n'être pas le maître en Italie ?

Il paroît que, dans les dispositions de sa famille, il n'agit ni en roi ni en père. Partager ses états, est-il d'un sage conquérant ? & puisqu'il les partageoit, laisser trois autres enfans, sans aucun héritage, à la discrétion de Louis, étoit-il d'un père juste ?

Quoi qu'il en soit, Charlemagne mourut en 813, avec la réputation d'un empereur aussi heureux qu'Auguste, aussi guerrier qu'Adrien ; mais non tel que les Trajans & les Antonins, auxquels nul souverain n'a été comparable.

La curiosité des hommes, qui pénètre dans la vie privée des princes, a voulu savoir jusqu'au détail de la vie de Charlemagne, & au secret de ses plaisirs. On a écrit qu'il avoit poussé l'amour des femmes, jusqu'à jouir de ses propres filles. On en a dit autant d'Auguste : mais qu'importe au genre humain le détail de ces foiblesses, qui n'ont influé en rien sur les affaires publiques ?

J'envisage son règne par un endroit plus digne de l'attention d'un citoyen. Les pays qui composent aujourd'hui la France & l'Allemagne jusqu'au Rhin, furent tranquilles pendant près de cinquante ans, & en Italie pendant treize, depuis son avénement à l'empire. Point de révolution en France, point de calamité pendant ce demi-siècle, qui par-là est unique. Un bonheur si long ne suffit pas pourtant, pour rendre aux hommes la politesse & les arts : la rouille de la barbarie étoit trop forte, & les âges suivans l'épaissirent encore. Je trouve peu de nouveaux réglemens sous son règne ; mais une grande fermeté a fait exécuter les anciens. Sa valeur fit servir à tant de succès les loix en usage, & sa prudence les perfectionna. Il avoit des forces navales aux embouchures de toutes les grandes rivières de son empire. Avant lui, on ne les connoissoit pas chez les barbares : après lui, on les ignora long-tems. Par ce moyen & par la police guerrière, il arrêta ces inondations des peuples du nord ; il les contint dans leurs climats glacés : mais, sous ses foibles descendans, ils se répandirent dans l'Europe.

Il fit fleurir le commerce, parce qu'il étoit maître des mers.

(Voltaire).

Charlemagne fut le héros de la France & de l'univers, le modèle des grands rois, l'ornement

& la gloire de l'humanité. Il étoit de la plus haute taille, de l'extérieur le plus majestueux, le plus fort & le plus robuste de son tems. Cette supériorité, riche présent de la nature, étoit relevée en lui par celle que donnent les qualités de l'esprit, du cœur & de l'ame. Génie sublime, vaste, intrépide, l'Italie, l'Espagne, la Germanie & l'Orient, conjurés en même tems, ne purent lui arracher la plus légère marque d'embarras où d'inquiétude. Il sçut, au milieu de toutes ses guerres, donner ordre à tout & par-tout, réglant son état & l'église, comme s'il eût été dans une profonde paix, y faisant fleurir l'abondance par une vigilance qui s'étendoit à tout; la piété, par de fréquens conciles, où souvent il assistoit en personne; & les lettres, par la protection constante qu'il leur accordoit : ami lui-même & cultivateur zélé des arts & des sciences. Aussi admirable, lorsqu'il décidoit une question dans une assemblée de sçavans, que lorsqu'il dictoit des oracles dans son conseil. Aussi grand, lorsqu'il haranguoit un concile, que lorsqu'il gagnoit des batailles à la tête d'une armée. Sage dans le projet, les mesures qu'il prenoit, étoient toujours celles qu'il falloit prendre : constant & ferme dans ses entreprises, il savoit les soutenir avec courage & forcer la fortune à le couronner : ardent à la poursuite, on le voyoit passer rapidement des rives de l'Ebre sur les bords de l'Elbe, & du fond de la Germanie à l'extrémité de l'Italie. Heureux dans l'exécution, il fut toujours victorieux, quand il conduisit lui-même ses armées, & rarement fut-il défait, lorsqu'il fit la guerre par ses lieutenans.

(*L'Abbé Velly*).

CHARLES, duc de Bourbon, connétable de France, né le 27 février 1489, tué au siège de Rome, le 6 mai 1527. Il étoit fils de Gilbert de Bourbon, Comte de Montpensier, & de Claire de Gonzague.

Charles se distingua par son courage à la bataille de Marignan & à la conquête du Milanez. Ce prince, si fier, si froid avec les courtisans, savoit gagner le cœur de ses soldats par ses manières affables, & par ce ton d'égalité qu'il connoissoit si propre à les séduire. Il fut, dans les premières années de sa jeunesse, l'ami & le compagnon des travaux de François I; & il auroit mérité l'estime de la nation, si, cédant à ses ressentimens contre la duchesse d'Angoulême, mere de ce monarque, il eût toujours continué de servir son roi & sa patrie. La révolte de ce connétable, si funeste à la France, & les entreprises de Guise, qui portèrent leur vue jusqu'à la couronne, doivent apprendre aux rois, qu'il est également dangereux de persécuter les hommes d'un grand mérite, & de leur laisser trop d'autorité.

« François ayant envoyé demander à Bourbon, qui étoit deja dans le pays ennemi, l'épée de » connétable & son *ordre*, Bourbon répondit : » Quant à l'épée de connétable, il me l'ôta à » Valenciennes, lorsqu'il donna à M. d'Alençon » la conduite de l'avant-garde qui m'appartenoit ; » pour ce qui est de l'*ordre*, je l'ai laissé derrière » mon chevet, à Chantilly ».

Bourbon alla porter ses espérances & ses ressentimens à la cour de Charles-Quint. Les seigneurs castillans semblèrent oublier ses grands talens, pour ne voir en lui qu'un traître à son roi. L'empereur eut même de la peine à lui trouver un logement dans Madrid. On se rappelle la réponse que le Marquis de Villane fit à l'empereur qui lui demandoit son palais, pour y loger Bourbon : » Je ne puis rien refuser à votre majesté ; mais » je lui déclare que, dès que Bourbon en sera » sorti, j'y mettrai le feu moi-même, comme » à une maison infectée de la perfidie, & indigne d'être désormais habitée par des gens » d'honneur ».

On peut encore voir à l'article *Bayard*, les reproches cruels, mais justes, que ce généreux chevalier fit, en expirant, à Bourbon armé contre sa patrie.

En 1527, Bourbon conduisoit une armée considérable en Allemagne, avec laquelle il s'étoit rendu redoutable à toutes les puissances d'Italie. Faute d'argent, ce général n'avoit pu faire distribuer la paye aux soldats ; ils étoient prêts de se débander, & de ruiner par cette déroute toutes ses espérances. Dans cette extrémité, il prit le parti de conduire ses troupes à Rome, qui étoit entrée dans la ligue contre l'empereur. Il leur annonce qu'il les alloit mener dans un lieu où elles s'enrichiroient à jamais. Le ton dont il faisoit cette promesse, l'air d'assurance que l'on voyoit sur son visage, ranimèrent le soldat. On rappelloit ses victoires passées ; on l'élevoit au-dessus des plus grands conquérans. *Nous vous suivrons par-tout*, s'écrioient les soldats, avec un enthousiasme effréné ; *dussiez-vous nous mener à tous les diables.* L'habitude qu'il avoit contractée de marcher à leur tête, de vivre comme eux & de les entretenir familièrement, augmentoit encore l'attachement qu'on avoit pour lui. *Mes enfans*, leur disoit-il quelquefois, *je suis un pauvre cavalier, je n'ai pas un sol, non plus que vous : faisons fortune ensemble.*

Bourbon ayant reconnu la place, disposa tout pour un assaut. Un porte-enseigne romain, auquel on avoit confié la garde d'une brèche, vit le duc de Bourbon s'avancer avec quelques soldats. L'effroi le saisit ; il s'égare, il veut fuir ; il croit rentrer dans la ville, il marche droit à Bourbon. Le duc ne doute pas que cet homme ne commande une sortie, & qu'il ne soit suivi d'une troupe nombreuse : il s'arrête pour l'observer, & pour donner à ses soldats la facilité de s'assembler autour de lui ; en même-tems il fait sonner la charge. Au bruit des trompettes, un nouveau saisissement s'empare du porte-enseigne, qui, dirigeant mieux sa course, fuit vers la ville, où il rentre par la brèche, à la vue de Bourbon: *Mes amis*, s'écria ce général, *suivons la route que le ciel prend soin de nous tracer lui-même*: Il court aussi-tôt vers la brèche, une échelle à la main, & l'applique le premier à la muraille ; mais, du même instant, il est atteint d'un coup mortel, qui le renverse. Dans cette extrémité, il ne perd ni le courage, ni le jugement. Comme cet accident pouvoit n'avoir pas été remarqué dans la chaleur de l'action, & qu'il pourroit, s'il devenoit public, glacer l'ardeur du soldat, il ordonne froidement au capitaine Jonas, son ami, de le couvrir d'un manteau, sous lequel il expira quelques instans après.

Immédiatement avant qu'il rendît les derniers soupirs, quelques-uns de ses soldats qui passoient près de l'endroit où il étoit, se demandoient les uns aux autres, s'il étoit vrai, comme le bruit s'en répandoit, qu'il eût été tué ; lui-même répondit: *Bourbon marche devant.*

CHARLES I, Roi d'Angleterre, ayant reçu son inique sentence, n'obtint qu'avec peine que l'exécution en fût renvoyée à trois jours. Il passa ce tems dans une grande tranquillité d'ame, occupé sur-tout de lecture & d'exercices de piété. Ce qui restoit de sa famille en Angleterre, eut un libre accès près de lui : elle consistoit dans la princesse Elisabeth & le duc de Glocester. Le duc d'Yorck, qui s'étoit échappé de Glocester, ne faisoit que sortir de l'enfance : la princesse, dans un âge fort tendre, marquoit un jugement très-avancé, & les infortunes de sa famille avoient fait une profonde impression sur elle. Après quantité d'avis & de pieuses consolations, son malheureux père la chargea de dire à la reine : « Que, pendant » tout le cours de sa vie, il n'avoit jamais man- » qué, même en idée, de fidélité, pour elle, & » que sa tendresse conjugale auroit la même durée » que sa vie ». Il crut devoir aussi quelques avis pate nels au jeune duc, pour jetter de bonne heure dans son ame des principes d'obéissance & de fidélité pour son frère, qui devoit être sitôt son souverain. Il le prit sur ses génoux : « Mon fils, lui » dit-il, ils vont couper la tête à ton père. » Cet enfant frappé d'une image si cruelle, le regarda fixement. « Fais-y bien attention, mon » fils, ils vont me couper la tête, & peut-être » te feront-ils roi ; mais prends garde à ce que » j'ajoute : Tu ne dois pas être roi, aussi long- » tems que tes frères Charles & Jacques seront » en vie. Ils couperont la tête à tes frères, lors- » qu'ils pourront mettre la main sur eux, & » peut-être qu'à la fin ils te la couperont aussi. » Je te charge donc de ne pas souffrir qu'ils te » fassent roi ». Le duc poussa un soupir, & répondit : « Je me laisserai plutôt déchirer en piè-

ces ». Une réponse si ferme, à cet âge, pénétra *Charles*, & remplit ses yeux de larmes de joie & d'admiration.

Juxon, évêque de Londres, assista le roi dans ses derniers momens. Il l'accompagna sur l'échafaud ; & voyant qu'il se disposoit à poser la tête sur le bloc, il lui dit tendrement : « Sire, il ne vous » reste qu'un pas fâcheux & révoltant, mais très- » court : songez que dans un instant il va vous » conduire bien loin. Il vous fera passer de la » terre au ciel ; & là, vous trouverez avec une » joie extrême le prix auquel vous courez, & la » vraie couronne de gloire.

» Je passe, répondit le roi, d'une couronne » corruptible à celle dont nulle corruption ne peut » approcher, & que je suis sûr de posséder sans » trouble ».

D'un seul coup, sa tête fut séparée du corps. Un homme masqué fut l'exécuteur : un autre aussi déguisé, prit la tête ruisselante de sang, la tint levée aux yeux des spectateurs ; & cria d'une voix forte : *Cette tête est celle d'un traître.*

On a prétendu que l'homme masqué, qui coupa la tête à *Charles* I, étoit un nommé *Stoup*, qui fut depuis colonel d'un régiment suisse en France : mais des faits de cette conséquence méritent plus d'autorité que l'on ne peut en apporter.

La statue de *Charles* I, érigée dans la bourse de Londres, fut renversée, & cette inscription mise sur le piédestal : *Exiit tyrannus, regum ultimus.* Le tyran a disparu ; c'est le dernier de nos rois.

CHARLES II, roi d'Angleterre, fils du précédent, né en 1630, mort en 1685, après avoir erré plusieurs années dans différentes contrées de l'Europe ; il fut rappellé & rétabli sur le trône par Monk, gouverneur d'Ecosse. Pour conserver la paix dans son royaume, il se rappella souvent ce que lui avoit dit Gourville : « Un roi d'Angle- » terre, qui veut être l'homme de son peuple, » est le plus grand roi du monde ; mais s'il veut » être quelque chose de plus, il n'est rien du » tout ».

Son caractère fut toujours porté aux plaisirs, à la douceur & à l'indolence. On prétend qu'il n'avoit jamais dit une chose folle, ni fait une sage.

Un jour que le duc d'Yorck, son frere, lui proposoit quelques mesures précipitées & violentes : *Mon frere*, lui dit-il, *je suis trop vieux pour recommencer mes courses ; vous le pouvez, si c'est votre goût.*

CHARLES V, roi de France. Tout le monde sait que *Charles* V, surnommé le *sage* & l'*éloquent*, fit ouvrir les portes de son appartement, quelques

heures avant sa mort : « Je veux, dit il, avoir la
» consolation de voir encore une fois mon peuple,
» & d'en être vu, de le bénir & de me recom-
» mander à ses prières ».

2. Le jour même de sa mort, il supprima par une
ordonnance expresse, la plupart des impôts. Jamais prince ne se plut tant à demander conseil,
& ne se laissa moins gouverner que lui par ses
courtisans. Ayant appris qu'un seigneur avoit tenu
un discours trop libre devant le jeune prince
Charles, son fils aîné, il le chassa de la cour,
& dit à ceux qui étoient présens : « Il faut ins-
» pirer aux enfans des princes l'amour de la
» vertu, afin qu'ils surpassent en bonnes œuvres
» ceux qu'ils doivent surpasser en dignités ».

Insensible à la flatterie, il connoissoit le véritable prix des éloges. Le sire de la Riviere, son
chambellan & son favori, s'entretenoit avec ce
prince sur le bonheur de son règne « Oui, dit
» le roi, je suis heureux, parce que j'ai la puis-
» sance de faire du bien à autrui ».

CHARLES VI, roi de France, surnommé le
bien-aimé, né à Paris, le 3 décembre 1368,
mourut à Paris dans l'hôtel de Saint Paul, le
22 octobre 1422, âgé de cinquante-quatre ans.
Ce prince avoit tout ce qu'il faut pour attirer les
regards & gagner les cœurs, une physionomie
noble, animée, prévenante, une taille majestueuse, une adresse singuliere à toutes sortes
d'exercices, un caractere libéral, doux, équitable. Il aimoit tendrement ses sujets, & ne
consultoit que son cœur, pour juger des sentimens de ceux qui l'approchoient. Un délateur
ayant accusé quelqu'un d'avoir mal parlé de ce
prince, le monarque étonné répondit : _Cela ne se
peut pas, je lui ai fait du bien._

2. _Charles_ avoit épousé en 1385, Isabelle de Baviere. Cette reine fit son entrée à Paris, l'année
suivante. La description qui en est rapportée dans
la nouvelle histoire de France, peut servir à nous
faire connoître la magnificence, la galanterie, le
goût & le génie inventif de nos ancêtres. Toute
la cour s'étoit rendue à Saint-Denis, où l'on disposa l'ordre qu'on devoit observer. Douze cents
bourgeois habillés de robes, mi-parties rouges &
verges, reçurent la reine au-delà des portes : elle
entra en litiere découverte, escortée par les ducs
de Berry, de Bourgogne, de Bourbon & de Touraine ; Pierre, frere du roi de Navarre, & le
comte d'Ostrevaut. Les duchesses de Berry & de
Touraine la suivoient montées sur des palefrois,
dont les freins étoient tenus par des princes. Les
autres princesses, telles que la reine Blanche, la
duchesse de Bourgogne, la comtesse de Nevers,
sa belle-fille, la duchesse douairiere d'Orléans,
la duchesse de Bar, étoient en litieres découvertes, elles étoient accompagnées des princes du

sang & des plus grands seigneurs, qui bordoient
les côtés de chaque voiture. Les dames de leur
suite étoient en charriots couverts ou à cheval,
environnées & suivies d'une foule de chevaliers
& d'écuyers. A l'entrée de la ville, la reine trouva
un ciel étoilé, où de jeunes enfans habillés en anges, récitoient des cantiques. La Sainte-Vierge
y paroissoit tenant entre ses bras _son petit enfant_,
_lequel s'ébattoit à part soi, avec un petit moulinet
fait d'une grosse noix._ On avoit revêtu la fontaine
de Saint-Denis d'un drap bleu semé de fleurs de
lys d'or. De jeunes filles extrêmement parées
chantoient mélodieusement, & présentoient aux
passans _claret, hypocras & piment_, dans des vases
d'or & d'argent. Sur un échafaut dressé devant la
Trinité, des chevaliers françois, anglois & sarrasins représentèrent un combat appelé _le pas
d'armes du roi Saladin_. A la seconde porte de
Saint-Denis, on voyoit dans un ciel nué, semé
d'étoiles, _Dieu séant en sa majesté_ : des petits enfans de chœur chantoient moult doucement en forme
d'anges. Lorsque la reine passa sous la porte,
deux de ces enfans se détachèrent & vinrent
lui poser sur la tête une couronne enrichie de
perles & de pierres précieuses. Ils chantoient ces
quatre vers :

> Dame enclose entre fleurs de lys,
> Reine êtes-vous de paradis,
> De France & de tout le pays ;
> Nous en r'allons en paradis.

Plus loin étoit une salle de concert. Isabelle,
qui voyoit avec autant de satisfaction que de surprise, ces merveilles du tems, s'arrêta plus encore à considérer le nouveau spectacle que le
châtelet offrit à ses regards. C'étoit une forteresse
en bois, aux creneaux de laquelle paroissoient des
hommes d'armes en sentinelle. Sur le château,
s'élevoit un lit paré, où gissoit madame Sainte
Anne. C'étoit, disoit-on, le symbole du lit de
justice. A quelque distance, on avoit arrangé un
bois d'où l'on vit s'élancer un cerf blanc, qui
s'avança vers le lit de justice : un lion & un aigle
sortis du même bois, vinrent l'attaquer. A l'instant, douze pucelles, l'épée à la main, vinrent
prendre la défense du lit de justice & du cerf.
Charles avoit adopté l'emblème de cet animal.
Lorsque la reine entra sur le pont au change, un volti-
geur descendit avec rapidité sur une corde tendue
depuis le haut des tours de Notre-Dame, jusque
sur le pont. Comme il étoit déja tard, il tenoit
dans chaque main un flambeau allumé.

Charles eut la curiosité d'assister à tous ces spectacles. » Savois, dit-il à un de ses chambellans,
» je te prie que tu montes sur mon bon cheval
» & je monterai derriere toi, & nous nous habil-
» lerons de façon qu'on ne nous connoisse point
» & irons voir l'entrée de ma femme. Ils allèrent

» donc par la ville, en divers lieux, & s'avan-
» cèrent pour venir au châtelet, à l'heure que la
» reine passoit, où il y avoit moult de peuple &
» grande presse, & foison de sergens à grosses bou-
» laies, lesquels, pour empêcher la presse, frap-
» poient de côté & d'autre de leurs boulaies bien
» & fort; & le roi & Savoisi tâchoient toujours
» d'approcher; & les sergens, qui ne connoiſ-
» soient point le roi ni Savoisi, frappoient de
» leurs boulaies deſſus, & en eut le roi plusieurs
» horions sur les épaules bien assis; & le soir, en
» présence des dames & demoiselles, fut la chose
» récitée, & on commença d'en bien farcer; &
» le roi même se farçoit des horions qu'il avoit
» reçus ».

Une espèce de frénésie qui, en 1391, altéra
l'esprit de *Charles*, fit les malheurs de son peuple
& les siens. Lorsque ce bon prince recouvroit quelques momens de santé, il ne pouvoit s'empêcher
de répandre des larmes sur la tyrannie de ses oncles, qui profitoient du tems de ses accès, pour
accabler le royaume d'impôts, & commettre toutes
sortes d'abus.

On étoit cependant parvenu en 1393, à force
de soins & de remèdes, à rétablir la santé du
roi; mais un nouvel accident l'affoiblit pour toujours. On avoit imaginé à la cour une mascarade,
à l'occasion du mariage d'une des filles d'honneur de la reine : le roi, déguisé en sauvage,
traînoit à sa suite cinq seigneurs habillés comme
lui, & enchaînés les uns aux autres. Ils étoient
vêtus d'une toile enduite de poix-résine, sur laquelle on avoit appliqué des étoupes. Le duc
d'Orléans eut l'imprudence d'approcher un flambeau d'un de ces habits, qui furent enflammés en
un moment. Quatre seigneurs furent brûlés; le
cinquième, plus heureux, rompit sa chaîne, &
courut vers la bouteillerie, où il se précipita dans
une cuve pleine d'eau. Le roi fut sauvé par la
présence d'esprit de sa belle-sœur la duchesse de
Berry, qui l'enveloppa dans son manteau. Les re-
chûtes de l'infortuné *Charles* devinrent, depuis
cet accident, très-fréquentes, & il ne fut plus juſqu'à la mort qu'un simulacre de souverain, dont
ceux qui l'approchoient s'emparoient successivement, pour autoriser leurs déprédations & leurs
injustices.

La reine & le duc d'Orléans disposoient à leur
gré des revenus de la couronne, & laissoient la
famille royale manquer du nécessaire. *Charles* fit
venir un jour la gouvernante de ses enfans, qui
lui avoua que souvent ils n'avoient que manger ne
que vêtir. Hélas ! dit-il en soupirant, je ne suis
pas mieux traité, & lui donna pour vendre une
coupe d'or dans laquelle il venoit de boire.
Charles finit sa triste vie, sans qu'il y eût à peine
quelques officiers pour recevoir ses derniers sou-

pirs. Sa mort sauva la France de l'invasion des
anglois.

CHARLES VII, roi de France, surnommé le
victorieux, né à Paris le 22 février 1403, mort
le 22 juillet 1461, âgé de 58 ans.

Charles étoit d'une taille médiocre, & d'une
complexion sanguine. Sa physionomie ouverte
annonçoit la franchise de son cœur; d'une exactitude scrupuleuse à remplir ses engagemens, sa
parole étoit parole de roi, & tenue pour loi. Il
lui fallut regagner pied à pied son royaume, en-
vahi sous le règne précédent, par le débordement de l'Angleterre en France. Mais ce prince
plus porté aux plaisirs qu'aux affaires, ne fut,
en quelque sorte, dit un illustre historien, que
le témoin des merveilles de son règne. S'il mérita le surnom de victorieux, c'est qu'il eut le
bonheur d'avoir des généraux habiles, expéri-
mentés, pleins de bravoure, une femme d'un
esprit élevé, & une maîtresse magnanime, qui
l'aima assez pour ne lui donner que des conseils
qui intéressoient sa gloire & le bonheur de ses
peuples.

Les anglois avoient, en 1429, mis le siége
devant Orléans, & le duc de Bourbon voulant
empêcher un convoi qui venoit au camp des
anglois devant cette ville, fut entièrement défait. *Charles* désespérant alors de sa fortune,
projettoit une retraite dans le Dauphiné. Si cette
honteuse résolution eût été exécutée, les anglois
devenoient entièrement maîtres de la France.
Marie d'Anjou, princesse accomplie & digne
par l'élévation de ses sentimens, de la couronne qu'elle portoit, représenta à son époux
l'opprobre dont il alloit se couvrir, en fuyant
devant les ennemis de sa patrie & de sa maison. Les anecdotes du tems font aussi mention,
que le roi paroissant déterminé à se réfugier aux
extrémités de la France méridionale, la belle
Agnès Sorel, maîtresse de ce prince, lui demanda la permission de se retirer de la cour : le
monarque alarmé, voulut savoir le motif de
son départ, & dans quelle demeure elle alloit
se fixer. Elle lui répondit que les astrologues
l'ayant assurée qu'elle seroit aimée par le plus
grand roi de l'Europe, elle alloit trouver le roi
d'Angleterre que probablement cette prédiction
désignoit, puisque sa majesté paroissoit renoncer
à ce glorieux titre.

Agnès, en se servant habilement de la tendresse du roi pour ranimer la vertu de ce prince,
mérita l'estime de la nation & de la France. Ce
monarque qui vivoit un demi siècle après *Char-*
les VII, tems auquel la mémoire des événemens
de ce règne étoit encore récente, composa lui-
même ces vers, en voyant le portrait de la belle
Agnès :

Gentille Agnès , plus d'honneur tu mérite ,
La cause étant de France recouvrer ,
Que ce que peut dedans un cloître ouvrer
Close nonain , ou bien dévot hermite.

Charles ne s'éloigna point d'Orléans ; mais cette ville dénuée de tout étoit prête à se rendre , & il n'y avoit plus qu'un prodige qui pût sauver cette place : & ce prodige fut Jeanne d'Arc , dont on connoît l'histoire.

Charles reprit successivement les conquêtes des anglois. Devenu paisible possesseur de son trône il rendit son peuple heureux ; mais lui-même connut peu le bonheur. La rébellion de son fils aîné , depuis Louis XI , lui fit passer ses dernières années dans l'amertume & le chagrin. Louis s'étoit retiré auprès du duc de Bourgogne : « Le » duc , disoit *Charles* à cette occasion , ne con- » noît pas le dauphin ; il nourrit un renard qui , » dans la suite , mangera ses poules ».

C'est sous le règne de ce prince , vers l'an 1440 , que l'on découvrit en Allemagne l'art de l'imprimerie.

Il est le premier roi de France qui ait commencé à faire rédiger par écrit les diverses coutumes locales de la France, & qui ait prescrit les formalités qui doivent être observées à leur rédaction.

CHARLES VIII, roi de France , surnommé l'affable & le courtois , né à Amboise le 30 juin 1470 , mort dans la même ville , le 7 avril 1498 , à 27 ans.

Charles VIII , dit Comines , ne fut jamais que petit homme de corps , & peu entendu ; mais il étoit si bon qu'il n'est pas possible de voir meilleure créature. Louis XI , son père , prince soupçonneux & jaloux , le tint toujours dans l'obscurité & l'ignorance. Il voulut qu'on ne lui apprît que ces mots latins : *Qui nescit dissimulare , nescit regnare ;* celui qui ne sait pas dissimuler , est incapable de régner. *Charles* goûta apparemment cette leçon ; car il avoit coutume de dire : « Si je croyois que ma chemise sût » mon secret , je la brûlerois sur le champ ».

Ce prince , flatté de conquérir le royaume de Naples , conquête qui avoit pour fondement les droits de la maison d'Anjou cédés à Louis XI , fit sa paix avec ses ennemis , & leur accorda plusieurs de ses provinces , « sans faire attention » dit un historien , que douze villages , qui joi- » gnent un état , valent mieux qu'un royaume » à quatre cents lieues de chez soi ». Les succès du jeune monarque semblèrent justifier d'abord son imprudence. Ils furent si rapides , si brillans , que le pape Alexandre VI , en par-

lant de cette expédition , disoit que les françois étoient venus en Italie , la craie à la main pour marquer leurs logemens. *Charles* entra en vainqueur , dans Rome , en 1494 , à la lueur des flambeaux. Le pape , retiré dans le château de Saint-Ange , capitula avec ce prince , l'investit du royaume de Naples , & le couronna empereur de Constantinople. L'éclat de ses victoires & la terreur du nom françois , lui ouvrirent les portes de Capoue & de Naples. Il fit son entrée dans cette ville , vêtu en habit impérial , d'un grand manteau d'écarlate , avec son grand collet renversé , fourré de fines hermines mouchetées , tenant la pomme d'or ronde & orbiculaire en sa main droite , & en la sénestre , son grand sceptre impérial , & sur sa tête une riche couronne d'or fermée à l'impériale , garnie de force pierreries contrefaisant ainsi bravement l'empereur de Constantinople , selon que le pape l'avoit ainsi créé , & tout le peuple d'une voix , le crioit empereur très-auguste. (*Brantôme*).

Cette espèce de triomphe ne fut qu'un beau songe pour *Charles*. La conquête de Naples faite en six mois , fut perdue avec la même rapidité , & les François ne remportèrent de leur expédition que cette maladie cruelle qui empoisonne les sources même de la vie.

Charles avoit un goût vif pour les femmes. Il fut vaincre néanmoins son penchant , dans une circonstance remarquable. Après la prise de la ville d'Asti par les françois , se retirant un soir dans son apartement , il y trouva une jeune italienne d'une beauté touchante qui étoit à genoux devant une image de la sainte vierge qu'elle invoquoit , en versant beaucoup de larmes. De lâches courtisans l'avoient achetée pour gagner les bonnes graces du roi , en favorisant ses passions. La jeune fille conjura le monarque de la sauver son honneur , en considération de celle qui étoit représentée dans ce tableau. Le roi touché , fit venir les parens de cette fille , & leur donna une dot pour la marier. Il ne dit point comme Scipion , qui donnoit l'exemple à ses troupes : Je la retiendrois , si je n'étois pas général ; mais il la renvoya , parce que , malgré ses passions , la vertu avoit toujours des droits sur son cœur.

Ce bon prince , peu de tems avant sa mort , avoit projetté de supprimer les épices des juges , & d'obliger les évêques à résider dans leurs diocèses , sous peine d'être privés du fruit de leur évêché.

» Son intention étoit aussi de donner chaque jour » une audience , où les moindres de ses sujets fus- » sent admis librement. Ce dessein fut même exé- » cuté « Ce n'est pas , dit Comines , qu'il fit de » grandes expéditions en cette audience ; mais » au moins étoit-ce tenir les gens en crainte » &

& par efpécial fes officiers , dont il avoit fufpendu aucuns pour pillerie.

CHARLES IX, roi de France , fils de Henri
II , né à Saint-Germain-en-Laye , le 27 juin
1550, mort au château de Vincennes , le 30 mai
1574 , âgé de 24 ans.

Le brave , le vertueux Cypierre , gouverneur
de *Charles* IX, travailla à inspirer à son jeune
élève des fentimens d'honneur , de vertu & d'humanité; mais il eſt peut-être des naturels que
l'éducation peut bien adoucir, mais qu'elle ne
change jamais. *Charles* , excité par les conseils
perfides de Catherine de Médicis , conspira
contre ses propres sujets, & trempa ses mains
dans leur sang. P. Mathieu & Papire Masson,
nous le repréfentent , ayant la taille haute, maigre & droite, les épaules courbées, les jambes
grêles, le visage pâle, les yeux hagards & la
phyfionomie farouche. Il étoit ; ajoutent-ils , facile
à s'irriter , & grand jureur. Cependant , comme
il aimoit les lettres , il se plaifoit dans la compagnie des savans. On pouvoit espérer que ,
s'il eût vécu , il auroit pris des mœurs plus
douces.

Charles faifoit paroître son inclination sanguinaire
jufques dans fes divertiffemens ; & différens traits
de ce prince, pouvoient dès-lors annoncer à des
esprits inquiets & clairvoyans, le massacre de
la saint-Barthelemi. Ce prince, s'amusant un jour
à chasser des lapins dans un clapier ; « faites-les
moi tous sortir, dit-il , afin que j'aie le plaifir
de les tuer tous ».

Son activité lui faifoit haïr le repos, au point
qu'il appelloit les maisons, les tombeaux des
vivans.

Il souffroit impatiemment qu'on le détournât
de fes exercices. Villeroi , lui ayant présenté
plufieurs fois des dépêches à figner , dans le
tems qu'il alloit jouer à la paume : «Signez, mon
» père, lui dit-il, fignez pour moi ». Hé bien ,
mon maître, reprit Villeroi , puifque vous me
le commandez , je fignerai. Ce n'eſt que depuis
Charles IX que les fecretaires d'état ont figné
pour le roi.

Quelques hiſtoriens ont voulu rejetter entierement fur les Guifes & fur Catherine de Médicis l'horreur du massacre de la saint-Barthelemi;
mais il eſt certain que fi *Charles* IX refufa d'abord
de s'y prêter, il devint bientôt le plus
cruel perfécuteur de fes fujets proteſtans. Lorfqu'il fut jour, & qu'il mit la tête à la fenêtre
de fa chambre, voyant aucuns dans le fauxbourg Saint-Germain qui fe rémuoient, & fe
fauvoient, il prit une grande arquebufe de chaffe
qu'il avoit, & en tira tout plein de coups à
eux ; mais inutilement ; car l'arquebufe ne tiroit

Encyclopédiana.

de fi loin; inceffamment crioit : Tuez , tuez ,
& n'en voulut jamais fauver aucun , finon Ambroife Paré , fon chirurgien , & fa nourrice.
(*Brantôme.*)

Charles joignoit la diffimulation à la cruauté.
Il s'étoit vanté auprès de Catherine de Médicis,
fa mère, qu'il mettroit tous les proteſtans dans
les filets. L'amiral Coligni s'étoit laiffé éblouir
de la faveur apparente dont il jouiffoit à la cour,
& fe moquoit de ceux qui vouloient lui infpirer de la défiance. Un capitaine huguenot, nommé Langoiran, vint lui dire un jour qu'il s'en
alloit dans fa province ; l'amiral en demande la
caufe : » C'eſt, répond le gentilhomme qu'on
» nous fait trop de careffes, & j'aime mieux
» me fauver avec les fous, que de périr avec
» ceux qui fe croient fages ».

Notre bon roi Henri IV, alors prince de
Navarre, n'échappa au massacre, qu'en promettant d'aller à la messe. Il fut réveillé avec le
prince de Condé deux heures avant le jour,
par une multitude d'archers de la garde, qui entrèrent effrontément dans la chambre du Louvre
où ils couchoient, & lui ordonnèrent avec infolence de s'habiller & de venir trouver le roi.
On leur défendit de prendre leurs épées ;
& en fortant, ils virent massacrer devant
eux, une partie de leurs gentilshommes.
Charles les attendoit, & les reçut avec un
vifage où la fureur étoit peinte. Il leur commanda, avec les juremens & les blafphêmes qui
lui étoient familiers, de quitter la religion qu'ils
n'avoient prife, difoit-il, que pour fervir de
prétexte à leur rébellion. L'état où l'on réduifoit ces princes, n'ayant pu les empêcher de témoigner la peine qu'ils auroient à obéir, la
colère du roi devint exceffive. Il leur dit d'un
ton altéré & plein d'emportement : qu'il ne prétendoit plus être contredit dans fes volontés,
par des fujets ; qu'ils euffent à apprendre aux
autres par leur exemple, à le révérer comme
étant l'image de dieu ; & à n'être plus les ennemis des images de fa mère.

Charles demandoit alors de la foumiffion ; ce
n'étoit plus ce roi qui, fe trouvant quelques années
auparavant avec le prince de Navarre, à Marfeille, voulut bien le difpenfer d'aller à l'église
avec lui. Un jour cependant que Henri l'avoit
accompagné jufqu'à la porte de l'église, & refufoit d'avancer, le roi lui prit, en riant, fon
bonnet de velours noir, bordé en or & parfemé
de pierres précieufes, & le jetta dans l'église,
afin d'obliger le prince à y entrer, ne fût-ce
que pour reprendre fon bonnet.

On avoit demandé à *Charles* qu'il abandonnât
au fer des affaffins, Ambroife Paré, fon chirurgien, qui étoit proteſtant ; mais il ne voulut jamais y confentir, & répondit : « Eſt-il raifon-

» nable d'ôter la vie à un homme qui, par sa
» science, pourroit la sauver à tout un petit
» monde ».

Il y a d'autres traits qui prouvent que ce monarque, tout barbare, tout sanguinaire qu'il
étoit, savoit respecter la science & ceux qui la
cultivoient. Il répandoit même volontiers ses
bienfaits sur les poètes. Les récompenses qu'il
leur donnoit étoient modiques à la vérité ; mais
fréquentes. « Les poètes, disoit-il quelquefois
» en badinant, ressemblent aux chevaux. Ils de-
» viennent lâches, & perdent leur vivacité dans
» la trop grande abondance : il faut les nour-
» rir, mais non pas les engraisser ».

Il s'étoit formé sous son règne, une espèce
d'academie de gens de lettres & de beaux esprits, qui s'assembloient à saint-Victor. *Charles*
y alla plusieurs fois, & on observe que, par la
considération qu'il avoit pour les savans, il leur
permettoit de s'asseoir en sa présence. On ajoute
même que tout le monde étoit couvert, si ce
n'est quand on parloit directement au roi.

Cet exemple servit à régler le cérémonial qui
s'observa à l'académie françoise lorsque la reine
de Suède vint, pendant son séjour en France,
visiter cette compagnie.

Les mémoires de Sully attestent que ce prince
mourut au milieu des douleurs les plus aiguës;
& baigné dans son sang. En cet état, l'affreuse
journée de la saint Barthelemi fut sans cesse
présente à sa mémoire. Il marqua par ses transports & par ses larmes, le regret qu'il en ressentoit. » Ambroise, avoit-il dit, quelques jours
» auparavant, à son chirurgien, je ne sais ce qui
» m'est survenu depuis deux ou trois jours; mais
» je me trouve l'esprit & le corps tout aussi
» émus que si j'avois la fièvre. Il me semble à
» tout moment, aussi bien veillant que dormant,
» que ces corps massacrés se présentent à moi
» les faces hideuses & couvertes de sang : je
» voudrois bien qu'on n'y eût pas compris les
» foibles & les innocens.

Charles XII, roi de Suède, fils & successeur de *Charles* XI ; il naquit en 1682; il
vainquit à seize ans les rois de Dannemarck,
de Pologne & le czar ; & pendant neuf ans
leur donna la loi ; mais après la bataille de
Pultawa qu'il perdit en 1709, il fut obligé de
fuir en Turquie. Il retourna dans ses états en
1714, & fut tué au siège de Frederickshall, le
12 décembre 1718, à 36 ans & demi.

Charles XII étoit d'une taille avantageuse &
noble ; il avoit un très-beau front, de grands
yeux bleus remplis de douceur, un nez bien
formé ; mais le bas du visage désagréable, trop
souvent défiguré par un rire fréquent, qui ne

partoit que des lèvres ; presque point de barbe
ni de cheveux. Il parloit très-peu & ne répondoit
souvent que par ce rire dont il avoit pris l'habitude.
On observoit à sa table un silence profond. Il avoit
conservé dans l'inflexibilité de son caractère cette
timidité, que l'on nomme mauvaise honte. Il
eût été embarrassé dans une conversation, parce
que, s'étant adonné tout entier aux travaux de
la guerre, il n'avoit jamais connu la société. C'est
peut-être le seul de tous les hommes, & jusqu'ici le seul de tous les rois qui ait vécu sans
foiblesse. Il porta toutes les vertus des héros à
un excès où elles sont aussi dangereuses que les
vices opposés. Sa fermeté devenue opiniâtreté,
fit ses malheurs dans l'Ukraine, & le retint cinq
ans en Turquie : sa libéralité dégénérant en profusion, a ruiné la Suède : son courage, poussé
jusqu'à la témérité, a causé sa mort : sa justice
a été quelquefois jusqu'à la cruauté ; & dans les
dernières années, le maintien de son autorité approchoit de la tyrannie. Ses grandes qualités,
dont une seule eût pu immortaliser un autre
prince, ont fait le malheur de son pays. Il n'attaqua jamais personne ; mais il ne fut pas aussi
prudent qu'implacable dans ses vengeances. Il a été
le premier qui ait eu l'ambition d'être conquérant, sans avoir l'envie d'aggrandir ses états ;
il vouloit gagner des empires pour les donner.
Sa passion pour la gloire, pour la guerre & pour
la vengeance, l'empêcha d'être politique, qualité sans laquelle on n'a jamais vu de conquérant. Avant la bataille & après la victoire, il
n'avoit que de la modestie ; après la défaite que
de la fermeté. Dur pour les autres comme pour
lui-même, comptant pour rien la peine & la vie
de ses sujets, aussi bien que la sienne ; homme
unique plutôt que grand homme, admirable plutôt qu'à imiter. Sa vie doit apprendre aux rois
combien un gouvernement pacifique & heureux
est au-dessus de tant de gloire.

Le caractère de ce prince s'étoit manifesté de
bonne heure. Étant encore enfant, on lui demandoit ce qu'il pensoit d'Alexandre, dont il
lisoit l'histoire, dans Quinte-Curce. Je pense,
répondit-il, que je voudrois lui ressembler. Mais
lui dit-on, il n'a vécu que trente-deux ans. Ah!
reprit-il n'est-ce pas assez quand on a conquis des
royaumes?

Lors de sa première campagne, en 1700,
comme il n'avoit jamais entendu de sa vie de
mousqueterie, il demanda au major général
Stuard, qui se trouvoit auprès de lui, ce que
c'étoit que ce petit sifflement qu'il entendoit à ses
oreilles ? C'est le bruit que font les balles de fusil qu'on vous tire, lui dit le major. Bon, dit
le roi, ce sera-là dorénavant ma musique. Dans
le même instant, le major qui expliquoit le bruit
des mousquetades en reçut une dans l'épaule ; &
un lieutenant tomba mort à l'autre côté du roi.

Ce prince ayant eu un cheval tué fous lui à la bataille de Narva, il fauta légérement fur un autre, difant gaîment : Ces gens-ci me font faire mes exercices.

Au fiège de Thorn, ce prince dont l'habit étoit toujours fort fimple, s'étant avancé fort près avec un de fes généraux, nommé Liéven, qui étoit vêtu d'un habit bleu galonné d'or, il craignit que ce général ne fût trop apperçu. Il lui ordonna de fe ranger derrière lui. Liéven connoiffant trop tard fa faute, d'avoir mis un habit remarquable, & craignant également pour le roi, héfitoit s'il devoit obéir. Le roi impatient, le prend auffi-tôt par le bras, fe met devant lui & le couvre ; au même inftant, une volée de canon qui venoit en flanc, renverfe le général mort fur la place, que le roi quittoit à peine. La mort de cet homme tué précifément au lieu de lui, parce qu'il vouloit le fauver, affermit Charles dans l'opinion où il fut toute fa vie de la prédeftination abfolue ; & ce dogme qui favorifoit fon courage peut auffi fervir à juftifier fes témérités.

Ce prince étoit affiégé dans Stralsund, place frontière de fes états. Un jour qu'il dictoit des lettres à un fecrétaire, une bombe tomba fur la maifon, perça le toit & vint éclater près de la chambre même du roi. La moitié du plancher tomba en pièces : le cabinet où le roi dictoit étant pratiqué en partie dans une groffe muraille, ne fouffrit point de l'ébranlement ; & par un bonheur étonnant, nul des éclats qui fautoient en l'air n'entra dans ce cabinet dont la porte étoit ouverte. Au bruit de la bombe, & au fracas de la maifon qui fembloit tomber, la plume échappa des mains du fecrétaire. Qu'y-a-t-il donc ? lui dit le roi, d'un air tranquille ; pourquoi n'écrivez-vous pas ? Celui-ci ne put répondre que ces mots : Eh ! fire, la bombe.-- Eh bien répondit le roi, qu'a de commun la bombe avec la lettre que je vous dicte ? Continuez. Hiftoire de Charles XII.

Prefque tous fes principaux officiers ayant été tués ou bleffés dans ce fiège, le colonel baron de Reichel, après un long combat, accablé de veilles & de fatigues, s'étant jetté fur un banc pour prendre une heure de repos, fut appelé pour monter la garde fur le rempart ; il s'y traîna en maudiffant l'opiniâtreté du roi, & tant de fatigues fi intolérables & fi inutiles ; le roi, qui l'entendit, courut à lui, & fe dépouillant de fon manteau, qu'il étendit devant lui : « Vous n'en pouvez plus, mon cher Reichel ; j'ai dormi une heure, je fuis frais, je vais monter la garde pour vous ; dormez, je vous éveillerai quand il en fera tems ». Après ces mots, il l'enveloppa malgré lui, le laiffa dormir, & alla monter la garde.

Ce héros étoit trop fenfible à la gloire militaire, pour refufer fes eloges à fes ennemis, lorfqu'ils les méritoient. Un célèbre général faxon, lui ayant échappé par de favantes manœuvres, dans une occafion où cela ne devoit point arriver, ce prince dit hautement : Schulembourg nous a vaincus.

Lorfque dans un fiège ou un combat on lui annonçoit la mort de ceux qu'il eftimoit, & qu'il aimoit le plus, il répondoit fans émotion : Eh bien ; ils font morts en braves gens pour leur prince.

Ce prince difoit à fes foldats : « Mes amis, joignez l'ennemi, ne tirez point ; c'eft aux poltrons à le faire ».

Charles ayant, en 1706, forcé les polonois à exclure le roi Augufte, du trône où ils l'avoient placé, entra en Saxe, pour obliger ce prince lui-même à reconnoître les droits du fucceffeur qu'on lui avoit donné. Il choifit fon camp près de Lutzen, champ de bataille fameux par la victoire & par la mort de Guftave Adolphe. Il alla voir la place où ce grand homme avoit été tué. Quand on l'eut conduit fur le lieu : « J'ai tâché, dit-il, de vivre comme lui ; Dieu m'accordera peut-être un jour une mort auffi glorieufe ».

On a rapporté cette autre anecdote. Charles occupé d'une affaire importante, alla de grand matin chez fon miniftre pour en conférer avec lui. Comme il étoit encore au lit, ce prince attendit quelques momens. Il y avoit auffi un foldat qui attendoit dans l'antichambre ; Charles lui fit plufieurs queftions auxquelles il répondit indifféremment. Enfin on ouvre, le miniftre lui fit fes excufes à fon maître. Le foldat confus de lui avoir parlé avec tant de liberté, fe jetta à fes pieds, & lui dit : « Sire, pardonnez-moi, je vous ai pris pour un homme ». Il n'y a pas de mal, répondit Charles, rien ne reffemble plus à un homme qu'un roi.

Charles, pour tout amufement dans fa retraite de Bender en Turquie, jouoit quelquefois aux échecs. Si les petites chofes, dit l'hiftorien de fa vie, peignent les hommes, il eft permis de rapporter qu'il faifoit toujours marcher le roi à ce jeu ; il s'en fervoit plus que des autres pièces ; & par-là, il perdoit toutes les parties.

Un de fes vieux officiers, foupçonné d'être un peu avare, fe plaignit à lui de ce que fa majefté donnoit tout à Grothufen. Je ne donne de l'argent, répondit le roi, qu'à ceux qui favent en faire ufage.

La princeffe Lubomirski qui étoit dans les intérêts & dans les bonnes grâces du roi Augufte, ennemi de la Suède, avoit pris la route d'Allemagne, pour fuir les horreurs de la guerre cruelle qui défoloit la Pologne, en 1705. Hagen, lieutenant colonel fuédois, averti de ce voyage, fe mit en embufcade, & fe rendit maître de la princeffe, de fes équipages, de fes pierreries, de fa vaiffelle, de fon argent comptant, objets très-confidérables. *Charles XII*, inftruit de cette aventure, écrivit de fa propre main à M. Hagen : « Comme je ne fais pas la » guerre aux dames, le lieutenant colonel re- » mettra, auffi-tôt ma préfente reçue, fa prifon- » nière en liberté, & lui rendra tout ce qui lui » appartient; & fi pour le refte du chemin, elle » ne fe croit pas affez en fûreté, le lieutenant » colonel l'efcortera jufques fur la frontière de » Saxe.

Quoique *Charles* fût peut-être l'homme le plus frugal de fon armée, un foldat mécontent ofa lui préfenter un jour du pain noir & moifi, fait d'orge & d'avoine, feule nourriture que les troupes euffent alors, & dont elles manquoient même fouvent. Le roi reçut le morceau de pain fans s'émouvoir, le mangea tout entier, & dit enfuite froidement au foldat : il n'eft pas bon, mais il peut fe manger. C'eft par de femblables traits que ce prince faifoit fupporter à fon armée des extrémités qui euffent été intolérables fous tout autre général.

Sa témérité qui l'avoit fi fouvent expofé à la mort, lui fit enfin trouver au fiège de Frédérickshall, le 11 décembre 1718, lorfqu'il vifitoit fur les neuf heures du foir les travaux du fiège à la lueur des étoiles. Une balle qui l'atteignit à la temple droite, le fit expirer fubitement. Cependant il eut encore la force de mettre, par un mouvement naturel, la main fur la garde de fon épée. A ce fpectacle, l'ingénieur Mégret, homme fingulier & indifférent, dit à ceux qui fe trouvèrent préfens : Voilà la pièce finie, allons fouper.

Charles XII, a dit le préfident de Montefquieu, n'étoit point Alexandre, mais il auroit été le meilleur foldat d'Alexandre.

Tout le monde connoît l'averfion de *Charles XII* pour les femmes; mais très-peu de gens en favent l'origine. A peine fut-il fur le trône de Suède, que ne refpirant que la guerre, il ne s'occupa entièrement que des moyens efficaces de la faire. Un profeffeur de Stockolm lui avoit communiqué une nouvelle invention concernant l'artillerie. Elle lui plut fi fort, qu'il voulut fur le champ en tenter l'expérience. Impatient de perfectionner cette découverte, il alla feul un matin chez le profeffeur; celui-ci étoit malade. Le roi, après avoir frappé longtems à la porte, entre enfin. Il eut avec l'inventeur un entretien fur l'objet en queftion. En fortant il fut conduit par une très-jolie perfonne.

Sa figure lui plut; mais cette fille n'approuva pas les libertés que le monarque voulut prendre avec elle. Ce refus fit une fi forte impreffion fur l'efprit de *Charles XII*, qu'il bannit à jamais le beau fexe de fa compagnie & de fes plaifirs.

CHARLES-QUINT, empereur & roi d'Efpagne, Il étoit fils aîné de Philippe I, archiduc d'Autriche, & de Jeanne, reine de Caftille; il naquit à Gand, le 24 février 1500. Il mourut le 21 feptembre 1558, âgé de 58 ans moins quelques mois.

Charles, quoique né dans les Pays-Bas, étoit d'une vivacité fingulière; dans fon enfance, ce feu fi dangereux-ordinairement pour les fouverains & pour les fujets, fut dirigé avec tant de fageffe, qu'il ne produifit que de bons effets. On le tourna à l'étude des langues vivantes, de l'hiftoire, de la politique, connoiffances néceffaires à ceux qui font appellés au trône, & on réuffit à jetter fur ces grands objets, cet intérêt vif qui ne laiffe que de l'indifférence pour tout le refte. Il arriva de-là que le jeune prince n'eut pas ce goût du plaifir, ce défir de plaire, ces graces de l'imagination, qui féduifent trop fouvent les courtifans, & par leur moyen la multitude. Sa réputation fouffroit de ce qui auroit dû la former. Mais l'Europe fe vit bientôt forcée de rétracter fon jugement injufte.

Ce prince, étant enfant, s'efcrimoit contre les figures de tapifferies qui étoient armées, il rangeoit en bataille fes pages, livroit des combats dont il fortoit vainqueur, & fe faifoit porter en triomphe, fur les mains entrelacées de fes prifonniers.

Antoine Delève, l'un des plus célèbres généraux de *Charles-Quint*, s'étant rendu auprès de ce prince, le monarque lui fit l'accueil le plus honorable. Delève étoit plus que feptuagénaire. *Charles* le fait affeoir auprès de fa perfonne, & veut abfolument qu'il fe couvre; & comme ce héros marquoit quelque répugnance à mettre fon chapeau, le prince le pofe lui-même fur fa tête, en difant : « Un capitaine italien qui a fervi glorieu- » fement pendant foixante campagnes, mérite » bien de jouir des privilèges des grands d'Ef- » pagne, & d'être affis & couvert, à l'âge de » foixante & treize ans, en préfence d'un em- » pereur qui n'en a que trente. »

L'armée de *Charles*, victorieufe de François I, à Pavie, en 1525, fit ce prince prifonnier, & le conduifit à Madrid. L'empereur, qui étoit dans fa capitale, donna un décret, par lequel il défendit les réjouiffances au fujet de fa victoire. « On ne doit, difoit-il, fe réjouir que » des avantages remportés fur les infidèles ». Mais cette modération n'étoit qu'apparente.

En 1535 le roi de Tunis, Haſſem, chaſſé du trône, par le corſaire Barberouſſe, avoit imploré le ſecours de *Charles-Quint*, dont il offroit de ſe rendre tributaire. Pendant qu'on délibéroit dans le conſeil de Madrid, avec beaucoup de lenteur & de circonſpection ſur le parti qu'il convenoit de prendre, l'empereur ſe leva, & dit avec vivacité : « Je déclare la guerre à » l'uſurpateur, & je paſſerai en Afrique, à la » tête de mes troupes ». Barberouſſe, averti par ſes eſpions, de cette réſolution, s'écria avec plus de modeſtie qu'il n'avoit coutume d'en faire paroître : Ou *Charles* acquerra la gloire qui lui manque, ou je perdrai celle que j'ai acquiſe.

L'armée chrétienne commença ſes opérations par le ſiège de la Goulette. L'empereur, qui ſavoit déjà par expérience que la vigilance eſt l'ame des grandes entreprifes, viſita ſouvent ſon camp. Une nuit, feignant de venir du côté des Maures, il s'approcha d'une ſentinelle qui cria, ſuivant l'uſage : Qui va là ? *Charles* lui répondit, en contrefaiſant ſa voix : Tais-toi, tais-toi, je te ferai ta fortune. La ſentinelle, le prenant pour un ennemi, lui tira un coup de fuſil qui heureuſement étoit mal ajuſté. L'empereur ſe fit auſſi-tôt connoître. Si, comme quelques hiſtoriens l'ont prétendu, c'étoit une choſe concertée, on doit toujours louer *Charles* de ce ſtratagême, qui pouvoit ſervir à convaincre les troupes de ſa vigilance, & les accoutumer à être continuellement ſur leurs gardes.

Le ſiège de la Goulette fut long & meurtrier, il l'auroit été encore davantage, ſans la promeſſe que fit l'empereur d'une chaîne de cinq cents ducats d'or à celui qui le premier planteroit l'étendard chrétien ſur la muraille. L'eſpoir d'une récompenſe ſi glorieuſe, enflamma le courage de toute l'armée. Les efforts d'un ſimple ſoldat de Palerme, dont l'hiſtoire n'a pas conſervé le nom, & ceux de Pierre de Tuniente, chevalier de Malthe, furent également heureux. Les informations mêmes les plus exactes ne purent faire prononcer qui méritoit le prix. Dans cette incertitude, l'empereur fit donner deux chaînes au lieu d'une ; & par cette attention ſi ſage, gagna plus de cœurs, qu'il ne l'auroit fait en d'autres occaſions par les plus grands ſacrifices.

Le boulanger de Barberouſſe vint offrir à l'empereur d'empoiſonner ſon maître ; ce qui auroit fait tomber ſans riſque le pays entre les mains des eſpagnols. *Charles*, pour toute réponſe, envoie auſſi-tôt avertir ſon ennemi du péril qui le menace, & l'exhorte à être à l'avenir ſur ſes gardes.

Charles-Quint, à ſon retour d'Afrique, avoit formé le projet de conquérir la France ; il ſe croyoit ſi aſſuré du ſuccès, qu'il dit à Pierre de la Beaume, qui le prioit de le rétablir ſur ſon ſiège de Genève, dont il avoit été chaſſé par les calviniſtes : « Monſieur l'évêque, quand j'au- » rai conquis la France pour moi, je prendrai » Genève pour vous ». *Charles* ſe trompa, & apprit à mieux connoître les françois.

En 1539, la préſence de *Charles* étant abſolument néceſſaire dans les Pays-Bas, ce prince demanda à François I la permiſſion de paſſer par la France. Toutes les hiſtoires font mention de la pompe & de la magnificence avec laquelle l'empereur fut reçu dans ce royaume. La politique pouvoit profiter des circonſtances pour faire révoquer le traité de Madrid ſi onéreux à la France ; mais la grandeur d'ame, & la franchiſe de François I, étoient de ſûrs garants pour *Charles*. Le roi de France ne diſſimula point à ſon hôte le parti que de lâches courtiſans lui ſuggéroient : Voilà une dame, lui dit-il un jour, en lui montrant la ducheſſe d'Etampes, qui me conſeille de ne point vous laiſſer ſortir de Paris, que vous n'ayez révoqué le traité de Madrid. Si le conſeil eſt bon, reprit *Charles*, un peu déconcerté, il faut le ſuivre. Mais ce prince, craignant que la généroſité du roi ne cédât enfin aux inſtances de ſa maîtreſſe, crut devoir la mettre dans ſes intérêts. Le lendemain, comme il ſe lavoit les mains, pour ſe mettre à table, il laiſſa tomber exprès un anneau enrichi d'un diamant de très-grand prix. La ducheſſe, qui préſentoit la ſerviette, le releva & voulut le rendre : Non madame, lui dit-il, il eſt en de trop belles mains pour le reprendre : je vous prie de le garder pour l'amour de moi. La ducheſſe parut charmée de ce préſent, qui avoit été fait dans la ſeule conjecture où le roi pouvoit agréer qu'elle l'acceptât.

Charles avoit, en 1541, médité la conquête d'Alger. On étoit dans l'arrière ſaiſon, & on avoit tous les élèmens à combattre. André Doria le preſſa de renvoyer cette expédition à un autre tems, & finit par lui dire, de ce ton qui lui étoit familier : Souffrez qu'on vous dé- » tourne de cette entrepriſe ; car, parbleu, ſi « nous y allons, nous perirons tous ». *Charles* ſe contenta de lui répondre en riant : Mon père, ſoixante & douze ans de vie à vous, & vingt-deux à moi d'empire, doivent nous ſuffire. Après cela il fallut partir. L'expédition fut malheureuſe, comme tous les gens ſenſés s'y attendoient.

Ce prince, qui ſortoit d'une attaque de goutte très-violente, marchoit d'une manière ſi ſingulière, que le comte de Buren ne put ſe retenir d'un éclat de rire. Comme l'empereur lui en demandoit la cauſe, Sire, répondit le courtiſan, qui ne ſe trouvoit pas aſſez de préſence d'eſprit pour imaginer ſur le champ une défaite : en voyant les pas mal affurés de votre majefté , j'ai cru voir l'empire, comme fon chef chancelant, tantôt fur un pied & tantôt fur un autre. Gardez-vous une autre fois de ces penfées, lui dit l'empereur, avec une douceur mêlée de févérité, & apprenez que ce ne font pas les pieds, mais que c'eft la tête qui gouverne.

Charles, s'entendant louer exceffivement par un de fes courtifans, lui dit : » Je vois bien que » vous penfez à moi dans vos fonges ».

Ce prince jouoit au brelan contre un fimple gentilhomme, & s'écria, en voyant qu'il avoit trois rois : « Je jure par la tête de l'impératrice » que je gagnerai le jeu ». Le gentilhomme qui avoit trois dames, & une quatrième qui tournoit, mêla adroitement les cartes, & avoua qu'il avoit perdu. Cette préfence d'efprit fit fur le vifage de l'impératrice, qui avoit remarqué le jeu une impreffion fi fenfible, que l'empereur qui s'en apperçut, voulut favoir ce que c'étoit. Dès qu'on l'eut inftruit, il demanda pourquoi un jeu fi fûr avoit été abandonné : « Sire, lui dit « le gentilhomme, votre majefté tient lieu d'un » quatrième roi, & ainfi elle l'emporte fur mon » jeu ». Cette réponfe donna fi bonne opinion de celui qui l'avoit faite, qu'il l'avança dans fa cour.

Dans un village d'Arragon, où, felon l'ufage du pays, il y avoit un roi de pâques ; celui qui jouoit ce perfonnage, fe préfenta à l'empereur qui paffoit, & lui dit qu'il étoit roi : « En vérité, mon ami, lui répondit Charles, » vous avez pris là un malheureux emploi ».

On parloit, devant l'empereur, d'un capitaine efpagnol qui fe vantoit de n'avoir jamais eu peur. Il n'a donc jamais mouché la chandelle avec les doigts, dit le prince ; car il auroit craint de fe brûler.

(Charles, dont les troupes étoient compofées d'italiens, d'allemands & d'efpagnols, difoit qu'une armée, pour être bonne, devoit avoir une tête italienne, un cœur allemand, & des bras caftillans.

Les rois d'Efpagne n'ont porté le titre de majefté que depuis que Charles-Quint fut appellé au trône de l'empire. Ce titre fut donné pour la première fois à ce prince, en 1519, dans une occafion célèbre, où fut plaidée la caufe de la liberté des indiens, contre la tyrannie de leurs vainqueurs.

Charles fut fe concilier l'efprit fier & fuperbe des catalans, par une de ces petites attentions qui paroîtront indifférentes aux princes peu politiques. Les députés de Catalogne étoient venus favoir de lui, de quelle manière il vouloit faire fon entrée dans Barcelone, il répondit qu'il dé-

firoit d'être reçu comme l'avoient été autrefois les comtes, parce qu'il tenoit à plus grand honneur d'être comte de Barcelone, que d'être empereur des romains.

On a rapporté plufieurs traits de bonté de ce prince. Il donnoit un de ces divertiffemens que les efpagnols appellent joutes de canne ; il avoit réglé que tous ceux qui devoient y prendre part fe diviferoient en quadrilles. Chaque grand compofa la fienne de gens de condition qui lui étoient les plus attachés ; mais tous avoient négligé un homme de mérite & de confidération, parce qu'il avoit quelque tache dans fon origine. L'empereur, averti par un des gentilhommes de fa chambre, de l'affront que l'on faifoit à un cavalier qu'il eftimoit, fortit de fon cabinet, il dit aux grands qui l'attendoient au paffage : « Meffieurs, que perfonne ne retienne » dom N.... , parce qu'il doit entrer dans ma » quadrille ».

Ce prince, dans fes premières années, alloit fouvent à la chaffe. Un jour pourfuivant un fanglier plus vivement qu'il n'auroit fallu, il fe trouva au milieu de la forêt, fuivi feulement du comte de Boffu. Il s'apperçoit que ce jeune feigneur s'étoit bleffé avec fon couteau, qui, fuivant l'ufage de ce tems-là, étoit empoifonné avec le fuc de la jufquiame. Le feul moyen d'arrêter les progrès de ce poifon, étoit de le fucer fur le champ. Le prince n'héfita point un inftant, & malgré la réfiftance du jeune comte, il lui procure le fecours néceffaire.

Dans un voyage que Charles fit d'Anvers à Bruxelles, fes chevaux ou ceux de fa fuite écrasèrent une brebis. Le berger ayant demandé inutilement un dédommagement, fe laiffa perfuader de faire affigner l'empereur. Le procès fut inftruit & jugé comme il l'auroit été entre de fimples particuliers. Cette procédure déplut à la cour. On interrogea le juge, qui répondit « qu'il étoit foumis à l'empereur, mais que dans » les affaires de fon tribunal il ne connoiffoit » que la juftice. » Cette réponfe magnanime fit impreffion fur l'efprit de Charles, qui employa par la fuite ce magiftrat dans des affaires importantes.

Jean Daens, riche négociant d'Anvers, témoigna un jour à Charles-Quint l'envie qu'il avoit de lui donner à dîner. L'empereur fe prêta au défir de ce négociant. Jean Daens, plein de reconnoiffance pour cet acte de bonté, jetta au feu un billet de deux millions qu'il avoit prêtés à ce prince. « Je fuis, lui dit-il, trop payé par » l'honneur que votre majefté me fait. »

Le célèbre Titien, peintre de l'école de Venife, difoit à l'empereur qu'il avoit l'honneur de faire fon portrait pour la troifième fois. Oui, répartit le prince, c'est pour la troisième fois que vous me donnez l'immortalité.

Cet artiste ayant un jour laissé tomber son pinceau, *Charles* le ramassa, en disant que » le » Titien méritoit d'être servi par César. »

Charles avoit étudié dans sa jeunesse les langues vivantes. Il disoit quelquefois qu'il vouloit se servir de l'Italienne pour parler au pape, de l'Espagnole pour parler à la reine Jeanne sa mère, de l'Angloise pour parler à la reine Catherine sa tante, de la Flamande pour parler à ses amis, & de la Françoise pour parler avec lui-même.

Une de ses maximes étoit que « les états se » mènent d'eux-mêmes, & que les innovateurs » en sont les perturbateurs. »

» Les longues réflexions, disoit-il, sont les » cautions des bons succès. »

« Les gens de lettres, disoit encore ce prince, » m'instruisent, les négocians m'enrichissent, & » les grands me dépouillent. »

Charles n'eut pas plutôt abdiqué ses couronnes, qu'il fut convaincu par lui-même que c'est moins l'homme que la place qu'il occupe qui attire les hommages des hommes. Les peuples ne s'empressoient plus de l'honorer sur son passage. Son successeur négligeoit même de lui faire tenir les sommes qu'il s'étoit réservées pour récompenser ses domestiques. *Charles* laissa entrevoir son chagrin à cet égard, dans la réponse qu'il fit à un bouffon, nommé Pedro de San-Erbas. Cet homme voyant *Charles* le saluoit, lui dit : « Sire » vous êtes bien bon de vous découvrir pour » moi ? Est-ce pour dire que vous n'êtes plus » empereur ? Non, Pierre, répondit le prince; » c'est que je n'ai plus rien à te donner que » cette marque de courtoisie. »

Charles partit peu de jours après cet entretien pour Saint-Just, monastère situé dans un vallon agréable, sur les frontières de Castille & de Portugal, auprès de Placentia. Ce prince qui avoit rempli si long-temps les rôles de roi & d'empereur, parut incapable de s'acquitter de celui d'homme privé. Il se promenoit, cultivoit des fleurs, se donnoit la discipline, & cherchoit à se distraire par tous les petits détails du cloître. Il alloit à son tour éveiller les novices à l'heure de matines. L'un d'eux qu'il secoua & tourmenta un jour parce qu'il ne s'éveilloit pas, lui dit : « N'avez-vous pas assez long-temps troublé le » repos du monde, sans venir encore troubler » celui des hommes paisibles qui l'ont quitté ? »

Charles termina ces scènes ridicules par une pantomime encore plus bizarre & plus extravagante. Il fit célébrer ses obsèques pendant sa vie, se mit en posture de mort dans un cercueil, entendit faire pour lui-même des prières que l'église n'adresse qu'à Dieu, & pour ceux qui ne sont plus. Après que tout le monde se fût retiré, il sortit de la bierre, mais avec une fièvre violente qui le conduisit bientôt au tombeau.

CHARLEVAL (Charles Faucon de Ry, seigneur de), mort en 1693 à l'âge de 80 ans. Il avoit le corps & l'esprit fort délicats, ce qui faisoit dire à Scarron, que les muses ne le nourrissoient que de blanc manger & d'eau de poulet.

Il régla sa conduite sur les maximes suivantes qu'il mit en vers.

> Modérons nos propres vœux,
> Tâchons de nous mieux connoître.
> Desires-tu d'être heureux,
> Desire un peu moins de l'être.
>
> Le fameux souverain bien,
> En un séjour de misère,
> N'est qu'un pompeux entretien,
> Et qu'une noble chimère.
>
> Voici comment j'ai compté
> Dès ma plus tendre jeunesse;
> La vertu, puis la santé,
> La gloire, puis la richesse.

Il adressa le couplet suivant à Madame Scarron, depuis Madame de Maintenon.

> Bien souvent l'amitié s'enflamme,
> Et je sens qu'il est mal aisé
> Que l'ami d'une belle femme
> Ne soit un amant déguisé.

Il répondit à une dame qui lui reprochoit d'être trop long-temps à la campagne :

> Au doux bruit des ruisseaux dans les bois je respire;
> C'est-là que sur les fleurs j'aime à me reposer :
> Je ne quitterois pas ces lieux pour un empire;
> Mais je les quitterois, Iris, pour un baiser.

La conversation du maréchal d'Hocquincourt & du père Canaye, imprimée dans les œuvres de Saint-Evremont, pièce originale & plaisante, est de *Charleval.*

CHARNACÉ, mort vers 1699. C'étoit dit le duc de S. Simon, dans ses mémoires) un garçon d'esprit, qui avoit été page du roi & officier dans ses gardes-du-corps & fort du monde, puis retiré chez lui, où il avoit souvent fait des fredaines. Il en fit une entre autres dont on ne peut que rire.

Il avoit une très-longue avenue devant sa maison en Anjou. Dans cette avenue, belle & parfaite, étoit plantée une maison de paysan & son petit jardin qui s'y étoit trouvé lorsqu'elle fût bâtie ; jamais *Charnacé* & son père n'avoient pu réduire ce paysan à la leur vendre, quelque avantage qu'ils lui en eussent offert.

Charnacé ne sachant plus qu'y faire, avoit laissé cela depuis long-temps sans en plus parler ; mais enfin fatigué de cette chaumière qui lui bouchoit la vue, & lui ôtoit tout l'agrément de son avenue, il imagina un tour de passe-passe. Le paysan qui y demeuroit & à qui elle appartenoit étoit tailleur de son métier, quand il trouvoit à l'exercer, & il étoit chez lui tout seul, sans femme ni enfans. *Charnacé* l'envoie chercher, lui dit qu'il est mandé à la cour pour un emploi de conséquence, qu'il est pressé de s'y rendre ; mais qu'il lui faut une livrée. Ils font un marché au comptant ; mais *Charnacé* stipule qu'il ne veut point se fier à ses délais, & que moyennant quelque chose de plus, il ne veut pas qu'il sorte de chez lui que sa livrée ne soit faite ; & qu'il le couchera, le nourrira, & le payera avant de le renvoyer. Le tailleur s'y accorde & se met à travailler. Pendant qu'il y est occupé *Charnacé* fait prendre avec la dernière exactitude le plan & la dimension de sa maison & de son jardin, des pièces intérieures, jusqu'à la position des ustensiles & du petit meuble, fait démonter la maison & emporter tout ce qui y étoit, remonte la maison telle qu'elle étoit au juste, dedans & dehors, à quatre portées de mousquet à côté de son avenue ; replace tous les meubles & ustensiles dans la même position en laquelle on les avoit trouvés, & rétablit le petit jardin de même ; en même temps fait applanir & nettoyer l'endroit de l'avenue où elle étoit ; en sorte qu'il n'y parut pas. Tout cela fut exécuté encore plutôt que la livrée faite ; & cependant le tailleur demeura gardé à vue, de peur de quelque indiscrétion.

Enfin la besogne achevée de part & d'autre, *Charnacé* amusa son homme jusqu'à la nuit bien noire ; le paye & le renvoye content. Le voilà qui enfile l'avenue, bientôt il la trouve longue ; après il va aux arbres & ne les trouve plus ; il s'apperçoit qu'il a passé le bout & revient à l'instant chercher les arbres ; il les suit à l'estimée, puis croise & ne trouve point sa maison. Il ne comprend point cette aventure. La nuit se passe dans cet exercice, le jour arrive & devient bientôt assez clair pour aviser sa maison, il ne voit rien, il se frotte les yeux ; il cherche d'autres objets pour découvrir si c'est la faute de sa vue ; enfin il croit que le diable s'en mêle, & qu'il a emporté sa maison : à force d'aller & de venir & de porter sa vue de tous côtés, il apperçoit à une grande distance de l'avenue une maison qui ressemble à la sienne ; il ne peut croire que cela soit ; mais la curiosité le fait aller où elle est & où il n'a jamais vû de maison. Plus il approche, plus il reconnoît que c'est la sienne.

Pour s'assurer mieux de ce qui lui tourne la tête, il présente sa clef ; il ouvre, il entre, il retrouve tout ce qu'il y avoit laissé, & précisément dans la même place ; il est prêt à en pâmer & est convaincu que c'est un tour de sorcier : la journée ne fut pas bien avant que la risée du château & du village l'instruit de la vérité du sortilége & le mit en furie. Il veut plaider, il veut demander justice à l'intendant, & par-tout on s'en moque ; le roi qui le sut en rit aussi, & *Charnacé* eut son avenue libre.

CHARONDAS, de Catane en Sicile, donna des loix aux habitans de Thurium & leur défendit, sous peine de mort, de se trouver armé dans les assemblées. Un jour ayant appris au retour d'une expédition qu'il y avoit beaucoup de tumulte dans l'assemblée du peuple, il y vola pour l'appaiser, sans avoir l'attention de quitter son épée. On lui fit remarquer qu'il violoit sa propre loi. Je prétends, dit-il, la confirmer & la sceller de mon sang. Aussi-tôt il se perça le sein. Ce législateur vivoit 444 ans avant J. C.

CHARRI (Jacques Prévost, seigneur de). Il se distingua dans les armées françoises sous Henri II & Charles IX. Un historien raconte qu'il défit dans un combat 300 Allemands de la garnison de Crescentin, & qu'il abbattit du revers de son sabre le bras au capitaine de cette troupe, quoiqu'armé de corselet & manche de mailles. *Charri* fut le premier mestre-de-camp du régiment des Gardes-Françoises, dont l'institution se rapporte à cette époque.

Des envieux le firent assassiner le 31 décembre 1563.

CHARRON (Pierre), né à Paris en 1541, quitta la profession d'avocat qu'il avoit exercée pendant six ans, pour se livrer à l'étude de la théologie & à l'éloquence de la chaire. Michel Montagne lui accorda une amitié très-particulière, & lui permit par son testament de porter les armes de sa maison. Si ce présent nous paroît de peu de valeur, qu'on se ressouvienne que Montagne étoit Gascon. Quoi qu'il en soit, *Charron* témoigna par la suite sa reconnoissance en laissant tout son bien au beau-frère de ce philosophe. *Charron* avoit résolu de finir ses jours chez les Chartreux ou chez les Célestins ; mais il fut refusé dans ces deux ordres à cause de son âge avancé. Il mourut subitement dans une rue de Paris en 1603.

CHARTIER (Alain), conseiller au parlement de Paris, fut secrétaire de Charles VI & de Charles VII. Il fit les délices de la cour sous les deux rois. Marguerite d'Ecosse, première femme du Dauphin de France, (devenu depuis roi sous le nom de Louis XI), l'ayant vu endormi sur une chaife, s'approcha de lui pour le baifer. Les feigneurs de la cour s'étonnant qu'elle eut appliqué fa bouche à celle d'un homme fi laid ; la princeffe leur répondit, qu'elle n'avoit pas baifé l'homme, mais la bouche qui avoit dit tant de belles chofes. Alain *Chartier* fut nommé dans fon temps le père de l'éloquence françoife ; il a fait auffi quelques poéfies. Il mourut à Avignon en 1449.

CHARTREUX. Un étranger trouvoit la fituation d'une chartreufe très-agréable. — *Oui*, dit un *Chartreux, pour les paffans.*

Les *Chartreux* fachant que Guy, comte de Nevers, vouloit leur faire préfent de vafes d'argent, lui demandèrent, en place, du parchemin pour copier les anciens auteurs. On ne fe fervoit encore que de parchemin fous le règne du roi Jean.

CHASSE. Le plaifir de mettre à mort les plus innocens animaux, eft un droit qui n'appartient pas à tout le monde, & plût à dieu qu'il n'appartînt à perfonne, on ne tueroit alors que les animaux nuifibles ; les autres auroient la permiffion de vivre. Mais comme l'amour-propre eft intéreffé à cet exercice, qui, d'ailleurs, paffe pour falutaire, il n'y a pas d'apparence que la fureur s'en paffe.

Ces occupations & ces nobles travaux
Sont les amufemens des plus fameux héros ;
Et lorfqu'à leurs fouhaits ils ont caffé la terre,
Ils mettent dans leurs jeux l'image de la guerre.

Voici d'autres vers qu'on peut encore adreffer à tous les chaffeurs.

Prendre bien de la peine,
Se tuer, s'excéder, fe mettre hors d'haleine,
Interrompre au matin un tranquille fommeil,
Aller dans les forêts prévenir le foleil,
Fatiguer de fes cris les échos des montagnes,
Paffer en plein midi, les guérets, les campagnes,
Dans les plus creux vallons fondre en défefpérés,
Percer rapidement les bois les plus ferrés ;
Ignorer où l'on va, n'avoir qu'un chien pour guide,
Pour faire fuir un cerf qu'une feuille intimide,
Manquer la bête enfin, après avoir couru,
Et revenir bien tard, mouillé, las & recru,
Eftropié fouvent : dites-moi, je vous prie,
Cela ne vaut-il pas la peine qu'on en rie ?

La paffion de la *chaffe* eft une efpèce d'épidémie chez les anglois. L'eccléfiaftique, le juge de paix, le payfan, le noble, le roturier, le pauvre, le riche, en un mot, tout anglois quitte tout pour la *chaffe*. On voit fouvent de vieux miniftres abandonner leur famille & leurs ouailles pour cette fatigante récréation. L'amour eft la paffion de la

jeuneffe, l'avarice eft celle des vieillards, la *chaffe* eft, en Angleterre, la fureur de tous les âges. Un chevalier baronnet doit être, par fon état, un chaffeur déterminé. Le vieux philofophe Saunderfon, profeffeur de mathématique à Cambridge, quoique privé de la vue, chaffoit encore dans un âge très-avancé ; fon cheval étoit accoutumé à fuivre celui de fon valet, & fa joie étoit extrême lorfqu'il entendoit le bruit des chiens & des chaffeurs. Addiffon, pour tourner en ridicule les écoffois, qui armèrent fous le feu roi d'Angleterre, en faveur du prétendant, dit quelque part : « Un jour un renard vint à traverfer leur camp, » & auffi-tôt toute l'armée courut après, foldats » & officiers, fans qu'il fût poffible aux chefs de » les retenir ». Toujours eft-il vrai de dire que la *chaffe* eft, pour les anglois, le fuprême plaifir : les loix févères fur la *chaffe* en font une preuve. Les peines y font moins proportionnées à la gravité du délit, qu'au penchant invincible de la nation à le enfreindre ; ce qui a fait croire à un dé leurs compatriotes, que « cet amour de la chaffe » prouvoit leur affinité avec les fauvages de l'Amé-» rique ».

Tout violent qu'eft l'exercice de la *chaffe*, les dames angloifes l'aiment ; elles fe piquent de monter à cheval auffi leftement que les hommes, & de franchir un foffé avec la hardieffe d'un piqueur.

Une femme, voulant plaire à un chaffeur déterminé, franchit un jour une barrière bien fermée, au rifque de fe caffer le cou. Tout le monde admira fon audace, & le chaffeur tomba à fes pieds. Hercule fila pour Omphale ; une femme doit chaffer pour toucher le cœur de certains anglois.

La ducheffe de Kinfton alloit à l'académie, & faifoit les exercices avec la vigueur d'un page.

Ce qui contribue le plus au goût univerfel des anglois pour la chaffe, c'eft que, communément, ils paffent fix mois de l'année à la campagne. Au milieu de l'abondance & des richeffes, Londres n'eft pas pour les riches un lieu de plaifir ; on s'y occupe d'affaires & de politique, & l'on ne vit qu'au milieu des brouillards & de la fumée du charbon de terre. Dès les premiers beaux jours, on fe fauve à la campagne, & il y faut chaffer.

Portrait du Fox-Hunter, ou du chaffeur de renard.

Le fox-hunter eft une forte d'animal très-commun dans la Grande-Bretagne, & fur-tout dans les provinces du nord. Il faut avouer qu'il a beaucoup de reffemblance avec l'homme, du moins à l'extérieur ; il a même l'ufage de la parole, quoique d'ordinaire il crie plus qu'il ne parle : mais il agit, il fent, il penfe tout différemment de nous, fi pourtant il eft vrai qu'il penfe, ce que je ne

M m

voudrois pas garantir. Je l'ai examiné de près ; il est, au fond, moins méchant que farouche ; j'en ai même vu quelques-uns s'apprivoiser. Je le croirois volontiers d'une espèce mitoyenne entre l'homme & la bête ; il parle comme l'un, mais il vit comme l'autre. S'il est organisé de façon qu'il peut en effet prononcer les mêmes sons que nous, il manque totalement de ce que nous appelons entendement, jugement, raison, qui sont assurément les parties essentielles de l'homme.

Le fox-hunter est un animal, ou homme, si l'on peut l'honorer de ce nom, parce qu'en effet il a quelques qualités humaines ; le fox-hunter, dis-je, est un homme qui vit continuellement avec les chiens & les chevaux ; nous le nommons ainsi à cause de la grande antipathie qu'il a pour le renard, & qui est en lui aussi naturelle, qu'elle l'est dans les chiens même, ce qui fait qu'il se ligue avec eux pour le détruire. Il est ennemi des villes, & sur-tout des capitales. Un fox-hunter qui est de bonne race, n'a jamais mis le pied à Londres. En hiver même, il est à cheval à six heures du matin ; la neige, les mauvais temps, rien ne l'arrête ; il ne peut rester sous un toit, à moins que ce ne soit pour manger ou pour dormir.

Ce qui fait croire que les fox-hunters ne sont pas des hommes, c'est qu'au milieu d'une nation polie, & renommée pour les sciences, ils ignorent tout ce que c'est qu'éducation, savoir & politesse. Dès qu'ils ont appris à lire, écrire & monter à cheval, ils se regardent comme des gentilshommes accomplis. Les plus éclairés d'entr'eux n'ont guères lu que les gazettes. Cependant, avec ce grand fonds de connoissances, ils se piquent de beaucoup de politique, & jugent avec sévérité tout ce qui se fait dans le parlement. Il ne paroît aucun bill, quelque sage qu'il puisse être, qui n'éprouve de leur part la plus forte opposition, dès qu'il ne se trouve pas à leur gré. Ils sont dans les campagnes ce qu'est la populace dans les villes, toujours prêts à s'armer pour le bien public, toutes les fois qu'il est question de leur avantage particulier. Ils sont ennemis de tous les ministres, quels qu'ils soient, & des françois, en tems de paix comme en tems de guerre. Quoique le commerce fasse fleurir notre nation, & la rende redoutable à tous ses voisins ; quoiqu'ils participent eux-mêmes au bénéfice qui en revient, ils se plaignent continuellement de l'encouragement qu'on lui donne ; & s'ils en étoient les maîtres, ils mettroient le feu à tous les vaisseaux de la Grande-Bretagne. Voilà quels ils sont en général. Toute leur conversation roule sur deux grands mots, *liberté & propriété*, que la plupart d'entre eux répètent peut-être sans les entendre. Hors de là, ils ne peuvent pas dire quatre paroles. Ils seront toujours muets dans toute conversation où il sera question du savoir vivre, de la douceur, de l'affabilité, de la complaisance, de l'humanité & des autres vertus de la société.

Le fox-hunter ne connoît de gloire que celle de courir aussi vîte que l'animal dont il est l'ennemi déclaré, de plaisir que la *chasse*, & de vertu que de boire beaucoup. La partie de la journée qu'il n'est pas à cheval, il la passe à table, à fumer & à s'enivrer ; & il est certain que c'est l'unique manière dont il puisse être utile à la république. Par sa grande consommation de boissons, il contribue du moins à en acquitter les charges.

Il est naturellement un animal très-lourd : peut-être que les alimens dont il se nourrit en sont la cause. Il ne mange que du bœuf salé, du mouton froid, des choux, des carottes & du pudding, qui est son mets favori ; le plus pesant est celui qu'il aime le mieux. Sa boisson est l'aile (bière sans houblon) & les vins grossiers des côtes de Portugal, & de tems en tems un peu d'eau-de-vie de l'espèce la plus forte. A tous ses repas, il boit à deux santés favorites, & c'est peut-être la seule règle qu'il observe ; la première est celle de tous les braves fox-hunters de la Grande-Bretagne, protestans ou catholiques, sans distinction : le titre de chasseur rapproche tout. La seconde rasade est la confusion du ministre.

Quoique les fox-hunters manquent absolument d'esprit, il s'en trouve néanmoins qui s'en piquent : on peut juger du leur par ce trait. Un d'entr'eux répondit un jour à sa sœur, qui l'invitoit à venir à Londres pour y entendre Farinelli : « Ma sœur, » je ne donnerois pas un sol pour entendre votre » Farinelli & tout votre opéra italien. J'ai ici vingt » voix avec lesquelles je fais chorus, & que je fais » chanter, tantôt dans les bois, tantôt dans les » plaines, & c'est la seule musique dont je fasse » cas ».

Cette sanglante satyre des chasseurs de renard a cet avantage, qu'elle nous fait connoître bien particulièrement les mœurs des gentilshommes campagnards de l'Angleterre.

J'ai souvent entendu dire à des dames : *Nous nous promenames dans la forêt*, &, *sans nous être fatiguées à suivre la chasse, nous eûmes le plaisir de nous trouver à la mort du cerf* ; c'est-à-dire (suivant Saint-Foix) qu'elles avoient eu le plaisir de voir un animal tombé de lassitude, que l'on tue, & dont les regards & les larmes devroient nous faire sentir notre férocité.

Les domestiques du curé de Waldkirch, bourg de la principauté de Passau, ayant été envoyés, il y a quelque tems, par leur maître, pour pêcher dans un étang, furent tentés de se réserver un brochet d'environ vingt livres ; en conséquence ils allerent le cacher dans le fond d'un bois voisin, avec le projet de revenir le chercher le soir. Un renard, conduit par le hasard, voulut s'empater de la proie ; mais le poisson vorace l'attrapa par la patte , & ne le lâcha point. Des chasseurs à l'affût , attirés par les cris du renard , accoururent , & le tuèrent; leur surprise fut extrême lorsqu'ils s'apperçurent que cet animal étoit arrêté par un brochet , qui n'avoit pas encore lâché prise.

CHASTETÉ. La *chasteté* est une vertu morale par laquelle nous réglons les desirs immodérés de la chair.

Dans quel endroit de la terre la *chasteté* , cette vertu si sublime , a-t-elle été plus respectée que dans l'île de Scio? Depuis sept cents ans , au rapport de Plutarque , l'on ne se souvenoit , dans cette île , qu'aucune femme mariée eût manqué de fidélité à son mari , ni qu'aucune fille eût été déshonorée.

La chaste Livie apperçut un jour en passant sur les bords du Tibre , des hommes qui se baignoient. Le sénat en ayant été informé , voulut condamner ces baigneurs à des peines afflictives , mais l'impératrice intercédant pour eux , envoya demander leur grace , disant *que des hommes nuds n'étoient que des statues pour les yeux d'une honnête femme.*

Ce que la bravoure est pour les hommes, la *chasteté* l'est pour les femmes. Cette vertu , en les faisant triompher de tout ce qui les environne , leur accorde pour prix de la victoire , l'estime universelle & leur propre. Cette récompense est si belle pour une ame qui a de l'élévation , que l'on a vu des jeunes personnes, foibles & timides , s'armer d'un courage héroïque , & s'exposer à périr pour venger leur honneur outragé.

Attila s'étant rendu maître d'Aquilée , une dame fut faite captive par un officier de son armée. Ce brutal, épris de ses charmes , se mit en devoir de lui faire violence; mais elle le pria que ce ne fût point publiquement. Elle le conduisit à l'instant dans une chambre , proche d'une fenêtre qui donnoit sur la rivière , & lui dit : Puisque vous voulez jouir de ma personne, suivez-moi. Aussi-tôt elle s'élança dans l'eau , où elle fut noyée. Attila fit brûler Aquilée , & l'ensevelit sous ses ruines , après en avoir fait égorger tous les habitans.

Timothée , dame Thébaine , d'une race illustre , fut , à cause de sa beauté , la victime de l'incontinence d'un capitaine d'Alexandre qui la viola; il la pressa ensuite de lui déclarer son trésor; elle lui dit qu'elle l'avoit caché dans un puits qu'elle lui montra; il y descendit. Timothée vengea sa *chasteté* en comblant le puits de pierres. Elle eut le sort de Lucrece; mais sa vengeance fut bien plus raisonnable. Lucrece en se tuant , sembloit se punir d'avoir participé au crime ; mais Timothée en ne punissant que son ravisseur ,

faisoit voir qu'il étoit seul coupable , & que ses sens n'avoient point séduit sa raison.

Une jeune personne extrêmement sage & d'une beauté parfaite , se vit réduite à se faire ravaudeuse ; elle s'établit à Paris dans la rue du Foin-Saint-Jacques. Les jeunes gens des environs vinrent aussi-tôt lui conter fleurette ; ils se flattoient de ne point la trouver cruelle ; mais elle parvint à leur en imposer à tous , & même à s'en faire respecter. Son maintien réservé , son air d'innocence , loin d'être une affectation trompeuse, peignoient la sagesse de son ame. Ne songeant qu'à son devoir , toujours appliquée au travail , elle dédaigna les présens , les offres les plus séduisantes. Une dame du voisinage entendit parler avec admiration de la vertu de cette jolie ouvrière , elle desira la connoître ; la trouvant de jour en jour plus estimable , elle lui assura une rente de cent écus , & l'établit avantageusement.

André II , roi de Hongrie , obligé de quitter ses états , en laissa la régence au palatin du royaume , appelé *Banéban* , dont il avoit éprouvé depuis long-tems le zèle & la fidélité. Il lui recommanda , en partant , d'entretenir la paix avec les princes voisins , & sur-tout d'administrer une exacte justice à tous ses sujets , sans égard pour la naissance ou la dignité de qui que ce fût. Ce seigneur , pendant l'absence de son souverain , n'oublia rien pour répondre dignement à la confiance dont il l'avoit honoré ; & pendant qu'il donnoit tous ses soins aux affaires du royaume , sa femme , dame d'une rare beauté , tâchoit , par son assiduité auprès de la reine , d'adoucir le chagrin que lui causoit l'absence du roi son mari. Tel étoit l'état de la cour de Hongrie , lorsqu'on y vit arriver le comte de Moravie , frère de la reine , & que cette princesse aimoit tendrement. Ce ne furent d'abord que fêtes & que plaisirs ; mais , dans la suite , le poison dangereux de l'amour se glissa parmi ces jeux innocens.

Le comte de Moravie devint éperduement amoureux de la femme du régent : il osa lui déclarer sa passion ; mais ce dame , encore plus vertueuse qu'elle n'étoit belle , ne lui répondit que par la sévérité de ses regards. La résistance fit son effet ordinaire : les desirs criminels du comte n'en furent que plus violens ; sa passion , qui augmentoit tous les jours , le jetta dans une sombre mélancolie. Il n'étoit plus question de jeux , de spectacles , & de tous ces vains amusemens dont les grands occupent si sérieusement leur oisiveté. Le comte ne cherchoit plus que la solitude : mais la reine , par une complaisance trop naturelle aux femmes pour cette espèce de malheur ; & pour retirer son frère d'un genre de vie si triste , sous différens prétextes , retenoit auprès d'elle la femme du régent , ou l'envoyoit chercher aussi-tôt qu'elle s'éloignoit du palais. Cette dame pénétra fans peine les motifs indignes de ces empreffemens ; & pour éviter l'entretien du comte, elle feignit quelque tems d'être malade : mais ayant ufé ce prétexte, fa naiffance & le rang que tenoit fon mari, ne lui permettant pas de s'abfenter plus long-tems de la cour, elle revint au palais. Le comte, de peur de l'aigrir, diffimula fes fentimens ; & des manières refpectueufes fuccédérent, en apparence, à l'éclat & à l'emportement de fa paffion.

La femme du regent, raffurée par cette conduite pleine de difcrétion, continuoit de paroître à la cour, lorfque la reine, fous prétexte de l'entretenir en particulier, la conduifit dans un endroit écarté de fon appartement, où, après l'avoir enfermée, elle l'abandonna aux defirs criminels de fon frère, qui, de concert avec la reine, étoit caché dans le cabinet. La femme du régent en fortit avec la honte fur le vifage & la douleur dans le cœur. Elle s'enfevelit dans fa maifon, où elle pleuroit en filence le crime du comte & fon propre malheur. Mais le régent ayant un jour voulu prendre place dans fon lit, fon fecret lui échappa ; & emportée par l'excès de fa douleur : « Ne » m'approchez pas, feigneur, lui dit-elle, en ver- » fant un torrent de larmes, éloignez-vous d'une » femme qui n'eft plus digne des chaftes embraf- » femens de fon époux. Un téméraire a violé » votre lit ; & la reine, fa fœur, n'a pas eu honte » de me livrer à fes emportemens. Je me ferois » déja punie moi-même de leur crime, fi la re- » ligion ne m'eût empêchée d'attenter à ma vie ; » mais cette défenfe de la loi ne regarde pas un » mari outragé. Je fuis trop criminelle, puifque » je fuis déshonorée : je vous demande ma mort » comme une grace, qui m'empêchera de furvivre » à mon déshonneur ». Le régent, quoiqu'outré de douleur, lui dit qu'une faute involontaire étoit plutôt un malheur qu'un crime, & que la violence qu'on avoit faite à fon corps, n'altéroit point la pureté de fon ame ; qu'il la prioit de fe confoler, ou du moins de lui cacher avec foin la caufe de fa douleur. « Un intérêt commun, ajouta-t-il, nous » oblige l'un & l'autre de diffimuler un fi cruel » outrage, jufqu'à ce qu'il nous foit permis d'en » tirer une vengeance proportionnée à la gran- » deur de l'offenfe ». Son deffein étoit d'en faire reffentir les premiers effets au comte ; mais ayant appris qu'il étoit parti fecrettement, pour re- tourner dans fon pays, le régent, au défefpoir que fa victime lui eût échappé, tourna tout fon reffentiment contre la reine même.

Il fe rendit au palais ; & ayant engagé cette princeffe à paffer dans fon cabinet, fous prétexte de lui communiquer des lettres qu'il venoit, di- foit-il, de recevoir du roi, il ne fe vit pas plutôt feul avec elle, qu'après lui avoir reproché fon intelligence criminelle avec le comte, & la tra- hifon qu'elle avoit faite à fa femme, le fier palatin

lui enfonça un poignard dans le fein ; & fortant tout furieux de ce cabinet, il publia, devant toute la cour, fa honte & fa vengeance. Soit furprife ou refpect, perfonne ne fe mit en état de l'ar- rêter. Il monta à cheval fans obftacle ; & s'étant fait accompagner de quelques feigneurs témoins de cette funefte cataftrophe, il prit la route de Conftantinople, où étoit le roi de Hongrie.

Dès qu'il fut arrivé, il fe rendit au palais qu'oc- cupoit ce prince ; & fe préfentant devant lui avec une intrépidité qui a peu d'exemples : « Seigneur, » lui dit-il, en recevant vos derniers ordres, quand » vous partites de Hongrie, vous me recomman- » dâtes fur-tout, que, fans avoir égard au rang » & à la condition, je rendiffe à tous vos fujets » une exacte juftice. Je me la fuis faite à moi- » même ; j'ai tué la reine votre époufe, qui avoit » proftitué la mienne ; & bien loin de chercher » mon falut dans une fuite honteufe, je vous ap- » porte ma tête. Difpofez à votre gré de mes » jours ; mais fongez que c'eft par ma vie ou » par ma mort, que les peuples jugeront de votre » équité, & fi je fuis coupable ou innocent ». Le roi écouta un difcours auffi furprenant, fans l'in- terrompre, & même fans changer de couleur ; & quand le régent eut ceffé de parler : « Si les » chofes fe font paffées comme vous le rappor- » tez, lui dit ce prince, retournez en Hongrie, » continuez d'adminiftrer la juftice à mes fujets » avec autant d'exactitude & de féverité que » vous vous l'êtes rendue à vous-même. Je ref- » terai peu à Conftantinople ; & à mon retour, » j'examinerai fur les lieux, fi votre action mé- » rite des louanges ou des fupplices ».

Lorfque dom Juan d'Autriche commandoit dans les Pays-Bas, en 1578, l'armée efpagnole contre les confédérés, un de fes officiers voulut faire violence à la fille d'un avocat de Lille, chez le- quel il étoit logé. Cette jeune perfonne, en fe défendant, faifit le poignard de fon raviffeur, le lui plonge dans le fein & s'éloigne. Le capitaine fentant que fa bleffure eft mortelle, fe confeffe ; & pénétré de repentir le plus vif, fupplie qu'on lui amène la vertueufe fille : « Je fouhaite, lui » dit-il, que vous me pardonniez l'outrage que » vous avez reçu de moi ; & pour réparer, au- » tant que je le puis, mon attentat d'une manière » convenable, je déclare que je fuis votre mari. » Puifque mon crime & votre vertu m'ont mis » hors d'état de pouvoir vous offrir ma per- » fonne, recevez du moins, avec le nom & les » droits de mon époufe que je vous donne, le » préfent que je vous fais de tous mes biens. Que » ceux qui fauront l'affront que vous avez été fur » le point de recevoir, apprennent en même-tems » qu'un mariage honorable a été le prix des efforts » que j'ai faits pour vous déshonorer, & du cou- » rage avec lequel vous avez fu vous en dé- » fendre ». Ce difcours fini, le noble efpagnol, du confentement du père, & en préfence du prêtre qui étoit venu pour le confeffer, époufe la fille. Il expira auffi-tôt après, laiffant à juger fi l'on devoit plus admirer la générofité avec laquelle il répara fa faute, ou le courage de cette jeune perfonne, pour conferver fon honneur.

Un capitaine de l'armée de Monfieur, frère de Henri III, étant logé chez un payfan, lui demanda fa fille en mariage. Mais cet homme lui ayant répondu qu'il lui falloit une demoifelle, & non pas fa fille, qui n'étoit pas de fa qualité, il l'obligea à s'enfuir, en lui jettant les plats & les affiettes à la tête. Il déshonora enfuite la fille : puis l'ayant fait mettre à table, commença à dire mille plaifanteries fur fon fujet. Cette malheureufe, outrée de dépit, prit un grand couteau qui étoit fur la table, & le lui enfonça dans l'eftomac avec une telle roideur, qu'il tomba mort fur la place. Les foldats qui étoient préfens, voulant venger leur capitaine, prirent la fille ; & l'ayant attachée à un arbre, lui cafsèrent la tête : mais les gentilshommes voifins l'ayant appris, affemblèrent des payfans, qui taillèrent les foldats en pièces.

Morgan, l'un des chefs barbares de ces pirates qui, fous le nom de flibuftiers, ont défolé l'Amérique efpagnole, s'étant rendu maître de la ville de Panama, y exerça, avec les fiens, toutes les cruautés que la licence & l'avidité peuvent infpirer à des gens fans mœurs. Au milieu de tant d'horreurs, le féroce Morgan devint amoureux. Comme fon caractère n'étoit pas propre à infpirer une paffion de cette nature, il vouloit faire violence à la belle efpagnole qui avoit fait impreffion fur lui « Arrête, lui cria-t-elle, en » s'arrachant d'entre fes bras, & en s'éloignant » de lui avec précipitation ; arrête, & ne penfe » pas que tu puiffes me ravir l'honneur, comme » tu m'as ôté les biens & la liberté. Apprends » que je fçais mourir, & je me fens capable de » porter les chofes à la dernière extrémité contre » toi & contre moi-même ». A ces mots, elle tire de deffous fa robe un poignard qu'elle lui auroit plongé dans le cœur, s'il n'eût évité le coup. Morgan perdit toute efpérance, & avec l'efpérance, fon amour.

On voit à Vienne, dans une galerie du cabinet de l'archiduc Léopold, la ftatue d'une payfanne qui a immortalifé fon nom par fon courage. Comme elle étoit occupée à travailler à la campagne, un foldat, dont elle n'avoit pas voulu fatisfaire les defirs, entreprit d'avoir par la force, ce qu'il n'avoit pu obtenir par fes careffes ; mais la fille le prit par le milieu du corps, l'enveloppa dans fa robe, & le porta dans cet état au corps-de-garde de la ville, pour le faire punir de fon infolence. On fut fi étonné des forces, du courage & de la vertu de cette héroïne ruftique, qu'il fut réfolu qu'on lui érigeroit une ftatue.

Lorfque les normands ravageoient l'Angleterre en 870, Ebba, abbeffe de Coffingham, affembla fes religieufes en chapitre, & leur dit : « Si vous » voulez me croire, je fais un moyen pour nous » mettre à l'abri de l'infolence de ces barbares ». Elles promirent de lui obéir ; & l'abbeffe prenant un rafoir, fe coupa le nez & la lèvre d'en haut, jufqu'aux dents. Toutes les religieufes en firent autant ; & les normands qui vinrent le lendemain, voyant ces filles fi hideufes, en eurent horreur, & fe retirèrent promptement ; mais ils brûlèrent le monaftère avec les religieufes.

Antoinette de Pons, marquife de Guerchiville, infpira par fa fage réfiftance de l'eftime à Henri IV, qui vouloit la féduire. Ce Prince ne pouvant réuffir, lui dit : « Puifque vous êtes » véritablement dame d'honneur, vous le ferez » de la reine, ma femme ».

CHATIMENT. Chaque peuple a fa manière de punir les délits ou les crimes par des châtimens qui font d'autant plus juftes, qu'ils font proportionnés aux crimes qui les ont motivés : mais, pour juger de la févérité d'un châtiment, il faut bien confidérer les mœurs de la nation parmi laquelle il eft en ufage.

Les égyptiens ne condamnoient point à mort un pere qui avoit tué fon fils ; mais ils l'obligeoient à refter trois jours entiers auprès du cadavre. La douleur & le repentir qu'un tel objet devoit exciter dans fon ame, étoient la peine dont ils puniffoient fa cruauté.

Les mêmes égyptiens puniffoient de mort les fainéans, les vagabonds, & ceux qui exerçoient des métiers infames ; & pour être à portée de s'en inftruire, ils avoient une loi, qui obligeoit chaque citoyen à fe faire infcrire tous les ans, & à déclarer fa profeffion chez un magiftrat créé à cet effet.

Chez les germains, les crimes qui regardoient l'état, étoient punis très-févérement. Les traîtres à la patrie, les déferteurs étoient pendus à des arbres : les lâches, ceux qui avoient fui dans les combats, étoient noyés fous la claie, dans des mares bourbeufes. Les crimes qui ne regardoient que les particuliers, n'étoient pas traités, à beaucoup près, avec autant de rigueur : même dans le cas de meurtre, le coupable étoit quitte pour un certain nombre de beftiaux, fuivant la gravité des circonftances.

CHAT. Si les égyptiens ont adoré le chat fous fa figure naturelle, & fous la figure d'un homme à tête de chat, c'eft à caufe des avantages & de l'utilité qu'ils en retiroient. En effet, les chiens nous vendent leur fervitude & l'inutilité dont ils font dans les villes ; les chats, au contraire, délivrent nos maifons des animaux qui les détruifent.

Si nous en croyons le père Meneftrier, dans un livre qui a pour titre : *Repréfentation en mufique*, il y rapporte, page 180, la marche d'une proceffion qui mérite d'être tranfcrite, pour prouver que les *chats* ont encore une autre utilité, à laquelle on ne s'attend pas. Voici fes paroles :

Jean Criftoval Calvette, qui a fait la relation du voyage que Philippe II, roi d'Efpagne fit de Madrid à Bruxelles, pour aller voir fon père Charles-Quint, a décrit une fête qui fe fit à Bruxelles, l'an 1545.

Le dimanche dans l'octave de l'afcenfion, pour la célébrité d'une image miraculeufe de la Sainte-Vierge, qui eft confervée dans une églife que l'on nomme *du Sablon* ; après avoir décrit les croix & les bannières, l'ordre des prêtres & des religieux qui compofoient une partie de la proceffion, il dit qu'on vit paroître plufieurs chars de triomphe, fur lefquels étoient repréfentés les principaux myftères de la vie de Notre-Seigneur & de la Sainte-Vierge. Cette pompe myftérieufe commença par la figure d'un diable, en forme d'un puiffant taureau, qui jettoit du feu par les cornes, entre lefquelles un autre étoit affis, & l'un & l'autre étoit conduit par un enfant vêtu en loup ; monté fur un courtaud vêtu d'armes luifantes, avec l'épée & la balance en mains. Sur le pas de cet archange marchoit un charriot chargé d'une mufique la plus fonore & la plus mélodieufe qu'on eût jamais entendue. C'étoit un ours affis qui touchoit un orgue, non pas compofé de tuyaux, comme les autres, mais d'une vingtaine de *chats* enfermés féparément dans des caiffes étroites, où ils ne pouvoient fe remuer. Leurs queues fortoient en haut par des trous faits exprès, & étoient liées à des cordes attachées au regiftre de l'orgue, dont, à mefure que l'ours preffoit les touches, il faifoit lever ces cordes, & tiroit les queues des *chats*, pour les faire miauler & former le ton de baffes, de-taillés & de deffus, felon la nature des airs que l'on vouloit chanter, avec tant de proportion, que cette mufique de *chats* ne faifoit point un faux ton.

Au fon de cet orgue fi bien conduit, danfoient des finges, des ours, des loups, des cerfs & d'autres animaux autour d'une grande cage, fur un théâtre porté fur un char tiré par des chevaux. Dans cette cage, autour de laquelle danfoient ces animaux, étoient deux finges qui jouoient de la cornemufe, au fon de laquelle les enfans changés en bêtes danfoient, pour repréfenter la fable de Circé, qui changea fes compagnons d'Ulyffe en pourceaux. En un mot, afin qu'il ne manquât rien à cette cérémonie, les reliques des Saints étoient portées après, & on entendoit les chants graves de l'églife, après avoir oui ces concerts de mufi-

que. L'empereur Charles-Quint, le roi Philippe fon fils, & les reines, virent ces repréfentations des fenêtres & des balcons de l'hôtel-de-ville.

Tout le monde fait combien le fameux Mahomet avoit d'égards pour les *chats*. Un de ces animaux s'étant un jour trouvé endormi fur la manche du prophète, au moment de fe rendre à la prière, Mahomet aima mieux la couper que de déranger fon vénérable *chat*.

Il y a encore quelques villes dans le royaume, où le maire & les échevins, dit Sainte-Foix, font mettre dans un panier une ou deux douzaines de *chats*, & les brûlent dans le feu de joie de la veille de la Saint-Jean. Cette barbare cutume, dont on ignore l'origine, fubfiftoit même dans Paris, & n'y a été abolie qu'au commencement du règne de Louis XIV.

CHATELLET (Paul Hay du), né en 1595, mort en 1636. Un jour que M. du Chatelet étoit avec M. de Saint Preuil, qui follicitoit auprès du roi la grace du duc de Montmorenci, & qu'il témoignoit beaucoup de chaleur pour cela, le roi lui dit : « Je penfe que M. du Chatelet voudroit » avoir perdu un bras, pour fauver M. de Mont-» morency ». Il répondit : *Je voudrois, fire, les avoir perdus tous deux, car ils font inutiles à votre fervice, & en avoir fauvé un qui vous a gagné des batailles, & qui vous en gagneroit encore.*

Du Chatellet, au fortir de la prifon où il avoit été mis, pour n'avoir pas voulu être un des commiffaires du maréchal de Marillac, alla à la meffe du roi, qui ne le regardoit point, affectant de tourner la tête d'un autre côté, comme par quelque efpèce de honte de voir un homme qu'il venoit de maltraiter, il s'approcha de M. de Saint-Simon, & lui dit : *Je vous prie*, Monfieur, *de dire au roi que je lui pardonne de bon cœur, & qu'il me faffe l'honneur de me regarder.* M. de Saint-Simon le dit au roi, qui en rit, & le careffa enfuite.

CHAULIEU (Guillaume Amfrye de) poëte françois, né à Fontenay, dans le Vexin normand, en 1639, mort en 1720, à quatre-vingt-un ans, étoit fils d'un maître des comptes de Rouen. MM. de Vendôme, qui goûtèrent de bonne heure l'efprit de Chaulieu, voulurent être fes amis & fes protecteurs : ils lui firent avoir plus de 30000 livres de rentes en bénéfice. Chaulieu s'avouoit l'élève de Chapelle, & s'abandonna, comme fon maître, à une volupté délicate, qu'ils firent refpirer dans leurs vers. Sa poéfie eft pleine d'images fimples, naïves, enjouées ; mais le ftyle en eft fouvent négligé, & ne fe fent que trop de la moleffe voluptueufe de l'auteur, épicurien décidé, qui ne fe fit jamais un tourment de rimer. Il occupoit à Paris une maifon dans le temple, où il raffembloit une fociété d'amis choifis ; on l'appelloit l'*Anacréon du temple*, parce que, comme le poëte grec, il conferva jufqu'au dernier âge fon même goût pour les plaifirs.

L'auteur du Temple du Goût a très-bien caractérifé ce poëte.

> Je vis arriver en ce lieu
> Le brillant Abbé de Chaulieu,
> Qui chantoit en fortant de table:
> Il ofoit carreffer le dieu
> D'un air familier, mais aimable.
> Sa vive imagination
> Prodiguoit dans fa douce ivreffe
> Des beautés fans correction
> Qui choquoient un peu la juftefse,
> Mais refpiroient la paffion.

Le dieu du goût l'avertit de ne fe croire que le premier des poëtes négligés, & non pas le premier des bons poëtes.

L'abbé Chaulieu mourut à peu près comme il avoit vêcu, en careffant l'amour & les plaifirs. A l'âge de plus de quatre-vingts ans, il s'étoit déclaré l'amant de mademoifelle de Launay, dont nous avons des mémoires fous le nom de *madame de Staal*. Comme il étoit devenu aveugle, il prêtoit à fa maîtreffe les charmes les plus propres à le féduire; & ne comptant plus fur les fiens, il s'efforçoit de fe rendre aimable, à force de complaifance & d'attention à prévenir tout ce qu'elle pouvoit défirer. Il propofoit fouvent d'ajouter les préfens à l'encens qu'il offroit. Mademoifelle de Launay, importunée un jour des vives inftances avec lefquelles il la prioit d'accepter mille piftoles, lui dit: « Je vous confeille, en reconnoif- » fance de vos généreufes offres, de n'en pas » faire de pareilles à bien des femmes; vous en » trouveriez quelqu'une qui vous prendroit au » mot ». Oh! répondit-il affez naïvement, *je fais bien à qui je m'adreffe.*

Comme l'abbé de Chaulieu fe contentoit de réciter fes vers, fans en laiffer prendre de copie, il n'y a point d'édition complette, ni peut-être fidelle de fes œuvres.

Voici un billet de *Chaulieu* à M. de la Fare, pour l'inviter à fouper avec une dame de fes amies:

> Ce foir, lorfque la nuit aux amans favorable
> Sur les yeux des mortels répand l'aveuglement,
> Dans un petit appartement,
> Les Graces & l'amour conduiront ma maîtreffe.
> A cet objet de ma tendreffe,
> De mon cœur partagé rejoins l'autre moitié,
> Et donne-moi ce foir le plaifir d'être à table
> Entre l'amour & l'amitié.

CHAUSSÉE (Nivelle de la), poëte dramatique, né à Paris en 1692, mort dans cette même ville en 1754. La Chauffée avoit des mœurs douces, une ame honnête & fenfible. Il n'a point, comme Plaute & Molière, attaqué le ridicule du caractère & les travers de l'efprit, ce font les foibleffes du cœur qu'il peint dans fes drames; & fans penfer à corriger, il ne veut qu'attendrir. Mais il n'eft point, comme on l'a prétendu, créateur du genre attendriffant ou larmoyant, ainfi qu'on l'appelle par dérifion. Plufieurs auteurs avant lui, & Térence même, ont donné des comédies de ce genre. La Chauffée n'a contribué qu'à faire revivre parmi nous cette branche du théâtre, & a augmenté par-là nos plaifirs.

La comédie de Mélanide, repréfentée pour la première fois en 1741, eft peut-être la meilleure des pièces de ce genre attendriffant. C'eft un roman, fi l'on veut, mais un roman dramatique, qui fait beaucoup d'effet fur le théâtre. Le quatrième & le cinquième acte font de la plus grande chaleur. Le pathétique de cette pièce n'a pas cependant empêché M. Piron de plaifanter beaucoup fur les drames de ce genre, qu'il compare à de froids fermons: *Tu vas donc entendre prêcher le père la Chauffée*, dit-il un jour à un de fes amis, qu'il rencontra allant à une repréfentation de Mélanide.

La Chauffée a compofé encore plufieurs autres pièces qui ont été recueillies en 1763, en cinq volumes petit in-12. Un des plus grands reproches que l'on a faits aux auteurs du comique attendriffant, eft de choquer fouvent la vraifemblance, & de traiter les fpectateurs comme des enfans, en les faifant paffer alternativement des ris aux pleurs. Mais n'y a-t-il pas des aventures qui affligent l'ame; & dont certaines circonftances infpirent enfuite une gaîté paffagère? En voici deux exemples que M. de Voltaire a rapporté dans fa préface de l'Enfant prodigue. Une dame refpectable voyant une de fes filles en danger de mort, s'écrioit en fondant en larmes: *Mon Dieu! rendez-la moi, & prenez tous mes autres enfans.* Un homme qui avoit époufé la fille de la moribonde, s'approcha d'elle; & la tirant par la manche: *Madame*, dit-il, *les gendres en font-ils?* Le fang-froid & le comique avec lequel il prononça ces paroles, firent faire un grand éclat de rire à la mère, à la malade & à toute la famille qui l'environnoit.

On avoit défendu à un régiment, dans la bataille de Spire, de faire quartier; un officier allemand demanda la vie à un des nôtres, qui lui répondit: « Monfieur, demandez-moi toute autre » chofe; mais pour la vie, il n'y a pas moyen ». Cette naïveté paffa de bouche en bouche, & on rit au milieu du carnage. A combien plus forte raison, conclut l'auteur, le rire peut-il succéder dans la comédie à des sentimens touchans?

Voici l'épigramme ou plutôt la charade de Piron contre *la Chauffée* :

Sur l'air : *de Joconde.*

Connoissez-vous sur l'Hélicon
L'une & l'autre Thalie?
L'une est chauffée, & l'autre non;
Mais c'est la plus jolie.
L'une a le rire de Vénus;
L'autre est froide & piacée:
Salut à la belle aux pieds nuds;
Nargue de LA CHAUSSÉE.

CHAUVE. Les *chauves* étoient parmi les Romains l'objet de la raillerie. De tous les honneurs décernés à Jules-César, il n'y en eut aucun qui lui fut plus agréable que la permission de porter perpétuellement une couronne de laurier, parce qu'il pouvoit cacher par-là qu'il étoit *chauve.* Martial dit plaisamment à un homme *chauve*, qui avoit toujours la tête enveloppée de linge, & qui feignoit d'avoir mal aux oreilles :

Non aures tibi, sed dolent capilli.

Ne dis pas que tu as mal aux oreilles, dis plutôt que tu as mal aux cheveux.

CHAUVELIN. (Philippe de), abbé, né en 1720, mourut en 1770; ce fut ce conseiller au parlement de Paris qui contribua le plus à la proscription des jésuites.

Il étoit petit, bossu & fort laid; un jour un enfant s'étant mis à pleurer de frayeur en le voyant; *Il me prend sans doute pour un diable*, dit l'abbé de *Chauvelin* en s'adressant à la mère, » en ce cas, répondit la dame, il se trompe-» roit très-fort, puisque les diables n'ont jamais » eu de plus grands ennemis que vous.

On lui fit cette épitaphe :

Des puissances du monde admirez le néant,
Cit gît un nain qui vainquit un géant.

CHEF D'ARMÉE. Après la bataille de la Boyne où Jacques II fut défait en Irlande par Guillaume III, un soldat anglois fier de la victoire, tenoit des discours pleins de vanité. Mais un soldat Irlandois qui avoit combattu dans l'armée ennemie, s'ennuya d'entendre ses rodomontades : camarade, lui dit-il, vous faites grand bruit de vos troupes, mais troquons seulement de chef, & nous voilà prêts, ajouta-t-il avec un serment militaire, à recommencer la bataille.

CHÉRON. (Elisabeth-Sophie), née à Paris en 1648, morte en 1711.

Mademoiselle *Chéron* s'est distinguée dans la peinture, la gravure, la musique, & la poësie. L'académie des Ricovrati de Padoue voulut se l'associer, & lui donna le surnom d'*Erato.*

Mademoiselle *Chéron* apprit même l'hébreu, afin de mieux entendre le sens & les beautés des pseaumes, dont elle a donné des paraphrases en vers françois.

Le Brun, admirateur des talens de cette muse universelle, la présenta lui-même à l'académie de peinture, qui la reçut au rang de ses membres, avec une distinction très-marquée.

Mais, après la mort de Mademoiselle *Chéron*, l'académie décida qu'elle ne recevroit plus de femme dans son corps; réglement dont elle s'est cependant écartée plusieurs fois avec justice.

Pendant un grand nombre d'années, mademoiselle *Chéron*, voulant économiser pour l'avenir, remit à sa mère tout l'argent que lui procuroit son pinceau. Elle desira enfin de s'expliquer avec sa dépositaire; & voici la réponse qu'elle en eut : — « tout ce que vous m'avez confié jus-» qu'à présent m'appartient, par les droits que » la nature me donne sur vous. »

L'humanité, la bienfaisance de mademoiselle *Chéron*, ne sauroient être trop admirées. Cette femme estimable apprend que l'âge & les infirmités ont réduit son maître de musique à la dernière indigence; elle lui donne aussi-tôt un asyle dans sa maison, le nourrit; & a soin de prévenir tous ses besoins, jusqu'à ce que la mort ait terminé sa vie.

Les ingrats qu'elle trouva souvent, ne l'empêchèrent point de se faire toute sa vie un plaisir d'obliger. L'abbé Zumbo, fameux sculpteur, dont les figures en cire coloriée sont autant de chef-d'œuvres, eut lieu de connoître la bonté de son cœur. Cet abbé, qui menoit une vie peu aisée en Italie, vint à Paris, dans l'espérance d'une meilleure fortune. Mademoiselle *Chéron* admire ses ouvrages, & démêle dans l'air abattu de l'artiste, les chagrins que lui fait éprouver l'indigence. Elle se doute qu'il a besoin de prompts secours : afin de lui sauver la honte de les accepter, elle lui demande une tête en cire; &, pour arrhes, lui présente sur le champ six louis d'or. Les autres bienfaits dont elle le combla par la suite méritèrent à mademoiselle *Chéron* la plus vive reconnoissance de la part de l'abbé Zumbo, qui, en mourant, lui laissa tous ses ouvrages.

Cette femme illustre se plaisoit à peindre les portraits des personnes qui composoient sa société, ou pour leur en faire présent, ou pour les placer dans

dans son cabinet : — « même en leur absence, » disoit-elle, j'ai le plaisir de m'entretenir avec » més amis ».

Une dame extrêmement coquette, s'étant fait peindre par mademoiselle *Chéron*, lui demanda cinq copies de son portrait : — » Eh, mon » Dieu ! (s'écria quelqu'un que l'artiste informoit de l'ouvrage dont elle étoit chargée), » pourquoi cette femme multiplie-t-elle tant son » portrait » ? — Mademoiselle *Chéron* répondit par ce verset des pseaumes : *quoniam multiplicata sunt iniquitates ejus.*

L'abbé Bosquillon fit les vers suivans pour son portrait.

De deux talens exquis l'assemblage nouveau
Rendront toujours *Chéron* l'ornement de la France,
Rien ne peut de sa plume égaler l'excellence
     Que les graces de son pinceau.

CHESTERFIELD. (le comte de). Le lord Chesterfield, né à Londres en 1694, mort en 1773. Célèbre par les agrémens & la finesse de son esprit il a conservé jusqu'à ses derniers momens son ton de gaité & de plaisanterie. Quelques jours avant sa mort, il sortit en carosse pour se promener ; quelqu'un lui dit au retour : « milord » vous avez été prendre l'air ? — Non, répon- » dit-il, j'ai été faire une répétition de mon » enterrement ». On a de ce lord divers ouvrages de morale, de philosophie & de politique. Un des plus piquans est son *bramine inspiré* qui a été traduit en françois.

CHEVELURE. Clodomir fils de Clovis, ayant été tué dans une bataille contre les bourguignons, ils reconnurent ce prince parmi les morts à sa *longue chevelure*. C'étoit un usage établi chez les rois de France de laisser croître leurs *cheveux* dès l'enfance, & de ne les jamais couper. Ils se les partageoient également des deux côtés sur le haut du front & les laissoient flotter sur les épaules. Cette sorte de *chevelure* étoit regardée comme une prérogative attachée à la famille royale.

Les francs ne pouvoient porter les *cheveux* épars. Ils se les coupoient tout au tour de la tête en conservant ceux du sommet sur lequel ils les nouoient, & les rattachoient de façon que le bout du toupet ombrageoit le front en forme d'aigrette.

Les gaulois portoient les *cheveux* courts ; les serfs avoient la tête rase, les ecclésiastiques pour marquer leur servitude spirituelle, se rasoient entièrement la tête & ne conservoient qu'un petit cercle de *cheveux*.

On juroit anciennement sur les *cheveux* comme on jure aujourd'hui sur son honneur ; les couper à quelqu'un c'étoit le dégrader, c'étoit le flétrir.

Encyclopédiana.

On obligeoit ceux qui avoient trempé dans une même conspiration, de se les couper les uns aux autres.

Fredegonde coupa les *cheveux* à une maîtresse de son beau-fils & les fit attacher à la porte de l'appartement du prince. L'action parut horrible.

En saluant quelqu'un, rien n'étoit plus poli que de s'arracher un *cheveu* & de le lui présenter.

Clovis s'arracha un *cheveu* & le donna à Saint-Germier, pour lui marquer à quel point il l'honoroit ; aussi-tôt chaque courtisan s'en arracha un & le présenta à ce vertueux évêque qui s'en retourna dans son diocèse, enchanté des politesses de la cour.

CHEVERT. (françois de), né à Verdun sur Meuse, le 21 février 1695, s'éleva du poste de simple soldat, au grade de lieutenant général. Il dut tout à son mérite & rien à la faveur ni à l'intrigue ; tout le monde connoît la retraite de Prague par le maréchal de Belle-isle ; *Chevert* qu'il y laissa avec dix-huit cents hommes, pressé de se rendre par la famine, par les habitans, & par une armée nombreuse, prend les ôtages de la ville, les enferme dans sa propre maison & met dans les caves des tonneaux de poudre, résolu de se faire sauter avec eux, si les bourgeois veulent lui faire violence, & par cette fermeté obtint de sortir avec tous les honneurs de la guerre. Le prince Lobkowitz lui accorda deux pièces de canon. Chevert avoit le talent précieux d'inspirer aux soldats une confiance sans bornes ; dans une occasion où il s'agissoit de s'emparer d'un fort, il appelle un brave grenadier : « vas » droit à ce fort, lui dit-il on te criera, qui va là, tu ne répondras rien ; on te le diras » encore, tu avanceras toujours sans répondre ; à la troisième fois on tirera sur toi, on te manquera, tu sauteras sur la sentinelle & je suis là pour te soutenir ». Le grenadier partit à l'instant, & tout arriva comme *Chevert* l'avoit desiré. A la journée d'Hamstembeck, au plus fort du feu, les officiers du regiment de Picardie firent prier M. de *Chevert* de prendre sa cuirasse, il répondit en montrant les grenadiers : « & ces » braves gens-là, en ont-ils » ? *Chevert* mourut le 24 janvier 1769, âgé de 74 ans ; voici l'épitaphe qu'on voit sur sa tombe à Saint-Eustache à Paris. « Sans aïeux, sans fortune, sans appui, orphelin dès l'enfance, il entra au service à l'âge de 11 ans ; il s'éleva malgré l'envie à force de mérite, & chaque grade fut le prix d'une action d'éclat ; le seul titre de maréchal de France a manqué, non pas à sa gloire, mais à l'exemple de ceux qui le prendront pour modèle ».

CHEVREAU. (Urbain), né à Loudun en 1613, secrétaire des commandemens de Christine, reine de Suède, mort en 1701.

Il eſt l'auteur de cette épitaphe du maréchal de Turenne.

Turène a ſon tombeau parmi ceux de nos Rois;
C'eſt le prix glorieux de ſes fameux exploits.
Louis voulut ainſi ſignaler ſa vaillance,
　　Afin d'apprendre aux ſiecles à venir
Qu'il ne met point de différence
Entre porter le ſceptre & le bien ſoutenir.

CHEVREUSE. (Marie de Rohan Monbaſon ducheſſe de), née en 1600, morte en 1679: cette dame fut célèbre par ſa beauté, par ſon eſprit & par ſes intrigues.

« Je n'ai jamais vu qu'elle, dit le cardinal de Retz, en qui la vivacité ſuppléa au jugement. Elle avoit des ſaillies ſi brillantes qu'elles paroiſſoient comme des éclairs; & ſi ſages qu'elles n'auroient pas été déſavouées par les eſprits les plus judicieux de ſon ſiècle ».

Elle conſerva toujours de l'aſcendant ſur l'eſprit de la reine Anne d'Autriche. Ce fut elle qui la porta à conſentir à la diſgrace du fameux ſurintendant Fouquet.

CHICANE.

La chicane eſt un des fléaux
Que renfermoit là boîte de Pandore;
Et ce monſtre infernal qu'à Domfront on adore,
　　N'eſt pas un de nos moindres maux.
　　Ses fineſſes, ſes artifices,
　　Ses ſubtilités, ſes malices,
Au ſiecle d'or ne ſe connoiſſoient pas:
　　C'eſt vainement que Barthole & Cujas,
On commente le code & groſſi le digeſte,
Ils n'ont pu triompher de cette hydre funeſte.

La fureur des procès qui eſt l'aliment de la chicane a eu de tous les temps de zélés ſectateurs.

Il y avoit à Rome Afraine, femme de Licinius Buccio, qui ſaiſiſſoit volontiers l'occaſion d'avoir un procès, plaidoit toujours elle-même au tribunal du préteur, bien qu'étant la femme d'un ſénateur, elle n'eût pas manqué de défenſeurs. Cette femme ſe fit tellement connoître par la futilité des chicanes qu'elle ſoutenoit, que ſon nom paſſa en proverbe, & lorſque quelque femme élevoit une mauvaiſe querelle, on la nommoit une Afraine. Il feroit bien à deſirer qu'au lieu de prendre cette Afraine pour modèle, les femmes ſuiviſſent l'exemple d'une autre Afraine dont la ſage retenue ſemble avoir réparé l'honneur du nom dans la poſtérité; celle-ci étoit fille de Ménénius Agrippa; ſa mère inſtitua pour ſeule héritière ſa ſœur Pétronie, & ne laiſſa que vingt mille écus au fils d'Afraine. Cette femme vertueuſe reſpecta les dernières volontés de ſa mère,

malgré ſon injuſtice, pouvant les faire déclarer nulles, en jurant devant les centumvirs qu'elle avoit été déshéritée ſans cauſe légitime.

Parmi nous, la chicane a auſſi ſes héros. Sous Louis XI, Miles d'Iliers, évêque de Chartres, ſe ſingulariſa par ſon amour pour les procès; le roi lui ayant un jour propoſé de les terminer en l'accommodant avec ſes parties, ah! Sire, répondit le prélat, je ſupplie votre majeſté de m'en laiſſer au moins vingt pour mes menus plaiſirs.

CHIEN. Il ſemble, dit Voltaire, que la nature ait donné le chien à l'homme pour ſa défenſe & pour ſon plaiſir; c'eſt de tous les animaux le plus fidèle, c'eſt le meilleur ami que puiſſe avoir l'homme.

Ce qu'on raconte de la ſagacité, de l'obéiſſance, de l'amitié, du courage des chiens, eſt prodigieux & eſt vrai. Le philoſophe militaire Ulloa, nous aſſure que dans le Pérou les chiens eſpagnols reconnoiſſent les hommes de race indienne, les pourſuivent & les déchirent; que les chiens péruviens en font autant des eſpagnols. Ce fait ſemble prouver que l'une & l'autre eſpèce de chiens retient encore la haine qui lui fut inſpirée du tems de la découverte, & que chaque race combat toujours pour ſes maîtres avec le même attachement & la même valeur.

« Quand le ſage Ulyſſe, que de longues guerres & de nombreuſes tempêtes avoient tenu éloigné de ſon pays, regagna enfin ſa terre natale, il ne fut reconnu, ni de ſes amis, ni de Pénélope même. Seul, pauvre & vieux, ſes travaux & ſes ſoucis ſe liſoient ſur ſon viſage, & avoient blanchi ſes cheveux. Il demandoit ſon pain dans ſon propre palais, mépriſé de ſes eſclaves que ſon ancienne bonté avoit nourris, & oublié de tous ſes domeſtiques. Mal nourri, négligé, & couché dans la boue, ſon chien fidèle ſe voyoit auſſi traité comme un vieux ſerviteur qui n'eſt plus bon à rien. Tant d'ingratitude le pénétroit de douleur, & augmentoit le deſir qu'il avoit toujours eu de voir ſon ancien maître. Dès qu'il le voit, il ſe lève; & ſe traînant à ſa rencontre, (c'étoit tout ce qu'il pouvoit faire), le careſſe & lui baiſe les pieds, ſaiſi d'une joie muette: puis, tombant de côté, lève les yeux, regarde Ulyſſe, & meurt ». (Homère)

Plutarque, racontant comment les Athéniens furent obligés d'abandonner leur ville du tems de Thémiſtocle, fait une digreſſion exprès pour décrire les cris lamentables & les hurlemens des chiens qu'ils laiſſoient à Athènes. Il fait mention d'un de ces animaux, qui ſuivit ſon maître en traverſant la mer juſqu'à Salamine, où il mourut, & fut honoré d'une tombe par les athéniens, qui donnèrent le nom de tombeau du chien à cette partie de l'iſle où il fut enterré. Ce reſpect pour un *chien*, de la part du peuple le plus poli de la terre, eſt très-remarquable.

Leibnitz fait mention, comme témoin oculaire d'un *chien* qui parloit; il appartenoit à un payſan de la Miſnie. Le *chien* étoit d'une grandeur médiocre & de la figure la plus commune. Un enfant l'ayant entendu pouſſer quelques ſons qui lui parurent reſſembler à des mots allemands, ſe mit en tête de lui apprendre à parler. Le maître n'épargna ni ſoins ni peines, & le diſciple qui avoit des diſpoſitions heureuſes, répondit à ſes ſoins. Au bout de quelque tems, le *chien* prononçoit très-diſtinctement une centaine de mots; de ce nombre étoient *caffé*, *thé*, *chocolat*, *aſſemblée*, termes françois qui ont paſſé à l'idiôme germanique. Il eſt à remarquer que le *chien* avoit trois ans, quand il fut mis à l'école, & qu'il ne parloit que par écho, c'eſt-à-dire, après que ſon inſtituteur avoit prononcé un mot.

En 1616, le pont Saint-Michel étant tombé, un enfant fut enſeveli ſous les ruines; mais heureuſement, il ſe trouva à couvert ſous deux poutres qui s'étoient croiſées, & ne reçut aucune bleſſure. Un *chien* qui s'étoit trouvé à côté de lui dans le tems du danger, en fut préſervé comme lui. Ce *chien* ſerré entre les ruines qui l'empêchoient de s'échapper, aboya de toute ſa force, & attira par ſes cris quelques perſonnes qui le dégagèrent, ayant ainſi recouvré ſa liberté, il s'en réjouit d'abord; mais ne voyant point l'enfant qui avoit partagé ſon malheur, il rentra ſous les débris qui le cachoient, ſe mit à japer, & vint enfin à bout de faire découvrir l'enfant.

En 1765, une barque traverſant la rivière, près d'Aberdun, ville d'Ecoſſe, fut renverſée. De trois hommes & un jeune garçon qui étoient dedans, deux regagnèrent le bord en nageant, mais le troiſième & le jeune garçon couroient riſque de ſe noyer, lorſqu'un gros *chien* ſe jetta dans la rivière, & les attira ſur le bord l'un après l'autre.

L'hiſtoire a conſacré la fidélité du *chien* de T. Sabinus. Cet animal n'abandonna jamais ſon maître dans la priſon, il le ſuivit au ſupplice, témoignant ſa douleur par des hurlemens lamentables, refuſant le pain qu'on lui offroit, & le portant à la bouche de ſon maître. Lorſque Sabinus eut été précipité dans le Tibre, ſon *chien* s'y jetta avec lui, croyant ſon maître encore vivant il ſoulevoit ſa tête au-deſſus des flots.

Crébillon le tragique avoit pour les *chiens* le plus tendre penchant; il ramaſſoit & emportoit ſous ſon manteau tous ceux qu'il rencontroit dans la rue; beaux ou laids, propres ou non, ils trouvoient chez lui l'hoſpitalité, mais il exigeoit de chacun d'eux certain exercice, & quand au terme preſcrit,

l'élève étoit convaincu de n'avoir pas profité de l'éducation qu'on lui donnoit, l'auteur de Radamiſte le reprenoit ſous ſon manteau, l'alloit poſer ſur le pavé où il l'avoit ramaſſé, & détournant les yeux en gémiſſant, il l'abandonnoit à ſon mauvais ſort.

CHILON, l'un des ſept ſages de la Grèce, Ephore de Sparte vers l'an 556 avant J. C.

Le philoſophe *Chilon* voyant quelqu'un qui ſe plaignoit de ſes maux : « Eh ! mon ami, lui dit-il, *conſidère* ceux des autres, & les tiens te paroîtront légers ».

CHIMIE.

La *chimie* eſt une ſcience qui a pour objet la recherche de la vérité en phyſique. Elle demande une étude très-longue & une application ſoutenue; mais il y a différentes parties de la *chimie* qui préſentent moins de ſéchereſſe & de difficulté, & qu'on pourroit nommer la *chimie* des gens du monde.

Nous allons donner le détail de quelques expériences qui prouveront qu'on peut trouver dans la *chimie* des récréations très-intéreſſantes.

Moyen de rallumer une chandelle avec la pointe d'un couteau.

Mettez au bout de la pointe d'un couteau un petit morceau de phoſphore d'Angleterre de la groſſeur d'un petit grain d'avoine, & ayant mouché une chandelle, éteignez-la à deſſein; prenez auſſi-tôt votre couteau poſez la pointe ſur le luminon de la chandelle, en écartant la meche, & vous la verrez auſſi-tôt ſe rallumer. Obſervez qu'il ne faut pas la moucher fort près afin qu'il reſte aſſez de chaleur pour animer les parties du phoſphore.

Couleur qui paroît & diſparoît par le défaut d'air.

Mettez dans un flacon bien bouché de l'alkali volatil, dans lequel vous aurez fait diſſoudre de la limaille de cuivre, & vous aurez une belle teinture bleue; ſi on bouche le flacon cette couleur diſparoîtra peu après, & ſi enſuite on le débouche, la couleur bleue reparoîtra auſſi-tôt, ce qui peut ſe répéter un aſſez grand nombre de fois.

Imitation du Tonnerre.

Mettez ſéparément en poudre trois parties de ſalpêtre fin & bien ſéché, deux parties de ſel de tartre, deux parties de ſoufre; mêlez enſuite ces trois drogues, & en ayant mis deux gros dans une cuiller de fer, ou ſur une pêle, faites chauffer cette compoſition ſur un feu de charbon qu'il ne faut pas trop pouſſer; ce mélange prend feu, la flamme s'élançant avec rapidité, ébranle l'air par une ſecouſſe violente;

& produit un bruit qui ressemble assez à celui du tonnerre.

Rendre une rose changeante.

Prenez une rose ordinaire & qui soit entièrement épanouie, allumez de la braise dans un rechaud, & jettez y un peu de soufre commun réduit en poudre ; faites recevoir la fumée & la vapeur à la rose, & elle deviendra blanche ; si on la met dans l'eau, elle reprendra cinq ou six heures après sa couleur rose ; on peut par ce moyen faire présent d'une rose blanche à quelqu'un qui la trouvera rouge le lendemain.

CHIMISTE, un *chimiste* citoit à tout moment Paracelse dans les ouvrages duquel il disoit avoir trouvé le secret de faire un enfant sans le secours d'une femme. A ce discours, les femmes qui l'écoutoient dirent que c'étoit un secret diabolique & que l'auteur auroit dû être brûlé avec son livre ; en même tems elles se jetèrent sur le *chimiste* qui fut trop heureux de trouver la porte pour se soustraire à leur vengeance.

Au bas d'une estampe représentant le laboratoire d'un *chimiste*, on lit ces vers.

Malgré les veilles continues,
Et ce vain attirail de chimique savoir,
Tu pourrois bien trouver au fond de tes cornues
La misere & le désespoir.

Le madrigal suivant peint au naturel le *chimiste*.

J'eus du ciel en naissant d'assez grands avantages,
J'eus toutes sortes d'héritages.
Dans le feu cependant j'ai consumé mon bien
Après cent métamorphoses.
Dieu fit toutes choses de rien,
Et moi rien de toutes choses.

CHINOIS. Un européen arrivé pour la première fois dans l'empire de la *Chine*, acheta des marchandises d'un *chinois* qui le trompa sur la quantité & sur le prix. Les marchandises avoient été portées à bord du vaisseau, & le marché étoit consommé. L'européen se flatta que peut-être il toucheroit le *chinois* par des représentations modérées, il lui dit : chinois, tu m'as vendu de mauvaises marchandises. — Cela se peut, répondit le *chinois*, mais il faut payer, — tu as blessé les loix de la justice & abusé de ma confiance. — Cela se peut, mais il faut payer. — Mais tu n'es donc qu'un fripon, qu'un malheureux ? — Cela se peut, mais il faut payer. — Quelle opinion veux-tu que je porte dans mon pays de ces *chinois* si renommés pas leur sagesse ? Je dirai que vous n'êtes que de la canaille. — Cela se peut, mais il faut payer. — L'européen après

avoir renchéri sur les injures de toutes celles que la fureur lui dicta, sans avoir arraché que ces mots froids & froidement prononcés : cela se peut, mais il faut payer, délia sa bourse & paya. Alors le *chinois* prenant son argent, lui dit : européen, au lieu de tempêter comme tu viens de faire, ne valoit-il pas mieux te taire & commencer par où tu as fini ? Car qu'y as-tu gagné ?

Un mandarin *chinois* avoit été condamné à mort pour avoir prévariqué dans sa place. Son fils, âgé de quinze ans, alla se jeter aux pieds de l'empereur, & offrit sa vie pour conserver celle de son père. L'empereur, touché de la piété de ce généreux enfant, lui accorda la grace de son père, & voulut lui donner des marques personnelles d'honneur. Il les refusa, en disant qu'il ne vouloit point d'une distinction, qui lui rappelleroit l'idée d'un père coupable.

A la Chine, au nom & de la part de l'empereur, le gouverneur de chaque ville, au commencement de chaque année, après de bonnes informations, donne un grand festin à tous ceux qui, pendant le cours de l'année qui vient de finir, ont fait quelques actions vertueuses. Ce festin est préparé dans la place publique, & sous une tente au haut de laquelle on lit ces mots : « hommes » de tous états & conditions, c'est la vertu qui » vous place & vous rend tous égaux » ; le peuple considère & examine tous les conviés, & s'il en voyoit quelqu'un qui ne méritât pas d'en être, il l'obligeroit par ses huées de sortir de table & d'aller se cacher.

Un *chinois* justement irrité des vexations des ministres, se présenta à l'empereur & lui porta ses plaintes : « je viens, dit-il, m'offrir au supplice » auquel de pareilles représentations ont fait traîner » six cens de nos concitoyens, & je t'avertis de » te préparer à de nouvelles exécutions : la *Chine* » possède encore dix-huit mille bons patriotes qui, » pour la même cause, viendront successivement » te demander le même salaire ».

La cruauté de l'empereur ne put tenir contre tant de fermeté ; il accorda à cet homme vertueux la récompense qui le flattoit le plus, la punition des coupables & la suppression des impôts.

Un empereur poursuivi par les armes victorieuses d'un *chinois*, voulut se servir du respect aveugle qu'à la *Chine* un fils a pour les ordres de sa mère, afin d'obliger ce citoyen de désarmer. Il députe vers cette mère, un officier qui, le poignard à la main, lui dit qu'elle n'a que le choix de mourir ou d'obéir ; ton maître, lui répondit-elle avec un sourire amer, se seroit-il flatté que j'ignore les conventions sacrées qui unissent les peuples aux souverains, par lesquelles les peuples s'engagent à obéir, & les rois à les rendre heureux. Il a le premier violé ces conventions, lâche exécuteur des ordres d'un tyran, apprends d'une femme ce qu'en pareil cas on doit à sa patrie. Elle arrache, à ces mots, le poignard des mains de l'officier, se frappe & lui dit : » esclave, s'il te reste encore quelque vertu, » porte à mon fils ce poignard sanglant, dis-lui » qu'il venge sa nation, qu'il punisse le tyran ; » il n'a plus rien à craindre pour moi, plus » rien à ménager, il est maintenant libre d'être » vertueux ».

CHINOISES. On sait que de tous les agrémens celui que les chinoises d'un certain rang estiment le plus, est la petitesse de leurs pieds. Pour le leur procurer, on a soin dès qu'elles sont nées de leur lier les pieds si étroitement qu'ils ne peuvent plus croître, & que les jambes en deviennent enflées. Aussi ces malheureuses victimes de l'usage se ressentent-elles toute leur vie de cette gêne, leur démarche est lente, mal assurée, & l'on peut dire qu'elles se traînent, plutôt qu'elles ne marchent.

CHIRIGUANES, les hommes de ce peuple de l'Amérique méridionale vont tout nuds ; cependant ils ont des culottes, mais ordinairement ils les portent sous le bras comme nous notre chapeau (Saint-Foix).

CHIRURGIE. Chez les ostrogots ou anciens Goths, la chirurgie étoit très-cultivée & la médecine très-négligée : ils employoient de préférence les remèdes extérieurs dans toutes les maladies, & sur-tout dans les externes auxquelles les différens exercices les exposoient bien davantage, leur frugalité éloignant d'eux les internes, si communes parmi nous. Ils avoient une manière de panser les plaies que certainement nos militaires n'approuveroient pas : voici ce que dit à ce sujet Saxon le grammairien. Un brave fermier, nommé Stackobd, ayant eu dans un combat le ventre tellement fendu, que les intestins en sortoient, son chirurgien les remit en place, & fit la future avec une aiguille faite de branche de saule.

Le bon sens seul suffit pour assurer que la chirurgie doit être le plus ancien de tous les arts. Les chûtes, les rixes même ont dû donner lieu à des fractures ou à des luxations qu'il a fallu réduire, & on peut regarder comme le premier chirurgien celui qui le premier s'est fait une étude de secourir ses semblables dans des circonstances malheureuses.

Moïse est peut-être le plus ancien auteur qui fasse mention de la chirurgie & des chirurgiens, lorsqu'il ordonne que celui qui frappera ou blessera un autre, payera au blessé son tems, & le salaire dû au chirurgien qui l'aura guéri.

‹ Homère parle de plusieurs princes & chefs

d'armées qui pansèrent les blessés pendant la guerre de Troye.

Nous lisons dans Tite-Live, que Massinissa, roi de Numidie, guérissoit les blessures, pendant les guerres de Carthage, avec quelques simples. Denis, tyran de Sicile, a aussi exercé la chirurgie, & pansoit les plaies.

Josine, roi d'Ecosse, pendant qu'il s'étoit sauvé en Irlande, apprit la chirurgie, &, pour imiter son exemple, toute la noblesse d'Ecosse étudia cet art, en sorte que cent ans après il n'y avoit point de gentil-homme écossois qui ne fût chirurgien, ainsi que nous l'apprend Boece dans son histoire d'Ecosse.

CHIRURGIEN. Les chirurgiens en Angleterre ne sont pas, comme en France, appellés les premiers auprès des malades. Ce sont les apothicaires qu'on fait venir d'abord, qui saignent, purgent, appliquent les vessicatoires, font en un mot ce que nous appellons ici assez improprement la petite chirurgie. L'usage de l'Angleterre, dans le commerce des grandes Indes, est bien digne de louange. Le chirurgien de chaque navire reçoit avec ses appointemens une liv. sterling de gratification, pour chaque homme de l'équipage qu'il ramène en Europe.

Un homme de condition étoit tombé malade en Auvergne, dans une terre éloignée de tout secours : on lui proposa d'envoyer chercher le médecin de Clermont. Je n'en veux point, répondit-il, qu'on aille plutôt chercher le chirurgien du village, il n'aura peut-être pas la hardiesse de me tuer.

L'opéra comique a joué en 1736 une pièce intitulée arlequin, chirurgien de Barbarie, dont voici le canevas : deux hommes amènent Scaramouche, officier françois, blessé à la bataille de Parme d'un coup de fusil, dont la balle est restée dans le corps. Dans quel endroit, demande Arlequin ? dans le bras droit, répond Scaramouche.. Arlequin, sans hésiter, lui coupe entièrement le bras droit pour extirper, dit-il, la cause du mal. Scaramouche se plaint alors que la balle est passée dans le bras gauche : Arlequin ne balance pas & fait une nouvelle amputation : enfin, il lui coupe successivement les deux cuisses, où la balle s'étoit réfugiée. Lorsque Scaramouche est ainsi mutilé, on l'emporte & la parade finit. Si la bale se fût avisée de se refugier dans la tête, sans doute qu'Arlequin l'auroit aussi amputée.

Dans une épître adressée à un chirurgien par Habicot, il raconte la conversation qu'il eut devant la reine mère avec la duchesse de Nemours. Cette dame lui demanda un jour quel étoit le meilleur chirurgien de Paris. La question étoit embarrassante. Habicot y répondit avec esprit en difant qu'il n'y en avoit qu'un , favoir , celui qu'on affectionnoit.

On lifoit chez madame de Mazarin un libelle en vers , où les courtifans étoient turlupinés. Le cercle étoit compofé de plufieurs perfonnes , tant feigneurs qu'autres , parmi lefquelles étoit un *chirurgien*. On lut un trait contre le duc de Candale , exprimé ainfi :

Le vieux duc de Candale au teint havre & plombé.

Le *chirurgien* interrompit le lecteur pour dire que le teint de M. le duc de Candale prendroit une autre forme , quand on auroit faigné & purgé fa perfonne ; ce qui fit rire tout le monde. C'eft M. de Saint-Evremont qui rapporte cette anecdote.

Il y a quelques années qu'un *chirurgien* vint à une thèfe qui étoit foutenue aux écoles de médecine ; il monta aux degrés où fe placent les docteurs regens de la faculté. Un médecin lui dit : vous ne pouvez refter là , monfieur , c'eft la place des docteurs. — Où donc eft la place des doctes , répondit le *chirurgien* ? — Si vous l'euffiez demandé d'abord , on vous auroit montré les anneaux où jadis on les attachoit. On fait qu'autrefois les médecins faifoient leurs vifites montés fur des mules , & l'on voit encore aux anciennes écoles l'anneau qui fervoit à attacher la monture du fameux docteur *Hamon*.

Des françois & des hollandois s'etant établis dans la petite ifle de Saint-Martin , aux Antilles , les premiers choifirent parmi eux , pour leur commandant , un *chirurgien* de profeffion , qui faifoit auffi l'office de curé. C'étoit lui qui affembloit le peuple à l'églife , qui faifoit le prône , récitoit les prières , donnoit avis des fêtes & des jeûnes. Aux fonctions de *chirurgien* , de pafteur & de commandant , il joignoit auffi celle de juge , affifté du maître d'école & de fon frater , qui lui tenoient lieu , l'un d'affeffeur , l'autre de greffier.

Il y a un oifeau qu'on appelle le *chirurgien* ou *le Jacana armé* ; pour le diftinguer des deux autres efpèces , qui toutes fréquentent les marais du nouveau continent. Celui dont il eft ici queftion , eft ainfi nommé , parce qu'il porte à la partie antérieure de chaque aîle , une manière de lancette ou d'éperon jaunâtre , grifâtre , fort aiguë , d'une fubftance de corne , & dont il fe fert pour fe défendre. Il fe trouve au Bréfil. Le *chirurgien* brun armé , ou le Jacana brun armé , autre efpèce qui ne diffère guères de celle-ci , fe trouve au Mexique , à Cayenne & à Saint-Domingue. Il y en a encore une troifième efpèce qui eft le *chirurgien* varié , ou la foulque épineufe , *fulca fpinofa* de Linnæus. On trouve cet oifeau dans le pays de la nouvelle Carthagène , dans l'Amérique méridionale. Il faut obferver qu'on voit quelquefois auffi des Jacanas armés en Afrique.

Il y a encore un poiffon qu'on appelle *chirurgien* , & qu'on rencontre à la Martinique. Il eft ainfi nommé , parce qu'il porte vers fa queue deux petites pointes formées & aiguës comme une lancette.

Le *Thalitron* , plante qui croît fur les vieux murs & parmi les décombres des bâtimens , eft appelé *fophia chirurgorum* , la fcience des chirurgiens , parce qu'étant pilée & appliquée fur les bleffures & les ulcères , elle les guérit en très-peu de tems.

Le premier *chirurgien* du Roi follicitant un jour M. le chancelier d'Aguefleau , d'élever un mur d'airain qui féparât à jamais le corps des médecins de celui des *chirurgiens* ; il lui répondit d'un ton enjoué : mais fi nous élevons ce mur , de quel côté faudra-t-il mettre le malade ?

Les médecins furent agrégés à l'univerfité de Paris : les *chirurgiens* en furent exclus , parce que , dit-on , *l'églife abhorre le fang*.

CHOISI. (François Thimoleon de) , né à Paris en 1644 , mort en 1724. Cet abbé s'habilla & vêcut en femme plufieurs années ; il acheta fous le nom de la comteffe des Barres , une terre auprès de Tours. Ses mémoires racontent avec naïveté comment il eut impunément des maîtreffes fous ce déguifement.

Pendant que je travaillois , dit l'abbé de *Choifi* , à l'hiftoire de Charles VI , monfeigneur le duc de Bourgogne à peine forti de l'enfance , m'adreffa un jour ces paroles : comment vous y prendrez-vous pour dire que ce roi étoit fou ? Monfeigneur , lui repartis-je fans héfiter , je dirai qu'il étoit fou ; la vertu feule diftingue les hommes dès qu'ils font morts.

Le duc de Beauvilliers m'a dit plufieurs fois (c'eft l'abbé de *Choifi* qui parle) qu'en publiant des livres où regnoient les bonnes mœurs , je faifois un plus grand bien qu'en faifant douze miffions. Il y a , ajoutoit-il , beaucoup de gens propres à faire le catéchifme , & fort peu , ou prefque point de capables de faire des livres qui fe faffent lire.

L'abbé de *Choifi* perdit un jour cinquante louis d'or fur fa parole , contre la belle madame Dufrenoi ; & n'ayant point d'argent pour la payer , il fe paffa je ne fais combien de jours fans qu'elle entendît parler de lui. Elle s'en ennuya à la fin , de forte qu'il lui envoya un exemplaire des livres qu'il avoit compofés. Il lui manda en même tems que s'il étoit vrai , comme il étoit porté dans le billet qu'elle lui avoit écrit , qu'elle attendît après fa dette pour jouer , il la prioit de fe défennuyer avec fes livres , en attendant qu'il pût la fatisfaire. Madame Dufrenoi trouva nouvelle cette manière de s'excufer de payer fes dettes ,

& elle fut tentée de faire des livres comme les autres, afin qu'avec ses ouvrages elle pût contenter ses créanciers quand ils lui enverroient demander de l'argent.

On disoit que M. l'abbé Fleuri étoit *Choisi* dans son histoire ecclésiastique, & que l'abbé de *Choisi* étoit *Fleuri* dans la sienne.

Quand l'abbé de *Choisi* eut fini son dernier volume de l'histoire ecclésiastique, il dit : « j'ai » achevé, grace à Dieu, l'histoire de l'église; » je vais présentement l'étudier ».

L'abbé de *Choisi* avoit vendu sa belle terre de Balleroi près Caen; passant quelque tems après devant ce château, il dit d'un ton piqué : *ah ! que je te mangerois bien encore !*

CHOIX. On entend par ce mot la préférence qu'on donne à une personne ou à une chose sur une autre. Un homme instruit, un homme de bon goût déterminera son *choix* sur les objets qui le mériteront davantage : souvent une inconstance légère décide notre *choix*.

Un cardinal recevoit au milieu d'un cercle de dames, les présens de son fermier, qui lui apportoit un panier de fruits rares par leur beauté. Comme ce paysan consideroit avec intérêt toutes ces dames plus belles les unes que les autres, le cardinal lui demanda, en riant, laquelle il choisiroit pour son épouse, si ce *choix* lui étoit accordé ? Le paysan ne parut point embarrassé; mais parcourant tous ces objets avec des yeux où le desir petilloit, il les arrêta sur une dame pour laquelle le cardinal avoit des attentions particulières. Le paysan, qui les avoit remarquées, dit au cardinal : « Ma foi, monseigneur, je « choisirois madame la cardinale ».

CHOSROES dit *le Grand*, fut successeur de Cabades au royaume de Perse. De toutes les vertus que posséda *Chosroes*, la plus remarquable fut une égalité d'ame qui ne se démentit jamais. Un courier s'écria, un jour en l'abordant, Dieu est juste, Dieu est juste; l'implacable ennemi de notre roi est mort. A Dieu ne plaise, lui répondit le prince, que je me réjouisse de la mort de mon ennemi. C'est pour moi un avertissement que je dois mourir un jour.

On assure qu'il fit mettre sur son diadême l'inscription suivante : « la vie la plus longue & » le regne le plus glorieux passent comme un « songe, & nos successeurs nous pressent de » partir, c'est de mon père que je tiens ce » diadême qui servira bientôt d'ornement à quel- » qu'autre ».

Chosroes s'étonnant un jour qu'un de ses conseillers n'eût point donné son avis dans une affaire importante, celui-ci lui répondit, les con-

seillers d'état doivent ressembler aux medecins qui ne donnent leurs remèdes qu'à ceux qui en ont besoin. Ce prince vivoit vers l'an 531.

CHRISTINE, Reine de Suède, naquit en 1626 de Gustave-Adolphe roi de Suède. Elle abdiqua la couronne en faveur de Charles-Gustave, comte Palatin, son cousin-germain, le 16 juin 1654, & abjura peu de tems après la religion luthérienne dans laquelle elle étoit née, pour embrasser la religion-catholique-romaine. Cette princesse mourut à Rome le 19 avril 1689.

Christine étoit née avec l'enthousiasme d'un héros, & avec le génie d'un grand homme; elle avoit la tête d'un ministre d'état, & le cœur d'un bon roi. Lorsqu'elle prit les rênes du gouvernement, elle étonna, malgré sa jeunesse, tous les sénateurs qui avoient vieilli dans la science des loix & dans l'étude de la politique. Jamais souverain ne s'occupa avec plus de sagacité & de constance de tous les détails de l'administration. Elle vouloit tout voir & tout entendre : elle consultoit toujours; mais elle ne se laissoit point entraîner par l'autorité, ni par le crédit. Elle jugeoit elle-même des divers sentimens; elle ouvroit souvent une nouvelle opinion, & sa décision étoit respectée & regardée comme l'oracle de la raison. Elle étoit parvenue à ce grand art de régner, par les dispositions d'une ame forte & active, par une éducation laborieuse & toute virile. Sa parure l'arrêtoit très peu; elle ne pouvoit souffrir les miroirs; elle vouloit paroître aimable; mais à sa manière. Elle méprisoit les jeux & les occupations qui ont un caractère efféminé. Apprendre les langues anciennes & modernes, approfondir les sciences, cultiver les lettres, s'instruire des arts utiles & agréables, se livrer à tous les soins du gouvernement, remplir toutes les fonctions de la royauté, c'étoit ses occupations; entreprendre de longues traites, soit à pied, soit à cheval, courir à de grandes chasses, faire des armes, coucher au serein, sur la dure, veiller, c'étoit ses exercices. Elle étoit infatigable & continuellement en action : elle passa, dans son enfance, plusieurs jours sans boire, parce qu'on ne lui permettoit pas de faire usage de l'eau pure, & qu'elle avoit une aversion insurmontable pour le vin & les liqueurs spiritueuses. Elle se faisoit un jeu de souffrir la faim, le froid, le chaud. *Christine* s'est jugée elle-même, & c'est d'après elle que nous dirons qu'*elle étoit méfiante, soupçonneuse, ambitieuse jusqu'à l'excès, emportée, superbe & impatiente, méprisante & railleuse : elle étoit peu dévote, incrédule, d'un tempérament ardent & impétueux qui se portoit à l'amour.* Mais, si on l'en croit, elle ne succomba point à son penchant, par fierté, & parce qu'elle étoit incapable de se soumettre à personne. Elle négligeoit toutes les bienséances de son sexe; elle ne s'en mettoit point en peine. *J'aurois mieux fait*, disoit-elle, *de m'en émanciper tout-à-fait, n'étant pas née pour m'affujettir*. Elle vouloit s'illustrer par de grandes actions, & s'inquiétoit peu de se singularifer par de petites fantaisies. Elle mettoit dans son langage beaucoup de juremens; elle rioit fort haut; elle marchoit avec précipitation. Elle n'avoit enfin ni les vertus, ni les défauts, ni les graces, ni les foibleffes ordinaires de son sexe. La fille du grand Gustave étoit d'une nature en quelque forte différente des autres femmes; &, comme Gustave le souhaitoit, *cette fille valut bien un garçon*. Le desir de la gloire étoit sa paffion dominante; mais souvent elle se laiffa séduire par l'apparence, & elle se porta toujours à l'extrême. Le reproche le plus fondé que l'on puiffe faire à *Chriftine*, c'est d'avoir quitté le trône où sa naiffance, ses talens, & son inclination devoient la fixer. Son administration fut glorieufe à la Suède. *Chriftine* eût été comptée au nombre des plus illuftres rois, si elle eût continué à gouverner. Les fingularités de ses mœurs & de son caractère n'euffent donné que plus d'éclat à sa perfonne. Un génie transcendant a des traits qui le rendent original, & qui l'élèvent au-deffus du vulgaire; mais il faut qu'il soit placé : hors de son point de vue favorable, il contrafte trop rudement avec les efprits ordinaires, & il en est mal jugé. Ce fut ce que *Chriftine* éprouva après son abdication. Elle étoit capable des plus grandes chofes, mais un amour mal conçu pour la liberté & pour l'étude des lettres l'ayant emportée hors de sa fphère, cette princeffe vint jouer dans la fociété un perfonnage ridicule. Elle voulut en vain conserver le fentiment de son ancienne grandeur, agir & figurer en fouveraine : ses défauts, ses qualités, ses vertus mêmes ne convenoient plus à l'état où son caprice l'avoit engagée. (*Hift. de Chriftine.*)

Un poëte moderne a feint ingénieufement, dans une lettre qu'il écrit à une princeffe proteftante, que la reine *Chriftine* lui eft apparue en fonge. Il trace ainfi le portrait de cette reine, d'après les principaux traits de sa figure & de son caractère, que l'on ne peut méconnoître.

A sa jupe courte & légère,
A son pourpoint, à son collet,
Au chapeau garni d'un plumet,
Au ruban ponceau qui pendoit
Et par-devant & par-derrière,
À sa mine galante & fière
D'amazone & d'aventurière,
A ce nez de conful romain,
À ce front altier d'héroïne,
A ce grand œil tendre & hautain,
Moins beau que le vôtre & moins fin,
Soudain je reconnus *Chriftine*,

Chriftine des arts le maintien,
Chriftine qui céda pour rien
Et son royaume & votre églife,
Qui connut tout & ne crut rien,
Que le faint père canonife,
Que damne le Luthérien,
Et que la gloire immortalife.

Chriftine n'ayant encore que fix ans & venant de perdre son père, le maréchal de la diète propofa aux états affemblés d'élever sur le trône la fille du grand Gustave. Un membre de l'ordre des payfans s'avança auffi-tôt & demanda : « Quelle eft cette fille de Gustave ? Nous ne » la connoiffons pas, qu'on nous la montre » ! Toute la communauté répéta la même chofe. Auffi-tôt le grand maréchal pour appaifer ces plaintes, va chercher *Chriftine*, l'élève entre ses bras au milieu de l'affemblée. Le payfan, après l'avoir confidérée attentivement, s'écrie : « C'eft » elle-même : voilà le nez, les yeux, le front » de Guftave Adolphe; nous la voulons pour » notre fouveraine » ! Elle fut auffi-tôt inftallée sur le trône & proclamée *roi*.

Cette princeffe devenue majeure, gouverna avec fageffe & affermit la paix dans son royaume. Comme elle ne se marioit point, les états qui firent à ce fujet de vives follicitations; elle s'en débarraffa un jour en leur difant : « j'aime mieux » vous défigner un bon prince & un fucceffeur » capable de tenir avec gloire les rènes du gou- » vernement. Ne me forcez donc point de me » marier; il pourroit auffi facilement naître de » moi un Néron qu'un Auguste ».

Pendant son administration elle fut distinguer le mérite & eut le courage de le préférer à l'éclat de la naiffance. Salvius, son chancelier, qui avoit réuffi dans la négociation de plufieurs traités avantageux à la Suède, étoit d'une naiffance qui l'éloignoit du rang de fénateur. Cette dignité eft dans ce royaume la plus diftinguée, cependant *Chriftine* la lui conféra. « Quand il eft queftion, » dit la reine au fénat, de bons avis & de fages » confeils, on ne demande point les feize quar- » tiers, mais ce qu'il faut faire. Il ne manque à » Salvius que d'être d'une grande famille; & » il peut compter pour un avantage qu'on n'ait » autre chofe à lui reprocher : il m'importe d'avoir » des gens capables ».

Elle cultiva les arts dans un climat où ils étoient alors inconnus. Defcartes lui enfeigna les élémens de sa nouvelle philofophie; mais il voyoit avec peine cette princeffe paffer une partie du tems à l'étude fèche & aride des langues. Une foule d'érudits environnoient le trône, ce qui faifoit dire aux étrangers que la Suède alloit être gouvernée par des grammairiens. Le médecin Bourdelot, fils d'un barbier de Sens, & qui au

défaut

défaut d'un vrai mérite, cherchoit à amuser la princesse par des facéties, jetta encore un ridicule sur cette espèce de cour. Meibom venoit de donner ses recherches sur la musique des anciens, & Naudé, autre savant, avoit écrit sur les danses grecques & romaines. Bourdelot engagea *Christine* de demander à ces interprètes de l'antiquité, qu'ils rendissent leurs opinions plus sensibles par des exemples. Le sérieux Meibom se vit donc obligé, pour ne pas déplaire à la princesse, de chanter avec sa voix sombre & tremblante un air à la grecque, tandis que le grave Naudé exécutoit de son côté des pas lourds & traînans dans une danse à la romaine.

En 1654, *Christine* abdiqua la couronne. Le dégoût des affaires, l'envie de cultiver les arts dans leur propre patrie, & plus que tout cela, l'amour de la liberté la déterminèrent à cette étrange résolution. Les états assemblés firent de vains efforts pour retenir une reine qu'ils chérissoient. Il fallut obéir. Elle partit aussi-tôt de Stockholm, en disant que son rôle étoit joué. Sortie de Suède & arrivée à Gollen, elle se fit homme, ou du moins elle en prit l'habit. Elle renvoya ses femmes & ne retint à son service que cinq gentilhommes, qui tous ignoroient où ils alloient.

Elle s'arrêta à Anvers chez un négociant. Elle reprit pendant ce séjour ses habits de femme. Le prince de Condé, pour lequel elle avoit beaucoup d'estime, se trouvoit dans cette ville. Quelques formalités de cérémonial empêchèrent cependant que ce prince n'allât lui rendre visite, mais il se glissa un jour parmi les courtisans, qui remplissoient la chambre de cette reine. « Il faut voir, disoit-il, cette princesse qui abandonne si facilement la couronne pour laquelle nous autres nous combattons, & après laquelle nous courons tout le tems de notre vie, sans pouvoir l'atteindre ». Ils se virent quelques jours après comme par occasion. *Christine* dit en l'abordant : « Mon cousin, qui auroit cru, il y a dix ans, que nous nous serions ainsi rencontrés loin de notre pays ». Ajoutons dans un état qui avoit été dévasté par les armées du père de *Christine*, & où Condé avoit lui-même porté le fer & le feu.

Cette princesse embrassa la religion catholique à Bruxelles, & abjura publiquement le luthéranisme à Inspruck. Le soir même on lui donna la comédie ; ce qui fit dire aux protestans qui n'approuvoient point ce changement de religion, ou qui ne le croyoient pas sincère : « il est bien juste que les catholiques lui donnent le soir la comédie, puisqu'elle leur a donné une farce le matin ».

Les jésuites lui disoient que quand elle seroit catholique, on la placeroit entre les saintes, à côté de sainte Brigitte de Suède. « J'aime bien mieux, répondit-elle avec vivacité, qu'on me mette entre les sages ».

Elle se rendit à Rome, & son entrée dans cette capitale du monde chrétien eut toute la pompe d'un triomphe. Le pape vouloit lui faire envisager sa victoire sur l'erreur, comme une conquête plus glorieuse qu'aucune qui eût jamais été remportée sur les nations guerrières. Plusieurs jours se passèrent en fêtes, après lesquelles elle se livra entièrement à son goût pour les belles-lettres, les sciences & les arts. Un jour qu'elle admiroit une statue de marbre du cavalier Bernin représentant la vérité, un cardinal, amateur des concetti, lui dit en s'approchant : « Madame, on peut bien dire qu'aucun souverain n'aime la vérité autant que vous le faites paroître ». *C'est*, répondit-elle, *que toutes les vérités ne sont pas de marbre.*

Une contagion qui se manifesta à Rome, ou plutôt un esprit inquiet ou un désir de voir & d'apprendre, engagèrent *Christine* à faire un voyage en France. Elle arriva par mer à Marseille. On lui rendit tous les honneurs possibles dans les villes qu'elle traversa. Il fallut même qu'elle essuyât toutes les harangues prescrites par le cérémonial. En ayant entr'autres écouté une dont la longueur l'avoit ennuyée, un officier françois qui l'accompagnoit la supplia de témoigner sa satisfaction à l'orateur. *Cela est juste*, dit-elle, *quand ce ne seroit qu'à cause qu'il vient de finir.*

Enfin elle arriva à Fontainebleau habillée en amazone. Plusieurs dames de la cour vinrent la saluer, & s'avancèrent pour l'embrasser. La princesse, un peu offensée de cette familiarité, se contenta de dire : « Quelle fureur ont ces dames de me baiser ? est-ce à cause que je ressemble à un homme ? »

En général, elle fuyoit la compagnie des femmes, qu'elle traitoit d'ignorantes. Elle disoit quelquefois : « J'aime les hommes, non parce qu'ils sont hommes, mais parce qu'ils ne sont pas femmes ».

Lorsqu'elle vint à Paris, toutes les cours souveraines la complimentèrent. Elle répondit à toutes ces harangues, avec la dignité qui convenoit à son rang, & sur le champ. Un docteur de théologie, à la tête de sa compagnie, lui adressa ce discours : *Suecia te Christinam fecit, Roma christianam faciat te Gallia christianissimam.* « Vous êtes née Christine en Suède, vous êtes devenue chrétienne à Rome, puissiez-vous tenir de la France le titre de très-chrétienne ». C'étoit le vœu le plus flatteur à lui faire ; mais il étoit sans vraisemblance qu'un jeune roi conçût de l'inclination pour une femme déjà avancée en âge, & qui avoit quitté les vertus aimables de son sexe, pour suivre

des caprices qui ne la rendoient que singulière.

Elle accueillit tous les savans; elle n'étoit pas
fâchée de leur faire parade de ses études. Ménage,
qu'elle connoissoit déjà de réputation, étoit l'in-
troducteur des personnes de quelque considération
qui venoient la saluer. Il ne manquoit pas, en les
présentant, d'ajouter : *C'est monsieur un tel, homme
de mérite.* Un jour la reine, fatiguée de ces visites,
dit d'un air chagrin : *Ce monsieur Ménage connoît
bien des gens de mérite !*

Comme elle aimoit à se trouver aux assemblées
des savans & des gens de lettres, elle se rendit
dans une de ces assemblées qui se tenoit chez le
duc de Guise. Gilbert, son résident en France, y
lut une comédie en vers de sa composition, dont
les plaisanteries étoient un peu libres. Chapelain,
auteur du poëme de la Pucelle, & alors en considération, consulté sur cette pièce, en blâma la licence. Christine se retourna aussi-tôt vers Ménage
qui avoit assisté à cette lecture, & lui demanda ce
qu'il en pensoit. Ce savant, qui avoit pénétré les
sentimens de la princesse, loua le drame sans restriction. » Je suis bien aise, lui répartit aussitôt
» Christine, que cette comédie soit de votre goût.
» On peut s'en rapporter à vous. Mais, pour votre
» Monsieur Chapelain, que c'est un pauvre hom-
» me ! il voudroit que tout fût pucelle. «

L'illustre Suédoise, après avoir vu tout ce qu'il
y avoit de curieux à Paris, & même instruit des
amateurs domiciliés de ce qu'ils ignoroient, elle
quitta la capitale. Elle voulut voir, en passant par
Senlis, la célèbre Ninon qui y demeuroit. Ce fut
la seule femme pour qui elle témoigna de l'estime,
c'est peut-être parce que cette femme s'étoit aussi
fait homme, & sembloit justifier le goût de Christine.

L'accueil que cette princesse avoit reçu en France,
lui fit naître l'envie d'y venir une seconde fois en
1657. Ce fut dans ce voyage qu'elle fit assassiner
son grand écuyer Monaldeschi dans la galerie de
Fontainebleau. Ce meurtre, qu'elle voulut faire
passer pour la punition d'un coupable, révolta
tout le monde.

Elle voulut assister à une assemblée de l'académie
françoise qui se tenoit pour lors chez le chancelier
Séguier son protecteur. Il s'agissoit auparavant de
savoir si les académiciens seroient devant la reine ou
assis ou debout. Un académicien, consulté là-dessus,
dit » que le roi Charles IX venoit souvent du temps
» de Ronsard à des conférences de gens de lettres, &
» que tout le monde étoit assis en sa présence. » Cette
réponse décida la question. Le directeur fit un
compliment à la reine. On lut ensuite quelques
pièces de vers. Christine demanda à voir quelques
essais du dictionnaire auquel l'académie travailloit
pour lors. Le hasard présenta cette phrase, *Jeux*

de princes, qui ne plaisent qu'à ceux qui les font. La
princesse plaisanta la première sur ce proverbe
qui pouvoit la regarder.

Christine quitta la France, qui commençoit déjà
à perdre de sa considération pour elle. Cette princesse, après avoir fait plusieurs voyages en Allemagne & même en Suède, pour solliciter ses pensions & charmer son esprit inquiet, mourut à Rome,
non sans avoir éprouvé la vérité de la prédiction du
grand chancelier Oxenstiern. Ce chancelier étant
à l'article de la mort, demanda des nouvelles
de Christine, & expira en disant : « Je lui ai pré-
» dit qu'elle se repentiroit de ce qu'elle fai-
» soit. Mais... c'est pourtant la fille du
» grand Gustave ».

Christine avoit un aumônier dont le ventre étoit
si gros, qu'à peine pouvoit-il voir ses pieds.
Monsieur l'aumônier, lui demanda-t-elle un jour,
en présence de beaucoup de monde, quand accoucherez-vous ? Madame, lui dit-il, quand j'aurai trouvé une sage femme.

Christine disoit que le cardinal François Barberin étoit *tout chifre.*

La reine de Suède étant en France, fut le sujet
de la conversation des duchesses dans le cercle
qu'elles tinrent chez la reine. On n'épargna pas
sa perruque, ses habits, ses gestes, ses expressions ; on tourna tout cela en ridicule. Elle apprit qu'elle avoit été l'objet de la critique maligne des dames à tabouret : elle chercha à s'en
venger. Elle sçut qu'elles avoient agité la question si, à cause de l'inconstance de la saison,
où il faisoit souvent beau le matin & froid le soir,
elles porteroient un manchon & un éventail tout
à la fois. A la pluralité des voix, on décida
que, sans être ridicules, elles se muniroient de
l'un & de l'autre tout ensemble. La reine de
Suède vint à la cour un jour de cercle, & elle
dit aux Duchesses : Mesdames, j'ai appris la décision de la célèbre question sur le manchon &
l'éventail. Voici comme je l'aurois terminée : j'aurois défendu l'éventail à la plupart de vous autres, qui êtes déjà assez éventées, & le manchon
à un très-grand nombre qui sont d'une complexion
très-ardente.

CHRYSIPPE, mort l'an 207 avant J. C.

Chrysippe, philosophe stoïcien, étoit si subtil
raisonneur, qu'on disoit de lui que si les dieux
faisoient usage de la logique, ils ne pourroient
se servir que de celle de Chrysippe. Ce philosophe
avoit encore plus d'amour-propre que de science.
Quelqu'un lui demanda à qui il confieroit l'éducation de son fils. A moi, répondit-il ; car si je
savois que quelqu'un me surpassât en savoir, j'irois
dès ce moment étudier à son école.

CHUTE. Un soldat romain, nommé Artorius,

se sentant pressé du feu qui brûloit une partie du temple de Jérusalem, où il étoit enfermé, monta sur le haut de ce temple, & de là il cria à un nommé Lucius son camarade, qu'il le laissoit héritier de tous ses biens, s'il le vouloit recevoir, parce qu'il s'alloit jetter en bas pour éviter les flammes. Lucius lui ayant crié de son côté qu'il le vouloit bien, lui tendit les bras. Artorius s'étant précipité du haut en bas du temple, fut assez heureux pour tomber entre les bras de Lucius, mais avec cette fâcheuse circonstance, qu'en même-tems qu'il se conserva la vie, il accabla de son poids son camarade, & le tua.

Le mot CHUTE, pris dans un sens plus étroit, signifie le mauvais succès d'une pièce de théâtre ; & cet article seroit un des plus nombreux, si nous voulions rendre compte des *chûtes* même des plus célèbres des ouvrages dramatiques. Ce qui doit consoler les auteurs des pièces dont la *chûte* a été sans appel, c'est que les meilleures pièces que nous admirons aujourd'hui, ont souvent éprouvé des *chûtes* dont elles ne se sont relevées que par des circonstances inattendues.

Cahusac entendoit fort bien la coupe d'un ouvrage lyrique ; mais il lui manquoit, ainsi qu'à bien d'autres, du style & du goût. Ses pièces étoient le plus souvent assez mal reçues du public : il se mit dans la tête que c'étoit une prévention, il fit courir le bruit de sa mort, & donna un opéra sous le nom d'un de ses amis. Tout cela fut fait dans le plus grand secret. Cahusac alla au parterre, où il croyoit jouir de son triomphe *incognito*. Le poème déplut à tout le monde ; & plusieurs des spectateurs se tournant de son côté, dirent : « Voilà le défunt ».

Dans une comédie intitulée *la Créole*, par le chevalier de la Morliere, un valet, après avoir fait à son maître le détail d'une fête, lui demande ce qu'il en pense : « Que tout cela ne vaut pas, » le diable, lui répondit le maître. « Le parterre en chorus répéta ces mots, & la pièce eut une *chûte* complette.

CICÉRON (Marcus-Tullius), célèbre orateur & consul romain, né dans la ville d'Arpinum en Toscane, l'an 647 de la fondation de Rome, c'est-à-dire, environ 107 ans avant Jésus-Christ, mort dans sa soixante-troisième année, victime de la haine du triumvir Antoine, qui le fit égorger.

En rassemblant les principaux traits sous lesquels *Cicéron* nous est présenté par les anciens, on trouve qu'il avoit la taille haute, mais mince, le cou d'une longueur extraordinaire, le visage mâle & les traits réguliers, l'air si ouvert & si serein, qu'il inspiroit tout à la fois la tendresse & le respect. Son tempérament étoit foible, mais il l'avoit fortifié si heureusement par sa frugalité, qu'il l'avoit rendu susceptible de toutes les fatigues d'une vie laborieuse, & de la plus constante application à

l'étude. Dans les habits & la parure que les sages ont toujours regardés comme les indices de l'ame, il observoit ce qu'il a prescrit dans son traité des offices, c'est-à-dire, toute la modestie & la décence qui convenoient à son rang & à son caractère. Il aimoit la propreté sans affectation, il évitoit avec soin les singularités, également éloigné de la négligence grossière, & de la délicatesse excessive. Rien n'étoit plus aimable que sa conduite & ses manières dans sa vie domestique & dans la société de ses amis : c'étoit un père indulgent, un ami zélé & sincère, un maître sensible & généreux. Son humeur étoit naturellement enjouée, & son esprit tourné à la raillerie. L'usage qu'il en fit dans les affaires publiques, fut toujours assez mesuré pour ne lui attirer aucun reproche ; mais dans les conversations particulières, il fut quelquefois accusé de s'être trop abandonné à la vivacité de son esprit, sans faire attention au chagrin que ses bons mots étoient capables de causer. Il cultiva la poésie, mais elle ne fut pour lui qu'un amusement, & comme le délassement de ses autres études. Son talent distinctif, son souverain attribut étoit l'éloquence. Il lui avoit consacré toutes les facultés de son ame ; & jamais mortel ne s'est élevé à la même perfection. Rome observe un historien élégant, avoit peu d'orateurs avant lui qui méritassent de lui plaire ; mais elle n'en avoit aucun qu'elle pût admirer. Démosthènes fut son modèle. S'il est vrai, comme quelques-uns l'ont écrit, que *Cicéron* n'ait ni le nerf, ni l'énergie, ni, comme il l'appelle lui-même, le tonnerre de Démosthènes, il le surpasse par l'abondance & l'agrément de la diction, par la variété des sentimens, & sur-tout par la vivacité de l'esprit. Les expressions, en passant par son imagination féconde & brillante, prenoient cette couleur d'urbanité romaine dont il est le modèle le plus parfait. Si cet homme illustre eut des défauts, ils venoient moins de sa volonté que de sa constitution naturelle. On a remarqué qu'il s'enfloit trop dans la prospérité, qu'il s'abattoit trop dans la disgrace ; & que dans l'une ou l'autre de ces deux situations, il se persuadoit trop aisément qu'elles ne devoient jamais finir. La plus vive & la plus éclatante passion de son cœur fut son amour pour la gloire, & cette soif de louanges que rien n'étoit capable de satisfaire. Il la confessoit lui-même ; il la nourrissoit avec indulgence, & la portoit souvent jusqu'à la vanité. On a quelquefois tourné en ridicule la vivacité avec laquelle on lui voyoit célébrer perpétuellement le mérite de ses services : mais on doit lui pardonner ce foible de son caractère, en faveur de ses talens sublimes, & des vertus éminentes qu'il fit paroître pendant tout le temps de sa magistrature.

         Hist. de Cicéron.

Cicéron, encore jeune, quitta Rome & se rendit à Athènes, pour s'y perfectionner sous les plus illuftres orateurs de la Grèce qu'il devoit bientôt furpaffer. Apollonius Molon, l'un des plus célèbres d'entr'eux, le fentit fi bien, que l'ayant un jour entendu déclamer, il parut fe refufer aux louanges que tous ceux qui étoient préfens, donnoient à *Cicéron*, & demeura quelque temps penfif. *Cicéron* lui en ayant demandé la caufe : « Eh, lui » répondit-il, je vous loue fans doute & vous ad- » mire ; mais je plains le fort de la Grèce. Il ne » lui reftoit plus que la gloire de l'éloquence, » vous allez la lui enlever & la tranfporter aux » romains ».

« O *Cicéron*, dit un auteur ancien, Démofthè- » nes t'a ravi la gloire d'être le premier orateur, & » tu lui ôtes celle d'être l'unique ».

Cicéron avoit dans le gefte & dans la prononcia- tion, cette grace infinuante, qui, en prévenant l'auditeur, femble donner plus de force au dif- cours. Quelques hiftoriens affurent qu'il avoit per- fectionné fon action par le fecours de Rofcius & d'Efope, les deux acteurs les plus accomplis de leur fiècle. Son fentiment néanmoins étoit que l'é- cole du théâtre ne convenoit point à un orateur, parce que les geftes en font trop détaillés, trop efféminés, & plus proportionnés à l'expreffion des mots qu'à la nature des chofes. Il railloit quelque- fois Hortenfius de fon action trop badine & trop théâtrale.

(*Vie de Cicéron.*)

Verrès avoit été préteur en Sicile, où il s'étoit rendu coupable de plufieurs exactions, confidéra- bles. Il fut cité en jugement ; & pour engager l'ora- teur Hortenfius à prendre fa défenfe, il lui avoit fait préfent d'un fphinx d'ivoire, qui étoit une ftatue de grand prix. *Cicéron* plaidoit contre ce pré- teur : Hortenfius, fon défenfeur, feignoit de ne rien comprendre aux difcours de *Cicéron*. *Je m'en étonne*, lui répliqua malignement cet orateur ; *car vous avez chez vous le fphinx.*

Publius Cotta, qui fe donnoit pour habile ju- rifconfulte, quoiqu'il fût fort ignorant dans cette fcience, étant cité en témoignage par *Cicéron*, répondit qu'il n'avoit aucune connoiffance du fait. *Vous vous imaginez peut-être que je vous parle du droit*, lui répondit *Cicéron*.

Métellus Nepos, un autre de fes adverfaires, lui reprochant qu'il étoit un homme nouveau, c'eft-à-dire, un homme peu connu, lui faifoit fou- vent cette queftion : *Quis eft pater tuus ?* Quel eft votre père ? *Votre mère*, répliqua *Cicéron* fatigué de fes redites, *a rendu cette queftion difficile à ré- foudre*. La conduite de cette dame, comme on ne l'ignoroit point, n'étoit pas des plus régulières.

Ce même Métellus lui reprochoit un jour qu'il avoit fait plus mourir de gens, en les accufant, qu'il n'en avoit fauvé en les défendant. *Je l'avoue*,

lui répondit *Cicéron* ; *car il y a en moi encore plus de bonne foi & de vérité que d'éloquence.*

Un jeune homme qui étoit accufé d'avoir em- poifonné un de fes parens dans un gâteau, s'em- portoit & faifoit des menaces à *Cicéron*. *Courage, mon ami*, lui dit cet orateur, *j'aime encore mieux tes menaces que ton gâteau.*

Il y avoit un certain Octavius, à qui on repro- choit d'avoir été efclave en Afrique : or, c'étoit l'ufage dans ce pays de percer les oreilles aux efclaves, pour marque de leur fujétion. Un jour que *Cicéron* plaidoit, cet homme s'avifa de dire qu'il ne l'entendoit point. *Tu as pourtant l'oreille percée*, lui dit *Cicéron*.

Marcus Appius plaidant une grande caufe, dit dans fon exorde, que fon ami pour lequel il plai- doit, l'avoit fupplié d'apporter dans cette affaire beaucoup de foin, d'exactitude, d'érudition & de bonne foi. *As-tu bien le cœur affez dur*, lui dit *Cicéron* en l'interrompant, *de ne rien faire de ce que tu as promis à ton ami* ?

Céfar ayant fait ordonner par un décret, que toutes les terres de la Campanie feroient diftri- buées aux foldats, la plupart des fénateurs qui y étoient intéreffés, s'en plaignirent ; & Lucius Gel- lius, qui étoit très-âgé, s'emportant plus que les autres, dit que cette diftribution ne fe feroit ja- mais pendant qu'il feroit en vie. « Nous pouvons » attendre, repartit *Cicéron* ; car Gellius ne de- » mande pas un long terme ».

Cicéron ayant, par fa vigilance & fon activité, ruiné les deffeins pernicieux de Catilina, reçut de fes concitoyens des témoignages de reconnoiffance qui durent combler fes defirs. L. Gellius, qui avoit été conful & cenfeur, déclara dans un difcours pu- blic, que l'état lui devoit la couronne civique, pour l'avoir fauvé de fa ruine. Catulus lui donna le titre de père de la patrie dans une affemblée du fénat ; & Caton l'ayant honoré du même nom, à la tribune aux harangues, le peuple répondit par des acclamations redoublées.

Ceux qui étoient reftés fecrètement attachés au parti de Catilina & de fes complices, trouvèrent par la fuite le moyen de faire exiler *Cicéron*, fous prétexte que dans les condamnations contre les conjurés, il n'avoit pas rempli les formalités pref- crites par la loi ; mais il fut bientôt rappelé par les fuffrages unanimes du peuple affemblé. On lui rendit par-tout, lors de fon paffage, les honneurs publics : chacun s'empreffoit de le voir, de le fé- liciter, de lui marquer fa joie. *Cicéron* n'exagère point, dit Plutarque, quand il affure que « Rome » entière fembla s'ébranler de deffus fes fonde- » mens pour venir embraffer fon confervateur ».

Un triomphe, non moins éclatant pour *Cicéron*, eft celui dont Plutarque fait mention. Céfar ayant en main la souveraine puissance, & résolu de perdre Ligarius, accusé d'avoir porté les armes contre lui, s'étoit rendu au *Forum* le jour que la cause de cet officier devoit être plaidée. *Cicéron* s'en étoit chargé. Il n'eut pas plutôt commencé à parler, qu'il fit naître des sentimens de compassion dans le cœur de César. L'ame de ce dictateur sembloit suivre les mouvemens de l'orateur, & son visage changea plusieurs fois de couleur. Enfin, lorsque *Cicéron* vint à parler des circonstances de la bataille de Pharsale qui regardoient Ligarius, César fut si ému, si troublé, qu'il laissa tomber quelques papiers qu'il tenoit à la main pour les opposer à l'accusé; & il avoua par-là en quelque sorte sa défaite. Ce triomphe paroît encore plus extraordinaire, lorsqu'on sait que César auroit pu lui-même disputer à *Cicéron* le prix de l'éloquence, s'il n'avoit pas préféré d'être le maître de la république.

Lorsque les satellites envoyés par Antoine à la maison de campagne de *Cicéron*, pour l'assassiner, furent arrivés, ils apprirent qu'il venoit d'en sortir pour chercher son salut dans une terre étrangère. Ils marchèrent promptement sur ses traces, & joignirent bientôt sa litière dans un bois écarté. Les domestiques de *Cicéron* n'eurent pas plutôt apperçu ces assassins, qu'ils se rangèrent autour de leur maître, résolus de le défendre au péril de leur vie; mais *Cicéron* les empêcha de faire la moindre résistance. Il jeta sur ces ennemis un regard si tranquille & si ferme, qu'il déconcerta leur audace, & présentant la tête hors de la litière, il leur dit qu'ils pouvoient prendre ce qu'ils demandoient, & finir leur ouvrage. Ils lui coupèrent aussi-tôt la tête & les mains. Lorsque l'on apporta ce cruel présent à Antoine, Fulvia, sa femme, prit cette tête, & en perça la langue avec un poinçon d'or, pour se venger de ces *Philippiques* si véhémentes que *Cicéron* avoit prononcées contre son mari. Ainsi mourut ce grand homme, victime de ses services & de ses projets salutaires pour sa patrie. Sa mort causa une douleur amère à tous ceux à qui il restoit encore quelques sentimens d'honnêteté. On rapporte même qu'Auguste le regretta plus d'une fois. Cet empereur ayant surpris un jour un traité de cet orateur entre les mains de son petit-fils qui le cachoit sous sa robe dans la crainte de lui déplaire, prit le livre, le parcourut, & le rendit à ce jeune homme, en lui disant : *C'étoit un grand homme, mon fils, un amateur zélé de la patrie.*

CIEUTAT, gouverneur de Villeneuve.

Marguerite de Valois faisoit la guerre à Henri III, son frère, & au roi de Navarre son mari. Elle avoit campé sa petite armée devant Villeneuve d'Agénois. Elle ordonna à trente ou quarante soldats, de conduire Charles de *Cieutat* aux pieds des murailles, & de le tuer, si son fils, qui commandoit dans cette place, refusoit d'ouvrir les portes. *Cieutat*, après qu'on eut fait cette indigne sommation à son fils, lui cria : » Songe à » la fidélité & au devoir d'un françois, & que si » j'étois capable de te décider à te rendre, ce » ne seroit plus ton père qui te parleroit, mais » un traître, un lâche, un ennemi de ton hon- », neur & de ton roi. » Ses gardes avoient déja le bras levé & alloient le frapper : le jeune *Cieutat* leur fit un signe; on ouvrit la porte, il sortit avec trois ou quatre hommes, feignit de parlementer, & mettant tout-à-coup l'épée à la main, il fondit avec tant d'impétuosité sur ceux qui tenoient l'épée nue sur son père, & fut si soudainement secondé par plusieurs soldats de sa garnison qu'il le délivra.

CIMETIÈRE. Un célèbre anatomiste de Louvain recommanda, dans son testament, de mettre cette épitaphe sur l'endroit où il seroit enterré :

Philippe Verteger a choisi ce cimetière *pour le lieu de sa sépulture, dans la crainte de profaner l'église & de l'infecter par des vapeurs malfaisantes.*

CIMON, général des Athéniens, étoit fils de Miltiade, dont il suivit les traces glorieuses. La vie de cet homme célèbre, qui se montra aussi grand dans la paix que dans la guerre, ne fut pas exempte de revers; car après avoir servi long-temps sa patrie, il se vit banni par l'ostracisme. Il fut ensuite rappellé pour commander la flotte des Grecs alliés. L'orateur *Gorgias* disoit de lui, qu'il amassoit des richesses pour s'en servir, & qu'il s'en servoit pour se faire aimer & estimer. *Cimon* mourut l'an 449 avant J. C.

CIMON, vieillard romain, condamné à mourir de faim, fut allaité par sa fille, qui avoit la permission de venir voir son père dans sa prison. Cette charité si respectable toucha les juges, & fut suivie de la grace du coupable. Cet acte de charité romaine a été consacré par les peintres les plus célèbres.

CINCINNATUS (*Lucius Quinctius*), dictateur romain, vers l'an 458 avant J. C. Comme il étoit sans ambition, il préféroit les douceurs de la vie champêtre à tout l'éclat de la dignité consulaire; néanmoins l'amour de la patrie l'emportant sur celui de la retraite; je crains bien, ma chère Racilia, » dit-il à sa femme, que nos champs ne » soient mal cultivés cette année. » On le revêtit en même-temps d'une robe bordée de pourpre, & les licteurs avec leurs faisceaux, se présentèrent pour l'escorter, & pour recevoir ses ordres.

CINQ-MARS. Henri Coiffier dit Ruzé, marquis de Cinq-Mars, fut redevable de sa fortune au cardinal de Richelieu. En 1639 il fut nommé grand écuyer de France. Le haut degré de confidération & de faveur dont il jouissoit, lui fit oublier la reconnoissance qu'il devoit au cardinal, il aspira même à le supplanter. Ce ministre s'en apperçut, & trouva mauvais que M. de *Cinq-Mars* marchât toujours sur ses talons quand il alloit chez le roi, & lui reprocha durement son ingratitude. *Cinq-Mars*, pour s'en venger, excita Gaston, duc d'Orléans, à la révolte, & attira le duc de Bouillon dans son parti. *Cinq-Mars*, tout en trahissant son maître, abusoit de ses confidences pour l'aigrir contre le cardinal. Richelieu tombé malade étoit sur le point de succomber, lorsqu'il eut le bonheur de découvrir le traité fait entre les factieux & les Espagnols. *Cinq-Mars* fut arrêté à Narbonne & conduit à Lyon; on instruisit son procès, & le 12 septembre 1642, il eut la tête tranchée. C'est en fournissant des preuves contre *Cinq-Mars*, que Gaston obtint sa grace.

CITATIONS REMARQUABLES.

Le fard dont usent nos dames ne réussit pas au grand jour. Une dame qui en avoit mis à l'excès, recevoit, l'après-midi d'un beau jour d'été, visite chez elle. Quelqu'un lui conseilla malicieusement de fermer les rideaux de ses fenêtres, & lui récita ce vers :

Sangaride, ce jour est un grand jour pour vous.

Aboulaina, docteur arabe, célèbre par ses bons mots, vivoit sous le califat d'Abdalmalek. Moyse, fils de ce calife, ayant fait mettre à mort un des amis d'Aboulaina, fit répandre le bruit que cet homme s'étoit évadé. Quelqu'un demanda un jour au docteur ce qu'étoit devenu son ami. Il répondit dans les mêmes termes qui sont rapportés au livre de l'exode au sujet de Moyse qui tua un Egyptien : *Moyse le frappa, & il en mourut.* Cette allusion, qui fut bientôt divulguée, déplut extrêmement au Prince. Il envoya chercher le docteur, & le menaça de le punir s'il avoit le malheur de s'échapper en paroles indiscrettes. Aboulaina, sans s'étonner, lui répondit par ce verset du même chapitre : *Est-ce que vous voulez me tuer aujourd'hui, comme vous tuâtes hier cet Egyptien?* Le prince trouva la *citation* très-heureuse, & réprima sa colère.

Un avocat de Toulouse, nommé Adam, faisoit des harangues que devoit prononcer un président. Cet avocat fut obligé de faire un voyage à Paris. Pendant son absence, le président eut une harangue à faire, qu'il composa du mieux qu'il put; comme il la prononçoit, un conseiller qui le vit embarrassé, *cita* ces paroles de la genèse : *Adam ubi es?* où est Adam.

Duperrier disoit un jour : » Il n'y a que les » foux qui n'estiment pas mes vers. « Sur quoi M. d'Herbelot lui cita le mot de Salomon : *Stul-*

torum infinitus est numerus. Le nombre des foux est infini.

CITOYEN ROMAIN.

Notre grand Corneille fait dire, par Emilie, à Cinna, ces vers majestueux :

Pour être plus qu'un Roi tu te crois quelque chose!
Aux deux bouts de la terre en est-il un si vain,
Qu'il prétende égaler un CITOYEN ROMAIN?
Antoine sur sa tête attira notre haine
En se déshonorant par l'amour d'une reine :
Attale, ce grand roi, dans la pourpre blanchi,
Qui du peuple romain se nommoit l'affranchi,
Quand de toute l'Asie il se fût vu l'arbitre,
Eût encore moins prisé son trône que ce titre.
Souviens-toi de ton nom, soutiens sa dignité,
Et prenant d'un romain la générosité,
Sache qu'il n'en est point que le ciel n'ait fait naître,
Pour commander aux Rois & pour vivre sans maître.

CIVILITÉ.

La civilité est souvent une vertu de mine & de parade. C'est une flatteuse qui ne refuse son estime à personne.

Le prince d'Orange répondit à ceux qui lui reprochoient d'être trop civil : »Que les hommes qui » ne coûtoient qu'une belle parole ou un coup » de chapeau, étoient achetés à bon marché.

CLAIRAUT (Alexis Claude),

célèbre Géomètre françois, né en 1713, mort en 1765. On a mis au bas de son portrait ces vers qui retracent ses illustres travaux.

Par ses travaux la terre a changé de figure,
La lune vit par lui ses écarts dévoilés;
Ces globes chevelus, errans à l'aventure,
Fixerent leur retour à sa voix rappellés;
Et son calcul profond, rival de la nature,
Démontra les secrets à Newton révélés.

CLARKE (Samuel),

né à Norwich en 1675, tient un rang distingué parmi les philosophes de l'Angleterre. Son mérite avoit engagé la reine Anne à le nommer Archevêque de Cantorbéri; mais Gipson, évêque de Londres, dit à cette princesse, Madame, *Clarke est le plus savant & le plus honnête homme de l'Angleterre, il ne lui manque qu'une chose, c'est d'être chrétien.*

CLAUDE,

empereur romain, né à Lyon, dix ans avant l'ère chrétienne, mort empoisonné, l'an 54 de Jésus-Christ. Il étoit fils de Drusus & oncle de l'empereur Caligula, auquel il succéda l'an 41 de Jésus-Christ.

Caligula ayant été tué, le sénat s'assembla pour établir une forme de gouvernement. Dans le tems qu'il délibéroit, quelques foldats entrèrent dans le palais ; ils trouvèrent, dans un lieu obfcur, un homme tremblant de peur ; c'étoit *Claude* : ils le faluèrent empereur.

Son caractère étoit celui de tous ceux qui partageoient fa confiance. Méchant par confeil, cruel par foibleffe, il n'étoit, dans le fond, qu'un imbécile. Il s'avilit fur-tout en fe rendant l'efclave de l'infâme Meffaline, fon époufe.

Parmi les différens traits de fa vie, on pourroit en citer deux, qui prouveroient que les efprits les plus ineptes ont quelquefois des momens heureux. Une mère plaidoit devant lui, & refufoit de connoître fon fils. « *Claude* lui ordonna, puifque » ce jeune homme ne lui appartenoit pas, de l'épou- » fer. » L'horreur qu'une telle union devoit infpirer à cette femme, l'obligea à convenir de la vérité qu'elle nioit.

Dans le tems de fa cenfure, il avoit mis une note flétriffante à côté du nom d'un chevalier ; & les amis de ce chevalier, intercédant pour lui, il confentit à effacer la note. Mais je ne ferai pourtant pas fâché, dit-il, que la rature paroiffe : Ce trait, mêlé d'indulgence & de févérité, eft remarquable.

Pendant que l'empereur *Claude* interrogeoit les complices d'une confpiration formée contre lui, & qu'il venoit de découvrir, on voyoit fes affranchis, affis à fes côtés, prendre eux-mêmes connoiffance des affaires. Narciffe reçut en ce moment une bonne leçon d'un certain Galéfus, affranchi de Camille, un des chefs de la conjuration. L'impudent favori le fatiguoit par fes queftions continuelles, & lui demandoit, entr'autres chofes, ce qu'il auroit fait fi fon patron fût devenu empereur ? « Je me ferois tenu debout auprès de lui, » répondit Galéfus, & j'aurois gardé le filence ».

CLAUDE II, empereur, & fucceffeur de Gallien, mort en 270.

Une femme vint le trouver, & lui dit : « Prince, » un officier, nommé *Claude*, a reçu ma terre de » Gallien ; c'étoit mon unique bien ; & comme » vous êtes équitable, faites-moi la rendre ». *Claude*, reconnoiffant que c'étoit de lui-même que cette femme parloit, répondit avec douceur : *Il eft jufte que Claude, empereur, reftitue ce qu'a pris Claude, particulier.*

CLÉANTHE, fameux philofophe ftoïcien, mort vers l'an 220 avant Jéfus-Chrift. Il ne dut qu'à fon courage & à fon induftrieufe application la vafte érudition & la haute fageffe qui l'illuftrèrent. Il fut d'abord athlète ; mais, dans un voyage qu'il fit à Athènes, il fe mit au nombre des difciples de Zénon, & s'adonna tout entier à l'étude. Afin de pouvoir confacrer le jour, fans inquiétude, à ce noble & utile loifir, il gagnoit fa vie à tirer de l'eau pendant la nuit. Sa pauvreté ne lui permettant point d'avoir des tablettes, il écrivoit fur des os. On lui reprochoit un jour fa timidité. *C'eft*, dit-il, *un heureux défaut, qui m'empêche de commettre beaucoup de fautes.*

CLÉARQUE, célèbre général Spartiate, mort l'an 403 avant Jéfus-Chrift. Sa maxime étoit, qu'on *ne fauroit rien faire d'une armée fans une févère difcipline, & qu'un foldat doit plus craindre fon général que les ennemis.*

CLÉMENCE. La *clémence* enchaîne les cœurs avec des liens qui ne fe rompent jamais.

On difoit de Céfar, qu'il ne donnoit pour garnifon aux villes qu'il avoit prifes que le fouvenir de fa *clémence* ; parce qu'il leur laiffoit la liberté de fuivre le parti qui leur plaifoit.

Henri IV demandoit au jeune duc de Montmorenci, « quelle étoit la plus grande qualité d'un » roi ? — C'eft la *clémence*, répondit le duc. — » Pourquoi la *clémence* plutôt que le courage, la » libéralité, & tant d'autres vertus qu'un fouve- » rain doit pofféder ? — C'eft qu'il n'appartient » qu'aux rois de pardonner ou de punir le crime » en ce monde ».

On amena devant Alexandre un chef de rebelles, pieds & mains liés, comme un criminel deftiné au dernier fupplice. Le roi de Macédoine le fit mettre en liberté, & lui pardonna, au grand étonnement de tous les fpectateurs. Un de fes favoris prit la liberté de lui dire : « Si j'avois » été en votre place, feigneur, je n'aurois point » ufé de *clémence* envers cet homme. — Parce que » je ne fuis pas en la vôtre, lui répondit auffi-tôt le » conquérant de l'Afie, je lui ai pardonné. Vous igno- » rez, fans doute, que pour une belle ame, la » *clémence* a plus de douceur que la vengeance ».

Le pardon qu'Augufte accorda au féditieux Cinna eft le plus bel exemple de *clémence* que l'hiftoire fourniffe à notre admiration. Cinna, petit-fils de Pompée, mais peu digne d'un fi grand homme, fut dénoncé à l'empereur comme chef d'une confpiration tramée contre fes jours. C'étoit un des complices qui donnoit cet avis ; il marquoit le lieu, le tems, les arrangemens pris pour tuer le prince, pendant qu'il offriroit un facrifice ; de façon que le crime étoit avéré, & ne pouvoit fouffrir aucun doute.

Augufte fit venir le coupable, & lui dit : « Cinna, » je vous ai autrefois donné la vie comme à mon » ennemi, je vous la donne aujourd'hui comme à » mon affaffin : commençons, dès ce moment, à » être amis fincères. Piquons-nous d'émulation ; » moi, pour foutenir mon bienfait ; vous, pour y » répondre. Efforçons-nous de rendre douteux, » s'il y aura de ma part plus de générofité, ou de

» la vôtre plus de reconnoissance ». Il donna ensuite à Cinna le consulat pour l'année suivante.

Il se commettoit à Madrid une infinité d'abus dans la perception des droits d'entrées ; les marchands faisoient passer leurs ballots sous le nom des principaux seigneurs, & s'accommodoient ensuite avec leurs officiers. Philippe V, averti de ce désordre, fit un édit, par lequel il étoit défendu aux commis de laisser passer rien sans être visité. Le fils d'un des plus illustres seigneurs, comptant cet édit pour rien, entreprit de faire entrer quelques ballots sans visite. Le commis, alléguant les ordres, tint ferme, voulut les exécuter à la rigueur, & fut tué. Le roi en fut d'abord informé, & faisant appeler le père du jeune seigneur, lui conta le fait sans nommer personne. Le duc dit aussi-tôt que cette action méritoit la mort, & qu'il falloit faire un exemple. Vous ignorez sans doute, reprit sa majesté, qui est celui dont vous prononcez l'arrêt si facilement. Si c'étoit votre fils ? Quand ce seroit moi-même, dit le triste père, je n'ai rien dit que de juste, & ne change point de sentiment. Eh bien, repliqua le roi, puisque vous avez jugé en roi, c'est donc à moi à juger en père. Votre fils a besoin de grace, je la lui donne ; mais à condition que vous dédommagerez la famille de l'homme qu'il a tué, & que vous enverrez le marquis voyager quelques années hors du royaume, jusqu'à ce qu'il ait appris à avoir plus de respect & de soumission pour les loix.

Caraman-Ogli, prince de Caramanie, voyant Mahomet éloigné, avoit pris les armes contre lui ; mais, effrayé par sa promptitude, il n'osa pas hasarder une bataille, préférant l'amour de la vie à sa gloire. Il vint se jetter aux pieds de l'empereur, qui, touché de ce spectacle, lui pardonna. Mais l'ingrat, bientôt après, recommença ses hostilités. Le sultan, indigné, l'attaqua, le mit en fuite, après un combat assez opiniâtre. Caraman fut fait prisonnier avec son fils. Mahomet lui reprocha sa perfidie. « Je suis ton vainqueur, lui » dit-il, tu es vaincu & injuste ; cependant je veux » que tu vives : ce seroit ternir ma gloire que de » punir un infame comme toi. Ton ame perfide » t'a porté à trahir ta foi ; je trouve dans la mienne » des sentimens plus magnanimes & plus confor- » mes à la majesté de mon nom ».

Cet empereur eut la gloire de rétablir l'empire Ottoman, ébranlé par les ravages de Tamerlan, & par de longues guerres civiles, & le laissa dans sa pleine vigueur à Amurat II, son fils aîné.

Un étranger ayant vendu à une impératrice romaine de fausses pierreries, elle en demanda à son mari une justice éclatante. L'empereur, plein de clémence & de bonté, mais ne pouvant la calmer, condamna, pour la satisfaire, le joüailler à être exposé dans l'arène. L'impératrice s'y rendit, avec toute sa cour, pour jouir de sa vengeance. Au lieu d'une bête féroce, il ne sortit contre le malheureux, qui s'attendoit à périr, qu'un agneau qui vint le caresser. L'impératrice, outrée de se voir jouer, s'en plaignit amérement à l'empereur. Madame, répondit-il, j'ai puni le criminel suivant la loi de Talion ; il vous a trompé, il a été trompé.

Un acteur de province passant à Ferney, joua la comédie chez Voltaire. Ce grand homme avoit appris que ce comédien n'étoit pas tout-à-fait de ses amis, & ne l'en reçut que mieux. « Vous » voyez bien ce jeune homme à qui je fais tant » d'accueil, dit-il à quelqu'un, hé bien, il a » dans sa poche une satyre contre moi ; mais je » n'ai garde de le lui dire, car je le ferois mourir » de chagrin ».

Un soldat de l'armée américaine fut condamné à être fusillé. Cet infortuné, par ses épargnes, avoit été, depuis plusieurs années, le soutien d'un père & d'une mère très-âgés. Le général Washington, instruit de la piété filiale de ce coupable, commua la peine, & le fit seulement chasser du régiment. « Si nous le faisions mourir, dit-il, » nous courrions risque de tuer trois personnes au » lieu d'une ».

Lorsque le prince Henri de Prusse fit sa première entrée en Bohême, un grand nombre de paysans de ce royaume, qui s'étoient attroupés & avoient commis des excès sur les frontières de la Saxe, furent pris par les hussards prussiens, & conduits au camp de S. A. R. avec leurs bestiaux. Ce grand général ordonna qu'on les renvoyât sans leur faire aucun tort. « C'est aux trou- » pes impériales, dit-il, que je fais la guerre, & » non aux malheureux paysans de la Bohême ».

Une maîtresse du duc d'Orléans, régent, lui avoit été enlevée par un gentilhomme. Le prince étoit piqué, & ses favoris l'excitoient à la vengeance. « Punissez, lui dit-on, un téméraire, la » chose est facile. — Je le sais, répondit-il, » un mot suffit pour me défaire d'un rival ; & » c'est ce qui m'empêche de le prononcer ».

On dit à Fréderic le Grand, que quelqu'un avoit mal parlé de lui. Il demanda si cette personne avoit cent mille hommes ; on lui répondit que non. « Eh bien, reprit le roi de Prusse, je » ne puis lui rien faire ; s'il avoit cent mille hom- » mes, je lui déclarerois la guerre ».

L'empereur Charles IV, instruit qu'un de ses officiers, séduit par l'argent des ennemis, méditoit de l'assassiner ou de l'empoisonner, le fit venir, & lui dit : « J'ai appris avec peine que vous n'a- » viez pas le moyen de marier votre fille, qui est » déjà grande ; tenez, voilà mille ducats pour » sa dot ». On peut juger de la surprise de ce traître,

traître, qui alla auffi-tôt fe dégager de fa promeffe criminelle.

L'empereur Aurélien, arrivé devant la ville de Tyanne, & en ayant trouvé les portes fermées, jura, dans fa colère, qu'il ne laifferoit pas feulement un chien en vie dans cette cité rebelle. Les foldats fe réjouiffoient d'avance, dans l'efpoir de faire un grand butin. La ville ayant été prife, Aurélien dit à fes troupes, qui fe conjuroient de tenir fon ferment : » J'ai juré de ne pas laiffer un » chien dans cette ville; tuez donc, fi vous » voulez, tous les chiens; mais je défends qu'on » faffe aucun mal aux habitans ».

Les habitans de Vendôme, vaffaux de Henri IV, s'étoient foulevés contre ce prince, avec les autres ligueurs : ils portèrent l'infolence jufqu'à lui refufer l'entrée de cette ville, &, pour ainfi dire, de fa maifon. Il fut obligé d'en former le fiège, & d'approcher quelques pièces d'artillerie : mais le courage des affiégés ne répondit pas à leur audace; Henri rentra dans le château & dans la ville. La félonie de ces bourgeois féditieux méritoit les plus grands fupplices. La première nouvelle qu'ils apprirent, fut que le feigneur, leur fouverain, leur pardonnoit; qu'il étoit rentré chez lui; que chacun rentrât chez foi. Il n'en coûta la vie qu'à un cordelier, dont les prédications foutenoient les rebelles, & au gouverneur, qui furent pendus. Tous les autres furent traités comme des enfans à qui un bon père pardonne, après les avoir menacés de fa colère. Le principe de Henri-le-Grand étoit » qu'on prenoit plus de mouches avec une cuil- » lerée de miel, qu'avec vingt tonnes de vi- » naigre ».

A la prife de Nerva, en 1704, Pierre-le-Grand, empereur & légiflateur de Ruffie, courut, l'épée à la main, fur fes fujets, pour arrêter le pillage & le maffacre. Il arracha les femmes des mains de fes foldats. Il tua deux de ces emportés, qui refufoient d'obéir à fes ordres. Enfin ce vainqueur généreux entra dans l'hôtel-de-ville, où les citoyens tremblans fe réfugioient en foule. Là, pofant fon épée fanglante fur la table : » Ce n'eft point, leur dit-il, du fang des habi- » tans que cette épée eft teinte; mais de celui de » mes foldats, que j'ai verfé pour vous fauver » la vie ». Ce prince fit enfermer le général Horn, lui reprochant d'avoir été la caufe de la mort d'un grand nombre de citoyens, par fa trop grande réfiftance.

Après qu'Antigonus, capitaine d'Alexandre, eut été proclamé roi d'une partie de l'Afie, des foldats, qui ne le croyoient pas fi près d'eux, difoient de lui beaucoup de mal. « Eloignez-vous, » leur dit-il, de peur que le roi ne vous en- » tende ». Une nuit, qu'il conduifoit fon armée par un chemin fangeux, dont on avoit peine à

fe retirer, il entendit quelques foldats embourbés qui murmuroient contre lui. S'en étant approché fans qu'ils le reconnuffent, il leur prêta la main pour fortir du bourbier; puis il leur adreffa ces paroles pleines de bonté : « Dites du mal d'An- » tigonus, pour vous avoir conduits par des routes » fi difficiles; mais auffi, fouhaitez-lui du bien » pour vous en avoir retirés ».

Un juif, appelé Simon, citoyen de Jérufalem, ne ceffoit de déclamer contre le roi Hérode Agrippa, qu'il qualifioit publiquement de deftructeur des loix. Le monarque l'apprend. Par fon ordre, on arrête ce téméraire cenfeur; on l'amène au prince, en préfence de tout le peuple. Tout le monde s'attendoit à voir périr ce miférable dans les plus affreux fupplices : l'opinion générale fut trompée. Agrippa tend au coupable une main bienfaifante; il le fait affeoir auprès de lui fur fon trône, & le prie, avec un ton plein de douceur, de lui dire quelles étoient les loix qu'il avoit détruites? Simon, effrayé, fe profterne à fes pieds, & lui demande pardon. Le roi le relève avec bonté, lui fait de grands préfens, & le renvoye.

Un poëte fatyrique ayant compofé des vers fort injurieux contre le vizir & contre le fecrétaire des commandemens du Khalife Aziz-Billah, dans lefquels la malheureufe verve du frondeur n'avoit point épargné le prince lui-même, les deux officiers lui en portèrent leurs plaintes, & lui demandèrent avec inftance le châtiment du téméraire. Aziz, après avoir lu les vers, leur dit : » Comme j'ai part avec vous à l'injure, je dé- » fire que vous preniez part avec moi au mérite » du pardon que je lui accorde ».

CLÉMENT XIV. Jean Vincent Antoine Ganganelli, né en 1705, au bourg de Saint-Arcangélo, près de Rimini, étoit fils d'un médecin. Il fit fes études à Rimini, & n'avoit encore que douze ans lorfqu'il adreffa à l'évêque de cette ville, un compliment de fa compofition. Le prélat en fut enchanté & ne ceffoit de répéter : Voilà un enfant qui fervira quelques jours utilement la religion. Une étude opiniâtre penfa précipiter au tombeau celui qui donnoit de fi brillantes efpérances : ma plus grande peine, difoit-il, après avoir recouvré la fanté, étoit de mourir fans avoir vu Rome. Il ne prévoyoit pas alors qu'il en feroit un jour le maître. …

On confeilla vivement au jeune Ganganelli d'embraffer l'état eccléfiaftique, & de renoncer au projet qu'il avoit formé de fe faire religieux, lorfqu'il répondit : *Si c'eft la piété qui vous fait parler, vous conviendrez qu'elle brille éminemment chez les difciples de Saint-François où je veux me retirer : fi c'eft l'ambition, où puis-je être mieux que dans un ordre qui fit la fortune de Sixte IV & de Sixte V ?*

Il partit pour Urbino, & entra dans l'Ordre des conventuels à l'âge de dix-huit ans. Il s'accoutuma de bonne heure à ne répondre jamais qu'avec justesse & précifion. *Ses réparties font vives*, difoient fes fupérieurs, *mais il y met tant de raifon qu'on ne peut s'en offenfer.*

On le fit paffer fucceffivement à Péfaro, à Recanati, à Fano & à Rome, même pour y étudier la philofophie & la théologie. Il devint bientôt profeffeur à fon tour. Ses difciples l'aimoient autant qu'ils l'admiroient; il leur infpiroit des penfées fublimes, les dégageant de tout ce qui s'appelle moinerie. Benoît XIV mettant un jour la main fur la tête du Père Ganganelli, dit au Général de fon ordre : *Tenez grand compte de ce petit frère; je vous le recommande fortement.* Ce fut fous le règne de ce pape immortel, que Ganganelli devint confulteur du Saint-Office.

Ce pontife éclairé l'appelloit fouvent, pour avoir fon avis : *Il joint*, difoit-il, *une mémoire immenfe à une vafte érudition; ce qui fait plaifir, c'eft qu'il eft mille fois plus modefte qu'un homme qui ne fait rien, & qu'on croiroit qu'il n'a jamais gardé la retraite, tant il eft gai.* C'étoit le moyen de plaire à *Lambertini*, dont on connoît l'enjouement & les bons mots.

Le père Ganganelli allant un jour à Affife, rencontra un payfan dont il fit fa compagnie. Ils marchoient bonnement tous deux enfemble, lorfque le payfan après l'avoir entendu parler, lui dit : *C'eft dommage que vous ne foyez qu'un frère convers!* (il en jugeoit ainfi par fon extérieur négligé) *car il me paroit, mon frère, que fi vous aviez étudié vous pourriez vous élever comme Sixte V. Nous avons fon portrait chez nous, & je trouve que vous avez fon air rufé.*

Ganganelli fut promu au cardinalat par *Clément XIII.* Ce fut le neveu de ce pape Rezzonico, connu fous le nom de cardinal patron, qui l'envoya chercher au couvent des faints-Apôtres où il demeuroit & qui, après lui avoir demandé s'il n'avoit rien à fe reprocher, lui déclara d'une manière propre à l'intimider : « Qu'on avoit dit au faint père bien des chofes fur fon compte; qu'il héfitoit de lui intimer les ordres de fa fainteté, dans la crainte de lui caufer une trop grande révolution, que cependant il ne pouvoit s'empêcher de lui apprendre que dès l'inftant même le pape vouloit qu'il fût abfolument...... qu'il fût cardinal. »

Quelques talens que fit paroître le cardinal Ganganelli, on ne s'attendoit pas un jour à le voir placé fur le trône de S. Pierre. « La liberté, dit fon hiftorien, avec laquelle il s'expliquoit fur certaines démarches de la cour de Rome, fur la néceffité de déférer aux volontés des fouverains, ne paroiffoit pas lui concilier les cardinaux. On

» favoit que dans la plûpart des congrégations qui » fe tenoient fous les yeux du pape même, au » fujet des duchés de Parme & de l'affaire des jé- » fuites, il avoit donné des avis tellement contrai- » res aux fentimens du pontife & du fecrétaire » d'état, qu'on prit le parti de ne plus le confulter. On ne me communique rien, difoit-il, & je » fais tout. Mais on a beau faire; fi ce l'on ne veut » pas voir la cour de Rome déchoir de fa grandeur, » il faudra néceffairement fe reconcilier avec les fou- » verains; ils ont les bras plus longs que les fron- » tières, & leur pouvoir s'élève au-deffus des Alpes » & des Pyrénées. »

Clément XIII étant mort, les cardinaux affemblés en conclave reftèrent trois mois indécis. « Les » cardinaux attachés à la maifon de Bourbon, fa- » voient que Ganganelli, fans avoir aucune haine » contre les jéfuites, ne les avoit jamais cultivés; » qu'il combattit plus d'une fois leurs opinions; » qu'il s'expliquoit hautement fur la néceffité de » fe rapprocher des monarques; qu'il penfoit en- » fin, que dès qu'un ordre religieux étoit en butte » aux puiffances catholiques, il falloit abfolument » le fupprimer. D'ailleurs un religieux du comtat » Vénaiffin, qui s'étoit particulièrement lié à Rome » avec le cardinal Ganganelli, & qui en recevoit » des lettres fréquentes fur toutes les opérations » de *Clément XIII*, crut devoir faire part au mi- » niftère françois de cette correfpondance. On y » vit que fa manière de penfer ne s'accordoit nul- » lement avec le fyftême précédent; qu'il étoit » homme à feconder les vues de la maifon de » Bourbon, & l'on en fit un fidele rapport à Louis » XV, qui donna les ordres les plus précis au » cardinal de Bernis d'appuyer fortement l'élection » de *Ganganelli*.... « On peut juger d'après cet expofé fimple & naïf, s'il eft vrai, comme le débitèrent des écrivains fatyriques, que *Clément XIV* n'obtint la thiare qu'aux conditions de détruire la fociété. Ganganelli méprifoit trop les honneurs, & il avoit la confcience trop délicate pour fe prêter à une telle fimonie. Enfin *Ganganelli* fut élu pape le 19 mai 1769. Lorfqu'après l'adoration on lui demanda s'il n'étoit pas fatigué, il répondit avec naïveté, *qu'il n'avoit jamais vu cette cérémonie plus à fon aife, d'autant mieux qu'il fe fouvenoit d'avoir été vivement repouffé à pareille fête, quand il n'étoit que fimple religieux.*

Ganganelli, parvenu à la fuprême puiffance, ne changea rien dans fa manière de vivre qui étoit très-fimple. « Affis au rang des rois, recevant les » hommages de plufieurs, entouré d'une cour bril- » lante, il ne voulut être fervi que comme un fim- » ple religieux. Le repas le plus frugal, qui ne va- » loit guères mieux que la portion ordinaire du » couvent des faints Apôtres, & préparé des » mains du *bon frère François*, le réduifoit à manger » uniquement pour fubfifter. Lorfqu'on lui repré- » fenta que la dignité papale exigeoit plus d'ap-

» prêts, il se contenta de répondre : *Ni Saint-Pierre, ni Saint-François ne m'ont appris à dîner plus splendidement* ; & lorsque le chef de cuisine vint le supplier de le conserver, il lui dit : *vous ne perdrez pas vos appointemens, mais pour vous mettre en exercice je ne perdrai pas ma santé.* »

Clément XIV étoit fort indulgent à l'égard des religieux qui vouloient quitter leurs cloîtres, & qui demandoient des brefs de sécularisation. *Vous devez me savoir gré*, disoit-il un jour à ce sujet à un général d'ordre, qui se plaignoit de la sortie d'un de ses religieux, *de la bonne œuvre que je viens de faire ; le sujet dont vous me parlez se seroit perdu chez vous, auroit entraîné les autres dans la perdition, & vous auroit peut-être égorgé.*

Ce pontife avoit proscrit les jeux de hasard. Une femme de qualité ayant osé publiquement se moquer de la défense, comme d'une moinerie qu'elle méprisoit, le saint-père lui envoya un officier, qui lui signifia, de la part de sa sainteté de se mettre à genoux sur-le-champ : après qu'elle eut obéi, l'envoyé lui dit, que le pape en qualité de religieux, venoit de lui imposer la pénitence des couvens, mais que la première fois, il la puniroit en souverain : *Ma la prima volte vi castigara da principé.*

Le plus grand évènement du Pontificat de *Clément XIV*, est la destruction des jésuites.

Clément XIV n'y survécut pas long-temps. Il mourut le 22 septembre, âgé de soixante-neuf ans, 10 mois & 22 jours. » Les uns, remarque M. Car-» raccioli, ne manqueront pas de dire que les Jé-» suites ont hâté sa mort ; les autres que ce grand » coup part de la main de quelques grands offus-» qués du pontificat de Ganganelli ; tandis que des » hommes judicieux & désintéressés n'accuseront » personne, & laisseront cet évènement sous le » nuage dont il est enveloppé, jusqu'à ce que le » temps l'ait éclairci. ».

Clément XIV se concilioit l'estime & l'amitié de tous les étrangers par l'accueil gracieux qu'il leur faisoit. Un seigneur Anglois, enchanté du pape qu'il venoit de quitter, dit un jour à plusieurs de ses compatriotes : *Vous connoissez mes richesses & ma fille unique que j'adore ? Eh ! bien ; je la donnerois au saint-père, s'il pouvoit se marier ; tant je suis enchanté de sa personne & de son esprit.* Le pape rit beaucoup de la franchise de ce brave Anglois.

Ce pontife étoit d'une humeur enjouée, & il lui échappoit souvent de bons mots. *Je ne suis point surpris*, disoit-il un jour, *que M. le cardinal de Bernis ait beaucoup désiré de me voir pape : ceux qui cultivent la poésie, aiment les métamorphoses.*

Comme il vouloit mettre quelques nouveaux droits d'entrée sur les marchandises qui seroient importées dans les ports de ses états, on lui représenta qu'il indisposeroit par-là les Anglois & les Hollandois. Bon, bon ! répondit-il en souriant, ils n'oseroient : car s'ils me fâchent, je supprimerai le carême. On sait que ces deux nations font presque seules en Europe le commerce du poisson sec & salé dont le carême occasionne la plus grande consommation.

Il aimoit les lettres ; il a, comme on l'a dit, laissé très-peu d'argent ; mais il avoit déjà fait des établissemens utiles. Il s'étoit fait donner une liste de tous les auteurs qui écrivoient dans ses états ; & si la mort n'eût pas arrêté ses desseins, il devoit récompenser ceux dont les ouvrages avoient la religion & le bien public pour objet. *Il est juste*, disoit-il au cardinal Calvachini, *que des écrivains qui nous instruisent, ou nous édifient trouvent en nous des rémunérateurs ; l'argent ne peut être mieux employé qu'à soutenir le mérite & les talens. Il est honteux qu'il n'y ait de recherches que pour les malfaiteurs, & qu'on ne s'informe ni de la fortune, ni de la demeure des hommes qui consacrent leur veilles à éclairer le public.*

Une princesse s'étant montrée curieuse de savoir du pape *Clément XIV*, s'il n'avoit rien à craindre de l'indiscrétion de *ses secrétaires*. » Non, répondit-il, j'en ai cependant trois, » en montrant ses doigts.

CLÉOBULE, philosophe grec, mort vers l'an 560, avant J. C. *Heureux le prince*, disoit-il, *qui ne croit rien de ce que lui disent les courtisans !*

CLÉOMENE. Aristagoras de Milet, ayant engagé les Ioniens dans une révolte contre le roi des Perses, parcourut toutes les principales villes de la Grèce, pour engager les peuples à secourir ses compatriotes. Il vint à Lacédémone, & pria *Cléomène*, qui étoit pour lors sur le trône, de lui donner audience. D'abord le monarque spartiate refusa d'entrer dans la confédération, & commanda au plénipotentiaire d'Ionie de sortir de Sparte avant le coucher du soleil. *Aristagoras* ne se rebuta point. Il suivit *Cléomène* jusques dans sa maison, & employa une autre voie pour se le rendre favorable ; ce fut celle des présens. Il commença par lui offrir dix talens, &, allant toujours en augmentant, il poussa ses offres jusqu'à cinquante. *Gorgo*, fille du roi, âgée pour lors de huit ou neuf ans, & à laquelle le prince n'avoit pas fait attention, s'écria, lorsqu'elle entendit toutes ces propositions : » Fuyez, » mon père, fuyez ; ce petit étranger vous corrompra. » *Cléomène* se mit à rire de la naïveté de sa fille, & se retira en effet.

CLÉOPATRE, reine d'Egypte, fille de Ptolomée Aulete, morte l'an 30 avant Jésus-Christ, à 39 ans, après en avoir régné 22.

Cléopatre est moins illustre par le rang qu'elle a occupé, que par l'usage funeste qu'elle fit de ses charmes pour captiver Jules Céfar & le triumvir Antoine. Elle étoit belle, mais fa beauté étoit le moindre de fes attraits. Les graces qui l'accompagnoient par-tout, les charmes de fon entretien; un fon de voix enchanteur laiffoient dans le cœur de tous ceux qui l'avoient vue, un aiguillon qui piquoit jufqu'au vif. Son efprit étoit orné de diverfes connoiffances, & fa langue, fuivant l'expreffion même de Plutarque, étoit un inftrument de mufique à plufieurs jeux qu'elle manioit facilement, & dont elle tiroit comme elle vouloit toutes fortes de fons & de langages.

A l'âge de dix-fept ans, elle prétendit occuper feule le trône d'Egypte, au préjudice de fon frère Ptolomée qui n'en avoit que treize. Céfar étoit pour lors à Alexandrie. Il voulut connoître de ce différend; mais de juge de *Cléopâtre*, il devint bientôt fon efclave. Il l'établit fur le trône d'Egypte, & les charmes de la nouvelle reine lui firent oublier pour quelque temps le foin de fa gloire.

Le triumvir Antoine, après la défaite de Caffius & de Brutus les meurtriers de Céfar, étant paffés en Afie pour y établir l'autorité de fon triumvirat, cita devant fon tribunal *Cléopâtre*, accufée d'avoir donné des fecours à Caffius. Cette reine qui connoiffoit le pouvoir de fes charmes, par l'épreuve qu'elle en avoit faite, dans un temps où elle étoit encore fort jeune, fe perfuada fans peine que poffédant bien mieux qu'elle ne faifoit alors l'art de ménager les hommes, il lui feroit facile de fe rendre maîtreffe du cœur d'Antoine. Elle avoit alors plus de vingt-cinq ans. Elle s'embarqua fur un vaiffeau dont les voiles étoient de pourpre, & les rames garnies d'argent. Un pavillon d'un tiffu d'or étoit dreffé fur le tillac, fous lequel la reine étoit couchée fur un lit d'or & habillée en Vénus environnée de fes filles, dont les unes repréfentoient les néréides, & les autres les graces. Une douce fymphonie fe faifoit entendre fur les eaux; & les plus délicieux parfums répandoient leur odeur au-delà du rivage. Tout le monde courut pour voir ce fuperbe fpectacle; & Antoine, occupé à régler le deftin des rois & des princes, demeura feul fur fon tribunal. Toute l'armée, ravie d'admiration, fe mit à crier que *Vénus étoit venue trouver Bacchus*, comparaifon qui ne déplut pas à Antoine. *Plutarque.*

On fe perfuade facilement que la conduite de *Cléopâtre* fut approuvée par Antoine, & que cet homme foible fe conforma aux volontés de cette nouvelle déeffe. Mais ce qui a lieu de furprendre, c'eft que cette magnificence avec laquelle la reine d'Egypte s'étoit annoncée ne diminua point. Antoine & elle fe difputoient à qui porteroit le plus loin le luxe, la molleffe & la dépenfe. Pour enchérir fur Antoine, elle fit diffoudre dans un bouillon & avala une des perles qui lui fervoient de pendans, & qui étoient d'un prix ineftimable. Elle

alloit diffoudre l'autre, lorfqu'un nommé Plancus lui retint la main, & fembla lui envier la gloire unique & fingulière d'avoir dévoré en deux coups deux millions.

Ces fêtes, ou plutôt ces débauches fe renouvellerent à Alexandrie, où Antoine avoit fuivi *Cléopâtre*. Cette reine, jaloufe de commander à celui dont tous les princes de l'Orient reconnoiffoient le pouvoir, faifoit ufage de tous fes charmes pour le retenir dans fon efclavage. Afin même d'empêcher qu'il n'en fentît le poids, elle s'affocioit à fes plaifirs les plus dépravés, ou cherchoit à l'égayer par mille joyeufetés. Plutarque en rapporte une affez fingulière. Nous nous fervirons ici de la traduction d'Amyot : « Antoine fe mit » quelquefois à pêcher à la ligne, & voyant qu'il » ne pouvoit rien prendre, en étoit fort dépité & » marri, à caufe que *Cléopâtre* étoit préfente. Si » commanda fecrètement à quelques pêcheurs, » quand il auroit jetté fa ligne qu'ils fe plongeaf » fent foudain à l'eau, & qu'ils allaffent accro- » cher à fon hameçon quelque poiffon de ceux » qu'ils auroient pêchés auparavant; & puis re- » tira deux ou trois fois fa ligne avec prife : *Cléo- » pâtre* s'en apperçut incontinent, toutefois elle » fit femblant de n'en rien favoir, & de s'émer- » veiller comment il pêchoit fi bien : mais à part » elle conta le tout à fes familiers, & leur dit que » le lendemain ils fe trouvaffent fur l'eau pour voir » l'ébatement. Ils y vinrent en grand nombre. » Antoine lâcha fa ligne, & lors *Cléopâtre* com- » manda à l'un de fes ferviteurs qu'il fe hâtât de » plonger avant ceux d'Antoine; & qu'il allât » attacher à l'hameçon de fa ligne quelque vieux » poiffon falé, comme ceux qu'on apporte du » pays de Pont. Cela fait, Antoine qui cuida qu'il » y eut un poiffon pris, tira incontinent fa ligne : » & adonc, comme on peut bien penfer, tous les » affiftans fe prirent fort à rire, & *Cléopâtre* en » riant lui dit : Laiffe nous, feigneur, à nous » autres Egyptiens, habitans du Phare & du Ca- » nope, laiffe nous la ligne : ce n'eft pas ton » métier; ta pêche eft de prendre des villes, des » royaumes & des rois. »

Antoine, quoiqu'amant éperdu, n'étoit cependant point fans inquiétude entre les bras d'une reine qui avoit empoifonné fon jeune frere Ptolomée, & fait mourir fa fœur Arfinoé, pour régner feule fur l'Egypte. *Cléopâtre* remarqua même beaucoup de défiance dans fon amant, qui ne touchoit à aucun mets qu'on lui fervoit qu'il n'eût été goûté auparavant. Mais pour lui faire voir qu'il devoit plutôt s'en rapporter à fon amour pour lui qu'à ces timides précautions, elle l'invita à un repas où tous les convives étoient couronnés de fleurs. Au milieu de l'ivreffe du feftin, elle détacha les extrémités de fes fleurs & les mit dans fa coupe; Antoine fuivit fon exemple, & comme il prenoit fa coupe : *Arrête*, lui dit-elle, *& apprends* à *mieux connoître l'amante qui t'adore* ; auſſi-tôt elle fit venir un criminel, qui ayant avalé le breuvage, mourut un moment après.

Lors de la célèbre bataille d'Actium, qu'Antoine livra à Octave ſon rival, la victoire s'étant déclarée en faveur de ce dernier, il vit bientôt entre ſes mains l'Egypte qu'il réduiſit en province romaine. *Cléopâtre* avoit en vain eſſayé de mettre dans ſes fers ce troiſième maître du monde. La fière princeſſe, inſtruite du fond de ſa priſon que le vainqueur ſe préparoit à la faire ſervir d'ornement à ſon triomphe, préféra la mort à cette ignominie. Elle vit d'un œil ſec & tranquille couler dans ſes veines le poiſon mortel de l'aſpic auquel elle avoit tendu le bras pour ſe faire piquer. Un de ſes plus fidèles ſerviteurs, déguiſé en payſan, lui avoit procuré ce funeſte ſecours. Sur la du repas qu'elle s'étoit fait ſervir avec beaucoup de magnificence, les officiers de Céſar qui la gardoient, virent arriver un payſan avec un panier. Ils lui demandèrent ce qu'il portoit ; le payſan ouvrit le panier, écarta les feuilles & fit voir que c'étoient des figues. Les gardes admirèrent leur beauté & leur groſſeur. Le payſan ſouriant les preſſa d'en prendre ; cette franchiſe qui paroiſſoit pleine de ſimplicité, acheva de les gagner & de diſſiper toute leur défiance ; ils lui ordonnèrent d'entrer. Après le dîner, *Cléopâtre* prit ſes tablettes, écrivit & les envoya cachetées à Octave. Ayant enſuite fait ſortir tous ceux qui étoient dans ſa chambre, excepté ſes deux femmes, elle s'enferma avec elles. Auſſi-tôt qu'Octave eut décacheté la lettre, & qu'il eut vu avec quelles inſtances elle le conjuroit de faire placer ſon corps auprès de celui d'Antoine, dans un même tombeau, il dépêcha promptement deux officiers pour la prévenir. Mais quelque diligence qu'ils purent faire, ils la trouvèrent ſans vie, couchée ſur un lit d'or, & parée de ſes habits royaux. De ſes deux femmes, celle qui avoit nom Iras, étoit morte à ſes pieds ; & l'autre appellée Charmion, preſqu'éteinte & pouvant à peine ſe ſoutenir, lui arrangeoit ſon diadème autour de la tête. Un des officiers de Céſar lui dit tout en colère : *Voilà qui eſt beau, Charmion*. « Oui, lui répondit cette » femme, très-beau & très-digne d'une reine qui » deſcend de tant de rois. » Ce furent les dernières paroles qu'elle proféra, & elle tomba morte aux pieds du lit.

CLISSON, (Olivier) ; connétable de France, mort en 1406. Olivier *Cliſſon* fut ſans contredit un des meilleurs généraux de ſon ſiècle, & mériteroit d'être mis au rang des plus grands hommes, ſi ſa valeur intrépide n'avoit pas été balancée par ſon avarice & ſa cruauté ; bien inférieur à cet égard *au bon connétable*, au généreux du Gueſclin, ſon compagnon d'armes, ſon modèle & ſon ami. Ses concuſſions dans le tems qu'il étoit à la tête du gouvernement, ſes rapines exercées ſur les troupes dont il retranchoit & détournoit la ſolde à ſon profit, l'avoient rendu également odieux au peuple & aux gens de guerre. Il laiſſa une fortune immenſe acquiſe aux dépens d'une partie de ſa réputation.

Jean V, duc de Bretagne, étoit ennemi mortel d'*Olivier de Cliſſon* ; &, voyant qu'il ne pouvoit nuire à ce guerrier par la force, il eut recours à la trahiſon & à l'artifice. Il feignit de ſe réconcilier avec lui ; il l'invita à venir à ſa cour, & le reçut avec les démonſtrations de la plus ſincère amitié. Un jour, à la fin d'un repas magnifique qu'il lui avoit donné, il le pria de venir voir un château qu'il faiſoit bâtir. *Cliſſon*, trompé par les politeſſes du duc, & ne ſe défiant de rien, y conſentit volontiers. Lorſqu'ils eurent viſité les appartemens, le prince propoſa à *Cliſſon* de monter dans la maîtreſſe tour du château, lui diſant qu'il vouloit ſavoir ce que penſoit de ſa force le plus habile homme du royaume en matière de fortifications. *Cliſſon* y monta ; mais des gens armés, qui ſe tenoient en embuſcade dans une chambre, ſe jettent tout-à-coup ſur lui, & l'arrêtent. *Cliſſon* ſe défendit comme un lion, mais ſes efforts furent inutiles. On le traîna dans une chambre, où les gens du duc lui mirent trois paires de fers aux pieds. Le duc, voyant ſon ennemi en ſa puiſſance, ſe hâta de ſatisfaire ſon reſſentiment. Il appella un de ſes plus fidèles officiers, homme ſage & prudent, nommé *Jean de Bazvalen*, & lui ordonna de faire mourir *Cliſſon* ſur le minuit, le plus ſecretement qu'il ſeroit poſſible. *Bazvalen* promit d'exécuter ſes ordres & ſe retira. La nuit étant venue, le duc ſe mit au lit & s'endormit d'abord ; mais l'inquiétude le réveilla bientôt. L'ordre cruel qu'il avoit donné vint alors ſe préſenter à ſon eſprit, ſous la forme la plus effrayante ; il fit des triſtes réflexions ſur le rang de *Cliſſon*, & ſur les ſuites qu'auroit ſa mort. Dès le point du jour, il envoie chercher *Bazvalen* ; il arrive : « Avez-vous exé-» cuté mes ordres ? lui dit précipitamment le duc. » L'officier répondit qu'il avoit obéi. « Quoi ! *Cliſſon* » eſt mort ! reprit le duc.—Oui, monſieur, ré-» pondit *Bazvalen* : cette nuit, bientôt après » minuit, il a été noyé, & j'ai fait mettre le corps » en terre dans un jardin.—Ha ! ha ! s'écria triſ-» tement le prince, voie-cy un pitieux réveille-» matin ! Retirez-vous, meſſire *Jehan*, que je ne » vous voie mie plus. » *Bazvalen* ſe retira ; & le duc commença à ſe tourmenter dans ſon lit & à jetter des cris affreux. Il n'écoutoit perſonne, & ne voulut ni boire ni manger de tout le jour. Alors *Bazvalen*, voyant que ſa douleur étoit ſincère, alla le trouver, & lui avoua qu'il n'avoit point exécuté ſes ordres, prévoyant bien qu'il s'en repentiroit. A ces mots, le duc ſauta de joie, embraſſa ſon fidèle officier & loua ſa prudence. Quelque tems après, il délivra *Cliſſon* ;

CLOCHES. Voici l'inscription d'une des groſſes *cloches* de Notre-Dame de Paris.

> J'ai Louis pour parrein, Therese pour marreine.
> Le plus grand roi du monde & la plus grande reine:
> L'un remporte le prix ſur cent héros divers;
> L'aûtre par ſes vertus a ſurpaſſé les anges.
> Que ne puis-je égaler le bruit de leurs louanges,
> Je me ferois entendre au bout de l'univers.

Les habitans d'une paroiſſe de village ſe plaignant à un fondeur de ce que la *cloche* qu'il leur avoit fondue ne ſe faiſoit preſque pas entendre, il les conſola en leur diſant, qu'ils n'avoient toujours qu'à la faire monter, & qu'elle parleroit avec l'âge.

CLOPINEL, ou Jean de Meun, poëte, continuateur du roman de la Roſe, mort vers l'an 1364. Quelques dames voulurent, pour ſe venger de ſes médiſances poétiques, le fuſtiger. Il ſe retira d'embarras en leur demandant, *que les premiers coups lui fuſſent portés par celle qui donnoit le plus de priſe à la ſatyre.*

CLOVIS I, fondateur de la monarchie françoiſe, mort en 511. Il fut cruel envers les princes de ſa famille. Ranacaire, roi de Cambrai, vaincu & trahi par ſes ſujets, ayant été conduit en ſa préſence les mains liées, avec Ricaire ſon frere : « Lâche, lui dit *Clovis*, pourquoi te laiſſer charger de chaînes ? ne valoit-il pas mieux périr que de ſouffrir qu'on te traitât en eſclave & déshonoré ta race ? » Auſſi-tôt il lui fendit la tête de ſa hache-d'armes. Puis, ſe tournant du côté de Ricaire : « Et toi, lui dit-il, ſi tu avois ſecouru ton frere, il n'eût pas été en cet état ; » en même tems, d'un autre coup il lui ôta la vie.

Après le pillage de Soiſſons, *Clovis* demanda pour ſa part un grand calice qu'il vouloit rendre à l'évêque ; mais un ſoldat dit, en donnant un coup de hache ſur le vaſe, que Clovis *l'auroit s'il tomboit dans ſon lot.* Clovis diſſimula cette inſulte ; mais il s'en vengea quelque tems après en le frappant de la hache qu'il lui avoit arrachée : *C'eſt ainſi*, dit-il, *que tu as frappé le calice que je demandois à Soiſſons.*

COCHEMAR. On appelle ainſi un embarras dans la poitrine & une difficulté de reſpirer qui attaquent ceux qui dorment, ſur-tout pendant la nuit, & leur cauſent des rêves fatigans.

Dans les ſiecles d'ignorance, le peuple croyoit qu'*Incube*, démon familier, s'emparoit du corps d'une femme pour jouir avec elle des plaiſirs de l'amour. On a depuis reconnu que l'incube des anciens n'étoit rien autre choſe que le *cochemar.*

Dans la parodie de Médée & Jaſon, jouée aux Italiens le 28 Mai 1727, *Creuſe* apprend à *Cléone* ſa confidente, qu'elle eſt toute épouvantée d'un rêve qu'elle a fait, & elle chante ſur cet air : *ma mere, mariez-moi, &c.*

> J'ai rêvé toute la nuit
> Qu'on faiſoit trembler mon lit.
> J'ai vu luire des flambeaux,
> Médée en fureur tiroit mes rideaux,
> Tenant en main un poignard.

Cléone lui répond.—Bon, c'étoit le *cochemar.*

COCHIN (Henry), avocat au parlement de Paris, né en cette ville le 10 Juin 1687, mort le 24 Février 1747.

Cochin, le diſciple zélé dans ſa jeuneſſe de quiconque pouvoit l'inſtruire, devint dans un âge plus avancé, la gloire & l'ornement du Barreau. Nourri de la lecture des anciens auteurs, & connoiſſant à fond le droit romain & les loix du royame, il parut au commencement de ſa carriere armé d'une éloquence vraie, ſublime & pleine de choſes, mais toujours propre à la cauſe qu'il défendoit. Il ſimplifioit autant qu'il étoit poſſible les queſtions les plus compliquées, perſuadé qu'on ne peut trop ménager l'attention de ſes auditeurs. Les maîtres d'éloquence donnent pour regle de choiſir dans une cauſe les deux moyens les plus concluans, l'un pour ouvrir, l'autre pour fermer la marche, & de placer au centre ceux qui ſont moins capables de réſiſter à l'ennemi ; mais *Cochin* cherchoit à fixer d'abord l'inceitude des juges en débutant par le moyen le plus déciſif ; il faiſoit paroître ſous différens jours dans toute la ſuite de ſon plaidoyer, & dans la diſcuſſion des autres moyens. Par cette ſage précaution, ſon moyen victorieux communiquant partout ſa vigueur & ſa force, tous les endroits de ſon diſcours paroiſſoient également convaincans. Il avoit un talent ſingulier pour la réplique. Mais un ſpectacle digne de la curioſité d'un homme d'eſprit, dit l'éditeur des œuvres de *Cochin*, étoit cet orateur plaidant. Il ne prévenoit point par les dehors bien pompeux ; au contraire, ſon maintien timide, ſa tête inclinée & ſes yeux à demi ouverts, annonçoient tout au plus un homme de réflexion. Une voix claire & mâle, une articulation pleine & déliée, une poitrine ferme & libre faiſoient qu'il ne peinoit pas plus à la fin du diſcours qu'au commencement. Il avoit même dans ſes derniers plaidoyers le timbre auſſi net, & l'organe auſſi facile que quand il étoit venu au palais. A l'égard des régles du geſte, il n'avoit jamais cru devoir fréquenter le théâtre pour les apprendre. Il ne s'y étoit exercé qu'en plaidant. Loin d'être comédien, ſon action étoit toujours égale, ſoit que l'auditoire fût nombreux ou non. Dans le ſtyle ſimple, il n'avoit d'action qu'autant qu'il en faut pour ſoutenir l'attention. Dans les grandes cauſes, il paroiſſoit d'abord un peu déconcerté, & cela ne ſervoit qu'à lui concilier d'autant mieux les juges. Mais il ſe raſſuroit en prenant ſes concluſions. Il ne prononçoit l'exorde ni trop haut ni trop bas, & il ne commençoit à varier ſes tons que dans le récit des circonſtances, qu'il animoit auſſi d'un peu de geſte. Parvenu à l'explication de ſon premier moyen, ſa méthode étoit de ſe débarraſſer & de pièces & d'extraits, afin de pouvoir enſuite s'énoncer avec moins de contrainte; & alors un doux mouvement du bras, ſecondé de temps en temps de quelques ſignes de tête & de changemens de la poſition du pied, ſuivoit le ſens & non le nombre de ſa phraſe. En entrant dans une preuve un peu abſtraite, il s'appuyoit à deux mains ſur le barreau, ou s'il étoit dedans, il avançoit un pas, ou bien il avoit recours à quelqu'autre ſigne pour inviter à une attention plus particuliere: & il ne falloit pas que perſonne dît un mot dans ces endroits raiſonnés, ſinon il impoſoit ſilence de la main, ou en faiſant quelqu'autre ſigne poliment, mais avec cet empire qui ſied à qui défend ſes concitoyens & éclaire la juſtice.

Cochin plaida ſa première cauſe au grand conſeil, à l'âge de vingt-deux ans. Il lui étoit ordinaire dans ces commencemens de compoſer ſes plaidoyers à l'ombre du cabinet, & de les écrire avec toute la préciſion & la pureté de ſtyle poſſible avant de les prononcer. Il étoit perſuadé, & l'expérience le prouve aſſez, que ceux qui ſe haſardent à parler en public, ſans s'être rompu à un ſtyle châtié, la plume à la main, obtiennent une élocution facile ſi l'on veut, mais ſouvent incorrecte & preſque toujours verbeuſe.

Cet orateur ne put ſe refuſer un jour de citer à l'audience un paſſage d'Horace; mais c'étoit dans un endroit d'une cauſe qui ſouffroit un ſtyle ironique. Il s'agiſſoit de voir l'expédition d'un acte de célébration de mariage, dont on parloit depuis l'origine de la conteſtation ſans le rapporter. « Il » y a longtems, dit-il, qu'on nous flatte de l'eſ- » pérance de voir cette pièce; mais elle n'arrive » point. Et ſi quelqu'un attend qu'elle paroiſſe: » Ruſticus expectat dùm defluat amnis. » Avant l'audience ſuivante, où M. Aubry, l'avocat adverſe, devoit répondre, l'expédition fut communiquée. On juge quel trophée ce fut pour cet orateur! Au riſque de piquer un peu M. Cochin, il ne put s'empêcher de dire, qu'on auroit bien fait de garder le paſſage d'Horace pour une meilleure occaſion, parce que ſupprimit orator quà ruſticus edit inepte. — L'expédition avoit été délivrée par le greffier du ſiège royal de Laval; mais il y avoit marqué que la minute n'étoit que ſur une feuille volante, qui non-ſeulement ne tenoit point au regiſtre, mais qui n'en avoit jamais fait partie; & c'étoit d'ailleurs un fait conſtant que cette feuille n'étoit point dans le regiſtre, quand il avoit été apporté dans le dépôt du greffe. Me. Aubry pré-

tendoit que malgré cela, cette expédition devoit faire foi de la célébration du mariage, tant que l'on ne paſſeroit point à l'inſcription de faux, parce que c'étoit un acte autentique. « Quoi, dit » Me. Cochin dans ſa replique, un greffier aura » ce pouvoir! Il tombera dans ſon dépôt un pa- » pier volant, ſans qu'il ſache d'où il vient; & » nous dirons que le greffier ſera l'arbitre du ſort » de cette pièce! Maître de la réduire à la con- » dition des chifons inutiles, s'il lui plaît de la » jetter au rebut, ou de l'ériger en acte auten- » tique & digne de foi, s'il lui prend en gré de » l'inſérer dans un regiſtre & d'en délivrer une » expédition! L'autenticité des actes ne dépend- » elle donc que du caprice des officiers, & puiſ- » qu'il faut citer Horace, ce greffier a-t-il pu » régler la deſtinée du papier dont il s'agit, » comme l'ouvrier, dont parle ce poëte avoit ré- » glé celle d'un morceau de bois inutile? Incertus » ſcamnum faceret-ne Priapum, maluit eſſe Deum ».

On rapporte une preuve non équivoque de cette heureuſe fécondité qui rendoit l'illuſtre Cochin ſi ſupérieur à ſes rivaux. Conſeil & défenſeur ordinaire de l'ordre de Clairvaux, il étoit chargé de l'appel comme d'abus que deux abbeſſes du diocèſe de Saint-Omer avoient interjetté d'une ordonnance de leur évêque. La cauſe vint à tour de rôle un jour de réception de ducs. Les princes & pairs honorent de leur préſence l'audience qui s'ouvre quelques momens après la cérémonie. Dans l'intervalle, ils ne manquent pas de demander ſur quoi roulera la queſtion. Celle-là intéreſſoit le corps épiſcopal & ſa juriſdiction ſur les monaſtères exempts. Les pairs eccléſiaſtiques repréſentèrent que l'affaire étoit en termes de ſe concilier avant la ſeconde journée de la plaidoirie, qui ne devoit venir que huit jours après, & qu'il étoit à craindre que ce qu'on alloit dire du côté des religieuſes, ne rallumât entre le clergé ſéculier & le régulier une guerre prête à s'éteindre. Il n'étoit pas ſéant de faire manquer l'audience, & nul autre que M. Cochin ne s'étoit attendu à y porter la parole. M. le premier préſident Portail ne fut point embarraſſé; il le fit venir, & le pria de ne prendre de ſon ſujet que des principes généraux, ſans deſcendre au particulier de l'eſpèce, & cependant de remplir le temps ordinaire, qui eſt d'une heure. Les princes & les pairs ne s'attendoient plus qu'à des lambeaux recouſus à la hâte; ils ignoroient que c'étoit dans ces momens où l'éloquent Cochin, animé en quelque ſorte par la préſence du péril, paroiſſoit le plus ſupérieur aux autres orateurs. Après ſon exorde & quelques mots du fait, il dit, que la queſtion étoit de ſavoir juſqu'où s'étendoit en Artois la juriſdiction de l'ordinaire ſur les ordres exempts. Ce point de controverſe, ajouta-t-il ſe ſubdiviſe en deux. Il faut voir ſi la diſcipline du Concile de Trente a toujours autoriſé ſur l'Artois

& fi les villes reconquifes fur la maifon d'Autriche, comme Saint Omer, peuvent encore reclamer tous les priviléges qui leur ont été confer-
vés par leurs capitulations. Le mémoire qui étoit
imprimé d'avance, fait foi qu'il n'avoit pas
compté s'étendre fur ces deux propofitions. Ce
furent néanmoins pour lui deux routes où il parcourut dans un ordre merveilleux les anecdotes
de l'hiftoire eccléfiaftique & profane, les principes du droit canon & du droit des gens, & les
maximes fondamentales de l'abfolu pouvoir du
roi fur le clergé & fur les provinces ramenées à
fon obéiffance. Ce qui avoit relation à fa caufe
dans ces matieres délicates & relevées, y fut appliqué avec tant de circonfpection & de nobleffe,
que l'heure qui vint l'interrompre parut chagriner
tout fon auditoire.

Cochin étoit d'autant plus grand qu'il étoit fincérement humble, & avoit une piété folide. Une
dame de qualité dont il venoit de plaider la caufe,
lui dit en pleine grand'chambre: « Vous êtes,
» Monfieur, fi fupérieur aux autres hommes,
» que fi c'étoit le temps du Paganifme, je vous
» adorerois comme le dieu de l'éloquence.—
Dans la vérité du Chriftianifme, reprit l'orateur,
l'homme n'a rien dont il puiffe s'approprier la gloire.

Cet homme fi animé, fi éloquent lorfqu'il falloit parler en public, étoit froid, taciturne dans
la fociété, foit qu'il dédaignât le jargon des cercles, foit qu'il lui fallût un auditeur nombreux
pour échauffer fon génie. Lorfqu'on lui reprochoit
de prendre trop peu de part à la converfation, il
répondoit ordinairement: Si les perfonnes qui me
» voyent ont du fens & de la religion, peu de
» paroles leur fuffifent; fi l'une & l'autre qualité
» leur manquent, à quoi bon me lier avec eux?»

Un jour Cochin commença fon plaidoyer d'une
voix prefque éteinte, le premier préfident l'interrompit pour lui demander ce qu'il avoit:—
« Rien, Monfieur, répondit l'orateur; ce n'eft
» qu'un rhume qui ne m'empêchera pas de plai-
» der ». Alors le magiftrat, du confentement de
la compagnie, ajouta: « La Cour, maître Cochin,
» a trop d'intérêt à vous ménager pour fouffrir
» que vous plaidiez dans l'état où vous êtes ».

COCHONS PRIVILÉGIÉS.
Le jeune roi
Philippe, fils de Louis-le-Gros, étant paffé le
premier Octobre 1131 près de Saint Gervais, un
cochon s'étant embarraffé dans les jambes de fon
cheval, il s'abattit; le jeune prince tomba fi
rudement qu'il en mourut le lendemain. Le 3 de ce
mois il fut rendu une ordonnance qui défendit de
laiffer vaguer à l'avenir des pourceaux dans les
rues de Paris. Peu après ceux qui dépendoient de
l'abbaye Saint Antoine furent privilégiés, l'abbeffe & les religieufes ayant repréfenté que ce

feroit manquer à leur patron, que de ne pas
exempter fes cochons de la règle générale.

COCU.
M. de Saint-Foix, dans fes Effais
hiftoriques fur Paris, fe fait la queftion: « Pour-
» quoi s'eft-on accoutumé à méprifer un cocu,
» quoiqu'il n'y ait pas de fa faute? » Je crois,
dit-il, en avoir trouvé la raifon; c'eft que le cas
indiquoit particulierement un homme d'une condition fervile, attendu que plufieurs feigneurs,
entr'autres les chanoines de la cathédrale de Lyon,
prétendoient qu'ils avoient le droit de coucher la
première nuit des noces avec les époufées de leurs
ferfs ou hommes de corps.

COCU IMAGINAIRE, (le) Comédie de Moliere,
en un acte, en vers, 1660.

Cette petite comédie eft tirée d'une piece italienne, intitulée Il Cornuto per opinione. Elle fut
repréfentée quarante fois de fuite, quoique pendant l'abfence de la cour & en été; & commença
à montrer que Moliere perfectionnoit de beaucoup fon ftyle par fon féjour à Paris.

Un bourgeois de Paris, qui faifoit l'homme
d'importance, s'imagina que Moliere l'avoit pris
pour l'original de fon Cocu imaginaire. Il en marqua fon reffentiment à un de fes amis: « Com-
» ment, lui dit-il, un comédien aura l'audace de
» mettre impunément fur le théâtre un homme
» comme moi! ».........« De quoi vous plaignez-
» vous, répond fon ami? il vous a peint du beau
» côté, en ne faifant de vous qu'un Cocu ima-
» ginaire: vous feriez bien heureux d'en être
» quitte à fi bon marché ».

En 1773, pendant le voyage de Fontainebleau,
on donna à la cour cette comédie, qui fut mife
fur le répertoire, & affichée fous le titre des
Fauffes allarmes, par ménagement pour les dames
de la cour, dont les oreilles auroient pu être
bleffées par l'ancien titre de la piece.

Un homme difoit: Je voudrois que tous les
cocus fuffent dans la riviere; fa femme lui demanda: favez-vous nâger?

COEFFURES.

Paris cède à la mode & change fes parures:
Ce peuple imitateur, ce finge de la Cour,
　　A commencé depuis un jour
D'humilier enfin l'orgueil de fes coëffures.
Mainte courte beauté s'en plaint, gronde, tempête;
Et pour fe rallonger, confultant les deftins,
Apprend d'eux que l'on trouve en hauffant fes patins,
La taille que l'on perd en abaiffant fa tête.
　　Voilà le changement extrême
Qui met en mouvement nos femmes de Paris.
　　Pour la coëffure des maris,
　　Elle eft toujours ici la même.
　　　　　　　　　(CHAULIEU.)

Les

Les femmes, fous le règne de Charles VI, étoient coëffées d'un haut bonnet en pain de fucre; elles attachoient à ce bonnet un voile qui defcendoit plus ou moins bas, felon la qualité de la perfonne. Sous le règne de François I & de Henri II, elles avoient des petits chapeaux avec une plume. Elles portèrent depuis, jufqu'à la fin du règne de Henri IV, de petits bonnets avec une aigrette.

M. le duc de Saint-Simon rapporte dans fes Mémoires l'anecdote fuivante, au fujet des *coëffures*.

L'époufe du duc de-***, ambaffadeur d'Angleterre en France, étoit une grande créature, groffe, hommaffe, fur le retour & plus, qui avoit été belle & qui prétendoit l'être encore, toute décoltée, coëffée derrière l'oreille, pleine de rouge & de mouches & de petites façons. Dès en arrivant elle ne douta de rien, parla haut, & beaucoup en mauvais françois, & mangea dans la main à tout le monde. Toutes fes manières étoient d'une folle; mais fon jeu, fa table, fa magnificence, jufqu'à fa familiarité générale la mit à la mode. Elle trouva bientôt les *coëffures* des femmes ridicules, & elles l'étoient en effet: c'étoit un bâtiment de fil d'archal, de rubans, de cheveux & de toutes fortes d'affiquets, de plus de deux pieds de haut, qui mettoit le vifage des femmes au milieu de leur corps, & les oreilles étoient de même, mais en gazes noires: pour peu qu'elles remuaffent, le bâtiment trembloit & l'incommodité étoit extrême. Le roi, fi maître jufques dans les plus petites chofes, ne les pouvoit fouffrir. Elles duroient depuis plus de dix ans, fans qu'il eût pu les changer, quelque chofe qu'il eût dit & fait pour en venir à bout. Ce que ce monarque n'avoit pu, l'exemple & le goût d'une vieille folle étrangère l'exécuta avec la rapidité la plus furprenante. De l'extrémité du haut, les dames fe jettèrent dans l'extrémité du bas; & ces *coëffures* plus fimples, plus commodes, & qui vont mieux au vifage, durent encore. Les gens raifonnables attendent avec impatience quelqu'autre folle étrangère qui défaffe nos dames de ces immenfes rondaches de paniers infupportables en tout à elles-mêmes & aux autres.

CŒUR. Un acteur, chéri du public, (M. Dugazon) chanta dans une fête de jolis couplets de fa compofition; ils furent très applaudis. On ne manqua pas d'en demander l'auteur. La réponfe de M. Dugazon, & c'étoit la bonne, fut de montrer fon *cœur*. Il ajouta fur le champ: « A boire à l'auteur ». Une perfonne de la compagnie s'écria: « Le *cœur* ne boit pas ». Il reprit du ton le plus plaifant: « Moi, j'ai le *cœur* fur les lèvres ».

Voltaire étoit irafcible, impétueux, mais il avoit le *cœur* bon. Il ne pouvoit jamais retenir fa

colère quand il parloit de l'auteur de l'Année Littéraire; il jettoit feu & flamme. Un ami qui l'étoit allé voir à Ferney lui dit un jour: « Recevriez-vous Fréron, fi par hafard il fe préfentoit ici »? — « Que me dites-vous là? je le ferois chaffer!..... » Ne me parlez jamais de cet homme-là; y penfez-vous »? Puis un débordement d'injures. On répond au grand poëte après tout ce fracas: « Mais fi ce » Fréron venoit chez vous, ne feroit-ce pas un » hommage qu'il rendroit à votre génie? » Voltaire fe recueille & dit: « Eh bien, s'il y venoit, » je dirois qu'on lui donnât le meilleur lit du » château ».

COITTIER, médecin de Louis XI, avoit dix mille écus par mois de gages fixes, fans compter les gratifications extraordinaires. Il eft porté fur le compte des tréforiers de l'épargne, que Coittier reçut en moins de huit mois quatre-vingt-dix-huit mille écus. Le roi lui donna les feigneuries de Rouvré près Dijon, de Saint-Jean-de-Lône, de Bruffay dans le Vicomté d'Auxone, de Saint-Germain-en-Laye, de Triel, la Conciergerie du Palais & toutes les dépendances; il fut fait Vice-préfident & enfuite premier préfident de la Chambre des Comptes, malgré les remontrances de cette cour. La crainte ridicule que Louis XI avoit toujours de mourir, étoit un Pérou pour *Coittier*.

COLBERT (Jean-Baptifte) miniftre d'état fous Louis XIV, né à Paris en 1619, mort le 6 Septembre 1683.

Jean-Baptifte *Colbert* avoit dans la phyfionomie quelque chofe de repouffant. Ses yeux creux, fes fourcils épais & noirs lui donnoient une mine auftère, & rendoient fon premier abord fauvage & négatif. Mais lorfqu'on le pratiquoit, on le trouvoit affez facile, expéditif & d'une fûreté inébranlable. Il étoit intimement perfuadé que la bonne foi dans les affaires en étoit le fondement le plus folide. Sage, actif, vigilant, il fut le reftaurateur des finances qu'il trouva dans le plus grand défordre à fon avénement au miniftère. Son efprit d'ordre & fes vues patriotiques s'étendoient également à toutes les parties du gouvernement. Une application infinie & un defir infatiable d'apprendre, lui tenoient lieu de fcience; & s'il protégea les gens de lettres & les artiftes, ce fut moins en amateur éclairé qu'en homme d'état perfuadé que les beaux arts font capables de former & d'immortalifer les grands empires. Toujours plein du roi en quelque forte, il s'appliqua continuellement à éternifer ce grand monarque dans la mémoire des hommes, par des médailles, des ftatues, des arcs de triomphe, & par tout ce que la poéfie & l'éloquence peuvent enfanter de plus fublime.

Colbert s'étoit d'abord attaché au cardinal Mazarin dont il mérita toute la confiance. Lorfque

le cardinal sentit sa fin s'approcher, il le recommanda à Louis XIV, & termina son éloge, en
disant : « Je vous dois tout, Sire ; mais je crois
» m'acquitter en quelque sorte avec votre majesté,
» en vous donnant M. Colbert ».

On a cité dans plusieurs écrits la réponse grossière d'un marchand nommé Hazon, qui, consulté par Colbert, lui dit : « Vous avez trouvé la
» voiture renversée d'un côté, & vous l'avez ren-
» versée de l'autre ». Cette anecdote du temps,
quoique fausse, mais qu'on a souvent pris plaisir
de répéter, peut servir à prouver que le peuple
n'a senti que très-tard tous les avantages que
Colbert a procurés à la France, & que ce ministre
a long-temps trouvé des ingrats.

Entre tous les traits qui caractérisent son ministère, on en peut citer un qui appartient autant
à l'administrateur politique, qu'à l'adroit courtisan. Après la paix de Nimègue, les finances de
l'état se trouvoient épuisées, & cependant les
courtisans de Louis XIV, qui connoissoient le
goût de ce prince pour l'éclat & la magnificence,
s'efforçoient de lui persuader qu'il devoit donner
une fête ; le roi n'en parla qu'avec crainte à Colbert, qui, au lieu de représenter l'impossibilité de
rassembler des fonds pour une dépense de cette
nature, promit de les trouver, & mit tout en
œuvre pour que la fête fût somptueuse. Il la fit
annoncer de bonne heure ; tous les étrangers arrivèrent en foule à Paris, & donnèrent un cours
plus rapide à la circulation de l'argent. Le Ca-
rousel coûta à peu-près douze cens mille livres,
& le produit des fermes augmenta pendant ce
tems de plus de deux millions.

Colbert aimoit tendrement sa patrie. Un jour à
sa maison de Sceaux, jettant un coup-d'œil sur
ces campagnes fleuries qui embellissent la France,
on vit ses yeux se baigner de larmes. Interrogé
sur leur motif par un de ses amis : « Je voudrois,
» répondit-il, pouvoir rendre ce pays heureux ;
» &, qu'éloigné de la cour, sans appui, sans
» crédit, l'herbe crût dans mes cours ».

Chaque année du ministère de Colbert fut marquée par l'établissement de quelque manufacture.
Ce ministre, le Mécène de tous les arts, établit
& protégea également les académies. Ce fut dans
sa maison même que l'académie des Inscriptions
prit naissance en 1663. Celle des Sciences fut formée par ses soins en 1666. L'architecture eut aussi
la sienne en 1671. Louis XIV s'étoit reposé sur
Colbert du soin d'honorer les gens de lettres par
des bienfaits signalés. Ce ministre s'y appliqua avec
tant de zèle, que le mérite des savans les plus
modestes n'échappoit point à ses recherches. Plusieurs étrangers qui se distinguoient par leurs rares
connoissances furent attirés en France par les bienfaits du roi. D'autres que l'amour de la patrie
retint, n'en eurent pas moins de part aux bienfaits

du généreux monarque. « Quoique le roi ne soit
» pas votre souverain, leur écrivoit son ministre,
» il veut néanmoins être votre bienfaiteur, & m'a
» recommandé de vous envoyer la lettre-de-
» change ci-jointe, comme une marque de son
» estime & un gage de sa protection ».

Pendant tout le temps que Colbert administra
les finances, il saisit une route contraire à celle de
ses prédécesseurs. Les surintendans prenoient sans
compter, & ne rendoient point de compte ; mais
Colbert présentoit au roi, au commencement de
l'année, un agenda, où les revenus de l'état
étoient marqués en détail ; & toutes les fois que le
roi signoit des ordonnances, ce ministre le prioit
de les marquer sur son agenda, de sorte que le roi
se trouvoit à portée de voir en quel état étoient
ses affaires, & en même-temps celles de son ministre. Colbert usoit de cette sage précaution, à
cause de la multitude d'affaires qui lui passoient
par les mains, & dans le détail desquelles le roi
ne pouvant le suivre, il auroit été aisé de lui
inspirer des soupçons.

Tout le monde a connu Poisson, fameux comédien de la troupe françoise. Il étoit bien venu
partout. Monsieur Colbert lui avoit nommé un enfant, honneur aussi grand qui pût arriver à un
comédien, ce qui lui avoit donné entrée chez le
ministre, à qui il portoit quelquefois des vers à
sa louange. Un jour qu'il y fut, après y avoir
été plusieurs fois pour tâcher d'obtenir un emploi
pour le filleul, mais jusqu'alors inutilement, il
salua M. Colbert, & lui dit qu'il apportoit quelques vers qu'il prenoit la liberté de lui présenter.
Le ministre rebuté de pareilles pièces, lui coupa
la parole, & le pria, très-fortement même, de ne
point lire ses vers. Vous n'êtes faits vous autres,
dit monsieur Colbert, que pour nous incommoder
de la fumée de votre encens. Monseigneur, dit
Poisson, je vous assure que celui-ci ne vous fera
point de mal à la tête ; il n'y a rien, dit il, qui
approche de la louange. Monsieur de Maulevrier,
& toute la compagnie, impatiens de voir les vers
de Poisson, prièrent instamment M. Colbert de les
lui laisser lire, ce qu'il permit, à condition qu'il n'y
auroit point de louanges. Poisson commença ainsi :

Ce grand ministre de la paix,
Colbert que la France révère,
Dont le nom ne mourra jamais.

Poisson, dit M. Colbert, vous ne tenez pas votre
parole ; ainsi finissez ; je me souviendrai de vous,
& vous rendrai service dans les occasions ; mais
vous me ferez plaisir de ne me plus apporter de
vers remplis de mes louanges, ce n'est point là
mon caractère. Monseigneur, répondit Poisson,
je vous jure que voilà tout ce qu'il y en a dans
cette pièce. N'importe, n'en lisez pas davantage,
répliqua M. Colbert. La compagnie le pria néan-

moins de si bonne grace, qu'il permit avec assez
de peine à Poisson d'achever, ce qu'il fit en re-
commençant ce qu'il avoit déja lû.

Ce grand ministre de la paix,
Colbert que la France révére,
Dont le nom ne mourra jamais :
Eh bien, tenez, c'est mon compere:
Fier d'un honneur si peu commun,
Est-on surpris si je m'étonne,
Que de deux mille emplois qu'on donne
Mon fils n'en puisse obtenir un ?

Il eut l'emploi sur le champ.

Colbert se piquoit d'une grande naissance ; il fit
enlever la nuit dans l'église des cordeliers de Reims
une tombe de pierre où étoit l'épitaphe de son
grand-pére, marchand de laine, demeurant à l'enseigne du Long-vêtu, & en fit mettre une autre
d'une vieille pierre, où l'on avoit gravé en vieux
langage les hauts faits du preux chevalier Colbert,
originaire d'Ecosse. L'archevêque de Reims m'a
conté, dit l'abbé de Choisy, que quelque tems
après, la cour ayant passé à Reims, M. Colbert
l'alla voir, suivi du marquis de Seignelay son fils,
& des ducs de Chevreuse & de Beauvilliers ses
gendres, & qu'après une courte visite, il remonta
en carrosse & dit au cocher, aux Cordeliers.
L'archevêque curieux envoya un grison voir ce
qu'ils y faisoient, & il trouva M. Colbert à genoux
sur la prétendue tombe de ses ancêtres, disant les
sept-pseaumes, & en faisant dire à ses gendres
fort dévotement. Il croyoit tromper tout l'univers,
ajouta le bon archevêque, & ce qui est plaisant,
c'est que M. de Seignelai étoit dans la bonne foi
& se croyoit descendre des rois d'Ecosse. Il avoit
nommé un de ses fils Edouard, à cause, disoit-
il, que les aînés de sa maison en Ecosse avoient tous
porté ce nom là.

Un ministre m'a pourtant dit, (ajoûte l'abbé de
Choisy) que M. Colbert, en frappant son fils, (ce qui
lui est arrivé plus d'une fois) lui disoit en colère :
Coquin, tu n'es qu'un petit bourgeois; & si nous trom-
pons le public, je veux au-moins que tu saches qui tu es.

M. Colbert parloit peu, & affectoit même une
sorte de silence négatif. Madame Cornuel, femme
d'un trésorier, & connue par ses réparties, entretenoit d'affaires ce ministre, qui ne lui répondoit rien : « Monseigneur, lui dit-elle, faites au
» moins quelque signe que vous m'entendez ».

Colbert ne fut que huit jours malade : on a dit
qu'il étoit mort hors de la faveur : sujet de réflexions pour les ministres. Le roi avoit écrit à
Colbert peu de jours avant qu'il mourût, pour lui
commander de manger & de prendre soin de lui.
Le malade ne proféra pas un seul mot, après qu'on
lui eût lu cette lettre. On lui apporta un bouillon,

& il le refusa. Madame Colbert lui dit : « Ne vou-
» lez-vous pas répondre au roi ?—Il est bien tems
» de cela ; c'est au roi des rois que je songe à ré-
» pondre ». Comme elle lui disoit une autre fois
quelque chose de cette nature, il lui dit : « Ma-
» dame, quand j'étois dans ce cabinet à travailler
» pour les affaires du roi, ni vous ni les autres
» n'osiez y entrer ; & maintenant qu'il faut que je
» travaille aux affaires de mon salut, vous ne me
» laissez point en repos ». Le curé de Saint-Eustache vint lui dire qu'il avertiroit ses paroissiens
de prier Dieu pour sa santé. « Non pas cela, dit
« M. Colbert, qu'ils prient Dieu de me faire mi-
» séricorde ».

COLERE. Il seroit à souhaiter, dit Séneque,
que les mouvemens de la colère ne pussent nuire
qu'une fois, à l'exemple des abeilles dont l'aiguillon se rompt à la première piquûre qu'elles font.

Rien sans doute n'est plus propre à appaiser la
colere, que la soumission de celui qui y a donné
lieu.

Un père en colère descendant un escalier pour
donner des coups de bâton à son fils : Monsieur,
ne descendez pas davantage, lui dit le fils, pensez
qu'après le quatrième degré l'on n'est plus parent.

Leibnitz a consigné dans une épigramme latine
l'histoire plaisante d'un cordonnier de Leyde:
Lorsqu'on soutenoit des thèses à cette université,
on étoit sûr d'y voir cet original ; quelqu'un qui
s'en apperçut, lui demanda s'il savoit le latin :
non, lui répondit l'artisan, je ne veux pas même
me donner la peine de l'entendre.—Pourquoi
venez-vous donc si souvent à cette assemblée où
l'on ne parle que latin ?—C'est que je prends
plaisir à juger des coups.—Eh ! comment en-jugez-
vous sans savoir ce qu'on dit ?—C'est que j'ai un
autre moyen de juger qui a tort : quand je vois
à la mine de quelqu'un qu'il se fâche & qu'il se
met en colère, je juge que les raisons lui manquent.

COLIGNY. L'amiral de Coligny fut assassiné
la nuit de la Saint-Barthelemi 1572. Quand les
assassins, conduits par le duc de Guise, entrérent
dans sa chambre, ils trouvérent l'amiral assis dans
un fauteuil : « Jeune homme, dit-il à Besme
» qui levoit le poignard sur lui, tu devrois respec-
» ter mes cheveux blancs ; mais fais ce que tu
» voudras, tu ne peux m'abréger la vie que de
» peu de jours ».

Les assassins, après avoir percé l'amiral de plusieurs coups, jettérent son corps par la fenêtre
dans la cour, où le duc de Guise pour le reconnoître essuya avec son mouchoir le sang qui lui
couvroit le visage, & l'ayant foulé aux pieds :
C'est bien commencer, dit-il à sa troupe, allons,
continuer notre besogne.

Befme, affaffin de l'amiral *de Coligny*, eut l'imprudence de paffer par la Saintonge, où les huguenots avoient des troupes : il fut pris & enfermé au château de Boutteville, dont *Bertanville* étoit gouverneur. *Befme*, ayant gagné un foldat de la garnifon, fe fauve. Le gouverneur en ayant été informé, monte auffi-tôt à cheval, court feul après lui & l'arrête. Alors *Befme*, prenant un de fes piftolets, dit au gouverneur : « Tu fais que je fuis » un mauvais garçon ; » en même-temps il tire fon coup, & le manque. « Je ne veux plus que tu le » fois, » repliqua le gouverneur, en lui paffant fon épée au travers du corps.

Odet de Châtillon, évêque de Beauvais, frère de l'amiral de *Coligny*, avoit été fait cardinal à l'âge de feize ans. Il fut depuis dégradé de cette dignité par le pape Pie IV ; il fe maria publiquement en habit de cardinal à une demoifelle de Normandie, nommée *Elifabeth d'Auteville*, qu'il fit appeller comteffe de Beauvais. Le parlement de Paris lui fit fon procès en 1569, pour crime de lèfe-majefté. Il fut depuis envoyé par Charles IX. en Angleterre, pour y négocier auprès de la reine Elifabeth. Il mourut en 1571, empoifonné par fon valet-de-chambre, comme il fe préparoit à repaffer en France.

COLIQUE. Boufquet qui fe fignala dans l'emploi de fou du Roi, fous les règnes de Henri II, François II & Charles IX, fe mêloit auffi de faire la médecine. Etant allé voir, par l'ordre de François II, un ambaffadeur qui avoit une violente *colique*, il lui dit, qu'étant lui-même fort fujet à cette maladie, il ufoit alors d'un remède qui le foulageoit très-promptement : « Quand la *colique* » me tient, dit-il, je mets le doigt d'une main par » le bas, & le doigt de l'autre main par le haut, » c'eft-à-dire, l'un dans la bouche, & l'autre dans » l'endroit le plus oppofé, & les changeant de » temps en temps pendant l'efpace d'une demi-» heure, les vents fe diffipent par les deux endroits, » & je fuis foulagé ».

Brantome, qui a donné fur ce fou un mémoire fort étendu, dans la feconde partie de fes *Capitaines étrangers*, dit que l'ambaffadeur le crût, & en fit l'effai une bonne demi-heure à bon efcient, & qu'il en fit le conte dans la chambre du roi où en fut ri.

Le même auteur rapporte que M. d'Imbercourt, de la famille de Brimeu, dans les Pays-bas, étoit attaqué, dès qu'il fe voyoit fur le point de combattre, d'une violente *colique* d'entrailles, qui le forçoit de defcendre de cheval, pour aller dans un coin fatisfaire un befoin naturel. Il ne faut pas, dit Brantome, inférer de-là que M. d'Imbercourt eût quelque crainte : il étoit très-brave ; mais l'ardeur avec laquelle il fe portoit à combattre, occafionnoit en lui cette révolution, dont les médecins peuvent rechercher la caufe.

Il y a dans le Mercure de France, Juillet 1727, une ode fur la *colique*. Voici quelques vers qui nous ont paru pouvoir trouver place ici :

Cruel bourreau de ma famille,
Tyran fougueux, hydre inteftin ;
Colique, inexorable fille
De la trifteffe & du chagrin,
Faut-il qu'une innocente vie,
Sans ceffe à ta rage aftouvie,
Succombe enfin fous tes efforts ?

A peine je vis la lumière,
Que j'éprouvai tes traits perçans :
Barbare, tu fus la première
Pour qui j'eus un corps & des fens.

Quel bras contre moi fe déploie ?
Quel Dieu s'arme contre mes jours ?
Mes flancs deviennent-ils la proie
Ou des corbeaux ou des vautours ?

COLLETET (Guillaume), mort en 1659.

Le cardinal de Richelieu fit préfent de fix cens livres à *Colletet*, pour fix mauvais vers à fa louange. *Colletet* eut raifon de lui dire auffi-tôt :

Armand, qui pour fix vers m'as donné fix cens livres,
Que ne puis-je à ce prix te vendre tous mes livres !

Colletet époufa de fuite trois de fes fervantes ; les gages qu'il leur devoit leur tenoit lieu de dot. Claudine étoit la dernière ; c'eft fous fon nom qu'il faifoit des vers : c'eft pourquoi après la mort de ce poëte, La fontaine lui fit cette épitaphe :

Les oracles ont ceffé,
Colletet eft trépaffé.
Dès qu'il eût la bouche clofe
Sa femme ne dit plus rien ;
Elle enterra vers & profe
Après le pauvre chrétien.
En cela je plains fon zèle ;
Et ne fais au par-deffus,
Si les graces font chez elle,
Mais les Mufes n'y font plus.

Sans glofer fur le myftere
Des madrigaux qu'elle a faits,
Ne lui parlons déformais
Qu'en la langue de fa mère.
Les oracles ont ceffé,
Colletet eft trépaffé.

L'admirable caractère que celui du complaifant M. *Colletet*, s'écrie M. Chevreau ! Nous allions bien fouvent manger chez lui, à condition que chacun y feroit porter fon pain, fon plat, avec deux bouteilles de Champagne ou Bourgogne, & par ce moyen nous n'étions pas à charge à notre hôte. Il ne fourniffoit qu'une vieille table de pierre, fur laquelle Ronfard, Jodelle, Belleau, Baïf, Amadis, Jamin, &c., avoient fait en leur tems d'affez bons repas ; & comme nous ne nous occupions que du préfent, l'avenir & le paffé n'y entroient jamais en ligne de compte.

COLOMB, mort en 1506:

Chriftophe *Colomb*, fils d'un cardeur de laine dans ce territoire nous de Gênes, par la feule infpection d'une carte de notre hémifphère, jugea qu'il devoit y en avoir un autre, & réfolut de le découvrir. Il eft traité de vifionnaire par fes patriotes ; Jean II, roi de Portugal fe rit des propofitions que lui fait *Colomb* ; qui enfin, après bien des humiliations à la cour d'Efpagne, obtient trois vaiffeaux, avec lefquels il va mouiller aux îles Canaries. Delà il ne mit que trente-trois jours pour découvrir la première île de l'Amérique & y aborder.

Pendant le voyage audacieux qu'entreprit Chriftophe *Colomb* pour la découverte du nouveau monde, fa petite flotte effuya un coup de vent terrible qui la mit dans le plus grand danger. Tous les officiers murmuroient & vouloient abfolument faire tourner les voiles, renoncer à l'entreprife, & chercher une rade où ils puffent *abriter* leurs vaiffeaux. *Colomb* feul s'oppofa à cette réfolution : « Meffieurs, leur dit-il avec colère, il faut fuivre » notre deftinée, ce n'eft que dans l'autre monde » que vous pouvez efpérer de trouver un abri » :

Cet illuftre voyageur fait une defcente à la Jamaïque, où il veut former un établiffement. Les infulaires s'éloignent du rivage, & laiffent manquer les Caftillans de vivres. Un ftratagême très-fingulier eft mis en ufage dans cette occafion preffante.

Il doit y avoir bientôt une éclipfe de lune. *Colomb* fait avertir les chefs des peuplades voifines, qu'il a des chofes très-importantes à leur communiquer. Après leur avoir fait des reproches très-vifs fur leur dureté, il ajoute d'un ton affuré : *Vous en ferez bientôt rudement punis : le dieu puiffant des efpagnols, que j'adore, va vous frapper de fes plus terribles coups. Pour preuve de ce que je vous dis, vous allez voir, dès ce foir, la lune rougir, puis s'obfcurcir & vous refufer fa lumière. Ce ne fera là que le prélude de vos malheurs, fi vous ne profitez de l'avis que je vous donne.*

L'éclipfe commence en effet quelques heures après. La défolation eft extrême parmi les fauvages. Ils fe profternent aux pieds de *Colomb*, & jurent qu'ils ne le laifferont plus manquer de rien. Cet homme habile fe laiffe toucher, s'enferme comme pour appaifer la colère célefte, fe montre

quelques inftans après, annonce que dieu eft appaifé & que la lune va reparoître. Les barbares demeurent perfuadés que cet étranger difpofe à fon gré de toute la nature, & ne lui laiffent pas le temps même de defirer.

Chriftophe *Colomb* parloit avec fimplicité de fa découverte du nouveau monde ; & quelqu'un voyant qu'il s'abaiffoit, dit qu'en effet fon entreprife n'étoit pas furprenante : « Encore moins, » repliqua l'illuftre Gênois, que de faire tenir cet » œuf fur fa pointe ». On effaya, perfonne ne put y réuffir. Alors *Colomb* prit l'œuf, en caffa un peu le bout, & le fit tenir aifément. On voulut fe mocquer de cet expédient : « Voilà comme vous » êtes, reprit il alors, vous trouvez toutes chofes » faciles après qu'elles font faites ».

COLOMBIERES. Au fiège de Saint-Lo en 1574, *Colombieres* qui commandoit dans cette place, ne voulut jamais fe rendre : il s'avança fur la brèche, ayant à fes côtés fes deux fils, l'un âgé de dix ans & l'autre de douze. « Mes compagnons, » dit-il à fes foldats, avec vôtre vie & la mienne, » j'offre encore à Dieu ce que j'avois de plus cher, » celle de ces deux enfans ; j'aime mieux que leur » fang pur & fans tache foit ici confondu avec le » mien, que de le laiffer au pouvoir des tyrans » qui veulent forcer nos confciences & contrain- » dre notre foi ». Il fut tué. Ses enfans ne reçurent point la moindre bleffure.

COMÉDIE, COMÉDIENNES, COMÉDIENS. Les philofophes fe moquent des folies des hommes, les marchands en profitent ; mais les *comédiens* s'en moquent & en profitent.

En 1600, des comédiens de province obtinrent la permiffion de s'établir à Paris. Ils ouvrirent leur théâtre à l'hôtel d'Argent, rue de la Poterie. En 1609, à l'occafion de quelques défordres arrivés à la porte du fpectacle & de celui de l'hôtel de Bourgogne, le juge de police rendit une ordonnance, dont voici quelques articles : « Sur la » plainte faite par le procureur du Roi que les » *comédiens* de l'hôtel de Bourgogne & de l'hôtel » d'Argent finiffent leurs comédies à heures in- » dues & incommodes pour la faifon d'hiver, & » que fans permiffion ils exigent du peuple des » fommes exceffives ; étant néceffaire d'y pour- » voir & de leur faire taxe modérée, nous avons » fait & faifons très-expreffes défenfes aufdits » *comédiens*, depuis le jour de la Saint-Martin » jufqu'au quinzième février, de jouer paffé quatre » heures & demie au plus tard ; auxquels pour » cet effet enjoignons de commencer précifément » avec telles perfonnes qu'il y aura à deux heures » après midi, & finir à ladite heure de quatre » heures & demie, & que la porte foit ouverte » à une heure précife. Défendons aux *comédiens* » de prendre plus grande fomme des habitans &

» autres perſonnes que de cinq ſols au parterre, » & de dix ſols aux loges & galeries ; & en cas » qu'ils ayent quelques actes à repréſenter où il » conviendra plus de frais, il y ſera par nous » pourvu ſur leur requête ».

Lorſque les COMÉDIENS FRANÇOIS vinrent s'établir ſur leur théâtre, dans la rue des Foſſés Saint-Germain en 1689, ils réglèrent que chaque mois on préléveroit ſur la recette une certaine ſomme qui ſeroit diſtribuée aux couvents ou communautés religieuſes les plus pauvres de la ville de Paris. Les Capucins reſſentirent les premiers effets de cette aumône. Les Cordeliers demandèrent la même charité par le placet ſuivant qui ſe trouve dans l'hiſtoire du théâtre françois.

MESSIEURS,

« Les pères Cordeliers vous ſupplient très-» humblement d'avoir la bonté de les mettre au », nombre des pauvres religieux à qui vous faites », la charité. Il n'y a point de communauté à Paris », qui en ait plus de beſoin, eu égard à leur grand », nombre & à l'extrême pauvreté de leur maiſon, », qui le plus ſouvent manque de pain. L'honneur », qu'ils ont d'être vos voiſins leur fait eſpérer que », vous leur accorderez l'effet de leurs prières », qu'ils redoubleront envers le Seigneur, pour la », proſpérité de votre chère compagnie ». Les *Comédiens* leur accordèrent 3 livres par mois.

Les Auguſtins réformés du fauxbourg-Saint-Germain demandèrent la même grace qui leur fut accordée. Leur placet ſe trouve pareillement dans l'*Hiſtoire du Théâtre françois*, en voici la copie.

A Meſſieurs de l'illuſtre compagnie de la Comédie du Roi.

MESSIEURS,

« Les religieux Auguſtins réformés du fauxbourg », Saint-Germain, vous ſupplient très-humblement », de leur faire part des aumônes & charités que », vous diſtribuez aux pauvres maiſons religieuſes », de cette ville, dont ils ſont du nombre : ils », prieront Dieu pour vous ».

Les Mouſquetaires, les Gardes-du-corps, les Gendarmes, les Chevaux-légers entroient ancien-nement à la *comédie* ſans payer, & le parterre en étoit toujours rempli. Le célèbre Moliere, qui dirigeoit alors le ſpectacle, preſſé par les *comédiens*, obtint du Roi un ordre pour qu'aucune per-ſonne de ſa maiſon n'entrât à la *comédie* ſans payer. Ces Meſſieurs, indignés, forcèrent les portes de la *comédie*, tuèrent les portiers, & cherchoient la troupe entière pour lui faire eſſuyer le même traitement. Un jeune acteur, nommé *Béjart*, qui étoit habillé en vieillard pour la pièce qu'on alloit jouer, ſe préſenta ſur le théâtre : *Eh ! Meſſieurs, leur dit-il, épargnez un vieillard de ſoixante-quinze ans qui n'a plus que quelques jours à vivre.* Cette plaiſanterie fit rire les mutins ; & ce que n'auroient peut-être pas fait les meilleures raiſons, calma leurs fureurs. Moliere tint ferme, & l'ordre du Roi fut depuis obſervé.

Des anecdotes très-intéreſſantes pour notre ſcène dramatique, ſont les changemens arrivés depuis quelques années à la *comédie* françoiſe. Ces changemens ont été très-bien expoſés dans un diſ-cours imprimé dans l'état de la muſique du Roi. Il a manqué, y eſt-il dit, à Corneille, à Racine & à Moliere ; cette vérité de repréſentation, ſi propre à favoriſer le ſuccès des drames. Le peu de goût ou le défaut de zèle de leurs acteurs dé-roba aux yeux de leurs contemporains, les plus grandes beautés de leurs ouvrages. Une ſcène em-barraſſée de ſpectateurs toujours frivoles & peu attentifs, des perſonnages revêtus d'habillemens biſarres, & rarement convenables à leurs rôles, détruiſoient cette illuſion précieuſe à laquelle l'in-térêt eſt ſi étroitement lié. De nos jours mêmes, nous avons vu les femmes des conſuls romains & des héros grecs, paroître avec des habits fran-çois, & ne différer de nos petites maîtreſſes que par une cœffure de mauvais goût, que le caprice de l'actrice imaginoit, & qu'elle faiſoit ſouvent contraſter avec ſon rôle. Les mêmes conſuls ro-mains & les mêmes grecs, couverts de la cuiraſſe antique, & chauſſés du cothurne, portoient nos chapeaux françois, ſurmontés d'un panache qui rendoit encore cette cœffure plus barbare, & la diſparate plus choquante. Enfin Mademoiſelle *Clairon* & M. *Le Kain*, éclairés & conduits par l'amour de leur talent, ont introduit le coſtume, dont la néceſſité étoit ſi évidente. Les paniers & les chapeaux ne paroiſſent plus dans le tragique, s'ils n'y ſont eſſentiels. On deſſine les habits d'a-près les antiques. Nos plus célèbres peintres ſont conſultés avant nos marchandes de modes & nos tailleurs. Ce changement a paru ſi avantageux, que les autres ſpectacles l'ont adopté. Les *comé-diens* de province en ont généralement ſenti les avantages. L'émulation s'eſt ranimée entre les dif-férentes troupes, à la faveur de cette utile nou-veauté. Le goût du public s'eſt réveillé ; & jamais nos théâtres n'ont été ſuivis avec plus d'affluence. On a cherché à jetter de la magnificence dans la repréſentation des pièces ; on a multiplié les gardes & les ſoldats qui environnent ou ſuivent les per-ſonnages tragiques ; on les a revêtus avec décence, & toujours conformément à la vérité hiſtorique. Les coups de théâtre ſe font avec plus de préci-ſion, de faſte & de vraiſemblance. Les dénoue-mens s'exécutent ſans embarras & ſans ridicule. Cependant il manquoit encore cette liberté de la ſcène, ſi long-tems déſirée par les maîtres du théâtre. En 1760, un amateur a eu la généroſité de procurer à sa nation, ce qu'elle sembloit souhaiter inutilement. Un théâtre vuide de spectateurs, ouvre une nouvelle carrière au génie des auteurs dramatiques & à l'art des *comédiens*. Tel est l'état actuel de la *comédie françoise*, de ce spectacle où tant de chefs-d'œuvres, dans tous les genres, étoient représentés avec si peu de vérité & d'illusion; où la même décoration servant à la fois au tragique & au comique, étoit, tantôt un temple, & tantôt un salon; tantôt un vestibule commun, & tantôt un cabinet particulier. Le roi, toujours attentif aux progrès des arts, vient d'accorder à ses *comédiens* l'usage de quelques décorations. Tout concourt en un mot à rendre désormais notre scène digne de la beauté de nos poëmes. Quels avantages ne doivent pas résulter de ces différentes réformes? Les auteurs, dans les plans de leurs ouvrages, ne seront plus intimidés & refroidis par la crainte des contre-temps qu'entraîne inévitablement une exécution rendue difficile par le peu d'étendue de la scène, & l'embarras qu'y jettoit la présence des spectateurs. Il n'en résulte pas moins d'avantages pour le *comédien* intelligent; un espace plus étendu lui permettra de varier ses attitudes, de changer ses positions, de donner plus de naturel & de vivacité à ses mouvemens: en un mot, le génie de l'acteur pourra peindre celui du poëte; peut-être même la force de l'illusion théâtrale pourra-t-elle faire oublier au spectateur l'auteur & le comédien. M. de *Voltaire* avoit si bien senti l'utilité d'un théâtre plus étendu, qu'il est peu de préfaces où il n'en soit question. Il parle encore d'un établissement à la gloire des arts: c'est d'élever en l'honneur des grands hommes qui les ont illustrés, des monumens qui transmettent leur mémoire à la postérité. Ce projet commence à s'exécuter. Les *comédiens*, jaloux de perpétuer parmi eux d'une manière plus particulière le souvenir des pièces de leur théâtre, veulent orner leur nouvelle salle d'assemblée des bustes de ces illustres auteurs; ils l'ont déja décorée du portrait du Roi que Sa Majesté leur a donné.

Ce fut sur le théâtre du Marais que deux *comédiennes* (les demoiselles Marotte Beaupré & Catherine des Urles) se donnèrent rendez-vous pour se battre l'épée à la main, & se battirent en effet à la fin de la petite pièce.

Un *comédien* dit à un officier qui cherchoit à l'humilier: « Avec quatre aunes de drap le Roi » peut faire en deux minutes un homme comme » vous; & il faut un effort de la nature & vingt » ans de travail pour faire un homme comme » moi ».

Un homme d'esprit a dit en parlant des *comédiens*, que les gens dont la profession est de donner du plaisir aux autres, en veulent trop prendre; de-là vient qu'ils font souvent mal leurs affaires.

Bien des sots qui ne sont qu'étourdis, se croyent vifs: il en est de même des *comédiens*, qui n'ont de feu que dans la tête; c'est dans le cœur qu'il en faut. Nous sommes tous singes par l'esprit, originaux par le cœur.

La cour étant à Fontainebleau, quatre *comédiens* du Roi vouloient risquer au Pharaon chacun dix pistoles dans les appartemens. Ils jouèrent de malheur; ils perdirent leurs quarante pistoles. Après quoi, se regardant tous quatre, il leur prit une forte envie de rire à leurs propres dépens. Un seigneur de la cour, choqué de leurs ris déplacés, s'écria: « Morbleu, peut-on rire ainsi quand on » perd son argent? —Oui, Monsieur, lui répondit » un des *comédiens*, nous perdons, nous autres, » notre argent comme nous le gagnons ».

On me contoit l'autre jour, dit Madame de Sévigné dans une de ses lettres, qu'un *comédien* vouloit se marier quoiqu'il eût un certain mal un peu dangereux. Son camarade lui dit: « Hé! mor- » bleu, attends que tu sois guéri, tu nous per- » drois tous ». Cela, ajoute Madame de Sévigné, me parut faire épigramme.

Un *comédien* qui venoit d'acheter une terre seigneuriale en toute justice, demandoit au curé les prières nominales qu'il avoit droit d'exiger comme seigneur; le curé embarrassé d'accorder ce droit honorifique avec la loi de l'église, qui excommunioit les *comédiens*, dit à ses paroissiens dans son prône: « Mes chers frères, prions Dieu pour la » conversion de monsieur un tel, *comédien*, sei- » gneur de cette paroisse ».

Mais l'Assemblée nationale a décidé par son décret du 24 Décembre 1789, que les *comédiens* peuvent être des citoyens honorables, & qu'ils peuvent en remplir toutes les fonctions.

Quelques importans du parterre demandèrent, dit-on, pour la première fois l'auteur après la représentation de *Mérope*. On n'a cessé depuis de le demander à chaque nouvelle pièce, soit pour l'applaudir, soit pour le bafouer; mais il paroît que les auteurs commencent aujourd'hui à s'affranchir de cette espèce de servitude, & ils font bien. Les spectateurs des théâtres de Londres ont essayé depuis peu d'établir cet incommode & ridicule usage. L'auteur d'une pièce nouvelle angloise, aux cris impératifs & redoublés des communes du théâtre, parut & leur fit ce compliment: « Messieurs, je » vous remercie de l'honneur que vous m'avez fait » en accueillant mes foibles essais; mais par re- » connoissance vous auriez bien dû m'épargner la » peine de me donner en spectacle, d'autant plus » qu'il y a quelque différence entre l'ouvrage & » l'auteur. La destination de l'un pourroit être de

» vous amufer quelque tems ; mais je n'ai jamais
» penfé que ce dût être celle de l'autre ».

Un prince d'Italie entretenoit des *comédiens*
qu'il ne payoit pas : un jour qu'ils repréfentoient
bien au goût du prince, il leur dit : vous êtes de
bons *comédiens*.—Oui, Monfeigneur, répondit
un d'entr'eux, & fi bons qu'on ne peut nous
payer.

Les aventures d'un *comédien* ambulant rapportées dans le Magafin Britannique. (Journal Anglois), peuvent amufer par le ton de plaifanterie
naïve qui y règne. Je fus l'autre jour, dit l'auteur
du Journal, dans le parc de Saint-James, vers
l'heure où tout le monde le quitte pour aller dîner ;
je n'apperçus que très-peu de gens qui conti-
nuoient la promenade dans les allées, & tous
avoient la mine de chercher à diftraire plutôt la
faim, qu'à gagner l'appétit.

» Je m'affis fur un banc à l'extrémité duquel
étoit un homme fort mal vêtu, mais qui, malgré
le mauvais état de fon habillement, confervoit un
air diftingué ; en un mot, je le pris, fuivant l'expreffion de Milton, pour quelque gentilhomme
dépouillé de fes rayons ; nous commençâmes alternativement à touffer, à nous moucher, à nous
regarder, comme on a coutume de faire en pareille occafion ; & enfin j'entamai le difcours :

»Pardon, Monfieur, lui dis-je, il me femble que
je vous ai déja vu.—Votre vifage.....Monfieur,
me repliqua-t-il fort gravement, il eft vrai que ma
phyfionomie eft très-répandue ; je fuis connu dans
toutes les villes de la Grande-Bretagne autant que
le dromadaire & le crocodile qu'on y promène
par-tout.

» J'ai l'honneur de vous informer, Monfieur,
que pendant feize années j'ai fait avec quelque
diftinction le rôle de bouffon fur un théâtre de marionnettes ; j'eus dernièrement querelle avec le
docteur *Barthelemi* ; nous nous battîmes, & nous
nous quittâmes, lui pour aller vendre aux épin-
gliers de *Rofemarylane*, le feigneur Polichinelle
& toute fa fuite ; & moi, comme vous voyez,
pour mourir de faim dans le parc Saint-James.
Je fuis fâché, Monfieur, lui répondis-je, qu'une
perfonne de votre figure foit expofée à de pareilles
difgraces.....Oh, Monfieur, ma figure eft très-
fort à votre fervice : à la vérité, je ne me vante
pas de manger beaucoup, mais le jeûne ne m'at-
trifte point ; & graces au deftin, quoique je n'aie
pas un fol, je n'engendre point de mélancolie :
je ne fuis jamais honteux d'accepter une politeffe
d'un honnête homme. Voulez-vous me donner à
dîner ? je vous régalerai à mon tour fi je vous
rencontre une autre fois dans ce parc, ayant

comme moi, bon apétit & n'ayant point d'argent.

» —J'aime les originaux de toute efpèce, & le
récit de leurs aventures me fait beaucoup de plaifir.
Je menai mon homme au cabaret le plus prochain,
& l'on nous fervit dans le moment une grillade
& un pot de bière, dont l'écume s'élevoit
au-deffus du vafe. Il eft impoffible d'expliquer
combien cette chair fplendide redoubla la gaieté
de mon convive ; il tomba fur cette grillade, quoique brûlante, & en un inftant elle difparut. Après
qu'il eut bien mangé : Monfieur, me dit-il, cette
grillade étoit affurément des plus coriaces, néanmoins je l'ai trouvée d'un goût exquis, & plus
tendre que du poulet. O délices de la pauvreté !
O charmes du bon apétit ! Nous autres gueux
fommes les enfans gâtés de la nature ; c'eft une
marâtre pour les gens riches : les plus délicats ne
fauroient fatisfaire leur goût ; les vins pétillans de
Champagne ne chatouillent point leur palais, tandis que la nature entière eft prodigue pour nous
en friandifes. Réjouis-toi, mon ame : vive le
gueux ! Je n'ai point un pouce de terre, mais
qu'un torrent ravage les moiffons de Cornouailles,
je fuis tranquille ; que la mer engloutiffe des vaiffeaux, peu m'importe : je ne fuis point un Juif.
Allons, Monfieur, buvons, & je vous conterai
mon hiftoire.

» Je defcends d'une famille qui a fait du bruit
dans le monde ; ma mère crioit des huîtres, & mon
père étoit tambour : j'ai même oui-dire que parmi
mes aïeux je pouvois compter des trompettes ;
plus d'un homme de qualité auroit peine à prouver une généalogie plus refpectable, mais ce n'eft
pas-là, ce dont il s'agit. J'étois fils unique & l'enfant gâté de mon père & ma mère, le charme
de leur entretien, & le gage de leur mutuel
amour ; mon père m'apprit à battre la caiffe, je
parvins bientôt à être tambour des marionnettes,
& tout le refte de ma jeuneffe j'ai été le compère,
(*l'interprète*) de Polichinelle & du roi Salomon
dans toute fa gloire. Fatigué de ces honneurs, je
me fis foldat. Je n'aimois point à battre la caiffe,
je m'ennuyai bientôt de porter le moufquet.

» J'avois la fureur de faire le gentilhomme ; j'étois
forcé d'obéir à un capitaine ; il avoit fes caprices ;
j'avois les miens, & vous avez fans doute auffi
les vôtres. Je conclus qu'il valoit mieux fuivre fes
fantaifies que celles d'un autre : je demandai mon
congé, on me le refufa ; je défertai. Délivré du
militaire, je troquai mes habits de foldat, contre
de plus mauvais encore ; & pour n'être point ra-
trapé, j'allai par les routes les moins fréquentées.

» Un foir, comme j'entrois dans un village,
j'apperçus un homme qui fe débattoit dans un
bourbier, & qui étoit fur le point d'y être étouffé ;

je volai à fon fecours & lui fauvai la vie: c'étoit précifément le pafteur du lieu; je fus charmé de cette rencontre. Il s'en alloit après m'avoir remercié, mais je voulus l'accompagner jufqu'à la porte de fon logis.

Chemin faifant, il me fit plufieurs queftions; il me demanda qui étoit mon père, d'où je venois, où j'allois, fi j'étois un garçon fidèle, &c. Je le fatisfis fur tous ces points, & je lui vantai particulièrement ma fobriété (*monfieur, j'ai l'honneur de boire à votre fanté*). Pour abréger, il avoit befoin d'un valet, il me prit à fon fervice. Je vécus trois mois avec lui; nous ne nous accommodâmes point enfemble. J'avois grand appétit, il ne me donnoit rien à manger; j'aimois les jolies filles, & fa fervante étoit laide & méchante. Ils avoient réfolu entr'eux de m'affamer, mais je pris la ferme réfolution de m'oppofer à cet homicide. Je gobois tous les œufs frais, j'achevois toutes les bouteilles entamées, & tout ce qui pouvoit être mangé difparoiffoit. On me donna trois fchellings fix fols pour trois mois de gages. Pendant que l'on comptoit mon argent, je me préparai à mon départ. Il y avoit deux poules pendues au croc avec quelques poulets; pour ne point féparer les mères d'avec les enfans, je mis le tout dans mon bifac. Après ce petit exploit, je vins, le bâton à la main & la larme à l'œil, prendre congé de mon bienfaiteur. Je n'avois pas fait trente pas hors de la maifon, que j'entendis crier après moi: *Arrêtez ce voleur*. La voix de la fervante, que je reconnus, me donna des ailes. Mais arrêtons-nous; il me femble que j'ai été trois mois fans boire chez ce maudit curé: je veux que ceci me ferve de poifon, fi de ma vie j'ai paffé un temps plus défagréable.

Au bout de quelques jours, je fus rencontré d'une troupe de *comédiens* ambulans: mon cœur treffaillit de joie à leur afpect; je me fentois un penchant invincible pour la vie errante. Je leur offris mes fervices; ils les acceptèrent. Ce fut un paradis pour moi que leur compagnie; ils chantoient, danfoient, buvoient, mangeoient & voyageoient en même temps. *Par le fang des mirabeles!* je ne crus commencer à vivre que de ce moment; je devins tout-à-fait gaillard; & je riois du matin au foir des bons mots de mes camarades. Je leur plus autant qu'ils me plurent: je n'étois pas mal de figure, comme vous voyez, & quoique fort gueux, je ne crois pas de modeftie. J'adore la vie vagabonde; on eft tantôt bien, tantôt mal; on mange quand on peut, & l'on boit (*le pot eft vuide*) quand on a de quoi boire.

Nous arrivâmes à Tenterden, où nous louâmes un grenier pour y repréfenter *Romeo* & *Juliette*, accompagné de tous fes agrémens, de la pompe funèbre, de la foffe & de la fcène du jardin. Un

Encyclopédiana.

comédien du théâtre royal de *Drury-Lane*, devoit jouer le rôle de *Romeo*. Une grande fille, qui n'avoit encore paru fur aucun théâtre, devoit faire le perfonnage de *Juliette*; & moi, je devois moucher les chandelles: chacun de nous excelloit dans fon genre. Nous ne manquions point de figures; mais la difficulté confiftoit à les habiller: je fus le feul qui eus un habit qu'on peut appeler de caractère. Notre repréfentation fut univerfellement applaudie; tous les fpectateurs furent enchantés de nos talens.

Il y a une règle que tout *comédien* ambulant doit obferver, s'il afpire au fuccès. Agir & parler naturellement, ce n'eft point jouer. Pour plaire, dans la province, il faut être ampoulé, rouler des yeux égarés, prendre des attitudes forcées, avoir, en un mot, l'air d'un énergumène: tels font les moyens de réuffir infailliblement. Comme on nous combla d'éloges, il étoit fort naturel que je m'en attribuaffe une partie. Je mouchois les chandelles; & quand une falle n'eft point éclairée, vous conviendrez, monfieur, que la pièce perd la moitié de fes agrémens. Nous repréfentâmes quatorze fois de fuite, & le fpectacle fut toujours rempli. La veille de notre départ, nous annonçâmes une pièce excellente, & dans laquelle nous devions déployer tous nos talens. Les prix étoient doublés, & nous nous attendions à une recette très-confidérable. Malheureufement le premier acteur fe trouve attaqué tout-à-coup d'une fièvre violente; toute la troupe, confternée, s'affemble, & maudit cent fois l'acteur qui s'eft avifé de tomber malade fi mal-à-propos. Je faifis ce moment, & je propofe de jouer à fa place. Le cas étoit défefpéré; on accepte mon offre. En conféquence je prends mon rôle d'une main, & tenant de l'autre un pot de bière (*monfieur, à votre fanté*), je meuble ma mémoire de cinq cents vers. Etonné moi-même de cette prodigieufe facilité, je fens que la nature m'a deftiné pour un emploi plus relevé que celui de moucheur de chandelles; je vais triomphant retrouver mes compagnons, que je jette dans la plus grande furprife. Je répète avec eux mon rôle; je le joue en public deux heures après, & j'entraîne tous les fuffrages. La troupe, ravie autant que moi, diffère fon départ, & elle affiche, qu'à l'inftance de plufieurs perfonnes de confidération, elle fera encore quelque féjour à Tenterden. Je parois fur la fcène dans le rôle de *Bajazet*; il fembloit que la nature m'eût formé exprès pour repréfenter ce perfonnage. J'étois grand, j'avois la voix rauque; & avec un gros turban enfoncé fur mes yeux, j'avois l'air du plus fier mufulman qui ait jamais vu l'orient. Quand j'entrai fur la fcène, en fecouant mes chaînes, on applaudit à tout rompre. J'adoucis mes regards; &, avec un foutire gracieux, je reftai profondément incliné vers les fpectateurs, qui redoublèrent leurs applaudiffemens. Comme le rôle de Bajazet eft extrêmement paſſionné, j'avois eu la précaution de renforcer mes eſprits de trois grands verres de brandevin. (*Mais il n'y a plus rien dans le pot.*) La chaleur que je mis dans ma déclamation eſt une choſe inconcevable : *Tamerlan* ne fut qu'un ſot vis-à-vis de moi. De temps en temps il vouloit hauſſer le ton, mais je le rabaiſſois bien vîte par la vigueur & la ſupériorité de celui que je prenois. Mes geſtes étoient d'ailleurs admirables ; mille attitudes variées, des exclamations ſans nombre, quel brouhaha ſur-tout, lorſque je croiſois les bras ſur ma poitrine ! J'ai remarqué qu'à Drury-Lane, cela produiſoit un effet merveilleux ; en un mot, je me couvris de gloire, & je fus regardé comme un prodige. Toutes les dames de Tenterden vinrent me complimenter ſur mes talens ; les unes louoient ma voix, les autres vantoient ma figure. *Sur mon honneur*, dit l'une d'entr'elles, *il deviendra bientôt un des plus jolis acteurs de l'Europe ; c'eſt moi qui vous le dis, & je m'y connois.*

Un *comédien* eſt ſenſible aux premières louanges, & les reçoit comme une faveur ; mais quand on les lui prodigue, il s'imagine que c'eſt un tribut qu'arrache ſon mérite. Loin de remercier ceux qui m'en accabloient, je m'applaudiſſois en moi-même, & j'avois ſouvent l'impertinence d'être bruſque juſqu'à l'impoliteſſe. Je vous avoue que j'ai été bien payé de mon inſolence, comme vous le verrez tout-à-l'heure. Nous quittâmes enfin l'aimable Tenterden, où les dames, en honneur, ſont de très-bons juges des pièces de théâtre, & décident encore mieux du mérite des acteurs. (*Allons, monſieur, buvons, s'il vous plaît, à leur ſanté.*) J'entrai dans leur ville moucheur de chandelles, j'en ſortis héros. Ainſi va le monde ; aujourd'hui laquais, demain grand ſeigneur.

Je pourrois en dire davantage ſur ce ſujet, qui eſt vraiment ſublime ; mais ne parlons point de la fortune & de ſes bizarreries, cela nous incommoderoit la rate. De Tenterden, nous allâmes à Newmarket, lieu célèbre par ſes courſes & par tant de fous qui s'y ruinent par des gageures. J'y jouai les premiers rôles, & j'y brillai à mon ordinaire ; je ſuis très-perſuadé que j'y aurois paſſé long temps pour le plus grand *comédien* de l'univers, ſans une cruelle aventure que je vais vous raconter. Je charmois toutes les dames, en faiſant le perſonnage de *ſir Harry Wildair.* Quand je tirois ma tabatière, toute la ſalle retentiſſoit d'un bruit flatteur d'admiration ; mais quand je donnois des coups de bâton à l'échevin, vous euſſiez vu rire toutes les femmes, juſqu'à tomber en convulſion.

Il ſe rencontra dans Newmarket une provinciale maudite, qui avoit demeuré neuf mois à Londres, & qui, par cette raiſon, prétendoit être l'oracle du goût qu'on devoit ſuivre à New-

market. On lui parla de mes talens, chacun m'élevoit juſqu'aux nues, & cependant elle s'obſtinoit toujours à ne vouloir en juger que par elle-même ; elle ne pouvoit concevoir, diſoit-elle, qu'un hiſtrion ambulant (pardonnez-lui le terme) pût être propre à autre choſe qu'à faire périr d'ennui. Elle étourdiſſoit toutes les ſociétés des éloges qu'elle donnoit à Garrick, & ne parloit que du théâtre & des *comédiens* de Londres. Enfin, on lui perſuada de venir au ſpectacle ; on m'avertit ſecrettement qu'à ma première repréſentation je devois avoir ce juge redoutable.

Cet avis ne m'intimida pas du tout. Je parus ſur la ſcène d'un air libre & dégagé, une main dans mes culotes & l'autre dans ma veſte, ainſi que les plus fameux *comédiens* de Drury-Lane. Mais, loin de fixer les regards ſur moi, je m'apperçus que tous les ſpectateurs cherchoient, dans les yeux de la provinciale qui avoit reſté neuf mois à Londres, s'ils devoient m'applaudir ou me ſiffler. J'ouvre ma tabatière, je prends du tabac, la provinciale garde un ſérieux qui me glaçoit, & ſa gravité ſe répand ſur tous les viſages. Je caſſe mon bâton ſur les épaules de l'échevin, la provinciale hauſſe les ſiennes, & tous les ſpectateurs en font autant. Enfin, je me mets à rire de la meilleure grace du monde, je n'en ſuis pas plus heureux. J'avoue qu'en cet inſtant je fus totalement déconcerté. Mon rire forcé ne fut plus qu'une grimace, & tandis que je me battois les flancs pour jouer la gaîté, on liſoit dans mes yeux la triſteſſe la plus profonde. En un mot, la provinciale vint à la comédie dans l'intention de s'y déplaire, & elle s'y déplut ; ma réputation expira, & (*le pot eſt vuide.*)

COMÉDIE ITALIENNE. Depuis long-temps nous avons en France des *comédiens italiens,* & l'on ſait qu'en 1577 on avoit déjà une troupe appelée *Ligeloſi,* qui jouoit à l'hôtel de Bourbon ; mais elle n'avoit point alors d'établiſſement fixe ; & après quelques années elle fut remplacée par une autre, qui fut elle-même ſupprimée en 1662. Il en vint une nouvelle, à qui on permit de jouer ſur le théâtre de l'hôtel de Bourgogne, alternativement avec la troupe de Moliere, au petit Bourbon, & depuis ſur le théâtre du palais-royal.

Ce ne fut qu'en 1680, que les deux troupes françoiſes s'étant réunies à l'hôtel de Guénégaud, après la mort de Moliere, les *comédiens* ſe trouvèrent ſeuls en poſſeſſion du théâtre de l'hôtel de Bourgogne. Ils continuèrent leurs repréſentations juſqu'à l'année 1697, que le roi fit fermer leur théâtre. Dans les pièces italiennes qu'ils jouoient à l'impromptu, on attachoit de ſimples canevas concis de chaque pièce aux murs du théâtre, par derrière les couliſſes, où les acteurs alloient voir au commencement de chaque ſcène ce qu'ils avoient à dire. Cette façon de représenter une comédie donnoit lieu à la variété du jeu, & l'on croyoit voir toujours une pièce différente lorsqu'elle étoit jouée par différens acteurs : mais il falloit que tous les acteurs eussent beaucoup d'esprit, une imagination vive & fertile, pour que cette méthode fût du goût des spectateurs, ou que les spectateurs eussent bien peu de goût, pour s'accommoder des inepties qui sortoient souvent de la bouche des acteurs.

Le théâtre de la *comédie italienne* fut fermé pendant dix-neuf ans, & les *comédiens* qui composoient cette troupe se retirèrent chacun chez eux. M. le duc d'Orléans, régent du royaume, en fit venir d'autres, qui arrivèrent à Paris en 1716. Il avoit donné ordre à M. Rouillé, conseiller d'état, de faire chercher les meilleurs *comédiens* d'Italie, pour en former une troupe qu'il prît à son service. Lellio fut chargé de ce soin ; il choisit en acteurs & actrices tout ce qu'il crut le plus propre à seconder les vues de son altesse royale. Ils vinrent à Paris au nombre de dix ; & en attendant que l'hôtel de Bourgogne fût en état, M. le régent leur permit de jouer sur le théâtre du palais-royal, les jours qu'il n'y auroit point d'opéra.

Ce fut le 18 mai 1716 qu'ils débutèrent par une pièce italienne, intitulée : *l'heureuse surprise*. Le 20 du même mois, leur établissement fut annoncé par une ordonnance du roi. Le premier juin suivant, ils prirent possession du théâtre de l'hôtel de Bourgogne, avec le titre de *comédiens ordinaires de son altesse royale monseigneur le duc d'Orléans, régent*. Ce prince étant mort, le 2 décembre 1723, la troupe obtint le titre de *comédiens italiens ordinaires du roi*, avec quinze mille livres de pension ; & en conséquence, elle fit mettre sur la porte de l'hôtel de Bourgogne les armes de sa majesté, & au-dessous, sur un marbre noir, cette inscription en lettres d'or : *Hôtel des comédiens italiens ordinaires du roi, entretenus par sa majesté, rétablis à Paris en* M. DCC. XVI.

Despréaux disoit, en parlant du théâtre italien : il y a de fort bonnes choses ; il y a du sel partout ; c'est un grenier à sel.

Racine, le fils du grand Racine, nous dit quelque part, qu'il avoit connu un acteur & une actrice de l'ancienne troupe italienne, qui vivoient comme deux saints, & qui ne montoient jamais sur le théâtre sans avoir mis un cilice ; mais il ne les a point nommés.

Il y avoit dans l'ancienne troupe italienne un rôle de *Mezetin*, qui étoit à-peu-près le même que celui de Scapin. *Angelo Constantini*, de la ville de Véronne, le joua avec succès jusqu'au mois de mai 1697, que le théâtre italien fut fermé. Mezetin se mit au service d'Auguste, roi de Po-

logne, qui prit tant de plaisir au talent de ce *comédien*, qu'il le fit son camérier, & lui accorda d'autres grâces. Mais Mezetin ayant eu l'audace d'adresser ses vœux à une maîtresse du prince, & d'accompagner sa déclaration de quelques discours peu mesurés sur ce monarque, il pensa perdre la vie, & resta vingt ans en prison. Tout Paris, qui le croyoit mort, ne fut pas peu surpris de le voir reparoître sur le nouveau théâtre italien le 5 février 1729. On courut d'abord en foule pour le voir jouer ; mais il ne tarda point à s'appercevoir que le goût du public étoit changé : c'est ce qui le détermina à se retirer en Italie, où il finit ses jours à l'âge de 75 ans.

On rapporte de lui ce trait : il vouloit dédier un ouvrage de sa façon à un duc protecteur zélé des talens ; mais, pour parvenir jusqu'à lui, il falloit avoir l'agrément d'un portier, d'un laquais & d'un valet-de-chambre, dont les oreilles, suivant l'expression d'un auteur moderne, étoient dans leurs mains. Mezetin tenta de les fléchir, mais inutilement. Voici comme il s'y prit pour s'en venger. « Monsieur, dit-il fort respectueusement au » portier, je dois être récompensé d'un ouvrage » que j'ai dédié à M. votre maître, laissez-moi » entrer, je vous promets, foi d'homme d'hon- » neur, le tiers de ce qu'il me donnera ». Le portier, devenu plus humain à ce discours, lui dit : « Vous pouvez passer, je vous en crois sur » votre parole ». Il fallut faire la même promesse au laquais de garde pour entrer dans l'appartement. Restoit un troisième tiers qu'il pria le valet-de-chambre, placé à la porte du cabinet, de vouloir bien accepter. Le voilà entré ; il fait son compliment, & présente son ouvrage. Le duc, charmé de cet hommage de la part d'un acteur fêté par-tout, lui promet de lui accorder ce qu'il pourra desirer. « Monsieur, répondit Mezetin, » puisque vous avez cette bonté, je vous demande » cent cinquante coups de bâton ». — Quelle est donc cette plaisanterie, reprit le duc ? Mezetin lui raconta aussi-tôt à quel prix il a humanisé le portier, le laquais & le valet-de-chambre. « Vous » voyez bien, monseigneur, poursuivit-il, que, » n'ayant aucune part dans la récompense, je » n'en aurai aucune aux coups de bâton, & j'au- » rai le plaisir de voir punir ceux qui m'ont mis » à contribution ». Le duc ayant ri de tout son cœur, fit la mercuriale à ses gens, & envoya un présent à la femme de ce *comédien*, afin qu'il en profitât sans violer sa parole.

Scaramouche étoit un autre personnage de l'ancien théâtre : son caractère étoit celui de capitan, qui n'est qu'un fanfaron & un poltron. Le fameux acteur qui remplissoit ce rôle dans l'ancienne troupe, se nommoit *Tiberio Fiurelli*. Il étoit né à Naples en 1608. Il fut un pantomime fin & spirituel : il avoit une femme qui remplissoit les rôles de soubrette, & qui étoit fort galante. Un petit-maître qui étoit à la *comédie*, voulant un jour badiner ſcaramouche à ce ſujet, prit une paire de petites cornes de chevreuil, & la jetta aux pieds de l'acteur, en lui diſant qu'il ramaſſât ſes cornes. Scaramouche les prit, & après s'être tâté le front, il les rejetta au petit-maître, en lui criant: « Monſieur, j'ai mes cornes, il faut que celles-ci ſoient » les vôtres ».

Louis XIV, au retour de la chaſſe, étoit venu dans une eſpèce d'*incognito*, voir la comédie italienne qui ſe donnoit au château. Dominique y jouoit. Malgré le jeu de cet excellent arlequin, la pièce parut inſipide. Le roi lui dit en ſortant: Dominique, voilà une mauvaiſe pièce. Dites cela tout bas, je vous prie, lui répondit ce *comédien*, parce que ſi le roi le ſavoit, il me congédieroit avec ma troupe. Cette réponſe, faite ſur le champ, fit admirer la préſence d'eſprit de Dominique.

Ce même acteur, ſe trouvant au ſouper du roi, avoit les yeux fixés ſur un certain plat de perdrix. Ce prince, qui s'en apperçut, dit à l'officier qui deſſervoit: Que l'on donne ce plat à Dominique. Quoi, ſire! & les perdrix auſſi? Le roi, qui entra dans la penſée de Dominique, reprit: Et les perdrix auſſi. Ainſi Dominique, par cette demande adroite, eut, avec les perdrix, le plat qui étoit d'or.

Ce fut en faveur de Dominique que le poète Santeuil, chanoine de Saint-Victor, fit cette épigraphe ſi connue, & que les italiens ont miſe ſur leur toile:

Caſtigat ridendo mores.

Dominique, pour obtenir cette épigraphe de Santeuil, dont l'humeur étoit bruſque & difficile, crut devoir uſer de ſon art. Un jour ayant pris ſon habit de théâtre, avec ſon petit chapeau & ſon ſabre de bois, il s'enveloppa d'un long manteau, & alla frapper à la porte de la chambre de Santeuil. Celui-ci ne répond point. Dominique recommence. Ah! quand tu ſerois le diable, s'écrie Santeuil, entre ſi tu veux. Dominique ouvre auſſitôt la porte, jette ſon manteau, & ſe met à courir autour de cette chambre, en faiſant mille lazis & différentes poſtures de caractères. Santeuil, ſurpris de cette incartade, arrête bruſquement le *comédien*, & le ſerrant de près, je veux que tu me diſes qui tu es. — Je ſuis, répond Dominique, le Santeuil de la *comédie italienne*. — Et moi, répond le poète, qui te reconnut à l'expreſſion originale de ſes attitudes, tu vois l'Arlequin de Saint-Victor. Il ſe mit auſſi-tôt à répondre aux ſingeries de l'acteur par des grimaces & des contorſions, & la farce finit par s'embraſſer. Ce fut ce moment de verve & de bonne humeur que Dominique ſaiſit pour obtenir ce qu'il vouloit.

Quelques-uns prétendent que le nom d'*arle-quin*, donné à Dominique & à ceux qui rempliſſent ces mêmes rôles dans les *comédies italiennes*, doit ſon origine à un jeune acteur italien, qui vint à Paris ſous le règne de Henri III. Comme ce *comédien* étoit accueilli dans la maiſon du préſident Achilles de Harlaï, ſes camarades l'appelèrent *harlequino*, ſelon l'uſage des Italiens, qui donnent ſouvent le nom des maîtres aux valets, & celui des patrons aux clients. Mais, comme on l'a remarqué, le nom d'*Harlequinus* ſe trouve dans une lettre de Raulin, imprimée en 1521, & dans d'autres écrits antérieurs au règne de Henri III.

La troupe des *comédiens italiens* s'étant ingérée, par la ſuite, de donner des pièces françoiſes, les *comédiens* françois s'en plaignirent au roi, qui manda les italiens, afin qu'ils plaidaſſent leur cauſe en préſence de leurs adverſaires. Baron, au nom de la troupe françoiſe, parla le premier. Lorſqu'il eut fini, le roi fit ſigne à Dominique, arlequin de l'ancien théâtre, de parler à ſon tour. Cet acteur, après avoir fait quelques poſtures dans ſon caractère, dit au roi: « Quelle langue » votre majeſté veut-elle que je parle? »–*Parle comme tu voudras*, lui dit le roi. « Je n'en de-» mande pas davantage, répondit Dominique en » remerciant le monarque, ma cauſe eſt gagnée ». Le roi ſourit de la ſurpriſe qui lui avoit été faite, & les *italiens* continuèrent de jouer des pièces françoiſes.

Les *comédiens italiens*, quoiqu'aimés du public, ſe virent quelquefois obligés d'uſer de ſtratagême pour ſe procurer des ſpectateurs. En 1735, ils donnèrent une *comédie* en un acte, ornée de chant, de danſe, intitulée: *Le conte des fées*. On avoit mis exprès dans la pièce un rôle de géant, qui fut repréſenté par un finlandois âgé de vingt-neuf ans, haut de ſix pieds huit pouces huit lignes, meſure de France, exactement priſe ſans ſouliers, & très-bien proportionné d'ailleurs: il étoit le ſeptième de onze enfans, & peſoit 450 livres. Cette ſingularité attira tout Paris à la pièce nouvelle.

Lorſqu'en 1753, on donna ſur le théâtre *italien*, *Brioché*, parodie de l'acte de Pigmalion, cette pièce n'eut aucun ſuccès, & n'étoit pas faite pour réuſſir. Quelqu'un ayant demandé à l'auteur pourquoi il l'avoit riſquée au théâtre. « Il y » a ſi long-temps, dit-il, que tout Paris m'ennuie » en détail, que j'ai ſaiſi cette occaſion pour » raſſembler tout le monde & prendre ma re-» vanche en gros ». On rapporte qu'il l'a priſe effectivement avec uſure.

Les *italiens* jouiſſent aujourd'hui du privilège qu'avoit autrefois l'opéra comique: ils nous donnent des intermèdes où le poète & le muſicien concourent à faire un ſpectacle délicieux qui ſatisfait également le goût & l'esprit des amateurs & des connoisseurs.

PREMIÈRE COMÉDIE EN SUÈDE. Ce fut sous le roi Jean II qu'on joua pour la première fois la *comédie* dans le royaume de Suède ; mais, quelle *comédie* ! Telle & plus barbare encore qu'elle le fut trois siècles après dans le reste de l'Europe. La passion de Jésus-Christ fut le premier spectacle qu'on donna aux Suédois. L'acteur qui jouoit le rôle ordinaire de *Longis*, voulant feindre de percer avec sa lance le côté du crucifix, ne se contenta pas d'une simple fiction, mais, emporté par la chaleur de l'action, enfonça réellement le fer de sa lance dans le côté du malheureux qui étoit sur la croix. Celui-ci tomba mort, & écrasa, sous son poids, l'actrice qui jouoit le rôle de Marie. Jean II, indigné de la brutalité de *Longis* & des deux morts qu'il voyoit, s'élance sur lui, & lui coupe la tête d'un coup de cimeterre. Les spectateurs, qui avoient plus goûté *Longis* que le reste des acteurs, se fâchèrent si fort de la sévérité du roi, qu'ils se jettèrent sur lui, &, sans sortir de la salle, lui tranchèrent la tête.

COMÉDIE FRANÇOISE À LONDRES. Plusieurs années avant que le célèbre Noverre vînt à Londres, le sieur Monnet avoit déjà essayé d'y établir une comédie françoise, & essuyé les mêmes disgraces. D'abord on inonda ses acteurs d'un déluge d'écrits satyriques, avant-coureurs de l'orage terrible qui se préparoit. C'est d'un françois, le sieur Desormes, qui étoit alors lui-même comédien de cette troupe, que l'on tient les détails dont on va lire le récit.

« La toile se lève, & dans l'instant nous sommes accablés d'une grêle de pommes, de pierres, d'oranges, de chandelles. Étourdies d'un bruit affreux de sifflets, quelques-unes de nos actrices s'évanouissent ; les autres, en tournant leurs regards vers la France, laissent échapper leurs brillantes idées de fortune. Notre succès dépendoit de la première représentation ; & nous nous étions bien promis, que, quelque chose qui arrivât, nous ne quitterions point la partie. Ainsi, malgré cet horrible tintamarre, nous avançons, une actrice & moi, sur le bord de la scène, & nous mettons en devoir de commencer. Le tumulte redouble ; des loges on descend dans le parterre, du parterre on monte dans les galeries. Le gentilhomme est confondu avec le savetier ; mille épées brillent & se croisent au milieu des cris, des gémissemens. On se bat à coups de canne ; on s'arrache les cheveux, les perruques, les cravattes. La noblesse & la garnison font, pour nous soutenir, des exploits qu'on ne connoît qu'à Londres. Figurez-vous voir un duc se colleter avec un porte-faix, l'assommer à coups de poing, & celui-ci ne se rendre, que quand les forces & la voix lui manquent ».

« Cependant nous continuâmes de jouer, ou plutôt de gesticuler à tort & à travers. Il y eut un moment de silence, & nous crûmes les mutins appaisés. Chacun alloit s'asseoir, & se disposoit à nous écouter, quand tout-à-coup on apperçoit un spectre hideux, ou qui paroît tel à son visage déchiré, & aux ruisseaux de sang qui coulent sur ses habits. Il monte sur un banc, au milieu du parterre, montre ses plaies & excite le peuple. Le combat se renouvelle avec plus de fureur ; on prend pour armes tout ce qui s'offre sous la main. Les chandelles, les souliers, les canifs, les perruques trempées de sueur & de sang, tombent à côté de nous, & sur nous ».

« Nos partisans craignoient, avec raison, que les ennemis ne songeassent à nous envelopper par derrière : pour prévenir cet accident, cinq ou six milords, suivis bientôt de cent autres gentilshommes, s'élancent l'épée à la main, du fond du parterre sur la scène, & forment un rempart pour nous garantir de toute insulte. Au même instant, un des chefs du parti contraire demande audience ; on l'écoute : une voix tremblante fait entendre ces mots : « Nous sommes » vaincus par la force ; cédons, mes amis, c'est » moi, qui vous en prie ». À peine a-t-il fini de parler, que l'orage se dissipe ; on achève la grande pièce ; la petite est écoutée avec attention, & l'on nous reconduit dans nos maisons avec une escorte ».

« Le lendemain, comme on craignoit le même désordre, les officiers & la noblesse se rendirent de bonne heure au spectacle, & s'emparèrent du milieu du parterre. Ils étoient sans épées, mais avec de forts & courts bâtons. Ils entourèrent un juge de paix, qui arriva & lut un acte du parlement, par lequel on défendoit les épées & le tumulte, sous peine de la vie. On cria : vive le roi, & la pièce commença ; mais malgré le juge de paix & son acte, nous fûmes salués des sifflets & des hurlemens de la populace. Nos protecteurs tombèrent aussi-tôt sur nos ennemis, sans leur donner le tems de respirer ; l'action dura peu, mais fut vive. Représentez-vous une troupe de cyclopes, frappant à coups redoublés sur des enclumes. On cria de nouveau : vive le roi ; & les deux pièces furent entendues & applaudies ».

« Quelques séditieux voulurent encore troubler les représentations suivantes ; mais nos partisans avoient si bien pris leurs mesures, qu'en moins de deux minutes on s'empara des mutins. Un de ces tapageurs, armé d'un énorme sifflet, qu'il avoit fait faire exprès pour se distinguer, étoit tapi dans un coin du parterre, où il se croyoit bien caché ; mais malheureusement il avoit été trahi. On le guettoit ; & dans l'instant qu'il embouchoit l'instrument, il reçut sur le visage un coup de poing qui lui fit entrer le sifflet jusqu'au milieu du gosier. Au moyen de ces petites exécutions, les acteurs jouèrent tranquillement ; & nous avions tout lieu de nous flatter que nous aurions déformais le succès le plus paisible, lorsqu'un incident nous obligea de discontinuer ».

» Il fut question de l'élection d'un membre du parlement pour la ville de Westminster. Mylord Trent.... d'une des meilleures maisons d'Angleterre, étoit fûr de presque tous les suffrages ; on lui demanda en pleine assemblée, s'il n'étoit pas du nombre de ceux qui avoient souscrit pour l'établissement d'une *comédie françoise à Londres.* Il protesta qu'il n'en étoit rien : on exigea son serment ; il le fit & le répéta même pour plus grande notoriété. Un apothicaire prit la parole, & jura que non-seulement milord étoit un des souscripteurs, mais encore qu'il l'avoit vu mettre l'épée à la main contre ses compatriotes, & s'étoit lui-même trouvé dans la mêlée. Il n'en fallut pas davantage pour irriter tous les esprits : un murmure insultant s'éleva dans l'assemblée ; le bruit de l'action de milord & de son prétendu faux serment se répandit dans toute la ville. Le peuple remplissoit les rues, criant à haute voix : « Point » de parjure, point de *comédiens françois* ». Ces mots devinrent le refrein de mille chansons ; on inséra dans les papiers publics la copie d'un acte du parlement, qui condamne les parjures au pilori. Cet acte fut affiché dans tous les carrefours, & à la porte de milord Trent...

» Enfin on lui suscita un concurrent, & le peuple se rendit en foule à la maison d'un homme qui ne s'attendoit pas à l'honneur qu'on vouloit lui faire ; aussi fut-il surpris de la proposition, qu'il rejetta d'abord, fondant son refus sur la médiocrité de sa fortune, qui ne lui permettoit pas de régaler ceux qui donnoient leur voix au candidat. Tout le monde battit des mains, & l'air retentit de mille cris de joie. Les chefs de cette populace annoncèrent qu'il ne lui en coûteroit pas une obole, qu'ils ouvriroient les tavernes à leurs frais, & faisoient voir par là leur désintéressement. Ils se répandirent dans toute la ville, & se mirent à crier : « Point de milord Trent... » Les spectacles publics étoient interrompus par les mêmes clameurs, & l'on ne souffroit point que l'on commençât une *comédie*, qu'auparavant les spectateurs eussent répété ces mêmes cris. On jettoit des loges dans le parterre une foule d'imprimés, qu'on s'arrachoit, & qui faisoient rire aux dépens de milord. Son rival, au contraire, qui ne manquoit pas de se faire voir dans la loge la plus distinguée, étoit reçu au bruit des applaudissemens. La tempête cessa enfin, les flots se calmèrent, & milord, par des largesses, vint à bout de regagner les voix, & fut élu unanimement. Le peuple se contenta de la chûte de

notre théâtre, & nous fûmes seuls les victimes de l'antipathie nationale ».

Dans une dernière séance du parlement d'Angleterre, du 27 mai 1778, on fit sortir tout le monde de la galerie, à l'exception d'une seule personne. M. Henri Luwest-Lutret demanda pourquoi on avoit fait cette distinction ? M. Burke répondit, « qu'elle avoit été pour M. Garrik, à » qui tout ce qu'il y avoit d'orateurs dans le » sénat britannique devoient leurs talens ; ayant été » formés à son école ; & qu'en qualité de leur » maître, il avoit bien le droit d'assister, comme » juge, à leurs combats ». Ce suffrage emporta les applaudissemens de toute la chambre, & jamais peut-être l'art de *comédien* n'a reçu un plus magnifique éloge.

Nelly, *comédienne* angloise, autrement, Helène Guyn, née dans une vile taverne, n'eut aucune sorte d'éducation. Elle commença par vendre du poisson ; ensuite, comme elle avoit la voix agréable, elle alloit chanter dans les cabarets. Une célèbre appareilleuse (madame Ross) s'en empara, & parvint à la polir un peu. Elle fut admise, en 1667, au théâtre royal, & appartint successivement à plusieurs acteurs. Buchurst étoit son amant lorsque Charles II en devint épris. Ce prince se débarrassa de son rival, en le chargeant de quelque commission en France ; & c'est de ce moment que Burnet & les autres historiens ont parlé de cette actrice. Charles II prit du goût pour elle en 1675, en lui entendant réciter l'épilogue de *l'amour tyrannique*, que Dryden avoit fait exprès pour elle. Elle étoit l'actrice favorite de ce poète, & il composoit des rôles particuliers pour la faire briller.

Un acteur d'un autre théâtre ayant paru avec un chapeau fort large, le public, engoué de ce chapeau, s'avisa de protéger une méchante pièce. Dryden, piqué de ce ridicule succès, fit faire un chapeau large comme une roue de carrosse, & le donna à mademoiselle Guyn, qui étoit une beauté mignonne & piquante. Cette plaisanterie prit extraordinairement ; les acteurs eux-mêmes ne pouvoient s'empêcher d'en rire : Charles II, le prince le plus gai que l'Angleterre ait eu, fut enchanté du chapeau, & ne fut pas celui qui en rit le moins. Madame Hélène (ainsi l'appeloit-on depuis qu'elle étoit la maîtresse du roi) n'étoit pas excellente actrice pour la tragédie, & elle jouoit rarement. Dans le comique, elle n'étoit pas non plus comparable aux *Quin, Davensport, Marshall, Bowtell, Betterton & Lees*; mais avec beaucoup d'enjoûment, de vivacité, & de coquetterie, elle avoit de grands talens pour le chant & pour la danse.

Il faut croire qu'elle auroit joué un rôle plus brillant & plus décent dans le monde, si sa naissance avoit été moins basse, ou si elle avoit eu plus d'éducation. Mais les rues & les cabarets de

Londres étoient une école qui auroit dû la conduire à la plus misérable crapule, & il y a lieu de s'étonner qu'elle ait fait les délices d'un monarque. Au surplus, elle avoit d'excellentes qualités, & elle étoit extrêmement généreuse. Reconnoissante envers Dryden, elle ne rougit point de faire éclater les sentimens qu'elle lui devoit. Dans sa plus grande prospérité, elle ne négligea aucune de ses connoissances de théâtre, ni ceux qui lui avoient fait du bien dans l'état obscur où elle avoit d'abord vécu. Elle fit des libéralités à plusieurs hommes de lettres, & entr'autres à Lee & à Ottway; elle les étendit même jusqu'à des ecclésiastiques, quoiqu'alors ce ne fût pas là la mode à la cour.

Un jour qu'en superbe équipage, elle passoit dans les rues de Londres, elle vit traîner en prison un ministre honnête homme, dont la misère ne provenoit que de circonstances imprévues : elle paya sur le champ ses dettes, & lui procura de l'emploi. C'est la seule des maîtresses de Charles II qui lui ait été fidelle. Après la mort de ce Prince, elle ne se relâcha point sur sa conduite; elle ne fit sa cour à personne, & sut éviter avec soin de dépendre d'aucun ministre. C'est aussi de toutes les maîtresses du roi, celle qui étoit la plus agréable au peuple. Un jour le peuple s'étant assemblé près de la boutique d'un orfèvre, qui faisoit un très-beau service d'argent pour la duchesse de Portsmouth, à qui le roi l'avoit destiné, il éclata en murmures, & en accablant de malédictions la duchesse. Il regrettoit que ce présent ne fût pas plutôt destiné pour madame Hélène. Les portraits de cette favorite, faits par Lély & par d'autres peintres, la représentent très-belle : elle étoit cependant de petite taille, & on l'accusoit d'affecter un peu trop de négligence dans sa parure : rare défaut, souvent heureux.

COMMERCE. Parcourez toutes les contrées de la terre, & par-tout où vous ne trouverez aucune facilité de *commerce* d'une cité à un bourg, d'un bourg à un village, d'un village à un hameau, prononcez que les peuples sont barbares, & vous ne vous tromperez que du plus ou du moins.

COMMERÇANT. Tout le monde est *commerçant* ; le prédicateur vend ses sermons, le prêtre son assistance, l'avocat ses plaidoyers & ses écritures, le marchand ses denrées, la fille charitable ses appas, le juge ses vacations & ses rapports, le banquier son argent, le médecin ses visites & ses consultations; le militaire est celui de tous qui donne son service à meilleur marché, parce que l'honneur le dédommage.

Il n'y a pas de membres plus utiles à la société que les *commerçans*; ils réunissent les hommes par un trafic mutuel, ils distribuent les dons de la nature, ils occupent les pauvres, remplissent les desirs des riches, & suppléent à la magnificence & aux besoins des empires.

L'empereur Charlequint ayant projetté une expédition contre Tunis, se trouva dans le plus grand embarras pour ramasser les sommes nécessaires pour mettre à fin une aussi grande entreprise. Une seule famille de négocians, à Augsbourg, s'offrit de les lui fournir. L'empereur accepta la proposition, & leur donna son obligation par écrit. Un jour qu'il se promenoit dans leur voisinage pour prendre l'air, ils le prièrent de vouloir bien leur faire l'honneur d'accepter la collation chez eux. Il se rendit à leur invitation. Aussitôt ils lui préparèrent un feu composé entièrement de bois de canelle, prétendant que le bois ordinaire n'étoit pas digne de chauffer un aussi grand prince. L'empereur les assûra que c'étoit la première fois de sa vie qu'il se seroit chauffé à un feu aussi cher. Ce n'est encore rien, lui répliquèrent-ils, en comparaison de la pièce avec laquelle nous allons l'allumer; & dans l'instant, l'un d'entre eux tirant de son sein l'obligation de l'empereur, en alluma le feu, tandis que toute la famille en chœur se mit à chanter : *Thus bright and fragrant is Charles's Nome.*

Dans la crainte que Louis XIV ne se vît obligé, au congrès de Gertruydenberg, d'acquiescer aux demandes des ministres d'Allemagne, d'Angleterre & de Hollande, qui exigeoient que son petit-fils, Philippe V, alors roi d'Espagne, renonçât à cette couronne, les marchands de Saint-Malo cédérent aux colonies Espagnoles de l'Amérique tous les profits de leur commerce, &, au même instant, fournirent encore au roi trente-deux millions en espèces.

En 1578, un nommé Thomas Sutton, négociant Anglois, très-habile & d'une très-grande réputation, ayant eu assez d'adresse & d'influence à Genève pour y faire protester toutes les traites Espagnoles, trouva par ce moyen le secret de retarder, pendant un an entier, le départ de la célèbre flotte l'*Armada*; ce qui ne contribua pas peu à la ruine de cette formidable entreprise.

Un négociant d'Amsterdam avança une fois deux millions de florins au prince d'Orange, pour sa célèbre expédition contre l'Angleterre, accompagnés du compliment suivant : « La cause que » vous entreprenez est humaine & glorieuse. Si » vous réussissez, je suis bien certain que vous » me payerez; si vous ne réussissez pas, la perte » est pour moi ».

Un marchand avoit parcouru tout le jour la ville de Montpellier; il avoit été voir tous ses correspondans, accompagné de l'un d'eux, qui, sur le soir, lui dit : « Nous avons assez couru,

» allons voir Caſtor & Pollux. — Caſtor & Pollux ! répond l'étranger, je ne connois pas cette » maiſon ; ſans doute elle eſt nouvellement éta-
» blie ».

COMMERSON, médecin botaniſte, mort à l'île de France en 1774. Lorſque ce médecin partit pour ſon grand voyage, il laiſſa à Paris *Jeanne de Baret*, dite de *Bonnefoy*, ſa gouvernante. Comme elle avoit fait auprès de lui, mais inutilement, toutes les inſtances poſſibles pour l'accompagner, elle prit le parti de ſe déguiſer en homme, ſe rendit à Rochefort, où devoit s'embarquer ſon maître, & ſe préſenta comme matelot volontaire. Pour qu'il ne la reconnût pas, elle ſe barbouilloit le viſage avec du goudron, évitoit d'ailleurs ſa préſence le plus qu'elle pouvoit, ce qui dura tout le temps de la traverſée. Enfin, débarquée, & n'ayant plus à craindre d'être renvoyée, elle ſe fit connoître du docteur, qui ne put qu'être enchanté d'une telle marque de fidélité & d'attachement.

COMMINES, (Philippe de) mort en 1509, à 64 ans. Il eſt connu par ſes *mémoires* pour l'hiſtoire de Louis XI & de Charles VIII, depuis 1464 juſqu'en 1498.

Commines vivoit familièrement avec le comte de Charollois. Un jour qu'il étoit fatigué, en revenant de la chaſſe, il dit à ſon jeune maître : *Charles, tires-moi mes bottes*. Ce prince les tira en effet, mais, tout en riant, il frappa la tête de *Commines* avec une de ſes bottes.

Commines, accuſé d'avoir trahi le parti de Charles VIII pour favoriſer le duc d'Orléans, depuis Louis XII, fut enfermé 8 mois à Loches, dans une cage de fer, ce qui lui fit dire, qu'*ayant voulu voguer dans la grande mer, il y avoit eſſuyé une tempête*.

COMMODE (Lucius Ælius Aurelius), né l'an 161. de Jéſus-Chriſt, empoiſonné & étranglé l'an 192.

Cet empereur romain étoit auſſi extravagant que barbare. Un jeune ſénateur le rencontra dans un endroit obſcur, lui préſenta un poignard, & lui dit : *Voilà ce que le ſénat t'envoie*. Cet inſenſé voulut ſe faire adorer comme étant Hercule, fils de Jupiter ; & pour imiter les travaux de ſon père adoptif, il aſſommoit avec une maſſue des hommes & des animaux, mais qu'il avoit ſoin de faire enchaîner.

COMPARAISON. On a dit que les courtiſans qui paſſent leur vie auprès des grands, reſſemblent aux veilles des grandes fêtes, qui les touchent de près, mais qui ont beaucoup de jeûnes & de mortifications.

Le petit père Audré fit ainſi la *comparaiſon* d'un pauvre à une poule, & d'un riche à un chien de Boulogne, en prêchant ſur l'évangile du mauvais riche. «Un riche, diſoit-il, quand il vit, Dieu » le traite comme les femmes traitent leurs petits » chiens ; elles partagent avec eux tous les bons » morceaux ; ne les nourriſſent que de friandiſes ; » & les couvrent de rubans depuis la tête juſ-
» qu'à la queue ; mais quand le chien eſt mort, » on le jette ſur le fumier. La poule eſt une miſ-
» érable, qu'on ne nourrit que des choſes les » plus viles ; mais après ſa mort, elle eſt ſervie » avec honneur ſur la table du maître. De même » le riche pendant ſa vie eſt heureux, mais après » ſa mort il eſt enſeveli dans l'enfer ; au lieu que » le pauvre eſt placé dans le ſein d'Abraham ».

Quelle plus belle *comparaiſon* que celle-ci, tirée du diſcours ſur l'*envie*, où Voltaire compare les gens-de-lettres qui ſe déchirent ſi honteuſement, avec ceux qui, plus nobles, aiment juſqu'à leurs rivaux, & les encouragent :

C'eſt ainſi que la terre, avec plaiſir, raſſemble
Ces chênes, ces ſapins qui s'élèvent enſemble ;
Un ſuc toujours égal eſt préparé pour eux,
Leur pied touche aux enfers, leur cime eſt dans les cieux,
Leur tronc inébranlable, & leur pompeuſe tête
Réſiſte, en ſe touchant, aux coups de la tempête ;
Ils vivent l'un par l'autre, ils triomphent du temps,
Tandis que ſous leur ombre on voit de vils ſerpens
Se livrer, en ſifflant, des guerres inteſtines,
Et de leur ſang impur arroſer leurs racines.

COMPLIMENT. En s'abordant, nos ancêtres s'embraſſoient, & diſoient : *Dieu vous garde*. En Eſpagne, dans une aſſemblée de cent perſonnes, chacun s'aborde en diſant : *Je me réjouis de voir que vous vous portiez bien* ; & l'on répond : *Vivez beaucoup, vivez long-temps*. Cela rappelle un trait aſſez plaiſant. Un Eſpagnol héritoit d'un oncle riche, dont on lui liſoit le teſtament ; & à chaque article, l'héritier reconnoiſſant s'écrioit : *Mon cher oncle, vivez long-temps*. Le cher oncle étoit enterré de la veille.

La belle ducheſſe de Forcalquier ſe plaignoit à un ambaſſadeur turc, de ce que Mahomet permettoit d'avoir pluſieurs femmes ; le galant muſulman lui répondit que ſa religion autoriſoit la pluralité des femmes, afin qu'on pût trouver dans pluſieurs les rares qualités & les charmes qu'elle réuniſſoit dans elle ſeule.

L'illuſtre Chevert, après une longue maladie qui avoit retardé ſon départ pour l'armée, vint prendre congé de Louis XV ; le roi lui dit : » M. de Chevert, je voudrois vous donner des » aîles. »

Le maréchal de Saxe, au retour d'une partie de plaiſir qu'il avoit faite dans les environs de Paris,

Paris, fit arrêter le fiacre dans lequel il étoit à la barrière Saint Denis, pour donner le tems aux commis de faire leur visite : il s'en présente un qui le reconnut sur le champ ; mais refermant aussi-tôt la portière, il lui dit : « excusez, mon- » seigneur, *les lauriers ne payent pas de droit.* »

La guerre étant déclarée, le maréchal Duplessis qui n'étoit plus en état de servir, dit à Louis XIV qu'il portoit envie à ses enfans qui avoient l'hon- neur de servir sa majesté ; que pour lui, il souhai- toit la mort, puisqu'il n'étoit plus bon à rien. Le roi l'embrassa, & lui dit : « M. le maréchal, on » ne travaille que pour approcher de la réputation » que vous avez acquise ; il est agréable de se re- » poser après tant de victoires. »

Est-il rien de plus flatteur que ce que dit Henri IV à d'Aumont, en le faisant placer à table à ses côtés le soir de la bataille d'Ivry : « Il est bien » juste que vous soyez du festin après m'avoir si » bien servi le jour de mes noces. »

Le jour que Sully partit pour son ambassade au- près de la reine Elisabeth : Henri IV lui dit, en lui remettant un blanc seing : « Je me rappelle un pro- » verbe latin, mais je ne sais si j'en prononcerai » bien les mots : *mitte sapientem & nihil dicas.* » On ne pouvoit faire un *compliment* à la fois plus » délicat & plus flatteur. »

M. le dauphin devenu grand, fut mis à la tête des armées, & ce prince, digne de son auguste père, & de M. de Montausier, son sage gouver- neur, emporta la ville de Philisbourg, qui passoit pour imprenable. Pour l'en féliciter, M. de Mon- tausier lui écrivit en ces termes : « Je ne vous fais » pas *compliment*, monseigneur, sur la prise de » Philisbourg ; vous aviez une bonne armée, des » bombes, du canon & Vauban. Je ne vous en » fais pas aussi sur ce que vous êtes brave, c'est » une vertu héréditaire dans votre maison ; mais » je me réjouis avec vous de ce que vous avez été » libéral, généreux, humain, & faisant valoir » les services de ceux qui font bien : voilà sur » quoi je vous fais mon *compliment.* »

Dans une conférence que le célèbre Annibal eut avec Scipion, général des Romains, on vint à parler de grands capitaines ; & Scipion ayant de- mandé celui qu'Annibal croyoit le premier de tous ? Il répondit : Alexandre le Grand — & le se- cond ? — Pyrrhus, roi d'Epire — & le troisième, reprit le général romain, impatient peut-être de ne s'entendre point nommer : « Moi-même, ré- » pondit *Annibal.* — Et si vous m'aviez vaincu, » lui dit *Scipion ?* — Je me serois mis le pre- » mier, « répliqua-t-il. Cette manière délicate de donner la préférence à *Scipion* sur tous les autres généraux, fait voir qu'*Annibal* n'étoit pas moins bel-esprit que grand capitaine.

Raoul de Lannoi, tout jeune encore, s'étoit

fort distingué à un assaut ; *Louis XI* le fit venir après l'action, & lui dit : « Pasque - Dieu, mon » ami, (c'étoit son serment ordinaire) vous » êtes trop furieux en un combat : « il faut vous » enchaîner ; car je ne vous veux point perdre, » désirant me servir de vous plus d'une fois. « En prononçant ces flatteuses paroles, le monarque passoit au cou du guerrier une chaîne d'or, qui valoit cinq cens écus : ce présent fut suivi de plu- sieurs autres qui servirent de récompense à une bravoure supérieure.

Il étoit un temps que tout le monde disoit *gros* pour *grand* ; une grosse chose, une grosse maison, une grosse réputation. *Louis XIV* étant un jour chez madame *de Montespan*, où se trouvoit *Des- préaux*, lui témoigna qu'il n'aimoit pas cette ex- pression nouvelle. « Il est surprenant, lui dit le » satyrique, qu'on veuille par-tout mettre *gros* » pour *grand*. Par exemple, ajouta-t-il en fin » courtisan, il y a bien de la différence entre » *Louis-le-Grand* & *Louis-le-Gros*, & jamais la » postérité ne prendra l'un pour l'autre. »

Louis XIV devoit se rendre à l'église de Notre- Dame de Paris, pour assister à une bénédiction de drapeaux, & avoit témoigné qu'il souhaitoit qu'on ne lui fît point de harangue. M. *de Harlay de Chan- vallon* qui étoit pour lors archevêque de Paris, se contenta de lui dire, à la porte de l'église, où il le reçut : « Sire, vous me fermez la bouche, » pendant que vous l'ouvrez à la joie publique. »

Après s'être fait un nom, & s'être acquis un rang dans la littérature, madame du *Bocage*, à l'exemple des anciens sages de la Grèce, a étu- dié les mœurs des nations étrangères. A son arri- vée à Rome, elle fut conduite à la nombreuse académie des arcades, dont elle étoit membre. La duchesse d'Estrées, âgée de seize ans, lui adressa un *compliment* si ingénieux qu'il mérite d'être cité : « Madame du Bocage, disoit au cardinal des Ur- » sins, père de la duchesse, que sa fille étoit la » déesse de Rome. » *Non, Madame*, répondit la princesse, *les Romains prenoient leurs dieux chez les étrangers.*

Le prince Henri de Prusse visitant à Genève des fabriques d'horlogerie, s'arrêta long-tems dans l'attelier d'un artiste en rouages. En sortant il lut cette inscription sur la porte : « Le loisir des » gens oisifs fait le tourment des gens occupés. » Cela pourroit me regarder, dit le prince ; oui, » monseigneur, répondit l'artiste, c'est à cause » de vous que cette inscription est là depuis vingt- » cinq ans. Je recevois alors d'exactes nouvelles » d'Allemagne, tout le quartier accouroit chez » moi pour entendre le récit de vos victoires, & » je fus obligé d'employer cet avertissement pour » écarter les importuns. »

Le prince royal de Prusse, après la retraite de

Bohême, entra chez le roi fon oncle qui le regardant fixement lui dit : « Vous n'êtes plus mon
» neveu : » Frédéric s'appercevant que ce difcours affligeoit le prince, lui tendit le bras, en
ajoutant : « Non vous n'êtes plus mon neveu,
» vous êtes mon fils ; vous ayez fait tout ce que
» j'aurois pu faire moi-même, & ce que l'on pour-
« roit attendre du général le plus expérimenté. »

Le jour que le préſident de Mesmes fut reçu à
l'académie françoiſe, M. Despréaux lui dit, en
lui faiſant *compliment* ſur ſa réception : « Mon-
» ſieur, je viens à vous, afin que vous me féli-
» citiez d'avoir pour confrère un homme comme
» vous. »

Deux gentilshommes Ruſſes allèrent viſiter
Voltaire ; ce grand homme leur parla beaucoup
de Catherine II leur auguſte impératrice, & de
l'état floriſſant de leur patrie : « Autrefois, leur
» dit-il, vos compatriotes étoient conduits par
» des prêtres ignorans, les arts vous étoient in-
» connus, vos terres étoient déſertes ; mais au-
» jourd'hui les arts floriſſent chez vous, & les
» terres ſont cultivées ». Un des Ruſſes répondit,
qu'il y avoit encore en Ruſſie bien des terres
ſtériles : « Au moins, dit Voltaire, convenez que
» dernièrement votre pays a été fertile en lau-
» riers ».

Comme M. David, peintre célèbre, félicitoit
ſur ſes ouvrages M. Vien, premier peintre du roi,
dont il eſt l'élève : « De tous mes ouvrages, re-
» prit ce maître le reſtaurateur de l'école fran-
» çoiſe, vous êtes le plus précieux & celui qui
» me fera le plus d'honneur ».

CONCINI, connu ſous le nom du *maréchal
d'Ancre*, mort en 1617.

Ce Florentin vint en France en 1600, avec
Marie de Médicis, femme de Henri le Grand. Il
épouſa Léonore Galigaï, fille de la nourrice de la
reine ; &, par ſon crédit, il devint maréchal de
France ſans avoir jamais tiré l'épée, & miniſtre
ſans connoître les loix du royaume. Il fut tué à
coups de piſtolets ſur le pont-levis du Louvre, &
il n'y a pas d'outrages que le peuple n'ait fait à
ſon cadavre. Galigaï, ſa femme, fut brûlée comme
ſorcière ; c'eſt elle qui répondit au juge qui lui
demandoit de quels charmes elle s'étoit ſervie pour
enſorceler la reine : *Mon ſortilège a été le pouvoir
que les ames fortes doivent avoir ſur les eſprits
foibles.*

CONDAMINE (Charles-Marie de la), mort
en 1774.

Ce ſavant académicien fut choiſi pour aller au
Pérou, & y prendre les meſures propres à déterminer la figure de la terre.

M. de la *Condamine*, de retour à Paris, après

dix ans d'abſence, faiſoit à tous ceux qu'il rencontroit des queſtions multipliées, qui devoient
ſouvent être importunes. Cela fit dire à une femme
de beaucoup d'eſprit : « M. de la *Condamine*, qui
» vient de ſi loin, & qui doit avoir tout vu, nous
» accable de queſtions ; ce ſeroit plutôt à nous à
» lui en faire ».

Dans les dernières années de ſa vie, il épouſa
une jeune nièce qui le rendit heureux. Il lui
préſenta ce couplet le lendemain de ſes noces :

D'Aurore & de Titon vous connoiſſez l'hiſtoire ;
Notre hymen en rappelle aujourd'hui la mémoire :
 Mais de mon ſort Titon ſeroit jaloux.
 Que ſes liens ſont différens des nôtres !
Aurore, entre ſes bras, vit vieillir ſon époux,
 Et je rajeunis dans les vôtres.

Ayant été reçu de l'académie françoiſe, la *Condamine* fit cette épigramme le jour même de ſa
réception, & la fit circuler dans l'aſſemblée :

 La *Condamine* eſt, aujourd'hui,
 Reçu dans la troupe immortelle.
 Il eſt bien ſourd, tant mieux pour lui,
 Et non muet, tant pis pour elle.

M. de la *Condamine* envoya la relation de ſon
voyage à Voltaire, & lui écrivit ces vers :

De jours ſi bien remplis les momens ſont trop courts ;
Ne me liſez jamais, mais écrivez toujours.
 C'eſt à Voltaire ſeul d'écrire,
 A nous de lire & de relire,
 Jour & nuit, ſa proſe & ſes vers.
 Tous les momens où repoſe ſa lyre
Sont dus à Frédéric, le reſte à l'univers.

Voltaire lui répondit :

 Grand merci, cher la *Condamine*,
 Du beau préſent de l'équateur,
 Et de votre lettre badine,
 Jointe à la profonde doctrine
 De votre eſprit calculateur.
 Eh bien ! vous avez vu l'Afrique,
 Conſtantinople, l'Amérique ;
 Tous vos pas ont été perdus.
 Voulez-vous faire enfin fortune ?
 Hélas ! il ne vous reſte plus
 Qu'à faire un voyage à la lune.
 On dit qu'on trouve en ſon pourpris
 Ce qu'on perd aux lieux où nous ſommes,
 Les ſervices rendus aux hommes,
 Et les bienfaits à ſon pays.

Deux jours avant ſa mort, la *Condamine* fit un
couplet aſſez plaiſant ſur l'opération chirurgicale

qui le conduisit au tombeau; & , après avoir dit ce couplet à un de ses amis qui venoit le visiter : « Il faut que vous me laissiez , continua-t-il ; j'ai deux lettres à écrire en Espagne ; peut-être » l'ordinaire prochain il ne sera plus tems ». Il mourut le soir même.

CONDÉ (Louis de Bourbon , prince de) , surnommé le Grand, né à Paris le 8 septembre 1621, mort à Fontainebleau le 11 décembre 1686. Il étoit fils de Henri II., prince de Condé , & de Marie-Charlotte de Montmorenci.

Son historien le représente d'une taille au-dessus de la médiocre, aisée , fine , pleine d'élégance & d'agilité ; il avoit le front large , le nez aquilin , les yeux grands, bleus extraordinairement , & perçans ; la tête belle , une forêt de cheveux ; le bas de son visage ne répondoit point , à la vérité, à la beauté de ses autres traits ; sa bouche étoit trop grande , ses dents sortoient trop ; mais il y avoit en général quelque chose de si grand , de si noble , de si fier répandu dans son air, son regard & toute sa physionomie, qu'il n'y avoit personne à qui sa personne n'en imposât. On disoit de lui, qu'il avoit la figure d'un aigle & le cœur d'un lion. Lorsqu'en 1647 , il fut admis au conseil de régence, on le reconnut pour un de ces gens rares & transcendans , nés pour commander aux autres hommes. On voyoit briller en lui une vue perçante, des lumières naturelles, & acquises par une lecture immense , un tact sûr , une fermeté incroyable ; son application , à un âge où la gloire & les plaisirs l'environnoient étoit infatigable, & sa pénétration si grande dans tout ce qui regarde la conduite & les détails d'une guerre, la politique, l'administration de la justice, les affaires d'économie , de commerce & de finance, les sciences , les arts, qu'on eût dit qu'il ne s'étoit livré qu'à chacun de ces objets, dont un seul souvent ne peut être approfondi par les autres hommes pendant le cours d'une longue vie.

L'héroïsme de l'ame ajoutoit un nouvel éclat à ses talens : d'un zèle sans bornes pour la gloire du nom François, uniquement sensible à la réputation qui vient des grandes actions , & à ces applaudissemens délicats que les honnêtes gens savent donner à la vertu ; affable avec dignité, poli envers tous les hommes au-delà de tout ce qu'on pouvoit attendre , vrai, magnanime , d'une foi & d'un secret inviolables.

Condé détestoit la ruse & les subterfuges ; il soutenoit qu'il n'y avoit qu'un seul moyen d'agir avec sûreté & gloire dans le commerce de la vie & le maniement des affaires, la candeur, la droiture & la vérité. D'après cet assemblage étonnant de force, de courage , d'élévation, de connoissances & de talens, est-il surprenant qu'on le regardât dans toute l'Europe, comme un homme

aussi propre à gouverner un empire qu'à le conquérir. Mais ces grandes qualités étoient balancées par plusieurs défauts. On lui reprochoit trop de penchant à la raillerie , de la hauteur, de l'inégalité , de l'impatience ; prompt, vif, emporté dans ses passions ; le feu de son génie l'eût dévoré lui-même , s'il ne l'eût appliqué à tout ce que la guerre , l'administration & les sciences ont de plus épineux.

Sa fermeté dégénéroit quelquefois en opiniâtreté ; incapable de déguisement, il regardoit la complaisance comme un moyen trop au-dessous de lui, pour parvenir à ses fins. S'il louoit avec choix les grandes actions & les services des autres, il blâmoit avec aigreur & sans ménagement les fautes. C'est ainsi que sa franchise, la plus noble des vertus , lui attira presqu'autant d'ennemis, que sa réputation & sa puissance d'envieux. La fierté de son ame , qui le rendoit incapable de se laisser gouverner, le priva plus d'une fois de l'avantage de recevoir des conseils salutaires. Tout ce qui seroit à peine remarqué dans les autres hommes, se faisoit sentir vivement en celui-ci : Plus d'égalité, plus de douceur, de modération ; moins de saillies, d'impétuosité ; l'histoire ancienne & moderne n'avoient point de héros qui pût lui être opposé ; il ne lui manquoit que les vertus d'un homme médiocre, pour être le premier de tous les hommes. (*Hist. par M. Désormeaux*).

Le prince de *Condé* porta, du vivant de son père , le titre de duc d'Enguien , nom qu'il rendit à jamais célèbre par la fameuse victoire de Rocroi, qu'il gagna, à l'âge de vingt-deux ans, sur les Espagnols en 1643. Rocroi étoit assiégée, & il n'y avoit qu'une action générale qui pût faire lever le siège ; mais l'armée Françoise étoit inférieure à celle des Espagnols , d'ailleurs un revers exposoit l'état au sort le plus funeste. Tous les officiers généraux ne le dissimuloient point au jeune prince. L'intrépide & le vaillant Gassion lui dit même, après qu'on eut épuisé toutes les objections pour le détourner de hasarder cette action générale : «Mais si nous perdons la bataille, que deviendrons-nous ? *Je ne m'en mets point en peine* , répondit le prince , *parce que je serai mort auparavant.*

On a remarqué que le prince ayant tout réglé le soir , s'endormit si profondément, qu'il fallut le réveiller le lendemain , comme Alexandre le jour de la bataille d'Arbelles. Il se laissa armer par le corps ; mais il ne voulut point d'autre habillement de tête que son chapeau, garni de grandes plumes blanches ; elles servirent, dans la mêlée , à rallier auprès de lui plusieurs escadrons qui, sans cet ornement, ne l'auroient point reconnu. La victoire fut quelque temps à se décider. Plusieurs officiers de l'armée Françoise préfoient même le baron de Sirot, qui commandoit un corps de réfęrve, de fe retirer, en criant que la bataille étoit perdue : *Non, non,* répondit ce brave officier, *elle n'eſt pas perdue, puiſque Sirot & ſes compagnons n'ont pas encore combattu.* Il demeura donc ferme dans fon poſte ; mais fon courage n'eût fervi qu'à illuſtrer davantage la victoire des Eſpagnols, fans les prodiges de valeur du duc d'Enguien, & fans fon activité, exempte de trouble, qui le portoit à propos à tous les endroits.

Ce fut lui qui, avec de la cavalerie, attaqua & rompit ces vieilles bandes Caſtillanes, juſques-là invincibles, auſſi fortes, auſſi ferrées que la phalange ancienne ſi eſtimée, & qui s'ouvroient avec une agilité que la phalange n'avoit pas, pour laiſſer partir la décharge de dix-huit canons qu'elles renfermoient au milieu d'elles. Telle étoit la fierté de tous ceux qui compofoient ces vieilles bandes, qu'un des chefs de l'armée Françife ayant demandé à un officier Eſpagnol combien ils étoient : *Il n'y a,* répondit celui-ci, *qu'à compter les morts & les priſonniers.*

Le lendemain de ce beau jour, le vainqueur entra en triomphe à Rocroi, au milieu des applaudiſſemens de la garniſon & de la bourgeoiſie, qu'il avoit préſervées du joug eſpagnol. Un général François, jaloux & flatteur, s'étant alors approché du duc, lui dit : *Que pourront dire maintenant les envieux de votre gloire ? Je n'en fais rien,* répondit le prince, *je voudrois vous le demander.*

Condé fignala les autres années de fa jeuneſſe par autant de victoires. Mais il penfa périr au fiège de Dunkerque en 1646. Ce prince étoit allé vifiter, felon fa coutume, les nouveaux ouvrages qu'on venoit de gagner ; comme il donnoit fes ordres, le capitaine au régiment d'Orléans, qui lui fervoit d'ingénieur, tomba à fes pieds, frappé d'une balle qui le fit expirer fur le champ. Quelques minutes après, le prince repaſſant dans la tranchée, fuivi d'un feul valet-de-pied, un boulet de canon emporta la tête de ce domeſtique ; les morceaux épars du crâne bleſſèrent Enguien au col & au vifage, qui fut inondé de fang. Tous les fpectateurs furent faifis de crainte en le voyant ainſi défiguré & enfanglanté ; mais la contenance riante & tranquille du duc les raſſura bientôt ; on le preſſa alors, on le conjura de prodiguer moins une vie fi précieuſe ; il répondit, comme il avoit toujours fait dans de pareilles occafions : « Qu'un » prince du fang, plus intéreſſé par fa naiſſance » à la gloire de la nation, doit, dans le befoin, » s'expofer plus que perfonne pour en foutenir » l'éclat ».

On doit pourtant reprocher à ce prince de n'avoir pas aſſez épargné le fang des foldats ; il ne croyoit pas pouvoir acheter trop cher une victoire. Lors de la bataille de Séneff, le 11 août 1674,

averti qu'on étoit mécontent de la boucherie horrible de cette journée. *Bon,* dit-il, *c'eſt tout au plus une nuit de Paris.* Turenne penfoit avec plus d'humanité, & difoit *qu'il falloit trente ans pour faire un foldat.*

Ce prince fe trouva au fameux paſſage du Rhin, & y fut bleſſé. Lorſque dans cette campagne il fit le fiège de Vezel, toutes les dames fe réunirent pour le prier de leur permettre de fortir de la place, & de ne pas expofer aux fuites fâcheuſes d'un fiège long & meurtrier. Le prince répondit, avec autant d'efprit que de politeſſe, *qu'il ne penfoit pas fe priver de ce qu'il y avoit de plus beau dans fon triomphe.* Ce refus produifit l'effet qu'il en attendoit. Ces femmes portèrent par leurs gémiſſemens la terreur dans le fein de leurs maris, & les déterminèrent à fe rendre beaucoup plutôt qu'ils ne l'auroient fait.

Le maréchal de Créqui venoit de perdre, en 1674, la bataille de Confarbrick. On difoit de lui auparavant, qu'il ne lui manquoit, pour être un général du premier ordre, que d'avoir été battu. Quoique le prince de *Condé* ne l'aimât point, il étoit fi bien de ce fentiment, qu'après l'affaire de Confarbrick, il dit à Louis XIV : « Sire, votre » majeſté vient d'acquérir le plus grand homme de » guerre qu'elle ait eu ».

Le cardinal de Retz, tantôt l'ami & tantôt l'ennemi du prince de *Condé,* durant les guerres de la Flandre, avoit publié un écrit intitulé : *Le vrai & le faux du prince de* Condé, *& du cardinal de Retz.* Ce livre, où l'auteur n'avoit pas aſſez ménagé fes expreſſions, pouvoit piquer & fâcher M. le prince. Cependant il lut ce livre fans émotion. Un de fes courtifans s'appercevant même un jour qu'il lifoit un livre avec beaucoup d'attention, prit la liberté de lui dire, fans favoir que c'étoit l'écrit du coadjuteur, qu'il falloit que ce fût un bon ouvrage, puiſqu'il y prenoit tant de plaifir : « Il eſt vrai, lui répondit le prince, » que j'y en prends beaucoup, car il me fait con- » noître mes fautes, que perfonne n'ofe me » dire ».

Ce prince, cédant à fon reſſentiment contre le cardinal Mazarin, avoit, dans fa jeuneſſe, fervi les Eſpagnols, qui faifoient la guerre à la France. Louis XIV s'en fouvint dans une de fes campagnes de Flandres, & dit avec humeur au grand général : *Sans vous tout ce pays feroit à moi.* Ah ! » fire, répondit le prince, vous aviez promis » de ne m'en jamais parler ».

Lorſque le fils de ce prince voulut faire peindre l'hiſtoire de fon père dans la galerie de Chantilly, il fe trouvoit une difficulté dans l'exécution, à caufe du grand nombre d'exploits éclatans du héros contre fon roi & fa patrie, comme le fecours de Cambrai, celui de Valenciennes, la retraite de devant Arras. Pour pouvoir parler de ces événemens, le prince Jules fit deſſiner la muſe de l'hiſtoire qui tenoit un livre, ſur le dos duquel étoit écrit: *Vie du prince de Condé.* Cette muſe arrachoit des feuillets du livre, qu'elle jettoit par terre, & on liſoit ſur ces feuillets: *Secours de Cambrai, ſecours de Valenciennes, retraite de devant Arras;* enfin, toutes les belles actions de *Condé* durant ſon ſéjour dans les Pays-Bas; actions dont tout étoit louable, à l'exception de l'écharpe qu'il portoit quand il les fit.

Condé avoit coutume de dire; « que la fineſſe » eſt la reſſource des ames baſſes & foibles; que » la plus grande de toutes eſt de n'en point avoir; » qu'on peut bien tromper pour un temps, mais » qu'une tromperie découverte ne laiſſe après ſoi » que la honte & la confuſion ».

Il donnoit ſes ordres par écrit à ſes lieutenans, & leur impoſoit la loi de les ſuivre. Turenne diſoit aux ſiens ce qu'il croyoit convenable de faire, & s'en rapportoit à leur prudence. Il eſt arrivé de-là que l'un de ces deux grands capitaines a eu beaucoup d'illuſtres élèves, & que l'autre n'en a point formé, ou n'en a formé que peu.

Ce prince avoit conçu le projet de faire enregiſtrer dans chaque régiment les noms des ſoldats qui ſe ſeroient diſtingués par quelques faits ou dits mémorables. Ce projet, en effet, s'il étoit exécuté, ſeroit un genre d'émulation pour les ſoldats.

Ce prince paſſa les dernières années de ſa vie dans ſa belle retraite de Chantilly, & y fit admirer des vertus paiſibles qui ne le cédoient point aux guerrières. Il raſſembloit ſouvent chez lui les gens de lettres, & ſe plaiſoit à s'entretenir avec eux de leurs ouvrages, dont il étoit bon juge. Lorſque, dans ces converſations littéraires, il ſoutenoit une bonne cauſe, il parloit avec beaucoup de grace & de douceur; mais quand il en ſoutenoit une mauvaiſe, il ne falloit pas le contredire; ſa vivacité devenoit ſi grande, qu'on voyoit bien qu'il étoit dangereux de lui diſputer la victoire. Le feu de ſes yeux étonna une fois ſi fort Boileau, dans une diſpute de cette nature, qu'il céda par prudence, & dit tout bas à ſon voiſin: « Dorénavant, je ſerai toujours de l'avis de mon- » ſieur le prince quand il aura tort ».

A la première repréſentation de *Polieucte*, tragédie de Corneille, où la vertueuſe Pauline montre aux ſpectateurs un amour ſecret pour Sévère, le prince de *Condé* dit: « Quelque ver- » tueuſe que ſoit Pauline, peu de maris s'acco- » moderoient de cette vertu, qui reſſemble à celle » de la princeſſe de Clèves, à quelques nuances » près ».

CONFESSEUR. Un mari alla ſe confeſſer à un religieux qui venoit de confeſſer ſa femme: après avoir dit ſon *confiteor*, il garda le ſilence. Le religieux lui dit: Monſieur, récitez vos péchés. Ce récit eſt inutile, reprit le mari; ma femme, qui a paſſé avant moi, ne vous a-t-elle pas dit tout ce que j'ai fait & ce que je n'ai pas fait?

Une jeune dame étoit à confeſſe à un religieux. Ce *confeſſeur*, après lui avoir fait pluſieurs queſtions relatives à la confeſſion, parut deſirer connoître celle qu'il confeſſoit; il lui demanda ſon nom. La dame, ne voulant point ſatisfaire cette curioſité déplacée, lui répondit: Mon père, mon nom n'eſt point un péché.

Une jeune fille, interrogée par ſon *confeſſeur*, lui avouoit qu'elle avoit eu beaucoup d'eſtime pour un jeune homme: Combien de fois, lui demanda le confeſſeur.

L'abbé Gobelin, qui fut le directeur de madame de Maintenon, étoit le *confeſſeur* de madame de Coulanges, célèbre par ſon eſprit & ſes ſaillies. Un jour qu'il avoit entendu ſa confeſſion générale, il ne put s'empêcher de dire: *Chaque péché de cette dame eſt une épigramme.*

CONFESSION. Aux myſtères d'Eleuſine, un Spartiate à qui l'Hiérophante vouloit perſuader de ſe confeſſer, lui répondit: A qui dois-je avouer mes fautes? eſt-ce à Dieu ou à toi? C'eſt à Dieu, dit le prêtre. *Retire-toi donc, homme...* (*Plutarque*.)

Henri IV demanda au jéſuite Coton: Révéleriez-vous la *confeſſion* d'un homme réſolu de m'aſſaſſiner? —*Non; mais je me mettrois entre vous & lui.*

CONFIANCE. Le fier & terrible Ponthéack étoit brouillé avec les Anglois en 1762. Le major Robers, chargé de le regagner, lui envoya de l'eau-de-vie. Quelques Iroquois, qui entouroient leur chef, frémirent à la vue de cette liqueur, ne doutant pas qu'elle ne fût empoiſonnée: ils vouloient abſolument qu'on rejettât un préſent ſi ſuſpect: Comment ſe pourroit-il, leur dit leur général, qu'un homme qui eſt ſûr de mon eſtime, & auquel j'ai rendu des ſervices ſignalés, pût ſonger à m'ôter le jour? & il avala la boiſſon d'un air auſſi aſſuré que l'auroient pu faire les héros les plus vantés de l'antiquité.

Antigonus Gonatas, ſur le point de livrer un combat naval, près de l'île d'Andros, aux lieutenans du roi *Ptolémée*, ſon pilote lui dit que les vaiſſeaux du monarque Egyptien étoient en bien plus grand nombre que les ſiens: « Et moi, lui » répondit-il, qui ſuis en perſonne ici, pour com- » bien de vaiſſeaux me comptes-tu? »

Des eſpions d'*Annibal* s'étant introduits dans le camp de *Scipion* l'Africain, furent arrêtés & conduits au général. Au lieu de les punir du dernier supplice, selon les loix de la guerre, il les fit conduire dans tous les quartiers, leur ordonna de tout examiner avec soin; & quand on les ramena devant lui, il leur demanda s'ils avoient bien remarqué tout ce qu'on leur avoit dit. d'observer. Ensuite, il leur fit donner à manger, ainsi qu'à leurs chevaux, & les renvoya, sans même les avoir interrogés sur les desseins & les forces de l'ennemi. Cette héroïque confiance intimida les Carthaginois : ils se crurent vaincus, même avant de combattre.

Pyrrhus, roi d'Epire, conduisoit son armée contre les Lacédémoniens, & leur faisoit de grandes menaces. *Cercillide*, un des sénateurs de Sparte, se leva dans l'assemblée, & dit : « Si c'est un Dieu qui nous menace, que craignons-nous ? nous ne faisons rien que de juste. Si c'est un homme, qu'il sache que ceux qu'il menace sont des hommes ».

Lorsqu'*Alexandre-le-Grand* partit la première fois pour la guerre, *Aristote*, son précepteur, lui dit qu'il feroit mieux d'attendre qu'il eût atteint l'âge viril, qu'alors il combattroit avec plus de prudence : « En attendant, répondit-il, je perdrois l'audace de la jeunesse ».

Avant de passer en Asie, il distribua tous ses trésors & tous ses revenus à ses courtisans & à ses soldats. « Que gardez-vous donc pour vous, seigneur, lui dit *Perdicas* ? L'espérance, répondit-il ». Cette héroïque confiance passa dans le cœur de tous les Macédoniens; ils dédaignèrent les présens du monarque, &, comme lui, ils se crurent déjà en possession de toutes les richesses des Perses.

Comme on lui disoit que *Darius*, roi des Perses, armoit contre lui des millions d'hommes : « Un loup, répondit-il, ne craint pas un grand nombre de brebis ».

Darius ayant disposé son armée innombrable pour engager le combat le lendemain, *Alexandre* s'endormit d'un si profond sommeil, que l'arrivée du jour ne le réveilla point. Cependant les ennemis approchoient; les généraux entrent dans sa tente, & le tirent de cet assoupissement, en lui témoignant leur surprise de ce que, dans une pareille circonstance, il avoit pu dormir avec tant de tranquillité. « C'est que *Darius*, leur dit-il, m'a bien tranquillisé l'esprit, en rassemblant toutes ses forces, pour qu'un seul jour décide entre nous ».

Le célèbre *Agrippa d'Aubigné*, ayant appris que le roi, mécontent de lui, vouloit le faire arrêter & conduire à la bastille, prit un parti où il y avoit beaucoup de témérité, mais qui lui réussit. Le jour même qu'on devoit se saisir de sa personne, il s'en alla de grand matin trouver le monarque; &, après lui avoir représenté succinctement ses

services passés, il lui demanda une pension; ce qu'il n'avoit jamais voulu faire jusqu'alors. Cette hardiesse, & la singularité de cette demande, dans la circonstance où se trouvoit d'*Aubigné*, firent une telle impression sur l'esprit du roi, qu'il s'adoucit tout-à-coup en sa faveur, l'embrassa avec transport, & lui accorda ce qu'il demandoit.

Comme l'idée de nuire n'approcha jamais de son ame, Henri IV étoit sans défiance. Il aimoit à se dérober à la cour, à errer dans les campagnes, à interroger ces hommes simples & bons, étonnés de voir un roi sous leurs chaumières. Quand ses amis, inquiets, lui remontroient qu'au milieu des conspirations, & lorsque le levain de la ligue fermentoit encore, il devoit avoir plus soin de la conservation de sa personne, & ne pas aller si souvent seul & mal accompagné : « La peur, disoit-il, ne doit point entrer dans une ame royale; qui craindra la mort, n'entreprendra rien sur soi; qui méprisera la vie, sera toujours maître de la mienne, sans que mille gardes l'en puissent empêcher... Il n'appartient qu'aux tyrans d'être toujours en frayeur ».

CONFUCIUS, le premier des philosophes Chinois, né vers l'an 550 avant Jésus-Christ, mort à 73 ans.

Ses disciples & le peuple le révéroient comme l'empereur. On ouvrit dans toutes les villes de la Chine des collèges élevés à son honneur, avec ces différentes inscriptions en lettres d'or : *Au grand maître... Au premier docteur... Au précepteur des empereurs... Au saint... Au roi des lettres.*

Voici deux de ses maximes :

Ne parlez jamais de vous aux autres; ni en bien, parce qu'ils ne vous croiront pas; ni en mal, parce qu'ils en croient déjà plus que vous ne voulez.

Avouer ses défauts quand on est repris, c'est modestie; les découvrir à ses amis, c'est ingénuité; se les reprocher à soi-même, c'est humilité; mais de les aller prêcher à tout le monde, c'est orgueil.

CONGO. Le roi de *Congo* choisit quelquefois pour se promener un jour où il fait beaucoup de vent; il ne met son bonnet que sur une oreille; &, si le vent le fait tomber, il impose une taxe sur les habitans de la partie de son royaume d'où le vent a soufflé. (*Hist. des Voyages*, t. V., in-4°).

CONGREVE. (Guillaume), poëte Anglois, mort en 1729.

Ce poëte parloit de ses ouvrages comme de bagatelles qui étoient au-dessous de lui. Lorsque M. de Voltaire fut lui rendre visite, dans son voyage d'Angleterre, *Congreve* lui fit entendre, dès la première conversation, qu'il ne devoit le regarder que sur le pied d'un gentilhomme qui menoit une vie aifée & fimple. A ce début, M. de Voltaire, révolté, lui répondit féchement : « Si » vous euffiez été affez malheureux de n'être » qu'un gentilhomme, je ne ferois jamais venu » vous voir ».

CONRAD II, dit le *Salique*, fils d'Herman, duc de Franconie, élu roi d'Allemagne en 1024, après la mort d'Henri II. Il eut à combattre la plupart des ducs, révoltés contre lui. Erneft, duc de Souabe, fut mis au ban de l'empire. C'eft un des premiers exemples de cette profcription, dont la formule finguliere étoit : *Nous déclarons ta femme veuve, tes enfans orphelins, & nous t'envoyons, au nom du diable, aux quatre coins du monde.*

Un gentilhomme ayant perdu une jambe au fervice de *Conrad*, il reçut de ce prince autant de pieces d'or qu'il pouvoit en entrer dans fa botte.

Un feigneur, nommé *Bebon*, lui amena un jour trente-deux de fes fils, tous fortis du même lit, & en âge de porter les armes. *Conrad* combla le pere de préfens, & donna à chacun des enfans un emploi convenable à fon âge.

CONSEILLER. Un *confeiller* fut chez une jolie fille, qu'il trouva en larmes. — Qu'avez-vous donc ? — On vend demain mes meubles. — Raffurez-vous ; de quelle fomme eft-il queftion ?... — Vingt mille francs. — N'eft-ce que cela ? Soupons, & demain j'arrangerai le tout... Ils foupent ; ils fe couchent. Le lendemain, le *confeiller* envoya pour confolation à fa maîtreffe, un arrêt de défenfe.

CONSTANTIN LE GRAND, empereur, né à Naiffe, ville de la Dardanie, en 274, mort dans fa nouvelle ville de Conftantinople en 337.

Les fpectacles affreux de captifs dévorés par les bêtes que *Conftantin* donna à fes peuples, la mort de fon fils innocent, celle de fa femme mife à mort trop précipitée prit la couleur de l'injuftice, montrent que le fang des barbares couloit encore dans fes veines, & que s'il étoit bon & clément par caractere, il devenoit dur & impitoyable par emportement. Peut-être eût-il de juftes raifons d'ôter la vie aux deux Liciñius ; mais la poftérité a droit de condamner les princes qui ne fe font pas mis en peine de fe juftifier à fon tribunal. Il aima l'églife ; elle lui doit fa liberté & fa fplendeur : mais facile à féduire, il l'affligea lorfqu'il croyoit la fervir, fe fiant trop à fes propres lumieres, & fe repofant avec trop de crédulité fur la bonne foi des méchans qui l'environnoient, il livra à la perfécution des prélats, qui méritoient à plus jufte titre d'être comparés aux apôtres. L'exil & la dépofition des défenfeurs de la foi de Nicée, balancent au moins la gloire d'avoir convoqué ce fameux concile ; inca-

pable lui-même de diffimulation, il fût trop aifément la dupe des hérétiques & des courtifans. Imitateur de Tite, Antonin, & de Marc-Aurele, il aimoit fes peuples, & vouloit être aimé ; mais ce fond même de bonté qui les lui faifoit chérir, les rendit malheureux ; il ménagea jufqu'à ceux qui le pilloient : prompt & ardent à défendre les abus, lent & froid à les punir ; avide de gloire, & peut-être un peu trop dans les petites chofes. On lui reproche d'avoir été plus porté à la raillerie qu'il ne convient à un grand prince. Au refte il fut chafte, pieux, laborieux & infatigable, grand capitaine, heureux dans la guerre, & méritant fes fuccès par une valeur brillante & par les lumieres de fon génie ; protégeant les arts & les encourageant par fes bienfaits. Si on le compare avec Augufte, on trouvera qu'il ruina l'idolâtrie avec les mêmes précautions & la même adreffe que l'autre employa à détruire la liberté. Il fonda comme Augufte un nouvel empire ; mais moins habile & moins politique, il ne fut pas lui donner la même folidité ; il affoiblit le corps de l'état en y ajoutant en quelque façon une feconde tête par la fondation de Conftantinople ; & tranfportant le centre du mouvement & des forces trop près de l'extrémité orientale, il laiffa fans chaleur & prefque fans vie les parties de l'occident, qui devinrent bientôt la proie des barbares.

Pour peindre ici fon extérieur, il avoit le vifage large & haut en couleur, peu de cheveux & de barbe ; les yeux grands, le regard vif, mais gracieux, le col un peu gros, le nez aquilin. Une noble fierté & un caractere de force & de vigueur marqué dans toute fa perfonne, imprimoient d'abord un fentiment de crainte. Mais cette phyfionomie guerriere étoit adoucie par une agréable férénité répandue fur fon vifage.

Les légiflateurs Grecs & Romains firent fouvent parler les oracles pour appuyer leurs décrets ; Conftantin fit de même intervenir la divinité pour autorifer fes entreprifes ; mais ce n'étoit que pendant fon fommeil qu'il l'interrogeoit. Dans le tems qu'il marchoit en Italie contre Maxence fon ennemi & fon rival, il avoit apperçu dès le matin une croix lumineufe au-deffus du foleil avec cette infcription : *In hoc figno vinces*, c'eft par ce figne que tu vaincras. La nuit fuivante le fils de Dieu lui apparoît, tenant en main ce figne, dont il venoit de voir la figure dans le ciel, & lui dit de s'en fervir dans les combats comme d'une défenfe affurée contre fes ennemis. Le prince à fon réveil affemble fes officiers, leur raconte ce qu'il vient de voir & d'entendre, leur dépeint la forme de ce figne célefte, & donne fes ordres pour qu'on en faffe un femblable. Ce fut dans la fuite le principal étendart de l'armée de *Conftantin* & de fes fucceffeurs. On l'appella *laborum*, ou *labarum*. Cet empereur fit faire plufieurs étendarts fur le même modele pour être portés à la tête de toutes fes armées. Il en fervoit pour animer fes troupes dans toutes les occafions où il les voyoit plier.

La nuit qui précéda la bataille qu'il devoit livrer à Maxence, il fut encore averti en fonge de faire marquer les boucliers de fes foldats du monogranime du Chrift. Il obéit, & dès le point du jour ce caractère imprimé par fon ordre, parut fur les boucliers, fur les cafques, & fit paffer dans le cœur des foldats une conhance qui contribua à leur faire remporter la victoire.

L'armée de Maxence fut taillée en pièces fous les murs de Rome, & Maxence lui-même obligé de prendre la fuite, fe noya en paffant fur le Tibre. Conftantin, le lendemain de fa victoire, entra en triomphateur dans Rome.

On a écrit que lorfque Conftantin quitta l'Italie pour aller fonder une nouvelle capitale de fon empire, il fit donation au pape Saint Silveftre de la ville de Rome & de plufieurs provinces d'Italie; mais l'acte de cette donation, comme il a été prouvé, n'a jamais exifté, & l'on peut fe rappeler ici la réponfe adroite de Jérôme Donato, ambaffadeur de Venife, au pape Jules II. Ce pape lui demandoit le titre des droits de la République fur le Golfe Adriatique. « Votre fainteté, répondit » l'ambaffadeur, trouvera la conceffion de la mer » Adriatique faite aux Vénitiens, au dos de l'ori- » ginal de la donation que Conftantin a faite au » pape Silveftre de la ville de Rome, & des autres » terres de l'état eccléfiaftique. »

Conftantin tira la religion chrétienne de l'état de perfécution & d'obfcurité où elle languiffoit, pour la faire affeoir avec lui fur le trône. Pour mieux favorifer fon établiffement, il donna dans fes nouvelles conftitutions beaucoup d'autorité aux évêques, & diminua celle des pères & mères fur leurs enfans.

Il affembla plufieurs conciles dans fa nouvelle ville de Conftantinople, où il affifta lui-même. Pendant les féances d'un de ces conciles, plufieurs évêques divifés entr'eux crurent l'occafion favorable pour porter leurs plaintes à l'empereur, & lui préfentèrent plufieurs mémoires les uns contre les autres. L'empereur jetta au feu tous ces libelles. « Il faut, difoit-il, fe donner de garde de révéler » les fautes des miniftres du feigneur, de peur de » fcandalifer le peuple, & de lui prêter de quoi » autorifer fes défordres ». On dit même qu'il ajouta que s'il furprenoit un évêque en adultère, il le couvriroit de fa pourpre pour en cacher le fcandale aux yeux des fidèles.

Conftantin établit qu'on chommeroit le dimanche, mais il ne fit cette ordonnance que pour les villes, & non pour les campagnes, parce qu'il fentoit, dit l'auteur de l'Efprit des loix, que dans les villes étoient les travaux utiles, & dans les campagnes les travaux néceffaires.

Ses officiers publics reçurent des ordres de fournir des alimens & des vêtemens pour tous les enfans dont les pères déclareroient qu'ils étoient hors d'état de les élever : ces frais étoient pris indifféremment fur le tréfor des villes & fur celui du prince : « Ce feroit, difoit-il, une cruauté tout-à- » fait contraire à nos mœurs, de laiffer aucun de » nos fujets mourir de faim, ou fe porter par » indigence à quelqu'action indigne ». Sentimens paternels, qui doivent au moins balancer les actions cruelles dont il a fouillé fa vie.

Le peuple, dans une rumeur, s'étoit oublié au point de jetter des pierres aux ftatues de Conftantin. Un courtifan, dans la vue de fe faire un mérite de fon zèle, difoit à l'empereur, « qu'il » n'y avoit point de fupplice affez rigoureux pour » punir des forcenés qui avoient infulté à coups » de pierres la face du prince ». Conftantin, portant la main à fon vifage, dit en fouriant : Pour moi, je ne me fens pas bleffé.

Tout l'empire pleura ce grand prince lorfqu'il mourut, & fes différens peuples voulant lui marquer leur reconnoiffance par des hommages, les uns en firent un faint, & les autres un Dieu.

Conftantin, marquant avec une demi-pique cinq ou fix pieds de terre à fon fils, lui dit ces mots : « Pourquoi tant fuer & tant travailler ? Au bout » de tout cela, ni toi ni moi, n'aurons que ce » peu de terre, encore n'en fommes-nous pas » affurés ».

CONTES. Récits plaifans dans lefquels on fe propofe moins d'inftruire que de plaire par la fineffe des plaifanteries, la fingularité des événemens, la naïveté & la variété des peintures. C'eft principalement l'à-propos qui fait valoir le conte : s'il n'eft pas heureufement placé, le conte & le conteur y perdent également.

Le matelot de retour.

La plupart des habitans de Gayète gagnent leur vie dans le fervice de la marine. Un d'entr'eux, qui étoit fort pauvre, fe mit en mer pour amaffer quelque argent, laiffant à fa femme le foin de gouverner fon ménage. Comme elle étoit jeune & jolie, elle ne fut pas long-tems fans fe confoler de l'abfence de fon mari. De retour, au bout de cinq ans, il alla voir fa femme. Il fut agréablement furpris de trouver fa maifon toute réparée & fort agrandie. Comment, dit-il, ont pu fe faire ces réparations ? C'eft, répondit-elle, une grace que Dieu m'a faite : le mari en remercia le ciel. Étant entré plus avant dans la maifon, il voit des meubles & un lit d'une propreté au-delà des facultés de l'un & de l'autre. Ce lit, ces meubles, d'où font-ils venus, dit encore le mari ? — De la même grace, répondit la femme. Pendant
que

que le mari béniſſoit la bonté du ciel envers lui, il vint un petit garçon d'environ trois ans, careſſer ſa mere. A qui eſt cet enfant, demanda le mari? — A moi, dit la femme; le ciel me l'a auſſi donné. — Ah! pour le coup, repartit le mari, le ciel a pris trop de ſoin de ma maiſon. *Poge.*

La vraie éloquence.

« Un jour Pentagruel rencontra certain licencié, non autrement ſavant ès ſciences de ſon métier de docteur; mais en récompenſe, ſachant très-foncièrement danſer & jouer à la paume : lequel donc rencontré par Pentagruel, fut interrogé d'où il venoit, & lui répondit : *Je viens de l'urbe & cité célébriſſime que vulgairement on vocite Lutèce* — Qu'eſt-ce-à-dire, dit Pentagruel à ſon truchement ordinaire ? Je ſuis tout ébahi de tel jargon. — C'eſt, répondit le truchement, qu'il vient de Paris. — Hé! reprit Pentagruel, à quoi paſſez-vous le tems à Paris, vous autres licenciés? — *Nous,* répondit le licencié, *en occupations épurons & diſpumons la verbocination latine; & en nos récréations, captons la bénévolence de l'omni ſéduiſant, & omni mouvant ſexe feminin.* A quoi Pentagruel dit : Quel diable de langage eſt ceci? Ce n'eſt que latin écorché, dit le truchement; & lui ſemble qu'il eſt éloquent-orateur pour ce qu'il dédaigne l'uſance commune de parler. Or le licencié croyant que l'étonnement & ébahiſſement de Pentagruel venoit pour admirer la haute beauté de cette élocution, ſe reguinda encore plus haut & plus obſcur, ſi que par la longueur de périodes, pouſſa patience à bout. — Parbleu, dit à part ſoi Pentagruel, je t'apprenderai quelle eſt la vraie & naturelle éloquence. Puis demanda au licencié, de quel pays il étoit? A quoi répondit ainſi le licencié: *L'illuſtriſſime & honoriférante propagation de mes aves & ataves tire ſon origine primordiale des régions Lémoviciennes.* — J'entends bien, dit Pentagruel; tu n'es qu'un Limoſin, & tu veux faire le Démoſthène de Grèce. Or, viens-çà que je te donne un tour de peigne. Lors le prit à la gorge, diſant : tu écorches le latin; moi j'écorcherai le latiniſer. Si fort lui ſerroit la gorge, que le pauvre Limoſin commence à crier en Limoſin : *Vée, dicou gentillatré; hé! ſaint Marſau; ſecoura-me; hau, hau, laiſſas à quou, au nom de Diou, & ne me toucas grou.* — Ah! dit Pentagruel, en le laiſſant, voilà comment je te voulois remettre en droit chemin de vraie éloquence; car à cette heure viens-tu de parler comme nature, & grand bien te faſſe icelle correction. *Rabelais.* »

La femme muette.

« Dans un certain pays barbare & non policé en mœurs, il y avoit aucuns maris bourrus, &

Encyclopédiana.

à chef mal timbré, ce que ne voyons mie parmi nos pariſiens, dont grande partie, ou tout pour le moins, ſont merveilleuſement raiſonnans & raiſonnables; auſſi onques vit-on arriver à Paris grabuge ni maléfice entre maris & femmes. Or en ce pays-là, tant différent de celui-ci nôtre, y avoit un mari, ſi pervers d'entendement, qu'ayant acquis en mariage une femme muette, s'en ennuya; & voulant ſoi guérir de cet ennui, & elle de ſa muetterie, le bon inconſidéré mari voulut qu'elle parlât, & pour ce eut recours à l'art des médecins & chirurgiens, qui, pour la démuetir, lui inciſerent & biſtouriſerent un enciliglote adhérant au filet; bref elle recouvra ſanté de langue, & icelle langue voulant récupérer l'oiſiveté paſſée, elle parla tant, tant & tant, que c'étoit bénédiction : ſi ne laiſſa pourtant le mari bouru de ſe laſſer de ſi planthereuſe parlerie : il recourut au médecin, le priant & conjurant, qu'autant il l'avoit mis de ſcience en œuvre pour faire caqueter ſa femme muette, autant il en employât pour la faire taire. Alors le médecin, confeſſant que limité eſt le ſavoir médicinal, lui dit qu'il avoit bien pouvoir de faire parler femme, mais que faudroit art bien plus puiſſant pour la faire taire. Ce nonobſtant, le mari ſupplia, preſſa, inſiſta, perſiſta; ſi que le ſavantiſſime docteur découvrit en un coin des regiſtres de ſon cerveau, remède unique & ſpécifique contre icelui interminable parlement de femme, & ce remède, c'eſt ſurdité de mari. Oui-da, fort bien, dit le mari; mais de ces deux maux, voyons quel eſt le pire, ou entendre ſa femme parler, ou ne rien entendre du tout. Le cas eſt ſuſpenſif, & pendant que le mari là-deſſus en ſuſpens étoit, médecin d'opérer, médecin de médicamenter par proviſion, ſauf à conſulter par après. Bref, par certain charme de ſortilége médicinal, le pauvre mari ſe trouva ſourd, avant qu'il eût achevé de délibérer s'il conſentiroit à ſurdité. L'y voilà donc, & il s'y tint faute de mieux; & c'eſt comme il faudroit agir en opération de médecine. Qu'arriva-t-il ? Ecoutez, & vous le ſaurez : Le médecin, à fin de beſogne, demandoit force argent, mais c'eſt à quoi ce mari ne peut entendre, car il eſt ſourd comme voyez; le médecin pourtant, par beaux ſignes & geſtes ſignificatifs, argent demandoit & redemandoit, juſqu'à s'irriter de colère; mais en pareil cas, geſtes ne ſont entendus, à peine entendon paroles bien articulées, ou écritures atteſtées & réitérées par ſergens intelligibles. Le médecin donc ſe vit contraint de rendre l'ouie au ſourd, afin qu'il entendît à payement, & le mari de rire, entendant qu'il entendoit; puis de pleurer par prévoyance de ce qu'il n'entendroit pas Dieu tonner, dès qu'il entendroit parler ſa femme. Or de tout ceci, réſulte concluſion moralement morale, qui dit, qu'en cas de maladie

T t

» & de femmes époufées, le mieux est de fe
» tenir comme on est, de peur de pis ». *Rabelais.*

Eccléfiastique dupe de fa charité.

Un eccléfiastique, furpris par la nuit au milieu
de la campagne, rencontre un voleur, qui, content de lui dérober un manteau, le laiffe pourfuivre fon chemin. Mais le bon eccléfiastique,
moins touché de cette perte que de celle de l'ame
du voleur, penfe que le feul moyen de lui fauver
ce dernier péché, est de lui remettre fon vol. Il
revient, en conféquence, fur fes pas, & dit au
voleur, « Mon ami, je vous fais préfent du man-
» teau que vous m'avez pris ». Comme vous
êtes dans votre quart d'heure de libéralité, lui dit
le voleur, je vais en profiter : il lui ôta auffi-tôt
fon habit. L'eccléfiastique, qui fentit le froid, fentit auffi refroidir fa charité ; il dit au voleur, que
pour fon jufte-au-corps, il ne lui donnot pas, &
qu'il le lui feroit rendre en l'autre monde. —
Puifque vous me faites crédit jufques-là, reprit
le voleur, je vais encore vous ôter le refte de vos
habits ; & il le dépouilla jufqu'à la chemife.

Mari à bon marché.

Une jeune villageoife, nommée Nicole, ayant
bonne envie de fe marier, avoit reçu de la dame
du lieu dix écus pour fe former une dot. La dame
voulut voir le prétendu ; Nicole le lui préfente :
c'étoit un Limofin, petit & fort laid. Ah ! ma fille,
lui dit cette dame en le voyant, quel amoureux
as tu choifi là ? Hélas ! madame, lui répondit la
naïve Nicole, que peut-on avoir pour dix écus ?

Doit-on juger des gens à la mine ?

Un évêque témoignoit du mépris à un pauvre
curé, qu'il regardoit comme un ignorant à caufe
de fon air fimple. Je fuis perfuadé, lui dit-il un
jour, que vous ignorez les premiers élémens du
catéchifme. Combien y a-t-il de péchés capitaux ?
Il y en a huit, répondit le curé. Je ne me fuis
pas trompé, reprit le prélat, dans le jugement
que j'ai fait de votre fcience. Dites-moi, je vous
prie, quel est l'âne d'évêque qui vous a fait
prêtre, & quels font ces huit péchés capitaux ?
C'est vous, monfeigneur, répondit le curé, qui
m'avez conféré les ordres ; à l'égard des péchés
capitaux, outre les fept que tout le monde connoit, on doit y ajouter un huitième, qui est le
mépris qu'on fait des pauvres prêtres.

L'ingrat puni.

« Mathieu Gras perdit une bourfe de velours,
dans laquelle il y avoit cent ducats. Elle fut
trouvée par un pauvre compagnon, qui prit un
d'iceux, & acheta un bonnet. Ce que venu à la

notice du perdant, vint à celui qui l'avoit trouvée,
le priant de la rendre ; ce qu'il fit foudainement,
difant voilà votre bourfe, il ne s'en faut que d'un
ducat. Gras commence grandement à fe cour-
roucer, & difant avec colère, tu m'as volé mon
argent, je ne prendrai pas la bourfe que tout n'y
foit ; & à la fin le fit citer pardevant le juge,
lequel, après avoir ouï l'une & l'autre partie,
dit à Mathieu Gras : Tu as perdu ta bourfe où
il y avoit cent ducats ? Oui, dit Mathieu. Oh
bien, celle-ci n'est pas la tienne, car il n'y en
a que nonante-neuf ; difant auffi à celui qui l'avoit
trouvée : Tiens, garde la, ce n'est pas la fienne,
qu'il la voife chercher s'il veut ». *Voyez un recueil
de facéties, mots fubtils, imprimé en 1582.*

Soupe au caillou.

Deux moines paffant dans un village de Normandie, entrèrent, à l'heure du dîner, dans la
maifon d'un payfan. Ils n'y trouvèrent point de
cuifine. Le père & la mère étoient aux champs ;
& les enfans qui étoient de garde au logis ne
pouvoient être d'un grand fecours à ces religieux.
Ils leur allumèrent pourtant du feu & leur préfentèrent du cidre ; mais ce n'étoit pas affez pour
des gens qui avoient envie de dîner. De peur d'effrayer les petits payfans, les moines n'oferent pas
demander tout d'un coup ce dont ils avoient
befoin ; mais, pour commencer par quelque chofe,
ils proposèrent d'abord une foupe. On leur répondit
qu'il n'y avoit rien pour la faire. — Quoi ! dirent
les moines, vous ne favez donc pas que nous
faifons nos foupes avec un caillou ? — Un caillou,
répondirent ces pauvres enfans ; cela doit être
curieux. — Vraiment fans doute, dirent les religieux, & très-curieux. Si vous voulez, nous vous
enfeignerons notre fecret ; vous n'avez, pour cela,
qu'à nous donner de l'eau & un caillou bien propre.
Ce qui fut dit, fut fait.

On leur porta des cailloux à choifir ; & après
qu'on en eut bien lavé un, & mis dans une
marmite pleine d'eau, & que la marmite eut été
pofée fur le feu, on s'affit pour attendre qu'il fût
cuit. La marmite bouilloit à force, & le caillou
ne cuifoit point. Ces enfans y regardoient à tous
momens de la meilleure foi du monde. Enfin nos
religieux, que la faim preffoit, commencèrent à
s'impatienter. Ils accuferent l'eau de ce retardement, & dirent qu'il falloit qu'elle ne fût pas
bonne, & qu'on ne pourroit y remédier qu'en
jettant du fel dedans. On leur en donna ; mais
comme l'effet n'en fut pas affez prompt, ils crurent qu'il feroit à propos d'y joindre auffi du
beurre.

Ces enfans, attentifs à cette nouvelle façon de
faire de la foupe, donnoient tout ce qu'on leur
demandoit ; fi bien que les moines, après avoir
obtenu le fel, le beurre, les envoyèrent au jardin

eueillir des choux, des oignons, & toutes fortes de légumes, qui furent plutôt cuits que le caillou. C'eſt aſſez, dirent-ils alors, il n'y a qu'à dreſſer le potage. On leur apporta du pain, ils firent une ſoupe excellente; le caillou fut ſervi deſſus en guiſe de chapon, un peu dur à la vérité; auſſi n'y toucha-t-on point. Les moines dirent qu'il falloit l'enfermer bien proprement, & qu'on pouvoit encore en faire une autre ſoupe. Cependant celle-là fut trouvée bonne, au grand étonnement des pauvres enfans, qui ne faiſoient point attention au ſel, au beurre, ni aux choux qu'ils avoient apportés pour faire cuire le caillou. Pluſieurs perſonnes riront de la ſimplicité de ces enfans, &, comme eux, ſe laiſſeront attraper par le premier aigrefin qui connoîtra la tournure de leur eſprit.

Tempête de Rabelais.

« En notre nauf étions avec Pentagruel le bon; joyeuſement tranquilles, & étoit la mer tranquillement triſte; car Neptune, en ſon naturel, eſt mélancolique & ſonge-creux, pour ce qu'il eſt plus flegmatique que ſanguin. Bonaſſe traitreuſe nous invitoit à molle oiſiveté, & oiſiveté nous invitoit à boire: or à boiſſon vineuſe mêlions ſauciſſes, poutargue & jambons, outremer ſalés, pour plus faire ſentir & contraſter ſuavité nectarine, douce, non comme; mais plus que lait. Oh! que feriez mieux, nous cria le pilote, au lieu d'icelles ſalines, manger viandes douces, pour ce qu'incontinent, ne boirez peut-être que trop ſalé, ce que diſoit le pilote par pronoſtication; car pilotes, ainſi que chats en goutieres, fleurent par inſtinct pluies & orages. Et de fait, le beau & clair jour qui luiſoit, perdant peu-à-peu ſa tranſparence lumineuſe, devint d'abord comme entre chien & loup, puis brun obſcur, puis preſque noir, puis ſi noir, ſi noir, que fûmes ſaiſis de malpeur; car autre lumière n'éclaira plus nos faces blêmes & effrayées, que lueurs d'éclairs fulminans par crévemens de flambantes nuées, avec millions de tonnerres tonigrondans ſur tous les tons & intonnations des orgues de Jupin; les pédales, pou, dou, dou, ici cromornes, ton, ron, ron, ron, & cla, cla, cla, cla, cla; miſéricorde, diſoit Panurge, détournez l'orage, onnez les cloches; mais cloches ne ſonnèrent, car en pleine mer cloches n'y avoit pour lors: voilà tout en feu, voilà tout en eau, bouraſques de vents, ſifflemens horrifiques; cela fait trois élémens, dont de chacun trop avions; n'y avoit que terre qui nous manquoit, ſinon pourtant que fondrières marines furent ſi profondes, qu'en fin fond d'abîmes ouverts, eut-on pu voir harengs ſur ſable; & morues engravées: or du fond d'iceux abîmes, vagues montoient aux nues, & d'icelles nues ſe précipitoient comme torrens, montagnes d'eau, ſoi-diſant vagues; deſquelles aucunes

tombant ſur la nauf, Panurge, qui de frayeur extravaguoit, diſoit: Ho, ho, ho, quelle pluie eſt ceci? vit-on jamais pleuvoir vagues toutes brandies? Hélas! be, be, be, be, je nage; bou, bou, bou: ah! maudit cordonnier, mes ſouliers prennent l'eau par le collet de mon pourpoint. Ah! que cette boiſſon eſt amère. Hola, hola, je n'ai plus ſoif. Te tairas-tu, crioit frère Jean; & viens plutôt nous aider à manœuvrer. Où ſont nos boulingues? Notre trinquet eſt à vau-l'eau. Amis! à ces rambades; enfans! n'abandonnons le tirados. A moi! à moi! par ici, par là-haut, par là-bas. Viens donc, Panurge; viens, ventre de ſol; viens donc! Hé! ne jurons point, diſoit piteuſement Panurge; ne jurons aujourd'hui, mais demain, tant que tu voudras; il eſt maintenant heure de faire des vœux & promettre pélerinage. Ha, ha, ha, ha; ho, ho, ho, ho, je nage; boubi, boubous; ſommes nous au fond? Ah! je me meurs. Mais viens donc ici nous aider, crioit frère Jean; au lieu de moribonder, mets la main à l'eſtaranſol; gare la pane; haut amure, amure bas. Peſte ſoit du pleurard, qui nous eſt nuiſible au lieu de nous aider. Ha! oui, oui, oui, reprenoit Panurge, vous ſuis nuiſible; mettez-moi donc à terre, afin que puiſſiez à l'aiſe manœuvrer tout votre ſaoul. Or icelle tempête, ou tourmente, comme voudrez; commença à prendre fin à force de durer, comme toutes choſes mondaines. Terre! terre! cria le pilote: & jugez bien quelle jubilation s'enſuivit, à quoi prit la plus forte part le craintif Panurge, qui, deſcendant le premier ſur Karène, diſoit: O trois & quatre fois heureux jardinier, qui plante choux! car au moins a-t-il un, & l'autre n'en eſt éloigné que du fer de la bêche ».

Les jeunes mariés.

Le 18 octobre 1609, la fille du comté de Créqui, âgée de neuf à dix ans, avoit été accordée en mariage au marquis de Roſni, fils du duc de Sulli. Le miniſtre Dumoulin, voyant approcher la mariée, dit: *Préſentez-vous cet enfant pour être baptiſé?* La mariée, d'ailleurs, étoit catholique & voilée à la romaine.

Le curé & ſa jument.

Un curé, monté ſur ſa jument, s'en alloit au marché. Il apperçoit, dans ſon chemin, un mûrier chargé de très belles mûres. Il fut tenté d'en manger, & pour atteindre à l'arbre il ſe mit debout ſur la ſelle. Ce mûrier étoit planté au milieu d'un buiſſon d'épines & de ronces. Le bon curé, admirant la tranquillité de ſa jument: « Je ſerois » dans un grand embarras, dit-il, ſi quelqu'un » alloit lui crier, *hez* ». Il prononça ce mot ſi haut, que la jument partit, & voilà notre cavalier dans le buiſſon. La femme au curé, dit le *conte*,

& fes domeftiques, voyant arriver la jument fans leur maître, furent effrayés; ils croyoient qu'il lui étoit arrivé quelque malheur. Ils courent auffi-tôt le chercher, & le trouvent au milieu des épines, où il s'étoit déchiré tout le corps. L'auteur du *conte* finit par ce proverbe: « Il ne faut pas toujours dire ce que l'on penfe ». *Ordéne de Chevalerie*.

L'invalide.

Un vieux baron, fire de Beaumanoir,
Devenu borgne au métier de la guerre,
Par bienféance avoit un œil de verre,
Qu'à fon coucher un page alloit le foir,
Sur une affiette, humblement recevoir.
Or, une fois que le page, peut-être
Malade étoit, peut-être étoit abfent;
Un valet neuf, mal inftruit, innocent,
Fut, en fon lieu, chargé de comparoître.
Le bon vieillard, fans faire de façon,
Tout comme au page, à ce nouveau garçon
Livre fon œil, puis dit fa patenôtre.
Point cependant le valet ne s'en va.
Hé! dit le maître, ami, qu'attends-tu là?
J'attends, monfieur, que vous me donniez l'autre.

Le maître & fes efclaves.

Au tems jadis fut un marchand romain,
Homme naïf, qui, fur la mer Egée,
Surpris un jour d'un ouragan foudain,
Faillit à voir fa barque fubmergée.
Dans ce péril, à tout événement,
Il voulut faire un mot de teftament;
Et comme alors, effrayés de l'orage,
Autour de lui fes efclaves trembloient,
Levoient au ciel les mains, fe défoloient,
Pour les remettre: « Amis, dit-il, courage;
» Malgré le vent, contre nous irrité,
» Raffurez-vous avant notre naufrage,
» Je vous promets à tous la liberté ».

CONTEUR. Tout *conteur* fe répète, voilà le grand inconvénient du métier. Un *conteur* de profeffion, auquel on reprochoit ce défaut, répondit affez naivement: « Il faut bien que vous » me permettiez de vous redire de tems en tems » mes petits contes, fans cela je les oublierois ».

Quelqu'un vantoit beaucoup une perfonne qui contoit très-bien, qui jouoit même fes contes; il difoit que c'étoit un homme très-bon à voir. Pour un jour, ajouta quelqu'un, & à fuir enfuite.

CONTI (François-Louis Prince de), mort en 1709.

Ce prince fut élu roi de Pologne en 1697, &

auffi-tôt détrôné par fon rival l'électeur de Saxe. Il devint par fon efprit, par fes lumieres & fon caractère, les délices du monde, de la cour, des armées, du peuple. Louis XIV étoit, à quelques égards, envieux de fon mérite, & quoique ce prince eût les plus grands talens pour la guerre, Louis XIV affecta de ne le nommer pour commander l'armée de Flandres, que lorfqu'il vit fa fanté défefpérée. Sa mort fut regardée comme une calamité publique.

Un courtifan qui étoit mal avec le prince de *Conti*, l'accufoit d'avoir parlé au roi contre lui; ce prince répondit, » fi j'étois affez heureux pour » avoir fouvent des audiences particulières de » fa Majefté, mes amis s'en appercevroient plu-» tôt que mes ennemis «.

CONTINENCE. Armand de Maillé de Brezé, amiral de France, reçut à Paris la vifite d'une dame de condition du Poitou: elle avoit quitté fa province, pour venir pourfuivre un procès. L'argent lui manquoit; la partie adverfe étoit puiffante; elle expofa ingénuement fa fituation à M. de Brezé: les malheureux trouvent toujours des protecteurs dans les ames vraiment grandes. Sur le champ, il lui donna trois cents louis; un de fes cochers eut ordre de fe rendre tous les matins à la porte de cette dame. Lui-même voulut voir & folliciter fes juges; elle gagna fon procès. Pénétrée de reconnoiffance, & ne fachant comment la lui témoigner, elle alla le remercier, accompagnée de fa fille, qui étoit jeune & belle. » Monfieur, » lui dit-elle, vos fervices font bien au-deffus de » tout ce que je pourrois faire pour les reconnoî-» tre: il n'y a que ma fille qui puiffe m'acquitter » auprès de vous «.

L'amiral fut révolté d'un pareil difcours. Une mere oublioit ce qu'elle devoit à la vertu & à elle-même; il s'en fouvint: c'étoit une de ces ames qui fait le bien pour le plaifir de le faire, & à qui un acte de vertu coûte moins qu'un crime aux autres. Il écarte la demoifelle vers une fenêtre, & lui parlant avec furprife de ce qu'il venoit d'entendre, il lui infinua que fon innocence n'étoit point en fureté auprès d'une mere capable de s'oublier à ce point. La jeune perfonne laiffe couler des larmes, & lui avoua que depuis quelque temps, elle penfoit à être religieufe. L'amiral fe défia d'abord de fon deffein; mais voyant qu'elle y étoit bien affermie, il la conduifit fur l'heure dans un monaftère, qu'elle lui avoit indiqué, & paya d'avance tout ce qu'il falloit pour la penfion de fon noviciat. Ce ne fut point affez; toujours généreux, toujours digne de fa vertu, quelques jours avant fa profeffion, il fit remettre à la fupérieure huit mille livres, dont il voulut que le don fût paffé au nom de la demoifelle, fans que le fien y parût. Il eft à propos d'obferver que l'amiral étoit très-jeune; il n'avoit que vingt-fept ans, quand il fut tué d'un coup de canon au siége d'Orbitello, le 14 juin 1646.

Spurina, jeûne homme Romain, extrêmement beau, voyant que plusieurs femmes étoient passionnées pour lui, ce qui le rendoit odieux & suspect aux maris, se défigura entièrement le visage, préférant, par cette difformité, de prouver sa *continence*, plutôt que de tenter par sa beauté la passion de quelques femmes.

CONTRADICTION. La *contradiction* est principalement insupportable à ceux qui parlent par humeur & sans principes. Ce seroit même souvent un cruel moyen de se venger d'eux, que de les contredire. Un curé donnant dans un rigorisme excessif, soutenoit que les festins des noces étoient de l'invention du diable. Quelqu'un lui objecta là-dessus que Jesus-Christ y avoit pourtant assisté, & qu'il avoit même daigné y faire son premier miracle, pour prolonger la gaieté du festin. Le curé, un peu embarrassé, répondit en grondant, *ce n'est pas ce qu'il a fait de mieux.*

CONTREBANDIERS. Un homme imagina un plaisant moyen de faire entrer du tabac en contrebande. Il arrangea plusieurs rouleaux, qu'il attacha de manière qu'ils avoient la forme extérieure d'un homme. Il habilla ce fantôme; rien n'y manquoit, juste-au-corps, veste, culotte, bas, souliers; le visage & les mains étoient de cire qui imitoient parfaitement le naturel : il avoit une perruque & un chapeau. Deux grands laquais, qui avoient de belles livrées, le portoient comme un paralytique sans mouvement qu'on ramenoit chez lui, & qui venoit tout-à-coup d'être saisi d'un mal extraordinaire. Ils passèrent ainsi cet homme-là à la barbe des commis, sans qu'ils soupçonnassent la fraude.

Des *contrebandiers* firent choix d'un voiturier qui avoit l'air ingénu, mais qui étoit mâdré dans le fond, pour passer leurs marchandises; cet homme conduisoit tranquillement sa charrette, chargée de plusieurs coffres où la clef étoit à la serrure; sur ces coffres on avoit mis des matelats, des lits & autres meubles.

Le voiturier, approchant de Paris, fut d'abord arrêté à la barrière par les commis, qui lui demandèrent, s'il n'avoit point de contrebande dans sa voiture : »Voyez, Messieurs, dit-il, d'un air in-»génu, je ne cherche pas à vous tromper«. Les commis trouvèrent dans les coffres des étoffes de perse & d'indiennes, qui étoient de la contrebande; ils virent que le voiturier n'étoit point étonné; ils le crurent dans la bonne foi, & se félicitèrent cependant de leur prise. Ils demandèrent où il alloit conduire sa voiture? Il leur nomma une rue dans le fauxbourg saint Germain, & un nom en l'air qu'il donna au maître prétendu.

Il faut d'abord, lui dit l'un des commis, conduire la voiture à la douane, & ils firent escorter la charrette par deux d'entre eux. Le voiturier feignant de ne rien comprendre à tout cela, partit avec l'escorte. Quand on eut perdu de vue le bureau des commis, voilà six soldats aux Gardes qui parurent; ils s'approchent des commis, les regardant au visage, & tout d'un coup feignant de les reconnoître pour déserteurs : »Ah! dirent-ils, »voilà nos gaillards, que nous cherchons depuis »si long-temps, Messieurs les déserteurs, vous »ne nous échapperez point.« En disant cela, ils se saisirent des deux commis, malgré leurs protestations, les conduisirent à la prison de saint Martin, où ils les firent écrouer comme déserteurs. Pendant ce temps-là, le voiturier eut le temps de conduire la voiture au lieu de sa destination, & il entra ainsi dans Paris pour plus de cent mille livres de marchandises mêlées avec d'autres.

CONVERSATION. Il y a des sots qui brillent dans la *conversation* par un certain clinquant, une audace à s'exprimer & à changer de sujets que les gens d'esprit ne possèdent pas, parce que l'étude & la réflexion rendent ces derniers circonspects. C'est ce qui fait que dans la société, les uns & les autres passent quelquefois pour ce qu'ils ne sont pas.

Ce ne sont pas même toujours les auteurs qui brillent le plus dans la *conversation*. Le talent de parler sur le champ, demande un homme qui pense promptement & nettement. Or combien de beaux-esprits qui ne peuvent développer leurs pensées que par la méditation? M. Nicole, l'un des premiers écrivains du siècle passé, étoit de ce nombre; il fatiguoit même ceux qui l'écoutoient : Aussi, disoit-il, au sujet de M. de Tréville, qui parloit facilement : *il me bat dans la chambre, mais il n'est pas plutôt au bas de l'escalier que je l'ai confondu.*

Duclos n'écrivoit jamais sans s'être auparavant entretenu plusieurs fois avec ses amis sur la matière qu'il avoit dessein de traiter; & cela non pas pour mendier des idées, mais pour en faire naître chez lui par la chaleur de l'imagination qu'il se procuroit en parlant : »Avec ce secours, disoit-il, »je trouve en un moment ce qui m'auroit coûté »des journées entières dans mon cabinet, & que »peut être même je n'aurois pu trouver. Je parle »à mon laquais, faute d'un auditeur plus »compétent : cela anime toujours plus, que de »penser tout seul«.

M. Duclos n'étant encore que de l'académie des belles-lettres, & n'ayant donné que les confessions, & Madame de Luz, qu'il n'avoit pas même avouées, eut une assez longue *conversation* avec M. de Fontenelle sur un point de littérature. Quand M. Duclos eut cessé de parler, M. de

Fontenelle fut fi content de ce qu'il venoit d'entendre, qu'il lui dit : » Vous devriez écrire, faire » quelque ouvrage. — Et fur quoi, lui demanda M. Duclos ? — M. de Fontenelle répondit : » Sur » ce que vous venez de me dire «.

Les hommes en général recherchent moins l'inftruction que les applaudiffemens. C'eft donc un moyen fûr de déplaire dans la *converfation*, que d'y paroître plus occupé de foi que des autres. L'illuftre Racine, dans la vue de dégoûter un de fés fils de la manie des vers, & dans la crainte qu'il n'attribuât à fes tragédies les careffes dont quelques grands feigneurs l'accabloient, lui difoit fouvent : » Ne croyez pas que ce foient mes vers » qui m'attirent toutes ces careffes ; Corneille fait » des vers cent fois plus beaux que les miens, & » cependant perfonne ne le regarde : on ne l'aime » que dans la bouche de fes acteurs ; au-lieu que » fans fatiguer les gens du récit de mes ouvrages, » dont je ne leur parle jamais, je me contente de » leur tenir des propos amufans, & de les entre- » tenir de chofes qui leur plaifent. Mon talent » avec eux n'eft pas de leur faire fentir que j'ai de » l'efprit, mais de leur apprendre qu'ils en ont. » Ainfi, quand vous voyez monfieur le Duc paf- » fer fouvent des heures entières avec moi, vous » feriez étonné, fi vous étiez préfent, de voir que » fouvent il en fort fans que j'aie dit quatre paro- » les ; mais peu-à-peu je le mets en humeur de » caufer, & il me quitte encore plus fatisfait de » lui, que de moi «.

COOK (Jacques), né en 1725, mort en 1780. Cet illuftre voyageur de mouffe, charbonnier s'élevant de grade en grade, parvint à celui de capitaine de vaiffeau.

Il partit pour fon premier voyage autour du monde, avec MM. Banck & Solander, en juillet 1768. Il revint à Londres en 1771, & repartit en juin 1772, avec M. Forfter. Il pénétra jufqu'au foixante-onzième degré de latitude méridionale, où il fut arrêté par les glaces. Revenu en Europe en 1775, il repartit encore un an après ; il arriva au mois d'août 1777 dans l'ifle de Taïti, où il s'étoit arrêté dans fon fecond voyage. Il pouffa fort loin fa route du côté du détroit qui fépare l'Afie de l'Amérique ; mais des montagnes de glace l'obligèrent encore de cingler d'un autre côté ; il débarqua dans l'ifle d'Orwhyhe, & y fut maffacré par les infulaires.

Il avoit époufé fa pupile, lorfqu'elle eut atteint fa quinzième année. A cette occafion, Cook partant pour un de fes grands voyages, difoit à fes amis : *Le printemps de ma vie a été orageux, mon été eft pénible ; mais je laiffe dans ma patrie un fonds de bonheur qui embellira mon automne.* Il ne croyoit pas que la mort l'attendoit à trois mille lieues de fon pays.

COQUETTERIE. C'eft dans les femmes le defir de plaire à plufieurs hommes. Examinez une coquette au milieu d'une troupe fémillante de jeunes gens ; elle fourit à l'un, parle à l'oreille à l'autre, foutient fon bras fur un troifième, & fait figne aux deux autres de la fuivre.

La Célimène du Mifanthrope, inftruite que fes amans font jaloux les uns des autres, les raffure tour-à-tour par le mal qu'elle dit à chacun d'eux de fes rivaux ; d'où l'on voit que les coquettes font toujours fauffes.

On a propofé ce problème de *coquetterie :* Chloé, jeune bergère, a deux amans ; elle les regarde comme la gloire de fes charmes ; & pour les retenir auprès d'elle, s'interdit tout ce qui pourroit déceler le fecret de fon cœur. Chaque amant, en particulier, fe croit le plus aimé, & redouble fes foins pour faire prononcer fa victoire. Mais la coquette Chloé éloigne toujours ce moment fatal. Preffée à la fin de s'expliquer, elle leur donne un rendez-vous. Elle va, dit-elle, dévoiler fon cœur tout entier. Quel triomphe ! quelle gloire pour l'amant préféré ! Ils arrivent enfemble au rendez-vous : l'un d'eux avoit une couronne de fleurs. Chloé affife fur un lit de verdure, & pareillement couronnée de fleurs, fe leve auffitôt qu'elle les apperçoit, ôte fa couronne, la met fur la tête de celui qui n'en avoit pas, & prend celle de l'autre amant pour s'en couronner. Chloé s'eft expliquée ; quel eft l'amant favorifé ?

On pourroit encore faire ici la même queftion. Aglaé affife à table avec trois amans, fourit à l'un, boit dans le verre de l'autre, & preffe *le pied du troifième.*

Madame de C..... fut une de ces coquettes célèbres, qui font beaucoup d'honneur à leur métier par les pratiques illuftres qu'elles ont ; l'éclat de fes intrigues, lui attira une lettre-de-cachet, qui la réléga dans une ville de province, fort éloignée de Paris ; elle foupçonna M. de Harlay de lui avoir caufé cette difgrace ; elle alla lui faire fes plaintes. Ce magiftrat peu fenfible à fon malheur, prit le parti de la railler. » Vous en par- » lez bien à votre aife, lui dit-elle ; vous feriez » bien embarraffé, fi on vous réléguoit au fond » de la baffe Bretagne. — Il eft vrai, répondit » le magiftrat, que mon embarras feroit plus grand » que le vôtre ; car vous pouvez faire votre mé- » tier par-tout, & je ne puis faire le mien qu'à » Paris «.

CORDELIER. Un *cordelier* en voyage fe trouva pris par la nuit, & ayant rencontré la maifon d'un feigneur, il fe perfuada qu'il y feroit bien reçu : on lui fit en effet un bon accueil ; le feigneur cependant voyant fon hôte embarraffé, réfolut de fe divertir à fes dépens ; il le pria donc de paffer le lendemain chez lui, & lui propofa une partie de chasse : il avoit dessein de lui faire monter un cheval extrêmement fougueux, & qui ne pouvoit être dompté que par un seigneur voisin ; on lui avoit donné le nom de *diable*. Le *cordelier* eut vent du tour qu'on vouloit lui jouer ; mais comme il savoit fort bien se rendre maître d'un cheval, il dissimula tout, & ne monta dessus qu'après bien des grimaces, affectant beaucoup de crainte ; mais ensuite s'étant bien assuré, il commença à piquer le cheval & à courir au grand galop. Le seigneur ne pouvant le suivre, lui cria de s'arrêter ; le *cordelier* lui répondit d'un ton railleur, *le diable m'emporte ! le diable m'emporte !* Après quoi il se mit à courir sur de nouveaux frais, & se réfugia dans une maison de son ordre, sans que le seigneur ait jamais eu depuis aucune nouvelle de son cheval.

CORNEILLE (Pierre), père de la tragédie en France, naquit à Rouen en 1606 : il étoit fils de Pierre *Corneille*, maître des eaux & forêts. Il fut reçu de l'académie françoise en 1647, & mourut doyen de cette académie en 1684, âgé de soixante & dix-huit ans.

Corneille étoit assez grand & assez plein, l'air fort simple & fort commun, toujours négligé, & peu curieux de son extérieur. Il avoit le visage assez agréable, un grand nez, la bouche belle, les yeux pleins de feu, la physionomie vive, des traits fort marqués & propres à être transmis à la postérité dans une médaille ou dans un buste. Sa prononciation n'étoit pas tout-à-fait nette. Il lisoit ses vers avec force, mais sans grace. Il savoit les belles-lettres, l'histoire, la politique ; mais il les prenoit principalement du côté qu'elles ont rapport au théâtre. Il n'avoit pour toutes les autres connoissances ni loisir, ni curiosité, ni beaucoup d'estime. Il parloit peu, même sur la matière qu'il entendoit si parfaitement. Il n'ornoit pas ce qu'il disoit, & pour trouver le grand *Corneille*, il le falloit lire. Il étoit mélancolique. Il lui falloit des sujets plus solides pour espérer ou pour se réjouir, que pour se chagriner ou pour craindre. Il avoit l'humeur brusque, & quelquefois rude en apparence ; au fond, il étoit très-aisé à vivre, bon père, bon mari, bon parent, tendre & plein d'amitié. Son tempérament le portoit assez à l'amour, mais jamais au libertinage, & rarement aux grands attachemens. Il avoit l'ame fière & indépendante, nulle souplesse, nul manège ; ce qui l'a rendu très-propre à peindre la vertu romaine, & très-peu propre à faire sa fortune. Il n'aimoit point la cour, il y apportoit un visage presqu'inconnu, un grand nom qui ne s'attiroit que des louanges, & un mérite qui n'étoit pas le mérite de ce pays là. Rien n'étoit égal à son incapacité pour les affaires, que son aversion. Les plus légères lui causoient de l'effroi & de la terreur. Il avoit plus d'amour pour l'argent, que d'habitude ou d'application pour en amasser. Il

ne s'étoit point trop endurci aux louanges à force d'en recevoir ; mais, quoique sensible à la gloire, il étoit fort éloigné de la vanité. Quelquefois il s'assuroit trop peu sur son rare mérite, & il croyoit trop facilement qu'il pût avoir des rivaux. A beaucoup de probité & de droiture naturelle, il a joint dans tous les temps de sa vie beaucoup de religion, & plus de piété que son genre d'occupation n'en permet par lui-même. Il a eu souvent besoin d'être rassuré par des casuistes sur ses pièces de théâtre, & ils lui ont toujours fait grace en faveur de la pureté qu'il avoit établie sur la scène, des nobles sentimens qui regnent dans ses ouvrages, & de la vertu qu'il a mise jusque dans l'amour.

Le grand *Corneille* fut quelque temps confondu parmi les cinq auteurs que le cardinal de Richelieu faisoit travailler aux pièces dont il donnoit lui-même le plan. Ces cinq auteurs étoient l'Etoile, dont nous avons des mémoires ; Bois-Robert, le bouffon du cardinal ; Colletet, un des plastrons de Boileau : Rotrou, qui n'avoit point encore donné son *Vinceslas* ; & *Corneille* lui-même subordonné aux autres qui l'emportoient sur lui, ou par la fortune ou par la faveur.

Le *Cid*, qu'il fit paroître en 1636, eut un succès si éclatant, qu'il étoit passé en proverbe de dire : *Cela est beau comme le Cid. Corneille* avoit dans son cabinet cette pièce traduite dans toutes les langues de l'Europe, hormis l'esclavonne & la turque. Cette pièce reçut encore un nouveau lustre de la jalousie du cardinal de Richelieu. Ce ministre que toute gloire étrangère offusquoit, enjoignit expressément à l'académie françoise de faire la critique du *Cid*. Mais les académiciens, suivant leurs statuts, ne pouvoient prononcer de jugement sur l'ouvrage d'un autre académicien, leur confrère, sans qu'il y consentît. On fut donc obligé d'avoir une espèce de consentement de *Corneille*, qu'il donna par la crainte de déplaire au cardinal, & qu'il donna pourtant avec assez de fermeté.

On vouloit l'engager à répondre à cette critique de l'académie : *La même raison*, dit-il, *qu'on a eue pour la faire, m'empêche d'y répondre.* Au reste, cette critique est un modèle de goût & de politesse. Elle n'empêcha cependant pas le public de continuer à admirer le *Cid*, parce que cette pièce renferme des beautés encore supérieures à ses défauts.

En vain contre le Cid un ministre se ligue,
Tout Paris pour Chimène a les yeux de Rodrigue.
                                        BOILEAU.

Chimène, comme l'on sait, est l'héroïne de la pièce, & Rodrigue, son amant, en est le héros.

Fontenelle, dans la vie de son oncle, dit que si

ce proverbe, *cela est beau comme le Cid*, a péri, il faut s'en prendre aux auteurs qui ne le goûtoient pas, & à la cour, où c'eût été très-mal parler que de s'en servir sous le ministère du cardinal de Richelieu. Mais l'on pense que ce furent plutôt les nouvelles beautés que *Corneille* déploya dans les *Horaces*, dans *Cinna*, dans *Rodogune*, qui firent passer ce proverbe.

Quand on menaça *Corneille* d'une seconde critique sur la tragédie des *Horaces*, il répondit : *Horace fut condamné par les Décemvirs, mais il fut absous par le peuple.*

C'est la tragédie de *Cinna*, qui a donné lieu à Saint-Evremont de dire que *Corneille* faisoit les Romains plus grands qu'ils ne sont dans l'histoire. La clémence héroïque d'Auguste y est représentée en un si beau jour, que Louis XIV, qui avoit refusé constamment la grace du chevalier de Rohan criminel d'état, se sentit disposé à lui tout pardonner au sortir d'une représentation de *Cinna*. Il l'avoua depuis ; mais personne n'avoit osé alors lui parler une dernière fois en faveur du coupable. Cette anecdote se concilie assez avec les mémoires du marquis de la Fare, qui dit que » personne ne demandant à Louis XIV la grace du » chevalier de Rohan, ce monarque fut tenté de » lui-même de l'accorder «.

Le grand Condé, à l'âge de vingt ans, étant à la représentation de cette pièce, versa des larmes à ces paroles d'Auguste :

Je suis maître de moi comme de l'univers ;
Je le suis, je veux l'être. O siècles ! ô mémoire !
Conservez à jamais ma nouvelle victoire.
Je triomphe aujourd'hui du plus juste courroux,
De qui le souvenir puisse aller jusqu'à vous.
Soyons amis, Cinna ; c'est moi qui t'en convie.

Acte 5, scène dernière.

C'étoient, ajoute un auteur moderne, les larmes d'un héros. Le grand *Corneille* faisant pleurer le grand Condé, est une époque bien célèbre dans l'histoire de l'esprit humain.

Un jour que dans la scène première du même acte, Auguste disoit à Cinna :

Chacun tremble sous toi, chacun t'offre des vœux,
Ta fortune est bien haut, tu peux ce que je veux ;
Mais, tu ferois pitié même à ceux qu'elle irrite,
Si je t'abandonnois à ton peu de mérite.

Le dernier maréchal de la Feuillade, étant sur le théâtre, dit tout haut à Auguste : Ah tu me gâtes le *soyons amis*, Cinna. Le vieux comédien qui jouoit Auguste, se déconcerta, & crut avoir mal joué. Le maréchal, après la pièce, lui dit : » Ce n'est pas vous qui m'avez déplu, c'est Au-

» guste, qui dit à Cinna qu'il n'a aucun mérite, » qu'il n'est propre à rien, qu'il fait pitié, & qui » ensuite lui dit, *soyons amis*. Si le roi m'en di- » soit autant, je le remercierois de son amitié «.

M. de Turenne s'étant trouvé à une représentation de *Sertorius*, s'écria à deux ou trois endroits de la pièce : « Où donc *Corneille* a-t-il » appris l'art de la guerre ? »

Le maréchal de Grammont disoit, à l'occasion d'*Othon*, que « *Corneille* devroit être le bré- » viaire des rois ». Et M. de Louvois, « qu'il » faudroit un parterre composé de ministres d'état » pour juger cette pièce ».

Dans toutes les tragédies grecques faites pour un peuple si amoureux de sa liberté, on ne trouve pas un trait qui regarde cette liberté ; & *Corneille*, né François, en est rempli.

On a écrit que *Corneille* avoit sa place marquée au théâtre, & que lorsqu'il y alloit, tout le monde se levoit par respect, & que le parterre frappoit des mains. Le public assemblé s'est montré, de nos jours, également juste envers Voltaire.

La première tragédie que Racine composa, fut *Alexandre*. Il voulut la montrer à *Corneille*, pour recevoir des leçons de ce maître du théâtre. *Corneille*, après avoir entendu la lecture de la pièce, donna beaucoup de louanges à l'auteur ; mais en même temps il lui conseilla de s'appliquer à tout autre genre de poésie qu'au dramatique, parce qu'il n'y paroissoit pas propre. Ce jugement, dans un homme incapable de jalousie, fait voir qu'on peut avoir de grands talens & être mauvais juge des talens.

Corneille, si élevé, si sublime dans ses écrits, n'étoit plus le même dans la conversation ; il s'énonçoit au contraire d'une manière si sèche, si embarrassée, qu'une grande princesse qui avoit désiré de le voir & de l'entretenir, disoit, « qu'il » ne falloit point l'écouter ailleurs qu'à *l'hôtel de* » *Bourgogne*, » qui étoit l'hôtel des comédiens.

Lorsqu'il récitoit ses vers, il fatiguoit tous ceux qui l'écoutoient ; aussi Boisrobert, à qui *Corneille* reprochoit d'avoir mal parlé d'une de ses pièces, étant sur le théâtre, lui dit : « Comment » pourrois-je avoir blâmé vos vers sur le théâtre, » les ayant trouvé admirables dans le temps que » vous les barbouilliez en ma présence ? »

Corneille a écrit que pour trouver la plus belle de ses pièces, il falloit choisir entre *Rodogune* & *Cinna* ; & ceux à qui il en parloit, démêloient sans beaucoup de peine qu'il étoit pour *Rodogune*.

Il s'étoit marié jeune & assez singulièrement. Il se présenta un jour plus triste & plus rêveur qu'à

qu'à l'ordinaire devant le cardinal de Richelieu, qui lui demanda s'il travailloit. Il répondit qu'il étoit bien éloigné de la tranquillité nécessaire pour la composition, & qu'il avoit la tête renversée par l'amour. Il en fallut venir à un plus grand éclaircissement, & il dit au cardinal qu'il aimoit passionément une fille du lieutenant-général d'Andely, en Normandie, & qu'il ne pouvoit l'obtenir de son père. Le cardinal voulut que ce père, si difficile, vint lui parler à Paris. Il y arriva tout tremblant d'un ordre si imprévu, & s'en retourna bien content d'en être quitte pour avoir donné sa fille à *un homme qui avoit tant de crédit.*

On a dit que le goût de l'étude ne souffroit aucune distraction, & Corneille en fournit une preuve. Un jeune homme, auquel il avoit accordé sa fille, & que l'état de ses affaires mettoit dans la nécessité de rompre ce mariage, se présente un matin chez *Corneille,* perce jusques dans son cabinet : « Je viens, monsieur, lui dit-il, retirer ma parole, & vous exposer le motif » de ma conduite..... Eh! monsieur, réplique » *Corneille,* ne pouvez-vous, sans m'interrompre, » parler de tout cela à ma femme? Montez chez- » elle : je n'entends rien à toutes ces affaires-là. »

La devise de *Corneille* étoit : *Et mihi res non me rebus submittere conor.*

Corneille eut à se louer & à se plaindre du cardinal de Richelieu; aussi fit-il, à la mort de ce premier ministre, les vers suivans :

Qu'on parle bien ou mal du fameux cardinal,
Ma prose ni mes vers n'en diront jamais rien;
Il m'a fait trop de bien pour en dire du mal,
Il m'a fait trop de mal pour en dire du bien.

CORNEILLE. (Thomas)

Thomas *Corneille,* frère du grand *Corneille,* de l'académie françoise & de celle des inscriptions, naquit à Rouen en 1625, & mourut à Andely en 1709. Il courut la même carrière que son frère, mais avec moins de succès, quoiqu'il observa mieux les règles du théâtre. Despréaux avoit raison de l'appeler un *cadet de Normandie,* en le comparant à son aîné; mais il avoit tort d'ajouter qu'il n'avoit jamais pu rien faire de raisonnable. Le satyrique avoit oublié apparemment un grand nombre de pièces, dont la plupart ont été conservées au théâtre, & qui, outre le mérite de l'intrigue, offrent quelques bons morceaux de versification. Ces pièces sont Ariane, le Comte d'Essex, le Geolier de soi-même, le baron d'Albikrac, la Comtesse d'Orgueil, le Festin de Pierre, l'Inconnu. Thomas *Corneille* avoit une facilité prodigieuse dans le travail. Arianne ne lui coûta que dix-sept jours, & le Comte d'Essex fut fini dans quarante.

Cet auteur avoit une mémoire si heureuse,
Encyclopédiana.

que lorsqu'il étoit prié de lire une de ses pièces, il la récitoit tout de suite sans hésiter, & mieux qu'un comédien n'auroit pu faire.

Les succès de l'aîné des *Corneille* étoient un grand obstacle à la réputation du plus jeune; il avouoit lui même son infériorité, & ne désignoit son aîné que par l'épithète du grand *Corneille.* Celui-ci, de son côté, désiroit avoir fait plusieurs des ouvrages de son frère; aveu qui eût pu flatter l'auteur le moins modeste, & qui n'étoit pas un pur effet de générosité.

Despréaux & Racine, qui avoient fait tous leurs efforts pour décrier Quinault, engagèrent Thomas *Corneille* à composer des opéra, afin de supplanter leur ennemi. *Corneille* se laissa persuader, mais il n'y réussit point. Pierre *Corneille,* son frère, avoit aussi voulu s'essayer dans le même genre, & n'avoit pas eu un plus grand succès.

On a remarqué que les deux frères avoient épousé les deux sœurs, en qui il se trouvoit la même différence d'âge qui étoit entr'eux. Il y avoit des enfans de part & d'autre en pareil nombre. Ce n'étoit qu'une même maison, qu'un même domestique. Enfin, après plus de vingt-cinq ans de mariage, les deux frères n'avoient pas encore songé à faire le partage des biens de leurs femmes.

Despréaux disoit de Thomas *Corneille :* « C'est » un homme emporté de l'enthousiasme d'autrui, » & qui n'a jamais pu rien faire de raisonnable. » Vous diriez qu'il ne s'est étudié qu'à copier les » défauts de son frère ».

Gacon fit l'impromptu suivant sur le portrait de Thomas *Corneille :*

Voyant le portrait de *Corneille,*
Gardez-vous de crier merveille,
Et, dans vos transports, n'allez pas
Prendre ici Pierre pour Thomas.

CORNUEL.

Cette dame étoit en réputation, du tems de madame de Sévigné, par ses saillies & ses mots piquans.

Un jour une femme de qualité, qui ne passoit pas sans doute pour la plus sage de la cour, soutenoit devant madame *Cornuel,* qu'une personne de leur connoissance n'étoit point folle : « Bonne comtesse, » répondit-elle, *vous êtes comme les gens qui man-* » *gent de l'ail* ».

Madame de Saint-Loup fut voir madame de *Cornuel,* & lui dit, après avoir passé plus d'une heure avec elle : Madame, on m'avoit bien trompé en me disant que vous aviez perdu la tête. — Vous voyez, lui répondit madame de *Cornuel,* le fond que l'on doit faire fur les nouvelles; on m'avoit dit, à moi, que vous aviez retrouvé la vôtre.

Madame de *Cornuel* étant en la compagnie de jeunes gens mufqués & quinteffencés, difoit qu'il lui fembloit être avec des morts, parce qu'ils fentoient mauvais & ne parloient point.

En parlant de la comteffe de Fiefque, elle difoit, que ce qui confervoit fa beauté, c'eft qu'elle étoit falée dans la folie.

Madame de *Cornuel* ayant à fe plaindre de gens d'affaires, alla trouver un intendant des finances, & attendit fon audience dans l'antichambre, avec les laquais; comme l'intendant lui en fit fes excufes: *Hélas! dit-elle, j'étois fort bien avec eux, je ne les crains point tant qu'ils ont la livrée!*

CORRÉGE (Antonio Allegri, dit le), né dans la petite ville de Corregio, au duché de Modene, l'an 1494, mort en 1534.

Selon toute apparence, le *Corrége* naquit dans la pauvreté. Le prix médiocre qu'il mettoit à fes ouvrages, & fon penchant à fecourir les malheureux, lui procurèrent une vie peu aifée. Il ne dut qu'à la nature fes talens & la délicateffe de fon pinceau. Sans guide, fans modèle, il étoit devenu l'un des premiers artiftes de fon fiècle, & ne foupçonnoit aucunement fa fupériorité, jufqu'à l'événement qui lui en donna quelque idée. Il eut occafion de voir un tableau de Raphaël, le confidéra quelques inftans en gardant un profond filence, & s'écria tout-à-coup, d'un air fatisfait: *Anch'io fon pittore!* Et moi auffi, je fuis peintre!

Le *Corrége* avoit coutume de dire, que fa penfée étoit au bout de fon pinceau.

Cet artifte peignit fur un mur des capucins de Parme, une *Annonciation*, fi généralement eftimée, que lorfqu'on rebâtit leur églife, on prit un foin extrême pour tranfporter en entier la muraille fur laquelle on voit cette excellente peinture; ce qu'on fit à l'aide de plufieurs machines.

Les peintures du dôme de la cathédrale de Parme, où le *Corrége* a furpaffé les beautés de l'art, ne furent point goûtées des chanoines qui avoient commandé l'ouvrage. Quoique le prix convenu fût très-modique, il leur parut trop au-deffus du mérite de l'ouvrier; &, après en avoir rabattu ce qu'ils voulurent, ils le fixèrent enfin à la fomme de deux cents livres, qu'ils eurent encore l'indignité de payer en monnoie de cuivre. L'infortuné *Corrége*, courbé fous le poids de ce qu'il venoit de recevoir, fe mit en chemin pour fe rendre à l'endroit de fa demeure, à deux ou trois lieues de Parme. L'incommodité de cette

charge, la chaleur du jour, la longueur du chemin, le chagrin & le dépit qui lui perçoient le cœur, l'empreffement qu'il avoit de porter du fecours à fa famille indigente, l'eau fraîche d'une fontaine dont il but avidemment, tandis qu'il étoit en fueur; tout fe réunit pour lui occafionner une pleuréfie, qui, au bout de trois jours, termina fa vie & fes infortunes.

Un françois de beaucoup de mérite fe trouvant à Parme, dit au chanoine qui lui faifoit voir l'admirable coupole de la cathédrale: « En » honneur & en confcience, votre chapitre de- » vroit établir à perpétuité un anniverfaire au » malheureux *Corrége*. — En voulez-vous faire » la fondation? » répondit le chanoine en lui riant au nez.

Annibal Carrache, dans une lettre à fon coufin Louis Carrache, décrit, avec la plus grande chaleur, l'impreffion que la vue des ouvrages du *Corrége* avoit faite fur fon ame. — « Tout ce » que je vois ici me confond, dit-il: quel co- » loris! les beaux enfans! ils vivent, ils refpi- » rent, ils rient avec tant de grace & de vérité, » qu'il faut abfolument rire & fe réjouir avec » eux. Mon cœur fe brife de douleur, quand je » fonge au fort malheureux de ce pauvre *Cor- » rége*. Un fi grand homme, fi toutefois il ne » mérite pas plutôt d'être appelé un ange, finir » fes jours fi miférablement, dans un pays où » fes talens n'étoient point connus! ».

Le *Corrége* ayant peint, avec fon coloris ordinaire, une Vierge fur le mur de la maifon de fon compère, à Parme, le peuple, frappé de la beauté de cette image, fentit redoubler fa dévotion pour la Vierge qu'il repréfentoit, & vint en foule lui rendre hommage, en révérant la copie, objet de fon admiration, à laquelle il crut bientôt devoir plufieurs miracles. Le nombre des dévots qui imploroient la *Madonna della Scala*, (Notre-Dame de l'échelle, à caufe de plufieurs marches qu'on monte pour entrer dans cette églife) fut fi grand, que les offrandes qu'on y faifoit, étant raffemblées, fe trouvèrent fuffifantes pour acheter la maifon, & pour y bâtir à la place une magnifique chapelle (oratoire). On a coupé le mur pour mettre fur le grand autel cette Vierge du *Corrége*, à laquelle le peuple continue de témoigner fon eftime par la ferveur ardente de fa dévotion, & par le grand nombre de fes offrandes.

Les Farnèfes, ducs de Parme, témoignèrent le defir le plus vif de joindre le tableau d'une *Sainte-Famille*, fait par le *Corrége*, à leur immenfe collection. Mais les chanoines de la cathédrale, fentant enfin le mérite d'un peintre dont ils avoient caufé la mort, & craignant d'être privés d'un de fes meilleurs ouvrages, déplacèrent le tableau, &, fe le paffant furtivement de main en main, ils le dérobèrent par ce manège, qui dura quarante jou cinquante ans, à l'empreffement & aux recherches du souverain.

CORTEZ (Fernand), gentilhomme efpagnol, mort en 1554, à 63 ans. Il conquit le Mexique, & exerça des cruautés épouvantables contre le souverain & les peuples de ce pays. Ses foldats mirent fur des charbons ardens l'empereur Gatimofin avec un de fes favoris, pour les forcer à découvrir leurs tréfors. Le favori jettoit des cris perçans; mais fon maître, le regardant avec fierté, lui dit : *Et moi, fuis-je donc fur des rofes ?*

Cortez, de retour en Espagne, fut à peine accueilli de Charles-Quint; un jour il s'élança vers la portière de fa voiture, & comme l'empereur lui dit, *qui êtes vous ?* — *Je fuis un homme* (lui dit fièrement le vainqueur des Indes) *qui vous a donné plus de provinces que vos pères ne vous ont laiffé de villes.*

COSMÉTIQUES. Le defir de plaire, naturel au fexe, a fait imaginer, dans tous les tems & dans tous les pays, différens *cofmétiques* dont les femmes font ufage pour s'embellir.

Que n'eft-il poffible de réunir dans un petit coin du monde le fpectacle des belles de tous les climats & des moyens qu'elles employent pour féduire. Il feroit fans doute bien plaifant de voir une groënlandoife, le vifage bariolé de blanc & de jaune, à côté d'une zemblienne, avec des raies bleues au front & au menton; une japonoife à fourcils & lèvres bleus, à côté d'une négreffe du Sénégal, dont la peau eft brodée de différentes figures d'animaux & de fleurs de toutes couleurs, près d'une caraïbe qui s'eft barbouillée de rocou; une femme du royaume de Décan qui s'eft fait découper la chair en fleurs de diverfes nuances; enfin des têtes en pointe, des faces applaties, des vifages plâtrés de verd, de jaune, de blanc, de rouge; d'autres piquetés à ramages avec une aiguille, & peints d'un vermillon ineffaçable; des paupières, des fourcils teints avec de la mine de plomb; des yeux noircis par le moyen de la tutie injectée, des nez écrafés, des pieds devenus petits à force de torture, des bras & des lèvres piquetés de bleu; des cheveux, des pieds & des mains teints en couleur jaune & rouge; des narines & des oreilles percées pour porter des coquilles, des perles, des pierres précieufes.

A ce tableau des fantaifies nationales, trèspiquant par lui-même, fi l'on joint le coftume des habillemens & la bizarrerie des modes, on aura le fpectacle le plus fingulier & le plus pittorefque qui fe puiffe imaginer.

Les anciens péruviens s'arrachoient la barbe avec le plus grand foin; les huns recouroient à un autre expédient, ils brûloient ou ils coupoient la peau du vifage de leurs enfans, afin qu'en la cicatrifant il n'y crût pas de barbe.

La plus cruelle injure qu'on puiffe faire aux indiens de Guito, c'eft de leur couper les cheveux; &, à moins que les groënlandoifes ne foient en deuil, ou qu'elles ne veuillent renoncer au mariage, c'eft auffi un déshonneur pour elles do fe rafer la tête.

Les anciens gaulois aimoient une grande crinière, ils la rougiffoient avec une pommade.

Les germains rendoient blonds leurs cheveux avec un favon compofé de fuif de chèvre & de cendre de hêtre.

Les femmes des îles Mariannes blanchiffent leurs cheveux avec des eaux préparées.

Jofephe dit que les juives les jauniffoient avec de la poudre d'or.

Les maldivois les rafent tous les huit jours, jufqu'à ce qu'ils foient parfaitement noirs.

On ne peut entretenir fa barbe fans en avoir foin, afin de la mieux parer on l'arrange de mille façons différentes. Loyer vit un roi d'Ifini, qui portoit la fienne treffée en 20 petites boucles mêlées de 60 pierres précieufes. D'autres nègres y attachent des grelots.

Il y a des yeux qui font plus d'impreffion les uns que les autres, & lorfqu'on eut imaginé de les peindre, on leur donna la couleur qu'on aimoit le mieux.

Il paroît que cet ufage eft fort ancien, puifque les femmes de la Floride fe frottoient l'intérieur & le tour des yeux avec de la mine de plomb, & que les grecques & les romaines fe les bruniffoient.

Les femmes turques y mettent de la tutie brûlée, pour les rendre plus noirs. A l'aide d'un poinçon d'or ou d'argent, mouillé de falive, elles font paffer doucement cette poudre entre les paupieres & les prunelles.

A la Chine on aime les petits yeux. Les femmes font ce qu'elles peuvent pour empêcher qu'ils ne paroiffent grands; les jeunes filles fe tirent continuellement les paupières, afin de les avoir petits & longs.

Un vifage fans fourcils nous paroît difforme; cependant les nègres de Sierra-Léona, les femmes de l'île Nicobas, celles de plufieurs pays de l'Afie, les bréfiliennes, les anciennes Mofcovites, les japonoifes de la province de Eifen, fe les arrachent.

On ne varie pas moins sur la forme & la couleur qu'on leur donne. Les femmes de la Côte-d'Or les peignent en rouge & blanc; celles d'Yeco les peignent en bleu; les arabes les noircissent; les femmes de l'Asie ne les abattent que pour en faire d'autres avec de la peinture noire; mais elles tournent en haut la pointe de l'arc ou du croissant.

Il falloit bien que la vanité s'attachât aux ongles. Plusieurs peuples les aiment longs; beaucoup d'autres ne peuvent pas leur laisser leur couleur naturelle.

Les lettrés & les docteurs de la Chine les portent de la longueur d'un pouce, pour apprendre qu'ils ne sont pas obligés de travailler.

Hérodote parle d'un peuple qui coupoit ceux de la main droite, & se plaisoit à laisser croître ceux de la main gauche.

Leloubere vit à Siam des danseuses de profession qui, par coquetterie, plaçoient au bout de leurs doigts des ongles soit longs de cuivre jaune.

La *pommade de la comtesse* est connue par une petite anecdote. Un jeune élégant, papillon de toilette, se trouvoit seul un jour dans l'arsénal des graces. Sa main légère a bientôt parcouru les parfums, les essences, les *cosmétiques*.

Pour donner à ses lèvres plus de vermeil, plus de souplesse, & dissiper des feux sauvages, il étend légèrement avec son doigt indiscret la pommade fatale; se regarde au miroir, se contemple, s'admire, s'adonise.

La dame entre, il veut parler, sa bouche se retrecit, le contour de ses lèvres se resserre, il balbutie: la dame étonnée le regarde, jette les yeux sur sa toilette, reconnoît la cause de l'essence, & se met à rire à gorge déployée aux dépens de l'indiscret confus.

COTYS, roi de Thrace, ayant eu en présent plusieurs vases subtils faits & élabourés, fort tendres & aisés à casser, pour être de verre, & ayant bien récompensé le don, il les cassa tous, de peur que par colère, à laquelle il se connoissoit sujet, il se fâchât contre quelques-uns de ses serviteurs, s'ils venoient à les rompre, & qu'il ne les châtiât trop aigrement. *Plutarq. in Apoph.*

COTIN (Charles) mort en 1682. Son nom est devenu une satyre par le ridicule que Boileau lui a imprimé. Cet abbé fut pourtant de l'académie française, & justifia quelquefois son titre d'académicien.

L'abbé *Cotin* fatigué de l'administration de son bien, le donna à un de ses amis, qui s'engagea à lui fournir ce dont il avoit besoin. Ses héritiers voulurent le faire interdire, prétendant que c'étoit un acte de démence; mais les juges ayant été à un de ses sermons, reconnurent qu'il avoit du sens & de l'esprit, & condamnèrent ses parens aux dépens & à des dommages & intérêts.

Cotin écrivit ce billet à une jeune dame.

> Je vous le donne
> Ce petit avis en secret;
> Si votre cœur n'est à personne,
> Et que le mien soit vore fait,
> Je vous le donne.

Il fit aussi ce joli couplet:

> Iris s'est rendue à ma foi;
> Qu'eût-elle fait pour sa défense?
> Nous n'étions que nous trois; elle, l'amour & moi,
> Et l'amour fut d'intelligence.

COULANGES (Philippe Emmanuel de) mort à Paris en 1716, âgé de 85 ans. Il fut d'abord conseiller au parlement, puis maître des requêtes. Etant aux enquêtes du palais, il fut chargé de rapporter une affaire où il s'agissoit d'une marre d'eau, que se disputoient deux paisans, dont l'un s'appelloit Grappin. M. de *Coulanges* se trouvant embarrassé dans le récit du fait, rompit brusquement sa phrase, en disant: » Pardon, » messieurs, je me noie dans la marre à Grap- » pin, je suis votre serviteur ». Il en resta là, & depuis ne rapporta aucune affaire.

Le chevalier de Clermont-Tonnerre s'étant fait minime en 1683, M. de *Coulanges* fit ce couplet sur l'air de Joconde.

> Un jeune cadet de Clermont,
> D'un esprit peu sublime,
> Prit, ces jours passés, dans Lyon
> L'humble habit de minime.
> Ce choix du prélat de Noyon
> Dut échauffer la bile,
> Car, pour son illustre maison,
> C'est une tache d'huile.

COUR & COURTISANS.

La *cour* est un pays où l'on ne dit pas ce qu'on pense, l'on ne pense pas ce qu'on dit, l'on ne fait pas ce qu'on veut, ni bien souvent ce qu'on fait, l'on ne tient pas ce qu'on promet, l'on ne paie pas ce qu'on doit, l'on ne pratique pas ce qu'on croit, & l'on ne croit pas ce qu'on professe.

La *cour* est le temple de la fortune, le prince est l'idole, les courtisans sont tour-à-tour les sacrificateurs & les victimes.

La cour offre à nos yeux de superbes esclaves,
Amoureux de leur chaîne & fiers de leurs entraves,
Qui toujours accablés sous des riens importans,
Perdent leurs plus beaux jours pour saisir des instans.

Qu'il est doux de les voir, dévorés d'amertume,
S'ennuyer par état & ramper par coutume;
Tomber servilement aux pieds des favoris,
Du bien des malheureux mendier les débris,
Et du vil intérêt, ministres & victimes,
Perdre dans les revers le fruit de tant de crimes!

(DE BERNIS.)

La *cour* n'étoit pas un séjour d'amusement pour madame de Maintenon; l'ennui l'accompagnoit sans cesse. » Je n'y peux plus tenir, disoit-elle, au comte d'Aubigné son frère; je voudrois être morte «. On sait quelle réponse il lui fit. » Vous avez donc parole d'épouser dieu le pere «.

Il étoit dangereux à la *cour* même d'Alexandre de paroître trop grand homme. Mon fils, fais-toi petit devant Alexandre, disoit Parménion à Philotas; ménage-lui quelquefois le plaisir de te reprendre; & souviens-toi que c'est à ton infériorité apparente que tu devras son amitié.

Le petit de Créqui, âgé de 13 à 14 ans, tiroit au blanc avec monseigneur le dauphin: le dauphin met à un pied du but, le petit de Crequi qui tiroit très-bien, lâche son coup & met à six pieds. Ah! petit serpent, dit M. de Montausier, il faudroit vous étouffer.

Monsieur d'Usès étoit chevalier d'honneur de la reine: cette princesse lui demanda un jour quelle heure il étoit? il répondit: madame, l'heure qu'il plaira à votre majesté.

Cela paroît badin d'abord, néanmoins il y a matière à de belles réflexions. La plus naturelle, c'est que les souverains étant les maîtres de leurs actions, en retardent ou hâtent le temps comme bon leur semble. Mais certainement le duc d'Usès, à qui l'on attribue bien des naivetés, n'y entendait pas finesse; car un jour que la reine lui demanda quand madame d'Usès accoucheroit, il répondit naivement: quand il plaira à votre majesté.

Auguste, revenant à Rome après la bataille d'Actium, fut salué par un artisan qui lui présenta un corbeau, à qui il avoit appris à dire ces mots: » Je vous salue, César vainqueur. Le prince, charmé, acheta cet oiseau six mille écus. Un voisin jaloux, alla dire à l'empereur que cet homme avoit encore un autre corbeau qui disoit des choses plaisantes. Auguste voulut le voir; & l'animal fit entendre ces mots: » Je vous salue, Antoine vainqueur. « L'artisan, homme prudent, avoit

instruit cet autre oiseau en cas qu'Antoine fût triomphant! Auguste n'en témoigna aucune colère; il ordonna seulement à cet homme de partager avec son voisin les six mille écus.

Combien de *courtisans*, qui ne pouvant exister que par la faiblesse de leur maître, craignent ses vertus comme une disgrace; & qui sans cesse occupés à nourrir dans son cœur des penchans malheureux qu'ils y font naître; trafiquent de sa gloire & s'enrichissent de son indifférence à la soutenir.

Les *courtisans* d'Alexandre se donnoient un air affecté de tête penchée, parce que ce monarque avoit ce défaut. Ceux du roi Philippe, son père, se faisoient bander un œil, parce que ce prince en avoit perdu un dans une bataille; & certains foux de la cour du duc de Saxe, se garnissoient le ventre de fourures épaisses, pour paroître l'avoir aussi gros que leur maître, qui ne pouvoit s'asseoir qu'à une table échancrée.

Les évêques de Winchester & de Durham, Andrews & Neale, étoient un jour au dîner du roi Jacques I. Sa Majesté leur dit: « Mylords, ne » puis-je pas prendre l'argent de mes sujets, quand » j'en ai besoin, sans toutes les formalités de Parle- » ment? L'évêque de Durham, Andrews, ré- » pondit d'abord: à dieu ne plaise, sire, que vous » n'ayez point ce droit-là; c'est par vous que nous » vivons.... ! Sur quoi le roi s'adressant à l'évê- » que de Winchester. Et vous, Mylord, qu'en » pensez-vous? — Sire, je n'entends point les » affaires de Parlement. — Point de subterfuge, » Mylord, une réponse directe. — Eh bien » Sire, j'imagine qu'il est permis & légitime à » votre majesté de prendre l'argent de mon frère » Néale, puisqu'il l'offre. «

Sous le règne d'Henri II, les gens de robe se rendoient si assidus au Louvre, que les gens du roi en firent leurs plaintes au parlement, les chambres assemblées; en telle sorte qu'encore dix ans après, le parlement se crut obligé de faire défense à tous juges d'aller au roi sans permission, afin qu'ils ne vinssent pas faire les courtisans parmi les magistrats, après avoir fait les magistrats parmi les courtisans.

COURAGE, le courage est cette ardeur impatiente du tempérament qui fait mépriser le danger & ses suites. Cette vertu mâle, moins éclairée, mais plus impétueuse que la bravoure, affronte aussi plus volontiers le péril.

Il y a souvent plus de courage à supporter la vie qu'à se l'ôter. Cette vérité est confirmée par l'exemple d'un homme dont il est parlé dans un livre italien, imprimé depuis peu. Après avoir rendu compte à son intime ami des revers terribles qu'il venoit d'essuyer: Eh bien, ajouta-t-il, qu'auriez-vous fait à ma place dans de pareilles extrémités ? — Qui, moi ! répondit le confident ; je me ferois donné la mort. --- J'ai plus fait, répondit l'autre froidement ; j'ai vécu.

Cynègire, foldat Athénien, après avoir fignalé fon courage à la bataille de Marathon, pourfuivit les ennemis jufque dans leurs vaiffeaux. S'étant attaché à l'un d'eux de la main droite, elle lui fut coupée. Il reprit le vaiffeau de la main gauche, qui fut coupée pareillement ; alors il fe faifit du vaiffeau avec fes dents & y demeura attaché.

Pépin étoit petit, & c'eft ce qui lui fit donner le furnom de bref. Quelques courtifans en firent le fujet de leurs plaifanteries. Il en fut informé, & réfolut d'établir fon autorité par quelque coup extraordinaire. L'occafion ne tarda pas à fe préfenter. Il donnoit un divertiffement, où un taureau d'une taille énorme, combattoit avec un lion plus terrible encore. Déja ce dernier avoit renverfé fon adverfaire, lorfque Pépin fe tournant vers les feigneurs ; » Qui de vous, leur dit-il, fe fent affez » de *courage* pour aller, ou tuer ces furieux animaux ? « La feule propofition les fit frémir. Perfonne ne répondit. » Ce fera donc moi, « reprit froidement le monarque. Il tire en même tems fon fabre, faute dans l'arène, va droit au lion, lui coupe la gorge ; &, fans perdre de temps, décharge un fi rude coup fur le taureau, qu'il lui abat la tête. Toute la cour demeura étonnée de cette force prodigieufe & de cette hardieffe inouie. Les auteurs de la raillerie furent confondus. » David étoit petit, leur dit le roi avec une fierté » héroïque ; mais il terraffa l'orgueilleux géant » qui avoit ofé le méprifer. « Tous s'écrièrent qu'il méritoit l'empire du monde.

Les Impériaux gagnent en 1687, la célèbre bataille de Herfan contre les turcs. Dans une efcarmouche qui précède cette grande action, le cornette de la compagnie colonelle du régiment de Commerci, fe laiffe prendre fon étendard. Le prince de Commerci demande à l'inftant au duc de Lorraine, la permiffion d'aller en enlever un autre aux infidèles. Ses inftances réitérées font qu'il obtient ce qu'il defire : il part auffitôt avec une ardeur extrême, apperçoit un turc qui porte un étendard au bout d'une zagaye, court à lui le piftolet à la main, tire de fort près, manque fon coup, & jette fon piftolet à terre pour mettre l'épée à la main. Le mufulman profite de ce moment pour lui enfoncer dans le flanc fa zagaye. Le prince fe faifit froidement de la main gauche, & de la droite affène un fi terrible coup d'épée fur la tête de fon adverfaire, qu'il la fend en deux. Après ce trait heureux & hardi, le jeune prince arrache lui-même de fon corps la zagaye, porte le fruit de fa victoire, toute teinte de fon fang, à fon général, fait appeler fon cornette, & lui dit, fans s'émouvoir : » Voilà,

» Monfieur, un étendard que je vous confie : il me » coûte un peu cher, & vous me ferez plaifir de le » mieux conferver que celui que vous vous êtes » laiffé enlever «. Cette réprimande fingulière eft prefqu'autant admirée que l'action même. L'empereur, dans la vue de récompenfer ce jeune prince d'une manière digne de lui, fait placer l'étendard avec des cérémonies extraordinaires dans le temple principal de fa capitale. L'impératrice, de fon côté, en fait de fa propre main un autre, qu'elle envoie au prince de Commerci, pour remplacer celui que fa compagnie colonelle a perdu.

La Rochelle, le boulevard du calvinifme, eft affiégée en 1627, par les armées royales ; les rochellois élifent pour leur maire, leur capitaine & leur gouverneur, Jean Guiton. Ce brave homme fe refufa d'abord, par modeftie, à ce choix ; mais fe voyant preffé par les inftances de fes compatriotes, il prend un poignard & leur dit : » Je » ferai maire, puifque vous le voulez ; mais à con- » dition que j'enfoncerai ce poignard dans le fein » du premier qui parlera de fe rendre. Je confens » qu'on en ufe de même envers moi dès que je » parlerai de capituler ; & je demande que ce » poignard demeure tout exprès fur la table où » nous nous affemblons dans la maifon de ville «. Le cardinal de Richelieu qui conduifoit les opérations du fiège, avoit fait élever dans le port de la ville, une digue qui en bouchoit l'entrée & empêchoit les provifions d'arriver. Quelqu'un difant à Guiton, que la faim faifoit périr tant de monde que bientôt la mort achevera d'emporter tous les habitans : Eh ! bien, répondit-il froidement, il fuffit qu'il en refte un pour fermer les portes.

En 1527, le duc de Bourbon, géneral de l'armée de Charles V, eft bleffé à mort dans l'affaut qu'il donne à Rome, quelques-uns de fes foldats qui paffoient près de l'endroit où il étoit étendu par terre près d'expirer, fe demandoient les uns aux autres s'il étoit vrai qu'il eût été tué. Luimême pour ne pas les décourager, répondit, Bourbon marche devant.

Lorfque les turcs attaquoient l'ifle de Rhodes, en 1522, on vit les femmes rendre dans la place des fervices qu'on n'attendoit pas d'elles. L'hiftoire a diftingué fur-tout une grecque très-belle, & maîtreffe d'un officier qui fut tué à la défenfe d'un baftion. Cette courageufe fille ne voulant pas furvivre à un homme qui lui étoit cher, baife deux enfans qu'elle avoit eus de lui, leur fait le figne de la croix fur le front, leur dit, les larmes aux yeux, qu'il vaut mieux qu'ils meurent de fa main que d'être réfervés à d'infâmes plaifirs, les égorge en frémiffant, jette leurs corps dans le feu, fe revêt des habits teints du fang de fon amant, prend fes armes, court fur la brèche, tue le premier turc

COU

COU

363

qui s'oppose à elle, en blesse d'autres, & meurt en combattant héroïquement.

Voici un trait rapporté par Tacite, qui prouveroit que les femmes ont quelquefois montré plus de *courage* que les hommes. Dans la fameuse conspiration de Pison contre l'empereur Néron, un grand nombre de chevaliers & de sénateurs, romains, avouèrent le détail de cette conspiration sans y être forcés par les tourmens. Ils découvrirent même leurs plus intimes amis qui étoient du nombre des complices. Linénus nomma sa propre mère; mais Epicharis qui n'étoit qu'une simple affranchie, souffrit les plus affreux supplices & eut la constance de ne rien déclarer contre des gens qui lui étoient presqu'inconnus. Comme on la remenoit à la question, dans une chaise, elle fit un nœud coulant au mouchoir qui lui couvroit la gorge, l'attacha à sa chaise & s'étrangla.

Les neiges, tombées pendant l'hiver de 1784, ayant chassé les loups de leurs repaires, un enfant de huit ans se trouva seul dans une maison de Grats en Styrie, & fut attaqué par un de ces animaux affamés, qui s'y étoit introduit; il s'arma d'un couperet & le lui présenta. Le loup le saisit avec tant d'avidité, qu'il engagea dans sa gorge le bras de l'enfant, & le couperet que celui-ci n'avoit point quitté. Le loup & l'enfant tombèrent; le premier, mort de la blessure qu'il s'étoit faite, & le second évanoui de la douleur qu'il avoit éprouvée entre les dents du loup. Ses parens ne revinrent que quatre heures après, & le trouvèrent dans cet état; sa main étoit encore dans la gueule du loup: ils l'en dégagèrent, & le firent revenir à lui-même. L'enfant en est quitte pour un doigt cassé. Le gouverneur a récompensé sa bravoure par un présent, & les habitans de la ville de Grats, enchantés de son courage, & surtout de sa conservation miraculeuse, se sont réunis pour lui faire aussi des dons.

Sur les dix heures du matin, on vit sur le pont de la Saône un soldat, qui, après avoir paru fort agité, resta quelques minutes immobile, appuyant sa tête sur le garde-fou, & tout-à-coup le franchit & s'élança dans la rivière. Un jeune homme de treize à quatorze ans, nommé Vigoureux, fils d'une marchande d'oiseaux, s'écria aussi tôt: A moi, mon frère! nous le sauverons. Les deux jeunes gens se précipitent en effet dans l'eau, & ramènent, après beaucoup de recherches, le malheureux sur le rivage, aux acclamations d'une foule innombrable que cette scène avoit attirée. L'aîné des frères serroit la main de l'autre, & lui répétoit avec saisissement: *Je te l'avois bien dit que nous le sauverions.* La foule qui les environnoit leur fit quelques légères libéralités, qu'ils recevoient avec une indifférence

marquée: mais l'intérêt de ce spectacle augmenta, lorsqu'on les vit offrir de partager avec le soldat ce qu'ils avoient reçu; ce moment excita un cri d'admiration universelle & des applaudissemens justement mérités. On demanda au soldat quel motif l'avoit fait attenter sur ses jours: il répondit *qu'ayant perdu au jeu l'argent qui lui étoit nécessaire pour sa route, & 18 livres qu'on l'avoit chargé de remettre à un de ses camarades, il n'avoit point vu dans sa situation d'expédient plus court que de se délivrer de la vie, qui lui faisoit mal:* ce sont ses expressions.

COURTISANE. Une jeune courtisane disoit quelle connoissoit les livres de morale: » Oui, dit un plaisant, comme les voleurs connoissent la maréchaussée «.

Démosthène, composant avec une *courtisane* de Corinthe fort belle, elle mit ses faveurs à un si haut prix qu'il n'y eut pas moyen de conclure. C'est de là dit-on, que vient le proverbe latin, *non licet omnibus adire Corinthum.* Démosthène quitta la Corinthiénne avec cette leçon propre à faire impression sur l'esprit des jeunes gens:

Une dupe à ce prix pourroit se divertir;
  Vous en trouvérez à votre âge;
  Mais un philosophe un peu sage
N'achete pas si cher un repentir.

Sous le règne de Philippe V, roi d'Espagne, les portugais s'étant déclarés pour l'archiduc & étant venus camper aux environs de Madrid, les *Courtisanes* de cette ville résolurent entr'elles de marquer leur zèle pour Philippe V; en conséquence, celles qui étoient les plus sûres de leur mauvaise santé, s'atifoient, se parfumoient, alloient de nuit au camp des portugais, & en moins de trois semaines, il y eut plus de six mille hommes de cette armée ennemie dans les hôpitaux où la plupart moururent.

Parmi les grecs, Phrygné ayant gagné des sommes immenses par ses galanteries, donna une statue d'or massif au temple de Jupiter, avec cette inscription, *de l'intempérance des Grecs;* elle fit aussi rebâtir les murailles de Thèbes, y faisant écrire *qu'elle avoit relevé ce qu'Alexandre avoit détruit.*

Elisabeth, reine d'Angleterre, aimoit si ardemment le comte d'Essex qu'elle lui donna une bague: lui disant que si jamais il s'oublioit jusqu'à faire contre l'état quelque entreprise qui méritât la mort, il lui envoyât cette bague avec confiance d'obtenir son pardon. Le comte d'Essex aima quelque tems après une autre femme; dans la suite il se révolta; & fut condamné à la mort; en cette extrémité il donna à sa maîtresse la bague pour la porter à Elifabeth ; mais comme elle en favoit le miftère, cette femme aima mieux garder la bague, & laiffer couper la tête à fon amant, que de le voir infidèle.

COUTUMES. Il n'y a point de nation au monde qui n'ait quelques *coutumes*. Les chinois en ont une que les médecins doivent défapprouver. Chaque Mandarin a fon médecin qui l'accompagne par-tout : & qui veille fans ceffe fur fa fanté. Si par malheur le mandarin tombe malade & vient à mourir, on affomme à coups de bâton fon malheureux docteur.

C'est auffi un emploi très-défagréable en Turquie, d'être médecin du palais du grand feigneur. Si quelque fultane devient malade, on attend qu'elle foit à l'extrémité avant qu'on s'avife d'appeller le médecin ; il trouve en entrant dans la chambre de la moribonde, une foule d'eunuques qui entourent fon lit & qui empêchent le docteur de la voir comme d'en être vu ; ce n'eft pas tout, il ne lui eft permis de tâter le pouls qu'au travers d'un crêpe ou d'une gafe fi épaiffe, que le plus fouvent il ne peut diftinguer fi c'eft l'artère ou bien les tendons dont il fent le mouvement. Les eunuques lèvent un petit coin du pavillon du lit pour laiffer paffer le bras de la malade. Si pour mieux faire fes obfervations il demandoit à voir le bout de la langue de la fultane ou fes yeux, ou bien à tâter quelque partie de fon corps, il feroit poignardé fur le champ fans miféricorde.

De forte qu'à la feule infpection du bras enveloppé, il eft obligé d'ordonner un remède au hafard. Il faudroit qu'il fût non plus forcier pour être affuré qu'il ne fe trompe point, *puifque nos médecins, pour qui nos femmes n'ont rien de coché, ne favent le plus fouvent par quel bout s'y prendre.*

Anciennement dans la Chine, la veille du couronnement de l'empereur, tous les fculpteurs de la ville de Pékin lui préfentoient un morceau de marbre, afin qu'il choisît celui duquel il vouloit qu'on fît fon tombeau, parce qu'on devoit commencer à y travailler dès le jour de fon couronnement. Le fculpteur qui avoit préfenté le marbre que l'empereur choififfoit, étoit auffi celui qui étoit chargé de faire l'ouvrage, & c'étoit la ville qui le payoit d'avance. Cette préfentation des marbres fe faifoit en cérémonie & avec une grande pompe, & étoit pour le peuple, & fur-tout pour l'empereur, une importante leçon.

Dans la cérémonie du couronnement des rois Abyffins, on leur préfentoit un vafe plein de terre & une tête de mort, pour les avertir de ce qu'ils devoient être un jour, fans que la couronne pût les préferver du fort commun à tous

les hommes. Encore aujourd'hui, à l'inftallation du pontife romain, un clerc porte un peu d'étoupe au bout d'une canne de rofeau, &, approchant l'étoupe de la lumière d'un cierge, il la fait brûler fous les yeux du pontife, en lui difant : » Saint père, ainfi paffe la gloire du monde «.

Suivant le père Gumilla, dans fon livre de l'Orénoque illuftrée, les caraïbes font jeûner leurs filles pendant quarante jours, avant que de les marier. Les cérémonies de leurs mariages font affez fingulières. Les hommes & les femmes, couronnés de fleurs, s'affemblent dans un bois, au fon d'une grande quantité d'inftrumens. Le Cacique, ou chef, marche à leur tête ; & avant que de fortir de la forêt, fe fait apporter un plat de viande, qu'il jette à terre, en difant : » Tiens, prends » cela, chien de démon, & laiffe-nous tran- » quilles pour aujourd'hui «. Le cortège va, en danfant, à la porte des nouveaux mariés, qui marchent entourés de vieilles femmes, dont les unes pleurent & les autres rient de très-bonne foi. Les premières chantent ces paroles : » Ah, » ma fille ! fi tu connoiffois les embarras & les » chagrins du ménage, tu ne prendrois pas un » époux «. Les fecondes : » Ah, ma fille ! fi tu » connoiffois les plaifirs du ménage, il y a long- » tems que tu aurois un époux «. Ainfi, les hommes danfant, les vieilles pleurant & riant, les muficiens faifant un vacarme épouvantable, les enfans criant de toutes leurs forces, & les nouveaux mariés ne fachant quelle contenance faire au milieu de cette orgie, l'on fe met autour d'une table couverte de tortues, & chacun s'enivre jufqu'au lendemain.

La manière dont ces peuples élifent leurs chefs, les qualités néceffaires pour parvenir au commandement, les tourmens qu'il faut fouffrir pour être élu, ne font pas moins extraordinaires. Il faut d'abord que la nation entière affure que le récipiendaire a fait fes preuves de légèreté, d'adreffe & de valeur. On le conduit enfuite tout nud au milieu d'une plaine, où les autres capitaines & les notables indiens lui diftribuent chacun à leur tour autant de coups de fouet qu'ils en peuvent donner, fans qu'il lui foit permis de pouffer un feul foupir. Le lendemain on le couche dans un hamac, & chacun y jette une poignée de groffes fourmis, qui s'attachent tellement à leur proie, qu'on eft obligé de les couper en deux, pour leur faire lâcher prife. La troifième épreuve eft celle du feu. On fufpend le candidat à un arbre, au-deffous duquel les caciques allument de grands fagots, dont on diminue cependant la quantité, dès qu'on s'apperçoit que le malheureux capitaine ne peut plus foutenir les tortures. S'il laiffe échapper la moindre plainte dans le cours de ces trois fupplices, il eft déclaré indigne d'être jamais à la tête de la nation.

Quand

Quand le roi de Monomotapa éternue, de chambre en chambre dans son palais on fait des acclamations qui s'entendent dans la ville, qui retentit de tous côtés des cris que l'on fait pour la prospérité de ce prince.

Une coutume singulière chez les hottentots, c'est que si une fille n'a pas de goût pour le mari qu'on lui propose, on lui permet de coucher une nuit avec lui, pendant laquelle il la frappe, la pince, & lui fait tous les traitemens que sa passion lui suggère en sa brutalité. Si elle résiste, elle est déclarée libre; si elle succombe, il faut qu'il l'épouse. Le lien se contracte au milieu d'un cercle de parens tous accroupis. Le prêtre s'avance vers le milieu, & répand son urine sur leurs têtes, jusqu'à ce que le pouvoir lui manque pour continuer cette dégoûtante aspersion. Toute la famille en fait autant & le mariage est fait.

A la Chine, chaque père de famille est obligé, sous de grandes peines, de mettre à la grande porte de sa maison, un écriteau qui contienne les noms & la qualité de tous ceux qui demeurent chez lui : & un officier de ville, a soin de tenir le rôle de dix familles. Les chinois prétendent qu'il n'est pas honnête d'avoir des fenêtres sur la rue & de s'en servir. Chez eux toute la noblesse vient des sciences; on n'y a égard à la naissance que dans les familles royales.

Il s'observe une coutume cruelle dans une caste d'indiens. Quand le premier enfant d'une famille se marie, la mère est obligée de se couper avec un ciseau de charpentier, les deux premières jointures des deux derniers doigts de la main : & cette coutume est si indispensable qu'on ne peut y manquer sans être dégradé & chassé de la caste. Les femmes des princes sont privilégiées, & elles peuvent se dispenser de ce sacrifice, pourvu qu'elles offrent à leurs dieux deux doigts d'or.

Chez les cannares, peuples sauvages de la province de Quito, dans le Pérou, en l'Amérique méridionale, les femmes cultivent les terres, pendant que leurs maris filent & travaillent à des ouvrages de coton & de laine dans la maison.

En Perse, quand le roi est dehors avec ses femmes, il est défendu à aucun homme, sur peine de la vie, de se trouver sur le chemin par où il doit passer. Cette défense s'appelle courouk. On fait aussi de tems en tems courouk de volailles, de poissons, & autres denrées; c'est-à-dire, qu'il n'est permis d'en vendre pour autre que pour le roi.

Il n'y a pas cent ans que les polonois observoient une coutume bien extraordinaire. Les femmes, avec la permission de leurs maris, avoient des amis qu'elles appelloient coadjuteurs, parce qu'ils aidoient à supporter en tout les charges du mariage. L'on prétend que cet abus a cessé à la persuasion de quelques savans que le pape Eugène y envoia.

La coutume d'exposer les esclaves vieux, inutiles ou malades, dans une île du Tibre pour y mourir de faim, paroît avoir été assez commune à Rome. Quiconque en réchappoit après avoir été ainsi exposé, étoit déclaré libre par un édit de l'empereur Claude, par lequel il est aussi défendu de tuer aucun esclave uniquement pour cause de vieillesse ou de maladie. Mais supposons que personne ne désobéît à cet édit, pouvoit-il rendre meilleur le traitement domestique des esclaves? Leur vie en devoit-elle être beaucoup plus douce? Nous pouvons imaginer ce que faisoient les autres, lorsque c'étoit la maxime connue de Caton l'ancien, de vendre ses esclaves surannés à quelque prix que ce fût, plutôt que de les entretenir dans un tems où il ne les regardoit plus que comme un fardeau inutile.

COYPEL (Noël), peintre, mort en 1707.

A l'âge de quatorze ans, Noël Coypel commençoit à donner de grandes espérances. Passant un jour par la rue saint Honoré, l'envie lui prit d'entrer dans l'église des Jacobins. Un artiste, nommé Quillerier, y peignoit alors une chapelle, & s'apperçut que le jeune Coypel regardoit son ouvrage avec beaucoup d'attention. « Apprenez-vous à peindre » ? demanda-t-il au jeune homme; Coypel répondit aussi-tôt, que, s'il vouloit lui prêter un pinceau, il verroit son savoir-faire. Quillerier l'ayant mis à l'épreuve, fut très-content de ses dispositions; & le fit travailler pendant quelques mois avec lui.

Ensuite Charles Errard, qui entreprenoit toutes les peintures qui se faisoient pour le roi, s'empressa de l'employer. Comme il lui donnoit une paie aussi forte qu'aux plus habiles peintres, M. de Ratabon, surintendant des bâtimens, témoigna qu'il en étoit étonné : Errard lui répondit, qu'il ne falloit pas payer selon l'âge, mais selon le mérite.

COYPEL, (Antoine) fils de Noël Coypel.

Antoine Coypel, se préparant à peindre la grande galerie du Palais Royal, pria quelques dames de la cour, de vouloir bien servir de modèles, pour les déesses qu'il devoit représenter; chacune d'elles brigua aussi-tôt l'honneur d'être admise dans le cercle des dieux; & l'artiste, qui avoit commencé par demander une grace, finit par en faire une lui-même, en ne peignant que les dames qui lui paroissoient les plus belles.

M. le duc d'Orléans, depuis régent du royaume, venoit souvent le voir travailler à cet ouvrage, prit du goût pour la peinture, & voulut être un de ses élèves.

Pour prémices des dons qu'il lui destinoit, ce prince commença par lui envoyer un carrosse attelé de très-beaux chevaux, & accompagna ce magnifique présent d'une pension de cinq cents écus, pour l'entretien de l'équipage.

Coypel, ayant eu quelques sujets de mécontentement, étoit tenté d'accepter les offres avantageuses qu'on lui faisoit en Angleterre; lorsqu'une voiture entièrement fermée s'étant arrêtée à sa porte, on vint lui dire qu'un de ses amis, qui ne pouvoit descendre de cette voiture, demandoit à lui parler. Il y courut aussi-tôt; & quel fut son étonnement, de reconnoître la voix du prince son bienfaiteur, qui, le menant dans une promenade solitaire, daigna employer les raisonnemens & les représentations pour lui persuader de ne point quitter la France.

Long-temps avant cet événement si glorieux pour *Antoine Coypel*, mademoiselle, fille de Gaston, duc d'Orléans, lui ordonna de peindre un plafond à Choisy. La princesse, qui s'amusoit à voir les progrès de cet ouvrage, reconnut que le jeune peintre avoit l'esprit orné, & voulut qu'il eût l'honneur de se joindre à sa cour aux heures des promenades. Souvent même cette princesse le faisoit appeler pour lire auprès d'elle; parce qu'il lisoit de façon à rendre plus sensibles les beautés d'un ouvrage, & à faire illusion sur les endroits foibles. Un jour que mademoiselle lui faisoit lire les mémoires de la minorité de Louis XIV, il se trouva dans un étrange embarras, voyant qu'il touchoit à l'endroit du livre où le canon de la bastille ne devoit pas être oublié. Il feignit une extinction de voix. La princesse, qui en pénétra la cause, sourit en lui disant: continuez, tout ce que vous lisez est faux. Malgré cette assurance, il lut ce morceau avec tant de rapidité, qu'on ne s'apperçut point qu'il en supprimoit un très-grand nombre de détails.

Louis XIV répandit aussi ses bienfaits sur *Antoine Coypel*, & lui donna des lettres de noblesse. Il arriva à *Coypel* la même chose qu'à Molière, & l'on ne peut voir sans étonnement que les courtisans, pour l'ordinaire remplis d'esprit & de goût, n'osent apprécier le mérite que d'après le prince qu'ils encensent. *Coypel* a peint le plafond de la chapelle de Versailles; Louis XIV voyant de sa tribune cet ouvrage pour la première

fois, en trouva les figures d'une proportion trop grande. Toute la cour répéta cette remarque, & enchérit encore sur la critique du roi. Le lendemain Louis XIV appercevant *Coypel* à son petit couvert, l'appella, & lui dit: — » les figu- » res de votre beau plafond m'avoient paru trop » fortes; mais ma critique n'étoit pas juste: j'ai » examiné votre ouvrage du bas de ma chapelle; » & je suis convenu que vous eussiez mal fait de » les peindre plus petites «. Ce trait fait le plus grand honneur à Louis XIV, & achève de mettre dans tout son jour le caractère des courtisans, qui ne manquèrent pas de chanter la palinodie, & de trouver le plafond admirable.

Antoine Coypel auroit pu être aussi bon poëte qu'il étoit excellent peintre; nous avons de lui une assez longue pièce de vers, intitulée: *Epitre à mon fils, sur la peinture*. Il est étonnant que cet ouvrage ne soit pas plus connu. La modestie de *Coypel* l'avoit condamné à rester toujours dans son porte-feuille; mais il ne put se défendre de le montrer à Boileau, avec lequel il étoit intimement lié, qui le pressa de le faire imprimer, & lui dit même d'insérer dans la préface, que Boileau l'avoit engagé à publier ses vers.

COYPEL, (Charles) fils d'Antoine Coypel, né à Paris l'an 1694, mort en 1752.

Le régiment de la calotte a fait beaucoup de bruit en France, vers l'année 1720. Sous prétexte d'enrôler des sujets dans ce régiment chimérique, des personnes d'esprit composoient des brevets très-plaisants, qui n'étoient autre chose qu'une critique maligne de ceux qu'on vouloit tourner en ridicule. *Charles Coypel* fut reçu dans ce fameux régiment, sans y avoir brigué de place.

Antoine Coypel, voyant son fils déclaré second peintre du régiment; crut qu'on le désignoit lui-même tacitement pour le premier. Il alla se plaindre au duc d'Orléans, régent du royaume, qui ne trouvant rien de criminel dans une plaisanterie, lui conseilla, en badinant, de s'adresser plutôt au généralissime du régiment. — Monseigneur, répondit Coypel, si votre altesse royale » ne me rend justice, je suis tellement déshonoré, » qu'il faut que je sorte du royaume «. — Bon voyage, lui dit le prince en riant; & c'est tout ce qu'il en put tirer.

CRATES, philosophe grec & disciple de Diogène le cynique; il vivoit vers l'an 328 avant Jésus-Christ.

Crates sacrifia les avantages de la naissance & de la fortune à la pratique de la philosophie cynique. Sa vertu étoit austère & fort considérée; mais il n'usa de cette espèce d'autorité publique , que pour rendre ses concitoyens meilleurs.

Ayant reçu l'argent de son patrimoine , qui étoit considérable , il le déposa entre les mains d'un banquier , avec ordre de le remettre à ses enfans au cas qu'ils négligeassent la philosophie ; car , disoit-il , s'ils sont philosophes , ils n'en auront pas besoin.

Quoiqu'il fût fort laid & tout contrefait , il inspira la passion la plus forte à Hipparchie : on avouera ici , en l'honneur de sa philosophie , qu'il fit tout ce qui dépendoit de lui pour détacher une femme d'un goût un peu délicat. Il se présenta un jour tout nud devant son amante , & lui dit , en lui montrant sa figure contrefaite : Voilà l'époux que vous me demandez ; & , jettant à terre son bâton & sa besace : Voici tout son bien. Hypparchie persista dans sa résolution , épousa son cynique bossu , & prit l'habit de philosophe.

Alexandre lui ayant offert de rebâtir Thèbes sa patrie : Que m'importe , lui répondit Cratès ; un autre Alexandre viendroit peut-être encore la détruire. La philosophie , ajoutoit il , est ma patrie sur laquelle la fortune n'a point de prise.

Lorsqu'on lui demandoit de quoi lui servoit la philosophie : A me contenter de peu , à vivre libre & heureux.

Il ne se vengea d'un soufflet qu'il avoit reçu d'un certain Nicodromus , qu'en faisant écrire au bas de sa joue enflée du soufflet : » C'est la main » de Nicodrome , Nicodromus fecit « : allusion plaisante à l'usage des peintres.

On ne doit point oublier la réponse qu'il fit à celui qui lui demandoit jusqu'à quel temps il vouloit philosopher ? Jusqu'à ce que ce que ce ne soit plus des aniers qui conduisent nos armées.

CRÉANCIERS. Le baron d'Escoutures , dont nous avons une traduction de Lucrèce , ayant appris que ses créanciers avoient obtenu une sentence contre lui , & qu'ils avoient dessein d'exécuter ses meubles , les fit enlever une nuit sans que personne s'en apperçût. Un huissier vint un jour après , qui , ne trouvant personne , fit ouvrir les portes par un huissier , en présence d'un commissaire ; mais ils furent très-étonnés de ne voir que les quatre murailles , sur une desquelles étoient écrits ces quatre vers.

Créanciers , maudite canaille ,
Commissaires , huissiers & recors ,
Vous aurez bien le diable au corps
Si vous emportez la muraille.

Mistriss-W-s , jeune veuve d'Hampshire , in-

quiétée par ses créanciers , hors d'état de les satisfaire , se servit , il y a quelques années , d'un stratagême assez plaisant pour se mettre à l'abri de leurs poursuites. Elle se para un matin plus qu'à l'ordinaire , & feignit d'aller voir une de ses sœurs , établie à Th-ham. Elle en prit réellement le chemin ; elle rencontra un pauvre voyageur dans le plus pitoyable équipage : elle l'invita sans-façon à se rafraîchir avec elle ; celui-ci se garda bien de refuser ; ils s'assirent ensemble sur le bord du chemin , la dame tira un flacon de sa poche & quelques provisions , dont ils mangèrent l'un & l'autre avec appétit. En causant de choses différentes , elle lui demanda s'il étoit marié , & apprenant qu'il ne l'étoit point , elle lui offrit un habillement honnête & décent s'il vouloit l'épouser en passant & continuer son voyage. L'homme n'hésita point ; Mistriss-W-s le conduisit chez elle , se pourvut des dispenses nécessaires , & leur mariage fut célébré le lendemain matin en présence de quelques-uns de ses parens. Les époux se séparèrent aussi-tôt , Mistris remercia son mari ; l'équipa de pied en cap comme elle l'avoit promis , & lui donna quelques guinées. Enfin je suis parvenue à mes fins , dit-elle en lui faisant ses adieux : graces au ciel je puis à présent braver mes créanciers (1). Que le ciel vous conserve , répond le mari , & qu'il lui plaise de me faire rencontrer une autre femme dans une paroisse voisine.

CRÉBILLON , (Prosper Joliot de) poëte tragique français , né à Dijon , d'un greffier en chef de la chambre des comptes , le 15 février 1674 , mort à Paris le 17 juin 1762 ; il fut reçu de l'académie française en 1731 , & fit son remerciement en vers.

Crébillon , que ses contemporains ont comparé aux Corneilles & aux Racines , s'est principalement distingué de ces illustres tragiques , par ses succès à peindre la terreur , l'ame des tragédies grecques & des siennes. Son coloris a quelque chose de sombre & de sublime en même-temps. Sa versification est mâle , rapide , serrée ; son style plein de force & de nerf ; mais cette force dégénère quelquefois en dureté , toujours préférable néanmoins à cette mollesse de diction que reclame l'élégie. Tous ceux qui ont vécu avec cet illustre poëte , le dépeignent comme un homme simple , modeste , officieux , d'un caractère un peu impatient & néanmoins fort doux ; quoiqu'il eût l'air sérieux & même assez mélancolique , il étoit très-gai & de plus badin , surtout avec ses amis particuliers ; mais il haïssoit l'épigramme & se la permettoit rarement ; lorsqu'il lui en échappoit elles étoient du ton de

_____

(1) C'est une coutume en Angleterre , qu'un mari réponde seul des dettes de sa femme.

son esprit, enhardies, fortes & nerveufes. Il étoit grand, bien fait, avoit les yeux bleus, vifs & pleins d'expreffion. Ses fourcils quoique blonds étoient fort marqués. L'habitude qu'il avoit de les froncer lui donnoit quelque chofe de rude. Mais en général fon caractère de tête étoit noble, impofant fur-tout quand il l'avoit nue : & c'est anfi que M. de la Tour l'a peint, que M. Lemoine a fait fon bufte, & que M. Guai l'a gravé en pierre. Il y a auffi un portrait de ce poëte tel qu'on étoit accoutumé de le voir. Il eft peint par Aved, & gravé par Balechou.

Crébillon deftiné par fon père à la pratique du barreau, avoit été placé fort jeune chez un procureur. Mais l'étude aride de la chicane étoit un aliment peu propre à fon génie. Il menoit une vie fort diffipée, & fembloit incapable de toute application, lorfque le procureur chez lequel il étoit, homme d'efprit & attaché à fon penfionnaire, chercha à connoître plus particulièrement ce dont il étoit capable. Il l'entendit un jour difcourir avec tant de chaleur & de jugement fur une tragédie qu'on venoit de repréfenter, qu'il lui confeilla de s'effayer dans ce genre, il ofa même lui affurer les plus heureux fuccès. *Crébillon*, qui n'avoit pas à beaucoup près une auffi haute opinion de lui-même, rejetta cette idée. Le procureur revint plufieurs fois à la charge ; il le crut enfin & compofa des tragédies. Il avoit trente & un ans lorfqu'il entra dans cette carrière. Ce bon procureur, attaqué d'une maladie mortelle, fe fit porter à la première repréfentation d'une des pièces du jeune auteur, qui eut beaucoup de fuccès. Il dit à *Crébillon* en l'embraffant : « Je meurs » content, je vous ai fait poëte, & je laiffe un » homme à la nation ».

Crébillon qui avoit une mémoire prodigieufe, ne traçoit point par écrit le plan de fes tragédies ; il n'écrivoit même jamais fes pièces que quand il les falloit donner au théâtre. On fe fouvient que lorfqu'il récita Catilina aux comédiens, il le leur dit tout de mémoire. Si quelqu'un de fes amis lui faifoit une critique qu'il croyoit devoir adopter, l'endroit qu'en conféquence il fupprimoit, s'effaçoit totalement de fa tête ; & il n'y reftoit plus que ce qu'il y avoit fubftitué.

La jaloufie lui étoit étrangère. On ne l'a jamais vu s'intriguer ou fouffrir quelque brigue pour lui ou contre les autres. Le jour de la première repréfentation de Catilina, il étoit le matin dans le foyer, où les comédiens qui craignoient un parterre trop nombreux, déterminoient avec lui la quantité de billets que l'on devoit diftribuer. Beaucoup de perfonnes qui vouloient être fûres d'y être placées, demandoient qu'on leur en donnât d'avance. Son fils lui en demanda pour quelques amis qui l'en avoient prié. » Morbleu!

» monfieur, lui répondit-il, vous favez bien que » je ne veux pas qu'il y ait dans le parterre » perfonne qui fe croie dans l'obligation de » m'applaudir. Eh ! mon dieu ! lui repliqua-t-on, » ne craignez rien à cet égard : ceux pour qui » je vous demande des billets ne vous en feront » pas plus de grace, pour les tenir de vos » mains ; & je puis vous en répondre.... » Puifque cela eft, vous en aurez.

Il méprifoit fur-tout la fatyre. Un jeune homme auquel il prenoit intérêt, avoit compofé un mauvais ouvrage fur quelques écrivains de fon temps, il prioit *Crébillon* de lui en dire fon jugement. Notre illuftre poëte, après avoir eu la patience de lire cet écrit, tança vivement le jeune auteur fur le mauvais ufage qu'il faifoit de l'efprit qu'il fe croyoit ; & termina fa remontrance par ces mots : » Jugez à quel point la fatyre eft méprifable, puifque vous y réuffiffez en quelque » forte, même à votre âge ».

On peut croire que d'après ces principes, il n'a jamais écrit contre perfonne ; & on le favoit fi bien, que lorfque dans fon difcours à l'académie, il récita ce vers :

Aucun fiel n'a jamais empoifonné ma plume.

le public, par des applaudiffemens réitérés, confirma la juftice que fe rendoit M. de *Crébillon*.

On demandoit un jour à *Crébillon* pourquoi il avoit adopté dans fes tragédies le genre terrible : » Je n'avois point à choifir, répondit-il, Corneille » avoit pris le ciel, Racine la terre, il ne me » reftoit plus que l'enfer, je m'y fuis jetté à » corps perdu ».

Crébillon dans fa folitude imaginoit des fujets de romans & les compofoit enfuite dans fa tête fans rien écrire ; un jour qu'il étoit fort occupé, quelqu'un entra brufquement chez lui ; » ne me » troublez point, lui cria t-il, je fuis dans un » moment intéreffant ; je vais pendre un miniftre » fripon & chaffer un miniftre imbécile. «

On demandoit à *Crébillon* pourquoi il étoit toujours entouré d'une meute de chiens. » C'eft, » répondit-il, depuis que je connois les hommes ».

Tout le monde fait qu'on a attribué longtems les tragédies de *Crébillon* à un chartreux de fes parens. Ce grand poëte étant un jour à table avec des amis : » quel eft, à votre avis, votre » meilleur ouvrage, lui dit quelqu'un ? Je ne fais, répondit-il, quel eft le meilleur ; mais je » fuis fûr (en montrant fon fils, qui dînoit avec » lui) que voilà le plus mauvais : C'eft repliqua celui-ci, qu'il n'eft pas du chartreux «.

Crébillon avoit eu le deſſein de traiter le ſujet de la mort de Juba, ce roi ſi fidèle au parti de Pompée ; comme tout ce qui concerne ce grand poëte eſt intéreſſant, on croit devoir citer les deux ſeuls vers qu'on ait retenus de cette pièce qu'il n'avoit qu'ébauchée. C'eſt Juba, qui peint ainſi à Pétréius le caractère de Caton d'Utique :

Je le connois trop bien, loin de nous ſecourir,
Caton, farouche & fier, ne ſaura que mourir.

Crébillon, ayant eu une maladie très-inquiétante quelques années avant d'avoir donné & même achevé ſon *Catilina*, M. Hermant, ſon médecin, le pria de lui faire préſent des deux premiers actes qui en étoient faits : M. de *Crébillon* ne lui répondit que par ce vers ſi connu de Rhadamiſte :

Ah ! doit-on hériter de ceux qu'on aſſaſſine ?

Vers ſur Catilina.

Si ce Catilina, donné par *Crébillon*,
N'a pas tout le ſuccès qu'on en devoit attendre ;
Ce n'eſt pas qu'il ne ſoit très-bon,
Mais l'auteur s'aviſa de prendre
Pour ſon héros un ſcélérat,
Un impie, un injuſte, un perfide, un ingrat,
Et chez les grands, comme chez le vulgaire,
Ce n'eſt là qu'un homme ordinaire.

CRILLON. (Louis le Berthon de) né en 1541, mort en 1615. Ce grand capitaine fut appelé de ſon vivant, *l'homme ſans peur.... le brave des braves.*

L'armée de Villars ayant inveſti Quillebeuf en 1592, *Crillon* défendit cette place, donnant pour toute réponſe aux aſſiégeans qui ſommoient les aſſiégés de ſe rendre : *Crillon eſt dedans & l'ennemi dehors.*

Crillon, écoutant la paſſion de J. C. fut ſaiſi d'un enthouſiaſme ſubit, & portant la main à ſon épée, il s'écria, *où étois-tu Crillon ?* Le jeune duc de Guiſe voulut un jour éprouver ſon courage par une fauſſe alerte : Crillon prend ſon épée & vole à l'ennemi ; mais le duc l'ayant auſſi-tôt détrompé par un éclat de rire : *jeune homme, lui dit Crillon d'un ton ſévère, ne te joue jamais à ſonder le cœur d'un homme de bien. Par la mort ! ſi tu m'avois trouvé foible, je t'aurois poignardé.*

On connoît le billet laconique que le roi Henri le Grand lui écrivit : *Pends-toi, Crillon, nous avons combattu à Arques, & tu n'y étois pas. Adieu, brave Crillon, je vous aime à tort & à travers.*

Henri le Grand mettant la main ſur l'épaule de *Crillon*, dit à ſes miniſtres étrangers : Voilà le premier capitaine du monde. *Vous en avez menti, ſire, c'eſt vous*, répliqua vivement *Crillon*.

CRIMES. Néron plaiſantoit lui-même ſur ſes crimes : un jour qu'on lui apporta la tête de Rubellius, deſcendu de la maiſon des Céſars, qu'il avoit fait mourir, il dit en ſe moquant : Je ne ſavois pas qu'il eût le nez ſi grand.

Le poëte Ibicus fut attaqué par des voleurs en un lieu écarté, prêt à ſe voir aſſaſſiner, & ne ſachant à qui avoir recours, il vit voler des grues ; ô grues ! s'écria-t-il, vous ſervirez un jour de témoins contre mes meurtriers. Quelque temps après, ces voleurs étant à un marché, il paſſa une volée de grues ; voilà, dit l'un d'eux en ſouriant, à l'un de ſes compagnons, les témoins du poëte Ibicus qui s'envolent. Ce propos fut entendu de quelqu'un qui, les ſoupçonnant là-deſſus d'avoir commis le meurtre, en avertit la juſtice, ils furent pris & avouerent leur crime.

Entre les tryals ou les cauſes fameuſes qui ont été réimprimées à Londres en 1738, avec des additions conſidérables, on lit, avec étonnement, le procès d'un ſeigneur Irlandois, nommé mylord Caſtelhaven, dont le crime eſt peut-être ſans exemple. Après une jeuneſſe paſſée dans les derniers déſordres, il avoit pris le parti de ſe marier. Ses parens, ſur qui il s'étoit repoſé du ſoin de lui chercher une femme, jetterent les yeux ſur une jeune perſonne, qui joignoit à la naiſſance, toutes les qualités qu'on eſtime dans ſon ſexe. Leur eſpérance étoit qu'elle pourroit lui inſpirer aſſez de reſpect & d'attachement pour le ramener tout-à-fait à ſon devoir ; mais s'étant expliqué là-deſſus avec peu de ménagement, mylord en fut choqué, & l'horrible réſolution qu'il forma ſecrètement & qu'il exécuta avec la dernière barbarie, fit bien voir que tous ſes vices étoient moins venus du feu de la jeuneſſe, que de la noirceur de ſon caractère.

Le jour même de ſon mariage, s'étant défait des aſſiſtans, à la réſerve de quelques compagnons de débauche, qu'il avoit aſſociés à ſon deſſein, il entra avec eux dans la chambre de ſon épouſe ; & les ayant exhortés, par un diſcours ironique, à prendre les ſentimens de reconnoiſſance & d'admiration qu'ils devoient à ſon amitié & à ſa grandeur d'ame, il leur abandonna la jeune dame, que le prélude de cette cérémonie avoit déjà fait tomber ſans connoiſſance. Loin d'être touchés de ſa ſituation, ces furieux entrerent dans toutes les vues de leur guide, & firent pendant toute la nuit au ciel & à la vertu, le plus affreux outrage qu'on puiſſe s'imaginer. Les domeſtiques furent appelés à leur tour, & contraints par leurs maîtres de participer à leur crime.

On auroit accuſé la juſtice du ciel de n'avoir

pas puni cet horrible excès d'un coup de tonnerre, si elle n'avoit permis que l'ivresse & l'accablement de la débauche retinssent assez long-tems le chef des coupables, pour laisser au bruit de cette infâme aventure, le tems de se répandre, & aux juges du lieu, celui de s'armer en faveur de l'innocence. Ceux-ci se crurent dispensés de tous les ménagemens qui sauvent quelquefois un criminel illustre : ils firent arrêter mylord Castelhaven sur un ordre de la cour; il fut transporté dans la ville capitale, & les cris du public, qui demandoient vengeance, ayant redoublé la diligence du premier tribunal de la justice, fut condamné en peu de jours à perdre la tête sur un échafaud.

Dans un pays néanmoins, où l'on est extrêmement attaché à la lettre de la loi, il s'en fallut peu que le défaut d'une formalité ne mît quelque obstacle à un châtiment si juste. La pratique criminelle porte que l'accusateur doit être présenté au coupable en présence des Juges; comment faire consentir une jeune dame, dans des circonstances si cruelles, à soutenir la vue d'une nombreuse assemblée & la présence de celui qui l'avoit outragée? Après bien des délibérations pour accorder la bienséance avec la loi, on prit un tempérament qui fut autorisé par l'approbation réunie de la cour & du parlement : ce fut de permettre à la jeune dame de se couvrir le visage d'un voile. On se contenta du serment de quatre personnes nommées pour l'aller prendre chez elle, qui rendirent témoignage; en la présentant aux juges, que c'étoit le malheureux objet du crime dont on attendoit la punition. Toutes les interrogations furent renouvellées devant elle; mais avec des mesures qui ne l'exposèrent à rien de trop fâcheux, pour sa douleur & sa modestie. On lui épargna les réponses qui n'étoient pas absolument nécessaires, & elle en fut quitte pour prononcer quelquefois *oui* ou *non*.

CRIS VIOLENS.

Aux jeux isthmiques, où Quintus Flaminius fit proclamer la liberté que les romains laissoient aux Grecs, les cris de cette grande assemblée furent si violens, qu'on y vit tomber d'en haut des corbeaux ou étourdis, ou incapables de voler dans un air fendu & percé si rudement & en tant d'endroits tout à la fois.

CRITIQUE.

En matière de littérature, le censeur le plus sévère d'un ouvrage, a dit un auteur moderne, est celui qui l'a composé. Combien il se donne de peine pour lui seul? c'est lui qui connoît le vice secret, & ce n'est presque jamais-là que le critique pose le doigt. On peut se rappeler ici le mot d'un philosophe : ils disent du mal de

moi, Ah! s'ils me connoissoient comme je me connois!...

Un censeur fort content de son mérite, vint présenter à un monarque habile, un ouvrage de critique contre Virgile. Ce prince fit aussi-tôt apporter un boisseau de froment, & après qu'il fut vanné, il en fit donner les criblures pour récompense au *critique*.

Certain critique très-acharné contre Lamotte, loua beaucoup un écrit dont il ne le croyoit pas l'auteur. Détrompé bientôt, il ne put s'empêcher de s'écrier » ah! si je l'avois su plutôt ».

Lorsque les lettres familières de Cicéron, de la traduction de l'abbé Dolivet, avec des notes de l'abbé Prévôt, parurent, l'abbé des Fontaines, dans ses feuilles périodiques, en parla d'une manière qui n'étoit pas aussi favorable que le méritoient & l'ouvrage & les talens de l'auteur. L'abbé Prévôt ne daigna pas répondre aux objections nombreuses de son critique, & se contenta d'envoyer les mots suivans au mercure.

« Je dois, dit-il, être bien moins offensé de cette
» critique, que satisfait de me voir traiter avec
» tant de ménagement. L'auteur m'avoit annoncé
» fort honnêtement la guerre, par un billet que
» je conserve encore. Je crois le devoir au public
» pour la consolation d'une infinité d'auteurs
» maltraités, qui ont cru pouvoir se plaindre
» de la rigueur avec laquelle ils étoient jugés :

» Voici les termes ».

Je vais rendre compte, monsieur, de vos lettres familières de Cicéron, je vous prie de trouver bon qu'en rendant justice au mérite de la traduction & des notes, je ne laisse pas de faire mon métier. Alger meurt de faim, quand il est en paix avec tout le monde.

La critique douce & civile
Pour un auteur est un grand bien ;
Dans son amour-propre imbécile,
Sur ses défauts il ne voit rien :
Le flambeau divin qui l'éclaire
Blesse, à la vérité, ses yeux,
Mais bientôt il n'en voit que mieux ;
Il corrige, il devient sévère :
Qui tend à la perfection,
Limant, polissant son ouvrage,
Distingue la correction
De la satyre & de l'outrage.

Un peintre de portraits, que l'on accusoit de ne pas bien saisir la ressemblance, voulut s'assurer un jour si le reproche qu'on lui faisoit étoit fondé. Il annonce à plusieurs personnes, & à ses enfans, qu'il a fait un portrait de quelqu'un qu'ils connoissent tous. On vient voir son ta-bleau, on le critique ; & la prévention agissant, on trouve qu'il n'a point saisi les traits de son original. » Vous vous trompez, messieurs, dit-» alors la tête du tableau, « car c'est moi-même. En effet, c'étoit un ami qui s'étoit prêté au projet du peintre, en plaçant son visage dans la toile d'un cadre ajusté à cet effet.

CRÉSUS, roi de Lydie, mort vers l'an 544 avant J. C. Ce prince vantoit son bonheur en faisant voir ses trésors à Solon, mais ce sage, sans s'étonner, lui répondit : *Je n'appelle aucun homme heureux avant sa mort.* En effet, Crésus éprouva dans la suite de grands mal-heurs ; il fut sur le point d'être tué d'un coup de hache par un soldat qui ne le connoissoit pas, lorsque son fils, muet de naissance, fit un effort de nature, & s'écria : *Soldat c'est Crésus, arrête.*

CROMWEL, (Olivier) né à Hantingtonen en 1599, mort à Witehalle, le 13 septembre 1658.

Cromwel, qui a joué un si grand rôle en An-gleterre, étoit d'une constitution robuste & d'une physionomie mâle, mais peu agréable. Rien ne prévenoit en sa faveur. Il avoit une manière de s'énoncer sèche, obscure, embarrassée. Dé-puté de la ville de Cambridge dans la chambre des communes pendant plus de deux ans, il ne se distingua jamais parmi les orateurs de cette chambre. Hambden, son ami, paroit avoir été le seul qui ait reconnu la profondeur de ce génie sombre & principalement fait pour l'ac-tion. Il prédit que s'il s'élevoit une guerre ci-vile, le député de Cambridge laisseroit bien loin derrière lui tous ses rivaux. Cromwel semble avoir connu lui-même ce à quoi il étoit le plus propre. Il se joignit toujours à la faction qui montra le plus d'animosité contre l'infortuné Charles I. Ses talens se développerent dans la même proportion que son autorité. Tous les jours il déployoit quelques nouvelles facultés qui avoient été comme endormies jusqu'au moment où le besoin les mettoit en action. Habile à cacher l'ambition qui le dévoroit, il fit servir le zèle aveugle des *indépendans*, des *presbyté-riens*, & de quelques autres fanatiques à ses desseins.

Lorsqu'il fut élevé à la souveraine puissance sous le titre de *Protecteur*, sa dextérité ména-gea également les différentes sectes, afin de se rendre maître des unes par les autres. Ses mœurs furent toujours austères. Il étoit sobre, tempé-rant, économe sans être avide du bien d'au-trui, laborieux & exact dans les affaires. Les

armées angloises furent toujours victorieuses sous son commandement ; & sans le titre odieux d'usurpateur, il auroit pu être compté au rang des hommes illustres qui ont le plus contribué à la gloire de leur nation.

Un homme, dit le grand Bossuet, s'est ren-contré d'une profondeur d'esprit incroyable, hypocrite, rafiné autant qu'habile politique, capable de tout entreprendre & de tout cacher ; également actif & infatigable dans la paix, & dans la guerre, qui ne laissoit rien à la fortune de ce qu'il pouvoit lui ôter par conseil & par prévoyance ; mais au reste, si vigilant & si prêt à tout, qu'il n'a jamais manqué les occasions qu'elle lui a présentées : enfin, un de ces es-prits remuans & audacieux, qui semblent être nés pour changer le monde.

Cromwel n'avoit pas moins de 43 ans, lors-qu'il embrassa la profession militaire, & il de-vint en très-peu de temps un excellent officier. Lors de la révolution qui ôta la couronne & la vie à l'infortuné Charles I, les républicains & les royalistes anglois en étoient venus aux mains dans les plaines d'Yorck en 1644, & l'armée du parlement avoit été battue & mise en dé-route. Cromwel, alors simple officier, apprend cet événement dans un lieu écarté où il se faisoit panser d'une blessure qu'il avoit reçue au commencement de l'action ; il remonte aussi-tôt à cheval, sans attendre qu'on ait bandé sa plaie : *A quoi me serviroit ce bras, si le parlement per-doit la bataille ?* dit-il au chirurgien qui lui de-mandoit quelques momens. Il court tout de suite sur les royalistes. Ayant rencontré son gé-néral, le comte de Manchester qui fuyoit avec les autres, il le prend par le bras, en lui di-sant : » Vous vous méprenez, Mylord, l'en-» nemi n'est pas où vous allez, il faut venir de ce côté-ci pour le trouver. » Manchester, piqué d'honneur par ce reproche ingénieux, re-tourna sur ses pas ; on recommença à charger, & les troupes qui avoient d'abord plié, firent des efforts si prodigieux qu'elles remportèrent un avantage complet. Le carnage fut tel dans cette malheureuse journée, que le chevalier Wane osa dire dans la chambre basse : » Que » si toutes les victoires du parlement coûtoient » autant de sang, il seroit à souhaiter qu'elles » ne fussent pas fréquentes, parce qu'autrement » il faudroit appeler les nations étrangères pour » peupler le royaume. «

Cromwel assembla des parlemens, mais il s'en rendoit le maître & les cassoit à sa volonté. Ayant su que la chambre des communes vou-loit lui ôter le titre de *protecteur*, il entra dans la salle & dit fièrement : » J'ai appris, messieurs, » quel vous allez résolu de m'ôter les lettres de » protecteur ; les voilà, dit-il, en les jettant

» fur la table : je ferai bien aife de favoir s'il
» fe trouve parmi vous quelqu'un affez hardi
» pour les prendre. » Après les avoir menacés,
il exigea d'eux le ferment de fidélité, & caffa
ce parlement. Il eut l'adreffe d'engager un de
ces parlemens à lui offrir le titre de roi, afin
d'avoir la gloire de le refufer, & pour mieux
s'affurer la puiffance réelle.

Il menoit dans le palais des rois une vie fombre
& retirée, fans aucun fafte, fans aucun excès.
Toutes fes actions, toutes fes démarches paroiffoient n'avoir d'autre objet que la plus grande
gloire de Dieu. Il avoit donné à la plûpart de
fes régimens les noms des faints de l'ancien
Teftament. « Cromwel, dit un auteur anonyme
» de ce temps, a battu le tambour dans tout
» le vieux Teftament ; on peut apprendre la
» généalogie de notre Sauveur par les noms de
» fes régimens. Le commiffaire n'avoit pas d'autre
» lifte que le premier chapitre de faint Mat-
» thieu ».

De toutes les fectes qui étoient dans le
royaume, celle des théiftes fut la feule qu'il
ne vit pas d'un bon œil, parce que leur religion étant fans fanatifme, devenoit inutile à
un conquérant.

Olivier-Saint-John rapporte que Cromwel étant
un jour à table avec fes amis, il cherchoit le
bouchon d'une bouteille de vin de Champagne
qu'il avoit décoëffée ; qu'on lui annonça dans
le moment une députation, & qu'il répondit
au domeftique ; Dis-leur que nous cherchons le
Saint-Efprit.

Il fe permettoit quelquefois les bouffonneries
les plus baffes lorfqu'il fe trouvoit avec fes anciens amis. Il jetta un jour des charbons ardens
dans les bottes d'un de fes officiers.

Avant le procès du roi, il s'étoit affemblé
un confeil des chefs du parti républicain & des
officiers généraux, pour concerter le modèle
de ce gouvernement libre qu'on fe propofoit
de fubftituer à la conftitution monarchique dont
le renverfement étoit décidé. Après les plus
grands débats fur un fujet fi important, Lu-
dlow nous apprend que Cromwel, dans un accès
de gaîté, lui jetta un couffin à la tête ; & que
lui en prit un autre couffin pour répondre à cette
galanterie, mais que le général fe précipita fur les
degrés, & faillit de fe bleffer dangereufement
dans fa fuite. Pendant que la haute cour de juftice fignoit la fentence de mort du roi, affaire
s'il eft poffible, encore plus férieufe, Cromwel
prenant la plume pour figner fon nom, s'avifa
auparavant de noircir d'encre le vifage de Martin, qui étoit proche de lui, & Martin lorfque

la plume lui fut paffée, fit la même plaifanterie
à Cromwel.

Souvent le protecteur donnoit des fêtes aux
officiers inférieurs, & l'on n'avoit pas plûtôt
fervi, que, fur quelque figne, les foldats entroient avec beaucoup de bruit & de confufion,
fe jettoient fur les mets, & les emportant,
laiffoient les convives auffi furpris qu'affamés.

On ajoute qu'au milieu de ces amufemens &
de ces bouffonneries imprévues, ce mortel extraordinaire prenoit occafion d'obferver les caractères, les foibles & les vices des hommes ;
& quelquefois même il les pouffoit, par l'excès
du vin, à lui ouvrir les plus fecrets replis de
leur cœur.

Lorfqu'on n'eut plus lieu de douter que Cromwel
& fa déteftable faction, avoient réfolu la mort
de l'infortuné Charles Ier, les comtes de Riche-
mond, de Harford, de Southampton & Lindfey,
feigneurs d'un nom & d'une vertu fort diftingués,
s'adrefferent aux communes, & leur repréfen-
tèrent : « Qu'ils étoient les confeillers du roi, &
» qu'ils avoient concouru par leurs avis aux dé-
» marches dont on faifoit des crimes à leur
» maître ; qu'aux yeux de la loi, & fuivant les
» lumières de la raifon, ils étoient feuls coupa-
» bles ; & devoient répondre feuls de tout ce
» qu'il y avoit de blâmable dans la conduite du
» prince ; qu'ils fe préfentoient volontairement
» à la juftice pour fauver par leur punition cette
» précieufe vie, qu'il convenoit aux communes
» mêmes & à tous les fujets de la couronne de
» garantir, & de défendre à toute forte de prix ».
Un effort fi généreux fit honneur à ces belles
ames, & ne produifit rien pour la fûreté du
roi.

Cromwel fe ligua avec la France contre l'Efpagne pendant le miniftère du cardinal Mazarin.
Cette fauffe démarche a beaucoup contribué à
la grandeur où la France eft parvenue fous le
règne de Louis XIV. Dans le traité que firent
alors les deux puiffances, Cromwel fit mettre fon
nom avant celui de Louis XIV, à qui il ne voulut pas donner le titre de roi de France, mais
celui de roi des François. Cromwel s'y quali-
fia protecteur d'Angleterre & de France. On difoit
en France que le cardinal Mazarin avoit moins
peur du diable que de Cromwel.

Aux conférences des Pyrénées, où le roi
Charles II alla trouver le cardinal Mazarin &
dom Louis de Haro, le cardinal ne voulut point
accorder d'entrevue à Charles II. Il fit une réception magnifique à Lockart, ambaffadeur de
Cromwel. Il envoya fon carroffe & fes gardes
au-devant de ce miniftre, & lui céda la droite,
honneur

honneur qu'il n'avoit jamais fait aux ambaſſadeurs des autres puiſſances.

Cromwel, preſque à l'agonie, aſſuroit hautement qu'il ne mourroit pas & que Dieu lui avoit fait connoître l'avènir : il avoua ſon impoſture à quelques amis & leur dit: *ſi je guéris, me voilà prophète; & ſi je meurs, que m'importe qu'ils me croyent un fourbe?*

Cromwell faiſant ſon entrée à Londres, on lui fit remarquer l'affluence du peuple qui accouroit de toutes parts pour le voir : » Il y en auroit autant, dit-il, ſi l'on me conduiſoit à l'échaffaud.

Cromwell avoit fait mettre dans ſes drapeaux, *& vos Reges intelligite.*

CROMWELL (Richard) ſuccéda paiſiblement au protectorat de ſon père ; mais, comme il n'avoit ni ſon génie, ni rien de cette intrépide férocité qui ſacrifie tout à ſes intérêts, il aima mieux ſe démettre du gouvernement que de le conſerver par le meurtre & l'injuſtice. Après le rétabliſſement de la famille royale, quoiqu'on ne penſât point à l'inquietter, il jugea que la prudence l'obligeoit de s'abſenter de l'Angleterre pour quelques années ; & dans ſon voyage, ſe trouvant à Pézenas en Languedoc, il fut introduit ſous un nom emprunté chez le prince de Conti, gouverneur de cette province. La converſation tourna ſur les révolutions d'Angleterre ; & le prince témoigna de l'admiration pour le courage & l'habileté de *Cromwell*. » A » l'égard de l'imbécille Richard, ajouta-t-il, » qu'eſt-il devenu ? Comment peut-il avoir été » aſſez bête pour ne pas tirer plus d'avantages » des crimes de la fortune de ſon père ? » Cependant ce Richard mena une vie paiſible & heureuſe, juſqu'à un âge très-avancé, & ſon père n'avoit jamais connu le bonheur. Il mourut en 1702, âgé de 90 ans.

CRUAUTÉ. Nous ne nous arrêterons pas long-temps ſur ce hideux chapitre, qui malheureuſement fait la plus grande partie de l'hiſtoire des peuples & des ſouverains.

Il y a une *cruauté* froide, tranquille & ſuperſtitieuſe ; c'eſt le dernier période du crime. Le nommé Saint-Point, gouverneur de Mâcon, ville priſe ſur les huguenots, en 1562, étoit un monſtre de cette eſpèce ; ce barbare ſe faiſoit un jeu de faire ſauter dans la Saone les calviniſtes qui avoient le malheur d'être ſes priſonniers. C'étoit principalement lorſqu'il donnoit à manger aux femmes diſtinguées de la ville & des environs, qu'il multiplioit ſes inhumanités. Lorſqu'on étoit ſur le point de ſortir de table, il demandoit ſi la farce étoit prête ;

Encyclopédiana.

mot du guet par lequel il s'informoit ſi ſes gens avoient eu ſoin de tirer de priſon quelques-unes des victimes qu'il vouloit faire ſervir au cruel paſſe-temps de ſa compagnie. Lorſque tout étoit prêt, il menoit promener les dames ſur le bord de la rivière, & ordonnoit qu'on jettât du pont en bas un ou deux de ces malheureux. Il prioit en même temps tous les convives de décider lequel étoit le plus alerte & avoit ſauté le plus légèrement. (*Mémoires de Tavannes*).

L'un des divertiſſemens ordinaires de Mouſſey Iſmael, roi de Maroc, étoit, dans un même tems, de monter à cheval, de tirer ſon ſabre, & de couper la tête à l'eſclave qui lui tenoit l'étrier.

L'empereur Soliman ayant promis au traître qui lui fit ſavoir l'extrémité à laquelle les chevaliers étoient réduits, de lui donner une de ſes filles en mariage, le fit écorcher tout vif, lui diſant qu'il ne vouloit point donner ſa fille à un chrétien, qu'après qu'il auroit quitté la peau qui avoit été baptiſée, & qu'ainſi il exécuteroit ce qu'il avoit promis quand il auroit une nouvelle peau.

Hérodes le Grand ſe ſentant près de ſa fin, manda à Jéricho toutes les perſonnes un peu conſidérables de la Judée, même des bourgades, & un de chaque famille, menaçant de la mort ceux qui refuſeroient de venir. Après qu'ils furent aſſemblés, il les fit tous enfermer dans le cirque, & contraignit, en pleurant, Salomé ſa ſœur, & Alexas, mari de Salomé, de lui promettre, que dès qu'il auroit rendu l'eſprit & avant qu'on le ſût, ils feroient maſſacrer toutes ces perſonnes, afin que les juifs, qu'il ſavoit bien devoir ſe réjouir de ſa mort, fuſſent contraints malgré eux de la pleurer : mais cet ordre ne fut point exécuté.

Abdelkam, ſeigneur du royaume de Viſapour, ayant été commandé pour aller réduire le rebelle Sevagi, eût de la peine à quitter ſon ſerrail, où il avoit raſſemblé deux cens femmes des plus belles qu'on eût pu trouver. Sa jalouſie s'alluma d'une telle violence, qu'elle lui inſpira un deſſein bien extraordinaire. Il s'enferma huit jours dans ſon ſerrail, paſſant tout ce tems-là en feſtins & en plaiſirs. La fin en fut tragique ; car le dernier jour il fit poignarder devant lui ces deux cens femmes, qui ne s'attendoient pas à un ſemblable traitement.

CUJAS, (Jacques) né à Toulouſe en 1520, mort à Bourges en 1590.

Cujas, né de parens obſcurs & ſans fortune, ne dut qu'à ſon génie & à ſon application d'être

Y y

mis au premier rang des interprètes du droit romain. Il enseigna avec la plus grande réputation dans plusieurs universités. Son attachement pour ses écoliers, l'affection avec laquelle il leur faisoit part de ses lumières, & même les aidoit de ses propres biens, le firent regarder moins comme leur professeur que comme leur père.

Cujas avoit, au rapport de Papyre Masson, qui a écrit sa vie, pris la singulière habitude d'étudier tout de son long sur un tapis, le ventre contre terre, ayant ses livres autour de lui.

Ce jurisconsulte professoit extérieurement la religion catholique, & évitoit de s'expliquer sur ses sentimens intérieurs. Lorsqu'on lui demandoit ce qu'il pensoit des matières théologiques qui s'agitoient de son tems, il répondoit toujours : *Nihil hoc ad edictum prætoris.*

Il se maria en secondes noces, & eut de ce second mariage une fille assez jolie, mais très-coquette, & qui écoutoit volontiers les propos galans. Les écoliers quittoient souvent les leçons du père pour se rendre auprès de la fille. Ils appeloient cela, *commenter les œuvres de Cujas.* Ceci donna occasion à l'épigramme suivante :

Viderat immensos Cujaci nata labores
Æternum patri commeruisse decus :
Ingenio haud poterat tam magnum æquare parentem
Filia ; quod potuit, corpore fecit opus.

Cujas avoit ordonné par son testament que ses livres fussent vendus en détail. Il craignoit, peut-être que si une seule personne s'en rendoit propriétaire, elle ne recueillît les remarques écrites sur les marges, & n'en composât différens ouvrages.

Pasquier, dans ses recherches, dit que Cujas étoit si révéré en Allemagne, qu'ordinairement lorsque les professeurs parloient de lui en chaire, ils mettoient la main au bonnet pour marquer le respect qu'ils portoient à la mémoire de ce jurisconsulte.

Charles IX lui avoit accordé le glorieux privilège de prendre séance avec les conseillers au parlement de Dauphiné, comme un des plus illustres interprètes des loix.

CURÉ. Un évêque demandoit à un *curé*, ce que lui valoit sa *cure* ? Autant que votre évêché, monseigneur, répondit le *curé* ; le paradis ou l'enfer, suivant l'usage que nous ferons de nos talens.

Un moine, voyageant, entra chez un pauvre *curé* de village, & lui demanda l'hospitalité. Le *curé* le reçut de son mieux, mais le fit servir en vaisselle de terre, cuiller d'étain, fourchette de fer, &c. Le moine, qui aimoit ses aises, ne s'accommoda pas de cette simplicité ; il ouvre sa valise, en tire tous ses ustensiles en argenterie, & les pose sur la table. Le *curé*, à la vue de ce faste, lui dit : Mon père, nous ferions un bon religieux à nous deux —— Pourquoi ? dit celui-ci. C'est que vous avez fait vœu de pauvreté, & moi je l'observe.

Un *curé* du diocèse de Troyes, grand amateur d'enterremens, avoit habitude, après avoir administré un malade, de rédiger, conjointement avec le maître d'école, son *acte mortuaire.* Un particulier ayant eu occasion de compulser le registre de la paroisse, fut fort surpris de s'y trouver au rang des morts ; il va trouver le *curé*, & lui dit : J'ai été malade, vous m'avez *administré, cela est vrai ; mais êtes vous bien sûr de m'avoir enterré ? Non*, répondit le *curé ; mais c'est égal, il faudra bien que vous y veniez tôt ou tard.*

●

Un évêque fort riche félicitoit un pauvre *curé* sur le bon air qu'il respiroit dans le pays de sa cure ; oui, monseigneur, reprit le *curé*, l'air y seroit bien bon en effet si je pouvois en vivre.

CYRUS, roi de Perse, mort vers l'an 529 avant Jésus-Christ.

Cyrus loua avec toute l'estime possible un de ses capitaines, nommé Chrysantas, de ce qu'ayant un jour, dans un combat, son ennemi en sa puissance, il le laissa aller, parcequ'étant prêt de le tuer, il entendit sonner la retraite.

Cyrus refusoit de voir Panthée, reine de la Susianne, sa prisonnière. Araspe, un de ses favoris, lui vantoit la beauté de cette princesse, & lui disoit que c'étoit un spectacle digne d'un roi : » Et c'est précisément parce qu'elle est belle, répondit *Cyrus*, que je la fuis ; si je vais la voir » aujourd'hui que mes affaires me le permettent, » elle me plaira tant, que j'y retournerai encore » quand ma présence sera nécessaire ailleurs, &, » pour rester auprès d'elle, je négligerai les soins » les plus importans, je risquerai mes devoirs & » ma vertu ».

DACIER (Anne Lefevre, depuis Madame) née à Saumur, l'an 1651, morte en 1720.

Monsieur Lefevre ne pensoit nullement à élever sa fille dans les lettres; mais le hasard en décida autrement. Ce savant avoit un fils qu'il élevoit avec un grand soin. Pendant qu'il lui faisoit des leçons, Anne Lefevre, qui avoit alors onze ans, étoit présente & travailloit en tapisserie. Il arriva un jour que le jeune écolier répondant mal aux questions de son père, sa sœur le souffloit en travaillant, & lui suggéroit ce qu'il devoit répondre. Le père l'entendit, & ravi de cette découverte, il résolut d'étendre sur elle ses soins, & de l'appliquer à l'étude. Elle fut très-fâchée d'avoir tant parlé, car dès ce moment elle fut assujettie à des leçons réglées. Elle fit en peu de temps de si grands progrès, que son père charmé d'un si excellent naturel, s'appliqua entièrement à l'instruire. De son écolière elle devint son conseil, de sorte qu'il ne faisoit rien sans le lui communiquer.

Un gentilhomme allemand, très-savant, vint voir madame Dacier, & lui présenta son livre en la priant d'y mettre son nom & une sentence. Elle vit dans ce livre, le nom d'un des plus savans hommes de l'Europe, cela l'effraya; mais vaincue par ses importunités, elle écrivit son nom avec un vers de Sophocle, qui veut dire : Le silence est l'ornement des femmes.

Madame Dacier étoit si charmée des Nuées d'Aristophane, qu'elle a traduites, qu'elle assure avoir lû avec plaisir cette piece, jusqu'à deux fois. Peut-être quelques personnes regarderont-elles cela comme une marque de sa prévention pour les ouvrages de l'antiquité.

Quand Molière eût publié son Amphytrion, madame Dacier avoit entrepris une dissertation pour prouver que celui de Plaute étoit fort-supérieur; mais apprenant que le comique moderne devoit donner une comédie sur les femmes savantes, elle supprima fort prudemment sa dissertation.

Madame Dacier étoit très-charitable. Son mari lui représentant un jour qu'elle devoit modérer ses aumônes. Ce ne sont pas les richesses que nous avons, dit-elle, qui nous feront bien vivre, ce sont les charités que nous ferons. Elles seules peuvent nous rendre amis de Dieu.

DACIER (André), né en 1651, mort en 1722. Il a mis dans ses ouvrages beaucoup d'érudition & peu de goût; sa plus grande gloire est d'avoir donné son nom à la savante le-Fevre, sa femme. On dit, à l'occasion de son mariage, que c'étoit l'union du grec & du latin.

Ces deux doctes époux partagèrent leurs travaux & leur vie dans la plus grande intimité. Ils eurent un fils & deux filles qui ne leur survécurent point. Le fils dès l'âge de dix ans montroit de grandes dispositions & portoit déjà un jugement sain sur les auteurs de l'antiquité. Il disoit qu'Hérodote est un grand enchanteur, & Polybe un homme de grand sens.

' Lors de la dispute qui s'éleva sur le parnasse au sujet des anciens & des modernes, Pavillon disoit ». qu'il feroit un livre sous le titre de » Guerre des auteurs, où il travestiroit Dacier » en un bon gros mulet chargé du bagage de toute » l'antiquité ».

On demandoit un jour à M. Dacier lequel étoit le plus beau d'Homère ou de Virgile. Un railleur qui étoit présent, prévint M. Dacier, & dit : Homère est plus beau de mille ans.

Despréaux appelloit les interprétations singulières que Dacier faisoit des anciens poètes, les révélations de M. Dacier.

Quand Dacier & sa femme engendrent de leurs corps,
Et quand de ce beau couple il naît enfans, alors
  Madame Dacier est la mère;
  Mais ils engendrent d'esprit,
  Et font des enfans par écrit,
  Madame Dacier est le père.

DAGOBERT I., onzième roi de France, mort en 638, âgé d'environ trente-six ans.

Dagobert subjugua les Saxons & eut la cruauté de faire couper la tête à tous les prisonniers qui excédoient la longueur de son épée.

L'auteur des gestes de Dagobert raconte bonnement que ce prince étant mort fut condamné au jugement de Dieu, & qu'un saint hermite, nommé Jean, qui demeuroit sur les côtes de la mer d'Italie, vit son âme enchaînée dans une barque, & des diables qui la rouoient de coups, en la conduisant vers la Sicile, où ils devoient la précipiter dans les gouffres du mont Etna, mais que saint Denis avoit tout-à-coup paru dans un globe lumineux, précédé des éclairs & de la foudre; & qu'ayant mis en fuite ces malins esprits, & arraché cette pauvre âme des griffes du plus acharné, il l'avoit portée au ciel en triomphe.

Cette prétendue aventure du roi *Dagobert* fut peinte derrière son tombeau dans la magnifique église qu'il avoit fait bâtir à son bienheureux protecteur.

DAGUESSEAU (Henri François), né à Limoges, en 1668.

Il se lia d'amitié dès sa jeunesse avec Racine & Boileau ; &, à leur exemple, fit ses délices de cultiver les lettres, & même la poésie.

M. *Daguesseau*, dit Voltaire, étoit le plus savant magistrat que jamais la France ait eu, possédant la moitié des langues modernes de l'Europe, outre le latin, le grec, & un peu d'hébreu ; très-instruit dans l'histoire, profond dans la jurisprudence, &, ce qui est plus rare, éloquent. Il fut le premier au barreau qui parla avec force & pureté à la fois : avant lui on faisoit des phrases.

Quelques traits épars nous feront connoître cet homme illustre dans les différentes périodes de sa vie. Il fut reçu avocat général à l'âge de vingt deux ans. Il parut d'abord avec tant d'éclat dans cette place, que le célèbre Denis Talon, alors président à mortier, ne put s'empêcher de dire : *Qu'il voudroit finir comme ce jeune homme commençoit.*

On disoit de M. *Daguesseau* qu'il *pensoit en philosophe & qu'il parloit en orateur.*

Quelqu'un conseilloit à l'illustre *Daguesseau*, » alors procureur général, de prendre du repos : » Puis-je me reposer, dit-il, tandis que je sais » qu'il y a des hommes qui souffrent ?...».

Après la mort du chancelier Voisin en 1717, M. le duc d'Orléans, régent, adressant la parole à plusieurs seigneurs, voulut absolument qu'on lui dît qui seroit chancelier. Celui que votre altesse royale voudra, dit l'un d'entr'eux ; mais tout Paris nomme M. *Daguesseau*. Ce magistrat fut appelé sur le champ, à l'âge de quarante-huit ans, à cette première charge du royaume, sans en avoir sollicité aucune, quoiqu'il fût souvent assuré du succès : *A Dieu ne plaise*, disoit-il quelquefois, *que j'occupe jamais la place d'un homme vivant.*

Le nonce Quirini allant à Frêne voir le chancelier *Daguesseau*, »c'est ici, dit le prélat, que » se forgent les armes contre la cour de Rome : » non, monsieur, répliqua le chancelier, mais » les boucliers ».

Un intendant écrivit au bas d'un placet une ordonnance en crayon ; on en appela au conseil ;

M. d'Aguesseau dit en riant : *C'est une affaire à terminer avec de la mie de pain.*

On ne doit pas oublier cette repartie ingénieuse qu'il fit, étant chancelier, à M. de la Peyronie, premier chirurgien du roi, lors du fameux procès entre les médecins & les chirurgiens. « M. » de la Peyronie sollicitoit vivement, & prioit » M. Daguesseau d'élever un grand mur, un mur » d'airain, disoit-il, entre le corps de la médecine & celui de la chirurgie. *Mais, si nous » élevons ce mur*, lui demanda l'illustre magistrat, » *de quel côté faudra-t-il mettre le malade ?* »

DANCHET, (Antoine) né à Riom en 1671, mort à Paris en 1748, où il s'étoit fait aimer autant par son caractère qu'estimer par son esprit.

Il ne se permit jamais un seul vers satyrique, quoique poëte outragé. Un de ses rivaux l'ayant insulté dans une satyre sanglante, *Danchet* fit en réponse une épigramme très-piquante, l'envoya à son ennemi, & lui déclara que personne ne la verroit, mais qu'il vouloit seulement lui montrer combien il étoit facile & honteux d'employer les armes de la satyre.

Danchet fut un jour consulté par un jeune poëte sur une petite pièce qui commençoit ainsi :

Maison qui renfermez mon aimable maîtresse !

Rebuté du mot *maison*, il dit au jeune homme : Annoblissez vos expressions ; mettez *Palais*. « Eh ! » monsieur, ma maîtresse est à l'hôpital ». Annoblissez-donc vos amours, répliqua vivement *Danchet*.

Son prologue des jeux séculaires dans l'opéra d'Hésione, peut être comparé à celui d'Amadis. On a retenu ces beaux vers imités d'Horace :

Père des saisons & des jours
Fais naître en ces climats un siècle mémorable ;
Puisse à ses ennemis, ce peuple redoutable
Etre à jamais heureux & triompher toujours.
Nous avons à nos loix asservi la victoire ;
Aussi loin que tes feux nous portons notre gloire :
Fais dans tout l'univers craindre notre pouvoir.
    Toi qui vois tout ce qui respire,
    Soleil, puisse-tu ne rien voir
    De si puissant que cet empire !

C'est dans ce prologue qu'on trouve ce couplet si cruellement parodié par Rousseau pour insulter *Danchet* lui-même & d'autres gens de lettres.

    Que l'amant qui devient heureux
    En devienne encor plus fidèle !
    Que toujours dans les mêmes nœuds

Il trouve une douceur nouvelle !
Que les foupirs & les langueurs
Puiffent feuls fléchir les rigueurs
De la beauté la plus févère !
Que l'amant comblé de faveurs,
Sache les goûter & les taire !

Le portrait de ce poëte a été gravé avec ces vers :

Si l'honneur de briller au théâtre lyrique,
Si des fuccès heureux fur la fcène tragique,
Danchet, affranchiffoient de l'éternelle nuit,
On te verroit jouir encore de la vie,
Et joindre le bon cœur avec le bel efprit,
Qui ne fe trouvent pas toujours de compagnie.

DANCOURT (Florent Carton, fieur) naquit à Fontainebleau en 1661, le même jour que le grand Dauphin. Le père Delarue, jéfuite, fous lequel il fit fes études, voulut procurer à fa fociété un jeune homme dont la vivacité & la pénétration promettoient beaucoup ; mais l'eloignement du difciple du cloître rendit inutiles tous les foins du maître. Dancourt aima mieux fe livrer au barreau, qu'il abandonna bientôt pour le théâtre. Il fut non-feulement grand acteur, fur-tout dans les rôles de jaloux, de financier, d'hypocrite, de mifanthrope, mais encore auteur diftingué.

Voltaire dit de ce poëte : « Ce que Régnard » étoit à l'égard de Moliere dans la haute co- » médie, le comédien Dancourt l'étoit dans la » farce ».

Son dialogue eft léger, vif, rapide, plein de gaîté & de faillies. La facilité que Dancourt avoit dans fes ouvrages, il la portoit dans la fociété.

On difoit de Dancourt, qu'il jouoit noblement dans la comédie & bourgeoifement dans le tragique.

Racine, qui n'aimoit point cet auteur, ayant entendu le libraire Brunet qui crioit : Meffieurs, voilà le théâtre de M. Dancourt : Dis fon échafaud, répliqua Racine.

Lorfque Dancourt fe fentit malade, & proche de fa fin, il fit faire fon tombeau, & l'alla voir avec la même tranquillité que s'il eût été deftiné pour un autre.

Ce comédien avoit été chargé, par fes confrères, de porter aux adminiftrateurs de l'hôpital le quart des pauvres. Il s'acquitta de cette commiffion, & fit aux adminiftrateurs un très-beau difcours. L'archevêque de Paris & le préfident de Harlai étoient à la tête du bureau. Dancourt s'ef-

força de prouver que les comédiens, par les fecours qu'ils procuroient à l'hôpital, méritoient d'être à l'abri de l'excommunication. Son éloquence ne fut pas heureufe. M. de Harlai lui répondit : » Dancourt, nous avons des oreilles pour vous » entendre, des mains pour recevoir les aumônes » que vous faites aux pauvres, mais nous n'avons » pas de langue pour vous répondre ».

Le père de la Rüe fermonant fon ancien difciple fur ce qu'il avoit embraffé la profeffion de comédien : « Ma foi, mon père, lui dit Dancourt, je » ne vois point que vous deviez tant blâmer l'état » que j'ai pris ; je fuis comédien du roi, vous » êtes comédien du pape ; il n'y a pas tant de » différence de votre état au mien ».

Dancourt mourut en 1726.

DANÈS (Pierre), né à Paris l'an 1497, mort en 1577.

Danès fut un digne élève du favant Budé, & remplit pendant quelque temps une chaire de profeffeur en langue grecque, que François premier lui donna au collège royal. Il fut envoyé par ce prince, en qualité d'ambaffadeur au concile de Trente. Un jour que Nicolas Pfeaume, évêque de Verdun, parloit avec force contre certains abus qui regnoient dans la daterie & dans la chancelerie de la cour de Rome au fujet des provifions des bénéfices, un évêque Italien, regardant les François avec un fourire amer, dit en latin ces mots équivoques : Gallus cantat. — Utinam, reprit fur le champ Danès, ad Galli cantum Petrus refipifceret. Pallavicini, qui rapporte cette repartie célèbre, ajoute qu'elle fervit comme d'un aiguillon, pour engager les pères du concile à travailler férieufement à la réformation de la difcipline eccléfiaftique.

Henri II choifit Danès pour être précepteur du dauphin, François II. Cette place & fon favoir l'élevèrent à l'évêché de Lavaur. Ayant été député à Paris par le clergé de fa province, on voulut lui affigner, pour les frais de ce voyage, mille ou douze cens livres ; mais il les refufa, en difant que le revenu de fon évêché lui fuffifoit ; que c'étoit là la moindre chofe qu'il pût faire pour fon église, & pour celles qui en étoient voifines, que d'entreprendre quelques voyages pour leur rendre fervice.

Ce digne prélat, qui avoit été marié, & étoit devenu veuf avant que d'entrer dans les ordres, ayant appris dans fon diocèfe la mort de fon fils fe retira dans fon cabinet pendant une demi-heure ; & étant revenu joindre la compagnie d'un air tranquille : » Je viens de » recevoir la nouvelle de la mort de mon fils ; » les pauvres ont gagné leur procès ».

DANGEAU (Philippe de Courcillon, marquis de), né en 1638, mort en 1720. Il fut de l'académie françoise & de celle des sciences. Il fit une grande fortune au jeu, & ses libéralités lui firent des amis puissans.

Jouant un jour avec le roi dans les commencemens des augmentations de Versailles, Louis XIV, qui avoit été importuné d'un logement pour *Dangeau*, & qui avoit bien d'autres gens qui en demandoient, se mit à le plaisanter sur sa facilité à faire des vers, qui, à la vérité, étoient rarement bons, &, tout d'un coup, lui proposa des rimes fort sauvages, & lui promit un logement s'il les remplissoit toutes sur le champ : *Dangeau* accepta, n'y passa qu'un moment, les remplit toutes, & eut le logement. On a de lui des mémoires en manuscrit où il se montre toujours le courtisan intéressé & le flatteur outré de Louis XIV.

DANGERS. On a dit que pour se soustraire aux *dangers*, il faut éviter la haine des grands & la fureur du peuple ; craindre sa propre colère, rompre tout commerce avec un chymiste, ne pas donner sa confiance à un jeune médecin ; éviter la familiarité des moines, les confidences des vieilles, les qui-proquos des apothicaires, & l'*&cætera* des notaires ; être insensible aux larmes d'une femme, ne pas prendre à son service un domestique une fois chassé ; ne pas ajouter foi aux sermens d'un marchand ; ne pas se fier à la conscience d'un tailleur ; ne pas loger dans une nouvelle auberge, éviter la dispute avec un homme de justice, l'inimitié des gens à rabat de long ou petit volume ; tout commerce avec un inconnu ; l'amour des femmes de moyenne vertu ; la compagnie d'un athée, le dîner d'un ivrogne, & le souper d'un joueur ; toute liaison avec un courtisan disgracié, toute familiarité avec un homme qui se ruine ; & sur tout le crédit, les procès, l'épée d'un gentilhomme, & la plume d'un écrivain.

DANIEL (Gabriel), né en 1649, mort en 1728. Ce jésuite fut historien & historiographe de France.

Le duc de Saint-Simon dit, dans ses mémoires, que l'histoire de France du père *Daniel* parut évidemment composée pour persuader que la plupart des rois de la première race, plusieurs de la seconde, quelques-uns même de la troisième, ont été constamment illégitimes, très-souvent adultérins, & doublement adultérins, & que ce défaut ne les avoit pas exclus du trône. Il ajoute : « sur les matières de Rome, puis de la Ligue, c'est un plaisir de le voir courir sur les glaces avec les patins d'un jésuite. »

DANSE. Les pères de l'église ont condamné généralement les *danses* qui suivent ordinairement les festins des nôces, & l'on auroit de la peine à en trouver un seul qui les ait approuvées. Il faut cependant qu'elles fussent bien communes de leur temps, & que les chrétiens fussent bien incorrigibles à cet égard ; puisque les pères déclament si souvent & avec tant de chaleur, contre la *danse*.

Saint Augustin croit qu'il vaudroit mieux labourer la terre tout le dimanche que de danser ce jour-là, & on lui attribue même d'avoir dit que tous les sauts qu'on fait en dansant sont autant de sauts qui font tomber l'homme en enfer.

Guillaume de Lion appelle la *danse* un cercle dont le diable est le centre : quelqu'un a ajouté que tous ceux qui composent la circonférence de ce centre sont les anges de satan.

Alphonse, roi de Sicile remarquant que les François aimoient beaucoup la *danse*, les accusa de légéreté.

Cependant les cardinaux de Narbonne & de Saint-Severin dansèrent au bal que donna Louis XII, à Milan, en 1501.

Le cardinal Pallavicini rapporte qu'en 1562 les pères du concile de Trente donnèrent un bal à Philippe II, roi d'Espagne, que toutes les dames y furent invitées, que le cardinal de Mantoue ouvrit le bal, & que Philippe II, & tous les pères du concile y dansèrent.

Un des curés du diocèse de Cambrai, se félicitoit, devant Fénélon, d'avoir aboli la *danse* des paysans, les jours de dimanches & fêtes. » Monsieur le curé, lui dit ce vertueux archevêque, ne dansons point, mais permettons à ces pauvres gens de danser. Pourquoi les empêcher d'oublier un moment qu'ils sont malheureux » ?

Le Sac, maître de *danse* françois, qui avoit long-temps montré son art à Londres, pendant le regne de la reine Anne, de retour dans sa patrie, cherchoit toujours les anglois que le hasard y amenoit, pour s'informer des nouvelles de ce pays. » Est-il bien vrai, demanda-t-il un jour à » quelqu'un, que Lord Harley a été fait comte » d'Oxford & lord trésorier ? On le lui certifia. » En vérité, reprit-il, je ne conçois pas ce que » diable votre reine a pu trouver en lui pour l'éle- » ver ainsi ; je l'ai eu entre les mains pendant deux » ans entiers, & il a toujours été le plus lourd » de mes écoliers ».

Un grand danseur de l'opéra disoit, de la meilleure foi du monde : » Je ne connois aujourd'hui » en Europe que trois hommes uniques dans leur » espèce ; le roi de Prusse, M. de Voltaire & » moi ».

Un danseur, nommé Memphis, qui étoit un philosophe Pythagoricien, exprimoit par sa danse, au rapport d'Athénée, toute l'excellence de la philosophie de Pythagore, avec plus d'élégance, de force & d'énergie que n'auroit pu le faire un professeur de philosophie.

DANSEUR DE CORDE, homme qui marche, danse & voltige sur une corde. Cet art est fort ancien, & il étoit connu chez les Grecs & les Romains.

L'abbé de Choisi, dans son Journal du voyage de Siam, dit : » Les danseurs de corde ont fait » merveilles : ils mettent de longs bâtons l'un » au bout de l'autre, hauts comme trois mai- » sons, & se tiennent debout au dessus, sans » contre-poids, quelquefois les pieds en haut ; » ils se couchent sur des pointes d'épée, & » de gros hommes leur marchent sur le dos ».

DANTE (Alighieri), né en 1265, mort en 1321. Ce poëte fut persécuté dans sa patrie, & obligé de fuir à Véronne, où le prince Albuin de l'Escale, montra moins d'estime pour cet homme de génie que pour un fou qu'il avoit à sa cour. Quelqu'un lui témoignant sa surprise d'une telle préférence, Dante répondit : C'est que chacun aime mieux son semblable.

L'ouvrage de Dante le plus célèbre, est son Poëme de l'enfer, du purgatoire & du paradis, partagé en trois actes ou récits, que les Italiens ont nommé la divine Comédie, parce qu'en effet l'auteur s'y est élevé au dessus de son siecle, soit pour le style, soit pour les détails. On a même fondé une chaire & une sorte d'académie pour expliquer ce Poëte, qui a toujours des admirateurs.

DAPHNÉ, suivant la fable, fille du dieu Pénée, fuyant les poursuites d'Apollon, fut métamorphosée en laurier. C'est le sujet de ce joli sonnet de Fontenelle.

Je suis, crioit jadis Apollon à Daphné,
Lorsque tout hors d'haleine il couroit après elle,
Et lui contoit pourtant la longue kirielle
Des rares qualités dont il étoit orné :

Je suis le dieu des vers, je suis un bel esprit.
Mais les vers n'étoient point le charme de la belle.
Je sais jouer du luth, arrêtez : bagatelle.
Le luth ne pouvoit rien sur ce cœur obstiné.

Je connois la vertu de la moindre racine ;
Je suis, n'en doutez point, Dieu de la médecine.
Daphné couroit plus vite à ce nom si fatal.

Mais s'il eût dit : Voyez quelle est votre conquête ;

Je suis un jeune Dieu, beau, galant, libéral ;
Daphné, sur ma parole, auroit tourné la tête.

DEBAUCHE.

Courir de maîtresse en maîtresse,
Passer ses jours en libertin,
Dans la continuelle ivresse
Qui naît de l'amour & du vin ;
Par des liqueurs de toute espèce
Se brûler du soir au matin,
C'est, en terme de banque, escompter sa jeunesse.

(PANNARD.)

DÉDICACE. Furetiere a dit que le premier inventeur des Dédicaces étoit un mendiant.

M. Foote, auteur comique & entrepreneur d'un spectacle à Londres, a donné une pièce intitulée, l'Anglois à Paris. La dédicace en est singulière, elle s'adresse au libraire. » Comme » je n'ai, dit M. Foote, nulle obligation à au- » cun grand seigneur, ni à aucune dame de ce » pays-ci, & que je désire, d'ailleurs, que mes » écrits n'ayent jamais besoin de leur protection, » je ne connois personne dont les bons offices » me soient aussi nécessaires que ceux de mon » libraire. C'est pourquoi, M. Vaillant, je vous » remercie de la netteté de l'impression, de la » beauté des caractères, & de la bonté du pa- » pier, dont vous avez décoré l'ouvrage de » votre très-humble serviteur Foote ».

DEFAUTS NATURELS. Les défauts naturels ne doivent jamais être reprochés, & les personnes qui en sont affligés font très-bien d'en badiner elles-mêmes. Un archevêque de Lyon, qui avoit les mains toutes défigurées & toutes perdues de la goutte jouoit aux cartes avec M....., & lui gâgnoit mille pistoles : Je me consolerois, lui dit M..... si mon argent n'avoit pas été ramassé par la plus vilaine main du royaume. Cela est faux, lui dit l'archevêque, j'en sais encore une plus laide. Parbleu, repartit M...., je gage trente pistoles que non. L'archevêque, après avoir gagé, ôta le gand qui couvroit la main gauche, & M... avoua qu'il avoit perdu.

Si vous avez un défaut, faites paroître des qualités si brillantes, que les yeux de l'envie éblouis, ne puissent l'appercevoir : il n'appartient cependant pas à tout le monde d'imiter César, qui, pour cacher sa tête chauve, la couvrit de lauriers.

On rapporte de madame la duchesse de *** qu'elle avoit toujours la tête ornée des plus beaux diamans pour cacher l'équivoque de ses cheveux.

LA DÉFIANCE dans un gouvernement de place est l'effet d'une prudence active & éclairée. La politesse, & même l'amitié, ne l'autorisent point à hazarder un poste qui lui est confié. C'est ce dont étoit persuadé César Cavaniglia, Castellan de Livourne en 1646. Le grand duc de Toscane, François, lui avoit fait dire de rendre les plus grands honneurs à un vice-roi de Naples, qui eut la curiosité de voir la citadelle. Don César le prie d'y venir avec peu de suite; &, avant de le recevoir, y fait entrer une compagnie d'infanterie. Comme il s'apperçoit que ces précautions blessent le vice-roi: » Monseigneur, lui dit-il, j'ai » oui assurer à nos pères, qu'anciennement on » couvroit d'une peau d'âne ceux à qui l'on con- » fioit des places importantes, pour les avertir » que le devoir de leur charge, les exemptoit de » toute cérémonie, & de toute civilité, afin d'é- » viter toute surprise «.

Darius, Roi de Perse, assiégeant Babylone qui ne vouloit point se rendre, Zopire, un de ses courtisans, se coupa le nez & les oreilles, & se présenta dans cet état aux Babyloniens, en leur faisant entendre que Darius lui avoit fait ce mauvais traitement. Ils crurent que la vengeance leur avoit entièrement gagné Zopire: il fit trois sorties, qu'il avoit concertées avec Darius, où il eut toujours l'avantage. Les Babyloniens jugerent qu'ils ne pouvoient pas choisir un commandant plus sûr & plus habile; ils lui confierent leur ville dont il ouvrit les portes à Darius. Voilà des stratagêmes bien propres à vaincre la défiance elle-même.

Le sophiste Antiochus, s'emportoit facilement; mais la philosophie lui avoit appris à connoître son défaut. Comme il n'étoit pas assez maître de lui-même pour parler tranquillement sur les abus de son siecle, il s'abstenoit de monter à la tribune aux harangues, & de se mêler du gouvernement. Quelqu'un se moquoit de cette sage défiance, & l'accusoit d'être à cet égard d'une timidité condamnable: » Ce n'est pas le peuple, répondit-il, » c'est Antiochus que je crains «.

DÉGUISEMENT. On voit souvent au bal, un corps régulier sous un extérieur difforme; & plus souvent encore dans la société, un caractère difforme sous un dehors régulier.

Les Sbires ayant trouvé un prélat en habit déguisé dans un endroit suspect, l'emmenerent devant le pape Benoît XIV. Un cardinal qui étoit présent, fit un grand crime au prélat de son déguisement. Il a bien fait, répondit le pape; seroit-il plus séant qu'il y eût été sans changer d'habit?

DÉLATEUR. Accusateur secret qui craint la lumiere & les preuves. On voit par cette définition qu'il n'y a qu'un lâche qui peut se charger du métier de délateur. Aussi l'on remarque que les bons princes les ont toujours écartés du trône: Antonin le pieux en fit mourir plusieurs; d'autres furent battus de verges, envoyés en exil, & mis au rang des esclaves: ceux qui échapperent à ces châtimens, échapperent rarement à l'infamie.

Monseigneur, disoit un délateur à Louis de Bourbon frere de Charles V, voilà un mémoire qui vous instruira de plusieurs fautes que des personnes pour qui vous avez trop de bonté ont commises contre vous. Avez vous aussi tenu un registre des services qu'elles m'ont rendus, répondit le prince?

DEMADES, orateur Athénien, mort, 322 ans avant J. C.

Il disoit que la pudeur dans une femme étoit la citadelle de la beauté. Philippe après la bataille de Cheronée, voulut célébrer sa victoire par des danses. Demades, un des prisonniers, indigné de voir le roi dans cette ivresse osa lui dire; seigneur, la fortune vous avoit donné à soutenir le rôle brillant d'Agamemnon; & vous faites l'indigne personnage de Thersite.

DÉMARATE, roi de Sparte, mort vers l'an 410 avant J. C.

Il fut chassé de son trône, & se retira en Asie auprès de Darius fils d'Hystapes. On lui demanda comment étant roi, il s'étoit laissé exiler? C'est, répondit-il, qu'à Sparte la loi est plus puissante que les rois.

DÉMÉTRIUS, (Poliorcete), mort l'an 286 avant J. C. Ce prince regardoit l'inaction comme le plus grand vice d'un monarque qui doit rendre compte aux hommes de tous les instans de sa vie. Aussi quand la guerre où les affaires lui laissoient quelques momens de repos, il les consacroit à l'utilité publique, en se livrant à l'étude de cette partie de la mécanique, qui a pour objet la fabrication des machines de guerre & des vaisseaux. Il cherchoit les moyens de donner aux uns plus de jeu, aux autres plus de légéreté; c'est de ces méditations savantes qu'on vit sortir l'Hélépole, machine fameuse dans l'antiquité, remuée par quatre mille bras, & dont l'effet étoit peut-être plus terrible que celui de nos canons. Elle lançoit des quartiers de rochers, des milliers de flèches, une grêle de balles de plomb & de fer: elle suppléoit, dit-on à une armée de vingt mille hommes; & les remparts, les fortifications les plus solides ne pouvoient lui opposer d'invincibles barrieres.

DÉMOCRITE, de la ville d'Abdère en Thrace, mort l'an 322 avant Jésus-Christ. Ce philosophe avoit composé un grand nombre d'ouvrages qui se sont perdus, & d'où Epicure avoit tiré sa philosophie.

» *Démocrite* & Héraclite, dit Montagne, ont
» été deux philosophes, desquels le premier trou-
» vant vain & ridicule l'humaine condition, ne
» sortoit en public qu'avec un visage moqueur &
» riant. Héraclite ayant compassion de cette même
» condition notre, en portoit le visage continuel-
» lement triste, & les yeux chargés de larmes.
» J'aime mieux la premiere humeur, non parce
» qu'il est plus plaisant de rire que de pleurer,
» mais parce qu'elle est plus dédaigneuse, & qu'elle
» nous condamne plus que l'autre : & il me semble
» que nous ne pouvons jamais être assez méprisés
» selon notre mérite. La plainte & la commisera-
» tion sont mêlées à quelque estimation de la chose
» qu'on plaint : les choses de quoi on se moque on
» les estime sans prix. Je ne pense point qu'il y ait
» tant de malheur en nous, comme il y a de va-
» nité, ni tant de vanité comme de sottise : nous ne
» sommes pas si pleins de mal comme d'inanité :
» nous ne sommes pas si misérables comme nous
» sommes vils «.

Les Abdéritains qui ne voyoient rien dans leur
conduite qui dût exciter les ris perpétuels de *Démocrite*, jugèrent qu'il tomboit en enfance, &
envoyèrent chercher Hippocrate, pour qu'il lui
ordonnât un régime ; mais le célèbre médecin s'é-
tant rendu auprès du philosophe, conçut tant de
vénération pour son esprit & pour sa vertu, qu'il
ne put s'empêcher de dire aux Abdéritains que
ceux qui s'estimoient les plus sains, étoient les
plus malades.

Démocrite se trouvant à la cour de Darius, &
ne pouvant réussir à soulager la douleur de ce
monarque affligé de la mort de la plus chère de ses
femmes, il lui promit de la rendre à la vie, pourvu
qu'on lui amenât trois personnes qui n'eussent jamais essuyé d'adversités en ce monde. Cette recherche qui demandoit du temps, apporta quelque
soulagement au chagrin de Darius ; & lorsqu'après
bien des soins, on reconnut que la chose étoit impossible, *Démocrite* usa de son ris ordinaire qu'on
pourroit nommer *Abdéritain* ; il remontra au prince
le tort qu'il avoit de se laisser abattre par les afflic-
tions, puisque, de tous les hommes qui étoient
sur la terre, il n'y en avoit pas un qui en fût
exempt, & qui n'eût vraisemblablement plus de
raison que lui de se plaindre de la rigueur du
destin.

» Celui qui sait jouir du peu qu'il a, disoit *Dé-
» mocrite*, est toujours assez riche «.

Ce philosophe porta si loin l'amour des sciences,
qu'il abandonna sa patrie & voyagea dans la Chaldée pour apprendre l'astronomie : il passa de là en
Perse, où il prit une connoissance profonde de la
géométrie. Enfin, il vint à Athènes ; & là, animé plus que jamais du desir insatiable d'apprendre,

il se creva les yeux, afin que les objets extérieurs
ne pussent le distraire de ses méditations.

On rapporte que *Démocrite* âgé de cent neuf ans
s'ennuya de vivre. Il retranchoit tous les jours
quelque peu de sa nourriture, & de cette manière il étoit enfin parvenu à éteindre presque
tout à fait ce principe de feu qui vivifie nos corps ;
il alloit toucher à sa dernière heure lorsqu'une
nièce qu'il aimoit, vint le supplier de ne pas se
laisser mourir encore, parce que sa mort la priveroit
du plaisir de prendre part à une fête prochaine.
Démocrite daigna, pour l'obliger, se résoudre à prolonger sa vie de quelques instans ; & s'étant fait
apporter du pain chaud, il vécut encore trois jours
en le flairant seulement. (*Anecd. de médecine.*)

DÉMONAX, Philosophe Athénien, mort vers
l'an 120 de J. C.

On lui demandoit ce qu'il pensoit des enfers ?
Attendez que j'y sois, répondit-il, alors je vous
écrirai ce qui s'y passe.

Un homme chargé d'un emploi important pria
Démonax de lui donner des principes de conduite.
Parlez peu, lui dit ce philosophe, & écoutez
beaucoup.

Les loix, suivant *Démonax*, ne corrigent pas
les méchans, & les bons n'en ont pas besoin.

DÉMONIDES. Le philosophe *Démonides*
avoit les pieds tortus & tout contrefaits. Ses
chaussures lui ayant été volées, il dit pour toute
vengeance : » Puissent-elles bien aller aux pieds
de celui qui me les a prises !

DÉMOSTHENES, orateur grec, né à Athènes
l'an 381, mort l'an 322 avant Jésus-Christ. Il
n'étoit point fils d'un forgeron, comme Juvénal
veut le faire entendre, mais d'un homme assez
riche pour faire valoir des forges.

Démosthènes naquit avec ce qui forme les grands
hommes, l'enthousiasme de la gloire & l'amour
de la liberté ; c'est peut-être le républicain qui s'est
montré le plus grand ennemi de toute dépendance
& de toute servitude, & jamais Philippe, roi de
Macédoine, ne seroit parvenu au degré de puissance qui causa la perte de la Grèce, si les Athéniens eussent voulu suivre les avis de cet orateur
patriote ; mais il adressoit la voix à l'amour de la
patrie, & cette belle passion n'échauffoit plus le
cœur des Athéniens. Il a fixé le plus haut degré
de l'éloquence grecque.

» Ce qui caractérise *Démosthènes* plus que tout
le reste, & en quoi il n'a point d'imitateur, dit
Rollin, est un oubli si parfait de lui-même ; une
exactitude si scrupuleuse à ne faire jamais parade
d'esprit ; un soin si perpétuel de ne rendre l'au-

diteur attentif qu'à la caufe, & point du tout à l'orateur, que jamais il ne lui échape une expreſſion, un tour, une penſée qui n'ait pour but ſimplement que de plaire & de briller. Cette retenue, cette ſobriété dans un auſſi beau génie qu'étoit *Démoſthènes*, dans des matières ſi ſuſceptibles de graces & d'élégance, met le comble à ſon mérite, & eſt au-deſſus de toutes les louanges ».

Un des rivaux de *Démoſthènes*, pour lui marquer que ſes diſcours étoient travaillés avec trop de ſoin, lui dit un jour, *qu'ils ſentoient l'huile.* « On voit bien, lui répliqua cet orateur, que les » vôtres ne vous ont pas mis en dépenſe ».

Quelqu'un l'interrogea à trois différentes repriſes ſur la qualité qu'il jugeoit la plus néceſſaire à l'orateur : il ne dit autre choſe, ſinon, que c'étoit la déclamation ; voulant inſinuer par cette réponſe répétée juſqu'à trois fois, que cette qualité étoit celle dont le défaut pouvoit le moins ſe couvrir, & celle qui étoit la plus capable de ſuppléer aux autres.

Un Athénien qui étoit venu trouver *Démoſthènes* pour qu'il prît en main ſa défenſe contre un homme qui l'avoit maltraité, lui faiſoit tranquillement le récit des injures qu'il en avoit reçues : mais *Démoſthènes* ſe contenta de répondre, *qu'il n'en étoit rien. Comment*, s'écria cet homme avec colère, *je n'ai point été maltraité ? Oh préſentement*, répliqua *Démoſthènes, j'entends la voix d'un homme qui a été véritablement inſulté.* Cet orateur étoit perſuadé que le ton & le geſte de celui qui parle ſont néceſſaires pour rendre croyable tout ce qu'il dit.

Quel orateur poſſéda à un plus haut degré cette partie importante de l'art oratoire ! Le feu de ſes yeux, l'action de ſon viſage, la véhémence de ſes geſtes étoient comme un poids qui accabloit ſes adverſaires ; & Eſchine, ſon rival, l'éprouva plus d'une fois. Cet orateur s'étoit oppoſé à ce que les Athéniens décernaſſent une couronne d'or à *Démoſthènes*, qui s'en étoit rendu digne par les ſervices les plus ſignalés. Mais dans le procès qu'il intenta en conſéquence, il fut foudroyé par l'éloquence toujours victorieuſe de ſon célèbre antagoniſte, & envoyé en exil à Rhodes. Ayant un jour prononcé aux rhodiens ſa harangue contre *Démoſthènes*, il reçut les applaudiſſemens qu'elle méritoit ; mais lorſqu'à leur prière il leur récita la réponſe de *Démoſthènes*, il fut interrompu par de fréquentes acclamations, & ne put s'empêcher de dire : *Eh ! que ſeroit-ce donc ſi vous l'entendiez lui-même ?*

Eſchine, en partant pour ſon exil, ſe trouvoit ſans argent & ſans aucun ſecours ; ſon vainqueur l'apprend, vole à lui la bourſe à la main,

& met tant de nobleſſe dans ſes offres, qu'il l'oblige à les accepter. Eſchine, frappé de cette grandeur d'ame, s'écria alors : « Comment ne re- » gretterois-je pas une patrie où je laiſſe un en- » nemi ſi généreux, que je déſeſpère de rencon- » trer ailleurs des amis qui lui reſſemblent ! »

Longin, dans ſon *traité du ſublime*, donne les plus grandes louanges à *Démoſthènes*, & cite comme un des morceaux les plus ſublimes cet endroit où l'orateur athénien, dans ſa harangue pour la couronne, veut juſtifier ſa conduite, & prouver aux athéniens qu'ils n'ont point fait une faute en ſuivant le conſeil qu'il leur avoit donné de livrer bataille à Philippe : il ne ſe contente pas d'apporter froidement l'exemple des grands hommes qui ont combattu pour la même cauſe dans les plaines de Marathon, à Salamine & devant Platée. Il en uſe bien d'une autre ſorte, dit Longin, & tout d'un coup, comme s'il étoit inſpiré d'un Dieu & poſſédé de l'eſprit d'Apollon même, il s'écrie en jurant par ces vaillans défenſeurs de la grace : « Non, meſſieurs, non, » vous n'avez point failli ; j'en jure par ces grands » hommes qui ont combattu ſur terre à Mara- » thon & à Platée, ſur mer devant Salamine & » Artheminſe ; & tant d'autres qui tous ont reçu » de la république les mêmes honneurs de la » ſépulture, & non ceux là ſeulement qui ont » réuſſi & remporté la victoire. » Ne diroit-on pas, ajoute Longin, qu'en changeant l'air naturel de la preuve en cette grande & pathétique manière d'affirmer par des ſermens extraordinaires, il déifie, en quelque ſorte, ces anciens citoyens, & fait regarder tous ceux qui meurent de la ſorte comme autant de Dieux, par le nom deſquels on doit jurer ?

Philippe & Alexandre trouvèrent dans *Démoſthènes* un ennemi plus redoutable lui ſeul que toutes les forces de la Grèce. Sans cet orateur, diſoit Antipater, un des ſucceſſeurs d'Alexandre, nous aurions pris Athènes avec plus de facilité que nous ne nous ſommes emparés de Thèbes & de la Béotie ; lui ſeul fait la garde ſur les remparts, tandis que ſes citoyens dorment. S'il avoit en ſa diſpoſition les troupes, les vaiſſeaux, les finances des grecs, que n'auroit pas à craindre notre Macédoine ? puiſque, par une ſeule harangue, il ſoulève toute la Grèce contre nous, & fait ſortir des armées de terre. Ce prince, victorieux des grecs, impoſa pour une des conditions de la paix qu'on lui demandoit, que *Démoſthènes* lui ſeroit livré entre les mains. Mais cet orateur, à l'approche des ſoldats envoyés pour le prendre, termina ſes jours par le poiſon qu'il portoit toujours ſur lui, & cet homme qui ne pouvoit enviſager la mort ſur un champ de bataille, l'appela tranquillement à ſon ſecours. Les athéniens lui firent ériger une ſtatue de bronze, & ordonnèrent, par un décret, que d'âge en âge l'aîné de sa famille seroit nourri dans le Prytanée. Au bas de sa statue étoit gravée cette inscription : *Démosthènes, si la force avoit égalé en toi le génie & l'éloquence, jamais Mars le macédonien n'auroit triomphé de la Grèce.*

DENYS tyran de Syracuse, surnommé l'ancien, mort l'an 388 avant J. C., âgé de 63 ans, après en avoir régné 38.

Denys, d'une naissance obscure, s'éleva en peu de temps, de l'état de simple greffier, à une domination despotique. Cet ambitieux n'épargna aucun crime pour parvenir à ses fins, & fit voir la vérité de cet adage du sage Bias, que de toutes les bêtes sauvages, un tyran est la plus farouche & la plus sanguinaire.

Un certain Martias songea qu'il coupoit la gorge à *Denys*; celui-ci le fit mourir, disant qu'il n'y auroit pas songé la nuit, s'il n'y eût songé le jour.

Une parole échapée à son barbier, qui se vanta en plaisantant, de porter toutes les semaines le rasoir à la gorge du tyran, lui coûta également la vie.

Denys pour ne plus abandonner sa tête à un barbier, avoit appris à ses filles, encore très-jeunes, à lui rendre le même service. Son lit étoit environné d'un fossé très-long & très-profond, avec une espèce de pont-levis qui entouroit & fermoit le passage. Son frère & son fils même n'entroient point dans sa chambre sans avoir changé d'habits, & sans avoir été visités par les gardes.

Un jour que son frère, en lui faisant la description d'un terrain, prit la hallebarde d'un des gardes qui étoient présens pour en tracer le plan sur la table, *Denys* entra dans une furieuse colère, & tua le garde qui avoit donné sa hallebarde si facilement.

Lorsqu'il étoit obligé de haranguer le peuple, il ne le faisoit que du haut d'une tour, & croyoit se rendre invulnérable en se rendant inaccessible : il ne sortoit jamais qu'il ne portât sous sa robe une cuirasse d'airain. N'osant se fier pour sa garde à ses propres sujets, il vivoit au milieu des esclaves étrangers, & il ne goûta jamais la douceur d'aimer & d'être aimé, ni même les charmes d'une confiance réciproque. Qui voudroit à ce prix acheter une couronne !

Un homme vint l'avertir publiquement qu'il savoit un moyen infaillible pour découvrir les conspirations les plus cachées, & s'approchant de *Denys* : » Donnez-moi, lui dit-il, un talent, & on croira en effet que j'ai un secret, & qu'il est bon ». *Denys* s'écria d'un ton persuadé : *l'avis est important*, & récompensa généreusement cet homme.

Il fit enlever de tous les temples, les richesses, les tables d'argent ; & comme on y avoit inscrit, suivant l'ancien usage de la Grèce, *aux bons Dieux*, il vouloit, disoit-il, profiter de leur bonté.

Il envoya plusieurs de ses poëmes à Olympie, ville de Grèce, pour y disputer le prix. Ils furent lus & sifflés. Les Athéniens se montrèrent plus complaisans ; ils lui adjugèrent le prix de la tragédie. Il fut d'autant plus glorieux de cet honneur, qu'il le méritoit moins ; il en rendit aux Dieux de solemnelles actions de graces par les plus somptueux sacrifices, traita magnifiquement tous ses favoris ; & les excès auxquels il s'abandonna lui-même, contre sa coutume, lui causèrent une indigestion dont il mourut. Un oracle avoit prédit qu'il mourroit d'une victoire qu'il remporteroit sur ses adversaires qui valoient mieux que lui. Il revenoit de faire la guerre aux Carthaginois, beaucoup plus puissans que lui, & croyoit que c'étoit là l'accomplissement de l'Oracle : mais il auroit dû plutôt en faire l'application aux circonstances présentes. En effet, quoique mauvais poëte, il vainquit, par le jugement des Athéniens, des concurrens qui lui étoient bien supérieurs dans le talent de la poésie.

Denys, informé qu'une vieille femme prioit les Dieux de prolonger la vie à son souverain, l'intérogea sur les motifs qui l'engageoient à s'intéresser ainsi à sa conservation : c'est, dit cette femme, qu'ayant été gouvernée par un méchant prince, dont je souhaitois la mort, & qui périt ; & voyant que son successeur est un tyran plus abominable ; je crains qu'il ne soit remplacé par un monstre encore pire que toi.

DENIS (le jeune), successeur & fils du précédent, mort vers l'an 330 avant J. C. Son père lui reprocha un jour la violence qu'il avoit faite à une dame de Syracuse, lui demandant s'il avoit jamais entendu dire que, dans sa jeunesse il eût commis de telles actions : *C'est*, lui répondit le jeune *Denys*; *que vous n'étiez pas né fils de roi.* — » Et toi, tu n'en seras » jamais père ».

Il fut chassé de Syracuse, & réduit à tenir une école à Corinthe.

Étant interrogé » pourquoi il n'avoit pas sû » se maintenir sur le trône de son père ? Ne » vous en étonnez pas, répondit *Denys*, car

» mon père, qui m'avoit laissé tous ses biens,
» ne m'avoit pas transmis sa fortune, qui les
» lui avoit fait acquérir ».

DENTS. Un soldat souffroit d'énormes maux
de dents, il entroit quelquefois en fureur; les
remèdes les plus appropriés ne diminuoient rien
de la violence de ses douleurs; un coup du hasard lui procura un relâche, qui fut bientôt suivi
d'une entière guérison. Ayant, par mégarde, tenu
quelque temps dans la bouche un peu de neige où
l'on faisoit rafraîchir les boissons, il se trouva à
l'instant si sensiblement mieux, qu'il recommença
l'application de la neige. A mesure qu'elle fondoit, il en reprenoit de nouvelle : il ne se fit pas
long-temps sans se trouver guéri. Plusieurs, d'après
cette heureuse épreuve, ont essayé de ce remède
si simple, & toujours avec un succès surprenant.
(Anecd. de Médecine.)

DÉPENSE. Louis XII disoit que la plus
grande partie des gentilshommes de son royaume
étoient, comme Actéon & Diomède, mangés par
leurs chevaux & leurs chiens.

DES ADRETS (Beaumont, baron). Le baron
Des Adrets, calviniste zélé & cruel, se jouoit avec
inhumanité de la vie des catholiques qui tomboient entre ses mains. Ayant, dans le cours de
ses expéditions sanguinaires, pris, en 1562, le
fort de Montbrison, dans le Forez, il fit d'abord
couper la tête aux plus distingués de ceux qui l'a-
voient défendu. Après dîné, il fit monter les autres sur une tour très-élevée, & se faisoit un
amusement de les obliger à se précipiter. Un
d'eux eut le bonheur de se tirer de ce mauvais pas :
c'étoit sans doute un gascon; il
prenoit sa secousse, mais, sur le point de se précipiter, il s'arrêtoit aussi-tôt, & recommençoit
le même manège. Le baron, irrité, lui dit: Veux-
tu finir, voilà déjà trois fois que tu recommences ?
Ma foi, monsieur le baron, répondit aussi-tôt le
gascon, je vous le donne en quatre. Cette plaisanterie, dans un danger si pressant, dérida le
front du baron; il accorda la vie à ce malheureux.

DESBARREAUX, (Jacques de Vallée) né
à Paris en 1602, mort en 1674.

Desbarreaux étoit conseiller au parlement de Paris. Il se chargea une fois d'être rapporteur; se
voyant pressé par les parties, il les fit venir,
brûla le procès en leur présence, & paya de son
argent ce qui étoit demandé.

Desbarreaux changeoit de domicile, selon les
saisons de l'année. Il passoit l'hiver à Marseille, sa
maison qu'il appeloit sa favorite étoit dans le Languedoc; c'étoit celle du comte de Clermont Lo-
dève, où il disoit que la bonne chère & la liberté

étoient sur leur trône. Il avoit en Anjou la maison
du Lude, où étoit autrefois l'abord des plus beaux
esprits & des plus honnêtes gens. Il alloit voir quelquefois Balzac sur les bords de la Charente. Mais
la maison où il se plaisoit davantage, c'étoit Che-
nailles sur la Loire, lieu aujourd'hui agréable,
& autrefois séjour de plaisir & de bonne chère.

Desbarreaux passoit pour un homme sans religion. Un jour de carême que ce débauché & M.
d'Elbène étoient ensemble, ils voulurent manger
de la viande, & ne trouvèrent que des œufs dont
on leur fit une omelette. Dans le tems qu'ils la
mangeoient, il survint un orage & un tonnerre si
terrible, qu'il sembloit qu'il allât renverser la
maison où ils étoient. Desbarreaux, sans se troubler, prit le plat, & le jetta par la fenêtre en
disant : Voilà bien du bruit pour une omelette.

Une autrefois Desbarreaux présenta un bon morceau à M. d'Elbène, qui s'excusa de le manger, disant qu'il étoit excellent s'il consultoit son goût,
mais que son estomach seroit incommodé s'il le
mangeoit. Desbarreaux lui repartit : Es-tu de ces
fats qui s'amusent à digérer ?

DÉSERTEUR. On se préparoit à Chatam,
à faire passer par les baguettes un déserteur du
vaisseau du roi l'Oxford : déjà on le dépouilloit,
malgré sa résistance, lorsqu'on apperçut avec
étonnement, une fille dans le criminel. On voulut savoir le motif qui l'avoit portée à s'engager :
elle répondit que c'étoit l'amour. Elle étoit de
Hall : elle avoit plu à un jeune homme qui, ayant
oublié tous ses sermens, l'avoit quittée pour se
rendre à Londres : qu'alors sous des habits d'homme elle l'y avoit suivi, qu'ayant été informée
qu'il s'étoit engagé sur l'Oxford à Chatam, elle
avoit pris le même parti. Qu'ensuite ayant appris
que son amant avoit déserté avant son arrivée,
elle s'enfuit au bout de quelques jours, dans le
dessein de l'aller chercher. Après son récit, elle
fut conduite à l'amiral sire Peter Denis, qui lui
donna une petite somme. Cette jeune fille, qu'on
dit être fort jolie, & n'avoit pas encore dix-neuf
ans, partit pour chercher son amant, après avoir
reçu des présens de tous les officiers du vaisseau.

Dans les premiers jours de la campagne que les
François ouvrirent en Allemagne en 1691, il arriva une aventure de déserteurs assez particulière.
Un grenadier du régiment de Souternon déserte,
& avertit les impériaux qu'un convoi assez considérable part d'Allemagne pour l'armée françoise.
Mille chevaux partent aussitôt de Mayenne pour
l'enlever. Un hussard Allemand déserte en même
temps, avertit les françois du risque que court le
convoi; & son rapport les détermine à le faire
soutenir par un détachement considérable, les

deux corps se rencontrent, se chargent avec beaucoup de vivacité, & les impériaux sont battus. Ainsi cette double désertion exposa & sauva le convoi.

DESCARTES, (Réné) né en Touraine l'an 1596, mort à Stockolm le 11 février 1650. Descartes étoit d'une taille un peu au-dessous de la médiocre, mais assez déliée & bien proportionnée. Il avoit le front large & un peu avancé, les yeux d'un gris noir, le teint olivâtre. On lui voyoit à la joue une espèce de petite bube qu'il garda toujours. Son regard étoit agréable, son visage serein, son son de voix doux & prévenant. Il avoit une foible santé, dont il prenoit soin sans en être esclave. *Au lieu de trouver le moyen de conserver la vie*, écrivoit-il un jour, *j'en ai trouvé un autre bien plus sûr, c'est celui de ne pas craindre la mort.* Doux, complaisant avec tout le monde, il étoit surtout affable envers ceux qui avoient besoin de lui. Ses domestiques trouvoient en lui un père tendre & généreux. Un d'eux voulut le remercier, d'un service important: *que faites-vous*, lui dit-il, *vous êtes mon égal, & j'acquitte une dette.*

Comme il travailla à instruire les hommes, il eut des ennemis; mais il ne chercha à se venger d'eux que par une sorte de mépris philosophique. *Quand on me fait une offense*, disoit-il, *je tâche d'élever mon ame si haut que l'offense ne parvienne pas jusqu'à moi.*

Il renonça de bonne heure au commerce des livres, parce qu'au lieu de la science qu'il y cherchoit, il n'y trouva que des erreurs de convention. Il crut que pour connoître la vérité, il falloit écarter tous les nuages dont les hommes avoient cherché à l'obscurcir, & l'étudier dans le grand livre de la nature. Il se présenta à cette étude avec une ame saine, un cœur pur & un jugement libre de tous préjugé.

Descartes, élevé au collège de la Flèche, fit dans ses études des progrès qui annoncèrent de bonne heure son génie. Au-lieu d'apprendre, il doutoit, & il étoit encore très-jeune qu'on l'appelloit déjà *le philosophe.*

La logique de ses maîtres lui parut chargée d'une foule de préceptes ou inutiles, ou dangereux; il s'occupoit à en séparer, *comme le statuaire*, disoit-il même, *travaille à tirer une Minerve d'un bloc de marbre qui est informe.*

On permettoit au jeune Descartes, à cause de la foiblesse de sa santé, de passer une partie des matinées au lit. Il employoit ce temps à réfléchir profondément sur les objets de ses études; & il en contracta l'habitude pour le reste de sa vie.

Lorsqu'il eut achevé ses premières études de philosophie, il porta les armes, en qualité de volontaire au siége de la Rochelle, & en Hollande sous le prince Maurice. Son dessein ne fut point de devenir grand guerrier, il ne vouloit être que spectateur des rôles qui se jouent sur ce grand théâtre, & étudier seulement les mœurs des hommes qui y paroissent. Ses attraits étoient la liberté, la philosophie & la géométrie.

En 1617, étant au service de la Hollande, un inconnu fit afficher dans les rues de Breda un problême à résoudre. Descartes vit un grand concours de passans qui s'arrêtoient pour lire. Il s'approcha; mais l'affiche étoit en Flamand qu'il n'entendoit pas. Il pria un homme qui étoit à côté de lui de la lui expliquer. C'étoit un mathématicien nommé Bukman, principal du collège de Dordrecht. Le principal, homme grave, voyant un petit officier en habit d'uniforme, crut qu'un problême de géométrie n'étoit pas fort intéressant pour lui; & apparemment pour le plaisanter, il lui offrit de lui expliquer l'affiche, à condition qu'il résoudroit le problême. C'étoit une espece de défi. Descartes l'accepta; le lendemain matin le problême étoit résolu. Bukman fut fort étonné; il entra en conversation avec le jeune homme; & il se trouva que le militaire de vingt ans en savoit beaucoup plus sur la géométrie que le vieux professeur de mathématiques.

Descartes quitta la profession des armes, & ce philosophe qui ne vouloit avoir, disoit-il, d'autre livre que le monde, se mit à voyager à l'exemple des Thalès, des Solon, des Pythagore. Lorsqu'il passoit par mer d'Embden dans la Westfrise, il pensa périr dans ce trajet. Il étoit seul avec un domestique parmi des matelots, maîtres du vaisseau & de son sort, qui joignoient la scélératesse à une rusticité barbare. Descartes observoit, méditoit, parloit peu; ne parloit qu'à son domestique, & ne parloit que François. Les matelots de leur côté l'observoient aussi, & malheureusement ils le croyoient riche; ils projettèrent de le tuer, de le voler, & de le jetter dans la mer, persuadés que personne ne réclameroit un étranger inconnu; ils tenoient conseil devant lui, croyant qu'il ignoroit la langue du pays. L'air calme & serein de la sécurité qui brilloit sur son visage pendant leur entretien, confirmoit leur erreur. Tout-à-coup cet air change, Descartes fond sur eux l'épée à la main, terrible, menaçant, armé de toute la supériorité du courage & de la vertu sur la bassesse & le crime. Les matelots surpris, effrayés, condamnés par leur propre cœur, se croyent foudroyés par un Dieu qui lit dans les ames, & qui punit les pensées coupables. Ils oublient l'avantage du lieu & du moment, ils retournent en tremblant au gouvernail & à la manœuvre, ils rampent, ils obéissent, & Descartes, toujours en son pouvoir, leur fait grace. *Eloge de Descartes par M. Gaillard.*

Descartes, après ses voyages, passa quelques années à observer tous les états, & finit par n'en choisir aucun.

Il quitta la Hollande en 1648 pour faire un séjour en France. Le roi lui avoit accordé une pension, dont le brevet fut expédié d'avance. De nouveaux troubles survenus dans ce royaume empêchèrent qu'il ne profitât de cette pension, dont cependant il avoit payé l'expédition en parchemin qui se vendoit alors ; ce qui lui fit dire assez plaisamment, que *jamais il n'avoit acheté de parchemin si cher.*

Ceux qui l'avoient appelé furent curieux de le voir, non pour l'entendre & profiter de ses lumières, mais pour connoître sa figure. « Je m'apperçus, dit-il dans une de ses lettres, qu'on » vouloit m'avoir en France, à peu près comme » les grands seigneurs veulent avoir dans leur mé- » nagerie un éléphant, ou un lion, ou quelques » autres animaux rares. Ce que je pus penser de » mieux sur leur compte, ce fut de les regarder » comme des gens qui auroient été bien aises de » m'avoir à dîner chez eux ; mais en arrivant je » trouvai leur cuisine en désordre, & leur mar- » mite renversée ».

Il est à remarquer que la famille de *Descartes* fut peut-être la dernière à sentir l'honneur que ce philosophe lui faisoit. Son frère aîné avoit pour lui très-peu de considération. « Ses parens, dit » l'historien de sa vie, sembloient le compter » pour peu de chose dans sa famille, & ne le re- » gardant plus que sous le titre de philosophe, » tâchoient de l'effacer de leur mémoire, comme » s'il eût été la honte de leur race.

Descartes persécuté en Hollande & méconnu en France, compta néanmoins parmi ses admirateurs & ses disciples, les deux femmes les plus célèbres de son temps, Elisabeth de Bohême, princesse Palatine, & Christine reine de Suède. Cette reine l'avoit sollicité long-temps avant de pouvoir le déterminer à quitter sa retraite. Il partit enfin de Hollande, & fut reçu à la cour de Stockholm avec une distinction qui excita la jalousie contre lui. Christine qui sentoit bien que les assujettissemens des courtisans n'étoient pas faits pour un homme tel que Descartes, commença par l'en exempter. Elle convint ensuite avec lui d'une heure où elle pourroit l'entretenir tous les jours, & recevoir ses leçons. C'étoit à cinq heures du matin, dans un hiver très-rude. Il n'y avoit pas plus de quatre mois que Descartes étoit à Stockholm, qu'il se sentit consumer par une fièvre ardente qu'occasionnèrent la rigueur du froid & le changement qu'il fit à son régime. Ainsi il fut victime de sa complaisance pour la reine ; mais il n'en montra point du tout aux mé-

decins Suédois qui prenoient soin de lui. *Messieurs,* leur crioit-il dans l'ardeur de sa fièvre, *épargnez le sang françois.* Il se laissa néanmoins saigner au bout de huit jours. Mais il n'étoit plus temps, l'inflammation étoit trop forte. Il sentit son état, & s'écria : » Il faut partir, allons mon ame, ajou- » ta-t-il, il y a long-temps que tu es captive ; » voici l'heure que tu dois sortir de prison & » quitter l'embarras de ce corps ; il faut souffrir » cette désunion avec joie & courage «.

Christine, par reconnoissance pour son maître, voulut le faire enterrer auprès des rois de Suède, & lui ériger un mausolée. Des vues de religion s'opposèrent à ce dessein. M. de Chanut demanda & obtint qu'il fut enterré avec simplicité dans un cimetière parmi des catholiques. Seize ans après, son corps fut transporté en France & déposé dans l'église de Sainte-Geneviève. Le 24 juin 1667, on lui fit un service où se trouva un grand concours de tous les ordres. Le chancelier de l'Université devoit prononcer son oraison funèbre ; mais les disputes qui régnoient alors au sujet de la philosophie d'Aristote & de celle de *Descartes*, portèrent le gouvernement à faire supprimer cette oraison funèbre.

Descartes, disoit l'abbé Terrasson, en amenant la raison, a perfectionné l'humanité & la douceur des mœurs. Ce philosophe a enseigné dignement, parce qu'il a dit à ses disciples : « Rentrez en » vous-mêmes, & consultez y la raison ; & à » l'égard des phénomènes de la nature, ayez re- » cours à l'observation & à l'expérience : en un » mot, je ne prétends point être votre maître, » je ne veux être que votre guide. »

Nous devons à *Descartes*, non-seulement l'application de l'algèbre à la géométrie, mais encore les premiers essais de l'application de la géométrie à la physique, & d'avoir formé le grand Newton.

Descartes avoit raisonné sa morale & s'étoit formé quatre principales maximes de conduite : 1°. d'obéir en tout temps aux loix & aux coutumes de son pays.

2°. De n'enchaîner jamais sa liberté pour l'avenir.

3°. De se décider toujours pour les opinions modérées, parce que dans le moral, tout ce qui est extrême est presque toujours vicieux.

4°. De travailler à se vaincre soi-même, plutôt que la fortune, parce que l'on change ses désirs plutôt que l'ordre du monde, & que rien n'est en notre pouvoir que nos pensées.

Il avoit pris pour devise *bene qui latuit, bene vixit,* Vivre caché, c'est vivre heureux.

Descartes n'avoit point été marié; cependant il connut l'amour. Il eut une fille naturelle nommée Françoise, qui mourut entre ses bras à l'âge de cinq ans. Il fut inconsolable de cette mort, & avoua plusieurs fois à ses amis qu'il n'avoit jamais éprouvé de plus grandes douleurs de sa vie.

Le parlement de Paris excité par l'Université, étoit prêt à donner un arrêt contre la philosophie de Descartes, lorsque Despreaux fit le sien. M. Boileau le greffier présenta cet arrêt burlesque à signer au premier président de Lamoignon avec beaucoup d'autres: comme c'étoit un magistrat fort exact; il les examina. Quand il fut arrivé à celui de Despréaux, il dit à Boileau: ah! voila un tour de ton oncle.

On disoit ordinairement à Paris, que de tous les hommes Descartes est celui qui a le mieux rêvé.

Un curé de village avoit élevé quatre dogues: il appelloit l'un Aristote, l'autre Descartes. Il avoit donné à chacun un disciple, & avoit entretenu les deux parties dans une grande animosité. Aristote ne voyoit point Descartes qu'il ne fût prêt à s'élancer sur lui pour le dévorer, & Descartes lui gardoit une haine pareille. Quand le curé vouloit se divertir, il appelloit Aristote & Descartes; chacun se rangeoit à sa place, Aristote à la droite, Descartes à la gauche, & chaque disciple se tenoit à côté de son maître. Le curé parloit ensuite à Aristote pour l'inviter à s'accommoder avec Descartes. Aristote par ses aboyemens réitérés & ses yeux étincellans sembloit dire qu'il ne vouloit entendre à aucun accommodement. Il se tournoit ensuite du côté de Descartes à qui il ne paroit pas avec plus de succès. Essayons, disoit-il ensuite, si en vous faisant conférer ensemble, vos esprits pourront se réunir; il les faisoit approcher; ils se parloient d'abord en aboyant doucement: il sembloit qu'ils se répondoient l'un à l'autre. Insensiblement ils aboyoient plus fort, & puis se battoient deux contre deux. Ils se seroient étranglés si le curé par l'autorité qu'il s'étoit conservée ne les avoit séparés: le bon curé prétendoit que c'étoit une image naïve des disputes des philosophes.

Descartes a porté le flambeau des sciences, & il a été parmi nous ce que Socrate disoit qu'il étoit à Athènes, l'accoucheur des esprits.

Descartes avoit fait avec beaucoup d'industrie une machine automate pour prouver démonstrativement que les bêtes n'ont point d'ame, & que ce ne sont que des machines fort composées qui se remuent à l'occasion des corps étrangers qui les frappent, & leur communiquent une partie de leur mouvement. Ce philosophe ayant mis cette machine sur un vaisseau, le capitaine eut la curiosité d'ouvrir la caisse dans laquelle elle étoit enfermée. Surpris des mouvemens qu'il remarqua dans cette machine qui se remuoit comme si elle eût été animée, il la jetta dans la mer croyant que c'étoit le diable.

Le chevalier Digby fameux philosophe anglois, ayant lû les écrits de Descartes, résolut de passer en Hollande pour le voir. Il l'alla trouver dans sa solitude d'Egmond, & après avoir raisonné long-temps devant lui sans se faire connoître, Descartes qui avoit lû quelques-uns de ses ouvrages lui dit, qu'il ne doutoit point qu'il ne fût le célèbre Digby: & vous M. répliqua Digby, si vous n'étiez pas l'illustre Descartes, vous ne me verriez pas venir exprès d'Angleterre pour avoir le plaisir de vous voir. M. Digby dit ensuite à ce philosophe qu'il feroit mieux de s'appliquer à chercher les moyens de prolonger la vie, que de s'attacher aux simples spéculations de la philosophie. Descartes l'assura qu'il avoit médité sur cette matière, & que de rendre l'homme immortel, c'est ce qu'il n'osoit se promettre, mais qu'il étoit bien sûr de pouvoir rendre sa vie égale à celle des patriarches. On n'ignoroit pas en Hollande que Descartes se flattoit d'avoir fait cette découverte; & l'abbé Picot son disciple & son martyr, persuadé qu'il avoit trouvé ce grand secret, ne vouloit point croire la nouvelle de sa mort. Lorsqu'il ne lui fût plus permis d'en douter, il s'écria: c'en est fait, la fin du genre humain va venir.

Un grand seigneur voyant un jour Descartes qui faisoit bonne chère, lui dit: Eh! quoi les philosophes usent-ils de ces friandises? Et pourquoi non, lui répondit-il? Vous imaginez-vous que la nature n'ait produit les bonnes choses que pour les ignorans?

Dans un caffé de Paris un Cartésien & un Neutonien poussèrent la dispute jusqu'à se battre; comme, après qu'on les eut séparés, le Neutonien se plaignoit beaucoup des coups qu'il avoit reçus: Vous devez les pardonner à votre adversaire, lui dit un plaisant; il a été déterminé par une force supérieure: l'attraction a agi sur vous & sur lui, &, malheureusement la force repoussante venant à manquer, vous l'avez attiré avec tant de violence, qu'il est venu vous heurter, & a enfilé une ligne droite vers le centre, au lieu de décrire habilement un cercle, comme il l'auroit dû faire; si la seconde direction ne lui eût pas malheureusement manqué.

DESCARTES (Catherine), morte en 1706. Elle étoit nièce du Philosophe, & se distingua par son esprit & ses poésies. On a dit à l'occasion de cette fille célèbre, que le génie du grand René, son oncle, étoit tombé en quenouille.

DESESPOIR-HEUREUX. Il y a quelque temps qu'une jeune fille de Londres, d'une famille honnête, & d'une fortune aisée, descendit sur les bords de la Tamise, dans le dessein de s'y noyer. Un jeune homme qui s'apperçut de son intention, courut à elle; il la retint au moment où elle se précipitoit dans la rivière, & la ramena dans sa famille.

Cette jeune personne avoit été portée à cette résolution désespérée, par l'infidélité de son amant. Lorsque le sentiment de sa douleur fut un peu affoibli, elle conçut pour son libérateur un sentiment plus vif & plus doux que celui de la reconnoissance, & elle voulut partager sa fortune avec celui à qui elle devoit la vie: enfin elle lui donna sa main.

DESFONTAINES (Pierre Guyot), né en 1685, mort en 1745.

Il étoit engagé dans les ordres sacrés, & prit même possession de la cure de Thorigny en Normandie, qu'il quitta bientôt pour suivre son goût qui le portoit à écrire de petites feuilles critiques sur les ouvrages modernes.

Lorsque l'abbé Prevôt publia la traduction des lettres familières de Cicéron, il en fit présent à l'abbé Desfontaines, qui lui écrivit : « Je » fais cas de votre ouvrage, j'en ferai un ex- » trait comme il faut; vous me pardonnerez » bien si j'y fais quelques remarques critiques. » Alger mourroit de faim, si Alger étoit en » paix avec tout le monde. »

La nation altière des beaux esprits se souleva contre le juge du parnasse. Il se vit attaqué de toutes parts; on éplucha ses écrits; on recher- cha ses mœurs; on lui fit souvent un crime de donner lieu à des soupçons. Parmi une foule d'épigrammes qui ont été lancées contre lui, on en a retenu trois.

Certain auteur de cent mauvais libelles,
Croit que sa plume est la lance d'Argail;
Au haut du Pinde, entre les neuf pucelles,
Il s'est planté comme un épouvantail.
Que fait le bouc en si joli bercail?
Y plairoit-il? Penseroit-il y plaire?
Non; c'est l'eunuque au milieu d'un serrail,
Il n'y fait rien, & nuit à qui veut faire.

On rapporte que Piron, qui a composé cette épigramme & les suivantes, la dicta lui-même à l'abbé Desfontaines, qui lui demandoit quel- ques petites pièces de vers pour les insérer dans ses feuilles. Lorsque l'abbé vint à écrire sous la dictée du poète le mot Bouc, il s'écria : « Ah! ceci est un peu trop dur. Eh bien!

» répliqua Piron, vous n'avez qu'à l'effacer, » & mettre simplement un B avec cinq points. » Ce qui auroit rendu l'épigramme encore plus cruelle.

Dans un bassin des Fontaines du Pinde
Veille un serpent boursoufflé de venin.
Géant ne suis, ni le dompteur de l'Inde,
Et moins encor le vainqueur de Menin;
Mais les neuf sœurs m'ont vu d'un œil benin.
J'ai gain de cause; & sans gants ni mitaines,
J'arracherois, moi, qui ne suis qu'un nain,
Et dents & langue au serpent Desfontaines.

Pour l'intelligence de l'épigramme suivante, il faut savoir que l'abbé Desfontaines avoit fait une critique sanglante du premier chant de la Louisiade de M. Piron. Le journaliste faisoit alors paroître les feuilles sous le nom supposé de M. Burlon.

Quand saint Antoine, au fond de son désert,
Offroit à Dieu son tribut de louange,
L'esprit malin, en singerie expert,
Le lutinoit d'une manière étrange.
Qu'en revint-il au noir & mauvais ange?
Rien que de rire ait pu lui donner lieu;
Nasardes, huée & cornes pour adieu.
Ami Burlon, voici cas tout semblable.
Ici Louis est l'image de Dieu,
Moi, de l'hermite, & toi celle du diable.

On a rapporté, dans un ouvrage périodique, qu'un jour l'abbé Desfontaines rencontra Piron à la comédie avec un habit d'automne très-somp- tueux, à ce qu'il lui sembloit, pour un poète. Il lui dit en l'abordant : » Mon pauvre Piron, » en vérité cet habit n'est guères fait pour » vous. » Cela peut être, répondit Piron; mais, M. l'abbé convenez aussi que vous n'êtes guères fait pour le vôtre.

Cet abbé voulant se justifier auprès d'un magistrat qui ne pensoit pas avantageusement de lui, le magistrat lui dit : » Si on écoutoit tous » les accusés, il n'y auroit point de coupables. » Si l'on écoutoit tous les accusateurs, repartit l'abbé, il n'y auroit point d'innocens.

Dans une autre occasion, comme un homme en place, lui reprochoit d'avoir composé plu- sieurs écrits très-méchans & très-satyriques, l'abbé lui dit pour dernière raison : Monseigneur, il faut que je vive. Mais, lui répondit le mi- nistre assez durement, je n'en vois pas la néces- sité.

Diderot a dit, en parlant de la traduction de Virgile, par l'abbé Desfontaines : » Traduisez » ainsi, & vantez-vous d'avoir tué un poète. »

L'abbé

L'abbé d'Olivet difoit : Je fuis fort étonné que l'abbé *Desfontaines* me pourfuive fi fort ; il n'y a pas de rivalité entre nous : je travaille à faire honneur aux auteurs morts, & lui à déchirer les vivans.

DESFORGES - MAILLARD. (Paul), né

en 1699, mort en 1772. Ce poëte Breton, fit long-temps des vers fans fuccès ; il fe rendit enfuite célèbre en produifant fes poëfies dans le mercure, fous le nom fuppofé de mademoifelle Malcrais de la Vigne. Les poëtes, Voltaire lui alors, célèbrerent cette nouvelle mufe, & lui firent des déclarations d'amour fort ingénieufes. Mais *Desforges* ayant quitté fon mafque fut alors fifflé. L'aventure de cette mufe hermaphrodite a fait naître l'idée & fourni l'intrigue plaifante de la *Métromanie*, comédie de Piron.

DÉSINTÉRESSEMENT. Jamais peut-être

on ne porta le défintéreffement plus loin que ne le fit le célèbre M. *Annius-Curius-Dentatus*. Il venoit de triompher des Sabins ; &, pour récompenfer les exploits de ce grand homme, le fénat lui affignoit une portion de terre plus confidérable que celle qu'on avoit coutume d'accorder aux anciens foldats ; mais le magnanime conful refufa cette faveur, & fe contenta du partage commun, ajoutant que celui qui vouloit poffeder plus de terre que les autres, étoit un mauvais citoyen. Après fa victoire, les députés des Samnites vinrent le trouver, & lui offrirent de riches préfens. *Curius* mangeoit alors des racines auprès de fon foyer. Il fe tourna vers les ambaffadeurs, & leur dit : » Pour faire de pareils repas, je n'ai pas » befoin de tant de richeffes ; & d'ailleurs n'eft-» il pas plus beau de commander à ceux qui ont » de l'or que d'en avoir foi-même ? «

Périclès avoit tant d'éloignement pour les préfens, il méprifoit fi fort les richeffes, il étoit tellement au deffus de toute cupidité & de toute avarice, que, quoiqu'il eût rendu Athènes l'une des plus opulentes cités de l'univers, & qu'il eût manié long-temps avec un fouverain pouvoir les finances de la Grèce, il n'augmenta pas d'une feule dragme le bien que fon père lui avoit laiffé. Telle fut la fource & la caufe véritable du crédit fuprême de *Périclès* dans la république, digne fruit de fa droiture & de fon parfait défintéreffement. Il employoit fes richeffes à fervir utilement l'état, en s'attachant d'habiles coopérateurs dans fon miniftère, en aidant de bons officiers dépourvus fouvent des biens de la fortune, en faifant du bien à tout le monde.

Les habitans de Salency font les Troglodites modernes ; ils fe regardent comme de la même famille. Quelqu'un du bourg eft-il malade, les autres le fervent avec une affection toute fraternelle : ces mœurs font circonfcrites dans ce petit ter-

Encyclopédiana.

ritoire. Les payfans des villages voifins ne reffemblent pas à ceux-ci, & ne font que des payfans vulgaires par tout. Voici un exemple du défintéreffement des habitans de Salency. Un jour M. Pelletier de Morfontaine, intendant de Soiffons, demanda aux Saléciens en quoi il pourroit leur être utile : » Nous ne demandons rien, répondi-» rent-ils, notre travail nous fuffit ; fi vous jugez » que nous ne payons pas affez, nous ferons de » nouveaux efforts pour cultiver encore mieux, » & pour être plus à portée de payer les impo-» fitions. «

DESIR. Affection de l'ame qu'accompagne l'inquiétude, & que fuit fouvent le dégoût.

Je ne fais s'il feroit poffible de vivre fans defirs. L'agitation eft auffi néceffaire à l'ame que le mouvement dans les êtres phyfiques : engourdie dans le repos, elle y feroit comme anéantie. Il n'eft pas jufqu'à l'air, qui, pour fe purifier, n'ait befoin d'orages.

Heureux le mortel, qui craignant de s'égarer avec fes defirs, les réprime, les retient, les règle du moins & les modère ! Plus heureux encore celui, qui dégagé de tout ce qui les fait naître, ne cherche fa fatisfaction qu'en lui-même, qui regarde avec indifférence les biens & les maux, confond dans fes idées les fceptres & les houlettes, brave les honneurs fans les craindre, les richeffes fans les méprifer, l'eftime des hommes fans la dédaigner, les hommes eux-mêmes fans prétendre les blâmer, ni refufer de leur être utile.

Que de *defirs* retranchés, s'ils venoient tous d'une ame qui fçut mefurer, calculer, apprécier !

Il n'eft que le *defir* d'être aimé qui puiffe garantir un prince des malheureux piéges qui l'affiégent de toutes parts.

Il eft heureux pour l'humanité, qu'il y ait des defirs qu'on ne peut fatisfaire : fans cela le dernier des hommes feroit maître de tout l'univers.

Un *defir* fatisfait fufpend l'activité d'une ame qui veut toujours être émue ; & le dernier qui l'occupe la rend très-indifférente à tous ceux qui l'ont précédé.

DESLANDES. (André François Boureau)

né à Pondichéri en 1690, mort à Paris en 1757. Il eft auteur de *l'hiftoire critique de la philofophie ; des réflexions fur les grands hommes qui font morts en plaifantant, & de quelques autres ouvrages* fur l'hiftoire, la phyfique &c. Voltaire l'appelloit un *vieux écolier précieux*, un *bel efprit provincial*. Il vouloit fur-tout paffer pour un efprit fort, il fit ces vers quelques jours avant fa mort.

Doux fommeil, dernier terme,
Que le fage attend fans effroi,
Je verrai d'un œil ferme,
Tout paffer, tout s'enfuir de moi.

DESMAHIS (Joseph François Edouard de Corsamblieu) né en 1722, mort en 1761. Il étoit recommandable par les qualités du cœur & de l'esprit. *Lorsque mon ami rit, difoit-il, c'eſt à lui de m'apprendre le ſujet de ſa joie; lorſqu'il pleure c'eſt à moi à découvrir la cauſe de ſon chagrin.*

Il ne pouvoit ſouffrir les querelles littéraires, il penſoit que *ſi l'union & l'harmonie régnoient parmi les gens de lettres, ils ſeroient malgré leur petit nombre, les maîtres du monde.*

On lui lut un jour un écrit ſatyrique, il dit à l'auteur: *abandonnez pour jamais ce malheureux genre, ſi vous voulez conſerver avec moi quelque liaiſon: encore une ſatyre & nous rompons enſemble.*

Son cœur doux & honnête s'épanchoit avec ſes amis: »Content, s'écrioit-il, de vivre avec » les grands hommes de mon ſiècle dans le » cercle de l'amitié, je n'ambitionne point d'être » placé auprès d'eux dans le temple de mé- » moire. «

Deſmahis a vu applaudir ſa jolie comédie de *l'impertinent;* & il a compoſé des poéſies fort agréables.

DESMARESTS de SAINT-SORLIN, (Jean) né en 1595, mort en 1676.

On a dit de *Deſmarets,* qu'il étoit le plus fou de tous les poëtes, & le meilleur poëte qui fût entre les fous.

Deſmareſts étoit ſi enchanté de ſon ennuyeux poëme de *Clovis,* qu'il en renvoye la gloire à Dieu, & aſſure, dans ſes *délices de l'eſprit,* que le ciel l'a ſenſiblement aſſiſté pour finir un ſi bel ouvrage.

Les *délices de l'eſprit* ſont une œuvre miſtique dont on s'eſt moqué, en diſant qu'il falloit mettre dans l'errata, *délices,* liſez *délires.*

Deſmarets avoit fait avec le cardinal de Richelieu la tragi-comédie de Mirame, pour laquelle fut bâtie la ſalle de l'opéra, & dont la repréſentation lui coûta un million. Elle eut cependant un ſuccès médiocre à la première repréſentation.

Le cardinal, qui y avoit aſſiſté, s'étant retiré ſeul le ſoir à Ruel, envoya chercher *Deſmareſts.* Ce poëte ſe doutant que l'entrée ſeroit orageuſe, pria *Petit,* ſon ami, de l'accompagner. Ils ſe concertèrent en chemin ce qu'ils diroient au cardinal. Dès qu'il les vit entrer: Eh bien! leur dit-il, les François n'auront jamais du goût pour les belles choſes; ils n'ont point été charmés de Mirame. Monſeigneur, répondit Petit; ce n'eſt pas la faute de l'ouvrage, qui eſt admirable, mais celle des comédiens. Votre éminence ne s'eſt-elle pas ap-

perçue, que non-ſeulement ils ne ſavoient pas leurs rôles, mais qu'ils étoient tous-ivres. Effectivement, reprit le cardinal, je me rappelle qu'ils ont joué d'une manière pitoyable. Après quelques autres diſcours, le miniſtre reprit ſa belle humeur, & fit mettre les deux poëtes à table avec lui. De retour à Paris, ils ne manquèrent pas d'aller prévenir les comédiens, & de s'aſſurer des ſuffrages de pluſieurs ſpectateurs, enſorte qu'à la ſeconde repréſentation de Mirame, on n'entendit que des applaudiſſemens.

On diſoit que *Deſmareſts,* encore jeune, avoit perdu ſon ame en écrivant des romans, & que vieux il avoit perdu l'eſprit à écrire de la *miſtiquerie.*

DESMARETS, (François-Seraphin-Regnier) né à Paris en 1632, mort dans la même ville en 1713.

L'abbé *Deſmarets,* indépendamment de ſes traductions & autres écrits, a compoſé pluſieurs poéſies légères en françois, en latin, en eſpagnol & en italien. Il réuſſit même à faire paſſer une de ſes pièces italiennes pour être de Pétrarque. Il avoit envoyé cette pièce, qui étoit une eſpèce d'ode ou de chanſon italienne, à l'abbé Strozzi, réſident pour le roi à Florence. Cet abbé la préſenta à quelques académiciens de la Cruſca de ſes amis. Il ſuppoſa que Leo Allatius, bibliothécaire du Vatican, lui avoit écrit qu'en renvoyant le manuſcrit de Pétrarque qu'on y conſerve, il avoit apperçu deux feuillets collés, & que les ayant ſéparés, il y avoit trouvé la chanſon qu'il lui envoyoit. La choſe parut d'abord difficile à croire; mais le ſtyle & le goût de Pétrarque, que l'on s'imagina reconnoître dans cette petite pièce, ne firent plus douter qu'elle ne fût de ce poëte illuſtre. Lorſque, quelque temps après, le prince Léopold, protecteur de l'académie, apprit la vérité du fait, il procura à l'abbé Regnier une place dans cette même académie. M. de Voltaire, qui fait mention de cette anecdote, ajoute que *Deſmarets* n'eût pas fait paſſer ſes vers françois ſous le nom d'un grand poëte.

DESPOTISME. Quand les ſauvages de la Louiſiane veulent avoir du fruit, ils coupent l'arbre au pied & cueillent le fruit. C'eſt l'image que l'auteur de l'eſprit des loix donne du *deſpotiſme.*

DESTOUCHES, (Philippe Néricault) né en 1680, mort en 1754.

Deſtouches, dans ſes drames, a fait ſourire la raiſon. « Vos pièces ſe liſent, lui diſoit M. de » Fontenelle en le recevant à l'académie Fran- » çoiſe; vos pièces ſe liſent, & cette louange » ſi ſimple n'eſt pourtant pas fort commune. Il

« s'en faut bien que tout ce qu'on applaudit au théâtre on le puisse lire ».

Destouches fut chargé long-temps des affaires de France en Angleterre; il y conçut une violente passion pour une demoiselle angloise, née catholique, & d'une naissance distinguée; il l'épousa dans la chapelle qu'il avoit à Londres en qualité de ministre de France; ce fut son premier chapelain qui donna aux nouveaux mariés la bénédiction nuptiale en présence de la sœur de sa nouvelle épouse & de quatre témoins, leurs amis & leurs confidens. Ce mariage fut quelque temps tenu secret; & il est le sujet véritable de la comédie du *philosophe marié*: Destouches y a peint sa belle-sœur sous le nom de *Céliante*. Tous les autres personnages y sont également copiés d'après nature, à quelques circonstances près, qu'il fut obligé de changer & d'accommoder au théâtre.

Le *glorieux* est semé de traits neufs & touchans. Tous les caractères sont traités supérieurement, à l'exception, peut-être, du rôle principal qui manque de précision, & est un de ceux que le célèbre Dufresne a le mieux rendus: on dit même qu'il ne quittoit point ce rôle hors du théâtre.

Nous avons de *Destouches* une comédie de l'*ingrat*; & quel homme étoit plus en droit de punir sur le théâtre ce vice odieux, que celui qui envoya de Londres quarante mille livres à son père, chargé d'une nombreuse famille!

Il a aussi peint l'*ambitieux*, & personne ne vécut plus en philosophe. Lorsque le cardinal Fleuri, instruit des talens de cet homme de lettres pour les négociations, voulut l'envoyer ambassadeur en Ecosse, il préféra aux honneurs de cette ambassade le plaisir de cultiver les arbres de sa campagne, & à l'avantage d'étudier les mœurs russes, celui de corriger les ridicules de son siècle.

Le *triple mariage* est une pièce en un acte du même auteur; on la joue assez souvent. Le marquis de Saint-Aulaire, poëte charmant, & l'anacréon de son siècle, avoit donné dans sa propre famille le sujet de cette petite pièce, composée d'après ce qui étoit arrivé à lui-même & à ses enfans.

Nous avons aussi de *Destouches*, le *médisant*, le *dissipateur*, l'*homme singulier*, la *force du naturel*, les *amours de Ragonde*, intermède, & quelques autres pièces qui ont été recueillies en 1758, en dix volumes in 12.

Voltaire écrivit à *Destouches* son ami:

Auteur solide, ingénieux,

Qui du théâtre êtes le maître,
Vous qui fîtes le *glorieux*,
Il ne tiendroit qu'à vous de l'être.

DETTE. Un homme de la cour étant fort malade & chargé de dettes, dit à son confesseur, que la seule grace qu'il avoit à demander, étoit qu'il plût à Dieu de prolonger sa vie jusqu'à ce qu'il eût payé tout ce qu'il devoit. Ce motif est si bon, répond le confesseur, qu'il y a lieu d'espérer que Dieu exaucera votre prière. Si Dieu me faisoit cette grace, dit alors le malade en se tournant vers un de ses anciens amis, je serois assuré de ne mourir jamais.

La duchesse de Mazarin ayant apporté vingt millions à son mari, lui donnoit plus de bien que toutes les reines de l'Europe ensemble n'en ont apporté à leurs époux. Malgré de si grandes richesses, il a fallu que, pendant plusieurs années, elle subsistât d'industrie & de charité. A sa mort, elle laissa tant de *dettes*, que ses créanciers se saisirent de son cadavre, & le firent mettre sous la main de la justice pour la sûreté de leur payement. On ne permit aux parens d'en disposer que sous caution.

DEUIL. La coutume s'est introduite de marquer, par nos habits, la douleur que doit nous causer la perte de nos proches. On prit d'abord des vêtemens lugubres & conformes à la situation où l'on se trouvoit alors, & à cette marque on reconnoissoit les personnes affligées, & la raison pour laquelle elles ne prenoient point de part aux divertissemens. Cet usage s'est perdu, & les grands habits de *deuil* servent maintenant de parure aux veuves & aux héritiers. L'équipage d'une femme qui vient de perdre son mari, est quelquefois de la plus somptueuse élégance; la pompe funèbre d'un père qui laisse de grands biens à son fils, respire la joie.

Les princes sont tous frères, & les cours ne se dispensent point deporter le *deuil* de ceux qui meurent: mais quel degré de parenté ou d'amitié peut-il y avoir entre un potentat & un ex-officier de cuisine, pour que ce dernier porte le *deuil* de l'autre? C'est l'envie de paroître ce qu'on n'est pas, qui a donné naissance à cette sottise. Une bourgeoise ridiculement bigarrée la veille, prend le lendemain, à la cour, un *deuil* extravagant, qui épuise sa bourse & excite la plaisanterie des duchesses. Un anglois qui n'a pas quatre-vingt liv. sterling de revenu, & qui est fort entêté de la mode, s'avisa, il y a deux ans, de prendre un *deuil*. L'année fut remarquable par des morts illustres. L'habit neuf servit pour le premier *deuil*; il le fit retourner au second; on le décrassa au troisième; on ajouta quelques pièces pour passer le quatrième. Mais ne pouvant s'en servir au cinquième, il garda la chambre jusqu'à ce qu'on eût attaché des boutons noirs à son surtout de drap gris.

En général, je ne voudrois pas qu'il fût permis à tout le monde de porter indiſtinctement le *deuil*. J'accorderois ſeulement ce privilège aux marchands d'étoffes, de dentelles, de galanteries. Ils ont de bonnes raiſons pour être affligés.

Addiſſon fréquentoit quelquefois un certain café de Londres, où ſe rendoit tous les jours un anglois gros & trapu, qui, après avoir lu les gazettes, prononçoit ordinairement ces mots : « Dieu ſoit loué, tous les princes étrangers ſe » portent bien ! » Si on lui demandoit quelles étoient les nouvelles de Vienne, il répondoit : « Graces au ciel, tous les princes d'Allemagne » ſont en bon état ». Si l'on s'informoit à lui de ce qu'il y avoit de nouveau en France : « Toute » la nombreuſe famille royale, repliquoit-il, ſe » porte auſſi bien que je le deſire ». Ce ton ſingulier donna de la curioſité à Addiſſon, qui découvrit, après quelques recherches, que ce royaliſte univerſel étoit un marchand de ſoierie & de rubans, très intéreſſé, par ſon commerce, à la ſanté de tous les princes de l'Europe : auſſi toutes les fois qu'il faiſoit un accord avec un ouvrier, il ne manquoit pas d'inſérer dans ſes articles : « Que tout ceci ſera bien & duement exécuté, » pourvu qu'aucun prince étranger ne vienne à » mourir dans l'intervalle du tems marqué ci- » deſſus ».

Le grand *deuil* ſe portoit en France avec un drap noir ſans ornement, des manteaux longs, du linge de Hollande & du grand crêpe. Le petit *deuil* ſe porte avec ſerge ou crépon, & des rubans bleus ou blancs mêlés avec du noir. Le roi & les cardinaux portent le *deuil* en violet.

En Caſtille, à la mort des princes, on ſe vétiſſoit de ſerge blanche pour porter le *deuil*; mais on le fit pour la dernière fois en 1498, à la mort de Don Juan, fils unique de Ferdinand & d'Iſabelle.

A la Chine, on le porte avec des habits blancs; il dure trois ans.

En Turquie, on le porte en bleu ou en violet.

En Egypte, en jaune ou feuille morte.

En gris chez les Ethiopiens; en noir dans toute l'Europe.

Au Pérou, on le portoit en gris-de-ſouris lorſque les Eſpagnols y entrèrent.

Chaque nation croit avoir de bonnes raiſons pour agir de la ſorte. Le violet étant une couleur bleue & noire, marque d'un côté la triſteſſe, &

de l'autre le ciel, qu'on ſouhaite aux morts. Le blanc déſigne la pureté; le jaune ou feuille morte, ſemblable à la fin de la belle ſaiſon, repréſente la fin des eſpérances humaines; le gris, la négation de toute couleur qui peut flatter les yeux, & la couleur propre de la terre; le noir, la privation de la lumière.

Le ſeul chancelier de France ne porte jamais le *deuil*, quelque ſujet que ce puiſſe être, parce qu'il eſt pour ainſi dire détaché de lui-même.

Chez certains peuples de l'Amérique, le *deuil* étoit autrefois réglé ſelon les années que les morts avoient vécu. Il étoit d'onze mois ſi le défunt n'avoit vécu que cinq ans; de dix s'il en avoit vécu dix; de neuf s'il en avoit vécu quinze; de huit s'il étoit parvenu juſqu'à vingt; de ſept s'il en avoit vécu vingt-cinq; de ſix s'il étoit âgé de trente ans; de cinq s'il en avoit trente-cinq; de quatre s'il en avoit quarante; de trois s'il paſſoit les quarante-cinq; de deux s'il paſſoit les cinquante; d'un ſeulement s'il étoit ſexagénaire; & à peine le plaignoit-on s'il étoit décrépit.

Dans la Corée, preſqu'île de l'Aſie, les enfans portent le *deuil* de leur père pendant trois ans; durant ce tems ils n'oſent coucher avec leurs femmes, & s'ils venoient à avoir des enfans, ils ſeroit réputés bâtards.

Autrefois dans la Lycie, pendant tout le tems du *deuil*, les hommes portoient des habits de femmes.

Les Flondriennes qui ont perdu leurs maris, vont pleurer ſur leurs tombeaux, & pour dernier témoignage de la tendreſſe conjugale, ſe coupent entièrement les cheveux, & les ſement ſur ces tombeaux : elles ne peuvent ſe remarier qu'après que leurs cheveux ſont revenus à leur première longueur, c'eſt-à-dire, lorſqu'ils paſſent les épaules.

DEUILS DE COUR. Les *deuils de cour* arrangent bien du monde. « J'hérite de tel roi, s'écria un jour un poëte. — Comment, lui dit quelqu'un ? — Comment! il m'en eût coûté ce printemps, pour un habit, vingt piſtolles que je remets en ma poche; & je porterai volontiers le *deuil* de ſa majeſté bienfaiſante ».

DEVIN. Tibère, exilé à Rhodes ſous le règne d'Auguſte, ſe plaiſoit à conſulter les *devins* ſur le haut d'un rocher fort élevé au bord de la mer; & ſi les réponſes du prétendu prophète donnoient lieu à ce prince de le ſoupçonner d'ignorance ou de fourberie, il le faiſoit à l'inſtant précipiter dans la mer par un eſclave. Un jour ayant conſulté, dans le même lieu, un certain Traſullus, regardé comme habile dans cette ſcience, & ce *devin* lui ayant promis l'empire & toutes fortes de prof-pérités: *Puifque tu es fi habile*, lui dit Tibère, *tu dois favoir ton horofcope ; dis-moi combien il te refte de tems à vivre ?* Trafullus, qui fe douta fans doute du motif de cette queftion, examina, avec une feinte fécurité, l'afpect & la pofition des af-tres au moment de fa naiffance. Bientôt après il laiffa voir au prince une furprife qui fut fuivie de frayeur ; & s'écria, *qu'il étoit, à cette heure même, menacé d'un grand péril.* Tibère, fatisfait de cette réponfe, l'embraffa, le raffura, & acceptant pour oracle tout ce qu'il lui avoit dit de favorable, le mit au nombre de fes amis.

Dans le feizième fiècle, chaque hameau avoit fon forcier, fon noueur d'éguillette, fon *devin*, fon aftrologue. Le berceau d'un enfant en étoit entouré ; les horofcopes étoient tirés auffi-tôt. Les lâches confioient leur vengeance aux négro-manciens & aux forciers. Jamais on ne parla tant de fabat, d'exorcifme, d'excommunication ; ja-mais les prêtres ne furent tant employés pour combattre les démons ; jamais tant de maifons bénites, tant *d'ex - voto*, enfin le flambeau de la philofophie a diffipé tous ces fantômes effrayans.

DEVISE, Sorte de fimilitude ou de métaphore qui repréfente un objet par un autre, avec lequel il a de la reffemblance. La devife eft proprement une métaphore peinte ; elle eft compofée de fi-gures & de paroles. On a donné à la figure le nom de *corps*, & aux paroles celui d'*ame*. Le mot ou l'ame de la devife doit être proportionné à la figure, & lui être tellement propre, qu'elle ne puiffe convenir à une autre.

Voici quelques exemples de devifes:

Un paon.

Ut placeat, taceat :

Qu'il fe taife s'il veut plaire.

Pour un bel homme qui n'a point d'efprit.

Un feu fous la cendre.

Sepelitur ut vivat :

Il s'enfevelit pour vivre.

Pour une perfonne qui fe cache au monde pour vivre en Dieu.

Une grenade qui n'eft point encore mûre.

Et nondum geftat matura coronam :

Dès qu'elle fera mûre elle aura la couronne.

Pour l'infante reine.

Un général d'armée qui avoit été battu en Allemagne & en Italie, apperçut un jour au-deffus de fa porte un tambour qu'on y avoit peint, avec cette devife : *On me bat des deux côtés.*

Guftave, roi de Suède, fut tué à la célèbre bataille de Lutzen, qu'il gagna. Voici fa devife: « Un éléphant, piqué par un dragon, tombe mort » fur lui, & l'écrafe de fa maffe ».

Etiam poft funera victor.

Pour montrer que la perte des biens peut fervir à donner de l'éclat.

Une chandelle que l'on mouche.

Deme fuperflua, crefcit :

Sa lumière croît en lui ôtant le fuperflu.

Deux aiguilles de pendule, dont l'une marque les minutes & l'autre les heures ; avec ces pa-roles :

Lex eft quod notamus :

Ce que nous vous traçons, eft la loi qui vous règle.

Santeuil fit cette devife pour les notaires de Paris.

Le cardinal Crefcentio portoit pour *devife* un croiffant tiré de fes armes, & un foleil tiré des armes du pape Sixte V, avec ces mots :

Afpice, crefcam :

Votre regard me fera croître.

DEVOIRS. On ne cherche fcrupuleufement le terme de fes *devoirs* que lorfqu'on a envie de le paffer.

Une femme têtue étant reprife de fon mari, de ce qu'elle oublioit fon *devoir* : » De quoi fe » plaint mon mari, dit-elle, je veux tout ce qu'il » veut ; car il veut être le maître, & je veux » l'être auffi. «

Une ville affez pauvre fit une dépenfe confi-dérable en fêtes & en illuminations au paffage de fon prince ; & en parut lui-même étonné. Elle n'a fait, dit un courtifan flatteur, que ce qu'elle doit : cela eft vrai, reprit un feigneur mieux in-tentionné, mais elle doit tout ce qu'elle a fait.

DÉVOTE. Une *Dévote* fort aigre fe plaignit à un jéfuite, de ce que fa belle fille dont il étoit le confeffeur, faifoit à la vérité beaucoup de bien, & de charités, mais fans aucun mérite di-foit-elle, parce qu'elle agiffoit par fon penchant généreux & fans vue de Dieu ; *laiffez la faire madame, laiffez la faire*, dit le jéfuite, *elle ga-gnera le paradis fans s'en douter.*

DIABLE. Un homme de province, qui étoit venu à Paris dans le temps du carnaval, fit la partie d'aller au bal avec un de fes amis, & fe déguifa en *diable.* Ils fe retirèrent avant le jour.

Comme le caroffe qui les conduifoit paffa dans le quartier ou le provincial logeoit, il fut le premier qui defcendit. On le laiffa le plus près qu'on put de fa porte, où il courut promptement frapper parce qu'il faifoit grand froid. Il fut obligé de redoubler les coups avant de pouvoir éveiller une vieille fervante de fon auberge, qui vint enfin à moitié endormie lui ouvrir, mais qui, dès quelle le vit, referma au plus vîte fa porte, & s'enfuit en criant jéfus-maria, de toute fa force. Le provincial ne penfoit point à fon habillement diabolique, & ne fachant point ce que pouvoit avoir la fervante, il continua à frapper & toujours inutilement. Enfin mourant de froid, il prit le parti de chercher gîte ailleurs. En marchant le long de la rue, il apperçut de la lumière dans une maifon; & pour comble de bonheur, la porte n'étoit pas tout-à-fait fermée. Il vit en entrant un cercueil avec des cierges autour, & un bon prêtre qui s'étoit endormi en lifant fon bréviaire auprès d'un fort bon brafier. Tout étoit tendu de noir, & l'on ne fentoit pas de froid dans ce lieu-là. Le provincial s'approcha tout le plus près qu'il put du brafier, & s'endormit fort tranquillement fur un fiége. Cependant le prêtre s'éveilla, & voyant la figure de cet homme endormi, il ne douta pas que ce ne fût le diable qui venoit prendre le mort; & là-deffus, il fit des cris fi épouvantables, que le provincial s'éveillant en furfaut, fut tout effrayé, croyant voir le mort à fes trouffes. Quand il fut revenu de fa frayeur, il fit réflexion fur fon habillement, & comprit que c'étoit ce qui avoit caufé fon embarras. Comme il n'étoit pas loin de la fripperie, & que le jour commençoit à paroître, il alla changer d'habit, & retourna à fon auberge, où il n'eut pas de peine à fe faire ouvrir. Il apprit en entrant que la fervante étoit malade, & que c'étoit une vifite que le diable lui avoit rendue qui caufoit fon mal. Le provincial n'eut garde de dire qu'il étoit le diable. Il fut enfuite qu'on publioit dans le quartier que le diable étoit venu pour enlever monfieur un tel. Le confeffeur atteftoit la chofe; ce qui y donnoit le plus de croyance, ajoute madame *Dunoyer*, qui rapporte cette anecdote, c'eft que le pauvre défunt avoit été maltotier.

M. le Prince eut la curiofité de voir un poffédé en Bourgogne, dont on faifoit beaucoup de bruit. En tirant quelque chofe de fa poche, comme fi c'eût été un reliquaire, il lui mit la main fermée fur la tête; le poffédé dit & fit auffitôt beaucoup d'extravagances: M. le Prince, retirant fa main fit voir au poffédé que c'étoit une montre! le poffédé fort déconcerté de voir cela, faifant mine de vouloir fe jetter fur lui, M. le Prince qui avoit une canne à la main, lui dit: M. le diable, fi tu me touches, je t'avertis que je roff`erai bien ton étui. En faifant le récit de ce qui

lui étoit arrivé alors, il difoit, *je parlai en cette manière, ne voulant pas que l'on crût que j'étois affez fou pour vouloir battre le diable.* Le poffédé refta dans fon devoir & ne battit pas M. le Prince.

DIABLE AU CORPS. Lorfqu'on répéta Mérope pour la première fois, M. de Voltaire reprochoit à mademoifelle Dumefnil, de ne mettre ni affez de force ni affez de chaleur en invectivant Polifonte: » Il faudroit avoir le *diable au corps*, lui dit cette célèbre actrice, pour arriver au ton que vous voulez me faire prendre. — » Eh! vraiment oui, mademoifelle, c'eft le *diable au corps* qu'il faut avoir pour exceller dans tous les arts; oui, oui, fans le *diable au corps*, on ne peut être ni bon poëte ni bon comédien. «

DIAGORAS, philofophe Athénien, mort vers l'an 400 avant J. C.

Les Athéniens le chafsèrent de leur ville, pour avoir mis en queftion, s'il y avoit des Dieux, & favoir qui ils étoient.

Se trouvant un jour d'hiver dans un endroit où le bois manquoit, il prit une ftatue d'Hercule, & la jetta dans le feu en difant, *il faut que tu faffe aujourd'hui bouillir notre marmite, ce fera le dernier de tes travaux.*

DIAMANS. Ce qui diftingue le plus le royaume de Golconde des autres contrées de l'Afie, c'eft la richeffe de fes mines de diamans; on en attribue la découverte au hazard. Un berger conduifant fon troupeau dans un lieu écarté, apperçut une pierre qui jettoit de l'éclat: il la ramaffa & la vendit pour un peu de riz, à quelqu'un qui n'en connoiffoit pas mieux la valeur. Elle paffa ainfi dans différentes mains, & tomba enfin dans celles d'un marchand connoiffeur, qui en tira un grand profit. Cette découverte fit du bruit & chacun s'empreffa de fouiller dans l'endroit où le diamant avoit été ramaffé. L'endroit où fe trouvent ces mines, eft le plus fec & le plus ftérile du royaume. On cherche les diamans dans les veines des rochers, & il y a plus de 3000 ouvriers occupés de ce travail. Le roi fe réferve tous les diamans au-deffus de dix carats, ce qui n'empêche pas qu'on ne le trompe fouvent. Les mineurs les avalent pour n'être pas découverts, & trouvent moyen de les vendre aux Européens, après les avoir retirés de leurs déjections; ce qui ne fe fait pas fans expofer fa vie.

Les plus beaux diamans que l'on connoiffe dans le monde, font, celui du roi de France qui pèfe 106 carats, celui du grand duc de Tofcane qui en pèfe 139, & que l'on eftime deux millions fix cent huit mille trois cent trente-cinq livres; celui du Grand Mogol qui a paffé dans les mains de

Thamas-Koulikan, de 280 carats, & qui étoit estimé onze millions sept cent vingt trois mille deux cent soixante dix-huit livres.

Le prince de ***, charmé de la conduite intrépide d'un grenadier au siège de Philisbourg, en 1734, lui jetta sa bourse, en lui disant qu'il étoit fâché que la somme qu'elle contenoit ne fût pas plus considérable. Le lendemain, le grenadier vint trouver le prince; &, lui présentant des diamans & quelques autres bijoux: » Mon » général, lui dit-il, vous m'avez fait présent de » l'or qui étoit dans votre bourse, & je le garde; » mais vous n'avez sûrement pas prétendu me » donner ces diamans, & je vous les rapporte. — » Tu les mérites doublement, répondit le prince, » par ta bravoure & par ta probité. Ils sont à » toi. «

Une très-belle femme qui n'avoit point d'enfans & qui ne croyoit pas que ce fût de sa faute, ayant un jour un beau *diamant* au doigt: » Voilà, » lui dit son mari, un diamant merveilleux, mais » fort mal mis en œuvre: il n'est pas le seul, ré- » pondit elle avec un sourire malin. «

DIANE DE POITIERS, morte le 26 avril 1566, âgée de 66 ans & quelques mois.

François I, lui accorda la grace du comte de Saint-Vallier son père, qui avoit trempé dans les projets du connétable de Bourbon. Henri II, n'ayant que dix-huit ans, en devint éperdument amoureux, quoiqu'elle eût alors au moins 40 ans. Elle avoit les cheveux extrêmement noirs & bouclés, la peau très-blanche, les dents, la jambe & les mains admirables, la taille haute, & la démarche la plus noble. Elle ne fut jamais malade. Dans le plus grand froid, elle se lavoit le visage avec de l'eau de puits, & n'usa jamais d'aucune pomade. Elle s'éveilloit tous les matins à six heures, montoit souvent à cheval, faisoit une ou deux lieues & venoit se remettre dans son lit, où elle lisoit jusqu'à midi.

Elle répondit fièrement à Henri II, qui vouloit reconnoître une fille qu'il avoit eue d'elle: » J'étois de naissance à avoir des enfans légitimes de vous; j'ai été votre maîtresse parce que je vous aimois, je ne souffrirai pas qu'un arrêt me déclare votre concubine. «

Elle ordonna par son testament qu'on exposât son corps dans l'église des filles pénitentes, avant que de le transporter à Anet où il fut inhumé.

DIDEROT, (Denis) né en 1713, mort en 1784.

Diderot étoit fils d'un coutelier de Langres; il fit ses études chez les jésuites, & vint à Paris prendre des leçons du fameux père Porée.

Il fut réduit au sortir de ses classes, à enseigner les mathématiques. Il a fait aussi des sermons pour de l'argent. Un missionnaire prêt à partir pour l'Amérique, lui en commanda six qu'il lui paya 50 écus pièce.

Diderot estimoit cette affaire une des meilleures qu'il eut faites.

Il trouva dans sa liaison avec mademoiselle Champion qu'il épousa, le sujet de l'intrigue de Saint-Albin, qui fait l'intérêt de son *père de famille*.

On sait que l'impératrice de Russie acheta la bibliothèque de *Diderot*, & voulut qu'il conservât ses livres avec une pension, comme son bibliothécaire, tout le temps de sa vie.

Diderot alla à Petersbourg remercier sa bienfaitrice, mais il réussit peu à cette cour.

Langres à décoré son hôtel-de-ville, du buste & des écrits de son illustre citoyen.

Diderot à fait différens ouvrages de philosophie, de littérature, de science, de romans, mais il est principalement connu comme éditeur de la première encyclopédie, & rédacteur de la partie des arts & métiers.

DIOCLÉTIEN, né l'an 245 de Jésus-Christ, mort en 313.

Dioclétien, d'abord simple soldat, ne dut qu'à lui-même son élévation à l'empire. Il avoit beaucoup de ressource & même d'adresse dans l'esprit; il étoit ferme dans ses projets, & pendant vingt années il sut faire respecter ses ordres par ces fières légions qui élevoient les empereurs & les renversoient avec la même facilité. Il n'ignoroit pas qu'un souverain doit toujours agir sans passion, & il réprima son caractère fier, violent, emporté. Le bien qui se présentoit il le faisoit de son propre mouvement; il ne se porta jamais à un excès de rigueur sans y être autorisé auparavant par l'avis de ses ministres: on lui a reproché d'avoir le premier introduit l'usage de se faire baiser les pieds; mais c'est une vanité qui n'est que ridicule, & que l'on peut pardonner à la bassesse de son extraction.

Dioclétien avoit été élu empereur l'an 284 de l'ere chrétienne, & cette année est remarquable en ce qu'elle commence l'ere de *Dioclétien* ou des martyrs dont on s'est servi long-temps dans l'église, & dont se servent encore les Coptes ou les Abyssins. La persécution contre les chrétiens ne commença cependant sous *Dioclétien* que la dix-huitième année de son règne, & cet empereur ne s'y prêta qu'à la vive sollicitation de Galere, homme dur, féroce, vindicatif, & un de ceux que l'empereur avoit associés au gouvernement.

Dioclétien, pour se former un appui contre les trahisons continuelles des soldats, s'étoit donné pour collègue à l'empire Maximilien Hercule, soldat de fortune comme lui, & avoit créé Césars ce Maximin Galere & Constance Chlore; mais Galere, après avoir, par ses cruautés, rendu odieux la fin du règne de Dioclétien, le força, par un excès d'ingratitude, à abdiquer l'empire. Dioclétien se retira dans la Salmatie, & fixa son séjour à Salone, où il goûta dans le repos d'une vie tranquille le bonheur qu'il n'avoit pu trouver sur le trône.

Lorsque quelques années après, Maximin & d'autres anciens amis le sollicitèrent de sortir de la vie obscure à laquelle il s'étoit réduit, & de revendiquer l'empire, il leur fit cette réponse remarquable : » Ah ! si vous connoissiez tout le » plaisir que j'ai à cultiver de mes propres mains « les fruits & les légumes de mes jardins, jamais » vous ne me parleriez de l'empire ».

Ce prince se rappellant dans sa retraite les fautes qu'on lui avoit fait commettre pendant un règne de vingt ans, disoit souvent à ses amis dans l'amertume de son cœur : » Rien n'est plus difficile » que de bien gouverner. Quatre ou cinq courti- » sans intéressés se liguent pour tromper le souverain. » Le prince, enfermé dans son palais, ne peut » connoître la vérité par lui-même; il ne sait » que ce qu'on lui dit ; il élève à des places ceux » qu'il devroit en éloigner ; il destitue ceux qu'il » devroit conserver. Enfin, malgré les intentions » les plus droites, malgré toutes les précautions, » le meilleur des princes est le jouet & la victi- » me de ceux qui lui dérobent la vérité; il est » trahi, vendu : Bonus, cautus, optimus venditur » imperator ».

DIOGENE, philosophe cinique, né à Sinope ville du Pont, mort vers l'an 320 avant Jésus-Christ, âgé de 90 ans.

Diogène, à l'exemple de son maître, regarda comme indifférent tout ce qui n'étoit ni vertu ni vice, & il en conclut qu'il ne falloit avoir aucun soin de son extérieur, de ses habillemens & de tout ce qu'on appelle propreté ou décence. Il s'éleva au-dessus de tous les événemens, mit sous ses pieds toutes les faveurs, & méprisa également les louanges & les satyres de ses concitoyens. C'étoit, dit Montagne dans son style énergique, une espèce de ladrerie spirituelle qui a un air de santé que la philosophie ne méprise pas. Ce qu'on a lieu sur-tout d'admirer dans cet homme extraordinaire, c'est qu'au milieu des austérités qu'il se proposa pour s'endurcir à la philosophie, il conserva toujours son enjouement naturel. Il fut plaisant, vif, ingénieux, éloquent. Personne peut-être n'a dit tant de bons mots; mais sa mordante

ironie ne distingua pas toujours le vice du vicieux.

On chercha à se venger, on calomnia ses mœurs. Il fut accusé de son temps, & traduit chez la postérité comme coupable de l'obscénité la plus excessive. Le tonneau qu'il avoit pris pour demeure, dit un auteur moderne, ne se présente encore aujourd'hui à notre imagination prévenue qu'avec un cortège d'images deshonnêtes; on n'ose regarder au fond. Mais les bons esprits qui s'occuperont moins à chercher dans l'histoire ce qu'elle dit, que ce qui est la vérité, trouveront que les soupçons qu'on a répandus sur ses mœurs, n'ont eu d'autre fondement que la licence de ses principes.

Diogène, fils d'un banquier de Sinope, chassé de sa patrie pour le crime de fausse monnoie, en fut aussi banni lui-même sur la même accusation. Il se réfugia à Athènes dans l'école du philosophe Antisthène qui professoit la philosophie cynique. Ce professeur, peu disposé à prendre un faux monnoyeur pour disciple, le rebuta : irrité de son attachement opiniâtre, il se porta même jusqu'à le menacer de son bâton : frappe, lui dit Diogène, tu ne trouveras point de bâton assez dur pour m'éloigner de toi tant que tu parleras.

Il écrivit à ses compatriotes : » Vous m'avez » banni de votre ville, & moi je vous relègue » dans vos maisons. Vous restez à Sinope, & je » m'en vais à Athènes. Je m'entretiendrai tous » les jours avec les plus honnêtes gens, pendant » que vous serez dans la plus mauvaise compa- » gnie ».

Le banni de Sinope endossa le manteau & la besace, & enchérit encore sur l'orgueilleux amour de son maître pour la pauvreté. Comme on différoit trop à lui bâtir une cellule qu'il avoit demandée, il se réfugia dans un tonneau. Il n'avoit gardé pour tout meuble qu'une écuelle. Mais ayant apperçu un jour un jeune enfant qui buvoit dans le creux de sa main, il m'apprend, dit-il, que je conserve du superflu, & il cassa son écuelle.

Quel Cénobite mena une vie plus pleine d'exercices, d'austérités, de macérations ! Il se rouloit en été dans les sables brûlans, il embrassoit en hiver des statues de neige, il marchoit nuds pieds sur la glace. Les alimens les plus grossiers lui servoient de nourriture. Remarquant une souris qui ramassoit les miettes qui se détachoient de son pain ; & moi aussi, s'écria-t-il, je peux me contenter de ce qu'elles laissent tomber.

Se trouvant à la célébration des jeux olympiques, il réprocha au vainqueur qu'il n'étoit victorieux que dans la carrière des corps; mais que

lui

lui favoit triompher dans celle des esprits. On s'est offensé de ce qu'il s'est proclamé lui-même le vainqueur de l'ennemi le plus redoutable à l'homme, *la volupté*. Mais qui est l'homme qui, connoissant la vie laborieuse de ce philosophe, voudra à ce prix mériter une couronne ?

Alexandre le Grand étant en Grèce où il avoit convoqué une diète de tous les états, voulut voir *Diogène* qui se tenoit renfermé dans son tonneau. Il alla le trouver environné d'une cour brillante. Le cynique couché alors au soleil, se leva sur son séant, & attacha les yeux sur le monarque sans proférer un seul mot. Alexandre lui demanda ce qu'il pouvoit faire en sa faveur. — *Te retirer de devant mon soleil.* Cette réponse indigna les courtisans, mais frappa le monarque qui, se retournant du côté de ses favoris, leur dit : » Si » je n'étois Alexandre, je voudrois être *Diogène*.

A peine eut-on publié le décret qui ordonnoit d'adorer Alexandre sous le nom de *Bacchus de l'Inde*, que *Diogène* demanda d'être adoré sous le nom de *Sérapis de Grèce*. Tous ses traits portent l'empreinte d'une ame fière & courageuse qui se joue seule de l'ambition d'un jeune conquérant devant lequel toute la Grèce se tenoit prosternée.

Diogène se mocquoit des rhéteurs de son temps qui enseignoient l'art de bien dire, & non celui de bien faire ; des musiciens qui régloient leurs instrumens, & qui ne savoient pas régler leurs mœurs ; des grammairiens qui s'amusoient à gloser sur les fautes des auteurs, & ne pensoient pas à corriger les leurs : » Si par l'étude, dit Mon- » tagne, notre ame n'en va pas un meilleur bran- » le, si nous n'en avons le jugement plus sain, » j'aimerois autant que nous eussions passé le » temps à jouer à la paume : au moins le corps » en seroit plus allègre ».

Quand *Diogène* avoit besoin d'argent, il disoit qu'il en *redemandoit* à ses amis, mais non qu'il en *demandoit*.

Il lui arrivoit souvent de tendre la main à des statues, pour s'accoutumer, disoit-il, au refus.

Etant entré un jour dans l'école de Platon, il se mit à deux pieds sur un beau tapis, en disant : » Je foule aux pieds le faste de Platon ». *Oui*, répliqua celui-ci, *mais par une autre sorte de faste.*

Ce chef de la secte des académiciens avoit défini l'homme un animal à deux pieds sans plumes ; *Diogène* pluma un coq, & le jettant dans son école, *voilà*, dit-il, *votre homme.*

Ayant rencontré un jour un enfant mal élevé, il appliqua un soufflet à son précepteur.

Il dit à quelqu'un qui lui remontroit dans une maladie, qu'au lieu de supporter la douleur, il

feroit beaucoup mieux de s'en débarrasser en se donnant la mort, lui sur-tout qui paroissoit tant mépriser la vie : » Ceux qui savent ce qu'il faut « faire & ce qu'il faut dire dans le monde, doi- » vent y demeurer ; & c'est à toi d'en sortir qui » me parois ignorer l'un & l'autre ».

Voyant un vieillard qui cajoloit une jeune fille : *ne crains tu point*, lui demanda-t-il, *d'être pris au mot ?*

Diogène disoit que les princes avoient souvent à leurs côtés deux sortes de bêtes, des farouches & des privées. Les premières sont les délateurs, & les secondes les flatteurs.

Quand on disoit à *Diogène* ; tu es vieux, il est temps que tu te reposes, il répliquoit : ». Quoi ! si » je courois dans une carrière, faudroit-il m'ar- » rêter quand je me verrois proche du but ».

Diogène, voyant le jeune Denis réduit à faire la fonction de maître d'école, se mit à soûpirer devant lui : ne t'affliges point, dit Denis à *Diogène*, de ma mauvaise fortune, c'est un effet de l'inconstance des choses humaines. — Je ne suis pas affligé de ce que tu penses, lui répondit *Diogène*, mais de te voir plus heureux que tu n'étois & que tu ne mérites.

Diogène fut pris sur mer dans le trajet d'Athènes à Egine, conduit en Crète, & mis à l'encan avec d'autres esclaves. On lui demanda ce qu'il savoit faire ? *Commander aux hommes* ; & le crieur public disoit à haute voix par son ordre : *Qui est ce qui veut acheter son maître ?* Un nommé Xeniade l'acheta sur ce pied, & s'en trouva bien.

Ses amis voulurent le racheter : « Les lions, » leur dit-il, ne sont pas esclaves de ceux qui les » nourrissent, mais ceux-ci sont les valets des » lions ».

Xeniade qui connoissoit tout le prix d'un homme tel que *Diogène*, lui confia l'éducation de ses enfans, qui apprirent de ce philosophe à ne point dépendre de l'opinion des hommes, pour mieux surmonter les obstacles qui s'opposent à la pratique de la vertu.

Il regardoit l'amour comme l'occupation des gens oisifs.

Suivant ses principes, ce qu'on appelle *gloire* est l'appas de la sottise, & ce qu'on appelle *noblesse* en est le masque.

Le triomphe de soi est la consommation de toute philosophie.

Il faut résister à la fortune par le mépris, aux passions par la raison.

Tout s'acquiert par l'exercice, il ne faut pas même excepter la vertu.

L'habitude répand de la douceur jufques dans le mépris de la volupté.

Ayes, difoit il encore, les bons pour amis, afin qu'ils t'encouragent à faire le bien; & les méchans pour ennemis, afin qu'ils t'empêchent de faire le mal.

Traite les grands comme le feu, & n'en fois jamais ni trop éloigné, ni trop près.

Il n'y a point de société fans loi. C'eft par la loi que le citoyén jouit de fa ville, & le républicain de fa république. Mais fi les loix font mauvaifes, l'homme eft plus malheureux & plus méchant dans la fociété que dans la nature.

Lorfque ce philofophe fut fur le point de mourir, on le confulta fur ce qu'on feroit de fon corps après fa mort: *Vous le laifferez*, dit-il, *fur la terre*; & fur ce qu'on lui repréfenta qu'il demeureroit expofé aux bêtes féroces & aux oifeaux de proie: eh bien, répliqua t-il, vous n'aurez qu'à me tre mon bâton à côté de moi afin que je les chaffe. Et comment pourrez-vous le faire, repondoient fes difciples? Que m'importe donc, reprit *Diogène* que les bêtes me déchirent?

Les amis de ce philofophe n'eurent point d'égard à fon indifférence pour les honneurs funèbres. Il fut inhumé vers la porte de Corinthe qui conduifoit à l'ifthme. On éleva fur fon tombeau une colonne de marbre de Paros, avec le chien, fymbole de la fecte, & plufieurs autres figures allégoriques. La ville de Sinope, fa patrie, s'empreffa de lui ériger des ftatues de bronze. *Diogène* Laerce parle d'un monument plus digne de ce cynique, mais vertueux philofophe: ce font différens traités qu'il compofa, mais qui ont été perdus.

DION, chaffé de Syracufe, après avoir rendu les plus fignalés fervice à fon ingrate patrie, alla chercher un afyle à Mégare où Préadate rempliffoit alors la fuprême dignité. *Dion* eut un jour befoin de fes fervices, il fe rendit dans fon palais: mais le fouverain magiftrat accablé d'affaires, étoit d'un accès fort difficile. On fit long-temps attendre l'exilé de Syracufe, fans avoir aucun égard pour fa grandeur paffée. Ses amis étoient indignés de voir traiter de la forte un homme autrefois fi craint & fi refpecté: « Confolons-nous » mes amis, leur dit tranquillement *Dion*; n'ai- » je pas fouvent fait la même chofe lorfque j'é- » tois à Syracufe ».

DISCRETION. Beau talent que celui de parler peu, on fe fait refpecter comme un homme myftérieux, aimer comme un homme difcret, confulter comme un homme prudent, craindre comme un homme qui dans fon filence, médite avec attention ce qu'il

doit faire contre fes ennemis, & qui ne fe laiffe point aveugler par la paffion qui précipite tout.

Quatre puiffans monarques ont prononcé chacun une maxime remarquable à peu-près fur le même fujet.

Un roi de Perfe : « jamais je ne me fuis » repenti de m'être tû, mais j'ai dit beaucoup » de chofes dont j'ai eu lieu de me repentir ».

Un empereur Grec: » mon pouvoir éclate bien » davantage fur ce que je n'ai pas dit, que fur ce » que j'ai dit, mais je ne puis cacher ce que j'ai » une fois prononcé ».

Un empereur de la Chine: « il eft beaucoup » plus fâcheux de dire ce qu'on ne doit pas dire, » qu'il n'eft aifé de cacher le repentir de l'avoir » dit ».

Enfin un roi des Indes : » je ne fuis plus maî- » tre de ce que j'ai une fois prononcé, mais je » difpofe de tout ce que je n'ai pas avancé par » mes paroles. Je puis le dire ou ne le pas dire, » fuivant ma volonté ».

Quand vous méditez un projet
Ne publiez point votre affaire,
On fe repent toujours d'un langage indifcret
Et prefque jamais du myftère.
Le caufeur dit tout ce qu'il fait,
L'étourdi ce qu'il ne fait guère,
Les jeunes ce qu'ils font, les vieux ce qu'ils ont fait,
Et les fots ce qu'ils veulent faire.

DISGRACE. Le cardinal de Retz s'étant jeté aux pieds du roi après fon rappel : » M. Le » cardinal, lui dit le roi en le relevant: Vous » avez les cheveux blancs. — Sire, lui répon- » dit le cardinal, on blanchit aifément, lorf- » qu'on a le malheur d'être dans la *difgrace* de » votre majefté. »

DISPUTE. Si on avoit toujours foin de s'affurer de la vérité d'un fait avant de difputer fur fa caufe, on éviteroit, dit M. de Fontenelle, le ridicule d'avoir trouvé la caufe de ce qui n'eft point. Il rapporte à ce fujet l'anecdote fuivante. En 1593, le bruit courut que les dents étant tombées à un enfant de Siléfie, âgé de fept ans, il lui en étoit venu une d'or à la place d'une de fes groffes dents. Horftius, profeffeur en médecine dans l'univerfité de Helmftad, écrivit en 1595 l'hiftoire de cette dent, & prétendit qu'elle étoit en partie naturelle, en partie miraculeufe & qu'elle avoit été envoyée de Dieu à cet enfant, pour confoler les chrétiens affligés par les Turcs. Figurez-vous quelle confolation & quel rapport de cette dent aux Chrétiens ou aux Turcs. En la même année, afin que cette dent d'or ne manquât pas d'hiftoriens,

Rullandus en écrit encore l'histoire. Deux ans après, Ingolsteterus, autre savant, écrit contre le sentiment que Rullandus avoit de la dent d'or, & Rullandus fait aussi-tôt une belle & docte réplique. Un autre grand homme, nommé Libavius, ramasse tout ce qui avoit été dit de la dent, & y ajouté son sentiment particulier. Il ne manquoit autre chose à tant de beaux ouvrages, sinon qu'il fût vrai que la dent étoit d'or. Quand un orfévre l'eut examinée, il se trouva que c'étoit une feuille d'or appliquée à la dent avec beaucoup d'adresse ; mais on commença par faire des livres, & puis on consulta l'orfévre.

M. le cardinal de Bernis, entouré de gens de lettres qui s'échauffoient dans la dispute à qui mieux mieux, & se rendoient trait pour trait : « Messieurs, messieurs, leur dit-il, il » ne faut jamais, autant qu'on peut, donner » la mesure de son esprit. »

DISSECTION. On lit dans le mercure de France, année 1731, que le cadavre du fameux Cartouche, fut porté aux écoles de chirurgie, & servit à la semaine d'anatomie du sieur Meunier Callac fils.

Il est d'usage en Angleterre, lorsqu'un criminel a été condamné à mort, qu'on ajoute dans certains cas à la sentence, que son cadavre sera disséqué. C'est une formule que les législateurs ont cru propre à effrayer ceux qui ne seront pas endurcis dans le crime. Voici à ce sujet une lettre que l'on a trouvée dans les papiers d'un chirurgien de Salisbury.

Monsieur, on m'a informé que vous étiez le seul chirurgien de cette ville & du comté qui disséquât des corps humains. Me trouvant dans une circonstance malheureuse, & étant d'une condition fort médiocre, je désirerois au moins vivre joyeusement aussi long-temps qu'il me sera possible. Mais comme, selon toute apparence, je serai exécuté au mois de mars prochain, parce que je n'ai pas un ami qui veuille employer ses bons offices pour moi, & que personne ne m'envoie un morceau de pain pour soutenir mon corps & mon esprit jusqu'à l'instant fatal, je vous prie de passer ici : je vous vendrai mon corps qui est sain & entier ; & qu'on livrera à votre discrétion, persuadé qu'au moment de la résurrection générale, je le retrouverai dans votre laboratoire aussi bien que dans le tombeau. Votre réponse, monsieur, obligera sensiblement votre très-humble serviteur, James Brooke.

Le nombre de ceux qui avant de mourir ont légué leurs corps en tout ou en partie, pour le profit des survivans, n'est pas si rare qu'on le pense. Vaugelas en a donné la preuve dans son testament. Après avoir disposé de tous ses effets pour acquitter ses dettes, il ajoute : « mais comme il pourroit se trouver quelques » créanciers qui ne seroient pas payés, quand » même on auroit reparti le tout, dans ce cas » ma dernière volonté est qu'on vende mon » corps aux chirurgiens, le plus avantageuse- » ment qu'il sera possible, & que le produit en » soit appliqué à la liquidation des dettes dont » je suis comptable à la société ; en sorte que » si je n'ai pu me rendre utile pendant ma vie, » je le sois au moins après ma mort. »

Un citoyen revêtu d'une charge importante, fit à Paris, il y a plusieurs années, un legs à peu près semblable.

Louis, duc d'Oléans, grand père du duc d'Orléans d'aujourd'hui, mourut à l'abbaye Sainte-Genevieve, le quatre février 1752, où ce prince, aussi pieux que savant, s'étoit retiré depuis plusieurs années. Par son testament il légua son corps à l'école de chirurgie, afin qu'il put servir à l'instruction des élèves.

Guillaume Rondelet, fameux médecin de l'Université de Montpellier, avoit un zèle outré pour les dissections. On assure qu'un de ses enfans étant mort, il en fit lui-même la dissection. C'est pousser furieusement loin l'enthousiasme de l'anatomie. Posthius son disciple nous apprend aussi que Rondelet voyant Fontanus son ami & son collègue très-dangereusement malade, il le pria instamment d'ordonner par son testament qu'après sa mort on lui remît son corps pour le disséquer.

Riolan n'a pas craint d'agiter dans son Anthropographie la question si l'on peut disséquer des hommes vivans ; & ce qu'il y a encore de plus surprenant, c'est qu'il conclut que dans quelque cas on peut entreprendre cette dissection : il appuye son sentiment de divers exemples, qui semblent le confirmer. Les mœurs sont donc bien changées depuis le siècle dernier ; car nous ne croyons pas qu'on trouvât maintenant dans toute l'Europe un seul chirurgien qui eût la barbarie d'ouvrir encore vivant son semblable.

Les plus fameux amphithéâtres de dissection, sont décorés d'inscriptions qui annoncent les travaux dont on s'y occupe, & le but utile qui en résulte.

On lit au frontispice de l'amphithéâtre de Toulouse :

Hic locus est ubi mors gaudet succurrere vitæ.

Ici la mort apprend à secourir la vie.

Santeuil a donné cette autre infcription pour l'amphithéâtre des écoles de chirurgie de Paris.

Ad cædes hominum prifca amphitheatra patebant;
Ut difcant longum vivere noftra patent.

Le cirque offroit dans Rome un champ libre au carnage,
Le nôtre enfeigne à l'homme à prolonger fon âge.

DISTRACTION. La *diftraction* nous fait tenir tant de difcours déplacés, & commettre tant d'actions ridicules, qu'on ne peut être trop en garde contre cette abfence d'efprit. Ménalque, dit la Bruyère, fe trouve par hazard avec une jeune veuve; il lui parle de fon défunt mari, lui demande comment il eft mort. Cette femme à qui ce difcours renouvelle fes douleurs, pleure, fanglotte, & ne laiffe pas de reprendre tout le détail de la maladie de fon époux, qu'elle conduit depuis la veille de la fièvre qu'il fe portoit bien, jufqu'à l'agonie. *Madame,* lui demande Ménalque, qui l'avoit apparemment écoutée avec attention, *n'aviez-vous que celui-là?*

On peut tout dire en notre langue, en évitant les termes naturels qui bleffent notre délicateffe, & leur en fubftituant d'autres qui font détournés, contre lefquels on ne fe révolte point. Une dame qui avoit une colique en hiver, parce qu'elle avoit fouffert le froid, appeloit fes fréquentes évacuations, *des fruits de la faifon.* Un homme qui étoit diftrait revint à lui, lorfqu'elle parla des fruits de la faifon, & lui demanda fi elle en mangeoit fouvent.

Un négociant auquel on faifoit figner l'extrait baptiftaire d'un de fes enfans, figna, *Pierre & compagnie.*

Un fecrétaire du roi fort diftrait, dînoit avec un maître des requêtes & fa fœur, qui étoit une jeune veuve. Cette dame vint à fe trouver mal. Le fecrétaire du roi fit entendre qu'il regardoit cet accident comme un figne de groffeffe. Non, monfieur, répondit le maître des requêtes, ce n'eft point le mal que vous dites, il y a trois ans que ma fœur eft veuve; je vous demande pardon, madame, reprit l'homme diftrait, je croyois que vous étiez fille.

Une jeune dame étant en compagnie avec fon mari, racontoit les adreffes dont un galant s'étoit fervi pour s'introduire la nuit dans la chambre d'une femme qu'il aimoit, en l'abfence de fon époux; mais ajouta-t-elle, comme ils étoient enfemble fort contens l'un de l'autre, voici le mari qui revient frapper à la porte: or imaginez l'embarras où je fus alors.... La vérité qui venoit de lui échapper jetta le mari dans un bien autre embarras.

Le comte de Brancas étoit fi diftrait, qu'é-

tant verfé dans un foffé il s'y établit fi bien, qu'il demandoit à ceux qui alloient le fecourir, ce qu'ils défiroient de fon fervice.

DIVORCE. Séparation qui doit être un befoin prouvé, ou qui n'eft qu'un fcandale permis.

Les anciens romains avoient trois fortes de *divorces:* la première étoit appelée *répudium,* qui fe faifoit par le mari, fans le confentement de la femme. Le premier qui le fit fut *Spurius Corbilius,* cent ans après la fondation de Rome, parce que fa femme étoit ftérile. *C. Sulpicius* répudia la fienne, parce qu'elle étoit fortie de la maifon en cheveux, & fans voile fur la tête. *Q. Antiftius,* la fienne, pour l'avoir vu parler fecrettement à une femme libertine. *Sempronius,* la fienne, pour être allée voir les fpectacles publics, fans qu'il en fût rien; & *C. Céfar* répudia *Poppéa* pour le feul foupçon qu'il eut de *Clodius,* lequel fut trouvé habillé en femme à la folemnité que Pompée avoit célébrée en l'honneur de la déeffe Bone.

Le fecond s'appeloit *divorce,* parce qu'il fe faifoit du confentement de tous les deux.

Et le troifième s'appeloit *féparation,* qui fe faifoit felon la volonté du prince, & dépendoit de fon arbitre.

Les romains furent plus de cinq cents ans fans avoir aucun *divorce;* enfuite ils fe relâcherent tellement, que le mariage n'eut plus de confiftance, & telle femme comptoit fes années par le nombre de fes maris. Caton répudia fa femme Martia pour un an, en faveur d'Hortenfius, à qui il la maria, ou plutôt à qui il la prêta pour ce temps-là.

Le *divorce* eft permis chez les chinois, & parmi toutes les raifons qui peuvent faire ceffer le mariage, en voici une bien fingulière: une femme qui rempliroit fa maifon de fumée, ou qui effrayeroit le chien du logis par l'excès de fon babil, feroit fujette au *divorce.*

DOGE. Le *Doge* de Gènes étant venu à Verfailles, pour faire réparation au nom de la république de quelque hoftilité, un courtifan qui lui faifoit voir toutes les beautés de ce palais, lui demanda s'il n'étoit pas étonné: oui répondit le *Doge,* je le fuis beaucoup, mais c'eft de me voir ici.

DOM CARLOS. On n'a jamais fu la véritable caufe de la mort de *Dom Carlos,* fils de Philippe II. que ce père dénaturé fit mourir, en fe couvrant du manteau de la juftice; on rapporte feulement l'anecdote fuivante, que l'efpagnol qui étrangla ce prince, par ordre de l'empereur, lui crioit: *Calla calla. Senor; todo que fe hazo es por*

» *sa bien.* Taisez-vous, taisez-vous, Monseigneur ; » tout ce qu'on fait est pour votre bien ».

Le cardinal de *Spinosa* ne pleura pas la mort de cet infortuné, qui le haïssoit mortellement ; *Dom Carlos* prenant un jour son éminence par son rochet, lui dit : « Quoi ? Petit curé, tu as » l'audace de te jouer à moi, en empêchant que » *Cisneros*, le comédien, vienne me divertir ? Par » la vie de mon père, il faut que je te tue ». Peut-être l'eût-il fait, si ce prélat ne lui eût échappé des mains.

Ce prince, étoit d'une humeur si bizarre que son cordonnier lui ayant fait des bottes trop étroites, il les fit mettre en pièces & fricasser, & les donna à manger au malheureux ouvrier.

DOMINICAIN, (Doménico Zampièri, dit le) né à Bologne l'an 1581, mort en 1641.

Il entra dans l'école des Carraches. Ces grands maîtres, pour entretenir l'émulation parmi leurs élèves, proposoient souvent des prix. Louis Carrache étoit un jour sur le point d'en décerner un, lorsque le *Dominicain*, généralement méprisé par ses camarades, s'avança d'un air timide, & présenta son dessin en tremblant, & avec cette modestie que nous avons vu plusieurs fois accompagner le vrai talent. Peu s'en fallut que les autres élèves n'éclatassent de rire de sa témérité. Le Carrache examina son travail, & lui adjugea le prix.

Ses camarades continuèrent cependant à ne lui croire aucune disposition ; & comme il travailloit avec beaucoup de lenteur, ils se moquoient de lui, & l'appeloient *le bœuf*. Annibal Carrache leur entendant prononcer cette injure, leur dit un jour que, *ce bœuf traceroit si bien son sillon, qu'il rendroit très-fertile le champ de la peinture.*

Annibal Carrache, s'étant un jour introduit dans son attelier, sans en être apperçu, fut extrêmement surpris de lui voir le visage enflammé, l'air menaçant & les yeux étincelans de colère.

Le *Dominicain* travailloit alors au fameux tableau du martyre de Saint-André, & il peignoit un des bourreaux.

Il faisoit cet ouvrage en concurrence avec le Guide. Les deux tableaux ayant été placés & découverts, le procédé d'une bonne vieille, qui vint les contempler, acheva de faire connoître celui auquel on devoit donner la préférence. — « Voyez, dit-elle à un jeune enfant qu'elle tenoit par la main, & auquel elle montroit le tableau du *Dominicain* : » voyez avec quelle fureur » ces bourreaux lèvent le bras pour flageller ce » Saint ; remarquez, mon enfant, avec quel air » barbare cet autre le menace ; remarquez com-

» me celui ci lui serre fortement les pieds avec » des cordes ; admirez la constance de ce véné-» rable vieillard à souffrir tant de tourmens, & » voyez comme sa foi se découvre dans la ma-» nière dont il lève les yeux au ciel » : — En disant ces paroles, la bonne femme répandit quelques larmes, & poussa de profonds soupirs : s'étant ensuite retournée vers le tableau du Guide, elle le regarda, ne prononça pas un seul mot, & s'en alla.

Un des amis du *Dominicain*, voulant lui persuader de ne pas tant finir ses ouvrages, & d'être plus expéditif ; — « Vous ne savez donc » pas, lui dit-il, que j'ai un maître extrêmement » difficile à contenter ? C'est moi-même ».

Le *Dominicain* ayant fait un tableau qui fut applaudi par une cabale toujours acharnée à rabaisser son mérite, s'écria : — « J'ai bien peur » que mon tableau ne vaille rien, puisque mes en-» nemis en font l'éloge » : —

Son fameux tableau de Saint-Jérôme, que l'on regarde à présent comme l'un des chef-d'œuvres de la peinture, le rendit la victime d'une injuste cabale, suscitée par un cardinal qui protégeoit d'autres peintres. Il n'y avoit dans Rome qu'une voix pour décrier ce chef-d'œuvre, quand il parut ; & le *Dominicain* n'en reçut que cinquante écus.

Le cavalier Bernin, a dit souvent qu'il demandoit pardon à Dieu de n'avoir osé alors déclarer publiquement ce qu'il pensoit du mérite de ce tableau, dans la crainte de se brouiller avec l'éminence qui le décrioit.

Les persécutions multipliées de ses ennemis, causèrent tant de chagrin à cet illustre & malheureux artiste, qu'il tomba dans une langueur mortelle, & ne fit que traîner des jours douloureux : ne se croyant point en sûreté dans sa propre maison, au sein de sa famille, il préparoit lui-même sa nourriture dans la crainte qu'on ne l'empoisonnât.

DOMITIEN, empereur romain, fils de Vespasien, né l'an 51 de Jésus-Christ, mort assassiné le 18 septembre 96, âgé de 45 ans.

Ce prince, incapable de toute sorte d'application, portoit la paresse & l'indolence, jusqu'à passer journellement des heures entières à enfiler des mouches dans son cabinet, avec un poinçon d'or très-aigu. Un certain Vibius Crispus à qui on demanda un jour s'il y avoit quelqu'un avec l'empereur, répondit assez plaisamment : *Non, il n'y a pas même une mouche.*

Domitien méprisa assez le sénat pour l'assembler,

afin qu'il décidât dans quel vase on feroit cuire un turbot d'une grosseur prodigieuse dont on lui avoit fait présent. On ajoute qu'un vieux sénateur qui n'y voyoit plus, se récria sur la beauté de ce poisson qui étoit derrière lui.

L'histoire fa't mention d'une fête que *Domitien*, à l'occasion de son triomphe sur les Daces, donna aux premiers du sénat & de l'ordre des chevaliers. Cette fête est une preuve du goût bizarre de ce prince, qui se faisoit un divertissement des inquiétudes & des peines d'autrui. Les sénateurs & les chevaliers s'étant rassemblés pour assister au repas où il les avoit invités, il les fit introduire dans une salle toute tendue de noir, & éclairée par quelques lampes sépulchrales qui répandoient une clarté encore plus effrayante que les ténèbres. Chaque convive se trouva placé vis-à-vis un cercueil sur lequel il vit avec effroi son nom écrit. Dans le moment, une troupe de petits enfans barbouillés de noir depuis les pieds jusqu'à la tête, pour représenter les ombres infernales, paroissent autour de la table, & exécutent une danse qui avoit quelque chose de sinistre & de lugubre. Cette danse finie, ils se distribuent chacun auprès de celui des convives qu'il devoit servir. Les mets furent les mêmes que ceux que l'on avoit coutume d'offrir aux morts dans les cérémonies funèbres. Un silence stupide régnoit dans cette assemblée, *Domitien* seul parloit, & il n'entretenoit sa compagnie que de morts & d'aventures sanglantes. Le dernier acte de cette farce fut le plus effrayant; les convives se virent reconduits par des gens inconnus qui les firent entrer dans différentes voitures, mais c'étoit pour les transporter chez eux. Ils commençoient à respirer lorsqu'on annonça à chacun d'eux un messager de la part de l'empereur; nouvelle transe; mais ce messager étoit un enfant, le même qui avoit servi à table. On l'avoit paré de ses ajustemens ordinaires. Il étoit chargé de présens de la part de l'empereur, & qui consistoient en quelques pièces d'argenterie qui avoient servi au repas.

Quand ce monstre auroit vécu long-temps, il auroit été assez puni par les cruautés & les noires soucis qui l'agitoient sans cesse. Il avoit fait revêtir une grande gallerie d'une espèce de pierre spéculaire, capable de réfléchir les rayons, afin de pouvoir être averti quand il se promenoit si quelqu'un s'approchoit de lui. Toutes les avenues d'ailleurs de ses appartemens étoient soigneusement gardées: mais dans ces murs, dit Pline, où il crut mettre sa vie en sûreté, il enferma avec lui la trahison, les embuches & un Dieu vengeur. Ses affranchis les plus chéris, sa femme même, suivant quelques historiens, voyant qu'il étoit aussi dangereux dans ses amitiés que dans ses haines, & qu'il ne mettoit aucune borne à ses accusations, le firent assassiner dans sa chambre.

DORAT, (Jean) mort en 1588, âgé de 80. ans.

Dorat avoit reçu de la nature un extérieur désagréable, mais qu'il savoit faire oublier par ses qualités du cœur & de l'esprit. Personne ne composoit avec plus de facilité que lui des vers Grecs, latins, françois, facilité dont il abusa. On auroit dit qu'il étoit le poëte banal du royaume. Les moindres événemens échauffoient sa verve, & lui firent composer des vers jusqu'à la fin de ses jours. Il sembloit ignorer que les poëtes, à l'exemple des belles, doivent, lorsqu'ils sont sur le retour, se retirer de la scène du monde.

Dorat épousa dans un âge fort avancé, une jeune personne de dix-neuf ans. Comme ses amis lui reprochoient un amour qui paroissoit hors de saison; il répondit que cela lui devoit être permis par licence poétique; mais, lui répliquoient-ils, si vous vouliez passer à un second mariage, pourquoi ne pas épouser une femme d'un âge plus mur & plus convenable au vôtre? C'est, dit-il, que j'ai mieux aimé qu'une épée nette & polie me perçât le cœur, qu'un fer rouillé.

Dorat ayant fait part de son mariage à un de ses amis, la veille de ses nôces; & cet ami lui témoignant de l'étonnement de cette nouvelle, à cause de son grand âge, & de la jeunesse de la fille; il se contenta de lui répondre: *Elle sera demain femme*; ce qui est un mot de Cicéron.

DORAT (Claude Joseph), né en 1735, mort en 1780.

Son poëme de la *Déclamation* & d'autres poésies légéres lui ont fait la réputation de poëte aimable & ingénieux. Il a aussi composé des pièces de théâtre, & le même jour il a fait jouer *Regulus* tragédie, & la *feinte par amour*, comédie; on a dit à l'occasion des deux ouvrages.

> *Dorat* qui veut tout effleurer,
> Transporté d'une double délire,
> Voulut faire rire & pleurer,
> Il ne fit ni pleurer ni rire.

Dorat eut des amis, & sut les conserver.

Il étoit au lit très malade lorsqu'on donna la première représentation de *la veuve du malabare* de M. le Mierre, il chargea quelqu'un de venir lui en annoncer le succès, *cela me fera*, dit-il, *passer une bonne nuit*. Ce fut la dernière.

Une heure avant que M. *Dorat* mourût, son médecin vint le voir; « Comment me trouvez-» vous, dit le malade? — On ne peut pas plus » foible, & si j'étois de vous, je...... — Je » vous entends interrompit le moribond ». A peine le docteur fut-il parti, que ce poëte dit à son do-

meftique : « Ils font plaifans ces médecins ! ils
» voient tout de mauvais œil. Le mien me trouve
» très-affoibli, & je me fens-fort bien ». Il répéta enfuite deux vers qu'il venoit de faire-pour
commencer une fatyre contre les médecins, &
en achevant le fecond, il rendit le dernier foupir.

On a fait ces vers pour le portrait -de *Dorat*.

Peintre heureux des plaifirs, fa verve eft dans fon cœur;
Il .vole en fe jouant au temple de mémoire ;
Les graces & Thalie ont le foin de fa gloire;
L'amour & l'amitié celui de fon bonheur.

DOUANE.

Un voyageur anglois , arrivant fur
la frontière de France, fut conduit à la *Douane*
pour être préfent à la vifite que les employés devoient faire de- fes bagages : il avoit dans fa
malle environ trente paires de bas de foie pour
fon ufage ; on le preffa d'en acquitter les droits à
raifon de trois livres pour chaque paire; l'anglois
demanda aux commis fi ces bas n'étoient pas. à
lui, & s'il n'étoit pas le maître d'en difpofer à
fon gré? *Perfonne ne vous contefte cette propriété*,
lui répondit-on : à ces mots le voyageur étale fes
bas, & les prenant les uns après les autres, les
coupe par le milieu, les jette dans la boue & les
foule aux pieds avec le plus grand fang froid. Les
employés eurent beau crier que ce n'étoit pas là
ce qu'ils demandoient; l'anglois continua fon
opération, aimant mieux fe priver de fes bas que
d'acheter le droit de leur faire traverfer la France.

Un théologal de province , qui n'étoit jamais
venu à Paris, s'étoit placé dans un caroffe de voiture pour faire ce voyage. Pendant le chemin, comme il n'avoit rien de
mieux à faire, il fe mit à dormir. Lorfque le
foir on fut arrivé aux barrières, les commis
pour les entrées vinrent demander fi l'on n'a-
voit rien à déclarer : quelqu'un répondit auffi-
tôt , nous avons un théologal qui ne fait que
ronfler, voyez ce qu'il vous faut. Oh ! dit le
commis, qui n'avoit jamais entendu parler de
théologal, cet animal là n'eft pas fur mon ta-
rif. Vous n'avez qu'à percevoir comme pour un
cochon, lui répondit-on : il donne en conféquence fa quittance, & réveille M. le théologal, qui eft fort furpris de ce qu'il faut payer
pour entrer à Paris. Mais lorfqu'à la lumiere il
eut vu cette quittance, il s'apperçut bien du tour
qu'on lui avoit joué, & ne s'en vanta point.

La princeffe de Brunfvick peu de-temps après
que fon mariage avec le prince de Pruffe eut été
diffous, fit venir divers ouvrages de modes
de France. Ces marchandifes devoient payer un

droit confidérable à Stettin, où elle s'étoit retirée. Le commis prépofé au recouvrement de
l'impôt, les arrêta, en déclarant qu'il ne le délivreroit qu'en recevant les droits qui étoient
dus. La princeffe les demanda plufieurs fois, &
reçut toujours la même réponfe ; enfin elle
lui fit dire un jour de les apporter lui-même ;
& de venir recevoir l'impôt en perfonne. L'employé obéit : il ne fut pas plutôt entré dans
l'appartement de la princeffe, qu'elle courut à
lui, lui arracha la boîte, lui. appliqua trois ou
quatre foufflets, le pouffa hors de la chambre,
& ferma fa porte fur lui. Le commis, outré de
ce traitement, fe hâta de dreffer un mémoire
dans lequel il inftruifit le roi de Pruffe de ce
qui s'étoit paffé, de l'affront qu'il avoit reçu,
& du déshonneur dont il fe croyoit couvert.
Le monarque ayant lû l'écrit, y répondit ainfi :
« La perte de l'impôt eft pour mon compte, les
marchandifes refteront à la princeffe, les foufflets à celui qui les a reçus. Quant au déshonneur fuppofé, je l'efface à la requête du plaignant, il eft nul de fait ; car la belle main d'une jolie femme ne fauroit imprimer aucun déshonneur fur la face d'un commis des *douanes*. »

DOUBLE SENS.

Un Allemand qui appre-
noit le françois, vit dans fon dictionnaire que
jufte & équitable étoient fynonymes : il effaya des
bottes qui le gênoient : *Voilà*, dit il, *des bottes
un peu trop .équitables*.

DOMINO.

Dans un de ces bals magnifiques
donnés à Verfailles, où les rafraîchiffemens de
toute efpèce ne manquoient point, on vit un
mafque en *domino* de taffetas jaune qui vint à
un buffet, où il demanda une langue fourrée &
une bouteille de vin de Champagne, qu'il expédia avec beaucoup de diligence & de propreté. Un quart d'heure après, arrive le même
domino, & la langue & la bouteille qui avoient
été trouvées bonnes, difparoiffent avec une égale
promptitude. Quelque temps après, le même
domino montre encore le même appétit. Cette
cérémonie fe répéta jufqu'à neuf fois, & il parut fi étrange qu'un feul homme pût avoir cette
foif & cette faim dévorante, qu'on le remarqua & qu'on le fuivit. L'énigme fut bientôt expliquée. On découvrit que ce *domino* étoit une
compagnie de cent fuiffes qui fe relevoient l'un
après l'autre, à la faveur du *domino* qu'ils avoient
en commun, pour aller au buffet. On s'amufa
beaucoup du *domino* jaune & de fon bon appétit.

DOUTE.

L'homme qui fe refufe au *doute*,
dit un auteur moderne, eft fujet à mille erreurs : il a lui-même pofé la borne de fon efprit.
On demandoit un jour à un des plus favans hommes de la Perfe, comment il avoit

acquis tant de connoiſſance : « En demandant
» ſans peine, répondit-il, ce que je ne ſavois
» pas. »

Interrogeant un jour un philoſophe, dit le
poëte Sadi, je le preſſois de me dire de qui il
avoit tant appris. « Des aveugles, me répondit-
» il, qui ne lèvent point le pied ſans avoir au-
» paravant ſondé avec leur bâton le terrein ſur
» lequel ils vont l'appuyer. »

DOUVRES. Le château de Douvres eſt ſitu-
é ſur un rocher de craye fort élevé & étendu
vers la mer ; on l'appeloit autrefois la clef de
l'Angleterre. Avant l'uſage du canon on le regardoit comme imprenable : mais à préſent il
ne ſoutiendroit pas huit heures de ſiège.

On prétend que Jules Céſar a bâti ce château, & qu'il eſt le Dulvia des Romains. On y
fait voir une groſſe trompette de cuivre de Corinthe, qu'on aſſure avoir été conſervée depuis
ce temps. Un puits dont on ignore l'étonnante
profondeur, ſemble confirmer l'opinion où l'on
eſt qu'il y a eu jadis en cet endroit une colonie
Romaine.

Le fameux canon dont les états d'Utrecht firent préſent à la reine Eliſabeth, eſt dépoſé
dans l'arſénal de Douvres : c'eſt ce qu'on appelle
ſon piſtolet de poche ; mais comme ce canon eſt
trop long & partout de la même groſſeur, il
n'eſt d'aucun uſage. C'eſt la plus longue pièce
de canon de fonte qui ſoit dans l'univers.

DRACON, légiſlateur Athénien, mort vers
660 ans avant J. C. On demanda un jour à
Dracon pourquoi il avoit ordonné une peine capitale pour toutes les fautes : « C'eſt, répondit-il,
parce que les plus petites m'ont paru dignes de
mort, & que je n'ai pu trouver d'autre punition
pour les plus grandes. »

DRUSUS. La maiſon de Druſus, fameux
Romain, qui fut tribun du peuple, & qui mérita le titre de protecteur du ſénat, étoit ouverte de pluſieurs côtés, de manière que les
voiſins pouvoient voir ce qui s'y faiſoit. Un architecte s'offrit de réparer ce défaut pour cinq
mille écus. « Je vous en donnerai dix mille,
» répondit Druſus, ſi vous pouvez faire en ſorte
» que ma maiſon ſoit ouverte de toutes parts,
» & que non-ſeulement les voiſins, mais encore
» tous les citoyens puiſſent voir tout ce qui s'y
» paſſe. »

DRYDEN, (Jean) poëte anglois, né en
1631, mort en 1701.

Dryden étoit perſuadé que le véritable amour
eſt le plus chaſte de tous les liens, & qu'il

n'inſpire que des ſentimens vertueux dans un
cœur élevé & magnanime. Un ſeigneur anglois
reprochoit à ce poëte que dans une de ſes tragédies, Cléomènes s'amuſoit à cauſer tête à tête
avec ſon amante, au lieu de former quelqu'entreprise digne de ſon amour. « Quand je ſuis
» auprès d'une belle, lui diſoit le jeune lord, »
» je ſais mieux mettre le temps à profit. » Je
le crois, répliqua Dryden, mais auſſi m'avoue-
rez vous bien que vous n'êtes pas un héros.

Le duc d'Albemarle paſſant un ſoir dans une
rue de Londres, apperçut le poëte Dryden qui
ſe retiroit ſecrettement d'un endroit ſuſpect :
D'où venez-vous, monſieur le poëte ? lui cria t-il.
Dryden, continuant ſon chemin, lui répondit :
Supprimons les qualités, mylord ; la nuit je voyage
incognito.

DU BELLAY, (Joachim) né en 1524,
mort en 1560.

Ce poëte fut ſurnommé dans ſon temps l'O-
vide François. Il aimoit une jeune fille d'Angers
nommée Viole, & qu'il célébra ſous le nom
d'Olive. Il fit pour elle cent-quinze ſonnets.

DUBOIS, (Guillaume) né à Brive-la-Gail-
larde, le 6 ſeptembre 1656, mort à Verſailles,
le 19 août 1723, fils d'un apothicaire. Il ſe
maria dans ſa province, quitta ſa femme, &
vint chercher fortune à Paris. Il entra d'abord
au ſervice du curé de Saint-Euſtache, il devint
enſuite ſecrétaire des études du duc de Chartres,
il prit alors le petit collet, & ſe fit des amis
& des protecteurs dans la maiſon de Monſieur,
frère du roi : il fut enfin déclaré précepteur du
jeune prince.

L'abbé Dubois, dit le duc de Saint-Simon,
étoit un petit homme maigre, effilé, chafouin,
à perruque blonde, à mine de fouine, à phyſionomie d'eſprit, qui étoit en plein ce que M.
le régent appela lui-même un roué. Tous les
vices ſembloient combattre en lui à qui en demeureroit le maître ; ils y faiſoient un bruit &
un combat continuel entre eux.

Le menſonge le plus hardi, ajoute le duc de
Saint-Simon, lui étoit tourné en nature avec
un air ſimple, droit, ſincère, ſouvent honteux.
Il auroit parlé avec grace & facilité, ſi dans le
deſſein de pénétrer les autres en parlant, & la
crainte de s'avancer plus qu'il ne vouloit, il
ne ſe fût accoutumé à un bégayement factice
qui le déparoit, & qui redoubloit quand il fut
arrivé à des choſes importantes, en ſorte qu'il
devint inſupportable, & quelquefois inintelligible.

Le chevalier de Lorraine ſe ſervit de Dubois pour
obtenir

obtenir le confentement fi défiré du roi pour le mariage de mademoifelle de Blois, fa fille naturelle, avec le duc de Chartres.

Dubois ofa demander l'archevêché de Cambrai au duc d'Orléans régent, fon élève, qui ne put réfifter à fes follicitations.

Au refus de l'Archevêque de Paris, *Dubois* va dans le diocèfe de Rouen, & dans la même matinée, M. de Breffon, évêque de Nantes, lui confere le fous-diaconat, le diaconat, & la prêtrife. De là il revient en pofte au confeil de régence.

Peu de jours après il eft facré avec la plus grande pompe, au Val-de-grace par le cardinal de Rohan.

Il ne tarda point à obtenir la pourpre Romaine. *Dubois* avoit une telle fougue, dit le duc de Saint-Simon, qu'elle lui faifoit faire quelquefois le tour entier & redoublé d'une chambre, courant fur les tables & les fauteuils fans toucher les pieds à terre.

Madame de Conflans, nommée gouvernante des filles de M. le duc d'Orléans régent, fut excitée d'aller faire une vifite au cardinal *Dubois*, principal miniftre. Le cardinal la voyant, s'avança, & lui demanda vivement ce qu'elle vouloit : « Monfeigneur, lui dit-elle. — Oh! monfeigneur, interrompit le cardinal, cela ne fe peut pas. Monfeigneur, voulut encore dire madame de Conflans pour expliquer qu'elle ne demandoit rien. » Le cardinal lui faifit les deux pointes des épaules, la revire, la pouffe du poing par le dos : « Et allez, dit-il, & me laiffez en repos ». Elle penfa tomber platte, & s'enfuit en furie, pleurant à chaudes larmes, & arrive en cet état chez madame la duchefte d'Orléans, à qui, à travers fes fanglots, elle conte fon aventure.

Le duc de Saint Simon conte cette autre anecdote du cardinal *Dubois* : « Il mangeoit tous les foirs un poulet pour fon fouper, & feul. Je ne fais par quelle méprife, ce poulet fut oublié un foir. Comme il fut prêt de fe coucher, il s'avifa de fon poulet, fonna, tempêta après les gens, qui accoururent, & qui l'écoutèrent froidement. Il fut bien étonné qu'ils lui répondirent tranquillement qu'il avoit mangé fon poulet; mais que s'il lui plaifoit, ils en alloient faire mettre un autre à la broche. —— Comment, dit-il, j'ai mangé mon poulet »? L'affertion hardie & froide de fes gens le perfuada, & ils fe mocquèrent de lui.

Ce cardinal miniftre avoit pris pour fecrétaire particulier un nommé Venier, qu'il avoit défroqué de l'abbaye Saint-Germain-des-Prés, où il étoit frère convers; & cet homme régloit fes

affaires avec beaucoup d'efprit & d'intelligence. Un matin que Venier étoit avec le cardinal, cet étrange miniftre demanda quelque chofe qui ne fe trouva pas fous fa main; le voilà à jurer, à blafphémer; à crier à pleine tête contre fes commis, à dire que s'il n'en avoit pas affez, il en prendroit vingt, trente, cinquante, cent, & à faire un vacarme épouvantable. Venier lui répondit tranquillement : « Monfeigneur, prenez un feul commis de plus, & donnez lui pour emploi unique de jurer & de tempêter pour vous, & tout ira bien, vous aurez beaucoup de tems de refte, & vous vous trouverez bien fervi ». Le cardinal fe mit à rire, & s'appaifa.

Dubois, prêtre, archevêque, cardinal, étoit marié, & avoit encore fa femme vivante; il la paya bien pour fe taire; mais crainte d'une indifcrétion, il parvint, par le fecours & les foins de Breteuil, intendant de Limoges, de faire arracher le feuillet du regiftre des mariages où il étoit infcrit, & d'enlever la minute de fon contrat. La femme n'ofa rien dire du vivant de fon mari, & ne vint à Paris qu'après fa mort. Le frère du cardinal lui donna une partie de fa fucceffion, qui étoit immenfe.

Le revenu connu de ce miniftre fe montoit à 1 million 535 mille livres. L'Angleterre lui faifoit une penfion de 980 mille livres.

Il mourut fans fecours fpirituels, après une opération très-douloureufe à la veffie.

DUCANGE, (Charles) né à Paris, mort en 1688.

Ducange fit venir un jour quelques libraires dans fon cabinet, & leur montrant un vieux coffre, qui étoit placé dans un coin, il leur dit, qu'ils y pourroient trouver de quoi faire un livre; & que s'ils vouloient l'imprimer, il étoit prêt à traiter avec eux. Ils acceptèrent l'offre avec joie, mais s'étant mis à chercher le manufcrit, ils ne trouvèrent qu'un tas de petits morceaux de papier qui n'étoient pas plus grands que le doigt, & qui paroiffoient avoir été déchirés, parce qu'ils n'étoient plus d'aucun ufage. *Ducange* rit de leur embarras, & les affura de nouveau que fon manufcrit étoit dans le coffre. Enfin l'un d'eux ayant confidéré plus attentivement quelques-uns de ces petits lambeaux, y trouva des remarques qu'il reconnut pour le travail de M. *Ducange*. Il s'apperçut de même qu'il ne lui feroit pas impoffible de les mettre en ordre; parce que commençant toutes par le mot que le favant auteur entreprenoit d'expliquer, il n'étoit queftion que de les ranger fuivant l'ordre alphabétique. Avec cette clé, & fur la connoiffance qu'il avoit de l'érudition de M. *Ducange*, il ne balança point à faire marché pour le coffre, & pour toutes les richeffes qui étoient dedans.

Ce traité fut conclu fans autre explication ; & telle eft, dit-on, l'origine du Gloffaire.

Un étranger qui voyageoit en France, cherchoit à y connoître les favans qui avoient le plus de réputation & demanda à qui il devoit s'adreffer pour s'inftruire de l'ancienne hiftoire de France. On lui indiqua *Ducange*, il va le trouver & lui apprend le fujet de fa vifite. *Ducange* qui difoit que pour faire des ouvrages tels que les fiens, il ne falloit que des yeux & des doigts, répondit à cet étranger : la matière fur laquelle vous venez me confulter, n'a jamais fait l'objet de mes études. Je n'en fai que ce que j'ai retenu en lifant les ouvrages dont j'avois befoin pour compofer mon dictionnaire de la baffe latinité. Pour trouver ce que vous cherchez, allez voir Dom Mabillon. L'étranger croit ce qu'on lui dit, & va chez le favant bénédictin, qui lui dit : on vous a trompé quand on vous a adreffé à moi ; cette matière n'a point été celle de mes études, je n'en fai que ce que j'en ai appris en lifant les ouvrages dont j'avois befoin pour compofer l'hiftoire de mon ordre. Pour trouver un homme capable de vous fatisfaire, allez trouver *Ducange*. C'est lui-même qui m'envoye à vous, répliqua l'étranger. Il eft mon maître, pourfuivit Dom Mabillon, cependant fi vous m'honorez de vos vifites, je vous communiquerai le peu que je fai.

Ducange quittoit librement & à toute heure fes livres pour recevoir fes amis. C'est pour mon plaifir, difoit il, que j'étudie, & non pour faire peine à perfonne.

DUCATS. Des ambaffadeurs de Hollande à la cour de France étoient invités à dîner par un miniftre des finances. On fervit au deffert du fromage de Hollande ; & comme on parloit de ce pays-là, & de ce qu'il produit, ce miniftre, en montrant le fromage, dit en s'adreffant à ces ambaffadeurs, *que c'étoit du fruit de leur pays.* C'étoit une efpèce de raillerie de la Hollande ; les ambaffadeurs s'en apperçurent, & l'un d'eux prit une poignée de *ducats* ; & la jetta au milieu de la falle, en difant : *En voilà auffi.*

DU CHATELET, (Paul Hay) né en Bretagne l'an 1592, mort en 1636.

M. *du Chatelet* fut le premier qui lut un difcours à l'académie françoife, fuivant le réglement qu'on fit alors. Quoiqu'il fût accoutumé à parler en public, il affura que jamais affemblée ne lui avoit paru plus redoutable que celle de l'académie, & il fe fervit de la permiffion que le réglement donnoit à tous les académiciens de lire leurs harangues au lieu de les prononcer.

Lorfqu'on fit le procès à M. de Bouteville,

du *Chatelet* compofa pour lui un factum qui fut trouvé également éloquent & hardi. Le cardinal de Richelieu lui ayant reproché, que c'étoit condamner la juftice du roi : Pardonnez-moi, dit-il, c'eft pour juftifier fa miféricorde, s'il a la bonté d'en ufer envers un des plus vaillans hommes de fon royaume.

Un jour qu'il étoit avec M. de Saint-Preuil, qui follicitoit auprès du roi la grace du duc de Montmorenci, & qu'il témoignoit beaucoup de chaleur pour cela, le roi lui dit : Je penfe que M. *du Chatelet* voudroit avoir perdu un bras pour fauver M. de Montmorenci. Il répondit : Je voudrois, fire, les avoir perdus tous deux, car ils font inutiles à votre fervice, & en avoir fauvé un qui vous a gagné des batailles & qui vous en gagneroit encore.

Du Chatelet, au fortir de la prifon où il avoit été mis pour n'avoir pas voulu être un des commiffaires du maréchal de Marillac, alla à la meffe du roi, qui ne le regardoit point, & affectoit, ce femble, de tourner la tête d'un autre côté, comme par quelque efpèce de honte de voir un homme qu'il venoit de maltraiter ; il s'approcha de M. de S. Simon, & lui dit : Je vous prie, monfieur, de dire au roi que je lui pardonne de bon cœur, & qu'il me faffe l'honneur de me regarder. M. de S. Simon le dit au roi, qui en rit & le careffa enfuite.

Lorfque *du Chatelet* fut forti de prifon, le cardinal de Richelieu, dont il avoit fait prefque toutes les apologies, lui fit quelque excufe fur fa détention : Je fais, lui répondit-il, grande différence entre le mal que votre éminence fait, & celui qu'elle permet, & je n'en ferai pas moins attaché à fon fervice.

DU CHATELET (Madame). Cette dame favante & très fpirituelle voyant fon ami Voltaire trifte & ne difant mot depuis quelques jours, dit à la compagnie qui lui demandoit ce qu'il pouvoit avoir : « Vous ne le devineriez pas, mais je le fais. Depuis trois femaines on ne s'entretient dans Paris que de l'exécution d'un fameux voleur mort avec beaucoup de fermeté ; cela ennuie M. de Voltaire, à qui on ne parle plus de fa belle tragédie. Il en veut au roué, ajouta-t-elle en plaifantant ».

DUCHÉ DE VANCY (Jofeph-François) né en 1668, mort en 1704.

Son père le fit élever avec foin, mais ce fut tout fon héritage. La médiocrité de fa fortune le fit poëte. La marquife de Maintenon ayant vu quelques-uns de fes effais, le choifit pour fournir des poéfies facrées à fes demoifelles de Saint-Cyr. Cette dame le recommanda fi fort à M. de Pontchartrain, fecrétaire d'état, que le miniftre, prenant le poëte pour un homme confidérable, alla lui rendre vifite. *Duché*, voyant entrer chez lui un fecrétaire d'état, crut qu'on alloit le conduire à la baftille ; mais il fut bientôt raffuré par les politeffes du miniftre. *Duché* les méritoit : il avoit autant de douceur dans le caractère, que d'agrément dans l'efprit ; Rouffeau & lui faifoient enfemble les charmes des fociétés où ils fe trouvoient. Mais l'impreffion que faifoit *Duché*, quoique moins vive d'abord, étoit plus durable.

Duché avoit le talent de déclamer parfaitement, & toutes les difpofitions néceffaires pour devenir un excellent acteur. Plufieurs perfonnes ont affuré qu'il n'y avoit rien de comparable à la façon dont il rendoit plufieurs rôles des pièces de Molière, qu'ils lui ont vu jouer chez quelques particuliers, avec fon ami Rouffeau le poëte, qui poffédoit le même talent.

DUCLOS, mort en 1772. Il fut fecrétaire-perpétuel de l'académie Françoife. On a recueilli plus d'une obfervation profonde des entretiens de *Duclos*. En parlant un jour du caractère de notre nation, il dit : « les François font le feul peuple qui puiffe perdre fes mœurs fans fe corrompre. »

Tout le monde fait que M. Lemière, avant de travailler pour le théâtre, a gagné plufieurs prix de fuite à l'académie françoife. *Duclos*, fecrétaire perpétuel, en donnant la médaille au vainqueur, en 1753, lui dit : « Monfieur, elle eft un peu légère de poids ; l'année prochaine elle fera plus forte. »

Duclos étoit à la tête d'une fecte qui avoit confpiré contre la poéfie, fous prétexte que les vers n'étoient bons qu'à gâter la penfée. Quand il fe trouvoit forcé à louer des vers, il difoit : « cela eft bon comme de la profe. »

Duclos a dit plus d'une fois à fes amis : « quand je dîne à Verfailles, il me femble que je mange à l'office. On croit voir des valets qui s'entretiennent de ce que font leurs maîtres. »

DUEL. Le *duel* n'eft pas une inftitution d'honneur, comme le militaire le veut faire accroire, mais une mode affreufe & barbare, qui a pris naiffance dans la Scandinavie, partie de l'Europe qui comprenoit le Dannemarck, la Suède & la Norwège. Les peuples de ces contrées étoient autrefois d'une férocité extrême ; ils vivoient fans lois, fans difcipline, fans aucun efprit de fociété ; ils mettoient toutes leurs vertus à la pointe de leur épée, & ne connoiffoient point d'autre juftice que la force. C'étoit par le fer qu'ils foutenoient leurs prétentions ; & vuidoient leurs querelles. Ils faifoient battre les conteftans, & donnoient gain de caufe à celui qui remportoit la victoire. Ces peuples s'étant précipités comme

un torrent, en Italie, en Efpagne & dans les Gaules, leur fureur naturelle les y fuivit ; ils y apportèrent l'ufage du *duel* : la France l'adopta fous le règne des fucceffeurs de Clovis ; on le regardoit du temps de Charlemagne, comme un moyen fûr pour diftinguer l'innocent du coupable : c'eft ce qu'on appelloit l'*épreuve du duel*.

Le combat de Gui Chabot de Jarnac, & de François Vivonne de la Chataigneraie, a été le dernier *duel* autorifé. Ce combat fe fit dans la cour du château de Saint-Germain-en-Laye, le 10 Juillet 1547, fous le règne de Henri II. Jarnac avoit donné un démenti à la Chataigneraie. Celui-ci le défia au combat. Le roi le permit, & voulut en être fpectateur ; il fe flattoit que la Chataigneraie, qu'il aimoit, emporteroit l'avantage : mais Jarnac, quoiqu'affoibli d'une fièvre lente qui le confumoit, le renverfa par terre d'un revers qu'il lui donna fur le jarret, & qu'on a appelé depuis, *le coup de Jarnac*. On fépara les combattans ; mais le vaincu, inconfolable d'avoir reçu cette honte à la vûe du roi, ne voulut jamais que les chirurgiens bandaffent fa plaie ; il mourut quelques jours après. Henri fut fi touché, qu'il jura folennellement de ne plus permettre de femblables combats. Dans les additions aux *mémoires de Caftelnau*, on a rapporté les cartels de la Chataigneraie & de Jarnac.

Le duc de Châtillon-Coligny, ayant eu quelque démêlé avec le duc de Guife, le fit appeller en *duel* ; ce prince l'accepta. Ils fe battirent à la place Royale, & le duc de Guife ayant eu de l'avantage fur Chatillon, il lui donna un coup de revers de fon épée fur le vifage, plus pour le marquer que pour le bleffer, en lui difant qu'*il vouloit lui faire porter des marques d'un prince* : Cet affront entra fi avant dans l'efprit du duc de Chatillon, qu'il réfolut de ne pas y furvivre, & chercha l'occafion de fe faire tuer, qu'il trouva au fiége de Charenton pendant le blocus de Paris.

Henri III & les rois fucceffeurs ont publié les édits les plus févères contre le *duel*. La France crut fur-tout cette fanglante coutume abolie fans retour, à la vue des ordonnances foudroyantes de Louis XIV, contre les duelliftes. L'aboliffement du *duel* fut célébré en profe & en vers dans les harangues publiques & dans les difcours particuliers. C'eft dans ces circonftances que le duc de Navailles refufa de fe battre contre le comte de Soiffons. La comteffe époufe de ce dernier, & furintendante de la maifon de la reine mère, étoit en difpute avec la ducheffe de Navailles, dame d'honneur de cette reine, par rapport à leurs fonctions. Le roi porta un jugement qui parut favorable à la ducheffe. La douleur de la comteffe fut fi vive, que le comte fon mari propofa le *duel* au duc de Navailles, qui refufa de l'accepter. Les prédicateurs profitèrent de cette difpofition des efprits, pour s'élever avec force contre ces fortes de combats. Un jour que le maréchal de la Force avoit affifté, à un de ces fermons, il en fut fi touché, qu'il protefta en fortant que fi on lui faifoit un appel, il ne l'accepteroit pas.

Guftave Adolphe, le conquérant du Nord, regardoit, ainfi que Louis XIV, les combats particuliers comme la ruine de la difcipline : dans le deffein d'abolir dans fon armée cette coutume barbare, il avoit prononcé la peine de mort contre tous ceux qui fe battroient en *duel*. Quelque temps après que cette loi eut été portée, deux officiers fupérieurs, qui avoient eu quelque démêlé enfemble, demandèrent au roi la permiffion de vuider leur querelle l'épée à la main. Guftave fut d'abord indigné de la propofition ; il y confentit néanmoins ; mais il ajouta, qu'il vouloit être témoin du combat, dont il affigna l'heure & le lieu. Il s'y rend avec un corps d'infanterie qui environne les deux champions. Enfuite il appelle le bourreau de l'armée, & lui dit : « Dans l'inftant qu'il y en aura un » de tué, coupe devant moi la tête à l'autre. » A ces mots les deux officiers reftèrent quelque temps immobiles ; mais reconnoiffant bientôt la faute qu'ils avoient faite, ils fe jettèrent aux pieds du roi, lui demandèrent pardon, & fe jurèrent l'un à l'autre une éternelle amitié.

Il a été vérifié par les regiftres de la chancellerie, que depuis l'avenement de Louis XIV à la couronne, jufqu'à la vingtième année de fon règne, il avoit expédié feul, mille lettres de graces ou d'abolition pour caufe de *duel*.

Malte eft peut-être le feul pays du monde où le *duel* foit permis par la loi. Cet établiffement eft originairement fondé fur les principes romanefques de la chevalerie : l'abolition du *duel* n'a jamais pu être d'accord avec ces principes ; on y a mis cependant des reftrictions qui en diminuent beaucoup les abus : elles font affez curieufes. Les combattans font obligés de décider leur querelle dans une rue particulière de la ville, & s'ils ofent fe battre ailleurs, ils font fujets à la rigueur des loix. Ce qui n'eft pas moins fingulier & leur eft plus favorable, c'eft qu'ils font contraints, fous les peines les plus févères, de remettre leur épée dans le fourreau, lorfqu'une femme, un prêtre, ou un chevalier le leur ordonne. On fent qu'au milieu d'une grande ville, le *duel* foumis à ces reftrictions, ne peut prefque jamais être bien meurtrier.

DUELS JUDICIAIRES. S'il arrivoit que des femmes acceptaffent les duels qu'on nommoit judiciaires, voici comme cela fe paffoit :

On creufoit une foffe à deux pieds & demi de terre, & large de trois pieds. L'homme qui étoit dans le cas de fe battre avec une femme, étoit obligé de defcendre dans cette foffe, autour de laquelle on formoit un cercle de dix pieds de diamètre, hors duquel il n'étoit pas permis de fortir. A l'égard des armes dont fe fervoient les champions, on leur donnoit trois gros bâtons, longs d'une aune à chacun ; ceux de la femme étoient armés d'une courroie, au bout de laquelle il y avoit une pierre d'une livre. Si l'homme, en voulant frapper la femme, au lieu de la rencontrer, touchoit à terre, il perdoit un de fes bâtons, il en étoit de même pour la femme, lorfque voulant porter fon coup, elle frappoit la terre. Le plus mal-adroit, ou celui qui perdoit le premier fes trois bâtons, étoit reconnu pour coupable ; il dépendoit du vainqueur de faire exécuter la fentence de mort, & les loix condamnoient l'homme à avoir la tête tranchée, ou la femme, à être enterrée vivante.

DUFRESNY, (Charles-Rivière) né à Paris en 1648, mort dans la même ville en 1724.

Son grand père étoit fils d'une jardinière d'Anet, appellée la belle jardinière, & pour laquelle Henri IV avoit eu de l'inclination ; auffi *Dufrefny* paffoit pour être petit fils de ce prince, & lui reffembloit. Nous avons de cet auteur, des comédies, des amufemens férieux & comiques, des nouvelles hiftoriques, &c.

Beaucoup de feu & de vivacité, un goût naturel, un efprit plein d'enjouement, dédommagèrent *Dufrefny* d'une étude opiniâtre à laquelle il étoit incapable de fe livrer. Il a peint les mœurs & les ridicules de fon fiècle avec décence, avec fineffe, avec légèreté ; & fi fes comédies font inférieures à celles du père de notre théâtre, il y en a très-peu où l'on ne rencontre des fcènes fingulières & piquantes. Voluptueux, mais fans libertinage, il chercha à fatisfaire à quelque caprice, céda le privilège pour une fomme affez modique. Le temps vint de le renouveller, & le roi ordonna aux nouveaux entrepreneurs de donner à *Dufrefny* trois mille livres de penfion viagère, dont le poëte diffipateur reçut le rembourfement. Le roi ayant appris ce dernier trait de la conduite de *Dufrefny*, ne put s'empêcher de dire : *je ne fuis point affez puiffant pour l'enrichir.*

Dufrefny quitta la cour après avoir vendu toutes fes charges. La contrainte de Verfailles ne pouvoit s'accorder avec fon amour pour l'indépendance. Il fe fixa à Paris, où il avoit des appartemens dans différens quartiers. Dès qu'il pouvoit foupçonner qu'il étoit connu dans l'un de ces quartiers, il le quittoit auffi-tôt.

Dufrefny ne prit point parti dans la querelle fur les anciens & fur les modernes; mais il fit affez entendre ce qu'il en penfoit, lorfqu'il dit dans le mercure de France; dont il avoit la direction : « En voyant Homère à travers vingt-fix fiècles, imaginez-vous voir de loin une femme à travers un brouillard épais. Quelqu'un qui en feroit devenu amoureux par accident, auroit beau vous crier : voyez-vous la délicateffe de fes traits, la douce vivacité de fes yeux, la nuance imperceptible des lys & des rofes du teint délicat ? Eh ! morbleu, répondriez-vous à cet amant enthoufiafte, comment voulez-vous que j'en juge à travers un tel brouillard. »

Quelqu'un difoit à *Dufrefny* : pauvreté n'eft pas vice ; *c'eft bien pis*, répondit-il. »

Ce poëte qui avoit renvoyé la fortune autant de fois qu'elle s'étoit préfentée, fe voyoit, dans le temps du fyftême, fans reffources. Il imagina de préfenter ce placet au duc d'Orléans, régent. « Monfeigneur, il importe à la gloire de votre alteffe royale qu'il refte un homme affez pauvre pour retracer à la nation l'idée de la mifère dont vous l'avez tirée ; je vous fupplie de ne point changer mon état, afin que je puiffe exercer cet emploi. » Le prince mit *néant* au bas, & donna ordre à Law de compter deux cents mille francs à *Dufrefny*. C'eft même de cet argent qu'il fit bâtir cette belle maifon, qu'il appella la maifon de Pline.

Dufrefny ayant reçu un jour une fomme affez confidérable, courut chez un ami auffi diffipateur que lui, ils tinrent confeil fur ce qu'ils feroient de cet argent. Après de mûres délibérations, ils arrêtèrent qu'ils fe feroient habiller, & que le refte feroit employé à faire un repas dont il feroit parlé. Leurs emplettes faites, ils fe rendirent chez un traiteur, à qui ils ordonnèrent de leur tenir prêts pour le lendemain une prodigieufe quantité d'œufs frais, cinquante épaules de veau & une centaine de carpes. La fingularité de cette demande furprit le traiteur, il ne put s'empêcher de rire & de leur demander s'ils vouloient traiter un régiment. *Dufrefny* lui répondit, l'argent à la main, de ne s'embarraffer de rien. Le traiteur envoya dès le point du jour aux barrières acheter tous les œufs frais dont il avoit befoin ; il fe munit auffi des épaules de veau & des carpes qu'on lui avoit demandées. *Dufrefny* & fon ami fe rendirent chez le traiteur à l'heure dite ; ils fe firent faire un potage de petit lait des œufs frais ; ils ne prirent des épaules de veau qu'un petit morceau

délicat, & des carpes que les langues, dont on leur fit un ragout aux coulis de perdrix & d'écreviffes. Ils firent donner aux pauvres le furplus des carpes & des épaules de veau.

Dufrefny avoit, pour l'art de conftruire les jardins, un génie fingulier, & approchant de ce que nous nommons jardins anglois. Il ne travailloit avec plaifir que fur un terrein irrégulier & inégal. Il lui falloit des obftacles à vaincre ; & quand la nature ne lui en fournifloit pas, il s'en donnoit à lui-même, c'eft-à-dire, que d'un emplacement régulier & d'un terrein plat il en faifoit un montueux, afin, difoit-il, de varier les objets en les multipliant, & fe garantir des vues vôifines, en leur oppofant des élévations de terre qui fervoient en même temps de belvédères. Tels étoient, dit-on, les jardins de Mignaux, près de Poiffy ; tels font encore ceux qu'il a faits dans le fauxbourg Saint-Antoine, pendant les dix dernières années de fa vie, dont l'un eft connu fous le nom du *Moulin*, & l'autre qu'il appeloit le *Chemin Creux*. On connoît auffi la maifon & les jardins de l'abbé Pajot, près de Vincennes ; & par ces différens morceaux, on peut juger du goût & du génie de *Dufrefny* dans ce genre.

Louis XIV ayant pris la réfolution de faire faire à Verfailles des jardins dont la grandeur & la magnificence furpaffaffent tout ce qu'on auroit vu & même imaginé jufqu'alors, lui demanda des deffins. *Dufrefny* en fit deux différens. Ce prince les examina, & les compara avec ceux qu'on lui avoit préfentés ; il en parut content, & ne les refufa que par l'exceffive dépenfe dans laquelle l'exécution l'auroit engagé. Ce monarque, qui aimoit les arts, & qui les avoit portés à leur plus haut degré de perfection, par les récompenfes dont il prévenoit ceux qui s'y diftinguoient, accorda à *Dufrefny* un brevet de contrôleur de fes jardins.

DUFRESNOY, (Charles Alphonfe) né à Paris l'an 1611.

Dufrefnoy étoit fils d'un célèbre apothicaire, qui, voulant élever fon fils au-deffus de fon état, fe propofoit d'en faire un médecin ; mais le jeune homme, par un fingulier rapport de goût & d'humeur avec Pierre Mignard, n'avoit de penchant que pour la poéfie & pour la peinture, & fe décida même en faveur de ce dernier art, malgré les oppofitions de fes parens, qui l'accufoient de vouloir embraffer un métier. Afin de fe fouftraire à leur mauvaife humeur, *Dufrefnoy* fe rendit en Italie, & fut contraint, pendant deux ans, de ne fe nourrir, à Rome, que de pain & de fromage, jufqu'à l'arrivée de Mignard.

DUGUAY-TROUIN, (René) né à Saint-Malo le 10 juin 1673, d'une famille de négocians, mort à Paris le 27 septembre 1736.

Duguay-Trouin avoit une de ces physionomies qui annoncent ce que sont les hommes, & la sienne n'avoit rien que de grand à annoncer. Il étoit d'une taille, avantageuse & bien proportionnée, & il avoit pour tous les exercices du corps un goût & une adresse qui l'avoient servi dans plusieurs occasions.

Duguay-Trouin a laissé des mémoires utiles, où l'on peut voir le détail de tous les combats auxquels il eut part. La plus importante de ses expéditions, & celle qui est la plus connue, est la prise de Rio-Janeiro en 1711. Elle fit grand bruit en Europe, tant par la hardiesse de l'entreprise que par la vigueur de l'exécution. Lorsque cet officier revint en France, chacun s'empressoit de le voir, & le long des routes le peuple s'attroupoit autour de lui. Un jour qu'une grande foule étoit ainsi assemblée, une dame de distinction vint à passer; elle demanda ce qu'on regardoit; on lui dit que c'étoit *Duguay-Trouin*; alors elle s'approcha, & perça elle-même la foule pour mieux voir. *Duguay-Trouin* parut étonné: *Monsieur*, lui dit-elle, *ne soyez pas surpris; je suis bien aise de voir un héros en vie.*

Cet illustre guerrier regardoit la discipline militaire comme l'ame de la guerre, & le gage assuré des victoires. Jamais il ne souffrit, sous quelque prétexte que ce fût, qu'on éludât les ordres qu'il avoit donnés.

Cet homme qui paroissoit si sévère, si dur même envers ceux qui servoient sous lui, étoit néanmoins leur meilleur ami. Ayant obtenu en 1707 une pension de Louis XIV pour une action d'éclat, il écrivit au ministre pour le prier de faire tomber cette pension à son capitaine en second, qui avoit eu une cuisse emportée dans l'action. *Je suis trop récompensé*, ajouta-t-il, *si j'obtiens l'avancement de mes officiers.*

Le roi lui avoit accordé des lettres de noblesse en 1709, & dans ces lettres il lui rend ce témoignage, que depuis qu'il servoit dans la marine il avoit pris plus de trois cens navires marchands, & vingt vaisseaux de guerre ou corsaires ennemis. Ses armoiries avoient pour devise: *Dedit hæc insignia virtus.*

Louis XIV se plaisoit à entendre de la propre bouche de *Duguay-Trouin*, le récit de ses actions. Un jour cet officier faisoit à ce monarque le récit d'un combat où il commandoit un vaisseau nommé *la Gloire*. J'ordonnai, dit-il, à *la Gloire* de me suivre. *Elle vous fut fidèle*, reprit Louis XIV.

DU GUESCLIN. (Bertrand) Dès son enfance, le fameux *Bertrand Du-Guesclin* montroit tant d'ardeur pour les combats, qu'oubliant son rang & sa naissance, il en venoit quelquefois aux mains avec les enfans de la lie du peuple, qui avoient la réputation d'être les plus courageux & les plus robustes. Passant, un jour, avec son oncle dans une place publique, ils s'amusèrent l'un & l'autre à regarder de jeunes garçons de la ville, qui s'exerçoient à la lutte. Un d'entr'eux, plus adroit & plus robuste, les avoit tous vaincus. Les spectateurs le louoient à l'envi; & il se promenoit fièrement dans la carrière, en défiant ceux de son âge. *Du Guesclin* regardoit le jeune lutteur avec des yeux jaloux. Par malheur il échappa à son oncle quelque chose de favorable pour lui. *Du-Guesclin* alors le quitte; & son oncle, qui le croyoit à ses côtés, le voit aux mains avec le jeune homme qu'il terrassa dans le moment.

Le connétable *Du Guesclin*, à qui ses belles actions ont mérité les faveurs des trois rois Jean I, Charles V & Charles VI, avoit un souverain mépris pour l'argent: il n'en recevoit de la libéralité du roi, que pour le distribuer à ses soldats. Quoiqu'il se fût trouvé dans des occasions fréquentes d'accumuler de grands biens, il en laissa moins à sa famille qu'il n'en avoit reçus d'elle.

La ville de Rennes étoit assiégée par le duc de Lancastre; & sans un prompt secours, cette place importante alloit succomber sans les efforts des anglois. Le fameux *Du Guesclin* résolut de la sauver; une foule d'obstacles s'opposoit à son courage, il en triompha par l'accélération qu'il mit dans sa marche. Il prend cent hommes déterminés, qui ne respiroient que le sang & les combats. Il fait, en moins de douze heures, dix-huit lieues de chemin, arrive, à la pointe du jour à l'entrée du camp des anglois, & se dispose à le traverser. Tout y étoit encore enseveli dans le sommeil: la garde avancée veilloit seule. *Du Guesclin* fond sur ces soldats, les presse, les pousse & entre avec eux dans le camp. Une partie de sa troupe égorge ceux qui accourent aux cris des blessés. En même temps ils mettent le feu aux tentes: l'incendie se répand; & l'ennemi, nû en chemise, fuit à la fois le fer & la flamme. Enfin, le vainqueur se voit aux portes de Rennes, qui lui sont ouvertes à l'instant. Mais appercevant à quelque distance deux cent charrettes chargées de vivres pour l'armée ennemie, il attaque les anglois qui les défendoient, les met en fuite, & entre dans la ville à la tête de ce convoi, presqu'aussi utile à la place, que cette victoire inattendue & rapide.

Le 19 mai 1364, trois jours avant le sacre de Charles V, *Du Guesclin* qui commandoit une armée envoyée en Normandie contre les anglois, voulant attirer l'ennemi au combat, & lui faire quitter un poste avantageux, feignit de décamper; les anglois se croyoient sûrs de la victoire, malgré les représentations d'un vieux capitaine qui leur disoit : « n'avoir jamais oui dire que *Du Guesclin* » eût daigné décamper, & que c'étoit une ruse ». Les françois reviennent sur leurs pas; *Du Guesclin* les animoit par ces paroles : « Pour Dieu! amis, souvenez-vous que nous avons un nouveau roi de France, que sa couronne soit aujourd'hui étrennée par vous : pour moi, j'espère donner au roi le général anglois pour étrenne de sa noble royauté ». L'événement fut conforme à ses vœux, & le héros eut le plaisir singulier de faire à son souverain un présent digne de sa bravoure.

DUMOULIN (Charles), né à Paris l'an 1500, mort en 1566.

L'assiduité de *Dumoulin* au travail étoit si extraordinaire, qu'il comptoit pour perdus tous les momens qu'il étoit obligé de donner aux besoins de la vie. C'étoit alors la coutume de porter la barbe; mais quelques instances que ses amis lui fissent de se conformer à l'usage, il aima mieux se la faire raser, persuadé que cela lui emporteroit moins de temps que la peine qu'il auroit de la peigner, & de la rajuster tous les jours.

Un jour Christophe de Thou, qui étoit alors président au parlement, ayant dit à l'audience à *Dumoulin* quelques paroles dures & fâcheuses; les avocats l'allèrent trouver, & se plaignirent à lui par la bouche de François de la Porte, leur doyen, de ce qu'il avoit offensé un de leurs collègues, *qui étoit*, dirent-ils, *plus savant qu'il ne le seroit jamais*. M. de Thou, bien loin d'être choqué d'une plainte si hardie, la prit en bonne part, & dit le lendemain à l'audience, que les paroles désobligeantes qu'il avoit dites à *Dumoulin*, lui étoient échappées dans la chaleur du discours.

Dumoulin avoit une si grande opinion de son esprit, qu'il avoit coutume de mettre à la tête de ses consultations : *Moi qui ne cède à personne, & à qui personne ne peut rien apprendre.*

Dumoulin, en 1552, composa son commentaire sur les petites dates. Ce livre ayant été présenté au roi par Anne de Montmorenci, alors maréchal, depuis connétable de France, il lui dit : Sire, ce que votre majesté n'a pu faire & exécuter avec trente mille hommes, de contraindre le pape à lui demander la paix, ce petit homme l'a achevé avec un petit livre.

DUMOULIN. Ce fameux médecin aimoit beaucoup l'argent, & en recevoit beaucoup. Il sortoit un jour de voir un de ses malades qui l'avoit payé en monnoie blanche; comme la somme étoit un peu forte, il l'avoit mise dans ses poches. Il n'eut rien de plus pressé en rentrant chez lui, & en montant ses escaliers, que de compter les écus qu'il avoit reçus; l'attention qu'il prêtoit à ce compte l'empêcha de voir un particulier qui se trouva sur le même escalier; & qui le connoissoit. Ce particulier lui dit en plaisantant : Attendez, monsieur *Dumoulin*, je vais vous chercher une chaise. *Dumoulin* le regarde, & lui répond d'un ris moqueur : Apprends, nigaud, qu'on est toujours à son aise, quand on compte son argent.

Il voyoit un jour avec M. Sylva, médecin, non moins fameux que lui, mais plus instruit & moins intéressé, il voyoit, dis-je, un grand seigneur qui étoit très-dangereusement malade, au point qu'à la dernière visite qu'ils lui firent tous les deux, il mourut entre leurs mains. Comme on ne s'attendoit nullement à une mort aussi prompte, elle donna lieu à beaucoup de murmures dans l'appartement, & sur-tout dans l'anti-chambre, où les domestiques se permettoient contre les deux médecins des propos, qui pouvoient avoir pour eux des suites très-fâcheuses. M. Sylva, qui naturellement étoit timide, eut peur, & fit part de ses craintes à M. *Dumoulin*, & finit par lui dire : Par quelle porte sortirons-nous? *Dumoulin*, qui ne craignoit rien, pourvu qu'il fût payé, lui répondit : Par la porte où l'on paye, & sortit avec intrépidité de l'appartement, suivi de Sylva, qui étoit tout tremblant. Voilà ce qui s'appelle un trait de caractère; le suivant vaut bien celui-là.

Quand M. *Dumoulin*, qui avoit été protestant, se fut confessé, un religionnaire dit à un autre qui lui demandoit des nouvelles : « Que » sa religion étoit bien malade, puisqu'elle étoit » abandonnée du plus grand médecin. »

Dumoulin étant à l'agonie entouré de plusieurs de ses confrères qui déploroient sa perte, il leur dit : Messieurs, je laisse après moi trois grands médecins. Ces docteurs crurent qu'il alloit les nommer, mais ils furent bien détrompés lorsque *Dumoulin* leur apprit que ces trois grands médecins de l'homme étoient *l'eau*, *l'exercice* & la *diète*.

DUNOIS. (comte de) Marie d'Enguien, femme d'Aubert de Cany, chevalier picard, & chambellan du duc d'Orléans, étant au lit de la mort, & ayant appelé cinq enfans, qu'elle avoit, pour leur donner sa dernière bénédiction, elle leur déclara que l'un d'entr'eux étoit fils du duc d'Orléans, elle ne voulut pas je nommer : mais curieux d'apprendre cette vérité de la bouche de leur mère, ils la pressèrent si vivement, qu'elle leur dit que le bâtard adultérin étoit Jean, & le duc d'Orléans le reconnut en effet pour son fils.

On sait que ce fut ce bâtard qui, sous le nom de comte de *Dunois*, reconquit la France avec la pucelle d'Orléans, sous le règne de Charles VII, & qui mérita par ses belles actions d'avoir le rang & la dignité de prince. C'est la tige de la maison de Longueville, qui commença par un grand homme, & finit par un insensé.

DUPERRIER avoit eu quelques succès dans la poësie latine ; & s'il se fût borné à ce genre de littérature, il eût pu mériter un rang distingué parmi les modernes qui se sont appliqués à marcher sur les traces de *Virgile*. Mais il voulut figurer sur le Parnasse François ; & se dissimulant sa foiblesse, il osa prendre tout d'un coup *Malherbe* pour modèle. Étonné lui-même de la grandeur de son audace, prenant déjà ses timides essais pour des chefs-d'œuvre, à peine avoit-il enfanté péniblement une tirade froide & monotone, qu'il la récitoit avec emphase à tous ceux qu'il rencontroit. Un jour il accompagna *Despréaux* à l'église, & pendant toute la messe, il ne cessa de lui parler d'une ode qu'il avoit présentée à l'académie françoise pour le prix de l'année 1671. « On » m'a fait la plus grande injustice, répétoit il. Oui, » morbleu ! le prix m'étoit dû. Ah ! quelle ode ! » Eh ! qui m'a-t-on préféré ? Je veux vous la » réciter. » *Despréaux* ne savoit comment calmer son orgueilleuse effervescence. Il eut peine à le contenir durant l'élévation ; & la sonnette n'avoit pas cessé de se faire entendre, que reprenant la parole avec d'autant plus de véhémence qu'il s'étoit contraint un instant : « Croiriez-vous, » dit-il assez haut pour se faire regarder de » tous les assistans, croiriez-vous qu'ils ont dit » que mes vers étoient trop malherbiens ? »

Ce même *Duperrier* & *Santeuil*, qui ne lui cédoit pas en amour-propre, parioient à qui feroit mieux des vers latins. *Ménage*, qu'ils choisirent d'abord pour arbitre, ne voulut point juger cette modeste querelle. Ils s'en rapportèrent au père *Rapin*, qu'ils rencontrèrent au sortir d'une église, & qu'ils firent dépositaire de leur enjeu. Le bon jésuite leur reprocha leur vanité, méprisa leurs vers, & rentrant dans le temple, jeta dans le tronc des pauvres l'argent qu'ils lui avoient consigné.

DUPERRON, Jacques Davy, cardinal.) né dans la basse Normandie, en 1556, mort en 1618.

Il y eut une célèbre conférence au Louvre sur la religion : *Duperron* y prouva si bien la falsification des passages employés par Duplessis Mornay contre la messe, que M. de Mornay couvert de confusion se retira à Saumur ; sur quoi on dit assez plaisamment, qu'il avoit abandonné tous les passages de l'écriture sainte pour conserver celui de Saumur.

Le cardinal de Richelieu comparoit quatre des meilleurs écrivains de son temps aux quatre élémens : le cardinal de Berulle, au feu pour son élévation : le cardinal *Duperron*, à la mer pour son étendue : le père Cœffeteau, à l'air pour sa vaste capacité : M. Duvair, à la terre par l'abondance & la variété de ses productions.

Il est certain qu'on remarque mieux les grâces & les défauts d'un ouvrage quand il est écrit d'un bon caractère, que s'il étoit d'un mauvais, & mieux aussi quand il est imprimé que s'il étoit écrit à la main. Aussi le cardinal *Duperron* qui n'épargnoit ni soin ni dépense pour ses livres, les faisoit-il toujours imprimer deux fois : la première pour en distribuer seulement quelques copies à des amis particuliers, sur lesquels ils pussent faire leurs remarques ; la seconde pour les donner au public, en la dernière forme où il avoit résolu de les mettre. Pour qu'ils ne fussent pas divulgués contre son gré de la première sorte, il n'y faisoit travailler que dans sa maison de Bagnolet, où il avoit une imprimerie exprès.

Un jour le cardinal *Duperron* osa traiter d'ignorant l'avocat général Servin. Il est vrai, monseigneur, lui répondit ce magistrat, que je ne suis pas assez savant pour prouver qu'il n'y a point de Dieu. Le cardinal demeura muet & confus : pour entendre cette réponse il faut savoir que *Duperron* entretenant Henri III durant son dîner avoit eu l'audace de lui dire : Je viens de prouver qu'il y a un Dieu, mais demain, si votre majesté veut m'écouter encore, je lui prouverai qu'il n'y en a point du tout. Dequoi le roi eut tant d'horreur qu'il le bannit pour jamais de sa présence.

Il avoit un si grand ascendant sur le pape Paul V, que ce pontife disoit ordinairement à ceux qui s'approchoient de plus près : « Prions » Dieu qu'il inspire le cardinal *Duperron*, car » il nous persuadera tout ce qu'il voudra. »

DUPRAT (Antoine) cardinal & chancelier de France, né à Issoire en Auvergne, mort au château de Nantouillet, le 9 juillet 1535, à 72 ans.

Antoine Duprat, qui fut successivement maître des requêtes, premier président au parlement de Paris, chancelier de France, archevêque de Sens, cardinal & légat perpétuel en France, avoit commencé par être solliciteur de procès à Cognac, pour la comtesse d'Angoulême. Cette princesse lui crut assez de mérite pour lui confier la conduite de son fils, qui régna sous le nom de François I.

Duprat

Duprat dut sa fortune & son crédit à un trait hardi & singulier. Il s'apperçut que le comte d'Angoulême étoit amoureux & aimé de Marie, sœur de Henri VIII, roi d'Angleterre, femme jeune & belle de Louis XII, mari infirme, & qui étoit sans enfant. La reine ne trouvant pas dans l'hymen de quoi satisfaire sa passion, avoit accordé un rendez-vous à son amant. Le jeune prince enivré de sa bonne fortune, se glisse pendant la nuit par les détours d'un escalier dérobé, & est près d'entrer dans l'appartement où il étoit attendu, lorsqu'un homme fort & robuste le prend entre ses bras, l'enlève & l'emporte interdit & furieux loin de ses plaisirs. Cet homme ne tarda point à se faire connoître; c'étoit *Duprat*, qui lui représenta avec vivacité combien il étoit imprudent de vouloir se donner lui-même un maître, & de sacrifier un trône au plaisir d'un moment. Le conseil étoit bon; le comte d'Angoulême en profita, & lorsqu'il fut roi, il combla d'honneurs & de biens son favori.

Les grands événemens arrivés pendant son ministère, dans l'état & dans la religion, lorsqu'il étoit légat *a Latere*, ont donné lieu au proverbe : *il a autant d'affaires que le légat*. Il est le principal auteur de ce fameux concordat, passé entre Léon X & François I, qui abolit la *Pragmatique-sanction*. Cet homme si versé dans la science des loix, n'en connoissoit point d'autres que ses intérêts & la passion du souverain. On lui a reproché avec justice d'avoir introduit la vénalité des charges, d'avoir souvent divisé l'intérêt du roi d'avec le bien public, & d'avoir établi cette maxime si contraire à la liberté naturelle, qu'*il n'est point de terre sans seigneur*.

Les historiens n'ont pas dédaigné de transmettre à la postérité, son goût bisarre pour la chair d'ânon. Il donna sur cela, comme sur beaucoup d'autres choses, le ton à la cour, & l'ânon ne cessa d'être un mets exquis que lorsque le ministre eut cessé de vivre. A force de boire & de manger, il étoit devenu si gros & si gras, qu'il falloit échancrer sa table pour faire place à son ventre.

Cet illustre favori amassa des biens immenses. Devenu veuf, il se fit d'église pour s'enrichir encore davantage. Comme il ne cessoit de demander de nouvelles graces au roi, ce prince lui répondit par ce demi-vers de Virgile, qui faisoit allusion à son nom : *sat prata bibere*.

Des lettres-patentes adressées à *Duprat*, portent cette singulière & peut-être unique souscription : *A notre très cher & féal ami le cardinal de Sens, chancelier de France*.

Duprat fit bâtir à l'hôtel-dieu de Paris la salle qu'on nomme aujourd'hui *la salle du légat*. « Elle » sera bien grande, dit le roi, si elle peut con-» tenir tous les pauvres qu'il a faits. »

On rapporte que ce prince voulant faire rendre *Encyclopédiana.*

gorge à son favori, & n'ignorant point son ambition, lui fit accroire que, suivant les dépêches qu'il venoit de recevoir de Rome, le pape étoit mort. *Duprat* concevant aussitôt les plus belles espérances, représenta au roi l'intérêt de l'état, de placer sur le trône pontifical un des sujets de sa majesté qui lui fût entièrement dévoué. « Et si c'é-» toit toi, dit le roi; mais il faut de grandes » sommes d'argent pour satisfaire l'appétit des » cardinaux, & pour le présent, je n'en ai point. » *Duprat* lui présenta deux tonnes d'or. C'est » assez, dit le roi, j'y ajouterai aussi du mien. Des » lettres postérieures apprirent que le pape vivoit » encore, sans qu'il eût jamais été malade. Le car-» dinal le dit au roi, & redemanda son argent. » C'étoit fait; la réponse fut : je ferai des répri-» mandes à mon ambassadeur : pour l'argent, si le » pape n'est pas mort, il mourra. »

Comme on considéroit les pertes que la ville de Milan causoit à la France, on dit qu'il seroit à souhaiter que cette ville eût été entièrement ruinée : non, non, dit le chancelier *Duprat*, la guerre de Milan sert d'une purgation à la France, pour la nétoyer d'une infinité d'hommes perdus & débauchés qui l'infecteroient.

DURER (Albert) né à Nuremberg, l'an 1471, mort l'an 1528.

Plusieurs auteurs le font naître en 1570, entr'autres d'Argenville. *Albert Durer* avoit un génie vaste qui embrassoit tous les arts. Il a beaucoup gravé, & ses estampes sont très-estimées. Il excelloit aussi dans l'architecture, dans la sculpture, & possédoit parfaitement les mathématiques. C'est lui qui fit naître le bon goût de la peinture en Allemagne. Il a écrit avec succès sur la géométrie, la perspective, les fortifications, & sur la proportion des figures humaines.

Albert *Durer*, fut l'homme de son temps le mieux fait; une heureuse physionomie, des manières nobles, & une conversation agréable donnoient un nouveau lustre à ses rares talens. Il aimoit la joie & les plaisirs; &, ne s'y livrant qu'avec modération, il leur trouvoit toujours la même vivacité.

Les écrits & les tableaux d'Albert lui acquirent de bonne heure une grande réputation. L'empereur Maximilien I l'annoblit, & lui donna des armes distinguées. Ce prince le faisant un jour dessiner devant lui sur une muraille, s'apperçut qu'Albert ne pouvoit atteindre assez haut pour terminer quelques figures, & ordonna qu'un officier de sa suite lui servît d'escabelle; ensorte que l'officier fut contraint de se courber jusqu'à terre, & de laisser monter le peintre sur son dos. Cet acte d'obéissance lui arracha des murmures; l'empereur les entendit, & s'écria : ——— «d'un paysan je » puis faire un noble; mais d'un ignorant, je

D d d

» ne puis faire un auſſi habile homme qu'Albert
» Durer. »

Cet artiſte, dans un de ſes tableaux, peignit
Adam & Eve, & les repréſenta ſi beaux, ſi in-
téreſſans, que Gaſpard, poëte du quatorzième
ſiècle, envoya au peintre ce diſtique latin :

Angelus hos cernens miratus dixit : ab horto
Non ita formoſos vos ego depuleram.

DU RYER (Pierre) né à Paris en 1605,
mort en 1658.

Du Ryer étoit aux gages des libraires. On lui
donnoit 30 ſols, ou un écu, pour la feuille de
ſes traductions. Le cent des grands vers lui étoit
payé 4 livres, & le cent des petits vers, 40
ſols.

L'abbé d'Aubignac, après avoir dit beaucoup
de bien de la tragédie de *du Ryer*, intitulée : *Eſther*,
ajoute que le ſuccès en fut beaucoup moins heureux à Paris qu'à Rouen, & qu'on s'en étonna
ſans en ſavoir la cauſe. Mais, pour moi, dit-il,
j'eſtime que la ville de Rouen étant toute dans
le trafic, eſt remplie d'un grand nombre de juifs,
& qu'ainſi les ſpectateurs prenoient plus de part
dans les intérêts de cette pièce toute judaïque,
par la conformité de leurs mœurs & de leurs
ſentimens. D'autres ont penſé, avec plus de probabilité, que cela venoit de ce qu'on n'eſt pas ſi
difficile dans les provinces qu'à Paris.

Du Ryer, dit un écrivain, traduiſoit les auteurs
à la hâte, pour tirer promptement du libraire Som-
maville, un médiocre ſalaire qui l'aidoit à ſubſiſter
avec ſa pauvre famille, dans un petit village auprès
de Paris. Un beau jour d'été, nous allâmes, pluſieurs
enſemble, lui rendre viſite. Il nous reçut avec
joie, nous parla de ſes deſſeins, & nous montra
ſes ouvrages ; mais ce qui nous toucha, c'eſt que,
ne craignant pas de nous laiſſer voir ſa pauvreté,
il voulut nous donner la collation. Nous nous ran-
geâmes ſous un arbre : on étendit une nappe ſur
l'herbe ; ſa femme apporta du lait & lui des ce-
riſes, de l'eau fraîche & du pain bis. Quoique
ce régal nous ſemblât très-bon, nous ne pûmes
dire adieu à cet excellent homme, ſans donner
des larmes à ſa vieilleſſe, & aux infirmités dont
il étoit accablé.

DUTORT (madame) morte vers 1720. Cette
dame fit pluſieurs ouvrages en proſe & en vers ;
mais elle eſt principalement connue par les vers
que Fontenelle, en jouant ſur le mot, mit au bas
de ſon portrait :

C'eſt ici madame *Dutort*,
Qui la voit ſans l'aimer, a tort ;
Mais qui l'entend & ne l'adore
A mille fois plus tort encore.
Pour celui qui fit ces vers ci,
Il n'eut aucun tort, dieu merci.

DUVERNEY, célèbre anatomiſte François. Il
alloit quelquefois à Sceaux, chez madame la ducheſſe du Maine. Il y vit mademoiſelle de Lau-
nai, depuis, madame de Staal, & en devint
amoureux, quoiqu'il fût alors fort âgé. Voulant
faire valoir les talens de ſa maîtreſſe, il dit un
jour, en grande compagnie, que cette demoiſelle étoit la fille de France qui connoiſſoit le mieux
le corps humain. Ce trait ſingulier d'éloge fut relevé, & fournit beaucoup à la plaiſanterie.

E.

EAUX MINÉRALES. *Fraylope*, médecin, appelle les *eaux minérales* un remède empyrique, qui fait, dit-il, plus d'infidèles qu'il ne guérit de malades.

Pierre Dumoulin dit, dans ses prophéties, que lorsqu'une fontaine, si petite qu'elle soit, a quelque vertu diurétique, désopilative ou confortative des nerfs & de l'estomac, on met aussi-tôt un petit saint auprès.

Guillaume Rondelet, fameux médecin de Montpellier, a beaucoup contribué à accréditer les eaux de *Balaruc*. On lit, dans l'Histoire Naturelle de Languedoc, que Guillaume de la Chaume de Poussans fut le premier qui usa de ces eaux par le conseil de Rondelet. Voici un exemple singulier de la vertu de ces eaux. M. *Disses*, médecin à Villefranche en Rouergue, envoya en 1718, à l'académie des sciences, l'histoire d'une dame, qui, à la suite d'une incision faite au muscle crotaphite gauche, voyoit les objets plus de dix pas à côté qu'ils n'étoient, & qui fut guérie par l'usage des eaux de Balaruc.

Les eaux de Bath sont très-accréditées en Angleterre pour plusieurs maladies. Des médecins, dans un cas très-pressant, vouloient envoyer un riche particulier. Le malade prit de l'humeur contre eux, les traita d'ignorans, trouvant ridicule qu'on le fît aller aux eaux dans une saison où il n'y avoit plus de compagnie, comme si c'eût été la compagnie qui eût dû le guérir.

Le sonnet suivant peint au naturel la vie que mènent à Bourbon ceux qui y vont prendre les eaux :

Toujours boire sans soif, faire mauvaise chère,
Du médecin *Griffet* demander le conseil,
Voir de mille perclus le funeste appareil,
Se trouver avec eux compagnon de misère ;

Sitôt qu'on a dîné ne savoir plus que faire,
Eviter avec soin les rayons du soleil,
Se garder du serein, résister au sommeil,
Et voir pour tout régal arriver l'ordinaire ;

Quoiqu'on meure de faim, n'oser manger son soul,
Tendre docilement les mains, les pieds, le cou,
Dessous un robinet aussi chaud que la braise ;

Ne manger aucun fruit, ni pâté, ni jambon,
S'ennuyer tout le jour assis dans une chaise,
Voilà, mes chers amis, les plaisirs de *Bourbon*.

On lit dans les mémoires de l'académie de Dijon, le distique fait par M. *Juvet*, pour le bâtiment de la fontaine minérale de Bourbon les-Bains.

Auriferas dives jactet Pactolus arenas :
Ditior hæc volvit mortalibus unda salutem.

Dancourt a fait une comédie en un acte, en prose, intitulée : *les Eaux de Bourbon*. Dans le ballet de cette petite pièce, deux personnages, équipés en malades, buveurs d'eau, paroissent danser dans des fauteuils.

M. de *Boissy*, auteur de plusieurs comédies, en a fait une entr'autres, intitulée : *le Mari Garçon*, en trois actes, en vers libres, & représentée aux Italiens, le 10 février 1742, dont il établit la scène aux eaux de Forges. Voici comme Finette, suivante de la comtesse, fait le portrait du médecin *la Joye* qui préside à ces eaux.

L'aimable homme : c'est un modèle
Que devroient suivre ses rivaux.
Il veulent que les buveurs respirent
Le plaisir en tout tems, la joie à tout propos.
Plus on a soin, dit-il, de tracasser ces eaux,
Plus elles font de bien, & plus elles transpirent.
Comme elles font d'ailleurs naître un grand appetit,
Il les exhorte, il leur prescrit
De faire sur tout bonne chère,
Et de ne dormir que de nuit.

Vertu des eaux minérales.

Ces eaux portent au cœur de si douces vapeurs,
Qu'une belle en buvant, presque sans qu'elle y pense,
Guérit en un moment de toutes ses rigueurs,
Et le galant de sa souffrance.

ÉCHECS. Le jeu des *échecs* est dû aux Indiens. Ce fut un Bramine, nommé Sissa, qui l'imagina, pour donner une leçon à un prince ivre de son pouvoir. Dans ce jeu, *le roi*, quoique la plus importante des pièces, ne peut ni attaquer, ni se défendre sans ses sujets & ses soldats. Le prince indien, entendant parler de ce jeu, manda le Bramine pour en savoir les règles. Le philosophe, au milieu de ces leçons frivoles, en mêla d'utiles, & le prince reconnoissant, voulut le récompenser. Sissa demanda qu'on lui donnât le nombre de grains de bled que produiroit le nombre des cases de l'échiquier, un seul pour la première, deux pour la seconde, quatre pour la troisième, ainsi de suite, en doublant jusqu'à la soixante-quatrième.

Ddd

Le roi l'accorda sans examen ; mais ce fut pour lui une source nouvelle de réflexions, lorsque ses tréforiers lui firent voir qu'il s'étoit engagé au-delà de ce qu'il pouvoit fournir. On a évalué la somme de ces grains de bled à 16384 villes, dont chacune contiendroit 1024 greniers, dans chacun defquels il y auroit 174762 mefures, & dans chaque mefure 32768 grains.

Sarafin qui a fait une differtation fur le nom du jeu des *échecs*, nous apprend qu'il vient des Indiens, qui l'ont appris aux Perfans ; ceux-ci aux Arabes, ces derniers aux Efpagnols.

On a dit auffi que les Grecs inventèrent ce jeu là pour fe défennuyer au fiége de Troyes. Le Calabrois, qui avoit cherché par tout le monde des gens qui lui puffent tenir tête au jeu d'*échecs*, difoit qu'il n'en avoit point trouvé de fi favans que les levantins.

Echec & *mat* font des mots perfans, qui fignifient : *le roi eft confondu.*

La Salle jouoit ce jeu de mémoire ; il numérotoit toutes les cafes ; il jouoit fans voir l'échiquier, il gagnoit les plus forts joueurs. C'eft de cette façon que les Efpagnols le jouent en courant la pofte. Les villes, en Efpagne, fe font des défis à ce jeu : celle qui eft vaincue eft regardée comme la fujette de l'autre.

Un hiftorien allemand, je ne fais fi ce n'eft point Sleidan, raconte que Charles-Quint jouoit aux *échecs* avec fon finge ; qu'un jour cet animal lui ayant fait l'*échec* du berger, cet empereur fut fi piqué, qu'il lui jeta l'échiquier à la tête, dont il le bleffa.

Charles Quint ayant repris fon fang-froid, invita le finge à rejouer ; cet animal, dont la bleffure étoit toute fraîche, ne vouloit plus fe commettre avec un auffi rude joueur que ce prince ; il fallut que Charles-Quint le prît fur un ton fort haut ; le finge obéit malgré lui ; il fit de nouveau l'*échec* du berger à l'empereur ; mais pour fe garantir de la colère de fon maître, il fit fur-le-champ le plongeon fous la table.

Les *échecs* étoient autrefois un jeu fort familier parmi les princes. Jean Sans-Terre, roi d'Angleterre, jouoit aux *échecs*, lorfque les députés de Rouen lui vinrent demander du fecours contre Philippe-Augufte, qui affiégeoit cette ville : il ne voulut point les écouter que la partie ne fût finie. Il eft rapporté, dans le fecond tome de la *Bibliothèque des Gens de Cour*, que Louis-le-Gros, à la bataille de Brenneville, dit un bon mot qui faifoit allufion aux *échecs*. Ferrand, comte de Flandre, ayant été pris par Philippe-Augufte, à la bataille de Bovines, fa femme qui le pouvoit

délivrer, le laiffa long-temps languir en prifon. Ils fe haïffoient, & leur haine venoit du jeu des *échecs* : ils fe querelloient fans ceffe ; le mari ne pouvant fe confoler de perdre toujours contre fa femme aux *échecs*, ni fa femme fe réfoudre à l'y laiffer gagner.

L'ancien préfident Nicolaï paffoit pour le meilleur joueur d'*échecs* qu'il y eût en France : cette réputation lui fufcita un jour un envieux, qui vint exprès de foixante lieues pour la lui difputer. Cet inconnu, tout botté, attendit le préfident, à qui il dit, à fon retour de la chambre des comptes : M., ayant ouï dire que vous paffez pour le meilleur joueur d'*échecs*, je viens exprès voir s'il faut que je vous le cède ; une partie feulement en décidera.

On apporta des *échecs*, le préfident perdit, l'inconnu le quitta, fans que M. Nicolaï le pût engager à une feconde partie, ni à dîner avec lui, ni à lui dire fon nom, qu'il n'a pû favoir par d'autres voies. Jamais, à ce qu'a dit depuis le préfident, il ne s'eft vu un homme jouer avec tant d'efprit & de jugement que celui-là.

ÉCLIPSE. En 1715, il y eut une grande *éclipfe* de foleil ; quelques jours avant qu'elle arrivât, on l'annonça dans les papiers publics, on en cria la defcription dans les rues de Londres. Il y avoit alors un envoyé de Tripoli. Il acheta cette defcription, fe la fit traduire, & fut très-étonné de voir qu'on en marquoit précifément le commencement & la fin. « Ces Anglois font fous, » s'écria-t-il ; ils s'imaginent favoir, avant le » temps, le moment préfix où il plaira au Tout-» Puiffant de nous dérober le foleil ; nos Mufulmans ne feroient pas en état de le faire ; affu-» rément, Dieu n'a pas révélé aux infidèles ce » qu'il cache aux vrais croyans. » On s'amufa beaucoup de ce raifonnement, & l'envoyé ne put revenir de la furprife, lorfqu'il vit l'*éclipfe* arriver comme on l'avoit prévu. Le lord Forfax lui demanda alors ce qu'il penfoit après cela des aftronomes Anglois. « Ils tirent leurs connoiffances de » l'enfer, répond l'envoyé ; c'eft le diable feul » qui les a inftruits, car il n'eft pas poffible d'ima-» giner que Dieu daigne communiquer fes lumières à de malheureux infidèles. »

L'*éclipfe* du foleil, qui fût annoncée pour l'année 1724, avoit répandu une fi grande confternation à la campagne, qu'un curé ne pouvant fuffire à confeffer fes paroiffiens qui croyoient en mourir, prit le parti de leur dire au prône : « Mes enfans, » ne vous preffez pas tant, l'*éclipfe* a été remife » à la quinzaine. »

On a rapporté une naïveté femblable d'un curé de Paris, au fujet de l'*éclipfe* du premier avril 1764. Comme cette *éclipfe* n'avoit pas produit, à beaucoup près, la profonde obscurité qu'il avoit annoncée, sur la foi de la gazette, pour le dimanche à neuf heures du matin, il dit au prône du même jour, que l'*éclipse* avoit été remise.

Une femme faisant partie avec une autre pour aller voir une *éclipse*, lui dit de se tenir prête pour onze heures. — Bon, répondit-elle, nous n'avons que faire de nous tant presser. Quand on dit onze heures, c'est pour midi.

ÉCONOMIE. D'honnêtes citoyens chargés de faire une quête pour secourir des malheureux incendiés, arrivant à la porte d'une petite maison, entendirent le propriétaire qui grondoit étrangement sa servante, parce qu'après avoir allumé la lampe, elle avoit jetté le reste de l'allumette, dont un des bouts étoit encore souffré, & en état de servir une seconde fois. Après avoir écouté ce discours, les collecteurs se persuadèrent bien qu'ils tireroient peu de chose d'un pareil personnage; cependant ils frappèrent, & virent arriver à eux un vieux garçon, qui, ayant appris l'objet de leur mission, passa dans un cabinet, & en apporta quatre cents guinées qu'il leur remit. Les commissaires restèrent confondus, & ne pûrent s'empêcher de marquer leur surprise à cet homme généreux, après la scène qui venoient d'être les témoins. « Messieurs, leur dit-il, vous vous éton-
» nez-là de bien peu de chose. J'ai ma façon de
» ménager & de dépenser, l'une fournit à l'autre :
» l'une & l'autre satisfont mon goût. En matière
» de bienfaisance, attendez tout de ceux qui sa-
» vent compter. » En finissant ces paroles, il les mit brusquement à la porte, moins occupé des quatre cents guinées qu'il venoit de donner, que de l'allumette imprudemment prodiguée.

ECOSSE. (auberge d') Un auteur anglois fait ainsi la description d'une auberge d'Ecosse : Si vous me parlez du bas-peuple, j'aurai peine à vous satisfaire, car je ne l'ai jamais connu que par l'odorat. Quant à la noblesse, elle est nombreuse, & en général très-brave, mais extrêmement pauvre.

En y arrivant par l'Irlande, je débarquai dans un misérable village, consistant en une douzaine de cabanes dans le goût de celles des *hottentots*. La principale étoit une hôtellerie tenue par un comte. Tout le village s'assembla en un instant pour venir me saluer, s'imaginant, d'après mon train & ma mine, que je devois être un grand seigneur. Le comte accourut, & tint mon étrier pour m'aider à descendre de cheval; puis se tournant du côté de son fils aîné, qui n'avoit pas de culotte, il lui dit : Milord, conduisez le cheval de monsieur à l'écurie, & priez votre sœur, lady Betsy, de lui tirer pinte à deux sols, car je présume que

monsieur voudra boire de notre meilleure bière.

Je fus obligé d'y passer la nuit, & de faire un souper de pommes de terre brûlées & d'œufs pourris. A cela près, le gentilhomme fut fort complaisant ; il me força d'accepter la moitié de son lit. Sa chambre n'étoit pas la plus magnifique du monde ; une vieille cassette y tenoit lieu de siège, & le lit manquoit de rideaux.

Lady Betsy eut la bonté de me demander grace pour le pauvre état de l'appartement, en m'assurant que plusieurs personnes de grande qualité y avoient souvent logé ; elle ajouta qu'à la vérité les couvertures étoient bien sales & bien noires, & que cependant il n'y avoit pas encore quatre ans qu'elles avoient été lavées par la comtesse sa mère & par lady Matilde Caroline Ange Eléonore Sophie, une de ses sœurs cadettes. Elle me souhaita une bonne nuit, & me promit que le vicomte, son frère, ne manqueroit pas de graisser mes bottes.

ÉCRITURE. On peut assurer, d'après ce qui subsiste encore des monumens de l'antiquité, que l'art d'écrire consistoit originairement dans une représentation informe & grossière des objets corporels. Cette *écriture*, improprement dite, a été la première dont les égyptiens aient fait usage : ils ont commencé par dessiner. On peut conjecturer aussi que les phéniciens n'ont point connu d'abord d'autre méthode. Les auteurs qui ont le mieux traité de l'histoire & des arts des chinois, nous font voir comment les caractères qui sont en usage aujourd'hui chez ces peuples dérivent de la simplicité de la première pratique, où l'on exprimoit les pensées par l'image naturelle des objets susceptibles de représentation. On soupçonne qu'il en avoit été de même chez les grecs, conjecture fondée sur ce que le même mot signifie, dans leur langue également, *peindre & écrire.*

L'histoire des Mexicains nous offre un témoignage encore plus marqué des premiers essais de l'art d'écrire. La manière dont les habitans des côtes maritimes de cet empire donnèrent avis à Montésuma de la descente des espagnols, fut d'envoyer à ce prince une grande toile, sur laquelle ils avoient dessiné & peint soigneusement tout ce qu'ils avoient vu. C'étoit là la seule méthode que ces peuples connussent pour écrire leurs loix & leur histoire.

Les paroles ont des ailes, & passent sans s'arrêter ; au lieu que l'*écriture* est un esprit attaché à un corps : c'est une parole morte qui dure plus que la vivante.

On prétend que les phéniciens sont les inventeurs de l'*écriture.*

C'eſt de là que nous vient cet art ingénieux
De peindre la parole & de parler aux yeux;
Et par les traits divers de figures tracées
Donner de la couleur & du corps aux penſées.

Le dernier connétable de Montmorency ne ſavoit pas *écrire* ſon nom; il en imprimoit ſur le papier la gravure qu'il portoit toujours ſur ſoi, en diſant que *c'étoit une grande honte de faire apprendre aux gentilshommes cette chicane-là de lire & d'écrire.*

ÉDOUARD III, roi d'Angleterre, mort en 1377, âgé de 65 ans.

Les anglois ne ſe retracent l'hiſtoire d'*Edouard III* qu'avec un ſentiment paſſionné, & regardent ſon règne comme le plus glorieux, & un des plus longs de ceux dont les annales de leur nation leur ont tranſmis la mémoire.

L'Angleterre dut à la ſageſſe & à la vigueur de ſon gouvernement le bonheur de jouir d'un plus long intervalle de paix & de tranquillité domeſtique, qu'elle n'en a eu pendant pluſieurs ſiècles avant & après lui.

Ce prince, après avoir remporté ſur les François la célèbre bataille navale, connue ſous le nom de *bataille de l'Ecluſe*, aſſembla ſon armée dans les plaines de Créci. Il choiſit ſon poſte ſur le ſommet d'une montagne d'où il pouvoit examiner tranquillement ce qui ſe paſſoit ſur le lieu de la ſcène. Le jeune prince de Galles, ſon fils, appellé le *Prince noir*, parce qu'il portoit des armes de cette couleur, ſignala ſa bravoure dans cette journée. Le comte de Warwick parut d'abord inquiet ſur le ſort de l'avant-garde que commandoit ce prince, & qui avoit à ſoutenir toute l'impétuoſité des François. Il envoya un officier à *Edouard*, pour le prier d'envoyer du ſecours au prince de Galles. La première queſtion du roi, en voyant cet officier, fut de lui demander ſi le prince étoit tué ou bleſſé. On lui répondit que non. « Eh bien, » repartit auſſi-tôt *Edouard*, retournez devers » mon fils, & devers ceux qui vous ont en-» voyé, & leur dites de par moi, qu'ils ne re-» quièrent plus mon aſſiſtance pour aventure » qu'il leur advienne, tant que mon fils ſera » en vie ? faites leur ſavoir que je veux qu'ils » laiſſent gagner à l'enfant ſes éperons; & que » cette journée, ſi Dieu l'a ordonné, ſoit ſienne, » & que l'honneur lui en demeure & à ceux à » qui je l'ai baillé en garde. » *Froiſſard.*

Edouard, en allant au devant de ſon fils victorieux, ſe jetta entre ſes bras, & s'écria : « Qu'aux marques de bravoure qu'il avoit don-» nées, il ne pouvoit méconnoître ſon fils; &

» le digne héritier de la puiſſance ſouveraine. «

La priſe de la ville de Calais fut le fruit de cette victoire. *Edouard*, irrité d'avoir vu la fleur de ſon armée périr dans cette place par la conſtance & le courage ſurprenant des aſſiégés, refuſa d'abord de leur accorder aucune condition favorable. Il vouloit rançonner les uns, & faire mourir les autres qu'il traitoit de rebelles, ſe prétendant toujours roi de France. Cependant, ſur les repréſentations de ſes généraux qui appréhendoient avec raiſon qu'une telle conduite n'autoriſât les François à uſer de repréſailles, le monarque Anglois voulut bien adoucir la rigueur des conditions. Il exigea ſeulement que ſix des citoyens les plus conſidérables lui fuſſent envoyés, pour qu'il en diſpoſât comme il le jugeroit à propos; qu'ils vinſſent à ſon camp lui apporter les clefs de la ville, tête & pieds nuds, & la corde au col, & à ces conditions, il promit d'accorder la vie au reſte des citoyens. Lorſque cette dernière réſolution du vainqueur eut été apportée à Calais, elle plongea les habitans dans une nouvelle conſternation. Le ſacrifice de ſix de leurs compatriotes qui ſeroient ainſi livrés à une mort certaine pour avoir ſignalé leur valeur dans la cauſe commune, leur paroiſſoit plus affreux que le châtiment général dont on les avoit menacés; il leur étoit impoſſible de prendre aucune réſolution dans une ſituation ſi terrible : à la fin, l'un des principaux d'entr'eux, appellé Euſtache de Saint-Pierre, ſe leva courageuſement au milieu de cette foule de citoyens déſolés : « Seigneurs grands & petits, s'écria-t-il, grand » méchef ſeroit de laiſſer mourir un tel peuple » qui cy eſt, par famine ou autrement, quand » on peut y trouver quelque moyen. Et ſeroit » grande grace envers notre ſeigneur, qui de » tel méchef le pourroit garder. J'ai en droit » de moi ſi grande eſpérance, ſi je meurs pour » ce peuple ſauver, que je veux être le pre-» mier. » A peine eut-il parlé, dit Froiſſard, que *chacun l'alla adorer de pitié.* Jean d'Aire, couſin d'Euſtache, voulut partager avec lui l'honneur de mourir pour la patrie. Jacques & Pierre Wiſſant & deux autres citoyens ſe dévouèrent pareillement. Ces ſix victimes ſe préſentèrent aux pieds d'*Edouard*, & y reçurent l'arrêt de leur mort. Mais ce prince en arrêta l'exécution à la prière de la reine ſon épouſe.

Après la mort de Philippe de Valois en 1350, *Edouard* continua la guerre contre le roi Jean ſon fils, & remporta en 1356 la bataille de Poitiers, où ce roi fut fait priſonnier.

Edouard releva dans un bal la jaretière que la belle comteſſe de Saliſbury avoit laiſſé tomber, & comme cela excita le rire de quelques courtiſans : *Honni ſoit qui mal y penſe*, dit le roi, &

donna cette devise à l'ordre de la jarretière qu'il institua, dit-on, à cette occasion, vers l'an 1349.

En 1745, le prince CHARLES EDOUARD, fils aîné du prétendant, s'embarque en Bretagne, dans une frégate, avec sept officiers, dix-huit cent sabres, douze cent fusils, & environ cinquante mille francs.

Il aborde à travers des périls sans nombre, au sud-ouest de l'Ecosse. Quelques-habitans du Moydard, auxquels il se découvre, se jettent à ses genoux. *Que pouvons-nous faire?* lui disent-ils. *Nous n'avons point d'armes; nous sommes pauvres; nous vivons de pain d'avoine, en cultivant une terre ingrate.* Je cultiverai cette terre avec vous, leur répond le prince; je mangerai de ce pain; je partagerai votre pauvreté: & je vous apporte des armes.

Ces paysans, attendris & encouragés, s'arment en sa faveur. Les tribus voisines se joignent à eux. Un morceau de taffetas, qu'il a apporté, lui sert d'étendard royal. Dès qu'il se voit à la tête de quinze cens hommes, il se met en marche. Alors quelques lords Ecossois se rangent sous ses drapeaux. Il bat trois fois les anglois, & est complètement battu, la quatrième, à Culloden près d'Invernesl, par le duc de Cumberland.

Après sa défaite & la dispersion de sa petite armée, il erre sans secours, tantôt avec deux des compagnons de son infortune, tantôt avec un, & quelquefois réduit à lui-même, poursuivi sans relâche par ceux qui veulent gagner le prix mis à sa tête. Ayant un jour fait dix lieues à pied, & se trouvant épuisé de faim & de lassitude, il entre dans la maison d'un homme qu'il sait bien-n'être pas dans ses intérêts. *Le fils de votre roi, lui dit-il, vient vous demander du pain & un habit. Je sais que vous êtes mon ennemi; mais je vous crois assez d'honneur pour ne pas abuser de ma confiance & de mon malheur. Prenez les lambeaux qui me couvrent; gardez-les: vous pourrez me les raporter un jour dans le palais des rois de la Grande-Bretagne.* Le gentilhomme est touché comme il doit l'être, donne tous les secours que sa situation permet, & garde un secret inviolable.

Quelque temps après, ce gentilhomme est accusé d'avoir donné un asyle dans sa maison à Edouard, & cité devant les juges. Il se présente à eux avec la fermeté que donne la vertu, & leur dit: *Souffrez qu'avant de subir l'interrogatoire, je vous demande lequel d'entre vous, si le fils du prétendant se fût réfugié dans sa maison, eût été assez vil & assez lâche pour le livrer.* A cette question, le tribunal se lève & renvoie l'accusé.

ÉDUCATION. *Chosroès*, roi de Perse, dit le philosophe *Sadi*, avoit un ministre dont il étoit

content, & dont il se croyoit aimé. Un jour, ce ministre vint lui demander la permission de se retirer. « Pourquoi veux-tu me quitter, lui dit le » monarque? J'ai fait tomber sur toi la rosée de » ma bienfaisance; mes esclaves ne distinguent » point tes ordres des miens: je t'ai approché de » mon cœur, ne t'en éloigne jamais. « *Mitrane*, » (ainsi s'appeloit le ministre), le sage *Mitrane* » répondit : « O roi! je t'ai servi avec zèle, & tu » m'en as trop récompensé; mais la nature m'im- » pose aujourd'hui des devoirs sacrés: souffre que » je les remplisse. J'ai un fils; il n'a que moi pour » lui apprendre à te servir un jour, comme je t'ai » servi. = J'y consens, dit *Chosroès*, mais à une » condition. Parmi les hommes de bien que tu » m'as fait connoître, il n'en est aucun qui soit » aussi digne que toi d'éclairer & de former l'ame » de mon fils : finis ta carrière par le plus grand » service qu'un homme puisse rendre aux autres » hommes; qu'ils te doivent un bon maître. Je » connois la corruption de la cour: il ne faut pas » qu'un jeune prince la respire; prends mon fils, » & vas l'instruire avec le tien dans la retraite » au sein de l'innocence & de la vertu. »

Mitrane partit avec les deux enfans; &, après cinq ou six années, il revint avec eux auprès de *Chosroès*, qui fut charmé de revoir son fils, mais qui ne le trouva pas égal en mérite au fils de son ministre. Il sentit cette différence avec une douleur amère; & il s'en plaignit à *Mitrane*. « O roi! lui » dit le ministre, mon fils a fait un meilleur usage » que le tien des leçons que j'ai données à l'un & » à l'autre: mes soins ont été partagés également » entr'eux; mais mon fils savoit qu'il auroit besoin » des hommes; & je n'ai pu cacher au tien que les » hommes auroient besoin de lui. »

Dès que *Philippe*, roi de Macédoine, eut reçu la nouvelle de la naissance d'*Alexandre-le-Grand*, son fils, son premier soin fut de songer à son *éducation*; &, pour remplir cet objet avec succès, il lui choisit pour précepteur le célèbre *Aristote*, l'un des plus fameux philosophes de la Grèce. « Je vous « apprends, lui écrivit-il, que le ciel vient de me « donner un fils. Je rends graces aux dieux, non » pas tant du présent qu'ils me font, que de me » l'avoir fait du temps d'*Aristote*. J'ai lieu de me » promettre que vous en ferez un successeur digne » de nous, digne de commander aux Macédo- » niens. »

Le législateur de Lacédémone, *Lycurgue*, prit deux petits chiens de même race, qu'il éleva chez lui d'une manière bien différente. Il nourrit l'un avec délicatesse, & forma l'autre aux exercices de la chasse. Quand l'âge eut fortifié le corps & les habitudes de ses deux élèves, il les amena dans la place publique; fit placer devant eux des mets friands, & lâcha ensuite un lièvre. Aussi-tôt l'un de ces chiens courut vers les mets dont il avoit coutume d'être nourri ; l'autre fe mit à pourfuivre le lièvre avec ardeur. En vain l'animal timide veut éviter l'ennemi. Le chien le preffe & l'attrape. Tout le peuple applaudit à fon adroite agilité. Alors *Lycurgue*, s'adreffant à l'affemblée : « Ces deux chiens, dit-il, font de même race ; » voyez cependant la différence que l'éducation a » mife entre eux ».

L'éducation fait tout, & la main de nos pères
Grave en de foibles cœurs ces premiers caractères,
Que l'exemple & le temps nous viennent retracer,
Et que peut-être en nous Dieu feul peut effacer.

EFFRONTERIE. La hardieffe, & quelquefois l'effronterie font d'un grand fecours dans les circonftances délicates ; elles tiennent lieu de reffources plus folides. *Mahomet* affemble le peuple ; il veut faire marcher une montagne, il l'appelle, elle refte immobile : eh bien ! dit-il, montagne, puifque tu ne veux pas venir à *Mahomet ; Mahomet* ira à toi. La manière dont cette plaifanterie fut dite, lui tint lieu d'un prodige. Cet exemple n'eft cité que pour prouver ce que peuvent l'audace & l'*effronterie* fur l'efprit du peuple, & non pas pour autorifer les fourbes.

Biffoni, qui fut appellé à Paris en 1716, avec les acteurs de la nouvelle troupe italienne, pour y jouer le rôle de Scapin, avoit couru plufieurs villes d'Italie, en qualité d'opérateur. Etant à *Milan*, il en trouva un plus accrédité, qui attiroit toute la foule. Défefpéré de ce contre-temps, il eut recours à un ftratagême fingulier. Il étala dans une place voifine de celle de l'opérateur en vogue ; & après avoir vanté, avec toute l'emphafe poffible, la bonté de fes remèdes, il ajouta qu'ils étoient trop connus pour en faire un plus grand éloge, puifque les fiens, & ceux de l'opérateur voifin étoient les mêmes, affurant qu'il étoit le fils de cet opérateur ; qu'ayant eu le malheur de tomber dans fa difgrace, pour quelques efpiégleries de jeuneffe, fon père l'avoit chaffé de chez lui, & avoit la dureté de le méconnoître.

Ce difcours fut rapporté à l'opérateur ; & Biffoni, profitant de la conjoncture, courut, d'un air repentant, & le vifage baigné de larmes, fe jetter à fes genoux, en l'appellant fon père ; & lui demandant pardon de fes fautes paffées. L'opérateur le traita de fourbe, & protefta que, bien loin d'être fon fils, il ne le connoiffoit pas, & ne l'avoit jamais vu. Plus il marquoit de colère & d'indignation, plus l'affemblée étoit prévenue en faveur de *Biffoni*. La chofe alla fi loin, que plufieurs perfonnes, touchées de fa foumiffion refpectueufe & de fes pleurs, prirent de fes drogues, & lui firent même quelques préfens. Content du fuccès de fa fourberie, craignant des éclairciffemens qui

n'auroient pas été à fon avantage ; il fe hâta de quitter *Milan*. Ce *Biffoni* fit le rôle de Scapin à Paris, en 1723. Il étoit âgé de quarante-cinq ans.

Un charlatan, avant de débiter fes drogues au public, lui parloit ainfi : « Béni foit le Seigneur, à » qui je ne demande pour toute grace, que de vou- » loir bien, felon fa juftice, me traiter au juge- » ment dernier, comme je vais vous traiter en » vous vendant mes drogues. Je facrifie ma vie & » ma fanté pour la vôtre ; mais le démon, enne- » mi éternel de tout bien, vous aveugle tellement, » que vous épargnez quelques écus pour une ba- » gatelle, vous négligez de vous procurer un » auffi grand bien que mes remèdes, qui vous fau- » veroient la vie à vous, à vos parens & à vos » amis. Si je prends de vous une obole contre ma » confcience, je veux bien être condamné à avaler » éternellement votre monnoie fondue au feu de » l'enfer. *Amen.* »

Il avoit préparé cette énergique harangue pour débiter fes poudres à un fol.

EGLISE. Les richeffes qui fe font introduites dans l'*églife*, font les barbares filles de la piété qui ont étouffé leur mère.

Oui, depuis que l'*églife* eut, aux yeux des mortels,
De fon fang, en tous lieux, cimenté fes autels,
Le calme dangereux fuccédant aux orages,
Une lâche ciédeur s'empara des courages,
De leur zèle brûlant l'ardeur fe ralentit,
Sous le joug des péchés leur foi s'appefantit ;
Le moine fecoua le cilice & la haire,
Le chanoine indolent apprit à ne rien faire,
Le prélat, par la brigue, aux honneurs parvenu,
Ne fut plus qu'abufer d'un ample revenu ;
Et pour toutes vertus fit au dos d'un caroffe,
A côté d'une mitre armoirier fa croffe.
L'ambition par-tout chaffa l'humilité,
Dans la craffe du froc logea la vanité.

BOILEAU.

L'*églife* eft compofée de deux ordres qui font fi difproportionnés, que le premier ne connoît pas les fujets qui forment le fecond.

ÉLÉPHANT. A l'article *Animaux*, nous avons rapporté quelques traits qui caractérifent l'inftinct de l'*éléphant* ; nous nous contenterons ici de citer les deux fuivans :

Dans le temps que *Pyrrhus*, roi d'Epire, entroit victorieux dans Argos, un *éléphant* s'apperçut qu'il avoit perdu fon maître, lequel étoit tombé dans la foule des morts : outré de douleur, il renverfe indifféremment amis & ennemis ; il court de rang en rang, jufqu'à ce qu'il ait trouvé le corps de

fon

fon maître; il le prend enfuite avec fa trompe, & l'emporte loin des ennemis.

A la bataille de Thapfus en Afrique, où *Scipion & Juba* furent vaincus par *Céfar*, un *éléphant* bleffé & furieux fe jetta fur un malheureux valet d'armée; &, le tenant fous un pied, lui appuyant le genou fur le ventre, l'écrafant de tout le poids de fon corps, il le maltraitoit & achevoit de le tuer à coups redoublés de fa trompe. Un foldat vétéran, indigné à la vue de cet affreux fpectacle, courut à l'*éléphant*, les armes à la main. Auffi-tôt l'animal guerrier laiffe le cadavre, faifit le foldat avec fa trompe, dont il l'enveloppe, & l'élève en l'air tout armé. Dans un fi preffant danger, le foldat rappelle tout fon courage, & fe met à frapper fur la trompe de l'*éléphant*, avec l'épée qu'il avoit à la main. La douleur força l'animal de lâcher prife. Il jette fon ennemi par terre, & court, avec de grands cris, rejoindre la troupe des autres *éléphans*. Depuis ce temps-là, la cinquième légion dont étoit ce foldat valeureux, porta un *éléphant* dans fes enfeignes.

ELISABETH, reine d'Angleterre & d'Irlande, fille de Henri VIII & d'Anne de Boulen, née le 8 feptembre 1533, morte le 24 mars 1603, dans la foixante & dixième année de fon âge.

Les hiftoriens qui ont peint cette princeffe à l'extérieur, lui donnent une taille avantageufe, le teint délicat, le tour du vifage plus ovale que rond, le nez un peu allongé, mais d'une belle forme, des yeux grands, moins vifs que touchans. Il eft dit dans l'hiftoire d'Ecoffe, par M. Walpoole, qu'*Elifabeth* étoit fi flattée de paffer pour belle, même dans fa vieilleffe, que toutes les fois que le temps le permettoit, elle donnoit fes audiences publiques dans fon jardin, parce que fes traits qui étoient grands le paroiffoient moins au jour, les ombres étant alors moins fortes.

Cette princeffe éprouva, de la part de Marie, fa fœur aînée, beaucoup de mauvais traitemens, la prifon même, & courut bien des dangers. Mais lorfqu'elle fut proclamée reine, elle eut la modération & la magnanimité d'enfevelir dans un profond oubli les outrages dont on l'avoit accablée. Elle fit plus encore, elle reçut avec bonté les perfonnes mêmes qui avoient exercé à fon égard les rigueurs les plus inouies. Lorfque fir Bennefield, à la garde duquel elle avoit été commife, & qui avoit rempli les fonctions de fon miniftère avec une dureté impitoyable, fe préfenta devant *Elifabeth* pour lui rendre hommage fur fon avénement à la couronne, cette princeffe lui offrit fa main à baifer, & dit d'un air riant à ceux qui l'accompagnoient : *voilà mon concierge.*

Encyclopédiana.

Elle avoit rappellé de l'exil & fait fortir des prifons tous ceux qu'on y avoit envoyés pour caufe de religion, fous le règne précédent. Nicolas Bacon, chancelier, fe trouvant dans la chambre de la reine lorfque plufieurs prifonniers vinrent la remercier de leur liberté, lui dit: « Votre majefté accorde-t-elle la grace aux uns » & non pas aux autres? J'entends, répondit » la reine, qu'on la donne à tous, fans diftinc- » tion. Il y a cependant encore quatre prifon- » niers, reprit Bacon, qui, depuis le règne de » Marie, font bien étroitement détenus. Qui » font ils donc, reprit la reine? Ils s'appellent, » madame, ajouta Bacon, l'un Matthieu, l'autre » Marc, le troifième Luc, & le dernier Jean; » votre peuple attend avec impatience que vous » leur rendiez la liberté. » *Elifabeth* fourit, & répondit qu'*elle avoit toujours ces prifonniers préfens à la mémoire; mais qu'elle vouloit auparavant les confulter fur ce qu'elle devoit faire en leur faveur.*

L'inclination que la reine témoignoit pour le fafte & l'éclat, jufques dans le fervice divin, fit dire à fes ennemis, qu'*elle vouloit faire de l'églife un théâtre pour y jouer la comédie.* Elle devoit effectivement y faire le principal rôle. La politique exigeoit que la fuprématie reftât à la couronne; *Elifabeth*, comme fouveraine, fut donc le chef de l'églife anglicane. Elle ne prit cependant point ce titre, mais celui de *fouveraine gouvernante dans l'étendue de fes états en toutes fortes de caufes féculières & eccléfiaftiques.* Beaucoup d'auteurs, & principalement les italiens, ont trouvé cette dignité ridicule dans une femme; mais, répond un illuftre écrivain, ces auteurs ne doivent pas ignorer qu'autrefois les fouverains de toutes les nations connues avoient l'intendance des chofes de la religion; que les empereurs romains furent fouverains pontifes, & qu'une reine d'Angleterre qui nomme un archevêque de Cantorbéry, & qui lui prefcrit des loix, n'eft pas plus ridicule qu'une abbeffe de Fontevrault qui nomme des prieurs & des curés, & qui leur donne fa bénédiction.

Un jour que Nowel, un de fes chapelains, dans un fermon qu'il prêchoit devant cette reine, parloit indécemment du figne de la croix, elle lui cria de la tribune d'où elle l'entendoit, qu'il finît cette digreffion impie, & qu'il revînt à fon texte. Une autre fois qu'un de fes théologiens avoit prêché pour foutenir la préfence réelle, elle le remercia publiquement de fon zèle & de fa piété. Au refte elle n'aimoit pas les fermons, & difoit fouvent que deux ou trois prédicateurs fuffiroient pour tout un pays.

Lorfque Philippe II équippa cette fameufe flotte furnommée l'*Invincible*, qui menaçoit l'Angleterre d'une invasion totale, *Elisabeth* parut à cheval au camp de Tellebury ; & parcourant tous les rangs avec un air qui annonçoit la sécurité & la fermeté de son ame, elle exhorta les soldats à se souvenir de leur devoir, de leur patrie & de leur religion : « Moi-même, ajouta-t-elle, je » vous conduirai à l'ennemi. Je sais que je n'ai » que le foible bras d'une femme, mais j'ai l'ame » d'un roi, &, qui plus est, d'un roi d'Angle- » terre ; & je périrai plutôt dans le combat, » que de survivre à la ruine & à l'esclavage de » mon peuple ».

Les vents & les écueils ayant combattu pour *Elisabeth*, une partie de l'armée espagnole périt par la tempête, & l'autre devint la proie des anglois. Leur reine triompha dans la ville de Londres, à la manière des anciens romains. Il y eut une médaille frappée, avec la légende *vénit, vidit, vicit*, d'un côté, & ces mots de l'autre : *Dux fœmina facti*.

Elisabeth accueillit d'une main bienfaisante les artistes intelligens, & les hommes qui consacroient leurs travaux à l'état. Lorsque François Drack revint de son voyage autour du monde, qu'il avoit terminé en trois ans, elle revêtit de la dignité de chevalier ce citoyen qui rapportoit à sa patrie des matières d'or & d'argent, & des richesses plus précieuses encore, des connoissances utiles. Elle voulut dîner sur son vaisseau, qu'elle fit conserver à Derpford, avec des inscriptions qui transmettent à la postérité un événement si mémorable.

On n'ignoroit pas que la dissimulation étoit mise par *Elisabeth* au rang des qualités nécessaires à un souverain pour régner. Un prélat d'Angleterre osa un jour lui représenter que dans une circonstance qu'il lui rappela, elle avoit plus agi en politique qu'en chrétienne. « Je vois bien, lui » répondit-elle, que vous avez lu tous les livres » de l'écriture, excepté celui des rois ».

On a loué la sage économie d'*Elisabeth*. Un juif ayant offert à cette reine pour vingt mille livres sterlings une perle d'une belle eau & d'une grosseur prodigieuse, cette princesse ne voulut point donner une pareille somme pour une chose qui n'étoit d'aucun usage réel. Sur ce refus, le juif se préparoit à repasser la mer, pour chercher d'autres souverains qui lui achetassent son bijou. Sa résolution fut sue de Thomas Gresham, négociant de Londres, qui l'invita à dîner, & lui donna de sa perle le prix qui avoit été refusé par la reine. Il se fit ensuite apporter un mortier, y broya la perle, & en versa la poudre dans un verre à demi rempli de vin, qu'il but à la santé de sa majesté ; « Vous pouvez publier, dit-il au » juif étonné, que la reine étoit en état d'ache-

» ter votre perle, puisqu'elle a des sujets qui la » peuvent boire à sa santé. »

Elisabeth, quoique reine, avoit toutes les foiblesses d'une femme, & aucune personne de son sexe ne fut plus idolâtre de sa beauté, ni plus occupée du desir de faire impression sur le cœur de ceux qui la voyoient. Elle donnoit une première audience à des ambassadeurs hollandois qui avoient à leur suite un jeune homme bien fait. Dès qu'il vit la reine, il se tourna vers ceux qui étoient auprès de lui, & leur dit quelque chose assez bas, mais d'un certain air qui fit qu'elle devina à-peu-près ce qu'il disoit ; car les femmes ont un instinct admirable. Les trois ou quatre mots que dit ce jeune Hollandois, qu'elle n'avoit point entendus, lui tinrent plus à l'esprit que toute la harangue des ambassadeurs ; & aussi tôt qu'ils furent sortis, elle voulut s'assurer de ce qu'il avoit pensé. Elle demanda à ceux qui avoient parlé à ce jeune homme, ce qu'il leur avoit dit. Ils lui répondirent avec beaucoup de respect, que c'étoit une chose qu'on n'osoit redire à une grande reine, & se défendirent long-tems de la répéter. Enfin, quand elle se servit de son autorité absolue, elle apprit que le Hollandois s'étoit écrié tout bas : *Ah ! voilà une femme bien faite !* & avoit ajouté quelqu'expression assez grossière, mais vive, pour marquer qu'il la trouvoit à son gré. On ne fit ce récit à la reine qu'en tremblant ; cependant il n'en arriva rien autre chose, sinon que quand elle congédia les ambassadeurs, elle fit au jeune Hollandois un présent fort considérable.

Une femme, qui avoit long-tems servi Marie Stuart, ayant perdu son mari le jour même de l'exécution de cette malheureuse reine, fut si affligée de cette double perte, qu'elle résolut de s'en venger sur *Elisabeth*. Elle se déguise en homme, &, armée de deux pistolets, elle compte qu'elle pourra casser la tête à la reine, lorsqu'elle ira à la messe, & se tuer elle-même ensuite. Pendant qu'elle cherche l'occasion favorable d'exécuter son projet, Marie Lambrun (c'est le nom de cette femme, qui se faisoit appeler Sparck, & se disoit Ecossois.) rencontre *Elisabeth* dans ses jardins ; elle veut percer la foule pour s'approcher, un de ses pistolets tombe, & elle est arrêtée par les gardes. *Elisabeth* ordonne qu'on la conduise devant elle, & l'interroge elle-même, la prenant pour un homme. « Madame, répondit hardiment cette femme, quoique je porte cet habit, je suis femme. Je m'appelle Marguerite Lambrun ; j'ai été plusieurs années au service de la reine Marie, ma maîtresse, que vous avez fait mourir injustement. J'ai résolu, au péril de ma vie, de venger sa mort par la vôtre ». *Elisabeth* l'écouta tranquillement, & lui répondit : « Vous avez cru faire votre devoir en attentant à ma

vie ; quel eſt aujourd'hui le mien envers vous ?...
Je dirai mon ſentiment à votre majeſté, pourvu
qu'il lui plaiſe de me dire ſi elle demande cela
en qualité de reine ou en qualité de juge ?.....
En qualité de reine, reprit *Eliſabeth*... Eh bien !
votre majeſté doit me faire grace... Mais quelle
aſſurance me donnerez-vous que vous n'entre-
prendrez pas une ſeconde fois une action ſemblable ? Madame, répliqua cette femme, la grace
que l'on veut donner avec tant de précaution,
n'eſt plus une grace ; ainſi votre majeſté peut en
uſer comme juge envers moi ». La reine s'étant
retournée vers quelques perſonnes de ſon conſeil, leur dit : « Il y a trente ans que je ſuis reine ;
mais je ne me ſouviens pas d'avoir jamais trouvé
perſonne qui m'ait donné une pareille leçon ».

Ainſi elle accorda la grace toute entière & ſans
condition.

La ridicule coquetterie d'*Eliſabeth*, ſur ſa figure
principalement, étoit ſi bien connue, que l'ambaſſadeur de Hollande, Veriken, lui dit, lorſqu'il lui fut préſenté : « Qu'il avoit long-
» temps deſiré d'entreprendre ce voyage pour
» voir ſa majeſté, qui, pour la *beauté* & la ſa-
» geſſe, ſurpaſſoit tous les princes du monde ».
Elle avoit alors ſoixante-ſept ans.

Eliſabeth ſe refuſa toujours aux ſollicitations
de ſes parlemens, qui la preſſèrent de ſe choiſir
un époux. Peut-être craignoit-elle de ſe donner
un maître. Ayant des ſujets de plaintes contre
Marie d'Écoſſe, ſon héritière, elle dit à l'ambaſſadeur que cette princeſſe lui avoit envoyé,
qu'elle étoit réſolue de ſe marier, ſi la reine ſa
ſœur l'y contraignoit par ſa conduite. « Je ſuis
» perſuadé, madame, lui répondit adroitement
» l'ambaſſadeur, que vous ne prendrez ce parti
» que forcément ; car vous n'ignorez pas qu'étant
» mariée, vous ne ſeriez que reine ; au lieu qu'à
» préſent vous êtes roi & reine tout enſemble ».

Elle répondit un jour aux remontrances de ſon
parlement : « Qu'elle ne deſiroit pas de gloire
» plus éclatante que de tranſmettre ſa mémoire à
» la poſtérité par cette inſcription ſur ſon tom-
» beau : *Ci gît* Eliſabeth, *qui vécut & mourut*
» *vierge & reine* ».

Lorſque les anglois découvrirent une île dans
les Indes, ils lui donnèrent le nom de *Virginie*,
à l'honneur de la virginité de la reine, qui étoit,
dit Fontenelle, la plus douteuſe de ſes qualités.

On a voulu traiter de fable l'amour d'*Eliſabeth*
pour le comte d'Eſſex, & on n'a pas manqué d'obſerver que dans le temps où l'amour de la reine
devoit être le plus violent, c'eſt-à-dire, à la mort
du comte, elle avoit ſoixante-huit ans. Mais,
dit M. Walpoole, il n'eſt pas néceſſaire d'être

jeune pour aimer ; ſi le comte d'Eſſex avoit eu
lui-même ſoixante-huit ans, probablement *Eliſabeth* n'en auroit point été amoureuſe. Cette princeſſe étoit très-économe de ſes faveurs ; cependant elle accumula ſur la tête du comte d'Eſſex,
très-jeune encore, les premières places & les plus
grands honneurs. Elle étoit encore moins prodigue d'argent, & on a calculé qu'il avoit reçu d'elle
la valeur de trois cens mille livres ſterlings. Cette
princeſſe lui reprocha même dans une de ſes lettres toutes les graces dont elle l'a comblé, ſans
qu'il eût rien fait pour les mériter. D'Eſſex cherchoit plûtôt à maîtriser le cœur d'*Eliſabeth* qu'à
le gagner. S'il étoit contredit dans quelqu'un de
ſes deſirs, il s'éloignoit de la cour, & faiſoit
acheter ſon retour. Or, il n'y a qu'avec une femme
tendre qu'on puiſſe en agir ainſi ; & ce n'eſt pas
de cette manière que de ſimples favoris traitent
avec leurs ſouverains. Si le comte étoit malade, la
reine ne laiſſoit paſſer aucun jour ſans envoyer demander à le voir. Elle en vint même une fois juſqu'à long-temps s'aſſeoir au chevet de ſon lit,
& à ordonner elle-même ſon bouillon & tout ce
qu'il lui falloit. D'Eſſex, de ſon côté, en uſa ſi
familiérement avec cette reine, que, ſous prétexte d'indiſpoſition, il eut l'inſolence d'entrer chez
elle en robe de chambre. Il eſt bien difficile de
donner à des familiarités auſſi marquées un autre
motif que l'amour. La cour d'*Eliſabeth* & toute
l'Europe avoient la même idée ſur les ſentimens
de cette princeſſe pour le comte d'Eſſex. Parmi
les preuves qui en ſont rapportées, le trait le plus
frappant eſt le mot que notre bon roi Henri IV
dit un jour à l'ambaſſadeur d'Angleterre : *Qu'Eliſabeth ne laiſſeroit jamais ſon couſin d'Eſſex s'éloigner de ſon cotillon*. La princeſſe ayant été informée de ce propos, écrivit de ſa propre main
au roi quatre lignes, qu'on juge avoir été très-
piquantes, puiſque Henri IV fit ſortir ſur le champ
de ſon appartement l'ambaſſadeur qui lui avoit
remis la lettre.

D'Eſſex ſe perdit pour n'avoir pas aſſez ménagé
la fierté d'*Eliſabeth*, qui étoit encore plus jalouſe
de l'autorité de ſon rang que de la tendreſſe de ſon
favori, & qui ne ſouffroit point qu'on manquât
au reſpect ou plûtôt à l'adoration à laquelle il l'a-
voit accoutumée. Le comte lui ayant un jour tourné
le dos avec un air de mépris, elle lui donna un
ſoufflet. Le fougueux favori, au lieu de rentrer en
lui-même & d'appaiſer la reine par la ſoumiſſion
due à ſon ſexe & à ſon rang, porta la main ſur la
garde de ſon épée, en jurant qu'il n'auroit pas
ſouffert cet affront de Henri VIII même, & tranſporté de fureur il ſe retira ſur-le-champ de la
cour.

Eliſabeth rendit néanmoins ſa première faveur au
comte ; mais l'injure étoit reſtée profondément gravée
dans ſon cœur, & d'autres mécontentemens qui s'y

joignirent, lui firent concevoir des projets de révolte ; mais ces projets ayant été découverts, il fut condamné à mort. Il auroit encore pu obtenir sa grace s'il eût voulu implorer la clémence d'*Elisabeth*, démarche qu'à toute heure cette princesse attendoit de son malheureux favori. Elle consentit enfin à son exécution.

Elisabeth, tomba quelque temps avant de mourir, dans une noire mélancolie ; cette sombre douleur, ajoute le nouvel historien d'Angleterre, avoit un principe secret, qu'on a long-temps regardé comme romanesque, & dont les *négociations de Birch*, nouvellement imprimées, semblent avoir confirmé le soupçon. Le comte d'Essex, après son retour de l'heureuse expédition de Cadix, remarquant à quel point les sentimens qu'il avoit inspirés à *Elisabeth* étoient augmentés, avoit saisi cette occasion de se plaindre de ce que la nécessité du service de la reine le forçoit à se séparer d'elle si souvent. Il avoit même montré une inquiétude délicate sur les mauvais offices que ses ennemis, plus assidus à faire leur cour, pouvoient lui rendre auprès de sa majesté. *Elisabeth* émue de cette tendre jalousie, avoit donné une bague au comte d'Essex, en lui ordonnant de la garder comme un gage de sa tendresse ; elle l'avoit assuré que dans quelque disgrace qu'il pût tomber, quelques préventions qu'on eût l'adresse de lui inspirer, le seul aspect de cette bague, s'il la représentoit alors à ses yeux, lui retraceroit ses premiers sentimens ; & que quelque motif qui l'irritât contre lui, elle consentiroit à le voir, & à prêter une oreille favorable à sa justification. D'Essex, malgré toutes ses infortunes, conservoit ce don précieux pour ne s'en servir qu'à la dernière extrémité ; lorsqu'il se vit jugé & condamné, il résolut enfin d'en essayer l'effet. Il confia cet anneau à la comtesse de Nottingham, en la priant de le remettre à la reine. Le comte de Nottingham exigea de sa femme, pour se venger d'Essex dont il étoit l'ennemi déclaré, qu'elle n'exécutât point la commission dont elle s'étoit chargée. Cependant, *Elisabeth* s'attendoit toujours que son favori tâcheroit de la fléchir, en lui rappellant ses promesses par ce dernier moyen de l'émouvoir en sa faveur. Elle fut indignée de ce qu'il ne s'en servoit pas, & attribua cette négligence à son indomptable obstination. Préoccupée de cette idée, après plusieurs combats intérieurs, le ressentiment & la politique l'excitèrent à signer l'ordre de l'exécution. La comtesse de Nottingham tomba malade, &, se sentant approcher de sa fin, les remords d'une si grande infidélité la troublèrent. Elle supplia la reine de venir la voir, & lui révéla ce fatal secret en implorant sa clémence. *Elisabeth*, également saisie de surprise & de fureur, traita la mourante comtesse avec l'emportement le plus extrême ; elle s'écria que *Dieu pouvoit lui pardonner, mais qu'elle ne lui pardonneroit jamais* : elle l'accabla de reproches, & sortit la rage dans le cœur. Cette

infortunée princesse, livrée au désespoir, rejetta toute espèce de consolation, & nourissant sa douleur des réflexions les plus cruelles, elle conçut un dégoût de la vie qui la conduisit bientôt au tombeau.

L'auteur du *Catalogue des rois & des nobles d'Angleterre qui ont écrit*, a mis *Elisabeth* au rang de ces auteurs distingués. Elle traduisoit Euripide, Isocrate, Horace, & commentoit Platon. Elle écrivoit en vers & en prose, & ce qui n'est pas moins singulier, c'est qu'elle réussissoit à composer des logogryphes & des *rebus*. Elle répondoit sur-le-champ avec beaucoup de facilité en grec ou en latin. Il est certain du moins qu'elle s'expliqua en latin dans une audience qu'elle donna à l'ambassadeur de Pologne. Sa réponse fut un peu vive, parce que l'ambassadeur lui avoit manqué de respect en quelque chose. Lorsqu'elle eut fini de parler, elle se retourna vers ses courtisans, & dit : « Mort dieu, milords, j'ai été forcée aujourd'hui » de décrasser mon vieux latin que j'avois laissé » rouiller depuis long-temps ! »

Philippe II lui ayant envoyé par son ambassadeur le message suivant :

Te veto ne pergas bello defendere Belgas :
Quæ Dracus eripuit, nunc restituantur oportet :
Quas pater evertit, jubeo te condere cellas :
Religio papæ sac restituatur ad unguem.

Elisabeth indignée, répondit avec une vivacité merveilleuse :

Ad Græcas, bone rex, fient mandata Calendas.

La réponse qui lui fut faite par un homme auquel elle venoit de refuser l'aumône, dut, si le fait est tel qu'on le dit, lui causer une surprise agréable. *Elisabeth* alloit entendre l'office dans l'église de Saint Paul de Londres ; un homme se présente & lui demande l'aumône. La princesse qui l'avoit déja apperçu à la porte de sa chapelle, dit à ceux qui l'accompagnoient : *Pauper ubique jacet.* Cet homme entendant ce reproche, répondit aussitôt par ces deux vers :

In thalamis, regina, tuis hâc noȼte jacerem,
Si foret hoc verum, pauper ubique jacet.

Sixte V la mettoit au nombre des trois personnes qui, suivant lui, méritoient seules de régner : les deux autres c'étoient lui-même & Henri IV.

Ce pape appelloit *Elisabeth*, *un gran cervello de principessa* ; & disoit qu'il eût bien voulu coucher seulement une nuit avec elle pour donner naissance à un nouvel Alexandre le grand.

ÉLIXIR. Un empereur de la Chine, nommé

Vou-ti, reçut un jour d'un imposteur, un *élixir* dont celui-ci l'exhortoit à boire, lui promettant que ce breuvage le rendroit immortel. Un mandarin présent, après avoir tenté inutilement de désabuser l'empereur, prit la coupe & but la liqueur. Le prince irrité de cette hardiesse vouloit sur le champ condamner à mort le mandarin qui lui dit d'un air tranquile : « Si cet *élixir* donne réellement » l'immortalité, vous ferez de vains efforts pour me » faire mourir ; s'il ne la donne pas, auriez-vous » l'injustice de me ravir la vie pour un si frivole » larcin. » Ce discours calma la colère de l'empereur & l'histoire ajoute que l'effet de l'*élixir* sur le mandarin fut de mettre sa vie dans le plus grand danger.

ELOGE. Monsieur, pendant son séjour à Avignon, logea à l'hôtel du duc de Crillon. Le frère du roi refusa la garde bourgeoise qui lui étoit offerte, en disant : « Un fils de France logé chez un » Crillon n'a pas besoin de garde. »

Sisigambis, mère de Darius, apprenant la mort d'Alexandre qui l'avoit traitée avec beaucoup d'humanité, & avoit eu de grands égards pour elle, se jetta par terre, fondant en larmes & s'arrachant les cheveux, elle renonça à la vie. Quinte-Curce dit qu'ayant eu la force de vivre après Darius, elle eut honte de survivre à Alexandre. Voilà un bel *éloge* de ce héros.

Les Lacédémoniens, grands estimateurs du mérite, faisoient consister principalement celui d'une femme, à vivre ignorée & retirée dans le sein de sa famille. Un Spartiate entendant faire de magnifiques *éloges* d'une dame de sa connoissance, interrompit en colère le panégyriste : « Ne cesseras-» tu point, lui dit-il, de médire d'une femme » de bien ? »

Le maréchal d'Estrées fit, en parlant à Mr de Louvois, ce bel *éloge* du prince d'Orange qui a joué un si grand rôle dans le dernier siècle : « Monsieur, vous ne connoissez point encore le *prince* » *d'Orange* : souvenez-vous de ce que j'avance » aujourd'hui, *Guillaume le Taciturne, Maurice* » & *Frédéric - Henri*, ces trois grands hommes » revivent en sa personne, & son amitié n'est » pas à négliger. Le cardinal de *Richelieu* recher-» cha celle de *Frédéric-Henri*, & s'en trouva bien, » vous vous trouverez encore mieux de celle du » *prince d'Orange*, qui est plus actif & plus vigi-» lant que son grand-père, & plus propre à se-» conder vos desseins. » M. de *Louvois* fit peu de » cas de l'avis du maréchal ; il reconnut sa faute, » mais trop tard.

M. le C. D. B. lut à l'académie françoise, une épître adressée à Fontenelle. Elle finissoit par ce vers, qui excita de grands applaudissemens :

Et le Nestor des grecs fut encor le plus sage.

Fontenelle qui étoit sourd, demanda à Marivaux placé à côté de lui : « De quoi est-il donc ques-» tion ? Que lit-on là ? — Monsieur, lui cria Marivaux dans les oreilles, on fait votre *éloge*, » cela ne vous regarde pas. »

ELOQUENCE. Il est une *éloquence* naturelle qui consiste dans les faits mêmes ou dans les choses : ce sont des traits émanés du génie ou des passions émues : traits sublimes, qui semblent indépendans de toute connoissance, & dont les plus grands maitres de l'art n'ont jamais enseigné les préceptes.

On demandoit à Isocrate, célèbre orateur grec, ce que c'étoit que l'*éloquence* ? « C'est, répon-» dit-il, l'art d'élever les petites choses, & d'a-» baisser les grandes. »

Démosthène, interrogé par quels moyens il avoit fait tant de progrès dans l'*éloquence* ? « En » dépensant plus d'huile que de vin, répon-» dit-il. »

Au commencement du règne de Henri IV, lorsque ce prince, avec très - peu de troupes, étoit pressé auprès de Dieppe par une armée de 30000 hommes, & qu'on lui conseilloit de se retirer en Angleterre, le maréchal de Biron lui tint ce discours : « Quoi, sire, on vous conseille de mon-» ter sur mer, comme s'il n'y avoit pas d'autre » moyen de conserver votre royaume que de le » quitter. Si vous n'étiez pas en France, il fau-» droit percer au travers de tous les hasards & » de tous les obstacles pour y venir ; & main-» tenant que vous y êtes, on voudroit que vous » en sortissiez ; & vos amis seroient d'avis que » vous fissiez de votre bon gré, ce que le plus » grand effort de vos ennemis ne sauroit vous » contraindre de faire ? En l'état où vous êtes, » sortir seulement de la France pour 24 heures, » c'est s'en bannir pour jamais. Le péril, au » reste, n'est pas si grand qu'on nous le dé-» peint : ceux qui nous pensent envelopper sont, » ou ceux-mêmes que nous avons tenus enfer-» més si lâchement dans Paris, ou gens qui ne » valent pas mieux, & qui auront plus d'af-» faires entre eux-mêmes, que contre nous. En-» fin, sire, nous sommes en France, il nous y » faut enterrer : il s'agit d'un royaume, il faut » l'emporter, ou y perdre la vie, & quand même » il n'y auroit point d'autre sûreté pour votre » sacrée personne que la fuite, je sais bien que » vous aimeriez mieux mille fois mourir de pied-» ferme, que de vous sauver par ce moyen. » Votre majesté ne souffriroit jamais qu'un cadet de la maison de Lorraine lui au-» roit fait perdre terre, encore moins qu'on la » vit mendier à la porte d'un prince étranger. » Non, sire, il n'y a ni couronne ni honneur

» pour vous au-delà de la mer : fi vous allez au-
» devant du fecours d'Angléterre, il reculera ;
» fi vous vous préfentez au port de la Rochelle
» en homme qui fe fauve, vous n'y trouverez
» que des reproches & du mépris. Je ne puis
» croire que vous deviez plutôt fier votre per-
» fonne à l'inconftance des flots & à la merci
» de l'étranger, qu'à tant de braves gentils-
» hommes & tant de vieux foldats qui font prêts
» de lui fervir de remparts & de boucliers ; & je
» fuis trop ferviteur de vôtre majefté, pour lui
» diffimuler que fi elle cherchoit fa fûreté ailleurs
» que dans leur vertu, ils feroient obligés de
» chercher à la leur dans un autre parti que dans
» le fien. » Ce difcours faifoit un effet d'autant
plus beau, que les paroles de Biron s'accordoient
parfaitement avec les fentimens de Henri IV.

Avant la bataille de Rocroi, le duc d'Enguien
voulant encourager fes troupes, leur tint ce difcours : « François, c'eft tout vous dire en un
» mot, vous voyez devant vous vos vieux en-
» nemis, ces fiers efpagnols, qui difputent avec
» vous, depuis fi long-temps, la gloire & l'em-
» pire. Leur furieux général frémit de fe voir
» arracher une victoire qu'il croyoit fûre, &
» obligé d'abandonner le fiége d'une place dont
» la conquête lui eût ouvert nos plus belles pro-
» vinces jufqu'aux portes de Paris. Il vient pour
» s'en venger, avec tout l'orgueil de fa nation.
» Oppofons lui toute la fierté & toute la valeur
» de la nôtre. Je fuis parti de la cour pour me
» metre à votre tête, & j'ai promis de ne re-
» venir que victorieux. Ne trompez pas mes ef-
» pérances ; fouvenons-nous, vous & moi, de
» la bataille de Cérifoles : imitez vos ayeux qui
» triomphèrent, & j'imiterai mon prédéceffeur
» qui les menoit au combat. Que le furnom
» d'Enguien que portoit ce prince du fang de
» Bourbon, nous foit à vous & à moi, de bon
» augure ; & que l'ennemi qu'il vainquit aux
» champs de Cérifoles, honore encore aujour-
» d'hui notre triomphe par fa défaite dans les
» plaines de Rocroi. »

EMBELLISSEMENT DU CORPS.

Les an-
ciens portoient plus loin que nous les foins qu'ils
prenoient d'embellir le corps & d'apprêter la
figure. Gallien fait mention en plufieurs endroits
d'une efpèce de penfionat qu'affurément notre
frivolité n'a pas imaginé encore, & les Andrapodocapeloi nous feront inconnus peut-être encore long-temps. C'étoient des gens qui logeoient
de jeunes filles, des eunuques & de jeunes garçons, fans toutefois qu'il fût queftion d'aucune forte de débauche dans leur commerce.
Leur miniftère étoit d'employer les moyens d'embellir le corps de ceux qu'on leur confioit ; ils
avoient coutume de laver le vifage de leurs élèves
avec de la décoction d'orge paffée, de la farine

de feves, & quelquefois du nitre afin de brillan-
ter leur teint. Ils battoient les hanches de ceux
qui étoient maigres avec des cordes & les frottoient enfuite d'huile, apparemment pour affou-
plir & fortifier des parties trop peu nourries.
Aux jeunes filles ils ferroient les côtes avec des
bandelettes, afin de relever la gorge & la foutenir & pour remplir les hanches. Ils leur faifoient tomber les poils qui déparoient les joues,
ou quelqu'autre partie dont ils vouloient tirer
plus d'avantages. Ils leur apprenoient les moyens
de conferver cet air de fraîcheur que l'ufage fe
hâte trop de diffiper & peut être auffi ceux de
l'amour. Il paroît qu'à Rome même ces Andrapodocapeloi ne furent pas fans confidération. Les
édiles apparemment fur quelques plaintes de leur
part ordonnoient qu'on manifefteroit fans détours
les maladies & les vices de conformation des
efclaves que l'on expoferoit en vente afin qu'on
ne s'en prît point aux Andrapodocapeloi à qui on
en confieroit le foin, s'il arrivoit que dans la
fuite on vînt à leur découvrir quelque défaut
ou maladie effentielle.

EMBLEMES.

En 1206, quelque temps avant
que le pape Innocent III mît le royame d'Angleterre en interdit, il envoya au roi Jean, quatre
anneaux garnis de pierres précieufes, avec une
lettre, bien digne de l'efprit du fiècle, qui lui
expliquoit ce qu'il prétendoit faire fignifier à ces
bagues.

Il l'invitoit à confidérer attentivement la forme,
le nombre, la matière, la couleur de ces anneaux. « La forme ronde, difoit le pape dans
» fa lettre, repréfente l'éternité, & doit vous
» détacher des chofes temporelles pour vous
» faire afpirer aux éternelles : le nombre, qui
» eft quatre, défigne la fermeté d'une ame fu-
» périeure aux viciffitudes de la fortune, &
» cette fermeté a pour fondement les quatre ver-
» tus cardinales : la matière, qui eft l'or, le plus
» précieux des métaux, fignifie la fageffe que
» Salomon préféroit à tous les biens : la couleur
» n'eft pas moins myftérieufe que le refte : Le
» vert de l'émeraude annonce la foi : le bleu
» du Saphir, l'efpérance : le rouge du rubis,
» la charité, & le brillant de la topaze, les
» bonnes œuvres. »

Ces froides allufions n'adoucirent pas le caractère violent du monarque anglois : il devint
furieux ; il perfécuta fon clergé, & le pape qui
vouloit règner defpotiquement fur les rois &
fur le clergé, mit le royaume d'Angleterre en
interdit.

Le plus beau de tous les emblèmes eft celui
de Dieu, que Thimée de Locres figure par
cette idée : *Un cercle dont le centre eft par tout,*

& la circonférence nulle part. Platon & Pascal adoptèrent cet emblême.

EMBONPOINT EXTRAORDINAIRE.

L'histoire a conservé quelques détails sur l'embonpoint extraordinaire d'un anglois, natif du comté d'Essex, qui se nommoit Edouard Brigth, épicier de profession, & qui est mort à l'âge de trente ans.

Brigth, du côté paternel & maternel, descendoit d'une famille d'une grosse & forte stature. Plusieurs de ses ancêtres étoient d'un embonpoint remarquable; mais aucun n'a égalé le sien. Dès son enfance, quoique vigoureux & actif, il étoit fort-gras. Il avoit cependant toujours fait beaucoup d'exercice, jusqu'aux deux ou trois dernières années de sa vie, qu'étant devenu trop pesant, il cessa d'en prendre. Comme il avoit les muscles très-forts, il se promenoit avec assez d'agilité; il montoit à cheval, & galoppoit même assez bien. Il alloit quelquefois à Londres à cheval pour ses affaires, & faisoit gaillardement ce trajet, depuis Malden, qui est de treize lieues. Lorsqu'il paroissoit dans les rues de cette grande ville, il s'attiroit les regards de tout le monde, & c'étoit un spectacle curieux pour le peuple.

A l'âge de douze ans & demi, Brigth pesoit déja 144 livres; à vingt ans, il en pesoit 336; &, sans doute, il a toujours augmenté dans cette proportion; car la dernière fois qu'il fut pesé, ce qui étoit trois mois avant sa mort, son poids étoit de 584 livres; après sa mort il pesoit 616 livres.

Sa taille étoit de cinq pieds neuf pouces & demi: son corps, mesuré sous les bras, avoit cinq pieds six pouces de circonférence; & autour du ventre, six pieds onze pouces. Le gros du bras étoit de deux pieds deux pouces, & celui de la jambe, de deux pieds huit pouces. Il ne mangeoit & ne buvoit pas plus qu'un homme ordinaire, & lorsqu'on le saignoit on lui tiroit au moins deux livres de sang: il laissa cinq enfans & sa femme grosse du sixième. On a gravé son portrait à Londres en manière noire, & il n'est pas inconnu à Paris. (*).

Le maréchal de Bassompierre fut pendant douze ans prisonnier à la Bastille: l'inaction lui donna un embonpoint extraordinaire. Le jour qu'il reparut à la cour, la reine Anne d'Autriche voulant le plaisanter, lui dit: « Maréchal, quand accoucherez-vous? = Madame, répondit-il, quand j'aurai trouvé une sage-femme. »

EMBRASSEMENT.

À une rentrée de l'académie des sciences, après Pâques, le public eut la satisfaction d'y voir messieurs de Francklin & de Voltaire & de leur témoigner la joie qu'il ressentoit de leur présence par les applaudissemens les plus vrais & les plus réitérés. Au moment où ces deux vieillards s'embrassèrent, on entendit une voix qui prononça ces mots assez haut: Voilà le génie qui embrasse la liberté.

ÉMÉTIQUE.

Guy Patin disoit, que l'émétique devoit être manié par un sage & prudent médecin, & non pas par un charlatan ni par un étourdi. On assure qu'il avoit dressé un fort gros registre des personnes que l'antimoine avoit tuées, & qu'il l'appelloit communément le Martyrologe de l'antimoine.

En effet, au dix-septième siècle, ce remède étoit un poison, il fut même défendu par l'église, & l'on se souvient de ces vers de Boileau:

Je compterois plutôt combien dans un printemps
Quenaut & l'antimoine ont fait mourir de gens.

Lorsque Louis XIV fut à l'extrémité à Calais, le 8 juillet 1658, il n'y eut que l'émétique qui lui sauva la vie. Peu de temps après, le cardinal Mazarin mourut pour en avoir pris, ce qui fit dire que l'émétique étoit d'un grand secours puisqu'il avoit sauvé deux fois la France.

EMPÉDOCLE,

philosophe & poëte de l'antiquité, né d'une famille illustre d'Agrigente, mort vers l'an 440 avant Jésus-Christ.

Empédocle adopta l'opinion de Pythagore sur la transmigration des ames, & son poëme au rapport d'Aristote, cité par Diogène Laërce, mérita les suffrages de l'antiquité par la richesse des métaphores, l'énergie des expressions & la beauté des images. Empédocle avoit aussi composé un poëme moral sur le culte des Dieux, & sur les devoirs de la vie civile. Il réunissoit ainsi qu'Orphée, les charmes de la poësie & de la musique à l'art de manier les esprits & de toucher les cœurs: il n'employa ses talens que pour le bonheur & l'avantage de ses concitoyens. Il refusa la royauté que les agrigentins lui offrirent. Cet illustre philosophe avoit, selon l'expression de Montagne, logé son imagination si fort au dessus de la fortune & du monde, qu'il trouva les sièges de la justice & les trônes mêmes des rois trop bas.

« Le système de ce philosophe sur la nature, » étoit qu'il y avoit quatre élémens qui faisoient » entre eux une guerre continuelle, mais sans » pouvoir jamais se détruire, & que de leur » discorde même naissoient tous les corps. »

(1) Un paysan du comté de Berks amena à Londres, en 1731, son fils, âgé de six ans, qui avoit près de cinq pieds d'Angleterre de haut, robuste, fort, & à-peu-près de la grosseur d'un homme fait.

Il se montra toujours l'ennemi déclaré des tyrans, & poursuivit avec vigueur quiconque faisoit paroître dans sa conduite qu'il aspiroit au pouvoir souverain. Un agrigentin l'avoit invité à manger chez lui. L'heure du repas étant venu, il demanda pourquoi on ne servoit pas ; c'est, dit le maître de la maison, qu'on attend le ministre du conseil. Cet officier arriva en effet quelque temps après, & on le fit roi du festin. Il se comporta d'une manière si insolente pendant le repas, qu'*Empédocle* soupçonna qu'il y avoit entre ce roi du festin & celui qui l'avoit invité, quelque complot pour rétablir la tyrannie. Le soupçon étoit bien fondé, puisqu'*Empédocle* ayant fait appeller le lendemain ces deux hommes devant le conseil, ils furent condamnés à mort.

Ce philosophe s'étoit familiarisé avec toutes les sciences, & ses connoissances dans la physique lui firent faire bien des miracles aux yeux des agrigentins ignorans. A l'exemple d'Apollon & de Pythagore, il se servit quelquefois de la musique comme d'un remède souverain pour les maladies de l'esprit, & même pour certaines maladies du corps. Il étoit logé dans la ville de Géla, chez son ami Anchitus, lorsqu'un jeune homme en fureur & livré au désespoir vouloit tuer cet ami, parce qu'en qualité de juge de la ville, il avoit condamné à mort le père de ce jeune homme. *Empédocle* tâcha de lui calmer l'esprit par ses discours, & n'y réussissant point, il essaye d'unir les sons harmonieux de sa lyre au langage mesuré & cadencé de la poësie. Il remarque les modulations qui font le plus d'impression sur le cœur du jeune homme, les emploie à propos, & parvient enfin à l'attendrir. Il sauva ainsi la vie à son hôte, & se fit même un ami du jeune homme, qui devint dans la suite un de ses plus fidèles disciples.

Empédocle donna dans la Sicile les premiers préceptes de la rhétorique, & il se servit utilement de son éloquence pour réformer les mœurs & la vie licencieuse des agrigentins. Il leur reprochoit souvent leur fureur de bâtir comme s'ils devoient toujours vivre, & leur empressement pour les plaisirs, comme s'ils eussent dû mourir le même jour.

C'est cet homme si sage, si zélé pour le bonheur de ses concitoyens, que quelques auteurs nous représentent comme un fou & un ambitieux, qui accablé de vieillesse se jetta dans le gouffre du mont Etna, afin, disent-ils, de passer pour un Dieu.

EMPRUNTEUR. Quelqu'un a dit : Voulez-vous vous débarasser de certaines personnes ? prêtez-leur de l'argent.

Un homme ayant prêté une somme considérable à un de ses amis, celui-ci fut peu exact à la lui rendre, il fuyoit son créancier, qui l'ayant rencontré lui dit : « Ou remettez-moi mon argent, ou rendez-moi mon ami. »

Deux auvergnats étoient couchés dans la même chambre : l'un dit à l'autre : Gros Pierre ? — Eh bien ! — Dors-tu ? = Pourquoi ? — C'est que si tu ne dormois pas, je t'emprunterois un écu. —— Je dors.

EMULATION. Plus innocente que l'envie, plus sage que l'ambition, l'*émulation* est toujours un bien ; elle ne nous excite qu'à suivre de bons exemples, & qu'à imiter ce que nous voyons de bon dans les autres.

Dans sa jeunesse, Thémistocle n'aimoit que le vin & la débauche ; mais lorsque Miltiade eut remporté la fameuse victoire de Marathon, témoin des applaudissemens qu'on donnoit à ce grand homme, il sentit naître dans son âme une noble *émulation*. Depuis ce moment, l'amour de la gloire, comme un feu que rien ne peut éteindre, embrâsoit son cœur, & le dévoroit nuit & jour. Souvent il disoit à ses amis : « Les trophées de » Miltiade m'empêchent de dormir. »

Un roi de Lacédémone vouloit détruire une ville rivale de Sparte ; les Ephores s'y opposèrent : « Conservez, lui dirent-ils, la pierre sur » laquelle s'aiguise l'*émulation* de nos jeunes » gens. »

Deux officiers romains, nommés *Varénus* & *Pulsio*, se disputoient sans cesse le prix de la bravoure, & chacun vouloit être préféré à son rival. Les Nerviens, peuples des Gaules, attaquoient le camp des romains. Au plus fort de l'attaque, *Pulsio* défie *Varénus* : « Voici, dit-il, » l'occasion de décider nos anciennes querelles ; » voyons qui de nous deux fera preuve d'une » plus grande valeur. » En même temps, il s'élance hors des retranchemens, & va fondre sur un gros d'ennemis qui étoient très-serrés. *Varénus*, piqué d'honneur, le suit à peu de distance. *Pulsio* tue d'abord un des nerviens ; mais bientôt il est enveloppé. *Varénus* court à lui & le dégage ; mais il se trouve, le moment d'après, dans le même péril d'où il vient de tirer son émule, & est, à son tour, dégagé par lui. Ainsi les deux rivaux se durent mutuellement la vie, & la gloire de la vaillance demeura encore indécise entre eux.

ENFANT. L'auteur d'Emile a cité ces deux tours d'adresse, l'un d'un petit garçon, & l'autre d'une petite fille, auxquels on avoit défendu de demander rien à table. Le petit garçon, que l'on avoit cruellement oublié & qui craignoit de dé-
sobéir,

ENF

ENT 409

obéir, s'avisa de prendre un peu de sel : c'était assez faire entendre qu'il désiroit de la viande. La petite fille étoit dans une circonstance différente, elle avoit mangé de tous les plats, hormis d'un seul dont on avoit oublié de lui donner & qu'elle convoitoit beaucoup. Or, pour obtenir qu'on réparât cet oubli, sans que l'on pût l'acuser de désobéissance, elle fit en avançant son doigt, la revue de tous les plats, disant tout haut à mesure qu'elle les montroit : J'ai mangé de ça, j'ai mangé de ça : mais elle affecta si visiblement de passer, sans rien dire, celui dont elle n'avoit pas mangé, que quelqu'un s'en appercevant, lui dit, & de cela, en avez-vous mangé ? Oh ! non, reprit doucement la petite gourmande, en baissant les yeux. Si ce tour-ci paroît plus fin, c'est qu'il est une ruse de fille, l'autre n'est qu'une ruse de garçon.

Les traits des *enfans*, & sur-tout des *enfans* princes, font beaucoup de plaisir. M. le dauphin alla voir Louis XIV son père ; il demanda un fauteuil : le roi lui fit donner un pliant, & le gronda. Le soir comme il disoit son *credo*, & qu'il vint à cet endroit, *qui est assis à la droite de son père*, il demanda à la maréchale de la Motte, sa gouvernante : Est-il assis dans un fauteuil ?

Un évêque demandoit à M. de Vermandois, amiral de France, quel âge il avoit : Cinq ans, lui répondit l'enfant : Montrez-les moi, lui dit l'évêque, on peut montrer ce qu'on a : M. de Vermandois lui dit : Montrez-moi les vôtres, je vous montrerai les miens.

ENFANT GATÉ. Une dame d'esprit avoit un fils, & craignoit si fort de le rendre malade en le contredisant, qu'il étoit devenu un petit tyran, & entroit en fureur à la moindre résistance qu'on osoit faire à ses volontés les plus bisarres. Le mari de cette dame, ses parens, ses amis lui représentoient qu'elle perdoit ce fils chéri ; tout étoit inutile. Un jour qu'elle étoit dans sa chambre elle entendit son fils qui pleuroit dans la cour ; il s'égratignoit le visage de rage, parce qu'un domestique lui refusoit quelque chose qu'il vouloit. Vous êtes bien impertinent, dit-elle à ce valet, de ne pas donner à cet enfant ce qu'il vous demande ; obéissez-lui tout à l'heure. Par ma foi, madame, répondit le valet, il pourroit crier jusqu'à demain qu'il ne l'auroit pas. A ces mots, la dame devint furieuse & prête à tomber en convulsions ; elle court, & passant dans une salle où étoit son mari avec quelques-uns de ses amis, elle le prie de la suivre, & de mettre dehors l'impudent qui lui résiste. Le mari, qui étoit aussi foible pour sa femme, qu'elle l'étoit pour son fils, la suit en levant les épaules, & la compagnie se met à la fenêtre, pour voir de quoi il étoit question.

Encyclopediana.

Insolent, dit-il au valet, comment avez-vous la hardiesse de désobéir à madame, en refusant à l'enfant ce qu'il vous demande ? ═ En vérité, monsieur, dit le valet, madame n'a qu'à le lui donner elle-même ; il y a un quart-d'heure qu'il a vu la lune dans un seau d'eau, & il veut que je la lui donne. A ces paroles, la compagnie & le mari ne purent retenir de grands éclats de rire ; la dame elle-même, malgré sa colère, ne put s'empêcher de rire aussi, & fut si honteuse de cette scène, qu'elle se corrigea, & parvint à faire un aimable enfant de ce petit être maussade & volontaire. Bien des mères auroient besoin d'une pareille aventure.

ENFANS TROUVÉS. Tous les *enfans trouvés* en Espagne sont déclarés nobles & reconnus pour tels ; car, disent les espagnols, il vaut mieux reconnoître un enfant roturier gentilhomme, que de rendre un gentilhomme roturier.

ENNUI. Des dames qui étoient dans une assemblée où la conversation ne leur plaisoit pas & où l'on bâilloit beaucoup, se dirent l'une à l'autre, il pleut ici de l'*ennui* à verse.

J'ai toujours remarqué qu'on ne s'*ennuye* jamais davantage qu'après les plaisirs : l'*ennui* qui fait qu'on les recherche est toujours plus supportable que celui qui les suit.

Il y a des personnes qui craignent si fort l'*ennui* que la seule crainte de l'éprouver est un *ennui* pour elles.

Ce sommeil fatiguant de l'ame,
Né de la gêne & du loisir,
De nos jours use plus la trame
Que la douleur & le plaisir.

DESMAHIS.

ENSENADA. *Ensenada*, ministre d'Espagne, s'appeloit, de son vrai nom, *Zenosoma da Silva*. Il passa du comptoir d'un banquier à la place de ministre, & prit par modestie le nom d'*Ensenada*; en soi rien.

ENTERREMENT. Un homme, abandonné des médecins, fit venir un juré-crieur pour disposer son *enterrement*. Après avoir examiné combien il falloit pour la cire, combien pour la tenture : *Tenez*, dit-il, *je vous donnerai cinquante écus, & je ne me mêlerai de rien*.

Toute une famille assemblée pour un *enterrement*, comme le convoi sortoit, un laquais de la maison vint dire d'un air très-affligé : *Messieurs, voilà Monsieur qui sort*.

M.... avoit acheté une terre, où il fit bâtir,

Fff

à grands frais, un superbe château & une magnifique chapelle qu'il réserva pour le dernier bâtiment. Quand elle fut achevée, il manda à ses enfans : « Notre chapelle est finie, & j'espère que » nous y serons tous enterrés, si Dieu nous prête » vie. »

ENTHOUSIASME. L'*enthousiasme* qui est fondé sur l'erreur ou sur la vérité, fait toujours de grandes choses.

Un gentilhomme napolitain soutint quatorze duels pour assurer que le Dante valoit mieux que l'Arioste. Cet enthousiaste du Dante étant au lit de mort, s'écria douloureusement : « Je n'ai pour- » tant lu ni l'un, ni l'autre. »

Le Dominicain avoit coutume de jouer, pour ainsi dire, le rôle de toutes les figures qu'il vouloit représenter, & de dire tout haut ce que la passion qu'il leur donnoit, pouvoit inspirer. Lorsqu'il peignoit le martyre de S. André, le Carache le surprit comme il étoit en colère, parlant d'une voix terrible & menaçante ; & il travailloit pour lors à un soldat qui menace le saint. Après que l'*enthousiasme* fut passé, le Carache courut l'embrasser, & lui avoua qu'il avoit été ce jour-là son maître, & qu'il venoit d'apprendre de lui la véritable manière de réussir dans les expressions.

Le célèbre Vernet, jaloux d'étudier la nature, s'embarquoit souvent dans sa jeunesse & faisoit de très-longs trajets sur mer. Notre artiste étoit à même d'observer les scènes variées qu'offre cet élément. Dans un de ses voyages, que l'amour seul de son art lui faisoit entreprendre, les vents se déchaînèrent, la mer se souleva, & le vaisseau qui le portoit eut la tempête la plus violente à essuyer. Ce grand peintre, sans penser au danger qu'il court, prie un matelot de l'attacher aux cordages. Celui-ci lui eut à peine accordé sa demande, que la tempête devint plus horrible, & le péril plus évident ; la consternation & l'effroi se peignirent aussi tôt sur les visages : A l'aspect des vagues irritées, au bruit & aux éclats de la foudre qui sillonne la mer, Vernet paroît seul saisi d'admiration, & laisse échapper ce cri de l'*enthousiasme* : « Ah ! grand Dieu, que c'est beau ! »

ENTRAGUES, marquise de Verneuil, (Catherine-Henriette de Balzac d') morte en 1653, à 54 ans. Henri IV, éperdument amoureux de Mademoiselle d'*Entragues*, lui demanda un jour par où l'on pourroit entrer dans sa chambre, elle répondit fièrement : *Sire, par l'église.*

Le roi eut la foiblesse de lui signer une promesse de mariage ; mais le duc de Sully, à qui Henri IV montra cette promesse, prit le papier & le déchira pour toute réponse.

Le roi eut encore la foiblesse de faire une autre promesse ; mais il épousa ensuite Marie de Médicis. La maitresse, furieuse, osa méditer les moyens de se venger de son amant, & se ligua contre lui avec le roi d'Espagne. Elle obtint facilement le pardon de cette trahison. Il en coûta une fois cent mille écus à Henri IV pour un repentir ; aussi, dit-il à Sully : *Ventre-saint-gris ! voilà une nuit qui me coûte bien cher !*

ENVOYÉ. Un jeune *envoyé* étant à la toilette de la femme du premier ministre de la cour auprès de laquelle il résidoit, cassa un grand miroir. La dame lui dit froidement : *Monsieur, cela est-il dans vos instructions ?*

EPAMINONDAS, capitaine thébain, mort en combattant pour sa patrie, l'an 363 avant Jésus-Christ.

Epaminondas ayant été invité par un de ses amis à un grand repas, où le luxe & la délicatesse sembloient avoir tout ordonné, cet illustre thébain se fit apporter des mets ordinaires, & comme son ami lui demandoit pourquoi il en agissoit ainsi : *C'est afin*, lui dit-il, *de ne pas oublier comme je vis chez moi.*

La ville de Thèbes célébroit une fête publique, & chaque thébain croyant qu'il étoit de son honneur d'en augmenter l'éclat par ses dépenses, n'y parut que parfumé des essences les plus exquises, & revêtu des habits les plus somptueux. Après le repas, on devoit se rendre les uns chez les autres, & terminer la fête par les délices d'une chère splendide. Au milieu de cette joie luxurieuse, *Epaminondas* seul, pensif & vêtu aussi simplement qu'à son ordinaire, se promenoit dans la place publique. Un de ses amis l'aborde & lui reproche qu'il se refuse à la joie publique, & qu'il semble même éviter de parler à personne. « Mais, si je fais » comme les autres, lui répond *Epaminondas*, qui » restera pour veiller à la sûreté de la ville, lors- » que vous serez tous ensevelis dans le vin & dans » la débauche ? » Excellent trait de satyre qui ne pouvoit manquer de faire son effet.

Lorsqu'il fut à la tête du gouvernement de sa patrie, Artaxercès qui recherchoit l'alliance des thébains, lui envoya de riches présens. Mais *Epaminondas*, sans vouloir seulement permettre que l'ambassadeur du roi de Perse les lui présentât, le renvoya en lui disant : « Si ton maître ne desire » rien que d'avantageux à ma république, il n'est » pas nécessaire qu'il me sollicite ; mais si ses in- » tentions sont contraires à mes devoirs, faites- » lui savoir qu'il n'est pas assez riche pour acheter » mon suffrage. »

Epaminondas s'illustra par la bataille de Leuctres,

fi célèbre dans l'histoire des grecs. Le général thébain fit éclater dans cette action toutes les ressources de son génie & toute la bonté de son cœur. « Ce qui me flatte le plus sensiblement dans la victoire de Leuctres, disoit-il, c'est de l'avoir remportée du vivant de mon père & de ma mère. »

De retour à Thèbes, après avoir remporté plusieurs victoires, *Epaminondas* fut accusé d'avoir gardé le commandement de l'armée plus long-temps qu'il n'étoit permis par les lois. Ce grand général ne s'amusa point à réfuter ses accusateurs. « Je ne refuse pas, dit-il, de subir la rigueur des » lois ; je demande seulement qu'après ma mort, » on grave sur mon tombeau cette inscription : » *Epaminondas* fut condamné à mort pour avoir, » malgré les thébains, ravagé les terres des la- » cédémoniens leurs ennemis ; rebâti la ville de » Messine ; établi dans l'Arcadie une paix solide, » & rendu la liberté aux grecs ». Cette harangue, d'un genre si nouveau, déconcerta les juges qui n'osèrent le condamner. En rentrant dans sa maison, accompagné de ses amis qui le félicitoient, son petit chien vint à lui, & lui fit mille caresses. *Epaminondas*, attendri, se tourna vers ceux qui l'environnoient : « Ce chien, leur dit-il, me mar- » que sa reconnoissance des soins que je prends » de lui, & les thébains, à qui j'ai rendu tant de » services, veulent me condamner à la mort ! »

Les démarches d'*Epaminondas* avoient toujours pour but d'affranchir les thébains & les grecs en général de la dépendance de l'orgueilleuse Lacédémone. Les lacédémoniens ayant épousé la querelle des mantinéens contre ceux de Tégée, il fit déclarer les thébains pour ces derniers, afin de donner à ses concitoyens une occasion favorable de poursuivre leur supériorité sur Lacédémone. On lui remit le commandement général des troupes, & lors de la bataille qui se donna dans les plaines de Mantinée, comme la victoire balançoit des deux côtés, *Epaminondas*, pour la faire déclarer en sa faveur, se jetta avec l'élite de ses troupes au milieu de la mêlée. Il y fut blessé mortellement d'un coup de javelot. Les thébains l'enlevèrent aussi-tôt, malgré la vigoureuse résistance des spartiates, & l'emportèrent dans sa tente. Les médecins ayant visité sa plaie, déclarèrent qu'il expirera dès que l'on arrachera le trait de son corps. Il demanda où étoit son bouclier, c'étoit un déshonneur de le perdre dans le combat : on le lui apporte ; il arrache le trait lui-même.

Quelques momens auparavant, s'étant informé du sort de cette journée, *les thébains*, lui répondit on, *sont victorieux*. « J'ai donc assez vécu, dit- » il, puisque je laisse Thèbes triomphante, la su- » perbe Sparte humiliée, & la Grèce délivrée du » joug de la servitude. »

Ses amis paroissant affligés de ce qu'il ne laissoit point d'enfans qui pussent le faire revivre ; « consolez-vous, leur dit tranquillement *Epami-* » *nondas* expirant, je laisse après moi deux filles » immortelles, la victoire de Leuctres & celle » de Mantinée. »

EPERNON. (Jean-Louis de Nogaret, duc d') favori d'Henri III, & par lui créé premier duc d'Epernon, étoit, selon l'opinion commune de ce temps-là, petit-fils d'un notaire, & Busbeque, ambassadeur de l'empereur, l'assure dans une de ses lettres.

Le duc d'Epernon étoit extrêmement fier ; on ne lui manquoit point de respect impunément. Il passoit dans le marquisat de Bagé. Le juge de cette terre alla au-devant de lui pour le haranguer. Il commença ainsi : « Monsieur, monseigneur le mar- » quis de Bagé. » Le duc interrompit brusquement le harangueur, en lui disant : » le marquis de Bagé » est monsieur ; je suis monseigneur, & vous êtes » un sot ; » il lui tourna ensuite le dos.

EPICTETE, philosophe stoïcien, mort vers le commencement du règne de Marc-Aurèle dans un âge avancé.

Epictete fut un sage qu'on pourroit proposer pour modèle à ceux qui, tous les jours, usurpent ce beau nom. Il pratiqua la vertu, mais sans faste & sans orgueil. Sa philosophie consistoit principalement dans ces deux préceptes : *sustine*, & *abstine*, supportez & abstenez-vous.

On le dépeint petit & contrefait ; mais qui posséda jamais une plus belle ame ? qui goûta mieux le plaisir d'une bonne action, & prit plus de soin à en dérober la connoissance aux hommes ?

Pendant qu'il étoit encore esclave d'Epaphrodite, il prit un jour fantaisie à cet homme barbare de s'amuser à lui tordre la jambe. Epictete s'appercevant qu'il y prenoit plaisir & qu'il recommençoit avec plus de force, lui dit en souriant & sans s'émouvoir : « Si vous continuez » vous me casserez infailliblement la jambe. » En effet, cela étant arivé, il ne lui répondit autre chose sinon : « Hé bien, ne vous avois-je pas dit » que vous me rompriez la jambe ? »

Il vouloit que l'on n'embrassât l'étude de la philosophie qu'avec un cœur pur, des yeux chastes & un ardent amour de connoître la vérité. Un homme perdu de débauches, désirant acquérir les connoissances qu'Epictete enseignoit à ses disciples, « O insensé, lui dit ce philosophe, que penses-tu » faire ? examine si ton vase est pur avant d'y rien » verser ; autrement tout ce que tu y auras mis » tournera en corruption. »

Il vouloit que ſes diſciples, pour mieux ſe ſoumettre la fortune & l'opinion, commençaſſent par
s'en rendre indépendants. Il comparoit ſa fortune
à une femme de bonne maiſon qui ſe proſtitue à
des valets.

Epictete a ſoutenu l'immortalité de l'ame auſſi
fortement qu'aucun Stoïcien l'ait jamais fait ; mais
il ſe déclara ouvertement contre le ſuicide que les
Stoïciens croyoient permis, & chercha à adoucir
ce que leurs autres maximes avoient de trop dur
& de trop féroce ; enſorte qu'il peut être regardé
comme le réformateur du ſtoïciſme.

Son *Enchiridion*, ou manuel publié par Arrien,
un de ſes diſciples, eſt rempli des plus grands traits
de morale, & il eſt un des plus beaux monumens
qui nous ſoit reſté de l'antiquité.

L'empereur Adrien demandoit à *Epictete* pourquoi on repréſentoit Vénus toute nue : c'eſt, répondit-il, parce qu'elle dépouille de tous les biens
ceux qui recherchent trop ſes plaiſirs.

La lampe de verre dont il éclairoit ſes veilles
philoſophiques, fut achetée, quelque temps après
ſa mort, trois mille drachmes, par un ignorant,
qui, dit Lucien, avoit conçu l'eſpérance de devenir auſſi ſavant que ce philoſophe à la lueur de
ſa lampe.

EPICURE, philoſophe grec, fondateur de la
ſecte épicurienne, né dans un bourg de l'Attique,
d'une famille pauvre, mort à l'âge de 72 ans, l'an
270 avant Jéſus-Chriſt.

Tous les philoſophes du temps d'*Epicure*, &
principalement les Stoïciens & les Cyniques,
avoient éloigné les hommes de l'étude de la philoſophie par des maximes auſtères qui donnoient
à la ſageſſe l'aſpect le plus triſte & le plus rebutant.
Epicure, perſuadé que le but du philoſophe ne doit
point être de détruire l'homme dans l'homme, mais
de diriger ſes penchans naturels, chercha à concilier ſes préceptes avec les appétits & les beſoins
de la nature. Il enſeigna la ſageſſe ſous le nom
attrayant de la volupté. « O douce volupté, s'é-
» crie ce philoſophe, tu échauffes notre froide
» raiſon ; c'eſt de ton énergie que naiſſent la fer-
» meté de l'ame & la force de la volonté ; c'eſt
» toi qui nous meus, qui nous tranſportes ; &
» lorſque nous ramaſſons des roſes pour en former
» un lit à la jeune beauté qui nous a charmés, &
» lorſque bravant la fureur des tyrans, nous en-
» trons tête baiſſée & les yeux fermés dans les tau-
» reaux ardens qu'elle a préparés ». La volupté ſe
préſente à nous ſous toutes ſortes de formes ; mais
ne faiſons point l'injure à nous-mêmes, ajoute *Epicure*, de comparer l'honnête avec le ſenſuel. Prenons garde ſur-tout de confondre les beſoins de

la nature avec les appétits de la paſſion & les écarts
de la fantaiſie. Si toutes nos actions tendent à la
pratique de la vertu, à la conſervation de la liberté & à la jouiſſance des plaiſirs honnêtes ; ſi
nous apprenons à mépriſer la mort qui n'eſt rien
tant que nous ſommes, & qui n'eſt rien même tant
que nous ne ſommes plus, nous goûterons cette
paix intérieure en quoi conſiſte le vrai bonheur.

Les Platoniciens occupoient l'académie ; les
Péripatéticiens, le lycée ; les cyniques, le cy-
noſarge ; les Stoïciens, le portique : *Epicure* établit
ſon école dans un jardin délicieux, dont il acheta
le terrein, & qu'il fit planter pour cet uſage. Pluſieurs femmes célèbres, du nombre deſquelles
étoient Léontium, ſe rangèrent au nombre de ſes
diſciples ; & ſon école obſcure dans les commencemens, finit par être une des plus éclatantes &
des plus nombreuſes. Les diſciples d'*Epicure* vivoient en frères. Mais ce philoſophe ne permit
point qu'ils miſſent leur bien en commun. Il auroit
craint de leur dérober la volupté de la bienfaiſance,
& cette ſatisfaction douce de ſe ſoulager les uns
& les autres dans leurs beſoins.

Il ſe trouva dans Athènes, lorſque cette ville,
aſſiégée par Démétrius Poliocerte, fut déſolée par
la famine. Il pouvoit ſortir de la ville ; mais il réſolut de vivre ou de mourir avec ſes amis, & leur
diſtribuoit par égales portions les fèves de ſon jardin.

Epicure reconnoît un être immortel, inaltérable
& parfaitement heureux, puiſqu'il n'agit ſur rien, &
rien ſur lui ; mais, par la raiſon que ſon exiſtence ne
peut être altérée, il la regardoit comme une exiſtence ſtérile. Auſſi prétendoit-il que nous n'avons
rien à eſpérer ni à craindre de la divinité. Perſonne
néanmoins ne fréquentoit plus régulièrement les
temples qu'*Epicure*, & il n'y paroiſſoit jamais qu'en
poſture de ſuppliant. Un jour que Dioclès l'apperçut, il s'écria : « Quelle fête, quel ſpectacle pour
« moi ! Je ne vis jamais mieux la grandeur de Ju-
« piter, que depuis que je vois *Epicure* à genoux. »

Ce philoſophe avoit renouvellé le ſyſtême des
atômes de Démocrite, qui regardoit l'atôme comme
la cauſe première par qui tout eſt, & la matière première dont tout eſt. Un ancien voulant louer *Epicure*,
a dit que la nature avoit aſſemblé tous les atômes
de la ſageſſe & des ſciences, pour compoſer la
perſonne de ce philoſophe. Molière avoit ſans
doute cette expreſſion en vue, lorſqu'il fait dire
à une de ſes précieuſes ridicules, que ſon père
eſt compoſé d'atômes bourgeois.

Epicure fut en proie, dans les derniers temps de
ſa vie, aux maux les plus cuiſans. Mais le ſpectacle
de ſa vie paſſée, ainſi qu'il l'écrivoit à ſes amis,
ſuſpendoit quelquefois ſes douleurs. Lorſqu'il ſen-

it fa fin s'approcher, il affembla fes difciples, leur légua fes jardins, affura l'état de plufieurs enfans fans fortune dont il s'étoit rendu le tuteur; affranchit fes efclaves, & ordonna fes funérailles. La république d. Athènes lui érigea un monument. Sa mémoire fut toujours honorée, & un certain Théotime, convaincu d'avoir compofé fous fon nom des lettres infâmes adreffées à quelques-unes des femmes qui fréquentoient fes jardins, fut condamné à perdre la vie.

EPILEPSIE. Béningerus, médecin du duc de Vittemberg, a vu, à Montpellier, un homme de vingt-fix ans, gras, fanguin & robufte, tomber tout-à-coup par terre: il écumoit, il avoit les poings fermés, il paroiffoit plongé dans un profond affoupiffement qu'il interrompoit pourtant par des plaintes; après un certain temps paffé dans cet état, il ouvrit les yeux & fit des efforts pour fe lever, mais il retomba auffi-tôt dans fon premier fommeil. Un foldat l'en tira d'une manière affez finguliere: il approcha le plus près qu'il pût de l'oreille du malade un piftolet fort chargé, il le tira; & à peine l'eut-il fait que l'on vit le jeune homme fe lever & s'en aller chez lui. Un grand bruit excité tout-à-coup peut donc être un moyen de mettre fin à un accès d'*épilepfie*.

EPITAPHE. Montmaur avoit une grande mémoire & peu de jugement, ce qui a donné lieu à cette *épitaphe* :

> Sous cette cafaque noire,
> Repofe bien doucement,
> Montmaur d'heureufe mémoire,
> Attendant le jugement.

Dans le teftament qu'on trouva après la mort de M. de la Rivière, évêque de Langres, il avoit mis dans un article : je ne laiffe rien à mon maître-d'hôtel, parce qu'il y a dix huit-huit ans qu'il eft à mon fervice; & dans un autre : je lui cent écus à celui qui fera mon *épitaphe*. On lui fit la fuivante :

> Ci gît un très-grand perfonnage,
> Qui fut d'un illuftre lignage,
> Qui poffeda mille vertus,
> Qui ne trompa jamais, qui fut toujours fort fage :
> Je n'en dirai pas davantage,
> C'eft trop mentir pour cent écus.

On lifoit dans l'églife de Saint-Germain-l'Auxerrois de Paris, cette *épitaphe*, que M. l'abbé Bignon fit ôter étant doyen de cette églife.

> Ci gît qui, en fon tems, faifoit
> Quatre métiers de gueuferie;
> Il peignoit, rimoit & foufloit,
> Et cultivoit philofophie.

Margueritte d'Autriche, qui fut fiancée avec deux fils de roi, étant en danger de périr fur mer fit fon *épitaphe*.

> Ci gît Margot, gentille demoifelle,
> Qu'à deux maris, & encore eft pucelle.

Le comte de Teffin, gouverneur du roi de Suède, comblé d'honneurs, appellé pendant fa vie le plus heureux des hommes, ordonna qu'on gravât fur fon tombeau :

> *Tandem felix.*

Epitaphe d'un évêque malheureux au jeu.

> Le bon prélat qui gît fous cette pierre
> Aima le jeu plus qu'homme de la terre.
> Quand il mourut, il n'avoit pas un liard;
> Et comme perdre étoit chez lui coutume,
> S'il a gagné paradis, on préfume
> Que c'eft un grand coup de hafard.
>   LA MONNOYE.

EQUIVOQUE. Un huiffier étant allé exploiter dans une maifon de campagne, un ami lui demanda comment il avoit été reçu : « A merveilles, répondit-il, on m'a voulu faire manger. » C'eft qu'on avoit lâché deux gros chiens qui avoient penfé le dévorer.

Un avocat avoit fait un mauvais commentaire de la coutume de fon pays : quelqu'un dit à cette occafion : *s'il fait bien, ce n'eft pas fa coutume.*

M. M...... que l'on croyoit riche, quoiqu'il dût plus qu'il n'avoit vaillant, fe promenant fans rien dire, le nez dans fon manteau, la veille de fes fiançailles dans la falle de fa future belle-mère; elle lui dit plufieurs fois : qu'avez-vous, monfieur? il lui répondit à chaque fois : *Madame, je n'ai rien.* Huit jours après fon mariage, fa belle-mère voyant une foule de créanciers, à quoi elle ne s'étoit pas attendue, dit : *Monfieur, vous m'avez trompée.* Madame, lui répliqu'a-t-il, je vous avois averti que je n'avois rien; je vous le dis plus de dix fois dans votre falle la veille des mes fiançailles, lorfqu'il étoit encore temps.

Le prophète Elie, eft, comme on fait, le fondateur des Carmes. M. le curé de Saint-Sulpice apprit que le marquis de... venoit de léguer tous fes biens aux Carmes Déchauffés, & accourut le vifiter; lui parla des preffans befoins des pauvres de fa paroiffe, & finit par faire changer le teftament; les bons pères furent exclus. A peine les notaires étoient fortis, que le prieur & le fous-prieur des Carmes, ignorant ce qui venoit de fe paffer, arrivèrent chez le malade. Le pafteur defcendoit. Ils fe firent beaucoup de révérences; beaucoup de façon pour le pas. M. Languet à la fin leur dit : « Mes pères, c'est à vous de passer les premiers, » vous êtes de l'ancien testament, & je ne suis que » du nouveau. »

M. de Montespan jouoit un jour au lansquenet ; sa carte, qui étoit un roi de cœur, fut la première prise ; & comme il pestoit un peu, une présidente, voulant faire le bel esprit, lui dit : ah ! monsieur, ce n'est pas le roi de cœur qui vous a fait le plus de mal. M. de Montespan, aigri par sa perte, & par la réflexion de cette présidente, lui répondit : *Si ma femme est à vingt Louis, vous êtes à trente sous.*

Le roi faisoit compliment à un seigneur de la cour sur le bel habit qu'il avoit pour le gala du jour des noces de M. le duc de Chartres : il en admiroit de goût, l'élégance & la richesse. — *Ah ! sire, « cela se doit*, répondit-il. »

Dans un ballet exécuté au Louvre, sous le règne d'Henri IV, parurent neuf dames conduites par la reine, &, parmi ces neuf dames, la femme de d'O, surintendant des finances. Toutes avoient des coëffures plutôt chargées qu'enrichies de pierreries, mais sur-tout la surintendante. Un suisse ivre tomba de son haut, près de la porte de la salle : le roi, qui le vit tomber, en demanda la cause. Sire, lui dit-on, il ne faut pas s'en étonner ; il avoit un pot de vin sur la tête. — Ah ! ce n'est point là une bonne raison, dit le roi ; voyez comme madame la surintendante est droite & ferme sur ses pieds ; cependant elle a plus d'un pot de vin sur la sienne.

On louoit excessivement l'esprit d'un homme qui occupoit un poste important dans la société civile, & qui pourtant n'étoit pas un grand génie. Un railleur qui étoit présent, dit d'un air froid & malin : « Quand on est en place, on a tout l'esprit » du monde, parce qu'on a quelquefois du mon-» de qui a de l'esprit. »

Le prince Henri, frère du roi de Prusse, étant allé voir mademoiselle la chevalière d'Eon, on offrit à son altesse royale des rafraîchissemens. La mère de notre héroïne lui présenta de magnifiques prunes. Le prince la pria de le dispenser d'accepter ce fruit. « Que faites-vous donc là, ma mère, » s'écria mademoiselle d'Eon ? monseigneur n'est » pas venu dans ce pays-ci pour des prunes. »

ERASME (Didier), savant écrivain, né à Roterdam, l'an 1465, mort à Bâle en 1536.

On doit à *Erasme* les premières éditions de plusieurs pères de l'église ; différens ouvrages de grammaire, de rhétorique & de philosophie ; des écrits remplis de bonne critique, quelques autres semés du sel piquant de l'ironie.

Il a écrit en latin. Il s'étoit fait un style particulier, inférieur à celui des bons auteurs de l'antiquité, mais préférable au style boursoufflé & pédantesque des écrivains de son siècle. Il avoit une mémoire prodigieuse, une érudition immense & un esprit capable de s'appliquer à toutes sortes de sciences.

Il étoit dans la société complaisant, humain, généreux, & prévenoit en sa faveur par la douceur de son regard, par l'agrément de sa voix, par l'affabilité de ses manières. Il étoit très-sensible à la critique, & lui-même n'avoit pas toujours le courage de sacrifier un bon mot, lorsqu'il se présentoit.

Il a composé une satyre de tous les états de la vie, depuis le froc jusqu'à la tiare ; mais l'ironie dont il a fait usage dans son *Eloge de la Folie*, a-t-elle toujours cette finesse de pointe, ce *dolce piccante*, nécessaire pour plaire aux gens de goût ? Ses dialogues ou ses colloques, comme on les appelle, sont écrits d'un style pur & facile ; mais on leur préférera toujours les dialogues de Lucien & ceux du philosophe Fontenelle.

Il est assez extraordinaire qu'*Erasme* qui a passé une partie de sa vie à voyager en Angleterre, en France, dans les Pays-Bas, ait pu composer autant d'ouvrages que nous en avons de lui. On en a fait une dernière édition en 1703, en onze volumes in-fol. Il est vrai qu'il s'y trouve plusieurs traductions du grec, & quelques ouvrages de compilation.

Il fut l'ami de Thomas Morus, chancelier d'Angleterre, & logea chez lui pendant son séjour à Londres. La première connoissance qu'*Erasme* fit de cet homme célèbre, a quelque chose de particulier. Morus voyageoit dans les Pays-Bas ; il rencontra un homme vif & pressant dans ses raisonnemens, & qui s'énonçoit avec beaucoup de facilité. Après l'avoir entendu quelque temps, il s'écria : *Ou vous êtes un démon, ou vous êtes Erasme.* Il se trouva que c'étoit effectivement *Erasme* lui-même.

Ce fut à cet illustre chancelier qu'*Erasme* dédia son *Eloge de la Folie*. Les différens états de la vie, les moines sur-tout & les mauvais théologiens y sont tournés en ridicule. Personne n'y est épargné, les évêques, les cardinaux & le pape même y jouent leur rôle. Léon X lut cette satyre ; & loin de s'en offenser, il dit en plaisantant : *Notre Erasme a aussi sa marotte.*

Quel singulier spectacle, s'écrie *Erasme* dans son *Eloge de la Folie*, pour celui qui placé au-dessus de notre sphère, découvriroit les agitations infinies des hommes sur le petit tas de boue qu'ils habitent ! On verroit plusieurs nuées de petits animaux à deux pieds qui se querellent, se battent, se tendent des piéges, s'élèvent, tombent & meurent. Ceux qui liront cette satyre, en concluront sans doute avec un auteur italien, que *la pazzia e la regina del mondo*, la folie est la reine du monde.

Les moines & les théologiens qu'il railla cruellement, cherchèrent à se venger. Ils choisirent dans ses ouvrages quelques propositions qui s'éloignoient des sentimens reçus; & la faculté de théologie de Paris, excitée par son syndic, Noël Beda, homme aussi ignorant que passionné, en fit une censure où les qualifications de fou, d'insensé & même d'impie ne sont point épargnées. Erasme n'en est pas moins regardé comme un des hommes les plus éclairés de son siècle; & on ne doit pas oublier ce mot du cardinal Ximenès à un des censeurs d'*Erasme*, mot qui peut trouver tous les jours son application : *Ou faites mieux, ou laissez faire ceux à qui Dieu en a donné le talent.*

Les petites lettres bien connues sous le titre d'*Epistolæ obscurorum virorum*, où l'ignorance, la présomption des moines & des théologiens de ce temps-là, est dépeinte avec tant de naiveté & d'enjouement, parurent du temps d'*Erasme*. Ce savant prit tant de plaisir à la lecture de ces lettres écrites dans le jargon barbare des théologiens scholastiques, qu'un jour ayant un abcès au visage qu'on étoit près de percer, il fit de si grands efforts en riant sur certains endroits, que l'abcès creva de lui-même. Bayle, qui rapporte cette anecdote, demande si on ne la mettra point entre les exemples du profit de la lecture.

Erasme finit ses jours à Basle où il fut honoré de la qualité de recteur de l'université. Sa mémoire y est en vénération, aussi-bien qu'à Roterdam sa patrie. On voit encore aujourd'hui dans la grande place de cette dernière ville, sa statue de bronze qui est sur un piédestal orné d'inscriptions, & entouré d'une balustrade de fer. Les magistrats ordonnèrent que sa maison où l'on croit qu'est né cet illustre écrivain, fût décorée de cette inscription :

Hæc est parva domus magnus quâ natus Erasmus.

On montre encore à Basle dans un cabinet qui excite la curiosité des étrangers, son anneau, son cachet, son épée, son couteau, son poinçon, son testament écrit de sa propre main, son portrait par le célèbre Holbein, avec cette épigramme de Théodore de Bèze.

Ingens ingentem quem personat orbis Erasmum,
Hic tibi dimidium picta tabella refert.
At cur non totum? mirari desine lector,
Integra nam totum terra nec ipsa capit.

ERRATA. Le père le Vasseur n'ayant trouvé qu'une faute dans un de ses ouvrages, consulta s'il falloit mettre *errata* ou *erratum*. Le père Simon lui dit : « Donnez-le moi, j'en trouverai encore une, & on mettra *errata*. »

ERUDITION. On disoit d'un homme plus érudit que judicieux : « Sa tête est la boutique » d'un libraire qui déménage. »

Deux hommes se trouvant un jour dans un cabaret de Londres, s'entretenoient de différens passages de la bible; ils parlèrent de la fameuse défaite des Philistins par Samson; l'un prétendit qu'il se servit de la mâchoire d'un vieil âne, l'autre de celle d'un jeune; chacun soutint son opinion avec chaleur, une gageure suivit. Plusieurs personnes qui se trouvoient dans le même lieu, furent prises pour juges. Les raisons de l'un & de l'autre furent écoutées gravement, les sentimens se partagèrent; les juges disputèrent entre eux. La querelle s'échaufa, on fit beaucoup de bruit, & on alloit se battre lorsque l'hôte, aidé de ses valets, saisit les deux premiers auteurs de la dispute & les conduisit chez l'*alderman* du quartier, juge de police en Angleterre. Celui-ci ne put s'empêcher de rire en apprenant le sujet de cette querelle qui recommençoit devant lui : il eut beaucoup de peine à imposer silence aux deux ivrognes, & les renvoya en leur disant : *Je ne m'attendois pas à voir aujourd'hui deux ânes à mon tribunal.* Cela n'est pas étonnant, reprit aussi-tôt un des disputans, *puisqu'il y en a un qui y préside.*

Gorgias le Léontin avoit acquis par une étude de plus de soixante ans, une *érudition* si vaste, que sa tête pouvoit passer pour une vivante encyclopédie. Un jour il osa proposer à l'assemblée des jeux olympiques, de répondre à toutes les questions qu'on voudroit lui faire; &, quoiqu'il y eût dans cette circonstance une foule de savans, capables, sinon de remporter, au moins de disputer long-temps la victoire, le mérite reconnu de Gorgias les empêcha de se montrer, & leur silence mit le comble à la gloire de ce philosophe. Pour honorer ses talens & pour en perpétuer la mémoire, la Grèce entière fit ériger dans le temple de Delphes une statue d'or massive, qui représentoit Gorgias un livre à la main.

La réputation de Jean Campège, boulonnois, s'étoit tellement répandue dans toute l'Italie & les pays voisins, qu'on venoit de toutes parts le consulter sur les points de doctrine les plus difficiles. Il répondoit à tout; quelle que fût la matière sur laquelle on l'interrogeoit, il donnoit des réponses lumineuses, & l'on sortoit satisfait de son muséum. Les études étoient tombées dans la ville de Padoue, on voulut les remettre en vigueur; on délibéra sur le choix d'un maître;

les avis ne furent point partagés ; le suffrage unanime déclara Jean Campege restaurateur des belleslettres, & l'on choisit une députation pour supplier ce savant de vouloir bien agréer la place que lui offroit une des premières cités de l'Italie. Il se rendit donc à Padoue ; & , quand il fut près d'entrer dans cette ville, on vit tout le peuple sortir en foule à sa rencontre, le combler de bénédictions, remplir l'air d'acclamations flatteuses, & le conduire comme en triomphe dans la maison qu'on lui avoit préparée. Jamais le savoir n'avoit été si bien honoré, & jamais savant n'avoit tant mérité de l'être.

ESCADRON. Henri IV ayant fait placer à ses côtés le nonce du Pape, lors d'un ballet que donna Marie de Médicis, dans lequel dansoient quinze des plus belles femmes de la cour, lui dit : monsieur le nonce, *je n'ai jamais vu de plus bel escadron, ni de plus périlleux que celui-ci.*

ESCHYLE, poëte tragique, d'une famille illustre d'Athènes, mort vers l'an 477 avant Jésus-Christ. De quatre-vingt dix-sept pièces qu'il avoit composées, il ne nous en reste que sept.

Eschyle est le réformateur du théâtre chez les grecs. Ce poëte donna à ses acteurs un masque & des habits décens ; il leur fit prendre une chaussure haute appellée cothurne, & les plaça sur un théâtre permanent, au lieu du chariot ambulant dont Thespis se servoit. Sa poësie a de l'élévation & de l'énergie ; mais il n'a pas su toujours éviter l'enflure & le gigantesque. Son imagination embrâsée n'enfante que trop souvent des figures hors de toute proportion. Ses tableaux sont quelquefois sublimes, mais jamais tendres & touchans. Sa plume n'étoit propre qu'à peindre la fureur & l'emportement.

Les magistrats d'Athènes rendirent une loi à l'occasion de sa tragédie des Euménides, pour obliger les auteurs tragiques de réduire à quinze le nombre des acteurs qui composoient les différens chœurs de leurs pièces. *Eschyle* avoit introduit dans le chœur de cette tragédie des *Euménides*, cinquante personnes dont les habillemens plus affreux les uns que les autres, présentoient les images les plus horribles. On rapporte même qu'une représentation de cette pièce jetta un si grand effroi parmi les spectateurs, que plusieurs enfans moururent, & que des femmes enceintes avortèrent.

Ce poëte, qui ne savoit pas toujours modérer son enthousiasme, fut cité en jugement pour avoir, dans une de ses tragédies, lancé des traits envenimés contre les mystères de la déesse Cérès. On alloit le condamner comme impie envers les dieux, lorsqu'Amynias son frère, qui avoit pris sa défense, retroussant sa manche, fit voir au peuple

assemblé un bras mutilé au service de sa république. *Eschyle* lui-même avoit signalé sa bravoure dans les batailles de Marathon, de Salamine, de Platée. La mémoire de ces actions & la tendresse que se témoignoient les deux frères firent impression sur les juges, & le jugement ne fut pas prononcé.

Eschyle se retira dans sa vieillesse à la cour d'Hiéron, roi de Syracuse, pour y chercher des admirateurs que le jeune Sophocle lui enlevoit à Athènes. Sophocle avoit même remporté le prix de la tragédie sur *Eschyle*. Ce prix avoit été établi pour honorer une fête qui se célébroit alors. On avoit nommé des juges de chaque tribu, & c'étoit la première pièce que Sophocle donnoit au théâtre. Quel terrible coup pour un vieux athlète, tout couvert de gloire, & fier de plusieurs triomphes poétiques ! *Eschyle* en appella au jugement de la postérité. Je consacre, disoit-il, *mes pièces au temps.* Mais la postérité ne lui a pas été favorable.

On prétend qu'*Eschyle* s'échauffoit la verve en s'enivrant ; cela donna lieu à Sophocle de dire de ce poëte, que « s'il faisoit bien, c'étoit sans savoir » ce qu'il faisoit. » On ne sortoit de sa pièce des *Sept Chefs devant Thèbes*, qu'avec la fureur de la guerre dans le sein. On disoit pour cela qu'elle lui avoit été dictée par le dieu Mars.

Dans les Cabires, tragédie perdue d'*Eschyle*, l'auteur osa faire paroître Jason ivre sur la scène. « Ce poëte, dit Athénée, vouloit consacrer son » penchant à l'ivrognerie par l'exemple de ses » héros.

Un oracle avoit prédit à *Eschyle* qu'il périroit par la chûte d'une maison ; & ce poëte, pour en retarder l'accomplissement, se promenoit toujours en rase campagne. Un jour qu'il dormoit au soleil, un aigle laissa tomber une tortue sur sa tête chauve qu'il prenoit pour la pointe d'une rocher, & le tua du coup. Cette anecdote ou ce conte, comme on voudra l'appeller, est rapporté par le scholiaste d'*Eschyle*, Pline, Suidas & Valère Maxime.

ESCLAVE. Un *esclave* portugais, qui avoit déserté dans les bois, ayant su que son maître étoit arrêté pour un assassinat, vint s'en accuser lui-même en justice, se mit dans les fers à la place du coupable ; fournit les preuves fausses, mais juridiques, de son prétendu crime, & subit le dernier supplice.

Un *esclave* qui a long-temps échappé aux châtimens, infligés trop facilement & trop souvent à ses pareils, est infiniment jaloux de cette distinction. Quazy (nègre) qui craignoit l'opprobre plus que le tombeau, & qui ne se flattoit pas de faire révoquer

révoquer par les fupplications l'arrêt prononcé contre lui, fortit à l'entrée de la nuit pour aller invoquer une médiation puiffante. Son maître s'en apperçut malheureufement & voulut l'arrêter. On fe prend corps-à-corps. Les deux champions adroits & vigoureux luttent quelques momens avec des fuccès varies.

L'*efclave* terraffe à la fin fon inflexible ennemi, le met hors d'état de fortir de cette fituation fâcheufe, & lui portant un poignard fur le fein, lui tient ce difcours. « Maître, j'ai été » élevé avec vous, vos plaifirs ont été les miens. » Jamais mon cœur ne connut d'autres intérêts » que les vôtres. Je fuis innocent de la petite » faute dont on m'accufe; & quand j'en aurois » été coupable vous auriez dû me la pardonner. » Tous mes fens s'indignent de l'affront que vous » me préparez; & voici des quels moyens je veux » l'éviter. » En difant ces mots, il fe coupe la gorge & tombe mort fans maudire un tyran qu'il baigne de fon fang.

ESOPE. Il étoit de Phrygie, & vivoit vers l'an 576 avant Jéfus Chrift, du temps de Solon, légiflateur d'Athènes.

Efope naquit dans l'efclavage, mais fon ame affranchie des paffions, refta toujours libre. Sa philofophie étoit douce, enjouée & à la portée de tout le monde. Inftruit de bonne heure que les hommes font tout de glace pour la vérité, mais tout de feu pour le menfonge, il enveloppa fes leçons fous le voile de la fable, & orna fes préceptes des agrémens de la fiction. Il prêta un langage aux animaux & des fentimens aux plantes, aux arbres & à toutes les chofes inanimées. Il parvint, par cet ingénieux artifice, à faire goûter fes leçons des enfans mêmes qui, attirés par les images qu'elles préfentent, les écoutoient avec plus d'attention.

Tous les hiftoriens ont pris plaifir à peindre la figure de ce fabulifte philofophe avec les traits les plus difformes que peut fournir la nature. Peut-être ont ils efpéré de donner par-là plus de relief à fon efprit.

Chilon, un des fept fages de Grèce, demandoit à *Efope* quelle étoit l'occupation de Jupiter? D'abaiffer les chofes élevées, lui répondit le fabulifte, & d'élever les chofes baffes. Bayle trouve dans cette réponfe l'abrégé de l'hiftoire humaine.

Efope pour faire entendre que la vie de l'homme eft remplie de beaucoup de mifères, & qu'un plaifir eft accompagné de mille douleurs, difoit que Prométhée ayant pris de la boue pour en former & pétrir l'homme, il la détrempa non avec de l'eau, mais avec des larmes.

Encyclopédiana.

Créfus, roi de Lydie, appella auprès de lui *Efope*, & ce fage ingénieux fut fe faire écouter dans une cour corrompue, pendant que l'auftère Solon s'y trouva fans amis & fans partifans. Ce fut à cette occafion que le fabulifte dit au légiflateur d'Athènes: « Solon, n'approchons point des » rois, ou difons leur des chofes qui leur foient » agréables. »

Efope quitta la cour de Lydie pour voyager dans la Grèce. Témoin des murmures des Athéniens qui fupportoient impatiemment le joug que leur avoit impofé le tyran Pififtrate, il leur récita la fable des grenouilles qui demandent un roi à Jupiter.

Il parcourut l'Egypte, la Perfe, & fema partout fon ingénieufe morale. De retour en Grèce, il vifita les Delphiens; mais ce peuple qui n'avoit point apparemment lu les apologues de notre fabulifte, s'occupa plus à confidérer la forme du vafe, que la liqueur qu'il renfermoit; les Delphiens fe mocquèrent de fa figure. *Efope*, irrité, les compara aux bâtons qui flottent fur l'onde; on s'imagine de loin que c'eft quelque chofe de confidérable, de près on trouve que ce n'eft rien. Mais cette raillerie lui coûta cher, & dut lui apprendre que fi la providence veut que nous n'ayons que des paroles de foie pour les rois, elle exige auffi que nous nous abftenions d'en avoir d'offenfantes pour les peuples. On lui fufcita des crimes, & il fut condamné à être précipité d'un rocher.

Un certain Planude, moine grec, auteur d'une vie d'*Efope*, ou plutôt d'un mauvais roman fur ce fabulifte Phrygien, nous le repréfente fous la forme la plus burlefque; il lui refufe même le libre ufage de la parole; & afin de rendre encore ce perfonnage plus ridicule, l'hiftorien lui prête fes niaiferies & fes bons mots. La Fontaine en a adopté plufieurs dans la vie qu'il nous a donnée du fabulifte grec.

Un marchand qui, entr'autres denrées, trafiquoit d'efclaves, alla à Ephèfe pour fe défaire de ceux qu'il avoit, parmi lefquels fe trouvoit *Efope* le Phrygien. Ce que chacun d'eux devoit porter pour la commodité du voyage fut départi felon leur emploi & felon leurs forces. *Efope* pria que l'on eût égard à fa taille, qu'il étoit nouveau venu, & devoit être traité doucement. Tu ne porteras rien, fi tu veux, lui répartirent fes camarades. *Efope* fe piqua d'honneur, & voulut avoir fa part comme les autres. On le laiffa donc choifir. Il prit le panier au pain, c'étoit le fardeau le plus péfant. Chacun crut qu'il l'avoit fait par bêtife; mais dès la dînée, le panier fut entamé, & le Phrygien déchargé d'autant: ainfi le foir, & de même le lendemain; de façon qu'au bout de deux jours il marchoit à vuide. Le bon fens & le raifonnement du perfonnage furent admirés. (*La vie d'Efope par la Fontaine.*)

Le marchand, continue l'hiftorien, s'étoit défait de tous fes efclaves, à la referve d'un grammairien, d'un chantre & d'Efope, lefquels il alla expofer en vente à Samos. Avant que de les mener fur la place, il fit habiller les deux premiers le plus proprement qu'il pût, car chacun cherche à farder fa marchandife. Efope au contraire ne fut vêtu que d'un fac, & placé entre fes deux compagnons, afin de leur donner du luftre. Quelques acheteurs fe préfentèrent, entr'autres un philofophe appellé Xantus. Il demanda au grammairien & au chantre ce qu'ils favoient faire. *Tout*, reprirent-ils. Cela fit rire le Phrygien; on peut s'imaginer de quel air. Planude rapporte qu'il s'en fallut peu qu'on ne prit la fuite, tant il fit une effroyable grimace. Le marchand fit fon chantre mille oboles, fon grammairien trois mille; & en cas que l'on achetât l'un d'eux, il devoit donner *Efope* par-deffus le marché. La cherté du grammairien & du chantre dégoûta Xantus. Mais pour ne pas retourner chez foi fans avoir fait quelque emplette, fes difciples lui confeillèrent d'acheter ce petit bout d'homme qui avoir ri de fi bonne grace; on en feroit un épouvantail, il divertiroit les gens par fa mine. Xantus fe laiffa perfuader, & fit prix d'*Efope* à foixante oboles. Il lui demanda avant que de l'acheter, à quoi il lui feroit propre, comme il l'avoit demandé à fes camarades. *A rien* répondit *Efope, puifque les deux autres ont tout retenu pour eux.*

Un jour que fon maître avoit deffein de régaler quelques amis, il lui commanda d'acheter ce qu'il y auroit de meilleur. Il n'acheta que des langues qu'il fit accommoder à toutes les fauces. Entrée, premier & fecond fervices, entremets, tout ne fut que langues. Les conviés louèrent d'abord le choix de ces mets, à la fin ils s'en dégoûtèrent. Ne t'avois-je pas commandé, lui dit Xantus tout en colère, de prendre au marché tout ce qu'il y auroit de meilleur? Et qu'y a-t-il de meilleur que la langue? reprit *Efope*. C'eft le lien de la vie civile, l'afyle des fciences, l'organe de la vérité & de la raifon. Par elle on bâtit les villes, on les police, on perfuade, on régne dans les affemblées, on s'acquitte du premier de tous les devoirs, qui eft de louer les dieux. Eh bien, dit Xantus, qui prétendoit l'attraper, achète demain ce qu'il y a de pire; ces mêmes perfonnes viendront chez moi, & je veux diverfifier. Le lendemain *Efope* ne fit fervir encore que des langues, difant que la langue eft la pire chofe qui foit au monde. C'eft la mère de tous les débats, la nourrice des procès, la fource des divifions & des guerres. Elle eft l'organe de l'erreur, du menfonge, de la calomnie & des blafphêmes.

Les Athéniens avoient érigé à ce favant & fpi-

rituel efclave une ftatue pour faire favoir, dit un ancien, que la carrière de l'honneur étoit ouverte indifféremment à tous les hommes, & que ce n'étoit point à la naiffance, mais au mérite qu'on rendoit ce glorieux hommage. Notre inimitable la Fontaine a encore plus fait pour la gloire du fabulifte Phrygien, en adoptant plufieurs de fes fables.

ESPAGNOL. La rivalité qui régnoit autrefois entre les *efpagnols* & les *portugais* étoit dégénérée en une forte de haine.

Un prêtre portugais étoit à l'autel dans une églife de Rome, & commençoit à dire la meffe; un caftillan la répondoit. Le portugais, qui s'en apperçut, recommença plufieurs fois, & voyant que le caftillan continuoit de répondre, il fe tourna vers lui, & lui dit avec colère: je ne parle pas à toi, & il s'en alla avec fes ornemens chercher un autre autel où il n'y eût pas de caftillan.

En 1667, le général Scomberg, qui commandoit les portugais, attaque une place efpagnole, elle eft prife d'affaut. Pendant que tout étoit au pillage, un bourgeois caftillan, qui fe promenoit avec beaucoup de fang-froid dans les rues, entend une vedette qui joue de la guittare. Choqué de fes fons diffonans, il la lui demande pour la mettre d'accord, & la lui rend, en difant: Jouez-en préfentement qu'elle eft accordée. Il continua à fe promener, plus fenfible à la mauvaife harmonie d'une guittare, qu'à la défolation de fa patrie & de fa famille.

On demandoit à un *efpagnol* contre combien d'hommes il pourroit fe batre; il répondit: « Si c'eft un honnête homme, un feul fuffit; mais » fi ce ne font que des canailles, donnez-m'en » la rue pleine ».

L'*efpagnol* eft courageux, mais il faut qu'il foit fondu dans un efcadron ou dans un bataillon. Spinola difoit fouvent, qu'un *efpagnol* feul, quoique brave foldat, n'étoit bon qu'à faire fentinelle.

Le cardinal de Retz allant à Rome fur une galère de Naples, fut accueilli, près de l'île de Corfe, par une tempête. Comme on fe croyoit près de périr, le capitaine de la galère, nommé Villanova, fe fit apporter, au plus fort du danger, fes manches en broderie & fon écharpe rouge, en difant qu'un véritable *efpagnol* devoit mourir avec la marque de fon roi.

ESPAGNOLET, (Jofeph Ribéra, dit l') peintre & graveur efpagnol, mort en 1656.

L'*Efpagnolet* éprouva d'abord la mifère, mais

fes rares talens l'en firent triompher dans la fuite. Il eut des honneurs & des richeffes qui le mirent en état de foutenir une dépenfe même faftueufe. Un jour qu'il difcouroit de la pierre philofophale avec deux officiers efpagnols qui fe vantoient de faire de l'or. *J'ai ce fecret auffi*, leur dit-il ; *venez demain matin, vous le verrez*. Les deux adeptes ne manquèrent pas au rendez-vous ; ils trouvèrent l'*Efpagnolet* qui finiffoit un tableau, qu'il envoya à un curieux, qui lui fit remettre en échange beaucoup de piftoles d'Efpagne. Le peintre les jettant fur une table : *Voilà*, dit-il ; *comme je fais de l'or*.

L'*Efpagnolet* peignoit de préférence des fujets triftes & terribles avec tant d'expreffion, que leur afpect bleffoit très-fouvent l'imagination des femmes enceintes. Une femme d'Amfterdam, appelée Dufel, ayant regardé un tableau de l'*Efpagnolet*, repréfentant Ixion fur la roue, fut fi frappée, qu'elle mit au monde un enfant avec des doigts tortus comme elle les avoit vus dans Ixion.

ESPRIT. C'eft quelquefois un malheur d'avoir de l'*efprit* ; il nous arrange une morale felon nos paffions, il pare tout ce qui plaît au cœur, il reffemble aux poifons, qui, bien employés, font des remèdes ; mais les plus fubtils font les plus dangereux.

Ceux qui ont le plus d'*efprit* ne font pas toujours ceux qui en font le meilleur ufage ; comme ceux qui ont le plus de bien ne font pas ceux qui s'en fervent le mieux. L'*efprit* eft un tréfor dont peu de gens favent être économes.

Il arrive fouvent qu'un homme qui a beaucoup d'*efprit* & qui ne fait pas vivre, eft moins bien reçu dans la fociété qu'un homme qui a moins de connoiffances, mais qui a du monde.

Monfieur, difoit un père à fon fils, vous réuffiffez dans le monde, & vous vous croyez un grand mérite ; pour humilier votre orgueil, fachez à quelles qualités vous devez ce fuccès : Vous êtes né fans vices, fans vertus, fans caractère ; vos lumières font courtes, votre *efprit* eft borné. Que de droits, ô mon fils ! vous avez à la bienveillance des hommes.

Il y a des gens qui parlent très-peu, & à qui on veut abfolument croire de l'*efprit*. M. d'A.... étoit de ce nombre. Une femme difoit de lui, qu'il n'avoit d'*efprit* que ce qu'il en falloit pour cacher qu'il n'en avoit pas.

Pour être bel *efprit*, il faut être bon *efprit* ; mais pour être bon *efprit*, il n'eft pas néceffaire d'être bel *efprit*. Quelque vif, quelque brillant,

quelque fécond que foit un *efprit*, s'il n'eft folide & réglé, il fera mêlé de folie. On peut être bon *efprit*, au contraire, fans être bel *efprit*. La beauté de l'*efprit* confifte dans une vivacité, une fécondité & une élévation, qui font purement des dons de la nature, & que l'art & l'étude ne donnent point. La bonté de l'*efprit* dépend d'une jufteffe, d'une règle & d'une modération qui dépendent auffi de la nature, mais qui peuvent être cultivées & augmentées par l'art.

ESTIME. Il y a une première place dans l'*eftime* des hommes. L'habile homme qui vient le premier l'occupe, & n'en eft point dépoffédé par un plus habile qui vient après lui. Raphaël fera toujours le premier peintre de l'univers, quand la nature prendroit foin à former un artifte avec tous les talens pour la peinture ; comme Quinaut le premier poëte lyrique. Balzac & Voiture ont excellé les premiers à faire des lettres, & aucunes depuis n'ont fait autant fortune, pas même celles de madame Sévigné qui font fi polies, fi vives & fi délicates. Si vous écrivez de bonnes chofes dans ce genre, elles ne réuffiront point ; donnez-leur un autre nom, elles réuffiront. Si vous faites des caractères meilleurs que ceux de la Bruyere (s'il eft poffible qu'il s'en puiffe faire de meilleurs), ils ne feront pas regardés, fi vous leur donnez le nom de *caractères* ; donnez-leur un nom nouveau, ils réuffiront.

Un honnête-homme fe doit eftimer. Le fond de l'*eftime* eft en nous ; mais l'*eftime* vient des autres.

Le maréchal de Bellefons ayant fait quelque chofe qui avoit déplu à un miniftre, avec qui il étoit en grand commerce, celui-ci dit : « J'eftimerai toujours le maréchal de Bellefons, mais je ne ferai jamais de fes amis ». Le maréchal qui n'avoit pas tort, & qui fçut ce que l'autre avoit dit de lui, répondit fimplement : « Moi, tout au contraire, je ferai toujours de fes amis, mais je ne l'eftimerai jamais ».

Efchine defiroit d'être reçu au nombre des difciples de *Socrate* ; mais, voyant qu'ils lui faifoient de riches préfens, il craignoit d'être rebuté à caufe de fon extrême indigence. « O le plus fage des grecs ! dit-il à ce philofophe, je ne puis rien vous offrir que moi-même, & tout ce que je fuis ; daignez accepter avec bonté ce foible préfent, fi toutefois il mérite ce nom. ― Vous vous eftimez donc bien peu, lui dit *Socrate* ! Vous comptez donc pour rien le préfent que vous me faites de vous-même ? Entrez, & je m'efforcerai de vous rendre eftimable à vos propres yeux ».

ESTOMAC. Voici une cure fingulière d'un mal d'*eftomac*, rapportée dans l'Avant-Coureur,

Ggg 2

année 1771, n°. 46. Le prieur de Rano-les-Dames, lieu situé entre Sainte-Menehould & Vitry-le-François, âgé de 80 ans, étoit incommodé depuis cinq ans d'un mal d'estomac, dont le retour périodique le tenoit régulierement tous les jours en souffrance, depuis cinq heures du soir jusqu'au souper. Il lui prit un jour envie de dîner de manger des noix, & il en mangea en assez grande quantité pour incommoder même un homme en bonne santé. Il attendoit à l'ordinaire le retour de son mal d'estomac, mais il n'en ressentit aucune atteinte. D'après cette épreuve, il se flatta d'être soulagé, & même peut-être guéri par un usage habituel de ce fruit : il en fit en conséquence une bonne provision, & il s'en est fait sur sa table, en six mois, une consommation de 14 boisseaux ; il a été entierement guéri par ce moyen, & n'a plus ressenti depuis aucun retour de son mal.

Les gens de lettres, si l'on en croit Celse (lib. I, cap. 2) ont presque tous l'estomac d'une nature assez foible : imbecilles stomacho omnes penè cupidi litterarum sunt. Aristote avoit en effet ce viscère si délicat, qu'il étoit obligé de tems en tems de le fortifier, au moyen d'une huile aromatique qu'il appliquoit sur la région de l'estomac, mais qui, à coup sûr, ne pénétroit pas jusqu'à ce viscère. Un médecin, assez bon juge dans cette partie, a soutenu qu'on pouvoit estimer la capacité des esprits par la délicatesse de l'estomac, d'autant plus, dit-il, qu'il se rencontre peu d'hommes d'esprit qui n'aient l'estomac délicat. Voyez l'examen de l'examen des esprits, par Jourdain Guibelet, chap. 10, pag. 203.

Quelqu'un a dit avec assez de justesse, que le cimetière des animaux est l'estomac. M. Bourdet, dentiste du roi, qui a publié un petit livret intitulé : Soins faciles pour la propreté de la bouche, &c. dit dans cet ouvrage : On a fait autrefois la fable de l'estomac & des membres ; si l'on faisoit aujourd'hui celle de l'estomac & des dents, ô combien les torts de celles-ci fourniroient de griefs à l'estomac !

Bernard Swalwe, médecin d'Amsterdam, dans le dernier siècle, a publié, in-12 : Ventriculi querelæ & opprobria. Il fait parler dans cet ouvrage l'estomac lui-même, qui décrit en peu de mots sa structure, & qui se plaint des médecines, de ce qu'elles le privent des alimens qu'il aime, & de ce qu'elles lui font souvent user de ceux qui lui sont les plus désagréables.

Erasme répondit au pape, qui lui reprochoit de ne pas faire abstinence pendant le carême, & de manger du gras, j'ai l'ame catholique, mais j'ai l'estomac luthérien.

M. Anderson fait, au sujet du crocodile, la remarque que ce poisson insatiable a reçu de la nature un avantage singulier, que beaucoup de nos gourmands souhaiteroient pouvoir partager avec lui. C'est que toutes les fois que son avidité lui a fait avaler un morceau de bois, ou quelqu'autre chose d'indigeste, il vomit son estomac, le retourne devant sa bouche, & après l'avoir vuidé, & bien rincé dans l'eau de la mer, il le retire à sa place, & se remet sur le champ à manger. Ce fait est avéré entr'autres par Denys (description de l'Amérique Sept.)

C'est ici le lieu de parler de la charlatanerie de certains juifs, qui prétendent qu'ils ont l'estomac propre à nettoyer les perles, & à en augmenter le poids. Ce fait est d'autant plus impossible, dit M. Valmont de Bomare (dict. d'hist. nat., tom. VI, page 12) que les perles, comme les os, l'yvoire & les dents, s'amollissent dans des liqueurs acidulées & chaudes, & qu'elles perdent alors de leur poids. On en a des preuves qu'on ne peut révoquer en doute. Si les perles se nettoyoient dans un estomac juif, il en seroit de même dans un estomac musulman ou chrétien ; mais dans tous, ce seroit aux dépens du volume des perles.

Un garçon boucher, pressé par la soif, ayant bu avec avidité d'une eau dormante, rendit, au bout de six mois, après bien des maux d'estomac & autres accidens, trois crapauds vivans.

Il y a des exemples de personnes qui ont vécu après avoir avalé & rendu par la bouche des serpens vivans, longs d'une demi-coudée & gros à proportion, ainsi que des grenouilles, qui s'insinuent ordinairement par la bouche pendant le sommeil.

Mais le fait le plus singulier & le plus surprenant qu'on puisse citer sur l'amas dans l'estomac de matières tout-à-fait étrangères & en abondance, est celui du forçat de Brest, fait suivi & bien détaillé par M. Fournier, médecin, qui a traité le malade, lequel est mort le 10 octobre 1774, un mois à-peu-près après son entrée dans l'hôpital de la marine de Brest. L'ouverture du cadavre fut faite en présence d'environ cinquante personnes, tant médecins que chirurgiens, & autres. On ouvrit l'estomac, qui étoit d'un volume considérable, & on y trouva quarante-quatre corps étrangers, dont on a dressé l'inventaire, tous plus grands les uns que les autres ; les principaux étoient plusieurs morceaux de bois de genêt, de chêne, de sapin, une cuiller de bois, un tuyau d'entonnoir de fer-blanc, deux cuillers d'étain, un briquet de fer, deux morceaux de verre blanc, un couteau avec sa lame, &c. De toutes les informations prises, il est résulté que ces corps étrangers ont été avalés par le malade lui-même, & non introduits après sa mort dans son *eſtomac*, comme quelques per-ſonnes l'avoient ſoupçonné.

ESTRÉES, (Gabrielle d') ducheſſe de Beau-fort, morte en 1599. Henri IV, qui la vit pour la première fois en 1591, au château de Creve-cœur, réſolut d'en faire ſa maîtreſſe favorite. Il ſe déguiſa un jour en payſan pour l'aller trouver, paſſa à travers les gardes ennemies, & courut riſque de ſa vie. Ce prince l'aima ſi éperduement, que quoiqu'il fût marié, il avoit fait le projet de l'épouſer. Il lui écrivit dans une occaſion périlleuſe : « Si je ſuis vaincu, vous me connoiſſez aſſez pour » croire que je ne fuirai point, mais ma dernière » penſée ſera à Dieu, & l'avant-dernière à vous. Quand elle voulut faire renvoyer le miniſtre Sully, le roi eut la fermeté de lui dire : *Je me paſſerois mieux de dix maîtreſſes comme vous, que d'un ſerviteur comme lui.*

Henri apprenant que les Eſpagnols s'avançoient contre lui, dit à Gabrielle, qui fondoit en larmes : « Ma maîtreſſe, il faut prendre nos armes & » monter à cheval, pour faire une autre guerre. » Henri IV eut de Gabrielle d'*Eſtrées*, trois en-fans, *Céſar*, duc de Vendôme, *Alexandre*, & *Henriette*, qui épouſa le marquis d'Elbœuf.

On prétend que la belle Gabrielle fut empoi-ſonnée par le riche financier Zamet, à l'inſtigation de la reine Marguerite de Valois, que Henri IV vouloit répudier.

ESTRÉES, (François-Annibal d') maréchal de France, né en 1573, mort en 1670.

Des courtiſans s'entretenoient devant Louis XIV, qui n'avoit que quinze ans, du pouvoir abſolu des ſultans turcs, & diſoient qu'ils diſpoſent au gré de leurs caprices, du bien & de la vie de leurs ſujets. « Voilà, dit le roi, ce qui s'appelle régner. » Le maréchal d'*Eſtrées*, qui étoit préſent, répliqua : « Oui, ſire, mais en régnant ainſi, trois empereurs » ont été étranglés de mon temps. »

ETIQUETTE. Cérémonial écrit, ou tradition-nel, qui règle les devoirs extérieurs à l'égard des rangs, des places, & des dignités.

La conduite des rois & des reines d'Eſpagne eſt tellement réglée, par ce qu'on appelle l'*éti-quette* du palais, qu'il ne faut que la lire pour ſavoir à quoi ſe ſont occupés tous les rois d'Eſ-pagne depuis Philippe II & ce que feront les ſuc-ceſſeurs de Philippe V juſqu'au jour du jugement, pourvu que cette *étiquette* ſubſiſte juſqu'à la fin du monde, comme on l'obſerve aujourd'hui. 1°. Il eſt ordonné aux reines d'Eſpagne de ſe coucher préciſément à neuf heures en hiver, & à dix heures en été. 2°. Que lorſque le roi va la nuit de ſa chambre dans celle de la reine, il doit avoir

ſes ſouliers en pantoufle, ſon manteau noir ſur ſes épaules, une bouteille de cuir paſſée dans le bras gauche, dont on ſe ſert pour pot de chambre, une lanterne ſourde de la même main, ſon épée à la main droite. 3°. Que ſi le roi a eu quelque maîtreſſe, & qu'il l'ait enſuite quittée, il faut qu'elle ſe faſſe religieuſe. 4°. Que toutes les fois que le roi recevra quelques faveurs d'une maîtreſſe, ſa majeſté ſera tenue de lui donner quatre piſtoles. 5°. Enfin par ce règlement ſont marqués les jours que le roi doit donner audience aux miniſtres étrangers & à ſes ſujets, ceux qu'il doit aller à l'Eſcurial, à Aran-juez, & à ſes autres maiſons de plaiſance, & les jours que la cour en doit revenir, de ſorte que quelque temps qu'il faſſe, ces voyages ne ſont jamais interrompus : & s'il arrivoit un exprès pour des affaires de la dernière conſéquence, qu'il fal[lû]t aſſembler un conſeil extraordinaire, où la per-ſonne du roi fût néceſſaire ; dans un jour or-donné pour la chaſſe, je ne crois pas qu'on in-terrompît ce plaiſir.

Combien d'extravagances l'*étiquette* n'a-t-elle pas fait éclorre en Eſpagne ? on a lieu ſur-tout de les déplorer, lorſque l'on ſait que Philippe III en fut la victime. Ce prince, à peine relevé d'une maladie dangereuſe, étoit aſſis à côté d'une che-minée dans laquelle le boute feu de la cour avoit allumé une ſi grande quantité de bois, que le monarque penſa étouffer de chaleur. Sa gran-deur ne lui permettoit pas de ſe lever pour ap-peller du ſecours ; les officiers en charge s'étoient éloignés, & les domeſtiques n'oſoient entrer dans l'appartement. A la fin, le marquis de Pobar parut, auquel le roi ordonna d'éteindre le feu ; mais celui-ci s'en excuſa, ſous prétexte que l'é-tiquette lui défendoit de faire une pareille fonc-tion, pour laquelle il falloit appeller le duc d'Uſ-ſède. Le duc étoit ſorti, & la flamme augmen-toit : néanmoins le roi ſoutint la chaleur plutôt que de déroger à ſa dignité ; mais il s'échauffa tellement le ſang, que le lendemain il eut une éréſipèle à la tête, avec des redoublemens de fièvre qui l'emportèrent. *Hiſt. d'Eſpagne, & Inſ-titutions politiques, par le baron de Bielfeld.*

Voici une autre anecdote qui ſervira à prouver que l'*étiquette* eſt obſervée à la cour de Madrid avec une rigueur incroyable : la reine, épouſe de Charles II, aimoit beaucoup à mon-ter à cheval ; elle voulut un jour en eſſayer un qu'on lui avoit amené de la province d'Anda-louſie ; à peine fut-elle deſſus qu'il ſe cabra & la fit tomber, le pied de la princeſſe s'accro-cha malheureuſement à l'étrier, & le cheval en-traîna la reine ſans que perſonne oſât la ſecourir ; l'*étiquette* s'y oppoſoit formellement, car il eſt défendu à quelque homme que ce ſoit, ſous peine de la vie, de toucher le pied d'une reine d'Eſpagne ; Charles II qui étoit amoureux de ſa femme, jettoit, du haut du balcon, des cris redoublés; mais l'*étiquette* retenoit les graves espagnols; cependant deux cavaliers résolurent de délivrer la princesse, & malgré la rigueur de la loi, l'un se saisit de la bride du cheval, l'autre dégagea le pied de sa majesté; ils songèrent ensuite à la peine qu'ils avoient méritée pour avoir violé une loi aussi auguste; ils profitèrent du trouble où l'on étoit encore pour se sauver, mais la reine demanda la grace des deux coupables, & l'obtint.

Avant que Frédéric, roi de Prusse, eût mis la couronne dans sa maison, M. Besser fut envoyé ministre de Brandebourg en France; il arriva à la cour de Louis XIV en même-temps qu'un nouvel ambassadeur de Gênes, avec lequel il eut une contestation pour le rang; ils convinrent que celui qui entreroit le premier à Versailles se présenteroit au roi. Besser passa la nuit dans la galerie de Versailles, & prévint ensuite l'ambassadeur génois; mais celui-ci ayant trouvé la porte de la chambre d'audience entr'ouverte, s'y glissa dans le temps que Besser s'entretenoit avec un courtisan; Besser s'en apperçut, vole comme un éclair dans la même chambre, tire hors de la porte par le pan de son habit, le génois qui alloit commencer sa harangue; il se met à sa place & adresse son discours au roi, qui ne fit que rire de cette espece de violence faite en sa présence.

Le carrosse d'un envoyé extraordinaire du prince abbé de Fulde se trouvant engagé dans un embarras à Vienne, & le ministre-résident du roi de Prusse lui ayant barré le chemin, cet envoyé de Fulde qui avoit la tête à la portière, cria au ministre prussien: *Monsieur, ordonnez donc à votre cocher qu'il cede au mien. Monsieur*, répondit celui-ci, *je lui donnerois cent coups de bâton, s'il cédoit à votre maître.*

Lorsque le cardinal de Richelieu traita du mariage de Henriette de France & de Charles I, avec les ambassadeurs d'Angleterre, l'affaire fut sur le point d'être rompue par deux ou trois pas de plus que les ambassadeurs exigeoient auprès d'une porte; & le cardinal, ainsi que l'histoire le rapporte, se mit au lit pour trancher toute difficulté. Il faut avouer cependant que le françois est moins qu'un autre attaché à l'*étiquette*, & lorsque des circonstances l'obligent de la pratiquer, il ne se la rappelle que pour l'oublier ensuite. Il n'en est pas de même chez les italiens, l'importante affaire *du Puncéillio* les occupe entierement, & c'est un des principaux mysteres de leur grandeur actuelle.

On peut dire la même chose des petites cours d'Allemagne. On rapporte à ce sujet, qu'un colonel françois à la sortie d'une campagne, & ne sachant que faire, voulut aller dans une petite ville d'Allemagne, à une assemblée qui se tenoit chez une princesse. Vous desirez, lui dit-on, vous trouver à cette assemblée; mais il n'y a que des princes qui aillent là: êtes vous prince? — Va, va, lui dit le colonel, ce sont de bons princes; j'en avois l'année passée une douzaine dans mon antichambre, quand nous eûmes pris la ville, ils étoient tous fort polis.

M. de Novion, premier président du parlement de Paris, sous Louis XIV, étoit allé rendre visite au cardinal Mazarin, premier ministre, les deux battans des portes furent aussi-tôt ouverts à ce magistrat, comme cela se pratique; M. de Novion pénétra jusqu'à la dernière antichambre, où il resta, parce qu'il ne trouva point le cardinal de Mazarin venant-au-devant de lui; un valet de chambre avoit déjà annoncé le premier président à son éminence, qui travailloit en ce moment & qui se contenta de dire, faites entrer. Le domestique l'annonça une seconde fois, & comme le ministre répétoit, faites entrer, le valet de chambre lui dit que M. de Novion s'étoit arrêté dans l'antichambre; le cardinal sentit alors ce que cela signifioit; il se leva au plus vite, & frappant de grands coups sur la table, il dit: allons, ce petit homme est opiniâtre; & il marcha pour l'aller-chercher dans l'anti-chambre où il étoit resté.

M. de Mêmes tint la même conduite à l'égard du cardinal Dubois: le premier président ne voyant point son éminence sortir de son cabinet, se mit dans un fauteuil à la porte de la première antichambre, & répondit au valet de chambre qui le pressoit d'entrer, je suis fort bien ici, & j'y attendrai fort commodément que son éminence ait le loisir; & il attendit effectivement qu'elle vint au-devant de lui pour se mettre en mouvement & entrer avec elle dans son cabinet.

M. de Saintot, maître des cérémonies, dans un lit de justice, ayant salué le roi Louis XIV, puis les princes du sang, ensuite les prélats, enfin le parlement; M. de Lamoignon, premier président, qui prétendoit que le parlement fût salué immédiatement après les princes, lui dit: « Saintot, la cour ne reçoit pas vos civilités ». Le roi se tournant vers le président, dit: « je l'appelle souvent M. de Saintot »; M. de Lamoignon répondit: « Sire, votre bonté vous dispense quelquefois de parler en maître; mais votre parlement ne vous fera jamais parler qu'en roi ».

L'*étiquette*, ainsi que la gravité, a souvent été dédaignée par le vrai mérite. Lorsqu'en 1683, Sobieski, roi de Pologne, eut obligé les Turcs de lever le siège de Vienne, l'empereur, qui s'étoit éloigné de cette capitale, y rentra, & fit dire qu'il désiroit passionnément de voir le roi polonois & de l'embrasser. L'*étiquette* causa de l'embarras : on demanda comment cet empereur devoit recevoir un roi électif : *à bras ouverts, s'il a sauvé l'empire*, dit le duc de Lorraine, dont la grande ame dédaignoit ces petites & misérables formalités.

Au Tunquin il ne faut avoir ni chausses ni souliers quand on se présente devant le roi, qui seul se sert de pantoufles ; on l'aborde avec gravité & on le quitte en courant.

ÊTRE. C'EST ASSEZ QUE D'ÊTRE. C'étoit un mot de Madame de la Fayette, qui entendoit par-là que pour être heureux il falloit vivre sans ambition & sans passion.

ÉTRENNES. Pendant la fortune de l'abbé Dubois, il avoit un intendant dont les friponneries lui étoient connues ; au jour de l'an cet intendant venoit rendre ses devoirs à l'abbé Dubois : au lieu de lui donner des *étrennes* comme à tous ses autres domestiques, celui-ci se contentoit de lui dire : *Monsieur, je vous donne ce que vous m'avez volé ;* & l'intendant faisoit une profonde révérence & se retiroit.

En 1675, Madame de Thiange voulant flatter Louis XIV, donna en *étrennes* une chambre toute dorée, grande comme une table, à Monsieur le duc du Maine : au-dessus de la porte il y avoit en grosses lettres, *chambre du sublime*, au-dedans un lit & un balustre, avec un grand fauteuil dans lequel étoit assis Monsieur le duc du Maine fait en cire, fort ressemblant, auprès de lui Monsieur de la Rochefoucault auquel il donnoit des vers pour les examiner ; autour du fauteuil Monsieur de Marcillac, & Monsieur Bossuet alors évêque de Condom ; à l'autre bout de l'alcove Madame de Thianges & Madame de la Fayette lisoient des vers ensemble ; au-déhors du balustre, Despréaux, avec une fourche, empêchoit sept ou huit méchans poètes d'approcher ; Racine étoit auprès de Despréaux, & un peu plus loin la Fontaine auquel il faisoit signe d'avancer ; toutes ces figures étoient de cire en petit, & chacun de ceux qu'elles représentoient avoit donné la sienne.

ÉTUDE. On cherche depuis long-temps une panacée universelle ; ceux qui aiment l'*étude* l'ont trouvée ; elle adoucit nos maux, dissipe nos chagrins, vivifie toutes les facultés de notre ame & lui donne (qu'on nous passe cette expression) un certain embonpoint que ne lui procureroient jamais les autres plaisirs auxquels il pourroit se livrer. C'est là sans doute ce que le duc de Vivonne voulut faire entendre, lorsqu'il répondit à Louis XIV qui lui demandoit à quoi lui ser-

voit de lire : « Sire, la lecture fait à mon esprit, » ce que vos perdrix font à mes joues ».

Le duc de Vivonne avoit beaucoup d'esprit & les plus belles couleurs du monde.

C'est une grande erreur de croire que l'*étude* soit contraire à la santé. On voit autant vieillir de gens de lettres que de toute autre profession : l'histoire en fournit une infinité d'exemples ; en effet, cette vie réglée, uniforme, paisible, n'entretient-elle pas la bonne constitution, & n'éloigne-t-elle pas toutes les causes qui peuvent l'altérer ? Pourvu que la chaleur naturelle soit d'ailleurs excitée par un exercice modéré, & ne soit pas étouffée sous une quantité d'alimens disproportionnée au besoin de la vie sédentaire.

ÉVENEMENS SINGULIERS. En 1674, le prince d'Orange attaque & prend Grave. Parmi les divers événemens qui ont rendu ce siège mémorable, il y en a un tout-à-fait singulier.

Chamilly, qui commande dans la place, manque d'argent, & craint pour les ôtages qu'on avoit pris en Hollande, & qu'on avoit imprudemment laissés dans cette ville. Il fait part de cette double inquiétude à d'Estrade, gouverneur de Mastrich. Le comte, instruit que, quoique le siège soit commencé depuis plus de deux mois, les lignes ne sont pas encore achevées, détache un officier brave & intelligent, nommé Melin, avec six cens hommes de sa garnison. Melin entre par l'endroit qui étoit mal gardé, traverse le camp des Hollandois, passe dans Grave avec sa troupe, donne à Chamilly tout l'argent dont il a besoin, & amène avec lui les ôtages, en traversant de nouveau le camp ennemi, sans que personne se mette en état de s'y opposer.

Les habitans de Villefranche, en Périgord, ayant formé, durant les guerres de religion, le projet de surprendre Montpazier, petite ville voisine, ils choisissent pour cette expédition la même nuit que ceux de Montpazier, sans en rien savoir, ont prise aussi pour tâcher de s'emparer de Villefranche. Le hazard fait encore qu'ayant pris un chemin différent, les deux troupes ne se rencontrerent point. Comme des deux côtés les murs sont demeurés sans défense, les deux entreprises réussissent. On pille, on se gorge de butin, on se croit heureux. Mais au point du jour tout le monde connoît la méprise. La composition est, que chacun s'en retourne chez lui & que tout soit remis dans son premier état. C'est là une image de la manière dont les françois de ce temps-là se faisoient la guerre. (*Mémoires de Sully.*)

Le jour que Henri III fut assassiné à Saint Cloud, la foudre tomba sur la Sainte-Chapelle du château de Bourbon-l'Archambault, fondée par les seigneurs de Bourbon, dont la branche de nos Rois régnante n'a pas dédaigné le nom; elle n'y fit pas d'autre mal que d'ôter du milieu de l'écu des armes de Bourbon, qui étoient peintes sur une vitre, le bâton de gueules qui en faisoit la brisure & la distinction d'avec les pleines armes de France; comme si le ciel, par ce prodige, eût voulu annoncer la fin du règne de la branche des Valois, dont Henri III étoit le dernier prince, & le commencement de la branche de Bourbon, dont Henri IV étoit le chef & légitime successeur de la couronne, qu'il a portée & transmise à la maison de Bourbon. On a observé aussi que le jour de sa naissance, fut le jour de la mort de François de Guise, tué par Poltrot.

ÉVÉNEMENT EXTRAORDINAIRE. François, duc de Guise, passant à Vassi, petite ville de Champagne, les gens de sa suite insultent les calvinistes assemblés dans une grange pour prier Dieu. Le sang répandu à cette occasion est l'origine, ou, tout au moins, l'époque des guerres de religion, qui ont fait très long-temps de la France entière un théâtre de discorde & d'horreur.

Le siège de Rouen, entrepris par les catholiques, est une des premières suites des troubles domestiques. François Civile, un des plus intrépides gentilshommes du parti calviniste, reçoit une blessure qui le fait tomber du rempart dans la ville, sans connoissance. Des soldats, qui le croient mort, le dépouillent & l'enterrent avec la négligence ordinaire dans ces occasions. Un domestique affectionné, jaloux de procurer à son maître une sépulture qu'il croit plus honorable, va le chercher. N'ayant pas réussi à le reconnoître parmi plusieurs cadavres tout défigurés qu'il trouve, il les recouvre de terre, mais de manière que la main de l'un d'eux demeure découverte.

Comme il s'en retournoit, il regarde derrière lui, & apperçoit cette main. La crainte qu'il a que cet objet n'excite les chiens à déterrer le cadavre pour le dévorer, le fait retourner sur ses pas, dans la vue de couvrir cette main. Dans l'instant qu'il alloit se livrer à ce pieux office, un clair de lune lui fait appercevoir un diamant que Civile portoit à son doigt. Sans perdre de temps, il prend son maître, qui respire encore, & le porte à l'hôpital des blessés

Les chirurgiens, accablés de travail, ne voulant pas perdre leur temps à panser un homme qu'ils regardent comme mort, le domestique le porte à son auberge, où il languit quatre jours sans aucun secours. Au bout de ce temps-là, deux médecins ont la complaisance de le visi-

ter. Ils nétoient sa plaie, & le mettent par leurs soins, en état de vivre.

Lorsque la ville est prise, les vainqueurs poussent la barbarie jusqu'à le jetter par les fenêtres; heureusement il tombe sur un tas de fumier, où, abandonné de tout le monde, il passe trois jours: du Croiset, son parent, le fait enlever secrètement pendant la nuit & transporter dans une maison de campagne, où il est pansé à loisir; là après tant d'espèces de mort, il recouvre une santé si parfaite, qu'il survit quarante ans à tous ses accidens.

Au siège de Groningue, formé par le prince Maurice d'Orange; il arrive une chose assez singulière pour être remarquée. Dans l'instant où les assaillans sont prêts à tirer un canon & à y mettre le feu, un boulet tiré du côté des assiégés entre dans la bouche de ce canon, sans l'avoir endommagé, est renvoyé aussitôt dans la place par le canon où il est entré.

EUGENE, (le Prince,) François de Savoie, généralissime des armées de l'empereur, né à Paris, le 18 octobre 1663, mort à Vienne le 27 avril 1736, il étoit petit fils de Charles Emmanuel, Duc de Savoie. Son père Eugène-Maurice, comte de Soissons, établi en France lieutenant-général des armées du roi & gouverneur de Champagne, avoit épousé Olympe Mancini, l'une des nièces du cardinal Mazarin.

Le prince Eugène étoit né avec les qualités qui font un héros dans la guerre & un grand homme dans la paix : un esprit plein de justesse & de hauteur, ayant le courage nécessaire & dans les armées & dans le cabinets. Il a fait des fautes comme tous les généraux, mais elles ont été cachées sous le nombre de ses grandes actions. Il a ébranlé la grandeur de Louis XIV & la puissance ottomane; il a gouverné l'empire, & dans le cours de ses victoires & de son ministère, il a méprisé également le faste & les richesses; il a même cultivé les lettres, & les a protégées.

Ce prince que dans sa jeunesse on appela en France le *chevalier de Carignan*, porta quelque temps le petit collet, & on le nommoit *l'abbé de Savoie*. Il sollicita des bénéfices qu'il n'obtint point; il demanda ensuite un régiment, qui lui fut également refusé, parce qu'il étoit trop lié avec le prince de Conti alors en disgrace. Ne pouvant réussir auprès de Louis XIV, il se mit au service de l'empereur. On prétend même que lorsqu'il passa en Allemagne, comme M. de Louvois, ministre de la guerre, disoit publiquement que l'abbé de Savoie ne rentreroit plus en France: « J'y rentrerai un jour, répondit *Eugène*, en » dépit de M. de Louvois ».

En

En 1697, le sultan Kara Muftapha II commandoit son armée fur le Danube. Enflé de quelques succès qu'il avoit eus dans les campagnes précédentes, il avançoit dans la Hongrie avec une fierté infultante. On avoit, par son ordre, forgé une quantité prodigieuse de fers, pour garoter toute l'armée autrichienne, depuis le général jufqu'au dernier foldat. Cet odieux appareil de chaînes étoit traîné fur plufieurs chariots qui fuivoient le bagage. Le prince *Eugene* de Savoie qui venoit de prendre le commandement de l'armée chrétienne, ne tarda point à réprimer cet orgueil. Il attaqua & battit à Zeuta les turcs trois fois plus forts que lui. La victoire fut complette, peu chérement achetée & fuivie de très-grands avantages. Toute l'Europe applaudit à ces triomphes, excepté les ennemis perfonnels d'*Eugene* : jaloux de la gloire qu'il pouvoit acquérir, ils lui avoient fait envoyer une défense formelle d'engager une action générale. Ses fuccès augmenterent leur fureur, & il ne fut pas plutôt arrivé à Vienne, qu'on le mit aux arrêts & qu'on lui demanda fon épée. « La voilà, dit-il, puifque » l'empereur la demande; elle eft encore fumante » du fang des ennemis, & je confens de ne la » plus reprendre, fi je ne puis continuer de l'em- » ployer pour fon fervice ». Les rivaux d'*Eugene* ayant engagé Léopold à cette première démarche, efpérerent qu'il iroit plus loin, & lui proposerent de faire citer le général défobéiffant au confeil de guerre, pour être jugé fuivant les loix. L'empereur, qui eut le tems de faire des réflexions, fe refufa à cette févérité auffi injufte que déplacée: « Me préferve le ciel, dit-il, de traiter comme » malfaiteur un héros par qui le ciel m'a comblé » de tant de faveurs, fans que je les euffe méri- » tées! Comment pourroit-il être coupable, lui » qui a été l'inftrument dont Dieu s'eft fervi pour » châtier les ennemis de fon fils! » Ces paroles fermerent la bouche à l'envie, & l'empereur, autant pour le bien de fes affaires que pour confoler fon général, lui donna un écrit qui l'autorifoit à fe conduire de la manière qu'il jugeroit convenable, fans qu'il fût exposé à être jamais recherché.

Lorfque le prince *Eugene* ne pouvoit pas faire la guerre ouvertement, il la faifoit en quelque forte fous terre. Il furprit en 1702 Crémone, où étoit le quartier général des françois & des efpagnols pendant l'hiver, en faifant paffer quatre cents de fes foldats par un égout qui donnoit dans la ville. Mais plufieurs circonftances ayant empêché fes troupes d'avancer, il fut obligé d'abandonner fon entreprise à l'entrée de la nuit, après s'être battu tout le jour & fait plufieurs prifonniers de diftinction. Deux jours après, on prit dans les caves plus de cent cinquante allemands, qui voyant la ville prife, s'étoient établis dans le lieu qui leur plaifoit le plus, & fi bien établis, qu'on eut bien de la peine à les retirer de ces lieux enchantés.

La grande alliance contre la France fe trouvant en 1704 dans la néceffité de faire agir dans le centre de l'Allemagne la principale maffe de fes forces, afin d'empêcher la ruine totale des provinces héréditaires de la maifon d'Autriche, Malborough partit des Pays-Bas avec les anglois & les hollandois, & joignit les impériaux fur le Danube. *Eugene*, étonné de l'état brillant des troupes après une marche difficile & longue, s'écria: « Milord, je n'ai jamais vu de meilleurs » chevaux, des foldats mieux vêtus & mieux » équipés: tout cela néanmoins fe peut avoir pour » de l'argent; mais on n'achete pas l'air affuré » que l'on voit fur leurs vifages. Si ce que vous » dites eft vrai, répondit Malborough, c'eft vous » qui leur infpirez la fière contenance qu'ils font » paroître ».

En 1706, le prince *Eugene* alla au fecours du duc de Savoie, délivra Turin, que les françois affiégeoient, & fit rentrer tous les milanois fous l'obéiffance de l'empereur. Comme ce général avoit tiré des marchands merciers de Londres les fecours néceffaires pour cette expédition, il leur en écrivit le fuccès: *Je me flatte*, leur dit-il, *d'avoir employé votre argent à votre fatisfaction.* Les anglois, toujours fideles à leur haîne contre la France, fe livrerent dans cette occafion à une joie exceffive. L'eftime qu'ils avoient pour le prince *Eugene* devint une paffion. Une vieille fille lui donna deux mille cinq cents livres fterlings par fon teftament, & un jardinier lui fit un legs de cent livres fterlings.

Lille, où le maréchal de Boufflers commandoit, fut prife par le prince *Eugene* en 1708, au grand étonnement de l'Europe, qui croyoit l'armée du duc de Bourgogne plus en état d'affiéger *Eugene* & Malboroug, que ces généraux ne l'étoient d'affiéger Lille. Cette conquête fit concevoir aux alliés les plus hautes efpérances. Un de leurs officiers pouffa les chofes jufqu'à dire, qu'immanquablement on feroit bientôt à Bayonne. « Oui, » dit fagement & modeftement le prince *Eugene*, » pourvu que le roi de France nous donne un » paffe-port pour aller & un paffe-port pour re- » venir ».

Les états-généraux voulurent célébrer cette conquête par des feux d'artifice; mais le prince *Eugene*, de concert avec le duc de Malborough, demanda que l'argent deftiné à ces réjouiffances fût employé au foulagement des foldats de la république qui avoient été bleffés pendant la campagne.

Lors de la célèbre journée de Malplaquet, le 10 feptembre 1708, le prince *Eugene*, qui fe trouvoit par-tout où fa préfence étoit néceffaire, fut dangereufement bleffé dans la plus grande chaleur de l'action. Ceux qui combattoient à côté de lui, voyant ruiffeler fon fang, le preflerent

de se retirer au moins quelques instans. « Qu'im-
» porte, leur dit-il, de se faire panser, si nous
» devons mourir ici ? Et, si nous en revenons,
» il y aura assez de temps pour cela, ce soir. »
Avec le même sang-froid qu'il avoit fait cette réponse, il continua de combattre & de donner ses
ordres. La fermeté de ce grand général fit une
impression étonnante sur l'esprit des troupes. Elles
redoublèrent leurs efforts, & parvinrent enfin à
se rendre maîtres du champ de bataille.

Ce prince mourut avec la réputation d'avoir
été le plus grand capitaine de son siècle. Quoiqu'il eût eu de grands succès à la guerre, il n'a-
voit pas toujours été content de la confiance
qu'on avoit en lui. Un de ses amis lui demanda
un jour, dans le tems de la longue guerre pour
la succession d'Espagne, la cause de la profonde
rêverie où il le voyoit plongé : « Je faisois ré-
» flexion, répondit-il, que si Alexandre le grand
» avoit été obligé d'avoir l'approbation des dé-
» putés de Hollande pour exécuter ses projets,
» il s'en seroit fallu plus de la moitié que ses
» conquêtes n'eussent été si rapides ».

Le prince Eugène avoit coutume de dire à ses
amis intimes : « Que de trois empereurs qu'il
» avoit servis, le premier avoit été son père, le
» second son frère, & le troisième son maître ».
Il entendoit par là que l'empereur Léopold avoit
eu soin de sa fortune, comme de celle de son
propre fils ; que l'empereur Joseph l'avoit aimé
comme son frère, & que Charles VI l'avoit récompensé comme on récompense un vieux &
fidèle serviteur.

Ce prince ne voulut jamais se marier ; il avoit
pour maxime qu'une femme est un meuble em-
barrassant pour un homme de guerre, qui oublie
souvent son devoir pour penser à sa fortune, &
cherche à ménager sa vie pour se conserver à une
épouse.

L'amour lui parut toujours une de ces passions
frivoles célébrées par les femmes avec beaucoup
d'habileté pour étendre leur empire. Les amoureux, disoit-il, sont dans la société civile ce que
les fanatiques sont dans la religion, c'est-à-dire,
des cerveaux brûlés.

EURIPIDE, poëte tragique grec, né à Salamine l'an 486 avant Jésus Christ, mort l'an
407 avant la même époque. De soixante-quinze
tragédies qu'il avoit composées, il ne nous en est
parvenu que dix-neuf.

Euripide fut le disciple d'Anaxagore, & mérita
de devenir l'ami du sage Socrate par son application à rendre le théâtre utile aux hommes.

Ce poëte a eu la gloire, dans ces derniers
temps, d'avoir inspiré l'illustre Racine. Le disciple a surpassé son maître, & ne l'a cependant
point fait oublier.

Quelques historiens rapportent que l'Andromaque d'Euripide fit une si vive impression sur les
Abdérites, qu'ils furent tous atteints d'une espèce
de folie, & que se croyant chacun un des acteurs de la pièce qu'ils avoient vu représenter,
ils déclamoient par-tout les vers de cette tragédie.
Cette historiette n'est peut-être qu'un petit conte
fait à plaisir, pour ridiculiser la fantaisie qui
régna quelque temps parmi ce peuple, d'apprendre par cœur des scènes entières de la nouvelle
pièce, & de les déclamer.

Les mêmes historiens rapportent aussi que les
athéniens, commandés par Nicias, ayant perdu
une bataille considérable en Sicile, les soldats
prisonniers ne rachetèrent leur vie, & leur liberté
qu'en contribuant au plaisir de leurs vainqueurs,
qui aimoient à entendre réciter les vers du poëte
athénien.

On peut remarquer, à l'occasion des pièces
d'Euripide, combien les athéniens qui n'étoient
pas moins corrompus qu'aucun autre peuple de la
Grèce, étoient attentifs néanmoins à conserver
le respect pour les bonnes mœurs, pour la vertu,
pour les bienséances, pour la justice. Euripide
avoit mis dans la bouche de Bellérophon un éloge
magnifique des richesses, qu'il terminoit par ces
paroles : « Les richesses sont le souverain bien du
» genre humain ; & c'est avec raison qu'elles ex-
» citent l'admiration des dieux & des hommes ».
Tous les spectateurs se récrièrent, & on auroit
chassé l'acteur, si Euripide ne fût venu lui-même
prier l'assemblée d'attendre la fin de la pièce,
où l'admirateur des richesses recevoit le châtiment
qu'il méritoit. C'est Sénèque qui a rapporté cette
particularité.

Euripide fut lui-même sur le point d'être cité
devant le magistrat, au sujet d'une réponse qu'il
fait faire à Hippolite. La nourrice de Phèdre lui
représentoit qu'un serment inviolable l'engageoit
au silence : Ma langue, lui répliquoit-il, a prononcé le serment, mais mon cœur n'y a point consenti. Cette distinction parut à toute l'assemblée
un mépris ouvert de la religion & de la sainteté
du serment, qui tendoit à bannir de la société &
du commerce de la vie, toute sincérité & toute
bonne foi.

Le comédien Archelaus avoit envie qu'Euripide
le célébrât par quelque œuvre tragique ; mais
Euripide répondit ingénieusement : « plaise au
» ciel qu'il ne vous arrive jamais de vous rendre
» le sujet d'une tragédie ».

Euripide s'enfermoit dans un lieu très-retiré
pour travailler à ses tragédies, & il ne compo-

ſoit que très-difficilement. Il ſe plaignit une fois au poëte Alceſtis qu'il n'avoit pu faire que quatre vers pendant trois jours qu'il avoit travaillé. Alceſtis qui avoit la facilité des mauvais écrivains, lui répondit, avec beaucoup de vanité, que pendant le même eſpace de temps il compoſeroit une centaine de vers bien aiſément. « Mais, lui dit « *Euripide*, juſtement indigné, il y a cette diffé- » rence entre vos écrits & les miens, que les » vôtres dureront trois jours, & que les miens » perceront l'étendue des ſiècles ». *Valère Maxime.*

Les Athéniens, qui cherchoient peut-être à ſe venger de l'admiration qu'ils avoient pour cet homme illuſtre, engagèrent Ariſtophane à le tourner en ridicule. Le poëte comique ſe chargea volontiers de cette commiſſion. *Euripide* pouvoit prêter un côté au ridicule par ſon affectation à médire des femmes, ſoit ſur le théâtre, ſoit dans la converſation. Il s'étoit marié deux fois, & deux fois il s'étoit trouvé la dupe des femmes; de-là

peut-être ſa haîne contre le ſexe en général. *Euripide*, trop ſenſible aux ſarcaſmes du poëte comique, quitta Athènes, & ſe retira à la cour d'Archelaüs, roi de Macédoine, où il finit ſes jours. Ce prince qui l'avoit comblé de biens pendant ſa vie, l'honora après ſa mort, & fit dépoſer ſes cendres à Péla ſa capitale.

EXCOMMUNICATION. Le jour de Pâques 1245. le curé de Saint-Germain-de-l'Auxerrois à Paris, étant monté en chaire dit, que le pape Innocent IV vouloit que dans toutes les égliſes de la chrétienté on dénonçât comme excommunié, l'empereur Frédéric II. « Je ne ſais pas, » ajouta-t-il, quelle eſt la cauſe de cette *excommunication*; je ſais ſeulement que le pape & » l'empereur ſe font une rude guerre. J'ignore » lequel des deux a raiſon; mais d'autant que j'en » ai le pouvoir, j'excommunie celui qui a tort & » j'abſous l'autre ». Frédéric II, à qui l'on raconta cette plaiſanterie envoya des préſens à ce curé.

F.

FABERT (Abraham), maréchal de France, fils d'un libraire de Metz, mort en 1662 à 63 ans.

Fabert, encore enfant, s'occupoit à représenter différens exercices d'infanterie avec de petites figures de soldat qu'il faisoit mouvoir suivant le commandement. Sa passion pour les armes fut bientôt connue des généraux ; on l'employa dans plusieurs actions éclatantes où il signala son courage, sa capacité & sa grandeur d'ame.

En 1635, Gallas, général de l'empereur, qui étoit entré en Lorraine avec le projet de pénétrer dans la Champagne, fut obligé, par les manœuvres des généraux françois, de prendre la route de l'Alsace sans avoir rien fait ; ses troupes, au désespoir de manquer de vivres, tuèrent dans leur retraite tous ceux qui leur en refusèrent. Fabert, qui étoit à leur poursuite, entra dans un camp abandonné & couvert d'officiers & de soldats autrichiens blessés & mourans ; un françois ne respirant que la fureur, dit tout haut : « il faut achever ces malheureux qui ont massa- » cré nos camarades dans la retraite de Mayence ». *Voilà le conseil d'un barbare*, reprend Fabert, *cherchons une vengeance plus noble & plus digne de notre nation.* Aussitôt il fit distribuer à ceux qui pouvoient prendre une nourriture solide, le peu de provision que son détachement avoit apportées ; les malades furent ensuite transportés à Mézières, où, après quelques jours de soins, la plupart recouvrèrent la santé. Ils s'attachèrent presque tous au service de la puissance qui, contre leur espérance, les avoit traités si généreusement.

Fabert, quelque temps auparavant, avoit été élevé au grade de capitaine ; il fit à cette occasion un trait de générosité qui fixa les yeux sur lui. Instruit que l'officier dont il prenoit la place avoit laissé des affaires fort dérangées, il fit compter aux héritiers sept mille francs qui étoient le prix ordinaire des compagnies ; afin qu'on ne crût pas que c'étoit un présent qu'il vouloit faire, il fit entendre que le roi l'avoit ainsi réglé.

Il se trouva au siège de Turin en 1640. Ayant été blessé à ce siège d'un coup de mousquet dans la cuisse, tous les chirurgiens conclurent qu'il falloit la lui couper. Le cardinal de la Valette, dont il étoit aide de camp, & M. de Turenne, le conjurant de souffrir cette opération : *Il ne faut pas mourir par pièces*, leur dit-il, *la mort m'aura tout entier, ou elle n'aura rien, & peut-être lui échaperai-je. Et en effet il lui échappa.*

Les françois ayant entrepris en 1642 de se rendre maîtres de Perpignan, Fabert rendit compte tous les matins à Louis XIII. des opérations du siège. Un jour le grand écuyer Cinq-mars osa critiquer les détails qu'il entendoit. « Vous avez » sans doute passé la nuit à la tranchée, puisque » vous en parlez si savamment, lui dit le roi. » Sire, répondit le grand écuyer, vous savez le » contraire. Allez, repliqua Louis, vous m'êtes » insuportable : vous voulez qu'on croye que vous » passez les nuits à régler avec moi les grandes » affaires de mon royaume ; & vous les passez » dans ma garde-robe à lire l'Arioste avec mes » valets de chambre. Allez, orgueilleux, il y a six » mois que je vous vomis ». Ce discours fit sortir Cinq-mars, & l'œil étincelant de colère, il dit à Fabert, *Monsieur, je vous remercie. Que vous dit-il,* s'écria le roi : *je crois qu'il vous menace. Non, sire,* répondit Fabert : *on n'ose faire des menaces en votre présence, & ailleurs on n'en souffre pas.*

FABIUS MAXIMUS (Quintus), surnommé *Cunctator* ou le *temporiseur*. Il étoit consul l'an 233 avant J. C. Il sauva Rome en fatiguant Annibal par des marches & des contre-marches, sans jamais en venir aux mains. Il reprit par ruse Tarente sur le général carthaginois ; ce qui fit dire à ce dernier : *quoi, les romains ont donc aussi leur Annibal ?*

Ce carthaginois ayant tenté vainement d'attirer le romain au combat, lui fit dire : « si Fabius » est aussi grand capitaine qu'il veut qu'on le croie, » il doit descendre dans la plaine & accepter la » bataille ». Fabius lui fit répondre : *si Annibal est aussi grand capitaine qu'il le pense, il doit me forcer à la donner.*

Ce grand homme alla un jour à cheval au-devant de Fabius Maximus son fils, alors consul ; le fils lui fit dire de mettre pied à terre ; le père obéit & lui dit, en l'embrassant : *je voulois voir si tu savois ce que c'est que d'être consul.*

FABRICIUS (Caïus), surnommé *Luscus* consul romain l'an 282 avant J. C. Son désintéressement & son courage firent sa gloire. Il remporta un butin immense sur les Samnites, & il le fit porter à l'épargne le jour de son triomphe.

Pyrrhus, roi d'Épire, tenta vainement de corrompre Fabricius par ses présens ; il voulut du moins l'effrayer par la vue d'un grand éléphant qu'on élança sur lui ; mais le consul romain, sans témoigner ni surprise ni crainte, dit à Pyrrhus :

ni votre or, ni votre éléphant ne portent aucun trouble dans mon ame.

Le médecin du roi d'Épire vient offrir à *Fabricius* d'empoisonner son maître ; le romain fit enchaîner le traître & le renvoya au roi pour le punir.

Fabricius se nourrissoit des légumes de son jardin qu'il cultivoit lui-même ; & après sa mort le sénat fut obligé de marier ses filles aux dépens du peuple romain ; que ce général avoit comblé de gloire & de richesses.

FACÉTIES. Faits burlesques ou plaisans ordinairement inventés à plaisir : une naïveté, une gaudriole, un trait gaillard en fait l'assaisonnement. La *facétie* est au conte ce que la farce est à la comédie.

Deux amis qui depuis longtems ne s'étoient vûs, se rencontrèrent par hasard. Comment te portes-tu, dit l'un : pas trop bien, dit l'autre, & je me suis marié depuis que je t'ai vu. — Bonne nouvelle ! — Pas tout à fait, car j'ai épousé une méchante femme. — Tant pis ! — Pas trop pourtant ; car sa dot étoit de deux mille louis. — Eh bien cela console. — Pas absolument ; car j'ai employé cette somme en moutons qui sont tous morts de la clavelée. — Cela est en vérité bien fâcheux ! — Pas si fâcheux, car la vente de leurs peaux m'a rapporté au de la du prix des moutons. — En ce cas vous voilà donc indemnisé, — Pas tout à fait, car ma maison où j'avois déposé mon argent, vient d'être consumée par les flammes. — Oh ! voilà un grand malheur ! — Pas si grand non plus, car ma femme & la maison ont brûlé ensemble.

Un cocher de fiacre étoit sur la place avec son carrosse fêlé & ses chevaux amaigris. Arrive un jeune mousquetaire, qui monte & dit au cocher : » à Chaillot, fouette. — A Chaillot, monsieur ! dit le fiacre ? Je ne vous y menerai pas. — Comment ? — Je vous dis que je ne vous menerai point à Chaillot. Je ne veux pas monsieur : mes chevaux ne pourroient pas. La tête du mousquetaire s'échauffe, il ouvre la portière, s'élance sur le pavé ; & la canne en l'air : parbleu s'écrie-t-il, je t'y ferai aller. — Monsieur je n'irai pas. Tu n'iras pas ? — Non, monsieur je n'irai pas. Pour lors le mousquetaire passoit aux voies de fait, quand le cocher arrêtant sa canne : tenez, monsieur, lui dit-il, je vous jure que je n'irai pas, & je vais vous en faire convenir vous-même, si vous me faites la grace d'écouter quatre mots. Le jeune militaire se disposant à l'écouter : » vous voulez, dit le cocher, que j'aille à Chaillot, & je vous dis que je n'irai pas, & voici comment : vous allez me donner de votre canne sur le dos, je vous donnerai de mon fouet sur la figure ; vous me passerez votre épée au tra-

vers du corps ; ainsi vous voyez, monsieur, que je n'irai pas. » A ces mots le mousquetaire se met à rire, sa canne s'abaisse, son épée reste dans le fourreau, & il va chercher un autre cocher plus docile & moins plaisant.

Une actrice de l'opéra, originaire d'Espagne, à qui l'on reprochoit d'être un peu camuse, d'avoir de grandes oreilles, & qui affectoit en s'habillant, de retrousser fort haut la queue de son manteau, (habillement dont la mode est aujourd'hui passée) au surplus assez jolie, avoit fait une infidélité éclatante à son amant déclaré. Celui-ci, pour s'en venger, fit courir cette affiche.

Dix pistoles à gagner.

On a perdu une épagneule fort petite, poil blanc, ayant les yeux pers, pleins de feu, un peu camuse, bien coëffée, à grandes oreilles, le museau moucheté en plusieurs endroits ; sa queue est fort retroussée. Celui qui l'aura trouvée, la rendra à M. de . . . ., qui payera la somme promise.

FAIM. On reprochoit à un de nos parasites modernes, qu'il dînoit souvent chez les autres. Comment voulez-vous que je fasse ? répondit-il, on m'en presse. Il est vrai, répliqua quelqu'un, il n'y a rien de plus pressant que la faim.

Ceci rappelle le mot de Diogene ; on le reprenoit un jour de ce qu'il mangeoit en plein marché. Je ne l'aurois pas fait, répondit le philosophe cynique, si la faim ne m'eût pris dans ce même lieu.

Un des sujets du roi Alphonse l'aborda un jour, & lui dit : » sire, mon père m'a laissé un créancier à qui il devoit, & qu'il n'a point payé. Depuis j'ai payé la dette, mais ce dur créancier la demande encore avec instance. Je n'ai plus de quoi payer, & si votre majesté ne m'aide à le contenter, je ne sais quel remède y apporter. — Voilà, dit le roi, un créancier bien cruel. Quel est-il ? — Sire, dit le pauvre homme, c'est mon ventre, à qui j'ai tant de fois payé la dette que je n'ai plus rien. — Le roi ne put s'empêcher de rire, & lui fit distribuer de l'argent. »

FALCONET, (Camille) né en 1671, mort en 1762. Il fut consulté comme médecin, & encore plus comme savant. Il avoit une riche bibliothéque qui étoit au service des gens de lettres.

M. *Falconet*, fut un jour appellé auprès d'une dame malade imaginaire. Il l'interrogea ; elle lui avoua qu'elle mangeoit, buvoit & dormoit bien, & qu'elle avoit tous les signes d'une santé parfaite. Hé bien, lui dit le médecin, en homme d'esprit, laissez-moi faire, je vous donnerai un remède qui vous ôtera tout cela.

FAMILIARITÉ.

L'orgueil des grands, ou de ceux à qui quelque coup de fortune a fait croire qu'ils sont plus que les autres, est d'autant plus intolérable dans les conversations, qu'on n'y devroit reconnoître d'autre grandeur que celle que donne l'usage de la raison. Il y a un proverbe allemand qui dit qu'on ne doit jamais manger de cerises avec certains grands, parce qu'ils en jettent les noyaux aux yeux de ceux qu'ils regardent comme leurs inférieurs.

Il est fort souvent dangereux d'avoir affaire à eux, & autant qu'il est possible, il ne faut écouter leurs reproches que de loin.

Le prince de Conti ayant maltraité de paroles, & même de ses pincettes, *Sarrasin* son intendant, ce poëte outré de sa disgrace, alla se coucher & n'en releva point.

Dans un éclaircissement fort aigre, que M. de Chavigny eut avec le grand Condé, ce ministre en sortit avec la fièvre, dont il mourut peu de jours après.

M. de *Thou* étant allé saluer le roi d'Angleterre *Jacques I*, ce prince lui fit tant de reproches de ce que son père *Jacques-Auguste de Thou* avoit parlé trop librement de la reine *Marie Stuard* dans son histoire, qu'il en eut aussi la fièvre.

François I a été long-temps inconsolable, & s'est toujours reproché la mort du fameux Trivulce son général en Italie. Ce grand homme avoit encouru sa disgrace par les calomnies de ses ennemis; il voulut se justifier, & François I ne voulut pas l'entendre. Ce mépris & cette dureté le touchèrent si fort, qu'il se mit au lit accablé d'ennuis & de chagrins; le roi averti de sa maladie, envoya un page savoir de ses nouvelles, auquel ce vaillant général dit que le roi s'y étoit pris trop tard, & en effet il mourut peu après.

Le roi *Charles II* étoit familier de son naturel, d'un accès très-facile, & aimoit assez à voir & à être vu. Plus d'une fois il dîna avec ses bons sujets de Londres chez le lord-maire. Lorsque sire *Robert Viner* eut été élu en cette qualité, il eut l'honneur de donner à dîner à sa majesté. Sire *Robert*, encouragé par sa bonté, & portant des santés continuelles à la famille royale, devint à chaque rasade plus passionné pour son prince, & bientôt sa tendresse dégénéra en *familiarité*. *Charles II*, qui s'en lassa, se leva de table, courut à la porte, sans bruit, & fit avancer son carrosse. Sire *Robert* s'apperçut de son évasion; &, trop satisfait de sa compagnie pour le laisser partir, il courut après lui, le joignit sur l'escalier, & lui frappant dans la main : « Oh! parbleu, » sire, lui dit-il, vous resterez, s'il vous plaît; » vous ne me quitterez pas que nous n'ayons

» vidé encore une bouteille de vin » Le roi se mit à rire, le regarda avec bonté; & se tournant vers ceux qui étoient présens, il leur dit ce vers d'une vieille chanson : *celui qui est ivre est égal aux rois*. Il revint avec le maire, & eut la complaisance de rester jusqu'à ce que le bonhomme eût besoin d'un guide pour trouver son lit.

Duclos étoit lié avec une personne en place qui aimoit sa société, & qui le traitoit comme son égal & son ami. Duclos répondit à quelqu'un qui l'en félicitoit : *ce seigneur veut trop se familiariser avec moi; mais je le repousse par le respect.*

FANATISME.

Mylord Bollingbroke dont l'imagination étoit des plus fortes, fut chargé d'échauffer quelques-uns de ces émissaires que les anglois, après les avoir endoctrinés, lâchoient dans les Cévennes, afin d'y exciter le *fanatisme*; il disoit, en racontant cette anecdote à un de ses amis : *je fus effrayé de mes succès.*

On vint avertir François duc de Guise, qui faisoit la guerre aux protestans, que l'un d'eux étoit dans son camp à dessein de l'assassiner; il le fit arrêter : ce protestant lui avoua sa résolution. Est-ce à cause de quelque déplaisir que vous ayiez reçu de moi? — Non, lui répondit ce fanatique, c'est parce que vous êtes le plus grand ennemi de ma religion... — Si votre religion vous porte à m'assassiner, la mienne veut que je vous pardonne, & il le renvoya.

Pendant la guerre contre les albigeois ou languedociens, en 1156, les croisés assiégèrent Béziers, où il y avoit beaucoup d'hérétiques, mais encore plus de catholiques : les chefs des croisés, en montant à l'assaut, demandèrent au légat du pape ce qu'ils devoient faire, dans l'impossibilité où l'on étoit de distinguer les catholiques d'avec les hérétiques : *tuez-les tous*, dit le légat; *Dieu connoîtra ceux qui sont à lui.* Femmes, filles, enfans, vieillards, soixante-mille habitans de cette malheureuse ville, furent tous passés au fil de l'épée.

En 1620, les bohèmes, mécontens des princes autrichiens, qui violoient perpétuellement leur capitulation, avoient pris les armes & élu ensuite pour leur roi Frédéric V, électeur palatin. Cette démarche fut l'origine d'une guerre vive, longue & sanglante entre les catholiques & les protestans d'Allemagne. La bataille de Prague est un des premiers & des plus éclatans actes de cette grande querelle.

Les troupes protestantes sont retranchées sur le Vaisemberg pour couvrir cette grande ville. Cette position paroît si respectable aux chefs de l'armée impériale, qu'après l'avoir examinée de tous les côtés, ils opinent tous à se retirer. Cet avis alloit être exécuté, lorsqu'un carme espagnol, dont la vie austère & l'extérieur mortifié en imposoient aux simples, promet, d'un ton de prophète & de la part de dieu, une victoire entière; soit que ce moine ne soit qu'un visionnaire, ou que ce soit l'instrument dont les généraux veulent se servir pour animer l'armée, la chose réussit au-delà de ce qu'il étoit possible d'imaginer. Officiers & soldats, tout le monde, saisi d'un enthousiasme subit, veut combattre pour la cause de Dieu; & ce feu, habilement ménagé par le duc de Bavière & par le comte de Bucquoi, produit la destruction de l'armée protestante.

FANFARON. J'avoue franchement que j'ai peur quand je vais à l'action, disoit un jour Monsieur de..... ; je fais cependant mon devoir en homme d'honneur, & je suis ravi quand je peux prévenir les ordres de mon commandant dans les actions d'éclat. Un jour il fut commandé pour attaquer un poste avec un autre officier; celui-ci marquoit beaucoup de fermeté dans la marche, faisoit prouesses de ses belles actions; l'autre au contraire lui faisoit connoître ses inquiétudes. Le *fanfaron* s'en scandalisa si fort qu'il revint sur ses pas dire au général de lui donner un autre officier pour l'accompagner dans le coup de main qu'ils alloient exécuter, parce que celui qu'il y avoit envoyé avec lui, étoit un homme sur qui il ne falloit pas compter; qu'il pourroit lâcher le pied dans l'action, & que même il avouoit ingénument sa foiblesse & son peu de courage. Eh, Monsieur, dit le général, si vous n'aviez pas eu de peur que lui, vous ne seriez pas revenu me le dire. Retournez promptement où je vous ai envoyé; car vous courrez risque de ne vous y pas trouver à temps; votre poltron pourroit bien vous ôter la gloire de l'action. Cela se trouva véritable.

Un roi de Castille, en se faisant attacher sa cuirasse & se préparant au combat, suoit à grosses gouttes; comme il passoit pour un prince courageux ses officiers en étoient surpris; il s'en apperçut & leur dit, d'un air *fanfaron*: « vive dieu! Si mon corps savoit à quels périls affreux mon courage va l'exposer, il sueroit plutôt du sang que de l'eau ».

FARD. Un ambassadeur turc étoit visité par plusieurs dames de la cour extrêmement fardées; celles qui se distinguoient par leur beauté voulurent savoir comment il les trouvoit: je ne puis pas, leur dit-il, m'expliquer bien clairement là dessus, parce que je ne me connois pas en peinture.

Une duchesse très-fardée se promenoit dans le parc de Versailles avec d'autres dames; un seigneur de la cour, qui a la vue un peu basse, étoit de la partie; il s'avisa, sous prétexte qu'il étoit nouvellement arrivé de campagne, de vouloir donner à cette duchesse un baiser qu'elle para, en faisant adroitement demi-tour à gauche, & en se tranchant derrière une statue qui fut tendrement baisée à son intention. Cette méprise fit rire toute la compagnie; mais le seigneur, sans se déconcerter, & prenant d'abord son parti: il n'y a rien de perdu, s'écria-t-il, plâtre pour plâtre, c'est à peu près de même.

Une femme se confessoit à un religieux & s'accusoit de mettre du rouge: il lui demanda à quoi il étoit bon; elle lui répondit qu'elle en usoit dans le dessein d'embellir son visage. — Mais cela vous rend-il plus belle lui répondit le confesseur? Du moins mon père je le crois ainsi. Le confesseur tirant alors sa pénitente du confessionnal & l'ayant regardée au grand jour, allez, dit-il, Madame, mettez du rouge, vous êtes encore assez laide.

Feu M. l'évêque d'Amiens joignoit à beaucoup de piété, un grand fond d'esprit; ce prélat étoit même fécond en bons mots. Un jour une jeune dame, moitié dévote, moitié mondaine, lui demandoit la permission de mettre du rouge: « je vous l'accorde volontiers, lui dit l'évêque, pourvu que vous n'en mettiez que sur une joue ».

FARINELLI, (Broschi dit) mort en 1782, il fut l'un des plus grands musiciens, & peut-être la plus belle voix qui ait existé. Il fut comblé d'honneurs & de richesses à la cour d'Espagne; mais jamais ce favori, qui devint comme premier ministre, ne s'oublia dans le plus haut degré de sa fortune.

Un jour allant à l'appartement du roi, il entendit l'officier de garde dire à un autre qui n'avoit pas ses entrées: » les honneurs pleuvent sur un histrion; & moi, qui sers depuis 30 ans, je suis sans récompense. » Le musicien employa sur le champ son crédit auprès du roi pour lui faire signer un brevet qu'il vint remettre à l'officier, en lui disant: *je vous ai entendu dire que vous serviez depuis trente ans sans récompense, voilà celle que le roi vous donne.*

Un tailleur de Madrid lui ayant fait un habit superbe, ne vouloit d'autre paiement que de lui entendre chanter un air. *Farinelli* le contenta, & lui causa le plus grand enthousiasme par le goût, l'art, & la supériorité de son chant; puis tirant sa bourse, il remit au tailleur le double de ce qu'il pouvoit exiger; & sur son refus obstiné il lui dit: recevez cet argent, j'ai l'âme sensible & fière, & ce n'est même que par là que j'ai acquis quelque avantage sur les autres chanteurs. Je vous ai cédé; il est juste que vous me cédiez à votre tour.

Farinelli, jouant le rôle d'un roi captif, dans un opéra italien, mit tant d'expression dans sa plainte, que l'acteur qui représentoit le tyran, oubliant son rôle, l'embrassa, & dit qu'il ne pouvoit lui rien refuser.

Ce célèbre castrate eut la visite d'un musicien qui n'avoit ni sa fortune, ni ses talens & qui demandoit sa protection. *Farinelli* étoit alors occupé à nétoyer ses diamans & ses bijoux, & dit à son confrère : & vous à quoi vous amusez-vous ? Celui-ci prit cette demande pour une injure, & s'en allant, lui dit : & moi.... & moi, je m'amuse avec ce que vous n'avez pas.

Le roi d'Espagne ayant donné à *Farinelli*, célèbre musicien, & Castrate d'Italie, l'ordre de Calatrava celui-ci fut armé chevalier, avec les cérémonies ordinaires, & on lui mit, suivant l'usage, des éperons. L'ambassadeur d'Angleterre dit là-dessus : » chaque pays, chaque mode; en Angleterre, on éperonne les coqs, à Madrid on éperonne les chapons.

Après la mort de Philippe, *Farinelli* retourna en Italie sa patrie, & comme il faisoit à Benoît XIV le détail des biens, des emplois, des honneurs dont il avoit été comblé en Espagne : c'est-à-dire, lui dit le pape, lorsqu'il eut fini, que vous avez trouvé là ce que vous aviez laissé ici.

FAT. Il y a le trait du grand Condé, qui, ennuyé d'entendre un *Fat* parler sans cesse de monsieur son père, & de madame sa mère, appella un de ses gens, & lui dit : monsieur mon laquais, dites à monsieur mon cocher, de mettre messieurs mes chevaux à monsieur mon carrosse.

Un petit maître qui plaçoit fort mal ses inclinations, fut volé en passant sur le pont neuf. Comme il racontoit les circonstances de cette aventure, je ne me soucie pas, disoit-il à ses amis, de l'argent que j'ai perdu, mais je regrette les lettres de ma maîtresse, que ces coquins m'ont prises avec mon argent : vous verrez, lui répondit-on, qu'ils en reconnoîtront l'écriture.

Un *Fat* se plaignoit de la grande dépense qu'il étoit obligé de faire en chevaux; quelqu'un lui dit : que ne reservez-vous une partie de vos revenus pour vous procurer la compagnie de gens d'esprit. Le *Fat* répondit avec un air de dérision : mes chevaux me traînent; mais les gens d'esprit... les gens d'esprit, lui répliqua-t-on, vous porteront sur leurs épaules. »

FAVART. Justine Benoîte du Ronceray, épouse de M. Favart, naquit à Avignon en

1727; elle étoit fille d'André René du Ronceray, ancien musicien de la chapelle du roi, & depuis musicien du feu roi Stanislas.

En 1744, mademoiselle du Ronceray parut à l'opéra comique de la foire Saint-Germain, sous le nom de mademoiselle Chantilly, première danseuse du feu roi de Pologne, & débuta par le rôle de Laurence, qu'elle joua d'original, dans une pièce intitulée : les *fêtes publiques* : elle eut beaucoup de succès, tant dans la danse, que dans le chant & le dialogue.

Cette même année, l'opéra comique fut supprimé, parceque ses progrès alarmoient tous les autres spectacles. M. Favart, qui étoit alors directeur de ce théâtre, pour le compte de l'académie royale de musique, obtint une permission de donner un spectacle pantomime à la foire Saint-Laurent, sous le nom de Mattheus, danseur anglois, toujours pour le compte du grand opéra, afin de remplir les engagemens qu'il avoit pris avec les acteurs de l'opéra comique. Mademoiselle Chantilly, en fit la réussite par la façon dont elle joua dans une pantomime, intitulée les vendanges de tempé. Sur la fin de la même année, au mois de décembre, mademoiselle Chantilly épousa M. Favart, qu'elle suivit à Bruxelles, parce qu'il étoit chargé de la direction du spectacle de cette ville. Ce fut là que ses talens se développèrent : talens dangereux, qui lui attirèrent, ainsi qu'à son mari, les plus cruelles persécutions de la part de ceux qui devoient les protéger. Ils aimèrent mieux pour s'y soustraire sacrifier toute leur fortune, ce qu'ils exécutèrent après avoir satisfait à tous leurs engagemens & payé les dettes de la direction.

Madame Favart, vint donc à Paris, & débuta au théâtre Italien. Il n'y a point eu d'exemple d'un plus grand succès, mais les persécutions se renouvellèrent, & l'empêchèrent de continuer son début. Enfin elle en triompha, & l'année suivante elle reparut sur le théâtre, avec encore plus d'avantage. Une gaîté franche, naturelle, rendoit son jeu, agréable & piquant : soubrettes, amoureuses, paysannes, rôles naïfs, rôles de caractère, tout lui devenoit propre; en un mot, elle se multiplioit à l'infini, & l'on étoit étonné de lui voir jouer dans le même jour, dans quatre pièces différentes, des rôles entièrement opposés.

La Servante Maîtresse, Bastien & Bastienne, Ninette à la cour, les Sultanes, Annette & Lubin, la Fée Urgelle, les moissonneurs, &c. ont prouvé qu'elle saisissoit toutes les nuances, & que n'étant jamais semblable à elle-même, elle se transformoit & paroissoit tous les personages qu'elle représentoit. Elle imitoit si parfaitement les différens idiômes & dialectes, que les personnes dont elle empruntoit l'accent, la croyoient leur compatriote.

Au

Au retour d'un voyage de Lorraine, madame Favart fut arrêtée aux barrieres de Paris, vêtue d'une robe de perse. On en trouva deux autres dans ses coffres, ces étoffes étoient alors sévèrement prohibées; on voulut les saisir : mais elle eût la présence d'esprit de dire dans un baragoin, moitié françois moitié allemand, qu'elle étoit étrangère, qu'elle ne savoit pas les usages de France, & qu'elle s'habilloit à la façon de son pays. Elle persuada si bien, que le premier commis de la barriere, qui avoit resté plusieurs années en Allemagne, prit sa défense, la laissa passer, & lui fit beaucoup d'excuses.

Les talens qu'elle possédoit, n'étoient rien en comparaison des qualités de son cœur. Une ame sensible, une probité intacte, une générosité peu commune, un fond de gaieté inaltérable, une philosophie douce constituoient son caractère; elle ne s'occupoit que des moyens de rendre service; elle en cherchoit toutes les occasions : & quoiqu'elle fût souvent payée d'ingratitude, elle disoit : » on a beau faire, on ne » m'ôtera point la satisfaction que je sens à » obliger. «

Au mois de Juin 1771, la maladie dont elle est morte se déclara; sa fermeté n'en fut point ébranlée, & quoiqu'elle connût que son état étoit desespéré, elle continua de jouer pour l'intérêt de ses camarades jusqu'à la fin de cette même année. Elle s'alita le jour des rois, envoya chercher des notaires pour son testament, qu'elle fit avec une présence d'esprit, une tranquillité d'ame, & un enjouement qui les étonnèrent. Ensuite elle demanda les secours de l'église qui lui furent administrés. Elle les reçut avec une entière résignation, mais sans rien perdre de son caractère. Elle fit elle-même son epitaphe qu'elle mit en musique, dans les intervalles des plus cruelles douleurs : elle plaisantoit sur son état & consoloit ceux qui l'approchoient. Elle s'occupa des soins de son ménage, & des détails les plus minutieux jusqu'à la surveille de sa mort, qui arriva le 21 avril 1772.

Dans le recueil imprimé des œuvres de M. Favart, le cinquième tome a été mis sous le nom de sa femme. » On sent bien, dit l'éditeur, qu'en » la nommant, c'est nommer son mari, dont il » est aisé de reconoître le style; mais entre époux » de bonne intelligence, les talens & les agrémens » de l'esprit doivent entrer dans la communauté. » Madame Favart, à portée de puiser à la source » le goût des sentimens délicats, avec l'art de les » exprimer, réunissoit le talent de la composition » à ceux de l'action. De là, les six pièces qui » remplissent ce volume. « Les amours de Bastien & Bastienne, les Ensorcelés, ou Jeanot & Jeannette, la fille mal gardée, ou le Pédant amoureux; la Encyclopédiana.

Fortune au village, la Fête d'amour, ou Lucas & Colinette, & Annette & Lubin.

Madame Favart a eu effectivement part aux pièces où l'on a mis son nom, tant pour les sujets qu'elle indiquoit, les canevas qu'elle préparoit, & le choix des airs, que par les pensées qu'elle fournissoit, les couplets qu'elle composoit & différens vaudevilles dont elle faisoit la musique. Son mérite en ce genre étoit peu connu, parceque sa modestie l'empêchoit d'en tirer avantage. Isolée, retirée dans le sein de sa famille, elle ne cherchoit point à faire sa cour; elle s'occupoit de sa profession. Sa harpe, son clavecin, la lecture étoient ses seuls amusemens. Tout au plus cinq ou six personnes recommandables par leurs mœurs, formoient sa société. Telle fut madame Favart, cette actrice charmante, que le public chérissoit, que son mari & son fils adoroient, & que ses amis ne cesseront jamais de regretter.

Voici des vers que l'on a faits pour être mis a bas de son portrait.

> Nature un jour épousa l'art;
> De leur amour naquit Favart,
> Qui semble tenir de son père
> Tout ce qu'elle doit à sa mère.

Par M. Baurau, auteur de la servante maîtresse.

FAVEUR. Un gentilhomme s'étoit attaché depuis long-temps au cardinal Mazarin, de qui il étoit fort estimé, sans qu'il fût encore arrivé aucun changement à sa fortune; le cardinal lui faisant tous les jours des promesses pour toute récompense. Un jour il témoigna de l'aigreur au cardinal de ne voir jamais des effets de ses promesses. Le cardinal, qui ne vouloit pas perdre l'amitié de cet homme, l'appela dans son cabinet, & après avoir tâché de lui persuader la necessité où il avoit été jusques alors, de distribuer les graces à certaines personnes nécessaires au bien de l'état, il lui promit de songer à lui. Le gentilhomme, qui ne faisoit pas grand cas de ses paroles, s'avisa de lui demander pour toute récompense, la permission de lui frapper de temps en temps sur l'épaule, avec un air de faveur, devant tout le monde; ce que fit le cardinal : & en deux ou trois ans le gentilhomme se vit accablé de richesses, seulement pour donner son appui auprès de son éminence, qui ne lui accordoit que ce qu'il auroit accordé à tout le monde, & qui plaisantoit avec lui de la sottise de ceux qui payoient si bien sa protection. Les hommes sont tous dupes; l'opinion donne le prix aux choses les plus communes; qui sait se donner un air important, & faire valoir ses denrées, les vend bien cher, & n'en a pas qui veut.

Voici un autre exemple qui confirme cette maxime. Un jour que M. Colbert devoit adjuger quelques fermes à une compagnie, P... parut dans la falle , & un moment après on le mena dans le cabinet du miniftre ; on vit auffi-tôt la confternation fur le vifage de ceux de cette compagnie, dans la penfée que P...... venoit faire une enchère. Deux heures après étant forti, ces Meffieurs députèrent chez lui pour le fupplier de ne pas leur nuire, & qu'ils lui feroient préfent de cent mille frans. P...... qui n'avoit parlé à M. Colbert que des affaires de M. L....; fans penfer à dire un mot des Fermes, fe fervit de l'occafion ; & après avoir fait quelques difficultés aux députés, comme fi effectivement il eût voulu aller fur leurs brifées, il reçut le préfent. Il n'a jamais fait vifite qui lui ait tant valu.

FAVORIN. Sophifte célèbre fous l'empereur Adrien.

On dit que *Favorin* s'étonnoit de trois chofes: de ce qu'étant né gaulois, il parloit en grec; de ce qu'étant eunuque, on l'avoit accufé d'adultère ; de ce qu'il vivoit, étant ennemi de l'empereur.

FAYE. (Jean-François Leriget de la) de l'académie françoife, mort en 1731.

Voltaire en a fait ainfi l'éloge:

Il a réuni le mérite
Et d'Horace & de Pollion ;
Tantôt protégeant Apollon,
Et tantôt chantant à fa fuite.
Il reçut deux préfens des dieux,
Les plus charmans qu'ils puiffent faire,
L'un étoit le talent de plaire,
L'autre le fecret d'être heureux.

FAYETTE. (Marie-Madeleine Pioche de Lavergne, marquife de la) morte en 1693.

Madame de la *Fayette*, la femme de France qui avoit le plus d'efprit & qui écrivoit le mieux, comparoit un fot traducteur à un laquais que fa maîtreffe envoie faire un compliment à quelqu'un: ce que fa maîtreffe lui aura dit en termes polis, il va le rendre groffièrement, il l'eftropie; plus il y avoit de délicateffe dans le compliment, moins ce laquais s'en tire bien.

Madame de la *Fayette* âgée de 29 ans, difoit je compte encore par vingt.

J'ai ouï raconter par Madame de la *Fayette*, dit l'abbé de Saint-Pierre, que dans une converfation, Racine foutint qu'un bon poète pouvoit faire excufer les grands crimes & même infpirer de la compaffion pour les criminels. Il ajouta qu'il ne falloit que de la fécondité, de la délicateffe, de la juftesse d'efprit, pour diminuer tellement l'horreur des crimes de Médée ou de Phèdre, qu'on les rendroit aimables aux fpectateurs, au

point de leur infpirer de la pitié pour leurs malheurs. Comme les affiftans lui nièrent que cela fût poffible, & qu'on voulût même le tourner en ridicule fur une opinion fi extraordinaire ; le dépit qu'il en eut le fit réfoudre à entreprendre Phèdre, où il réuffit fi bien à faire plaindre fes malheurs, que le fpectateur a plus de pitié de la criminelle, que du vertueux Hypolite.

Madame de la *Fayette* difoit : *M. de la Rochefoucault m'a donné de l'efprit ; mais j'ai réformé fon cœur.* C'eft que M. de la Rochefoucault, qui devint fi vertueux, avoit donné dans tous les vices qui régnoient à la cour dans le temps de fa jeuneffe.

Trois mois après que Madame de la *Fayette* eut commencé d'apprendre le latin, elle en fut plus, dit Ségrais, que M. Ménage & le père Rapin, fes maîtres. En la faifant expliquer ils eurent difpute enfemble fur l'explication d'un paffage; Madame de la *Fayette* leur fit voir qu'ils n'y entendoient rien ni l'un ni l'autre, & leur donna la véritable explication de ce paffage.

Madame de la *Fayette* difoit à Ségrais, que de toutes les louanges qu'on lui avoit données, rien ne lui avoit autant plû que deux chofes qu'il lui avoit dites; qu'elle avoit le jugement au-deffus de fon efprit, & qu'elle aimoit le vrai en toutes chofes. C'eft ce qui a fait dire à M. de la Rochefoucault, qu'elle étoit *vraie*; façon de parler dont il eft l'auteur & qui a réuffi.

Madame de la *Fayette* avoit coutume de dire, qu'une période retranchée d'un ouvrage valoit un louis d'or, & un mot vingt fols.

Zaïde qui a paru fous le nom de Ségrais, étoit de Madame de la *Fayette*, & de M. de la Rochefoucault. Ils avoient part à la *princeffe de Clèves*, où Ségrais travailla auffi.

FEMMES. Prefque toutes les *femmes* ont reçu l'éducation la plus négligée. Auffi-tôt qu'elles font leurs maîtreffes elles ne lifent que de mauvaifes brochures, & des drames qui achèvent de leur gâter le goût. Elles mènent la vie la plus diffipée, & prétendent à la fcience univerfelle ; elles fe connoiffent en tableaux, en architecture ; elles font glukiftes & picciniftes fans favoir un mot de compofition ; elles font des cours, montent à cheval, joüent au billard, vont à la chaffe, conduifent des calèches, paffent des nuits au bal, au pharaon, écrivent au moins dix billets par jour, reçoivent cent vifites, & fe montrent partout. On les voit fucceffivement, dans l'efpace de douze heures, à Verfailles, à Paris, chez un marchand, à une audience du miniftre, aux promenades, dans un attelier de fculpteur, à la foire, à l'académie, à l'opéra, aux danfeurs de corde, applaudiffant & goûtant également Préville & Jeannot,

d'Auberval & le petit Diable. Pour leur fenfibilité ; il est vrai qu'elles ont des galeries de
portraits, des autels à l'amitié, des hymnes
à l'amitié ; elles ne brodent plus que des chiffres, ne parlent plus que de fentiment, de bienfaifance, & des charmes de la folitude, &
font toutes des efprits forts. Les *femmes* font
par effence légères, indifcrettes, aiment à
parler, à fe vanter de la confiance qu'on leur
témoigne. Celles mêmes qui ont du courage &
des principes ne méritent pas plus de confiance,
parce qu'elles trahiront involontairement. La foibleffe de la conftruction des *femmes*, la mobilité
de leurs traits, l'expreffion de leurs yeux, la rougeur involontaire que la moindre furprife excite
en elles, la délicateffe même de leur teint qui
rend cette rougeur plus vifible & plus marquée,
tout enfin concourt à rendre leurs premiers mouvemens indifcrets.

Il y a une efpèce de *femmes* qui commencent
par fe faire juftice à elles-mêmes, & puis qui la
font aux autres ; qui étant dans le monde, y vivent
conformément à leur qualité, fans fcrupule & fans
libertinage : le fpectacle eft pour elles un fimple
divertiffement & jamais un rendez-vous. Ces
femmes vont dans les compagnies, jouent quand
l'occafion s'en préfente. A la vérité on ne les
rencontre pas dans les hôpitaux ; mais elle payent
leurs dettes. La porte de leurs maifons n'eft pas
régulièrement fermée à une certaine heure ; mais
leurs gens vivent dans l'exactitude ; elles reçoivent
les vifites des hommes : mais elles ne connoiffent
aucun amant. Elles font gaies, agréables, fans
être libres ni diffipées ; les plaifanteries ne les
épouvantent pas, parce qu'elles n'y comprennent
que ce qu'une honnête *femme* doit y comprendre.
Leurs qualités, il eft vrai, n'ont pas encore atteint la perfection des vertus chrétiennes ; mais
il y a plus à parier pour la fageffe de ces fortes
de *femmes*, que pour celles de plufieurs dévotes
de profeffion.

Une évêque ayant foutenu, dans le concile de
Mâcon, qu'on ne pouvoit ni qu'on ne devoit
qualifier les *femmes* de créatures humaines, la
queftion fut agitée pendant plufieurs féances. Les
avis fembloient partagés ; mais enfin les partifans
du beau fexe l'emportèrent : on prononça par
grace qu'il faifoit partie du genre humain.

La princeffe Sabine, époufe du duc Ulric de
Wirtemberg, voulant lui donner des confeils à
l'occafion de la guerre que ce prince avoit avec la
ligue de Suabe ; il lui dit fièrement : Madame,
nous vous avons prife pour avoir des enfans &
non pour nous donner des avis.

Une *femme* devoit fe marier, les parties fe convenoient, & on étoit à la veille du jour où devoit fe célébrer le mariage. Les parens des deux
futurs vont avec eux chez un notaire, pour les
accordailles ; avant de faire figner le contrat de
mariage aux parties, le notaire leur en fit la lecture,
& quand il vint à ces mots : « & en cas que la
» future époufe furvive au futur époux, ladite future
» époufe remportera fes bagues, joyaux, & ce-
» tera ». Cette femme croyant que cet & cetera
vouloit dire & fe taira, protefta qu'elle ne figne-
roit jamais un contrat qui l'obligeroit à fe taire,
& refufa de fe marier.

Un homme demandoit au philofophe Ariftippe,
quelle forte de *femme* il devoit prendre ? « Je
» n'en fais rien, répondit-il : belle, elle vous
» trahira ; laide, elle vous déplaira ; pauvre, elle
» vous ruinera ; riche, elle vous dominera. Mon
» ami, confeillez-vous vous même ».

Les Egyptiens avoient de grands égards pour
les *femmes*. On rendoit plus de refpect & d'obéiffance aux reines qu'aux rois. Parmi les particuliers mêmes, les hommes promettoient dans le contrat de mariage, qu'ils feroient en tout foumis à
leurs *femmes*. Cette coutume devoit fon origine
au refpect & à la vénération qu'Ifis s'étoit attiré,
par la manière dont elle avoit gouverné l'Egypte,
après la mort d'Ofiris fon frere. Ce fut encore
l'exemple heureux de fon mariage avec ce prince,
qui donna lieu à l'établiffement de la loi qui autorifoit le mariage des freres avec les fœurs.

Plufieurs *femmes* étant chez M. le chancelier,
& ce chef de la magiftrature, plein de fel &
d'enjouement en fociété, malgré fes importantes
occupations, plaifantoit les dames fur l'acharne-
ment avec lequel elles déclamoient contre fon
nouveau fyftême. Il leur reprochoit d'embarraffer
fes occupations, de retarder, par leurs criailleries, par l'afcendant qu'elles prenoient fur leurs
maris, &c. Il ajoutoit qu'il trouvoit cela d'autant
plus étrange, qu'elles n'étoient point au fait de
la politique, que cette matière leur étoit interdite par leur fexe, leur éducation & leurs organes ;
qu'en un mot elles n'y entendoient pas plus que des
oies...... « Eh ! ne favez-vous pas, Monfieur le
» chancelier, lui répondit avec vivacité Madame
» Pelletier de Beaupré, que ce font les oies qui
» ont fauvé le capitole » ?

On connoît cette allégorie fatyrique de Chrif-
tien de Troyes, auteur qui vivoit dans le douzième fiècle. Gauvain, preux chevalier de la cour
du roi Artus, époufa, dans fes voyages, une fort
belle dame. La noce faite, il veut préfenter fa
femme à la cour, & la conduit en croupe derrière lui, felon la coutume de fon temps. Un
inconnu armé de toutes pièces les rencontre,
& veut enlever la belle. Gauvain lui repréfente
qu'elle eft à lui ; l'inconnu lui répond : « fi elle

aimoit mieux me fuivre, me la céderiez-vous ? » Oui, répond Gauvain. Il donne le choix à fa femme, qui, fans héfiter, fe déclare pour l'inconnu. Gauvain délaiffé de fa belle ingratte, pourfuivoit conftamment fon chemin, fuivi de deux beaux lévriers blancs que fon père lui avoit donnés. La dame qui aimoit ces lévriers exige de l'inconnu qu'il les aille demander à fon mari. L'inconnu le rejoint, & lui fait fa demande. Gauvain lui tient ce propos : « vous m'avez pris » ma femme, parce qu'elle a voulu vous fuivre, » il eft jufte que la même épreuve décide des » lévriers : ils feront à celui qu'ils fuivront ». L'inconnu trouva la propofition raifonnable ; chacun va de fa côté, appelant les chiens ; mais ils fuivent leur ancien maître.

Quand les ambaffadeurs de Jean V, duc de Bretagne revinrent d'Ecoffe, où il les avoit envoyés pour traiter le mariage de François fon fils avec Ifabeau ; il leur demanda comment étoit faite cette princeffe, &. ils lui répondirent : *elle a beauté fuffifante, & corps pour porter enfans ; mais elle n'a pas grand & fubtil langage. Voilà juftement comme il nous la faut*, repartit Jean, & je tiens une femme affez favante, quand elle *fait mettre de la différence entre le pourpoint & la chemife de fon mari.*

Un auteur qui doit bien connoître les *femmes* (madame de P.) dit quelque part, qu'on n'amufe pas long-tems les *femmes* avec de l'efprit. Une dame de qualité qui s'étoit choifi un jeune homme d'une jolie figure & de beaucoup d'efprit, lui dit un jour nettement qu'il pouvoit fe retirer, qu'elle n'aimoit pas long-temps les gens qui parloient trop.

On a beau avoir des talens, de l'efprit, un caractère admirable, il y a toujours des côtés, continue le même auteur, par où il eft bon de n'être pas regardé. Les *femmes* entendent, ce me femble, cette politique mieux que les hommes ; elles enveloppent foigneufement ce qu'elles ne peuvent montrer avec avantage. Voyez Madame de ..... qui n'a pas les dents belles, elle ne rit jamais que des yeux.

Un fabulifte allemand, M. Lichtwehr, dans le deffein de prouver qu'il n'y a point de *femme* qui ne foit bonne à quelque chofe, rapporte l'hiftoriette fuivante. Un pauvre payfan, de fept enfans qu'il avoit eus de fon mariage, ne put parvenir à élever qu'une fille ; encore étoit-elle de fa figure la plus hideufe. Vous vous imaginez fans doute qu'il eut bien de la peine à la pourvoir ; en effet, qui auroit voulu fe charger d'un objet fi difforme ? Patience vous allez favoir à quoi vous en tenir. Songez que tous les gens à marier ne fe laiffent pas prendre par la figure. Un meneur d'ours

paffa dans le village où elle demeuroit ; il la vit & la demanda en mariage. Le père étoit un honnête homme, un homme de la vieille roche, & qui ne vouloit furprendre perfonne. Monfieur, dit-il au prétendu, je dois vous parler naturellement ; vous n'avez peut être pas remarqué que ma fille eft affez mal tournée, & vous ignorez que je n'ai rien à lui donner en mariage. — *Beau père*, répondit l'autre, *ce n'eft pas ce qui m'inquiète.* — Mais elle eft boffue par devant & par derrière. — *Voilà juftement ce que je demande.* — Sa peau reffemble à du chagrin. — *J'en fuis bien aife.* — On ne lui voit point de nez. — *Fort bien.* — Elle n'a guères que trois pieds de haut. — *Encore mieux.* — Elle a les jambes en faucilles & les talons en dehors. — *Cela eft bien heureux.* Tenez, je vois qu'il ne vous faut rien cacher ; elle eft prefque muette & tout-à-fait fourde. — « Eft-il poffible, s'écria le futur ? » Mais vous me raviffez ; il y a long-temps que » je cherche une *femme* à-peu-près formée fur » ce modèle ; mais je n'ofois trop me flatter de la » trouver, & je fuis plus heureux que je ne m'y » étois attendu. Savez-vous que votre fille remplit » l'idée de perfection que je me fuis mife » en tête, & qu'une figure auffi accomplie eft » très rare au temps préfent. ». — Mais je ne vous comprends pas, interrompit le beau-père ; que voulez-vous faire d'une *femme* fi laide, fi mal faite, infirme d'ailleurs, & qui n'a pas le fol ? — « Ce que j'en veux faire ! Je roule continuelle- » ment le pays, & je gagne ma vie à montrer » des monftres. Je mettrai celui-ci dans une boëte, » je le ferai porter avec moi & je compte bien » qu'il fera ma fortune ».

Un vieux mari étant à l'agonie appela fa *femme* & lui dit, qu'il feroit content fi elle lui donnoit parole de ne point époufer certain officier qui lui avoit donné tant de jaloufie ; n'ayez pas peur, répondit la *femme*, j'ai donné parole à un autre.

Une *femme* galante devenue vieille & dangereufement malade, avoit envoyé querir fon confeffeur qui lui difoit : il faut oublier votre vie paffée ; il faut fonger à n'aimer que Dieu. Hélas ! reprit-elle à l'âge où je fuis, comment fonger à de nouvelles amours ?

Les peuples qui ont eu des mœurs ont toujours refpecté les *femmes* ; ce refpect, en leur infpirant une plus grande eftime d'elles-mêmes, les a fouvent élevées à l'exercice des plus fublimes vertus.

Une *femme* dont le mari étoit à l'extrémité, paroiffoit inconfolable : fes amies vouloient la faire paffer dans une autre chambre. Laiffez-moi, leur dit-elle, on eft toujours bien aife de voir mourir fon mari.

Mes furies vieilliffent, dit Pluton au meffager

des dieux, le fervice les a ufées. N'en pourrois-je pas avoir de toutes fraîches? Va donc, Mercure; vole jufqu'au monde fupérieur, & tu m'y chercheras trois *femmes* propres à ce miniftère. Mercure part. Peu de temps après, Junon dit à fa fuivante: il me faudroit, Iris, trois filles parfaitement févères & chaftes; crois-tu pouvoir les trouver chez les mortels?, mais parfaitement chaftes, m'entends-tu? Je veux faire honte à Vénus, qui fe vante d'avoir foumis, fans exception, tout le beau fexe. Va donc, & cherche où tu pourras les rencontrer. Iris part. Quel eft le coin de la terre qui ne fut pas vifité par la bonne Iris, à peine perdue; elle revint feule. Quoi! toute feule, s'écria Junon. Eft-il poffible? O chafteté! ô vertu! Déeffe, dit Iris, j'aurois bien pu vous amener trois filles qui, toutes les trois ont été parfaitement févères & chaftes; qui n'ont jamais fouri à aucun homme; qui ont étouffé dans leur cœur jufqu'à la plus petite étincelle de l'amour; mais, hélas! je fuis arrivé trop tard. — Trop tard, dit Junon; comment cela? Mercure venoit dans l'inftant de les enlever pour Pluton, trois filles qui font la vertu même! — Et qu'eft-ce que Pluton veut en faire? — Des furies.

Il y a trois chofes, difoit un bel-efprit, que j'ai toujours aimées fans jamais y rien comprendre: la peinture, la mufique, & les *femmes*.

Quelqu'un a défini une *femme*, une créature humaine qui s'habille, qui babille, qui fe déshabille.

Diogène ayant vu des *femmes* qui étoient pendues à des oliviers: quel bonheur, s'écria-t-il, fi tous les arbres portoient des fruits de cette efpèce?

Deux efpagnols fe difputèrent la conquête d'une courtifanne à la pointe de l'épée. Le vainqueur vint revoir cette *femme*, qui ne trouvant point fon compte à toutes ces difputes, le renvoya en lui difant: « apprenez, Monfieur, une autre » fois que ce n'eft point avec le fer, mais avec » l'or & l'argent que mes faveurs fe gagnent ».

En 1571, les turcs, étant en guerre avec les Vénitiens, attaquent Curzola. Antoine Balbi, gouverneur de cette île, prend honteufement la fuite avec les troupes. Tous les hommes fuivent un exemple qui devoit naturellement les révolter & abandonnent leur patrie: il n'y refte que l'évêque & les *femmes*. Ce refpectable pafteur, nommé Antoine Roffeleo, s'étant mis à leur tête; elles prennent les cafques, les cuiraffes, les javelines que les foldats ont abandonnées en fuyant, & fe préfentent fur le rempart en fi grand nombre & avec une contenance fi fière, que les infidèles perdent l'efpérance de forcer une garnifon qui leur paroît fi nombreufe & fi

aguerrie: ils vont laiffer ailleurs des traces de leur férôcité & de leur haîne pour les chrétiens.

Une pauvre femme étoit allée, avec un de fes enfans, faire du bois dans des taillis près de Kaminieck en Podolie: tandis qu'elle travailloit un ours affamé vint l'attaquer; mais elle fe défendit fi vigoureufement avec fa hache, qu'après un combat affez long elle parvint à tuer fon ennemi. A peine en fut-elle délivrée, qu'elle craignit que fon enfant qu'elle n'apperçoit plus n'ait été dévoré par l'ours; elle parcourut la forêt en l'appellant & elle étoit prête à fuccomber de défefpoir, lorfqu'elle le vit fortir du tronc d'un arbre où il s'étoit caché à la vue de l'animal terrible. Cette *femme* retourna à Kaminieck avec une patte de l'ours, & ayant raconté fon aventure qui fut vérifiée, elle reçut une récompenfe pour prix de fon courage.

En 1574, Henri III, parti en fugitif de Pologne pour occuper le trône de France après la mort de Charles IX, fait maréchal de France Roger de Saint-Lary-Bellegarde, un de fes favoris. Peu après fa promotion, le nouveau général eft repouffé à trois affauts qu'il donne à Livron, petite place huguenote de Dauphiné, quoiqu'il l'attaque avec une bonne armée, & qu'elle ne foit défendue que par un petit nombre d'habitans. Les *femmes* de la ville trouvent fa conduite fi méprifable, que, pour l'infulter, elles filent leur quenouille fur la brèche.

Henri, qui paffe près du camp, s'y arrête quelques heures pour faire paroître fa valeur. Les affiégés, inftruits de fon arrivée, font une décharge générale de leur artillerie, qu'ils accompagnent de grandes huées, & de traits piquans contre le monarque & contre la reine fa mère. Ils leur crient: *Hau, maffacreurs, vous ne nous poignarderez pas dedans nos lits, comme vous avez fait l'amiral. Amenez-nous un peu nos mignons paffés, filonés, godronnés & parfumés; qu'ils viennent voir nos femmes, ils verront fi c'eft proie facile à emporter.* Henri fait donner un nouvel affaut, qui eft foutenu & repouffé avec vigueur par les *femmes* même. La levée du fiege fuit de près cet opprobre.

FÉNÉLON (François de Salignac de la Motte), né le 6 août 1651, mort à Cambrai le 7 janvier 1715.

On agitoit devant la reine de Pologne, époufe du roi Stanislas, qui de Boffuet ou de *Fénélon* avoit rendu de plus grands fervices à la religion: *l'un la prouve,* dit cette princeffe, *mais l'autre la fait aimer.*

Il fut exilé dans fon diocèfe au mois de juillet 1697. Lorfqu'on vint lui apporter l'ordre du prince, il le reçut sans se troubler & sans se plaindre. Dans le même moment un abbé de sa connoissance va le trouver au milieu de sa société, se présenta d'un air triste & abbatu ; & lui demanda : « Avez-vous reçu des lettres de Flandres ? » Oui, dit l'archevêque. Vous mande-t on, reprend l'abbé, ce qui est arrivé dans votre palais ? » Oui, on me l'a écrit. Mais vous dit-on que votre » bibliothèque & tous vos meubles ont été consumés par le feu ? Oui, mon cher abbé, je sais » tout cela, & je m'en console ».

Un bref du pape, du 13 mars 1699, ayant condamné le livre des maximes des saints de l'archevêque de Cambrai, ce prélat se soumit sans restriction & sans réserve.

Il publia un mandement contre son propre ouvrage, & annonça lui-même en chaire sa condamnation. Pour donner à son diocèse un monument de son repentir, il fit faire, pour l'exposition du saint sacrement, un soleil porté par deux anges, qui fouloient aux pieds divers livres hérétiques, sur un desquels étoit le titre du sien.

Le pape Innocent XII, qui estimoit infiniment M. de Fénélon, fut moins scandalisé du livre des maximes des saints, que de la chaleur de quelques prélats qui en poursuivoient la condamnation. Il leur écrivit : Peccavit excessu amoris divi ; sed vos peccastis defectu amoris proximi. Fénélon a péché par excès d'amour divin, & vous autres par défaut d'amour pour le prochain.

Un poëte, pour faire sentir combien ces disputes sont dangereuses à la religion, composa les vers suivans :

Dans ces fameux combats, où deux prélats de France
    Semblent chercher la vérité,
  L'un dit qu'on détruit l'espérance,
  L'autre, que c'est la charité,
C'est la foi qui périt, & personne n'y pense.

Le livre de l'explication des maximes des saints est écrit d'un style pur, élégant, vif, affectueux ; les principes y sont présentés avec art, & les contradictions sauvées avec bien de l'adresse. L'auteur publia plusieurs écrits pour défendre ce premier ouvrage. Pendant cette dispute, madame de Grignan, fille de madame de Sévigné, dit un jour à M. Bossuet : « Mais est-il donc vrai que l'archevêque de Cambrai ait tant d'esprit ? Ah » madame, répondit Bossuet, il en a à faire trembler ». M. de Boze, son successeur dans l'académie françoise, en mars 1715, dit dans son discours de réception : « Il fit craindre aux légions » du seigneur qu'il ne tournât contre elles le glaive » de la parole ».

On a cru que M. de Fénélon avoit composé

les avantures de Télémaque pour servir de thêmes & d'instruction au duc de Bourgogne, ainsi que Bossuet avoit fait son histoire universelle pour l'éducation de monseigneur. Mais son neveu, le marquis de Fénélon, héritier de la vertu de cet homme célèbre, & qui a été tué à la bataille de Raucoux, a assuré à M. de Voltaire le contraire. En effet, ajoute l'auteur du siecle de Louis XIV, il n'eût pas été convenable que les amours de Calypso & d'Eucharis eussent été les premieres leçons qu'un prêtre eût données aux enfans de France. Mais M. de Fénélon auroit pu donner pour thèmes au duc de Bourgogne les principales réflexions de Télémaque. Un jour que Louis XIV entretenoit Fénélon sur des matieres politiques, le prélat, plein de ses idées, laissa entrevoir au roi une partie des principes qu'il a si bien développés dans son Télémaque. Le prince, qui n'ajoutoit pas beaucoup de foi à toutes ces maximes, ne put s'empêcher de dire à ses courtisans, après avoir quitté Fénélon : « Je viens d'en» tretenir le plus bel esprit & le plus chimé» rique de mon royaume ».

Fénélon n'acheva son Télémaque que lorsqu'il fut relégué dans son archevêché de Cambrai. L'esprit nourri de la lecture des anciens, & né avec une imagination vive & tendre, il s'étoit fait un style qui n'étoit qu'à lui, & qui couloit de source avec abondance. J'ai vu, dit M. de Voltaire, son manuscrit original, il n'y a pas dix ratures. On prétend qu'un domestique lui en déroba une copie qu'il fit imprimer. Si cela est, l'archevêque de Cambrai dut à cette infidélité toute la réputation qu'il eut en Europe ; mais il lui dut aussi d'être perdu pour jamais à la cour. On crut voir dans le Télémaque une critique indirecte du gouvernement de Louis XIV. Sésostris qui triomphoit avec trop de faste, Idoménée qui établissoit le luxe dans Salente & qui oublioit le nécessaire, parurent les portraits du roi. Le marquis de Louvois sembloit, aux yeux des mécontens, représenté sous le nom de Protésilas, vain, dur, hautain, ennemi des grands capitaines qui servoient l'état, & non le ministre. Les alliés, qui, dans la guerre de 1688, s'unirent contre Louis XIV, & qui depuis ébranlerent son trône dans la guerre de 1701, se firent une joie de le reconnoître dans ce même Idoménée, dont la hauteur révolte tous ses voisins.

Durant la sanglante & malheureuse guerre de 1701, le prince Eugène & le duc de Malborough prévenoient M. de Fénélon par toutes sortes de politesses. Ils envoyèrent des détachemens pour garder ses prairies & ses bleds. Ils firent même transporter & escorter jusqu'à Cambrai ses grains, de peur qu'ils ne fussent enveloppés par les fourrageurs de l'armée. Lorsque les partis ennemis apprenoient qu'il devoit faire quelque voyage dans son diocèse, ils lui mandoient qu'il n'étoit point besoin d'escorte françoise, & qu'ils l'escorteroient eux-mêmes. Les hussards mêmes des troupes impériales lui rendoient ce service.

On a pensé, avec assez de vraisemblance, que M. de *Fénélon* auroit eû part au gouvernement, si le duc de Bourgogne fût monté sur le trône. Lorsque ce prince vint en Flandres, l'archevêque de Cambrai alla le saluer, & le prince, en le quittant, lui dit : « Adieu, monsieur, je sais ce que je » vous dois ; vous savez ce que je vous suis ».

Les desirs de *Fénélon* étoient modérés comme ses écrits ; & sur la fin de sa vie il méprisa enfin toutes les disputes. Cet archevêque composa sur un air de Lulli ces vers, que M. de Voltaire assure tenir du marquis de *Fénélon*, son neveu, depuis ambassadeur à la Haye.

> Jeune, j'étois trop sage,
> Et voulois trop savoir ;
> Je ne veux en partage
> Que badinage,
> Et touche au dernier âge,
> Sans rien prévoir.

Cette anecdote, ajoûte M. de Voltaire, seroit peu importante par elle-même, si elle ne prouvoit à quel point nous voyons souvent avec des regards différens, dans la triste tranquillité de la vieillesse, ce qui nous a paru si grand & si intéressant dans l'âge où l'esprit, plus actif, est le jouet de ses desirs & de ses illusions.

Personne n'aimoit plus sa patrie que M. de *Fénélon* ; mais il ne pouvoit souffrir qu'on en cherchât les intérêts en violant les droits de l'humanité, ni qu'on l'exaltât en dégradant le mérite des autres peuples. « J'aime mieux ma fa- » mille, disoit-il, que moi-même ; j'aime mieux » ma patrie que ma famille ; mais j'aime encore » mieux le genre-humain que ma patrie ». C'est aussi la devise de tout vrai philosophe.

M. de *Fénélon* recevoit les etrangers tout aussi bien que les françois. Il prenoit plaisir à les entretenir des mœurs, des loix, du gouvernement, des grands hommes de leur pays. Il ne leur faisoit jamais sentir ce qui leur manquoit dans la délicatesse des mœurs françoises. Au contraire, il disoit souvent : *La politesse est de toutes les nations ; les manières de l'expliquer sont différentes, mais indifférentes de leur nature.*

FERMETÉ. *Sylla* avoit assemblé le sénat pour le contraindre à déclarer *Marius* ennemi de la république. Il trouva dans un vieux sénateur, nommé *Scévola*, une résistance à laquelle il ne s'attendoit pas. « Je ne crains point, lui dit ce géné- » reux vieillard, ces satellites armés qui assiègent » le sénat ; & pour conserver un reste de sang » que l'âge a glacé dans mes veines, je ne dé- » clarerai jamais ennemi de la république *Marius*, » qui a conservé Rome & toute l'Italie ».

Mévius, centurion de l'armée d'Auguste, fut pris & conduit à Antoine, qui, d'un ton terrible, lui demanda quel traitement il vouloit qu'on lui fit ? « Fais-moi mourir, répondit-il ; » car, ni la crainte ni la reconnoissance ne pour- » ront jamais m'engager à quitter le parti d'Au- » guste pour embrasser le tien ».

Le même coup de canon tua M. de Turenne & emporta le bras à M. de Saint-Hilaire, lieutenant-général de l'artillerie ; son fils s'étant mis à crier & à pleurer : « Taisez-vous, mon fils, » dit-il, en lui montrant M. de Turenne mort, » voilà celui qu'il faut pleurer ».

Un homme, nommé *Bournazel*, avoit été condamné à perdre la tête, par arrêt du parlement de Bordeaux, pour avoir assassiné le sieur *de la Tour*. Les parens de *Bournazel* obtinrent sa grace de *Charles IX*, malgré les plaintes & les protestations de la veuve. Pour l'appaiser, le roi lui fit offre de tous les biens du coupable ; mais la veuve *de la Tour*, en lui montrant le fils du défunt, lui répondit : « Sire, à Dieu ne plaise que je vende » le sang de mon époux ! Puisque le crédit du » meurtrier est au-dessus de la justice & des loix, » accordez à mon fils la grace dont il aura besoin » pour venger la mort de son père par celle de » l'assassin, à laquelle je l'exhorterai tous les » jours ».

Un jour que Louis XIV se tenoit à la tranchée, dans un lieu où le feu étoit très-vif, un soldat le prit rudement par le bras, en lui disant : « Otez-vous, est-ce-là votre place ? » Les courtisans saisissant avec avidité cette ouverture, s'empressent à vouloir lui persuader de se retirer. Il paroit pencher à suivre des conseils si timides, lorsque le duc de Charon, s'approchant de son oreille, lui dit à voix basse : « Sire, il est tiré, » il faut le boire ». Le roi le croit, demeure dans la tranchée, & lui sçait tant de gré de cette *fermeté*, que le même jour il rappelle le marquis de Charon, qui étoit exilé.

Le chancelier *Voisin* ayant appris qu'un scélérat avoit trouvé assez de protection pour obtenir des lettres de grace, vint trouver Louis XIV dans son cabinet : « Sire, lui dit-il, en lui parlant du coupable, votre majesté ne peut accorder des lettres de grace dans un pareil cas. — Je les ai promises, répondit le roi, qui n'aimoit pas à être contredit ; allez me chercher les sceaux. — Mais, sire... — Faites ce que je veux. Le chancelier apporta les sceaux. Le roi scelle les lettres, & les rend à *Voisin*. « Ils sont pollués dit celui-ci, en les repouſſant ſur la table, je ne les reprends plus ». Louis XIV s'écrie : Quel homme » ! Le monarque auſſi-tôt jette les lettres de grace au feu. « Je reprends les ſceaux, dit alors le chancelier, le feu purifie tout ».

Un de nos généraux demandoit, dans le fort d'une bataille, une priſe de tabac à un de ſes lieutenans ; & voyant celui-ci emporté par un boulet de canon dans le moment qu'il lui préſentoit ſa tabatière, il ſe tourna froidement de l'autre côté, & dit à un autre officier : « Ce » ſera donc vous qui m'en donnerez, puiſqu'il » a emporté la tabatière avec lui ». Tous ces traits, rapportés par différens auteurs modernes, doivent nous rendre plus vraiſemblables ces exemples de *fermeté ſtoïque*, ſi fort loués par les anciens.

Pendant que Louis XV étoit malade à Metz, un des médecins qui le ſervoit lui préſenta une potion pour laquelle il montroit beaucoup de répugnance ; le docteur inſiſtoit ſur la néceſſité de la prendre : le prince repouſſoit toujours le vaſe. Le médecin, déſeſpéré de cette réſiſtance, lui dit courageuſement : *Je le veux*. Cette expreſſion hardie tira le monarque de ſa léthargie. Il tourna les yeux vers lui avec étonnement, & dit : *Vous le voulez*. — *Oui, je le veux, ſire, il faut que je ſois votre maître aujourd'hui, pour que dans quatre jours vous ſoyez le nôtre.*

FÊTES. Alphonſe VI, Roi de Portugal, vint à Paris ; Louis XI lui fit rendre de grands honneurs & tâcha de lui procurer tous les amuſemens poſſibles. On le logea dans la rue des Prouvaires, chez Laurent Herbelot, épicier : on le mena au palais, où il eut le plaiſir d'entendre plaider une cauſe, & le lendemain il alla à l'évêché, où l'on procéda en ſa préſence à la réception d'un docteur en Théologie, & le dimanche ſuivant on ordonna une proceſſion de l'univerſité qui paſſa ſous ſes fenêtres. Voilà un roi bien honorablement logé & bien fêté !]

Dans la plupart des grandes villes, on accorde des récompenses au bel eſprit ; dans le village de Salency, près de Noyon en Picardie, on couronne la vertu ; on n'y applaudit point à de beaux diſcours, mais on y honore la bonne conduite. Depuis un tems immémorial on célèbre dans ce village, tous les ans le 8 Juin, la *Fête de la Roſe*, ainſi nommée parce qu'en effet on y couronne de roſes la fille du lieu la plus vertueuſe. L'inſtitution de cette fête eſt attribuée à S. Médard, évêque de Noyon & ſeigneur de Salency, qui vivoit au commencement du ſixième ſiècle. Un tableau de la plus haute antiquité, placé au-deſſus de l'autel de la chapelle de S. Médard, qui eſt à une des extrémités du

village de Salency, repréſente ce ſaint prélat en habits pontificaux, & mettant une couronne de roſes ſur la tête de ſa ſœur qui la reçoit à genoux. Les ſeigneurs de Salency qui dans cet établiſſement ont ſuccédé à S. Médard, & qui même dans la ſuite en ont fait un droit de vaſſalité, célèbrent la même cérémonie. Les habitans, après s'être aſſemblés en corps de communauté, choiſiſſent dans le village trois filles qu'ils préſentent à leur ſeigneur un mois avant la cérémonie, & le ſeigneur déſigne pour *Roſière*, celle des trois qu'il juge à propos. Ces filles doivent être nées dans le lieu, de parens d'une conduite irréprochable. La tache la plus légère, le moindre ſoupçon ſeroit un motif d'excluſion. Le choix du ſeigneur eſt annoncé d'avance, afin que les autres filles aſpirantes puiſſent le conteſter s'il y a lieu. Le jour déſigné pour la cérémonie, la fille *Roſière*, vêtue de blanc, ſe rend les deux heures après midi au château de Salency, au ſon des tambours, des violons, des muſettes. Elle eſt accompagnée de ſa famille & de douze filles auſſi vêtues de blanc, avec un large ruban bleu, en baudrier ; auxquelles douze garçons du lieu donnent la main. Le ſeigneur ou ſon prépoſé va la recevoir lui-même. Elle lui fait un petit compliment pour le remercier de la préférence qu'il lui a donnée ; enſuite le ſeigneur ou celui qui le repréſente & ſon bailli, lui donnent chacun la main ; & précédés des inſtrumens, ils la mènent à la paroiſſe, où elle entend les vêpres ſur un prie-Dieu placé au milieu du chœur. Les vêpres finies, le clergé ſort proceſſionnellement avec tout le peuple pour aller à la chapelle de S. Médard. C'eſt-là que le curé ou le célébrant bénit la couronne ou le chapeau de roſes qui eſt ſur l'autel. Ce chapeau eſt entouré d'un ruban bleu & garni ſur le devant d'un anneau d'argent. Après la bénédiction & un diſcours relatif à la fête, le célébrant poſe la couronne ſur la tête de la *Roſière*, qui eſt à genoux, & il lui remet en même temps, en préſence du ſeigneur & des officiers de ſa juſtice, la ſomme de vingt-cinq livres annexées par le titre de la fondation à cette cérémonie. La *Roſière* ainſi couronnée eſt reconduite de nouveau par le ſeigneur ou ſon repréſentant & toute ſa ſuite juſqu'à la paroiſſe ; où l'on chante le *Te Deum* & une antienne à ſaint Médard, au bruit de la mouſqueterie des jeunes gens du village. Au ſortir de l'égliſe, le ſeigneur ou ſon repréſentant mène la *Roſière* juſqu'au milieu de la grande rue de Salency, où des cenſitaires de la ſeigneurie ont fait dreſſer une table garnie, « d'une nappe, de ſix ſerviettes, de ſix aſſiettes, de deux couteaux, d'une ſalière pleine de ſel, d'un lot de vin clairet en deux pots (environ deux pintes & demie de Paris) de deux verres, d'un demi lot d'eau fraîche, de deux pains blancs d'un ſol, d'un demi cent de noix & d'un fromage de trois ſols. » Ils lui donnent encore par forme d'hommage, un bouquet de fleurs, *une*

une fléche, deux balles de paume & un fiflet avec
lequel l'un des cenfitaires file trois fois avant
que de l'offrir. Ils font obligés de fatisfaire exactement à toutes ces fervitudes, fous peine de
foixante fols d'amende. De-là, toute l'affemblée
fe rend dans la cour du château fous un gros
arbre, où le feigneur danfe le premier branle
avec la *Rofiere* ; ce bal champêtre finit au coucher du foleil. Le lendemain dans l'après - midi,
la *Rofiere* invite chez elle toutes les filles du village, & leur donne une grande collation. Louis
XIII fe trouvant au château de Varenes, près
de Salency, dans le tems de la fête de la rofe,
le feigneur de Salency fupplia Sa Majefté de vouloir bien faire célébrer en fon nom la cérémonie de
la rofe. Ce Monarque y confentit & envoya le
marquis de Gordes, fon premier capitaine des
Gardes, qui par fes ordres ajoûta aux fleurs une
bague d'argent & un cordon bleu. C'eft depuis
cette époque que la *Rofiere* reçoit cette bague &
qu'elle & fes compagnes font décorées de ce ruban. Cette fête fi capable d'encourager les mœurs
& dont on n'a peut-être point d'exemple nulle
part, étoit bien digne d'intereffer une ame honnête & fenfible. M. le Pelletier de Morfontaine,
nouvel intendant de Soiffons, qui fe trouvoit proche Salency au mois de Juin 1766, s'eft offert,
à la prière juridique du bailli, d'être le parrein
de la *Rofiere* en l'abfence du feigneur. Il ne s'eft
point borné à cette marque extérieur & paffagère
de fa fenfibilité, il a doté la *Rofiere* de quarante
écus de rente, & y a ajoûté une fomme qui
doit être employée aux frais des noces & à l'acquifition d'une maifon pour les nouveaux mariés.
Après la mort de cette fille, la rente eft reverfible
aux filles *Rofieres*, qui en jouiront fucceffivement
pendant une année.

FÊTES CÉRÉALES.

Un excellent citoyen,
qui poffede des terres confidérables dans le
comté d'Aufch, y a inftitué des *fêtes céréales*
qui fe célébreront tous les cinq ans, au tems
de la moiffon. Ce feigneur pendant ces fêtes
fera confondu avec fes vaffaux, habillé comme
eux, & au retour des champs, tous les laboureurs
prendront leur repas au château avec lui & fa
famille. Les *céréales* dureront huit jours, & fe
termineront par le mariage de fix jeunes filles les
plus fages avec fix jeunes agriculteurs les plus
laborieux. Le Seigneur en fera les frais, donnera
à chaque nouveau ménage cent écus avec tout
les outils du labourage, & les exemptera de toutes
redevances pendant les premières années. Une
pareille inftitution rappelle ce qu'étoit l'homme
dans le premier âge du monde.

FEUILLADE.

V. Aubusson. De la *Feuillade*
ayant été bleffé à la tête, d'un coup de moufquet
en 1655, au fiége de Landreci, les chirurgiens
qui lui mirent le premier appareil, lui dirent que

Encyclopédiana.

le coup étoit dangereux, & qu'on voyoit fa cervelle. Ah ! parbleu, dit-il, meffieurs, prenez
en un peu, & l'envoyez dans un linge au cardinal de Mazarin, qui me dit cent fois le jour
que je n'en ai point.

FEUQUIÈRES.

En 1688, *Feuquières* part
d'Heilbron à la tête de mille chevaux, par-
court un pays très-étendu, bat plufieurs partis fort confidérables, paffe plufieurs rivières,
évité beaucoup de piéges, établit d'énormes contributions ; &, après trente-cinq jours de courfe,
retourne triomphant au lieu d'où il eft parti.

*Vous avez beaucoup rifqué, lui dit un de fes
amis. Pas tant qu'on fe l'eft imaginé, répond Feuquières. On étoit ignorant, comme on l'eft toujours lorfque la guerre commence. Je fçavois à qui
j'avois à faire ; les ennemis étoient épouvantés ;
ils me croyoient plus fort que je n'étois ; & je me
confervois toujours des moyens de retraite.*

Louvois veut fçavoir les détails d'une expédition qui eft trouvée admirable. Après que Feuquières a contenté fa curiofité, il ajoûte : *On
vous aura fans doute que j'ai beaucoup gagné
dans la courfe que j'ai faite. Qu'eft-ce que cela
fait ? répond le miniftre. J'en fuis bien aife. A
quoi cela monte-t-il ? A cent mille francs, répart
Feuquières. Je voudrois qu'il y en eût davantage,
réplique Louvois. Quand ces bonnes gens, continue Feuquières, avoient compté fur la table les fommes auxquelles ils avoient été impofés, ils mettoient
une fomme à part. C'eft pour monfieur, me difoient-
ils ; je l'ai mife dans ma poche. Vous avez bien
fait, dit le miniftre. Cette courfe rapporta trois
ou quatre millions au roi.*

FIDÉLITÉ.

Dans les tems de troubles, le
préfident de Blancmenil fut emprifonné au Louvre ; on l'accufoit d'avoir une correfpondance
fecrete avec Henri IV. Les juges lui firent fon
procès dans les formes, afin de mettre de leur
coté les apparences de la juftice, & de ne plus
effaroucher le peuple par les exécutions précipitées, que l'on regardoit comme des affaffinats ;
enfin comme Blancmenil alloit être condamné à
être pendu, le Duc de Mayenne vint à Paris :
ce prince avoit toujours eu pour ce magiftrat
une vénération qu'on ne pouvoit refufer à fa
vertu, il alla lui-même le tirer de prifon. Le
prifonnier fe jetta à fes pieds & lui dit : monfeigneur, je vous ai obligation de la vie, mais
j'ofe vous demander un plus grand bienfait ; c'eft
de me permettre de me retirer auprès d'Henri IV,
mon légitime roi : je vous reconnoîtrai toute ma
vie pour mon libérateur, mais je ne puis vous
fervir comme mon maître. » Le duc de Mayenne
touché de ce difcours, le releva, l'embraffa
& le renvoya vers fa majefté.

K k k

Le parlement de Paris fit des remontrances très-fortes contre la bulle scandaleuse de Sixte Quint, de 1585, qui déclaroit Henri IV bâtard & incapable de posséder la couronne. Plusieurs magistrats scellerent de leur sang leur fidelité à leur roi; tels furent le président Brisson, les conseillers d'Archer & Tardif, qui furent pendus à une poutre dans le petit châtelet, par ordre des Seize, le 16 janvier 1589.

M. de Voltaire a célébré leur mort glorieuse par ces vers.

Vos noms sont à jamais conservés dans l'histoire,
Et qui meurt pour son roi, meurt toujours avec gloire

FILOUX. Un médecin de Dublin, homme d'un certain âge, très en réputation & fort riche, alla un jour recevoir dans un endroit une somme assez considérable en billets de banque & en or; en retournant chez lui avec la somme, il fut arrêté par un homme qui paroissoit hors d'haleine à force de courir, & qui le pria de vouloir bien venir voir sa femme attaquée d'un flux violent; il ajouta que le besoin de secours étoit pressant, & que le docteur seroit content, puisqu'il ne lui promettoit pas moins qu'une guinée pour une seule visite. Le médecin qui étoit fort avare, s'empressa de la gagner: il dit à l'homme de marcher, de lui montrer le chemin & qu'il le suivoit. On le conduisit dans une maison située dans une rue écartée, où on le fit monter à un troisième étage, où on l'introduisit dans une chambre dont la porte fut soudain fermée à clé. Alors le conducteur présentant d'une main le bout d'un pistolet au docteur & de l'autre une bourse vuide & ouverte: « voilà ma femme, lui dit-il, elle » eut hier un flux qui l'a réduite à l'état où vous » la voyez; vous êtes un de nos plus habiles » médecins, & je sais que vous êtes, plus que » personne, en état de la guérir; vous venez » sur-tout de tirer d'un endroit le remède néces- » saire; dépêchez-vous de l'appliquer, si vous » n'aimez mieux avaler deux pilulles de plomb » qui sont dans cet instrument ». Le docteur fit la grimace, mais obéit. Il avoit quelques billets de banque & cent-vingt-cinq guinées qui étoient en rouleaux; il mit docilement ces dernières dans la bourse & voulut sauver les billets; mais le *filou* les savoit dans sa poche. « Attendez, lui » dit-il, il n'est pas juste que vous ayez fait une » si belle cure pour rien; je vous ai promis une » guinée pour votre visite; je suis homme d'hon- » neur: la voilà; mais je sais que vous avez sur » vous quelques petites recettes très-efficaces » contre le retour du mal que vous venez de » guérir; il faut que vous ayez la bonté de me » les laisser ». Les billets prirent le chemin des » guinées; alors le *filou* cachant son pistolet sous son manteau, reconduisit le médecin en le priant de ne point faire de bruit, le laissa au coin

d'une rue, lui défendant de le suivre, & courut brusquement chercher un nouveau logement dans un quartier éloigné.

Un archevêque de Cantorbéry, en allant à sa maison de campagne, s'arrêtoit ordinairement à une petite auberge isolée au milieu d'une forêt, pour faire rafraîchir son équipage; il apperçut, de la fenêtre de cette auberge, un particulier qui se promenoit seul çà & là dans les bois, gesticulant & remuant les lèvres comme un acteur qui répète seul son rôle; il fut curieux de savoir ce que cet homme faisoit; il l'aborde & lie avec lui une conversation que celui-ci interrompoit à chaque instant par de nouveaux gestes & un soliloque presque continu: « A quoi êtes- » vous donc occupé, lui dit l'archevêque. — Je » joue, dit l'autre. — Avec qui? — Avec Dieu ». Il n'en fallut pas davantage pour persuader à l'archevêque qu'il parloit à un fou, & il résolut de s'en amuser quelques instans. « A quel jeu jouez- » vous? — Aux échecs. — Et le jeu est-il inté- » ressé? — Assurément. — Quand vous gagnez » ou que vous perdez, comment faites-vous vos » comptes? — Très-aisément: lorsque je perds » Dieu m'envoye aussi-tôt un pauvre à qui je » donne ma perte; au moment où je vous parle » je suis *mat*, & je dois cinquante guinées ». A ces mots il tire cinquante guinées de sa poche, les donne à l'archevêque & s'enfuit. Le prélat ne savoit que penser d'une aventure aussi singulière. Il continua sa route & distribua aux pauvres les cinquantes guinées. A son retour il trouve son homme au même endroit & l'aborde comme une ancienne connoissance « Eh bien! jouez-vous » toujours, lui dit-il? Comment la chance a-t-elle » tourné depuis notre dernière entrevue? — Tan- » tôt bien, tantôt mal, répondit le joueur; aujour- » d'hui j'ai fait les plus beaux coups du monde; » à l'instant où vous m'avez abordé je gagnois » la cinquième partie. — Et qui vous payera, » dit l'archevêque? — Ce sera vous, dit brus- « quement l'autre en tirant un pistolet de sa poche; » car comme Dieu m'envoye toujours un pauvre » quand je perds, il ne manque jamais de m'en- » voyer un riche quand je gagne ». L'archevêque venoit de recevoir 500 guinées, le joueur le savoit; il fallut les lui donner. Le prélat s'apperçut alors, mais trop tard, que cet homme qu'il avoit cru inspiré n'étoit qu'un voleur.

Un homme vêtu d'un uniforme bleu, galonné en argent, se présenta vers les huit heures du soir à un hôtel garni & se fit donner une chambre; il demanda ensuite un homme de confiance pour aller chercher ses malles au bureau de la diligence; on lui représenta qu'il étoit trop tard, que le bureau seroit fermé, & il remit la commission au lendemain; mais comme il trouva qu'il auroit le temps, avant souper, d'aller faire un tour dans

Paris, il voulut avoir un carosse de remise & se fit conduire dans une de ces maisons consacrées aux plaisirs des libertins ; il en sortit peu après avec une femme élégamment mise, qu'il mena chez un horloger sous prétexte de lui faire présent d'une double boëte pour sa montre. La jolie nymphe, accoutumée à être complaisante, laissa sa montre pour qu'on y ajustât cette double boëte, & se rendit, avec l'inconnu, à l'hôtel où il devoit loger. Il commande un souper délicat, & tandis qu'on l'apprête il veut donner à sa facile compagne de nouvelles preuves de sa générosité ; il fait venir un bijoutier du voisinage, afin de changer les bracelets & les boucles de la dame, pour des bijoux plus précieux, & il ôte lui-même les ornemens qu'il va remplacer. Le choix étant décidé il ouvre la fenêtre, & crie qu'on lui apporte de l'argent blanc pour deux doubles louis ; on tarde à venir : il a l'air de s'impatienter ; il descend en paroissant de mauvaise humeur, & quoique le bijoutier veuille lui épargner cette peine. Le marchand & la beauté peu cruelle, attendirent son rétour pendant une demi-heure ; commençant à s'impatienter, ils descendirent eux-mêmes : l'homme à l'uniforme bleu n'étoit qu'un effronté *filou*, qui avoit pris la fuite, après avoir enlevé adroitement l'argenterie qui étoit sur la table où l'on devoit lui servir le souper. Chemin faisant il passa chez l'horloger pour reprendre la montre qu'il y avoit fait laisser. Ainsi, la courtisane en fut pour sa montre, ses boucles & ses bracelets d'or ; le bijoutier, pour plusieurs paires de boucles ; le traiteur, pour son souper & son argenterie, & le propriétaire du carosse de remise, pour le loyer de sa voiture.

Mylord Straford fut volé très-adroitement. Il avoit une épée d'un très-grand prix : un *filou* se déguisa en exempt, & ses camarades se travestirent en soldats aux gardes ; ils attendirent le lord dans une rue où il devoit passer à pied sur la fin du jour. Le faux exempt s'en disant, qu'il avoit ordre du roi de le conduire à la bastille ; il lui montra un ordre faux parfaitement bien imité ; il le fit entrer dans un fiacre, il monta avec lui ; la troupe escorta le carosse ; quand ils furent près de la bastille, le *filou* demanda l'épée au lord, parce qu'il ne convenoit pas à un prisonnier de la garder ; il lui promit de la rendre lui-même à l'hôtel du lord ; il descendit après comme s'il eût voulu aller parler au gouverneur de la bastille ; il laissa le lord seul dans le fiacre & ne revint plus, ni lui ni ses gens : ce seigneur ne pouvoit pas croire, même long-temps après, qu'on eût voulu le filouter.

Les *filoux* de Londres sont encore plus rusés que les nôtres ; témoin l'anecdote que l'on va lire, racontée par un françois, qui y joua un rôle malgré lui. « Je sortois du spectacle ; la presse » étoit grande à la porte, & je sentis quelque » chose entre mes jambes qui m'auroit fait tomber » si je n'eusse été soutenu par la foule ; j'y portai » la main, & je reconnus, que c'étoit un gros » chien. L'on m'avoit prévenu qu'on couroit » risque d'être volé en sortant du théâtre ; je » m'étois précautionné contre cet accident, en » tenant ma main sur mon goussef. Tout d'un » coup je sens une main velue qui saisit la mienne, » & l'on m'enlève ma montre. J'eus la présence » d'esprit de retenir cette main, en criant au » voleur ; la foule s'écarte, & j'apperçois que » ce chien qui étoit entre mes jambes, étoit celui » qui m'avoit volé ; je croyois le tenir, mais je me » sentis serré par derrière avec tant de vio- » lence, que je fus contraint de lâcher mon » voleur ; ceux qui m'environnoient, & qui s'é- » toient rangés au bruit que j'avois fait, ayant livré » passage au prétendu chien, se sont resserrés » avec tant de promptitude, que je me suis trouvé » sans montre, aussi pressé qu'auparavant. Je ne » puis, malgré ma perte, m'empêcher de rire, » lorsque je pense au tour qu'on m'a joué : il n'est » pas nouveau ; & l'on assure que ces chiens ne » sont autre chose que des enfans, qui, à la fa- » veur de cette mascarade, volent impunément, » parce qu'environnés de ceux qui les mettent en » œuvre, ils sont sûrs de trouver un passage » après avoir fait leur coup. Il faut nécessairement » être volé quand ces messieurs l'ont résolu ».

FILOU ATTRAPÉ. Un gentilhomme dont on vola la bourse au palais, résolut d'attraper le premier *filou* qui travailleroit dans sa poche ; il s'y fit mettre un ressort dont le jeu étoit si juste, que dès qu'on mettoit la main dans cette poche, il la resserroit tellement qu'on ne pouvoit plus la dégager. Il retourna au palais le lendemain ; dans le temps qu'il faisoit un emplette, il fut joint par un *filou*, qui, dans son opération, fut pris comme un rat au trébuchet. Le gentilhomme s'en étant apperçu ne se tourna point vers lui, mais il se mit à courir ; le *filou* étoit obligé de le suivre malgré lui, il le promena par-tout, & le donnoit en spectacle à tout le monde. On étoit fort surpris de voir ces deux inséparables ; on croyoit que c'étoit une gageure. Le *filou* disoit avec une extrême humilité, Monsieur, ne me perdez pas, je ferai tout ce que vous exigerez de moi, je me soumets à tout. Le gentilhomme après avoir fait long-temps la sourde oreille, lui dit, fais-moi trouver ma bourse qui me fut volée hier, je ne te relâcherai qu'à ce prix. Le *filou* qui n'avoit pas l'argent sur lui, le mena auprès de ses camarades pécunieux à qui il expliqua son infortune ; pour délivrer le pauvre prisonnier, il fallut que l'argent volé se rendît : ce fut la rançon du *filou*.

FINANCIER. Salluste définit bien le financier, *alieni appetens & fui profufus* : avide du bien d'autrui , & prodigue du fien.

Un *financier* qui s'enrichiffoit aux dépens du roi, fut exclus des emplois. On a bien tort, dit-il, de me chaffer : j'ai fait mes affaires, j'allois faire celles du roi.

FINESSE. Louis XIV ayant permis au comte de Grammont qui avoit été difgracié, de revenir à la cour, lui montroit un jour Verfailles : « Grammont, lui dit-il, reconnoiffez-vous cet » endroit ? Il y avoit là un *moulin à vent* ». Sire, répondit Grammont, *le moulin n'y eft plus, mais le vent y eft encore.*

Louis XIV faifant la revue de fes gardes-fran-çoifes & fuiffes dans la plaine d'Ouille, un payfan de ce village qui avoit femé des pois fur une pièce de terre qui lui appartenoit, la trouva ce jour-là couverte d'un bataillon de fuiffes, qui fou-lèrent fous leurs pieds les pois du payfan; celui-ci que la curiofité de voir le roi avoit amené fur ce champ, fut bien étonné quand il vit le boulever-fement de fes pois; il imagina une rufe pour avoir un dédommagement de la perte qu'il faifoit, & cette rufe lui réuffit. Il fe mit à crier à tue-tête : *miracle, miracle!* Qu'avez-vous, bon-homme, lui dit un officier, à crier *miracle*? Le payfan, fans répondre, continua à crier, *miracle, miracle!* Ce qui étant venu jufqu'aux oreilles du roi, fa majefté fit venir ce payfan, & lui demanda elle-même pourquoi il crioit ainfi *miracle.* C'eft, dit-il, fire, que j'avois femé des pois fur cette pièce de terre, (en la montrant au roi) & il y eft venu des Suiffes. Cette ingénieufe faillie plut fi fort au roi Louis XIV, qu'il fit généreufement dédommager le payfan.

La courtifane Phryné fe trouvant dans un feftin avec plufieurs femmes, & jouant à un jeu dans lequel toutes étoient obligées de faire ce que l'une d'elles faifoit, trempa fa main dans un baffin d'eau fraîche, & s'en frotta le vifage par deux fois, ce qui la fit paroître encore plus belle. Les autres qui étoient fardées, l'ayant imitée, per-dirent par-là tout leur coloris, & ne parurent que vieilles & ridées.

Le vieux comte de Bedfort, qui fut enfuite créé duc, fe trouvant un jour à la cour fut obligé de fe retirer chez lui pour des affaires particu-lières très-preffées, & promit au roi de revenir avant midi. Le temps s'écoula fans qu'il revînt; le roi le demanda plufieurs fois & parut fâché de fa lenteur. Le comte arriva enfin, au moment que la pendule fonna une heure, & s'appercevant que le roi étoit en colère, il courut à la pendule & la brifa d'un coup de canne. « Que faites-vous, » lui dit le roi, & que vous a fait cette pendule? » Ce qu'elle m'a fait, reprit le comte, votre

majefté en eft témoin : elle vient de frapper la » première ». Le roi fourit & oublia que le comte s'étoit fait attendre.

FLATERIE. Louis XIV venoit de gagner une bataille. Son fils, M. le duc du Maine, lui dit : « fire, je ne ferai jamais qu'un ignorant, fi mon » maître me donne congé toutes les fois que vous » gagnez quelque victoire ».

Cambife défirant époufer fa fœur, ce qui étoit défendu par les lois du royaume, voulut avoir l'approbation des gens de loi pour s'autorifer dans fa demande; il leur demanda, d'un air fé-vère, s'ils ne trouvoient point de loi qui permît au frère d'époufer fa fœur? Ces jurifconfultes craignant fon indignation, répondirent : que cette loi n'étoit point écrite ; mais qu'ils en trouvoient une autre qui permettoit aux rois de faire ce qu'ils trouveroient bon. Par cette réponfe ils détour-nèrent la colère du roi, fans violer les lois du royaume.

Antipater, roi de Macédoine, vouloit exiger de Phocion, l'un des plus grands hommes de la grèce, quelque chofe d'injufte. « Prince, lui dit-il » avec une noble hardieffe, vous ne pouvez pas » m'avoir en même-temps pour flatteur & pour » ami ».

Un marchand avoit acheté cent mille écus, la fameufe perle appelée la *pélégrine*. Philippe IV, auquel le marchand fut préfenté, lui demanda pourquoi il avoit donné tant d'argent pour une perle. Je fongeois, répondit-il, qu'il y avoit dans le monde un roi d'Espagne qui me l'acheteroit. Le monarque, flatté de cette réponfe qui témoi-gnoit la grande idée que l'on avoit de lui, fit compter au marchand quatre cens mille livres pour cette perle.

FLÉCHIER (Efprit) né en 1632, mort à Montpellier en 1710.

Le duc de Montaufier, homme d'une vertu févère & gouverneur du grand Dauphin, pro-duifit *Fléchier* à la cour, & ce fut pour l'inf-truction de ce prince que *Fléchier* compofa la vie de Théodofe. On a rapporté la connoiffance que M. de Montaufier fit de l'abbé *Fléchier* à cette circonftance. Ce feigneur qui alloit prendre les eaux, demanda à M. de Caumartin, un homme de lettres qui pût l'amufer pendant fon voyage. On lui donna l'abbé *Fléchier*, & ils partirent. Le premier jour, l'abbé *Fléchier* applaudiffoit à tout ce qu'avançoit M. de Mon-taufier, qui difoit tout bas & d'un air fâché : *Voilà mes flatteurs.* Le lendemain, l'abbé *Fléchier* qui avoit connu le caractère de ce feigneur ne ceffa de le contredire. Ce fut alors que M. de

Montaufier prit du goût pour lui & se chargea de sa fortune.

Lorsque Louis XIV nomma *Fléchier* à l'évêché de Nîmes, il lui dit : « Ne soyez pas » surpris si j'ai récompensé si tard votre mérite : » j'appréhendois d'être privé du plaisir de vous » entendre, si je vous faisois évêque. »

Ce prélat étoit allé passer quelques jours chez la marquise de Toiras, à une lieue de Nîmes. Il la quitta pour aller célébrer les fêtes de la Pentecôte dans sa cathédrale. Il ne faisoit que d'arriver lorsqu'on l'engagea d'aller annoncer à cette dame la perte qu'elle venoit de faire de son mari. Il la trouva au bas de son escalier, & après les complimens d'usage, il lui demanda où elle alloit ? *A la Messe*, répondit la marquise : « Vous » êtes donc chrétienne, madame, répliqua le » prélat ? Eh bien, ajouta-t-il, le marquis de » Toiras a été tué à l'armée : allons prier Dieu » pour le repos de son ame. » Cette manière ferme d'annoncer une mauvaise nouvelle eut l'effet que l'on pouvoit desirer.

Parloit-on au célèbre évêque de Nîmes, (*Fléchier*) de l'excès de son zèle & de ses charités, le vertueux prélat s'écrioit : » sommes nous » évêques pour rien ? »

FLEURI, (Le cardinal de) mort en 1743, dans sa quatre-vingt-dixième année.

Voici comme le roi de Prusse peint ce ministre :

L'adresse de l'ancien évêque de Fréjus, précepteur du roi de France, fit exiler le duc de Bourbon. Le précepteur devint premier ministre & cardinal. Les premières fonctions de son ministère furent de soulager le peuple d'impôts qui l'accabloient ; il fit autant de bien aux finances du roi, où il mit l'économie, que de mal au militaire, & sur-tout à la marine, qu'il négligea. Souple, timide, rusé, il conserva les vues d'un prêtre dans les fonctions d'un ministre.

FOI. (bonne) » Si la vérité & la *bonne-Foi* » étoient perdues, disoit ordinairement le roi *Jean*, » il faudroit les chercher dans le cœur & dans la » bouche des rois. »

Marius, arrivé d'Afrique, où il avoit essuyé les derniers malheurs, étant venu comme un misérable fugitif, se réfugier auprès du consul *Cinna* qui, accompagné de *Sertorius*, soutenoit la guerre civile en Italie, *Sertorius* conseilla à *Cinna* de ne pas recevoir un homme tel que ce capitaine, qui n'étoit propre qu'à ruiner leurs affaires par ses cruautés & ses violences, & qui voudroit avoir dans l'armée, la principale autorité. *Cinna* lui répondit que ses raisons étoient très-bonnes ; mais qu'il avoit honte de rejetter *Marius*, après

l'avoir appelé lui-même, & l'avoir sollicité de venir dans son armée. *Sertorius*, l'interrompant alors, lui fit cette admirable réponse : » Je croyois que *Marius* étoit venu de son propre mouvement en Italie ; c'est pourquoi dans le conseil que je vous donnois, je n'avois égard qu'à ce qui me paroissoit utile. Mais, puisque c'est vous-même qui l'avez fait venir, il ne vous est pas même permis de délibérer. Le seul parti qui vous reste, c'est de le recevoir : *la bonne-foi ne souffre ni raisonnement, ni incertitude.* «

M. *de Turenne*, passant une nuit sur les remparts de Paris, tomba entre les mains d'une troupe de voleurs qui arrêtèrent son carrosse. Sur la promesse qu'il leur fit de cent louis d'or, pour conserver une bague d'un prix beaucoup moindre, ils la lui laissèrent ; & l'un d'eux osa bien aller, le lendemain, chez lui, au milieu d'une grande compagnie, lui demander à l'oreille l'exécution de sa parole. Le vicomte fit donner l'argent, &, avant de raconter l'aventure, laissa le temps au voleur de s'éloigner, en ajoutant qu'il falloit être inviolable dans ses promesses, & qu'un honnête homme ne devoit jamais manquer à sa parole, quoique donnée à des fripons même.

S. *Louis*, prisonnier des sarrasins, étoit convenu avec ses infidèles de leur payer deux cens mille livres pour sa rançon. Philippe *de Montfort* fut chargé de compter cette somme aux vainqueurs. Mais il eut l'adresse de les tromper, en leur retenant dix-mille livres ; &, charmé d'une fourberie qui pouvoit être fort avantageuse dans l'état de disette où se trouvoit l'armée, il vint en instruire le roi. Le religieux monarque, pénétré d'indignation aux paroles du comte, lui fit une juste & sévère réprimande de cette action qu'il appeloit *perfidie*, & lui commanda de la réparer à l'instant. » Non, dit-il, malgré le danger où sont exposés mes jours à toute heure, je ne partirai point que les deux cens mille livres ne soient payées. Quel triomphe seroit-ce pour les infidèles, de voir un roi chrétien perfide & parjure ! «

Le P. *de Laurière*, Franciscain Portugais, ayant été pris par les Indiens, avec plusieurs officiers, demanda qu'on le laissât partir, pour aller traiter lui-même de l'échange des prisonniers. Le roi de Cambaye paroissoit inquiet du retour : le religieux détacha son cordon, & le lui mit en main, comme le gage le plus assuré de sa foi. Sur cette unique assurance, on le laissa partir. Sa négociation fut infructueuse ; & il revint dans les fers. Le roi fut si frappé de cette fidélité, & il conçut une si haute opinion d'un peuple qui produisoit des hommes capables de cet acte de vertu, qu'il renvoya tous les prisonniers sans rançon.

En 1763, un Anglois, nommé *Guillaume Orrebow*, fut condamné à mort avec quinze autres coupables. La veille du jour de l'exécution, il eut envie de voir sa femme, & de lui faire ses adieux. Il avoit de l'argent : il fit venir du vin, & invita le geolier à boire avec lui. Quand il l'eut à demi enivré, il lui expliqua ses desirs; lui demanda la permission de sortir pendant deux heures, s'engageant à revenir aussitôt, par les sermens les plus forts. Le geolier, échauffé par le vin, incapable de réfléchir, pénétré de reconnoissance pour celui qui l'avoit si bien régalé, osa compter sur sa parole. Les portes furent ouvertes. *Orrebow* vole chez son épouse, qui fut très-surprise de le voir, & qui ne manqua pas de l'exhorter à profiter de la circonstance. *Orrebow* rappelle sa parole, & atteste la sainteté du serment. Tout ce qu'il se permet, c'est de passer la nuit avec elle. Le geolier ayant par le sommeil dissipé les illusions bacchiques, ne voyant pas revenir son prisonnier, étoit dans une inquiétude mortelle. L'heure de l'exécution approche. Les chariots sont arrivés. Il devoit y avoir seize criminels : on n'en trouve plus que quinze. On le demande au geolier, qui raconte sa triste aventure. On se moque de sa confiance. L'affaire étant de conséquence, on le fait monter dans le chariot à la place du coupable; & l'on part pour Tyburn. *Orrebow* s'étoit oublié dans les bras de sa femme. Il dormoit profondément. Il se réveille enfin, s'informe de l'heure. Apprenant qu'il est tard, il se hâte de s'habiller, court à la prison. On étoit déjà parti. Il prend le chemin de Tyburn, rencontre enfin les chariots; s'approche, hors d'haleine, de celui où est le geolier : « Descendez lui dit-il; vous avez tenu ma place assez long-tems : je viens la reprendre. Si l'on ne s'étoit pas tant pressé de partir, vous n'auriez pas eu la peine de venir jusqu'ici; & moi je ne me serois pas tant fatigué en courant pour vous rejoindre. » Il monte en disant ces mots; s'assied, reprend haleine, remercie encore le geolier, & se plaint amèrement de ce qu'on l'a cru capable de manquer à sa parole. Quel que fût son crime, une bonne foi si héroïque sollicitoit puissamment sa grace; & je souffre de ne pouvoir dire si elle lui fut accordée.

Auguste ayant fait publier à son de trompe, qu'il donneroit vingt-cinq mille écus à celui qui prendroit Crocotas, chef des voleurs en Espagne; & lui-même se présentant à l'empereur, & lui demandant la somme promise, il la lui fit payer, & lui donna de plus sa grace, afin qu'on ne pensât point qu'il lui voulût ôter la vie pour le fruster du salaire promis, & que la foi & sûreté publique fût gardée à celui qui venoit en justice.

FOLIE. De toutes les définitions de la *folie*, celle de M. Bailli ne paroît pas la moins juste. La *folie*, dit-il, n'est autre chose que la tyrannie des objets sur l'imagination.

Hypocrate prescrit le sang d'ânon pour la *folie*, & le manuel des dames prétend qu'on guérit la *folie* en prenant la galle. « Voilà de plaisantes » recettes, disoit M. de Voltaire, elles paroissent inventées par les malades ».

Une dame ayant rêvé qu'elle gagnoit un *terne* à la loterie de France, fit part de ce songe à une de ses amies, qui lui conseilla de mettre à la loterie & de prendre un *terne*, attendu, lui dit-elle, qu'en dormant elle venoit peut-être d'avoir une inspiration du ciel. Mais l'embarras étoit de choisir des numéros. Tandis qu'elles flottoient dans l'incertitude, une autre dame survint, qui fut d'avis qu'il falloit aller consulter un des habitans des petites maisons, c'est-à-dire, un fou, ces sortes de gens lui paroissant infaillibles dans leurs prédictions. La rêveuse crut devoir suivre ce singulier conseil, & conta le motif qui l'emenoit au premier fou qu'elle rencontra. Cet homme, après l'avoir attentivement écoutée, lui demande du papier & un crayon; réfléchit un instant, écrit quelques chiffres sur un morceau de papier, le roule & l'avale, & dit ensuite gravement à la dame : « Si vous voulez revenir demain, » vos numéros seront sortis ».

FONTAINE. (Jean de la) Poëte françois, né à Château-Thiéry en 1621, mort à Paris en 1695, âgé de 74 ans.

Ses fables où respirent le naturel, l'élégance & les graces, sont entre les mains de tout le monde; moins original dans ses contes, il a su cependant y faire passer une piquante naiveté & tout l'enjouement naturel aux françois. Ses autres écrits, fruits de son inconstance & de sa légéreté, ont été recueillis en 1758, en 4 vol. in-12. Il avoit été reçu de l'académie françoise en 1684.

La Fontaine vécut dans une sorte d'apathie & dans une indifférence décidée pour tout ce qui fait l'objet de la cupidité des hommes. Ce système de conduite auroit fait honneur à sa philosophie, si la réflexion l'avoit formé; mais c'étoit en lui un présent de la nature. Il étoit né doux, facile, sans fiel, incapable de haîne, & exempt des passions qui tyrannisent l'ame. Heureuse la société, si elle n'étoit composée que d'hommes tels que lui! on n'y verroit ni troubles, ni divisions. Il est vrai qu'il n'y apportoit aucun agrément. Ceux qui le voyoient sans le connoître, n'avoient d'autre idée de lui que celle d'un homme assez mal propre & fort ennuyeux. En effet, il parloit peu, & à moins que l'on ne traitât quelque matière qui fût de son goût, il demeuroit dans un silence stupide que l'on auroit pris pour un indice d'imbécillité

S'il vouloit rapporter une historiette, il la rapportoit mal, & cet auteur qui a écrit des contes, si naïfs, si enjoués, n'intéressoit personne lorsqu'il racontoit quelque chose. Il y a d'autres exemples qui prouvent qu'avec beaucoup d'esprit & de talens on peut n'avoir pas celui de la conversation.

Un fermier général l'avoit invité chez lui à dîner, dans la persuasion qu'un auteur dont tout le monde admiroit les contes, ne pouvoit manquer de faire les amusemens de la société. La Fontaine mangea, ne parla point, & se leva de fort bonne heure, sous prétexte de se rendre à l'académie. On lui représenta qu'il n'étoit pas encore temps : *je le sais bien*, répondit-il, *aussi je prendrai le plus long*.

Quoique toutes sortes de liens fussent contraires au goût de *la Fontaine*, il se laissa cependant marier ; mais il ne s'y détermina que par complaisance pour ses parens. On lui fit épouser Marie Héricard, fille d'un lieutenant général de la Ferté-Milon. Cette femme avoit de l'esprit & de la beauté ; mais son humeur difficile avoit éloigné d'elle son mari, qui étoit venu à Paris vivre à sa fantaisie. Il l'avoit peut-être totalement oubliée lorsqu'on lui persuada d'aller dans sa province pour voir sa femme & se reconcilier avec elle. Il part en conséquence de Paris dans la voiture publique, arrive chez lui & demande son épouse. Le domestique qui ne le connoissoit pas, répond que madame est au salut. *La Fontaine* va tout de suite chez un ami, qui lui donne à souper & à coucher, & le régale pendant deux jours. La voiture publique est prête de retourner à Paris, la Fontaine s'y met & ne songe plus à sa femme. Quand ses amis de Paris le virent arriver, ils lui demandèrent des nouvelles de son raccommodement : *J'ai été pour voir ma femme*, leur dit-il, *mais je ne l'ai pas trouvée ; elle étoit au salut.*

Jamais homme ne fut si facile à croire ce qu'on lui disoit : témoin son aventure avec un capitaine de dragons nommé *Poignan*. Cet officier se plaisoit dans la maison de *la Fontaine*, & sur-tout avec sa femme dont la société étoit pleine d'agrémens. Poignan n'étoit ni d'âge, ni d'humeur, ni de figure à troubler le repos d'un mari. Cependant on en fit de mauvais rapports à *la Fontaine*, & on lui dit qu'il étoit déshonoré s'il ne se battoit avec ce capitaine. Frappé de cette idée, il part dès le grand matin, arrive chez son homme, l'éveille, lui dit de s'habiller & de le suivre. Poignan qui ne savoit ce que tout cela signifioit, sort avec lui. Ils arrivent dans un endroit écarté, hors de la ville : *je veux me battre avec toi*, *on me l'a conseillé*, lui dit *la Fontaine* ; & après lui en avoir expliqué le sujet en peu de mots, il tire son épée sans attendre la réponse de Poignan, qui

de son côté se met en garde. Le combat ne fut pas long. Poignan lui fit sauter du premier coup l'épée de la main. *La Fontaine* fut satisfait. Poignan le reconduisit chez lui, où ils achevèrent, en déjeunant, de s'entendre & de se reconcilier.

La Fontaine eut un fils qu'il garda fort peu de temps auprès de lui. Il le mit à l'âge de quatorze ans entre les mains de M. de Harlay, depuis premier président, & lui recommanda son éducation & sa fortune. On a rapporté que *la Fontaine* se rendit un jour dans une maison où devoit venir ce fils, qu'il n'avoit pas vu depuis long-temps. Il ne le reconnut point, & témoigna cependant à la compagnie qu'il lui trouvoit de l'esprit & du goût. Quand on lui eut dit que c'étoit son fils, il répondit tranquillement : *Ah ! j'en suis bien aise.*

Une autre anecdote au sujet de *la Fontaine*, pourra encore servir à prouver que tout homme qui se consacre par goût à l'étude, vit en quelque sorte isolé au milieu du monde. De-là ces réponses naïves & inattendues qui, si souvent, fournissent aux gens médiocres des prétextes de ridiculiser le génie. La Fontaine avoit reçu un billet pour se trouver aux obsèques d'une personne de sa connoissance. Quelques temps après, il arriva pour dîner chez cette même personne ; le portier lui dit que son maître étoit mort depuis huit jours : *Ah*, répondit-il, *je ne croyois pas qu'il y eût si long-temps.*

Rabelais, que Despréaux appeloit *la raison habillée en masque*, fut toujours l'idole de *la Fontaine*. C'étoit le seul auteur qu'il admiroit sans réserve. Il étoit un jour chez Despréaux avec Racine, Boileau le docteur, & plusieurs autres personnes d'un mérite distingué. On y parla beaucoup de Saint Augustin & de ses ouvrages. La Fontaine ne prenoit aucune part à la conversation, & gardoit le silence le plus morne & le plus stupide en apparence. Enfin il se réveilla comme d'un profond sommeil, & demanda d'un grand sérieux à l'abbé Boileau, s'il croyoit que Saint Augustin eût plus d'esprit que ce Rabelais si naïf & si amusant. Le docteur l'ayant regardé depuis les pieds jusqu'à la tête, lui dit pour toute réponse : *Prenez garde, M. de la Fontaine, vous avez mis un de vos bas à l'envers* ; ce qui étoit vrai.

M. Racine le mena dans la semaine sainte à ténèbres, & s'appercevant que l'office lui paroissoit long, il lui donna pour l'occuper un volume de la bible qui contenoit les petits prophètes. Il lut la prière des juifs dans Baruch, & ne pouvant se lasser de l'admirer, il disoit à Racine : c'étoit un » beau génie que Baruch : qui étoit-il ? » Le lendemain & plusieurs jours suivans, lorsqu'il rencontroit dans la rue quelque personne de sa connoiſſance, après les complimens ordinaires il éleVoit ſa voix pour dire: « avez-vous lu Baruch ? » c'étoit un beau génie ». *Mémoires ſur Jean Racine*.

L'auteur de ces mémoires, M. Racine le fils, dit encore que *la Fontaine*, après avoir mangé ſon bien, conſerva toujours ſon caractère de deſintéreſſement. Il entroit à l'académie françoiſe ; & la barre étant tirée au bas des noms, il ne devoit pas, ſuivant l'uſage, avoir part aux jettons de cette ſéance. Les academiciens qui l'aimoient tous, dirent d'un commun accord qu'il falloit, en ſa faveur, faire une exception à la règle. « Non meſſieurs, » leur dit-il, cela ne ſeroit pas juſte ; je ſuis venu » trop tard, c'eſt ma faute ». Ce qui fut d'autant mieux remarqué, qu'un moment auparavant un académicien extrêmement riche, & qui, logé au Louvre, n'avoit que la peine de deſcendre de ſon appartement pour venir à l'académie, en avoir entr'ouvert la porte, & ayant vu qu'il arrivoit trop tard, avoit refermé la porte & étoit remonté chez lui.

La Fontaine préféroit les fables des anciens aux ſiennes ; ce qui faiſoit dire à M. de Fontenelle : *la Fontaine eſt aſſez bête pour croire que les anciens ont plus d'eſprit que lui*. Mot plaiſant, dit M. de la Mote, mais ſolide, & qui exprime finement le caractère d'un génie ſupérieur qui ſe méconnoît, faute de ſe regarder avec aſſez d'attention. En liſant les fables de cet auteur, on y remarque un génie ſi facile, qu'on diroit qu'elles ſont tombées de ſa plume ; c'eſt ce qui le faiſoit appeler un *Fablier* par Madame de la Sablière, comme on appelle *Pommier* l'arbre qui porte les pommes. Cette femme d'eſprit qui le logeoit, dit un jour, après avoir congédié ſes domeſtiques : « je n'ai gardé avec » moi que mes trois animaux, mon chien, mon » chat & mon *la Fontaine* ».

Racine & Deſpréaux l'apelloient le *bon homme*, quoiqu'ils connuſſent d'ailleurs tout ce qu'il valoit. Dans un ſouper chez Molière, où ſe trouva auſſi Deſcoteaux, célèbre joueur de flûte, le bon-homme parut plus rêveur qu'à l'ordinaire. Deſpréaux & Racine tentèrent envain de le réveiller par des traits vifs & piquans. Ils pouſſèrent même la raillerie ſi loin, que Molière trouva que c'étoit paſſé les bornes. Au ſortir de table, il tira à part Deſcoteaux dans l'embraſure d'une fenêtre, & lui parlant de l'abondance du cœur : « Nos beaux » eſprits, dit-il, ont beau ſe trémouſſer, ils » n'effaceront pas le bon-homme ».

Ce poëte vécut dans une prodigieuſe indolence ſur la religion comme ſur tout le reſte ; mais étant tombé malade, il ſe mit à lire le nouveau teſtament. Charmé de cette lecture, il dit au père Poujet, oratorien, ſon directeur : « Je vous

» aſſure que le nouveau teſtament eſt un fort bon » livre ; oui, par ma foi, c'eſt un fort bon livre ; » mais il y a un article ſur lequel je ne me ſuis » pas rendu ; c'eſt celui de l'éternité des peines ; » je ne comprends pas comment cette éternité » peut s'accorder avec la bonté de Dieu ».

Quelque tems auparavant, un de ſes amis qui avoit ſans doute ſa converſation fort à cœur, lui avoit prêté ſon *ſaint Paul*. La Fontaine le lut avec avidité ; mais bleſſé de la dureté apparente des écrits de l'apôtre, il ferma le livre, le rapporta à ſon ami, & lui dit : *Je vous rends votre livre ; ce ſaint Paul là n'eſt pas mon homme*.

Un de ſes confeſſeurs le voyant attaqué d'une maladie dangereuſe, l'exhortoit à réparer du moins le ſcandale de ſa vie par des aumônes. « Je n'en » puis faire, répondit le poëte, je n'ai rien ; » mais on fait une édition de mes contes, & le » libraire m'en doit faire préſent de cent exem- » plaires : je vous les donne ; vous les ferez » vendre pour les pauvres ». Dom Jérôme, qui a rapporté cette anecdote, a aſſuré que le confeſſeur, preſque auſſi ſimple que le pénitent, étoit venu le conſulter pour ſavoir s'il pouvoit recevoir cette aumône.

Encore un trait qui prouve la ſimplicité de mœurs de cet homme illuſtre, & l'idée qu'avoient de ſa perſonne ceux qui le ſervoient. La garde qui étoit auprès de lui, voyant avec quel zèle on l'exhortoit à la pénitence, dit un jour à M. Poujet : *Eh ! ne le tourmentez pas tant ; il eſt plus bête que méchant. Dieu n'aura jamais*, dit-elle une autre fois, *le courage de le damner*.

Malgré l'apparente *apathie* de La Fontaine, quand on le faiſoit ſortir de ſes rêveries, & qu'on pouvoit l'intéreſſer à la converſation, il montroit autant de chaleur & d'eſprit que ceux qui, d'ordinaire, en faiſoient l'objet de leurs railleries ; & il y avoit un moment du repas où Boileau crioit: Gare *La Fontaine*.—On a beau faire, diſoit ſouvent Moliere, il ira plus loin qu'eux.

La Fontaine s'eſt peint d'après nature dans ſon épitaphe :

> Jean s'en alla comme il étoit venu,
> Mangeant ſon fonds avec ſon revenu,
> Croyant tréſor choſe peu néceſſaire.
> Quant à ſon temps, bien le ſut diſpenſer.
> Deux parts en fit dont il ſouloit paſſer,
> L'une à dormir, & l'autre à ne rien faire.

Après ſa mort, ſa femme ayant été inquiétée pour le payement de quelques charges publiques, M. d'Armenonville, alors intendant de Soiſſons, écrivit à ſon ſubdélégué, que la famille de *la Fontaine* devoit être exempte à l'avenir de toute taxe

taxe & de toute imposition : tous les intendans de Soissons se sont fait depuis un honneur de faire confirmer cette grace.

FONTANA (Lavinia), née à Bologne l'an 1552, morte en 1602.

Les talens de cette femme célèbre dans la peinture la rendoient si recommandable, que Grégoire XIII, lorsqu'elle alloit lui rendre visite, la recevoit avec de grandes marques d'honneur, & faisoit mettre ses gardes sous les armes.

FONTENELLE (Bernard le Bovier de), né à Rouen le 11 février 1657, mort à Paris le 9 janvier 1757, à cent ans moins un mois & deux jours.

Madame la marquise de Lambert, qui a long-temps vécu dans la société de M. de *Fontenelle*, a tracé d'après nature le portrait de son illustre ami. « Je n'entreprendrai point, dit cette dame, à la personne à laquelle elle écrivoit, de peindre M. de *Fontenelle* : je connois ma portée & l'étendue de mes lumières ; je vous dirai seulement comme il s'est montré à moi. Vous connoissez sa figure ; il l'a aimable. Personne ne donne une si haute idée de son caractère ; esprit profond & lumineux, il voit où les autres ne voyent plus ; esprit original, il s'est fait une route toute nouvelle, ayant secoué le joug de l'autorité ; enfin un de ces hommes destinés à donner le ton à leur siècle. A tant de qualités solides, il joint des agréables ; esprit manié, si j'ose hasarder ce terme, qui pense finement, qui sent avec délicatesse, qui a un goût juste & sûr, une imagination vive & légère, remplie d'idées riantes ; elle pare son esprit & lui donne un tour ; il en a les agrémens sans en avoir les illusions ; il l'a sage & châtiée ; il met les choses à leur juste valeur ; l'opinion ni l'erreur ne prennent point sur lui ; c'est un esprit sain, rien ne l'étonne ni ne l'altère ; dépouillé d'ambition ; plein de modération, un favori de la raison ; un philosophe fait des mains de la nature ; car il est né ce que les autres deviennent. Je lui crois le cœur aussi sain que l'esprit ; jamais il n'est agité de sentimens violens, de fièvre ardente ; ses mœurs sont pures, ses jours sont égaux & coulent dans l'innocence ; il est plein de probité & de droiture ; il est sûr & secret ; on jouit avec lui du plaisir de la confiance, & la confiance est la fille de l'estime ; il a les agrémens du cœur sans en avoir les besoins ; nul sentiment ne lui est nécessaire. Les amis tendres & sensibles sentent ces besoins du cœur plus qu'on ne sent les autres nécessités de la vie. Pour lui, il est libre & dégagé ; aussi ne s'unit-on qu'à son esprit, & on échappe à son cœur. Il peut avoir pour les femmes un senti-

Encyclopédiana.

ment machinal, la beauté faisant sur lui une assez grande impression ; mais il est incapable de sentimens vifs & profonds. Il a un comique dans l'esprit qui passe jusqu'à son cœur, qui fait sentir que l'amour n'est pour lui ni sérieux, ni respecté. Il ne demande aux femmes que le mérite de la figure ; dès que vous plaisez à ses yeux, cela lui suffit, & tout autre mérite est perdu. Il sait faire un bon usage de son loisir & de ses talens. Comme il a de tous les esprits, il écrit sur tous les sujets ; mais la plus grande partie de ce qu'il fait doit être l'objet de nos admirations & non pas de nos connoissances. Il fait des vers en homme d'esprit & non pas en poète. Il y a pourtant des morceaux de lui qui pourroient être avoués des meilleurs maîtres. Des grands sujets, il passe aux bagatelles avec un badinage noble & léger. Il semble que les graces vives & riantes l'attendent à la porte de son cabinet pour le conduire dans le monde, & le montrer sous une autre forme ; sa conversation est amusante & aimable. Il a une manière de s'énoncer simple & noble, des termes propres sans être recherchés ; il a le talent de la parole, & les lèvres de la persuasion. Il montre aussi de la retenue ; mais de la retenue, on en fait aisément du dédain ; il donne l'impression d'un esprit dégoûté par délicatesse. Peu blessé des injures qu'on peut faire, la connoissance de lui même le rassure, & sa propre estime lui suffit. Je suis de ses amies depuis long-temps ; je n'ai jamais connu personne d'un caractère si aisé. Comme l'imagination ne le gouverne point, il n'a pas la chaleur des amitiés naissantes, aussi n'en a-t-il pas le danger. Il connoit parfaitement les caractères ; il vous donne le degré d'estime que vous méritez ; il ne vous élève pas plus qu'il ne faut ; il vous met à votre place, mais aussi il ne vous en fait pas descendre ».

Sorti de Rouen avec ses seuls talens & ses ouvrages, M. de *Fontenelle* leur devoit toute sa fortune, qui montoit à vingt-un mille livres de rente, & quatre-vingt mille livres d'argent comptant, une assez grande maison meublée, & une bibliothèque.

La définition si heureuse de l'esprit, *raison assaisonnée, raison ingénieuse*, semble, dit un auteur moderne, avoir été faite d'après l'esprit de M. de *Fontenelle*.

M. de *Fontenelle* s'étoit apperçu de bonne heure que l'ignorant même pouvoit recevoir les semences de toutes les vérités ; mais que pour cet effet, il falloit y préparer son esprit, & qu'une idée nouvelle étoit un coin qu'on ne pouvoit faire entrer par le gros bout.

Quelqu'un le louant un jour de la netteté de

ses idées & de la clarté de son style dans ses ouvrages les plus profonds & les plus abstraits, il répondit: *J'ai toujours tâché de m'entendre.*

Ce philosophe avouoit quelquefois que s'il tenoit toutes les vérités dans sa main, il se garderoit bien de l'ouvrir pour les montrer aux hommes. On sait que la découverte d'une seule fit traîner Galilée dans les prisons de l'inquisition.

Quelqu'un lui demandoit par quel moyen il s'étoit fait tant d'amis & pas un ennemi; par ces deux axiomes, répondit-il: *Tout est possible, & tout le monde a raison.*

Parmi les éloges que chacun s'empressoit de donner à cet illustre académicien, aucun sans doute ne devoit plus le flatter que la question de ce suédois, qui, arrivant à Paris, demanda aux gens de la barrière la demeure de M. de *Fontenelle.* Ces commis ne la lui purent enseigner: » Quoi; dit-il, vous autres françois, vous » ignorez la demeure d'un de vos plus illus- » tres citoyens? vous n'êtes pas dignes d'un tel » homme».

M. de *Fontenelle* avoit prêté sa plume à plusieurs personnes en place; mais ce n'est que dans les derniers tems de sa vie qu'il nomma quelques-uns de ceux pour lesquels il avoit travaillé, & qui ne vivoient plus. Il ne parloit même de ces ouvrages de *commande*, que pour dire quelque fait singulier, ou quelque trait plaisant dont ils avoient été l'occasion. Il ne se vantoit pas; il contoit, & contoit très-bien, sur-tout en très-peu de mots: il jouoit même ses contes. En voici un qu'il faisoit très-plaisamment, ajoute l'auteur, des *mémoires* sur cet homme illustre, & son digne ami. M. de *Fontenelle* avoit composé un discours pour un jeune magistrat. Il en connoissoit fort le père, & alloit dîner quelquefois chez lui. Le fils, bien sûr du secret, s'étoit donné à son père pour auteur de la pièce, & lui en avoit laissé copie. Un jour, mais long-temps après, le magistrat père, qui avoit donné à dîner à M. de *Fontenelle*, lui dit qu'il vouloit lui lire une bagatelle de son fils, qui sûrement lui feroit plaisir. M. de *Fontenelle* avoit totalement oublié qu'il eût fait ce discours; mais il se le rappela dès les premières lignes, & par une sorte de pudeur, il ne donna à la pièce que peu de louanges & très-foibles, & d'un ton & d'un ris qui les affoiblissoient encore. La tendresse où la vanité paternelle en furent piquées, & la lecture ne fut point achevée. « Je vois bien, dit le magistrat, que » cela n'est pas de votre goût. C'est un style aisé, » naturel, pas trop correct peut-être, un style » d'homme du monde; mais à vous autres mes- » sieurs de l'académie, il faut de la grammaire » & des phrases, &c. »

Lors de la dispute littéraire qui s'éleva sur le parallele des anciens & des modernes, ceux qui soutenoient avec Perrault que ces derniers l'emportoient de beaucoup sur les anciens, publioient par-tout en leur faveur le suffrage de M. de *Fontenelle.* Cet académicien cependant ne fut jamais un partisan aussi zélé de Perrault que certaines gens vouloient le persuader. Il n'a jamais été aussi loin que lui. C'est ce qui faisoit dire à l'abbé Bignon, que *Fontenelle étoit le patriarche d'une secte dont il n'étoit pas.*

On a rapporté dans les mémoires de cet homme illustre plusieurs anecdotes qui peuvent servir à peindre son caractère; nous citerons celle-ci. Il vivoit avec feu M. d'Aube, son neveu à la mode de Bretagne, maître des requêtes. Ce neveu étoit haut, dur, colère, contredisant, pédant; bon homme néanmoins, officieux même & généreux. Aussi M. de *Fontenelle* disoit-il de lui, que s'il étoit difficile à *commercer*, il étoit facile à vivre. M. de *Fontenelle* étant un soir auprès de son feu, une étincelle vole sur sa robe de chambre. Plongé dans la méditation, ou peut-être déjà endormi, il ne s'en apperçoit point; il va se coucher, & de bonne heure. Au milieu de la nuit, il est réveillé par la fumée; le feu avoit pris à la robe de chambre & de-là à la garde-robe. M. de *Fontenelle* sonne & se lève; tout le monde est bientôt sur-pied, & M. d'Aube avant les autres. Le neveu gronde beaucoup l'oncle, donne de bons ordres; & le feu est éteint; mais la colere de l'impétueux magistrat n'est pas calmée. Il recommence à gronder, cite le proverbe de la légere étincelle qui a souvent causé un grand incendie; demande à M. de *Fontenelle* pourquoi il n'a pas secoué sa robe, &c. *Je vous promets,* répliqua enfin le paisible philosophe, *que si je mets encore le feu à la maison, ce sera autrement.* On fut se recoucher. M. de *Fontenelle* & quelques domestiques se rendormirent, & le lendemain matin M. d'Aube le gronda encore de s'être rendormi.

Dans un âge, disoit ce philosophe, où j'étois le plus amoureux, ma maîtresse me quitte & prend un autre amant. Je l'apprends, je suis furieux: je vais chez elle, je l'accable de reproches; elle m'écoute & me dit en riant: « Fontenelle, lors- » que je vous pris, c'étoit sans contredit le plaisir » que je cherchois; j'en trouve plus avec un autre. » Est-ce au moindre plaisir que je dois donner la » préférence? Soyez juste & répondez-moi ». *Ma foi,* dit *Fontenelle,* vous avez raison, & si je ne suis plus votre amant, je veux du moins rester votre ami.

Madame Tencin que ce philosophe voyoit souvent, lui dit un jour, en lui mettant la main sur la poitrine: *ce n'est pas un cœur que vous avez là, c'est de la cervelle comme dans la tête.* M. de *Fon-*

tenelle reçut très-bien cette petite plaisanterie, & ne fit qu'en rire.

Le sentiment de l'amitié qui est plus doux, plus tranquille que celui qui naît de l'amour, convenoit mieux à M. de *Fontenelle*. Cet homme illustre eut des amis, entr'autres M. Brunel, un de ses camarades de collège. Cet ami qui étoit à Rouen, se trouvant dans le besoin, écrivit à M. de *Fontenelle* qui étoit à Paris : *vous avez mille écus, envoyez-les moi*. M. de Fontenelle lui répondit : « lorsque j'ai reçu votre lettre, j'allois placer mes » mille écus, & je ne retrouverois pas une aussi » bonne occasion ; voyez donc ». Toute la réplique de M. Brunel fut, *envoyez-moi vos mille écus*. M. de Fontenelle les lui envoya, & lui sut un gré infini de son style laconique.

Un des points de sa morale étoit qu'il falloit se refuser le superflu, pour procurer aux autres le nécessaire. Il a souvent répondu à ceux qui le louoient d'une bonne action, *cela se doit*.

Le duc d'Orléans avoit accordé un logement dans son palais à M. de *Fontenelle*. Depuis la régence, il voyoit beaucoup moins son altesse royale, & cela par discrétion. Cependant étant allé un jour à son audience, le prince lui dit : « quand » je vous ai logé chez moi, je comptois vous » voir quelquefois ». *Je le comptois bien aussi*, répondit M. de *Fontenelle ; mais vous avez fait une si grande fortune !*

Dans le fort des mouvemens du système tombant, (c'étoit l'expression de M. de *Fontenelle*), je fus, disoit-il, à l'audience de M. le Régent. Je n'osois m'approcher de lui ; il m'apperçut & vint à moi. *Eh bien, Fontenelle, qu'y a-t-il ?*... « Monseigneur, je n'ai qu'un mot à vous deman-» der. Je vous conjure de calmer mon inquié-» tude. Espérez-vous vous tirer de-là » ?.... *Oui, mon pauvre Fontenelle, je m'en tirerai....*

M. de *Fontenelle* possédoit ce talent si rare dans la conversation, de savoir bien écouter. Les beaux parleurs, soit gens d'esprit & à pensées, soit d'imagination & à saillies, se plaisoient encore beaucoup dans sa compagnie ; parce que non-seulement ils parloient tant qu'ils vouloient, mais aussi parce qu'ils ne perdoient rien avec lui. Un jour Madame d'Argenton, mère de feu M. le chevalier d'Orléans, grand prieur de France, soupant en grande compagnie chez M. le duc d'Orléans régent, & ayant dit quelque chose de très-fin qui ne fut point senti, s'écria : *Ah ! Fontenelle, où es-tu ?* Elle faisoit allusion au mot si connu : *où étois-tu, Crillon ?*

L'abbé Regnier, secrétaire de l'académie, faisoit un jour dans son chapeau la cueillette d'une pistole que chaque membre devoit fournir ; ne s'étant point apperçu qu'un des quarante qui étoit fort avare (le président Roze) eût mis dans le chapeau, il le lui présenta une seconde fois ; celui-ci assura qu'il avoit donné, comme on le pense bien. « Je le crois, dit l'abbé Regnier, mais je » ne l'ai pas vu ». *Et moi*, ajouta M. de *Fontenelle* qui étoit à côté, *je l'ai vu, mais je ne le crois pas*.

Une servante de M. de *Fontenelle* éclairoit un académicien de Marseille, qui sortoit de chez son maître. Comme elle le faisoit mal, le provençal lui dit : *faites-moi lumière ; je ne m'y vois pas dans les escaliers*. Cette servante ne comprenant rien à ce jargon n'éclairoit pas mieux, & le provençal de réitérer sa prière & sa mauvaise élocution. M. de *Fontenelle* qui suivoit, dit : « excusez, » monsieur, cette pauvre fille ; elle n'entend que » le françois ».

Cette académicien eut des ennemis, mais il ne s'en fit aucun. La Bruyère chercha à le ridiculiser sous le nom de *Cydias* dans son chapitre de *la société & de la conversation*. L'on connoit aussi contre lui quelques épigrammes de Racine & celle de Rousseau qui finit par ce vers :

C'est le pédant le plus joli du monde.

M. de *Fontenelle* étant devenu sourd dans les dernières années de sa vie, laissoit ceux qui venoient le voir s'entretenir ensemble ; & toute la part qu'il prenoit à la conversation, étoit de demander par intervalles le sujet de la conversation ; ou, comme il disoit, *le titre du chapitre*. A sa surdité succéda l'affoiblissement de la vue. Il disoit alors : *j'envoie devant moi mes gros équipages*.

Fontenelle avoit un frère abbé. On lui demandoit un jour : « que fait Monsieur votre frère ? » *Mon frère*, dit-il, *il est prêtre*. A-t-il des béné-» fices ? *Non.* A quoi s'occupe-t-il ? *Il dit la messe* » *le matin.* .... Et le soir ? *Le soir, il ne fait* » *ce qu'il dit* ».

Fontenelle avoit beaucoup connu le cardinal de Fleury avant son ministère. Surpris, dans une visite qu'il lui fit quelques années après, de lui voir la même aménité & la même sérénité ; « quoi ! Mon-» seigneur, lui dit-il, est-ce que vous seriez encore » heureux ? »

M. de *Fontenelle* présentant un jeune homme à un seigneur des plus distingués. « Voilà, dit-il, » un grand géomètre qui est cependant un homme » d'esprit ».

Le régent du royaume étoit sans cesse entouré d'hommes avides occupés à le tromper. Ce grand prince dit un jour à *Fontenelle* : « je crois peu à » la vertu — Monseigneur, répondit le philo-» sophe, il y a d'honnêtes gens ; mais ils ne » viennent point vous chercher ».

On difoit un jour, à M. de Montefquieu: « M. de *Fontenelle* n'aime perfonne ». Il répondit: « Eh bien, il en eft plus aimable dans la fociété »... « Il y portoit tout, a dit une femme de fes amies, » excepté ce degré d'intérêt qui rend malheu- » reux ».

L'ambition n'eut aucune prife fur M. de *Fontenelle*. Il en avoit vu les funeftes effets dans le cardinal Dubois qui venoit quelquefois chercher des confolations auprès de lui. Quelqu'un parloit un jour au philofophe de la grande fortune que ce miniftre avoit faite, pendant que lui, qui n'étoit pas moins aimé du régent, n'en avoit fait aucune. « Cela eft vrai, répond M. de *Fontenelle*; mais » je n'ai jamais eu befoin que le cardinal Dubois » vînt me confoler ».

Perfonne ne parloit avec plus de fincérité que M. de *Fontenelle* aux auteurs qui le confultoient; il leur promettoit le fecret & le gardoit. Soit qu'on eût profité ou non de fes avis, même de celui de fupprimer l'ouvrage, il n'avoit que des louanges à lui donner lorfqu'il étoit imprimé; il les donnoit non-feulement en public, mais encore en particu- lier, & tête à tête avec les auteurs mêmes; & difoit fur cela: « je fuis grand ennemi des manuf- » crits, mais je fuis grand ami des imprimés ».

M. de *Fontenelle* voyant le bufte de Defpréaux par Girardin, s'écria: « je ne m'en dédis pas, il » faut le couronner de lauriers & l'envoyer aux » galères ».

On difoit devant M. de *Fontenelle* que le fen- timent de l'amitié fe réfroidiffoit quelquefois, & que nos meilleurs amis mouroient. Le philofophe répondit: « les amis qui fe refroidiffent font, aux » yeux d'un fage, comme des meubles qu'on » change quand ils s'ufent ».

Mademoifelle Subligny, célèbre danfeufe, étant allée en Angleterre, avoit cherché des lettres de recommandation. M. de *Fontenelle* lui en avoit donné pour l'illuftre Locke. « Le grand métaphy- » ficien, difoit M. de *Fontenelle*, devint l'homme » d'affaires de Mademoifelle Subligny ».

Un membre de l'académie des fciences qui avoit grande envie de la place de fecrétaire perpétuel, dit à *Fontenelle* alors plus qu'octogénaire: « Mon- » fieur, il faudroit vous repofer fur vos lauriers ». Notre philofophe répondit: « Monfieur, je quit- » terai la place quand j'aurai fait votre éloge ».

On parloit à *Fontenelle* du grammairien du Mar- fais qui avoit beaucoup de naïveté & de fimplicité: « oui, dit-il, c'eft le nigaud le plus fpirituel & » l'homme d'efprit le plus nigaud que je con- » noiffe ».

Il difoit encore de lui: « j'admire comme M. du

» Marfais parle de fa pauvreté fans honte & de fes » talens fans vanité ».

Plufieurs perfonnes demandoient à M. de *Fon- tenelle*, la différence qu'on pouvoit faire du bon & du beau; il répondit: « ah! ah! le bon, il a » befoin de preuves, le beau n'en demande » point ».

« A force de combinaifons, difoit quelquefois » M. de *Fontenelle*, la nature réunit tout & fé- » pare tout; elle ne paroît bifarre que parce qu'elle » eft féconde ».

Fontenelle, pour exprimer qu'il avoit toujours fait de fon mieux dans tous les genres de fciences & de littérature où fon efprit s'étoit exercé, di- foit très-férieufement: « j'ai toujours travaillé en » confcience ».

M. de *Fontenelle* avoit fait, avant l'âge de trente ans, ceux de fes ouvrages qui fondèrent fa réputa- tion, ceux qui lui valurent une place dans l'aca- démie françoife, en 1691, c'eft-à-dire, avant trente-quatre ans; il avoit follicité cette place dès 1688, & on lui a fouvent entendu dire qu'il avoit été refufé quatre fois; il le difoit furtout à ceux qui étoient piqués d'avoir échoué une ou deux fois. « Mais, ajoutoit-il, je n'en ai jamais con- » folé aucun ».

M. de *Fontenelle* excédé des éternelles fympho- nies des concerts, s'écria un jour, dans un tranf- port d'impatience: « Sonate, que me veux tu »?

Le philofophe *Fontenelle* difoit au fujet de notre inimitable la Fontaine: « il eft bien aifé d'être un » homme d'efprit ou un fot; mais d'être les deux » & dans le plus haut degré, cela eft admi- » rable ».

Fontenelle ayant appris que Marivaux étoit ma- lade, fe rendit fur le champ chez lui, demanda à lui parler en particulier, & lui dit, avec toute la fenfibilité qu'on s'obftine à lui refufer: « mon ami, dans la fituation où vous vous trouvez on peut avoir befoin d'argent. Les véritables amis ne doivent pas attendre qu'on leur demande, leur cœur doit deviner. Voilà une bourfe de cent louis que je laiffe à votre difpofition. — Je les regarde comme reçus, répond Marivaux, je m'en fuis fervi & je vous les rends avec la reconnoiffance qu'un tel fervice exige ».

Un homme de qualité étant allé voir *Fontenelle*, & le trouvant de fort mauvaife humeur: « qu'avez- » vous donc, lui dit-il? — Ce que j'ai, répond » le philofophe, j'ai un domeftique qui me fert auffi » mal que fi j'en avois vingt ».

Fontenelle difoit très-philofophiquement: « don- » nez-moi quatre perfonnes, perfuadées qu'il fait » nuit en plein midi, je le démontrerai à deux » millions d'hommes ».

M. le cardinal de Polignac , à son retour de Rome , rendoit un compte fidele à M. de *Fontenelle* des cérémonies qui s'observent pour la canonisation des Saints. Il faut , lui disoit-il , que les miracles soient bien constatés. « Oh ! oh ! répond » M. de *Fontenelle* , il y a donc , Monseigneur , » de véritables miracles modernes ».

Fontenelle est peut-être le seul homme qui ait dit , dans un âge très-avancé: « si je récom- » mençois ma carriere je ferois tout ce que j'ai » fait.

L'histoire des Oracles de *Fontenelle* fut amérement critiquée par un jésuite. Le discret auteur n'y répondit que par cinq ou six lignes qu'il adressoit à un journaliste qui le pressoit de repliquer : « Je laisserai , dit-il , mon censeur jouir en paix » de son triomphe ; je consens que le diable ait été » prophete , puisque le jésuite le veut & qu'il croit » cela plus orthodoxe ».

La seconde représentation de l'Oreste fut donnée huit jours après la premiere. M. de Voltaire avoit employé cet espace de temps à y faire des corrections. Sur quoi M. de *Fontenelle* dit : « M. de » Voltaire est un homme bien singulier , il com- » pose ses pieces pendant leurs représentations ».

M. de *Fontenelle* , fort âgé , se trouvant seul , par hasard , avec une très jolie femme , tira vîte le cordon de la sonnette ; & sur le champ il vint du monde ; alors M. de *Fontenelle* dit en souriant à la dame fort surprise : « ah ! madame , si je n'avois que » quatre-vingts ans ».

Un médecin soutenoit à M. de *Fontenelle* , que le caffé étoit un poison lent. « Oui-dà , dit le philo- » sophe en souriant ; il y a plus de quatre-vingts » ans que j'en prends tous les jours. Voilà ce qu'on » appelle une preuve sans replique ».

Lorsqu'en 1752 , M. de Voltaire mit l'article de M. de *Fontenelle* dans le catalogue des écrivains du siecle de Louis XIV , M. de *Fontenelle* , qui en fut averti , demanda à un de ses amis , comment M. de Voltaire l'avoit traité ; cet ami lui répondit qu'à tout prendre l'article étoit favorable ; qu'il y avoit pourtant quelques restrictions aux éloges , qu'au reste il étoit le seul homme vivant que M. de Voltaire eût mis dans ce catalogue. « Ce début me suffit , interrompit M. de *Fonte-* » *nelle* , quelque chose qu'ait pû dire ensuite » M. de Voltaire , je suis content ».

« De tous les titres d'honneur du monde , di- » soit M. de *Fontenelle* , je n'en ai jamais eu que » d'une seule espece , des titres d'académicien ; ils » n'ont jamais été profanés par aucun mélange , avec » d'autres plus mondains & plus fastueux ».

M. de Voltaire demandoit un jour à M. de *Fontenelle* , ce qu'il pensoit de sa tragédie de

Mahomet : « elle est horriblement belle , lui ré- » pondit-il ».

Pour peu qu'un trait soit libre il ne peut être excusé dans la bonne compagnie , qu'en faveur d'une extrême finesse. De-là le bon mot de *Fontenelle* : « quand je dis quelques folies , les jeunes » filles & les sots ne m'entendent pas ».

M. De la Motte croyoit avoir pour amis tous les gens de lettres , & alla un jour jusqu'à le dire à M. de *Fontenelle*. « Si cela étoit vrai , lui ré- » pondit-il , ce seroit un terrible préjugé contre » vous ; mais vous leur faites trop d'honneur & » vous ne vous en faites pas assez ».

Fontenelle a dit plus d'une fois : « j'ai eu la » foiblesse de faire quelques épigrammes ; mais » j'ai résisté au malin plaisir de les publier ».

M. de Voltaire a donné à M. de *Fontenelle* les louanges les plus délicates. Tout le monde sait ce vers si heureux & qui caractérise si bien l'illustre secrétaire de l'académie des sciences ,

L'ignorant l'entendit , le savant l'admira.

A la derniere reprise de Thétis , opéra de *Fontenelle* , la marche des prêtres fut fort mal exécutée. L'auteur dit , en sortant , au directeur : « Monsieur , je suis très-mécontent de mon » clergé ».

Un jour des rois , *Fontenelle* ayant la feve , quelqu'un de la compagnie lui dit : « vous êtes » roi ; serez vous despote ? — Belle de- » mande » !

Le président Hénault lut à la reine les vers de *Fontenelle* , sur le respect qu'on avoit à Sparte pour une tête chenue , & ses regrets sur ce que ce respect s'étoit bien perdu depuis. La reine lui dit : « faites savoir à *Fontenelle* qu'une » tête comme la sienne doit trouver Sparte par- » tout ».

Madame la duchesse du Maine demanda un jour , à quelques gens de beaucoup d'esprit qui s'assem- bloient chez elle , « quelle différence y a-t-il » entre moi & une pendule » ? Ces Messieurs se trouvoient fort embarrassés pour la réponse , lors- que M. de *Fontenelle* entra ; la même question lui fut faite par la princesse , il répondit sur le champ : « la pendule marque les heures , & votre altesse » les fait oublier ».

M. de *Fontenelle* disoit : « pour la solidité du » raisonnement , pour la force , pour la profondeur , » il ne faut que des hommes ; pour une élégance » naive , pour une simplicité fine & piquante , pour » le sentiment délicat des convenances ; pour une » certaine fleur d'esprit , il faut des hommes polis » par le commerce des femmes.

« Les hommes sont sots & méchans , disoit

quelquefois M. de *Fontenelle; mais tels qu'ils font,* j'ai à vivre avec eux, & je me le suis dit de bonne heure ».

Le monde physique a ses lois qui le gouvernent, son mouvement qui l'entraîne, ses causes qui le dominent. Sans doute il en est de même du monde moral. Une certaine confusion apparente n'empêche pas qu'il n'existe un bel ordre intérieur, fait pour tranquilliser les mécontens. Voilà ce qui faisoit dire à *Fontenelle :* « tout va assez bien pour » aller mal ».

M. de *Fontenelle* dînoit chez une dame avec un seigneur qui, avec l'air de n'avoir que vingt-cinq ans, disoit cependant que sa fille venoit d'accoucher de son troisième enfant. Monsieur de *Fontenelle* dit vivement en causant avec lui : *allez, Monsieur, vous êtes un grand père !* Le seigneur lui répondit sur le même ton : *allez, Monsieur, vous êtes un grand homme !* & la maîtresse de la maison s'écria : mais .... *mais si on les laisse faire ils en font aux injures*, ils vont se battre.

Dans une maison où M. de *Fontenelle* avoit dîné, quelqu'un vint montrer à la compagnie un petit bijou d'un travail si délicat qu'on n'osoit le toucher de crainte de le briser ; tout le monde le trouvoit admirable. « Pour moi, dit M. de » *Fontenelle*, je n'aime point ce qu'il faut tant » respecter ». Dans ce moment arrive la marquise de Flamarens ; elle l'avoit entendu ; il se retourne, l'apperçoit & ajoute : « je ne dis pas cela » pour vous, Madame ».

Une jeune demoiselle jolie & remplie d'esprit, disoit un soir à M. de *Fontenelle* que la lumière incommodoit, & qui pourtant avoit voulu qu'on allumât les bougies : « mais, Monsieur, on dit » que vous aimez l'obscurité ? — Non pas où vous » êtes, Mademoiselle, reprit le galant vieillard ».

M. de *Fontenelle* au lit de la mort, réfléchissoit sur son état, comme il l'auroit fait sur celui d'un autre, & on eût dit qu'il observoit un phénomène. « Voilà, dit-il, étant très-près de sa fin, la première mort que je vois » ! Et son médecin lui ayant demandé ce qu'il souffroit & ce qu'il sentoit. « Je ne sens, dit-il, autre chose qu'une difficulté d'être ».

FORBIN. (Claude, chevalier de) Grand amiral du roi de Siam, & chef d'escadre en France, mort en 1733, âgé de 77 ans.

Forbin avoit été major de l'ambassade que Louis XIV avoit envoyée auprès du roi de Siam, en 1685. Le prince siamois retint *Forbin* à son service, & le fit son grand amiral ; mais *Forbin*, peu fait aux bassesses en usage dans cette cour despotique, & craignant d'ailleurs la jalousie du génois Constance, premier ministre du roi de Siam, profita, en conséquence, de la première

occasion favorable qui se présenta pour retourner en France, où il fut d'abord lieutenant de vaisseau.

Forbin mérita la confiance de Louis XIV & l'estime de la nation, par sa bravoure & par son application à ses devoirs. Il s'attachoit à ceux qui servoient sous lui, & ne laissoit point échapper l'occasion de les faire connoître à la cour & de procurer leur avancement.

Louis XIV rendit, dans une circonstance particulière, un hommage bien flatteur, à la générosité de *Forbin*. Cet officier avoit obtenu, en 1689, une récompense du roi pour s'être distingué dans une action d'éclat. *Forbin* alla faire son remerciement à sa majesté, comme elle sortoit de la messe. Mais cet homme illustre, moins occupé de sa propre gloire que de celle d'un officier qu'on sembloit avoir oublié, osa représenter au roi, que cet officier qu'il lui nomma, n'avoit pas servi sa majesté avec moins de valeur & moins de zèle que lui ; le roi s'arrêta, & s'étant tourné vers M. de Louvois qui étoit à son côté : « le » chevalier de *Forbin*, lui dit-il, vient de faire » une action bien généreuse, & qui n'a guères » d'exemples dans ma cour ».

Forbin, dans une de ses expéditions, avoit eu son vaisseau frappé par un coup de vent qui le remplit d'eau. L'équipage effrayé se lamentoit & faisoit des vœux à tous les saints ; mais *Forbin*, persuadé que c'étoit le moment d'agir & non de prier : « courage, mes enfans, s'écria-t-il aux » matelots ; tous ces vœux sont bons ; mais sainte » Pompe, sainte Pompe, c'est à elle qu'il faut » s'adresser ; n'en doutez pas, elle vous sauvera ». Il donna l'exemple, & l'équipage fut sauvé.

Il défit, en 1707, la flotte angloise avec Dugué-Trouin, & il a laissé, ainsi que cet homme illustre, des mémoires curieux qu'on a rédigés.

Il fut chargé, en 1708, de transporter le roi Jacques en Ecosse ; l'escadre arriva le 23 mars à l'embouchure de la rivière d'Edimbourg ; mais personne n'ayant répondu aux signaux, la flotte revint à Dunkerque le 7 avril suivant.

Forbin se retira du service à l'âge de 56 ans, & goûta au milieu d'une société d'amis choisis ce doux repos après lequel tous les hommes soupirent, mais que très peu savent se ménager.

FORCE EXTRAORDINAIRE. Bien des gens s'imaginent que les hommes extrêmement forts ont toujours été des géans, ou du moins d'une taille fort au-dessus du commun. Ils se trompent assurément. Il ne paroît pas par l'histoire de Samson, qu'il fut plus haut ou plus grand de taille que les autres hommes. *Scanderberg, Tamerlan, Liska, & Huniade* n'étoient pas des géans. On sait que le roi *Pepin* a été nommé le Bref à cause de sa petite taille, & il eut là *force* & l'adresse de separer la tête du corps à un lion; cependant il est naturel que ceux qui ont de plus grandes *forces* aient en même-temps une taille au-dessus de la commune.

L'histoire nous donne plusieurs exemples de *forces*, & sans faire mention ici d'Hercule, je ne rapporterai que quelques faits remarquables, dont les littérateurs nous parlent, comme de tout autant de vérités incontestables.

Tritanus, au rapport de Pline, renversa avec un doigt un homme qui l'avoit provoqué au combat, & s'étant saisi de lui, le transporta jusques dans le camp de Pompée.

Les forces prodigieuses de *Bussequa* ont fait dire à *Milon : Jupiter*, avez vous donc formé un autre Hercule ? Ce *Bussequa* souleva une pierre que *Milon* pouvoit à peine remuer : il la porta à une distance considérable, & il la jetta avec une merveilleuse facilité. Ce même *Bussequa* arrêta avec une main un taureau qui avoit pris sa course, & qui faisoit tous ses efforts pour se dégager : bien plus, il se saisit d'un autre taureau qui passoit par hasard en même-temps, & les arrêta ainsi tous deux en même temps.

On voit dans la *physica curiosa* de Gaspard *Scottus*, une infinité d'exemples de force ; entr'autres il dit que Rhadamante de Mantoue rompit avec les mains un cable de vaisseau. *Ferdinand Burg* montoit sur une montagne, portant sur ses épaules un âne chargé de bois. *Cardan* a vu danser un homme qui en tenoit un autre sous chacun de ses bras, avec un autre sur chacune de ses épaules, & un cinquième sur le col.

Olaüs Magnus rencontra dans les mines de Suède, en Gothland, & dans d'autres provinces de ce pays, plusieurs hommes qui levoient de terre, & qui portoient assez loin, un bœuf ou un cheval. Il en vit d'autres qui transportoient fort loin un poids de six cents, de huit cents, & même de mille livres.

Pierre de Portugal levoit avec sa main droite un sac de bled, & le mettoit sur son épaule gauche, ensuite il mettoit sur l'épaule droite un autre sac rempli aussi de bled, qu'il y plaçoit de la main gauche. Un jour il se présenta à la cour un garçon de vingt-cinq ans, disant qu'il avoit quelque chose d'extraordinaire à montrer au roi en fait de *force*. Il obtint d'abord la liberté de paroître devant ce prince. Ce garçon ayant demandé qu'on lui apportât trois sacs de bled, fit des deux premiers l'usage que le roi avoit accoutumé d'en faire; mais il prit ensuite le troisième sac rempli de bled avec ses dents, & le jetta sur celui qu'il avoit déjà sur l'épaule

gauche. Cela surprit tous les spectateurs, & étonna le prince, qui ne pouvoit assez admirer la *force* & l'adresse de ce garçon. On dit que ce prince essaya inutilement de l'imiter. Ce garçon surpassoit en hauteur tous les portugais de son temps : il étoit sec & maigre, & c'étoit un grand mangeur. Ce que ce garçon faisoit de plus extraordinaire, c'est qu'il arrêtoit un charriot tiré par six chevaux ou bœufs. On ne dit pas son nom; on sait seulement qu'il étoit du village de Freixo, ce qui le faisoit appeler *Menino de Freixo*.

M. de Saxe étant à Chantilli, & se trouvant un jour de chasse à un rendez-vous pour se rafraîchir, personne n'avoit de tire-bouchon. Il se fit apporter un fort gros clou, & l'ayant tortillé dans ses doigts, il en fit une mèche avec laquelle il déboucha six bouteilles de suite. Nos seigneurs françois en voulurent faire autant, & ne purent réussir. M. de Saxe avoit dans le poignet une force extraordinaire. S'étant arrêté une fois dans une forge de village pour y faire ferrer un de ses chevaux, il se fit apporter cinq ou six fers neufs, qu'il rompit les uns après les autres. Le maréchal, pour se venger, donna, sans qu'on s'en apperçût, un coup de ciseau au milieu d'un écu de six livres qu'il avoit reçu en payement, & acheva de le casser avec ses doigts en présence de M. de Saxe, & lui dit : « Mais, monseigneur, voilà un écu qui ne vaut pas mieux que mes fers ». Le comte donna un autre écu, & le maréchal continua son manège; à la fin on s'apperçut de la supercherie; & M. de Saxe continua sa route, charmé de n'avoir pas trouvé son maître pour la *force*.

Auguste, roi de Pologne, a passé pour un prodige de *force*. A la table de l'empereur, il prit une assiette d'argent où il y avoit du vin, & en la serrant dans sa main, il en fit une boule, où la liqueur se trouvoit renfermée; il la comprima ensuite tellement, que le vin rejaillit jusqu'au plancher.

Une grosse fille, forte & joufflue, accusoit un vieux médecin de l'avoir prise par *force*, & demandoit qu'il fût condamné à l'épouser, sinon à lui payer une somme considérable. Comment, lui dit le juge, étant vigoureuse comme vous êtes, avez-vous permis qu'il s'approchât de vous? n'aviez-vous pas assez de *force* pour vous défendre? « Ah ! monsieur, répondit-elle, j'ai de la *force* quand je querelle, mais je n'en ai pas quand je ris ».

FORCES MILITAIRES de Louis XIII & Louis XIV.

En 1639, Louis XIII avoit six armées sur pied, une dans les Pays-bas, sous M. de la Meilleraye; une vers le Luxembourg, sous M. de Feuquieres;

une aux frontières de Champagne, sous le maréchal de Châtillon ; une en Languedoc sous les ordres de M. le Prince ; une en Italie, sous M. de Longueville, & une en Piémont aux ordres du cardinal de la Valette.

En 1688, Louis XIV avoit quatre cens cinquante mille hommes en armes, en comptant les troupes de la marine ; il avoit plus de cent vaisseaux de ligne & soixante mille matelots distribués par classe ; il soutint en même-temps la guerre contre l'empereur, contre l'Espagne, l'Angleterre & la Hollande ; il eut presque toujours cinq corps d'armée dans le cours de cette guerre, quelquefois six, jamais moins de quatre ; l'empire Ottoman n'eut jamais de si grandes *forces*; l'empire Romain en eut toujours moins.

FORTIGUERRA, (Nicolas) Prélat de la cour de Rome, auteur de *Ricciardetto*, mort vers l'an 1735.

Ce prélat, né avec le génie enjoué de Pulci & de l'Ariofte, conçut, pour ces différens poëtes, une estime singulière qui échauffa sa verve & l'excita à marcher sur leurs traces. Il a donné à l'Italie le dernier poëme épique dans lequel on trouve la naïveté, l'enjouement, & ces charmes d'une imagination vive & brillante qui ont fait la fortune de *Morgante*, de l'*Orlando furioso*, & autres poëmes épiques que les italiens ont créés.

Du moment que *Fortiguerra* eut commencé son Richardet, il l'avoit toujours avec lui, & tout lieu lui étoit égal pour y travailler. Dans les visites qui emportent à la prélature un temps considérable, & dans les fonctions de toute espèce qui consument le reste du temps, il arrangeoit une bataille, une rencontre de nuit, un midi, une aurore, & tous ces morceaux vagues qui font la *Borra* des poëmes italiens.

Un homme de goût (Dumourrier) a traduit le *Richardetto* en vers françois ; mais sans trop s'astreindre à la fidélité du trait, il a donné, aux figures fantastiques du poëte italien, plus de grace, plus de proportion relative. Le *Richardet françois* est d'ailleurs orné de plusieurs nouveaux tableaux de génie où l'on rencontre avec plaisir différentes maximes d'une morale vive & enjouée.

FORTUNE. Il n'y a que les misérables qui reconnoissent le pouvoir de la *fortune* ; car les personnes heureuses attribuent toujours leurs succès à leur prudence & à leur mérite.

Peu de procureurs sont parvenus à une *fortune* pareille à celle de Jean de Dormans, qui vivoit en 1367. L'aîné de ses enfans fut évêque de Beaumont, peu de temps après cardinal, ensuite chancelier de France ; enfin légat du pape Grégoire X, pour travailler à la paix entre le roi Charles V

& le roi d'Angleterre ; c'est lui qui est le fondateur du collège de Beauvais.

Le second des enfans de ce même procureur fut d'abord avocat général au parlement de Paris, & puis chancelier de France ; il eut plusieurs enfans dont l'un eut aussi l'honneur de remplir cette première place de la justice.

Ensorte que de la famille d'un procureur, sont sortis deux chanceliers, un cardinal & un archevêque : car le troisième fils de Jean de Dormans eut premièrement l'évêché de Meaux & bientôt après l'archevêché de Sens.

Il faut, disoit on alors, en parlant du procureur, que l'arbre soit bien excellent pour avoir produit des fruits d'un aussi bon acabit.

Wolsey marcha de pair avec les souverains : fils d'un boucher d'Ipswich, on ne peut trop s'étonner du rôle qu'il joua dans le monde. Favori du roi Henri VIII, il devint archevêque d'Yorck, chancelier d'Angleterre, cardinal, légat perpétuel *à latere*, l'arbitre de l'Europe, & absolu dans le spirituel & le temporel. La bulle que Léon X lui envoya lui donnoit droit de nommer des docteurs en toutes les facultés, de créer cinquante chevaliers, cinquante comtes palatins, autant d'acolytes, de chapelains, & de notaires apostoliques ; enfin de légitimer des bâtards, de délivrer des prisonniers, & d'accorder des dispenses sans bornes. Il étoit au plus haut point de sa gloire lorsqu'Henri VIII donna ordre de l'arrêter, il ne put supporter ce coup, il se mit au lit, & mourut peu de jours après, avec cependant plus de courage qu'on n'en devoit attendre d'un homme depuis si long-temps corrompu par l'ambition, par la *fortune* & par la volupté. Les anglois avoient ignoré sa naissance, ils ne firent aucun attention à sa mort : telle est la destinée des hommes en place qui n'ont fait aucun bien.

Moro, duc de Milan, ayant fait voir à certains ambassadeurs florentins sa magnificence & ses richesses, qui surpassoient, dit on, celles de tous les autres princes de son temps, leur dit : « Eh bien, Messieurs, croyez-vous qu'un homme » qui possede tant de trésors, ait encore quel» que chose à desirer ? Il ne doit souhaiter, répon» dirent les ambassadeurs, qu'un clou pour fixer » la roue de la *fortune* ».

Ovide employe à peu près cette pensée.

FOU DE COUR. C'étoit l'usage autrefois dans plusieurs cours souveraines d'avoir un *fou* ou une manière de bouffon qui, par ses bons mots, ses plaisanteries, & même ses impertinences, servoit de jouet & de passe-temps aux princes.

L'histoire du neuvième siècle fait mention que l'empereur Théophile avoit pour *fou* un nommé

Daudery,

Daudery, qui, par son indiscrétion, pensa causer bien des chagrins à l'impératrice Théodora ; il étoit entré brusquement dans le cabinet de cette princesse, lorsqu'elle étoit à genoux devant un petit oratoire orné de très-belles images qu'elle avoit grand soin de dérober aux yeux de l'empereur qui étoit iconoclaste. Daudery, qui n'avoit jamais vu d'images s'avisa de demander à la princesse ce que c'étoit ; ce sont, répondit Théodora, pour éloigner tout soupçons, des poupées que je prépare pour donner à mes filles. Daudery se rendant, quelques heures après, au dîner de l'empereur, n'eut rien de plus pressé que de lui dire qu'il avoit vu l'impératrice baiser les plus jolies poupées du monde. L'impératrice eut toutes les peines du monde à se retirer de ce mauvais pas ; & pour n'y être plus exposée elle fit si bien châtier le *fou* de l'empereur, qu'elle le corrigea pour toujours de parler de ce qui pourroit la regarder.

L'usage ridicule d'avoir un *fou* passa aussi à la cour de France ; cet emploi y fut même érigé en titre d'office, comme on le voit par l'histoire de Charles V.

Le *fou* de Henri II s'appeloit Brusquet. Il avoit d'abord exercé la médecine ; mais n'y faisant rien & voulant faire fortune, il ne conçut pas, comme Memnon, le projet insensé d'être sage ; au contraire, il forma le projet sensé d'être *fou*, emploi qui lui valut beaucoup d'argent. Ce n'étoit pas seulement auprès de Henri qu'il faisoit valoir ses bouffonneries ; il s'en servoit encore pour mettre à contribution les princes, les ambassadeurs, & jusqu'aux moindres gentilshommes. Lorsqu'il entroit dans une maison, & qu'il appercevoit un flambeau ou quelques vases d'argent, il les saluoit comme si c'étoit des personnes de sa connoissance, entamoit la conversation, leur faisoit des questions plaisantes, & ne manquoit jamais de se faire répondre des sottises. Alors, entrant dans une fureur comique, il tiroit son épée ; & sous prétexte d'avoir reçu un démenti ou quelqu'autre injure, il frappoit dessus ces vases d'estoc & de taille, & les mettoit en pièces. Il les fourroit ensuite sous son manteau, & chargé de butin, il gagnoit la porte ; c'étoit là le dénouement où il avoit toujours soin d'amener ses farces. Il en joua une à Bruxelles qui lui valut beaucoup d'argent. Le cardinal de Lorraine l'avoit amené avec lui dans cette ville où il étoit appelé pour jurer la paix au nom de la France. Un jour que Philippe II, roi d'Espagne, donnoit un grand repas, notre bouffon entra dans la salle, & s'y plaça derrière le fauteuil du roi qu'il amusa de ses contes. Comme on alloit desservir, Brusquet, après quelques pantomimes facétieuses, saute légèrement sur la table, se saisit d'un bout de la nappe, s'entortille dedans, & roulant pêle mêle les assiettes, les couteaux, les corbeilles & les plateaux d'argent, emporte le tout sans se blesser ni rien ré-

pandre. Tandis que chacun rioit de cete bouffonnerie, Brusquet allant son petit chemin, mit en sûreté sa prise que le roi lui abandonna.

François I, père de Henri II, avoit eu aussi un *fou* nommé *Triboulet.*

François I, déterminé, en montant sur le trône, à entreprendre le recouvrement du Milanès, consulta ses ministres sur les moyens de l'attaquer. Lorsqu'il sortit de son conseil, son bouffon lui dit que ses conseillers étoient des *fous.* Pourquoi, demanda François ? — C'est, répondit Triboulet, qu'ils ont seulement délibéré comment vous entreriez en Italie, & qu'ils n'ont pas pensé à voir comment vous en sortiriez. C'est ce même bouffon qui avoit mis sur ses tablettes, Charles-quint au nombre des *fous*, parce que ce prince, sur l'invitation du monarque françois, se proposoit de passer par la France, pour se rendre dans les Pays-Bas. *Mais*, lui dit François I, *si je le laisse passer ? — En ce cas*, dit Triboulet, *j'effacerai son nom de mes tablettes, & j'y mettrai le vôtre.*

Triboulet ayant été menacé par un grand seigneur de périr sous le bâton, pour avoir parlé de lui avec trop de hardiesse, s'en plaignit au roi. *Si quelqu'un*, lui dit le monarque, *étoit assez hardi pour te tuer, je le ferois pendre un quart-d'heure après. Ah ! sire*, répliqua Triboulet, *s'il plaisoit à votre majesté de le faire pendre un quart-d'heure avant.*

L'Angely, qui est le dernier *fou* dont notre histoire fasse mention, appartenoit à Louis XIV. M. le Prince l'amena des Pays-Bas, & le donna à ce monarque. L'Angely étoit un *fou* spirituel, mais malin. Voici un trait de lui. M. de *** se disoit d'une maison très illustre, quoiqu'il tirât son origine d'un *fou.* L'Angely se trouvant dans la chambre du roi, après lui avoir parlé debout pendant quelque temps, « asseyons-nous, monsieur, lui dit-il, » on ne prendra pas garde à nous, & vous savez » que nous ne tirons pas à conséquence ». L'Angely n'étoit nullement dévot ; il disoit qu'il n'alloit pas au sermon, *parce qu'il n'aimoit pas le brailler, & qu'il n'entendoit pas le raisonner.* Son talent d'amuser lui procura une fortune considérable. On a rapporté ce mot de Marigny, qui, étant un jour au dîner du roi, dit à quelqu'un, en lui montrant l'Angely qui amusoit Louis XIV par ses saillies : « De tous nous autres *fous* qui avons suivi M. le » Prince, il n'y a que l'Angely qui ait fait fortune ».

Nicolas III, marquis d'Est & de Ferrare, avoit à sa cour un *fou* ou bouffon nommé Gonelle, qui se rendit célèbre par ses facéties. Ce maître bouffon savoit toujours tirer en parti avantageux de ses gageures. Un jour qu'il se trouvoit au dîner du marquis, on vint à demander, quelle étoit à Ferrare la profession la plus nombreuse ? Les sentimens se partagèrent. Le marquis ayant adressé la parole à Gonelle : Monseigneur, lui

M m m

répondit le bouffon, ne doutez point que ce ne soient les médecins qui forment, dans cette ville, le corps le plus nombreux. Tu as bien peu de connoissance, lui répondit le marquis, de ce qui se passe dans la ville ; car à peine y a-t-il trois ou quatre médecins. Gonelle soutient son opinion : on parie. Que fait-il pour gagner la gageure ? Il va chez lui, s'enveloppe la tête d'un bonnet de laine, & porte à sa bouche un mouchoir plié, comme un homme qui souffroit beaucoup des dents : il se met dans l'anti-chambre du prince. Tous ceux qui vont & viennent lui demandent en passant ce qu'il a, & lui enseignent un remède. Gonelle a soin d'écrire les noms de tous ces prétendus médecins, & les différens remèdes qu'ils lui indiquent. Le marquis étant venu à passer, le plaint aussi sur son mal, & lui conseille de faire telle & telle chose. Gonelle le remercie, & dit qu'il va chez lui pour cela. Le lendemain il vint, comme s'il avoit été guéri, faire sa cour au marquis, & lui dit qu'il croyoit avoir gagné la gageure. En même-temps, il lui présente une grande liste de tous ceux qui lui avoient donné des remèdes pour son mal de dents. Le marquis prenant cette liste, & se voyant à la tête, ne put s'empêcher de rire, & d'avouer que c'étoient les médecins qui étoient en plus grand nombre à Ferrare, & peut-être par-tout ailleurs. Il fit, en conséquence, donner à son bouffon le prix de la gageure.

FOUQUET (Nicolas), né en 1615, mort vers 1680. Il fut surintendant des finances. Son faste ruineux causa ses malheurs. Le roi le fit arrêter à Nantes ; il fut condamné à une captivité perpétuelle & enfermé au château de Pignerolle. De tous ceux dont il avoit fait la fortune à la cour & dans les finances, aucun n'osa se montrer son ami. C'est dans les hommes de lettres seuls qu'il trouva des défenseurs ; Gourville, Pelisson, mademoiselle Scuderi, & sur-tout le bon Jean Lafontaine, témoignèrent leurs regrets, cherchèrent à le justifier, & firent éclater leurs plaintes en prose & en vers.

Mais Colbert & le Tellier montrèrent tant d'ardeur à le persécuter, que M. de Turenne dit, en développant leurs sentimens de haine & de jalousie, M. Colbert a plus d'envie que M. Fouquet soit pendu, & M. le Tellier a plus de peur qu'il ne le soit pas.

FRAGUIER (Claude-François), né à Paris en 1666, mort en 1728.

L'abbé Fraguier étoit fort connu par son admiration pour les anciens. Dans la lecture d'Homère, qu'il avoit recommencée cinq ou six fois, il lui arriva une chose qui, quoique probablement arrivée à la plupart de ceux qui en ont fait de même leur principale étude, ne laisse pas de paroître fort singulière. Pour mieux retenir ou pour reconnoître facilement tous les beaux endroits d'Homère, il les soulignoit d'un coup de crayon dans son exemplaire, à mesure qu'il le lisoit. A la seconde lecture, il fut surpris de retrouver des beautés qu'il n'avoit pas apperçues dans la première, & qui, plus vives encore, sembloient lui reprocher une injuste préférence. Ce scrupule se renouvella à la troisième, à la quatrième lecture ; & de surprise en surprise, de remarques en remarques, l'ouvrage se trouva presque souligné d'un bout à l'autre. Ce n'étoit, selon lui, qu'après avoir éprouvé quelque chose de semblable, qu'on pouvoit parler dignement du prince des poëtes.

L'abbé Fraguier fit un vœu public en latin, de lire tous les jours mille vers d'Homère, en réparation des critiques audacieuses de M. de Lamotte.

FRANÇAIS. On demandoit à M. Sterne, auteur du roman intitulé, *La vie & les opinions de Tristram Shandy*, s'il n'avoit pas trouvé en France quelque caractère original, dont il eut pu faire usage : — « Non, dit-il, les *français* sont comme » ces pièces de monnoie, dont l'empreinte est » effacée par le frottement ».

Un petit bourgeois de Madrid alla se plaindre à un grand d'Espagne : « Monseigneur, lui dit-il, » un de vos valets de chambre, nommé M. Larose, a séduit une de mes filles, qui s'est rendue » à ses sollicitations sur la foi d'une promesse de » mariage : le perfide aujourd'hui refuse de tenir » sa parole : je viens vous en demander justice ». — Mon ami, lui répondit ce seigneur, après l'avoir patiemment écouté jusqu'au bout : « Je suis fâché » de cet accident ; mais je n'y saurois que faire. » Le fripon, dont vous parlez, Larose, est *français* » de nation. Vous savez bien que ces messieurs-» là sont sujets à tromper les filles qui se fient à » leurs sermens. Il faut lui pardonner cela, à cause » que c'est le vice du terroir ; car s'il étoit espa-» gnol, allemand ou italien, je le ferois pendre ».

Le roi de Sardaigne ayant, dans la guerre de 1741, pris parti pour la cour de Vienne contre l'Espagne & la France, son général, le bailli de Givry, grimpa au pont d'Ormis, dans les Alpes, où il campa. Ce col est si élevé, qu'on n'y trouve ni eau, ni bois ; de sorte qu'on est réduit à boire de la neige, & à se passer de feu. Les Piémontois étant avertis qu'on marchoit à eux, firent couper un pont de communication. Ils le regardoient comme le seul chemin par où l'on pût arriver au retranchement de Pierre longue, tous les habitans du pays leur ayant assuré que la crête de la montagne étoit impraticable. Mais bien-tôt après, le roi Victor apperçut des drapeaux au sommet ; il s'écria : *Il faut que ce soient des diables où des français*.

Ceci rappelle ce vieux proverbe, qui disoit : *Que si le diable sortoit de l'enfer pour se battre, il se présenteroit aussi-tôt un français pour accepter le défi.*

Un officier du régiment d'Orléans ayant été envoyé à la cour pour porter une nouvelle agréable, demanda la croix de Saint-Louis, mais vous êtes bien jeune, lui dit Louis XIV; Sire, répondit le brave militaire, on ne vit pas long-temps dans votre régiment d'Orléans.

Le *français* furieux lorsqu'on lui résiste, est plein de douceur & de générosité pour un ennemi désarmé. C'est ce que le comte de Salms, général de l'infanterie ennemie, & qui avoit été fait prisonnier par les *français* à la bataille de Nerwinde, en 1693, ne put s'empêcher de reconnoître. Quelle nation est la vôtre, s'écria le comte de Salms, en parlant au chevalier du Rozel, un des officiers généraux de l'armée françoise ? Vous vous battez comme des lions, & vous traitez les ennemis vaincus comme s'ils étoient vos meilleurs amis.

Les *français* assiègent Maëtricht en 1673, avec cette ardeur qui les caractérise. Un soldat du régiment du Roi fut dangereusement blessé à l'attaque d'une demi-lune. Comme on le plaignoit en le voyant tout couvert de sang : ce n'est rien, dit-il, le régiment a fait son devoir.

Un grenadier du même corps, dans la même occasion, remarque qu'un homme de qualité qui le suit en grimpant, est tombé sur le ventre, il lui tend la main droite pour le relever, en cet instant un coup de mousquet lui perce le poignet. Sans se plaindre, ni s'étonner, il lui tend la main gauche, & le relève. Les historiens grecs & romains, dit Pelisson, qui rapportent ces anecdotes, n'auroient pas oublié le nom de ces deux hommes intrépides.

Les *français* ne justifient-ils pas encore aujourd'hui ce reproche que leur fit autrefois un historien italien ? En 1552, le maréchal de Brissac, commandant pour Henri II dans la partie du Piémont, que les *français* occupoient depuis long-temps, étoit venu à bout d'emporter d'un coup de main la ville de Quiers, dont il avoit cru ne se rendre maître que par un siège régulier. Les vainqueurs se flattèrent ouvertement que ce premier avantage seroit suivi de plus grands succès. L'historien Davila, qui se trouvoit parmi les troupes espagnoles qui défendoient la place, dit à l'un d'eux : « Vous avez bien su, messieurs les *français*, » commencer la guerre avec avantage, mais j'espère que l'impatience & la légéreté avec lesquelles vous conduisez vos affaires, rétabliront les nôtres ». Ce trait ayant été rapporté au maréchal, il répondit aussi-tôt, cet étranger nous connoît de longue main.

Le caractère des *français* est de tourner en plaisanterie les évènemens les plus tristes : après la mort de l'amiral de Coligny, on débita dans Paris un petit écrit intitulé : *Passio domini nostri*

Gaspardi Coligny secundum Bartholomæum. Mêmes mœurs aujourd'hui.

FRANÇOIS I. Roi de France, né en 1494, mort au château de Rambouillet le dernier de mars 1547.

Ce prince joignoit à un goût décidé pour tous les exercices du corps, l'adresse nécessaire pour y exceller, & assez de santé pour s'y livrer sans risque.

François I institua le collège royal par le conseil du célèbre Budé, pour y faire enseigner les langues savantes & les sciences. Il rassembla un très-grand nombre de manuscrits précieux & commença à former cette belle & riche bibliothèque aujourd'hui la plus nombreuse de l'univers ; son goût pour les sciences, cette protection accordée à ceux qui les cultivoient, lui méritèrent le titre flatteur & glorieux de *père* & de *restaurateur des lettres*, titre qui ne le cède qu'à ceux de *bon* & de *père du peuple*.

Lorsqu'il parvint à la couronne, la mode subsistoit depuis long-temps de porter les cheveux longs & la barbe courte. Mais le roi ayant été obligé, par une blessure qu'il reçut à la tête, de se faire couper les cheveux, prit l'usage des italiens & des suisses, qui portoient les cheveux courts & la barbe longue. La cour l'imita ; mais les gens graves & les corps de magistrature, conservèrent le plus long-temps qu'ils purent, les usages antiques. La longue barbe distingua les courtisans ; tous les hommes graves se faisoient raser. François Olivier, qui fut depuis chancelier, ne put être reçu maître des requêtes, *qu'à la charge de faire couper sa longue barbe s'il vouloit assister au plaidoyer.*

Voici l'accident qui occasionna la blessure du roi. La cour étant à Romorentin en Berry, & le comte de Saint Pol donnant le jour des rois un grand souper où l'on avoit tiré le roi de la fève, *François*, suivant les mœurs du temps, proposa à la belliqueuse jeunesse de sa cour d'aller défier ce roi du sort & de l'assiéger dans l'hôtel du comte de Saint Pol. Le défi fut accepté, dit du Bellai, & on prépara, pour recevoir l'ennemi, des boules de neige, des œufs & des pommes, armes convenables pour soutenir l'assaut dont on étoit menacé. Les munitions se trouvant épuisées par l'opiniâtreté des assaillans qui étoient venus à bout de forcer les portes de l'hôtel ; un des assaillans eut l'imprudence de jetter par la fenêtre un tison qui tomba sur la tête du roi. Quoique ce prince eût été si dangereusement blessé qu'on désespérât de sa vie, il ne voulut jamais permettre qu'on recherchât par qui le tison avoit été jetté. *J'ai fait la folie*, répondit-il à ceux qui le pressoient de souffrir que l'on fît des perquisitions, *& il est juste que j'en boive ma part.* La santé revint peu à peu au malade, qui en fut quitte pour ses cheveux que les chirurgiens furent obligés de lui couper pour le panser. *Depuis*, dit Etienne Pasquier, *il ne porta plus longs cheveux, étant le premier de nos rois qui, par un sinistre augure, dégénéra de cette vénérable ancienneté.*

En 1515, *François I*, n'ayant encore que vingt ans, remporta sur les suisses la célèbre bataille de Marignan qui dura deux jours. Le maréchal de Trivulce, qui s'étoit trouvé à dix-huit batailles rangées, dit que c'étoient des jeux d'enfans, mais que celle de Marignan étoit un combat de géans. *François I* fit dans cette journée des prodiges de valeur, & y combattit moins en roi qu'en soldat. Ayant apperçu dans la mêlée son porte-enseigne qu'un gros de suisses enveloppoit, il se précipita au milieu des lances & des hallebardes pour le dégager; il fut enveloppé lui-même; son cheval fut percé de coups, son casque dépouillé de plumes; & il alloit être accablé, si un corps de troupes détaché des aîles n'eut accouru à son secours.

Ce prince hazarda cette action contre l'avis de ses généraux. Il trancha toutes les difficultés par ce mot qui est devenu proverbe: *qui m'aime me suive*.

Ce fut le lendemain de cette journée que ce prince voulut se faire armer chevalier par le célèbre Bayard.

La bataille de Pavie, donnée en 1525, mit encore dans un plus grand jour la valeur intrépide de *François*. Cependant ce prince fut fait prisonnier. La défaite des françois vint sur-tout de leur gendarmerie qui avoit passé jusqu'alors pour la meilleure de l'Europe, & qui, dans cette journée, ne soutint point sa réputation. *François* combattit le dernier de son armée. Ce prince blessé en deux endroits à la jambe, épuisé par le sang d'une autre large blessure qu'il avoit au front, froissé & presque écrasé par la chûte & par le poids de son cheval, eut encore assez de force & de courage pour se relever & pour combattre à pied un gros d'ennemis qui l'entouroient. Mille voix lui crioient de se rendre & le menaçoient de le tuer, lorsqu'enfin obligé de céder à la force, il consentit de se rendre au vice-roi de Naples. « Monsieur de Lannoy, lui dit-il, voilà l'épée d'un roi qui mérite d'être loué, puisqu'avant de la perdre, il s'en est servi pour répandre le sang de plusieurs des vôtres, & qu'il n'est pas prisonnier par lâcheté, mais par un revers de fortune ». Lannoy se mit à genoux, reçut avec respect les armes du prince, lui baisa la main & lui présenta une autre épée, en disant: « je prie votre majesté d'agréer que je lui donne la mienne, qui a épargné le sang de plusieurs des vôtres. Il n'est pas convenable à un officier de l'empereur de voir un roi désarmé, quoique prisonnier ».

François fut conduit dans le camp du viceroi;

aussitôt que l'on eut pansé ses plaies, il écrivit à sa mère ce billet terrible & sublime: *Madame, tout est perdu fors l'honneur.*

Lorsqu'il se rendit dans l'église des Chartreux pour faire sa prière, le premier objet qui frappa ses yeux fut cette inscription tirée du pseaume 118: *Bonum mihi quia humiliasti me, ut discam justificationes tuas.* L'application étoit sensible; le roi en parut touché.

Ce prince avoit le malheur de se croire trop aisément supérieur à ses ennemis. L'inaction apparente des Espagnols devant le siége de Pavie, l'avoit si fort confirmé dans sa présomption, qu'il demanda un jour à Bonnivet: « qu'étoient devenus ces lions d'Espagne par lesquels il s'étoit laissé battre? ils dorment, sire, répondit l'amiral, & votre majesté verra ce qu'ils feront à leur réveil ». *Vie de Charles-Quint.*

Bayle rapporte l'anecdote suivante, mais il ajoute en même temps qu'elle n'est point assez constatée. Un grand d'Espagne jouoit avec *François I*, qui étoit prisonnier à Madrid; le roi gagnoit beaucoup; l'espagnol demande sa revanche, le roi la refuse; l'espagnol jette l'argent sur la table, & dit avec une fureur insolente: *tu as raison, tu as besoin de cet argent pour payer ta rançon.* Le roi indigné lui passe son épée au travers du corps, & l'empereur, instruit de la dispute, répondit aux parens de l'espagnol qui lui demandoient justice: « *François* a bien fait, tout roi est roi partout ».

On a loué *François I* sur sa générosité envers Charles-Quint, & sur le refus qu'il fit de se rendre maître de ce prince qui passoit par la France pour aller dans ses états de Flandre. Mais *François* pouvoit-il manquer à la parole qu'il avoit donnée à l'empereur? *Quand la fidélité dans les promesses*, disoit-il, *à l'exemple du roi Jean, seroit bannie du monde entier, c'est dans le cœur des souverains qu'elle devroit trouver un azile.*

Le règne de ce prince fut celui de la bravoure & de la galanterie, & lorsqu'on lui parloit des dames qu'il avoit admises à sa cour, il répondoit qu'une cour sans femmes étoit une année sans printems, un printems sans roses.

Ce prince plaignant Jean de Montaigu d'être mort par justice; *ce n'est point par justice, mais par commissaires*, lui dit un bon célestin; & cette distinction de justice & de commissaires frappa si fort le roi qu'il ne l'oublia jamais. *Lettres d'Ossat.*

Un officier de la cour de *François I*, se plaignoit amèrement à ses amis, que depuis plusieurs années qu'il étoit au service, sa fortune n'en étoit pas plus avancée, & qu'il étoit à la veille de manquer de tout. Le prince instruit des plaintes de cet officier, le fit venir, & lui dit: « je sais

» que vous vous plaigniez de moi ; tenez, voici
» deux bourses égales ; l'une est pleine d'or ; il
» n'y a que du plomb dans l'autre : choisissez ;
» nous verrons si ce n'est pas plutôt à la fortune
» qu'à moi que vous devez vous en prendre ».
L'officier choisit, & prit malheureusement la
bourse remplie de plomb. Et bien ! lui dit le roi,
à qui tient-il que vous ne vous enrichissiez ? Le
prince joignit à cette réflexion, qui devoit faire
cesser les plaintes de l'officier, le don des deux
bourses.

François I mourut des suites fâcheuses des plaisirs auxquels il s'étoit livré avec trop d'indiscrétion. « Le mari de la belle *Féronière*, une de ses
» maîtresses, désespéré d'un outrage que les gens
» de cour n'appellent qu'une galanterie, s'avisa
» d'aller dans un mauvais lieu s'infecter lui même
» pour la gâter, & faire passer sa vengeance jus-
» qu'à son rival. La malheureuse en mourut, son
» mari s'en guérit par de prompts remèdes. Le
» roi en eut tous les symptôme. Et comme ses
» médecins le traitèrent selon sa qualité plutôt
» que selon son mal, il lui en resta toute sa vie
» quelques uns, dont la malignité altéra fort la
» douceur de son tempérament & le rendit chagrin,
» soupçonneux & difficile ». *Mezerai.*

FRANKLIN, (Benjamin) né en 1706, mort à
Philadelphie en Amérique ; au mois d'avril 1790.

Franklin fut dans sa jeunesse compositeur dans
une imprimerie de Philadelphie. Son génie pour
la politique & pour les sciences le rendit bientôt
un homme important & célèbre ; il parvint à exciter l'enthousiasme de la liberté à ses compatriotes
opprimés. Et par ses écrits, par ses conseils, &
par ses négociations, il affranchit son pays. Il faisoit en même-temps son amusement des sciences.
Il découvrit & expliqua les plus beaux phénomènes de l'électricité ; il fit connoître la nature
de la foudre ; il sut, en quelque sorte, lui donner
des loix. C'est à lui qu'on est redevable des moyens
d'en prévenir les terribles effets, en l'assujétissant
à suivre les conducteurs de ses paratonnerres,
qu'il a enseigné de placer au dessus des édifices.

Ce grand homme, vengeur de l'Amérique,
voulut non-seulement par M. de Voltaire, mais
même ménager à son petit fils, encore jeune, le
plaisir de se rappeler un jour qu'il avoit vu la
merveille de l'Europe, & de pouvoir dire, comme
Ovide : *Virgilium vidi.*

On a été témoin à Paris des embrassemens de
ces deux illustres vieillards dans une séance publique de l'académie des sciences. C'étoit le génie
embrassant la liberté.

Quelqu'un demandoit au docteur *Franklin* :
« À quoi sert le globe aérostatique ? » Il répondit :
« À quoi sert l'enfant qui vient de naître ».

Franklin faisoit un jour l'expérience de calmer
les flots d'un étang avec de l'huile devant un
homme crédule ; il y mit, par plaisanterie, un air
de solemnité. Cet homme l'aborde effrayé, & lui
dit : Maintenant, Monsieur, dites-moi ce qu'il faut
que je croie ? *Rien*, lui dit *Franklin*, que ce que
vous voyez.

Franklin, peu de momens avant de mourir, dit
ces paroles d'un grand sens, *qu'un homme n'est
parfaitement né qu'après sa mort.*

Peu d'hommes ont été si complettement heureux ; peu d'hommes ont si bien mérité de l'être.

Nous ne pouvons mieux finir cette notice, que
par cette courte, mais énergique oraison funèbre,
prononcée le 12. juin à la tribune de l'assemblée
nationale, par M. le comte de Mirabeau, digne
émule de ce sublime patriote.

« *Franklin* est mort.... Il est retourné au sein
» de la divinité, le génie qui affranchit l'Amé-
» rique, & versa sur l'Europe des torrens de lu-
» mière !

» L'homme que deux mondes réclament, le
» sage que l'histoire des sciences & celle des
» empires se disputent, cet homme qui tenoit
» sans doute, un rang distingué dans la politique
» & dans l'espèce humaine.... il est mort !

« Assez long-temps les cabinets politiques ont
» notifié la mort de ceux qui ne furent grands
» que dans leurs oraisons funèbres ; assez long-
» temps l'étiquette des cours a proclamé des
» deuils hypocrites. Les nations ne doivent, ce
» me semble, que porter le deuil de leurs bien-
» faiteurs. Les représentans des nations ne doi-
» vent recommander à leurs hommages que les
» héros de l'humanité.

» Le congrès a ordonné, dans l'étendue des
» quatorze cantons confédérés, deux mois de
» deuil, & l'Amérique acquitte, en ce moment,
» le tribut de vénération & de reconnoissance pour
» l'un des pères de sa constitution.

» Ne seroit-il pas digne de vous, Messieurs,
» de vous unir à cet acte religieux, de participer
» en quelque sorte, à cet hommage rendu, à la
» face de l'univers, à l'homme qui a le plus
» contribué à assurer les droits des hommes ?
» L'antiquité eût élevé des autels à ce vaste &
» puissant génie, qui, au profit des mortels, em-
» brassant dans sa pensée le ciel & la terre, sut
» dompter la foudre & les tyrans.

» La France, éclairée & libre, doit donner, du
» moins, un témoignage de regret & de souvenir
» à un des plus grands hommes qui aient jamais
» servi la philosophie & la liberté.

» Je demande qu'il soit décrété, que l'assemblée
» nationale portera, pendant trois jours, le deuil
» de *Franklin* ».

Et, conformément au décret de l'assemblée, on
a porté en France le deuil de *Franklin*.

On fait ce beau vers latin mis au bas du portrait
de cet américain :

Eripuit cœlo fulmen sceptrumque tyrannis.

FRAYEUR. Le cardinal de Retz rapporte dans
ses mémoires un fait qui peut servir à confirmer
ce que dit Beker dans son monde enchanté. Ce
cardinal, qui n'étoit alors qu'abbé, avoit fait la
partie de passer la soirée dans la maison de l'archevêque de Paris, son oncle, à Saint-Cloud,
avec madame & mademoiselle de Vendôme, madame de Choisi, le vicomte de Turenne, l'évêque
de Lisieux, & messieurs de Brion & Voiture. On
s'amusa tant que la compagnie ne put s'en retourner que très-tard à Paris. La petite pointe du
jour (c'étoit dans les plus grands jours d'été)
commençoit à paroître, quand on fut au bas de
la descente des *Bons-hommes*. Justement au pied,
le carrosse arrêta tout court. « Comme j'étois,
» dit l'auteur des mémoires, à l'une des portières
» avec mademoiselle de Vendôme, je demandai
» au cocher pourquoi il arrêtoit, & il me répon-
» dit, avec une voix tremblante : Voulez-vous
» que je passe par-dessus tous les diables qui sont-
» là devant moi ? Je mis la tête hors de la por-
» tière ; & comme j'ai toujours eu la vue fort
» basse, je ne vis rien. Madame de Choisi, qui
» étoit à l'autre portière avec M. de Turenne,
» fut la première qui apperçut du carrosse la cause
» de la frayeur du cocher ; je dis du carrosse,
» car cinq ou six laquais, qui étoient derrière,
» crioient *Jesus, Maria!* & trembloient déja de
» peur. M. de Turenne se jetta en bas du carrosse
» aux cris de madame de Choisi. Je crus que
» c'étoit des voleurs, je sautai aussi-tôt hors du
» carrosse ; je pris l'épée d'un laquais, je la tirai,
» & j'allai joindre, de l'autre côté, M. de Tu-
» renne, que je trouvai regardant fixement quelque
» chose que je ne voyois point. Je lui demandai
» ce qu'il regardoit, & il me répondit, en me
» poussant du bras & assez bas : je vous le dirai ;
» mais il ne faut pas épouvanter ces dames, qui,
» dans la vérité, hurloient plûtôt qu'elles ne
» crioient. Voiture commença un *oremus* ; ma-
» dame de Choisi poussoit des cris aigus ; made-
» moiselle de Vendôme disoit son chapelet ; ma-
» dame de Vendôme vouloit se confesser à M. de
» Lisieux, qui lui disoit : ma fille, n'ayez point de
» peur, vous êtes en la main de Dieu. Le comte
» de Brion avoit entonné bien tristement à ge-
» noux, avec tous nos laquais, les litanies de la
» Vierge. Tout cela se passa, comme on peut se

» l'imaginer, en même-temps & en moins de rien.
» M. de Turenne qui avoit une petite épée à son
» côté l'avoit aussi tirée, & après avoir regardé
» un peu, comme je l'ai déja dit, il se tourna
» vers moi, de l'air dont il eut demandé son
» dîner, & de l'air dont il eut donné une bataille,
» & me dit ces paroles : Allons voir ces gens-là.
» Quelles gens, lui répartis-je ? & dans la vérité
» je croyois que tout le monde avoit perdu le
» sens. Il me répondit, effectivement je crois que
» ce pourroit bien être des diables. Comme nous
» avions déja fait cinq ou six pas du côté de la
» *savonnerie*, & que nous étions par conséquent
» plus proches du spectacle, je commençai à en-
» trevoir quelque chose ; & ce qui m'en parut,
» fut une longue procession de fantômes noirs,
» qui me donna d'abord plus d'émotion qu'elle
» n'en avoit donnée à M. de Turenne, mais qui,
» par la réflexion que je fis, que j'avois long-temps
» cherché des esprits, & qu'apparemment j'en
» trouvois en ce-lieu, me fit faire un mouvement
» plus vif que ses manières ne lui permettoient
» de faire. Je fis deux ou trois sauts vers la pro-
» cession. Les gens du carrosse qui croyoient que
» nous étions aux mains avec tous les diables, firent
» un grand cri, & ce ne furent pourtant pas eux
» qui eurent le plus de peur. Les pauvres Au-
» gustins réformés & déchaussés, que l'on appelle
» Capucins noirs, qui étoient nos diables d'imagi-
» nation, voyant venir à eux deux hommes qui
» avoient l'épée à la main, l'eurent très-grande,
» & l'un d'eux se détachant de la troupe, nous
» cria : Messieurs, nous sommes de pauvres reli-
» gieux, qui ne faisons de mal à personne, &
» qui venons nous rafraîchir ici par dans la ri-
» vière pour notre santé. Nous retournâmes au
» carrosse, M. de Turenne & moi, avec des
» éclats de rire qu'on peut imaginer, & nous
» fîmes, lui & moi dans le moment même, deux
» réflexions, que nous nous communiquâmes dès
» le lendemain matin. Il me jura que la première
» apparition de ces fantômes imaginaires lui avoit
» donné de la joie, quoiqu'il eut toujours cru
» auparavant qu'il auroit peur s'il voyoit jamais
» quelque chose d'extraordinaire ; & je lui avouai
» que la première vue m'avoit ému, quoique
» j'eusse souhaité toute ma vie de voir des esprits.
» La seconde observation que nous fîmes, fut
» que tout ce que nous lisons dans la vie de la
» plûpart des hommes est faux. M. de Turenne
» me jura qu'il n'avoit pas senti la moindre émo-
» tion, & il convint que j'avois eu sujet de croire
» par son regard fixe & son mouvement si lent,
» qu'il en avoit eu beaucoup. Je lui confessai que
» j'en avois eu d'abord, & il me protesta qu'il
» auroit juré son salut, que je n'avois eu que du
» courage & de la gaieté. Qui peut donc croire
» la vérité, que ceux qui l'ont sentie ? Le pré-
» sident de Thou a raison de dire, qu'il n'y a
» de véritables histoires que celles qui ont été

» écrites par des hommes affez sincères pour par-
» ler véritablement d'eux-mêmes ». *Mém. du
cardinal de Retz.*

La *frayeur*, comme dit Beker dans son *monde
enchanté*, prive un homme de son jugement, &
lui ôte l'usage de ses sens; ensorte qu'il croit voir
& entendre des choses qui n'existent que dans son
imagination troublée. Cet auteur rapporte à ce
sujet l'anecdote suivante : Un chauderonnier de
Basse avoit été condamné, pour ses maléfices, à
être pendu ; ce qui fut exécuté. On transporta le
corps au gibet patibulaire, qui n'étoit pas éloigné
de la ville. Quelques jours après cette exécution,
un marchand s'étoit hâté de nuit d'aller au marché
qui se tenoit dans la ville. Comme il se doutoit
bien que les portes ne s'ouvriroient pas de si-tôt,
il se reposa sous un arbre proche ce gibet. Deux
heures après d'autres hommes allant aussi au marché, & étant proches du gibet où étoit le pendu,
lui demandèrent, par gausserie, s'il vouloit venir
au marché avec eux : le marchand, couché sous
l'arbre, croit que c'est à lui qu'on adresse la
parole, & dit à ces passans : Attendez-moi, je
m'en vais avec vous. Ceux-ci, s'imaginant que
c'est le pendu qui leur parle, en sont si épouvantés, qu'ils prennent la fuite de toute leur
force. Il n'en fallut peut-être pas davantage pour
persuader à bien du monde, qu'il s'étoit fait un
miracle.

Le premier qui peignit en huile fut Jean Bellin,
fameux peintre de Venise au XVe siècle ; il étoit
fils de Jacques Bellin, qui fit plusieurs beaux
tableaux pour le grand seigneur, entr'autres une
décollation de Saint Jean-Baptiste. Mahomet
admira la disposition & le coloris de ce dernier
ouvrage ; mais il trouva que le cou étoit trop
long & trop large ; & pour prouver la réalité
de ce défaut, il appela un esclave, & lui fit
couper la tête en présence de Bellin, auquel il
fit remarquer que le cou séparé de la tête se
rétrécissoit extrêmement. Bellin fut saisi d'une
frayeur mortelle à la vue d'un tel objet, & n'eut
pas un moment de repos qu'il n'eût obtenu son
congé. Le grand seigneur lui fit de riches présens, lui mit lui-même une chaîne d'or de grand
prix au cou, & le renvoya à Venise avec des
lettres de recommandation pour la république qui
lui fit une pension.

Un homme connu dans les meilleures sociétés
de Paris, par l'agrément de son esprit, racontoit
de la sorte une étrange *frayeur* dont il fut, disoit-
il, tout-à-coup saisi : « il y a quelques jours,
» Messieurs, qu'étant dans mon lit, occupé de
» rêveries dont il est inutile de vous entretenir,
» j'entendis ouvrir la porte de mon appartement
» & je vis entrer un inconnu qui portoit une
» grande figure blanche ; un air embarrassé & dès

» souliers poudreux, enfin une de ces mines de
» mauvais augure qu'on n'aime nullement à voir.
» Il m'appela familièrement par mon nom ; & me
» dit de me lever promptement. Je pris ma robe-
» de-chambre en tremblant, & sans prévoir quels
» pouvoient être ses desseins. Il s'approcha de moi
» & m'obligea, par ses gestes pressans, à me
» mettre sur un siège auprès de ma fenêtre. Dès
» que je fus assis, je sentis qu'il me saisissoit brus-
» quement par le cou, & il me le serra fortement
» avec une espèce de hausse-col. Un instant après
» il me couvrit la joue avec sa main gauche,
» d'un boulet capable de me briser les dents.
» Une sueur abondante se répandit sur tout mon
» visage ; je sentis les gouttes en tomber de tous
» les côtés. Cet accident me saisit au point que
» j'en perdis la respiration, & j'étois couvert
» d'écume, sans pouvoir proférer une seule parole,
» l'inconnu m'avoit défendu, avec menaces, de
» parler ou de crier. Au bout de quelques ins-
» tans, je le vis se saisir d'une arme blanche,
» dont la lame étoit très-reluisante ; il me la
» porta sur la gorge ; ensorte que je n'étois qu'à
» un demi doigt de la mort. Je sentis couler mon
» sang, & en bon chrétien, je recommandai tout
» bas mon âme à Dieu. Ma *frayeur* fit apparemment
» impression sur ce mortel phlegmatique ; il prit
» de l'eau & du vinaigre, dont il m'arrosa le visage ;
» la cuisson que je sentis, me fit ouvrir les yeux ;
» alors mon homme me saisit par les cheveux &
» il me tua. Je le vis ensuite s'emparer d'une
» autre arme, dont je crus qu'il vouloit me brûler
» la cervelle ; mais le feu ne fit que m'effleurer
» les oreilles. Il m'avoit empaqueté les mains
» sous une espèce de linceul pour que je ne pusse
» pas les remuer. Voyant que je respirois tou-
» jours il m'arracha bien des cheveux, & parut
» vouloir m'étouffer dans un tourbillon de pous-
» sière. J'avois déjà fermé la paupière ; mais pour
» consommer son ouvrage il prit de nouvelles
» armes qui lui restoient encore, & qu'il tira de
» sa poche : c'étoit le ciseau de la parque, avec
» lequel il essaya, mais en vain, de couper le
» fil de mes jours. J'étois tout tremblant & im-
» mobile d'effroi, comme un homme qui attend
» que sa dernière heure. Mon bourreau aperçut
» ma bourse qui étoit sur ma commode, il s'en
» saisit & me reprit au collet, & par les cheveux.
» A ce dernier trait j'ouvris les yeux pour la
» seconde fois, je m'armai de courage, m'em-
» parai brusquement d'un couteau que je trouvai
» sous ma main. Cet acte de vigueur fit disparoître
» mon aventurier.

» Je m'essuyai le visage devant un miroir, & lorsque
» je fus de sang froid je m'aperçus que ma barbe
» étoit faite & que mes cheveux étoient frisés, pou-
» drés & accommodés ; je reconnus alors que l'illu-
» sion que je m'étois faite n'avoit été occasionnée
» que par un nouveau garçon perruquier que son

» maître m'avoit envoyé ; je fus très-satisfait d'en
» être quitte pour la peur, & je partis en riant
». pour aller à la campagne ».

FRÉDÉRIC II. (Charles) Roi de Prusse,
mort le 17 août 1786.

Nous ne rapporterons ici que quelques traits
caractéristiques de ce prince, dont l'histoire &
la renommée ont d'ailleurs pris soin de vouer à
l'immortalité le génie, la gloire & les actions.

La mort du dernier empereur de la maison d'Autriche, Charles VI, met les armes à la main du
jeune roi de Prusse. Le marquis de Beauvau,
envoyé par Louis XV, à Berlin pour complimenter le nouveau monarque sur son avénement
au trône, ne fait, quand il voit les premiers mouvemens des troupes, si elles sont destinées contre
la France ou contre l'Autriche. Frédéric le tire
de doute en disant : je vais, je crois, jouer votre
jeu ; si les as me viennent, nous partagerons. Il
marche tout de suite en Silésie, au mois de
décembre. On veut mettre sur ses drapeaux cette
devise : pro deo & patriâ ; il efface pro deo, disant
qu'il ne faut pas mêler le nom de dieu dans les
querelles des hommes, & qu'il s'agit d'une province & non de la religion.

Frédéric passant dans sa grande salle à sans-
souci, avec un de ses généraux » général, lui
dit le roi de Prusse, vous dînerez ici dans deux
jours, avec trois cents chambelans, — Sire, je
ne croyois pas que vous en eussiez autant. — Je ne
parle pas de ces espèces qui portent la clef d'or,
mais de ces braves chambellans qui m'ouvriront
les portes de la Silésie.

Le roi de Prusse voyant les préparatifs de guerre
de l'empereur & du Turc, donna les ordres les
plus précis pour que les places de la Silésie, frontières de la Hongrie fussent bien approvisionnées
de munition de guerre & de bouche. On lui demanda les motifs de ces préparatifs. » Pour avoir
la paix, répondit ce grand prince, il faut se tenir
en état de faire la guerre ; je ne demande rien,
& je ne prétends à rien, mais je veux empêcher
les autres de trop avoir ».

Le plus beau songe que puisse faire un souverain,
a dit le roi de Prusse, est de rêver qu'il est roi
de France.

Frédéric le grand, roi de Prusse, écrivit un
jour au célèbre Rollin : « des hommes tels que
» vous marchent à côté des rois ».

Frédéric soupant avec des gens de lettres leur
demanda l'un après l'autre, si vous étiez roi de
Prusse que feriez-vous ? Chacun s'efforça de faire

une réponse flatteuse. Le tour du marquis d'Argens étant venu, il répondit : ma foi, je vendrois
le royaume de Prusse pour acheter une province de
France.

Pour donner plus de liberté à la joie & aux
saillies, Frédéric avoit exigé qu'on oubliât absolument son pouvoir & son trône ; & il avoit me-
rité, en effet, qu'on ne vit plus en lui qu'un
homme plein d'esprit & de grâces, qu'un convive
charmant. Mais un françois passa peut-être un peu
la mesure que cette liberté devoit avoir, & tout
le monde apperçut de l'altération dans les traits
du monarque : « paix, dit Voltaire, parlons plus
» bas, je crains que le roi ne nous ait enten-
» dus ».

A la bataille de Rosbac, Frédéric vit un grenadier françois qui se défendoit en désespéré contre
un houssard prussien ; & qui malgré l'espoir qu'il avoit
d'être secouru refusoit de se rendre & préféroit
la mort. Le roi s'approche des combattans & dit
au françois ; brave grenadier, es-tu invincible ? Oui,
sire, répondit le françois, si vous me commandiez.

Frédéric aimoit beaucoup les enfans, & permettoit que les fils du prince royal, actuellement
régnant, entrassent chez lui à toute heure. Un
jour qu'il travailloit dans son cabinet, l'aîné de
ces princes jouoit au volant autour de lui. Le
volant tomba sur la table du roi, qui le prit, le
jetta à l'enfant, & continua d'écrire. Le petit
prince continue son jeu, & le volant tombe encore sur la table ; le roi le rejette encore, regarde
d'un air sévère le petit joueur, qui promet que
cela n'arrivera plus. Enfin, pour la troisième fois,
le volant vient tomber jusques sur le papier sur
lequel Frédéric écrivoit ; alors le roi prit le volant
& le mit dans sa poche. Le petit prince demande
humblement pardon, & prie qu'on lui rende son
volant. Le roi le refuse : il redouble ses prières ;
on ne les écoute point. Enfin, las de prier, le
petit prince s'avance fièrement vers le roi, met ses
deux poings sur ses côtés, & dit d'un air menaçant : Je demande à votre majesté si elle veut me
rendre mon volant, oui, ou non ?. Le roi se mit à
rire, & tirant le volant de sa poche, il le lui rendit,
en disant : Tu es un brave garçon, ils ne te reprendront pas la Silésie.

Un françois nouvellement venu de Paris, pour
être lecteur de Frédéric, parut surpris de voir,
dans les appartemens de ce prince, plusieurs portraits de l'empereur Joseph II. Le roi s'appercevant de son étonnement, dit : C'est un jeune homme
qu'il ne faut pas perdre de vue.

Quelqu'un dit un jour à Frédéric qu'un homme
le haïssoit mortellement, & qu'il ne cessoit de dire
du mal de lui : A-t-il deux cents mille hommes,
répondit

répondit le roi, *sans cela, que voulez-vous que je lui fasse ?*

On lui adressa un jour un manuscrit qui étoit fort injurieux contre lui, *Frédéric* envoya chercher un libraire, & lui donna cette satyre, en disant : *Prends ce libelle & imprime-le ; il y a un bon coup à faire.*

Un jour le roi vit de sa fenêtre une quantité de monde qui lisoit une affiche ; *va voir ce que c'est,* dit-il à un de ses pages : on vient lui dire que c'étoit un écrit satyrique contre sa personne : *Il est trop haut,* dit ce prince, *va le détacher, & mets-le plus bas, afin qu'ils le lisent mieux.*

Un jour *Frédéric* passant à Postdam devant la porte d'un boulanger, le voit disputer avec un paysan, il demande ce que c'est ? On lui dit que le boulanger veut payer en six fenins (monnoie de mauvais aloi) du bled qu'il a acheté du paysan, & que ce dernier refuse de prendre ces six fenins ; *Frédéric* s'avance, & dit au paysan : pourquoi ne veux-tu pas prendre cette monnoie ? Le paysan regarde le roi, & lui répond avec humeur : *les prends-tu, toi ?* Le roi qui les faisoit refuser dans ses caisses, sentit son tort, ne répondit pas un mot & passa son chemin.

A la fin d'une bataille sanglante, *Frédéric* demandoit à ses officiers qui, à leur gré, s'étoit montré le plus brave dans cette journée : *Votre majesté, sire,* répondit-on généralement. Vous vous trompez, répliqua le roi : « C'est un fifre » auprès duquel j'ai bien passé vingt fois pendant » le combat, & qui, depuis la première charge » jusqu'à la dernière, n'a cessé de souffler dans » son *turlututu* ».

Un caporal des gardes-du-corps, qui passoit pour avoir beaucoup de vanité, mais qui avoit aussi beaucoup de bravoure, portoit une chaîne, à laquelle, faute de montre, il avoit attaché une balle de mousquet : le roi, voulant un jour le plaisanter, lui dit, « à propos, caporal, il faut » que tu sois bien économe pour avoir pu acheter » une montre ; dis-moi un peu l'heure qu'il est » ? Le caporal tire aussi tôt sa balle de son gousset, en disant : — sire, voilà une montre qui m'avertit, » à chaque instant, qu'il faut que je meure pour » votre majesté ..... Tiens, mon ami, lui dit le roi attendri, *prends aussi cette montre, afin que tu puisse voir l'heure où tu mourras pour moi ;* & il lui donna sa montre qui étoit garnie de brillans.

Lorsqu'on publia le sexe du chevalier d'Eon, le roi dit en riant à l'envoyé de France : *Voilà ce qui arrive avec vous autres françois ; on croit avoir affaire à un homme, & il se trouve à la fin que c'est une femme.*

Encyclopédiana.

Dans la première guerre de Silésie, *Frédéric* voulant faire, pendant la nuit, quelque changement dans le camp, défendit, sous peine de la vie, de garder, à une certaine heure, du feu ou de la lumière dans les tentes. Il fit lui-même la ronde. En passant devant la tente du capitaine de Zietern, il y apperçut de la lumière. Il entre, & trouve le capitaine occupé à cacheter une lettre. Il venoit d'écrire à sa femme qu'il aimoit tendrement : *Que faites-vous là,* lui dit le roi, *ne savez-vous pas l'ordre ?* Zietern se jette à ses genoux, & demande grace ; mais il ne peut ni ne veut nier sa faute. « Asseyez vous, lui dit le roi, » & ajoutez à votre lettre quelques mots que je » vais vous dicter ». L'officier obéit, & le roi dicte : *Demain je périrai sur un échafaud.* Zietern écrivit, & le lendemain il fut exécuté.

A la journée de Molwitz, le roi, qui, au commencement, croyoit la bataille perdue, s'étoit sauvé jusqu'à Oppeln. Un housard autrichien le poursuit & étoit près de l'atteindre, lorsque tout-à-coup *Frédéric* tourne son cheval, laisse approcher le housard, & lui dit : *Laisse-moi housard, je t'en tiendrai compte.* Le housard, reconnoissant le roi, d'après des portraits, est saisi de respect & de surprise, il laisse tomber son sabre, & répond : *Tope ; après la guerre.* — A revoir, dit le roi. Ce housard fut dans la suite lieutenant-général au service de Prusse, chef d'un régiment de housards, & chevalier du grand ordre du roi de Prusse. Il se nomme Paul Werner.

Une chanteuse italienne que le roi aimoit beaucoup, prit la fuite. *Frédéric* fit courir après elle ; on la joignit sur les frontières du Tyrol : des housards la ramenèrent à Postdam. On la conduisit dans la chambre du roi, qui lui dit : *Madame, pourquoi m'avez-vous quitté ?.* La pauvre femme, à demi-morte de frayeur, ne put répondre une seule parole, & se jetta aux genoux du roi : *Ne craignez rien,* lui dit *Frédéric ; je voulois seulement vous dire adieu. Maintenant vous pouvez aller où vous voudrez.*

FRIPON. Un italien, qui étoit venu il y a quelques années à Paris, avoit imaginé une rubrique fort simple, dont cependant on ne s'apperçut que quand il eut fait bien des dupes. Cet italien avoit une tabatière d'or unie sur les bords. Lorsqu'il étoit au jeu, & qu'il se présentoit quelque coup décisif, il prenoit une prise, & posoit sa boëte assez négligemment sur la table : le moindre reflet de la tabatière lui suffisoit pour connoître les cartes qu'il distribuoit, & il jouoit par ce moyen à coup sûr. Toutes ces petites ruses sont le secret des fripons, & ne peuvent, par conséquent, être trop divulguées.

Un jour que le comte de Soissons étoit au jeu, il apperçut, derrière sa chaise, dans une glace, un homme dont la mine ne lui difoit rien de bon. Cette défiance le rendit attentif. Effectivement, peu de temps après, il fentit couper le cordon de fon chapeau ; il feignit de ne s'être apperçu de rien ; & prétextant quelques befoins, il fe tourne vers le filou, & le prie de vouloir bien tenir fon jeu ; ce que celui-ci ne put refufer. Le comte defcend à la cuifine & fe fait donner le tranche-lard le mieux affilé qu'on put trouver ; il le cacha fous fon habit, & rentra dans la falle. Le filou, impatient de s'efquiver, fe lève pour rendre le jeu qu'il tenoit ; mais le prince lui fait figne de continuer. En même-temps, il s'approche le plus doucement qu'il peut de ce filou, fe faifit d'une de fes oreilles, qu'il coupe, & la tenant à fa main : « Monfieur, lui dit-il, quand vous me » rendrez mon cordon, je vous rendrai votre » oreille ».

On rapporte que François I étant dans fa chapelle avec plufieurs feigneurs, pour entendre la meffe, un filou, fort bien habillé, fe mit derrière le cardinal de Lorraine, & lui efcamota fa bourfe ; mais n'ayant pu le faire fans que le roi s'en apperçût, il fit figne du doigt de ne rien dire. Le roi le laiffa tranquille ; & demanda après au cardinal ce qu'il avoit fait de fa bourfe. Celui-ci ne la trouvant point, parut fort inquiet, & donna une fcène au roi, qui, après avoir bien ri, voulut qu'on rendît ce qui avoit été pris. Mais l'auteur du vol ne parut pas, & le roi s'apperçut, un peu tard, qu'il avoit été joué.

FRUGALITÉ. C'eft par la *frugalité*, & par l'éloignement du luxe, que la république de Hollande s'eft accrue & s'eft rendue puiffante. Le chevalier Temple dit dans fes remarques fur la Hollande, que de fon temps un bourgmeftre d'Amfterdam invita à un feftin trente-fix magiftrats de la ville avec leurs femmes & leurs enfans. Le premier fervice n'étoit que de beure, de ftockfifch & de harengs. Quand on le leva, les convives trouvèrent, fous la première nape, un billet qui marquoit que c'étoit en ufant de ces mets que leurs pères s'étoient enrichis. Le fecond fervice étoit de viandes groffières, & lorfqu'il fut levé, on trouva un autre billet qui marquoit que c'étoit par cette forte de nourriture que leurs ancêtres avoient fu conferver ce qu'ils avoient acquis. Enfin, le troifième fervice fut très-délicat, ce n'étoient que volailles, gibier & ragoûts recherchés ; mais voici un billet bien différent ; on y lifoit que cette nouvelle nourriture, introduite depuis peu dans la république, ruineroit infailliblement la fanté & la fortune des particuliers.

Ce fut la *frugalité* qui dicta la réponfe que fit au miniftre Walpole un feigneur anglois, diftingué par fon mérite. Ce miniftre vouloit le détacher du parti du parlement. Il va le trouver. Il lui dit qu'il vient de la part du roi pour l'affurer de fa protection, & lui marquer le déplaifir que fa majefté avoit de n'avoir encore rien fait pour lui. Il lui offre en même-temps un emploi confidérable. « Milord, lui répliqua le feigneur anglois, avant » de répondre à vos offres, permettez-moi de » faire apporter mon fouper devant vous ». On lui fert au même inftant un hachis fait du refte d'un gigot dont il avoit dîné. Se tournant alors vers M. Walpole : « Milord, ajouta-il, penfez-vous » qu'un homme qui fe contente d'un pareil repas, » foit un homme que la cour puiffe aifément ga- » gner ? Dites au roi ce que vous avez vu ; c'eft » la feule réponfe que j'aie à lui faire ».

Lorfqu'un trompette annonça au gouverneur de Gibraltar l'arrivée au camp du comte d'Artois & du duc de Bourbon, M. Elliot répondit : « Je vois avec plaifir deux princes de la maifon de Bourbon aux pieds de mes murs, & je tâcherai de ne me pas rendre indigne de l'honneur que je reçois en les voyant venir faire leurs premières armes contre moi ». Le gouverneur remercia auffi M. le duc de Crillon, qui avoit envoyé toutes fortes de rafraîchiffemens ; mais il le fit fupplier de fufpendre dorénavant de pareils envois. « Je ne manque pas, dit-il, de légumes ni d'autres provifions fraîches ; d'ailleurs, je fuis décidé de partager avec mes braves foldats leur abondance, & à fouffrir leur difette ».

FUNÉRAILLES. Les tartares faifoient autrefois des cérémonies fingulières à l'égard de leurs rois. Quand ils étoient morts, on les ouvroit auffi-tôt pour en tirer les entrailles qui auroient pu corrompre le corps ; & après l'avoir bien lavé, on l'encroît par dedans & par dehors, enfuite on le rempliffoit de thim & de quelques graines broyées ; & on le recoufoit le plus proprement qu'il étoit poffible. On mettoit ce corps tout nud fur un chariot, qui le portoit non-feulement dans toutes fes provinces, mais chez toutes les nations qu'il avoit fubjuguées. Quand il arrivoit à une frontière, ceux qui l'avoient conduit fe retiroient, & les autres le recevoient, fe le donnant ainfi les uns aux autres, jufqu'à ce qu'il eût fait le tour du royaume. Il étoit permis à chaque province de lui faire quelques outrages, pour fe venger des injures qu'ils croyoient en avoir reçu. De forte que quelques uns lui coupoient les oreilles, les autres les cheveux, les autres le nez, les autres lui donnoient des coups fur le front, les autres lui faifoient de grandes balafres fur les bras, & les autres lui perçoient les mains à coup de flèches, chacun attaquant la partie dont il avoit reçu quelque dommage. Par exemple, ceux qui n'avoient jamais pu avoir audience, maltraitoient les oreilles qui leur avoient été fermées. Ceux qui étoient indignés contre fes débauches, s'en prenoient aux cheveux, qui étoient fa principale beauté, & lui faifoient mille huées, après l'avoir rasé pour le rendre laid & ridicule. Ceux qui se plaignoient de sa trop grande délicatesse, lui déchiroient le nez, croyant qu'il n'étoit devenu efféminé que parce qu'il avoit trop aimé les parfums. Ceux qui se plaignoient de son gouvernement, lui brisoient le front, d'où étoient sorties toutes ses ordonnances tyranniques. Ceux qui en avoient reçu quelque violence, regardant ses bras comme les instrumens de sa force & de leur malheur, les mettoient en pièces, par divers coups qu'ils leur portoient. Ceux qui l'estimoient avare, ou pour les impôts qu'il avoit exigé, ou pour n'avoir jamais vu des marques de sa libéralité, lui ouvroient les mains, qu'il avoit trop resserrées. Enfin, après que tous ses peuples s'étoient ainsi satisfaits, chacun le punissant à sa manière, & selon les torts qu'il croyoit en avoir reçu, on le ramenoit au lieu où il étoit mort; & là, lui ayant dressé un grand bûcher, on brûloit avec lui la plus belle de ses maîtresses, son échanson, son écuyer, & un palfrenier avec quelques chevaux. Outre cela on étrangloit cinquante de ses autres serviteurs pendant que son corps brûloit, & on les enterroit auprès du tombeau où ses cendres étoient renfermées. Quand personne ne se plaignoit du souverain qui venoit de mourir, on ne prenoit pas le soin de l'embaumer, parce qu'il n'étoit pas nécessaire de conserver son corps pour lui faire faire le tour du royaume. On dressoit son sépulcre au milieu d'une vaste campagne; on l'élevoit sur de gros pieux fort hauts, entrelacés les uns dans les autres, faisant comme une espèce de grand échafaud. Ce sépulcre étoit une bierre fort ample, parce qu'outre le corps du roi, il falloit qu'il y eût de la place pour les officiers dont il a été parlé, & qu'on jettoit dedans à mesure qu'on les étrangloit. On y mettoit encore plusieurs ornemens, & quantité de vases d'or, couvrant le tout d'un grand tapis, & mettant sur le tapis beaucoup de terre de la hauteur de trois pieds. Au bout de l'an, on s'assembloit autour du sépulcre; on étrangloit cinquante pages du feu roi & autant de chevaux, dont on vuidoit les corps, qu'on remplissoit ensuite de paille; on mettoit les corps des chevaux sur des espèces de cerceaux, comme s'ils eussent galopés, & on fichoit dessus le corps des pages.

Les siamois rendent un culte religieux à plusieurs sortes d'idoles, & principalement aux quatre élémens, & ils recommandent ordinairement qu'on les consigne, après leur mort, à celui des élémens pour lequel ils ont eu le plus de dévotion. Ceux qui ont particulièrement adoré la terre se font enterrer; ceux qui ont servi le feu, ordonnent qu'ils soient brûlés. On jette dans l'eau ceux qui en ont reconnu la divinité; & ceux qui ont adoré l'air, sont pendus pour être mangés par les oiseaux. Chez les mêmes peuples on brûle les femmes avec les corps morts de leurs maris; & lorsque le roi est mort, non-seulement toutes ses femmes, mais

aussi plusieurs seigneurs se jettent volontairement sur le bûcher où il est brûlé.

A Panuco, dans l'Amérique, les médecins étoient autrefois regardés comme de petites divinités, à cause qu'ils procurent la santé, qui est le bien le plus précieux de la vie. Pour les honorer davantage quand ils mouroient, on ne les enterroit pas comme les autres, mais on les brûloit avec une réjouissance publique, les hommes & les femmes pêle mêle, chantant & dansant autour du bûcher. Quand les os étoient réduits en cendre, chacun tâchoit d'emporter de cette poudre dans sa maison, & on la buvoit ensuite avec du vin, comme un préservatif contre toute sorte de maux. Selon les loix du pays cette poudre appartenoit à la femme du défunt & à ses plus proches parens, afin qu'en buvant ses cendres ils pussent conserver dans leur famille sa science & son mérite; mais ordinairement ils avoient bien de la peine à se défendre de la foule, sur-tout quand le médecin avoit été en grande réputation.

Les peuples de l'Abassie dans la Georgie, n'enterrent ni ne brûlent leurs morts; ils les mettent dans des troncs d'arbres creux, qu'ils attachent avec des sarmens de vigne aux plus hautes branches de quelque grand arbre; ils y suspendent aussi les armes & les habits du défunt; & afin qu'il puisse avoir son cheval en l'autre monde, ils le font courir à toute bride autour de l'arbre, jusqu'à ce que l'extrême fatigue l'ait fait crever.

Les Gaures, peuples de l'Asie, lient leurs morts debout à des piliers hauts de sept-à-huit pieds, le visage tourné à l'orient, & font leurs prières devant jusqu'à ce que les corbeaux viennent. Si un de ces corbeaux se jette sur l'œil droit du défunt, ils le croyent bienheureux; mais si c'est sur l'œil gauche, ils prennent cela pour un mauvais présage.

Hérodote, Strabon & Mélo nous apprennent que plusieurs peuples de l'Asie eussent cru se rendre coupables d'une grande impiété, s'ils eussent laissé pourir les corps dans un sépulcre & manger aux vers; c'est pourquoi aussi-tôt que quelqu'un étoit expiré parmi eux, ils les mettoient en pièces, & l'ayant mêlé avec les viandes ordinaires de mouton & de bœuf; ils le mangeoient en grande dévotion; c'étoit même un sujet de réjouissance dans la parenté. Ils s'invitoient à ces sortes de festins en grande cérémonie, & s'entreprioient de venir manger le corps d'un tel, comme on prie chez nous de se trouver à l'enterrement de quelque parent ou ami qui vient de mourir.

Après la mort d'Attila, arrivée en 453, son corps entouré de magnifiques tentes de soyes, fut poſé au milieu d'une campagne! où les Huns ſolemniſèrent ſes *funérailles* par des courſes de chevaux, & par des chants triſtes & lugubres, qui furent ſuivis par divers feſtins ; après quoi le cercueil, dont la première couverture étoit d'or maſſif, la deuxième d'argent & l'autre de fer ; fut mis en terre ; on enſevelit avec le corps toutes les dépouilles de ſes ennemis, des harnois tous garnis d'or & de pierreries, des étoffes riches, & tout ce qu'il avoit enlevé de plus précieux dans le palais des rois, qu'il avoit pillés. Pour ne pas laiſſer ces tréſors en proie, & pour empêcher qu'on ne les volât, les Huns tuèrent généralement tous ceux qui avoient aidé à l'inhumer.

Les *funérailles* des Moſcovites ſe font avec beaucoup de cérémonie. Avant que de les mettre dans la foſſe, le prêtre leur met entre les doigts un billet pour leur ſervir de paſſe-port en l'autre monde, il eſt conçu en ces termes : « je ſouſſigné, » évêque ou prêtre de N. reconnois & certifie » par ces préſentes, que N. porteur deſdites » lettres a toujours vécu parmi nous comme bon » chrétien, faiſant profeſſion de la religion » grecque, & quoiqu'il ait quelquefois péché, » il s'en eſt confeſſé, en a reçu l'abſolution & » la communion en rémiſſion de ſes péchés. Il a » honoré Dieu & ſes ſaints, il a jeûné & prié » aux heures & temps ordonnés par l'égliſe ; il » s'eſt fort bien gouverné avec moi qui ſuis ſon » confeſſeur, enſorte que je n'ai point fait diffi- » culté de l'abſoudre de ſes péchés, & n'ai pas » ſujet de me plaindre de lui. En foi de quoi nous » lui avons délivré le préſent certificat, afin que » Saint-Pierre en le voyant lui ouvre la porte à la » joie éternelle ».

Quand on enterre les Caffres, peuples de l'Afrique méridionale, tous les plus proches parens du défunt ſe coupent le petit doigt de la main gauche, & le jettent dans la foſſe, auprès du mort.

Lorſqu'un Brachmane meurt dans les Indes, tous ſes amis s'aſſemblent, font un feſtin, & enſuite vont faire un trou en terre, où ils mettent beaucoup de bois ; ſi c'eſt un des plus conſidérables, on jette des aromates avec beaucoup d'huile, & on met le mort deſſus ; alors ſa femme vient accompagnée de pluſieurs joueurs d'inſtrumens, & de ſes plus proches parens. Ils chantent tous les louanges du défunt, & les parens & amis encouragent le femme à ſuivre fidèlement ſon mari, pour aller vivre avec lui dans l'autre monde. Après cela elle ôte ſes joyaux, les diſtribue à ſes parens, & ſaute dans le feu, d'un air gai & en riant. Auſſitôt les aſſiſtans jettent ſur elle du bois & de l'huile, & la font étouffer le plus vîte qu'il ſe peut. S'il ſe trouve quelque femme qui refuſe de ſubir ce genre de mort, on lui coupe les cheveux ; il ne lui eſt plus permis de porter des joyaux, & elle vit ſéparée & mépriſée de tout le monde. (*Voy. Holl.*)

Un des capitouls de Touloufe voulut un jour être lui-même témoin de la cérémonie de ſes propres *funérailles*. Toute la ville fut priée d'aſſiſter au convoi. Pour lui il ſe fit mettre dans un cercueil dans l'équipage mortuaire, & on le porta à l'égliſe avec tout l'appareil d'une pompe funèbre. Le ſervice fut fait, & la meſſe célébrée avec les cérémonies accoutumées. Le capitoul poſé dans ſa bierre, & contrefaiſant très-bien le mort, fut encenſé à la manière ordinaire, & au lieu de le porter en terre on le plaça derrière l'autel, d'où il ſe retira un moment après, & alla régaler magnifiquement ceux qui avoient aſſiſté à ſon enterrement. L'archevêque fit aſſembler un concile pour prononcer ſur cette action. Les uns prétendirent que c'étoit un action pieuſe & ſalutaire, parce qu'elle excitoit vivement la penſée de la mort. D'autres la condamnoient comme une ſuperſtition qui tendoit à rendre les cérémonies funèbres le jouet des particuliers. Le concile, après trois ſéances, décida contre les premiers.

FURETIERE. (Antoine) Mort en 1688 à 68 ans. Il eut de grands débats avec l'académie françoiſe au ſujet de ſon dictionnaire, & il compoſa des factums où il peint aſſez bien ce qui ſe paſſe d'ordinaire dans une aſſemblée de gens qui ont des prétentions à l'eſprit.

« Celui qui crie le plus haut, dit-il, eſt celui » qui a raiſon ; chacun fait une longue harangue » ſur une bagatelle ; le ſecond répète comme un » écho ce que le premier a dit ; & le plus ſou- » vent ils parlent trois ou quatre enſemble. Quand » un bureau eſt compoſé de cinq à ſix perſonnes, » il y en a un qui lit, un qui opine, deux qui » cauſent, un qui dort, & un qui s'amuſe à lire » quelques papiers qui ſont ſur la table. Quand » la parole vient au ſecond, il faut lui relire l'ar- » ticle, à cauſe de la diſtraction dans la pre- » mière lecture. Voilà le moyen d'avancer l'ou- » vrage. Il ne ſe paſſe point deux lignes qu'on » ne faſſe de longues digreſſions, que chacun ne » débite un conte plaiſant, ou quelque nouvelle, » qu'on ne parle des affaires d'état & de réformer » le gouvernement ».

Benſerade étant à l'académie, y prit la place de *Furetiere*, qu'il n'aimoit pas, & dit, en s'y mettant : « Voici une place où je vais dire bien » des ſottiſes ». Courage, lui répondit *Furetière*, vous avez fort bien commencé.

A la mort de *Furetiere*, il fut délibéré à l'académie françoiſe, ſi l'on feroit un ſervice au défunt ſelon l'uſage pratiqué depuis ſon établiſſement.

Boileau y alla exprés le jour que la chose devoit être décidée : mais voyant que le gros de l'académie prenoit parti pour la négative, lui seul osa parler ainsi à cette compagnie : « Messieurs, il y a « trois choses à considérer ici, *Dieu*, le *public* » & l'*académie*. A l'égard de Dieu, il vous saura » sans doute très-bon gré de lui sacrifier votre » ressentiment & de lui offrir des prières pour un » mort, qui en auroit besoin plus qu'un autre, » quand il ne seroit coupable que de l'animosité » qu'il a montrée contre vous devant le public, » il vous sera très-glorieux de ne pas poursuivre » votre ennemi par-delà le tombeau ; & pour ce » qui regarde l'académie, sa modération sera très- » estimable, quand elle répondra à des injures » par des prières ».

FUZELIER, (Louis) mort en 1752.

Fuzelier, auteur de *Momus fabuliste*, avoit toujours souhaité de mourir subitement. Il étoit petit, replet, & avoit le col court, cela s'accommodoit assez bien avec ses desirs.

Notre poëte se servoit ordinairement d'une brouette, & il appelloit l'homme qui la tiroit son *cheval baptisé*. Souvent il lui disoit : « Mon ami, quand tu me trouveras étendu sur le carreau de ma chambre, c'est que je serai occupé à travailler à quelque chose de sérieux, il ne faudra point m'importuner ». Un jour ce pauvre homme alla chez *Fuzelier*, le vit effectivement le nez contre terre : « Notre maître, dit-il aux voisins, travaille sérieusement ». *Fuzelier* étoit mort.

G.

GAIÉTÉ. Il y a la *gaieté* de l'esprit, la *gaieté* de l'ame, la *gaieté* de l'imagination. La première est pour les autres; la seconde est pour soi; la dernière est pour les livres.

La *gaieté* des sots attriste les gens d'esprit.

Le fameux Addisson appelle les françois une nation comique, parce qu'elle est naturellement gaie & portée à rire. A mon avis, la philosophie de cet auteur est en défaut. Tout ce qui peut contribuer à la douceur de la société & au bonheur de la vie, est à l'abri du reproche. Platon veut qu'on ne néglige rien pour tourner de bonne heure en habitude, dans les enfans, ce sentiment à la joie.

Sénèque regarde la *gaieté* comme le premier bien. Lycurgue éleva dans Lacédémone une statue au rire, si nécessaire, disoit-il, pour adoucir le travail, les amertumes de la vie, & la dureté des règles qu'il prescrivoit. Au reste, il est certain que la *gaieté* peut être la compagne de toutes les vertus, & qu'il y a des vices avec lesquels elle est incompatible.

Addisson prétend que la joie est un des plus grands obstacles à la sagesse des femmes; & moi je soutiens que les personnes naturellement gaies, sont trop aisément distraites par les différens objets, pour se livrer aux excès qui accompagnent d'ordinaire les foiblesses de l'amour.

Monsieur Hobbes, philosophe anglois, veut que le rire ne vienne que de notre orgueil; c'est un paradoxe. Monsieur Hobbes pensoit si mal de la nature humaine, qu'il supposoit tous les hommes nés méchans. Les gens fiers rient peu; la gravité est la compagne de l'orgueil; un homme n'est pas vain, parce qu'il rit des singeries d'un chat. Si monsieur Hobbes eût distingué le rire qui naît de la joie, & le ricanement malin qu'inspire la raillerie, nous serions d'accord. Le premier a sa source dans le cœur; le second est l'effet d'une réflexion maligne. Lorsqu'on voit en même-temps un anglois & un françois, on peut dire que l'un cherche la joie & l'autre l'éprouve. Au reste, dit le prophète roi : « Le rire du sage se voit & ne s'entend pas ».

On doit avouer que la raillerie ne paroît pas plus naturelle aux anglois que le rire, & peu se la permettent ou la traitent d'assez mauvaise grace. « Les anglois, dit l'évêque de Sprat, plaisantent rarement, parce qu'ils ont trop de courage » pour souffrir la dérision, & trop de vertu & » d'honneur pour se moquer des autres ». Cependant, n'en déplaise au respectable évêque, ses chers compatriotes se raillent entr'eux, & celui qui ne peut repousser un bon mot par un autre, propose un cartel à son adversaire : on se dépouille de ses habits, on se bat à coups de poing, & celui qui remporte la victoire est le meilleur railleur.

Il est parmi les anglois une secte qui ne rit jamais; ce sont les presbytériens : on dit qu'ils ont fait du rire un huitième péché mortel. Selon eux, une femme qui rit, pèche autant que pécheroit, selon nous, une femme qui transgresseroit les loix austères de la modestie & de la pudeur. On compte parmi eux des familles qui, de père en fils, n'ont jamais ri.

Les papiers publics annoncèrent, il y a quelques années, qu'un anglois se proposoit de donner des leçons de rire à ses compatriotes des deux sexes; on ne sait pas s'il a fait fortune, mais on peut assurer que jusqu'à présent il a fait de médiocres élèves.

On voit souvent des anglois passer en France pour se guérir de la consomption, & cela est assez naturel. Mais que penser de certains françois qui vont à Londres pour recouvrer la *gaieté* qu'ils ont perdue dans le sein de Paris?

GALANTERIE. On se sert ici de ce terme pour désigner une attention marquée de la part des hommes, de se rendre agréables aux femmes par des discours fins & délicats, qui leur donnent bonne opinion d'elles-mêmes.

Une des plus grandes dames de l'Espagne, disoit qu'elle regardoit comme un affront, l'indifférence d'un cavalier qui, au premier tête à tête, ne tentoit pas d'obtenir ses faveurs; & une autre du même royaume, lisant dans un roman françois une conversation délicate entre deux amans, s'écria : *Que d'esprit hors de saison! Ils étoient seuls.*

Le jour qu'un officier françois arriva à la cour de Vienne, l'impératrice sachant qu'il avoit vu la veille la princesse de...., lui demanda s'il croyoit que la princesse fût, comme on le disoit, la plus belle personne du monde? *Madame,* répondit l'officier, *je le croyois hier.*

Le marquis de Saint-Aulaire, âgé de 92 ans, disoit des galanteries à madame la comtesse de Beranger, & même la pressoit beaucoup. Elle

lui répondit malignement : Je n'ai rien à vous refuſer. Ah ! madame, lui répondit-il, vous ban-
niriez toute la politeſſe, ſi vous étiez priſe au
mot.

Ceci rappelle cette répartie d'une jeune perſonne qu'un vieillard cajoloit. Je vous attraperois
bien, lui dit-elle, ſi je vous prenois au mot.

Un jeune prince couroit à la rencontre d'une
dame d'une grande qualité, fort belle, & pour
qui il avoit beaucoup d'eſtime ; elle lui dit : Monſieur, vous allez bien vîte. Madame, lui répondit
le prince, je ſuis mon penchant.

Mademoiſelle de *** étoit recherchée en mariage par le prince de *** qu'elle paroiſſoit aimer.
On félicitoit cette demoiſelle ſur cette union.
Comme elle expoſoit pluſieurs difficultés qui
pourroient l'empêcher : ah ! mademoiſelle, lui
répartit quelqu'un qui cherchoit à lui dire quelque
choſe d'obligeant, M. le prince de *** eſt né
heureux, & vous ſerez ſon épouſe.

GALÉRIEN. On ſera peut-être étonné de voir
celui que l'ignominie environne, ſenſible à un prétendu point d'honneur. Un comite donnoit ſes
ordres à un *galérien*, & comme celui-ci n'obéiſſoit
pas, il le menaça de coups de bâton. Apprenez,
monſieur, répondit le *galérien*, que ce n'eſt pas à
un homme comme moi que l'on donne des coups
de bâton. Comment, coquin, lui dit le comite,
tu le prends ici ſur un ton bien ſingulier ; en
même-temps il va chercher un bâton pour le frapper ; le *galérien* auſſi-tôt ſe jette à la mer ; &
comme on les enchaîne deux à deux, il précipite
avec lui ſon compagnon.

GALIEN, (Claude) médecin, né vers l'an
131 de J. C. mort vers l'an 210. Son aſſiduité
auprès des malades, ſon attention à obſerver leur
état, les ſecours gratuits qu'il donnoit aux pauvres, la douceur de ſes mœurs, l'égalité de ſon
caractère, ſon application à l'étude & aux obſervations de la nature, ſont de grands exemples qu'il
a laiſſés à ſes ſucceſſeurs.

La grande maxime de *Galien* étoit de *ſortir de
table avec un reſte d'appétit.*

Il avouoit qu'il devoit tout ce qu'il ſavoit à la
méditation qu'il avoit faite des écrits d'Hipo-
crate.

L'empereur Marc-Aurele l'ayant conſulté, il le
guérit, contre l'avis de ſes médecins, d'une indigeſtion, en lui faiſant prendre un peu de poivre
dans du vin, & lui faiſant appliquer ſur l'eſtomac
de la laine trempée dans de l'huile de nard bien
chaude.

Une partie des écrits de cet illuſtre médecin
périt dans un incendie qui arriva de ſon temps à
Rome. Ceux qui nous reſtent ont été recueillis en
9 vol. *in-folio.*

Il faut ſe défier de ſes raiſonnemens trop ſub-
tils, & ne point croire à ſes *qualités cardinales*, &
autres chimères.

GALILÉE, mathématicien & phyſicien du dix-
ſeptiéme ſiécle, fils naturel de Vincent Galilée,
noble florentin, mort à Florence en 1642, à
78 ans.

Galilée fut un des pères de la phyſique nouvelle.
La géographie lui doit beaucoup pour ſes obſervations aſtronomiques ; & la méchanique pour ſa
théorie de l'accélération. Ce philoſophe a écrit
en latin & en italien avec une force de raiſonne-
ment & de graces de ſtyle bien capables de faire
goûter les vérités nouvelles qu'il enſeignoit aux
hommes. On nous l'a peint petit de taille, mais
d'une conſtitution ſaine & robuſte ; ſa phyſionomie
étoit prévenante, ſa converſation vive & enjouée.
Il ſe plaiſoit à la muſique, au deſſin, à la peinture, & trouva ſouvent dans ces arts agréables un
délaſſement à ſes travaux, & un aſyle contre les
perſécutions de l'ignorance & de la jalouſie.

Ce philoſophe, né pour apprendre aux phyſi-
ciens à s'en rapporter plutôt à l'expérience qu'à
l'opinion de ceux qu'ils avoient précédés, commença par faire voir qu'Ariſtote, que l'on regardoit toujours comme l'oracle de l'école, avoit pu
ſe tromper. Il attaqua l'aveugle ſuperſtition de ſes
partiſans. Dans un de ſes dialogues, il rapporte
aſſez malignement cette anecdote d'un gentilhomme
très-dévoué à la philoſophie d'Ariſtote. Ce gentilhomme étoit venu chez un célèbre médecin à
Veniſe, où il s'étoit rendu beaucoup de monde,
pour aſſiſter à une diſſection que devoit faire un
très-habile anatomiſte. Celui-ci ayant fait appercevoir quantité de nerfs, qui ſortant du cerveau,
paſſoient le long du col dans l'épine du dot, &
de-là ſe diſperſoient partout le corps, de manière
qu'ils ne touchoient le cœur que par un petit filet ;
le médecin demanda au gentilhomme, s'il ne
croyoit pas à préſent que les nerfs tirent leur origine du cerveau & non du cœur ? « J'avoue, ré-
» pondit celui-ci, que vous m'avez fait voir la
» choſe très-clairement, & ſi l'autorité d'Ariſtote,
» qui fait partir les nerfs du cœur, ne s'y oppo-
» ſoit, je ſerois de votre ſentiment ».

Galilée, qui étoit à Veniſe, ayant entendu
parler d'une lunette d'approche que Jacques Métius
avoit inventée en Hollande, il imagina auſſi-tôt
un téleſcope, & le fit conſtruire. A l'aide de ce
nouvel inſtrument, il vit le premier pluſieurs étoiles
inconnues juſqu'alors, le croiſſant de l'aſtre de
Vénus, les quatre ſatellites de Jupiter, appelés
d'abord les aſtres de Médicis, les taches du ſoleil
& de la lune. Comme il ne laiſſoit échapper aucune occaſion de tourner en ridicule les ſectateurs

enthousiastes d'Aristote, il cite encore, dans ses dialogues, un célèbre professeur de philosophie, qui ayant entendu la description du télescope, qu'il n'avoit jamais vu, ne fit pas difficulté de dire que l'idée en étoit prise d'Aristote; & sur le champ ce professeur produisit le livre, & montra un endroit où cet ancien philosophe explique pourquoi l'on apperçoit du fond d'un puits les étoiles en plein jour. Le professeur disoit aux assistans : « Voyez-vous ici le puits, c'est le tube » du télescope. Les vapeurs grossières ont fourni » l'invention des verres. Ici la vue est fortifiée, » parce que les rayons sont plus épais & plus » obscurs, en passant par les verres ». *Galilée* comparoit ces sortes de gens aux alchymistes, qui s'imaginent que les anciens ont connu le secret de faire de l'or, & qu'il est caché sous l'enveloppe des fables & des fictions des poëtes.

Galilée soutint, contre l'opinion du philosophe grec, que les vîtesses du corps étoient proportionnelles au poids. Il chercha d'abord à détruire cet axiome de l'ancienne philosophie, par le raisonnement ; mais que pouvoient opérer les meilleurs raisonnemens sur des esprits prévenus ? *Galilée* eut recours à une expérience qu'il n'étoit pas possible de démentir en présence des personnes les plus distinguées de Pise, où il étoit professeur; il laissa tomber du dôme de l'église des corps de pesanteur très-inégale, mais presque de même volume, & tout le monde vit qu'il n'y avoit presque pas de différence au temps de leur chûte. D'autres expériences, & principalement celle qu'il fit sur deux pendules de même longueur, & chargées de poids très-inégaux, qui faisoient leurs vibrations presque dans le même temps, le mirent en droit de conclure que la différence de chûte des corps dépend de la résistance de l'air, & en général du milieu dans lequel ils tombent. Ainsi les corps en tombant dans le vuide, quoique de pesanteur très-inégale, doivent tomber en temps égaux. Pour récompenser *Galilée* de toute cette belle théorie, on le chassa de Pise & de Padoue où il s'étoit retiré. Il paroissoit un peu dûr à tous les vieux docteurs de ces universités, d'avouer, sur la fin de leurs jours, qu'ils étoient des ignorans. *Galilée*, se disoient-ils à eux-mêmes, en sait plus que nous : donc il nous méprise ; & ce fut le motif de toutes les persécutions que l'on suscita contre lui.

Comme les partisans d'Aristote désespéroient de pouvoir combattre avec avantage un homme qui avoit pour lui l'expérience & la force du raisonnement, ils cherchèrent à le traduire à un tribunal où l'on ne raisonne pas. On le défera à l'inquisition de Rome en 1615. *Galilée* soutenoit, d'après Copernic, le mouvement de la terre autour du soleil. Mais dès l'an 1611, le tribunal de l'inquisition avoit rendu un décret contre le système de Copernic, absolument contraire, selon ce tribunal, à la sainte écriture. *Galilée*, dont on ne pouvoit s'empêcher de respecter les talens, reçut d'abord un ordre de ne plus soutenir son système, ni de vive voix, ni par écrit. On lui fit même promettre qu'il n'y penseroit plus ; *Galilée* promit tout, & ne tint rien. Il publia en 1632, des dialogues pour établir que le soleil étoit fixe au milieu des planètes, & que la terre, ainsi que les autres planètes, faisoit sa révolution autour du soleil, deux vérités reconnues aujourd'hui comme incontestables. L'inquisition le cita de nouveau. On lui rappella ses promesses. Il répondit d'abord avec fermeté ; mais son courage sembla l'abandonner lorsqu'il se vit condamné par un décret du 22 juin 1633, signé par sept cardinaux. Le décret portoit qu'il seroit emprisonné, & qu'il réciteroit les sept pseaumes pénitentiaux une fois chaque semaine pendant trois ans, comme relaps & coupable d'avoir enseigné un système *absurde & faux en bonne philosophie, & erroné dans la foi, en tant qu'il est absolument contraire à la sainte écriture.* *Galilée* eut la foiblesse de se soumettre à ce jugement ridicule, & les genoux en terre il demanda pardon à l'âge de 70 ans d'avoir soutenu une vérité, & l'abjura, les mains sur l'évangile, comme une *absurdité*, une *erreur*, & une *hérésie*. Au moment qu'il se releva, agité par le remords d'avoir fait un faux serment, les yeux baissés vers la terre, il dit en la frappant du pied: Cependant elle remue, *è pur si move.*

Les cardinaux inquisiteurs, contens d'avoir humilié un si grand homme, voulurent bien lui permettre de rester dans les états du duc de Florence, où il eut en quelque sorte pour prison la petite ville d'Arcetri, & son territoire. Sa vieillesse fut affligée par une autre disgrace; il perdit la vue trois ans avant sa mort. Les ouvrages de cet homme célèbre ont été recueillis à Florence en 1718, en trois volumes *in*-4°. Il avoit laissé plusieurs manuscrits que sa femme abandonna à la discrétion d'un moine ignorant, son confesseur, qui les livra aux flammes.

GARDES-MALADES.

La ville d'Aix-la-Chapelle offre un établissement dont les autres villes pourroient profiter. On y voit un couvent de religieux nommés *Alexiens*, fondé exprès, afin de fournir aux bourgeois de cette ville des gardes-malades dans leurs maladies. Il y a un autre couvent pareil de religieuses, destinées au même service pour les personnes de leur sexe. De tels établissemens seroient très utiles à Paris ; mais il ne faudroit pas que ces gardes-malades passassent les bornes de leur état, & ne se mêlassent pas, comme font la plûpart d'aujourd'hui, de changer les remèdes des médecins, & d'en ordonner de leur chef, qui le plus souvent sont très-nuisibles.

GARRICK,

GARRICK, (David) célèbre acteur anglois, né en 1718, mort en 1779.

Pour bien entendre l'anecdote qui suit, il faut se représenter *Garrick* comme l'acteur le plus étonnant de son siècle, par la facilité avec laquelle il savoit arranger & décomposer les muscles de son visage, & faire prendre à sa phisionomie le caractère propre au rôle qu'il vouloit rendre. Lorsque feu Néricault Destouches fut envoyé à Londres par la cour de France, il y vit *Garrick*, alors fort jeune, qui, dans une pièce, remplissoit le personnage d'un vieillard de 90 ans; & ce célèbre poëte fut tellement frappé de la vérité de son jeu, & du ton de caducité qu'il avoit su donner à l'ensemble de ses traits, que, causant avec lui dans sa loge après la représentation, il ne pouvoit encore se persuader que c'étoit le même acteur qu'il venoit d'admirer sur la scène.

Le comédien *Garrick* & le peintre Hogarth, étoient tous deux intimes amis du célèbre Fielding: ce dernier venoit de mourir, sans qu'il eût été possible de l'engager à permettre qu'on fît son portrait. Peu de temps après sa mort, on publia une édition complette de ses œuvres. Hogarth est le premier à regretter que le portrait de l'auteur n'en orne pas le frontispice, & fait part à *Garrick* de son chagrin à ce sujet. Celui-ci, le lendemain, entre dans l'attelier de son ami, au moment de ses plus fortes occupations. « Je viens d'imaginer, » lui dit-il, quelques situations théâtrales que je » voudrois essayer: indiquez-moi un endroit où » je puisse me recueillir «. Hogarth, sans se déranger de son travail, lui montre de la main une petite pièce dont la porte donne dans l'attelier. *Garrick* y entre, & le peintre continue son ouvrage. Quelques instans après, ce dernier entend une voix qui prononce distinctement, Hogarth.... D'abord il y fait peu d'attention; mais la même voix se faisant entendre pour la seconde fois, il frissonne involontairement. Il ne croit certainement pas aux revenans... toutefois il ne peut se dissimuler que c'est le son de la voix de feu Fielding qui vient de frapper ses oreilles. La frayeur le saisit, & ses rapides réflexions, qui se succèdent les unes aux autres, ne peuvent le rassurer. Enfin, une troisième fois, la même voix articule avec force: « Hogarth,.... n'es-tu pas las de me faire » attendre? Prends tes crayons; viens ici; je n'ai » que quelques instans à te donner ». Le trouble qui agite Hogarth confond ses idées: il oublie que c'est dans ce cabinet qu'il a relégué *Garrick*. Il prend les crayons & vole avec précipitation où ces accens l'appellent. Quel prodige! C'est Fielding qu'il voit: ce sont ses traits, son air, sa coëffure, sa démarche; en un mot, c'est son ami. Hogarth étonné, effrayé, intéressé, ému, dessine à la hâte: le peintre s'applaudit de la vraisemblance. Il ne sort de son erreur que quand l'ouvrage achevé, il échappe au comédien un éclat

de rire qui décompose son visage, & en fait disparoître les traits empruntés, pour restituer à leur place ceux de l'inimitable *Garrick*.

C'est ce dessin original qui est à la tête des œuvres de Fielding.

Garrick a obtenu, de la part des maire & échevins & bourgeois de la patrie de Shakespear, un honneur qu'il doit à son mérite particulier, & à la vénération que les anglois conservent pour le père de leur théâtre. Quelques-uns des principaux officiers de la ville de Stratford-sur-Avon, dans le Warwick-Shire, se rendirent chez lui il y a quelques années, & lui remirent, de la part de la bourgeoisie, une boîte singulière par la matière & par le travail; elle étoit accompagnée de la lettre suivante:

Monsieur,

« La ville de Stratford-sur-Avon a la gloire » d'avoir vu naître dans son sein l'immortel Sha- » kespear; elle auroit voulu joindre celle de comp- » ter au nombre de ses citoyens celui qui honore » si parfaitement la mémoire de ce grand homme, » par la supériorité avec laquelle il rend ses chefs- » d'œuvre. Les maire, échevins & bourgeois de » cette communauté s'empressent de joindre un » foible témoignage de leurs sentimens, aux ap- » plaudissemens que le public accorde depuis long- » temps à vos rares talens; ils vous prient de re- » cevoir des lettres d'association à leur commu- » nauté, qu'ils vous envoient dans une boîte faite » de bois du murier que Shakespear a planté de » sa propre main; ils se flattent que vous leur » ferez l'honneur de les accepter. *Signé*, W. Hunt, » secrétaire de la ville, par ordre des maire, éche- » vins & bourgeois ».

La même ville a établi une fête en l'honneur de Shakespear, laquelle fut célébrée dans le mois de septembre, & aura lieu tous les ans. M. *Garrick* en a accepté l'intendance, à la prière particulière de la communauté. L'année de l'ouverture de la fête, on dédiera, à la mémoire de Shakespear, un édifice élégant, auquel on donnera le nom de Shakespear'Shall. C'est une souscription qui en a fourni les frais.

Le célèbre *Garrick*, qu'on a nommé le *Roscius* de l'Angleterre, peut nous rendre vraisemblable ce que l'on rapporte de plus surprenant des panto- mimes anciens. L'auteur des *lettres sur les ballets*, qui a vu jouer à Londres cet excellent acteur, nous fait un tableau très-pathétique de la manière dont il remplissoit, dans une tragédie, le rôle d'un tyran, qui, effrayé de l'énormité de ses crimes, meurt déchiré de remords. Le dernier acte de cette tragédie n'étoit employé qu'à peindre les regrets & la douleur. L'humanité triomphoit des meurtres & de la barbarie. Le tyran, sensible à sa voix, détestoit ses crimes, qui devenoient, par gradations ; ſes juges & ſes bourreaux. La mort, à chaque inſtant, s'imprimoit ſur ſon viſage ; ſes yeux s'obſcurciſſoient ; ſa voix ſe prêtoit à peine aux efforts qu'il faiſoit pour articuler ſa penſée ; ſes geſtes, ſans perdre de leur expreſſion, caractériſoient les approches du dernier inſtant ; ſes jambes ſe déroboient ſous lui ; ſes traits s'allongeoient ; ſon teint, pâle & livide, n'empruntoit ſa couleur que de la douleur & du repentir ; il tomboit enfin dans cet état où ſes crimes ſe retraçoient à ſon imagination ſous des formes horribles. Effrayé des fantômes hideux que ſes forfaits lui préſentoient, il luttoit contre la mort ; la nature ſembloit faire un dernier effort. Cette ſituation faiſoit frémir ; il grattoit la terre ; il creuſoit en quelque façon ſon tombeau. Mais le moment approchoit ; on voyoit réellement la mort ; tout peignoit l'inſtant qui ramène à l'égalité ; il expiroit enfin ; le hoquet de la mort & les mouvemens convulſifs de la phyſionomie, des bras & de la poitrine, donnoient le dernier coup de pinceau à ce tableau terrible.

Garrick, fortement paſſionné pour ſon art, ſe dérobe à toutes ſortes de diſſipations les jours où il doit remplir des rôles importans & ſérieux. Lorſque la ſituation eſt tragique, il s'en pénètre également vingt-quatre heures avant de la jouer.

Perſonne, au contraire, n'eſt ſi gai que lui lorſqu'il a un rôle de petit-maître, de poëte, de nouvelliſte à rendre. Cet acteur poſſède, indépendamment de ce que l'art & l'étude peuvent donner, une de ces phyſionomies qui ſe montent & ſe démontent pour prendre tel caractère qu'il leur plaît. Une jolie femme de Londres, qui reconnoiſſoit ce talent à Garrick, vint le trouver pour avoir le portrait d'un ſeigneur anglois qu'elle aimoit, & qui ne vouloit pas ſe laiſſer peindre. Il s'agiſſoit d'étudier la phyſionomie du lord, & de ſe revêtir ſi bien de tous ſes traits, que le peintre pût faire un tableau reſſemblant ſur cette phyſionomie empruntée. L'acteur, en conſéquence, examine le tic, le caractère particulier de ſon modèle ; étudie les traits qui le caractériſent le plus, & les copie ſi parfaitement, que ce n'eſt plus Garrick, c'eſt le lord lui-même. L'acteur ſe préſente, avec ce viſage compoſé, à un peintre habile, & fait tirer ſon portrait. Tout le monde y reconnoît ſans peine le lord en queſtion, qui, le premier, paroît inquiet ſur les moyens que l'on a pris pour le peindre ſi reſſemblant.

Dans une des meilleures ſociétés de Paris, on engagea un jour l'inimitable Garrick à raconter une aventure dont il avoit été témoin pendant ſon ſéjour en France, & de la mettre enſuite en action. » Un père, commença-t-il à narrer, berçoit ſon enfant auprès d'une fenêtre qui étoit ouverte ; par malheur l'enfant tomba de ſes bras dans la rue, & mourut ſur le champ. Il n'eſt pas néceſſaire de dire quel fut

le langage du père ; on peut le deviner, c'étoit le langage de la nature ». A l'inſtant Garrick ſe mit dans l'attitude où il avoit vu le père au moment où l'enfant tomba de ſes bras. L'effet que produiſit cette imitation ſur ceux qui étoient préſens, eſt plus facile à ſentir qu'à exprimer. Il ſuffira de dire que leur étonnement fut ſuivi d'un ruiſſeau de larmes. Dès que la compagnie fut revenue de ſon trouble, l'illuſtre demoiſelle Clairon, tranſportée de plaiſir, ne put s'empêcher d'embraſſer Garrick ; & ſe tournant du côté de ſa femme, qui depuis le jour de ſon mariage n'avoit jamais quitté d'un pas ſon célèbre époux : « Excuſez, » madame, lui dit-elle, c'eſt un mouvement invo- » lontaire par lequel j'applaudis à votre mari ». Son épouſe (mad. Violetti) étoit une des plus célèbres danſeuſes, & des plus belles femmes de ſon temps.

La ſucceſſion de Garrick a monté à trois millions ſix cens mille livres.

Le célèbre David Garrick étant mort à ſa maiſon de campagne, ſes funérailles ſe firent le premier février 1779, avec une pompe preſque royale. Après avoir été expoſé ſur un lit de parade, où un concours prodigieux de perſonnes de tout rang s'eſt empreſſé de le voir, le corps fut mis dans un cercueil, couvert de velours pourpre, avec des ornemens dorés, & conduit à l'abbaye de Weſtminſter. Le duc de Devonſhire, les comtes d'Aper-Oſſori & Spencer, le vicomte Palmerſtone, le lord Cambden, MM. Wgune, Rigby, Stanley, Patterſon & Albany-Wallis, portoient les coins du drap mortuaire, & un grand nombre de perſonnes de diſtinction accompagnoit le convoi, que ſuivoient cinquante carroſſes de deuil, avec beaucoup d'autres voitures, & que fermoit un détachement de gardes à pied. Il a été inhumé dans la partie de l'égliſe de Weſtminſter qu'on nomme le coin des poëtes, au pied du monument de Shakeſpear, près duquel les héritiers de ce célèbre acteur ſe propoſent d'en faire élever un à ſa mémoire.

GASCONNADES.

Vivent les gaſcons ! préſence d'eſprit, hardieſſe pouſſée, s'il le faut, juſqu'à l'effronterie, habileté à trouver des expédiens pour ſe tirer d'un pas délicat : voilà leurs qualités.

Un gaſcon, plus gaſcon qu'un autre, étoit en Hollande au port de la Brille, prêt à s'embarquer dans un paquebot qui alloit partir pour l'Angleterre. Il dépoſa, dans le paquebot, ſa malle, qui étoit fort légère ; il entra dans un cabaret pour ſe rafraîchir ; il s'y arrêta trop, puiſque le paquebot partit avec un vent favorable ; il n'apprit le débarquement que demi-heure après ; il avoit fait de grands projets de fortune, qui devoient s'exécuter en Angleterre : voilà le vent qui emporte ses espérances ; mais il trouva le secret de renouer la partie ; il fait son marché avec un patron, qui lui promit, à force de voile, d'atteindre le paquebot avec une barque platte & découverte. A peine fut-il en pleine mer, qu'une violente pluie le pénétra jusqu'à la moëlle des os. Il essuya l'orage avec une constance plus que stoïque. Enfin, il atteignit le paquebot dans un temps obscur ; il grimpa comme un écureuil. La barque disparut. Voici le compliment qu'il fit en entrant : Dieu vous garde, messieurs ; cadédis, il faut être bon nageur pour vous atteindre ; quand vous auriez été à quatre lieues d'ici, vous ne m'auriez pas échappé, & je nageois dans cette confiance avec un esprit fort tranquille. La hardiesse du gascon, tout trempé d'eau, imposa à tout le monde ; on admira l'habileté d'un tel nageur. Un lord, qui étoit un des passagers, se récria là-dessus ; il se proposa de faire l'acquisition du personnage, pour le mettre aux prises avec le more d'un autre lord, qui passoit pour le premier nageur du monde, & qui avoit vaincu tous ceux qui avoient voulu lui disputer cette gloire. Ces sortes de divertissemens donnent lieu en Angleterre à beaucoup de paris. Le gascon s'engagea avec le lord, & fit sa condition avantageuse comme un homme qui avoit plusieurs talens. Nommez une perfection qu'un gascon n'ait point, ou qu'il ne s'attribue pas, je vous en défie ; si vous en disconvenez, il vous persuadera en sa faveur, malgré vous & malgré la vérité elle-même, à laquelle il donneroit hardiment le démenti, quand elle viendroit en personne. Le lord fut à peine arrivé à Londres, qu'il défia le lord maître du more nageur : il fit un pari de mille guinées en faveur du gascon nageur, qui n'avoit jamais mis le pied dans l'eau, pas même pour se baigner. Le jour est pris pour cette expédition ; le gascon est le trompette de la victoire qu'il se flatte de remporter. Le voilà avec le more sur le bord de la Tamise, tous deux dans un équipage leste prêt à se jetter à l'eau. Le gascon avoit à côté de lui une petite caisse de liège, il la prit sous le bras. Le more lui demanda l'usage qu'il en vouloit faire, sandis, dit-il, je suis homme de précaution, il ouvre la caisse, où il y avoit plusieurs bouteilles de vin & force petit salé : voyez-vous cela, poursuivit-il, si vous ne faites pas de provision comme moi, vous courez risque de mourir de faim ; savez-vous bien que je vous mène droit à Gibraltar. Le more le regarda alors ; & comme le gascon lui parla d'un ton résolu qui sembloit promettre qu'il tiendroit plus qu'il ne disoit, il fut épouvanté : il dit à son maître, je ne veux point me commettre avec cet homme-là ; je me perdrois ; ce seroit fait de moi. Cette opinion s'enracina tellement dans l'ame du more, qu'on ne la lui put jamais arracher : il ne voulut point nager avec le gascon, & laissa perdre le pari à son maître, de quelques reproches qu'il l'accablât. Y eut-il

jamais saillie de gascon plus fanfaronne & plus heureuse en même temps que celle-là.

GASCON.

L'on verra, disoit un jour le ministre à un gascon qui se présentoit pour une gratification, que le roi lui avoit accordée pour une action périlleuse ; cadédis, répondit le gascon : ai-je dit, l'on verra... j'ai payé comptant pour exécuter les ordres du roi.

Un gentilhomme de Languedoc disoit d'une très-jolie fille de Paris, qui avec beaucoup de beauté, avoit mille bonnes qualités ensemble : sa présence est une compagnie.

Un gascon, qui passoit pour avoir beaucoup d'esprit, étoit des heures entières avec une femme stupide, & qui en échange étoit fort bien faite, & avoit une belle bouche & de belles dents ; on lui demanda un jour : « Que pouvez-vous dire » avec elle » ? — Il répond : Je la regarde parler.

Un gascon perdoit constamment ; une femme, touchée de son malheur continuel, ne put s'empêcher de le plaindre : « Madame, lui dit-il, » épargnez-vous ce mouvement de pitié ; ce n'est » pas moi qu'il faut plaindre ; ce sont ceux à qui » je dois qui perdent ».

Un normand faisoit un jour la description de ses bois de haute-futaie, & en vantoit l'étendue, la beauté & les agrémens qu'ils donnoient à son château. Vous entendez parler Monsieur sur ses bois, dit un gascon ; je veux que l'on m'étrangle s'il en a seulement de quoi faire un cure-dent.

Sous le ministère du cardinal de Fleuri, on avoit accordé des récompenses à tout un régiment, excepté le chevalier de Férigouse, lieutenant dans ce régiment. Ce chevalier étoit gascon. Un jour qu'il se présentoit à l'audience du ministre : » Je » ne sais, monseigneur, lui dit-il, par quelle » fatalité je me trouve sous le parapluie, tandis » que votre éminence fait pleuvoir des graces » dans tout le régiment ». Cette expression singulière fut remarquée du ministre, & peu de temps après, le chevalier de Férigouse obtint la récompense qu'il demandoit.

Quoi ! disoit un jeune parisien à un gascon de ses amis, il y a six mois que votre maîtresse est morte, & vous la pleurez encore ? Comment si je la pleure encore, s'écria le gascon ? Après six mois ! Je veux la pleurer quatre vingts ans ; j'ai embaumé ma douleur pour la rendre éternelle.

Un officier gascon ayant dit adieu à sa maîtresse, l'alla voir le lendemain : « Quoi, monsieur, lui » dit-elle, c'est vous ! Je vous croyois parti pour » l'armée. — Que voulez-vous, lui répondit le » gascon ? la gloire avoit bridé mon cheval, l'amour » l'a débridé ».

Un *gascon* & un parisien avoient pris querelle ensemble ; on les accommoda sur le champ. Vous êtes bienheureux, dit le *gascon* au parisien, de m'avoir surpris pacifique ; si vous m'eussiez fâché d'un cran de plus, je vous eusse jetté si haut en l'air, que les mouches auroient eu le temps de vous manger avant que vous fussiez revenu à terre.

Un ancien officier *gascon* avoit eu une jambe emportée, & il avoit le pied qui lui restoit perclus par la goutte : il avoit bien servi, & il demandoit, pour récompense, le gouvernement vacant d'une bonne place. Un ministre lui dit : mais, monsieur, dans l'état où vous êtes, vous ne devriez plus songer à commander : monsieur, lui répondit-il, c'est à servir que je ne songe plus ; pour le commandement, je ne l'ai jamais eu au pied, & je l'ai toujours à la tête ; je n'y ai pas la goutte.

A la dernière paix, un jeune laboureur de Guyenne, qui s'étoit fait soldat, aima mieux se faire porteur d'eau à Paris, que de s'en retourner chez lui avant que d'avoir fait quelque fortune. Un officier qui le connoissoit le trouva un jour dans l'exercice de son nouvel emploi : eh, te voilà, lui dit-il ! quel métier as-tu choisi-là ? Eh, monsieur ! lui répondit le porteur d'eau *gascon* : « —J'ai » bien servi, comme vous savez ; & pour ma » récompense, j'ai dix mille écus sur l'eau de la » rivière de Seine. Je ne saurois m'en défaire en » gros, je la détaille ».

Lors du siège de Valenciennes par les françois, en 1677, un des principaux officiers de la garnison, qui vit qu'on ne donnoit point de quartier dans la première chaleur de l'attaque, s'alla jetter entre les bras d'un officier *gascon*. Il se rendit son prisonnier, & lui offrit une bourse de trois cens louis, afin qu'il le gardât. Le *gascon* lui répondit aussi-tôt : « Monsieur, pour votre vie elle est » sauve ; car je combats comme le lion ; je par- » donne à celui qui s'humilie : mais pour vous » garder, j'ai bien d'autres choses à faire ; je cours » à la gloire, & vous laisse, vous & votre argent, » entre les mains de mon sergent ».

Un officier *gascon*, lassé de piquer l'anti-chambre de M. de Louvois, ministre de la guerre, pour solliciter, sans succès, auprès de lui la pension que ses services lui avoient acquise, fut se placer, pendant plusieurs jours & à la même heure, sous le balcon de Louis XIV à Versailles. Ce monarque s'appercevant de l'habitude de cet officier de s'y placer régulièrement tous les jours, l'envoya chercher, & lui demanda ce qu'il faisoit sous son balcon ; cet officier lui répondit avec l'accent de son pays : « Sandis, sire, je respire le bon air qui fait » bibre votre majesté ; depuis six mois que je res- » pire celui de l'anti-chambre de M. Louvois, j'y » ai fait de bien mauvais sang ». Le roi lui demanda ce qu'il vouloit à M. de Louvois : la pension que j'ai acquise au service de votre majesté, ré-

pondit le *gascon*. Etes-vous, gentilhomme, répliqua le monarque ? Si Adam l'étoit, sans contredit, sire, je le suis. Cette répartie plut si fort à Louis XIV, qu'il lui fit donner une somme d'argent pour s'en retourner dans sa province, & lui accorda la pension qu'il demandoit.

Un *gascon* se trouva insulté au jeu ; il jetta les cartes au nez de celui qui lui parloit trop fièrement, & il voulut se jetter sur lui. On le retint. Laissez-moi faire, dit-il à ceux qui le tenoient à quatre. Il m'a insulté : vous l'avez vu. Si vous l'aimez, préparez-vous à le ramasser par pièces.

Si tous ceux que j'ai tués à l'armée, disoit un soldat *gascon*, se trouvoient en tas, dans un vallon de nos pyrennées, on passeroit de plein-pied d'une montagne à l'autre.

Le prince de Condé demandoit en riant à un *gascon* plein d'esprit quelques gasconnades. Non, monseigneur, je n'en ferois pas une à présent pour mille écus. Le prince rit de celle-là ; mais il en demanda encore une autre. *Monseigneur*, lui répondit le *gascon* courtisan, *ne m'excitez pas davantage ; car j'en ferois une qui vous feroit trembler.*

Je veux, disoit à Paris un jeune homme de Pezenas, qu'une beauté que j'aime fasse pour moi la pluie & le beau temps. Je veux qu'elle réunisse en elle les trois belles saisons de l'année, printemps, été & automne, tant qu'elle voudra, à son choix & à mon gré. Pour les glaçons, je n'en suis pas. Si elle se fait hiver, je me fais hirondelle : le froid me chasse.

Un chirurgien *gascon* avoit un spécifique qui emportoit toute sorte de fièvres en moins de trois jours ; de sorte qu'il s'étoit par-là mis en vogue. Une veuve & riche bourgeoise de Paris l'ayant envoyé chercher, lui dit : Monsieur, vous voyez une femme bien mortifiée. J'ai un fils qui étudie au collège des révérends pères Jésuites ; il devoit danser sur le théâtre dans un ballet qui sera représenté dans six jours ; mais comme il a une fièvre continue, il n'y a pas d'apparence qu'il y puisse danser. Pardonnez-moi, madame, lui répondit le chirurgien d'un air de confiance, je le ferai danser ; deux jours après qu'il aura pris mon remède, adieu la fièvre ; & puisque le ballet ne doit être exécuté que dans six jours, vous pouvez compter qu'il dansera. Il ne se contenta pas d'avoir assuré que l'écolier danseroit. Oui, madame, ajouta-t-il, comme si son spécifique eût eu aussi la vertu de faire danser parfaitement ; *il dansera, vous dis-je, & encore mieux que les autres.*

On a fait ce conte : un *gascon* avoit appelé en duel un cavalier, & s'étant rendu le premier sur le lieu, apperçut un homme d'épée qui se promenoit. Il crut d'abord que c'étoit son homme ; mais ayant réconnu son erreur, & craignant qu'un tiers ne rompît son deſſein, il lui dit fièrement de ſe retirer. L'autre lui répondit ſur le même ton, & des paroles ils en vinrent aux mains. Pendant cet intervalle, celui qui avoit été appelé arrive, & voyant ſon gaſcon aux priſes, il lui demanda pourquoi il lui manquoit de parole, & ſe battoit contre un autre avant de l'avoir ſatisfait? Cap de bious, répondit le Gaſcon, je m'ennuyois, & je me ſuis mis à peloter en attendant partie.

Je ſuis venu ſi vîte, diſoit un eccléſiaſtique de Gaſcogne qui avoit couru à une œuvre de charité; je ſuis venu ſi vîte, que mon ange gardien avoit de la peine à me ſuivre.

Un homme d'eſprit dit un jour, dans une converſation où il y avoit un gaſcon & de fort jolies femmes, qu'il étoit moins douloureux de ſe marier que de ſe brûler. Vous voyez bien, meſdames, s'écria le gaſcon, que, ſelon lui, vous n'êtes qu'un onguent pour la brûlure.

Il y avoit à Conſtance un gentilhomme gaſcon, nommé Bonac, qui ſe levoit tous les jours fort tard. Comme ſes camarades le railloient de ſa pareſſe: j'ai, dit-il, tous les matins un plaidoyer à entendre entre la pareſſe & la diligence. Celle-ci m'exhorte à me lever pour m'occuper à quelque choſe d'utile; l'autre lui ſoutient qu'il fait fort bon dans un bon lit bien chaud, & que le repos vaut mieux que le travail: pendant qu'elles diſputent ainſi, je les écoute juſqu'à ce qu'elles ſoient d'accord, & c'eſt ce qui fait que je ſuis ſi long-temps au lit.

Un Gaſcon aimoit fort une jolie fille, qui avoit l'eſprit doux & l'ame noble. Elle travailloit à l'aiguille devant lui. Elle ſe piqua. Il fit un cri. Ah! mademoiſelle, s'écria-t-il, que faites-vous? Voulez-vous vous tuer? Ne ſavez-vous pas que toute bleſſure au cœur eſt mortelle? Car vous avez de l'eſprit juſqu'aux ongles, & du cœur juſqu'au bout des doigts!

Un gaſcon, qui ne ſavoit où aller dîner, apprit qu'un bourgeois marioit ſa fille, à qui il donnoit en mariage cent mille livres; il s'aviſa à l'heure du dîner, qui étoit le repas du jour du contrat, de demander le bourgeois qu'il ne connoiſſoit pas: Monſieur, lui dit-il, j'ai une propoſition à vous faire, qui vous vaudra cinquante mille livres; mais il faut du temps pour vous l'expliquer: le bourgeois lui dit: Nous allons dîner, vous ſerez des nôtres; après le repas je vous donnerai audience: c'étoit juſtement ce que le gaſcon demandoit; ſon unique but étoit d'eſcroquer un dîner. Quand on eut quitté la table, le bourgeois le conduiſit dans ſon cabinet, & l'invita à s'expliquer: Monſieur, lui dit le gaſcon, vous mariez votre fille, & vous donnez à l'époux pour dot cent mille livres: donnez-la moi, je me contenterai de cin-

quante mille livres: ainſi vous gagnerez cinquante mille livres: le bourgeois ne jugea pas à propos de faire ce gain-là.

L'auteur de la comédie du Grondeur, après avoir compoſé cette pièce, ſe trouvant obligé d'aller faire un tour dans ſon pays où l'appeloit une affaire de famille, laiſſa ſon ouvrage aux comédiens, en les priant d'y faire les corrections qu'ils jugeroient néceſſaires, & de la repréſenter en ſon abſence. Les comédiens y firent de grands changemens. La pièce, qui étoit en cinq actes, fut réduite en trois, & jouée telle qu'elle eſt actuellement imprimée. Elle eut un très-heureux ſuccès; & cependant l'auteur, à ſon retour, au lieu d'en remercier ſes correcteurs, leur fit des reproches: Meſſieurs, leur dit-il avec ſa vivacité gaſcone, vous avez mutilé, défiguré ma comédie en voulant la rendre meilleure; j'en avois fait une pendule; vous en avez fait une tourne-broche.

En Gaſcogne & dans les pays limitrophes, il y a un très-grand nombre de ſeigneuries, de fiefs, & de particuliers dont les noms ſe terminent en ac.

« Lorſque j'entends prononcer un nom qui ſe » termine en ac, diſoit Cyrano de Bergerac, je » ſuis toujours tenté de parier, que c'eſt celui » d'un gentilhomme preſqu'auſſi noble que ſa ma» jeſté, & auſſi brave que moi ».

Un gentilhomme gaſcon, entendant parler des belles actions de nos généraux d'armes, & que dans deux attaques de places, un prince avoit tué juſqu'à ſix ſoldats de ſa main. Ah! dit le gaſcon, voilà bien de quoi s'étonner; je veux que vous ſachiez que les matelas ſur leſquels repoſe mes membres, ne ſont garnis que des mouſtaches de ceux dont mon épée a été victorieuſe; & c'eſt de cela dont il faut s'exclamer, & non-pas des petites bagatelles de ce prince dont vous parlez.

Un gaſcon ſe vantoit d'être deſcendu d'une maiſon ſi ancienne, qu'il payoit encore, diſoit-il, la rente d'une ſomme que ſes prédéceſſeurs avoient empruntée pour aller adorer Jeſus-Chriſt dans la crèche de Béthléem.

Le jardinier de Fontainebleau ſe plaignoit à Henri IV, en préſence du duc d'Epernon, qui étoit gaſcon, qu'il ne pouvoit rien faire venir dans ce terrein-là: mon ami, lui dit Henri, en regardant le duc, ſemes-y des gaſcons, ils pouſſent partout.

Un gaſcon diſoit: j'ai l'air ſi martial, que quand je me regarde dans un miroir, j'ai peur de moi-même.

Bourſault, dans ſes lettres, rapporte cette ſingulière ſaillie d'un officier gaſcon; il repréſentoit à Louis XIV le beſoin qu'il avoit d'argent pour faire ſon équipage. Le roi, qui cherchoit toujours à adoucir ses refus, lui dit que le temps n'étoit guères propre à faire des graces, & ajouta qu'il avoit sa paye, une pension, & que si cela ne suffisoit pas, son père, qui avoit reçu plusieurs bienfaits, pouvoit, de temps à autre, lui envoyer quelque lettre de change. «De l'argent de mon » père, sire ! répartit promptement le gascon, » votre majesté, qui est toute puissante, feroit » plutôt faire un pet au cheval de bronze que » de tirer une lettre de change de notre pays ». Le roi, surpris d'une expression si extraordinaire, sourit, & accorda au gascon une partie de ce qu'il demandoit.

GASCONISME, façon de parler vicieuse, particulière aux gascons. On a rapporté plusieurs de ces vices d'élocution dans un livre intitulé les gasconismes corrigés.

Le mot au contraire pour non est très-usité par les gascons. Les députés des états de Languedoc étant à Versailles à l'audience du roi, un gascon du cortège trébucha & tomba. Comme tout le monde lui demandoit, s'il s'étoit fait mal en tombant, il dit gaiement, en se relevant, au contraire. Cette manière de parler fit rire ceux qui étoient présens. Les uns prétendoient que c'étoit un gasconisme, les autres une gasconade. C'étoit l'un & l'autre.

L'expression à faire trembler est si familière aux gascons, qu'ils l'emploient à tous propos. Quelqu'un faisoit observer ce gasconisme à un officier gascon, qui répondit par cette gasconade : que l'expression à faire trembler est la plus forte qu'un gascon puisse employer en telle circonstance que ce soit, parce qu'il n'y a rien dans la nature qui soit au-dessus de ce qui fait trembler un gascon.

Les gascons mettent souvent l'é à la place de l'a, & l'a à la place de l'é. Un évêque des environs entendit dire à un ecclésiastique de son cortège, ras de chaussée ; il en badina avec les autres ; il demanda quelle espèce de rats c'étoit que les rats de chaussée. Bon, monseigneur, répondit quelqu'un, il nous en dit bien d'autres ; il dit les gradins de l'autel pour dire les gredins de l'autel. Ce dernier gasconisme fit plus rire que le premier.

GARTH, (Samuel) poëte & médecin anglois, Il fut admis dans le collège des médecins de Londres en 1693. On doit à son zèle charitable la fondation du Dispensary, où l'on donne aux pauvres malades des consultations gratis, & des médecines à bas prix.

Il a fait en vers le Dispensary, ou la guerre entre les médecins & les apothicaires, poëme en six chants, dans le goût du Lutrin de Boileau.

L'exorde a été traduit ainsi par Voltaire :

Muse raconte-moi les débats salutaires
Des médecins de Londre & des apothicaires ;
Contre le genre-humain si long-temps réunis,
Quel Dieu pour nous sauver les rendit ennemis ?
Comment laissèrent-ils respirer leurs malades,
Pour frapper à grands coups sur leurs chers cama-
rades ?
Comment changèrent-ils leur coëffure en armet,
La seringue en canon, la pilule en boulet ?
Ils connurent la gloire ; acharnés l'un sur l'autre,
Ils prodiguoient leur vie, & nous laissoient la nôtre.

GASSENDI, (Pierre) professeur de mathématiques au collège royal, à Paris, né en 1592, mort à Paris le 24 octobre 1655.

Une simplicité ingénue, une politesse aisée, une candeur aimable & une conversation également enjouée & instructive, lui gagnèrent l'affection de toutes les personnes qui l'avoient connu ; il s'étoit acquis l'estime des savans & des hommes bien nés, par la beauté & la délicatesse de son esprit, par son grand sens, par une étude continuelle, par un travail assidu, par sa méthode singulière de découvrir la vérité, par la profondeur & la variété de ses connoissances ; enfin, par l'excellence de ses productions & l'intégrité de ses mœurs. Il s'énonçoit d'une manière agréable, & avoit des réparties fines.

Lorsqu'on le prioit de dire son avis sur quelque question, il s'excusoit sur les bornes de son esprit, exagéroit son ignorance ; & quand il étoit obligé de s'expliquer, c'étoit toujours avec une sage défiance. A l'arrivée des gens de lettres, il se contentoit de leur donner des marques de bienveillance, sans chercher à surprendre leur estime par ses discours. Toute son étude ne tendoit qu'à devenir plus savant & meilleur. Aussi avoit-il mis sur ses livres ces paroles : Sapere aude.

Il vécut sans ambition & presque sans fortune ; une égalité d'ame admirable le mettoit au-dessus de tous les événemens de la vie. C'étoit un vrai sage, que rien n'étoit capable d'émouvoir. Il étoit préparé à tout. Il ne se mit jamais en colère. On le trouvoit toujours doux, poli, complaisant, ennemi des brouilleries, des divisions, des querelles. Son érudition étoit prodigieuse ; ses connoissances embrassoient toutes les sciences ; & son style pur, élégant & nourri des bons auteurs du siècle d'Auguste, rendoit agréable tout ce qu'il écrivoit. Enfin, c'étoit un philosophe par excellence, aussi vertueux que savant. (Histoire des philosophes modernes par Savérien).

Gassendi annonça dès l'enfance ce qu'il seroit un jour. Il n'avoit encore que sept ans qu'on le trouvoit souvent se relevant la nuit pour contem-

pler les aftres. Un foir il s'éléva une.difpute fur
le mouvement de la lune & celui des-nuages,
entre lui & fes camarades: Ceux-ci vouloient que
les nuages fuffent-immobiles, & que:la lune marchât; le jeune *Gaffendi* foutenoit au contraire que
la lune n'avoit point de mouvement fenfible ; &
que c'étoient les nuages qui fe mouvoient avec
tant de promptitude. Ses raifons n'opérèrent rien
fur l'efprit de ces enfans, qui croyoient devoir
s'en rapporter plutôt à leurs yeux qu'aux meilleures raifons qu'on leur donnoit. Il fallut donc
les détromper par les yeux mêmes. Il les conduifit
à cette fin fous un arbre, & leur fit obferver
que la lune paroiffoit entre les mêmes feuilles,
tandis que les nuages fe déroboient à leur vue.
Cette petite anecdote peut encore fervir à montrer
la meilleure méthode d'inftruire les enfans & les
ignorans.

Gaffendi avoit facrifié à la folie de fon fiècle
en étudiant l'aftrologie judiciaire ; mais il reconnut
bientôt l'illufion de cette fcience chimérique, &
il en devint l'ennemi déclaré, ainfi que de ceux
qu'elle aveugloit. Il rompit même une lance avec
Morin, redoutable partifan de l'aftrologie. Celui-
ci, qui fe vit mener un peu rudement, eut recours
aux aftres pour fe venger. Il prédit hautement
que *Gaffendi*, qu'il voyoit d'un fanté très-foible,
mourroit fur la fin du mois d'août de 1650 ; mais
malheureufement pour l'aftrologie, jamais notre
philofophe ne fe porta mieux que dans tout le
courant de cette année. On fe moqua, à cette
occafion, de Morin, qui, pour fe juftifier, répondit qu'il n'avoit pas pofitivement affuré la mort
de *Gaffendi* ; mais qu'il l'avoit feulement averti
d'un péril mortel ; que la peur de la prédiction
l'avoit obligé à demander à Dieu, avec plus d'ardeur, la confervation de fa fanté, & que fes prières
exaucées avoient arrêté l'influence des aftres qui
n'agiffoient pas néceffairement.

Gaffendi avoit affez de mérite pour être modefte.
Il écrivoit à Galilée : « Je vous fuis infiniment
» inférieur en âge & en favoir. Je ne puis vous
» offrir que mes refpects, & je ne demande de
» vous qu'un peu de part à cette bonté naturelle
» que vous avez pour les gens de bien qui aiment
» l'étude».

Il étoit parti de Paris pour faire un voyage en
Provence, & avoit pour compagnon de voyage
un confeiller au grand-confeil, nommé *Maridal*,
très-verfé dans les fciences, Ils allèrent enfemble
à Lyon & à Grenoble, & logèrent toujours dans
les mêmes endroits, fans que le confeiller connût
autrement notre philofophe que par fa qualité de
prévôt de l'églife de Digne, dont il venoit d'être
revêtu.

Un jour M. Maridal étant à Grenoble, rencontra dans la rue un de fes amis, qui, après des
civilités ordinaires, lui dit qu'il alloit rendre vifite
à un grand & célèbre philofophe, lequel avoit
autrefois demeuré dans cette ville, & qu'on appeloit *Gaffendi*. A ce nom, M. Maridal pria fon
ami de fouffrir qu'il l'accompagnât. J'en ai entendu parler avec tant d'éloges, lui dit-il, & il
y a fi long-temps que je defire de le connoître,
que je ne laifferai pas échapper cette occafion.
Mais quelle fut fa furprife lorfque cet ami lui fit
reprendre le chemin de fon auberge, & qu'il le
conduifit chez le prévôt de l'églife de Digne, qui
n'étoit autre que *Gaffendi* ! Il ne pouvoit revenir
de fon étonnement, & ne fe laffoit point d'admirer la modeftie de ce grand homme qui, pendant tout fon voyage, n'avoit pas dit un mot
qui eût pu le faire connoître. (*Hift. des philofophes
modernes*).

Quoiqu'il fût fort doux dans la difpute, il ne
put cependant s'empêcher de répondre avec chaleur aux extravagances d'un demi-favant qui vouloit lui prouver le fyftême de la métempficofe.
» Pythagore, lui répondit *Gaffendi*, foutenoit
» que les ames des hommes entroient, après leur
» mort, dans le corps des bêtes ; mais je ne croyois
« pas que l'ame d'une bête entrât dans le corps
» d'un homme ».

Ce philofophe dut bien fentir un jour le ridicule
qu'il y a de vouloir tout expliquer en phyfique,
fans même s'affurer auparavant de l'exiftence du
fait foumis à l'examen. Le comte & la comteffe
d'Alais, qui demeuroient à Marfeille, l'avoient
confulté au fujet d'un fpectre vû plufieurs fois
pendant la nuit. *Gaffendi*, après avoir profondément raifonné, conclut que ce fpectre avoit été
formé par des vapeurs enflammées qu'avoit produites le fouffle du comte & de la comteffe. Cependant qu'étoit-ce que ce fpectre ? Une femme
de chambre cachée fous le lit qui faifoit de temps
en temps paroître un phofphore. La comteffe faifoit jouer cette parade pour engager fon mari,
efprit foible, à quitter Marfeille qu'elle n'aimoit pas.

Gaffendi mourut avec toute la tranquillité d'un
fage. Lorfqu'il fe fentit proche de fon dernier
moment, il prit la main d'un de fes amis & la
portant fur fon cœur, il lui dit ces mots qui furent
fes dernières paroles : *Voilà ce que c'eft que la vie
de l'homme.*

Gaffendi préféra toujours un état libre & médiocre aux richeffes qu'il auroit pu tenir de la
libéralité des grands. Il mettoit la liberté d'un
philofophe à un trop haut prix pour que les fouverains puffent jamais l'acheter. Il avoit formé
fon fyftême de philofophie de tout ce qu'Epicure
& Démocrite ont dit de plus foutenable.

GASSION. (Jean de) Maréchal de France,
né le 20 août 1609, mort à Arras le 2 octobre

1657, d'une bleſſure qu'il avoit reçue au ſiége de Lens.

Ce fut un des plus grands guerriers des derniers ſiècles. Infatigable, ardent, intrépide, ſon courage ſembloit ſurmonter tous les obſtacles, & ſon nom même étoit redoutable aux ennemis.

Le père du maréchal de Gaſſion, qui étoit préſident au parlement de Pau, s'oppoſa le plus qu'il put à la paſſion que ſon fils témoignoit pour le métier de la guerre. Mais voyant que tous ſes efforts étoient inutiles, il ſe rendit enfin & lui dit : « ſouvenez-vous bien, mon fils, de ce que » je vous ai tant de fois répété ſur la délicateſſe » du métier que vous allez faire. Sachez que vous » m'aurez pour le plus grand de vos ennemis, » ſi vous manquez de cœur, & que je ſerai le » ſecond de tous ceux que vous pourrez quereller » mal-à-propos ».

Madame de Motteville rapporte dans ſes mémoires que Gaſſion lui contoit que lorſqu'il ſortit de la maiſon paternelle pour aller chercher fortune à la guerre, il n'avoit que vingt ou trente ſols pour faire ſon voyage ; & qu'en marchant dans les chemins, il mettoit ſes ſouliers au bout d'un bâton pour les conſerver. *Mém. de Motteville.*

Lorſqu'il eut fait une première campagne dans la Valteline, il s'attacha au duc de Rohan qui, à la tête des calviniſtes, ſoutenoit la guerre civile avec beaucoup de talens. Quoique bleſſé au pont de Cameretz, il ne voulut pas ſe ſéparer de ſon général. *Mais pourrez-vous nous ſuivre ?* lui dit le duc. *Qui m'en empêchera ?* lui répondit Gaſſion : *vous n'allez pas ſi vîte dans vos retraites.* Cette répartie fine & obligeante fit honneur au jeune militaire, & fixa les yeux ſur lui.

Il paſſa au ſervice du grand Guſtave, alors la meilleure école de l'Europe. Ce prince, charmé d'une action de vigueur & d'intelligence qu'il lui avoit vu faire, lui donna une gratification conſidérable : elle fut partagée ſur le champ à tous ceux qui avoient eu part au combat. *Cet argent n'étoit que pour vous,* lui dit Guſtave ». Et moi, » repliqua le jeune officier, je l'ai diſtribué à mes » compagnons, pour leur conſerver la volonté » qu'ils ont de mourir pour votre ſervice, que je » dois plus chérir & que j'eſtime plus que ma » vie ».

L'armée de Guſtave ayant paſſé le Lech, Gaſſion fut logé à Ausbourg chez le magiſtrat, qui en fit les plus grands éloges au monarque Suédois. Ce prince, qui avoit déjà pris beaucoup d'eſtime & de tendreſſe pour ſon brave, ainſi qu'il l'appeloit, l'envoya chercher, & lui dit avec complaiſance : *mi galle, novi te egregium militem, diſco te eſſe optimum hoſpitem ; quid de te poſſum dicere amplius ?* Gaſſion qui ignoroit le ſujet de ces paroles obli-

geantes, répondit : *fore me tecum victorem, vel pro te mortuum.* Le roi ſe tourna vers ceux qui étoient autour de lui : « voilà, leur dit-il, le » ſeul françois de qui j'aie ouï dire du bien à » ſon hôte ».

Le général ennemi étoit campé à Nuremberg avec ſoixante mille hommes. Le roi de Suède, qui étoit en préſence avec vingt mille hommes ſeulement, attendoit des ſecours de pluſieurs côtés. Il chargea Gaſſion de faciliter leur arrivée. Cet officier s'acquitta de ſa commiſſion & battit en même-temps un corps conſidérable d'Autrichiens. Ce ſervice étoit ſi important que Guſtave exigea que le vainqueur lui demandât une récompenſe. « Je ſouhaite, lui répondit-il, d'être encore » envoyé au-devant des troupes qui doivent arri- » ver ». Le roi tranſporté de joie, lui dit en l'embraſſant : « marche ; je te réponds de tout ce » que tu laiſſes ici : je garderai tes priſonniers, & » t'en rendrai bon compte ».

Gaſſion étant entré au ſervice de la France ſa patrie, Louis XIII le mena à la chaſſe par un temps très froid. Il ne diſſimula point ſon ſentiment ſur les perſonnes de la ſuite du roi, que ce temps faiſoit murmurer ; & le roi lui demanda s'il n'avoit pas plus pitié des ſoldats que des courtiſans. « Non, ſire, répondit Gaſſion ; quand ils » ſont en quartier, ils ne peuvent pas avoir froid » au coin du feu ; & quand ils ſont en campagne, » le fantaſſin n'a pour s'échauffer qu'à marcher, » & le cavalier n'a qu'à ſe battre ».

Le maréchal de Gaſſion ne voulut jamais s'engager dans les liens du mariage. Il répondoit à ceux qui lui propoſoient de ſe marier, *qu'il n'eſtimoit pas aſſez la vie pour en faire part à quelqu'un.*

GASTON. (Jean-Baptiſte) Duc d'Orléans, ſecond fils d'Henri IV & de Marie de Médicis, né en 1608, mort en 1660. Haï de Louis XIII ſon frère, perſécuté par le cardinal de Richelieu, entrant dans toutes les intrigues, & abandonnant toujours ſes amis ; il fut la cauſe de la mort du duc de Montmorenci, de Cinq-mars, du vertueux de Thou. A une fête qu'il donnoit il prit le duc de Montbazon par la main pour le faire deſcendre d'un gradin ; ce duc offenſé lui dit : *je ſuis le premier de vos amis que vous ayez aidé à deſcendre de l'échafaud.*

Mademoiſelle, fille de Gaſton de France, prétendoit épouſer Louis XIV : c'étoit une digne prétendante ; cependant, durant les guerres de Paris, elle prit parti pour M. le Prince, & fit tirer à la bataille de Saint-Antoine ſur l'armée du roi, le canon de la baſtille ; ainſi elle ſacrifia cette grande prétention à M. le Prince. Le cardinal de Mazarin dit qu'elle avoit tué ſon mari d'un coup de canon,

GAUSSERIE.

GAUSSERIE. Un seigneur voyant passer un médecin lui dit, par manière de *gausserie*: où allez-vous, Monsieur le maréchal? Monsieur, répondit aussitôt le médecin, je vais traiter votre seigneurie.

Dans le temps des vacations, trois procureurs qui s'en retournoient chez eux à la campagne, atteignirent un charretier; & comme ils étoient en humeur de rire, ils lui demandèrent, en le raillant: pourquoi son premier cheval étoit si gras & ceux qui le suivoient si maigres? C'est, répondit le charretier qui les connoissoit, que mon premier cheval est procureur & que les autres sont ses cliens.

Une jeune villageoise couroit après son ânesse: un gentilhomme la trouvant assez jolie, lui demanda d'où elle étoit. — De Villejuif, répondit-elle; — mais vous devez connoître la fille de Nicolas Guillot, faites-moi l'amitié de lui porter un baiser de ma part, & en même-temps il chercha à l'embrasser; mais cette jeune fille, s'y opposant lui dit: Monsieur, si vous êtes si pressé, donnez-le à mon ânesse, elle sera arrivée plutôt que moi. Et en même-temps elle s'échappa des bras de ce galant.

Le marquis de Grancé revenu de l'armée, encore tout couvert de poussière & avec un habit mal propre, étant au Louvre pour faire sa cour au prince, deux courtisans musqués qui le rencontrèrent dans l'antichambre en ce méchant équipage, lui dirent: « comme vous voilà arrangé, vous êtes fait comme un palfrenier: oui, Messieurs, tout prêt à vous bien étriller ».

Trois abbés, montés sur des ânes, rencontrèrent trois cavaliers; un d'eux leur demanda comment vont les ânes, messieurs les abbés? Monsieur, répondit un des abbés, ils vont à cheval.

Un paysan qui passoit à Paris, sur le pont au change, n'appercevoit point de marchandises dans plusieurs boutiques, la curiosité le prend, il s'approche d'un bureau de change: Monsieur, demanda-t-il, d'un air niais, dites-moi ce que vous vendez. Le changeur crut qu'il pouvoit se divertir du personnage: je vends, répondit-il, des têtes d'ânes. — Ma foi lui repliqua le paysan, vous en faites un grand débit, car il n'en reste plus qu'une dans votre boutique.

Un écolier voulant entrer en sixième, fut trouver le préfet pour être examiné. Le père, en se promenant avec le petit bonhomme, lui demanda de dire en latin, je suis un âne, l'enfant répondit, *sequor asinum*.

Certaines demoiselles, se promenant à la campagne, rencontrèrent un berger qui portoit un chevreau au marché; une d'entre elles s'en étant

approchée, le caresse, & dit à ses compagnes: regardez comme il est joli, il n'a pas encore de cornes. — C'est qu'il n'est pas encore marié, repartit le berger.

Dans une guerre de France contre l'Espagne, les armées françoises avoient pris un ascendant décidé sur les troupes espagnoles, & étoient en possession de les battre. La cour de Madrid, pour couvrir, autant qu'il étoit possible, les fautes de ses généraux, se donnoit un air de victoire après chaque bataille. Un françois osa en marquer sa surprise à la marquise de Grana. Cette dame ainsi que le rapporte Saint Evrémont, lui dit finement: « laissez-les se contenter; vos feux sont des feux » de joie, & les nôtres sont des feux d'artifice ».

GAUSSIN. (Jeanne Catherine) Actrice célèbre de la comédie françoise, naquit à Paris en 1711; son goût & ses talens pour le théâtre s'étoient manifestés de bonne heure; & par son jeu ainsi que par sa beauté, elle avoit déjà fait les délices de la société de M. le duc de Gèvres, qui donnoit des comédies à Saint-Ouen, lorsqu'à l'âge d'environ dix-sept ans, elle partit pour Lille où elle joua près de deux ans; ses succès dans cette ville la firent désirer à Paris, où elle débuta en 1751, par les rôles de Junie dans Britannicus, d'Aricie dans Phèdre, & d'Iphigénie, nous ignorons les rôles comiques dans lesquels elle parut alors; mais dans les deux genres elle annonça de si heureuses dispositions qu'elle fut reçue la même année, avec l'approbation générale; ses succès furent extraordinaires; elle réussissoit surtout dans les rôles d'amour.

Mademoiselle *Gaussin* savoit allier les talens qui sembloient les plus incompatibles, & lorsqu'elle vouloit bien déroger au genre noble, & aux graces pour lesquelles elle étoit née, elle faisoit encore le plus grand plaisir: on l'a vue, pour lui prêter aux amusemens de quelques sociétés, jouer des personnages grotesques, tels que celui de Cassandre dans plusieurs parades, avec le plus singulier succès.

Mademoiselle *Gaussin* épousa, en 1758, un italien nommé Toulaigo qui avoit été danseur à l'opéra; cinq ans après, par un principe de religion, elle quitta le théâtre, & elle mourut en 1767.

Vers de Nivelle de la Chaussée à mademoiselle GAUSSIN.

O toi, qui m'as prêté les talens enchanteurs,
Assemblage parfait des dons les plus flatteurs,
    Élève & modèle des graces,
Aimable & cher objet, que Thalie & ses sœurs
Ne peuvent couronner que de ces mêmes fleurs
    Que tu fais naître sur tes traces,
Si je n'ai point encor essuyé de revers;
Je n'en dois qu'à toi seule un éternel hommage!

Tes charmes & ta voix font l'ame de mes vers.
  Mais que dis-je ! ils font ton ouvrage ;
    Qui les infpira, les a faits.
Qu'ils te foient confacrés par la reconnoiffance ;
Tes yeux n'ont rien laiffé de plus à ma puiffance,
Et je ne puis t'offrir que tes propres bienfaits.

GÉANS. On a beaucoup difputé, beaucoup écrit pour favoir s'il avoit jamais exifté quelque part des nations entières de *géans*. La chofe ne feroit pas douteufe fi le fait fuivant, rapporté par quelques auteurs efpagnols, étoit fuffifamment confirmé.

Madeleine de Niqueza, née en Efpagne, abandonna fa patrie pour aller chercher la fortune dans ces vaftes provinces que la monarchie efpagnole poffede dans l'Amérique méridionale. Ceux qui font fans amis dans leur pays, n'en trouvent guères dans les pays étrangers. Cette malheureufe femme erra quelque temps dans les rues de Carthagène, fans afyle & fans reffource. Dans cet état de mifère un berger indien la vit, l'époufa & la mena dans fon village, qui bordoit les contrées fauvages des guanoas & des chiquitos.

Ces nations barbares, qui n'avoient jamais pu être réduites par les efpagnols, faifoient des incurfions continuelles fur les pays qui leur avoient été foumis, & maffacroient ou emmenoient tous les habitans qui tomboient dans leurs mains. Madeleine & fon mari furent pris par ces fauvages, & emmenés à quelques cents lieues vers le fud, où ils furent plufieurs fois échangés pour d'autres denrées ; jufqu'à ce qu'enfin ils fe trouvèrent au milieu d'un peuple plus fauvage encore que leurs premiers maîtres, & où ils furent occupés à garder les troupeaux.

Il n'y avoit pas long-temps qu'ils vivoient chez ce peuple, lorfque le bruit fe répandit qu'une armée de *géans* s'avançoit dans le pays & mettoit tout à feu & à fang. Madeleine s'apperçut que les indiens, au lieu d'effayer de s'enfuir cherchoient plutôt à fe cacher, parce qu'ils défefpéroient d'échapper à la courfe rapide des *géans*, dont ils connoiffoient la légèreté. L'armée formidable parut enfin ; mais au lieu de répandre par-tout la terreur & la mort, ces *géans* traitèrent leurs prifonniers avec une douceur, une humanité qui furprit beaucoup notre efpagnole. Ce corps de *géans* étoit compofé d'environ quatre cents hommes, dont le plus petit avoit au moins neuf pieds, & le plus grand à peu près onze. Leurs traits étoient réguliers, & leurs membres exactement proportionnés. Ils avoient de la douceur & de l'affabilité dans les regards, & leur voix étoit grave & fonore. Madeleine & fon mari furent encore une fois prifonniers ; mais leurs nouveaux maîtres les traitèrent beaucoup plus humainement que les premiers. Nos époux eurent bientôt appris la

langue du pays, & le *géant* à qui Madeleine appartint, écoutoit avec plaifir le récit qu'elle lui faifoit de fes aventures, & paroiffoit regarder fes malheurs avec un intérêt mêlé d'amour & de pitié. Ces *géans* vivoient entr'eux dans un état d'égalité parfaite ; & ils avoient des hommes d'une taille ordinaire pour les fervir dans les emplois domeftiques. Leurs femmes n'étoient pas auffi grandes qu'eux ; on n'en voyoit guères au-deffus de fix pieds & demi, & les enfans en venant au monde étoient de la taille ordinaire. Madeleine, après être reftée quatre ans dans cet état, fe laffa de la fervitude, elle prit le parti de fe fauver vers le bord occidental qui borne le grand océan pacifique. Une barque efpagnole la recueillit & la mena à Panama, d'où quelque temps après elle trouva moyen de paffer en Europe.

Dans la féance publique de l'académie de Rouen, en 1754, M. Lecat, fecrétaire perpétuel pour les fciences, lut la lettre d'un magiftrat de Bordeaux, communiquée par M. de la Maltières à M. Lecat. Cette lettre annonce la découverte d'un *géant* dont l'os de la cuiffe alloit jufqu'à la hanche d'un homme ordinaire, dont la tête étoit trois ou quatre fois auffi groffe que la nôtre, & les dents douze ou quinze fois plus groffes que celles d'un adulte. Ce *géant* a été trouvé en mai 1754, dans un tombeau de pierre du cimetière de l'églife collégiale de Saint-Severin de Bordeaux.

A Taveftock, ville d'Angleterre, dans le comté de Devon, il y avoit autrefois une abbaye où, felon le témoignage de Guillaume de Malmesbury, on pouvoit voir le fépulcre d'Ordoupa, fils du comte de Devon. Ce feigneur étoit d'une taille fi gigantefque, qu'il lui étoit facile d'enjamber la rivière, qui a, en cet endroit, dix pieds de large ; il étoit fi fort qu'il rompoit les barres de fer des portes les plus folides.

GÉNÉRAL. Sous Louis XIII le cardinal de la Valette a fouvent commandé les armées de France, le cardinal infant celles d'Efpagne, le cardinal de Savoie celles de Savoie. En 1641 M. de Sourdis, archevêque de Bordeaux, commandoit une efcadre. Le cardinal de Richelieu commandoit en perfonne au fiège de la Rochelle en 1628 : *je l'ai prife*, difoit il, *en dépit de trois rois* : le roi d'Angleterre, le roi d'Efpagne & fur-tout le roi de France, auprès duquel on le deffervoit.

Iphicrate, fameux capitaine athénien, marchoit contre les ennemis de fa patrie ; remarquant plufieurs de fes foldats qui pâliffoient de crainte & n'avançoient qu'en tremblant, il fit dire, par un héraut : « Si quelqu'un a oublié quelque chofe, » qu'il s'en retourne au camp ; il reviendra en- » fuite. Les plus lâches, charmés de ce délai, s'en retournèrent auffi-tôt. *Iphicrate*, les voyant

partis : « Allons, dit-il aux autres, laissons aller
» cette canaille ; fondons sur l'ennemi » ; & aussi-
tôt il engagea le combat.

Un général athénien montroit au peuple, avec
ostentation, les cicatrices des blessures qu'il avoit
reçues à la guerre. « Les blessures d'un général,
» lui dit le célèbre *Timothée*, marquent plutôt
» son imprudence que sa valeur. Pour moi, ajou-
» ta-t-il en riant, étant au siège de Samos, &
» m'étant trop avancé, je fus honteux de voir
» tomber une flèche à côté de moi ; & comme
» un poltron je m'éloignai de cet endroit dan-
» gereux ».

GÉNÉROSITÉ. Une marchande de Londres
avoit deux fils : l'aîné, d'un mauvais cœur & d'un
caractère dur, haïssoit son jeune frère qui étoit
plus aimable que lui, & d'un naturel doux &
paisible ; il n'étoit pas de mauvais traitemens qu'il
ne lui essuyer quand l'occasion s'en présentoit,
& les réprimandes du père ne purent le faire
changer de conduite. Le père avoit une fortune
considérable dans le commerce ; se sentant déja
vieux, il fit son testament, & par un partage
des plus étranges, lui qui connoissoit ses deux
enfans, qui aimoit le cadet, & blâmoit la dureté de l'aîné, il laissa à l'aîné tout son bien,
avec tout ce qu'il avoit de fonds & de vaisseaux ;
le priant seulement de continuer le négoce &
d'aider son jeune frère ; il mourut quelque temps
après. Dès que l'aîné se vit seul maître, il ne
contraignit plus sa haine, & chassa de la maison
son malheureux cadet, l'exposant à la merci du
sort sans lui donner aucun secours. Tant d'inhumanité dans un frère, remplit le cœur du jeune
homme d'indignation & d'amertume ; il étoit
découragé. Si mon frère me traite ainsi, que dois-
je attendre des étrangers ? Il falloit vivre, & la
nécessité lui rendit le courage. Comme il étoit
un peu au fait du commerce, il quitte Londres,
& s'adresse à un négociant d'une ville voisine, à
qui il offre ses services ; l'autre les accepte &
le reçoit dans sa maison. Après quelques années
d'épreuve, il lui reconnut tant de prudence, tant
de vertus & tant d'exactitude dans ses comptes,
qu'il lui donna sa fille en mariage, & en mourant
il lui laissa tous ses biens. Après la mort du beau-
père, le gendre se trouvant assez riche, & n'étant
point de ces ambitieux insatiables que la fureur
d'amasser n'abandonne qu'aux bords du tombeau,
plus jaloux de vivre en paix & de jouir de lui-
même, il acheta dans une province éloignée de
la capitale, une belle terre avec son château, s'y
retira avec son épouse, & y vécut content avec
honneur & bonne renommée.

Il est une providence qui punit toujours les
cœurs barbares. L'aîné depuis la mort du père,
avoit continué le commerce, multiplié les entreprises, & long-temps tout réussit au gré de ses

vœux ; mais il vint une année fatale, ses pertes
s'accumulèrent, une tempête engloutit tous
ses vaisseaux, lorsqu'il revenoit avec une riche
cargaison. Dans le même-temps plusieurs marchands, qui avoient entre les mains ce qui lui
restoit d'argent, firent banqueroute, & pour
comble d'infortune le feu prit à sa maison ; consuma tout ce qu'il avoit d'effets, & le réduisit à la
mendicité.

Dans cet horrible état, il ne lui restoit d'autre
ressource pour ne pas périr de faim, que d'errer
dans le pays, implorant l'assistance des ames charitables, que le récit de ses malheurs pouvoit
attendrir ; il mangeoit le pain de la charité publique, dans les larmes & les remords.

« Où en serois-je à présent, se disoit-il en soupirant, si tous les hommes étoient aussi durs que
moi ? Ah ! s'ils savoient comme j'ai traité mon
frère, ils me repousseroient avec horreur : mon
frère ! mon frère ! s'écrioit-il quelquefois dans le
chemin, où es-tu ? Tu me maudis sans doute, &
tu éprouves peut-être en ce moment les horreurs
de la faim ! Ah ! que ne peux-tu me rencontrer
& me voir, tu serois vengé ! Que ne puis-je
en t'embrassant rompre avec toi ce morceau de
pain qu'une mère pauvre & généreuse vient de
me donner par la main de son jeune enfant ! je
serois consolé.... Hélas ! si le hasard m'offroit à
ses yeux, il ne reconnoîtroit jamais son aîné sous
les lambeaux de la misère ; il devroit pourtant
espérer de m'y trouver, s'il croit qu'il soit un Dieu
vengeur ».

Un jour qu'il avoit fait plusieurs lieues, ayant
à peine trouvé ce qu'il lui falloit pour se soutenir, il apperçut de loin un homme bien mis, se
promenant dans une prairie voisine d'un joli château dont il lui parut le seigneur ; il s'avance,
l'aborde, lui expose ses malheurs, ses besoins &
le conjure de lui accorder quelque secours. D'où
êtes-vous, lui demanda l'étranger, & comment
s'est fait cet enchaînement de revers qui vous a
réduit à l'état où vous êtes ? L'autre lui raconta
son histoire en détail, ne supprimant que l'article
de ses mauvais traitemens envers son frère : dans
l'effusion de son récit, il fut tenté plus d'une
fois de lui révéler tout, & d'avouer qu'il avoit
bien mérité ses malheurs ; mais la crainte & le
besoin le retinrent ; il craignit d'éteindre par cet
aveu, la pitié qu'il vouloit inspirer à ce seigneur ;
il en dit pourtant assez pour être reconnu de
quiconque connoissoit sa famille. L'étranger, sans
lui faire part de sa découverte, l'emmène au château, & ordonne à ses gens de le bien traiter &
de lui préparer un logement pour la nuit. Le
soir il raconte à sa femme l'aventure qui vient de
lui arriver, & lui communique son dessein. Le
pauvre dormit d'un sommeil profond & paisible
toute la nuit, & le matin à son réveil, sa pre-

mière penſée fut : « Que cet honnête homme eſt » bienfaiſant ! S'il n'eſt pas né riche, il mériteroit » de le devenir ». Quelques heures après, le maître l'envoie chercher. Quand il fut en ſa préſence, il le fixa quelque temps avec attendriſſement, & lui demanda s'il ne le connoiſſoit pas ? Non, répondit le pauvre. Hé quoi ! s'écria-t-il en pleurs, je ſuis ton frère ! En même-temps il s'élance à ſon cou, & l'étreint tendrement dans ſes bras. L'aîné, frappé d'étonnement, de confuſion, de repentir, de reconnoiſſance & de joie, tombe à ſes genoux, en s'écriant : mon frère ! les embraſſe & les arroſe de ſes larmes, en lui demandant pardon. Il y a long-temps, lui répond ſon frère, que je t'ai pardonné ; oublie le paſſé ; tu es riche, car je le ſuis ; vivons enſemble & aimons-nous. Oui, mon frère, je t'aimerai, lui répond l'aîné d'une voix étouffée par les ſanglots ; mais je ne me pardonnerai jamais, je me ſouviendrai toujours de la manière dont je t'ai traité, & que c'eſt toi qui me ſoulage.

En 1766, Georges Montagut, comte de Cardignan, fut élevé à l'éminente dignité de marquis & de duc de la Grande-Bretagne, ſous le nom de marquis de Monthermer, & de duc de Montagut. A cette occaſion, ce ſeigneur paya les dettes de tous les débiteurs inſolvables, détenus priſonniers dans le château de Windſford, dont il étoit connêtable. Cette action, auſſi utile à l'humanité que glorieuſe à l'Angleterre, mérite d'être conſacrée dans les faſtes du monde, & couvre ſon auteur d'une gloire plus réelle, que ne feroit une ville priſe, une bataille gagnée, une province dévaſtée, pendant le cours d'une guerre ſanglante.

Ceci rappelle un autre exemple de *généroſité*, donné la même année par le duc de Strozzi, grand-maître de la maiſon de la grande-ducheſſe de Toſcane. Au lieu d'employer, ſelon l'uſage, des ſommes immenſes en feux d'artifices, en repas ſomptueux, pour célébrer les noces de ſa fille aînée, ce ſeigneur dota douze pauvres filles de bonnes mœurs, fit diſtribuer aux indigens une certaine quantité de lits, & des vivres de toute eſpèce ; délivra beaucoup de priſonniers pour dettes ; fit remettre à tous les habitans de ſes terres, la moitié de leur redevance annuelle ; étendit ſes bienfaits ſur les locataires néceſſiteux, & accorda des gratifications aux pères de familles, dont les travaux laborieux ne peuvent ſouvent pas remplir tous les beſoins.

Les frivoles artiſans de la mode & du luxe ont perdu, ſans doute, à la deſtination de ces ſommes employées au ſoulagement des malheureux ; mais leurs plaintes ont été étouffées par les bénédictions données au duc de Strozzi, en attendant que la poſtérité, qui lui dreſſe des ſtatues, lui donne la première place entre les amis de l'humanité.

Dans tous les états, on demande continuellement ce qu'on peut faire en faveur des pauvres ; on peut répondre : perdez le goût des futilités ; employez des ſommes plus ou moins fortes à marier d'honnêtes filles, à ſoulager des indigens, à nourrir des pauvres, à réparer les pertes des vertueuſes familles ; ſignalez les évènemens heureux de votre empire par des conſtructions de bâtimens utiles au public, & non par de petits feux : l'humanité & les mœurs y gagneront.

Un grand ſeigneur de Gaſcogne étant à Paris avoit un aſſez beau cheval de ſelle qui ne lui ſervoit de rien ; il dit à ſon écuyer de s'en défaire. Un capitaine de cavalerie en fut averti ; il alla voir ce cheval pour l'acheter ; il en fut content ; il en demanda le prix : l'écuyer répondit qu'il falloit s'addreſſer pour cela à Monſeigneur ; mais, Monſieur, lui dit le capitaine, je n'ai pas l'honneur d'être connu de lui, & il n'eſt pas naturel que je m'adreſſe à lui-même, pour ſavoir combien on veut de ce cheval. Monſieur, répondit l'écuyer, c'eſt ſa manière ; il ne trouveroit pas bon que je fiſſe ce marché ſans lui. Vous ne courrez d'ailleurs aucun riſque, ajouta l'écuyer, Monſeigneur aime les gens de mérite, & ſurtout les officiers ; il vous recevra fort bien, & il vous donnera ſon cheval à meilleur marché qu'à un autre. L'officier ſe laiſſa perſuader ; ils vont enſemble dans l'appartement du ſeigneur gaſcon ; l'écuyer entre le premier ; en approchant de lui : monſeigneur, lui dit-il, voilà un officier qui vient acheter votre cheval. Un officier, lui répondit le ſeigneur, tant mieux, voilà ce qu'il nous faut ; c'eſt comme cela que je les aime.

Qui êtes-vous, Monſieur, dit-il à l'officier ? Monſieur, répondit-il, je ſuis capitaine de cavalerie. Y a-t-il long-temps que vous ſervez le roi, lui demanda le ſeigneur ? Monſieur, lui répondit l'officier, il y a dix ans. Dix ans, reprit le ſeigneur, cela eſt bon ; cela commence à s'appeler une datte. J'ai ſervi le roi, moi, trente bonnes années ; & je l'ai bien ſervi ; mais ce qui s'appelle bien, avec approbation & récompenſe. Monſieur, je le crois fort, répartit l'officier. Vraiment, repliqua le ſeigneur, vous le pouvez croire très fort, le gouvernement & les penſions dont je jouis en font foi, je penſe ; je vous en ſouhaite autant. Monſieur, dit l'officier, vous avez bien de la bonté. Oui, aſſurément, reprit le ſeigneur, j'en ai de la bonté, & qui plus eſt, j'en ai pour vous. Que vous ſemble de mon cheval ? Monſieur, répondit l'officier, ce cheval eſt beau, & je le crois bon. Vous croyez bien, reprit le ſeigneur, & vous me parlez en honnête homme, j'aime cela. Il ne s'agit que du prix, dit l'officier. Je le ſais, dit le ſeigneur, mais pour le prix, avez-vous monté mon cheval ? Non, Monſieur, répondit l'officier. Hé, dit le ſeigneur, vous n'y penſez pas. Je veux que vous le montiez, & vous verrez bien ce qu'il vaut vous-même. Mon écuyer, ajouta-t-il, donnez mon cheval à Monſieur le capitaine, qu'il le monte. Faites-lui donner mon beau harnois. Allez, monſieur, montez à cheval, & rendez-moi réponſe. L'officier alla monter le cheval & il revint. Hé bien, lui dit le ſeigneur, qu'en dites-vous? Monſieur, répondit l'officier, j'en ſuis fort content. Ce cheval répond bien à tout ce qu'on lui demande, & on ne le recherche pas inutilement. Hé bien, reprit le ſeigneur, voilà comme j'aime qu'on parle. Mon écuyer vous m'avez trouvé là l'homme qu'il me faut. Monſieur, dit l'officier, je tâcherai de mériter votre approbation. Permettez-moi de vous demander combien vous voulez vendre ce cheval? Combien, reprit le ſeigneur. Écoutez, vous êtes honnête homme, parlez-moi de bonne foi. Vous avez paſſé l'hyver à Paris? Oui, Monſieur, répondit l'officier. Vous avez été ſouvent à la comédie & à l'opéra? Aſſez ſouvent, répondit l'officier. Vous y avez mené quelquefois les femmes? Quelquefois, répondit le capitaine. Vous leur avez donné quelquefois à manger à Paris & à la campagne? Cela m'eſt arrivé quelquefois, dit encore l'officier. Ne ſais-je pas comment tout cela ſe fait? J'ai été jeune, voyez-vous, & du monde autant qu'un autre. Cela étant, avouez qu'un officier qui a paſſé ainſi l'hyver à Paris, n'a pas plus d'argent qu'il ne lui faut pour entrer en campagne. Cela eſt vrai, Monſieur, répondit l'officier. Hé bien, reprit le ſeigneur de quoi vous aviſez-vous donc de demander le prix d'un cheval que vous ne ſauriez payer ſans vous incommoder? Tenez, finiſſons, prenez mon cheval, ſervez-vous en, & à votre retour de la campagne, vous pourrez dire à coup ſûr ce qu'il vaut. Le capitaine, ſurpris de cette *généroſité*, voulut s'en défendre; mais il fallut en paſſer par là; il emmena le cheval, il lui rendit de fort bons ſervices, & lui ſauva la vie dans une occaſion; il en rendit compte au ſeigneur gaſcon par une lettre; il ne l'eut pas plutôt reçue de la main de l'écuyer, qu'il en fut pénétré de joie. Hé bien, mon écuyer, dit-il, après l'avoir lue, ce qu'il m'écrit ne vaut-il pas bien ce que j'ai fait? Et mon cheval vaut-il la vie qu'il lui a ſauvée? Enfin l'officier revint après la campagne. Son premier ſoin fut d'aller chez le ſeigneur gaſcon. Voilà, lui dit celui-ci dès qu'il le vit, ce qui s'appelle ſavoir vivre. Vous me deviez cette viſite & j'aime qu'on me rende ce qu'on me doit. Monſieur, dit l'officier, je vous dois plus de cent piſtoles; votre cheval les vaut bien; ordonnez à votre écuyer de les prendre. Vous êtes un étrange homme, reprit le ſeigneur. Un officier a-t-il de l'argent de reſte quand il revient paſſer l'hyver à Paris à la fin de la campagne? Que deviendroient les petites parties de comédie, d'opéra, de repas & de promenades? Laiſſez-moi conduire cela, divertiſſez-vous pendant l'hiver. Et nous en parlerons vers le printemps. La choſe ſe paſſa encore de même qu'au premier départ pour la guerre. Ce capitaine alla prendre congé de lui. Il fut tué malheureuſement dans cette campagne après avoir fait des actions d'éclat. L'écuyer en reçut la nouvelle; il en fit part à ſon maître, la larme à l'œil. Ah quelle perte, dit le ſeigneur gaſcon, que j'en ſuis touché, que je le plains! Il ajouta mille regrets, & puis tout d'un coup revenant à lui-même: au bout du compte, dit-il, j'ai tort de m'en affliger tant; il m'auroit perſécuté toute ſa vie pour me faire prendre l'argent de mon cheval, m'en voilà quitte.

M. l'archevêque d'Auch ayant appris que deux jeunes perſonnes d'une famille diſtinguée, vivoient avec beaucoup de peines du travail de leurs mains, & qu'elles n'avoient d'autres biens que quelques meubles antiques & un vieux tableau de peu de valeur, ce généreux prélat ſe tranſporta auſſitôt chez ces infortunées, & voulant les ſecourir ſans bleſſer leur délicateſſe, il leur dit en ſouriant & de l'air le plus affable: « vous avez dans votre » chambre, Meſdemoiſelles, un tableau dont j'ai » entendu parler beaucoup; je le vois: il eſt d'un » grand maître; il me plaît ſingulièrement. Si ce » n'étoit pas vous demander une trop grande » grace, je vous prierois de me le céder pour » une rente viagère de cent louis que je m'oblige » à vous faire dès ce moment. Voilà la première » année d'avance ».

Un officier, au ſiège d'Oudenarde, jouoit avec ſon colonel; celui-ci perdoit dans une nuit toute ſa fortune qui pouvoit ſe monter à un million; il ne lui reſtoit plus que le fonds de huit cent livres de rente. Dépité contre ſa mauvaiſe étoile, il veut la braver juſqu'au bout. Le capitaine lui propoſa de jouer à pair ou non tout ce qu'il venoit de lui gagner contre les huit cents livres. Le colonel accepte. L'officier tire de ſa poche des pièces de monnoie: « pair ou non, dit-il » ? Le perdant héſite quelques momens ſur l'important monoſyllabe d'où dépend ſa ruine complette ou le rétabliſſement de ſa fortune; enfin il dit, non. « Vous avez gagné, reprit le capitaine en remettant dans ſa poche, ſans les montrer, les pièces de monnoie qui étoient en nombre pair ».

Le célèbre Maupertuis, qui accompagnoit le roi de Pruſſe à la guerre, fut fait priſonnier à la bataille de Molwits, & conduit à Vienne. Le grand duc de Toſcane, depuis empereur, vouloit voir un homme qui avoit une ſi grande réputation; il le traita avec eſtime, & lui demanda s'il ne regrettoit pas quelqu'un des effets que les huſſards lui avoient enlevés.

Maupertuis, après s'être long-temps fait preſſer,

avoua qu'il avoit voulu fauver une excellente montre de Greham, dont il fe fervoit pour fes obfervations aftronomiques. Le grand-duc qui en avoit une du même horloger, mais enrichie de diamans, dit au mathématicien françois. C'eft une plaifanterie que les huffards ont voulu faire; ils m'ont rapporté votre montre: la voilà, je vous la rends.

La *générofité* eft de toutes conditions: on voit des gens dans une fortune fort malheureufe qui ont de très-beaux fentimens. L'amiral de Châtillon étant allé entendre la meffe dans l'églife des pères Jacobins, le jour de Saint Dominique, un pauvre vint lui demander l'aumône dans le temps qu'il étoit le plus occupé à fes prières; il fouilla dans fa poche, & donna à ce pauvre un grand nombre de pièces d'or fans les compter, & fans y faire réflexion. Cette groffe aumône éblouit le pauvre, qui en demeura tout furpris; il étoit fort homme de bien, comme il parut par ce qu'il fit. Il attendit M. de Châtillon à la porte de l'églife; & quand il vint à fortir, Monfieur, lui dit-il en lui montrant ce qu'il avoit reçu de lui, je ne fais fi vous avez eu l'intention de me donner une fi grande fomme; mais fi cela n'eft point, je ne veux pas en profiter. Ce procédé furprit l'amiral, qui, regardant le pauvre avec admiration: mon deffein, lui dit il, n'étoit point de vous donner tout ce que vous me montrez; mais puifque vous avez eu la *générofité* de vouloir me le rendre, j'aurai bien celle de vous le laiffer.

M. le marquis de Rofmadec, d'une des premières familles de Bretagne, avoit époufé une demoifelle d'Ormeffon, qui mourut fans enfans, & qui fit légataire univerfel M. d'Ormeffon, ancien contrôleur général, qui étoit alors fort jeune. Ce legs laiffé à l'aîné de la branche aînée, fut accepté. Le marquis de Rofmadec, par fuite de l'affection qu'il avoit toujours eue pour la famille de fa femme, fit, en 1714, légataires univerfels, moitié par moitié, MM. d'Ormeffon, l'un contrôleur général, & l'autre le préfident de Noyfeau, fils du préfident d'Ormeffon. Ces nobles & vertueux magiftrats partagèrent la gloire du refus de ce legs univerfel qui pouvoit être évalué à un million pour les deux. Sachant que les héritiers n'étoient pas riches, ils n'ont pas héfité à figner leur renonciation. Les héritiers les ont fuppliés d'accepter chacun un diamant de dix mille écus, qu'ils ont cru ne pouvoir refufer; & pour honorer la mémoire du teftateur, ils ont pris le grand deuil: les frais ont abforbé une partie des dix mille écus, & M. d'Ormeffon, contrôleur général, a employé le refte à payer les dettes d'un père de famille, fon ancien gouverneur.

HOMMAGE PUBLIC.

Ce fiècle, hélas! déchu de la folide gloire
Qu'imprimoit autrefois la magnanimité
De ces françois fameux qui vivent dans l'hiftoire;
    Nous offre enfin la générofité;
Et c'eft aux d'Ormeffon qu'il doit cet avantage.
Trop grands pour abaiffer leur oreille au langage
    Que nous tient la cupidité,
    Ils ne veulent d'autre héritage
    Que l'honneur & la probité.

Par M. le comte DE BRUC.

Ces vers adreffés à meffieurs d'Ormeffon, font d'autant plus touchans & flatteurs pour eux, qu'ils ont été réellement faits fur le champ, & que l'auteur, M. le comte de Bruc, eft le principal héritier du marquis de Rofmadec.

GENGIS-KHAN, né en 1193, mort en 1227.

Gengis-Khan étendit fa domination dans la plus grande partie de la terre connue. Il défit le prêtre Jean, s'empara de fes états, & fe fit élire fouverain de tous les khans tartares, fous le nom de *Gengis-Khan*, qui fignifie roi des rois, ou grand-khan. Il portoit auparavant le nom de Temugen. Il fit affembler une diète, dans laquelle il publia qu'il falloit ne croire qu'un Dieu, & ne perfécuter perfonne pour fa religion; preuve certaine que fes vaffaux n'avoient pas tous la même croyance. La difcipline militaire fut rigoureufement établie. . . . . . . Il fit jouer dans cette grande affemblée un refort qu'on voit fouvent employé dans l'hiftoire du monde. Un prophète prédit à *Gengis-Khan* qu'il feroit maître de l'univers: les vaffaux du grand-khan s'encouragèrent à remplir la prédiction.

Gengis-Khan porta une nouvelle loi qui devoit faire des héros de fes foldats. Il ordonna la peine de mort contre ceux qui, dans le combat, appellés au fecours de leurs camarades, fuiroient au lieu de les fecourir.

Bien-tôt maître de tous les pays qui font entre le fleuve Volga & la muraille de la Chine, il attaqua enfin cet ancien empire qu'on appeloit le Cata. Maître de la moitié de la Chine; il la foumit jufqu'au fond de la Corée.

Le conquérant tartare avoit alors foixante ans: il paroît qu'il favoit régner comme vaincre; fa vie eft un des témoignages qu'il n'y a point de grand conquérant qui ne foit grand politique. Un conquérant eft un homme dont la tête fe fert avec une habileté heureufe du bras d'autrui.

Gengis-Khan gouvernoit fi adroitement la partie de la Chine conquife, qu'elle ne fe révolta point pendant fon abfence, & il favoit fi bien régner dans fa famille que fes quatre fils, qu'il fit fes quatre lieutenans-généraux, mirent prefque toujours leur jaloufie à le bien fervir, & furent les inftrumens de fes victoires. Il défait le fultan Mahammed près de la ville d'Otrar, dont il fe rendit bientôt maître, s'avance vers Bocara, ville célèbre dans toute l'Afie par fon grand commerce, fes manufactures d'étoffes, fur-tout par fes fciences, & la réduit en cendres, après l'avoir rançonnée.

Toutes ces contrées à l'orient & au midi de la mer Cafpienne furent foumifes; & le fultan Mahammed, fugitif de province en province, traînant après lui fes tréfors & fon infortune, mourut abandonné des fiens. Enfin, le conquérant pénétra jufqu'au fleuve de l'Inde; & tandis qu'une de fes armées foumettoit l'Indouftan, une autre, fous un de fes fils, fubjugua toutes les provinces qui font au midi & à l'occident de la mer Cafpienne. Ainfi donc la moitié de la Chine & la moitié de l'Indouftan, prefque toute la Perfe jufqu'à l'Euphrate, les frontières de la Ruffie, Cafan, Aftracan, toute la grande Tartarie, furent fubjuguées par *Gengis-Khan* en près de dix-huit années. Il eft certain que cette partie du Tibet, où règne le grand Lama, ne fut point inquiétée par *Gengis*, qui avoit beaucoup d'adorateurs de cette idole humaine dans fes armées; tous les conquérans ont toujours épargné les chefs de religions, &, parce que ces chefs les ont flattés, & parce que la foumiffion du pontife entraîne celle du peuple.

En revenant des Indes par la Perfe, par l'ancienne Sogdiane, il s'arrêta dans la ville de Toncat, au nord-eft du fleuve Jaxarte, comme au centre de fon vafte empire. Ses fils victorieux de tous côtés, des généraux, & des princes tributaires, lui apportèrent les tréfors de l'Afie. Il en fit des largeffes à fes foldats, qui ne connurent que par lui cette efpèce d'abondance. Il tint dans les plaines de Toncat une cour plénière triomphale, auffi magnifique qu'avoit été guerrière celle qui lui avoit préparé tant de triomphes. Ce fut dans fes états-généraux de l'Afie qu'il reçut les adorations de plus de cinq cens ambaffadeurs des pays conquis. De-là il courut remettre fous le joug un grand pays qu'on nommoit Tangut, frontière de la Chine. Il vouloit, âgé d'environ 70 ans, aller achever la conquête de ce grand royaume de la Chine, l'objet le plus chéri de fon ambition. Mais enfin une maladie mortelle le faifit dans fon camp fur la route de cet empire, à quelques lieues de la grande muraille. Jamais ni après, ni avant lui, aucun homme n'a fubjugué plus de peuples. Il avoit conquis plus de dix-huit cents lieues de l'orient au couchant, & plus de mille du feptentrion au midi. Mais dans fes conquêtes, il ne fit que détruire; &, fi on excepte Bocara & deux ou trois villes dont il permit qu'on réparât les ruines, fon empire, de la frontière de Ruffie, jufqu'à celle de la Chine, fut une dévaftation. (*Voltaire*).

GÉNIE.

Le *génie* appartient à l'imagination, l'imagination au climat.

Quand il paroît dans le monde un véritable *génie*, le vrai figne pour le reconnoître eft que tous les fots fe liguent contre lui.

Le *génie* eft une certaine aptitude que la nature a mis dans l'homme, pour réuffir dans une chofe que d'autres entreprendroient inutilement. Cette aptitude a tant de force fur nous, que nous n'avons pas plus de peine à apprendre les fciences qui en font l'objet, que nous n'en avons pour apprendre notre langue. La nature, qui a donné à chacun fon talent particulier, & qui n'a déshérité perfonne, n'a pas voulu non plus réunir toutes fortes de qualités dans le même homme; elle a deftiné les uns pour commander les armées; les autres pour gouverner l'état; ceux-ci, elle les a formés pour la poëfie; ceux-là, pour l'éloquence: la nature, en faifant fes libéralités, a cependant accumulé quelquefois, par une efpèce de prédilection, fur la même perfonne toutes les qualités de l'efprit & du cœur.

L'homme de *génie* ne fçauroit gouverner l'état fans fermeté; & c'eft précifément cette fermeté qui fait le mal d'un état gouverné par un homme fans *génie*.

L'étendue du *génie* nuit fouvent plus qu'elle ne fert à faire fentir des vérités, que la raifon fait perfuader par les argumens les plus naïfs & les plus fimples.

Les règles guident le *génie*; mais fouvent auffi elles ne font qu'un contre-poids qui en abat l'effor.

Un grand *génie* déplacé ne paroît qu'un homme ordinaire.

Il eft rare que le fuccès ne juftifie la hardieffe d'un *génie* entreprenant.

Rien ne caractérife mieux la fupériorité du *génie*, que le talent de préparer de loin les grands fuccès.

GENS DE LETTRES.

La converfation de la plupart des *gens de lettres* eft d'une fimplicité extrême. Ceux même qui ont toujours tout leur efprit préfent fe gardent bien de fe montrer tout entier. C'eft ce qui faifoit dire à une femme de qualité qui en avoit beaucoup: « je compare les » *gens de lettres* à ces grands feigneurs qui ont » de grands biens au foleil & point de revenus ».

GENTILHOMME ALLEMAND.

Un feigneur allemand attachoit un tel prix à la qualité de *gentilhomme* qu'il ordonna, par fon teftament, qu'après fa mort on le mît debout dans une cölonne qu'il avoit fait creufer & attacher contre un des piliers de fa paroiffe ; afin, difoit-il, qu'il ne puiffe pas arriver que quelque bourgeois ou vilain marchât fur fon corps.

GEORGES II. Roi d'Angleterre, né en 1683.

On remarque que le feu roi, *Georges II*, a été le feul de tous les fouverains d'Angleterre, *feconds de leur nom*, qui aient régné heureufement dans ce royaume depuis la conquête.

Guillaume II furnommé *le roux* fut tué à la chaffe.

Henri II fut malheureux pendant toute la première partie de fon règne par les affaires que lui fufcita l'archevêque de Cantorbéry ; il le fit affaffiner, & le repentir qu'il en eut empoifonna le refte de fes jours.

Edouard II fut détrôné par fon fils, & affaffiné dans le château de Berkley.

Richard II fut chaffé du trône par Bolingbrocke, qui devint roi lui-même, fous le nom de Henri IV.

On a prétendu que la mort de Charles II n'avoit pas été naturelle.

Enfin Jacques II, après s'être vu enlever fa couronne, eft mort dans un douloureux exil.

Georges II, prefque toujours brouillé avec fon père, n'avoit eu pendant fa vie aucune part dans le gouvernement du royaume ; mais fon génie avoit fuppléé à ce qui lui manquoit dans cette partie de fon éducation. En montant fur le trône il parut ne rechercher que la paix, & cependant fon règne fut continuellement troublé par des guerres étrangères. En 1747 il fe trouva dans une fâcheufe pofition avec l'armée qu'il commandoit en Allemagne. Le maréchal de Noäilles, qui étoit à la tête des françois, fut par une manœuvre lui couper les vivres, & fi un officier général de cette armée eût exécuté à la lettre les ordres du maréchal, les anglois étoient perdus. *Georges II* délivré de ce péril, dit à quelques Officiers : « je favois bien que Monfieur de » Noäilles avoit deffein de nous affamer, mais je » n'en voulois rien dire »…. Le duc d'Aremberg, répondit froidement : « c'eft pouffer loin » la difcrétion ».

Ce prince mourut en 1760, d'une attaque d'apoplexie ; quoique pendant fon règne il eut à foutenir des guerres continuelles, il laiffa des fommes immenfes, qu'il avoit pris plaifir à amaffer. On lui a reproché un peu plus que de l'économie.

Il n'y a pas de prince en Europe, dit Rapin Thoiras, qui égale en richeffes le roi d'Angleterre ; non-feulement fes revenus font plus que fuffifans pour entretenir un train & une cour fplendides ; mais il eft le feul fouverain qui, toutes les fois qu'il a befoin d'argent le trouve toujours prêt dans les bourfes de fes fujets. Quel prince en Europe peut, comme lui, s'affurer de ne jamais manquer d'argent ? On demandera peut-être ce qu'il faut que faffe un roi d'Angleterre pour gagner l'amour de fes fujets ? Rien que de facile, de raifonnable & de jufte, rien qui ne s'accorde avec fes véritables intérêts, auffi bien qu'avec ceux de l'état ; il n'a qu'à obferver les lois émanées de lui-même ou de fes prédéceffeurs, & eftimées néceffaires pour l'avantage du prince & du peuple (en tant que fondées fur la raifon & l'équité). Ce n'eft donc que la hauteur ou l'avarice infatiable de quelqnes favoris ou miniftres mal-intentionnés qui ont fait perdre à quelques-uns de nos monarques ces avantages incomparables, & les ont fait déchoir d'un bonheur réel & folide dans un état miférable. Nous avons eu des preuves inconteftables de cette vérité fous plufieurs des règnes précédens, & dans la révolution qui fuivit. Les quatre princes qui régnèrent avant ce changement s'étant conduits par de mauvais confeils d'une manière qui leur fit perdre l'amour de leurs fujets, ils devinrent miférables & ne purent rien faire de glorieux ni pour eux ni pour leur nation.

GIBIER. Corneille de la Pierre, dans fes commentaires fur l'écriture fainte, rapporte qu'un moine foutenoit & prêchoit que le bon *gibier* avoit été créé pour les religieux, & que fi les perdreaux, les féfans, les ortolans pouvoient parler, ils s'écrieroient : « Serviteurs de Dieu, foyons » mangés par vous, afin que notre fubftance » incorporée à la vôtre, reffufcite un jour avec » vous dans la gloire, & n'aille pas en enfer avec » celle des impies »

GIORGION, (dit Georges Barbarrelli) né en 1478, mort en 1511.

Le furnom du *Giorgion*, fous lequel cet artifte eft connu, lui fut donné à caufe de fa taille avantageufe, & de fon caractère far.faron.

Il s'éleva du temps du *Giorgion* une fameufe difpute à Venife entre les artiftes, au fujet de la prééminence de la peinture & de la fculpture : le *Giorgion* entreprit de prouver que l'art du peintre pouvoit montrer un objet dans toutes fes faces, auffi bien que le fculpteur. Pour cet effet, il repréfenta un homme tout nud, vu par derrière, & placé au bord d'une fontaine, qui, par réflexion, offroit le devant de la figure, tandis qu'une cuiraffe luifante découvroit l'un des côtés, & qu'un miroir réfléchiffoit l'autre. Ce tableau ingénieux mérita les fuffrages de tous les artiftes, mais ne termina point la difpute.

Lo

Le *Giorgion* mourut à l'âge de trente-trois ans, du profond chagrin que lui causa l'infidélité de sa maîtresse.

GIORDANO ou JORDANO, (Lucas) peintre, surnommé *fa Presto*, né à Naples, l'an 1632, mort en 1705.

Le surnom de cet artiste lui vint de ce que son père lui répétoit sans cesse : Lucas, *fa presto*, (travaille vîte). Charles II, roi d'Espagne, le fit venir à sa cour : la reine lui témoignant un jour avoir envie de connoître sa femme, & lui en parlant, tandis qu'il travailloit, le peintre aussi-tôt la représenta dans le tableau dont il étoit occupé. La reine, d'autant plus étonnée qu'elle ne s'y étoit point attendue, détacha dans l'instant son collier de perles, & le donna à *Giordano* pour son épouse.

Giordano ayant peint deux particuliers, qui négligeoient de retirer leurs portraits qu'ils lui avoient commandés, il prit le parti de les exposer en public, chacun avec cette inscription : *Je suis ici faute d'argent*. Par ce moyen il trouva le secret de se faire promptement payer.

GIOTTO, peintre, né en 1276, mort l'an 1336.

Le *Giotto*, fils d'un simple laboureur, & dont Cimabué fit son élève, après l'avoir vu dessiner en gardant les moutons, dut à son mérite la gloire de se faire chérir des rois & de plusieurs papes, qui, sans ses talens, auroient ignoré son existence. Le *Giotto* eut sa bonne part de la vanité qui n'anime que trop souvent la plupart des artistes : à l'exemple de Parrhasius, il écrivoit au bas de ses ouvrages son nom en lettres d'or.

Le pape Benoît IX, voulant avoir à Rome un habile peintre, envoya quelqu'un à Florence, chargé de lui rapporter un tableau de chaque artiste qui étoit dans cette ville, alors la seule où la peinture fût cultivée avec quelque soin. Le saint père se proposoit de juger par lui-même du mérite de l'artiste qu'il devoit préférer. On ne manqua pas de s'adresser au *Giotto*, qui, prenant une feuille de papier, en présence de l'envoyé du pape, fit d'un seul trait de crayon ou de plume, un *O* aussi rond que s'il l'eût tracé avec le compas. — « Portez cela au pape, dit-il ensuite à l'émissaire romain, & assurez-le que vous m'avez vu travailler. — Mais c'est un tableau que je vous demande, lui répondit-on. — Allez, répliqua *Giotto* ; je vous proteste que sa sainteté sera contente ». Les espérances du peintre ne furent point trompées. Benoît IX admira cette façon singulière de faire connoître ses talens, & préféra le *Giotto* à tous ceux qui avoient fait les plus grands efforts pour obtenir son suffrage.

Encyclopédiana.

L'*O* du *Giotto* donna lieu à ce proverbe italien, qui se dit encore de nos jours, lorsqu'on veut faire entendre qu'un homme est extrêmement stupide : *Tu sei piu rondo che l'O del Giotto*: (tu es plus rond que l'O du *Giotto*.

Perrault, voulant diminuer le mérite de ce trait du *Giotto*, assure que Ménage lui a dit avoir connu un moine, qui, sans être peintre, faisoit non-seulement d'un seul trait de plume un O parfaitement rond, mais qui, en même-temps, y mettoit un point justement dans le milieu.

La république de Florence, afin de donner au *Giotto* une marque particulière d'estime, fit placer sur son tombeau sa figure en marbre.

GLADIATEURS.

Quelques personnes se sont efforcées de justifier le goût des anglois pour les combats de *gladiateurs* : elles ont prétendu que l'air qu'on respire à Londres & les alimens dont on s'y nourrit, exigent qu'on s'y livre à des exercices violens pour aider la transpiration ; ces exercices, dit-on, sont des préservatifs contre la maladie de *Spléen* ; ils rendent les anglois plus forts que leurs voisins, parce que les hommes sont d'autant plus forts, qu'ils font plus d'usage de leurs forces. Rien de plus juste que ces raisons ; mais les exercices violens ne consistent-ils que dans les barbares & dégoûtantes luttes de *gladiateurs* ? N'en est-il pas de plus nobles & d'aussi salutaires. Comment des êtres qui ont quelques sentimens d'humanité, peuvent-ils voir comme des jeux, ces assauts sanglans de vils *gladiateurs*, qui les mettent de niveau avec les animaux, dont ils imitent la férocité ?

Pour prouver combien ces combats dégradent l'homme, & sont capables de jetter, par gradation, une sorte de barbarie dans les mœurs, il ne faut que lire les défis suivans. Ils sont l'ouvrage de deux braves, espèce de bêtes féroces, inconnue aux françois, & fort estimée en Angleterre.

CARTEL.

« D'autant que moi, George Bishop de Shaftsbury, dans le comté de Dorset, maître de la noble science de défense dans ses branches, ai été très-injurié par monsieur Maguire, en ce qui regarde celle de l'épée, je l'invite à se battre avec moi, à toute outrance, sur le théâtre. C'est ce que je desire, & ce qu'attend avec empressement ». Votre serviteur,

GEORGE BISHOP.

RÉPONSE.

» Moi, Félix Maguire, du royaume d'Irlande, » maître de mon épée, & qui me suis battu avec

» les plus illustres de ce royaume, à savoir, » M. Fizg, M. Sparks, M. Sutton, M. Johnson, » M. Gill, & autres grands hommes; je ne » manquerai pas de joindre M. Bishop au lieu & » au temps dont il sera convenu, & je saurai » maintenir contre lui l'honneur dû à mon épée » & à mon pays. Qu'il prenne garde sur-tout » que je ne lui fasse porter une paire de béquilles, » comme cela m'est déja arrivé à l'égard de » quelques-uns de ses compatriotes ». Votre ser- viteur,

FÉLIX MAGUIRE.

Voici un second cartel à-peu-près du même genre que le premier.

CARTEL.

Moi, Jacques Millet, sergent, de retour depuis peu des frontières de Portugal, & maître de la noble science qui apprend à manier les armes, ayant oui-dire, dans la plupart des endroits où j'ai été, que Thimotée Buck de Londres, maître de la même science, s'y est acquis une grande réputation, je l'invite à venir me trouver, avec les unes ou les autres de ces armes, à son choix, soit avec le sabre, l'épée & le poignard, l'épée & le bouclier, le simple coutelas recourbé, le coutelas à deux tranchans, ou avec le bâton à deux bouts.

RÉPONSE.

Moi, Thimotée Buck de Clare de Matket, maître de la noble science qui apprend à manier les armes, informé que le brave aggresseur s'est battu avec maître Parks de Coventry, ne man- querai pas, Dieu aidant, de l'aller joindre au temps & à l'endroit marqué. Je ne demande qu'un théâtre libre, & point de faveur. Vive la reine!

Un peuple humain peut-il se faire un amuse- ment de voir des forcenés se déchirer ou se couper par morceaux?

Ces combats cessent d'être en vogue: les gens honnêtes y assistent rarement; il n'y a plus que la populace qui ose en faire ses délices; ou, ce qui est pire, ces nobles qui ne craignent point de penser & d'agir encore plus bassement que le peuple.

Mais si d'un côté on ne s'empresse plus de voir les gladiateurs, de l'autre les combats à coups de poings conservent toujours l'estime publique: la noblesse dispute journellement au peuple l'honneur du triomphe. Un milord est la terreur des fiacres; un chevalier Baronnet ne se contente pas de passer pour le premier lutteur de la Grande-Bretagne, il aspire à la gloire d'être le législateur de la lutte, & a publié un livre sur l'excellence de la lutte, où il excelle. Un jour un membre du parlement,

à qui il a donné des leçons, fut le voir dans sa campagne; comme ils se promenoient, parlant de de cet art merveilleux, & des avantages que la société en peut retirer, le vieux chevalier saisit son homme par derrière, & le jetta par-dessus sa tête. Celui-ci, un peu froissé de sa chûte, se relève tout en colère : .... « Milord, lui dit cet habile » lutteur, d'un ton grave & important, il faut » que j'aie bien de l'amitié pour vous; vous êtes » le seul à qui j'ai montré ce tour-là ».

Souvent les femmes se battent entr'elles. On en voit même combattre contre des hommes. Toute personne offensée peut prendre sur le champ vengeance d'une insulte qu'elle ne s'est point attirée. Si l'aggresseur meurt des coups qu'il a reçus, l'offensé n'a aucune recherche à craindre; la loi le met à couvert, quoique le meurtre en Angle- terre soit le premier & le plus capital de tous les crimes.

Le célèbre maréchal de Saxe, connu par sa force, & dont la France regrette encore la perte, fut un jour insulté par un boueur dans une des rues de Londres: il laissa venir sur lui son adver- saire, le saisit par le chignon du cou, & l'enlevant en l'air, il le jetta dans son tombereau. Les rieurs ne furent pas du côté de l'insolent, toute la popu- lace applaudit à ce tour de force du maréchal.

GLANDE PINÉALE. On lit dans les lettres de Brossette à Racine le trait suivant. Après une union paisible & heureuse pendant dix ans avec Marguerite Chavigny, Brossette eut le malheur de la perdre; il ne crut pouvoir mieux témoigner combien la défunte lui étoit chère, qu'en portant toujours sur lui une partie d'elle-même. Pour cet effet, il fit tirer de son cerveau *la glane pinéale*, la fit encadrer dans le chaton d'une bague d'or, & la porta à son doigt le reste de sa vie. Il ordonna même, par son testament, qu'elle fût enterrée avec lui. On peut faire ici la remarque que Brossette est peut-être le premier mari qui ait conservé des reliques de sa femme.

On a observé que dans l'Élan, animal du genre des cerfs, & que l'on regarde comme l'alce des anciens, *la glande pinéale* est d'une grandeur extra- ordinaire, puisqu'elle a près de trois lignes de long, ainsi que celle du dromadaire. « Cette ob- » servation, remarque à ce sujet M. *Valmont de* » *Bomare*, est favorable à ceux qui attribuent, à » la différente conformation des organes du cer- » veau, les diverses opérations des sens intérieurs; » car on remarque, ajoute-t-il, que les lions, les » ours, le loup & les autres bêtes courageuses & » cruelles ont cette partie si petite, qu'elle est » presqu'imperceptible; au lieu qu'elle est fort » grande chez les animaux qui, comme l'élan, » sont timides ».

On fait que *Defcârtes* logeoit l'ame dans *la glande pinéale*. « Cette idée bifarre exerçoit l'imagination des philofophes, dit à ce fujet M. Laſſus » dans fon excellent *difcours hiftor. & crit. fur l'anatomie*, lorſque le profeſſeur Nuck crut » devoir la tourner en ridicule, en compoſant » l'épitaphe de cette *glande*, comme Bartholin » avoit compofé celle du foie ». La voici telle qu'elle eſt tirée de fon *Adenographia*, p. 15ʒ :

> Viator,
> Gradum fitte,
> Omnique conatu Conarium
> Reſpice fepultum,
> Partem tui corpóris primam,
> Ut olim volebant,
> Animæ primam,
> Glandulam pinealem
> Hoc fæculo natam & extinctam
> Cujus majeſtatem ſplendoremque
> Fama firmarat,
> Opinio conſervarat,
> Tandiu vixit,
> Donec divinæ particulæ aura
> Avolaverit tora,
> Lymphaque limpida
> Locum fuppleret.
> Abi fine glande viator,
> Lymphamque, ut aliis, conario concede,
> Ne tuam poſteri
> Mirentur ignorantiam.

Voici la traduction littérale de cette épitaphe. Arrête-toi, voyageur, & regarde très-attentivement *la glande pinéale* enfevelie, la principale partie de ton corps, la première de l'ame, comme on vouloit autrefois, *la glande pinéale*, née & morte dans ce fiècle, dont la renommée avoit établi l'opinion, confervé la majeſté & la ſplendeur. Elle a vécu juſqu'à ce qu'une partie du ſouffle divin ſe foit entièrement diſſipé, & ait été remplacée par une lymphe limpide. Va-t-en, voyageur, ſans *glande*, & accorde à *la glande pinéale*, comme aux autres, une lymphe, crainte que la poſtérité n'admire ton ignorance.

On voit par cette épitaphe, que Nuck prétend que *la glande pinéale* ſert à la production de la lymphe ; mais il ne le prouve pas mieux, que Defcartes n'a prouvé qu'elle étoit le fiège de l'ame. Convenons de bonne foi que nous ignorons le véritable uſage de cette *glande*. Cet uſage bien connu ne nous rendroit d'ailleurs ni plus fains, ni plus heureux ; c'eſt le cas de ſe taire, & d'admirer.

GLOBE AÉROSTATIQUE.

Le duc de Cumberland dit, en préſence de M. le Marquis de Villette : » Je donnerois mille guinées pour que » l'auteur du *globe aéroſtatique* fût anglois. — C'eſt » peu, reprit ce dernier ».

GLOIRE.

C'eſt l'éclat d'une bonne réputation.

La *gloire* eſt le charme des belles ames. Comment veux-tu, diſoit un ancien philofophe, que je fois fenfible au blâme, ſi tu ne veux pas que je fois fenfible à l'éloge ?

Qui a été plus fenfible à la gloire que le maréchal de Villars ? Le maréchal diſoit qu'il n'avoit eu que deux plaiſirs bien vifs en fa vie ; celui de remporter un prix au collège, & celui de gagner une bataille.

Le maréchal de Boucicault ne laiſſa qu'un fils, âgé de trois ou quatre ans, qui fut depuis maréchal de France, & gouverneur de Gênes ; il ne s'étoit pas foucié de lui amaſſer de grands biens ; & fur ce qu'un jour fes amis le blâmoient de n'avoir point profité de la faveur du roi Jean, ſon maître : *Je n'ai rien vendu*, leur répondit-il comme un autre Phocion, *de l'héritage de mes pères, & je n'y ai rien non plus augmenté. Si mon fils eſt homme de bien, il en aura aſſez ; mais s'il ne vaut rien, il aura trop, & ce ſera grand dommage.*

> C'eſt une erreur de croire
> Qu'il eſt grand, qu'il eſt beau de pouvoir ce qu'on veut ;
> Faire ce que l'on doit, & non tout ce qu'on peut :
> Voilà la véritable gloire.
> De quelque dignité que l'on foit revêtu,
> Le bonheur eſt toujours borné par la vertu.
>
> *Sénéc. Octav. v. 455. & Troas v. 334.*

GLUCK,

célèbre compoſiteur de muſique, mort en 1788.

L'opéra françois fut le théâtre de fa gloire. Cet homme de génie a fenti que la forme & les acceſſoires d'un poëme lyrique étoient favorables à ſes vues, & propres à produire de grands effets. Les deux *Iphigénies*, *Alceſte*, *Orphée*, *Armide*, font les titres de fon immortalité.

Le chevalier *Gluck* a dit plufieurs fois à ſes amis : « Avant de mettre un opéra en muſique, je ne » fais qu'un vœu, celui d'oublier que je ſuis muſicien ».

GODEAU,

(Antoine) évêque de Vence & de Graſſe, né à Dreux, l'an 1605, mort en 1672.

Lorſque l'abbé *Godeau* préſenta au cardinal de Richelieu, la paraphraſe qu'il avoit faite en vers du cantique *Benedicite omnia opera Domini Domino* ; le miniſtre lui dit : M. l'abbé, vous me donnez le *Benedicite*, & moi je vous donne *Graſſe*. L'évêché de Graſſe lui fut en effet conféré quelques jours après.

M. *Godeau* étoit un peu parent de M. Conrart, & logeoit chez lui lorſqu'il venoit à Paris. Les poëſies qu'il y apportoit de Dreux donnèrent lieu à M. Conrart d'aſſembler dans ſa maiſon quelques gens de lettres, pour en entendre la lecture ; & ces aſſemblées furent proprement l'origine de l'académie françoiſe.

L'abbé *Godeau* fut fort goûté à l'hôtel de Rambouillet ; & c'étoit de lui que mademoiſelle de Rambouillet Julie d'Angennes, diſoit dans une de ſes lettres à Voiture : « Il y a ici un homme » plus petit que vous d'une coudée, & je vous » jure, mille fois plus galant ». Sa taille & l'affection que cette demoiſelle lui témoignoit, lui firent alors donner le nom de *Nain de Julie*.

Godeau étant évêque de Graſſe, il fut député de la part des états de Provence pour remontrer à la reine Anne d'Autriche, régente du royaume, que cette province ne pouvoit pas payer une ſomme conſidérable qu'elle lui avoit fait demander. Il dit entr'autres choſes dans ſa harangue, que la Provence étoit fort pauvre, & que comme elle ne portoit que des jaſmins & des oranges, on la pouvoit appeler une gueuſe parfumée.

M. *Godeau* diſoit que le paradis d'un auteur c'étoit de compoſer, que ſon purgatoire c'étoit de relire & retoucher ſes compoſitions ; mais que ſon enfer étoit de corriger les épreuves de l'imprimeur.

GONZALES COQUES, né à Anvers, l'an 1618.

Ce peintre étoit très-bien fait, & avoit reçu de la nature une phyſionomie auſſi agréable qu'intéreſſante. Combien de flamandes n'ont pu réſiſter aux graces & au mérite dont il étoit doué ! Pendant ſon ſéjour à la cour de l'archiduc Léopold, une jeune perſonne, entr'autres, éprouva qu'il eſt ſouvent dangereux de voir un bel homme. Son cœur ſe rendit après de légers combats ; & ſa paſſion faiſant chaque jour de nouveaux progrès, elle mit en uſage les regards, les minauderies, & même juſqu'aux avances, pour ſe faire aimer. Loin de réſiſter aux agaceries dont il étoit l'objet, *Gonzales* fit éclater encore plus d'amour que la belle n'en laiſſoit paroître. Les parens de la jeune perſonne voulurent arrêter cette intrigue dès ſa naiſſance ; mais l'amante paſſionnée ſe ſauva chez l'artiſte qu'on lui défendoit de voir, qui lui conſeilla de s'habiller en polonois ; & de feindre de venir apprendre à deſſiner. Elle ſoutint ce déguiſement à merveille ; &, animée du déſir de plaire à ſon amant, elle fit des progrès conſidérables dans la peinture.

Cependant, une élève d'une auſſi jolie figure ne pouvoit long-temps en impoſer. Afin de la ſouſtraire aux recherches de ſes parens, *Gonzales* alla demeurer dans un village près d'Anvers, & changea même de nom.

On lui auroit volontiers donné pour épouſe l'objet de ſa tendreſſe ; mais malheureuſement il étoit déja marié. Ces gens qui ſe plaiſent partout, & en tout temps, à répandre les mauvaiſes nouvelles, ne manquèrent pas d'informer la femme de notre peintre, de toutes ſes infidélités. Elle ſe joignit aux parens de la demoiſelle, & découvrit bien-tôt le lieu qui ſervoit d'aſyle aux deux amans. On alloit ſe porter contr'eux aux plus violentes extrémités, lorſque la fuite, ſeul parti qui leur reſtoit, aſſura leur tranquillité pour toujours. Ils ſe cachèrent ſi bien, qu'on ignore ce qu'ils ſont devenus. Selon toute apparence, le tendre *Gonzales* aura paſſé dans quelque royaume voiſin ; & vivant ſous un nom inconnu, & peut-être à l'aide d'une profeſſion étrangère, il aura préféré les charmes de l'amour à la gloire dont il commençoit à ſe couvrir.

GONSALVE, (Fernandès de Cordoue) mort en 1512, âgé de 74 ans.

La rapidité des exploits de *Gonſalve*, & les ſavantes marches qu'il fit pour joindre Ferdinand II, roi de Naples, que les françois avoient chaſſé de ſon royaume, lui méritèrent le glorieux titre de *grand capitaine*. Il avoit cette préſence d'eſprit ſi néceſſaire dans un général d'armée, & il ne ſe rendit pas moins recommandable par ſa généroſité que par ſa valeur. Mais perſuadé fauſſement que le ſuccès d'une entrepriſe juſtifie les moyens que l'on emploie pour la faire réuſſir, il ne garda pas toujours dans les engagemens cette louable fidélité, ſans laquelle il n'y a point de véritable héroïſme.

En 1502, *Gonſalve*, à la tête des eſpagnols, s'oppoſoit aux conquêtes des françois en Italie. Les ſoldats que commandoit le général eſpagnol, mécontens de manquer de tout, prirent la plupart les armes, & ſe préſentèrent à lui en ordre de bataille pour exiger leur ſolde. Un des plus hardis pouſſa les choſes juſqu'à lui préſenter la pointe de ſa hallebarde. *Gonſalve*, ſans s'étonner, ſaiſit le bras du ſoldat, & affectant un air gai & riant, comme ſi ce n'eût été qu'un jeu : « Prends garde, » camarade, lui dit-il, qu'en voulant badiner avec » cette arme, tu ne me bleſſes ».

Un capitaine d'une compagnie de cent hommes d'armes porta l'outrage plus loin. Il oſa dire à *Gonſalve*, qui témoignoit ſon chagrin de ne pouvoir procurer les choſes dont on avoit beſoin : « Eh bien ! ſi tu manques d'argent, livre ta fille ; » tu auras de quoi nous payer ». Comme ces paroles outrageantes avoient été prononcées parmi les clameurs de la ſédition, *Gonſalve* feignit de ne les avoir point entendues ; mais la nuit ſuivante, il fit mettre à mort le malheureux qui les avoit dites, & commanda qu'on l'attachât à une fenêtre, où toute l'armée le vit exposé le lendemain. Cet exemple de sévérité nécessaire raffermit l'autcrité du général.

Il fit la conquête de Naples. *Gonsalve* emporta l'épée à la main les châteaux forts de cette capitale, & les richesses qu'on y avoit amassées devinrent la proie du vainqueur. Quelques-uns des soldats s'étant plaints au général d'avoir été frustrés de leur part au butin : « Eh bien, cama- » rades, leur dit *Gonsalve*, il faut réparer votre » mauvaise fortune : allez dans mon logis ; tout » ce que vous y trouverez, je vous l'abandonne. Ces soldats mercenaires, moins touchés de la générosité de leur général, que du gain qui les attendoit, coururent aussi-tôt à son palais. Jamais pillage, dit Paul Jove, ne fut plus entier, & ne se fit avec plus d'avidité.

Une nouvelle armée arrivée de France en 1503, pour réparer les pertes de Cérignole, se fortifioit sur les bords du Gariglian. Quoique les troupes commandées par *Gonsalve* fussent beaucoup plus foibles, ce général se retrancha néanmoins à la vue des françois. Les officiers espagnols blâmoient hautement sa conduite & la taxoient de témérité. « J'aime mieux, leur répondit le brave » *Gonsalve*, trouver mon tombeau en gagnant » un pied de terre sur l'ennemi, que de pro- » longer ma vie de cent années, en reculant de » quelques pas ».

La république de Venise lui ayant fait présent de vases d'or, de tapisseries superbes & de martres zibelines, avec un parchemin où étoit écrit en lettres d'or le décret du grand conseil qui le faisoit noble vénitien, il envoya le tout à Ferdinand. Il ne conserva que le parchemin pour montrer, disoit-il à son concurrent Alonze de Silva, qu'il n'étoit pas moins gentilhomme que lui. Plusieurs autres traits pareils de la vie de *Gonsalve* annoncent dans ce général un cœur magnanime, & un dévouement à son prince à l'abri de tout soupçon.

GOURMAND.

Un jeune homme, professeur de musique, étoit si *gourmand*, qu'il ne pouvoit s'empêcher de manger les fruits ou les confitures qu'il trouvoit sous sa main chez ses écoliers ; quelquefois il ouvroit même le buffet, & faisoit un ravage étonnant dans toutes les friandises qui s'offroient à ses yeux. Une dame résolut de le guérir de ce vilain défaut. Elle n'en eut pas plutôt formé le projet, que notre musicien venant pour donner leçon à une jeune & jolie écolière, aperçut une assiette garnie de biscuits, & fondit dessus, comme le chat le plus alerte, pendant qu'il n'y avoit personne dans l'appartement. Après qu'il en eut rempli son estomac & ses mains, la

dame demanda à sa fille ce qu'étoient devenus la plupart des biscuits dans lesquels on avoit mis de l'arsénic pour faire mourir les rats. A ces mots, le musicien épouvanté, ne doute pas qu'il s'est empoisonné lui-même ; il pâlit, & avoue qu'il a eu le malheur de manger les biscuits. Aussi-tôt on s'empresse de le secourir, on lui fait avaler de l'huile, on tâche de rassurer son imagination effrayée. Les soins, les remèdes, sont inutiles ; il s'écrie qu'il ressent une violente colique, & demande en gémissant à se préparer à la mort. Enfin, on lui apprend, en éclatant de rire, qu'il n'a rien à craindre, & qu'on n'a voulu que lui faire peur. Mais il étoit tellement persuadé que le poison agissoit avec force, qu'il fallut manger devant lui les biscuits qui restoient. Cette aventure l'a tout-à-fait corrigé de sa gourmandise.

Comme on demandoit à Montmaur pourquoi il cherchoit avec tant d'empressement les festins, il répondit : « Que c'étoit parce que les festins » ne le cherchoient pas ». Et il ajouta que nos pères avoient appelé leurs festins du mot latin *festinare*, pour montrer qu'il faut toujours se hâter d'y aller.

Lignière reprochoit un jour à Montmaur le parasite, qu'il dînoit souvent chez les autres ; il répondt : comment voulez-vous que je fasse, on m'en presse ? Je le crois bien, reprit Lignière, il n'y a rien de plus pressant que la *gourmandise*.

Rien ne surpassa la *gourmandise* de l'empereur Vitellius ; tous les chemins de l'Italie & les deux mers étoient couverts de gens qui alloient chercher pour sa table les viandes les plus exquises & le poisson le plus rare. Ce prince faisoit quatre grands repas par jour, & quelquefois cinq. Il étoit si peu maître de sa faim, que pendant les sacrifices on le vit plusieurs fois tirer les entrailles des animaux à demi-cuites, & les dévorer aux yeux de l'assemblée. Il s'invitoit lui-même chez ses amis, & s'y faisoit traiter avec une telle somptuosité, qu'il les mettoit à deux doigts de leur ruine. Lucius Vitellius, son frère, lui en donna un où l'on servit deux mille poissons & sept mille oiseaux, tous rares & exquis. Enfin, la profusion de cet empereur alla à son comble dans un festin, où un bassin seul coûta plus que le repas de son frère. Il étoit rempli de foies de faisans, de langues de scarres, de cervelles de paons, d'entrailles de murènes, & de toutes sortes de poissons & d'oiseaux de grand prix. L'historien Josephe confesse que si ce Prince eût vécu long-temps, tous les revenus de l'empire n'eussent pas été suffisans pour l'entretien de sa table.

Despréaux, en parlant du fameux comte du Broussin, qui, en fait de repas, se vantoit d'avoir acquis la plénitude de la science, disoit que chaque jour il prétendoit faire de nou-velles découvertes dans le pays de la bonne chair, Jusqu'à faire trouver aux mets ordinaires tout un autre goût que leur goût naturel. Quand il avoit à donner quelque repas d'érudition (ce sont ses termes) comme par exemple au duc de Lesdi-guières, & au comte d'Olonne ; il étoit sur pié dès quatre heures du matin, & prenoit un compas pour faire poser la table du festin, afin qu'elle ne penchât pas plus d'un côté que de l'autre. Il ne parloit pas moins que de condamner au fouet ou d'envoyer au carcan des valets qui se feroient mépris sur l'ordre des services. Un jour il s'avisa de dire à ses convives : sentez-vous, Messieurs ; le pied de mule dans cette omelette aux champi-gnons ? Chacun d'eux fut surpris de l'apostrophe. Pauvres ignorans, leur dit-il, faut-il que je vous apprenne que les champignons employés dans cette omelette ont été foulés par le pied d'une mule ? Cela met un champignon au dernier période de la perfection.

Ce même comte du Broussin menaça un jour Despréaux d'aller dîner chez lui, & lui prescrivit le jour du repas. Mais, Monsieur, lui répliqua le satyrique, il faut donc que vous m'envoyez une fée pour vous régaler selon la supériorité de votre goût ? Point, point, lui dit le comte, donnez-nous ce que vous voudrez, nous nous contente-rons d'un repas de poëte. Monsieur le duc de Vitry & Messieurs de Gourville & de Barillon furent de la fête, où tout se passa à merveille. C'étoit à qui feroit plus de remercimens & d'em-brassades au seigneur architriclin ; & le comte du Broussin lui dit en sortant, mon cher Despréaux, vous pouvez vous vanter de nous avoir donné un repas sans faute.

GOUTTE. On prétend que cette maladie est inguérissable, & qu'on ne doit ajouter aucune confiance à tous ceux qui se vantent d'en avoir guéri. Le connétable de Montmorenci, au rap-port de Brantome, disoit qu'il lui en avoit coûté cinquante mille francs pour essayer différens re-mèdes qui n'avoient servi de rien, & que le seul qui avoit adouci un peu son mal ce n'étoit qu'un grand bassin d'eau froide avec un peu de sel, en tremper une serviette & l'appliquer sur les parties douloureuses.

Voici quelques exemples qui font voir qu'on a employé toutes sortes de moyens pour guérir cette maladie, mais auxquels on ne doit pas donner toute croyance. Andreas Libavius (épit. LXXIII, in cycla med.) raconte l'histoire d'un cabaretier goutteux, qui avoit fait un marché de 300 florins avec un médecin logé chez lui, s'il le guérissoit : celui-ci lui promit de le guérir en un jour ; il le fit saisir par ses domestiques, lui cloua les pieds sur un poteau ; partit sans dire adieu, & revint trois ans après exiger son salaire, ayant

appris que le patient n'avoit plus eu d'attaques de goutte.

Guillelmus Fabricius, observ. LXXIX, art I, fait l'histoire de trois malheureux goutteux qui ayant été appliqués à la torture pour leur faire avouer un crime dont ils étoient soupçonnés, & ayant été reconnus innocens furent délivrés pen-dant toute leur vie de celle de la goutte qu'ils avoient éprouvée plusieurs fois auparavant, & vé-curent encore long-temps après.

Ce même auteur raconte (épit. XLVII), qu'un goutteux dans le temps d'une attaque violente de goutte ayant été enlevé de son lit par un ennemi masqué, traîné par l'escalier, & ensuite mis sur ses pieds au bas de sa maison pour prendre haleine. Le spectre prétendu ayant fait semblant de le ressaisir pour le porter hors de la maison, le gout-teux prit la fuite en montant l'escalier & alla crier au secours par la fenêtre. La peur fit chez lui le même effet que le meilleur remède.

La goutte est aussi rare parmi les turcs qu'elle est commune chez les nations accoutumées aux excès dans les viandes & les boissons. Leur nour-riture qui est toujours la même ne préjudicie pas à leur santé comme nos divers mets. C'est à cette vie réglée qu'on doit attribuer en bonne partie, la forte constitution de ces peuples, sur-tout de ceux qui se contentent de boire de l'eau ou du sorbet, quelques tasses de caffé ou de serquis, & qui ne font aucun excès de vin ou d'eau de vie. Cependant quand ces peuples sont attaqués de la goutte ils ont des remèdes plus spécifiques que les nôtres, & voici une histoire qui fera connoître la recette dont ils usent.

Un turc riche & de considération ayant été pris par une galère de Malthe eut le bonheur de plaire au chevalier qui la commandoit ; il le prit à son service & le traita d'une manière à laquelle l'es-clave n'avoit pas lieu de s'attendre ; ce chevalier avoit souvent des attaques de goutte très-dou-loureuses. Son esclave qu'il aimoit & qui étoit même familier avec lui, lui disoit souvent : si tu étois dans mon pays, je te ferois guérir radi-calement ; mais le remède ne se peut pas mettre en usage dans ce pays-ci.

Au bout de quelques années, le chevalier, con-tent de son esclave, le mit en liberté sans vouloir de rançon. Le turc de retour en son pays fit un ar-mement pour courir sur les chrétiens ; il eut le bonheur de prendre un vaisseau qui alloit à Malthe. Quand les prisonniers passèrent en revue devant lui, il reconnut le chevalier, son ancien maître & bienfaiteur ; il fit signe qu'on le sé-parât des autres, donna ordre qu'on ne le mît point aux fers, & qu'on le traitât comme sa propre personne ; mais il ne voulut point le voir ni lui parler.

Les corsaires étant arrivés, au lieu de leur armement, le capitaine turc demanda à ses associés cet esclave par préférence, & cela lui ayant été accordé, il lui fit donner un cheval, & le fit conduire en sa maison. A peine y fut-il arrivé & logé dans une belle chambre magnifiquement meublée, à la manière du pays, qu'il vit entrer sept ou huit hommes, qui sans lui rien dire, le déshabillèrent, l'étendirent sur un matelas au milieu de la chambre, lui lièrent les pieds à un gros bâton, & deux d'entr'eux, lui donnèrent sur la plante des pieds 4 à 500 coups de baguettes, qui les lui firent enfler d'un demi-pied. Un autre turc les lui scarifia aussitôt avec beaucoup d'adresse, & fit sortir tout le sang caillé, & y mit dessus un baume d'une odeur merveilleuse. Après quoi on le porta sur une estrade, où il y avoit un lit composé de bons matelas, avec de riches couvertures. Le médecin avec 3 ou 4 esclaves le gardoient à vue, le servoient avec une attention infinie. On le pansoit deux fois par jour; on lui donnoit les meilleures nourritures, mais sans lui parler; on lui disoit seulement d'avoir bon courage & de demander tout ce qu'il voudroit.

Le chevalier ne savoit que penser d'un traitement si bisarre, il en attendoit le dénouement avec impatience, lorsqu'au bout de dix jours ses plaies furent entièrement guéries, & qu'il se vit en état de se lever & de marcher; on lui donna des habits à la turque qui étoient très-riches, & son patron vint le voir. Il lui demanda qui il étoit, & ensuite, s'il le connoissoit : le chevalier n'avoit garde de reconnoître son ancien esclave, les années l'avoient changé; une barbe longue ombrageoit une partie de son visage, & l'état florissant où il le voyoit, le rendoit méconnoissable.

Quoi! lui dit le capitaine turc, est-il possible que vous ayez oublié votre esclave Ibrahim? C'est moi-même que vous avez traité avec tant de générosité : sachez qu'un bienfait n'est jamais perdu chez les musulmans; j'avois pitié de vous quand vous souffriez les douleurs de la goutte, & je vous disois que si vous étiez dans mon pays, je vous ferois guérir de manière à n'en être plus incommodé : je vous ai tenu ma parole; vous êtes guéri; vous avez souffert, mais vous ne souffrirez plus, & jamais la goutte ne vous attaquera. Le chevalier le remercia des bons traitemens qu'il avoit reçus, après une plainte modeste de la bastonnade. Bientôt après il n'en fut plus question; il demeura six mois avec son bienfaiteur, qui le combla de biens & de caresses; & quand le chevalier voulut retourner en son pays, il le fit embarquer dans un vaisseau chrétien avec ses gens, & dont il défraya le passage.

Tel est le remède; il est libre à tout goutteux de s'en servir; le baume que l'on avoit employé étoit du véritable baume de la Mèque ou de Judée

qu'on connoît en France, sous le nom de baume blanc. A l'égard de la bastonnade, on peut louer des turcs à Marseille, si on est tenté d'en user. Quoi qu'il en soit, s'il y a de la douleur dans cette petite opération, elle ne dure qu'un instant, au lieu que la goutte fait souffrir pendant long-tems.

Théophraste & Aulugelle ont écrit que la musique charme & appaise les douleurs de la goutte; rien d'étonnant à cela; on sait qu'en général les sons mélodieux suspendent la vivacité des douleurs quelconques. On lit dans le troisième livre des leçons de Louis Guyon, qu'une femme très-valétudinaire, & sur-tout fort incommodée de la goutte, manda un homme qui jouoit fort bien du tambour & de la flûte, & qui le fit alors avec tant de véhémence, que la malade tomba par terre, privée de sentiment & de respiration. Etant revenue de cet évanouissement, elle se plaignit de grandes douleurs; & le musicien, de son côté, ayant repris de nouvelles forces, & s'étant remis à jouer, cette seconde dose de musique produisit un si bon effet, que la malade se trouva peu de temps après délivrée de ses douleurs, & parfaitement guérie.

Philippe II, roi d'Espagne, avoit la goutte. Son premier médecin, nommé Mercatus, homme habile & expérimenté, lui avoit fait prendre différens remèdes, sans lui procurer aucun soulagement. Quelqu'un proposa d'appeller un autre médecin, nommé Valezio. Lorsqu'il fut arrivé, il conseilla au roi de mettre ses pieds dans un bain d'eau tiède. Ce remède très-simple réussit au-delà de toute espérance. Qu'en résulta-t-il? que Marcatus fut renvoyé, & que Valezio eut sa place.

Ce fut la goutte qui jetta dans les mathématiques Bonaventure Cavalieri, jésuite de Milan, & professeur de mathématiques à Bologne. Cette maladie le tourmentoit violemment, lorsque Benoît Castelli, disciple de Galilée, vint le voir; il lui conseilla, pour le distraire de ses douleurs, de s'appliquer à la géométrie. Cavalieri suivit ce conseil, prit goût à cette science, & devint un des plus célèbres mathématiciens du dernier siècle.

Leibnitz mourut pour avoir voulu se délivrer trop promptement d'un accès de goutte. Il prit un remède qu'un jésuite lui avoit donné à Vienne. La goutte remonta du pied dans l'estomac, & le malade fut tout-à-coup suffoqué. Il étoit alors assis sur son lit, ayant à côté de lui son écritoire & l'Argenis de Barclay. Nous rapportons cette anecdote, pour qu'elle serve de leçon aux goutteux, & qu'ils ne prennent pas au hasard des remèdes qui, loin de les guérir ou de les soulager, peuvent les faire périr.

Hoffmann dit qu'un homme, qui étoit attaqué de la goutte, en fut guéri par un chien qu'il fit coucher avec lui , & qui la prit. L'animal ressentoit de temps en temps les atteintes qui avoient tourmenté son maître. Les *goutteux* peuvent essayer ce remède. S'il ne les guérit pas , au moins ne peut-il leur faire aucun mal.

C'est dans les mêmes vues qu'un ouvrage périodique, intitulé *la Feuille nécessaire*, qui a paru en 1759, indique, dans la feuille du 27 août, pour remède de la *goutte*, sa transplantation du corps dans un autre, au moyen d'une certaine bouillie, qu'on appliquera la plus chaude possible sur les parties douloureuses ; on fera ensuite lécher par un jeune chien ces mêmes parties. La friction, dit l'auteur, qu'il exercera avec sa langue sur la peau du malade, ouvrira les pores, facilitera l'introduction de la salive, la transpiration, & conséquemment l'évasion des parties de la *goutte*, les plus voisines de l'épiderme, & ainsi de proche en proche, jusqu'à ce que toute la matière morbifique soit détruite. L'auteur assure que, de quelque nature que soit la *goutte*, par le moyen de sa bouillie, dans laquelle entre une certaine poudre qu'il ne nomme pas, mais qu'il dit être bien connue des médecins, & se trouver chez tous les apothicaires, on ne manquera pas de transporter dans le corps du chien le dépôt *goutteux*.

M. Desault, médecin de Bordeaux, a donné en 1735 au public un receuil de dissertations de médecine, parmi lesquelles ou en trouve une sur la *goutte*, qu'il explique singulièrement. « Quand » je n'aurois, dit-il, composé sur la *goutte* qu'un » roman, dans lequel cependant j'aurois sauvé les » apparences de la vérité, ou du moins fait entrer » la possibilité de la guérison de cette cruelle maladie, un *goutteux* dans son loisir liroit ma dis- » sertation avec complaisance : à plus forte raison, » lorsque j'atteste que tous les faits, sur lesquels » je bâtis mon système, sont vrais, & que je n'ai » voulu tromper personne ».

L'auteur prétend, d'après l'observation de Sydenham, que les *goutteux* sont pour la plupart gens d'esprit, & que cette maladie attaque plutôt les personnes sensées que les sots, plutôt les riches que les pauvres. A la bonne heure pour les riches ; la raison est facile à deviner. Le même auteur, page 379, raconte fort agréablement sa dispute avec un moine, qui trouvoit fort mauvais qu'il eût guéri un malade avec du quinquina, dissous dans une once d'eau-de-vie & trois onces de vin vieux, parce que ce remède avoit causé un peu d'ivresse au malade.

Aux isles Antilles les sauvages qui se sentent attaqués de la *goutte*, font en terre un trou, où ils jettent de la braise bien ardente. Ils mettent dessus des noyaux des fruits du monbain, grand prunier qui vient dans ces isles : ils exposent ensuite dessus la partie malade, & endurent la fumée très-chaude, le plus long-temps qu'ils peuvent. Si ce remède sudorifique ne les guérit pas, au moins il les soulage beaucoup ; ils appellent cette espèce de fumigation *boucaner*. M. Bossu dit dans ses *nouveaux voyages de l'Amérique Septentrionale*, pag. 179, avoir été témoin de l'épreuve qu'a faite un européen de cette méthode de *boucaner*. Il y avoit environ six semaines, qu'il avoit au pied droit une violente attaque de *goutte*, avec des douleurs les plus aiguës. Il résolut de se mettre entre les mains d'un fameux jongleur, de la nation appellée *tonika*, qui le traita de la manière suivante.

Il fit bouillir dans une chaudière toutes sortes de simples, des feuilles de laurier rouge & blanc, du baume, de la citronelle, des racines de bois de saffafras, avec des branches de pin & de cirier, arbrisseau qui croît dans la Caroline méridionale & dans la Louisiane. Ce sauvage médecin plaça ensuite la chaudière sous une espèce de dôme fait avec des cerceaux, sur lesquels il étendit une peau de cerf passée, pour concentrer la fumée des racines & des herbes odiférantes. Il fit mettre au *goutteux* le pied malade au-dessus de la chaudière. Il répéta plusieurs fois cette opération, & l'européen fut guéri. « Je l'ai vu depuis, dit M. Bossu, aller à la chasse, & vaquer » à toutes ses affaires sans ressentir la moindre in- » commodité »

Dans un de ses dialogues intitulé : *Philopseudes*, ou *l'Ami du mensonge*, Lucien se moque de la crédulité & de la superstition des philosophes de son temps, à l'occasion de la *goutte* dont étoit attaqué un des plus considérables citoyens d'Athènes, nommé Eucrates, & auquel chacun conseilloit un remède de sa façon. La manière fine & agréable, dont Lucien raille ces philosophes, doit engager à lire ce dialogue dans l'original, avec d'autant plus de raison, qu'à la honte de notre siècle, la plupart des railleries de Lucien peuvent encore avoir leur application à certaines gens, qui par charlantanerie ou autrement, se font une occupation méthodique de prescrire de pareils remèdes. C'est dans ce dialogue de Lucien, qui a fourni à Blombeausaul auteur du seizième siècle, l'idée de sa comédie, toute imitée de Lucien, intitulée la *goutte*, laquelle fut représentée en 1605, & imprimée la même année ; elle est rare & peu connue.

Le maréchal de Cossé mourut en 1582 de la *goutte*, maladie très-habituelle, & héréditaire alors dans sa famille : quand les douleurs étoient très-vives, ce qui arrivoit souvent, il juroit & pestoit de la plus grande force, mais encore moins contre la *goutte* même, que contre les médecins qui l'empêchoient de boire. Un jour il reçut leur visite dans ces momens. » Mordieu ! dit-il à la » compagnie, vous qui êtes mes bons amis, aidez- » moi à avoir raison de ces bourreaux de méde- » cins qui ne veulent pas me laisser boire du vin » bourru ;

» bouru ; pardieu j'en boirai à cette heure avec
» vous, en dépit d'eux ; qu'on en aille quérir, &
» si les médecins viennent, vous qui êtes mes
» meilleurs amis, vous les chasserez ». On en
apporta ; il en but, & le lendemain les bons amis
crurent devoir venir savoir des nouvelles du maréchal. Mordieu ! leur dit-il, je suis beaucoup
plus mal, & ces ingrats de médecins disent que
c'est parce que j'ai bu du vin bouru ; mais c'est
qu'ils ne savent pas me guérir. On auroit pu appaiser l'humeur du maréchal, en lui accordant l'un
& l'autre.

C'est peut-être d'après cette histoire qu'ont été
fait les vers suivans :

Sur peine de la goutte, un médecin m'ordonne
   De quitter l'usage du vin ;
Mais loin de renoncer à ce bon jus divin,
   J'achève de vuider ma tonne.
Laquais, vîte, à grands flots remplis-moi ce crystal :
   Si le vin engendre la goutte,
Boire jusqu'à la lie est le secret, sans doute,
   De tarir la source du mal.

Brantome ayant la *goutte*, un médecin fut le
trouver pour lui offrir le secret qu'il avoit de le
guérir. Arrivé chez le malade, il demanda à lui
parler ; un laquais alla avertir son maître qu'une
personne qui guérissoit la *goutte* le demandoit.
Brantome vient autant vîte qu'il lui est possible
au-devant de cet homme, & dit à son laquais,
en présence du médecin, faites entrer le carrosse
de monsieur dans ma cour. Le médecin dit qu'il
n'en avoit point. Quoi ! lui répliqua Brantome,
vous guérissez de la *goutte*, & vous n'avez pas
de carrosse, je ne suis pas des vôtres, & le quitta
brusquement, comme voulant dire que son remède n'étoit donc pas bien merveilleux, puisque
la *goutte* étant un mal si fort en règne, il n'avoit
pas encore eu l'esprit de gagner de quoi se faire
voiturer.

GRAFIGNY, (Françoise d'Issembourg d'Hap-
poncourt) fille d'une petite nièce du célèbre
Callot, graveur, morte en 1758, âgée de 64 ans.

Cette femme, auteur, étoit née sérieuse, & sa conversation n'annonçoit pas tout l'esprit qu'elle avoit
reçu de la nature. Un jugement solide, un cœur
sensible & bienfaisant, un commerce doux, égal
& sûr, lui avoit fait des amis avant qu'elle pensât
à se faire des lecteurs. Quoiqu'elle se mît à écrire
dans un âge avancé, elle fit voir beaucoup de docilité & de modestie. Ses amis avoient la liberté de
lui donner leurs avis, & elle les recevoit sans humeur. Elle avoit néanmoins le louable désir d'être
estimée, sans lequel il n'y a point de véritable talent. Une critique, une épigramme la chagrinoit,
& elle l'avouoit de bonne foi. Elle ne regardoit la
poésie que comme une jolie bagatelle, peut-être

Encyclopédiana.

par une secrette réflexion sur son peu de talent
dans ce genre, ou par un préjugé de société. Lorsque ses *Lettres Péruviennes* parurent, on fut sensible à cette variété de beaux détails, d'images
vives, tendres, ingénieuses, riches, fortes, légères, singulièrement tracées ; de sentimens délicats, naïfs, passionnés ; à ces accélérations de
style si bien ménagées : ces mots accumulés de
temps en temps, ces phrases qui, en se précipitant
les unes sur les autres, expriment si heureusement
l'abondance & la rapidité des mouvemens de
l'ame ; à ce grand morceau plein d'art, de feu &
d'intérêt, où la péruvienne se trouve plus que jamais pressée entre son cher Aza & le plus généreux
des bienfaiteurs. Mais on reprochoit avec raison
à l'auteur d'avoir fait usage dans ces lettres d'un
ton de métaphysique nécessairement froid en
amour. Ce défaut parut d'autant plus singulier
dans une femme, qu'un homme qui écrit & qui a
des passions à manier, s'efforce de faire imiter à
ses personnages les femmes qui ne généralisent
point, mais tournent toutes leurs pensées en sentimens. La comédie de Cénie est un de ces petits
romans dialogués, & appellés *Comédies lar-
moyantes*. Elle est écrite avec délicatesse, ornée de
pensées fines, vivement imaginée, légèrement
tissue, négligemment finie.

Madame *de Grafigny* racontoit quelquefois avec
chagrin que sa mère, ennuyée d'avoir chez elle
une grande quantité de planches en cuivre, gravées par le célèbre Callot, fit venir un jour un
chaudronnier, & les livra toutes pour qu'il lui
en fît une batterie de cuisine.

Cette dame illustre, veuve d'un mari de la
conduite duquel elle avoit eu souvent à se plaindre,
vint à Paris en 1740, à la suite de mademoiselle
de Guise. Madame *de Grafigny* ne prévoyoit pas
dès-lors la réputation qui l'attendoit dans cette
capitale. Plusieurs gens de lettres, réunis dans une
société où elle avoit été admise, l'engagèrent de
fournir quelque pièce pour le *recueil de ces messieurs*, volume in-12 qui parut en 1745. Elle leur
donna une nouvelle espagnole, intitulée : *Le mauvais exemple produit autant de vertus que de vices.*
Cette nouvelle est semée de maximes ; & le titre
même, comme on voit, en est une. Les *lettres
Péruviennes* & *Cénie*, qui parurent ensuite, lui
assurèrent un rang dans la république des lettres.
La fille d'Aristide, autre comédie en cinq actes,
ne fut représentée qu'après *Cénie* ; mais elle ne reçut
pas le même accueil.

Après la chûte de cette pièce, on envoya ces
vers à madame *de Grafigny* :

Bonne maman de la gente Cénie,
A cinquante ans vous fîtes un poupon ;
On applaudit ; on le trouva fort bon ;
On passe un miracle en la vie.

Mais, d'un effort moins circonspect,
Sept ans après tenter même aventure,
Et travailler encor dans le goût grec;
Pardon! maman, si la phrase est trop dure,
Je le dis, sauf votre respect,
C'est de tout point vouloir forcer nature.

Outre ce drame & celui de *Cénie*, madame de *Grafigny* avoit laissé un petit acte-de-féerie, intitulé *Azor*, qui avoit été joué chez elle, & qu'on la détourna de donner aux comédiens, comme rempli d'un sentiment trop vif & trop tendre pour son âge. Elle a de plus composé trois ou quatre pièces en un acte, qui ont été représentées à Vienne par les enfans de l'empereur. Ce sont des sujets simples & moraux, à la portée de l'auguste jeunesse qu'elle vouloit instruire.

GRAMMONT, (Antoine de) mort en 1678.

Au passage du Rhin, *Grammont* apperçut un officier qui se disposoit à se jetter dans le fleuve; il alla à lui, le pistolet à la main, & lui dit: « Alte là; vous ne passerez pas, ou payez-moi » les cinquante louis que vous me devez. Etes- » vous fou, répondit l'Officier. Non, en vérité, » continua *Grammont*; je sais bien que vous » n'avez pas peur de mourir : noyé de dettes » comme vous l'êtes, c'est peut - être ce qui » pourroit vous arriver de plus heureux; mais » quand vous serez mort, sur quoi prendrai-je mes » cinquante louis? Payez-moi, vous dis-je, ou » vous ne passerez pas ».

Grammont assiégeoit une place. Lorsque le gouverneur se fut rendu, après une assez légère résistance, il dit qu'il avoit demandé à capituler, parce qu'il manquoit de poudre. Afin de vous rendre confidence pour confidence, répartit *Grammont*, je vous avouerai que je ne vous ai accordé ce que vous demandiez, que parce que je n'avois plus de plomb.

Les impériaux attaquent Landau. Mélac, officier très-âgé & distingué par beaucoup de belles actions, défend cette place près de quatre mois, avec une intelligence & une fermeté extraordinaires. *Grammont*, qui est pour le moins aussi vieux, dit familièrement à Louis XIV, à-peu-près de même âge : « Sire, il n'y a que nous » autres cadets qui vallions quelque chose. Cela » est vrai, dit le roi; mais à notre âge, on n'a » pas long - temps à jouir de la gloire ». Sire, reprit *Grammont*, « on ne compte pas l'âge des » grands rois, & leurs années ne se datent que » par leurs belles actions ».

Grammont étant sur le point de mourir, sa femme, qui étoit d'une piété profonde, ne le » quittoit pas d'un moment. Son confesseur l'ins- » truisoit, en lui disant : « Monsieur, il faut croire

» ceci, il faut croire cela »; & le comte se tournant vers sa femme, lui demandoit : « Cela est-il » vrai, madame? — Oui, lui répondoit-elle. — Eh » bien, ajoutoit le malade, allons donc, dépê- » chons-nous de croire ».

GRAND, (Marc - Antoine le) auteur & poëte françois, mort en 1728, à 56 ans.

Un jour que cet acteur se promenoit avec un de ses amis, un pauvre les aborda civilement en leur tendant son chapeau. Le *Grand* tira de sa poche quelques sols qu'il lui donna. Là-dessus le mendiant, par reconnoissance, se mit à chanter un *de profondis*. Parle donc, hé, l'ami, lui dit le comédien, est-ce que tu me prends pour un trépassé? Au lieu d'entonner un *de profondis*, chante plutôt un *domine salvum fac regem*, car je fais les rois.

Sa figure étoit désagréable, & le public la trouvoit telle; il dit un jour, en haranguant le parterre : *Messieurs, il vous est plus aisé de vous accoutumer à ma figure, qu'à moi d'en changer.*

GRANDEUR D'AME. La *grandeur d'ame* honore la vertu dans l'ennemi même qui a su résister. Lorsque Soliman eut pris le château de Budes, en 1529, il trouva dans un cachot Nadasti, gouverneur de la place. Il fut curieux de savoir la raison d'un évènement si extraordinaire. Les allemands de la garnison lui avouèrent que Nadasti les ayant traités de lâches & de perfides, parce qu'ils le pressoient de capituler, ils l'avoient enfermé pour avoir la facilité de se rendre. Le sultan, plein d'admiration pour la fidélité & la bravoure du généreux gouverneur, le combla de louanges & de présens, le mit en liberté, & condamna à mort tous ceux qui avoient manqué d'une manière si honteuse à la subordination militaire.

Il y a des réponses qui caractérisent la *grandeur d'ame* de ceux qui les ont faites.

Parmi quelques prisonniers romains que Mithridate avoit faits, on lui amena un officier qui se nommoit Pomponius, & qui étoit blessé dangereusement : le roi lui demanda, si en lui sauvant la vie, il pouvoir compter de l'avoir pour ami? Oui, répondit le prisonnier, si vous faites la paix avec les romains; sinon, je n'ai pas même à délibérer. Ceux qui étoient présens, irrités de cette fière réponse, excitoient Mithridate à le faire mourir; mais ce prince rejetta ce lâche conseil, en leur disant: respectons la vertu malheureuse.

Alexandre-le-Grand, ayant fait prisonnier Porus, l'un des plus puissans rois des Indes, le fit venir devant lui, & lui demanda comment il vouloit être traité. « En roi, répondit-il. — Mais, » ajouta le conquérant, ne demandez-vous rien si davantage? — Non : ce seul mot dit tout ». Charmé de cette *grandeur d'ame*, Alexandre lui rendit ses états, auxquels il ajouta plusieurs autres provinces; & Porus, reconnoissant, lui demeura fidèle jusqu'à la mort.

Malek, visir du calife Mostadi, venoit de remporter une victoire sur les grecs, & avoit pris leur empereur dans une bataille. Ayant fait venir ce prince dans sa tente, il lui demanda quel traitement il attendoit de son vainqueur? « Si vous » faites la guerre en roi, répondit l'empereur, » renvoyez-moi : si vous la faites en marchand, » vendez-moi : si vous la faites en boucher, » égorgez-moi ». Le général musulman le renvoya sans rançon.

Un chef d'esclaves révoltés fut pris les armes à la main, avec plusieurs de son parti. Le général vainqueur lui demanda quel traitement il croyoit que lui & ses compagnons avoient mérité? Celui que méritent de braves gens qui s'estiment dignes de la liberté. Le général leur accorda le pardon, & les incorpora dans son armée.

Lorsque Soliman, souverain des turcs, marchoit à la conquête de Belgrade, en 1521, une femme du commun s'approcha de lui, & se plaignit amèrement de ce que, pendant qu'elle dormoit, des soldats lui avoient enlevé des bestiaux qui faisoient toute sa richesse : *Il falloit que vous fussiez ensevelie dans un sommeil bien profond*, lui dit en riant le sultan, *puisque vous n'avez pas entendu venir les voleurs. Oui, je dormois, seigneur*, répondit-elle, *c'étoit dans la confiance que votre hautesse veilloit pour la sûreté publique*. Soliman, assez magnanime pour approuver ce mot tout hardi qu'il étoit, répara convenablement un dommage qu'il auroit dû empêcher.

L'empereur Charles-Quint avoit demandé à François I sa gendarmerie, ainsi que de l'argent, par forme d'emprunt, pour repousser avec avantage les turcs, dont il étoit vivement pressé : « Pour de l'argent, répondit le roi, je ne suis » pas banquier; pour ma gendarmerie, comme » elle est le bras qui porte mon sceptre, je ne » l'expose jamais au péril sans aller chercher la » gloire avec elle ».

Les empereurs Théodose, Arcadius & Honorius, écrivirent à Rufin, préfet du prétoire : « Si quelqu'un parle mal de notre personne ou » de notre gouvernement, nous ne voulons pas » le punir. S'il a parlé par légèreté, il faut le » mépriser : si c'est par folie, il faut le plaindre : » si c'est une injure, il faut lui pardonner ».

Dans une cause où Aristide étoit juge, une des parties rapporta plusieurs injures que ce même Aristide avoit reçues de sa partie adverse : passez

cela, dit Aristide; venez au fait; je ne suis pas mon juge, je ne suis que le vôtre.

Injustement condamné par des citoyens jaloux, le grand Phocion, l'un des plus célèbres personnages de la Grèce, étoit près de boire la ciguë, lorsqu'on lui demanda s'il ne vouloit rien dire à son fils ? « Faites-le venir, dit-il ». On va chercher le jeune homme; on le conduit; on le présente au père : « Mon cher fils, lui dit-il, je vous recom- » mande de servir votre patrie avec autant de » zèle & de fidélité que moi, & sur-tout d'ou- » blier qu'une mort injuste fut le prix dont elle » paya mes services ».

Le musicien Guadagni, ayant perdu une somme considérable avec un prince allemand voyageur, qui étoit ce qu'on appelle aujourd'hui, en termes de l'art, un grec; on l'avertit qu'il avoit été volé, & il fut conseillé de ne point payer l'allemand. Guadagni répondit : il a agi avec moi en fripon, je veux agir avec lui en prince.

Le général Ban, officier allemand au service de la Russie, & qui a eu part à l'élévation de la grande Catherine, avoit reçu ordre de monter vers le Holstein avec un corps de troupes qu'il commandoit. C'étoit un soldat parvenu, dont on ne connoissoit ni la famille, ni le pays. Un jour qu'il étoit campé près de *Husum*, il invita les principaux officiers à dîner. Pendant qu'ils étoient à table, ils virent entrer dans la tente un simple meûnier & sa femme, conduits par un aide de camp, qui avoit été les chercher par ordre du général. Ces pauvres gens s'avançoient en tremblant de peur : mais le général les rassura, les fit mettre à table à côté de lui, & leur fit, pendant le dîner, un nombre infini de questions sur leur famille. Le bonhomme leur répondit qu'il étoit le fils aîné d'un meûnier comme lui, qu'il avoit une sœur & deux frères qui faisoient le commerce. Mais, reprit le général, n'aviez-vous pas un autre frère, outre les deux dont vous venez de me parler ? Le meûnier lui répondit qu'effectivement il en avoit un troisième, mais qu'il étoit parti pour la guerre, dès sa plus tendre jeunesse, & qu'n n'en ayant pas entendu parler depuis, on le croyoit mort. Le général lisant dans les yeux de ses officiers, qui étoient étonnés qu'il s'amusât si long-temps à faire des questions à ce pauvre malheureux, se tourna vers eux, & leur dit : « Messieurs, vous avez toujours été curieux de » savoir la famille d'où je sortois, je vous dirai » donc à présent, & je ne rougis point de vous » le dire, que je suis le frère de cet honnête » meûnier : il vous a fait l'histoire de ma famille ». Le général, après avoir passé la journée avec ses parens, fête à laquelle ses officiers se joignirent de bon cœur, prit des mesures pour améliorer leur sort.

Un soldat envoyé par M. de Vauban pour examiner un poste, y resta long-temps, malgré le feu des ennemis, & reçut même une balle dans le corps. Il retourna rendre compte de ce qu'il avoit observé, & le fit avec toute la tranquillité possible, quoique le sang coulât abondamment de sa plaie. M. de Vauban voulut récompenser sa bravoure, & le service qu'il venoit de rendre; il lui présenta de l'argent; *Non, monseigneur*, lui dit le soldat en le refusant, *cela gâteroit mon action*.

Pendant le siège de Montmélian par les françois en 1691, le maréchal de Catinat, qui vouloit savoir si le fossé de la place étoit taillé dans le roc vif, ou s'il étoit seulement revêtu de maçonnerie du côté du glacis, faisoit descendre, pour s'en assurer, un soldat dans un gabion avec une corde. Mais un si grand nombre de braves gens avoient péri dans cette dangereuse commission, que personne ne se présentoit plus pour la tenter. Un jeune soldat du régiment de la Fare eut seul cette audace. Comment t'y prendras-tu, lui dit le maréchal de Catinat, pour connoître si c'est maçonnerie ou roc? Je le verrai bien, répondit-il, par la fenêtre du gabion, en sondant avec la pointe de ma bayonnette. On le descend dans le fossé; il en revient heureusement, & rend un très-bon compte de ce qu'on a si grand intérêt de connoître. Que veux-tu pour ta récompense, lui dit ce général? *Je vous demande en grace, monseigneur*, répondit-il, *de me faire entrer dans la compagnie des grenadiers*.

Louis XIV demanda un jour au maréchal de la Feuillade, à quoi M. de Catinat pouvoit être bon: « Sire, dit-il, si votre majesté en veut faire » un général d'armée, il est très-digne de cet » emploi; si elle veut en faire un chancelier, il » en remplira noblement les fonctions; si elle » juge à propos d'en faire un ministre, sa capa- » cité ne sera point au-dessous du ministère ». Quand M. de la Feuillade répondoit ainsi, il étoit brouillé avec M. de Catinat.

GRANGE, (Joseph Chancel de la) poëte tragique françois, né en 1676, mort en 1758.

La Grange nous est dépeint petit de taille & fort gros; il avoit une physionomie peu spirituelle, une voix grêle & criarde; mais il racontoit avec feu, & mettoit presque toujours du fiel dans ses discours. Il faisoit des épigrammes & des chansons contre ses concitoyens & ses parens. Malgré ce penchant pour la satyre, qui ne l'a quitté qu'avec la vie, il étoit considéré & même aimé dans sa patrie, parce que dans le fond il étoit bon mari, bon père, bon ami & bon citoyen. On attribuoit ses traits caustiques à la malignité de son esprit, plutôt qu'à la méchanceté de son cœur.

La Grange entra fort jeune page chez la princesse de Conti. Il avoit dès-lors composé une tra-

gédie qui fut jouée sous le titre d'*Adherbal*. L'illustre Racine voulut bien éclairer les talens du jeune auteur; *la Grange* a avoué depuis que les leçons de ce grand maître lui en avoient plus appris que toutes les pratiques.

Quelques mois avant la représentation de sa tragédie d'*Adherbal*, toute la cour étant à Chantilly, on vint le chercher de la part de M. le duc. Son guide le conduisit à un appartement où il trouva ce prince à table avec le comte de Fiesque, Racine & Santeuil. Celui-ci, dont la tête s'étoit échauffée, & par son propre enthousiasme, & par le vin qu'il ne s'étoit pas épargné, le plaignit de profiter si mal des talens qu'il avoit reçus. Il lui dit qu'un si beau naturel que le sien auroit dû tomber entre les mains de Santeuil, plutôt que dans celles de Racine; qu'il auroit fait de lui un des plus habiles hommes du siècle pour la poésie latine. Cette fougue fit rire tout le monde. Le jeune *la Grange* crut devoir prendre la défense de la poésie françoise & de Racine. Les rieurs étoient pour lui. Santeuil fut offensé de sa hardiesse; il se mit dans une colère si terrible, qu'il prit une assiette qu'il lui auroit jettée à la tête, si M. le duc ne lui avoit promptement arrêté le bras. *La Grange* sortit tout effrayé de la fureur & des contorsions affreuses du poëte Victorin. Il rencontra le lendemain le comte de Fiesque qui lui demanda s'il étoit bien remis de sa peur. *La Grange* à son tour le pria de lui apprendre à quel usage servoient les tablettes qu'il avoit vues la veille sur la table à côté du couvert de M. le duc: « c'est ainsi qu'il en use, lui dit-il, toutes » fois que Racine a l'honneur de manger avec » lui. Il lui échappe des traits si agréables que M. » le duc se fait un plaisir de les receuillir; ils ne » sont pas plutôt sortis de la bouche du poëte, » qu'ils sont sur les tablettes du prince ».

La Grange étant à Paris avoit fait des paroles fort jolies sur un air d'opéra qui étoit pour lors nouveau. Un petit maître s'en disoit l'auteur dans un café, & en recevoit des complimens de l'assemblée. Le hasard y amena *la Grange*. A peine y fut-il entré, qu'un de ses amis qui l'en connoissoit le véritable auteur, voulant mortifier le petit-maître, dit à *la Grange*: *Tenez, voilà monsieur qui se dit auteur de ces paroles qui courent sur tel air.* De *la Grange* répondit avec un sang-froid qui fit rire tout le café, & qui couvrit le fanfaron de confusion. *Pourquoi monsieur ne les auroit-il pas faites? je les ai bien faites, moi.*

Ce poëte, dont le malheureux penchant l'entraînoit vers la satyre, osa, dans un libelle en vers plein de verve, mais dicté par la calomnie la plus atroce, lancer des traits envenimés contre Philippe d'Orléans, régent. Le prince offensé se contenta de faire enfermer l'auteur aux îles Sainte-

Marguerite; il lui accorda par la suite la permission de se promener, permission dont le prisonnier profita pour recouvrer sa liberté. Il se retira dans les pays étrangers. Après la mort du régent, la Grange s'étant rendu utile au gouvernement par ses liaisons avec plusieurs ministres étrangers, obtint son rappel. La maison d'Orléans eut la générosité de lui laisser finir tranquillement sa carrière dans le sein de sa famille. On rapporte seulement que ce poëte, pendant un séjour qu'il fit à Paris vers 1730, ayant eu l'audace de se promener dans le jardin du palais royal, feu M. le duc d'Orléans, qui en fut informé, lui fit dire de ne plus se montrer dans son palais.

La Grange ne désavouoit point les Philippiques. On lui demandoit un jour pourquoi il s'étoit déchaîné avec cette rage contre M. le régent : Pourquoi, répondit-il, avoit-il pris le parti du feu duc de la Force contre moi ? Il avoit été effectivement en procès avec ce duc, dont les terres sont situées en Périgord, & cette affaire ne fut point jugée à son avantage.

GRAVITÉ. Apollonius de Thyane, dont les actions sont si célèbres dans le paganisme, embrassa la secte de Pythagore, & se condamna au silence pour cinq ans. Nul temps de la vie ne lui parut, de son aveu, plus dur & plus pénible; mais si la langue demeuroit dans l'inaction, toute sa personne parloit; l'air du visage, les mouvemens de tête, les yeux, la main, tout étoit employé pour suppléer au défaut de la parole; & ses gestes éloquens avoient tant de vertu, que, par ce seul moyen, il appaisa une sédition. Aspendus, l'une des grandes villes de la Pamphilie, souffroit la famine, par l'injuste avarice des riches qui serroient le bled, afin de le vendre à un plus haut prix. Le peuple s'en prit au magistrat, qui, se voyant menacé de périr, se réfugia auprès d'une statue de l'empereur; mais la multitude, ne connoissant aucun frein dans sa rage, se préparoit à brûler le magistrat suppliant au pied de la statue même. Dans le moment arrive Apollonius, qui, s'adressant au magistrat, fit un geste de la main pour l'interroger sur la cause de l'émeute. Le magistrat répondit qu'il n'avoit rien à se reprocher, mais que le peuple ne vouloit pas entendre ses raisons. Le philosophe muet se retourna vers les mutins, & par un signe de tête, il leur ordonna de se disposer à écouter. Non seulement ils se turent, mais ils quittèrent les torches qu'ils avoient déjà dans les mains. Le magistrat, reprenant courage, nomma les auteurs de la misère publique, qui se tenoient à la campagne, ayant de différens côtés leurs maisons & leurs magasins. Les aspendiens vouloient y courir. Par un geste de défense, Apollonius les arrêta, & leur fit entendre qu'il valoit mieux mander les coupables. On les fit venir; & leur vue ayant renouvellé les plaintes

du peuple, les vieillards, les femmes, les enfans jettèrent des cris lamentables. Peu s'en fallut que le grave philosophe n'oubliât la loi qu'il s'étoit imposée, & n'exprimât, par des paroles, les sentimens d'indignation & de pitié qui le pénétroient en même-temps. Il respecta néanmoins son engagement pythagorique; & s'étant fait apporter des tablettes, il y écrivit ces mots : « Apollonius » aux monopoleurs des bleds d'Aspendus. La » terre est juste : elle est la mère commune de » tous les hommes; & vous, hommes barbares, » vous voulez seuls profiter de ses faveurs ! Si » vous ne changez de conduite, je ne vous lais- » serai pas subsister sur la face du globe ». Les coupables, intimidés par cette menace, garnirent les marchés de bled; & la famine cessa.

Une disette avoit mis les vivres à un prix excessif, & Rome se voyoit à la veille d'être en proie aux horreurs de la famine. Les tribuns, magistrats séditieux, qui profitoient des malheurs publics pour les aggraver par la discorde, s'efforçoient de révolter le peuple contre le sénat; & suivis d'une foule de citoyens, vils sectateurs de ces hommes turbulens, ils voulurent forcer le consul Scipion Nasica à prendre certains arrangemens par rapport aux bleds. Ce grand homme s'y opposa fortement, & rejetta leur requête, comme tendante au renversement des constitutions de la république. Il se rendit à l'assemblée du peuple, & commença par exposer les raisons de sa résistance. Tout-à-coup il fut interrompu par des murmures & par des cris. Alors, d'un ton d'autorité, conforme à son grand mérite : « Romains, dit-il, faites » silence. Je sais mieux que vous ce qui est utile » à la république ». A ce mot, toute l'assemblée se tut avec respect; & la majestueuse gravité d'un seul homme fit plus d'impression sur la multitude, qu'un intérêt aussi vif & aussi puissant que celui des vivres & du pain.

Caton l'ancien assistoit aux jeux-floraux. Le peuple, en présence d'un homme si vertueux & si grave, eut honte de se livrer à la licence ordinaire à ce spectacle. Le rigide censeur s'en étant apperçu, sortit aussi-tôt pour ne pas troubler les plaisirs du peuple. Toute l'assemblée l'applaudit avec de grands cris, & l'on continua de célébrer les jeux, selon la coutume. Cette contrainte d'un grand peuple, en présence d'un citoyen, est l'hommage le plus glorieux & le plus vrai qu'on ait jamais rendu à la vertu.

Après la mort de Henri IV, le duc de Sully, son confident & son ministre, se retira dans sa maison de Villebon au Perche. Ayant été invité, comme l'un des plus anciens officiers de la couronne, à se trouver à un conseil, pour y donner son avis, il y parut avec son épaisse barbe à la huguenotte, un habit & des airs passés de mode.

S'étant apperçu que les jeunes seigneurs de la nouvelle cour cherchoient à lui donner des ridicules, il dit au roi Louis XIII, en entrant au cabinet : « Sire, quand le roi votre père, de glorieuse mémoire, me faisoit l'honneur de me consulter, nous ne commencions à parler d'affaires, qu'au préalable on n'eût fait passer dans l'antichambre les baladins & bouffons de cour ».

GRENADIER. Lors du siège de Philisbourg, la tranchée étoit inondée, & le soldat y marchoit dans l'eau plus qu'à demi-corps. Un très-jeune officier, à qui son âge ne permettoit pas d'y marcher de même, s'y faisoit porter de main en main. Un *grenadier* le présentoit à son camarade, afin qu'il le prît dans ses bras : mets-le sur mon dos, dit celui-ci, du moins s'il y a un coup de fusil à recevoir, je le lui épargnerai.

Dans la guerre d'Allemagne, un *grenadier* françois marchant à l'attaque d'un fort, appelle un vivandier, & se fait donner un verre d'eau de-vie. Il se dispose à le payer, lorsqu'un boulet de canon frappe & tue le marchand. — Eh quoi ! morbleu ! le roi de Prusse veut me payer le brande-vin ? A sa santé. Il boit, & monte à l'assaut.

Les françois assiégeoient une place. L'officier qui les commandoit fit proposer aux *grenadiers* une somme considérable pour celui qui, le premier, placeroit une fascine dans le fossé exposé à tout le feu des ennemis. Aucun des *grenadiers* ne se présenta. Le général étonné leur en fit des reproches. Nous nous serions tous offerts, lui dit un de ces braves soldats, si l'on n'avoit pas mis cette action à prix d'argent.

M. de Boufflers, qui défendoit Lille, se trouvant en peine de savoir quelle étoit la manœuvre des ennemis dans un quartier des fortifications, que deux feux croisés rendoient extrêmement dangereux, demanda deux ou trois braves pour en faire la découverte. La mort paroissoit certaine pour quiconque vouloit en tenter les risques. On fut long-temps sans répondre, quoique le général promît une récompense proportionnée à la hardiesse de l'action. Enfin, un *grenadier* se présente, qui s'adressant à M. de Boufflers, lui dit : monseigneur, me voici, que faut-il faire ? Mais, mon ami, répond le général, êtes-vous prévenu des dangers auxquels va vous exposer votre bravoure ? Qui, monseigneur ; mais un homme de mon état ne doit appréhender que de manquer à son devoir. Si je meurs dans cette affaire, l'état ne perd qu'un homme ; si je réussis à découvrir les opérations des assiégés, le succès de nos armes en sera peut-être plus rapide. Partez, généreux guerrier, répond le général, & comptez sur toute ma reconnoissance. Le *grenadier*, après son instruction, se rend sur les lieux, & malgré le feu de mousqueterie des ennemis, parvient à arracher un ga-

bion, se retire, & retourne vers le maréchal, qui le croyoit mort. Aussi-tôt qu'il se présente, M. de Boufflers l'embrasse, & lui fait compter dix louis. C'étoit une fortune pour un *grenadier* ; mais celui-ci les ayant ramassés, les rendit au secrétaire, en disant : monseigneur, ces sortes d'actions ne se font pas pour de l'argent. Vous avez raison, répondit le général, & la cour reconnoîtra tout autrement l'importance de ce service. Quelque temps après, il obtint du ministre le brevet de lieutenant ; récompense flatteuse dans un état où l'honneur est le premier mobile des belles actions.

GRESSET, (Jean-Baptiste-Louis) né en 1709, mort en 1777.

Gresset étoit jésuite lorsqu'il composa son poëme de *Vert-vert*, que tout le monde connoît. L'éclat que fit ce poëme plein de sel, de facilité & de graces, l'obligea de quitter son ordre.

Il fit admirer la fécondité & l'agrément de sa verve poëtique dans différentes pièces, sur-tout dans l'*Epître au P. Bougeant*, les *Ombres*, l'*Epître sur sa convalescence*, *Sidnei*, comédie ; mais surtout dans le *Méchant*, comédie en cinq actes, jouée avec grand succès en 1747 : c'est une des pièces les plus agréables, où il y a un grand nombre de vers qui sont devenus proverbes.

A son retour d'Angleterre, J. J. Rousseau passant par Amiens, où *Gresset* s'étoit retiré, lui rendit une visite. *Gresset* voulut le sonder sur l'histoire de ses malheurs, & n'en put retirer que cette réponse : « Vous avez su faire parler un perroquet, mais vous ne sauriez faire parler un ours ».

GRIMALDI, surnommé Jambe-de-Fer, danseur italien, le plus intrépide cabrioleur que l'on ait vu, débuta à l'Opéra-Comique de la foire Saint-Germain 1742, dans le divertissement du *Prix de Cythère*, par une entrée de matelot-turc. Il avoit parié qu'il s'élèveroit à la hauteur des lustres ; ce qu'il exécuta ; & du coup qu'il donna dans celui du milieu, il en fit sauter une pierre au visage de *Méhémet Effendi*, ambassadeur de la Porte, qui étoit dans la loge du roi. Lorsque *Méhémet* sortit du spectacle, *Grimaldi* se présenta devant lui, dans l'espoir de quelque récompense ; mais il fut rossé par les esclaves de l'ambassadeur, qui prétendoient qu'il avoit insulté leur maître, & manqué de respect à la hautesse ottomane.

Quelques jours après, *Jambe-de-Fer* annonça qu'il danseroit une entrée de nain surprenante. Il s'étoit fait faire un turban d'une grosseur énorme, qui renfermoit sa tête, sa poitrine & ses bras ; deux autres petits bras postiches étoient attachées à ses hanches ; & sur son ventre nud, étoit peint un vifage de nain, qui changeoit de phyfionomie felon le mouvement des plis de fa peau. On l'empêcha de paroître devant le public en cet état ; & comme il infiftoit, en faifant beaucoup de bruit, l'exempt de la foire l'envoya coucher en prifon. Il n'y eut point d'entrée de nain.

Jambe-de-Fer avoit-pour danfeufe fa femme, fa fille ou fa sœur, tout ce que l'on voudra ; car on n'a jamais pu débrouiller leur dégré de parenté. C'étoit une nymphe trapue, qui lui difputoit en vigueur & en agilité le prix de la gargouillade. C'eft, fans doute, à ce couple merveilleux, que nos danfeurs & danfeufes d'aujourd'hui doivent cette noble émulation pour la danfe haute ; & ils s'éreintent pour s'élever aux honneurs de la cabriole. Malgré tout ce mérite, la *Grimaldi* n'étant point goûtée à Paris, prit le parti de courir la province, où elle rétablit fa réputation. Il lui arriva en Flandres une aventure qui fait honneur à fes fentimens.

En 1746, elle étoit engagée avec le fieur Mezière, chef d'une troupe de comédiens de campagne, qu'il devoit conduire à la cour de l'électeur de Cologne. Ils arrivèrent tous enfemble à Bruxelles avec leurs équipages ; & comme ils fe difpofoient à continuer leur route, on les avertit que les chemins étoient infeftés de huffards. Ils méprifèrent cet avis ; mais à peine étoient-ils fortis des fauxbourgs de cette ville, qu'ils furent enveloppés, fur la chauffée de Louvain, par une cinquantaine de huffards, qui les entraînèrent dans le bois. Ils furent dépouillés en deux minutes. On ne laiffa aux femmes que leurs chemifes & un fimple jupon ; on fit enfuite ranger tous les comédiens en cercle, à genoux, & la face tournée vers le ciel, en attendant que l'on décidât de leur fort. Pendant que l'on enfonçoit les coffres à coups de fabre & de hache, le fieur Flahaut, ci-devant libraire fur le quai des Auguftins, & qui avoit quitté fon négoce pour embraffer le parti de la comédie, fe leva, & en qualité d'orateur de la troupe, croyant que c'étoit le moment d'étaler utilement fon éloquence, fit une harangue latine au commandant des huffards, pour implorer fa miféricorde. L'officier l'écouta flegmatiquement ; & quand l'orateur eut-terminé fon difcours avec un *dixi*, il lui allongea un coup de fabre, en répondant *feci*. Comme le coup n'avoit fait qu'une fimple eftafilade, il alloit redoubler, quand il fut arrêté par un cri perçant & un fpectacle que le furprit. La *Grimaldi* voulant s'épargner la vue du fang de fon camarade, avoit pris brufquement à deux mains fon petit jupon, & ce qui s'y trouvoit d'adhérent, pour s'en couvrir le vifage en guife d'éventail. Elle s'offrit aux yeux du capitaine dans le même état que ces généreufes fpartiates fe préfentèrent à leurs fils qui revenoient en déroute d'une bataille : « Ah ! mon cher monfieur, s'écria-

t-elle, épargnez mes camarades, & prenez-moi » pour victime, vous & tous vos braves foldats ». Le chef des huffards, défarmé par ce trait d'éloquence naturelle, fit un éclat de rire, remercia la *Grimaldi* de fes offres charitables, ordonna que l'on mit les comédiens en liberté, pouffa même la générofité jufqu'à faire donner aux hommes quelques vieux mantelets & tabliers de foubrettes pour les couvrir, & fit diftribuer aux femmes des habits de caractère, au lieu de leurs robes. La *Grimaldi* eut en partage un habit d'arlequin, trop étroit de moitié : les autres endoffèrent l'attirail de docteur, de pantalon ou de fcaramouche, &c. & ce fut dans ce trifte & comique équipage, qu'ils pourfuivirent leur route & firent leur entrée à Louvain, en excitant tout à la fois les ris, la compaffion & la charité. La *Grimaldi* en devint plus chère à fes camarades, qui lui devoient leur exiftence.

GRIMOU, (Alexis) peintre de portraits, mort vers 1740.

La coutume de *Grimou* étoit de coëffer fes figures avec un bonnet d'une façon affez fingulière, & de les habiller au gré de fes caprices.

Cet artifte mettoit des couleurs fi épaiffes, à la plupart de fes tableaux, qu'il en réfultoit prefque des reliefs, & que les enfoncemens devenoient réels ; en forte que dans l'obfcurité, on pouvoit en les touchant diftinguer le nez, les joues, les yeux, &c.

Grimou devoit à tout le monde : fon boulanger ne pouvant en être payé, & voulant en tirer quelque chofe, dit à l'artifte de lui faire fon portrait. *Grimou* y confentit, & prit jour pour la femaine fuivante. Le boulanger court auffi-tôt commander une perruque neuve, un habit à bafque, à grandes manches, & arrive dans cet appareil chez l'artifte, qui ne l'apperçoit pas plutôt, qu'il fe met dans une furieufe colère : — « Que fignifie cette mafcarade, s'écrie *Grimou* ? » où eft votre vefte & votre bonnet ? Je ne vous » reconnois plus ». — Le boulanger a beau infifter fur l'habit du dimanche, & alléguer qu'on doit être vêtu décemment dans un portrait de famille ; il n'y eut pas moyen de calmer *Grimou* ; il fallut reprendre le bonnet & la vefte ; & le boulanger fut fupérieurement peint en homme de fa forte.

Le caractère de cet artifte étoit des plus finguliers. Il ne voyoit ordinairement que les perfonnes qui s'enivroient avec lui. Lorfqu'on vouloit fe faire peindre, il falloit avoir l'attention de lui écrire, & attendre patiemment fa réponfe. Lorfqu'il travailloit, il avoit toujours quatre ou cinq bouteilles d'excellent bourgogne auprès de lui. Ce n'étoit prefque jamais dans fa maifon qu'on pouvoit l'engager à prendre le pinceau. Il fe rendoit chez ceux dont il devoit faire le portrait ; mais si l'on manquoit, aussi-tôt son arrivée, à lui donner à déjeuner, ou à le faire largement boire, il abandonnoit l'ouvrage commencé, & ne revenoit plus.

Il a passé presque toute sa vie avec une domestique, qui lui servoit de gouvernante, de cuisinière, de laquais, de portier, &c. &c. C'étoit encore elle qui broyoit ses couleurs & qui écrivoit toutes ses lettres.

Cette femme universelle, exécutant fidèlement ce qui lui étoit prescrit, n'admettoit auprès de son maître, que les personnes qu'elle connoissoit particulièrement. Un bourgeois de Paris desiroit depuis long-temps d'avoir son portrait peint par *Grimou*. Etonné de se présenter si souvent à la porte de l'artiste sans pouvoir le trouver, il s'avisa d'une ruse qui lui réussit : — « Eh quoi ! monsieur » *Grimou* n'y est pas ! dit-il un jour à la cuisi- » nière : j'en suis fâché ; je venois pour déjeuner » avec lui ». — Il s'éloigne à ces mots, en feignant d'être très en colère. La gouvernante ne sachant que penser de la visite de cet homme, court en informer son maître, qui, se mettant dans une colère épouvantable, lui ordonne d'aller promptement après l'inconnu, & la menace de la chasser, si elle ose une autrefois renvoyer les personnes qui viendront pour déjeuner. Elle n'eut point de peine à rattraper celui qui mettoit la ruse en usage ; se doutant de ce qui alloit arriver, il ne s'éloignoit que bien lentement. Introduit dans la chambre de *Grimou*, le bourgeois de Paris le serre affectueusement dans ses bras, en s'écriant : — « Ah ! mon cher ami, qu'il me tardoit de te » revoir » ! — *Grimou* se recule & considère en silence un homme dont il ne peut se rappeler les traits : — « As-tu donc oublié celui qui a bu si » souvent avec toi dans tel cabaret ? — Je crois » te remettre, répond enfin *Grimou* : mais je te » trouve bien changé. Assieds-toi, mon cher, &, » le verre à la main, renouvellons l'ancienne » connoissance ». L'intimité fut bien-tôt parfaite : au bout de quelques jours, *Grimou* s'offrit de lui-même à faire le portrait de son ami, & voulut absolument le peindre en David, tenant d'une main la tête de Goliath.

Ajoutons encore au caractère de *Grimou*, qu'il avoit une aversion marquée pour ce qu'on appelle la bonne compagnie. Un marchand de vin eut seul la gloire de captiver son amitié, & d'être tout-à-la-fois son conseil, son mentor, son oracle. Ce marchand de vin régnoit despotiquement sur l'esprit du peintre, sans autre sceptre que la clef de sa cave. *Grimou* avoit-il même achevé quelque portrait dont son ami le cabaretier parût content : — « Te fait-il plaisir, disoit *Grimou* ? emporte-le. » — Mais que diront les personnes ? . . . . . — je » m'en moque ; je leur dirai qu'il est égaré ;

» emporte toujours ». — C'est ainsi que ce marchand de vin se faisoit un cabinet des ouvrages choisis de *Grimou*, tandis qu'un duc auroit eu bien de la peine d'en obtenir un seul tableau.

Comme il ne travailloit que par boucades, le duc d'Orléans, régent, voulant avoir des ouvrages de ce peintre ; le manda au palais royal, le fit enfermer dans un appartement, & ordonna qu'on lui fournît tout ce qui seroit nécessaire, tant pour son travail que pour sa personne. *Grimou*, piqué de se voir pris comme au trébuchet, dit qu'il ne savoit rien faire en prison, & jura très énergiquement, que le premier qui lui présenteroit une palette, il la lui briseroit sur la tête. L'appartement où on le tenoit avec soin, n'étoit qu'au premier étage ; il se met à la fenêtre, & voit passer un de ses amis, qui lui demande à quoi il s'occupe-là : — « Je n'y fais rien, répond *Grimou*, & n'y » veux rien faire ; c'est pour cela qu'on m'y tient » renfermé. — Renfermé ! répond l'autre, j'en » suis fâché ; je t'aurois proposé bouteille. — A » ces mots, *Grimou* ne connoît plus de danger : » — Attends-moi, s'écrie-t-il, je vais bien les » attraper ». Aussi-tôt il se jette par la fenêtre, & se casse une cuisse.

Grimou avoit reçu du ministre L. B*** vingt-cinq louis d'avance, pour peindre mademoiselle sa fille, & il devoit recevoir pareille somme, lorsque le portrait seroit achevé. Quand la tête fut faite, *Grimou* se trouvant sans argent, eut recours, pour en avoir, aux conseils de son ami le cabaretier, qui le pressa de finir le portrait ; puisque c'étoit un moyen sûr de toucher vingt-cinq louis : « Non, dit *Grimou*, je ne finirai ja- » mais ce portrait-là, il m'ennuie ; & je vais » l'effacer. — Pourquoi donc, reprend son ami ? » c'est une de tes plus belles têtes ; tu as reçu de » l'argent d'avance, il doit encore te produire » une bonne somme ; d'ailleurs, il est de ton » intérêt de ménager une protection qui peut » t'être fort utile. — Je me soucie bien, dit » *Grimou* en jurant, de la protection de ces grands » seigneurs, avec qui on n'a jamais le plaisir de » boire bouteille. Non, je ne finirai pas le tableau ; » il n'y a qu'à rendre les vingt-cinq louis. — Mais » où diable veux-tu les prendre ? Tu n'as pas le » sou. — Oh ! tu vas voir, s'écrie *Grimou* ; tu » vas voir que je sais trouver des expédiens ». Aussi-tôt il effaça le portrait, court chez un fri-pier, vend ses meubles, jusqu'aux rideaux de son lit, se procure environ quarante louis, en renvoie vingt-cinq au ministre, & tout en buvant le reste, jure qu'il n'a jamais été si content que depuis la belle action qu'il vient de faire.

Malgré la vie crâpuleuse que menoit *Grimou*, il avoit une si haute idée de la supériorité de ses talens, qu'il croyoit de bonne-foi que son nom devoit

devoit être généralement connu, & le faire respecter par-tout. Il ne se retiroit jamais à des heures indues, qu'il ne se mît à crier au moindre bruit qu'il entendoit : *je suis Grimou.*

Lorsque ce bruit provenoit de quelqu'ivrogne, il l'entraînoit ordinairement dans un café, & y passoit le reste de la nuit.

Grimou avoit une frayeur étonnante du tonnerre. Pour se dérober la vue des éclairs, qu'il craignoit aussi beaucoup, il avoit imaginé un moyen dont la bisarrerie n'appartenoit qu'à lui seul. Si-tôt qu'il appercevoit quelques indices d'orage, il faisoit vuider une grande fontaine de cuivre, l'un de ses principaux meubles, se fourroit dedans au premier coup de tonnerre, & faisoit remettre le couvercle par-dessus la fontaine. De temps en temps, il levoit ce couvercle avec sa tête, & demandoit d'un air effrayé, s'il faisoit encore des éclairs. S'il en voyoit pendant sa question, il se renfermoit promptement dans son étui, laissoit retomber le couvercle, & ne reparoissoit que lorsqu'on lui avoit assuré, même avec serment, que le temps étoit calme, & qu'il n'avoit plus rien à craindre.

Grimou est mort comme il avoit vécu, c'est-à-dire, par un excès de boisson. (*Anecd. des beaux arts*).

GRIPHE. Sentence ou proposition mystérieuse, qui ajoute aux termes obscurs ou équivoques de l'énigme, un sens captieux capable d'embarrasser & de surprendre. Le *griphe* diffère aussi du logogriphe, en ce que celui-ci ne roule que sur les différentes manières de cacher un mot, en retranchant ou en divisant les lettres. Ce terme *griphe* est dérivé d'un mot grec, qui signifie *filet* ou *retz* propre à prendre les poissons.

On peut citer comme un exemple du *griphe* la question que Samson proposa aux philistins, à l'occasion du rayon de miel qu'il trouva dans la gueule du lion, après l'avoir déchiré : *Celui qui dévore a fourni de quoi manger, & la force a fait naître la douceur.* Les philistins en donnèrent l'explication par le moyen de Dalila, & dirent à Samson : qu'y a-t-il de plus doux que le miel ? qu'y a-t-il de plus fort que le lion ?

C'est une sorte de *griphe* que la demande que fit le sphinx aux thébains : quel est l'animal qui, le matin, marche à quatre pieds, à deux sur le haut du jour, & à trois sur le soir ? Ce qu'Œdipe expliqua de l'homme qui, dans l'enfance, va à quatre pieds ; ensuite, devenu grand, n'a besoin que de ses deux pieds pour marcher, & enfin, va à trois pieds, lorsque dans la vieillesse il s'appuie sur un bâton.

Encyclopédiana.

GROSSESSE.

On ignore encore le motif pour lequel quelques églises refusèrent long-temps la sépulture aux femmes qui mouroient enceintes, ou pendant les douleurs de l'enfantement : peut-être ces églises prétendoient-elles, par cette espèce de punition ecclésiastique, redoubler le zèle & l'attention des mères pour éloigner de leur fruit tout danger, & se précautionner contre les accidens qui privoient leurs enfans du sacrement de baptême. Mais comme il arrive souvent des cas fortuits & malheureux que toute la tendresse d'une mère, unie à la prévoyance la plus exacte, ne peût écarter, on a changé la sévérité de cette injuste discipline, & un concile tenu à Rouen en 1074, a ordonné que la sépulture en terre sainte ne seroit plus refusée aux femmes enceintes ou mortes pendant leur accouchement.

Livie, femme de Tibère avant de l'être d'Auguste, étoit enceinte, & désiroit ardemment d'avoir un fils. Pour découvrir si ses vœux seroient accomplis, elle eut recours à toutes les superstitions qui étoient alors accréditées : elle imagina en conséquence de couver & de faire éclore dans son sein un œuf, augurant du sexe de son enfant par celui du poussin qui en viendroit. Ce fut un mâle qui nâquit, avec une belle crête, & le hasard voulut qu'elle accouchât ensuite d'un garçon, qui fut l'empereur Tibère. Les augures ne manquèrent pas de publier par-tout ce fait, pour prouver leur art.

Dans une lettre qu'une dame de province écrivoit à son mari, qui étoit à Paris depuis quelques mois, après lui avoir parlé d'affaires, elle finissoit ainsi : *Je te dirai pour nouvelles que mesdames une telle & une telle sont grosses, que mesdames telle & telle se vantent de l'être, & que mesdemoiselles telle & telle craignent de l'être. Il n'y a que moi qui ne le suis point : tu devrois mourir de honte.*

Lorsque la reine Anne d'Autriche devint enceinte, après une stérilité de vingt années, le curé de Saint-Germain-l'Auxerrois, qui étoit un homme simple, monta en chaire pour annoncer dans son prône la grossesse de la reine, il dit : *Mes frères, si la reine nous donne une princesse, nous n'en serons guères plus avancés, à cause de la loi salique : ainsi prions Dieu qu'elle ait un prince : cependant, mes frères,* ajouta-t-il, *il y a ce qu'il y a, prions Dieu pour son âme.*

Nicolas de trop près ayant vu Jacqueline,
Il en parut soudain un tendre fruit d'amour.
Leur curé, soit par zèle ou par humeur chagrine,
Quelle honte ! dit-il, enfans du noir séjour :
C'est ainsi qu'on se livre à l'éternelle flamme.
Quoi ! reprit Nicolas, j'en aurois du remords ?
Ma Jacqueline & moi n'avons fait que le corps,
Et si c'eût été mal, Dieu n'eût pas bouté l'âme.

Une nommée Chatri, femme d'un tailleur d'habits de la ville de Sens en Bourgogne, & qui vivoit du temps de Henri III, eut vingt ans après son mariage toutes les marques d'une véritable grossesse : elle demeura trois ans au lit malade sans pouvoir accoucher. Enfin, ses douleurs s'étant appaisées & l'enflure durant toujours, elle demeura dans cet état près de vingt-quatre ans. Après sa mort, qui arriva à la soixante-huitième année de son âge, son mari la fit ouvrir, & on trouva dans son sein le corps d'une petite fille, tout formé, mais pétrifié. M. d'Alibour, qui étoit alors médecin de la ville de Sens, & qui devint ensuite premier médecin du roi Henri IV, ayant été témoin oculaire de ce prodige, en donna l'histoire par écrit, avec une savante dissertation.

GROTIUS, (Hugues) né en 1582, mort en 1645.

Grotius fut à vingt-quatre ans avocat général de la ville de Rotterdam. Un des plus beaux traits de la vie de cet homme illustre, est d'avoir été l'ami du malheureux Barneveld, grand pensionnaire de Hollande. Mais cette amitié pensa lui devenir funeste. Deux théologiens, Arminius & Gomare, avoient par leurs ridicules disputes divisé tous les Pays-Bas protestans en deux partis, d'Arminiens ou Remontrans, & de Gomaristes ou Contre-Remontrans. Barneveld, l'un des fondateurs de la liberté de sa patrie, se déclara pour la tolérance en faveur des arminiens ; & Grotius soutint le parti de son illustre ami par ses écrits & par son crédit. Maurice d'Orange, qui ne cherchoit qu'un prétexte pour se défaire de ceux qui s'opposoient le plus à ses projets ambitieux, fit condamner le grand pensionnaire à avoir la tête tranchée, & Grotius à une prison perpétuelle. Celui-ci fut en conséquence enfermé dans le château de Louvestein le 16 juin 1619. Mais il eut au bout de quelque temps le bonheur de se sauver de sa prison, par le conseil & par l'industrie de son épouse. Cette femme avoit remarqué que les gardes de la forteresse, lassés de visiter & de fouiller un grand coffre rempli de linge qu'on envoyoit blanchir à Gorcum, ville voisine, commençoient à le laisser passer sans l'ouvrir. Elle crut qu'on pourroit tirer parti de cette négligence, & conseilla à son mari de se mettre dans le coffre à la place du linge. Mais, pour ne rien hasarder, elle fit des trous à l'endroit du coffre où il devoit tourner le visage, & l'enferma dedans autant de temps qu'il en falloit pour aller de Louvestein à Gorcum. Cet essai ayant parfaitement réussi, elle choisit le jour que le commandant étoit obligé de s'absenter, alla rendre visite à la commandante, & lui parla, dans la conversation, de la santé de son mari, qu'elle feignit si foible, qu'elle vouloit, disoit-elle, ren-

voyer tous ses livres dans un coffre, afin de l'empêcher de travailler. Le lendemain elle arrange son mari à la place de ces livres. Deux soldats viennent prendre le coffre & l'emportent. L'un de ces soldats trouvant le coffre plus lourd qu'à l'ordinaire : Il faut, s'écria-t-il, qu'il y ait quelqu'arminien là-dedans : façon de parler alors en usage. Effectivement, répondit la femme de Grotius, il y a des livres arminiens. On descendit le fardeau avec beaucoup de peine. Aux soins, aux agitations de la tendre épouse, un des soldats eut encore quelques soupçons. Il demanda la clef. Elle ne se trouva pas, comme on le pense bien. Il va prendre les ordres de la commandante, qui, prévenue la veille par madame Grotius elle-même, qu'elle vouloit faire transporter tous les livres de son mari, répondit qu'il n'y avoit qu'à laisser passer le coffre, & qu'elle savoit ce qu'il contenoit. Grotius fut ainsi transporté, non sans beaucoup d'inquiétudes, jusqu'à Gorcum chez un de ses amis. Il sort alors de sa nouvelle prison, &, sans perdre de temps, prend un habit de manœuvre qu'on lui avoit préparé, traverse la place publique avec une règle & une truelle à la main, gagne les portes de la ville du côté de la rivière, & se jette dans un bateau, qui le conduisit à Valvic, où il loua une voiture pour Anvers. Arrivé dans cette ville, il commença alors à respirer plus à son aise, & donna des nouvelles à sa femme, qui feignoit toujours que son mari étoit fort malade, afin de lui donner le temps de se sauver. Mais quand elle sut qu'il étoit en pays de sûreté, elle apprit son évasion aux gardes. Le commandant irrité de voir son prisonnier échappé, fit resserrer plus étroitement sa femme, & lui intenta un procès criminel. Il y eut des juges qui conclurent à la retenir prisonnière au lieu de son mari ; mais les états-généraux, auxquels elle présenta sa requête, lui accordèrent son élargissement. Une telle femme, dit Bayle, mériteroit dans la république des lettres, non-seulement une statue, mais aussi les honneurs de la canonisation ; car c'est à elle qu'on est redevable de tant d'excellens ouvrages que son mari a mis au jour, & qui ne seroient jamais sortis des ténèbres de Louvestein, s'il y eût passé toute sa vie, comme les juges choisis parmi ses ennemis l'avoient résolu.

Grotius chercha un asyle en France, & le trouva auprès de Louis XIII ; qui, instruit du mérite de l'illustre réfugié, le reçut avec la plus grande bonté, & lui fit délivrer le brevet d'une pension de trois mille livres. Grotius, par reconnoissance pour son bienfaiteur, lui dédia son Traité du droit de la guerre & de la paix. Sa pension néanmoins ne lui fut pas toujours exactement payée, parce que plus occupé de ses études que de faire sa cour au cardinal de Richelieu, premier ministre, il parut sourd aux propositions qui lui furent faites d'écrire l'histoire du ministère de cette éminence. Les perſécutions que les états-généraux lui ſuſcitoient dans ce royaume, & auxquelles il ne répondoit qu'en cherchant à ſervir ſa patrie dans toutes les occaſions ; & les dégoûts que lui fit eſſuyer le cardinal, l'obligèrent enfin à ſe retirer en Suède, où Guſtave Adolphe lui accorda ſa protection. Sous le règne de l'illuſtre Chriſtine, ſa fille, il parvint aux plus grands honneurs, & fut nommé ambaſſadeur en France. On eut plus d'une fois occaſion de rendre hommage à ſa profonde politique & à ſon talent pour la négociation, & de reconnoître qu'un homme d'études eſt toujours ſupérieur dans le maniement des affaires à des hommes diſſipés. Quoiqu'il dût ſouvent être flatté du plaiſir de traiter d'égal à égal avec un miniſtre qui lui avoit marqué autrefois trop peu de conſidération, il n'en déſiroit pas moins d'être délivré du pénible fardeau du miniſtère public. « Je ſuis raſſaſié d'honneurs, écrivoit-il à ſon » père. . . . . J'aime la vie tranquille, & je ſerois » fort aiſe de ne m'occuper, le reſte de mes jours, » que de Dieu, & de ce qui pourroit être avan- » tageux à la poſtérité ».

De retour à Stokolm, il perſiſta à ſe retirer du miniſtère. Il obtint enfin cette permiſſion, qui étoit une grace pour lui. Mais comme il eſpéroit de jouir à Lubec des bienfaits que Chriſtine avoit accordés à ſes ſervices & à ſes talens, il tomba malade en traverſant le Mekelbourg, & fut obligé de s'y faire ſoigner. Son mal augmentant, un miniſtre vint le voir malade, & le trouvant à l'agonie, il récita une prière convenable à ſon état. Il lui faiſoit quelque exhortation, & lui demandoit de temps en temps s'il l'entendoit, & le mourant, après avoir dit pluſieurs fois oui, fit cette dernière réponſe : je vous entends bien, mais j'ai de la peine à comprendre ce que vous me dites ; & un moment après il expira.

Chriſtine apprenant la mort de cet homme illuſtre, écrivit à ſa veuve pour l'aſſurer de ſa protection généreuſe, & pour lui demander les ouvrages de ſon mari, marquant avec les plus grands éloges l'eſtime qu'elle avoit toujours faite de ſa perſonne & de ſes écrits.

GUERRE.

On a dit de la guerre, que c'étoit un jeu de princes, qui ne plaiſoit qu'à ceux qui le jouoient.

Ce jeu ſanguinaire a ſes ruſes, ſes ſtratagèmes.

La valeur eſt ſans doute la vertu la plus eſſentielle à l'homme de guerre ; mais heureuſement c'eſt la plus commune. Il eſt rare de voir celui qui a pluſieurs témoins de ſa mort, mourir en lâche.

La guerre eſt pour la plûpart de ceux qui s'y adonnent, moins un champ de gloire, qu'un métier. Charles-Quint faiſoit attaquer, en 1525,

par le marquis de Peſcaire, Pizighitone, place du Milanez. « Il y avoit dedans, dit Brantome, trois » excellens arquebuſiers, qui, ayant été mis en » garde en un certain lieu ſecret de la muraille, » regardoient s'ils ne verroient point quelqu'eſpa- » gnol, ſur lequel ils puſſent décharger leurs ar- » quebuſes à coups ſûrs. Il arriva qu'ayant cou- » ché mort par terre le capitaine Buſto & le ca- » pitaine Mercado, le troiſième ayant dreſſé ſon » arquebuſe contre le marquis de Peſcaire, & » cherchant à y mettre le feu, tout d'un coup un » capitaine de Pavie, nommé le Fratin, avança » la main & lui arracha la mêche allumée, criant » à haute voix : A Dieu ne plaiſe que, par notre » cruauté, périſſe un ſi vaillant capitaine, qui eſt » le père des ſoldats, & qui nous maintient, » encore que nous ſoyons ennemis ; mais au con- » traire, conſervons lui la vie, afin de vivre du » gain de nos ſoldats, & que nous ne mourions » point de faim au milieu d'une paix lente & pa- » reſſeuſe. Ainſi lui fut ſauvée la vie. Il avoit raiſon » de parler ainſi ; car, comme ennemi de paix & » ami de guerre, il leur entretenoit toujours leur » gagne-pain ».

Un prince, le plus grand général de ſon ſiècle, diſoit que ſi le lendemain d'une bataille, les rois viſitoient leurs hôpitaux, ils ne feroient jamais la guerre. De tels ſentimens valent bien une victoire, qui, après tout, n'eſt qu'une brillante calamité.

Une des maximes d'Henri IV étoit : que les hommes vaillans ſont toujours les derniers à conſeiller la guerre, & les premiers à l'exécuter. Il répondit à ceux qui le preſſoient de rompre les négociations de Vervins : qu'étant une choſe barbare, contre les loix & la nature, de faire le guerre pour l'amour de la guerre, un prince ne devoit jamais refuſer la paix, à moins qu'elle ne lui fût tout-à-fait déſavantageuſe.

Un anglois a écrit à un françois de ſes amis à propos de la guerre : « Nous nous occu- » pons les uns les autres à nous écorcher tout » vifs, pour nous embraſſer de nouveau quand » nous n'aurons plus de ſang dans les veines ».

La première guerre entrepriſe dans l'eſprit de conquête, remonte au temps d'Abraham. On lit dans la Genèſe que Codor-la-Homor, roi des élamites, s'étoit aſſujetti les rois de la Pentapole. (Le mot Pentapole vient des mots grecs πέντε πόλ, qui ſignifient cinq villes). Les auteurs profanes n'ont point connu de conquérant plus ancien que Ninus, roi d'Aſſyrie. Il fut de beaucoup poſtérieur au héros de la Genèſe.

Le ſabre, l'épée & l'arc étoient déja en uſage du temps d'Abraham. Abraham prend ſon épée pour immoler Iſaac. Siméon & Lévi entrent l'épée à la main dans Sichem, pour maſſacrer les habitans. L'écriture dit qu'Iſmaël ſe rendit habile à tirer de l'arc. Efaü prend fon arc & fon carquois pour aller à la chaffe. La *guerre*, en mêlant les nations les unes avec les autres, a mêlé les mœurs, les langues & les idées. Par-là les connoiffances fe font étendues, & les découvertes fe font multipliées.

GUESCLIN, (Bertrand du) né l'an 1311, mort le 13 juillet. 1380.

Du Guefclin étoit doué de toutes les vertus de l'ancienne chevalerie ; il en avoit auffi la *noble ignorance* ; & les hiftoriens font mention qu'il ne favoit lire ni écrire. On l'a dépeint d'une taille forte & épaiffe, les épaules larges, les bras nerveux. Ses yeux étoient petits, mais vifs & pleins de feu. Sa phyfionomie n'avoit rien d'agréable. « Je fuis fort laid, difoit-il étant jeune, » jamais je ne ferai bien venu des dames, mais du » moins je faurai me faire craindre des ennemis de » mon roi ».

Dès fa plus tendre enfance, il ne refpiroit que les combats. « Il n'y a pas de plus mauvais gar- » çon au monde, difoit fa mère ; il eft toujours » bleffé ; le vifage déchiré, toujours battant ou » battu ».

Il paffoit un jour avec un de fes oncles dans une place publique, où de jeunes garçons de la ville s'exerçoient à la lutte : un d'entr'eux, plus adroit & plus robufte, les avoit tous vaincus ; & fe promenant fièrement dans la carrière, il défioit tous ceux de fon âge d'approcher. *Du Guefclin*, qui fouffroit impatiemment cette bravade, s'échappa de la compagnie de fon conducteur ; & lorfque celui-ci, qui croyoit toujours le jeune *Bertrand* à fes côtés, voulut s'approcher de plus près pour voir les combattans, il ne fut pas peu furpris de trouver fon neveu aux prifes avec le jeune lutteur. Mais le combat ne fut pas long ; le bourgeois, terraffé par *du Guefclin*, lui demanda quartier.

Du temps de *du Guefclin*, la nobleffe s'affembloit fouvent pour donner des fêtes aux dames. Renaud *du Guefclin*, père de Bertrand, & plufieurs autres gentilshommes bretons, publièrent un tournoi où furent invités tout ce qu'il y avoit de plus brave en France & en Angleterre. Les chevaliers bretons ne voulant pas céder en magnificence aux chevaliers des deux nations conviées, parurent au tournoi avec des équipages fuperbes. *Du Guefclin* avoit vu les préparatifs de celui de fon père, & il fe promettoit de l'accompagner dans cette fête brillante ; mais Renaud, avant que de fe rendre à Rennes, lui défendit de fortir de chez lui, fous prétexte que fa jeuneffe le mettoit hors d'état de combattre contre des chevaliers robuftes & aguerris, tels que ceux qui devoient fe trouver au tournoi. Le jeune *Bertrand*, mécon-

tent de l'ordre qu'il avoit reçu, ne fongea qu'aux moyens de pouvoir l'enfreindre, & s'étant échappé fecrettement, il fe rendit à Rennes. Là, il fuivit la foule qui le conduifit à l'endroit où fe célébroit le tournoi. *Du Guefclin* comtemploit avec une envie chagrine ces chevaux fi richement enharnachés, ces chevaliers tout brillans d'or & de pierries. Le bruit des trompettes qui animoit les combattans, & les acclamations qu'on donnoit aux vainqueurs, le mettoient hors de lui-même. Il pouffoit, il preffoit de tous côtés, pour s'approcher de la barrière. Sa mauvaife mine lui attiroit des injures de la part de ceux qu'il déplaçoit, & on le repouffoit fans confidération. *Du Guefclin* fe trouva enfin dans une place d'où il pouvoit tout voir commodément ; mais il n'en fut pas plus tranquille. Après avoir été long-temps fpectateur, il découvrit un chevalier de fes parens, qui, fatigué de plufieurs courfes, fe retiroit ; il quitte alors fa place, court & arrive en même-temps que le chevalier dans l'hôtellerie où il logeoit. S'étant approché de lui, il fe jetta à fes genoux, & le conjura, par la gloire qu'il venoit d'acquérir, de lui prêter fes armes & fon cheval. Le chevalier qui reconnut fon émotion au feu de fes yeux, charmé de trouver tant d'ardeur & de courage dans un jeune homme tel que lui, accorda à *du Guefclin* ce qu'il lui demandoit ; il l'arma lui-même, & lui fit donner un cheval frais. Les victoires les plus fignalées qu'il remporta dans la fuite lui caufèrent moins de joie que cet événement. Il s'avance vers la place du tournoi, fe fait ouvrir la barrière, & demande à combattre. Un des tenans ne fe préfenta que pour être vaincu. *Du Guefclin* le heurta avec tant de violence, que le chevalier fut renverfé de deffus fon cheval. Il fe releva, & fut terraffé une feconde fois ; mais cette chûte lui fut plus funefte que la première ; il en refta dangereufement bleffé. *Du Guefclin* appella alors. Il vint un autre chevalier. Son père même fe préfenta pour courir contre lui. *Bertrand* qui le reconnut à fes armes, accepta le défi ; mais les trompettes ayant fonné la charge, au lieu de s'avancer pour combattre, il baiffa la lance, & lui fit une révérence profonde. Tout le monde fut étonné de cette action. Quelques-uns crûrent que c'étoit par crainte pour Renaud, qui paffoit pour un des plus braves chevaliers de fon temps. D'autres, que le vainqueur étoit las de fes deux premières courfes. Mais il recommença à courir & à vaincre. Plufieurs chevaliers fe virent terraffés les uns après les autres ; enforte que perfonne n'ofoit plus fe préfenter devant lui. On admiroit fa force & fon adreffe ; mais on étoit encore plus furpris de fon attention à fe tenir caché fous fon cafque. Renaud du Guefclin voyoit bien à fes exploits, qu'un autre motif, que la crainte d'être vaincu, avoit empêché l'inconnu de le combattre ; & il fouhaitoit d'autant plus de favoir à qui il étoit obligé de ce ménagement refpectueux. Tous les spectateurs avoient la même curiosité ; mais, comme on n'espéroit pas de le vaincre, on désespéroit aussi de le connoître. Un chevalier normand, dont la force & l'adresse étoient reconnues de toute l'Europe, s'étoit présenté au tournoi, moins pour y acquérir de la gloire que pour rappeller le souvenir de celle qu'il avoit si souvent eue dans ces sortes de jeux. Après avoir terrassé deux ou trois chevaliers, il s'étoit retiré à l'autre bout de la carrière, où il s'entretenoit avec les dames, comme un homme qui en avoit assez fait. Les exploits du jeune inconnu attirèrent ses regards ; & les dames l'ayant prié de le combattre pour savoir son nom, il demanda à courir contre lui. Du Guesclin accepta le défi. On les vit partir avec une vitesse incroyable. Le chevalier normand exécuta son dessein, & enleva le casque du breton. Mais celui-ci, outré de se voir découvert, saisit son adversaire avec tant d'adresse & de force, qu'il l'enleva de dessus son cheval, & le mit au nombre des vaincus. Si l'étonnement des spectateurs fut grand à la vue de ces exploits, quel fut celui de Renaud ? Il accourt vers son fils, & l'embrasse transporté de tendresse & de joie. Du Guesclin, charmé de se voir applaudi par son père, en goûta mieux sa victoire. Il alla recevoir le prix destiné aux vainqueurs ; & suivi de toute la noblesse qui l'accompagnoit, il fut offrir sur le champ le prix au chevalier qui lui avoit prêté son cheval, & ses armes. Cette dernière action acheva de lui gagner l'estime de ceux qui en furent les témoins ; on vit avec plaisir qu'il alliot au courage & à l'adresse un cœur généreux & reconnoissant.

Du Guesclin, après avoir également signalé sa bravoure dans plusieurs combats particuliers si fort recherchés par les preux chevaliers, employa plus utilement ses armes & son courage contre les ennemis de son roi & de sa patrie. Pendant la prison du roi Jean, après la funeste bataille de Poitiers en 1356, il vint au secours de Charles, duc de Normandie, fils aîné du roi & régent du royaume. Il lui servit à forcer Melun, à rendre libre la rivière de Seine, & à lui soumettre bien des places. Charles conçut dès-lors pour au Guesclin une estime particulière, dont il lui donna des preuves lorsqu'il eut succédé à la couronne en 1364. Cette même année du Guesclin, à qui Charles avoit confié le commandement de ses armées, remporta sur le roi de Navarre la bataille de Cocherel, village près d'Evreux. Le captal de Buch, qui commandoit les troupes du roi de Navarre, fut pris par du Guesclin même, aidé de Rolland Bodin. Un moment avant la bataille, du Guesclin courant de rang en rang, inspira à tous ses soldats le courage qui l'animoit : « Pour » Dieu, amis, disoit-il, souvenez-vous que nous » avons un nouveau roi de France : que sa cou- » ronne soit aujourd'hui étrennée par vous ».

La paix s'étant faite entre Charles V & le roi de Navarre, du Guesclin passa en Espagne, où il fit des prodiges de valeur. Il entreprit ce voyage, non pour, à l'exemple des chevaliers de son temps, redresser les torts de quelques particuliers, & venger l'honneur des belles dames, mais pour secourir des peuples accablés sous le joug de la tyrannie. Il chassa de Castille Pierre-le-Cruel, prince souillé du meurtre de ses frères & de celui de sa propre épouse, & qui ne cessoit de vexer ses sujets. Il fit couronner à sa place Henri, comte de Transtamare, frère naturel de ce roi. Le nouveau monarque, plein de reconnoissance pour les services de du Guesclin, lui fit un présent de cent mille écus d'or, & le décora de la dignité de connétable de Castille. Cette action & plusieurs autres de du Guesclin, furent représentées par la suite dans différens tableaux qui décoroient un hôtel qu'achetèrent les Guises. Henri de Guise, surnommé le Balafré, celui-là même qui voulut faire tonsurer Henri III, & qui fut tué à Blois avec son frère le cardinal, se promenant dans la galerie où ces peintures étoient placées, disoit au sénéchal Carcado : « Je regarde toujours avec » plaisir du Guesclin ; il eut la gloire de détrôner » un tyran ». Mais ce tyran, répondit le sénéchal, n'étoit pas son roi.

Du Guesclin avoit mené à cette expédition les grandes compagnies qui désoloient la France. On appeloit ainsi les troupes qui, étant restées sans emploi après la paix faite entre la Bretagne, l'Angleterre & la France, s'étoient divisées par pelotons, & mettoient tout le pays qu'elles parcouroient à contribution. Les campagnes d'Avignon, où résidoit le pape, ne furent pas plus respectées ; & le saint père fulmina une excommunication contre les chefs & les soldats. Lorsque du Guesclin se mit en chemin pour l'Espagne, il pria le pape de vouloir bien contribuer aux frais de cette expédition ; mais le saint père, au lieu d'argent, ne lui promit qu'une absolution pour l'armée. Les troupes instruites de cette négociation n'en furent que plus ardentes à ravager les terres d'Avignon. Un légat du pape vint trouver du Guesclin pour le prier d'appaiser ces désordres : « Je ne le puis, » répondit le général ; vous devez connoître mieux » que moi la force des anathèmes de l'église ; de- » puis qu'on les a lancés contre nos soldats, ils » sont devenus loups-garoux. Ils ne nous écoutent » plus. Je conseille au pape de lever l'excom- » munication, & de leur envoyer de l'argent ; c'est- » là le seul moyen de leur rendre raison ; autre- » ment ils deviendront pis que des diables ». L'avis étoit pressant. Le pape envoya offrir à l'armée la levée de l'excommunication, beaucoup de prières pour le succès de leurs armes, & cent mille francs d'argent. Ce dernier article appaisa tout ; mais comme les cent mille francs avoient été levés sur le peuple, du Guesclin les renvoya : « Reportez

» cet argent, dit *du Guesclin* au légat, je ne veux » rien du peuple; c'est au pape & aux riches » cardinaux que j'en demande; c'est à eux à m'en » donner ». Les cent mille francs furent effectivement rendus au peuple, & les riches bénéficiers seuls se virent obligés de payer.

Charles, qui venoit de confisquer la Guyenne sur le roi Edouard, son vassal, avoit besoin de *du Guesclin* pour faire valoir cette confiscation. Il le rappela d'Espagne. *Du Guesclin*, après s'être emparé d'une partie de la Guyenne & de plusieurs places importantes, se rendit à la cour, où des ordres réitérés le demandoient. On vouloit l'opposer à une nouvelle armée angloise débarquée à Calais, & qui se répandoit dans la France. Son arrivée à Paris inspira une confiance universelle aux habitans. Le peuple le reçut au bruit des acclamations, & cria *Noël*; ce qui jusqu'alors n'avoit été en usage que pour les rois. Charles, après lui avoir donné ces louanges si précieuses dans la bouche d'un prince sage & éclairé, lui dit qu'il lui avoit destiné depuis long-temps l'épée de connétable. Il faut, ajouta le prince, que vous me promettiez de l'accepter. *Du Guesclin* se jetta aussi-tôt aux genoux du roi, & le supplia de considérer, que cette épée étant entre les mains d'un prince aussi considérable que le duc de Bourgogne, il seroit téméraire de vouloir s'en charger, & lui représenta qu'il n'étoit qu'un *pauvre chevalier* & un *pauvre bachelier* dans le métier des armes. « Messire *Bertrand*, lui dit ». Charles, ne vous excusez point; je n'ai frère, » cousin, neveu, comte, ni baron en mon » royaume qui n'obéisse à vous; & si nuls en » étoient au contraire, ils me courrouceroient » tellement, qu'ils s'en appercevroient: si prenez » l'office joyeusement, & je vous en prie ». Le lendemain, le roi ayant assemblé les grands de son royaume, ils approuvèrent son choix d'une voix unanime, & *du Guesclin* fut obligé de céder à tant de vœux réunis. Mais, en recevant l'épée de connétable, il supplia sa majesté de ne daigner jamais ajouter foi aux rapports qu'on pourroit faire contre lui, sans lui avoir auparavant fait la grace de l'entendre; ce que Charles lui promit dans les termes les plus affectueux. *Du Guesclin* redoutoit moins les ennemis de l'état que les courtisans du prince.

Pendant que *du Guesclin* étoit à la cour, la reine accoucha d'un second fils, qui fut Louis duc d'Orléans. Le connétable eut l'honneur d'être son parrein. Au milieu de la cérémonie, il se permit une de ces saillies qui annonçoient par-tout son zèle & sa franchise. Il tira son épée; & la mettant entre les mains de son filleul: « Monseigneur, » lui dit-il, je vous fais présent de cette épée, » & je la mets à votre main, priant Dieu qu'il » vous fasse la grace, & qu'il vous donne tel &

» si grand cœur, que vous soyez un jour aussi » preux & aussi bon chevalier que fut oncques » roi de France qui porta l'épée ».

La dignité dont *du Guesclin* venoit d'être revêtu, l'avoit rendu maître absolu des opérations de la campagne; mais fidèle au sage précepte de Charles V, d'éviter de commettre le salut de l'état à l'événement incertain d'un combat décisif, il chercha toujours à ruiner l'armée des ennemis par des marches & des contre-marches. Il fit une campagne entièrement semblable à celle qui, sous Louis XIV, a fait passer le maréchal de Turenne pour le plus grand général de l'Europe. Il tomba dans le Maine & dans l'Anjou sur les quartiers des troupes angloises, les défit toutes les unes après les autres, & prit de sa main le général Grandson. *Du Guesclin*, qui l'avoit d'abord vaincu comme général, voulut encore le vaincre comme soldat; & ayant vu d'un coup d'œil que son armée ne couroit aucun risque, il s'attacha à Grandson. Celui-ci le reçut en brave homme; & le connétable eût péri d'un coup de hache que lui porta Grandson, si son adresse & son agilité ne l'eussent sauvé de ce danger. Il se glissa sous le coup; & saisissant son adversaire par le milieu du corps, fit ses efforts pour le renverser. *Du Guesclin* réussit; & lui posant le poignard sur la gorge, il le contraignit de se rendre.

Le connétable mourut de maladie au milieu de ses triomphes devant Château-Neuf de Rendan, qu'il assiégeoit en 1380. Après avoir dicté son testament, il demanda l'épée de connétable, la baisa par respect, la remit au maréchal de Sancerre pour la rendre au roi; & s'adressant aux vieux militaires avec lesquels il combattoit depuis quarante ans, il leur recommanda de ne point oublier ce qu'il leur avoit répété si souvent: *Qu'en quelques pays qu'ils fissent la guerre, les gens d'église, les femmes, les enfans & le pauvre peuple n'étoient point leurs ennemis.*

Les anglois assiégés avoient promis de rendre la place au connétable, s'ils n'étoient pas secourus à certain jour indiqué. Quoiqu'il fût mort, ils ne se crurent pas dispensés de lui tenir parole. Le commandant ennemi, suivi de sa garnison, se rendit à la tente du héros défunt. Là, se prosternant devant le cercueil, il déposa les clefs de la place. Ce trait de générosité, digne des temps héroïques, est aussi un des plus beaux monumens de l'estime que l'on avoit pour le *bon connétable*. Mais cette anecdote brillante rapportée par plusieurs historiens, se trouve contredite par deux manuscrits cités dans l'histoire de Languedoc. Il y est dit que le commandant de la place apporta les clefs quelques momens avant que le connétable expirât. Ce fait paroîtra d'autant plus vraisemblable, que *du Guesclin* mourut le 13 juillet;

& que le gouverneur devoit se rendre, s'il n'étoit pas secouru, avant le 11.

GUIDO RENI ou le GUIDE, né à Bologne, l'an 1575, mort en 1642.

Cet artiste, si justement célèbre, étoit fils d'un habile musicien, qui lui fit apprendre à toucher du clavecin ; mais la musique avoit moins de charmes pour lui que la peinture.

Le Guide étoit si bien fait, sa physionomie étoit si agréable, que Louis Carrache le prenoit pour modèle, quand il peignoit des anges.

Le Guide prétendoit que, comme peintre, on devoit lui rendre beaucoup d'honneurs ; en cette qualité, il étoit fier & superbe. Travaillant toujours avec un certain cérémonial, il avoit soin d'être habillé magnifiquement lorsqu'il se mettoit à l'ouvrage ; ses élèves, rangés respectueusement autour de lui, préparoient sa palette, nettoyoient ses pinceaux, & le servoient en silence.

Sur ce qu'on lui reprochoit qu'il ne faisoit point sa cour au cardinal-légat de Bologne, qui désiroit son amitié, il répondit : — « Je ne troquerois pas mon pinceau contre la barrete d'un » cardinal ».

Paul V se plaisoit infiniment à le voir travailler, & lui permettoit de se couvrir en sa présence. Le Guide disoit que, si le pape ne lui avoit point accordé cette grace, il l'auroit prise de lui-même, en supposant une incommodité, parce qu'un tel privilège étoit dû à son art.

Le Guide ne rendoit aucune visite aux grands qui l'honoroient de la leur, & disoit pour excuser son procédé, que quand on venoit le voir, on recherchoit son art & non pas sa personne.

Il ne mettoit point de prix à ses tableaux : le paiement qu'il en recevoit étoit toujours qualifié d'honoraires.

Hors de son attelier, le Guide n'étoit plus le même homme ; il devenoit aussi modeste qu'il avoit paru fier & orgueilleux le pinceau à la main.

Ce n'étoit que l'art seul de la peinture qu'il adoroit, pour ainsi dire, & vouloit faire respecter de tous les hommes. La modestie étoit tellement une de ses vertus, qu'il brûla un grand nombre de lettres que lui avoient écrit des savans illustres & plusieurs souverains, & qui flattoient trop vivement son amour-propre.

Ennemi de la galanterie, le Guide ne restoit jamais seul avec les femmes qui lui servoient de modèles.

Il aimoit à occuper des appartemens vastes, & ne les meubloit que des choses absolument nécessaires : — « Chez moi, disoit-il, on vient » voir des tableaux, & non pas des tapisseries ».

Il étoit difficile d'obtenir un tableau de sa main, il falloit le prendre par son foible ; c'est-à-dire, jouer avec lui.

Ce grand artiste travailloit avec une facilité prodigieuse. Un grand-duc de Florence lui demanda une tête d'Hercule ; il la peignit en moins de deux heures, en présence de ce prince, qui lui donna soixante pistoles, & une chaîne d'or avec son portrait.

Le Guide fit encore en moins de quatre heures, un grand tableau pour le cardinal Cornaro, qui le vit aussi travailler sous ses yeux : la bourse du cardinal lui fut ouverte ; & la discrétion qu'il eut de n'y prendre qu'une somme modique, lui valut une chaîne d'or.

Extrêmement curieux de connoître le modèle dont le Guide se servoit pour ses têtes de femmes, le Guerchin pria un ami commun d'engager cet excellent artiste à satisfaire sa curiosité. L'ami s'étant acquitté de la commission, aussi-tôt le Guide fit asseoir son broyeur de couleurs, qui étoit la laideur même, & peignit la plus belle tête de femme qu'on pût voir. « Allez, dit-il à » l'ami du Guerchin, rapportez à celui qui vous » envoie, que lorsqu'on a l'esprit rempli de belles » idées, l'on n'a pas besoin d'autre modèle que » de celui dont je viens de me servir en votre » présence ».

Il y eut toujours entre l'Albane & le Guide, la plus grande rivalité ; c'est ce qui leur fit produire tant d'ouvrages admirables : si le Guide faisoit un tableau & l'exposoit dans une des églises de Bologne, on étoit sûr d'en voir bien-tôt un de l'Albane dans le même endroit.

Le Josépin examinant avec le pape un ouvrage du Guide, dit à sa sainteté : — « Nous autres, » nous travaillons comme des hommes ; le Guide » travaille comme un ange ».

Les italiens ont dit poëtiquement de ce peintre immortel, que la grace & la beauté étoient au bout des doigts du Guide, lorsqu'il peignoit, & qu'elles en sortoient pour aller se reposer sur les figures qu'il animoit par son pinceau.

Cet artiste a représenté la Tentation du premier homme ; & comme il est dit dans la Genèse, que le serpent qui séduisit Eve, lui parla beaucoup, le Guide a donné au serpent une tête de femme.

Les hommes de génie mettent à profit les moindres circonstances pour perfectionner l'art ou la science qu'ils cultivent. Les dominicains de Bologne, déplaçant un vieux cercueil, afin de le mettre dans un autre endroit, l'ouvrirent & trouvèrent le corps tout entier ; mais, dès qu'ils voulurent le toucher, il tomba en poussière, de même qu'une veste de toile; il n'y eut qu'un habit de soie qui se conserva. *Le Guide*, témoin de cet évènement, en inféra que la soie est moins sujette que la toile à la corruption; & résolut à l'avenir de peindre ses tableaux sur une espèce de taffetas, qu'il fit préparer exprès. *Le Guide* est peut-être le seul peintre qui se soit avisé d'un pareil expédient.

Les dettes qu'il avoit contractées, & quelques sujets de mécontentement qu'il eut des officiers de sa sainteté, l'obligèrent à sortir de Rome, & à se retirer à Bologne. Le pape, fâché de perdre un artiste qu'il estimoit, avec toute l'Europe, lui dépêcha plusieurs couriers chargés instamment de le faire revenir, par ordre exprès du souverain pontife. Le cardinal-légat de Bologne, alla trouver *le Guide* dans son attelier, &, ne pouvant le résoudre à retourner à Rome, il le menaça de le faire arrêter. Un gentilhomme, témoin de cette contestation, dit alors au légat : — « S'il faut » donner des chaînes au *Guide*, elles doivent » être d'or ».

Enfin, *le Guide* se rendit aux vives sollicitations des personnes du premier rang. Lorsqu'on le sut auprès de Rome, la plupart des cardinaux envoyèrent leurs carrosses au-devant de lui, suivant l'usage observé aux entrées des ambassadeurs.

Le pape, charmé de le voir, lui donna un carrosse, & lui accorda une forte pension.

Le Guide, contraint, pour ainsi dire, de retourner à Rome, se trouva dans la même position où s'étoit vu autrefois Michel-Ange; mais sa réception fut bien différente. Jules, tout bouillant de colère, fit trembler Michel-Ange à l'approche de son trône : Paul V ouvrit les bras au *Guide*, & le reçut comme un tendre père : — « Eh! pour- » quoi, lui dit il, nous abandonner dans le temps » que nous vous avons comblé de nos faveurs, » & que nous vous en préparons de nouvelles. » Quel sujet de mécontement vous y a pu por- » ter? Si vous en avez éprouvé quelques-uns? » pourquoi nous les avoir cachés? Avons-nous » jamais refusé de vous entendre? Que le passé » soit oublié, & que le présent nous assure que » vous voulez nous servir avec zèle &, vous » rendre digne de notre protection ». Un discours si touchant dans la bouche d'un maître offensé, fit verser au *Guide* des larmes de reconnoissance.

Ce célèbre artiste auroit joui de la plus grande fortune, s'il n'avoit été dominé par la passion du jeu, aussi funeste aux talens, dont elle trouble les travaux, qu'à l'homme opulent qui ne hasarde que ses richesses. *Le Guide* consacroit une partie de son temps à sa malheureuse passion, &

ne travailloit que lorsqu'il n'avoit plus d'argent à perdre.

Son esprit, naturellement chagrin, s'aigrit encore par les revers continuels qu'il éprouvoit au jeu. Pour se procurer le nécessaire, il se vit dans la triste obligation de peindre à la journée pour des artistes de Rome, à tant par heure.

GUILLAUME LE CONQUÉRANT, fils naturel de Robert, duc de Normandie, & d'Harlote, fille d'un taneur de Falaise, né dans cette ville en 1024, mort à Rouen le 9 septembre 1087, dans la soixante-troisième année de son âge, le vingt-unième de son règne sur l'Angleterre, & la cinquante-quatrième sur la Normandie.

Peu de princes furent aussi favorisés de la fortune que ce monarque, & eurent autant de droits que lui au point de grandeur & de prospérité où il parvint par la supériorité d'ame & de courage qu'il déploya dans toute sa conduite. Son esprit étoit entreprenant & hardi, mais toujours guidé par la prudence; son ambition excessive, peu subordonnée aux loix de l'équité, encore moins à celles de l'humanité, fut toujours soumise aux règles de la raison & de la politique. Né dans un siècle où les esprits étoient intraitables & peu accoutumés à l'obéissance, il eut l'art de les diriger selon ses projets; & autant par l'effet de son caractère véhément que par sa profonde dissimulation, il réussit à se procurer une autorité sans bornes. Quoiqu'il ne fût pas incapable de générosité, il n'étoit guères susceptible de compassion, & sembloit mettre autant d'ostentation à faire éclater sa sévérité que sa clémence. Les maximes de son administration étoient austères; elles auroient pu être utiles dans un gouvernement affermi, si elles eussent été appliquées seulement au maintien du bon ordre. Mais elles étoient mal entendues pour adoucir les rigueurs, qui, sous la domination la plus sage, sont toujours les suites de la conquête d'un état. Celle de l'Angleterre est la dernière de cette espèce, qui ait parfaitement réussi en Europe, pendant le cours de sept ans. Le génie vaste de *Guillaume* osa franchir les limites, que les institutions féodales, alors le chef-d'œuvre de la politique des princes, avoient d'abord fixées dans les divers états de la chrétienté. Quoiqu'il se fût rendu odieux à ses sujets anglois, il transmit sa puissance à sa postérité, & le trône est encore rempli par ses descendans. Rien ne prouve mieux que les fondemens qu'il en avoit jettés étoient fermes & solides, & que tandis qu'il paroissoit ne suivre que sa passion dans dans tous ses actes de violence, il portoit ses vues sur l'avenir. — (*Histoire de la maison de Plantagenet, par M. Hume*).

Après la mort de Robert, *Guillaume*, son fils unique, que les états avoient déclaré héritier du duché,

duché, lui succéda. *Guillaume*, âgé pour lors de neuf ans, se maintint, avec le secours de Henri I, roi de France, contre ceux qui osèrent lui disputer son domaine. Il régnoit paisiblement, lorsque Edouard *le Confesseur*, roi d'Angleterre, vint à mourir sans enfans.

En 1065, l'ambitieux *Guillaume* aspira à son trône. Il prétendoit que dans un voyage qu'il fit autrefois dans cette île, le feu roi avoit dicté en sa faveur un testament que personne ne vit jamais. Mais il avoit une forte armée pour appuyer un si foible droit. Il débarqua en Angleterre au commencement de l'année 1066, avec une armée de soixante mille hommes, choisis parmi une foule de braves guerriers accourus de toutes parts, pour partager avec lui les fruits de sa conquête. Au moment où le duc mettoit le pied sur le rivage, il fit un faux pas & tomba ; mais il eut la présence d'esprit d'interpréter l'augure à son avantage, en s'écriant qu'il prenoit possession du pays. Un soldat courut aussi-tôt à une cabane voisine, & arracha un peu de chaume, qu'il présenta à son général, comme pour l'en saisir.

Lorsque toutes les troupes furent débarquées, *Guillaume* fit brûler ses vaisseaux, & dit à son armée, en lui montrant l'Angleterre : *Voilà votre patrie.*

Les anglois avoient déféré la couronne à Harold, grand seigneur du pays, qui tint tête à *Guillaume*. Mais la bataille de Hastings décida du sort des deux concurrens. On avoit représenté à Harold qu'il agiroit plus sagement, en tirant la guerre en longueur, que de risquer une action décisive ; on lui fit observer que la situation désespérée du duc de Normandie exigeoit de ce prince qu'il en vînt à la plus prompte décision, & qu'il confiât toute sa fortune au sort d'une bataille ; mais que le roi d'Angleterre dans son propre pays, aimé de ses sujets, pourvu de tous les secours nécessaires, avoit un moyen plus infaillible & moins dangereux de s'assurer la victoire ; que le défaut de provisions, la difficulté des chemins, de fréquentes escarmouches amortiroient cette première ardeur, qui rendoit les normands si terribles ; que si enfin on différoit une action générale, les anglois frappés du danger imminent auquel ils verroient leurs possessions & leur liberté exposées, accourroient de toutes parts au secours de leur monarque, & rendroit son armée invincible. Mais Harold enorgueilli de quelques prospérités passées, & aiguillonné par son courage naturel, voulut risquer tout, & perdit tout. Il fut tué au milieu de la bataille avec ses deux frères. *Guillaume* eut trois chevaux tués sous lui, & remporta une victoire décisive. La principale noblesse d'Angleterre vint offrir la couronne au vainqueur. Quoique ce fût là l'objet de la grande entreprise

de *Guillaume*, ce prince néanmoins parut délibérer sur cette offre. Il désiroit, pour conserver d'abord l'apparence d'une élection, d'obtenir un consentement plus exprès & plus formel de sa propre armée & de la nation angloise ; mais un de ses officiers lui ayant, avec raison, représenté le danger du moindre délai dans une conjoncture si délicate, il accepta la couronne qui lui étoit offerte, & fit faire à Londres la cérémonie de son couronnement.

Paisible possesseur du trône, il établit en Angleterre cette exécution exacte de la justice qui avoit obtenu tant d'éloges à son administration en Normandie. Il chercha à cimenter l'union des normands & des anglois par des alliances & des mariages réciproques. Il témoigna des égards & même de l'amitié à tous ceux de ses nouveaux sujets qui approchoient de sa personne. Suivi de toute sa cour, il visitoit les provinces de l'Angleterre ; mais au milieu de ces démonstrations de confiance & d'affection dont *Guillaume* flattoit les anglois, il avoit soin de placer le pouvoir entre les mains de ses normands ; il donna aux anglois non-seulement d'autres loix, mais une autre langue. Il voulut qu'on plaidât en normand ; & depuis lui tous les actes furent expédiés en cette langue jusqu'à Edouard III. Il désarma la ville de Londres & les autres villes qui lui parurent les plus belliqueuses ; il donna les confiscations faites sur les anglois à ses meilleurs capitaines ; & n'oubliant jamais qu'il ne devoit qu'à ses armes son avènement au trône, il s'appliqua plutôt à gouverner avec l'épée qu'avec le sceptre ; mais on a cité mal-à-propos comme un exemple de sa tyrannie le loi du *couvre-feu*, par laquelle il falloit, au son de la cloche, éteindre le feu dans chaque maison à huit heures du soir. Cette loi, bien loin d'être tyrannique, n'étoit qu'un ancien réglement de police établi dans toutes les villes du nord, & qui a été long-temps en usage dans les monastères. Les maisons étoient bâties en bois & couvertes de chaume ; & la crainte du feu étoit un objet des plus importans de la police générale.

Guillaume avoit laissé à son fils aîné Robert le gouvernement de Normandie ; mais ce prince s'y conduisit avec tant de violence, que les principaux seigneurs du pays passèrent en Angleterre, pour en faire des plaintes au roi son père, & le prier de revenir lui-même rétablir la justice & le bon ordre dans la province. *Guillaume* repassa la mer, & son fils marcha contre lui. Ce jeune prince réduit à se retirer dans le château de Gerberoi en Beauvoisis, y fut assiégé vigoureusement par son père, contre lequel il fit une brave défense. Il y eut sous les murailles de cette place, plusieurs rencontres qui ressembloient plutôt à des combats de chevalerie, qu'à des actions entre des armées ; mais il y en eut une sur-tout remarquable par fes circonftances, Robert fe trouva lui-même aux mains avec le roi, que fon armure cachoit à fes regards. Tous deux d'une valeur égale, combattirent avec intrépidité, jufqu'à ce que le jeune prince bleffa fon adverfaire au bras, & le renverfa de deffus fon cheval. *Guillaume* appela du fecours; fon fils le reconnut à fa voix. Frappé de l'horreur du crime qu'il avoit commis, de celui, plus terrible encore, dont il avoit été fi prêt de fe rendre coupable, il fe précipita aux genoux de fon père, implora fa miféricorde, & offrit d'acheter fon pardon par tout ce qu'il lui plairoit d'ordonner de fon fort. La colère de *Guillaume* étoit fi enflammée, que loin de ré-pondre à cette marque de repentir avec la même tendreffe, il donna fa malédiction à Robert, & fortit de fon camp fur le cheval de ce prince, qui l'aida lui-même à y monter. Le roi leva le fiège & marcha avec fon armée en Normandie, où les bons offices de la reine & de leurs amis communs achevèrent une réconciliation que Robert avoit déja préparée par fon action généreufe & fes remords fur fes fautes paffées. *Guillaume* parut fi fincèrement réconcilié avec fon fils, qu'il l'emmena avec lui en Angleterre, où il lui confia le com-mandement de fes troupes.

Guillaume fit la gloire & la fûreté de l'Angle-terre par fes armes & par fes loix. Devenu valé-tudinaire & d'un embonpoint exceffif fur la fin de fes jours, il quitta l'Angleterre pour aller faire diette à Rouen. Un autre incommodité l'obligeoit de garder le lit quelques jours; Philippe, roi de France, l'apprit, & demanda en badinant : « Quand donc ce gros homme relèvera-t il de » fes couches »? Cette raillerie parvint aux oreilles de *Guillaume*, qui, piqué du mot, envoya dire au roi, avec fon jurement ordinaire : « Par la » réfurrection & par la fplendeur de Dieu, quand » je ferai accouché, j'irai faire mes relevailles à » fainte Geneviève de Paris, & j'offrirai cent » mille lances au lieu de cierges ». L'effet fuivit de près la menace : il entra dans le Vexin-François, y mit tout à feu & à fang, affiégea Mante, prit cette ville & la réduifit en cendres. Cette action violente termina fa vie & fes projets; une fièvre le fit retourner fur fes pas; en chemin fon cheval s'abbatit fous lui, & la contufion qu'il en reçut rendit fon mal incurable. On le vit alors pleurer le fang qu'il avoit fait répandre pendant fon règne, & chercher à réparer, par des legs pieux, les excès de fa dernière expédition fur les terres de France.

Ce prince n'eut pas plutôt les yeux fermés, que tous les feigneurs de fa cour difparurent; fes offi-ciers ne pensèrent qu'à piller fon palais. Guillaume, archevêque de Rouen, & Herloin de Couteville, furent les feuls qui s'occupèrent du foin de fa fépulture. Comme le convoi approchoit de l'églife

de faint Etienne de Caen, qu'il avoit fait bâtir, & où il devoit être enterré, un bourgeois de la ville arrêta le cercueil, en criant *haro*. « La place, » ajouta-t-il, où vous vous difposez d'enterrer ce » corps, m'appartient. Le roi n'étant encore que » duc, l'a enlevée à mon père Artur par vio-» lence, pour y conftruire ce monaftère. C'eft » pourquoi je la réclame, & je m'oppofe à ce » que l'ufurpateur y foit inhumé. » On vérifia le fait, & on donna foixante fols à Afcelin pour le lieu de la fépulture, avec promeffe de le dédom-mager du refte de la terre ufurpée à fon père.

GUILLAUME DE NASSAU, prince d'O-range, roi d'Angleterre, né en 1650, mort en 1702.

Ce prince nourriffoit fous le flègme hollandois une ardeur d'ambition & de gloire qui éclata tou-jours depuis dans fa conduite, fans s'échapper jamais dans fes difcours. Son humeur étoit froide & févère; fon génie actif & perçant, fon cou-rage, qui ne fe rebutoit jamais, fit fupporter à fon corps foible & languiffant des fatigues au-deffus de fes forces. Il étoit valeureux fans often-tation; ambitieux, mais ennemi du fafte; né avec une opiniâtreté flègmatique faite pour com-battre l'adverfité; aimant les affaires & la guerre; ne connoiffant ni les plaifirs attachés à la gran-deur, ni ceux de l'humanité; enfin, prefque tout l'oppofé de Louis XIV. *Guillaume* laiffa la répu-tation d'un grand politique, quoiqu'il n'eût point été populaire; & d'un général à craindre, quoi-qu'il eût perdu beaucoup de batailles. Toujours mefuré dans fa conduite, & jamais vif que dans un jour de combat, il ne régna paifiblement en Angleterre, que parce qu'il ne voulut pas y être abfolu. On l'appeloit le ftathouder des anglois & le roi des hollandois. Il favoit toutes les langues de l'Europe, & n'en parloit aucune avec agré-ment, ayant beaucoup plus de réflexion dans l'efprit que d'imagination. Il affectoit de fuir les éloges & les flatteries, peut-être parce que Louis XIV fembloit trop les aimer. Sa gloire fut d'un autre genre que celle du monarque françois. Ceux qui eftiment plus l'avantage d'avoir acquis un royaume fans aucun droit de la nature, de s'y être maintenu fans être aimé, d'avoir gouverné fouverainement la Hollande fans la fubjuguer, d'avoir été l'ame & le chef de la moitié de l'Europe, d'avoir eu les reffources d'un général & la valeur d'un foldat, de n'avoir jamais perfécuté perfonne pour la religion, d'avoir méprifé toutes les fuperftitions des hommes, d'avoir été fimple & modefte dans fes mœurs; ceux-là fans doute donneront le nom de *grand* à *Guillaume* plutôt qu'à Louis. Ceux qui font plus touchés des plai-firs d'une cour brillante, de la magnificence, de la protection donnée aux arts, du zèle pour le bien public, de la paffion pour la gloire, du talent de régner, qui sont plus frappés de cette hauteur avec laquelle des ministres & des généraux ont ajouté des provinces à la France, sur un ordre de leur roi, qui s'étonnent davantage d'avoir vu un seul état résister à tant de puissances; ceux qui estiment plus un roi de France qui sait donner l'Espagne à son petit-fils, qu'un gendre qui détrône son beau-père; enfin, ceux qui admirent davantage le protecteur que le persécuteur du roi Jacques, ceux-là donneront à Louis XIV la préférence. (*Voltaire*).

La France & l'Angleterre avoient en 1672 déclaré la guerre à la Hollande, & cette république, pressée de tous côtés par les armées françoises, craignoit pour sa liberté. Le prince d'Orange, âgé pour lors de vingt-deux ans, profita habilement de la crainte des hollandois, pour se faire restituer l'autorité que ses ancêtres avoient possédée. Il fut élu stathouder, & déclaré général des armées hollandoises. Le duc de Buckigham instruit des vues, & chargé des intérêts du roi d'Angleterre Charles II, voulut porter le nouveau Stathouder à faire des sacrifices contraires au bien des Provinces-Unies. Pour l'y déterminer, il lui fit observer que la république étoit perdue sans ressource. « Je vois bien, dit le prince, qu'elle est en grand » danger; mais je sais un moyen assuré de ne pas » survivre à sa perte; c'est de mourir dans le » dernier retranchement ».

Le Stathouder, au milieu des malheurs qui accabloient sa patrie, eut assez de courage & de fermeté pour former le projet d'une guerre offensive contre la France. Ses premières vues se portèrent sur Charleroi. Il étoit en marche pour l'exécution de cette entreprise, que personne n'avoit soupçonnée, lorsqu'un colonel trop curieux osa lui faire des questions. « Mais, lui dit le prince » d'Orange, si vous connoissiez mes desseins, ne » les communiqueriez-vous à personne? *Non*, » *assurément*, répondit le colonel. Le ciel, répli- » qua ce prince, m'a aussi accordé le don de » savoir garder un secret ».

Le prince d'Orange fut obligé de lever le siège de Charleroi. Quelques années après, en 1677, il attaqua pour la seconde fois cette place, & en leva pour la seconde fois le siège. Un seigneur anglois disoit à cette occasion: « Le prince » d'Orange peut se vanter d'une chose, c'est » qu'il n'y a point de général qui, à son âge, ait » levé plus de sièges & perdu plus de batailles » que lui ».

On disoit de ce prince qu'avec de grandes armées, il faisoit admirablement la petite guerre, comme Turenne faisoit supérieurement la grande avec de petites armées.

Un premier traité pour parvenir à la paix de Nimègue, de 1678, venoit d'être signé avec la Hollande, le 10 Août de la même année. Le prince d'Orange qui feignit, dit-on, de l'ignorer, fondit sur le maréchal de Luxembourg, tranquille dans son quartier à saint Denis, près Mons. Il engagea un combat long, sanglant & opiniâtre, qui ne produisit d'autre fruit que la mort de deux mille hollandois & d'autant de françois. On ajoute qu'un officier témoignant sa surprise d'une pareille attaque, faite contre toutes les loix de la guerre, le prince d'Orange lui répondit *qu'il n'avoit pu se refuser cette dernière leçon de son métier*.

Un prince si prodigue du sang humain devoit être moins scrupuleux à seconder les anglois dans leur révolte contre leur légitime roi Jacques II. Le prince d'Orange avoit épousé la fille de ce monarque, & ce fut pour ce Stathouder un moyen de plus pour parvenir à mettre sur sa tête la couronne d'Angleterre. Le prince d'Orange, qui n'étoit qu'un particulier illustre qui jouissoit à peine de cent mille florins de rente, sut se procurer une flotte & une armée considérable, & conduisit son entreprise avec une si profonde politique & tant de bravoure, qu'il se vit en peu de temps élevé sur le trône de son beau-père, réfugié en France. Pour mieux s'assurer ce trône, il s'appliqua à seconder les efforts de ses alliés contre la France, qui vouloit le rétablissement du roi détrôné. Mais si ses armes n'eurent pas au dehors tout le succès qu'il pouvoit désirer, la fortune l'accompagna toujours dans sa principale entreprise, & l'Angleterre entière le reconnut en 1689 pour son roi, sous le nom de *Guillaume III*. L'Irlande tenoit encore pour Jacques. *Guillaume* ayant pris les mesures convenables pour empêcher que rien ne remuât en Angleterre pendant son absence, passa en Irlande. Le lendemain de son débarquement, il assista au service divin. Le docteur Rouse, qui prêchoit devant lui, prit pour son texte ces paroles de l'épître aux hébreux: *Par la foi ils ont subjugué les royaumes*. Au sortir de l'église, le roi dit: « Mon chapelain a fort bien » ouvert la campagne ».

Les lieutenans de *Guillaume* l'exhortèrent à son arrivée en Irlande à prendre quelque soin de sa conservation. Il les écouta paisiblement & se contenta de leur répondre: « Je ne suis pas venu en » Irlande pour laisser croître l'herbe sous mes » pieds; & un royaume où le fourrage est » aussi bon & aussi abondant qu'en Flandres, » vaut bien la peine qu'on se batte pour le » conquérir ».

En effet, peu de temps après, il attaqua, sur les rives de la Boyne, les partisans de Jacques II. Dans la chaleur du combat, Henri Hubbart, qui étoit auprès de *Guillaume*, entendant un boulet de canon siffler autour de ses oreilles, il plia & serra les épaules comme un homme qui n'étoit pas à son aise. Le roi en sourit ; & , donnant un petit coup sur l'épaule de ce gentilhomme : *Courage, monsieur le chevalier,* lui dit-il, *je vous crois à l'épreuve du canon.*

Les partisans de Jacques ayant remarqué durant la bataille l'endroit où étoit *Guillaume,* traînèrent vis-à-vis de lui deux pièces de campagne, & le blessèrent à l'épaule d'un boulet de six livres. Ce coup effraya tous ceux qui étoient auprès du prince ; lui seul n'en parut point ému. *Il ne falloit pas que le coup fût tiré de plus près,* dit-il froidement. Il se fit ensuite panser à la tête de ses troupes, & demeura à cheval jusqu'à ce qu'il eût gagné la bataille.

Après l'action, on demanda à quelques Irlandois qui avoient été battus & faits prisonniers sous les drapeaux de Jacques, s'ils étoient encore tentés d'en venir aux mains. « Changeons » de roi, répondirent-ils : nous vous livrons » demain la bataille, & nous sommes assurés de » vous battre ».

Guillaume, quelque temps après la bataille de la Boyne, quitta l'Irlande & laissa le soin d'achever de la soumettre au jeune Marlborouh, en disant : « Qu'il n'avoit jamais vu personne qui eût moins » d'expérience & plus de talent pour commander » une armée ».

Guillaume tint long-temps la campagne contre Louis XIV. Il fut battu bien des fois, mais jamais défait. Ses retraites valoient des victoires. Il prit Namur en 1695, & ce fut l'action la plus éclatante de ce prince. Louis XIV l'ayant reconnu roi d'Angleterre, la paix fut rendue à l'Europe par le traité de Riswick, en 1697.

Le testament de Charles II, roi d'Espagne, en faveur des Bourbons, ralluma la guerre. *Guillaume* conservant toujours une ame active & courageuse dans un corps débile & presque sans forces, remua toute l'Europe pour susciter de nouveaux ennemis à Louis XIV, & il alloit lui-même se mettre à la tête des armées des puissances alliées, lorsque la mort, qui succéda à ses infirmités, le surprit au milieu de ses plus vastes projets.

GUISE, (François de Lorraine, duc de) né au château de Bar en 1519, tué d'un coup de pistolet en 1563, par Poltrot de Méré, gentilhomme *huguenot.*

François de Guise se montra le plus grand capitaine de son siècle, & prouva que le bonheur ou le malheur des peuples dépend souvent d'un seul homme. L'ame du parti opposé aux protestans, & vainqueur par-tout où il s'étoit trouvé, il devint l'idole des catholiques, le maître de la cour sous Henri II & François II, & fut en tous sens le premier homme de l'état. Il étoit d'un caractère

vif & bouillant ; mais si l'impétuosité de son caractère lui faisoit commettre quelques fautes envers ses officiers, la réparation en étoit prompte, & l'offensé n'eut jamais qu'à se louer de la générosité de ce prince.

Il fut surnommé le *Balafré,* à cause d'une blessure qu'il reçut au siège de Boulogne, en 1545. Ce surnom fut aussi donné à Henri de Lorraine, son fils aîné. Comme François s'efforçoit de repousser les anglois qui assiégeoient Boulogne, il fut frappé entre le nez & l'œil droit d'une lance qui s'étant rompue par la violence du coup, lui laissa dans la plaie tout le fer avec un tronçon de bois. Ce qui paroîtra prodigieux, c'est qu'un coup si violent ne lui fit pas perdre les arçons, & qu'il eut la force de revenir au camp à cheval. Il y entra dans un état à faire horreur ; ses armes, ses habits & son visage étoient couverts de sang. La profondeur & la largeur de la plaie effrayèrent les chirurgiens qui le pansèrent ; plusieurs d'entr'eux ne voulurent point toucher à la plaie, disant qu'il étoit inutile de faire souffrir un homme qui n'avoit pas deux heures à vivre. Ambroise Paré, premier chirurgien du roi, arriva avec ordre de tout risquer pour sauver la vie du prince. Ce chirurgien voyant que le tronçon de la lance étoit entré de telle sorte dans la tête, qu'on ne pouvoit le saisir avec les mains, prend des tenailles de maréchal, & en présence d'une foule d'officiers, il demanda au blessé s'il consentoit qu'il risquât l'opération, & qu'on lui mît le pied sur le visage, pour arracher le tronçon de la lance. *Je consens à tout,* répondit le prince ; *travaillez.* Cette manière de panser une blessure fit frémir tous les spectateurs ; *Guise* seul parut tranquille, jusqu'à ce que les tenailles tirant le bois avec force, il s'écria : *ah, mon Dieu !* Cette exclamation fut le seul témoignage de la douleur qu'il donna pendant toute la durée de l'opération. Malgré l'heureux succès de Paré, les chirurgiens désespérèrent long-temps de la vie de *Guise ;* cependant il guérit si parfaitement, qu'il ne lui resta qu'une légère cicatrice. (*Vie des hommes illustres*).

Le duc de *Guise* arrêta les conquêtes de Charles-Quint, & lui fit lever le siège de Metz le premier Janvier 1553. Lors de ce siège, il avoit reçu une lettre de Louis Damila, général de la cavalerie espagnole, qui lui demandoit un de ses esclaves sauvé dans la ville avec un cheval de prix qu'il avoit dérobé. *Guise* renvoya le cheval, après l'avoir payé à celui chez qui il se trouvoit. Mais pour ce qui étoit de l'esclave, il répondit qu'il n'avoit garde de renvoyer dans les fers un homme devenu libre en mettant les pieds sur les terres de France, ni de violer un des plus glorieux privilèges de ce royaume, qui consiste à rendre la liberté à tous ceux qui la viennent chercher.

Tous les officiers qui combattoient sous le duc de *Guise* lui rendoient cette justice, que personne de son rang ne connoissoit mieux les règles de l'honneur & ne savoit mieux réparer une offense. Brantome en a rapporté ce trait. Lors de la bataille de Rentie, en 1554, où il fit des prodiges de valeur, Saint-Fal, un de ses lieutenans, s'avançoit avec trop de précipitation. Le duc courut à lui, &, par un mouvement de colère, lui donna un coup d'épée sur le casque, en lui criant de s'arrêter. La bataille finie, on l'assura que Saint-Fal, offensé du traitement qu'il avoit reçu, vouloit le quitter. « Monsieur de Saint-Fal, lui dit le duc dans la tente même du roi, & en présence de tous les officiers, vous vous tenez offensé du coup que je vous ai donné ; parce que vous avanciez trop. Mais il faut bien mieux que je vous l'aye donné pour vous arrêter dans un combat où vous alliez avec trop d'ardeur, que si je vous l'eusse donné pour vous faire avancer, en blâmant votre lâcheté. Je pense, qu'à le bien prendre, ce coup est plus glorieux qu'humiliant pour vous ; & je prends pour juges messieurs les capitaines qui sont présens. C'est pourquoi soyons amis comme auparavant ». Ce, qui fut fait, dit Brantôme.

En 1558, le connétable Anne de Montmorenci ayant été fait prisonnier à la bataille de Saint-Quentin, François, duc de *Guise*, fut mis à la tête de l'armée françoise. Un jour que ce général visitoit son camp, le baron de Lunebourg, un des principaux chefs des reitres, trouva mauvais qu'il voulût examiner sa troupe, & s'emporta jusqu'à lui présenter le bout de son pistolet. Le duc de *Guise* tire froidement son épée, éloigne le pistolet, & le fait tomber. Montpezat, lieutenant des gardes de ce prince, choqué de l'insolence de l'officier allemand, alloit lui ôter la vie, lorsque *Guise* lui cria : « Arrêtez, Montpezat ; vous ne savez pas mieux tuer un homme que moi ». Et se tournant vers l'emporté Lunebourg : « Je te pardonne, lui dit-il, l'injure que tu m'as faite ; il n'a tenu qu'à moi de m'en venger. Mais pour celle que tu as faite au roi, dont je représente ici la personne, c'est à lui d'en faire la justice qu'il lui plaira ». Aussi tôt il l'envoya en prison & acheva de visiter le camp, sans que les reitres osassent murmurer, quoiqu'ils fussent naturellement séditieux. (*Histoire de François duc de Guise*).

Les calvinistes mécontens de voir, sous le règne de François II, toute l'autorité entre les mains des princes lorrains, leurs ennemis, avoient projetté, en 1560, de les faire périr. C'étoit le but de la conspiration d'Amboise, dont le prétexte étoit la religion. Cette conspiration fut découverte ; & ne servit qu'à augmenter le crédit de ceux qu'on vouloit perdre. Le parlement donna au duc de

Guise le titre de *conservateur de la patrie*. On se saisit de la plus grande partie des conjurés ; le capitaine Mazères, homme violent & hardi, qui s'étoit chargé de poignarder le chef de la maison proscrite, fut pris armé d'une fort longue épée. « Je m'étonne, lui dit le duc de *Guise*, que vous, qui avez montré du talent & qui avez acquis de l'expérience à la guerre, vous ayez préféré une arme embarrassante, & qui peut être aisément saisie, à une arme courte qui se manie aisément. Monsieur, lui répondit le capitaine, je savois fort bien ce que vous m'en dites, & l'avois fort en moi-même considéré plus de quatre fois ; mais, pour en parler au vrai, quand je considérois votre brave vaillance & furieuse présence, je perdois aussi-tôt le courage de vous attaquer de près ; & pour ce, je me résolus d'avoir affaire avec vous de loin ; que si, au lieu de cette épée, j'eusse pu apporter une pique, je l'eusse fait ; tant l'image de votre personne se montroit à moi terrible & formidable, & me faisoit de peur ». (*Brantôme*).

Le duc de *Guise* fut déclaré lieutenant du royaume, & son autorité étoit telle qu'il recevoit assis & couvert Antoine, roi de Navarre, qui se tenoit debout, & tête nue. Le connétable Anne de Montmorenci lui écrivoit, *monseigneur*, & *votre très humble & très-obéissant serviteur* ; & M. de *Guise* lui écrivoit, *monsieur le connétable* ; & au bas, *votre bien bon ami*.

Après la mort de François II ; cette autorité baissa, mais sans être entièrement abattue. Ce fut alors que se formèrent les factions des Condés & des Guises. Du côté de ceux-ci étoient le connétable de Montmorenci, & le maréchal de Saint-André ; de l'autre étoient les protestans & les Colignis. Le duc de *Guise* poursuivoit par-tout, les armes à la main, les protestans. Passant auprès de Vassi, sur les frontières de la Champagne, il trouva des calvinistes qui chantoient les pseaumes de Marot dans une grange. Ses domestiques les insultèrent. On en vint aux mains, & le plus grand nombre de ces malheureux fut tué ou blessé. Cette barbarie, appelée par les protestans le *massacre de Vassi*, alluma la guerre civile dans tout le royaume. Le duc de *Guise* prit sur les protestans Rouen, Bourges, & donna la bataille de Dreux en 1562. Cette journée fut unique par la prise des généraux des deux armées, le prince de Condé & le connétable. Ce fut le duc de *Guise* qui gagna la bataille ; quoiqu'il n'eût pas de commandement. On a remarqué, comme une chose singulière, que François, duc de *Guise*, général de plusieurs armées, & deux fois lieutenant général du royaume, ce qui lui donnoit le commandement sur le connétable même, n'avoit d'autre grade militaire que celui de capitaine des gendarmes, & étoit obligé d'obéir aux maréchaux de camp mêmes.

Il est vrai que personne n'entreprit jamais de lui donner des ordres, & qu'il fut toujours, pour ainsi dire, le général de ses généraux. Le prince de Condé & le duc de *Guise* couchèrent dans le même lit le soir de la bataille, & le lendemain matin le prince de Condé raconta qu'il n'avoit pu fermer l'œil, & que le duc de *Guise* avoit dormi à côté de lui aussi profondément que s'ils avoient été les meilleurs amis du monde. (*Abrégé chronologique de l'histoire de France*).

Le duc de *Guise* avoit une intrépidité qui l'accompagnoit même dans les accidens où sa personne étoit intéressée. On lui montra un jour un homme qui s'étoit vanté de le tuer; il le fit venir, le regarda entre deux yeux, & lui trouvant un air embarrassé & timide: « Cet homme là, » dit-il, en ployant les épaules, ne me tuera » jamais, ce n'est pas la peine de l'arrêter ».

Ce fut cette sécurité qui à la fin lui coûta la vie. Après sa victoire de Dreux, il étoit allé en 1563 faire le siège d'Orléans, le centre de la faction protestante. Poltrot de Meré, qui se croyoit un *Aod* envoyé de Dieu pour tuer un chef philistin, se rendit à l'armée du duc de *Guise*; mais pour mieux cacher son dessein, il alla trouver un ami du duc qu'il connoissoit, & lui dit que renonçant à l'erreur de sa croyance, il venoit combattre sous les ordres du défenseur de la religion catholique; *Guise* le reçut avec son affabilité ordinaire, & ayant égard au peu de fortune de ce jeune homme, il lui fit marquer un logis & lui donna sa table. Poltrot feignit autant de reconnoissance qu'il auroit dû en avoir; il ne quitta pas la personne du duc, & dans une occasion il combattit avec tant de valeur, que ce prince, ami zélé de tous les braves gens, augmenta ses bontés pour Poltrot, & le voyoit avec plaisir à ses côtés. Ce monstre ne cherchoit cependant que l'instant de lui ôter la vie; mais jusques-là *Guise* avoit été si bien accompagné qu'il n'avoit osé l'entreprendre. L'arrivée de la duchesse de *Guise* au camp lui donna le moyen d'exécuter son affreux dessein. On vint avertir le duc, qui devoit ce soir là coucher hors de son quartier. Il entreprit malheureusement le chemin sur la brune, accompagné de deux ou trois personnes seulement. Poltrot s'y trouva, & tout-à-coup on lui vit prendre le galop. Quelqu'un lui ayant demandé où il alloit: *Je vais*, dit-il, *avertir la duchesse de l'arrivée de M. le duc de Guise*; mais s'arrêtant à quelque distance, il se cacha derrière une haie, & malgré l'obscurité, ayant reconnu le duc à une plume blanche qu'il portoit, il lui tira un coup de pistolet, & le tua. Le meurtre de cet homme célèbre fut le premier de la fanatisme fit commettre. (*Vies des hommes illustres*).

GUSTAVE-ADOLPHE, surnommé *le grand*, roi de Suède. Il naquit à Stockholm en 1594; &

succéda à Charles, son père, au trône de Suède en 1611. Il fut nommé *Gustave*, en mémoire de son ayeul paternel, *Gustave-Vasa*, & *Adolphe*, à cause de son ayeul maternel. Ce prince fut tué à la bataille de Lutzen, qu'il gagna sur les impériaux, le 6 novembre 1632, à 38 ans.

Gustave fut un roi bienfaisant, juste, affable, généreux, connoissant ses devoirs & en remplissant toute l'étendue. Il donna de bonnes loix à son peuple, & les fit exécuter; il corrigea beaucoup d'abus dans la forme du gouvernement; il anima, il éclaira l'industrie de ses sujets; il accueillit le mérite & les talens utiles; il cultiva & honora les belles-lettres, les sciences & les arts. L'étude de l'histoire, de la tactique & de l'art militaire, formoit son plus cher amusement; il se plaisoit surtout à méditer le *Traité du droit de la guerre & de la paix de Grotius*. Ce prince étoit éloquent, aimoit à haranguer, & parloit avec facilité plusieurs langues. Qui mieux que lui eut le talent de commander & de se faire obéir, de s'attacher ses officiers & ses troupes, d'encourager une armée, de présider à tous les mouvemens de ce grand corps, d'en être l'ame & le chef! Il apprécioit le caractère, les vices & les talens de ses ennemis; il étudioit les intérêts & les projets de ses alliés. Ce coup-d'œil du génie lui donnoit un ascendant auquel rien ne pouvoit résister. Personne n'eut dans un plus haut degré la science des hommes & l'art de les employer. La gloire étoit sa passion dominante, & c'étoit dans les combats qu'il la cherchoit avec une ivresse de courage & une témérité blâmable, sans doute, dans un général & dans un roi. Il avoit le corps couvert de blessures, comme un homme exposé à tout le feu de l'action; c'est qu'il étoit soldat lui-même, & il en prenoit le nom. Ses campagnes & ses victoires le placent au rang des plus fameux guerriers. On nous représente ce héros ayant une physionomie majestueuse & martiale, de grands traits sans être durs, un air riant & familier. Il étoit d'une taille moyenne, mais d'une grosseur prodigieuse; il étoit cependant très-vif & très-agile. Il aimoit à railler, & il avoit ce malheureux talent. On lui a reproché de se livrer trop à son penchant pour les femmes, de se mettre facilement en colère, & de sacrifier au défaut de son temps & de son pays pour le vin, sans en avoir pourtant la passion. Lorsque son corps fut ouvert, on lui trouva un cœur beaucoup plus grand qu'il ne devoit l'être suivant les loix de la nature. (*Hist. de Christine*, par L.)

Gustave étoit bouillant, impétueux, fort dur & néanmoins équitable. Un jour que son armée défiloit devant lui, il s'emporta beaucoup contre le colonel Seaton, qui voulant s'excuser reçut de la main de *Gustave* un violent soufflet. Le châtiment étoit cruel, & d'autant plus déshonorant, que , quoique l'outrage fût public , il n'y avoit nul moyen d'en tirer vengeance : aussi Scaton cruellement humilié , demanda sur le champ son congé , qui lui fut accordé , & il se retira. *Gustave* , de retour dans son palais , songea de sang-froid à ce qui s'étoit passé , & il sentit qu'il avoit fort mal-à-propos déshonoré un homme utile. Il fit aussi-tôt appeler Scaton ; on ne le trouva point , & on vint annoncer à *Gustave* que ce colonel partoit pour le Dannemarck , où sans doute il alloit demander du service. *Gustave* au même instant sort du palais , monte à cheval , & suivi seulement de quelques domestiques , il vole vers la frontière qui sépare la Suède du Dannemarck. A peine il y est arrivé qu'il voit venir Scaton ; *Gustave* va à lui : « Colonel , lui dit-il , vous êtes » outragé , & c'est moi qui vous ai fait injure , » j'en suis fâché ; car je vous estime : je suis venu » ici pour vous donner satisfaction : je suis hors » des terres de ma domination ; ainsi Scaton & » *Gustave* sont égaux : voici deux pistolets & » deux épées ; vengez-vous , si vous le pouvez ». Scaton pénétré de ce trait de générosité , se jetta aux pieds de *Gustave* , le remercia mille fois de la satisfaction qu'il daignoit lui donner , & le conjura de le laisser mourir à son service. *Gustave* l'embrassa , & ils s'en retournèrent l'un & l'autre à Stockholm , où *Gustave* lui-même raconta , en présence de tous ses courtisans , ce qui s'étoit passé entre Scaton & lui.

Gustave se reprochoit quelquefois la violence de son caractère , & sembloit demander indulgence pour ce défaut , en disant : « Puisque je supporte » patiemment les travers de ceux auxquels je com- » mande , ils doivent aussi excuser la promptitude » & la vivacité de mon tempérament ».

Ce prince , à l'exemple de Scipion , se livroit à l'étude & aux arts au milieu de ses travaux militaires. Il disoit en badinant : « Qu'il vouloit mon- » trer à Grotius la différence qu'il y a entre la » théorie & la pratique , & combien il est aisé de » donner des préceptes , & difficile de les mettre » à exécution ».

Dans la guerre qu'il eut contre la Pologne , il fit le siège de Riga. Comme il s'exposoit beaucoup pendant ce siège , on lui fit des représentations à ce sujet. « Les rois , répondit il en riant , ne meu- » rent guères dans les combats ni dans les sièges ». Il s'empara de cette ville.

En moins d'un an , *Gustave* conquit la plus grande partie de l'Allemagne , & renversa tout ce qui s'opposa à ses armes. Dans le tems qu'il assiégeoit Ingolstat , son cheval fut tué d'un coup de canon. Un officier étant accouru pour le re- lever , il lui dit froidement : « Je l'ai échappé » belle ; mais apparemment la poire n'est pas en- » core mûre ».

Ce même prince , revenant un jour d'une attaque où il avoit été exposé cinq heures de suite à un feu terrible , le maréchal de Gassion lui dit que « les françois verroient avec déplaisir leur souve- » rain courir d'aussi grands risques ». *Les rois de France* , répondit *Gustave* , *sont de grands mo- narques ; & moi , je suis un soldat de fortune.*

Dans une autre occasion , son chancelier le suppliant de hasarder moins sa vie , le roi lui dit avec une sorte d'impatience : « Vous êtes toujours » trop froid dans les affaires , & vous m'arrêtez » dans ma course ». *Il est vrai , sire* , répliqua le chancelier , *je suis froid ; mais si je ne jettois quel- quefois de ma glace dans votre feu , vous seriez déjà consumé.*

Ce prince , dont la réputation s'étoit répandue dans toute l'Europe , après avoir gagné la fameuse bataille de Léipsic contre Tilli , & celle du Lech contre le même général , fut enfin tué à celle de Lutzen. *Gustave* y fut d'abord blessé d'un coup de mousquet qui lui cassa le bras. On s'écria , *le roi est blessé.* Il se fit violence , & prenant un visage serein , il dit : *Ce n'est rien ; suivez-moi , & chargez.* En même-temps , il se pencha vers le prince de Saxe-Lawerbourg , & lui dit tout bas : *Mon cousin , j'en ai autant qu'il m'en faut , & je souffre une extrême douleur ; tâchez de me tirer d'ici.* Au même instant une balle lui traversa les reins entre les deux épaules , & il tomba de cheval en prononçant ces mots : *Mon Dieu , mon Dieu !* Il reçut encore d'autres coups , & se trouva confondu parmi une foule de morts & de mourans.

On a dit du grand *Gustave* qu'il étoit mort l'épée à la main , le commandement à la bouche , & la victoire dans l'imagination.

Ce prince répétoit souvent qu'il n'y avoit point d'hommes plus heureux que ceux qui mouroient en faisant leur métier. Il eut cet avantage. Il laissa en mourant , pour sa seule & unique héritière , une fille âgée de cinq ans ; ce fut la célèbre Christine. Marie-Eléonore de Brandebourg , épouse de *Gustave* , étant grosse de cet enfant , on se flattoit que ce seroit un prince. Les circonstances de l'ac- couchement prolongèrent cette erreur. La prin- cesse Catherine se chargea la première d'annoncer au roi , son frère , ce qui en étoit. Ce prince ne témoigna aucune surprise , ni aucune tristesse ; il dit tranquillement : « Remercions Dieu , ma- » sœur ; j'espère que cette fille vaudra bien un » garçon : je prie le ciel qu'il me la conserve , » puisqu'il me l'a donnée ». Il ajouta en riant : « Cette fille sera habile ; car elle nous a tous » trompés ».

Gustave promenoit avec lui cette fille dans ses voyages. Cette enfant n'avoit pas encore deux ans qu'il la conduisit à Calmar. Le gouverneur de la place hésitoit de faire à l'arrivée de sa majesté les salves accoutumées de la garnison & des canons de la forteresse, parce que l'on craignoit d'effrayer la jeune Christine. *Gustave* fit dire qu'on pouvoit tirer; *elle est*, ajouta-t-il, *fille d'un soldat, il faut qu'elle s'accoutume au bruit de l'artillerie.* (Hist. de Christine).

GUYON, (Jeanne-Marie Bouvières de la Mothe) née en 1648, morte en 1717. Cette femme mystique avoit une imagination ardente, que le P. Lacombe, son confesseur, pervertit. Elle se qualifioit de *femme enceinte de l'apocalypse*, de *fondatrice d'une nouvelle église*; elle prophé-tisa que *tout l'enfer se banderoit côntr'elle*, que *la femme seroit enceinte de l'esprit intérieur*; mais que *le dragon se tiendroit debout devant elle*, &c. &c. Les rêveries de madame *Guyon* produisirent malheureusement la querelle du quiétisme, entre Bossuet & Fénélon.

Cette femme célèbre composa plusieurs ouvrages de spiritualité, tant en prose qu'en vers. Quelqu'un demandoit un jour à Voltaire ce qu'il en pensoit : « Madame *Guyon*, répondit-il, fait » des vers comme Cotin, & de la prose comme » Polichinelle».

H.

H.

HABILLEMENS. Il feroit inutile de remonter aux différens moyens que les premiers hommes employèrent pour fe garantir des injures des faifons. Comment fuivre les révolutions des *habillemens*, depuis les peaux, les plumes & les feuilles dont on fe fervit d'abord, jufqu'aux rafinemens des ufages modernes ? La mode a fouvent changé lorfque les matières reftoient les mêmes. Les matières ont été différentes, parce qu'elles ont été fucceffivement dénaturées par les arts, qui convertiffoient la peau d'un animal, en cuir; la laine de la brebis, en étoffe; le cocon d'un ver, en foie; le lin & le coton, en toile de différentes efpèces. On multiplia auffi les parties du vêtement : les ornemens furent entaffés fur les ornemens avec une variété prefqu'infinie, produite par les caprices de la vanité humaine, ou par les nouveaux befoins auxquels l'homme fe rendit fujet.

Cependant les hommes s'établirent en fociété; on mit des bornes à la licence de l'imagination dans les changemens des modes, par des réglemens & des prohibitions. Ces réglemens eurent pour objet de mettre quelques diftinctions entre les différens ordres des citoyens, & fur-tout entre les deux fexes, ou de prévenir des fuperfluités nuifibles qui corrompoient les mœurs ou appauvriffoient l'état. Aujourd'hui les européens ont une fi grande liberté de fe livrer à leurs fantaifies, pour la forme & les matières de leurs vêtemens, que l'habit eft devenu une forte d'index pour l'ame; & le caractère d'un homme fe découvre, à quelques égards, auffi aifément, par fa manière de fe mettre, que par le ton de fa converfation.

On peut obferver, en général, que les vêtemens des européens font gothiques; car ceux des hommes font militaires, puifqu'ils font courts, & que l'*habillement* n'eft pas complet, fans une arme offenfive. Les anciens habits *civiques* étoient longs, & font encore employés en certaines occafions : le marchand & le commerçant, quand ils paroiffoient comme *citoyens*, portent une robe & un chaperon; il y a auffi de longues robes affectées aux profeffeurs de médecine & de droit, aux grands officiers de l'état & aux pairs de chaque ordre : mais tous ces différens perfonnages, excepté dans les cérémonies publiques, portent l'habit court & l'épée, qui compofent l'*habillement* militaire, dont les irruptions des goths, qui n'avoient d'autre métier que la guerre, ont rendu l'ufage univerfel.

Encyclopédiana.

Quant aux *habillemens* des femmes, comme ils n'ont jamais été militaires, ils n'ont jamais été courts; mais, outre les changemens que la-convenance & le caprice y ont introduits, il y en a qui ont une caufe plus fecrète & moins innocente. Les habits des femmes ont été long-temps confidérés comme l'ornement de la beauté, & l'aiguillon des defirs; & dans cette vue, ils ont été l'objet de beaucoup de foins, de réflexions & d'induftrie : mais il ne paroît pas que celles qui ont cherché à multiplier & affurer leurs conquêtes par la parure aient toujours fu employer ce moyen de la manière la plus avantageufe à leur deffein.

Lorfqu'une dame angloife juge à propos de laiffer voir fa gorge entière, le gentilhomme anglois regarde bien-tôt cet objet avec autant d'indifférence, qu'un indien regarde le corps nud d'une indienne : mais celle-là entend bien mieux fes intérêts, qui couvre fa gorge de manière que le hafard paroît découvrir quelquefois ce qu'on avoit deffein de cacher. Ce coup d'œil dérobé frappe l'imagination, & l'on épie tous les mouvemens qui peuvent procurer la répétition de cette bonne fortune. Ainfi, lorfqu'une dame découvre par hafard la moitié de fa jambe, l'imagination s'allume à l'inftant, tandis que l'actrice qui montre la fienne toute entière, la montre avec indifférence, & fouvent même de dégoût. C'eft pour la même raifon qu'une Vénus toute nue fait moins d'impreffion qu'une figure de femme habillée, dont le cotillon fera relevé pour laiffer voir la jarretière.

Il en réfulte que, fi celle-là feule s'habille immodeftement qui excite le plus de defirs licentieux, celle qui découvre le plus de fes charmes fera plus décemment vêtue que celle qui les couvre de manière à laiffer au hafard le foin de les découvrir.

C'eft fur ce principe que le légiflateur grec, voyant que les jeunes gens avoient de l'éloignement pour le mariage, ordonna que les femmes porteroient de longues robes qui couvriroient tout le corps, depuis les épaules jufqu'aux pieds, au lieu de laiffer voir, comme auparavant, la gorge & la moitié de la jambe. Il voulut auffi que ces robes fuffent fendues depuis la hanche jufqu'aux genoux : de forte que, quand une femme étoit affife ou debout, les deux côtés de fes ouvertures tomboient enfemble & fe joignoient; mais en marchant, ou en faifant d'autres mouvemens,

V v v

ces fentes s'ouvroient & découvroient acciden-
tellement quelques parties du corps.

On s'appercevra que plusieurs changemens qu'on
a faits aux *habillemens* des femmes, sont l'effet
de l'envie qu'on a eu de séduire, en découvrant
de plus en plus quelques parties du corps; & le
peu de succès qu'a eu cet expédient, a jetté ensuite dans la mode opposée d'un *habillement* très-
serré, qui couvroit toute la personne.

Les cottes de différentes couleurs furent à la
mode en Angleterre sous Henri I: On vit des
chapeaux ou des couronnes de fleurs artificielles
sous Edouard III; des chaperons & des cottes
courtes & sans manches, appelées *taberts*, sous
Henri VII; les fraises, sous Edouard VI; & l'on
dit qu'elles furent imaginées par une dame de
qualité italienne ou espagnole, qui vouloit cacher
une loupe qu'elle avoit au cou. Les bonnets travaillés devinrent à la mode sous le règne d'Elisabeth; les souliers qu'on porte aujourd'hui, furent
portés, pour la première fois, en 1633, & les
perruques parurent peu de temps après la restau-
ration.

Charlemagne porta les premières loix somptuaires, qui régloient le prix des étoffes & qui
distinguoient l'état & le rang des particuliers, par
rapport à leur *habillement*. Ce prince donna lui-
même l'exemple de la plus grande simplicité.

De riches vêtemens sur le corps d'un fat, sont
comme des trophées revêtues d'armures magnifiques, & qui ne sont au fond qu'un misérable
morceau de bois.

Une personne prit à son service un paysan nouvellement débarqué à Paris, en lui disant : je te
donnerai cent francs de gage; & si je suis content, tu auras tous les ans une récompense, *& je
t'habillerai*. Le lendemain matin le domestique ne
paroît pas : il se fait tard; le maître sonne; il
ne bouge point : enfin, le maître monte; le trouve
dans son lit; se fâche. Le valet lui dit : Monsieur,
ne sommes-nous pas convenus que vous m'habil-
leriez; je vous attendois.

HANDEL, (George-Frédéric) musicien,
mort à Londres au mois d'avril 1759.

Handel composa son premier opéra intitulé
Almeria, à l'âge de quinze ans. Cet opéra eut
le plus grand succès, & fut joué trente jours
de suite sur le théâtre de Hambourg, dont il avoit
la direction. Dans moins d'une année, il en fit
exécuter deux autres, qui furent reçus avec les
mêmes applaudissemens.

Handel, à l'exemple des plus grands artistes,
voyagea en Italie. Après avoir resté une année à
Florence, il passa à Venise; c'étoit le temps du
carnaval. Il ne s'étoit point fait connoître; mais
son talent le découvrit. Il jouoit de la harpe dans
une mascarade: Dominico Scarlatti, le plus habile
musicien italien sur cet instrument, l'entendit, &
s'écria : *Il n'y a que le Saxon ou le diable qui puisse
jouer ainsi.*

Handel ne trouva jamais d'égal sur l'orgue, &
il n'y eut que ce Scarlatti qu'on pût lui comparer
pour la harpe. Ce qui fait honneur à ces deux
célèbres musiciens, c'est qu'ils devinrent amis
quoique rivaux. *Handel* ne parloit jamais de Scarlatti qu'avec la plus haute estime; & Scarlatti,
quand on le louoit sur sa belle exécution, citoit
Handel en faisant le signe de la croix; expression
indécente, mais vive, de l'admiration que ce nom
lui inspiroit.

Handel, étant à Rome, composa, à la prière
du cardinal Ottoboni, une symphonie dont l'exécution parut difficile aux musiciens de son concert,
à la tête desquels étoit le célèbre Corelli. Cet
artiste, dont la douceur & la modestie égaloient les
talens, se plaignit lui-même de la difficulté de
plusieurs passages. *Handel* lui donna quelques
instructions pour l'exécution de ces passages; &
voyant que Corelli ne les rendoit pas encore à son
gré, il lui arracha l'instrument des mains avec une
brusquerie & une hauteur qui défiguroient un peu
son caractère; il les joua devant Corelli, qui n'avoit
pas besoin de cette preuve pour avouer la supériorité de *Handel*, à qui il dit avec une douceur
admirable : *Mon cher Saxon, cette musique est dans
le style françois, & je n'y entends rien.*

Le cardinal Pamphile fit un poëme intitulé :
Il trionfo del tempo, dans lequel *Handel* étoit
comparé à Orphée, & exalté comme une divinité.
Ce musicien, qui avoit un sentiment trop naïf de
son propre mérite, ne fit pas scrupule de mettre
ce poëme en musique. C'étoit peut-être, ajoute
l'auteur du mémoire cité, le seul moyen dont
Handel pût déployer ses talens, sans acquérir de
la gloire.

Handel ayant reçu des invitations très-pres-
santes d'aller en Angleterre, se rendit dans ce
royaume en 1710, & y trouva des honneurs &
des richesses.

Handel ne donna que très-peu d'opéra dans les
premières années de son séjour à Londres, parce
que les poëmes qu'on y représentoit, étoient mis
en musique par Attilio & par Buononcini, qui
étoient à la tête de ce spectacle. Les protecteurs
de *Handel* formèrent le plan d'une souscription
pour établir une nouvelle académie de musique à
Hay-Market, dont ce musicien auroit la direction.
La souscription, dont le fonds étoit de cinquante
mille livres sterlings; c'est-à-dire, plus d'onze cens
mille livres de notre monnoie, fut remplie avec
une célérité dont on ne peut trouver d'exemple

que dans une nation où la noblesse généreuse, opulente & populaire porte ses goûts jusqu'à l'enthousiasme, & où l'esprit national dirige le luxe même & la vanité des citoyens vers des objets qui intéressent le peuple.

Les *oratorio* de *Handel* n'eurent pas le succès qu'ils méritoient. Il continua cependant de les donner, & son *Messie*, qui avoit d'abord été reçu froidement, fut accueilli par la suite avec les plus grands applaudissemens. L'empressement que le public témoigna pour cet *oratorio*, engagea *Handel* à le faire exécuter tous les ans au profit de *l'hôpital des Enfans-Trouvés*, établissement qui étoit encore dans son enfance, & qui n'étoit soutenu que par des libéralités particulières.

Handel, désiré, recherché & caressé par tout, passoit sa vie avec les hommes les plus distingués par la naissance, l'esprit & les talens. Il mangeoit souvent avec *Pope* chez le comte de Burlington. *Pope*, qui avoit une oreille si sensible à l'harmonie des vers, n'avoit aucun goût pour la musique; son ame étoit absolument fermée aux charmes de cet art divin, dont il a cependant chanté les effets avec beaucoup de chaleur & d'esprit dans son *ode de sainte Cécile*. Il avouoit souvent que les plus beaux morceaux de musique ne lui donnoient aucun plaisir; mais il estimoit beaucoup *Handel* sur la parole de son ami *Arbuthnot*, qui lui disoit quelquefois: « Formez-vous la plus » haute idée de ses talens, & ses talens seront » encore au-dessus de votre idée ».

La fortune favorisa cet artiste illustre, & on prétend qu'il laissa en mourant une succession de plus de vingt mille livres sterlings. Il fut enterré dans l'abbaye de Westminster.

HARANGUE. On a dit que l'usage des harangues devoit être plus fréquent chez nos anciens, qu'aujourd'hui, parce que chez eux l'orateur & le guerrier étoient souvent réunis dans la même personne. Mais il est bien question ici d'un discours arrangé; tout guerrier animé d'une forte passion, ou excité par un danger pressant, fera passer en peu de mots dans le cœur de ceux qui l'écoutent, les sentimens dont il est animé, & c'est la *harangue* que nous demandons. Le jour de la bataille de Tésin, Annibal ranima le courage de son armée par ces paroles: « compagnons, leur » dit-il, le ciel m'annonce la victoire; c'est aux » romains, & non à vous de trembler. Jettez les » yeux sur ce champ de bataille: nulle retraite » ici pour les lâches: nous périssons tous si » nous sommes vaincus. Quel gage plus certain » du triomphe? Quel signe plus sensible de la » protection des dieux? Ils nous ont placés entre » la victoire & la mort. »

La reine de Hongrie, Marie-Thérèse d'Autriche, attaquée par presque toute l'Europe,

sortit de Vienne, & se jetta entre les bras des Hongrois, sévèrement traités par son père & ses aïeux. Elle paroît devant les quatre ordres de l'Etat assemblés à Presbourg, tenant, entre ses bras son fils aîné presque encore au berceau. « Abandonnée dit-elle, de mes amis, persécutée » par mes ennemis, attaquée par mes plus pro- » ches parens, je n'ai de ressource que dans » votre fidélité, dans votre courage, & dans » ma constance. Je mets en vos mains la fille & » le fils de vos rois, qui attendent de vous leur » salut. «

Tous les Palatins, attendris & animés, tirent leurs sabres en s'écriant: » *Moriamur pro rege* » *nostro Mariâ Theresâ*; mourons pour notre » roi, Marie Thérèse: » ils versent des larmes en faisant serment de la défendre; & ils la défendent en effet si bien, qu'ils lui conservent la plupart de ses possessions.

Peu de temps avant d'intéresser à son sort les Hongrois, elle avoit écrit à la duchesse de Lorraine, sa belle-mère: « J'ignore encore s'il me » restera une seule ville pour faire mes couches. »

On sait qu'il est des *harangues* d'usage, & qui sont prescrites par le cérémonial. Un premier président du parlement haranguant monseigneur le duc de Bourgogne dans son berceau, se contenta de lui dire: « Nous venons, monseigneur, vous offrir » nos respects, nos enfans vous offriront leurs » services ».

Le maire d'une ville de Languedoc, dit un jour au gouverneur de cette province: « Mon- » seigneur, deux choses ont toujours incom- » modé vos prédécesseurs, lorsqu'ils sont venus » prendre possession de leur gouvernement; les » cousins & les longues *harangues*; je prie dieu » qu'il vous garantisse du premier de ces fléaux, » & pour ma part, je vous garantirai du » second ».

Un consul d'Amiens haranguant Louis XIV, ne put jamais dire que *sire*. Ce prince qui n'aimoit pas les grandes *harangues*, le remercia, en lui disant, qu'il n'avoit jamais entendu une harangue qui fut plus à son goût.

Les députés de Marseille, voulant haranguer Henri IV, & mettre leur érudition à profit, commencèrent leur discours par ces paroles: « Annibal partant de Carthage. A ces mots le Prince les interrompant, leur dit: « Annibal par- » tant de Carthage, avoit dîné, & je vais en » faire autant ».

Dans une ville de province, le recteur de l'université ayant harangué en latin un présidial, le doyen qui présidoit, répondit: « appointé: — » comment appointé, repliqua le docteur? — » Oui, appointé, reprit le doyen, quand nous

» n'entendons pas tout-à-fait certaines causes, » nous les appointons ; & comme il y a long- » tems que mes confrères & moi ne font plus » familiers avec le latin, nous appointons votre » *harangue* ».

Louis XIV, paſſant par Reims en 1666, fut harrangué par le Maire, qui, lui préſentant des bouteilles de vin avec des poires de rouſelet ſeches, lui dit : ſire, « nous apportons à votre » majeſté, notre vin, nos poires & nos cœurs ; » c'eſt ce que nous avons de meilleur. » Le roi lui frappa ſur l'épaule, en lui diſant : voilà comme j'aime les *harangues*.

Le maire d'une petite ville ne pouvant ſortir d'une *harangue* qu'il avoit commencée, un de nos rois qu'il haranguoit, las de le voir penſer, lui dit : finiſſez en trois mots. Le maire s'arrêta tout court, puis il s'écria : *Vive le roi*.

Les conſuls d'une petite ville ayant chargé le maître d'école de haranguer un prince qui de-voit paſſer, il ſe mit à leur tête, & adreſſant la paro'e au prince, il lui dit : « monſeigneur, les » ignorans que voilà (& en même tems il montra » les conſuls), ont chargé le pédant que voici » (il ſe mit la main ſur l'eſtomac) d'aſſurer votre » alteſſe, qu'ils ſont ſes très-humbles & très-» obéiſſans ſerviteurs ».

M. le prince paſſant par une petite ville de Bourgogne ; le maire ſe préſenta pour le ha-ranguer : monſeigneur, lui dit-il, j'ai, comme vous voyez, le droit de vous ennuyer ; & je ne le ferai point valoir, à condition que vous obtiendrez pour notre ville une exemption de gens de guerre. M. le Prince fut fort content de cette *harangue*, & promit ce qu'on lui demandoit. Songez-y monſeigneur, reprit le maire, ſinon l'année qui vient, lorſque vous repaſſerez, je ferai valoir mon droit.

Une ſtatue équeſtre du roi étant arrivée dans une ville de province ; le maire harangua la ſtatue, & les conſuls haranguèrent le cheval.

Je n'ai jamais vu dans l'hiſtoire, de *harangue* plus noble que celle que le duc de Grammont fit au roi d'Eſpagne, lorſqu'il lui demanda, au nom du roi, l'infante ſa fille : « ſire, lui dit-il, » le roi mon maître vous donne la paix ; » & puis s'adreſſant à cette princeſſe : « & à vous, » madame, ſon cœur & ſa couronne ».

Un Ambaſſadeur turc haranguant le pape Léon, lui donna de la hauteſſe au lieu de lui donner de la ſainteté, & après l'avoir appellé avec S. Bernard, primatu Abel, gubernatu Noé, ordine Melchiſedech, dignitate Aaron, il lui dit pour concluſion, qu'il étoit le grand turc des chrétiens.

La *harangue* qui ſuit a été prononcée il y a plus de cent ans ; elle peut être une preuve que ce qu'on croit de nouvelle création, a ſouvent une date fort ancienne, & que le génie eſt de tous les ſiècles.

» Monſeigneur, tandis que Louis-le-Grand fait aller l'empire de mal en pire, damner le Danemark & ſuer la Suède ; tandis qu'il gêne les genois, berne les bernois, & cantonne le reſte des cantons ; tandis que ſon digne rejetton fait baver les bavarois, rend les troupes de Zell ſans zèle, & fait faire des eſſes aux heſſois ; tandis que Luxembourg fait fleurir la France à Fleurus, met en flammes les flamands, lie les liégeois, fait danſer Caſtanaga ſans caſtagnettes ; tandis que le turc hongre les hongrois, fait eſclaves les eſclavons, & réduit en ſervitude la Servie ; enfin, tandis que Catinat démonte le piémontois ; que ſaint-Ruth ſe rue ſur le ſavoyard, & que Larré l'arrête : vous, monſeigneur, non content de faire ſentir la peſanteur de vos doigts aux vaudois, vous faites encore la barbe aux barbets. Ce qui nous oblige avec un très-profond reſpect, monſeigneur, à être vos très-humbles & très-obéiſſans ſerviteurs, lès maire, échevins & habi-tans de la ville de... ».

Le Curé de Montlhery haranguant le roi d'Eſ-pagne, lui dit : « ſire, comme les longues *haran-gues* ſont incommodes & les harangueurs en-nuyeux, je me contenterai de dire à votre ma-jeſté que.....

(Il entonna ſur un vieux noël).

Tous les bourgeois de Châtre & Montlhéry, Ont grande joie que vous ſoyez ici, &c.

Le roi charmé du zèle chanſonnier du Curé, lui dit, *bis* : le paſteur chantant obéit, le roi lui fit donner dix louis. Le curé ayant reçu la libéralité, dit au prince, *bis* : on redoubla la ſomme.

HARCOURT, (Henri de Lorraine, comte de) grand écuyer de France, mort en 1666.

Le comte d'*Harcourt* pouvoit prétendre à la place de grand écuyer par ſa naiſſance. Il ne l'obtint néanmoins que comme une récompenſe de ſes travaux. C'étoit un général brave, géné-reux, intrépide, & non moins cher aux ſoldats que terrible aux ennemis. La victoire le ſuivoit partout ; & ſi l'on en excepte le ſiège de Lérida qu'il fut forcé de lever en 1646, il ſortit tou-jours ſupérieur des combats où il hazardoit ſou-vent ſa vie. On lui avoit donné le ſurnom de *Cadet la perle*, parce qu'il étoit le cadet de la maiſon de Lorraine, & qu'il portoit une perle à l'oreille. Son portrait ſupérieurement gravé par Maſſon le repréſente ainſi.

Le comte d'*Harcourt*, après s'être signalé à l'attaque du pas de Suze en 1629, reçut en 1637 le commandement d'une armée navale, & prit sur les Espagnols les isles de saint-Honorat & de sainte-Marguerite. En 1639, il gagna une bataille auprès de la ville de Quiers en Piémont, où il mit en fuite l'armée espagnole. Cette armée avoit attaqué vivement les françois sur les bords du ruisseau de la Route dans le Piémont. Les assaillans, quoiqu'au nombre de vingt mille hommes, furent néanmoins battus par le comte d'*Harcourt*, qui n'en avoit tout au plus huit mille. Les vaincus furent eux-mêmes si étonnés de leur défaite, que Léganès, leur général, fit dire au comte d'*Harcourt* par un trompette qu'il lui envoya pour lui demander l'échange de quelques prisonniers, que s'il étoit roi de France, il lui feroit couper la tête pour avoir hazardé une bataille contre une armée beaucoup plus forte que la sienne. « Et » moi, reprit *Harcourt*, si j'étois roi d'Espagne, » je ferois couper la tête au marquis de Léganès, » pour s'être laissé battre par une armée beau- » coup plus foible que la sienne ».

En 1640, le comte d'*Harcourt* prit Coni, & assiégea Turin, & fut lui-même assiégé dans son camp par les Espagnols. Les desseins du comte d'*Harcourt* sur Turin paroissoient si téméraires au marquis de Léganès, qu'il écrivit au prince Thomas que les dames pouvoient loüer des fenêtres pour voir passer *Cadet la perle*. Cependant le général françois réussit à prendre Turin, & à repousser le général espagnol. Jean de Wert dit à cette occasion : « J'aimerois mieux être général » *Harcourt* qu'empereur ».

Le marquis de Léganès ayant réussi pendant cette opération à couper totalement les vivres aux françois, les domestiques du comte d'*Harcourt* se donnèrent tant de mouvement, qu'ils parvinrent à se procurer quelques barils de vin pour sa personne. Le sage général n'en voulut point faire usage, & les envoya aux malades & aux blessés. Par cette généreuse politique il parvint à étouffer jusqu'au plus léger murmure, au milieu de la disette la plus affreuse.

En 1645, le comte d'*Harcourt* fut fait viceroi de Catalogne, & défit à la bataille de Liorens les espagnols commandés par le marquis de Mortare. Envoyé dans les Pays Bas en 1649, il prit Condé, Maubeuge, le château de-l'Ecluse & plusieurs autres places. Il se procura sur la fin de ses jours une retraite honorable dans l'Anjou dont il obtint le gouvernement. « L'expérience nous » apprend disoit ce grand général, que s'il y a » des malheurs imprévus à la guerre, il y a aussi » des bonheurs qu'on n'auroit osé se promettre ».

HARDIESSE.

Caïus Popilius fut envoyé vers le roi Antio-chus, avec une lettre de la part du sénat, par laquelle on lui mandoit qu'il eût à retirer son armée dans l'Egypte. Antiochus ayant lu cette lettre, lui dit qu'il délibéreroit sur ce que le sénat lui demandoit, & qu'ensuite il feroit réponse. Popilius fit un cercle autour de ce prince avec une baguette qu'il tenoit à la main, & lui dit : « délibère actuellement, & me fais réponse » avant de sortir de ce cercle. » Antiochus admirant sa *hardiesse*, répondit qu'il feroit ce que les romains souhaitoient.

Un ancien soldat ayant un procès à soutenir, pria l'empereur Auguste de le venir secourir de son crédit. Ce prince lui donna un de ceux qui l'accompagnoient pour avoir soin de son affaire ; là dessus le soldat fut assez hardi pour lui dire : seigneur, je n'ai pas usé de la même sorte à votre égard, quand vous étiez en danger dans la bataille d'Actium, moi-même, sans chercher de substitut, j'ai combattu pour vous.

Julien Collardeau, poëte françois du dernier siècle, & l'un des plus zélés panégyristes du cardinal de Richelieu, fit en l'honneur de ce ministre, un poëme intitulé : *la Description de Richelieu*, où l'on trouve du feu & cette expression forte qui semble distinguer sur le parnasse le nom de Collardeau. Mais ce qui mérite le plus d'attention, & ce qui le fait citer dans cet article, c'est le courage avec lequel il osa mettre sous les yeux de son héros, l'éloge du duc de Montmorency, que le cardinal avoit immolé à son ressentiment. Il ne craignit pas de dire aux mannes de ce guerrier malheureux :

Tes sublimes vertus, dignes d'un meilleur sort,
Effacent à nos yeux la honte de ta mort.

Mécène voyant Auguste dans le sénat près de condamner à la mort un grand nombre de personnes, & ne pouvant s'approcher assez près pour l'avertir de modérer sa sévérité, lui jetta un billet, à l'ouverture duquel Auguste trouva ces paroles hardies : « lève toi, bourreau, & sors de là. » Auguste qui connoissoit son affection ne s'en offensa pas, mais au contraire estima cette excessive liberté.

Pomenars, gentilhomme breton, passant par les Roches en Bretagne, terre de madame de Sévigné, trouva une grande assemblée de peuple. Il demanda ce que s'étoit : « c'est, lui dit-on, » que l'on pend en effigie un gentilhomme qui » a enlevé la fille de M. le comte de Grancé. » Ce gentilhomme, c'étoit lui-même. Il approcha, il trouva que le peintre l'avoit mal habillé ; il s'en plaignit. Il alla souper chez le juge qui l'avoit condamné, & partit dès le grand matin le jour d'après. Il fut encore accusé de fausse monnoie. Sollicitant ses Juges à Rennes avec une longue barbe ; quelqu'un lui demanda pourquoi

il ne se faisoit point raser. « Moi, dit-il, je
» serois bien fou de prendre de la peine à ma
» tête, sans sçavoir à qui elle demeurera ; si c'est
» à moi j'en aurai soin ».

HARDOUIN, (Jean) savant Jésuite , mort
en 1729, âgé de 83 ans.

Hardouin étudia l'antiquité, mais ce fut pour
la détruire. Il exerça un pouvoir arbitraire sur
les faits, & joua pieusement le rôle de sceptique.
C'étoit un enfant pour la crédulité , un jeune
homme pour la hardiesse & la témérité , un vieillard pour le radotage.

Dans ses doctes veilles, il publia bien des
songes ; il soutenoit entr'autres extravagances ,
que tous les écrits qui ont passé jusqu'ici pour
anciens, furent fabriqués dans le treizième siècle
par des fripons de moines, qui se donnèrent le
mot pour s'appeler les uns Homère, Platon, Aristote, Plutarque, les autres Tertulien, Origène,
Basile, Augustin, &c. Il n'exceptoit de cette manufacture, que les Ouvrages de Cicéron, l'histoire de Pline, les Géorgiques de Virgile, les
satyres & les épitres d'Horace, & quelques autres écrits de ce genre. Il prétendoit que l'énéide
de Virgile avoit été visiblement composée par un
bénédictin du treizième siècle, qui a voulu décrire allégoriquement le voyage de saint Pierre
à Rome, lequel cependant, suivant le sentiment
même du savant rêveur, n'y a jamais été. Il n'est
pas moins clair, ajoute-il, que les odes d'Horace sont sorties de la même fabrique, & que
la Lalagé de ce poëte n'est autre chose que la
religion chrétienne.

Il falloit cependant que le père *Hardouin* accordât bien de l'esprit à frère Virgile, à frère
Horace & aux autres. On assure qu'un jésuite,
son ami, lui représentant un jour que le public
étoit fort choqué de tous les paradoxes & de
toutes les extravagances qu'il débitoit à ce sujet ;
le père *Hardouin* lui répondit brusquement :
« Hé, croyez-vous donc que je me serai levé
» toute ma vie à quatre heures du matin pour
» ne dire que ce que d'autres avoient déjà dit
» avant moi ? *Mais*, lui répliqua son ami,
*il arrive quelquefois qu'en se levant si matin, on
compose sans être bien éveillé, & qu'on débite les
rêveries d'une mauvaise nuit pour des vérités dé-
montrées.*

Quelque temps après que ce poëte eut publié
son système de la supposition des auteurs, il
fut chargé par le clergé de France de travailler
à une édition des conciles. Le père le Brun de
l'oratoire alla le voir dans le temps qu'il étoit
occupé de cette importante collection, & lui dit :
» Si ce que vous avez avancé est vrai ; mon père,
» vous travaillez bien infructueusement, & vous
» allez publier un recueil de faussetés, de four-

» beries & d'impostures qui ont été fabriquées
» pour détruire la religion ». Le jésuite garda
un moment le silence ; & puis par une espèce
d'enthousiasme, il s'écria : *Il n'y a que Dieu &
moi qui sachions la force de l'objection que vous me
faites ici.*

Le même discernement qui faisoit voir à ce
docte visionnaire la religion chrétienne dans la
maitresse d'Horace, lui fit découvrir des athées
dans Descartes, Mallebranche, Arnauld, Pascal,
Nicole, &c. Ses supérieurs l'obligèrent de donner
une rétractation de ses délires ; il la donna, & n'y
fut pas moins attaché. Ses sentimens mènent à un
pyrrhonisme universel & à l'incrédulité ; il a été
néanmoins toute sa vie un modèle de régularité,
de piété & de religion. Un de ses confrères
disputant encore avec lui, peu de temps avant
sa mort, sur son système de la supposition des
anciens auteurs : « O mon Dieu ! s'écria le père
» *Hardouin* dans l'effusion de son cœur, on a
» beau dire que je ne crois rien, je vous aime de
» tout mon cœur. Seigneur, je vous remercie
» de m'avoir ôté la foi humaine, pour me laisser
» la foi divine ».

M. Vernet, professeur de théologie à Genève,
a très-bien caractérisé le père *Hardouin* dans cette
épitaphe.

In expectatione Judicii
Hic jacet
Hominum paradoxoratos
Natione Gallus, religione Romanus,
Orbis litterati portentum :
Venerandæ antiquitatis cultor & destructor,
Docté fabricitans
Somnia & inaudita commenta vigilans edidit,
Scepticum pié egit.
Credulitate puer, audaciâ juvenis, deliriis senex.

HARLAY, (Achilles de) premier président
du parlement de Paris, mort en 1616, à quatre-
vingt ans.

Achilles de Harlay fut un magistrat intègre,
un sujet fidèle, un citoyen vertueux dans des temps
de trouble & de séduction. Au milieu même des
factions de la ligue & des fureurs du fanatisme, il
montra un courage & une fermeté digne des premiers siècles de Rome.

Le duc de Guise, à la tête des séditieux,
vouloit se rendre maître de la personne du roi
Henri III ; & ce monarque se vit obligé, en
1588, de sortir en fugitif de sa capitale. Le duc
étant allé visiter, après le départ du roi, *Achilles
de Harlay*, premier président, il le trouva « qui
» se pourmenoit dans son jardin, lequel s'étonna
» si peu de sa venue, qu'il ne daigna pas seule-
» ment tourner la tête, ni discontinuer sa pour-
» menade commencée, laquelle achevée qu'elle

» fût, & étant au bout de son allée, il retourna,
» & en retournant, il vit le duc de Guise qui
» venoit à lui ». Alors ce vertueux magistrat
levant la voix, lui dit : *C'est une honte, monsieur,
c'est une honte que le valet mette le maître hors de
la maison ! Au reste mon ame est à Dieu, mon cœur
est à mon roi ; & à l'égard de mon corps, je l'abandonne, s'il le faut, aux méchans qui désolent ce
royaume.* (Discours sur la vie & la mort du président de Harlay).

Dans ces malheureux temps, les prédicateurs
étoient devenus les trompettes de la discorde. Ils
osèrent même exiger en chaire un serment public
de leurs auditeurs pour la vengeance de la mort
du cardinal & du duc de Guise, que Henri avoit
fait assassiner à Blois comme des sujets rebèles.
Un de ces prédicateurs fanatiques prêchant le
premier jour de l'an à saint Barthelemy, fit lever
la main à tous les assistans, & eut même l'impudence d'adresser la parole à M. *de Harlay*, qui
étoit présent, & de lui crier : *Levez la main,
M. le président, & levez-la bien haut, s'il vous plaît,
afin que tout le monde la voie.* Ce magistrat fut
contraint d'obéir pour n'être pas mis en pièce par
la populace. Mais les chefs des factieux, qui
n'ignoroient point les sentimens de M. *de Harlay*,
le retinrent quelque temps prisonnier à la Bastille.
Cet illustre magistrat goûta des jours plus sereins
sous le règne de Henri IV ; & après s'être occupé
entièrement à rétablir les loix, & à faire fleurir la
justice, il mourut en 1616, dans une douce &
paisible retraite que lui avoient préparée ses travaux
& sa vertu.

Il faut le distinguer d'un autre ACHILLE DE HAR-
LAY, aussi premier président du parlement de Paris, mort le 23 juillet 1712, à 73 ans. C'étoit un
magistrat attaché à ses devoirs, trop enclin à cette
raillerie quelquefois innocente dans la bouche d'un
particulier, mais toujours cruelle dans celle d'un
homme en place.

Un conseiller au parlement, dont les ancêtres,
dit-on, avoient porté la livrée, osa paroître devant
M. *de Harlay* avec une culotte de velours rouge.
Ce magistrat s'en apperçut, & lui dit malignement :
« Je ne suis point surpris de vous voir cet habil-
» lement cavalier ; on aime les couleurs dans votre
» famille ».

Le fils d'un architecte sollicitoit une charge de
conseiller : « Je vous ai vu bien petit, lui dit M.
» *de Harlay*, il faut que depuis ce temps-là vous
» ayez crû d'une toise ».

On lui servit un brochet monstrueux qu'on avoit
pris dans une pièce d'eau de sa maison de Gros-
Bois. Comme ce poisson dévoroit beaucoup de
carpes, il disoit que c'étoit le *Bourvalais* des poissons. Ce *Bourvalais* étoit un célèbre traitant, qui
fut condamné à la chambre de justice.

Un huissier, dans un placet qu'il présentoit à
M. *de Harlay*, se qualifioit de membre du parlement : « Oui, lui dit ce facétieux magistrat,
» comme un poil est membre de mon corps ».

Un fermier général des postes étoit venu le
solliciter pour une affaire, & lui racontoit son
procès avec beaucoup de volubilité : « Un moment :
» dit M. *de Harlay*, ce n'est point ici qu'il faut
» courre la poste ».

M. Raquette, évêque d'Autun, auquel on
pouvoit reprocher une prononciation affectée &
des gestes maniérées lorsqu'il prêchoit, se plaignoit
à M. *de Harlay* que les officiers d'Autun avoient
quitté son sermon pour aller à la comédie : « Ces
» gens-là, répondit-il, étoient de bien mauvais
» goût de vous quitter pour des comédiens de
» campagne ».

Les comédiens du roi vinrent en corps lui
demander une grace ; l'acteur qui lui porta la
parole, lui dit qu'il lui parloit au nom de sa
compagnie. Le premier président, pour lui faire
sentir vivement sa faute, lui répondit : « Je veux
» délibérer avec ma *troupe*, pour savoir si je dois
» accorder à votre *compagnie* la grace qu'elle me
» demande ».

Dans le temps qu'il fut élevé à la place de premier président, les procureurs en corps vinrent
lui demander sa protection : *Ma protection*, leur
dit-il, *les fripons ne l'auront pas, les gens de bien
n'en ont pas besoin.*

Un procureur vouloit se justifier auprès de lui
de quelques petits tours de son métier. Mais M. *de
Harlay*, sans vouloir l'écouter davantage, lui dit
en présence de plusieurs personnes qui se trou-
voient-là : « M⁰. un tel, vous êtes un fripon ».
Monseigneur a toujours le mot pour rire, répondit
le procureur sans se déconcerter.

Il y a encore eu du nom de Harlay, FRANÇOIS
DE HARLAY, archevêque de Rouen, & ensuite de
Paris, né dans cette ville en 1625, mort en 1695,
à 70 ans. Il étoit fils d'*Achilles de Harlay*, marquis de Champvallon. Ses manières affables, son
heureuse facilité de s'énoncer, son attention obligeante à ne dire que des choses agréables à
ceux qui l'abordoient, son goût naturel pour les
sciences & les belles-lettres, lui avoient concilié
les cœurs & les esprits. Il avoit une physionomie
des plus agréables & des plus heureuses, & on lui
appliqua ce vers de Virgile :

Formosi pecoris custos, formosior ipse.

Mais né avec un cœur sensible & un violent
penchant pour les plaisirs, il ne put pas toujours
se défendre des amorces de la volupté ; il maintint
sévèrement dans son diocèse le dogme qui ne le
gênoit en rien, & négligea la morale qui lui inter-

difoit fes joyeux paffe-temps. Un jour qu'il vouloit embraffer une jolie femme, une dame qui étoit préfente, s'écria : *Prenons garde, monfieur l'archevêque eft plus berger que pafteur.*

Il mourut fubitement d'une apoplexie, & fans avoir pu réparer le fcandale de fa vie paffée. « Il » s'agit maintenant, difoit l'ingénieufe madame » de Sévigné, de trouver quelqu'un qui fe charge » de l'oraifon funèbre. On prétend qu'il n'y a que » deux petites bagatelles qui rendent cet ouvrage » difficile ; c'eft la vie & la mort ».

Le père Gaillard, jéfuite, entreprit cette befogne. « Il a imaginé, continue madame de Sé- » vigné, de faire un fermon fur la mort au milieu » de la cérémonie, de tourner tout en morale, » de fe jetter fur fes auditeurs pour les exhorter, » de parler de la furprife de la mort, peu du » mort, & puis Dieu vous conduife à la vie éter- » nelle ».

On n'a pas oublié cette courte harangue que M. de Harlay fit au roi lorfqu'il fe rendit à Notre-Dame pour affifter à la bénédiction des drapeaux. Ce prélat, à qui l'on avoit témoigné que le roi fouhaitoit qu'on ne lui fît point de harangue, fe contenta de lui dire à la porte de l'églife où il le reçut : « Sire, vous me fermez » la bouche, pendant que vous l'ouvrez à la joie » publique ».

Le père de la Rue, jéfuite, fit fur ce prélat une devife affez heureufe : elle avoit pour corps un bouton de rofe verd éclairé par un foleil, & pour ame ces paroles : *Le foleil le fera rougir.* Effectivement Louis XIV, défigné dans fes devifes par un foleil, deftinoit un chapeau de cardinal à l'archevêque de Paris, & ce prélat étoit fur le point de le recevoir lorfqu'il mourut.

HATEMTAI étoit le plus libéral & le plus généreux des Arabes de fon temps. On lui demanda s'il avoit jamais connu quelqu'un qui eût le cœur plus noble que lui ? Il répondit : « Un » jour, après avoir fait un facrifice de quarante » chameaux, je fortis à la campagne, avec des » feigneurs arabes, & je vis un homme qui avoit » ramaffé une charge d'épines fèches pour brûler. » Je lui demandai pourquoi il n'alloit pas chez » *Hatemtai*, où il y avoit un grand concours » de peuple, pour avoir part au régal qu'il fai- » foit ? — Qui peut manger fon pain du travail » de fes mains, me répondit-il, ne veut pas avoir » obligation à *Hatemtai*. — Cet homme, ajouta » *Hatemtai*, a le cœur plus noble que moi ».

HÉLOISE, époufe d'Abailard, & depuis abbeffe du Paraclet, morte le 17 mai 1163, âgée de 63 ans. Nous avons trois de fes lettres parmi celles d'Abailard.

Cette femme, fi célèbre par fon érudition & par fa beauté, l'eft encore plus par fon amour pour le malheureux Abailard : élevée chez le chanoine Fulbert, fon oncle, elle fit paroître de bonne heure du goût pour l'étude. Fulbert chercha à cultiver cette heureufe inclination dans fa nièce, & lui donna un précepteur ; mais ce précepteur étoit le célèbre Abailard, & depuis quelque temps, fon cœur lui avoit parlé pour *Héloïfe*. Sous prétexte de donner plus de temps à l'inftruction de cette aimable fille, il détermina l'oncle à le prendre en penfion. Fulbert, qui ne foupçonnoit aucun artifice dans cette propofition, y confentit, & mit Abailard à portée d'entretenir librement fa maîtreffe : *Sub occafione difciplinæ, amori penitùs vacabamus, & fecretos receffus quos amor optabat, ftudium lectionis offerebat. Apertis itaque libris, plura de amore quàm de lectione verba fe ingerebant, plura erant ofcula quàm fententiæ. Sæpiùs ad finus quàm ad libros reducebantur manus : crebiùs oculos amor in fe reflectebat, quàm lectio in fcripturam dirigebat. Quoque minùs fufpicionis haberemus, verbera quandoque dabat amor non furor, gratia non ira, quæ omnium unguentorum fuavitatem tranfcenderunt.*

L'amour applaudit aux entretiens fecrets de ces deux amans. *Héloïfe* devint groffe. Le bon homme Fulbert n'avoit appris les fuites de cette intrigue, que par les chanfons qu'on lui faifoit chanter, & dont enfin il devina le fujet. De plus fins que lui, & qui n'ignorent rien de ce qui fe fait au-dehors, font également les derniers informés de ce qui fe paffe chez eux : ainfi va le monde.

Abailard époufa fa maîtreffe ; mais ces deux époux, pour mieux s'aimer, fe féparèrent auffitôt. Leur cœur avoit pris la fubtilité & le rafinement de leur efprit. *Héloïfe* fe retira dans le couvent d'Argenteuil. Fulbert, foupçonnant encore une perfidie, chercha à fe venger, par le même coup, & d'*Héloïfe* & d'Abailard. Le vindicatif chanoine envoya des affaffins qui furprirent cet infortuné époux, & le mutilèrent horriblement. Ce traitement cruel, en le féparant pour toujours de fon époufe, & en quelque forte de lui-même, l'obligea à cacher fa honte dans l'obfcurité d'un cloître. Il n'eft pas indifférent d'ajouter, pour faire connoître les mœurs de ce fiècle, que Fulbert ne fut puni que par la perte de fes bénéfices & par la confifcation de fes biens, & que deux des affaffins fubirent la peine du talion. Un auteur contemporain, Foulques, prieur de Deuil, obferve dans une de fes lettres que la cataftrophe d'Abailard caufa des larmes à tout Paris, principalement aux femmes.

Héloïfe, de fon côté, fe fit religieufe dans le monaftère d'Argenteuil ; mais elle y prit le voile plutôt en héroïne payenne qu'en chrétienne péni-tente.

tente. Au moment qu'elle alloit prononcer ses vœux, elle récita des vers de Lucain, qui avoient rapport à ses aventures avec Abailard. Quelle ame! quelle imagination ardente! Dans plusieurs endroits de ses lettres, cette religieuse, jeune encore, cette amante désespérée se livre à l'ardeur qui la dévore; elle peint en caractère de feu les scènes de plaisir & de volupté dont elle a joui dans des temps plus heureux entre les bras de son amant. Souvent elle croit ressentir encore ses transports passés, & le réveil de sa raison a bien de la peine à dissiper les fantômes de son imagination abusée.

Héloïse, appelée à l'abbaye du Paraclet, dont elle fut la première abbesse, commença à goûter des jours plus sereins. Abailard, qui étoit alors supérieur de saint Gildas, au diocèse de Vannes, continuoit d'avoir avec elle un commerce de lettres, où il lui prescrivoit des règles pour la vie monastique. Elle reçut dans son abbaye les cendres de cet époux, mort en 1142; & lorsqu'elle eut terminé le cours de sa vie agitée, elle fut inhumée dans le même tombeau. Un historien du temps assura fort sérieusement que lorsqu'on descendit Héloïse dans la tombe, Abailard ouvrit ses bras, embrassa son amante, & la tint serrée contre sa poitrine.

HELVÉTIUS, (Claude-Adrien) né en 1715, mort en 1771.

Peu d'hommes ont été aussi favorisés de la nature. Helvétius en avoit reçu la fortune, la beauté, la santé & le génie. Il aima la gloire avec passion, & il y consacra sa vie.

Il parut d'abord avoir de l'aversion pour la danse & l'escrime. On loua des exercices devant le jeune Helvétius; & bien-tôt il y excella. Il a même dansé à l'opéra sous le nom & le masque de Javilliers, son maître, & a été très-applaudi.

Il se fit un nom & beaucoup de tracasseries par son livre de l'Esprit, dans lequel il prétend prouver que l'esprit de l'homme se rapproche beaucoup de celui des animaux, & que ses devoirs & ses vertus sont tous dirigés par l'intérêt personnel. Il a composé un autre ouvrage de l'Homme, non moins hardi que le livre de l'Esprit, & il a publié un poëme en six chants sur le Bonheur, dans lequel il y a de beaux vers, & des pensées philosophiques.

Cet écrivain étoit maître d'hôtel de la reine, & avoit été fermier général, place qu'il cultiva autant par désintéressement, que pour se livrer plus librement à son goût, pour les lettres & la philosophie.

Helvétius est sur-tout recommandable par les qualités de son cœur & par ses actes de bienfaisance. Il fit des pensions secrettes à plusieurs hommes de lettres.

Encyclopédiana.

Il fut bon mari, bon père, bon ami: heureux avec sa femme, ses enfans & sa société, il s'environnoit du bonheur de sa famille & de ses amis. Une femme du monde, témoin de leurs plaisirs, disoit: Ces gens-là ne prononcent point comme nous les mots de mon mari, ma femme, mes enfans, mon ami.

Helvétius aimoit beaucoup la chasse, & souffroit impatiemment les dégâts que les braconniers faisoient dans sa terre de Voré. Ses gardes arrêtèrent un jour un paysan qui chassoit, lui ôtèrent son fusil, & le conduisirent en prison, dont il ne sortit qu'après avoir payé l'amende. Helvétius, informé de cette aventure, va trouver le paysan, mais en secret; dans la crainte d'essuyer les reproches de madame Helvétius, qui l'avoit plusieurs fois excité à faire un exemple. Le généreux seigneur de Voré, après avoir fait promettre à ce braconier qu'il ne parleroit pas de ce qui alloit se passer entr'eux, lui paie le prix de son fusil, & lui rend la somme à laquelle l'amende, & les frais pouvoient se monter.

Madame Helvétius, de son côté, n'étoit pas tranquille. Elle disoit à ses enfans: « Je suis » cause que ce pauvre homme est ruiné; c'est moi » qui ai excité votre père à faire punir ce malheu- » reux braconier ». Elle se fait conduire secrettement chez celui qui lui faisoit tant de pitié; elle demande à quoi se monte la somme de l'amende & des frais, & le prix du fusil; elle paie le tout: le paysan reçut l'argent des deux côtés, sans manquer au secret qu'il avoit promis.

Helvétius étant à Paris, son carrosse fut arrêté dans une rue par une charrette chargée de bois. Helvétius impatienté de la mauvaise volonté & de la lenteur du charretier, le traita de coquin; vous avez raison, lui dit cet homme; je suis un coquin, & vous un honnête homme; car je suis à pied, & vous êtes en carrosse. — Mon ami, lui dit Helvétius, je vous demande pardon; j'ai tort; vous venez de me donner une excellente leçon, que je dois payer. Il lui donna six francs, & le fit aider par ses gens à ranger sa charrette.

Helvétius ayant appris qu'un jésuite, qui avoit abusé de sa confiance, trahi son amitié, & qui avoit excité l'orage contre lui, à l'occasion de son livre de l'Esprit, étoit confiné dans un village, où ce tartuffe languissoit dans une extrême pauvreté; il alla trouver un de ses amis: « Portez, lui dit-il, » ces cinquante louis au père, ... mais ne lui » dites pas qu'ils viennent de moi: il m'a offensé, » & il seroit humilié de recevoir mes secours ».

Helvétius fit une pension de 1200 liv. à l'abbé Sabatier de Castres, pour l'engager à cultiver les lettres; & l'abbé, par reconnoissance, peint son bienfaiteur sous les couleurs les plus odieuses.

dans son *Tableau* (de la calomnie) des trois siècles de notre littérature.

Helvétius aimoit les disputes littéraires, non par contradiction, mais parce que, suivant son expression, il alloit *à la chasse des idées.*

On a fait ces vers pour être mis au bas de son portrait :

> Des sages d'Athènes & de Rome
> Il eut les mœurs & la candeur;
> Il peignit l'homme d'après l'homme,
> Et la vertu d'après son cœur.

HENAULT, (Jean) mort en 1682.

Ce poëte inspira à madame Deshoulières le goût de la poësie, & lui en apprit les règles. On prétend même qu'il sacrifia à la gloire de son élève, plusieurs morceaux dont il auroit pu se faire honneur.

Parmi les poësies de *Henault*, on distingue le *Sonnet de l'avorton*, composé à l'occasion de l'aventure arrivée à mademoiselle de Guerchi, fille d'honneur de Marie-Thérèse d'Autriche, reine France. Le voici :

> Toi qui meurs avant que de naître,
> Assemblage confus de l'être & du néant,
> Triste avorton, informe enfant,
> Rebut du néant & de l'être !
>
> Toi que l'amour fit par un crime,
> Et que l'honneur défait par un crime à son tour,
> Funeste ouvrage de l'amour,
> De l'honneur funeste victime !
>
> Donne fin aux remords par qui tu t'es vengé;
> Et du fond du néant où je t'ai replongé,
> N'entretiens point l'horreur dont ma faute est suivie.
>
> Deux tyrans opposés ont décidé ton sort;
> L'amour, malgré l'honneur, t'a fait donner la vie;
> L'honneur, malgré l'amour, t'a fait donner la mort.

HESNAULT, (Charles-Jean-François) né en 1685, mort en 1770, fils d'un fermier-général, président honoraire au Parlement de Paris, de l'académie françoise, & surintendant de la maison de la reine, auteur de l'*Abrégé chronologique de l'histoire de France*, il eut à ces titres de la fortune, de la considération, des honneurs & de la gloire.

Il avoit le goût des plaisirs & celui d'une bonne table, où il rassembloit une société distinguée. Il a aussi composé des vers & des pièces de société. Voici comme le peint Voltaire.

> Les femmes l'ont pris très-souvent
> Pour un ignorant agréable;

> Les gens en *us* pour un savant,
> Et le Dieu joufflu de la table,
> Pour un connoisseur si gourmand, &c.

HENRI II, roi de France, né en 1518, mort en 1559.

Ce prince, brave guerrier, d'une agilité singulière pour toutes sortes d'exercices, & d'un esprit agréable, charmoit encore par l'élégance de sa taille & par une physionomie où se peignoient la douceur & la majesté royale. Il eut des goûts, mais jamais des passions bien vives, de-là peut-être sa constance dans ses attachemens. Il aimoit la justice, récompensoit les belles actions & s'appliquoit aux affaires; mais pour ne vouloir rien de son chef, il fut cause de tout le mal que firent ceux qui le gouvernoient.

Dans les combats que *Henri II* livra souvent lui-même en personne contre ses ennemis, ce prince ménageoit si peu sa vie & sa santé, que le connétable de Montmorenci crut devoir lui dire dans ce style naïf du temps. « Ah ! sire, si vous » continuez cette vie, il ne faut plus que nous » fassions état du roi, non plus que d'un oiseau » sur la branche, & qu'ayons une forge neuve, » pour en forger tous les jours de nouveaux, si » les autres veulent faire tout de même que » vous ».

Diane de Poitiers eut un empire absolu sur l'esprit de *Henri II*. Ce prince, trop foible pour avoir une volonté à lui, se laissoit gouverner par les caprices d'une femme ambitieuse & vindicative. Il adopta ses maximes d'intolérance, & fut persécuteur parce que sa maitresse l'étoit. Anet, ancienne maison bâtie aux bords de l'Eure, & que les poëtes aux gages de Diane ont tant de fois célébré sous le nom de *Dianet*, devint l'asyle des plaisirs de la favorite & du monarque. Le long attachement que *Henri* conserva pour sa maitresse, qui avoit dix-sept ans plus que lui, a donné lieu à bien des fables. On n'a pas voulu concevoir que Diane, parvenue à cet âge ou une femme est capable de dissimulation & de souplesse, où elle connoît mieux la foiblesse des hommes & l'art d'en profiter, pouvoit retenir auprès d'elle un prince qui aimoit plus par désœuvrement que par besoin, & plus capable de sentimens tendres que de mouvemens vifs & passionnés. On a préféré d'avoir recours à la magie & à un anneau enchanté que Diane, au rapport de Pasquier, avoit donné à *Henri*.

La plupart des auteurs prétendent que la belle devise du croissant avec ces mots : *donec totum impleat orbem*, avoit été adoptée par *Henri* comme une marque de son amour pour Diane.

On a remarqué que le règne de *Henri II* avoit commencé par un combat singulier, celui de Jarnac

& de la Chataigneraie, & qu'il finit auſſi par un combat ſingulier, à la vérité d'un autre genre. Ce ſecond combat fut le malheureux tournoi où le roi fut bleſſé à mort par Montgommeri. Le roi donnoit ce tournoi à l'occaſion du mariage de ſa fille Eliſabeth avec Philippe II, roi d'Eſpagne, & de ſa ſœur Marguerite avec le duc de Savoie. Après avoir remporté pendant deux jours toute la gloire de ces ſortes de combats qu'il aimoit beaucoup, & dans leſquels il étoit fort adroit, comme on étoit près de finir, il voulut encore *rompre*, diſoit-il, *une lance à l'honneur des dames*, ou, ſuivant quelques auteurs, de la reine ſon épouſe. Cette princeſſe le conjura deux fois de ſortir du tournoi, mais inutilement ; le roi appela Montgommeri, capitaine des gardes écoſſoiſes. Ce jeune ſeigneur refuſa d'abord d'entrer en lice ; mais il fut obligé d'obéir à un ordre exprès qu'il reçut du roi. Les deux lances ſe rompirent au premier choc ; & Montgommeri, emporté par ſon cheval, donna dans l'œil droit du roi, qui avoit la viſière de ſon caſque levée, du tronçon qui lui reſtoit à la main. Le roi chancela & fut auſſi-tôt emporté au palais des Tournelles, (où eſt aujourd'hui le Palais-Royal), près duquel le combat s'étoit donné. Il ſe forma bien-tôt un abcès dans la tête du prince, qui mourut le douzième jour de ſa bleſſure.

Montgommeri, auteur involontaire de ce funeſte accident, étoit le fils d'un autre Montgommeri qui avoit brûlé le viſage de François I avec une torche.

Après la mort du roi, les jurés-crieurs de Paris firent leur cri public en ces termes : « Priez Dieu » pour l'ame de *Henri II*, en ſon vivant prince » bienfaiſant, l'amour de tous ſes états, accompli » de bontés, libéral, & ſecours des affligés ».

HENRI II, prince de Condé.

On lit dans l'hiſtoire du duché de Valois, cette anecdote de l'année 1611. *Henri II*, prince de Condé, père du grand Condé, voulut affermer la recette de ſa terre de Muret, en Valois, à deux particuliers. Pour éviter les ſollicitations & les importunités à ce ſujet, il ſe propoſa de conclure promptement & en ſecret. Il partit en conſéquence ſeul & *incognito* de Muret, pour aller à la Ferté-Milon, chez un notaire, nommé Arnoul Cocault. Le prince, arrivé dans la maiſon de cet homme ſur le midi, demande à lui parler. Il dînoit : ſa femme dit au prince de l'attendre & de s'aſſeoir ſur un banc. Le prince inſiſte : la femme lui répète en ſe fâchant, & dans ſon patois, « Il faut bin qu'Arnoul daîne ». Le prince eſt obligé de céder ; il attend à la porte, aſſis ſur un banc, que maître Arnoul ait dîné. Le repas fini, on introduit le prince dans l'étude du tabellion, Arnoul, qui croyoit parler à un intendant

de maiſon, ne lui demanda point ſes qualités. Il dreſſa le bail à loyer. Lorſqu'il fut queſtion de mettre le bail au net, le notaire pria le prince de lui dire ſes qualités. « Elles ne ſont pas lon- » gues, répliqua le prince ; mettez : *Henri de* » *Bourbon, prince de Condé, premier prince du* » *ſang, ſeigneur de Muret*, » &c. Le garde-note fut ſaiſi à ces mots ; il ſe jette aux pieds du prince & lui fait des excuſes de la réception de ſa femme & la ſienne. Le prince le relève, & lui dit : « Ne craignez point, brave homme : il n'y » a point de mal : il faut bin qu'Arnoul daîne ».

On conſerve encore le contrat à la Ferté-Milon ; la ſignature du prince eſt au bas.

HENRI III, roi de France, né en 1551, mort en 1589.

Il eſt à remarquer, que la fête de la Pentecôte étoit un jour heureux pour ce prince, ſuivant cette inſcription :

Hocce die quo almus cœlo deſcendit ab alto
Spiritus, inflammans pectora Apoſtolica.
Henricus Franco ter maximus *Ortus* in orbe eſt :
Electus populi rex quoque Sarmatici,
Et rex Francorum *Carlo* ſucceſſit amore :
Ipſe amor, & Franci deliciæ populi.

J'ajouterai, pour les curieux, que ces vers latins ſe liſent ſur la première vitre du cœur du grand couvent des Cordeliers, derrière le maître-autel. Ainſi, non-ſeulement Henri-III fut élu roi de Pologne le jour de la Pentecôte ; c'eſt-à-dire, le 9 mai 1573, & ſuccéda à Charles IX, ſon frère, le 30 mai 1574, jour de la Pentecôte de cette année ; mais il naquit encore le jour de la Pentecôte 1551, quoique pluſieurs hiſtoriens datent ſa naiſſance au mois de ſeptembre.

Henri III encore duc d'Anjou, n'avoit que dix-ſept ans lorſqu'il remporta les deux victoires de Jarnac & de Montcontour. Elles lui firent une ſi grande réputation, que les polonois crurent ne pouvoir mieux remplacer le dernier des jagellons, qu'en élevant ce prince ſur le trône de Pologne en 1573. *Henri* fut obligé, pour ſe rendre dans ce royaume, de paſſer par pluſieurs pays proteſtans. On avoit encore devant les yeux le maſſacre de la ſaint Barthelemi, & *Henri* eſſuya bien des mortifications à cet égard. L'électeur palatin, Frédéric III, le reçut lors de ſon paſſage par le palatinat, dans une galerie où la journée de la ſaint Barthelemi étoit repréſentée avec les circonſtances les plus affreuſes. C'étoit le premier objet qui ſe préſentoit. Le roi de Pologne y jetta les yeux. *Avez-vous connu ces gens-là ?* lui dit l'électeur. Le roi ne put s'empêcher d'en convenir. *Ah !* reprit Frédéric, *ces malheureux, ſi cruellement égorgés à Paris, étoient des gens de bien*, &

leurs meurtriers des méchans & des traîtres. Cette conversation fut courte, comme on le pense bien, & *Henri* n'eut rien de plus pressé que de se retirer.

Henri vécut en Pologne comme dans une espèce de lieu d'exil. Il n'aspiroit qu'au moment de quitter cette terre qu'il regardoit toujours comme étrangère pour lui. Lorsqu'il apprit que Charles IX, son frère, roi de France, consumé depuis long-temps par une maladie de langueur, avoit enfin succombé à son mal ; il s'échappa dans le moment de son royaume comme un prisonnier qui rompt ses fers. Les soins qu'il prit pour dérober sa fuite aux polonois n'empêchèrent pas que ce peuple qui l'aimoit ne répandît des larmes. « Ah ! sire, lui disoit le comte de Tenezin, son » grand chambellan, si c'est vraiment régner que » de posséder les cœurs de tous ses sujets, où » régnerez-vous jamais plus absolument qu'en » Pologne, où vous les possédez ? Espérez-» vous trouver en France, dans la situation ac-» tuelle des choses, ce que vous abandonnez » parmi nous ».

Les évènemens ne justifièrent que trop le discours de ce seigneur.

Henri écrivant de Pologne à un prince qu'il aimoit, tiroit du sang de son doigt, & Sauvray rouvroit & fermoit la piqûre, à mesure qu'il falloit remplir la plume.

Arrivé en France au milieu des troubles de la guerre civile, *Henri* alla se faire sacrer à Reims. Quand on lui mit la couronne sur la tête, il dit assez haut qu'elle le blessoit, & elle lui roula par deux fois ; ce qui fut remarqué & interprété à mauvais présage. (*Journal de Henri III*).

Les catholiques ligués pour faire la guerre aux protestans, avoient remporté sur eux quelques avantages ; mais ce dernier parti s'étant rendu redoutable, on fut obligé de lui accorder la paix en 1570. Le royaume plus tranquille n'en fut cependant pas plus heureux : la licence, le luxe, la dissolution, y causèrent bien des maux. *Henri* vivoit dans la mollesse & dans l'afféterie d'une femme coquette ; il couchoit avec des gants d'une peau particulière, pour conserver la beauté de ses mains, qu'il avoit effectivement plus belles que toutes les femmes de sa cour ; il mettoit sur son visage une pâte préparée, & une espèce de masque par-dessus : c'est ainsi qu'en parle le livre des hermaphrodites, qui circonstancie les moindres détails sur son coucher, sur son lever & sur ses habillemens. Il avoit une exactitude scrupuleuse sur la propreté dans sa parure : il étoit si attaché à ces petitesses, qu'il chassa un jour le duc d'Epernon de sa présence, parce qu'il s'étoit présenté devant lui sans escarpins blancs & avec un habit mal boutonné. (*Notes sur la Henriade*).

Quélus, Maugiron, Saint-Mégrin étoient les principaux favoris, ou, comme on les appeloit, les mignons de *Henri*. Ils s'enfermoient souvent ensemble, & après avoir outragé la nature en secret, ils donnoient en public des comédies ridicules. Ils faisoient des pèlerinages, des processions. *Henri* avoit institué la confrérie des pénitens blancs de l'Annonciation de Notre-Dame aux Augustins de Paris, & alloit à la procession avec le sac & le fouet à la ceinture. Ce prince avoit fait construire de petites cellules près des Capucins, où certain jour sa cour alloit faire des exercices spirituels. Chacun étoit portier à son tour, & si, pour quelqu'affaire importante, on avoit besoin de parler au roi, il falloit, pendant tout le temps qu'il étoit dans ce conclave, demander *frère Henri*.

Guillaume Rose, évêque de Senlis, connu par ses écarts & ses emportemens, avoit sans respect pour son prince déclamé en chaire contre les plaisirs que *Henri* s'étoit permis pendant les deux derniers jours du carnaval. Le roi l'envoya chercher, & lui dit sans émotion & même en riant : « En vérité, monsieur Rose, vous n'épargnez » guères vos amis ! Vous feroit-on plaisir, si l'on » en usoit ainsi avec vous ? Il y a dix ans que je » vous laisse courir les rues sans rien dire, & » pour une fois que cela m'arrive, vous me diffa-» mez dans un lieu saint, où l'on ne doit prê-» cher que la parole de Dieu. N'y retournez pas, » je vous prie. Il est encore plus temps pour vous » que pour moi que vous deveniez sage ». Rose étoit sujet à une espèce de pituite. Le roi l'ayant fait venir une seconde fois au Louvre, lui donna de sa main cinq cens écus d'or, en lui disant : « Voilà de quoi acheter du sucre & du miel ; » pour vous aider à passer votre carême, & pour » adoucir l'aigreur de votre ton.

Le pape Sixe V, qui n'ignoroit pas toutes les momeries pieuses de *Henri*, ne put s'empêcher de dire un jour : « J'ai fait tout ce que j'ai pu pour » me tirer de la condition de moine, & ce prince » fait tout ce qu'il peut pour y tomber ».

Ce prince avoit une passion extraordinaire pour les petits chiens, & on rapporte qu'il dépensoit par an plus de trois cens mille livres, pour en faire élever de tous les côtés. Sully trouva un jour *Henri* très occupé à considérer ces petits animaux. Ce seigneur avoit été dépêché par le roi de Navarre, pour avoir une conférence avec *Henri III*. « J'arrivai, dit Sully dans ses mémoires, à Saint-» Maur, où étoit pour lors la cour, & j'allai » descendre chez Villeroi, avec lequel je dînai & » passai le reste de la journée. Le lendemain, il » me présenta au roi. Je me souviendrai toujours

» de l'attitude & de l'attirail bifarre où je trouvai
» ce prince dans fon cabinet. Il avoit l'épée au
» côté, une cape fur les épaules, une petite toque
» fur la tête, un panier plein de petits chiens
» pendu à fon cou par un large ruban, & il
» fe tenoit fi immobile, qu'en nous parlant, il ne
» remua ni pieds ni mains. (*Mémoires de Sully*.)

Le fujet des conférences de Sully, avec cet indolent monarque, étoit de le rappeler à fa propre gloire, & de le faire agir conjointement avec le roi de Navarre, fon préfomptif héritier, contre les proteftans & les Guifes. Ceux-ci, à la tête des ligueurs, & fous prétexte de vouloir maintenir la religion catholique, cherchoient à mettre le roi en tutele; & tel étoit le malheur de ces temps, que Henri ne put venir à bout de fe défaire de deux fujets rebelles que par un affaffinat. Le duc de Guife & le cardinal fon frère, après avoir chaffé leur fouverain de la capitale, oferent venir le braver à Blois en préfence des états-généraux, & du corps même qui repréfentoit la nation, & que le monarque avoit convoqué. Une profonde diffimulation régnoit entr'eux; ils parurent fe réconcilier folemnellement, & peut-être dans le même temps le roi projettoit de faire mourir Guife, & Guife de faire détrôner le roi. Henri le prévint. Le duc de Guife n'auroit pas cru le roi capable de tant de diffimulation & de tant de fermeté. Quelques jours avant fa mort, ayant trouvé fous fa ferviette un billet avec ces mots: *On veut vous ôter la vie*; il demanda une plume, & écrivit au bas, *on n'oferoit*, & jetta enfuite le billet fous la table, le laiffant lire à qui voulut. D'Efpinac, archevêque de Lyon, empêcha d'ailleurs le duc de Guife de fe retirer des états, en lui difant : *Qui quitte la partie, la perd*.

Le duc reçut fix coups de poignard; le lendemain, fon frère le cardinal fut tué à coups de hallebarde. Il avoit fur-tout irrité le roi par une épigramme qu'il récitoit à tout propos, foit qu'il en fût l'auteur ou non. Elle étoit faite fur la devife du roi, dont le corps étoit trois couronnes, avec ces mots : *Manet ultima cœlo*; la troifième m'attend dans le ciel; les deux premières repréfentoient celles de Pologne & de France. L'épigramme étoit compofée de ce diftique :

Qui dederat binas, unam abftulit, altera nutat.
Tertia tonforis nunc facienda manu.

« De ces trois couronnes, Dieu lui en a déja
» ôté une (celle de Pologne); la feconde chancelle, la troifième fera l'ouvrage du barbier ».
Le cardinal ajoutoit qu'il auroit beaucoup de joie de tenir la tête du roi, fi on lui faifoit cette troifième couronne chez les capucins.

Henri III avoit conçu un projet bien fingulier : c'étoit de percer dans le bois de Boulogne différentes allées qui auroient abouti au même centre. Il auroit fait élever, dans ce centre, un magnifique maufolée, pour y dépofer fon cœur & ceux des rois fes fucceffeurs; chaque chevalier de l'ordre du Saint-Efprit fe feroit fait bâtir un tombeau de marbre avec fa ftatue; & ces tombeaux, le long des allées, auroient été féparés par un petit efpace planté d'ifs taillés de différentes manières. *Dans cent ans, difoit-il, ce fera une promenade bien amufante; il y aura au moins quatre cens tombeaux dans ce bois.*

L'auteur de la première *Savoifienne* (Antoine Arnauld, avocat), rapporte que lorfqu'*Henri III* revint de Pologne en France, & paffa par la Savoie, on lui demanda, en récompenfe d'une collation, la ville de Pignerol & celle de Savillan, & que ce prince ne fit pas la moindre difficulté de les accorder au duc de Savoie.

Henri III fut affaffiné par un moine jacobin, nommé Jacques Clément, d'un coup de couteau dans le bas-ventre; que ce monftre lui porta le premier août 1589 : fi le fer n'avoit pas été empoifonné, la guérifon auroit pu fe faire; mais ce prince expira le lendemain 2 août, après de violentes convulfions : *c'étoit un bon roi*, dit l'Étoile, *s'il eût rencontré un meilleur fiècle*.

HENRI IV, (furnommé LE GRAND) roi de France & de Navarre, né en 1553, mort le 14 mai 1610, âgé de 57 ans.

La France n'a point eu de meilleur ni de plus grand roi qu'*Henri IV* : il étoit fon général & fon miniftre. Il unit à une extrême franchife, la plus droite politique; aux fentimens les plus élevés, une fimplicité de mœurs charmante, & à un courage de foldat un fond d'humanité inépuifable. Il rencontra ce qui forme & déclare les grands hommes, des obftacles à vaincre, des périls à effuyer, & fur-tout des adverfaires dignes de lui. Enfin, comme l'a dit un de nos plus grands poëtes :

Il fut de fes fujets le vainqueur & le père.

Lorfque Jeanne d'Albret étoit groffe de ce Prince, Henri d'Albret, fon grand-père, fit promettre à fa fille que dans l'enfantement elle lui chanteroit une chanfon, afin, lui dit-il, que tu ne me faffes pas un enfant pleureux & rechigné. La princeffe le lui promit, & eut tant de courage, que, malgré les grandes douleurs qu'elle fouffroit, elle lui tint parole & lui chanta une chanfon en fon langage béarnois, auffi-tôt qu'elle l'entendit entrer dans fa chambre. L'enfant vint au monde fans pleurer ni crier. Son grand-père l'emporta dans fa chambre : il lui frotta fes petites lèvres d'une gouffe d'ail, & lui fit fucer une goutte de vin dans fa coupe d'or, afin de lui rendre le tempéramment plus mâle & plus vigoureux. (*Perefixe*).

L'éloge de ce bon roi & de ce grand homme est partout, & principalement dans les cœurs françois ; nous ne pouvons ici que choisir quelques traits dans l'immensité de ceux qui peignent ses vertus & son caractère héroïque.

Henri IV, dès sa jeunesse ayant pris pour emblême Hercule, symbole des pénibles & glorieux travaux, il y joignit cette devise de son choix, & qu'il a si bien justifiée : *invia virtuti nulla est via*. D'après cela on ne sera pas surpris d'entendre le fameux Scaliger dire de *Henri IV*, il ne faudroit pas parler mal latin devant le roi, car il s'en appercevroit fort bien.

D'après l'entrevue d'*Henri* roi de Navarre, avec Henri III au Plessis-lès-Tours qui le reçut très-bien, le roi de Navarre écrivit sur le champ, transporté de joie, à son fidèle Mornai. « La glace » a été rompue, non sans nombre d'avertisse- » mens que, si j'y allois, j'étois mort. J'ai passé » l'eau en me recommandant à dieu. » Mornai » lui répondit : Sire, vous avez fait ce que vous » deviez, & ce que nul ne vous devoit con- » seiller ».

Henri fut élevé au château de Corasse en Béarn, situé au milieu des rochers & des montagnes. Henri d'Albret voulut qu'on l'habillât & qu'on le nourrît comme les autres enfans du pays, & même qu'on l'accoutumât à courir & à monter sur les rochers. Vigoureux & infatigable, grace à cette éducation, il paroissoit attendre impatiemment les occasions d'acquérir de la gloire. En 1586, ce prince n'étant encore que roi de Navarre, se mit durant les troubles de la ligue à la tête des protestans. Il marchoit en 1587 contre le duc de Joyeuse, chef de l'armée catholique. Les deux armées étoient prêtes à en venir aux mains : avant le commencement de l'action, le roi de Navarre se tournant vers les princes de Condé & de Soissons, leur dit avec cette confiance qui précède la victoire : « Sou- » venez vous que vous êtes du sang de Bourbon, » & vive Dieu, je vous ferai voir que je suis » votre aîné. » *Et nous*, lui répondirent-ils, *nous vous montrerons que vous avez de bons cadets*.

Henri s'appercevant dans la chaleur de l'action que quelques-uns des siens se mettoient devant lui à dessein de défendre & de couvrir sa personne, leur cria : *A quartier, je vous prie, ne m'offusquez pas, je veux paroître*. En effet, il enfonça les premiers rangs des catholiques, fit des prisonniers de sa main, & en vint jusqu'à colleter le brave Casteau. Regnard, cornette de gendarmes, lui criant d'un ton qui n'étoit qu'à lui, *Rends-toi, philistin*.

Les fuyards ayant fait halte, quelqu'un s'ima-gina que le maréchal de Matignon, qui commandoit une autre armée catholique, paroissoit, & il débitoit cette conjecture comme une vérité incontestable. *Allons, mes Amis*, dit *Henri* avec une gaîté extraordinaire, *ce sera ce qu'on n'a jamais vu, deux batailles en un jour*. (*Perefixe*).

En 1589, *Henri IV* qui n'avoit que cinq ou six mille hommes, fut attaqué à Arques, village peu éloigné de Dieppe, par le duc de Mayenne qui en avoit trente mille. Ce prince soupçonnant que les ligueurs tourneroient leurs principaux efforts contre son artillerie, y plaça le régiment Suisse de Glaris, sur lequel il comptoit beaucoup, & leur colonel Galaty sur lequel il comptoit encore plus. Ce qu'il avoit prévu étant arrivé, il vola, suivant sa coutume, où le danger étoit le plus grand. *Mon compère*, dit-il à Galaty en arrivant, *je viens mourir ou acquérir de l'honneur avec vous*. Ce mot eut le succès qu'il devoit avoir : il décida de la journée ; les ligueurs furent poussés de tous côtés & enfin battus. (*Le Grain, décade de Henri le grand.*

François de Pas, un des meilleurs officiers du temps, fut tué à la bataille d'Yvri en combattant héroïquement sous les yeux de son roi. Ce prince touché de ce qu'il venoit de voir & ce qu'il savoit depuis long-temps de cette famille guerrière, s'écria : *Ventre-saint-gris, j'en suis fâché ; n'y en a-t-il plus ?* On lui répond que la veuve est grosse. *Eh bien*, repliqua-t-il, *je donne au ventre la même pension que cet officier avoit*. (Mém. de Feuquières).

Il n'avoit pas quinze mille hommes lorsqu'il assiégea Paris, où il restoit alors au moins deux cent vingt mille habitans. Il auroit pû prendre cette ville par famine. Mais sa pitié pour les assiégés faisoit que les soldats eux-mêmes, malgré les défenses des généraux, tendoient des vivres aux parisiens. Un jour que pour faire un exemple on alloit pendre deux paysans qui avoient amené des charettes de pain à une poterne, *Henri* les rencontra en allant visiter ses quartiers : ils se jettèrent à ses genoux, & lui remontrèrent qu'ils n'avoient que ce moyen pour gagner leur vie : *Allez en paix*, leur dit le roi, en leur donnant aussitôt l'argent qu'il avoit sur lui ; *le béarnois est pauvre*, ajouta-t-il, *s'il en avoit davantage il vous le donneroit*.

On conseilloit à ce prince de prendre Paris d'assaut, avant l'arrivée des troupes auxiliaires que le roi d'Espagne envoyoit pour soutenir la ligue. Mais *Henri* ne voulut jamais consentir à exposer cette capitale aux horreurs qu'éprouve une ville prise d'assaut. « Je suis, disoit-il, le » vrai père de mon peuple, je ressemble à cette » vraie mère qui se présenta devant Salomon ; » j'aimerois mieux n'avoir point de Paris, que

» de l'avoir tout ruiné & tout diffipé par la mort
» de tant de perfonnes ».

Paris fe foumit à *Henri IV* en 1594., auffitôt
qu'il eut embraffé la religion catholique. Ce
prince fignala fon entrée dans fa capitale par ce
trait d'équité. Des fergens venoient d'arrêter l'é-
quipage de Lanoue, pour des engagemens que
fon illuftre père avoit pris en faveur de la bonne
caufe. Ce fier & valeureux officier alla fe plaindre à l'inftant d'une infolence fi marquée. *Lanoue*,
dit publiquement le roi, *il faut payer fes dettes,
je paie bien les miennes.* Après cela il le tira à
l'écart & lui donna fes pierreries, pour les engager aux créanciers à la place du bagage qu'ils
lui avoient pris, (*Perefixe*).

La foule l'incommodoit à fon paffage, & fes
capitaines des gardes vouloient faire retirer le
peuple. « Donnez-vous en dè garde, leur dit-il,
» j'aime mieux avoir plus de peine & qu'ils me
» voient à leur aife; ils font affamés de voir
» un roi ».

Après la victoire de *Courtras* & la mort de
Joyeufe, on préfenta à *Henri IV* les bijoux &
autres magnifiques bagatelles du voluptueux Favori : il ne voulut pas même les regarder. « Il
» ne convient, dit-il, qu'à des comédiens de
» tirer vanité des riches habits qu'ils portent.
Le véritable ornement d'un général eft le courage
& la préfence d'efprit dans une bataille, & la
clémence après la victoire.

Quand ce prince donnoit fa parole, il ajoutoit ordinairement : *Foi de gentilhomme.*

Le nonce du pape demandoit à *Henri* combien
de temps il avoit fait la guerre. *Toute ma vie,*
répondit ce grand prince ; *& jamais mes armées
n'ont eu d'autre général que moi.* (*Folard, Commentaires fur Polybe*).

Henri eut le malheur d'exercer prefque toujours fes talens militaires dans des guerres civiles.
Auffi ce prince paroiffoit affligé après la victoire.
» Je ne puis me réjouir, difoit-il, de voir mes
» fujets étendus morts fur la place ; je perds lors
» même que je gagne ».

Un ambaffadeur turc exagéroit les forces du
fultan fon maître, & paroiffoit étonné qu'un
roi qui, comme *Henri*, n'étoit monté fur le
trône & ne s'y étoit affermi qu'à force de victoires, n'eût qu'une très-petite armée. *Où règne
la juftice*, repartit ce grand prince, *la force n'eft
guère néceffaire.*

Il difoit que les grands hommes étoient toujours les derniers à confeiller la guerre & les
premiers à l'exécuter.

Quel prince montra plus d'intrépidité & de
générofité envers fes ennemis, envers ceux même qui pouffés par un zèle fanatique en vouloient
à fa vie ! En 1610., un officier flamand au fervice
d'Espagne, nommé *Michaux*, avoit offert fes fervices à ce prince, fous prétexte d'être mécontent
de la cour de Madrid, mais en effet pour trouver
l'occafion de lui ôter la vie. *Henri* inftruit de ce
projet alla à la chaffe, accompagné feulement du
traître, qui étoit bien monté, & avoit deux piftolets bandés & amorcés. *Capitaine Michaux*, lui dit
le prince, *mets pieds à terre ; je veux voir fi ton
cheval eft auffi bon que tu le dis.* Le ton de *Henri*
en impofa à l'affaffin qui obéit fans difficulté.
Le roi faute à l'inftant fur le cheval. *Veux-tu*,
ajouta-t-il, *tuer quelqu'un ? On m'a dit que tu en
voulois à mes jours ; je fuis le maître des tiens.*
En difant ces mots, il lâche les deux piftolets
en l'air, & lui ordonne de le fuivre. Le capitaine défavoua le projet qu'on lui imputoit, prit
congé deux jours après, & ne parut plus (*Perefixe*).

Quelqu'un voulant engager ce bon prince à
punir l'auteur d'une fatyre amère faite contre lui,
intitulée : *L'ifle des hermaphrodites.* « Je ferois
» confcience, lui dit-il, de fâcher un homme,
» pour avoir dit la vérité ».

Il n'avoit pas la même indulgence pour les
offenfes qui ne le regardoient point. Le jour des
Rois étant à la meffe, comme il s'approchoit
pour communier, M. de Roquelaure fe jetta à
fes genoux. Ce feigneur avoit épié cette occafion
comme la plus favorable à la grace qu'il vouloit
demander pour un de fes parens, coupable d'une
violence envers un magiftrat. Il fupplia le roi de
vouloir bien pardonner au coupable pour l'amour
de celui qu'il alloit recevoir, & qui ne pardonnoit
qu'à ceux qui pardonnoient. Sa majefté lui répondit en le regardant d'un œil févère : « Allez
» & me laiffez en paix ; je m'étonne comme
» vous ofez me faire cette requête, lorfque je
» vais protefter à Dieu de faire juftice, & lui
» demander pardon de l'avoir pas faite. »
(*Mémoires pour l'hiftoire de France. Tom. II.*)

Il ufa de févérité envers le maréchal de Biron
qui avoit confpiré contre lui, & ne voulut point
accorder la grace au coupable ; mais ce fut principalement l'obftination du maréchal qui le perdit. « S'il eût voulu me dire la vérité d'une chofe
» dont j'ai la preuve par écrit, difoit *Henri*, il ne
» feroit pas où il eft. Je voudrois avoir payé deux
» cens mille écus & qu'il m'eût donné lieu de lui
» pardonner. Il m'a bien fervi, mais je lui ai
» fauvé la vie trois fois ».

Ce bon prince aimoit la plaifanterie & la fouffroit volontiers aux compagnons de fes victoires.
Se promenant un jour aux environs de Paris,

s'arrêta, & se mettant la tête entre ses jambes, il dit en regardant cette ville : *Ah que de nids de cocus !* Un seigneur qui étoit près de lui fit la même chose, & se mit à crier : *Sire, je vois le Louvre.*

Voici un impromptu que ce prince fit un soir à table chez la duchesse de Sulli. Cette femme étoit d'une hauteur ridicule, & il y a toute apparence que Henri l'auroit volontiers apprivoisée. Il lui dit donc en lui portant rasade :

> Je bois *à toi*, Sulli ;
> Mais j'ai failli ;
> Je devois dire *à vous* : adorable duchesse,
> Pour boire à vos appas,
> Faut mettre chapeau bas.

Ce prince avoit assiégé dans le temps de la ligue la ville de Chartres. Après une longue résistance, cette ville prit enfin le sage parti de se rendre. Le magistrat vint au devant du vainqueur, & méditant une longue & ennuyeuse harangue, commença par dire qu'il reconnoissoit que la ville étoit assujettie à sa majesté par le droit divin & par le droit humain. *Henri* l'interrompant, dit en poussant son cheval pour entrer : *Ajoutez aussi par le droit canon.*

Un jour M. du Maine vint se plaindre à ce prince de l'insolence de M. de Balagni, qui avoit fait appeller en duel le duc d'Eguillon son fils. « Balagni est bien heureux, disoit M. du » Maine, que je n'aie pas été chez moi, je l'aurois » fait pendre à la grille de mon château. » Le roi ne fit que se retourner vers ceux qui étoient dans la chambre, & leur dit : « Le bon homme » se sent encore de la ligue. » (*Mém. de Choisy*).

Les suisses étoient sur le point de revenir en France, pour renouveller leur alliance. Le prévôt des marchands & les échevins vouloient à cette occasion donner des fêtes, mais ils manquoient de fonds. Ils demandèrent à *Henri IV*, pour fournir à cette dépense, la permission de mettre un impôt sur les robinets des fontaines. « Cherchez, leur » répondit ce bon prince, quelqu'autre moyen » qui ne soit point à charge à mon peuple, pour » bien régaler mes alliés. Allez, messieurs, con- » tinua-t-il, il n'appartient qu'à Dieu de changer » l'eau en vin ».

Lorsqu'il n'étoit encore que roi de Navarre & duc d'Albret, il faisoit sa résidence à Nérac, petite ville de Gascogne. Il vivoit en simple gentilhomme, & chassoit souvent dans les Landes, pays abondant en toutes sortes de gibier. Au milieu de sa chasse, il alloit souvent se délasser & prendre quelque nourriture chez un *Berret* ; c'est le nom que l'on donne aux paysans des Landes, parce qu'ils sont coëffés d'une espèce de bonnet

appelé *birette.* D'aussi loin que le nouveau *Philémon* & sa femme voyoient arriver le prince, ils couroient au-devant de lui ; & prenant chacun une de ses mains, ils répétoient dans leur patois, avec une satisfaction peinte sur leur visage : *Eh, bon jour, mon Henri, bon jour, mon Henri.* Ils le menoient en triomphe dans leur cabane, & le faisoient asseoir sur une escabelle. Le Berret alloit tirer de son meilleur vin ; la femme prenoit dans son bahut du pain & du fromage. *Henri*, plus satisfait du bon cœur & de la simplicité de ses hôtes qu'il ne l'eût été de la chère la plus délicate, mangeoit avec appétit, leur témoignoit sa reconnoissance, & s'entretenoit familièrement avec eux des choses qui étoient à leur portée. Son repas fini, il prenoit congé de ces bonnes gens, en leur promettant de revenir toutes les fois que sa chasse le conduiroit de leur côté, ce qui arrivoit fréquemment. Lorsque ce grand roi fut devenu paisible possesseur du trône de France, le Berret & sa femme apprirent cet événement avec une joie qu'il seroit difficile d'exprimer. Ils se rappellèrent qu'il mangeoit avec plaisir de leurs fromages ; & comme c'étoit le seul présent qu'ils fussent en état de lui offrir, ils en mirent deux douzaines des meilleurs dans un panier. Le Berret se chargea de les porter lui-même, embrassa sa femme, & partit. Au bout de trois semaines, il arriva à Paris, courut au Louvre, dit à la sentinelle dans son langage : *Je veux voir notre Henri, notre femme lui envoie des fromages de vache.* La sentinelle, suprise de l'habillement extraordinaire, & plus encore du jargon de cet homme qu'il n'entendoit pas, le prit pour un fou, & le repoussa en lui donnant quelques bourades. Le Berret fort triste, & se repentant déjà de son voyage, descend dans la cour, & se demande à lui-même ce qui peut lui avoir attiré une si mauvaise réception, à lui qui venoit faire un présent au roi. Après en avoir long-temps cherché la raison, il se met dans l'esprit que c'est parce qu'il a dit *des fromages de vaches* ; il se promet bien de se corriger. Pendant que notre homme est plongé dans ces belles réflexions, *Henri IV* regardant par hasard à travers la fenêtre, voit un Berret qui se promène dans la cour. Cet habillement qui lui étoit connu, le frappe, & cédant à sa curiosité, il ordonne qu'on fasse monter ce paysan. Celui-ci se jette aussi-tôt à ses pieds, embrasse ses genoux, & lui dit affectueusement : *Bon jour, mon Henri, notre femme vous envoie des fromages de bœuf.* Le roi, presqu'honteux qu'un homme de son pays se trompât aussi grossièrement devant toute sa cour, se pencha avec bonté, & lui dit tout bas : *Dis donc des fromages de vache.* Le paysan qui pensoit toujours au traitement qu'on venoit de lui faire, répondit en son patois : « Je ne vous conseille pas, » mon Henri, de dire *des fromages de vache* ; » car, pour m'être servi à la porte de votre » chambre de cette façon de parler, un grand » drôle

» drôle habillé de bleu m'a donné vingt bou-
» rades de fufil, & il pourroit bien vous en
» arriver autant ». Le roi rit beaucoup de la
fimplicité du bon homme, accepta fes fromages,
le combla d'amitié, fit fa fortune & celle de toute
fa famille.

Henri alloit quelquefois dîner chez Zamet, un
de fes favoris & le plus riche partifan de fon
temps, pour y lier de petites parties de plaifir.
Un jour entr'autres, après le repas, Zamet fit
voir au roi fa maifon qu'il avoit fait bâtir à neuf;
& lui faifant remarquer tous les coins & recoins,
& les pièces qu'il y avoit pratiquées, il lui dit:
« Sire, j'ai ménagé ces deux filles; là, ces trois
» cabinets que voit votre majefté; de ce côté.....
» — Oui, oui, dit le roi, & de la rognure j'en ai
» fait des gants ».

Dans une lettre que ce prince écrit à la duchefle
de Beaufort, il lui marque le trait fuivant: « J'ai
» reçu un plaifant tour à l'églife. Une vieille
» femme, âgée de 80 ans, m'eft venu prendre
» par la tête & m'a baifé; je n'en ai pas ri le
» premier ».

Henri IV n'aimoit point les dépenfes inutiles,
& ce grand prince montroit, par fon exemple, à
retrancher toute efpèce de fuperfluité, fur-tout
celle qui a rapport à la magnificence des habits. Il
alloit ordinairement vêtu de drap gris, avec un
pourpoint de fatin ou de taffetas, fans découpure,
fans broderie. Il louoit ceux qui fe vêtoient de la
forte, & fe moquoit des autres, qui portoient,
difoit-il, leurs moulins & leurs bois de haute-
futaie fur leur dos.

Henri IV vifitant un jour fon arfenal, un feigneur lui demanda fi l'on pouvoit trouver au monde
d'aufi-bons canons que ceux qu'ils voyoient?
Ventre-faint-gris, répondit le roi, je n'ai jamais
trouvé de meilleurs canons que ceux de la meffe.

Le duc de Savoie, témoin de la profpérité de
la France, demandoit à Henri IV ce qu'elle lui
valoit de revenu: elle me vaut ce que je veux,
dit Henri. Le duc, trouvant cette réponfe vague,
infifta. Oui, ce que je veux, continua-t-il, parce
qu'ayant le cœur de mon peuple, j'en aurai tout
ce que je voudrai.

Lorfqu'Henri IV époufa à Lyon Marie de
Médicis, en 1600, il dit à madame de Guer-
cheville: puifque vous êtes véritablement dame
d'honneur, vous le ferez de la reine, ma femme.
Cette dame n'avoit point voulu écouter les propofitions du roi.

Lors de la première groffeffe de Marie de
Médicis, Henri IV craignant que la pudeur de
cette princeffe ne fût bleffée du grand nombre de
fpectateurs qui devoient affifter à fon accouche-

Encyclopédiana.

ment, la prévint de la néceffité indifpenfable qu'il
y avoit que les princes en fuffent témoins, pour
qu'on ne pût pas en douter. Il accompagna fes
raifons de tant de témoignages d'amitié, que la
reine parut fe prêter fans peine à fouffrir la préfence des princes & feigneurs de la cour. Le roi
ne la quitta pas un moment pendant tout fon
travail, qui fut aufi long que douloureux. Il partageoit fes fouffrances, la confoloit & tâchoit de
fortifier fon courage par l'efpoir d'une prompte
délivrance & du plaifir qu'elle reffentiroit fi elle
donnoit un dauphin à la France. Il pouffa même
les foins jufqu'à l'exhorter à crier, (parce que
la honte & la timidité l'en empêchoient) de crainte,
difoit-il, que fa gorge ne s'enflât par les efforts
qu'elle feroit pour fe retenir. La reine accoucha
d'un prince après un travail de vingt-deux heures.
Comme il étoit très-important que Marie de Médicis ne fût pas qu'elle avoit mis au monde un
dauphin, de crainte que la trop grande joie ne
fût contraire à fon état, Henri avoit recommandé
à la Bourfier (fage-femme de la reine) de le
cacher à la princeffe: cette femme s'acquitta fi
bien de cet ordre, & eut tant de pouvoir fur fon
efprit, qu'elle ne témoigna pas la plus légère
émotion, & que fon vifage n'en fut point altéré.
Cette tranquillité apparente fut pouffée au point
qu'Henri IV lui-même en fut trompé, & ne voulut
pas croire l'heureufe nouvelle que lui apporta une
femme de chambre de la reine, avec laquelle la
Bourfier étoit convenue d'un figne qui lui appren-
droit fi Marie étoit accouchée d'un prince. Le roi
vint donc trouver la Bourfier d'un air trifte &
changé, ne doutant pas que ce ne fût une fille
qui venoit de naître, & lui dit: Sage-femme, eft-ce
un fils? La Bourfier ayant répondu oui; je
vous prie, continua t-il, ne me donnez pas de courte
joie, cela me feroit mourir. La fage-femme développa aufi tôt l'enfant & le lui fit voir. Sa majefté, après avoir demandé à la Bourfier s'il
pouvoit, fans danger, inftruire la reine de leur
bonheur commun, courut tranfporté au fein de
cette princeffe, & lui apprit, en l'embraffant tendrement, qu'elle venoit de donner un héritier à
la France. Henri fe livra enfuite tout entier à
l'excès de fa joie, & permit que tout le monde
entrât dans l'appartement pour voir le dauphin. Il
embraffoit tous ceux qui fe préfentoient, & perdit
même fon chapeau dans la foule. La Bourfier lui
ayant repréfenté qu'il entroit trop de perfonnes
dans la chambre de l'accouchée; Tais-toi, fage-
femme, lui dit le roi en lui frappant fur l'épaule,
cet enfant eft à tout le monde; il faut que chacun le
voie & s'en réjouiffe.

Henri IV marchoit à quatre pattes, portant fur
fon dos fon fils Louis XIII, encore enfant. Un
ambaffadeur entre tout-à-coup dans l'appartement,
& le furprend dans cette pofture. Henri IV, fans
fe déranger, lui dit: « M. l'ambaffadeur, avez-

» vous des enfans ? — Oui, sire. — En ce cas je
» peux achever le tour de la chambre ».

Une maxime qu'*Henri IV* avoit souvent dans la
bouche, c'est que la satisfaction que l'on tire de
la vengeance ne dure qu'un moment ; mais que
celle qu'on tire de la clémence est éternelle.

On vouloit exciter *Henri IV* à punir l'auteur
d'un écrit rempli de traits hardis sur la cour : je
me ferois conscience, dit ce bon prince, de fâcher
un honnête homme pour avoir dit la vérité.

Henri IV ayant convoqué à Rouen une assemblée des notables de son royaume, finit ainsi son
discours, qui étoit plein de force & de dignité :
« Je ne vous ai point ici appelés, comme fai-
» soient les rois mes prédécesseurs, pour vous
» faire approuver ma volonté, mais bien pour
» entendre vos conseils & vos avis, pour les
» croire & les suivre en tout & par tout, comme
» si j'étois entré en tutelle, qui est une envie qui
» ne prend guères aux rois qui ont la barbe grise
» comme moi, & qui sont, grace à Dieu, victo-
» rieux comme moi ; mais la grande affection que
» j'ai pour mes sujets, & l'extrême envie que j'ai
» qu'ils m'estiment aussi bon & paisible que légi-
» time roi, me feront trouver bon tout ce que vous
» me conseillerez devoir faire ».

Gabrielle d'Estrées, si connue sous le nom de
la belle Gabrielle, assistoit à l'ouverture de cette
assemblée ; derrière une tapisserie, elle entendit
le discours du roi, qui voulut savoir ce qu'elle en
pensoit : elle avoua qu'elle n'avoit jamais ouï mieux
dire ; mais qu'elle étoit étonnée qu'il eût parlé de
se mettre en tutelle. « Ventre-saint-gris, reprend
» le roi ! il est vrai ; mais je l'entends avec mon
» épée au côté ».

Œnars Catte, gouverneur de Dieppe, est le
premier ligueur qui reconnoît les droits du successeur de *Henri III*. Le nouveau roi de France,
qui n'ignore pas l'aversion que d'injustes & odieux
préjugés ont inspiré contre lui à la plupart des
gens de ce parti, soupçonne du mystère dans une
conduite si simple. Catte démêlant cette défiance,
& ayant le bon esprit de ne la pas trouver déplacée, se rend, avec sa garnison, dans le camp
de *Henri IV*, qui n'est pas éloigné de la place.
J'ai laissé, lui dit-il, *ma maison vuide ; la ville
& le fort sont ouverts ; je n'y retournerai pas que
votre majesté n'en ait fait prendre possession.*

« Il est vrai, lui répondit le roi, que la géné-
» rosité de vos offres désintéressées m'a paru sus-
» pecte. Tels sont les malheurs des temps, que
» je ne dois me livrer qu'avec précaution à ceux
» qui, comme vous, ne me sont point parfai-
» tement connus. Maintenant que votre sincérité
» vient de se manifester avec la dernière évi-
» dence, je me livre à vous avec la même con-

» fiance que vous m'avez montrée. Comme je
» ne saurois donner la garde de Dieppe à per-
» sonne qui en fût plus digne que vous ; il faut
» que vous y repreniez vos fonctions. Il est im-
» portant que tout le royaume sache que, si vous
» êtes un sujet soumis, je ne suis pas un souverain
» ingrat ».

Henri IV demandoit un jour au duc de Sully,
son confident, s'il n'étoit pas bien malheureux,
après avoir essuyé, pendant sa jeunesse, plus de
disgraces lui seul, que tous les rois de France
n'en avoient jamais éprouvées ensemble, de ne
pouvoir jouir d'aucun plaisir, durant le cours de
sa plus brillante fortune, de ne point posséder le
cœur de sa femme, & de voir au nombre de ses
ennemis la plupart de ceux qu'il avoit comblés
de bienfaits ? « Tous ces malheurs, sire, répondit
» le duc, ne seroient rien, si vous n'y ajoutiez
» celui d'y être trop sensible ».

Le cuisinier Varenne trouva le moyen d'obtenir
les bonnes graces d'*Henri IV*, en devenant un
des ministres de ses plaisirs secrets. Ce monarque
le fit surintendant des postes, & c'est par rapport à cette place que Barclay, dans l'*Euphor-
mion*, lui donne le nom de *Curfor*. Le chancelier
de Bellièvre, qui étoit un homme extrêmement
vert, lui faisant quelque difficulté sur une grace
qu'il avoit obtenue, la Varenne lui dit : Monsieur, ne vous en faites pas tant accroire, si mon
maître avoit vingt-cinq ans de moins, je ne donnerois pas mon emploi pour le vôtre.

Ce la Varenne avoit donné un gentilhomme à
son fils. Le roi qui ne connoissoit point ce gentilhomme, lui demanda qui étoit cet homme qu'il
voyoit avec son fils. La Varenne répondit que
c'étoit un gentilhomme qu'il lui avoit donné ;
comment, dit le roi, donner ton fils à un gentilhomme, je comprends bien cela ; mais donner un
gentilhomme à ton fils, c'est ce que je ne puis
comprendre.

La Varenne, avant d'être à *Henri IV*, avoit
été à Catherine, sœur de ce roi, depuis duchesse de Bar ; & son emploi avec cette princesse, étoit de piquer les viandes ; & comme il
y excelloit, elle l'avoit donné au roi, son frère.
Catherine passant par Paris pour aller en Lorraine, vit la Varenne, son ancien cuisinier, &
sachant son emploi auprès d'*Henri IV*, elle lui
dit : la Varenne, tu as plus gagné à porter les
poulets de mon frère, qu'à piquer les miens.

Quelqu'un disoit à *Henri IV* que le maréchal
de Biron jouoit fort bien à la paume. Ce monarque
qui avoit découvert la conspiration que ce seigneur tramoit secrettement contre l'état, répondit : « Il est vrai qu'il joue bien, mais il fait mal
» ses parties ».

Henri IV, dit un contemporain, n'eut jamais connoissance d'aucun excellent personnage de son royaume, & sur-tout recommandable pour la gloire des lettres, qu'il ne le favorisât de quelque honnête pension. Pérefixe ajoute qu'il en donnoit à plusieurs hommes doctes, même dans l'Italie & dans l'Allemagne, & qu'il prenoit soin lui-même de la leur faire tenir. Ainsi donc Louis XIV ne fut pas le premier qui fit ses conquêtes glorieuses du génie sur l'étranger : *Henri IV* lui en donna l'exemple.

Henri IV avoit choisi Pierre Mathieu pour écrire son histoire particulière. Un jour que celui-ci lui lisoit quelques pages de cette histoire, où il parloit de son penchant pour les femmes : « A quoi » bon, lui dit ce prince, de révéler mes foiblesses »? L'historien lui fit sentir que cette leçon n'étoit pas moins utile à son fils que celle de ses belles actions. Le roi réfléchit, & après un moment de silence : « Oui, dit-il, il faut dire la vérité tout » entière. Si on se taisoit sur mes fautes, on ne » croiroit pas le reste : eh bien, écrivez-les donc, » afin que je les évite ».

Henri IV qui avoit appris l'art militaire dans les camps, n'avoit pas négligé de l'étudier aussi dans les livres. Les Commentaires de César lui étoient familiers ; il lisoit assidûment ceux de Montluc ; & quoiqu'il ne dût pas aimer le persécuteur de sa mère, ni l'auteur de tant d'exécutions rigoureuses, il rendoit justice à ses talens militaires. Il appeloit son livre, la bible des guerriers.

Henri IV, père de ses sujets, & dont le nom seul entraînera toujours l'amour filial des françois, voulant leur prouver combien il les aimoit, s'appliqua à chercher les moyens de redresser les abus du barreau, de modérer l'avarice des avocats, d'empêcher la longueur des affaires, de réformer l'injustice des juges, & de faire en sorte que tous les procès que la mauvaise foi des procureurs éternisoit, fussent terminés en très peu de temps. Comme son chancelier lui faisoit remarquer son embarras, en lui développant toutes les difficultés du projet, ce prince, dont le bon cœur perçoit dans tous les discours, lui répartit vivement : « Brûlez tous les livres de ces longs » & inutiles commentateurs de la jurisprudence ; » leur art pernicieux ne sert qu'à ruiner les peu- » ples, & cause plus de désordres qu'une guerre » civile. Combien d'amis, de parens, de voisins, » n'ont-ils pas divisés ? Que ne puis-je, pour le » bonheur de mon peuple, faire changer les fleurs » de lys semées sur le siège des juges qui se laissent » corrompre, en autant de clous pointus & de » rasoirs tranchans » !

L'Espion turc dit, que lorsqu'*Henri IV* parloit de ces sortes de choses, il paroissoit vivement touché qu'il y eut dans Paris plus de cours de judicatures & de jurisconsultes, que dans tout le vaste empire des turcs ; & à la vérité, ajoute-t-il, je ne puis m'empêcher de regarder avec surprise l'aveuglement des chrétiens à cet égard. Nous voyons qu'une seule campagne décide souvent les différens de deux grands états ; mais un procès de vingt sequins entre des particuliers dure souvent autant que la vie d'un homme, & passe quelquefois jusqu'à ses héritiers.

Henri IV avoit une admirable vivacité d'esprit qui éclatoit dans ses réparties. Le clergé de France lui ayant fait une remontrance en 1598, après la paix, au sujet du rétablissement de la religion & de l'église, il leur répondit : « Vous m'avez ex- » horté de mon devoir, & je vous exhorte du » vôtre. Faisons bien vous & moi : allez par un » chemin & moi par l'autre ; si nous nous ren- » controns, ce sera bien-tôt fait. Mes prédéces- » seurs vous ont donné des paroles avec beaucoup » d'apparat ; & moi avec ma jacquette grise ; je » vous donnerai des effets. Je n'ai qu'une jacquette » grise ; je suis gris au-dehors, & tout doré au- » dedans ».

Henri IV ayant entendu parler d'un homme facétieux, voulut le voir. On le fit entrer pendant qu'il dînoit. Le roi le fit approcher de la table vis-à-vis de lui, & lui dit : » Comment vous » appellez-vous, mon ami ? — Sire, je m'appelle » Gaillard. — Gaillard, répondit le monarque, » voilà un joli nom : quelle différence y a-t-il » entre Gaillard & Paillard ? — Elle n'est pas » grande, sire, répartit le drôle ; il n'y a que la » largeur de cette table entre deux ».

L'illustre Casaubon n'étoit venu en France que sur l'invitation d'*Henri IV*. Ce monarque lui faisoit une pension ; mais Sully, qui étoit négatif, lui dit un jour avec humeur, & certes trop durement : « Vous coûtez trop au roi, monsieur ; » vous avez plus que deux bons capitaines, & » vous ne servez de rien ». Casaubon, qui étoit fort doux, ne répondit pas un mot : mais il alla se plaindre au roi : « Monsieur Casaubon, lui dit » ce bon prince, que cela ne vous mette pas en » peine ; j'ai partagé avec M. de Sully ; il a » toutes les mauvaises affaires, & moi je me suis » réservé les bonnes. Quand il faudra aller à lui » pour vos appointemens, venez à moi auparav » vant, & je vous dirai le mot du guet, pour être » payé facilement ».

On faisoit quelquefois des reproches à *Henri IV* sur sa grande facilité à pardonner. Gabrielle d'Estrées, née douce & compatissante, comme le sont toutes les femmes qui savent aimer, obtint la grace de plus d'un coupable. Sully n'étoit pas toujours du même avis : « Que voulez-vous, lui

» dit le roi, je ne saurois tenir contre ceux qui » s'humilient ; j'ai le cœur trop tendre pour re- » fufer une courtoifie aux larmes & aux prières » de ce que j'aime ».

Henri IV déguifoit le reproche avec une aimable indulgence, & le corrigeoit même par une louange délicate, à l'égard de ceux qui d'ailleurs avoient un fens droit & des talens utiles. Il difoit quelquefois en riant : avec mon connétable qui ne fait pas écrire, & mon chancelier qui ne fait pas le latin, il n'y a rien que je ne fois en état d'entreprendre.

Henri IV répétoit fouvent que fa vie dépendoit de Dieu & non des hommes, & que les crimes de lèfe-majefté ne demeuroient jamais impunis : « Les françois, ajoutoit-il, ne me connoîtent » pas bien ; ils fauront ce que je vaux, quand ils » m'auront perdu ».

Henri IV ayant adreffé au parlement de Dijon un édit, portant augmentation de deux écus par chaque minot de fel, les états de Bourgogne députèrent auffi-tôt M. l'abbé de Cîteaux, ou le baron de Senecey, & le député du tiers-état, pour remontrer au roi l'importance de cet édit, & le préjudice que fon fervice & la province en fouffriroient s'il étoit exécuté. Quoique l'abbé de Cîteaux fût fort habile, fa harangue ne fit pas beaucoup d'impreffion fur l'efprit du roi. Ce prince ayant fait fortir de fon cabinet les députés, y fit demeurer M. de Senecey, auquel il demanda comment alloient fes amours avec mademoifelle de Rendan qu'il recherchoit, & qu'il époufa depuis? M. Senecey répondit qu'il lui feroit facile d'y réuffir, puifque fa majefté avoit la bonté de s'en vouloir mêler ; furquoi le roi lui ayant demandé s'il n'étoit pas vrai qu'il avoit plus à cœur la recherche de mademoifelle de Rendan que tout l'intérêt de la province de Bourgogne, M. de Senecey répondit : « Sire, je » fupplie très-humblement votre majefté de me » faire cette juftice de croire que l'intérêt de la » province m'eft infiniment plus fenfible que le » mien propre ; & fi votre majefté me donnoit la » liberté d'ajouter une raifon à toutes celles qu'a » dit l'abbé de Cîteaux, je pourrois l'affurer, » avec vérité, que fi l'édit avoit lieu, il arriveroit » infailliblement que la plus grande part des habitans des villages de votre duché de Bour- » gogne, limitrophes de la Franche Comté, s'y » retireroient pour y trouver du fel à meilleur » marché, & prefque pour rien ; c'eft une vérité » fi conftante, qu'on a déja reconnu une dimi- » nution notable dans les ventes des greniers à » fel de cette frontière-là ». A ces mots les larmes tombèrent des yeux du roi, qui, fe mettant en colère, s'écria : « Ventre-faint-gris ! je ne veux » pas qu'il foit dit que mes fujets quittent mes

» états pour aller vivre fous un prince meilleur » que moi ». Et à l'inftant ayant fait appeler M. de Sully, lors furintendant des finances, il lui ordonna de faire dreffer un arrêt qui révoquât cet édit, ce qui fut exécuté le lendemain.

Henri IV defiroit tenir fon empire, de l'amour & non de la force. Ferme quand le bien public l'exigeoit ; jamais il ne fut enivré de l'abfolu pouvoir, qui a tant de charmes pour les princes foibles. Des flatteurs de la cour l'exhortant, dans une occafion délicate, à faire un coup d'autorité, il leur fit cette réponfe digne d'être gravée fur tous les palais des rois : « La première loi du » fouverain eft de les obferver toutes ; & il a » lui-même deux fouverains : Dieu & la loi ».

Cafaubon dit, dans le recueil de fes lettres, qu'Henri IV avoit traduit les commentaires de Céfar, & qu'il avoit commencé d'écrire fes mémoires avec deffein de les finir, fi les foins de l'état lui permettoient de refpirer.

L'agriculture fut chère à Henri IV, ainfi que ceux qui l'exerçoient. Il fit un jour goûter du vin de fes vignes à un ambaffadeur d'Efpagne, & lui dit : « J'ai une vigne, des vaches & autres » chofes qui me font propres ; & je fais fi bien le » ménage de la campagne que, comme homme » particulier, je pourrois encore vivre commo- » dément ».

Il protégea le commerce, la navigation, les manufactures, même celles de luxe ; il approuva le projet du canal de Briare ; il fit embellir & agrandir la capitale ; Saint-Germain-en-Laye, Monceaux, Fontainebleau furent augmentés par fes ordres ; il ferma la Place-Royale, & fit reftaurer tous les ponts, fit achever ce beau pont où les peuples regardent fa ftatue avec attendriffement. Ce fut à cette occafion qu'un poëte fit ces quatre vers :

Ce bronze étant du grand Henri l'image,
Qui fut fans pair en armes comme en loix,
Reçoit ici de fon peuple l'hommage,
Et fert lui feul d'exemple à tous les rois.

Le jour à jamais funèbre qu'Henri IV fut affaffiné, jour dont la France ne peut fe fouvenir fans douleur ; outre tant de prodiges dont les hiftoriens ont fait mention, qui fembloient préfager une mort fi déplorable, il arriva à Pau, ville capitale du Béarn, qui a eu l'honneur de le voir naître, des chofes qu'on auroit de la peine à croire, fi des procès-verbaux authentiques n'en faifoient foi. Le tonnerre tomba le matin fur la porte du château où les armes de ce monarque étoient arborées en fculpture, & enleva les lettres de fon nom qui étoient aux deux côtés de l'écu.

L'après-dînée, comme le bétail revenoit de la campagne, un taureau du château, qu'on appeloit le roi, pour le diftinguer des taureaux de la ville, fans y être excité par quoi que ce foit, fe précipita de lui-même dans le foffé, & fe tua ; de forte qu'à la même heure qu'on difoit à Paris le roi eft mort, on difoit à Pau la même chofe fans penfer le dire juftement.

HENRI VIII, roi d'Angleterre, mort en 1547 à 57 ans.

Henri VIII, parvenu fur le trône d'Angleterre à l'âge de dix-huit ans, chercha à fignaler le commencement de fon règne par quelqu'exploit éclatant. Il entra dans la ligue que Maximilien & le pape Jules II avoient fait contre la France. Maximilien avoit reçu de Henri de grandes avances de fommes d'argent. Cet empereur, qui avoit obfervé que le caractère du monarque anglois étoit d'être plus fenfible à la gloire qu'à l'intérêt, s'enrôla lui-même à fon fervice, dans le deffein de le flatter, porta la croix de S. George, & reçut la paie de cent écus par jour comme un des fujets & capitaines de ce prince. Mais tandis que Maximilien donnoit à l'Europe l'étrange fpectacle d'un empereur fervant fous un roi d'Angleterre, il étoit traité par Henri avec le plus grand refpect, & dirigeoit réellement toutes les opérations de la guerre.

Les anglois mirent le fiège devant Térouene, qu'ils prirent après la Journée des éperons, en 1513, ainfi appelée, parce que les françois fe fervirent ce jour-là de leurs éperons plus que de leurs épées. Henri, après s'être rendu maître de quelques autres places, retourna en Angleterre avec plufieurs prifonniers françois. Il marcha contre les écoffois qui avoient fait une irruption dans fon royaume, & les défit à la bataille de Flouden, où Jacques IV, leur roi, fut tué.

Les guerres qui déchiroient l'Europe, ayant été terminées par une paix générale, Henri VIII entra bien-tôt après dans celles qui divifoient l'églife. Les erreurs de Luther venoient d'éclater. Le monarque anglois, qui avoit perdu à l'étude de la fcholaftique un temps qui pouvoit être plus utilement employé à approfondir les principes du gouvernement, écrivit contre l'héréfiarque Luther un livre intitulé : Les fept Sacremens. Quoiqu'il y ait apparence que Wolfei, Morus & Gardiner, aient eu beaucoup de part à la compofition de cet ouvrage, il valut au monarque anglois le titre de Défenfeur de la Foi.

Fuller rapporte à cette occafion dans fon hiftoire de l'églife, que Patch, le fou de la cour, voyant un jour le prince de bonne humeur, lui en avoit demandé la raifon, & que le prince lui avoit répondu, que c'étoit à caufe du titre de Défenfeur de la Foi ; fur quoi le fou lui répliqua : « Je t'en prie, mon cher Henri, défendons-nous » nous-mêmes, & laiffons la foi fe défendre feule ». (Fuller).

Anne de Boulen, qu'Henri VIII avoit époufée, ne jouit pas long-temps de fon triomphe. Le roi, qui lui avoit facrifié Catherine d'Arragon, la facrifia elle-même à Jeanne de Seymour. L'humeur enjouée de la jeune reine pouvoit fournir des armes contr'elle ; on en profita pour rendre plufieurs de fes actions criminelles. Le roi, épris des charmes de fa nouvelle maitreffe, écoutoit avidement tout ce qu'on lui difoit contre fa femme. Il s'oublia même jufqu'à l'accufer d'adultère dans la chambre des pairs. La manière dont l'archevêque de Cantorbéri, Thomas Crammer, s'y prit pour défendre Anne, dont il avoit reçu des bienfaits, ne pouvoit être ni plus fine, ni plus infinuante. « Comme, dit-il au roi d'Angleterre, » je n'ai jamais eu meilleure opinion d'aucune » femme que de la vôtre, je ne puis la croire » coupable. Mais quand je vois la rigueur extrême » dont votre majefté ufe envers elle, après l'avoir » fi tendrement aimée, je ne puis imaginer qu'elle » foit innocente. J'efpère néanmoins que votre » majefté ne trouvera pas mauvais qu'ayant de » grandes obligations à cette princeffe, je prie » Dieu de permettre qu'elle fe juftifie pleinement » de tout ce dont elle eft accufée. (Amelot).

Le parlement d'Angleterre, qui ne fut jamais que l'inftrument des paffions du roi, condamna la reine au fupplice fur les dépofitions de quelques témoins. Ces dépofitions prouvoient qu'elle n'étoit pas tout-à-fait innocente, ni auffi coupable que fes délateurs vouloient le perfuader. Elle avoit tenu quelques difcours imprudens, mais que l'on ne devoit attribuer qu'à fa vivacité naturelle. Lorfqu'on lui lut fon arrêt, elle fit paroître beaucoup de courage & de tranquillité. Avant de monter fur l'échafaud, elle envoya fon dernier meffage au roi, pour le remercier de ce qu'il continuoit toujours de contribuer à fon élévation : De fimple demoifelle, lui difoit-elle, vous me fîtes marquife, de marquife reine, & de reine, vous voulez aujourd'hui me faire fainte.

Jeanne de Seymour, que l'inconftant monarque époufa vingt-quatre heures après que cette fanglante tragédie venoit d'être jouée, ne jouit de fon élévation que jufqu'au mois d'octobre 1537. Elle mourut en donnant la vie au prince Edouard. Henri, quoique fenfible à fa perte, n'en fongea pas moins à former de nouveaux liens ; il demanda en mariage à François I la ducheffe de Longueville ; mais François l'avoit promife au roi d'Ecoffe, & ce monarque donna à Henri le choix des deux fœurs cadettes de la ducheffe, en l'affurant qu'elles ne lui étoient pas inférieures en mérite, & que l'une d'elles la furpaffoit en beauté. *Henri* étoit auffi difficile fur l'examen de la figure des femmes, que fi fon cœur eût été fufceptible d'une paffion délicate; il ne s'en rapportoit fur cet article important, ni à ce qu'on lui en difoit, ni même aux portraits qu'on lui en pouvoit procurer: il pria donc François d'accepter une conférence avec lui à Calais, fous prétexte d'affaires, & d'amener à fa fuite les deux princeffes de Guife, & les plus belles femmes de fa cour, pour qu'il pût choifir fon époufe entr'elles. Mais la galanterie de François fut bleffée de cette propofition; il fe piquoit de trop d'égards pour le beau fexe, pour conduire ainfi des femmes de qualité comme des chevaux au marché, que le caprice des marchands y choifit, ou y rejette, felon qu'ils lui conviennent ou lui déplaifent. *Henri* perfiftoit toujours dans fa propofition, & François I, malgré le défir de vivre en bonne intelligence avec ce prince, fe crut à la fin obligé de refufer nettement.

Henri tourna alors fes vues du côté de l'Allemagne pour y contracter quelque alliance. On lui propofa Anne de Clèves, fille du duc de ce nom. Un portrait flatté de cette princeffe, fait par Holbein, détermina *Henri* à la demander à fon père. Après quelques négociations, ce mariage, malgré les oppofitions de l'électeur de Saxe, fut à la fin conclu, & la princeffe conduite en Angleterre. Le roi, impatient de voir fa nouvelle époufe, fe rendit myftérieufement à Rochefter. Il la trouva en effet d'une taille auffi haute & auffi épaiffe qu'il le fouhaitoit; mais totalement dépourvue de graces & de beauté, & très-différente des portraits qu'il en avoit reçus. Il fut confterné à fon afpect, & protefta qu'elle ne pourroit jamais lui infpirer qu'un fentiment défagréable. Il l'époufa néanmoins: mais fon dégoût ne fit qu'augmenter; & ce prince, incapable de fe contraindre, fe réfolut, au bout de fix mois, de donner à fes peuples le fpectacle d'un nouveau divorce. La raifon qu'il donna à fon clergé, étoit qu'en époufant Anne de Clèves, il n'avoit pas donné un confentement intérieur à fon mariage. Le fynode, obligé de fe contenter de ce prétexte vain & puérile, parce que le roi ne pouvoit en donner d'autres, prononça la fentence de féparation, qui fut confirmée par le parlement. La reine confentit à tout ce que l'on exigeoit d'elle, & reprit le titre de princeffe de Clèves. Cette princeffe avoit beaucoup de fimplicité & de naïveté dans le caractère. Le roi ne l'avoit jamais regardée comme fa femme; fa folie néanmoins étoit de fe prétendre toujours groffe. La comteffe de Rochefort & deux autres de fes dames, s'entretenant un jour devant elle de fa groffeffe prétendue, la bonne reine leur dit: « Quand le roi & moi » fûmes couchés, il me prit la main & me donna

» un baifer, en me difant: bonne nuit, mon » petit cœur; & dès qu'il fut réveillé, il m'em- » braffa de nouveau, & me dit: adieu, ma » mignonne; & cela ne fuffit il pas bien, ajouta- » t-elle naïvement »? (*Walpole*).

Henri époufa une cinquième femme, Catherine Howard, l'une de fes fujetes. On l'accufa auprès du roi d'avoir eu des amans avant fon mariage, & de mener encore une vie licencieufe depuis que ce prince l'avoit affociée à fon lit. Cette dernière accufation n'étoit pas prouvée, & Catherine protefta toujours de fon innocence à cet égard; mais elle avoua qu'elle n'avoit pas vécu fans reproches avant fon mariage. Les deux chambres du parlement, le vengeur ordinaire de *Henri*, ayant reçu la confeffion de cette reine, commencèrent par préfenter une adreffe au roi, qui contenoit plufieurs articles finguliers. Elles invitoient fur-tout fa majefté à ne fe point affliger d'un accident défagréable, auquel tous les hommes étoient fujets; à confidérer la fragilité de la nature humaine, ainfi que la viciffitude des chofes de ce monde, & à tirer de ce coup d'œil philofophique un moyen de confolation. Catherine Howard n'en porta pas moins fa tête fur un échafaud.

Après la condamnation de cette reine infortunée, le parlement déclara que toute fille qui, n'étant pas vierge, auroit la hardieffe d'époufer le roi, feroit déclarée criminelle de lèfe majefté. Là-deffus, on difoit que déformais il faudroit que le roi n'époufât que des veuves. C'eft ce qu'il fit effectivement, & il plaça fur le trône Catherine Parre, veuve du baron de Latimer. Cette fixième femme de *Henri*, & qui avoit fouvent l'imprudence d'être d'un fentiment différent de fon époux fur les matières de religion, auroit fubi infailliblement le fort d'Anne de Boulen & de Catherine Howard, fi ce prince ne fût mort au commencement de l'année 1547.

Il y a un trait rapporté par Collin dans fa *Poëfie angloife*, qui peut fervir à faire voir jufqu'à quel point *Henri VIII* avoit porté le defpotifme. Ce prince exigeoit un impôt de trois fhellings par livre fur tout propriétaire au moins de cinquante livres de rente. Les communes faifoient de grandes difficultés d'accorder le fubfide demandé; *Henri* envoya auffi-tôt chercher Edouard de Montagne, un des membres qui avoient le plus de crédit dans cette chambre. Montagne vint, & eut la mortification d'entendre fon maître lui tenir ce difcours: *Ho l'homme! ils ne veulent donc pas laiffer paffer mon bill?* Et mettant alors fa main fur la tête de Montagne, qui l'écoutoit un genoux en terre: *Que mon bill foit paffé demain matin,* continua le roi, *ou autrement votre tête fera coupée.* Et le jour d'après, le bill paffa.

Le Cardinal de Wolfey, premier ministre de *Henri*, tâchant d'effrayer les citoyens de Londres pour les réfoudre à un emprunt général fait en 1525, leur déclara nettement « qu'il valoit mieux » que quelques-uns d'entr'eux souffrissent l'indi- » gence que de laisser manquer le roi dans le » moment préfent ; & qu'ils prissent garde à ne » faire aucune résistance, ni aucun murmure, » sans quoi il en pourroit coûter quelques têtes ». Tel étoit le style du roi & de ses ministres.

Un jour qu'*Henri VIII*, roi d'Angleterre, étoit à chasser dans la forêt de Windsor, il s'égara probablement à dessein. Vers l'heure de dîner, il se rabattit au village de Reading. Là, dé- guisé sous l'uniforme d'un de ses gardes à pied, vêtement assez bien assorti à sa haute taille & à sa figure rustique, il se rendit à l'abbaye, & fut admis à l'honneur de manger à la table de l'abbé. Ne dérogeant point à l'habit qu'il portoit, il se jetta avidement sur une langue de bœuf qu'on lui servit : « Grand bien vous fasse, dit l'abbé » en lui versant rasade ; voici pour boire avec » moi à la santé du roi, notre maître. Je donne- » rois volontiers cent livres sterling, à condition » de pouvoir manger du bœuf d'aussi bon appetit » que vous. Hélas ! mon estomac foible & dé- » licat digère à peine une aile de poulet ou » une cuisse de lapreau ». Le roi but gaiement, & après l'avoir remercié de sa bonne chere, partit sans se faire connoître.

Quelques semaines après, l'abbé reçut un message de la part du roi, fut conduit à Lon- dres, gardé étroitement, & nourri pendant plu- sieurs jours au pain & à l'eau.

L'inquiétude & les soupçons agitoient son ef- prit. Il songeoit en lui-même comment il avoit pu encourir la disgrace de son maître. Un jour enfin on lui servit une langue de bœuf, dont il mangea comme auroit fait un de ses fermiers, vérifiant le proverbe anglois, qui dit *que deux repas affamés font un gourmand du troisième*. Tout- à-coup le roi sortit d'un petit cabinet où il s'étoit caché, & où il avoit été spectateur invisible de sa conduite : « Milord, lui dit-il, payez sur le » champ vos cent livres sterlings en or, sinon » vous resterez ici jusqu'à la fin de vos jours. J'ai » été votre médecin ; j'ai guéri votre estomac » de sa foiblesse, & je vous demande mon salaire » comme l'ayant bien mérité ».

L'abbé, tout joyeux d'en être quitte à si bon marché, déposa la somme, retourna à Reading, où l'on dit toutefois qu'il murmura en lui-même de la sévérité du régime du docteur couronné, & de la cherté de ses honoraires.

L'Angleterre peut se vanter d'avoir été gou- vernée par un prince auquel aucun souverain de la chrétienté n'a jamais dû être comparé : c'est *Henri VIII*, l'auteur du fameux schisme dans le seizième siècle. Parmi les victimes sacrifiées aux passions de ce moderne Néron, on compte deux reines, ses épouses, deux cardinaux, trois arche- vêques, dix-huit évêques, treize abbés, cinq cents, tant prieurs & moines, que prêtres, qua- torze archidiacres, soixante chanoines, cinquante docteurs, douze, tant ducs, que marquis & comtes avec leurs enfans, vingt-neuf barons & cheva- liers, trois cents trente-cinq nobles moins distin- gués, cent vingt-quatre citoyens, & cent dix femmes de condition.

HÉRENNIUS. Les samnites, ces infatiguables ennemis de la puissance romaine, avoient enfermé les légions de la république dans un défilé, & ils délibéroient entr'eux de la manière dont ils use- roient de leur fortune. *Hérennius*, vieillard que son âge & sa profonde sagesse rendoient véné- rable, leur conseilla de laisser aller les romains en liberté, sans leur faire aucun mal ; mais cet avis fut aussi-tôt rejetté. Le lendemain, on le con- sulta encore sur le même sujet : « Il faut les mas- » sacrer tous sans exception », répondit-il. Les samnites, étonnés de la prodigieuse différence qu'il y avoit entre ces deux avis, lui en deman- dèrent la raison. « Il faut, dit *Hérennius*, vous » attacher les romains par un bienfait insigne & » important, ou les affoiblir entièrement par une » perte irréparable ». Les samnites ne le crurent pas : ils voulurent prendre un milieu, & firent passer les romains sous le joug ; mais ils s'apperçurent bien-tôt que cet affront n'avoit fait qu'irriter le courage de ces guerriers redoutables, & quelque temps après, ils éprouvèrent à leur tour l'igno- minie dont ils avoient couvert les troupes enne- mies.

HERMITE. Un certain frère Jean, hermite de Lorraine, ayant appris que Jesus-Christ avoit été quarante jours sans prendre nourriture, le bon homme résolut de l'imiter au pied de la lettre. Pour cet effet, il alla se blottir dans le cœur d'un vieux chêne de la forêt voisine de sa retraite, au pied duquel étoit une fontaine. On assure qu'effectivement il y passa un carême tout entier sans autre aliment que de la belle eau claire, qu'il buvoit à longs traits, pour empêcher ses entrailles de se rétrécir.

Au bout de quarante jours l'anachorette, se croyant confirmé en grace, quitte sa caverne, re- tourne au village, va se placer dans le confes- sionnal de l'église paroissiale, & invite les pa- roissiens à s'approcher de lui pour recevoir l'abso- lution de leurs péchés. Le curé du lieu ne sachant ce que cela signifioit, & ne devinant point que le prétendu confesseur étoit devenu fou, envoya son maître d'école pour le tirer du confessionnal.

Le faint hermite refufa d'en fortir; & pour fe débarraffer de l'importun qui le tiroit par fa robe, il le tua d'un feul coup de couteau.

On faifit d'abord l'affaffin; & comme dans ce pays-là les loix penales font affez expéditives, le coupable fut condamné à mort & conduit à Nanci, pour y être exécuté. Là, des juges plus éclairés & moins brufques que les premiers, s'apperçurent que le criminel étoit abfolument infenfé; de forte qu'ils fe virent obligés de commuer fon fupplice en une prifon perpétuelle. C'eft-là où je l'ai vu de mes propres yeux, dit M. Duval, qui rapporte ce fait dans fes œuvres, tôme II, & où il lui eft arrivé la fingulière aventure que vous allez lire.

Après avoir croupi dans cette prifon pendant dix à douze ans, le démon de l'oifiveté & de l'ennui lui fuggéra le défir de vouloir connoître la conformation intérieure de fon corps, & furtout ce qu'il avoit dans le ventre. Muni d'un fragment de vître qu'il s'étoit procuré, on ne fait comment, après s'être dépouillé plus qu'à demi & affis par terre, il fe fendit le ventre de haut en bas, & en tira les inteftins, qu'il étendit fur fes genoux, pour mieux les examiner. Là, tandis qu'il contemploit ce merveilleux labyrinthe, le geolier étant venu lui apporter fa nourriture ordinaire, & voyant cet étrange étalage, fe mit à crier au fecours de toutes fes forces. « Du nombre de ceux qui accoururent, dit » M. Duval, étoit un habile chirurgien, qui » rhabilla le trop-curieux frère Jean, lui remit » les entrailles où elles étoient auparavant, & » réuffit fi bien, que le malheureux hermite a » encore vécu cinq ans après cette opération ».

HEUREUX. Deux amis, quoique de caractère fort oppofé, s'entretenoient un jour de leurs occupations & de leurs projets. L'un, vif & ambitieux, raconta avec chaleur à fon ami tout ce qu'il avoit tenté, tous les voyages qu'il avoit faits, tous les expédiens qu'il avoit imaginés pour remplir le vuide immenfe de fes défirs, & il conclut par ces triftes paroles : « Oh! mon ami, » qu'il eft difficile d'être heureux » !

L'autre, plus modéré, lui conta, à fon tour, comme il s'étoit accoutumé à vivre de peu, à cultiver fon jardin, à bien gouverner fa famille, à mettre des bornes à fes défirs, & lui dit, en finiffant ces mots, qu'il accompagna d'un regard tendre : « Ah! mon ami, qu'il eft aifé d'être » heureux » !

HISTOIRE. L'hiftoire eft le livre des rois : c'eft leur confeiller le plus fidèle; mais il faut qu'elle foit écrite par des hommes libres & amis de la vérité. Il a toujours exifté, & il exifte encore en Chine, un tribunal hiftorique, chargé, par une loi fondamentale, de configner dans les faftes de l'empire les vertus & les vices du monarque régnant. L'empereur Tai-t-Soug ordonna un jour à ce tribunal de lui montrer l'hiftoire de fon règne; tu fais, lui dit-le préfident, que nous donnons un récit exact des vertus & des vices de nos fouverains, & nous ne ferions plus libres de dire la vérité, fi tu jettois les yeux fur nos dépôts. —— Quoi! reprit l'empereur, tu veux tranfmettre à la poftérité l'hiftoire de ma vie? Et tu prétends auffi l'informer de mes défauts, l'inftruire de mes fautes? — Il n'eft, répond le préfident, ni de mon caractère, ni de la dignité de ma place d'altérer la vérité : je dirai tout. Si tu fais quelqu'injuftice, tu me feras de la peine. Si fi tu te rends coupable feulement d'une légère indifcrétion, j'en ferai pénétré de douleur; mais je ne tairai rien : telle eft l'exactitude & la févérité que m'impofe ma qualité d'hiftorien, que même il ne m'eft pas permis de paffer fous filence la converfation que nous avons enfemble. Tai-t-Soug avoit de l'élévation dans l'ame : continue, dit-il au préfident; écris & dis, fans contrainte, la vérité. Puiffent mes vertus ou mes vices contribuer à l'utilité publique & à l'inftruction de mes fucceffeurs! Ton tribunal eft libre; je le protège & lui permets d'écrire mon hiftoire avec la plus grande impartialité.

L'hiftoire n'eft pas toujours, comme on le penfe communément, à la portée des enfans. Voici une anecdote qui le prouve. C'eft Jean-Jacques Rouffeau qui la rapporte dans fon Traité de l'Education. J'étois, dit-il, allé paffer quelques jours à la campagne, chez une bonne mère de famille, qui prenoit grand foin de fes enfans & de leur éducation. Un matin que j'étois préfent aux leçons de l'aîné, fon gouverneur, qui l'avoit très-bien inftruit de l'hiftoire ancienne, reprenant celle d'Alexandre, tomba fur le trait connu du médecin de Philippe qu'on a mis en tableau, & qui fûrement en valoit bien la peine. Le gouverneur, homme de mérite, fit fur l'intrépidité d'Alexandre plufieurs réflexions qui ne me plurent point; mais j'évitai de les combattre pour ne pas le décréditer dans l'efprit de fon élève. A table, on ne manqua pas, felon la méthode françoife, de faire beaucoup babiller le petit bon-homme. La vivacité naturelle à fon âge, & l'attente d'un applaudiffement fûr, lui firent débiter mille fottifes, tout-à-travers lefquelles partoient de temps en temps quelques mots heureux qui faifoient oublier le refte. Enfin, vint l'hiftoire du médecin de Philippe : il la raconta fort nettement, & avec beaucoup de grace. Après l'ordinaire tribut d'éloges qu'exigeoit la mère, & qu'attendoit le fils, on raifonna fur ce qu'il avoit dit. Le plus grand nombre blâma la témérité d'Alexandre; quelques-uns, à l'exemple du gouverneur, admiroient fa fermeté, fon courage :

courage : ce qui me fit comprendre qu'aucun de ceux qui étoient préfens, ne voyoit en quoi confiftoit la véritable beauté de ce trait. Pour moi, leur dis-je, il me paroît que s'il y a le moindre courage, la moindre fermeté dans l'action d'Alexandre, elle n'eft qu'une extravagance. Alors tout le monde fe réunit, & convint que c'étoit une extravagance. J'allois répondre & m'échauffer, quand une femme, qui étoit à côté de moi, & qui n'avoit pas ouvert la bouche, fe pencha vers mon oreille, & me dit tout bas : Tais-toi, Jean-Jacques, ils ne t'entendront pas. Je la regardai ; je fus frappé ; & je me tus. Après le dîner, foupçonnant, fur plufieurs indices, que mon jeune docteur n'avoit rien compris du tout à l'*hiftoire* qu'il avoit fi bien racontée, je le pris par la main, je fis avec lui un tour du parc, & l'ayant queftionné tout à mon aife, je trouvai qu'il admiroit plus que perfonne, le courage fi vanté d'Alexandre : mais fayez-vous où il voyoit ce courage ? uniquement dans celui d'avaler, d'un feul trait, un breuvage d'un mauvais goût, fans héfiter, fans marquer la moindre répugnance. Le pauvre enfant, à qui l'on avoit fait prendre médecine, il n'y avoit pas quinze jours, & qui ne l'avoit prife qu'avec une peine infinie, en avoit encore le déboire à la bouche. La mort, l'empoifonnement, ne paffoient dans fon efprit que pour des fenfations défagréables, & il ne concevoit pas pour lui d'autre poifon que du féné. Cependant il faut avouer que la fermeté du héros avoit fait une grande impreffion fur fon jeune cœur, & qu'à la première médecine qu'il lui faudroit avaler, il avoit bien réfolu d'être un Alexandre. Sans entrer dans des éclairciffemens qui paffoient évidemment fa portée, je le confirmai dans ces difpofitions louables, & je m'en retournai, riant en moi-même de la haute fageffe des pères & des maîtres, qui penfent apprendre l'*hiftoire* aux enfans. Quelques lecteurs, mécontens du *Tais-toi, Jean Jacques*, demanderont, je le prévois, ce que je trouve enfin de fi beau dans l'action d'Alexandre ? Infortunés ! s'il faut vous le dire, comment le comprendrez-vous ? C'eft qu'Alexandre croyoit à la vertu ; c'eft qu'il y croyoit fur fa tête, fur fa propre vie ; c'eft que fa grande ame étoit faite pour y croire. O que cette médecine avalée étoit une belle profeffion de foi ! Non, jamais mortel n'en fit une fi fublime : s'il eft quelque moderne Alexandre, qu'on me le montre à de pareils traits.

La curiofité inquiète des hommes cherche des détails dans les *hiftoires*, & ne trouve que trop de plumes difpofées à la fervir & à la tromper. On repréfentoit à un hiftorien du dernier fiècle, (Varillas) connu par fes menfonges, qu'il avoit altéré la vérité dans la narration d'un fait : cela fe peut, dit-il ; mais, qu'importe ? le fait n'eft-il pas mieux tel que je l'ai raconté ?

Un autre (l'abbé de Vertot) avoit un fiège

fameux à décrire ; les mémoires qu'il attendoit ayant tardé trop long-temps, il écrivit l'*hiftoire* du fiège, moitié d'après le peu qu'il en favoit, moitié d'après fon imagination ; & par malheur les détails qu'il en donne font, pour le moins, auffi intéreffans que s'ils étoient vrais. Les mémoires arrivent enfin : j'en fuis fâché, dit-il ; mais mon fiège eft fait.

HISTORIETTE, petite hiftoire où l'on rapporte quelqu'évènement particulier, quelquefois galant, mais ordinairement plaifant, & qui s'éloigne par conféquent de la gravité de l'hiftoire.

L'*hiftoriette* diffère du conte, en ce que celui-ci eft ordinairement fabriqué à plaifir, au lieu que l'*hiftoriette* eft une de ces petits faits qu'un hiftorien fème quelquefois dans le cours d'une hiftoire, foit pour repofer fon lecteur, foit pour faire connoître plus particulièrement les mœurs & le caractère d'une nation ou de différens perfonnages.

Voici comme M. de Fontenelle, *dans le dialogue des mots,* fait raconter à ICASIE fa propre hiftoire.

L'empereur, fous lequel je vivois, voulut fe marier ; & pour mieux choifir une impératrice, il fit publier que toutes celles qui fe croyoient d'une beauté & d'un agrément à pouvoir prétendre au trône, fe trouvaffent à Conftantinople : Dieu fait l'affluence qu'il y eut. J'y allai, & je ne doutai point qu'avec beaucoup de jeuneffe, avec des yeux très-vifs & un air affez agréable & affez fin, je ne puffe difputer l'empire ; le jour que fe tint l'affemblée de tant de jolies prétendantes, nous parcourions toutes d'une manière inquiète, les vifages les unes des autres ; je remarquai avec plaifir, que mes rivales me regardoient d'affez mauvais œil. L'empereur parut ; il paffa d'abord plufieurs rangées de belles fans rien dire : mais quand il vint à moi, mes yeux me fervirent bien, & ils l'arrêtèrent ; en vérité, me dit-il, me regardant de l'air que je pouvois fouhaiter, les femmes font bien dangereufes ; elles peuvent faire beaucoup de mal. Je crus qu'il n'étoit queftion que d'avoir un peu d'efprit, & que je ferois impératrice ; & dans le trouble de joie & d'efpérance où je me trouvois, je fis un effort. En récompenfe, feigneur, lui-dis-je, les femmes peuvent faire & ont fait quelquefois beaucoup de bien ; cette réponfe gâta tout. L'empereur la trouva fi fpirituelle, qu'il n'ofa m'époufer ; il jetta les yeux fur la belle Théodore, qu'il ne crut pas avoir tant d'efprit.

On s'amufoit à la cour de Louis XIV à faire des loteries ; la ducheffe de Bourgogne en fit une : elle étoit elle même au bureau où l'on portoit l'argent, & chacun y mettoit pour faire fa cour.

Un jour que M. le duc de Bourgogne paſſoit par-là, il entendit une grande diſpute, entre celui qui recevoit l'argent & un officier qui demandoit un billet. Le prince voulut ſavoir de quoi il s'agiſſoit, & on lui dit que cet homme vouloit qu'on écrivît, pour ſa deviſe, ſur ſon billet : *Aux cinq ſans diables.* Le receveur refuſoit de mettre une pareille deviſe, & M. le duc de Bourgogne en étoit même ſcandaliſé ; mais celui qui la demandoit en expliqua le ſens au prince, & lui dit qu'ils étoient cinq aſſociés au billet, tous cinq garçons, & par conſéquent *cinq ſans diables*, puiſqu'ils étoient ſans femmes. Cette imagination fit rire la cour : mais il arriva une autre aventure, à-peu-près de la même eſpèce, qui l'intrigua un peu. Un homme voulut faire mettre ſur ſon billet : *Si je gagne, le roi aura du revers.* On dit cela au roi, qui commanda qu'on arrêtât cet homme ; & après l'avoir fait amener devant lui, ſa majeſté lui demanda quel étoit le revers dont il le menaçoit. C'eſt, ſire, répondit cet homme, que ſi je gagne, j'ai deſtiné cet argent à acheter une charge auprès de votre majeſté ; & comme je m'appelle Durevers, ſi je gagne votre majeſté aura Durevers à ſon ſervice. Cette équivoque ne fut point du goût du roi ; on remercia M. Durevers, & on le pria de ſe retirer & d'aller porter ailleurs ſa piſtole & ſes mauvaiſes plaiſanteries.

Un officier, logé en chambre garnie, ſur le point de rejoindre ſon régiment, étant ſeul un matin dans ſon lit, en proie à mille réflexions, faute de pouvoir dormir, ſe mit à ſonger qu'il avoit eu tort de laiſſer ſa clef à la porte de ſa chambre, attendu qu'il ſeroit facile d'entrer pour le voler. Tandis que de pareilles idées lui rouloient dans la tête, un menuiſier montoit lentement, chargé d'un cercueil pour un homme qui venoit de mourir dans la chambre prochaine. Le menuiſier, croyant entrer chez le mort, ouvre la porte de l'officier, & dit en entrant : « Voilà » une bonne redingotte pour l'hiver ». — Le militaire, que ſes craintes rendent attentif au moindre bruit, ne doute point qu'on ne vienne le voler, & qu'on ait deſſein de commencer par prendre la redingotte, qu'il avoit laiſſée ſur une chaiſe ; il ſaute promptement hors du lit, & ſe met à courir, tout en chemiſe, après le prétendu voleur. Le menuiſier, voyant paroître quelque choſe de blanc, laiſſe tomber ſon cercueil par l'eſcalier, & ſe ſauve à toutes jambes, ne doutant point qu'il n'ait le mort à ſes trouſſes.

Une veuve vouloit ſe marier avec ſon valet Jean, & demandoit conſeil au curé du lieu. — Je ſuis encore d'âge à pouvoir me marier, lui dit-elle. — Mariez-vous, répondit l'eccléſiaſtique. — Mais on dira peut-être que mon futur eſt de beaucoup trop jeune pour moi. — Ne vous

mariez pas. — Il m'aideroit à faire aller notre ferme. — Mariez-vous. — Mais j'ai peur qu'il ne vienne à me mépriſer. — Ne vous mariez pas. — Mais d'un autre côté on mépriſe auſſi & on trompe de toutes parts une pauvre veuve qui eſt ſans appui. — Mariez-vous donc. — Je crains ſeulement qu'il ne s'amuſe avec nos ſervantes. — Ne vous mariez donc pas. La conſultante, plus incertaine après ces réponſes, qu'elle ne l'étoit avant, s'en plaignit au curé, qui, pour ne rien haſarder dans un cas ſi délicat, la renvoya à ce que lui conſeilleroient les cloches de la paroiſſe qui alloient ſonner. Elle crut entendre qu'elles diſoient : prends ton valet Jean. Elle le prit, & elle eut lieu de s'en repentir ; elle ſe plaignit vivement au curé de ce qu'il l'avoit adreſſée à l'oracle impoſteur des cloches. Oh ! vous les avez mal entendues, lui dit le bon prêtre ; écoutez-les encore une fois. Eh bien ! que chantent-elles de bon ? elles ont grande raiſon, répondit-elle ; que n'ai-je eu l'oreille auſſi bonne la première fois ! Elles diſent : ne prends jamais Jean.

Cette *hiſtoriette* eſt celle de bien des gens ; quand ils demandent conſeil, ils n'écoutent que ce qui flatte leur penchant ou leur averſion.

Un aubergiſte des environs de Phalsbourg tomba en léthargie. On le crut mort ; &, au bout de quelque temps, on l'enſevelit. Sa femme, tout en pleurant le pauvre défunt, s'apperçut qu'on avoit employé à cet effet un drap tout neuf & très-fin ; &, comme elle étoit fort avare : « Hé- » las ! dit-elle, ce drap eſt trop beau pour un » mort, il me ſervira beaucoup mieux à moi, » qui ſuis vivante ». Elle avoit, dans ſa maiſon, un habit d'arlequin qu'une troupe de bateleurs lui avoient laiſſé pour paiement à leur paſſage. Elle s'enferme dans la chambre du mort, découvre le cercueil, reprend ſon drap, habille le cadavre en farceur, &, à cela près, rétablit les choſes dans leur premier état. L'heure du convoi étant arrivée, quatre hommes emportent la bierre ſur leurs épaules, ſelon l'uſage du pays. Le prétendu mort ſe réveille de ſa léthargie, s'agite, ſe débat. Les porteurs s'effrayent : ils laiſſent tomber le cercueil, qui ſe briſe, & l'on en voit ſortir un arlequin.

La première repréſentation de *Tom-Jones*, du petit Poinſinet, fut on ne peut pas plus tumultueuſe, malgré l'excellence de la muſique de Philidor. Au milieu du bruit, deux hommes répétoient ſans ceſſe : « Couperai-je, couperai-je ? » Leurs voiſins crurent qu'il s'agiſſoit de couper la bourſe de quelqu'un, & s'adreſſèrent à la ſentinelle ; on ne tarda pas à mener nos deux meſſieurs au corps de garde, d'où ils alloient être conduits en priſon comme filoux. Tout-à-coup l'un d'eux s'écria : « Nous ſommes tailleurs de

» notre métier ; c'est moi qui ai l'honneur d'ha-
» biller M. Poinsinet ; auteur de la pièce nou-
» velle. Je dois lui fournir un habit pour se pré-
» senter devant le public, qui ne manquera pas
» de le demander à la seconde représentation ;
» comme je ne suis pas assez instruit pour con-
» noître le mérite d'une comédie mêlée d'ar-
» riettes, j'ai amené avec moi mon premier gar-
» çon, qui a de l'esprit comme quatre ; car c'est
» lui qui compose tous mes mémoires : M. l'offi-
» cier, je lui demandois de temps en temps, s'il
» me conseilloit d'aller couper l'habit en question,
» qui devoit m'être payé sur le produit des re-
» présentations de cette pièce ». A ces propos
on rit aux éclats, & les deux tailleurs furent renvoyés absous.

Un procureur s'en fut à confesse avec sa femme
la nuit de Noël. Le confesseur commença par la
femme : mais étant fatigué, il s'endormit. La pro-
cureuse, après avoir dit tout ce qu'elle avoit à
dire, garda le silence, & s'imagina que le bruit
des orgues l'avoit empêché d'entendre l'absolution
qui lui avoit été donnée ; elle se lève, & s'en va
dire sa pénitence ordinaire, qui étoit les sept
pseaumes. Le procureur se met à la place de sa
femme, & entend le confesseur qui ronfloit. « Mon
» père, vous dormez, lui dit-il. Non, madame,
» répondit le religieux en se réveillant en sursaut,
» je ne dors pas ; le dernier péché dont vous
» vous êtes accusée, c'est d'avoir couché trois
» fois avec le clerc qui paie pension chez vous ».

Alphonse, roi d'Arragon, étoit venu voir les
bijoux d'un jouaillier, avec plusieurs de ses courtisans ; il fut à peine sorti de la boutique, que
le marchand courut après lui pour se plaindre
du vol qu'on lui avoit fait d'un diamant de grand
prix. Le roi rentra chez le marchand, & fit apporter un grand vase plein de son. Il ordonna
que chacun des courtisans y mît la main fermée,
& l'en retirât toute ouverte : il commença le premier. Après que tout le monde y eut passé, il
ordonna au jouaillier de vuider le vase sur la table ;
par ce moyen le diamant fut trouvé, & il n'y eut
personne de déshonoré.

Dans la ville de Prato, dit Bocace, on fit un
édit aussi blâmable que cruel, qui, sans nulle
exception, condamnoit au feu toutes les femmes
surprises en adultère. Une femme, des principales
de la ville, nommée madame Philippe, belle &
d'un cœur fort tendre, fut surprise, par son mari,
avec un gentilhomme qu'elle aimoit passionnément :
le mari, jaloux & vindicatif comme un italien, fut
fort tenté de les tuer sur le champ ; & il l'auroit
fait, sans doute, s'il n'eût fait réflexion que le
jeune homme n'étoit pas d'humeur à le souffrir,
sans lui faire au moins partager le péril : ainsi
modérant son premier mouvement, il se contenta
de se servir de la loi pour assurer sa vengeance

sans s'exposer ; il alla accuser sa femme, & la
fit appeler en justice ; la dame, qui avoit beaucoup de courage, résolut de s'y présenter, & de
mourir plutôt en avouant la vérité, que de traîner une vie malheureuse dans un exil : ne pouvant d'ailleurs se résoudre à désavouer la grande
passion qu'elle avoit pour son amant, elle se
rendit devant le Podesta, accompagnée de plusieurs de ses parens & de ses amis, qui lui
conseilloient de nier le fait ; mais elle, sans
s'étonner, se présenta avec un visage assuré, &
répondit, d'une voix ferme, aux demandes que
lui fit le Podesta : « Il est vrai, lui dit elle, que
» mon mari m'a trouvée avec un jeune gentil-
» homme que j'aime ; je sais la rigueur de l'édit
» contre les femmes ; mais vous ne pouvez igno-
» rer que les loix, pour être justes, doivent être
» communes, & faites avec le consentement des
» personnes à qui elles touchent : cependant,
» celle dont il s'agit n'a aucune de ces condi-
» tions ; elle condamne à un supplice cruel les
» femmes qui manquent de fidélité à leurs ma-
» ris, & elle ne condamne à aucunes peines les
» maris qui en manquent à leurs femmes. Le
» mariage est un traité dont les conditions doivent
» être réciproques ; vos femmes sont vos com-
» pagnes, & vous les traitez en esclaves, en
» leur imposant des loix sans leur consentement,
» & même sans les avoir appelées pour défendre
» leurs droits : si elles avoient été écoutées avant
» que de faire cette loi barbare, elles auroient
» représenté la tyrannie qu'il y a de vouloir les
» contraindre seules à s'abstenir des mêmes plai-
» sirs que les hommes prennent sans scrupule dans
» toutes les occasions qu'ils s'en rencontrent, quoi-
» qu'ils en aient d'ordinaire moins de besoin.
» Quel tort ai-je fait, dans le fond, à mon mari
» que voilà ? Je demande qu'il soit interrogé pour
» dire si je lui ai jamais refusé de satisfaire à ses
» désirs, & s'il a réciproquement satisfait à tous
» les miens ? Et nonobstant des traitemens si op-
» posés, il a l'injustice de trouver à redire que
» je dispose de son superflu ».

Ce discours fit rire toute l'assemblée, qui s'é-
cria que madame Philippe avoit raison, & qu'il
falloit la renvoyer libre ; & la force de ses raisons, jointes à sa beauté & à son courage, mirent
le Podesta dans ses intérêts ; de sorte qu'après
avoir si bien plaidé sa cause & celle de son sexe,
elle fut non-seulement exemptée de la rigueur
de la loi, mais elle la fit encore réformer pour
l'avenir. Et c'est de-là, sans doute, que vient
l'impunité, qui est présentement si bien établie
pour les criminelles de cette espèce.

HOLLIS (Thomas) étoit né avec une fortune bornée, mais avec un goût singulier pour
l'économie & la magnificence, & une passion
extrême pour la liberté. Il aimoit à donner sans

être connu , & par-tout cet homme cherchoit à être libre ; il ne négligeoit rien pour seconder ses efforts. C'est ainsi qu'il envoya beaucoup de livres rares & singuliers aux bibliothèques publiques de Hollande , pour faire connoître aux hollandois leurs véritables droits, & les exciter à la liberté. Il dépensa beaucoup pour les intérêts de la cause des anglo-américains.

Il avoit sept portraits de Milton , & plusieurs de ses meubles , qu'il gardoit comme des reliques, & qui lui avoient coûté fort cher. Ce n'étoit pas comme poëte qu'il estimoit Milton , mais c'étoit pour avoir écrit contre Charles I , qu'il le regardoit comme une divinité. On trouve dans les mémoires de sa vie , les portraits de plusieurs hommes obscurs , mais zélés défenseurs de la liberté : au-dessous on voit toujours le bonnet de la liberté, & le plus souvent il est entre deux poignards.

Il paya l'abbé Venuti , célèbre antiquaire italien , pour composer une dissertation de *Pileo libertatis* , sur le bonnet de la liberté. Il voulut que ce livre fût dédié à la nation angloise : il en avoit composé l'inscription en style lapidaire ; mais je ne sais pourquoi ce desir ne fut pas accompli. *Thomas Hollis* est mort en 1784 : il voulut être enterré dans un champ , & que rien n'indiquât le lieu de sa sépulture.

On a publié à Londres des mémoires de *Thomas Hollis* , en 2 vol. in-4°. avec de superbes figures gravées par Cypriani. Comme *Hollis* avoit beaucoup voyagé , & qu'il avoit une correspondance très-étendue , on trouve dans ces mémoires une foule de détails curieux , mais sans aucun ordre.

HOMÈRE , poëte grec , le chantre de l'Iliade & de l'Odyssée.

Le génie créateur d'*Homère* le place d'un aveu universel à la tête de tous les poëtes. C'est aux brûlans transports de ce puissant génie , dit son traducteur anglois , qu'un homme qui a une étincelle de feu poétique , est redevable de ce trouble , de ce ravissement qu'il éprouve à la lecture de l'Iliade. Tout respire , tout sent , tout agit dans ce poëme.

C'est le seul poëte , suivant Aristote , qui ait créé des *paroles vivantes*.

C'étoit le sentiment des anciens , que tous leurs auteurs tragiques n'étoient que les copistes & les imitateurs d'*Homère*. Quelqu'un disoit des tragédies d'Euripide : *Ce sont les restes des festins d'Homère qu'un convive emporte chez lui.*

Les poëmes d'*Homère* parurent d'abord en pièces détachées , & demeurèrent long-temps en cet état, suivant Elien , sous divers titres , comme la *bataille proche des vaisseaux* , la *mort de Dolon* , la

vaillance d'*Agamemnon* , la *Patroclée* , la *grotte de Calipso* , le *massacre des Amans* , &c. On les appeloit les *rapsodies* , & ceux qui les chantoient , des *rapsodistes*. La Grèce marqua d'autant plus d'ardeur & d'empressement à transcrire ces poëmes & à les chanter , qu'elle y voyoit éterniser la gloire de ses héros.

Pisistrate , tyran d'Athènes , celui-là même dont Cicéron admiroit l'éloquence & le savoir , fut le premier qui rassembla les poëmes d'*Homère* , & qui les mit dans l'état où nous les avons. Il divisa l'Iliade & l'Odyssée conformément au dessein de l'auteur , & partagea ces différens poëmes en vingt-quatre livres , qui dans la suite furent désignés par les caractères de l'alphabet.

Du temps d'Alexandre , l'ignorance ou la mauvaise foi des copistes avoit surchargé l'Iliade d'*Homère* d'un grand nombre de fautes. Ce monarque en fit faire une édition exacte par Anaxarque & Callisthène. Il y travailla lui-même avec d'autant plus d'empressement , qu'il regardoit cet ouvrage comme une exhortation à la bravoure & comme une école de toutes les vertus militaires. Peut-être aussi , & c'est la pensée d'un auteur moderne , l'ambition de passer pour fils de Jupiter le déterminoit à rendre aussi commun qu'il lui seroit possible , un livre où régnoit un commerce familier entre les dieux & les mortels. La correction achevée , il voulut avoir toujours son *Homère* avec lui. Il l'enfermoit dans une riche cassette qui s'étoit trouvée parmi les dépouilles du roi Darius , origine du nom de l'*édition de la Cassette* , que l'on a donné à cette édition d'Alexandre.

L'Egypte rendit le même hommage aux écrits d'*Homère*. Les Ptolomées , protecteurs déclarés des sciences & des arts , chargèrent plusieurs savans de revoir avec la plus grande exactitude l'Iliade & l'Odyssée. Aristarque se distingua le plus dans ce travail. Sa critique fut si judicieuse & si sage , que malgré ses censeurs , toute l'antiquité s'en est rapportée à lui , & l'a considéré au point de consacrer son nom pour désigner tout critique impartial & savant , comme celui de Zoïle , qui s'avisa d'écrire en ce temps-là contre *Homère* , sert à marquer tout censeur envieux & faux.

Le chantre de l'Iliade & de l'Odyssée a toujours été regardé comme le père & même comme le dieu de la poésie. Il s'est néanmoins trouvé dans ces derniers temps plusieurs infidèles qui ont osé se moquer de sa divinité. Ils lui ont reproché des comparaisons trop longues , un trop fréquent usage des mêmes épithètes , & la bassesse de quelques-unes de ses descriptions. Sans avoir égard au siècle où il vivoit , ils ont été choqués de ce que la princesse Nausica lavoit elle-même ses robes. Ils ont ri de voir Patrocle , au neuvième livre de l'Iliade , mettre trois gigots de mouton dans une marmite, allumer & souffler le feu, & préparer le dîner avec Achille.

Le premier en France qui osa s'élever contre *Homère*, fut l'abbé Boisrobert, si célèbre par sa faveur auprès du cardinal de Richelieu. Il comparoit le divin *Homère* à ces chanteurs de carrefours qui ne débitent leurs vers qu'à la canaille. Desmarets de Saint Sorlin, ensuite Charles Perrault, l'auteur du *Parallèle des anciens & des modernes*, parurent sur les rangs. Le redoutable Despréaux demeuroit dans le silence. Cette indifférence dans un homme dont la bile étoit si facile à émouvoir à la moindre atteinte contre le bon goût & la raison, étonna singulièrement le prince de Conti, qui dit un jour qu'il iroit à l'académie françoise écrire sur la place de Despréaux : *Tu dors, Brutus*. Le satyrique se réveilla enfin. Mais, sans vouloir s'amuser à défendre *Homère* contre les critiques superficielles de l'auteur du *Parallèle*, il s'attacha uniquement à relever les bévues de ce ridicule antagoniste, & la dispute fut terminée par rire aux dépens de Perrault.

Houdart de la Mothe a depuis renouvellé la querelle. Il traduisit *Homère* en vers françois, & en fit une critique raisonnée. La marquise Lambert, l'abbé Terrasson & l'abbé de Pons se rangèrent de son côté contre les défenseurs du poëte grec, à la tête desquels étoit la savante madame Dacier. Les dissertations de la Mothe sont bien écrites, & contiennent des observations utiles. Mais on lui reprocha malignement qu'il avoit pris un moyen plus sûr de déprimer le poëte grec, qui étoit de le travestir en vers françois. En effet, la Mothe n'a fait d'un corps plein d'embonpoint & de vie, qu'un squelette aride & désagréable. Toutes les fleurs du poëte grec se fanent entre ses mains. L'expression même du sentiment qu'il a heureusement manié dans son *Inès*, s'est refusée à lui dans son *Iliade*. D'autres écrivains ne parurent dans cette dispute que pour rire aux dépens des deux partis. On en fit même des farces. Les acteurs de la foire représentèrent *Arlequin défenseur d'Homère*. Dans cette pièce arlequin tiroit respectueusement l'*Iliade* d'une châsse, prenoit successivement par le menton les acteurs & des actrices, & la leur donnoit à baiser en réparation de tous les outrages faits à *Homère*. Il y eut aussi une estampe dans laquelle on représentoit un âne qui broutoit l'Iliade, avec ce vers au bas contre la traduction de la Mothe qui avoit réduit l'Iliade en douze chants :

Douze livres mangés, & douze estropiés.

Ces plaisanteries ne cessèrent que par l'entremise du sage Valincourt qui dessilla les yeux des parties intéressées, & leur fit voir enfin le ridicule dont elles se couvroient. La paix se fit dans un repas que Valincourt leur donna, & dont étoit

madame de Staal. « J'y représentois, dit-elle, la » neutralité. On but à la santé d'*Homère*, & tout » se passa bien ». (*Mém. de madame Staal*).

Il pourra encore s'élever des disputes au sujet d'*Homère*, qui a bien des côtés qui prêtent à la critique ; mais les beautés qui brillent dans ses poëmes, sont si frappantes, que toutes ces critiques, ainsi que celles qui ont déjà été faites, passeront, & lui seul restera.

HOMMES.

Les hommes sont comme les statues, il faut les voir en place.

La nature est aussi variée dans les *hommes* que dans ses autres productions ; & il y a autant de caractères différens qu'il y a de têtes. C'est de ce mélange varié à l'infini, que la société tire l'avantage précieux d'avoir de tout ; ainsi il faut prendre le bon des uns & des autres ; mais, pour savoir le prendre, il faut un discernement juste.

Un jour un ambassadeur d'Espagne causant avec Henri IV, lui disoit qu'il eût bien voulu connoître ses ministres pour s'adresser à chacun d'eux, suivant son caractère. Je m'en vais, lui dit le roi, vous les faire connoître tout-à-l'heure. Ils étoient dans l'anti-chambre, en attendant l'heure du conseil. Il fit entrer le chancelier de Sillery, & lui dit : M. le chancelier, je suis fort en peine de voir sur ma tête un plancher qui ne vaut rien, & qui menace ruine. Sire, dit le chancelier, il faut consulter les architectes, bien examiner toutes choses, & y faire travailler, s'il en est besoin ; mais il ne faut pas aller si vîte.

Le roi fit ensuite entrer M. de Villeroi, & lui tint le même discours : Il répondit, sans regarder seulement le plancher, vous avez grande raison, sire, cela fait peur. Après qu'ils furent sortis, entra le président Jeannin, qui, à la même question, répondit : Je ne sais pas, sire, ce que vous voulez dire ; voilà un plancher qui est fort bon ; mais, reprit le roi, ne vois je pas là haut des crevasses, ou j'ai la berlue ? Allez, allez, sire, dormez en repos ; le plancher durera plus que vous. Quand les trois ministres furent sortis, le roi dit à l'ambassadeur : Vous les connoissez à présent. Le chancelier ne sait jamais ce qu'il veut faire ; Villeroi dit toujours que j'ai raison ; Jeannin dit tout ce qu'il pense, & pense toujours bien ; il ne me flatte pas, comme vous voyez.

Un archevêque de Reims disoit qu'un *homme* ne pouvoit être honnête homme à moins de dix mille livres de rente. Comme on parloit d'une personne, il demanda si c'étoit un honnête homme. Non, monseigneur, répondit-on, il s'en faut de quatre mille livres de rente qu'il ne le soit.

On a calculé que de huit cents quatorze perfonnes vivantes à l'âge de vingt ans, il n'en refte à l'âge de foixante & douze, que deux cents foixante & onze, qui font à-peu-près le tiers de huit cents quatorze ; donc il en eft mort les deux tiers depuis vingt jufqu'à foixante & douze ; c'eft-à-dire, en cinquante-deux ans : donc au bout de cinquante-deux ans, il y a deux fois plus à parier pour la mort que pour la vie d'un homme qui fe feroit abfenté de fon pays à l'âge de vingt ans.

Le major Grant, anglois, dans fes obfervations fur les liftes mortuaires qui fe publient à Londres, dit que, de cent enfans qui naiffent, il n'y en a que foixante-quatre qui attéignent l'âge de fix ans.

Que de cent, il n'en refte que quarante en vie au bout de feize ans.

Que de cent, il n'y en a que vingt-cinq qui paffent l'âge de vingt-fix ans ; que feize qui vivent trente-fix ans accomplis.

Et dix feulement, dans cent, qui vivent jufqu'à leur quarante-fixième année.

Et que, dans le même nombre, il n'y en a que fix qui aillent à cinquante-fix ans accomplis ; que trois, dans cent, qui atteignent la fin de foixante & fix ; & que, dans cent, il n'y en a qu'un qui foit en vie au bout de foixante & feize ans ; & que les habitans de la ville de Londres font changés deux fois dans le cours d'environ foixante-quatre ans.

On diroit que toute la nature fe moque de l'homme : le monde le trompe, la vie lui échappe, la fortune s'en rit, le temps s'envole, la mort le prend, la terre le confume, l'oubli l'anéantit ; & celui qui étoit hier un homme, aujourd'hui n'eft plus rien.

HOMME MARIN. En 1671, il parut dans la mer, aux environs du Diamant, rocher voifin de la côte de la Martinique, un *homme marin*. On affure qu'il fut vu par deux françois accompagnés de quatre nègres, qui en firent le récit à un jéfuite, miffionnaire fur les côtes du voifinage, & au fieur de la Paire, capitaine de ce grand quartier de la Martinique. Ces témoins firent leurs dépofitions pardevant un notaire, en préfence des officiers & des perfonnes les plus confidérables du lieu, & s'accordèrent tous à dépeindre ainfi le monftre en queftion : il avoit la figure d'homme depuis la tête jufqu'à la ceinture ; la taille petite, telle que font ordinairement les enfans de quinze ans ; la tête proportionnée au corps ; les yeux un peu gros, mais fans difformité ; le nez large & camus ; le vifage large & plein ; fes cheveux gris, mêlés de blancs & de noirs, étoient plats, arrangés comme s'ils euffent été peignés, & lui flottant fur le haut des épaules ;

une barbe grife, également large par-tout, lui pendoit fur l'eftomac, qui étoit couvert de poils gris comme aux vieillards ; le vifage, le cou & le refte du corps, étoient médiocrement blancs ; il paroiffoit avoir la peau affez délicate. On n'avoit rien remarqué de particulier au cou, aux bras, aux mains, aux doigts, & aux autres parties du corps qui fortoient de l'eau. La partie inférieure depuis la ceinture, que l'on voyoit entre deux eaux, étoit proportionnée au haut du corps, femblable à un poiffon, & fe terminoit par une queue large & fourchue. Ce monftre fe montra fur l'eau plufieurs fois & fort long-temps. Un des françois l'appela, en fifflant, comme on appele les chiens, & un des nègres lui jerta une groffe ligne pour le prendre ; mais elle ne l'atteignit pas. L'*homme marin* parut, pour la première fois, une heure avant le coucher du foleil, à huit pas du rocher, fe montra plus près la feconde fois, & vint enfin tout proche du rivage. Puis fe retirant le long d'un herbage qui eft au pied de ce rocher, il tourna plufieurs fois, & s'arrêta long-temps fur l'eau. Enfin, il difparut au commencement de la nuit. Les témoins ont affuré qu'ils l'avoient ouï fouffler du nez, & qu'ils lui avoient vu paffer la main fur le vifage, comme pour s'effuyer ; mais qu'il n'avoit fait aucun bruit de la bouche qui pût faire connoître s'il avoit de la voix. Les curieux remarquent que ce n'eft pas le premier *homme marin* qui ait paru. Il y a quelques années qu'on en vit un fur les côtes de Bretagne, près de Belle-Ifle, fort femblable à celui de la Martinique.

HONNEUR. C'eft le defir d'être eftimé des hommes ; on l'a défini le prejugé de chaque perfonne & de chaque condition. Chacun fait confifter l'*honneur* dans ce qu'il croit que les autres recherchent le plus en lui : les militaires le placent dans le courage ; les juges, dans l'intégrité ; les femmes, dans la chafteté.

Un maître d'hôtel fera confifter fon *honneur* à bien ordonner un fervice. Vatel, maître d'hôtel de M. le Prince, étoit peut-être l'homme de fon temps qui avoit le plus d'*honneur* à fa manière ; mais l'amour-propre avoit fi fort échauffé cette tête mal-faine, que le bon fens s'en étoit évaporé. Il fe tua, parce qu'il ne pouvoit foutenir le prétendu affront de laiffer manquer, dans une fête, une vingt-cinquième table, d'un plat de marée. C'eft madame de Sévigné qui rapporte ce fait dans fes lettres. M. le Prince donnoit à Chantilly une fête à Louis XIV. Le roi arriva un jeudi au foir. La promenade, la collation dans un lieu tapiffé de jonquilles ; tout cela fut à fouhait. On foupa ; il y eut quelques tables où le rôt manqua, à caufe de plufieurs dîners auxquels on ne s'étoit pas attendu. Cela faifit Vatel ; il dit plufieurs fois : Je fuis perdu d'*honneur* ; voici un affront que je ne fupporterai pas. Il dit à Gourville : la tête me tourne : il y a douze nuits que je n'ai dormi, aidez-moi à donner des ordres. Gourville le foulagea en ce qu'il put. Le rôt qui avoit manqué, non pas à la table du roi, mais aux vingt-cinquièmes, lui revenoit toujours à la tête. Gourville le dit à M. le Prince. M. le Prince alla jufques dans fa chambre, & lui dit : Vatel, tout va bien ; rien n'étoit fi beau que le fouper du roi. Il répondit : Monfeigneur, votre bonté m'achève ; je fais que le rôti a manqué à deux tables. Point du tout, dit M. le Prince ; ne vous fâchez pas ; tout va bien. La nuit vint ; le feu d'artifice ne réuffit pas ; il fut couvert d'un nuage : il coûtoit feize mille francs. A quatre heures du matin, Vatel s'en va par-tout ; il trouve tout endormi : il rencontre un petit pourvoyeur qui lui apportoit feulement deux charges de marée. Il lui demanda : eft-ce là tout ? Il lui dit : oui, monfieur. Il ne favoit pas que Vatel avoit envoyé à tous les ports de mer. Vatel attend quelque temps ; les autres pourvoyeurs ne viennent point : fa tête s'échauffoit ; il crut qu'il n'auroit point d'autre marée. Il trouva Gourville ; il lui dit : Monfieur, je ne furvivrai point à cet affront-ci. Gourville fe moqua de lui. Vatel monte à fa chambre, met fon épée contre la porte, & fe la paffe au travers du cœur ; mais ce ne fut qu'au troifième coup, car il s'en donna deux qui n'étoient pas mortels. Il eft tombé mort. La marée cependant arrive de tous côtés ; on cherche Vatel pour la diftribuer ; on va à fa chambre ; on heurte ; on enfonce la porte ; on le trouve noyé dans fon fang.

HONTE. C'eft une penfée fort naturelle de Guarini, lorfqu'il dit qu'on ne peut fe défaire de la honte que la nature a gravée en nous ; que fi on veut la chaffer du cœur, elle fe fauve fur le vifage.

HOPITAL, (Michel de l') chancelier de France, né l'an 1505, mort en 1573.

On a remarqué que le portrait du chancelier de l'Hôpital reffembloit affez bien aux médailles que nous avons d'Ariftote. Peu d'hommes ont donné plus d'exemples de défintéreffement, de magnanimité & de conftance. Il avoit pris pour devife un atlas foutenant le globe terreftre fur fes épaules avec cette légende : impavidum ferient ruina. C'étoit un philofophe doux, ami de l'humanité dans un temps d'enthoufiafme & de fureur. Sa conduite fit juger à fes ennemis qu'il penfoit comme les calviniftes, & qu'il n'étoit catholique qu'à l'extérieur ; c'eft ce qui donna lieu à la raillerie qui couroit de fon temps : Dieu nous garde de la meffe du chancelier, parce qu'on étoit perfuadé qu'il n'y croyoit pas trop.

L'Hôpital fut élevé à la dignité de chancelier fous le règne de François II. Il s'oppofa fortement à l'établiffement du tribunal de l'inquifition que les Guifes vouloient introduire en France, afin d'avoir un inftrument de plus pour étendre leur autorité. Le chancelier repréfenta en plein confeil que le pouvoir des fouverains ne s'étend point jufques fur les confciences, & qu'un citoyen qui obéiffoit aux loix, qui rempliffoit tous fes devoirs envers fes fupérieurs & fes égaux, ne devoit plus rien au gouvernement, & n'avoit à rendre compte qu'à Dieu des mouvemens fecrets & des penfées qui s'élevoient dans fon ame.

La première fois qu'il alla au parlement de Paris porter quelques édits du roi pour être enregiftrés, il fit un difcours dans lequel il exhorta les juges à abréger & même à empêcher les procès, en accommodant fur le champ toutes les affaires qui pourroient être accommodées ; & il donna des louanges au préfident Chriftophe de Harlay, de ce qu'étant confeiller au parlement, il avoit accommodé à l'amiable prefque toutes les affaires dont il avoit été rapporteur. S'élevant enfuite contre les mœurs du fiècle : « Tous les » ordres, pourfuivit-il, font corrompus. Le » peuple eft mal inftruit ; on ne lui parle que de » dîmes & d'offrandes, rien des bonnes mœurs ; » chacun veut voir fa religion approuvée, celle » des autres perfécutée : voilà en quoi confifte » aujourd'hui la piété. Il y a d'énormes abus » par-tout, principalement dans les tribunaux de » juftice, moins dans le parlement de Paris, que » dans les autres. Cependant les magiftrats ici » ne font pas à l'abri de tous reproches : ils font » hommes ».

Le chancelier l'Hôpital fe propofant toujours pour principe de fes actions le bien du royaume & les intérêts du roi fon maître, favoit réprimer avec autant de force ceux qui attentoient à l'autorité royale, que réfifter aux propofitions injuftes que l'on fuggéroit au prince ; & lorfqu'on le forçoit à fceller quelqu'édit contraire au bien public, il faifoit favoir que c'étoit contre fon gré, par ces mots qu'il écrivoit fur le replis, me non confentiente.

La feule préfence du chancelier au confeil de guerre, fi l'on peut appeler de ce nom une affemblée de conjurés, y fufpendoit toutes les délibérations fanguinaires contre les proteftans. Le connétable de Montmorenci ofa un jour reprocher avec fafte & dureté au chancelier de l'Hôpital, que ce n'étoit pas à gens de robe longue de fe mêler du fait des armes. Monfieur, monfieur, reprit l'illuftre chancelier, nous autres magiftrats, nous avons autre chofe à faire de mieux que de conduire les armées ; mais nous favons quand & comment il faut s'en fervir pour le bien de l'état.

Le légat du pape, Hippolite d'Eft, cardinal de

Ferrare, homme violent & emporté, avoit auffi ofé taxer le chancelier d'ignorer ce que fa charge exigeoit. « Au moins, lui répondit vivement » l'*Hôpital*, j'ai tâché de l'apprendre; mais vous » qui poffédez divers évêchés, vous n'avez jamais » fongé à vous inftruire des devoirs de l'épif- » copat ».

L'*Hôpital* fe voyant les mains liées pour empêcher les maux qu'il craignoit, fe retira de lui-même, en 1568, dans fa maifon de campagne de Vignai, près d'Eftampes. Quelques jours après, on lui fit demander les fceaux; il les rendit fans regret, difant que *les affaires du monde étoient trop corrompues pour qu'il pût encore s'en mêler.*

L'illuftre chancelier eut la douleur d'être témoin du maffacre de la faint Barthelemi en 1572, & il penfa fur cette cruelle journée comme nous penfons actuellement: *Excidat illa dies!*

Ses amis craignoient qu'il ne fût enveloppé dans cette horrible exécution, & l'avertirent de prendre garde à lui. *Rien, rien,* répondit-il; *ce fera ce qu'il plaira à Dieu, quand mon heûre fera venue.* Le lendemain, on vint lui dire qu'on voyoit une troupe de cavaliers armés qui s'avançoient vers fa maifon, & on lui demanda s'il ne vouloit pas qu'on leur fermât les portes & qu'on tirât fur eux, en cas qu'ils vouluffent les foncer: *Non, non,* répartit-il; *mais fi la petite n'eft battante pour les faire entrer, que l'on ouvre la grande.* C'étoit en effet des furieux qui, fans ordre de la cour, venoient pour le tuer; mais avant que d'exécuter leur deffein, ils furent atteints par d'autres cavaliers envoyés par le roi même, qui apprirent que ceux qui avoient eu la direction du maffacre, n'avoient point compris l'*Hôpital* dans le nombre des profcrits, & qu'ils lui pardonnoient les oppofitions qu'il avoit toujours formées à l'exécution de leurs projets. « J'igno- » rois, répondit-il froidement & fans changer » de vifage, que j'euffe jamais mérité la mort ni » le pardon ».

HORACE, poëte latin, né l'an 63 avant Jefus-Chrift, mort fept ans avant la même époque.

Horace, quoique fils d'un affranchi fans biens & fans crédit, reçut néanmoins par les foins paternels toute l'éducation que l'on donnoit alors aux enfans des plus illuftres maifons. La reconnoiffance qu'il en conferva toute fa vie à l'auteur de fes jours fait également l'éloge du père & du fils. « Jamais, dit-il, je ne me repentirai d'avoir eu » un tel père; & je ne dirai point, comme ceux » qui s'excufent de n'être point iffus de parens » illuftres, qu'il n'y a point de leur faute. Je » parlerai & je penferai toujours bien différem- » ment. Si la nature vouloit qu'à un certain âge

» on recommençât une nouvelle carrière, & que » chacun fe choisît à fon gré des parens, content des miens, je n'en irois point prendre au milieu des faifceaux, ni fur les chaires curules ». (*Sat. VI, Liv. I.*)

Horace, à l'âge de vingt-deux ans, étoit venu étudier la philofophie à Athènes. Ce fut dans cette ville qu'il fit la connoiffance de Brutus, l'un des affaffins de Céfar. Ce général l'emmena en Macédoine, & Horace fe trouva à la bataille de Philippes en qualité de tribun du peuple. Ce poëte, qui ne diffimule rien de ce qui lui eft arrivé, avoue qu'il prit la fuite & qu'il abandonna fon bouclier. De retour à Rome, il ne fut pas long-temps fans être connu de Mécène; ce fut Virgile, le bon Virgile, *optimus Virgilius*, qui le premier parla à fon patron de ce mérite naiffant. Varus vint enfuite à l'appui, & le feconda. « La » première fois que je parus devant vous, dit « *Horace* à Mécène dans une de fes épîtres, je » vous répondis d'une voix entrecoupée, car le » refpect m'empêchoit d'en dire davantage. Je » ne cherchai point à me parer auprès de vous » d'une origine illuftre; je vous expofai fimple- » ment qui j'étois. Vous me répondites en peu » de mots, à votre ordinaire. Je me retirai, » & au bout de neuf mois vous me rappel- » lâtes pour me dire que vous aviez bien voulu » me mettre au nombre de vos amis ». (*Sat. 6, Liv. I.*)

L'amour-propre d'un homme en place fouffri-roit peut-être aujourd'hui impatiemment qu'un fimple homme de lettres s'avouât publiquement fon ami. Mais l'empereur Augufte, qui valoit bien nos plus grands feigneurs, ufoit lui-même envers *Horace* de la plus douce familiarité. Il converfoit avec lui, le faifoit manger à fa table, & cherchoit à fe l'attacher. Il lui offrit la place de fecrétaire du cabinet, & écrivit pour cet effet à Mécène: « Jufqu'ici je n'ai eu befoin de per- » fonne pour écrire mes lettres à mes amis; mais » aujourd'hui que je me vois accablé d'affaires & » infirme, je fouhaite que vous m'ameniez notre » *Horace*. Il paffera de votre table à la mienne, » & il m'aidera à compofer mes lettres ». Il y a dans le texte: *Veniet igitur ab iftâ parafiticâ menfâ ad hanc regiam*, il paffera de votre table où il n'eft que parafite, à cette table royale. La plai-fanterie d'Augufte roule fur ce qu'*Horace* n'étoit point de la maifon de Mécène, & n'avoit pas droit par conféquent de manger à fa table. Mais *Horace* refufa d'accepter une place qui l'auroit gêné, & l'empereur n'en fut point offenfé.

Mécène, dans fon teftament, avoit recommandé *Horace* à Augufte par ces propres paroles: *fouve-nez-vous d'Horace comme de moi-même.* Mais ce poëte illuftre mourut la même année que fon protecteur & fon ami. Il fut enlevé par une maladie

maladie foudaine & violente qui ne lui permit pas de faire de teftament. Il n'eut que le temps de dire de vive voix qu'il nommoit Augufte fon héritier.

HORLOGE. Les *horloges* à roues, dont on attribue communément l'invention au pape Gerbert, qui mourut en 1003, font beaucoup plus anciennes. Elles étoient connues dès le quatrième fiècle ; ce n'eft que par degrés qu'on les a perfectionnées. Sous Louis XI, il y eut des *horloges* portatives à fonnerie. Un gentilhomme, ruiné par le jeu, étant dans la chambre du roi, prit l'*horloge* du prince, & le mit dans fa manche, où elle fonna. Louis XI, loin de punir le vol, lui donna généreufement l'*horloge*. Celle qu'Henri II fit conftruire à Anet, vers le milieu du feizième fiècle, mérite d'être remarquée. On y voit encore une meute de chiens qui marchent en aboyant ; c'eft un cerf qui du pied frappe les heures.

HOSPITALITÉ. Les arabes ont toujours confervé un fingulier attachement aux devoirs de l'*hofpitalité*. C'eft ce dont rendent témoignage des voyageurs qui ont vécu quelque temps dans ce pays. On leur a entendu raconter à ce fujet divers traits, entr'autres celui-ci. Taleb avoit eu le malheur de tuer le père de l'Emir Alcafar. Celui-ci brûloit depuis long-temps du défir de fe venger. Un jour, comme il étoit près de fortir de fa maifon pour continuer fes recherches, il y vit entrer un inconnu, qui lui demanda humblement l'*hofpitalité*. Alcafar reçut fon nouvel hôte avec la plus grande cordialité ; le fit affeoir à fa table, & le reçut de fon mieux. Le lendemain l'Emir fortit encore, & courut toute la ville pour découvrir l'objet de fa vengeance. Le foir, défefpéré d'avoir perdu fes pas, il revint chez lui de fort mauvaife humeur, & foupe avec l'étranger, qui lui demande, avec intérêt, la caufe de fa mélancolie. Après bien des inftances réitérées inutilement plufieurs jours de fuite ; Alcafar déclare enfin à l'inconnu, que, depuis un an, il cherchoit, fans pouvoir le trouver, un certain Taleb, meurtrier de fon père. Oh bien ! dit l'étranger, en ôtant une barbe poftiche qui le déguifoit, ne cherchez plus votre ennemi, il eft en votre puiffance ; reconnoiffez en moi Taleb. Vous, Taleb ! s'écrie alors l'Emir, ô ciel ! eft-il poffible ? mais vous êtes mon hôte. Tenez, prenez cette bourfe ; éloignez-vous de ma maifon, & je verrai enfuite ce que j'aurai à faire.

HOTTENTOT. Un *hottentot* fut pris au berceau : on l'éleva dans nos mœurs & dans notre croyance ; il fut envoyé aux Indes, & utilement employé dans le commerce. Les circonftances l'ayant ramené dans fa patrie, il alla vifiter fes parens dans leur cabane. La fingularité de ce qu'il vit le frappa. Il fe couvrit d'une peau de

brebis, & alla reporter au fort fes habillemens. « Je viens, dit-il au gouverneur, je viens renon- » cer pour toujours au genre de vie que vous » m'aviez fait embraffer. Ma réfolution eft de » fuivre, jufqu'à la mort, la religion & les » ufages de mes ancêtres. Je garderai, pour » l'amour de vous, le collier & l'épée que vous » m'avez donnés. Trouvez bon que j'abandonne » tout le refte ». Il n'attendit point de réponfe, & fe déroba par la fuite ; on ne le revit plus.

HOULIERES, (Antoinette du Ligier de la Garde, veuve de Guillaume Lafond, feigneur des) née en 1638, morte en 1694.

Le goût de madame *des Houlières* pour la poéfie avoit été cultivé par le poëte Hénault, connu par fon fonnet de l'*Avorton*. Cette dame fit ufage de fa plume pour s'acquérir des protecteurs ; mais elle ne prodigua que trop fouvent fon encens à des divinités fourdes, à en juger du moins par fes murmures fréquens contre la fortune. Tout ce qu'elle put obtenir fut une modique penfion, & quelques honneurs littéraires. L'académie d'Arles en Provence, & celle des Ricovrati de Padoue, fe l'étoient affociée.

On prend plaifir à citer quelques-unes de fes maximes ; celles-ci fur-tout dont la vérité eft reconnue.

... Il n'eft pas fi facile qu'on penfe,
D'être fort honnête homme, & de jouer gros jeu.
Le défir de gagner, qui nuit & jour occupe,
Eft un dangereux aiguillon ;
Souvent, quoique l'efprit, quoique le cœur foit bon,
     On commence par être dupe ;
     On finit par être fripon.

L'amour-propre eft, hélas ! le plus fot des amours ;
Cependant, des erreurs il eft la plus commune :
Quelque puiffant qu'on foit en richeffe, en crédit,
Quelque mauvais fuccès qu'ait tout ce qu'on écrit,
     Nul n'eft content de fa fortune,
     Ni mécontent de fon efprit.

On raconte de madame *des Houlières* cette petite hiftoriette, qui peut divertir un moment. Etant allée voir une de fes amies à la campagne, on lui dit qu'un fantôme avoit coutume de fe promener toutes les nuits dans l'un des appartemens du château, & que depuis bien du temps, perfonne n'ofoit y habiter. Comme elle n'étoit ni fuperftitieufe, ni crédule, elle eut la curiofité, quoique groffe alors, de s'en convaincre elle-même, & voulut abfolument coucher dans cet appartement. L'aventure étoit affez téméraire, & délicate à tenter pour une femme jeune & aimable. Au milieu de la nuit elle entendit ouvrir fa porte ; elle parla ; mais le fpectre ne lui répondit rien. Il marchoit pefamment, & s'avançoit en pouſſant des gémiſſemens. Une table qui étoit aux pieds du lit fut renverſée, & ſes rideaux s'entr'ouvrirent avec bruit. Un inſtant après, le guéridon qui étoit dans la ruelle, fut culbuté, & le fantôme s'approcha de la dame ; elle de ſon côté, peu troublée, allongeoit les deux mains pour ſentir s'il avoit une forme palpable. En tâtonnant ainſi, elle lui ſaiſit les deux oreilles, ſans qu'il y fît aucun obſtacle. Ses oreilles étoient longues & velues ; ce qui lui donnoit beaucoup à penſer. Elle n'oſoit retirer une de ſes mains pour toucher le reſte du corps, de peur qu'il ne lui échappât ; & pour ne point perdre le fruit de ſes travaux, elle perſiſta juſqu'à l'aurore dans cette pénible attitude. Enfin, au point du jour, elle reconnut l'auteur de tant d'alarmes pour un gros chien aſſez pacifique, qui n'aimant point à coucher à l'air, avoit coutume de venir chercher de l'abri dans ce lieu, dont la ſerrure ne fermoit pas.

Madame *des Houlières* laiſſa en mourant une fille, *Antoinette des Houlières*, qui hérita de ſon talent pour la poëſie. Les premiers vers de cette demoiſelle méritèrent le prix de l'académie françoiſe ; ce qui lui fut d'autant plus glorieux, qu'on rapporte que Fontenelle avoit travaillé ſur le même ſujet. Elle eſt morte en 1718.

HUET, (Pierre-Daniel) né à Caën en 1630, mort en 1721.

La démonſtration évangélique de M. *Huet*, fut regardée comme un ouvrage rempli d'érudition & vide de preuves, ce qui a fait dire à beaucoup de perſonnes, qu'il n'y avoit de démontré que la grande lecture de l'auteur.

Quand M. *Huet* compoſa la cenſure de la philoſophie de Deſcartes, il étoit piqué contre les cartéſiens. Il trouvoit mauvais que ces philoſophes préféraſſent infiniment ceux qui cultivent leur raiſon, à ceux qui ne font que cultiver leur mémoire. Quoi, dit-il, parce que nous ſommes ſavans, nous deviendrons le ſujet de la plaiſanterie des cartéſiens ! +

Les ſavans qui fleuriſſoient il y a deux ſiècles, dit M. *Huet*, me paroiſſent, à raiſon du peu de ſecours qu'ils avoient, beaucoup plus eſtimables que ceux d'aujourd'hui. Je trouve entre un ſavant d'alors & un d'aujourd'hui, la même différence qu'entre Chriſtophe Colomb, découvrant le nouveau monde, & le maître d'un petit bâtiment qui paſſe journellement de Calais à Douvres.

Je ne lis jamais, dit M. *Huet*, mes lettres le ſoir avant de me mettre au lit, ni ſur le midi avant de me mettre à table. On trouve ordinairement dans les lettres bien plus de mau-

vaiſes nouvelles que de bonnes, & en les liſant, on ſe donne à ſoi-même des ſujets d'inquiétude, qui troublent le repos & le repas.

HUMANITÉ. Dans les ames les plus communes, on découvre ſouvent les plus grands traits d'héroïſme & de vertu. Un particulier opulent ſe tranſporte dans ſon équipage à la campagne, dans le deſſein de faire remettre à un fermier une corbeille contenant un dépôt qu'il déſiroit confier à des mains ſûres & fidelles. A une lieue ou environ de l'habitation du fermier, il rencontre un payſan qui travailloit à ſon champ : il l'appelle ; lui propoſe de porter cette corbeille au fermier qu'il lui indique, & une ſomme de douze livres pour ſa peine. Le payſan, chemin faiſant, ſent quelque choſe remuer dans cette corbeille ; ſa ſurpriſe augmente, quand il entend des cris ; il découvre la corbeille, & apperçoit un petit enfant. Arrivé chez le fermier, il conte ſon aventure. Le fermier & ſa femme refuſent la corbeille & l'enfant. Le bon payſan, après avoir repréſenté l'injuſtice de leurs procédés & la barbarie de refuſer la nourriture à cette innocente créature, ajouta : « Eh bien, je m'en charge ; ma femme » nourrit un de mes enfans, je la prierai de ſe » charger également de celui-ci, & j'ai confiance » que Dieu nous bénira ». De retour chez lui, il fait part à ſa femme de ſes généreuſes intentions, & l'engage à ſe prêter à cette bonne œuvre. On ouvre la corbeille, & l'on trouve une belle layette ; une bourſe & un billet conçu en ces termes :

« Prenez ſoin de cet enfant ; vous trouverez » dans le fond de la corbeille une bourſe de » cent louis pour les frais de ſa nourriture & de » ſon entretien. On aura ſoin de vous faire » parvenir de l'argent de temps en temps, & à » la fin, on vous donnera une bonne récom- » penſe ».

Le bon payſan rendit grace à Dieu d'avoir béni ſes intentions. Son village fut bientôt inſtruit de cette aventure intéreſſante ; elle parvint juſqu'au fermier qui avoit refuſé le dépôt. Il s'en repentit, & ſe crut en droit de le reclamer. Le payſan refuſa, repréſentant que la ſeule vue d'intérêt le détermi[noi]t à cette réclamation, tandis que la ſeule conſidération pour cette innocente créature l'avoit porté à s'en charger. Le fermier intente procès au bon payſan ; celui-ci gagne avec dépens. Le riche, inſtruit par la voie publique de cette affaire, fit paſſer une ſomme conſidérable au bon payſan, avec promeſſe d'une grande récompenſe au terme de la nourriture de l'enfant.

François Leroi, dit Tourangeau, charpentier, demeurant à Pont-Sainte-Maxence, a ſauvé la vie à douze hommes. Il en a retiré dix de la rivière

& deux des flammes ; car il eft également familia-
rifé avec le feu & l'eau.

Il travailloit au pont de Neuilly lors du décin-
trement ; & plufieurs ouvriers étant tombés du
haut des arches, il fe précipita dans la Seine, &
en retira deux à la vue de tous les fpectateurs.

Depuis cette époque, il s'eft établi au Pont-
Sainte - Maxence ; où il travaille au magnifique
pont que l'on y conftruit fur l'Oife ; & c'eft lui
qui a fait le modèle en petit de la charpente des
cintres de ce pont ; c'eft - là, pendant tous ces
travaux, qu'il a fauvé la vie à huit noyés.

En 1782, un charretier paffant à onze heures
du foir fur l'ancien pont, pendant un orage terrible, fut jetté par le vent de deffus fon cheval
dans la rivière : quelques perfonnes qui en furent
témoins coururent avertir Tourangeau, qui
étoit déjà couché. Le cri d'un accident l'eut
bientôt réveillé. On lui montre l'endroit du
pont d'où cet homme avoit été emporté. Il s'é-
lance dans le torrent, y refte près d'un quart
d'heure, tantôt à plonger, à lutter contre le
torrent qui l'entraîne, tantôt à fe débattre contre
celui que les convulfions de la mort rendent frénétique, & dans cette crife de courage & d'effroi,
faifit cet homme & le ramène au rivage. Il eft
intéreffant d'entendre Tourangeau raconter la
manière dont il le cherchoit. « Chaque fois qu'il
» faifoit un éclair, je le voyois ; quand il n'é-
» clairoit pas, je ne voyois plus rien. Puis la
» grêle, le tonnerre, tout rouloit fur nous ».

Dernièrement, un poftillon de la pofte, en
menant boire quatre chevaux qui étoient attachés
l'un à l'autre par le cou, fut entraîné avec eux
dans un gouffre à plus de vingt-cinq pieds de
profondeur. Mais la providence avoit placé Tourangeau fur les bords de la rivière. Il jette fon
chapeau & fa vefte, & le voilà au fond de l'eau ;
il ne tarda pas à revenir avec fon poftillon.

On lui demanda fi le maître de pofte l'avoit
récompenfé pour avoir ainfi fauvé la vie à fon
domeftique ; il répondit : Oh ! je fuis bien content ;
M. Payen ne lui a point fait de peine pour les chevaux qui ont péri.

C'eft encore à Pont-Sainte-Maxence que Tourangeau a retiré des flammes deux perfonnes.
Leur fituation étoit d'autant plus horrible,
qu'elles étoient endormies & enfermées dans la
chambre qui brûloit. Tourangeau fut obligé d'ouvrir le plafond à coups de hache, & de fe jetter
au milieu des flammes, tandis que par la même
iffue on l'inondoit d'eau à plein feau. Il eut la
préfence d'efprit & le courage d'enfoncer la porte
de la chambre, & d'entraîner ces deux infortunés
avec lui.

Les officiers municipaux de Pont-Sainte-Maxence, & la ville entière, font prêts d'attefter
ces faits vraiment héroiques, & toutes ces circonftances.

Tourangeau a trente-fix ans ; & , comme Duguefclin, il eft balafré en croix au milieu du
vifage ; il eut un pied écrafé par un corps de
pompe qui lui tomba deffus, en travaillant dans
un puits, à 140 pieds de profondeur, à Chan-
teloup. Mais il ne raconte ces traits-là que
comme des épifodes auxquels il met fort peu
d'importance.

Il n'en met guères plus à raconter des coups
de main qui feroient friffonner le fpectateur le plus
intrépide. Lorfqu'on lui parle des dangers où il
s'expofe, il fe contente de répondre : « Oh ! il
» peut dire que fi le feu eft quelque part, je fuis
» dedans : mais ce qui eft défagréable, c'eft que
» je fuis toujours fûr d'y brûler une paire de
» fouliers ou un gilet ».

Rofs eft un petit bourg de la province d'Hé-
reford, fitué fur la Wye, rivière qui fe jette
dans la Saverne : il a donné naiffance à Jean Kyrle,
moins connu fous fon nom véritable, que fous
la dénomination de l'Homme de Rofs.

Ce refpectable citoyen, mort prefqu'ignoré
en 1724, âgé de 90 ans, n'avoit que cinq cents
guinées de revenu, qu'il a conftamment employées,
pendant fa longue carrière, à foulager les malheureux. Sa modeftie fut fi grande, qu'il défendit
qu'on gravât fon nom fur fa tombe, & fi l'immortel Pope n'avoit chanté fes vertus dans une
de fes épîtres morales, on ignoreroit que cet ami
de l'humanité eût exifté. Voici ce qu'en dit le
Père de l'Effai fur l'homme.

« Pourquoi nos éloges ne feroient-ils confacrés
qu'à des grands ? Eprife du fimple honnête homme,
mufe, élève tes accens, & chante l'homme de
Rofs. La Wye fe plaît à promener au travers
de fes finuofités l'écho de fes vertus, & la rapide
Saverne en fait retentir les applaudiffemens avec
bruit. Qui couvre la cime de ces montagnes
d'épais feuillages ? Qui fait couler des fources
du rocher aride ? Elles n'élèvent point aux cieux
d'inutiles colonnes d'eau, ni ne fe perdent point
avec la magnificence par de fuperbes chûtes ; mais
elles roulent fans art au travers des plaines leurs
eaux claires, fources de fanté pour les malades,
de foulagement & de plaifir pour les bergers.
Qui a fait paver le chemin qui traverfe cette
vallée, planter ces rangs d'arbres qui lui donnent
de l'ombrage ? Qui a fait élever ces bancs pour
le repos des voyageurs ? Qui a fait conftruire ce
rocher dont la pointe fe perd dans les cieux ?
Tout, jufqu'à l'enfant qui ne fait encore que
bégayer, répond que c'eft l'homme de Rofs.
Jettez les yeux fur la place du marché couverte

de pauvres, l'homme de Rofs leur y diftribue le pain de la femaine. C'eft lui qui fournit au foutien d'une maifon de charité : on n'y découvre aucun fafte ; la fimplicité & la propreté en font tout l'ornement. Voyez à la porte le vieillard & l'indigent, le vifage riant & l'ame contente. Les filles qu'il a dotées, les orphelins qu'il a mis en apprentiffage, le comblent de bénédictions, ainfi que le jeune homme qui laboure & que le vieillard qui fe repofe. Y a-t-il quelqu'un de malade ? l'homme de Rofs fe hâte de le fecourir, il en prend foin, prefcrit ce qu'il faut faire, compofe & donne les remèdes. Y a-t-il quelque démêlé ? que l'on paffe feulement le feüil de fa porte, les cours judiciaires n'ont plus rien à faire, & toute conteftation ceffe. Les empiriques, au défefpoir, s'enfuient en le maudiffant, & les vils procureurs ne font plus qu'une race inutile.

» Oh ! qui ne s'écrie à ce récit, trois fois heureux l'homme à qui fes facultés permettent ce que tout le monde voudroit, mais ne fauroit faire ? Quelle mine foutient cette charité fans bornes ? Sans dette, & toutes taxes payées, fans femme & fans enfans, cet homme poffede cinq cents guinées de rente. Que la grandeur rougiffe ! que le faux éclat des cours orgueilleufes difparoiffe ! Petits aftres, dérobez-vous à la vue de vos rayons ternis.

» Eh quoi ! cet homme n'a aucun monument, point d'infcription ! Sa famille, fa figure, fon nom, font prefqu'inconnus ! Celui qui bâtit un temple à Dieu, & non à la renommée, ne fera jamais graver fon nom fur le marbre. Allez vous inftruire dans les regiftres de la vie & de la mort qui commence & finit l'hiftoire du riche & du pauvre. Il lui fuffit que la vertu ait rempli l'efpace de ces deux termes, & qu'il ait prouvé avoir été en répondant aux fins de l'exiftence ».

Un homme d'efprit & d'une ame fenfible, a publié en 1761, un drame, intitulé l'*Humanité*, dont le fujet eft tiré d'une aventure réelle arrivée à Paris, & que Bourfault raconte ainfi dans une de fes lettres. « En 1662, il y eut une longue & cruelle famine à Paris. Un foir des grands jours d'été que M. de Salo, confeiller au parlement, venoit de fe promener, fuivi feulement d'un laquais, un homme l'aborda, lui préfenta un piftolet, & lui demanda la bourfe, mais en tremblant, & en homme qui n'étoit pas expert dans le métier qu'il faifoit. Vous vous adreffez mal, lui dit M. de Salo, je ne vous ferai guères riche : je n'ai que trois piftoles, que je vous donne fort volontiers. Il les prit, & s'en alla, fans lui rien demander davantage. Suis adroitement cet homme-là, dit M. de Salo à fon laquais ; obferve, le mieux qu'il fe fera poffible, où il fe retirera, & ne manque pas de venir me le dire. Il fit ce que fon maître lui commanda, fuivit le voleur dans trois ou quatre

petites rues, & le vit entrer chez un boulanger, où il acheta un pain de fept ou huit livres, & changea une des piftoles qu'il avoit. A dix ou douze maifons de-là, il entra dans une allée, monta à un quatrième étage, & en arrivant chez lui, où l'on ne voyoit clair qu'à la faveur de la lune, jetta fon pain au milieu de la chambre, & dit, en pleurant, à fa femme & à fes enfans : mangez, voilà un pain qui me coûte cher ; raffaffiez-vous-en, & ne me tourmentez plus comme vous faites ; un de ces jours, je ferai pendu, & vous en ferez la caufe. Sa femme, qui pleuroit, l'ayant appaifé le mieux qu'elle put, ramaffa le pain, & en donna à quatre pauvres enfans qui languiffoient de faim. Quand le laquais fut tout ce qu'il vouloit favoir, il defcendit auffi doucement qu'il étoit monté, & rendit un compte fidèle à fon maître de tout ce qu'il avoit vu & entendu. As tu bien remarqué où il demeure, lui demanda M. de Salo, & pourras tu m'y conduire demain matin ? Oui, monfieur, lui répondit-il ; c'eft dans une telle rue, & je vous y menerai fort aifément. Le lendemain, dès cinq heures du matin, M. de Salo fut où fon laquais le conduifit, & trouva deux fervantes voifines qui balayoient déjà la rue. Il demanda à l'une, qui étoit un homme qui demeuroit dans la maifon que le laquais lui montra, & qui occupoit une chambre au quatrième ? C'eft, monfieur, répondit-elle, un cordonnier, bon homme & bien ferviable, mais chargé d'une groffe famille, & fi pauvre qu'on ne peut l'être davantage. Il fit la même demande à l'autre, qui lui fit à-peu-près une femblable réponfe ; enfuite de quoi il monta chez l'homme qu'il cherchoit, & heurta à la porte. Ce malheureux, après avoir mis de méchantes chauffes, la lui ouvrit lui même, & le reconnut d'abord pour celui qu'il avoit volé le foir précédent. Il n'eft pas néceffaire de dire quelle fut fa furprife. Il fe jetta à fes pieds, lui demanda pardon, & le fupplia de ne point le perdre. Ne faites pas de bruit, lui dit M. de Salo ; je ne viens point ici dans ce deffein-là. Vous faites, continua-t-il, un méchant métier, &, pour peu que vous le faffiez encore, il fuffira pour vous perdre fans que perfonne s'en mêle. Je fais que vous êtes cordonnier : tenez, voilà trente piftoles que je vous donne ; achetez du cuir ; travaillez à gagner la vie à vos enfans. Que cette action eft belle, généreufe, attendriffante !

HYPOCRISIE. Moliere a joué fur le théâtre l'*hypocrifie* de dévotion & de vertu ; mais aucun auteur dramatique n'a point encore caractérifé l'*hypocrifie* d'honneur. Un trait fort plaifant, rapporté par Dufrefny, dans fes *Amufemens férieux & comiques*, pourroit fervir à peindre l'*hypocrifie* de pudeur. Une fille, étant dans une affemblée avec fa cadette qui fortoit du couvent, quelqu'un conta une aventure galante ; mais il la conta en termes fi obfcurs, qu'une fille fans expérience n'y pouvoit rien comprendre. Plus le récit étoit obscur, plus cette cadette étoit attentive, & elle marquoit naïvement sa curiosité. L'aînée, voulant témoigner qu'elle avoit plus de pudeur que sa cadette, s'écria : Hé, fi ! ma sœur, pouvez-vous entendre, sans rougir, ce que ces messieurs disent ? Hélas ! répondit naïvement la cadette, je ne sais pas encore quand il faut rougir.

L'hypocrisie plaça Cromwell sur le trône d'Angleterre ; & pendant son usurpation tyrannique, ses courtisans furent fourbes comme leur maître, mais beaucoup moins adroits.

Le protecteur avoit un chapelain, homme hardi, ambitieux & capable de tout entreprendre pour s'élever. On le nommoit Jérôme Whitrite. Soit amour, soit politique, ce favori osa aspirer à la main de Françoise, fille cadette de Cromwell. Il étoit jeune, bien fait, éloquent, & l'étroite intelligence de ces deux amans n'échappa pas aux regards curieux du tyran de l'Angleterre. Il renferme sa colère ; il n'ose éclater encore sur des soupçons qui paroissent légers, & fait éclairer la conduite du chapelain & de sa fille par ses plus fidèles domestiques. Un jour on vient lui dire que Jérôme Whitrite est chez sa maîtresse ; il y courut, plein de rage, & trouve le chapelain aux genoux de Françoise, la bouche collée sur sa main. Sans doute Cromwell alloit envoyer le téméraire au supplice, mais l'amant audacieux ne se déconcerte pas : « Ô » Cromwell, s'écrie-t-il, vous, le génie tutélaire » de la Grande-Bretagne, daignez vous joindre » à moi, & fléchissez, s'il se peut, la princesse » votre fille. Je suis à ses genoux, & j'ai juré de ne » pas me lever qu'elle ne m'ait accordé Miss M*** » sa jeune suivante, que je demande en mariage ». Cromwell fut certainement surpris du discours de son chapelain ; mais il connoissoit trop parfaitement tous les ressorts de la fourberie pour en être la dupe. Il feignit de le croire, & ordonna sur le champ à sa fille de ne plus s'opposer aux vœux de Whitrite. Un ministre fut mandé, on fit venir Miss M***, & le mariage fut célébré sous les yeux du protecteur. En faveur de cette union, Cromwell fit présent aux époux d'une somme de cinq cents livres sterlings, & dans la suite il eut soin de leur fortune. Le tyran feignit d'être désabusé. Whitrite obtint ce qu'il n'avoit jamais désiré, & tous deux se trompèrent mutuellement, bien certains qu'ils n'étoient pas dupes l'un de l'autre.

J.

JACQUES I, roi de la Grande-Bretagne, né en 1566, mort à Londres le 8 avril 1625.

Les factions qui commencèrent de son temps & qui continuèrent après lui, n'ont jamais permis aux esprits de se concilier sur le compte de ce monarque. Il faut avouer cependant qu'il eut des vertus; mais aucune ne fut pure ni exempte des vices qui en sont voisins.

Henri IV, roi de France, intéressé à fouiller dans les replis de l'ame de son allié & de son voisin, nous a peint, d'une touche fière & bien nuancée, le portrait du monarque anglois. « Je ne trouve, dit-il dans une dépêche adressée à M. de Beaumont, son ambassadeur à Londres, je ne trouve, dans le caractère de *Jacques I*, que des sujets de défiance. Je n'y vois, ni bonne-foi, ni solidité: la légèreté & l'inconsidération en font la base; la mauvaise intrigue & l'artifice mal-adroit y paroissent à leur tour: mais avec l'envie de faire des dupes, *Jacques I* finit toujours par l'être lui-même. De-là, je conclus qu'il n'y aura aucun fonds à faire sur les paroles & sur les actions de ce foible prince. Il intrigue sans cesse à Rome, en Espagne, & par-tout ailleurs, comme il fait avec moi, sans s'attacher à aucun point fixe, selon qu'il est poussé, entraîné ou retenu; les premières espérances l'élèvent, & l'excitent au gré de ceux qui les lui donnent: il se laisse gouverner par tout ce qui l'entoure, sans aucun égard ni pour le mérite, ni pour la vérité: ainsi je prévois qu'il se laissera tromper dans toutes les occasions ».

Sitôt que *Jacques I* fut monté sur le trône, il abolit la singulière dureté de l'étiquette de l'ancienne cour. Le secrétaire Cécile, dans les fonctions de son ministère auprès de la reine Elisabeth, avoit été obligé de parler & d'écrire à genoux; *Jacques* supprima ce cérémonial; tous les courtisans en firent au ministre des complimens de félicitation; mais Cécile, moins aveugle qu'eux, leur répondit: « Plût à Dieu que je fusse encore dans le cas de parler à genoux! » Un ministre qui ne dissimule pas ses dégoûts, est bientôt suivi de la nation entière, qui ne sait jamais cacher les siens.

Qui croiroit que ce qui contribua le plus à rendre *Jacques I* odieux à ses peuples, fut son mépris manifeste pour le beau sexe? Dans son voyage d'Ecosse en Angleterre, il outra l'indifférence qu'il paroissoit avoir pour les femmes, &

souffrit qu'elles se présentassent & se tinssent à genoux devant lui. Il ne prenoit pas la peine de cacher combien la foule qui bordoit son passage, lorsqu'il sortoit, lui étoit à charge. Continuellement occupé de la chasse, elle lui devenoit insipide, s'il y remarquoit trop de monde. Lorsqu'il fut voir la flotte royale à Chatam, ce spectacle, digne d'un grand prince, ne remua point son ame indolente, & l'ennui se peignit sur son visage: ce qui fit dire aux spectateurs, avec cette liberté qu'on chercheroit inutilement autre part qu'en Angleterre: « Notre roi fait plus de cas d'un cerf que d'un vaisseau; il aime mieux le son des cors que le bruit du canon ».

Ce prince eut la foiblesse de prétendre à la réputation d'auteur & de bel esprit; il écrivit beaucoup, & sur-tout sur la théologie & la controverse. Quelques-uns de ses courtisans lui donnèrent le nom de Salomon de l'Angleterre; & Henri IV l'ayant su, fit ce sujet une raillerie sanglante: « Je ne sais pas pourquoi, dit-il, le roi d'Angleterre mérite le titre de Salomon, si ce n'est parce qu'il est fils de David, joueur de violon ». Marie Stuard, mère de *Jacques*, avoit eu, dit-on, un commerce galant avec David Rizzo, joueur d'instrument.

Jacques I succéda à la fameuse Elisabeth, & il n'est pas étonnant que la plupart des auteurs les aient comparés ensemble. « Elisabeth, disent-ils, égala les plus grands rois; *Jacques*, par sa foiblesse, ne fit voir sur le trône qu'une femme. Ainsi la nature se trompa en les formant tous deux ». C'est ce qu'exprime ce distique latin:

Rex fuit Elisabeth, sed nunc regina Jacobus,
Error naturæ sic in utroque fuit.

Ce prince se croyoit savant, parce qu'il parloit facilement latin. Un jour l'ambassadeur de France, dans la volubilité du discours, fit un solécisme, qui donna beaucoup à rire au roi, & excita les huées de tous les courtisans. L'ambassadeur, honteux de ce qui venoit de lui arriver, s'échappa au plus vite. En descendant l'escalier, il rencontra Buchanan, précepteur du roi: « Est-il possible, lui dit-il, qu'avec les connoissances que vous avez, vous ne soyez parvenu qu'à faire un pédant de votre élève? Un pédant! répondit le précepteur, en levant les mains au ciel, je bénis Dieu de ce que j'en ai pu faire au moins quelque chose ».

Jacques I ne voyoit pas avec plaisir les gentilshommes d'Angleterre abandonner leurs terres pour venir fe ruiner dans la capitale. Un jour qu'il en remarqua plufieurs qui s'empreffoient à lui faire la cour. « Meffieurs, leur dit-il, vous avez grand » tort de préférer le féjour de Londres à celui » de vos tranquilles provinces. Ici vous êtes » comme des vaiffeaux en mer qui n'y paroiffent » rien ; mais dans vos villages vous reffemblez à » des vaiffeaux fur une rivière qui ont une fort » grande apparence ».

Ce monarque fut un jour arrêté dans fon carroffe au milieu de Londres par les archers de la juftice. Ses gardes voulurent donner fur cette troupe ; mais le roi les en empêcha ; & ayant demandé la caufe de fon arrêt, il apprit que c'étoit à l'inftance du fellier de la cour à qui l'on devoit depuis quelques mois cinquante livres fterlings. Le roi le fit payer à l'inftant, & dit ces paroles remarquables : « Il n'eft rien de plus jufte que celui » qui fait les loix, les obferve le premier ; c'eft » ce qui affure le plus leur exécution ».

Henri IV ne l'appelloit jamais que *maître Jacques*, & fes fujets même ne lui donnoient pas des titres plus flatteurs.

Ce fut fous fon règne qu'eut lieu la fameufe *confpiration des poudres*, qui devoit anéantir la nobleffe & la famille royale dans la falle du parlement. Cette confpiration ne fut découverte que par un fentiment d'amitié d'un confpirateur, qui voulut fauver le lord Monteagle, en le faifant avertir de ne point fe trouver tel jour au parlement, où un *coup terrible foudain & invifible* devoit éclater.

JACQUES II, roi d'Angleterre, né à Londres en 1633, mort en 1710 à Saint-Germain-en-Laye, en France.

Les guerres civiles qui défoloient le royaume d'Angleterre en 1648, avoient obligé *Jacques II*, alors duc d'Yorck, de fortir en fugitif des états de fon malheureux père Charles I. Il fe retira en Hollande, de là en France, où il fe fignala fous le vicomte de Turenne. Il fervit auffi dans l'armée d'Efpagne en 1655, fous don Jean d'Autriche. Charles II fon frère aîné, ayant été rétabli fur le trône de fes pères, il le fuivit en Angleterre, & le feconda par fon courage & fa bravoure. Après la mort du monarque, arrivée le 16 février 1685, le duc d'Yorck fut proclamé roi le même jour à Londres fous le nom de *Jacques II*, & peu de temps après, en Écoffe fous le nom de *Jacques-VII*. Il fut couronné le 3 de mai fuivant, quoiqu'il fût catholique, & qu'il eût quitté la communion de l'églife anglicane quelque temps après fon retour en Angleterre. Ce prince, en montant fur le trône, déclara hautement, dans fa harangue au parlement, que fa réfolution étoit de maintenir le gouvernement

établi dans l'églife, & dans l'état ; il ajouta qu'il avoit jufqu'alors hafardé fa vie pour la défenfe de la nation, & qu'il vouloit maintenant lui montrer fon zèle pour la confervation de fes droits & le maintien de fes franchifes. Le parlement, qui ne doutoit point que les intentions du nouveau monarque ne fuffent alors conformes à fes expreffions, parut oublier que *Jacques* ne s'étoit pas toujours conduit avec un efprit de modération. Il s'écria dans l'excès de fa confiance : « Nous » avons maintenant la parole d'un roi, une pa» role qui n'a point encore été violée ». De toutes parts on préfenta au monarque des adreffes pleines de refpect. Celle des Quakers a quelque chofe de fingulier :

« Nous fommes venus témoigner notre trif» teffe pour la mort de notre bon ami Charles, » & notre joie de te voir gouverner. On nous a » dit que tu n'étois pas de l'églife anglicane, non » plus que nous ; ainfi nous efpérons que tu nous » accorderas la même liberté que tu accordes à » toi-même ; & fi tu le fais, nous te fouhaitons » toutes fortes de bonheur ».

Cependant *Jacques II* déféroit beaucoup aux confeils des prêtres, & prenoit volontiers leurs avis fur les affaires les plus importantes, & cette conduite indifpofoit déjà la nation contre ce prince. L'Efpagne, qui avoit le plus grand intérêt que l'Angleterre fût tranquille, fit infinuer au monarque anglois, par fon ambaffadeur Ronquille, qu'il devoit moins écouter le clergé romain, qui le jetteroit tôt ou tard dans de grands embarras. « Quoi donc ! lui répondit le roi *Jacques*, le roi » d'Efpagne ne confulte-t-il pas fon confeffeur ? » Oui, répliqua Ronquille, & c'eft ce qui fait » que nos affaires vont fi mal ».

Ce prince aveugle acheva d'aigrir les efprits en mettant en prifon fept évêques anglicans qu'il eût fallu gagner, en renverfant avec hauteur des conftitutions qu'il étoit plus prudent de faper en filence. Les anglois craignirent de voir bientôt le pape maître de l'églife d'Angleterre ; ils appellèrent Guillaume-Henri de Naffau, prince d'Orange & ftathouder de Hollande, qui, quoique gendre du roi, fe fit chef de la révolte, & détrôna fon beau-père en 1688. L'infortuné *Jacques* alla chercher un afyle en France, après avoir reçu à Londres, & dans fon propre palais, les ordres du prince d'Orange. Louis XIV accueillit le monarque détrôné & toute fa famille avec les plus nobles fentimens de générofité, de refpect & d'amitié. « Le roi, dit la marquife de Sévigné dans fes lettres, alla au-devant de la reine d'Angleterre avec toute fa maifon & cent carroffes à fix chevaux. Quand il apperçut le carroffe du prince de Galles, il defcendit & l'embraffa tendrement ; puis il courut au-devant de la reine qui étoit defcendue ; il la falua, lui parla quelque temps ; la mit à fa droite dans fon carroffe, lui préfenta *Monfeigneur* & *Monfieur*, qui furent auffi dans le carroffe, & la mena à Saint-Germain, où elle fe trouva toute fervie, comme la reine, de toutes fortes de hardes, parmi lefquelles étoit une-caffette très-riche, avec fix mille louis d'or. Le lendemain, il fut queftion de l'arrivée du roi d'Angleterre à Saint-Germain, où le roi l'attendoit, il arriva tard; fa majefté alla au-devant de lui; le roi d'Angleterre fe baiffa fort, comme s'il eût voulu embraffer fes genoux; le roi l'en empêcha, & l'embraffa à trois ou quatre reprifes fort cordialement. Ils fe parlèrent bas un quart-d'heure; le roi lui préfenta *Monfeigneur*, *Monfieur*, les princes du fang & le cardinal de Bonzi; il le conduifit à l'appartement de la reine, qui eut peine à retenir fes larmes. Après une converfation de quelques inftans, fa majefté les mena chez le prince de Galles, où ils furent encore quelque temps à caufer & les y laiffa, ne voulant point être reconduit, & difant au roi : Voici votre maifon, quand j'y viendrai, vous m'en ferez les honneurs, & je vous les ferai quand vous viendrez à Verfailles. Le lendemain, madame la dauphine y alla & toute la cour. Le roi envoya dix mille louis d'or au roi d'Angleterre; ce dernier, continue madame de Sévigné, paroît vieilli & fatigué; la reine maigre, & des yeux qui ont pleuré, mais beaux & noirs; un beau teint, un peu pâle, la bouche grande, de belles dents, une belle taille & bien de l'efprit; tout cela compofe une perfonne qui plaît fort ».

Cette princeffe avoit beaucoup de fenfibilité. Louis XIV faifant un jour mille careffes au prince de Galles, qui étoit encore très-jeune, la reine lui dit : « Je béniffois le fort de mon fils qui ne fent point fes malheurs; mais à préfent je le plains de ne point fentir vos bontés. » A l'égard de *Jacques II*, il montra bien du courage, mais un efprit commun, qui contoit tout ce qui s'étoit paffé en Angleterre avec une infenfibilité qui en donnoit pour lui.

Il obtint de la générofité de Louis XIV une flotte & une armée pour aller reconquérir fon royaume, Madame de Sévigné nous apprend ce que Louis dit au roi d'Angleterre en lui faifant fes adieux : « Monfieur, je vous vois partir avec douleur, cependant je fouhaite de ne jamais vous revoir; mais fi vous revenez, foyez perfuadé que vous me trouverez tel que vous me laiffez ».

Le roi lui avoit donné des armes pour armer dix mille hommes; comme fa majefté angloife lui faifoit des remercîmens, elle finit par lui dire en riant, que des armes pour fa perfonne étoient la feule chofe qui avoit été oubliée. Louis XIV lui préfenta auffitôt les fiennes. Nos héros de

roman ne faifoient rien de plus galant. Que ne fera point, ajoute madame de Sevigné, ce héros brave & malheureux avec ces armes toujours victorieufes ? On ne préfumoit point alors que ce prince, qui avoit toujours montré beaucoup de courage, abandonneroit le premier le champ de bataille à fes ennemis à la journée de la Boine, en 1690.

Ce roi fugitif revint en France, & paffa le refte de fes jours à Saint-Germain-en-Laye touchant les écrouelles & converfant avec les jéfuites. Il leur avoua un jour qu'il étoit jéfuite lui-même, & il étoit vrai qu'il s'étoit fait affocier à cet ordre par quatre jéfuites anglois, n'étant encore que duc d'Yorck.

Cette pufillanimité dans un prince, jointe à la manière dont il avoit perdu fa couronne, l'avilit au point que les courtifans s'égayoient tous les jours à faire des chanfons fur lui. On ne lui favoit nul gré d'être catholique. L'archevêque de Rheims, frère de Louvois, dit tout haut à Saint-Germain, dans fon anti-chambre : « Voilà un bon homme, qui a quitté trois royaumes pour une meffe ». (*Effai fur l'hiftoire générale*).

Quelques jéfuites irlandois ont publié que ce prince après fa mort a fait des miracles; il eft certain du moins qu'il n'en fit point pendant fa vie. Il dit en mourant à fon fils aîné le prince de Galles, depuis *Jacques III*, connu en Europe fous le nom de *Prétendant* : « Quelque belle que foit » une couronne, il vient un temps où elle eft » fort indifférente; refpectez votre mère; aimez » le roi de France comme votre bienfaiteur, & » préférez votre religion à toutes les grandeurs » humaines ». Les Stuards ont toujours été fidèles à fes dernières volontés, & ils ont continué de profeffer le catholicifme qui les exclut du trône.

Le prétendant a choifi Rome pour le lieu de fa réfidence. Son fils aîné, le prince Charles-Edouard, fixa fur lui les yeux de l'Europe en 1745. Ce prince, dit l'auteur de l'*Effai fur l'hiftoire générale*, tenta de remonter fur le trône de la Grande-Bretagne, par une de ces entreprifes dont on ne voit guère d'exemples que chez les anglois, ou dans des temps fabuleux. Il s'embarqua le 12 juin 1745 dans une petite frégate de dix-huit canons, fans avoir inftruit de fon deffein la cour de France, & n'ayant, pour conquérir trois royaumes, que fept officiers, dix-huit cents fabres, douze cents fufils, deux mille louis d'or empruntés, & pas un foldat. Il aborda, à travers des périls fans nombre, au fud-oueft de l'Ecoffe. Quelques habitans du Moydaeft, aufquels il fe découvrit, fe jettèrent à fes genoux. Que pouvons-nous faire? » lui dirent-ils, nous n'avons point d'armes; nous » fommes pauvres, nous vivons de pain d'avoine,

» en cultivant une terre ingrate ». *Je cultiverai cette terre avec vous*, leur répondit le prince ; *je mangerai de ce pain ; je partagerai votre pauvreté, & je vous apporte des armes.*

Ces paysans attendris & encouragés, s'armèrent en sa faveur. Les tribus voisines se joignirent à eux. Un morceau de taffetas, qu'il avoit apporté, lui servit d'étendart royal. Dès qu'il se vit à la tête de quinze cents hommes, il se mit en marche. Alors quelques lords écossois se rangèrent sous ses drapeaux. Il battit trois fois les anglois, & fut complettement battu la quatrième à Culloden, près d'Inverness, par le duc de Cumberland. Après sa défaite & la dispersion de sa petite armée, il essuya les mêmes aventures qu'avoit éprouvées Charles II, après sa défaite à Worcester. Il erra, comme lui, sans secours, tantôt avec deux compagnons de son infortune, tantôt avec un, & quelquefois réduit à lui-même, poursuivi sans relâche par ceux qui vouloient gagner le prix mis à sa tête. Ayant un jour fait dix lieues à pied, & se trouvant épuisé de faim & de lassitude, il entra dans la maison d'un homme qu'il savoit bien n'être pas dans ses intérêts. « Le fils de votre roi, lui di-il, vient vous demander du pain & un habit. » Je sais que vous êtes mon ennemi ; mais je vous » crois assez d'honneur pour ne pas abuser de » ma confiance & de mon malheur. Prenez les » lambeaux qui me couvrent ; gardez-les ; vous » pourrez me les rapporter un jour dans le palais » des rois de la Grande-Bretagne ». (*Essai sur l'histoire générale*).

Le gentilhomme fut touché, comme il le devoit être, donna tous les secours que sa situation permettoit, & garda un secret inviolable. Quelque temps après, ce gentilhomme fut accusé d'avoir donné un asyle dans sa maison au prince Edouard, & cité devant les juges. Il se présenta à eux avec cette fermeté que la vertu seule peut donner, & leur dit : « Souffrez qu'avant de subir l'interroga- » toire, je vous demande lequel d'entre vous, » si le fils du prétendant se fût réfugié dans sa » maison, eût été assez vil, & assez lâche pour » le livrer ». Le tribunal à cette question se leva & renvoya l'accusé.

JALOUSIE. La *jalousie* de la femme ne contribue, le plus souvent, qu'à rendre le mari inconstant. Quiconque est soupçonneux, a dit un poëte moderne, invite à le trahir. Aussi une femme sensée, à qui on rapportoit que son mari faisoit la cour à plusieurs jolies femmes, répondit : « Il » m'importe peu que mon mari promène son cœur » toute la journée, pourvu que le soir il me le » rapporte ».

Un homme de Basle, nommé Christophe Bourgatier, s'imagina que sa femme lui étoit infidelle ; voulant s'en éclaircir, il la prit à part, & lui demanda si elle n'avoit point eu de commerce avec un de ses domestiques qu'il soupçonnoit, promettant de lui pardonner si elle le confessoit, & menaçant de la tuer si elle le nioit. Cette femme intimidée confessa ce qu'elle n'avoit point fait, & se retira incontinent après chez une de ses sœurs. Mais des amis communs l'ayant réconciliée avec son mari, elle retourna avec lui. Le lendemain le mari, après avoir fait sortir du logis la servante, & deux enfans qu'il avoit eus d'une première femme, tua sa femme qui étoit grosse, & ensuite une fille âgée de quatre ans qu'il avoit eue d'elle. Ayant après écrit une lettre au sénat, pour lui rendre raison de sa conduite, il se jetta du haut de la maison en bas, & se tua.

Il arriva une aventure assez plaisante à certain peintre européen, qui voyageoit dans les Indes ; cette aventure pourra prouver jusqu'à quel point les orientaux poussent la *jalousie*. Un gouverneur de Surate avoit une femme charmante, pour laquelle il négligeoit toutes les beautés renfermées dans son serrail. Ayant entendu dire qu'il y avoit dans la ville un étranger qui savoit parfaitement bien peindre, & rendoit au naturel la ressemblance de tous les objets, il résolut de saisir cette occasion pour se procurer le portrait de celle dont il étoit si passionné ; se flattant que cette image adouciroit ses chagrins, lorsqu'il seroit forcé de s'éloigner de sa bien-aimée. Il manda le peintre, qui se rendit avec empressement à ses ordres, & auquel il fit part de son dessein, en lui promettant une récompense digne du service qu'il en attendoit. L'artiste répondit qu'il s'estimeroit trop heureux & trop bien payé, s'il avoit le bonheur que son ouvrage fût tel qu'on le désiroit. — » Travaillez donc, reprit le gouverneur, travail- » lez avec toute la diligence possible, & quand » vous aurez achevé le portrait, apportez-le- » moi sans perdre un seul instant. — Vous n'avez, » reprit l'artiste, qu'à faire venir la personne dont » vous souhaitez le portrait. — Eh quoi ! inter- » rompit brusquement le seigneur indien, vous » avez prétendu, que je vous fasse voir ma femme ? » — Comment voulez-vous donc que je puisse » peindre une personne que je n'ai jamais vue ? » — Retire-toi promptement, s'écria le gou- » verneur indien hors de lui ; si je ne puis avoir » le portrait de ma femme qu'en l'offrant à tes » yeux, j'aime mieux renoncer pour toujours au » plaisir que je m'étois promis ». Le peintre ne put parvenir à faire entendre raison au jaloux indien, & faillit même à perdre la vie.

Le voyageur Carré est témoin du fait suivant, arrivé en 1672, tandis qu'il étoit à Donguery Abdelkam, un des principaux seigneurs de Visapour, & général des troupes du royaume, s'étant lassé du métier des armes, avoit pris le parti de se retirer dans son serrail, où ses grandes richesses lui avoient facilité les moyens de raſſembler deux cents des plus belles femmes du monde. Dans cette ſituation, il reçut l'ordre de reprendre le commandement d'une armée contre le prince Sévagi. Lorſqu'il ſe vit obligé de partir, ſa *jalouſie* s'alluma ſi furieuſement, qu'elle lui inſpira le plus noir de tous les deſſeins. Il s'enferma huit jours au milieu de ſes femmes ; & ce temps fût une ſuite continuelle de fêtes & de plaiſirs. Le dernier jour, pour s'épargner, dans l'abſence, toutes les inquiétudes de l'amour, il fit égorger, à ſes yeux, ſes deux cents femmes.

On apprend avec plaiſir, par la ſuite de l'hiſtoire, que Viſapour fut auſſi-tôt délivré de ce monſtre par la main de ſon ennemi. Sévagi, qui ſe faiſoit honneur de joindre l'humanité à ſes qualités héroïques, conçut tant d'horreur pour cet abominable meurtrier, qu'il craignit de ſouiller ſa gloire, en s'expoſant au ſort des armes avec lui : il lui fit propoſer une conférence, ſous prétexte d'accommodement. Abdelkam accepta l'offre. Ils devoient ſe trouver tous deux, ſans ſuite, entre les deux armées. Lorſqu'ils furent approchés l'un de l'autre, Sévagi tira ſon poignard, &, profitant de la ſurpriſe de ſon ennemi, il le lui enfonça dans le ſein, en lui reprochant ſon crime, & lui déclarant que celui qui avoit violé les loix de la nature, devoit être exclu du droit des gens.

Epris de l'amour le plus tendre pour une jolie perſonne qu'il avoit épouſée, mais qui étoit d'une coquetterie extrême, un clerc de notaire ſe livra à toutes les fureurs de la *jalouſie*. Sa jeune épouſe fut obligée de le quitter & de ſe retirer auprès d'un oncle dont elle étoit chérie. Au déſeſpoir de cette ſéparation, ne pouvant vivre ſans l'objet de ſa tendreſſe, & ne pouvant ſoutenir l'idée qu'un autre auroit peut-être le bonheur de plaire à ce qu'il adoroit, il lui fit dire qu'il avoit quelque choſe de la dernière importance à lui communiquer au Luxembourg. La dame s'y rendit, accompagnée de ſon oncle. Auſſi-tôt qu'il l'apperçut, il s'approcha d'elle d'un air égaré : — « Puiſque tu » m'as ravie, s'écria-t-il, & que je ne te poſſé- » derai plus, meurs de ma main ». — A ces mots, il lui tire un coup de piſtolet, & la dame, quoique bleſſée légèrement, tombe ſans connoiſſance. Il croit l'avoir tuée ; alors ſa tendreſſe ſe réveille ; & ne voulant pas ſurvivre à l'épouſe adorée, dont un mouvement de fureur l'a rendu l'aſſaſſin, il ſe donne pluſieurs coups de couteau, & expire ſur le champ.

Un homme extrêmement jaloux étoit devant un miroir avec ſa femme qu'il careſſoit & embraſſoit tendrement ; il regarda dans le miroir, & fut ſi fâché d'y voir un homme qui careſſoit & embraſſoit ſa femme, qu'il le caſſa en mille morceaux, quoique cet homme ne fût que lui-même.

Tartini, célèbre muſicien, avoit une femme extrêmement jalouſe & colère. Un anglois, qui dînoit un jour chez lui, lui conſeilla de lier cette femme inſupportable au contre-poids de ſon tournebroche, & de monter le rouage ſans s'embarraſſer de ſes cris, l'aſſurant de l'efficacité du remède, que le paiſible Tartini n'oſa pourtant pas eſſayer.

JAMBE DE BOIS. Un recruteur de la marine angloiſe, paſſant avec ſa ſuite dans une petite ville, entra dans un cabaret pour s'y rafraîchir. Il y apperçut, en buvant, un homme fort & robuſte, & qui ſembloit ſe cacher. Le recruteur jugea que ce ſeroit un bon matelot ; il s'approcha de lui, & lui fit diverſes queſtions. L'inconnu répondit qu'il avoit ſervi dix ans ſur un vaiſſeau de guerre, & qu'il avoit ſon congé. L'officier, diſant qu'un brave tel que lui ne devoit pas renoncer ſitôt à ce métier honorable, lui propoſa de le ſuivre. » Je le veux bien, répartit l'inconnu ; » je ſuis las de mon oiſiveté, & ſi vous êtes » ſatisfait, notre marché ſera bientôt conclu. « J'ai dîné ici, payez mon repas, & faites-moi » donner à boire à diſcrétion ». L'officier, lui prenant la main, fit appeler l'hôte, demanda du vin, & paya l'écot du nouvel enrôlé : il ne montoit qu'à trois ſchelings. Lorſque les bouteilles furent vuidées, & qu'il fallut partir, l'inconnu ſe joignit à la recrue ; mais il n'eut pas fait quelques pas dans la rue, qu'on s'apperçut qu'il n'avoit qu'une *jambe*. « Comment, coquin, lui cria » l'officier ; tu m'as trompé ? Point du tout, » reprit l'inconnu ; je vous ai promis de vous » ſuivre, & vous verrez avec quelle adreſſe je me » ſers de ma *jambe de bois* : je ne ſerai jamais le » dernier. — Eh ! que veux-tu que je faſſe de » toi, reprit le recruteur avec impatience ? Il va- » loit bien la peine de me mettre en dépenſe pour » ce drôle-là. — Mettez mon écot ſur le compte » du roi, répliqua l'autre : quand j'avois deux » *jambes* il me nourriſſoit ; j'en ai perdu une à » ſon ſervice, & il m'a renvoyé. Un miſérable » dîner ne m'indemniſe point de ma perte ; j'ai » mis plus gros au jeu que lui, il eſt en reſte » avec moi ».

L'officier ſe mit à rire, & le laiſſa aller où il voulut.

D'Eſclainvilliers, gentilhomme de Picardie, mort lieutenant-général des armées du roi, portoit une *jambe de bois* : un boulet de canon la lui emporta, tandis qu'il alloit reconnoître un poſte. « Le canon, dit-il de ſang-froid, en veut tou- » jours à mes *jambes* ; mais cette fois-ci, je l'ai » pris pour dupe ; car j'en ai deux autres dans » mon charriot ».

Un officier de diſtinction, de la ſeconde force à la paume, pelotoit dans ſa jeuneſſe dans le jeu de paume de Rouen, & s'informoit dans la galerie, s'il y avoit quelqu'amateur assez fort avec lequel il pût faire partie. — Un quidam, d'un certain âge, qui avoit une *jambe* pliée sur un support de *bois*, paroissant se soutenir encore avec peine sur une canne, répond à l'officier, que, malgré sa situation, s'il vouloit le jouer d'un côté, il feroit sa partie. — L'officier, par singularité, accepta la proposition; l'homme à la *jambe de bois* perdit à la première partie cinq louis d'or, gagna sa revanche avec paroli, & en gagna deux autres de suite, avec tout l'embarras simulé d'une personne qui ne peut s'appuyer que sur une *jambe*. — L'officier piqué, voulut quitter le jeu; alors l'homme à la *jambe de bois*, lui dit: que pour le raquitter de la moitié de sa perte, il se contenteroit de l'avantage de quinze moins bisque partout le jeu. L'officier accepta volontiers cette offre, en pensant que cet estropié, qu'il jouoit auparavant d'un côté, seroit bien plus embarrassé à courir avec une seule *jambe* par-tout le jeu, & il parut d'abord fondé dans son sentiment, puisque le prétendu impotent commença à perdre cette partie; & en demandant bisque de plus, il pria l'officier de lui donner un moment de relâche pour détacher son *support de bois* qui le fatiguoit, disoit-il, en courant; — que d'ailleurs il se sentoit assez de courage pour s'appuyer un peu sur la pointe du pied de sa *jambe* malade. Après donc qu'il se fut délivré de cet appui postiche, les deux joueurs recommencèrent une autre partie avec des pensées bien différentes. L'officier espéroit se raquitter entièrement, & que son adversaire invalide succomberoit à la peine, en perdant les autres parties comme la précédente; mais le rusé boiteux sentit aussi, que c'étoit le moment de finir la comédie, & de déployer toute son adresse pour ne pas laisser échapper sa proie: il gagna donc encore une seconde partie, avec mille difficultés apparentes; tantôt il laissoit gagner les chasses, prétendant ne pouvoir atteindre à la balle; tantôt il se laissoit tomber, en se dépitant contre son impuissance: il sembloit, en repassant d'un côté du jeu à l'autre, qu'il ne pouvoit se soutenir, & quoiqu'il se portât à la balle, en traînant la *jambe* (comme un chien auquel on l'auroit cassée) il relevoit des coups avec autant de promptitude & d'adresse qu'un paumier; il articuloit après des cris plaintifs, comme s'il eût ressenti de grandes douleurs par ses efforts. Enfin, il gagna le *tout*; fit si bien valoir à propos de la suite son industrie; sut, si bien montrer à propos de la foiblesse une égalité de force, & une condescendance pour diminuer les avantages qu'il recevoit, que l'officier crut lui-même, dans le moment, ne pouvoir attribuer sa mauvaise fortune qu'à ses propres fautes, songeant toujours qu'il lui devoit être aisé de gagner à but, par-tout le jeu, un homme important qu'il jouoit auparavant, seulement d'un côté: cette présomption, augmentée par son amour-

propre, lui fit perdre, dans cette séance plus de 4000 liv. & il ne revint de son étonnement, que quelques jours après, qu'on lui fit soupçonner qu'il avoit été dupe d'un des plus fins escrocs, qui, par son infirmité affectée, en avoit sûrement attrapé bien d'autres. Cet officier, en plaisantant depuis sur son aventure, dit qu'il se ressouvenoit que son fripon de joueur ne gardoit plus dans les dernières parties autant de réserve, & qu'il se portoit à la balle avec la vélocité d'un lièvre, quoiqu'il semblât ne s'appuyer que sur une seule *jambe*.

JARDIN A L'ANGLOISE. Une jolie femme parcourant un de ces *jardins* de fantaisie, qu'on appelle à l'*angloise*, dit: « On a mis ici la nature » en mascarade ».

IBRAHIM, empereur turc, fut tiré de sa prison pour régner après la mort d'Amurat, son frère. L'île de Candie fut conquise sous son règne; il fut étranglé en 1649. C'est de lui dont parle Racine dans ces vers:

L'imbécille Ibrahim, sans craindre sa naissance,
Traîne, exempt de péril, une éternelle enfance.

JEAN, roi de France, mort à Londres en 1364, âgé de 44 ans.

Ce prince, qu'on a surnommé *le Bon*, commença son règne par faire couper la tête, sans observer les formes de la procédure, au connétable Raoul, accusé d'intelligence avec l'Angleterre. Ce prince inconsidéré aliéna également les esprits en négligeant de faire autoriser par les loix son juste ressentiment contre quatre seigneurs, amis de Charles *le Mauvais*, roi de Navarre. Le dauphin, duc de Normandie, avoit invité dans son château à Rouen, Charles & les seigneurs de sa suite à un festin. *Jean*, oubliant qu'il étoit roi, accourt faire le métier de satellite; il se présente dans la salle du festin sans qu'on ait pu prévoir son arrivée. Tout le monde se leva aussi-tôt qu'il parut. On lui présenta un gobelet; mais le monarque lançant un regard terrible sur les assistans: *Que personne ne se remue, sous peine de mort*, s'écria-t-il d'un ton à glacer d'effroi les plus hardis. Il s'approche aussi-tôt du roi de Navarre, qu'il arrête lui-même. Le comte d'Harcourt veut en vain se sauver; il est arrêté dans le même instant. Tous les seigneurs & chevaliers de la suite du roi de Navarre se précipitent les uns sur les autres pour se dérober à la fureur du monarque: quelques-uns eurent le bonheur d'échapper en passant par-dessus les murailles. Tous les autres furent chargés de chaînes, & conduits dans différentes chambres du château. Le roi, après cette expédition, se mit à table: aussi-tôt qu'il eut dîné, il fit placer sur deux charrettes le comte d'Harcourt, les seigneurs de Graville, Maubué de Mainnemans, chevaliers, & Olivier Doublet, écuyer. Jean, accompagné du dauphin, son fils, & de ses hommes d'armes, monta à cheval, conduisant avec lui ses prisonniers. Villani, historien de ce temps, rapporte que lorsque ces infortunés passèrent sur la place de Rouen, les habitans de la ville, étonnés de ce spectacle imprévu, voulurent les délivrer; mais le roi ôtant son casque, se fit reconnoître, & personne n'osa remuer. Dans le même moment, il tira de sa poche un acte d'où pendoient plusieurs sceaux, assurant que c'étoit un traité conclu avec l'Angleterre. Le comte d'Harcourt, ajoute l'historien, & les trois autres seigneurs, nièrent jusqu'à la mort la conclusion de ce traité: on les conduisit cependant hors de la ville dans un champ appelé le *Champ du pardon*, où ils furent décolés en présence du roi & du duc de Normandie.

Cette violence publique fut la cause en partie des malheurs du roi Jean. Philippe, père du roi de Navarre, détenu en prison, & les parens des seigneurs, qui avoient été exécutés à Rouen, appelèrent à leur secours Edouard III. Ce monarque envoie son fils Edouard, prince de Galles, fameux par la victoire de Creci, pour commander son armée. Il ravage l'Auvergne, le Limosin & le Poitou. Jean, ayant rassemblé ses troupes, l'atteignit à Maupertuis, à deux lieues de Poitiers. L'attaque du camp ennemi fut unanimement résolue. Aussi-tôt les troupes reçurent ordre de se mettre sous les armes. Pendant que plusieurs officiers étoient partis pour reconnoître l'armée ennemie, le roi, monté sur un cheval blanc, parcouroit les rangs de la sienne: « Entre vous-autres, disoit-il tout haut, quand vous êtes à » Paris, à Chartres, à Rouen, ou à Orléans, » vous menacez les anglois, & desirez avoir le » bacinet & la tête devant eux: or y êtes-vous, » je vous les montre: si leur veuilliez remontrer » leurs maltalens, & contrevenger vos ennemis, » & les dommages qu'ils vous ont faits; car sans » faute nous combattrons ».

Le roi accompagna cette exhortation de reproches qui pourroient encore servir à prouver la dureté naturelle de son caractère. Il ne lui arrivoit même que trop souvent de parler avec humeur au soldat. Un jour que quelques soldats chantoient la chanson de Roland, comme c'étoit l'usage dans les marches, il s'écria qu'il y avoit long-temps qu'on ne voyoit plus de Rolands parmi les françois. Un vieux capitaine, piqué de cette plainte injurieuse pour la nation: « On ne manqueroit pas » de Rolands dans les armées, répondit-il fière- » ment, si les soldats voyoient encore un Charle- » magne à leur tête ».

Le prince de Galles, qui avoit reconnu la faute qu'il avoit faite de s'avancer trop avant sur les terres du roi de France, & qui n'avoit que huit mille hommes à opposer à une armée de plus de soixante mille, demanda à entrer en négociations. Il offrit de rendre tout ce qu'il avoit pris en France, & une trève de sept ans. Jean refusa ces conditions. Tous les historiens attestent qu'il pouvoit, en temporisant, prendre l'armée angloise par famine; mais le bouillant monarque, comptant écraser du premier coup son ennemi, donna le signal du combat, & il éprouva bientôt que la discipline est supérieure à la bravoure aveugle & au nombre. Sa cavalerie, engagée dans des vignes où elle ne pouvoit manœuvrer, lui devint d'un foible secours. Ses bataillons, combattant en désordre, furent précipités les uns sur les autres par l'ennemi. La fleur de la noblesse avoit péri; la bannière de la France étoit étendue par terre entre les bras de Charni qui n'avoit pas voulu la quitter même en expirant. Les françois, qui combattoient autour de leur roi, s'éclaircissoient à vue d'œil. Ce prince, supérieur à ce désastre, environné de morts & de blessés, & une hache à la main, effraie encore ceux des ennemis qui osoient l'approcher: chaque coup qu'il leur portoit étoit un coup mortel. Il sembloit qu'il vouloit seul arracher la victoire à la multitude qui l'accabloit. En vain lui disoit-on de tous côtés, *sire, rendez-vous*; il ne répondit à cette invitation que par de nouveaux efforts. Enfin, épuisé d'un combat si opiniâtre & si violent, ayant reçu deux blessures dans le visage, il se laissa approcher; & pour comble de disgraces, ce fut à un de ses sujets qu'il avoit banni, & qui servoit chez les ennemis, qu'il fut obligé de rendre les armes. La même chose arriva depuis à François I. Les procédés d'Edouard, envers son prisonnier, caractérisent la franchise & la générosité de l'ancienne chevalerie.

Lorsque Jean arriva à Londres, Edouard avoit pour lors à sa cour les rois d'Ecosse & de Chypre. Edouard traita ces têtes couronnées avec une magnificence vraiment royale. Mais ce qui nous paroîtra aujourd'hui bien extraordinaire, & pourra servir à nous donner une idée de l'opulence qui régnoit alors en Angleterre, c'est qu'un simple maire de Londres, un simple marchand de vin, eut l'honneur d'inviter chez lui les rois de France, d'Angleterre, d'Ecosse & de Chypre, & de donner un repas splendide à tous ces princes, ainsi qu'à tous les seigneurs & gens de leur suite.

Jean fit toujours paroître beaucoup de courage & beaucoup de fermeté pendant sa détention. Le roi d'Angleterre lui ayant proposé sa liberté, à condition de lui faire hommage du royaume de France, comme relevant de celui d'Angleterre, il répondit: « Qu'il étoit inutile de lui faire des » propositions qu'il ne vouloit pas écouter. Les » droits de ma couronne, ajouta-t-il, sont ina-

» liénables : j'ai reçu de mes ayeux un royaume
» libre & indépendant ; je le laifferai libre & in-
» dépendant à ma poftérité. Le fort des combats a
» pu difpofer de ma perfonne, mais non pas des
» droits facrés de la royauté que la naiffance m'a
» donnés, & fur lefquels, ni ma captivité, ni
» ma mort ne peuvent rien. Heureux fi je puis
» facrifier ma vie pour l'honneur de la France que
» Dieu m'a confiée ».

La conftance du roi prifonnier conduifit enfin
les chofes au traité de Bretigny, du 8 mai 1360.
Il confentit d'accorder à fon vainqueur trois millions d'écus d'or pour fa rançon, & les provinces
de France qu'il demandoit. *Jean* revint dans fon
royaume le 28 octobre 1360. Mais l'exécution
entière du traité s'étant trouvée impoffible, ce
prince qui, dans ce cas, avoit donné fa parole
royale de retourner à Londres, s'y rend,t en effet
en 1363, & y mourut quelque temps après. On
a dit que fon amour pour la belle comteffe de
Salisbury fut le principal motif de fon retour.
C'eft ainfi qu'on cherche toujours par des anecdotes ridicules à ternir les actions les plus louables. Mais pourquoi refuferions-nous à *Jean* la
gloire d'avoir montré la plus exacte fidélité dans fes
promeffes, à ce prince qui ne ceffoit de répéter
cette belle maxime, que les fouverains devroient
toujours avoir devant les yeux : « Si la juftice &
» la bonne foi étoient bannies du refte du monde,
» il faudroit qu'on retrouvât ces vertus dans la
» bouche & dans le cœur des rois ».

L'ordre de l'étoile doit fon inftitution au roi
Jean, qui le créa en 1351. C'eft le premier ordre
de chevalerie qui fut établi en France. Le roi
d'Angleterre, qui avoit inftitué l'ordre de la jarretière, avoit fixé le nombre des chevaliers à vingt-
fix. *Jean* voulut renchérir fur fon rival & l'emporter au moins par le nombre : il créa cinq cents
chevaliers. Mais cette marque de diftinction, mul-
tipliée à l'excès, ne diftingua perfonne, & l'ordre
fut avili dès fon origine. On l'a depuis abandonné
aux chevaliers du guet.

JEAN II, roi de Portugal, ayant été fecrettement averti que le duc de Bragance avoit conçu
le deffein de l'affaffiner, fit venir adroitement ce
prince dans fon palais, & lui dit d'un air tranquille : Mon coufin, j'ai une queftion à vous faire,
& un confeil à vous demander. Quel traitement
feriez-vous à un homme qui auroit envie de vous
tuer ? Je me hâterois de le prévenir, répondit le
duc : *Eh bien !* lui répliqua le roi, *vous avez prononcé votre arrêt, & je vais l'exécuter moi-même.*
En même-temps fe jettant fur le duc de Bragance,
il lui enfonce un poignard dans le fein, & par
cette action cruelle, il déroba fa vie au péril qui le
menaçoit.

Ce roi, furnommé le *magnanime*, ayant refufé

quelqu'un qui lui demandoit une grace, cet homme
le remercia ; & de quoi me remerciez-vous, dit
le roi ? « Sire, répondit-il, de la bonté que vous
» avez de m'épargner le peu d'argent que je puis
» avoir, & que j'aurois dépenfé inutilement à
» votre cour, fi on m'y avoit retenu plus long-
» temps ».

JEANNIN, (Pierre) né en 1540, mort en
1622.

Jeannin mérita la confiance d'Henri IV par fa
rare prudence & par les talens finguliers qu'il avoit
pour les négociations. Il n'avoit pas moins de
franchife que Sully, mais peut-être plus de douceur & d'urbanité ; c'eft ce qu'il montre fe perfuader par ce trait ingénieux de Henri IV.
Ce prince voulut faire connoître en un moment
fes miniftres à un ambaffadeur étranger : il les
fit venir fucceffivement l'un après l'autre en fa
préfence, & il leur dit : « Voilà une poutre qui
» menace ruine ». Villeroi, fans même lever les
yeux, confeilla de la faire changer fur le champ ;
Jeannin, après avoir regardé avec attention, avoua
qu'il n'en apperçoit pas le vice ; mais que pour
ne rien rifquer, il falloit la faire vifiter par des
gens de l'art. Sully répondit brufquement : « Sire,
» qui a pu vous donner cette terreur ? Elle durera
» plus que vous & moi ».

Le mérite de *Jeannin* l'éleva bien au-deffus
du rang que fa naiffance pouvoit lui faire efpérer.
On a écrit à ce fujet, qu'un prince cherchant à
l'embarraffer, lui demanda de qui il étoit fils, &
qu'il répondit de *mes vertus*.

Il avoit commencé par être avocat, & s'étoit
diftingué par une éloquence mâle & perfuafive. Un
riche particulier l'ayant entendu difcourir dans les
états de Bourgogne, fut fi charmé de fes talens,
qu'il réfolut de l'avoir pour gendre ; il alla le
trouver, & lui demanda en quoi confiftoit fon
bien ; l'avocat porta la main à fa tête & lui montrant enfuite quelques livres : *Voilà tout mon bien*,
lui dit-il, *& toute ma fortune*. La fuite fit connoître
à ce particulier que *Jeannin* lui avoit montré alors
plus de richeffes que s'il lui avoit fait voir des
coffres remplis d'or & d'argent.

Ce refpectable citoyen vit dans l'efpace de feize
luftres, fept de nos rois occuper fucceffivement le
trône de France. N'étant encore que bailli d'Autun, il reçut l'ordre du roi Charles IX d'enfermer
les proteftans qui étoient dans la ville, & de les
égorger le jour de la faint Barthelemi, à une heure
qu'on lui défigna. Le bailli d'Autun fit donc arrêter les proteftans ; mais il écrivit au chancelier de
l'Hôpital qu'il attendoit une nouvelle juffion pour
faire maffacrer les prifonniers, parce que, fuivant
la loi d'un fage empereur, on devoit fufpendre
de plufieurs jours l'exécution d'un édit fangui-

naire, & laisser au prince le temps de réfléchir sur ce qu'il avoit ordonné dans la chaleur de sa colère. La cour se repentit bientôt de tant de cruautés ; alors le chancelier de l'Hôpital faisant lecture de la lettre du bailli d'Autun, ajouta : *C'est un juge de village qui nous apprend notre devoir.*

Jeannin se laissa engager dans le parti de la ligue, croyant, par ce moyen, servir plus utilement le roi & la France. On lui rend cette justice, qu'il empêcha que les espagnols n'empiétassent sur ce royaume, & que le duc de Mayenne ne se jettât entre leurs bras. Il aimoit, dit Peréfixe, l'état & la royauté avec passion. Henri IV en étoit si persuadé, que ce prince parvenu sur le trône, le chargea de plusieurs affaires & l'appela à son conseil. Mais à peine y fut-il admis, que la publicité d'un secret important fit connoître qu'il y avoit un perfide. Henri s'en plaignit à ses ministres, qui paroissoient vouloir faire tomber le soupçon sur *Jeannin.* Le roi le prenant aussi-tôt par la main, leur dit : *Je réponds pour le bon homme ; c'est à vous autres à vous examiner.*

Sa modération dans la possession des charges & dignités fut telle, qu'il refusa les sceaux qu'on ôtoit à un de ses amis.

On a de *Jeannin* des mémoires & des négociations, que le cardinal de Richelieu mettoit au rang des instructions les plus utiles qu'il avoit lues.

Jeannin administra les finances sous le règne de Henri IV avec une pureté, dont le peu de bien qu'il laissa à sa famille, est une preuve convaincante. Henri IV avoit une estime particulière pour lui, & se faisoit souvent un reproche de ne lui avoir pas fait assez de bien. Ce prince dit en plusieurs rencontres, qu'il dotoit quelques-uns de ses sujets pour cacher leur malice ; mais que pour le président *Jeannin*, il en avoit toujours dit du bien sans lui en faire.

JÉSUITE. Le roi de Pologne, duc de Lorraine & de Bar, fit venir un jour son architecte, pour le consulter sur les moyens d'empêcher la cheminée de son appartement de fumer. Cet artiste, qui connoissoit l'humeur enjouée de ce prince, lui répondit : Sire, rien de plus aisé que de remédier à cet inconvénient ; faites mettre un *jésuite* au haut de votre cheminée ; *vous savez que ses gens-là attirent tout à eux.*

Deux *jésuites* voulant aller à Conflans voir l'archevêque qui y étoit exilé, un cocher de fiacre refusa de les mener ; un autre les appela, & leur dit : « Montez, pères la bulle ; je menerois le » diable quand c'est pour de l'argent ».

Victor-Amédée, roi de Sardaigne, a dit à un ambassadeur de France, que le *jésuite* son con-

fesseur, étant au lit de la mort, le fit prier de le venir voir, & que le mourant lui tint ce discours : « Sire, j'ai été comblé de vos bontés, » je veux vous en marquer ma reconnoissance, » ne prenez jamais de confesseur *jésuite* ; ne me » faites point de questions, je n'y répondrois » pas ».

Les *jésuites* firent tous leurs efforts pour obtenir les bonnes graces de Sixte V. Ils donnoient souvent de petits spectacles au jeune cardinal de Montalte, en espérant qu'il détermineroit son oncle à prendre un confesseur dans leur société ; le cardinal neveu choisit un moment favorable pour faire cette proposition au pape. Sixte, après l'avoir écouté, lui répondit d'un air fort sérieux : « Il seroit plus à propos, mon neveu, que « je confessasse les *jésuites*, que de les choisir » pour mes confesseurs ».

Les capucins d'une ville de France chargèrent un peintre de faire un tableau qui représentât la tentation de Notre-Seigneur au désert. L'artiste s'avisa de revêtir satan d'un habit de capucin. Les révérends pères, extrêmement scandalisés, firent de violens reproches au peintre, qui leur répondit : « Que l'ennemi du salut ne pouvoit » mieux s'y prendre, pour séduire Jesus-Christ, » qu'en prenant l'habit des plus honnêtes gens. »

Ce trait nous rappelle l'estampe où l'on voit Jesus-Christ habillé en *jésuite.* Voici les vers satyriques qu'on lit au bas de cette estampe :

    Admirez l'artifice extrême
    De ces pères ingénieux ;
    Ils vous ont habillé comme eux,
    Seigneur ; de peur qu'on ne vous aime.

JEU. Selon toute apparence, le *jeu* sera de mode en tout temps, parce qu'il y aura toujours des gens désœuvrés, des gens intéressés, des gens escrocs. L'exemple du fameux Galet devroit épouvanter tous les *joueurs* ; il gagna des sommes immenses, & même hasard qui les lui avoit données l'en dépouilla par la suite. Il avoit fait bâtir à Paris un superbe hôtel, rue Saint-Antoine ; mais il le joua, & le perdit en un coup de dez. Lorsqu'il n'eut plus rien, il alloit encore jouer dans les rues avec les laquais, & même sur les degrés de la maison qui lui avoit appartenue.

Les minéraux s'emploient pour piper les dez. Les grecs font usage pour les cartes de craie, de pâtes, de savons & autres drogues, qui, en altérant légèrement la surface de la carte, la fait aisément distinguer par des doigts exercés. Mais comme cet artifice n'est point inconnu aux *joueurs* de gobelets, & à beaucoup d'autres personnes, les plus habiles gens négligent ces petits secrets, qui d'ailleurs laissent toujours des témoins irréprochables de la friponnerie. Le grand talent d'un grec, est d'avoir une ruse qui ne laisse point de traces après elle, & ne soit connue que de lui seul. Il étudiera de nouvelles manieres de mêler méthodiquement les cartes; il les combinera par leur nombre; il apprendra par cœur leurs différentes féquences. On parle d'un fameux grec, qui avoit gagné des fommes immenfes en pontant au pharaon. Il étoit la terreur des banquiers; il lui fuffifoit de voir dans leurs mains la feule tranche des cartes, pour dire où chacune des douze figures fe trouvoit. Quand un banquier après avoir fini la taille relevoit fes cartes, il favoit toujours par cœur l'ordre de celles qui étoient dans chacun des deux tas; de maniere que fi le banquier ne mêloit pas bien fes cartes, ou qu'il en laiffât feulement trois de fuite, il étoit débanqué. C'étoit une reffource inutile pour lui de prendre à toutes les tailles un nouveau *jeu*; comme notre homme favoit fa féquence, il jouoit toujours avec le même avantage.

Un homme qui avoit rodé long-temps par le monde, revint enfin dans fa patrie. Ses amis accoururent en foule, felon l'ufage, & lui crioient à l'envi: Nous fommes charmés de vous revoir en bonne fanté; allons, racontez-nous un peu vos aventures. Ah! que de miracles furent en un moment fur le tapis! Meffieurs, leur dit-il, entr'autres chofes, vous favez la distance prodigieufe qu'il y a d'ici au pays des hurons? Hé bien, à douze cents lieues de-là j'ai vu une efpece d'hommes qui m'a paru tout-à-fait finguliere. Souvent ils demeurent affis, autour d'une table, jufques bien avant dans la nuit; mais il n'y a point de nappe mife, ni de quoi occuper la mâchoire. La foudre pourroit gronder fur leurs têtes; deux armées pourroient combattre à leurs côtés; le ciel même pourroit menacer ruine, fans leur faire quitter la place, & fans les diftraire; car ils font fourds & muets. De temps en temps on entend fortir de leurs bouches quelques fons mal articulés; ces fons n'ont aucune liaifon entr'eux, & ne fauroient fignifier grand'chofe; & pourtant ils font rouler les yeux à une partie de ces gens-là de la maniere la plus étrange. Je les ai fouvent confidérés avec admiration; car ils ne manquent jamais de fpectateurs, qui font apparemment attirés par un motif de curiofité; & croyez-moi, mes amis, je n'oublierai jamais les phyfionomies terribles que j'ai eu lieu d'obferver dans ces occafions. Le défefpoir, la rage, quelquefois une joie maligne, mêlée d'inquiétude, venoient s'y peindre tour-à-tour. Tantôt c'étoit la fureur des euménides; tantôt l'air férieux & morne des juges infernaux; tantôt les angoiffes d'un patient qu'on mene au fupplice. Mais, demanderent les amis du voyageur, quel eft le but de ces malheureux? Se feroient-ils dévoués à travailler pour le bien public. — Ho, non. — Vous verrez qu'ils cherchent la pierre philofophale? — Ce n'eft point

cela. — C'eft donc la quadrature du cercle? — Encore moins. — Ah! nous y voici; ils font là pour faire pénitence de leurs crimes? — Vous vous trompez encore. — Mais auffi, vous nous parlez de vrais maniaques; fans ouïr, fans parler, fans rien fentir, morbleu! que peuvent-ils faire? — *Ils jouent.* Cet apologue eft de M. Lichtwehr, fabulifte allemand.

On propofoit à un *joueur* que la fortune venoit de favorifer, de fervir de fecond dans un duel. Je gagnai hier, répondit-il, huit cents louis, & je me battrois fort mal; mais allez trouver celui à qui je les ai gagnés, il fe battra comme un diable; car il n'a pas le fou.

On difoit à un homme d'efprit de parier pour quelqu'un qu'il ne croyoit pas bon *joueur*, mais qui gagnoit fouvent; il répondit: « Je voudrois » toujours avoir parié pour lui; mais je ne faurois » me réfoudre à le faire ».

M. du Chatel jouant au piquet avec M. D. . . . l'avertit de ce qu'il en marquât cinquante cinq, & qu'il n'en avoit que quarante-cinq. « Excufez, » dit M. D. . . . , c'eft que je me trompois. » — Pardonnez-moi, lui répartit M. du Chatel, » ce n'étoit pas vous que vous trompiez ».

M. du Saulx affure qu'il vit un jour dans une maifon de *jeu*, une femme étique qui ne parloit point, ou rarement, qui reftoit toujours dans la même place; elle ne fe levoit pas, même lorfqu'on avoit fervi. Il demanda ce que c'étoit que ce fpectre féminin: « C'eft, lui répondit-on, » l'une des plus finguliere victimes de la paffion » du *jeu*. Depuis trente ans, elle perd fa rente » viagere à mefure qu'elle la touche, & ne fub- » fifte qu'avec un peu de pain trempé dans du » lait; car elle eft fort honnête. Elle rougit d'être » ici; mais elle mourroit ailleurs. Comme elle eft » fans crédit, la pauvre fille ne mourra que dans » trois mois; c'eft-à-dire, à la premiere échéance » de fa penfion ».

Il y a ce fait connu d'un homme qui, jouant avec un grec, s'apperçut qu'on le prenoit pour dupe. Il tira un couteau de fa poche, cloua la main du filou fur la table dans le temps qu'il ramaffoit les dez, & dit froidement: S'ils ne font pas pipés, j'ai tort. Il fut prouvé qu'il n'avoit pas tort.

La paffion du *jeu* étoit fi forte dans madame de G. . . ., qu'elle regardoit comme perdu tout le temps qu'elle paffoit fans avoir les cartes à la main. Elle donnoit à jouer chez elle, & afin d'empêcher que ceux qui feroient maltraités par la fortune n'exhalaffent leurs chagrins par quelque imprécation un peu trop forte, elle avoit taxé chaque gros mot à un louis. M. L. . . ., l'un des plus affidus à facrifier chez elle au dieu du hafard, vivement affecté un soir du malheur continuel qui le pour-suivoit; & voulant exprimer énergiquement son désespoir, prit le parti de jetter sur la table une poignée de louis, & jura pour lors tout à son aise.

La fureur du gros *jeu* est poussée au plus haut point. Voici un moyen de suppléer à l'inconvé-nient de porter sur soi une masse d'or, dont le poids fatigue. On a imaginé des boîtes très-élégantes, dans lesquelles sont des fiches très-légères, timbrées, dix, vingt, cent louis. Ces fiches tiennent lieu de billets de banque payables au porteur. Une dame, dont le mari jouoit beau-coup, a fait faire une de ces boîtes, & la lui a envoyée: Notre époux, au lieu de fiches, y a trouvé le portrait de sa femme en migniature, avec ses deux petits enfans, & ces mots au bas: *songez à nous.*

Un homme de finances jouoit mille pistoles au piquet, en une partie, avec un seigneur de la cour. Celui-ci jugea qu'il pouvoit le faire capot & le gagner, s'il lui persuadoit qu'il avoit trois valets, dont cependant il en avoit écarté un. Il compte le point & le reste de son *jeu* jusqu'à vingt; &, & après avoir rêvé un moment, il jette sa première carte, & compte vingt-trois. Son adversaire lui demande comment il les compte. Le courtisan recommence à compter son *jeu*, & y ajoute trois valets. Le financier dit qu'il ne les avoit point nommés avant de jouer sa première carte. Le seigneur soutient le contraire, & offre de parier cent pistoles. La proposition est accep-tée: les spectateurs condamnent le seigneur, qui, affectant une sorte de dépit, & continuant à jouer les cartes, fit capot le financier, parce qu'il garda l'as du valet que son adversaire, plus fin que lui, avoit écarté.

On rapporte une subtilité à-peu-près semblable d'un gascon vis-à-vis d'un autre financier. Celui-ci couroit risque d'être capot; il avoit deux as qui lui restoient, & qu'il montroit à découvert; il ne savoit lequel garder. Le gascon voyant qu'il levoit le bras pour jetter l'as dont il falloit se défaire, avança adroitement un de ses pieds sous la table, & pressa un des pieds du financier. Celui-ci, qui étoit environné de plusieurs de ses amis, crut que c'étoit un d'entr'eux qui l'avertissoit de jetter l'autre as; ce qu'il fit: & comme il se vit capot, il demanda tout haut, avec dépit, quel étoit le presseur de pied. Le gascon, après lui avoir re-proché en riant d'attendre qu'on l'avertît, lui dit: « C'est moi, qui ne crois pas être obligé de vous » donner un bon avis ».

Un grec jouoit au piquet avec un vieux capi-taine de cavalerie, dans une ville de province, & le filoutoit sans user de beaucoup d'adresse. Toutes les fois qu'il vouloit avoir beau *jeu*, il mouchoit d'une main la chandelle, & de l'autre escamotoit le talon. L'ancien militaire, qui n'étoit pas dupe, s'étant apperçu deux ou trois fois de cette manœuvre, lui dit, en s'arrêtant & posant ses cartes sur la table: « Monsieur, je » remarque que toutes les fois que vous mouchez » la chandelle, je n'ai point d'as. Je vous serois » obligé de vouloir bien vous dispenser de prendre » tant de peine; car j'aime encore mieux n'y voir » pas si clair, & avoir des jeux moins louches ». Sur ce premier avis, le grec se retint quelques momens; mais une heure après, étant question de la fin d'une partie décisive, & ayant ce coup-là un jeu si mauvais, qu'il ne lui falloit pas moins que les huit cartes du talon pour le raccommoder, il prit de nouveau les mouchettes, & dit au capi-taine: « Je vous demande bien pardon, monsieur; » mais c'est une vieille habitude que j'ai prise au » piquet de moucher ». Et moi, dit le militaire en l'arrêtant sur le fait, comme il escamotoit le talon: « C'est aussi un usage que j'ai de moucher » ceux qui me volent au *jeu* ». En même-temps il tira de sa poche un pistolet, & lui brûla la cervelle.

Un grec, qui en vouloit à un financier, appr't que ce dernier avoit été obligé de se loger chez un chirurgien, pour réparer sa santé, que son libertinage avoit altérée. Bon, dit le grec, qui sut cette anecdote, voilà mon affaire; je ne puis plus manquer mon homme; je n'ai qu'à passer aussi par les remèdes. Je ne risque rien en cela; il n'y a au contraire qu'à gagner pour moi à ce marché; car il est incertain si je n'ai pas la même maladie, & il est sûr que je lui gagnerai son argent. Tous les médecins disent qu'il faut s'a-muser pendant le cours de ces remèdes; je me chargerai donc de l'amuser: ce qu'il fit en effet d'une manière si intéressante, que pendant le cours des remèdes, le financier perdit quatre-vingt mille livres, & sortit de ce lieu, après soixante jours, radicalement guéri & des femmes & du *jeu.*

Un président, grand joueur & fort avare, dit un jour, après avoir fait une grande perte, *du moins j'ai perdu sans dire un seul mot.* C'est, monsieur, lui répondit une dame, *que les grandes douleurs sont muettes.*

Une jeune femme, la mort dans les yeux, vint dans une académie de *jeu* chercher son mari qui y perdoit beaucoup d'argent depuis deux jours. « Laissez-moi, s'écria-t-il, laissez-moi encore un » instant, je vous reverrai peut-être..... après » demain ». Le malheureux arriva plutôt qu'il ne l'avoit promis. Sa femme étoit couchée tenant à sa mamelle le dernier de ses fils. « Levez-vous, » madame, levez-vous, lui dit-il, le lit où vous » êtes ne vous appartient plus ».

Un homme connu tenant la main dans une académie de *jeu*, & ayant laissé tomber un double
louis

louis, voulut sur le champ le ramasser. « Que
» craignez - vous, lui dit-on ? Il n'y a ici que
» d'honnêtes gens. — Je le crois ; mais de ces
» honnêtes gens-là, on en pend un par semaine ;
» quand la justice fait son devoir ».

Une dévote se confessoit du trop grand attachement qu'elle avoit pour le *jeu* ; son confesseur
lui représenta qu'elle devoit d'abord considérer
la perte du temps. — Hélas ! oui, mon père ;
on perd tant de temps à mêler les cartes.

Casimir, roi de Pologne, fut vivement outragé par un officier qui venoit de perdre tout
son bien contre lui. L'officier prend la fuite ; on
le ramène. Le roi l'attendoit en silence au milieu
de ses courtisans. « Mes amis, leur dit-il en le
» voyant paroître, cet homme est moins cou-
» pable que moi : j'ai compromis mon rang ; je
» suis la cause de sa violence, & le premier
» mouvement ne dépend pas de nous. Puis,
» s'adressant au criminel : tu te repends, il suffit ;
» reprends tes biens, & ne jouons plus ».

Deux habiles joueurs de dez jouèrent une fois
cent écus à deux dez au premier coup, étant
convenus que celui qui auroit le moins de points
gagneroit. Le premier ayant fait deux as vouloit
se jetter sur l'argent ; mais le second l'arrêta, &
ayant jetté les deux dez, de sorte que l'un étant
monté sur l'autre ne découvroit qu'un seul as,
prétendit que les cent écus lui appartenoient, de
quoi il fallut que l'autre, en dépit qu'il en eût,
demeurât d'accord.

Voici un miracle, mais un vrai miracle, tout
opposé, dont la représentation, à ce qu'on assure,
a été long-temps exposée dans l'église de l'abbaye
de saint Guilain, en Hainaut.

Astarot & Guilain ; l'un diable, l'autre moine,
    Disputoient un jour fortement.
      Ce cas arrive rarement ;
      Car il n'est plus de saint Antoine
      Qu'un démon tentoit vainement.
Le sujet du procès étoit une macette,
      Une vieille dariolette,
      Gisante sur un méchant lit,
      Toute prête à rendre l'esprit.
Le diable prétendoit qu'on lui livrât cette ame,
Digne, se disoit-il, d'une éternelle flamme.
Il alléguoit mille forfaits.
Pucelages vendus, revendus, puis refaits.
    Cent & cent femmes débauchées,
    Autant avant terme accouchées.
Guilain répondoit là-dessus :
La vieille a dit son *in manus*,
Et meurt en bonne pénitente.
Partant, je la maintiens de tes griffes exempte.
Encyclopédiana.

      Après avoir bien disputé
      Et long-temps en vain contesté,
Le diable se fiant en son adresse extrême,
      Raflons, dit-il, à qui l'aura ;
      La fortune en décidera.
Pourquoi tous les plaideurs n'en font-ils pas de même ?
Guilain dit, je le veux ; tirons la primauté.
      Chacun tira de son côté.
      Par malheur elle échut au diable,
      Qui jette trois six sur la table,
Et dit d'un ton railleur, Guilain, j'en ai beaucoup ;
Malgré son *in manus*, la vieille sera nôtre.
Guilain lui répondit, il faut finir le coup.
Peut-être qu'à ce *jeu*, j'en sais autant qu'un autre.
Il ramasse les dez, les met dans le cornet ;
      Il tire, & fait rafle de sept.
      Cette rafle a de quoi surprendre.
Mais rien n'est impossible aux élus du seigneur.
Dans le sombre manoir la vieille alloit descendre,
      Sans un miracle en sa faveur.
Guilain l'obtint. Le reste est facile à comprendre.
      Depuis ce temps Guilain fut fort prisé
      Pendant le cours d'une assez longue vie,
      Après sa mort, il fut canonisé ;
      Et l'on donna son nom à l'abbaye.
Là se voit un tableau d'un gothique dessein,
Représentant le diable appuyé sur sa main,
Qui regarde trois sept avec une lunette.
En habit monacal on a peint saint Guilain,
      Et la vieille en sale cornette.

Des grecs, dédaignant des moyens ordinaires,
voulurent tromper le public par un stratagème
nouveau. Ils s'associèrent, à cet effet, une greque
qui tenoit assemblée dans Paris. Ils la mirent dans
un carrosse brillant, suivi de deux autres, &
voyagèrent en Allemagne, publiant par-tout qu'ils
conduisoient une princesse grecque dépouillée de
ses états par le grand-seigneur. Chacun de ces
grecs jouoit un rôle dans cette comédie. L'un
étoit le secrétaire d'état de son altesse ; l'autre,
son maître-d'hôtel ; celui-ci étoit son gentilhomme ;
un quatrième, son écuyer, &c. Ils avoient pris
des habits orientaux, & ne parloient que la langue
franque, espèce d'italien corrompu dont se servent
les lévantins. On alloit au-devant de la prétendue
princesse ; on cherchoit à la récréer par différentes fêtes ; mais rien ne l'amusoit plus que le *jeu*.
Elle commençoit à faire fortune, lorsque dans une
petite ville il se trouva un auteur qui venoit de
donner tout nouvellement, en langue allemande,
une histoire générale des différentes révolutions
de l'empire Ottoman, & qui n'avoit pas dit un
mot de son altesse. On accusa l'historien d'ignorance. Son honneur l'engageoit à éclaircir le fait.
Il s'en acquitta avec tant de succès, qu'il désabusa
les allemands sur cette prétendue souveraineté, &
prouva très - clairement que la princesse & tous

ceux de fa fuite étoient une bande de fripons. Son alteffe, craignant fagement les fuites de cette découverte, revint, par des routes détournées, reprendre fon triput à Paris.

Sept grecs étoient aux aguets depuis long-temps pour trouver l'occafion de duper un banquier de Lyon, qui étoit arrivé à Paris, & qui avoit la réputation d'aimer le *jeu*; mais celui-ci fe tenoit fur fes gardes. Ces meffieurs ayant fu le jour de fon départ pour Lyon par la diligence, jugèrent qu'il n'y avoit plus de temps à perdre; ils arrêtèrent fept places. Ce banquier fe trouva donc embarqué avec fept grecs, qui feignirent de ne point fe connoître, & qui fe donnoient l'un pour colonel étranger; l'autre pour un feigneur qui voyageoit *incognito*, pour fon plaifir. Celui-ci étoit le parent d'un miniftre; celui-là d'un duc & pair, & ainfi des autres. Le banquier ne tenoit prefque point de place dans la voiture, tant il étoit petit auprès de gens d'une fi grande confidération: il ne s'étoit trouvé de fa vie en fi bonne compagnie. Le foir les grecs demandèrent des cartes, & jouèrent entr'eux, fans mettre de la partie le lyonnois, qui, s'ennuyant d'être fimple fpectateur, pria qu'on lui permît d'y prendre part. On y confentit par politeffe; & très-poliment, on lui enleva, en différentes féances, tout fon argent comptant & toutes fes lettres de change. On étoit à la dernière, lorfqu'on arriva à Lyon; & ces meffieurs cherchèrent un autre banquier qui voulût faire avec eux le voyage de Paris dans la diligence.

JEU DE MOTS. Allufion fondée fur la reffemblance des mots. Ceux qui veulent en ufer, doivent avoir foin de les affaifonner du fel de la malignité.

Une coquette dit à un jeune homme qu'elle n'aimoit point & qui lui parloit d'amour: vous mourrez *debout*, fi vous ne couchez jamais qu'avec moi.

Le père Porée, qui profeffoit avec tant d'éclat la rhétorique au collège de Louis-le-Grand, rencontra un jour un magiftrat qu'il avoit loué dans une de fes harangues: le célèbre jéfuite s'inclina pour le faluer; celui-ci lui rendit le falut. « Mon frère, dit le père Porée au religieux » qui l'accompagnoit, *voilà un magiftrat bien » droit* ».

On difoit du temps du maréchal d'Ancre & du père Coton, qu'il falloit fe défaire de l'encre & du coton.

Un jeune homme fortant d'un concert, demanda à un de fes amis, homme d'efprit, » comment il avoit trouvé la mufique? — paf-» fable. — Et les femmes? — paffées.

Un moine, pour avoir audience de Sixte V, ayant forcé la garde, ce pape vint au-devant de lui, & au lieu de lui demander de quel ordre êtes-vous? il lui demanda, de quel défordre êtes-vous?

Un financier fort dur difoit, dans une compagnie, que fa terraffe avoit été emportée par le débordement de la Seine; elle ne vous coûtera pas beaucoup à rebâtir, dit un plaifant; car tout le monde vous jette la pierre.

Un gros avocat à face ronde, bon rejoui, intrépide mangeur, médiocrement riche, faifoit une cour affidue à une veuve qui avoit de la fortune, mais qui ne vouloit pas fe remarier par rapport à fes enfans. Elle avoit éconduit plufieurs fois le perfonnage. « Vous n'y penfez pas, lui » dit le légitime importun, je ne vous demande » que part d'enfant ». Le précepteur du petit fils de la veuve, inftruit de la prétention de notre homme, en profita très-bien, comme on va le voir. La veuve donna un grand dîner de famille, où l'avocat fut invité. L'inftituteur étoit auffi de la fête. Le jurifconfulte, qui avoit la réputation d'être le plus grand gourmand de France, joua le fobre à table. Après les premiers fervices, on lui propofa l'aîle d'un poulet gras. Il fit beaucoup de façons pour l'accepter. « Allons donc, monfieur, lui dit le précepteur, » en mettant l'aîle fur fon affiette; allons donc, » vous badinez; ce n'eft-là qu'une part d'en-» fant ».

L'opéra *Fatmé*, étoit d'abord intitulé le *Langage des Fleurs*. On demanda fi l'on trouveroit beaucoup de *penfées* dans le langage des fleurs. « Je puis repondre, dit gaiement l'auteur, (M. de » Saint-Marc), qu'au moins on n'y trouvera » point de *foucis* ».

L'établiffement de l'Enfant-Jéfus, & l'ordre admirable de cette maifon, avoit donné à la cour & à la ville, la plus grande idée de M. Languet, curé de S. Sulpice. Un jour M. le cardinal de Fleury lui propofoit de le faire fur-intendant général de tous les hôpitaux. M. Languet répondit à cette éminence: « Je l'avois toujours » bien dit, monfeigneur, que vos bontés me » conduiroient à l'hôpital ».

L'abbé de Clérambault, qui étoit extrêmement contrefait, ayant été nommé pour fuccéder dans l'académie françoife à la Fontaine. « On a dit qu'il falloit un Éfope pour remplacer » la Fontaine ».

Un poëte voyant arriver un critique à la première repréfentation d'une comédie, lui dit: « Ma foi, monfieur, les comédiens devroient » vous refufer la porte un jour comme celui-

» ci ». —— Pourquoi cela ? — « C'eſt que vous
» vous faites un jeu d'emporter la piéce ».

Le chevalier de ** liſoit de mauvais vers dans
une piéce fort froide en hiver, à M. le comte **
ſon ami, qui géloit tout en l'écoutant, & lui
demanda enſuite ſon avis. « Ma foi, lui dit le
» comte, s'il y avoit plus de feu dans tes vers,
» ou plus de tes vers dans le feu, nous n'au-
» rions pas ſi froid ici ».

Un officier général du plus grand mérite, &
de la plus grande réputation, commandoit dans
une bonne place : il avoit coupé la riviere qui y
paſſoit. Les ennemis ſe diſpoſoient à attaquer
cette place. Leur armée étoit au deſſous ſur le
bord de cette riviere. Il n'y avoit plus d'eau.
Leur cavalerie en ſouffroit, & leur général fut
réduit à envoyer un trompette au commandant
de la place, pour le prier de lui donner de l'eau.
Il répondit qu'on lui en demandoit de trop loin ;
mais que ſi ce général vouloit d'excellent vin
de champagne, il lui en offroit. Le général prit
cette réponſe pour une raillerie. Il renvoya le
trompette pour dire au commandant, que s'il
ne lui donnoit de l'eau ; il bruleroit toute la
ville avec ſes bombes, & qu'après le ſiége, il
acheveroit de bruler ce que les bombes auroient
épargné, qu'il mettroit enfin le feu par-tout.
Dites-lui, reprit le commandant, qu'il n'y penſe
pas, & que lorſqu'il me menace du feu, il
m'avertit de garder l'eau pour l'éteindre.

On s'eſt égayé, à l'exemple des auteurs comiques, ſur le compte des maris ridicules. Un
mari appelloit toujours ſa femme ma divine.
Cette fadeur qui déplaiſoit généralement, fit
dire à quelqu'un qui connoiſſoit bien cette femme :
ſon mari a bien tort de l'appeler ainſi ; car, ſoit
dit entre nous, il n'en eſt point de plus humaine.

Un jeune homme qui avoit diſſipé en très-
peu de temps ſa fortune qui étoit conſidérable,
tomba malade, il fut ſaigné. Il prie ſon médecin
de voir ſon ſang. Celui-ci le regardant, dit :
« Voilà du ſang qui eſt bien verd. —— Il peut
» bien être verd, répondit le malade, j'ai mangé
» mon bled en herbe.

L'abbé Boudot bon littérateur, & très-verſé
dans l'hiſtoire de France, étoit ami de Crébillon le fils : fort haut de taille cela n'empêchoit
pas que dans les maiſons où ils ſe trouvoient,
Crébillon n'aiguillonnât l'abbé. Un jour, celui-
-ci, pouſſé à bout, dit à Crébillon : « Tais-toi ;
» ton père étoit un grand homme, & tu n'es
» qu'un grand garçon ».

Les tréſoriers de France, ſoutiennent qu'ils
fraterniſent avec la chambre des comptes. Un

maître des comptes dit : il eſt vrai, mais ce ſont
nos *freres lays.*

Un jeune avocat, qui plaidoit une affaire criminelle, dit naivement : « Meſſieurs, le jour de la
» querelle fut une belle nuit ».

Une jeune veuve étoit la maitreſſe du marquis d'Ancre, l'idole de la cour de France ſous
Louis XIII. Des dames, qui ſavoient que cette
veuve venoit de perdre ſon mari, trouvoient
mauvais qu'elle n'eût point de voile. Meſdames,
répondit un ſeigneur, un vaiſſeau qui eſt à l'ancre,
n'a que faire de voile.

Une princeſſe du ſang paſſoit par une ville
de province ; tous les corps s'empreſſerent de
l'aller complimenter. Celui de l'élection n'étoit
repréſenté que par trois membres. « Madame,
» lui dit le chef de cette juriſdiction, nous
» ſommes dans ce moment une preuve ſenſible
» de cette vérité ſacrée, beaucoup d'appelés
» & peu d'élus. Notre devoir eſt de prononcer
» ſur le fait des *tailles,* & nous certifierons à
» tout le monde que la vôtre eſt des plus élé-
» gantes ».

M. Linguet en ſe déchaînant contre l'immortel ouvrage du préſident Monteſquieu, diſoit
à tout propos, qu'il avoit aprofondi *L'eſprit des
Loix ;* cela peut-être, lui répondit on ; mais vous
n'avez aſſurement pas aprofondi *les loix de
l'eſprit.*

Après la défaite de Pompée dans les plaines
de Pharſale ; Nonius diſoit : « Ayons bon con-
» rage, nous avons encore ſept aigles. —— Cela
» ſeroit bon, répondit Ciceron, ſi nous avions
» à combattre contre des geais ».

Benſerade allant voir un lieutenant-général
des armées du roi, le trouva au lit malade, &
apperçut quelques remèdes, qui indiquoient que
les faveurs empoiſonnées de Vénus, étoient la
ſource de ſa maladie. « Comment ! dit Benſe-
» rade, vous ne vous contentez pas d'avoir été
» mis ſi ſouvent dans les gazettes, vous voici à
» préſent dans le mercure galant ».

Le comte de *Mare,* étoit à la guerre avec
le grand Condé, il fut battu dans une action ;
ſur cela on dit : *mare vidit & fugit.*

Deux prédicateurs prêchoient dans la même
égliſe, dont l'un avoit une voix très-forte.
Quelqu'un dit que la différence entre le prédicateur du matin & celui du ſoir, étoit que le
premier prêchoit fort bien, & le ſecond bien
fort.

Monſieur Camus, ayant entendu prêcher
monſieur Godeau ſur la grace, dit : j'ai entendu
un ſermon de la grace, prononcé de bonne

grace, par M. l'évêque de Graffe. Il difoit auffi qu'après leur mort les papes devenoient des papillons ; les fires, des cirons ; les rois, des roitelets.

Voltaire écrivit à madame de Maurepas : « Si » jamais monfieur Turgot ceffe d'être miniftre, » je me ferai moine de défefpoir ». Lorfqu'il fut, en effet, difgracié, & remplacé par M. de Clugny, madame de Maurepas fomma Voltaire de tenir fa parole. « Rien n'eft plus jufte, ma-» dame, répondit-il ; je me ferai moine de » Clugny ».

Un tapiffier de Paris, fe vantoit à tout ve-nant, d'être parent de fort près du brave M. de Chevert. Quelqu'un le dit à cet officier général, & l'excita à punir une pareille audace. « Laiffez » faire ce marchand, reprit M. de Chevert ; il a » quelque efpèce de raifon ; fes ancêtres & les » miens ont fait beaucoup de *fiéges* ».

Un fot mari, vantoit dans une compagnie, les robes, les dentelles, les bijoux & autres ajuftemens de fa femme. Quelqu'un qui favoit ce qui en étoit, lui dit affez plaifamment : « Si » madame le porte beau, avouez que vous les » portez belles ».

M. B... entrant dans l'anti-chambre de la reine mère, Anne d'Autriche, au moment où le duc de Roquelaure en fortoit, ce duc lui fit les cornes pour le braver. Mais B... ne tarda guères à s'en venger ; car, affectant de paroître ému devant la reine ; qu'avez-vous donc, lui dit-elle ? — Madame, répondit-il, c'eft ce duc de Roquelaure, qui a l'impudence de me montrer à la porte de la chambre de votre majefté tout ce qu'il porte. « Cette équivoque produifit l'effet » que B... avoit défiré, & mit la reine dans une » grande colere contre le duc ».

Ciceron difoit de Caninius-Revilius, qui n'avoit été conful qu'un feul jour : *Nous avons un conful fi vigilant, qu'il n'a pas dormi une feule nuit pendant fon confulat.*

Un homme qui avoit des ennemis dangereux, & capables de tout entreprendre, confulta l'oracle pour favoir s'il abandonneroit le pays. Il eut pour réponfe ; *domine, ftes fecurus* : fur quoi il crut pouvoir demeurer fans danger dans fa maifon : à quelques jours de-là cependant les ennemis y mirent le feu, & tout ce qu'il put faire fut de fe fauver. Alors fongeant à l'oracle qui lui avoit été rendu, il reconnut, mais trop tard, que ce n'étoit pas. *domine*, mais : *domi ne ftes fecurus*, qu'il falloit entendre.

Lorfque M. le Mierre vint à l'affemblée des comédiens, pour demander la remife de la veuve du Malabar ; « Meffieurs, leur dit-il, il n'y a

» pas de veuve qui n'ait fes reprifes, & je viens » vous demander celles de la veuve du Ma-» labar ».

Le préfident de Némon paffoit pour un homme fort ennuyeux. Un jour étant allé voir madame de Sévigné, elle dit, quand on le lui annonça, ce vers de l'opéra :

N'aimons jamais, ou n'aimons guères.

Monfieur de Baffompierre fut tiré de la baftille, le jour même des obfeques du cardinal de Mazarin qui l'avoit fait emprifonner. Il dit en fortant : « Je fuis entré à la baftille par le fer-» vice de M. le cardinal, j'en fors pour fon » fervice ».

On fit fur la pièce & la mufique des *Deux Talens*, l'épigramme fuivante :

Quelle mufique plus aride,
Et quel poëme plus commun !
Pauvre d'Herbain ! pauvre Baftide !
Vos deux talens n'en font pas un.

JEUNE. Deux ducheffes fe difoient un jour : Pâques approche, cela fait faire des refléxions ; nous fommes de grandes péchereffes, il faut faire pénitence. Que ferons-nous pour cela ? Faifons *jeûner* nos valets.

L'ufage du docteur Swift, le Rabelais de l'Angleterre, étoit de voyager à pied avec un livre à la main. Souvent il marchoit jufqu'à la nuit fans ceffer de lire, & fans s'arrêter pour boire & manger. Un jour qu'il fe rendoit de Dublin à Waterford, fuivi d'un feul domeftique, il fut rencontré par un vieux feigneur irlandois. Celui-ci ne connoiffant pas Swift, demanda fon nom à l'homme qui l'accompagnoit. Le valet, pref-que auffi original que le maître, où qui l'étoit devenu en le fervant, répondit à l'irlandois : « C'eft M. le doyen de faint-Patrice, & je le » fers pour mes péchés.... Et où allez-vous à » cette heure ? — Tout droit au ciel, fans nous » détourner ». Le gentilhomme n'entendant rien à cette réponfe, le pria de lui expliquer ce qu'il vouloit dire. « C'eft pourtant une chofe » bien claire, repliqua le domeftique, mon » maître prie, & moi je fuis à jeun : Où va-t-on » monfieur, par le *jeûne*, & par la prière » ?

JEUNESSE. Les Lacédémoniens regardoient l'enfance & la *jeuneffe*, comme le printemps des bonnes mœurs, c'eft-à-dire, comme la faifon où la vertu eft dans fa fleur ; fi l'on gâte la fleur, ou quelle fe gâte d'elle même, il faut de néceffité que le fruit réuffiffe mal, ou devienne inutile.

Un avocat voyant qu'un préfident le méprifoit à caufe de fa jeuneffe, lui dit : monfieur, je fuis jeune ; mais j'ai lu de vieux livres.

IGNORANCE. Un Arabe a dit que l'ignorance est une méchante monture, qui fait sans cesse broncher celui qui est dessus, & qui rend ridicule & méprisable, celui qui la conduit.

Il y avoit à Toulouse un avocat ignorant, qui ayant reçu du roi Henri II, une charge de-conseiller, pour récompense de quelques pièces de marbre qu'il avoit données à sa majesté, fut refusé trois fois des autres conseillers de Toulouse, à cause de son ignorance. Le roi lui ayant donné des lettres pour être maître des requêtes, & ce pauvre ignorant ne pouvant répondre sur l'examen qu'on faisoit de sa science, fut aussi refusé des maîtres des requêtes; mais le chancelier ayant dit à ces messieurs, *an nescitis esse marmoreum?* Ne sçavez-vous pas qu'il est de marbre? Il fut enfin reçu. On l'appeloit le maître des requêtes de marbre.

Un moine faisant l'inventaire d'une bibliothéque, & rencontrant un livre hébreu, mit sur le registre: *Item*, un livre en langue étrangère, dont le commencement est à la fin.

On disoit en parlant d'une pièce de théâtre: la scène est à Constantinople. Madame la comtesse de L.... dit: voilà une rivière, (la Seine), qui fait bien du chemin.

Une dame parlant d'un italien de ses amis: il descend, dit-elle, d'une très-grande maison d'Italie, des contes... des contes.... des contes de Bocace.

ILLUSION. Il n'y a personne qui n'ait ouï parler de Thrasylaus, qui s'imaginoit être le maître de tous les vaisseaux qui abordoient au Pirée, & qui ayant été guéri de cette maladie, en témoignoit du chagrin, jurant qu'il n'avoit jamais été si heureux, que pendant qu'il avoit été dans cette agréable erreur. Voici un autre exemple de ces heureux imaginaires. Aristote, au livre *des choses merveilleuses*, raconte d'un citoyen de la ville d'Abidos en Asie, qu'il venoit souvent au théâtre, dans le temps qu'il n'y avoit ni acteurs, ni spectateurs, où il prenoit place, s'imaginant qu'on jouoit la comédie. On le voyoit tantôt battre des mains, tantôt rire à gorge déployée, & faire divers jugemens sur la pièce qui ne se jouoit que dans son imagination. Étant guéri, il regrettoit sa folie, & assuroit n'avoir jamais eu de meilleur temps, que lorsqu'il étoit insensé. Cela favorise le sentiment de ceux qui soutiennent, que nous ne pouvons avoir aucune certitude des choses qui sont hors de nous. Car il est constant que les choses ne paroissent pas les mêmes aux autres animaux qu'aux hommes. Ils voient les choses différemment de nous, soit en couleur, en grandeur & en nombre; ils les sentent, les entendent & les flairent aussi dif-

féremment, puis qu'ils ont les organes de la vue, de l'ouïe & du toucher, différens des nôtres en grandeur, en étendue, & en conformation. Or, quelle arrogance à l'homme, de dire que tous les animaux du monde sont trompés, & sont dans l'erreur, & que lui seul connoît la vérité des objets? Dieu a voulu que toutes choses eussent diverses faces, & rendissent divers effets, selon ce qui leur conviendroit, & s'est reservé à lui seul la connoissance de la vérité. Je ne m'étonne pas, qu'un philosophe pénétré de ce sentiment, & convaincu en même temps de l'immortalité de l'ame, ait souhaité de sortir de la vie, comme d'une prison enchantée, où on est perpétuellement dans *l'illusion.*

IMPÉRATRICE. L'*impératrice* Marie, veuve de Maximilien II, étoit fille d'un empereur, femme d'un empereur, bru d'un empereur, mère d'un empereur, & belle-mère de deux rois, Charles IX & Philippe II. Par tous ces titres cette princesse étoit bien au-dessus d'Agrippine, fille, sœur, mère & femme d'empereur, que Tacite donne comme un exemple unique.

Cette *impératrice* Marie n'avoit aucun crédit auprès de Philippe II. Don Diego de Cordua, personnage fort agréable à ce prince, disoit fort plaisamment à ceux qui s'adressoient à lui pour obtenir quelque grace par son entremise: « Après » l'*impératrice*, je suis celui qui a le moins de » pouvoir auprès du roi ».

IMPÉTUOSITÉ. Après la mort d'Isdegerdes, roi de Perse, les persans qui avoient beaucoup souffert de ses violences, jugèrent que Baharam-Gur, son fils, seroit aussi cruel que lui: ainsi, loin d'appeler ce prince à la succession, ils jettèrent les yeux sur un seigneur nommé Kesra, & le placèrent sur le trône. Baharam, qui étoit alors à Hirach en Arabie, ayant appris ces nouvelles, assembla une grosse armée d'arabes, & vint attaquer l'usurpateur. Il avoit encore dans la Perse plusieurs amis qui s'efforcèrent de ménager un accommodement entre les deux princes; mais la chose étoit assez difficile. Il falloit que l'un des deux cédât sa place à l'autre. Baharam proposa un expédient qui fut approuvé des deux partis: ce fut de mettre la couronne royale entre deux lions affamés, & enfermés dans un lieu choisi exprès: celui des deux princes qui la pourroit enlever de cet endroit, devoit être jugé le plus digne de la porter, & reconnu pour en être le légitime possesseur. Le jour destiné pour ce fameux combat étant arrivé, les deux concurrens se présentèrent: Alors Baharam dit à Kesra: « Avan-» cez courageusement, & enlevez la couronne. Je » suis en possession du trône, dit Kesra; c'est à » vous, qui y prétendez, de retirer la couronne

» du lieu où elle est ». Baharam, sans répliquer, ni hésiter, se jetta aussi-tôt sur les lions, avec la furie & l'*impétuosité* d'un tigre ; & ne se servant d'autres armes que de ses propres bras, il les tua to.s deux, & ceignit fièrement le diadême. Il comparut, en cet état, devant les seigneurs persans, accourus de toutes parts à un spectacle si extraordinaire ; & Kesra fut le premier qui, après l'avoir embrassé, le proclama digne de la couronne qu'il venoit d'acquérir par son intrépide valeur.

Gaspard de Saulx de Tavanes, maréchal de France sous François I, favori du duc d'Orléans, avec quelques autres seigneurs du même âge, se livrèrent avec lui à toute l'*impétuosité* d'une première jeunesse, & firent mille folies dans lesquelles ils couroient ordinairement risque de la vie. Ils passoient à cheval à travers des bûchers ardens, se promenoient sur les toits des maisons, & quelques fois sautoient d'un côté de la rue à l'autre. Toute la nuit on les entendoit, armés de pied en cap, chercher dispute à tous ceux qu'ils rencontroient ; & quand ils ne trouvoient avec qui se battre, ils s'escrimoient entr'eux jusqu'à ce qu'il en coûtât du sang au plus mal-adroit. Un jour ils portèrent un pendu dans le lit de la duchesse d'Usez : une autre fois Tavannes, en présence de la cour, qui étoit à Fontainebleau, franchit d'un saut une espace de trente-trois pieds qui étoit entre deux roches. Tels étoient les amusemens de tous ceux que le duc s'étoit associés ; on avoit coutume de les appeler communément la bande enragée, suivant les enfans de France. Tavanes devint dans la suite un grand homme, & eut part, sous Henri II & Charles IX, à toutes les actions d'éclat.

IMPOSTEUR. On voit dans l'histoire des hérésies quelques hérétiques qui ont su employer plusieurs prestiges, & profiter d'une éloquence de corps qui leur étoit propre, pour persuader la multitude & accréditer les erreurs. On demandoit à un de ces visionnaires, quel étoit l'objet de tous ses travaux ? « Ah ! répondit-il, vous » ne savez pas le plaisir qu'il y a de persuader » aux autres ce que l'on ne comprend pas soi-» même ». Le visionnaire assurément auroit pensé que la plupart de nos commentateurs avoient bien du plaisir. Il faut avouer cependant que plusieurs hérétiques se sont proposé un autre objet de leurs travaux. Quelques faux prophètes, comme Mahomet, se sont servis des erreurs qu'ils ont jettées à la multitude, comme d'une bride que l'on met à une bête de somme, pour la conduire plus facilement.

Un gascon, nommé Martin Guerre, avoit épousé une femme jeune & belle, nommée Bertrande Rols. Après avoir vécu avec elle l'espace de dix ans, il la quitta pour aller à la guerre. Huit ans après son départ, un nommé Arnaut Dutil, se disant Martin Guerre, se présenta à Bertrande & à ses parens, qui tous, par la grande ressemblance qu'il avoit avec Martin, & par les renseignemens qu'il donnoit, se persuadèrent aisément qu'il étoit le vrai Martin Guerre. Bertrande le reçut dans son lit, & en eut deux enfans. Trois ans après, il courut un bruit que ce n'étoit point Martin : ce qui donna lieu à l'examiner. Enfin, il y eut des parens du vrai Martin, qui par quelques motifs d'intérêt, & contre le gré de la femme, se rendirent ses accusateurs devant le juge. C'étoit le juge de Rieux qui, après de longues procédures, le condamna enfin à perdre la tête. Il en appelle au parlement de Toulouse, où il fut amené & oui plusieurs fois, soutenant toujours qu'il étoit Martin Guerre. Il avoit pour lui quatre sœurs du vrai Martin, & leurs quatre Maris, avec trente ou quarante autres témoins. Mais parce que d'ailleurs il y avoit des témoins presqu'en pareil nombre, qui assuroient le contraire, & qu'il y en avoit aussi qui chanceloient dans leurs dépositions, les juges étoient dans un terrible embarras, quand on vit paroître, comme par miracle, le vrai Martin Guerre. Mais cela ne leva pas leurs difficultés ; car les ayant confrontés l'un avec l'autre, le vrai Martin demeura presque confondu, tant le fourbe savoit mieux s'aider du mensonge que l'autre de la vérité : les faits qu'il rapportoit étoient si circonstanciés, il se soutenoit si bien dans ses réponses, & les indices qui en résultoient paroissoient si forts, que cela passe l'imagination. Enfin, on fit venir les sœurs de Martin, pour les interroger de nouveau, & quelques autres témoins qu'on ouit d'office. Avec ces nouvelles preuves on crut l'affaire assez éclaircie pour passer à la condamnation de Dutil. Il fut donné un arrêt, qui le condamna à être pendu & brûlé, & les enfans que Bertrande avoit eus de lui furent déclarés légitimes. L'aveu qu'il fit de son crime au pied de la potence leva le doute, & donna à connoître aux juges qu'ils avoient démasqué l'*imposteur.*

Il a paru de notre temps quelques autres *imposteurs* obscurs, qui se proposant pour objet de mettre à contribution la commisération publique, ont reçu le châtiment de leurs fourberies. Les papiers anglois de 1760, font mention qu'une jeune femme, habillée en homme, avoit essayé de se pendre à Nor-Wood ; mais qu'elle en avoit été empêchée par quelques personnes qui l'avoient apperçue. Elle fut transportée à Bath, où on lui donna les secours dont elle avoit besoin ; & de-là on la remit entre les mains de ses amis. On trouva un papier attaché à un arbre, près du lieu qu'elle avoit choisi pour son funeste dessein, & sur ce papier, étoient écrits des vers, dont voici le sens : « Jeunes amans, qui passez par ce lieu, » jettez un œil de pitié sur une femme infortunée,

» dont l'amour avoit égaré la raison. Quoique » déguisée sous les vêtemens d'un homme, elle » chérissoit l'honneur & la vertu. Quand vous » m'aurez trouvée, je ne vous demande qu'une » bière & un tombeau. Si l'on ouvre mon sein » après ma mort, vous y verrez un cœur déchiré » par ses maux ». Quelques jours après, cette femme entra dans la boutique d'un apothicaire de Bristol, & demanda du poison, que l'apoticaire lui refusa prudemment, quoiqu'elle le follicitât vivement, & lui offrit cent guinées pour le tenter. Cette femme, voyant que ses instances étoient inutiles, menaça de se couper la gorge, & sortit de la boutique avec précipitation. On la suivit & on la ramena chez cet apothicaire, où elle fut examinée par un alderman, & quelques autres personnes. Elle leur dit qu'elle étoit la femme qu'on avoit trouvée pendue à Nor-Wood, près de Bath, & à qui on avoit sauvé la vie, qu'elle étoit d'une noble famille, mais qu'elle mourroit plutôt que de révéler son nom; qu'elle avoit quitté la maison paternelle pour une intrigue d'amour; qu'elle n'avoit point de crime à se reprocher, qu'elle avoit pris les habits d'un homme, & s'étoit engagée comme simple soldat; enfin, que ne pouvant plus résister aux peines & aux humiliations qui la tourmentoient, elle avoit pris le parti de secouer le fardeau insupportable de la vie. Elle fut transportée à l'hôpital de saint Pierre, & l'on fit des informations pour découvrir son nom & sa famille. On reconnut enfin que cette prétendue femme étoit un libertin & un imposteur, qui, quoique vêtu des habits de son sexe, avoit réussi à se faire passer pour femme, parce qu'il joignoit à une voix grêle un visage efféminé. Il avoit intéressé en sa faveur toutes les femmes, qui le regardoient comme une victime de l'amour malheureux. Le juge même qui l'avoit interrogé, n'avoit pu s'empêcher de répandre des larmes sur le prétendu désespoir amoureux de cet imposteur. On le mit dans une maison de correction, & il fut condamné à être sévèrement fustigé.

Les papiers anglois ont publié qu'on entendoit, il y a quelques années, un arbre qui gémissoit dans les forêts d'Angleterre. Le propriétaire du terrein où se trouvoit cet arbre, tira beaucoup d'argent des gens de la campagne, qui accouroient pour voir & entendre une chose aussi merveilleuse. A la fin, quelqu'un proposa de couper l'arbre; mais le propriétaire s'y opposa, non par aucune vue d'intérêt propre, disoit-il modestement, mais dans la crainte que celui qui oseroit y mettre la coignée, n'en mourût subitement. On trouva cependant un homme qui n'avoit pas peur de la mort subite, & qui l'abattit à coups de hache. Alors on découvrit un tuyau qui formoit une communication à plusieurs toises sous terre, & par le moyen duquel on produisoit les gémissemens qu'on avoit entendus.

IMPROMPTU. M. le Marquis de la Fare, héritier des graces & des talens d'un grand oncle si cher aux muses, fit sur Voltaire l'impromptu suivant:

Rien ne change sur la terre
Que de forme & de nom;
Les payens nommoient Apollon
Le dieu que nous nommons Voltaire.

Madame la D. de L.... écrivoit un jour au président Hénault. Lorsque la feue reine entra chez elle, cette princesse, qui obligeoit le président d'une bienveillance particulière, écrivit au bas du billet: *Devinez quelle est la main qui vous souhaite ce petit bon jour.*

Le président répondit sur le champ à madame la D. de L.... & ajouta à son billet ces quatre vers d'une tournure aussi spirituelle que mesurée:

Ces mots tracés par une main divine,
Ne m'ont causé que trouble & qu'embarras;
C'est trop oser, si mon cœur le devine;
C'est être ingrat, que ne deviner pas.

IMPUISSANT. Un homme de la cour étoit soupçonné d'être impuissant, & ne vouloit pas demeurer d'accord qu'il le fût. Il rencontra Benserade, qui l'avoit souvent raillé là-dessus. Monsieur, lui dit-il, nonobstant toutes vos mauvaises plaisanteries, ma femme est accouchée depuis peu de jours. Eh! monsieur, lui répliqua Benserade, on n'a jamais douté de madame votre femme.

Un gentilhomme qui avoit la réputation d'être impuissant, étoit dans une compagnie où une dame se laissa prendre un baiser par un cavalier. Le gentilhomme se présenta pour obtenir la même faveur. La dame l'arrêta, en lui disant: Tout beau, monsieur; on n'accorde pas si vite un baiser à un homme comme vous, pour qui c'est la dernière faveur.

On parloit à M. de Harlay, premier président du parlement de Paris, d'une cause dans laquelle il s'agissoit d'un impuissant, dont la femme demandoit à être séparée. Je prévois, dit ce magistrat, que le mari gagnera son procès avec de mauvaises pièces.

On a fait les vers suivans sur un fameux procès de cette espèce, dont les tribunaux ont retenti il y a plusieurs années.

Vainement la riche Emilie
Plaide, requiert, conclut & veut
Que d'avec un *Jean qui ne peut*,
Un prompt divorce la délie:
Les experts ayant affirmé
Que l'époux est bien conformé,

Quoiqu'en lui la nature dorme,
Les chofes de manière iront,
Qu'il l'emportera pour la forme,
Quoiqu'il n'ait pas droit dans le fond.

La femme d'un *impuiffant* appeloit fon lit, un lit de repos.

On pourroit croire qu'il n'y a que les femmes qui foient capables de pourfuivre leurs maris en juftice, fous prétexte d'*impuiffance*, fi nous ne rapportions le fait fuivant arrivé à Paris en 1752. Le fieur la Hure, maître tailleur d'habits, après avoir vécu dix années avec fon époufe, fans avoir eu d'enfans, s'avifa alors de la traduire en juftice pour caufe de ftérilité.

La femme, en fe défendant, dit que le terme de dix années étant expiré dans la meilleure union, fon mari avoit mauvaife grace de venir demander à la juftice la caffation de fon mariage, fous prétexte qu'elle étoit ftérile. La Hure prétendit qu'en pareil cas, il n'y avoit point de prefcription; que la patience qu'il avoit eue jufqu'alors, provenoit de l'efpoir dont il s'étoit toujours flatté que la caufe cefferoit; mais que ne ceffant point, & defirant avoir de la poftérité, il demandoit maintenant que fon mariage fût déclaré nul, & requéroit, pour démontrer la folidité de fa demande, que fa femme fût vifitée par deux experts; ce qui lui fut accordé. Mais le rapport des deux experts fut qu'ils ne pouvoient décider fi la femme étoit *impuiffante* ou non, attendu que l'orifice externe de la matrice étoit entièrement couvert d'une peau collée deffus, qui empêchoit l'introduction du membre viril; que fi la femme la Hure confentoit qu'on lui enlevât cette peau, ou que l'on y fît une ouverture, elle pourroit devenir féconde. La femme ayant confenti à l'opération, fon mari fut obligé de la garder.

En général les procès d'*impuiffance* font très-peu d'honneur aux femmes qui les intentent. Soit qu'elles parviennent à obtenir un autre mari, foit qu'elles n'y parviennent pas, elles deviennent l'opprobre & la fable de leur fiècle. N'eft-ce pas déja beaucoup que de confeffer publiquement fon incontinence? Or, c'eft ce que fait toute femme qui intente de tels procès. Elle déclare devant tout le monde qu'elle, ne peut fe paffer d'un mari. L'interrogatoire qu'il faut qu'elle fubiffe devant les juges, eft fi délicat & fi gênant, qu'on ne peut avoir bonne opinion de celle qui eft capable de franchir cette batrière.

Un avocat embarraffa un jour étrangement une pareille plaideufe. Il lui demanda en préfence de plufieurs témoins, fi fon mari l'avoit baifée à la joue & lui avoit fait d'autres careffes. Elle répondit qu'oui. « Et qui vous a dit, reprit l'avocat, que ces careffes ne fuffifoient pas? Où avez-vous appris le refte? Si vous êtes pucelle,

» comme vous le prétendez, vous ne devez pas
» favoir que votre mari eft *impuiffant*; & fi vous
» le favez, c'eft un figne que vous avez éprouvé
» ce que d'autres hommes peuvent faire ».

INANÈS, (Jean-Baptifte) né à Valence, l'an 1540, mort en 1596.

Le meilleur ouvrage de ce peintre fe confervoit du temps des jéfuites dans leur maifon profeffe de Valence. L'origine de ce tableau eft tout-à-fait finguliere, felon Velafco, notre auteur efpagnol. La vierge, toute rayonnante de gloire, apparut, dit-il, à un jéfuite refpectable par fa piété, & lui ordonna de la faire peindre dans l'état qu'il avoit le bonheur de la voir. Le bon père, l'ayant bien confidérée, s'empreffa de s'acquitter de fa commiffion. Ce fut fur *Inanès* qu'il jetta les yeux. Mais le peintre travailla long-temps avant de faifir les traits que lui traçoit le pieux jéfuite, qui lui confeilla enfin de fe difpofer par la prière & par toutes les œuvres d'un bon chrétien, à l'ouvrage dont il avoit la gloire d'être chargé. L'artifte obéit avec humilité, jeûna, fit pénitence, & ne prenoit point le pinceau, qu'il ne fe fût confeffé & qu'il n'eût communié. Il continua de la forte jufqu'à ce qu'il eût achevé fon tableau; & le jéfuite ne l'eût pas plutôt vu, qu'il s'écria que, par un miracle éclatant, *Inanès avoit exactement rendu la reffemblance de la vierge*.

INGRATITUDE. Un jeune anglois long-temps pourfuivi par les caraïbes, fe jetta dans un bois. Une indienne l'ayant rencontré, fauva fes jours, le nourrit fecrettement, & le conduifit, après quelque temps, fur les bords de la mer. Ses compagnons y attendoient à l'ancre ceux qui s'étoient égarés; la chaloupe vint le prendre; fa libératrice voulut le fuivre. Dès qu'ils furent arrivés à la Barbade, le monftre vendit celle qui lui avoit confervé la vie, qui lui avoit donné fon cœur avec tous les fentimens & tous les tréfors de l'amour.

Un roi de Mandoa, dans l'Indouftan, étant tombé dans une rivière, en fut heureufement retiré par un efclave, qui s'étoit jetté à la nage & l'avoit faifi par les cheveux. Son premier foin, en revenant à lui-même, fut de demander le nom de celui qui l'avoit retiré de l'eau. On lui apprit l'obligation qu'il avoit à l'efclave, dont on ne doutoit pas que la récompenfe ne fût proportionnée à cet important fervice. Mais il lui demanda comment il avoit eu l'audace de mettre la main fur la tête de fon prince, & fur le champ il lui fit donner la mort. Quelque temps après ce même prince étant affis dans l'ivreffe, fur le bord d'un bateau, près d'une de fes femmes; il fe laiffa tomber encore une fois dans l'eau. Cette femme pouvoit aifément le fauver; mais croyant ce fervice trop dangereux, elle le laiffa périr, en donnant pour

excufe

excufe qu'elle fe fouvenoit de l'hiftoire du mal-
héureux efclave.

Tacite remarque que les tyrans regardent toujours de mauvais œil ceux qui leur ont rendu de
grands fervices, ou qui fe diftinguent par des
qualités éminentes. Ajoutons que ces princes,
qui déshonorent le trône, affectionnent plus ceux
qui leur font obligés, que ceux à qui ils ont
eux-mêmes des obligations. La reconnoiffance
femble être pour eux un fardeau dont ils cherchent bientôt à fe délivrer par la calomnie &
l'injuftice. L'empereur Bafile, courant à la chaffe,
un cerf le prit avec fon bois par la ceinture.
Quelqu'un de fa fuite tira fon épée, coupa cette
ceinture & le délivra. Il lui fit trancher la tête,
parce qu'il avoit, difoit-il, tiré l'épée contre lui.

Xantippe, général lacédémonien, fut envoyé,
vers l'an 253 avant Jéfus-Chrift, par ceux de fon
pays, au fecours des carthaginois contre les
romains. Ceux-ci, fous la conduite d'Attilius
Régulus, avoient déjà battu Amilcar & les deux
Afdrubal. Ce brave capitaine arrêta la profpérité
des romains, & les défit en plufieurs rencontres;
& malgré la défenfe de Régulus, il remit la république de Carthage fur l'offenfive. Les carthaginois le renvoyèrent avec de grands témoignages
de reconnoiffance; mais par la plus étrange *ingratitude*, ils ordonnèrent à ceux qu'ils avoient
chargés de le conduire en fon pays, de lui faire
faire naufrage, afin qu'il pérît dans les eaux.
Cette trahifon acheva de décrier les carthaginois, dont la mauvaife foi avoit déjà paffé en
proverbe.

INJUSTICE. Thémiftocle déclara en pleine
affemblée, qu'il avoit conçu un projet important,
mais qu'il ne pouvoit le communiquer au peuple,
parce que pour le faire réuffir, il avoit befoin
d'un profond fecret; & il demanda qu'on lui
nommât quelqu'un avec qui il pût s'en expliquer.
Le choix tomba fur Ariftide, & tous les citoyens
s'en rapportèrent entièrement à fon avis, tant
ils comptoient fur fa probité, fur fa prudence.
Thémiftocle l'ayant tiré à part, lui dit qu'il fongeoit à brûler la flotte des grecs, qui étoit dans
un port voifin, & que par-là Athènes deviendroit
certainement maitreffe de toute la Grèce. Ariftide, fans proférer un feul mot, revint à l'affemblée, & déclara fimplement que rien ne pouvoit
être plus utile que le projet de Thémiftocle, mais
qu'en même temps, rien n'étoit plus injufte. Alors
tout le peuple, d'une commune voix, défendit
à Thémiftocle de rien entreprendre.

Le fultan Mahomet II, ayant fu qu'un cadi
avoit commis une *injuftice*, il le fit écorcher tout
vif, & donna fa charge à fon fils, qu'il fit affeoir
fur le tribunal, après y avoir fait étendre la peau

Encyclopédiana.

fanglante de fon père, comme avoit fait autrefois
Cambyfe, roi de Perfe.

INQUISITION. Philippe II, roi d'Efpagne,
fut curieux de voir paffer la proceffion du faint-
office. Les malheureux qu'on devoit brûler défi-
lèrent devant lui, & l'un d'entr'eux, malgré fon
effroyable habillement, ne laiffa pas de s'attirer
l'attention de ce prince, qui touché de compaffion, ne put s'empêcher de dire d'un ton de voix
affez haut: *C'eft dommage.* Un officier ayant par
hafard entendu ces paroles, en alla faire le rapport au grand inquifiteur, qui ne manqua pas dès
le lendemain de fe rendre au lever du roi, qui
lui demanda ce qui l'amenoit: un fujet important,
fire, lui répondit l'inquifiteur; votre majefté me
permettra de lui dire qu'en voyant paffer la
proceffion, vous caufâtes hier un horrible fcandale par une pitié facrilège. Vous plaignîtes un
miférable que le faint-office venoit de condamner
aux flâmes. Cela peut produire un mauvais effet,
& diminuer le refpect qu'on doit à nos arrêts,
qui font toujours juftes.

Je fuis fâché, dit le roi, d'avoir fait éclater
indifcrettement ma compaffion; mais la faute en
eft faite. Vous pourriez la réparer, fire, fi vous
vouliez, répartit le grand inquifiteur. Vous n'avez
qu'à fouffrir qu'on vous tire du bras deux ou trois
gouttes de fang & qu'on les faffe brûler par
l'exécuteur du faint-office. On prétend que Philippe, après avoir penfé & repenfé à cette propofition hardie, fe laiffa faigner fans rien dire.

Un pilote de l'ancien monde, qui avoit enfin
obfervé les vents, n'employa qu'un mois de
Ceylan au Pérou, au lieu d'un an qu'on y mettoit. Il paffa pour forcier à l'inquifition, qui eft
ridicule par fon ignorance, quand elle n'eft pas
odieufe par fes fureurs, le fit arrêter. Son journal
le juftifia; on reconnut que, pour avoir le même
fuccès, il ne falloit que s'éloigner des côtes, &
cette méthode fut adoptée généralement.

INSCRIPTIONS. Le lendemain qu'on reçut
à Venife la nouvelle de la préconifation d'un
nouveau patriarche de la république, on trouva
à la porte du fénat un placart qui contenoit les
lettres fuivantes, écrites en gros caractères:
P. P. P. J. J. J. R. R. R. l'inquifition d'état fit
publier auffitôt qu'elle donneroit une récompenfe
à celui qui découvriroit le fens de ces caractères,
& qui en dénonceroit l'auteur. Le lendemain on
trouva écrites, fur la même porte, ces paroles:

Prudentia patrum periit,
Imprudentia juvenum imperat,
Refpublica recens ruit.

Et plus bas, *gratis;*

Diogène mit cette *inscription* au bas d'une statue d'or que la courtisanne Phryné avoit présentée à Vénus dans le temple de Delphes : *L'incontinence des grecs a dressé cette statue.*

Mademoiselle Quinault la cadette, morte en 1783, avoit réuni dans une même bordure les portraits de Molière & de Bourdaloue ; on lisoit au bas cette *inscription* : « Les deux plus grands » prédicateurs du dernier siècle ».

INTREPIDITÉ. La mort de Charles VIII, ayant placé Louis XII sur le trône de France, ce prince tourne toutes ses vues du côté du Milanès, sur lequel il a des droits par son aïeule Valentine, sœur unique du dernier duc de la famille des Visconti. Avant de se mettre en campagne, il demande à Trivulce ce qu'il faut pour faire la guerre avec succès. Trois choses sont absolument nécessaires, lui répond le maréchal : *premièrement de l'argent, secondement de l'argent, troisièmement de l'argent.* La conquête du duché de Milan, est l'ouvrage de vingt jours ; mais Ludovic Sforce, surnommé le More, chassé de ses états en 1499, y rentre l'année suivante, par la faute du maréchal de Trivulce, qui y commande.

Dans la guerre que cette révolution occasionne, un parti François, dont étoit le chevalier Bayard, ayant rencontré un parti Italien, le pousse vivement. Les deux troupes étant arrivées aux portes de Milan, un gendarme françois crie d'une voix forte ; *tourne, homme d'armes, tourne.* Mais Bayard, transporté du désir de vaincre, est sourd à ces cris répétés, & entre au grand galop dans la ville ; *comme s'il eût voulu,* dit son historien, *emporter seul cette capitale.*

Les soldats, le peuple, tout jusqu'aux femmes se jette sur lui ; mais le brave Cajazze, que sa valeur a toujours tenu à portée de ses coups, le fait couvrir par ses hommes d'armes, & le reçoit prisonnier. Il le conduit à l'instant dans sa maison, & va ensuite au soupé du prince, où il parle avec admiration du chevalier. Ludovic, qui a vu des fenêtres de son palais, les actions du brave françois, demande à l'entretenir, & veut connoître son caractère.

Mon gentilhomme, lui dit le duc, *qui vous a conduit ici ? L'envie de vaincre, monseigneur,* répond Bayard. *Et pensez-vous prendre Milan tout seul ? Non,* repart le chevalier ; *mais je croyois être suivi de mes camarades. Eux & vous,* ajoute Ludovic, *n'auriez pu exécuter ce dessein. Enfin,* dit Bayard, *qui ne peut disconvenir de sa témérité, ils ont été plus sages que moi : ils sont libres, & me voici prisonnier ; mais je le suis de l'homme du monde le plus brave & le plus généreux.*

Le prince lui demande ensuite d'un air de mépris, quelle est la force de l'armée françoise. *Pour nous,* dit Bayard, *nous ne comptons jamais nos ennemis : ce que je puis vous assurer, c'est que les soldats de mon maître sont gens d'élite, devant lesquels les vôtres ne tiendront pas.*

Ludovic, piqué d'une franchise si hardie, réplique que les effets donneront une autre opinion de ses troupes, & qu'une bataille décidera bientôt de son droit & de leur courage. *Plât à dieu,* s'écrie Bayard, *que ce fût demain, pourvu que je fusse libre ! Vous l'êtes,* repart le duc ; *j'aime votre fermeté & votre courage, & j'offre d'ajouter à ce premier bienfait tout ce que vous voudrez exiger de moi.*

Bayard, pénétré de tant de bonté, se jette aux genoux du prince ; le prie de pardonner, en faveur de son devoir, ce qu'il y a de hardi dans ses réponses ; demande son cheval & ses armes, & retourne au camp publier la générosité de Ludovic & sa reconnoissance.

Le duc de Parme, marquant du bout du doigt, un endroit où il falloit faire poser une batterie, reçut un coup de mousquet, qui lui emporta ce doigt-là ; il ne fit que hausser la main, & d'un autre doigt marqua le même endroit en continuant son discours.

Une nuit, M. de Turenne, faisant sa ronde à son ordinaire, pour voir si les sentinelles étoient à leurs devoirs, entendit parler assez haut sous une tente ; il s'approcha doucement & prêta une oreille attentive aux voix qui s'y faisoient entendre : c'étoient deux soldats de la même compagnie, qui parloient en fumant, du prince de Conti & de M. de Turenne. « Oui, disoit » l'un, j'en demeure d'accord avec vous, M. de » Turenne est assurément un grand général, il » joint la prudence à la valeur ; mais je ne sçai » s'il a toute l'*intrepidité* de M. le prince. Et » moi, disoit l'autre soldat, je soutiens que » M. de Turenne n'est pas moins intrépide que » le prince de Condé ».

Tandis que les deux grivois s'entretenoient de cette sorte, le général qui les écoutoit, les observoit attentivement sans en être vu, & s'attachoit moins à considérer celui qui plaidoit sa cause que l'autre, il remarqua bien ce dernier, & dès le lendemain l'ayant envoyé avec sa compagnie à la tranchée, il l'y suivit. Il fit plus, il se tint assez long-temps auprès de lui, s'exposant ainsi sans nécessité. Comme il faisoit fort chaud dans cet endroit, & que ce soldat paroissoit avoir peur, M. de Turenne lui dit : Comment donc, camarade, tu as l'air effrayé, ce me semble. Il faut voir le péril sans pâlir. Considere-moi bien, apperçois-tu sur mon visage quelque impression de crainte ? Monseigneur, lui répondit le soldat, tout le monde n'est pas un Turenne. Oh, oh! reprit le général, je suis donc, à ton avis, plus intrépide aujourd'hui qu'hier au soir? Va, mon ami, ajouta-t-il, je te permets de te retirer; sors de la tranchée, je me suis assez vengé de toi en t'y envoyant; mais ne te mêle plus de faire des parallèles entre tes généraux.

Charles-Quint, s'étant un jour approché fort près d'un canon, & un capitaine lui disant de ne pas exposer ainsi sa personne, il lui répondit en riant: a-t-on jamais vu qu'un empereur ait été atteint d'un boulet?

INVALIDES. Ceux qui par des blessures, reçues pour la patrie, se sont mis hors d'état de la servir, ont obtenu chez toutes les nations, un droit à sa reconnoissance & à ses bienfaits. Louis XIV a cherché à rendre cet acte de reconnoissance, aussi glorieux pour le militaire invalide, qu'il étoit possible, en érigeant près de la capitale, ce vaste & superbe hôtel, où l'officier & le soldat sont sûrs de trouver, en tout temps, un asyle honorable & commode. Lorsque le roi vient à l'hôtel des invalides, c'est à leur garde qu'est confiée la personne de sa majesté. Ce privilège honorable, dont jouissent les invalides, leur fut accordé dès les premiers temps que Louis XIV alla voir les invalides. Les soldats qui vouloient à l'envi les uns des autres, voir de près ce grand prince, se jettèrent en foule devant sa majesté. La garde les repoussa brusquement; ce qui leur fut très-sensible. Le roi, s'en étant aperçu, ordonna à ses gardes d'agir plus doucement à l'égard de ses anciens serviteurs; c'est ainsi que ce monarque s'exprima, & il ajouta avec bonté, qu'il étoit en sûreté au milieu d'eux. Les invalides, pénétrés de joie & de reconnoissance, témoignèrent vivement leur sensibilité. Depuis ce temps, est-il dit dans les registres de la maison, les gardes du corps n'ont point garni dans l'hôtel; le roi s'étant toujours confié à la garde de ses invalides, dès qu'il y est entré.

Une circonstance glorieuse pour les invalides, est la visite que leur rendit Pierre I, Czar de Moscovie. Après avoir tout examiné avec cet œil observateur, auquel rien n'échappoit de ce qui méritoit d'être remarqué; il voulut voir dîner les soldats. Ce prince goûta de leur soupe, & prenant un verre de vin: à la santé, dit-il, de mes camarades.

Dans un dîner chez madame de Tencin, où il étoit question de faire un académicien, la compagnie se trouvoit partagée entre son éminence le cardinal, alors abbé de Bernis & l'abbé Girard. Piron étoit du dîner & de la consultation. Comme il se disoit consolé de tous les fauteuils possibles par une pension de cent pistoles, on lui demanda auquel des deux il donneroit sa voix. — « A l'abbé » Girard; c'est un bon diable ». Ayant la vue » basse, il ne s'étoit pas aperçu que M. de Bernis » n'étoit pas loin de lui. On l'en avertit à l'oreille, & alors se retournant de son côté: « Y penseriez-» vous, M. l'abbé, de vous mettre sur les rangs? » Vous êtes trop jeune, ce me semble, pour » demander les invalides ».

INVENTIONS. Sous l'empereur Tibère, un artisan ayant trouvé, dit on, l'invention de rendre le verre malléable & ployable sous le marteau sans le casser, cette invention fut cause de sa mort, parce que l'empereur craignit que le verre malléable n'ôtât le crédit à l'or & à l'argent.

Un nommé Jacquin, patenôtrier, inventa l'art de faire des perles fausses par un procédé fort singulier. Etant un jour dans sa maison de campagne à Passy, il observa que de petits poissons, nommés ables ou ablettes, qu'on lavoit en sa présence dans un baquet, teignirent l'eau d'une couleur argentée. Il laissa reposer la liqueur, & trouva au fond du vaisseau l'écaille de l'ablette réduite en une essence de perles, qui n'en cédoit point à l'éclat de la plus belle nacre. Il enduisit l'extérieur de petites boules de verre de cette essence, & parvint ainsi à imiter parfaitement les perles fines.

Jean Gioia, né à Amalphi, dans le royaume de Naples, inventa la boussole; & pour apprendre à la postérité que cet instrument avoit été inventé par un sujet des rois de Naples, qui étoient alors cadets de la maison de France, de la branche des comtes d'Anjou, il en marqua le septentrion avec une fleur de lys; ce qu'on a suivi chez toutes les nations.

C'est aux anglois qu'on doit l'invention de faire servir les lampes à indiquer les heures.

Selon Tindal, qui cite Spelman, il se trouve qu'Alfred, un de leurs anciens rois, avoit imaginé une machine fort semblable. Il faisoit faire, d'une quantité réglée de cire, six bougies, chacune de douze pouces de long, avec la division exacte des pouces bien marquée. On allumoit ces chandelles ou bougies, immédiatement l'une après l'autre, & chacune duroit quatre heures; c'est-à-dire, que trois pouces en duroit une. Les gardes de la chapelle étoient chargés de veiller après, & d'apprendre au roi l'heure qu'il étoit.

La rareté du verre lui fit imaginer une autre chose; ce fut de faire ratisser de belle corne pour en composer des feuilles transparentes, qu'on mettoit dans des châssis de bois, qui défendoient les bougies du vent. Ainsi on est redevable à un roi de l'invention des lanternes.

Jean de Bruge, flamand, est le premier qui ait trouvé le secret de peindre à huile; & Antonello,

D d d d 2

est le premier qui l'ait porté & mis en pratique en Italie.

Un chimiste romain, nommé Poli, avoit découvert une composition terrible, dix fois plus destructive que la poudre à canon. Il vint en France en 1702, & offrit son secret à Louis XIV. Ce prince, qui aimoit les découvertes chymiques, eut la curiosité de voir la composition & l'effet de celle-ci. Il en fit faire l'expérience sous ses yeux. Poli ne manqua pas de lui faire remarquer les avantages qu'on en pouvoit tirer pendant une guerre : « Votre procédé est ingénieux, lui dit le » roi ; l'expérience en est terrible & surprenante ; » mais les moyens de destruction employés à la » guerre sont suffisans ; je vous défends de pu- » blier celui-là ; contribuez plutôt à en faire » perdre la mémoire : c'est un service à rendre à » l'humanité ». Ce fut sous cette condition que ce grand monarque accorda une récompense digne de lui au chymiste.

JODELLE, (Étienne) poëte françois, né l'an 1532, mort en 1573.

« Jodelle n'avoit pas mis l'œil aux bons livres ; » mais en lui y avoit un naturel esmerveillable. » Et ceux qui de ce temps-là jugeoient des coups, » disoient que Ronsard étoit le premier des » poëtes, mais que Jodelle en étoit le démon ». (Pasquier).

Ce poëte eut le courage de s'élever contre le spectacle trop accrédité des mystères de la passion, & de hasarder sa Cléopâtre captive. C'est la première de toutes les tragédies françoises. « Elle est, dit M. de Fontenelle, d'une simpli- » cité fort convenable à son ancienneté. Point » d'action, point de jeu, grand & mauvais » discours par tout. Il y a toujours sur le théâtre » un chœur à l'antique, qui finit tous les actes » & s'acquitte bien du devoir d'être moral & » embrouillé ».

Cette prétendue tragédie fut jouée à Paris, devant Henri II à l'hôtel de Rheims, & ensuite au collège de Boncourt. « Toutes les fenêtres, » au rapport de Pasquier, étoient tapissées d'une » infinité de personnages d'honneur. Les entre- » parleurs sur la scène étoient tous hommes de » nom. Remi Belleau & Jean de la Péruse jouè- » rent les principaux rôlets, tant étoit alors en » réputation Jodelle envers eux ». M. de Fonte- nelle, qui rapporte ce fait dans son histoire du théâtre françois, prie à cette occasion son lecteur de ne point songer aux poëtes d'aujourd'hui. « Car, ajoute-t-il, si l'on va penser à eux, » j'avoue que l'on ne croira jamais que d'assez » bons auteurs, tels que Belleau & la Péruse, aient » bien voulu servir à représenter l'ouvrage d'un » autre, & le faire valoir aux yeux du roi & de » tout Paris. Quelle fable par rapport à nos mœurs !

» Si la tragédie étoit alors bien simple, les poëtes » l'étoient bien aussi. ».

Les applaudissemens réitérés donnés à Jodelle, échauffèrent la tête de quelques-uns de ses amis, & leur firent imaginer le bizarre dessein de re- nouveller en sa faveur une des fêtes de l'ancienne Grèce. Jodelle étoit allé à Arcueil, près Paris, passer le carnaval avec Ronsard & les autres poëtes qui composoient la Pléiade françoise, si célèbre alors. Au milieu de la joie qu'inspiroient la bonne compagnie & le vin, on s'amusa à orner un bouc de guirlandes de fleurs & de lierre, & à l'offrir à Jodelle, couronné aussi de lierre, comme à un autre Bacchus, le dieu du théâtre chez les grecs. La pompe du bouc étoit égayée par des couplets de vers dithyrambiques ; & cette espèce de bacha- nale se passa avec une gaieté folle, mais qui n'avoit rien de criminel. Cependant les ennemis de Ron- sard & de Jodelle crurent en pouvoir tirer avan- tage. Ils firent courir le bruit qu'on avoit sacrifié un bouc à Bacchus, & que c'étoit Ronsard qui en avoit été le sacrificateur. Cette accusation étoit absurde, & ce fut une raison de plus pour bien des gens de la croire. On traita d'impies tous ceux qui avoient assisté à cette partie de plaisir. Mais les honnêtes gens se turent, & ne reprochèrent aux poëtes que d'avoir extravagué dans leurs couplets de chansons. On peut voir dans le re- cueil des pièces de Baïf les dithyrambes qu'il com- posa à cette occasion. Ils sont remplis de mots forgés & d'un jargon souvent inintelligible.

Nous avons de Jodelle une autre tragédie inti- tulée Didon, & deux comédies, Eugène & la Rencontre. Ses autres poësies consistent en sonnets, chansons, élégies. Le cardinal du Perron disoit de ce poëte qu'il ne faisoit que des vers de pois- pilés, expression à la mode autrefois, & dont on se servoit pour marquer le mépris que l'on faisoit de quelque chose.

Nicolas Bourbon, ayant souhaité de lire les œuvres de Jodelle, les emprunta à Colletet ; mais il les lui renvoya peu d'heures après, avec ces paroles : Minuit præsentia famam.

JOUVENET, (Jean) peintre, né en 1644, mort en 1717.

Jouvenet comparoit la peinture à la musique ; il vouloit qu'un tableau, par son ordonnance & sa couleur, produisît aux yeux un accord à-peu-près semblable à celui qu'un concert bien exécuté produit aux oreilles.

L'accueil flatteur que les plus fameux peintres faisoient à Jouvenet, lorsqu'il débutoit à Paris, excita la jalousie de ses camarades ; un d'entr'eux eut la méchanceté d'écrire au père de Jouvenet, que son fils employoit presque tout son temps à la débauche, & qu'il étoit impossible qu'il fît de grands progrès dans la peinture. Ce père, au désespoir, ajoutant foi à l'avis qu'on lui donnoit, manda à son fils, par une lettre pleine de reproches, de quitter au plutôt Paris. *Jouvenet*, voyant que son père étoit mal informé de sa conduite, se contenta de lui envoyer, pour sa justification, le dernier tableau qu'il venoit de faire.

Jouvenet, âgé de plus de 60 ans, fut attaqué d'une paralysie sur le côté droit, qui l'empêchoit absolument de travailler à son art. Dans ce triste état, il s'amusoit à voir peindre son neveu, (*Restou*).

Voulant un jour corriger de jeune homme, & ne pouvant exprimer sa pensée, il prit un pinceau avec sa main paralytique, & gâta une tête qu'il vouloit retoucher: désespéré de ce triste effet de sa maladie, & emporté par sa vivacité naturelle, il essaya d'y remédier avec la main gauche, & s'apperçut qu'il peignoit presqu'aussi bien qu'à son ordinaire. Depuis cette heureuse tentative, il a produit de la sorte plusieurs excellens ouvrages.

Jouvenet dessina un jour sur le parquet, avec de la craie blanche, un de ses amis absent depuis quelque temps, & rendit la ressemblance d'une manière si frappante, qu'on fit enlever la feuille du parquet, qui devint un tableau d'autant plus précieux, que l'amitié l'avoit tracé.

Jouvenet avoit l'esprit vif & très-enjoué. Sur ce qu'on lui disoit qu'un de ses confrères, qui venoit de placer un tableau médiocre auprès d'un des siens, alléguoit, pour en excuser la foiblesse, que *Jouvenet* avoit retouché son ouvrage depuis qu'il avoit vu la nouvelle production, il s'écria: — « C'est bien plutôt lui qui a retouché mon « tableau, en plaçant le sien à côté ».

Cet artiste eut à Paris un procès considérable avec les religieux de l'abbaye Saint-Martin, parce que ces pères ne vouloient pas recevoir les tableaux qu'ils lui avoient commandés, sous prétexte que le peintre n'y traitoit point assez la vie de saint Benoît, leur fondateur. *Jouvenet* répondit à ce reproche, en présence des juges devant qui l'affaire se plaidoit: — « Que vouliez-vous, « dit-il aux religieux bénédictins, ses parties » adverses, que vouliez-vous que je fisse dans une » grande composition de trente sacs de charbon, » tels que ceux que vous portez »? — Les juges ne purent s'empêcher de sourire, & il gagna sa cause.

IRONIE. Un médecin violent & fantasque, prit querelle en jurant contre quelqu'un, & menaça de le tuer. Ce n'est pas ce que je crains, répond celui-ci; car je ne t'enverrai jamais demander quand je serai malade.

Les françois ont une intempérance de langue qui les fait quelquefois parler fort indiscrettement.

Ils aiment à rire jusqu'à leurs propres dépens. En voici une preuve. On avoit préparé un beau feu d'artifice sur l'eau devant le collège Mazarin, pour célébrer la naissance d'un de nos princes; mais la nouvelle de la bataille d'Hochstet, fit remettre les réjouissances à un autre temps. Ce qui fut cause que l'on couvrit de toile cirée ce feu pour en conserver l'artifice. Il passa par-là deux bourgeois, qui s'arrêtèrent pour le regarder avec attention: pourquoi, dit l'un d'eux, a-t-on embalé ainsi ce feu? *Ne vois-tu pas*, répondit l'autre, *que c'est pour l'envoyer à Vienne.*

Tout le monde sait le mot de Philoxène à Denis le tyran: *Qu'on me mène aux Carrières.* Un illustre magistrat fit presque la même réponse que cet ancien poète; mais dans une occasion & pour un sujet bien différens.

Louis XIV vouloit faire recevoir au parlement de Bourgogne un édit, auquel le premier président Bruslard s'opposa vivement, comme étant préjudiciable aux intérêts de la province. Louis XIV, irrité de sa résistance, le fit enfermer dans la tour de Perpignan. Quelque temps après, le roi le fit venir, comptant sur sa soumission à ses ordres; mais l'intrépide magistrat ne dit que ces paroles: *Sire, je vois encore d'ici la tour de Perpignan.*

Dans une petite ville de Normandie, il y avoit un juge en très-mauvaise odeur, & qui passoit tout uniment pour le plus grand voleur de son pays. Un jour qu'il donnoit à manger, il fit venir un traiteur, & lui demanda entr'autres mets des canards de rivière. Le traiteur s'excusa sur ce que la saison n'étoit pas encore assez avancée. « Quoi! lui dit le juge, il y a deux jours que » j'en vis une compagnie de deux douzaines qui » *voloient.* —Cela se peut, monsieur, répondit » le traiteur; mais tous ceux qui *volent* ne sont » pas pris ».

ISABEAU DE BAVIERE. L'entrée de la reine *Isabeau de Bavière*, épouse de Charles VI, fut solemnisée avec la plus grande magnificence en octobre 1385.

Parmi les fêtes qu'elle vit à Paris, il y avoit entr'autres, devant la Trinité, un combat préparé des françois & des anglois, contre les sarrazins, qui s'exécuta en présence de la reine. Toutes les rues étoient tendues de tapisseries. On trouvoit en divers lieux des fontaines d'où couloient le vin & d'autres liqueurs délicieuses; & sur différens théâtres, on avoit placé des chœurs de musique, des orgues, & de jeunes gens y représentoient diverses histoires de l'ancien testament. Il y avoit des machines par le moyen desquelles des enfans, habillés comme on représente les anges, descendoient, & posoient des couronnes sur la tête de la reine. Mais le spectacle le plus surprenant, fut l'action d'un homme qui, se laissant couler sur une corde tendue depuis le haut des tours de Notre-Dame, jusqu'à l'un des ponts par où la reine passoit, entra par une fente ménagée dans les pièces de taffetas dont le pont étoit couvert, mit une couronne sur la tête de la reine, & ressortit par le même endroit, comme s'il s'en fût retourné au ciel. L'invention étoit d'un génois, qui avoit tout préparé depuis long-temps pour ce vol extraordinaire ; & ce qui contribua à le rendre encore plus remarquable, même loin de Paris, c'est qu'il étoit fort tard, & que l'homme avoit à chaque main un flambeau allumé pour se faire voir, & faire admirer la hardiesse de son entreprise.

JUBILÉ. Le cardinal Nicolas de Cusa, qui écrivoit ses conjectures en 1452, y suppose que comme le déluge fit périr le premier monde dans le trente-quatrième jubilé de cinquante ans, la fin du monde arrivera dans le trente-quatrième pareil jubilé de l'ere chrétienne, c'est-à-dire avant l'année 1734.

Le comte de Cilley, allemand, plongé dans la débauche depuis un grand nombre d'années, ayant tué sa femme, & commis toutes sortes de crimes & d'excès, fit l'an 1450, le voyage de Rome, pour y gagner le jubilé, que le pape Nicolas V avoit ordonné cette année. A son retour de Rome, il recommença ses débauches. Comme on lui demandoit de quoi avoit servi son voyage de Rome, puisqu'il reprenoit sa vie criminelle, il répondit : Mon cordonnier a aussi été à Rome, & à son retour il s'est remis à faire des bottes.

JUGES & JUGEMENS.

Une veuve vint se plaindre à l'empereur Théodoric, de ce qu'ayant depuis trois ans un procès contre un sénateur, elle n'avoit pu encore obtenir le jugement. Il fit aussitôt appeler les juges. Si vous ne terminez demain cette affaire, leur dit-il ; je vous jugerai vous-mêmes. Le lendemain la sentence fut rendue. La veuve étant venue remercier le prince, un cierge allumé à la main, selon la coutume de ce temps-là : où sont les juges, dit Théodoric ? on les amena devant lui. Et pourquoi, poursuit-il avec indignation, avez-vous prolongé pendant trois ans une affaire qui ne vous a coûté qu'un jour de discussion ? Après ce reproche, il leur fit trancher la tête.

Henri-Etienne, parle d'un juge de son temps, qui n'avoit qu'une formule en matière de procès criminel. Si le prisonnier étoit vieux, pendez, pendez, disoit-il, il en a bien fait d'autres. S'il étoit jeune ; pendez, pendez, il en feroit bien d'autres.

Un homme étoit monté au plus haut du clocher d'une église pour y raccommoder quelque chose. Il eut le malheur de tomber en bas ; mais en même temps, il fut assez heureux pour ne se faire aucun mal. Sa chûte devint funeste à un homme qu'il écrasa en tombant. Les parens de cet homme attaquèrent en justice, celui qui étoit tombé du clocher, en l'accusant de meurtre, & prétendant le faire condamner, sinon à la mort, du moins à de forts dommages & intérêts. L'affaire fut plaidée, il falloit accorder quelque satisfaction aux parens du mort. D'un autre côté, les juges ne pouvoient punir un crime dont un accident facheux étoit la seule cause. Il fut ordonné à celui qui demandoit vengeance, de monter au plus haut du clocher, & de se laisser tomber sur celui qu'ils poursuivoient, lequel seroit obligé de se trouver précisément à la même place où le défunt avoit perdu la vie. Un pareil jugement fut la fin du procès.

Le maréchal de …. menoit des dames à l'opéra ; mais toutes les loges avoient été retenues. Comme il en vit une remplie par un domestique, qui la gardoit pour un abbé, il obligea ce domestique de sortir, & fit entrer sa compagnie dans la loge. L'abbé arriva peu de temps après avec des dames & fut piqué, comme on le pense bien, de cette violence ; force lui fut néanmoins de céder pour le moment ; mais le lendemain il fit assigner son rival devant le tribunal des maréchaux de France, & plaidant lui même sa cause, dit : « qu'il étoit bien malheureux d'être obligé, » de se plaindre de l'un d'entr'eux, qui de sa » vie n'avoit pris que sa loge » ; & demanda justice. Le président lui répondit ; « vous venez » de vous la faire. »

On a cité l'aventure d'Elisabeth Canning, comme un exemple des erreurs dans lesquelles peuvent tomber des juges d'un esprit assez foible, pour recevoir les impressions des têtes chaudes, & mal conformées. L'auteur qui rapporte cette aventure étoit à Londres lorsqu'elle arriva en 1753. Elisabeth Canning disparut, pendant un mois, de la maison de ses parens. Elle revint maigre, défaite, & n'ayant que des habits délabrés. Eh ! mon dieu, dans quel état vous revenez ! Où avez-vous été ? d'où venez-vous ? que vous est-il arrivé ? - Hélas ! ma tante, je passois par Morsilds, pour retourner à la maison, lorsque deux bandits vigoureux me jettèrent par terre, me violèrent, & m'emmenèrent dans une maison à dix milles de Londres. (La tante & les voisins pleurèrent à ce récit.) - Ah ! ma chere enfant, n'est-ce pas chez cette infâme madame Web, que ces brigands vous ont menée ? car c'est juste à dix milles d'ici qu'elle demeure. -- Oui ma tante, chez madame Web. -- Dans cette grande maison à droite ? -- justement, ma tante. Les voisines dépeignirent alors madame Web, & la jeune Canning convient que cette femme étoit faite précisément comme elles le disoient. L'une d'elles apprend à miss Canning, qu'on joue toute la nuit chez cette femme, & que c'est un vrai coupe-gorge, où tous les jeunes gens vont perdre leur argent. -- *Ah! un vrai coupe-gorge*, répondit Elisabeth Canning.---On y fait bien pis, dit une autre voisine; les deux brigands, qui sont cousins de madame Web, vont sur les grands chemins prendre toutes les petites filles qu'ils rencontrent, & les font jeûner au pain & à l'eau, jusqu'à ce qu'elles soient obligées de s'abandonner aux joueurs qui se tiennent dans la maison. -- Hélas! ne t'a-t-on pas mise au pain & à l'eau, ma chère nièce? -- *Oui, ma tante.* On lui demande si ces deux brigands n'ont point abusé d'elle; & si on ne l'a pas prostituée? Elle répond qu'elle s'est défendue; qu'on l'a accablée de coups, & que sa vie a été en péril. Alors la tante & les voisines recommencèrent à crier & à pleurer. On mena aussi-tôt la petite Canning chez un monsieur Adamson, protecteur de la famille depuis long-temps. C'étoit un homme de bien, qui avoit un grand crédit dans sa paroisse. Il monte à cheval avec un de ses amis aussi zèlé que lui; ils vont reconnoître la maison de madame Web; ils ne doutent pas en la voyant, que la petite n'y ait été renfermée; ils jugent même, en appercevant une petite grange où il y a du foin, que c'est dans cette grange qu'on a tenu Elisabeth en prison. La pitié du bon Adamson en augmente; il fait convenir Elisabeth, à son retour, que c'est-là qu'elle a été retenue; il anime tout le quartier; on fait une souscription pour la jeune demoiselle si cruellement traitée. A mesure que la jeune Canning reprend son embonpoint & sa beauté, tous les esprits s'échauffent pour elle. M. Adamson fait présenter au shérif une plainte au nom de l'innocence outragée. Madame Web & tous ceux de sa maison, qui étoient tranquilles dans leur campagne, sont arrêtés & mis tous au cachot. M. le shérif, pour mieux s'instruire de la vérité du fait, commence par faire venir chez lui, amicalement, une jeune servante de madame Web, & l'engage, par de douces paroles, à dire tout ce qu'elle sait. La servante, qui n'avoit jamais vu en sa vie miss Canning, ni entendu parler d'elle, répondit d'abord ingénument qu'elle ne savoit rien de ce qu'on lui demandoit; mais quand le shérif lui eut dit qu'il faudroit répondre devant la justice, & qu'elle seroit infailliblement pendue si elle n'avouoit pas, elle dit tout ce qu'on voulut. Enfin, les jurés s'assemblèrent, & neuf personnes furent condamnées à la corde. Heureusement en Angleterre aucun procès n'est secret, parce que le châtiment des crimes est destiné à être une instruction publique aux hommes, & non pas une vengeance particulière. Tous les inter-

rogatoires se font à portes ouvertes, & tous les procès intéressans sont imprimés dans les journaux. Il y a plus; on a conservé en Angleterre une ancienne loi de France, qui ne permet pas qu'aucun criminel soit exécuté à mort, sans que le procès ait été présenté au roi, & qu'il en ait signé l'arrêt. Le temps de l'exécution des neuf accusés approchoit, lorsque le papier qu'on appelle *des sessions*, tomba entre les mains d'un philosophe nommé M. Ramsay. Il lut le procès, & le trouva absurde d'un bout à l'autre. Cette lecture l'indigna; il se mit à écrire une feuille, dans laquelle il pose pour principe, que le premier devoir des jurés est d'avoir le sens commun. Il fit voir que madame Web, ses deux cousins, & tout le reste de la maison, étoient formés d'une autre pâte que les autres hommes, s'ils faisoient jeûner au pain & à l'eau de petites filles, dans le dessein de les prostituer; qu'au contraire, ils devoient les bien nourrir, & les parer, pour les rendre agréables; que des marchands ne salissent ni ne déchirent la marchandise qu'ils veulent vendre. Il fit voir que jamais miss Canning n'avoit été dans cette maison, qu'elle n'avoit fait que répéter ce que la bêtise de sa tante lui avoit suggéré; que le bon-homme Adamson avoit, par excès de zèle, produit cet extravagant procès criminel; qu'enfin, il en alloit coûter la vie à neuf citoyens, parce que miss Canning étoit jolie, & qu'elle avoit menti. La servante, qui avoit avoué amicalement au shérif tout ce qui n'étoit pas vrai, n'avoit pu se dédire juridiquement. Quiconque a rendu un faux témoignage par enthousiasme ou par crainte, le soutient d'ordinaire, & ment, de peur de passer pour un menteur. C'est en vain, dit M. Ramsay, que la loi veut que deux témoins fassent pendre un accusé. Si M. le chancelier & M. l'archevêque de Cantorbery, déposoient qu'ils m'ont vu assassiner mon père & ma mère, & les manger tout entiers à mon déjeuner, en un demi-quart d'heure, il faudroit mettre à Bedlam, (hôpital des fous,) M. le chancelier & M. l'archevêque, plutôt que de me brûler sur leur beau témoignage. Mettez d'un côté une chose absurde & impossible, & de l'autre mille témoins & mille raisonneurs, l'impossibilité doit démentir les témoignages & les raisonnemens. Cette petite feuille fit tomber les écailles des yeux de M. le shérif & des jurés; ils furent obligés de revoir le procès. Il fut avéré que miss Canning étoit une petite friponne qui étoit allée accoucher, pendant qu'elle prétendoit avoir été en prison chez madame Web; & toute la ville, qui avoit pris parti pour elle, fut aussi honteuse qu'elle l'avoit été lorsqu'un charlatan proposa de se mettre dans une bouteille de deux pintes, & que deux mille personnes étant venues à ce spectacle, il emporta leur argent, & leur laissa sa bouteille.

Un historien grave, rapporte que des bourgeois, d'une certaine ville, demandèrent au prince, qu'il fût défendu à leurs juges de les juger suivant l'équité. Cette naïveté de l'historien indique du moins ce qui n'arrive que trop souvent; des juges, sous prétexte de se conformer à l'équité, s'écartent de la loi à laquelle ils doivent s'assujettir.

Un juge, consultant Bartole & Baldus sur une question, & les trouvant de différent sentiment, il mettoit à la marge de son livre, Question pour l'Ami, c'est-à-dire, que la vérité étoit si embrouillée, qu'en pareille cause il pourroit favoriser celle des parties qu'il voudroit.

Un juge de village en Basse-Bretagne, nommé Kerlotin, envoya chercher un témoin par un huissier; le témoin buvoit au cabaret, & l'huissier resta avec lui à boire; Kerlotin, dépêcha un second huissier, qui reste à boire avec eux; il y va lui-même; il boit & s'enivre; & le procès ne fut point jugé.

Un paysan chargé de fagots criait par les rues gare, gare, afin qu'on se détournât. Certain jeune homme vêtu de noir, ayant négligé de se retirer, accrocha par l'un de ses fagots, qui fit une furieuse brèche à son habit. Là-dessus grand bruit. Le jeune homme veut être payé de son habit, & fait sa plainte au commissaire qui étoit survenu : de son côté le paysan ouvre la bouche sans articuler aucune parole. Etes vous muet, mon ami, lui dit le commissaire? Non, non, monsieur, interrompit le complaignant, c'est belle malice, parce qu'il ne peut se défendre, il fait le muet; mais quand je l'ai trouvé en mon chemin, il crioit à pleine tête gare, gare, Ha! dit le commissaire, cela étant vous avez tort de vous plaindre, il a raison de ne rien dire, vous avez mieux parlé pour lui, qu'il n'auroit pu faire.

Dans le temps que l'habit de velours étoit regardé comme un habillement de luxe; M. D.... avocat, en avoit commandé un à son tailleur; celui-ci le fit & le lui apporta; mais M. D.... trouvant quelques défauts à l'habit, voulut forcer le tailleur à le reprendre, & le fit assigner au châtelet; M. D... plaida lui même sa cause, & dit qu'il avoit à la vérité commandé l'habit de velours, mais que le tailleur devoit le garder à ses frais, puisque l'habit ne lui alloit pas : là-dessus, le lieutenant civil prononça, & dit : « Nous donnons acte à M. D.... que l'habit de » velours de lui va pas; mais comme il l'a com- » mandé, il est condamné à le payer ».

Un jeune Egyptien, épris d'amour pour la courtisane Théognide, rêva, une nuit, qu'il couchoit avec elle, & sentit, à son réveil, sa passion refroidie. La courtisane l'ayant su, le fit

appeler en justice, lui demanda sa récompense, puisqu'elle avoit guéri sa passion & satisfait son desir. Le juge ordonna que le jeune homme apporteroit, dans une bourse, la somme promise; qu'il la jetteroit dans un bassin, & que la courtisane se payeroit du son & de la couleur des pièces, comme l'Egyptien s'étoit contenté d'un plaisir imaginaire. Ce jugement fut approuvé de tout le monde, excepté de la courtisane, qui représenta que le songe avoit éteint le desir de l'Egyptien, mais qu'au contraire, le son & la couleur de l'or, avoit augmenté le sien, & qu'ainsi l'arrêt étoit injuste.

JUIFS. Quelques juifs de Constantinople, un jour s'avisèrent de dire en conversation, qu'ils seroient les seuls qui entreroient dans le paradis. Où serons-nous donc nous autres, leur demandèrent plusieurs Turcs, avec qui ils s'entretenoient? Les Juifs n'osant pas leur dire ouvertement qu'ils en seroient exclus, leur répondirent qu'ils seroient dans les cours. Le grand visir informé de cette dispute, envoya chercher les chefs de la synagogue, & leur dit, que puisqu'ils plaçoient les musulmans dans les cours du paradis, il étoit juste qu'ils leur fournissent des tentes, afin qu'ils ne fussent pas éternellement exposés aux injures de l'air.

On prétend que c'est depuis ce temps là, que les juifs de Constantinople, paient une somme considérable pour les tentes du grand seigneur, & de toute sa maison, quand il va à l'armée.

Il n'y a pas long-temps qu'un des fils de Jonathan, célèbre juif, fut sur le point de se marier à une jeune chrétienne; son père ne faisoit aucune objection sur la religion de la fille qu'on vouloit lui donner pour femme, mais il se recrioit beaucoup sur son peu de fortune. En conséquence il refusa son consentement. Le jeune Jonathan qui étoit fort amoureux, menaça son père de se passer de son aveu: celui-ci à son tour, lui déclara qu'il ne lui donneroit pas un shelling. Le jeune homme répondit qu'il l'y forceroit, & que s'il refusoit de lui faire part de son bien, il se feroit baptiser pour jouir du bénéfice de la loi angloise, qui donne à un enfant de juif qui se fait chrétien, la moitié des biens de son père. Jonathan demeura confondu à cette réponse : il alla sur le champ trouver un jurisconsulte pour prendre son avis, & savoir s'il existoit réellement une loi pareille en Angleterre. L'avocat la lui confirma; « mais ajouta- » il, si vous voulez me faire présent de dix » guinées, je vous donnerai un moyen de tromper » l'espérance de votre fils, & l'ingrat n'aura » pas le droit d'obtenir la moindre chose ». Jonathan se console à ces mots, compte les dix guinées, & supplie l'avocat de ne le pas faire languir.

languir. « Vous n'avez, reprit le conseiller, qu'à
» vous faire chrétien aussi, & la loi ne donnera
» rien à votre fils ».

Personne n'ignore que Cromwell se servit
avec beaucoup d'adresse du penchant de ses
concitoyens à la superstition, & sur-tout au
fanatisme qu'il sçut leur inspirer par son hypocrisie, & les feintes révélations qu'il prétendoit
avoir très-fréquemment. Quand ces moyens, fort
efficaces de son temps, lui eurent réussi, lorsque,
de grade en grade, & de crime en crime, il
fut parvenu au rang de protecteur, il cessa de
se contraindre, & s'occupa tout entier du soin
de l'administration. Entr'autres innovations qu'il
vouloit introduire, il s'attacha sur-tout au rétablissement des *juifs*, auxquels il desiroit que
l'état accordât les droits de citoyens, l'exercice
du judaïsme, & la liberté du commerce. L'exécution de ce projet fut long-temps retardée, par
les oppositions des différens chefs des sectes
établies en Angleterre : mais enfin, le protecteur
applanit les difficultés, & parvint à rassembler
un nombre assez considérable de *juifs*, qu'il
établit dans un vieux quartier de Londres, sous
la conduite du rabin Manassés Benyvasel, qui
fit construire une synagogue. Le motif de Cromwell, dans cet établissement, étoit, non qu'il
prit intérêt à l'ancienne loi, qui lui sembloit
aussi indifférente que la nouvelle ; mais pour s'assurer une correspondance exacte avec les enfans
de Jacob, dispersés dans toutes les parties du
monde. Cromwell en tira en diverses occasions
le plus grand parti ; & ce fut à cette correspondance qu'il dut dans la suite ses plus brillans succès.

Le cimetière des *juifs* étoit où sont aujourd'hui
les rues Galande & Pierre-Sarrasin. Le roi Philippe-Auguste, les obligea de porter une corne
sur la tête ; il leur étoit défendu de se baigner
dans la Seine, & quand on les pendoit, c'étoit
toujours entre deux chiens. Sous Philippe-le-Bel,
leur communauté s'appeloit, *Societas Caponum*,
& la maison où ils s'assembloient, *Domus Societatis Caponum*, d'où vient, sans doute, le
mot *Capon*.

JULIE, fille unique de l'empereur Auguste,
entra un jour dans l'appartement de son père
avec une parure indécente : le prince en fut
choqué, & la reçut très-froidement. Le lendemain, elle se présenta devant lui dans un habillement simple & modeste. Auguste, charmé de
ce changement, l'embrassa avec tendresse, &
s'écria : « Ah ! combien cette noble simplicité
» est-elle plus digne de la fille d'Auguste ! — Hier,
» répondit la princesse, j'étois parée pour mon
» époux ; aujourd'hui je suis parée pour mon père ».

JULIEN, (Flavius-Claudius) empereur.
Encyclopédiana.

romain, né le 6 novembre 331, mort le 26
juin 363.

Julien pensa périr avec son frère Gallus, dans
le cruel massacre que les fils de Constantin firent
de sa famille. Mais dérobé par des amis fidèles à
la première fureur des meurtriers, il fut confié à
des instituteurs intelligens, qui ne s'appliquèrent
pas moins à former les mœurs de leur élève qu'à
cultiver son esprit. Ils travaillèrent sur-tout à
lui inspirer de la gravité & de la modestie, du
mépris pour les plaisirs des sens, de l'aversion
pour les jeux publics, de l'estime pour une vie
sérieuse & retirée. Ils ne lui permettoient d'amusemens que ceux de la lecture. Le jeune prince
goûta si fort ce genre de vie, qu'on l'entendoit
souvent regretter son cabinet & ses livres au milieu même des exercices auxquels il étoit obligé
de se livrer. Un jour qu'on lui montroit à danser
au son des fifres une danse appelée la pirrhique,
qui faisoit partie des exercices militaires chez les
grecs & chez les romains : *Ah ! Platon, Platon,*
s'écrio t-il, *quel métier pour un philosophe !*

Dans son gouvernement des Gaules, il gagna
l'amitié des habitans par ses manières ennemies
du faste, par son humeur affable & populaire
qui sympathisoit si bien avec la franchise & la
simplicité de nos ayeux ; & il se concilia leur
estime par sa bravoure & son exactitude à rendre
la justice. Dans ses jugemens néanmoins, il penchoit, autant qu'il pouvoit, du côté de la douceur.
S'il étoit obligé de se mettre en campagne pour
quelqu'expédition, il renvoyoit les parties devant
les tribunaux des gouverneurs particuliers, pour
y être jugées à la rigueur. Mais il étoit enjoint
à ces officiers de différer jusqu'à son retour l'exécution de leurs sentences, qu'il réformoit suivant
les principes de l'équité naturelle. Les parens
d'une fille enlevée poursuivoient la mort du ravisseur ; Julien, instruit de quelques circonstances
particulières qui diminuoient l'énormité du crime,
se contenta de bannir le coupable. Les parens
firent entendre leurs plaintes, & dirent tout
haut que César étoit trop indulgent. « Oui,
» je le suis trop, repartit Julien, à ne considé-
» rer que la disposition des loix. Mais le prince
» est une loi vivante qui doit tempérer, par sa
» clémence, ce que les loix mortes ont de trop
» rigoureux ».

Ce prince, à la tête de ses troupes dans les
Gaules, remporta une victoire complette sur sept
rois allemands auprès de Strasbourg. Il vainquit
plusieurs fois les barbares, & les chassa des Gaules
en très peu de temps. L'empereur Constance,
auquel il étoit devenu suspect par tant de succès,
lui envoya demander, pour l'affoiblir, une partie
considérable de ses troupes, sous prétexte d'une
guerre contre les perses. Mais les soldats de
Julien se mutinèrent, & le proclamèrent empereur.

E e e e

malgré sa résistance. Il étoit alors à Paris, où il avoit fait bâtir le palais des Thermes, dont on montre encore les restes sous le nom de bains de *Julien*. Dans une lettre menaçante que Constance avoit écrite au nouvel empereur, il lui marquoit qu'il ne lui restoit pour mettre sa vie en sûreté, que de rentrer dans son devoir & de quitter le diadême. « Je suis prêt à le quitter, dit-il, si » ceux de qui je le tiens y consentent. » Les soldats & le peuple lui confirmèrent, à grands cris, le titre d'Auguste.

Julien marcha contre Constance, qui avançoit à la tête d'une puissante armée, dans le dessein de le soumettre. Tous les soldats du nouvel empereur étoient déterminés à verser pour lui jusqu'à la dernière goutte de leur sang. Les officiers lui avoient prêté serment, excepté Nébridius, préfet du prétoire, créature de Constance & comblé de ses bienfaits, qui resta fidèle à ses premiers engagemens. Les soldats vouloient le mettre en pièce ; mais *Julien* le couvrit de ses habits, & le déroba à leur fureur. Lorsque ce prince revint au palais, il trouva Nébridius qui avoit pris les devans, & le supplioit à genoux de vouloir lui donner sa main à baiser, afin de le mettre par-là en sûreté. « Si je vous donne ma main, répondit-il, que » garderai-je donc pour ceux qui me sont atta-» chés ? Mais vous n'avez rien à craindre : retirez-» vous où il vous plaira ».

Cet empereur philosophe, en entrant dans le palais de Constance, commença par en bannir le luxe, la mollesse & la fainéantise. Un jour qu'il avoit envoyé chercher un barbier, il s'en présenta un superbement vêtu. Le prince le renvoya en lui disant : *Ce n'est pas un sénateur que je demande, mais un barbier*.

De mille de ces artisans qu'avoit son prédécesseur, il n'en garda qu'un. *C'est encore trop,* disoit-il, *pour un homme qui laisse croître sa barbe.*

Il se trouvoit autant de cuisiniers dans le palais. Un jour qu'il en vit passer un, magnifiquement habillé, il l'arrêta ; & ayant fait paroître le sien vêtu selon son état, il demanda à ceux de sa suite qui des deux étoit officier de cuisine : on décida en faveur de celui de *Julien*, qui congédia l'autre & tous ses camarades, en leur disant : *Qu'ils perdroient à son service tous leurs talens.*

Il chassa pareillement tous les eunuques, dont il déclara qu'*il n'avoit pas besoin, puisqu'il n'avoit plus de femme.* Il avoit perdu sa femme Hélène, sœur de Constance, avant d'être proclamé empereur, & ne se maria point depuis.

Julien avoit quitté la religion catholique pour embrasser le polithéïsme. Mais dans la décision des affaires, jamais ni la religion, ni aucun motif étranger ne lui firent pencher la balance.

Une femme avoit un procès contre un domestique de l'empereur. Cet officier avoit été cassé, & ce fut une raison de plus pour cette femme de l'attaquer. En entrant à l'audience, elle fut surprise de voir ce même officier avec la ceinture militaire ; & désespérant d'obtenir justice contre un homme qui avoit eu le crédit de rentrer dans le palais, elle commença à déplorer son malheur. *Julien* l'entendit, & voulut bien la rassurer. « Faites » valoir vos prétentions, lui dit-il, & ne craignez » rien. Il a cette ceinture pour marcher plus vîte » dans les mauvais chemins ; mais elle ne lui » donne pas le crédit de vous faire perdre votre » procès ».

Dans le temps que cet empereur étoit à Berœa, ville de Macédoine, le fils d'un magistrat de cette ville fut chassé de la maison paternelle & déshérité par son père, qui étoit chrétien, pour avoir embrassé la religion du prince. Ce jeune homme se mit sous la protection de l'empereur, qui lui promit d'avoir soin de lui. *Julien* donnant un jour un repas aux principaux habitans de la ville, plaça le père & le fils à ses deux côtés. Au milieu du festin, il représenta au père l'injustice qu'il y avoit à vouloir donner sa raison pour règle de celle des autres. Le père, peu touché des bontés de l'empereur, continua d'exhaler son ressentiment. *Julien* l'en reprit avec douceur, & dit au jeune homme : » Vous voyez que je ne puis rien ga-» gner sur lui. Vous n'avez plus de père ; mais » ne vous chagrinez point : je vous en servirai, » mon fils ».

Pendant son séjour à Antioche, étant sorti de son palais pour aller sacrifier à Jupiter sur le mont Casius, un homme vint lui embrasser les genoux, & le supplier humblement de lui accorder la vie. Il demanda qui c'étoit. » C'est, » lui répondit-on, Théodote, ci-devant chef du » conseil d'Hiéraple ». Et quelqu'un ajouta méchamment : « En reconduisant Constance, qui se » préparoit à vous attaquer, il le complimentoit » par avance sur la victoire, & le conjuroit avec » des gémissemens & des larmes, d'envoyer » promptement à Hiéraple la tête de ce rebelle, » de cet ingrat : c'est ainsi qu'il vous appeloit ». *Je savois tout cela il y a long-temps,* dit l'empereur ; & adressant la parole à Théodote, qui n'attendoit que son arrêt de mort : *Retournez chez vous sans rien craindre. Vous vivez sous un prince qui, suivant la maxime d'un grand philosophe, cherche de tout son cœur à diminuer le nombre de ses ennemis & à grossir celui de ses amis.*

Maris, évêque de Calcédoine, l'un des principaux ariens, aveugle & courbé sous le poids des années, s'étoit fait conduire au temple de la Fortune, lorsque *Julien* y sacrifioit, & lui reprocha publiquement son impiété dans les termes les plus durs. *Julien* l'appela aveugle, & lui dit : « Ton Dieu le galiléen ne te rendra pas la vue ». *Je le remercie*, répartit l'évêque, *de m'épargner la douleur de voir un apostat tel que toi*. L'empereur, qui pouvoit se venger d'un seul mot, ne dit rien & continua son sacrifice avec beaucoup de tranquillité & de modération.

Julien, ayant perdu, à la fleur de son âge, *Hélène* son épouse, ne se remaria point, & sut toujours se défendre de l'amorce des plaisirs. Il disoit souvent, après un poëte grec, que la chasteté est, en fait de mœurs, ce que la tête est dans une belle statue; & que l'incontinence suffit pour déparer la plus belle vie. Dans la guerre qu'il fit contre les perses, il se défendit, à l'exemple d'Alexandre le-Grand, de voir des vierges captives, dont on lui avoit vanté les charmes.

Ce prince avoit l'ame assez élevée pour dédaigner toute louange servile. Des courtisans louoient sa justice, sa modération. « Cessez de me louer, leur dit-il, ou ayez le courage de me blâmer quand je le mérite ».

Qui pratiqua mieux que *Julien* cette vertu, qui consiste à ne nous faire regarder les richesses que comme un moyen de plus que la providence a mis entre nos mains pour soulager nos frères. Voici ce qu'il écrivoit étant empereur. « Qu'on me montre un homme qui se soit appauvri par ses aumônes; les miennes m'ont toujours enrichi malgré mon peu d'économie. J'en ai fait l'épreuve lorsque j'étois particulier. Donnons donc à tout le monde; plus libéralement aux gens de bien; mais sans refuser le nécessaire à personne, pas même à notre ennemi : car ce n'est pas aux mœurs ni au caractère, c'est à l'homme que nous donnons ».

Julien usa sur-tout de sévérité envers les délateurs, ces ames viles qui trafiquent de la crédulité du souverain, ou qui, couvrant leurs inimitiés particulières d'une apparence de zèle pour la personne du prince, prêtent à leurs ennemis les desseins les plus pernicieux. L'empereur cependant se contentoit quelquefois de mépriser les délateurs & leurs petites intrigues. Un homme étoit venu plusieurs fois le trouver pour lui dire qu'un de ses concitoyens prétendoit à l'empire. *Julien* ne fit pas attention à cette accusation ridicule. Mais comme le délateur se présentoit toujours à son audience, l'empereur. pour se délivrer de cet importun, lui demanda quelle étoit la condition du prétendu coupable. *C'est*, dit-il, *un riche bourgeois*. « Quelle preuve avez-vous contre lui » ? ajouta le prince en souriant. *Il se fait faire un habit de soie couleur de pourpre*. *Julien* n'en voulut pas écouter davantage; & comme le délateur insistoit, il dit au grand trésorier: « Je veux qu'on donne à ce dangereux-babillard une chaussure couleur de pourpre, & qu'il la porte à celui qu'il accuse, pour assortir à son habit ».

Julien, à la modération d'un sage, & aux vertus d'un souverain, joignoit toutes les qualités des grands capitaines. Il avoit établi dans ses armées une discipline exacte, l'ame des expéditions militaires. Tous les emplois étoient donnés à l'expérience & à la valeur; & le soldat, animé de l'espérance de parvenir aux plus hauts grades, n'en étoit que plus attaché à ses devoirs. Ses troupes avoient abondamment les vivres & les munitions nécessaires; mais les alimens trop délicats ou qui pouvoient porter à quelques excès, étoient sévèrement interdits. Lorsque la vengeance & l'ambition le firent marcher contre les perses, appercevant un jour, à la suite de l'armée, plusieurs chameaux chargés de liqueurs & de vins exquis, il défendit aux chameliers de passer outre. » Emportez, leur dit-il, ces sources empoisonnées de volupté & de débauche. Un soldat ne doit pas boire de vin, s'il ne l'a pris sur l'ennemi; & je veux moi-même vivre en soldat ».

Ce fut cette guerre contre les perses qui l'occupa le plus, & qui lui coûta le plus de temps, de troupes, enfin la vie. Au commencement de cette expédition, il fit à son armée une courte harangue, qui fit passer dans tous les rangs la confiance & l'ardeur dont il étoit animé. *Je remplirai*, avec l'aide du ciel, disoit-il, *tous les devoirs d'un général, d'un officier, d'un soldat*. Ces paroles, prononcées par un prince qui payoit toujours de sa personne, firent élever des acclamations de joie. Tous les soldats frappant sur leurs boucliers s'écrièrent : *Que Julien soit invincible*. Ce prince remporta plusieurs avantages sur les perses; mais comme il se montroit par-tout où le danger étoit le plus pressant, il fut atteint d'un javelot, qui lui porta un coup mortel, dans le temps même qu'il faisoit fuir les perses. On l'emporta sur un bouclier dans sa tente. « Je me soumets, dit-il, avec joie aux décrets éternels, convaincu que celui qui est épris de la vie quand il faut mourir, est plus lâche que celui qui voudroit mourir quand il faut vivre. Ma vie a été courte; mais mes jours ont été pleins. La mort, qui est un mal pour les méchans, est un bien pour l'homme vertueux. C'est une dette qu'un sage doit payer sans murmure. J'ai été particulier & empereur; & dans la vie privée & sur le trône, je n'ai rien fait, je pense, dont j'aie lieu de me repentir ». Il s'entretint à sa dernière heure de l'immortalité de l'ame, & expira, comme Socrate, en conversant avec ses amis.

JUMEAUX. Il y avoit deux frères *jumeaux*, dont l'un vint à mourir : un écolier rencontrant celui qui avoit furvécu à fon frère, lui demanda lequel de lui ou de fon frère étoit mort.

Près de Laon, eſt la terre de Soiſſons, dont étoit ſeigneur, Henri de Rouſſi. Il épouſa Jacqueline de Lanoy, dont il eut Nicolas & Claude de Rouſſi, *jumeaux*, qui eurent en partage, l'aîné la terre de Soiſſons, & le cadet celle de Dorigny. Ils vinrent au monde le 7 avril 1548; leur reſſemblance étoit ſi parfaite, que leurs nourrices, qui demeuroient enſemble, pour les diſtinguer leur donnèrent différens bracelets. A meſure qu'ils crûrent, leur reſſemblance ſe conſerva dans cette même perfection : leur viſage, leur taille, toute l'attitude du corps avoit une conformité ſi grande, qu'on n'y pouvoit pas appercevoir la moindre différence. Leurs geſtes, leur ton de voix, leurs façons de faire, leurs humeurs, leurs inclinations, ſe repréſentoient mutuellement avec une égalité merveilleuſe : dès qu'ils avoient les mêmes habits, l'œil de leur père & de leur mère ne pouvoit les diſtinguer. Ils furent élevés au collège, & enſuite à la cour. L'aîné fut page de la chambre d'Antoine de Bourbon, roi de Navarre; & le cadet, d'Henri de Bourbon, ſon fils, qui fut roi de France. Charles IX les chériſſoit beaucoup; il prenoit plaiſir à les conſidérer, pour tâcher de trouver quelque différence entr'eux; ni lui, ni ſes courtiſans ne pouvoient point en venir à bout. Ils ne pouvoient ſe laſſer d'admirer comment la nature, qui a de ſi grandes reſſources de variété, & qui aime à les mettre en uſage, s'étoit étudiée à donner les mêmes traits, le même contour & la même forme, avec une ſi grande préciſion à toutes les parties du corps dans ces deux perſonnes. Il ſembloit qu'elle avoit pris à tâche de faire une copie que l'on confondît avec ſon original. Comme le cadet jouoit mieux à la paume que l'aîné, quand celui-ci perdoit, il feignoit d'avoir quelque raiſon de quitter, & il alloit prendre ſon frère, qui s'habillant en joueur, continuoit la partie, ſans qu'on remarquât le changement, & gagnoit la partie. Ils eurent les mêmes maladies : les mêmes indiſpoſitions, dans les mêmes endroits; leurs corps, qui étoient également conſtitués, ſe dérangèrent en même-temps par une même révolution; l'aîné mourut âgé de trente ans, par la faute du médecin; le cadet eut un médecin habile, qui lui fit recouvrer la ſanté.

JUREMENS. Un homme, qui ne ceſſoit de faire des *juremens*, ayant été repris en juſtice de jurer le nom de Dieu à chaque parole qu'il diſoit, fut condamné à trois mois de priſon. Le temps expiré; le juge le fit venir devant lui, & lui demanda s'il étoit dans le deſſein de retomber dans la même faute. Hélas! lui répondit-il naïvement & en tremblant : *Je vous promets, monſieur, de ne parler jamais de Dieu ni en bien, ni en mal.*

Deux perſonnes, dont l'une étoit un eccléſiaſtique, s'entretenoient un jour dans un café; leur converſation étoit très ſavante; elle rouloit ſur les avantages de l'étude. Le capitaine Hall ſe trouva par haſard aſſis tout auprès; las d'entendre vanter la ſcience, il ſe leva, & leur dit avec vivacité : « Pardieu! docteur, dites tout ce » que vous voudrez; mais que je ſois damné, » ſi la guerre n'eſt pas la ſeule école digne d'un » gentilhomme? Penſez-vous, morbleu! que » mylord Malborough ait gagné tant de batailles » avec du grec & du latin? Qu'eſt-ce qu'un » écolier quand il entre dans le monde? Je veux » être damné s'il eſt autre choſe qu'un ſot. Je » ſerois, pardieu, ravi de voir un de vos écoliers à l'armée, avec ſes noms, ſes verbes, » ſes pronoms, ſa philoſophie : quelle figure » feroit-il à un ſiége, à une bataille, &c.? » Mordieu....! Mais dites, je vous prie, reprit » gravement l'eccléſiaſtique, eſpérez-vous, avec » vos *juremens*, prendre le ciel d'aſſaut?

Un payſan ayant été admis à faire ſerment, répondit au juge qu'il ne ſavoit pas *jurer* : « mais, » ajouta-t-il, j'ai mon fils le grenadier qui s'en » acquitte à merveille; je vais le chercher ».

Chaque nation a ſon *jurement* particulier, que l'on doit taire par décence, quoiqu'il peigne d'une manière originale le caractère de ſes habitans. Mais il eſt des imprécations qui ne les caractériſent pas moins, & dont on peut parler ſans bleſſer la politeſſe. Les lacédémoniens, ennemis du luxe, & perſuadés des maux qu'il entraîne après lui, au rapport de Suidas, diſoient à leurs ennemis, *que l'envie de bâtir te prenne! que le goût des habits & des chevaux te domine! que ta femme ait des galans!* Cette dernière étoit la plus terrible. Les françois ne prononceront jamais ſérieuſement une pareille imprécation : mais ſe conformant à la formule dictée par l'eſprit malin, ils ont toujours donné leurs ennemis au diable. Plus réfléchis dans leur vengeance, les génois ſouhaitent à ceux qu'ils maudiſſent, la paſſion pour la loterie, en diſant qu'ils y ſoient amorcés par le gain d'un foible lot, *Che tu poſei guadagnar un ambelo!* Puiſſe-tu gagner un petit amb!

On ſait que le célèbre Pope étoit petit & fort mal bâti. Son *jurement* favori étoit : *Dieu me corrige!* S'étant un jour ſervi de cette expreſſion avec un cocher de place : « Dieu vous corrige! » dit le cocher; il auroit la moitié moins de peine » à en faire un tout neuf ».

Louis XIV avoit défendu au fameux comique Dufreſny de blaſphémer au jeu, ſous peine d'avoir la langue percée d'un fer rouge. Dufreſny, ſuivant ſon uſage, joue & perd. La menace du fer rouge l'empêche d'éclater. Jurant entre ſes denis, & n'y pouvant plus tenir, il quitte la partie avec quelques louis qui lui restoient. Comme il marchoit au hasard, en se mordant les lèvres, il apperçoit un malheureux qui se désoloit à l'écart. « Qu'avez-vous, lui dit-il ? je suis ruiné, répond » l'autre. — Tant mieux ; tenez, voilà dix louis ; » allez vîte, allez *jurer* pour moi ; car le roi me » l'a défendu ».

JURISTE. Le Khalife Haron-Rakchid, étant devenu amoureux d'une des esclaves, & concubines de son frère Ibrahim, voulut l'acheter de lui à prix-d'argent. Il lui offrit pour cet effet trente mille dinars ou écus d'or ; mais Ibrahim avoit juré qu'il ne la vendroit, ni ne la donneroit à personne. Cependant comme le Khalife son frère le pressoit fort, & qu'il vouloit avoir à quelque prix que ce fût cette esclave, il consulta Abou-Joseph, sur ce qu'il avoit à faire en cette occasion. Ce docteur lui dit : « Si vous voulez » éviter le parjure, donnez-la à moitié, & vendez- » la à moitié au Khalife ». Ibrahim fut ravi de cet expédient, & envoya aussitôt l'esclave à son frère, lequel ne laissa de lui envoyer la somme entière qu'il lui avoit offerte, mais Ibrahim qui étoit charmé d'être sorti d'un si grand embarras, en fit présent aussitôt au Cadhi. Haron ayant en sa possession la fille qu'il avoit tant désirée, voulut coucher avec elle dès la même nuit : mais la loi s'opposoit à ses désirs, car, selon la loi des musulmans, un frère ne peut pas coucher avec la concubine de son frère, si elle n'a auparavant passé par les mains d'un autre. Abou Joseph consulté sur cette difficulté, conseilla au Khalife de faire épouser cette femme à un de ses esclaves, à condition qu'il la répudieroit aussitôt & la lui remettroit entre les mains. Ce mariage fut exécuté, mais l'esclave, devenu amoureux de sa nouvelle épouse, ne voulut point entendre parler de divorce, & voulut la retenir, nonobstant l'offre qui lui fut faite de dix mille dinars. Ce fut alors qu'Abou-Joseph eut besoin de toute la subtilité de sa jurisprudence, pour satisfaire en même-temps sa conscience & les désirs de son maître : il sortit encore de ce mauvais pas, en lui conseillant de donner cette esclave dont il étoit toujours le maître, à la femme qu'il avoit épousée : car, par ce moyen, le lien du mariage seroit rompu ; puisque selon la loi musulmane, une femme ne peut pas être mariée à son propre esclave. Ceci ayant été exécuté, le divorce suivit, & la femme retourna entre les mains du Khalife. Ce prince fut si bon gré à son Cadhi des expédiens qu'il lui avoit donnés, que les dix mille dinars qui avoient été offerts à l'esclave, lui furent aussitôt comptés. Mais ce ne fut pas là tout le gain que fit ce *juriste* musulman ; car le Khalife, ayant fait présent de cent mille dinars à cette femme, dont il étoit éperduement amoureux, elle, en

reconnoissance des bons offices que le Cadhi lui avoit rendus, en la délivrant des mains d'un esclave, pour la faire passer en celles d'un si grand prince, lui fit également présent de dix mille dinars. De sorte que cet habile *juriste* gagna cinquante mille écus d'or, pour ses consultations, dans une seule affaire.

Un jeune étudiant en droit, enrôlé contre son gré dans les nouvelles recrues pour l'armée impériale, & se figurant que son titre devoit lui servir d'exemption, s'avisa de présenter un placet à l'empereur, où il alléguoit, entr'autres raisons, qu'étant sur le point de recevoir le bonnet de docteur, il se flattoit d'être en état de rendre beaucoup plus de services à sa patrie comme gradué, que comme soldat : « Mon ami, lui dit » l'empereur, vous n'ignorez pas sans doute » que j'ai moi-même un procès de conséquence » à terminer avec le roi de Prusse, & que je ne puis » vuider moi seul, qu'ainsi j'ai besoin de gens, » tels que vous, pour me seconder dans cette » affaire. Allez, voici douze ducats dont je vous » fais présent ; conduisez vous bien, & je vous » réponds de vous avancer ».

IVROGNES. La passion du vin, ainsi que les autres passions, trouble les actions de ceux qui s'y adonnent, obscurcit leur raison, & les porte à mille extravagances. Il faut avouer néanmoins que les ivrognes, ont des saillies, & des naivetés qui leur sont particulières, & peuvent amuser. C'est aussi par ce côté qu'on les montre quelquefois sur la scène comique.

Un *ivrogne* qui avoit bien bû, se leva la nuit d'auprès de sa femme, & alla satisfaire son besoin par la fenêtre. Comme il pleuvoit, il entendoit l'eau d'une gouttière qui tomboit, & croyant que c'étoit lui qui faisoit ce bruit, il restoit toujours dans la même posture, à la fin sa femme lui cria : auras-tu bientôt fini ? Hélas ! repartit l'*ivrogne*, je finirai quand il plaira à dieu.

M. le marquis de G... & M. le duc de G.... rencontrèrent un *ivrogne*, qui soutenoit bien sa réputation ; le duc après lui avoir fait plusieurs questions, lui dit : avoue le, il n'y a ici que monsieur le marquis & moi, n'est-il pas vrai que tu es un *ivrogne* ? L'*ivrogne*, lui répliqua, attendez, monsieur, je vais vous répondre, il se plaça entr'eux, & puis regardant tantôt l'un, tantôt l'autre, voulez-vous savoir de ma propre bouche, si je suis un *ivrogne*, je vous répondrai : entre deux, Messeigneurs, entre deux.

L'abbé Lattaignant avoit soupé en ville, & avoit bu assez copieusement ; il sortit, pour s'en retourner à pied ; il faisoit beaucoup de verglas : en conséquence il tomba à plusieurs reprises. Voyant qu'il ne pouvoit marcher, il resta ; il y avoit déja quelque temps qu'il étoit à platte terre, lorfqu'il paſſa un caroſſe; le cocher l'apperçut à temps; on arrêta la voiture; l'abbé fut réconnu : madame de.... lui dit : « Mais l'abbé que » faites vous donc là, à une telle heure? madame, » répondit-il, je ne puis marcher ſans tomber, » j'attends le dégel ». On le ramena chez lui.

Philippe le Bon, duc de Bourgogne, ſe promenant un ſoir à Bruges, trouva dans la place publique, un homme étendu par terre, où il dormoit profondément. Il le fit enlever, & porter dans ſon palais, où, après qu'on l'eut dépouillé de ſes haillons, on lui mit une chemiſe fine, un bonnet de nuit, & on le coucha dans un lit du prince. Cet *ivrogne* fut bien ſurpris à ſon réveil, de ſe voir dans une ſuperbe alcove, environné d'officiers plus richement habillés les uns que les autres. On lui demanda quel habit ſon alteſſe vouloit mettre ce jour-là. Cette demande acheva de le confondre; mais après mille proteſtations qu'il leur fit qu'il n'étoit qu'un pauvre ſavetier, & nullement prince, il prit le parti de ſe laiſſer rendre tous les honneurs dont on l'accabloit : il ſe laiſſa habiller, parut en public, ouit la meſſe dans la chapelle ducale, y baiſa le miſſel; enfin, on lui fit faire toutes les cérémonies accoutumées : il paſſa à une table ſomptueuſe, puis au jeu, à la promenade, & aux autres divertiſſemens. Après le ſouper, on lui donna le bal. Le bon homme ne s'étant jamais trouvé à telle fête, prit libéralement le vin qu'on lui préſenta, & ſi largement, qu'il s'enivra de la bonne manière. Ce fut alors que la comédie ſe dénoua. Pendant qu'il cuvoit ſon vin, le duc le fit revêtir de ſes guenilles, & le fit reporter au même lieu d'où on l'avoit enlevé. Après avoir paſſé là toute la nuit, bien endormi, il s'éveilla, & s'en retourna chez lui raconter à ſa femme tout ce qui lui étoit effectivement arrivé, comme étant un ſonge qu'il avoit fait. Cette hiſtoriette a fourni le ſujet d'une comédie italienne : *Arlequin toujours Arlequin.*

Le premier ſultan qui ſe ſoit énivré de vin, eſt Amurat IV. L'occaſion qui l'y porta, & le goût qu'il prit enſuite pour cette liqueur, méritent d'être remarqués. Etant à ſe promener un jour ſur la place publique, plaiſir que tous les ſultans ſe donnent, ſous un habit qui les déguiſe, il rencontra un homme du peuple, nommé Béeri-Muſtapha; ſi ivre, qu'il chanceloit en marchant. Ce ſpectacle étant nouveau pour lui, il demanda à ſes gens ce que c'étoit. On lui dit que c'étoit un homme ivre; & tandis qu'il ſe faiſoit expliquer comment on le devenoit, Béeri-Muſtapha, le voyant arrêté ſans le connoître, lui ordonna d'un ton impérieux de paſſer ſon chemin. Amurat, ſurpris de cette hardieſſe, ne put s'empêcher de lui répondre : Sais-tu, miſé-

rable, que je ſuis le ſultan? — Et moi, répondit le turc, je ſuis Béeri-Muſtapha. Si tu veux me vendre Conſtantinople, je l'achete : tu ſeras alors Muſtapha, & je ferai ſultan. La ſurpriſe d'Amurat augmentant, il lui demanda avec quoi il prétendoit acheter Conſtantinople. — Ne raiſonne pas, lui dit l'*ivrogne*, car je t'acheterai auſſi, toi qui n'es que le fils d'une eſclave. (On ſait que les ſultans naiſſent des eſclaves du ſerail.) Ce dialogue parut ſi admirable au grand-ſeigneur, qu'apprenant en même-temps; que dans peu d'heures la raiſon reviendroit à Béeri, il le fit porter dans ſon palais, pour obſerver ce qui lui reſteroit de ce tranſport, & ce qu'il penſeroit lui même de tout ce qu'il rappelleroit à ſa mémoire. Quelques heures s'étant paſſées, Béeri-Muſtapha, qu'on avoit laiſſé dormir dans une chambre dorée, ſe réveille & marque beaucoup d'admiration de l'état où il ſe trouve. On lui raconte ſon aventure, & la promeſſe qu'il a faite au ſultan. Il tombe dans une mortelle frayeur, & n'ignorant point le caractère cruel d'Amurat, il ſe croit au moment de ſon ſupplice. Cependant, ayant rappelé toute ſa préſence d'eſprit, pour chercher quelque moyen d'éviter la mort, il prend le parti de feindre qu'il eſt déja mourant de frayeur, & que ſi on ne lui donne du vin pour ſe ranimer, il ſe connoît ſi bien, qu'il eſt ſûr d'expirer bientôt. Ses gardes, qui craignirent en effet qu'il ne mourût avant que d'être préſenté à l'empereur, lui font apporter une bouteille de vin, dont il ne feint d'avaler quelque choſe, que pour avoir occaſion de la garder ſous ſon habit. On le mène après devant l'empereur, qui lui rappelant ſes offres, exige abſolument qu'il lui paye le prix de Conſtantinople, comme il s'y étoit engagé. Le pauvre turc tira ſa bouteille. O empereur ! répondit-il, voilà ce qui m'auroit fait acheter hier Conſtantinople; & ſi vous poſſédiez les richeſſes dont je jouiſſois alors, vous les croiriez préférables à la monarchie de l'univers. Amurat lui demandant comment cela pouvoit ſe faire : — Il n'eſt queſtion, lui dit l'*ivrogne*, que d'avaler cette divine liqueur. L'empereur, voulant en goûter par curioſité, en but un grand coup, & l'effet en fut très-prompt dans une tête qui n'avoit jamais ſenti les vapeurs du vin. Son humeur devint ſi gaie, & tous ſes ſens ſe livrèrent tellement à la joie, qu'il crut ſentir que tous les charmes de ſa couronne n'égaloient point ceux de ſa ſituation. Il continua de boire. Mais l'ivreſſe ayant ſuivi de près, il tomba dans un profond ſommeil, dont il ne revint qu'avec un violent mal de tête. La douleur de ce nouvel état lui fit oublier le plaiſir qu'il avoit goûté. Il fit venir Béeri-Muſtapha, dont il ſe plaignit avec beaucoup d'emportement. Celui-ci, à qui l'expérience donnoit des lumières, engagea ſa vie qu'il guériroit ſur le champ Amurat, & ne lui offrit point d'autre remède, que de recommencer à boire du vin. Le sultan y consentit. Sa joie revint, & son mal fut aussitôt dissipé. Il fut si charmé de cette découverte, que non-seulement il en fit usage le reste de sa vie, dont il ne passa point un seul jour sans s'enivrer; mais, qu'ayant fait Béeri-Mustapha son conseiller privé, il l'eut toujours auprès de sa personne pour boire avec lui. A sa mort il le fit enterrer avec beaucoup de pompe dans un cabaret, au milieu des tonneaux; & il déclara dans la suite, qu'il n'avoit pas vécu heureux un seul jour depuis qu'il avoit perdu cet habile maître & ce fidèle conseiller.

JUSTICE. L'auteur du *Pour & Contre*, cite cet exemple d'amour d'un roi, pour la *justice*, tiré de l'histoire d'Angleterre. Un des domestiques du prince Henri, fils aîné d'Henri IV, avoit été accusé au banc de roi, & saisi par ordre de ce tribunal. Le prince, qui l'aimoit beaucoup, regarda cette entreprise comme un manque de respect pour sa personne; & n'ayant que trop de flatteurs autour de lui enflammèrent encore son ressentiment par leurs conseils, il se rendit lui-même au siége de la *justice*, où se présentant d'un air furieux, il donne ordre aux officiers de rendre sur le champ la liberté à son domestique. La crainte fit baisser les yeux à tous ceux qui l'entendirent, & leur ôta l'envie de répondre. Il n'y eut que le lord, chef de *justice*, nommé sir Willam-Gascoigne, qui se leva sans aucune marque d'étonnement, & qui exhorta le prince à se soumettre aux anciennes loix du royaume, ou du moins, lui dit-il; si vous êtes résolu de sauver votre domestique des rigueurs de la loi, adressez-vous au roi votre père, & demandez lui grace pour le coupable. C'est le seul moyen de satisfaire votre inclination, sans donner atteinte aux loix & sans blesser la *justice*. Ce sage discours fit si peu d'impression sur le jeune prince qu'ayant renouvellé ses ordres avec la même chaleur, il protesta que si l'on différoit un moment de le suivre, il alloit employer la violence. Le lord, chef de *justice*, qui le vit disposé sérieusement à l'exécution de cette menace, leva la voix avec beaucoup de fermeté & de présence d'esprit, & lui commanda, en vertu de l'obéissance qu'il devoit à l'autorité royale, non-seulement de laisser le prisonnier, mais de se retirer à l'instant de la cour, dont il troubloit les exercices par des procédés si violens. C'étoit attiser le feu & souffler sur la flamme. La colère du prince éclata d'une manière terrible; & montant au comble, elle le porta à s'approcher furieusement du juge, qu'il crut peut-être épouvanter par ce mouvement. Mais sir Willam, se rendant maître de tous ses sens, soutint merveilleusement la majesté d'un siége sur lequel il représentoit le roi. Prince, s'écria-t-il d'une voix ferme, je tiens ici la place de votre souverain seigneur, & de votre père. Vous lui devez une double obéissance à ces deux titres. Je vous ordonne, en son nom, de renoncer à votre dessein, & de donner désormais un meilleur exemple à ceux qui doivent être un jour vos sujets. Et, pour réparer la désobéissance, & le mépris que vous venez de marquer pour la loi, vous vous rendrez vous-même à ce moment dans la prison, où je vous enjoins de demeurer jusqu'à ce que le roi votre père, vous fasse déclarer sa volonté. La gravité du juge & la force de l'autorité, produisirent l'effet d'un coup de foudre. Le prince en fut si frappé, que remettant aussitôt son épée à ceux qui l'accompagnoient, il fit une profonde révérence au lord chef de *justice*, & sans répliquer un seul mot, il se rendit droit à la prison du même tribunal. Les gens de sa suite allèrent aussitôt faire ce rapport au roi, & ne manquèrent point d'y joindre toutes les plaintes qui pouvoient le prévenir contre sir Willam. Ce sage monarque se fit expliquer jusqu'aux moindres circonstances : ensuite il parut rêver un moment. Mais levant tout d'un coup les yeux & les mains au ciel, il s'écria, dans une espèce de transport : « Ô » Dieu! quelle reconnoissance ne dois-je pas à » ta bonté! Tu m'as donc fait présent d'un » juge qui ne craint pas d'exercer la *justice*, » & d'un fils, qui non-seulement sait obéir, « mais qui a la force de sacrifier sa colère à » l'obéissance ».

Un des plus grands seigneurs de France ayant cassé le bras gauche à un sergent dans le temps qu'il faisoit les fonctions de son office, Louis XII ne l'eut pas plutôt su, qu'il alla lui-même au parlement portant le même bras en écharpe. La cour surprise de le voir en cet état, & lui ayant demandé quel accident l'obligeoit à porter ainsi le bras : un mal qui exige de prompts remèdes, répondit-il : il exposa ensuite ce qui étoit arrivé au sergent, & ajouta : « Puisqu'on fait une pa- » reille violence à ceux qui exécutent les ordres » de ma justice, il me servira ce bras qui en » porte le glaive que j'ai reçu de Dieu, aussi bien » que mon sceptre & ma couronne »? Il fit ensuite obliger le seigneur coupable à réparer, par une satisfaction proportionnée, le dommage qu'il avoit fait au sergent.

Dans le temps que Charles XII, roi de Suède, étoit en Pologne à la tête de son armée victorieuse, il reçut une dépêche de Stockolm, par laquelle la régence lui donnoit avis qu'un gentilhomme de ses sujets, atteint & convaincu d'avoir commis plusieurs crimes des plus noirs, avoit été emprisonné & condamné à mort, mais que l'arrêt n'avoit point encore été exécuté, parce qu'il arrivé un accident qui avoit obligé les juges d'en surseoir l'exécution; que le coupable, après avoir entendu la lecture de fon arrêt, avoit déclaré qu'il poſſédoit un ſecret qui pouvoit devenir fort utile à la patrie; qu'il ſavoit changer le fer en argent, & que ſi l'on vouloit lui laiſſer la vie, il s'occuperoit dans une priſon perpétuelle à faire de l'argent pour le ſervice de l'état; que les juges, pour ſavoir s'il diſoit la vérité, l'avoient fait travailler, & que tous les orfèvres de Stockolm ayant été appelés pour examiner ſon argent, l'avoient jugé de bon aloi; que là-deſſus la régence trouvant la choſe très-importante, avoit cru devoir en informer ſa majeſté & lui demander ſes ordres. Quoique Charles eût alors grand beſoin d'argent pour fournir aux frais de la guerre, il n'héſita point à faire cette réponſe à la régence: *Auſſi-tôt ma dépêche reçue, purgez mes états d'un monſtre indigne de vivre.*

Tamerlan diſoit ſouvent: « Si vous voulez » conſerver un état en repos, tenez toujours » l'épée de la *juſtice* en mouvement ».

Le Guliſtan nous offre ce trait admirable d'un ſultan, perſuadé qu'une grace accordée à un criminel eſt une injuſtice envers le public. Un arabe étoit venu ſe jetter à ſes genoux pour ſe plaindre des violences que deux inconnus exerçoient dans ſa maiſon. Le ſultan s'y tranſporta auſſitôt, & après avoir fait éteindre les lumières, ſaiſir les criminels & envelopper leurs têtes d'un manteau, il commande qu'on les poignarde. L'exécution faite, le ſultan fait rallumer les flambeaux, conſidère les corps de ces criminels, lève les mains & rend grace à Dieu. « Quelle faveur, lui dit » ſon viſir, avez-vous donc reçue du ciel? Viſir, » répond le ſultan, j'ai cru mes fils auteurs de » ces violences; c'eſt pourquoi j'ai voulu qu'on » éteignît les flambeaux, qu'on couvrît d'un » manteau le viſage de ces malheureux: j'ai » craint que la tendreſſe paternelle ne me fît » manquer à la *juſtice* que je dois à mes ſujets. » Jugez ſi je dois remercier le ciel, maintenant » que je me trouve juſte ſans être parricide ».

Junius Brutus, conſul romain, jugea ſes deux fils, Tite & Tibère, à être décapités, convaincus d'avoir fait faire rentrer la race des Tarquins à l'empire de Rome, dont ils avoient été chaſſés pour le vice de paillardiſe. (*Sabellic. l. 5. c. 5.*)

Almanzor, qui conquit l'Eſpagne par ſes généraux, après la défaite du roi Rodrigue, eut grand ſoin d'y faire rétablir le bon ordre, autant qu'il fut poſſible. A quelque temps de-là, il envoya Ibrahim Moevia, pour viſiter le pays conquis, & voir ſi la *juſtice* y étoit bien adminiſtrée par les gouverneurs. Celui-ci en paſſant, dans un endroit dépeuplé entre Cadix & Bacca, rencontra une jeune fille qui étoit ſeule, & lui demanda ſi elle oſoit bien marcher ainſi ſeule dans un déſert:

tant que vivra Almanzor, notre ſouverain, lui répondit-elle, nous pouvons aller & venir dans ſes états ſans aucune crainte. Voilà qui eſt bien, reprit-il; mais ſi quelqu'un vous outrageoit; Almanzor eſt bien loin d'ici, & ne pourroit pas venir à votre ſecours. Cet homme étant retourné à la cour, pour rendre compte de ſa viſite, raconta cette converſation à Almanzor. Ce calife fut percé au vif de la réponſe qu'avoit fait ſon favori; il le renvoya en Eſpagne porter une lettre au gouverneur. C'étoit un ordre de faire conduire le porteur au lieu où il avoit eu cet entretien avec la fille, & de l'y faire empaler, & de publier par un crieur qu'il avoit mérité un tel ſupplice, pour avoir parlé à une fille dans ce déſert, & avoir voulu diminuer la confiance qu'elle avoit en la *juſtice* d'Almanzor.

Pierre le Cruel, roi d'Eſpagne, étoit fort bon juſticier, quoique cruel. Il aimoit à courir les rues la nuit. Une nuit il fut rencontré par un ſavetier, qui le frotta vigoureuſement; mais le roi le tua. La *juſtice* fit des perquiſitions pour découvrir l'auteur du meurtre. Une vieille femme découvrit le roi qu'elle avoit reconnu; les magiſtrats l'allèrent trouver, il avoua & fit couper la tête à ſon effigie, pour les ſatisfaire par cette ombre de *juſtice*. On voit encore à Seville cette ſtatue ſans tête au coin de la rue où le meurtre fut commis.

L'aieule de Jean Deſmarets, aſſaſſiné par le ſeigneur de Talart, s'étant jettée aux pieds de François I, pour lui demander *juſtice* de l'aſſaſſin de ſon fils: « Relevez-vous, lui dit le roi, il » n'eſt pas néceſſaire de ſe mettre à genoux » pour me demander *juſtice*; je la dois à tous » mes ſujets: à la bonne heure ſi c'étoit une » grace ». Le crime fut puni, & Talart eût la tête coupée aux halles de Paris.

On a quelquefois lieu d'admirer la ſagacité avec laquelle la *juſtice* eſt rendue chez les turcs, que nous traitons d'ignorans, parce qu'ils n'ont ni inſtituts, ni code, ni digeſte. Un marchand chrétien ayant confié à un chamelier turc un certain nombre de balles de ſoie, pour les voiturer d'Alep à Conſtantinople, ſe mit en chemin avec lui. Mais au milieu de la route, il tomba malade, & ne put ſuivre la caravanne, qui arriva long-temps avant lui à cauſe de ce contre-temps. Le chamelier ne voyant point venir ſon homme au bout de quelques ſemaines, s'imagina qu'il étoit mort, vendit les ſoies, & changea de profeſſion. Le marchand chrétien arriva enfin, le trouva, après avoir bien perdu du temps à le chercher, & demanda ſes marchandiſes. Le fourbe feignit de ne pas le reconnoître, & nia d'avoir jamais été chamelier. Le cadi devant qui cette affaire fut portée, dit au chrétien, que demandes-tu?

demandes-tu ? — Je demande, dit-il, vingt balles de soie que j'ai remises à cet homme-ci. — Que réponds-tu à cela, dit le cadi au chamelier. — Je ne sais ce qu'il veut dire, avec ses balles de soie & ses chameaux, & je ne l'ai ni vu, ni connu, reprit le chamelier. Alors le cadi se retournant vers le chrétien, lui demanda quelle preuve il pouvoit donner de ce qu'il avoit avancé. Le marchand n'en put donner d'autre, sinon que sa maladie l'avoir empêché de suivre le chamelier. Le cadi leur dit à tous deux qu'ils étoient des bêtes, & qu'ils se retirassent de sa présence. Il tourna le dos ; & pendant qu'ils sortoient ensemble, il se mit à une fenêtre, & cria assez haut : chamelier, un mot. Le turc tourna aussi-tôt la tête, sans songer qu'il venoit d'abjurer cette profession. Alors le cadi l'obligeant de revenir sur ses pas, lui fit donner la bastonnade & avouer sa friponnerie. Il le condamna à payer au chrétien sa soie, & de plus, une amende considérable pour le faux serment qu'il avoit prêté.

K.

KAIN, (Henri - Louis le) célèbre acteur françois, né en 1729, mort en 1778.

Un tapissier fit connoître le Kain à Voltaire, qui lui donna des leçons, & le fit recevoir à la comédie.

Baron, disoit Voltaire, étoit plein de noblesse, de grace, & de finesse; Beaubourg étoit un énergumène; Dufresne n'avoit qu'une belle voix & un beau visage; le Kain seul a été véritablement tragique.

Louis XV dit, après une représentation de Zaïre, où le Kain avoit joué le rôle d'Orosmane, il m'a fait pleurer, moi qui ne pleure guère; & ce suffrage en imposa aux petites cabales des acteurs, qui vouloient écarter ce grand talent de leur théâtre, comme ils en ont éloigné bien d'autres.

On a ainsi caractérisé les rares talens de cet acteur. Le feu sombre & terrible de ses regards, le grand caractère imprimé sur son front, la contraction de tous ses muscles, le tremblement de ses lèvres, le renversement de tous ses traits; tout en lui servoit à peindre les différens accens du désespoir, de la douleur, de la sensibilité, & à marquer les différentes attitudes de la grandeur, de la menace, de la fierté. Des études constantes & réfléchies l'avoient conduit à la perfection de son art, auquel il consacroit son temps, ses soins, ses dépenses. Il est le premier qui ait eu de véritables habits de costume; & il les dessinoit lui-même avec l'exactitude d'un homme qui connoissoit l'histoire & les mœurs des peuples.

KIRCKER, (Athanase) jésuite, mort en 1680, à 79 ans.

Le père Kircker, jésuite, rapporte dans une relation de ses voyages, que revenant de Goa en Europe, & étant arrivé à l'embouchure du fleuve Indus, il entra dans un marécage rempli de roseaux, du milieu duquel sortit tout-à-coup un crocodile énorme, qui vint à lui pour le dévorer. En même-temps, il apperçut un tigre qui venoit aussi se jetter sur lui. Le pauvre père, placé entre deux périls inévitables, ne savoit à quel saint se vouer, lorsque tout à-coup le tigre s'étant élancé avec furie, tomba dans la gueule du monstrueux crocodile, qui, occupé de sa nouvelle proie, donna au missionnaire le temps de s'échapper. (Credat judæus Apella).

L.

LAC. Il y a un *lac* près de Beja, entre le Tage & Guadïane, qui a cette propriété; c'est que quand le temps est disposé à la pluie, ou à quelqu'orage; il en sort un bruit semblable au mugissement d'un taureau, que l'on entend à cinq ou six lieues à la ronde.

A Tivoli, ou plutôt à trois milles de Tivoli, il y a un petit *lac*, appelé Lagodi-Bagni, ou Salfatara, que le peuple nomme aussi les *seize Barquettes*, à cause des îles flottantes qui sont sur ce *lac*. Ce n'est que comme un petit étang, à-peu-près rond & large de deux cents pas. L'eau en est extrêmement transparente, & d'une couleur qui paroît fort bleue. Il en sort un assez gros ruisseau qui coule rapidement, & qui se jette après cela dans l'Aniens. Le *lac* & le ruisseau exhalent une odeur de souffre qui frappe vivement & qu'on sent de fort loin. Le cardinal d'Estrées ayant essayé en vain de sonder la profondeur de ce *lac*, y fit entrer deux plongeurs, l'un desquels n'a jamais été vu depuis; l'autre rapporte qu'il avoit trouvé l'eau si chaude, quoiqu'elle soit fort froide sur la superficie, qu'il ne lui avoit pas été possible de descendre plus bas. La terre est sèche & creuse par-dessous. Tout autour des bords du *lac*, on peut juger de la concavité par le bruit sourd que font les chevaux en marchant. Vraisemblablement ce qui paroît de ce *lac* n'est que la petite ouverture d'un vaste abîme qui s'élargit & qui s'étend fort loin par-dessous, à droite & à gauche. La plus grande des îles flottantes est d'un ovale parfait, & la longueur est de quinze pieds ou environ. Elles sont toujours toutes ensemble du côté que le vent les pousse; pour peu qu'on y touche, on les fait reculer comme on veut. Quand on se met dessus, on les peut éloigner d'abord en poussant la terre de la pointe de l'épée seulement.

LACET. J. J. Rousseau s'occupoit à faire des *lacets*. Une demoiselle lui en demanda un de sa façon pour le jour de ses noces; il le lui envoya avec le billet suivant.

« Le voilà, mademoiselle, le beau présent
» que vous avez desiré; s'il s'y trouve du su-
» perflu, faites en bon ménage, qu'il ait bien-
» tôt son emploi. Portez sous d'heureux auspices
» cet emblême des biens de douceur & d'amour
» dont vous tiendrez enlacé votre heureux époux;
» & songez que porter un *lacet* tissu par la main
» qui traça les devoirs des mères, c'est s'engager
« à les remplir ».

LACÉDÉMONIEN. Un roi de Lacédémone, prêt de livrer bataille, voulut sauver du danger un vieillard de quatre-vingts ans, il le renvoie à Sparte. Prince, lui répondit le généreux vieillard, vous me renvoyez, bien loin chercher un lit pour mourir, où pourrai-je en trouver un plus honorable que, ce champ de bataille? On lui permit de rester, & il mourut en combattant près de son roi.

Un *lacédémonien* abattu sous son ennemi, & prêt à recevoir un coup dans le dos: frappe-moi pardevant, lui dit-il, pour ne pas faire rougir mes amis après ma mort.

LACHETÉ. Tous les jeunes athéniens se faisoient inscrire dans un registre public à l'âge de dix-huit ans, & s'engageoient par un serment solemnel à servir la république. Cet acte les obligeoit à marcher jusqu'à l'âge de soixante ans dans toutes les occasions, qui se présentoient. On peut conjecturer que cet usage avoit également lieu dans tous les autres états de la Grèce, qui vraisemblablement observoient à cet égard la même discipline que Sparte & Athènes. Chez tous ces peuples les déserteurs étoient punis de mort, & on nottoit d'infamie ceux qui, dans la mêlée, avoient abandonné leurs boucliers.

Le duc d'Orléans, qui a remplacé, en 1706, le duc de Vendôme en Italie, envoie le chevalier Folard à Modène, pour aider de ses conseils, en cas de siège, le gouverneur de cette place, dont on soupçonne la capacité & le courage. « Je me rendis chez lui, dit cet écrivain illustre; » mais je pris mal mon temps. J'avais déjà appris, d'un officier de Vexin, qu'une infinité » de maîtres s'étoient chargés de son éducation. » Je le trouvai avec un rabin célèbre, nommé » Babaachai. Dès qu'il me vit, il me dit fort » poliment qu'il savoit le sujet de ma venue; & » qu'il étoit fort ravi de m'avoir pour collègue. » Je lui répondis qu'on ne m'envoyoit pas sur » ce pied-là, mais pour lui obéir dans l'exécution de ses ordres, & pour le soulager, » lorsqu'il m'en croiroit capable. J'apprends, » l'*hébreu*, comme vous voyez, me dit-il; *un peu* » *tard, à la vérité; mais j'espère d'en voir le* » *bout, & de bien d'autres connoissances*. Je lui » répondis que je le louois d'employer si bien » son temps. Il renvoya le rabin; mais à peine » étoit-il dehors, que voilà un maître à danser » qui entre. *Vous me pardonnerez*, dit-il; *je mets* » *ainsi la matinée à profit: l'après-dînée sera toute*

» *pour vous*. Je lui répondis que, s'il le permettoit, je le verrois en mouvement avec plaisir.
» Je le vis donc danser & bondir avec une légé-
» reté surprenante pour une homme de soixante-
» huit ans. Je crus en être quitte pour cette
» folie ; mais je me trompois. Le maître à danser
» étoit à peine sorti, que voici entrer un maître
» de musique. Je tombai de ma hauteur, voyant
» tout cela. Voilà mon homme qui se met à
» chanter, ou, pour mieux dire, à croasser : j'en
» fus étourdi. Cela finit enfin par un poëte, qui
» venoit, aussi régulièrement que les autres, lui
» expliquer les plus beaux endroits du Tasse.
» Mais il s'en falloit de beaucoup que je fusse
» au fait de ce caractère : il étoit amoureux &
» dévot. On peut bien juger qu'il n'avoit aucun
» temps à perdre. Je fus obligé de le laisser-là,
» & d'avoir recours au commissaire ordonnateur,
» sur qui le bon homme s'étoit déchargé de toutes
» les fonctions de gouverneur, tant ses occupa-
» tions étoient grandes ».

Lorsqu'Eugène eut battu les françois à Turin, il
envoya insulter, plutôt qu'assiéger Modène. Malgré l'ordre de se défendre jusqu'à la dernière
extrémité ; malgré les menaces pleines d'emportement de Folard ; malgré le refus de tous les
officiers de signer aucune capitulation, malgré
l'indignation de la garnison, l'imbécille commandant rend la place, sans avoir fait d'défense.
Les françois doivent sortir par la brèche ; mais
comme il n'y en a point, on en fait une.
Quand ce travail est fini, mille assiégés défilent
en présence de six cents assiégeans ; car il n'y en a
pas davantage. Cette singulière aventure finit par
une pension de six mille livres qu'on accorde au
gouverneur.

LACONISME. Les lacédémoniens étoient
singulièrement avares de paroles, & le *laconisme*
a pris son nom de la brièveté de leurs discours.
Un député d'Abdère, ayant parlé très-long-temps
en présence du roi Agis II, lui demanda ce qu'il
diroit de sa part à ses concitoyens ? « Dis-leur,
» répondit le monarque, que, pendant ton dis-
» cours, j'ai gardé le silence ».

Phocion, l'un des plus grands capitaines qui
aient illustré Athènes, se distinguoit sur-tout par
une éloquence serrée & concise. Étant un jour
dans l'assemblée du peuple, & paroissant méditer
profondément, quelqu'un s'approcha de lui, &
lui demanda à quoi il songeoit ? « Je songe,
» répondit-il, si je ne pourrois pas retrancher
» quelque chose de ce que j'ai à dire aux athé-
» niens ».

Fernand Cortès, à son retour du Mexique,
rebuté par les ministres de Philippe II, & n'ayant
pu approcher de lui, se présente sur son passage,

& lui dit : « Je m'appelle Fernand Cortès. J'ai
» conquis plus de terres à votre majesté qu'elle
» n'en a hérité de l'empereur Charles-Quint,
» son père ; & je meurs de faim ».

Voltaire, âgé de soixante-neuf ans, composa
son *Olympie* en six jours. Il écrivit à d'Alembert,
dont il vouloit savoir l'opinion sur la pièce :
« C'est l'ouvrage de six jours ». Le philosophe
lui répondit : « L'auteur n'auroit pas dû se re-
» poser le septième ». Voltaire répliqua : « Aussi
» s'est-il repenti de son ouvrage ». Quelque
temps après il renvoya sa tragédie à d'Alembert
avec les plus heureuses corrections.

LAFARE, (Charles-Auguste de) poëte françois, né en 1644, mort en 1712.

Lafare fut un des hommes les plus aimables
de son siècle, par la délicatesse de son esprit &
l'enjouement de son caractère. Il étoit du nombre
de ces épicuriens célèbres, qui se rassembloient
autrefois dans l'école d'Anet & du Temple, pour
y professer en commun l'élégance & la volupté,
la philosophie, & les lettres. Le talent du marquis de Lafare pour la poësie, ne se développa
que dans un âge avancé ; il pouvoit dire avec le
Francaleu de la Métromanie :

Dans ma tête un beau jour ce talent se trouva,
Et j'avois cinquante ans quand cela m'arriva.

C'est l'amour, c'est Bacchus, plutôt qu'Apollon, qui lui a inspiré ses poësies. Le style en est
ingénieux, délicat, naturel, mais incorrect, sans
harmonie, sans précision.

Ce fut pour la belle madame de Caylus qu'il
fit ses premiers vers, & peut-être les plus délicats
qu'on ait de lui. Les voici :

M'abandonnant un jour à la tristesse,

Sans espérance, & même sans desirs,

Je regrettois les sensibles plaisirs

Dont la douceur enchanta ma jeunesse.

« Sont-ils perdus, disois-je, sans retour ?

» Et n'es-tu pas cruel, amour !

» Toi que j'ai fait, dès mon enfance,

» Le maître de mes plus beaux jours,

» D'en laisser terminer le cours

» A l'ennuyeuse indifférence » ?

Alors j'apperçus dans les airs

L'enfant, maître de l'univers,

Qui, plein d'une joie inhumaine,

Me dit en souriant : « Tircis, ne te plains plus ;

» Je vais mettre fin à ta peine ;

» Je te promets un regard de Caylus ».

Le marquis de *Lafare* a auffi donné des *mémoires* & des *réflexions* fur les principaux évènemens du règne de Louis XIV. Ces mémoires font écrits avec beaucoup de franchife & de liberté.

LAIDEUR. On a eu de tous temps une idée peu avantageufe de l'efprit d'une perfonne dont le corps eft difforme, comme fi l'imperfection du corps étoit une marque certaine de celle de l'efprit. On eft pourtant aujourd'hui un peu revenu de cette erreur, & l'exemple de quantité de gens, dont le corps difgracié n'a pas laiffé que de renfermer un efprit vif, agréable & folide, devroit en diffuader entièrement. L'hiftoire ancienne & moderne en fournit plufieurs exemples. Efope pour l'ancien temps, & Scarron de nos jours, font les feuls que nous nous permettons de citer.

On doit encore moins regarder la difformité du corps comme un figne affuré d'un mauvais naturel, ou d'un défaut de probité, comme l'a voulu faire entendre Martial dans l'épigramme fuivante:

Crine ruber, niger ore, brevis pede, lumine læfus,
Rem magnam præftas, Zoile, fi bonus es.

Un bourgeois de Tauris, affez riche, avoit une fille qu'il aimoit, mais fi difforme, qu'il falloit être fon père pour la fupporter. Cet homme, voulant la pourvoir, imagina de la marier à un aveugle, dans l'efpérance que celui-ci ne voyant pas la difformité de fon époufe, ne la méprifroit pas. Il trouva fon homme, & Umer époufa la fille fans la voir. Il furvint peu de temps après à Tauris un fameux oculifte, que l'on difoit avoir rendu la vue à plufieurs perfonnes, qui paffoient pour être tout-à-fait aveugles. Comme on prioit le beau-père de mener fon gendre à cet oculifte, je m'en garderai bien, répondit-il; s'il rendoit la vue à mon gendre, celui-ci me rendroit bientôt ma fille; reftons tous chacun comme nous fommes.

La difformité a quelquefois donné lieu à des procès finguliers. Voici l'extrait d'un de cette efpèce, rapporté dans les caufes célèbres. Un canonicat de l'églife de Verdun étoit vacant. Le chanoine, qui étoit dans la femaine où il devoit nommer, nomma le fieur Duret, fon parent. Lorfqu'il le préfenta au chapitre, qui fe tint le 11 feptembre 1733, il alarma tous les chanoines. Il étoit petit, fans être nain, & avoit une jambe torfe, fans être boiteux. Ils furent fi choqués de fa figure, qu'ils l'appelèrent en plein chapitre un homme fcandaleux; ils écrivirent à l'archevêque de Paris & à l'évêque de Verdun, pour demander leur protection, dans le deffein où tous étoient de ne point le recevoir. Un fieur Bourg crut qu'il ne rifqueroit rien de jetter un dévolu fur le canonicat; il obtint même un brevet du roi. L'affaire fut cependant portée au grand-confeil. Le chapitre, ainfi que le chanoine difforme, fe déterminèrent à y plaider: enfin, fur cette caufe finguliere, intervint l'arrêt du 31 décembre 1734, qui déclara qu'il y avoit abus dans le refus du chapitre, débouta le dévolutaire, maintint le fieur Duret, & condamna le chapitre aux dépens. Si jamais affaire fut jugée avec équité, c'eft fans doute celle-là, & il faut convenir que c'eft avoir l'ame bien proceffive, que de plaider fur un pareil fujet.

Le duc de Roquelaure n'étoit pas beau. Ce feigneur rencontrant un auvergnat fort laid, qui avoit des affaires à Verfailles, il le préfenta lui-même à Louis XIV, en lui difant, qu'il avoit les plus grandes obligations à ce gentilhomme; le roi voulut bien accorder la grace qui lui étoit demandée, & s'informa du duc quelles étoient les obligations qu'il avoit à cet homme: « Ah! fire, » répartit M. de Roquelaure, fans ce magot-là » je ferois l'homme le plus *laid* de votre royaume ».

Un mari affligé d'une femme fort *laide*, la trouva couchée avec un homme. Il dit au galant, fans fe fâcher: Eh! monfieur, *vous n'y étiez pas obligé!*.

On trouve moins d'union entre les femmes qu'entre les hommes, parce qu'elles ont un même objet: celui de plaire. Le mépris que l'on témoigne pour leurs charmes, eft une offenfe qu'elles ne pardonnent jamais. On vint rapporter un jour au duc de Roquelaure, que deux dames de la cour avoient pris querelle & s'étoient accablées d'injures: *Se font-elles appelées laides*, dit le duc? Non, monfieur; — eh bien, répondit-il, je me charge de les réconcilier.

Arfeniow étoit fœur de la princeffe Mencicow, un jour que le Czar Pierre étoit feul avec elle & Mencicow: *Barbara*, lui dit-il, tu es fi *laide*, qu'il eft impoffible que perfonne t'ait jamais rien demandé; mais il n'eft pas jufte que tu en fouffres, & d'ailleurs j'aime à faire des chofes extraordinaires, il faut que je te faffe cette galanterie là. Il tint parole en préfence de Mencicow. Il ne faut pas, dit-il, fe vanter de fes bonnes œuvres; je voudrois pourtant que celle-ci fût publique, pour l'exemple, & elle engageroit mes fujets à traiter de même celles qui ont le malheur de n'être pas jolies.

LAINEZ, (Alexandre) mort en 1710.

Lainez étoit de Chimay, où, après quelques voyages, il s'étoit retiré. Comme il étoit pauvre, il y mena une vie affez folitaire pendant deux ans,

lorsqu'il en fortit par une aventure fingulière.
M. l'abbé Fautrier, homme de beaucoup d'efprit, intendant du Haynault, faifant fa réfidence
à Maubeuge, reçut ordre de M. de Louvois de
faire arrêter quelques libelles qui inondoient la
Flandre, & d'en faifir, s'il pouvoit, les auteurs.
M. Fautrier fut qu'il y avoit un homme à Chimay, qui étoit toujours enfermé dans fa maifon,
occupé à écrire. Il s'y tranfporta avec un détachement de cinquante hommes, & y trouva
Lainez, vêtu d'une mauvaife robe de chambre,
& entouré de papiers. On les vifita, & on n'y
trouva que d'agréables relations, & des vers
charmans. L'intendant, après cette lecture, l'embraffa, lui dit qu'il étoit déplacé, & lui propofa
de le fuivre. Lainez lui dit nettement qu'il n'avoit
point d'autre vêtement que fa robe de chambre.
Montez toujours dans mon carroffe, répliqua
l'abbé, vous aurez, avant trois jours, des habits
& tout ce qui vous fera néceffaire. Depuis ce
jour-là, cet agréable poëte fit les honneurs de
l'intendance.

Quand Lainez fut à Paris, il loua une chambre,
aux environs de l'abbaye faint Germain-des-Prés,
que perfonne ne connoiffoit. Quand on le ramenoit de jour ou de nuit, il fe faifoit toujours
defcendre fur le Pont-Neuf, vis-a vis du cheval
de bronze, d'où il regagnoit à pied fon petit
logement. On n'a jamais vu d'homme fi idolâtre
de fa liberté.

Lainez partageoit fon temps entre la table & les
livres. Un de fes amis paroiffant furpris un jour
de le voir entrer, après un repas de douze heures,
à la bibliothèque du roi, pour y refter jufqu'au
foir; le poëte, qui s'apperçut de fon étonnement,
lui dit ce diftique latin, qu'il parodia fur le
champ.

Regnat noĉte calix, volvuntur Biblia mane
Cum Phœbo Bacchus dividit imperium.

M. le Duc fe promenant fur le parterre du
Tibre à Fontainebleau, apperçut Lainez, & l'invita à fouper avec lui. Il le remercia, en difant
que cinq ou fix perfonnes l'attendoient dans un
cabaret, & que S. A. S. auroit fans doute mauvaife opinion de lui, fi elle apprenoit qu'il eût
manqué à fes amis.

On vint dire un jour à Lainez, qu'un homme
d'efprit de fa connoiffance avoit compofé un
volume fur deux petits vers d'une de fes pièces,
où, après avoir parlé de fes occupations agréables & de fes plaifirs, il dit, en parlant de lui,
fous le mafque d'un aimable épicurien :

    La débauche le fuit,
    La volupté le fuit.

Lainez ayant appris l'ufage que cette perfonne
avoit fait de ces deux vers, répondit : *c'eft un drôle,*

qui a pris une goutte de mon effence, pour mettre
dans un muid d'eau.

Après que Lainez eut reçu fes facremens dans
fa dernière maladie, le prêtre à qui il s'étoit confeffé fit emporter, pendant la nuit, une caffette
pleine de vers délicieux. Le moribond s'étant
réveillé, cria au voleur, fit venir un commiffaire,
dreffa fa plainte, fit rapporter la caffette par le
prêtre même à qui il parla avec vivacité, & fur
le champ fe fit tranfporter dans une chaife fur la
paroiffe faint Roch, où il mourut. Il avoit imaginé follement de fe faire mener dans la plaine de
Montmartre, & d'y mourir pour voir encore une
fois lever le foleil.

LAIS, fameufe courtifane, née à Hyccara,
ville de Sicile, morte vers l'an 340 avant Jefus-
Chrift.

Laïs s'acquit par fes conquêtes un nom peut-
être auffi célèbre que celui d'Alexandre, mais
dont elle ne partageoit la gloire avec perfonne.
Une belle, a écrit un auteur galant, ne doit rien
qu'à elle-même. En peut-on dire autant des plus
célèbres conquérans ? Le philofophe & l'orateur,
le général & le foldat, le magiftrat & le fimple
citadin, tout le monde rendoit hommage aux
charmes de Laïs. Et comme elle n'aimoit à voir
fouffrir perfonne, on la trouvoit toujours d'un
accès facile. Le galant Ariftippe & le dégoûtant
Diogènes étoient également bien reçus chez elle.
Un jour qu'on vantoit beaucoup la fageffe des
philofophes d'Athènes, cette courtifane qui
n'avoit aucune foi à toute cette fageffe, répondit
affez vivement : « Je ne fais quels livres lifent
» nos philofophes, quelle fapience ils profeffent ;
» mais ces gens-là battent auffi fouvent à ma porte
» que d'autres ».

Le philofophe Xénocrate vengea un peu l'injure faite à la philofophie par Laïs. Cette courtifane, qui croyoit que rien ne pouvoit lui réfifter, s'étoit flattée de furmonter la vertu auftère
de ce philofophe. Elle fe fit introduire chez lui ;
& efpérant de trouver dans une fcène attendriffante de nouvelles armes pour le vaincre, elle
feignit un foir d'être en butte à la perfécution, &
demanda à paffer cette nuit chez le philofophe.
Xénocrate lui accorda l'afyle qu'elle demandoit ;
mais fes charmes reftèrent fans effets. Lorfque le
lendemain on vint pour la féliciter fur fon triomphe, elle répondit avec une efpèce de dépit,
qu'elle croyoit avoir affaire à un homme & non
pas à une ftatue.

Laïs fe montra quelquefois capricieufe dans fes
goûts, & ne facrifia pas toujours à l'intérêt. Le
fculpteur Miron s'étant préfenté chez elle, & en
ayant été mal reçu, crut qu'il devoit s'en prendre

à ses cheveux blancs. Il fit donc changer de couleur à sa chevelure, prit l'équipage d'un jeune homme, & retourna vers *Laïs* : » Sot que vous êtes, » lui dit-elle, vous me demandez une chose que » je viens de refuser à votre père ».

LAIT. Le *lait*, aujourd'hui en usage chez presque toutes les nations, étoit, dans les premiers siècles, l'aliment le plus ordinaire. Pline & quelques historiens font mention de certains peuples qui ne vivoient que de lait. Mais l'art de la cuisine n'a fait qu'un ingrédient de ce qui étoit la base de la nourriture de l'homme, tandis que la médecine en a tiré une ressource utile & salutaire, dans ces cas désespérés où l'épuisement des malades les met hors d'état de prendre aucune nourriture solide. Il n'y a presque point d'abattement, selon le docteur Cheyne, dont cette liqueur ne puisse relever le corps.

Le célèbre Tissot, en ordonnant le *lait* de femme aux hommes dont les forces sont perdues, veut qu'il soit pris immédiatement au mamelon qui le fournit ; mais n'est-il pas à craindre que le vase n'excite des desirs que l'on cherche à amortir, & ne s'exposeroit-on pas à voir renouveller l'aventure du prince dont Capivaccio nous a conservé l'histoire ? On lui avoit donné deux nourrices : leur *lait* produisit en lui un si bon effet, qu'il les mit en état, au bout de neuf mois, de lui en fournir de plus frais.

On auroit beaucoup de peine à croire, si les auteurs n'en fournissoient pas nombre d'exemples, qu'il y ait eu des hommes, dont les mamelles se soient remplies de *lait*. Thomas Bartholin parle d'un homme dont les mamelles fournissoient une si grande quantité de *lait*, qu'on le tira par curiosité, & qu'on en fit un fromage. Scholzius, Santorelli, Deries, Jean Schimd, professeur de physique à Dantzick, rapportent des faits à-peu-près semblables.

Mais s'il est contre l'ordre ordinaire de la nature qu'un homme ait du *lait*; il ne l'est pas moins d'en trouver dans les mamelles d'une vierge: cependant ce dernier cas est encore moins rare que le précédent. On lit plusieurs observations de ce genre dans les ouvrages de Schenokius, Christophe Avega, Rodrigue de Castro, Pierre Castel.

Il n'est pas moins extraordinaire qu'une femme ait du *lait*, lorsqu'elle n'est plus propre à engendrer, & cependant ce phénomène se fait remarquer quelquefois. L'auteur d'un ouvrage, intitulé : *Dictionnaire des Merveilles de la Nature*, en cite plusieurs exemples, attestés par différens auteurs dignes de foi. Les affiches de Montauban, de l'année 1776, contiennent un fait pareil.

Les arabes font un usage continuel du *lait* des chameaux, qui est apéritif ; c'est même de cet usage que leur vient l'exemption de plusieurs maladies, telles que les dartres, la gale, la lèpre. Ce *lait*, étant propre, par sa qualité douce & balsamique, à chasser, par là voie des urines, les impuretés du sang, il peut certainement avoir la vertu préservative qu'on lui attribue. Mais le climat & le genre de vie dur & toujours actif, que mènent les peuples qui l'habitent, n'y contribuent-ils pas pour quelque chose ?

Les sauvages de la Louiziane appellent l'eau-de-vie de *l'eau de feu*, ou *le lait des françois*. Je me ressouviens, dit M. Bossu, *Nouveaux voyages dans l'Amérique septentrionale*, que lorsque les sauvages venoient voir M. de Macarty, notre commandant chez les illinois, ces indiens disoient : nous allons voir notre père, & en même-temps pour teter de son *lait*.

Il se fait dans l'Islande une grande consommation du *lait* de vaches. Les insulaires en composent une boisson, qu'ils nomment *syre*, & qu'ils préparent de la manière suivante. Ils font d'abord du beurre de crême douce, puis ils mêlent le *lait* qui reste avec celui qui été écrêmé; on chauffe le tout ensemble, & l'on y jette de la présure pour le faire cailler; on le passe dans un linge; on met à part ce qui est congelé, & le petit *lait* est le syre dont nous parlons. C'est une liqueur aigre, dont on fait une ample provision, parce qu'elle se conserve toute l'année. Plus elle vieillit, plus elle s'aigrit & se clarifie. On met du *lait* nouveau sur l'ancien ; & quand on craint de n'en point avoir assez pour en vendre aux voyageurs, on le falsifie avec de l'oseille, & on y met de l'eau pour en augmenter la quantité. On fait mariner la viande dans le syre comme dans le vinaigre.

LAIT D'ANESSE. Ce *lait* n'est en réputation en France que du règne de François I; & voici comme on l'y a connu, suivant l'auteur des *Mélanges tirés d'une grande bibliothèque*. « François I se trouvoit très-foible & très-incommodé : les médecins françois ne trouvoient » aucun moyen de le rétablir. On parla au roi » d'un juif de Constantinople, qui avoit la réputation d'être un habile homme. François I ordonna à son ambassadeur en Turquie, de faire venir à Paris ce docteur israélite, quoi qu'il » dût coûter. Le médecin juif arriva, & n'ordonna, pour tout remède, que du *lait d'ânesse*. » Ce remède doux réussit très-bien au monarque, » & tous les courtisans des deux sexes s'empressèrent à suivre le même régime, pour peu qu'ils » crussent en avoir besoin ».

Le *lait d'ânesse* est aujourd'hui recommandé plus que jamais par nos médecins. Cela vien-

droit il de ce que l'incontinence & la débauche
étant portées à leur plus haut dégré, les médecins ne trouvent pas de meilleur remède, pour
rétablir les tempéramens affoiblis & les organes
presque détruits? Ou ne seroit-ce qu'une affaire
de mode? Car il faut en convenir, la médecine
a réellement subi son joug. Quoi qu'il en soit,
dans les fauxbourgs de Paris, il y a des troupeaux d'ânesses, & l'on mène chaque matin la
nourrice à l'hôtel de monsieur, dont la poitrine
est délabrée, &c. &c.

LALA, fille grecque, florissoit à Rome 33 ans
avant Jesus Christ.

Lala, grecque d'origine, & qui vécut en Italie,
s'est distinguée dans la peinture. Elle sculptoit
très-délicatement en ivoire, & fit de cette manière
plusieurs portraits.

Les talens de cette artiste, justement applaudis,
engagèrent les grecs à lui élever une statue, qui
est parvenue jusqu'à nos jours.

Lala demeura toujours vierge, & ne voulut
jamais se marier : elle disoit, pour excuser sa
conduite, que le trouble des passions, & que les
embarras d'un ménage, causoient des distractions
qui pouvoient éteindre le feu du génie.

LANGUE. Quelqu'un demandoit au philosophe Anacharsis ce que l'homme avoit de meilleur ? « La *langue*, répondit-il ».

LANGUE FRANÇOISE. M. de Voltaire, dans
une séance particulière de l'académie françoise,
se plaignoit à ses confrères de la pauvreté de la
langue, & parla ensuite de quelques mots peu
usités, & qu'il seroit à désirer qu'on adoptât,
celui de *tragédien*, par exemple. « Notre *langue*
» est une gueuse fière, disoit-il, il faut lui faire
» l'aumône malgré elle ».

On parloit des origines de la *langue françoise*
de M. Ménage, devant la reine Christine de
Suède : « Non-seulement, dit-elle, M. Ménage
» veut savoir d'où vient un mot, mais encore où
» il va ».

Les caraïbes ont trois sortes de *langues*. La
première, la plus ordinaire & celle que tout le
monde parle, est comme affectée aux hommes.
La seconde, est tellement propre aux femmes,
que bien que les hommes l'entendent, ils se croiroient déshonorés, s'ils l'avoient parlée, & s'ils
avoient répondu à leurs femmes, en cas qu'elles
eussent la témérité de leur parler en ce langage.
Elles savent la *langue* de leurs maris, & doivent
s'en servir quand ils leur parlent; mais elles ne
s'en servent jamais quand elles parlent entr'elles.
La troisième, qui n'est connue que des hommes
qui ont été à la guerre, & particulièrement des

vieillards, est plutôt un jargon qu'ils ont inventé
qu'une *langue*; ils s'en servent quand ils font
quelqu'assemblée de conséquence, dont ils veulent tenir les résolutions secrètes. Les femmes &
les jeunes gens n'y entendent rien.

LARGILIERE, (Nicolas de) né à Paris,
l'an 1656, mort en 1746.

Un magistrat menoit souvent *Largilière* à une
de ses terres, où se trouvoit grande compagnie.
Un jour qu'on étoit à table, le mur d'une orangerie, qui bornoit désagréablement la perspective, choqua les yeux d'un des convives, qui
demanda à *Largilière* si son génie ne lui four-
niroit rien pour corriger ce triste aspect : « Quand
» je voudrai, répondit *Largilière*, je ferai passer
» vos yeux au travers de ce mur ». Il tint parole, en y peignant un grand ciel, avec différens
oiseaux, & dans le bas un paysage, où l'œil
sembloit se perdre.

Largilière dit un jour à l'un de ses amis, « que
» lorsqu'il tenoit à la main sa palette chargée
» de couleurs, il la regardoit comme le symbole
» du chaos, puisqu'ayant devant lui une toile
» préparée & son pinceau, pour exprimer les
» effets de son imagination, il pouvoit donner
» aux peuples les plus sauvages, une connois-
» sance parfaite de la création du monde ».

Dans un grand tableau, placé à Paris, dans
l'église de sainte Geneviève, pour acquitter un
vœu fait par la ville, en 1694, *Largilière* s'est
représenté parmi les spectateurs, & y a mis
Santeuil, qui l'en avoit prié; mais, au lieu de
le peindre en surplis, il l'enveloppa, par malice,
dans un manteau noir. Santeuil en porta des
plaintes en beaux vers latins, au prévôt des marchands : on obligea *Largilière* de donner satisfaction au poëte.

LA SUZE, (Henriette de Coligny, comtesse de) morte en 1673.

La jalousie que M. de *la Suze* conçut contr'elle, lui fit prendre la résolution de la mener
à une de ses terres. On prétend que la comtesse
pour éviter de l'y suivre, abjura la religion protestante, qu'elle professoit comme son mari; ce
qui donna occasion à ce bon mot de la reine
de Suède, que madame de *la Suze* s'étoit faite
catholique pour ne voir son mari ni en ce monde,
ni en l'autre.

La désunion augmenta entr'eux, ou par le
changement de religion, ou par la jalousie continuelle du comte; ce qui inspira à la comtesse
le dessein de se démarier, en quoi elle réussit,
ayant offert à son mari vingt cinq mille écus
pour n'y pas mettre d'opposition, ce qu'il accepta. Le mariage fut ainsi cassé par arrêt du
parlement.

parlement. On dit encore un bon mot à ce sujet, que la comtesse avoit perdu cinquante mille écus dans cette affaire, parce que si elle avoit attendu encore quelque temps, au lieu de donner vingt-cinq mille écus, elle les auroit reçus de lui pour s'en défaire.

On ne pouvoit pas voir des affaires plus dérangées que celles de madame de *la Suze*; un exempt, accompagné de quelques archers, vint, un jour chez elle, sur les huit heures du matin, pour saisir ses meubles: sa femme de chambre l'alla avertir aussitôt. Elle fit entrer l'exempt étant encore dans son lit, & le pria, avec instance, de vouloir bien la laisser reposer encore deux heures, parce qu'elle n'avoit point dormi de la nuit; ce qui lui fut accordé. Elle se rendormit jusqu'à dix heures qu'elle s'habilla pour aller dîner en ville, & passa ensuite dans son antichambre, où elle fit de grands complimens à l'exempt, & le remercia fort de son honnêteté; en lui disant tranquillement: Je vous laisse le maître, & elle sortit ainsi de sa maison.

Madame de Chatillon plaidoit au parlement de Paris contre madame la comtesse de *la Suze*. Ces deux dames se rencontrant tête à tête dans la salle du palais, M. de la Feuillade qui donnoit la main à madame de Chatillon, dit d'un ton gascon à madame de *la Suze*, qui étoit accompagnée de Benserade, & de quelques autres poëtes de réputation: « Madame, vous avez la » rime de votre côté, & nous avons la raison ». Madame de *la Suze*, piquée de cette raillerie, répartit fièrement, en faisant la mine: « Ce n'est » donc pas, monsieur, sans rime ni raison que » nous plaidons ».

LATTAIGNANT, (Gabriel - Charles de **)** mort vers l'an 1778.

L'abbé de *Lattaignant* fut un de ces aimables oisifs qui font les délices d'un repas & l'amusement des sociétés, par leur facilité à composer des couplets plus ou moins agréables, mais toujours charmans pour les personnes qui en font l'occasion ou le sujet. La littérature, dont il ne prit que la fleur, fut pour lui un amusement plutôt qu'une occupation. Il eût pu se placer entre Panard & Chapelle, s'il eût plus corrigé, s'il eût moins cédé à sa facilité; en un mot, s'il eût travaillé pour le public, juge sévère & difficile, qui ne compte pour rien les succès de cotterie. Tous les amateurs des jolis vers ont retenu un madrigal à madame Rossignol, qui est d'une simplicité ingénieuse, & que M. de Voltaire, le modèle de tous nos écrivains pour ces bagatelles brillantes & légères, n'eût peut-être pas désavoué. Le voici:

Le nom de Rossignol vous convient à merveille;
Jeune objet qui charmez mes yeux & mon oreille;
Encyclopédiana.

Vous avez le gosier qu'il possède aujourd'hui,
Et les charmes qu'avoit autrefois Philomèle.
    Qui vous entend, croit que c'est lui;
    Et qui vous voit, croit que c'est elle.

Quelques années après, l'abbé *Lattaignant* rencontra encore dans la société madame Rossignol, & lui dit dans un heureux impromptu:

    Je vous comparois autrefois
      Au rossignol, à Philomèle:
    Je vous entends, je vous revois;
    C'est encor lui, c'est encor elle.

Il seroit difficile de mieux saisir un à-propos, & d'en tirer un parti plus agréable. On regrette que l'auteur de ces vers n'ait pas appris l'art d'en faire difficilement: il voulut être poëte sans travail, & ne fut rien.

Quelque volumineuse que soit la collection de ses nombreux opuscules, on auroit bien de la peine à y trouver une vingtaine de pièces de ce mérite. Après avoir scrupuleusement feuilleté le recueil de ses poésies posthumes, on n'a trouvé qu'une seule pièce à conserver: au reste, elle est charmante, & peut-être n'a-t-il rien fait de mieux dans sa vie. Elle courut dans le temps manucrite; mais beaucoup de gens, qui ne l'ont pas ou qui l'ont oubliée, la reverront avec plaisir.

Adieux au monde.

J'aurai bientôt quatre-vingts ans,
Je crois qu'à cet âge il est temps
    De dédaigner la vie.
Aussi je la perds sans regret,
Et je fais gaîment mon paquet:
    Bon soir la compagnie.

Lorsque l'on prétend tout savoir,
Depuis le matin jusqu'au soir,
    On lit, on étudie.
On n'en devient pas plus savant;
On n'en meurt pas moins ignorant:
    Bon soir la compagnie.

Lorsque d'ici je partirai,
Je ne sais pas trop où j'irai;
    Mais en Dieu je me fie;
Il ne peut que mener à bien;
Aussi je n'appréhende rien:
    Bon soir la compagnie.

J'ai goûté de tous les plaisirs;
J'ai perdu jusques aux desirs:
    A présent je m'ennuie.
Lorsque l'on n'est plus propre à rien,
On se retire, & l'on fait bien;
    Bon soir la compagnie.

Dieu nous fit fans nous confulter :
Rien ne fauroit lui réfifter.
Ma carrière eft remplie.
A force de devenir vieux,
Peut on fe flatter d'être mieux ?
Bon foir la compagnie.

Nul mortel n'eft reffufcité
Pour nous dire la vérité
Des biens de l'autre vie.
Une profonde obfcurité
Eft le fort de l'humanité.
Bon foir la compagnie.

Rien ne périt entièrement,
Et la mort n'eft qu'un changement,
Dit la philofophie.
Que ce fyftême eft confolant !
Je chante, en adoptant ce plan.
Bon foir la compagnie.

LAW, (Jean) écoffais, natif d'Edimbourg, contrôleur général des finances de France, en l'année 1720, mort à Venife en 1729.

Jean Law, que nous nommons Jean Laff, né avec un génie tourné à la fpéculation, préféra de bonne heure le calcul à la profeffion d'orphèvre, que fon père, orphèvre lui-même, vouloit faire embraffer à fon fils. Il prétendit fixer le hafard par la fupputation, & enchaîner les évènemens par les loix de l'arithmétique. En effet, foit bonheur, foit adreffe, il fit des gains confidérables à la baffette en Angleterre, à Venife, en France & dans tous les états qu'il parcourut. Ces gains étoient même fi confidérables que chaque gouvernement crut devoir fe priver d'un homme fi habile Il ne s'étoit pas plutôt fait connoître dans une ville, qu'on lui envoyoit des ordres de porter ailleurs fa bonne fortune & fon adreffe. Law, par ce moyen privé de la reffource du jeu de hafard, forma le projet de jouer un autre jeu plus confidérable. Il avoit depuis long-temps rédigé le plan d'une compagnie, qui payeroit en billets les dettes d'état, & qui fe rembourferoit par les profits.

Il propofa d'abord fon fyftême de finance au duc de Savoie, Victor Amédée, qui répondit qu'il n'étoit pas affez puiffant pour fe ruiner. Louis XIV rejetta également ce projet : mais Law étant repaffé en France du temps de M. le duc d'Orléans régent, fit aifément goûter fon fyftême à ce prince d'un génie ardent & ami des nouveautés. Law établit d'abord, en fon propre nom, une banque qui devint bientôt un bureau général des recettes du royaume. Cette banque fut déclarée banque du roi en 1718. On y réunit les différentes compagnies d'Orient & d'Occident, & les fermes générales ; ainfi toutes

les finances de l'état étoient entre les mains d'une feule & même compagnie de commerce. Auffi les actions de cette nouvelle compagnie acquirent en très-peu de temps une faveur monftrueufe. Tout le monde fe rappele encore que telle action qui n'avoit couté originairement que cinq cents livres en billets d'état, fut portée par un enchantement, qu'on aura toujours peine à croire, jufqu'à dix-huit mille livres. On couroit en foule à la banque changer les efpèces d'or & d'argent en un papier qui acquéroit tant de faveur. On conjuroit, on fupplioit les receveurs de les prendre, & l'on fe croyoit heureux quand on étoit exaucé. Quelqu'un dit à ce fujet fort fpirituellement aux plus empreffés : « Eh, » meffieurs, ne craignez point que votre argent » vous demeure, on vous le prendra tout ».

Ceux qui malgré l'ivreffe du public, ne pouvoient fe perfuader que le papier valût mieux que de l'argent, profitèrent de ces mouvemens pour fe défaire de leurs billets. Ils allèrent à la banque les convertir en efpèces. Mais comme il s'en falloit de beaucoup qu'il fe trouvât dans les caiffes de la banque affez d'argent pour fatisfaire aux demandes, on cherchoit à gagner du temps en payant lentement & de petites fommes. Law fit en même temps augmenter la valeur numéraire des efpèces. Mais cette augmentation ne parut à plufieurs qu'un nouvel expédient dont on vouloit couvrir la difette des caiffes. Là défiance monta au plus haut point, par la défenfe qui fut faite, peu après, de garder plus de cinq cents livres chez foi en efpèces, ni en matières d'or & d'argent. Tout ce qui feroit trouvé au-delà devoit être confifqué. L'édit portoit de plus une amende proportionnée au montant des fommes trouvées. Le tiers de ces fommes étoit accordé au dénonciateur. On fit des recherches, & plufieurs particuliers, en conféquence des défenfes portées, furent condamnés. Mais perfonne n'avoit été tenté de jouer le rôle de dénonciateur pour s'enrichir du malheur de fes concitoyens. Cependant, un préfident qui avoit beaucoup d'argent comptant, alla trouver monfieur le régent. Il lui dit que, pour obéir au dernier arrêt, il venoit dénoncer quelqu'un qui avoit en or cinq cents mille livres. Il demanda le tiers de cette fomme qui lui étoit dûe fuivant le même édit, & ajouta qu'il s'étoit adreffé à fon alteffe royale afin d'être plus affuré du fecret. Ce prince, étonné au dernier point qu'un homme de ce caractère fit une démarche fi odieufe, ne put s'empêcher de lui dire dans fon ftyle ordinaire : *Ah ! monfieur, quel diable de métier faites-vous-là ?* Le préfident lui repliqua avec un grand phlegme : « C'eft » moi-même, monfeigneur, que je viens dé- » noncer, pour me mettre à couvert des rigueurs » de votre édit, & j'aime beaucoup mieux cent

» mille francs en espèces, que tous les billets » de la banque ».

L'année 1720, fut l'époque de la subversion de toutes les fortunes des particuliers & des finances du royaume. Le parlement de Paris s'op- posa toujours à ces innovations ; & Law chargé de la haine publique fut enfin obligé de fuir du pays qu'il avoit voulu enrichir, & qu'il avoit bouleversé. La fortune le remit à peu près où elle l'avoit pris. Lorsque M. de Montesquieu passa à Venise où Law s'étoit retiré, il n'oublia point de voir ce fameux écossois. Un jour la conversation roula sur le système. « Pourquoi, » lui dit M. de Montesquieu, n'avez-vous pas » essayé de corrompre le parlement de Paris, » comme le ministère Anglois fait à l'égard du » parlement de Londres ? Quelle différence, ré- » pondit Law ! L'Anglois ne fait consister la » liberté qu'à faire tout ce qu'il veut, & le » François ne met la sienne qu'à faire tout ce » qu'il doit. Ainsi, l'intérêt peut engager l'un » à vouloir ce qu'il ne doit pas faire ; il est » rare qu'il porte l'autre à faire ce qu'il ne doit » pas vouloir ».

Law mourut à Venise dans un état à peine au-dessus de l'indigence. Cet infortuné ministre n'avoit point l'esprit souple ; il s'embarrassoit trop peu des ennemis qu'il avoit ; il disoit que c'étoient des mouches qui venoient sur le visage & dont il étoit aisé de se défaire. On ne peut cependant lui refuser du génie, & on avouera sans peine que son projet de finance, avoit le mérite d'une combinaison bien liée, mais on pouvoit douter en voyant ses opérations, qu'il eût autant d'habileté dans l'exécution que ses partisans l'ont publié. Quelque confiance qu'il eût dans ses principes, dont plusieurs pouvoient être contredits, il devoit sentir la nécessité de se plier aux combinaisons du public dont dépendoit le succès.

Une personne avec laquelle il vivoit, & qui passoit pour sa femme, avoit obtenu une pen- sion de la compassion du régent ; elle fut sup- primée à la mort de Law, sur la déclaration que fit cet ancien ministre, qu'elle n'étoit pas son épouse ; & cette même femme qui peu d'années auparavant, regardoit avec mépris cette foule de courtisans que la fortune enchaînoit au char de Law, & qui disoit qu'il n'y avoit point d'animal si ennuyeux & plus insupportable qu'une du- chesse, rentra dans le sein de la misère & de la lie du peuple.

LEBRUN, (Charles) peintre, né l'an 1619, mort en 1690.

A l'âge de quatre ans Lebrun ôtoit, dit-on, les charbons du feu pour dessiner sur le plancher tout ce qui frappoit ses regards.

Lebrun étoit fils d'un sculpteur médiocre, qui fut employé dans le jardin de l'hôtel Séguier. Un jour que le chancelier de ce nom goûtoit le plaisir de la promenade, il apperçut le jeune Lebrun, qui dessinoit avec beaucoup d'applica- tion. Charmé de sa physionomie, & de l'ardeur qu'il montroit à s'instruire, le chancelier jugea, dès ce moment, qu'il seroit un grand artiste, & se chargea de le faire élever à ses dépens.

Lebrun passoit des nuits entières à méditer le sujet d'un tableau ; & restoit même plusieurs heures dans la même attitude, sans s'en apper- cevoir.

La Bruyère dit quelque part dans son style énergique : « Un poète est un poète ; un musicien » est un musicien ; mais Racine est Racine ; Lully » est Lully, & Lebrun est Lebrun ».

C'est non-seulement dans la classe des plus fameux peintres que Lebrun doit briller ; mais il peut encore être placé parmi les gens-de-lettres. Il nous a laissé deux excellens traités, l'un de la physionomie, l'autre des différens caractères des passions ; auxquels il a joint la représentation des différens animaux qui ont quelque chose de la figure humaine.

S'il en faut croire quelques auteurs, Lebrun avoit un talent particulier pour connoître, par les traits du visage, à quelles passions on étoit le plus sujet.

Attentif à ne rien mettre dans ses ouvrages qui blessât la vérité, Lebrun fit dessiner à Alep des chevaux de Perse, afin de mieux observer le costume dans ses tableaux de l'histoire d'A- lexandre. Mais ce grand peintre qui vouloit être vrai dans les moindres bagatelles, se trompa singulièrement dans une partie essentielle, & ne répara sa faute que long-tems après l'avoir com- mise : il représenta d'abord le conquérant de la Perse, sous les traits délicats d'une femme. Ce qui l'induisit en erreur, c'est qu'on lui donna, pour la tête d'Alexandre, une tête de Minerve, gravée sur une médaille ancienne, au revers de laquelle on lisoit le nom d'Alexandre.

A peine Lebrun eut-il développé ses talens, que le sur-intendant Fouquet, l'un des plus généreux & des plus malheureux hommes qui aient jamais été, lui donna une pension de douze mille livres, & lui payoit encore ses ou- vrages.

Après la disgrace de Fouquet, Louis XIV nomma Lebrun son premier peintre, lui accorda des lettres de noblesse, des armes distinguées, l'honora du collier de saint-Michel, & lui fit présent de son portrait enrichi de diamans.

Lebrun ayant achevé un tableau, sur le devant duquel il avoit peint un grand chardon, représenté d'après nature, on mit ce tableau dans la cour de la maison où demeuroit *Lebrun*, afin de le faire sécher. Une bonne femme & son âne passèrent alors dans la rue; l'âne n'eut pas plutôt apperçu le chardon du tableau, qu'il entre brusquement dans la cour, renverse la femme qui tâchoit de le retenir par son licou, &, sans deux garçons vigoureux, qui, à force de coups de bâton, l'obligèrent à se retirer, il auroit mangé le chardon; on peut dire *qu'il l'auroit mangé*, parce que le tableau étant nouvellement fait, il en auroit emporté toute la peinture avec sa langue.

Une dame de la cour s'étant fait peindre par *Lebrun*, s'attira cette épigramme:

> Lise étoit couverte de fard,
> Lorsque Lebrun fit sa peinture;
> Si bien qu'il n'imita que l'art,
> Croyant imiter la nature.

On admire, dans l'église des Carmélites à Paris, un crucifix de *Lebrun*, peint à la voûte, sur un plan horisontal, & qui semble être dans une situation perpendiculaire: les figures de la Vierge & de saint-Jean, qui l'accompagnent, produisent la même illusion, au point de laisser quelques instans les yeux dans l'erreur.

Dans son tableau de *la Conception*, cet artiste a représenté la Vierge d'une manière très-galante, & qui surpasse celle de tous les peintres. Une gaze légère & transparente forme l'habillement de Marie, en sorte que l'on découvre tout son corps à nud.

Un très-grand connoisseur en peinture, examinant le tableau où *Lebrun* a représenté *la Madeleine au pied de la croix*, dit aux personnes qui admiroient avec lui l'expression de cette figure: — « Vous la voyez qui pleure, &. c'est tout ce que vous y remarquez; mais moi, je » l'entends qui se plaint ».

On peut dire que Louis XIV est cause que *Lebrun*, s'est surpassé lui-même dans son excellent tableau de *la famille de Darius*: l'artiste le fit à Fontainebleau, & le roi, prenoit tous les jours un extrême plaisir à le voir peindre.

Un prélat italien, lorsqu'il passoit devant ce tableau de *Lebrun*, tenoit ses yeux attachés contre terre, ou détournoit la tête, jusqu'à ce qu'il fût bien loin du chef-d'œuvre qu'il craignoit de voir.

LEÇON. Un jour que M. le duc de Bourgogne, avoit battu son valet de chambre, il s'arrêta à considérer les outils d'un menuisier qui travailloit dans son appartement; l'ouvrier instruit par M. de Fenelon, l'un de ses gouverneurs, dit bru-

talement au prince de passer son chemin, & de le laisser travailler; le prince se fâcha, le menuisier redoubla de brutalité, & s'emportant jusqu'à la menace, lui dit; *retirez-vous, mon prince, quand je suis en fureur, je ne connois personne.* Le prince courut dire à M. de Fenelon qu'on avoit introduit chez lui le plus méchant des hommes de la terre. « c'est un bien bon » ouvrier, dit froidement Fenelon; son unique » défaut c'est de se livrer à la colere. Le prince » insista sur la méchanceté de cet homme. Ecoutez, » lui dit Fenelon, vous l'appelez méchant, parce » qu'il vous a menacé dans un moment où » vous le détournez de son travail; comment » nommeriez-vous un prince qui battroit son » valet de chambre, dans le temps même que » celui-ci lui rendroit des services ? »

LENCLOS, (Anne ou Ninon de) née en 1615, morte en 1705.

Mademoiselle de *Lenclos*, professa ouvertement la galanterie, & fut néanmoins considérée & recherchée des femmes les plus aimables & les plus respectables de son temps. Ce privilège singulier qu'elle dut aux charmes de son esprit & à l'honnêteté de ses procédés, l'a mise au rang des personnes célèbres de son siècle. Mademoiselle de *Lenclos* ou Ninon, comme on l'appeloit, sans avoir l'éclat de la beauté, en possédoit tous les charmes.

M. de S. Evremond a fait l'éloge du caractère de Ninon dans ces quatre vers, que l'on a mis depuis au bas de son portrait:

> L'indulgente & sage nature
> A formé l'ame de Ninon,
> De la volupté d'Epicure
> Et de la vertu de Caton.

« J'ai réfléchi, disoit Ninon, dès mon enfance, sur le partage inégal des qualités qu'on » exige dans les hommes & dans les femmes: » je vis qu'on nous avoit chargées de ce qu'il » y avoit de plus frivol, & que les hommes » s'étoient réservé le droit aux qualités essen- » tielles: dès ce moment je me fis homme ». Mais n'en déplaise à Ninon, ce qui la flattoit le plus dans cette espèce de métamorphose, c'est une sorte d'indépendance & une liberté de penser & d'agir, qui la mettoient au-dessus de la contrainte de son sexe, & qu'elle conserva jusqu'à la fin de ses jours.

Elle disoit qu'elle n'avoit jamais fait à Dieu qu'une prière: « Mon Dieu, faites de moi un » honnête homme, & n'en faites jamais une » honnête femme.

On a rapporté de cette moderne *Leontium* un mot assez philosophique. Elle n'avoit alors que

22 ans, & se trouvoit accablée par une maladie aiguë, qui la réduisoit à l'extrémité. Ses amis pleuroient de la voir mourir si jeune. *Hélas*, dit-elle, *je ne laisse au monde que des mourans.*

Cette célèbre fille ne regardoit l'amour, que comme une illusion des sens, un besoin, un sentiment aveugle, qui ne suppose aucun mérite dans l'objet qui le fait naître, ni ne l'engage à aucune reconnoissance ; en un mot un caprice, dont la durée ne dépend pas de nous, & qui est sujet au dégoût & au repentir. Tant que son goût subsistoit, elle aimoit de bonne foi ; mais sitôt qu'il étoit fini, ce qui lui arrivoit souvent, tout étoit rompu sans retour. Elle le déclaroit même à ses amans avec une franchise qui leur ôtoit la liberté de se plaindre. Le premier de ses amans heureux, fut le comte de Coligny. Le marquis de Villarceaux lui succéda. Ce fut de tous les amans de Ninon le plus aimé. Madame de Villarceaux, épouse du marquis, en étoit furieuse. On a rapporté à ce sujet, l'anecdote suivante que Molère, qui mettoit ingénieusement tout à profit, se rappela dans sa petite comédie de la *comtesse d'Escarbagnas.* Cette dame avoit un jour beaucoup de monde chez elle : on desira de voir son fils ; il parut accompagné de son précepteur ; on le fit babiller, & on ne manqua point de louer son esprit. La mère, pour mieux justifier les éloges, pria le précepteur d'interroger son élève, sur les dernières choses qu'il avoit apprises. Allons, monsieur le marquis, dit le grave pédagogue : *Quem habuit successorem Belus, rex Assyriorum ? Ninum*, répondit le jeune marquis. Madame de Villarceaux, frappée de la ressemblance de ce nom avec celui de Ninon, ne put se contenir. « Voilà, dit-elle, de belles instructions » à donner à mon fils, que de l'entretenir des » folies de son père. ». Le précepteur eut beau s'excuser, donner des explications les plus satisfaisantes, rien ne put faire entendre raison à cette femme jalouse. Le ridicule de cette scène se répandit dans toute la ville, & Molère en profita.

Le comte de Choiseul, qui fut depuis maréchal de France en 1693, se mit au rang des amans de Ninon ; mais il éprouva que cette aimable fille, cherchoit moins à satisfaire sa vanité que son goût. Ce seigneur étoit rempli de bonnes qualités ; mais il n'entendoit point à faire l'amour. Il ne mettoit rien de vif, rien d'animé dans ses sentimens ; il ne savoit que soupirer : Ninon, fatiguée de ses poursuites, & cédant à sa vivacité, ne put s'empêcher de lui dire un jour, ce que Cornélie dit à César, en le quittant :

Ah ? ciel ! que de vertus vous me faites haïr ?

Ce qui mit le comble à la honte du comte, c'est qu'il se vit préférer un rival dont il ne se seroit jamais défié. C'étoit l'écourt, célèbre danseur de ce temps-là : il rendoit de fréquentes visites à Ninon. Le comte de Choiseul le rencontra un jour chez elle ; Pecourt avoit un habit assez ressemblant à un uniforme. Après quelques propos ironiques, le comte lui demanda d'un ton railleur dans quel corps il servoit. *Monseigneur*, lui répondit Pecourt sur le même ton, *je commande un corps où vous servez depuis long-temps.*

Une querelle qui s'éleva entre deux amans de Ninon, fut cause qu'on proposa à la reine-régente de la faire mettre dans un couvent. Ninon, à qui on le dit, répondit qu'elle le vouloit bien, pourvû que ce fût dans un couvent de cordeliers. On lui dit qu'on pourroit bien la mettre aux filles repenties ; elle répondit que cela n'étoit pas juste, parce qu'elle n'étoit ni fille, ni repentie.

On n'a pas oublié l'aventure de son billet au marquis de la Châtre. Ce marquis aimoit & étoit aimé, lorsqu'il reçut un ordre d'aller joindre l'armée. Il étoit inconsolable, moins encore de la nécessité, que des suites de son éloignement ; il connoissoit le cœur de Ninon. Il s'avisa d'un expédient tout-à-fait singulier : il exigea d'elle un billet, par lequel elle s'engageât à lui garder la fidélité la plus inviolable. Ninon eut beau représenter, que ce qu'il demandoit étoit extravagant ; il fallut faire le billet & le signer. Le marquis le baisa mille fois, le serra précieusement, & partit avec la plus grande sécurité. Deux jours après, l'inconstante, ou volage Ninon, se trouva dans les bras d'un nouvel amant. La folie de ce billet lui revint alors, & dans le moment le plus voluptueux, elle s'écria deux ou trois fois : *Ah le bon billet qu'a la Châtre !* Bon mot qui a depuis passé en proverbe, sur-tout dans les petites maisons de volupté.

Ninon ne consultoit que son goût en amour. Mais il n'en étoit pas de même en amitié. Elle savoit que la confiance mutuelle qui naît de ce sentiment, & qui en est le plus grand bien, ne peut subsister si elle n'est fondée sur les loix de l'honneur, d'un commerce rare dans la société ; elle étoit, de plus, vraie, équitable & fidelle à sa parole. M. de Gourville attaché au parti du grand Condé, fut proscrit & obligé de sortir du royaume. La veille de son départ, il vint trouver mademoiselle de Lenclos qu'il aimoit, & dont il étoit aimé, & lui apporta vingt mille écus en or, qu'il la pria de lui garder jusqu'à son retour ; & pour ne pas confier tous ses effets à la même personne, il alla déposer une pareille somme entre les mains d'un ecclésiastique qui avoit une grande réputation de sainteté. Au bout de deux mois, Ninon, selon sa coutume, prit un nouvel amant. Le pauvre Gourville errant dans les pays étrangers, apprit cette nouvelle, & crut ses vingt mille écus perdus. De retour à Paris au bout de six mois, au lieu d'aller descendre chez mademoiselle de *Lenclos*, son premier soin fut d'aller retirer des mains de l'ecclésiastique, les vingt mille écus déposés. Mais l'ecclésiastique lui nia le dépôt. Gourville trompé si cruellement, n'imagina point qu'il seroit plus heureux auprès de Ninon ; il craignit même de l'aller voir, de peur d'être forcé de haïr & de mépriser, ce qu'il avoit tant aimé. Ninon, informée du retour de Gourville, fut piquée de son silence. Elle l'envoya chercher ; il se rendit chez elle. Monsieur, lui dit-elle, il m'est arrivé un grand malheur pendant votre absence ; j'ai perdu... (A ces mots Gourville crut ne s'être pas trompé dans ses conjectures :) j'ai perdu

» le goût que j'avois pour vous ; mais je n'ai pas
» perdu la mémoire, & voici les vingt mille
» écus que vous m'avez confiés. Ils sont encore
» dans la même cassette où vous les avez serrés
» vous-même. Remportez-les ; mais ne persistez
» point à me demander un cœur que je ne puis
» plus disposer en votre faveur. Il ne me reste
» plus pour vous, que l'amitié la plus sincère ».
Gourville rempli d'admiration, ne put s'empêcher de soupirer encore ; mais sachant bien qu'il n'avoit aucun droit de se plaindre, il résolut de borner son bonheur à l'amitié précieuse qu'on venoit de lui offrir.

Ninon dans sa vieillesse alluma encore des passions. Aussi l'abbé de Chaulieu disoit toujours en parlant d'elle, que l'amour s'étoit retiré jusques dans les rides de son front. On s'est rappelé son aventure avec l'abbé Gedoyn. Cet abbé lui fut présenté en 1696. Il avoit alors vingt-neuf ans, & Ninon approchoit de quatre-vingt. Cependant, soit par un caprice de l'amour, soit par un enchantement inconcevable, cet abbé en devint si éperdument amoureux, & la sollicita si vivement que Ninon consentit à l'écouter. Mais elle ne voulut le rendre heureux qu'au bout d'un certain temps qu'elle lui fixa. Le terme arrivé, il la trouva couchée sur son canapé. Il se jetta à ses genoux, & là conjura au nom de l'amour le plus tendre, de tenir la parole qu'elle lui avoit donnée. L'abbé cessa de solliciter. Enchanté de sa bonne fortune, il lui demanda pourquoi elle l'avoit fait languir si long-temps. « Hélas ! mon
» cher abbé, répondit-elle, ma tendresse en a
» souffert autant que la vôtre ; mais c'est l'effet
» d'un petit grain de vanité que j'avois encore
» dans la tête. J'ai voulu, pour la rareté du
» fait, attendre que j'eusse quatre-vingts ans ac-
» complis ; & je ne les ai eus que d'hier au soir ».
Elle le garda un an, & ce fut elle qui le quitta, & qui rompit la première. Il fut sensiblement touché de cette rupture. Il continua cependant de la voir, de l'aimer & de l'estimer.

Ninon, dans le cours de ses galanteries, donna le jour à deux enfans. Le premier occasionna une singulière dispute entre le comte d'Estrées & l'abbé d'Effiat, qui tous deux prétendoient aux honneurs de la paternité. Soit que cette contestation amusât Ninon, soit qu'en effet elle ne se crût point assez sûre de sa décision pour la risquer, elle ne voulut point prononcer. Après bien des démêlés, les deux rivaux prirent un jour chacun un cornet dans un trictrac, & ils jouèrent aux dez, à qui appartiendroit l'enfant. Le sort le donna au comte d'Estrées qui, dans la suite, devenu maréchal de France & vice-amiral, le mit dans la marine, & prit soin de sa fortune. Il est mort en 1732 à l'âge de soixante & quinze ans, capitaine de vaisseaux.

Le père du second fils de Ninon, ne fut point équivoque ; c'étoit le marquis de Gersey. La catastrophe qui termina la vie de cet enfant, est affreuse. Le marquis de Gersey, l'avoit fait élever sous le nom du chevalier de Villiers, & on lui avoit toujours caché le secret de sa naissance. Cependant Ninon le faisoit quelquefois venir chez elle pour lui procurer un peu de récréation & de liberté. Il y passoit ordinairement quelques jours de suite, & elle le traitoit comme un parent éloigné, & peu riche dont on lui avoit confié la conduite, & auquel elle s'intéressoit par pure générosité. Mais bientôt ces jours de récréation devinrent pour lui des jours trop dangereux. Ce jeune homme né avec un tempérament ardent & une ame sensible, ne put se défendre des charmes de Ninon. En effet, quoiqu'elle eût alors cinquante-six ans, elle étoit encore dans tout l'éclat de la beauté. Elle s'apperçut de l'amour du chevalier sans en être allarmée. Elle crut que ce ne seroit qu'un feu de jeunesse qui s'éteindroit de lui même. Elle ne connoissoit pas le caractère violent de son malheureux fils. Il se jetta un jour à ses pieds, & en lui baisant la main, il lui déclara son amour dans les termes les plus tendres & les plus passionnés. Ninon, sans paroître émue, le fit relever sur le champ, & lui répondit froidement, qu'il étoit trop jeune pour lui parler d'amour, elle trop âgée pour l'écouter. Il insista de nouveau ; il lui protesta qu'il l'adoroit, & qu'il mourroit de douleur, si elle le voyoit avec indifférence. Ninon prit alors un ton sévère ; elle le menaça de toute sa haîne, s'il osoit encore l'entretenir de ses feux ; elle le fit sortir. Le chevalier s'abandonna au plus affreux désespoir. Ninon avertit M. de Gersey, qui fut le premier à lui conseiller de découvrir un secret qu'elle ne pouvoit plus garder. Elle écrivit un jour à son fils, qu'elle avoit à lui parler dans sa petite maison du fauxbourg saint-Antoine à Pique-pusse. Il y vola. Elle se promenoit dans son jardin. Il se jetta à ses genoux, & prenant une de ses mains, la baigna de ses larmes. Aveuglé par son yvresse, il alloit se porter aux dernières entreprises : « Arrêtez, malheureux que vous êtes,

» lui cria fa mère. Il faut arracher le bandeau » qui vous couvre les yeux. Apprenez que vous » êtes mon fils, & frémiſſez d'horreur des feux » criminels dont vous brulez ». A ces mots ce jeune homme, frappé comme d'un coup de foudre, reſte immobile ; ſon viſage ſe couvre d'une pâleur mortelle ; il lève les yeux ſur ſa mère, il les baiſſe ; puis là quittant précipitamment, ſans lui dire une ſeu'e parole, il entre dans un petit bois qui étoit au bout du jardin, & ſe paſſe ſon épée au travers du corps. Ninon, accablée par ſa propre douleur, ne ſongea pas d'abord à ſuivre ſon fils. A la fin ne le voyant point reparoître, l'inquiétude la fit entrer dans le petit bois. A peine eut elle fait trente pas, qu'elle apperçut le corps ſanglant de cet infortuné. Elle vola inutilement à ſon ſecours. Ses yeux preſqu'éteints ſe tournèrent ſur elle ; il ſembloit vouloir lui parler ; les efforts qu'il fit pour prononcer quelques mots, peut-être criminels, hâtèrent ſon dernier ſoupir. Les cris de ſa mère firent accourir ſes domeſtiques ; ils l'arrachèrent à cet horrible ſpectacle. Ses amis prirent des précautions pour en dérober la connoiſſance au public.

Depuis cet évènement, Ninon commença à mener une vie plus retirée. Elle ſe contenta, ſuivant l'expreſſion de Saint-Evremont, de l'aiſe & du repos, après avoir ſenti ce qu'il y a de plus vif.

Madame de Maintenon, qui avoit été de la ſociété de mademoiſelle de Lenclos, ne l'oublia point dans ſa haute faveur. Elle lui offrit même un logement auprès d'elle à Verſailles. Mais Ninon la remercia, en lui diſant qu'elle étoit trop âgée pour aller apprendre l'art de diſſimuler & de ſe contraindre. Tout ce qu'on put obtenir d'elle, ce fut de ſe trouver un jour à la tribune de la chapelle de Verſailles, où Louis-le-Grand devoit paſſer. Ce monarque avoit témoigné la curioſité qu'il avoit de voir cette fille célèbre dont on lui avoit pluſieurs fois fait l'éloge.

Lorſque Chriſtine, reine de Suède, vint à Paris, elle ne trouva point au-deſſous d'elle de l'honorer de ſa viſite. Elle fut enchantée de ſa converſation. Elle la combla de louanges & de préſens, & fit tous ſes efforts pour l'emmener avec elle à Rome. Mademoiſelle de Lenclos, ſentant bien tout ce qu'elle auroit à perdre avec cette reine, réſiſta à ſes ſollicitations avec tous les ménagemens qu'elle lui devoit. Chriſtine dit en partant, qu'elle n'avoit trouvé aucune femme en France qui lui eût plu autant que Ninon, peut-être à cauſe de la conformité de ſon caractère avec celui de cette illuſtre fille, & parce qu'elle s'étoit fait homme comme elle. Chriſtine ſe rappella ſouvent avec plaiſir un mot qui lui étoit échappé en parlant des précieuſes, qu'elle avoit appelées les janſéniſtes de l'amour.

Mademoiſelle de Lenclos avoit l'eſprit orné, & tous les beaux eſprits s'empreſſoient de lui faire la cour. Elle ſe plaiſoit moins avec ces ſavans de profeſſion qui ne peuvent dire quatre mots ſans vous accabler de citations. Un jour, le célèbre peintre Mignard étoit chez elle & ſe plaignoit devant quelques ſavans de cette eſpèce, de ce que ſa fille, qui étoit fort belle, & qui a été depuis madame la comteſſe de Feuquières, manquoit de mémoire : *Vous êtes trop heureux, monſieur*, lui dit mademoiſelle de Lenclos, *elle ne citera point.*

Ce fut à mademoiſelle de Lenclos que le père d'Orléans, jéſuite, auteur des *Révolutions d'Angleterre*, dit un jour en converſation, au ſujet de quelques articles de foi, qu'elle avoit de la peine à croire : *Hé bien, mademoiſelle, en attendant que vous en ſoyez convaincue, offrez toujours à Dieu votre incrédulité.* M. de Fontenelle, à qui elle raconta la réponſe de ce jéſuite, la redit depuis à Rouſſeau, qui en fit une épigramme.

Voltaire, encore enfant, lui fut préſenté dans les dernières années de ſa vie. Il avoit à peine treize ans, &, cependant mademoiſelle de Lenclos reconnut déjà dans ſes réponſes ingénieuſes & vives le génie qui devoit l'élever un jour au-deſſus de ſon ſiècle. Elle voulut même lui témoigner ſon eſtime par un legs de deux mille francs qu'elle lui fit dans ſon teſtament, pour acheter des livres.

Cette illuſtre fille conſerva juſqu'au dernier moment ſes agrémens & la liberté de ſon eſprit. La veille même qu'elle expira, elle écrivit un quatrain, qui annonçoit la tranquillité de ſon ame.

LENGLET DUFRENOY, (Nicolas) laborieux écrivain, né le 5 octobre 1674, mort à Paris le 15 janvier 1755, à 81 ans.

L'abbé *Lenglet* avoit été envoyé en 1705, par le marquis de Torcy, miniſtre des affaires étrangères, auprès de l'électeur de Cologne, allié de la France. Il fut admis dans cette cour en qualité de premier ſecrétaire pour les langues latine & françoiſe. Il avoit des ordres particuliers pour prendre garde que les miniſtres de cet électeur ne fiſſent rien contre le ſervice de la France. Il fut en même-temps chargé de la correſpondance étrangère de Bruxelles & de Hollande. Cette correſpondance le mit à portée d'être informé des trames ſecrettes de pluſieurs traîtres que les ennemis avoient ſu gagner en France. La découverte la plus importante qu'il fit dans ce genre, fut celle d'un capitaine des portes de Mons, qui devoit livrer aux ennemis, moyennant cent mille piaſtres, non-ſeulement la ville, mais encore les électeurs de Cologne & de Bavière qui s'y étoient retirés. Il eut en même temps communication d'une lettre de Malborough à ce sujet. Cette lettre portoit qu'on pouvoit assurer l'*homme de Mons* que les cent mille piastres lui seroient comptées dès qu'il auroit fait son coup. L'abbé *Lenglet* en avertit aussitôt M. le Blanc, alors intendant d'Ypres. Le traître fut convaincu; on trouva dans sa poche même la lettre originale. Il subit la peine de son crime.

Cet abbé rendit un service non moins important au régent, lors de la conspiration du prince de Cellamare, tramée en 1718, par le cardinal Albéroni. Cette conspiration venoit d'être découverte, & on avoit arrêté plusieurs seigneurs; mais on ignoroit le nombre & le dessein des conjurés. Le ministre, qui se rappelloit le succès avec lequel l'abbé *Lenglet* avoit rempli ses différentes commissions auprès de l'électeur de Cologne, le choisit pour pénétrer la nouvelle intrigue. Mais l'abbé ne voulut s'en charger que sur la promesse qu'aucun de ceux qu'il découvriroit ne seroit condamné à mort. Il rendit de grands services à cet égard; & non-seulement on lui tint parole par rapport à la condition qu'il avoit exigée, mais encore le roi le gratifia dès-lors d'une pension dont il a joui toute sa vie.

Dans un voyage qu'il fit à Vienne, il fut présenté au prince Eugène, qui le goûta & le nomma son bibliothécaire, place qu'il perdit bientôt après. L'abbé *Lenglet* ne sut jamais profiter des circonstances heureuses que la fortune lui offrit, & des protecteurs puissans que son mérite & ses services lui acquirent. Il manquoit absolument de cette souplesse de caractère qui fait se plier aux caprices des grands, de cette assiduité qui ne se rebute ni des refus, ni des lenteurs, de cette constance à s'occuper du même objet: *Liberté, liberté;* c'étoit sa devise.

L'abbé *Lenglet* avoit néanmoins quelque chose encore de plus cher au monde que cette liberté: c'étoit le plaisir de satisfaire ses petites haines, ses petites vengeances contre ses critiques, & sur-tout contre les censeurs de ses manuscrits. On ne vouloient point lui passer toutes ses réflexions satyriques. Il sembloit même qu'il ne se consoloit du pénible fardeau d'écrivain que par le plaisir de décocher de temps en temps de petits traits malins contre ses adversaires. Il rioit tout le premier, il s'applaudissoit même des différends que son humeur critique lui attiroit, & de ses fréquens voyages à la Bastille. Il y a été mis dix ou douze fois dans le cours de sa vie. Il en avoit pris en quelque sorte l'habitude. Un exempt, appelé Tapin, étoit celui qui se transportoit ordinairement chez lui pour lui signifier les ordres du roi. Quand l'abbé *Lenglet* le voyoit entrer, il ne lui donnoit pas le temps d'expliquer sa commission, & prenant le premier la parole: *Ah! bon jour,*

M. Tapin! Allons vite, disoit-il à sa gouvernante, *mon petit paquet, du linge, du tabac, &c.* & il alloit gaiement à la Bastille avec M. Tapin.

L'abbé *Lenglet* s'est principalement fait connoître par sa *Méthode pour étudier l'histoire avec un catalogue des principaux historiens.* Sa mémoire le servoit beaucoup dans ces ouvrages de compilation. Il n'étoit pas possible de se rappeler avec plus d'exactitude les faits même les plus indifférens. Ce don de la nature étonna un jour beaucoup un savant étranger. M. Duval, lorrain de naissance, bibliothécaire de l'empereur, étant venu à Paris quatre ou cinq ans avant la mort de l'abbé *Lenglet,* alla voir madame de Graffigny, comme la personne qui par son esprit & par ses ouvrages faisoit le plus d'honneur à sa patrie. Madame de Graffigny le fit prier à dîner quelques jours après; & pour assortir ses convives, elle invita quelques gens de lettres, entr'autres l'abbé *Lenglet.* Il y avoit trente-cinq ou trente-six ans que celui-ci avoit été à Vienne; il connoissoit la bibliothèque de l'empereur Charles VI. La conversation étant tombée sur ce sujet, l'abbé fit une longue énumération des livres & des manuscrits qui composoient cette bibliothèque; il en avoit retenu tous les titres; à tel endroit, disoit-il, sont tels & tels ouvrages, à tel rayon tels autres, &c. M. Duval ne pouvoit revenir de sa surprise, la bibliothèque de l'empereur régnant se trouvant presque dans le même état, dans le même arrangement que le disoit l'abbé *Lenglet.*

On doit à l'abbé *Lenglet* une nouvelle traduction de l'*Imitation de Jésus-Christ,* qu'il fit paroître en 1731. Cette traduction est remarquable par le vingt-sixième chapitre du premier livre qui manque dans toutes les éditions, & que l'abbé *Lenglet* a recouvré en consultant d'anciens manuscrits. Dans le temps qu'il étoit occupé de cette traduction, il songeoit à donner une édition des satyres & autres œuvres de Régnier, où souvent il éclaircit un texte licencieux par des notes encore plus licencieuses. Il avoit déjà donné une édition *in-4°.* de Marot, plus magnifique qu'utile, & semée de plaisanteries obscènes & quelquefois malignes.

Cet abbé, qui étoit parvenu jusqu'à l'âge de quatre-vingt-deux ans sans grandes maladies, périt d'une manière funeste auprès de son feu. Il lisoit un soir, pour son malheur, une brochure nouvelle qu'on lui avoit envoyée; il s'endormit & tomba la tête la première dans le feu. On vint à son secours; mais il étoit trop tard; on le trouva à moitié consumé. On a d'autres exemples qui doivent faire faire attention à ne jamais laisser les vieillards, ainsi que les enfans, seuls auprès du feu.

LESDIGUIERES,

LESDIGUIERES, (François de Bonne, duc de) connétable de France, né en 1543, mort en 1626.

Le connétable de *Lesdiguières* étoit de Languedoc. Son père, qui n'étoit pas riche, étoit cadet d'une très-ancienne maison; il se trouvoit lui-même cadet de plusieurs enfans. Il s'avisa un jour, étant encore fort jeune, d'aller voir un de ses parens, qui avoit un château & tenoit un assez grand état dans la province. Le seigneur châtelain avoit compagnie chez lui, & reçut assez froidement son jeune parent. Il sentit le mauvais accueil qu'on lui faisoit, mangea beaucoup à souper, parce qu'il avoit faim, & alla se coucher.

Il étoit né fier & sensible; excellentes dispositions pour faire fortune, quand on y joint, comme il le fit, de l'intelligence, de l'activité & de la conduite.

Le lendemain il partit, & fit une espèce de vœu de ne pas remettre les pieds dans le pays, qu'il ne fût devenu aussi grand seigneur que son parent. Il se jetta dans le premier régiment d'infanterie qu'il trouva, & débuta par y être simple soldat. On lui demandoit un jour comment il avoit fait pour se procurer un si grand avancement, & de simple soldat devenir connétable de France: il répondit qu'il n'avoit employé pour cela qu'un moyen très-simple, qu'il n'avoit jamais remis au lendemain ce qu'il avoit pu faire la veille.

En 1586, Devius, gentilhomme catholique de Provence, ayant attaqué, contre la foi des traités, les calvinistes de son voisinage, ceux-ci appellèrent *Lesdiguières* à leur secours. Ce grand capitaine, ami de tout temps de l'agresseur, le pria de ne point le forcer d'en venir aux extrémités avec lui. Les menaces d'un homme qui ne menaçoit guère en vain, n'intimidèrent pas le brave Devius, qui renvoya la trompette avec ce seul mot: dites-lui qu'il vienne. *Lesdiguières* se mit aussitôt en marche, en prenant les précautions convenables avec les ennemis qu'on a lieu d'estimer. Quelques-uns des siens le pressant avec trop de vivacité de doubler le pas, il répondit froidement, *qu'il alloit à la guerre & non à la chasse*. Une victoire complette fut le prix d'une conduite si sage. Il écrivit du champ de bataille à sa femme: « Ma mie, j'arrivai hier ici; j'en » pars aujourd'hui; les provençaux sont défaits. » Adieu ».

En 1590, Grenoble craignoit avec raison d'être assiégée & prise par *Lesdiguières*. Le parlement lui envoya Moydieu, gentilhomme du pays, pour traiter avec lui. Ce gentilhomme, ligueur passionné, changea les termes de sa mission, qui devoient être pleins de modération & d'honnêteté, & n'em-

ploya que des expressions fières & menaçantes. *Lesdiguières*, qui avoit la modération que le grand courage inspire ordinairement, se contenta de lui répondre en souriant: *Que diriez-vous donc, monsieur, si vous teniez comme moi la campagne?* Ceci rappelle ce mot d'un héros grec, qui dit dans une semblable occasion: *Mon ami, vos paroles ont besoin d'une cité.*

Henri IV, qui estimoit *Lesdiguières*, n'étant que roi de Navarre, lui donna toute sa confiance lorsqu'il fut roi de France, & le fit par la suite lieutenant-général de ses armées de Piémont, de Savoye & de Dauphiné. Mais en 1591, Henri combattoit encore pour se rendre maître de sa capitale & de plusieurs autres villes de son royaume. *Lesdiguières*, méditant alors la conquête de Grenoble, & assuré du succès de son entreprise, avoit demandé au roi le gouvernement de cette ville. Le maréchal de Biron, qui s'étoit apperçu qu'on écoutoit froidement cette prière, avoit dit dans son accent gascon: *Cap de jou, sire, donnez-lui le gouvernement de Lyon & de Paris, s'il les peut prendre.* Ce mot fit taire toutes les répugnances. La ville étant conquise, Saint-Julien, secrétaire de *Lesdiguières*, arriva à la cour pour faire expédier les provisions. Les principaux officiers catholiques se récrièrent hautement sur une prétention qui leur paroissoit trop hardie de la part d'un huguenot. Le roi, qui avoit besoin d'eux, n'osa, dans la crainte de les mécontenter, accorder ce que son bon cœur & la justice lui dictoient. Saint-Julien sort de l'assemblée où cette affaire est traitée, & y rentrant l'instant d'après: « Messieurs, dit-il, votre » réponse inespérée m'a fait oublier un mot. » C'est que, puisque vous ne trouvez pas bon de » donner à mon maître le gouvernement de » Grenoble, vous avisiez aux moyens de le lui » ôter ». Là-dessus il sort encore. Mais le courage de ce secrétaire en avoit imposé à tout le monde. Henri s'en apperçut, & Saint-Julien emporta, sans nouvelle contradiction, ce qu'il étoit venu chercher.

Lesdiguières attaqua & battit, près d'Avalon, le duc de Savoie, qui, pour s'aggrandir, voulut profiter des troubles qui divisoient & affoiblissoient la France. Quelqu'éclatante que fût la victoire, le général françois n'étoit ni moins modeste, ni moins affable. Le brave la Buisse, admirant une modération si rare, lui dit agréablement: « Quel » homme êtes-vous, monsieur? Vous venez de » faire une des plus belles actions, & vous n'avez » pas un autre visage qu'hier »! *Mon ami*, répondit Lesdiguières, *il faut louer Dieu de tout, & continuer à bien faire*.

Lors du siège de Montauban, en 1621, *Lesdiguières* s'y exposa en soldat. Ses amis le blâmèrent de cette témérité. *Il y a*, leur dit-il, *soixante* ans que les mousquetades & moi nous nous connoissons ; ne vous en mettez pas en peine. Un autre général voulant partager avec *Lesdiguières* la gloire de cette intrépidité, feignit de vouloir établir une batterie dans un endroit fort découvert, le pria d'y aller avec lui, & de l'aider de ses lumières. *Lesdiguières* prit son homme par la main ; & poussant la témérité jusqu'à son dernier période, lui dit : *Nous ne voyons pas assez bien d'ici, allons plus avant ; je m'en vais vous montrer le chemin.* Alors celui qui le consultoit, le retint & lui dit sans dissimulation : *Ce seroit une folie d'aller si loin.* Ils retournèrent sur leurs pas, après avoir, par une espèce de bravade qui étoit du goût du siècle, couru les plus grands dangers.

Le maréchal de *Lesdiguières* abjura le calvinisme à Grenoble en 1622. Dans le moment qu'il sortoit de l'église de Saint-André de cette ville où il avoit fait abjuration, le maréchal de Créqui, son gendre, lui présenta les lettres par lesquelles le roi le faisoit connétable. Ces lettres, entr'autres éloges, en contenoient un bien rare, *d'avoir toûjours été vainqueur, & de n'avoir jamais été vaincu.*

La reine Elisabeth avoit dit autrefois de cet illustre guerrier, qu'elle estimoit beaucoup, que s'il y avoit deux *Lesdiguières* en France, elle en demanderoit un au roi.

LETTRES. Otez à l'homme le secours des *lettres*, ce n'est plus qu'un être isolé ; il n'est lié qu'à ceux que le hasard a fait naître près de lui. Le littérateur embrasse le monde entier dans sa bienveillance ; les *lettres* en étendant son esprit ont aggrandi son cœur. Aux lieux où naît l'aurore, comme dans ceux où finit le jour, par-tout il trouve des êtres qui lui ressemblent, & par-tout il est l'ami de ses semblables.

Lorsque les soins de la guerre donnoient au célèbre Scipion l'africain quelques momens de relâche, les *lettres* étoient son unique délassement : il s'y livroit avec tant d'ardeur, qu'il disoit souvent qu'il n'étoit jamais plus occupé, que lorsqu'il étoit de loisir.

Le commerce du monde, disoit un homme de beaucoup d'esprit, a fait sur les gens de *lettres*, ce que le cardinal de Richelieu fit sur les seigneurs de château. Ceux-ci ont beaucoup perdu en sortant de leurs terres, & ceux-là en sortant de leurs retraites.

Un prince de l'empire, amateur des *lettres*, demandoit à l'illustre Leibnitz, qui revenoit d'une cour étrangère, s'il avoit eu de fréquentes conversations avec le souverain ? « Il ne m'a jamais parlé, répondit le philosophe. — A qui parloit-il donc, repartit le prince » ?

Lorsque la paix eut enfin couronné les vœux de Henri IV, c'est alors qu'il chercha à remettre les *lettres* en honneur. Pendant les horreurs de la ligue, & depuis le meurtre de l'illustre Ramus, elles avoient fui loin d'un séjour souillé du sang de ses plus chers nourrissons. Le collège Royal, déserté depuis plus de vingt ans, étoit abandonné aux plus vils usages par les tyrans. L'un des premiers soins de Henri fut d'y rappeller les sciences fugitives. Peu de jours après son entrée dans la capitale, Passerat, l'un des plus beaux esprits de ce siècle, ouvrit les écoles publiques par un discours éloquent, mêlé de plaintes sur les malheurs passés, & d'éloges touchans du second restaurateur des *lettres*. Les professeurs furent tous rappellés. Admis à l'audience du monarque, ce prince les entretint avec cette aimable familiarité, cette popularité charmante qui lui gagnoit les cœurs. Henri donna les ordres les plus précis, pour qu'ils fussent exactement payés de ce qui leur étoit dû, leur annonça qu'il augmentoit leurs honoraires de moitié ; puis se tournant vers les courtisans : « Oui, dit-il, j'aime mieux qu'on » diminue ma dépense, & qu'on ôte de ma table » pour payer mes lecteurs ; je veux les conten» ter ; M. de Rosni les paiera. — Messieurs, » ajouta Rosni, les autres vous ont donné du » papier, du parchemin, de la cire ; le roi vous » a donné sa parole, & moi je vous donnerai de » l'argent ».

Les *lettres anonymes* aux maris ne sont que trop fréquentes. Un homme en avoit reçu plusieurs sur le compte de sa femme, qui étoit très-galante. Il en avoit aussi intercepté d'elle à ses amans. Il jugea à propos de ne lui en rien dire ; connoissant apparemment l'inutilité de cette démarche, il la traitoit fort bien, & lui laissoit même espérer une partie fort considérable dans sa succession. Il étoit vieux, & dans un pays où les loix permettent de donner à sa femme. Il tomba malade ; elle ne le quitta pas un moment, & se désespéroit, comme elle savoit bien faire. Aussitôt qu'il fut mort, un ami de son mari lui remit un paquet cacheté, & dont l'adresse étoit pour elle seule ; c'étoient les *lettres* qu'il avoit reçues, & celles qu'il avoit interceptées, avec ces mots au-dessus : Tu vois, ma chère femme, que je n'ai pu faire davantage pour toi.

LETTRES HIÉROGLYPHIQUES. Sous le règne de Charles VI, la plupart des chevaliers qui alloient aux tournois, portoient des *lettres* brodées sur leurs habits & sur leurs cottes d'armes ; l'un des Φ & des Δ, pour dire *fidelta*, fidélité. Un autre, dont la maîtresse avoit nom Diane, déesse qui s'appelle aussi *Hecate*, avoit semé ses caparassons d'E, de K & de T.

LIBELLE. Voltaire a dit, à propos de l'auteur d'un *libelle* qui a eu quelqu'espèce de vogue :

« Il vaudroit beaucoup mieux être le laquais d'un
» bel esprit, que le bel esprit d'un laquais ».

LIBERTÉ. La *liberté* consiste à n'obéir qu'aux
loix. Il en est de la *liberté*, a dit un sage, comme
de l'innocence & de la vertu, dont on ne sent
le prix qu'autant qu'on en jouit soi-même, &
dont le goût se perd sitôt qu'on les a perdues.
Je connois les délices de ton pays, disoit Brasidas
à un satrape, qui comparoit la vie de Sparte à
celle de Persépolis; mais tu ne peux connoître les
plaisirs du mien.

Fête de la liberté à Philadelphie.

Dans la grande salle où le corps législatif étoit
assemblé, on avoit placé un fauteuil élevé sur
une estrade, & surmonté d'un dais. On y voyoit le
livre de la loi ou les constitutions de l'Amérique.
Une couronne garnie de joyaux couvroit ce livre
respectable. Ce fut dans cette séance que le général Washington se démit solemnellement du
commandement dont il avoit été honoré, commandement qu'il fit servir avec tant de gloire au bonheur de ses compatriotes. Lorsque cette cérémonie fut terminée, le Fabius de l'Amérique
septentrionale fut prendre la couronne sur le
livre de la loi, & montant sur un balcon, au
bas duquel une foule prodigieuse étoit rassemblée,
il la montra au peuple, la brisa devant ses yeux,
& lui en jetta toutes les pièces. L'histoire des
anciennes républiques n'offre rien de semblable
à la grandeur de cette scène.

L'histoire ancienne est remplie d'actions les plus
courageuses produites par un vif amour de la
liberté. L'histoire moderne nous en offre quelques-
unes qui peuvent leur être comparées. Philippe II
avoit en 1574 fait investir la ville de Leyde pour
la soumettre au joug espagnol. Les assiégeans,
instruits qu'il n'y avoit point de garnison dans la
ville, y jettèrent des lettres pour engager les
habitans à se rendre. On leur répondit, du haut
des murailles, qu'on savoit que le dessein des
espagnols étoit de réduire la place par la famine;
mais qu'ils n'y devoient pas compter, tout le
temps qu'ils entendront les chiens aboyer; que,
lorsque ce secours & tout autre espèce d'alimens
manqueront, on mangera le bras gauche, tandis
qu'on se servira du droit pour se défendre; que
privé enfin de tout, on se résoudra plutôt à
mourir de faim qu'à tomber entre les mains
d'un ennemi barbare. Après cette déclaration,
on fit une monnoie de papier avec cette inscription : *Pour la liberté.* Ce papier fut, après
le siège, fidèlement converti en monnoie d'argent.
(*De Thou*).

Un lacédémonien interrogé sur ce qu'il savoit :
être libre, dit-il.

On sait que pour la proclamation d'un roi de
Pologne, il faut un consentement général. Lors
du couronnement de Ladislas, frère aîné du roi
Casimir, le primat ayant demandé à la noblesse
si elle agréoit ce prince, un simple gentilhomme
répondit que non. On lui demanda quel reproche
il avoit à faire à Ladislas : aucun, répondit-il;
mais je ne veux point qu'il soit roi. Il tint ce
langage pendant plus d'une heure, & suspendit
la proclamation. Enfin, il se jetta aux pieds du
roi, & dit qu'il vouloit voir si sa nation étoit encore libre; qu'il étoit content, & qu'il donnoit
sa voix à sa majesté.

Quelqu'un conseilloit au célèbre Hippocrate
d'aller à la cour d'Artaxerxès, roi de Perse, en
disant que c'étoit un bon maître : « Je ne veux
» point de maître, quelque bon qu'il soit », répondit Hippocrate.

LIVRE UNIQUE. L'empereur Rodolphe
offrit onze mille ducats pour un *livre* qu'on a vu
en 1640 dans le cabinet du prince Lingen :
c'étoit le *livre* de la passion de Notre-Seigneur,
avec des figures & des caractères qui ne sont
d'aucune matière.

Les feuilles de ce *livre* étoient des parchemins,
sur lesquels on avoit découpé avec un canif tous
les traits des lettres qu'on a coutume d'imprimer
sur le papier; de sorte qu'en mettant entre les
feuilles un papier noir, ou bien en les regardant
par le revers au grand jour, tous les mots pouvoient être clairement lus.

LOCKE, (Jean) né en 1632, mort en 1704.

Locke, s'est principalement rendu recommandable par son *Essai philosophique sur l'entendement
humain.* Dans cet essai il recherche l'origine, l'é-
tendue & la certitude des connoissances dont
l'homme est capable. Il lui montre ses forces; il
l'empêche de s'abandonner à une lâche oisiveté
ou d'embrasser un dangereux pirrhonisme. Cet
illustre métaphysicien s'étoit concilié l'estime de
ceux avec qui il vivoit, par sa probité, par sa
droiture, par le vrai qu'il mettoit dans ses actions, dans ses discours, dans ses démarches.
Il avoit été d'abord assez porté, comme il l'a-
vouoit lui-même, à donner à ses amis les conseils qui pouvoient leur être nécessaires; mais
ayant éprouvé que la plupart des hommes, au
lieu de tendre les bras aux conseils, y tendoient les griffes, il devint plus réservé sur cet
article.

Locke souffroit impatiemment que des hommes
éclairés se rassemblassent pour s'occuper de jeux,
la ressource ordinaire des esprits oisifs & vuides
de connoissances. Le duc de Buckingham,
mylord Halifax, & d'autres seigneurs qui avoient

de l'esprit & de la lecture, s'étoient donné rendez-vous, chez mylord Ashley, plutôt pour s'entretenir ensemble que pour affaires. *Locke* étoit de cette affemblée. Après quelques complimens, on apporta des cartes pour jouer, fans que l'on eût entamé aucune conversation. Notre philofophe regarda ces messieurs jouer pendant quelque temps; après quoi ayant tiré ses tablettes de fa poche, il fe mit à écrire avec beaucoup d'attention. Un de ces feigneurs s'en étant apperçu, lui demanda ce qu'il écrivoit. « mylord, dit-il, » je tâche de profiter autant que je puis en votre » compagnie; car, ayant attendu avec impa-» tience l'honneur d'être préfent à une affemblée » des hommes les plus fages & les plus éclairés » de notre fiècle, & ayant enfin ce bonheur, j'ai » cru que je ne pouvois mieux faire que d'écrire » votre conversation, & j'ai déja écrit ce qui s'est » dit depuis une heure ou deux ». Il ne fut pas néceffaire que *Locke* lût beaucoup de ces dialogues, ces feigneurs en fentirent aifément le ridicule. Ils quittèrent aussitôt le jeu & s'entretinrent fur des objets plus dignes d'eux & du philofophe anglois.

Locke prédit en quelque forte le moment de fa mort, & fon pronoftic étoit fondé fur ce qu'il fentit au commencement d'un été un *nouveau* degré de vigueur dans fon tempérament.

Il demanda quelque liqueur, & but à la fanté de ceux qui fe trouvoient auprès de lui, en leur difant: *Je vous fouhaite à tous du bonheur.* Il les exhorta à regarder ce monde feulement comme un état de préparation à un meilleur. Il ajouta qu'il avoit vécu affez long-temps, & qu'il remercioit Dieu de lui avoir fait paffer des jours tranquilles; mais que cette vie ne lui paroiffoit qu'une pure vanité. Pendant qu'on achevoit de l'habiller, il pria la personne qui le gouvernoit, & qui lifoit tout bas dans un pfeautier, de lire haut: elle le fit, & il parut très-attentif jufqu'à ce que les approches de la mort l'en empêchèrent. Il pria alors cette même perfonne de ne plus lire, & peu de minutes après il expira.

LOCKMAN, philofophe rénommé chez les orientaux. Les auteurs arabes le font naître en Nubie, vendre comme efclave chez les Ifraélites fous David & Salomon, & rapportent de lui plufieurs particularités affez femblables à celles dont on a pris plaifir d'embellir la vie d'Efope. On a publié à Paris en 1724, une traduction françoife des fables de *Lockman* & de Pilpay, philofophe indien.

Le maître de *Lockman*, lui ayant donné à manger un melon amer, il le mangea tout entier. Son maître, étonné de cette action d'obéiffance, lui dit: « Comment avez-vous pu manger un fi » mauvais fruit? J'ai reçu, lui répondit *Lock-*

» *man*, fi fouvent de votre part des douceurs, » qu'il n'est pas étrange que j'aie mangé, une » feule fois en ma vie, un fruit amer que vous » m'avez préfenté ». Cette réponfe généreufe de l'efclave, toucha fi fort fon maître, qu'il lui accorda aussitôt la liberté.

Des folitaires avoient volé une caravane; les marchands les conjuroient, les larmes aux yeux, de leur laiffer du moins quelques provifions pour continuer le voyage; les folitaires furent inexorables. Le fage *Lockman* étoit alors parmi eux, & un des marchands lui dit: » Est-ce ainfi que » vous inftruifez ces hommes pervers? » *Je ne les inftruis pas*, dit Lockman, *que feroient-ils de la fageffe?* » Et que faites-vous donc avec les mé-» chans? » *Je cherche*, dit Lockman, *à découvrir comment ils le font devenus.*

On demandoit à ce fage de qui il avoit appris la fageffe: « Des aveugles, dit-il, qui ne pofent » point le pied fans s'être affurés de la folidité du » térrein ».

LOIX. Deux *loix* gouvernent le monde, difoit un jour un célèbre avocat, à M. Trudaine: « La » *loi* du plus fort & celle du plus fin ».

Quelqu'un ayant demandé à Solon, fi les *loix* qu'il avoit données aux Athéniens, étoient les meilleures qu'on pût leur prefcrire; oui, répondit-il, les meilleures qu'ils fuffent capables de recevoir.

« Où il y a beaucoup de médecins, il y a » beaucoup de malades, difoit le philofophe » Arcéfilas; de même, où il y a beaucoup de » *loix*, il y a beaucoup de vices ».

Parmi les Taprobaniens, il y avoit une *loi*, qui portoit qu'on ne devoit vivre qu'un certain nombre d'années, après quoi il falloit aller de gaîté de cœur, fe coucher fur une herbe vénimeufe qui tuoit, fans caufer aucune douleur, mais faifant doucement paffer d'un fommeil tranquille au fommeil de la mort.

Chez les grecs, il n'y avoit point d'officier public, chargé par l'état de rechercher les meurtriers; les parens du mort avoient feuls le droit d'en poursuivre la vengeance.

Canut, roi de Dannemark, ayant tué un de fes gardes dans l'ivreffe, defcendit du trône, & demanda d'être jugé comme un particulier, puifqu'il avoit violé les *loix*, qu'il avoit portées lui-même. Mais perfonne n'ofant prononcer contre lui, il fe condamna à payer le quadruple de la taxe réglée pour un homicide, fans referve du quart que la *loi* lui attribuoit.

La *loi* qui ordonne de laiffer les enfans entre les mains des femmes jufqu'à l'âge de 7 ans, remonte à l'empereur Julien.

Une *loi* d'Athènes ordonnoit que ceux qui auroient été estropiés à la guerre, seroient nourris aux dépens de l'état : la même grace étoit accordée aux pères & aux mères, aussi bien qu'aux enfans de ceux qui étant morts dans les combats, laissoient une famille pauvre & hors d'état de subsister. L'antiquité fait honneur de cette *loi* à Pisistrate, qui s'empara du gouvernement d'Athènes, vers l'an 750 avant Jésus-Christ.

A Rome, dès qu'un père déclaroit ne pouvoir nourrir son enfant, l'état en étoit chargé, l'enfant devoit être nourri & élevé aux dépens de la république. Constantin voulut que cette *loi* fût gravée sur le marbre, afin qu'elle fut éternelle.

Les allemands avoient une loi fort singulière. « Si l'on découvre une femme à la tête, on » payera une amende de six sols ; autant si c'est » à la jambe, jusqu'au genou ; le double depuis » le genou .... ». Il semble ajoute M. de Montesquieu, que la *loi* mesuroit les outrages faits à la personne des femmes, comme on mesure une figure de géométrie : elle ne punissoit point le crime de l'imagination, mais celui des yeux.

LONDRES. La ville de *Londres* est à-peu-près de la grandeur de Paris. Le nombre de ses habitans doit être égal. Les anglois disent que leurs murs, bâtis par Constantin, se sont accrus au point d'avoir trente milles de tour. L'incendie de 1666, y consuma treize mille maisons de bois, saint Paul & d'autres églises : la perte fut estimée deux cents millions de France. En trois années dix mille maisons furent rebâties, & cent édifices publics de pierre ou de brique ornèrent cette grande cité, dont on s'attacha à élargir les rues. Les plus riches citoyens voulurent embellir les quartiers détruits par le feu ; mais tous leurs efforts ne servirent qu'à prouver le peu de progrès qu'ils ont faits dans l'architecture & le goût des ornemens. Nous n'en dirons pas autant de l'étendue de leur génie dans les sciences de calcul, & de tout ce qui peut servir à l'amélioration de leur commerce. Cette ville étoit déja très-célèbre par son commerce du temps de Tacite, *copia negociatorum ac commeatuum maximè celebris* ; mais Ammien-Marcellin a été plus loin, il a tiré l'horoscope de sa grandeur future. *Londinium*, dit il, *vetus oppidum, quod Augustam posteritas appellabit.* M. de Voltaire la présente dans la *Henriade*, comme *le centre des arts, le magasin du monde & le temple de Mars.*

Londres jouit du beau privilége de se gouverner elle-même ; elle a ses cours de justice, dont la principale est nommée, *commun-concil*, le conseil-commun : c'est une espèce de parlement anglois composé de deux ordres. Le lord-maire & les échevins, qui forment la chambre haute, & deux cents trente-un membres, choisis dans les différens quartiers, représentent la chambre des communes ; le conseil commun a seul le droit d'honorer un étranger du droit de bourgeoisie ; il fait les loix municipales, qui lient les citoyens entr'eux ; l'évêque de *Londres*, règle les affaires ecclésiastiques.

On compte dans *Londres* cinq mille rues, environ cent mille maisons & un million d'habitans. Cinq cents gros navires y portent journellement du charbon de terre. Vingt mille mariniers sont employés sur la Tamise, qui est la rivière la plus avantageuse de l'Europe pour la navigation : son courant est aisé, ses marées sont commodes, & son eau se purifiant dans les voyages de-long-cours, devient bonne à boire, quand on en a le plus de besoin. C'est à cette rivière qu'est due la grandeur & l'opulence de *Londres*.

> Quelle incomparable puissance
> Fait fleurir sa gloire au-dehors !
> Quel amas d'immenses trésors
> Dans son sein nourrit l'abondance !
> La Tamise, reine des eaux,
> Voit ses innombrables vaisseaux
> Porter sa loi dans les deux ondes,
> Et forcer jusqu'au dieu des mers,
> D'enrichir ses rives fécondes,
> Des tributs de tout l'univers.

M. Thompson parle de la Tamise en ces termes magnifiques. « Belle Tamise, vaste, douce, profonde, & majestueuse reine des fleuves, tu fus destinée à faciliter ton premier ressort, le commerce. C'est sur tes bords qu'on voit s'élever une foule de mâts, semblable à une forêt dans l'hiver. Les ancres se levent, les voiles se guindent ; le navire s'ébranle ; la splendide berge voguant tout autour, étend ses rames semblables à des aîles ; les cris du départ se répandent & font retentir la rive ; le vaisseau fend les ondes, & va porter au loin la gloire & le tonnerre britannique ».

Sous le règne de la reine Elisabeth, Gresham, marchand de *Londres*, y bâtit à ses dépens la bourse, un collège, cinq hôpitaux, & laissa un fonds pour nourrir les prisonniers. Hervée, qui, le premier, s'apperçut que le sang circule dans nos veines, donna sa maison & son bien à la faculté de médecine. Le chevalier Middleton, chagrin de voir un quartier de la ville privé d'eau, y fit à frais immenses, passer une rivière. Le chevalier Cotton a légué la bibliothèque de Westminster ; celle du duc de Norfolk est à la société royale, fondée par Charles II ; ainsi des citoyens zélés ont concouru à l'embellissement de la Capitale.

Le maire de *Londres*, chef d'une jurisdiction

assez étendue, se fait par l'élection de la ville : son règne d'un an est court, mais brillant : un grand palais bâti pour le loger, & qu'il n'habite point, lui sert pour les cérémonies. Le jour de sa réception il y régale la famille royale & les seigneurs. En 1356, un maire nommé Picard, eut l'honneur de voir à sa table quatre monarques, Edouard III, roi d'Angleterre, le malheureux Jean, roi de France, David II, roi d'Ecosse, & un Lusignan, roi de Chypre.

Anciennement le premier magistrat de *Londres* s'appeloit Porte-Grêve. Richard I établit deux baillis en sa place, & bientôt après le roi Jean donna aux citoyens un maire pour leur magistrat annuel.

La chartre de Guillaume le Conquérant à la ville de *Londres* s'exprime ainsi : « Guillaume roi, » salut à Guillaume évêque, à Godefroi *Porte-* » *Grêve*, & à tous les bourgeois de la ville de » *Londres*, françois & anglois : je vous déclare » que ma volonté est que vous viviez tous sous » la même loi, selon laquelle vous étiez gou- » vernés du temps du roi Edouard ; que ma vo- » lonté est aussi que tout enfant soit héritier de » son père, & que je ne souffrirai pas que l'on » vous fasse aucun tort ; & que Dieu vous ait en » sa sainte garde ».

Un anglois a fait ce tableau de *Londres* en 1744.

Londres est une espèce de grande forêt, habitée par des créatures sauvages qui errent à l'aventure, & qui ne songent mutuellement qu'à se détruire. Les équipages splendides qu'on y voit, sont les indices d'une pauvreté prochaine, & des pertes que le luxe des grands fera essuyer à l'artisan. Un quart des maisons est entièrement vuide. Si l'on entre dans celles qui sont habitées, on y voit un air de mécontentement & de mélancolie répandu généralement sur toutes les physionomies. Ce n'est pas que nous n'ayons beaucoup de théâtres & de lieux de divertissement : il y a cent cabarets pour une église.

Quelqu'un parcourroit toutes les paroisses de *Londres*, qu'à peine y trouveroit-il vingt personnes qui sussent le nom de leur ministre. J'ai vu les gens qui payoient les dîmes depuis longtemps, aussi embarrassés à cette question, qu'un colonel l'est à dire le *credo*, & une comtesse à répondre sur son catéchisme.

Londres est le grand égoût de l'univers. Semblable à l'océan, où les ruisseaux bourbeux se déchargent, comme les rivières les plus claires, cette ville reçoit l'écume & l'ordure des autres nations. La France nous fournit de danseurs, de valets de chambre, de cuisiniers, & de maîtres de langue, qui n'entendent pas un mot d'anglois.

L'Italie nous donne des musiciens, des eunuques & des gentilâtres admirables pour faire des dettes, qu'ils oublient très-facilement de payer. L'Ecosse nous remplit de mendians & de charlatans ; l'Irlande de faux témoins, de voleurs & de brétailleurs. Outre quantité de gentilhommes ruinés que le pays de Galles nous envoie, nous en tirons nos porteurs de chaise, nos laquais & nos portes-faix, presque tous gens de bonne maison, qui se rabaissent à remplir ces pénibles emplois, malgré leur ancienne race, & leurs sublimes alliances.

Oh ! *Londres* est une ville admirable !

LONGUERUE, (Louis Dufour de) né en 1652, mort en 1733.

L'abbé de *Longuerue*, doué d'une mémoire prodigieuse, s'étoit adonné de bonne heure à l'étude des langues. Avec ce secours, un esprit ardent & un tempéramment fort robuste, il n'y eut pas de sciences qu'il ne parvint à cultiver avec succès. Théologie, philosophie, histoire, grammaire, antiquités, belles-lettres, tout fut de son ressort. On peut dire, à sa louange, qu'il n'y eut point de savant plus communicatif ; mais pour avoir part à ses bienfaits, il falloit lui passer son air tranchant, son ton décisif, ses idées singulières, sa critique hardie ; critique qu'il n'a que trop souvent portée sur des matières respectables. En général il ne passoit pas pour avoir l'esprit de dévotion ; aussi disoit-il qu'il étoit dur à l'excommunication.

Les moines de saint Jean du Jard, chez qui il étoit depuis plusieurs mois, lui ayant demandé qui étoit son confesseur : « Je vous le dirai, leur » répondit-il, quand vous m'aurez dit qui étoit » celui de votre père saint Augustin. »

L'abbé de *Longuerue* gardoit dans sa bibliothèque le bréviaire romain comme une pièce curieuse. La légende où il est parlé du cœur de saint Philippe de Nery, dilaté tellement par la charité, qu'il avoit brisé deux côtes, lui paroissoit sur-tout fort plaisante. Un jour, disoit-il, on voulut faire lire la vie de ce saint au réfectoire de Saint-Magloire ; mais on ne continua pas long-temps : les séminaristes s'étouffoient de rire.

Si l'abbé de *Longuerue* n'étoit pas dévot, il étoit encore moins courtisan. Etant à la cour : « Ah ! le bon pays pour les ignorans, s'écrioit-il » publiquement : comme il n'y a point de livres, » on peut avancer tout ce qu'on veut ». Il se privoit souvent de sortir, afin d'avoir ses livres à côté de lui, & être tout prêt à justifier par les citations, quand il trouvoit des sots qui contestoient mal-à-propos.

Cet abbé paroiffoit fur-tout jaloux de fes con-noiffances dans les langues favantes, & rapportoit volontiers cette anecdote. A vingt ans, difoit-il, étant chez un de mes parens huguenot, où fe trouva le miniftre Claude, comme il vit mon petit collet, & que ces meffieurs-là ont beaucoup de mépris pour tous ceux qui le portent, il fe mit, je ne fais comment, à parler de l'hébreu & des langues où il entendoit comme un aveugle aux couleurs. Je m'apperçus bien qu'il ne favoit ce qu'il difoit, & il croyoit m'en impofer ; je l'entrepris, & je le menai fi rudement, que le pauvre Claude fut obligé de fe radoucir, & trouva mieux fon compte à fe jetter fur les compli-mens. Cet homme-là, ajoutoit-il, étoit bon pour gouverner chez madame la maréchale de Schomberg, où il régnoit fouverainement ; mais il n'étoit pas favant.

La poéfie n'avoit point de charmes pour l'abbé de *Longuerue*. Lorfqu'après fa mort, on fit l'in-ventaire de fa bibliothèque, qui étoit très-confi-dérable, on n'y trouva aucun volume de poéfies, fi ce n'est peut-être quelques tomes détachés des comédies de Molière, & un volume de l'Ariofte. Ce n'est pas qu'il n'eût lu les poëtes ; que n'a-voit-il pas lu ? Mais il ne les estimoit pas affez pour leur donner place dans fa bibiothèque : il en parloit même toujours avec mépris, & les regardoit comme des écrivains frivoles qui n'apprennent rien. Il ne parut épargner que l'Ariofte. *Pour ce fou-là*, difoit-il, *il m'a quelque-fois amufé.*

LOUANGE. Comme on louoit un prince de plufieurs vertus qu'il n'avoit pas : « Je ferai tout » ce que je pourrai, dit-il, pour vous empêcher » de mentir ».

C'étoit la coutume à Athènes, que dans les fpectacles lyriques, on chantât les belles actions des grands capitaines. Quelqu'un demanda un jour à Thémiftocle, quel étoit l'acteur dont la voix lui plaifoit le plus : Celui, répondit-il, » qui chante mes *louanges* ».

Les ambaffadeurs que les athéniens avoient envoyés vers Philippe, étant retournés à Athènes, louoient ce prince de fa beauté, de fon élo-quence & de fa force à boire beaucoup : ces *louanges*, répondit Démofthènes, font fort peu dignes d'un roi ; le premier avantage eft propre aux femmes, le fecond aux réthoriciens, & le troifième aux éponges.

Un académicien avoit rendu compte d'un poëme d'un autre académicien dans un article où la *louange* étoit un peu trop prodiguée : « Quand un éloge fent trop le confrère, dit M. d'Alembert, le public n'eft pas le compère. »

LOUIS VII. En 1148, l'arrière-garde de l'armée françoife eft furprife, & taillée en pièces dans les défilés des montagnes de Laodicée en Lydie. Le roi *Louis VII*, dit le Jeune, après avoir combattu long-temps, refte feul, & n'a plus d'autre reffource qu'un arbre, fur lequel il monte pour gagner la pointe d'un rocher. Une troupe d'ennemis l'attaque ; il abat la tête ou les bras à quiconque entreprend de monter fur fon arbre ; la bonté de fes armes le garantiffoit des flèches ; les affaillans font forcés de l'abandon-ner, & il rejoint heureufement fon avant-garde.

LOUIS VIII. Matthieu Paris fait mourir *Louis VIII*, roi de France, au fiège d'Avignon, empoifonné par le comte de Champagne. Guil-laume de Puis-Laurens, auteur contemporain, dit que les médecins ayant déclaré à ce prince que fa maladie venoit d'un excès de continence & de fanté, fes chambriers introduifirent auprès de fon lit, tandis qu'il dormoit, une jeune fille d'une rare beauté, à qui ils recommandèrent bien de dire qu'elle ne venoit pas le trouver preffée par d'impudiques defirs, mais uniquement par le motif généreux d'une femme qui feroit charmée de conferver une vie fi précieufe à l'état : *Louis*, en s'éveillant, demanda d'un air gracieux à cette jeune perfonne ce qu'elle vouloit ; elle le lui fit entendre par fa rougeur, fon embarras & quel-ques mots foiblement articulés. Non, non, dit-il, j'aime mieux mourir que de commettre un péché mortel. Il fit éloigner le remède, & dit à Archambaud de Bourbon, de marier honorable-ment la gentille pucelle.

LOUIS IX. Roi de France, né en 1215, mort en 1270.

Saint Louis, dit le père Daniel, a été un des plus grands hommes & des plus finguliers qui ait jamais été. En effet, ajoute un illuftre hifto-rien, ce prince, d'une valeur éprouvée, n'étoit courageux que pour de grands intérêts. Il falloit que des objets puiffans, la juftice ou l'amour de fon peuple, excitaffent fon ame, qui, hors de-là, fembloit foible, fimple & timide : c'eft ce qui faifoit qu'on le voyoit donner des exemples du plus grand courage, quand il combattoit les re-belles, les ennemis de fon état ; ou les infidèles : c'eft ce qui faifoit que, tout pieux qu'il étoit, il favoit réfifter aux entreprifes des papes & des évêques, quand il pouvoit craindre qu'elles n'excitaffent des troubles dans fon royaume : c'eft ce qui faifoit que, fur l'administration de la juftice, il étoit d'une exactitude digne d'ad-miration ; mais quand il étoit rendu à lui-même, quand il n'étoit plus que particulier, alors fes domeftiques devenoient fes maîtres ; fa mère lui commandoit, & les pratiques de la dévotion la plus fimple rempliffoient fes journées. A la vérité toutes ces pratiques étoient annoblies par les vertus solides & jamais démenties qui formèrent son caractère.

Louis, dès son plus bas âge, témoigna le plus grand attachement pour la reine Blanche. Et quelle reconnoissance, en effet, ne devoit point avoir ce prince pour une mère qui en avoit rempli à son égard tous les devoirs avec les plus tendres sollicitudes ? Car l'histoire atteste que cette reine veilla non-seulement à l'éducation de ses enfans, mais qu'elle nourrit de son propre lait son fils aîné. Elle s'acquitta même de ce sacré devoir avec un soin & une tendresse qu'elle portoit jusqu'à la jalousie, ne voulant pas que le petit prince prît un autre lait que le sien. Ayant un jour, été attaqué d'une fièvre qui dura quelque temps, une dame de la cour, qui, à son exemple, nourrissoit aussi son fils, donna sa mammelle à Louis, qui la saisit avidement. Blanche, revenue de son accès, demanda le prince, & lui présenta le sein ; mais, surprise qu'il le refusât, elle en soupçonna la cause, & demanda si on avoit donné à teter à son fils. Celle qui lui avoit rendu ce petit office, s'étant nommée, Blanche, au lieu de la remercier, la regarda avec dédain, mit le doigt dans la bouche du petit prince, & lui fit rejetter le lait qu'il avoit pris. Comme cette action un peu violente étonnoit ceux qui se trouvoient présens ; » Eh quoi ! leur dit-elle , pour se » justifier , prétendez-vous que je souffre qu'on » m'ôte le titre de mère, que je tiens de Dieu & » de la nature ? »

Lorsque Louis fut en état de recevoir ses leçons, elle lui répétoit souvent ces paroles : « Vous » savez, mon fils, que j'ai pour vous toute la » tendresse d'une mère ; j'aimerois mieux cepen- » dant vous voir mort, que souillé d'un péché » mortel ».

Blanche est la première princesse qui ait réuni en 1226, la qualité de tutrice & de régente. Après être parvenue à soumettre les barons & les petits princes continuellement en guerre entr'eux, & qui ne se réunissoient que pour bouleverser l'état, elle maria son fils, en 1234, avec Marguerite, fille aînée de Raimond, comte de Provence ; mais Blanche, jalouse toujours à l'excès de l'affection de son fils, voyoit, avec une espèce de chagrin, le vif empressement que le jeune prince avoit pour sa nouvelle épouse. L'impérieuse régente lui avoit même défendu de voir, sans sa permission, cette épouse chérie. Si la cour voyageoit, elle les faisoit presque toujours loger séparément. Aussi la jeune reine n'aimoit pas beaucoup sa belle-mère. Il arriva que la cour étant à Pontoise, Louis eut un appartement au-dessus de celui de la princesse ; il n'osoit cependant aller chez elle, sans prendre de grandes précautions contre la surprise. Il ordonna à ses huissiers de

salle, lorsqu'ils verroient venir la reine, de battre les chiens, afin de les faire crier : alors il se cachoit dans quelque coin. Un jour qu'il tenoit compagnie à sa femme, parce qu'elle étoit dangereusement malade, on vint lui dire que sa mère arrivoit. Son premier mouvement fut de s'enfoncer dans la ruelle du lit : elle l'apperçut néanmoins. Venez vous en, lui dit-elle en le prenant par la main ; vous ne faites rien ici. Hélas ! s'écria Marguerite désolée, ne me laisserez-vous voir monseigneur ni en la vie, ni en la mort ! Elle s'évanouit à ces mots. Tout le monde la crut morte ; le roi le crut lui-même, & retourna sur le champ auprès d'elle : sa présence la fit revenir de son évanouissement.

Quelque respect qu'il eût pour les ministres de la religion, il savoit leur résister avec force quand leurs entreprises pouvoient intéresser l'honneur de sa couronne, ou le bien de son royaume. L'évêque d'Auxerre, à la tête du clergé de France, étoit venu trouver ce prince, & lui dire : « Sire, » tous les prélats que vous voyez ici, m'ont » chargé de vous représenter que la foi chrétienne » décheoit, & sera encore pis, si vous n'y mettez » remède. Ainsi, nous vous supplions très-hum- » blement que vous ordonniez à tous les juges de » votre royaume, qu'ils contraignent tous ceux » qui auront été pendant un an excommunié » par sentence, de se faire absoudre, & de satis- » faire à l'église ». A quoi Louis répondit : « qu'il » rendroit volontiers cette ordonnance ; mais qu'il » entendoit que ses juges, avant de rien statuer, » examinassent la sentence qui prononçoit l'ex- » communication, & eussent connoissance si elle » étoit à bon droit donnée ou non ». Les prélats, après s'être consultés, répliquèrent qu'ils ne pouvoient permettre que les juges d'église se soumissent à cette formalité. « Et moi, dit » le monarque, jamais je ne souffrirai que les » ecclésiastiques prennent connoissance de ce qui » appartient à ma justice ».

Louis, persuadé qu'un roi doit, avant toutes choses, justice à ses peuples, commença par réprimer les abus qui s'étoient introduits dans les différens tribunaux, & donnoit lui-même aux juges l'exemple de la plus grande assiduité au travail. « Souvent j'ai vu, dit Joinville, que le » bon roi, après la messe, alloit se promener au » bois de Vincennes, s'asseyoit au pied d'un » chêne, nous faisoit prendre place à côté de lui, » & donnoit audience à tous ceux qui avoient à » lui parler, sans qu'aucun huissier ou garde les » empêchât de l'approcher ».

On le vit aussi plusieurs fois venir au jardin de Paris, vêtu d'une cotte de camelot, avec un surcot de tiretaine sans manches, & par-dessus un manteau de taffetas noir ; là il faisoit étendre des

des tapis pour s'asseoir avec ses conseillers, & dépêchoit son peuple diligemment. Deux fois par semaine, il donnoit audience dans sa chambre. Une dame de qualité se présenta un jour, & lui demanda un entretien secret. Elle avoit une parure qui n'étoit point de son âge, & moins encore du goût que le monarque avoit pour la simplicité des habits. Il la fit néanmoins entrer dans son cabinet, où il n'y avoit que son confesseur, & l'écouta aussi long-temps qu'elle voulut. « Madame, lui dit-il, j'aurai soin de votre » affaire, si de votre côté vous voulez avoir soin » de votre salut. On parloit autrefois de votre » beauté ; elle est passée comme la fleur des » champs. On a beau faire, on ne la rappelle » point : il faut songer à la beauté de l'ame qui ne » finira point ».

On prend plaisir à entendre Joinville nous faire l'éloge de la bonté de *Louis* & de sa bienfaisance. « Dès le temps de l'enfance, ce bon roi étoit » moult piteux des pauvres & souffreteux ; tous » les jours il donnoit à manger à grande foison » de pauvres en sa chambre, & avoit il chacun » jour au dîner & au souper devant lui aucuns » vieux hommes débrisés (estropiés), & leur » faisoit donner telle viande comme il mangeoit ; » & plusieurs fois avint que le roi les servoit & » mettoit la viande devant eux & la leur tran- » choit, & leur donnoit au départir de sa propre » main des deniers ».

Ce prince se déroboit souvent à ses courtisans pour s'adonner à la pratique de ces œuvres de charité, & pour prier en silence. On en murmuroit quelquefois. « Ah ! disoit-il, si j'employois » les momens dont on me reproche l'inutilité au » jeu, à la dissipation, on me le pardonneroit ». C'est qu'à la cour on pardonne plus aisément des foiblesses que des vertus.

Quand on fait réflexion aux grandes qualités de ce monarque, on gémit sur le malheur de la France, qui fut long-temps privée de la présence de ce vertueux prince. Attaqué d'une maladie violente en 1244, il crut entendre, dit-on, une voix qui lui ordonnoit de prendre la croix contre les infidèles. Il fit dès lors vœu de passer dans la Terre-Sainte pour la conquérir. Si *Louis* montra un zèle aveugle en abandonnant un royaume confié à ses soins, pour aller faire la guerre à des peuples qui n'avoient rien à démêler avec la France, on doit en rejetter la faute moins sur lui que sur son siècle. L'esprit de chevalerie qui régnoit alors ne s'occupoit que d'entreprises hasardeuses. Les infidèles étoient, de plus, regardés comme les ennemis naturels des chrétiens, & des ennemis voués à la mort par le tout puissant. La philosophie, en étendant notre affection sur tous les hommes, ne nous avoit point encore appris à nous considérer tous comme frères. C'étoit d'ailleurs la commune opinion des chrétiens que la Terre-Sainte, conquise autrefois par Godefroi de Bouillon, étoit leur héritage, & qu'ils avoient droit d'y entrer. Or, comme dans les tribunaux civils la plupart des affaires se décidoient alors par le combat judiciaire, les françois étoient portés à croire qu'une si belle & noble cause devoit être également décidée par le courage. *Louis*, après s'être préparé pendant quatre ans à cette expédition, non moins illustre que malheureuse, s'embarqua, en 1248, à Aigues-mortes avec sa femme & ses trois frères. Presque toute la chevalerie de France l'accompagna. Arrivé à la rade de Damiette, il s'empara de cette ville en 1249. Son dessein étoit de porter la guerre en Egypte, pour attaquer dans son propre pays le sultan, maître de la Terre-Sainte. Il passa le Nil à la vue des infidèles, remporta deux victoires sur eux, & fit des prodiges de valeur à la journée de Massoure en 1250. Mais des maladies contagieuses obligèrent bientôt les françois à reprendre le chemin de Damiette. Le roi même tomba malade, & on traita d'une trève avec les infidèles. Ceux-ci demandoient pour ôtage la personne même du roi. Géofroy de Sargines rompit la négociation, en protestant avec une noble colère que les françois n'auroient jamais cette lâcheté. « Ils aimeroient » beaucoup mieux, disoit-il, que les sarrasins les » eussent tous tués, qu'il leur fût reproché qu'ils » eussent baillé leur roi en gage ». Le monarque vouloit se donner lui-même en ôtage ; & l'on eut mille peines à l'empêcher de se sacrifier pour ses sujets. Mais on ne put l'engager à se rendre par-mer à Damiette où l'on se proposoit de faire retraite. Il se mit à l'arrière-garde, & après avoir couru mille dangers, il tomba avec ses frères & tous ceux qui le défendoient, au pouvoir des sarrasins.

Lorsque *Louis* fut fait prisonnier, la reine son épouse étoit enceinte. Elle apprit cette terrible nouvelle trois jours avant ses couches. Elle étoit enfermée dans la ville de Damiette, assiégée par les sarrasins, & à la veille de tomber entre leurs mains. Il ne se passoit point de nuit, que troublée par des songes effrayans, elle ne crût voir les sarrasins en furie attenter à la vie de son mari, ou entrer en foule dans sa chambre, pour l'enlever elle-même : elle se tourmentoit & s'agitoit sans cesse. On fut obligé de faire veiller au pied de son lit un chevalier *vieil & ancien*, dit Joinville, *de l'âge de quatre-vingts ans & plus*, qui, toutes les fois que ces tristes imaginations la réveilloient, lui prenoit la main ; & lui disoit : *Madame, je suis avec vous, n'ayez peur*. Un jour ayant fait retirer tout le monde, excepté ce brave vieillard, elle se jetta à ses genoux. « Jurez-moi » lui dit-elle, que vous m'accorderez ce que je « vais vous demander ». Il le lui promit avec ferment. » Eh bien! fire chevalier, reprit-elle, je vous requiers fur la foi que vous m'avez donnée, que fi les farrafins prennent cette ville, vous me coupiez la tête avant qu'ils me puiffent prendre ». Ce bon gentilhomme répondit: *Que très-volontiers il le feroit, & que jà l'avoit-il eu en penfée d'ainfi le faire, fi le cas y échéoit.* Tous deux oublioient le précepte de la religion; on ne peut néanmoins s'empêcher d'admirer dans cette demande & dans cette réponse un courage & une franchife dignes des fiècles les plus héroïques. Le monarque prifonnier traita de fa rançon; on lui vint dire que le fultan exigeoit la reftitution de Damiette & un million de befans d'or, tant pour fa rançon que pour celle des autres captifs. *Louis* répondit avec une noble fierté: « Qu'un roi de » France n'étoit point qu'il voulût fe rédimer » par aucune finance de deniers; mais qu'il ren- » droit la ville pour fa perfonne, & paieroit le » million de befans pour la délivrance de fa gent ». Le fultan, étonné de la générofité du monarque françois, qui lui avoit accordé, fans la moindre difficulté, la fomme exorbitante qu'il demandoit, lui remit, par reconnoiffance, deux cents mille befans. Mais ce fultan ayant été maffacré quelques jours après par les mammelucs, dont fon père avoit établi la milice, *Louis* éprouva de nouvelles difficultés. Les émirs firent propofer au roi de confirmer le traité par un ferment qui alarmoit fa religion. Comme le prince s'y refufoit conftamment, ces émirs, outrés de colère, vinrent en foule fondre dans fa tente, le fabre à la main, & criant d'un ton menaçant: « Tu es notre cap- » tif, & tu nous traites comme fi nous étions » dans tes fers! il n'y a point de milieu, ou la » mort, ou le ferment tel que nous l'exigeons ». *Dieu vous a rendu maîtres de mon corps*, répondit froidement le monarque; *mais mon ame eft entre fes mains, vous ne pouvez rien fur elle.* On peut douter que Rome ou la Grèce fourniffe l'exemple d'une intrépidité plus fublime; & les fiers farrafins furent obligés de lui foumettre leur férocité naturelle.

Louis, dans la feconde croifade qu'il entreprit en 1270, ne fut pas plus heureux; il périt même de la contagion devant Tunis, en donnant à fon fils ces avis célèbres, que le dauphin, fils de Louis XIV, dans l'hiftoire de France, qu'il a écrite fous les yeux de fon précepteur, appelle le plus bel héritage que faint *Louis* ait laiffé à fa maifon: « Mon fils, mon cher fils, lui difoit-il, » fais-toi chérir du peuple: on n'eft roi que pour » être aimé; & c'eft à cette condition que je » defire tranfmettre le trône à ma famille. Si mon » peuple devoit être malheureux, j'aimerois » mieux qu'il le fût par un étranger que par les » miens ».

LOUIS X, roi de France & de Navarre, fut

furnommé *Hutin*, c'eft-à-dire, *mutin*, à caufe de fon caractère querelleur. Son règne ne fut que de dix-huit mois. Il fe vit obligé de différer fon facre à caufe des troubles de fon royaume, pendant lefquels fon oncle Charles de Valois fe mit à la tête du gouvernement, & fit pendre Enguerrand de Marigni à Mautfaucon, gibet que ce miniftre avoit lui-même fait dreffer fous le feu roi Philippe-le-Bel.

LOUIS XI, roi de France, né en 1423, mort en 1483.

Le caractère dominant de *Louis XI* fut de rapporter tout à l'autorité royale. Quelque deffein qu'il formât, quelque parti qu'il prît, il n'oublioit jamais qu'il étoit roi; dans fa confiance même, il mettoit toujours une diftance entre lui & fes fujets. Sa maxime favorite étoit de dire: « Qui ne fait pas diffimuler, ne fait pas régner. » Si mon chapeau favoit mon fecret, je le brû- » lerois ». Il avoit le cœur ferme & l'efprit timide. Il étoit prévoyant, mais inquiet; plus affable que confiant; il aimoit mieux fe faire des alliés que des amis.

A l'entrée de *Louis XI* dans la ville de Tournai, en 1463, de deffus la porte defcendit par une machine une fille la plus belle de la ville, laquelle, en faluant le roi, ouvrit fa robe devant fa poitrine, où il y avoit un cœur bien fait, lequel cœur fe fendit, & en fortit une grande fleur de lys de lys, qu'elle préfenta au roi de la part de la ville, en difant: Sire, *pucelle* je fuis, & auffi l'eft cette ville (1); car oncques ne fut prife & ne tourna contre les rois de France, ayant tous ceux de cette ville chacun une fleur de lys dans le cœur.

Ce roi fonda les univerfités de Valence & de Bourges. *Commines* dit qu'il aimoit à demander & entendre de toutes chofes; il avoit la parole à commandement, & le fens naturel parfaitement bon; qualité plus précieufe que les fciences, & fans laquelle elles font inutiles. Il s'en faut beaucoup que *Louis XI* foit fans reproches: peu de princes en ont mérité d'auffi graves; mais on peut dire qu'il fut également célèbre par fes vices & par fes vertus.

Louis XI mit les rois hors de page; expreffion populaire par laquelle on a voulu marquer qu'il avoit confidérablement étendu l'autorité royale. Cependant fa manière de vivre, fon caractère & tout fon extérieur auroient femblé devoir avilir cette même autorité. Dans fon entrevue avec le roi de Caftille, les efpagnols, dit *Mézerai*, fe

(1) Tournai, que la France a bien voulu céder à la maifon d'Autriche, a été le berceau des françois & de la monarchie des Gaules.

moquèrent de la chicheté, de la mine baffe & niaife du roi Louis, qui n'étoit vêtu que de bure, avoit un habit court & étroit, & portoit une Notre-Dame de plomb à fa barette. D'ailleurs, plufieurs regiftres de la chambre des comptes font foi que fes habits étoient des draps les plus communs, & qu'il portoit le même chaperon pendant plufieurs années. On le vit plus d'une fois aller de maifon en maifon dîner & fouper chez les bourgeois. Il s'informoit de leurs affaires, fe mêloit de leurs mariages, & vouloit être parrain de leurs enfans. Il s'étoit fait infcrire dans plufieurs confrairies d'artifans. Lorfqu'on lui repréfentoit qu'il ne gardoit pas affez fa dignité, il répondoit : *Quand orgueil chemine devant, honte & dommage fuivent de bien près*.

Il n'avoit pas à fe louer des génois, qui avoient fouvent violé leurs fermens. Auffi ces républicains lui ayant offert de fe donner à lui, & de le reconnoître pour fouverain : *Vous vous donnez à moi*, leur dit-il, *& moi je vous donne au diable*.

On lui faifoit voir un hôpital fondé dans la ville de Baune, par Rolin, chancelier du duc de Bourgogne. Ce Rolin avoit été un grand concuffionnaire. » Il étoit bien raifonnable, dit *Louis*, » que Rolin, qui avoit fait tant de pauvres pendant » fa vie, fît construire avant que de mourir une » maifon pour les loger ».

Comme ce prince avoit de la vivacité dans l'efprit, il fe plaifoit avec ceux qui lui en montroient. Il entra un jour dans fa cuifine & dèmanda à un jeune garçon qui tournoit la broche d'où il étoit, qui il étoit, & ce qu'il gagnoit ? Le jeune marmiton, qui ne le connoiffoit pas, lui dit, fans le moindre embarras : « Je fuis de Berri ; » je m'appelle Etienne, marmiton de mon métier, » & je gagne autant que le roi ». *Que gagne le roi ?* lui dit *Louis*. — *Ses dépens*, reprit Etienne, *& moi les miens*. Le roi l'attacha à fon fervice & lui fit fa fortune.

« Ce prince, comme le rapporte Brantôme, fe fervoit des premiers clercs qu'il trouvoit pour fecrétaires, ou fe fervoit des premiers notaires qu'il rencontroit aux lieux & villages d'où il écrivoit ; ou bien de quelqu'autre petit fecrétaire de prince & autres gentilshommes de fa cour, premier rencontré ; ainfi qu'il fit un jour d'un petit fcribe fin & bon compagnon, qui fe préfentant à lui lorfqu'il voulut faire écrire à la hâte, lui voyant fon écritoire pendue à fa ceinture, lui commanda auffitôt d'écrire fous fa dictée. Et ainfi qu'il eut ouvert fon écritoire ou *galimard*, que l'on appeloit ainfi jadis ; & voulant faire tomber fa plume, avec elle tombèrent deux dez, auquel le roi demande auffitôt, *à quoi fervoit cette dragée ?* L'autre fans s'étonner, lui répondit : Sire, c'eft

un *remedium contra peftem*. *Viens çà*, lui dit le roi, *tu es un gentil paillard* ; (il ufoit fouvent de ce mot (*tu es à moi* : & le prit à fon fervice ; car le bon prince aimoit fort les bons mots & les fubtils efprits ».

Ce prince ayant rencontré l'évêque de Chartres monté fur un cheval richement caparaçonné : *Les évêques*, lui dit-il, *n'alloient pas ainfi autrefois*. *Non fire*, répondit l'évêque, *du temps des rois pafteurs*. Cette réponfe plut au roi.

Les plaifanteries même ironiques ne lui déplaifoient pas. On fait que ce prince, qui avoit trop bonne opinion de lui-même, prenoit rarement confeil de quelqu'un. C'eft ce que lui fit fentir d'une manière équivoque Pierre de Bezé, fon favori. Le roi étoit un jour fur une haquenée qu'il avoit préférée à tous les chevaux de fon écurie, parce qu'elle avoit un pas fort doux. « Quelque foible que paroiffe cette haquenée, elle eft cependant, lui dit Bezé, la plus forte monture qu'on puiffe trouver, puifque feule elle porte votre majefté & tout fon confeil ».

Philippe de Crevecœur, feigneur des Querdes, connoiffoit fans doute l'humeur de ce prince, pour lui faire une réponfe auffi hardie qu'elle eft rapportée dans fon hiftoire. Il étoit paffé du fervice de Bourgogne à celui de France. Comme il avoit reçu des fommes confidérables pour exécuter plufieurs entreprifes, le roi avoit exigé qu'il lui rendît compte de l'emploi de cet argent. Mais des Querdes mit tant de différens articles, que la dépenfe furpaffoit la recette. *Louis* ne trouvant point le compte exact, vouloit examiner & difcuter chaque article. Des Querdes, impatient d'une recherche fi fcrupuleufe, lui dit : Sire, j'ai acquis pour cet argent les villes d'Aire, d'Arras, de Saint-Omer, Béthune, Bergue, Dunkerque, Gravelines, & quantité d'autres ; s'il plaît à votre majefté de les lui rendre, je lui rendrai tout ce que j'ai reçu ». Le roi comprenant que des Querdes avoit prétendu fe payer un peu par lui-même de fes fervices, fe contenta de lui répondre par ce proverbe du temps : « Par la pâque-» Dieu, maréchal, il vaut mieux laiffer le mouftier » où il eft ».

On a loué la manière également vive & ingénue avec laquelle il récompenfa la bravoure de Raoul de Launoy, qui étoit monté à l'affaut à travers le fer & la flamme, au fiège du Quefnoy. Le roi, qui avoit été témoin de fon ardeur, lui paffa au col une chaîne d'or de cinq cents écus, en lui difant : » Par la pâque-Dieu, mon ami, vous êtes trop furieux en un combat, il vous faut enchaîner : car je ne vous veux point perdre, defirant me fervir de vous plus d'une fois ». Les defcendans de Launoy ont porté long-temps une chaîne autour de leurs armes, en mémoire de cette action.

Louis accordoit son estime à tous ceux qui se distinguoient dans leur état; mais il vouloit qu'ils apprissent à n'en point rougir. Ce prince faisoit souvent asseoir à sa table un marchand, nommé maître Jean. Ce marchand, séduit par les bontés du roi, s'avisa de lui demander des lettres de noblesse. Ce prince les lui accorda; mais lorsque ce nouveau noble parut devant lui, il affecta de ne pas le regarder. Jean, surpris de ne pas trouver le même accueil, s'en plaignit. « Allez, » monsieur le gentilhomme, lui dit le roi, quand » je vous faisois asseoir à ma table, je vous re- » gardois comme le premier de votre condition; » mais aujourd'hui je ferois injure aux nobles, si » je vous accordois la même faveur ».

C'est à ce prince qu'on attribue cette bisarrerie, d'avoir donné un canonicat à un pauvre prêtre qu'il trouva endormi dans une église, afin, di- soit-il, de démentir le proverbe qui dit, que *le bien ne vient point en dormant*.

Louis souilla ces traits de bienfaisance par des actes d'un despotisme cruel & superstitieux. Tris- tan, prévôt de l'hôtel, étoit le ministre aveugle & barbare de ces cruautés que Seyssel & quelques autres écrivains appellent les *justices soudaines du roi*. Ce prince étant un jour à table apperçut à côté d'un moine, qui étoit venu le voir dîner, un capitaine qu'il haïssoit. Le roi fit un signe de l'œil au prévôt Tristan. Celui-ci, accoutumé à ce langage, & croyant qu'il s'agissoit de la mort du moine, commanda à ses satellites de se saisir de lui au sortir du dîner, de le coudre dans un sac & de le jetter dans la Seine. Cependant le capitaine qui s'étoit aussi apperçu du signe de ce prince & qui s'en méfioit, étoit monté à cheval, & s'étoit éloigné le plus promptement qu'il lui avoit été possible. Le roi le sut, & le lendemain demanda à Tristan pourquoi il n'avoit pas exécuté l'ordre qu'il lui avoit donné par signe? « Sire, répliqua Tristan, notre homme est déjà bien loin. — Bien loin, reprit le roi, on l'a vu hier à Amiens- — On se méprend, dit hardiment Tristan; je vous le garantis, sire; c'est à Rouen, & non pas à Amiens, s'il a toujours nagé. — De qui parles-tu? dit encore le roi; — Hé! du moine, répondit Tristan, que vous me montrâtes hier; il fut aussitôt mis dans un sac & jetté dans l'eau. — Comment! le moine, dit *Louis*, eh! pâque- Dieu! qu'as-tu fait? C'étoit le meilleur moine de mon royaume. Il faut lui faire dire demain une douzaine de messes de *requiem*, & nous en ferons déchargés d'autant. Je n'en voulois qu'au capitaine Picard, qui étoit à côté de lui ». Dans d'autres occasions semblables, *Louis* se contentoit de baiser sa petite vierge de plomb & de lui de- mander pardon.

Ce prince craignoit tant la mort, que dans les prières qu'il ordonnoit continuellement, il ne vouloit pas qu'on demandât à Dieu autre chose pour lui que la santé. Ayant fait un vœu à saint Eutrope, comme le prêtre joignoit la santé de l'ame à celle du corps, *Louis* lui dit : » N'en de- » mandez pas tant à la fois; il ne faut pas se » rendre importun. Contentez-vous de deman- » der, par les mérites de ce saint, la santé du » corps ».

Cottier, premier médecin du roi, abusoit de l'état de ce prince & ne lui parloit qu'avec la der- nière arrogance. Le roi s'en plaignoit quelque- fois; mais le foible monarque regardant ce mé- decin comme l'arbitre de sa vie, n'osoit le cha- griner. L'audacieux Cottier lui dit un jour : « Je » sais bien qu'un matin vous me renverrez comme », vous renvoyez les autres; mais je jure Dieu que » vous ne serez pas en vie huit jours après ». Le roi effrayé redoubla ses caresses & ne refusa jamais rien à son tyran, pourvu qu'il chassât le fantôme épouvantable de la mort, au nom de laquelle il se couloit entre ses draps.

Le roi, dans ses derniers momens, dit qu'il espéroit que par la dévotion qu'il avoit à la Vierge, il ne mourroit que le samedi; circonstance qui fut remarquée, parce que l'évènement la justifia.

LOUIS XII, roi de France, surnommé le Père du peuple, né en 1462, mort en 1515.

Louis parvenu au trône par le chemin de l'ad- versité, y fit régner avec lui les vertus d'un bon roi.

Louis XII avoit un livre, dans lequel étoient inscrites les personnes les plus distinguées de chaque province; & à côté du nom, les dons, graces ou privilèges qu'il pouvoit leur accorder. Venoit-il à vaquer quelque emploi honorable ou important, il leur en envoyoit les provisions, sans qu'elles eussent la peine de venir en cour, ni de les demander.

Un homme de la cour demandoit à *Louis* la confiscation des biens d'un riche bourgeois d'Or- léans, qui s'étoit déclaré ouvertement contre ce prince avant son avènement au trône. « Je n'étois » pas son roi, répondit-il, lorsqu'il m'a offensé. » En le devenant, je suis devenu son père. Je dois » lui pardonner & le défendre ».

Ce prince assez généreux pour oublier les in- jures faites au duc d'Orléans, étoit aussi trop ami de la justice pour récompenser quelques services par une reconnoissance aveugle. Le lieutenant de la prévôté d'Orléans, qui lui avoit été utile dans plusieurs occasions, crut que c'étoit un titre suffi- sant auprès du nouveau monarque pour obtenir toutes sortes de graces. Ce lieutenant étoit ac- cusé de concussion, & *Louis* n'étant encore que duc d'Orléans s'étoit employé en sa faveur. Mais lorsqu'il fut sur le trône, il répondit à ceux qui imploroient ses bontés pour cet officier : « Je l'ai protégé tant que j'ai pu librement le faire ; mais aujourd'hui je ne dois pas ôter à la justice son libre cours: C'est une dette que j'ai contractée en devenant roi : je veux m'en acquitter envers mes sujets ».

Louis, après avoir réglé & policé son royaume, diminué les impôts, réprimé les excès des gens de guerre, établi plusieurs tribunaux de justice qui lui parurent nécessaires au bien public, tourna ses vues sur l'Italie ; il avoit des droits à exercer sur le Milanès & sur le royaume de Naples. Il en fit aisément la conquête. Mais ce prince, qui avoit fait paroître tant d'ardeur pour conquérir ces états, montra une indifférence plus qu'héroïque, lorsqu'il vit qu'il ne pourroit les conserver qu'en chargeant trop son peuple. Il perdit le royaume de Naples par la perfidie de Ferdinand, roi d'Espagne, son allié. C'est même Ferdinand qui répondit au secrétaire Quintana qui lui disoit que le roi de France se plaignoit de ce qu'il l'avoit trompé deux fois : « Deux fois, reprit Ferdinand ! » Par Dieu, il en a bien menti, l'ivrogne ; je l'ai » trompé plus de dix ».

Louis XII avoit dit au roi des romains, en se plaignant de la trahison de Ferdinand : « Si votre beau-père a fait une perfidie, je ne veux pas lui ressembler : & j'aime beaucoup mieux avoir perdu un royaume que je saurai bien reconquérir, que non pas l'honneur qui ne se peut jamais recouvrer ».

Plusieurs traits rapportés par les historiens prouvent que Louis XII ne manquoit pas de courage & de résolution. Ayant à se plaindre de la république de Venise, il entra, en 1498, sur le territoire de cette république, & fit contre les vénitiens les premières hostilités. Comme il paroissoit déterminé à agir vivement, & à seconder l'ardeur que montroient ses troupes, un de ses généraux lui fit observer qu'il avoit affaire à des ennemis très-sages, contre lesquels il falloit agir avec précaution. « Je leur donnerai, dit-il, tant de fous à » gouverner, qu'avec toute leur sagesse ils n'en » viendront pas à bout ».

Durant la bataille, Louis se porta toujours dans les endroits où le danger étoit le plus grand. Quelques courtisans, obligés par honneur de le suivre, & voulant cacher leur poltronnerie sous le motif louable de veiller à la conservation du prince, ils lui firent appercevoir les périls où il s'exposoit. Le roi, qui démêla le principe de ce zèle, se contenta de leur répondre : « Que ceux qui ont peur se » mettent à couvert derrière moi ». (Brantôme).

Les gascons, sur qui rouloit principalement le succès de la journée, attaquoient mollement :

Louis en étant averti, s'approcha d'eux. Dès qu'il fut à leur portée, la Trémoille le montrant de la main, cria aux soldats : Enfans, le roi vous voit. A ces mots les gascons qui paroissoient rebutés, firent les plus généreux efforts, & se rendirent maîtres d'un poste très long-temps disputé. Ce coup de vigueur détermina la victoire en faveur des françois. L'Alviane, qui commandoit l'armée vénitienne, ayant été pris, fut conduit au camp. Louis chercha à lui rendre sa captivité moins douloureuse par toutes sortes de bons traitemens. Mais ce général, plus aigri par l'humiliation de sa défaite que touché de l'humanité de son vainqueur, ne répondit aux démonstrations les plus consolantes que par une fierté brusque & dédaigneuse. Louis se contenta de le renvoyer au quartier où l'on gardoit les prisonniers. « Il vaut mieux le laisser, » dit-il ; je m'emporterois, & je serois fâché. Je » l'ai vaincu ; il faut me vaincre moi-même ».

Lorsque Louis XII alloit à la guerre, il avoit toujours à sa suite des officiers de confiance, chargés, même en pays ennemi, d'empêcher le désordre, & de réparer le dommage lorsqu'il avoit été fait. Ces principes d'une probité austère furent sur tout remarqués après la prise de Gènes, qui avoit secoué le joug des françois. Leur avant-garde ayant pillé quelques maisons du fauxbourg de saint Pierre d'Arena, le roi, quoique personne ne se plaignît, y envoya des commissaires pour évaluer la perte de ce qui avoit été pris, & en remettre le montant en argent.

Des farceurs avoient lancé quelques traits contre Louis XII. On exhortoit ce bon prince à les punir : » Non, dit-il, ils me rendent justice ; » ils me croient dignes d'entendre la vérité. Mais, » ajouta-t-il, qu'ils ne s'émancipent pas jusqu'à » insulter la reine, ni l'honneur d'aucune autre » dame ; car je me fâcherois, & les ferois pendre ».

Ce prince, informé qu'un gentilhomme commensal de sa maison avoit maltraité un paysan, ordonna qu'on retranchât le pain à cet officier, & qu'on ne lui servît que du vin & de la viande. Le gentilhomme s'en plaignit au roi qui lui demanda si les mets qu'on lui servoit ne suffisoient pas ? » Non, sire, puisque le pain est essentiel à la » vie. — Et pourquoi donc, reprit le roi, êtes-» vous assez peu raisonnable pour maltraiter ceux » qui vous le mettent à la main ».

Ce prince en chemin pour se rendre à Bayonne, logea dans un petit village nommé l'Esperon Il fut surpris d'y trouver une grande & magnifique maison bâtie sur le grand chemin. Elle appartenoit au baile ou magistrat du lieu, qui passoit pour un homme très-riche. Ce magistrat s'étant présenté devant le roi, ce prince lui demanda comment il étoit parvenu à amasser des richesses dans un pays aussi stérile que le sien. Sire, lui répondit naïvement le baile, *en faisant toujours mes affaires plutôt que celles de mon maître & de mes voisins.* » Le » diable ne m'emporte, dit Louis, (c'étoit son » serment ordinaire) ta raison est bonne ; car en » agissant ainsi, & en te levant matin, tu ne pou- » vois manquer de devenir riche ».

Ses différends avec le pape Jules II l'indisposèrent long-temps contre la cour de Rome. Ayant appris que Jules avoit dessein de l'excommunier : *Eh quoi*, dit-il, *est-ce son emploi de maudire ?*

Louis a fait voir plus d'une fois qu'il se connoissoit en hommes. Il disoit du célèbre Charles de Bourbon, » qu'il aimoit ce prince ; mais qu'il » eût desiré en lui un caractère plus ouvert, plus » gai, moins taciturne. Rien n'est pire, ajou- » toit-il, que l'eau qui dort ». La désertion de ce prince qui a causé tant de maux à la France, n'a que trop justifié les craintes de Louis.

C'est encore *Louis XII* qui voyant le penchant de François I, alors duc de Valois, pour les plaisirs, disoit en soupirant : *Ah nous travaillons en vain, ce gros garçon gâtera tout.*

Louis, avant de monter sur le trône, avoit été marié à Jeanne fille de Louis XI. Ce prince despotique la lui avoit fait épouser malgré lui. Jeanne étoit une princesse toute contrefaite, peu spirituelle & hors d'état d'avoir jamais des enfans. Louis obtint d'Alexandre VI que son mariage fût déclaré nul ; & sur l'affirmation que fit *Louis XII* qu'il n'avoit eu aucun commerce avec Jeanne, la nullité fut prononcée. Jeanne se retira à Bourges où elle fonda l'ordre des Annonciades. Elle n'est pas encore canonisée ; mais elle est au rang des bienheureuses, & tous les ans on prononce son panégyrique à Bourges. On a retenu la division d'un de ces éloges à cause de sa singularité. » Jeanne, disoit le prédicateur, étoit si laide » qu'elle fut répudiée par le roi son mari, elle » étoit si belle, qu'elle devint l'épouse de Jesus- » Christ. La laideur & la beauté de Jeanne, voilà » les deux points de mon discours ».

Louis XII épousa en secondes nôces Anne de Bretagne, veuve de son prédécesseur Charles VIII ; pour laquelle il avoit toujours eu une tendre inclination. Cependant il ne fut pas heureux avec elle. Cette princesse étoit d'une vertu sévère, mais d'une humeur chagrine, acariâtre, impérieuse. Les serviteurs du roi les plus fidèles oferent un jour lui représenter que la reine prenoit trop d'autorité sur lui. » Que voulez-vous, di- » soit Louis ? Il faut bien souffrir quelque chose » d'une femme quand elle aime son mari & son » honneur ».

Anne de Bretagne mourut le 9 Janvier 1513, sans avoir donné d'enfans au roi. Brantôme qui a

fait son éloge, dit que, » cette reine Anne de » France duchesse de Bourbonnois, avoit si ver- » tueusement extirpé l'impudicité, & planté l'hon- » neur au cœur des dames, damoiselles, fem- » mes de villes, & toutes autres sortes de fem- » mes Françoises, que celles qu'on pouvoit savoir » avoir offensé leur honneur, étoient si ahonties » & mises hors des rangs, que les femmes de » bien eussent pensé faire tort à leur réputation, » si elles les eussent souffertes en leur compa- » gnie ».

Ce fut la reine Anne de Bretagne qui fonda les bons-hommes. Elle avoit établi en faveur des dames l'*ordre de la Cordelière*, dont le cordon n'étoit donné qu'à celles qui avoient conservé leur honneur exempt de toute tache & de tout soupçon. Le collier étoit le cordon de saint-François. Cet ordre ne subsista que pendant la vie de la reine. On trouva, ajoute un historien, qu'il étoit trop difficile de faire ses preuves.

Louis XII avoit résolu de pleurer toujours Anne de Bretagne, & de ne la remplacer jamais. Il avoit alors cinquante-deux ans, & son tempérament étoit affoibli par les infirmités. Mais Henri VIII, flatté de placer pour la première fois une princesse Angloise sur le trône de France, proposa de cimenter l'union des deux peuples par le mariage de Marie sa sœur, princesse de dix sept ans, avec le roi de France. Louis ne put se refuser à une paix nécessaire à son peuple surtout lorsqu'il ne falloit qu'épouser une jeune femme aimable. Le mariage se fit ; & Louis sensible à l'espoir de donner un héritier au trône, oublia bientôt son âge & ses infirmités auprès de sa nouvelle épouse ; mais il y trouva la mort au bout de deux mois & demi de mariage. C'est lui qui avoit dit le premier que *l'amour est le tyran des vieillards & le roi des jeunes gens* ; & il en étoit la preuve. Outre qu'il avoit changé pour Marie toute sa manière de vivre, *il avoit voulu*, dit Fleuranges, *faire du gentil compagnon avec sa femme ; mais il n'étoit plus homme pour le faire, car de longtemps il étoit fort malade.*

LOUIS XIII, Roi de France, surnommé *le Juste*, né en 1601, mort en 1643.

Louis XIII étoit d'un caractère un peu sauvage ; il craignoit la représentation, excepté dans les cérémonies, qu'il aimait beaucoup.

Il marqua dès son enfance du dégoût pour la lecture, dégoût qu'il conserva jusqu'à la fin de sa vie. Peut-être étoit-ce la faute de ses gouverneurs qui n'avoient pas assez étudié les inclinations de ce prince, & même celles de son âge. Ils lui faisoient un devoir d'apprendre l'histoire de ses prédécesseurs dans les *antiquités* de Fauchet, ouvrage écrit d'un style maussade, & rempli d'ailleurs de discussions capables de rebuter l'érudit le plus zélé. La reine mère, dans le deffein de vaincre l'averfion de fon fils pour l'étude, lui fit un jour donner le fouet par M. de Souvré fon gouverneur. Le petit prince réfifta d'abord, puis il dit : « Je vois bien qu'il faut en paffer par-là ; mais, » ajouta-t-il en s'adreffant à fon gouverneur, » M. de Souvré allez y doucement, je vous en » prie. » Le lendemain il alla voir la reine fa mère. Cette princeffe fe leva & lui fit une profonde révérence. » Ah, madame, lui dit-il, » faites moi moins de révérences, & ne me faites » point donner le fouet. »

On étoit encore infatué au commencement de fon règne de l'aftrologie judiciaire ; & un aftrologue nommé Morin ayant prédit que tel jour le roi étoit menacé de quelque malheur, on refpecta affez la prédiction de ce vifionnaire pour recommander au roi de ne pas fortir. Il garda effectivement l'appartement toute la matinée ; mais s'ennuyant l'après midi il voulut prendre l'air & tomba. » Qu'on ne parle pas de cela à Morin, » dit le prince ; cet accident le rendroit trop » glorieux. »

Gafton de France, duc d'Orléans, frère du roi étoit fort jaloux des droits attachés à fon rang. Un jour qu'il étoit monté en carroffe avec le roi, des princes fe préfentèrent aux portières pour leur parler. Ils étoient nu-têtes & quoiqu'ils fuffent expofés à un foleil très-ardent, Gafton les retint long-temps fans leur dire de fe couvrir. Ce fut le roi qui s'appercevant de l'incommodité que ces princes fouffroient, leur dit avec bonté : « Couvrez-vous, meffieurs, mon frère le veut » bien. »

Louis aimoit la guerre, fe plaifoit aux travaux & aux dangers d'un fiége, & faifoit paroître la plus grande intrépidité dans une tranchée. Au fiége de Royan en 1622, il fit trembler plus d'une fois pour fa vie. Un jour qu'il fortoit de la tranchée, un boulet lui paffa deux pieds au-deffus de la tête. *Mon Dieu, fire,* s'écria Baffompierre, *ce boulet à failli vous tuer !* » Non pas moi, ré» pondit le roi tranquillement, mais M. d'Eper» mon. » Et voyant des gens de fa fuite qui s'écartoient pour éviter le coup : » Comment, leur » dit-il, vous avez peur que cette pièce tire ? Ne » favez-vous pas qu'il faut auparavant que l'on » charge de nouveau » ? Louis continua de donner dans cette journée des preuves de fa bravoure tant de rifque pour fa perfonne que fon armée crut devoir lui faire faire des repréfentations à ce fujet. Tous vos officiers, lui dit Lachau, » fon premier aumônier, feront enfin obligés, » fire, de vous faire la prière que les capitaines » de David lui firent autrefois : *Vous ne viendrez plus à la guerre avec nous, de peur que la lumière d'Ifraël ne s'éteigne avec vous.* (Hift. de Louis XIII par Bernard.)

Lorfque ce prince prit les armes contre les proteftans du Languedoc & les Rochelois, il prononça ces paroles remarquables : » Je fouhaiterois » qu'il n'y eût de places fortifiées que fur les » frontières de mon royaume, afin que le cœur & » la fidélité de mes fujets ferviffent de citadelle » & de garde à ma perfonne. » Richelieu en affermiffant l'autorité royale par l'extinction des petits tyrans qui défoloient la France, procura à Louis XIV l'accompliffement du vœu que formoit alors *Louis XIII.*

Lorfque Négrepeliffe, petite ville Calvinifte du Querci, fe fut révoltée en 1622, Louis fe mit en marche pour la punir. Malgré fon jufte reffentiment, il étoit prêt néanmoins de pardonner aux malheureux habitans qui imploroient fa clémence. Mais le prince de Condé étant entré dans le moment chez le roi, prend un breviaire qui étoit auprès du monarque, l'ouvre & fait remarquer que dans les leçons du jour tirées du vieux teftament, le prophète Samuel reproche à Saül d'avoir épargné les Amalécites. Cet argument décida du fort de Négrepeliffe. (*Hift. de Louis XIII par Bernard.*)

Ce prince s'étoit fait une peine extrême de la loi qui rendoit efclaves les Nègres de fes colonies : mais quand on lui eut bien mis dans l'efprit que c'étoit la voie la plus fûre pour les convertir, il y confentit. (*Efprit des loix.*)

Louis ne fut pas feulement jaloux de fon premier minifre, mais encore du connétable de Luynes & de tous ceux qui obtenoient une grande faveur à fa cour, ou beaucoup d'autorité dans fes armées. Après le fiége de Saint Jean-d'Angely en 1621, le connétable de Luynes venoit chez le roi, précédé de fes gardes & fuivi des premiers officiers de l'armée. *Louis XIII* l'apperçoit & dit à Baffompierre : « Voyez, Baffompierre, c'eft le roi » qui entre.— Vous me pardonnerez, fire, c'eft » un connétable favorifé de fon maître qui fou» tient votre grandeur, & qui étale vos bienfaits » aux yeux de tout le monde.— Vous ne le con» noiffez pas, reprend le prince, il croit que je lui » en dois de refte & veut faire le roi ; mais je » l'en empêcherai bien tant que je ferai en vie. » —Sire, répond Baffompierre, vous êtes bien » à plaindre de vous mettre ces fantaifies dans » la tête, le connétable l'eft bien auffi, de ce » que vous prenez ces ombrages de lui ; & moi » je le fuis encore davantage de ce que vous me » les avez découvertes ; car un de ces jours vous » vous querellerez enfemble : enfuite vous vous » appaiferez, & vous ferez comme les maris » & les femmes, qui chaffent les valets auxquels » ils ont confié la mauvaife volonté qu'ils avoient » l'un contre l'autre : vous ne manquerez-pas de » dire au connétable que vous m'avez fait part » des mécontentemens que vous avez de lui.

» & j'en ferai la victime ». Le roi lui promit un secret inviolable, & l'affura qu'il n'en avoit encore parlé qu'au feul père Arnoux fon conféffeur. (*Mém. de Baffompierre.*)

A peu près dans le même temps, milord Hai, ambaffadeur d'Angleterre, après avoir eu fa première audience du roi, fe rendit à celle du connétable. Louis appella encore Baffompierre, & lui dit en préfence de M. de Puifieux : *Voila milord Hai qui va prendre l'audience du roi Luynes.* Baffompierre feignit de ne pas comprendre ce que cela fignifioit. *Oh!* dit le prince, *il n'y a point de danger devant Puifieux, car il eft de notre fecret.* — « Il n'y a point de danger ? reprend Baffom- » pierre, je fuis affurément perdu ; car Pui- » fieux eft homme craintif & peureux, comme » M. le chancelier, fon père ; & au premier coup » de fouet, il le conffera tout ; & perdra enfuite » tous fes complices & adhérans ». Le roi fe mit à rire, & continua à parler contre fon connétable.

Dans un bal qu'on donnoit à la cour, le roi qui s'y ennuya, voulut fe retirer dans le temps même que le cardinal de Richelieu fortoit. Tout le monde fe rangeoit pour laiffer paffer ce miniftre, & le prince crut s'appercevoir qu'on lui rendoit à lui-même beaucoup moins de refpect qu'au cardinal. Celui-ci ignoroit que le roi le fuivit ; mais voyant avancer quelques pages, il fe met de côté afin de faire place à fa majefté. Le roi s'arrête & lui dit : *Pourquoi ne paffez-vous pas, M. le cardinal, n'êtes vous pas le maître?* Le fens de cette dernière expreffion n'échappa point à Richelieu, le plus pénétrant des hommes, & celui qui connoiffoit le mieux le foible de fon maître : il prend auffi-tôt un flambeau des mains d'un page, & marche devant le roi en lui difant : « Sire, je ne puis paffer devant votre » majefté, qu'en faifant la fonction du plus » humble de fes ferviteurs ».

Le roi eut des maîtreffes ; mais fes amours, dit un écrivain du temps, étoient purement fpirituels d'ame à ame, & les jouiffances en étoient vierges. Jamais il n'ufa de la moindre liberté envers les femmes. La reine ayant un jour reçu un billet, l'attacha à la tapifferie de fa chambre, afin de ne pas oublier d'y faire réponfe. Le roi auquel elle en voulut faire un myftère étant entré, elle dit à mademoifelle d'Hautefort de prendre & de ferrer le billet, ce qu'elle fit. Le roi voulut le lui ôter, & ils fe débattirent affez long-temps en badinant ; mais mademoifelle d'Hautefort ne pouvant plus fe défendre, mit le billet dans fon fein, & le jeu finit, le roi n'ayant pas ofé porter fa curiofité plus loin. (*Intrigues galantes de la cour.*)

Louis XIII, voyant fouvent au louvre une dame accompagnée de fa fille, qui follicitoit quelques feigneurs pour un procès, & craignant que la beauté de la fille, qui avoit quelque chofe de frappant, ne la fit tomber en quelque faute, voulut favoir à combien montoit la fomme pour laquelle elle plaidoit : ayant appris qu'elle pouvoit aller à dix mille francs, il les lui fit donner, & la renvoya dans fon pays.

Le cardinal de Richelieu en mourant, dit au roi, comme il fe plaignoit de le perdre dans le temps qu'il en avoit le plus de befoin : « Sire, je vous » laiffe de bons miniftres ; vous n'avez rien à » appréhender de vos ennemis du dehors, fi vous » fuivez les confeils de ceux que j'ai mis dans » les affaires : mais c'eft à votre petit coucher » que vous avez à craindre, & qui m'a donné » plus de peine que tous les étrangers enfemble ».

La mort de *Louis* fuivit de près celle de Richelieu : quelques jours avant que ce prince mourût, le dauphin fon fils, âgé de quatre ans & demi, venoit d'être tenu fur les fonds de baptême, par le cardinal Mazarin & la princeffe de Condé. Après la cérémonie, on le conduifit dans l'appartement du roi, qui étoit dans fon lit. Le dauphin lui dit qu'il venoit d'être baptifé : « J'en » fuis bien aife, comment vous appelez vous à » préfent ? » — Je m'appelle *Louis XIV*, mon papa. Cette réponfe enfantine parut chagriner le roi, & fe tournant de l'autre côté : « pas » encore, mon fils, pas encore ; mais ce fera » peut-être bientôt, fi c'eft la volonté de Dieu ».

LOUIS XIV, furnommé le grand, né en 1638, mort en 1715.

Quel prince fut mieux tempérer la dignité de fes manières par les agrémens, & l'affabilité de la politeffe ? La richeffe de fa taille, la beauté majeftueufe de fes traits, un fon de voix noble & touchant, une démarche pleine de dignité le faifoient aifément remarquer au milieu de la foule des courtifans qui l'environnoient. C'étoit lui que Racine avoit eu en vue dans ces deux vers de *Bérénice.*

En quelque obfcurité que le ciel l'eût fait naître,
Le monde, en le voyant, eût reconnu fon maître.

Dans la conquête que ce roi fit de la Franche-Comté en 1668, fa préfence acheva de lui gagner les cœurs de ceux que fes armes lui avoient foumis. Un payfan qui étoit accouru pour le voir, s'écria dans cette furprife que donne un objet qu'on admire : *Je ne m'en étonne plus.*

L'embarras qu'il infpiroit à ceux qui lui parloient, étoit un hommage qui flattoit fa fupériorité : & l'on peut croire que ce vieil officier qui fe troubla en lui demandant une grace, & lui dit tout ému : *Sire, je ne tremble pas ainfi devant vos ennemis,* obtint aifément ce qu'il fouhaitoit.

Ce

Ce prince dut plus à la nature qu'à ses instituteurs qui avoient fort négligé son éducation. On a rapporté à ce sujet le trait suivant, qui ne prouveroit cependant pas qu'il ignorât absolument la langue latine. Il assistoit à un motet où le musicien avoit fait répéter plusieurs fois le mot *nicticorax*, oiseau de nuit, (*sicut nicticorax in domicilio.*) Ce prince demanda au prélat qui étoit le plus proche de lui, ce que c'étoit que ce *nicticorax*. Le prélat qui l'ignoroit aussi bien que le roi, mais qui devoit le savoir, ne voulut pas demeurer court & lui répondit : *Sire, c'étoit un des principaux officiers de la cour de David.*

Louis lisoit peu. Lorsque la Fontaine donna les *amours de Psyché & de Cupidon*, ses amis lui firent remarquer un endroit qui pouvoit regarder le roi, & dont ce prince auroit pu être offensé si quelqu'un se fût avisé de le lui rapporter. L'auteur s'adressa au duc de Saint-Aignan, qui étoit alors dans la confidence étroite du monarque. « Il est » vrai, lui dit le duc, l'endroit est délicat ; mais » voulez-vous que je vous donne un moyen d'empêcher que personne n'en parle ? Le roi ne lit » point ; faites relier promptement un exemplaire » de votre livre, & présentez-le à sa majesté. Je » vous introduirai ; les courtisans vous verront ; » soyez sûr après cela que personne ne parlera » mal de votre ouvrage ».

Malgré une éducation négligée, ce prince accorda toujours sa protection aux talens & les recompensa. Il se plaisoit dans la compagnie des gens d'esprit, preuve qu'il en avoit lui-même. Il dit à Boileau qui vouloit se retirer à Auteuil : « Si » votre santé vous permet de venir encore quelquefois à Versailles, j'aurai toujours une demiheure à vous donner ». On connoît la lettre qu'il fit écrire à Vossius. Ce qu'on demande dans un souverain ; ce n'est pas dire, mais faire de belles choses. Cependant, il savoit toujours s'exprimer avec noblesse & avec précision. Lorsque le duc d'Anjou partit pour aller régner en Espagne, il lui dit, pour marquer l'union qui alloit désormais joindre les deux nations : *Il n'y a plus de Pyrénées.*

Un caractère de grandeur & de noblesse, se faisoit également remarquer dans son goût pour les arts. Les Teniers & les autres peintures dans le goût flamand ne trouvoient point grâce devant ses yeux. *Otez-moi ces magots là*, dit-il un jour qu'on avoit mis un tableau de Téniers dans un de ses appartemens. Ce prince ne perdoit jamais l'occasion de dire à ses officiers & aux personnes en place, de ces choses qui excitent l'émulation & rendent la personne du souverain plus chère au sujet. Madame la duchesse de Bourgogne encore fort jeune, voyant au souper de sa majesté un homme qui étoit fort laid, plaisanta beaucoup & très-haut sur sa laideur. *Pour moi, madame,*

Encyclopédiana.

dit le roi encore plus haut, *je le trouve un des plus beaux hommes de mon royaume ; car c'est un des plus braves.*

Un grand seigneur, dont la jeunesse avoit été fort irrégulière, fit au siège de Mons tout ce qu'il fallut, pour regagner l'estime du prince, & y réussit ». Monsieur, lui dit le roi, vous n'étiez » pas content de moi ; je n'étois pas content » de vous : oublions le passé, & dorénavant, » dattons de Mons.

Le comte de Marivaux, lieutenant général, homme un peu brusque, & qui n'avoit point adouci son caractère dans la cour même de *Louis XIV,* avoit perdu un bras dans une action. Il se plaignoit au roi, qui l'avoit cependant recompensé. « Je voudrois, lui dit il, avoir perdu l'autre, » & ne plus servir votre majesté ». *J'en serois bien fâché pour vous & pour moi,* lui répondit le roi, & ces paroles furent suivies d'une nouvelle grace qu'il lui accorda.

Le prince de Condé se trouvant à la tête de son armée, lui fit faire halte par une excessive chaleur, pour rendre au roi qui y arrivoit, les honneurs qui lui étoient dûs. Sa majesté exigea que le prince entrât dans l'unique cabane qui se présentoit, afin de se mettre à l'abri des ardeurs du soleil. « Mon cousin, ajouta-t-il, puisque je » ne viens dans votre camp qu'en qualité de » volontaire, il n'est pas juste que je sois à » l'ombre, tandis que mon général seroit exposé à » toute la chaleur du jour ».

Le maréchal Duplessis, qui n'avoit pu faire la campagne de 1672, à cause de son grand âge, sembloit porter envie à ses enfans qui avoient le bonheur de servir sa majesté : pour moi, ajouta-t-il devant ce prince, je ne suis plus propre à rien. « Monsieur le maréchal, lui répondit le roi en » l'embrassant, on ne travaille que pour approcher de la réputation que vous avez acquise ; » il est agréable de se reposer après tant de » victoires ».

Le marquis, depuis maréchal d'Uxelles, venoit de rendre en 1689 au prince Charles de Lorraine, la ville de Mayence qu'il avoit défendue pendant cinquante jours de tranchée ouverte. Il alla rendre compte de sa conduite au roi dont il craignoit les reproches, & se jetta à ses pieds : « Relevez-vous, marquis, lui dit ce » prince, vous avez défendu votre place en » homme de cœur, & vous avez capitulé en » homme d'esprit ».

Il avoit donné une pension de six mille livres à M. l'avocat général Talon. M. de Lamoignon qui étoit aussi avocat général, lui demanda la même faveur ; le roi la lui promit. Six mois se passèrent pendant lesquels M. de Lamoignon se préfenta fouvent devant le roi, fans qu'il fût queftion de rien. Sa majefté lui dit un jour : « M. de » Lamoignon, vous ne me parlez plus de votre » penfion ». *Sire*, lui répondit ce magiftrat, *j'attends que je l'aie méritée*. — « Si vous le » prenez de ce côté-là, lui dit le roi, je vous » dois des arrérages ». En effet ces arrérages furent payés, à commencer du jour que M. de Lamoignon avoit demandé la penfion.

Lorfqu'il eut accordé l'archevêché de Paris à M. de Noailles, alors évêque de Châlons-fur-Marne, il lui dit : « Si j'avois connu un plus grand » homme de bien & un plus digne fujet, je » l'aurois choifi ». Paroles d'autant plus remar-quables qu'elles étoient vraies.

Le monarque gratifia par la fuite cet arche-vêque du chapeau de cardinal. Lorfque le nou-veau cardinal vint remercier le roi de la pourpre que Sa majefté lui avoit fait obtenir : » Je fuis » affuré, M. le cardinal, lui répondit *Louis*, » que j'ai eu plus de plaifir à vous donner le » chapeau, que vous n'en avez eu à le rece-» voir ».

Lorfque l'abbé de Pompone eut perdu fon père, Simon Arnauld, fecrétaire d'état & miniftre des affaires étrangères, *Louis XIV* voulut bien fou-lager fa douleur en la partageant. Ce prince lui dit : « Vous pleurez un père que vous retrouverez » en moi, & moi je perds un ami que je ne re-» trouverai plus ».

Ce prince ayant permis à M. le duc d'Antin, fur-intendant des bâtimens, de placer dans fa gallerie quelques tableaux de fa majefté, le duc leur fit faire des bordures magnifiques. Un jour qu'il répétoit au roi que ces bordures ne coûtoient rien à fa majefté, & que c'étoit lui qui en avoit fait toute la dépenfe : *D'Antin*, lui répondit *Louis*, en fouriant, *il n'y a que vous & moi dans le royaume qui le croirons*.

Un de fes muficiens avoit tenu quelques pro-pos contre un prélat qui étoit alors maître de la chapelle. Le prélat offenfé, fe trouvant un jour dans la tribune du roi, voulut, après que ce muficien eut chanté, faire obferver à fa majefté qu'il perdoit fa voix, & ne chantoit pas auffi bien qu'autrefois. Le roi prévenu des motifs qui indif-pofoient le prélat, répondit : *Dites qu'il chante bien, mais qu'il parle mal*.

On a rapporté que *Louis XIV* écrivit ce billet pour M. le duc de la Rochefoucault : « Je me » réjouis comme votre ami, de la charge de grand-» maître de ma garde-robe, que je vous ai donnée » comme votre roi ». On ajoute qu'il montra ce billet à M. de Montaufier, & que ce courtifan véridique, lui ayant dit que c'étoit de l'efprit mal employé, *Louis* fupprima le billet.

Il y a d'autres traits qui prouvent que ce prince avoit affez d'élévation dans l'ame pour rejetter toute adulation fervile. Boileau Defpréaux critiquoit un jour en fa préfence des vers que fa majefté avoit trouvé bons. Quelques courtifans voulurent relever cette hardieffe du poëte. *Il a raifon*, dit le roi, *il s'y connoît mieux que moi*.

Un gendarme, emporté dans un jour de ba-taille, par un cheval fougueux, heurta *Louis XIV*, qui, dans un premier mouvement, leva fur lui fa canne. Le gendarme, défefpéré de cet affront, préfenta au roi fon piftolet par le pommeau, en lui difant : Sire, vous venez de m'ôter l'honneur, ôtez-moi la vie. Cette fenfibilité ne déplut point au monarque, qui avança même ce brave homme affez rapidement.

Louis XIV, après une repréfentation de la Bé-rénice de Racine, dit à Dodart fon premier mé-decin : « J'ai été fur le point de vous envoyer » chercher pour guérir une princeffe qui vouloit » mourir fans favoir comment ».

A la campagne de 1667, M. le duc de Charoft, capitaine des gardes-du-corps, voyant *Louis XIV* aller à la tranchée, & s'expofer comme le moindre de fes officiers, lui dit avec une brufquerie toute pleine de zèle, que ce n'étoit point là fa place, & qu'abfolument il ne l'y fouffriroit point. « Et » quoi, lui dit ce jeune monarque, Henri IV, » mon ayeul, dont j'ai deffein de fuivre les » traces, n'alloit-il pas aux coups, & ne com-» battoit-il pas lui même ? — Henri IV, re-» pondit M. de Charoft, combattoit pour ac-» querir le royaume que votre majefté n'a qu'à » conferver ».

Louis XIV en 1672, étoit aux portes d'Amf-terdam, qui, dans ce moment, ne pouvoit pro-bablement lui réfifter, & où l'épouvante étoit générale. Les magiftrats s'affemblent & délibèrent fur ce qu'il y avoit à faire dans une telle circonf-tance ; & l'on convient unanimement de lui porter les clefs de la ville. On s'apperçoit alors qu'un vieux bourguemeftre endormi, n'a pas donné fon fuffrage. On le réveille ; il demande ce qui a été délibéré : « D'aller offrir au roi les clefs de la » ville. — Les a-t-il demandées ? repartit le vieux » dormeur : pas encore, lui replique-t-on. En » ce cas, meffieurs, leur dit-il, attendez du » moins qu'il les demande ; & ce feul mot, à ce qu'on dit, fauva la république.

Le nonce difoit à *Louis XIV*, dans le temps que les Génois devoient envoyer leur doge & quatre fénateurs en France, pour faire fatisfac-tion au roi : s'ils envoient le doge, & ces quatre fénateurs, ils n'auroient plus perfonne pour les gouverner : il eft bon, dit le prince, qu'ils viennent apprendre ici à bien adminiftrer.

Un gentilhomme, nommé Villiers, qui logeoit chez le duc de Vendôme à Versailles, étoit bien persuadé de la bonté de caractère de Louis XIV, puisqu'il osoit critiquer tous les embellissemens que ce prince faisoit faire à Versailles. Le roi l'ayant rencontré un jour dans les jardins: « Eh bien, lui dit-il, en lui montrant un des » nouveaux ouvrages, cela n'a donc pas le bon- » heur de vous plaire? Non, sire, répondit Villiers. » Cependant, reprit le roi, il y a bien des gens » qui n'en sont pas si mécontens. Cela peut être, » reprit Villiers, chacun a son avis. Le roi en » riant, répondit: on ne peut pas plaire à tout le » monde ».

Sa modération vis-à-vis M. de Lauzun, a quelque chose de sublime. Ce courtisan enivré de sa faveur, se plaignoit hautement des défenses que le roi lui avoit faites d'épouser mademoiselle de Montpensier. Un jour qu'il osoit reprocher durement à Louis de ne pas tenir sa parole, ce prince s'approche aussitôt d'une fenêtre, & y jette la canne qu'il tenoit. À Dieu ne plaise, dit-il, que je m'en serve pour frapper un gentilhomme!

Ce prince ne put jamais se résoudre à établir la peine de mort contre les déserteurs, quelques instances qu'on lui en fit. Le marquis de Nangis ayant répondu au reproche que le roi lui faisoit que son régiment n'étoit pas complet: « Sire, on n'en » viendra jamais à bout, si l'on ne casse la tête aux » déserteurs ». Le roi lui répliqua: Hé! Nangis, ce sont des hommes.

Dans la campagne de Lille en 1667, le roi commanda lui-même ses troupes. Il avoit sous lui le maréchal de Turenne. On fit le siège de Lille. Un jour que Louis se tenoit à la tranchée dans un lieu où le feu étoit très-vif, un soldat le prit rudement par le bras, en lui disant: Otez-vous, est-ce-là votre place? Les courtisans appuyant aussitôt sur ce mot, s'empressèrent à vouloir lui persuader de se retirer. Il parut pencher à suivre des conseils si timides, lorsque le duc de Charost s'approchant de son oreille, lui dit à voix basse: Sire, il est tiré, il faut le boire. Le roi le crut, demeura dans la tranchée, & lui sut si bon gré de cette fermeté, que le même jour il rappela le marquis de Charost qui étoit exilé. (Mém. de Choisy.)

Ce prince montra beaucoup d'intrépidité aux sièges de Mons & de Namur. « Mon fils, dit-il à » monseigneur, la place d'un roi est, où est le » danger ».

Le comte de Toulouse, qu'il avoit mené avec lui à un de ces sièges, reçut à côté de lui une contusion au bras d'une balle de mousquet. Le roi entendant le sifflement de la balle, demanda si quelqu'un étoit blessé: « Il me semble, répondit » le jeune prince, que quelque chose m'a touché ».

Depuis, le secrétaire d'état ayant mis dans les provisions du gouvernement de Bretagne, que M. de Toulouse avoit été blessé à côté de son père: « Rayez cela, dit le roi, c'est une bagatelle » pour mon fils ».

Louis savoit rendre justice à l'amour du françois pour son prince. Qui mieux que lui en effet étoit persuadé que cet amour est toujours le plus sûr gardien du trône. Dans les dernières années de son règne, la France étoit réduite à de grandes extrémités. On craignoit que le prince Eugène n'entrât dans le royaume; & l'on prétend qu'il se flattoit de venir jusqu'à Paris. Lorsque le maréchal de Villars prit congé du roi avant de partir pour la Flandre: « Vous voyez, lui dit ce prince, où » nous en sommes, vaincre ou périr; cherchez » l'ennemi; & donnez bataille. — Mais, sire, » réprit le maréchal, c'est votre dernière armée. » N'importe, répliqua le roi: je n'exige pas que » vous battiez l'ennemi; mais je veux que vous » l'attaquiez. Si la bataille est perdue, vous me » l'écrirez à moi seul; vous ordonnerez au courier » de ne voir que Blouin. Je monterai à cheval, » je passerai par Paris, votre lettre à la main; je » connois les François; je vous conduirai deux » cents mille hommes; & je m'enseveliras avec » eux sous les ruines de la monarchie ».

Louis XIV, excelloit dans ce qu'on appele tenir une cour. C'est aussi ce que pensoit une jeune dame qui étoit allée visiter Versailles pendant que le roi en étoit absent. N'est-ce pas, lui dit-on, un palais enchanté? Oui, répondit-elle; mais il faut que l'enchanteur y soit.

Les fêtes qu'il donna à Versailles surpassent toutes celles dont on lit la description dans les romans. Il dansoit dans les ballets de ces fêtes avec les principaux seigneurs & dames de la cour, & continua cet exercice jusqu'en 1670. Il avoit alors trente-deux ans. On représenta devant lui à Saint-Germain, la tragédie de Britannicus; il fut frappé de ces vers:

Pour mérite premier, pour vertu singulière,
Il excelle à traîner un char dans la carrière;
A disputer des prix indignes de ses mains,
A se donner lui-même en spectacle aux romains.

Dès-lors il ne dansa plus en public, & le poëte réforma le monarque.

Ce prince avoit témoigné qu'il souhaitoit qu'on abatît quelque jour un bois entier qui lui ôtoit un peu de vue. M. d'Antin fit scier tous les arbres près de la racine, de façon qu'ils ne tenoient presque plus: des cordes étoient attachées au pied de chaque arbre, & plus de douze cents hommes étoient dans ce bois prêts au moindre signal. M. le duc savoit le jour que le roi devoit se promener de ce côté avec toute sa cour. Sa majefté ne manqua pas de dire combien ce moi-ceau de forêt lui déplaifoit. *Sire*, lui répondit-il, *ce bois fera abattu dès que votre majefté le voudra.* — « Vraiment, dit le roi, s'il ne tient qu'à cela, » je ferois content d'en être défait ». — *Sire*, réprit M. d'Antin, *vous allez l'être.* Il donna un coup de fiflet, & l'on vit tomber la forêt. *Ah! mefdames*, s'écria la duchefse de Bourgogne, *fi le roi avoit demandé nos têtes, M. d'Antin les feroit tomber de même.* Mot un peu vif, mais qui ne tiroit point à conféquence.

C'eft ce même feigneur qui faifoit mettre quelquefois ce qu'on appele des cales entre les ftatues & les focles, afin que quand le roi iroit fe promener, il s'apperçût que les ftatues n'etoient pas droites, & qu'il eût le mérite du coup d'œil. Le roi trouvoit le défaut; M. d'Antin conteftoit un peu, fe rendoit enfuite, & faifoit redreffer la ftatue, en avouant avec une furprife affectée que le roi fe connoiffoit en tout.

Une connoiffance malheureufe qu'il avoit de ceux qui habitent les cours, lui faifoit dire : « Toutes » les fois que je donne une place, je fais cent » mécontens & un ingrat ».

Louis XIV difoit un jour en préfence de M. de Villeroi, de M. le Tellier, de M. de Lionne, de M. le maréchal de Grammont, de M. Colbert, & de quelques autres, vous êtes tous mes amis, ceux de mon royaume que j'affectionne le plus, & en qui j'ai le plus de confiance. Je fuis jeune, & les femmes ont ordinairement bien du pouvoir fur ceux de mon âge. Je vous ordonne à tous, que fi vous remarquiez qu'une femme, quelle qu'elle puiffe être, prenne empire fur moi, & me gouverne le moins du monde, vous ayiez à m'en avertir. Je ne veux que vingt-quatre heures pour m'en débarraffer, & vous donner contentement là-deffus.

Cependant le roi eut beaucoup de maîtreffes qui l'entraînèrent dans un fafte, dans des fêtes & dans dépenfes qui ruinèrent le royaume. Il renvoya madame de la Vallière, qui fe fit carmelite, & madame de Montefpan, qui finit auffi fa vie dans la dévotion & la pénitence. Il époufa la veuve du poëte Scaron, madame de Maintenon, qui avoit été la gouvernante de plufieurs de fes enfans naturels, & qui fut le maîtrifer & le gouverner.

Louis XIV fut attaqué vers le milieu du mois d'août 1715, au retour de Marli, de la maladie qui termina fes jours. On n'ignore point avec quelle grandeur d'âme il vit approcher la mort; il dit à madame de Maintenon qu'il s'étoit choifie pour compagne : « J'avois cru qu'il étoit plus » difficile de mourir; & fe tournant vers fes » domeftiques : Pourquoi pleurez-vous? m'avez-» vous cru immortel? » Il donna tranquillement

fes ordres fur beaucoup de chofes, & même fur fa pompe funèbre. Le courage d'efprit qu'il fit paroître, alla jufqu'à lui faire avouer fes fautes. Le jeune prince, fon fucceffeur, lui fut préfenté; & le foulevant entre fes bras, il lui dit ces paroles remarquables : « Vous allez être bientôt roi d'un grand royaume. Ce que je vous recommande le plus fortement, eft de n'oublier jamais les obligations que vous avez à Dieu. Souvenez-vous que vous lui devez tout ce que vous êtes. Tâchez de conferver la paix avec vos voifins. J'ai trop aimé la guerre; ne m'imitez pas en cela, non plus que dans les trop grandes dépenfes que j'ai faites. Prenez confeil en toutes chofes, & cherchez à connoître le meilleur pour le fuivre toujours. Soulagez vos peuples le plutôt que vous pourrez, & faites ce que j'ai eu le malheur de ne pouvoir faire moi-même, &c. »

Louis XIV avoit eu un frère qui mourut avant lui en 1701. Il lui témoigna toujours beaucoup de tendreffe. Un jour monfieur, lui parlant du chevalier de Lorraine qui avoit été exilé, parut s'intéreffer en fa faveur. « Mais, dit le roi, y fongez-» vous encore à ce chevalier de Lorraine? vous » en fouciez-vous? Aimeriez-vous bien quelqu'un » qui vous le rendroit? *En vérité*, répondit monfieur, *ce feroit le plus fenfible plaifir que je puffe recevoir en ma vie.* « Oh bien, » je veux vous faire ce préfent; il y a deux jours » que le courier eft parti; il reviendra; je vous » le donne, & je veux que vous m'ayez toute » votre vie cette obligation, & que vous l'ai-» miez pour l'amour de moi; je fais plus, car » je le fais maréchal de camp dans mon armée ». Là-deffus, monfieur fe jetta aux pieds du roi, & lui embraffa long-temps les genoux, & lui baifa une main avec une joie fans égale. Le roi le releva en lui difant : Mon frère, ce n'eft pas » ainfi que des frères doivent s'embraffer, & » l'embraffa fraternellement ». (*Lettres de Sévigné.*)

Louis XIV avoit époufé en 1660, Marie-Therèfe d'Autriche, fille de Philippe IV roi d'Efpagne. On peut fe former une idée des mœurs de cette princeffe & de la hauteur de fes fentimens par la réponfe qu'elle fit à une carmelite. Cette religieufe qui l'aidoit à faire l'examen de fa confcience, lui demandoit fi en Efpagne, dans fa jeuneffe, avant d'être mariée, elle n'avoit point eu envie de plaire à quelques-uns des jeunes gens de la cour du roi fon père : Oh non, ma mère, dit-elle, *il n'y avoit point de rois.*

Cette princeffe mourut en 1683. Lorfque *Louis* apprit la nouvelle de fa mort : *Voilà le feul chagrin,* dit-il, *qu'elle m'ait jamais caufé.*

LOUIS XV, roi de France, né le 15 février 1710, mort le 10 mai 1774.

Tout le monde fait que la bafe du caractère de *Louis XV*, étoit la bonté &, la bienfaifance.

Lors du fiège de Menin, pris par fa majefté, après dix jours de tranchée ouverte, le 7 juin 1744, un officier général lui dit, qu'en rifquant une attaque, qui ne coûteroit que peu de fang, on pourroit prendre la ville quatre jours plutôt. « Eh bien ! dit *Louis XV*, prenons la quatre jours plus tard, j'aime mieux les perdre, ces quatre jours, devant une place, qu'un feul de mes fujets ».

Quand *Louis XV* reçut la nouvelle de la mort du grand-duc de Tofcane, par laquelle fa majefté étoit déchargée de trois millions, qu'elle payoit au duc de Lorraine, jufqu'à ce que celui-ci fût en poffeffion de la Tofcane : « Ces trois millions, dit le roi, me viennent fort à propos pour diminuer les tailles, & fur-tout pour foulager les paroiffes qui ont été grêlées cette année (1757) ».

Ce prince tomba malade à Metz, en 1745; cet événement porta la crainte & la défolation de ville en ville : le peuple accouroit de tous les environs. Le danger du roi fe répand dans Paris; au milieu de la nuit, on fe relève, tout le monde court en tumulte, fans favoir où l'on va : les églifes s'ouvrent; Paris étoit hors de lui-même; toutes les maifons des hommes en place étoient affiégées d'une foule continuelle : on s'affembloit dans tous les carrefours; le peuple s'écrioit : » S'il meurt, c'eft pour avoir marché à notre fecours ».

Le courier qui apporta le 19, à Paris, la nouvelle de la convalefcence du roi, fut embraffé, & prefqu'étouffé par le peuple : on baifoit fon cheval : on le menoit en triomphe; toutes les rues retentiffoient d'un cri général, *le roi eft guéri*.

Lorfque l'on rendit compte à *Louis XV* des transports inouïs de joie, qui avoient fuccédé à ceux de la défolation, il en fut attendri jufqu'aux larmes, & en fe foulevant par un mouvement de fenfibilité, qui lui rendoit des forces, ce prince s'écria : « Qu'il eft doux d'être aimé ainfi! qu'ai-je fait pour le mériter » ?

Le roi, accompagné de M. le dauphin, père de Louis XVI, fe rendit, le 12 mai, fur le champ de bataille de Fontenoï : fa majefté, après l'avoir examiné de nouveau, très-exactement, dit à ce prince, lui faifant obferver les officiers morts : « Mon fils, cela vous fait connoître de quel prix font les victoires ».

Lors de la bataille de Lauffelt, gagnée fur les anglois, le 2 juillet 1747, M. de Voltaire prétend que *Louis XV* la rendit célèbre, par le difcours qu'il tint au général Ligonier, qu'on lui amena prifonnier. « Ne vaudroit-il pas mieux, lui dit-il, fonger férieufement à la paix, que de faire périr tant de braves gens » ?

Louis XV s'habitua à laiffer régner fous fon nom le cardinal Fleury, qui avoit été fon précepteur; & après la mort de fon tuteur, il abandonna les rênes du gouvernement à fes miniftres.

Enfin, il fe livra fans réferve aux femmes, & à toutes les fuites malheureufes de fon goût infatiable pour les plaifirs.

« Je vois bien que je ne fuis plus jeune, dit-il un jour à M. de la Martinière, fon chirurgien; je ferai bien d'enrayer : Sire, lui répondit celui-ci, vous feriez mieux de dételer » !

LOUPS-GAROUX. Un avocat & un curé de village s'entretenoient enfemble. Le pafteur étoit un bon prêtre, homme fimple, crédule, & paffablement ignorant. De fil en aiguille leur converfation tomba fur les *loups-garous*. Le curé affura qu'il en avoit vu un, ce qui fit faire un éclat de rire à l'avocat : riez tant qu'il vous plaira, monfieur le jurifconfulte, lui dit l'eccléfiaftique, rien n'eft plus véritable; je ne dis pas on dit, mais j'ai vu. Quoi! monfieur, reprit l'avocat, vous auriez effectivement vu un *loup-garou*? Comme je vous vois, répartit le curé. Pauvre homme que vous êtes, reprit le jurifconfulte, vous êtes dans l'erreur populaire ! Il faut que je vous défabufe : Apprenez que ce qu'on appelle communément *loup-garou*, ce font certains hommes mélancoliques qui courent la nuit, & qui par des cris affreux épouvantent le peuple qui les voit paffer. Je vous demande pardon, dit le bon curé, il y a des *loups-garous* qui ne font pas des hommes; mais des fantômes. Sur ce pied-là, répliqua l'avocat, vous jurieriez donc que vous avez vu réellement un *loup-garou*? Sans doute, répondit le prêtre, j'en jurerois. Une nuit au clair de la lune, il en paffa un près de moi, à telles enfeignes qu'il me caufa une frayeur horrible. Et fous quelle forme, dit le jurifconfulte vous apparut-il? Sous la forme d'un âne, répartit le pafteur. *Allez, allez, M. le curé*, lui dit l'avocat *en faifant un éclat de rire, vous avez eu peur de votre ombre*.

LULLY, (Jean-Baptifte) né en 1633, mort en 1687.

Lully vint en France à l'âge de douze ans; il y fut amené par le chevalier de Guife, que mademoifelle de Montpenfier avoit prié de lui choifir un petit italien qui pût l'amufer. Quand cette princeffe l'eut vu, elle ne le trouva pas à fon gré; & elle le relégua dans fa cuifine. *Lully* qui avoit appris autrefois un peu de mufique, y trouva par hafard un violon, & s'en amufa. Le comte de

Mugent l'entendit un jour, lui trouva du talent & de la main, & en informa auffitôt la princeffe, qui lui donna un maître pour le perfectionner.

Lully étant jeune & fimple page de Mademoifelle, entendit que cette princeffe, qui fe promenoit dans les jardins de Verfailles, difoit à d'autres dames : voilà un piédeftal vuide fur lequel on auroit dû mettre une ftatue. La princeffe ayant continué fon chemin, Lully fe déshabilla entierement, cacha fes habits derrière le piédeftal, & fe plaça deffus, attendant dans l'attitude d'une ftatue que la princeffe repaffât. Elle revint en effet quelque temps après, & ayant apperçu de loin une figure dans l'endroit où elle fouhaitoit qu'on en plaçât une, elle ne fut pas médiocrement furprife. Eft-ce un enchantement, dit-elle, que ce que nous voyons ? Elle avança infenfiblement, & ne reconnut la vérité de cette aventure que lorfqu'elle fut très-proche de la figure. Les dames & les feigneurs qui accompagnoient la princeffe voulurent faire punir féverement la ftatue ; mais on lui pardonna en faveur de la faillie finguliere ; & cette folie, qui fembloit devoir perdre Lully, fut le premier pas qui le conduifit à la fortune.

Lully réuffiffoit admirablement dans les contes obfcènes : hors de-là, il n'avoit point de converfation. Molière le regardoit comme un excellent pantomime, & lui difoit affez fouvent, Lully, fais nous rire.

Lully difoit d'un air qu'il avoit fait pour l'opéra, & qu'on chantoit à la meffe : feigneur, je vous demande pardon, je ne l'avois pas fait pour vous.

Lorfque Lully eut été choifi pour furintendant de la mufique du roi, il négligea fi fort le violon, qu'il n'en avoit pas même chez lui. Il n'y avoit que M. le maréchal de Grammont qui trouvât le fecret de lui en faire jouer quelquefois, par le moyen d'un domeftique qui en jouoit mal en préfence de Lully. Auffitôt celui-ci lui arrachoit le violon des mains, il s'échauffoit & ne le quittoit qu'à regret.

Louis XIV fut fi content de l'opéra d'Ifis, qu'il fit rendre un arrêt du confeil, par lequel il eft permis à un homme de condition de chanter à l'opéra & d'en tirer des gages fans déroger. Cet arrêt avoit été enregiftré au parlement de Paris.

Les ennemis de Lully l'accufoient de devoir le fuccès de fa mufique à Quinault. Ce reproche lui fut fait un jour par fes amis mêmes, qui lui dirent en plaifantant, qu'il n'avoit pas de peine à mettre en chant des vers foibles ; mais qu'il éprouveroit bien plus de difficulté, fi on lui donnoit des vers pleins d'énergie. Lully, animé par cette plaifanterie, & comme faifi d'enthoufiafme, court à un

clavecin, & après avoir cherché un moment fes accords, chante ces quatre vers d'Iphigénie, qui font des images, ce qui les rend plus difficiles pour la mufique que des vers de fentiment.

Un prêtre, environné d'une foule cruelle,
Portera fur ma fille une main criminelle,
Déchirera fon fein, & d'un œil curieux,
Dans fon cœur palpitant, confultera les dieux.

Un des auditeurs a raconté, qu'ils fe crurent tous préfens à cet affreux fpectacle, & que les tons que Lully ajoutoit aux paroles leur faifoient dreffer les cheveux à la tête.

Sur le bruit que Lully traitoit d'une charge de fecrétaire du roi, M. de Louvois dit au muficien : « Nous voilà bien honorés, nous fommes menacés d'avoir pour confrère un maître baladin ». Lully répondit hardiment au miniftre : « S'il » falloit pour faire votre cour au roi faire pis » que moi, vous feriez bientôt mon cama- » rade ».

En effet, quelques jours avant fa réception, Lully fit fon ancien rôle de Muphti dans le Bourgeois Gentilhomme, & le roi qui ne s'y attendoit point, en rit beaucoup : l'on dit même que cela avança fort la réception de Lully dans le corps des fecrétaires du roi.

Lully a laiffé à fes héritiers fix cents trente mille livres tout en or. Il avoit acquis tous fes biens dans fa profeffion ; auffi s'en occupoit-il entierement : il formoit lui-même fes acteurs & fes actrices. Son oreille étoit fi fine, que d'un bout du théâtre à l'autre, il diftinguoit le violon qui jouoit faux. Dans la colère que cela lui caufoit, il brifoit l'inftrument fur le dos du muficien. La répétition faite, il l'appeloit, lui payoit fon inftrument plus qu'il ne valoit, & l'emmenoit dîner avec lui. Il étoit fi paffionné pour fa mufique, que de fon propre aveu, il auroit tué un homme qui lui auroit dit qu'elle étoit mauvaife. Il fit jouer pour lui feul un de fes opéra que le public n'avoit pas goûté. Cette fingularité rapportée au roi, qui jugea que puifque Lully trouvoit fon opéra bon, il l'étoit. Il le fit exécuter. La cour & la ville changèrent de fentiment : cet opéra étoit Armide.

Lully conferva fon humeur enjouée jufqu'à la fin. Lorfqu'il étoit à l'extrémité, le chevalier de Lorraine l'étant venu voir, & lui marquant la tendre amitié qu'il avoit pour lui, madame Lully lui dit : oui vraiment, monfieur, vous êtes fort de fes amis, c'eft vous qui l'avez enivré le dernier, & qui êtes caufe de fa mort : tais toi, lui dit Lully, ma chère femme, tais-toi : M. le chevalier m'a enivré le dernier, & fi j'en réchappe, ce fera lui qui m'enivrera le premier.

Lully se blessa un jour au petit doigt du pied en battant la mesure avec sa canne. Cette blessure qu'on négligea d'abord, devint si considérable, que son médecin lui conseilla de se faire couper le doigt. Malheureusement on retarda l'opération, & le mal gagna insensiblement la jambe. Son confesseur qui le vit en danger, lui dit qu'à moins de jetter au feu ce qu'il avoit noté de son opéra nouveau, pour montrer qu'il se repentoit de tous ses opéra, il n'y avoit point d'absolution à espérer : il le fit. Le confesseur s'étant retiré, M. le Duc vint le voir & lui dit : Quoi ! tu as jetté au feu ton opéra ? Que tu es fou d'en croire un janséniste qui rêve : paix, monseigneur, paix, lui répondit Lully à l'oreille : je savois bien ce que je faisois ; j'en avois une seconde copie. Par malheur cette plaisanterie fut suivie d'une rechûte qui l'emporta.

Après la mort de Lully, ses enfans firent un opéra intitulé Zéphire & Flore. Le duc de la Ferté étoit à la première représentation. Madame de Bouillon lui en demanda son sentiment, j'y trouve, répondit-il, beaucoup d'airs de famille.

LUXE. Luculle, grand personnage, loué par les historiens de tant de braves exploits de guerre qu'il fit en Arménie, & de sa bonté, justice & clémence sur la fin de ses jours, quittant toute entremise du gouvernement des affaires publiques, il s'adonna à toute excessive somptuosité, & dépense superflue des grands biens qu'il avoit. Ciceron & Pompée le trouvant un jour par la ville, lui dirent qu'ils iroient souper avec lui, sous condition qu'il ne feroit rien apprêter pour eux que son ordinaire. Pour le moins, leur dit-il, vous me permettrez de dire à mon maître d'hôtel, qu'il aille faire apprêter le souper en ma salle d'Apollon ; & les trompa de cette façon ; car ses gens entendoient par-là quelle dépense il vouloit y être faite ; de sorte que le souper y fut apprêté pour cinquante mille dragmes d'argent, qui valent cinq mille écus. Ce qui fut d'autant plus admirable, qu'en si peu de temps un festin tant magnifique eût été apprêté. (Plutarque).

Un anglois fort riche & d'une naissance distinguée, voulut faire une campagne en qualité de volontaire dans les troupes prussiennes, pour apprendre la guerre à cette école. Il y parut avec de superbes équipages, ayant une table recherchée, & tout l'attirail de l'opulence & du luxe. Il fut surpris de se voir traité sans considération. Son poste étoit toujours aux bagages ou aux hôpitaux. Il eut même la douleur amère de ne point assister à la bataille de Rosbac. Les représentations qu'il fit faire différentes fois au roi de Prusse n'ayant eu aucun effet, il se détermina à lui porter lui-même ses plaintes. « Votre manière de vivre dans » mon camp, lui dit le monarque, est d'un grand » scandale : il n'est pas possible, sans beaucoup

» de frugalité, de s'endurcir aux travaux de la » guerre ; & si vous ne croyez pas pouvoir vous » faire à la mâle discipline des armées prussiennes, » je vous exhorte à retourner en Angleterre ».

Les ambassadeurs espagnols qui vinrent à la Haye en 1608, pour négocier avec les hollandois, rencontrèrent sur leur chemin dix personnes, qui, s'étant assises sur l'herbe, firent un repas de pain, de fromage & de bierre. « Qui sont » ces voyageurs, demandèrent les espagnols à un » paysan qui passoit ? — Ce sont, répondit le » paysan, les députés des états, nos souverains » seigneurs & maîtres. — Voilà des gens, s'é-» crièrent alors les ambassadeurs, qu'on ne pourra » jamais vaincre, & avec lesquels il faut faire » la paix ».

Les spartiates chassèrent de leur ville les parfumeurs, parce qu'ils gâtoient l'huile ; & les teinturiers, parce qu'ils gâtoient la laine en lui ôtant sa couleur naturelle. Ces messieurs, dit un moderne, auroient bien pu proscrire un tas d'auteurs, mes confrères, & moi le premier, parce que nous gâtons, auroient-ils dit, la blancheur du papier.

Un philosophe cinique étant dans une maison où l'or brilloit de toutes parts, & où les planchers étoient garnis de superbes tapis, cracha au visage du maître, en disant : « Je choisis l'endroit » le moins beau ».

LUXEMBOURG, (François-Henri de Montmorenci, duc de) maréchal de France, né en 1628, mort en 1695.

Luxembourg avoit dans le caractère des traits du grand Condé, dont il étoit l'élève : un génie ardent, une exécution prompte, un coup-d'œil juste, un esprit avide de connoissances ; mais il étoit aussi plongé dans les intrigues des femmes, toujours amoureux, & même souvent aimé, quoique contrefait & d'un visage peu agréable, ayant plus des qualités d'un héros que d'un sage.

Le maréchal de Luxembourg remporta sur le prince d'Orange les batailles de Fleurus, de Leuze, de Steinkerque, de Nerwinde. Ce prince fulminant contre l'ascendant que le maréchal avoit sur lui, s'avisa de dire un jour : « Est-il possible que » jamais je ne batte ce bossu-là ! M. de Luxem-» bourg en ayant été informé, répondit : « Com-» ment sait-il que je suis bossu ? il ne m'a jamais » vu par derrière ».

Le prince d'Orange, qui fut depuis roi d'Angleterre, avoit lui-même assez de mérite pour rendre justice à celui de son vainqueur. Des officiers françois, réfugiés dans sa cour, ne cessoient, soit par jalousie, soit par tout autre motif, d'exagérer le bonheur du maréchal de Luxembourg, fans parler de fon courage, de fes talens & de fa conduite. Guillaume, choqué de cette affectation, les fit taire, en leur difant : *Il y a trop long-temps qu'il eſt heureux pour n'être qu'heureux.*

A la bataille de Nerwinde, en 1693, le maré-chal de *Luxembourg* demanda à M. le duc de*** s'il fe tireroit bien d'une affaire où il vouloit l'envoyer. Non, dit-il, je fuis un trop jeune fou; mais donnez-moi quelque vieux routier pour me conduire, & je frapperai comme tous les diables : Il tint parole, & le roi en fut très-content.

A cette célèbre journée de Nerwinde, *Luxem-bourg* remarqua un foldat du régiment des Gardes françoifes qui quittoit fon corps: *Où vas tu*, lui dit le maréchal? « Mourir à quatre pas d'ici, lui répondit le foldat, en ouvrant fon habit pour lui faire voir une bleſſure mortelle; mais je bénis le ciel d'avoir perdu la vie pour mon prince, & d'avoir combattu fous un auſſi digne général que vous. A l'article de la mort où je fuis, je peux bien vous aſſurer qu'il n'y a aucun de mes cama-rades qui ne foit pénétré du même fentiment ».

On n'a pas oublié ce billet que *Luxembourg*, lors de cette journée, écrivit à Louis XIV fur le champ même de bataille. « Aftaignan, qui a bien vu l'action, en rendra bon compte à votre ma-jeſté. Vos ennemis y ont fait des merveilles; vos troupes encore mieux. Pour moi, fire, je n'ai d'autre mérite que d'avoir exécuté vos ordres. Vous m'avez dit de prendre une ville, & de gagner une bataille; je l'ai prife & je l'ai gagnée ».

Le nombre des officiers ennemis tués ou noyés à cette journée fut prodigieux. Les françois néan-moins ne firent que deux mille prifonniers. *Luxem-bourg* fe comporta à leur égard comme à Fleurus & à Steinkerque: on les avoit conduits à Tirle-mont; dès le lendemain de la bataille, le maré-chal leur envoya le chevalier du Rofel, pour leur demander leur parole, & leur offrir tout ce qui dépendoit de lui. Dans le tranfport de fa recon-noiſſance, le comte de Solmes, général de l'in-fanterie hollandoife, & qui étoit du nombre des prifonniers, ne put s'empêcher de dire à M. du Rofel: « Quelle nation eſt la vôtre! vous vous battez comme des lions, & vous traitez les vaincus comme s'ils étoient vos meilleurs amis ».

Lorfque Louis XIV fut inſtruit des particularités de cette terrible journée, il dit: « *Luxembourg* a attaqué en prince de Condé, & le prince d'Orange a fait fa retraite en maréchal de Turenne ».

En 1693, le prince d'Orange efpérant de fur-prendre les françois, refte fur les bords de l'Ef-caut; mais le maréchal de *Luxembourg* l'avoit précédé, & l'attendoit en ordre de Bataille. Ce prince ne put s'empêcher de s'écrier dans fa furprife:

« Je favois bien que les françois avoient des bras, » mais j'ignorois qu'ils euſſent des ailes ».

LYCURGUE, legiſlateur de Lacédémone, mort vers l'an 840, avant Jéfus-Chriſt.

Lycurgue defcendu des rois de Lacédémone, étoit monté fur le trône après la mort de Poly-decte fon frère; mais celui-ci ayant laiſſé fa femme enceinte, *Lycurgue* inſtruit de cette groſſeſſe, dé-clara auſſitôt que la royauté appartiendroit à l'en-fant qui naîtroit, fi c'étoit un garçon; & dès ce moment il adminiſtra fon royaume comme tuteur. Cependant, la reine lui témoigna que s'il vouloit l'époufer quand il feroit roi, elle feroit périr fon fruit. *Lycurgue* frémit à cette propofition, mais fachant ce que peut une femme criminelle qui fe voit refufée, il la flatta de fauſſes efpé-rances, & mit auprès d'elle des perfonnes fûres, avec ordre de lui apporter l'enfant auſſitôt qu'il feroit né, fi c'étoit un prince; ce qui fut exé-cuté. *Lycurgue* étoit alors à table avec les pre-miers de Lacédémone. Il prend auſſitôt l'enfant entre fes bras, & le montrant à l'aſſemblée: *Spartiates*, leur dit-il, *voici le roi qui vous vient de naître.* Il fut auſſitôt falué en conféquence par l'aſſemblée, au milieu des fentimens les plus vifs de reconnoiſſance & d'admiration qu'infpiroit la grandeur d'ame de *Lycurgue*.

Ce digne citoyen eut néanmoins des envieux de fa gloire; mais il ne fe vengea d'eux qu'en travaillant de plus en plus à fe rendre utile à fa patrie. Il fit plufieurs voyages; il étudia les mœurs & coutumes des différens peuples. De retour à Lacédémone, il conçut le hardi deſſein de ré-former entièrement cette république; toujours avant lui en proie aux diſſenſions, & devenue de fon temps le jouet ou la victime des paſſions de quelques particuliers. Mais fachant que la plupart des hommes ne fe laiſſent entraîner que par le mer-veilleux, il fit parler les oracles en fa faveur. Il fe rendit avec les principaux de la ville au temple de Delphes, pour confulter Apollon. Quand il eut offert fon facrifice, il reçut cet oracle fi cé-lèbre: « Allez, ami des dieux, & dieu plutôt » qu'homme; Apollon a examiné votre prière, » & vous pouvez compter fur la plus floriſſante » république qui ait jamais exiſté ».

Lycurgue laiſſa fubſiſter la double royauté qui gouvernoit Lacédémone, & dont deux branches de la famille d'Hercule étoient en poſſeſſion; mais pour éviter les cruelles diſſenſions qui dé-chiroient la Laconie, il créa un corps de magiſ-trats, ou fénat qui pût fervir de contre-poids entre le prince & les fujets, & entretenir un juſte équilibre entre les prérogatives de l'un & les pré-tentions de l'autre. Environ trente ans après *Lycurgue*, on créa des éphores ou efpèce de cen-feurs, pour abaiſſer le fénat qui s'étoit rendu trop

trop puiſſant. Le roi Théopompe prêta les mains à cet établiſſement ; & comme ſa femme lui reprochoit qu'il laiſſeroit à ſes enfans la royauté beaucoup moindre qu'il ne l'avoit reçue : *Au contraire*, répondit-il, *je la leur laiſſerai plus grande, parce qu'elle ſera plus durable.*

Ce n'étoit pas aſſez pour *Lycurgue* d'avoir donné à ſes concitoyens un gouvernement libre & modéré ; le deſir des richeſſes & l'amour du luxe ſi naturels aux hommes, & qui portent les uns à la tyrannie & les autres à la ſervitude, auroient infailliblement dérangé l'harmonie de ce ſyſtème politique. Ce légiſlateur entreprit donc de rétablir une égalité de fortune parmi les Lacédémoniens. Il leva à cet effet un plan exact de la Laconie, & la partagea en portions égales. Plutarque rapporte que quelques années après, *Lycurgue* revenant d'un long voyage, comme il traverſoit les terres de la Laconie qui venoient d'être moiſſonnées, il vit les tas de gerbes ſi égaux que l'un ne paroiſſoit en rien plus grand que l'autre ; & ſe tournant vers ceux qui l'accompagnoient, il leur dit en riant : « Ne ſemble-t-il pas que la Laconie ſoit l'héritage de pluſieurs frères qui viennent de faire leur partage ? ».

Il y avoit lieu d'appréhender que l'argent étant inégalement diſperſé, les terres ne tombaſſent à la longue entre les mains d'un petit nombre de propriétaires. Pour remédier à cet inconvénient, *Lycurgue* voulut auſſi partager l'or & l'argent. Quelques citoyens opulens s'oppoſèrent à ce nouveau projet. Le légiſlateur y procéda par une autre voie, en ſappant l'avarice par ſes fondemens. Il proſcrivit l'uſage de ces métaux précieux, & donna cours à une monnoie de fer qu'il fit fabriquer d'un ſi grand poids, qu'il falloit une charette attelée de deux bœufs pour porter une ſomme de cinq cents livres, & une chambre entière pour la ſerrer.

Tous les arts inutiles & ſuperflus furent chaſſés de la Laconie, & les meubles des Spartiates ne pûrent être travaillés qu'avec la coignée & la ſcie. Le célèbre Epaminondas, général des thébains, diſoit en parlant de la frugalité de ſa table, qu'un tel ordinaire n'expoſoit point à la trahiſon. *Lycurgue* penſoit auſſi que dans une ville où il n'y avoit plus aucun moyen d'uſer ni de jouir de ſon opulence, les ſpartiates ne s'empreſſeroient point d'amaſſer des richeſſes.

Pour mieux rappeler les citoyens à une parfaite égalité, le légiſlateur établit la communauté des tables & des repas, où le premier & le dernier des lacédémoniens étoient également obligés de donner des exemples de tempérance & d'auſtérité. Le plus exquis de tous leurs mets, étoit ce qu'ils appeloient *le brouet noir*. Un roi de Pont, pour en manger, acheta exprès un cuiſinier de Lacédémone. Il n'en eut pas plûtôt goûté, qu'il

le trouva fort mauvais & ſe mit en colère ; mais le cuiſinier lui dit : « ſeigneur, ce qu'il y a de meilleur manque à ce mets ; c'eſt qu'avant de le manger il faut ſe baigner dans l'Eurotas ».

On a rapporté qu'un jeune Spartiate, voyant des hommes qui ſe faiſoient porter à la campagne dans des litières, s'écria : « A Dieu ne plaiſe que je ſois jamais aſſis en un lieu, d'où je ne puiſſe me lever devant un vieillard ! »

Lycurgue avoit permis le vol aux jeunes gens. C'étoit en quelque ſorte un exercice pour eux, mais un exercice militaire où le manque d'adreſſe étoit puni. L'abandon que chacun avoit fait de tout ce qui lui ſeroit dérobé par ſurpriſe, en avoit écarté toute idée d'injuſtice. Un jeune ſpartiate ayant un jour dérobé un renard le mit ſous ſa robe, & un moment après on le vit tomber mort, parce qu'il aima mieux s'en laiſſer déchirer que de donner un ſigne de maladreſſe en découvrant ſon larcin.

Il n'y avoit point d'académies, ou d'édifices publics, où la jeuneſſe ſe raſſemblât pour ſubtiliſer ſur la nature des idées, ou pour apprendre des formules de raiſonnemens. Le légiſlateur penſa que les aſſemblées des citoyens ſeroient des écoles plus utiles aux jeunes gens, qui s'inſtruiſent moins par des règles ſubtiles & abſtraites, qu'en converſant familièrement avec des hommes conſommés dans la théorie & dans la pratique. Chacun avoit droit de les interroger ſur les intérêts de la patrie, ſur la vie des grands hommes, ſur le mérite de différentes actions. La réponſe devoit être prompte, claire & préciſe ; ce qui les accoutumoit à renfermer un grand ſens en peu de paroles. *Lycurgue* leur en donna lui-même l'exemple. On lui demanda pourquoi il avoit ordonné qu'on offrît aux dieux des victimes de peu de valeur : *afin*, dit-il, *que nous ayons toujours de quoi honorer les dieux.*

Des Spartiates le conſultèrent pour ſavoir s'ils devoient bâtir des murailles. *Vous imaginez vous donc*, leur répondit-il, *qu'une ville ſoit ſans murailles, lorſqu'au lieu de briques, elle a autour d'elle de vaillans hommes qui la défendent ?*

Un officier qui vendoit des captifs crioit : « Je vends un lacédémonien ». *Dis un captif*, répondit celui-ci.

Un roi de Macédoine demandant ſi on vouloit qu'il entrât dans la Laconie comme ami ou comme ennemi ; on lui répondit : *ni l'un, ni l'autre.*

Alexandre, jeune homme de Sparte, creva un œil à *Lycurgue*, en le pourſuivant dans une ſédition qui s'étoit élevée contre ce légiſlateur, qu'on vouloit faire paſſer pour le plus ſévère de tous les hommes. Il prouva cependant le contraire ; car ayant pris chez lui ce jeune homme, que les lacédémoniens lui avoient mis entre les mains pour le punir ; bien loin de le faire, il le traita comme son propre fils. Ce qui toucha tellement Alexandre, qu'il devint le plus ardent des amis de *Lycurgue*.

Un réglement bien étrange est celui par lequel *Lycurgue* ordonna aux vieillards qui avoient épousé de jeunes filles, de s'associer un jeune homme vigoureux pour faire des enfans à leurs femmes. Au reste, il n'étoit pas libre aux hommes de différer leurs mariages ; dès qu'ils étoient devenus forts & robustes, ils se devoient à l'état. Cependant, si un lacédémonien avoit absolument de l'aversion pour l'engagement du mariage, & néanmoins quelque envie d'avoir des enfans, *Lycurgue* lui permettoit par sa loi d'avoir commerce avec une femme jeune & féconde ; mais il falloit que le mari y consentît expressément, ce qui ne faisoit pas de grandes difficultés. Un lacédémonien étoit accoutumé à regarder une femme comme un héritage ou un champ qu'il pouvoit céder pour un temps à un ami.

Ce fut par ces réglemens extraordinaires que *Lycurgue* chassa de sa ville la jalousie & l'amour, & tous les crimes qui marchent à leur suite. Il en avoit déja banni l'avarice & l'envie, en proscrivant la richesse & la pauvreté. Mais le plus grand effort des institutions de *Lycurgue* fut cette maxime admirable, qu'*une mort honnête est préférable à une vie honteuse*.

Lycurgue, par la force de ses institutions, étoit encore parvenu à dépouiller chaque individu de ses affections propres, pour ne le rendre sensible qu'au bien de tous. Le lacédémonien Pédarete se présente pour être admis au conseil des trois cents : il est rejetté. Il s'en retourne joyeux de ce qu'il s'est trouvé dans Sparte trois cents hommes valant mieux que lui.

Lycurgue couronna les services qu'il avoit rendus à Sparte, en lui donnant le plus grand exemple de dévouement à la patrie. S'étant apperçu que plusieurs murmuroient contre la sévérité de ses loix, il assembla le peuple, déclara qu'il lui restoit un point important sur lequel il étoit nécessaire de consulter l'oracle d'Apollon, & fit promettre à tous les citoyens qu'ils observeroient ses réglemens jusqu'à son retour. Lorsqu'il fut arrivé à Delphes, il consulta le dieu pour savoir si ses loix rendroient les spartiates meilleurs & plus heureux : la prêtresse lui répondit que « tant que » Sparte les observeroit, elle seroit la plus glo- » rieuse ville du monde, & jouiroit d'une félicité » parfaite ». *Lycurgue* envoya cette réponse à Sparte ; & pour rendre ses loix inviolables, il se donna la mort en s'abstenant de manger. Il avoit ordonné avant de mourir que son corps fût brûlé, & ses cendres jettées dans la mer, de peur que si on transportoit son corps à Lacédémone, les spartiates ne se crussent libres de leur serment & n'eussent un prétexte pour enfreindre ses loix.

M.

MABILLON, (Jean) né en 1632, mort en 1708.

Colbert a qui le livre de la Diplomatique fut adressé, connoissoit d'avance la bonté de l'ouvrage. Il avoit souvent employé dom *Mabillon*, pour décider sur d'anciens titres, & il n'avoit jamais pu lui faire accepter une gratification. Le ministre peu accoutumé aux refus, crut alors que son désintéressement ne seroit pas à l'épreuve d'une forte pension, & il voulut le faire mettre sur l'état. Mais l'humble religieux répondit toujours que rien ne lui manquoit dans sa congrégation, & qu'il ne méritoit pas l'honneur qu'on vouloit lui faire.

Le Tellier, Archevêque de Rheims, ayant conduit le P. *Mabillon* malgré lui à la cour, dit au roi: Sire, j'ai l'honneur de présenter à votre majesté, le moine le plus habile, & le plus modeste de votre royaume.

Dès-que le pape Clément XI eut appris la mort de dom *Mabillon*, le cardinal Coloredo écrivit par son ordre aux bénédictins: Le Saint-Père a marqué que vous lui feriez plaisir de l'inhumer dans le lieu le plus distingué, puisqu'il n'y en a point où sa réputation ne se soit répandue, & que tous les savans qui iront à Paris, ne manqueront pas de vous demander où vous l'avez mis. *Ubi posuistis eum?*

MACHIAVEL, (Nicolas) né en 1449, mort en 1527,

Machiavel se distingua de bonne heure dans les belles lettres, & eut quelques succès dans la comédie satyrique. On a aussi de lui plusieurs contes & différentes piéces de poésie licencieuse. Partisan enthousiaste des Brutus & des Cassius, il fit dans ses ouvrages politiques la satyre des souverains de son siècle, en feignant de leur donner des leçons; & le *Prince* de *Machiavel* est à proprement parler le livre des républicains.

Un auteur illustre, Fédéric II, a rendu le plus grand service à l'humanité, en cherchant à réfuter les maximes dans un *examen*. Il ne s'est pas moins rendu utile aux souverains mêmes, en leur prouvant par le raisonnement & par l'expérience qu'il n'y a plus que la bonté du gouvernement qui donne de la prospérité, & que ce qu'on appeloit autrefois des coups d'état, indépendamment de l'horreur qu'ils causeroient, ne seroient aujourd'hui que des imprudences.

Machiavel, d'un caractère naturellement inquiet & remuant, fut accusé d'avoir eu part à la conjuration des Sonderini, contre les Médicis: on le mit à la question; mais il n'avoua rien.

Les éloges qu'il ne cessoit de prodiguer à Brutus & à Cassius, dans sa conversation & dans ses écrits, le firent soupçonner d'avoir trempé dans une autre conspiration contre Julien de Médicis, depuis pape sous le nom de Clément VII; mais comme ces soupçons étoient destitués de preuves, on le laissa tranquille. La république de Florence le choisit pour son secrétaire & pour son historiographe.

Machiavel, selon Varillas, avoit non-seulement le talent d'écrire des comédies, mais encore de les jouer. Il réussissoit sur-tout à rendre les gestes, la démarche, le son de voix de ceux qu'il voyoit; & il en faisoit une caricature très-piquante. Ce fut le cardinal Médicis qui le détermina à donner au théâtre sa *Clitie* imitée de la *Casina* de Plaute. Il avoit fait auparavant la *Mandragore* dont nous avons une traduction libre en françois par Rousseau. La Fontaine a imité & surpassé son conte de *Belphégor*.

MAHOMET, faux prophète & fondateur de la religion mahométane, né à la Mecque en 570, mort à Médine en 631.

Mahomet, né de parens illustres, mais pauvres, vécut ignoré avec sa première femme Cadige, jusqu'à l'âge de quarante ans. Il ne déploya qu'à cet âge les talens qui le rendoient supérieur à ses compatriotes. Il avoit une éloquence vive & forte, dépouillée d'art & de méthode, telle qu'il la falloit à des Arabes; un air d'autorité & d'insinuation, animé par des yeux perçans & par une physionomie heureuse, l'intrépidité d'Alexandre, sa libéralité, & la sobriété dont Alexandre auroit eu besoin pour être un grand homme en tout. L'amour qu'un tempérament ardent lui rendoit nécessaire, & qui lui donna tant de femmes & de concubines, n'affoiblit ni son courage, ni son application, ni sa santé.

Il est vraisemblable que *Mahomet*, comme tous les enthousiastes, vivement frappé de ses idées, les débita d'abord de bonne foi. Il se fit des disciples, parce que le fanatisme est une maladie contagieuse, & parce que les transports d'une imagination embrâsée subjugue facilement la raison du commun des hommes. Il appuya enfin par des fourberies néceſſaires une doctrine qu'il croyoit utile à ſa fortune & à ſon ambition.

Son ſecrétaire commençoit à découvrir & à publier ſes impoſtures, *Mahomet* égorgea ce malheureux dans ſa propre maiſon, & mit le feu aux quatre coins, faiſant croire au peuple que c'étoit le feu du ciel qui l'avoit conſumé pour le punir d'avoir oſé changer quelque choſe dans l'Alcoran.

Il ſut profiter des convulſions épileptiques auxquelles il étoit ſujet pour perſuader à ſa femme que c'étoient des extaſes pendant leſquelles un ange venoit de la part de Dieu lui annoncer des choſes concernant la religion.

Les hiſtoriens de ſa vie rapportent auſſi qu'ayant fait cacher un de ſes compagnons dans un puits ſec, il lui avoit dit de crier quand il paſſeroit, que *Mahomet étoit l'envoyé de Dieu.* Il le fit, & tout le monde admira cette merveille. Mais le faux apôtre craignant que ſon artifice ne fût découvert, ordonna auſſitôt à ceux qui le ſuivoient de combler le puits, de peur qu'il ne fût profané à l'avenir, ce qui fut exécuté ſur le champ.

Mahomet avoit commencé à répandre ſa nouvelle doctrine dans la Mecque. On parla bientôt de ſes prétendues révélations dans toute la ville : mais, comme *nul n'eſt prophête en ſa patrie,* le conſeil des magiſtrats qui craignoit d'ailleurs une révolution, avoit réſolu de faire arrêter *Mahomet.* Celui-ci en fut averti. Il ſe ſauva de la Mecque en 612. Cette fuite que les Arabes nomment *Hégire,* devint l'époque de ſa gloire & de la fondation de ſon empire. Il ſubjugua par la force de ſes armes, ceux qu'il n'avoit pu ſéduire par ſes impoſtures. Le petit nombre ſous lui vainquit toujours le plus grand. Ses ſoldats étoient autant de fanatiques qui, ſur la foi de leur général, croyoient entrer dans le paradis promis par l'Alcoran, s'ils mouroient les armes à la main.

Ce qui affermit le plus la religion naiſſante de *Mahomet,* ce fut la déclaration d'Abulſofian, commandant général de la ville de la Mecque & ſon ennemi déclaré. Ce général ſe voyant vaincu, s'écria dans une nombreuſe aſſemblée : « J'atteſte » qu'il n'y a qu'un Dieu, qu'il n'a ni compagnon, » ni aſſocié, & que l'invincible *Mahomet* eſt ſon » ſerviteur & ſon prophète ». Il gagna par cette conduite adroite la confiance du vainqueur qui ne lui ôta aucune partie de ſes biens, & qui même y en ajouta de nouveaux.

Mahomet maître de l'Arabie & redoutable à tous ſes voiſins, ſe retira à Médine où il fut attaqué, à l'âge de ſoixante & trois ans & demi,

d'une maladie mortelle; il n'oublia point ſon rôle dans cette dernière ſcène; il s'écria ſur le lit de mort : *Que celui à qui j'ai fait violence & injuſtice paroiſſe, & je ſuis prêt de lui faire réparation.* Un homme ſe leva qui lui redemanda quelqu'argent; *Mahomet* le lui fit donner, & expira peu de temps après.

On a rapporté qu'il mourut des ſuites d'un poiſon, qu'une fille Juive lui avoit fait prendre, en lui ſervant une épaule de mouton qu'il aimoit beaucoup. « Cette fille avoit commis ce » crime, parce que, diſoit-elle, ſi *Mahomet* eſt un » prophète, il n'en reſſentira aucun mal; s'il ne » l'eſt pas, je délivrerai ma patrie d'un tyran qui » la déſole ».

Indépendamment de pluſieurs épouſes que *ſa main droite poſſéda,* ſuivant le ſtyle de l'Alcoran, & qui regnèrent tour-à-tour dans ſon cœur, il ſe procura pluſieurs concubines. Il remplit à leur égard tous les devoirs qu'il preſcrit par ſa loi; & ſes travaux journaliers ſupérieurs à ceux de l'ancien Alcide, n'avoient pas peu contribué à le faire regarder comme un homme ſingulièrement favoriſé entre les autres hommes. Il prétendoit que le commerce des femmes excitoit ſa ferveur dans la prière. La plus chérie de ſes épouſes fut Ayesha. Elle n'avoit que ſept ans lorſqu'elle fut mariée; & c'eſt la ſeule vierge que *Mahomet,* tout grand prophête qu'il étoit, pût jamais rencontrer. Auſſi le père de cette fille qui s'appelloit Addollah, prit, par ordre de *Mahomet,* le nom d'Aboubécre, c'eſt-à-dire, *père de la pucelle.* Cette épouſe bien aimée ne fut pas toujours fidèle; & comme il auroit été indécent que l'envoye de Dieu qui ſavoit tourner à ſon gré les cœurs des hommes, n'eût pas pu ſe rendre maître de celui de ſon épouſe, il fit deſcendre exprès du ciel un chapitre de l'Alcoran pour prouver à toute la terre, la vertu de ſa chère Ayſha, & avertir ſes diſciples de ne pas ajouter foi aux calomnies que l'on pourroit répandre contre l'honneur & la pureté de cette épouſe. Un muſulman infidèle ayant néanmoins oſé ſe vanter des bontés ineffables de la tendre Ayesha envers lui, *Mahomet* lui fit donner charitablement quatre-vingt coups de fouet, ainſi que le ciel l'avoit ordonné par la loi inſérée dans le même chapitre.

Ce prophète avoit défendu à ſes diſciples de diſputer ſur ſa doctrine avec les étrangers. Il voulut qu'ils ne répondiſſent aux objections des contradicteurs que par le glaive. « Chaque » prophête, diſoit-il, a ſon caractère. Celui de » Jéſus-Chriſt a été la douceur, & le mien eſt » la force ».

MAHOMET II, empereur des turcs né en 1430, mort en 1481.

Les moines, dit Voltaire, ont peint *Mahomet II*, comme un barbare insensé, qui tantôt coupoit la tête à sa prétendue maîtresse Irène, pour appaiser les murmures de ses Janissaires, tantôt faisoit ouvrir le ventre à quatorze de ses pages, pour voir qui d'entr'eux avoit mangé un melon. On trouve encore ces histoires absurdes dans nos dictionnaires, qui ont été long-temps, pour la plupart, les archives alphabétiques du mensonge.

Toutes les annales turques nous apprennent que *Mahomet II*, avoit été le prince le mieux élevé de son temps. On ne peut disconvenir que *Mahomet* n'ait écouté le devoir d'un fils, & n'ait étouffé son ambition quand il fallut rendre le trône qu'*Amurat* lui avoit cédé. Il redevint deux fois sujet, sans exciter le moindre trouble. C'est un fait unique dans l'histoire, & d'autant plus singulier, que *Mahomet* joignoit à son ambition, la fougue d'un caractère violent.

Il parloit le grec, l'arabe, le persan ; il entendoit le latin, il dessinoit ; il savoit ce qu'on pouvoit savoir alors de géographie & de mathématique ; il aimoit la peinture. Aucun amateur des arts, n'ignore qu'il fit venir de Venise le fameux Gentili-Bellino, & qu'il le recompensa comme Alexandre avoit recompensé Apelles, par des dons & par la familiarité. Il lui fit présent d'une coupe d'or, d'un collier d'or, de trois mille ducats d'or, & le renvoya avec honneur. Je ne peux m'empêcher de ranger parmi les contes improbables, celui de l'esclave auquel on prétend que *Mahomet* fit couper la tête, pour faire voir à Bellino l'effet des muscles, & de la peau sur le col séparé de son tronc. Ces barbaries, que nous exerçons sur les animaux, les hommes ne les exercent sur les hommes, que dans la fureur des vengeances, ou dans ce qu'on appelle le droit de la guerre. *Mahomet II*, fut souvent sanguinaire & féroce, comme tous les conquérans qui ont ravagé le monde ; mais pourquoi lui imputer des cruautés si peu vraisemblables ? A quoi bon multiplier les horreurs ?

Il étoit âgé de vingt-deux ans quand il monta sur le trône des sultans, & il se prépara dèslors à se placer sur celui de Constantinople, tandis que cette ville étoit toute divisée pour savoir s'il falloit se servir du pain azyme, & s'il falloit prier en grec ou en latin.

Mahomet II marcha de conquête en conquête, sans que les princes chrétiens, se liguassent contre lui ; car il ne faut pas appeler ligue un moment d'intelligence entre Huniade, prince de Transilvanie, le roi de Hongrie, & un despote de la Russie. On laissa *Mahomet*, après des fortunes diverses, faire la paix avec le Persan, & prendre ensuite Trébizonde avec la partie de la Cappadoce qui en dépendoit ; tourner vers la Grece, saisir le Négrepont, retourner au fond de la mer Noire, s'emparer de Caffa, l'ancienne Théodosie, rebâtie par les Génois ; revenir réduire Scutari, Zante, Céphalonie ; courir jusqu'à Trieste, à la porte de Venise, & établir enfin la puissance Mahométane au milieu de la Calabre, d'où il menaçoit le reste de l'Italie, & d'où ses lieutenans ne se retirèrent qu'après sa mort. Ses armées ne prirent point Rhodes ; mais cette petite île ne le rendoit pas moins terrible au reste de l'Occident. Il alloit porter ses armes victorieuses contre les sultans Mammelucs d'Egypte, tandis que ses lieutenans étoient dans le royaume de Naples ; ensuite il se flattoit de venir prendre Rome comme Constantinople ; & en entendant parler de la cérémonie dans laquelle le doge de Venise épouse la mer Adriatique, il disoit qu'il l'enverroit bientôt au fond de cette mer consommer son mariage. Une colique en délivra le monde à l'âge de cinquante & un ans.

MAINTENON, (Françoise d'Aubigné, marquise de) née dans les prisons de la conciergerie de Niort, le 27 novembre 1636, & morte à Saint-Cyr le 15 avril 1719, âgée de 84 ans.

Françoise d'Aubigné, qui devoit éprouver toutes les rigueurs de la fortune avant d'en goûter les faveurs, fut conduite dès l'âge de trois ans en Amérique. Pendant ce voyage, Françoise eut une grande maladie, & fut à une telle extrémité, qu'elle ne donnoit aucun signe de vie. Sa mère la prend entre ses bras, pleure, gémit & la réchauffe dans son sein. Fatigué de ses cris, le baron d'Aubigné veut lui arracher l'enfant dont la mort & la présence causent & excitent son désespoir. Un matelot va la jetter dans la mer. Le canon est prêt à tirer. Madame d'Aubigné demande qu'un dernier baiser lui soit du moins permis, porte la main sur le cœur de sa fille, & soutient qu'elle n'est pas morte. Depuis, madame de *Maintenon* racontant ce trait à Marly, l'évêque de Metz qui étoit présent, lui dit : « Madame, on ne revient pas de si loin pour » peu de chose ».

De retour en France elle épousa à l'âge de 16 ans Paul Scarron perclus de tous ses membres, & qui n'avoit qu'un bien très-médiocre. Ce fut cependant une fortune pour mademoiselle d'Aubigné. Devenue la compagne & l'amie de son mari plutôt que son épouse, elle s'étoit assujettie à ne le pas quitter. Elle se consoloit de la gêne de son état, en y envisageant la sureté de sa vertu & les progrès de sa réputation. Sa sagesse étoit même si bien établie, qu'un courtisan disoit : « Je ferois plutôt une proposition impertinente » à la reine qu'à cette femme-là » : & mademoiselle Scuderi dans son jargon précieux : « L'air

» qu'on respire auprès d'elle, semble inspirer la
» vertu ».

Tous les aimables voluptueux de Paris, étoient accourumés depuis quelque temps à se raſſembler chez le poëte Scarron, attirés par ſon eſprit & ſon enjouement. On y faiſoit des eſpèces de pique-niques, où chacun fourniſſoit ſon plat & ſes bons mots. Le ton en étoit extrêmement libre. Madame Scarron y ramena la décence. On vouloit lui plaire, & c'étoit une raiſon de l'imiter. Elle ne ſe refuſoit cependant point à la douce joie de la converſation. Elle contoit, & tout le monde prenoit plaiſir à ſes contes. On a rapporté qu'un jour un de ſes domeſtiques s'approchant de ſon oreille, lorſqu'on étoit à table, lui dit : « madame, une hiſtoire à ces meſſieurs, car le rôt » nous manque aujourd'hui ».

On l'a vue pendant le carême, ne ſe nourrir que de légumes, pendant que le reſte de la table ſe livroit aux plaiſirs d'une chère délicate : mais étoit-ce par eſprit de dévotion ? « Je n'étois pas aſſez heureuſe, a-t-elle dit depuis, d'agir alors uniquement pour Dieu ; mais je voulois être eſtimée. L'envie de me faire un nom étoit ma paſſion. Perſonne ne l'a portée ſi loin. Cette ambition me faiſoit ſouffrir le martyre par mille contraintes que je m'impoſois ; & c'eſt peut-être pour m'en punir que Dieu a permis mon élévation, comme s'il avoit dit dans ſa colère : « Tu veux des louanges & des honneurs ; hé bien ! tu en auras, juſqu'à en être accablée. On eſt bien aiſe qu'elle nous ait découvert elle-même les motifs de ſa conduite : on en apprend à mieux connoître le cœur de l'homme.

Après la mort de ſon mari, arrivée en 1660, elle fit long-temps ſolliciter auprès du roi une petite penſion de quinze cents livres, dont Scarron avoit joui. La multitude de placets que l'on préſenta à cet effet fit dire au roi d'un ton chagrin : Entendrai-je toujours parler de la veuve Scarron ? Et ces mots introduiſirent à la cour cette manière de parler proverbiale : Il eſt auſſi importun que la veuve Scarron. Quelques années après cependant le roi lui accorda une penſion de deux mille livres, à la recommandation de madame de Monteſpan. Lorſque madame Scarron alla pour remercier le roi, ce prince lui dit : « Madame, je vous ai fait attendre long-temps ; » mais comme vous avez beaucoup d'amis, j'ai » voulu avoir ſeul ce mérite auprès de vous ».

Le duc du Maine, fruit des amours de ce prince & de madame de Monteſpan, venoit de naître. C'étoit un ſecret. On chercha une perſonne capable de le garder, & qui pût répondre aux ſoins qu'exigeoit cette éducation. On ſe reſſouvint de madame Scarron ; elle répondit conſtamment : « Si les enfans ſont au roi, je le veux

» bien ; car je ne me chargerois pas, ſans ſcrupule, de ceux de madame de Monteſpan : ainſi » il faut que le roi me l'ordonne ; voilà mon » dernier mot ».

Cette réponſe déplut. Cependant on la fit venir à la cour, & le roi lui commanda de ſe charger de l'enfant que madame de Monteſpan lui remettroit. On lui confia encore un an après le comte de Vexin : Louis s'étoit d'abord laiſſé prévenir contre madame de Maintenon qu'on lui avoit dépeinte comme un bel eſprit, une prude gâtée par le commerce d'un poëte. Mais ſa douceur, ſa modeſtie, la ſageſſe de ſes réponſes firent perdre peu-à-peu à ce prince l'éloignement qu'il avoit pour elle. Une répartie du petit duc du Maine acheva de l'intéreſſer pour la gouvernante. Louis, père fort tendre, badinant un jour avec ſon fils, lui dit qu'il étoit bien raiſonnable. Comment ne le ſerois-je pas, répondit l'enfant, je ſuis élevé par la raiſon même. « Allez, reprit le roi, allez lui » dire que vous lui donnez cent mille francs pour » vos dragées ».

Le roi l'ayant chargé par la ſuite de conduire le petit duc du Maine aux eaux de Barrège, qui lui avoient été ordonnées pour ſa ſanté, madame de Maintenon écrivit directement au roi. Ses lettres plurent beaucoup, & ce fut là l'origine de la grande faveur où elle parvint par la ſuite. Son mérite, & le beſoin qu'avoit le roi d'une ſociété agréable, firent le reſte. Ce prince étoit parvenu à cet âge où l'on recherche dans le commerce des femmes l'agrément plutôt que le plaiſir. Libre de tous engagemens, il réſolut d'en former pour toute la vie avec celle dont la ſociété lui étoit devenue néceſſaire. M. de Harlay, archevêque de Paris, bénit cette union en 1685, en préſence du confeſſeur du roi & de deux autres témoins.

L'ambitieux ſe tromperoit, s'il penſoit que madame de Maintenon n'ayant plus rien à deſirer du côté de la fortune, étoit enfin parvenue au ſuprême bonheur. « Que ne puis-je vous donner » mon expérience ! écrivoit-elle à madame de la » Maiſonfort. Que ne puis-je vous faire voir » l'ennui qui diviſe les grands, & la peine qu'ils » ont à remplir leurs journées ! Ne voyez-vous » pas que je meurs de triſteſſe, dans une fortune » qu'on auroit eu peine à imaginer ? J'ai été jeune » & joliе ; j'ai goûté des plaiſirs ; j'ai été aimée » par-tout. Dans un âge plus avancé, j'ai paſſé » des années dans le commerce de l'eſprit ; je » ſuis venue à la faveur ; & je vous proteſte, ma » chère fille, que tous les états laiſſent un vuide » affreux ».

Madame de Maintenon, qui n'avoit cependant d'autre chagrin que la contrainte de ſon état, diſoit un jour au comte d'Aubigné ſon frère : « Je n'y peux plus tenir ; je voudrois être morte ».

On fait que le comte ne comprenant pas trop bien ce dégoût, lui répondit : « Vous avez donc parole d'épouser Dieu le père ».

Cette femme illustre ne profita point de sa place, pour faire tomber toutes les dignités & tous les grands emplois dans sa famille. C'est ce qu'une de ses cousines osa, dans un moment de colère, lui reprocher. « Vous voulez jouir de votre modération, lui disoit-elle, & que votre famille en soit la victime ». Le comte d'Aubigné, ancien lieutenant-général, ne fut pas même maréchal de France. Un cordon bleu & quelques parts secrettes dans les fermes générales furent sa seule fortune. Ce favori prenoit plaisir à jouer gros jeu. Pontant un jour au pharaon, & mettant sur les cartes des monceaux d'or sans compte, le maréchal de Vivonne qui entra, dit : « Il n'y a que d'Aubigné qui puisse jouer si gros jeu. C'est, répliqua brusquement d'Aubigné, c'est que j'ai eu mon bâton en argent comptant.

Madame de *Maintenon* avoit encore plus pour elle-même ce désintéressement qu'elle exigeoit des autres. Le roi lui disoit souvent : « Mais, madame, demandez ; vous n'avez rien à vous ». *Sire*, répondit-elle, *il ne vous est pas permis de me rien donner.* Elle n'ignoroit pas que les souverains ne sont que les économes des biens de leurs sujets.

Le père de la Neuville, jésuite, l'ayant priée, sans la connoître, de lui obtenir une audience de madame de *Maintenon.* « Et, que lui voulez-vous, lui dit-elle ? — J'en veux, répondit le jésuite, un emploi pour un de mes frères. — Vous vous adressez mal, elle demande quelquefois au roi des aumônes, mais jamais des graces. — Elle a tant de crédit, répliqua le père. — Pas tant que vous croyez. — Ah ! dit le jésuite, c'est à madame de *Maintenon* que j'ai l'honneur de parler : elle seule peut se défier de son propre crédit ».

Madame de Bouju, une des élèves de madame de *Maintenon*, rapporte que quand cette pieuse dame avoit quelques chagrins, elle s'en soulageoit en allant voir de pauvres familles dont elle prenoit un soin particulier. Son visage devenoit parmi eux d'une gaîté surprenante, qui changeoit en rentrant à la cour. « J'allai un jour avec elle, dit madame de Bouju dans ses mémoires, chez la veuve d'un major de place. Cette femme ne sachant pas que c'étoit madame de *Maintenon*, oui, répondit-elle, un valet de chambre m'a promis de lui donner un placet : on dit que c'est une dame très-charitable, & qui reçoit fort bien les pauvres : mais je n'ai pu l'aller voir ; j'ai l'estomac rétréci pour n'avoir pas mangé depuis deux jours ». Madame de *Maintenon* ne put retenir ses larmes, lui donna une somme d'argent, & depuis l'assista jusqu'à sa mort sans se faire connoître.

Elle cherchoit elle-même des nourrices pour de pauvres enfans, & les récompensoit lorsqu'elles les lui rapportoient en bonne santé. Le plaisir qu'elle prenoit à s'acquitter de ces bonnes œuvres lui faisoit avouer que c'étoit pour elle une assez grande récompense.

Elle se consacra toute entière à ces pieux devoirs après la mort du roi, arrivée en 1715. Elle s'étoit retirée dans la communauté de Saint-Cyr, établissement qu'elle avoit engagé Louis XIV à former, pour y élever & instruire trois cents demoiselles de condition. Madame de *Maintenon*, aidée des conseils de M. Godet Desmarets, évêque de Chartres, avoit procuré à cet établissement sa première forme, & lorsqu'elle s'y retira en 1715, elle lui donna l'exemple de toutes les vertus. Elle prenoit même plaisir à instruire les novices, & à partager avec les maitresses des classes les soins pénibles de l'éducation. Cette sage fondatrice avoit su éloigner également de sa communauté l'orgueil des chapitres & les petitesses des couvens. La vie y est très-régulière, mais commode, & remplie d'exercices aussi utiles qu'agréables pour les jeunes élèves.

Le Czar Pierre, qui étoit venu en France pour en admirer les merveilles, désira de voir cette femme forte que le plus grand monarque de la terre avoit honorée de sa confiance, & alla pour cet effet à Saint-Cyr. Le duc d'Orléans, régent, lui rendit le même hommage qu'il eût rendu à une reine douairière.

Pendant la vie du roi, la seule distinction publique qui faisoit sentir son élévation secrette, étoit qu'à la messe elle occupoit une de ces petites tribunes ou lanternes dorées, qui ne sont faites que pour le roi & la reine. On a aussi rapporté que Mignard peignant madame de *Maintenon* en sainte Françoise romaine, demanda au roi en souriant, si, pour orner le portrait, il ne pourroit pas l'habiller d'un manteau d'hermine. *Oui*, dit le roi, *sainte Françoise le mérite bien*. Ce portrait passe pour le plus beau qu'on ait d'elle.

MAIRAN, (Jean-Jacques d'Ortous de) né en 1678, mort en 1771.

Il fut secrétaire perpétuel de l'académie des sciences, & l'un des quarante de l'académie françoise. Les académies étrangères s'empressèrent aussi de s'associer ce savant bel esprit. Ses dissertations sur la glace, sur la lumière, sur l'auroreboréale, sur la Chine, & ses éloges des académiciens, lui ont fait un nom justement célèbre : mais il étoit sur-tout recherché par ses vertus sociales, & par l'agrément de son esprit.

On difoit devant lui qu'il y avoit une bou-cherie à Troyes où jamais la viande ne fe gâtoit, quelque chaleur qu'il fît. « Dans ce pays-là, de-manda-t-il, n'attribue-t-on pas cette confervation à quelque chofe de particulier ? — A un faint révéré dans le lieu, lui répondit-on. — Eh bien ! dit Mairan, je me range du côté du miracle, pour ne pas compromettre ma phyfique.

« Toutes les fautes de Lafontaine, a dit l'in-
» génieux M. de Mairan, font en négligence ;
» toutes celles de Lamotte font en affectation. »

Il difoit qu'un honnête homme eft celui à qui le récit d'une bonne action rafraîchit le fang.

MAIRET, (Jean) né vers l'an 1604, mort en 1686.

Mairet a donné au théâtre Chriféide, Silvie, Silvanire, le duc d'Offone, Virginie, Sopho-nifte, Marc-Antoine, Soliman, Muftapha, Athé-naïs, l'illuftre Corfaire, & Roland le furieux. On lui attribue encore la Sidonnie & les Vifionnaires.

Il eut les défauts attachés à fon fiècle ; mais il ne les prit pas tous, & il en réforma plu-fieurs. Quelques-unes de fes pièces font dans toute la rigueur des règles ; & , ce qu'il ne faut pas oublier, c'eft qu'elles font antérieures aux bonnes tragédies de Corneille.

Sa Silvie n'étoit pas excellente, & Mairet l'ap-peloit ordinairement les péchés de fa jeuneffe. Cependant, parce qu'elle reffembloit un peu à celles qui font venues depuis, ce fut une joie, une admiration & une efpèce d'émotion fi grande dans tout Paris, que l'on n'y parloit d'autre chofe.

Un berger, qui veut en conter à Silvie, dit à cette bergère, qui ne l'aime point :

O dieux ! foyez témoins que je fouffre un martyre,
Qui fait fendre le tronc de ce chêne endurci !

Silvie lui répond :

Il faut croire plutôt qui s'éclate de rire,
Oyant les fots difcours que tu me fais ici.

MALADIE.

Dans l'antiquité toutes les maladies étoient attribuées aux génies ou efprits. Pythagore, qui croyoit que l'air étoit rempli d'efprits, difoit, fuivant Diogène Laerce, que c'étoient eux qui envoyoient les maladies aux hommes. Homère, dans l'Odyffée, attribue à un génie l'état d'un homme qui eft accablé d'une grande maladie. Celfe obferve qu'on attribuoit les maladies à la colère des dieux immortels, & qu'on avoit cou-tume d'implorer leur affiftance pour en obtenir la guérifon. L'opinion d'attribuer la maladie aux mauvais génies s'eft répandue par-tout depuis ;

encore aujourd'hui prefque tous les peuples de l'Amérique croient qu'il n'y a que Dieu ou le diable qui les rende malades, & qui puiffe les guérir.

Le Baron de Busbec parle, dans fes lettres, du préjugé des turcs fur toutes les efpèces de mala-dies. Ce préjugé, dit-il, eft fi fort, qu'ils n'en appréhendent aucune ; il feroit à defirer qu'il le fût moins. Ils s'expoferoient auffi moins au danger, & mourroient en plus petit nombre. Ils croient que Dieu a écrit fur le front de tous les hommes le temps & le genre de fa mort ; qu'étant im-poffible d'éviter ce deftin, il eft inutile de fuir le danger. Dans cette opinion, ils n'héfitent pas de toucher les habillemens des peftiférés, les draps de leur lit, & de s'en frotter le vifage & voici comme ils raifonnent. Si Dieu a réfolu que je meure maintenant, cela arrivera infailliblement ; fi ce n'eft pas fa volonté, ce linge ne pourra aucune-ment me nuire. C'eft ainfi qu'ils donnent chez eux une entrée facile à la contagion. Faut-il s'é-tonner, après cela, fi des familles entières péri-fent, fans qu'il échappe un feul individu ?

Dans Penambuce, province du Bréfil, quand quelqu'un tombe malade, on lui affigne un temps pour guérir ; & fi dans ce temps-là il n'a pas recouvré la fanté, on le tue pour le délivrer de tous les maux qu'il foufriroit, s'il reftoit plus long-temps malade. Chez les Mégaburiens, ceux qui étoient fi affoiblis par l'âge, qu'ils ne pou-voient plus fuivre leurs troupeaux, ou qui étoient atteints de quelque maladie incurable, s'atta-choient par le cou à la queue d'une vache, qui les étrangloit en les traînant. C'étoit choifir une finguliere manière de mourir.

Hoffmann, dans fes confultations, attribue la plupart des maladies des femmes à leur genre de vie, à leur nourriture & à leurs paffions. Le fexe, dit-il, aime le fruit, la falade, la pâtifferie ; les nourritures douceureufes, boit peu, & toujours froid, parce qu'il eft toujours échauffé, même une vie fédentaire, dort trop long-temps, porte des habits qui lui ferre trop le corps, eft fujet aux paffions violentes, à la frayeur, à la trifteffe, & à un amour de longue durée qui le mine. Le même auteur prétend encore que les fièvres pour-prées font plus familières aux femmes qu'aux hommes, & qu'elles font caufées par le trop grand ufage du café. Cette infufion a fon utilité ; mais quand on en prend trop fouvent, elle peut faire beaucoup de tort.

Voici une épigramme de Martial fur un avare qui étoit fouvent malade.

Ægrotas uno decies aut fæpiùs anno;
Nec tibi, fed nobis hoc, Polycarme, nocet;
Nam quòties furgis, foteria pofcis amicos;
Sit pudor : ægrota jam, Polycarme, femel.

Vou

Vous êtes malade, Polycarme, dix fois ou même plus dans une année, ce qui ne vous est pas nuisible à vous, mais à nous ; car toutes les fois que vous êtes convalescent, vous exigez des présens de vos amis. N'avez-vous pas de honte ? Soyez donc malade une bonne fois pour toutes, Polycarme.

Un habitant de Nanking, ville de la Chine, dont la fille unique étoit attaquée d'une *maladie* dangereuse, accabloit tous les jours son idole de prières, d'offrandes, de sacrifices, & n'épargnoit rien pour obtenir la guérison de sa fille. Les bonzes qui profitoient de ses libéralités, l'avoient assuré, de la part de l'idole, que sa fille guériroit bientôt ; cependant elle mourut. Le père, désolé, intenta un procès à l'idole. L'affaire fut agitée dans plusieurs tribunaux, & après bien des discussions, le père gagna son procès, & l'idole fut bannie à perpétuité du royaume, comme impuissante & inutile : on démolit son temple, & on châtia sévèrement les bonzes trompeurs.

Il y a eu depuis bien des saints qui auroient perdu leur procès.

Apollonide, médecin de Cos très-employé, ayant été appelé pour voir Amytis, femme de Mégabise, qui se plaignoit de quelqu'indisposition, lui dit, après l'avoir examinée, que son mal étoit de nature à ne pouvoir être guéri que par la compagnie d'un homme ; il lui offrit en même-temps son secours, qu'elle accepta. Cependant le médecin, qui en avoit imposé à la malade, au moins sur la nature du remède, voyant que la *maladie* devenoit de jour en jour plus sérieuse, & dégénéroit en phtisie, ne jugea pas à propos de continuer plus long-temps un commerce si dangereux. Amytis en fut si piquée, qu'au lit de la mort elle demanda pour toute grace à sa mère de vouloir bien la venger d'Apollonide, qu'elle accusa d'être l'auteur de sa mort : effectivement, après avoir fait souffrir toutes sortes de tourmens au médecin, il fut enterré tout vif le même jour que mourut Amytis.

Arlequin feint le malade dans une comédie : un médecin qui l'a guéri, lui demande son paiement ; mais arlequin refusant toujours de le payer, le médecin le fait assigner. Lorsqu'ils sont tous deux devant le juge, arlequin dit qu'il ne veut pas de la santé que le médecin lui a donnée, & offre de la lui rendre, étant prêt à la déposer au greffe, à condition que le médecin y déposera aussi la *maladie* qu'il lui a ôtée, ensorte qu'alors chacun reprendra ce qui lui appartenoit.

Chez les Marseillois, dès qu'il y avoit dans la ville quelque *maladie* populaire, un homme d'entre le peuple s'offroit pour être immolé, & pendant un an entier on le nourrissoit, aux dépens du public, de ce qui se trouvoit de plus exquis : après quoi, à la fin de l'année, l'ayant revêtu des habits de cérémonie, on le menoit par toute la ville ; & après qu'on avoit vomi contre lui toutes sortes d'imprécations, on le jettoit dans la mer.

Ce qu'on appelle communément la *maladie* du pays, est une espèce d'antipathie, qui se change peu-à-peu en un état de langueur, d'autant plus déplorable, qu'aucun remède ne peut la guérir. Théodore Zwinger, professeur d'anatomie & de botanique à Bâle, a traité ce sujet avec assez d'étendue, & il a fait voir que les peuples du nord étoient sur-tout sujets à cette *maladie*, qu'il nomme *Pathopatridalgia* ; il conseille à ceux qui en sont attaqués, de retourner promptement dans leur patrie ; c'est effectivement le plus sûr remède pour guérir.

Démocrite a laissé par écrit, que le son de la flûte bien touchée guérit plusieurs *maladies*. M. Burette, dans une dissertation sur la musique des anciens, insérée dans le cinquième volume des mémoires de l'académie des belles-lettres, parle de plusieurs *maladies* que la musique guérissoit ; de ce nombre étoient la fièvre-quarte, la peste, la syncope, l'épilepsie, la folie, la surdité, la sciatique, la morsure des vipères : il cite pour garans de ces cures, opérées par la musique, des auteurs grecs & latins. Marien Capelle assure que le chant guérissoit la fièvre, & qu'Asclépiade remédioit à la surdité par le son de sa trompette : le crétois Talétas, par la douceur de sa lyre, délivra les lacédémoniens de la peste. L'écriture-sainte ne nous apprend-elle pas aussi que la harpe de David calmoit les fureurs de Saül ? Athénée rapporté que le son de la flûte guérit de la goutte sciatique, avec cette circonstance que pour réussir dans cette cure, il faut jouer de la flûte sur le mode phrygien. Aulugelle, au contraire, recommande un mode plein de douceur, & non de véhémence, comme le mode phrygien. Cœlius Aurelius marque même jusqu'à quel degré devoit aller cette espèce d'enchantement ; c'étoit jusqu'à ce que les fibres de la partie venant à sautiller en palpitant, la douleur fût dissipée, *quos, cum saltum sumérent palpitando, discusso dolore, mitescerent.*

Hippocrate parle souvent de *maladies* salutaires, & plusieurs médecins après lui ont traité la même matière. En 1729, M. Elie Col de Villars a fait sur ce sujet une thèse, dont l'argument est : *Dantur-ne morbi salutares ?* Et il conclut pour l'affirmative.

M. de Maupertuis, en dissertant dans ses lettres sur la *maladie*, remarque, avec raison, que les auteurs qui se sont avisés de faire l'éloge de la goutte, de la fièvre, de la pierre & d'autres *maladies* non moins cruelles, ont voulu se singularifer, foit par un goût peu fenfé du paradoxe, foit pour faire briller, mal à propos leur efprit. Comment en effet bien faire l'éloge d'un état qui eft le comble du malheur des hommes ? Cependant M. de Maupertuis examine s'il n'y a pas dans la *maladie* des avantages réels capables de nous confoler, capables même de nous y procurer des plaifirs. Il parle d'après fa propre expérience, & rapporte quelques réflexions, qu'une *maladie* de poitrine longue & défefpérée lui a fait faire.

« J'ai connu, dit-il, un homme bien refpec- » table, qu'une *maladie* femblable à la mienne » avoit conduit à l'état le plus heureux. J'ai vu, » ajoute-t-il, cet homme qui occupoit une vafte » maifon, trop petite auparavant pour lui, ré- » duit dans la plus petite de fes chambres, fe » faire une occupation agréable de l'arrangement » de quelques eftampes; & cet efprit, auparavant » rempli des plus grands objets qui occupaffent » l'Europe, trouvoit de véritables amufemens » dans des jeux, capables à peine d'amufer des » enfans qui fe portent bien ».

MALEBRANCHE, (Nicolas) né en 1638, mort en 1715.

Le père *Malebranche* s'appliqua d'abord à l'hif- toire eccléfiaftique, par le confeil du père le Cointe, auteur *des Annales de l'églife de France*. Mais les faits ne fe lioient point dans fa tête les uns aux autres. Ils ne faifoient que s'effacer mutuellement, & un travail inutile produifit bientôt le dégoût. Le père Sirmon voulut attirer à la critique ce déferteur de l'hiftoire, & le père *Malebranche* entra fous fa conduite dans cette nouvelle carrière; peu différente de l'autre; auffi n'y faifoit-il pas encore de grands progrès. Un jour, comme il paffoit par la rue Saint Jacques, un libraire lui préfenta le *Traité de l'homme de Defcartes*, qui venoit de paroître. Il avoit vingt- fix ans, & ne connoiffoit Defcartes que de nom, & par quelques objections de fes cahiers de phi- lofophie. Il fe mit à feuilleter le livre, & fut frappé comme d'une lumière qui en fortit toute nouvelle à fes yeux. Il entrevit une fcience dont il n'avoit point d'idée, & fentit qu'elle lui convenoit.

Le père *Malebranche* devint fi rapidement philo- fophe, qu'au bout de dix années de cartéfia- nifme il avoit compofé le livre de la *recherche de la vérité*. Ce livre fit beaucoup de bruit, & quoique fondé fur des principes déjà connus, il parut original. L'auteur étoit cartéfien, mais comme Defcartes; il ne paroiffoit point l'avoir fuivi, mais rencontré. Il regne en cet ouvrage un grand art de mettre des idées abftraites dans leur jour, de les lier enfemble, de les fortifier par leur liaifon. Il s'y trouve même un mélange adroit de quantité de chofes moins abftraites qui, étant

facilement entendues, encouragent le lecteur à s'appliquer aux autres, le flattent de pouvoir tout entendre, & peut-être lui perfuadent qu'il entend tout à peu-près.

La *recherche de la vérité* eut trop de fuccès pour n'être pas critiquée. On attaqua fur-tout l'opinion que nous voyons tout en Dieu, opi- nion chimérique peut-être, mais admirablement expofée. Le père *Malebranche* compare l'Etre-fu- prême à un miroir qui repréfente tous les objets, & dans lequel nous regardons continuellement. Dans ce fyftême nos idées découlent du fein de Dieu même.

Le père *Malebranche* en général dédaignoit affez fes adverfaires. *Ils ne m'entendent pas*, répétoit il fans ceffe, *ou ne veulent pas m'entendre*. Le grand Arnauld l'avoit attaqué fur fon fyftême de l'ori- gine de nos idées. Un jour qu'il s'entretenoit avec Defpréaux de cette difpute, & prétendoit que M. Arnauld ne l'avoit jamais entendu : *Eh ! qui donc*, mon père, reprit Defpréaux, *voulez-vous qui vous entende* ?

On le preffoit de répondre aux journaliftes de Trévoux qui l'avoient attaqué : « Je ne difpute » point, repartit-il, avec des gens qui font un » livre tous les mois ».

Le père *Malebranche* paroiffoit encore plus perfuadé que Defcartes, fon maître, que les bêtes n'étoient que de pures machines. Au fujet de cette forte perfuafion du père *Malebranche*, M. de Fontenelle contoit qu'un jour étant allé le voir aux Pères de l'Oratoire de la rue Saint- Honoré, une groffe chienne de la maifon, & qui étoit pleine, entra dans la falle où ils fe prome- noient, vint careffer le père *Malebranche* & fe rouler à fes pieds. Après quelques mouvemens inutiles pour la chaffer, le philofophe lui donna un grand coup de pied, qui fit jetter à la chienne un cri de douleur, & à M. de Fontenelle un cri de compaffion : « Eh ! quoi, lui dit froidement le » père *Malebranche*, ne favez-vous pas bien que » cela ne fent point » ?

Lorfqu'on foutenoit au père *Malebranche* que les animaux étoient fenfibles à la douleur, il ré- pondoit en plaifantant : *Qu'apparemment ils avoient mangé du foin défendu*; mais une plaifanterie n'eft pas une raifon.

Selon le père *Malebranche*, nous ne connoiffons notre ame que par le fentiment intérieur, par confcience, & nous n'en avons point d'idée. Cela peut fervir, conclut-il, à accorder les différens fentimens de ceux qui difent qu'il n'y a rien qu'on ne connoiffe mieux que l'ame, & de ceux qui affurent qu'il n'y a rien qu'ils con- noiffent moins.

Ce métaphyficien, dans fes réflexions fur la

prémotion physique, la repréſente par une comparaiſon auſſi concluante peut-être, & certainement plus frappante que tous les raiſonnemens métaphyſiques. « Un ouvrier, dit-il, a fait une ſtatue » dont la tête, qui ſe peut mouvoir par une char-»nière, s'incline reſpectueuſement devant lui, » pourvu qu'il tire un cordon: Toutes les fois qu'il » le tire, il eſt fort content des hommages de ſa » ſtatue; mais un jour qu'il ne le tire point, elle » ne le ſalue point, & il la briſe de dépit ».

Le père *Malebranche*, ennemi de la poéſie, pour faire entendre que les poëtes, entraînés par la rime, diſoient ſouvent bien des ſattiſes, ſe vantoit malignement d'avoir fait deux vers; les voici, ajoutoit-il:

Il fait le plus beau temps du monde
Pour aller à cheval ſur la terre & ſur l'onde.

Mais, lui diſoit-on, on ne va point à cheval ſur l'onde: « J'en conviens, répondit-il d'un grand » ſérieux; mais paſſez-le-moi en faveur de la rime. » Vous en paſſez bien d'autres tous les jours à de » meilleurs poëtes que moi ».

Tout ce qu'on peut conclure de cette anecdote, c'eſt que le père *Malebranche* confondoit le poëte avec le verſificateur. Il étoit d'ailleurs inſenſible aux beautés de l'imagination & du ſentiment; & ſi on lui eût prêté les plus belles tragédies de Racine, il les auroit auſſitôt rendues en diſant: *Qu'eſt-ce que tout cela prouve?*

MALHERBE, (François de.) poëte françois, né l'an 1555, mort en 1628.

Malherbe ſentoit toute l'obligation que ſon ſiècle lui devoit, & c'eſt, ſans doute, à l'orgueil de ce ſentiment que l'on doit attribuer cette âpreté de caractère que l'on remarquoit en lui. Un homme de robe & de condition lui apporta un jour des vers aſſez mauvais, qu'il avoit faits à la louange d'une dame. Il lui dit, avant de lui montrer, que des conſidérations particulières l'avoient engagé à les compoſer. *Malherbe* les lut, & lorſqu'il eut fini la lecture, il lui demanda s'il avoit été condamné à faire ces vers ou à être pendu. A moins de cela, ajouta-t-il, vous ne devez pas expoſer votre réputation, en produiſant une pièce ſi ridicule. Le jeune magiſtrat prit mal la choſe; ils ſe dirent des paroles dures de part & d'autre, & ſe quittèrent ennemis jurés. Cette anecdote a pu donner à Molière l'idée de la fameuſe ſcène du ſonnet dans ſon *Miſantrope*.

Etant allé rendre une viſite à la ducheſſe de Bellegarde un matin après la mort du maréchal d'Ancre, comme on lui dit qu'elle étoit à la meſſe: « A-t-elle quelque choſe, répliqua-t-il, à deman- » der à Dieu, après qu'il a délivré la France du » maréchal d'Ancre »?

Malherbe ne ſavoit pas ſe refuſer à un bon mot, quelque malin qu'il fût. L'archevêque de Rouen l'ayant invité d'entendre un ſermon qu'il devoit prêcher, le poëte s'endormit au ſortir de table; & comme le prélat voulut l'éveiller pour le conduire au ſermon, il le pria de l'en diſpenſer, diſant qu'il dormiroit bien ſans cela.

Malherbe a ſouvent répété les mêmes penſées dans ſes ouvrages; & lorſqu'il récitoit ſes vers, il avoit l'habitude de cracher à tout moment, c'eſt ce qui faiſoit dire au cavalier Marin qu'*il n'avoit jamais vu d'homme plus humide, ni de poëte plus ſec.*

Quelqu'un lui diſoit que M. Gaulmin, homme fort verſé dans les langues orientales, entendoit la langue punique, & qu'il avoit traduit le *Pater* en cette langue. *Malherbe* répondit bruſquement qu'il traduiroit le *Credo*; il prononça alors pluſieurs mots barbares qu'il forgeoit à meſure, & ajouta: « Je vous ſoutiens que voilà le *Credo* en » langue punique. Qui pourra me prouver le » contraire »?

Lorſqu'on lui parloit d'affaires d'état, il avoit toujours ce mot à la bouche : « Il ne faut point ſe » mêler de la conduite d'un vaiſſeau où l'on n'eſt » que ſimple paſſager ».

La façon dont il corrigeoit ſon domeſtique eſt aſſez plaiſante. Il lui donnoit dix ſols par jour, ce qui étoit ſuffiſant en ce temps-là, & vingt écus de gage par an. Quand il avoit manqué à ſon devoir, *Malherbe* lui faiſoit très-ſérieuſement cette remontrance: « Mon ami, quand on offenſe ſon » maître, on offenſe Dieu, & quand on offenſe » Dieu, il faut, pour avoir abſolution de ſon » péché, jeûner & faire l'aumône. C'eſt pourquoi » je retiendrai cinq ſols de votre dépenſe, que je » donnerai aux pauvres à votre intention, pour » l'expiation de vos péchés ».

Il avoit un fils qu'il aimoit beaucoup. Ce jeune homme ayant été tué par un gentilhomme de Provence, nommé de Piles, *Malherbe* voulut venger ſa mort & en venir aux mains avec ce gentilhomme. Comme on lui repréſentoit qu'il y auroit de la folie à lui de ſe battre à l'âge de ſoixante & quinze ans contre un homme qui n'en avoit que vingt-cinq : « C'eſt pour cela, répondit-il » bruſquement, que je veux me battre; je ne ha- » ſarde qu'un denier contre une piſtole ».

Il étoit aſſez mal logé, & n'avoit que ſept ou huit chaiſes de paille. Comme tous ceux qui aimoient les lettres s'empreſſoient à lui rendre viſite, il avoit ſoin de fermer la porte en dedans lorſque toutes les chaiſes étoient remplies; & ſi quelqu'un venoit heurter, il lui crioit: *Attendez, il n'y a plus de chaiſes.*

Il plaida toute sa vie contre ses parens. Quelqu'un le lui ayant reproché : « Avec qui donc » voulez-vous que je plaide, lui répondit-il ? avec » les turcs & les moscovites, qui ne me disputent » rien » ?

La licence de *Malherbe* étoit extrême lorsqu'il parloit des femmes. Rien ne l'affligeoit davantage dans ses derniers jours, que de n'avoir plus les talens qui l'avoient fait rechercher par elles dans sa jeunesse. « Vous faites bien le galant & l'amou- » reux des belles dames, disoit-il un jour au duc » de Bellegarde ; lisez-vous encore à livre ou- » vert » ? M. de Bellegarde ayant fièrement soute- nu l'affirmative, *Malherbe* ajouta : « Parbleu, » monsieur, j'aimerois mieux vous ressembler en » cela qu'en votre duché-pairie ».

Malherbe ne respectoit pas plus la religion que les femmes. « Les honnêtes gens, disoit-il ordi- » nairement, n'en ont point d'autre que celle de » leur prince ». Lorsque les pauvres lui deman- doient l'aumône en l'assurant qu'ils prieroient Dieu pour lui, il leur répondoit : « Je ne vous » crois pas en grande faveur dans le ciel, puisque » Dieu vous laisse mourir de faim dans ce monde. » J'aimerois mieux, disoit-il à ses amis, que M. de » Luines ou quelqu'autre favori de la cour me » promît sa protection ».

Lorsqu'on se plaignit à *Malherbe* du peu d'égard qu'on avoit pour les poëtes, & qu'on lui disoit qu'il n'y avoit de récompenses que pour les mili- taires ou pour les financiers, il répondit que » c'étoit agir prudemment, & qu'un bon poëte » n'étoit pas plus utile à l'état qu'un bon joueur » de quilles. On rapporte aussi que Boileau dit un jour : « Avouez que j'ai deux talens aussi pré- » cieux l'un que l'autre à un état & à la société ; » l'un de bien jouer aux quilles, l'autre de bien » faire des vers ». Si ces anecdotes sont vraies, elles font voir que *Malherbe* & Boileau confon- doient le poëte & le versificateur.

Il s'intéressa jusqu'à la fin de sa vie à la pureté de la langue françoise dont il avoit fait une étude particulière. Une heure avant que de mourir, après avoir été long-temps à l'agonie, il se réveilla comme en sursaut pour reprendre sa garde d'un mot qui n'étoit pas bien françois à son gré.

On ajoute que le confesseur de *Malherbe*, dans la vue de lui inspirer plus de ferveur & de rési- gnation, lui représentoit le bonheur de l'autre vie, mais avec des expressions basses & peu correctes. La description faite : « eh bien ! dit-il au malade, » vous sentez-vous un grand désir de jouir de » ces plaisirs célestes ? Ah ? monsieur, répondit » *Malherbe*, ne m'en parlez pas davantage ; votre » mauvais style m'en dégoûte ».

Le poëte Gombault lui fit cette épitaphe :

L'Apollon de nos jours, Malherbe ici repose.
Il a vécu long-temps sans beaucoup de support.
En quel siècle ? Passant, je n'en dis autre chose :
Il est mort pauvre, & moi je vis comme il est mort.

MARC-AURÈLE, (Antonin) surnommé le *Philosophe*, empereur romain, né l'an 121, mort l'an 180.

Marc-Aurèle fut proclamé empereur d'un con- sentement unanime après la mort d'Antonin. Quoique le trône eût été déféré à lui seul, il en partagea les honneurs & le pouvoir avec son frère adoptif, auquel il fit prendre le nom de Verus. Les nouveaux empereurs gouvernèrent en commun les provinces de l'empire, de même que deux frères dans une condition privée régiroient une succession qu'ils posséderoient par indivis. *Marc- Aurèle* conserva néanmoins sur Verus cette préé- minence que donne la supériorité de l'âge & du mérite. Ce prince auroit peut-être plus fait pour le bonheur des romains, si moins magnanime envers son frère adoptif, il ne se fût pas donné un égal, qui par son goût pour les plaisirs & son aversion pour les affaires, devenoit un obstacle aux vues patriotiques du vertueux empereur. Aussi, ce ne fut qu'à la mort de Verus, arri- vée après huit ans de règne, que *Marc-Aurèle* put suivre, sans obstacle, son zèle pour le bien public.

Le principal objet de ce prince fut de faire régner la loi, qui seule peut assurer la liberté des peuples. Il remit en vigueur l'autorité du corps auguste qui en étoit le dépositaire ; il assistoit à ses assemblées avec l'assiduité du moindre séna- teur. Non-seulement il délibéroit de toutes les affaires avec les plus sages du sénat, mais encore il déféroit à leur avis plutôt qu'au sien. « Il est » plus raisonnable, disoit-il, de suivre l'opi- » nion de plusieurs personnes éclairées, que de » les obliger de se soumettre à celle d'un seul » homme ».

Sa circonspection dans le choix des gouver- neurs de provinces & des magistrats ne pouvoit être portée plus loin. Il pensoit que n'étant pas au pouvoir d'un prince de créer les hommes tels qu'il voudroit, il devoit du moins ne les em- ployer que suivant les talens qu'ils faisoient pa- roître.

Marc-Aurèle n'ignoroit pas sur-tout qu'un prince se doit entièrement à son peuple. La pre- mière fois qu'il créa un préfet du prétoire : « Je » vous donne cette épée, lui dit-il, pour me dé- » fendre tant que je m'acquitterai fidèlement de » mon devoir ; mais elle doit servir à me punir, » si j'oublie que ma fonction est de faire le bon- » heur des romains ».

Ce même prince étant prêt de partir de Rome pour porter la guerre en Scythie, demanda permission au sénat de prendre de l'argent dans l'épargne; « car, difoit-il, rien ne m'appartient » en propre, & la maifon même que j'habite eft » à vous ».

D'après ces fentimens, il eft aifé de fe perfuader que Marc-Aurèle fut toujours très-attentif à ne point fouler fes peuples; & le premier moyen qu'employa ce fage prince pour s'en difpenfer, fut une prudente économie dans les finances de l'état, qu'il évita d'épuifer par des largeffes inconfidérées. Il porta la fermeté fur ce point jufqu'à refufer, après une grande victoire fur les Marcomans, la gratification que demandoient les foldats vainqueurs. « Tout ce qu'on vous donnera, leur dit-il, au-de-là de ce qui vous eft dû, » il faudra le tirer du fang de vos pères & de » vos proches ».

Capitolin, fon hiftorien, rapporte que dans un befoin preffant, plutôt que de charger les provinces de nouveaux impôts, il préféra de vendre les meubles & les joyaux de fon palais. Il mit également en vente les ftatues & les tableaux précieux qui ornoient fes appartemens, fa vaiffelle d'or & d'argent, les pierreries que fes prédéceffeurs avoient amaffées à grands frais, & jufqu'à la garde-robe de l'impératrice & aux étoffes d'or & d'argent qu'elle portoit fur elle. Cette vente dura deux mois, & elle fournit à Marc-Aurèle de quoi fournir aux dépenfes de la guerre. Après la victoire, il déclara qu'il racheteroit tout ce qu'il avoit été obligé de vendre, & qu'il rendroit l'argent à ceux qui voudroient le recevoir; mais il laiffa fur ce point liberté entière.

Il voulut que les romains ne fe fiffent point un plaifir barbare de voir répandre le fang. Il fit donner aux gladiateurs des fleurets au lieu d'épées & d'armes tranchantes, afin qu'ils fe battiffent comme les athlètes fans danger pour leur vie. Un enfant qui danfoit fur la corde s'étant tué en tombant, Marc-Aurèle ordonna que dans la fuite on mit des matelats au-deffous des cordes fur lefquelles les voltigeurs faifoient leurs exercices; & cette réforme fe foutint. Du temps de Dioclétien, l'ufage fubfiftoit encore de tendre des filets pour empêcher les danfeurs de corde de fe bleffer.

Une pefte générale ravagea l'empire fous fon règne. A ce fléau fi funefte fuccédèrent les tremblemens de terre, la famine, les inondations. Les germains, les quades, les marcomans prenant occafion de ces calamités, firent une irruption dans l'empire; Marc-Aurèle eut plufieurs guerres à foutenir contre ces barbares. Ce fut durant une de ces guerres que fe trouvant à la tête de fon armée, refferrée par les ennemis dans une forêt

de Bohême, & prêt à périr de foif, il fe vit foulagé dans le moment par une pluie abondante. Cette pluie ayant rendu à fes troupes leur première vigueur, les mit en état de combattre leurs ennemis avec avantage. Les payens attribuèrent cette victoire à leur Jupiter pluvieux, qui avoit pris foin lui-même de défaltérer les romains; Marc-Aurèle crut la devoir principalement au courage de la légion Mélitène, qui étoit chrétienne; & ce prince défendit depuis qu'on mît à exécution contre les chrétiens les ordonnances rendues par fes prédéceffeurs.

Marc-Aurèle, après avoir procuré la paix à fes fujets par des victoires, employa fes momens de tranquillité à réformer les loix, & à en donner de nouvelles en faveur des orphelins & des mineurs. Il défarma la chicane, il fit des réglemens contre le luxe, & mit un frein à la licence générale. Il ne difoit, il n'écrivoit, il ne faifoit rien qui ne fût pefé mûrement; il penfoit qu'un prince qui apporte de la négligence dans les petites chofes, décrie fa conduite même dans les grandes.

Le fénat & le peuple, pleins d'eftime & de reconnoiffance pour leur bienfaiteur, le comptoient déjà de fon vivant au nombre de leurs dieux protecteurs, & vouloient lui ériger des temples & des autels; mais Marc-Aurèle refufa conftamment ces honneurs. « La vertu feule, dit-il, égale les » hommes aux dieux. Un roi jufte a l'univers » pour fon temple, & les gens de bien en font » les prêtres & les miniftres ».

Marc-Aurèle regardoit la vertu comme une fauve-garde contre les difgraces, opinion que l'expérience a fouvent démentie, mais qu'il eft beau de voir adoptée par un prince. Cet empereur étant à la tête de fes armées, le bruit fe répandit qu'il étoit tombé malade. Un certain Avidius Caffius crut le moment favorable de fe faire déclarer empereur. Marc-Aurèle marcha contre lui; mais dans le temps que ce prince faifoit fes préparatifs, le rebelle fut tué par un centenier, & fa tête envoyée à l'empereur. Ce prince refufa de la voir & brûla toutes les lettres du rebelle, afin de n'être pas obligé de punir ceux qui avoient trempé dans fa révolte. Il avoua même qu'on l'avoit privé du plus grand & du plus doux fruit de la victoire, en lui ôtant l'occafion de pardonner à un homme qui l'avoit offenfé. « Mais fi » Avidius eût vaincu, lui dit-on, en auroit-il » ainfi ufé à votre égard? » Avec la vie que je mène, répondit Marc-Aurèle, & la profeffion que je fais d'honorer les dieux, je n'ai pas à craindre d'être vaincu.

Parmi les villes qui avoient embraffé le parti de Caffius, la feule ville d'Antioche reffentit quelques effets de la jufte colère de Marc-Aurèle. Il lui ôta une partie de fes privilèges, &

la punit encore plus févèrement en la privant pour quelque temps de fa préfence. Mais le reffentiment de ce bon prince n'étoit pas de longue durée. Il rendit bientôt fes bonnes graces aux habitans d'Antioche, qui lui témoignèrent leur repentir.

Marc-Aurèle avoit la même indulgence dans fon domeftique. Ses amis, car ce prince, quoique fur le trône, mérita d'en avoir, lui confeilloient de fuivre l'exemple de Domitien dont il éprouvoit le fort, & de répudier l'inconftante Fauftine fon époufe. *Mais fi je la répudie,* leur dit l'empereur, *ne dois je pas lui rendre la dot?* C'étoit l'empire qu'elle avoit procuré à fon époux comme fille d'Antonin.

Marc-Aurèle eut de cette époufe un fils nommé *Commode,* qui lui fuccéda. Ce jeune homme ayant perdu fon précepteur pleuroit fa mort. Les courtifans cherchoient à effuyer fes larmes: *fouffrez,* leur dit Marc-Aurèle, *que mon fils foit homme avant d'être prince.*

Commode n'hérita d'aucune des vertus de *Marc-Aurèle,* & à en juger par fes inclinations, il étoit plutôt le fils de quelque gladiateur que la lubrique Fauftine aura affocié à fes autres amans. L'hiftoire rapporte qu'elle préféroit de les choifir parmi les matelots & les gladiateurs, & cela, parce qu'elle pouvoit auparavant les voir tout nuds. (*Aurelius Victor*).

MARIAGE, MARI.

Les Samnites avoient une coutume qui devoit produire d'admirables effets. On affembloit tous les jeunes gens à marier, & on les jugeoit. Celui qui étoit déclaré le meilleur de tous, prenoit pour femme la fille qu'il vouloit; celui qui avoit les fuffrages après lui choififfoit encore, & ainfi de fuite. On ne regardoit entre les biens des garçons, que les belles qualités & les fervices rendus à la patrie, l'amour, la beauté, la chafteté, la vertu, la naiffance, les richeffes mêmes; tout étoit pour ainfi dire la dot de la vertu.

On ne connoît point d'obligation plus importante à la Chine, que celle du mariage; mais on fe marie fans s'être jamais vu. Le jour marqué pour la noce, la jeune fille fe met dans une chaife fort ornée, & fuivie de ceux qui portent fa dot. Un domeftique de confiance garde la clef de la chaife, & ne doit la remettre qu'au *mari,* qui attend fon époufe fur la porte de fa maifon. Auffitôt qu'elle eft arrivée, il reçoit la clef du domeftique, & fe hâtant d'ouvrir la chaife, il juge alors de fa bonne ou de fa mauvaife fortune; il arrive quelquefois que mécontent de fon partage, il referme la chaife fur le champ, & renvoye la fille avec tout fon cortége.

Chez les Banians, peuple des Indes, les enfans fe marient dès l'âge de fept ans; & chez ceux de Bantam, ville capitale de l'ifle de Java, ifle dans la mer des Indes, les filles fe marient dès l'âge de huit ans. Une des principales raifons qui engage à les marier fitôt, c'eft que le roi eft héritier des biens de ceux qui en mourant laiffent leurs enfans mineurs, & qu'il en fait fes efclaves.

Doglioni, dans fon hiftoire du monde, raconte que les Crotoniates choififfoient chaque année, douze garçons & douze filles pour les marier enfemble. On les habilloit richement: on faifoit affeoir les garçons vis-à-vis les filles. Le fort donnoit aux époux les époufes qu'ils devoient avoir en partage: aveugle pour aveugle, le fort peut faire un auffi bon choix que l'amour.

Hermippus avoit écrit dans fon traité des légiflateurs, qui n'exifte plus, qu'il y avoit à Lacédémone une maifon fort obfcure, où l'on enfermoit les jeunes filles & les jeunes hommes qui étoient à marier, & que chacun emmenoit & prenoit pour fa femme, celle qui lui étoit tombée en partage.

Dans l'ifle de Ceylan, une femme a fouvent deux *maris;* car il eft permis, & affez ordinaire à deux frères de tenir maifon enfemble, & de n'avoir qu'une femme; les enfans les appellent tous deux pères, & les reconnoiffent pour tels.

Le *mariage* parmi les fauvages de la Louifiane, n'eft pas un contrat civil; le *mari* & la femme n'ont pas intention de s'obliger pour toujours. Ils fe mettent feulement enfemble pour le temps qu'ils s'accordent entr'eux, & que la fympathie fubfifte entre les parties. Dès qu'ils font mécontens l'un de l'autre, ils fe féparent fans autre formalité: « Ne vois-tu pas bien que tu n'as pas d'efprit, difent ils quand on raifonne avec eux fur ce fujet, ma femme ne s'accommode pas de moi, ni moi d'elle; elle s'accordera bien avec un tel, qui ne s'accorde pas avec la fienne; pourquoi voudrois-tu que nous fuffions tous quatre malheureux pendant le refte de nos jours.

Dans des provinces voifines de la Tartarie, on fait ainfi les *mariages.* On y dreffe en certain temps une lifte des hommes & des filles à marier. Six commiffaires partagent les hommes en trois bandes, & les filles en trois autres: La première bande pour les hommes eft compofée des plus riches, & pour les filles des plus belles, & ainfi des autres; enforte que les hommes les plus gueux, & les femmes les plus laides font obligés de fe marier enfemble. S'il y a plus d'hommes ou de femmes, les uns ou les autres font renvoyés à l'année d'après.

Les Ostiacs, peuples de Sybérie, ont pour l'ordinaire deux femmes, l'une âgée, qui a soin du ménage, & l'autre jeune, qui est la compagne de lit.

Les anciens bretons se mettoient dix ou douze familles ensemble dans une même habitation, où les femmes étoient en commun, même entre les frères. Cette coutume se conserva long-temps parmi eux, & un historien rapporte que Jule, femme de l'empereur Sévere, reprochant un jour à une dame bretonne une pratique si contraire à celle des autres nations, en reçut cette réponse hardie; que les dames romaines n'avoient rien à reprocher sur ce sujet aux bretonnes, puisque celles-ci ne pratiquoient publiquement, & aux yeux de tout le monde avec des hommes choisis, que ce qui étoit pratiqué par les romains en secret avec le premier venu, quelquefois même avec leurs affranchis, & avec leurs esclaves.

Quand le grand-seigneur a resolu de marier quelqu'une de ses filles, il ordonne à celui à qui il la destine, de se préparer à recevoir l'honneur de son alliance. C'est un avantage qu'il faut acheter par les soumissions les plus rampantes, & par toutes les complaisances que veut exiger une épouse impérieuse, & fière du sang dont elle est sortie. Le jour de la cérémonie, il faut encore essuyer mille formalités pour se mettre sous un joug si fâcheux; ce qu'il y a de singulier, c'est que l'époux n'oseroit consommer le *mariage*, sans un ordre exprès de l'empereur. Le pauvre *mari* est obligé d'exposer dans un placet à sa hautesse que la sultane fait la difficile, & qu'étant un domaine impérial, il n'ose rien entreprendre sans son commandement : alors on lui fait expédier en bonne forme un ordre, qui lui permet d'user de ses priviléges; & si après les façons accoutumées, la sultane ne consent pas, il est autorisé à le mettre à exécution, malgré la résistance dont elle veut bien souvent se faire honneur.

Les arabes qui sont habitués à Alep, se marient d'une plaisante manière; après qu'ils ont fait les cérémonies ordinaires aux autres arabes, l'époux fait un tour dans la ville, précédé des hautbois & des tambours, & suivi des garçons de la noce. Les hommes qui sont parens & amis du marié sont armés de gros bâtons, & le conduisent ainsi à la porte de la maison de la mariée, où ils trouvent une grande quantité de femmes, qui ont de pareillement gros bâtons à la main, pour leur en défendre l'entrée. Le marié se présente pour y entrer de force, & les femmes lui déchargent des coups de bâtons sur la tête, & par tout. Les garçons ne les parent pas toujours avec assez d'adresse, ensorte que le marié se trouve souvent blessé avec effusion de sang. Il entre enfin malgré ces coups; on le panse s'il est blessé, & on l'enferme ensuite avec l'épouse.

On ne se marie pas à la legère dans le pays de Quoja en Afrique; & comme on y craint extrêmement les méchantes femmes, on trouve bon de ne les prendre qu'à l'épreuve. Le galant ayant invité sa maitresse à venir faire collation chez lui; si c'est quelque fille qui veuille faire la prude, elle se le fait dire deux ou trois fois, après quoi elle va sans autre façon chez son amant, & passe dix ou douze jours avec lui, sans lui demander sa dot, sur-tout s'ils sont du même village. Mais si la fille est de dehors, & que ses parens la veuillent ramener avant que ce temps soit écoulé, alors elle demande sa dot, qui consiste ordinairement en trois choses, en quelques ornemens, comme un collier de corail, des bagues &c. Un coffre pour serrer ses hardes, & un esclave pour en avoir soin. Si c'est un garçon, qui naît de ce commerce, on en fait avertir le père, qui l'envoye querir & le fait élever; si c'est une fille, la mère la garde. Il paroîtra surprenant que ces filles couchent ainsi avec les hommes avant que d'être mariées; mais ces négres ne se mettent pas en peine que celle qu'ils épousent soit vierge ou-non, pourvu qu'elle leur plaise. Quand l'homme veut épouser la fille dont il a fait l'essai, il envoye par elle des présens à son père & à sa mère lorsqu'elle s'en retourne, & la prie de demander leur consentement. Quand on reçoit les présens, c'est signe qu'on veut accorder la fille; car autrement on les renvoye. Les pères font souvent des dons à leurs filles; mais il n'est pas avantageux aux hommes de les recevoir, parce que si une femme riche conçoit de l'amour pour quelqu'autre que pour son *mari*, le pauvre homme n'ose se plaindre ni la maltraiter (*Dapper.*)

Les *Mariages* des habitans de l'île de Formose n'ont rien de barbare. On n'achete point les femmes comme à la Chine, & on n'a nul égard au bien qu'on peut avoir de part & d'autre, comme il arrive communément en Europe. Les pères & les mères n'y entrent presque pour rien. Lorsqu'un jeune homme veut se marier, & qu'il a trouvé une fille qui lui agrée, il va plusieurs jours de suite avec un instrument de musique à sa porte. Si la fille en est contente, elle sort & va joindre celui qui la recherche; ils conviennent ensemble des articles; ensuite ils en donnent avis à leurs pères & mères. Ceux-ci préparent le festin des noces, qui se fait dans la maison de la fille, où le jeune homme reste sans retourner davantage chez son père. Dès-lors le jeune homme regarde la maison de son beau-père comme la sienne propre; il en est le soutien, & la maison de son propre père n'est plus, à son égard, que ce qu'elle est en Europe, à l'égard des filles qui quittent la maison paternelle pour aller demeurer avec leurs époux. Aussi ne mettent ils point leur bonheur à avoir des enfans males, ils n'aspirent qu'à avoir des filles, qui leur procurent des gendres qui deviennent l'appui de leur vieillesse.

Si un arabe épouse une fille, il fait égorger un chameau ou deux, selon ses facultés, pour faire le festin des noces, & donne tant à la fille. Si quelque temps après, quelque proche parent de cette fille, qui étoit absent lorsque le *mariage* s'est fait, revient & ne l'approuve pas, il paye au marié l'argent qu'il a donné à sa parente, le chameau qu'il a tué, & le *mariage* est rompu, quoique consommé.

M. de Valois dit avoir appris de M. de Varillas, qu'en 1287 dans le comté d'Armagnac, il se fit un *mariage* pour sept ans, entre deux personnes bien nobles, qui se réservoient la liberté de le prolonger, au bout des sept années s'ils s'accommodoient l'un de l'autre. Le contrat portoit encore, qu'en cas que le terme expiré ils vinssent à se separer, ils partageroient également moitié par moitié, les enfans de l'un & de l'autre sexe, qui seroient provenus de leur *mariage* pendant l'espace des sept années, & que si par hazard le nombre s'en trouvoit impair, ils tireroient au fort à qui des deux le surnuméraire échéroit. On dit que ce contrat de *mariage* est dans la bibliothèque du roi.

Il y a une espèce de *mariage* reçu en Allemagne, par lequel le *mari* donnant à sa femme la main gauche, au lieu de la droite, en stipulant par une condition expresse de son *mariage*, qu'il ne la prend pas pour femme d'une condition égale, les enfans qui en proviennent, ne prennent ni le nom, ni les armes de la maison, & n'ont, pour tous droits successifs, que le don que le *mari* fait à sa femme le jour de ses noces; parce que les enfans, quoique légitimes en effet, sont réputés batards à l'égard des effets civils.

On a dit que le *mariage* étoit le tombeau de l'amour. Un homme de condition s'étoit marié par inclination. Quelqu'un qui le connoissoit, contoit dans une compagnie, que depuis qu'il étoit marié, il ne couchoit plus avec sa femme.

Un *mari* disoit à sa femme, qu'il connoissoit un homme qui n'étoit pas marqué au front, & vous le connoissez aussi, ajouta-t-il; elle rêva, chercha; *non en vérité*, dit elle, *je ne le connois pas*.

On s'étonnoit qu'un *mari*, dont la femme étoit d'une grande naissance, & passoit pour avoir beaucoup de mérite, s'en fût séparé. Il répondit, en montrant son soulier : « Vous voyez bien qu'il » est bien fait; mais vous ne voyez pas où il me » blesse.

Il y a plus de *maris* qui aiment leurs femmes, que de femmes qui aiment leurs *maris*; & je crois, dit un auteur moderne, en avoir trouvé la raison

dans l'amour que tous les hommes ont en général pour la liberté. Les femmes dépendent de leurs *maris*, & les *maris* ne dépendent point de leurs femmes. Ajoutons à cette pensée, que la plupart des discussions qui s'élèvent entre un *mari* & une femme, viennent le plus souvent de ce que celle-ci veut sortir de l'état de dépendance où la nature l'a mise.

Une dame vertueuse fut priée par une autre dame, de lui apprendre quels secrets elle avoit pour conserver les bonnes graces de son *mari*. C'est, lui répondit-elle, en faisant tout ce qu'il lui plait; & en souffrant patiemment tout ce qui ne lui plaît pas.

Un prince désiroit d'avoir le portrait d'une femme qui étoit très-belle. Le *mari* ne voulut jamais y consentir. Si je lui donne la copie, disoit ce *mari* prudent, il voudra ensuite avoir l'original.

Un homme qui se fit faire un lit de noce magnifique, disoit qu'il l'étreneroit avec celle qu'il avoit épousée; quelqu'un lui dit qu'il aimeroit mieux avoir l'étrene d'une femme, que l'étrene d'un lit. Moi aussi, dit le *mari*; mais je n'aspire pas à une chimère.

Un bourgeois de Meudon, maltraitoit extrêmement sa femme qui étoit fort jolie. On en porta des plaintes à M. de Defeuquieres, qui envoya chercher le *mari* brutal. Celui-ci se défendit le mieux qu'il put; & comme il disoit avec emportement à M. Defeuquieres, que s'il connoissoit la méchanceté de sa femme, il ne le condamneroit pas; un voisin qu'il avoit amené avec lui, s'approcha, & lui dit doucement par-dessus l'épaule : « Compère, » il y a raison par-tout; on sait bien qu'il faut » battre une femme, mais il ne faut pas l'assom- » mer ». On loua le voisin de son bon jugement, & on renvoya le *mari*, à qui on recommanda de s'y conformer à l'avenir.

Une demoiselle étoit destinée par sa mère à épouser un homme qu'elle aimoit; mais son père, marin, franc & brusque, après s'être signalé contre les anglois, vint détruire le bonheur dont elle se flattoit de jouir; il arriva avec un de ses amis, auquel il avoit aussi promis sa fille. En le présentant à la jeune personne, il lui dit : ——— « Tu as » vingt ans, il te faut un *mari*; en voici un que » tu épouseras mardi prochain, parce qu'il faut » que nous partions ensemble jeudi ». ——— Le ton impérieux du père jetta la consternation dans la famille, qui se crut obligée d'obéir. Le jour des noces arrivé, les futurs vont à l'église; l'amoureux s'y étoit aussi rendu, & pleuroit dans un coin. La jeune fille, au-lieu de répondre *oui* au curé, lui dit naïvement : j'aimerois mieux l'autre. ——— Le père accourt en colère, & demande où est cet autre; on lui montre, il va à lui, le prend brusquement par la main, le conduit à sa fille, & consent qu'on les marie.

Un

Un jeune homme qui avoit, comme on dit, mangé
fon bien en herbe, ne voyoit plus de reffource que
dans un *mariage*. Il étoit près d'époufer la fille d'un
riche fermier, lorfqu'un de fes amis lui dit : je te connois,
tu mangeras le château, tu mangeras la charrue,
tu mangeras les bœufs. Il eft trop vrai, répondit le
jeune prodigue : je n'aurois pas plutôt mangé les
bœufs, qu'il ne me reftera que les cornes : & il
fe maria point.

Un amateur confidéroit les fept facremens peints
par le Pouffin, & trouvoit beaucoup à critiquer
dans le tableau qui repréfentoit le *mariage*. Je vois
bien, s'écria cet amateur, qui n'étoit peut-être pas
content de fa femme, qu'il eft mal aifé de faire
un *mariage* qui foit bon, même en peinture.

Mademoifelle Beauval, époufe d'un comédien
de ce nom, fe maria d'une manière fingulière.
Son père formant oppofition à fon *mariage*, elle
fit cacher fon amant fous la chaire du curé, &,
à la fin du prône, elle déclara, devant Dieu &
devant les hommes, qu'elle prenoit Beauval pour
fon époux. Beauval fortit de deffous la chaire, &
en dit autant : ainfi ils fe dirent mariés, finon par
le curé, au moins fous fes yeux.

Un homme d'un certain âge, s'eft marié, il y a
quelque temps, de la façon la plus fingulière. Las
d'avoir été la dupe du fexe, & voulant pourtant,
comme l'on dit, faire une fin, s'avifa, un jour
qu'il étoit dans une nombreufe fociété, où fe
trouvoient plufieurs femmes à marier, de demander
un chapeau. Il mit des billets blancs & un billet
noir. « Celui-ci, dit-il, doit gagner. » On le queftionna
enfin fur le prix attaché à cette loterie,
& fur l'objet de ce qui paroiffoit un badinage. Les
dames tirèrent à fon invitation. Le billet noir fortit
enfin ; alors l'homme s'écria : Meffieurs, voilà ma
femme ; il fut agréé & devoit l'être ; car il jouiffoit
d'une fortune confidérable. Quelques jours après
on célébra leur hymen, & l'on s'amufa fort à la
noce.

Une jeune demoifelle aux pieds des autels,
étoit fur le point de contracter l'engagement folemnel
de fa liberté, lorfqu'un incident des plus
extraordinaires y mit un obftacle invincible. « Je
» ne puis, dit le jeune homme, confentir au
mariage, qu'on n'ajoute trente mille livres à la
» dot promife. » Le père de la demoifelle, étourdi
du procédé, mais craignant de mortifier fa fille,
par un refus qui tourneroit à fa confufion, confentit
à l'augmentation de la dot. Le notaire qui
étoit préfent, ajouta au contrat cette nouvelle
claufe. La fille gardoit pendant ce temps le filence
le plus profond, elle ne le rompit que lorfque le
prêtre ayant commencé la cérémonie, lui demanda
fon confentement. « Non, monfieur, dit-elle,
je ne confentirai jamais de me donner à un
homme qui a voulu m'acheter à prix d'argent, & qui
vient me marchander dans un lieu confacré à la

prière & au culte de la religion. » La mère pleine
d'admiration des fentimens généreux, & de la
fermeté de fa fille, la prend entre fes bras, l'embraffe
& lui dit : « Oui, tu es ma chère fille, je
» ne puis qu'applaudir à ta façon de penfer : la
» dot que je t'avois donnée, & les trente mille
» livres qu'on vient d'exiger, feront pour un
» autre plus digne de te pofféder ; » Et dans l'inftant
chacun fe fépara.

Un peintre faifoit un tableau de l'hymen pour
un jeune amant : Je veux qu'il foit accompagné
de toutes les graces, lui difoit cet amant paffionné,
fouvenez-vous fur-tout que l'hymen doit être plus
beau qu'Adonis. Il faut lui mettre en main un flambeau
plus brillant encore que celui de l'amour.
Enfin, faites un effort d'imagination, je vous
payerai votre tableau à proportion que le fujet
en fera gracieux. Le peintre qui connoiffoit fa libéralité,
n'oublia rien pour le fatisfaire, & lui
apporta le tableau la veille de fes noces. Notre
jeune amant n'en fut point fatisfait. Il manque,
dit-il, à cette figure, certain air gai, certains agrémens,
certains charmes ; enfin, ce n'eft point-là
l'idée que j'ai de l'hymen. Vous l'avez fait d'une
beauté médiocre ; vous ne ferez que médiocrement
récompenfé. Le peintre, qui avoit autant
de préfence d'efprit que de génie pour la peinture,
prit fon parti dans le moment. Vous avez raifon,
lui dit-il, de n'être pas content de la beauté de
mon tableau, il n'eft pas encore fec ; ce vifage eft
embu ; & pour vous parler franchement, j'emploie
mes couleurs de manière que ma peinture
ne paroît rien dans les premiers jours. Je vous
rapporterai ce tableau dans quelques mois, & pour
lors vous me le payerez felon fa beauté ; je fuis
fûr qu'il vous paroîtra tout autre : adieu, monfieur,
je ne fuis pas preffé d'argent. Ce peintre
remporta fon ouvrage ; notre jeune amant fe maria
le lendemain ; & quelques mois s'écoulèrent
fans que le peintre parût. Enfin il reporta le tableau ;
notre jeune époux fut furpris en le voyant.
Vous me l'aviez bien promis, lui dit-il, que le
temps embelliroit votre peinture ; quelle différence !
je ne la reconnois plus : j'admire l'effet du temps
fur les couleurs, & j'admire encore plus votre
habileté ; cependant je ne puis m'empêcher de
vous dire que ce vifage eft un peu trop gai, ces
yeux un peu trop vifs ; car enfin les feux de
l'hymen doivent paroître moins brillans que ceux
de l'amour ; ce font des feux folides que ceux de
l'hymen : d'ailleurs, l'attitude de votre figure eft
un peu trop enjouée, un peu trop libre ; & vous
lui avez donné un certain air de badinage qui ne
caractérife pas tout-à-fait ...... Ce n'eft pas-là
l'hymen enfin. Fort bien, monfieur, lui dit le
peintre, ce que j'avois prévu eft arrivé ; l'hymen
eft à préfent moins bien dans votre idée que dans
mon tableau ; c'étoit tout le contraire il y a trois
mois ; ce n'eft point ma peinture qui a changé, c'eft

votre imagination; vous étiez amant pour lors, & vous êtes *mari* maintenant.

A quoi on peut reconnoître les personnes mariées.

Lorsque vous verrez un homme & une femme qui saisissent les moindres occasions de relever mutuellement leurs ridicules, soyez assurés que c'est un couple d'époux.

Si vous voyez dans un carrosse un homme & une femme sérieux, gardant le silence & tournant la tête chacun d'un côté opposé, certainement c'est le mari & la femme.

Si à côté d'une belle femme, dont la figure intéressante attire les regards de tous ceux qui la voient, vous remarquez un homme distrait, qui paroît peu touché de ses charmes, & qui lui parle assez cavalièrement, ne doutez pas que ce soit son mari, qui, après l'avoir épousée par inclination, en est au dégoût.

Tel est le tableau du nœud conjugal. Un observateur très exact a dressé la liste suivante, sur laquelle on peut compter.

Etat présent des mariages dans le sud de l'Angleterre.

Femmes qui ont quitté leurs *maris* pour suivre leurs amans, ci. 1362

Maris qui se sont sauvés pour éviter leurs femmes. 2361

Couples séparés volontairement. . . 4120

Couples vivant en guerre sous le même toît. 191023

Couples se haïssant cordialement, mais masquant leur haine en public sous une feinte politesse. 162320

Couples vivant dans une indifférence marquée. 510132

Couples réputés heureux dans le monde, mais qui ne conviennent pas intérieurement de leur bonheur. 1102

Couples heureux par comparaison avec bien d'autres plus malheureux. . . . 135

Couples véritablement heureux. . . . 9

MARIAGE DE LA MER. (cérémonie du)

Le pape Alexandre III, persécuté par l'empereur Frédéric-barbe-rousse, se retira à Venise en habit de simple prêtre. Là, un françois appelé Conmode, l'ayant reconnu un jour lorsqu'il étoit en prières dans une église nommée la Charité, il enfalla avertir Sébastien Ziani, qui, en ce temps-là,

étoit doge de la république. On rendit de fort grands honneurs à ce souverain pontife; & après avoir inutilement envoyé des ambassadeurs à Frédéric, pour l'obliger à donner la paix à l'Italie & au pape, ce doge monta comme chef sur les galères de la république, le sept mai 1177, & alla chercher l'armée impériale commandée par Othon III, fils de l'empereur. Les vénitiens remportèrent la victoire, & le pape pour reconnoître les services que la république lui avoit rendus, donna un anneau d'or à Sébastien Ziani, & lui dit : *Hunc annulum accipe , & me autore ipsum mare obnoxium tibi reddito, quod tu , tuique successores quotannis statuto die servabitis, ut omnis posteritas intelligat maris possessionem victoriæ jure vestram fuisse , atque uti uxorem viro illud reipublicæ venetæ subjectum.* Chaque année, le jour de l'Ascension, le doge jette une bague d'or dans la mer, en disant ces mots: *Desponsamus te , mare, in signum veteris & perpetui dominii.*

(C'est la mer qui parle).

Chaque an le grand doge m'épouse,
Sans que sa femme en soit jalouse,
Ou conçoive pour moi quelqu'esprit de mépris;
Et pour marquer sa bienveillance
Et sa juste reconnoissance ,
Il jette dans mon sein une bague de prix.

Dans ce fameux présent où sa grandeur éclate,
Il n'éprouve jamais le sort de Policrate ;
La bague est sans retour; le présent est péri :
Mais parmi cent rivaux qui respectent mes charmes,
Et qui, pour m'acquérir, se mettent sous les armes,
Le plus considérable est toujours mon mari.

Chez le sarmate & chez le maure;
Chez l'infidèle musulman,
On sait qu'en certain jour de l'an,
Dans le superbe Bucentaure ,
Mon hymen est renouvellé,
Dont le Divan reste troublé.

De ce mariage éclatant,
Qui fait tant de bruit dans le monde,
Comme d'une source inféconde,
Il n'est jamais sorti d'enfant.
Ainsi stérile est notre couche :
Nobles vénitiens, cette histoire vous touche.

C'est vous, illustres sénateurs;
C'est vous, puissante république,
Qui du grand golfe adriatique
Etes les sages directeurs;
C'est vous qui me tenez pour femme,
Jugez si je suis polygame.

Neptune n'est plus mon époux;
Au centre de mes eaux vainement il soupire :

C'est vous, vénitiens, c'est vous,
Qui me tenez sous votre empire;
C'est vous qui me donnez des loix;
C'est vous que chérissent les Rois.

Je traîne mon lit ou *Lido* (1),
Jusqu'à ces beaux palais qui font votre demeure:
Mais si j'entrois dedans seulement pour une heure,
0   Vous feriez à jamais *dodo*.
Une éternelle nuit couvriroit vos paupières,
Et le soleil, pour vous, n'auroit plus de lumières.

Certes, je sais si bien mes fougues ménager,
Et brider de mes flots l'inconstance rebelle,
Que loin d'être envers vous farouche ou criminelle,
Je vous sers de remparts sans vous mettre en danger.

MARIVAUX, (Pierre Carlet de) de l'académie françoise, né en 1688. Son père, qui avoit été directeur de la monnoie à Riom, étoit d'une famille ancienne dans le parlement de Normandie, mort en 1763.

M. de Marivaux apporta, de bonne heure, dans la société, toutes les qualités qui la rendent sûre & agréable, une ame franche, un esprit désinté-ressé & une attention scrupuleuse à rendre les autres contens de lui & d'eux-mêmes. Il écoutoit volontiers, décidoit peu; & quoique né avec une ame sensible, il fut assez philosophe pour ne répondre jamais à la critique. Il en profitoit si elle étoit juste, il l'abandonnoit au jugement du public si elle ne l'étoit pas. *J'aime mon repos*, disoit-il un jour à madame de Tencin, son illustre bienfaitrice, *& je ne veux point troubler celui des autres*. Marivaux avoit une imagination assez vive; mais un caractère d'esprit singulier qui sembloit éviter de s'exprimer comme les autres; de-là ces images incohérentes, ces graces minaudières, ce style alambiqué, qui le sépare pour toujours de la classe des écrivains de génie.

Nous avons de cet auteur plusieurs pièces de théâtre en prose, un ouvrage philosophique sous le titre de *Spectateur François*, que les anglois, sans nous consulter, ont mis à côté de la Bruyère, des romans ingénieux, & un *Homère travesti*, poëme burlesque, dont le but est de ridiculiser les héros de l'Iliade.

Le premier ouvrage qui soit sorti de sa plume sont *les folies romanesques*, ou *le dom Quichotte moderne*. C'est une imitation du dom Quichotte espagnol. Pharsamond en est le héros. Plein des idées extravagantes qu'il a puisées dans les romans de chevalerie, il se fait accompagner de son valet, qui, sous le nom de *Cliton* & en qualité d'écuyer, participe à ses aventures. *La vie de Marianne* & *le Paysan parvenu* sont deux autres ro-

mans de M. de *Marivaux*: mais par une inconstance qui lui étoit particulière, il quitta l'un pour commencer l'autre, & n'acheva aucun des deux. Ces ouvrages respirent assez généralement l'enjouement & la finesse: mais on a reproché à l'auteur, avec raison, un style précieux, recherché, néologue. Son jargon bisarre fut ingénieusement parodié dans un roman qui courut dans le temps. On rapporte que M. de *Marivaux* fut lui-même la dupe de cette parodie, & qu'il sourit, de très-bonne foi, au verbiage de la taupe de *Tanzaï*, dont la piquante ironie lui avoit été déguisée.

Cet auteur, incapable par son propre génie de s'élever au-dessus de ceux qui l'avoient précédé dans la carrière dramatique, chercha à se former une route nouvelle. Il est le premier qui ait mis sur le théâtre, l'esprit à la place de la nature & du sentiment, & qui ait substitué la tracasserie à l'intrigue. Une célèbre actrice de la comédie italienne, mademoiselle *Silvia*, contribua beaucoup par ses talens à faire goûter le genre que M. de *Marivaux* avoit adopté. Personne n'entendoit mieux que cette actrice l'art des graces bourgeoises, & ne rendoit mieux qu'elle le tatillonnage; le badinage d'esprit, nous pourrions même dire le *marivaudage*.

Marivaux avoit une grande douceur dans le caractère, & pouvoit être nommé le plus humain des hommes. Cet auteur ingénieux disoit quelquefois: « Si mes amis venoient m'assurer que je passe pour un bel esprit, je ne sens pas, en vérité, que je fusse plus content de moi-même; mais si j'apprenois que quelqu'un eût fait quelque profit en lisant mes ouvrages, se fut corrigé d'un défaut, oh! cela me toucheroit, & ce plaisir-là seroit de ma compétence. »

Un jeune homme frais & plein de vigueur, demanda un jour l'aumône à *Marivaux*. « Pourquoi en te portant si bien, ne travailles-tu pas? » —Hélas, monsieur, c'est que je suis si paresseux! —Tiens voilà six francs pour ton trait de sincérité. »

Marivaux a quelquefois atteint le but qu'il s'étoit proposé, celui de corriger les vices & les ridicules des hommes en les amusant: « Je voudrois, » disoit-il, rendre les hommes plus justes & plus » humains, & je n'ai que cet objet en vue. »

MARLBOROUGH, (Jean Churchile, duc de) général anglois, né en 1650, mort en 1722.

Marlborough, déclaré général des troupes angloises & hollandoises, dès l'an 1702, fut l'homme le plus fatal à la grandeur de la France qu'on eût vu depuis plusieurs siècles. Il n'étoit pas comme ces généraux auxquels un ministre donne par écrit le projet d'une campagne, & qui, après avoir suivi, à la tête d'une armée, les ordres du cabinet,

_____
(1) *L'église de Saint-Nicolas de Lido.*

reviennent briguer, l'honneur de fervir encore. Il gouvernoit alors la reine d'Angleterre, & par le befoin qu'on avoit de lui, & par l'autorité que fa femme avoit fur l'efprit de cette reine. Il avoit par-deffus tous les généraux de fon temps, cette tranquillité de courage au milieu du tumulte, & cette férénité d'ame dans le péril, que les anglois appellent *cool head, tête froide.* Guerrier infatigable pendant la campagne, il devenoit un négociateur auffi agiffant pendant l'hiver. Il alloit à la Haye & dans toutes les cours d'Allemagne fufciter des ennemis à la France.

Lors de la bataille d'Hochftet, perdue par les françois en 1704, le maréchal de Talard fut pris dans l'action. On le mena au quartier du duc de *Marlborough*, qui n'oublia rien pour le confoler. Le maréchal, fatigué de tous les lieux communs qu'on lui débitoit fur l'inconftance de la fortune, dit au général anglois, avec une impatience déplacée : « Tout cela n'empêche pas que votre » grandeur n'ait battu les plus braves troupes du » monde. — J'efpère, répliqua mylord, que votre » grandeur exceptera celles qui les ont battues ».

Eugène & *Marlborough* venoient de conquérir Lille en 1708. Quelque temps après ils fe rendirent à la Haye. Les États-Généraux leur firent l'accueil le plus diftingué; & pour leur donner une preuve plus marquée de leur fatisfaction, ils ordonnèrent un magnifique feu d'artifice. Mais les généraux victorieux demandèrent que l'argent deftiné à donner de l'éclat à leurs exploits, fût employé au foulagement des foldats de la république qui avoient été bleffés pendant la campagne. Cette propofition fut reçue avec tranfport. Le public admira la bonté compatiffante des deux héros; & les troupes prodiguèrent les noms les plus tendres à des chefs qu'elles s'étoient contenté jufqu'alors de regarder comme invincibles.

Le duc de *Marlborough*, fur la fin de fes jours, encourut la difgrace de la reine Anne par la faute de la ducheffe, dont l'humeur hautaine & jaloufe ne pouvoit point fouffrir d'égale en faveur. Quelques paires de gants d'une façon finguliere qu'elle refufa à la princeffe, une jatte d'eau qu'elle laiffa tomber en fa préfence, par une méprife affectée fur la robe d'une dame de la cour, pour laquelle Anne témoignoit de l'amitié, achevèrent d'aigrir les efprits. On chercha à éloigner *Marlborough* des affaires; mais comme il étoit difficile d'ôter aux troupes un chef fous lequel elles étoient accoutumées de vaincre, Anne fe hâta d'accélérer la paix d'Utrecht, long-temps défirée par la France. Si on pouvoit approfondir les grands événemens, on trouveroit peut-être avec étonnement qu'ils ont été également produits par la plus petite caufe.

On critiquoit *Marlborough* de fon avarice de-

vant Bolingbrocke : c'étoit un fi grand homme, répondit celui-ci, que j'ai oublié tous fes vices.

MAROLLES, (Michel) mort à Paris en 1681 à 81 ans.

Il entra de bonne heure dans l'état eccléfiaftique, & obtint, par le crédit de *Claude de Marolles* fon pere, gentilhomme de Touraine & lieutenant-général des cent fuiffes, deux abbayes, celle de Baugerais & celle de Villeloin. *Claude de Marolles* mourut en 1633, à 69 ans, regardé comme un héros qui mêloit la rodomontade à la bravoure. Il ne fe faifoit jamais faigner que debout & appuyé fur fa pertuifanne, parce qu'un homme de guerre, difoit-il, ne doit répandre fon fang que les armes à la main.

L'abbé de *Marolles* fon fils, étoit né avec cet amour pour les lettres & les beaux arts, que l'on prend quelquefois pour un indice du talent; mais il prouva que cet indice eft quelquefois trompeur. Il s'attacha à faire paffer les auteurs anciens dans notre langue; mais les fleurs les plus brillantes des poëtes fe fanent entre fes mains. Il s'avifa lui-même d'être poëte; il compofoit fes vers *ftans pede in uno*, & de compte fait il en enfanta, malgré Minerve, & en dépit d'Apollon, 133124, parmi lefquels il y en a deux ou trois de bons. Il difoit un jour à Liniere : « Mes vers » me coûtent peu. » *Ils vous coûtent ce qu'ils valent*, répliqua Liniere; & l'auteur ne s'en offenfa point.

De Leftang, auteur des regles de bien traduire, avoit pris tous les exemples de bonnes traductions dans les livres de d'Ablancourt, ou de Port-Royal, & ceux des mauvaifes, dans les ouvrages de l'abbé de *Marolles*. Celui-ci en fut fort en colere, & s'en plaignit à tout le monde. De Leftang ayant jugé à propos de l'appaifer, choifit pour cela le jour que l'abbé de *Marolles* alloit faire fes Pâques, & fe préfentant devant lui comme il alloit fe mettre à genoux pour communier : « Monfieur, lui dit-il, vous êtes en colere contre » moi : je crois que vous avez raifon; mais mon-» fieur, ajouta-t-il, voici un temps de miféri-» corde, je vous demande pardon. » *De la manière dont vous vous y prenez*, lui répondit l'abbé de Marolles, *il n'y a pas moyen de s'en défendre : allez, monfieur, je vous pardonne.* Quelques jours après, cet abbé rencontrant de Leftang, lui dit : *Croyez-vous en être quitte? Vous m'avez efcroqué un pardon que je n'avois pas envie de vous accorder.* « Monfieur, monfieur, lui répliqua de Leftang, » ne faites pas tant le difficile. On peut bien, » quand on a befoin d'un pardon général, en ac-» corder un particulier. »

L'abbé de *Marolles* fit une traduction des épigrammes de Martial, dans laquelle il n'avoit rien confervé du fel de fon auteur; c'eft ce qui engagea Ménage à mettre à la tête de l'exemplaire que l'abbé de *Marolles* lui envoya : *Epigrammes contre Martial.*

Cet abbé est un des premiers amateurs qu'a eu la gravure. Il forma une collection de plus de cent milles estampes, qui fait aujourd'hui un des ornemens du cabinet du roi. Comme sa manie étoit de faire imprimer, il a donné à l'impression deux catalogues d'estampes. C'est une nomenclature fort sèche & fort mal en ordre des estampes qui composoient son cabinet.

Quelque temps avant sa mort, il fit imprimer ses mémoires écrits d'un style plattement naïf. On y trouve cependant quelques faits intéressans, parmi une infinité d'anecdotes minutieuses & insipides. Ces mémoires qui étoient devenus fort rares ont été réimprimés en 1755, en trois volumes *in-12*.

Il est dit quelque part dans ces mémoires qu'on montroit à l'abbé de *Marolles*, la tête de saint Jean-Baptiste qui est à Amiens ; il dit en la baisant : « Dieu soit loué, c'est la sixième que j'ai » l'honneur de baiser ».

L'abbé de *Marolles* recevoit une petite pension d'un seigneur. On vint lui annoncer qu'elle ne seroit pas continuée : « Tant mieux, dit-il, je serai libre ; » cela me sera plus commode ».

MAROT, (Clément) né en 1495, mort en 1544.

Marot avoit la mine sérieuse & l'air grave. Sa physionomie étoit plutôt celle d'un philosophe qui enseignoit la morale, que celle d'un poëte qui dictoit des poésies enjouées. Cependant il n'y eut jamais d'esprit plus agréable, plus ingénieusement badin que le sien. Sa poésie respire par-tout la délicatesse & la naïveté. Il a sur-tout réussi dans le genre épigrammatique. Sa plaisanterie est souvent d'un homme de cour, aussi l'a-t-on également appelé le poëte des princes & le prince des poëtes. Il eut des imitateurs. On a écrit dans le style *marotique* des poëmes, des livres d'histoire & de morale : mais ce style n'est bon que dans un conte, & on souffriroit impatiemment dans un ouvrage sérieux, une bigarrure de termes bas & nobles, surannés & modernes.

Marot fut blessé au bras, & prisonnier à la célèbre journée de Pavie en 1525, ainsi qu'il le mande dans une lettre en vers à sa maîtresse. De retour en France, il s'attira plusieurs affaires fâcheuses, par sa conduite indiscrète envers des dames de la première distinction, & par la liberté avec laquelle il s'expliquoit sur des matières dogmatiques. C'étoit le temps de l'hérésie de Luther ; & il y avoit en France une espèce de tribunal contre les novateurs en matière de dogme, & ceux qui ne suivoient pas la discipline de l'église.

Marot, qui se permettoit tout, donnant à dîner à sa maîtresse un jour maigre, n'observa point la loi de l'abstinence des viandes. Cette transgression vis-à-vis d'une telle personne, sembloit ne devoir être d'aucune conséquence ; mais la maîtresse, quoique coquette, piquée contre son amant d'un reproche qu'il lui fit d'infidélité, chercha à s'en venger en dénonçant *Marot* au nouveau tribunal composé de docteurs de Sorbonne. Le poëte convaincu d'avoir enfreint une des plus rigoureuses loix de l'église, fut mis en prison : mais il faut l'entendre lui-même conter son avanture.

Un jour j'écrivis à ma mie
Son inconstance seulement ;
Mais elle ne fut endormie
A me le rendre chaudement :
Car, dès l'heure tint parlement
A je ne sais quel papelard,
Et lui a dit tout bellement :
Prenez le, il a mangé le lard.

Lors six pendards ne faillent mie
A me surprendre finement,
Et, de jour, pour plus d'infamie,
Firent mon emprisonnement.
Ils vinrent à mon logement ;
Lors, se va dire un gros paillard :
Par la morbleu ! voilà Clément ;
Prenez le, il a mangé le lard.

Marot du fond de sa prison sollicita sa liberté auprès de ses juges. Tout ce qu'il put obtenir fut d'être transféré des prisons obscures & malsaines du châtelet dans celles de Chartres. Il soulagea ses ennuis en composant une satyre contre les gens de justice, qu'il intitula l'*Enfer*. Mais il n'obtint sa grace qu'après que François I, le protecteur de tous les gens de lettres & de *Marot* qu'il aimoit, fut de retour en France.

Ce poëte continua de faire les délices de son siècle par ses poésies ingénieuses & badines ; mais toujours fougueux, toujours imprudent, il donna dans de nouveaux travers auxquels il auroit enfin succombé sans la protection signalée de François I. Sur la fin de sa vie, au lieu de sujets libres & plaisans qu'il avoit coutume de traiter, il en choisit de sérieux. Il donna une traduction en vers françois de plusieurs pseaumes de David. Ces pseaumes furent censurés par la Sorbonne, & chantés par les courtisans. Avant qu'ils fussent mis en musique, on les avoit adaptés aux airs de vaudevilles les plus en vogue. Florimond de Rémond parle ainsi du goût des courtisans & des princes pour ces pseaumes. « Le roi, dit-il, prit pour le sien le pseaume *comme on oit le cerf bruire*, lequel il chantoit à la chasse. Madame de Valentinois qu'il aimoit, prit pour elle *du fond de ma penſées, qu'elle, chantoit en danſant la volte. La reine avoit choiſi, ne veuillez, ô ſire! ſur l'air de la chanſon des bouffons. Le roi de Navarre, Antoine, prit revanche-moi, prends ma querelle, qu'il chantoit en danſant le branle de Poitou; ainſi des autres ».*

La Sorbonne préſenta des remontrances à Franç̧ois I, pour qu'il défendît le chant de ces pſeaumes; & Marot fit contre elle de nouveaux vers, pour qu'elle ceſſât de le perſécuter. Il y diſoit qu'elle ne lui vouloit tant de mal que parce qu'il l'avoit démaſquée, & qu'au moyen du renouvellement des ſciences & des arts, on avoit découvert *le pot aux roſes.*

Ces pſeaumes continuèrent d'être chantés, & à force de les entendre, on les goûta & on n'y trouva rien de repréhenſible. La Sorbonne elle-même les approuva ſous Charles IX, & le pape les déclara conformes au texte hébreux: mais ſi on compare cette verſion à l'original, elle eſt bien loin d'y atteindre. Marot chantoit les merveilles du Tout puiſſant, du même ton qu'il avoit chanté les charmes d'Alix.

Le poëte Charleval fut un des plus grands admirateurs de Marot. Il avoit mis cette épigramme à la tête des œuvres de ce poëte, en les envoyant à une dame qui l'avoit prié de les lui prêter.

Les œuvres de maître Clément
Ne ſont point gibier à dévote;
Je vous les prête ſeulement,
Gardez vous bien qu'on vous les ôte.
Si quelqu'un vous les eſcamotte,
Je le donne au diable Aſtarot;
Chacun eſt fou de ſa marotte;
Moi, je ſuis fou de mon Marot.

M. Broſſette, connu par ſon commentaire ſur Deſpréaux, écrivoit à Rouſſeau, le poëte: Je ne connois après Marot, que trois perſonnes en France, qui aient parfaitement réuſſi dans le genre épigrammatique; ces trois perſonnes ſont Deſpréaux, Racine & vous. Je ſuis ſeulement fâché que Deſpréaux en ait fait quelques-unes de trop; que Racine n'en ait point fait aſſez, & que vous n'en faſſiez plus.

MARSAIS, (Céſar Cheſneau du) né en 1676, mort en 1756.

Du Marſais ſe vit toujours la dupe des eſpérances flatteuſes que lui donnoient ſes protecteurs, & ne trouva dans le mariage, au lieu d'une union douce & heureuſe qu'il ſe promettoit, qu'embarras domeſtiques & chagrins, à cauſe de l'humeur inſociable de ſon épouſe. Il regrette à cette occaſion, dans un écrit de ſa main trouvé après ſa mort parmi ſes papiers, que notre religion, ſi attentive aux beſoins de l'humanité, n'ait pas permis le divorce aux particuliers, comme elle l'a quelquefois permis aux princes. Il déplore la condition de l'homme qui, jetté ſur la terre au haſard, ignorant les malheurs, les paſſions & les dangers qui l'attendent, n'acquiert d'expérience que par ſes fautes, & meurt ſans avoir eu le temps d'en profiter.

Du Marſais étoit entré fort jeune chez un avocat au conſeil. Des promeſſes trompeuſes l'avoient engagé dans cette profeſſion, & la lui firent abandonner. Il ſe chargea de l'éducation du fils du préſident de Maiſons. Mais, lorſque ce magiſtrat s'occupoit du ſoin de procurer une retraite honnête au précepteur de ſon fils, il vint à mourir. Du Marſais ſe trouva par cette mort privé du fruit de douze années de travaux, & fut contraint de recommencer dans la même carrière chez le fameux Law, dont le fils étoit alors âgé de ſeize à dix-ſept ans: mais la fortune qui ſembloit l'avoir placé chez cet étranger, devenu en France miniſtre des finances, lui manqua encore. Il avoit des actions qu'il vouloit convertir en un bien plus ſolide: on lui conſeilla de les garder; bientôt après ces actions tombèrent dans le diſcrédit, & le célèbre charlatan qui les avoit créées, obligé lui-même de ſortir du royaume, & d'aller mourir dans l'obſcurité à Veniſe. Tout le fruit que du Marſais retira d'avoir demeuré dans cette maiſon, ce fut de pouvoir rendre des ſervices importans à pluſieurs perſonnes d'un rang ſupérieur au ſien, qui depuis n'ont pas paru s'en ſouvenir; & de connoître, ajoutoit-il, la baſſeſſe, la ſervitude & l'eſprit d'adulation des grands.

On a prétendu que du Marſais étant appelé pour préſider à l'éducation de trois frères dans une des premières maiſons du royaume, avoit demandé dans quelle religion on vouloit qu'il les élevât. Cette queſtion ſingulière avoit été faite à Law, alors de la religion anglicane, par un homme d'eſprit qui avoit été pendant quelque temps auprès de ſon fils. Du Marſais avoit ſu le fait, & l'avoit ſimplement raconté: mais on trouva plaiſant de le lui attribuer, & ce petit conte malin répété, & même orné en paſſant de bouche en bouche, eſt peut-être celui qui a le plus nui à du Marſais.

Cet homme de lettres ſe vit obligé, juſques dans un âge très-avancé, de s'adonner à l'éducation de la jeuneſſe pour pouvoir ſubſiſter. Peut-être s'il eût eu moins de déliceteſſe & plus de talent de ſe faire valoir, il eût trouvé chez quelques citoyens riches & généreux, les ſecours qu'il étoit obligé de ſe procurer par un travail laborieux. Mais du Marſais, ajoute l'auteur de l'éloge que nous avons cité, avoit aſſez vécu pour apprendre à redouter les bienfaits quand l'amitié n'en est pas le principe, ou quand on ne peut estimer la main d'où ils viennent. C'est parce qu'il étoit très-capable de reconnoissance, & qu'il en connoissoit tous les devoirs, qu'il ne vouloit pas placer ce sentiment au hasard. Il racontoit à cette occasion avec une sorte de gaîté, que ses malheurs ne lui avoient point fait perdre, un trait que Molière n'eût pas laissé échapper, s'il eût pu le connoître : *M. du Marsais*, disoit un riche avare, *est un fort honnête homme ; il y a quarante ans qu'il est mon ami, il est pauvre ; il ne m'a jamais rien demandé.*

On a donné depuis la mort de ce profond grammairien une nouvelle édition de son *Traité des tropes*. Cet ouvrage, dans lequel il explique les différens sens qu'on peut donner au même mot, est regardé, avec raison, comme un chef-d'œuvre de logique, de justesse, de clarté & de précision. Les observations & les règles sont appuyées partout d'exemples frappans sur l'usage & sur l'abus des tropes. Il développe en grammairien de génie ce qui constitue le style figuré ; il fait voir combien ce style est ordinaire non-seulement dans les écrits, mais dans la conversation même. Cet ouvrage si excellent fut néanmoins peu vendu & presque ignoré à sa naissance. Quelqu'un voulant un jour faire-compliment à l'auteur sur ce livre, lui dit qu'il avoit entendu dire beaucoup de bien de son *Histoire des Tropes* : il prenoit les tropes pour un nom de peuple.

Du Marsais passoit dans la rue aux Ours, le jour & au moment où l'on brûloit l'effigie du suisse devant l'image de la sainte Vierge, au coin de la rue Salle-au-Comte. Il s'arrêta pour voir cette cérémonie, qui se fait tous les ans le trois juillet. Une bonne femme pressoit la foule, afin d'arriver plus vîte devant la Vierge, & y faire sa prière ; elle coudoya rudement une autre femme, qui se fâcha, & lui barra le passage, en lui disant : « Si vous voulez prier, mettez-vous à genoux » où vous êtes ; est-ce que la bonne Vierge n'est » pas par-tout ». *Du Marsais*, qui étoit à côté d'elle, voulut charitablement la reprendre, & lui dit : « Ma bonne, vous venez de proférer une » hérésie ; c'est le bon Dieu seul qui est par-tout » & non pas la sainte Vierge ». Voyez donc, s'écria cette femme, en s'adressant au peuple, voyez ce vieux coquin, cet huguenot, ce parpaillot, qui prétend que la bonne Vierge n'est pas par-tout ! Ces mots furent les signes du soulèvement général du peuple. On quitta la sainte Vierge & le suisse pour courir après *du Marsais*, qui eut heureusement le temps de se sauver dans une allée. Le peuple bloqua la maison, & vouloit absolument qu'on lui livrât le blasphémateur. La garde vint le délivrer ; mais fut forcée, pour le mettre en sûreté, de le conduire chez le commissaire du quartier, qui n'osa le laisser sortir que fort avant dans la nuit.

MASCARON, (Jules.) né à Marseilles l'an 1634, mort en 1703.

M. de Harlay, archevêque de Rouen, ayant assisté à l'oraison funèbre de la reine par le père *Mascaron*, en fut enchanté ; & en parla avec tant d'éloge, qu'il contribua beaucoup à la réputation de l'orateur. L'oratorien n'oublia jamais ce service, & la dernière fois qu'il vit cet éloquent prélat, il lui dit : *Aperuisti januam famæ.*

Mascaron prêcha un jour si vivement à la cour sur la médisance, que le roi lui dit : vous nous faites sûrement plus méchans que nous ne sommes. M. Bossuet, qui se trouva là, répartit avec respect : sire, il y en a encore plus qu'il n'en dit.

Le père *Mascaron* ayant été nommé en 1671 à l'évêché de Tulle, le roi lui demanda avant son sacre deux oraisons funèbres, celle du duc de Beaufort, & celle d'Henriette d'Angleterre. Le maître des cérémonies fit observer au roi, que les services se faisoient à deux jours l'un de l'autre, & que cela pourroit embarrasser l'orateur : non, non, dit ce prince, c'est l'évêque de Tulle ; à coup sûr il s'en tirera bien. L'applaudissement de ces deux pièces fut universel.

Au dernier sermon que M. de *Mascaron* prêcha avant d'aller à son évêché, il fit ses adieux. Le roi lui dit : vous nous avez touché dans vos autres sermons pour Dieu ; hier vous nous touchâtes pour Dieu & pour vous.

M. de *Mascaron* refusa de faire l'oraison funèbre de M. de Harlay, archevêque de Paris, sous prétexte qu'il étoit incommodé. Monseigneur, lui dit l'évêque de Noyon, vous ne dites pas tout ; c'est que la matière est incommode.

On appeloit les sermons de M. *Mascaron*, des recueils d'épigrammes.

MASQUE RUSÉ A Venise, un tuteur avare & moins amoureux de sa pupille que de ses biens, éconduisoit tous les partis qui se présentoient. Un jeune homme employa pour tromper le vieil Argus, les déguisemens du carnaval. La demoiselle étoit de moitié dans la ruse. Son tuteur lui reprochoit sa légèreté. Feignant d'être piquée de ce reproche, elle paria avec ce gardien sévère d'être quinze jours sans parler & sans quitter le *masque*. Le pari accepté, la jeune fille choisit une personne de sa taille à laquelle elle fit la leçon à sa première sortie ; cette confidente déguisée la remplaça. Pendant ce temps la pupille intéressa ses parens, & obtint leur consentement pour épouser son amant. Le tuteur, de son côté, cherchoit tous les moyens de toucher la confidente qu'il prenoit pour sa pupille. Lorsque le terme du pari fut arrivé, la fausse pupille répondit par un oui à la proposition qu'il lui faisoit tous les jours de l'épouser. Elle se démasqua en même-temps. Le tuteur furpris courut après la pouponne qui l'avoit trompé. Il la trouva mariée, & revint, dans fon défefpoir, offrir fa main à fa confidente.

MASSILLON, (Jean-Baptiste) né en 1663, mort en 1742.

Quelque temps après que le père *Maffillon* fut arrivé de la Provence à Paris, le père de la Tour, général de l'Oratoire, lui demanda ce qu'il penfoit des prédicateurs les plus fuivis : « Je leur trouve, répondit-il, bien de l'efprit & » des talens ; mais fi je prêche, je ne prêcherai pas » comme eux ». Il reprochoit en général aux prédicateurs de fon fiècle de n'avoir pas affez d'onction.

Ce qui eft fimplement raifon & preuve dans les autres orateurs, prenoit chez lui la teinte du fentiment, & ce fentiment fe manifeftoit fouvent dans fon auditoire par les larmes & le filence. Sa diction, comme on peut le voir dans fes fermons imprimés, étoit pure, facile, élégante, & cependant pleine, nombreufe & remplie d'images d'un coloris frappant. Où trouver d'ailleurs des penfées plus juftes, plus délicates, des expreffions plus fleuries, plus harmonieufes & néanmoins plus naturelles ? Il paroiffoit en chaire avec cet air pénétré, ce maintien modefte, ce gefte fimple, ce ton approprié au genre d'éloquence qu'il avoit embraffé. Il ne tonnoit point, il n'épouvantoit point fon auditoire : mais il verfoit dans les cœurs ces fentimens tendres qui touchent, qui remuent. Cet orateur néanmoins favoit faire ufage des plus grands mouvemens de l'éloquence. La première fois qu'il prêcha fon fameux fermon du petit nombre des élus, il y eut un endroit où un tranfport de faififfement s'empara de tout l'auditoire. Prefque tout le monde fe leva à moitié par un mouvement involontaire. Le murmure d'acclamation & de furprife fut fi fort, qu'il troubla l'orateur ; & ce trouble ne fervit qu'à augmenter le pathétique du morceau.

Lorfqu'il eut prêché fon premier Avent à Verfailles, Louis XIV lui dit ces paroles remarquables : « Mon père, j'ai entendu plufieurs grands » orateurs dans ma chapelle : j'en ai été fort » content. Pour vous, toutes les fois que je vous » ai entendu, j'ai été très-mécontent de moi- » même ». Eloge fimple qui honore également le goût & la piété du monarque & le talent du prédicateur.

Le fameux Baron, acteur de la comédie françoife, voulut entendre ce prédicateur. Il fut frappé du vrai qu'il trouva dans toute fon action, & dit à un autre acteur qui l'avoit accompagné : « Mon » ami, voilà un orateur, & nous ne fommes que » des comédiens ».

On rapporte encore que ce même acteur l'ayant rencontré dans une maifon ouverte aux gens de lettres le lendemain d'un jour qu'il avoit été l'entendre, lui fit ce compliment : « Continuez, mon » père, à débiter comme vous faites ; vous avez « une manière qui vous eft propre, & laiffez aux » autres les règles ».

On admira fur-tout dans les difcours de cet orateur ces peintures du monde fi faillantes, fi fines, fi reffemblantes. Quelqu'un demandoit où un homme confacré comme lui à la retraite avoit pu les prendre ? *Dans le cœur humain*, répondit-il ; *pour peu qu'on le fonde, on y découvrira le germe de toutes les paffions.*

Les occupations du miniftère n'empêchèrent pas le père *Maffillon* de fe livrer à la douce joie de la fociété. Il oublioit à la campagne qu'il étoit prédicateur, fans cependant bleffer la décence. S'y trouvant chez M. Crozat, celui-ci lui dit un jour : « Mon père, votre morale m'effraye ; mais » votre façon de vivre me raffure ».

Le père *Maffillon* venoit de prêcher avec le fuccès qui lui étoit ordinaire : le père la Boiffière, autre oratorien, l'en félicitoit dans les termes les plus flatteurs : « Eh ! laiffez, mon père, lui ré- » pondit le premier, le diable me l'a déjà dit » plus éloquemment que vous ne pouvez faire ».

Maffillon, après les éloges délicats de Louis XIV, n'entendit peut-être rien qui le flattât davantage qu'un mot d'une femme du peuple ; celle-ci fe trouvant preffée par la foule, & entrant à Notre-Dame un jour que l'oratorien prêchoit, dit avec la plus grande vivacité : « Ce diable de *Maffillon*, » quand il prêche, remue tout Paris ».

M. *Maffillon*, alors évêque de Clermont, manda un curé pour le réprimander ; le curé trouva l'évêque dans fon carroffe avec une dame : il s'approche & demande à M. *Maffillon* ce qu'il vouloit : M. *Maffillon* lui dit : « On dit que vous » allez à cheval avec des femmes en croupe ». Le curé lui répondit : « Monfeigneur, cela feroit » mieux, il eft vrai, de les mener en carroffe ; » mais je n'ai pas le moyen d'en avoir un comme » votre grandeur ».

MATINES. Les chanoines de l'églife de Bayeux avoient une façon fingulière de punir celui de leurs membres qui demeuroit au lit pendant les *matines* des grandes fêtes. Immédiatement après l'office, les habitués de l'églife avec la croix, la bannière & le bénitier, alloient au logis du chanoine abfent ; & faifoient, par cette forte de proceffion, une efpèce de mercuriale à fa pareffe.

On peut croire que ce vieil ufage, commun fans doute à d'autres églifes, a donné lieu à la coutume proverbiale de dire à quelqu'un qui fe

fait

fait attendre long-temps; *il faut aller le chercher avec la croix & la bannière.*

MAUPERTUIS, (Pierre-Louis Moreau de) né en 1698., mort en 1759.

Maupertuis, sans avoir étudié les mathématiques & la physique dès sa jeunesse, sut néanmoins se placer à côté des plus grands géomètres & des plus habiles physiciens de son siècle. Il nous a fait voir qu'on peut être bon citoyen, & ne pas adopter la physique de son pays. Sans perdre son estime pour notre célèbre Descartes, il osa le premier parmi nous se déclarer ouvertement Neutonien.

Maupertuis, dans son *Traité du bonheur*, représente les hommes comme toujours dans l'abattement sous le poids de leurs maux. Selon lui, l'existence est un mal; ce qui a fait dire de ce philosophe : « *Maupertuis* en parlant du bonheur, » paroît tenté de se pendre ».

En 1735, aussitôt après le départ des trois académiciens envoyés sous l'équateur, pour y mesurer les dégrés, il proposa le voyage au cercle polaire, comme le plus sûr moyen d'obtenir, par la comparaison des dégrés extrêmes du méridien, un résultat que l'erreur, dont les observations sont susceptibles, ne pouvoit altérer sensiblement. Il partit en 1736 avec l'illustre Clairaut & deux autres académiciens. Le voyage ne dura que dix-huit mois; & *Maupertuis*, dans l'assemblée publique de l'académie du 13 novembre 1737, prouva que les dégrés du méridien croissent en approchant du nord, & conséquemment que la terre est applatie sous le pole. Son portrait, gravé par Daulé d'après Tournière, le représente en lapon applatissant les poles de la terre. On lit au bas du portrait ces quatre vers faits à sa louange par M. de Voltaire.

Ce globe mal connu, qu'il a su mesurer,
Devient un monument où sa gloire se fonde.
Son sort est de fixer la figure du monde,
De lui plaire & de l'éclairer.

Le prince royal de Prusse, devenu roi & grand roi, désira de s'attacher *Maupertuis*; mais cet habile géomètre ne se rendit aux instances de Frédéric qu'avec l'agrément du roi de France, son maître; qui lui conserva tous les droits de regnicole en France. Frédéric étoit alors en guerre avec l'empereur; *Maupertuis* en voulut partager les périls. Il accompagna le roi de Prusse à la bataille de Molwirz, fut pris & pillé par les hussards. On l'envoya prisonnier à Vienne. L'empereur voulut le voir, & lui fit l'accueil le plus distingué. Il lui demanda si, dans que les hussards lui avoient enlevé, il y avoit quelque chose qu'il fût particulièrement fâché d'avoir perdu. *Maupertuis* ne crut

pas devoir se plaindre de rien; & ne fut occupé que de témoigner au prince sa reconnoissance pour une question si obligeante; enfin, pressé par l'empereur, il avoua qu'il regrettoit beaucoup une montre de Greham, qui lui étoit d'un grand secours pour ses observations astronomiques. L'empereur, qui en avoit une du même horloger anglois, mais enrichie de diamans, dit à *Maupertuis* : « C'est une plaisanterie que les hussards » ont voulu vous faire, ils m'ont rapporté votre » montre : la voilà; je vous la rends ».

On ajoute que l'impératrice-reine lui demandant des nouvelles de Prusse, lui dit : « Vous » connoissez la reine de Suède, sœur du roi de » Prusse; on dit que c'est la plus belle princesse » du monde ». *Madame*, répondit Maupertuis, *je l'avois cru jusqu'à ce jour.*

Il avoit été appelé par le roi de Prusse, principalement pour donner une nouvelle forme, & présider à l'académie de Berlin. Mais cet homme illustre, capable de perfectionner les sciences par ses travaux, étoit peu propre à régir une société de savans qui ne reconnoissent que des égaux. On l'accuse d'avoir quelquefois mis de la hauteur où il ne falloit que de la douceur, & d'avoir substitué souvent l'autorité aux raisons. Peut-être apporta-t-il trop de chaleur dans sa dispute avec le professeur Koënig.

M. de la Condamine, l'illustre ami de *Maupertuis*, dont il a partagé les travaux & la gloire par son voyage à l'équateur, tandis que *Maupertuis* faisoit celui du cercle polaire, est le premier qui ait conçu le dessein de lui ériger le mausolée qui se voit dans l'église de saint Roch. M. d'Huez, sculpteur du roi, élève du célèbre Lemoine, a été chargé de l'exécution. Ce monument est adossé à l'un des pilliers de la nef, du côté gauche, près du chœur. C'est un tombeau à l'égyptienne, soutenu par deux consoles, accompagné de guirlandes de chêne, & chargé des armoiries de *Maupertuis*. Le tombeau supporte un cippe, c'est-à-dire, une colonne tronquée sur laquelle on a gravé l'inscription. Le génie des sciences est appuyé sur ce cippe, dans une attitude qui exprime l'abattement & la douleur. Il couvre son visage d'une main, & de l'autre il tient une couronne d'étoiles, parmi lesquelles on remarque une comète. Cette couronne sert à rappeller les ouvrages de *Maupertuis* sur les figures des astres & sur les comètes. De l'autre côté est un enfant entouré d'instrumens de mathématiques, qui appuie une main sur le globe de la terre, & l'applatit à l'endroit du pole arctique. De l'autre main, il montre le médaillon de *Maupertuis* attaché à une pyramide, & orné d'une guirlande de cyprès. On voit derrière cet enfant le secteur astronomique qui a servi aux observations sous le cercle polaire; & à ses pieds, quelques livres qui portent le titre des

Encyclopédiana.

principaux ouvrages de *Maupertuis*. Au-deſſus de la pyramide eſt une urne ſépulcrale qui termine & couronne le mauſolée. L'épitaphe latine qui a été gravée ſur ce monument eſt de la compoſition de M. de la Condamine.

MAURICE, comte de Saxe, maréchal général des armées de France, né en 1696, mort en France au château de Chambord en 1750.

Le ſon des trompettes, le bruit des timbales & des tambours, la vue des exercices militaires, faiſoient ſur *Maurice*, encore enfant, l'impreſſion la plus vive; il raſſembloit des enfans de ſon âge & exécutoit avec eux dans ſon appartement ce qu'il avoit pu retenir des évolutions dont il avoit été témoin. Dès l'âge de ſeize ans, il avoit inventé un nouvel exercice & l'avoit fait exécuter en Saxe avec le plus grand ſuccès. En 1722, ayant obtenu un régiment en France, tous les jours ils prenoit plaiſir à le former & à l'exercer lui-même ſelon ſa nouvelle méthode; & ce fut peut-être ſon exemple qui réveilla l'attention du gouvernement ſur cette partie de la guerre, trop négligée juſqu'alors parmi nous, & perfectionnée en Pruſſe par cinquante ans d'application & de ſoin. Le chevalier Follard, qui a paſſé ſa vie à étudier la guerre, & à en donner des leçons, eſtimoit beaucoup la nouvelle tactique inventée par le comte de Saxe. Dans ſes commentaires ſur Polybe, après avoir parlé de l'utilité de pluſieurs exercices, il ajoute : « Ce que je viens de dire » eſt excellent; mais il faut encore exercer les » troupes à tirer ſelon la nouvelle méthode que » le comte de Saxe a introduire dans ſon régi- » ment: méthode dont je fais grand cas, ainſi » que de ſon inventeur, qui eſt un des plus beaux » génies pour la guerre que j'aie connus. L'on » verra à la première guerre que je ne me trompe » point dans ce que je penſe ». On peut remar- quer ici, à la gloire du chevalier Follard, que c'étoit en 1728 qu'il portoit ce jugement ſur le comte de Saxe.

Maurice ſervit d'abord en Flandres dans l'ar- mée des alliés, commandée par le prince Eugène & le duc de Marlborough; il n'avoit alors que douze ans. Il ſe trouva au ſiège de Lille, où il monta pluſieurs fois à la tranchée; à celui de Tournai, où deux fois il penſa perdre la vie; au ſiège de Béthune, où tous les généraux lui don- nèrent les plus grands éloges; enfin, à la fameuſe journée de Malplaquet, où loin d'être rebuté par l'horrible carnage de ce combat, il dit le ſoir, avec une eſpèce de tranſport d'allégreſſe, qu'il *étoit fort content de ſa journée.*

Stralſund, la plus forte place de la Poméranie, étoit aſſiégée au mois de décembre 1715, par les rois de Pologne, de Danemarck & de Pruſſe, & défendue par Charles XII. Le jeune comte

obtint la permiſſion de ſervir à ce ſiège parmi les troupes ſaxones. Il y montra la plus grande intrépidité. Le déſir de voir & de connoître Charles XII le portoit par-tout où le péril étoit le plus évident : c'étoit en effet dans les endroits où l'action étoit la plus vive qu'on étoit ſûr de trouver le roi de Suède. Le comte vit enfin ce jeune héros au milieu de ſes grenadiers, défen- dant un ouvrage, animant ſes ſoldats de la voix & de l'exemple, faiſant des prodiges de valeur, & s'expoſant au feu & au carnage avec la plus grande intrépidité. Cette vue fit ſur le comte l'impreſſion la plus vive. Il redoubla d'eſtime pour ce prince, & conſerva pour ſa mémoire la plus grande vénération.

Maurice, paſſionné pour la gloire, & avide de s'inſtruire, choiſiſſoit ſa patrie par-tout où il pouvoir exercer ſes talens. Il ſe trouva au ſiège de Bellegrade & à la bataille que le prince Eugène remporta ſur les turcs en 1716. Mais, après la mort de Frédéric-Auguſte, ſon père, il s'attacha pour toujours à la France. Il avoit eu de tout temps beaucoup d'inclination pour les françois, & ce goût ſembloit être né en lui avec celui de la guerre. La langue françoiſe fut même la ſeule langue étrangère qu'il voulût apprendre dans ſon enfance. Il étoit venu, pour la première fois, en France en 1720, & le duc d'Orléans, régent, inſtruit de ſes talens, lui avoit accordé un régi- ment, qu'il forma & exerça lui-même ſuivant ſa nouvelle méthode. Ce fut alors que le chevalier Follard, témoin de l'ardeur que le comte de Saxe faiſoit paroître pour ſe perfectionner dans la guerre, prédit les ſervices importans qu'il ſeroit en état de rendre. La mort de Frédéric-Auguſte, ſon père, ayant allumé en 1733 le flambeau de la guerre dans toute l'Europe, le comte de Saxe vint ſervir la nouvelle patrie qu'il avoit adoptée, en qualité de maréchal de camp, & ſe rendit ſur le Rhin, à l'armée du maréchal de Berwick. L'habilité qu'il montra dans les diverſes commiſſions dont il fut chargé pendant cette guerre, lui attira les plus grands éloges. Le maréchal d'Asfeld l'appeloit *ſon bras droit.*

Le maréchal de Berwick étant ſur le point d'attaquer les ennemis à Etlinghen, & voyant arriver le comte de Saxe dans ſon camp : « Comte, » lui dit-il auſſitôt, j'allois faire venir trois mille » hommes; mais vous me valez ſeul ce renfort ». Ce fut dans cette journée qu'il pénétra, à la tête d'un détachement de grenadiers, dans les lignes des ennemis, en fit un grand carnage, & décida la victoire par ſa bravoure. Non moins intrépide au ſiège de Philisbourg, il mérita, par ſes ſervices, le grade de lieutenant général qui lui fut accordé en 1734.

Le reſte de la vie de cet homme illuſtre ne fut plus qu'une ſuite de victoires & de triomphes.

Egra, qu'il emporta après quelques jours de tranchée ouverte, étoit une place d'autant plus importante, qu'elle étoit très-fortifiée, & que les ennemis y avoient tous leurs magasins. Cette conquête fit beaucoup de bruit dans l'Europe, & causa la plus grande joie à l'empereur Charles VII, qui écrivit de sa propre main au comte de Saxe, pour l'en féliciter.

Devenu maréchal de France en 1744, il commanda en chef un corps d'armée en Flandres. Cette campagne, le chef-d'œuvre de l'art militaire, fit placer le maréchal de Saxe à côté de Turenne. Il observa si exactement les ennemis, supérieurs en nombre, qu'il les réduisit dans l'inaction.

L'année 1745 fut encore plus glorieuse. Pendant l'hiver de cette année, il se conclut un traité d'union à Varsovie entre la reine de Hongrie, le roi d'Angleterre, l'électeur de Saxe & la Hollande. L'ambassadeur des états-généraux ayant rencontré le maréchal de Saxe dans la galerie de Versailles, lui demanda ce qu'il pensoit de ce traité. « Cela est fort indifférent à la France, » reprit le maréchal ; mais si le roi, mon maî- » tre, veut me donner carte blanche, j'en irai » lire l'original à la Haye, avant que l'année soit » passée ».

Cette réponse dans la bouche du comte de Saxe n'étoit point une rodomontade : il étoit capable de l'effectuer. En 1745, quoique dangereusement malade, il alla prendre le commandement de l'armée françoise dans les Pays-Bas. Quelqu'un le voyant avant son départ de Paris, lui demanda comment, dans l'état de foiblesse où il étoit, il pouvoit se charger d'une si grande entreprise. Ce général répondit simplement : *Il ne s'agit pas de vivre, mais de partir.*

A la bataille de Fontenoi, ce général étoit presque mourant. Il se fit traîner dans une voiture d'osier pour visiter tous les postes. Pendant l'action, il monta à cheval ; son extrême foiblesse faisoit craindre à tout moment qu'il n'expirât. C'est ce qui fit dire au roi de Prusse dans une lettre qu'il écrivit long-temps après : « Qu'agitant » il y a quelques jours la question de savoir » quelle étoit la bataille de ce siècle qui avoit » fait le plus d'honneur au général, les uns » avoient proposé celle d'Almanza, & les autres » celle de Turin ; mais qu'enfin tout le monde » étoit tombé d'accord que c'étoit, sans contredit, » celle dont le général étoit à la mort lorsqu'elle » se donna ».

La victoire de Fontenoi, due principalement à la vigilance & au génie supérieur du maréchal de Saxe, fut suivie de la prise de plusieurs villes. Le roi accorda au vainqueur de Fontenoi des lettres de naturalité conçues dans les termes les plus flat-

teurs. Les campagnes suivantes lui méritèrent de nouveaux honneurs. Après la victoire de Raucoux, le roi lui fit présent de six pièces de canon, qui faisoient partie de l'artillerie prise sur les ennemis. Il lui avoit déjà donné le château de Chambord, pour en jouir durant sa vie comme d'un bien propre. En 1747, il fut créé maréchal général de toutes les armées du roi. Enfin, au mois de janvier 1748, le roi le nomma commandant général de tous les Pays-Bas nouvellement conquis. Lorsque le maréchal de Saxe, couvert de lauriers, revint dans la capitale, les talens de toute espèce s'empressèrent de lui rendre leurs hommages. Tout Paris retentit de ses louanges, & les acclamations publiques interrompirent plusieurs fois les spectacles lorsqu'il y arrivoit.

Après que la paix eut été rendue à l'Europe le 18 octobre 1748, le maréchal de Saxe fixa son séjour à Chambord, & ne pensa plus qu'à jouir paisiblement de quelques années, dont une foible santé devoit bientôt terminer le cours. Ce héros, dont les jours avoient été si agités, & qui avoit fait trembler une partie de l'Europe, compara en mourant sa vie à un rêve. M. de Sénac, disoit-il à son médecin, *j'ai fait un beau songe.*

Il avoit été élevé, & il mourut dans la religion luthérienne. C'est ce qui fit dire à une grande princesse : « Il est bien fâcheux qu'on ne puisse » dire un *De profundis* pour un homme qui a fait » chanter tant de *Te Deum* ».

L'intention du maréchal avoit été de n'avoir ni sépulture, ni pompe funèbre. Il s'en étoit expliqué par cet article de son testament : « Quant à » mon corps, je désire qu'il soit enseveli dans la » chaux vive, si cela se peut, afin qu'il ne reste » bientôt plus rien de moi dans le monde que ma » mémoire parmi mes amis ».

Cet article n'eut pas lieu ; le roi voulut qu'on rendît aux cendres de ce héros les plus grands honneurs. Son corps fut transporté à Strasbourg avec une magnificence royale ; & sa majesté a fait ériger à cet homme illustre, par les mains du célèbre Pigalle, un superbe monument dans l'église luthérienne de Saint-Thomas. Le héros est représenté debout, cuirassé, avec un bâton de commandant à la main. Derrière le maréchal est une pyramide, sur laquelle est gravée l'épitaphe : cette pyramide est ornée de plusieurs trophées d'armes & de différens attributs de la victoire. Sur le devant s'offre un tombeau que la mort entr'ouvre d'une main ; de l'autre elle tient une horloge de sable, & semble dire au héros que l'heure fatale est arrivée. Il a déjà fait un pas pour descendre dans le tombeau. La France assise sur un des dégrés qui y conduisent, retient de la main droite le maréchal, & de la gauche repouffe la mort. Il y a à côté du héros un génie fous la figure d'un enfant ; il éteint un flambeau. De l'autre côté du maufolée, l'aigle eft renverfé fur le dos, les aîles déployées ; le léopard terraffé expire ; le lion paroît agité de frayeur : fymboles de l'Allemagne, de l'Angleterre & de la Hollande. Au-deffous eft une figure allégorique de la force, le coude fur une maffue, & la tête appuyée fur la main. Le maufolée a vingt pieds de face fur vingt-cinq de haut, & eft exécuté en marbre.

Lors de la pompe funèbre du maréchal de Saxe, après que fon corps eut été tranfporté dans la capitale de l'Alface, deux foldats qui avoient fervi fous lui, entrent dans le temple où étoit dépofée fa cendre. Ils approchent en filence, le vifage trifte, l'œil en pleurs. Ils s'arrêtent aux pieds du tombeau, le regardent, l'arrofent de leurs larmes. Alors l'un d'eux tire fon épée, l'applique au marbre de la tombe comme pour en éguifer le tranchant. Saifi du même fentiment, fon compagnon imite fon exemple. Tous deux enfuite fortent en pleurant, l'œil fixé fur la terre, & fans proférer un feul mot. S'il eft un homme, ajoute le panégyrifte du comte de Saxe, à qui cette action ne paroiffe pas l'expreffion la plus fublime du fentiment dans des ames fimples & guerrières, la nature lui a refufé un cœur. Ils penfoient ces deux guerriers que le marbre qui touchoit aux cendres de *Maurice*, avoit le pouvoir de communiquer la valeur & de faire des héros.

Le comte de Saxe avoit époufé la comteffe de Loben, malgré fa répugnance pour un engagement durable. Les attraits, la naiffance, les richeffes de la jeune comteffe ébranlèrent d'abord fon inconftance ; & il fe décida enfin tout-à-fait lorfqu'il fut qu'elle s'appeloit *Victoire*. Il a dit depuis que ce nom, fi flatteur pour un guerrier, avoit plus contribué à le déterminer que la beauté & les grands biens de la comteffe. Il eut de ce mariage un fils qui mourut fort jeune ; mais les dégoûts fuccédèrent bientôt aux plaifirs, & cette union ne fut pas de longue durée. Fatigué par les reproches trop fouvent réitérés que fa femme lui faifoit fur fes infidélités, il entreprit de faire rompre fon mariage. Selon les loix, le divorce ne pouvoit avoir lieu que dans le cas de preuve d'adultère contre le mari ou contre fa femme. D'un autre côté l'adultère bien prononcé étoit un crime capital qui emportoit peine de mort contre celui qui en étoit convaincu. Les obftacles ne l'arrêtèrent point. Il étoit bien fûr de l'impunité ; il ne s'agiffoit que de faire agréer le divorce à la comteffe, afin que fur fa plainte les juges puffent prononcer la féparation. Il fe chargea encore de lever cette difficulté, comptant bien s'y prendre de manière à lui infpirer le même dégoût qu'il

avoit pour elle. Il alla un jour, à cet effet, la trouver dans une de fes terres ; & affectant encore plus d'humeur & de mauvaifes façons qu'il n'en avoit eues jufqu'alors, il réuffit à la mettre en colère. On en vint aux reproches infultans. Le comte, pour les terminer, lui propofa une féparation. Elle entra dans fes vues, & confentit, par écrit, à adopter toutes les voies poffibles pour accélérer le divorce. Charmé du fuccès de fa négociation, le comte la pria de fe rendre à Dresde. Ce fut dans cette ville que l'affaire fut entièrement terminée. Il fut furpris en adultère avec une des femmes de la comteffe. Six témoins apoftés certifièrent le fait ; il y eut plainte en conféquence ; le mariage fut caffé par un décret du fénat, & le comte condamné à mort. Cette partie du décret fut annullée le jour même par des lettres de grace que le roi fon père lui accorda ; le comte trouva fous fa ferviete en fe mettant à table pour dîner avec fa majefté. Il promit à la comteffe de ne jamais fe remarier, & lui tint parole. La comteffe n'en fit pas de même. Elle époufa un officier faxon, dont elle eut trois enfans. Elle n'avoit confenti à la diffolution de fon mariage qu'avec beaucoup de chagrin ; car elle aimoit tendrement le comte de Saxe. On prétend que le comte fe repentit plus d'une fois d'avoir fait cette démarche : ce que l'on affure, c'eft que dès qu'elle ne fut plus fa femme, fes dégoûts ceffèrent, & qu'il la voyoit même avec plaifir.

Le comte de Saxe, avoit un tempérament ardent qui le livroit aux femmes ; mais peu conftant dans fes goûts, il ne cherchoit qu'à les varier, & fouvent fans beaucoup de délicateffe. Peut-être que s'il eût pu fe vaincre, & répondre aux foins empreffés de la ducheffe de Courlande douairière, qui avoit conçu de la paffion pour lui, cette princeffe lui auroit affuré la fouveraineté de Courlande, & même le trône de Ruffie, fur lequel elle monta dans la fuite. Le comte de Saxe, avoit été appelé à cette fouveraineté, par les états en 1726. Mais les polonois & les mofcovites, s'oppofèrent à cette élection. La ducheffe de Courlande, dans l'efpérance d'époufer le comte de Saxe, le foutint de tout fon crédit. Elle avoit d'ailleurs des attentions pour le comte, dont peut-être il fut excédé ; car en tout il fe conduifoit affez militairement, & on rifquoit de le fatiguer par des démonftrations trop réitérées de ce qu'on fentoit pour lui. Tous les matins, un page de la princeffe fe trouvoit à fon lever, pour favoir comment il avoit paffé la nuit ; un inftant après un officier venoit prendre fes ordres pour le courant de la journée. Avoit-il la moindre indifpofition, tout le monde étoit en allarmes dans la cour de la ducheffe. Le comte n'étoit pas d'un caractère à s'amufer de tant de foins : D'ailleurs n'ayant aucun goût pour la princeffe, il étoit encore moins en état de fentir tout le prix de ses démarches. Il eut tout lieu de se repentir de son indifférence; car la duchesse, après avoir essayé vainement de le toucher, après lui avoir fait des reproches, qui étoient autant de preuves de ses heureuses dispositions pour lui, s'étoit enfin rebutée. Une aventure arrivée dans son propre palais, avoit mis le comble aux sujets de mécontentement qu'il lui donnoit chaque jour. Le comte devint amoureux d'une demoiselle de la cour de la duchesse. Ne pouvant avoir accès dans sa chambre, il convint avec elle d'aller pendant la nuit l'aider à sortir de son appartement par les fenêtres, de la conduire chez lui, & de la ramener avant le jour. Le comte, pour faciliter le retour de la demoiselle qui avoit peine à marcher, parce que la terre étoit couverte de verglas & de neige, la prit sur ses épaules pour la reporter chez elle. Dans le temps qu'il traversoit la cour, une vieille femme qui avoit une lanterne, passa auprès d'eux; le comte, pour l'empêcher de rien appercevoir, donna un coup de pied dans la lanterne; malheureusement l'autre pied ayant glissé sur le verglas, il tomba avec son fardeau sur la vieille, qui se mit à faire des cris affreux. La garde accourut, & s'en retourna dès qu'elle eut apperçu le comte. Cet évènement éclata, & l'on crut devoir en amuser la duchesse à son lever. Elle dissimula avec le comte; mais dès ce moment elle prit le parti de l'abandonner entièrement. Quelques années après, cette princesse ayant été appelée au trône de Russie, le comte de Saxe, ne pouvant croire qu'il fût absolument mal dans son esprit, fit une tentative pour recouvrer ses bonnes graces. Il gagna un chambellan, qui se chargea de porter les premières paroles; celui-ci n'eut pas plutôt prononcé le nom du comte, que l'impératrice lui ordonna de se retirer; il fut disgracié & chassé de la cour.

Le comte de Saxe, pour soutenir ses prétentions en Courlande avant qu'elles fussent totalement échouées, avoit écrit en France, afin d'avoir un secours d'hommes & d'argent. On doit à ce sujet répéter ici, un trait généreux de la célèbre Lecouvreur, actrice de la scène françoise. L'attachement qu'elle avoit pour le comte lui fit faire le sacrifice de ses diamans & de sa vaisselle; elle les mit en gage pour une somme de quarante mille livres qu'elle lui envoya.

Le maréchal de Saxe, qui disoit que toutes les actions de notre vie n'étoient qu'un rêve, a pu traiter de *rêveries* ses idées même les plus lumineuses sur l'art militaire. Un fait assez particulier & que l'on aura peut-être peine à croire, c'est qu'il étoit malade, & avoit la fièvre, lorsqu'en 1732 il fit l'ouvrage qui porte pour titre *mes rêveries*. Cet ouvrage fut composé en treize nuits; il le retoucha, & y fit des augmentations après la paix de 1736.

M. le comte, depuis maréchal de Saxe, avoit imaginé, en 1729, de faire construire une galère sans rames & sans voiles, qui devoit monter la Seine de Rouen à Paris en vingt-quatre heures. Sur le certificat de deux membres de l'académie des sciences, il avoit obtenu un privilège exclusif pour sa machine, qui ne réussit point. La célèbre Lecouvreur, amante du comte, s'écrioit souvent, après cette dépense inutile : « Que diable » alloit-il faire dans cette maudite galère ?

MAXIME. Proposition générale, & qui contient une vérité pratique. On a comparé ingénieusement certaines *maximes* à des écheveaux mêlés. En tient-on un bout, on peut en devider toute la morale & la politique; mais il faut à cet ouvrage employer des mains bien adroites.

Maximes.

I.

L'économie est la source de l'indépendance & de la libéralité.

II.

Il ne faut pas laisser croître l'herbe sur les chemins de l'amitié.

III.

Il y trois choses que les femmes de Paris jettent par les fenêtres; leur temps, leur santé & leur argent.

IV.

Le moyen de ne point s'ennuyer avec les autres, est de leur parler d'eux-mêmes, en même-temps que c'est le meilleur parti pour qu'ils ne s'ennuient pas avec vous.

V.

Il ne faut solliciter les personnes en place que lorsque l'on est sûr d'obtenir.

VI.

De toutes les manières d'obliger les malheureux, la plus commode est de leur faire soi-même le bien qu'ils veulent que vous obteniez des autres pour eux.

VII.

Il ne faut pas donner de conseil à ceux qui en ont besoin, ni faire de reproches à ceux qui les méritent, ni chercher à amuser ceux qui s'ennuient.

VIII.

Il ne faut pas défendre ses amis attaqués dans le monde, en les justifiant sur l'article sur lequel on les accuse; mais en les louant sur les bonnes qualités qu'on ne leur conteste pas.

IX.

Il faut louer fon ami à la manière de ceux à qui vous voulez en donnner une bonne idée, & non pas à la vôtre ni à la fienne.

X.

Il ne faut jamais louer les gens qu'on aime & qu'on eftime, qu'en général & jamais par les détails.

XI.

L'homme qui marche à la fortuné en fe faifant précéder par l'injuftice & l'oppreffion, ne fauroit jouir de fes acquifitions.

XII.

Si vous voulez être le favori d'un grand feigneur, adreffez-vous à fes foibleffes; fi vous vous attachiez à fa raifon, vous ne pourriez pas réuffir.

Sadi. — O fils d'Adam! que la vertu foit toujours devant tes yeux, & repréfente-la fi belle, qu'il te foit impoffible de ne-la pas aimer; furtout ne t'occupe point de fes préceptes fans penfer à fes effets & à fes charmes; donne-lui un corps; faifis-la par tes fens.

Fais-toi des images vives du bonheur, qui doit être la récompenfe des fages & des malheurs de l'infenfé, tu intérefferas ton cœur à être vertueux.

Ne renonçons jamais au bonheur, les fources du bien & du mal font cachées, & nous ignorons laquelle doit s'ouvrir pour arrofer l'espace de la vie. O homme! ô qui que tu fois, mon frère! dans le malheur, fois patient & efpère.

Pour vous foumettre la fortune & les chofes, commencez par vous en rendre indépendant. Pour régner par l'opinion, commencez par régner fur elle.

Le monde réel a fes bornes; le monde imaginaire eft infini. Ne pouvant élargir l'un, rétréciffons l'autre; car c'eft de leur feule différence que naiffent toutes les peines qui nous rendent vraiment malheureux.

Les grands befoins naiffent des grands biens; & fouvent le meilleur moyen de fe donner les chofes dont on manque, eft de s'ôter celles qu'on a.

Les bonnes inftitutions fociales, font celles qui favent le mieux dénaturer l'homme, lui ôter fon exiftence abfolue, pour lui en donner une relative, & transporter le *moi* dans l'unité commune; enforte que chaque particulier ne fe croie plus un, mais partie de l'unité, & ne foit plus fenfible que dans le tout.

Le feul moyen de connoître les véritables mœurs d'un peuple, c'eft d'étudier fa vie privée dans les états les plus nombreux; car s'arrêter aux gens qui repréfentent toujours, c'eft ne voir que des comédiens.

Les citoyens qui ont bien mérité de la patrie, doivent être récompenfés par des honneurs, & jamais par des privilèges; car la république eft à la veille de fa ruine, fitôt qu'on peut penfer qu'il eft beau de ne pas obéir aux loix.

Le premier pas vers le vice, eft de mettre du myftère aux actions innocentes; & quiconque aime à fe cacher, a tôt ou tard raifon de fe cacher. Un feul précepte de morale peut tenir lieu de tous les autres. C'eft celui-ci: «Ne fais ni ne dis jamais » rien, que tu ne veuilles que tout le monde voie » & entende.».

Defcartes. — Obéiffons en tout temps aux loix & aux coutumes de notre pays.

N'enchaînons jamais notre liberté pour l'avenir.

Décidons-nous toujours pour les opinions modérées, parce que, dans le moral, tout ce qui eft extrême eft prefque toujours vicieux.

Travaillons à nous vaincre nous-mêmes, plutôt que la fortune, parce que l'on change fes defirs plutôt que l'ordre du monde, & que rien n'eft en notre pouvoir que nos penfées.

Confidérez les différens états de la vie où la naiffance & l'éducation peuvent vous deftiner, & confultez votre génie avant d'en embraffer aucun. Ce qui perd un homme, & pour fa fortune & pour fa réputation, c'eft de fe jetter dans une profeffion qui ne lui convient pas. (*Bacon*).

Vouloir embraffer tous les objets que le tourbillon des affaires offre à nos yeux, c'eft s'expofer à n'en faifir aucun. N'ayez qu'un but; employez tout le refte comme des moyens.

Vous vous croyez en paffe, parce qu'un homme d'un nom ou d'un mérite diftingué vous protège? Illufion. Ce n'eft pas toujours un bel inftrument qu'il vous faut, mais un outil commode & maniable. Quand vous recommandez vos intérêts à quelqu'un, n'examinez pas tant fon rang, que fon habileté; fon crédit, que fon affection; s'il fe prête aifément; s'il fait du choix dans fes engagemens.

Attachez-vous à la vertu; vous n'aurez pas à vous plaindre de la fortune.

La modeftie eft une très belle qualité qui accompagne ordinairement le vrai mérite. Rien ne gagne & ne prévient plus les efprits que la modeftie; comme au contraire rien ne rebute & ne choque davantage que la préfomption & l'effronterie. On n'aime pas un homme qui veut toujours fe faire valoir, qui parle avantageufement de lui-même, & qui est toujours le héros de son propre roman.

Pope. — Un homme ne doit jamais rougir d'avouer qu'il a tort; car, en faisant cet aveu, il prouve qu'il est plus sage aujourd'hui qu'il n'étoit hier.

MAYNARD, (François) poète françois, l'un des quarante de l'académie françoise, mort en 1646, à 64 ans.

Maynard fut l'élève de Malherbe, qui disoit de son disciple qu'il tournoit bien un vers, mais que son style manquoit de force.

Maynard réussissoit sur-tout dans l'épigramme, & dans ces sortes de poésies appelées priapées, genre facile, & qui annonce moins l'esprit que la corruption du cœur de celui qui s'en occupe.

Le dépit que lui causa sa mauvaise fortune, lui fit présenter ces stances au cardinal de Richelieu :

    Armand, l'âge affoiblit mes yeux,
    Et toute ma chaleur me quitte;
    Je verrai bientôt mes ayeux
    Sur le rivage du Cocyte.

    Je ferai bientôt des suivans
    De ce bon monarque de France,
    Qui fut le père des savans
    En un siècle plein d'ignorance.

    Lorsque j'approcherai de lui,
    Il voudra que je lui raconte
    Tout ce que tu fais aujourd'hui
    Pour combler l'Espagne de honte.

    Je contenterai son desir;
    Et par le récit de ta vie,
    Je calmérai le déplaisir
    Qu'il reçut au camp de Pavie.

    Mais, s'il demande à quel emploi
    Tu m'as occupé dans le monde,
    Et quels biens j'ai reçus de toi,
    Que veux-tu que je lui réponde ?

Rien, répondit sèchement le cardinal, qui vouloit donner de lui-même, & n'aimoit pas qu'on lui demandât. *Maynard* ne cessa depuis de déchirer le cardinal de Richelieu dans ses vers; il l'appeloit un tyran. Si ce ministre lui eût fait du bien, il auroit été un dieu pour lui. C'est trop ressembler, ajoute un auteur illustre, à ces mendians qui appellent les passans *Monseigneur*,

& qui les maudissent s'ils n'en reçoivent point d'aumône.

Maynard, las de solliciter des graces, s'étoit retiré dans sa province, & avoit fait mettre sur la porte de son cabinet ces quatre vers :

    Las d'espérer & de me plaindre
    Des muses, des grands & du sort;
    C'est ici que j'attends la mort,
    Sans la désirer ni la craindre.

Il eût été peut-être encore plus philosophique de ne pas seulement songer qu'il y eût des grands quelque temps avant sa mort; il revint à Paris. Dans les conversations qu'il avoit avec ses amis, dès qu'il vouloit parler, on lui disoit : *Ce mot-là n'est plus d'usage.* Cela lui arriva tant de fois, qu'à la fin il fit ces quatre vers :

    En cheveux blancs il me faut donc aller,
    Comme un enfant, tous les jours à l'école ?
    Que je suis fou d'apprendre à bien parler,
    Lorsque la mort vient m'ôter la parole !

MAZARIN, (Jules) cardinal & premier ministre d'état en France, né en 1602, mort en 1661.

Le cardinal *Mazarin*, jeune encore, inconnu, & sans autorité que celle de la raison, s'élança entre deux armées prêtes à combattre, en criant : *Vous êtes hommes, vous êtes frères; je vous défends, au nom de l'humanité, de vous égorger.* Cet évènement si glorieux pour *Mazarin*, & qui se trouve enfoui sous les reproches sans nombre qu'on peut lui faire, d'avoir trompé les hommes, arriva devant Casal le vingt six octobre 1630. Spinola commandoit les espagnols; le maréchal de Schomberg les françois. *Mazarin* sépara les armées, comme s'il n'eût séparé que deux combattans. Il ménagea une trève, qui, par ses soins, fut bientôt suivie de la paix.

Le cardinal *Mazarin*, étoit aussi doux que le cardinal de Richelieu étoit violent : un de ses plus grands talens fut de bien connoître les hommes. Le caractère de sa politique étoit plutôt la finesse & la patience, que la force : opposé à dom Louis de Haro, comme le duc de Richelieu l'avoit été au duc d'Olivarès, après être parvenu au milieu des troubles civils de la France, à déterminer toute l'Allemagne à nous céder de gré ce que son prédécesseur lui avoit enlevé par la guerre, il sut tirer un avantage encore plus précieux de l'opiniâtreté que l'Espagne fit voir alors; & après lui avoir donné le temps de s'épuiser, il l'amena enfin à la conclusion de ce célèbre mariage qui acquit au roi des droits légitimes & vainement contestés sur une des plus puissantes monarchies de l'univers. Ce ministre pensoit que la force ne doit jamais être employée qu'au défaut des autres moyens, & son esprit lui fournissoit le courage conforme aux circonstances ; hardi à Casal ; tranquille, & agissant dans sa retraite à Cologne, entreprenant lorsqu'il fallut faire arrêter les princes, mais insensible aux plaisanteries de la fronde, méprisant les bravades du coadjuteur, & écoutant les murmures de la populace, comme on écoute du rivage le bruit des flots de la mer. Il y avoit dans le cardinal de Richelieu quelque chose de plus grand, de plus vaste & de moins concerté, & dans le cardinal *Mazarin*, plus d'adresse, plus de mesure & moins d'écarts ; on haïssoit l'un, & on se mocquoit de l'autre ; mais tous deux furent les maîtres de l'état.

Jules Mazarin, se fit connoître pour la première fois au cardinal de Richelieu & à Louis XIII, par les négociations qu'il entama pour le traité de Ratisbonne de 1630, entre l'empereur & ce monarque. Richelieu, qui apperçut dans *Mazarin* un esprit souple, adroit & utile à ses desseins, se l'attacha. Ce fut à la recommandation de ce ministre tout-puissant, que Louis XIII fit avoir à *Mazarin* le chapeau de cardinal, & qu'il lui donna entrée dans ses conseils. Après la mort du roi il feignit de vouloir se retirer en Italie, & la régente qui fut la dupe de l'artifice, eut recours aux prières pour le retenir, & se crut fort heureuse de ce que le rusé Italien voulut bien se charger du gouvernement de l'état qu'il ambitionnoit.

Le nouveau ministre usa d'abord de sa puissance avec modération. Il substitua la modestie, la douceur, la mollesse même dans le commandement, à la hauteur, aux menaces & à la sévérité inflexible du cardinal de Richelieu son prédécesseur. Il étoit très-versé dans les affaires étrangères, mais sans aucune teinture de l'administration intérieure, de la législation & de la science des finances. Il abandonna cette dernière partie à Particelli d'Hémeri, italien assez dépravé, pour ne regarder la bonne foi, que comme une vertu de négociant. Ce surintendant excita un murmure général, par les impôts accablans dont il surchargea le royaume. D'ailleurs, l'ambition des grands, leurs jalousies mutuelles, leur haine contre l'autorité d'un ministre étranger, ce concours d'intérêts & de passions, fit éclore des divisions qui troublèrent l'état pendant la minorité de Louis XIV. *Mazarin* fut obligé plusieurs fois de sortir du royaume. Le parlement fit même son procès, & sa tête fut mise à prix. Mais, comme ce n'étoit point une guerre de religion, cette proscription n'engendra point de fanatiques. Les Blot & les Marigni, connus de leur temps par des chansons qui, suivant l'expression de madame de Sévigné, avoient le diable au corps, contribuèrent peut-être le plus par leurs plaisanteries à calmer

les esprits en les portant à rire. Ils firent afficher dans Paris une répartition des cent cinquante mille livres, qui étoient le prix promis à celui qui apporteroit la tête du cardinal. Il y avoit tant pour qui lui couperoit le nez, tant pour une oreille, tant pour un œil, tant pour un bras, &c.

Le bibliothèque du cardinal fut vendue par arrêt du parlement. Il y avoit un recueil de pièces originales de toutes les affaires de France depuis 1601, jusqu'à 1648, en un grand nombre de volumes. C'est principalement sur ce recueil que Siri a composé son histoire. Le cardinal s'étoit trouvé à la première sortie de France abandonné de tout le monde, avec six-mille pistoles pour tout bien, lui qui s'étoit vu le maître de tous les trésors du royaume. Il se repentit de son peu de prévoyance, & se promit bien de ne pas retomber dans le même cas. Il se ressouvint de cette promesse ; & lorsqu'il sortit de France la seconde fois, il avoit placé plus de quatre millions dans les banques de Venise, de Hollande & d'Angleterre. Aussi parut-il moins inquiet de son retour ; & les instructions qu'il envoyoit à la reine, étoient en quelque sorte des ordres qu'on exécutoit aussitôt. Il rentra dans le royaume, moins en ministre qui venoit reprendre son poste, qu'en souverain qui se remettoit en possession de ses états. Il étoit conduit par une petite armée de sept mille hommes levée à ses dépens, c'est-à-dire, avec l'argent du royaume qu'il s'étoit approprié.

S'il en faut croire madame de Motteville dans ses mémoires, l'ambitieux cardinal osa porter les yeux jusque sur son maître pour en faire son neveu. Le jeune monarque, né avec un cœur tendre, marquoit beaucoup d'attachement pour mademoiselle Mancini l'une des nièces du cardinal. Ce ministre, tenté de laisser agir l'amour du roi, pressentit adroitement la reine mère : *Je crains bien*, lui dit-il, *que le roi ne veuille trop fortement épouser ma nièce*. La reine, qui connoissoit le cardinal, comprit qu'il souhaitoit ce qu'il feignoit de craindre. Elle lui répondit avec la hauteur d'une princesse du sang d'Autriche, & avec l'aigreur que lui inspiroit depuis quelque temps un ministre qui affectoit de ne plus dépendre d'elle : « Si le roi étoit capable de cette indignité, je me mettrois avec mon second fils à » la tête de toute la nation, contre le roi & contre » vous ».

Mazarin, comprenant par cette réponse qu'il falloit renoncer à ses vues, se fit lui-même un honneur & un mérite, de s'opposer à la passion du jeune prince. Il éloigna sa nièce de la cour. Ce fut dans le moment de cette séparation avec mademoiselle de Mancini, dit à Louis ces paroles qui signifioient tant de choses, & que Racine employe si heureusement dans Bérénice : *Sire, vous êtes roi, vous m'aimez, & je pars*.

La

La reine mère, avoit tourné ses vues sur l'Espagne pour marier le jeune monarque; & l'infante, si souvent proposée, le fut enfin sérieusement comme le lien des deux couronnes. *Mazarin*, & dom Louis, premier ministre d'Espagne, se rendirent sur les frontières d'Espagne & de France, dans l'isle des Faisans. Ils y concluent en 1659, le fameux traité des Pyrénées qui contient cent vingt-quatre articles, dont un des principaux, fut le mariage du roi avec l'infante Marie-Thérèse. Les conférences durèrent quatre mois. *Mazarin* & dom Louis, y déployèrent toute leur politique; celle du cardinal étoit la finesse, celle de dom Louis la lenteur. On prétend même qu'il disoit du cardinal : « Il a un grand dé- » faut en politique, c'est qu'il veut toujours » tromper ».

Le siège de Dunkerque avoit été entrepris par les françois en 1658, avec la convention très-formelle, que la place seroit livrée à l'Angleterre. Cromwel, averti que Turenne étoit chargé d'y mettre un gouverneur de sa nation, communiqua ses soupçons à l'ambassadeur de France qui nia la chose. Le protecteur irrité de cette mauvaise foi, tira de sa poche l'ordre que *Mazarin* avoit donné : « Je prétends, lui dit-il, que vous » dépêchiez un courier au cardinal, pour lui faire » savoir que je ne suis pas homme à être trompé; » & que si, une heure après la prise de Dunker- » que, on n'en délivre pas les clefs au général » Anglois, j'irai en personne demander les clefs » des portes de Paris ».

La victoire des Dunes & la prise de cette ville de Dunkerque, eurent un si grand éclat que le cardinal voulut s'en attribuer la gloire. Pour y parvenir, il fit proposer au vicomte de Turenne de lui écrire une lettre, dans laquelle il lui témoigne que c'est le premier ministre qui a conçu le dessein du siège, & dressé le plan de la bataille. Le vicomte répondit avec sa candeur ordinaire : « Que le cardinal *Mazarin* pouvoit em- » ployer tous les moyens qu'il vouloit, pour » convaincre toute l'Europe de sa capacité mi- » litaire; qu'il n'estimoit point assez la gloire » pour le démentir; mais qu'il lui étoit im- » possible d'autoriser une fausseté par sa signa- » ture ».

Lorsque la France étoit le plus soulevée contre le cardinal *Mazarin*, ce ministre lui acquéroit la province d'Alsace, par le traité de Munster de 1648. Mais, quand il commença à jouir tranquillement de la souveraine puissance qui lui avoit été confiée, il parut ne s'occuper que de sa fortune & de celle de ses nièces. On l'a dit riche d'environ deux cents millions, à compter comme on fait aujourd'hui. Le roi demandoit quelquefois de l'argent à Fouquet surintendant des finances, qui lui répondoit : « Sire, il n'y a rien dans les

» coffres de votre majesté; mais M. le cardinal » vous en prêtera ».

Quand le cardinal avoit mis un impôt nouveau, il demandoit à ses créatures ce qu'on disoit dans Paris. On répand, lui répondoit-on, des couplets atroces contre votre éminence; *tant mieux*, reprenoit le cardinal, *s'ils chantent la chansonnette, ils payeront.*

Les grands cherchoient à se consoler de la profonde soumission où ce cardinal les tenoit par les sarcasmes qu'ils lançoient contre lui: Le coadjuteur de Paris étoit à Rome lorsque le père du cardinal *Mazarin* y mourut; il fit mettre dans la gazette de Rome : « Nous apprenons par les avis » de Paris, que le seigneur *Pierre Mazarin* est » mort en cette ville ».

M. de Mortemart étoit également mécontent du cardinal, ainsi que M. de Liancourt, & ne lui rendoient aucune sorte de devoirs. Néanmoins, à la mort du père du cardinal, M. de Liancourt proposa à M. de Mortemart d'aller rendre une visite à ce premier ministre. *Il est fort affligé de la mort de son père*, lui disoit-il : « Il a » raison, reprit Mortemart; c'est peut-être le » seul homme qui pouvoit mourir sans qu'il en » héritât ».

Le cardinal *Mazarin* savoit peut-être par expérience, que les talens d'un homme contribuent moins que la faveur des circonstances au succès de ses entreprises; c'est pourquoi il s'informoit ordinairement, avant de confier une affaire à quelqu'un, si cette personne étoit heureuse.

Il étoit du sentiment de ceux qui pensent qu'à la cour les absens & les malades ont toujours tort. Lorsqu'il fut attaqué de la maladie dont il mourut, il faisoit toujours bonne contenance. Il se mit même un jour, à ce qu'on prétend, un peu de rouge pour faire accroire qu'il se portoit mieux, & donna audience à tout le monde. Le comte de Fuensaldagne, ambassadeur d'Espagne, en le voyant, se tourna vers M. le prince, & lui dit, d'un air grave : *Voilà un portrait qui ressemble assez à M. le cardinal.*

Quoiqu'il ne passât point pour avoir la conscience bien timorée, cependant il eut en mourant des scrupules sur ses richesses immenses. Un bon Théatin, son confesseur, lui dit nettement qu'il seroit damné s'il ne restituoit le bien qu'il avoit mal acquis : *Hélas*, dit-il, *je n'ai rien que des bienfaits du roi* : « mais, reprit le Théatin, » il faut bien distinguer ce que le roi vous a » donné d'avec ce que vous vous êtes attribué ». *Ah ! si cela est*, répondit le cardinal, *il faut tout restituer.* M. Colbert vint là-dessus, & étant consulté, conseilla au cardinal de faire une donation testamentaire de tous ses biens en faveur du roi qui ne manqueroit pas, vu son bon cœur, de les lui redonner sur le champ. L'expédient plut à son éminence ; il falloit peu de choses pour calmer ses remords. Il fit la donation ; mais il fut deux jours fort en peine, parce que le roi qui l'avoit acceptée ne disoit mot : *Ma pauvre famille !* s'écrioit-il dans son lit devant messieurs Colbert, Rosé & d'autres personnes ; *ah ! ma pauvre famille n'aura pas de pain.* M. Colbert chercha à le rassurer, & lui rapporta enfin au bout de trois jours la donation du roi qui le remettoit en possession de ses richesses immenses. (*Mém. de l'abbé de Choisy.*)

Le cardinal fit son testament, où il disposa de tous ses biens, laissa des sommes considérables pour la fondation du collège des quatre nations. Il donna encore en mourant des preuves de cet esprit de ruse qui faisoit le caractère de sa politique ; car il fit dire à plusieurs personnes qu'il s'étoit ressouvenu d'elles dans son testament, quoiqu'il n'en fût rien. Il se promettoit sans doute, s'il recouvroit la santé, se faire un mérite auprès de ces personnes de ce vain ressouvenir.

Le marquis de la Fare rapporte dans ses mémoires, que le cardinal *Mazarin*, disoit qu'il vouloit tellement multiplier la dignité de duc & pair, qu'il seroit honteux à un homme de qualité de l'être, & honteux de ne l'être pas. Dans le temps de sa dernière maladie, M. Brayer, son médecin, sans prendre garde à la conséquence que ce ministre en pouvoit tirer, lui dit qu'il paroissoit une comète dans le ciel. Ce ministre pensa qu'on croyoit ce phénomène annonçoit sa mort. Dans cette idée, il dit : la comète me fait trop d'honneur.

Le cardinal *Mazarin*, racontant un jour comme en sa jeunesse il avoit commandé une compagnie de cavalerie, le maréchal de Grammont lui dit : « Votre Eminence s'est fait grand tort de quitter cette profession-là, car assurément elle seroit à présent mestre-de-camp de cavalerie ».

Louis XIV, encore enfant, souffroit avec impatience le faste du cardinal *Mazarin* ; & le voyant venir avec un groupe de courtisans, il s'écria : « Voilà le grand turc qui passe ».

Le cardinal *Mazarin* se soucioit peu de ce qu'on disoit, qu'on écrivoit, qu'on entreprenoit même contre lui. Un seigneur se justifiant par de bonnes raisons, d'une entreprise que le cardinal lui imputoit avoir faite sur sa personne, il lui dit : « Voyez-vous, monsieur, il n'y a pas de si mauvaise cause pour la défense de laquelle on ne puisse trouver quelque couleur. Je me souviens d'avoir oui un prédicateur qui faisoit l'apologie de Judas, en représentant qu'il étoit intendant des finances & maître-d'hôtel de Jésus-

Christ ; de sorte que voyant qu'il manquoit de fonds pour faire subsister la compagnie des Apôtres, il pensa que les juifs souhaitoient avec passion de prendre son maître, & que, s'il le livroit, le trahissoit, ce seroit un bon parti pour avoir de l'argent, d'autant plus qu'il croyoit que son maître auroit le pouvoir de se tirer de leurs mains, puisqu'il s'étoit déjà tiré de plus méchans pas que celui-là, & que cependant il feroit subsister la compagnie ». Après quoi le cardinal se tut, laissant faire l'application de ce détour pour autoriser une trahison, à celui qui s'excusoit de celle dont il lui faisoit reproche.

Le cardinal *Mazarin* ayant envie d'acheter une maison de plaisance pour Monsieur, frère du roi, jeta les yeux sur celle d'un gros partisan, située à Saint Cloud, qui étoit d'une étendue immense, & d'une grande beauté : aussi revenoit-elle à près d'un million à celui qui en étoit le possesseur. Le cardinal l'y fut voir un jour, & admirant la magnificence de cette maison, il dit au partisan : « Cela doit vous coûter au moins douze cents » mille livres ». Le partisan, qui ne voulut pas qu'on connût ses richesses, répondit au cardinal qu'il n'étoit pas assez opulent pour mettre une somme si considérable pour ses plaisirs. « Combien donc, reprit le cardinal, cela peut-il vous coûter ? je parois que c'est au moins deux cent mille écus. — Non, monseigneur, dit le financier ; je ne suis pas en état de faire une si grosse dépense. Apparemment, dit le cardinal, que cela ne vous coûte que cent mille écus ? » Le partisan crut devoir se borner à ce prix, & convint que cela lui coûtoit cette somme. Le lendemain matin, le cardinal *Mazarin* lui envoya trois cent mille livres, & lui écrivit, que le roi souhaitoit faire l'acquisition de cette maison pour Monsieur : celui qui étoit porteur de la lettre & de l'argent, étoit un notaire qui avoit en main un contrat de vente tout dressé, que le partisan fut obligé de signer.

Le cardinal *Mazarin* disoit du président le Coigneux : il est si bon juge, qu'il enrage de ne pouvoir condamner les deux parties.

On vint annoncer à Louis XIV, que le cardinal *Mazarin*, venoit de rendre son ame à Dieu ; un courtisan répondit : « Sire, je doute qu'il l'ait » acceptée ».

MÉCENE, (*Caïus Cilnius Mæcenas*) ministre & favori de l'empereur Auguste, mort vers l'an huit, avant notre ère chrétienne.

Mécène usoit envers Auguste de cette noble franchise qui annonçoit toute l'élévation de l'ame du favori, & ce qui n'est pas moins glorieux pour le prince, il se plaisoit à entendre la vérité de la bouche de son ministre. « N'abusez pas de votre » puissance, disoit *Mécène* à Auguste, & n.

» croyez pas la diminuer en y mettant des bornes.
» Rien ne vous est impossible : mais plus votre
» pouvoir est grand, plus vous devez avoir soin
» de ne vouloir que ce qui est juste & con-
» venable. Si quelqu'un vous rapporte qu'on a dit
» du mal de vous, il ne faut pas y ajouter foi,
» ni vous venger ; car n'offensant personne, &
» faisant du bien à tout le monde, il vous seroit
» honteux de penser que quelqu'un fût capable
» de vous faire injure. Les méchans sont les seuls
» que le témoignage de la conscience doit porter
» à croire ces rapports ; & il est injuste de tirer
» vengeance des discours auxquels on a donné
» sujet ».

Lorsque cet empereur étoit indisposé, il
logeoit dans la maison de son favori. C'étoit
assez l'usage des anciens, de se faire transporter
chez leurs amis pour recouvrer la santé. On ne
pouvoit marquer plus d'estime pour la tendre
amitié.

Quoique *Mécène* fût le favori du prince, sa
modestie & sa modération, lui avoient gagné le
cœur des courtisans. Le peuple romain le chérissoit, & lui donna plusieurs fois des marques
publiques, de la part qu'il prenoit à sa santé.
Horace, dans sa vingtième ode du livre premier,
fait mention que ce ministre bien-aimé, étant
allé au spectacle, au sortir d'une grande maladie,
tous les spectateurs se levèrent, & lui marquèrent
par des applaudissemens réitérés, la joie que leur
causoit sa convalescence.

Ses esclaves ne soupiroient point après la liberté, en servant un maître si doux. Un certain
Melissus, de condition libre, avoir été exposé
dans son enfance, à cause de la mésintelligence
de ses parens. Etant tombé heureusement pour
lui entre les mains d'un homme dont il reçut une
bonne éducation, il devint habile grammairien
& fut donné en cette qualité à *Mécène*. Il se
rendit agréable à son maître, qui le traita plus en
ami qu'en esclave. Quelque temps après, la mère
de Melissus révendiqua son fils, & soutint, en
mettant la main sur lui, suivant l'ancienne formule, qu'il étoit né libre ; mais Melissus préféra
son état présent aux droits de sa naissance. Mé-
cénas, quelque temps après, l'affranchit, & le
mit au rang de ses amis.

Mécène avoit rassemblé dans sa belle maison,
située sur l'Esquilin, tout ce que la nature &
l'art pouvoient fournir de plus agréable : mais
sage épicurien, il préféroit la volupté qui naît du
sentiment & de la reflexion aux plaisirs des sens.
On l'accuse néanmoins de n'avoir pas toujours su
résister aux charmes des belles dames romaines.
Un citoyen de Rome, ayant invité *Mécène* à
souper, & s'appercevant qu'il commençoit à jetter
de tendres regards sur sa femme, eut la complai-

sance de faire semblant de dormir. Un domestique, croyant son sommeil véritable, voulut en
profiter, & boire du vin au buffet. « Malheureux,
» lui dit son maître, ne vois-tu pas que je ne dors
» que pour *Mécène* ? »

On voyoit dans ses jardins, suivant l'usage des
anciens, un petit temple de Priape. Les poëtes
qui venoient faire leur cour à *Mécène*, écrivoient
sur les murailles de ce temple des vers licentieux,
& bien dignes de la divinité du lieu. *Mécène* en
fit faire un recueil qu'il publia sous le titre de
Priapées. Ce protecteur des muses, avoit lui même
composé plusieurs ouvrages en vers & en prose.
On cite de lui la tragédie d'Octavie, la vie d'Auguste, une histoire des animaux, un traité des
pierres précieuses, un autre intitulé *Prométhée*,
dont les seuls titres ou quelques fragmens sont
venus jusqu'à nous ; mais Dion nous a conservé
en entier le discours que *Mécène* fit à Auguste,
lorsque ce prince mit en question, s'il retiendroit
ou abdiqueroit l'autorité suprême.

L'épouse de *Mécène* s'appeloit Térentia. C'é-
toit une des plus belles femmes de son siècle,
& des plus capricieuses. La division regnoit
souvent entre elle & son époux. Ils faisoient de
fréquens divorces qui ne duroient point. Le
foible mari ne pouvoit vivre avec elle & sans elle.
Aussi Sénèque disoit de *Mécène*, qu'il s'étoit
marié mille fois, & n'avoit jamais eu qu'une
femme.

MÉDECINE. Rien n'étoit plus simple que la
médecine dans ses commencemens. L'histoire raconte d'Esculape, qu'il n'avoit à sa suite lorsqu'il
alloit par le pays, qu'un chien & une chèvre,
se servant de la langue de l'un pour les ulcères,
& du lait de l'autre pour les maladies de poitrine.

Les babyloniens, dit Hérodote, ne se servant
point de médecin, font porter les malades dans
les places publiques, afin que les passans qui les
voient, & qui ont eu une maladie semblable à
la leur, ou qui en ont vû quelqu'un malade, leur
donnent conseil, & les encouragent à pratiquer
ce qu'eux-mêmes, ou d'autres ont pratiqué avec
succès en de semblables cas. Le même auteur
ajoute, qu'il n'étoit permis à personne de passer
auprès des malades, sans s'informer de leurs maladies. Strabon dit la même chose, non-seulement des babyloniens, mais encore des portugais
& des égyptiens.

Hippocrates, dit Pline, fut le premier qui
réunit la *médecine* dispersée, & la réduisit en un
corps. Chrysippe lui succéda, qui détruisit tout
ce qu'il avoit inventé. Erasistrate en fit autant à
la doctrine de Chrysippe. Les Empyriques vinrent
après, qui formèrent une *médecine* toute diffe-
rente, & se divisèrent en plusieurs sectes. Héro-

phile survint ; qui les condamna toutes ; s'attachant à la connoissance du poulx. Sa doctrine fut ruinée par Asclepiade, qui en substitua en sa place une autre plus facile. Themison son écolier la changea ; & ensuite Musa ayant guéri Auguste par une pratique contraire, forgea une méthode toute nouvelle. Du temps de Messaline, Vectius Valens en établit une autre. Sous l'empire de Neron, Thessalus renversa avec furie les opinions de ses devanciers, & fonda la secte des Méthodiques. Crinas de Marseille l'abolit ensuite, & introduisit la methode de règler toutes les opérations de la *médecine*, au mouvement des astres, boire, manger & dormir à l'heure qu'il plairoit à la Lune ou à Mercure. Son autorité fut bientôt après ruinée par Charinus, qui condamna toute la *médecine* des anciens.

Les égyptiens avoient un livre, que Diodore appele livre sacré, que ceux qui pratiquoient la *médecine* étoient obligés de suivre : ensorte que, si en ayant suivi les préceptes, ils ne pouvoient pas sauver leurs malades, ils étoient exempts de blâme ; mais s'ils s'en étoient écartés de quelque manière que ce fût, & que le malade fût venu à mourir, on les condamnoit comme des meurtriers.

Tibère (1) étoit incrédule sur l'article de la *médecine*, & il avoit coutume de railler ceux qui ayant passé trente ans, étoient obligés de demander conseil sur les choses convenables ou nuisibles à leur santé. C'étoit aussi le sentiment de Démocrite, qui disoit à Hippocrate, que tous les hommes devoient savoir la *médecine*, & que chacun devoit être son médecin, passé trente ans.

On peut juger de la considération où étoient les anciens médecins, par ce qui est rapporté dans Suidas, que Dexippus, disciple d'Hippocrate, ayant été appelé par Hécatomnus, roi de Carie, ce médecin ne voulut y aller, qu'à condition qu'Hécatomnus cesseroit de faire la guerre à sa patrie.

Les anciens médecins se faisoient accompagner de leurs disciples dans les visites qu'ils rendoient aux malades. C'est ce que Martial (*Lib.* 5, *Epigr.* 6) nous apprend, où il se plaint que son médecin lui a fait venir la fièvre, en lui faisant tâter le pouls par les cent mains glacées de ses disciples.

Parmi les visigoths, les médecins convenoient d'une somme pour la guérison d'un malade (2), & si le malade mouroit, le médecin n'étoit pa

payé. S'il estropioit quelqu'un en le saignant, il payoit une amende. Si le malade mouroit aussitôt après la saignée, le médecin étoit livré aux parens du mort, pour le punir à leur gré, lorsque le défunt étoit une personne libre. Si le malade qui étoit mort aussitôt après la saignée, étoit un serf, le médecin en étoit quitte pour donner un autre serf à sa place.

Jammabos. On appele ainsi des hermites qui exercent la *médecine* au Japon. Le peuple a d'autant plus de confiance dans leur art, qu'ils n'emploient point de remèdes naturels pour la guérison des maladies, mais des espèces de sortileges. Pendant que le malade fait un rapport fidele de tout ce qu'il sent, le Jammabos trace sur son papier certains caractères analogues au tempérament de celui qui le consulte, & à la nature de la maladie dont il est attaqué. Il place ensuite cette espèce de mémoire, sur l'autel de la divinité favorite, & pratique certaines cérémonies mystérieuses, qui, selon lui, sont capables de donner à ce papier une vertu médicinale. Après quoi il le broye, & en forme plusieurs petites pilules, qu'il prescrit au malade de prendre tous les matins à jeun. L'usage de ces pilules exige quelque préparation ; il faut, avant de les prendre, que le malade boive un verre d'eau de rivière ou de source, & le Jammabos a soin de remarquer si c'est au nord ou au sud, qu'on doit puiser cette eau.

Un médecin célèbre, qui avoit l'honneur de s'entretenir avec M. le regent, entendant ce prince discourir avec esprit, de la *médecine*, comme d'un art conjectural, trancha ainsi la conversation : « Supposons que Paris soit tout à coup » couvert de ténèbres aussi épaisses que celles » d'Egypte ; n'est-il pas vrai, monseigneur, que » vous préféreriez de vous laisser conduire dans » cette ville par un aveugle, plutôt que par un » clairvoyant, qui vous meneroit tout de travers, » tandis que l'aveugle, accoutumé à parcourir » différens quartiers avec son bâton ne vous » égareroit pas ? »

MÉDECIN. Un célèbre *médecin*, visitant ses malades opulens, alloit toujours dans la cuisine embrasser les cuisiniers & les chefs d'office, en leur disant : mes bons amis, je vous dois de la reconnoissance pour tous les bons services que vous nous rendez à nous autres *médecins* ; sans vous, sans votre art empoisonneur, la faculté iroit bientôt à l'hôpital.

M. Guenot, fameux *médecin*, étant dans sa voiture, fut arrêté sur le pont-au-change par un embarras de voitures, qu'il étoit impossible de passer sans accrocher. Un charretier cria à ses camarades : « rangez-vous, laissez passer ce *médecin* ;

(1) *Sueton. in Tib. cap.* 68. *Tacit.*
(2) *Hist. du Langued. t.* 1, *l.* 7, p. 383.

» je le connois : c'est lui qui nous a rendu le
» service de tuer le cardinal Mazarin ».

On a cité un *médecin* suisse , qui ne passoit jamais auprès d'un cimetière sans se couvrir le visage avec un mouchoir ; & quand on lui en demandoit la raison : « c'est , répondoit-il , que bien
» des gens étant ici arrêtés par mon ordonnance ,
» j'ai peur que quelqu'un ne me reconnoisse & ne
» s'avise de me prendre au collet ».

Le docteur Malouin, *médecin* de la reine,
croyoit à la certitude de son art comme un mathématicien à celle de la géométrie. Ayant ordonné beaucoup de remèdes à un homme de lettres célèbre , & qui les prit exactement & ne
laissa pas de guérir , notre esculape lui dit en l'embrassant : « vous êtes digne d'être malade ».

Un homme d'esprit ayant plaisanté devant ce
même M. Malouin sur les *médecins* , ce docteur
qui n'entendoit point raillerie en pareille matière,
dit à la personne qui bientôt après eut besoin de
son secours : « je viens , je vous hais , je vous
» guérirai & je ne vous verrai plus ».

M. Malouin étoit , comme a dit Molière , tout
médecin de la tête aux pieds. Il représentoit un
jour à un incrédule , que tous les grands hommes
avoient honoré la médecine. C'est dommage , lui
répondit le mécréant, qu'il faille rayer de cette
liste de grands hommes un nommé Molière. « Aussi
» répliqua sur le champ le *médecin*, voyez comme
» il est mort ».

Le célèbre Vernage , renonçant à la pratique de
la médecine qu'il avoit exercée avec un grand succès pendant plus de trente ans , disoit : « je me
» retire ; je suis las de deviner ».

André Banins , habile *médecin* de Florence ,
mais très-fantasque , ayant été appelé pour voir
une femme malade , commença par lui tâter le
pouls , & lui ayant trouvé une grosse fièvre , lui
demanda , entre autres choses , l'âge qu'elle avoit ?
elle n'eut pas plutôt dit qu'elle avoit quatre-vingts
ans , qu'il repoussa son bras , & lui dit tout en colère : « combien de temps voulez-vous donc rester
au monde » ? & se retira sur le champ.

Triller raconte qu'un *médecin* de sa connoissance
avoit toujours sa poche pleine d'ordonnances &
de recettes. Lorsqu'il étoit consulté pour des malades , il leur disoit de prendre au hasard , & de se
faire une potion de la recette qu'ils tireroient , & que
ce seroit sûrement la plus convenable à leur maladie.
Une dame, tourmentée d'un grand mal de gorge,
eût recours à cet esculape , fouilla dans sa poche,
& voyant que c'étoit l'ordonnance d'un clystère,
elle se prit si fort à rire , que son abcès creva &
elle guérit.

Un vieux *médecin* , avare , brusque , & peu
couru , avoit pris chez lui un petit garçon de la
campagne , pour lui rendre compte des personnes
qui viendroient le demander. Rentrant un soir
chez lui , de fort mauvaise humeur de n'avoir rien
gagné , il interrogea le paysan , qui n'ayant pas
encore dîné , se brouilla dans son récit. Le *médecin*,
impatienté , lui dit avec colère : « eh bien, petit
coquin, veux tu t'expliquer promptement? qu'est-
il arrivé ici pendant mon absence ? monsieur , répliqua le jeune affamé , puisque vous voulez que
je vous le dise , il est venu un prêtre vous dire que
votre-malade étoit mort ; un apothicaire crier
contre votre recette, qui ne vaut rien , une vieille
femme vous donner au diable , parce que vous
l'avez empoisonnée ; un huissier vous demander
de l'argent ; mais il n'est arrivé , ni pain , ni vin ,
ni viande , & je meurs de faim ».

Un *médecin* , ayant un cheval malade , fit appeller un maréchal. Celui-ci ayant guéri le cheval , le *médecin* lui dit : « mon ami , qu'est-ce
que je vous dois » ? — rien , répondit le maréchal ;
nous ne prenons point d'argent de ceux de la même
profession.

Un homme qui souffroit beaucoup , appercevant
plusieurs *médecins* autour de son lit , s'avisa de faire
comme un soldat qu'on va passer par les armes.
Il fit approcher celui de tous les *médecins* qu'il
crut le plus habile , & lui dit : monsieur , je vous
prends pour mon parain.

Un *médecin* octogénaire jouissoit d'une santé
inaltérable. Ses amis lui en faisoient compliment
tous les jours. M. le docteur, lui disoient-ils , que
faites-vous donc pour vous porter si bien ? je vais
vous le dire , messieurs , leur répondit-il , & je
vous exhorte en même temps à suivre mon exemple. « Je vis du produit de mes ordonnances , sans
prendre aucun des remèdes que j'ordonne à mes
malades ».

L'empereur Maximilien étant malade , manda
plusieurs *médecins* , plus pour s'en divertir que
pour suivre leurs ordonnances ; il demanda à chacun d'eux en particulier *quot* ? Ils demeuroient
confus , ne concevant pas l'idée du prince. Un
vieux routier d'entr'eux comprenant que ce prince,
par le mot *quot*, lui demandoit combien il avoit
fait mourir de personnes , prit à pleine main sa
barbe et lui dit *tot*, voulant dire qu'il avoit fait
mourir autant de malades que sa barbe avoit de
poils ; ce dernier fut le mieux reçu, parce qu'il
parut par sa réponse plus spirituel & plus sincère.

Les *médecins* tuent beaucoup de monde par
ignorance , & en sauvent quelques-uns par hasard.

Un roi de Perse envoya au calife Mustapha , un
médecin très-célèbre , qui demanda , en arrivant,

comment on vivoit à fa cour. On lui répondit : on ne mange que lorfqu'on a faim, & on ne la fatisfait pas entièrement ; je me retire, dit-il, je n'ai que faire ici.

Molière joua fur le théâtre les *médecins* ridicules ; combien d'autres farcafmes n'a t-on pas lancés contr'eux ? il y a ce conte d'un minitre huguenot, qui, interdit de fes fonctions, par la cabale de fes ennemis, dit tout haut, qu'il en coûteroit la vie à plus de cent hommes. Cité devant le juge pour avoir tenu ce difcours, il s'explique en difant que fi on l'empêchoit d'être minitre il fe feroit *médecin*. Ce trait eft employé dans la comédie du Grondeur. Ce perfonnage qui eft *médecin*, outré de ce que le mariage de Mondor & de fa fille eft conclu malgré lui, s'écrie, dans fa colère ; il en coûtera la vie à plus de quatre.

Un malade, interrogé pourquoi il n'appelloit pas un *médecin* : « c'eft, répondit-il, parce que je n'ai pas encore envie de mourir ».

Un *médecin* trouvant mauvais qu'on parlât mal des *médecins*, dit : il n'y a perfonne qui puiffe fe plaindre de moi ; non, lui répondit-on, car vous tuez tous ceux que vous traitez.

Dans une fociété où l'on frondoit cette foule de remèdes qui guériffent par hafard, & qui le plus fouvent occafionnent des maladies ou les rendent plus rébeiles, un homme connu dit plaifamment : « le *médecin* le plus digne d'être confulté, c'eft celui qui croit le moins à la médecine ».

M. Fagon, confulté fur la maladie de Bayle, lui prefcrivit un exact régime fans aucun remède particulier, & finit fa confultation par ces mots : « je fouhaiterois paffionnément qu'on pût épargner toute cette contrainte à M. Bayle, & qu'il fût poffible de trouver un remède auffi fingulier que le mérite de celui pour lequel on le demande ». Bayle étoit mort, quand cette ordonnance arriva à Roterdam.

Entre tous les chefs d'accufation dreffés fous Charles I, roi d'Angleterre, par la chambre des communes, contre le duc de Buckingham, il y avoit celui d'avoir fait prendre au feu roi une médecine, fans l'ordonnance du médecin de fa majefté.

Le conte fuivant, tiré du Mercure de France, août 1743, pag. 1785, doit trouver place ici.

Certaine fièvre ayant, par rude affaut,
Réduit au lit le payfan Thibault,
Luce fa femme, active, mais peu fine,
L'alarme au cœur & les larmes aux yeux,
Courut foudain confulter, de-fon-mieux,
Meffer Evrard, docteur en médecine,
Dont le favoir n'étoit pas fort prifé ;
Voire d'autant qu'Evrard n'étoit aifé,

Maint concluoit que c'étoit un franc âne,
Conclufion digne d'un franc cheval.
Notre docteur, lorfque la payfane,
En fon jargon fimple & non doctoral,
L'eût informé des fymptômes du mal,
Mit par écrit, comme il n'y manquoit guères,
Son ordonnance ample, & telle en tout point,
Qu'elle eût primé chez les apothicaires,
Defquels au refte Evrard ne parla point
A Luce, neûve en ces fortes d'affaires.
Lui donnant donc le papier d'une main,
Et tenant l'autre ouverte aux honoraires,
Que votre époux, dit-il, demain matin
Prenne cela dans un verre de vin,
Moyennant quoi, j'ofe bien lui promettre
Soulagement. Luce, au pied de la lettre,
Entend la chofe, & fans rien acheter
Qu'un peu de vin, s'en retourne au plus vîte,
Bien réfolue à tout exécuter,
Et defirant heureufe réuffite,
Defir qu'en elle il eft bon de noter.
Tout étant prêt pour l'aurore naiffante,
La campagnarde à fon mari préfente
Vin & papier dans un vafe de bois.
Thibault, muni d'un grand figne de croix,
Sans trop d'efforts, fut, avec confiance,
Venir à bout d'avaler l'ordonnance,
Qui flatte moins fon goût que la boiffon.
Qu'arriva-t-il après ? Rien que de bon.
Le mal fit place à la convalefcence
En peu de jours, & cette guérifon
Au médecin fit un honneur immenfe.

On a dit que les ordonnances de M. feu Tronchin étoient toutes favonnées, parce qu'il appliquoit le favon à toutes fortes d'infirmités. En effet, M. le comte de Ch * * * s'étant rendu à Genève, exprès pour y confulter ce célèbre médecin, de retour il communiqua à plufieurs perfonnes l'ordonnance qu'il en avoit reçue : ayant été confrontée avec plufieurs autres, il fe trouva qu'il y avoit dans toutes toutes du favon ; ce qui fit dire plaifamment que fi la blanchiffeufe de M. Tronchin l'eût fu, elle lui eût intenté un procès.

En 1680, ou environ, le dauphin & la dauphine étant fucceffivement tombés malades, furent guéris par les remèdes d'un certain chevalier nommé Talbot, qui, avant de les adminiftrer, en donna le fecret au roi ; encore ce prince ne voulut-il pas permettre que fes enfans les priffent, avant d'avoir confulté des *médecins*. On en manda donc trois à Verfailles des plus fameux, qui furent MM. Petit, Duchefne & Moreau. La faignée fut jugée néceffaire pour le jeune prince, & elle fut faite de l'avis des *médecins* & du chevalier Talbot, qui figna l'ordonnance avec eux. Peu de temps après, le dauphin fut tout-à-fait guéri. Les trois *médecins* de Paris, après avoir été très-bien traités à Versailles, où l'on servit une table exprès pour eux, reçurent chacun trois cents louis, lorsqu'on les congédia. Quant au chevalier Talbot, Louis XIV lui fit donner deux louis, avec une pension de vingt mille livres. Son interprète (car il ne savoit pas le françois), eut trois cent louis. Voici des vers que fit alors M. de Bonnecamp, *médecin*, sur le rétablissement de la santé du dauphin, & sur son *médecin* :

Autrefois un Talbot, ennemi de la France,
La mit presqu'aux abois par un fer inhumain;
Un Talbot aujourd'hui, le gobelet en main,
Par des coups plus heureux, en sauve l'espérance.

    Malheur à Talbot l'assassin!
    Vive Talbot le médecin!

Les romains ayant banni de Rome les *médecins* grecs qui se signaloient en peuplant l'empire de la mort : Caton fit cette réflexion : « les grecs, jaloux de la gloire des romains, n'ayant pu les vaincre en pleine campagne, leur envoient des bourreaux qui les tuent dans leurs lits.

On a fait ce conte. Un amant en danger de perdre sa maîtresse, qui étoit malade, cherchoit par-tout un *médecin* sur la science duquel il pût se reposer. Il trouve en son chemin un homme possesseur d'un talisman, par lequel on appercevoit des êtres que l'œil ne peut voir. Il donne une partie de ce qu'il possède pour avoir ce talisman, & court chez un fameux *médecin*. Il vit une foule d'ames à sa porte. C'étoient les ames de ceux qu'il avoit tués. Il en voyoit plus ou moins à toutes les portes des *médecins*, ce qui lui ôtoit l'envie de s'en servir. On lui en indiqua un dans un quartier éloigné, à la porte duquel il n'apperçoit que deux petites ames. Voici enfin un bon *médecin*, dit-il en lui-même, je vais aller le trouver. Le *médecin*, étonné, lui demanda comment il avoit pu le découvrir? parbleu! dit l'amant affligé, votre réputation & votre habileté vous ont fait connoître. Ma réputation! ce n'est que depuis huit jours que je suis ici, & je n'ai encore vu que deux malades.

Si vous avez besoin de *médecins*, dit l'école de Salerne, il y en a trois auxquels vous pourrez avoir recours : l'esprit gai & tranquille, l'exercice modéré et la diète. C'est aussi ce que pensoit M. Dumoulin. Ce célèbre *médecin* étant à l'agonie, & environné de plusieurs *médecins* de Paris, qui déploroient sa perte, leur dit : messieurs, je laisse après moi trois grands *médecins*, & pressé par eux de les nommer, parce qu'ils croyoient être un des trois, il répondit : l'eau, l'exercice, la diète.

On a dit qu'un *médecin* est un homme que l'on paye pour conter des fariboles dans la chambre d'un malade, jusqu'à ce que la nature l'ait guéri, ou que les remèdes l'aient tué.

Quand un malade paroît devant les ministres de la justice médecinale, je m'imagine, dit Scapin, qu'on va instruire un procès criminel; car le *médecin* après avoir considéré & examiné ce qu'a fait le malade, il interroge d'ordinaire ce patient sur la selette, & le condamne pas ses ordonnances; le chirurgien le bande, & l'apoticaire, maître des basses œuvres, lui décharge son coup par derrière; aussi les reçoit-on tous trois d'une manière qui marque l'aversion qu'on a pour eux; car aussi-tôt qu'ils sont dans une chambre, on tire la langue au *médecin*, on tend le poing au chirurgien, & on tourne le dos à l'apoticaire.

Le journal des savans rapporte l'anecdote de deux *médecins* qui se battirent pour régler la manière dont seroit cuite une pomme qu'ils venoient de prescrire à leur malade. Tous deux avoient ordonné qu'elle seroit cuite sous la cendre; mais l'un prétendoit qu'il falloit la faire cuire enveloppée d'un papier gris, & l'autre qu'il falloit l'envelopper d'une feuille de vigne. Le dernier montra avec beaucoup d'éloquence les grands avantages que le malade retireroit des qualités de la feuille de vigne, qui s'insinueroient dans la pomme; l'autre dit encore de plus belles choses au sujet du papier gris. Mais comme leurs dissertations ne finissoient pas, ils terminèrent à l'amiable leur différend avec quelques coups de canne.

Bernard de Palissy, dont M. de Fontenelle a dit, qu'il étoit aussi grand physicien que la nature seule puisse en former, s'est moqué, dans ses observations sur les abus de la médecine, du charlatanisme de certains *médecins* de son temps ou plutôt de la simplicité des malades qui se fioient aux promesses emphatiques de ces empiriques. Il rapporte cette petite ruse d'un sieur Sébastien Colin, *médecin* d'une ville de Poitou, lequel a publié, en 1558, un livre sur les urines, avec ce titre : *Bref dialogue contenant les causes, jugemens, couleurs & hipertases des urines, lesquelles adviennent le plus souvent à ceux qui ont la fièvre.*

« Il y avoit, dit Palissy, en une petite ville de Poitou, un *médecin* aussi peu savant qu'il y en eût dans tous les pays, & toutefois par une seule finesse il se faisoit quasi adorer. Il avoit une étude secrette bien près de la porte de sa maison, & par un petit trou, il voyoit ceux qui lui apportoient des urines, & étant entré dans la cour, sa femme, bien instruite, se venoit asseoir sur un banc près de l'étude, où il y avoit une fenêtre fermée de châssis, & interrogeoit le porteur, d'où il étoit, lui disoit que son mari étoit en la ville, mais qu'il viendroit bientôt, & le faisoit asseoir auprès d'elle, l'interrogeoit du jour que la maladie prit au malade, & en quelle partie du corps étoit son mal, & conséquemment de tous les effets & signes de la maladie; & pendant que le messager répondoit aux interrogations, le *médecin* écoutoit tout, & puis sortoit par une porte de derrière, & rentroit par la porte de devant, par où le messager le voyoit venir. Lors la dame lui disoit: voilà mon mari, parlez-lui. Ledit porteur n'avoit pas si-tôt présenté l'urine, que M. le *médecin* la regardoit avec fort belle constance, & après il faisoit un discours sur la maladie, suivant ce qu'il avoit entendu du messager par son étude; & quand le messager étoit retourné au logis du malade, il contoit comme un grand miracle le savoir du *médecin*, qui avoit connu toute la maladie, soudain qu'il avoit vu l'urine, & par ce moyen le bruit de ce *médecin* augmentoit de jour en jour ».

La ruse du *médecin* Colin a été utile depuis à bien d'autres charlatans, qui ont su, comme lui, en cachant leur secret, duper le public.

Vers la fin du siècle dernier, les *médecins* voulant que la chirurgie fût entièrement assujétie à la médecine, exigèrent qu'aucun chirurgien ne saignât un malade, sans être muni de l'ordonnance d'un *médecin*. Ils poursuivirent en justice les chirurgiens, à l'effet de les soumettre à cette loi tyrannique. Le Sueur (1), chirurgien, alla avec plusieurs de ses confrères, la veille du jugement que devoit rendre à ce sujet le parlement, trouver M. de Novion, qui étoit alors premier président; & afin que l'audience ne fût pas refusée, il se fit annoncer, comme ayant à communiquer au premier président, une affaire dans laquelle il avoit lui-même le plus grand intérêt.

M. de Novion étoit encore au lit; il se leva promptement, & parut en robe de chambre. Lorsqu'il vit tant de monde, il dit: Qu'allez-vous dire, messieurs, de voir un premier président donner audience en robe de chambre? monseigneur, répondit le Sueur, vous devez être en robe; vous y êtes; il n'y a de différence que dans la couleur; il ne nous appartient pas de chicaner notre juge là-dessus; daignez seulement nous écouter.

Le Sueur, après avoir expliqué son affaire, finit par dire: supposons, monseigneur, que vous soyez subitement attaqué d'une apoplexie; dieu néanmoins vous en préserve; mais cet accident peut vous arriver comme à tout autre; votre *médecin* demeure au marais, votre chirurgien est dans la cour du palais, à côté de chez vous, ne courra-t-on pas d'abord au chirurgien? mais si la pré-

tention des *médecins* a lieu, & est autorisée par un arrêt, le chirurgien en vain se présentera; il aura les mains liées; il n'osera vous saigner; il faudra courir après le *médecin*, & pendant ce temps-là monseigneur passera la barque à Caron.

Cet éloquent & court plaidoyer frappa vivement le magistrat. Le lendemain, l'affaire fut rapportée, & d'une voix unanime la prétention des *médecins* fut rejettée, & les chirurgiens furent autorisés à saigner dans les cas urgens, lorsqu'ils le jugeroient nécessaire.

L'épigramme suivante est de Piron, & imprimée dans ses Œuvres:

> Dans un bon corps nature & maladie
> Etoient aux mains. Une aveugle vient-là:
> C'est médecine; une aveugle étourdie
> Qui croit, par force, y mettre le holà.
> A droite, à gauche, ainsi donc la voilà
> Sans savoir où, qui frappe à l'aventure
> Sur celui-ci, comme sur celle-là,
> Tant qu'une enfin céda. Ce fut nature.

MÉMOIRE. Le pape Clément VI n'oublioit jamais rien de ce qu'il avoit lu ou oüi; & ce qui paroit un paradoxe, c'est que cette grande *mémoire* lui vint après un coup qu'il avoit reçu derrière la tête.

Un homme voulant passer une rivière à cheval, y tomba. La peur & le froid lui causèrent une fièvre qui fut accompagnée de *mémoire*, jusques-là qu'il ne se souvenoit plus du nom de sa femme & de ses enfans: la *mémoire* revint pourtant dans la suite.

On a vu à Paris le sieur Marçet qui dictoit en même temps à dix personnes en six ou sept différentes langues, & sur des matières sérieuses; qui faisoit faire l'exercice à un bataillon dans toutes les évolutions militaires; nommant tous les soldats par les noms qu'ils avoient pris, en défilant une fois devant lui, & qui se démêloit heureusement sans autre secours que celui de la *mémoire*, d'une règle d'arithmétique, fut-elle de trente figures.

Cyrus, roi de Perse, l'empereur Adrien, & Scipion l'asiatique, appelloient par leurs noms tous les soldats de leurs armées, qui étoient très-nombreuses; on a dit qu'un pareil avantage éleva Othon à l'empire.

Crébillon n'écrivoit jamais ses piéces que quand il les falloit donner au théâtre. Sa *mémoire* étoit excellente; il disoit assez communément: « lorsqu'on faisoit une censure de mes ouvrages, l'endroit que je supprimois s'effaçoit totalement de ma tête, & il n'y restoit plus que la correction.

(1) Il y a apparence qu'il n'étoit que privilégié; car Devaux n'a fait aucune mention de lui dans son *Index funereus*; il n'est d'ailleurs connu que par l'anecdote que nous rapportons.

Le père Meneſtrier, jéſuite, avoit une *mémoire* des plus heureuſes. La reine de Suède paſſant à Lyon, en voulut faire une épreuve. Elle fit écrire & prononcer trois cents mots les plus bizarres & les plus extraordinaires qu'on pût imaginer. Il les répéta tous, d'abord dans l'ordre qu'ils avoient été écrits, & enſuite en tel ordre & tel arrangement qu'on voulut lui propoſer.

Vittorio Roſſi rapporte, que Lipſe ſavoit toute l'hiſtoire de Tacite par cœur, & qu'il s'obligeoit à réciter mot pour mot tous les endroits de cet ouvrage qu'on lui marqueroit, conſentant qu'on ſe tînt auprès de lui avec un poignard à la main, & qu'on l'enfonçât dans ſon corps, en cas qu'il ne rapportât pas fidèlement les paroles de l'auteur. (*Teiſſier*).

Nicolas Bourbon, de l'oratoire, récitoit par cœur l'hiſtoire de M. de Thou, & les éloges de Paul Jove, qu'il aimoit beaucoup.

Joſeph Scaliger apprit en vingt-un jours l'Iliade & l'Odyſſée d'Homère.

Georges Vagan, d'Arezzo en Toſcane, à l'âge de dix neuf ans, ſavoit par cœur toute l'Enéide de Virgile.

Muret raconte qu'il dicta un jour à un jeune Corſe un nombre infini de mots grecs, latins & barbares, dont les uns avoient un ſens, les autres n'en avoient point, & tous étoient détachés les uns des autres. Quand il fut las de dicter, le Corſe les récita ſans héſiter dans l'ordre qu'ils avoient été dictés, & les répéta en renverſant l'ordre, & en commençant par le dernier. Il lui aſſura, qu'il lui ſeroit aiſé d'en répéter de la ſorte juſqu'à trente-ſix mille. Il fit plus; il entreprit d'enſeigner ſon art à un jeune Vénitien, qui ſe plaignoit de ſa *mémoire*; en effet, en ſix jours d'exercice, il l'accoutuma à retenir cinq cents vers. (*D. v. Leçon*).

Un breton étant venu à Paris, alla voir M. de S**, ſon compatriote, auquel il demanda, par occaſion, un écu de ſix francs qu'il lui avoit prêté il y avoit environ une quinzaine d'années. M. S** appelle ſon laquais : « Labrie, lui dit-il, voyez dans cette armoire ſi vous n'y trouverez pas un livre? le domeſtique obéit, & remit à ſon maître un bouquin à demi rongé des rats, & couvert de pouſſière. M. de S** le préſente à ſon créancier qui ouvroit de grands yeux : « Prenez, monſieur, lui dit-il, prenez; c'eſt un prix de *mémoire* que j'ai remporté dans ma jeuneſſe, vous le méritez mieux que moi ».

Mithridate, qui comptoit ſous ſa domination vingt-deux nations différentes, les harânguoit

chacune dans leur langue, & appelloit tous les ſoldats chacun par leurs noms.

Hortenſius, l'un des plus célèbres orateurs de l'ancienne Rome, avoit une *mémoire* ſi ſûre, qu'après avoir médité en lui-même un diſcours, ſans écrire un ſeul mot, il le rendoit dans les mêmes termes dans leſquels il l'avoit préparé. Rien ne lui échappoit : ce qu'il avoit arrangé dans ſon eſprit, ce qu'il avoit écrit, ce qu'avoient dit les adverſaires, tout lui étoit préſent. Cette faculté alloit en lui juſqu'au prodige; & l'on rapporte, qu'en conſéquence d'une gageure faite avec un de ſes concitoyens, appellé Siſenna, il paſſa un jour entier à une vente; & lorſqu'elle fut finie, il rendit compte de toutes les choſes qui avoient été vendues, du prix de chacune; du nom des acheteurs, & cela par ordre, ſans ſe tromper dans la moindre circonſtance, comme il fut vérifié par l'huiſſier-priſeur, qui le ſuivoit ſur ſon livre à meſure qu'il parloit.

Un abbé de petite taille, grand parleur & plein de vanité, n'ayant pu achever, par un défaut de *mémoire*, un ſermon qu'il avoit commencé, donna lieu à un poëte de faire ces vers à ſa louange.

> Petit homme vain,
> Qui jaſe ſans fin,
> Pour te faire taire,
> Malgré ton caquet,
> Le plus court ſecret
> Eſt de te mettre en chaire.

MENAGE, (Gilles) né en 1613; mort en 1692.

Ménage fut obligé de prendre les proviſions d'avocat du roi à Angers, que ſon père lui céda. Il ne tarda pas à s'en défaire; & parce que cela occaſionna une brouillerie, il diſoit qu'il étoit mal avec ſon père, parce qu'il lui avoit rendu un mauvais office.

Ménage, d'abord avocat, enſuite abbé, s'exerça dans tous les genres de littérature. Il étoit grammairien, philoſophe, juriſconſulte, hiſtorien, poëte, antiquaire, critique, ou plutôt que n'étoit-il pas? Il avoit une *mémoire* prodigieuſe & enrichie de quantité de faits, de bons mots & de particularités qui rendoient ſa converſation auſſi utile qu'agréable. Il aimoit à parler. Peut-être étoit-il trop entêté du mérite de ſes productions; c'eſt du moins par ce côté ridicule que Molière l'a expoſé à la riſée dans ſa comédie des Femmes ſavantes.

Ménage avoit une mémoire si prodigieuse, que tous les passages d'auteurs, rapportés dans ses ouvrages, lui venoient en écrivant. Lorsqu'on lui citoit des vers qu'il vouloit retenir, il se les faisoit dicter, & les écrivoit lui-même; & après les avoir lus, il chifonnoit le papier & le jettoit au feu, en disant qu'il les avoit écrits pour les apprendre plus facilement, & que les sachant une fois, il n'avoit plus que faire du papier.

Ce savant s'étant trouvé chez madame de Rambouillet avec plusieurs dames, il les entretint de choses fort agréables qu'il avoit retenues de ses lectures. Madame de Rambouillet qui s'en appercevoit bien, lui dit : « tout ce que vous dites, monsieur, est admirable ; mais dites-nous quelque chose de vous présentement ».

Il est l'auteur des *Origines de la langue françoise*, ouvrage rempli de subtilités puériles & d'étymologies forcées. Il étoit au désespoir d'avoir vu naître le mot *brocanteur*, & de mourir sans en avoir pu découvrir l'origine.

Le cardinal de Retz, dit un jour à *Ménage*, apprenez-moi un peu à me connoître en vers, afin que je puisse du moins juger de ceux qu'on m'apporte : monsieur, lui répondit *Ménage* ; ce seroit une chose trop longue à vous apprendre ; vous n'avez pas le temps de cela ; mais lorsqu'on vous en lira, dites toujours que cela ne vaut rien, vous ne vous tromperez guère.

Ménage content des douceurs à madame de Sévigné, lui disoit qu'il n'étoit point assez téméraire pour rien prétendre, & qu'il se contentoit d'être son esclave & son martyr. Eh bien ! lui dit-elle, vous serez mon martyr, & moi je serai votre vierge.

Ménage auroit été de l'académie françoise sans sa requête des dictionnaires, qui est un ouvrage en vers, & par lequel on disoit qu'il s'en étoit rendu digne ; sur quoi M. de Montmort, maître des requêtes, dit : que c'étoit par cette raison qu'il falloit le condamner à en être, comme on condamne un homme qui a déshonoré une fille à l'épouser.

Lamonoie avoit fait des observations critiques sur un ouvrage de *Ménage*, il s'excusa de les publier par l'épigramme suivante.

> Laissons en paix monsieur Ménage,
> C'étoit un trop bon personnage
> Pour n'être pas de ses amis.
> Souffrez qu'à son tour il repose,
> Lui de qui les vers & la prose
> Nous ont si souvent endormis.

MENDIANT. Un pauvre poursuivoit un passant le long des trottoirs du pont neuf. C'étoit un jour de fête. « Au nom de saint Pierre, dit le *mendiant*, au nom de saint Joseph, au nom de tous les saints » : Arrivé devant la statue d'Henri IV ; « au nom d'Henri IV ». L'homme s'arrête : tiens, voilà un louis d'or ».

MENSONGE. On demandoit à Aristote ce que gagnoient les menteurs à débiter leurs *mensonges* ? il répondit : ils ne leur revient autre chose que de n'être pas crus, même quand ils disent la vérité.

Un homme alla voir un matin un chevalier de ses amis, grand menteur ; il le trouva encore au lit, il le fit habiller & sortirent tous deux. Ils entrèrent dans un café, où il y avoit dix ou douze personnes, qui parloient avec vivacité d'une nouvelle de guerre qui se répandoit dans Paris. « Messieurs, s'écria le chevalier en se mêlant brusquement à leur conversation, « cette nouvelle est absolument fausse. Je viens du palais-royal, où j'ai entendu dire à M. le duc d'Orléans, que le bruit étoit sans fondement ». Ces paroles, prononcées d'un air imposant, fermèrent la bouche aux nouvellistes du café, qui le crurent pieusement sur sa parole. Un moment après, il sortit avec son ami, qui lui dit quand ils furent dans la rue : é Parbleu, notre ami, vous venez de leur en donner à garder de la bonne façon : — non, lui répondit-il sérieusement, je ne leur ai dit que la vérité. — En voici d'une autre, lui répliqua son ami, ne voudriez-vous pas me persuader à moi-même que vous avez été ce matin au lever de M. le duc d'Orléans ? — Ah ! s'écria le chevalier, en faisant un éclat de rire, je vous demande pardon, mon ami. Comme la mémoire nous trahit ! ce fut hier que j'allai au palais royal.

C'est un proverbe parmi les Persans, que le *mensonge* qui sauve, vaut mieux que la vérité qui nuit. Un roi avoit ordonné la mort d'un esclave. Ce malheureux, au désespoir, accabla le prince d'imprécations dans une langue étrangère. Le roi demandant ce qu'il avoit dit, un courtisan d'un caractère doux & humain répondit : Seigneur, cet infortuné vient de dire : « le paradis est pour ceux qui répriment leur colère & qui pardonnent aux hommes ». Le roi, touché de ces paroles, fit grace à l'esclave. Un autre courtisan, ennemi du premier, dit alors : il n'est pas permis de déguiser la vérité devant son souverain. Cet homme vient d'outrager le roi. — « J'aime mieux, dit le monarque, le *mensonge* qu'il m'a fait, que la vérité que vous me dites ; car il avoit envie de faire du bien, & vous du mal » ; & il le chassa de sa présence.

Antigonus étant en guerre avec Eumenès,

répandre dans le camp de son ennemi des lettres par lesquelles il excitoit les soldats à tuer ce prince, & promettoit une grande somme d'argent à l'assassin. Eumenès en fut averti, & parcourant les rangs de son armée, il remercia & loua ses soldats de ce qu'aucun d'eux ne s'étoit laissé corrompre, & n'avoit préféré un vil intérêt à la foi qu'ils lui avoient jurée. Il ajouta qu'il ne vouloit pas leur cacher que c'étoit lui-même qui avoit fait ces lettres pour éprouver leur fidélité. Par ce *mensonge* prudent, Eumenès prévint les mauvais desseins d'Antigonus, & les rendit inutiles à l'avenir ; les soldats devant toujours craindre que ce ne fût un artifice de leur général.

Zamolxis, disciple de Pythagore, & législateur des Thraces, leur donna de bonnes loix, c'est-à-dire, les meilleures qu'un peuple sauvage pût supporter. L'humeur revèche, & le caractère indocile de la nation qu'il avoit entrepris de civiliser, le fit recourir à un stratagême qui lui réussit. Il assembla les principaux du peuple, & leur dit qu'il alloit mourir pour interroger les dieux sur les loix qu'il avoit promulguées. Zamolxis se fit ensevelir en effet ; mais le caveau du mausolée qu'il s'étoit préparé, le conduisoit par un souterrain dans une maison écartée, dans laquelle il avoit mis des provisions pour trois ans. Il reparut la quatrième année, & on le crut véritablement ressuscité. Ses disciples qui l'avoient enseveli, lui avoient été fidèles, & parurent tout aussi surpris que les autres de sa nouvelle apparition. Alors le regardant comme instruit par les dieux-mêmes, les thraces suivirent ses loix, & furent heureux. C'est ainsi que par le *mensonge* on amène les hommes à un bonheur, qu'ils fuiroient, peut-être, si la vérité le leur présentoit.

MÉPRIS. Un empereur turc se faisoit montrer sur la carte la province de Flandre, le sujet & le théâtre de tant de guerres entre les princes chrétiens. « Ce n'est que cela, disoit-il, avec *mépris* ? Si c'étoit mon affaire, la querelle seroit bientôt terminée ; j'enverrois un bon nombre de pionniers, & je ferois jetter ce petit coin de terre dans la mer. »

On n'affecte souvent du *mépris* pour les femmes, que lorsqu'on n'a pu les rendre méprisables.

MÉPRIS DES RICHESSES. Un grand seigneur persan, s'étant retiré de son pays à Athènes, crut qu'il avoit grand besoin du support & de la faveur de Cimon, qui étoit des premiers de la ville : il lui présenta en don deux couppes d'or toutes pleines, l'une de dariques d'or, & l'autre de dariques d'argent. Ce sage grec s'en prit à rire, lui demandant lequel des deux il aimoit le mieux, qu'il fut son ami ou son merce-

naire : le persan lui répondit, qu'il aimoit beaucoup mieux l'avoir pour ami ; remporte donc, repliqua Cimon, ton or & ton argent : car si je suis ton ami, il sera toujours à mon commandement pour en user quand j'en aurai besoin.

MÉPRIS DE LA MORT. Les anciens danois se faisoient une gloire, non seulement de ne pas craindre la mort, mais encore de mourir en riant. Un auteur danois parle ainsi d'un héros de ce pays, nommé Agnar : « Agnar tomba, rit & mourut ».

Un lieutenant de milice avoit été condamné, en Angleterre, à être mis à mort pour crime de faux. Ce malheureux eut l'insolence d'envoyer, la veille qu'il devoit être exécuté, des billets à plusieurs officiers de la milice de Midlesex, avec cette adresse : « le lieutenant Campbell fait bien des complimens à M..... ; il l'invite à venir prendre une tasse de chocolat chez lui demain au matin ; & lui faire l'honneur de l'accompagner à pied jusqu'à Tiburn, pour assister à la cérémonie de son exécution.

MÉRIAN, (Marie Sibylle) née à Francfort en 1647, morte en 1717.

La jeune *Mérian*, destinée par sa mère à toute autre occupation qu'à celle de la peinture, étoit obligée de dessiner dans le plus grand secret. Enfin, ne pouvant plus résister à son penchant, elle en fit l'aveu avec autant d'embarras & de crainte, que si elle avoit eu à se reprocher une faute des plus graves. On lui permit alors de se livrer à ses heureuses dispositions.

L'obstination de la jeune *Mérian* à vouloir étudier la peinture & l'histoire naturelle, fit ressouvenir sa mère, que, dans les commencemens de sa grossesse, elle avoit éprouvé un desir violent d'examiner des insectes, des fleurs, ainsi que beaucoup d'autres curiosités de la nature, & qu'elle avoit même rassemblé une quantité considérable de chenilles, de papillons variés, de coquillages, de pétrifications, dont elle faisoit son plus grand amusement.

Tandis que mademoiselle *Mérian* excelloit à peindre les insectes & leurs différentes métamorphoses, ses progrès, dans l'étude de plusieurs langues, & dans l'histoire naturelle, étonnèrent les savans. La passion qu'elle éprouvoit pour la physique, devint si violente, que les hollandois ayant formé le dessein d'envoyer une flotte à Surinam, dans les indes occidentales, mademoiselle *Mérian* résolut d'y passer. Le seul desir de dessiner d'après nature les insectes & les fleurs de ces contrées lointaines, lui fit entreprendre avec joie un voyage aussi long que périlleux. Son projet fut encouragé ; les états-généraux lui accordèrent une pension considérable.

Qqqq 2

Elle revint en Hollande au bout de deux ans, où elle publia un ouvrage dont les planches charmèrent les peintres, & dont les observations feroient honneur aux plus grands naturalistes.

Cette habile physicienne, qui fut examiner avec soin les mouches brillantes de Surinam, dit que leur lumière est si vive & si continue, qu'une seule lui a suffi pour l'éclairer à peindre toutes les figures qui sont gravées dans son ouvrage, sur les insectes de ce pays.

MERVEILLEUX. (Objets) Le célèbre architecte Dinocrate, ne pouvant avoir un accès facile auprès d'Alexandre, à qui il se vouloit faire connoître, se servit de cet étrange stratagême, pour parvenir à son but. Il se dépouilla de ses habits ordinaires, s'huila tout le corps, se couronna d'une branche de peuplier, couvrit son épaule gauche d'une peau de lion, prit une massue en sa main, & comme un autre Hercule, s'alla ensuite présenter en cet équipage devant Alexandre, qui étoit assis sur son trône, pour y rendre la justice. Ce prince, surpris de la nouveauté de ce spectacle, lui demanda qui il étoit : « Je suis, lui répondit-il, l'architecte Dinocrate, Macédonien; je t'apporte des desseins dignes de ta grandeur : je ferai, si tu veux, le mont Athos en forme d'un homme, tenant en sa main gauche une grande ville, & en sa droite une coupe qui recevra les eaux de tous les fleuves qui découlent de cette montagne, pour les verser dans la mer ». Alexandre n'approuva pas son dessein; mais connoissant son mérite, il le retint auprès de lui, & s'en servit pour bâtir en Egypte la ville d'Alexandrie.

On a mis au nombre des merveilles la colombe de bois volante d'Architas, les oiseaux d'or de l'empereur Léon, qui chantoient; ceux de Boèce, qui chantoient & voloient. La tête parlante d'Albert le Grand, & la mouche de fer, qui fut présentée à Charles-Quint, & qui, selon la description que nous en fait du Bartas dans la sixième semaine,

Prit sans aide d'autrui sa gaillarde volée,
Fit une entière ronde; & puis, d'un cerveau las,
Comme ayant jugement, se percha sur son bras.

On admire encore la sphère de verre d'Archimède, que Cassiodore, épître 45, de L. 1, Varior. appelle une petite machine qui contient tout le monde, un ciel portatif, l'abrégé de l'univers, le miroir de la nature. Mais on doit bien plus admirer ce nombre presqu'innombrable de petits animaux, dont on apperçoit la figure par le microscope, dans une goutte d'eau, que le poivre qu'on y a mis tremper a altérée. Ils se meuvent avec une rapidité incroyable, comme autant de monstres dans une vaste mer. Chacun

de ces animaux est mille fois plus petit qu'un ciron, & néanmoins c'est un corps qui vit & qui se nourrit, qui croît, qui doit avoir des muscles, des vaisseaux équivalens aux veines, aux nerfs, aux artères, & un cerveau pour distribuer les esprits animaux. Une tache de moisissure de la grandeur d'un grain de sable paroît dans le microscope, comme un amas de plusieurs plantes très distinctes, dont les unes ont des fleurs, les autres des fruits. Il y en a qui n'ont que des boutons à demi ouverts; il y en a quelques-unes qui sont fanées : de quelle étrange petitesse doivent être les racines, les filtres qui séparent les alimens de ces petites plantes? & si l'on vient à considérer que ces plantes ont leurs grains, ainsi que les chênes, les pins, & que ces petits animaux, dont je viens de parler, se multiplient par voie de génération, comme les éléphans & les baleines, où cela ne mène-t-il point? peut-on comparer les ouvrages de l'art les plus exquis, à ces ouvrages d'une petitesse infinie, dont les ressorts *merveilleux* jouent si bien?

Nous avons sous les yeux un effort de l'art plus surprenant que le transport & l'entretien des fameux obelisques d'Egypte. Ce sont les deux pierres qui forment le fronton du louvre. Elles ont 52 pieds de long, 8 de large, pèsent chacune plus de 80 milliers, & n'ont tout au plus que 18 pouces d'épaisseur; qu'on juge des peines & des soins que ces deux morceaux ont dû coûter à tirer de la carrière, à voiturer & à élever sans les rompre à plus de 120 pieds du rez-de-chaussée, sur-tout ayant aussi peu d'épaisseur.

MÉZERAY, (François-Eudes de) né en 1610, mort en 1683.

Mézeray étoit d'une taille médiocre; sa physionomie ne décidoit rien ni pour ni contre lui; son esprit le distinguoit mieux que son air : mais il manquoit d'une certaine politesse qui est du goût de tout le monde, quoiqu'elle soit le partage de peu de personnes. Ennemi de la contrainte, il s'assujettissoit aux loix sans les aimer. Sa sincérité n'auroit mérité que des louanges, s'il l'eût contenue dans de justes bornes, ou que des motifs cachés ne l'eussent pas quelquefois fait passer au-delà.

Mézerai avoit obtenu du gouvernement une pension de 4000 livres. Mais quelques traits hardis qu'il inséra dans son abrégé de l'histoire de France, sur l'origine de la plupart des impôts, déplurent à M. Colbert, qui donna ordre à Perrault, de l'académie françoise, de l'aller trouver, & de lui dire de sa part que « le roi ne lui avoit pas donné une pension de quatre mille livres pour écrire avec si peu de retenue; que ce prince respectoit trop la vérité pour exiger de ses historiographes qu'ils la déguisassent par des motifs de crainte ou d'espérance ; mais qu'il ne prétendoit pas aussi qu'ils dussent se donner la licence de réfléchir sans nécessité sur la conduite de ses ancêtres, & sur une politique établie depuis long-temps, & confirmée par les suffrages de la nation ». *Mézeray* promit de corriger dans une seconde édition ce qui avoit déplu au ministre. Il le fit, mais en apprenant au public que des ordres supérieurs l'avoient forcé de pallier la vérité. Pour le punir, on supprima la moitié de sa pension : l'historien murmura, & perdit l'autre moitié. Il déclara aussi-tôt qu'il ne vouloit plus écrire ni continuer son histoire ; & afin qu'on n'ignorât pas le motif de son silence, il mit à part dans une cassette les derniers appointemens qu'il avoit reçus en qualité d'historiographe, & y joignit un billet, sur lequel il écrivit de sa propre main ces paroles : *Voici le dernier argent que j'ai reçu du roi ; il a cessé de me payer, & moi de parler de lui, soit en bien, soit en mal.*

C'étoit le cardinal de Richelieu qui, toujours attentif à s'attacher les gens de lettres, & sur-tout les historiens, avoit le premier gratifié *Mézeray* d'une pension. Cet historien avoit coutume, lorsqu'on lui disoit au trésor royal qu'il n'y avoit point de fonds pour lui payer sa pension, de se présenter au cardinal, non pour en solliciter le paiement, mais pour lui demander la permission d'écrire l'histoire de Louis XIII, lors régnant. Le cardinal, sans répondre à sa demande, lui disoit qu'il alloit donner des ordres au garde du trésor royal de lui payer son année, & il la touchoit.

Mézeray, dans tous ses ouvrages, paroît chagrin & envenimé contre les traitans. A l'ouverture de son scellé on trouva dans le fond d'un coffre un écu d'or, frappé au coin de Louis XII, surnommé *le Père du peuple*. Cet écu étoit enveloppé de différens morceaux de papiers, dont le dernier, écrit & signé de sa main, portoit ces paroles : « Il y a plus de trente ans que je garde le présent » écu d'or pour louer une fenêtre à la place de » grève, lorsqu'on y pendra un maltotier ».

Il s'avisa, en travaillant au dictionnaire de l'académie françoise, d'ajouter cette phrase au mot *comptable* : *Tout comptable est pendable*, phrase que les autres académiciens ne voulurent jamais lui passer, & qu'il fut obligé d'effacer ; ce qu'il ne fit cependant qu'en ajoutant, par dépit, à la marge : *Rayé, quoique véritable.*

Mézeray donnoit toujours une boule noire dans le scrutin à tous ceux qui aspiroient aux places vacantes dans l'académie. On fut long-temps à deviner de qui pouvoit venir une résolution si constante de nuire. A la fin le caractère de *Mézeray* fit soupçonner que c'étoit de lui, & la conjecture se trouva vraie. On lui demanda la raison d'une conduite si bisarre ; il répondit que

c'étoit pour laisser à la postérité un monument de la liberté de l'académie dans les élections.

Une autre bisarrerie de cet historien, c'est qu'il ne travailloit qu'à la chandelle, même en plein jour au cœur de l'été ; & comme s'il se fût alors persuadé que le soleil n'éclairoit plus, il ne manquoit pas de reconduire jusqu'à la porte de la rue, le flambeau à la main, ceux qui lui rendoient visite. Peut-être n'étoit-ce qu'une distraction de sa part, que Larroque, qui rapporte ce fait, a convertie en habitude, pour lui donner un ridicule.

Mézeray demanda un jour au père Petau, que l'on consultoit comme un oracle, ce qu'il pensoit en général de la nouvelle *Histoire de France :* celui-ci lui répondit durement qu'il y avoit découvert mille fautes grossières. *Mézeray*, sans se déconcerter d'une repartie si imprévue, lui répondit, d'un ton ironique : « J'ai été plus sévère » observateur que vous ; car j'en ai trouvé deux » mille ».

Notre historien *Mézeray* étoit l'homme de la terre le plus frileux : Patru, célèbre avocat, le rencontrant un matin qu'il geloit fort, lui demanda comment il se trouvoit de ce temps-là ? « J'en suis à L, mon cher Patru, & je cours » regagner mon feu ». Cette énigme, dont le jurisconsulte chercha en vain le mot, lui fut expliquée par un de ses amis : « *Mézeray*, lui » dit-il, dès l'entrée de l'hiver a toujours der- » rière son fauteuil douze paires de bas étiquetées » depuis la lettre A, jusqu'à M ; & en sortant » de son lit, il consulte son baromètre, pour en » chausser autant de paires que le degré du froid » semble l'exiger ».

MICHEL-ANGE, (Michel-Agnolo-Buonarroti) peintre, sculpteur & architecte, né en 1474, mort en 1564.

Le père de *Michel-Ange*, n'étant pas bien aise que son fils s'attachât à la peinture, avoit coutume de le gronder, quand il le voyoit peindre ou dessiner ; un jour entr'autres en le reprenant, il se mit dans une colère horrible contre lui. Notre peintre au lieu de faire quelque attention aux reproches que son père lui faisoit, le considéra avec admiration, & frappé d'un si beau modèle, d'un vieillard irrité : « Ah ! s'écria-t-il, le » beau père en colère, à peindre ».

Buonarroti, à l'âge de seize ans, voyant un jour un bloc de marbre, s'avisa de le sculpter, & en fit une tête de satyre, quoiqu'il n'eût jamais manié le ciseau. Cet heureux essai lui mérita non-seulement d'être reçu dans l'académie que venoit d'établir Laurent de Médicis, mais lui valut encore une pension du prince, un logement dans fon palais, & l'honneur de manger fouvent à fa table.

Une chofe qui ne déprime ni fes talens ni fa perfonne, aux yeux de la raifon, c'eft que *Michel-Ange* étoit fort laid.

Voici peut être la caufe de fa laideur. Il fit de fi grands progrès chez le fculpteur qui s'étoit chargé de cultiver fes talens, que fa fupériorité trop marquée, lui attira la haine de fes camarades; l'un d'entr'eux, le frappa même un jour fi rudement au vifage, qu'il en a porté des marques toute fa vie.

Content du zèle, & de l'affection d'un de fes domeftiques, il lui demanda un jour ce qu'il deviendroit, s'il vénoit à le perdre. — « Hélas ! » Monfieur, répondit le domeftique, il me faudroit » chercher un autre maître ». — Pauvre homme, » lui dit *Michel Ange*, je veux te garantir de » cette fervitude ». — Et il lui fit préfent de deux-mille écus.

La folitude avoit pour lui beaucoup de charmes; & il difoit que la peinture étoit une maîtreffe extrêmement jaloufe, qui vouloit un amour fans partage.

Quelqu'un lui demandant un jour pourquoi il ne fe marioit pas, il répondit que la peinture étoit fa femme, & que fes ouvrages étoient fes enfans.

Buonarroti avoit une fi grande paffion pour les ftatues qu'on voit à Rome dans la cour du Bélvédere, qu'il les vifitoit tous les jours. Il fe faifoit même conduire auprès de ces ftatues, lorfque la vieilleffe l'empêcha de marcher. Quoiqu'il devînt totalement aveugle vers la fin de fa vie, il n'interrompit point fes promenades ordinaires. Il tâtoit, pendant plufieurs heures, les antiques qu'il ne pouvoit plus contempler, & ne les quittoit qu'après les avoir tendrement embraffées.

On conferve dans le cabinet du grand-duc de Tofcane, la tête de Brutus, fculptée par *Michel-Ange*, & qui n'eft qu'ébauchée. Cet artifte ne l'acheva point, parce qu'il craignoit, difoit-il, de partager le crime de ce fameux parricide, en lui donnant, par fon cifeau, une feconde vie.

On lit au bas de ce bufte informe ce diftique latin.

Dum Bruti effigiem fculptor de marmore ducit,
In mentem fceleris venit; & abftinuit.

La ville de Bruges, doit au hafard la poffeffion d'un beau grouppe de marbre blanc, fait par *Michel-Ange*: c'eft une Vierge grande comme nature, & qui tient l'Enfant-Jéfus debout devant elle; il eft fur l'un des autels de l'églife collégiale de Notre-Dame, & l'on en fait un fi grand cas, qu'on le tient dans une caiffe vitrée de tous les côtés. Ce grouppe admirable étoit deftiné pour Gênes; mais le navire qui en étoit chargé, fortoit à peine de Civita-Vecchia, qu'il fut pris par un corfaire hollandois, qui conduifit fa prife à Amfterdam. Lors de la vente des effets, perfonne ne connoiffant le mérite de ce précieux morceau de fculpture, un négociant de Bruges en fit l'acquifition pour une fomme très-modique; & de retour dans fa patrie, il le donna à l'églife de Notre-Dame, dont il étoit marguillier. Milord Walpole, en a depuis offert 30000 florins, (60000 livres,) fans pouvoir l'obtenir.

Michel-Ange, perfuadé que l'ancienneté de quelques ouvrages jugés antiques, eft fouvent douteufe, voulut s'en affurer davantage, & prouver aux favans l'incertitude de leurs connoiffances. Il fit à Florence la ftatue d'un Cupidon; &, lorfqu'il fut à Rome, il l'enterra dans un endroit de la campagne, où l'on devoit fouiller, après lui avoir caffé un bras, qu'il garda avec foin. Cette ftatue fut trouvée en effet; les connoiffeurs la déclarèrent antique, & vantèrent beaucoup le travail de l'artifte grec, auquel il leur plut de l'attribuer. Le cardinal de Saint-George l'acheta, comme un des plus beaux ouvrages de l'ancienne Grèce, & crut être fort heureux de fe le procurer, même en la payant très-cher. Quel dut être l'étonnement & la honte des prétendus connoiffeurs du goût antique, quand *Michel Ange* vint reclamer fon ouvrage, & montrer le bras qu'il avoit confervé !

Michel-Ange peignit une Léda, pour le duc de Ferrare; s'appercevant qu'on n'avoit point pour cet ouvrage l'eftime qu'il méritoit, il l'envoya en France; François I l'acheta, & le fit placer à Fontainebleau. Léda étoit repréfentée animée d'une paffion fi vive & fi voluptueufe, que Defnoyers, miniftre d'état fous Louis XIII, voulut, par fcrupule, qu'on brûlât ce tableau.

Raphaël, travailloit dans une des chambres du Petit-Farnèfe; *Michel-Ange* s'y rendit en fecret; &, fans rien témoigner de ce qu'il penfoit des ouvrages de fon rival, il fe contenta de deffiner fur la muraille, avec du charbon, une tête de Faune, d'une proportion beaucoup plus grande que les figures qu'il voyoit peintes. Raphaël ne l'eut pas plutôt apperçue, qu'il s'écria, qu'elle ne pouvoit avoir été faite que par *Michel-Ange*. On prétend qu'il fentit le confeil qu'on lui donnoit, & qu'il en profita. On ajoute qu'aimant mieux laiffer une partie de fon ouvrage imparfaite, il ne voulut point effacer cette belle tête, qui eft encore foigneufement confervée.

Jules II, appela *Michel-Ange* à Rome, le fit travailler à différens ouvrages, & permit que cet Artiste vînt souvent l'entretenir en liberté. Un jour que Buonarroti se présenta pour faire sa cour au pape, l'huissier de la chambre lui dit brusquement qu'il avoit ordre de ne point le laisser entrer. Regardant ce procédé comme un affront, l'artiste dit à l'huissier, d'assurer le pape que sa sainteté desireroit de le voir un jour, sans pouvoir y réussir. Il sortit furieux, & partit dès la même nuit pour se rendre à Florence.

Arrivé à Florence, il n'y resta pas long-temps en repos; Jules écrivit trois fois à la seigneurie de Florence, pour redemander un homme qui lui étoit nécessaire. Après bien des irrésolutions, *Michel-Ange* se décida enfin à céder aux instances du souverain pontife; mais il craignoit l'humeur violente de ce pape, que la moindre chose mettoit souvent en fureur. Ses alarmes étoient si vives, qu'il s'ût sur le point d'aller en Turquie, où Soliman lui proposoit de bâtir un pont sur le Bosphore, pour passer de Constantinople à Péra.

Pendant son séjour à Bologne, Jules II, souhaita que notre artiste lui fît sa statue de la hauteur de cinq brasses, & qu'elle fût jettée en bronze. Il en vit bientôt le modèle. Cette figure élevoit un bras avec tant de fierté, qu'il ne put s'empêcher de demander à *Michel-Ange*, si elle donnoit la bénédiction ou la malédiction. — « Elle avertit le peuple de Bologne d'être plus « sage à l'avenir ». — répondit l'artiste, faisant allusion à une révolte de cette ville, que le pape venoit de châtier. Après cette réponse, qui sent un peu la flatterie, *Michel-Ange* proposa de mettre un livre dans l'autre main de la statue; — « Mettez-y plutôt une épée, lui repartit le » souverain pontife; car je ne suis point homme » de lettres ».

Cette statue fut placée sur le frontispice d'une église de Bologne, où elle ne resta pas long-temps; les Bentivoglio étant rentrés dans cette ville, elle fut mise en pièces par ceux de leur faction. Le duc de Ferrare en acheta les débris; il n'en conserva que la tête qui étoit entière, & fit fondre le reste, pour en faire une pièce d'artillerie, qui fût nommée la *Julienne*. Cette destinée eût peut-être flatté l'ame martiale de Jules II, s'il eût pu la prévoir.

Michel-Ange, de retour à Rome, se mit à peindre la chapelle de Sixte. Son dessein étoit de travailler à cet ouvrage avec le plus grand soin; mais l'impatience de Jules venoit souvent le troubler. Ce pape, lassé d'attendre, & croyant que ses desirs devoient être remplis aussitôt que formés, lui dit un jour, dans un transport de colère: — « Si vous ne finissez pas promptement,

» je vous ferai jetter du haut en bas de vos » échaffauds ». —

Michel-Ange le connoissoit capable de lui tenir parole; aussi se hâta-t-il d'achever, évitant même, pour aller plus vite, d'enrichir d'or les draperies de ses figures, & de les orner de couleurs éclatantes. Lorsque le pape vint les voir, il en fut mécontent, & prétendit qu'elles n'étoient point si riches que les autres tableaux du même artiste. *Michel-Ange*, sensible à ce reproche, lui répondit fièrement: — « Les personnages que » j'ai représentés ne portoient point d'or ni de » magnifiques parures; c'étoient de vrais chré- » tiens qui méprisoient les richesses ». —

Jules caressoit & maltraitoit tour-à-tour cet artiste: mais ses vivacités n'étoient pas plutôt passées, qu'il s'efforçoit de les lui faire oublier. Un jour que *Michel-Ange* demandoit au fougueux pontife la permission d'aller à Florence pour un certain temps: — « Et ma chapelle, quand sera- » t'elle finie, dit le pape? — saint père, quand » je pourrai, répond-il froidement. — Quand tu » pourras! reprit le pape avec fureur, je te la » ferai bien achever ». — En disant ces mots, il le frappa d'un bâton, dont il étoit toujours muni. *Michel-Ange* outré, se retira promptement, songeant à quitter Rome pour n'y plus revenir. Mais à peine étoit-il rentré chez lui, que le Camerier du pape lui apporta cinq cents écus, & le pria d'excuser un emportement qui n'étoit que passager. L'artiste voyant que l'humeur fougueuse du pape tournoit à son avantage, ne se fâcha plus, & n'en fit que rire.

En peignant le plafond de sa fameuse chapelle, *Michel-Ange* s'accoutuma tellement à regarder les objets de bas en haut, qu'après avoir terminé ce grand ouvrage, il fut long-temps sans pouvoir baisser les yeux; ensorte que s'il avoit à lire une lettre, ou à fixer quelqu'autre objet, il étoit contraint de le tenir au-dessus de sa tête.

Dans un tableau qui représentoit l'enfer, *Michel-Ange* peignit au milieu des flammes un cardinal qu'il n'aimoit pas, & le rendit si ressemblant, qu'il étoit très-facile de le reconnoître. Léon X, protecteur des arts, allant souvent voir travailler notre artiste, n'eut pas de peine à démêler les traits du cardinal si mal traité, & voulut engager le peintre à l'effacer de son tableau: mais celui-ci refusa de satisfaire sa sainteté; & lui dit pour excuse: *In inferno nulla redemptio.* (dans l'enfer il n'est point de rédemption).

Michel-Ange a vécu sous plusieurs papes. Lorsqu'Adrien VI, alloit dans la chapelle du Vatican, où cet artiste a représenté le jugement dernier, il disoit, à la vue des nudités dont elle est remplie, qu'il lui sembloit entrer dans l'étuve d'un baigneur.

Jules III , le pontife le plus fier qui se soit placé sur la chaire de Saint-Pierre ; Jules III faisoit asseoir Michel-Ange auprès de lui, afin de l'entendre raisonner sur les arts qu'il professoit.

Paul III , entr'autres marques de distinction dont il combla Buonarroti, lui rendit une visite d'éclat, accompagné de dix cardinaux.

Le grand-duc Côme de Médicis, qui chérissoit singulièrement Michel-Ange, donna même après la mort de cet artiste à jamais célèbre , une preuve éclatante de l'estime qu'il avoit pour lui. Il fit exhumer son corps secrettement , pendant la nuit , & le fit transporter de Rome à Florence , où on lui éleva un magnifique tombeau de marbre.

Des auteurs assurent qu'un seul tableau de Michel-Ange , fut cédé à Louis XIV , un peu avant la paix d'Utrecht , pour la somme prodigieuse de 600000 liv.

MIGNARD. (Pierre) né l'an 1610 , mort en 1695.

On ne sauroit passer sous silence l'origine du nom de Mignard. Henri IV , voyant le grand-père de ce peintre, qui s'appelloit More , entouré de six enfans , tous officiers, bien faits & d'une figure intéressante : s'écria ; « ce ne sont pas-là des Mores , ce sont des Mignards ». Le nom , depuis ce temps-là , en est resté à cette famille.

Mignard excelloit à copier exactement les tableaux des plus célèbres peintres Italiens. Il imita un jour la manière du Guide , en représentant une Madeleine , & fit vendre ce tableau comme un ouvrage qui venoit d'arriver d'Italie. Un amateur y fut trompé , & l'acheta 2000 livres ; cependant Mignard le fit avertir secrettement , par des voies indirectes , qu'on avoit abusé de sa confiance , & que le tableau étoit de Mignard. L'acquéreur prit le parti de s'adresser à l'artiste même ; Mignard fit l'étonné , se défendit d'être l'auteur du tableau , & ajouta que le Brun pouvoit décider la question. Afin d'achever de s'éclaircir , l'acquéreur les invita tous les deux à dîner ; & le Brun , après un long examen , assura que cette Madeleine étoit du Guide. Alors Mignard , pour le confondre , déclara hautement qu'il étoit le père de cet ouvrage ; & que sous les cheveux de la Madeleine il y avoit la barette d'un cardinal. Afin de le prouver , il prit un pinceau détrempé d'huile , frotta les cheveux , & l'on vit la barette qu'il avoit annoncée. Pour consoler l'acquéreur , Mignard voulut lui rendre son argent , & fit emporter le tableau , en disant que celui qui l'avoit peint sauroit bien le raccommoder.

On prétend que le Brun , piqué d'avoir été pris pour dupe par Mignard , s'écria : « eh bien !

qu'il fasse des Guides , & non pas des Mignards ».

Louis XIV voulut un jour savoir du duc de Montausier , quelle idée il avoit de le Brun & de Mignard : — « Sire , (répondit ce seigneur, qui parloit toujours selon sa pensée , même à la cour) , je ne me connois point en peinture ; mais il me paroît que ces deux hommes-là peignent comme leur nom ».

Pendant son séjour à Rome , Mignard se lia de la plus tendre amitié avec du Fresnoy , l'auteur d'un fameux poëme latin sur la peinture. L'envie ni les différens succès ne troublèrent jamais une si belle union ; tout étoit commun entr'eux , les lumières de l'esprit comme les biens de la fortune ; & ils n'étoient jamais plus contens que lorsqu'ils se rendoient de mutuels services. Toujours charmés d'être ensemble ; à peine se quittoient-ils un seul instant ; aussi les appelloit-t-on dans Rome , les inséparables.

Marguerite de Médicis , duchesse douairière de Parme , & qui venoit de perdre le prince son époux , instruite de l'arrivée de Mignard dans sa ville capitale , lui manda de se rendre au palais. On introduisit l'artiste dans un vaste appartement , où tout étoit tendu de noir : nulle fenêtre ne donnoit entrée au jour ; chaque pièce n'étoit éclairée que par une seule bougie jaune , dont la lumière lugubre répandoit une sombre horreur. Mignard parvint enfin à la chambre de la duchesse ; deux hommes en grand manteau noir , en ouvrirent la porte , dans un profond silence : — « je vous fais , lui dit-elle , un honneur singulier ; mon veuvage ne me permet de voir que les princes de ma maison ; mais votre réputation m'a donné de la curiosité ». — Après diverses questions sur l'âge du peintre , son pays , ses voyages , sa fortune , la princesse lui demanda s'il croyoit , en la peignant , pouvoir faire un beau portrait : Mignard avoit eu le temps de l'examiner ; elle n'avoit ni jeunesse ni beauté , & son deuil n'étoit pas de ceux qui servent de parure : cependant , par égard , ou par une politesse de cour , si l'on veut , il répondit comme elle le souhaitoit , sans doute. « Cette satisfaction m'est interdite , reprit la princesse ; allez , dites par-tout que la duchesse de Parme a voulu vous voir , malgré les obstacles qui l'en empêchoient ».

L'amour des napolitains pour le duc de Guise , qu'ils regardoient , en 1648 , comme devant être leur libérateur , éclata d'une manière étonnante , à la vue d'un portrait de ce prince , peint par Mignard. Les napolitains rendirent une espèce de culte à ce tableau ; les femmes sur-tout ne le regardoient qu'avec la plus grande admiration : il y en eut même qui y firent toucher leurs chapelets.

Mignard

Mignard peignit le cardinal Mazarin , & pendant qu'il travailloit , le ministre lui faisoit diverses questions. — « Vous avez peint le pape , lui demanda-t-il , (c'étoit Alexandre VII , que son éminence n'aimoit pas) en quelle posture étiez-vous ? — A genoux , monseigneur , répondit *Mignard* ». — Le cardinal , se tournant alors vers l'évêque de Fréjus , son favori , lui dit en parlant du pape : *questo sa tirar la quintessenza del suo mestiere.* (Il sait tirer la quintessence de son métier).

On sait tous les discours qu'on a tenus sur la prodigieuse fortune de madame de Maintenon. *Mignard* , peignant , devant Louis XIV , cette dame en sainte Françoise romaine , demanda au roi , en souriant , si pour orner le portrait , il ne pourroit pas l'habiller d'un manteau d'hermine. — « Oui , dit le roi , sainte Françoise le mérite bien ». — *Mignard* a semé ce manteau de fleurs de lys d'or.

Louis XIV faisant faire son portrait à *Mignard* pour la seconde fois , lui dit : — « vous me trouvez vieilli ? — Il est vrai , sire , lui répondit il , que je vois quelques campagnes de plus sur le front de votre majesté ».

MILTON , (Jean) poète épique anglois , né à Londres en 1608 , mort à Brunhille le 15 novembre 1674.

Ses mœurs furent pures & sa vie frugale. Il ne buvoit presque pas de vin , & n'usoit que d'alimens fort simples. Il aima toujours les exercices du corps , particulièrement les armes. Ayant sur la fin de ses jours , perdu la vue , il fit construire une machine dans laquelle il se faisoit balancer. Il se levoit très-matin , étudioit jusqu'à son dîner , après lequel il s'amusoit à jouer de quelqu'instrument ou à chanter ; il avoit la voix belle , & étoit habile dans la musique. Le soir il mangeoit quelques olives , buvoit un verre d'eau , fumoit une pipe & se couchoit. C'étoit pendant la nuit qu'il composoit ses vers , qu'il prétendoit lui être inspirés par une intelligence divine. Quand il en avoit fait un certain nombre , il sonnoit ; sa femme ou une de ses filles descendoit ; il dictoit ses vers ; & souvent , lorsqu'il en avoit dicté quarante , le lendemain il les réduisoit à vingt , malgré les influences de sa muse toute céleste. (*Vie de Milton par Racine*).

Il avoit été marié trois fois. Il voulut répudier sa première femme qui l'avoit quitté un mois après son mariage , sous prétexte que sa famille étoit du parti du roi , & que son mari étoit républicain. Il composa un traité sur le divorce , dans lequel il avança que l'union conjugale devant être un état de douceur & de paix , la seule contrariété d'humeur doit faire rompre cette union , & qu'il est inutile de crier en public li-

berté , si l'homme est dans sa maison l'esclave du sexe le plus foible ; que par conséquent tout mari peut répudier une femme , dont le caractère ne s'accorde pas avec le sien. Il adressa la seconde édition de ce traité au parlement , convoqué par Cromvell , il lui représenta que , puisqu'il étoit assemblé pour la réformation du royaume , il devoit aussi veiller à la réforme des troubles domestiques , à la liberté particulière comme à la générale. En conséquence de ces principes , *Milton* rechercha en mariage une jeune personne qui avoit beaucoup d'esprit & de beauté. Cette nouvelle allarma sa femme qui se rendit dans la maison d'un ami où *Milton* devoit se trouver. Il la vit sortir tout-à-coup d'une chambre voisine ; elle se précipita dans ses bras ; son premier mouvement fut de la repousser ; elle se jetta à ses genoux ; & fondant en larmes , elle le conjura de lui pardonner & de la reprendre. Il fut attendri , & pleura de son côté. La réconciliation se fit & fut sincère. Il a décrit cette même scène touchante entre Adam & Eve , dans le dixième livre de son *Paradis perdu.*

Voici ce qui fit naître à *Milton* l'idée de ce poème épique. Voyageant en Italie , dans sa jeunesse il vit représenter à Milan une comédie dont le sujet étoit *Adam* ou *le péché originel.* C'étoit le comble de l'extravagance par la manière dont il étoit traité ; mais *Milton* découvrit à travers l'absurdité de l'ouvrage , la sublimité cachée du sujet. Il y a souvent dans des choses , où tout paroît ridicule au vulgaire , dit un auteur illustre , un coin de grandeur qui ne se fait apper-cevoir que par des hommes de génie. L'univers rendu malheureux par la foiblesse d'un homme , les bontés & les vengeances du créateur , la source de nos malheurs & de nos crimes , sont des objets dignes du pinceau le plus hardi. Il y a surtout dans ce sujet , je ne sais quelle horreur ténébreuse , un sublime sombre & triste qui ne convient pas mal à l'imagination angloise. (*Essai sur la poésie épique par M. de Voltaire*).

Milton conçut d'abord le projet de faire de la farce italienne d'*Adam* ; une tragédie qu'il exécuta à moitié , & ensuite un poème épique qu'il finit , après neuf ans de travail. Lorsqu'il travailla à ce poème , il étoit déja d'un âge avancé , avoit perdu la vue , & vivoit dans l'infortune & au milieu des inquiétudes , sous Charles II , qui pouvoit se ressouvenir de la *défense du peuple anglois* & autres écrits séditieux de cet esprit républicain. Ce fut dans cet état de pauvreté , d'aveuglement , de disgrace , de danger & de vieillesse que *Milton* composa ce poème merveilleux , qui surpasse non-seulement tous les ouvrages de ses contemporains , mais ceux mêmes qui étoient sortis de sa plume dans la vigueur de son âge & dans la prospérité de sa fortune ; circonstance , ajoute M. Hume , qui n'est pas la moins remarquable de toutes celles qui distinguent ce rare, génie. (*Hist. de la maison de Stuart*.)

Milton, aveugle, se faisoit aider dans ses études par ses filles qui étoient au nombre de trois, & auxquelles il avoit fait apprendre à lire & à bien prononcer huit langues qu'elles n'entendoient point. Elles ne connoissoient que l'anglois, & leur père disoit souvent, en leur présence qu'*une langue suffisoit à une femme* ; mais il vouloit qu'elles fussent en état de lui faire ses lectures dont il avoit besoin. On a su, par l'une d'elles, que ce qu'il se faisoit lire le plus souvent étoit Isaïe en hébreu, Homère en grec & les Métamorphoses d'Ovide en latin. Outre les langues anciennes, il possédoit la françoise, l'italienne & l'espagnole.

Malgré toutes ces connoissances, *Milton* vivoit ignoré ; & lorsqu'il eut achevé son poëme, il eut beaucoup de peine à trouver un libraire qui voulût l'imprimer. Le titre seul révoltoit, & tout ce qui avoit quelque rapport à la religion étoit alors hors de mode. Enfin Thompson lui donna trente pistoles de cet ouvrage, qui a valu depuis plus de cent mille écus aux héritiers de ce Thompson. Encore ce libraire avoit-il si peur de faire un mauvais marché, qu'il stipula que la moitié de ces trente pistoles ne seroit payable qu'en cas qu'on fît une seconde édition du poëme : édition que *Milton* n'eut point la consolation de voir. (*Essai sur la poësie épique*.)

Sous le règne même du parti de *Milton*, il ne parut point qu'il fût dans une considération distinguée ; & Whiteloke parle d'un *Milton* qu'il ne qualifie point autrement, aveugle, dit-il, & qu'on employoit à traduire en latin le traité conclu avec la Suède. Ces expressions font sourire la postérité, qui considère dans quel oubli Whiteloke même, quoique gardé du grand sceau, ambassadeur, & réellement homme d'un mérite & d'une capacité distingués, est tombé en comparaison de *Milton*. (*Hist. de la maison de Stuart, par Hume*).

Milton composa un second poëme épique sur la tentation de Jésus-Christ, qu'il intitula *le Paradis recouvré*. L'auteur le mettoit au-dessus du premier ; mais il lui est bien inférieur : ce qui a donné occasion à un critique de dire que l'on trouve bien *Milton* dans le *Paradis perdu*, mais non pas dans le *Paradis recouvré*.

MIRACLE. Les siècles d'ignorance ont toujours été féconds en *miracles*. Parmi ceux rapportés dans les mémoires de l'académie des inscriptions & belles lettres, tom. XVIII, en voici un que la crédulité disoit avoir été opéré en faveur d'un moine. « Ce moine revenoit d'une maison dans laquelle il s'introduisoit toutes les nuits. Il avoit à son retour une rivière à traverser. satan

renversa le bateau, & le moine fut noyé, lorsqu'il commençoit l'invitatoire des matines de la vierge. Deux diables se saisissent de son ame, & sont arrêtés par deux anges, qui la réclament en qualité de chrétienne. Seigneurs anges, disent les diables, il est vrai que dieu est mort pour ses amis, & ce n'est pas une fable ; mais celui-ci, étoit du nombre des ennemis de dieu : & puisque nous l'avons trouvé dans l'ordure du péché, nous allons le jetter dans le bourbier de l'enfer ; nous serons bien récompensés par nos prévôts. Après bien des contestations, les anges proposent de porter le différend au tribunal de la sainte vierge. Les diables répondent qu'ils prendront volontiers dieu pour juge, parce qu'il jugeoit selon les loix : mais, pour la vierge, dirent-ils, nous n'en pouvons espérer de justice ; elle briseroit toutes les portes de l'enfer, plutôt que d'y laisser un seul jour celui qui, de son vivant, a fait quelques révérences à son image. Dieu ne la contredit en rien ; elle peut dire que la pie est noire, & que l'eau trouble est claire, il lui accorde tout : nous ne savons plus où nous en sommes ; d'un ambe elle fait un terne ; d'un double, deux un quine : elle a le dé & la chance : le jour que dieu en fit sa mère fut bien fatal pour nous. Les diables eurent beau récuser la sainte vierge, elle jugea le procès, & décida que l'ame du moine rentreroit dans son corps. Il avoit été retiré de la rivière, & rapporté au couvent, où l'on se disposoit à l'enterrer. On fut bien surpris de le voir se relever ; les moines s'enfuirent d'abord, mais quand ils furent instruits du *miracle*, ils chantèrent le *Te Deum*.

M. le Camus, évêque de Bellay, ayant été prié très-instamment par les Cordeliers de faire le panégyrique de saint François, se rendit à leurs instances, quoiqu'il n'aimât pas les moines. Mes pères, leur dit-il, admirez la grandeur de votre saint. Ses *miracles* surpassent ceux du fils de dieu. Avec cinq pains & trois poissons, il ne nourrit que cinq mille hommes pendant un seul jour ; & saint François, avec une aulne de toile, nourrit tous les jours, depuis 400 ans, quarante mille fainéans.

On trouve au village d'Holy-Well, pays de Galles, dans le comté de Flint, une fontaine appellée *Winfried's well*, c'est-à-dire, fontaine de *Winfride*. On raconte qu'anciennement un tyran du pays ayant violé & ensuite égorgé une sainte fille appellée *Winfride*, la terre poussa dans le même endroit cette fontaine miraculeuse dont il est question ; & comme il se trouve au fond de cette fontaine de petites pierres semées de taches rouges, la tradition superstitieuse du pays fait passer ces taches pour autant de gouttes de sang de sainte Winfride qui ne s'effaceront jamais. On a bâti une petite église sur cette fontaine, & l'histoire de la sainte, jusqu'à sa mort tragique, est peinte sur les vitres. En 1713, Guillaume Fleetwood, évêque d'Eli, & depuis de saint Asaph, publia la légende de cette sainte, & prouva par des observations aussi judicieuses que certaines, la fausseté de cette légende, & par conséquent celle du *miracle*.

En 1447, un homme qui prétendoit être aveugle né, publia que ses yeux s'étoient ouverts par l'attouchement de la châsse de saint Albans, & qu'il distinguoit parfaitement tous les objets. Malheureusement pour lui, le duc de Glocester passa dans le temps que le peuple crioit *miracle*. Il eut la curiosité de s'approcher, & étant parvenu à écarter la foule qui environnoit l'aveugle né, il le questionna, & paroissant douter de sa guérison, il lui demanda de quelles couleurs étoient les habits des gens de sa suite. L'homme lui répondit très-juste à cette question : « vous êtes un coquin, s'écria le prince, si vous étiez né aveugle, vous ne connoîtriez pas les couleurs, & dans l'instant il le fit mettre au carcan comme un imposteur.

Les historiens assurent que le duc de Glocester avoit reçu une éducation plus soignée qu'il n'étoit alors d'usage de la donner ; qu'il fonda la première bibliothèque qu'il y eut en Angleterre, & qu'il fut le protecteur des savans.

MODÉRATION. Quelqu'un ayant rapporté au poëte le Tasse, qu'un homme qui s'étoit déclaré son ennemi, médisoit de lui en tous lieux : » Laissez-le faire, répondit-il, il vaut mieux qu'il » dise du mal de moi à tout le monde, que si » tout le monde lui en disoit ».

Un rieur fit une épigramme violente contre l'abbé de Voisenon, avec la précaution d'omettre son nom dans le courant de la pièce. Cet homme fut assez mauvais plaisant pour l'apporter à l'abbé & lui en demander son avis. Celui-ci lut l'épigramme, & vit bien qu'il en étoit le héros ; mais sans en témoigner rien, il prit une plume, changea quelques vers, & mit au bas : contre l'abbé de Voisenon. « Tenez, monsieur, dit-il, à l'auteur, » vous pouvez à présent la faire courir ; les petites » corrections que j'y ai faites la rendront plus » piquante ». Ce trait de modération, de générosité, déconcerta l'homme à l'épigramme ; sur le champ, il la déchira en mille pièces, & demanda beaucoup de pardons à l'abbé.

Une femme vint un jour à l'audience du chancelier de Sillery, & s'oublia assez pour lui reprocher, en des termes outrageans, la perte d'un procès qui l'intéressoit. Le chancelier se contenta, pour toute vengeance, de demander, sans s'émouvoir, à l'homme qui l'accompagnoit, si elle étoit sa femme ; & comme le mari lui eut répondu qu'oui : « En vérité, repartit le chan-

celier, je vous plains bien ; retenez-la chez » vous ».

Attalus, sur un faux bruit que son frère Eumènes étoit décédé, s'empara de l'empire, & même épousa sa veuve : quelque temps après, comme il apprit qu'Eumènes revenoit en son royaume, il quitta la couronne, & sans autre équipage que celui d'un homme privé, il s'en vint au-devant de lui. Eumènes pour tout reproche, se contenta de lui dire à voix basse : « Une autre » fois, mon frère, vous ne vous haterez pas d'é- » pouser ma femme avant que vous ne m'ayez » vu enterrer ».

On a eu plusieurs occasions d'admirer la *modération* de Philippe, roi de Macédoine, & père d'Alexandre le Grand, & celle de Jules César. On a dit à ce sujet, qu'il savoit à propos boire les injures, & que l'empereur romain savoit les oublier. « Ils avoient, (dit *Tourreil*, *préface de* » *l'histoire des Philip.*, *de Démost.*) ou du moins » ils affectoient sur ce point une grande insensibilité, soit qu'ils crussent que la *modéra- » tion* vaut plus qu'elle ne coûte, soit que, selon » eux, le mépris les vengeât mieux que le ressen- » timent. Les courtisans du roi de Macédoine, lui » conseillant d'éloigner de sa personne quelqu'un » qui avoit mal parlé de lui : bon, bon, dit-il, » afin qu'il aille médire de moi par-tout. Une » autrefois on lui conseilloit la même conduite » envers un honnête homme : prenons garde au- » paravant, répondit-il, si nous ne lui en avons » pas donné sujet ; & ayant appris que cet homme » n'étoit point heureux, faute de bienfaits de » la cour, il lui fit du bien ; ce qui fit changer » de thèse à l'obligé, & donna lieu à ce beau » mot de Philippe : *Qu'il est au pouvoir des rois* » *de se faire aimer ou haïr* ».

Hussein, fils d'Ali VI, calife des musulmans, ayant été blessé par un esclave, qui laissa tomber par mégarde un plat de viandes chaudes sur sa tête, le regarda d'un œil assez fier, mais sans emportement. L'esclave se jetta aussitôt à ses pieds & lui dit ces paroles de l'Alcoran : *le paradis est fait pour ceux qui retiennent & domptent leur colère*. Hussein lui répondit qu'il n'en ressentoit aucun mouvement. L'esclave continua de réciter les paroles du même verset : *& qui pardonnent à ceux qui les ont offensés*. Je te pardonne aussi, répliqua Hussein : enfin, l'esclave achevant de prononcer les dernières paroles du texte : *Dieu aime sur-tout ceux qui leur font du bien*. Hussein lui dit : je te donne aussi la liberté, & quatre cents dragmes d'argent.

Inan Ruffo, dans ses apophtegmes, rapporte ce rare exemple de *modération*. L'espagnol Lopez de Acuna, qui vivoit vers l'an 1378, s'armant à la hâte pour un coup de main, dit à deux domestiques qui l'habilloient, de mettre mieux son

R r r r 2

casque, parce qu'il lui causoit une grande douleur à l'oreille. On lui soutint obstinément que cela ne pouvoit pas être ; & sans insister davantage, il partit pour le lieu où le danger & la gloire l'appelloient. A son retour, il jette son casque & son oreille, & dit à ses serviteurs avec douceur : ne vous disois-je pas que mon casque étoit mal mis ? Un gentilhomme espagnol, devant qui on contoit ce trait singulier, avoua que s'il eût été Dom Lopès, il eût coupé les oreilles à ces deux coquins. C'eût été, lui répondit quelqu'un, vendre la sienne à vil prix ; au lieu d'acheter, comme Dom Lopès, toutes les langues de la renommée qui célébreront à jamais sa *modération*.

On donnoit à l'hôtel de Bourgogne, une espèce de farce très-bouffone, où l'on voyoit Henri IV dé penchant à l'avarice : il la vit & en rit beaucoup. Les financiers qui y jouoient un rôle ne prirent pas la chose si plaisamment ; on mit les farceurs en prison ; mais Henri l'ayant su les en fit sortir le jour même, en traitant de sots ceux qui s'étoient fâchés : apparemment, dit-il, j'y suis plus intéressé qu'eux, mais je leur donne de bon cœur ; je ne saurois me fâcher contre des gens qui m'ont diverti & m'ont fait rire jusques aux larmes.

Agésilas se trouvant à une fête publique, y fit admirer sa *modération* & sa retenue : le maître des cérémonies lui donna une place peu honorable. Agésilas, quoique déja déclaré roi, ne fit aucune difficulté de l'accepter, il se contenta de dire : « Je vais montrer aux spectateurs que ce ne sont pas les places qui honorent les hommes ; mais les hommes qui honorent les places.

Le vicomte de Turenne a fait connoître dans plus d'une occasion jusqu'où alloit sa sagesse & sa *modération*.

M. de Turenne étant sur le point d'attaquer les lignes des ennemis qui assiégeoient la ville d'Arras, n'avoit point les outils qui lui étoient nécessaires. Il en envoya demander par un de ses gardes au maréchal de la Ferté. Le garde vint bientôt après, dire que M. de la Ferté ne les avoit pas seulement refusés, mais encore qu'il avoit accompagné son refus de paroles fort désobligeantes pour M. de Turenne. Le vicomte se tournant alors vers les officiers qui se trouvoient auprès de lui, se contenta de dire : « puisqu'il est si en colère, il faut se passer de ses outils, & faire comme si nous les avions ».

Le même maréchal ayant trouvé un autre garde du vicomte de Turenne hors du camp, lui demanda ce qu'il faisoit, & sans attendre sa réponse, il s'avança sur lui, & le chargea à coup de canne. Le malheureux vint se présenter tout en sang à son maître, exagérant fort les mauvais traitemens

qu'il avoit reçus. Le vicomte feignant de s'en prendre au garde, même : « Il faut, lui dit-il, que vous soyez un bien méchant homme, pour l'avoir obligé à vous traiter de la sorte ».

Ayant envoyé chercher le lieutenant de ses gardes, il lui ordonna de mener sur-le-champ le même garde au maréchal de la Ferté, de lui dire, qu'il lui faisoit excuse de ce que cet homme lui avoit manqué de respect, & qu'il le remettoit entre ses mains, pour en faire telle punition qu'il lui plairoit. Cette *modération* étonna toute l'armée. Le maréchal de la Ferté, surpris lui-même, s'écria avec une espèce de jurement qui lui étoit assez ordinaire : « Cet homme sera-t-il toujours sage, & moi toujours fou ? »

Ménage, le Vadius des femmes savantes, alla voir madame de Rambouillet après la première représentation de cette pièce. « Eh ! quoi, lui dit cette dame, souffrirez-vous, monsieur, que cet impertinent de Molière nous joue de la sorte » ? « Madame, répondit Ménage avec une *modération* qui l'honore plus que le titre de bel esprit dont il étoit si avide, « madame, j'ai vu la pièce ; elle est parfaitement belle, & on n'y peut rien trouver à redire, ni à critiquer ».

MODES. A ne regarder les femmes que pardevant, dit Juvénal, elles ont la belle taille d'Andromaque ; si vous les regardez par derrière, c'est tout autre chose :

Andromachen à fronte videbis ;
Post minor est.

En sorte que, ajoute ce même poëte, à presser les dimensions, & à détacher ce qui est précisément d'elles, depuis leur coëffure altière jusqu'à leurs patins ; ce n'est tout au plus que la taille d'une Pigmée, qui a besoin même de sa légéreté pour s'élever jusqu'au cou de son amant :

Et levis erectá consurgit ad oscula plantá.

Dans le siècle présent, on pourroit en dire autant de nos parisiennes, & de tout temps il a fallu, pour l'ornement de la tête des femmes, joindre l'art à la dextérité.

Jean Juvénal des Ursins, qui vivoit sous le règne de Charles VI, dit que les dames & demoiselles de son temps faisoient de grands excès pour leurs cheveux, & portoient des cornes merveilleusement hautes & larges. Un carme de la province de Bretagne, appelé Thomas Corette, célèbre par son austérité de vie, & par ses prédications, déclamoit de toute sa force contre ces coëffures. Par-tout où frère Thomas alloit, ces coëffures qu'on nommoit des *Hennins*, n'osoient paroître, chose qui profita pour quelque temps, dit Paradin, *Annall. de Bourgogne*. Mais lorsque ce prêcheur fut parti, alors les dames relevèrent leurs cornes, & firent comme les limaçons, lesquels, quand ils entendent quelque bruit, retirent tout-bellement leurs cornes; mais le bruit passé ils les relèvent plus grandes que devant : ainsi firent les dames; car les hennins & atours ne furent jamais plus grands, plus pompeux & plus superbes qu'après le frère Thomas.

Ces hennins ont reparu depuis en France, sous le nom de *fontanges*; c'étoit une espèce d'édifice à plusieurs étages faits de fil-de-fer, sur lequel on plaçoit différens morceaux de toile séparée par des rubans ornés de boucles de cheveux qui le couvroient tout-à-fait; & tout cela étoit distingué par des noms si bizarres & si ridicules, qu'on auroit besoin d'un glossaire, pour pouvoir expliquer les usages de ces différentes pièces, & pour savoir l'endroit où on les plaçoit.

En effet, qui pourra savoir un jour ce que c'étoit que la *duchesse*, le *solitaire*, le *chou*, le *mousquetaire*, le *croissant*, le *firmament*, le *dixième ciel* & la *Souris* ? Notre postérité & nos neveux croiront peut-être qu'il falloit un serrurier pour coëffer les dames du dix-huitième siècle, & pour dresser la base de ce ridicule édifice, & cette palissade de fer, sur laquelle s'attachoient tant de pièces différentes.

L'abus en auroit été poussé plus loin en France, si nous n'avions trouvé dans l'inconstance de nos *modes*, l'extinction de celle-ci, & le remède à tant de déréglemens, quoiqu'il nous en reste encore beaucoup. M. Henrion, célèbre médailliste, a trouvé, en confrontant les médailles qu'on a fait revivre, en moins de quarante années, toutes les différentes coëffures qui avoient été inventées par l'antiquité durant plusieurs siècles.

Ce n'est pas que les anciens fussent moins inventifs que nous, c'est que nous sommes plus extravagans que les anciens.

On a écrit il y a long-temps, le bon mot d'un fou qui alloit tout nud par les rues, portant une pièce d'étoffe sur son épaule. Quand on lui demandoit pourquoi il ne s'habilloit pas puisqu'il avoit du drap : « c'est, répondoit-il, que j'attends, pour voir à quoi se termineront les *modes*, parce que je ne veux pas employer du drap à un habit, qui, dans peu, ne me serviroit plus, à cause de quelque nouvelle *mode* ». Cette plaisanterie est dans un livre italien, imprimé il y a plus de cent ans. Depuis ce temps, le mouvement rapide des *modes* a si fort augmenté, que ce qu'on a raconté alors comme une extravagance plaisante d'un fou, pourroit passer à présent pour une mûre réflexion d'un homme sensé.

Qui croiroit qu'il y a eu un siècle, & même

plusieurs; dans lesquels on louoit, comme une perfection des femmes, d'avoir les deux sourcils joints ensemble. Ce fait est attesté par Anacréon, qui vante ces agrémens dans sa maitresse; par Théocrite, Pétrone, & plusieurs autres anciens. Ovide assure que de son temps les femmes se peignoient l'entre-deux des sourcils, pour qu'ils parussent se tenir l'un à l'autre. C'est encore l'usage parmi les grecques & les persanes.

Il y a eu un temps que les grosses jambes aux hommes étoient à la *mode*; depuis on les a exigé décharnées; de sorte que, pour plaire, il falloit que d'hydropiques elles devinssent étiques.

Jusqu'à quel point d'extravagance la *mode* ne porte-t-elle pas la tyrannie ? Il y a telles époques où elle a influé sur la santé; il n'étoit pas alors séant d'en jouir, si l'on ne vouloit être confondu avec les gens grossiers. Dans d'autres temps, les vapeurs étoient en vogue; il étoit du bon air d'en être excédé.

Qui peut, sans rire de pitié, remarquer que, de nos jours, les femmes paroissoient des cilindres surmontés d'une pyramide à plusieurs étages, qui leur servoit de coëffure, qu'elles ont peu-à-peu diminué de hauteur, pour se mettre un bandeau tel qu'on a peint l'amour ? Ce passage énorme de la hauteur à la petitesse s'est fait en peu de temps. A combien de fantaisies les cheveux des femmes ne sont-ils pas sujets ? Tantôt hauts, tantôt courts, frisés & plats, poudrés, teints, parfumés, en cadenette, en vergette. Ils ont subi toutes les métamorphoses possibles; & cependant nos antiquaires, qu'on nomme médaillistes, ont trouvé dans les médailles, que les anciennes impératrices avoient les mêmes manières de s'habiller & de se coëffer que les dames d'aujourd'hui, qui les regardent comme très-nouvelles.

Un étranger qui s'arrête en France, dit un auteur étranger lui-même, est surpris des changemens continuels que la *mode* introduit dans les habillemens. Il croit voir des gens qui essaient toute sorte d'habits, sans pouvoir en trouver un qui leur convienne, & enfin sans qu'il y en ait un qui ne leur convienne pas. Toutes les fois qu'ils passent à une *mode* nouvelle, ils assurent fort sérieusement, & prouvent par bonnes raisons, qu'elle sied mieux ou qu'elle est plus commode que celle qu'ils viennent de quitter, & on croiroit presque qu'il en est quelque chose; cependant au bout de cent changemens, tous, à ce qu'ils prétendent, de bien en mieux, on les voit revenir aux anciennes *modes*; c'est-à-dire, après bien des mouvemens; ils se trouvent à l'endroit d'où ils étoient partis.

Dans le douzième siècle & les trois suivans, les françois étoient habillés d'une espèce de soutane qui leur descendoit jusqu'aux pieds. La noblesse portoit par-dessus cette soutane un manteau ou casaque, dont les manches très-larges & très-amples, se rattachoient par-devant sur le pli du bras, & pendoient par-derrière jusqu'aux genoux. Un chaperon, espèce de capuchon, qui avoit un bourlet au haut, & une queue pendante par-derrière, servoit à couvrir la tête. Ce chaperon, qui recevoit différentes fourures & divers ornemens, étoit devenu, comme l'on sait, l'épitoge des présidens à mortier, l'aumusse des chanoines & la chausse des conseillers, avocats, docteurs & professeurs de l'université.

Sous Charles V, on imagina les habits blasonnés ou chamarrés de toutes les pièces armoriales de l'écu. On vit paroître ensuite, sous Charles VI, l'habit mi-parti, tel qu'est encore celui de la plupart des échevins & des bédeaux. Du temps de François I, on quitta l'habit long pour donner dans l'extrémité opposée. L'habillement de ce temps est un pourpoint à petites basques, & un caleçon tout d'une pièce avec les bas. Cet habit serroit de si près, & prenoit si bien la taille, qu'il en étoit indécent. Les gens graves prirent le large haut de chausse à la suisse, les jeunes gens imaginèrent les trousses, espèce de haut de chausse, court & relevé, qui ne venoit qu'à moitié des cuisses, & que l'on couvroit d'une demi jupe. Cette mode, qui subsista jusqu'à Louis XIII, fit place à celle qui règne aujourd'hui.

Sous François II, les hommes trouvèrent qu'un gros ventre donnoit un air de majesté ; & les femmes imaginèrent aussi-tôt qu'il en étoit de même d'un gros cul ; on avoit de gros ventres & de gros culs postiches, & cette ridicule mode dura trois ou quatre ans. Ce qu'il y eut encore de singulier, c'est que, lorsqu'elle commença, les femmes parurent ne plus se soucier de leur visage, & commencèrent à le cacher ; elles prirent un loup, espèce de masque, & n'alloient plus que masquées dans les rues, aux promenades, en visite & même à l'église.

Au loup a succédé une autre espèce de masque, le rouge & les mouches.

Les femmes étoient coëffées sous le règne de Charles VI, d'un haut bonnet en pain de sucre ; elles attachoient au haut de ce bonnet, un voile qui pendoit plus ou moins, selon la qualité de la personne. Elles prirent, sous le règne de François I & de Henri II, de petits chapeaux avec une plume. Depuis Henri II jusqu'à la fin du règne d'Henri IV, elles portèrent de petits bonnets avec une aigrette.

Vers la fin du dernier siècle, & même au commencement de celui-ci, nos dames portoient de hautes coëffures à tuyaux d'orgue, & si élevées,

que leur tête sembloit placée au milieu du corps. C'est ce qui faisoit dire au caustique la Bruyère, qu'il falloit juger des femmes depuis la chaussure jusqu'à la coëffure exclusivement ; à peu-près comme on mesure le poisson, entre queue & tête.

Les Françoises ont l'obligation de leurs petites coëffures à deux angloises qui vinrent à Versailles en 1714. Elles se présentèrent dans le mois de juin ou juillet, pour voir souper le roi Louis XIV, qui étoit déjà à table. Elles ne furent pas plutôt entrées, que toutes les personnes qui étoient au souper, étonnées de la petitesse de leurs coëffures, qui n'avoient nul rapport à celles des françoises, & ne les connoissant pas pour étrangères, firent un si grand brouhaha, que le roi demanda avec émotion ce qui le causoit. On lui répondit que c'étoit l'arrivée de deux dames extraordinairement coëffées, qui se présentoient pour avoir l'honneur de voir souper sa majesté. Le roi les apperçut alors ; & après les avoir considérées un instant, il dit aux duchesses, & aux dames présentes à son souper, que si toutes les femmes étoient raisonnables, elles ne se coëfferoient jamais autrement que ces deux dames. Il le dit même d'un ton à faire croire que si on paroissoit autrement devant lui, on ne lui feroit pas sa cour. Il ne faudroit pas connoître le génie du françois, & son goût pour toutes les modes, pour douter que celles qui étoient présentes au discours du roi, hésitèrent un moment à prendre leur parti. Elles firent travailler toute la nuit à la diminution de leurs coëffures, qui étoient à trois étages, soutenus par des fils d'archal. Elles réprimèrent d'abord les deux plus hauts, n'en conservèrent qu'un, qu'elles rasèrent encore de moitié. Les dames, parées de cette nouvelle coëffure, ne manquèrent pas de se trouver à la messe du roi, mais avec un sérieux qui les fatiguoit extrêmement à garder. Au sortir de la chapelle, sa majesté leur en fit compliment, & ajouta expressément qu'elles n'avoient jamais été mieux coëffées. Il n'en fallut pas davantage pour faire passer cette mode de la cour à la ville, & de la ville à la province. Mais elle étoit si sage, qu'on pouvoit parier, que sans l'approbation expresse du roi, elle ne se seroit point établie.

Les vertugadins prirent faveur dans le même temps. Mais les femmes qui avoient déjà proscrit cette mode, se gardèrent bien, quand elles la renouvelèrent, de conserver le nom de vertugadin. Il leur auroit semblé qu'elles portoient une antiquaille, & qu'elles mêmes l'étoient. Elles l'appelèrent donc panier ; & ce nom prit d'autant mieux, qu'il jouoit avec celui d'un magistrat mort depuis peu d'années, en repassant de la Martinique en France. Elle avoient le plaisir de dire, apportez-moi mon maître des requêtes.

Cette *mode*, originaire de France, & qui a toujours subsisté dans le pays étranger, revint dans ce royaume avec les deux angloises, dont il vient d'être parlé. La scène qu'elles avoient essuyée à Versailles tourna à leur gloire ; mais deux jours après, celle des vertugadins manqua d'être très-férieuse pour elles. Elles se promenoient un soir dans la grande allée des tuileries, & le vaste étalage de leurs jupes, qui n'étoit produit que par des cerceaux de baleine, frappa d'abord les spectateurs. On s'empressa si fort pour les voir, qu'elles faillirent à être étouffées par la foule. Un des bancs adossés aux palissades d'ifs, qui étoient dans ce temps-là aux deux côtes de la grande allée, les sauva. Un officier des mousquetaires, qui se trouva près d'elles, empêcha qu'elles ne fussent écrasées par la multitude qui augmentoit sans cesse. Le seul expédient qu'il put trouver, fut de les faire passer au travers de la palissade, & de les mener à l'orangerie des tuileries, où il logeoit. C'est à cette aventure que les paniers durent leur retour sur la scène. Mais la *mode* n'en revint que par degrés ; les femmes n'osèrent passer tout d'un coup à ce vaste étalage, qui parut d'abord immodeste & très-indécent. Les actrices hasardèrent les premières d'en porter sur le théâtre l'hiver suivant, & les femmes élégantes, accoutumées à les imiter d'abord de loin, commencèrent par porter des jupons de crin piqués ; elles mirent ensuite des *criardes*, espèce de grosse toille bougrannée, plissée autour des hanches. L'été de 1716 fut extrêmement chaud ; & c'est à cette saison que l'on peut fixer le renouvellement des vertugadins en France. Pendant cet été, deux dames qualifiées, sous prétexte de la chaleur & de leur embonpoint, portèrent des paniers chez elles. Peu-à-peu elles se hasardèrent d'en porter aux tuileries, mais elles n'y allèrent que le soir ; &, pour éviter l'entrée des portes ordinaires, où il y a toujours beaucoup de livrée, elles passèrent par l'orangerie. On s'accoutuma enfin aux paniers de ces dames, qui, peu à peu, furent hardies à se montrer. Quelques autres femmes les imitèrent, & la *mode* devint universelle. Ce n'est pas sans peine, comme l'on voit, que les françoises ont réussi à se défigurer la taille par d'énormes cerceaux de baleine, après s'être gâté le teint par le fard.

Lorsque le Czar Pierre vint en France, il remarqua un seigneur de la cour, qui avoit chaque jour un habit d'un nouveau goût. Le Czar dit à ceux qui l'accompagnoient : il me paroît que ce gentilhomme françois n'est pas content de son tailleur.

MODESTIE. Un savant à qui on faisoit compliment sur l'étendue & la profondeur de sa science, disoit qu'elle ne lui servoit qu'à lui faire connoître l'étendue & la profondeur de son ignorance.

Le régent sembloit né pour tous les arts. Un jour il avoit fait représenter chez lui, devant une société choisie, un opéra dont il avoit composé la musique, & dont les paroles étoient du marquis de la Fare. Campra en sortant dit au prince. » La musique est bonne, mais les vers ne valent » rien ». Le regent appella aussitôt le marquis de la Fare. « Parlez, lui dit-il, à Campra, en » particulier, il trouvera les vers bons, & la » musique mauvaise. Sais-tu à quoi il faut s'en » tenir ? c'est que le tout ne vaut rien ».

Jean-Jacques Rousseau n'étoit point modeste ; il étoit mieux que cela ; il étoit vrai. « Les gens » d'esprit, disoit-il, se mettent toujours à leur » place ; la *modestie* chez eux est toujours faus- » seté ».

L'estimable abbé de la Caille que l'astronomie regrette encore, étoit un savant fort *modeste* ; jamais l'amour propre ne lui fit passer le point où il croyoit voir les bornes de son esprit. Il disoit avec simplicité « Je ne sais pas cela ».

Une femme de qualité louoit un de nos plus fameux généraux : « Je vous regarde, lui disoit » elle, comme un de ces hommes rares que le » ciel fait naître de temps en temps pour la » gloire des empires qu'il veut favoriser : — » Madame, lui répondit modestement le géné- » ral, cessez de me prodiguer vos louanges. Si » vous saviez de combien peu de chose dépend » quelquefois la victoire, vous ne me loueriez » pas tant ».

On demandoit un jour à un homme de goût, aussi éclairé que *modeste* : « Pourquoi n'écrivez » vous pas ? — C'est parce que je voudrois mieux » faire que je ne puis ».

MOINE. On conte qu'un *moine* qu'une trop longue abstinence impatientoit, s'avisa un jour, dans sa cellule, de faire cuire un œuf à la lumière d'une lampe. L'abbé qui faisoit sa ronde, ayant vu, par le trou de la serrure, le *moine* occupé de sa petite cuisine, entra brusquement ; & l'en reprit avec aigreur : de quoi le bon religieux s'excusant, dit que c'étoit le diable qui l'avoit tenté, & lui avoit inspiré cette ruse. Tout aussitôt parut le diable lui-même qui étoit caché sous la table, en disant : « Tu en as menti, chien de » *moine*, ce tour n'est pas de mon invention & » c'est toi qui viens de me l'apprendre ».

Un *moine* qui demeuroit dans une riche abbaye, se plaignoit de ce que le supérieur faisoit observer une trop grande frugalité dans les repas de ses *moines*. Le magistrat lui dit que par cette sage économie, il faisoit subsister l'abbaye. « Com- » ment, reprit le *moine*, savez-vous bien, monsieur, qu'au revenu que nous avons, nous devrions être plus de vingt quatre heures à table ? »

Un religieux voulant détourner un de ses amis de se faire *moine*, lui dit en confidence : « Mon ami, quand il n'y a dans une année que dix ou douze religieux, dans tout notre ordre, qui perdent la tête, nous disons que l'année est bonne ».

On disoit à un *moine*, d'aller à l'église : — qui est ce qui y est ? — Ils y sont tous : — ils sont donc assez. Une autrefois on lui dit : il n'y a personne. Il répondit : je n'y ferois rien tout seul.

Un vieux capitaine attaché aux opinions des hussites, ayant eu la permission de paroître devant les pères du concile de....., prétendit que les *moines* étoient de l'institution du diable. On lui demanda la preuve de cette proposition. « N'est-il pas vrai, dit-il, qu'ils n'ont pas été institués par Jésus-Christ ? » On convint de cette vérité. Il est donc clair, ajouta-t-il, qu'ils l'ont été par le diable ». Les pères du concile répondirent à ce raisonnement par un éclat de rire.

Les dominicains ayant élu pour leur général, un autre sujet que celui que favorisoit Benoît XIV, le souverain pontife, dit en souriant : « Sainte Thérèse ayant assuré les carmes, qu'elle croyoit savoir qu'un tel religieux seroit général, & voyant que la chose n'avoit pas réussi, consulta notre seigneur, qui lui dit : « Je le voulois, mais les *moines* ne l'ont pas voulu. Vous savez, ajouta-il aux cardinaux qui l'entouroient, qu'on résiste tous les jours à Dieu, & quelquefois à son vicaire ».

MOINE, (François le) peintre françois, né l'an 1688, mort en 1739.

Le Moine avoit un amour-propre excessif; il étoit encore jaloux & satyrique, n'épargnoit pas ses meilleurs amis, & déchiroit sur-tout, ses confrères; ce qui donna occasion à l'un d'eux de lui dire : « Vous qui peignez si bien, comment ignorez-vous que ce sont les ombres d'un tableau qui font valoir les clairs ? »

Lorsque *le Moine* faisoit voir l'un de ses tableaux à quelqu'un, connoisseur ou non, il l'observoit attentivement: si, au premier abord, l'on n'exprimoit pas sa satisfaction, par un mouvement involontaire, il retouchoit son ouvrage, & ne le croyoit entièrement terminé, que lorsqu'il lui voyoit produire cet effet.

Un des amis de *le Moine*, s'offrit un jour de faire son portrait; il y consentit d'abord; ensuite il se regarda dans un miroir, & s'écria, emporté par son caractère misanthrope : « Il y a quelque chose dans ma physionomie qui me déplaît; je ne veux plus être peint ».

Le Moine ne se crut point assez récompensé, après avoir achevé, à Versailles, son beau plafond du sallon d'Hercule. Comme il portoit des plaintes continuelles au duc d'Ayen, son protecteur, ce seigneur lui dit : — « Voudriez-vous faire payer vos ouvrages aussi cher que si vous étiez mort? »

Quoique *le Moine* vînt d'être nommé premier peintre du roi, son ambition n'étoit point encore satisfaite; il se créa des chagrins imaginaires, & tomba dans une mélancolie profonde. Dans les noirs accès de sa douleur, la mort lui enleva, coup sur coup, sa femme qu'il adoroit, & le duc d'Ayen, son plus zélé protecteur. Alors il se regarda comme seul sur la terre; la vie lui parut un fardeau insupportable. Pour dissiper un peu les tristes pensées auxquelles il se livroit sans cesse, il se faisoit lire l'histoire; & lorsqu'il arrivoit aux endroits où l'on raconte que des personnages célèbres se sont tués, il s'écrioit : ah ! *la belle mort !*

Dans ces circonstances, les plaintes amères qui lui étoient échappées contre le cardinal de Fleury, lui firent craindre la vengeance de ce ministre; ses meilleurs amis lui devinrent suspects, il croyoit à chaque instant qu'on venoit pour l'arrêter & le conduire à la Bastille. Le trouble de son imagination dégénéra bien-tôt en folie. Un matin qu'il étoit renfermé dans sa chambre, il entendit frapper à sa porte; c'étoit un de ses amis qui devoit le mener à la campagne, & qui se proposoit de lui faire les remèdes qu'exigeoit son triste état; *le Moine* s'imagine aussitôt que les archers sont envoyés pour le saisir; effrayé, hors de lui, il se perce de neuf coups d'épée, & se traîne vers la porte, qu'il a encore la force d'ouvrir : son ami le voit noyé dans son sang, & tomber sans vie à ses pieds.

MOLÉ, (Matthieu) premier président; né en 1584, mort en 1656.

Le cardinal de Retz dit dans ses mémoires : si ce n'étoit pas une espèce de blasphême de dire qu'il y a eu quelqu'un dans notre siècle plus intrépide que le grand Gustave, & que M. le Prince, je dirois que ç'a été *Molé*, premier président. Il s'en falloit beaucoup que son esprit fût aussi grand que son cœur. Il ne laissoit pas d'y avoir quelque rapport par une ressemblance qu'il n'y étoit toutefois qu'en laid. Je vous ai déja dit qu'il n'étoit point congru dans sa langue, & il est vrai : mais il avoit une sorte d'éloquence qui en choquant l'oreille saisissoit l'imagination. Il vouloit le bien de l'état préférablement à toutes choses, même à celui de sa famille, quoiqu'il parût l'aimer trop; mais il n'eut pas le génie assez élevé pour connoître d'assez bonne heure celui qui eût pu lui en faire; il présuma trop de son
pouvoir,

pouvoir, il s'imagina qu'il modéreroit la cour & sa compagnie ; il ne réussit ni à l'un, ni à l'autre : il se rendit suspect à tous les deux, & ainsi il fit du mal avec de bonnes intentions. La préoccupation y contribua beaucoup, il étoit extrême en tout, & j'ai même observé qu'il jugeoit des actions par les hommes, presque jamais des hommes par les actions. Comme il avoit été nourri dans les formes du palais, tout ce qui étoit extraordinaire lui étoit suspect : il n'y a guères de dispositions plus dangereuses en ceux qui se rencontrent dans les affaires, où les règles ordinaires n'ont plus lieu.

Dans un jour de sédition, des mutins s'étant attroupés à la porte de ce magistrat, il voulut y aller. L'abbé de Chavalon, qui étoit alors avec lui, s'y opposant, Molé lui dit : « Apprends, jeune homme, qu'il y a loin du poignard d'un scélérat au cœur d'un homme de bien ».

Lors des barricades de 1648, il fit ouvrir les portes de son hôtel que l'on venoit de fermer, en disant que la maison d'un premier président devoit être ouverte à tout le monde.

Un mutin l'ayant un jour insulté au milieu d'une place publique, jusqu'à lui prendre la barbe qu'il portoit fort longue, il le menaça de le faire pendre. Cette menace auroit pu lui devenir funeste. Mais lorsqu'on lui disoit qu'il devoit moins s'exposer à la fureur du peuple, il répondit « que six pieds de terre feroient toujours raison au plus grand homme du monde ».

Cet illustre magistrat qui aimoit les lettres, & qui s'intéressoit bien sincèrement à la gloire de sa patrie, avoit engagé Duchesne à faire sa collection des historiens de France.

MOLIERE, (Jean-Baptiste Poquelin de) né l'an 1620, mort en 1673.

Molière avoit un grand-père qui l'aimoit éperduement ; & comme le bon-homme avoit de la passion pour la comédie, il l'y menoit souvent. Le père qui craignoit que ce plaisir ne dissipât son fils, & ne lui ôtât l'attention qu'il devoit à son métier, demanda un jour au bon-homme pourquoi il menoit si souvent son enfant au théâtre. Avez-vous envie, lui dit-il avec indignation, d'en faire un comédien ? Plût à dieu, lui répondit le grand-père, qu'il fût aussi bon comédien que Belle-Rose. Cette réponse frappa le jeune homme, le dégoûta de la profession de tapissier, & lui donna du goût pour la comédie.

On prétend que le prince de Conti voulut faire le jeune *Molière* son secrétaire, & qu'heureusement pour le théâtre françois, *Molière* eut le courage de préférer son talent à un poste honorable.

Molière avoit le cœur admirable. Baron lui annonça un jour à Auteuil un homme que l'extrême misère empêchoit de paroître : il se nomme Mondorge, ajouta-t-il : je le connois, dit *Molière*, il a été mon camarade en Languedoc. C'est un honnête homme. Que jugez vous qu'il faille lui donner ? Quatre pistoles, dit Baron, après avoir hésité quelque temps. Hé bien, répliqua *Molière*, je vais les lui donner pour moi, donnez-lui pour vous ces vingt autres que voilà. Mondorge parut, *Molière* l'embrassa, le consola, & joignit au présent qu'il lui faisoit, un magnifique habit de théâtre pour jouer les rôles tragiques.

Molière revenoit d'Auteuil avec le musicien Charpentier. Il donna l'aumône à un pauvre, qui un instant après fit arrêter le carosse & lui dit : Monsieur, vous n'avez pas eu dessein de me donner une pièce d'or. Où la vertu va-t-elle se nicher ? s'écria *Molière* après un moment de réflexion : — tiens, mon ami, en voilà une autre.

Molière disoit que le mépris étoit une pillule qu'on pouvoit bien avaler, mais qu'on ne pouvoit guère la mâcher sans faire la grimace.

Molière étoit désigné pour remplir la première place vacante à l'académie françoise. La compagnie s'étoit arrangée au sujet de sa profession. *Molière* n'auroit plus joué que dans les rôles du haut comique. Mais sa mort précipitée le priva d'une place bien méritée, & l'académie d'un sujet si propre à la remplir.

Molière se présenta un jour pour faire le lit du roi. Un autre valet-de-chambre qui le devoit faire avec lui, se retira brusquement, en disant qu'il ne le feroit point avec un comédien. Bellocq, autre valet de chambre, homme de beaucoup d'esprit, & qui faisoit de très-jolis vers, s'approcha dans le moment & dit : M. de *Molière*, vous voulez bien que j'aie l'honneur de faire le lit du roi avec vous. Cette avanture vint aux oreilles du roi, qui fut très mécontent qu'on eût témoigné du mépris à *Molière*.

Molière avoit commencé à traduire Lucrèce dans sa jeunesse ; & il auroit achevé cet ouvrage sans un malheur qui lui arriva. Un de ses domestiques prit un cahier de cette traduction pour faire des papillotes. *Molière*, qui étoit facile à irriter, fut si piqué de ce contre-temps, que dans sa colère, il jetta sur le champ le reste au feu. Pour donner plus de goût à cette traduction, il avoit rendu en prose les raisonnemens philosophiques, & il avoit mis en vers toutes les belles descriptions qui se trouvent dans le poëme de Lucrèce.

Molière lisoit ses comédies à une vieille servante nommée Laforêt, & lorsque les endroits de plaisanterie ne l'avoit point frappée, il les corrigeoit.

parce qu'il avoit plusieurs fois éprouvé sur son théâtre que ces endroits ne réussissoient point. Un jour *Molière*, pour éprouver le goût de cette servante, lui lut quelques scènes d'une comédie qu'il disoit être de lui, mais qui étoit de Brecourt, comédien. La servante ne prit point le change, & après en avoir oui quelques mots, elle soutint que son maître n'avoit pas fait cette pièce.

Racine regarda toujours *Molière* comme un homme unique ; & le roi lui demandant un jour quel étoit le premier des grands écrivains qui avoient honoré la France pendant son règne, il lui nomma *Molière*. Je ne le croyois pas, répondit le roi ; mais vous vous y connoissez mieux que moi.

Molière étoit fort ami du célèbre avocat Furcroi, homme redoutable par la capacité & par la grande étendue de ses poumons, ils eurent une dispute à table, en présence de Despréaux. *Molière* se tourna du côté du satyrique, & dit : *Qu'est-ce que la raison avec un filet de voix, contre une gueule comme cela ?*

J'étois à la première représentation des *Précieuses ridicules* de *Molière*, dit Ménage, & tout l'hôtel de Rambouillet s'y trouva. La pièce fut jouée avec un applaudissement général. Au sortir de la comédie, prenant M. Chapelain par la main : monsieur, lui dis-je, nous approuvions vous & moi toutes les sottises qui viennent d'être critiquées si finement & avec tant de bon sens : mais croyez-moi, pour me servir de ce que saint Remi dit à Clovis, *Il nous faudra brûler ce que nous avons adoré, & adorer ce que nous avons brûlé.*

Un jour que l'on représentoit cette pièce, un vieillard s'écria du milieu du parterre : *Courage, courage, Molière, voilà la bonne comédie.*

Un bon bourgeois de Paris vivant bien noblement, s'imagina que *Molière* l'avoit pris pour l'original de son *Cocu imaginaire*. Il crut devoir en être offensé, & en marqua son ressentiment à un de ses amis. Comment ! lui dit-il, un petit comédien aura l'audace de mettre impunément sur le théâtre un homme de ma sorte. Je me plaindrai, ajouta-t-il : en bonne police, on doit réprimer l'insolence de ces gens-là. Ce sont les pestes d'une ville : ils observent tout pour le tourner en ridicule. L'ami qui étoit homme de bon sens, lui dit : Eh ! monsieur, si *Molière* a eu intention sur vous en faisant son *Cocu imaginaire*, de quoi vous plaignez-vous ; il vous a pris du beau côté, & vous seriez bienheureux d'en être quitte pour l'imagination. Le bourgeois, quoique peu satisfait de la réponse de son ami, ne laissa pas d'y faire quelque réflexion, & ne retourna plus au *Cocu imaginaire*.

Le roi, en sortant de la première représentation des *Fâcheux*, dit à *Molière* en voyant passer le comte de Soyecourt, insupportable chasseur : voilà un grand original que tu n'a pas encore copié, ç'en fut assez. La scène du fâcheux chasseur fut faite & apprise en moins de vingt-quatre heures ; & comme *Molière* n'entendoit rien au jargon de la chasse, il pria le comte de Soyecourt lui-même de lui indiquer les termes dont il devoit se servir.

Le fameux comte de Grammont a fourni à *Molière* l'idée de son *mariage forcé*. Ce seigneur, pendant son séjour à la cour d'Angleterre, avoit fort aimé mademoiselle Hamilton. Leurs amours même avoient fait du bruit, & il repassoit en France sans avoir conclu avec elle. Les deux frères de la demoiselle le joignirent à Douvres, dans le dessein de faire avec lui le coup de pistolet. Du plus loin qu'ils l'apperçurent, ils lui crièrent : comte de Grammont, n'avez-vous rien oublié à Londres ? Pardonnez-moi, répondit le comte qui devinoit leur intention ; j'ai oublié d'épouser votre sœur, & j'y retourne avec vous pour finir cette affaire.

L'amour médecin est le premier ouvrage dans lequel *Molière* ait attaqué les médecins. Il logeoit chez un médecin, dont la femme extrêmement avare, dit à l'épouse de *Molière*, qu'elle vouloit augmenter le loyer de la portion de maison qu'elle occupoit. Celle-ci ne daigna pas seulement l'écouter ; & son appartement fut loué à un autre. *Molière* épousa en cette occasion la passion de sa femme, & attaqua le médecin. Depuis ce temps-là, il n'a cessé de tourner en ridicule la médecine. Il définissoit un médecin : un homme que l'on paie pour conter des fariboles dans la chambre d'un malade, jusqu'à ce que la nature l'ait guéri ou que les remèdes l'aient tué.

Tout le monde sait que le Misantrope fut d'abord mal reçu, & qu'il ne se soutint au théâtre qu'à la faveur du Médecin malgré lui. On rapporte un fait singulier qui peut avoir contribué à la disgrace de la meilleure comédie qui ait été jamais faite. A la première représentation, après la lecture du sonnet d'Oronte, le parterre applaudit : Alceste démontre, dans la suite de la scène, que les pensées & les vers de ce sonnet étoient

De ces Colifichets dont le bon sens murmure.

Le public confus d'avoir pris le change s'indisposa contre la pièce.

Lorsque *Molière* donna son Misantrope, il étoit brouillé avec Racine. Un flatteur crut faire plaisir au dernier, après la première représentation, en lui disant, la pièce est tombée ; rien n'est si froid ! Vous pouvez m'en croire, j'y étois. Vous y étiez ?

reprit Racine, & moi je n'y étois pas : cependant je n'en croirai rien, parce qu'il est impossible que *Molière* ait fait une mauvaise pièce ; retournez-y & examinez-la mieux.

On sait que les ennemis de *Molière* voulurent persuader au duc de Montauzier, fameux par sa vertu sauvage, que c'étoit lui que *Molière* jouoit dans le *Misantrope*: Le duc de Montauzier alla voir la pièce & dit en sortant, qu'*il auroit bien voulu ressembler au Misantrope de Molière.*

Il y a une anecdote au sujet de la chanson qu'*ils font doux, bouteille ma mie, &c.* que chante Sganarelle, dans le *médecin malgré lui*. M. Rose, de l'académie françoise, & secrétaire du cabinet, fit des paroles latines sur cet air, d'abord pour se divertir, & ensuite pour faire une petite pièce à *Molière*, à qui il reprocha, chez le duc de Montauzier, d'être plagiaire, ce qui donna lieu à une plaisante dispute. M. Rose soutint toujours en chantant les paroles latines qu'il avoit faites, que *Molière* les avoit traduites en françois d'une épigramme latine imitée de l'*anthologie* ; voici ces paroles.

- *Quam dulces !*
- *Amphora amœna !*
- *Quam dulces*
- *Sunt tuæ voces !*
- *Dum fundis merum in calices,*
- *Utinam semper esses plena.*
- *Ah ! ah ! cara mea lagena,*
- *Vacua cur jaces ?*

La première représentation du Tartuffe fit un bruit étonnant dans Paris : les dévots pousserent les hauts cris, & le parlement défendit de jouer cette comédie. On étoit assemblé pour la seconde représentation, lorsque la défense arriva. Messieurs, dit *Molière*, en s'adressant à l'assemblée, nous comptions aujourd'hui avoir l'honneur de vous donner le Tartuffe ; *mais M. le premier président ne veut pas qu'on le joue.*

Ce même mot fut tourné d'une manière un peu différente par des comédiens de province. Ils étoient dans une ville dont l'évêque étoit mort depuis peu. Le successeur, moins favorable au spectacle, donna ordre que les comédiens partissent avant son entrée. Ils jouerent encore la veille, & comme s'ils eussent dû jouer le lendemain, celui qui annonça dit : messieurs, vous aurez demain le tartuffe.

Huit jours après que le Tartuffe eut été défendu, on représenta à la cour une pièce intitulée *Scaramouche hermite*, & le roi en sortant dit au grand Condé : je voudrois bien savoir pourquoi les gens qui se scandalisent si fort de la comédie de *Molière*, ne disent rien de celle de *Scaramouche* : à quoi le prince répondit : la raison de cela est, que la comédie de *Scaramouche* joue

le ciel & la religion, dont ces messieurs-là ne se soucient point ; mais celle de *Molière* les joue eux-mêmes, ce qu'ils ne peuvent souffrir.

Lorsque *Molière* fit jouer son *Tartuffe*, on lui demanda de quoi il s'avisoit de faire des sermons. Pourquoi sera-t-il permis, répondit-il, au père Maimbourg de faire des comédies en chaire ; & qu'il ne me sera pas permis de faire des sermons sur le théâtre ?

Un jour qu'on représentoit le Tartuffe, Chammêlé qui n'étoit point encore dans la troupe, fut voir *Molière* dans sa loge, qui étoit proche du théâtre. Comme ils en étoient aux complimens, *Molière* s'écria : Ah ! chien ! ah ! bourreau, & se frappoit la tête comme un possédé. Champmêlé crut qu'il tomboit de quelque mal, & il étoit fort embarrassé. Mais *Molière* qui s'apperçut de son étonnement lui dit : Né soyez pas surpris de mon emportement ; je viens d'entendre un acteur déclamer faussement & pitoyablement quatre vers de ma pièce ; & je ne saurois voir maltraiter mes enfans de cette force-là, sans souffrir comme un damné.

Madame Dacier qui a fait honneur à son sexe par son érudition, & qui lui en eût fait davantage, si avec la science des commentateurs, elle n'en eût pas eu l'esprit, fit une dissertation pour prouver que l'*Amphitrion* de Plaute étoit fort au-dessus du moderne ; mais ayant oui dire que *Molière* vouloit faire une comédie des femmes savantes, elle supprima sa dissertation.

Lorsque *Molière* se préparoit à donner son *Georges-Dandin*, un de ses amis lui fit entendre qu'il y avoit dans le monde un Dandin, qui pourroit se reconnoître dans la pièce, & qui étoit en état par sa famille, non-seulement de la décrier, mais encore de le desservir dans le monde. Vous avez raison, dit *Molière* à son ami ; mais je sais un moyen sûr de me concilier l'homme dont vous parlez : J'irai lui lire ma pièce. Au spectacle, où il étoit assidu, *Molière* lui demanda une de ses heures perdues pour lui faire une lecture. L'homme en question se trouva si honoré de ce compliment, que toutes affaires cessantes, il donna parole pour le lendemain, & il courut tout Paris pour tirer vanité de la lecture de cette pièce. *Molière*, disoit-il à tout le monde, me lit ce soir une comédie ; voulez-vous en être. *Molière* trouva une nombreuse assemblée & son homme qui présidoit. La pièce fut trouvée excellente ; & lorsqu'elle fut jouée, personne ne la faisoit mieux valoir que celui qui auroit pu s'en fâcher ; une partie des scènes que *Molière* avoit traitées dans sa pièce, lui étant arrivées. Ce secret de faire passer sur le théâtre des traits un peu hardis, a été trouvé si bon, que plusieurs auteurs l'ont mis en usage depuis avec succès.

Le bourgeois gentilhomme fut joué la première fois à Chambord : le roi n'en dit pas un mot, & tous les courtisans en parlèrent avec le dernier mépris. Le déchaînement étoit si grand, que Molière n'osoit se montrer : il envoyoit seulement Baron à la découverte, qui lui rapportoit toujours de mauvaises nouvelles. Au bout de cinq ou six jours, on joua cette pièce pour la seconde fois. Après la représentation, le roi qui n'avoit pas encore porté son jugement, dit à Molière : je ne vous ai point parlé de votre pièce à la première représentation, parce que j'ai appréhendé d'être séduit par la manière dont elle avoit été représentée ; mais en vérité, Molière, vous n'avez encore rien fait qui m'ait mieux diverti, & votre pièce est excellente. Aussi-tôt l'auteur fut accablé de louanges par les courtisans qui répétoient, tant bien que mal, ce que le roi venoit de dire à l'avantage de cette pièce.

La scène cinquième de l'acte troisième est l'endroit des femmes savantes qui a fait le plus de bruit. Trissotin & Vadius y sont peints d'après nature. Car l'abbé Cotin étoit véritablement l'auteur du sonnet à la princesse Uranie. Il l'avoit fait pour madame de Nemours, & il étoit allé le montrer à mademoiselle, princesse qui se plaisoit à ces sortes de petits ouvrages, & qui d'ailleurs considéroit fort l'abbé Cotin, jusques-là même qu'elle l'honoroit du nom de son ami. Comme il achevoit de lire ses vers, Ménage entra ; mademoiselle les fit voir à Ménage sans lui en nommer l'auteur : Ménage les trouva ce qu'effectivement ils étoient, détestables. Là dessus nos deux poëtes se dirent à peu près l'un à l'autre les douceurs que Molière a si agréablement rimées. Peu de temps après la mort du pauvre Cotin on fit ces quatre vers :

Savez-vous en quoi Cotin
Diffère de Trissotin ?
Cotin a fini ses jours,
Trissotin vivra toujours.

Dans le malade imaginaire, la dernière pièce que Molière ait mise au théâtre, il y a un M. Fleurant, apothicaire, brusque jusqu'à l'insolence, qui vient avec une seringue à la main pour donner un lavement au malade. Un honnête homme, frère de ce prétendu malade, qui se trouve là dans ce moment, le détourne de le prendre, dont l'apothicaire s'irrite, & lui dit toutes les impertinences dont les gens de sa sorte étoient alors capables. La première fois que cette pièce fut jouée, l'honnête homme répondoit à l'apothicaire : « Allez, monsieur, on voit bien que vous n'avez coutume de parler qu'à des culs ». Tous les auditeurs qui étoient à la première représentation s'en indignèrent ; au lieu qu'on fut ravi à la seconde d'entendre dire : « Allez, monsieur, on voit bien

que vous n'avez pas accoutumé de parler à des visages ».

Molière étant mort, les comédiens se disposoient à lui faire un convoi magnifique : mais M. de Harlai, archevêque de Paris, ne voulut pas permettre qu'on l'inhumât. La femme de Molière alla sur le champ à Versailles se jetter aux pieds du roi, pour se plaindre de l'injure que l'on faisoit à la mémoire de son mari, en lui refusant la sépulture. Mais le roi la renvoya ; en lui disant que cette affaire dépendoit du ministère de M. l'archevêque, & que c'étoit à lui qu'il falloit s'adresser. Cependant sa majesté fit dire à ce prélat qu'il fît en sorte d'éviter l'éclat & le scandale. M. l'archevêque révoqua donc sa défense, à condition que l'enterrement seroit sans pompe & sans bruit. Il fut fait par deux prêtres qui accompagnèrent le corps sans chanter ; & on l'enterra dans le cimetière qui est derrière la chapelle de saint Joseph dans la rue Montmartre. Tous ses amis y assistèrent ayant chacun un flambeau à la main. La veuve de Molière s'écrioit par-tout : « Quoi, l'on refuse la sépulture à un homme qui mérite des autels ?

Deux ou trois ans après la mort de Molière, il fit un hyver très-rude. La veuve de ce grand homme fit porter cent voies de bois sur la tombe de son mari, & les y fit brûler pour chauffer les pauvres du quartier. La grande chaleur du feu fendit en deux la pierre qui couvroit la tombe.

Dans une préface que les anglois ont mise à la tête de la traduction de Molière, ils comparent les ouvrages de ce grand comique à un gibet. Le vice, dit-on, & le ridicule y ont été exécutés, & y demeure exposés comme sur le grand chemin, pour servir d'exemple aux auteurs.

On voit aujourd'hui des auteurs qui, parce qu'ils sont jeunes, voudroient nous faire croire que Molière a vieilli. La chose est risible, dit un fort bel esprit ; mais il manque de rieurs.

Epitaphe de Moliere par la Fontaine.

Sous ce tombeau gissent Plaute & Térence ;
Et cependant le seul Molière y gît.
Leurs trois talens ne formoient qu'un esprit,
Dont le bel art réjouissoit la France.
Ils sont partis, & j'ai peu d'espérance
De les revoir, malgré tous nos efforts.
Pour un long-temps, selon toute apparence,
Térence & Plaute & Molière sont morts.

MONCAL. Le général *Moncal*, gentilhomme françois, réfugié, avoit eu un bras cassé au service d'Angleterre, & étoit réduit à le porter en écharpe. Il eut un jour une querelle au parc Saint-James avec un officier qui ne le connoissoit que de réputation fur une opération militaire faite à la bataille de la Boine. L'officier fe voyant preffé par un raifonnement auquel il n'avoit rien à répliquer eut recours à l'autorité pour fe défendre, & cita *Moncal* pour fon garant. *Moncal* qui n'auroit dû que rire, nia férieufement que *Moncal* eût ainfi parlé. L'officier qui étoit brave & qui ne s'étoit laiffé aller à mentir que par la honte de céder, lui dit que fans l'état où il le voyoit il tireroit raifon de ce démenti. Le trop bouillant général, piqué encore mal à propos de ce difcours, l'invite à le fuivre, l'affurant qu'un bras lui fuffiroit pour lui donner la fatisfaction qu'il paroiffoit défirer.

Lorfqu'on fut arrivé dans un lieu écarté, *Moncal* qui étoit réfolu de voir la fin de cette avanture, voulut, pour fe rejouir, confondre fon adverfaire avant de le combatre. Il lui dit, l'épée à la main, voyez fi je n'ai pas déjà trop d'avantage fur vous? C'eft moi qui fuis *Moncal*. Le menteur, frappé de ce coup de foudre, fe jette aux genoux du général, le conjure de lui fauver l'honneur, & lui protefte qu'il avoit eu honte de fon impofture dès le moment qu'elle lui étoit échappée. *Moncal* lui pardonna, lui promit de ne le jamais nommer, & lui tint parole.

MONCRIF, (François-Auguftin-Paradis de) mort en 1770, âgé de 83 ans.

Moncrif, auteur du joli conte de Titon & Aurore, avoit compofé un fingulier ouvrage fur les chats.

Roi, poëte fatyrique, fit courir quelques épigrammes contre l'ouvrage. *Moncrif*, piqué au dernier point, attendit le critique & le régala de coup de plat d'épée. Le poëte Roi difoit encore fous les coups : « Minet, pate de velours ! »

Moncrif étoit fort aimé de M. le comte d'Argenfon. L'homme de lettres dit un jour au miniftre. « Monfeigneur, vous êtes le maître de me faire donner le brevet d'hiftoriographe de France ». Malheureufement M. d'Argenfon fe fouvenoit encore de l'hiftoire des chats. « Hiftoriographe, lui répondit-il, cela eft impoffible ; dit donc hiftoriogriffe ».

MONSTRES. En 1784, on fit voir à Londres, pour de l'argent, un homme âgé de trente-trois ans, fous le nom de l'homme *Porc-épic* : il fe nommoit Edouard Lambert. Toute fa peau, excepté celle du vifage, celle de la paulme des mains & de la plante des pieds, étoit couverte d'écaille brunes & cylindriques, fermes & élaftiques, fur-tout quand elles étoient, comme la plupart, larges d'un pouce.

Cet homme eut la petite vérole, & fes écailles tombèrent, mais elles revinrent enfuite. Pour s'en délivrer, il prit deux fois du mercure. Tant qu'il faifoit fon effet, il y avoit quelque efpérance de guérifon ; mais dès que la falivation ceffoit, il fe formoit de nouvelles écailles. Soit en automne, foit en hiver, ces écailles tomboient annuellement ; & alors, il étoit obligé de fe faire faigner : fans cette précaution, il feroit tombé malade. Le refte du temps il jouiffoit d'une fanté parfaite.

Cet homme extraordinaire a eu fix enfans, qui tous, neuf femaines après leur naiffance, ont été comme leur père, couverts d'écailles.

Il femble que cet anglois pourroit nous laiffer une race d'homme d'écailles, femblables à lui ; & fi l'on perdoit de vue l'origine de cet événement, on auroit lieu de penfer dans les fiècles à venir, que ces hommes font d'une efpèce différente des autres.

M. Baker, membre de la fociété royale, infère de-là que la peau noir des nègres, & quelques autres différences qui nous frappent fenfiblement, proviennent, de la même manière, de quelques caufes accidentelles.

Le 10 janvier 1775, la fœur du charron d'Auberchicourt, village fitué entre Bouchain & Douai, accoucha d'une fille qui avoit une tête monftrueufe. D'abord on ne favoit qu'imaginer : mais lorfqu'on l'eut confidérée de près, on découvrit qu'il y avoit une éminence fort haute fur la tête, formant une coëffure à la grecque, la peau de cette chaire étoit ridée, & ces rides formoient le crêpé des cheveux ; des boucles en chair s'élevoient des deux côtés : des nœuds mêmes fur l'extrémité du derrière de cette coëffure, étoient très-bien marqués ; enfin ce qui furprit les naturaliftes, c'eft un petit os blanc, en forme de diamant, qui fortoit du milieu de cette maffe de chaire, à l'endroit où les femmes placent ordinairement leur épingle de tête. L'enfant étoit mort lorfqu'il eft venu au monde, parce qu'il avoit fallu fe fervir de toutes les reffources de l'art de l'accouchement.

MONTAGNE, (Michel de) né en Périgord en 1533, mort en 1592.

La première langue qu'on fit apprendre à *Montagne*, dès qu'il fut en état de parler, fut la latine. Son père mit auprès de lui, dès fon berceau, un allemand qui y étoit très-habile, & qui ignoroit abfolument le françois, avec deux autres perfonnes favantes pour le foulager. D'ailleurs, on ne laiffoit approcher de lui perfonne qui ne parlât le latin. Ainfi il fut jufqu'à l'âge de fix ans fans favoir le françois.

On avoit fait entendre au père de *Montagne* que c'étoit gâter le cerveau, & par conféquent le jugemement des enfans, que de les éveiller le matin en surſaut. Pour éviter ce danger, il faiſoit éveiller ſon fils par le ſon de quelque inſtrument agréable.

Montagne inſiſte dans tout ſon ouvrage ſur la douceur que les pères doivent avoir pour leurs enfans. Il conte à ce propos, qu'un homme de condition de ſes amis, ayant perdu à l'armée ſon fils unique, qui étoit de grande eſpérance, lui diſoit : Mon plus grand chagrin eſt d'avoir élevé ce fils avec une ſi grande ſévérité, qu'elle lui a toujours voilé, pour ainſi dire, la tendreſſe que j'avois pour lui; & je me reproche ſans ceſſe, de ne lui avoir jamais montré à découvert la force de l'amour paternel; mon déſeſpoir eſt d'autant-mieux fondé, que je ſuis ſûr qu'il eſt mort dans l'idée que je ne l'aimois que foiblement.

Montagne avoit des biſarreries qui l'empêchèrent de réuſſir dans ſa mairie de Bordeaux; ſur quoi Balzac rapporte un mot de M. de la Thibaudière, qui dit un jour à M. de Meré, admirateur de Montagne, au préjudice de Cicéron : vous avez beau eſtimer votre Montagne plus que notre Cicéron; je ne ſaurois m'imaginer qu'un homme qui a ſu gouverner toute la terre, ne valut pas pour le moins autant qu'un homme qui ne ſut pas gouverner Bordeaux.

Charron a imité Montagne le plus qu'il a pu. Cette imitation lia entr'eux une amitié ſi étroite, que Montagne, pour lui marquer l'affection qu'il lui portoit, lui permit par ſon teſtament de porter les armes pleines de ſa famille, parce qu'il ne laiſſoit aucun enfant mâle.

Montagne a inſéré dans ſes eſſais quelques penſées des anciens, & particulièrement de Sénèque & de Plutarque ſans les nommer, afin, diſoit-il, que ſes critiques vinſſent à s'échauder en donnant des naſardes à Sénèque & à Plutarque ſur ſon nez.

On a dit de Montagne qu'il connoiſſoit bien les petiteſſes des hommes; mais qu'il en ignoroit les grandeurs.

Les écarts de Montagne, ont fait dire à un bel eſprit, que quoique Montagne ne manque point de s'égarer dès l'entrée de chaque chapitre, il eſt un des écrivains du monde, qui ſachant le moins ce qu'il va dire, fait le mieux ce qu'il dit.

Montagne dit des littérateurs qui veulent être univerſels, Un peu de tout, rien de tout, à la françoiſe.

Balzac diſoit de Montagne; c'eſt un guide qui égare, mais qui nous mène en des pays plus agréables qu'il n'avoit promis.

Montagne dit dans un endroit, qu'il hait les ſavans qui ne peuvent rien faire ſans livres; & ailleurs, que la ſcience eſt un ſceptre en de certaines mains & en d'autres une marote.

Mézeray appelloit Montagne le Sénèque chrétien; Scaliger l'appelloit un hardi ignorant.

Sur la fin de ſes jours, Montagne ſe retira dans une de ſes terres, pour y mener une vie douce & tranquille; mais il fut expoſé, ainſi que les plus honnêtes gens de ſon temps, aux malheurs des guerres civiles. « Je fus, dit-il, pelaud à toutes mains. Au Gibelin j'étois Guelphe, & au Guelphe Gibelin ».

Son air franc & ſes manières affables le ſauvèrent un jour d'un grand danger. Voici comme il raconte lui-même le fait. « Pendant les troubles des guerres civiles, un quidam délibéra de ſurprendre ma maiſon & moi. Son art fut d'arriver ſeul à ma porte, & d'en preſſer un peu inſtamment l'entrée. Je le connoiſſois de nom & avois occaſion de me fier à lui comme à mon voiſin & aucunement mon allié. Je lui fis ouvrir comme je fais à chacun. Le voici tout effrayé, ſon cheval hors d'haleine, fort haraſſé. Il m'entretint de cette fable : qu'il venoit d'être rencontré à une demi lieue de-là, par un ſien ennemi, lequel je connoiſſois auſſi & avois oui parler de leur querelle : que cet ennemi lui avoit merveilleuſement chauſſé les éperons : & qu'ayant été ſurpris en déſarroi & plus foible en nombre, il s'étoit jetté à ma porte à ſauveté. J'étois en grande peine de ſes gens, leſquels il diſoit tenir pour morts ou pris. J'eſſayai tout naïvement de le conforter, aſſurer & rafraîchir. Tantôt après, voilà quatre ou cinq de ſes ſoldats qui ſe préſentent en même contenance, & effroi pour entrer : & puis d'autres, & d'autres encore après, bien équipés & bien armés, juſques à vingt cinq ou trente, feignant avoir leur ennemi aux talons. Ce myſtère commençoit à tâter mon ſoupçon. Je n'ignorois pas en quel ſiècle je vivois, combien ma maiſon pouvoit être enviée, & avois pluſieurs exemples d'autres de ma connoiſſance, à qui il étoit méſavenu de même. Tant y a que trouvant qu'il n'y avoit point d'acquêt d'avoir commencé à faire plaiſir, ſi je n'achevois, & ne pouvant me défaire ſans rompre, je me laiſſai aller au parti le plus naturel & le plus ſimple, comme je fais toujours; commandant qu'ils entraſſent. Ceux-ci ſe tinrent à cheval dans ma cour, le chef avec moi, dans ma ſalle, qui n'avoit voulu qu'on établât ſon cheval, diſant avoir à ſe retirer incontinent qu'il auroit eu des nouvelles de ſes hommes. Il ſe vit maître de ſon entrepriſe; & n'y reſtoit ſur ce point que l'exécution. Souvent depuis il a dit (car il ne craignoit pas de faire ce conte) que mon viſage et ma franchiſe lui avoient arraché la trahiſon des poings. Il remonte à chezval, ſes gens ayant continuellement les yeux ſur lui, pour voir quel ſigne il leur donneroit; bien étonnés de le voir ſortir & abandonner ſon avantage».

Montagne, dans ſes Eſſais, a peint l'homme en ſe peignant lui-même, & comme il ſe connoiſſoit bien, cette vanité qu'on lui reproche de faire de ſoi-même la matière de ſon livre, peut-être utile au lecteur.

Un reproche qu'on peut lui faire, eſt le ſcepticiſme qu'il profeſſe ouvertement, & cette liberté de tout écrire dont il ſe fait gloire. Le cardinal du Perron appelloit ſes Eſſais le bréviaire des honnêtes gens, ſans doute à cauſe des ſentimens de généroſité & d'humanité qui y ſont répandus.

MONTÉCUCULI, (Raimond de) général italien, né en 1608, mort à Lintz en 1680.

Montecuculi avoit cet amour pour les lettres, ſans lequel il n'y avoit point de véritable grandeur. C'eſt par ſes ſoins que l'académie des curieux de la nature fut établie. Il a écrit des mémoires en italien, où les militaires trouvent des modèles & des leçons de leur art. Ce général fut le ſeul digne d'être oppoſé au célèbre Turenne. Tous deux, dit un illuſtre hiſtorien, avoient réduit la guerre en art. Ils paſſèrent quatre mois à ſe ſuivre, à s'obſerver dans des marches & dans des campemens, plus eſtimés que des victoires par les officiers allemands & françois. L'un & l'autre jugeoit de ce que ſon adverſaire alloit tenter par les démarches que lui-même eût voulu faire à ſa place, & ils ne ſe trompèrent jamais. Ils oppoſoient l'un à l'autre la patience, la ruſe, l'activité, & tout ce que le génie, la ſcience militaire & une longue expérience peuvent ſuggérer.

Montecuculi étoit aſſez grand pour honorer un rival, & aſſez honnête homme pour pleurer ſincèrement ſa mort. Sur le point d'en venir aux mains avec Turenne, & de commettre ſa propre réputation au ſort d'une bataille, il apprend que le général françois vient d'être emporté par un boulet de canon, il répand des larmes & s'écrie dans l'amertume de ſa douleur : « Je regrette & ne ſaurois trop regretter l'homme au-deſſus de l'homme, un homme qui faiſoit honneur à la nature humaine ».

Victor Amédée, duc de Savoie, ſe plaiſoit à raconter le trait ſuivant de l'illuſtre Montecuculi. Ce général des armées de l'empereur avoit, dans une marche, donné ordre, ſous peine de mort, que perſonne ne paſſât par les bleds. Un ſoldat revenant d'un village & ignorant les défenſes, traverſa un ſentier qui étoit au milieu des bleds. Montecuculi qui l'apperçut, envoya ordre au prévôt de l'armée de le faire pendre. Cependant le ſoldat qui s'avançoit allégua au général qu'il ne ſavoit pas les ordres. Que le prévôt faſſe ſon devoir, répond Montecuculi. Comme cela ſe

paſſa en un inſtant, le ſoldat n'avoit point encore été déſarmé. Alors plein de fureur il dit : Je n'étois pas coupable, je le ſuis maintenant, & tira ſon fuſil ſur Montecuculi. Le coup manque, & Montecuculi lui pardonne.

MONTESQUIEU; (Charles Secondat, baron de la Brede & de) né le 18 janvier 1689, mort le 10 février 1755.

En entrant dans le monde, diſoit un jour Monteſquieu, on m'annonça comme un homme d'eſprit, & je reçus un accueil aſſez favorable des gens en place; mais lorſque par le ſuccès des lettres perſannes, j'eus peut-être prouvé que j'en avois, & que j'eus obtenu quelque eſtime de la part du public, celle des gens en place ſe refroidit; j'eſſuyai mille dégoûts. Comptez, ajoutoit-il, qu'intérieurement bleſſés de la réputation d'un homme célèbre, c'eſt pour s'en venger qu'ils l'humilient; & qu'il faut ſoi-même mériter beaucoup d'éloges, pour ſupporter patiemment l'éloge d'autrui. Cette anecdote eſt rapportée par l'auteur du traité de l'Eſprit.

La liberté avec laquelle Monteſquieu parle dans ſes lettres perſannes du gouvernement & des abus de la religion, lui attira une excluſion de la part du cardinal de Fleury, lorſqu'il ſe préſenta en 1728 pour une place de l'académie françoiſe. Il prit, dit l'auteur du ſiècle de Louis XIV, un tour très-adroit pour mettre le miniſtre dans ſes intérêts; il fit faire en peu de jours une nouvelle édition de ſon livre, dans laquelle on retrancha, ou on adoucit tout ce qui pouvoit être condamné par un cardinal & par un miniſtre. Monteſquieu porta lui-même l'ouvrage au cardinal qui ne liſoit guères & qui en lut une partie. Cet air de confiance, ſoutenu par l'empreſſement de quelques perſonnes de crédit, ramena le cardinal; & Monteſquieu entra dans l'académie.

Cet illuſtre auteur a conſacré vingt années, ainſi qu'il l'a avoué lui-même, à la compoſition de l'Eſprit des loix. Quand il vit ce que tant de grands hommes en France, en Angleterre & en Allemagne avoient écrit avant lui, il fut dans l'admiration; mais il ne perdit pas courage. & moi auſſi, je ſuis peintre, a-t-il pu dire avec le Corrège, ed io anche ſon pittore. On penſe bien qu'il a fallu qu'un nombre prodigieux de volumes lui paſſât par les mains. Sa méthode étoit de faire l'extrait de tout ce qu'il liſoit. Il ne perdoit jamais de vue ſon objet; il l'avoit ſans ceſſe devant les yeux; dans toutes ſes lectures il tranſcrivoit les paſſages qui lui convenoient; & il plaçoit au-deſſous ſes idées, ſes réflexions : voilà comme ſe ſont aſſemblés les matériaux de l'Eſprit des loix.

Monteſquieu avoit fait pluſieurs voyages pour s'inſtruire par lui-même des mœurs, du génie &

des loix des différentes nations de l'Europe. Lors de son séjour à Venise, il avoit beaucoup questionné & beaucoup écrit : ses écritures, qu'il ne tenoit pas assez secretes, avoient alarmé l'état ; on lui en fit dire quelque chose : on ajouta même à cet avis, qu'il y avoit peut-être à craindre que dans la traversée de Venise à Fucina, il ne fût arrêté. Il partit avec cet avis. Vers le milieu de la traversée il vit venir à lui, & roder autour de sa gondole, d'autres gondoles qui ne paroissoient pas faire route. A cette vue la peur le saisit, & recourant à l'expédient du castor poursuivi par les chasseurs, il tira de son sac de nuit tous les papiers qui contenoient ses observations sur Venise & les jetta à la mer. L'auteur des nouveaux mémoires sur l'Italie qui rapporte ce fait, ajoute qu'on l'a assuré qu'on ne vouloit que tâter *Montesquieu*, & qu'il auroit passé, s'il eût osé attendre l'abordage, pour lequel il n'y avoit point d'ordre.

Lorsque l'Esprit des loix parut, la sorbonne y trouva plusieurs propositions contraires à la religion & à la doctrine de l'église catholique ; elle en fit une censure détaillée ; mais comme parmi les propositions censurées il s'en trouvoit quelques-unes concernant la jurisdiction qui souffroient bien des difficultés, & d'ailleurs *Montesquieu* ayant promis de donner une nouvelle édition de son livre, où il corrigeroit ce qui avoit paru contraire à la religion, cette censure de la sorbonne ne parut point.

La partie systématique de l'Esprit des loix étoit celle dont *Montesquieu* se montroit le plus jaloux ; c'étoit aussi la plus importante & la plus difficile. Son système des climats cependant paroît emprunté de la méthode d'étudier l'histoire de Bodin, & du traité de la sagesse de Charon. Mais le grand nombre d'observations utiles, de réflexions ingénieuses, de vues saines, d'images fortes répandues dans ce livre, & les maximes admirables qui s'y trouvent développées pour le bonheur de la société, le feront toujours regarder comme un ouvrage immortel.

On auroit desiré une histoire écrite de la main de cet homme illustre. Il avoit achevé celle de Louis XI, roi de France, & le public étoit prêt d'en jouir, lorsqu'une méprise singuliere la lui déroba. Un jour que *Montesquieu* avoit laissé le brouillon de cette histoire & la copie sur son bureau, il dit à son secrétaire de brûler le brouillon & de serrer la copie. Le secrétaire obéit ; mais il laissa la copie sur la table. *Montesquieu* ayant quelques heures après apperçu cette copie, qu'il prit pour le brouillon, la jetta au feu, persuadé que son secrétaire qui étoit absent l'avoit serrée.

Il s'étoit élevé en 1751 une dispute littéraire,

où il s'agissoit de décider si dans les traductions françoises de la Bible, il falloit conserver le tutoiement de l'original. Fontenelle étoit pour l'affirmative ; c'étoit aussi le sentiment de *Montesquieu*. L'auteur des Remarques sur une dissertation qui traite de l'usage du *toi* & du *vous* dans une version de la bible, quoique protestant, attaqua cette décision. Il ne pouvoit se dispenser de répondre à deux suffrages d'aussi grand poids que ceux de MM. de *Montesquieu* & de Fontenelle. Le premier ne l'embarrassa guères. « L'auteur des Lettres persannes, dit-il, avec son goût oriental, ne pouvoit manquer d'être pour le *toi* ».

On parloit un jour devant *Montesquieu*, de Fontenelle, & quelqu'un qui cherchoit à rabaisser le caractere de ce philosophe, disoit qu'il n'aimoit personne. « Eh bien, répondit aussi-tôt *Montesquieu*, il en est plus aimable dans la société ».

Montesquieu étoit fort doux envers ses domestiques, il lui arriva néanmoins un jour de les gronder vivement ; mais se retournant aussi tôt en riant vers une personne témoin de cette scène : « ce sont, lui dit-il, des horloges qu'il est quelquefois besoin de remonter ».

En 1752, Dassier, célebre par les médailles qu'il a frappées en l'honneur de plusieurs hommes illustres, vint de Londres à Paris, pour frapper celle de l'auteur de l'Esprit des loix. Sa modestie s'y refusoit. « Croyez-vous, lui dit un jour l'artiste anglois, qu'il n'y ait pas autant d'orgueil à refuser ma proposition, qu'à l'accepter » ? Désarmé par cette plaisanterie, *Montesquieu* laissa faire à Dassier tout ce qu'il voulut.

Le président de *Montesquieu* étoit doué d'une extrême promptitude d'esprit. Cependant il méditoit pendant vingt ans les sujets de ses ouvrages. Le marquis de Vauvernague a dit de ce grand homme, « qu'il avoit des saillies de réflexion ».

On parloit devant *Montesquieu* du roman de Dom Quichotte. « Le meilleur livre des espagnols, dit ce grand homme, est celui qui se moque de tous les autres ».

Le président de *Montesquieu* ayant montré ses lettres persannes au père Desmolets, lui demanda si cela seroit débité. — « Président, lui répondit le bibliothécaire, cela sera vendu comme du pain ».

Montesquieu venoit d'achever les causes de la grandeur & de la décadence des romains ; ouvrage profond & plein de choses. Il y avoit parmi les présidens du parlement de Bordeaux, un homme d'esprit, aimant la belle littérature, & commençant à goûter la philosophie. *Montesquieu* lui confia son manuscrit, en le priant de lui en dire son avis. Quelque temps après, il reçoit de la bouche de son ami le conseil de supprimer l'ouvrage l'ouvrage comme trop foible, trop au-deſſous des lettres perſannes, & comme devant nuire à ſa réputation. Le philoſophe écoute ce jugement ſans trouble, ſans humeur, reprend ſon manuſcrit, y ajoute pour épigraphe : *Docuit quæ maximus Atlas*, ce que m'apprit le grand *Atlas*, & donne le tout à l'impreſſion. Environ onze années après, *Montesquieu* arrive à Paris, apportant avec lui en manuſcrit ſon chef-d'œuvre de l'eſprit des loix, qu'il vouloit publier après qu'Helvétius ſon ami, lui en auroit dit ſa penſée. Helvétius lit attentivement l'ouvrage, en porte le jugement le plus défavorable ; mais ſe défiant de lui-même, il admet M. Silhouete à la confidence du manuſcrit & l'abandonne à ſon examen. M. Silhouete, homme de talent autant que de vertu, lit & juge comme Helvétius. Celui-ci plus aſſuré, parle alors avec confiance à *Monteſquieu*, & lui donne le conſeil d'oublier entièrement l'eſprit des loix, & même de le brûler. *Montesquieu* reçoit encore tranquillement cet avis, reprend ſa manuſcrit & y ajoute pour épigraphe : *Prolem ſine matre creatam*, enfant qui n'a point eu de mère, & l'envoie aux preſſes de Genève. Les réflexions ſur ces deux faits ſinguliers ſeroient plus qu'inutiles. Il ſuffira de dire qu'un génie tel que *Montesquieu* ſentoit ſes forces.

MONTMORENCY, (Henri II, duc de) pair, amiral de France. Il naquit le 30 avril 1595, & fut décapité dans la maiſon-de-ville de Toulouſe, comme criminel de lèze-majeſté, le 30 octobre 1632.

Le duc avoit épouſé Marie-Félice des Urſins. Cette femme jeune, bien faite, pleine de graces & d'eſprit, auroit deſiré de poſſéder le cœur de ſon mari tout entier. Elle ſe faiſoit ſouvent violence pour lui cacher ſes chagrins, & lui rendre ſa maiſon plus agréable. Mais ſa douleur étoit ſi grande, ſes combats ſi fréquens, que le duc apperçût bientôt de l'altération dans ſes traits. *Etes-vous malade*, lui dit-il, *vous êtes changée. Il eſt vrai*, lui répartit la ducheſſe, *mon viſage eſt changé ; mais mon cœur ne l'eſt pas.* A ces mots elle fondit en larmes. Le duc, touché juſqu'au fond de l'ame, lui promit tout ce qu'elle voulut ; mais l'habitude l'emporta. Il mit ſeulement plus de myſtère dans ſes intrigues galantes, & dédommagea ſa femme par toutes les marques poſſibles de reſpect, de déférence, d'eſtime & de confiance.

Le duc de *Montmorenci*, après la mort de ſon père, joignit ſa maiſon à la ſienne, qui devint la plus nombreuſe & la plus brillante du royaume. Il n'avoit jamais moins de trente pages & de cinquante genrilshommes, tous entretenus avec tant de magnificence, qu'on les eût pris plutôt pour de grands ſeigneurs que pour des gentilshommes ordinaires. On peut aiſément ſe perſuader que le

nombre des officiers & des domeſtiques devoit être à proportion très-conſidérable. La ducheſſe, ſon épouſe, quoiqu'elle eût l'ame grande & généreuſe, crut devoir lui faire des repréſentations à ce ſujet. Le duc entrant, ou feignant d'entrer dans ſes raiſons, fit avec elle la revue de ſa maiſon ; mais elle ne nommoit pas plutôt un officier ou un domeſtique inutile, que *Montmorenci* prenoit ſa défenſe : celui-ci étoit néceſſaire à ſes gentilshommes ; celui-là avoit été reçu à la recommandation de ſes amis ; enfin d'un ſi grand nombre, il ne s'en trouva que deux qu'il ſembla abandonner à ſon épouſe ; mais peu après il lui demanda ſi elle croyoit que ces deux officiers ſeroient à charge à ſa maiſon : *Ne ſont-ils pas aſſez malheureux*, ajoutoit-il, *de n'être bons à rien, ſans leur donner le chagrin de les renvoyer ?*

Dans un voyage qu'il faiſoit de Languedoc à Paris, il paſſa par Bourges, où le duc d'Enguien, depuis le grand Condé ſon neveu, étudioit chez les jéſuites. Il fit préſent au jeune prince d'une bourſe pleine de pièces d'or. A ſon retour, il lui demanda l'uſage qu'il en avoit fait ; l'enfant la lui préſenta telle qu'il l'avoit reçue. *Montmorenci*, très-mécontent qu'il n'en eût pas fait des libéralités, la prit & la jetta par les fenêtres, en diſant : *Voilà le cas qu'un prince tel que vous doit faire de l'argent.*

Un jour qu'il jouoit, il ſe trouva un coup de trois mille piſtoles : un des ſpectateurs dit à ſon voiſin ; voilà une ſomme qui feroit la fortune d'un honnête homme. Le duc l'entend, gagne le coup, & préſente la ſomme à ce gentilhomme, en lui diſant : *Je voudrois, monſieur, que votre fortune fût plus grande.*

Il s'entretenoit dans une de ſes promenades à la campagne, ſur ce qui fait le bonheur de la vie. Un de ceux qui l'accompagnoient, ſoutenoit avec raiſon que l'homme, dans les conditions les plus bornées, étoit ſouvent plus heureux que les grands de la terre. Voilà qui réſoudra la queſtion, répondit le duc en appercevant quatre cultivateurs qui dînoient à l'ombre d'un buiſſon. Il marche à eux, & leur adreſſant la parole : *Mes amis, leur* dit-il, *êtes-vous heureux ?* Trois de ces payſans lui répondirent, que bornant leur félicité à quelques arpens de terre qu'ils avoient reçus de leurs pères, ils ne déſiroient rien de plus. Le quatrième avoua qu'il ne manquoit à ſes deſirs que la poſſeſſion d'un champ qui avoit appartenu à ſa famille, & qui étoit paſſé en des mains étrangères. *Mais ſi tu l'avois*, continua le duc, *ſerois-tu heureux ?* « Autant, monſeigneur, qu'on peut l'être en ce monde ». *Combien vaut-il ?* « Deux mille francs ». *qu'on les lui donne*, s'écria *Montmorenci*, & *qu'il ſoit dit que j'ai fait aujourd'hui un heureux.*

En 1625, le duc de *Montmorenci* battit la flote

des calviniftes, près de l'ifle de Rhé, & reprit cette ifle dont ils s'étoient emparés. Le vainqueur demanda le gouvernement de fa conquête, comme la récompenfe de l'important fervice qu'il venoit de rendre. Le roi en envoya les provifions à M. de Toiras. Bien loin de témoigner quelque reffentiment contre un rival plus heureux, *Montmorenci* lui abandonna pour plus de cent mille écus de munitions qui lui appartenoient légitimement comme amiral. On voulut faire appercevoir au duc que c'étoit un trop grand facrifice : *Je ne fuis point venu ici pour gagner du bien*, répondit-il avec fierté, *mais pour acquérir de la gloire.*

Lorfqu'en 1626 on parloit du fiége de la Rochelle, le boulevard du calvinifme, *Montmorenci*, fatigué des longueurs qu'on apportoit à cette expédition, fut trouver le chancelier d'Aligre. Il lui déclara que fi le roi vouloit lui donner le commandement d'une armée de terre, conjointement avec celui de la flotte, il s'engageoit à prendre la Rochelle en peu de temps : « Qu'on ne me parle pas, ajouta ce héros, de l'épuifement des finances ; j'offre de faire toutes les avances de l'entreprife ; fi elle échoue, je ferai puni par la perte de mon bien & de ma réputation ; fi la fortune couronne mon zèle, l'honneur d'avoir fervi l'état me tiendra lieu de toute récompenfe ».

Le chancelier, les minifres, toute la cour admirèrent un langage fi magnanime ; mais le cardinal de Richelieu fe réfervoit à lui-même la gloire de conquérir la Rochelle.

Le duc de *Montmorenci* attaqua, en 1630, les efpagnols près de Veillane dans le Piémont, & quoiqu'avec des forces très-inférieures, les battit complettement. Il fit dans cette occafion des prodiges de valeur. Les foldats le voyant revenir couvert de fueur, de pouffière & de fang, dirent que leur général n'avoit jamais eu fi bonne mine, & que l'or dont fes armes étoient enrichies avant qu'il entrât en action, avoit beaucoup moins d'éclat que les marques imprimées par le fer & par le plomb. Le comte de Cramail, l'un de fes maréchaux de camp, lui demanda fi, parmi les hafards du combat, il avoit bien envifagé la mort : « J'ai appris, lui répondit *Montmorenci*, dans l'hiftoire de mes ancêtres, & fur-tout dans celle d'Anne de *Montmorenci*, que la vie la plus brillante eft celle qui finit dans le fein de la victoire ». Dom Martin d'Arragon, un de fes prifonniers, & qui avoit été bleffé dans l'action, reçut du vainqueur tous les fecours imaginables. Ce feigneur, furpris de tant de magnanimité, ne crut mieux lui témoigner fes fentimens qu'en lui difant : « Monfieur, il ne vous manque que d'être efpagnol pour être le premier homme de l'univers ». *Montmorenci* lui répondit en fouriant, qu'il avoit toujours beaucoup eftimé fa nation.

Gafton, duc d'Orléans, frère de Louis XIII, ayant en 1632 excité des troubles en France, le duc de *Montmorenci* eut la foibleffe d'embraffer les intérêts d'un prince fi léger. Il le reçut dans fon gouvernement de Languedoc, qui devint le théâtre de la guerre. Les armées fe rapprochèrent dans le voifinage de Caftelnaudary. Le duc, prêt à livrer combat, s'appercevant de la contenance mal affurée du chef de fon parti, chercha à le raffurer par les repréfentations les plus fortes : « Allons, monfieur, lui dit-il, voici le jour où vous ferez victorieux de vos ennemis ; mais, ajouta-t-il en montrant fon épée, il faut la rougir jufqu'à la garde ». Ce difcours ne faifant point l'impreffion qu'il defiroit, cet homme généreux, autant entraîné par fon chagrin que par fa valeur, fe précipita dans les bataillons royaliftes. Accablé par le nombre, il fut obligé de céder, & on le retint prifonnier. Son procès fut inftruit. Les juges interrogèrent un officier nommé Guitaut, pour favoir s'il avoit reconnu le duc dans le combat. « Le feu & la fumée dont il étoit couvert, répondit cet officier, m'empêchèrent d'abord de le reconnoître ; mais voyant un homme qui, après avoir rompu fix de nos rangs, tuoit encore des foldats au feptième, je jugeai que ce ne pouvoit être que M. de *Montmorenci*. Je l'ai fu certainement lorfque je le vis renverfé à terre fous fon cheval mort ». *Hiftoire du Languedoc.*

Toute la France & les puiffances étrangères s'intéreffèrent inutilement à *Montmorenci*. Richelieu avoit perfuadé au roi de faire un exemple qui épouvantât les grands. On rifquoit d'encourir la difgrace du miniftre, fi on follicitoit la grace du coupable. Hai-du-Châtelet, maître des requêtes, quoique livré au cardinal, laiffa néanmoins appercevoir fur fon vifage & dans fon maintien tant de trifteffe & d'accablement, que le roi lui dit : « Je penfe que vous voudriez avoir perdu un bras, & fauver M. de *Montmorenci* » ; « Je voudrois les avoir perdu tous les deux, fire, s'écria-t-il en pleurant, & vous en avoir fauvé un qui vous a gagné & qui vous gagneroit encore des batailles ».

Plufieurs amis du duc, efpérant tout du temps, lui avoient fait paffer un mémoire pour lui fuggérer des moyens d'allonger l'inftruction de fon procès. Le duc, après avoir lu le mémoire, & reconnu avec plaifir la main qui l'avoit écrit, le déchira en difant : « Mon parti eft pris, je ne fais pas chicaner ma vie.

La ducheffe, à qui fon époux n'avoit rien tant recommandé que de pardonner aux auteurs de fa mort, ne chercha d'afyle & de confolation qu'aux pieds de fon crucifix : « O mon dieu, difoit-elle en verfant des torrens de larmes, je n'aimois que lui dans le monde, & vous me l'avez enlevé, afin que je n'aime que vous ». Comme on lui confeilloit de fauver fes diamans & fes meubles les plus précieux : « Non, non, difoit-elle, je ne veux pour tout bien que la douleur & la patience; je ne crains point qu'on m'enleve l'une & l'autre».

Après la mort de Louis XIII, la duchesse fit conftruire une églife pour les religieufes de la Visitation de Moulins, où elle fit élever à fon époux un des plus beaux maufolées qu'il y eût alors en Europe.

MONTMOR. Le parasite *Montmor* devoit dîner dans une maison; on convint que tout le monde lui romproit en visière, quelque sujet qu'il traitât. Un avocat célèbre, fils d'un huissier audiencier, étant à la tête du parti, dès que *Montmor* parut lui cria : *guerre, guerre! Montmor* lui répondit : « Monsieur, vous dégénérez bien; votre père s'enrouoit à crier, *paix, paix* »!

MONTRE. En 1779, un jeune homme, détenu dans les prisons de Brinn en Moravie, étoit sur le point d'être condamné à mort, lorsqu'il fit parvenir à un de ses bienfaiteurs une *montre* de paille de son invention. Cette montre singulière alloit pendant deux heures, sans qu'on fut obligé de la monter. Un ouvrage si extraordinaire attira au prisonnier la visite de quelques seigneurs curieux de savoir comment il étoit parvenu à en venir à bout dans l'obscurité d'un cachot, privé d'instrument de toute espèce. L'artiste ingénieux leur dit : « la paille, où je me couche m'a fourni les matériaux ; j'ai tiré de ma chemise le fil nécessaire, & je l'ai mis en œuvre au moyen d'une aiguille & d'un petit inftrument tranchant, dont mon adresse a dérobé la connoissance au geolier. Je donnerai des preuves d'une habileté encore plus surprenante si l'on veut me prolonger la vie ».

Un auteur devant faire répéter une de ses pièces, se rendit au théâtre à l'heure qu'on lui avoit indiquée. Les acteurs s'y trouverent, mais les actrices vinrent toutes plus d'une heure en retard. Comme l'auteur s'en plaignoit, elles tirèrent leurs montres & soutinrent qu'elles étoient venues affez tôt. « Tout ce que je puis vous dire, mesdames, dit le jeune homme, c'est que vous avez de bien mauvaises montres à répétition ».

MONUMENS. Nembrod, fils de Chus, & petit-fils de Cham, troisième fils de Noé, homme entreprenant & hardi, fut celui qui proposa à ses compatriotes de bâtir une tour, de telle hauteur, que les eaux ne puffent parvenir jufqu'au sommet, afin de les mettre à couvert d'un nouveau déluge, ne se confiant pas sur la promesse que dieu avoit faite à Noé de ne plus périr les hommes par ce fléau. Le peuple séduit par Nembrod, se laissa aisément engager dans cette entreprise; il commença avec une ardeur incroya-

ble. D'abord on travailla pendant trois ans à faire & à faire cuire des briques dont la longueur étoit de treize coudées, la largeur de dix, & l'épaisseur de cinq. On bâtit la ville de Babilone entre Tyr & Babel. Elle avoit trois cens treize toises de long, & cent cinquante-une de large. Ses murs étoient hauts de cinq mille cinq cents trente-trois toifes, & larges de trente trois. La tour avoit dix mille toises de haut, & ils y travaillèrent pendant quarante ans; mais ils ne purent l'achever : dieu les dispersa en confondant leur langage. Nembrod fut écrafé fous les ruines de la tour qui s'ouvrit par un coup de vent.

Quant à Babilone, elle étoit située dans une grande plaine fertile; ses murailles, bâties de briques cimentées, avoient du temps de Sémiramis, quatre-vingt-sept pieds d'épaisseur, trois cents cinquante de hauteur, & soixante mille de circuit. Elles formoient un quarré parfait, & elles étoient entourées d'un fossé très-profond, rempli d'eau, & revêtu de briques.

Chaque côté de ce grand quarré avoit vingt-cinq portes d'airain : (D'où vient que, lorsque Dieu promit à Cyrus la conquête de Babilone, il lui dit (*Isaïe, v. lvj, 2*) « : Je rompray les portes d'airain »).

Il y avoit trois tours entre deux portes, une tour à chaque angle du quarré, & trois autres tours entre celles-là & la porte suivante. Ces tours paroissoient élevées de dix pieds au-dessus des murailles. De chacune des vingt-cinq portes de chaque côté du quarré, on voyoit une rue qui aboutissoit à la porte du côté opposé; de sorte qu'il y avoit en tout cinquante rues, qui se coupoient à angles droits, & dont chacune avoit quinze mille de longueur, & cent cinquante pieds de large. Quatre autres rues le long des murailles, étoient plus larges de cinquante pieds. Comme ces rues se croisoient, elles formoient six cents soixante seize quarrés, dont chacun avoit plus de deux mille de circuit. Les maisons qui environnoient chaque quarré avoient trois ou quatre étages, & étoient fort embellies au dehors. L'espace intérieur étoit occupé par des jardins & des vergers.

Une branche de l'Euphrate traversoit cette grande ville du nord au midi, & on passoit ce fleuve au milieu de la ville, sur un pont de trente pieds de large.

Le palais de l'escurial est peut-être la plus somptueuse, la plus vafte & la plus magnifique des maisons royales de l'univers. Philippe II, dont tous les sentimens avoient une teinte de superstition, fit vœu que s'il gagnoit contre l'armée françoise la bataille, donnée en 1557, près de Saint-Quentin, le jour de saint Laurent, il bâtiroit en l'honneur de ce martyr, une église, un palais, & un monastère, plus beaux que tout ce qu'il y avoit alors dans le monde chrétien. On assure que la peur eut aussi quelque part à cette fondation; car on dit, que pendant la bataille, ce prince entendant le sifflement des balles qui passoient assez près de lui, demanda à son confesseur ce qu'il pensoit de cette musique : « Je la trouve très-désagréable, répondit-il : Et moi pareillement, répliqua le roi; & mon père étoit un homme bien étrange d'y prendre tant de plaisir ».

L'année n'étoit pas révolue, qu'il fit élever l'escurial en forme de gril, & pour mieux honorer le saint Diacre, il fit graver & peindre des grils par-tout.

L'édifice coûta soixante millions. Philippe y fixa son séjour dans les dernières années, & y mourut devant le maître-autel, où il s'étoit fait transporter.

La place où il finit ses jours est environnée d'une balustrade que personne n'ose approcher.

Les moines & le peuple sont persuadés que l'esprit turbulent & inquiet de ce prince revient toutes les nuits visiter son ancienne demeure, & qu'à minuit il rode dans tout le couvent.

On compte 14000 portes dans l'enceinte de l'escurial, 11000 fenêtres, 800 colonnes, 22 cours, 17 cloîtres; & les clefs qui servent à ouvrir les appartemens pèsent plus de sept quintaux.

La principale façade a 360 pas de large sur 60 d'élévation : sur la porte du milieu se trouvent les armes d'Espagne, surmontées d'un saint Laurent, d'un travail exquis.

L'église, qui a été bâtie sur le modèle de celle de saint Pierre de Rome, a 360 pieds de long sur 280 de large : le marbre, les dorures, les tableaux des plus excellens maîtres d'Italie ornent cette basilique : neuf chœurs d'orgues faisant allusion aux neuf muses, secondent les voix de deux cents Jérônimites qui psalmodient sur des pupitres de bronze doré : les ornemens sacerdotaux sont couverts de pierreries; les vases & chandeliers d'or & d'argent : l'intérieur du tabernacle de la principale chapelle renferme une émeraude de la grosseur d'un œuf, & les portes qui y conduisent sont de bois d'Inde fort recherché.

Sous l'église est le fameux panthéon, alentour duquel se trouvent des urnes noires en forme de tombeaux, où sont enfermés les ossemens des rois d'Espagne.

Lorsque ce grand ouvrage fut achevé, & qu'on eut fixé le jour pour y transférer les corps des princes & princesses, Philippe IV voulut assister à cette lugubre cérémonie. Le religieux qui y prêcha, prit pour son texte ces paroles d'Ezéchiel : Os décharnés, écoutez ce que dit le seigneur.

Après l'église & le panthéon, ce qui frappe davantage est la bibliothèque, non-seulement par la beauté du vaisseau, des bustes & des peintures, mais encore par la multitude & le choix des livres, le nombre & la rareté des manuscrits; c'est une des plus riches collections qu'il y ait dans le monde. Les seuls manuscrits arabes en occupent une partie avec les manuscrits grecs, très-anciens & fort lisibles.

On y trouve aussi des fragmens de Tite-Live & de Diodore qui n'ont jamais été imprimés; un traité de saint Augustin sur le baptême, écrit de sa propre main, & plusieurs autres de différens auteurs de la première église.

Entre le marché au bled & le pont de Londres, on voit une colonne sans doute la plus haute de l'Europe appellée le monument. Cette colonne est ronde, cannelée, d'ordre dorique, d'une architecture très-hardie; sa hauteur est de 202 pieds du rez-de-chaussée; elle en a 15 de diamètre. Le piédestal a 40 pieds de haut & 21 en quarré. Il y a dedans un escalier en limaçon avec une rampe de fer jusqu'au balcon, d'où l'on découvre la ville & la campagne.

On commença à élever cette colonne en 1671, & on la finit en 1977, pour conserver la mémoire d'un horrible incendie arrivé à Londres le 2 septembre 1666. On a osé graver sur une des bases de ce monument une insigne calomnie que voici : « Cette colonne fut élevée pour perpétuer la mémoire de l'horrible incendie de l'ancienne cité, causé par la méchanceté de la trahison des papistes, dans le dessein d'assurer le succès de leur conspiration, pour la destruction de la religion protestante, & de l'ancienne liberté d'Angleterre, & pour l'introduction du papisme & de la servitude ». Cette inscription avoit été effacée par ordre de Jacques II : mais elle a été remise sous Guillaume III.

Ce n'est pas seulement l'illustre Pope qui donne le démenti à cette colonne; Burnet même assure, dans son histoire d'Angleterre, que la cause de cet incendie est absolument inconnue & incertaine, & que le papisme n'auroit pu rien gagner par ce crime affreux. Les catholiques ont été aussi peu coupables de cet incendie de Londres, que les premiers chrétiens le furent de celui de Rome sous Néron; ainsi cette inscription est un monument du fameux incendie & de la mauvaise foi des anglicans.

On croit communément que le feu prit chez un boulanger par l'irruption de son four allumé, ce qui avoit, en un instant, enflammé toute la maison, & avoit communiqué ce feu aux maisons voisines & à toute la ville, avec d'autant plus d'activité, que lorsque l'incendie commença, il s'éleva un vent du nord, qui souffla trois jours avec une extrême violence.

Les flammes détruisirent 89 églises, les portes de la ville, la maison-de-ville, plusieurs hôpitaux, écoles, bibliothèques, grand nombre de beaux édifices, 400 rues, plus de 13.200 maisons. Des 26 quartiers de la ville, 15 furent entièrement ruinés, & 8 considérablement endommagés.

Dufresni, l'un des bons comiques, disoit un jour à Louis XIV, qui l'aimoit beaucoup: « Sire, je ne regarde jamais le nouveau louvre sans m'écrier: « Superbe *monument* de la magnificence de l'un de nos plus grands rois, vous seriez achevé si l'on vous avoit donné à l'un des ordres mendians, pour tenir son chapitre & loger son général ».

Dans l'isle de Gerbe, qui est située dans la Méditerranée, on voit un ancien château, dont une des tours n'est bâtie que d'os de morts. Ce sont les restes de la bataille que les espagnols perdirent contre les infidèles, quand ils furent dépossédés de ce terrein en 1560.

Les bontés que le roi & la reine de France ont témoignées à leurs sujets en 1784, dans un moment où la saison rigoureuse arrêtoit les travaux journaliers, ont excité dans les cœurs la sensibilité la plus vive. Le peuple du quartier Saint Honoré s'est assemblé & a imaginé d'élever à l'entrée de la rue du Coq, en face de la porte du louvre, une pyramide de neige pour consacrer les bienfaits & la reconnoissance. Nous ne craignons pas d'avancer que, si nos augustes souverains obtiennent par la suite des *monumens* plus durables, il n'est guère possible qu'il en soit élevé de plus glorieux & qui prouvent mieux le véritable amour des sujets pour leurs maîtres.

Cette pyramide a été couverte d'inscriptions qui, pendant six semaines, ont été, pour ainsi dire, sous la sauve-garde publique; en voici quelques-unes.

Ce foible *monument* aura foible existence :
Tes bontés, ô mon roi, dans ces temps de rigueur,
Bien mieux que sur l'airain, ont mis au fond du cœur
Un *monument* certain; c'est la reconnoissance.

Louis, les indigens que ta bonté protège,
Ne peuvent t'élever qu'un *monument* de neige;
Mais il plaît davantage à ton cœur généreux,
Que le marbre payé du pain des malheureux.

Le premier *monument* que le peuple éleva,
Atteste de mon roi l'auguste bienfaisance,
Dans nos calamités, son cœur nous soulagea,
Et, dans le seul bienfait, trouva sa récompense.

Vive Louis XVI, vive le plus humain des rois.

A LOUIS XVI, HOMME.

MORUS, (Thomas) chancelier d'Angleterre, né vers l'an 1483, mort en 1535.

Henri VIII employa *Morus* avec succès dans plusieurs ambassades, & lui conféra pour récompense de ses services, la dignité de chancelier d'Angleterre; mais cette faveur ne fut pas de longue durée. Henri ayant rompu les liens qui le tenoient à l'église romaine, & s'étant lui-même fait déclarer chef de l'église d'Angleterre, voulut obliger le chancelier *Morus*, de lui prêter le serment de suprématie, que ce prince exigeoit de tous ses sujets. *Morus*, qui regardoit ce serment comme contraire à sa religion, refusa d'obéir. Flatteries, promesses, menaces, tout fut employé pour arracher l'approbation de cet homme inflexible. Henri VIII irrité de cette fermeté, le fit mettre en prison; on lui enleva ses livres, sa seule consolation au milieu des horreurs dont il étoit environné. Ses amis tâchèrent de le gagner en lui représentant qu'il ne devoit point être d'une autre opinion que le grand conseil d'Angleterre. « Si j'étois seul contre tout le parlement, répondit-il, je me défierois de moi-même; mais j'ai pour moi toute l'église qui est le grand conseil des chrétiens ».

Sa femme le conjurant d'obéir au roi & de conserver sa vie pour la consolation de ses enfans. « Combien d'années, lui dit-il, pensez-vous que je puisse encore vivre? » *Plus de vingt ans*, répondit-elle; « Ah! ma femme, veux-tu donc que je préfère la vie éternelle à vingt ans de cette vie passagère! »

Henri VIII le voyant inébranlable lui fit trancher la tête. Sa mort fut celle d'un martyr. *Morus* n'auroit pas été homme à user de détour pour mettre ses jours en sûreté; il disoit des casuistes qu'ils sembloient s'attacher, non à garantir les hommes du péché, mais à leur apprendre jusqu'où l'on pourroit approcher du péché, sans pécher. *Quam propè ad peccatum liceat accedere sine peccato.*

Un très-grand seigneur ayant envoyé à *Morus* deux grands flacons d'argent d'un prix considérable, pour se le rendre favorable dans un procès important, ce magistrat les fit remplir du meilleur vin de sa cave. « Vous assurerez votre maître, dit-il, à celui qui les avoit apportés, que tout le vin de ma cave est à son service ».

L'histoire nous a conservé quelques traits qui justifient assez ce qu'on a dit de *Morus*, qu'il manquoit de dignité dans les manières. Ces mêmes traits prouvent encore que sa confiance ordinaire, sa douceur & sa gaîté même ne l'abandonnerent pas un moment. Il sacrifia sa vie à sa probité & à ses sentimens avec une indifférence égale à celle qu'il avoit montrée dans toutes les autres occasions. La veille du jour qui devoit décider de son sort, on vint à l'ordinaire pour le raser. « J'ai, dit-il, à un barbier, un grand différend avec le roi : il s'agit de savoir s'il aura ma tête, ou si elle me restera ; je n'y veux rien faire qu'elle ne soit bien à moi ».

Il répondit à celui qui lui vint dire que le roi par un effet de sa clémence avoit modéré l'arrêt de mort rendu contre lui, à la peine d'être seulement décapité : « Je prie Dieu de préserver mes amis d'une semblable clémence ».

Au pied de l'échaffaud où il devoit être exécuté, il dit à un des assistans : « Aidez moi à monter, je ne vous prierai pas de m'aider à descendre ».

Lorsque sur le point d'être décapité, il eut mis la tête sur le billot pour recevoir le coup mortel, il s'apperçut que sa barbe étoit engagée sous son menton, il la dégagea & dit à l'exécuteur : « Ma barbe n'a pas commis de trahison, il n'est pas juste qu'elle soit coupée ».

MOTHE, (Antoine-Houdard de la) né le 17 janvier 1672, mort le 26 décembre 1731.

On définissoit la *Mothe*, justice, & justesse.

Fontenelle connoissoit bien le mérite personnel de la *Mothe* ; & les amis du premier se souviennent de lui avoir entendu dire plus d'une fois : « Un des plus beaux traits de ma vie, c'est de n'avoir pas été jaloux de M. de la *Mothe* ».

Ce dernier ayant dit un jour à Fontenelle qu'il croyoit avoir pour amis tous les gens de lettres. « Si cela étoit vrai, lui répondit celui-ci, ce seroit un terrible préjugé contre vous ; mais vous leur faites trop d'honneur, & vous ne vous en faites pas assez ».

Il étoit d'usage autrefois de jouer seules à la comédie Françoise les pièces nouvelles, & de n'y joindre de petites pièces qu'après les huit ou dix premières représentations, ce qui donnoit lieu de croire que la pièce commençoit à tomber. Pour prévenir ces jugemens quelquefois mal fondés, de la *Mothe* fit jouer une petite pièce dès la première représentation de son *Romulus*. Cet exemple fût suivi depuis par les auteurs qui souhaitoient tous que cet usage fût établi ; mais qui ne vouloient point chacun en particulier com-

mencer, dans la crainte de donner une mauvaise idée de leur pièce dès la première répréfentation.

La *Mothe* a prodigué dans ses fables l'esprit & l'invention ; mais on y chercheroit vainement le naturel d'Esope, la pureté de Phèdre & la simplicité sublime de l'inimitable la Fontaine. On rit beaucoup dans le temps de voir paroître parmi les acteurs de ces fables *dom jugement*, *dame mémoire* & *demoiselle imagination*, avec leurs titres de noblesse, & de voir appeler un cadran un *greffier solaire*, une citrouille un *phémomène potager*, une haye le *Suisse d'un jardin*, &c.

Le discours de la *Mothe* sur Homère est un chef-d'œuvre d'élégance ; mais la manière dont il a traité les anciens souleva contre lui leurs partisans. La savante madame Dacier l'attaqua dans son livre des *Causes de la corruption du goût*, ouvrage dicté lui-même par le mauvais goût, la prévention & l'animosité. Ce qu'il y eut de choquant pour la *Mothe*, c'est le reproche qu'on lui fit d'ignorer le grec, & d'avoir composé des opéra. Il se justifie dans ses *Réflexions sur la critique* d'ignorer le grec, par la raison qu'il a cru devoir connoître Homère d'après madame Dacier. A l'égard des opéra, il lui dit : « Qu'elle me passe ceux que j'ai faits, pour les traductions qu'elle a faites de l'*Eunuque* & de l'*Amphitrion*, de quelques comédies d'aussi mauvais exemple & des Odes d'Anacréon, qui ne respirent qu'une volupté dont la nature même n'est pas d'accord, &c. » Toute sa réponse est également pleine de sel, de finesse & d'agrémens, mais d'ailleurs très-superficielle ; ce qui a fait dire que l'ouvrage de monsieur de la *Mothe* étoit d'une femme d'esprit ; & celui de madame Dacier d'un homme savant.

Les opéra de la *Mothe* ont une sorte d'uniformité qui leur donne une ressemblance désagréable. Cet auteur paroît néanmoins avoir saisi le caractère & le goût de ce spectacle. Ses scènes sont remplies de ces pensées agréables, de ces jolis riens que l'on recherche dans ces sortes de poëmes. Ses pièces tragiques sont moins estimées ; son *Inès de Castro* eut cependant le plus grand succès.

On a dit que la *Mothe*, sans avoir de sujet & de plan, a cherché à rassembler dans une pièce tout ce qui peut intéresser au théâtre, & sa tragédie étant faite, il a chargé quelques amis de lui trouver un trait d'histoire analogue ; on lui a proposé *Inès de Castro*.

La première fois qu'on représenta cette tragédie, lorsque les enfans parurent sur la scène, le parterre en plaisanta beaucoup. Mademoiselle Duclos, qui jouoit Inès, s'interrompit en disant avec une forte d'indignation : « Ris donc, fot parterre, à l'endroit le plus beau ». Elle reprit fon couplet : les enfans furent applaudis, & la pièce eut le plus grand fuccès.

Jamais pièce ne fe foutint fi long-temps, & avec un égal empreffement de la part des fpectateurs ; & jamais on ne vit s'élever contre l'auteur une fi grande foule de critiques. M. de la *Mothe* fe trouva un jour au café de Procope, dans un cercle de jeunes étourdis qui ne le connoiffoient point, & qui déchiroient fa tragédie. Après avoir eü la patience de les écouter une demi-heure, & gardé l'*incognito*, il fe leva, &, adreffant la parole à quelqu'un de fes amis qu'il apperçut dans le café : *allons donc*, lui dit-il, *monfieur un tel, nous ennuyer à la foixante douzième repréfentation de cette mauvaife pièce.*

M. de la *Mothe* difoit que le roman de *Pfyché* par la Fontaine, eft un fujet propre à produire un fpectacle magnifique, où la terre, les cieux & les enfers peuvent offrir ce qu'ils ont de plus varié ; & que ce fujet eût pu feul lui faire inventer l'opéra.

Dans le temps de la difpute fur les anciens & fur les modernes, on trouva écrits avec du charbon fur la porte de l'académie, quatre vers, qui font une parodie de ceux que fit autrefois Corneille, fur le cardinal de Richelieu.

La Motte & la Dacier, avec un zèle égal,
Se battent pour Homère, & n'y gagneront rien ;
L'une l'entend trop bien, pour en dire du mal :
L'autre l'entend trop peu pour en dire du bien.

Lorfque dans le cours de la difpute fur Homère, M. de la *Mothe* critiquoit quelque endroit de cet auteur, madame Dacier lui répondoit toujours avec enthoufiafme : Ah ! fi vous faviez le grec. Il me femble, dit à ce propos ingénieufement M. de la *Mothe*, entendre le héros de Cervantes, qui, parce qu'il eft armé chevalier, voit des enchanteurs où fon écuyer ne voit que des moutons.

Rouffeau difoit : les Odes de la *Mothe* reffemblent beaucoup à des lettres. On diroit qu'elles commencent, pour ainfi dire, toutes par *le monfieur*, & qu'elles finiffent par *le très-humble ferviteur*.

La *Mothe* croyoit juftifier la dureté de plufieurs de fes vers ; en difant : « Un poëte n'eft pas une flûte ».

MURET, (Marc-Antoine) né en 1526, mort en 1585.

Cet écrivain s'étoit acquis de bonne heure une grande facilité d'expreffion, & un bon goût de latinité, par la lecture affidue des auteurs du fiècle d'Augufte.

Muret réuffit même à faire prendre le change au célèbre Scaliger, qui fe croyoit infaillible. Il lui montra des vers latins de fa façon, comme étant de Trabéa, ancien poëte comique. Scaliger le crut, & charmé de cette découverte, les cita comme anciens dans la première édition de fon commentaire fur Varron *de re reftica* ; Ferrarius, favant jéfuite, allégua depuis un de ces vers de *Muret*, comme étant de Trabéa.

Scaliger, ayant fu depuis cette fupercherie de *Muret*, ne lui pardonna jamais d'avoir été fa dupe. Il eut même la cruauté de faire cette épigramme fur un crime honteux, dont on avoit accufé *Muret* lorfqu'il profeffoit à Touloufe :

*Qui rigidæ flammas evaferat ante Tolofæ,
Muretus fumos vendidit ille mihi.*

Un confeiller du parlement de Touloufe, inftruit des pourfuites qu'on alloit faire contre *Muret*, fut chez lui pour lui en donner avis ; mais ne l'ayant pas trouvé il lui écrivit ce vers :

Heu fuge crudeles terras, fuge littus avarum !

Muret, fans autre explication, fortit du royaume, & prit le chemin d'Italie, où il tomba malade dans une hôtellerie. Deux médecins vinrent faire confultation fur fa maladie. Après avoir long-temps difcouru de chofes & d'autres en latin, ne croyant pas que le malade l'entendit, la converfation tomba enfin fur quelque nouveau remède, dont on n'avoit point encore fait d'épreuve, & l'un dit à l'autre : *Faciamus experimentum in corpore vili*. *Muret*, connoiffant le danger où il étoit, fe leva du lit auffitôt que les médecins furent fortis de fa chambre ; & ayant continué fon chemin, fe trouva guéri de fon mal, par la feule crainte du remède qui lui avoit été préparé.

Muret retiré à Rome, s'acquit l'amitié du pape & des cardinaux. Il y enfeigna la philofophie & la théologie. Neuf ans avant fa mort, il fut promu aux ordres facrés & remplit ce faint miniftère avec édification.

MUSIQUE. La *mufique*, dit Martinelli, fut d'abord confacrée à chanter les louanges du trèshaut. Elle étoit fimple, mais majeftueufe. En paffant fur le théâtre, elle devint plus travaillée, plus variée plus agréable, plus vive ; on connut davantage de ce dont elle étoit capable. Elle retint néanmoins, jufqu'au commencement de ce fiècle, beaucoup de cette fimplicité naturelle, de ce ton mâle & févère, qui caractérifoit les chants d'églife. Siface, & Latilla, l'un & l'autre tofcans,

& les plus grands *muſiciens* de cette école ancienne, ont fixé à eux l'époque de ce chant
ſimple, naturel & grave. *La Santa Stella, La
Reggiana, Nicolino & Seneƶino,* étoient de la
même école.

Le premier, continue le même auteur, qui
commença à gâter notre *muſique,* fut Piſtoccolo,
de Bologne. Il chanta d'abord ſur le théâtre ;
mais contraint, à cauſe de ſa voix déſagréable
& de ſa figure diſgracieuſe, d'abandonner la
ſcène, il ſe fit prêtre, & ſe mit à enſeigner un
art qu'il s'étoit jugé incapable de pratiquer avec
ſuccès. Ses plus célèbres écoliers furent Bernacchi & Paſi, tous deux de Bologne, & ſes
compatriotes. Le premier très-ſavant & très-adroit
à parcourir les paſſages les plus difficiles de la
muſique dans le court eſpace d'une ariette, mérita les applaudiſſemens de quelques enthouſiaſtes
amis des difficultés ; mais il ne réuſſit jamais à
plaire généralement, parce qu'il quittoit ſouvent
l'expreſſion du ſentiment qu'il avoit à rendre,
pour ſe livrer à ſes vols pindariques. Ajoutez à
cela, qu'il avoit une voix peu flatteuſe, & que
ſa figure ne repréſentoit pas aſſez. Le Paſi, au
contraire, ne retint des leçons de ſon maître,
que ce qu'il lui falloit pour faire valoir une
voix foible à la vérité, mais très-gracieuſe ; ce
qui, joint à une figure avantageuſe, lui mérita
en peu de temps la réputation du chanteur le
plus agréable & le plus parfait qui eût paru ſur
la ſcène.

Païta fut contemporain de Bernacchi ; & quoiqu'il n'eût qu'un *ténore,* & même un ſon de voix
très-déſagréable, il s'exerça néanmoins dans le
même genre que ce *muſicien.* Vers le même temps,
la Guzzoni & la Fauſtina montèrent ſur le
théâtre. La première avoit une voix de peu d'é-
tendue, mais par-tout également douce, également
ſonore ; elle mettoit dans ſon chant, le
même goût, le même naturel que le Paſi. On la
nomma la lyre d'or.

La voix de la Fauſtina étoit plus brillante, &
d'une légéreté ſans égale : elle fut regardée comme une nouvelle ſyrène. Pour exprimer le plaiſir
qu'on avoit à l'entendre, on a dit que les goutteux quittoient leurs lits, quand elle devoit
chanter. On lui frappa des médailles à Florence,
&, par-tout, elle reçut des applaudiſſemens
ſans nombre.

Le chant compliqué & travaillé de Bernacchi,
eut bien des imitateurs parmi la jeuneſſe du théâtre ; tous ceux qui ſe ſentirent du talent, tentèrent de réuſſir dans une entrepriſe ſi difficile ;
& les compoſiteurs de *muſique* furent obligés de
ſacrifier à ce goût dominant. Polymnie ne fut
plus une gentille & ſimple bergère ; elle quitta
même ce dehors gracieux & impoſant qu'elle

prenoit toujours pour paroître ſur le théâtre ;
& devint bientôt une coquette folâtre & capricieuſe : elle préſenta ſes penſées d'une manière ſi
embarraſſée & ſi équivoque, qu'il ne fut plus
poſſible de les interpréter.

La Fauſtina, par le nom qu'elle ſe fit, contribua auſſi à introduire un nouveau genre dans la
muſique.

Les chanteurs, hommes & femmes, ſans avoir
égard à leurs talens & au genre de voix qu'ils
avoient, voulurent l'imiter ; & le compoſiteur
fut obligé de ſe conformer à leurs caprices ; mais
ce qui prouve combien le mauvais goût a d'empire, c'eſt que perſonne ne chercha à étudier
le goût ſimple de la Guzzoni & du Paſi, par la
raiſon qu'il étoit trop naturel.

Dans la chaleur de cette révolution, Farinelli,
parut avec une voix proportionnée à ſa ſtature
gigantesque, ayant, de plus que les voix ordinaires des deſſus, ſept ou huit tons également
ſonores, & par-tout limpides & agréables, poſſédant d'ailleurs toute la ſcience muſicale à un degré
éminent, & tel qu'on pouvoit l'eſpérer du plus
digne élève du ſavant Porpora. Il parcourut, avec
une égalité & une franchiſe ſans égale, tous les
ſentiers de la *muſique,* battus par Bernacchi avec
quelques ſuccès, & devint, en un moment, l'idole
des italiens, & enfin, du monde harmonique. Ce
prodige de la nature & de l'art, cauſa bien du
déſordre dans l'empire de l'harmonie ; les compoſiteurs, les chanteurs & les ſimphoniſtes, épris
du même enchantement, voulurent à toute force
farineller. Le naturel & l'expreſſion du ſentiment
diſparurent du chant ; on tenta par-tout les im-
poſſibles. Quelques-uns cependant ont ſu mettre
à profit les vols pindariques de Farinelli, entr'autres Salimbelli, mort depuis quelque temps,
Cafarelli & la Mingotti, tous diſciples du célèbre Porpora.

Nous ſommes redevables à ce grand maître,
ajoute M. Martinelli, de la ſenſation que nous
éprouvons en écoutant chanter ces habiles élèves,
parce qu'il leur a appris à rendre le caractère & le
vrai ſentiment des paſſions ; ce qui peut s'appeller
le chant du cœur.

Tous ces efforts capricieux, tous ces paſſages,
où la voix ſe joue & ſautille ſur tous les tons,
ne ſont que pour l'oreille. En effet, ils ſont
plus propres à exciter l'admiration des novices
qu'à plaire à celui qui eſt dans l'habitude de ſentir.
Il y a moins de différence entre les gambades d'un
homme qui voltige ſur la corde, & les pas moëlleux & bien deſſinés d'un danſeur accompli. Si
ces grands muſiciens ont quelquefois ſurchargé
leurs chants de prétintailles & de roulemens portés
juſqu'aux nues, on doit regarder ceci comme un
ſacrifice

sacrifice au goût dominant. Ils ont appréhendé que l'on doutât de leurs talens pour l'exécution, s'ils ne faisoient point de temps en temps des tours de force ; mais ils ont été les premiers à blâmer de pareilles extravagances.

M. Martinelli, dans la vûe de nous prouver le pouvoir de la *musique*, pour calmer le caractère d'un homme emporté, nous cite ces deux exemples. Un jour que Stradella, célèbre violon de Naples, exécutoit un morceau de *musique* à Vénise, il fit une si vive impression sur une jeune demoiselle, qu'il ravit d'abord son cœur, bientôt après sa personne, & s'enfuit avec elle à Rome. Un gentilhomme tuteur de la demoiselle, outré de ce rapt, excite un jeune homme qui la recherchoit en mariage, à laver dans le sang du ravisseur une injure qui leur étoit commune. Cet amant arrive, s'informe où il pourra joindre son rival, apprend qu'il doit jouer tel jour dans une église. Il s'y rend, entend Stradella, & ne pense plus qu'à le sauver ; il écrit au gentilhomme que lors de son arrivée, Stradella étoit parti.

Le second exemple rapporté est celui de Palma, qui étoit aussi un *musicien* napolitain. Surpris dans sa maison par un de ses créanciers, qui vouloit à toute force le faire arrêter, il ne répond à ses injures & à ses menaces que par une ariette : on l'écoute, Palma chante un air, s'accompagne de son clavecin, remarque les accords qui font le plus d'impression sur le cœur de son créancier, parvient enfin à l'attendrir. Il n'est plus question de paiement, on lui prête encore une somme qu'il demande pour se délivrer de quelque autre embarras. Si Stradella avec une simple sonate de violon, ajoute l'auteur, a pu calmer les transports furieux d'un rival justement irrité, & accouru de plus de cent lieues pour se venger ; si Palma, avec une voix rauque, est parvenu à gagner le cœur d'un créancier avide, à en obtenir de nouveaux bienfaits ; que n'ont pû faire les chants mélodieux d'un poëte philosophe (Orphée,) qui exécutoit ce que lui-même avoit composé.

Un anglois séjournant à Ostende, manda plusieurs *musiciens*, pour un concert qu'il vouloit faire exécuter chez lui. Ils arrivèrent, & comme ils se préparoient à jouer leur *musique* ordinaire, l'anglois tira de son porte-feuille un chef-d'œuvre, à ce qu'il disoit, & le plaça sur les pupitres ; c'étoit une messe des morts d'un fameux maître d'Italie. Les symphonistes, les chanteurs, s'efforcèrent de mettre dans leur exécution tout le sombre, tout le pathétique, toute la tristesse que ce genre exige ; ils y réussirent si bien, qu'au dernier *requiem*, l'anglois se brûla la cervelle d'un coup de pistolet.

Les françois ont disputé aux italiens le prix de

Encyclopédiana.

la mélodie. La préférence que toutes les nations accordent à la mélodie italienne, semble avoir décidé le différend. On peut encore se convaincre de la supériorité des italiens à cet égard, en observant les diverses impressions que font sur une oreille neuve les chants françois & italiens. C'est ce qu'a fait M. Rousseau : J'ai, dit-il, vu à Vénise un arménien, homme d'esprit, qui n'avoit jamais entendu de *musique* ; & devant lequel on exécuta dans le même concert un monologue françois qui commence par ce vers :

     Temple sacré, séjour tranquille ;

Et un air de Galuppi, qui commence par celui-ci :

      Voi che languite senza speranza.

L'un & l'autre furent chantés, médiocrement pour le françois & mal pour l'italien, par un homme accoutumé seulement à la *musique* françoise, & alors très-enthousiaste de celle de Rameau. Je remarquai dans l'arménien, durant tout le chant françois, plus de surprise que de plaisir ; mais tout le monde observa, dès les premieres mesures de l'air italien, que son visage, & ses yeux s'adoucissoient ; il étoit enchanté, il prêtoit son ame aux impressions de la *musique*, & quoiqu'il entendît peu la langue, les simples sons lui causoient un ravissement sensible. Dès ce moment on ne put lui faire écouter aucun air françois.

L'opéra d'Iphigénie eut un très-grand succès, que le génie de Gluk méritoit bien ; cependant il avoit deux factions opposées. Tout étoit bon pour les uns, tout étoit mauvais pour les autres. Ceux-là disoient que c'étoit le chef-d'œuvre de la *musique*, ceux-ci soutenoient que ce n'étoit pas même de la *musique*. Quelqu'un même dit assez plaisamment : « Cet opéra-là n'est que de la *musique* en prose ».

La princesse de Belmante-Pignatelli de Naples, protectrice de tous les gens à talens, & particulièrement des *musiciens*, étant malade & environnée de la faculté, reçut la visite du fameux chevalier Raaff. A peine fut-il entré qu'elle le pria de chanter une des ariettes dont son clavecin étoit couvert. Le sort tomba sur une du célèbre Hasse, surnommé le Saxon. Pendant tout le temps que dura l'ariette, la fievre dont la princesse étoit dévorée, cessa totalement. Etonnée d'un changement aussi prompt, la faculté ne trouva pas de remede aussi propre à la guérison de la princesse, que le chant du chevalier Raaff : « Voilà, madame, lui dit un des esculapes ; voilà votre véritable médecin ». La sensation que cette princesse éprouva fut si vive, qu'ayant appelé Raaff, elle tira de fa main fa plus belle bague, & la mit elle-même au doigt de ce nouvel Amphion. Ce fait rappelera fans doute, aux lecteurs inftruits, ce qu'on lit dans l'hiftoire de l'académie de Paris, au fujet d'un *muficien* qui fut guéri d'une violente fièvre par un concert exécuté dans fa chambre.

L'évêque de Bellay difoit d'un *muficien*, qui fe piquoit d'être en même temps poëte, peintre & aftrologue : *Cet homme eft un fou à quatre parties.*

MYSTERE. Un peintre qui avoit fait un paradis pour la repréfentation d'un *myftère*, dit à ceux qui admiroient ce paradis : « Voilà bien le plus beau paradis que vous vîtes jamais, ni que vous verrez ».

« C'eft aux italiens, dit M. de Voltaire dans fes *Queftions fur l'Encyclodie*, qu'on doit ce malheureux genre de drame, appelé *myftère*. Is commencèrent dès le treizième fiècle, & peut-être auparavant, par des farces tirées de l'ancien & du nouveau Teftament : indigne abus, qui paffa bientôt en Efpagne & en France. C'étoit une imitation vicieufe des effais que S. Grégoire de Naziance avoit faits en ce genre, pour oppofer un théâtre chrétien au théâtre païen, de Sophocle & d'Euripide. Saint Grégoire de Naziance mit quelque éloquence & quelque dignité dans ces pièces ; les italiens & leurs imitateurs n'y mirent que des platitudes & des bouffonneries ».

« Lès *Autos-Sacraméntales* ont déshonoré l'Efpagne beaucoup plus long-temps, que les *Myftères* de la paffion, les Actes des faints, nos Moralités, la Mère fotte n'ont flétri la France. Ces *Autos-Sacramentales* fe repréfentoient encore à Madrid, il y a très-peu d'années ; Calderon en avoit fait pour fa part plus de deux cents. Une de fes plus fameufes pièces eft la *Dévotion de la Miffa*. Les acteurs font un roi de Cordoue, mahométan, un ange chrétien, une fille de joie, deux foldats bouffons, & le diable. L'un de ces deux bouffons eft un nommé Pafcal Vivas, amoureux d'Aminta. Il a pour rival Lélio, foldat mahométan. Le diable & Lélio veulent tuer Vivas, & croient en avoir bon marché, parce qu'il eft en péché mortel : mais Pafcal prend le parti de faire dire une meffe fur le théâtre & de la fervir. Le diable perd alors toute fa puiffance fur lui. Pendant la meffe, la bataille fe donne ; & le diable eft tout étonné de voir Pafcal au milieu du combat, dans le même temps qu'il fert la meffe. Oh, oh, dit il, je fais bien qu'un corps ne peut fe trouver dans deux endroits à la fois, excepté dans le facrement, auquel le drôle a tant de dévotion : mais le diable ne favoit pas que l'ange chrétien avoit pris la figure du bon Pafcal Vivas, & qu'il avoit combattu pour lui pendant l'office divin.

Le roi de Cordoue eft battu, comme on peut bien le croire. Pafcal époufe fa vivandière ; & la pièce finit par l'éloge de la meffe ».

« Dans un autre acte facramental, Jéfus Chrift en perruque quarrée, & le diable en bonnet à deux cornes, difputent fur la controverfe, fe battent à coups de poing, & finiffent par danfer enfemble la farabande. Plufieurs pièces de ce genre fe terminent par ces mots : *Ite, comedia eft*. D'autres pièces, en très grand nombre, ne font point facramentales : ce font des tragi comédies, & même des tragédies. L'une eft la Création du Monde ; l'autre les Cheveux d'Abfalon. On a joué le Soleil foumis à l'Homme-Dieu, bon payeur, le Maître-d'Hôtel de Dieu, la Dévotion aux Trépaffés, & toutes ces pièces font intitulées, La famofa Comedia ».

Dans la tragédie d'Efchyle, la religion des grecs étoit jouée comme la religion chrétienne le fut en France, en Italie & en Efpagne. « Qu'eft-ce en effet, demande M. de Voltaire, que ce Vulcain, enchaînant Prométhée fur un rocher par ordre de Jupiter ? Qu'eft-ce que la force & la vaillance qui fervent de garçons-bourreaux à Vulcain, finon un *Auto-Sacramentale* grec ? Si Caldéron a introduit tant de diables fur le théâtre de Madrid, Efchyle n'a-t-il pas mis des furies fur le théâtre d'Athènes ? Si Pafcal Vivas fert la meffe, ne voit-on pas une vieille Pythoniffe, qui fait toutes les cérémonies facrées dans la tragédie des Euménides ».

« Les fujets tragiques n'ont pas été traités autrement chez les efpagnols, que leurs actes *Sacramentaux*. C'eft la même irrégularité, la même indécence, la même extravagance. Il y a toujours eu un ou deux bouffons dans les pièces dont le fujet eft le plus tragique. On en voit jufques dans le Cid ; il n'eft pas étonnant que Corneille les ait retranchés. On connoît l'Héraclius de Caldéron, intitulé : *Toute la vie eft un Menfonge, & tout eft une vérité*, qu'on croit antérieur à l'Héraclius de Corneille. L'énorme démence de cette pièce n'empêche pas qu'elle ne foit femée de plufieurs morceaux éloquens, & de quelques traits de la plus grande beauté ».

« Non feulement Lopez de Véga avoit précédé Caldéron dans toutes les extravagances d'un théâtre groffier & abfurde ; mais il les avoit trouvées établies. Lopez de Véga étoit indigné de cette barbarie ; & cependant il s'y foumettoit. Son but étoit de plaire à un peuple ignorant, amateur du faux merveilleux, qui vouloit qu'on parlât à fes yeux plus qu'à fon ame. Voici comme Véga s'en explique lui-même dans fon nouvel art de faire des comédies de fon temps ».

Les vandales, les goths, dans leurs écrits bizarres,
Dédaignèrent le goût des grecs & des romains.
Nos aïeux ont marché dans ces nouveaux chemins :
    Nos aïeux étoient des barbares.
L'abus règne, l'art tombe & la raison s'enfuit.
    Qui veut écrire avec décence.
Avec art, avec goût, n'en recueille aucun fruit ;
Il vit dans le mépris, & meurt dans l'indigence.
    Je me vois obligé de servir l'ignorance,
      D'enfermer sous quatre verroux
      Sophocle, Euripide & Térence.
J'écris en insensé ; mais j'écris pour des fous.

« La bouffonnerie fut jointe à l'horreur sur le théâtre anglois. Toute la vie d'un homme fut le sujet d'une tragédie. Les acteurs passoient de Rome à Venise, en Chypre, &c. La plus vile canaille paroissoit sur le théâtre avec des princes, & les princes parloient souvent comme la canaille. Lisez la belle tragédie du Maure de Venise ; vous trouverez à la première scène, que la fille du sénateur fait la bête à deux dos avec le Maure, & qu'il naîtra de cet accouplement des chevaux de Barbarie. C'est ainsi qu'on parloit alors sur le théâtre tragique de Londres ».

MORALITÉ. La moralité étoit une petite pièce que l'on jouoit anciennement pour faire rire, *après les mystères.*

« Je ne vous avois onques puis vu, dit Panurge dans Rabelais, que jouates à Montpellier, avec nos antiques amis, la morale comédie de celui qui avoit épousé une femme muette. Le bon mari voulut qu'elle parlât : elle parla par l'art du médecin & du chirurgien, qui lui coupèrent un encyliglotte qu'elle avoit sous la langue. La parole recouvrée ; elle parla tant & tant, que son mari retourna au médecin pour remède de la faire taire. Le médecin répondit, en son art, bien avoir des remèdes pour faire parler les femmes, n'en avoir point pour les faire taire. Remède unique être surdité du mari contre celui interminable parlement de femme. Le paillard devint sourd, par ne sais quels charmes qu'ils firent ; puis, le médecin demandant son salaire, le mari répondit qu'il étoit vraiment sourd, & qu'il n'entendoit sa demande. Je ne ris onques tant, que je fis à ce patelinage ».

Le sujet d'une moralité intitulée le *Mirouer & l'exemple des enfans ingrats*, est singulier. Un père & une mère, en mariant leur fils unique, lui abandonnent généralement tous leurs biens, sans se rien réserver. Ils tombent bientôt après dans la plus grande misère, & ont recours à ce fils à qui ils ont tout donné ; mais celui-ci pour n'être pas obligé de les secourir, feint de ne les pas connoître, & les fait chasser de sa maison. Peu de temps après, il se sent une grande envie de manger un pâté de venaison ; il le fait faire ; on le lui apporte, & il l'ouvre avec empressement. Aussi-tôt il en sort un gros crapaud qui lui saute au visage & s'y attache. Sa femme, ses domestiques font de vains efforts pour l'en arracher. Rien ne peut faire démordre cet animal. L'on soupçonne alors que ce pourroit bien être là une permission divine. On le mène chez le curé, qui, instruit de sa conduite envers ses père & mère, trouve le cas trop grave pour en connoître, & le renvoie à l'Evêque. Celui-ci, informé de l'excès de son ingratitude, juge qu'il n'y a que le pape qui puisse l'absoudre, & lui conseille de l'aller trouver : il obéit. Dès qu'il est arrivé, il se confesse au saint père, qui lui fait un beau sermon, pour lui faire sentir toute l'énormité de son crime ; & voyant la sincérité de son répentir, il lui donne l'absolution. A l'instant le crapaud tombe du visage de ce jeune homme, qui, suivant l'ordre du pape, vient se jeter aux pieds de son père & de sa mère pour leur demander pardon, & il l'obtient.

Un autre moralité, intitulée *Battre quelqu'un en diable & demi*, peut être une allusion à ce qui se pratiquoit anciennement aux pièces de la passion. Plusieurs diables y paroissoient sur la scène, lesquels Lucifer leur prince faisoit battre & tourmenter cruellement, lorsqu'ils ne s'étoient pas bien acquittés des commissions qu'il leur avoit données.

On représentoit encore autrefois, à plus ou moins de personnages, des pièces de dévotion, dans lesquelles on faisoit paroître d'ordinaire les diables qui devoient un jour tourmenter éternellement les pêcheurs endurcis. Ces représentations s'appelloient petite vie, grande diablerie, petite, quand il y avoit moins de quatre diables ; grande, quand il y en avoit quatre. D'où est venu le proverbe : *Faire le diable à quatre.*

Dans le prologue d'une diablerie, l'auteur déclare le but de son ouvrage. Ce prologue est de la *grande diablerie* d'Amerval, ouvrage connu & cité par de Bure. Un jour, dit-il, étant couché seul dans ma chambre, il me sembla qu'on me transportoit aux portes des enfers, & que j'entendois satan, qui conversoit familièrement avec lucifer, & lui racontoit toutes les ruses qu'il employoit pour tenter les chrétiens ; car pour les hérétiques & les infidèles, disoit le diable, comme ils me sont dévoués, je ne m'en embarrasse guère. Le diable, croyant n'être entendu de personne, découvroit à son maître toutes ses ruses, sans déguisement ; & lorsque je fus de retour chez moi, je pris promptement une plume, de l'encre & du papier ; & m'étant mis à écrire, je couchai sur le papier, non tout ce que j'avois entendu, mais seulement ce que ma foible mémoire avoit pu retenir ; afin que les chrétiens, instruits des tours de satan, pussent les prévenir & les éviter.

N A I.

NAINS. Ælian raconte en ses diverses leçons, que l'on prit à la guerre un certain Archettratin, lequel étoit d'e si petite taille & si fluet, que cela donna envie de le faire peser; & on remarqua que toute sa pesanteur n'alloit pas plus loin qu'une certaine pièce de monnoie, usitée chez les grecs.

Le même dit que du temps de Philippe de Macédoine, vivoit un nommé Philetas Cous, qui étoit si petit & si léger, qu'on lui garnissoit de plomb les semelles de ses souliers, afin qu'il ne fût pas emporté par le vent.

Virgile a dit :

Ingentes animos angusto in corpore versant.

« Ils portent dans un petit corps de généreux courages ». En voici un exemple : L'armée du duc d'Anjou avoit un général appellé le comte Pichenin, qui est un diminutif de Picolin, très-petit. C'étoit un des plus courageux hommes de son temps : il gagna deux victoires en Italie contre le roi d'Arragon. On dit de ce général, qu'étant à une entrevue avec le roi d'Albe, ce roi qui étoit aussi grand que l'autre étoit petit, pour ne pas se courber trop bas, le prit par-dessous les bras comme un enfant, & l'éleva jusqu'à son visage pour l'embrasser.

J. Boruwlasky étoit né dans les environs de Chaliez, capitale de Pékucia, dans la Russie polonoise, au mois de novembre 1739. Ses parens étoient de moyenne taille ; ils ont eu cinq fils & une fille, & par une de ces bizarreries de la nature qu'il est impossible d'expliquer, trois d'entr'eux s'élevèrent au-dessus de la taille moyenne, tandis que les deux autres, ainsi que le *nain* dont nous parlons, ne parvinrent qu'à celle des enfans de quatre à cinq ans. Ce *nain* fut le troisième de cette étrange famille. Son frère aîné, qui a soixante-deux ans (en 1790), est environ de trois pouces plus haut que lui, & il a encore une force & une vigueur beaucoup au dessus de son âge & de sa figure.

Son second frère étoit foible & délicat ; il mourut âgé de vingt-six ans, & il avoit alors cinq pieds dix pouces. Ceux de ses autres frères qui vinrent au monde après lui, furent alternativement grands & petits ; une de ses sœurs, qui mourut de la petite vérole à l'âge de vingt-deux ans, n'avoit que deux pieds deux pouces, & réunissoit à une figure aimable les plus parfaites proportions du corps. Il fut facile de conjecturer

à sa naissance qu'il n'acquerroit qu'une très-petite taille, puisqu'il n'avoit alors que huit pouces ; cependant, malgré sa petitesse, il n'étoit ni foible ni chétif ; & sa mère, qui l'a allaité elle-même, a déclaré souvent qu'aucun de ses enfans ne lui avoit donné moins de peine. Il marchoit & il parloit environ à l'âge ordinaire des autres enfans, & il a grandi progressivement comme il suit :

A un an, il avoit onze pouces d'Angleterre ;

A trois ans, un pied deux pouces ;

A six ans, un pied cinq pouces ;

A dix ans, un pied neuf pouces ;

A quinze ans, deux pieds un pouce ;

A vingt ans, deux pieds quatre pouces ;

A vingt-cinq ans, deux pieds onze pouces ;

A trente ans, trois pieds trois pouces.

Sa taille ne s'est donc pas élevée au-delà de trois pieds trois pouces, ou du moins elle n'a point augmenté depuis la trentième année de la huitième partie d'un pouce ; ce qui est contraire à l'opinion de quelques naturalistes, qui soutiennent que les *nains* grandissent pendant toute leur vie. Son frère a été dans le même cas ; il a grandi jusqu'à trente ans, & il a cessé de croître à cet âge. J. Boruwlasky, âgé de vingt ans, devint amoureux d'une jeune demoiselle, aimable & belle, qu'il épousa : deux enfans ont été le fruit de cette union. Sa famille se trouvant ruinée, il se rendit à Londres en 1782, où il reçut des présens de plusieurs personnes de distinction, & il fut enfin obligé, pour subsister, de se faire voir à prix d'argent. C'est ainsi qu'il s'est entretenu décemment pendant les six années qu'il a vécu en Angleterre. Toutes les personnes qui l'ont connu parlent avantageusement de son esprit, de son affabilité & de sa conversation engageante.

Remarques. On conçoit que les eskimaux, les groënlandois, les lapons & les samoyèdes qui vivent au-delà du soixante-cinquième degré de latitude nord, doivent rester au-dessous de la stature médiocre par l'impression constante d'un froid rigoureux, & on s'en rapporte sans peine au récit des voyageurs, qui assurent qu'on ne trouve guères parmi ces peuples que des hommes de quatre pieds de haut. On sait en effet que les végétaux y éprouvent la même dégénération ; que les bouleaux, les saules & les aulnes ne font que ramper sur un sol gelé ; qu'en un mot on n'y voit pas un seul végétal de plus de six pieds de hauteur. Le renard y est aussi beaucoup plus petit que celui qui habite sous nos climats tempérés. Mais le phénomène de deux *nains* dont les deux autres frères étoient au-dessus de la taille moyenne de l'homme, paroît bien difficile à expliquer. Il est d'autant plus étonnant, que ces individus qui sont restés pour la stature au-dessous du type général de l'espèce humaine, n'aient point été doués d'ailleurs d'une organisation vicieuse & imparfaite, & que toutes leurs facultés, soit physiques, soit morales, aient obtenu leur entier développement. Ces déviations légères de la marche de la nature seront toujours pour nous autant un mystère que le modèle général qu'elle paroît suivre dans tous ses ouvrages.

Au mois d'octobre 1686, le roi, Louis XIV, étant à Fontainebleau, on lui présenta un petit homme dans un plat d'argent, couvert d'une serviette. Ce petit homme se leva & fit son compliment au roi, disant qu'il étoit le plus petit de tous ses serviteurs, mais qu'il étoit aussi le plus humble & le plus obéissant; il avoit de la barbe & seize pouces de hauteur: il étoit alors âgé de 36 ans.

Il s'est fait en 1766, près d'Herdford, dans le comté de Galwai, un mariage assez singulier, entre le sieur Jean Ford & la demoiselle Bidd Carr, personnages remarquables par la petitesse de leur structure. Le sieur le Ford, âgé de vingt ans, avoit quarante-deux pouces de haut; & la demoiselle Carr, qui touchoit à sa vingt-troisième année, n'avoit pas plus de trente-neuf pouces.

NAÏVETÉ. La *naïveté* est l'expression de la franchise, de la liberté, de la simplicité ou de l'ignorance, & souvent de tout cela à la fois. On rit d'une *naïveté* comme on rit d'un ridicule qu'on apperçoit dans un autre, & dont on se croit soi-même exempt. Quelquefois aussi la *naïveté* excite les ris par les équivoques qu'elle fait naître.

Une fille s'accusoit, à confesse, d'avoir récité une chanson déshonnête. Le confesseur, non content de cet aveu, lui demanda quelle étoit cette chanson; cette fille, sans autre façon, se mit à la chanter tout haut dans l'église. Je trouve qu'a voit raison, ajoute madame de Sévigné, en parlant de cette *naïveté*; assurément le confesseur vouloit entendre la chanson, puisqu'il ne se contentoit pas de ce que la fille lui avoit dit en s'accusant. Le bon-homme de confesseur prit sans doute son parti, & pâma de rire le premier de cette aventure.

La grande raison, *sans dot*, avoit déterminé un harpagon à livrer sa fille entre les mains d'un vieux pénard. La timide Agnès, victime de sa famille, étoit menée à l'église. Lorsque le prêtre eut prononcé le fatal oui à l'époux, il demanda également le consentement de la pauvre fille.

Homme de bien, lui répondit-elle, vous êtes encore le premier qui, dans tout ceci, m'ayez consultée.

Les habitans d'une paroisse se plaignant à un fondeur de ce que la cloche qu'il leur avoit fondue ne se faisoit pas bien entendre; il les consola en leur disant: « qu'ils n'avoient toujours qu'à la faire monter, & qu'elle parleroit avec l'âge ».

Un prédicateur prêchoit dans un bourg, &, pour rendre plus sensibles les vérités de la morale, il usoit souvent de l'interrogation. Ma pauvre fille! disoit-il, en parlant des jeunes personnes qui prêtent l'oreille aux fleurettes, quel fruit avez-vous retiré des douceurs que ce jeune homme vous a dites, des soins qu'il vous a rendus, de la promesse de mariage qu'il vous a faite? Une fort jolie paysanne, placée vis-à-vis le prédicateur, & qui se trouvoit dans ce cas, crut que c'étoit elle qu'on interrogeoit: elle se lève, & après avoir fait la révérence au prédicateur: « Monsieur, lui dit-elle, en pleurant, il m'a leurrée de belles promesses, & après m'avoir trompée il m'a plantée là. »

M. de Mercœur, père de M. le duc de Vendôme & de M. le Grand-Prieur, étoit un bon seigneur, qui ne s'étoit jamais piqué de science. Il fut fait cardinal. Un des amis de M. Benserade étant venu lui dire pour nouvelle que M. de Mercœur étoit entré dans le collège des cardinaux: « c'est, répondit-il, le premier où il soit jamais entré ».

Un bourgeois étant à sa maison de campagne, se promenoit dans le jardin pendant l'ardeur du soleil. Son jardinier qui ne l'attendoit pas sitôt s'étoit endormi sous des arbres fruitiers. Il va le trouver tout en colère: comment, coquin, lui crie-t-il, tu dors au lieu de travailler; tu n'es pas digne que le soleil t'éclaire. C'est aussi pour cette raison, lui dit le jardinier en se frottant les yeux, que je me suis mis à l'ombre.

Un homme ayant une cruche d'excellent vin, la cacheta. Son valet fit un trou par-dessous & buvoit le vin. Le maître ayant décacheté la cruche, fut fort surpris de voir son vin diminué, sans en pouvoir deviner la cause. Quelqu'un lui dit qu'on devoit l'avoir tiré par-dessous: « Eh! gros sot, reprit le maître, ce n'est pas par-dessous qu'il en manque, c'est par-dessus. »

On venoit de jouer une comédie en deux actes & en vers, un particulier qui étoit aux quatrièmes loges demanda à son voisin « si cette comédie étoit en prose ou en vers »? « Comment voulez-vous, répondit ce dernier, que l'on puisse faire d'ici cette distinction ».

Un bon mari disoit à sa femme: Je crois qu'il

n'y a qu'un homme dans toute cette ville qui ne soit pas cocu. Qui donc, demanda la femme? mais, dit le mari, tu le connois : j'ai beau chercher, répondit-elle, je ne le connois pas.

Un jeune gentilhomme avoit donné à un chien qu'il avoit élevé le nom de cocu. Comme il l'appelloit ainsi devant une dame grave & de peu d'esprit, il se vit entrepris par cette dame qui lui dit : vraiment, monsieur, cela est bien malhonnête, & vous devriez avoir honte de donner ainsi à votre chien un nom de chrétien.

Un domestique que Boileau avoit envoyé chez son ami Bois-Robert, tourmenté de la goutte, pour savoir de ses nouvelles, lui apprit que sa goutte avoit redoublé. Il jure donc bien, dit Boileau. Hélas! monsieur, répartit le domestique, il n'a plus que cette consolation-là.

Un particulier s'étant éveillé un jour de grand matin, appella son valet, & lui commanda de regarder s'il faisoit jour. Le valet ouvre la fenêtre, va sur le balcon, & crie à son maître qu'il ne voit goutte. « Butor, lui répondit son maître, je le crois bien; allume la chandelle & tu verras mieux ».

Une bonne femme achetant un jour des heures chez un libraire de la rue Saint-Jacques, les demanda latines : un ecclésiastique qui étoit présent, lui dit, mais, ma bonne femme, vous devriez plutôt les prendre françoises; car vous n'entendez rien au latin. C'est pour cela, dit cette femme, que je les prends latines, parce que s'il y a du mal il ne roulera point sur moi, mais sur vous autres qui les avez faites.

Trois femmes de qualité étoient à une fenêtre pour voir l'entrée d'un ambassadeur. Il y avoit avec elles un ancien maréchal de France & deux autres seigneurs. Un de ces derniers voyant passer M. Dugué-Trouin dans un carrosse, le fit remarquer aux dames, en leur disant : voilà un héros dans un fiacre. Un héros! s'écria aussi-tôt une de ces dames, comme avec surprise, & sans songer devant qui elle parloit, « attendez que je le regarde attentivement; je n'en ai jamais vu ».

Un pauvre curé ayant l'honneur de faire la partie de son évêque, & interrogé sur la couleur qu'il retournoit, répondit très-humblement : » celle qu'il plaira à votre grandeur ».

Un évêque, faisant la visite de son diocèse, trouva un curé qui à peine savoit lire, & qu'il avoit ordonné prêtre trois ou quatre mois auparavant. L'évêque lui fit plusieurs questions; mais le pauvre curé, que la présence de son supérieur rendoit encore plus stupide, lui répondit tout de travers. Quel âne de prélat vous a

fait prêtre, dit l'évêque, révolté de la sottise de ce curé? C'est vous, monseigneur, lui dit le bon homme, d'un ton humble & civil.

Un intendant de province venoit de passer sur un pont, dont les parapets étoient ruinés. Cet intendant, qui n'avoit pas la réputation d'être un des plus sages de ce monde, querella le magistrat du lieu, de ce qu'on n'avoit point eu la précaution de mettre, du moins des garde-fous sur ce pont. « Pardonnez, monseigneur, lui dit ce magistrat, notre ville n'étoit pas sûre que vous y passeriez si tôt ».

On racontoit un jour à M. de G.... que le roi avoit envoyé à Rome quérir des antiques; il dit en colère : « Eh! pourquoi n'en faisons-nous pas ici, n'avons-nous pas d'habiles ouvriers » ?

Madame du Gué, mère de mesdames de Bagnolles & de Coulanges, disoit toutes ses prières en latin. Madame de Coulanges lui fit un jour cette observation : « ma mère, vous feriez mieux de prier en françois ». — Oh! non, ma fille, quand on entend ce que l'on dit, cela amuse trop ».

Une dame de qualité voyant la pompe funèbre de son mari, s'écria : Ah! que mon mari seroit aise de voir cela, lui qui aimoit tant les cérémonies.

Les habitans de Sivri-Hiffar, ville de la Natolie, ont la réputation d'être extrêmement simples : un d'entr'eux disoit à son voisin qu'il avoit grand mal à l'œil, & lui demandoit s'il ne savoit pas quelque remède? Le voisin répondit; j'avois l'an passé un grand mal à une dent, je la fis arracher & je fus guéri; je vous conseille de vous servir du même remède.

Un jeune homme dit à sa femme la première nuit de ses noces, que si elle lui eût permis de coucher avec elle avant le mariage il ne l'eût jamais épousée : Oh, dit-elle, je n'avois garde, après y avoir été atrapée.

Un seigneur allemand rendoit des visites très-fréquentes à une demoiselle. La mère de cette jeune personne, qui craignoit que l'on n'en médît, demanda un jour à ce seigneur sur quel pied il voyoit sa fille. Est-ce pour le mariage ou pour autrement? L'allemand répondit assez ingénuement c'est pour autrement.

Un paysan, obligé de faire un voyage, recommanda à sa femme de ménager son front. Pourquoi cela, lui dit la jeune Agnès? C'est, dit-il, que si tu n'étois pas sage, il me viendroit dans le moment des cornes à la tête. Fi donc! je m'en garderai bien, reprit-elle, je crains trop les cornes. A peine fut-il parti qu'un galant lui éclaircit le mystère ; & mit ses leçons en preuve. Le mari, de retour, elle l'examine & lui dit : tu m'as donc trompée ?

Un homme écrivoit à M. de Villars qui venoit d'être fait maréchal de France. Après s'être égaré par les louanges les plus outrées, & l'avoir comparé à M. de Turenne, il finissoit en lui disant, j'espère, monseigneur, que je vous verrai bientôt enterrer comme lui à Saint-Denis.

Un parisien, nouvellement sorti de Paris, admiroit la largeur de la Loire : voilà cependant, dit-il, une belle rivière pour une rivière de province.

Un homme ayant été volé plusieurs fois dans les rues de Paris, n'osoit plus sortir ; on lui conseilla de porter des pistolets. Les voleurs, répondit-il, me les prendroient.

Phillippe II voyageant, fut surpris par la nuit, il fut obligé de la passer chez un paysan, chez qui l'on fit un grand dégât. Le paysan s'attendoit à être ruiné. Le lendemain Philippe II lui dit avant de sortir de sa maison, que s'il avoit quelque grace à demander il n'avoit qu'à parler. Sire, répondit-il, je demande à votre majesté qu'elle ne vienne jamais loger dans ma maison tant que je vivrai. Cette naïveté ne déplut pas au roi, qui le récompensa magnifiquement.

Un gentilhomme normand, avoit amené avec lui à Paris, un laquais qui n'étoit jamais sorti de son village. Ce paysan ayant appris que le roi revenoit à cheval de Saint-Germain, alla pour le voir ; & comme on le lui montroit, il se prit à rire, & dit : « quoi ! c'est-là le roi, je pensois qu'il fût bien autrement. « On lui demanda comment il croyoit qu'il fût fait : « Je croyois, répondit-il, qu'il fût tout d'or, & qu'il eût la main bien grande, car dernièrement on a saisi notre vache en la main du roi, je vois bien qu'elle ne sauroit y tenir. ».

Un paysan, étant à confesse, s'accusa d'avoir volé du foin. Le confesseur lui demandoit : combien en avez-vous pris de bottes ? Oh ! dit-il, monsieur, devinez—trente bottes, dit le confesseur. —Oh ! non. — Combien donc, soixante ? —Oh ! vraiment, nani, reprit le paysan, mais boutez y la charretée ; aussi-bien, ma femme & moi, nous devons aller querir le reste tantôt.

La femme d'un procureur de province, venoit d'assister à un sermon de Bourdaloue ; on lui demanda ce qu'elle pensoit du prédicateur. « Il a parlé fort long-temps, dit-elle ; je ne vous dirai pas les tenans & aboutissans de son discours, ce que j'ai entrevu, c'est qu'il faut passer par de bien mauvais chemins pour aller au ciel ; mais ceux qui mènent en enfer sont mieux entretenus.

Les ouvriers & les artisans ne manquent guère d'aller fête & dimanche, & tous les lundis, s'enivrer à la Courtille. Un ivrogne, encore à jeun, appercevant un de ses confrères qui, pour cuver les fumées du gros vin qu'il avoit amplement bu, ronfloit contre une borne, le contempla quelques instans plongé dans un profond silence, & puis s'écria : « Voilà pourtant comme je serai dimanche »!

Lucas étoit de si bonne amitié que le pauvre voyant sa femme en couche, s'approcha de son lit & cherchoit à la soulager : cette femme, au plus fort de ses douleurs le voyant se lamenter : «Eh ! mon ami, lui dit-elle, ne prends point tant de chagrin de me voir souffrir, je sais fort bien que tu n'en es pas la cause ».

Une dame, ayant surpris son mari entre les bras de sa femme de chambre, la renvoya en lui disant : « Ce que vous faites ici, je le ferai bien moi-même ».

Un des amis du peintre Nicolas, lui avoit prêté quelqu'argent ; comme il ne se pressoit point à le rendre, & qu'il en étoit même hors d'état, l'ami le fit assigner. Il n'avoit qu'à nier d'avoir reçu la somme, pour se trouver quitte tout d'un coup ; mais sa conscience répugnoit à prendre ce parti. Maître Nicolas, étant devant le juge, hésitoit, incertain s'il feroit serment ou s'il avoueroit la dette. Sa femme, qui l'avoit accompagné, le voyant si perplexe, s'avisa de lui crier : « — Jure donc, jure donc, puisqu'il y a quelque chose à gagner ; tu jures si souvent à la maison quoique tu n'y gagnes rien. ».

Des écoliers rencontrèrent une bonne femme qui conduisoit des ânes ! bonjour la mère aux ânes, dit l'un deux : — bonjour mes enfans, répondit la bonne femme.

Un fermier général avoit à son carrosse deux chevaux gris pommelés, les plus beaux & les mieux choisis que l'on pût voir. En ayant perdu un, il envoya son cocher chez tous les maquignons de Paris, pour lui en acheter un autre semblable, à quelque prix que ce fût : le cocher de retour ! He bien, lui dit son maître, aussitôt qu'il l'apperçut, as-tu réussi ? oui, monsieur, lui répondit le cocher, j'ai trouvé votre pareil.

Je viens vous compter mon chagrin,
Dit Perrette à son médecin ;
Mon mari devient asthmatique.
Notre esculape lui replique :
Rassurez-vous : on voit cette espèce de gens
Souffrir beaucoup, mais vivre très-long-temps.
Pour se débarrasser il faut qu'on les assomme.
Perrette aussi tôt s'écria :
Monsieur, faites que mon pauvre homme
Souffre le moins qu'il se pourra.

NANTEUIL, (Robert) deſſinateur & fameux graveur, né à Reims, l'an 1630, mort en 1678.

Nanteuil étoit naturellement éloquent & vif dans ſes expreſſions : il faiſoit des vers fort agréables, qu'il ſe plaiſoit à réciter.

Le père de Nanteuil, quoique très-pauvre, lui fit donner une excellente éducation ; & le jeune homme, étant en philoſophie, deſſina & grava lui-même la thèſe qu'il ſoutint.

Malgré des commencemens auſſi heureux, les parens de Nanteuil firent les plus grands efforts, pour l'empêcher de s'adonner aux beaux-arts : il étoit quelquefois obligé de monter sur un arbre, & de s'y cacher pour deſſiner.

Mais, à la fin, il ſurmonta tous les obſtacles qu'on oppoſoit à ſon goût naturel. La ville de Reims ne lui procurant point le moyen de tirer un parti aſſez avantageux de ſes talens, il ſe ſépara d'une femme jeune & charmante, qu'il venoit d'épouſer depuis peu, & ſe rendit à Paris. Il eſt bien difficile au mérite de percer dans cette grande ville, quand il eſt ſans protecteur. Nanteuil, dépourvu de tout ſecours, & cherchant à ſe faire connoître, s'aviſa de l'expédient que nous allons raconter.

Pluſieurs jeunes abbés s'aſſembloient à la porte d'une auberge, ſituée auprès de la Sorbonne ; il les remarqua ; & un jour qu'ils y étoient en plus grand nombre encore qu'à l'ordinaire, il alla demander à la maîtreſſe de cette auberge, ſi un eccléſiaſtique de la ville de Reims étoit logé chez elle ; il ajouta que malheureuſement il en avoit oublié le nom ; mais qu'elle pourroit le reconnoître par le portrait qu'il en avoit fait. A ces mots, Nanteuil lui montra un portrait bien deſſiné, & qui avoit l'air fort reſſemblant. Les abbés, qui l'avoient écouté, jettèrent les yeux ſur le portrait, & en furent ſi charmés, qu'ils ne pouvoient ſe laſſer de l'admirer. — « Si vous voulez, meſſieurs, leur dit alors Nanteuil ; je vous ferai à chacun votre portrait, pour peu de choſe, qui ſera tout auſſi bien travaillé & auſſi fini que celui-là ». — Le prix qu'il demanda étoit ſi modique, qu'ils ſe firent tous peindre l'un après l'autre ; & amenèrent encore leurs amis : la foule des amateurs devint ſi conſidérable, que l'artiſte augmenta le prix de ſes ouvrages, & gagna bientôt beaucoup d'argent.

Nanteuil aſſuroit qu'il s'étoit fait des règles infaillibles pour bien ſaiſir la reſſemblance. Il diſoit qu'il y a de certains traits du viſage qu'il faut extrêmement conſidérer, parce qu'ils ſervent de meſure à tous les autres ; & que, quand une fois on a deſſiné exactement ces traits, le reſte eſt comme immanquable. Dom Dargonne lui demandant un jour s'il peindroit une perſonne abſente, ſur la deſcription qu'il lui en feroit : « Oui, lui répondit-il, pourvu que vous fuſſiez aſſez habile pour répondre exactement à ce que je pourrois vous demander ».

Enchanté de ſa bonne-fortune, Nanteuil retourna à Reims, conta ſon aventure, montra le fruit de ſes travaux, & fit conſentir ſa femme à le ſuivre dans la capitale.

Dès que Nanteuil ſe vit à ſon aiſe, la première choſe à laquelle il ſongea, fut d'appeler ſon père auprès de lui, afin qu'il partageât l'aiſance dont il jouiſſoit. Le vieillard accourut, tranſporté de joie, & il fut reçu à la deſcente du coche, tout mal vêtu qu'il étoit, par ſon fils, dont l'extérieur annonçoit un homme dans l'opulence ; ce digne fils, cet artiſte eſtimable, embraſſa l'auteur de ſes jours avec toute l'affection imaginable. Le ſpectacle d'un pareil amour filial fit répandre des larmes d'attendriſſement à tous ceux qui en furent les heureux témoins.

Nanteuil faiſoit un jour en paſtel le portrait de Louis XIV ; voulant donner à ce prince un viſage animé par la gaieté, il l'entretint de diverſes choſes plaiſantes. Rapportons l'une des petites hiſtoriettes qu'il raconta au monarque : « — Sire, en venant au Louvre, j'ai paſſé par les Auguſtins, où l'on prêchoit la Paſſion. Le prédicateur en étoit à l'endroit où il eſt dit, que les ſerviteurs du pontife & pluſieurs autres juifs ſe chauffoient à cauſe du grand froid. Voici la réflexion ſingulière que le bon père communiquoit à ſes auditeurs : vous voyez, meſſieurs, que notre évangéliſte ne ſe contente pas de rapporter la choſe comme hiſtorien, & calefaciebant ſe, & ils ſe chauffoient ; mais il en rend la raiſon, comme philoſophe, quia frigus erat, parce qu'il faiſoit froid ».

Il ſemble que mademoiſelle de Scudéri, dont l'eſprit égaloit la laideur, ne devoit point être trop reſſemblante dans ſon portrait en paſtel, peint par Nanteuil, ſi l'on en juge du moins par les vers ſuivans, qu'elle lui adreſſa pour le remercier :

Nanteuil, en faiſant mon image,
A de ſon art divin ſignalé le pouvoir :
Je hais mes yeux dans mon miroir,
Je les aime dans ſon ouvrage.

NATTIER, (Jean-Marc) né l'an 1685, mort en 1766.

La célébrité de ce peintre lui fut prédite par Louis XIV, qui lui dit, en voyant quelques-uns de ſes deſſins : — « continuez, Nattier, & vous deviendrez un grand-homme ».

Le Czar Pierre premier, pendant ſon ſéjour à Paris, lui propoſa de paſſer en Ruſſie. Ce prince,

prince, piqué du refus de *Nattier*, fit enlever le portrait que cet artiste avoit fait de l'impératrice Catherine, & que le Czar avoit ordonné qu'on portât chez un peintre en émail; & partit, sans lui donner le temps d'y mettre la dernière main.

NATURALITÉ. (Lettres de) L'Angleterre ne redoute point l'excès de la population dans ses provinces; & c'est en conséquence de ce principe que l'obtention des lettres de *naturalité* est très-facile dans ce royaume.

Tous les refugiés françois, lors de la révocation de l'édit de Nantes, ont été naturalisés sous le règne de Guillaume III.

Dans un parlement on agita d'attirer les juifs en Angleterre par une pareille faveur; mais cette proposition souffrit de grandes difficultés, & jusqu'à présent elle est demeurée indécise.

Depuis la dernière guerre les actes de naturalisation ont été si fréquens, qu'un anglois, voyant passer dans le parc de Saint James, un des éléphans que la reine fait nourrir dans sa ménagerie, dit que cet animal alloit sans doute au parlement pour se faire naturaliser.

NÉRON, (*Domitius*) empereur romain, fils de *Caius Domitius Ænobarbus* & d'*Agrippine*. Il fut adopté par l'empereur Claude, l'an 50 de Jésus-Christ, & lui succéda l'an 54; il mourut l'an 68, à l'âge de 31 ans, dont il en avoit régné près de quatorze.

Néron dont le nom est encore aujourd'hui en horreur après tant de siècles, & a mérité de paroître

Aux plus cruels tyrans la plus cruelle injure,

fit d'abord espérer aux romains des jours sereins & tranquilles & dignes du beau siècle d'Auguste son ayeul. Il étoit juste, libéral, affable & d'un cœur sensible à la pitié. Un jour qu'on lui présentoit à signer la sentence d'une personne condamnée à mort, il s'écria d'un air touché: « Plût au ciel que je ne sçusse point écrire ! »

Une modestie aimable relevoit l'éclat de ses qualités. Le sénat l'ayant loué sur la sagesse & l'équité de son gouvernement, il répondit : « attendez à me louer que je l'aie mérité.

Agrippine, sa mère, par son orgueil & par sa dangereuse politique, étouffa la première, les semences de vertus que le généreux Burrhus & le sage Sénèque s'étoient efforcés de jetter dans le cœur de leur élève.

Ce jeune tigre fit bientôt ses plaisirs du crime & du sang. Il vint jouir dans un festin de la mort

Encyclopediana.

de Germanicus, empoisonné par ses ordres; il fit assassiner sa mère; & prétendit se justifier auprès du sénat. Un seul sénateur, Thraséas, ne voulut point s'abaisser à flatter le tyran: « Quoi, dit-il, pour prolonger ma vie de quelques jours, je m'abaisserois jusques-là ? non, la mort est une dette; je veux l'acquitter en homme libre, & non la payer en esclave ».

Néron poursuivit avec fureur le cours de ses assassinats. Octavie, son épouse; Burrhus, Sénèque, Lucain, Pétrone, Poppée, sa maitresse; furent successivement sacrifiés à sa haine, à ses soupçons, à ses ressentimens. Il sembloit qu'il ne jugeoit de l'étendue de sa puissance que par l'énormité de ses attentats. « Mes prédécesseurs, disoit ce monstre, n'ont pas connu comme moi les droits de la puissance absolue. J'aime mieux, ajoutoit-il, être haï qu'aimé, parce qu'il ne dépend pas de moi seul d'être aimé; au lieu qu'il ne dépend que de moi seul d'être haï ».

Cet empereur parut plusieurs fois sur le théâtre pour disputer le prix du chant & de la poésie. Le chant étoit sur-tout sa grande passion. Il étoit si jaloux de sa voix, qui cependant n'étoit pas belle, que de peur de la diminuer, il se privoit de manger certains mets qu'il aimoit, & se purgeoit fréquemment. Lorsqu'il devoit chanter en public, des gardes étoient répandus d'espace en espace pour punir ceux qui n'auroient point paru assez sensibles aux charmes de sa voix. Vespasien, homme consulaire, ne put cependant un jour s'empêcher de dormir, quoique ce fût un empereur qui chantât, & ce léger sommeil pensa lui coûter la vie.

Cet empereur comédien fit le voyage de la Grèce, pour entrer en lice aux jeux olympiques. Comme il aimoit l'extraordinaire, il entreprit de courir le stade sur un char attelé de dix chevaux. Mais à peine eut-il commencé sa course, qu'il tomba de dessus le char; il n'en fut pas moins proclamé vainqueur & couronné. Il disputa pareillement les prix des jeux isthmiques, pythiens, néméens & de tous les autres jeux de la Grèce. Un grec, habile chanteur, mais mauvais courtisan, ayant eu l'imprudence de chanter mieux que l'empereur, *Néron* fit monter sur le théâtre les acteurs qui lui servoient de ministres dans l'exécution de la pièce. Ils se saisirent du musicien, & l'ayant adossé à une colonne, ils lui percèrent la gorge avec des stylets qu'ils portoient cachés dans des tablettes d'ivoire.

Néron remporta de ses différens combats dix-huit cens couronnes.

Lorsqu'il revint à Rome, il y parut en héros qui venoit de triompher des ennemis de l'empire. Il étoit dans le même char dont Auguste s'étoit servi pour ses triomphes. Il étoit vêtu d'une robe de pourpre & d'une casaque semée d'étoiles d'or. Il portoit sur sa tête la couronne olympique, qui étoit d'olivier sauvage, & dans sa main droite la couronne pythienne, faite d'une branche de laurier. Il avoit à ses côtés un musicien nommé Diodore. On portoit devant lui les couronnes qu'il avoit gagnées, & il étoit suivi d'applaudisseurs à gages, dont il avoit formé une compagnie aussi nombreuse qu'une légion. Ils chantoient la gloire du triomphateur.

Le sénat, les chevaliers & le peuple accompagnoient cette honteuse pompe, & faisoient retentir l'air d'acclamations.

Toute la ville étoit illuminée, ornée de festons, & fumante d'encens.

Par-tout où passoit le triomphateur, on immoloit des victimes, les rues étoient jonchées de poudre de saffran; on jettoit sur lui des fleurs, des rubans, des couronnes; &, conformément aux usages des romains, des oiseaux & des pièces de pâtisserie.

On avoit abattu une arcade du grand cirque. Tout le cortège passa par cet endroit, vint dans la place, & se rendit au temple d'Apollon Palatin. Les autres triomphateurs portoient leurs lauriers au capitole; *Néron*, dans un triomphe tel que le sien, voulut honorer le dieu des arts. *Hist. des empereurs.*

On ne s'imaginoit pas que *Néron* pût jamais donner à l'univers un spectacle plus ridicule; mais il étoit réservé à cet empereur de donner l'exemple de toutes les folies & de tous les vices. Il s'avisa dans un de ces repas, où l'excès de la débauche la plus honteuse, étoit joint à la profusion des mets, de s'habiller en femme, & de se marier en cérémonie avec l'infâme Pithagore; & depuis en secondes nôces de la même espèce avec Doriphore, un de ses affranchis. Par un retour à son premier sexe, il devint l'époux d'un jeune homme nommé Sporus, qu'il fit mutiler pour lui donner un air de femme.

L'extravagant *Néron* revêtit sa singulière épouse des ornemens d'impératrice, & parut ainsi en public avec son eunuque. « Heureux l'empire romain, disoit-on en voyant ces horreurs, si le père de ce monstre n'eût eu que de pareilles femmes »!

Il ne manquoit plus à *Néron* que de devenir incendiaire. Entendant un jour quelqu'un se servir de cette façon de parler impie: *Que le monde brûle quand je serai mort*; & moi, répliqua *Néron*, *mon plaisir seroit de le voir brûler*. Ce fut encore pendant un de ces festins abominables préparés par les furies, qu'il fit mettre le feu aux quatre coins

de Rome. L'embrâsement dura neuf jours; les plus beaux monumens furent consumés par les flammes. Il y eut dix quartiers de la ville réduits en cendres; ce spectacle lamentable fut une fête pour lui; il monta sur une tour fort élevée pour en jouir à son aise. On ajoute que ce frénétique prenant son habit de théâtre, déclamoit de toutes ses forces une tragédie dont le sujet étoit relatif à la scène qu'il avoit devant les yeux.

Néron avoit accusé les chrétiens de son empire d'être les auteurs de l'incendie de Rome. Car c'étoit encore un vice de ce prince de commettre le crime & d'en rejeter toute la noirceur sur des innocens. Les chrétiens devinrent dès ce moment l'objet de ses fureurs. Il faisoit couvrir de cire & d'autres matières ceux que l'on trouvoit, & les faisoit brûler la nuit; disant *que cela servoit de flambeau.*

Le sénat se réveillant enfin de sa léthargie, & soutenu par Galba, qui s'étoit mis à la tête des principales forces de l'empire, rendit un décret qui déclaroit *Néron* ennemi de la république, & le condamnoit à être précipité de la roche du capitole, après avoir été traîné tout nud publiquement & fouetté jusqu'à la mort.

Ce prince, pour éviter l'exécution de la condamnation portée contre lui, se vit obligé de se cacher dans la maison d'un de ses affranchis.

Dans le moment il se perça la gorge avec un poignard; & comme il y alloit mollement, Epaphrodite, son affranchi & son secrétaire, appuya le coup & aida le poignard à s'enfoncer.

Le jour de la mort de ce tyran fut un jour de joie pour le peuple romain. On arbora publiquement le signal de la liberté, & le peuple se couvrit la tête de chapeaux semblables à celui que prenoient les esclaves après leur affranchissement.

NERVA, (Cocceius), empereur romain, né l'an 32 de Jésus-Christ, & mort l'an 98.

Le commencement du règne de *Nerva*, dit Pline, fut l'époque du retour de la liberté; & Tacite loue ce bon prince d'avoir su allier deux choses que l'on croit communément incompatible, l'autorité suprême d'un seul, & la liberté des citoyens.

Ce prince, plein de considération & de déférence pour le sénat, ne décidoit aucune affaire qu'après avoir pris l'avis des chefs de cette compagnie. Il avoit juré solemnellement que tant qu'il vivroit, nul sénateur ne seroit mis à mort. Il fut si fidèle à sa parole, qu'au lieu de punir deux d'entre eux qui avoient conspiré contre sa vie, il se contenta de leur faire connoître qu'il n'ignoroit rien de leur projet. Il les mena avec lui au théâtre, les plaça à ses côtés, & leur montra les épées des gladiateurs qu'on lui présentoit, suivant la coutume; il leur dit: *Essayez sur moi si elles sont bonnes.*

Une des maximes de cet empereur, clément étoit que la bonne conscience vaut un royaume. Se sentant proche de sa fin, il adopta Trajan, & ce ne fut pas le moindre de ses bienfaits envers le peuple romain.

NEWTON, (Isaac), célèbre mathématicien anglois, né le jour de Noël de l'an 1642 à Wolstrope dans la province de Lincoln, mort à Londres, le 20 mars 1727.

Newton avoit la taille médiocre avec un peu d'embonpoint dans ses dernières années; l'œil fort vif & fort perçant, la phisionomie agréable & vénérable en même tems, principalement quand il ôtoit sa perruque, & laissoit voir une chevelure toute blanche, épaisse & bien fournie. Il ne se servit jamais de lunettes, & ne perdit qu'une seule dent pendant toute sa vie. Son nom doit justifier tous ces petits détails. Il étoit né fort doux & avec un grand amour pour la tranquillité.

Newton s'étoit accoutumé de bonne heure à être vêtu légèrement, afin de s'habituer à toutes les vicissitudes de l'air & à toutes les degrés de température sans en être incommodé. L'hiver il portoit volontiers ses habits d'été.

Il y a des preuves que Newton avoit fait à vingt-quatre ans ses grandes découvertes en géométrie, & posé les fondemens de ses deux célèbres ouvrages, les *Principes* & l'*Optique*. Le livre des *Principes* ayant été connu de l'empereur de la Chine, par la voie des missionnaires françois, ce souverain voulut en témoigner sa satisfaction à l'auteur par une lettre qu'il lui écrivit en langue chinoise. Comme il ne doutoit point que sa réputation ne fût répandue dans toute l'univers, & qu'il croyoit que tout le monde devoit savoir sa demeure, il fit mettre sur la lettre cette simple adresse: *A Monsieur Newton en Europe.* La lettre parvint au philosophe anglois, & en la traduisant, on y vit des expressions très-vives de l'estime que l'empereur faisoit de l'ouvrage & de l'auteur.

Newton a découvert & démontré le principe de l'attraction, principe nouveau qui fait mouvoir la nature. On demandoit à ce philosophe comment il avoit pu trouver le système du monde. *C'est*, répondit il, *pour y avoir pensé sans cesse.*

Il est intéressant de voir dans l'histoire des philosophes modernes les degrés par lesquels Newton parvint à ses plus sublimes découvertes. Il y est dit qu'étant seul dans un jardin, il se mit à méditer sur la pesanteur des corps, & il lui parut que puisqu'on trouve que cette force ne diminue point d'une manière sensible à la plus grande distance de la terre où nous puissions parvenir, ni aux plus hautes montagnes, elle devoit s'étendre jusqu'à la lune. Et si cela est, disoit-il en lui-même, cette force doit influer sur son mouvement, & la retenir dans son orbite. De-là il alla jusqu'aux planètes. Revenant ensuite à la lune, il trouva par le calcul que cette action étoit capable de produire cet effet.

Newton auroit préféré de vivre inconnu, plutôt que de voir le calme de sa vie troublé par ces orages littéraires que l'esprit & la science attirent à ceux qui s'élèvent trop. On voit par une de ses lettres du *commercium epistolicum*, que son traité d'optique étant prêt à imprimer, des objections prématurées qui s'élevèrent, lui firent abandonner alors ce dessein. *Je me reprochois*, dit-il, *mon imprudence de perdre une chose aussi réelle que le repos, pour courir après une ombre.* Mais cette ombre ne lui a pas échappé dans la suite; il ne lui en a pas coûté son repos qu'il estimoit tant, & elle a eu pour lui autant de réalité que ce repos même. (*Eloge de Newton par Fontenelle*).

En 1696, Newton fut, avec l'agrément du roi Guillaume, créé garde des monnoies. Il fendit dans cette charge des services importans, à l'occasion de la grande refonte qui se fit en ce tems-là. Trois ans après il fut *maître de la monnoie*, emploi d'un revenu considérable, & qu'il posséda jusqu'à sa mort. En 1703, il fut élu président de la société royale, & a été conservé dans cette place jusqu'à sa mort pendant vingt-trois ans.

Depuis que Newton fut employé à la monnoie, il ne s'engagea plus dans aucune entreprise considérable de mathématiques, ni de philosophie; car quoique l'on pût compter pour une entreprise considérable la solution du fameux problème des *trajectoires*, proposé aux Anglois comme un défi par Leibnitz pendant sa contestation avec eux, & recherché bien soigneusement pour l'embarras & la difficulté, ce ne fut presque qu'un jeu pour Newton. On assure qu'il reçut ce problème à quatre heures du soir, revenant de la monnoie sort fatigué, & ne se coucha point qu'il n'en fût venu à bout. (*Eloge de Newton*).

Cet homme illustre, ajoute son panégyriste, conserva une santé toujours ferme & égale jusqu'à un âge très-avancé, circonstance très-essentielle du bonheur dont il a joui. Il ne souffrit beaucoup que dans les derniers vingt jours de sa vie. On jugea sûrement qu'il avoit la pierre, & qu'il ne pouvoit en revenir. Dans des accès de douleur fi violens que les gouttes de fueur lui couloient fur le vifage, il ne poufla jamais un cri, ni ne donna aucun figne d'impatience; & dès qu'il avoit quelques momens de relâche, il fourioit & parloit avec fa gaîté ordinaire. Il lut les gazettes le famedi 18 mars, & parla long-tems avec le docteur Mead, médecin célèbre. Il poffédoit parfaitement tous fes fens & fon efprit; mais le foir il perdit abfolument la connoiffance, & ne la reprit plus, comme fi les facultés de fon ame n'avoient été fujettes qu'à s'éteindre totalement, & non pas à s'affoiblir. Il mourut le lundi fuivant. Son corps fut expofé fur un lit de parade dans la chambre de Jérufalem, endroit d'où l'on tranfporte au lieu de leur fépulture les perfonnes du plus haut rang, & quelquefois les têtes couronnées. On le porta dans l'abbaye de Weftminfter, le poêle étant foutenu par fix pairs d'Angleterre; ce qui fait affez juger quel nombre de perfonnes de diftinction groffirent la pompe funèbre. On lui éleva un tombeau fur lequel eft gravée l'épitaphe la plus honorable. Elle finit ainfi : » Que » les mortels fe félicitent de ce qu'un d'entre » eux a fait tant d'honneur à l'humanité ».

Sibi gratulentur mortales tale tantumque extitiffe humani generis decus.

Newton ne s'étoit point marié, & peut-être n'a-t-il pas eu le loifir d'y penfer jamais. Il a laiffé en biens meubles environ trente-deux mille livres fterlings; c'eft-à-dire, fept cens mille liv. de notre monnoie.

Le philofophe anglois, indépendamment de fes livres de mathématiques, compofa pour la princeffe de Galles, depuis reine d'Angleterre, un *abrégé de chronologie*, où il a des fentimens très-différens des autres chronologiftes. Il écrivit auffi un commentaire fur l'apocalypfe. Il y trouve clairement que le pape eft l'antechrift, & il explique d'ailleurs ce livre comme tous ceux qui s'en font mêlés. Apparemment, dit M. de Voltaire, qu'il a voulu par ce commentaire confoler la race humaine de la fupériorité qu'il avoit fur elle. Les plus célèbres académies de l'Europe s'empreffèrent d'avoir *Newton* pour affocié; mais le philofophe anglois ne s'eft jamais paré de ces titres d'honneur. Lorfqu'il publioit un ouvrage, il fe contentoit de mettre fimplement fon nom à la tête, ainfi que le pratiquoient les anciens.

NIAISERIES. Un homme voyant une maifon fuperbe & d'un goût différent des autres, dit à fon ami : » Voilà une bien belle maifon; a-t-elle » été faite dans ce pays-ci »?

La ducheffe de Mazarin douairière demeuroit près d'une églife du côté des cloches dont les fons l'incommodoient extrêmement. Cette dame s'en plaignoit à fes amis. Le comte de G.... fameux par fes réponfes plus que naïves lui dit un jour : Madame, que n'obtenez-vous de la police de faire mettre du fumier devant votre porte, cela empêche le bruit.

On demandoit à un enfant, qui étoit l'aîné de lui ou de fon frère? il répondit : » Je fuis » l'aîné; mais quand mon frère aura encore un » an, nous ferons lui & moi de même âge».

NICOLE, (Pierre), né en 1625, mort en 1695.

La candeur & la modeftie faifoient le fond du caractère de ce célèbre écrivain. C'étoit un fecond La Fontaine dans la converfation. Simple, timide, fans aucun ufage du monde, il amufoit fouvent par fes naïvetés les perfonnes de fa fociété.

La timidité de *Nicole* lui nuifit en plufieurs occafions. On ne lui trouva point la capacité requife pour le fous-diaconat. Les examinateurs lui ayant demandé combien il y avoit de demandes dans le *Pater*, il parut interdit à cette queftion. Ces examinateurs, inftruits que celui qu'ils avoient refufé n'étoit rien moins que ce qu'il avoit paru, allèrent chez lui s'épuifer en excufes, l'exhortèrent à recevoir la prêtrife, mais il regarda toujours leur refus comme celui de Dieu même. Il eft mort n'étant que fimple tonfuré.

Nicole travailla de concert avec le célèbre Arnauld au livre de *la perpétuité de la foi*; il eut même la plus grande part à cet ouvrage qui devoit paroître fous fon nom; mais, comme il avoit un extérieur peu favorable, il fut très-mal reçu par le cenfeur de ce livre. Cet homme fimple alla auffitôt trouver le grand Arnaud, & lui dit qu'il falloit abfolument qu'il fouffrît qu'on le fît paffer pour auteur de cet ouvrage, en ajoutant très-ingénieufement : » Monfieur, ce » n'eft point la vérité qui perfuade les hommes, » ce font ceux qui la difent ».

Voici un trait de naïveté qu'on lui attribue. Une demoifelle étoit venue le confulter fur un cas de confcience. Au milieu de l'entretien arrive le P. Fouquet de l'oratoire, fils du furintendant. *Nicole*, du plus loin qu'il l'apperçoit, s'écrie : *Voici, Mademoifelle, quelqu'un qui décidera la chofe* : & fur le champ, il conte au P. Fouquet toute l'hiftoire de la demoifelle, qui rougit beaucoup. On fit des reproches à *Nicole* de cette imprudence. Il s'excufa fur ce que le P. Fouquet étoit fon confeffeur. » Puifque, dit-» il, je n'ai rien de caché pour ce père,

» mademoiselle ne doit pas être réservée pour
» lui ».

Nicole avoit peu de facilité à parler, & il difoit
au fujet d'un certain homme qui parloit bien :
il me bat dans la chambre; mais je ne fuis pas
plutôt au bas de l'efcalier que je l'ai confondu.

Nicole ne prenoit point parti dans les divers
fentimens qui partageoient Port-Royal. Il difoit
qu'il n'étoit point des guerres civiles.

Madame de Longueville étoit prefque la feule
perfonne de Port-Royal qui eût de la confidération pour *Nicole*, ce qui lui fit dire quand elle
mourut, qu'il avoit perdu tout fon crédit. J'ai
même, ajoutoit-il, perdu mon abbaye, parce
qu'elle étoit la feule qui l'appellât M. l'abbé
Nicole.

NOBLESSE. On vint annoncer la mort d'un
grand feigneur efpagnol dans une affemblée où il y
avoit une comtefse, qui étoit peut-être la femme
d'Efpagne la plus entêtée de *nobleffe*. » La belle ame
» devant Dieu, s'écria une autre dame de la com-
» pagnie ! Un vieux pécheur qui depuis cinquante
» ans eft plongé dans toutes fortes de plaifirs. Je
» crois qu'il en va bien faire pénitence dans
» l'autre monde — Doucement, doucement,
» madame, interrompit la comtefse ; quand il
» s'agit de condamner un grand de la première
» claffe, je crois qu'on y regarde à deux fois ».

Un marchand d'étoffes s'écrioit à tous propos :
» Je veux être pendu fi cela n'eft pas vrai, je
» veux être pendu fi je ne fais pas telle chofe ».
Cet homme fit fortune & acheta une charge de
fecrétaire du roi. Le lendemain même de l'acquifition, il dit devant une nombreufe fociété :
» Si ce que j'affirme n'eft pas véritable, je veux
» avoir la tête coupée ».

NOMS. Autrefois un feul nom fuffifoit à la fimplicité de nos pères. Au commencement de la feconde
race de nos rois, on ajouta au nom du prince une
épithete qui faifoit connoître fon vice ou fa vertu
caractériftique : *Charle-magne, Louis-le-Begue,
Charle-le-Simple*, &c.

Les barons prirent enfuite le nom de leurs fiefs,
Sire de Joinville, Sire de Coucy. Le titre de *Monfieur* ne fe donnoit qu'à des fupérieurs. Augufte
& Tibère refufèrent celui de *Dominus* ; mais bientôt on le prodigua.

Du tems de *Hugues Capet*, on difoit : *Monfeigneur le Roi, Monfieur le Roi, Saint Louis*,
voyant les feux que lançoient les *Sarrafins*, fe
jettoit par terre & difoit : *Beau Sire Dieu*, gárde-
moi & toute ma gent. On qualifioit les Saints
du nom de *Monfeigneur*, & enfuite de celui de
Monfieur.

A l'égard des autres noms, *Saumaife* difoit au
fujet de ceux de familles, qu'ils étoient la plupart dérivés des noms de baptême, comme
Pierre, Pierrot, Perrin, Pietrequint ; les autres
noms du pays où l'on étoit né, comme *Champagne, Picard* ; d'autres des noms de métier,
comme *le Mercier, Pelletier, Marchand* ; d'autres
des fobriquets, comme *le Camus, le Gros, le
Petit, le Gras, le Moine*. Enfin d'autres, des
noms de terre, de ville, & même de plantes.
On peut ajouter encore, qu'autrefois on donnoit
des noms qui marquoient les défaftres & les malheurs arrivés dans le pays, comme *Montigné,
Pontigné*, &c.

Un médecin de François I s'appelloit *Sans
Malice*. Ce nom lui paroiffant ridicule, il le traduifit en grec, & fe fit appeller *Acakia*. Le père
Canard, jéfuite, traduifit le fien en latin & fe
fit appeller *Anat*. Le père Comère a déguifé le
fien, en changeant feulement une lettre, & s'eft
fait appeller *Comire*, parce que le mot Comère
joint à celui de père lui fembloit avoir quelque
chofe de grotefque.

NOSTRADAMUS, (Michel), médecin &
aftrologue, né à Saint-Remi en Provence en 1503,
mort en 1566 à Salon.

Noftradamus, las d'exercer la médecine où il ne
ne faifoit rien, prit le métier plus lucratif de
charlatan : c'étoit autrefois le règne de l'aftrologie & des prédictions. Le peuple à force de lui
entendre dire qu'il lifoit dans les aftres & qu'il
étoit inftruit de l'avenir comme du paffé, le crut,
quoique *Noftradamus* ne connût ni l'un ni l'autre.
Mais ce qu'il favoit le mieux, étoit de mettre
à profit la crédulité publique.

Cet aftrologue renferma fes prédictions dans
des quatrains rimés, & les rangea par centuries
nommées communément *propheties*.

La meilleure de fes vifions eft celle qui lui
annonça qu'il feroit fortune à ce métier. Il fut
comblé de biens & d'honneurs par Catherine
de Médicis, par Charles IX, & par le peuple
des efprits crédules. Il reçut la vifite du duc
de Savoie, & de la princeffe Marguerite, fon
époufe.

L'extrême obfcurité des centuries de *Noftradamus*, le ton prophétique que l'auteur y prend,
l'affurance avec laquelle il parle, joints à l'efpèce
de réputation qu'il avoit, les firent rechercher.
Naudé compare ces prophéties, qui peuvent s'appliquer à plufieurs évènemens arrivés en différens tems, au foulier de Théramène qui pouvoit
être chauffé indifféremment par toute forte de
perfonnes, ou à la mefure lesbienne qui étoit de
plomb, afin qu'elle pût s'appliquer également

aux figures droites, obliques, rondes, cylindriques.

On connoît aussi le distique de Jodelle sur ce prétendu prophète.

Nostra damus cùm falsa damus, nam fallere nostrùm est,
Et cùm falsa damus, nil nisi Nostra damus.

NOTRE, (André le), contrôleur des bâtimens sous Louis XIV, & dessinateur de ses jardins, né à Paris en 1613, mort dans la même ville en 1700.

Le Nôtre est du nombre des hommes célèbres qui ont illustré le règne de Louis XIV. Il créa & perfectionna l'art des jardins. Il en fit un séjour enchanteur par les ornemens nouveaux & pleins de magnificence qu'il y prodigua. On vit alors, pour la pemière fois, des portiques, des berceaux, des grottes, des treillages, des labyrinthes, embellir & varier les spectacles des grands jardins : il réussissoit également bien dans la peinture, & joignoit à tous ces talens une franchise aimable & pleine d'affection.

Louis XIV ayant enfin choisi Versailles pour son séjour ordinaire, *le Nôtre* fut chargé d'en dessiner les jardins. Lorsqu'il eut tracé ses idées sur un terrein ingrat, il engagea Louis XIV à venir sur les lieux pour juger de la distribution des principales parties. Il commença par les deux pièces d'eau qui sont sur la terrasse au pied du château, & leurs magnifiques décorations. De-là, il lui expliqua son dessein pour la double rampe, &c. Le roi, à chaque grande pièce dont *le Nôtre* lui marquoit la position & décrivoit les beautés, l'interrompoit en lui disant : *le Nôtre*, je vous donne vingt mille francs. Cette magnifique approbation fut si souvent répétée qu'elle fâcha cet honnête homme, dont l'ame étoit aussi désintéressée que celle de son maître étoit généreuse ; il l'arrêta à la quatrième interruption, & lui dit brusquement : *Sire, votre majesté n'en saura pas davantage ; je la ruinerois.*

En 1678, cet habile homme après avoir dessiné les beaux jardins de Sceaux, de Clagny, de Chantilly, de Versailles, de Meudon, des Thuilleries, le parterre du Tibre à Fontainebleau, demanda au roi la permission d'aller en Italie, dans l'espérance d'acquérir de nouvelles connoissances ; mais son génie créateur l'avoit conduit à la perfection ; il ne vit rien de comparable à ce qu'il avoit fait en France.

Le pape Innocent XI, instruit de son séjour à Rome par le duc d'Estrées, ambassadeur de France, désira de le voir. Le détail de cette audience a quelque chose de singulier.

Le Nôtre qui ignoroit l'italien, avoit pris avec

lui le sieur Desgots son neveu, qui savoit la langue, & qui étoit alors pensionnaire à l'académie de peinture, sculpture & architecture que le roi entretient à Rome.

Après les génuflexions, le pape le fit lever, & demanda à voir les plans de Versailles, dont il avoit beaucoup entendu parler : on les lui montra, & sa sainteté fut étonnée de la quantité de canaux, de fontaines, de jets d'eau & de cascades : elle crut qu'une rivière fournissoit cette prodigieuse abondance d'eau : mais sa surprise redoubla quand on lui dit qu'il n'y en avoit point ; que l'on avoit fait un nombre infini d'étangs, & que par des conduits & des tuyaux on faisoit venir les eaux dans de grands réservoirs.

Cela coûte donc des sommes prodigieuses, dit alors le pape ? *Saint-père, cela ne passe pas encore deux cens millions.*

A cette réponse, la surprise de sa sainteté augmenta à tel point qu'il seroit difficile de la décrire.

Le Nôtre s'écria alors en s'adressant au pape : « Je ne me soucie plus de mourir, j'ai vu les deux plus grands hommes du monde, votre sainteté, & le roi mon maître ».

« Il y a une grande différence, dit le pape, le roi est un grand prince victorieux ; je suis un pauvre prêtre, serviteur des serviteurs de dieu ; il est jeune, je suis vieux.

Le Nôtre, charmé de cette réponse, oublia qui la lui faisoit, & frappant sur l'épaule du pape, lui répondit à son tour : « Mon révérend père, vous vous portez bien, & vous enterrerez tout le sacré collège ». Sa sainteté qui entendoit le françois, rit du pronostic.

Le Nôtre, charmé de plus en plus de sa bonté & de l'estime particulière qu'elle témoignoit pour le roi, ne consulta plus que ses entrailles : il étoit si fort dans l'habitude d'embrasser ceux qui publioient les louanges de son maître, qu'il embrassa le pape.

De retour chez lui, il écrivit à son intime ami Bontemps, premier valet-de-chambre du roi, & lui fit un détail exact de cette conversation.

La lettre fut lue au roi à son lever. Le duc de Créqui qui étoit présent dit qu'il gageroit mille louis contre un, que la vivacité de *le Nôtre* n'avoit pu aller jusqu'aux embrassemens. « Ne pariez-pas, lui répondit le roi, quand je reviens de la campagne, *le Nôtre* m'embrasse ; il a pu embrasser le pape ». *Abrégé de la vie de le Nôtre.*

Le Nôtre, à son retour d'Italie, fit encore

quelques ouvrages, entr'autres le magnifique bof-quet de la falle du bal, dans lequel il fe fervit avec tant d'art de ce qu'il avoit vu dans ce genre en Italie, qu'il en fit le morceau le plus fingulier qu'il y eût en Europe.

Cet homme illuftre conferva toujours dans fa p'us haute fortune des fentimens humbles & modeftes. Le roi lui ayant accordé en 1675 des lettres de nobleffe & la croix de faint Michel, voulut lui donner des armes : il répond qu'il avoit les fiennes, qui étoient trois limaçons, couronnés d'une pomme de choux. « Sire, ajou-ia-t-il, pourrois-je oublier ma bêche ? Combien doit-elle m'être chere ? N'eft-ce pas à elle que je dois les bontés dont votre majefté m'honore « ?

Accablé d'années & devenu infirme, il demanda à Louis XIV la permiffion de fe retirer. Ce prince le combla de marques de bonté, & ne lui accorda fon congé qu'à condition qu'il viendroit le voir de temps en temps.

Deux ou trois ans après, le roi étant à Marly, dont Manfard avoit deffiné les jardins fous fes ordres, le *Nôtre* alla lui renouveller fon attachement. Le monarque en le voyant lui dit qu'il vouloit lui faire les honneurs de fon jardin ; il monta dans fa chaife couverte, & obligea le bon vieillard à prendre place dans une autre à-peu-près femblable.

Cette bonté fingulière toucha extraordinairement le *Nôtre*.

Se voyant à côté du roi, & remarquant Manfard, furintendant des bâtimens, qui fuivoit, il s'écria les larmes aux yeux : « Sire, en vérité mon bon-homme de père ouvriroit de grands yeux s'il me voyoit dans un char auprès du plus grand roi de la terre : il faut avouer que votre majefté traite bien fon maçon & fon jardinier «. *Abrégé de la vie d'André le Nôtre.*

NOUVELLISTE. Comme on s'entretenoit dans un café de Londres d'un vent affez violent qui avoit déraciné quelques arbres duparc : un *nouvellifte* éleva la voix. « Ainfi, Meffieurs, s'écria-t-il, les élemens ont été plus favorables à Londres qu'ailleurs. En Norfolk, d'où je fuis arrivé il y a trois jours, la mer, dans quelques endroits, a paffé fes bancs, & s'eft élevée à la hauteur de foi-xante-dix pieds au-deffus de la côte, où elle a paru s'arrêter en forme de pyramide, & d'où nous attendions à chaque inftant une inondation qui détruiroit le pays ».

Quelques perfonnes oifives qui entendirent ce récit, prirent la liberté d'en marquer leur éton-

nement. « Bon, reprit-il avec le plus grand fang-froid, cet accident n'eft rien au prix de ce qui eft arrivé lorfque les eaux font retombées, nous érions cinquante qui avons vu au-delà de 60 âcres de mes terres féparées du refte & emportées par la violence du vent, & par l'ouverture que la mer avoit faite, jufques fur les côtes de Hollande, où elles fe font logées ; en forte qu'elles font maintenant partie de cette république ».

Ce trait redoubla la furprife de la compagnie, & chacun fe regardoit, incertain lequel rompoit le premier en vifiére à cet effronté menteur : il s'en apperçut, & continua ainfi : « vous trouvez ceci étrange, mais ce qui fuit vous paroî-tra encore plus merveilleux ; le même orage me rendit ce qu'il m'avoit pris, en amenant de ce côté-ci une partie de la côte entre Boulogne & Dunkerque, & nous avons vu cette ifle flottante fe mouvoir avec une très-grande vîteffe, jufqu'à ce qu'elle foit venue remplir le vuide, que le précédent coup de vent avoit fait dans mes terres. Voilà qui eft prodigieux, dit un auditeur en riant : Eh, monfieur, je vous prie, avez vous perdu ou gagné à l'échange ! Je n'ai pas encore calculé, reprit le *nouvellifte*, je crois que cela eft à peu près égal. Seulement, ajouta-t-il, il y a un grand nombre d'enfans fur le terrein fran-çois, qui ne feront pas de long-temps en état de gagner leur vie, & je ne puis-pas en confcience les laiffer mourir de faim. Comment, interrompit un autre fpectateur, il y avoit du monde fur cette ifle flottante ! oh, oui, répliqua-t-il, & plufieurs petites cabanes avec des femmes, dont les unes filoient, d'autres tricotoient, & quelques autres faloient du poiffon. Il y avoit auffi cinq excel-lentes granges & de bons gros payfans, & j'ai confidéré que ce font des françois qui battent le plus beau froment que j'aie vu de ma vie ».

Il alloit ajouter fans doute beaucoup de cir-conftances pour confirmer la vérité de fa relation, lorfqu'un anglois qui n'avoit pas encore ouvert la bouche, lui demanda fi l'invention étoit de lui-même, ou s'il la tenoit d'un autre.

« Invention, s'écria notre faifeur de nouvelles, ne vous ai-je pas dit, monfieur, que je l'ai vu de mes propres yeux ? vous l'avez dit, repliqua celui-ci, mais pour vous parler fincérement, je vous prenois pour un auteur ou un comédien, & je m'imaginois que vous répétiez une fcène de quelque nouvelle farce, & que tout ce que vous avez dit, étoit une imitation des menfonges de Tim le barbier, dans cette fameufe farce, ap-pellée *le parc de Newgate* ; mais puifque nous de-vons le prendre pour une vérité, voilà qui fuffit : quand je reviendrai dans ce café, dans l'efpérance de vous y rencontrer, j'aurai foin de me munir de crédulité ». Il leva le fiège & laiffa notre extravagant hableur fi confus, que de plus de quatre minutes, il n'ofa proférer un menfonge.

Un *nouvellifte* de profeffion avoit toujours autour de lui, dans les promenades publiques, beaucoup de gens qui l'écoutoient. Un jour, voyant un laquais qui étoit mêlé parmi les autres, il voulut l'envoyer plus loin. Monfieur, lui dit le laquais, je retiens place ici pour mon maître.

Quelqu'un demandoit en préfence de M. N***

s'il y avoit des nouvelles intéreffantes : on lui répondit : M. N*** peut vous en inftruire, car il en fait.

N***, grand *nouvellifte*, ne débitoit guères que de fauffes nouvelles. Un jour il en dit une vraie, mais nullement vraifemblable. Quelqu'un la redifant d'après lui, on ne le crut point. Il cita fon auteur & on crut moins encore. Un troifième furvint, qui confirma la nouvelle & la prouva. Mais, reprit vivement un des incrédules, puifque cela eft vrai, pourquoi N*** l'a-t-il dit ?

ODORAT.

O

ODORAT. Cardan, *lib.* 13 *de subtilitate*, croit qu'un *odorat* excellent est une marque d'esprit, parce que la qualité chaude & sèche du cerveau est propre à rendre l'*odorat* plus subtil, & que ces mêmes qualités rendent l'imagination plus vive & plus féconde.

Ce sentiment est bien faux; car nous voyons qu'il n'y a pas de peuple qui ait si bon nez que les habitans de Nicaraga, les abaquis, les iroquois, & on sait que ce ne sont pas les plus spirituels de ces contrées. Quoi qu'il en soit, Mamurra, selon Martial, ne consultoit que son nez pour savoir si le cuivre qu'on lui présentoit étoit de Corinthe. Des marchands indiens ne font que sentir une pièce de monnoie pour connoître son titre.

Marcomarci dit qu'un religieux de Prague, à qui l'on donnoit une chose à sentir, distinguoit au nez, avec autant de certitude que le meilleur chien, par qui elle avoit été maniée.

Le même auteur ajoute que ce religieux distinguoit à l'odeur les femmes impudiques. Pour acquérir une connoissance si parfaite, il falloit nécessairement que son ministère l'eût souvent rapproché de ces sortes de femmes.

Les guides que l'on prend sur la route de Smyrne, ou d'Alep à Babilone, annoncent avec certitude le chemin qui reste à faire pour arriver dans cette dernière ville, en fleurant seulement le sable. Peut-être jugent-ils de cet éloignement par l'odeur des petites plantes, ou des racines mêlées parmi ce sable.

OISIVETÉ. Un empereur de la Chine, trouvant un homme oisif, déchira ses vêtemens de désespoir & de colère, parce qu'un homme qui ne travaille pas en fait souffrir un autre. Si ce prince eût parcouru la France, combien de fois n'eût-il pas eu occasion de témoigner la même indignation?

OMAR, second calife des musulmans, mort âgé de 63 ans en 643.

Le mahométisme n'a point eu d'apôtre plus zélé, & l'Arabie de guerrier plus intrépide qu'Omar. Il conquit la plus grande partie de l'Asie avec la rapidité de la foudre. Qui auroit pu résister à une armée de soldats enthousiastes qui affrontoient la mort, qui la regardoient même comme un bien. « Qui que tu sois, disoit leur général, qui, amoureux de la liberté, veux être riche sans bien, puissant sans sujets, sujet sans maître, ose mépriser la mort : les rois trembleront devant toi, toi seul ne craindras personne ».

Le calife *Omar* se bornoit dans sa table & dans ses vêtemens au seul nécessaire, ne se nourissant que de pain d'orge, ne buvant que de l'eau & pratiquant toutes les austérités prescrites par l'Alcoran. Il donnoit des habits précieux aux autres & s'habilloit fort simplement.

Ce calife, dans la distribution des graces, avoit moins égard au mérite qu'aux besoins des personnes. « La vertu, disoit-il, a une récompense suffisante en l'autre monde, & les biens temporels ont été ordonnés de Dieu, principalement pour subvenir aux nécessités de cette vie ».

On avoit donné à ce calife le surnom d'*Alfaruk*, surnom par lequel on faisoit entendre qu'il savoit distinguer le vrai d'avec le faux, le juste d'avec l'injuste, aussi bien qu'il avoit su séparer la tête du corps d'un chicaneur. Voici l'anecdote.

Un juif avoit un procès avec un musulman opiniâtre, le dernier en appella au jugement d'un rabin distingué, & le premier à Mahomet. Mais ils convinrent ensuite de s'en remettre à la décision de Mahomet uniquement, qui prononça en faveur du juif; le mahométan déclara qu'il n'acquiesceroit point à la sentence que l'affaire n'eût été revue & examinée par *Omar*, depuis calife. Etant venus le trouver, le juif lui dit que Mahomet avoit déja décidé l'affaire en sa faveur, mais que sa partie adverse ne vouloit point se soumettre à ce jugement. Le mahométan en convint. *Omar* leur dit d'attendre un moment, & revenant le sabre à la main, il abattit d'un seul coup la tête de l'opiniâtre musulman, disant tout haut : « Voilà la récompense de ceux qui refusent de se soumettre au jugement de Dieu & de son apôtre ». *D'Herbelot.*

Le gouverneur de la ville de Bassora, à l'embouchure du Tigre, ayant été accusé d'adultère par quatre témoins du même lieu, *Omar* fit venir ces témoins devant lui. Trois déposèrent qu'ils avoient vu l'action par une des fenêtres de la même chambre. Le quatrième témoin qui étoit homme grave & d'autorité, dit seulement qu'il avoit vu quelques circonstances, qui pouvoient servir d'indice. Alors *Omar* le pressant lui demanda s'il avoit vu mettre l'aiguille dans la boëte du Surmeth, espèce de poudre pour les yeux, en usage chez les orientaux. Ce témoin qui comprit ce que le calife vouloit faire entendre par cette expression détournée, répondit qu'il ne l'avoit point vu : *Omar* renvoya le gouverneur absous, & condamna les trois particuliers qui avoient déposé contre lui à la peine de faux-témoin.

Pendant le règne de ce calife, qui fut assez court, les arabes se rendirent maîtres de trente-six mille villes, places ou châteaux, détruisirent quatre mille temples des chrétiens ou des idolâtres, & firent bâtir quatorze cents mosquées pour l'exercice de leur religion. Mais lorsque le victorieux *Omar* alloit jouir du fruit de ses travaux, il fut assassiné par un esclave persan.

Cet esclave s'appelloit Firouz. Il vint un jour se plaindre à *Omar* que son maître exigeoit tous les jours de lui deux drachmes d'argent, qui étoient le plus souvent tout l'argent qu'il pouvoit gagner par son travail. *Omar* lui demanda combien de métiers il savoit; & ayant appris qu'il étoit architecte, charpentier & sculpteur, il lui dit que cette somme n'étoit point excessive, & que son maître pouvoit l'obliger à lui donner trois drachmes, puisqu'il savoit trois métiers; il ajouta, qu'il vouloit l'employer à construire des moulins à vent, pour moudre les bleds des greniers publics. Firouz irrité de la réponse d'*Omar*, & frémissant de colère lui répliqua : « Je vous ferai un moulin dont on parlera tant que la roue de celui du ciel tournera sur la tête des hommes ».

Omar entendant ces paroles, dit à ceux qui étoient autour de lui : « il semble que cet homme me menace ».

Son soupçon étoit juste, car le même esclave le frappa quelques jours après d'un coup de couteau, dont il mourut le troisième jour de sa blessure. Les officiers du calife se jettèrent aussitôt sur l'assassin, mais il se défendit si courageusement qu'il les blessa presque tous du même couteau, & se tua enfin lui-même.

OPÉRA. L'*opéra* françois, dit un auteur moderne, est parmi les drames, ce que l'Orlando est parmi les poëmes épiques. Lulli & Quinault peuvent en être regardés comme les créateurs.

La danse remplit aujourd'hui tellement les divers actes de nos *opéras*, que ce théâtre paroît dressé moins pour la représentation d'un poëme lyrique, que pour une académie de danse. La longueur de notre récitatif n'est pas la moindre cause de ce goût vif des spectateurs pour la danse. Aussi un homme d'esprit à qui on demandoit un moyen pour soutenir un *opéra* prêt à tomber, répondit assez plaisamment qu'il n'y avoit qu'à allonger les danses & racourcir les jupes.

Dans le temps qu'on jouoit *Arion*, *opéra* de

Roi, il y avoit au fond du cul-de-sac de l'*opéra* sur une affiche *Marion vend de la glace* : on ne fit qu'effacer la première lettre *M*.

Voici comme un plaisant trace l'esquise d'un opéra.

Sujet.

> Un jeune prince américain
> Est amoureux d'une jeune princesse:
> Cet amant qui périt au milieu de la pièce,
> Par le secours d'un dieu, ressuscite à la fin.

Prologue.

Un musicien va vers la coulisse & fait signe son monde d'entrer.

> Peuple, entrez, qu'on s'avance;

Aux chanteurs.

> Vous, tâchez de prendre le temps;

Aux danseurs;

> Vous, le jarret tendu, partez bien en cadence.

A C T E I.

Le prince & la princesse.

La princesse.

> Cher prince, on nous unit.

Le prince.

> J'en suis ravi, princesse.

> Peuples, chantez, dansez, montrez votre allégresse.

Chœur.

> Chantons, dansons, montrons notre allégresse.

A C T E I I.

La princesse.

> Amour!

(*Bruit de guerre qui effraye la princesse. Elle semble s'évanouir dans la coulisse. Le prince revient, poursuivi par ses ennemis. Combat. Le prince est tué*).

La princesse.

> Cher prince!

Le prince.

> Hélas!

La princeſſe.

Quoi?

Le prince:

J'expire!

La princeſſe.

O malheur!

Peuples, chantez, danſez, montrez votre douleur.

Une marche finit le ſecond acte.

ACTE III.

Pallas, dans un nuage.

Pallas te rend le jour.

La princeſſe.

Ah! quel moment!

Le prince.

Où ſuis-je?

Peuples, chantez, danſez, célébrez ce prodige.

On danſe.

OR. Quelques peuples qui habitoient auprès du fleuve du Tigre, avoient l'or & l'argent en ſi grande horreur, qu'ils enterroient dans les lieux les plus déſerts & les moins connus, tout ce qu'ils en pouvoient amaſſer. Ces peuples s'apeloient Bambycatiens.

ORACLES. La conſultation des *oracles* étoit, comme l'on ſait, la pratique la plus ſuperſtitieuſe de la religion des anciens. Il y en avoit à Délos, à Claros, à Delphes, & par-tout où l'on rencontroit un peuple crédule & des cavernes.

Le célèbre Kirchker dans le deſſein de détromper les ſuperſtitieux, ſur les différens prodiges attribués à l'*oracle* de Delphes, avoit imaginé & fixé un tuyau dans ſa chambre, de manière que quand quelqu'un l'apeloit, même à voix baſſe, à la porte du jardin qui étoit contigu, il l'entendoit auſſi diſtinctement que s'il eût été auprès de lui, & il répondoit avec la même facilité. Il transporta enſuite ſa machine dans ſon muſeum, & l'adapta avec tant d'art à une figure automate, qu'on la voyoit ouvrir la bouche, remuer les lèvres & rendre des ſons articulés. Il ſuppoſa en conſéquence que les prêtres du paganiſme, en

ſe ſervant de ces tuyaux, faiſoient acroire aux ſots que l'idole ſatisfaiſoit à leurs queſtions.

Les *oracles*, chez les anciens, étoient un moyen de plus de perſuader le peuple, toujours attaché à ce qui lui paroît merveilleux. Périclès, Alexandre, Céſar, & d'autres perſonnages illuſtres, ſavoient les faire parler ou les interpréter en leur faveur, lorſqu'il le falloit. Alexandre étoit allé à Delphes pour conſulter le dieu, & la prêtreſſe qui prétendoit qu'il n'étoit point alors permis de l'interroger, ne vouloit point entrer dans le temple. Alexandre, qui étoit bruſque, la prit auſſitôt par le bras pour l'y mener de force; elle s'écria : Ah! mon fils, on ne peut te réſiſter. — Je n'en veux pas davantage, dit Alexandre, cet *oracle* me ſuffit.

Jules Céſar étant tombé de cheval, en débarquant en Afrique, où il alloit pour conquérir cette partie du monde, dit : « Voici un *oracle* favorable, que les dieux nous donnent; l'Afrique eſt ſous moi, ce n'eſt pas une chute, c'eſt une priſe de poſſeſſion ».

Une femme inconnue & étrangère, vint trouver Tarquin le ſuperbe dans Rome, & s'offrit de lui vendre neuf volumes des *oracles* des Sybilles. Tarquin refuſant de donner l'argent qu'elle demandoit, elle en brûla trois, & revint quelque temps après, préſenter les ſix autres au même prix qu'elle avoit voulu vendre les neuf. On la traita d'inſenſée, & ſa propoſition fut rejettée, elle en brûla encore trois, & paroiſſant de nouveau devant le roi, elle l'avertit qu'elle alloit jeter au feu les trois derniers, ſi on ne lui donnoit là ſomme qu'elle avoit demandée. Tarquin, ſurpris de la fermeté de cette femme, fit appeler les augures, qui répondirent, qu'il ne pouvoit acheter trop cher ce qui reſtoit de ces livres. La femme ſut le champ en reçut le prix, recommanda qu'on en prît grand ſoin, & diſparut à l'heure même.

Philippe roi des macédoniens fut averti par l'*oracle* d'Apollon, qu'il étoit en danger d'être tué d'un charette. C'eſt pourquoi il commanda qu'on ôtat toutes les charettes & chariots de ſon royaume, & même ne voulut pas aller dans un lieu, qu'on appeloit charette. Toutefois il ne put fuir le péril qui lui avoit été annoncé. Pauſanias portoit à la garde de ſon épée une charrete gravée, qui donna le coup de la mort à ce monarque.

ORANGZEB, ou AURENG-ZEB, empereur des mogols, né en 1618, mort en 1707.

Ce prince, fils de Chah Jean empereur pour lors régnant, avoit pluſieurs frères qui tous en particulier ſe flattoient de ſuccéder au trône de

Y yyy

leur père, *Orangzeb* prévoyant qu'à la mort de Chah-Jean, il faudroit périr ou régner, avoit jugé que la voie la plus sûre pour parvenir au trône ou pour s'assurer au moins la vie & la liberté, si la fortune se déclaroit pour un de ses rivaux, étoit de paroître sacrifier son ambition à la religion. Il répétoit sans cesse en soupirant qu'il n'aspiroit qu'à l'instant où, délivré de l'esclavage des grandeurs, il pourroit consacrer ses jours à la pénitence au pied du tombeau de Mahomet.

Dans la province de Décan, dont l'empereur lui avoit donné le gouvernement, il ne paroissoit occupé qu'à faire fleurir la religion. Il érigéoit des mosquées, il se mêloit avec les faquirs, pour paroître mépriser le monde à leur exemple & en leur compagnie. Cependant, malgré sa dissimulation, on pouvoit découvrir un esprit de ruse & de finesse, jusques dans ses actions de piété.

Un jour il rassembla tous les faquirs du pays pour leur faire une grosse aumône, & pour avoir la consolation de manger du riz & du sel avec eux, c'étoit ainsi qu'il s'exprimoit.

Le lieu de l'assemblée étoit une vaste campagne. *Orangzeb*, fit servir à cette multitude prodigieuse de pauvres pénitens, un repas conforme à leur état.

Quand on eut mangé, le vice-roi fit apporter une grande quantité d'habits neufs, & dit aux faquirs étonnés, qu'il souffroit de les voir couverts de haillons.

L'artificieux Mogol, n'ignoroit pas que la plûpart de ces gueux cachent d'ordinaire dans leurs vêtemens des roupies d'or, qui sont la récolte de leurs intrigues & de leur mendicité. En effet, plusieurs se défendirent de quitter leurs vieilles hardes, & prétextèrent l'esprit de pauvreté qui fait l'essentiel de leur profession.

On n'écouta point leurs représentations; le prince persista à ce que tous les faquirs eussent part à ses aumônes.

On les dépouilla de leurs vieux habits, & on les obligea de vêtir les nouveaux. Alors on fit un monceau de toute la dépouille des faquirs, on y mit le feu, & l'on trouva dans les cendres une somme si considérable que, si l'on en croit quelques écrivains du pays, ce fut un des principaux secours qu'eut *Orangzeb* pour faire la guerre à ses frères.

Ce prince les écarta du trône en les subjuguant l'un par l'autre, & en se proposant comme le vengeur de la patrie & de l'alcoran qu'il tenoit d'une main, tandis que de l'autre il ordonnoit

des meurtres & des massacres. Morad-Bakche, le plus jeune des frères de l'artificieux *Orangzeb*, avoit le plus contribué à rendre ses armes victorieuses.

Ce jeune prince se flattoit d'être couronné empereur, suivant la promesse qu'il en avoit reçue de son frère qui, ainsi qu'il le répétoit toujours, n'aspiroit qu'à mourir en paix au pied du tombeau de Mahomet.

Mais la cérémonie du couronnement fut pour le crédule Morad-Bakche la fin d'un beau songe, & servit de dénoûment aux noires perfidies du prétendu faquir.

Orangzeb avoit feint une légère indisposition, & sous ce prétexte avoit fait inviter Morad-Bakche de se rendre auprès de lui, pour délibérer avec les astrologues si le jour marqué pour son couronnement seroit un jour heureux. L'infortuné prince, négligeant l'avis de ses amis, entra dans le camp de son frère, suivi seulement de Chab Abas son fidèle eunuque, & de quelques officiers de son armée.

A peine le sultan eut-il passé une petite rivière qui séparoit les deux camps, qu'Ebrahim-Cham, un des généraux d'*Orangzeb*, touché du malheur dans le lequel alloit se précipiter un prince généralement aimé des troupes par son courage & sa générosité, lui arrêta son cheval par la bride : « Où vas-tu, seigneur, lui dit-il, d'un ton triste & pénétré; quel astre fatal te conduit chez *Orangzeb* ? Je cours au trône, lui répondit Morad-Bakche, & c'est des mains même de mon frère *Orangzeb*, que je dois recevoir les marques de la dignité impériale.

A ces mots Ebrahim lâcha la bride du cheval du prince, & se retira les yeux baignés de larmes.

Le compliment que fit quelque temps après le casi ou chef de la religion à l'aveugle Morad-Bakche, auroit dû achever de lui ouvrir les yeux. « Ton entrée est heureuse, seigneur, lui dit-il, plaise au Tout-puissant que ta sortie le soit aussi ».

Morad-Bakche parut alors inquiet & effrayé; mais la vûe d'*Orangzeb*, qui venoit au-devant de lui avec les principaux chefs de son armée, l'empêcha de répondre au casi. Les respects & les soumissions du prétendu faquir qui, du plus loin qu'il l'apperçut, se prosterna par terre, le rassurèrent : jamais entrevûe ne parut plus tendre.

Orangzeb, qui vouloit soutenir son personnage jusqu'au bout, ne se montra jamais si attentif. Il prit Morad-Bakche par la main, le conduisit dans une tente superbe, & le plaça sur un trône auprès duquel il s'affit dans un fiège plus bas.

Il n'étoit occupé qu'à chaffer les mouches qui l'incommodoient & à lui effuyer la fueur qui couloit de fon vifage. Il n'y eut point de careffes, de démonftrations de zèle & de tendreffe, qu'il n'employât pour endormir fa victime au bord du précipice.

Pendant que Morad-Bakche, dans l'ivreffe de la joie & de l'efpérance, fe repofoit entre les bras du crime & de la perfidie, on lui préparoit un bain d'eau rofe & un feftin fuperbe. Les deux frères s'affirent feuls à une même table; & afin de fignaler davantage un jour fi brillant, l'auftère Orangzeb fit fervir, pour la première fois de fa vie, du vin. Morad-Bakche en but avec excès & s'enivra bientôt.

Il s'endormit profondèment. Son eunuque, qui feul étoit refté auprès de lui, le transporta de la table à une tente voifine, pour le faire repofer plus commodèment, & s'affit aux pieds de fon lit. Inquiet, agité, l'efprit rempli des plus noirs preffentimens, le fidèle eunuque ne put fermer l'œil.

Bientôt il apperçoit Orangzeb qui entre dans la tente avec un de fes petits-fils âgé de cinq à fix ans.

Le prince fit figne de la main à l'eunuque de fe taire, comme s'il eût eu envie de faire quelque malice au prince endormi. Il s'approcha enfuite du lit, & promit à fon petit-fils quelques bijoux, s'il pouvoit enlever le fabre & le poignard du prince fans l'éveiller.

Le jeune enfant fit le coup avec adreffe, & porta les armes de fon oncle dans une tente voifine. A l'inftant fix foldats de la garde d'Orangzeb, forts & vigoureux, entrent avec des chaînes d'argent, & éveillent Morad-Bakche par leurs mouvemens.

Le prince confondu, cherche en vain fon fabre, & ne le trouvant point, pouffe un cri de douleur : « Qu'on le faififfe, crioit l'hypocrite Orangzeb, qu'on l'enchaîne, cet infracteur de la loi, qui s'eft rendu indigne du trône par fon intempérance ».

Morad-Bakche lui lançant un regard de mépris & d'indignation, ne lui répondit que ces mots : « Sont-ce donc là les fermens que tu m'as faits fur l'Alcoran »? Orangzeb lui mit la main fur la bouche pour l'empêcher de continuer, & en même-temps on le transporte fur un éléphant qui le conduit dans une des foltereffes de l'empire.

Les mefures d'Orangzeb avoient été concertées avec tant d'art, elles furent conduites avec tant

de fecret, que perfonne dans les deux camps ne fe douta de la cataftrophe de Morad-Bakche

La fête dura toute la nuit : les tentes reftèrent éclairées : les concerts & les feux d'artifice fe firent entendre de toutes parts.

Les officiers & les foldats, mêlés enfemble, pouffèrent la débauche jufqu'au lendemain à la pointe du jour que, conformément à l'ordre donné, ils s'affemblèrent dans l'enceinte préparée pour le triomphe de Morad-Bakche.

Aucun d'eux n'étoit armé, excepté quelques efcadrons d'Orangzeb, compofés de l'élite de fes troupes, qui envelopèrent fans affectation l'enceinte.

Les foldats de Morad-Bakche, uniquement occupés de l'éclat de la cérémonie, attendoient avec impatience que leur général parût pour le proclamer empereur.

Mais quelle fut leur confufion, lorfqu'au lieu de Morad-Bakche, ils virent Orangzeb s'avancer dans toute la pompe de la fouveraine puiffance, & monter fur le trône deftiné à fon malheureux frère! Mille voix fe font entendre dans les airs; on crie de tout côté : *Vive le pieux, vive le grand empereur Orangzeb.*

Les foldats de Morad-Bakche, portent partout leurs regards; & fe voyant inveftis, ils fuivent l'exemple de leurs généraux qui, féduits par l'or d'Orangzeb, ou effrayés de l'appareil de fa puiffance, s'étoient jettés à fes pieds.

De plus de quarante mille hommes qui fe faifoient gloire d'être attachés à la fortune & à la perfonne de Morad-Bakche, il n'y en eut pas un feul qui ofât élever la voix en faveur du prince opprimé, & même demander ce qu'il étoit devenu. *Hift. des révolutions des Indes, par M. Déformeaux.*

Orangzeb s'affermit fur le trône par cette même hypocrifie fcélérate qui l'y avoit élevé. Il fe fit préfenter une requête par les enfans d'un certain Sayed qui accufèrent l'infortuné Morad-Bakche d'avoir abufé de fon pouvoir en faifant mourir leur père. Ils demandèrent en même-temps la tête du prince pour le fang innocent qu'il avoit fait répandre.

Orangzeb ne reçut point cette dépofition fans verfer des larmes. Il lança même des regards furieux fur les accufateurs; mais après quelques momens de filence : *Si Morad-Bakche eft criminel,* dit-il, *il n'en eft pas moins mon frère; faut-il que je verfe mon fang?* « Oui, lui répondirent les aftrologues de la cour préparés à cette fcène; il faut verfer le fang du criminel; le ciel te menace du règne le plus funefte, fi tu as la foibleffe d'épargner le premier crime déféré à ton fuprême tribunal ». *Orangʒeb* parut céder alors, & figna l'arrêt de mort.

Ce defpote avoit également facrifié fes autres frères à fes craintes & à fes jaloufies. Mais ces attentats n'étoient que des degrés pour un plus atroce. Le vieil empereur Chah-Jean refpiroit encore dans le fond d'une prifon.

L'impie *Orangʒeb*, fans attendre que l'âge ou la douleur fît mourir ce père infortuné, hâta lui-même fa dernière heure par le poifon.

C'eft après tant de forfaits, & lorfque fes mains étoient encore teintes du fang d'un père & de trois frères, qu'il s'écrioit : « C'eft à vous, dieu puiffant, que je dois le trône. D'un pauvre fa-quir, vous en avez fait le plus grand roi de l'uni-vers, pour apprendre à tous les hommes que vous humiliez les fuperbes & élevez les hum-bles ».

Orangʒeb, devenu paifible poffeffeur du trône, crut expier fes atrocités en fe bornant au pain d'orge, aux légumes & à l'eau.

Ce fcélérat pénitent fut heureux dans toutes fes expéditions. Il conquit les royaumes de Dé-can, de Vifapour, de Golconde & de Carnate, & prefque toute cette grande prefqu'ifle que bordent les côtes de Coromandel & de Mala-bar.

Il mérita en quelque forte ces fuccès par fa tempérance, par fa bravoure, par fon activité au travail. Il fortoit d'une grande maladie, & travailloit plus que fa foibleffe ne pouvoit lui permettre.

Un miniftre lui repréfenta combien cet excès de travail lui étoit dangereux, & quelles fuites il pourroit avoir. *Orangʒeb* lui lança un regard méprifant & indigné ; & fe tournant vers les autres courtifans, il leur dit ces paroles remarquables : « N'avouez-vous pas qu'il y a des circonftances où un roi doit hafarder fa vie, & périr les armes à la main, s'il le faut, pour la défenfe de la pa-trie, & ce vil flatteur ne veut pas que je con-facre mes veilles & mes travaux au bonheur de mes fujets ? Croit-il donc que j'ignore que la divinité ne m'a conduit fur le trône que pour la félicité de tant de millions d'hommes qu'elle m'a foumis ? Non, non ; *Orangʒeb* n'oubliera jamais le vers de Sadi : *Rois, ceffez d'être rois, ou ré-gnez par vous-mêmes.* Hélas ! la profpérité & la grandeur ne nous tendent déjà que trop de piéges : Malheureux que nous fommes, tout nous entraîne à la molleffe, les femmes par leurs careffes, les plai-firs par leurs attraits. Faudra-t-il que des miniftres élèvent encore leur voix perfide, pour combattre la vertu toujours foible & chancelante des rois ; & les perdre par de funeftes confeils ».

Quoique ce prince affectât beaucoup de zèle pour l'Alcoran, il paroît qu'il n'avoit d'autre re-ligion que le déifme. Il s'entretenoit fur les di-verfes religions qui partagent l'univers avec un rabin très-favant. *A laquelle*, lui dit *Orangʒeb*, *doit-on donner la préférence, ou de la chrétienne, ou de la mufulmane, ou de celle de Moïfe ?* « Sei-gneur, répondit le docteur juif qui craignoit les fuites d'un pareil entretien, un père de famille avoit un diamant d'un prix ineftimable ; chacun de fes fils, au nombre de trois, fouhaitoit avec paf-fion d'avoir part ou partage du diamant ; pour pré-venir les querelles après fa mort, le père de fa-mille fit tailler deux autres diamans avec tant d'art, & fi femblable au premier, que, quoiqu'ils fuf-fent faux, il étoit impoffible de ne pas s'y mé-prendre. Il les diftribua tous les trois à fes fils : chacun d'eux crut avoir le véritable. Seigneur, continua le juif, le créateur de l'univers a donné à fes enfans trois loix principales ; que deux foient fauffes ; qu'il n'y en ait qu'une de vraie, c'eft un problême difficile à réfoudre. Dieu exigera-t-il des hommes qu'ils démêlent ce qu'il leur a caché avec tant de foin » ? *Je penfe comme toi*, dit *Orangʒeb* : *pourvû qu'on adore le vrai dieu, il im-porte peu par quel culte.* (Révolutions des Indes).

ORGUEIL. *L'orgueil a du bon*, difoit Vol-taire ; mais quand il eft foutenu par l'ignorance il eft parfait.

Lorfque le kam des tartares, qui ne poffède pas une maifon, & ne vit que de rapines, a achevé fon dîner, confiftant en laitage & en chair de cheval, il fait publier par un hérault : que tous les potentats, princes & grands de la terre peuvent fe mettre à table.

L'hiftoire des voyages fait mention du chef d'un petit canton de l'Amérique, près des rives du Miffiffipi, au fond de la Louifiane, qui, tous les matins, fort de fa cabane & trace au foleil le chemin qu'il doit parcourir.

Les différentes peuplades de la côte de Gui-née ont chacune leur roi, dont la trifte majefté n'a guères plus d'éclat. Cette canaille royale, toujours flattée qu'un de nos marchands la régale d'eau-de-vie, affecte fouvent de prendre les noms de nos princes, ou de quelques grands dont elle a entendu louer les exploits.

On y voyoit, en 1743, un roi Guillaume, dont l'augufte époufe s'appelloit la reine Anne.

Un autre fe qualifioit de duc de Malborough.

Le roi Guillaume étoit un petit Céfar qui fit, il y a environ vingt ans, une guerre affez co-mique à un certain Martin, qui avoit ofé s'éga-ler à lui. Il fe donna une fameufe bataille, où Guillaume perdit trois hommes & fon rival cinq.

Celui-ci, consterné de sa défaite, demanda la paix, qu'il obtint aux conditions suivantes.

« 1° Qu'il renonceroit au titre de roi, & se contenteroit de celui de capitaine ».

« 2° Qu'il ne mettroit plus de bas ni de souliers lorsqu'il iroit à bord des vaisseaux d'Europe, & que cette brillante distinction appartiendroit désormais au roi Guillaume ».

« 3° Qu'il donneroit au vainqueur la plus belle de ses filles en mariage ».

Après ce traité glorieux, Guillaume vint en bas & en souliers sur un vaisseau danois, où il acheta quelques soieries pour en habiller la reine.

Ayant apperçu un bonnet de grenadier, que les gens de l'équipage avoient par hasard, il en fit aussi-tôt l'acquisition, pour en décorer la tête de la princesse. Il voulut que Martin la vît dans toute sa parure; Martin avoua qu'elle n'avoit jamais été si belle.

Ces différens traits prouvent que tous les souverains & tous les peuples ont leur *orgueil*. Le canadien croit faire un grand éloge du françois, en disant c'est un homme comme moi.

ORIGINES. Nous devons nous borner à rapporter quelques-unes de ces *origines*.

Les carrosses parurent en France, pour la première fois, en 1550. On ne connoissoit alors que celui du roi Henri II, celui de Diane de Poitiers, & celui du Dauphin de Viennois.

Le lieu appellé le châtelet, étoit un ancien château, bâti pour Julien le philosophe, lorsqu'il étoit gouverneur des gaules. On l'appelle aussi la porte de Paris, non parce que c'étoit une porte de la ville, comme bien des gens le croient; mais parce que c'étoit l'abord des bateaux, le port où ils arrivoient, ou l'apport de Paris.

Quelques savans assûrent que les chiffres que nous nommons *arabes*; étoient en usage chez les romains, qui s'en servirent d'abord pour indiquer des mots, ensuite des syllabes, des poids & des mesures, & enfin des nombres. Dès le second siècle, ces chiffres furent introduits dans l'arithmétique; *Boëce*, dans le cinquième siècle, s'en servoit; Gerbert, depuis pape, sous le nom de Silvestre II, qui passe pour avoir emprunté les chiffres arabes, atteste lui-même qu'il les tenoit de Boëce; qui vivoit trois cens ans avant le passage des arabes en Espagne: ces peuples qui faisoient usage de ces chiffres, les devoient aux romains, comme le reste de l'Europe.

Saint Paulin, évêque de Nole, est l'inventeur des cloches; mais les grosses ne furent connues qu'au sixième siècle. La coutume de les baptiser nous vient du pape Jean XIII. en 972. Ce fut l'empereur Othon qui, après son couronnement, donna son nom à la grosse cloche de saint Jean de Latran.

C'étoit une coutume autrefois de laisser les filles entre les mains de leurs nourrices jusqu'au temps de leur mariage. Quand elles commençoient à grandir, ces nourrices leur mesuroient le tour du cou tous les matins avec un fil, leur faisant accroire qu'elles connoissoient par-là si elles avoient été sages pendant la nuit. Si le cou, disoit-on, n'étoit pas gros, c'étoit une marque que la nuit s'étoit passée dans l'ordre; si au contraire le fil devenoit trop court, on supposoit que les petites filles avoient fait quelques sottises. Pour les convaincre encore davantage que cette épreuve étoit infaillible, on avoit soin, lorsqu'on en marioit quelqu'une, de diminuer la longueur du fil le lendemain de ses noces, afin qu'il ne pût plus faire le tour du cou. Ce stratagème réussissoit; & la crainte du fil en retenoit plusieurs dans le devoir. Peu-à-peu elles s'accoutumèrent à porter au cou, comme une marque de vertu, ce fil, ou quelqu'autre chose qui le représentoit. C'est ainsi qu'insensiblement les choses destinées à éprouver la vertu des filles, sont devenues pour elles un ornement & une parure.

Après la conquête de la Grèce, de l'Asie mineure, de la Syrie & de l'Afrique, les romains firent transporter en Italie, toutes sortes de fruits.

Les abricots furent apportés d'Epire, d'où on les nomma pommes d'Epire.

Les pêches de Perse furent nommées pommes de Perse.

Les citrons de Médie furent appellés pommes de Médie. Les grenades de Carthage.

Les coins furent transportés d'une isle de l'Archipel.

Les poires les plus délicates furent tirées d'Alexandrie, de la Numidie, de la Grèce, & de Numance.

Les meilleures prunes vinrent de l'Arménie, de la Syrie, & de Damas.

Les figues, des meilleurs terroirs de l'Asie, & les cerises furent apportées à Rome par Lucullus, qui les avoit tirées du royaume de Pont.

Un passage de Pline, (*lib.* 15, *c.* 25.), nous apprend que les romains ne négligeoient pas les moindres choses qui pouvoient leur attirer l'amitié des nations qu'ils avoient conquises. Cet auteur ajoute que les cerises ne furent connues en Italie que l'an 640 de Rome. Ce fruit, dit toujours Pline, devint si commun dans l'espace de cent vingt ans, qu'on le trouvoit dans plusieurs pays, & même dans la Grande-Bretagne. Comme les romains débarquoient ordinairement dans la province de Kent, ce fut sans doute dans cette province que l'on planta les premiers cerisiers : le terroir leur fut favorable : cette partie de l'Angleterre fournit encore aujourd'hui les meilleures cerises, & en plus grande quantité qu'aucune autre de la province, comme le canton de la plaine de Montmorency, du côté de Saint-Denis, fournissent celles de la France.

Philippe de Valois fut le premier qui introduisit la gabelle en France ; droit par lequel on paye l'eau de la mer & les rayons du soleil. Le roi d'Angleterre appelloit ce prince l'auteur de la loi salique.

Il n'étoit jadis permis qu'aux nobles de placer des girouettes sur leurs maisons, on prétend même que dans l'origine il falloit avoir monté des premiers à l'assaut de quelque ville, & avoir planté sa bannière ou son pennon sur le rempart. Les girouettes étoient peintes, armoiriées, & représentoient les bannières ou les pennons de la noblesse.

Un François coupoit la tête à l'ennemi qu'il avoit tué, l'emportoit chez lui & la clouoit sur sa porte. De-là est venue la coutume de clouer sur la porte des châteaux les oiseaux de proie, ou les têtes des animaux carnaciers.

Il est singulier de penser que c'est au hasard que les hommes doivent les découvertes les plus utiles à la société. Ce fut sans songer à la gravure, qu'un orfèvre de Florence, gravant sur ses ouvrages, & les moulant avec du soufre fondu, s'apperçut que ce qui sortoit du moule marquoit dans ses empreintes les mêmes choses que la gravure, par le moyen du noir que le soufre avoit tiré des tailles ; il essaya d'en faire autant sur des bandes d'argent avec du papier humide, en passant un rouleau bien uni par-dessus, ce qui lui réussit. Un orfèvre de la même ville tenta la même expérience, & le succès lui fit graver plusieurs planches de l'invention & du dessein de Sandro Boticello. Les épreuves réussirent, & bientôt la France & l'Allemagne apprirent de l'Italie l'art de graver des estampes. L'Angleterre n'a suivi que fort tard l'exemple de ces nations, & la gravure n'a commencé à être connue & cultivée chez eux, que vers la fin du dernier siècle.

Galien rapporte qu'un graveur de son tems représenta sur une bague la figure de Phaéton sur un char, tiré par quatre chevaux. L'ouvrage étoit fait avec une si grande délicatesse, qu'on y voyoit jusqu'aux rênes des chevaux, & qu'on y distinguoit clairement les dents dans leurs bouches, & que leurs jambes égaloient la finesse de celles d'une puce.

C'est Louis le Gros qui le premier ordonna de lever dans les villes des troupes de bourgeois, connues depuis sous le nom de milices de communes, & qui devoient marcher à l'armée, non comme autrefois sous les enseignes du sénéchal ou du bailli, mais sous les bannières de l'église & de leurs paroissiens.

A ces milices, qui étoient défrayées par le prince lorsqu'elles étoient à une certaine distance de leurs demeures, Philippe-Auguste joignit des troupes qui ne servoient que pour la solde ; d'où est venu le mot de soldat. Voilà la première époque des troupes soudoyées par les rois de France.

La première monnoie qui ait eu un buste en France, est celle que la ville de Lyon fit frapper pour Charles VIII & pour Anne de Bretagne sa femme.

Selon Vitruve, Dorus, fils d'Hellen & petit-fils de Deucalion, ayant fait bâtir un temple à Argos en l'honneur de Junon, cet édifice se trouva par hasard être construit suivant le goût & les proportions de l'ordre, que par la suite on a nommé dorique. Dorus étoit roi du Péloponèse & vivoit vers l'an 1522, avant Jésus-Christ.

La proportion de l'ordre dorique est prise de celle qui se trouve entre le pied de l'homme & le reste de son corps. Le pied fait, dit-on, la sixième partie de la hauteur humaine, & en conséquence on donna d'abord à la colonne dorique en y comprenant le chapiteau six de ses diamètres ; c'est-à-dire, qu'on la fit six fois aussi haute qu'elle étoit grosse. Par la suite on y ajouta un septième diamètre.

Ce nouvel ordre d'architecture ne tarda pas à donner naissance à un second. Les Ioniens cherchèrent à mettre encore plus de délicatesse & d'élégance dans leurs édifices, ils employèrent la même méthode, dont on avoit fait usage pour la composition de l'ordre dorique ; mais au lieu de prendre pour modèle le corps de l'homme ; ils se réglèrent sur celui de la femme : pour rendre leurs colonnes plus agréables encore ; ils leur donnèrent huit fois autant de hauteur qu'elles avoient de diamètre ; ils firent aussi des cannelures tout le long du tronc pour imiter les plis des robes des femmes. Les volutes du chapiteau représentoient cette partie des cheveux qui pendent par boucles de chaque côté du visage. Ils ajoutèrent enfin des bases faites en manière de cordes entortillées, pour être comme la chaussure de ces colonnes. Cet ordre d'architecture fut appellé ionique.

On attribue à Callimachus, célèbre architecte de Corinthe, vers la soixantième olympiade, l'invention du chapiteau corinthien, orné de feuilles d'acanthe. Voici à quelle occasion. Une jeune fille de Corinthe étant morte, sa nourrice mit sur son tombeau dans un panier quelques petits

petits vafes que cette fille avoit aimé pendant fa vie, & afin qu'ils duraffent long-temps fans être gâtés par la pluie, elle couvrit le panier d'une grande tuile. Il arriva par-hafard, que ce panier fut pofé fur la racine d'une plante d'a-canthe, d'où il fortit au printemps des tiges & des feuilles qui s'élevèrent le long des côtés du panier, & rencontrant les bords de la tuile, furent contraintes de fe recourber en leur fextrê-mités, & de faire le contournement des volu-tes. Calimachus paffant auprès de ce tombeau, & ayant vû ce panier environé de ces feuilles, il en imita la manière dans le chapiteau des co-lonnes qu'il fit depuis à Corinthe, établiffant fur ce modèle les proportions & les mefures de l'ordre corinthien.

Au commencement du quatorzième fiècle, un habitant de Padoue inventa le papier, & on ne s'en fervit en France que fous Philippe de Valois.

Philippe-Augufte, vers l'an 1185, commença à faire *paver* les rues de Paris. Un financier confacra douze mille marcs d'argent à cet em-belliffement. Exemple qui fera toujours unique, felon Mezerai.

On dit que l'*origine* des perruques vint de Charles-Quint, qui étant venu en Italie pour fe faire couronner par le pape Clément VII, & fe fentant attaqué d'un violent mal de tête, fe fit couper les cheveux qu'il avoit fort beaux, ce que les courtifans imitèrent bientôt par une flatterie ridicule, quittant ainfi, prefqu'en un moment, une chevelure qui leur avoit coûté tant de peines & de foins à foigner pendant toute leur vie, pour paroître rafés & chauves devant l'empereur.

Les poftes furent établies fous Louis XI, roi de France, à l'occafion du fiège de Nancy, dont il apprenoit des nouvelles en mettant des couriers de diftance en diftance. Cet ufage fut trouvé commode, & on l'a continué & perfectionné dans la fuite.

Celui à qui on attribue l'invention de la pou-dre à canon étoit, à ce qu'on dit, un moine allemand chymifte, appellé Bertholo, & furnommé le Noir. Ce fut le hafard qui lui fournit cette invention. Ayant mis dans un mortier de la poudre de falpêtre & de foufre, & l'ayant couvert d'une pierre pour la préparer, afin d'en compofer un remède; il arriva qu'en battant fon fufil tout proche, une étincelle tomba dans ce mortier, alluma la poudre qui y étoit; cette poudre étant en-flammée pouffa avec violence la pierre vers le plancher. Cet effet furprenant le fit penfer à un tuyau de fer, de la même manière que font les canons des moufquets, ce qui lui ayant réuffi, il en montra l'ufage aux vénitiens. Ceux-ci s'en fervirent avec un fuccès favorable pour eux contre les Gênois en 1380.

Encyclopédiana.

Popée, femme de l'empereur Néron, fut la première qui fe fervit de mafque, pour mettre la beauté de fon teint à l'abri du hâle & des in-jures de l'air, & c'eft du nom de cette impératrice qu'eft venu celui de poupée, qu'on donne aux colifichets qui fervent d'amufemens aux enfans.

Un certain Emmanuel, juif, poëte & bouf-fon, qui vivoit à Rome, il y a environ fix cens ans, expliqua plaifamment dans un de fes fonnets, comment le mot fac eft refté dans toutes les langues. Ceux, dit-il, qui travailloient à la tour de Babel avoient, comme nos manœuvres, cha-cun un fac, pour mettre leurs petites provifions; mais quand le feigneur confondit leur langue, la peur les ayant pris, chacun voulut s'enfuir; & demanda fon fac: on ne répétoit par-tout que le mot fac, & c'eft ce qui l'a fait paffer dans toutes les langues qui fe formèrent alors.

Le palais des tuilleries a été nommé ainfi, parce que fur le terrein qu'il couvre on faifoit précédemment de la tuille.

On peut remarquer que, par un hafard fort fingulier, le plus beau jardin public d'Athènes s'appelloit les tuilleries ou le céramique, parce qu'il avoit été planté, comme le nôtre, fur un endroit où l'on faifoit de la tuille.

OVIDE, (*Ovidius Publius Nafo*) poëte la-tin, né à Sulmone l'an 43 avant Jéfus-Chrift, mort l'an 17 de Jéfus-Chrift.

Le père d'*Ovide* avoit engagé fon fils à s'ap-pliquer à l'éloquence qui étoit à Rome une voie ouverte aux honneurs & à la fortune. *Ovide* étoit né poëte, & fit quelque temps violence à fon penchant. Il étudia la rhétorique; mais ni les remontrances de fon père, ni les applaudiffe-mens que lui attirèrent plufieurs caufes qu'il plaida, ne purent le détourner de faire des vers. Il étoit entraîné, fubjugué par le génie de la poéfie:

Et quod tentabam fcribere verfus erat.

Une paffion fougueufe qui le domina autant que celle de vers, l'amour, lui dicta la plus grande partie de fes poéfies. On n'y trouve point les expreffions obfcènes qui révoltent dans Ca-tulle, dans Horace, dans Martial; mais un fer-pent pour être caché fous des fleurs, n'en pro-duit pas moins des piquures funeftes.

Les *Métamorphofes* regardées comme le chef-d'œuvre de ce poëte, font des peintures volup-tueufes des amours des dieux & des hommes, & ces tableaux font d'autant plus propres à cor-rompre les mœurs, qu'*Ovide* emploie un pin-ceau tendre & touchant. Tout parle aux fens, tout les flatte dans cet ouvrage féduifant. Ses *Héroïdes* font également une école de libertinage

Zzzz

& de volupté. *Ovide*, non content de louer l'amour & ses effets, voulut encore apprendre l'art d'aimer, & réduisit en système cette dangereuse passion. Dans ces différens ouvrages, ainsi que dans les *fastes*, le poëte annonce un esprit orné & fécond, une imagination vive & riante. L'expression semble courir au-devant de sa pensée.

Auguste, ami des talens, reçut *Ovide* à sa cour, & lui accorda sa faveur; mais il la retira par la suite pour exiler le poëte à Tomes, ville d'Europe sur le pont Euxin, vers les embouchures du Danube. L'endroit de son exil pouvoit être agréable aux habitans du pays; mais les montagnes qui sont au sud, & les vents de nord & de l'est qui soufflent du pont Euxin, le froid & l'humidité des forêts & du Danube rendoient cette contrée insupportable à un homme né en Italie. Quel étoit le crime d'*Ovide*? Auguste lui reprocha ses poésies licencieuses. Mais ces poésies furent plutôt le prétexte que la véritable cause de l'exil du poëte. Comment d'ailleurs l'empereur auroit-il pu exiler *Ovide* pour son poëme de l'art d'aimer, lui qui chérissoit & protégeoit Horace dont les poésies sont souillées de tous les termes de la plus infâme prostitution? *Ovide*, ainsi qu'il le dit lui-même dans ses ouvrages, s'étant plaint à l'amour qu'après avoir travaillé à étendre son empire, il n'en avoit obtenu d'autre récompense que d'être exilé parmi les barbares, l'amour lui répondit: » Vous savez bien « que ce n'est pas ce qui vous a fait le plus » de tort ».

Il est vraisemblable de croire qu'*Ovide* commit une indiscrétion semblable à celle d'Actéon, & qu'il vit au bain la princesse Livie, épouse d'Auguste, pour laquelle il pouvoit soupirer en

secret. C'est ce qu'il semble exprimer dans ces vers:

Cur aliquid vidi? cur noxia lumina feci?
Cur imprudenti cognita culpa mihi est?
Inscius Actæon vidit sine veste Dianam,
Præda fuit canibus non minus ille suis.

Ces mots *sine veste Dianam* conviennent mieux d'ailleurs à Livie qui passoit pour chaste, qu'à aucune des Julies trop fameuses par leur libertinage.

Ovide, du milieu de son exil, tournoit souvent ses regards vers Rome; il soupiroit sans cesse après les plaisirs qu'il y avoit laissés; & cette foiblesse lui fit donner sans mesure dans ses *Tristes* des louanges à Auguste & à Tibère son successeur. Lorsqu'il apprit la mort du premier, il lui consacra une espèce de temple où il lui offroit tous les matins de l'encens. Il n'avoit fait un dieu de cet empereur que pour faire un homme du monstre qui lui succéda, & qu'il espéroit toucher en sa faveur: mais Tibère laissa mourir *Ovide* dans son exil qui dura neuf à dix ans. Il avoit demandé qu'en cas qu'il mourût dans le pays des Gètes ses cendres fussent portées à Rome, afin de ne point demeurer encore exilé même après sa mort. Il desiroit que l'on mît sur son tombeau cette épitaphe qu'il composa lui-même, & qu'il a rapportée dans la troisième élégie du troisième livre de ses *Tristes*:

Hic ego qui jaceo, tenerorum lusor amorum,
Ingenio perii Naso poëta meo.
At tibi qui transis, ne sit grave, quisquis amasti,
Dicere, Nasonis molliter ossa cubent.

PAN.

P. Quatre *P* furent mis au-deſſus de la porte du premier préſident de Bordeaux, qui s'appelloit Pierre Pontac, & cela vouloit dire Pierre Pontac, premier préſident. Un plaideur ayant un jour attendu trois ou quatre heures dans ſon antichambre, fut ſurpris par le premier préſident lorſqu'il avoit encore les yeux attachés ſur ces quatre P. Le préſident lui demanda : eh bien, monſieur, que croyez-vous que veulent dire ces quatre lettres ? Ma foi, monſieur, lui répondit le plaideur, elles ſignifient : *pauvres plaideurs, prenez patience.*

PALAPRAT, (Jean) né en 1650, mort en 1721.

Palaprat étoit ſecrétaire des commandemens de M. de Vendôme, grand-prieur de France, avec lequel il vivoit dans une grande liberté. M. de Catinat qui l'aimoit fort, lui dit un jour en l'embraſſant : les vérités que vous lâchez au grand-prieur, me font trembler pour vous. Raſſurez-vous, monſieur, lui dit plaiſamment *Palaprat*, ce ſont mes gages.

Palaprat logeoit au temple, chez M. le grand-prieur, où quelquefois il n'y avoit point de dîner, & d'autres fois il y avoit des repas énormes. *Palaprat* diſoit ſur cela : dans cette maiſon on ne peut mourir que d'indigeſtion ou d'inanition.

On prétend que *Palaprat* avoit fait le Grondeur en un acte, & que Brueys, à qui il l'envoya, le mit en trois. Sur quoi *Palaprat* dit : jarnidious, j'avois envoyé à ce coquin-là une jolie petite montre d'Angleterre ; il m'en a fait un tourne broche.

M. le grand-prieur, trouva un jour *Palaprat* qui battoit ſon domeſtique. Il lui en fit des reproches aſſez vifs. Comment, monſieur, vous me blâmez, dit le poëte : ſavez vous bien, que quoique je n'aie qu'un laquais, je ſuis auſſi mal ſervi que vous qui en avez trente ?

Dès que le livre de Labruyère eut paru, on employoit à tout propos le mot de *caractère*. J'en avois les oreilles ſi rebattues, dit *Palaprat*, qu'un jour que je dînois avec un beau parleur qui s'en ſervit un million de fois, je m'aviſai, pour me moquer de lui, de dire d'un ton précieux, que je trouvois des ſauciſſes qu'il y avoit à ce repas, d'un caractère tranſcendant.

Dans le temps qu'on ſut que Catinat méditoit la bataille de la Marſaille, je fus envoyé chez lui par M. le grand-prieur, dit *Palaprat*. Après que je me fus acquitté de ma commiſſion, je me retirai. Le maréchal me rappella, & me dit froidement : « Vous ne croiriez pas une choſe, cependant je ſuis homme vrai ». J'étois en peine où aboutiroit ce préambule ; & je fus fort ſurpris lorſque j'entendis cette grande vérité. Il y a plus de huit jours, me dit-il, en me ſerrant les bras, que je n'ai pas ſongé à faire un vers ; & il rentra tranquillement dans ſon cabinet ſans me laiſſer le temps de lui répondre.

Palaprat étoit tout à la fois un bel eſprit pour les ſaillies, & un enfant pour la naïveté. Il s'eſt peint ainſi dans ſon épitaphe :

J'ai vécu l'homme le moins fin
Qui fut dans la machine ronde,
Et je ſuis mort la dupe enfin
De la dupe de tout le monde.

PAMPHILE. Ce peintre fleuriſſoit vers la ſoixantième olympiade.

Il joignit les ſciences à la peinture, & diſoit qu'un peintre qui ne poſſède point parfaitement les mathématiques, ne pouvoit jamais être habile dans ſa profeſſion.

Pamphile ſe fit un plaiſir d'enſeigner ſon art : mais afin de ne donner ſes leçons qu'à des jeunes gens de bonnes familles, il ne prenoit aucun élève qu'à raiſon de dix talens, & pour dix années d'apprentiſſage. Ce ne fut qu'à cette condition qu'Apelle obtint d'être placé au rang de ſes diſciples.

Par les ſoins de *Pamphile*, la peinture beaucoup plus honorée qu'elle ne l'étoit avant lui, fut miſe à la tête des arts libéraux ; & il fit rendre un édit formel qui l'interdiſoit abſolument aux eſclaves.

PANNARD, (Charles-François) mort en 1764, âgé de ſoixante-quatorze ans.

Ses vers & ſes pièces de théâtre reſpirent l'enjouement & le plaiſir ; mais, jamais ce poëte ne fit rougir les graces qui l'accompagnèrent juſqu'au tombeau. Il ſut allier l'eſprit & le ſentiment, la décence & la volupté. Il arma quelquefois la gaîté des traits de la ſatyre ; peignit, en badinant, les mœurs de ſon ſiècle, & dans le temps que ſa muſe facile & légère le berçoit ſur un lit de roſes, il en faiſoit ſentir les épines aux ſpectateurs, qui rioient de leur piqûre.

Zzzzz

Il dit de lui-même.

> D'une humeur affez douce & d'une ame affez ronde,
> Je crois n'avoir point d'ennemi ;
> Et je puis affurer, qu'ami de tout le monde,
> J'ai, dans l'occafion, trouvé plus d'un ami.

Ce vers que M. Favart, fon ami, a fait fur Pannard, le caractérife très-bien :

> Il chanfonna le vice, & chanta la vertu.

PANTOMIMES. Rome, fenfible aux beautés de l'art que déployèrent à fes yeux les plus excellens *pantomimes*, n'en étoit que plus févère pour ceux qui fe montroient inférieurs au tableau qu'ils vouloient peindre. Un *pantomime* qui, à la fin du rôle d'Œdipe, étoit fenfé s'être crevé les yeux, manqua de mettre dans fes mouvemens le caractère de fa fituation. *Tu vois encore*, lui crièrent les plaifans du parterre ; & l'acteur fiflé n'ofa plus reparoître.

Voici un fait qui paroîtra incroyable ; il eft rapporté par Hérodote, hiftorien un peu fufpect. Un roi voulant marier fa fille, plufieurs princes difputèrent cette conquête. Il en parut un fur les rangs fupérieurement verfé dans l'art des *pantomimes*. Jaloux de montrer fes talens, il fe furpaffa lui-même. Après avoir repréfenté différentes chofes avec les mains, il fe mit fur la tête, & élevant les pieds en l'air, il peignit, par des mouvemens de jambes, & opéra autant de merveilles qu'il en avoit faites avec les mains. Ces rares talens cependant empêchèrent le roi de lui donner fa fille, foit que le monarque crut que le genre *pantomime* fe permettoit trop de licence ; foit qu'il jugea qu'il ne convenoit point à un prince d'exceller dans un art fi frivole.

Un enfant, affiftant à une *pantomime* de l'ambigu-comique, s'écria tout-à-coup : *Maman, maman, pourquoi ces chevaux-là ont-ils des fouliers comme moi ?*

Quelqu'un prenant beaucoup de plaifir à la repréfentation d'une *pantomime* de Nicolet, dit à fon voifin : *C'eft comme à l'opéra.* — *Oh ! c'eft bien pis*, dit l'autre en feignant de ne pas entendre fa penfée, *c'eft bien pis.*

PAPE. Après la nomination d'un *pape*, un cardinal s'approcha du faint-père & lui dit à l'oreille : « Vous voilà élu *pape*, voici la dernière fois que vous entendrez la vérité ; féduit par les refpects, vous allez bientôt vous croire un grand homme. Souvenez-vous qu'avant votre exaltation vous n'étiez qu'un ignorant & un opiniâtre. Adieu, je vais vous adorer ».

PARASITE. Ce nom qui fe prend aujourd'hui en mauvaife part, étoit chez les anciens un titre honorable. On voit dans Diodore de Sinope, que les Bardes des Celtes, qui étoient les poètes de nos anciens gaulois, les fuivoient à la guerre pour décrire leurs actions héroïques, & qu'on les appelloit, par honneur, leurs *parafites*.

M. de Montmaur, fameux *parafite*, contre lequel tant d'écrivains fe font déchaînés avec une efpèce de fureur, entendoit bien raillerie. Ménage eft un de ceux qui l'a le mieux fatyrifé. Il fit la métamorphofe de Montmaur en perroquet : Bon, dit Montmaur, je ne manquerai pas de vin pour me réjouir, ni de bec pour me défendre. Comme on louoit beaucoup cette métamorphofe : ce n'eft pas merveille, dit Montmaur, qu'un auffi grand parleur que Ménage ait fait un bon perroquet.

Un de ces agréables, dont l'état dans Paris eft de vivre aux dépens d'autrui, fe trouvant à table trop éloigné de quelques fruits fort beaux, & qui lui faifoient grande envie, voulut prendre une poire avec la pointe de fon couteau. Notre *parafite* eut la mal-adreffe de caffer une affiette de prix. « Parbleu, monfieur, lui dit le maître de la maifon, on peut piquer l'affiette, mais il ne faut pas la caffer ».

PARIS *finguliers*. Un anglois étant à Paris, paria, il y a quelques années, qu'il fe promeneroit le long du pont-neuf pendant deux heures, offrant au public des écus de fix livres à ving-quatre fous pièces, & qu'il n'épuiferoit pas un fac de douze cents francs. Il fe promena criant à haute voix : « Qui veut des écus de fix francs tout neufs à vingt-quatre fous ? Je les donne à ce prix ». Plufieurs paffans touchèrent, palpèrent les écus, & continuant leur chemin, levèrent les épaules, en difant ; ils font faux, ils font faux. Les autres fouriant, comme fupérieurs à la rufe, fe donnoient pas la peine de s'arrêter ni de regarder. Enfin une femme du peuple en prit trois, en riant, les examina long-temps & dit aux fpectateurs : « Allons je rifque trois pièces de vingt-quatre fous par curiofité ». L'homme au fac n'en vendit pas davantage pendant une promenade de deux heures, & gagna amplement la gageure.

M. Shaftoe, qui avoit parié mille guinées qu'il feroit faire à un homme vingt-neuf milles en vingt-neuf jours fucceffifs, fur vingt-neuf chevaux, a gagné fon *pari*, quoiqu'il fut arrivé au coureur plufieurs accidens.

Le même Shaftoe a parié qu'il feroit cent milles en quatre heures, avec le nombre de chevaux qu'il lui plairoit.

Autres paris.

Les anglois font des gageures fouvent fur les

chofes les plus originales. Ce fera de faire traîner, pendant un certain temps, une voiture par des chiens; de faire foutenir à des oies une marche fuivie de plufieurs lieues; de faire faire à un cochon une lieue & demie par heure.

Il n'y a pas long-temps qu'un homme de diftinction paria une très-groffe fomme qu'il feroit un mille de chemin en marchant fur les pieds & les mains, & qu'il arriveroit plutôt au but qu'un cheval qu'on feroit marcher à reculons.

PASCAL, (Blaife) né l'an 1623, mort le 18 août 1662.

Lorfque fes premières *Lettres provinciales* parurent, les jéfuites, tout-puiffans alors, firent faire les plus grandes perquifitions pour découvrir l'auteur.

Cependant, *Pafcal* continuoit d'y travailler dans une auberge où il étoit logé à Paris rue des Poirées, vis-à-vis la maifon des jéfuites.

Un d'eux, en liaifon avec un neveu de *Pafcal*, nouvellement arrivé d'Auvergne, & qui étoit venu loger avec fon oncle, fut le voir.

Le jéfuite parla des *Provinciales* : « on attribue lui dit-il, les petites lettres à votre oncle ». Le neveu feignit de n'en vouloir rien croire.

Pendant la belle converfation du jéfuite, dans la chambre même où on l'avoit reçu, il y avoit fur le lit quinze exemplaires des Provinciales encore tout mouillés.

Pafcal publia fort jeune un traité des fections coniques; & à l'âge de dix neuf ans il avoit étonné le monde favant par l'invention de cette machine d'arithmétique fi fingulière, connue fous le nom de la *roulette*, par le moyen de laquelle, fans plume & fans jettons, fans favoir même aucune règle d'arithmétique, on fait avec une fûreté infaillible toutes fortes d'opérations.

Pafcal difputoit un jour fur quelque point de mathématiques avec un homme fort ignorant, & qui croyoit néanmoins les pofféder. « Vous verrez, dit *Pafcal*, qu'il y a deux mathématiques.

On conferve précieufement dans la bibliothèque de faint Germain-des-Prés tous les papiers informes où les *penfées* de Pafcal étoient écrites. On a pris foin de les coller l'une à côté de l'autre dans un livre de papier blanc, fort proprement relié.

Les autres ouvrages de *Pafcal* confiftent en plufieurs écrits pour les curés de Paris, contre l'*Apologie des cafuiftes*, en un traité de l'*Equilibre des liqueurs*, & en quelques autres fur des matières de phyfique & de mathématique.

Les jéfuites eurent affez de crédit pour faire fupprimer les éloges de *Pafcal* & d'Arnauld dans le livre des *Hommes illuftres* de Perrault ; fur quoi on cita ce paffage de Tacite : *Præfulgebant Caffius & Brutus eo ipfo quod eorum effigies non vifebantur*. Mais ces éloges y ont été rétablis depuis.

PASQUINADES. Sorte de fatyres, ainfi nommées à Rome, d'un nom d'une ftatue appellée Pafquin, à laquelle on les attachoit. Cette ftatue, qui eft antique, eft mutilée & placée dans un carrefour de la ville. On croit communément qu'elle prit fon nom d'un tailleur, bouffon du quartier, dont la boutique étoit un bureau de nouvelles, de bons mots, & de traits fatyriques. La ftatue de Marforio, à laquelle on attachoit les réponfes à ces fatyres, fert aujourd'hui de fontaine dans une des ailes du capitole. Quoiqu'on n'affiche plus de libelles près de ces ftatues, le nom de *pafquinades* néanmoins eft toujours refté à ces fortes de fatyres.

La fignora Camilla, fœur de Sixte V, & qui avoit autrefois fait la leffive, étant devenue princeffe, on vit le lendemain Pafquin avec une chemife fale : Marforio lui démandoit la raifon d'une fi grande négligence. « C'eft, répondoit-il, que ma blanchiffeufe eft devenue princeffe ».

Un pape qui portoit une vigne dans fes armes, avoit obligation de fa fortune à un prince avec lequel il agiffoit fort mal. Cela donna lieu à une *pafquinade* qui fut affichée dans Rome à l'endroit ordinaire : *Plantavi vineam & fecit labrufcas* : j'ai planté la vigne, elle n'a produit qu'un raifin fauvage. Le pape, piqué au vif, promit une récompenfe confidérable à celui qui découvriroit l'auteur de cette fatyre. Le lendemain on trouva affiché au même endroit : Ifaïe, chap. 40.

Un pape ayant employé les tréfors de l'églife, à faire bâtir de grands palais, les pauvres qui fouffroient extrêmement, en murmurèrent, & l'on trouva écrits fur les portes de ces palais : *Dic ut lapides ifti panes fiant*.

Un eccléfiaftique qui avoit plus d'orgueil que de mérite, venoit d'être élevé au cardinalat. Marforio fut repréfenté tenant les armes de ce nouveau cardinal, avec un grand chapeau. Pafquin, faifant fa fonction de cenfeur public, lui difoit : voilà un grand chapeau pour une bien petite tête.

L'archevêque de Paris, François de Harlay, ayant agi avec beaucoup de zèle contre l'autorité du faint-fiège, dans l'affemblée du clergé en 1682, il parut à Rome une médaille, repréfentant ce prélat à genoux aux pieds du faint-père. Pafquin étoit debout, qui difoit à l'oreille de fa fainteté : *pænitebit fed non erubefcet* : il fe repentira mais ne rougira pas. Cette efpèce de prédiction fut accomplie; car l'archevêque mourut au mois d'août 1685, sans avoir obtenu le chapeau de cardinal qu'il briguoit.

PATIN, (Guy) médecin, né l'an 1601, mort en 1672.

Guy *Patin* conservoit son caractère enjoué & caustique jusques sous la robe de médecin, & lorsqu'on savoit qu'il devoit présider à quelques thèses, tout Paris accouroit pour l'écouter. On ajoute que les seigneurs de la cour achetoient le plaisir de l'avoir à leur table, en mettant un louis d'or sous sa serviette.

Il a publié un traité de la conservation de la santé, intitulé : *Le Médecin & l'Apothicaire charitables*. Il définissoit quelquefois assez plaisamment un apothicaire, *animal benefaciens partes & lucrans mirabiliter*.

Il plaida au parlement contre Renaudot, docteur de Montpellier, qui prétendoit exercer sa profession à Paris sans se faire aggréger au corps des médecins de cette capitale. *Patin* gagna sa cause, & , en sortant de l'audience, il dit à son adversaire ce mauvais quolibet : « Monsieur, vous avez gagné en perdant. « Comment donc, lui répondit Renaudot ? « C'est répliqua *Patin*, que vous étiez camus quand vous êtes entré au palais, & vous en sortez avec un pied de nez ».

PATRIOTISME, passion forte & sublime qui dénature l'homme en quelque sorte, & fait qu'il aime sa patrie exclusivement à lui. Ce fut cette passion qui porta Décius à immoler sa vie; Fabius son honneur, Camille son ressentiment; Brutus & Manlius leurs enfans.

Nous voyons, dans l'histoire de la Chine, qu'un chinois, justement irrité des vexations des grands, se présente à l'empereur, & lui porte ses plaintes. « Je viens, dit-il, m'offrir au supplice auquel de pareilles représentations ont fait trainer six cents de mes concitoyens; & je t'avertis de te préparer à de nouvelles exécutions; la Chine possède encore dix-huit mille bons patriotes, qui, pour la même cause, viendront successivement demander le même salaire ». La cruauté de l'empereur ne put tenir contre tant de fermeté; il accorda à cet homme vertueux, la récompense qui le flattoit le plus, la punition des coupables & la suppression des impôts.

La même histoire nous fournit, dans une mère, un autre exemple frappant de l'amour de la patrie. Un empereur, poursuivi par les armes victorieuses d'un citoyen, voulut se servir du respect aveugle qu'en ce pays un fils a pour les ordres de sa mère, afin d'obliger ce citoyen de désarmer. Il députe vers cette mère, un officier qui, le poignard à la main, lui dit qu'elle n'a

que le choix de mourir ou d'obéir. « Ton maître, lui répondit-elle avec un sourire amer, se seroit-il flatté que j'ignore les conventions tacites, mais sacrées, qui unissent les peuples aux souverains, par lesquelles les peuples s'engagent à obéir, & les rois à les rendre heureux? Il a le premier violé ces conventions. Lâche exécuteur des ordres d'un tyran, apprends d'une femme ce qu'en pareil cas on doit à sa patrie ». Elle arrache, à ces mots, le poignard des mains de l'officier, se frappe, & lui dit : « Esclave, s'il te reste encore quelque vertu, porte à mon fils ce poignard sanglant; dis-lui qu'il venge sa nation, qu'il punisse le tyran; il n'a plus rien à craindre pour moi, plus rien à ménager; il est maintenant libre d'être vertueux ».

Un illustre romain, nommé Fulvius, ayant rencontré son fils qui partoit pour aller joindre Catilina, le poignarda, en disant : « Je ne t'ai pas donné le jour pour servir Catilina contre ta patrie, mais pour servir ta patrie contre Catilina ».

Aristide & Thémistocle étoient ennemis, & toujours opposés dans l'administration de la république. Ayant été choisis tous deux pour une ambassade importante, l'intérêt commun les réunit. Lorsqu'ils furent sortis des portes d'Athènes, Thémistocle dit à Aristide : « Laissons ici notre inimitié; nous la reprendrons, si vous voulez, à notre retour ».

Lors du siège de Turin formé par l'armée françoise en 1640, un sergent des gardes piémontoises donna cet exemple singulier de *patriotisme*. Le sergent gardoit avec quelques soldats le souterrain d'un ouvrage de la citadelle, la mine étoit chargée. Il n'y manquoit plus qu'un saucisson, pour faire sauter plusieurs compagnies de grenadiers qui s'étoient emparés de l'ouvrage & y avoit pris poste. La perte de l'ouvrage auroit pu accélérer la reddition de la place. Le sergent avec fermeté, ordonne aux soldats qu'il commandoit, de se retirer, les charge de prier de sa part le roi de protéger sa femme & ses enfans; bat un briquet, met le feu à la poudre & périt pour sa patrie.

On a toujours beaucoup vanté ces trois cents spartiates, qui se dévouerent à la mort pour arrêter l'armée des perses au passage de Thermopyles. L'archiduc Maximilien, en 1479, à la tête d'une armée de près de quarante mille hommes s'avançoit à grands pas dans la Picardie; il étoit très-important de retarder sa marche & de lui faire perdre quelques journées; cent soixante gascons commandés par Raimond d'Ossaigne, se jetterent dans le château de Molannoi, y soutinrent plusieurs assauts pendant trois jours & se firent presque tous tuer sur la brèche. Les noms des trois cents spartiates furent gravés sur une colonne pour les consacrer à l'immortalité; ceux des cent foixante gafcons font abfolument ignorés. Raimond d'Offaigne, affoibli par trois bleffures, & que la mort avoit épargné malgré lui, fut pris: Maximilien le fit pendre. Les loix de la guerre autorifoient, dit-on, cet indigne traitement: elles ne permettent pas de fe défendre contre une armée dans une place, ou un château qui n'eft pas tenable. Quoi, les nations qui habitent aujourd'hui l'Europe, font convenues entr'elles de condamner un brave homme à un fupplice ignominieux, parce qu'il aura voulu fe facrifier à l'intérêt de fa patrie !

Le comte de Naffau, un des généraux de Charles-quint, menace Péronne. Les habitans, qui voient qu'on ne s'occupe pas férieufement de leur confervation, fe difpofent à abandonner leur ville. Ils font déterminés à la défendre jufqu'à la dernière extrémité par la réfolution de d'Efturmel, gentilhomme du voifinage. Cet homme généreux, prévoyant les fuites funeftes qu'entraîneroit la perte de cette place, s'y tranfporte avec fa femme & fes enfans; y fait conduire tous les grains qu'il a chez lui, ou qu'il peut obtenir de ceux qui font touchés de fon difcours ou de fon exemple; & diftribue fon argent & celui qu'il trouve dans la bourfe de fes amis; y montre une valeur, une activité, une intelligence, qui raffurent les plus timides. Il parvient, par cette conduite à faire lever le fiège.

La ville de Falaife étoit dans le parti de la ligue; Henri IV l'avoit affiégée, on alloit donner l'affaut; la Chenaye, marchand, étoit amoureux & aimé d'une fille de fon état; il lui propofa un moyen qu'il imaginoit pour fortir de la ville & la mettre en fûreté: comme je fuis perfuadée, lui répondit elle, que vous ne penfez à abandonner vos compatriotes lorfqu'ils vont combattre, que parce que vous tremblez pour moi, la propofition que vous me faites ne vous ôte ni mon eftime, ni mon amour, & pour vous le prouver, je fuis prête à unir ma deftinée à la vôtre; venez, je veux vous donner ma foy; mais ce fera fur la brèche. Elle marche, en prononçant ces mots; les repréfentations, les craintes, les larmes de fon amant, font vaines, elle arrive au rempart: « L'un & l'autre, dit Mezeray, combattirent avec tant de courage, que Henri IV, admirateur des belles actions, commanda qu'on leur fauvât la vie, s'il étoit poffible; mais la Chenaye ayant été tué d'un coup de fufil, fa maîtreffe refufa quartier, & continua de combattre jufqu'à ce que, fentant bleffée à mort, elle s'approcha du corps de fon amant pour mêler fon fang avec le fien, & mourir en le tenant embraffé.

PATRU, (Olivier) né l'an 1604, mort en 1681.

• Lorfque *Patru* fut reçu en 1640, à l'académie françoife, il y fit un remerciment qui donna lieu à la compagnie d'ordonner que tous ceux qui y feroient admis dans la fuite feroient un difcours pour remercier l'affemblée; ce qui ne s'étoit point fait auparavant; & ce qui s'eft toujours pratiqué depuis; perfonne n'ayant été difpenfé de cet ufage que M. Colbert & M. d'Argenfon.

Patru étoit également un cenfeur éclairé & févère. Sa réputation étoit fi bien établie, que quand il faifoit à Defpréaux quelques obfervations un peu trop fubtiles fur fes ouvrages, il, fatyrique, au lieu de lui dire le proverbe latin *ne fis Patruus mihi*, lui difoit *ne fis Patru mihi*.

Patru ne fut jamais riche; ce qui fit dire à un magiftrat, que cet avocat qui plaidoit fi bien la caufe de l'académie & de la langue françoife, n'entendoit rien à plaider la caufe de fa fortune.

Monfieur Boffuet étant allé voir *Patru* qui étoit mourant, lui dit: On vous a regardé jufqu'ici, monfieur, comme un efprit fort; fongez à détromper le public par des difcours finceres & religieux. Il eft plus à propos que je me taife, répondit *Patru*, on ne parle dans ces derniers momens que par foibleffe ou par vanité.

PAUVRE. Un pauvre demandant l'aumône à un foldat difoit: « Donnez-moi quelque chofe pour l'amour de Dieu, & je le prierai pour vous. » Le foldat lui donna quelques pièces de monnoie & lui dit: « Prends & prie Dieu pour toi-même; je ne prête pas mon argent à ufure ».

Linière, voyant Chapelain & Patru qui fe promenoient enfemble, dit à ceux qui étoient avec lui: « Voilà un *pauvre* auteur, & un auteur *pauvre*. »

En allant de Londres à Chelfea un des jours les plus froids que nous ayons eus à la fin d'octobre 1761, j'apperçus une femme couchée dans un foffé à côté du grand chemin avec tous les fymptômes de la plus affreufe mifère qui puiffe affliger la nature humaine, une femme étendue fur la terre humide, fans couverture, expofée à la pluie, au vent, à la gelée, étoit un objet trop attendriffant pour ne pas exciter ma compaffion, mais ma furprife redoubla, en voyant que cette malheureufe créature ne demandoit pas l'aumône: fes yeux étoient fixés fur le ciel, comme fi elle eût accufé la providence qui l'avoit abandonnée. L'eau dégoutoit de fes cheveux épars, fes jambes, qui étoient toutes nues, étoient enflées & rougies par le froid. Je voulus lui donner de l'argent qu'elle refufa, en me faifant figne de la tête, & fans proférer une parole. Je lui offris enfuite mes fecours qu'elle ne refufa, ni n'accepta. Elle se laissa conduire sans parler, à l'hôpital de là porte (Loch'hospital,) où j'avois quelque intérêt en qualité de gouverneur. La matrône reçut avec bonté cette créature mourante, & je la fis mettre dans un lit.

Nous nous assîmes à côté d'elle. Le pourpre, dont le froid avoit coloré ses joues, fit place à une couleur plus naturelle. Nous fûmes étonnés de lui voir des mains qui n'étoient pas durcies par le travail; elle avoit une bague à son doigt & un brasselet au bras.

Quand elle fut en état de parler, nous voulûmes lui faire des questions; mais elle nous prévint, &, tournant ses regards vers moi, elle me dit: « Monsieur, votre charité n'est pas moins respectable pour être tombée inutilement sur moi.... Si j'ai reçu vos secours, c'est parce que je n'ai pas eu la force de les refuser. Je n'ai qu'une grace à vous demander, c'est de me laisser aller ».

Cette résolution nous étonna : je la pressai, non de s'expliquer, mais d'accepter les soins que nous pouvions lui rendre : elle ne répondit point. Je la recommandai en partant à la matrône : mais j'appris qu'elle étoit partie sur le soir, & que ni les prières, ni les offres n'avoient pu la retenir.

Je parlai de cette aventure à mes amis, qui la regardèrent comme une fiction romanesque. J'avois peine moi-même à ne pas la prendre pour une vision.

Cependant, sept ou huit jours après, on me demanda ma recommandation pour faire entrer une malheureuse créature, dont la raison étoit disoit-on, altérée, dans une autre maison de charité, à l'entretien de laquelle je contribue.

Je vis cette malheureuse, & je la reconnus pour la même personne comblée, s'il est possible, de plus de misère encore.

Une circonstance que j'avois ignorée, rendoit sa situation plus affreuse. Elle est grosse, elle me pardonnera de publier une vérité désagréable, & elle n'est pas mariée.

S'il y a quelque personne de son sexe, car il n'y en aura aucune du nôtre, assez barbare pour croire que cette circonstance la rende indigne de compassion dans son malheur; que cette ame dure & insensible n'écoute pas plus avant mon récit.

Mais j'accuse les femmes témérairement. Quoiqu'elles soient plus disposées à punir cette faute, ce ne sont pas elles qui la punissent le plus sévèrement.

Nos maisons de charité sont infectées de ces mêmes principes impitoyables. L'infortunée dont

je conte l'histoire l'éprouva ; & ceux qui ont voulu la servir l'ont éprouvé aussi.

Aucune charité publique ne voulut recevoir la plus malheureuse de son sexe, parce qu'elle avoit eu une foiblesse; il ne lui restoit de ressource que dans l'hôpital général des femmes grosses.

C'est-là que la charité se montre dans toute sa pompe, & proportionne ses secours à l'étendue des besoins. Le ciel répand sur tous sa lumière & sa rosée : les hommes ont suivi une fois cet exemple.

Ce dernier asyle recueillit enfin cette femme délaissée. Les soins qu'on y prit d'elle, rendirent bientôt un peu de tranquillité à son ame ; &, déterminée par le tendre intérêt que nous prenions à ses malheurs, elle nous conta ainsi son aventure.

» Je suis une *pauvre* fille abusée, d'une condition qui n'est ni vile, ni bien relevée. Je vous dirai tout : ... Il n'y a qu'un nom que je veuille vous cacher .... C'est celui, ajouta t-elle, en versant quelques larmes, de l'ingrat qui m'a abandonnée, qui m'a perdue. Mon nom est Anne Glynn-Allen. Je suis née à Beddefort dans le Dévonshire. Thomas Allen, mon père, y a un état dont une fille plus heureuse pourroit se glorifier. Je vivois avec lui, je l'aimois; j'aimois tous ceux qu'il estimoit. Parmi les personnes qui fréquentoient chez nous, un jeune homme avoit sur-tout gagné l'amitié de mon père, il eut bientôt la mienne; il eut plus .... Il m'inspira le premier sentiment du plus violent amour ».

Nous ne pûmes nous empêcher de marquer l'étonnement que nous causa ce discours, & le ton dont elle le prononça. Après l'avoir interrompu un moment pour répandre quelques larmes, elle continua : « Mon père, pendant long-temps, ne s'apperçut point de notre intelligence; mais, dès qu'il l'eût découverte, il s'y opposa. Quoiqu'il estimât le jeune homme, comme connoissance, il ne le jugea pas digne d'être son gendre ».

« Pour m'expliquer plus clairement, il ne se trouva pas assez riche : car il ne lui manquoit que la fortune. J'ai de la peine à faire ce reproche à mon père ; mais ce tort, si c'en est un, ne lui est pas personnel. Les hommes riches ne font pas grand cas de toute autre qualité dans ceux qui sont pauvres ».

« Comme mon père nous refusoit son consentement, nous prîmes la résolution de nous marier sans son aveu : cette désobéissance m'a coûté cher, le ciel m'en a punie ».... Elle ne put pas continuer, sans doute qu'elle ne put soutenir l'émotion que ce ressouvenir excitoit en elle, elle tomba en foiblesse.

Nous

Nous la fîmes revenir par nos soins, nous ne voulûmes pas la presser d'achever sa malheureuse histoire ; mais elle nous en raconta la suite à différentes reprises.

Cette infortunée avoit pris des mesures avec son amant, pour aller se marier à Londres. Se regardant déja comme époux, ils ne refusèrent rien à leurs passions : le jeune homme partit le premier pour Londres, & écrivit à sa maitresse de venir le trouver ; elle s'échappa de la maison paternelle avec sa femme-de-chambre, qui étoit dans sa confidence, & n'ayant que très-peu d'argent, elle arrive à l'adresse qu'on lui avoit donnée ; elle s'informe de son amant ; mais on ne lui en donne aucune nouvelle.

Un matin sa femme-de-chambre disparoît avec son argent, & elle reste plongée dans la misère & dans la douleur, inconnue à tout l'univers ; c'étoit au commencement d'octobre.

Depuis ce jour, jusqu'à celui où elle a été recueillie dans cette maison, excepté les momens qu'elle a passés à l'hôpital de la Porte, elle n'a eu d'autre lit que la terre, & d'autre couverture que le ciel.

Sa nourriture étoit des pommes & des châtaignes sauvages. Elle erroit dans les campagnes, livrée au plus horrible désespoir, excitant la compassion de tous ceux qui la rencontroient, & refusant constamment tous les secours qu'on lui offroit.

Enfin elle s'est laissée conduire dans cet asyle, où elle attend le moment de se délivrer du fruit malheureux de sa foiblesse ; & nous espérons qu'elle recouvrera avec la santé la paix de l'ame, & qu'elle effacera par son repentir & sa sagesse, jusqu'aux traces de sa faute.

PAYS (René le), né l'an 1636, mort en 1690.

Le Pays eut une aventure assez singulière dans un voyage qu'il fit en Languedoc. Le prince de Conti, qui vivoit le plus ordinairement dans cette province, s'écarta un jour de son équipage de chasse, vint à l'hôtellerie où étoit le Pays, & demanda à l'hôte s'il n'y avoit personne chez lui. On lui répondit qu'il y avoit un galant homme qui faisoit cuire une poularde dans sa chambre pour son dîner. Le prince, qui aimoit à s'amuser, y monta, & trouva le Pays appliqué à parcourir ses papiers : il s'approcha de la cheminée en disant : la poularde est cuite, il faut la manger. Le Pays, qui ne connoissoit point le prince, ne se leva point, & lui répondit : La poularde n'est point cuite & elle n'est destinée que pour moi. Le prince s'opiniâtra à soutenir qu'elle étoit cuite, & le Pays à dire qu'elle ne l'étoit pas. La dispute s'échauffoit, lorsqu'une partie

de la suite du prince arriva. Pour lors, le Pays le reconnut, quitta ses papiers & vint se jetter à ses genoux, en lui disant plusieurs fois : Monseigneur, elle est cuite, elle est cuite. Le prince qui étoit spirituel, aimable & familier se divertit fort de cette aventure, & lui répondit : Puisqu'elle est cuite, il faut la manger ensemble.

Les railleurs appellèrent le Pays le singe de Voiture, parce qu'il se flattoit d'imiter dans ses lettres l'enjouement & la délicatesse de cet auteur.

Le Pays ayant dit à Linière : vous êtes un sot en trois lettres : vous en êtes un, vous, lui répondit Linière, en mille que vous avez composées.

PAYSANS. On a pris plaisir à peindre dans de petits contes le gros bon sens des Paysans & leur naïveté. Mais ne nous fions pas toujours à leur franchise, qui souvent n'est qu'apparente. C'est aussi cette feinte ingénuité qui donne un certain sel à leurs réparties malignement naives.

Le carosse d'un évêque se trouva arrêté dans un grand chemin par une charrette ; son cocher eut beau crier au charretier de se ranger, l'injurier, le menacer, celui-ci tint ferme & ne demeura point en reste. Le prélat, impatienté, mit la tête à la portière, & voyant un gros garçon hardi & vigoureux : mon ami, lui dit-il, vous avez l'air d'être mieux nourri qu'appris. » Pardieu ! monseigneur, répond le Piteau, » cela n'est pas étonnant, c'est nous qui nous » nourrissons, & c'est vous qui nous instruisez ».

On tâchoit d'expliquer à un Paysan Suisse, qui se croyoit le plus riche des hommes, ce que c'étoit qu'un roi. Lorsque l'on pensoit qu'il avoit bien compris l'explication, il demanda d'un air fier, si un roi pourroit bien avoir cent vaches à la montagne. Ce trait peut servir à prouver qu'en toutes choses, nos connoissances sont pour nous la mesure des possibles.

Deux Paysans furent députés par leur village pour aller dans une grande ville choisir un peintre habile, qui entreprît le tableau du maître-autel de leur église : le sujet devoit être le martyre de saint Sébastien. Le peintre à qui ils s'adressèrent leur demanda, si l'intention des habitans étoit qu'on représentât le saint vivant ou mort ? Cette question les embarrassa quelque tems ; enfin un d'eux dit au peintre : le plus sûr est de le représenter en vie, si on le veut mort on pourra toujours bien le tuer.

Un évêque, faisant la visite de son diocèse, trouva dans une église un tableau de saint Martin représenté en cavalier. Il demanda au marguillier pourquoi on ne l'avoit pas peint en évêque. Oh !

monseigneur, répondit le *Paysan* : c'est que nous ne sommes pas riches. L'évêque répondit qu'il n'en auroit pas coûté davantage. Comment pas davantage ? repartit le *Paysan*, j'y gagnons cinq chevaux, car il ne lui en faut qu'un comme ça, & à un évêque il en faut au moins six.

M. de Maupeou, évêque de Châlons sur Saone, demandoit à un *paysan*, combien il y a de Dieux : Parguié, monseigneur, répondit-il, en son patois, il n'y en a qu'un, encore est-il bien mal servi par vous autres gens d'église.

On montroit à un *paysan* tout ce qu'un maréchal de France avoit pris ; les villes, les pays, tout cela étoit sur un tableau. Morgué, tout ce qu'il a pris n'est pas là, dit le *paysan*, car je n'y vois pas mon pré.

Des *paysans* mandoient à madame de Maintenon, qu'ils craignoient fort pour sa santé & pour celle du roi à cause de la mortalité des bêtes. C'est madame de Maintenon elle-même qui rapporte ce trait dans ses lettres.

Un *paysan* qui plaidoit, alla voir son avocat, qui lui dit : Mon ami, tu perdras ton procès, la loi décide formellement contre toi. Il lui montra en même temps avec le doigt dans son corps de droit, la loi en question. Le *paysan* lui dit alors : Monsieur, ne laissez pas de plaider, que sait-on ? les juges se tromperont peut-être.

Dans ce temps là une affaire appella l'avocat hors de son cabinet ; il y laissa le *paysan*, qui profita de cette absence pour déchirer le feuillet où il avoit remarqué qu'on lui avoit désigné la loi dont il s'agissoit.

Il mit ce feuillet dans sa poche, & s'échappa secrètement, comme un homme qui auroit fait un mauvais coup.

L'avocat plaida avec beaucoup de vivacité, il éblouit les juges, il gagna sa cause. Le *paysan* au sortir de l'audience, l'aborda : Mon ami, lui dit l'avocat, tu as gagné ton procès contre mon sentiment : Oh ! monsieur, lui dit le *paysan*, je ne pouvois pas perdre, parce que j'avois bien caché la loi qui me condamnoit : tenez, la voila, continua-t-il, en lui montrant le feuillet qu'il tira de sa poche.

Un *paysan* ayant tué d'un coup de hallebarde le chien de son voisin, qui le vouloit mordre, fut cité devant le juge, qui lui demanda pourquoi il avoit tué ce chien : le *paysan* lui ayant répondu que c'étoit en se défendant ; le juge lui répartit : » Tu devois tourner le manche de la hallebarde. Je l'aurois fait, repliqua le *paysan*, s'il eût voulu me mordre de la queue, & non pas des dents ».

Un fameux traitant fut assez vain, pour faire élever dans ses jardins une statue équestre qui le représentoit. Deux *paysans* la considéroient : l'un demande à l'autre, d'où vient que le traitant n'a pas de gants ; hélas ! dit l'autre, il n'en porte point, parce qu'il a toujours les mains dans nos poches.

Un laboureur voyant passer l'archévêque de Cologne, accompagné de soldats, ne put s'empêcher de rire. L'archévêque lui en demanda la raison. C'est, dit le laboureur, que je suis étonné de voir un archévêque armé & suivi de gens de guerre. Ne sais tu pas, mon ami, lui répondit-il, que je suis prince aussi-bien qu'archévêque ? J'entends bien repliqua le *paysan* ; mais, dites-moi, je vous prie, quand monsieur le prince ira à tous les diables, que deviendra M. l'archévêque ?

Un *paysan* de Basse-Bretagne, étant allé à la foire à Paris, où l'on montroit un animal extraordinaire, alla se jetter au col de la bête, en disant, ah ! je te reconnois, c'est le seigneur de notre village.

Un gaillard de village fut trouver son procureur, & lui dit : je voudrois bien m'acquitter de ce que je vous dois, mais je n'ai point d'argent. Le procureur lui dit qu'il étoit bien pauvre, s'il n'avoit rien. Le villageois lui répondit : si vous voulez prendre un lièvre, je vous le donnerai. — Oui-da, je le prendrai, dit le procureur. Le *paysan* lui repartit ; vous feriez donc plus que mon chien, qui chassa hier toute la journée, & qui ne put jamais en prendre un seul.

Deux suisses, le sabre à la main, se battoient à outrance dans une place ; un *paysan* passe par-là, & le cœur ému de compassion s'efforce de les séparer ; mais le pauvre diable pour toute récompense de son zèle, reçoit à la tête, un coup de sabre qui le jette à la renverse. On appele un chirurgien, qui veut voir si la cervelle est atteinte. Ah ! tout beau, dit le *paysan*, je n'en avois point lorsque je me fourrai dans cette querelle.

Un gentilhomme se vantant devant un *paysan*, de l'ancienneté de sa noblesse : " tant pis, monsieur, dit-il, quand une graine est si vieille, elle s'abâtardit ".

Deux *paysans* des environs de B.... sont venus consulter M.... avocat, le 15 décembre 1783. Ils avoient le cœur gros de soupirs, les larmes s'échappoient de leurs yeux.

Nous sommes désolés, lui dirent-ils. — Et de quoi, mes enfans ? — Notre beau-père vient de faire devant le juge, un serment qui nous semble équivoque : il a cru pouvoir user de cette odieuse prescription ; & contre qui encore ? contre un meûnier charitable, sans le secours duquel nos enfans & nous serions restés sans pain.

M…. leur demande le parti qu'ils veulent prendre. Il eſt tout pris, répondent-ils avec émotion; nous payerons pour le père de nos femmes. Et ils ont payé.

Un payſan eut le malheur que ſa vache fût tuée par le taureau du ſeigneur de ſon village; il jugea bien qu'il n'en auroit pas aiſément ſatisfaction. Il vint trouver ce ſeigneur qui étoit dans une maiſon de ſes amis, & dit que ſa vache avoit tué ſon taureau. La loi veut, s'écria auſſitôt le ſeigneur, que la vache appartienne au maître du taureau qui a été tué. Le payſan diſputa ſur cette peine, mais le ſeigneur n'en voulut pas démordre. Alors le payſan lui dit, monſeigneur, il faut tourner la médaille, c'eſt votre taureau qui a tué ma vache; palſangué vous vous êtes jugé; vous n'en appelerez pas: le ſeigneur s'étant enferré de lui-même, fut condamné par ſes amis.

Dans le temps que la France victorieuſe ſous Louis XIV, ſoutenoit une guerre qui coûtoit exceſſivement, on étoit obligé de doubler les impôts & les ſubſides. Un payſan qui avoit peine à digérer qu'on eût augmenté ſa taille dit: quoi ! nous gagnons & nous mettons toujours au jeu ?

En 1770, le feu ayant pris dans un village de la province de Fionie, un payſan du lieu donna, dans cette circonſtance, un exemple de zèle & de magnanimité qui mérite d'être rapporté.

Il portoit du ſecours en différens endroits de l'incendie, loin de ſon quartier, lorſqu'on vint l'avertir que le feu gagnoit ſa maiſon. Il demande ſi celle de ſon voiſin étoit endommagée? On lui répondit qu'elle brûloit.

A l'inſtant cet homme généreux, qui ſavoit que ſon voiſin étoit malade & hors d'état de s'aider lui-même, vole au ſecours de ſon ami; &, ſans s'arrêter au danger imminent dont le menaçoit une poutre embraſée prête à s'écrouler, il s'elance auprès du malade, le charge ſur ſes épaules, & le conduit heureuſement en lieu de ſûreté.

La chambre économique de cette ville ayant été informée de cet acte de zèle & d'humanité, envoya à ce payſan un gobelet d'argent, rempli d'écus danois, & ayant un couvercle dont la pomme eſt ſurmonté d'une couronne civique. Aux deux côtés de cette couronne, pendent deux petits médaillons ſur leſquels l'héroïſme de cette action eſt gravé.

PEINTRE. Un peintre venoit d'achever un tableau dans lequel il avoit repréſenté le dieu Mars, & le fit voir à un connoiſſeur auquel il demanda ſon avis. Celui-ci, après l'avoir examiné, lui trouva des défauts que le peintre ne vouloit pas avouer. Cette diſcuſſion duroit encore, lorſqu'un petit-

maître arriva. — « Que ce tableau eſt admirable, s'écria t-il après l'avoir à peine regardé; en honneur, c'eſt un chef-d'œuvre: il eſt unique: il eſt divin » ! — Le peintre alors prit un princeau & effaça tout ſon ouvrage.

Une demoiſelle de vingt-cinq ans voulut qu'un peintre la repréſentât en veſtale & de grandeur naturelle. L'ouvrage étant achevé, la jeune perſonne trouva que la hauteur de ſa taille n'étoit pas tout-à-fait rendue, & comme elle s'en plaignoit vivement au peintre, il lui dit: « Excuſez-moi, mademoiſelle, je vous ai repréſentée plus petite que vous ne l'êtes en effet, parce que je n'ai pas cru que, dans le temps où nous ſommes, il y ait des vierges auſſi grandes que vous ».

Après avoir été ruiné par un malheureux procès, un peintre eut deux plaideurs à peindre, dont l'un venoit de gagner ſa cauſe & l'autre l'avoit perdue: il repréſenta le premier en chemiſe, & le ſecond entièrement nud.

Une perſonne de qualité qui aimoit fort la peinture, ayant montré un tableau de ſa façon au Pouſſin; ce fameux peintre lui dit: « Monſieur, il ne vous manque, pour devenir habile peintre, qu'un peu de pauvreté ».

Un peintre italien, après avoir travaillé toute la journée, ſe faiſoit un amuſement, à l'entrée de la nuit, de regarder les taches d'une voûte ou d'un mur; il traçoit enſuite ſur le papier les figures que ſon imagination avoit apperçues.

Un peintre anglois, ayant repréſenté une jolie quêteuſe, tenant un tronc, & voulant faire entendre que ce tronc étoit vuide, imagina de peindre au deſſus de l'ouverture une toile d'araignée.

Frère Philippe Lippi, de l'ordre des Carmes, habile peintre Florentin, ayant été pris ſur mer, par des corſaires de barbarie, fit une fois le portrait de ſon patron ſur une muraille avec du charbon. Il attrapa ſi bien l'air de ſon viſage, & il exprima ſi naïvement ſon habit à la moreſque, que le barbare, frappé d'étonnement & d'admiration, lui donna généreuſement la liberté.

Ce frère Philippe étoit un maître moine. Comme il peignoit un jour le tableau du maître-autel des religieuſes de ſainte Marguerite de Florence, une jeune penſionnaire nommée Lucrèce, fille de François Buti, citoyen de Florence, l'étant venu voir peindre par hazard, notre frère Philippe jetta les yeux ſur elle, & en devint amoureux. Il fit tant, qu'il obtint des religieuſes, qu'il feroit le portrait de Lucrèce, ayant beſoin, dit-il, d'un bel air de tête pour la vierge de ſon tableau.

Comme il avoit la commodité de l'entretenir, il la débaucha; & ils convinrent de s'en aller enſemble, un jour qu'elle devoit ſortir, pour aller voir la ceinture de la vierge, qui eft dans le château.

Il en eût un fils, qui fut un excellent *peintre*, nommé comme fon père, Philippe Lippi.

La dame fe trouva fi bien de notre moine, que quelques efforts que fiffent les parens, elle ne le voulut jamais quitter.

Le pape Eugène offrit difpenfe à frère Philippe, de fe marier avec fa maitreffe ; mais il n'y voulut jamais confentir, craignant de perdre dans les liens du mariage la liberté, ou pour mieux dire, le libertinage dont il jouiffoit.

PELISSON, (Paul Fontanier) né l'an 1624, mort en 1693.

Peliffon, né avec un efprit avide de connoiffances, s'étoit appliqué de bonne heure à une étude réfléchie des anciens auteurs grecs & latins.

Il étoit à la vérité poëte médiocre, mais grand orateur, bon hiftorien & jurifconfulte éclairé.

Différens traits de fa vie prouvent qu'il étoit plein d'honneur & de probité, généreux, ami fidèle, ferviteur incorruptible, courtifan droit, fujet zélé.

Sa fortune changea plufieurs fois ; mais fon cœur pour fes amis & pour les honnêtes gens fut toujours le même.

La petite vérole l'avoit fi fort maltraité, furtout au vifage, qu'elle l'avoit rendu d'une laideur affreufe. Auffi madame de Sévigné difoit *qu'il abufoit de la permiffion qu'ont les hommes d'être laids.*

Cette même dame qui connoiffoit l'aimable candeur & toutes les autres belles qualités de *Peliffon*, dit une autre fois : *Si on le trouve fi laid, qu'on le dédouble, & on lui verra une belle ame.*

Peliffon fut le premier commis & confident du fur-intendant Fouquet.

Ce miniftre ayant été arrêté, fon premier commis eut part à fa difgrace, & fut mis à la baftille.

On s'imagina que, pour découvrir d'importans fecrets, le meilleur moyen, c'étoit de faire parler *Peliffon*.

Pour cet effet, on apofta un allemand fimple & groffier en apparence, mais fourbe & rufé, qui feignoit d'être prifonnier à la baftille, & dont le fond on étoit d'y jouer le rôle d'efpion.

A fon jeu & à fes difcours *Peliffon* le pénétra ; mais ne laiffant point appercevoir qu'il connût le piège, & redoublant au contraire fes politeffes

envers cet allemand, il enchanta tellement fon efpion, qu'il en fit fon émiffaire.

Il s'en fervoit pour entretenir au-dehors un commerce journalier avec différentes perfonnes, & faire publier différens mémoires qu'il avoit compofés dans fa prifon en faveur de M. Fouquet.

Quand ils parurent, on ne fut pas long-temps à foupçonner quel en pouvoit être l'auteur.

Pouvoit-on fe tromper à fon éloquence fimple, mais touchante ; à fa connoiffance profonde des affaires judiciaires & des affaires d'état ? Auffi-tôt plume & encre lui furent ôtés, & le prifonnier fut veillé de plus près.

Peliffon, privé du plaifir que donne l'étude, fe vit obligé de fe contenter de la compagnie d'un bafque ftupide & morne, qui ne favoit que jouer de la mufette.

Il trouva dans cela même une reffource contre l'ennui.

Une araignée faifoit fa toile à un foupirail qui donnoit du jour à fa prifon.

Il entreprit de l'apprivoifer, & pour cela il mettoit des mouches fur le bord de ce foupirail, tandis que fon bafque jouoit de la mufette.

Peu à peu l'araignée s'accoutuma à diftinguer le fon de cet inftrument, & à fortir de fon trou pour courir fur la proie qu'on lui préfentoit.

Il continua de l'appeller toujours au même fon, & éloignant la proie de plus en plus, il parvint, après un exercice de quelques mois, à difcipliner fi bien cette araignée, qu'elle partoit toujours au premier fignal, pour aller prendre une mouche au fond de la chambre, & jufques fur les genoux du prifonnier.

Le gouverneur de la baftille vint un jour voir fon prifonnier, & lui demanda avec un fouris infultant à quoi il s'occupoit.

Peliffon, d'un air ferein, lui dit qu'il avoit fu fe faire un amufement, & donnant auffi-tôt fon fignal, il fit venir l'araignée apprivoifée fur fa main.

Le gouverneur ne l'eut pas plutôt vue, qu'il la fait tomber à terre, & l'écrafe avec fon pied. « Ah ! monfieur, s'écria *Peliffon*, j'aurois mieux aimé que vous m'euffiez caffé le bras.

L'action de ce gouverneur étoit cruelle, & ne pouvoit venir que d'un homme accoutumé à voir des malheureux.

Il y a ce trait de *Peliffon* rapporté dans l'Encyclopédie, qui n'eft pas moins une preuve de l'honnêteté de cet homme illuftre que de fa grande pénétration & de fa fermeté.

Il se porte accusateur de M. Fouquet, son maître & son bienfaiteur.

On le confronte avec son accusé qu'il charge de quelque malversation chimérique. L'accusé lui en demande la preuve. « La preuve lui répond *Pelisson* ? Hé, monsieur, elle ne se peut tirer que de vos papiers, & vous savez bien qu'ils sont tous brûlés ». En effet ils l'étoient.

Pelisson les avoit brûlés lui-même ; mais il falloit en instruire le prisonnier ; & il ne balança point de recourir à un expédient, sûr à la vérité, puisque tout le monde y fut trompé, mais qui exposoit sa liberté, peut-être sa vie, & qui, s'il eût été ignoré, comme il pouvoit l'être, attachoit à son nom une infamie éternelle, dont la honte pouvoit réjaillir sur la république des lettres, où *Pelisson* occupoit un rang distingué.

Il avoit été reçu en 1652 à l'académie françoise dont il avoit écrit l'histoire.

Cette compagnie ayant entendu en pleine assemblée la lecture de cette histoire qui n'étoit encore que manuscrite, il fut arrêté quelques jours après en faveur de l'auteur, que la première place qui vaqueroit dans le corps, lui seroit destinée, & que cependant il auroit droit d'assister aux assemblées, & d'y opiner comme académicien, avec cette clause que « la même grace ne pourroit plus être faite à personne, pour quelque considération que ce fût.

Pelisson fit pendant quelques années avec deux autres académiciens, les frais du prix de poésie que distribue l'académie françoise.

Après sa mort, l'académie fournit à ces frais trois fois de suite. Depuis M. de Clermont-Tonnerre, évêque de Noyon, & membre de l'académie, fonda ce prix à perpétuité.

Pelisson abjura le calvinisme, & faisoit tous les ans du jour de sa réunion à l'église un jour de fête ; il célébroit aussi chaque année sa sortie de la bastille en délivrant quelques prisonniers.

Le ministre Morus, qui avoit fait un poëme latin à l'honneur de la république de Venise, avoit reçu une magnifique chaîne d'or. En mourant il la laissa par son testament à *Pelisson*, comme au plus honnête homme qu'il eût connu.

PELLEGRIN, (Simon-Joseph) mort en 1745, âgé de 82 ans.

L'abbé *Pellegrin* n'étoit pas un auteur sans mérite ; mais obligé d'écrire pour avoir du pain, il prodiguoit sa verve à tout venant.

Delà tant de vers plats qui firent croire qu'il étoit incapable d'en faire de bons.

Son extérieur négligé & une difficulté de s'énoncer avoient achevé de jetter sur lui un ridicule qui réjaillissoit sur ses ouvrages.

Ses mœurs étoient douces, & jamais il ne songea à se venger par la satyre, des traits envenimés qu'on se plaisoit à lancer contre lui.

Un trait qui fait bien de l'honneur à l'abbé *Pellegrin*, est d'avoir été le premier juge du génie du célèbre Rameau, & d'avoir en quelque sorte prédit sa célébrité.

Ce musicien, desirant de se faire connoître sur la scène lyrique, & n'ayant pu obtenir des paroles de M. de la Mothe, se détermina à s'adresser à l'abbé *Pellegrin* qui, moyennant un billet de cinquante pistoles, lui donna la tragédie d'*Hyppolite & Aricie*.

Le premier acte de cet opéra fut exécuté chez un fermier général que ses richesses mettoient à ée de favoriser les arts.

Le poëte étoit présent à cette répétition, & frappé des beautés sans nombre de la nouvelle musique, il courut embrasser l'auteur & déchira le billet, en s'écriant que ce n'étoit pas avec un musicien tel que lui qu'il falloit prendre des sûretés.

Pellegrin avoit commencé à traduire les poésies d'Horace, & promettoit d'en donner la suite ; mais le public le dispensa de tenir sa parole.

Comme dans l'essai qu'il donna, il avoit ajouté le texte à sa traduction, la monnoie lui décocha l'épigramme suivante :

> Il faudroit, soit dit entre nous,
> A deux divinités offrir ces deux Horaces ;
> Le latin à Vénus, la déesse des graces,
> Et le françois à son époux.

Dans le temps que parut sur le théâtre la belle tragédie de *Merope* de M. de Voltaire, un Dumont, spectateur habitué, sortant extasié de la première représentation de cette pièce, entra dans le café de Procope en s'écriant : « En vérité, Voltaire est le roi des poëtes ». L'abbé *Pellegrin* qui y étoit, se leva aussi-tôt, & d'un air piqué, dit brusquement: *Eh ! qui suis-je donc moi ?* « Vous ! ... vous en êtes le doyen, lui répondit Dumont ».

Pellegrin ayant bien de la peine à vivre, disoit tous les jours la messe, & la petite rétribution qu'il en retiroit, lui donnoit à dîner.

Le reste de la journée, il s'occupoit à composer des pièces de théâtre pour avoir à souper.

C'est ce que le nommé Remi, poëte fort obscur, a exprimé affez heureufement dans ces deux vers :

> Le matin catholique, & le foir idolâtre,
> Il dîna de l'autel, & foupa du théâtre.

Des occupations fi peu afforties à fon caractère de prêtre, le firent interdire par le cardinal de Noailles, & cet interdit ne fut jamais levé.

L'abbé *Pellegrin* avoit fait un opéra intitulé Loth, dont voici le premier vers. *L'amour a vaincu Loth.* Comme ce poëte étoit très-pauvre & manquoit de culottes, quelqu'un lui dit : « vous devriez bien en emprunter une à l'amour.

L'abbé *Pellegrin* fe promenant au Luxembourg avec un de fes amis, vit devant lui une feuille de papier qui contenoit un modèle d'écriture, fur lequel il n'y avoit que des P. L'ami ramaffe cette feuille & dit à l'abbé. Devinez ce que veulent dire ces lettres ? C'eft, répondit l'abbé, la leçon qu'un maître à écrire a donné à fon élève, & que le vent a fait tomber à nos pieds. Vous vous trompez dit fon ami : voici le fens de cette longue abréviation. Tous ces P fignifient : *Pélopée, pièce pitoyable, par Pellegrin, poëte, pauvre prêtre provençal.*

PÉNITENCE. Un jeune homme qui alloit époufer fa maîtreffe, tenant en main fon billet de confeffion, crut qu'il feroit plaifant de retourner fur fes pas & de dire au confeffeur : « Je ne fais, monfieur, fi je fuis bien confeffé, vous avez oublié de me donner une *pénitence* ». Le confeffeur, homme d'efprit, répondit à cet étourdi : « ne m'avez-vous pas dit, monfieur, que vous alliez vous marier » ?

PENSÉES. L'homme qui n'eft pas fûr de ce qu'il penfe, ne doit prendre avis de perfonne. S'il n'eft pas affez inftruit pour éclairer le monde, il ne doit pas écrire. Celui au contraire qui fe fent affez de force pour en être la lumière, émouffera la vigueur de fes *penfées*, en les foumettant au choc des opinions. C'eft ce qui me fait croire que les donneurs d'avis font nuifibles, ou du moins inutiles.

En apprenant la qualité d'un homme on le confidère ; en apprenant fes belles qualités, on le refpecte ; c'eft une diftinction que le cœur fait fur le champ, & un hommage tacite que l'on rend à la vertu, fans même y fonger.

La confcience eft le meilleur livre de morale que nous ayons, & celui que l'on confulte le moins.

Rien n'eft fi près d'une faute que le répentir de l'avoir faite.

L'opprobre brife tous les refforts de l'ame.

La nobleffe eft dans la vertu ; on eft fils de fes propres actions.

On perd infiniment plus qu'on ne l'imagine à négliger le foin de plaire à ceux qu'on efface.

Les confeils font comme les faveurs ; il faut attendre qu'on les demande ; les offrir c'eft les proftituer.

L'expérience de tous les âges prouve qu'on ne peut beaucoup demander à la terre, qu'après lui avoir beaucoup donné.

On ne doit envier d'un rang élevé que l'avantage de faire des heureux.

L'ame d'un fage reçoit l'impreffion des fens, comme une glace reçoit les objets qui paffent devant elle.

L'habitude de fe vaincre en facilite le pouvoir.

La préfence d'un homme vertueux a le même pouvoir que les autels des dieux ; elle infpire le refpect & la confiance.

L'homme fans paffions n'exifte ni dans le fond d'un bois, ni dans la fociété, ni dans une cellule.

Jules Aufonne, médecin, père du poëte Aufonne de Bordeaux, difoit, que celui-là n'étoit pas heureux, qui a tout ce qu'il défire, mais heureux celui qui ne défire point ce qu'il n'a pas.

Si c'eft la raifon qui fait l'homme, c'eft le fentiment qui le conduit.

PÈRE DE FAMILLE appelé en duel.

Deux anglois fort amis, dinant enfemble dans une taverne, & caufant politique à tort & à travers, fe prennent de querelles ; le plus pétulent des deux propofe un duel que le plus raifonnable accepte pour le lendemain, à condition qu'avant de fe porter fur le pré, on déjeunera enfemble : mais au lieu de la taverne, celui qui impofe la condition, propofe fa maifon. L'ami au cartel ne manque pas d'arriver de bonne heure au rendez-vous. On le fait entrer dans la falle à manger, où il trouve les apprêts d'un déjeuner bien entendu ; peu-à-peu defcendent fucceffivement les enfans & l'époufe de l'ami raifonnable, quatre garçons beaux comme des anges, deux filles charmantes, la mère, de la figure du monde la plus intéreffante. Chacun prend fa place : on déjeune gaiement, où du moins chacun diffimule fes fenfations intérieures. Le repas fini, l'homme au cartel propofe à l'autre de le fuivre. « Un moment, lui dit ce dernier, la partie eft trop inégale entre nous, montrez-moi fix enfans chéris, une époufe idolâtrée, & je vous fuis. » — Tu as raifon, s'écria

le premier, la partie n'eſt pas égale, embraſſe-
moi, pardonne moi : ce que je viens de voir
m'apprend que l'exiſtence d'un *père de famille* doit-
être ſacrée ».

PERRAULT, (Charles) né à Paris l'an 1627,
mort en 1703.

Avant *Perrault*, on parloit mal des anciens
avec la même circonſpection dont uſent des conjurés lorſqu'ils médiſent du gouvernement. On ſe
diſoit tout bas : Homère n'eſt pas ſi divin, comme
on ſe diſoit du temps du pape Zacharie, il y a
des antipodes.

Monſieur *Perrault*, ayant maltraité les meilleurs écrivains de l'antiquité dans ſon parallèle des
anciens & modernes, M. le prince de Conti, dit
un jour, que ſi Deſpréaux ne répondoit pas au
livre des parallèles, il vouloit aller à l'académie
écrire ſur la place de ce ſatyrique : *Tu dors
Brutus*.

Ce prince ayant lu le parallèle, & en paroiſſant
fort indigné ; quelqu'un lui ayant demandé ce
que c'étoit donc que cet ouvrage, pour lequel
il témoignoit un ſi grand mépris : « C'eſt un livre,
dit-il, où tout ce que vous avez jamais oüi louer
au monde eſt blâmé, & où tout ce que vous avez
jamais entendu blâmer eſt loué.

PERRAULT, (Claude) né en 1613, mort
en 1688.

Perrault ſe fit médecin ; mais il naquit architecte. Il deſſinoit l'architecture en homme de goût,
& avoit pour les arts cet enthouſiaſme qui caractériſe le génie.

La belle façade du louvre du côté de ſaint
Germain l'Auxerrois, l'arc de triomphe du fauxbourg ſaint Antoine, l'obſervatoire de Paris,
la chapelle de Sceaux, chefs-d'œuvre d'architecture, & ſes commentaires ſur Vitruve, rendront
ſon nom immortel. Ses mœurs étoient douces, ſon
caractère bienfaiſant.

Quoique ſon goût pour les arts l'éloignât de la
pratique de la médecine, il continua néanmoins de
l'exercer dans ſa famille & pour le ſoulagement des
pauvres & de ſes amis.

Il procura la ſanté au célèbre Boileau Deſpréaux, qui l'en remercia par quelques épigrammes.

Perrault, ennemi de la ſatyre, s'étoit déclaré
avec tous les gens ſages contre celle du Juvénal
françois. Celui-ci ſe vengea de ſon cenſeur avec les
armes qu'il avoit entre les mains.

Dans ſon quatrième chant de l'art poétique, il
déſigna *Perrault* ſous l'emblême de ce docteur de

Florence, qui de méchant médecin devint bon
architecte.

La raillerie ne fut pas du goût du médecin qui
porta ſes plaintes à Colbert. Le poëte ne ſe défendit
que par une plaiſanterie qui fit rire ce grand miniſtre. « M. *Perrault*, lui dit-il, a tort de ſe plaindre, je l'ai fait précepte ». En effet, il tire de ſon
exemple ce précepte excellent :

    Soyez plutôt maçon, ſi c'eſt votre talent.

Le cavalier Bernin avoit été appelé à grand frais
de Rome à Paris en 1665, pour travailler au frontiſ-
pice du louvre ; mais ſes deſſins ne furent point exécutés, & lorſqu'il vit ceux de *Perrault*, il ne put
s'empêcher de dire : « Que quand on avoit de tels
hommes chez ſoi, il ne falloit pas en aller chercher
ailleurs ».

Claude Perrault étoit frère de Charles Perrault,
bien connu dans la république des lettres par
ſon *Parallèle des anciens & des modernes*.

Charles Perrault n'étoit pas un des premiers
écrivains de ſon ſiècle ; ſes vers ainſi que ſa proſe
manquent de coloris ; mais ſon amour pour les
lettres & les arts lui tenoit lieu de talens, & il ne
contribua peut-être pas moins à leurs progrès que
ceux de ſes contemporains qui avoient le plus de
réputation.

Ce fut par un effet de ſon zèle pour la gloire
de la nation qu'il chanta les merveilles du
ſiècle de Louis XIV, dans un poëme intitulé :
Le ſiècle de Louis le grand : mais ce poëme ne
parut aux yeux des partiſans des anciens qu'une
ſatyre indécente des ſiècles antérieurs, qui
font époque dans l'hiſtoire des progrès de l'eſprit
humain.

Ce fut alors que l'auteur, pour ſoutenir ce
qu'il avoit avancé, mit au jour ſon *Parallèle des
anciens & des modernes*.

Deſpréaux & Racine, dont il n'avoit point
parlé dans ſon parallèle, ou dont il n'avoit dit
que des choſes peu capables de flatter leur
amour propre, ſe crurent perſonnellement of-
fenſés. Racine ſe vengea le premier par un petit
couplet malin.

    Entêté de ſon faux ſyſtême,

    Perrault, philoſophe mutin,

    Diſpute d'une force extrème ;

    Et coëffé de ſon arétin,

      Fait le lutin,

    Pour prouver clairement lui-même

    Qu'il n'entend ni grec ni latin.

Despréaux de son côté avoit décoché plusieurs épigrammes, mais il en restoit là; & on étoit surpris qu'un homme dont on avoit vu toujours la bile s'échauffer à la moindre atteinte que quelqu'un donnoit au bon goût & à la raison, souffrit tranquillement les décisions d'un écrivain qui jugeoit les poëmes d'*Alaric*, de la *Pucelle* & de *Moyse sauvé*, des chefs-d'œuvre en comparaison de l'*Iliade*, & de l'*Odyssée*.

Perrault, qui étoit de l'humeur la plus pacifique, ne pouvoit comprendre comment ses adversaires s'étoient si fort échauffés pour des poëtes morts, il y avoit deux mille ans.

Il préféroit avec raison sa tranquillité à toutes ces querelles littéraires, qui rendent les gens de lettres le jouet du public, dont ils doivent être les maîtres. Aussi se réconcilia-t-il bien sincérement avec Boileau lorsque celui-ci parut le desirer.

Cette paix se fit en 1699, & le satyrique la célébra lui-même par ces vers:

> Tout le trouble poétique
> A Paris s'en va cesser.
> Perrault l'anti-pindarique,
> Et Despréaux l'homérique
> Consentent de s'embrasser.

PERSE, (*Aulus Persius Flaccus*) poëte latin, né, l'an 34 de Jésus-Christ, mort l'an 62 à 28 ans.

Perse reprend souvent les défauts des orateurs & des poëtes de son temps, sans épargner Néron même. On croit qu'il a voulu désigner ce prince par ce vers injurieux qu'on lit dans la première de ses satyres:

Auriculas asini quis non habet

Perse avoit d'abord mis:

Auriculas asini Mida rex habet.

Mais Cornutus, ami du poëte, lui fit sentir le danger de ce bon mot & le lui fit corriger. Si l'anecdote est vraie, comment peut-on attribuer à Néron ce vers, *Torva mimalloneis implerunt cornua bombis*, & les trois suivans que *Perse* cite pour modèle d'une poésie ridicule.

Ce dernier trait de satyre n'étoit-il pas encore plus fort que le premier; & Néron qui vouloit régner sur le parnasse comme dans l'empire, auroit-il souffert aisément une pareille insulte?

Perse en mourant laissa par reconnoissance à Cor-

nutus son maître & son ami, sa bibliothèque, composée de sept cents volumes, ce qui étoit alors fort considérable, & une grande somme d'argent. Cornutus accepta les livres; & rendit l'argent aux héritiers du poëte.

L'obscurité qui règne dans ses satyres a fait dire à quelqu'un, que puisque *Perse* ne vouloit pas être entendu, il ne vouloit pas l'entendre. *Si non vis intelligi, nec ego volo te intelligere.*

PÉTRARQUE, (*François*) célèbre poëte italien, né le 20 juillet 1304, mort le 18 juillet 1374.

L'auteur des nouveaux *mémoires pour la vie de Pétrarque*, rapporte la circonstance qui donna lieu à la passion de ce poëte, pour Laure.

Le 6 avril 1327, c'étoit le lundi de la semaine sainte à la première heure, c'est-à-dire, vers les six heures du matin (l'usage étoit alors de compter les heures depuis la pointe du jour) *Pétrarque* étant allé faire ses prieres à l'église des religieuses de sainte Claire-d'Avignon, y vit une dame fort jeune, dont la beauté le frappa.

Elle étoit vêtue de verd, son habit étoit parsemé de violettes. Son visage, sa démarche, son air avoient quelque chose de céleste; sa taille étoit fine & légère, ses yeux tendres & brillans, ses sourcils noirs comme de l'ébène. Des cheveux couleur d'or flottoient sur des épaules plus blanches que la neige.

L'or de cette chevelure lui paroissoit filé & tissu des mains de l'amour. Elle avoit le col bien fait & d'une blancheur admirable. Son teint étoit animé par ce coloris que la nature & l'art s'efforcent en vain d'imiter.

Quand elle ouvroit la bouche, on ne voyoit que des perles & des roses. Elle avoit de jolis pieds, de belles mains plus blanches que la neige & l'ivoire.

Elle étoit pleine de graces; rien de si doux que sa physionomie, de si modeste que son mantien, de si touchant que le son de sa voix, son regard avoit quelque chose de gai & de tendre, mais en même-temps si honnête qu'il portoit à la vertu.

Laure étoit fille d'Audifert de Noves, & fut mariée à l'âge de dix-huit ans à Hugues de Sade, seigneur de Saumane.

Elle eut pour sa dot six mille tournois & l'O rond, outre cela deux habits complets, l'un verd, & l'autre d'écarlate, une couronne d'argent du prix de vingt florins d'or, un lit honnête & tout ce qui convient à une épousée suivant la condition des personnes.

Tous ces petits détails interesseroient moins,

& la muse qui inspira *Pétrarque* n'en étoit l'objet. Cette muse étoit chaste & vertueuse.

Laure, contente d'être aimée de *Pétrarque*, ne souffroit point qu'il lui parlât jamais de son amour. Elle le traitoit avec rigueur toutes les fois qu'il entreprenoit de déclarer ses feux, mais quand elle le voyoit au désespoir, prêt à se rebuter, & à quitter son esclavage, elle savoit le ramener par quelque faveur légère. Un regard, un geste, un mot suffisoit.

Ce fut par ce manège que Laure, sans compromettre son honneur, trouva moyen de tenir dans ses chaînes jusqu'à sa mort arrivée en 1348, c'est-à-dire, plus de vingt ans, l'homme le plus ardent & le plus impétueux.

On ajoute que Laure étoit du nombre des dames qui composoient la cour d'amour.

Cette cour étoit une assemblée de femmes de la première qualité qui ne traitoient que des matières de galanterie, & qui décidoient gravement sur ces bagatelles.

Rome renouvela en faveur du chantre de Laure, l'usage de couronner les poëtes, interrompu depuis la cessation des combats capitolins.

Pétrarque reçut dans cette capitale la couronne de lauriers. Il soutint auparavant devant Robert, roi de Naples, un examen qui dura trois jours, & sur le témoignage de ce prince qui passoit alors pour le père & le juge des savans, *Pétrarque* fut couronné.

L'assemblée, pour la cérémonie du couronnement, fut convoquée le jour de Pâques 8 avril 1341.

Dès le matin le son des trompettes annonça cette espèce de fête. *Pétrarque* parut au capitole, précédé par douze jeunes gens de quinze ans, choisis dans les meilleures maisons de Rome; ils étoient habillés d'écarlate, & récitoient des vers de *Pétrarque*.

Le poëte revêtu d'une robe que le roi de Naples lui avoit donnée, marchoit au milieu des premiers citoyens de la ville, habillés de verd.

Orso, comte d'Anguillara, qui étoit alors sénateur de Rome, venoit ensuite accompagné des principaux du conseil de ville.

Lorsqu'il se fut mis à sa place, *Pétrarque*, appelé par un hérault, fit une courte harangue, & cria trois fois : *Vive le peuple romain, vive le sénateur, Dieu les maintienne en liberté.*

La harangue finie, il se mit à genoux devant le sénateur qui, après avoir fait un petit discours,

Encyclopédiana.

ôta de sa tête une couronne de laurier, & la mit sur celle de *Pétrarque* en disant : *La couronne est la récompense du mérite.*

Pétrarque récita sur les héros de Rome un beau sonnet qui n'est pas dans ses œuvres.

Le peuple marqua sa joie & son approbation par des battemens de mains redoublés, & en criant à plusieurs reprises : *Vive le capitole & le poëte.*

La cérémonie achevée au capitole, *Pétrarque* fut conduit en pompe avec le même cortège dans l'église de saint-Pierre, où, après avoir rendu graces à Dieu de l'honneur qu'il venoit de recevoir, il déposa sa couronne pour être placée parmi les offrandes, & suspendue aux voûtes du temple.

La fête se termina par une expédition des lettres patentes, dans lesquelles, après un préambule très flatteur, il est dit, « que *Pétrarque* a mérité le titre de grand poëte & d'historien; que, pour marque spéciale de sa qualité de poëte, on lui a mis sur la tête une couronne de laurier, lui donnant, tant par l'autorité du roi Robert, que par celle du sénat & du peuple romain, dans l'art poétique, & historique à Rome, & par-tout ailleurs la pleine & libre puissance de lire, de disputer, expliquer les anciens livres, en faire de nouveaux, composer des poëmes, & de porter dans tous les actes, la couronne de laurier, de hêtre ou de myrte, à son choix, & l'habit poétique. Enfin on le déclare citoyen romain, & on lui en donne tous les priviléges. »

L'abbé du Resnel pense que ce fut bien moins la vanité qui engagea *Pétrarque* à accepter cet honneur, que l'espérance de trouver sous le laurier poétique, un sûr abri contre les foudres dont, dans ces temps d'ignorance, lui & les poëtes ses confrères étoient continuellement menacés. Il suffisoit alors de faire des vers pour être suspect d'hérésie ou de magie.

Mais si le laurier mit *Pétrarque* à couvert de la persécution des inquisiteurs, ce fut pour lui un foible bouclier contre les traits d'une infinité de censeurs que la singularité de cet honneur lui attira.

Il se plaint que cette couronne n'ajouta rien à sa science, & qu'elle augmenta le nombre de ses envieux : mais elle lui suscita aussi des admirateurs passionnés.

Un maître de grammaire qui étoit aveugle, ayant entendu parler de *Pétrarque* & du dessein qu'il avoit formé de subir un examen devant le roi Robert, avant que d'aller à Rome recevoir la couronne poétique, conçut un violent désir de s'entretenir avec un homme si rare, & se mit en route.

Bbbbb

Le roi, à qui on parla de ce grammairien, souhaita de le voir ; & ayant reconnu que l'unique but de son voyage étoit de rendre une espèce d'hommage littéraire à un de ses compatriotes, il lui fit donner une gratification, & ordonna qu'on le conduisît à Rome : mais par malheur *Pétrarque* en étoit déja parti ; & le grammairien fut obligé de retourner chez lui, désespéré d'avoir fait inutilement un si long voyage.

Cependant il apprit quelques mois après que *Pétrarque* s'étoit arrêté à Parme ; & dès-lors oubliant toutes ses fatigues passées, sans être effrayé des neiges dont l'Apennin étoit déja tout couvert, traversa les montagnes, & parvint au bonheur après lequel il avoit si long-temps soupiré.

Dès qu'il fût arrivé auprès de *Pétrarque*, il ne cessa de l'embrasser & de lui baiser les mains ; & comme chacun paroissoit surpris d'un spectacle si nouveau & si singulier : « Vous ne connoissez pas, dit l'aveugle aux spectateurs, tout ce que vaut l'homme à qui je rends ces marques de respect : je vois mieux que vous, tout aveugle que je suis ; & je rends graces à Dieu de ce qu'il a bien voulu que j'eusse enfin le bonheur de le rencontrer ».

Pétrarque, de son côté, fit le meilleur accueil qu'il lui fut possible à ce bon vieillard, qui, après avoir passé trois jours avec lui, s'en retourna dans son pays, très-content de son voyage.

Cette visite rappelle celle que Tite-Live avoit reçue autrefois, lorsqu'un étranger attiré par la seule réputation de ce fameux historien, étoit parti du fond de l'Espagne pour venir le voir à Rome.

Henri Capra, orfévre de Bergame, donna un autre exemple de cette espèce d'enthousiasme que faisoit naître en sa faveur l'illustre *Pétrarque*.

Cet orfévre, touché de tout ce que la renommée publioit de ce poëte italien, voulut, à quelque prix que ce fût, s'attirer son amitié.

Il chercha long-temps une occasion de se faire présenter à lui : enfin il vint à Milan où séjournoit *Pétrarque*, uniquement dans le dessein de satisfaire le désir qu'il avoit de voir ce fameux poëte. L'accueil gracieux que *Pétrarque* lui fit, acheva de lui gagner le cœur, & le combla de joie.

Il voulut avoir des copies de tout ce qui étoit sorti de la plume de ce poëte : il dépensa une somme considérable à orner presque toute sa maison de portraits & de statues qui le représentoient : enfin oubliant presque son commerce, il se mit en tête de devenir homme de lettres ; & *Pétrarque* ne put refuser à ses importunités une lettre pour un savant qu'il prioit de vouloir bien

donner quelques leçons à cet écolier quadragénaire.

Pétrarque a mérité à juste titre d'être regardé comme le restaurateur de la littérature, non-seulement par ses écrits, mais encore par les soins qu'il prit de recueillir les ouvrages des auteurs anciens.

Il en faisoit faire de bonnes copies sous ses yeux ; souvent même il prenoit la peine de les transcrire lui-même, impatienté par la lenteur & les bévues des écrivains qu'il employoit. Par un excès de sa complaisance pour le maître qui prit soin de sa jeunesse, nous avons perdu un manuscrit précieux de Cicéron, qui étoit son Traité de la gloire.

Il l'avoit prêté avec quelques autres manuscrits à ce vieillard pour les lire. Mais le bon-homme, les mit en gage pour quelque argent ; *Pétrarque*, qui s'en doutoit, lui demanda quelque temps après où il les avoit mis, dans le dessein de les retirer.

Le maître, honteux de ce qu'il avoit fait, ne lui répondit que par des larmes. *Pétrarque* lui offrit de l'argent pour aller les reprendre : *Ah, lui dit-il, quel affront vous me faites !* L'élève n'osa pas insister pour ménager la délicatesse de son maître.

Pétrarque fut chargé de plusieurs ambassades honorables par les Visconti à Milan, & passa les dernières années de sa vie à Arquà près de Padoue.

Pétrarque avoit été honoré pendant tout le cours de sa vie de l'estime & de la familiarité des plus grands princes qu'il traitoit avec assez de liberté.

L'empereur Charles IV l'avoit sollicité vivement de lui dédier un ouvrage. « Je ne puis, dit-il, vous rien promettre, qu'autant que vous aurez de véritable grandeur, & moi de loisir ».

Dans une conversation que Robert, roi de Naples & le protecteur des lettres, eut avec *Pétrarque*, l'entretien étant tombé sur Philippe de Valois, roi de France, Robert dit à *Pétrarque* : « N'avez-vous jamais été à sa cour ? Je n'en ai pas même été tenté, répondit *Pétrarque*. Pourquoi donc, dit le prince en souriant ? C'est, reprit-il, parce qu'il me semble qu'un homme comme moi ne peut être qu'un personnage inutile & importun à un roi ignorant. J'aime mieux vivre dans une honnête médiocrité que d'aller traîner mon corps dans une cour où personne ne parle ma langue. Il m'est revenu, dit le roi, que le fils aîné de Philippe aime assez l'étude. Je l'ai ouï dire aussi, répliqua *Pétrarque*, mais cela ne plaît pas au père ; on prétend même qu'il regarde comme des ennemis les précepteurs de son fils ; mais c'est un fait que je ne voudrois pas garantir ».

A ces mots, Robert fut saisi d'indignation. Après un court silence pendant lequel il avoit les yeux baissés, il s'écria : « Telle est la vie des hommes & la différence des goûts ! Pour moi, je jure que les lettres me sont plus chères que ma couronne, & s'il falloit renoncer à l'une ou à l'autre, j'arracherois bien vîte mon diadême ».

C'est ce prince qui accorda à Laure une marque de distinction particulière, & que *Pétrarque*, attentif à faire valoir tous les avantages de sa maitresse, n'a pas manqué de relever dans ses poésies. Robert venoit quelquefois à Avignon.

Dans une fête que le roi de Naples donnoit aux dames de la province, ce prince fut frappé de la beauté de Laure, & aussi-tôt faisant signe de la main aux autres femmes que leur âge ou leur rang mettoit au-dessus d'elle, il la fit approcher, lui dit de s'asseoir à ses côtés, & la baisa aux yeux & au front.

PEUR. M. Bertin, médecin de la faculté de Paris, mort en février 1781, avoit une timidité invincible, qui a fait le malheur de sa vie. Au séjour agréable de Paris, il préféra celui de la cour du Hospodar de Valachie, dont il fut premier Médecin. A peine M. Bertin fut-il arrivé, que le despote l'obligea d'assister au supplice de celui qu'il venoit remplacer. Quelle dut être alors la situation de cet homme timide ! Il se fit cependant aimer du Hospodar : mais il frémissoit en recevant ses caresses ; & lorsque ce prince fut rappellé à Constantinople, où il l'invitoit de le suivre, avec la promesse d'une grande fortune, M. Bertin prétexta la crainte de la peste, & reprit le chemin de la France.

Etant passé par Vienne, il eut l'honneur d'être présenté à l'impératrice reine. Cette grande souveraine, qui connoissoit son mérite, lui donna des cavaliers pour sa sûreté jusqu'à la frontière : dans la route ces soldats, dont il n'entendoit pas la langue, parloient entr'eux. M. Bertin, l'imagination encore frappée de la férocité des Valaques, se persuade qu'on veut l'assassiner. La crainte grossissant le danger, il s'échappe. Les cavaliers courent après lui ; il fuit encore plus vîte, entre dans un marais, & se met dans l'eau jusqu'au cou. Les cavaliers dont l'air riant n'annonçoit pas des assassins, le retirèrent avec bien de la peine, le rassûrèrent, & le ramenèrent.

De retour à Paris, un excès de travail & quelques querelles littéraires avoient affoibli ses organes très-foibles par eux mêmes, lorsqu'un homme lâche & brutal, à qui il avoit rendu des services, le menaça. Saisi de frayeur, & se trouvant déjà indisposé, il envoie chercher M. de l'Epine, médecin, son ami. Sa tête se trou-

ble, & il tombe dans un délire affreux. Les personnes qui l'entourent lui semblent autant d'assassins ; il se croit poursuivi ; à peine veut-il permettre que M. de l'Epine entre dans sa chambre. Le lendemain l'accès redouble, &, pour éviter la mort dont il se croit menacé, il échappe à sa garde, & se précipite par la fenêtre : mais sa chûte n'eut heureusement rien de dangereux.

Il se retira dans une maison de campagne près de Rennes, où il vécut le reste de ses jours, conservant toujours cette peur qui lui faisoit voir partout des dangers, & qui lui fit prendre la fuite lors de la descente des Anglois à S. Cast, parce qu'il les crut déja maîtres de la Bretagne, & qu'il se regarda comme perdu, ayant eu autrefois le titre de médecin du prétendant.

Claude, le cinquième des Césars, fut si peureux, si lâche & si pusillanime, que sa mère disoit souvent de lui, que la nature l'avoit commencé, & non pas achevé.

PHILIPPE, roi de Macédoine, mort l'an 336, avant J. C. âgé de 47 ans ; il fut le père du célèbre Alexandre.

Un mot de *Philippe* étoit, qu'*on amuse les enfans avec des joujoux, & les hommes avec des sermens* : maxime odieuse qu'on a aussi attribuée à notre roi Louis XI, & qui fut l'ame & le principe de la politique du roi de Macédoine.

Quelqu'un lui ayant rapporté qu'un château qu'il vouloit attaquer étoit imprenable, il demanda si l'on ne pourroit pas y faire entrer un mulet chargé d'argent.

Il avoit su par ses présens faire parler les oracles de la Grèce en sa faveur ; aussi le célèbre Démosthènes se plaignoit de son temps que la Pithie *philippisoit*.

Philippe conformément à sa politique, employoit les espions & les traîtres pour vaincre ses ennemis. Ce prince cependant, en profitant des trahisons, laissa voir un jour assez plaisamment ce qu'il pensoit des traîtres. Lasthène & Eurycrates, chefs de la cavalerie des Olynthiens, s'étoient rendus avec leurs troupes à *Philippe* lorsqu'il pressoit avec vigueur le siège d'Olynthe. Ils avoient reçu de lui un bon accueil ; mais ayant essuyé les reproches & les invectives des capitaines & des soldats Macédoniens qui les appelloient traîtres, ils s'en plaignirent au roi. Ce prince leur répondit « qu'ils » ne devoient pas prendre garde à ce que di- » soient des hommes grossiers, accoutumés à » nommer les choses par leurs noms. »

Bbbbb

Ce prince ayant remporté près de Chéronée, ville de Béotie, une célèbre victoire sur les Grecs, se livroit à une joie insultante. L'ivresse du vin augmentant encore celle de son orgueil, il étoit venu sur le champ de bataille insulter aux morts & aux prisonniers. Du nombre des captifs étoit l'orateur Demade; il fut choqué d'une telle conduite & ne put s'empêcher de dire au prince : *Pourquoi vouloir être un Thersite, lorsque vous pourriez être Agamemnon ?* Philippe, loin de s'offenser d'un pareil reproche, conçut dès ce moment de l'estime pour Demade & le combla d'honneurs.

Philippe disputant avec opiniâtreté contre un grammairien, celui-ci termina la dispute en lui disant : *Dieu te garde, seigneur, de savoir cela mieux que moi.*

Plusieurs traits peignent son exactitude dans l'administration de la justice. On le sollicitoit de favoriser un seigneur de sa cour, que le jugement qu'on alloit rendre devoit perdre de réputation. Philippe ne voulut point y consentir, & ajouta : *J'aime mieux qu'il soit décrié que moi.*

Philippe mourut assassiné par un de ses gardes, au milieu d'une fête qu'il donnoit pour les noces de sa fille Cléopâtre. Les Athéniens qui regardoient Philippe comme leur plus grand ennemi témoignèrent une joie indécente à la nouvelle de cet assassinat, ils rendirent même un décret qui donnoit la couronne à son assassin. Un seul citoyen s'opposa à cette lâcheté. « Pourquoi, leur dit-il, cette joie de la mort » d'un ennemi ? l'armée qui nous a défaits à » Chéronée n'est affoiblie que d'un seul » homme. »

PHILIPPE IV, étoit un prince fort sujet aux femmes; étant une nuit sorti seul du palais pour aller à ses amours, il fut attaqué par deux filous qui ayant mis l'épée à la main pour le voler, & lui se défendant assez bien entre eux deux, il se trouva heureusement secouru par le maître maçon de Buonretiro, lequel sans connoître le roi, l'ayant joint pour le défendre, le fit si heureusement avec son règlet, qu'ayant désarmé l'un des filous, l'autre prit la fuite. Le roi voulant reconnoître le service que le maçon lui avoit rendu, tira de son doigt un diamant de grand prix qu'il lui donna; puis étant retourné au palais & ayant fait réflexion que cette bague n'étoit pas une récompense proportionnée à la grandeur du secours qu'il lui avoit rendu en cette occasion, & qu'il étoit de sa générosité de savoir à qui il avoit obligation de la vie, il envoya dire à tous les orfèvres de Madrid qu'il avoit perdu un diamant de grand prix, & leur donna ordre d'arrêter celui qui le leur présenteroit. Il ne fut pas plutôt jour, que le maçon impatient de savoir ce qu'il avoit gagné le jour précédent, le porte chez un orfèvre, lequel, suivant l'ordre du roi, l'arrêta & le mena sous bonne garde au palais. Le roi ayant vu & reconnu son diamant le rendit au maçon, lui fit de grands biens, entre lesquels fut la charge de sur-intendant de ses bâtimens qu'il lui donna avec tout le témoignage de reconnoissance du secours qu'il en avoit reçu.

PHILIPPE, petit-fils de France, duc d'Orléans, régent du royaume pendant la minorité de Louis XV, né en 1674, mort en 1723, âgé d'un peu plus de quarante-neuf ans.

Philippe, fit sa première campagne en 1691, sous le maréchal de Luxembourg. Il se signala au combat de Steinkerque; il y chargea l'ennemi à la tête de la maison du roi, & fut blessé à l'épaule. La jeune duc se donna après l'action des mouvemens incroyables pour faire placer sur les chariots les blessés des deux partis. *Après le combat*, dit-il d'un ton plein d'humanité, *il n'y a plus d'ennemis sur le champ de bataille.*

Ce prince cultiva avec beaucoup de succès les sciences & les arts; mais il avoit un goût effréné pour les plaisirs, & même pour la débauche.

M. de S. Simon rapporte qu'un jour Maréchal, premier chirurgien de Louis XIV, se mit à louer le duc d'Orléans sur son esprit, sur ses diverses sciences, sur les arts qu'il possédoit, & à dire plaisamment que s'il étoit un homme qui eût besoin de gagner sa vie, il auroit cinq ou six moyens différens de la gagner grassement. Le roi le laissa causer un peu, puis après avoir souri de cette idée par laquelle Maréchal avoit comme terminé son discours; « savez vous, lui dit-il, ce » qu'est mon neveu; il a tout ce que vous ve- » nez de dire; mais c'est un fanfaron de cri- » mes; » à ce récit de Maréchal, je fus dans le dernier étonnement d'un si grand coup de pinceau, dit Saint-Simon dans ses mémoires.

Après la mort de Louis XIV en 1715, le parlement de Paris déféra la régence au duc d'Orléans, & l'arrêt fut prononcé par le chancelier. Le duc d'Orléans avoit, dans cette assemblée du parlement, offert de se soumettre à un conseil de régence. Mais l'abbé Dubois, son conseil & son favori, qui prévoyoit les suites de cette soumission, lui marqua dans un billet que s'il ne rompoit dans le moment la séance, il alloit se donner deux associés à la puissance suprême. Le duc d'Orléans la remit à l'après-dinée, & eut le temps de préparer un discours, où il fit voir les inconvéniens de l'autorité partagée, & la nécessité de la laisser résider toute entière dans sa personne. Il consentit néanmoins de ne prendre aucun parti dans les affaires d'état, qu'avec la délibération du conseil de régence, lequel devoit être formé à son choix. Mais il se réserva la distribution de toutes les graces ; ce fut à cette occasion qu'il dit *qu'il étoit ravi de se voir lié pour le mal & libre pour le bien.*

Le nouveau régent ne fut pas plutôt à la tête des affaires qu'il se disposa à s'unir étroitement avec l'Angleterre, & à se séparer des intérêts de la branche de Bourbon qui regnoit à Madrid. Le cardinal Alberoni, ministre du roi d'Espagne, qui n'ignoroit pas ces dispositions du duc d'Orléans, chercha à troubler sa régence, & même à lui ôter le gouvernement des affaires. Il chargea le prince de Cellamare, ambassadeur du roi catholique à Paris, de former l'intrigue & de la conduire. Celui-ci n'eut pas de peine à trouver des ouvriers ; c'est ainsi qu'il s'exprimoit dans ses lettres au cardinal. Lorsqu'il fut question de faire passer les instructions nécessaires en Espagne, on crut en avoir trouvé l'occasion la plus favorable dans le départ de l'abbé Portocarrero pour Madrid. Cet abbé avoit une chaise à double fond, où les papiers furent mis, & parurent parfaitement en sûreté. Ceux qui conduisirent l'intrigue à Paris, pouvoient être d'ailleurs rassurés sur la discrétion de l'homme auquel ils s'étoient confiés. Il est vrai qu'il n'y en eut pas de sa faute dans la découverte qu'on fit des papiers qu'il portoit. On a publié dans le temps que le secrétaire de l'ambassadeur d'Espagne, pour s'excuser d'un rendez-vous manqué avec une fille de la communauté de la Fillon, lui dit qu'il avoit eu tant de dépêches à faire, à cause du départ de l'abbé Portocarrero, qu'il s'étoit trouvé dans l'impossibilité d'aller chez elle, s'en étoient convenus. Cette fille en rendit compte à sa supérieure, qui ayant accès auprès du duc d'Orléans, lui donna cet avis qu'elle crut ne pas lui être indifférent. Le régent expédia aussi-tôt des ordres pour faire arrêter l'abbé sur la route, & saisir les papiers qu'il portoit. On l'atteignit à Poitiers ; & après s'être emparé de ce qu'on vouloit avoir, on lui laissa continuer son voyage. Il dépêcha sur le champ un courrier au prince de Cellamare pour l'instruire de ce qui étoit arrivé ; & ce courier fit une telle diligence, qu'il devança de beaucoup celui qui portoit la même nouvelle au régent, lequel arriva la nuit. L'ambassadeur en avoit passé une partie à table en compagnie agréable ; & n'eut pas grande envie d'employer le reste de cette nuit à l'examen d'une affaire peu réjouïssante. On prétend même qu'il fut conseillé de différer l'ouverture du paquet par une personne qui étoit avec lui, peu soucieuse

des affaires d'état. Quoi qu'il en soit, l'ambassadeur eut seize heures pour prendre ses mesures avant qu'il fût arrêté ; ce qui rend inexcusable sa négligence à se défaire des papiers qui commettoient les personnes liées avec lui. *Mém. de madame de Staal.*

Un chevalier de Ménil qui avoit été compliqué dans cette affaire, fut mis en prison. Mais comme il n'étoit coupable que pour n'avoir point voulu trahir ceux qui lui avoient donné leur confiance, chacun loua son procédé généreux. Cependant un marquis de Ménil, d'une autre famille, alla trouver le duc d'Orléans, pour l'assurer qu'il n'étoit ni parent, ni ami du chevalier. « Tant pis pour vous, monsieur, répondit le » régent : le chevalier de Ménil est un très » galant homme. »

Cette conspiration contre le régent fut par sa vigilance aussitôt dissipée qu'elle fut formée. Le systême de Law est un événement plus considérable de son gouvernement. Mais cet événement qui sembloit d'abord devoir ruiner la régence & bouleverser tout l'état, n'excita pas la moindre sédition, par l'habitude que les françois avoient prise d'obéir à Louis XIV, & peut-être aussi parce que la cupidité que ce systême réveilla dans toutes les conditions détourna les esprits de toute vue politique & ambitieuse.

Les ducs du temps de la régence voulurent faire un corps séparé de la noblesse. Quelques-uns exposèrent les motifs de leurs demandes dans une requête qu'ils présentèrent au régent. Mais ce prince assoupit aussi-tôt ces prétentions en répondant aux ducs, qu'en pareille occasion son bisaïeul Henri IV leur avoit dit : *Ventre saint-gris, messieurs, foi de gentilhomme je vous rendrai justice.*

Lorsque Stanislas, obligé de céder le trône de Pologne à son rival, cherchoit un asyle en France, M. Sum, envoyé de Pologne, pressoit le duc d'Orléans de ne point recevoir le roi détrôné ; mais le régent lui répondit avec une sorte de hauteur généreuse : « Dites à votre maître que la France a toujours été l'asyle des rois.

Un tempérament ardent l'avoit livré aux femmes ; mais jamais ses maîtresses ne le gouvernèrent. La comtesse de . . . crut que l'instant de foiblesse étoit arrivé & osa le fonder sur une affaire importante. L'amant saute du lit, & la prenant par la main la conduit devant une glace : « Vois-tu cette tête charmante, » lui dit-il ? Elle est faite pour les caresses » de l'amour, mais non pour les secrets de » l'état. »

PHILOSOPHE. On ne nous présente communément que les mémoires des conquérans, des ministres d'état, des généraux d'armées, qui, suivant les circonstances où ils se sont trouvés, ont plus ou moins bouleversé le monde. Je ne blâme point ce travail des auteurs, puisque nous avons la liberté de trouver leurs héros grands ou petits, & dignes ou indignes de notre estime, à proportion de la noblesse de leurs vertus, ou de l'énormité de leurs vices; mais je souhaiterois ardemment qu'ils nous offrissent quelquefois les sages maximes, les beaux sentimens, & la conduite désintéressée d'un philosophe, au milieu d'une fortune très-modique. Je voudrois qu'ils missent sous nos yeux les mémoires d'un homme qui a vécu dans l'obscurité; mais d'une manière digne de la raison, & conforme aux règles de la vertu. Pense-t-on que ces personnages honnêtes ne pouroient pas figurer à côté des fameux tyrans de l'univers? L'extrait suivant donnera quelque poids à ce que j'avance; & après l'avoir lu, peut-être se formera-t-on une idée plus avantageuse de ce bon campagnard, à cause de ses actions faites en secret & sans témoin, que de ceux qui se sont attirés l'admiration de la multitude.

Mémoire.

« A l'âge de vingt-deux ans, je sentis une violente passion pour la femme de mon cousin Charles, & peut-être que j'aurois eu le malheur de réussir, si à cause de cela même, je n'avois entrepris d'aller voir les pays étrangers ».

« Peu de temps après mon retour en Angleterre, j'eus une entrevue avec mon oncle François, ... qui vouloit me donner tout son bien; mais je le refusai, & j'obtins de lui qu'il ne déshériteroit pas son fils Edouard. »

« N. B. Il faut se souvenir de ne dire jamais cette particularité à mon cousin Edouard, de peur qu'il n'eût mauvaise opinion de feu son père, quoiqu'il parle toujours mal de moi à cette occasion ».

Afin de prévenir un procès scandaleux entre mon neveu Henri... & sa mère, j'alloue à celle-ci sous main, & de mon propre argent, la somme annuelle qui causoit leur dispute ».

« J'ai procuré un bénéfice à un jeune homme, parce qu'il étoit neveu de mon honnête précepteur, qui est mort depuis vingt années ».

« Donné dix livres sterling à la pauvre mademoiselle ... veuve de mon ami ... ».

« N. B. Il faut se ressouvenir de retrancher un plat de ma table, jusqu'à ce que j'aie recouvré cette somme.

« N. B. Je ne dois pas oublier non plus de réparer ma maison & de finir mes jardins, pour employer les pauvres paysans à ce travail après la récolte.

« Ordonné à Jean de relâcher de nuit les brebis du bon-homme D**, qui avoient été enfermées pour avoir été prises en défaut, & de n'en rien dire à mes autres valets.

« Obtenu de monsieur l'écuyer M. T. qu'il ne poursuivra pas en justice le fils du fermier qui avoit tiré une perdrix, & qu'il lui rendra son fusil.

« Payé l'apothicaire pour avoir guéri une vieille femme qui se croyoit sorcière.

« Remis à la discrétion d'un mendiant mon chien favori qui l'avoit mordu.

Amené le ministre de la paroisse, & un juge de paix Wiggh, à la même opinion, après les avoir engagés tous deux à s'expliquer leurs idées.

« N. B. Il faut chasser Pierre de ma maison, pour avoir tué un Daim d'un coup de pistolet, pendant qu'il mangeoit des glands sur sa main.

« Lorsque mon voisin Jean, qui me fait souvent tort, viendra demain pour me présenter sa requête, je dois me souvenir que je lui ai pardonné.

« Quité mon carrosse & vendu mes chevaux, pour être en état de secourir les pauvres dans une disette de grain ».

« Rabattu, cette même année, à mes fermiers, un cinquième de la rente qu'ils me doivent ».

« Lorsque je me promenois aujourd'hui, il m'est venu une pensée dans l'esprit qui m'a rempli le cœur de joie, & je me flatte qu'elle aura une heureuse influence sur moi le reste de mes jours ».

« N. B. Il faut ordonner à mon fils, en particulier, de ne m'ériger aucun monument: mais je n'en dois rien dire dans mon testament».

PIBRAC (Gui Dufaur seigneur de) magistrat & écrivain du seizième siècle, né à Toulouse l'an 1529, mort à Paris en 1584.

Charles IX choisit *Pibrac* pour un de ses ambassadeurs au concile de Trente. Il soutint tant de zèle les intérêts de la couronne de France & les libertés de l'église gallicane, que Catherine de Médicis, régente du royaume, résolut de l'élever à la dignité de chancelier. Mais un ennemi secret & jaloux qu'il avoit à la cour, dans le dessein de détourner la reine de son choix, lui dit qu'elle auroit un jour sujet de se repentir de l'élévation de ce magistrat, qui étoit dans des principes opposés au gouvernement qu'elle avoit établi en France avec tant de soin & de peine.

Médicis faisant difficulté de croire ce qu'on lui disoit, on lui fit lire le cinquante-quatrième quatrain :

Je hais ces mots de puissance absolue,

De plein pouvoir, de propre mouvement :

Aux saints décrets ils ont premièrement,

Puis à nos loix la puissance solue.

La reine ayant fait réflexion sur ces vers, il ne fut plus parlé de *Pibrac*.

Henri III, frère de Charles IX & alors duc d'Anjou, venoit d'être appellé au trône de Pologne. *Pibrac* accompagna ce prince, & répondit pour lui aux harangues de ses sujets.

Mais le nouveau roi, instruit de la mort de son frère Charles IX, quitta secrètement la Pologne, & laissa à Cracovie *Pibrac*; exposé à la colère des polonois, qui furent sur le point de se venger de la fuite du roi sur la personne de son ministre.

Il retourna heureusement en France, d'où il repartit chargé de négociations pour la Pologne, où il conclut une paix avantageuse.

Henri III lui donna, pour prix de ses services, une charge de président à mortier.

La reine de Navarre & le duc d'Alençon le choisirent pour leur chancelier.

Pibrac ne croyoit pas beaucoup aux prétendus sages de son temps, puisqu'il avoit coutume de dire que tout le bon sens étoit dans les proverbes.

Lorsque le grand prince de Condé se retira chez les espagnols, il amena avec lui le petit-fils de *Pibrac*.

Ce prince lui demanda un jour quelque quatrain de son grand-père; il répondit d'abord qu'il n'en savoit point. Pressé par de nouveaux ordres, il avoua qu'il en pourroit dire un; mais qu'il craignoit qu'il ne déplût.

Le prince voulant absolument être obéi, *Pibrac* lui dit des vers qu'il venoit de composer sur le champ, & qui lui apprirent qu'il est plus avantageux d'obéir au maître qu'on trouve en place, que de troubler le repos de sa patrie, sous prétexte d'en chercher un meilleur. *Anecdotes littéraires.*

PIERRE ALEXIOWITZ, surnommé le grand, czar de Moscovie. Il naquit le 11 juin 1673; monta sur le trône de Russie à l'âge de 10 ans; & mourut à Saint-Pétersbourg le 28 janvier 1725, dans la cinquante-troisième année de son âge.

L'empereur *Pierre I* étoit d'une taille haute; il avoit une marche fière, l'air noble, vif, spi-

rituel, le regard rude, & un certain tic désagréable qui altéroit souvent les traits de son visage. Il parloit avec feu, s'exprimoit avec facilité & souvent il haranguoit ses troupes, son conseil, le clergé. Souverain & orateur, ces deux qualités lui donnoient un ascendant auquel il étoit difficile de résister. Simple dans ses mœurs & dans sa cour, il méprisoit l'éclat & le faste. C'étoit le prince Ménzikof, son favori, qu'il chargeoit de le représenter par une magnificence extraordinaire. Jamais il n'y eut d'homme plus actif, plus laborieux, plus entreprenant, plus infatigable. Il comptoit, non ses jours, mais ses momens, & il n'avoit à regretter la perte d'aucun. La peine & le danger ne l'effrayoient point.

Les moyens les plus extraordinaires, les plus prompts & les plus efficaces étoient toujours ceux qu'il préféroit pour faire réussir ses projets. Ainsi, pour introduire la discipline dans ses troupes, soit sur terre, soit sur mer, il commença par exercer lui-même les plus bas emplois.

Lorsqu'il établit des gens pour porter du secours dans les incendies que l'on sait être fort fréquens en Moscovie, il prit le premier une de ces commissions périlleuses; & dans plus d'une occasion, on le vit, non sans effroi, monter avec la hache au haut des maisons embrasées qui s'écrouloient.

Sa présence sembloit-elle nécessaire ou de quelqu'utilité dans une partie de son empire, aussitôt il partoit sans délai, sans suite, & voloit avec une rapidité inconcevable de l'extrémité de l'Europe au cœur de l'Asie.

Son voyage le plus fréquent étoit de franchir l'intervalle de Pétersbourg à Moscou, qui est de deux cents lieues communes de France, comme un autre prince passe de son palais à une maison de plaisance.

Ses peuples le croyoient toujours prêt d'arriver parmi eux. Son activité le multiploit en quelque sorte, & le rendoit présent dans toute la vaste étendue de ses états.

Ce prince avoit par un accident qui lui étoit arrivé dans sa jeunesse, une antipathie extrême pour l'eau; il sut combattre cette frayeur, & s'en dépouiller au point qu'il fit ses plus grands plaisirs de la marine.

Pierre Alexiowitz ne triompha pas aussi heureusement des vices de son naturel & de son éducation.

Ce prince étoit extrême dans sa haine, dans sa vengeance, dans ses plaisirs. Il prit avec les jeunes débauchés, que la princesse Sophie avoit mis autour de lui, un goût immodéré pour le vin & les liqueurs fortes.

Cet excès de la boisson ruina son tempérament, lui mit le feu dans le fang, & le rendit fujet à des tranfports de fureur dans lefquels il ne fe connoiffoit point.

Le Fort étoit le feul de fes favoris qui avoit alors le pouvoir ou le courage de le dompter, de l'arrêter, & de lui reprocher avec force fes violences.

La voix de l'impératrice Catherine étoit encore un charme très puiffant pour rétablir le calme dans fes fens agités, pour le rappeller aux fentimens d'humanité, aux principes de vertu, à lui-même.

Il s'appaifoit en rougiffant de ces emportemens involontaires; & s'écrioit avec confufion & avec douleur: *Hélas! j'aurai pu réformer ma nation, & je ne pourrai me réformer moi même!*

Pierre le grand étoit devenu le plus favant de fon empire; il parloit plufieurs langues, & s'étoit rendu habile dans les mathématiques, la phyfique & la géographie.

Il avoit appris jufqu'à la chirurgie qu'il exerça plus d'une fois avec fuccès. Les projets les plus vaftes ne l'étonnoient point, & il les fuivoit avec une ardeur, avec une conftance qui leur ôtoient tout ce qu'ils paroiffoient avoir d'abord de chimériques.

C'eft la hardieffe de fon génie; c'eft fa paffion pour les chofes extraordinaires qui lui firent entreprendre & exécuter en peu d'années la métamorphofe, étonnante & fubite d'un peuple groffier & barbare, en un peuple éclairé & policé. Toute fa gloire fut utile à fa patrie.

L'hiftoire n'offrira vraifemblablement que cet exemple unique d'un empereur qui defcende du trône pour aller chez des nations étrangères, travailler comme un fimple mercenaire dans les atteliers, dans les chantiers, dans les manufactures, fe confondant & voulant être méconnu parmi les artifans, afin d'apprendre les élémens des fciences & des arts, & de les introduire dans fes états.

Il y a eu des rois conquérans, il y en a eu de légiflateurs & de grands politiques; mais *Pierre* le grand eft le feul qui, à ces titres glorieux, ait pu joindre les qualités non moins héroïques de réformateur de fon pays, de précepteur des connoiffances utiles, de fondateur des fciences & des arts, d'inftituteur des mœurs de fes peuples. (*Hiftoire des révolutions de Ruffie*).

Le czar *Pierre* qui, par fon propre génie, s'étoit élevé au-deffus des préjugés des mœurs & des loix de fon pays, comprit que, pour introduire plus promptement dans fes états la réforme générale qu'il méditoit, il falloit l'enfeigner par fon exemple.

Il fe foumit donc le premier aux épreuves d'une difcipline militaire. Il avoit chargé le Fort, illuftre guerrier, de lever cinquante mille hommes de troupes, & de les exercer comme il jugeroit à propos.

Le czar fe mit lui-même dans la compagnie de le Fort, qu'il appelloit fon capitaine. Son premier grade fut celui de tambour; & après avoir battu quelque temps la caiffe, & couché avec fes camarades à la fuite du régiment, il fut nommé fergent.

Il paffa fucceffivement aux autres grades, fuivant qu'il l'avoit mérité, & il n'étoit pas facile de l'abufer à cet égard.

Les autres réformes qu'il méditoit demandoient des connoiffances & des lumières. Il prit en conféquence l'étrange réfolution d'aller les puifer chez les nations voifines, & de s'éloigner quelques années de fes états, pour apprendre à les mieux gouverner.

Il voyagea en Allemagne, vêtu à l'allemande, & fous l'habit d'un fimple gentilhomme. Il méprifoit le fafte, mais il n'étoit que trop fenfible aux plaifirs de la table, fi fort à la mode autrefois en Allemagne.

Dans un de ces repas, échauffé par les fumées du vin & des liqueurs, il s'oublia affez pour tirer l'épée contre fon favori le Fort; mais ce qui fait l'éloge de ce prince, c'eft qu'il témoigna un vif regret de cet emportement.

Pendant fon féjour en Hollande, il étudia la géographie, la phyfique, l'hiftoire naturelle & furtout la marine.

Il prit un habit de pilote, & alla dans cet équipage au village de Sardam, où l'on conftruifoit beaucoup de vaiffeaux. Il fe fit infcrire dans le nombre des charpentiers.

On l'appelloit communément maître *Pierre*.

Les ouvriers furent d'abord interdits de voir un fouverain parmi eux; mais comme ce fouverain n'avoit rien qui le diftinguât des autres hommes, ils fe familiarifèrent bientôt avec lui.

Ces ouvriers lui avoient appris leur routine dans la conftruction des vaiffeaux; il paffa en Angleterre pour en étudier l'art.

Le roi Guillaume, flatté de recevoir dans fes états cet illuftre voyageur, lui fit un préfent digne de tous deux; c'étoit un iacht de vingt cinq pièces de canon, le meilleur voilier de la mer.

Tous

Tous les gens de l'équipage voulurent bien auſſi ſe laiſſer donner, & *Pierre* amena avec lui ſur ce vaiſſeau une colonie de marins & d'artiſans de toute eſpèce.

Ce fut en 1717 que le czar vint en France. On lui rendit dans tous les lieux de ſon paſſage les honneurs dus à ſon rang. Mais ce cérémonial le gênoit.

Il ne voulut point s'arrêter à Beauvais, où l'évêque de cette ville avoit fait préparer un grand feſtin ; & comme on lui repréſentoit que, s'il paſſoit outre, il feroit mauvaiſe chère : « J'ai été ſoldat, répondit ce prince, & pourvu que je trouve du pain & de la bière, je ſuis content ».

Le czar fut d'abord reçu au louvre avec toute ſa ſuite ; la magnificence avec laquelle on avoit décoré les appartemens, ſembloit gêner ſa ſimplicité, il préféra d'aller ſe loger à l'autre bout de la ville, à l'hôtel de Leſdiguières, où il fut traité & défrayé comme au louvre.

Le roi, encore enfant, & conduit par M. de Villeroi, ſon gouverneur, vint lui rendre viſite.

Deux jours après, le czar reçut les reſpects du corps-de-ville, & alla le ſoir voir le roi.

La maiſon du roi étoit ſous les armes. On mena ce jeune prince juſqu'au caroſſe du czar.

Pierre, étonné & inquiété de la foule qui ſe preſſoit autour de ce monarque enfant, le prit & le porta quelque temps dans ſes bras. *Histoire de l'empire de Russie.*

Pierre alla viſiter en homme qui vouloit s'inſtruire, les monumens & les manufactures dignes de ſon attention.

Lorſqu'il fut voir la monnoie royale des médailles, on en frappa pluſieurs devant lui.

Une de ces médailles étant tombée à ſes pieds, le czar s'empreſſa de la ramaſſer, & il y vit ſon portrait en buſte, & ſur le revers une renommée poſant le pied ſur le globe, & ces mots de Virgile : *Vires acquirit eundo.* Alluſion ingénieuſe aux voyages & à la gloire de *Pierre* le grand.

On préſenta de ces médailles d'or à lui & à tous ceux qui l'accompagnoient. Il ne put s'empêcher de dire en les recevant : « Il n'y a que les françois capables d'une pareille galanterie ».

Lorſqu'il alla dîner à Petit-Bourg chez M. le duc d'Antin, ſurintendant des bâtimens, la première

choſe qu'il vit fut ſon portrait peint en grand avec le même habit qu'il portoit.

Dans les manufactures & chez les artiſtes, tout ce qui ſembloit mériter ſon approbation lui étoit offert de la part du roi.

En voyant le tombeau du cardinal de Richelieu & la ſtatue de ce miniſtre, monument digne de celui qu'il repréſente, le czar laiſſa paroître un de ces transports, & dit une de ces choſes qui ne peuvent échapper qu'à ceux qui ſont nés pour être de grands hommes.

Il monta ſur le tombeau, embraſſa la ſtatue : « Grand miniſtre, dit-il, que n'es-tu né de mon temps ! je te donnerois la moitié de mon empire, pour apprendre à gouverner l'autre ».

Un homme qui avoit moins d'enthouſiaſme que le czar, s'étant fait expliquer ces paroles prononcées en langue Ruſſe, répondit : « S'il avoit donné cette moitié, il n'auroit pas long-temps gardé l'autre ». *Anecdotes ſur le czar Pierre le grand.*

L'académie des ſciences de Paris ayant ſupplié le czar, qui étoit venu à une de ſes aſſemblées du mois de juin 1717, de vouloir bien lui faire l'honneur d'être un de ſes membres, l'abbé Bignon reçut de Péterſbourg, le 7 novembre de la même année, une lettre du premier médecin de ſa majeſté czarienne, contenant qu'elle étoit très ſatisfaite de ce que l'illuſtre corps de l'académie vouloit l'admettre au nombre de ceux qui la compoſoient. M. de Fontenelle, comme ſecrétaire de la compagnie, fut chargé de répondre à cette lettre.

Un des établiſſemens que le czar admira le plus, fut l'hôtel royal des invalides.

Après qu'il eut tout examiné avec cet œil obſervateur auquel rien n'échappoit, M. le maréchal de Villars le conduiſit dans le réfectoire au moment que les ſoldats ſe mettoient à table.

Ce prince goûta de leur ſoupe, & prenant un verre de vin : « A la ſanté, dit-il, de mes camarades ».

Le czar, de retour dans ſes états, y fit fleurir les ſciences & les arts ; & ce qui eſt peut-être plus difficile, il parvint à réformer les anciens uſages des moſcovites.

Ses divertiſſemens mêmes furent conſacrés à faire goûter le nouveau genre de vie qu'il introduiſoit parmi ſes ſujets.

C'eſt dans cette vue qu'un ſoir il fit inviter

fous les boyards & les dames aux nocés d'un de fes bouffons : il exigea que tout le monde y parût vêtu à l'ancienne mode.

On fervit un repas tel qu'on le faifoit au feizième fiècle.

Une ancienne fuperftition ne permettoit pas qu'on allumât du feu le jour d'un mariage, pendant le froid le plus rigoureux : cette coutume fut févèrement obfervée le jour de la fête.

Les ruffes ne buvoient point de vin autrefois, mais de l'hydromel & de l'eau-de-vie ; il ne per-m't pas ce jour-là d'autre boiffon : on fe plaignit en vain ; il répondoit en raillant : « Vos ancêtres en ufoient ainfi, les ufages anciens font toujours les meilleurs ».

Cette plaifanterie contribua beaucoup à corriger ceux qui préfèrent toujours le temps paffé au préfent, ou du moins à décréditer leurs murmures. *Journal de Pierre le grand, & l'hiftoire de l'empire de Ruffie par M. de Voltaire.*

Les grands projets de réforme du czar avoient été fouvent arrêtés par les guerres cruelles que lui faifoit Charles XII, roi de Suède.

Ce fut pour s'adonner tout entier à l'exécution de ces projets, qu'après les campagnes de 1708, il hafarda quelques propofitions de paix qui furent portées par un gentilhomme polonois à l'armée de Suède.

Mais Charles XII, accoutumé à n'accorder la paix à fes ennemis que dans leur capitale, répondit : *Je traiterai avec le czar à Mofcou.*

Quand on rapporta au czar cette réponfe hautaine : « Mon frère Charles, dit-il, prétend toujours faire l'Alexandre ; mais je me flatte qu'il ne trouvera pas en moi un Darius ». *Hiftoire de Charles XII.*

Les foins infatigables de *Pierre* & les défaites même des mofcovites leur apprirent enfin le métier de la guerre.

Ils remportèrent une victoire complette fur Charles XII à Pultava le 8 juillet 1709.

Il y eut beaucoup d'officiers prifonniers parmi les fuédois, entr'autres Renchild, général de l'armée de Suède.

On les amena au camp du czar, qui les invita à manger avec lui le jour même de fa victoire.

Comme le czar paroiffoit furpris de ce que les fuédois fe fuffent hafardés dans un pays fi reculé & euffent affiégé Pultava avec un petit nombre de troupes : « Nous n'avons pas toujours été confultés, répondit le général ; mais comme fidèles ferviteurs, nous avons obéi aux ordres de notre maitre, fans jamais y contredire ».

Le czar fe tourna à cette réponfe vis-à-vis quelques-uns de fes courtifans, autrefois foupçonnés d'avoir trempé dans des confpirations contre lui : « Ah ! dit-il, voilà comme il faut fervir fon fouverain. Alors, prenant un verre de vin : *A la fanté*, dit-il, *de mes maitres, en l'art de la guerre »*.

Renchild lui demanda qui étoient ceux qu'il honoroit d'un fi beau titre ?... *Vous, meffieurs les généraux fuédois.*

« Votre majefté eft donc bien ingrate, reprit Renchild, d'avoir tant maltraité fes maitres ».

Le czar, après le repas, fit rendre les épées à tous les officiers généraux, & les traita avec bonté. *Hiftoire de Charles XII.*

Le czar, par fa bravoure & fa magnanimité, avoit mérité la victoire de Pultava. Son chapeau y fut percé d'une balle de moufquet.

Dans le combat du 7 octobre 1708, contre les fuédois, la confufion s'étoit mife dans l'armée des mofcovites.

Dès que l'empereur vit que fes troupes commençoient à reculer, il courut à l'arrière-garde, où étoient les cofaques & les calmoukes : *Je vous ordonne*, leur dit-il, *de tirer fur quiconque fuira, & de me tuer moi-même, fi j'étois affez lâche pour me retirer.*

De-là il retourna à l'avant-garde, & rallia fes troupes lui-même. *Hiftoire de Charles XII.*

En 1704, il avoit pris d'affaut la ville de Narva :

Comme fes troupes, malgré les ordres qu'il avoit donnés, mettoient tout à feu & à fang, il fe jette au milieu des plus mutins, arrache des femmes de leurs mains, & ayant tués deux de ces emportés, il entre à l'hôtel-de-ville où les citoyens fe réfugioient en foule ; là pofant fon épée fanglante fur la table : « Ce n'eft pas du fang des habitans, dit-il, que cette épée eft teinte ; mais du fang de mes foldats, que j'ai verfé pour vous fauver la vie ». *Hiftoire de l'empire de Ruffie fous Pierre le Grand.*

Au mois de juillet 1711, ce prince, à la tête de fes troupes, & manquant de provifions, fe trouvoit renfermé fur les bords du Pruth par une armée de cent cinquante mille turcs.

Les ennemis lui impoſèrent, entr'autres conditions, qu'on leur livrât Cantemir, Vaivode de Moldavie, qui s'étoit réfugié auprès du czar.

Ce prince, malgré l'extrêmité où il étoit réduit, écrivit de ſa propre main à ſon plénipotentiaire : « J'abandonnerai plutôt aux turcs tout le terrein qui s'étend juſqu'à Cursk ; il me reſtera l'eſpérance de le recouvrer : mais la perte de ma foi eſt irréparable, je ne peux la violer. Nous n'avons de propre que l'honneur ; y renoncer, c'eſt c ſſer d'être monarque ». *Hiſtoire de l'empire de Ruſſie ſous Pierre le Grand.*

On a reproché à ce prince une inflexibilité dans le caractère qui le rendit quelquefois cruel. Mais peut-être cette ſévérité étoit-elle néceſſaire pour cimenter les fondemens de ſon empire naiſſant.

Il fit condamner ſon propre fils à mort, pour avoir violé ſes ordres.

L'impératrice Catherine, qui avoit tant de droit ſur ſon cœur & par ſes ſervices & ſon attachement, ne put obtenir la grace d'une de ſes dames d'atour, accuſée auprès du czar d'avoir accepté des préſens, malgré les défenſes faites à toutes perſonnes en place d'en recevoir.

Comme Catherine le ſollicitoit vivement, *Pierre*, dans ſa colère, caſſa une glace de Veniſe, & dit à ſa femme : « Tu vois qu'il ne faut qu'un coup de ma main pour faire rentrer cette glace dans la pouſſière d'où elle eſt ſortie ».

Catherine le regarda avec une douleur attendriſſante, & lui dit : « Hé bien, vous avez caſſé ce qui faiſoit l'ornement de votre palais, croyez-vous qu'il en devienne plus beau ».

Ces paroles appaiſèrent l'empereur ; mais toute la grace que ſa femme put obtenir de lui, fut que ſa dame d'atour ne recevroit que cinq coups de knout, au lieu de onze. *Hiſtoire de l'empire de Ruſſie ſous Pierre le Grand.*

On a lieu d'être étonné qu'un prince légiſlateur & auſſi abſolu que le czar, n'ait point fait de teſtament. Peut-être ne ſe croyoit-il pas ſi proche de ſa fin lorſqu'il mourut entre les bras de ſon épouſe, après une agonie de ſeize heures. L'impératrice lui ſuccéda.

PIRON, (Alexis) né en 1689, mort en 1773.

Piron fit ſes études à Dijon ſa patrie, au collège des jéſuites. Dès ſa première jeuneſſe, il ſe ſentit un attrait invincible pour la poéſie ; & l'amour de la gloire augmentant ce goût dominant, il vint à Paris, où il fut admis dans les ſociétés les plus gaies ; & y portoit lui-même la joie & les plaiſirs. On cite encore ſes bons mots & ſes ſaillies, dans leſquels on trouve de l'eſprit ſans méchanceté, de la gaieté ſans envie de nuire.

Piron commença ſa carrière dramatique par des opéra-comiques & des parodies qu'il compoſa, tantôt ſeul, tantôt en ſociété avec le Sage & d'Orneval, pour les ſpectacles forains.

Il eut enſuite l'ambition de briller ſur un théâtre plus élevé & compoſa des comédies, des tragédies & des paſtorales.

Il compoſa la *Métromanie* & *Guſtave*, la première ſur-tout, aſſurent à leur auteur, dans le genre dramatique, la réputation d'homme de génie : leur ſuccès au théâtre prouve le diſcernement, le goût, l'équité du public, & diſpenſe de tout autre éloge.

Outre les ouvrages de ce genre, *Piron* a laiſſé encore une aſſez grande quantité de pièces fugitives, parmi leſquelles on a toujours diſtingué ſon épitre à mademoiſelle Chéré.

A vingt ans, il tomba dans un court égarement qu'il paya cher à ſoixante.

Les gens de lettres ne doutent point que ce ne fut l'abbé d'Olivet, qui l'empêcha d'entrer à l'académie : c'eſt lui, du moins, qui remit entre les mains de M Boyer, ancien évêque de Mirepoix, l'Ode licencieuſe que *Piron* n'avoit ni avouée, ni fait imprimer. Cette pièce fut l'unique cauſe qui s'oppoſa à la réception de l'auteur de la *Métromanie* : il ne s'en eſt vengé qu'en faiſant une epitaphe qui n'eſt que badine. La voici :

> Ci-gît le pédant Martin,
> Suppôt du pays latin,
> Juré priſeur de diphtongue,
> Rigoureux au dernier point
> Sur la virgule & le point,
> La ſyllabe breve & longue,
> Sur l'accent grave & l'aigu,
> L'U voyelle & l'V conſonne.
> Ce charme qui l'enflamma,
> Fut ſa paſſion mignonne :
> Son huile il y conſuma.
> Du reſte, il n'aima perſonne ;
> Et perſonne ne l'aima.

Un jeune homme après la repréſentation du Tartuffe s'écrioit ſans fin, *ah ! mon dieu ! ah mon* dieu! quel bonheur, quel bonheur, oh! messieurs quel bonheur. — A qui en avez vous donc, lui demande un de ses voisins. Quoi, répondit le jeune enthousiaste, vous n'avez pas vu, vous n'avez pas senti, vous ne sentez pas que si cette pièce admirable que nous venons de voir n'étoit pas faite, elle ne se feroit jamais? L'admirateur de ce chef-d'œuvre étoit *Piron*, alors commis dans un bureau.

Piron disoit en parlant de Corneille & de Racine : « Je voudrois être Racine & avoir été Corneille ».

Piron avoit un foible pour sa comédie des Fils Ingrats. Il ne cessoit d'en parler dans les sociétés. Il fut un jour contrarié par un homme qui mettoit avec raison la Métromanie fort au dessus. « Ne m'en parlez pas, s'écria le poëte avec humeur, c'est un monstre qui a devoré tous mes autres enfans ».

Piron passant dans le louvre avec un de ses amis : « Tenez, voyez-vous, lui dit-il, en lui montrant l'académie françoise, ils sont là quarante qui ont de l'esprit comme quatre ».

La salle de l'académie françoise n'est pas assez vaste pour les séances publiques. Un jour que *Piron* vouloit percer la foule pour y arriver; « Il est plus difficile dit-il, d'entrer ici que d'y être reçu ».

Quand *Piron* fut voir le directeur de l'académie, celui-ci pour l'assurer que tous les suffrages se réunissoient en sa faveur, lui dit de prendre tous le temps nécessaire pour composer son discours de réception. *Piron* l'en remercia & lui répondit en riant : « Ne vous inquiétez pas de cette corvée; nos deux discours sont déja faits : ils seront prêts du jour au lendemain de mon élection. — Comment cela, lui demanda le directeur d'un air surpris? — Comment cela, repartit *Piron*, le voici : Je me leverai, j'ôterai mon chapeau; puis à haute & intelligible voix, je dirai : messieurs, grand-merci, & vous sans ôter votre chapeau, vous me répondrez : monsieur, il n'y a pas de quoi ».

Parmi les raisons qui éloignèrent *Piron* de l'académie françoise, il aimoit à citer celle-ci : « Je ne pourrois, disoit plaisamment l'auteur de la Métromanie, faire parler trente neuf comme moi, & je ne pourrois pas non plus penser comme trente neuf ».

Une dame jolie & spirituelle avoit grande envie de voir *Piron* & de causer avec lui, M. R.... lui en procura le plaisir. La dame instruite de la haute estime du poëte pour Montesquieu, entama la conversation par l'éloge &

l'analyse de l'esprit des loix. Elle soutint à merveille son texte pendant quelques minutes; mais commençant à s'embrouiller, *Piron* lui dit : « croyez-moi, madame, sauvez-vous par le temple de Gnide ».

Piron trouva un matin chez la marquise de Mimeure, M. de Voltaire plongé jusqu'aux épaules dans un large fauteuil, les jambes écartées & les talons posées sur l'un & l'autre chenet. Il fit une légère inclination de tête à *Piron* pour cinq ou six de ses révérences; celui-ci prend un fauteuil & s'assied le plus près qu'il peut de la cheminée. L'un tire sa montre, l'autre sa tabatière; celui ci prend les pincettes, celui-là du tabac. L'un éternue, l'autre se mouche, Voltaire enfin se met à bailler d'une si grande force que *Piron* alloit en faire autant, lorsque M. de Voltaire tire de sa poche une croute de pain & la broie sous ses dents avec un bruit si extraordinaire qu'il étonna *Piron*. Celui-ci, sans perdre de temps, tire un flacon de vin & l'avale d'un trait. M. de Voltaire s'en trouve offensé & dit d'un ton sec à *Piron* : « j'entends, monsieur, raillerie tout comme un autre, mais votre plaisanterie, si c'en est une, est très-déplacée. — Ce n'en est point une, répondit *Piron*, le pur hazard a part à tout ceci ». M. de Voltaire l'interrompit alors pour lui dire qu'il sortoit d'une maladie qui lui avoit laissé un besoin continuel de manger. « Mangez monsieur, mangez, répliqua *Piron*, vous faites bien; & moi je sors de Bourgogne avec un besoin continuel de boire, & je bois.

Le plaisir de la conversation mêlé à celui de la bonne chère est un préservatif contre l'intempérance. *Piron* disoit à ce sujet : « les morceaux caquetés se digèrent plus aisément ».

Un jeune Poëte qui étoit fort lié avec *Piron*, lui avoit envoyé un faisan. Le lendemain il fut le voir, & tira de sa poche une tragédie sur laquelle il venoit le consulter. « Je vois le piège, dit *Piron*; remportez vite votre faisan & votre tragédie ».

Un autre poëte apporta à *Piron* un gros cahier de vers & le pria de l'examiner. Quelques jours après l'auteur de la métromanie lui rendit son manuscrit. « Quoi, monsieur! point de croix? s'écria le jeune homme avec satisfaction. — Point de croix, reprit *Piron*, vouliez-vous donc que je prisse votre ouvrage pour un cimetière ».

Un jour que *Piron* étoit chez un financier, une personne distinguée de la compagnie l'engagea à passer devant lui pour se rendre dans la salle à manger; le maître de la maison s'apperçevant de leur cérémonial, dit à l'homme titré. « Hé monsieur le comte ; c'est un auteur, ne faites point de façons. » Piron qui sentit qu'on vouloit l'abaisser, met auffitôt son chapeau, marche fièrement le premier en difant, « je prends mon rang ».

Un financier demandoit à Piron une inscription pour mettre fur la face d'un château qu'il venoit de faire bâtir. Le poëte lui dit : « Je ne peux pas vous faire cela fur l'heure, quand j'irai voir votre terre il me viendra peut-être quelque idée là deffus ; puis un moment après : monfieur, dit-il, j'ai trouvé ce qu'il vous faut : vous mettrez Haceldama, (ce qui fignifie le champ du fang,) — Je n'entends point cela dit le richard.—Vous vous le ferez expliquer, reprit Piron qui quitta brufquement fon homme.»—

Le comte de Livri aimoit beaucoup Piron ; il auroit voulu que le poëte choifit un appartement dans fon château, & avoit ordonné qu'on lui obéît & qu'on le regardât comme le maître. La première fois que l'auteur de la métromanie prit poffeffion de cet appartement, ne voulant pas manger feul, il engagea la concierge, janféniste outrée, à lui tenir compagnie à table. Celle-ci pouffée par un beau zèle, fe mit en tête de convertir Piron. Le poëte ne répondoit à toutes ces objections que par ce refrein, « chacun à fon goût, madame Lamarre ; pour moi je veux être damné ». Cette plaifanterie déplut à la concierge, mais fans fe rebuter elle continua la bonne œuvre & fit tous fes efforts pour ramener la brebis au bercail. A peine huit jours s'étoit écoulés que le comte vint voir fi fon ami fe plaifoit à Livry. Il le furprit à l'heure du dîner, dans l'inftant même où la difpute ordinaire finiffoit. — Eh ! bien, dit-il à Piron, « comment te trouves-tu ici ? Es-tu content ? Te fert-on bien ? Oui, monfieur le comte, répondit Piron, mais madame Lamarre ne veut pas !... — Comment, morbleu elle ne veut pas !... Je prétends que tu fois ici le maître comme moi-même... entendez-vous, madame. Et fi monfieur me porte la moindre plainte.... En un mot je veux.... — Calmez-vous, monfieur le comte, lui dit Piron, & daignez, je vous prie, m'entendre jufqu'au bout. Madame Lamarre ne veut pas que je fois damné. — Eh ! pourquoi, s'il vous plaît, madame ? reprit le comte, n'eft-il pas le maître ? De quoi vous mêlez vous ? Encore une fois je vous le répète, je veux qu'il faffe fa volonté, ce n'eft point à vous à y trouver à redire ».

A une représentation de Guftave, l'abbé Desfontaines rencontra Piron avec un habit trop fomptueux, à ce qu'il lui fembloit, pour un poëte. Il lui dit en l'abordant, « en vérité

mon pauvre Piron, cet habit n'eft guères fait pour vous. — Cela peut-être, répondit Piron, mais, monfieur l'abbé, convenez auffi que vous n'êtes guères fait pour le vôtre ».

Un des amis de Piron difoit à ce poëte plein de faillies, & qui brilloit plus que perfonne dans la converfation : « il faut prendre tous les jours quelques momens, pour vous rappeller & pour écrire ce que vous avez dit de mieux dans la journée ». Piron lui répondit : « il y a de la malice dans votre confeil, & vous ne le donnez que pour m'humilier ».

Piron avoit dîné plufieurs fois avec M. Hérault, lieutenant de police. Un jour il avoit pris par mégarde le chapeau de ce magiftrat pour le fien. M. Hérault informé d'une aventure nocturne qu'avoit eu Piron, l'envoya chercher. Piron arrive, trouve de la compagnie & conte l'hiftoire. Le magiftrat traite d'abord le poëte de tapageur, d'un air affez férieux, & puis ne peut s'empêcher de rire : « c'eft fort bien, mon cher Piron lui dit-il ; mais convenez que vous meriteriez une bonne calotte pour cette folie ». « Eh ! qui feroit affez hardi, monfieur, de m'en donner une, quand votre chapeau m'en tient lieu ? »

Piron en fortant de voir une de fes tragédies qui n'avoit pas été goûtée, fit un faux-pas. Quelqu'un s'empreffant de le foutenir il lui dit : « C'eft ma pièce qu'il falloit foutenir & non pas moi ».

La pièce du Fat donnée aux françois en 1751, tomba, parce que l'auteur n'avoit pas bien faifi les nuances de ce caractère. Piron inftruit de cette chûte, s'écria ; « Je m'y attendois. Jamais un homme ne fe connoît affez pour fe peindre au naturel ».

L'abbé le Blanc étoit logé à côté d'un maréchal ferrant. Quelqu'un qui ignoroit fa demeure la demanda à Piron : « C'eft, répondit celui-ci, dans telle rue à côté de fon cordonnier ».

M. de Fontenelle avoit fes dîners marqués pour chaque jour de la femaine dans certain nombre de bonnes maifons. Cela fit dire à Piron, voyant paffer le convoi du doyen de l'académie. « Voilà la première fois que M. de Fontenelle fort de chez lui pour ne pas aller dîner en ville ».

Piron dit un jour à un de fes amis qu'il rencontra allant à une repréfentation de Mélanide. « Tu vas donc entendre prêcher le père de la chauffée ? »

Piron nous apprend lui même qu'à la première

repréfentation de Callifthène en 1730, le poignard qu'on préfentoit à Callifthène & dont il devoit fe percer le fein, fe trouva en fi mauvais état, qu'en paffant de la main de Lyfimaque dans la fienne, le manche, la poignée, la garde & la lame, tout fe déjoignit & fe fépara de façon que l'acteur reçut l'arme pièce à pièce, & fut obligé de tenir tous ces morceaux le mieux qu'il pût, à pleine main, tandis que gefticulant de cette main, il déclamoit pompeufement nombre de vers qui précédoient la cataftrophe.

Les plaifants du parterre tirèrent bon parti du contretemps rifible de ce poignard en bloc, en-fermé dans la main du déclamateur. Les ricannemens firent éclore par degrés la rifée générale, au fatal inftant où le comédien fe poignarda d'un coup de poing, & jetta au loin l'arme meurtrière en quatre ou cinq morceaux.

La tragédie de Fernand-Cortés ayant paru trop longue à la première repréfentation, les comédiens prièrent *Piron* de faire quelques corrections à fa pièce. L'auteur offenfé du propos fe gendarma contre les acteurs; mais ceux-ci infiftèrent & apportèrent l'exemple de M. de Voltaire qui corrigeoit fes pièces au gré du public : « Cela eft différent, répond *Piron*; Voltaire travaille en marqueterie, & moi je jette en bronze ».

Un ami de *Piron* rencontra un jour ce poëte fe promenant aux thuileries. Il fit remarquer aux perfonnes de fa compagnie, fa haute taille, l'air vénérable de l'auteur de la Métromanie & furtout le grand bâton qu'il avoit en main. « Voyez *Piron*, dit-il en riant, ne lui trouvez-vous pas comme moi, l'air d'un prélat! » Sur le champ il va au devant de lui, fe met à genoux fur fon paffage comme pour recevoir la bénédiction. *Piron* qui n'avoit pû entendre le projet de cette plaifanterie, le devine fur le champ; il lève majeftueufement fa canne, & ayant béni fon ami en digne prélat : « lève-toi, dit-il, ou je te confirme ».

Piron ayant plaifanté affez vivement un homme qui n'entendoit pas raillerie; celui-ci fe facha & lui demanda raifon de fes farcafmes. A la bonne heure, dit *Piron*. Les champions partent pour aller fe battre hors Paris. *Piron*, à demi-chemin, s'arrête (la foif le preffoit) il entre dans le premier endroit & y boit abondamment de la bierre; fon camarade, toujours marchant, s'excède de fatigue & tout en fueur, fe retourna enfin pour voir fi fon adverfaire le fuit. Point de *Piron*. L'homme court de plus belle, volé à la découverte : mais c'eft inutilement. Harraffé, il rentre chez lui, & meurt en deux jours d'une fluxion de poitrine; *Piron* en fut inftruit. Quelque temps-après plufieurs perfonnes lui demandèrent malignement des nouvelles de fon affaire. « comment vous êtes vous tiré avec un tel, lui dirent-elles ? — Fort bien, répondit *Piron*, je l'ai enrhumé ».

Piron pour une fcène de nuit, fut conduit avec deux de fes amis chez un commiffaire. « Voilà bien du bruit, dit l'officier public! alors s'adreffant à *Piron* : — qui êtes-vous ? votre nom ? — *Piron*. — quel eft votre état ? — poëte. Oui, monfieur, poëte, eh! où vivez vous donc pour ne pas connoître le poëte *Piron*, auteur des Fils Ingrats, applaudi fi juftement dans tout Paris; de Callifthène qui a été fi injuftement fifflé, comme je viens de le prouver au public par des vers qui valent une démonftration. — Que parlez-vous de pièces de théâtre, reprit le commiffaire ? Savez-vous que la Foffe eft mon frère, qu'il en a fait d'excellentes, & qu'il eft l'auteur de la belle tragédie de Manlius ? Comment la trouvez-vous ? hem ? oh! mon frère eft un homme de beaucoup d'efprit. — Je le crois, monfieur, car le mien n'eft qu'une bête; quoique maître apothicaire & que je faffe des tragédies ». Le commiffaire renvoya *Piron* & fes amis, & les pria poliment de venir chez-lui le famedi fuivant dîner & manger des huitres. « Ah! mes amis, dit *Piron* en fortant, rien ne manque plus à ma gloire, j'ai fait rire le guet ».

Un évêque de Bayonne vint un jour rendre une vifite à *Piron*. Ce poëte lui dit avec fa gaieté ordinaire : « Monfeigneur, j'ai en grande vénération les jambons de votre diocèfe ».

A la première repréfentation d'Arlequin Deucalion, opéra comique de *Piron*, ce poëte fut complimenté par la marquife de Mimeure & la marquife de Colandre. Il alloit leur répondre, lorfqu'il apperçut par deffus la tête de ces deux dames, M. de Voltaire élevant fubitement la fienne & qui l'apoftropha ainfi : « Je me félicite, monfieur, d'être pour quelque chofe dans votre chef-d'œuvre. — Vous, monfieur, lui répondit *Piron*, & qu'elle part, s'il vous plaît, y pouvez-vous avoir ? — Quelle part! qu'eft-ce que ces deux vers que vous faites dire à votre arlequin lorfque vous le faites tomber de deffus Pégaze :

(1) Oui, tous ces conquérans raffemblés fur ce bord,

Soldats fous Alexandre, & rois après fa mort.

» Je l'ignore, dit *Piron*, feroient ils malheufement de vous ? — Quittons le farcafme, monfieur, interrompit M. de Voltaire en colère, &

_____

(1.) Vers d'Artemire, tragédie de M. de Voltaire.

dites-moi ce que je vous ai fait pour me tourner ainsi en ridicule ? — Pas plus répondit *Piron*, que Lamothe à l'auteur du Bourbier. (2) A cette re plique M. de Voltaire baissa la tête & disparut, en disant : je suis embourbé ».

Un des amis de *Piron* vint lui annoncer la fausse nouvelle de la mort de M. de Voltaire ; il fut témoin de l'agitation qu'elle lui causa ; il le vit se lever avec vivacité de son fauteuil, s'écrier à plusieurs fois : « Ah ! le pauvre homme ! qu'elle perte ! c'étoit le plus bel esprit de la France ». Puis il ajouta par réflexion : « Au moins, monsieur, pondez de votre nouvelle ».

Piron envoya sa tragédie de Gustave à la reine de Suède, & accompagna cet envoi de vers de sa façon. Cette princesse en répondant à son ambassadeur, écrivit ces mots par apostille, de sa propre main. « J'ai reçu la tragédie de Gustave, & je l'ai lue avec un vrai plaisir. Témoignez-en ma satisfaction à l'auteur, & faites lui de ma part un présent tel qu'il convient que je lui fasse. Je m'en remets à vous là dessus ». L'ambassadeur montra la lettre à Versailles au souper. M. le comte de Livri qui s'intéressoit à *Piron*, vint chercher le lendemain notre poëte pour le présenter à son excellence ». Notifiez, dit-il, à l'auteur, le présent que vous souhaitez qu'on vous fasse ». On étoit en guerre dans ce temps-là, & la cour de France négocioit avec la Suède pour en obtenir du secours. « Monsieur l'ambassadeur, dit gaîment *Piron*, je ne demande pour tout plaisir à la reine, que d'envoyer dix mille hommes au roi Stanislas ».

Piron se reposant sur un banc tenant à un des piliers de la porte de la conférence, une vieille femme survient, qui se jette à ses genoux les mains jointes. Le poëte surpris & ne sachant ce qu'elle veut : « Relevez-vous, lui dit-il, bonne femme ; vous me traitez en faiseur de poëmes épiques ou de tragédie ; vous vous trompez, je n'ai pas encore cet honneur-là ; je ne fais parler jusqu'à présent que les marionnettes ». La vieille restoit toujours à genoux sans l'écouter ; *Piron* croit s'appercevoir qu'elle remue les lèvres ; il s'approche, prête l'oreille, entend en effet qu'elle marmote un *ave*, adressé à une image de la vierge posée directement au dessus du banc. « Voilà bien les poëtes, dit *Piron* en s'en allant ; ils croient que toute la terre les contemple, & qu'elle est à leurs pieds, quand on ne songe pas seulement s'ils existent ».

Piron se trouvant en loge à l'opéra, à côté

d'une femme de la réputation la plus suspecte & qu'il connoissoit bien, ne cessoit de jetter des yeux malins sur elle. Celle-ci enfin s'en impatiente & dit au poëte avec humeur : « M'avez-vous de vos gros yeux assez considérée ? — Je vous regarde, madame, reprit gaîment *Piron*, mais je ne vous considère pas ».

Piron entré au spectacle à Beaune, ne savoit pas quelle pièce on alloit jouer ; il s'adressa à quelqu'un qui faisoit l'important : « On donne les Fureurs de Scapin, lui dit gravement le jeune beaunois. — Ah ! monsieur, répondit *Piron* en le remerciant, je croyois que c'étoient les Fourberies d'Oreste ».

A cette représentation, une personne apostropha tout à coup le parterre qui étoit fort tranquille d'un paix-là, messieurs, on n'entend pas. « Ce n'est pas faute d'oreilles, cria *Piron* ».

Piron jouoit au piquet avec une femme dont la mauvaise odeur révoltoit son odorat ; elle le fit capot. Oh ! s'écria le poëte en éclatant de rire, depuis long temps je sentois ce coup-là ».

Il fit ainsi lui-même son épitaphe :

> Ci gît *Piron* qui ne fut rien,
> Pas même académicien.

PLACART. On a vu à Londres une affiche conçue en ces termes : celui qui a eu l'année passée l'honneur de manger un chien en commençant par la queue, en présence de toute la cour, aura cette année l'honneur de manger un chat, en commençant par la tête.

Autre affiche. Le sieur un tel, connu par l'adresse singulière avec laquelle il exécute les tours de goblets de son invention, avertit le curieux, qu'un tel jour sur le théâtre de la comédie, il entrera dans une bouteille de pinte, on prendra... &c.

L'assemblée fut très nombreuse, mais au moment que l'acteur devoit commencer, on vint dire qu'il étoit malade & que pour dédommager le public, il entreroit la semaine d'après dans une bouteille de chopine. On sut qu'il étoit décampé avec tout l'argent des spectateurs. Le théâtre & la salle furent renversés de fond en comble. Un autre fripon fit le même tour après avoir annoncé la comédie de la passion. J. C. parut en disant Pierre, Jacques & Jean, passez en Galilée, ils passèrent & on ne les revit plus.

A l'expulsion des jésuites qui a été consommée le premier avril 1762, à Paris, on afficha ce *Placart*.

« La troupe de saint-Ignace donnera mercredi prochain 31 mars 1762, pour dernière représentation, arlequin jésuite, comédie en cinq actes, du père Dupleſſis : suivie des faux bruits de Loyala, par le père Lainés, petite comédie en un acte : pour divertiſſement, le ballet Portugais, en attendant le triomphe de Thémis ».

PLACET. Dufreſny, malgré les bienfaits qu'il reçut de Louis XIV, ne put jamais vivre dans une certaine aiſance. Après la mort de ce prince, M. le duc d'Orléans, régent, voulut lui faire du bien. Voici, à ce ſujet, un *placet* ſingulier que ce poëte lui préſenta : « Monseigneur, Dufreſny ſupplie votre alteſſe royale de le laiſſer dans la pauvreté, afin qu'il reſte un monument de l'état de la France avant votre régence. M. le duc d'Orléans mit au bas du placet : Je vous refuſe abſolument ».

Le premier préſident de Beliévre étoit un homme de grand mérite & de très-bonne compagnie. Il aimoit la bonne chère & ſe piquoit d'avoir le meilleur vin de Paris. Un jour ſortant de la grand'chambre, il trouva le comte de Fieſque avec meſſieurs de Manicamps & de Jonſac qui l'abordèrent avec un *placet* à la main, dont la teneur étoit : « Nous ſupplions très-humblement monſeigneur le premier préſident, de vouloir ordonner à ſon maître d'hôtel, de nous donner ſix bouteilles de ſon excellent vin de Bourgogne, que nous comptons boire ce ſoir à tel endroit, à la ſanté de ſa grandeur. « M. de Beliévre avec un air de grave Magiſtrat, prit ſon crayon & mit ſur le *placet*.

) *Bon pour douze bouteilles, attendu que je m'y trouverai.*

Un jour le maréchal de Villars voulut s'emparer du cabinet d'un avocat pour le joindre à la ſalle où ſe tenoit le conſeil de guerre. Thierri, c'étoit le nom de l'avocat, préſenta au régent ce *placet* ſingulier : « Maître Thierri, avocat aux conſeils du roi, repréſente très humblement à votre alteſſe royale, que monſieur le maréchal de Villars, n'ayant plus d'ennemis à combattre, ni de traités de paix à faire, a mis le ſiège devant le cabinet d'un pauvre avocat. Il s'imagine que la place ſe rendra à la première ſommation ; mais le ſuppliant a réſolu d'attendre le gros canon, & ce gros canon ce ſoit les ordres de votre alteſſe royale. Ce *placet* fut envoyé au maréchal, qui, l'ayant lu, dit : allons, il faut lever le ſiége, ce ſera le premier que j'aurai levé de ma vie ».

Louis XIV, en revenant de la meſſe, jettoit toujours les yeux de côté & d'autre, & par ſon air & ſes regards, invitoit à l'approcher. Un jour un ſuiſſe, quoique le paſſage fut aſſez large, crioit de faire place & repouſſoit pluſieurs perſonnes ; ne voyez-vous pas, lui dit Louis XIV d'un ton ſévère, que voilà une femme qui a un *placet* à me préſenter ? il renfermoit les *placets* qu'on lui préſentoit, dans une caſſette dont lui ſeul avoit la clef.

PLAIDEUSE. Un avocat, aſſez mal bâti & fort laid, plaidoit contre une bourgeoiſe. C'étoit une cauſe ſommaire qu'il chargeoit de beaucoup de moyens inutiles. La bourgeoiſe perdant patience interrompit l'avocat. Meſſieurs, dit-elle, voici le fait en peu de mots. Je m'engage de donner au tapiſſier, qui eſt ma partie, une ſomme pour une tapiſſerie de Flandres à perſonnages bien deſſinés, beaux comme monſieur le premier préſident, c'étoit effectivement un bel homme, il veut m'en livrer une où il y a des perſonnages croqués, mal bâtis comme l'avocat de ma partie. Ne ſuis-je pas diſpenſée d'exécuter ma convention ? cette comparaiſon, qui étoit très-claire déconcerta l'avocat adverſe, & la bourgeoiſe gagna ſon procès.

Que je ſuis malheureuſe, diſoit une plaideuſe, je ne ſais comment gagner mon rapporteur ! il n'a ni confeſſeur, ni maîtreſſe.

PLAISANTERIES. Le ciel de Londres eſt ſouvent caché par d'épais brouillards, & l'on y voit rarement le ſoleil. C'eſt à cette occaſion qu'un ambaſſadeur d'Eſpagne qui avoit paſſé ſix mois à Londres ſans voir le ſoleil dit aux ſeigneurs qui venoient lui ſouhaiter un heureux voyage. « Je vous prie, milords, d'aſſurer le roi votre maître de mes très humbles reſpects & de ſaluer le ſoleil de ma part quand vous le reverrez ».

M. de L. diſoit : j'ai reçu tous mes ſacremens excepté le mariage que je n'ai pas reçu en original, mais dont j'ai tiré bien des copies ».

On avoit écrit ſur la porte du cimetière de S. Médard, lorſqu'on l'eut fermé à cauſe de l'indécence des convulſions qu'on y commettoit en l'honneur de M. Paris.

» De par le roi, défenſe à Dieu
» De faire miracle en ce lieu.

Un janſéniſte fort zélé pour les convulſions, voulant faire ſentir à M. l'abbé Teraſſon tout le fiel de cette épigramme. Celui-ci lui répondit : « ce que je trouve de plus plaiſant, c'eſt que Dieu ait obéi ».

M. l'abbé de Boiſmont, le mirebalais de l'académie,

démie, ne payoit jamais ses dettes. Un certain doyen de Valenciennes, auquel il devoit une pension sur une abbaye qu'il avoit, ne pouvant arracher rien de ce gros bénéficier, est venu en personne exiger son dû. Ayant demandé où demeuroit cet abbé, il se fit une méprise, & au lieu de lui donner l'adresse de l'abbé de Boismont, on l'envoya chez l'abbé de Voisenon à Belleville. N'ayant pas trouvé ce dernier, M. le doyen laissa un billet, qui expliquoit la cause de sa venue, sur quoi M. l'abbé de Voisenon, répondit par la lettre suivante, qui courut tout Paris.

« Je suis fâché que vous ne m'ayez pas trouvé, monsieur, vous auriez vu la différence qu'il y a entre M. l'abbé de Boismont & moi. Il est jeune & je suis vieux; il est fort & robuste, & je suis foible & valétudinaire; il prêche, & j'ai besoin d'être prêché; il a une grosse & riche abbaye; & j'en ai une très-mince; il s'est trouvé de l'académie sans savoir pourquoi, & l'on me demande pourquoi je n'en suis pas; il vous doit une pension enfin, & je n'ai que le désir d'être votre débiteur ». Je suis, &c.

Un curé de campagne, fort enjoué, étoit en habit court dans la ville cathédrale de son diocèse. Un grand vicaire l'ayant apperçu l'appella & lui demanda pourquoi il portoit un habit court? il répondit que l'habit étoit propre à danser. Cette réponse excita la bile du demi-prélat, qui lui demanda qui il étoit? *Ego sum qui sum*, reprit le curé. Le grand vicaire le fit comparoître devant l'évêque, qui, d'abord lui fit des reproches sur ses réponses, auxquelles il donnoit l'épithète d'insolentes & d'impies: vous verrez, monseigneur, répondit le curé, que mes réponses sont fort justes, quand je vous expliquerai le véritable sens. Je suis curé d'un lieu appellé Dansé: les chemins y sont pleins de boue, même dans la canicule: c'est ce qui m'a fait dire à monsieur votre grand vicaire, que mon habit court étoit propre à dansé: du reste je m'appelle cuisson; je n'ai pas cru l'offenser en disant mon nom. L'évêque se prit à rire.

Un homme de la plus haute taille se promenoit un soir dans Paris, un des jours de la foire St-Ovide, tandis qu'on jouoit en dehors les parades. Tout occupé des lazzis qui se faisoient à celles d'un jeu de marionnettes, il heurta, par mégarde, un petit bossu, qui, se redressant sur la pointe du pied, apostropha très-incivilement ce grand homme, ou plûtôt cet homme grand. Celui-ci, sans témoigner la moindre colère, affecta de se courber, & de dire, en élevant la voix: — Qu'est-ce qui est là bas? — L'ésope, furieux de ce sarcasme, mit la main sur la garde de son épée, & en demanda raison à son adversaire. Mais l'homme de haute nature, toujours de l'air le plus tranquille, prit le mirmidon par le milieu du corps, & le posa sur le balcon de la parade, en disant froidement: « Tenez, serrez

votre polichinel, qui s'avise de faire ici du tapage ».

Un officier gascon, sollicitoit le paiement de sa pension auprès de monsieur Desmarets, ministre d'état, qui lui dit que sa pension étoit une chanson. Il se présenta devant le roi, tenant à la main le brevet de sa pension, & frédonnant un air entre ses dents. Le roi lui demanda ce qu'il vouloit: sire, dit-il, j'ai demandé à M. Desmarets le paiement d'une pension que vous m'avez accordée; il m'a dit que c'étoit une chanson, j'en cherche l'air. Le roi se prit à rire & fit payer sa pension.

Comme il se présente des gens de toute espèce curieux de voir l'hôtel des invalides, quelques soldats pour s'amuser, ont imaginé une *plaisanterie* qu'ils font à ceux qui sont assez simples pour se laisser attraper. Ils leur recommandent sur-tout de ne pas oublier de voir l'invalide à la tête de bois. Ils indiquent son corridor & sa chambre, & comme leurs camarades sont prévenus, ils font faire aux idiots de longues courses dans l'hôtel pour chercher la tête de bois, en les envoyant de chambre en chambre, d'où on leur dit toujours qu'il vient de sortir dans le moment.

L'auteur d'une tragédie vint lire sa pièce à madame de Lambert. La pièce commençoit par une princesse qui disoit:

De l'Arabie enfin en ces lieux arrivée...

Madame de Lambert interrompit l'auteur par cet inpromptu:

Princesse, asseyez-vous, vous êtes fatiguée.

Cette *plaisanterie* fit changer ce premier vers.

On demandoit à M. Walker, comment il pouvoit se déterminer à soupirer auprès de madame Errincton, connue pour avoir neuf amans. « Messieurs, répondit-il, je ne suis chez elle que pour lever la dîme ».

Dans la dernière guerre d'Italie, un officier françois aussi fou qu'il étoit brave, ayant reçu une balle dans la tête dit: » Je savois bien que j'y avois besoin de plomb; mais la dose est un peu trop forte; & il mourut sur le champ.

Madame... ne voulut jamais avoir pour amans que des hommes de la première qualité. Cependant elle avoit des enfans très-grossiers, & comme une de ses amies la consoloit un jour des malhonnêtetés de ses enfans: « Je n'ai rien, dit-elle, à me reprocher là-dessus; toute ma vie j'ai fait ce que j'ai pu pour mettre d'honnêtes gens dans cette famille-là, je n'en ai pu venir à bout : ce n'est pas ma faute ».

Dans une sédition, un homme d'une excessive grosseur se présenta pour haranguer. Tous les mutins qui s'étoient assemblés se mirent à rire. « Vous riez de ma grosseur, leur dit-il ; si vous voyiez ma femme, elle est encore bien plus grosse que moi. Cependant quand nous sommes d'accord, nous tenons fort bien tous deux dans le même lit ; mais lorsque nous nous querellons, la maison n'est pas assez grande pour nous contenir ». A cette morale, les esprits se réunirent, & la sédition fut appaisée.

On a vu de tout temps, l'incertitude de la paternité, être l'objet de la *plaisanterie*. Un ancien philosophe voyant, dans un chemin public, un jeune étourdi qui jettoit des pierres à tous les passans, lui dit : prenez garde à ce que vous faites ; car vous pourriez, sans le savoir, blesser votre père.

Un espagnol passant un jour à sec le Mançanarès, petite rivière de Madrid, & voyant combien le superbe pont que Philippe II y a fait bâtir est inutile, dit plaisamment qu'il falloit vendre le pont pour avoir de l'eau.

Un voyageur du comté de Kent, qu'un orage avoit transi de froid, arrive dans une hôtellerie de campagne, & la trouve si remplie de monde qu'il ne peut approcher de la cheminée. *Que l'on porte vite à mon cheval un cloyère d'huitres*, dit-il à l'hôte. — A votre cheval, s'écrie celui-ci, croyez-vous qu'il veuille en manger ?.... Faites ce que j'ordonne, répliqua le gentilhomme : à ces mots tous les assistans volent à l'écurie & notre voyageur se chauffe. « Monsieur, dit l'hôte en revenant, je l'aurois gagé sur ma tête, le cheval n'en veut pas.... ». En ce cas, répond le voyageur qui s'étoit bien chauffé, il faut donc que je les mange.

M. le cardinal de L... demandoit un jour à M. de T.... pourquoi il se portoit si bien, & que lui il étoit toujours valétudinaire : C'est, monseigneur, que vous avez sans cesse votre chapeau dans votre tête, & que j'ai la tête dans le mien. Il n'étoit pas encore cardinal dans ce temps-là.

Un homme gourmand & malhonnête, mangeant à table d'hôte où l'on servit deux perdrix rouges, en prit une, commença par en détacher l'aile & retint le reste sur son assiette dans l'intention de la dévorer toute entière. Un des convives, mécontent d'un tel procédé, escamote avec adresse ce friand gibier, & dit en éclatant de rire : « Monsieur, souffler n'est pas jouer : vous pouviez en prendre deux & vous n'en avez pris qu'une.

Très-fatigué à force de glisser sur le pavé de Paris, & se trouvant d'ailleurs fort éloigné de sa demeure, le chevalier de C.... rencontrant M. B...., fameux dentiste, mollement assis dans son carosse, cria au cocher d'arrêter, attendu qu'il avoit un grand mal de dents. — « La douleur que j'éprouve est si vive, dit-il ensuite au maître, que les forces me manquent, & je suis prêt à m'évanouir. Si vous retournez chez vous, donnez-moi une place dans votre carosse, afin de m'y conduire bien promptement ».

Le chirurgien, touché de compassion, & dans l'espoir d'être récompensé, fait asseoir à côté de lui le prétendu malade, & donne ordre à son cocher de retourner au logis, & de redoubler de vitesse. Ils étoient dans le fauxbourg Saint-Antoine, & le dentiste demeure près du palais-royal.

Le chevalier de C...., descendant lestement de voiture, dit en riant à l'opulent dentiste : — « Mille remercîmens, monsieur, de votre complaisance ; le plaisir de votre compagnie & celui de me trouver tout de suite dans un quartier où m'appelle une affaire pressée, me guérit de tous mes maux... — Et il s'échappa avec la rapidité de l'éclair.

Un cavalier fort bien fait avoit épousé une fille fort laide, mais fort riche : on lui fit des reproches sur son mauvais choix : « Ne vous en étonnez pas, répondit-il, je l'ai prise au poids, sans considérer la façon pour laquelle je n'ai rien donné.

Un italien, jaloux de sa barbe, faisoit de grandes dépenses pour la conserver & l'ajuster ; le cardinal Campége lui dit : « A la fin votre barbe vous coûtera plus que la tête ne vaut ».

Les chanoines de Chartres ayant perdu leur procès contre leur évêque, par le crédit de madame de Maintenon, l'un d'eux dit : « Comment aurions-nous gagné ? Nous avions contre nous le roi, la dame & le valet ».

Les *plaisanteries* ne feront jamais tort à un ouvrage où il y aura des beautés vraies. On demandoit dernièrement à un homme de cour son sentiment sur la tragédie du roi Léar. « C'est un monstre, répondit-il, dont la tête & les pieds sont hideux, mais dont le corps est beau ».

Un médecin célèbre dit, en parlant de la même pièce : « Malgré tous les traits sublimes dont elle est remplie, je crois qu'elle se ressent un peu de la maladie du roi Léar ».

Un fermier des gabelles avoit fait bâtir un palais ; un de ses amis, à qui il le faisoit voir, remarqua dans un grand vestibule une niche vuide qui attendoit une statue. D'où vient, lui dit-il, que vous ne rempliffez pas ce vuide? Je voudrois, dit le financier, y placer quelque statue allégorique qui me convint. Eh bien, lui dit fon ami, faites-y mettre la femme de Lot changée en statue de fel.

Un homme épuifé de plaifir, étoit obligé de garder le lit. Un de fes amis vint le voir, & apperçut en entrant dans la chambre du malade fa maitreffe qui en fortoit. Il demanda au malade comment il fe trouvoit: « La fièvre, dit-il, vient de me quitter ». Effectivement, répond l'ami, je l'ai rencontrée comme elle fortoit de chez vous.

Un curieux avoit lu le foir, dans un traité de la phyfionomie, que ceux qui ont la barbe large, portent le figne d'étourderie. Il voulut voir la fienne au miroir avec une bougie. Malheureufement il en brûla la moitié, & il écrivit auffi-tôt fur la marge du livre: pour celui là, il eft éprouvé.

M. le Camus difoit de certains moines gourmands fort révérentieux, que c'étoient des cruches qui ne fe baiffoient que pour s'emplir.

Une femme qui n'étoit pas des plus fages, mais qui avoit le fentiment vif, entendoit un homme qui, dans la colère, lâcha ce mot que le dévôt Neptune n'acheva pas. Ah! s'écria-t-elle, peut-on dire ce mot-là en colère!

Un chanoine d'Angers ayant invité plufieurs perfonnes à dîner un jour maigre, fon valet lui dit qu'il venoit du marché, & qu'il n'y avoit plus d'autre poiffon qu'un faumon qu'il n'avoit ofé prendre, parce qu'un confeiller l'avoit retenu. Le chanoine lui donnant fa bourfe pleine, lui dit: « Tiens, retourne; achette-moi le faumon & le confeiller ».

PLANTES *fingulières*. La nature, admirable dans fes productions, a fes tréfors dans chaque pays. On cultive à préfent, dans le jardin d'Edimbourg, le miracle des végétaux. On lui a donné le nom de *plante mouvante*. Tous les curieux s'empreffent de venir voir ce prodige. Les habitans, fuperftitieux, attribuent à la *plante* mouvante des vertus & des qualités extraordinaires. Le 15 juin 1776, elle avoit 15 pouces de haut. Ses mouvemens, qui offrent beaucoup de fingularité, ont commencé vers le milieu du mois de mai. Ils proviennent d'une force interne, au lieu que ceux de la fenfitive dépendent d'une impulfion & d'une caufe externe. Les opérations de notre *plante fingulière* font dérangées par un coup de vent un peu fort, qui en arrête fur le champ les mouvemens & les agitations.

La *plante* mouvante a fes feuilles partagées en

trois. L'extrémité de la feuille eft fort large, & par les différentes pofitions qu'elle prend durant le jour, on voit qu'elle fuit affez le cours du foleil. Ses mouvemens les plus remarquables font collatéraux & ne s'accordent pas toujours exactement avec le mouvement de cet aftre. Cette motion des deux côtés oppofés de la feuille, eft particulière, & affez conftamment uniforme.

Entre le fleuve du Jourdain & Jéricho, qui eft vis-à-vis du mont Abarim, il y a une vallée nommée *Baras*, où l'on trouve une *plante* de même nom, qui paroît toute de feu pendant la nuit & que l'on prendroit pour un flambeau.

QUINQUINA. Voici l'abrégé hiftorique de cette *plante*: il y avoit long-temps que le hafard avoit procuré aux indiens la découverte de la vertu febrifuge de l'écorce de quinquina, lorfque les européens arrivèrent dans leur pays.

Ils la cachèrent long-temps aux efpagnols, leurs vainqueurs, qu'ils déteftoient alors. Ce ne fut qu'en 1640 que les efpagnols en apportèrent en Europe.

Ce remède, quoique certain, fut quelque temps fans avoir grande vogue.

Là vice-reine ayant été attaquée d'une fièvre opiniâtre, le Corrégidor de Loxa lui en envoya.

Elle en fut guérie & en diftribua beaucoup. On nomma alors le quinquina, *la poudre de la comteffe*.

Vers l'année 1649, le procureur-général des jéfuites de l'Amérique paffa en Europe & fe rendit à Rome, où il invita tout fon ordre à donner de la réputation à ce remède, dont il avoit apporté une provifion.

Chacun d'eux guériffoit les fièvres comme par enchantement. Dès-lors le quinquina changea de nom: on l'appella *la poudre des pères*. Les anglois l'appellent encore aujourd'hui *la poudre jéfuitique*, the jefuit's powder.

Quelques médecins ne connoiffant pas fuffifamment la vertu de ce nouveau remède, s'élevèrent contre fon ufage; on en fut encore dégoûté par fon prix exceffif, car les jéfuites le vendoient fort cher.

Ce fut alors qu'on vit paroître les brochures intitulées, *funérailles du quinquina, réfurrection du quinquina*.

En 1679, le chevalier Tallot, anglois, à force de prêcher l'utilité de ce fpécifique, & même d'exagérer fes vertus, en fit revivre l'ufage.

Ddddd 2

L'année fuivante on joua fur l'ancien théâtre italien une comédie en trois actes & en profe, intitulée : *le remède anglois ou Arlequin ; prince du Quinquina.*

On en fit alors un nouveau fecret que l'on vendit une groffe fomme à Louis XIV. Tout le monde depuis en a eu connoiffance & en fait ufage.

La SENSITIVE eft une *plante* fort connue, par la propriété qu'elle a de donner des marques de-fenfibilité & prefque de vie, quand on la touche. MM. Dufay & Duhamel fe font livrés à une étude particulière des phénomènes de cette *plante*, & ont configné dans les mémoires de l'académie royale des fciences, pour l'année 1736, la fuite curieufe des expériences qu'ils ont faites à ce fujet ; c'eft fans doute ce qui a fait dire à Voltaire :

> Le fage Dufay parmi fes plant divers,
> Végétaux raffemblés des bouts de l'univers,
> Me dira-t-il, pourquoi la tendre fenfitive
> Se flétrit fous nos mains honteufe & fugitive.

Une princeffe qui connoiffoit la vertu de ce fimple, fe promenant dans un jardin où il y en avoit, fit accroire à fes filles d'honneur qui l'accompagnoient, que cette herbe ne fe retiroit que lorfqu'une femme ou une fille qui n'étoit pas vierge, en approchoit.

Pour preuve de ce que je vous dis, ajouta cette dame, c'eft qu'elle va fe retirer de moi qui fuis mariée, fi j'en approche ; ce qui arriva en effet, & étonna beaucoup les filles.

Mais elles le furent bien plus, lorfqu'une d'elles s'étant approchée par l'ordre de la princeffe, elles virent la plante fe retirer. On fe doute bien qu'aucune des autres ne voulut tenter l'expérience.

Il y a dans les Indes une efpèce de fenfitive, qui non-feulement s'incline quand on approche d'elle quelque corps étranger, mais fuit encore exactement avec fa tige le cours du foleil, comme les héliotropes.

Un philofophe du Malabar devint fou, pour n'avoir pu expliquer les fingularités de ce végétal, trait qui rappelle le conte qu'on a fait fur Ariftote, qui fe précipita, dit-on, dans l'Euripe, parce qu'il ne put pas expliquer le flux & le reflux.

Le précepteur d'Alexandre étoit trop éclairé & trop fage pour fe tuer de chagrin de n'être pas auffi inftruit que la nature elle-même fur les premières caufes.

HIAS-TAA-TOMCHOM. Tel eft le nom de la *plante* la plus fingulière qui croiffe à la Chine.

Ce nom fignifie que pendant l'été cette *plante* eft une herbe, mais que quand l'hiver arrive, elle devient un ver. En effet, fi on la confidère de près, rien ne préfente mieux un ver, long de neuf lignes, de couleur jaunâtre.

La tête, le corps, les yeux, les pieds, les deux côtés du ventre, paroiffent très-bien formés.

Cette *plante* croît au Thibet, & eft fort rare. Ses vertus font à peu-près les mêmes que celles du ginfeng, avec cette différence que fon fréquent ufage ne caufe pas d'hémorragie comme le ginfeng ; elle fortifie & rétablit les forces perdues.

On prend cinq dragmes de cette racine toute entière avec fa queue ; on en farcit le ventre d'un canard domeftique, qu'on fait cuire à petit feu.

Quand il eft cuit, on en retire la drogue, dont la vertu eft paffée dans la chair du canard. On en mange foir & matin pendant dix jours. Ce remède n'eft en ufage qu'à la cour de Pekin, à caufe de la rareté extrême de cette précieufe racine.

PLATON, philofophe grec, mort l'an 348 avant Jefus-Chrift, à l'âge de 81 ans.

Socrate, le maître de *Platon*, ne l'appelloit point autrement que le *cigne de l'académie.*

L'académie étoit un gymnafe environné d'arbres, & fitué fur les confins d'un des fauxbourgs d'Athènes, ainfi appellé d'un nommé *Académus* ou *Ecadémus*, citoyen d'Athènes, qui en étoit propriétaire.

C'eft dans ce lieu que *Platon* & fes difciples tenoient leurs affemblées pour converfer fur des matières philofophiques : origine du nom d'académiciens donné aux philofophes qui fuivoient la doctrine de Socrate & de *Platon*.

Cette doctrine & celle d'Ariftote furent en quelque forte deux religions que les hommes profefsèrent, jufqu'à ce qu'une lumière plus pure vînt les éclairer.

Platon n'avoit négligé aucuns des moyens d'accroître fes connoiffances. Il voyagea en Egypte, pour profiter des lumières des prêtres de ce pays, & des hommes illuftres en tout genre qu'il produifoit alors.

Il parcourut la grande Grèce pour converfer avec les trois plus fameux pythagoriciens de ce temps là, & paffa en Sicile pour voir les merveilles de cette ville, & fur-tout les embrâfemens du mont Ethna.

Platon ne se mêla point des affaires publiques, mais il ne fut pas moins utile aux sociétés politiques en leur formant des magistrats sages & vertueux.

Dion, Pithon & Héraclide qui avoient appris dans son école à détester la tyrannie, en affranchirent le premier la Sicile, & les deux autres la Thrace.

Denis, tyran de Syracuse, l'appella à sa cour, & *Platon* se rendit à ses sollicitations dans l'espérance de contribuer au bonheur des syracusains; mais l'adulation s'opposa aux progrès de la philosophie, & *Platon* s'en retourna en Grèce avec le chagrin de n'avoir pu faire un homme d'un tyran, & la joie de ne plus vivre avec de lâches flatteurs qui en faisoient un monstre.

A son retour il passa à Olympie pour voir les jeux. Il se trouva logé avec des étrangers de distinction. Il mangeoit à leur table, passoit avec eux les journées entières, & vivoit d'une manière très-simple & fort unie, sans jamais leur parler ni de Socrate, ni de l'académie, & sans leur faire connoître de lui autre chose sinon qu'il s'appelloit *Platon*.

Ces étrangers s'estimoient heureux d'avoir rencontré un homme si doux, si affable & d'une si bonne société; mais, comme il ne parloit que de choses fort ordinaires, ils ne crurent jamais ce fût ce philosophe dont la réputation faisoit tant de bruit.

Les jeux finis, ils allèrent avec lui à Athènes où il les logea. Ils n'y furent pas plutôt arrivés, qu'ils pressèrent leur hôte de les mener voir ce fameux philosophe qui portoit le même nom que lui, & qui étoit disciple de Socrate. Le philosophe leur répondit en riant : *le voici*. Les étrangers surpris, se firent de secrets reproches de n'avoir pas discerné tout le mérite de ce grand homme à travers les voiles de la simplicité & de la modestie dont il le couvroit, & l'en admirèrent encore davantage.

Ce philosophe ne pouvoit souffrir la vénalité des magistratures. « C'est, dit-il, comme si dans un navire on faisoit quelqu'un pilote ou matelot pour son argent. Seroit-il possible que la règle fût mauvaise dans quelqu'autre emploi que ce fût de la vie, & bonne seulement pour conduire une république » ?

Les hommes, continue *Platon*, ne connoîtront point le bonheur tant que les philosophes ne régneront point, ou que ceux qui règnent privés d'une sorte d'inspiration divine, ne seront pas philosophes.

La vertu de l'homme politique, selon *Platon*, consiste à diriger ses pensées & ses actions au bonheur de la république.

Il distinguoit deux sortes de passions; les passions sauvages & féroces, & les passions douces. La volupté, la douleur, la commisération sont du nombre de ces dernières, elles sont de la nature de l'homme; elles ne commencent à être vicieuses qu'en devenant excessives. Les passions sauvages & féroces ne sont pas dans la nature; elles naissent de quelque dépravation particulière; telle est la misanthropie.

Donnez tout à l'homme excepté la vertu, vous n'aurez rien fait pour son bonheur.

Il définissoit l'amitié une bienveillance réciproque qui rend deux êtres également soigneux l'un de l'autre; égalité qui s'établit & qui se conserve par la conformité de mœurs.

Platon jouit d'une santé constante & d'une longue vie, récompense de sa frugalité. Le perse Mithridate lui éleva une statue, Aristote un autel. On consacra par la solennité le jour de sa naissance, & l'on frappa des monnoies à son effigie.

On rendit même, de son vivant, hommage à son savoir. Le poëte Antimachus ayant rassemblé un jour quantité de personnes pour lire en leur présence une pièce qu'il avoit composée, & voyant que ses auditeurs l'avoient quitté à la réserve de *Platon* : « Je ne laisserai pas, dit-il, de continuer ma lecture, parce que *Platon* vaut tout seul un auditoire ».

Platon a été surnommé l'Homère des philosophes. Dans les sujets élevés qu'il traite, il a l'enthousiasme de ce poëte épique. Quelquefois aussi il s'est montré un autre Anacréon & badine avec l'amour. On connoît les petits vers passionnés qu'il fit pour Agathis, & que Fontenelle a rendus dans ses dialogues :

Lorsqu'Agathis, par un baiser de flamme,
Consent à me payer des maux que j'ai sentis,
Sur mes lèvres soudain je sens voler mon ame
Qui veut passer sur celle d'Agathis.

Timothée, général athénien, fut invité à souper chez *Platon*. Le repas étoit frugal, mais délicat & bien entendu. Une gaieté douce animoit les convives; on traita plusieurs points de morale très-intéressans. Timothée étoit enchanté. La satisfaction secrète, qu'il éprouvoit étoit bien au-dessus de la joie bruyante qui régnoit dans les grands repas qu'il donnoit souvent à ses officiers. Un concert délicieux termina le festin. Le général sortit plein d'un contentement intérieur, qu'il n'avoit jamais senti : Le repas frugal qu'il avoit fait lui procura un sommeil léger & tranquille. Le matin, il se leva frais & joyeux. Le doux sentiment du plaisir de la veille affectoit encore délicieusement son cœur; & par hasard, ayant rencontré *Platon* : « Vos repas, lui dit-il, ne sont pas seulement agréables pour le moment, ils le sont encore pour le lendemain ».

Cicéron avoit si bonne opinion des sentimens de *Platon*, qu'il disoit : « J'aimerois mieux me tromper avec *Platon*, que de rencontrer la vérité avec les autres philosophes ».

PLINE L'ANCIEN, (*C. Plinius secundus*) physicien & naturaliste. Il vivoit sous Vespasien & Tite, qui l'honorèrent de leur estime, & mourut vers l'an 79 de Jésus-Christ, à l'âge de 56 ans.

Son ouvrage, tout aussi varié que la nature, la peint toujours en beau; c'est, si l'on veut, une compilation de tout ce qui avoit été écrit avant lui, une copie de tout ce qui avoit été fait d'excellent & d'utile à savoir; mais cette copie a de si grands traits, cette compilation contient des choses rassemblées d'une manière si neuve, qu'elle est préférable à la plupart des ouvrages originaux qui traitent des mêmes matières.

Ce savant naturaliste, ainsi que *Pline* le jeune son neveu nous l'apprend, menoit une vie simple & frugale, dormoit peu & mettoit tout le temps à profit. On lisoit à sa table; & dans ses savantes courses il avoit toujours à ses côtés son livre, ses tablettes & son copiste; car il ne lisoit rien dont il ne fit des extraits.

Il n'y a peut-être pas d'exemple plus singulier de l'assiduité à la lecture & au travail. Un jour celui qui lisoit pendant le repas ayant mal prononcé quelques mots, un des amis de *Pline* l'arrêta & l'obligea de recommencer. *Pline* dit à cet ami : « Vous aviez pourtant entendu. Et celui-ci en étant convenu, pourquoi donc, ajoute *Pline*, avez-vous fait recommencer le lecteur ? Votre interruption nous a fait perdre plus de dix lignes ». Dans une autre occasion, voyant son neveu se promener sans livre, il lui dit : « Vous pouviez ne pas perdre ce temps ».

« Je donne tout le jour aux affaires, écrit-il agréablement à Tite, & je me réserve la nuit afin de l'employer à la lecture & à la composition. Ne serois-je pas trop heureux encore quand cette conduite ne me procureroit d'autre avantage que celui de vivre plus long-temps? Le sommeil emporte la moitié de la vie; & c'est un gain plus sûr & plus légitime que tous les autres, que de lui dérober le plus de temps qu'il est possible ».

Pline mourut par un accident bien triste, dont on trouve le détail dans une lettre que son neveu adresse à Tacite l'historien. Il étoit à Nîmes où il commandoit une escadre des romains. Ayant aperçu un nuage d'une grandeur & d'une figure extraordinaire qui sortoit du mont Vésuve, il se hâta d'approcher pour examiner les différentes formes que prenoit successivement le phénomène terrible qu'il vouloit observer. Il dicta ses observations avec la même liberté d'esprit que s'il n'y avoit aucun péril à craindre. Cependant une cendre plus épaisse & plus chaude commençoit à voler sur ses vaisseaux à mesure qu'ils avançoient. Des pierres calcinées & des cailloux tout noirs, tout brûlés, tout pulvérisés par la violence du feu, tomboient autour d'eux. *Pline* délibéra quelques momens s'il ne s'en retourneroit pas, & le pilote l'y exhortoit; mais un désir insatiable de savoir & de s'instruire lui fit rejetter ce conseil timide. « La fortune, s'écria-t-il, favorise les hommes courageux. Allons à Stabies où est actuellement Pomponianus ». C'étoit un de ses amis qu'il trouva fort occupé à faire les préparatifs nécessaires pour s'échapper par la fuite au péril qui le menaçoit, dès que le vent qui étoit contraire auroit changé de direction. *Pline* l'embrasse, l'encourage; & pour diminuer la crainte de son ami par l'exemple de sa sécurité, il prend le bain; après le bain il se met à table & soupe gaîment; ou du moins avec toutes les apparences de la gaîté. Le repas fini, il se couche & dort d'un profond sommeil. Cependant l'approche du danger obligea de l'éveiller. La cour de la maison se remplissoit de cendres & de pierres, & la maison étoit tellement ébranlée par les fréquens tremblemens de terre que l'on auroit dit qu'elle étoit arrachée de ses fondemens. Les murs menaçoient à tout moment d'une chute prochaine. D'un autre côté il y avoit lieu d'appréhender dans la plaine campagne d'être écrasé par les pierres que le goufre lançoit. On se détermina néanmoins à sortir, & pour se garantir des pierres, chacun se mit sur la tête des coussins attachés avec des cordons noués sous les bras. Déja le jour commençoit à paroître; mais autour de *Pline* circuloit une vapeur sombre & épaisse qu'il falloit vaincre par la lumière des flambeaux. Il parut absolument nécessaire de s'éloigner, & on gagna le rivage pour voir si la mer seroit navigable; elle étoit plus furieuse que jamais. *Pline* se jetta sur un drap que l'on étendit par terre. Là, il demanda successivement deux verres d'eau froide qu'il but. Dans le moment se répand une odeur de soufre; & la flamme suivit de près. Tout le monde se sauve; *Pline* se lève appuyé sur deux esclaves, & dans l'instant tombe mort, étouffé sans doute par l'air brûlant qu'il respira. Deux jours après, son corps fut retrouvé entier, sans aucune blessure, avec ses habits : on eût pensé qu'il étoit simplement endormi.

PLINE le jeune, (*Cœcilius Plinius Secundus,*)

neveu & fils adoptif du précédent, né à Côme en Italie. Il fut difciple de Quintilien.

Il s'éleva par fon mérite jufqu'aux premières charges fous l'empire de Trajan, & fut même honoré du confulat.

Pline commença à fréquenter le barreau à l'âge de dix-neuf ans. Il ne plaida jamais que pour l'intérêt public, pour fes amis ou pour ceux que leur mauvaife fortune laiffoit fans appui.

La gloire de fe rendre le défenfeur des gens de bien étoit fa feule récompenfe. Les autres avocats au contraire vendoient leur éloquence à quiconque vouloit la payer.

L'empereur Trajan rendit un décret pour faire ceffer ce trafic.

Pline dut s'applaudir alors de ne s'être pas feulement abftenu de faire aucun traité pour les caufes dont il s'étoit chargé, mais encore d'avoir toujours refufé toutes fortes de préfens, & jufqu'à des étrennes.

Il eft vrai, écrit-il dans une de fes lettres, que tout ce qui n'a pas l'air honnête doit s'éviter, non comme défendu, mais comme honteux.

Il y a néanmoins, continue-t-il, je ne fais quelle fatisfaction à voir publiquement défendre ce qu'on ne s'eft jamais permis.

L'empereur Domitien avoit chaffé de Rome & de l'Italie tous les philofophes. Artémidore, ami de Pline, étoit de ce nombre.

Il s'étoit retiré dans une maifon qu'il avoit aux portes de la ville. « J'allai l'y trouver, dit Pline, dans une conjoncture où ma vifite étoit plus remarquable & plus dangereufe. J'étois préteur ».

« Il ne pouvoit qu'avec une groffe fomme acquitter les dettes contractées pour des chofes utiles. Quelques-uns de fes amis les plus puiffans & les plus riches, ne voulurent point s'appercevoir de fon embarras: moi, j'empruntai la fomme, & je lui en fis don ».

» J'avois pourtant alors fujet de trembler pour moi-même. On venoit de faire mourir ou d'envoyer en exil fept de mes amis ».

« La foudre tombée autour de moi tant de fois, & encore fumante, fembloit me préfager évidemment un femblable fort: mais il s'en faut bien que je croie avoir pour cela mérité toute la gloire que me donne Artémidore. Je n'ai fait qu'éviter l'infamie ».

Après la mort de Dioclétien, Pline éleva fa voix dans le fénat & fe porta accufateur contre un des plus illuftres favoris de ce prince.

Comme on craignoit que Nerva, fucceffeur de Dioclétien, ne fût offenfé de cette accufation, tous ceux qui s'intéreffoient au fort de Pline trembloient pour lui.

Un confulaire de fes amis s'approcha de lui & le preffa de fe défifter de cette accufation.

Il ajouta même qu'il fe rendoit par là redoutable aux empereurs à venir. Tant mieux, répondit Pline, pourvu que ce foit aux méchans empereurs. Comme on infiftoit encore, j'ai tout pefé, j'ai tout prévu, ajouta-t-il, & je ne refufe pas, s'il le faut, d'être puni pour avoir pourfuivi la vengeance d'une lâche & indigne cruauté.

Nerva empêcha que cette affaire fût remife à la délibération du fénat; mais ce corps augufte n'en rendit pas moins juftice à la courageufe fermeté de Pline.

Trajan qui avoit fuccédé à Nerva, proclama lui-même Pline, conful, après avoir fait fon éloge.

Pline l'en remercia par un difcours folemnel, & ce fut dans cette occafion que par ordre du fénat & au nom de tout l'empire il prononça le panégyrique de ce prince. « Si le fouverain bonheur, difoit Pline à Trajan, confifte à pouvoir faire tout le bien qu'on veut, c'eft le comble de la grandeur que de vouloir faire tout le bien qu'on peut ».

Pline fut envoyé par ce prince pour gouverner le pont & la Bithinie, en qualité de proconful.

Une violente perfécution s'étant allumée dans ces provinces contre les chrétiens, que Trajan regardoit comme dangereux par leur nombre, & comme ennemis déclarés de toutes religions, Pline ofa plaider leur caufe auprès de l'empereur.

Il écrivit à ce prince que le commerce des chrétiens entr'eux étoit exempt de tout crime; que le principal objet de leur culte étoit d'adorer leur Chrift comme un Dieu; que leurs mœurs étoient la plus belle leçon qu'on pût donner aux hommes; & qu'ils s'obligeoient par ferment de s'abftenir de tout vice.

Trajan touché des raifons que ce magiftrat philofophe lui expofa, défendit de faire aucune recherche des chrétiens, mais il ordonna qu'on punit de mort ceux qui, au mépris des loix de l'empire, viendroient déclarer d'eux mêmes, sans être dénoncés, qu'ils faisoient profession du christianisme.

Pline, de retour à Rome, continua à s'attacher tous les cœurs par la pratique des vertus civiles & morales.

Il ne se refusa jamais à la douce joie d'une bonne action. Des marchands avoient acheté ses vendanges, dans l'espérance du gain qu'ils se promettoient d'y faire. Leur attente fut trompée.

Il leur fit à tous des remises. « Je ne trouve pas moins glorieux, disoit-il, de rendre justice dans sa maison que dans les tribunaux; dans les petites affaires que dans les grandes; dans les siennes que dans celles d'autrui ».

Une dame romaine, qu'il avoit en partie dotée de son bien, étant sur le point de renoncer à la succession de Calvinus son père, dans la crainte que les biens qu'il laissoit ne fussent pas suffisans pour payer les sommes dûes à *Pline*; ce bon citoyen lui écrivit de ne pas faire cet affront à la mémoire de son père, & pour la déterminer lui envoya une quittance générale.

Quintilien & Martial se ressentirent des libéralités de cet homme généreux; mais ce que fit *Pline* pour sa patrie mérite d'être remarqué.

Les habitans de Côme n'ayant point de maîtres chez eux pour instruire leurs enfans, étoient obligés de les envoyer dans d'autres villes.

Pline, qui avoit pour sa patrie toute la tendresse d'un père, fit sentir aux habitans quel avantage ce seroit pour la jeunesse d'être élevée dans Côme même. « Où, dit-il aux parens, leur trouver un séjour plus agréable que la patrie? Où former leurs mœurs plus sûrement que sous les yeux de père & de mère? Où les entretenir à moins de frais que chez nous? N'est-il pas plus convenable que vos enfans reçoivent l'éducation dans le même lieu où ils ont reçu la naissance, & qu'ils s'accoutument dès l'enfance à se plaire, à se fixer dans leur pays natal? »

Pline offrit de contribuer du tiers à fonder les appointemens des maîtres, & crut devoir laisser les parens chargés du reste, pour les rendre plus attentifs à choisir de bons maîtres, par la nécessité de la contribution & par l'intérêt de placer utilement leur dépense.

Pline ne borna point là sa bienfaisance pour sa patrie. Il y fonda une bibliothèque, avec des pensions annuelles, pour un certain nombre de jeunes gens de famille, à qui leur mauvaise fortune avoit refusé les secours nécessaires pour étudier.

Ce généreux citoyen s'étoit fait sur son humeur bienfaisante des principes dignes d'être remarqués. « Je veux, dit-il, qu'un homme vraiment-libéral, donne à sa patrie, à ses proches, à ses alliés, à ses amis & préférablement à ceux qui sont dans le besoin. » Ce fut aussi l'ordre qu'il suivit exactement.

Pline avoit un bien assez médiocre, mais c'étoit dans sa frugalité & son économie qu'il trouvoit la source la plus assurée de ses libéralités.

PLUTARQUE, historien grec, mort vers l'an 140 de Jésus-Christ, sous le regne d'Antonin le pieux.

Plutarque enseigne la morale dans ses écrits, & fut lui-même un exemple de vertus civiles. Bon fils, bon père, bon mari, bon frère, & d'un esprit sage, modéré, complaisant, il goûta la douce joie de voir regner dans sa famille la paix & le bonheur.

Il eut toujours un amour de prédilection pour le lieu de sa naissance; & après avoir fait plusieurs voyages pour s'instruire, il voulut finir ses jours à Chéronée. « Je suis né, disoit-il, dans une ville fort petite, & pour l'empêcher de devenir encore plus petite, je veux m'y tenir ».

Un homme de goût, interrogé lequel de tous les livres de l'antiquité il voudroit conserver, s'il n'en pouvoit obtenir qu'un seul : *Les hommes illustres de Plutarque*, répondit-il.

On ignore le nom du père de *Plutarque* : mais il en parle comme d'un homme de mérite & d'une grande érudition. Son ayeul s'appeloit Lamprias.

Plutarque lui rend ce témoignage qu'il étoit très-éloquent, & qu'il avoit une de ces imaginations qui s'échauffent aisément par la présence des objets.

Il se surpassoit lorsqu'il étoit à table avec ses amis; car alors son esprit s'animoit d'un nouveau feu.

Aussi Lamprias disoit de lui-même : « Que la chaleur du vin faisoit sur son esprit le même effet que le feu produit sur l'encens, dont il fait évaporer ce qu'il y a de plus fin & de plus exquis ».

Plutarque s'étoit annoncé de bonne heure par ses talens; & quoique jeune, il fut député avec

un

un autre citoyen vers le proconful pour quelque affaire importante.

Son collègue étant demeuré en chemin, il acheva seul le voyage, & remplit ce que portoit leur commiffion.

A fon retour, comme il fe difpofoit à en rendre compte, fon père, ainfi qu'il nous l'apprend, lui donna cette fage leçon: « Mon fils, dans le rapport que vous allez faire, gardez-vous de dire: *Je fuis allé, j'ai parlé, j'ai fait*: mais dites toujours: *Nous fommes allés, nous avons parlé, nous avons fait*, en affociant votre collègue à toutes vos actions, afin que la moitié du fuccès foit attribuée à celui que la patrie a honoré de la moitié de la commiffion, & que par ce moyen vous écartiez de vous l'envie qui fuit prefque toujours la gloire d'avoir réuffi »

En lifant les ouvrages de *Plutarque*, on ne peut s'empêcher de regretter qu'on ne nous ait point laiffé quelques mémoires de fa vie: mais, dit Montagne, les écrits de *Plutarque*, à les bien favourer, nous le découvrent affez, & je penfe le connoître jufques dans l'ame.

PLONGEUR. Vers la fin du quinzième fiècle, il y avoit en Sicile un fameux *plongeur* qui s'appeloit Nicolas. On lui avoit donné le furnom de Pefcecola, comme qui diroit, Nicolas le Poiffon. Il s'étoit accoutumé dès fa plus tendre jeuneffe, à pêcher des huîtres & du corail au fond de la mer, & demeuroit quelquefois quatre ou cinq jours dans l'eau, n'y vivant que de poiffon crud. Comme il nageoit parfaitement, il lui arrivoit fouvent de paffer à l'ifle de Liparo, & d'y porter des lettres enfermées dans un fac de cuir. Frédéric, roi de Sicile, inftruit de la force & de l'adreffe de Pefcecola, lui ordonna de plonger dans le goufre de Caribde, proche du promontoire *il capo di Faro*, pour reconnoître la difpofition de ce lieu. Comme le prince remarqua que Nicolas avoit de la peine à faire un effai fi dangereux, il jetta une coupe d'or, & la lui donna s'il pouvoit la retirer. L'habile *plongeur*, animé par cette récompenfe, fe jetta au fond du goufre où il demeura près de trois quarts d'heure, & revint enfuite fur l'eau, tenant à la main la coupe d'or. Il fit au roi le récit des roches, des cavernes & des monftres marins qu'il difoit avoir vus ou fentis, & protefta qu'il lui feroit impoffible d'y retourner une feconde fois: mais Frédéric lui montra une bourfe d'or qu'il lui promit, & une coupe d'or, plus belle que la première, qu'il jetta encore dans la mer. Pefcecola s'y précipita bientôt après, mais il ne parut plus.

Les papiers anglois de 1765, font mention du fait fuivant. Le lord Williams Campbelle, troi-

fième fils du duc d'Argyll, & capitaine de vaiffeau, étant, avec plufieurs dames, à une partie de pêche auprès de Henley, fur la Tamife, entendit quelqu'un qui crioit & demandoit un bateau. Plufieurs bâtimens paffèrent affez près de l'endroit d'où partoient les cris, mais aucun ne s'y arrêta. Il parut un homme à la pointe de l'ifle, qui avertit que quelqu'un fe noyoit. Le lord Campbelle apperçut effectivement un homme qui fe débattoit au fond de l'eau. Il ôta fon habit, &, en préfence des dames avec lefquelles il fe trouvoit, il fe jetta à l'eau, alla chercher, à feize pieds de profondeur, l'homme qui fe noyoit, & qui étoit embarraffé fous un gros tronc d'arbre. Le lord l'en retira, après beaucoup de peine, le monta avec lui, & le conduifit à la nage fur le bord de la rivière; il le fit faigner fur le champ; & les foins qu'il ordonna qu'on en prît, rappelèrent à la vie ce malheureux, qui étoit un des domeftiques du lord Palmerthon. Ce fait eft cité ici comme un tour de force; mais il mérite encore plus notre admiration par le beau trait d'humanité qu'il nous préfente.

POLIGNAC, (Melchior de) cardinal, né en 1661, mort en 1741.

Le cardinal de *Polignac* n'étant encore qu'abbé, accompagna le cardinal de Bouillon qui alloit à Rome après la mort d'Innocent XI. Alexandre VIII, qui fut élu, donna des marques fi particulières d'eftime au jeune abbé que l'ambaffadeur de France crut devoir le faire entrer dans la négociation dont il étoit chargé, laquelle regardoit les célèbres propofitions du clergé de 1682.

L'abbé de *Polignac* entretint plufieurs fois le pape à ce fujet, & le faint père qui goûtoit de plus en plus le caractère de fon efprit lui dit dans une dernière conférence: « Vous paroiffez toujours être de mon avis, & à la fin c'eft le vôtre qui l'emporte. »

Les négociations entre la cour de Rome & celles de France étant heureufement terminées, le jeune négociateur vint en rendre compte à Louis XIV. C'eft à cette occafion que ce monarque dit de lui: « Je viens d'entretenir un homme, & un jeune homme qui m'a toujours contredit & qui m'a toujours plu ».

Ce monarque le nomma fon ambaffadeur extraordinaire en 1693. Il s'agiffoit d'empêcher qu'à la mort de Jean Sobiefki, prêt de defcendre au tombeau, un prince, dévoué aux ennemis de la France, n'obtînt la couronne de Pologne, & il falloit la faire donner à un prince de la maifon de France. Le prince de Conti fut élu par fes foins; mais diverfes circonftances ayant retardé fon arrivée en Pologne, il trouva tout changé lorfqu'il parut, & fut obligé de fe rembarquer. L'abbé de *Polignac*, obligé de quitter la Pologne, reçut ordre en arrivant en France de fe retirer dans fon abbaye de Bon-Port. Il y étoit encore lorfque le duc d'Anjou fut appelé au trône d'Efpagne. Il écrivit à Louis XIV : « Sire, fi les profpérités de votre majefté ne mettent point fin à mes malheurs, du moins me les font-elles oublier ».

A l'exaltation de Benoît XIII en 1724, le cardinal de *Polignac* fut déclaré miniftre du roi à Rome, & il forma alors un projet digne du goût qu'il témoigna toujours pour les beaux arts, pour les antiques principalement. Il n'ignoroit point que durant les guerres civiles qui troublèrent les plus beaux jours de la république romaine, & le premier fiècle de l'empire; le parti qui prévaloit, ne manquoit jamais de jetter dans le Tibre toutes les ftatues & les trophées qu'on avoit élevés à l'honneur du parti oppofé. Quelquefois on les brifoit ou les mutiloit auparavant; mais pour l'ordinaire on les y jettoit dans leur entier. Ils y font donc encore, difoit-il, car affurément on ne les a point retirés, & le fleuve ne les a point emporté Il avoit imaginé de détourner pendant quelques jours le cours du Tibre, & de faire fouilles l'efpace de trois quarts de lieue. Il auroit fallu creufer un peu avant, parce que les bronzes & les marbres ont dû s'enfoncer. Si le cardinal avoit été affez riche pour l'entreprendre à fes frais, le pape qui l'aimoit lui auroit accordé toutes les permiffions néceffaires.

Quoique le cardinal de *Polignac* aimât les bons mots & la plaifanterie, il ne pouvoit fouffrir la médifance. Un feigneur étranger attaché au fervice d'Angleterre, & qui vivoit à Rome fous la protection de la France, eut un jour l'imprudence de tenir à fa table des propos peu mefurés fur la religion & fur la perfonne du roi Jacques. Le cardinal lui dit avec un férieux mêlé de douceur : « J'ai ordre, monfieur, de protéger votre perfonne; mais non pas vos difcours ».

Ce cardinal, quoiqu'oppofé à la doctrine de Newton, favoit néanmoins rendre juftice à ce célèbre géomètre. Les nouvelles expériences de Newton, fur la lumière, avoient été tentées plufieurs fois en France & toujours fans fuccès; d'où l'on commençoit à inférer que le fyftème du docte anglois ne pouvoit pas fe foutenir. Le cardinal de *Polignac* dit qu'un fait avancé par Newton, ne devoit pas être nié légèrement, & qu'il falloit recommencer jufqu'à ce qu'on pû s'affurer les avoir bien faites. Il fit venir des prifmes d'Angleterre. Les expériences furent répétées en fa préfence aux cordeliers, & elles réuffirent. Il ne put jamais cependant parvenir à faire du blanc

par la réunion des rayons; d'où il concluoit que le blanc n'eft pas le réfultat de cette réunion, mais le produit des rayons directs non rompus & non réfrangibles. Newton qui s'étoit plaint du peu d'exactitude & même du peu de bonne foi des phyficiens françois, écrivit au cardinal, pour le remercier d'un procédé fi honnête & qui marquoit tant de droiture.

Le cardinal de *Polignac* racontoit volontiers ce qui lui avoit fait naître l'idée de fon *Anti-Lucrèce*. En revenant de Pologne il s'arrêta quelque temps en Hollande. Il y eut plufieurs entretiens fuivis avec le célèbre Bayle. Les argumens d'Epicure, de Lucrèce & des fceptiques qui venoient depuis peu d'être pouffés très loin dans le *Dictionnaire critique*, le furent peut-être encore davantage dans la converfation. Le cardinal de *Polignac* forma dès-lors le deffein de les refuter. Deux exils dans deux de fes abbayes, lui donnèrent ce loifir néceffaire pour les lettres. Ainfi l'*Anti-Lucrèce* eft le fruit des difgraces de fon auteur. *Anecdotes littéraires*.

POMPÉE le grand, (Cneius Pompeius Magnus) général romain, né l'an 106 avant Jéfus-Chrift : affaffiné dans la cinquante-huitième année de fon âge.

Pompée étant envoyé en Afie en qualité d'ambaffadeur, fut pris par le roi des efclavons, qui le follicita & commanda de lui découvrir le fecret du fénat. Ce que voyant *Pompée*, il mit fon doigt fur une lampe ardente, & par ce tourment, donna à connoître à ce roi, que les fupplices dont il étoit menacé étoient trop foibles pour l'obliger à découvrir les fecrets de la république. *Val. le Grand. l.*

Pompée fit fes premières campagnes fous Strabon, fon père. La révolte s'étant mife dans le camp lorfque Strabon commandoit l'armée contre Cinna, *Pompée* fe jetta au milieu de fes troupes mutinées, les conjura de rentrer dans leur devoir, & de ceffer par leur fédition de faire outrage à leur général; mais n'ayant rien pu gagner fur leurs efprits, il fe jetta au travers de la porte du camp, & leur dit de lui paffer fur le corps s'ils avoient envie de fe retirer. Cette action pathétique fit plus d'impreffion fur les foldats que toutes les repréfentations qu'on put leur faire. Ils eurent honte de leur obftination, & fe foumirent à leur général.

Pompée fut envoyé, quoique fort jeune, contre Sertorius, capitaine romain, qui avoit pris les armes contre fa patrie. Ce romain, comme l'apprend l'hiftoire, fut affaffiné dans un feftin par Marcus Perpenna, prétorien de fon parti. Ce Perpenna voulut jouer le même rôle que Sertorius; mais il fut d'abord battu & pris. Il s'étoit faifi des papiers de Sertorius. Dans le deſſein de ſe concilier *Pompée*, il lui promit de lui faire voir les lettres de pluſieurs hommes conſulaires, & d'autres des citoyens les plus puiſſans de Rome, toutes originales & écrites de leur propre main qui appelloient Sertorius en Italie. Il lui faiſoit entendre que la plupart dégoûtés du gouvernement préſent, ſouhaitoient de le voir changer. On a loué la rare prudence que *Pompée* fit paroître dans cette occaſion critique. Prévoyant les troubles & peut-être les guerres civiles que de pareilles inſtructions exciteroient dans Rome, il fit raſſembler ces lettres & tous les papiers de Sertorius, & les brûla juſqu'au dernier ſans les lire. Il fit exécuter en même-temps Perpenna, de peur qu'il ne découvrît & ne nommât quelques-uns de ceux qui avoient écrit ces lettres.

Pompée, à la tête d'une armée, ayant été informé que ſes ſoldats commettoient beaucoup de déſordre dans leur marche, il fit ſceller leurs épées de ſon cachet, & tous ceux qui ne conſervoient pas ce cachet entier étoient punis. L'hiſtoire ne fait pas mention qu'aucun autre général ſe ſoit ſervi de cet expédient qui d'ailleurs ſeroit inutile aujourd'hui.

Pompée étoit en marche pour châtier une troupe de ſéditieux. Celui qui les commandoit, vint auſſi-tôt s'offrir à la mort comme ſeul auteur du déſordre, & pria le général romain de ne point punir les innocens que le coupable. *Pompée*, touché de ce trait de généroſité, leur pardonna à tous, en diſant que cette fois le coupable avoit obtenu le pardon des innocens.

Le dictateur Sylla, qui redoutoit l'autorité que *Pompée* encore jeune acquéroit de jour en jour ſur les ſoldats par ſa douceur & ſes vertus militaires, le rappella à Rome. Il obéit, malgré la réſiſtance de l'armée qui vouloit l'obliger à mépriſer les ordres du dictateur. Sylla fut ſi content de ce procédé, qu'il alla au devant de lui, & l'embraſſant avec tous les témoignages d'une véritable affection, il le ſalua du ſurnom de *Grand*. *Pompée* demanda les honneurs du triomphe. Sylla, qui avoit ſes raiſons pour l'en détourner, lui repréſenta qu'étant encore trop jeune pour recevoir cet honneur, il attireroit infailliblement ſur lui la haine & la jalouſie. « Fais donc attention, lui dit *Pompée*, que le ſoleil levant a bien plus d'ardeur que le ſoleil couchant. Ces paroles ne furent point d'abord entendues par le dictateur; mais elles lui furent répétées, & dans l'étonnement que lui cauſa la confiance audacieuſe de celui qui les avoit dites, il s'écria bruſquement: *Qu'il triomphe, qu'il triomphe.* *Pompée* le prit au mot, & l'on vit pour la première fois un ſimple chevalier romain honoré du triomphe.

Pluſieurs de ſes officiers n'ayant point obtenu

tout ce qu'ils eſpéroient, avoient voulu troubler ce triomphe; mais *Pompée* toujours ferme, répondit qu'il renonceroit plutôt à cet honneur qu'il avoit toujours déſiré, que de s'abaiſſer à les flatter. Servilius, perſonnage conſidérable de Rome, & un de ceux qui avoient montré le plus d'oppoſition, s'écria publiquement: *Je reconnois à cette heure que Pompée eſt véritablement grand & digne du triomphe.*

La faveur qu'il s'étoit acquiſe auprès du peuple, lui avoit fait déférer, quoiqu'abſent, une puiſſance auſſi abſolue que celle que Sylla avoit uſurpée par les armes. Lorſque *Pompée* reçut ſes lettres qui lui apprenoient cette nouvelle, il en parût accablé; & comme ſes amis qui étoient préſens s'en réjouiſſoient, il fronça les ſourcils, dit Plutarque, & s'écria avec une feinte amertume: « O dieux, que de travaux ſans fin! N'aurois-je pas été plus heureux d'être un homme inconnu & ſans gloire? Ne verrai-je donc jamais la fin de mes travaux? Ne pourrai-je jamais me dérober à l'envie qui me perſécute, & paſſer des jours tranquilles à la campagne avec ma femme & mes enfans »? Ce trait & d'autres ſemblables prouvent, ce que l'on a dit, que *Pompée* cherchoit à couvrir ſon ambition par une feinte modération.

Le voluptueux Lucullus, qui s'étoit retiré des emplois pour mieux ſavourer les douceurs d'une vie molle & efféminée, trouvoit mauvais que *Pompée* eût retenu le commandement; mais celui-ci ſe contenta de lui demander ſi la volupté convenoit mieux à un vieillard que l'ambition à un jeune homme.

On pouvoit louer *Pompée* d'avoir pluſieurs fois licencié ſes troupes aux premiers ordres qu'il en avoit reçus. Auſſi avoit-on coutume de dire qu'il avoit pris & quitté le commandement contre toute attente, parce qu'il le prit fort jeune, & le quitta quoiqu'ayant la ſouveraine puiſſance en main.

Il eut la gloire de terminer la guerre contre le célèbre Mithridate ſi redoutable aux romains, & fut chargé quelque temps après de faire paſſer des bleds en Italie où la famine commençoit à ſe faire ſentir. Il parcourut en perſonne la Sicile, la Sardaigne & l'Afrique, où il recueillit des proviſions de grains conſidérables: mais dans le moment qu'il alloit s'embarquer pour faire paſſer ces proviſions à Rome, il s'éleva un vent ſi impétueux, que ſes pilotes voulurent reculer le départ. *Pompée* ſe jettant le premier dans ſon vaiſſeau commanda qu'on levât l'ancre. *Il eſt néceſſaire, leur dit-il, que je parte, mais non pas que je vive.*

Tous les peuples étoient ſi attachés à *Pompée*, qu'on célébroit par-tout ſon arrivée comme un jour de fête. Lorsqu'après une légère indisposition il paroissoit pour la première fois en public, aussitôt chaque citoyen couronné de fleurs alloit au-devant de lui. Ces démonstrations de joie, en donnant trop de confiance à *Pompée*, furent peut-être une des principales causes qui lui firent perdre la bataille de Pharsale. Lorsqu'on lui demandoit quelle force il pourroit opposer à *César*, dont la grande puissance faisoit ombrage à la république, il répondoit en riant & avec un visage ouvert où la joie & l'assurance paroissoient peintes, «qu'on ne se mît point en peine; car, ajoutoit-il, en quelque endroit de l'Italie que je frappe du pied, il en sortira des légions à mes ordres ».

Lors de la célèbre journée de Pharsale, *Pompée* voyant sa cavalerie plier du premier choc, & prendre honteusement la fuite, il parut tout-à-coup, dit Plutarque, comme un homme qui vient de perdre l'usage de ses sens. Car oubliant qu'il étoit le grand *Pompée*, il quitte le champ de bataille, & se retire dans son camp. Les ennemis qui poursuivoient les fuyards étant arrivés à ses retranchements, il s'écria, *Quoi, jusques dans mon camp!* Et sans proférer une seule parole de plus, il se leva, prit une robe convenable à l'état présent de sa fortune, & se déroba secrètement.

Ce général, dont la victoire avoit couronné les entreprises pendant trente-quatre ans, qui avoit dompté tant de nations, qui avoit navigué sur les mers avec cinq cens voiles, se voyoit maintenant réduit à se sauver dans un esquif avec sa femme & quelques esclaves pour aller mendier un asyle à la cour du jeune Ptolémée, roi d'Egypte, dont il avoit été autrefois le tuteur. Un Pothin, valet-de-chambre du roi, un Théodote de Chio, qui étoit aux gages du prince pour lui enseigner la rhétorique, un Achillas, égyptien, étoient les principaux conseillers du monarque; ils décidèrent entr'eux de la fortune de *Pompée* qui regardoit comme indigne de sa grandeur d'avoir l'obligation de son salut à *César*, son beau-père & autrefois son ami.

Les avis de ces conseillers furent directement opposés; les uns vouloient qu'on reçût *Pompée*, & les autres qu'on le renvoyât: mais Théodote déployant toute son éloquence, & voulant faire connoître qu'il n'étoit pas moins habile dans la politique, dit: « Que ni l'un ni l'autre de ces partis n'étoient sûrs; car, s'ils recevoient *Pompée*, ils auroient *César* pour ennemi & *Pompée* pour maître; & s'ils le renvoyoient, ils avoient à craindre que *Pompée* ne se vengeât un jour de ce qu'ils l'avoient chassé, & *César* de ce qu'ils ne l'avoient pas retenu; & qu'ainsi le plus sage & plus sûr parti étoit de le recevoir pour le faire mourir, parce que par ce moyen ils feroient plaisir à *César*, & n'auroient point à craindre le ressenti-

ment de *Pompée*; car, ajouta-t-il en riant, un mort ne mord pas ».

Ce dernier sentiment fut suivi. On amena une barque proche le vaisseau de *Pompée*, pour le faire descendre sur la côte d'Egypte. Comme Achillas lui rendoit la main pour l'aider à monter dans cette barque, il se retourna du côté de sa femme & de son fils, & leur dit ces vers de Sophocle: » Tout homme qui se réfugie sur les terres d'un tyran, devient son esclave quoiqu'il y soit entré libre ».

Ce furent les dernières paroles qu'ils entendirent de lui. Cependant Cornélie, son épouse, le suivoit des yeux, & concevoit les plus heureuses espérances en voyant plusieurs seigneurs de la cour de Ptolomée se présenter à la descente de *Pompée*, comme pour le recevoir & lui faire honneur: mais dans le moment qu'il mettoit pied à terre, Achillas & ses satellites se jettent sur lui l'épée à la main. *Pompée* prend aussitôt sa robe avec ses deux mains, & s'en couvrant le visage, il se laissa percer de mille coups sans proférer une seule parole indigne de lui, sans même se permettre le moindre mouvement. Son corps demeuré sans sépulture sur les bords de la mer, fut recueilli par un de ses affranchis. Un de ses anciens soldats voulut aussi partager l'honneur de faire les funérailles du plus grand capitaine, disoit-il, que les romains eussent jamais eu. Ils brûlèrent le corps, suivant l'usage des anciens, & couvrirent ses cendres d'un petit monceau de terre; tel fut le tombeau du grand *Pompée*.

POPE, (Alexandre) poëte anglois, né à Londres en 1688, mort en 1744.

Comme il étoit d'une foible santé, on l'éleva dans la maison paternelle. Il n'avoit encore que huit ans, qu'il lui tomba entre les mains une traduction de l'Iliade & des Métamorphoses. Quelques étincelles échappées de ces foibles copies échauffèrent en lui le génie poétique.

A douze ans il composa des églogues. Une élégance continue règne dans ses poésies & dans celles qu'il publia par la suite. On peut remarquer ici que la langue angloise y reçoit une harmonie, une flexibilité que l'on chercheroit inutilement dans les autres écrivains de sa nation; & comme l'a dit M. de Voltaire, il a réduit les sifflemens aigres de la trompette angloise aux doux sons de la flute.

Lorsqu'il donna son *Essai sur la critique*, il n'avoit environ que vingt ans. Denis, critique de profession, parcourant ces essais, & ayant lu ces vers

Montrent-ils au grand jour leurs frivoles remarques,
On rit du fol orgueil de ces faux Aristarques.

DU RESNEL.

il rejetta le livre avec dédain, en disant : « Parbleu, ces vers ont été faits contre moi ».

Ce Denis étoit jaloux de toute réputation naissante. Un jour qu'il étoit fort malade, le docteur Noris lui demanda ce qu'il avoit ; il lui répondit, la critique. C'étoit en effet sa maladie & la cause de tous ses maux.

Ce Zoïle se distingua sur-tout en se mettant à la tête de ceux qui attaquèrent la traduction d'Homère, que Pope donna par la suite. On ne pardonna point à l'auteur de s'être procuré par cette traduction la considération des personnes éclairées & dix mille livres sterlings que lui valurent les souscriptions. Cette basse jalousie n'auroit pas néanmoins troublé le repos de Pope, s'il ne s'y fût montré trop sensible. Mais animé par son ressentiment & peut être par le conseil de son ami Swift, il voulut écraser ces insectes avec les armes qui lui étoient propres, & publia la Dunciade ou la Sottisade, suivant l'expression du traducteur du roman de Joseph Andrews. Il rassemble dans ce poëme tous les détracteurs de sa gloire, afin de les bafouer plus à son aise, & les marquer de quelques traits de ridicule ineffaçables. Dame stupidité est l'héroïne de la Dunciade : ses courtisans s'empressent de lui plaire ; & celui qui excelle en sottises, obtient une couronne de ses mains.

Le plaisir que Pope eut de s'être ainsi vengé fut bien troublé par les attentats auxquels se portèrent ses ennemis ; ils lui firent souffrir, ou du moins l'on rapporte qu'il souffrit de leur part une flagellation ignominieuse. La relation en courut dans les rues de Londres. Dans cette pièce écrite d'un ton dévot & malignement charitable, on affecte de plaindre le poëte, & de condamner ceux qui l'avoient ainsi fouetté.

Pope s'efforça de désabuser le public sur cette prétendue historiette, mais on n'en rit pas moins à ses dépens ; c'étoit la juste punition de sa trop grande sensibilité pour des critiques qu'il auroit dû anéantir par son mépris. On n'étoit peut-être pas fâché de voir humilié un homme qui quelquefois faisoit trop sentir sa supériorité. Cet amour propre mal placé lui attira un jour une repartie assez plaisante. Il étoit petit & un peu contrefait ; il disputoit contre quelqu'un, & dans la vivacité de la dispute, il lui demanda d'un ton de mépris, s'il savoit seulement ce que c'étoit qu'un point d'interrogation ? Oui, lui répondit-on, c'est une petite figure tortue, bossue qui fait souvent des demandes impertinentes.

On oublia aisément toutes les scènes qu'il avoit données lorsqu'il fit paroître ses épitres morales & son Essai sur l'homme. Pope a ce mérite singulier d'avoir le premier parmi les anglois su unir l'esprit philosophique au génie de la poésie. Des pensées sublimes élèvent l'homme dans ce poëme jusqu'au trône de Dieu, pour nous inspirer l'amour de ses loix, & nous faire adorer sa providence.

Pope a aussi composé des épîtres morales semées de réflexions fines, hardies, profondes, qui développent les replis du cœur humain. Dans une de ces épîtres, il fait la satyre des femmes, & leur impute bien des défauts. Une dame de la cour d'Angleterre en fit des reproches au poëte. Cette dame dans sa jeunesse avoit été une des plus belles personnes de la cour & des plus vertueuses. Elle menoit dans sa vieillesse une vie fort retirée. Pope, lui dit-elle un jour, vous écrivez que toutes les femmes sont vicieuses au fond du cœur ; puis-je croire que vous pensez cela de moi & de plusieurs femmes qui me ressemblent ? Quand j'ai nommé toutes les femmes, répondit galamment le poëte, je n'ai pu parler de vous, madame, vous qui étiez un ange dans votre jeunesse, & qui êtes une sainte à présent « Ah ! vous autres, beaux esprits, repartit aussitôt cette dame, voila comme vous êtes ! Vous divinisez les objets, ou vous les foulez au pied. Elle avoit raison ; les pensées de la plûpart des poëtes, en fait de louanges ou de satyre, ne sont que des hyperboles.

Parmi les ouvrages de ce poëte, & qui ont été recueillis par les soins de Warburton, son ami, on doit encore distinguer la boucle de cheveux enlevée, petit poëme en cinq chants où règne un comique riant, des allusions malignes, une plaisanterie délicate sur les femmes, plus capable peut-être de leur plaire que les fleurettes de nos madrigaux. Son épître d'Héloïse à Abailard paroît avoir été dictée par l'amour le plus passionné. Le poëte y peint en caractères de feu les combats de l'amour & de la grace. Tous ces écrits sont bien connus par les traductions françoises qui en ont été faites.

On vient de dire que Pope étoit bossu & avoit les jambes torses. Le roi d'Angleterre l'appercevant un jour dans une rue de Londres, dit à quelqu'un de ses courtisans : « Je voudrois bien savoir à quoi nous sert ce petit homme qui marche de travers ? » Le propos étant rapporté sur le champ au poëte, il répondit : « A vous faire marcher droit ».

Pope avoit une santé chancelante, ce qui l'obligea sur la fin de ses jours à mener une vie très-retirée. Les papiers publics le firent souvent mourir avant son décès, & *Pope* eut le plaisir de voir sa mort annoncée avec les éloges les plus pompeux.

PORTEUR-D'EAU. Un *porteur-d'eau* du faux-bourg Saint-Germain, alloit de rue en rue, criant sa marchandise : une fille sur le pas d'une allée l'arrête, lui demande sa voie d'eau, & lui dit qu'il faut la porter à un cinquième étage ; mais, ajoute-telle, je vous previens que je ne puis en donner qu'un sol. Un sol ! dit celui-ci, pour monter à un cinquième ! en vérité cela en vaut au moins deux. J'en conviens, dit la fille d'un ton péné-tré ; mais on ne peut donner que ce qu'on a, & je n'ai pas davantage. — Quoi ! vous n'avez pas davantage ? — Hélas ! ça n'est que trop vrai. — Allons, allons, il n'importe, je vais vous la porter. Il monte avec peine un escalier étroit, & arrivé dans la chambre il voit les quatre mu-railles, pour meubles un méchant grabat que couvroit une méchante paillasse, & quelques pots de grès à moitié cassés, dans lesquels il verse sa voie d'eau, en un mot, tout l'extérieur de la plus grande misère. Vous êtes donc bien pauvre, ma chère amie ? — Vous le voyez, souvent je suis sans pain, & croyez-vous que si j'avois le moyen, j'eusse voulu marchander le prix de votre peine ; tenez, voilà ce que je vous ai promis ; je vous l'ai dit, c'est tout ce que j'ai. Le *porteur d'eau* tout ému lui rend sa pièce & lui-même fouillant dans sa poche, en tire environ douze sols en petite monnoie : Tenez, lui dit-il à son tour, voilà ce que j'ai gagné aujourd'hui ; j'espère que Dieu m'en fera gagner d'autres & redescend satisfait.

PORTRAIT. Voilà mon *portrait*, disoit un campagnard, voyez comme le peintre a attrapé la ressemblance. Quelqu'un répondit : il a bien mieux attrapé l'original.

Une femme d'esprit apprenant qu'un person-nage très-mal famé alloit se faire peindre, dit en colère : « il est bien hardi, ce coquin-là ! il osera regarder en face un homme qui tient le pinceau ».

Un peintre gardoit chez lui le *portrait* d'un homme fort noir, qui ne l'avoit point payé. Lassé d'attendre, il lui dit un jour : monsieur, si vous ne retirez votre *portrait*, l'hôte de la tête noire me le demande.

PORTRAIT à la plume. A propos des jolis *portraits* à la plume de M. Bernard, quelqu'un dit à une femme charmante : « Madame, vous vous étiez fait peindre, mais à présent il faut vous faire écrire ».

POUSSIN, (Nicolas) né l'an 1594, mort en 1665.

Le *Poussin* étoit aussi estimable par son carac-tère que par ses grands talens. On recherchoit avec soin le bonheur de l'entretenir dans les mo-mens de ses promenades. Les finesses de son art, & quelquefois la philosophie étoient le sujet ordi-naire de ses conversations ; & ses lectures immenses le mettoient à même de traiter toutes sortes de matières.

Avant que de peindre un sujet d'histoire, il le lisoit & le méditoit très-long-temps : aussi l'appel-loit-on le peintre des gens d'esprit.

Le *Poussin* faisoit lui-même toutes les copies de ses tableaux, & ne pouvoit souffrir que d'autres en prissent le soin. Toujours seul dans son cabinet, il n'étoit permis à personne de le voir peindre.

On rapporte que *Poussin* trouva le coloris trop attrayant pour s'y attacher, & craignit qu'il ne lui fît négliger le dessin : — « Le charme de l'un, disoit-il, pourroit me faire oublier la nécessité de l'autre ».

Le *Poussin* étoit plus avide de gloire que d'argent. Il avoit coutume de ne jamais faire de prix pour ses tableaux ; il marquoit derrière la somme qu'il en vouloit, & renvoyoit ce qu'on lui donnoit au-dessus de son estimation.

Voici quelle fut l'aventure qui donna lieu, sé-lon quelques auteurs, au premier voyage que le *Poussin* fit à Rome : un jeune seigneur de la cour se mit une emplâtre sur l'œil droit, & alla chez ce peintre pour le prier de faire son *por-trait*. Le *Poussin* y travailla quelques instans, & dit à ce seigneur de revenir le lendemain ; celui-ci se rendit à l'heure indiquée ; mais après avoir fait changer de place à son emplâtre & l'avoir posée sur l'œil gauche, le *Poussin* crut s'être trompé, confus de sa méprise ; il retoucha son ouvrage, qu'il n'acheva point encore. Le jeune seigneur revint le jour suivant ; après avoir remis son em-plâtre sur l'œil droit. Ce manège dura quelques jours, l'emplâtre changeant de place à chaque nouvelle séance. Le *Poussin* s'apperçut enfin du tour qu'on lui jouoit, & ne voulut point ache-ver le tableau. Les plaisanteries que lui attira cette aventure, l'engagèrent, dit-on, à partir pour Rome beaucoup plutôt qu'il ne l'avoit ré-solu.

Les premiers tableaux que le *Poussin* fit en Italie, ne furent point goûtés. Il ne toucha que soixante écus du fameux tableau de *la peste*, qui depuis a été vendu mille écus.

Louis XIII fit revenir en France cet artiste célèbre, & le nomma son premier peintre. Le

Poussin s'étant rendu aux invitations flatteuses de son souverain, comme il approchoit de Fontainebleau où la cour étoit alors, le roi envoya ses carrosses au-devant de lui, & s'avança même jusqu'à la porte de sa chambre pour le recevoir.

Des honneurs aussi grands sembloient promettre au Poussin une fortune éclatante en France; mais l'envie se réveilla bientôt; n'osant l'attaquer ouvertement, elle eut recours à l'intrigue, au manège, & parvint à priver l'homme de mérite qu'elle detestoit, de tous les ouvrages qui pouvoient augmenter sa gloire. Indigné des persécutions qu'il essuyoit chaque jour, le Poussin prit le parti de retourner à Rome, & de dire un éternel adieu à sa patrie.

Qu'on juge combien le Poussin eut lieu d'être mécontent de son séjour à Paris; voici les propres termes d'une de ses lettres: » Si je restois longtemps dans ce pays, je serois forcé de devenir un barbouilleur, comme tous les autres. On m'occupe à dessiner des ornemens de cheminées, des frontispices & des couvertures de livres ».

Il est d'usage à Rome de mettre en mosaïque pour l'église saint-Pierre, tous les tableaux estimés. Le Dominiquin, ayant peint la communion de saint Jérôme, desira cette distinction flatteuse, & fit exposer son tableau en public, afin que les connoisseurs pussent en apprécier le mérite; mais, soit faute d'attention, soit jalousie, son ouvrage fut dédaigné & relégué, comme par mépris, dans un lieu écarté, où il seroit peut-être encore ignoré, sans le noble procédé du Poussin. Ce peintre apprend où est le tableau, & demande à le copier: comme il y travailloit, le Dominiquin entre pour observer l'impression que faisoit son ouvrage sur un artiste habile; il lie conversation, & développe sur l'art la théorie la plus lumineuse. Le Poussin étonné, se retourne, voit l'inconnu les yeux mouillés de larmes; le Dominiquin se nomme, le Poussin jette ses pinceaux, se lève & lui baise la main avec transport; il ne se borne point à cet hommage; il emploie tout son crédit pour mettre en réputation l'excellent tableau, qui reçut enfin le juste honneur d'être copié en mosaïque.

Un prélat vint voir le Poussin, qui, l'éclairant avec une lampe, le conduisit jusqu'à son carrosse: — « Je vous plains beaucoup, lui dit le prélat, de n'avoir pas seulement un valet: — Et moi, monseigneur, répondit le Poussin, je vous plains bien davantage d'en avoir un si grand nombre ».

Un négociant de Rotterdam acheta secretement 2000 écus les sept Sacremens, du Poussin, & trouva moyen de les faire sortir de France, en 1714. Ce négociant, dès que les tableaux furent arrivés à Rotterdam, en refusa 50,000 écus de milord Malborough, & vouloit les vendre 200,000 livres: mais le régent fit revenir en France ces chef-d'œuvres.

PRADON, né à Rouen, mort en 1698.

Racine fit représenter pour la première fois la tragédie de Phedre, le premier jour de janvier de l'an 1677, sur le théâtre de l'hôtel de Bourgogne. Quelques personnes de la première distinction unis de goût & de sentimens, entre autres la duchesse de Bouillon & le duc de Nevers, ayant appris quelque temps auparavant qu'il y travailloit, engagèrent Pradon à faire une tragédie sur le même sujet, pour mortifier Racine, & pour faire tomber sa pièce quand elle paroîtroit. Pradon fier de quelques succès que la cabale avoit procurés à ses premières tragédies, fut assez vain pour jouter contre cet illustre poète. Il composa donc sa Phedre par émulation, & la fit représenter deux jours après celle de Racine, par les comédiens du roi. Quelque mauvaise que fût cette pièce, elle ne laissa pas d'abord de paroître avec éclat, & de se soutenir même pendant quelque temps. Deux choses principalement contribuèrent à ce succès: La concurrence des deux tragédies que tout le monde voulut voir, & les applaudissemens que les protecteurs de Pradon donnèrent à sa pièce.

Madame Deshoulieres que Pradon consultoit sur tout ce qu'il faisoit, & qui pour ce sujet prenoit intérêt à la réussite de sa tragédie, voulut voir la première représentation de celle de Racine. La prévention la lui fit trouver mauvaise; & revenue chez elle, elle fit en soupant avec quelques personnes, parmi lesquelles étoit Pradon, ce fameux sonnet contre la pièce qu'elle venoit d'entendre.

Dans un fauteuil doré, Phèdre tremblante & blême,
Dit des vers où d'abord personne n'entend rien.
Sa nourrice lui fait un sermon fort chrétien,
Contre l'affreux dessein d'attenter sur soi-même.

Hippolite la hait presqu'autant qu'elle l'aime.
Rien ne change son cœur, ni son chaste maintien.
La nourrice l'accuse, elle s'en punit bien,
Thésée a pour son fils une rigueur extrême.

Une grosse Aricie au teint rouge, aux crins blonds,
N'est là que pour montrer deux énormes tetons,
Que malgré sa froideur, Hippolite idolâtre;

Il meurt enfin traîné par ses coursiers ingrats;
Et Phèdre, après avoir pris de la mort aux rats,
Vient en se confessant mourir sur le théâtre.

Ce sonnet se répandit bientôt dans Paris. Le lendemain matin, l'abbé Tallemand l'aîné l'en apporta une copie à madame Deshoulieres, qui la reçut sans rien témoigner de la part qu'elle avoit au sonnet, & elle fut ensuite la première à le montrer, comme le tenant de l'abbé Tallemand.

Les amis de Racine crurent que ce sonnet étoit l'ouvrage de M. le duc de Nevers, l'un des protecteurs de *Pradon* ; car pour *Pradon* lui-même, ils ne lui firent pas l'honneur de le soupçonner d'en être l'auteur. Dans cette pensée, ils tournèrent ainsi ce sonnet contre M. de Nevers, sur les mêmes rimes.

Dans un palais doré, Damon, jaloux & blême,
Fait des vers où jamais personne n'entend rien.
Il n'est ni courtisan, ni guerrier, ni chrétien,
Et souvent pour rimer, il s'enferme lui-même.

La muse par malheur le hait autant qu'il l'aime,
Il a d'un franc poëte & l'air & le maintien,
Il veut juger de tout, & n'en juge pas bien,
Il a pour le Phébus une tendresse extrême.

Une sœur vagabonde, aux crins plus noirs que blonds,
Va dans toutes les cours offrir ses deux tetons,
Dont malgré son pays, son frère est idolâtre.

Il se tue à rimer pour des lecteurs ingrats,
L'Enéïde est pour lui pis que la mort aux rats,
Et selon lui, *Pradon* est le roi du théâtre.

On attribua à Racine & à Despréaux, cette réponse trop satyrique & trop maligne, puisqu'elle va jusqu'à attaquer les mœurs & la personne. Mais voyant que M. de Nevers disoit partout qu'il les faisoit chercher pour les faire assassiner, ils la désavouèrent hautement. Sur quoi M. le duc Henri-Jules, fils du grand Condé, leur dit : Si vous n'avez pas fait le sonnet ; venez à l'hôtel de Condé, où M. le prince saura bien vous garantir de ces menaces, puisque vous êtes innocens, & si vous l'avez fait, venez aussi à l'hôtel de Condé, où M. le prince vous prendra de même sous sa protection, parce que le sonnet est très-plaisant & plein d'esprit ; ils ont assuré depuis que ce sonnet avoit été fait par le chevalier de Nantouillet avec le comte de Fiesque, le marquis d'Effiat, M. de Guilleragues, & M. de Manicamp.

M. de Nevers répliqua par cet autre sonnet qui est encore sur les mêmes rimes.

Racine, & Despréaux, l'air triste & le teint blême,
Viennent demander grace & ne confessent rien.
Il faut leur pardonner parce qu'on est chrétien ;
Mais on sait ce qu'on doit au public, à soi-même.

Damon, pour l'intérêt de cette sœur qu'il aime,
Doit de ces scélerats châtier le maintien :
Car il seroit blâmé de tous les gens de bien,
S'il ne punissoit pas leur insolence extrême.

Ce fut une furie aux crins plus noirs que blonds,
Qui leur pressa du pus de ses affreux tetons.
Ce sonnet qu'en secret, leur cabale idolâtre.

Vous en serez punis, satyriques ingrats,
Non pas en trahison d'un fou de mort aux rats ;
Mais de coups de bâton donnés en plein théâtre.

Cette querelle fut enfin terminée par la médiation de quelques personnes du premier rang.

Au reste la Phedre de Racine, après avoir été sur le point d'échouer, eut bientôt des applaudissemens universels ; pendant que celle de *Pradon* tomba dans un oubli dont elle n'a jamais pu se retirer.

On lit dans les mélanges de Vigneul Marville, un conte sur *Pradon*, dont on croira ce qu'on voudra. *Pradon* ayant fait une pièce de théâtre ; s'en alla le nez dans son manteau avec un ami, se mêler dans la foule du parterre, afin de se dérober à la flatterie, & d'apprendre lui-même sans être connu, ce que le public penseroit de son ouvrage. Dès le premier acte, la pièce fut sifflée. *Pradon*, qui ne s'attendoit qu'à des louanges & des exclamations, perdit d'abord contenance, & frappoit fortement du pied. Son ami le voyant troublé, le prit par le bras & lui dit : Monsieur, tenez bon contre le revers de fortune ; & si vous m'en croyez, sifflez hardiment comme les autres. *Pradon* revenu à lui-même, & trouvant ce conseil à son goût, prit son sifflet & siffla des mieux. Un mousquetaire l'ayant poussé rudement, lui dit en colère, pourquoi sifflez-vous, Monsieur ? La pièce est belle ; son auteur n'est pas un sot : il fait figure & bruit à la cour. *Pradon* un peu trop chaud repoussa le mousquetaire, & jura qu'il siffleroit jusqu'au bout. Le mousquetaire prend le chapeau & la perruque de *Pradon*, & les jetta jusques sur le théâtre. *Pradon* donne un soufflet au mousquetaire ; & celui-ci l'épée à la main tire deux lignes en croix sur le visage de *Pradon*, & veut le tuer. Enfin *Pradon* sifflé & battu pour l'amour de lui-même, gagne la porte, & va se faire panser.

Pradon étoit l'homme du monde le moins instruit. On prétend qu'un jour au sortir d'une de ses tragédies, le prince de Conti, lui ayant dit qu'il avoit transporté en Europe une ville qui est en Asie ; je prie votre altesse de m'excuser, lui dit *Pradon* ; car je ne sais pas la chronologie.

Epigramme

*Epigramme fur fa pièce de Scipion qui fut jouée
en carême.*

Dans fa pièce de Scipion,
Pradon fait voir ce capitaine,
Prêt à fe marier avec une africaine :
D'Annibal il fait un poltron :
Ses héros font enfin fi différens d'eux-mêmes,
Qu'un quidam les voyant plus mafqués qu'en un bal,
Dit que *Pradon* donnoit au milieu du carême
Une pièce de carnaval.

Epitaphe de Pradon.

Cy-gît le poëte *Pradon*,
Qui durant quarante ans d'une ardeur fans pareille,
Fit à la barbe d'Apollon
Le même métier que Corneille.

On a retenu les vers fuivans que *Pradon* fit en
réponfe à mademoifelle Bernard qu'il aimoit, &
dont il ne recevoit que des plaifanteries :

Vous n'écrivez que pour écrire,
C'eft pour vous un amufement ;
Moi, qui vous aime tendrement,
Je n'écris que pour vous le dire.

PRÉDICATEUR. On fe rappelle quelques
facéties d'un *prédicateur*, nommé le petit père
André. Un évêque l'avoit appelé le petit fallot ;
pour s'en venger, ce religieux prêchant en préfence de ce prélat, prit pour texte : *Vos eftis
lux mundi* : Vous êtes, dit-il, monfeigneur,
en s'adreffant à l'évêque, le grand fallot de l'é-
glife, nous ne fommes que de petits fallots.

Le même religieux prêchant devant un archevêque s'apperçut que ce prélat dormoit ; il
s'avifa pour l'éveiller, de dire au fuiffe de l'é-
glife : fermez les portes, le pafteur dort, les
brebis s'en iront : à qui annoncerai je la parole
de Dieu ? cette faillie caufa tant de rumeur dans
l'auditoire que l'archevêque n'eut plus envie de
dormir.

On l'avoit chargé d'annoncer une quête pour
former la dot d'une demoifelle qui défiroit de
fe faire religieufe ; il dit avant de commencer
fon fermon : Meffieurs, on recommande à vos
charités, une demoifelle qui n'a pas affez de bien
pour faire vœu de pauvreté.

Ce *prédicateur* avoit prêché pendant tout le
carême dans une ville où perfonne ne l'avoit invité à dîner. Il dit, dans fon adieu : j'ai prêché
contre tous les vices excepté contre la bonne
chère, car je ne fais pas comment l'on traite en
ce pays-ci.

Encyclopédiana.

Le petit père André devant prêcher le foir
dans une églife, le dimanche des rameaux, &
un autre prêchant le matin, le *prédicateur* du
matin dit qu'il ne favoit pas pofitivement fi
c'étoit fur un âne ou fur une âneffe que notre
feigneur étoit monté, mais qu'il laiffoit ces minuties à difcuter au *prédicateur* du foir, qu'il vouloit railler par ce difcours.

Le petit père André ayant été averti de cette
turlupinade, dit étant en chaire : Comme le *prédicateur* du matin a été embarraffé fur cette queftion, favoir fi c'étoit fur une âneffe ou fur un âne
que notre feigneur fit fon entrée dans Jérufalem, & qu'il me renvoie cette queftion pour
l'expliquer ; on peut lui dire que c'eft un âne.

Un jour que le P. André déclamoit contre la
galanterie des dames, il dit qu'il y en avoit une
dans l'auditoire, dont la débauche avoit éclaté,
& qu'il leur alloit montrer cette malheureufe
pour lui donner de la confufion de fon défordre ; mais non, dit-il en fe reprenant, je ne la
nommerai pas, la charité chrétienne me le défend. Cependant, continua-t-il, uferai-je de
ménagement avec le vice ? Non, meffieurs, mais
accordons cette difficulté, & fans vous nommer
cette perfonne, je vais vous la faire connoître
en lui jettant ma calotte. Et s'étant mis en état
de la jetter ; la voilà, dit-il, la voilà, cette infâme. Toutes les femmes qui étoient aux environs de la chaire baifferent la tête pour éviter
le coup de la calotte. Alors le père André s'é-
cria : Bon dieu, je croyois qu'il n'y en avoit qu'une
en cette affemblée mais je vois que la confcience
de plufieurs leur fait craindre d'être reconnues.

Un évêque qui n'avoit jamais ofé monter en
chaire, défendit au petit père André de prêcher
dans fon diocèfe, & moi, dit-il, je lui défens
de prêcher dans tout le royaume.

Le père Séraphin, dont la Bruyère fait l'éloge comme d'un *prédicateur* apoftolique, la première fois qu'il prêcha devant Louis XIV, dit
à ce monarque : « Sire, je n'ignore pas la coutume qui me prefcrit de vous faire un compliment ; mais je fupplie votre majefté de m'en difpenfer. J'ai cherché un compliment dans l'écriture fainte, & j'ai eu le malheur de n'y en point
trouver ».

On louoit, dans une compagnie, des miffionnaires, quoiqu'ils fuffent très ignorans, & l'on
difoit qu'ils prêchoient comme les apôtres : oui,
répartit quelqu'un, ils prêchent comme les apôtres avant qu'ils euffent reçu le faint-efprit.

Un moine prêchant à Paris, feignit d'être à
la porte du paradis, où plufieurs perfonnes fe

préfentoient pour entrer. Une ducheffe fe préfenta & frappa à la porte. Saint-Pierre demanda
qui c'étoit, à quoi la ducheffe répondit : c'eft
madame la ducheffe une telle. « Quoi! répliqua
faint-Pierre, madame la ducheffe qui va au bal
& à l'opéra? madame la ducheffe qui met du
fard? madame la ducheffe qui a des galans? au
diable, au diable ».

Un jour de S. Etienne, un moine devoit faire
le panégyrique du faint, comme il étoit deja
tard, les prêtres qui craignoient que le *prédicateur* ne fût trop long, le prièrent d'accelerer.
Le religieux monta en chaire & dit à fon auditoire : mes frères, il y a aujourd'hui un an
que je vous ai prêché le panégyrique du faint
dont on fait aujourd'hui la fête, comme je n'ai
point appris qu'il ait rien fait de nouveau depuis, je n'ai rien non plus à ajouter à ce que
j'en dis alors; là deffus il donne la bénédiction,
& s'en alla.

Un *prédicateur* prêchant le panégyrique de
Saint-Pierre, prit pour texte : *tu es Petrus,
vous êtes Pierre.* « Il y a, ajouta-t-il, trois fortes
de pierres, pierres à bâtir, pierres à fufil, pierres
à cautères. Notre faint a été pierre à bâtir, puifque c'eft fur lui que J. C. a bâti fon églife. Il
a été une pierre à fufil qui a produit au monde
la lumière de la foi : il a été une pierre à cau-
tère par le zèle & l'ardeur avec laquelle il a
détruit tout ce que les hommes avoient de corrompu & d'impur ».

Un *prédicateur* dit dans un difcours : il y a
meffieurs trois têtes décollées dans le jeune & le
vieux teftament, tête de Goliath, tête d'Holo-
ferne, tête de Jean-Baptifte. La première, tête
en pique; la feconde en fac; la troifième, tête
en plat. Tête en pique ou tête de Goliath,
fignifie l'orgueil. Tête en fac ou tête d'Holo-
ferne, eft le fimbole de l'impureté : tête en
plat ou tête de Jean; eft la figure de la fainteté. Je dis donc plat, fac, & pique : pique,
fac & plat; fac, pique & plat : & c'eft ce qui
va faire le partage de ce difcours.

Dans un fermon fur le jugement dernier, lorfque le *prédicateur* vint à parler des trompettes
effrayantes qui réveilleront les morts à la fin du
monde : « Oui, vous les entendrez, pécheurs,
quand vous y penferez le moins, peut-être demain; que dis-je demain? Peut-être tout à l'heure »;
en même temps les voûtes de l'églife retentiffent
du fon terrible d'une douzaine de trompettes qu'il
avoit fait placer fecrettement dans la nef. Tout
l'auditoire eft dans une frayeur mortelle. Les uns
fe meurtriffent le vifage, les autres cherchent
leur falut dans une fuite précipitée; ils croyent
voir les gouffres de l'enfer prêts à s'entrouvrir;

celui-ci eft étouffé par la multitude; celui-là
foulé aux pieds, d'autres font eftropiés par des
bancs & des chaifes qu'on renverfe de tous côtés;
plufieurs femmes groffes avortent; des enfans meurent de peur; enfin le défordre, les cris, le
défefpoir, la mort repréfentent l'image d'une ville
livrée au fer d'un barbare vainqueur. L'apôtre
fanatique fut depuis ce tems-là en odeur de
fainteté parmi les Navarrois.

Un *prédicateur* ayant été obligé de prêcher à
la hâte devant le cardinal de Richelieu, lui témoigna pour s'excufer d'avoir mal fait, que n'ayant
pas eu beaucoup de tems pour fe préparer, il
s'étoit abandonné au faint-efprit, mais qu'une
autre fois il fe prépareroit & feroit mieux.

Le P. Bourdaloue, dans fon fermon de la
fauffe confcience, dit : « Souvenez-vous que le
chemin du ciel eft étroit, & qu'un chemin étroit
ne peut avoir de proportion avec une confcience
large ». cela approche affez de ce que difoit
un autre *prédicateur* : « Le ciel n'a point de
portes cochères, on n'y entre point en caroffe ».

Une bonne femme touchée d'un fermon qu'elle
venoit d'entendre, crut devoir remercier le *prédicateur* au fortir de la chaire, & le fit en ces
mots : « Je vous remercie, monfieur, de votre
beau fermon, je prie Dieu de tout mon cœur
qu'il vous faffe la grace de vivre comme vous
prêchez ».

M. le Camus n'étoit point pour les faints nouveaux, & il difoit un jour en chaire fur ce
fujet : Je donnerois cent de nos faints nouveaux
pour un ancien; il n'eft chaffe que de vieux
chiens; il ne châffe que de vieux faints. Il fe
plaifoit fort à faire des allufions : un jour faifant le panégyrique de S. Marcel, fon texte
fut le nom latin de ce faint, *Marcellus*, qu'il
coupa en trois, pour les trois parties de fon
difcours, il dit qu'il trouvoit trois chofes cachées dans le nom de ce grand faint.

1°. Que *Mar* vouloit dire qu'il avoit été une
mer de charité & d'amour envers fon prochain.

2°. Que *cel* montroit qu'il avoit eu au fouverain degré la fageffe des enfans de dieu.

3°. Que *lus* prouvoit affez comme il avoit
porté la lumière de l'évangile à un grand peuple, & comme lui-même avoit été une lumière
de l'églife, & la lampe ardente qui brûloit du
feu de l'amour divin. (*Valefia*)

Un *prédicateur*, le jour de la paffion, après

avoir dit, *in nomine patris*, héſita & ; feignant d'être déconcerté, il recommença le ſigne de la croix par pluſieurs fois, mais à chaque fois qu'il le prononçoit, il baiſſoit d'un ton. Après avoir laiſſé quelques tems ſes auditeurs dans la crainte de le voir demeurer court, il dit : « Je cherche le fils & je ne le trouve point, il a cédé à la rage de ſes ennemis, & ſans doute il eſt mort ». Il entra par cette réticence dans le grand myſtère qu'il devoit expliquer.

Un jeune abbé neveu d'un *prédicateur* célèbre, étant venu ſaluer l'archevêque de . . . . ce prélat lui demanda des nouvelles de ſon Oncle, & ce qu'il faiſoit. Monſeigneur, dit l'abbé, il fait imprimer ſes ſermons. Dites lui de ma part, répliqua le prélat, « qu'il faſſe auſſi imprimer le *prédicateur* ; car les meilleurs ſermons ſans le *prédicateur* ne ſauroient plaire à perſonne.

Un Cordelier prêchoit le carême dans une petite ville, & faiſoit gras : on lui en fit des reproches ; mais il répondit : « Meſſieurs, vous me donnez vingt écus pour vous dire ce que je vous dis ; mais quand vous m'en donneriez mille, je ne le ferois pas ».

Un *prédicateur* avoit fait un excellent ſermon & quelques-uns de ſes auditeurs ne pouvoient s'empêcher d'en admirer la beauté, tant du côté des penſées que de l'expreſſion. Après qu'ils ſe furent épuiſés à le louer, le bedeau qui les écoutoit, leur dit : » Meſſieurs, c'eſt moi qui l'ai ſonné ».

Stillingfflet, un des plus grands *prédicateurs* Anglais du ſiècle dernier, liſoit toujours ſes ſermons devant le roi Charles II, quoique d'ailleurs il prêchât de mémoire. Le roi lui en demanda un jour la raiſon. Il lui répondit : Que devant un auditoire ſi grand, ſi majeſtueux, où ſur-tout la préſence d'un ſi grand roi faiſoit ſur lui une vive impreſſion, il n'oſoit ſe fier à ſa mémoire ; Charles fut très-ſatisfait de cette réponſe. Mais ajouta le *prédicateur*, votre majeſté voudroit-elle auſſi me permettre une queſtion ? Pourquoi lit-elle ſes diſcours au parlement ? elle n'a pas les mêmes motifs que moi. — Vous avez raiſon, docteur, répliqua le roi, votre queſtion eſt juſte, & ma réponſe ne le ſera pas moins, c'eſt que j'ai demandé à mes auditeurs tant d'argent, & ſi ſouvent, que je ſuis honteux de les regarder en face ».

Louis XIV demanda un jour à Boileau, quel étoit un *prédicateur* qu'on nommoit le Tourneux & auquel tout le monde couroit. Sire, répondit le poëte, votre majeſté ſait qu'on court toujours à la nouveauté ; c'eſt un *prédicateur* qui prêche l'évangile. Le roi lui ordonnant d'en dire

ſérieuſement ſon avis, il ajouta ; quand il monte en chaire, il fait ſi peur par ſa laideur, qu'on voudroit l'en voir ſortir, & quand il a commencé à parler, on craint qu'il n'en ſorte ».

Un *prédicateur* qui n'avoit qu'un ſermon, qu'il alloit débiter par les villages, l'ayant dit dans un endroit, le ſeigneur du lieu, qui en avoit entendu parler avantageuſement, l'engagea à prêcher encore le lendemain, qui étoit fête. Le *prédicateur* chercha pendant la nuit comment il ſe tireroit d'affaire. Le lendemain il monte en chaire, & dit : Meſſieurs, quelques perſonnes m'ont accuſé de vous avoir débité hier des propoſitions contraires à la foi, & d'avoir mal pris pluſieurs paſſages de l'écriture ; pour les convaincre d'impoſture, & vous faire connoître la pureté de ma doctrine, je m'en vais vous répéter mon ſermon, ſoyez-y attentif, & remarquez bien ſi j'ai tort.

On a vu de nos jours un père *Chatenier*, dominiquain, rappeller dans la chaire les parades des ſiècles d'ignorance. Ce *prédicateur* prêcha à Paris, vers les années 1715, 1716 1717. Un jour qu'il étoit en colère contre les jeunes gens qui venoient à ſes ſermons pour y rire, il dit à ſes auditeurs, après une leçon très-vive ſur leur indécence : « Après votre mort, où croyez-vous que vous irez ? au bal, à l'opéra, dans des aſſemblées où il y aura de belles femmes ? Non, au feu, au feu. » Il prononça ces dernières paroles d'une voix ſi forte & ſi effrayante, qu'il épouvanta l'auditoire, & que pluſieurs ſe précipitèrent pour ſortir, croyant que le feu étoit dans l'égliſe.

Ce *prédicateur* excelloit principalement à traveſtir les hiſtoires de l'ancien & du nouveau teſtament. Voici comme il rapportoit la converſion de la Magdelaine : « C'étoit, diſoit-il, une grande dame de qualité, très-libertine. Elle alloit un jour à ſa maiſon de campagne, accompagnée du marquis de Béthanie & du comte d'Emmaus. En chemin, ils apperçurent un nombre prodigieux d'hommes & de femmes aſſemblés dans une prairie. La grace commençoit à opérer ; Magdelaine fit arrêter ſon carroſſe, & envoya un page pour ſavoir ce qui ſe paſſoit en cet endroit. Le page revint & lui apprit que c'étoit l'abbé Jeſus qui prêchoit ; elle deſcendit de carroſſe avec ſes deux cavaliers ; s'avança vers le lieu de l'auditoire, écouta l'abbé Jeſus avec attention, & fut ſi pénétrée, que de ce moment elle renonça aux vanités mondaines ». Cette hiſtoire du bon père Chatenier le fit appeller depuis l'*abbé Jeſus*.

Un fameux *prédicateur* Eſpagnol prêchant un

premier dimanche de carême fur la tentation, dit que le diable porta le fauveur du monde fur le pinacle du temple, pour tâcher de le tenter; mais qu'ayant trouvé à qui parler par la forme fyllogiftique, il changea de batterie; & comme il favoit par expérience qu'il n'y a guères de gens qui ne fe laiffent féduire par l'appas des honneurs & des richeffes, il lui offrit l'empire de divers royaumes, & avec des lunettes d'approche il lui fit voir l'Italie, l'Allemagne, la France, &c. mais par malheur pour lui les montagnes de Pyrénées lui cachèrent l'Efpagne, ce qui le mit au défefpoir; car, dit-il, s'il eût pu lui découvrir toutes les beautés qu'elle renferme, je ne fais s'il n'auroit pas fuccombé à la tentation. (*Vayrac.*)

Un homme de lettres parloit de la différence qu'il y a entre les prédications des premiers pères de l'églife, & celles de notre tems: quelqu'un lui demanda quelles qualités il eftimeroit les plus néceffaires à un *prédicateur*. « Autre fois, répondit-il, c'étoit le zèle & la fcience; préfentement c'eft la mémoire & l'effronterie.

PRÉDICTIONS. Il y a beaucoup de gens, qui, fous prétexte d'aftrologie judiciaire, donnent au public, leurs rêveries pour des prédictions de l'avenir. On n'en fauroit mieux faire connoître l'impertinence, qu'en donnant des exemples, par lefquels on a trompé le public, fous la forme de ces prophéties.

Le parlement de Grenoble ayant envoyé le fieur Duvivier, fecretaire de la cour, porter quelques paroles à M. l'évêque, & ayant rencontré dans l'anti-chambre fon page, qui lui portoit un bouillon dans une écuelle couverte, il le pria d'avertir M. l'évêque qu'il défiroit lui parler de la part du parlement. Ce page laiffa bonnement l'écuelle fur une table; & pendant qu'il fut avertir fon maître, Duvivier avala le bouillon & recouvrit l'écuelle : & après s'être acquitté de fa commiffion fe retira. Le page imprudent reprit l'écuelle, & la préfenta à M. de Grenoble, qui indigné de cet affront, l'ayant trouvé vuide, maltraita le page, de paroles & de coups. M. de Calignon, confeiller en la chambre de l'édit, ayant appris cette aventure par le fieur Duvivier, s'en divertit par des vers faits à l'imitation de Noftradamus.

Dans un vivier un bouillon répandu,
Fera jeûner qui les autres difpenfe.
Pages, laquais, battus en conféquence,
Gourmand fauvé, évêque confondu.

M. Hobbi, qui avoit été à M. le connétable de Lefdiguières, demeuroit à Grenoble; &

voulant berner ces faux prophètes, & blâmer la foibleffe & la crédulité du vulgaire, qui ajoute foi aux prédictions des aftrologues dans les almanachs, acheta dix-huit douzaines d'œufs, lefquels après avoir été amolis dans du vinaigre, il les ouvrit & y cacha un billet, par lequel il avertiffoit qu'on mourroit dans un mois, & enfuite les ayant refermés dans l'eau fraîche, il les fit débiter par des revendeufes. La peur de l'évenement de cet avertiffement, obligea plufieurs perfonnes à fe confeffer & à faire leur teftament.

Très-fouvent on a fait de ces vers prophétiques, après les chofes arrivées : comme ceux qu'on fit après la prife d'Arras, fous Louis XIII.

Gil, dont le nom commence par cinquante,
Malgré l'effort du prince des flamands,
Prendra la femme au père des croyants.
L'an mil fix cent que l'on dira quarante.

C'eft-à-dire, Louis XIII dont le nom commence par une L qui vaut cinquante; & la mère des croyants eft Sara, dont le nom renverfé fait Arras.

A Copenhague, quelques perfonnes avoient répandu que la fin du monde arriveroit une telle nuit. Ce bruit fit autant de fenfation, que l'attente du choc d'une comète contre notre globe en a fait, parmi bien des gens à Paris. Comme les danois devoient voir dans le ciel les fignes avant-coureurs de l'accompliffement de cette *prédiction*, nombre de perfonnes fe rendirent fur les remparts, d'où à la vérité elles ne découvrirent rien dans la région des airs; mais à leur retour dans leurs maifons, elles trouvèrent beaucoup d'effets & plufieurs demoifelles de moins.

Le peuple en général eft, dit-on, plus éclairé à Londres qu'il ne l'eft à Paris. A cette opinion, fi communément reçue parmi nous, il fuffiroit peut-être d'oppofer le fait fuivant, rapporté par un écrivain qui en a été le témoin oculaire. « Après deux fecouffes de tremblement de terre qui arrivèrent à Londres en 1750, un aventurier s'avifa, dit cet auteur, d'en prédire un troifième qui devoit renverfer la ville. Il en fixa le jour, l'heure, la minute. Plus de cinquante mille habitans fur la foi de cet oracle, avoient ce jour-là, 5 avril, pris la fuite. La plupart de ceux que les raifonnemens ou les railleries de leurs amis avoient retenus, attendoient en tremblant, l'inftant critique, & n'ont montré de courage qu'après qu'il a été paffé. Le jour arrivé, la prédiction, femblable à tant d'autres, ne fut point accomplie. Le faux prophète fut mis un peu tard aux petites maifons.

Un jour le duc Charles de Lorraine, se voyant avec quinze princes allemands, de mauvaise intelligence entr'eux, contre l'armée de France commandée par M. de Turenne, dit par esprit prophétique : nous voila seize princes, par la grace de Dieu, qui allons être battus de la façon d'un seul prince, par la grace du roi de France; ce qui arriva.

PRÉJUGÉS. On peut détruire une erreur raisonnée, par cela même qu'on raisonne & qu'un raisonnement plus concluant peut désabuser du premier : mais avec quelles armes combattre ce qui n'a ni principes ni conséquence? l'on veut prouver au Canadien, que les traditions de ses anciens sont des folies, & qu'il ne devroit pas s'y attacher : « Quel âge as-tu? répondit-il à celui qui lui parle. Tu n'as que trente ou quarante ans, & tu veux savoir des choses mieux que nos vieillards : Va, tu ne sais ce que tu dis : tu peux bien savoir ce qui se passe dans ton pays, parce que tes anciens t'en ont parlé; mais tu ne sais rien de ce qui s'est passé dans le nôtre, avant que les françois y fussent venus ».

Le *préjugé* est la loi du commun des hommes

Lorsqu'un prince meurt au Japon, il se trouve ordinairement quinze ou vingt de ses sujets qui, par zèle, se fendent le ventre & meurent avec lui. Ceux qui se font les plus belles incisions acquièrent le plus de gloire. Une relation insérée dans le recueil de Thévenot, fait mention de l'anecdote suivante. Un officier de l'empereur du Japon montoit l'escalier impérial lorsqu'un autre en descendoit : leurs épées se choquèrent; celui-ci s'en offensa & dit quelques paroles à l'autre, qui s'excusa sur le hasard, & ajouta, qu'au surplus, c'étoient deux épées qui s'étoient frolées, & que l'une valoit bien l'autre. Vous allez voir, répond l'aggresseur, la différence qu'il y a entre nos deux épées. Il tire en même temps la sienne & s'en ouvre le ventre; l'autre, jaloux de cet avantage, se hâte de monter, pour servir sur la table de l'empereur un plat qu'il avoit entre les mains, & revient trouver son adversaire qui expiroit du coup qu'il s'étoit donné. Il lui demande s'il respire encore, & tirant sur le champ son épée, il s'en ouvre le ventre à son tour. Vous ne m'auriez pas prévenu, lui dit-il, si vous ne m'eussiez trouvé occupé au service du prince; mais je meurs satisfait, puisque j'ai la gloire de vous convaincre que mon épée vaut bien la vôtre.

Un françois, en lisant ceci, gémira de la folie de ces deux orientaux; & il ira peut-être le soir même, exposer sa vie au fer d'un spadassin, pour le punir d'en avoir été insulté.

Un *préjugé* tel que celui du duel, qui est fondé sur une espèce de point d'honneur, ne peut-être détruit que par l'infamie; car, pour un homme de cœur, la mort même est moins effrayante que l'horreur du mépris. On peut se rappeler cette réponse que le spectateur anglois fait faire à Pharamond, par un soldat duelliste, à qui ce prince reprochoit d'avoir contrevenu à ses ordres : « Comment, lui répondit ce soldat, m'y serois-je soumis? Tu ne punis que de mort ceux qui les violent; & tu punis d'infamie ceux qui obéissent. Apprends que je crains moins la mort que le mépris ».

Un général, qui fait la guerre dans un pays étranger, ne néglige point de s'instruire des *préjugés* de la nation; il fait même les respecter, si le bien du service le demande. Dans la guerre d'Italie de 1701, deux dragons, de la garnison françoise qui étoit dans Mantoue, passoient dans la rue. Un italien, irrité contre l'un des deux, lui enfonce son poignard par derrière; le tue sur la place & se réfugie dans un endroit privilégié. Le camarade du mort poursuit l'assassin dans cet asyle & le massacre. Le peuple, indigné qu'on ait osé violer les immunités ecclésiastiques, s'attroupe & veut fermer les portes; mais le meurtrier s'étant fait jour l'épée à la main; se retira dans la maison de son colonel. Elle est investie dans le moment, & le dragon est demandé avec menace d'un soulèvement général. Le colonel, dans la vue d'appaiser ce tumulte, fait aussitôt conduire le dragon, chargé de fers, dans une prison; mais pendant la nuit, il le fait partir pour une place éloignée. Quelques jours après, on produit un cadavre qu'on dit être celui du dragon. La multitude le croit & s'appaise, en rendant des actions de grace pour cette mort qu'elle regarde comme un châtiment du ciel.

Les anglois du commun prétendent que c'est un signe heureux d'avoir une verrue au visage, & attachent beaucoup d'importance à la conservation des poils qui naissent ordinairement sur ces sortes d'excroissances.

Dans une certaine ville de province assez considérable, l'usage est de dire que l'on guérit les verrues, en les frottant à l'habit d'un cocu. Un étranger qui passoit par cette ville se plaignoit à un habitant de plusieurs verrues qu'il avoit aux mains : l'habitant lui conseilla de les frotter à l'habit du marquis de .... dont la femme étoit une célèbre coquette, lui faisant entendre que ce marquis avoit une vertu particulière pour guérir les verrues. L'étranger croit ce qu'on lui dit, & exécute de bonne foi le conseil qu'on lui a donné. *Que faites-vous là*, lui dit, en se tournant le marquis? *Ce n'est rien*, répondit l'étranger : *je veux seulement faire passer mes verrues*. Le marquis, piqué, lui réplique par un soufflet. Les deux champions mettent l'épée à la main, se battent, & après que l'un des deux a été blessé, ils s'expl.quent mutuellement.

C'est une tradition parmi les vieilles femmes de la suisse, que saint Bernard tient le diable enchaîné dans quelqu'une des montagnes qui environnent l'abbaye de Clairvaux ; & c'est sur cette tradition qu'est fondée la coutume qu'ont les maréchaux du pays, de frapper tous les lundis, avant que de se mettre en besogne, trois coups de marteau sur l'enclume, comme pour racoutrer la chaîne du diable, afin qu'il ne puisse s'échapper.

Le peuple a été long-temps persuadé que le vendredi étoit un jour sinistre ; néanmoins ce jour tant calomnié avoit d'illustres partisans. Sixte-Quint aimoit le vendredi avec passion, parce que c'étoit le jour de sa promotion au cardinalat, de son élection à la papauté & de son couronnement. François I assuroit que tout lui réussissoit le vendredi. Henri IV aimoit ce jour de préférence, parce que ce fût un vendredi qu'il vit pour la première fois la belle marquise de Verneuil, celle de toutes ses maitresses qu'il aima le plus, après Gabrielle.

PREROGATIVE. Les députés de la ville d'Orléans avoient joui de temps immémorial, par une *prérogative* très-ancienne, du droit de ne boire qu'assis, à quelque fête qu'ils se trouvassent, fût-ce même devant le roi. Henri IV, informé de ce privilège qui lui paroissoit ridicule, imagina, pour le faire cesser, de faire ôter tous les sièges de la salle d'audience où il devoit recevoir ces députés, qu'il fit appeler ensuite : Ils le haranguèrent fort long-temps, & s'interrompant par intervalles, regardoient de tous côtés, le roi n'ignoroit point la cause de leur étonnement, il ordonna, suivant l'usage, qu'on leur versât à boire. Les députés, scandalisés de l'infraction, voulurent refuser ; le roi leur dit qu'il prétendoit être obéi. Les députés s'assirent alors à terre & burent. « Ventre saint-gris ! dit Henri IV, ils sont plus fins que moi ; répondez à ma bonne ville d'Orléans que je n'entends point enfreindre le privilège de ses députés ; aussi bien n'est-il pas en ma puissance de faire ôter ces sièges-là ».

Un membre de l'académie de Châlons en racontoit un jour toutes les *prérogatives*, & finit par dire qu'elle étoit la fille ainée de *l'académie françoise*. Voltaire qui l'écoutoit, lui répondit : « Assurément, c'est une bonne fille, & qui n'a jamais fait parler d'elle ».

PRESEANCE. Il est rare qu'il s'élève en Turquie des contestations entre les différents corps de l'état. Si néanmoins il en survient, le despote la termine en un instant pour éviter la fermentation que cela pourroit occasionner parmi les esprits. Les gens de guerre & les gens de loi, s'étant disputé la *préséance* dans un jour de cérémonie, le grand seigneur, pour les mettre d'accord, déclara que la main gauche seroit désormais la plus honorable parmi les gens de guerre, & la droite parmi les gens loi ; ainsi, quand ces deux corps marchent ensemble, chacun croit être dans la place d'honneur.

Deux dames de la cour de Charles V, ayant eu une crise fort vive au sujet de la *préséance* dans une cérémonie publique, & voulant faire régler leurs rangs par l'empereur, il leur promit d'assembler à ce sujet tous ses conseils, & décida que la plus folle des deux passeroit devant.

Au service de la reine-mère de Louis XIV, il s'éleva un différend entre le parlement & le clergé ; le parlement prétendoit la *préséance*, parce qu'il y alloit en corps, au lieu que le clergé n'y étoit que par députés. Cependant le clergé l'emporta, M. Lamoignon, premier président, fit une sévère réprimande au grand maître des cérémonies, auquel il dit par deux fois : » *Saintot*, apprenez à faire votre charge, vous n'y entendez rien ».

Le prince Guemené dit après le service à MM. du parlement : « Messieurs, pardonnez au pauvre Saintot ; ignorance n'est pas crime. Si vous perdez vos rangs à la mort des reines, vous savez-bien les regagner à la minorité des rois ».

Les médecins ont eu autrefois un procès avec les praticiens, sur la *préséance* ; le juge demanda aux parties, quel rang observe le voleur & le bourreau, lorsqu'ils vont au lieu du supplice ? On lui répondit tout d'une voix, que le voleur marchoit devant & le bourreau derrière. « Eh bien ! prononça-t-il, que le praticien prenne le pas, & que le médecin vienne après ».

A l'assemblée de Lubeck, en 1652, Morosini, ambassadeur de Venise, étant assis dans une salle du palais, vit venir de loin trois ambassadeurs des électorats, qui devoient passer devant lui ; il prévit qu'il y auroit une contestation à qui se salueroit le premier ; il ôta son chapeau & le mit sur ses genoux : les électoraux le voyant découvert, crurent qu'ils ne pouvoient se défendre de le saluer en passant devant lui, à quoi il répondit par une inclination respectueuse. Ces trois ambassadeurs se vantèrent d'avoir été salués les premiers, mais Morosini les prit pour dupes, car il ne s'étoit pas découvert pour les saluer, mais bien pour ne les pas saluer ; telle étoit la politique d'alors.

A l'assemblée de Soissons, tenue en 1733, pour terminer la guerre de Bohême, lors du ministère du cardinal de Fleury, il s'éleva une difficulté à-peu-près pareille ; c'étoit pour déterminer les rangs, & assigner les places, à chacun des députés, ce qui n'étoit point facile ; la politique ne se trouva point en défaut, car on fit faire par ordre du roi (Louis XV), une table ronde ; ainsi chaque ministre plénipotentiaire pouvoit dire avoir la première place.

Il y eut en 1610, une dispute au parlement de Paris, pour la *préséance*, entre les pairs laïcs & les pairs ecclésiastiques. Le duc de Montbazon, dit aux évêques de Beauvais & de Noyon, qu'il leur cederoit, pourvu qu'à la première bataille ils voulussent être les premiers aux coups.

Pierre Tarin, recteur de l'université, étant à un acte de philosophie, dit à des évêques, qui lui disputoient la *préséance* : « *Terra hæc quam conculcatis, illustrissimi ecclesiæ principes, mea est, nec patiar meam dignitatem hic à vobis contaminari.* Cette terre sur laquelle vous marchez est de mon territoire, illustres princes de l'église, & je ne souffrirai point l'avillissement de ma dignité ». Il fit casser l'acte. Le droit existe toujours.

PRÉVENTION. Un peintre de portraits, que l'on accusoit de ne pas bien saisir la ressemblance, voulut s'assurer un jour si le reproche qu'on lui faisoit étoit fondé. Il annonce à plusieurs personnes & à ses amis qu'il a fait un portrait qu'ils connoissent tous, & qui le dispute au naturel pour la ressemblance. On vient voir son tableau, on le critique, & la *prévention* agissant, on trouve qu'il n'a point saisi les traits de son original. Vous vous trompez dit alors la tête du tableau, car c'est moi-même. En effet c'étoit un ami qui s'étoit prêté au projet du peintre, en plaçant son visage dans la toile d'un cadre ajusté à cet effet.

C'est le sujet du *Tableau parlant*, comédie lyrique, représentée avec succès par les comédiens italiens.

PRIERE UNIVERSELLE ou formulaire d'oraison pour le genre humain ; par Pope.

D. O. M.

Père de l'univers, toi que tous les peuples adorent, sous les grands noms de Jehovah, de Jupiter & de Seigneur !

Suprême & première cause, qui caches ton adorable essence à mes yeux, & ne me fais connoître que mon ignorance & ta bonté.

Donne-moi, dans cet état d'aveuglement, de discerner le bien du mal, & de laisser à la liberté humaine ses droits, sans porter atteinte à tes saints décrets.

Enseigne-moi à craindre, plus que l'enfer, ce que la conscience me défend, & à préférer au ciel même ce qu'elle m'ordonne.

Que je ne refuse aucune des graces que tu m'accordes. Tes faveurs ne doivent pas retourner vers toi : les recevoir, c'est t'obéir.

Ne permets point cependant que je renferme tes bienfaits dans l'enceinte bornée de la terre, & que je te regarde comme étant seulement le Dieu de l'homme, tandis que des milliers de mondes m'environnent de toutes parts.

Que cette foible main n'ait pas la témérité de lancer tes foudres, ni de tracer les arrêts de condamnation contre ceux que je croirai tes ennemis.

Si je marche dans les sentiers de la vérité, aide-moi à y marcher ; & si je m'égare, daigne me ramener dans le bon chemin.

Préserve-moi du fol orgueil & du murmure insolent : que je sois aussi content de ce que ta sagesse refuse, que de ce qu'accorde ta bonté.

Apprends-moi à sentir les maux d'autrui, & à cacher la faute que je vois. Use envers moi de la même miséricorde dont j'aurai usé envers les autres.

Quelque petit que je sois à tes regards, c'est pourtant ton souffle qui m'anime. Ah ! veuille être mon guide, soit que je vive ou que je meure aujourd'hui.

Que je mange mon pain en paix jusqu'à ce jour. Tu sais si ; de tout ce qu'il y a sous le soleil, quelque chose me convient, ou non ; & que ta volonté soit faite.

Père de l'univers, auquel l'espace entier sert de temple, & dont la terre, la mer & les cieux font l'autel ; écoute le concert de louanges que tous les êtres entonnent en ton honneur, & que l'encens de leurs *prières* parvienne jusqu'à toi.

PRIERE. Un des amis d'Arlatto Piovano, curé d'Italie, le pria de lui donner un formulaire de *prières*. Il lui répondit : il faut réciter en se levant un *pater* & un *ave*, & faire ensuite cette prière : « Seigneur Jesus, préservez-moi d'un bourgeois ruiné, d'un pauvre enrichi, de la conscience d'un partisan, des quiproquo des apotiquaires, des &c. des notaires, de tous ceux qui entendent tous les jours deux messes, & de ceux qui jurent par leur conscience.

Abdaliader, fameux docteur musulman, faisoit ordinairement la *prière* suivante : « O dieu tout-puissant, si, prosterné sans cesse devant ton être suprême, je ne m'occupe qu'à te rendre un culte digne de toi, daigne quelquefois jetter un regard de bonté sur ce vil insecte qui t'adore.

PRINCE DE GALLES. Le fils aîné du roi d'Angleterre, & présomptif héritier de la couronne, est nommé *prince de Galles*. Ce titre fut donné pour la première fois par Edouard I. à son fils aîné, de cette manière. Ceux de Galles ne pouvant se résoudre à subir le joug des Anglois, le roi Edouard, qui leur avoit déclaré la guerre, s'avisa pour les soumettre de leur proposer un accommodement; il leur demanda s'ils voudroient s'assujettir à un prince de leur nation, dont la vie étoit sans reproche, & qui ne parloit pas un mot Anglois. Ce peuple ayant déclaré qu'oui, le roi leur présenta son fils, dont la reine venoit d'accoucher dans le château de Caernavan dans la province de Galles, à qui le peuple prêta d'abord le serment de fidélité.

Le fameux docteur *Pringle*, président de la société royale de Londres, mort en 1782, paroissoit envisager la médecine appuyée sur la seule observation, comme la meilleure méthode. « Il faut du moins que cet empirisme soit raisonné, lui dit un de ses confrères : — Le moins qu'il se pourra, répondit-il, c'est en raisonnant que nous avons tout gâté ».

PROBITÉ. Voici des traits de la grande *probité* des Ostiakes, peuples qui habitent un canton de la Sibérie.

Un Suédois, égaré dans leur pays, se logea, comme il put, dans une tente ouverte, & habitée par une nombreuse famille; il avoit avec lui beaucoup de pelleteries, & rien ne lui fut volé.

Un russe, après avoir passé la nuit dans la tente d'un autre Ostiake, perdit le lendemain matin, à environ une lieue de-là une bourse, dans laquelle il y avoit à peu près cent roubles. Le fils de l'Ostiake alla quelques jours après à la chasse, apperçut cette bourse, l'examina, mais ne la ramassa point. De retour chez son père il dit ce qu'il avoit vu. Son père le renvoya aussi-tôt sur le lieu, & lui ordonna de couvrir cette bourse d'une branche d'arbre, afin de la cacher aux regards des passans. Plus de trois mois après, ce russe revint de son voyage, alla loger chez le même Ostiake, & raconta la perte qu'il avoit faite

de sa bourse. *Sois tranquille*, répondit le bon vieillard, *je vais te donner mon fils qui ira te montrer l'endroit où elle est, tu n'auras qu'à la reprendre*. En effet le russe la trouva à la même place où elle étoit tombée.

Une vieille femme persécutée par un bourgeois romain, auquel elle devoit quinze écus qu'elle ne pouvoit payer, fut un jour avec sa fille lui demander du délai. Cet homme ayant jeté les yeux sur cette jeune personne, qui étoit belle, proposa à la mère de lui remettre la dette, pourvu qu'elle lui promît de lui laisser sa fille. Cette femme au désespoir, consentit de la lui livrer dans huit jours, si elle n'apportoit pas la somme. Le temps s'écoula & point d'argent. Dans cette extrémité, elle fut se jeter aux pieds d'un vertueux cardinal allemand, à qui elle exposa sa situation. Le prélat lui donna ordre par écrit, de toucher soixante écus chez le trésorier. La bonne femme qui ne savoit pas lire, fut bien surprise, lorsqu'on lui délivra cet argent. « Monseigneur s'est trompé, dit-elle, je n'ai demandé que quinze écus ». Sur le champ elle court chez son protecteur : « Monseigneur, lui crie-t-elle, vous vous êtes trompé en écrivant soixante, au lieu de quinze; votre trésorier ne veut point de votre ordre, qu'aux conditions que je reprendrai toute la somme. Vous avez raison, mon enfant, répondit le cardinal; je me suis trompé, au lieu de 60, je voulois mettre 600 : allez avec cette somme & pensez à marier votre fille.

Un seigneur des plus qualifiés ayant fait beaucoup de dépense dans le monde, se vit contraint de se retirer dans une de ses terres. Il y avoit dans son voisinage un magistrat d'une petite ville, dont le mérite, les talens, l'intégrité lui avoient acquis l'estime & la considération du public, & l'amitié particulière de ce seigneur. Celui-ci demanda un jour à ce juge sa fille en mariage pour son fils. Le magistrat se récria beaucoup sur la disproportion du côté de la naissance. La demoiselle étoit aimable à tous égards. L'éducation qu'elle avoit reçue la rendoit accomplie. Le seigneur de retour chez lui, en parla à son fils, qui en témoigna sa surprise : « Mon fils, lui dit le père, il vous paroît que j'ai beaucoup de bien, je crois devoir vous désabuser; voici l'état de ma fortune & de mes dettes; lisez-le, réfléchissez-y, & jugez si la proposition que je vous fais est raisonnable. Je vous allie à une famille honnête & vertueuse, vous trouverez du bien pour vous soutenir dans le monde. J'attends à demain votre réponse ». Le fils se retira dans son appartement & ayant lu l'état que son père lui avoit remis, il vit que bien loin d'espérer quelque chose de la succession de son père, il se trouvoit surchargé de dettes considérables, le lendemain matin il monte à cheval & se rend chez le magistrat. « Monsieur,

« Monſieur, lui dit le jeune homme en l'abordant, mon père a eu la bonté de me faire part hier de la demande qu'il vous avoit faite en ma faveur, mais je ſuis trop honnête homme pour vouloir tromper vous, & mademoiſelle votre fille. « Voici l'état que mon père m'a remis ; vous y verrez le détail affligeant de ſon infortune ; jugez, monſieur, ſi mes prétentions peuvent être fondées ? — Ah ! Monſieur, s'écria le magiſtrat, je vous regardois déjà comme un très-grand ſeigneur & par vos qualités & par votre naiſſance ; mais j'admire encore plus votre vertu & votre *probité* qui mettent le comble à votre mérite. Ma fortune peut vous dédomager de celle qui vous manque, ſi vous daignez accorder à ma fille l'honneur de votre alliance » Le mariage ſe conclut, & comme la vertu l'avoit cimenté, le vrai bonheur en fut la récompenſe.

Le receveur d'un village à une lieue de Roye en Picardie, a eu le malheur d'être brulé. Beſtiaux, meubles, tout a été la proie de l'incendie, à l'exception de deux mille livres qu'il avoit des deniers royaux. Cet honnête homme a eu le courage d'aller les prendre dans les flammes pour les porter le lendemain au directeur des aydes. Celui-ci frappé de cette action, en a écrit aux régiſſeurs. M. Necker informé du fait, en a rendu compte au roi, & a écrit de ſa main au payſan : « Sa majeſté ayant été inſtruite des détails de votre malheur, & touché de votre *probité*, vous fait la remiſe des deux mille livres que vous avez verſées dans la caiſſe des aydes

Un eccléſiaſtique très riche, jouiſſant d'une rectorerie conſidérable, dans le comté de Worceſter, mourut il y a quelques ſemaines ; on vendit ſes meubles dans la maiſon qu'il occupoit. Un pauvre vicaire qu'il avoit pris & qui faiſoit le ſervice de la paroiſſe pour un ſalaire très médiocre, eut envie d'une groſſe & vieille boîte, ayant la forme d'un volume *in-folio*, il l'acheta, & la fit porter dans la maiſon qu'il occupoit à quelque diſtance. De retour chez lui, il n'eut rien de plus preſſé que de voir ſon acquiſition, & d'examiner ſi elle étoit en bon état, & ſi elle n'avoit pas été dégradée dans le tranſport ; il ouvrit ſa boîte avec peine, & en la viſitant, il découvrit un petit ſecret qui fermoit une caſe qu'on ne voyoit point, & dans laquelle il trouva un rouleau de deux cens guinés. Etonné de voir cette ſomme, il examina la boîte plus attentivement, & trouva une autre caſe ſecrette qui contenoit une pareille ſomme en or. Il prit cet argent dans ſa poche, & courut au preſbytère, où il le remit entre les mains des adminiſtrateurs des biens du défunt, en leur racontant où il l'avoit trouvé. Ils ne furent pas peu ſurpris de cette reſtitution, en conſidérant la pauvreté du vicaire, ſa malheureuſe famille, la facilité qu'il avoit à

s'approprier une ſomme dont perſonne n'avoit connoiſſance, & qui n'eût jamais été réclamée. On auroit dû peut-être récompenſer ſa *probité* en la lui laiſſant ; & on ne dit pas ſi on lui fit un préſent, qu'il méritoit également par ſon honnêteté & par ſes beſoins.

Feu M. de la Martinière, premier chirurgien du roi, avoit fait un teſtament qui n'eut point d'effet parce qu'il n'étoit point ſigné, & ſes héritiers qui ſont de bons payſans du Poitou, vinrent pour recueillir ſa ſucceſſion. Dans la vente qui ſe fit des meubles, un des héritiers eut envie d'un petit meuble qu'on appelle *coin* ; il l'acheta & le fit porter où il logeoit. De retour dans ſa chambre, & voulant mettre lui même ce meuble en place, il entendit dans le haut quelque choſe qui remuoit ; ou pour uſer de ſes termes, quelque choſe qui berloquoit, jugeant au ſon & au poids du meuble, qui étoit plus peſant qu'il ne devoit être, qu'il pouvoit y avoir de l'or, il ne voulut point eſſayer de vérifier lui-même & tout ſeul ſi ſa conjecture étoit juſte : mais ayant fait venir ſes cohéritiers, il fit en leur préſence l'ouverture du coin ; au haut duquel il y avoit un tiroir à ſecret dans lequel on trouva mille louis d'or, qui furent partagés entre tous.

Le maſſacre des Huguenots fut auſſi horrible dans pluſieurs villes du royaume, qu'il l'avoit été à Paris ; il y en eut plus de deux mille égorgés à Lyon : le *boureau* de cette ville, à qui le gouvernement ordonna d'aller en expédier quelques uns qui étoient dans les priſons, lui répondit : *qu'il ne travailloit que judiciairement.* Voilà l'homme le plus vil par ſon état, qui a plus d'honneur qu'une reine & ſon conſeil.

PROCÈS. On a comparé les tribunaux au buiſſon épineux, où la brebis cherche un refuge contre les loups, & d'où elle ne ſort point ſans y laiſſer une partie de ſa toiſon.

Ce fut en 1513, qu'on commença à faire payer aux parties les frais de leurs *procès*, à cauſe qu'un commis avoit emporté les fonds deſtinés au paiement des procédures & que la guerre ne permettoit pas d'en aſſigner de nouveaux. Ces frais n'étoient pas conſidérables ; chaque expédition ne coutoit que trois ſols. Avant ce temps on ne payoit rien ; & l'arrêt même ſe délivroit gratuitement par le greffier auquel le roi donnoit des gages.

Un négociant, *aveugle* de naiſſance, ayant refuſé d'acquitter une lettre de change tirée *à vue* ſur lui, le porteur de cet effet ſe pourvut par la voie ordinaire, & le fit condamner à payer la ſomme principale & les frais. *L'aveugle* a intenté un *procès* à ce créancier de mauvaiſe humeur & demande le rembourſement des frais auxquels il a été condamné, attendu qu'on ne peut raisonnablement tirer une lettre à vue, sur un infortuné qui n'a jamais joui de la lumière.

On a rapporté, dans le *Miroir hiftorial*, ou le *Rofier des guerres*, ce confeil donné par S. Yves à une veuve qui fe trouvoit dans une circonf-tance embarraffante. Deux hommes, étant arrivés à Tours dans une hôtellerie, donnèrent en garde, à l'hôteffe qui étoit veuve, un fac d'argent fous l'obligation de ne le remettre à aucun d'eux en particulier, mais feulement, lorfqu'ils l'exigeroient conjointement. Quelque temps après, l'un d'eux vint le redemander, difant qu'ils étoient preffés de faire un paiement. La veuve, fans fonger à l'obligation qui lui étoit impofée, donna le fac. Mais celui-ci ne l'eut pas plutôt entre les mains, qu'il s'évada. Quelques jours après, l'autre vint auffi le demander; & comme cette femme lui dit qu'elle l'avoit donné à fon camarade, il la fit affigner pour lui faire rendre le dépôt. St. Yves, ayant appris l'embarras de la veuve, lui confeilla de dire, qu'elle avoit retrouvé le fac, & qu'elle étoit prête de le repréfenter; mais qu'aux termes de la propre reconnoiffance du demandeur, il étoit obligé de faire comparoître fon compagnon, afin qu'elle pût le rendre à tous deux. Sa défenfe parut jufte, & elle fut tirée d'embarras. Cette hiftoriette paroit empruntée de celle que rapporte Valère Maxime de Démofthène, qui donna un femblable confeil à une hôteffe, qui s'en tira de même.

Un confeiller s'étoit endormi fur les fleurs de lys. Le préfident qui recueilloit les voix, ayant demandé à ce confeiller la fienne, il répondit en fe frottant les yeux : qu'on le pende, qu'on le pende; mais c'eft un pré, lui dit-on, dont il s'agit : & bien qu'on le fauche.

Un auteur Allemand, cité dans le journal des favans, rapporte ce procès fingulier entre un mari & l'amant de fa femme. Il arriva que cette femme perdit toutes les marques de vie; on ne douta point qu'elle n'eût expiré; on la mit dans le cercueil, & le mari fit toutes les cérémonies de la fépulture. L'amant dont les regrets étoient plus inquiets, alla la nuit faire rouvrir le tombeau, & remarqua un refte de chaleur naturelle; il la fit enlever : la femme revint. Alors le mari la voulut reprendre. L'amant la refufa, & foutint que le mari s'étant hâté de la mettre au tombeau, il étoit cenfé y avoir renoncé; que lui ayant rendu les honneurs funèbres, elle n'étoit plus à lui; qu'elle appartenoit au premier occupant; qu'à l'égard de l'amant qui l'avoit réfufcitée, elle commençoit une nouvelle vie pour lui, & non pour le mari, qui s'étoit précipité de l'enfermer dans le cercueil, & qui ne la réclamoit peut-être que pour le point d'honneur,

& pour fauver les apparences. On repondoit pour le mari, qu'il n'y a que la mort qui puiffe diffoudre les nœuds du mariage, & qu'il rentroit dans fes premiers droits par le retour de fa femme au monde. L'auteur allemand fe range en qualité de jurifconfulte du côté du mari.

Une jeune & jolie fervante de Paris, arrivée depuis peu de fon village, fut chaffée de fa condition fur les onze heures du foir; elle pleuroit & fanglottoit à la porte de fes maîtres, fans favoir où paffer la nuit. Un jeune homme allant fon chemin, l'entend foupirer, s'arrête auprès d'elle, & voit, à la faveur du reverbère, une jolie fille dans les larmes. Il entre dans fa peine; il la plaint, &, tout en la confolant, la fait monter chez lui : une honnête fille ne fe croit vraiment en danger, qu'au milieu de la nuit; elle ne fouhaitoit que d'avoir un écu, difoit-elle, pour aller rejoindre fa tante en province. Il approuve fon deffein, la difpofe à fouper avec lui, lui fait prendre deux verres de liqueur, & lui promet l'écu dont elle a befoin; elle en eft fi reconnoiffante, il eft fi compatiffant, fi entreprenant, que, moitié gré, moitié force, elle s'acquitte d'avance avec lui, & beaucoup au delà pour une jolie fille. Le lendemain matin, il s'agiffoit de payer; mais au lieu de l'écu, le jeune homme ne lui donne qu'un billet de lotterie qu'il trouve dans fa poche, defcend avec elle, & lui dit adieu : la voilà encore feule, & fans reffource, pleurant au coin des rues. Une marchande orfèvre, affife dans fa boutique, lui fait figne de s'approcher; fa figure intéreffante parle pour elle, & la marchande, après l'avoir écoutée, l'arrête à fon fervice. Quelques jours après, l'orfèvre dit à fa femme qu'il alloit voir fi leurs billets de lotterie avoient porté; la jeune fille fe reffouvient du billet qu'elle avoit fi bien gagné, & prie fon maître, en rougiffant, de vouloir s'en charger; il fort & revient tout tranfporté d'aife. Sa femme fe flatte un inftant : non, dit le mari, le gros-lot eft tombé à Fanchon. Tous deux la félicitent, & lui donnent des confeils pour faire de la fortune que Dieu lui envoie, un ufage prudent & raifonnable; fur le foir, le jeune homme du billet arrive, & demande à lui parler fans témoin; Fanchon le voit à peine, qu'elle fe doute de fes prétentions : elle prend fa maîtreffe à l'écart, fe jette à fes pieds, lui touche quelque chofe de ce qui s'eft paffé avec le jeune homme, fa rougeur & fes larmes lui difent le refte. Son accufateur ofe affurer qu'elle lui a volé le billet qu'il réclame; mais la marchande, mieux inftruite, le chaffe de chez elle. Quelques jours après, il fait citer Fanchon en juftice; l'orfèvre prend fa défenfe, & plaide fa caufe avec tant de franchife & de vérité, que le jeune homme, débouté de fa demande, eft condamné à payer l'écu qu'il avoit promis : ordre à la jeune fille de lui rembourſer l'argent du billet, & d'emporter le gros-lot.

Un curé demanda à M. l'abbé Arnaud, abbé de Grand-Champ, le paiement d'une portion congrue. L'abbé voulut d'abord ſe défendre & avoit des moyens pour faire rejetter cette demande ; mais le curé lui ayant expoſé la néceſſité qu'il avoit de ce ſecours, l'abbé Arnaud lui fournit des titres contre lui-même, & ſe fit condamner, afin que le curé ne fût pas dans la peine de faire la même demande à ſon ſucceſſeur qui ne ſeroit peut être pas auſſi généreux.

Les habitans de la Grenade s'étant révoltés contre leur gouverneur, homme avide, violent, inflexible, le condamnèrent au dernier ſupplice. Dans toute la cour de juſtice, qui fait authentiquement le procès à ce brigand, un ſeul homme nommé Archangéli ſavoit écrire. Un maréchal ferrant fit les informations, au lieu de ſa ſignature il avoit pour ſeau un fer à cheval autour duquel Archangéli, qui rempliſſoit l'office de greffier, écrivit gravement : marque de M. Delabrie, conſeiller-rapporteur.

Jean Beſſon épouſa en 1742, Cécile Blandin, qui mourut enceinte le 18 avril 1745. Un chirugien, ſous les yeux d'un médecin, lui fit ouvrir le côté, & tira l'enfant qu'elle portoit ; il ondoya enſuite l'enfant qui fut enterré. Le père de la défunte fit aſſigner en reſtitution de la dot Jean Beſſon, qui, pour toute défenſe fit ſignifier l'extrait-mortuaire de ſon enfant, la demande portée au bailliage de Bourg-en-Breſſe, il intervint un jugement préparatoire, qui ordonna que Beſſon feroit preuve que l'enfant avoit ſurvécu à ſa mère, ſauf la preuve contraire. Le médecin, le chirurgien, & un garçon de celui-ci dépoſèrent, que, s'étant ſaiſis du cordon ombilical, ils avoient trouvé une artère qui donnoit des pulſations très-régulières ; qu'ayant auſſi porté la main ſur le cœur de l'enfant, ainſi que ſur l'artère temporale, ils avoient ſenti les mêmes pulſations, & que l'enfant, qui avoit env'iron cinq mois & demi, avoit donné les mouvemens d'inſpiration & d'expiration après avoir été ondoyé. L'enquête contraire étoit compoſée de trois femmes, qui dépoſèrent n'avoir point vu de mouvemens. Les preuves rapportées, le demandeur ſoutint que ces ſignes de vie ne ſuffiſoient pas, & qu'il falloit que l'enfant fût venu à un terme viable, c'eſt-à-dire, au moins à ſept mois. Les juges de Bourg adoptèrent ce ſyſtème ; &, par leur ſentence du 31 janvier 1748, ils condamnèrent Beſſon à rendre la dot. Mais elle fut infirmée par l'arrêt que le parlement rendit en 1753. On doit obſerver cependant qu'il intervint partage avant l'arrêt.

PROCUREUR. Santeuil diſoit qu'un *procureur* étoit dans le monde comme une chenille dans un jardin, qui mangeoit tout ce qu'elle trouvoit.

Un officier ſuiſſe de Courten ſe trouvant à la table d'un *procureur*, où entr'autres mets on avoit ſervi un brochet d'une grandeur peu commune, témoignoit ſon étonnement par de fréquentes exclamations ; la procureuſe qui s'en apperçut lui demanda en badinant comment on appelloit ce poiſſon dans le lac de Genève : = Madame, on le nomme le *procureur* du lac.

Topenot, *procureur* au conſulat, plaidoit d'une façon naïve & tout à fait ſingulière. Il défendoit un jour un maquignon, que l'on vouloit forcer de reprendre ſon cheval : « Meſſieurs diſoit Topenot, quand nous avons vendu notre cheval il étoit en très-bon état, il étoit gros & gras ; aujourd'hui comment veut-on que nous le reprenions, on nous l'a ramené comme un ecce-homo, parce qu'on lui a fait faire trop de chemin, & qu'on l'a fait courir à ventre déboutonné. Après tout, nous ne vous en impoſons pas, il eſt là bas dans la cour, il n'y a qu'à le faire monter & comparoître en perſonne. — Mais, lui dit-on, gardez le cheval à l'écurie une quinzaine de jours, il ſera bientôt refait. — Ah ! meſſieurs, dit Topenot, ce qu'on demande n'eſt pas raiſonnable, & ma partie n'eſt pas en état de garder pendant quinze jours à l'écurie un cheval qui reſteroit là les bras croiſés à ne rien faire.

On a remarqué qu'il y a des ſaints qui ont été avocats, ſergens, comédiens même, enfin il n'y a point de profeſſion, ſi baſſe qu'elle puiſſe être, dont il n'y ait eu des ſaints ; mais il n'y en a point eu de *procureurs*.

Un *procureur* plaidant pour une partie qui vouloit avoir plus d'un privé dans une grande maiſon qu'il avoit louée : quelle incommodité, monſieur, diſoit-il, de n'avoir qu'un privé pour tout potage. — *procureur* allez dîner chez votre partie ; repartit le juge.

Un *procureur* mettoit à chaque ligne de ſes écritures deux mots tout au plus, & une virgule : dans une ligne fort longue entr'autres, il n'y avoit que ces mots, *il y a...* Les juges indignés trouvèrent encore de la place pour mettre *dix écus d'amende pour le procureur*.

Un *procureur* très-avare mourut à Paris, & laiſſa une riche ſucceſſion : l'héritier pour honorer la mémoire du défunt, s'aviſa de commander une épitaphe en vers françois, & promit de bien payer celui qui l'emporteroit au concours. Plus de vingt concurrens diſputèrent le prix qui fut accordé à la louange la plus excessive. L'un des poëtes disgraciés se vengea par l'épitaphe suivante.

Cy·gît l'affamé Panciace,

Homme expert en paperace,

De qui la plume vorace

Mangea, jusqu'à la beface ;

Tous ses cliens & leur race.

Passant, ris de sa disgrace :

Maintenant, froid comme glace,

Le bourreau fait la grimace

De ce qu'un curé tenace

A pour loger sa carcasse

Vendu trop cher cette place.

PRODIGUE. Un homme qui n'avoit que vingt mille francs pour tout bien, les mangea dans un année, il dit qu'il étoit bien aise de voir comment vivoit un homme qui avoit vingt mille livres de rente.

PROTOGÈNE. Contemporain d'Apelle, il éprouva long tems une extrême pauvreté, il fut réduit jusqu'à l'âge de cinquante ans à ne peindre que sur des navires ; occupations ordinaires aux plus mauvais artistes de la Grèce, & qui, de nos jours, est en Hollande le partage des barbouilleurs.

Protogène fut sept ans à faire un tableau représentant le chasseur Yalise, fondateur d'une ville dans l'isle de Rhodes.

Pendant qu'il travailloit à cet ouvrage, ne pouvant rendre à son gré l'écume qui sortoit de la gueule d'un chien haletant, il jetta de dépit contre l'ouvrage son éponge imbibée des couleurs qu'il avoit essuyées de ses pinceaux ; il arriva que le hasard en fit plus que tous ses efforts : l'éponge alla directement frapper contre la gueule du chien, & les couleurs qui en rejaillirent, formèrent une écume admirable, que l'art n'auroit jamais pu imiter aussi parfaitement.

La première fois qu'Appelle vit cet excellent tableau, il fut si surpris & si transporté d'admiration, que la voix lui manqua tout-à-coup ; enfin revenu à lui-même, il s'écria : « travail qui passe l'effort humain, chef-d'œuvre de l'art ! il ne te manque que ce je ne sais quoi, ces graces, que je donne à tous mes ouvrages ».

Protogène voulant assurer à son tableau du Yalise une durée qui surpassât celle de tous les ouvrages de peinture, le couvrit de quatre couches différentes, afin qu'à mesure que le temps effaceroit une couleur, on pût en faire reparoître une autre aussi fraîche que l'ancienne.

Pendant les sept années qu'il travailla à cet ouvrage, il ne vécut que de pommes de terre bouillies dans l'eau, qui appaisoient en même temps & la faim & la soif : il craignoit qu'une nourriture plus succulente ne troublât la vivacité de ses idées, & ne le détournât de son application.

Protogène avoit son attelier à l'extrémité d'un des fauxbourgs de Rhodes, lorsque Démétrius, fils d'Antigone, vint former le siège de cette ville ; la présence des ennemis, au milieu desquels il se trouvoit, & le bruit des armes qui retentissoient à ses oreilles, ne lui firent point quitter sa demeure, ni interrompre son travail. Démétrius apprit avec étonnement la sécurité de ce peintre, le fit venir, & lui demanda pourquoi il travailloit avec tant d'assurance dans les dehors d'une ville assiégée : — Je sais, répondit Protogène, s'armant d'une noble fermeté, je sais que Démétrius fait la guerre aux Rhodiens, & non pas aux arts.

Démétrius, charmé de cette réponse, fit placer une garde autour de l'attelier de Protogène, afin que l'artiste, au milieu même du camp ennemi, fût en repos ou du moins en sûreté : ce prince alloit souvent le voir travailler, & ne se lassoit point d'admirer son application à l'ouvrage, & son extrême habileté.

Cependant Démétrius se vit réduit à brûler le quartier de Rhodes, dans lequel étoit l'Yalise, ce chef-d'œuvre de Protogène. Le fils d'Antigone auroit bien voulu n'en pas venir à cette cruelle extrémité, afin de se procurer un tableau dont il connoissoit tout le prix ; mais, contraint par la nécessité, & sachant d'ailleurs, que l'endroit qu'il avoit en vue étoit le plus foible, il alloit donner ordre d'attaquer la ville de ce côté-là, lorsque les députés vinrent le trouver de la part des Rhodiens. = » A quoi vous amusez-vous, grand prince, lui dirent-ils, de vouloir détruire ce quartier avec le tableau estimé de la Grèce entière ? Qu'y gagnerez-vous, quand vous aurez tout réduit en cendres ? Vous trouverez encore des murs de l'autre côté, aussi redoutables que ceux des dehors de notre place. Ne seroit-il pas plus digne de vous, de nous attaquer par un autre endroit, & de nous conserver ce chef-d'œuvre de notre peintre, ou pour vous ou pour nous ? Si vous l'emportez par la voie qui vous est indiquée, nous serons tous à votre discrétion, & vous triompherez noblement, à la face de l'univers, & de nous & de notre Yalyſe; au-lieu que, ſi vous vous obſtinez à brûler le quartier où eſt le tableau, & que vous ayez le malheur d'échouer contre le reſte, prenez garde qu'on ne diſe dans le monde, que, n'ayant oſé attaquer les Rhodiens d'une manière noble & généreuſe, vous vous êtes amuſé à faire la guerre à un peintre & à un tableau ». —

Ce diſcours, qui paroîtroit fort ſingulier dans le ſiècle où nous ſommes, fit une vive impreſſion ſur Démétrius, & lui fournt une belle occaſion de faire éclater ſa grandeur d'ame. Preſſé par Antigone, qui le rappelloit, & craignant d'échouer dans ſon entrepriſe, il feignit habilement de tout ſacrifier aux arts, & peut-être même fut-il enchanté de montrer l'amour qu'il leur portoit : il leva le ſiège, & ſe retira.

PROVERBES. Maxime populaire, ou façon de parler ſententieuſe, qui eſt dans la bouche de toutes ſortes de perſonnes. Il y a des *proverbes*, où la métaphore n'entre pas ; mais ordinairement ils ſont exprimés en termes figurés. Les *proverbes* étrangers nous paroiſſent en général avoir, ſoit pour le ſens, ſoit pour l'expreſſion, plus de fineſſe & d'agrément que les *proverbes* françois. La plus grande familiarité que nous avons contractée avec ceux-ci, & l'habitude de les voir employer par le peuple peuvent ſans doute contribuer à nous les rendre inſipides.

Il y a auſſi des *proverbes* qui ſont de véritables bons mots, quand l'application en eſt ingénieuſe. Louis XIV. ayant permis aux maîtres des requêtes de porter à leur chapeau le cordon d'or, & d'avoir une ceinture de même, pour les récompenſer de la dépenſe qu'ils firent à l'entrée de la reine ; Monſieur de Taleman maître des requêtes, homme bien fait & d'une mine avantageuſe, entroit au palais avec cette marque de diſtinction ; quelqu'un dit à monſieur de Coulange, ces dorures ſiéroient auſſi bien à meſſieurs du parlement, qu'à meſſieurs les maîtres des requêtes ; « monſieur, repartit M. de Coulange, bonne renommée vaut mieux que ceinture dorée ».

C'étoit la coutume de ſe donner mutuellement à l'égliſe le baiſer de paix, quand le prêtre, qui diſoit la meſſe, avoit prononcé ces paroles : « Que la paix du ſeigneur ſoit toujours avec vous » ! La reine Blanche, épouſe de Louis VIII, ayant reçu ce baiſer de paix, le rendit à une fille publique, dont l'habillement annonçoit qu'elle étoit mariée, & d'une condition honnête. La reine offenſée de la mépriſe, obtint une ordonnance qui défendoit à ces ſortes de perſonnes, dont le nombre étoit alors très-conſidérable, de « porter des robes à queue, à collets renverſés, & avec une ceinture dorée. » Ce réglement étant mal obſervé, les honnêtes femmes s'en conſolèrent par ce *proverbe* : Bonne renommée vaut mieux que ceinture dorée.

Bourſault raconte dans ſes lettres, qu'un jeune manant de vingt-deux ou vingt-trois ans, étant allé à confeſſe à ſon curé, s'accuſa d'avoir rompu la haie de ſon voiſin pour aller reconnoître un nid de merles. Le curé lui demanda, ſi les merles étoient pris ? — Non, lui répondit-il ; je ne les trouve pas aſſez forts, & je n'irai les dénicher que ſamedi au ſoir. Le curé plus allerte, y alla le ſamedi matin, & les dénicha lui-même. L'autre ayant trouvé la place vuide, ne douta point de la ſupercherie du curé ; mais il n'oſa lui en rien dire. Un jubilé l'ayant obligé de retourner à confeſſe, trois ou quatre mois après, il s'accuſa d'aimer une jeune payſanne extrêmement jolie, & d'en être aſſez aimé pour obtenir ſes faveurs. Quel âge a-t-elle, dit le curé ? — Dix-ſept ou dix-huit ans, lui répondit-il. Belle, ſans doute ? — La plus jolie de tout le village, vous dis-je. — Hé dans quelle rue demeure-t-elle, ajouta promptement le curé ? — A d'autres, dénicheur de merles, lui répliqua le manant ; je ne me laiſſe pas attrapper deux fois.

On dit tous les jours de quelqu'un qui ſe trouve dans l'embarras d'un choix à faire : *il en eſt de lui comme de l'âne de Buridan* : & peu de perſonnes ſont inſtruites de l'origine de ce dicton, ou pour mieux dire, de cette comparaiſon ; la voici.

Jean Buridan, né à Béthune, en Artois, vers la fin du treizième ſiècle, recteur de l'univerſité de Paris, & fameux dialecticien, ſe rendit moins célèbre par ſes commentaires ſur Ariſtote, que par ſon ſophiſme de l'*âne*. Il ſuppoſoit un de ces animaux ſtupides, également preſſé de la ſoif & de la faim, entre une meſure d'avoine & un ſeau d'eau, faiſant une égale impreſſion ſur ſes organes. Le docteur demandoit enſuite. *Que fera cet âne*. Si ceux qui vouloient bien diſcuter avec lui cette importante queſtion, répondoient : *Cet âne, monſieur le docteur, ne ſera pas aſſez âne pour ſe laiſſer mourir de faim* ; donc, (continuoit-il,) *il ſe retournera plutôt d'un côté que de l'autre. Donc il a le franc arbitre.*

Ce ſophiſme embarraſſa les plus grands perſonnages de ſon temps, & ſon âne devint fameux parmi ceux de ſes écoles.

Anciennement, lorſque pour prouver ſon innocence ou la juſtice de ſes prétentions, le duel étoit en uſage, il falloit ſe préſenter devant le juge ; il examinoit l'affaire, tâchoit de découvrir qui avoit tort ou raison, & s'il ne le pouvoit pas, il ordonnoit le combat, alors l'accusateur & l'accusé déposoient entre ses mains une certaine somme pour indemniser le vainqueur du préjudice qu'il pouvoit recevoir en sa personne ou ses armes ; c'est de là probablement qu'est venu le *proverbe*, *les battus payent l'amende.*

On se plaît quelquefois à proposer aux enfans différentes questions, pour éprouver leur sagacité. En voici une qui a donné lieu à cette façon de parler proverbiale, *ménager la chevre & le chou.* Un homme a un petit bateau dans lequel il doit passer à l'autre côté de la rivière, un loup, un chou & une chèvre sans qu'il puisse prendre plus d'un de ces objets à la fois. On demande lequel des trois il transportera le premier, sans craindre que, durant l'un de ses passages, le loup mange la chèvre, ou que la chèvre mange le chou. Passera-t-il le loup le premier ? Voilà le chou en proie à la chèvre. Prendra-t-il le chou ? Le loup aura dévoré la chèvre avant qu'il revienne. Donnera-t-il la préférence à la chèvre ? Il tombe dans le même embarras pour le voyage suivant ; & pendant qu'il viendra chercher ce qu'il aura gardé pour le troisième, la chèvre ou le chou seront croqués. Il y a néanmoins un moyen. Quel est-il ? C'est de prendre la chèvre seule au premier voyage, le chou demeure avec le loup qui n'y touche point ; au second, il prend le chou & ramène la chèvre, au lieu de laquelle il passe le loup qui, étant transporté à l'autre bord auprès du chou, n'y fera aucun tort. Enfin, pour dernier voyage, il revient prendre la chèvre qui, étant demeurée seule, ne pouvoit courir aucun risque.

Il y a un autre problème qui a beaucoup de rapport à celui-là, & qui est rapporté dans les *récréations mathématiques.* « Trois maris jaloux se trouvent avec leurs femmes, pendant une nuit fort obscure, au passage d'une rivière ; ils rencontrent un bateau sans batelier. Ce bateau est si petit, qu'il ne peut porter que deux personnes à la fois. On demande comment ces six personnes passeront deux à deux, de sorte qu'aucune femme ne demeure en la compagnie d'un ou de deux hommes, si son mari n'est présent. » Deux femmes passeront d'abord, puis l'une ayant ramené le bateau, repassera avec la troisième femme. Ensuite, l'une des trois femmes ramènera le bateau, & se mettant à terre, laissera passer les deux hommes dont les deux femmes sont de l'autre côté. Alors, un des hommes ramènera le bateau, avec sa femme, & la mettant à terre, il prendra le troisième homme, & repassera avec lui. Enfin, la femme qui se trouve passée entrera dans le bateau, & ira chercher en deux fois les deux autres femmes.

On dit à tous propos *assis en rang d'oignons* sans en savoir l'origine, quoiqu'elle ne soit pas fort ancienne. C'est qu'il y avoit aux états de Blois en 1576, un grand maître des cérémonies, qu'on appelloit *le baron d'Oignons.* Son nom & son surnom étoit Artus de la Fontaine de Solare.

On a dit souvent des vins de Bretigny près Paris, qu'ils faisoient danser les chèvres. Aujourd'hui on explique cette phrase populaire assez naturellement. Il y avoit, dit-on, à Brétigny, un habitant nommé chèvre ; c'étoit le coq de son village & une grande partie du vignoble lui appartenoit. Cet homme aimoit à boire ; & dans la gaîté que l'ivresse lui inspiroit, il avoit la folie de faire danser à toute heure sa femme & ses enfans. C'étoit ainsi que les chèvres dansoient, c'étoit ainsi que le vin de Brétigny les faisoit danser.

Les danseurs de corde, qui ont des singes qui font mille gentillesses, sont obligés d'aller dans les bureaux des villes où ils passent, demander des passe-ports aux commis ; tout le droit qu'ils paient, c'est de faire sauter & danser leurs singes devant les commis : voilà d'où est venu le *proverbe* : « payer en monnoie de singe, en gambades ».

Lorsque l'on passe par le bourg de Lagny il ne faut pas s'aviser de demander aux habitans, combien vaut l'orge. Ils se mettent en fureur, & plongent dans la fontaine qui est au milieu de la ville, le questionneur, sans respecter le rang, le sexe, ni l'âge. Ils ne font point d'ailleurs d'autre mal.

Cet usage vient de ce que Lagny s'étant révolté contre le roi en 1544, le maréchal de Lorge, qui étoit dans le canton avec un corps de troupes, prit la ville, & la saccagea. Cependant comme on vend de l'orge à Lagny, & que l'acheteur ne peut se dispenser de s'informer du prix, il faut avoir la main dans le sac, lorsque l'on fait cette demande ; avec cette attention on évite le bain d'eau froide.

Jean II, duc de Montmorency, voyant que la guerre alloit se rallumer entre Louis XI & le duc de Bourgogne, fit sommer à son de trompe ses deux fils Jean de Nivelle & Louis de Fosseuse, de quitter la Flandre, où ils avoient des biens considérables, & de venir servir le roi. Ni l'un ni l'autre ne comparurent. Leur père irrité les traita de chiens & les déshérita. C'est de là qu'est venu le proverbe populaire : *Il ressemble au chien de Jean de Nivelle, il fuit quand on l'appelle.*

Ce proverbe est sur-tout très commun en Flandres. La Fontaine l'a employé dans une de ses fables ; mais il paroît avoir cru que c'étoit un chien appartenant à Jean de Nivelle, qui avoit fait naître ce dicton.

Une traîtresse voix bien souvent vous appelle ;
Ne vous pressez donc nullement :
Ce n'étoit pas un sot, non non, & croyez m'en
Que le chien de Jean de Nivelle.

François premier s'étant égaré à la chasse, entra vers les neuf heures du soir, dans la cabane d'un charbonnier : le mari étoit absent ; il ne trouva que la femme assise sur ses talons auprès du feu. C'étoit en hiver, & la pluie qui étoit tombée en abondance forçoit le roi de demander retraite pour passer la nuit ; il demanda aussi à souper : en attendant le retour du roi, il se chauffa, assis sur la seule chaise qui fût dans la maison. Vers les dix heures arrive le charbonnier, las de son travail, fort affamé & tout mouillé. A peine a-t-il salué son hôte, & secoué sur lui un large chapeau imbibé de pluie, que prenant la place la plus commode, c'est-à-dire, la chaise du roi, il lui dit : «' Monsieur, je prends votre place, parce que c'est celle où je me mets toujours, & cette chaise, parce qu'elle est à moi ». Puis, comme Sancho, il cita un *proverbe :*

Et par droit & par raison,
Chacun est maître en sa maison.

François premier applaudit à la citation, & se plaça, comme il put, sur une méchante sellete de bois. Ils soupèrent ; le charbonnier, grand politique comme beaucoup de particuliers, régla les affaires du royaume, & vouloit qu'on supprimât tous les impôts. Le roi eut peine à lui faire entendre raison sur cet article ; le charbonnier se rendit à la fin, & porta la conversation sur la chasse. Grands raisonnemens de part & d'autre sur les défenses & sur les permissions. Le maître du logis ne se défiant point de son hôte, s'ouvrit bientôt à lui : j'ai là, lui dit-il, un morceau de sanglier ; je pense que vous ne me perdrez pas ; mangeons-le, mais sur-tout bouche close. François premier promit tout, mangea de très-bon appétit le gibier volé sur ses terres, & le lendemain s'étant fait connoître, accorda la chasse à son hôte, pour prix de sa franchise. On prétend que c'est à cette histoire, qui nous a été transmise par Montluc, qu'il faut rapporter l'origine du *proverbe : charbonnier est maître chez lui.*

Le duc d'Albe avoit dessein d'établir le théâtre de la guerre dans la Frise ; en conséquence, il fait arrêter ses troupes dans la province d'Overissel, jusqu'à ce qu'il sache s'il y a des ponts assez forts pour faire passer son artillerie. Ses espions

n'avoient fait que peu de chemin, lorsqu'ils entendent un bruit de tambours & apperçoivent quatre enseignes : ils reviennent aussi-tôt sur leurs pas pour annoncer l'approche du prince d'Orange. Le général espagnol met aussi-tôt son armée en bataille, & envoie reconnoître l'ennemi. Dès que ses partisans se sont un peu avancés, ils apperçoivent quatre enseignes sur autant de chariots couverts de verdure, & entourés de paysans, qui, en dansant, conduisent au village prochain une nouvelle mariée, qui ne songe sûrement pas à la guerre. On rit de bon cœur au camp de la méprise des espions : l'appareil du combat en devint un de réjouissance. Lorsque la mariée passa, on fit une salve d'arquebusades. C'est depuis cette plaisante aventure que les soldats wallons ont contracté l'habitude de demander à leurs coureurs, lorsqu'ils reviennent promptement, *s'ils n'ont point vu l'épousée.*

Proverbes *françois.*

Du temps de saint Louis, les femmes portoient des ceintures d'or ou dorées ; ce prince défendit aux femmes débauchées d'en porter. Elles obéirent ; mais après la mort de ce monarque elles les reprirent : cela détermina les honnêtes femmes à n'en plus porter. Voilà l'origine du *proverbe* rapporté ci-dessus : *bonne renommée vaut mieux que ceinture dorée.*

On dit d'un homme empressé à dire quelque chose : il est venu la gueule enfarinée.

De quelqu'un qui renouvelle ses dons, on dit : il est généreux comme un enfant.

Le comte Hamilton disoit des personnes qui n'avoient pas le teint clair : il est enfumé comme un jambon.

De quelqu'un dont l'humeur ou la mine est rude, on dit : il est gracieux comme un fagot d'épine.

On dit de celui qui meurt insolvable ; il est mort en fraude.

On dit de celui qui a des jambes minces : s'il mettoit des bas rouges, il paroîtroit monté sur deux bâtons de cire d'Espagne.

De quelqu'un en qui personne n'a de confiance, on dit : il a autant de crédit qu'un chien à la boucherie.

On dit de celui qui rit & qui a une grande bouche : il rit comme un coffre.

On dit d'un soldat qui a vendu son épée pour boire : il s'est passé son épée au travers du corps sans saigner.

On dit des poëtes qui font corriger leurs pièces par de plus habiles qu'eux, & des femmes qui coëffent leurs maris : ils vont à la cour des aides.

Quand une place est mal fortifiée, on dit :

qu'on la préndroit avec des pommes cuites. Mais on ne dira pas cela de Gibraltar.

A la bataille de Poitiers, Jean, roi de France, avoit quarante mille hommes; il étoit supérieur au prince de Galles son ennemi, qui étoit dans une si grande extrêmité, qu'il lui demandoit la paix, & offroit de lui rendre toutes les conquêtes des anglois. Jean voulut combattre; il ne perdit la bataille que parce qu'il posta sa cavalerie dans des vignes où elle ne put agir. Voilà l'origine du nom proverbial de *Jean des Vignes*, qu'on donne à des gens mal habiles, qui s'enferrent d'eux-mêmes.

Pierre qui roule n'amasse point de mousse.

Un mauvais accommodement vaut mieux qu'un bon procès.

La voix du peuple est la voix de Dieu.

Les bons comptes font les bons amis.

Les honneurs changent les mœurs.

Maison bâtie & vigne plantée ne se vendent pas ce qu'elles ont coûté.

Amour & seigneurie ne veulent point de compagnie.

Avec le temps & la patience on acquiert la science.

La présence du maître engraisse le cheval.

Qui a terre, a guerre.

L'âne du commun est toujours le plus mal bâté.

Pour faire un bon ménage, il faut que l'homme soit sourd & la femme aveugle.

Ménager le vin quand le tonneau est à sa fin, c'est s'y prendre un peu tard.

L'animal le plus féroce respecte son semblable.

Il n'y a si bon cheval qui ne bronche.

Un mors doré ne rend pas le cheval meilleur.

Le moine répond comme l'abbé chante.

A un bon joueur, la balle lui vient.

Quand il fait beau, prends ton manteau; quand il pleut, prends-le si tu veux.

Belles paroles & mauvais jeu, trompent les jeunes et les vieux.

Péché caché est à demi pardonné.

Il faut avoir plusieurs cordes à son arc.

Il n'y a de si belles roses qui ne deviennent gratte-culs.

Ventre affamé n'a point d'oreilles.

A bon appétit, il ne faut point de sauce.

Chien qui aboie, ne mord pas.

Chaque oiseau trouve son nid beau.

Qui aime Bertrand, aime son chien.

Chat échaudé craint l'eau froide.

Fin contre fin n'est pas bon à faire doublure.

Il n'est point de belles prisons ni de laides amours.

Au royaume des aveugles les borgnes sont rois.

Chaque pays, chaque guise.

Qui sert tout le monde, n'oblige personne.

On connoît les amis au besoin.

Dis moi qui tu hantes, je te dirai qui tu es.

Jamais pains à deux couteaux ne furent ni bons ni beaux.

On appelle pain à deux couteaux celui qui étant trop humide & mal essuyé, laisse le couteau si pâteux après qu'on l'a coupé, que si on en veut couper une seconde fois, il faut prendre un autre couteau. Ce pain est pesant sur l'estomach, de difficile digestion & mal sain.

« Jamais vin à deux oreilles ne nous fit dire merveilles ». C'est-à-dire, ce vin-là n'est pas bon, si après en avoir bu, on remue la tête à droite & à gauche, & par conséquent les deux oreilles.

« Il fesse Matthieu ». On veut dire, il fait le Matthieu, ou comme Matthieu; c'est-à-dire, il est usurier, parce que saint Matthieu l'étoit avant sa conversion.

« Il fait comme le pourceau de Saint-Antoine, il se fourre par tout ». C'est-à-dire, il va par-tout pour chercher à manger, parce que les pourceaux de saint Antoine de Viennois, qui est une grande abbaye située dans le diocèse de Vienne en Dauphiné, ont le privilège d'entrer avec leur clochette au col qui les fait reconnoître, dans toutes les maisons du lieu, & s'y fourent à toute heure, chacun donnant à manger, & aucun ne les osant chasser, par respect pour le saint, auquel ils sont voués ou donnés en offrandes.

« Le greffier de Vaugirard qui ne sauroit écrire quand on le regarde ». On dit que ce greffier n'avoit de jour que celui qui entroit par une fenêtre fort étroite & fort basse dans son bureau, & que quand on vouloit le regarder écrire par cette fenêtre, (ce qui arrivoit souvent) on lui ôtoit tellement la lumière du jour, qu'il lui étoit impossible d'écrire.

Proverbes *espagnols*.

Dans les conseils les murailles ont des oreilles.

La chasse, la guerre, la galanterie, pour un [illegible] le peines.

Fait

Fais bien, tu auras des envieux ; fais mieux, tu les confondras.

Le renard fait beaucoup, mais une femme amoureuse en fait davantage.

La santé du corps est le pavot de l'ame.

Il n'y a point de plus fidèle miroir qu'un vieux ami.

La langue est le témoin le plus faux du cœur.

L'espérance est le viatique de la vie humaine.

La négligence est l'émail de la vraie beauté.

Chacun est fils de ses œuvres.

Les actions de chaque homme sont le pinceau de son naturel.

Celui à qui vous donnez, l'écrit sur le sable, & celui à qui vous ôtez, l'écrit sur l'acier.

Proverbe *russe*.

On reçoit l'homme suivant l'habit qu'il porte, & on le reconduit suivant l'esprit qu'il a montré.

Proverbes *asiatiques*.

Avec le temps & la patience, la feuille du mûrier devient satin.

Quiconque croit pouvoir contenter ses desirs par la possession des choses qu'il souhaite, ressemble à celui qui veut étouffer du feu avec de la paille.

Vinaigre donné vaut mieux que miel acheté : ce proverbe est arabe, & décèle le caractère intéressé de cette nation.

PUDEUR. Un philosophe à qui l'on demandoit quelle couleur convenoit le mieux au visage des femmes, répondit avec autant d'esprit que de vérité, que c'étoit celle de la *pudeur*.

La *pudeur* est l'attrait de la beauté le plus touchant : les femmes que la vertu a abandonnées, en sont si persuadées, qu'elles prennent une fausse *pudeur*, lorsqu'elle n'ont plus la véritable. Cette ombre de *pudeur* révèle encore leurs appas. Rien ne prouve mieux combien est estimable la véritable *pudeur*. Elle est proprement la vertu du sexe, & elle doit être sa compagne inséparable. Si une fille est dans le danger de perdre la vie, peut-elle la conserver aux dépens de sa *pudeur* ? Je ne dis pas aux dépens de la chasteté, car elle ne doit point balancer alors à préférer la mort ; je ne parle que de la *pudeur*, de cette vertu qui cache avec tant de soin ce qu'elle doit cacher.

PUDEUR DES ANGLOISES. Les *angloises*, quoiqu'elles ne soient pas toutes des inhumaines, ont

Encyclopédiana.

en général une espèce de *pudeur*, qu'il ne faut pas absolument confondre avec la chasteté. Elles ne permettent point, par exemple, que leurs maris assistent au moment du coucher & à celui du lever ; ils ne doivent pas être témoins, lorsqu'un tailleur prend mesure d'un corps, un cordonnier celle d'un soulier, &c. ; en sorte qu'un anglois ne connoît guère de la peau de sa pudibonde moitié que ce qu'elle en montre à l'église.

Une de ces rigides observatrices des usages transmis, comme on prétend, par les germains, se trouvant au lit de la mort, se rappela que son mari, peintre de profession, avoit toujours marqué le plus pressant desir de voir ses épaules, que leur tournure lui faisoit supposer belles. Il n'en fallut pas davantage à cette femme pour ordonner qu'on l'ensevelît de son vivant : elle rendit l'ame que deux jours après.

On diroit, à voir les différens usages des nations, que la *pudeur* ne seroit qu'une vertu locale. On faisoit dans l'isle de Cos une gaze si fine & si transparente, qu'elle laissoit entrevoir le corps à nud : & il faut observer qu'à Rome il n'y avoit que les courtisanes qui osassent porter des habits faits de cette gaze effrontée, au lieu qu'en Orient au contraire, il n'étoit permis qu'aux seules filles de qualité d'avoir un pareil vêtement.

PYRRHON, philosophe grec, vivoit du temps d'Epicure & de Théophranite, environ 300 ans avant Jésus-Christ. Il mourut à 90 ans sans avoir laissé aucun écrit.

Pyrrhon vit les philosophes de son temps répandus en une infinité d'écoles opposées les unes dans le lycée, les autres sous le portique, se disputer le titre de sages, & prétendre posséder elles seules la vérité. *Pyrrhon* étoit un homme dur, il regarda ces philosophes comme autant de charlatans uniquement occupés à faire payer cher leurs syllogismes, leurs distinctions, leurs subtilité, & conclut faussement de cette variété de sentimens que la vérité n'étoit nulle part. Il s'appliqua à trouver des raisons d'affirmer & des raisons de nier ; & après avoir bien examiné le pour & contre, il suspendoit son consentement & se réduisoit à dire *non liquet*, cela n'est pas évident. C'est cette philosophie pusillanime & douteuse que l'on a appelé scepticisme de sa nature & pyrrhonisme du nom de son instituteur.

Diogène Laërce assure que *Pyrrhon* doutant de tout ne se précautionnoit contre rien ; qu'il ne se détournoit point, qu'il alloit droit à un char, à un précipice, à un bucher, à une bête féroce ; qu'il bravoit dans les occasions les plus périlleuses les témoignages de ses sens : ceci est un peu difficile à croire. *Pyrrhon* pouvoit raisonner comme un fou, mais il falloit qu'il se conduisît en homme

fenfé pour être créé grand prêtre par fes concitoyens, & pour parvenir à un âge avancé à travers
les périls fans nombre dont nos fens feuls peuvent
nous garantir.

Le grand axiome de *Pyrrhon*, c'eft qu'il n'y a
point de raifon qui ne puiffe être contre-balancée
par une raifon oppofée & du même poids. Lorfque Denis le Tyran offrit à Platon une robe à la
mode de Perfe, longue & parfumée, ce philofophe la refufa, difant, « qu'étant né homme il ne
fe vêtiroit pas volontiers d'une robe de femme; »
mais Ariftippe l'accepta avec cette réponfe, *que*
nul accoutrement ne pouvoit corrompre un chafte cou-
rage. Ce même Ariftippe voyant Diogène qui lavoit des choux : « Si tu favois, lui dit-il, vivre
avec les hommes, tu ne laverois pas des
choux; » & *fi tu favois vivre de choux*, lui rè-
partit Diogène, *tu ne ferois pas la cour à un*
tyran. Voilà, difoit le fceptique Montagne,
pour appuyer l'axiome de *Pyrrhon*, comment la
raifon fournit d'apparence à divers effets. C'eft un
pot à deux anfes qu'on peut faifir à gauche & à
dextre.

Pyrrhon foutenoit que vivre & mourir étoit la
même chofe. Un de fes difciples choqué de cette
extravagance, lui ayant dit : *Pourquoi donc ne mou-*
rez-vous pas? « C'eft précifément, répondit-il,
parce qu'il n'y a aucune différence entre la mort
& la vie ».

Pyrrhon rencontrant un jour Anaxarque, fon
maître, qui étoit tombé dans un foffé, paffa outre
fans daigner lui tendre la main, Mon maître, difoit-il en lui même, eft auffi bien là qu'autre part;
& Anaxarque fut le premier à s'applaudir d'avoir
un tel difciple.

Dans un voyage que ce philofophe fit fur mer,
fon vaiffeau fut fur le point de faire naufrage.
Comme il vit tous les gens de l'équipage faifis
de frayeur, il les pria d'un air tranquille de regarder un pourceau qui étoit à bord & qui mangeoit à fon ordinaire : » Voilà, leur dit-il, quelle
doit être l'infenfibilité du fage ».

Quand *Pyrrhon* parloit dans fon école, il fe
mettoit peu en peine fi on l'écoutoit ou fi on
ne l'écoutoit point, & il continuoit fes difcours
quoique fes auditeurs s'en allaffent.

Cet homme fingulier tenoit ménage avec fa
fœur, & partageoit avec elle les plus petits foins
domeftiques. On feroit curieux de le fuivre lorfqu'il balayoit la maifon, lorfqu'il engraiffoit des
poulets, des cochons & les portoit vendre au
marché, pour favoir fi fa philofophie ne l'abandonnoit pas quelque fois. On le furprit un jour
qu'il fe fâchoit contre fa fœur pour un fujet affez
léger. Comme on lui remontroit que fon chagrin
ne s'accordoit point avec la tranquilité d'ame
dont il faifoit profeffion. Penfez-vous, répondit-

il, què je veuille mettre cette vertu en pratique
pour une femme?

Quelques autres traits pourroient encore prouver
que *Pyrrhon* dans le particulier, & lorfqu'il fe
croyoit fans témoins, fe relâchoit un peu de fes
principes, & favoit fe mettre à fon aife.

PYRRHUS, roi d'Epire, mort l'an 272 avant
Jéfus-Chrift.

On connoît la réponfe de Cinéas, rapportée
par Plutarque. Ce confident de *Pyrrhus* voyant
ce prince qui fe préparoit à paffer en Italie, & le
trouvant un jour de loifir & de bonne humeur,
il entra librement en converfation avec lui.
« Vous fongez, lui dit-il, à faire la guerre aux
romains. Si les dieux nous font la grace de vaincre
cette nation belliqueufe, quel avantage tirerons-
nous de notre victoire? — Les romains une fois
vaincus, répondit *Pyrrhus*, toute l'Italie fera à
nous. — Et quand nous en ferons maîtres, continua Cinéas, que ferons nous? » *Pyrrhus* qui ne
voyoit pas encore où il en vouloit venir : « Voilà,
lui dit-il, la Sicile qui nous tend les bras, &
tu fais de quelle importance eft cette ifle. —
Mais, ajouta Cinéas, la Sicile prife fera-t-elle
la fin de nos expéditions? — Non certainement,
repliqua *Pyrrhus* avec vivacité. Quoi! nous de-
meurerions en fi beau chemin? Si les dieux nous
accordent la victoire, & que nous réuffiffions, ce
ne feront là que les préludes des plus grandes entreprifes. Carthage avec toute l'Afrique, la Macédoine mon ancien domaine, la Grèce entière,
voilà une partie de nos conquêtes futures. — Et
quand nous aurons tout conquis, que ferons nous?
— Ce que nous ferons? Alors, mon ami, nous
vivrons en repos, nous pafferons les jours entiers en feftins, en converfations agréables, &
nous ne penferons qu'à nous réjouir: » Cinéas
content de l'avoir amené à cette conclufion :
» Eh! feigneur, lui dit-il, qui nous empêche dès
aujourd'hui de vivre en repos, de faire des
feftins, de célébrer des fêtes & de nous bien
réjouir? Pourquoi aller chercher fi loin un
bonheur que nous avons entre nos mains; &
acheter fi cher ce que nous pouvons avoir fans
peine? »

Pyrrhus, à la tête des Tarentins, livra bataille
au conful romain Lævinius près d'Héraclée, &
demeura maître du champ de bataille. Ce prince
avoit amené avec lui des éléphans armés en
guerre. La vue, l'odeur extraordinaire & les
cris de ces monftrueux animaux, effarouchèrent
les chevaux de l'armée romaine, & caufèrent
fa déroute plutôt que fa défaite. Le combat fut
meurtrier. Cependant *Pyrrhus* eut l'avantage;
comme on le félicitoit fur cette victoire : « Hélas!
dit-il, fi nous en remportons encore une pareille,
nous fommes perdus ».

Pyrrhus défiroit beaucoup la paix, & il envoya à Rome le philofophe Cinéas pour la propofer au fénat. Plutarque fait le plus grand éloge de ce miniftre de *Pyrrhus*, & ajoute qu'il confirma la vérité de ce vers d'Euripide, *que l'éloquence emporte tout ce que le fer pourroit emporter*. *Pyrrhus* avouoit auffi que les négociations de Cinéas lui avoient gagné plus de villes qu'il n'en avoit lui même conquis par les armes. Lorfqu'il fe préfenta au fénat de Rome, les fénateurs parurent d'abord écouter les propofitions de cet ambaffadeur. Mais le célèbre Appius Claudius ayant élevé la voix fit paffer dans le cœur de fes concitoyens la noble fierté dont il étoit animé. Il fut répondu d'une voix unanime à Cinéas, « que fi *Pyrrhus* fouhaitoit l'amitié du peuple romain, il ne devoit en faire la propofition que quand il feroit forti d'Italie ».

Ce fut au retour de cette ambaffade que Cinéas ayant conçu l'idée la plus grande du corps augufte des fénateurs romains, dit au roi d'Epire, « que le fénat de Rome lui avoit paru une affemblée de rois ».

Pyrrhus, après plufieurs expéditions militaires, entra dans le Péloponèfe pour favorifer le parti de Cléonime qui l'avoit appelé à fon fecours. Il médita le projet d'affiéger la ville de Lacédémone. Les lacédémoniens lui envoyèrent des ambaffadeurs, auxquels il fit beaucoup de menaces. L'un d'eux lui répondit: « Si tu es un Dieu, nous ne te craignons point parce que nous ne t'avons point offenfé: fi tu n'es qu'un homme, tu n'es pas plus fort que nous ».

Pyrrhus ravagea le territoire de Sparte, & fur le foir il campa devant Lacédémone. Cléonime lui confeilloit de profiter de l'effroi qu'il avoit jetté dans la ville pour s'en emparer. Mais *Pyrrhus* qui croyoit cette prife fûre, aima mieux différer au lendemain. On comptoit fi peu à Lacédémone fur ce délai, que les amis & les efclaves de Cléonime préparoient fa maifon, dans l'efpérance qu'il y viendroit fouper avec *Pyrrhus*. La nuit venue on délibéra d'envoyer les femmes en Crète. L'une d'elles nommée Archidamie faifit une épée, & entra dans le fénat: « Seigneurs Spartiates, dit elle fièrement, penfez-vous donc que nous foyons affez lâches pour furvivre à la perte de notre patrie? Ne fongez qu'à vous défendre, nous combattrons avec vous, & nous fauverons Lacédémone, ou nous périrons fous fes débris ».

Le lendemain les filles & les femmes, après avoir donné elles-mêmes aux jeunes gens leurs armes & les avoir exhortés au combat, vinrent partager les travaux du fiége. *Pyrrhus* qui ne s'attendoit pas à une telle réfiftance, fe retira pour aller fe jetter fur le territoire d'Argos. De nouvelles diffenfions agitoient cette république, &

Pyrrhus toujours prompt à fe faifir des moindres évènemens, pour tenter de nouvelles aventures, fe préfenta à la tête d'une puiffante armée devant Argos. Les argiens lui avoient envoyé des députés pour l'engager à ne favorifer aucun des partis qui divifoient Argos. Il promit tout, & entra la nuit même dans cette ville dont on lui avoit facilité l'entrée. *Pyrrhus* eut l'imprudence de faire entrer avec lui fes éléphans qui, trop refferrés, nuifirent beaucoup à l'action. Cependant, abandonné des fiens & prêt à tomber entre les mains de l'ennemi, il fe fait jour par fa valeur après avoir quitté fon aigrette pour n'être pas reconnu. Un argien l'attaque & lui porte un coup de javeline, qui fut paré par l'épaiffeur de la cuiraffe. *Pyrrhus* fe retourne auffitôt contre celui qui l'avoit frappé. C'étoit un fimple foldat, fils d'une pauvre femme d'Argos. Cette mère regardoit le combat de deffus le toît d'une maifon comme toutes les autres femmes. Appercevant fon fils aux prifes avec *Pyrrhus*, hors d'elle-même & faifie de frayeur, elle prend à deux mains une groffe tuile, la jette fur *Pyrrhus* & le renverfe fans connoiffance. Un certain Zopyre, qui avoit déjà porté les armes contre ce prince, le reconnut, & levant fon cimetterre s'avança pour lui couper la tête. Dans ce moment *Pyrrhus*, revenu un peu à lui, ouvre les yeux & regarde Zopyre d'un air fi menaçant & fi terrible, que celui-ci effrayé, les mains tremblantes & voulant pourtant exécuter fon deffein, ne put bien affener fon coup. Il le frappa au deffous de la bouche, lui fendit le menton; & ce ne fut qu'avec beaucoup de peine qu'il lui fépara enfin la tête du corps. *Plutarque*.

Ainfi périt ce prince qui dut toute fa réputation à fes qualités perfonnelles. Après lui, on n'a plus entendu parler du petit royaume d'Epyre. « *Pyrrhus*, fuivant fon hiftorien traduit par Amyot, ne fit jamais autre chofe en toute fa vie que vacquer à la fcience de la guerre & l'étudier, comme celle qui étoit véritablement royale, fans faire compte de toutes autres fciences gentilles à favoir. Auquel propos on récite, que quelque jour en un feftin on lui demanda, qui lui fembloit le meilleur joueur de flûte de Python ou de Céphéfias, & il répondit *que Poliperchon étoit à fon avis le meilleur capitaine*: comme s'il eût voulu dire que c'étoit la feule chofe dont un prince fe doit enquérir & qu'il doit apprendre & favoir.

PYTHAGORE, philofophe grec, né entre la quarante-troifième & la cinquante-troifième olympiade, mourut entre la foixante-huitième & la foixante-dix-feptième olympiade.

Pythagore avoit acquis une fi grande autorité fur l'efprit de fes difciples, qu'il fuffifoit qu'il eût avancé quelque propofition, pour qu'ils en fuffent pleinement convaincus. Lorfqu'on leur faifoit quelques objections, ils fe contentoient de répondre : *Le maître l'a dit.*

Nous avons, fous le nom de *Pythagore*, un ouvrage en grec, intitulé : *Les vers dorés.* Quoique cet ouvrage ne foit point de *Pythagore*, mais de l'un de fes difciples qui y a mis le nom du maître, fuivant l'ufage des anciens, on peut néanmoins s'y former une idée de la morale du philofophe grec.

Ce philofophe comparoit le fpectacle du monde à celui des jeux olympiques; les uns y tiennent boutique, & ne fongent qu'à leur profit; les autres y payent de leur perfonne, & cherchent la gloire; d'autres fe contentent de voir les jeux.

Il eft défendu, difoit *Pythagore*, de quitter fon pofte fans la volonté de celui qui commande. Le pofte de l'homme eft la vie.

La tempérance eft la force de l'ame; l'empire fur les paffions fait fa lumière. Poff.der la continence, c'eft être riche & puiffant.

L'homme eft mort dans l'ivreffe du vin; il eft furieux dans l'ivreffe de l'amour.

Il faut s'occuper de la propagation de l'efpèce en hyver ou au printemps. Cette fonction eft funefte en été & nuifible en tout temps.

Quand l'homme doit-il approcher de la femme? lorfqu'il s'ennuiera d'être fort.

L'homme n'eft en fûreté que fous le bouclier de la fageffe, & il n'eft heureux que quand il eft en fûreté.

Ne fouffrons point qu'il y ait une cicatrice dans l'ame de notre ami.

Il n'y aura ni bleffure, ni cicatrice dans l'ame de notre ami, fi nous favons lui céder à propos

Que le plus jeune le cède toujours au plus âgé.

La fidélité que vous devez à votre ami eft une chofe facrée qui ne fouffre pas même la plaifanterie.

L'homme eft un abrégé de l'univers; il a la raifon par laquelle il tient à Dieu; une puiffance végétative, nutritive, réproductrice, par laquelle il tient aux animaux, une fubftance inerte qui lui eft commune avec la terre.

Le philofophe s'occupe ou de vérités à découvrir, ou des actions à faire, & fa fcience eft théorique ou pratique.

Il faut commencer par la pratique de vertus. L'action doit précéder la contemplation.

Pythagore eut la gloire de former des difciples qui devinrent d'excellens légiflateurs. Mais la fcience des mœurs & des loix n'étoit pas la feule que poffédât ce philofophe. Il étoit très-verfé dans l'aftronomie, dans la géométrie & dans toutes les autres parties des mathématiques. On lui doit la fameufe démonftration du quarré de l'hypothénufe qui eft d'un fi grand ufage dans tous les traités de mathématiques. On rapporte qu'il en fentit lui-même tellement l'utilité, qu'il immola à Dieu par reconnoiffance une hécatombe de cent bœufs: mais il falloit qu'il n'eût pas encore adopté le fyftème de la tranfmigration des ames d'un corps dans un autre. Car *Pythagore*, par une fuite de ce fyftème, ne vouloit point que l'on tuât des animaux, & il défendit à fes difciples l'ufage de la viande.

Il y a toujours un côté par lequel les hommes les mieux organifés touchent à la folie, & la métempfycofe étoit le foible de *Pythagore*. Il fuffifoit de frapper cette corde pour faire déraifonner le philofophe grec. Il fe vantoit de fe fouvenir dans quel corps il avoit été avant que d'être *Pythagore*. Sa généalogie remontoit jufqu'au fiège de Troyes; mais il ne tenoit qu'à lui de la faire remonter plus haut. Il avoit été d'abord Céthalide, fils adoptif de Mercure, enfuite Euphorbe, le même qui fut bleffé par Ménélas. Son ame paffa du corps d'Euphorbe dans celui d'Hermotime, de celui-ci dans le corps d'un pêcheur, enfin dans celui de *Pythagore*. Les autres parties de fon fyftème étoient moins ridicules.

Q.

LA prononciation de la lettre *q* causa jadis une grande dispute dans l'université de Paris.

Le célèbre Ramus ou la Ramée eut assez de goût pour sentir le ridicule de la prononciation gothique adoptée & enseignée par les professeurs de l'université, assez de hardiesse pour le combattre, & assez de force pour le détruire. Après avoir enseigné pendant plusieurs années la philosophie dans le collège de Prêle à Paris, il obtint de Henri II, par le crédit du cardinal de Lorraine, la place de professeur d'éloquence au collège royal. Lorsqu'il se vit honoré de cette dignité, il se sentit un nouveau zèle pour perfectionner les lettres & y travailler avec une nouvelle ardeur. Le premier abus qu'il attaqua fut la prononciation gothique qui s'étoit glissée dans les écoles : on y prononçoit le *qu* comme le *k*, ainsi on disoit *kis* au lieu de *quis*, *kiskis* au lieu de *quisquis*, *kankan* au lieu de *quanquam*. Ramus avertit ses disciples de la défectuosité de cette prononciation, & leur dit qu'il falloit donner aux lettres leur son propre ; plusieurs professeurs approuvèrent & suivirent ce sentiment, & l'on n'entendit plus dans les écoles ni *kankan* ni *kiskis*. Mais les docteurs de Sorbonne, piqués qu'on eût fait cette réforme sans les consulter, s'assemblèrent pour examiner le *q* & le *k*. Le *q* leur déplut ; ils se décidèrent en faveur du *k*, & quiconque prononçoit *quanquam*, encouroit la censure de la Sorbonne.

Un jeune ecclésiastique peu docile osa prononcer dans une thèse publique *quanquam* : les partisans de *kankan* en avertirent la Sorbonne, qui, pour punir ce rebelle, déclara vacant un bénéfice considérable qu'il possédoit. Il se pourvut au parlement, la cause fut appelée ; les docteurs s'y trouvèrent pour y soutenir le *kankan*. Ramus à la tête des professeurs du collège royal, s'y rendit, & prouva avec son éloquence ordinaire, le ridicule de ce procès. Le parlement envoya le jeune ecclésiastique en possession de son bénéfice & le *kankam* à décider aux grammairiens.

Il paroit que cette dispute a donné lieu au proverbe : *Voilà un beau kankam*, lorsqu'on veut désigner une contestation de peu de conséquence.

QUAKERS. Si l'on en croit les *quakers*, ce qu'ils appellent leur religion, existe depuis Jésus-Christ qui fut le premier *quaker*. Ce feu sacré, après seize cents ans de corruption, pendant lesquels il avoit été caché dans le sein de quelques fidèles, jetta dans l'Angleterre des étincelles brillantes en 1542. Georges Fox est l'apôtre de cette secte. Ni la pri-

son, ni les coups de verges, ne l'empêchèrent de prêcher publiquement sa doctrine : il fit nombre de prosélites, qui, ainsi que leur maître, prirent l'habitude de trembler, dans le temps qu'ils prétendoient être inspirés. Comwell, qui n'aimoit pas des fanatiques qui refusoient de se battre, les persécuta, & ils ne furent pas plus heureux sous Charles II, parce qu'ils vouloient tutoyer les magistrats, qu'ils faisoient difficulté de prêcher les sermons prescrits par la loi, & sur-tout, parce qu'ils prétendoient ne devoir payer aucune dixme au clergé.

Guillaume Barclay, en 1675, présenta au roi une apologie des *quakers*. L'épître dédicatoire qui l'accompagnoit est remarquable. « Tu as goûté, dit-il à Charles II, de la douceur & de l'amertume, de la prospérité & de grands malheurs : tu as été chassé des pays où tu règnes : tu as senti le poids de l'oppression ; & tu dois savoir combien l'opresseur est détestable devant Dieu & devant les hommes ; que si, après tant d'épreuves & de bénédictions, ton cœur s'endurcissoit & oublioit le Dieu qui s'est souvenu de toi dans tes disgraces, ton crime en seroit plus grand & ta condamnation plus terrible. Au lieu donc d'écouter les flatteurs de la cour, écoute la voix de ta conscience, qui ne te flattera jamais. Je suis ton fidèle ami & sujet, Barclay ». Le style mâle de cette épître frappa le roi, & la persécution cessa.

Vers ce temps, Guillaume Pen, âgé seulement de quinze ans, se fit trembleur. Fils d'un vice-amiral d'Angleterre, il abandonna les espérances d'une fortune considérable, pour prêcher la nouvelle doctrine ; & sa jeunesse & sa bonne mine lui procurèrent un tel succès, sur-tout parmi les femmes de la cour, que, sur sa réputation, le patriarche Georges Fox vint du fond de l'Angleterre, pour le voir & l'entendre. Le père de Pen étant mort, & le jeune *Quaker*, devenant héritier de biens considérables, entre lesquels se trouvoient des dettes de la couronne pour des avances faites par le vice-amiral dans des expéditions maritimes, il en obtint en dédommagement, vers l'an 1680, la propriété & la souveraineté d'une province de l'Amérique, au sud de Maryland. C'est-là que fut établie la secte des *quakers*, & que Pen fut le bienfaiteur & le législateur de ses frères, & c'est vers ce temps qu'il obtint pour eux le noble privilège de ne jamais jurer & d'être crus en justice sur leur parole. Il est vrai, qu'en recevant l'acte qui leur assuroit ce droit, le chancelier leur dit : « Mes amis, Jupiter un jour ordanna que toutes les bêtes de somme vinssent se faire ferrer. Les ânes représentèrent que leur loi ne le permettoit pas. Eh bien, dit Jupiter, on ne vous ferrera point, mais au premier faux pas que vous ferez, vous aurez cent coups d'étrivières ».

Il n'est pas permis aux *quakers*,

1°. De donner à des hommes les titres de votre sainteté, votre majesté, votre éminence, votre excellence, votre grandeur, &c. ni de faire en un mot, aucun compliment qui sente la flatterie;

2°. De s'agenouiller ou de se prosterner devant aucun homme, ou de lui ôter son chapeau.

3°. D'user d'aucunes superfluités dans les habillemens, & de tout ce qui ne sert que pour l'ornement ou la vanité;

4°. De jouer, de chasser, d'assister à des comédies, à des récréations, &c. ce qui, selon eux, ne convient pas au silence, à la gravité & à la sagesse des chrétiens;

5°. De jurer sur l'évangile, non-seulement en vain & dans les discours ordinaires, mais même devant les magistrats;

6°. De résister à ceux qui les attaquent, de faire la guerre ou de se battre pour quelque cause que ce soit.

Tels sont les principes des *quakers*, qui ne peuvent former que d'honnêtes gens. Ce sont, je crois, les seuls fanatiques qui jouissent de la paix, sans jamais avoir fait aucun pas pour troubler la société.

« Avoue, dit le *quaker*, André Pit à notre célèbre Voltaire, que tu as eu bien de la peine à t'empêcher de rire, quand j'ai répondu à toutes tes civilités avec mon chapeau sur la tête & en te tutoyant. Cependant tu me parois trop instruit pour ignorer que du temps de Jésus-Christ, aucune nation ne tomboit dans le ridicule de substituer le pluriel au singulier: on disoit à César Auguste, je t'aime, je te prie, je te remercie: il ne souffroit pas même qu'on l'appelât, M. *Dominus*. Ce ne fut que long-temps après lui qu'on s'avisa de faire appeler vous au lieu de tu, comme si les hommes étoient doubles, & qu'on usurpât les titres impertinens de grandeur, d'éminence, de sainteté; de divinité même, quand des vers de terre donnent à d'autres vers, en les assurant qu'ils sont avec un profond respect, & avec une fausseté infâme, leurs très-humbles & très-obéissans serviteurs. C'est pour être plus sur nos gardes contre cet indigne commerce de mensonges & de flatteries, que nous tutoyons également les rois & les charbonniers, que nous ne saluons personne, n'ayant pour les hommes que de la charité, & du respect que pour les loix. Nous portons aussi un habit un peu différent que les autres hommes, afin que ce soit pour nous un avertissement continuel de ne leur pas ressembler. Les autres portent les marques de leurs dignités, & nous celles de l'humilité chrétienne. Nous fuyons les assemblées de plaisir, les spectacles, le jeu: car nous serions bien à plaindre de remplir de ces bagatelles des cœurs en qui Dieu doit habiter. Nous ne faisons jamais de serment, pas même en justice: nous pensons que le très-haut ne doit pas être prostitué dans les débats misérables des hommes. Lorsque nous comparoissons devant les magistrats pour les affaires des autres, car nous n'avons jamais de procès, nous affirmons la vérité par un oui ou par un non, & les juges nous en croyent sur notre simple parole, tandis que tant d'autres chrétiens se parjurent sur l'évangile: nous n'allons jamais à la guerre: ce n'est pas que nous craignons la mort, au contraire nous bénissons le moment qui nous unit à l'être des êtres; mais c'est que nous ne sommes ni loups, ni tigres, ni dogues, mais chrétiens. Notre Dieu qui nous a ordonné d'aimer nos ennemis, & de souffrir sans murmure, ne veut pas sans doute que nous passions la mer, pour aller égorger nos frères, parce que des meurtriers, vêtus de rouge, coëffés d'un bonnet haut de deux pieds, enrôlent des citoyens, en faisant du bruit avec deux petits bâtons sur une peau d'âne bien tendue, & lorsqu'après la bataille gagnée, tout Londres brille d'illumination, que le ciel est enflammé de fusées, que l'air retentit du bruit des actions de graces, des cloches, des orgues, des canons: nous gémissons en silence sur ces meurtriers, qui causent l'allégresse publique ».

Après la défaite du général Braddhock, lorsque les sauvages répandoient la terreur de tous côtés, le gouvernement voulut faire armer les *quakers* de la Pensilvanie; mais pour toute réponse le plus célèbre prédicateur de Philadelphie, dit à ses frères: « Si de foibles fragmens d'argile s'entrechoquent ensemble, qu'est-ce que cela nous fait?

Les *quakers*, du temps du roi Jacques II, conservoient encore cette noble franchise, cette hardiesse qu'ils avoient reçues de leurs fondateurs. Ils écrivirent à ce prince en ces termes, pour le féliciter sur son avénement au trône.

« Celles-ci sont pour te témoigner notre chagrin pour notre Charles, que nous espérons que tu imiteras dans tout ce qui est honnête.

» Nous apprenons que tu n'es pas de la religion du pays, non plus que nous: c'est pourquoi nous pouvons raisonnablement attendre que tu nous accorderas la même liberté que tu prends pour toi-même.

» Nous espérons qu'en cela, & en toute autre chose, tu procureras le bien de ton peuple ; ce qui nous obligera à prier que ton règne puisse être long & heureux.

Depuis ce temps, que les *quakers* appellent leurs jours de gloire, cette secte est devenue moins nombreuse : les pères des Trembleurs d'aujour-d'hui ont mis leur volupté à ne point porter de boutons, à ne point jurer devant un magistrat, & à entendre leur commerce : leurs enfans vou-droient avoir séance au parlement, posséder des charges, jouir des honneurs, &, pour s'élever, ils commencent à jurer, à porter des boutons & des manchettes ; ils finiront par se faire protes-tans. Déjà les quaqueresses ne sont plus distinguées des personnes de leur sexe ; elles portent la soie, les rubans & les dentelles. L'ambition des hommes & la coquetterie des femmes ruineront cette secte : ces deux passions ont bien opéré d'autres prodiges dans le monde.

Un chariot chargé de bagages militaires passoit un jour sur le pont de Londres ; les commis, chargés de la perception du droit qui se paie sur ce pont, l'avoient arrêté : ce fut un sujet de que-relle avec les soldats qui l'escortoient. Il s'amassa bientôt une foule nombreuse : les soldats préten-doient que le bagage appartenant aux troupes, il n'étoit point sujet aux droits. Des injures on al-loit en venir aux coups, & il y auroit eu du sang répandu, sans un trembleur qui vint à passer. Il paya le droit exigé par le commis, exhorta les soldats à continuer leur route, & s'en alla. Cha-cun dit, c'est un *quaker*, & en un moment la multitude fut dispersée.

QUILLET, (Claude) poëte latin, mort en 1661, âgé de 59 ans.

Quillet exerça, pendant quelques années, la médecine. Il se trouva à Loudun dans le temps que Lobardemont y vint de la part du cardinal de Richelieu, pour prendre connoissance de la fameuse possession des religieuses Ursulines de cette ville.

Le diable, qui parloit par la bouche de l'une de ces ensorcelées, menaça un jour d'élever le lendemain, jusqu'à la voûte de l'église, le pre-mier qui oseroit douter de son pouvoir. L'incré-dule *Quillet* osa en douter, & ne manqua pas de se trouver dans cette église à l'heure marquée. Toute la diablerie, comme on le pense bien, se trouva en défaut. Ce fut une raison de plus pour les auteurs de cette ridicule comédie, de crier à l'impiété ; & Lobardemont, qui avoit des or-dres secrets de trouver cette possession réelle, pour perdre le malheureux Grandier, étoit sur le point de décréter contre Quillet, lorsque ce-lui-ci avoit déjà pris le sage parti de sortir de Loudun.

Quillet s'étoit retiré à Rome, & y avoit pris l'habit ecclésiastique comme le plus favorable pour se procurer un état. Ce fut dans cette ville qu'il commença sa Callipédie. Il l'acheva lorsqu'il fut de retour à Paris ; & la fit imprimer pour la pre-mière fois à Leyde en 1655, *in-*4°. sous ce titre : *Calvidii Lati Callipædia, sive de pulchra prolis ha-benda ratione, poëma.* Plusieurs traits lancés dans ce poëme contre le cardinal Mazarin, furent la principale raison qui l'obligèrent à se déguiser sous le nom de *Calvidii Lati.* Ces traits ne se trou-vent que dans cette première édition, qui est de-venue très-rare. *Quillet* disoit, en parlant des ita-liens : « Ils ont un esprit fin & dissimulé, une sourde politique, dont les ressorts abusent l'uni-vers imbécille. Flatteurs adroits, bas courtisans, s'élevant à force de ramper, fourbes avides de gain, ils prennent toutes sortes de formes. Or-donnez à un italien affamé d'aller jusqu'aux enfers, il y pénétrera, & ne se refusera aucun crime ».

Ce second trait est plus direct : « Les premiers ministres, par de coupables vues, entretiennent les rois dans l'ignorance & la mollesse. Pour pro-longer leur règne, ils perdent tous les royaumes. Mais je me flatte que la gloire de notre siècle, l'ornement de la France, ce roi, digne présent des dieux, Louis, l'objet de tous leurs soins, dissipera les nuages qui nous cachent son éclat, & brillera un jour de sa propre lumière ».

Dans un autre endroit de son poëme, *Quillet* lance encore ce trait hardi contre le cardinal Maza-rin, né à Rome, mais Sicilien d'origine. « Par-lerai-je, disoit-il, des caresses que la cour de France fait aujourd'hui à un étranger, & qui plus est, à un homme amené de l'isle de Sicile ? La France a des bontés excessives pour ceux qui ne sont pas nés dans son sein. Que dis-je ? Elle se jette le plus souvent dans leurs bras pour en être gou-vernée, & les fait dépositaires de sa gloire & de ses forces ».

Le ministre offensé découvrit le véritable nom de l'auteur. Il lui fit dire qu'il avoit à lui parler. *Quillet,* qui se croyoit à l'abri même de tout soupçon, n'hésita point de se présenter. Le car-dinal lui fit d'abord des complimens sur la beauté du poëme qu'il avoit lu. Il se plaignit ensuite avec douceur de ce qu'il l'avoit si cruellement déchiré. « Vous savez, ajouta-t-il, qu'il y a long-temps que je vous estime. Si je ne vous ai pas encore fait du bien, c'est que des importuns m'obsèdent, & m'arrachent les graces ». Le poëte, confus de tant de bontés, se jetta à ses genoux. L'adroit ministre le releva, & demanda à Ondedei, évêque de Fréjus, qui avoit la feuille des bénéfices, & qui étoit présent, s'il n'y avoit pas quelqu'abbaye vacante. Le prélat ayant répondu qu'il y en avoit une de quatre mille livres. « Je vous la donne, M. *Quillet,* dit le cardinal ; apprenez à ménager davantage vos amis ». L'abbé *Quillet*, plein de reconnoissance, se hâta de désavouer la première édition de son poëme, de la corriger & de substituer l'éloge à la satyre. Il supplia même le ministre de vouloir bien permettre qu'il le lui dédiât ; ce qui lui fut accordé.

Quillet avoit composé plusieurs autres ouvrages ; mais ils n'ont point été publiés. Il donna en mourant tous ses écrits à Ménage, & cinq cents écus pour les faire imprimer ; on dit que Ménage prit l'argent, & garda les papiers.

QUINAULT, poëte françois, né à Paris en 1635, mort en 1688.

Quinault méconnut d'abord ses talens, & s'adonna sans succès à la comédie & à la tragédie. Il règne d'ailleurs dans ses pièces tragiques un ton fade & doucereux qui fit dire à Boileau :

Les héros dans *Quinault* parlent bien autrement,
Et jusqu'à *je vous hais*, tout s'y dit tendrement.

Ce poëte, né avec une oreille saine & délicate, & un cœur tourné à la tendresse, paroissoit plus propre à composer des vers lyriques, genre de poésie, où en effet il réussit parfaitement. Sa poésie est légère & facile ; ses paroles sont toujours harmonieuses & sonores. On admire sur-tout dans ses opéras une adresse singulière à manier & à varier les sentimens consacrés à ces sortes de poëmes. Il avoit de plus une docilité merveilleuse à se conformer aux idées, ou plutôt aux caprices du musicien. On ajoute qu'il possédoit à un degré éminent le talent de la déclamation, & que Lully lui faisoit souvent réciter ses vers, jusqu'à ce qu'il eût saisi les inflexions de sa voix, pour les faire passer dans son récitatif. Il s'est élevé du vivant de ce poëte bien des détracteurs de sa réputation ; mais la postérité lui a rendu justice, & reconnoît aujourd'hui que Lully doit la plus grande partie de sa gloire à Quinault. Peut-être arrivera-t-il qu'un jour on oubliera la musique de Lully ; mais on ne cessera point de lire les poëmes du créateur de notre scène lyrique.

Ce poëte, né d'un caractère doux, complaisant & sans fiel, ne chercha jamais à se venger des satyres injustes de ses contemporains. Il étoit fils d'un boulanger, & c'est à quoi Furetière fait allusion dans ce trait satyrique. « Quinault, dit-il, » est la meilleure pâte d'homme que Dieu ait ja- » mais faite ; il oublie généreusement les outrages » qu'il a soufferts de ses ennemis, & il ne lui en » reste aucun levain sur le cœur. Il a eu quatre ou » cinq cents mots de la langue pour son partage » qu'il blutte, qu'il fasse & resasse, & qu'il pé- » trit le mieux qu'il peut ».

Quinault fut formé dès l'enfance à la poésie

par Tristan l'Hermite qui avoit vieilli dans la carrière du théâtre. Il n'avoit que dix-huit ans lorsqu'il composa sa première comédie intitulée, *les Rivales*. Les comédiens étoient alors dans l'usage d'acheter des auteurs les pièces de théâtre qu'on leur présentoit ; au moyen de quoi le profit de la recette étoit entier pour eux. Cet usage avoit son inconvénient ; car il arrivoit assez souvent que la pièce ne faisoit pas fortune dans le public. Aussi les comédiens mettoient ils un prix assez modique à leurs emplettes. Quelquefois la réputation de l'auteur faisoit acheter plus cher l'ouvrage. Tristan, pour rendre service à son élève *Quinault*, se chargea de lire aux comédiens la pièce des *Rivales*. Elle fut acceptée avec de grands éloges de la part des acteurs, qui convinrent d'en donner cent écus. Alors Tristan leur apprit que cette comédie n'étoit point de lui, mais d'un jeune homme appelé *Quinault*, qui avoit beaucoup de talent. Cet aveu fit rétracter les comédiens ; ils dirent à Tristan que la comédie dont il avoit fait la lecture, n'étant point de sa composition, ils ne pouvoient hasarder plus de cinquante écus sur sa réussite. Tristan insista en vain pour faire revenir les comédiens à leur première proposition ; enfin il s'avisa d'un expédient pour concilier les intérêts de ces derniers & de *Quinault* ; il proposa d'accorda à *Quinault* le neuvième de la recette de chaque représentation pendant le temps que cette pièce seroit représentée dans sa nouveauté, & qu'ensuite elle appartiendroit aux comédiens. Cette condition fut acceptée de part & d'autre, & a été suivie depuis. *Anecdotes littéraires*.

Quinault joignit au travail stérile du théâtre, l'étude du droit à laquelle il fut redevable de sa fortune ; car la veuve d'un riche marchand, dont il arrangea les affaires avec succès, lui accorda par reconnoissance sa main & ses biens. Ce mariage le mit en état de traiter d'une charge d'auditeur des comptes ; mais lorsqu'il croyoit s'en mettre en possession, on fit quelque difficulté de le recevoir. Les officiers de la chambre pensoient qu'il n'étoit pas de l'honneur d'une compagnie aussi grave que la leur, d'admettre dans leur corps un homme qui avoit composé des tragédies & des comédies : mais cette opposition ne dura pas longtemps, & *Quinault* fut reçu ; ce qui fit dire à un plaisant, qu'il étoit bien juste qu'un homme qui avoit tant fait d'*auditeurs*, le fût à son tour.

Quinault renonça dès-lors au théâtre de la comédie ; mais ce fut pour se livrer entièrement à la poésie lyrique. Louis XIV ayant goûté l'opéra qui ne faisoit que de naître en France, l'engagea à composer ces sortes d'ouvrages, & pour l'encourager, lui accorda une pension de deux mille livres.

Ce poëte se plut à chanter les louanges du roi, son

fon bienfaiteur, dans les prologues de ſes opéras. On pourroit-peut-être lui reprocher d'avoir porté trop loin ces ſortes de louanges. Après la bataille d'Hochſtet, un prince allemand dit malignement à un priſonnier françois : « Monſieur, fait-on » maintenant des prologues en France ».

Quinault ſe vit père de cinq filles, & un jour le roi lui ayant preſcrit le ſujet d'un opéra, il répondit par ce madrigal :

Ce n'eſt pas l'opéra que je fais pour le roi
    Qui m'empêche d'être tranquille ;
Tout ce qu'on fait pour lui paroît toujours facile :
    La grande peine où je me voi,
    C'eſt d'avoir cinq filles chez moi,
    Dont la moins âgée eſt nubile.
Je dois les établir & voudrois le pouvoir :
Mais à ſuivre Apollon, on ne s'enrichit guère ;
C'eſt avec peu de bien un terrible devoir
De ſe ſentir preſſé, d'être cinq fois beau-père.
    Quoi ! cinq actes devant notaire
    Pour cinq filles qu'il faut pourvoir !
    Ô Ciel ! peut-on jamais avoir
    Opéra plus fâcheux à faire ?

Jean Baptiſte Maurice *Quinault* l'aîné, excellent comédien pour le comique, & ſur-tout pour les rôles de caractère & de père, fut reçu en 1712 au théâtre françois. Il joignit au talent d'acteur celui de muſicien ; & outre ſes divertiſſemens compoſés pour différentes pièces, il fit la muſique des Amours des Déeſſes. Il s'étoit retiré du théâtre, & il y reparut en 1731 ; mais il l'abandonna bientôt après tout-à-fait, & mourut vers 1744.

Les demoiſelles *Quinault* étoient trois ſœurs de *Quinault* l'aîné, & filles du comédien *Quinault*, qui avoit commencé à jouer en 1695, & s'étoit retiré du théâtre en 1717. L'aînée de ces trois ſœurs, appellée Françoiſe, avoit épouſé Hugues de Neſle, comédien, & étoit très gracieuſe actrice : elle avoit débuté en 1708, & mourut en 1713, âgée de vingt cinq ans ; elle jouoit les premiers rôles dans le tragique & tous les rôles comiques. La ſeconde, Marie-Anne, fut reçue en 1714, & quitta le théâtre en 1722. La troiſième enfin, Jeanne Françoiſe, débuta par le rôle de Phèdre en 1712, ſous le nom de mademoiſelle Dufreſne, & enſuite ſous celui de *Quinault* C'étoit une excellente actrice, qui jouoit parfaitement les rôles comiques chargés. Elle ſe retira en même temps que Dufreſne, ſon frère.

Mademoiſelle *Quinault*, célèbre au théâtre par ſes rôles de ſoubrette & de caractère, répétoit quelquefois ſon rôle devant un miroir, non pour étudier ſes mouvemens ; mais pour ſe corriger ; elle prioit ſes amis de ſe cacher, ſans qu'elle en fût rien ; & de lui dire enſuite où elle avoit manqué.

QUIPROQUO. L'inſtituteur de l'archiduc Charles, un des frères de l'empereur, lui expliquoit le paſſage de l'ancien teſtament, où il eſt dit que Salomon avoit trois cents femmes & ſept cents concubines. Sur quoi, s'arrêtant tout-à-coup : Qu'eſt-ce que des concubines ? (s'écria le jeune prince). L'inſtituteur, que la queſtion embarraſſoit, après avoir héſité quelques inſtans, lui répondit, qu'on appelloit ainſi les dames du palais de Salomon, & ſe hâta de changer de diſcours.

Dès le ſoir même, à l'aſſemblée, l'archiduc folâtrant avec toutes les dames de l'impératrice, ſa mère, leur dit en ſouriant, « qu'il ſavoit bien ce qu'elles étoient ». Preſſé d'expliquer ce qu'il entendoit par-là : « Vous croyez donc que j'ignore encore que vous êtes concubines de mon père ». A ce mot, les dames de rougir & de ne ſavoir comment prendre la choſe. Ce qui ayant été remarqué par l'impératrice, & l'explication ayant ſuivi de près, fournit ample matière aux plaiſanteries de la ſoirée.

RABELAIS, (François) né vers l'an 1483, mort en 1553.

Rabelais est bien connu par son *Pantagruel*, roman burlesque rempli d'érudition, de plaisanteries & de naïvetés. On a dit de lui, que c'est moins le bon sens qui l'a fait écrire, qu'une imagination échauffée qui a prétendu se divertir, aux dépens de la pudeur de tout le genre humain. C'est, ajoute un illustre auteur moderne, un philosophe ivre qui n'a écrit que dans le temps de son ivresse. Peut-être aussi que *Rabelais* qui craignoit que les critiques répandues dans son roman ne lui fussent funestes, affectoit-il d'y mêler des choses extravagantes afin de faire passer ces critiques sans danger.

Rabelais insinue lui-même dans un de ses prologues qu'il y a dans son livre quelque chose de plus que l'écorce : « C'est pourquoi faut ouvrir le livre, & soigneusement peser ce qui y est déduit : Lors connoitrez que la drogue dedans contenue est bien d'autre valeur que ne promettoit la boëte ; c'est-à-dire que les matières ici traitées ne sont tant folâtres, comme le titre au-dessus prétendoit. Et posé le cas, qu'au sens littéral vous trouviez matières assez joyeuses, & bien correspondantes au nom, toutefois pas demeurer là ne faut, comme au chant des syrènes, mais à plus haut sens interpréter ce que par aventure cuidiez dit en guaieté de cœur ». *Rabelais* prévenoit en sa faveur par son air franc & ouvert, par son expression vive & facile, par le son de sa voix qui étoit enchanteur. La guaieté étoit peinte dans ses yeux, & tout son extérieur annonçoit un homme aimable.

On lit dans le *Moyen de parvenir*, que le cardinal du Belay, dont *Rabelais* étoit médecin, étant malade d'une humeur hypocondriaque, il fut avisé par la docte conférence des docteurs, qu'il falloit faire à monseigneur une décoction apéritive. *Rabelais*, sur cela sort, laisse ces messieurs achever de caqueter pour mieux employer l'argent ; & fait mettre au milieu de la cour un trépié sur un grand feu, un chaudron dessus plein d'eau, où il mit le plus de clés qu'il put trouver, & en pourpoint comme ménager, remuoit ses clés avec un bâton, pour leur faire prendre cuisson ; les docteurs descendus voyant cet appareil, & s'en enquêtant, il leur dit : Messieurs, j'accomplis votre ordonnance, d'autant qu'il n'y a rien tant apéritif que les clés ; & si vous n'êtes contens, j'enverrai à l'arsenal querir quelques pièces de canon, ce sera pour faire la dernière ouverture.

Le cardinal du Belay, pressé de retenir à dîner un homme de lettres, demanda : cet homme que vous voulez admettre à ma table, a-t-il lû le livre, entendant par-là, le *Pantagruel* ? Non, lui répondit-on ; qu'on le fasse donc manger avec mes gens, reprit le cardinal, ne croyant pas qu'on pût être homme de mérite, & n'avoir point lû *Rabelais*.

Rabelais parlant de la loi commentée & embrouillée par les jurisconsultes, dit, que c'étoit une belle robe à fond d'or, brodée de crotte ; on peut appliquer cette définition à l'ouvrage de cet auteur.

Le chancelier Duprat, ayant fait abolir, par arrêt du parlement, les privilèges de la faculté de médecine de Montpellier ; *Rabelais* eut l'adresse de le faire révoquer, & c'est dit-on, pour cette raison, que ceux qui sont reçus docteurs en cette université, portent la robe de *Rabelais* qui y est en grande vénération. L'artifice dont il se servit pour avoir audience du chancelier est assez singulier, s'il est vrai ; il s'adressa au suisse de ce magistrat, auquel il parla latin ; celui-ci ayant fait venir un homme qui savoit cette langue, *Rabelais* lui parla grec ; un autre qui entendoit le grec ayant paru, il lui parla hébreu ; & l'on ajoute qu'il parla encore plusieurs autres langues ; mais on se trompe au moins en y comprenant l'arabe, dont il n'avoit aucune teinture. La capacité de *Rabelais* surprit tellement l'assemblée, que l'on courut en avertir le chancelier, qui charmé de la harangue qu'il lui fit, & de la science qu'il fit paroître, rétablit à sa considération, tous les privilèges de l'université de Montpellier, qui avoient été abolis.

Malgré tout ce qu'on a publié contre *Rabelais*, qui fut pourvu de la cure de Meudon, il eut les mœurs assés pures, & il mourut d'une manière édifiante ; il faut sans doute mettre au nombre des fables les circonstances ridicules qu'on rapporte de sa mort ; telle qu'est celle du *domino*, qu'il voulut mettre dans ses derniers momens, parce qu'il est dit dans l'écriture : *Beati qui in domino moriuntur*, & ce que l'on veut qu'il ait dit au page que le cardinal du Belay lui envoya pour savoir des nouvelles de sa santé ; *dis à monseigneur, l'état où tu me vois ; je vais chercher un grand peut-être : il est au nid de la pie, dis-lui qu'il s'y tienne ; & pour toi tu ne seras jamais qu'un fou ; tirez le rideau, la farce est jouée* : aussi bien que son testament : *Je n'ai rien vaillant ; je dois beaucoup ; je donne le reste aux pauvres*. Tout cela & plusieurs traits femblables ont été imaginés long temps après fa mort, par des gens qui ne le connoiffoient que fuivant les préjugés populaires.

Plufieurs beaux efprits de fon temps lui confacrèrent des épitaphes: voici celle de Baïf qui fut la plus eftimée.

> Pluton, prince du noir empire,
>
> Où les tiens ne rient jamais,
>
> Reçois aujourd'hui Rabelais,
>
> Et vous aurez tous de quoi rire.

RABUTIN, (Roger de) comte de Buffi, né l'an 1622, mort en 1693.

Quelqu'un fe plaignant que le cardinal Mazarin donnoit de mauvaife grace; *Rabutin* dit, qu'on avoit tort de fe plaindre, & qu'on étoit plus obligé à ce miniftre qu'aux autres; parce qu'en donnant de fi mauvaife grace, il déchargeoit les gens de la reconnoiffance.

Rabutin avoit fait un petit livre, relié proprement en manière d'heures, où au lieu des images que l'on met dans les livres de prières, étoient les portraits en mignature de quelques favoris, dont les femmes étoient foupçonnées de galanterie : ce que dans la fuite il a lui-même condamné tout le premier; il avoit mis au bas de chaque portrait un petit difcours en forme de prière accommodée au fujet. Il avoit compofé auffi l'hiftoire amoureufe des gaules, où il décrivit d'une manière très-fatyrique, la galanterie des principales perfonnes de la cour.

On propofa pour femme au comte de Buffi une demoifelle qui lui revenoit fort pour la naiffance, & pour la beauté; il ne s'agiffoit plus que du bien dans lequel on faifoit entrer en ligne de compte la fucceffion d'une jeune demoifelle, qui étoit au couvent, & qui feroit infailliblement religieufe. Le comte de Buffi, époufa trois mois après cette prétendue religieufe.

Mademoifelle de Scudéry écrivoit au comte de Buffi : « Votre fille a autant d'efprit que fi elle vous voit tous les jours, & elle eft auffi fage que fi elle ne vous avoit jamais vû.

Le comte de Buffi, amena au commandeur fon oncle qui étoit à l'extrémité, un auguftin de la place des victoires, pour l'exhorter à la mort. Lorfque ce bon père fut forti, le comte rentra pour demander au malade comment il fe trouvoit de fon confeffeur : Fort bien, répondit le commandeur; il dit que j'ai l'attrition.

Martial a dit, *quidquid ames cupias non placuiffe nimis* : Péliffon a traduit

> Voulez-vous être heureux ? fouhaitez en aimant,
>
> Que ce que vous aimez ne foit pas trop aimable.

Le comte de Buffi prétendit que cette penfée étoit fauffe, parce que quiconque aime, fouhaite que l'objet auquel il s'attache, foit parfaitement aimable. Péliffon foutint le contraire, & cela caufa une difpute affez vive entre ces deux écrivains.

Le roi permit au comte de Buffi de travailler à fon hiftoire. Ce feigneur préfenta quelque temps après un placet au roi, pour en obtenir une penfion. Cette demande déplut au prince & à toute la cour. Buffi honteux de la démarche qu'il venoit de faire, préfenta un nouveau placet que le roi ne lut qu'après s'être fait beaucoup prier. Le fens du placet étoit qu'il avoit fait une faute indigne de pardon, en demandant une penfion, & que fi fa majefté étoit portée à la lui accorder, il la conjuroit de n'en rien faire. Ce tour tout à fait nouveau frappa le roi.

On a appliqué à *Buffi Rabutin*, le vers d'Ovide.

Ingenio perii qui mifer ipfe meo.

RACAN, (Honorat du Beuil, marquis de) né l'an 1589, mort en 1670.

Si l'on en croit Coftar, *Racan* avoit tant d'incapacité pour la langue latine, qu'il n'avoit jamais pu apprendre fon *confiteor*, & qu'il étoit obligé de le lire quand il alloit à confeffe.

Malherbe difoit que Maynard étoit de tous fes difciples celui qui faifoit les meilleurs vers : mais qu'il n'avoit point de force, que *Racan* avoit de la force, mais qu'il ne travailloit point affez fes vers, & que de Maynard & de *Racan* on feroit un grand poëte.

Deux amis de M. de *Racan* furent qu'il avoit rendez-vous pour voir mademoifelle de Gournai : elle étoit de gafcogne, fort vive, & un peu emportée de fon naturel : au refte bel efprit, & comme telle elle avoit témoigné en arrivant à Paris, beaucoup d'impatience de voir *Racan* qu'elle ne connoiffoit pas encore de vue. Un de ces meffieurs prévint d'une heure ou deux celle du rendez-vous, & fit dire que c'étoit monfieur de *Racan* qui demandoit à voir mademoifelle de Gournay : Dieu fait comme il fut reçu. Il parla fort à mademoifelle de Gournay des ouvrages qu'elle avoit fait imprimer, & qu'il avoit étudiés exprès. Enfin après un quart d'heure de converfation, il fortit & laiffa cette demoifelle fort fatisfaite d'avoir vu monfieur de *Racan*. A peine étoit il à trois pas de chez elle que l'on vint annoncer un autre M. de *Racan*; elle crut d'abord que c'étoit le premier qui avoit oublié quelque chofe à lui dire, elle fe préparoit à lui faire un compliment là-deffus, lorfque l'autre entra & fit le fien. Mademoifelle de Gournay ne put s'empêcher de lui demander plufieurs fois s'il étoit véritablement M. de *Racan*,

& lui racontace qui venoit de fe paffer. Le prétendu *Racan* fit fort le fâché de la pièce qu'on venoit de lui jouer; & jura qu'il s'en vengeroit. Bref, mademoifelle de Gournay fut encore plus contente de celui-ci qu'elle ne l'avoit été du premier, parce qu'il la loua davantage. Enfin il paffa chez elle pour le véritable *Racan*, & l'autre pour un *Racan* de contrebande. Il ne faifoit que de fortir lorfque M. de *Racan* en original demanda à parler à mademoifelle de Gournay. Sitôt qu'elle le fut, elle perdit patience. Quoi! encore des *Racans*? dit-elle: néanmoins on le fit entrer. Mademoifelle de Gournay le prit fur un ton fort haut, & lui demanda s'il venoit pour l'infulter. *Racan* qui s'attendoit à une autre réception, en fut fi étonné qu'il ne fut répondre qu'en balbutiant: Mademoifelle de Gournay qui étoit violente, & qui croyoit que c'étoit un homme envoyé pour la jouer, défaifant fa pantoufle, le chargea à grands coups de mule, & l'obligea de fe fauver. J'ai vu jouer cette fcène par Bois-Robert en préfence du marquis de *Ménage*, dit *Ménage*; & quand on lui demandoit fi cela étoit vrai; oui-da, difoit-il, il en eft quelque chofe.

Racan fe diftingua dans la poéfie paftorale, & dans la poéfie lyrique: mais les bons poëtes qui lui ont fuccédé l'ont fait oublier.

Madame Desloges célèbre par fon efprit & par fon zèle pour le calvinifme, avoit prêté à *Racan* le livre du miniftre *Dumoulin*, intitulé *le Bouclier de la Foi*, & l'avoit obligé de le lire. *Racan* après l'avoir lû, fit fur ce livre l'épigramme fuivante:

Bien que Dumoulin en fon livre

Semble n'avoir rien ignoré,

Le meilleur eft toujours de fuivre

Le prône de notre curé;

Toutes les doctrines nouvelles

Ne plaifent qu'aux folles cervelles:

Pour moi, comme une humble brebis,

Je vais où mon pafteur me range,

Et n'ai jamais aimé le change,

Que des femmes & des habits.

Malherbe ayant trouvé cette épigramme plaifante, l'écrivit lui-même fur le livre, & l'envoya à madame Desloges de la part de *Racan*. la dame fit répondre ces vers à Malherbe, qu'elle crut auteur des vers, par Gombauld auffi vif qu'elle pour la religion prétendue réformée.

C'eft vous dont l'audace nouvelle,

A rejetté l'antiquité,

Et Dumoulin ne vous rappelle

Qu'à ce que vous avez quitté.

Vous aimez mieux croire à la mode:

C'eft bien la foi la plus commode,

Pour ceux que le monde a charmés:

Les femmes y font vos idoles;

Mais à grand tort vous les aimez,

Vous qui n'avez que des paroles.

RACINE, (Jean) né à la Ferté-Milon l'an 1639, mort en 1699.

Racine fut élevé à Port-Royal. M. Lancelot, facriftain de cette abbaye, homme très habile, lui apprit le grec, & dans moins d'une année le mit en état d'entendre les tragédies de Sophocle & d'Euripide. Elles l'enchantèrent à un tel point qu'il paffoit les journées à les lire, & à les apprendre par cœur, dans les bois qui étoient autour de l'étang e Port-Royal. Il trouva le moyen d'avoir le roman de Théagène & de Chariclée en grec. Le facriftain lui prit ce livre, & le jetta au feu: huit jours après *Racine* en eut un autre, qui éprouva le même traitement. Il en acheta un troifième & l'apprit par cœur: après quoi il l'offrit au facriftain, pour le brûler comme les autres.

Dans la difpute qu'eut *Racine* avec Nicole, fur la comédie, M. Arnauld quoique fort irrité contre *Racine*, ne put s'empêcher de convenir en parlant à un de fes amis, que Nicole avoit pris le change, & que ce n'étoit point à l'art qu'il devoit faire le procès, mais à l'artifte qui avoit fouvent péché contre le but & l'intention de l'art.

Racine aima long-temps mademoifelle de Champ-Mêlé. Il ne fe dégoûta d'elle que lorfqu'il l'eut quitté pour M. de Clermont Tonnerre: ce qui fit dire alors de cette fameufe actrice, qu'un Tonnerre l'avoit déracinée.

Racine fut reçu à l'académie françoife, avec Fléchier. Celui-ci ayant parlé le premier fut infiniment applaudi. *Racine* qui parla enfuite, gâta fon difcours par la trop grande timidité avec laquelle il le prononça. Ainfi voyant qu'il n'avoit pas été goûté, il ne voulut pas le donner à l'imprimeur.

Racine & Defpréaux venant de faire un jour leur cour à Verfailles, fe mirent dans un carroffe public avec deux bons bourgeois, qui s'en retournoient à Paris. Comme ils étoient contens de leur cour, ils furent extrêmement enjoués pendant tout le chemin, & leur converfation fut la plus vive, la plus brillante, & la plus fpirituelle du monde. Les deux bourgeois étoient enchantés, & ne pouvoient fe laffer de marquer leur admiration. Enfin à la defcente du carroffe, tandis que l'un d'eux faifoit fon compliment à *Racine*, l'autre s'arrêta avec Defpréaux & l'ayant embraffé tendrement: « J'ai été en voyage, lui dit-il, avec des docteurs de Sorbonne, & même avec des religieux : mais je n'ai jamais ouï de fi belles chofes : en vérité vous parlez cent fois mieux qu'un prédicateur ».

Racine difoit à fes enfans : Quand vous trouverez dans le monde des perfonnes qui ne vous paroîtront pas eftimer mes tragédies, & qui même les attaqueront par des critiques injuftes ; pour toute réponfe, contentez-vous de les afsûrer que j'ai fait tout ce que j'ai pû pour plaire au public ; & que j'aurois voulu pouvoir mieux faire.

Racine auroit eu les paffions extrêmement vives, fi elles n'avoient été réprimées par la religion : fur quoi Defpréaux difoit : La raifon conduit ordinairement les autres à la foi : mais c'eft la foi qui a conduit *Racine* à la raifon.

Ségrais dit que cette maxime de la Rochefoucault : *C'eft une grande pauvreté de n'avoir qu'une forte d'efprit* ; fut écrite à l'occafion de *Racine* & de Defpréaux, dont tout l'entretien rouloit fur la poéfie , & qui hors de là ne favoient rien.

Racine étoit fort amer dans fes railleries. Ses amis ne trouvoient point grace auprès de lui, quand il leur échappoit quelque chofe qui lui donnoit prife. Un jour Defpréaux ayant avancé à l'académie quelque chofe qui n'étoit pas jufte ; *Racine* ne s'en tint pas à une fimple plaifanterie, qui part fouvent du premier feu de la difpute ; mais il tomba fi rudement fur fon ami, que Defpréaux fut obligé de lui dire : Je conviens que j'ai tort ; mais j'aime mieux avoir tort que d'avoir auffi orgueilleufement raifon que vous l'avez.

Defpréaux accablé une autre fois des railleries de *Racine*, lui dit, d'un grand fang froid quand la difpute fut finie ; avez-vous eu envie de me fâcher ? Dieu m'en garde, répond fon ami. Eh bien, répond Defpréaux, vous avez donc tort, car vous m'avez fâché.

Racine rapportoit de Verfailles, une bourfe de mille louis ; & trouva Madame *Racine* qui l'attendoit à Auteuil dans la maifon de Defpréaux, il courut à elle & l'embraffant : Félicitez-moi, lui dit-il, voici une bourfe de mille louis que le roi m'a donnée. Elle lui porta auffitôt fes plaintes contre un de fes enfans, qui depuis deux jours ne vouloit point étudier ; une autrefois, réprit-il, nous en parlerons : livrons-nous aujourd'hui à notre joie. Elle lui repréfenta qu'il devoit en arrivant faire des reprimandes à cet enfant, & continuoit fes plaintes, lorfque Defpréaux qui dans fon étonnement fe promenoit à grands pas, perdit patience, & s'écria : Quelle infenfibilité ! peut-on ne pas fonger à une bourfe de mille louis !

Racine avoit envie d'être courtifan ; mais il ne favoit pas l'être. Le roi le voyant un jour à la promenade avec M. de Cavoye : Voilà, dit-il, deux hommes que je vois fouvent enfemble : j'en devine la raifon : Cavoye avec *Racine* fe croit bel efprit : *Racine* avec Cavoye fe croit courtifan.

Le roi aimoit à entendre lire *Racine*, & lui trouvoit un talent fingulier pour faire fentir la beauté des ouvrages qu'il lifoit. Dans une indifpofition qu'il eut, il lui demanda de lui chercher quelque livre propre à l'amufer. *Racine* propofa une des vies de Plutarque. C'eft du gaulois, répondit le roi ; *Racine* répliqua qu'il tâcheroit en lifant de changer les tours de phrafe trop anciens, & de fubftituer les mots en ufage aux mots vieillis depuis Amyot ; ce que *Racine* exécuta avec beaucoup de fuccès.

Lorfque Louis XIV partit pour aller faire le fiège de Mons ; il ordonna à fes deux hiftoriens de le fuivre. *Racine* qui aimoit une vie plus tranquille s'en difpenfa. Le roi à fon retour lui en fit des reproches ; Je n'avois, fire, dit ingénieufement le poëte, que des habits de ville. J'en avois ordonné de campagne : mais les villes que votre majefté affiégeoit ont été plutôt prifes, que mes habits n'ont été faits.

Je me fouviens, dit Valincourt, qu'étant un jour à Auteuil chez Defpréaux, avec Nicole & & quelques autres amis d'un mérite diftingué, nous mîmes *Racine* fur l'Œdipe de Sophocle. Il nous le récita tout entier, le traduifant fur le champ, & il s'émut à un tel point, que tout ce que nous étions d'auditeurs nous éprouvâmes tous les fentimens de terreur & de compaffion fur quoi roule cette tragédie. J'ai vû nos meilleurs acteurs fur le théâtre ; j'ai entendu nos meilleures pièces : mais jamais rien n'approcha du trouble où me jetta ce récit ; & au moment même que je vous écris, je m'imagine voir encore *Racine* avec fon livre à la main, & nous tous confternés autour de lui.

Racine étant allé lire au grand Corneille fa tragédie d'Alexandre ; Corneille lui donna beaucoup de louanges, mais en même temps lui confeilla de s'appliquer à tout autre genre de poéfie qu'au dramatique ; l'afsûrant qu'il n'y étoit pas propre. Corneille étoit incapable d'une baffe jaloufie. S'il parloit ainfi, c'eft qu'il le penfoit.

Il revint à *Racine* que fon Andromaque étoit beaucoup critiquée par le maréchal de Créqui & par le comte d'Olonne. Le maréchal n'avoit pas la réputation d'aimer trop les femmes, & le comte n'avoit pas lieu de fe plaindre d'être trop aimé de la fienne. *Racine* fit là-deffus l'épigramme fuivante qu'il adreffoit à lui-même.

La vraifemblance eft choquée en ta pièce
Si l'on en croit & d'Olone & Créqui.

Créqui dit que Pyrrhus aime trop fa maîtreffe,

D'Olone, qu'Andromaque aime trop fon mari.

Racine avoit un oncle chanoine régulier d'Uzez, qui lui refigna fon bénéfice : mais comme il différa trop long-temps à prendre l'habit de cet ordre, un régulier lui difputa ce bénéfice & l'emporta. La perte de fon procès le détermina à compofer fa comédie des Plaideurs. Aux deux premières repréfentations, les acteurs furent prefque fifflés, & n'oferent hafarder la troifième. Molière, qui étoit alors brouillé avec *Racine*, ne fe laiffa pas entraîner au jugement de la multitude, & dit en fortant, que ceux qui fe moquoient de cette pièce méritoient qu'on fe moquât d'eux. Un mois après, les comédiens étant à la cour, & ne fachant quelle petite pièce donner à la fuite d'une tragédie, rifquèrent les Plaideurs. Louis XIV qui étoit très-férieux, en fut frappé, y fit même de grands éclats de rire, & la cour n'eut pas befoin de complaifance pour l'imiter. Les comédiens partis de Saint-Germain en trois carroffes à onze heures du foir, allèrent porter cette bonne nouvelle à *Racine*, qui logeoit à l'hôtel des Urfins. Trois carroffes après minuit & dans un lieu où il ne s'en étoit jamais tant vu ensemble, reveillèrent tout le voifinage. On fe mit aux fenêtres, & comme on vit que les carroffes étoient à la porte de *Racine*, & qu'il s'agiffoit des Plaideurs, les bourgeois fe perfuadèrent qu'on venoit l'enlever pour avoir mal parlé des juges. Tout Paris crut l'auteur à la conciergerie le lendemain ; & ce qui donna lieu à une vifion fi ridicule, c'eft qu'effectivement un vieux confeiller avoit fait grand bruit au palais fur cette comédie.

Le rôle de *Néron* dans Britannicus, fut joué par Floridor, le meilleur comédien de fon fiècle : mais comme c'étoit un acteur fort aimé du public, tout le monde fouffroit de lui voir repréfenter *Néron*, & d'être obligé de lui vouloir du mal. Cela fut caufe que l'on donna le rôle à un acteur moins chéri, & la pièce s'en trouva mieux.

On demanda au grand Condé ce qu'il penfoit de *Bérénice*, qu'on jouoit depuis long-temps. Il répondit, par ces deux vers, où Titus parle de fa maîtreffe.

Depuis cinq ans entiers chaque jour je la vois,

Et crois toujours la voir pour la première fois.

Ce jugement eft bien différent de celui que lui attribue un écrivain. Il prétend que *Racine* ayant demandé à ce prince, ce qu'il penfoit de *Bérénice*, le grand Condé fe mit à chanter ce refrain de chanfon : Marion pleure, Marion crie, Marion veut qu'on la marie. Il paffe pour conftant aujourd'hui que cette réponfe eft de Chapelle.

Un jour que *Racine*, lifoit une de fes pièces devant les comédiens, Baron s'avifa de lui faire quelques repréfentations fur la coupe des fcènes ; " Baron, lui dit notre Euripide, ce ne font point vos confeils que je vous demande. Je fuis ici pour vous apprendre comment il faut réciter mes rôles ".

Racine avoit beaucoup déprimé la tragédie d'*Afpar*, de Fontenelle. On connoît l'épigramme mordante qu'il fit contre cette pièce. L'auteur d'un des éloges préfentés à l'académie en 1783, dit à cette occafion : » *Racine* auroit dû oublier que l'auteur de cette *Afpar* étoit neveu de Corneille, ou plutôt il auroit dû s'en fouvenir.

Corneille étant auprès de Ségrais à une repréfentation de Bajazet, lui dit : Je me garderois bien de le dire à d'autres qu'à vous, parce qu'on diroit que je n'en parlerois que par jaloufie ; mais prenez-y garde, il n'y a pas un feul perfonnage dans Bajazet qui ait les fentimens qu'on doit avoir & qu'on a à Conftantinople.

Dans le temps que *Racine* faifoit fa tragédie de Mithridate, il alloit tous les matins aux Thuileries, où travailloient alors toutes fortes d'ouvriers. Là récitant fes vers à haute voix, fans s'appercevoir feulement qu'il y eût perfonne dans le jardin, tout d'un coup il fe trouva environné de tous ces ouvriers. Ils avoient quitté le travail pour le fuivre, le prenant pour un homme qui, par défefpoir, alloit fe jetter dans le baffin.

Racine a donné à Mithridate un caractère fort élevé. Auffi de toutes les tragédies que Charles XII lut dans fon loifir de Bender, aucune ne lui plaifoit autant que celle-là ; & il montroit avec le doigt à un de fes miniftres tous les endroits qui le frappoient.

Dans le temps que *Racine* donna fon Iphigénie, Coras & Leclerc en donnèrent une autre qui n'eft guère connue que par l'épigramme fuivante, attribuée à *Racine*.

Entre Leclerc & fon ami Coras,

Tous deux auteurs rîmant de compagnie ;

N'a pas long-temps s'ourdirent de grands débats,

Sur le propos de leur Iphigénie.

Coras lui dit, la pièce eft de mon crû :

Leclerc répond : elle eft mienne & non vôtre,

Mais auffi-tôt que l'ouvrage a paru,

Plus n'ont voulu l'avoir fait, l'un ni l'autre.

Le fameux Arnauld n'avoit lu de toutes les tragédies de *Racine* que Phèdre. Après l'avoir lue, il dit à l'auteur : Pourquoi avez-vous fait Hippolyte amoureux ? Eh ! fans cela, monfieur, répartit *Racine*, qu'auroient dit nos petits-maîtres ?

Athalie fut d'abord mal reçue. On difoit que c'étoit un fujet de dévotion deftiné à amufer des enfans : un prêtre & un enfant en étoiént, difoit-on, les principaux objets. Defpréaux tint bon. Il ofa foutenir qu'Athalie étoit le chef-d'œuvre & du poëte & de la tragédie, & que le public tôt ou tard y reviendroit. Il fut feul de fon avis, & malgré fa prédiction, *Racine* mourut perfuadé qu'il avoit manqué fon fujet, parce que la froideur du public pour cette tragédie lui fit croire qu'il n'avoit pas fu la rendre intéreffante. Cette pièce faite pour Saint-Cyr, n'avoit jamais été jouée par les comédiens. M. le duc d'Orléans, régent du royaume, voulut connoître quel effet elle produiroit fur le théâtre, & malgré la claufe inférée dans le privilège, ordonna aux comédiens de l'exécuter. Le fuccès fut étonnant, & les premières repréfentations faites à la cour, donnoient un nouveau prix à cette pièce, parce que le roi Louis XV étoit à peu près de l'âge de Joas.

Racine aimoit tendrement Defpréaux, & il lui dit la dernière fois qu'il l'embraffa : Je regarde comme un bonheur pour moi de mourir avant vous.

Racine tourmenté dans fa dernière maladie, pendant trois femaines, d'une cruelle féchereffe de langue & de gofier, fe contentoit de dire : J'offre à Dieu cette peine : puiffe-t elle expier le plaifir que j'ai trouvé fouvent à la table des grands !

Monfieur de Voltaire écrit à M. le marquis Scipion Maffei : Ne croyez pas que la coutume d'accabler nos pièces d'un épifode inutile de galanterie foit due à *Racine*, comme on le lui reproche en Italie. C'eft lui au contraire qui a fait ce qu'il a pu pour réformer en cela le goût de la nation. Jamais chez lui la paffion de l'amour n'eft épifodique, elle eft le fondement de toutes fes pièces, elle en forme le principal intérêt. C'eft la paffion la plus théâtrale de toutes, la plus fertile en fentimens, la plus variée. Elle doit être l'ame d'un ouvrage de théâtre, ou en être entièrement bannie ; fi l'amour n'eft pas tragique, il eft infipide, & s'il eft tragique il doit régner feul : il n'eft pas fait pour la feconde place. C'eft Rotrou, c'eft Corneille qui, en formant notre théâtre, l'ont prefque toujours défiguré par ces amours de commande, & voilà pourquoi on joue fi peu les pièces de Corneille.

RAISON. La *raifon* ne procure pas le bonheur, mais accoutume à nous en paffer, & comme on dit, à prendre patience, & à faire de néceffité vertu.

Une demoifelle de quatorze ans, remplie d'efprit & de graces, paroiffoit trifte depuis quelques jours. Sa tante qui l'aime beaucoup, lui demande la caufe de fon chagrin : « C'eft,

je crois, répondit-elle, que la *raifon* me vient ».

M. Duclos, en parlant du chien enragé, conte en profe de Piron, difoit : « J'aime le morceau du chien enragé ; il y a de l'efprit & point de *raifon* ; voilà ce qui fait les bons ouvrages ».

M. de Saint-Foix vint un foir dans le foyer de de la comédie fe placer à côté d'une actrice, & lui dit : « mademoifelle, j'entendois raifonner faux, mais avec beaucoup d'efprit ; j'ai cru que c'étoit vous ».

RAISON DE SE MARIER. Les femmes font nos maitreffes dans la jeuneffe, nos compagnes dans l'âge mûr, & nos nourrices dans la vieilleffe. On a donc, à tout âge, des *raifons* de fe marier.

RAMEAU, (Jean Philippe) né le 25 feptembre 1683.

Cet illuftre muficien exerça d'abord fes talens comme organifte dans différentes églifes. Il avoit en cette qualité paffé un bail avec le chapitre de la cathédrale de Clermont en Auvergne ; mais il ne tarda point à fe trouver à l'étroit dans cette ville. Le fentiment de fes forces lui faifoit defirer de fe montrer dans la capitale. Il réclama envain plufieurs fois fa liberté ; la fupériorité de fes talens le rendoit trop précieux au chapitre, pour qu'il confentît à fes demandes. Cette réfiftance força *Rameau* à recourir à un moyen extraordinaire, qui produifit l'effet qu'il en efpéroit. Le famedi, dans l'octave de la Fête-Dieu, au falut du matin, étant monté à l'orgue, *Rameau* mit fimplement la main fur le clavier au premier & au fecond couplet ; enfuite il fe retira & ferma les portes avec fracas : on crut que le fouffleur manquoit, & cela ne fit aucune impreffion : mais au *Salve* du foir, il ne fut pas poffible de prendre le change, & l'on vit qu'il avoit réfolu de témoigner fon mécontentement par celui qu'il alloit donner aux autres. Il tira tous les jeux d'orgue les plus défagréables, & il y joignit toutes les diffonances poffibles. Envain lui donna-t-on le fignal ordinaire pour l'obliger à ceffer de toucher ; on fe vit forcé de lui envoyer un enfant de chœur ; dès qu'il parut, *Rameau* quitta le clavier, & fortit de l'églife. Il avoit mis tant d'art dans le mélange des jeux & dans l'affemblage des diffonances les plus tranchantes, que les connoiffeurs avouoient que *Rameau* feul étoit capable de jouer auffi défagréablement. Le chapitre lui fit faire des reproches ; mais fa réponfe fut qu'il ne joueroit jamais autrement, fi l'on perfiftoit à lui refufer la liberté. On fentit qu'on ne le détermineroit pas à abandonner le parti qu'il avoit pris. On fe rendit ; le bail fut réfolu ; & le jour fuivant il témoigna fa fatisfaction & fa reconnoissance en donnant sur l'orgue des pièces admirables. Il se surpassa le jeudi de l'octave après la rentrée de la procession ; c'étoit le jour où il jouoit pour la dernière fois. Il mit dans son jeu tant de douceur, de delicatesse & de force, de brillant & d'harmonie, qu'il fit passer dans l'ame des assistans tous les sentimens qu'il voulut leur inspirer, & qui rendirent plus vifs les regrets de la perte qu'on alloit faire.

Rameau, âgé de cinquante ans, & dont le genre étoit peu connu à Paris, s'étant présenté chez l'abbé Pellegrin, pour lui demander un poëme à mettre en musique; celui-ci, qui ne vouloit point risquer la perte son temps, fit faire un billet de douze cents livres au musicien en cas qu'il ne réussît pas. Cette précaution prise, il lui donna le manuscrit d'Hippolyte & Aricie. Dès que les premiers actes furent finis, *Rameau* les fit représenter chez un fermier-général de ses amis. Pellegrin, transporté de ce qu'il entendoit, embrassa étroitement le compositeur, & lui dit, en déchirant son billet devant tout le monde : « En ai-je besoin lorsqu'on fait de la musique comme celle-là » ?

Lorsque *Rameau* fit répéter son Hippolyte & Aricie à l'opéra, cette musique, qui avoit alors un caractère tout neuf, effraya les exécutans. L'auteur, né très-vif & très-sensible, ainsi que le furent & le seront toujours les hommes supérieurs, s'agitoit & crioit de son mieux pour faire entendre ses intentions au directeur, qui, ce jour-là, conduisoit l'orchestre. Ce dernier perdit patience à la multitude de choses que le compositeur lui recommandoit d'observer ; & dans un moment d'humeur, il jetta le bâton de mesure sur le théâtre. Ce malheureux bâton vint frapper les jambes de *Rameau*, qui, du plus grand sang-froid, le repoussa du pied jusque sous le nez du directeur : « Apprenez, monsieur, lui dit-il fièrement, que je suis l'architecte & que vous n'êtes que le maçon ».

Rameau faisant répéter son opéra des Paladins, dit à une des actrices : « Mademoiselle, allez plus vite. — Mais si je vais plus vite, on n'entendra plus les paroles. — Eh ! qu'importe ? il suffit qu'on entende la musique ».

Dans un autre opéra, un fameux danseur trouva un air trop difficile. *Rameau* furieux, jette son habit bas, & le danse lui-même.

Un anachorisme devint un jour un grand sujet d'humiliation pour le célèbre *Rameau*. Ce compositeur vit que l'on sourioit ; il se leva avec fureur, & alla à son clavecin, où ses doigts, errans au hasard, trouvèrent des sons & des accords admirables. Alors se tournant avec plus de courage vers ceux qui avoient souri : « Je crois, messieurs, leur dit-il, qu'il est plus beau de trouver de tels

accords, que de savoir précisément dans quelle année Mérovée ou Méroué ou Mérovire est mort. Vous savez, & je crée : je pense que le savoir ne vaut pas le génie ».

Rameau a composé des opéra, des pièces de clavecin, & autres morceaux de musique ; il a écrit plusieurs traités sur son art, & il est assez curieux de savoir quels sont ceux de ces différens ouvrages pour lesquels il avoit le plus d'attachement ; il paroît que ce sont ses ouvrages de théorie qui attiroient toute sa complaisance paternelle. On lui a même entendu dire qu'il regrettoit le temps qu'il avoit donné à la composition, puisqu'il étoit perdu pour la recherche des principes de son art.

Ce profond théoricien voulant prouver que l'harmonie nous est naturelle, rapporte, dans son traité sur la manière de former la voix, cette anecdote particulière. Un homme du commun, âgé de plus de 70 ans, qui n'avoit jamais eu aucun principe de musique, & qui même ne fréquentoit les spectacles que depuis très-peu de temps, parce que sa fortune ne lui avoit pas permis de le faire plutôt, étant un jour dans le parterre de Lyon, pendant la représentation d'un opéra, se mit à chanter tout haut & assez fort la basse fondamentale d'un chant dont les paroles l'avoient frappé.

Rameau refusa constamment, dans les dernières années de sa vie, de travailler à quelque nouvel opéra. Lorsqu'on lui faisoit des instances à ce sujet, il répondoit que l'imagination étoit usée dans une vieille tête, & qu'on n'étoit pas sage quand on vouloit travailler à cet âge aux arts qui sont entièrement d'invention.

Rameau mourut le 12 septembre 1764, âgé de 83 ans. Le roi lui avoit accordé des lettres de noblesse pour le mettre en état d'être reçu chevalier de Saint-Michel; mais il étoit si avare qu'il n'avoit pas voulu les faire enregistrer & se constituer en une dépense qui lui tenoit plus à cœur que la noblesse : il est mort avec fermeté. Différens prêtres n'ayant pu en rien tirer, M. le curé de Saint-Eustache s'y est présenté, a péroré long-temps, au point que le malade ennuyé s'est écrié avec fureur : « Que diable venez-vous me chanter, M. le curé ? vous avez la voix fausse »:

L'académie royale de musique lui fit faire un service, où plusieurs beaux morceaux tirés des opéra de Castor & de Dardanus, furent adaptés aux prières qu'il est d'usage de chanter dans ces cérémonies. Ceci rappelle le tableau de la transfiguration que les élèves du célèbre Raphaël firent placer vis-à-vis son cercueil lorsqu'on célébroit sa pompe funèbre. On ne pouvoit louer plus dignement ces deux artistes, & faire mieux sentir au public la perte qu'il venoit de faire.

RANCÉ.

RANCÉ, (dom Armand-Jean le Bouthillier de) abbé régulier & réformateur du monaſtère de la Trappe, né à Paris en 1700.

Des paſſions vives, un cœur ardent avoient jetté le jeune *Rancé* au milieu des plaiſirs & des agitations du monde. Mais ne trouvant rien qui pût remplir ſes déſirs, il tourna bientôt vers Dieu le feu qui le dévoroit. Après s'être réformé lui-même, il entreprit d'établir la réforme de l'ordre de Cîteaux. L'abbé de *Rancé* ne put néanmoins ſe détacher entièrement de ſes anciens amis. Il ſe trouva ſurchargé de correſpondance ; il dirigeoit un grand nombre de perſonnes de qualité, & les lettres qu'il écrivoit continuellement en réponſe aux leurs, occupèrent une partie de ſa vie : auſſi a-t-on dit que l'abbé de *Rancé* s'étoit diſpenſé, comme légiſlateur de la loi, qui force ceux qui vivent dans le tombeau de la Trappe, d'ignorer ce qui ſe paſſe ſur la terre.

L'abbé de *Rancé*, après avoir commenté les poéſies d'Anacréon, mit ſes leçons en pratique dans ſa belle terre de Veret. Sa table étoit délicate, le luxe régnoit dans ſes meubles, dans ſes habits. Mais au milieu de ſes plaiſirs, il reſpecta toujours la religion. Son libertinage étoit en lui un vice du cœur & non de l'eſprit.

L'amour l'avoit égaré, l'amour occaſionna ſa converſion. On lit dans Saint-Evremont, que l'abbé de *Rancé*, au retour d'un voyage, allant voir une jeune perſonne qu'il aimoit, & dont il ignoroit la mort, monta par un eſcalier dérobé, & qu'étant entré dans l'appartement, il trouva ſa tête dans un plat : on l'avoit ſéparée du corps, parce que le cercueil de plomb qu'on avoit fait ſe trouva trop petit. Ce ſpectacle inattendu fit une telle impreſſion ſur le malheureux amant, qu'il lui inſpira la plus grande averſion pour tout ce qui avoit fait autrefois l'objet de ſes recherches.

L'abbé de *Rancé* eût voulu dès-lors s'iſoler du monde entier. Un cloître ſembloit devoir lui convenir ; mais l'idée du cloître le révoltoit. *Moi devenir frère Frocard !* répondit-il un jour à un évêque ſes amis qui lui conſeilloit d'embraſſer ce parti. Cependant, quelques mois après, il prit l'habit régulier ; il étoit pour lors âgé de 37 ans.

L'abbé de *Rancé* avoit vendu ſa terre de Veret pour en diſtribuer l'argent aux pauvres, & n'avoit conſervé de tous ſes bénéfices que ſon prieuré de Boulogne de l'ordre de Grammont & ſon abbaye de la Trappe. Cette abbaye étoit l'aſyle des ſatyres des bois ; l'abbé de *Rancé* en fit la retraite des plus auſtères pénitens. Le réformateur priva ſes religieux des amuſemens les plus permis. L'étude leur fut interdite ; la lecture de l'écriture-ſainte & de quelques traités de morale, voilà toute la ſcience qu'il diſoit leur convenir. Pour appuyer

Encyclopédiana.

ſon idée ; il publia ſon *Traité de la ſainteté & des devoirs de l'état monaſtique :* ouvrage qui occaſionna une diſpute entre l'auſtère réformateur & le doux & ſavant Mabillon.

Différens paſſages de l'écriture-ſainte ſont écrits ſur les murs de l'abbaye de la Trappe ; ce qui a fait dire que dans cette maiſon les murailles parlent & les hommes ne diſent mot.

Quelques traits cités ici pourront donner une idée des vertus que le réformateur avoit inſpirées à ſes frères. Un religieux reſſentoit à l'épaule un violent mal dont il ne parla que lorſque la gangrène eut gagné une grande partie du dos. Un chirurgien fit l'opération qui ne put être que très douloureuſe. Le religieux la ſouffroit ſans proférer la moindre plainte, & ne ceſſoit de s'entretenir avec un de ſes confrères. Le chirurgien, étonné d'une ſi grande conſtance, pria l'abbé de dire à ce religieux de ne point ſe contraindre ; que les efforts qu'il faiſoit pour retenir ſes cris augmentoient la douleur qui devoit être extrême ; que les plaintes, en ſoulageant la nature, ſervoient en même-temps à conduire ſon opération, & qu'il ne pouvoit diſcerner autrement s'il alloit ou non juſqu'au vif. Ce religieux, ſans rien perdre de ſa tranquillité, répondit à l'abbé qui lui diſoit de ſe plaindre : « Eh ! de quoi me plaindre, mon père, de ce que j'ai le bonheur de ſouffrir à l'exemple de Jéſus-Chriſt » ! Il ſoutint une longue & cruelle opération, ſans qu'il parût reſſentir la moindre douleur.

Un religieux ſe retranchoit ſur le pain, le cidre & le ſommeil. Il en devint ſi foible, que l'abbé, pour le punir, lui fit manger devant lui tout ce qu'on lui ſervoit ; l'obligeoit de déjeûner tous les matins. Il en vint même juſqu'à le condamner à manger de la viande pendant quinze jours à l'infirmerie. Le religieux vint trouver le père abbé, & s'étant jetté à ſes pieds les yeux baignés de larmes, il reconnut ſa faute, & en demanda pardon, en diſant : « Quoi, mon père, ne me pardonnerez-vous pas ? mes frères ſe crucifient, & je vis comme un réprouvé ».

Un pauvre eccléſiaſtique de Lille s'étant préſenté pour être reçu dans cette maiſon, l'abbé aſſembla ſes religieux pour demander leurs avis, parce que ce bon prêtre ayant le bras gauche rompu, ne pouvoit manquer d'être à charge au monaſtère. Ayant commencé, ſelon la coutume, à recueillir les voix par le dernier des frères, le jeune religieux lui répondit : « Je vous dirai, mon père, que mon avis ſeroit de recevoir au plutôt cet homme que Dieu appelle, & s'il ne peut travailler, nous le ſervirons tous ». Le chapitre entier applaudit à cet avis, & le poſtulant fut reçu d'une voix unanime.

L'abbé ordonna un jour à l'un de ſes moines, nommé le frère *Joſeph*, de porter du feu dans la

Kkkkk

chapelle de l'infirmerie, parce que ce lieu étoit humide. Ce frère vit quelques religieux infirmes entrer dans la chapelle pour y entendre la messe ; il crut leur faire plaisir de fermer la porte pour tenir l'endroit plus chaud. Cependant le prêtre s'étant trouvé mal à cause de l'odeur du charbon, le père abbé fit au frère une réprimande. Celui-ci se mit à genoux, sans que l'abbé s'en apperçût, & ayant demeuré trois heures en cet état, le sacristain en avertit le supérieur. Celui-ci l'alla trouver ; & lui fit une sévère réprimande, parce qu'il ne pouvoit pas avoir donné tout ce temps à la prière, sans avoir négligé d'autres exercices auxquels il devoit se trouver. Le saint religieux lui avoua qu'il auroit cru manquer à la règle, qui ordonne de se prosterner aux pieds du supérieur lorsqu'il le reprend de quelque faute, & de demeurer dans cette posture jusqu'à ce qu'il dise de la quitter. Il ajouta que comme il l'y avoit laissé sans lui rien dire, il y auroit persévéré jusqu'à la mort, si lui, ou quelqu'un par son ordre, ne lui avoit commandé de se lever. Ce frère Joseph avoit été lieutenant d'infanterie.

L'attachement que frère Joseph témoigna toute sa vie pour l'abbé de *Rancé*, ne pouvoit être ni plus vif, ni plus tendre. L'abbé de *Rancé* avoit fait une chûte dangereuse qui faisoit craindre pour sa vie. Le frère Joseph prit la résolution de mourir avant lui. Il diminua sa nourriture accoutumée, & quoiqu'il fût lui-même malade alors, il se refusoit tous les soulagemens nécessaires, se privant du sommeil, n'approchant jamais du feu, & pratiquant d'ailleurs toutes sortes d'austérités. Ce genre de vie, joint à la douleur que lui causoit la maladie du père abbé, fit sur lui de si grandes impressions, qu'il avoit l'air d'un squelette. Le père abbé ayant été averti de son état, l'envoya chercher, & lui demanda ce qui l'avoit réduit à cette extrémité. Le frère Joseph répondit que Dieu étant sur le point d'appeler à lui son supérieur & son père, il ne lui restoit plus de consolation dans ce monde, & que son dessein étoit de le précéder, ou du moins de le suivre dans l'autre.

Tous les religieux de ce monastère portoient une égale tendresse au pieux réformateur. Un abbé visiteur de l'ordre de Cîteaux, faisant sa visite dans ce monastère pendant la maladie de l'abbé de *Rancé*, dit aux religieux assemblés, qu'ils devoient avoir grand soin de ce saint homme qui les soutenoit par son exemple & par ses paroles. Ils tombèrent tous à terre au même instant, comme s'ils se fussent donné le mot, & étant prosternés de la sorte, ils dirent tous ensemble les larmes aux yeux : *Nous ne demandons à Dieu que lui dans nos prières.*

L'abbé de *Rancé* guérit de sa maladie ; mais ce fut pour donner à ses religieux l'exemple de la plus grande humilité, après leur avoir donné celui des austérités qu'il leur faisoit pratiquer. Il se démit de son abbaye, & se réduisit à l'état de simple religieux. Il eut beaucoup à souffrir de la mauvaise humeur d'un abbé, son successeur. Il supporta ses chagrins & ses infirmités avec constance, & parvint à une grande vieillesse. Dans sa dernière maladie, il fut toujours vêtu de ses habits de religion, & quand on le mit sur la paillasse, car il n'eut jamais d'autre lit, on lui laissa jusqu'à ses souliers. Lorsqu'il fut prêt à rendre les derniers soupirs, on lui présenta un crucifix qu'il embrassa avec tous les sentimens de la piété la plus tendre ; il baisa l'image du Christ & la tête de mort placée au pied de la croix. En remettant ce signe respectable entre les mains d'un religieux, il remarqua qu'il baisoit l'image du crucifix sans baiser la tête de mort ; il lui dit avec vivacité : « Pourquoi ne baisez-vous pas la tête de mort ? Baisez, mon père, baisez sans peine l'image de la mort dont vous ne devez pas craindre la réalité ». Ce religieux regarda cet ordre comme un avertissement de sa mort prochaine. En effet il mourut peu de temps après. *Vie de l'abbé de Rancé.*

RANTZAU, (Josias) maréchal, en 1645, mort en 1650. Il avoit été souvent blessé.

Bautru disoit de *Rantzau*, « qu'il ne lui étoit resté qu'un de tout ce dont les hommes peuvent avoir deux.

Son épitaphe finit par ce vers :

Et Mars ne lui laissa rien d'entier que le cœur.

RAPHAEL SANZIO, (ou RAPHAEL D'URBIN), peintre italien, né l'an 1483, & mort en 1520.

Raphaël est un de ces hommes célèbres qui font époque dans l'histoire des arts. Ses compositions annoncent par-tout un génie heureux & facile. Une noble & élégante simplicité caractérise ses figures ; les attitudes en sont naturelles & pleines d'expression. Où trouver un dessein plus pur, plus correct ? Le soin qu'il prenoit de le bien prononcer, & l'espèce de tranchant qu'il donnoit à l'indication des moindres parties, ont paru tenir d'un style énergique, mais dur & destitué de graces à ceux qui se sont laissés séduire par le moëlleux des contours & la douceur des formes rondes du Corrège. Mais *Raphaël*, qui avoit l'idée la plus sublime du style des anciens sculpteurs grecs, étoit persuadé que l'on ne pouvoit s'en éloigner sans énerver la noblesse & la majesté qui le caractérisent. Il n'ignoroit pas qu'en rendant son dessein moins angulaire, il lui procureroit peut-être plus d'agrément ; mais il savoit en même temps qu'il lui ôteroit beaucoup de sa dignité & de son expression.

Raphaël avoit envoyé dans la Grèce & dans toute l'Italie plusieurs excellens dessinateurs char-

gés de deſſiner pour lui tous les monumens précieux de l'antiquité qui avoient échappé aux ravages des temps. On demandoit un jour à cet artiſte
immortel comment il avoit pu acquérir ce haut
point de perfection où il étoit parvenu ? *En ne
négligeant rien*, répondit-il.

Raphaël, qui avoit contemplé la nature dans ce
qu'elle offroit de plus beau, imagina, à l'exemple
des anciens ſculpteurs grecs, des formes encore
plus belles & plus frappantes. C'eſt d'après cette
forme idéale de beauté qu'il conçut ſa fameuſe
Galathée. Cet artiſte obſerve dans ſa lettre au
comte Balthazar Caſtiglione, que les différentes
parties de la véritable beauté ſe trouvent rarement
unies dans une ſeule perſonne, particulièrement
dans les femmes, & qu'en conſéquence il avoit été
obligé de donner à ſa Galathée les traits d'une
beauté idéale dont le modèle n'exiſtoit que dans ſa
propre imagination.

Raphaël avoit aſſez de mérite pour n'être pas
offenſé de la critique ; mais il vouloit qu'elle fût
juſte. Deux cardinaux lui reprochoient mal-à-propos d'avoir fait dans un tableau les viſages de ſaint
Pierre & de ſaint Paul trop rouges : « Meſſei-
gneurs, leur répondit-il, un peu offenſé de cette
critique, n'en ſoyez pas étonnés ; je les ai peints
ainſi qu'ils ſont au ciel : cette rougeur leur vient
de la honte qu'ils ont de voir l'égliſe auſſi mal gou-
vernée ».

Raphaël refuſa de ſe marier avec la nièce d'un
cardinal, parce qu'il ſe flattoit de le devenir, ſuivant la promeſſe que Léon X lui en avoit faite.

Le cœur toujours rempli de l'objet de ſa flamme, Raphaël a ſouvent peint dans ſes tableaux le
portrait de ſa maîtreſſe. On conſerve encore une
carte ſur laquelle il a repréſenté l'une des belles
qui l'occupoit.

On attribue la cauſe de la mort de cet artiſte à
ſa trop grande paſſion pour les femmes. Les médecins ignorant ſon dernier excès, l'épuiſèrent par
des ſaignées. Son tombeau ſe voit à Rome dans
l'égliſe de la Rotonde ; le cardinal Bembe a compoſé ſon épitaphe. Le tableau de la *Transfiguration*, qui eſt le dernier qu'il peignit, & qui paſſe
pour ſon chef-d'œuvre, fut placé le jour de ſa
mort ſur ſon cercueil ; & cet appareil ſimple &
touchant fut ſans doute ſupérieur à toutes les orai-
ſons funèbres qu'on auroit pu lui faire.

RAPIN, (René) né en 1621, mort en 1687.

Le père *Rapin* jéſuite, écrivoit au comte de
Buſſi, ce mot de Cicéron : Si vous vouliez jetter
les yeux ſur le manuſcrit que je vous envoie, je
pourrois mériter des applaudiſſemens : *Si te haberemus otioſum clamores facerémus*. Le comte lui
répondit : vous avez bien lu au moins votre Cicéron : *Habuiſti illum otioſum idcirco clamores facimus*.

Le père *Rapin* publioit alternativement des ouvrages de littérature & de piété : cette variété a
fait dire à l'abbé de la Chambre, que ce jéſuite
ſervoit Dieu & le monde par-ſemeſtre.

RÉCIT. *Extrait des lettres de Sevigné.*

L'archevêque de Rheims, le Tellier, revenoit hier
fort vîte de Saint-Germain, c'étoit comme un
tourbillon ; il croit bien être un grand ſeigneur,
mais ſes gens le croient encore plus que lui. Ils
paſſoient au travers de Nanterre, *tra, tra, tra*. Ils
rencontrent un homme à cheval, *gare, gare* ; ce
pauvre homme veut ſe ranger, ſon cheval ne veut
pas, & enfin le carroſſe & les ſix chevaux ren-
verſent cul par deſſus tête ; le pauvre homme &
le cheval, & paſſent par deſſus, & ſi bien par-
deſſus, que le carroſſe en fut verſé & renverſé.
En même-temps l'homme & le cheval, au lieu
de s'amuſer à être roués & eſtropiés, ſe relèvent
miraculeuſement, remontent l'un ſur l'autre, &
s'enfuient & courent encore, pendant que les
laquais de l'archevêque & le cocher & l'archevêque même, ſe mettent à crier, *arrête, arrête
ce coquin qu'on lui donne cent coups*. L'archevêque
en racontant ceci, diſoit : « Si j'avois tenu ce ma-
raud-là, je lui aurois rompu les bras & coupé
les oreilles ».

RÉCOMPENSES. Jean II, roi de Portugal,
avoit entre autres une maxime fort agréable aux
gentilshommes portugais. Il n'aimoit pas qu'ils em-
ployaſſent un tiers pour obtenir des graces. Il
vouloit qu'ils s'adreſſaſſent à lui directement &
non à ſes miniſtres : puiſque, dit-il un jour à
un officier de ſes troupes qui lui avoit fait demander une grace, « puiſque vous avez des bras
pour me ſervir, pourquoi manquez-vous de langue
pour me demander des *récompenſes*. »

Briquigny porta la nouvelle au cardinal Mazarin,
de la naiſſance d'un fils de la princeſſe de Conti,
nièce du miniſtre : le cardinal lui promit une
récompenſe, l'enfant mourut quelque temps après.
Briquigny voulant rafraîchir la mémoire du cardinal ſur ſa promeſſe, cette éminence lui dit : Briquigny, ne me parlez pas de cela, vous renou-
vellez ma douleur.

Un officier de mer ayant fait une action diſtinguée, on lui donna pour *récompenſe* une penſion
de huit cents livres. Il vint à la cour & dit au
miniſtre : « Qu'il n'a pas verſé ſon ſang pour de l'argent, & que ſa majeſté a des *récompenſes* plus honorables pour un gentilhomme. — Quelles récompenſes, dit le miniſtre ? — *La croix de Saint-
Louis*, répondit l'officier. » Monſieur de Chamillard rendit compte au roi de la nobleſſe des
ſentimens de cet officier, qui auroit préféré *la
croix de Saint-Louis* à huit cents livres de penſion : « Je le crois bien, dit Louis XIV ».

REGNARD, (Jean François) né en 1647, mort en 1709.

L'inclination que *Regnard* se sentit de bonne heure pour les voyages, le conduisit en différentes contrées de l'Europe. A son retour d'Italie, il fut pris par deux vaisseaux corsaires, & conduit à Alger avec ses compagnons de disgrace. Comme il avoit toujours aimé la bonne chère, il étoit un grand faiseur de ragoûts, & son adresse en ce genre lui procura l'emploi de cuisinier du maître entre les mains duquel il tomba. Ses manières prévenantes & son enjouement joints à sa bonne mine, le firent aimer des femmes favorites. Son maître ayant découvert ses intrigues, le livra à la justice pour être puni selon les loix, qui veulent qu'un chrétien trouvé avec une mahométane, expie son crime par le feu, ou se fasse mahométan. Le consul de la nation françoise, qui avoit reçu depuis peu de temps une somme considérable pour le délivrer, ayant appris ce qui se passoit, interposa son autorité ; & alla trouver le maître, qui d'abord ne voulut rien écouter : mais le consul ne se rebutant pas, lui représenta que rien n'étoit plus trompeur que les apparences ; que quand la chose seroit vraie, il y auroit peu de gloire à lui de faire périr son esclave ; que d'ailleurs en le perdant, il perdroit une somme considérable qu'il avoit à lui donner pour sa rançon. Cette dernière raison fut plus forte que les autres. Le maître se laissa gagner, retira *Regnard* des mains du Divan, en avouant qu'il l'avoit accusé sur un simple soupçon, & que son crime n'étoit confirmé par aucune preuve ; & il le remit en liberté, après avoir reçu le prix dont il étoit convenu avec le consul.

Regnard voulut voir la Laponie. Il pénétra jusqu'à la mer Glaciale, & l'on peut dire qu'il ne s'arrêta qu'où la terre lui manqua. Ce fut alors qu'il grava avec ses compagnons de voyage, sur une pierre & sur une pièce de bois ces quatre vers.

Gallia nos genuit, vidit nos Affrica, Gangem
Hausimus, Europamque oculis lustravimus omnem,
Casibus & variis acti terrâque marique,
Hîc tandem stetimus, nobis ubi defuit orbis.

Regnard & Rivière Dufreni, firent chacun, à peu près dans le même temps, une comédie du Joueur. Ces deux auteurs s'accusèrent réciproquement de plagiat ; ce qui donna occasion à l'épigramme suivante.

Un jour *Regnard* & de Rivière,
En cherchant un sujet que l'on n'eût point traité,
Trouvèrent qu'un joueur feroit un caractère
Qui plairoit par sa nouveauté.

Regnard le fit en vers, & de Rivière en prose.
Ainsi, pour dire au vrai la chose,
Chacun vola son compagnon.
Mais quiconque aujourd'hui voit l'un & l'autre ouvrage,
Dit que *Regnard* a l'avantage
D'avoir été le bon larron.

Despréaux disoit de *Regnard*, qu'il n'étoit pas médiocrement plaisant. Qui ne se plait pas à *Regnard*, dit M. de Voltaire, n'est point digne d'admirer Molière.

L'intrigue de la comédie du *Légataire*, pièce de *Regnard*, est principalement fondée sur la fourberie de crispin qui contrefait le moribond pour dicter un testament. Cette fourberie n'est que la copie d'un fait véritable arrivé du temps de *Regnard*. On a néanmoins reproché à cet auteur d'en avoir fait usage dans sa pièce : mais *Regnard* a peut être pensé que les tours d'adresse étant les secrets des fripons, ne pouvoient être trop divulgués.

Les autres pièces de cet auteur, conservées au théâtre, sont le *Distrait*, les *Menechmes*, *Démocrite*, les *Folies amoureuses*.

Regnard se retira dans une terre proche de Dourdan, pour y goûter les délices d'une vie sensuelle & délicate dans la compagnie des personnes choisies & dans les charmes de l'étude. Cependant cette espèce d'épicurien, cet homme vif & enjoué, & qui inspiroit aux autres toute la gaîté qu'il mettoit dans ses drames, est mort de chagrin, & non sans soupçons d'avoir lui-même avancé ses jours par une médecine prise à contretemps.

REMBRANT VAN RHIN, peintre & graveur, né l'an 1606, mort en 1674.

Le fameux *Rembrant*, dont les gravures & les tableaux sont si estimés, étoit fils d'un meûnier, & naquit dans un moulin.

Son père, voulant le faire élever avec soin, le mit dans un collège de Leyde ; mais *Rembrant* ne s'appliqua qu'au dessin, négligea toute autre étude, & n'apprit qu'à peine à lire.

Un petit tableau qu'il fit dans sa jeunesse, & qu'un amateur paya cent florins, lui procura la plus grande réputation dans toutes les villes de la Hollande.

Ce peintre s'écarta toujours de la manière fine & léchée, si ordinaire aux peintres de son pays. Quelqu'un lui reprochant un jour que sa façon d'employer les couleurs rendoit ses tableaux raboteux, il répondit, qu'il étoit peintre & non teinturier.

Rembrant avoit de vieilles armures & d'autres

chofes délabrées, qu'il copioit fouvent dans fes ouvrages, & il difoit que c'étoit-là fes antiques.

Rembrant aimoit les grandes oppofitions de lumières & d'ombres : afin d'en obtenir plus fûrement l'intelligence, il avoit un atelier conftruit de façon que le jour n'y entroit que par un trou, comme dans la chambre noire, & il difpofoit de ce rayon vif comme il le jugeoit à propos, pour l'effet de fes compofitions.

On raconte que *Rembrant*, ne trouvant point fur fa palette de noir affez foncé pour former le degré d'ombre dont il avoit befoin dans un de fes tableaux, creva la toile d'un coup de poing à l'endroit qu'il vouloit rendre extrêmement noir, afin de parvenir, au moins en apparence, à la perfection qu'il cherchoit.

Il exifte une eftampe de ce maître, repréfentant une femme couchée avec un homme. La figure de la femme a quatre bras ; *Rembrant* ayant négligé d'effacer les deux qu'il avoit ajoutés, en changeant quelque chofe à fa première idée.

Rembrant a lavé à l'encre de la Chine toutes les eftampes de deux des planches qu'il avoit gravées. Ce procédé les rend femblables à des deffins. On prétend qu'il eut recours à cet expédient, parce qu'on l'avoit défié de réuffir, fur ce qu'il s'étoit vanté de tromper facilement les plus grands connoiffeurs. Les deux morceaux dont nous parlons ont en effet long-temps paffé pour des deffins. Il a fallu leur répétition dans plufieurs cabinets pour découvrir l'artifice.

Voici quelle fut l'origine d'une des eftampes de *Rembrant*. Cet artifte, extrêmement lié avec un bourguemeftre de Hollande, alloit fouvent à la campagne de ce magiftrat. Un jour que les deux amis étoient enfemble, un valet vint les avertir que le dîner étoit prêt. Comme ils alloient fe mettre à table, ils s'apperçurent qu'il leur manquoit de la moutarde. Le bourguemeftre ordonna au valet d'aller promptement en chercher au village. *Rembrant* paria avec le bourguemeftre, qu'il graveroit une planche avant que le domeftique fût revenu. La gageure acceptée, *Rembrant*, qui portoit toujours avec lui des planches préparées au vernis, fe mit auffi-tôt à l'ouvrage, & grava le payfage qui fe voyoit des fenêtres de la falle où ils étoient. Cette planche fut achevée avant le retour du valet : *Rembrant* gagna le pari, & eut encore la fatisfaction d'avoir fait une excellente gravure.

Il avoit une fervante extrêmement babillarde : après avoir peint fon portrait, il l'expofa à une fenêtre où elle faifoit fouvent de longues converfations. Les voifins prirent le tableau pour la fervante même, & vinrent auffi-tôt dans le deffein de difcourir avec elle ; mais, étonnés de lui

parler pendant plufieurs heures, fans qu'elle répondît un feul mot, ils trouvèrent ce filence peu naturel, & s'apperçurent enfin de leur erreur.

Rembrant faifoit vendre fes eftampes par fon fils, comme fi celui-ci les eût dérobées. Il en expofoit d'autres dans les ventes publiques, &, fous un habillement qui le rendoit méconnoiffable, il alloit lui-même les mettre à l'enchère. Quelquefois encore il feignoit de vouloir quitter la Hollande, & de fonger à s'établir dans un autre pays. Il avoit auffi la rufe de faire imprimer fes gravures à moitié terminées. On les débitoit, il les finiffoit enfuite ; & c'étoit une nouvelle planche. Il ne manquoit pas d'y retoucher, quand elle étoit ufée ; & de légers changemens procuroient, pour la troifième fois, la vente de ces eftampes, quoiqu'elles ne différaffent pas beaucoup des précédentes.

Sa femme entreprit de le feconder & de faire hauffer le prix de fes ouvrages. Elle lui confeilla de fortir fecrettement d'Amfterdam, & de s'abfenter pendant quelque temps. La chofe s'étant exécutée, elle fit courir le bruit que fon mari étoit mort, & fe mit en grand deuil. Trompés par de telles apparences, les amateurs s'empreffèrent de venir acheter les ouvrages de *Rembrant*, que fa prétendue veuve faifoit valoir encore plus qu'à l'ordinaire. Au bout de quelques mois, *Rembrant* reparut, & vint recueillir les fruits de fa rufe.

Pour achever de faire connoître *Rembrant*, nous obferverons que fa phyfionomie commune, & fon air groffier & mal-propre, répondoient à la bizarrerie de fon habillement ridicule. Il ne fe plaifoit qu'avec des gens du peuple, & répondoit à ceux qui vouloient le mener en meilleure compagnie : « Quand j'ai deffein de m'amufer, je me garde bien de chercher les grandeurs qui me gênent ; le plaifir n'eft que dans la liberté ».

RÉMOULEUR. Un *rémouleur* ou *gagne petit* de Modène, rencontra un jeune peintre étranger fort pauvre, qui étoit venu en Italie pour fe perfectionner dans l'art des Apelle, & dans l'efpérance de trouver de l'ouvrage. Le *rémouleur*, touché de l'extrême mifère du peintre, lui donna la moitié du petit logement qu'il poffédoit, & voulut abfolument le faire fubfifter du produit de fa meule. Ce peintre effuya peu de temps après une maladie très-dangereufe ; il étoit fans reffource & dans la dernière inquiétude, lorfque le *rémouleur* lui dit : — « Soyez tranquille, j'ai de la fanté, je me leverai plus matin, je travaillerai plus long-temps, & je tâcherai de fatisfaire à vos befoins. — En effet, il lui donna les fecours néceffaires, le veilla pendant la nuit, &, par fes foins, lui fit recouvrer la fanté. Ce peintre eut enfin de l'ouvrage, & reçut de la famille une petite somme, qu'il courut offrir à son bienfaiteur. — « Non, mon ami, s'écria l'honnête rémouleur, je n'ai besoin de rien ; gardez ce secours pour quelque malheureux : j'ai acquitté envers vous la dette de l'humanité, que j'aurois payée à toute autre ; acquittez-vous de la même obligation, quand vous rencontrerez un infortuné qui méritera d'être secouru ».

RÉPARTIE, sorte de bon mot qui consiste à faire répartir le trait qui nous est adressé, contre celui même qui l'a lancé. La répartie, comme l'on voit, demande un esprit vif & présent, pour appercevoir d'un coup-d'œil l'endroit foible de l'aggresseur, ou du moins découvrir en lui, un côté plaisant qu'il s'expose lui-même au ridicule qu'il vouloit répandre.

Quelqu'un demandant un jour à Thémistocles, lequel il aimeroit le mieux être, ou Achille ou Homère ; celui-ci lui répartit : « Mais toi, lequel aimerois-tu mieux être, ou celui qui gagne le prix aux jeux olympiques, ou le crieur qui, à son de trompe, le proclame victorieux » ?

Charles - Quint trouve, à son retour d'Afrique, les françois maîtres du Piémont, & prêts à envahir le Milanès. Son armée marche à eux, & les assiège dans Fossano. Montpesat montre, dans la défense de cette place, un courage héroïque & une capacité extraordinaire. A la fin, cependant, comme il manque de tout, il s'engage à se rendre, si dans quinze jours il n'est pas secouru.

Dans cet intervalle, l'empereur arrive au camp, où Antoine de Lève, son général, lui présente la Roche du Maine, un des ôtages que les assiégés ont donnés. Le prince, qui connoît beaucoup de réputation cet officier, fait devant lui la revue de son armée, & veut savoir ce qu'il en pense. « Je la trouve, dit-il, plus belle que je ne voudrois ; mais si votre majesté passe entre les monts, elle en verra une plus leste encore ». L'empereur lui dit ensuite qu'il va visiter les provençaux, qui sont ses sujets : « Je vous assure, reprend-il, que vous les trouverez fort desobéissans ». L'entretien s'échauffant insensiblement, Charles demande combien il y a de journées du lieu où ils sont jusqu'à Paris : « Si par journées vous entendez des batailles, il y en a douze, répond le gentilhomme françois ; à moins que vous ne soyez battu dès la première.

Comme un jour Alcibiade encore jeune enfant combattoit avec un sien compagnon, se sentant pressé de son adversaire & en danger d'aller par terre, le mordit par le bras pour lui faire quitter prise, ce qu'il fit en lui disant par reproche : tu mords comme une femme : tu te trompes, re-

partit Alcibiade, *sçache que je mords comme un lyon.*

Un jeune homme fut amené par son père au maréchal de Belle-Isle, pour obtenir une compagnie. Le père s'étendit sur le mérite de son fils : « Il sait le latin, dit-il, au ministre, il sait le grec. — A quoi bon du grec, dit le maréchal ? — A quoi bon, reprit sur le champ le jeune homme plein d'esprit. Quand ce ne seroit que pour comparer la retraite des dix mille & celle de Prague ».

Des prélats sont dans l'usage de faire porter la queue de leurs habits dans les cérémonies, & choisissent volontiers, pour la porter, un militaire décoré & peu avantagé des biens de la fortune. Monsieur le cardinal de … se trouvant un jour chez madame la duchesse de …, un homme de condition, qui s'y rencontra, lui dit dans la conversation, qu'il étoit toujours surpris qu'il se fît porter la queue dans les cérémonies par un chevalier de Saint-Louis : « C'est un usage, répondit le cardinal : j'ai eu même un caudataire qui avoit les armes de votre maison. — Je sais, répartit le gentilhomme, qu'il y a toujours eu de pauvres héros dans ma famille, qui ont tiré le diable par la queue ».

Un seigneur d'un poil roux étant dans une maison de campagne, où Henri IV, roi de France, étoit venu pour une partie de chasse, demanda, en présence du roi, au jardinier, qu'il savoit être eunuque, pourquoi il n'avoit point de barbe ? Le jardinier lui répondit, que le bon Dieu faisant la distribution des barbes, il étoit venu lorsqu'il n'en restoit plus que des rousses à donner, & qu'il aimoit mieux n'en point avoir du tout que d'en porter une de cette couleur.

Une dame qui, par goût pour le vin & les liqueurs, avoit le teint échauffé & le nez rouge, se disoit : mais où ai-je donc pris ce nez-là ? Quelqu'un lui dit, au buffet.

Louis XIV nomma à l'abbaye de Chelles une sœur de mademoiselle de Fontanges. Au sacre de cette abbesse, les tentures de la couronne, les diamans, la musique, les parfums, le nombre des évêques qui officioient, surprirent tellement une femme de province, qu'elle s'écria : c'est ici le paradis ! Non, madame, lui répondit-on, il n'y auroit pas tant d'évêques. *Lettres de madame de Sévigné.*

Le cardinal de Fleury avoit près de 90 ans lorsqu'un prélat très-âgé aussi vint lui recommander ses neveux. Le cardinal lui dit : « Soyez tranquille, s'ils ont le malheur de vous perdre, je serai leur oncle ». Le prélat lui répondit : « Monseigneur, je le recommande donc à votre éternité ».

Dans le temps de la vogue des bouffons italiens sur le théâtre de l'opéra de Paris, l'abbé de Voiténon, qui étoit au parterre, ennuyé d'un inter-mède italien, prit le parti de sortir. Un partisan des bouffons, qui s'étoit reculé pour le laisser passer, crut faire une bonne plaisanterie, en disant assez haut : « On voit bien qu'il ne faut que du foin à M. l'abbé ; je ne veux point, monsieur, vous l'ôter de la bouche, répondit celui-ci ».

Un aide-de-camp du maréchal de Saxe venoit rendre compte à Louis XV du succès d'une bataille, & finit son discours par dire au monarque que le général l'avoit chargé d'assurer sa majesté de son tendre respect. « Tendre, dit d'un ton ironique un seigneur de la cour ! — Oui, Monsieur, Dieu ordonne qu'on l'aime, & les rois le permettent ».

Un jeune prince ayant froid à la chasse, dit au gouverneur qui l'accompagnoit : « Donnez-moi mon manteau. — Mon prince, les hommes de votre naissance ne doivent point s'exprimer à la première personne comme ceux d'un rang inférieur. Lorsqu'ils parlent d'eux-mêmes, ils se servent toujours du pluriel. En conséquence, il falloit dire : donnez-nous notre manteau ». Quelques jours après, dans un violent accès de mal de dents, il se plaignit avec vivacité ; mais se souvenant de la leçon qu'il avoit reçue précédemment, il s'écrioit : « Ah ! notre dent ! notre dent ! — La mienne certainement, dit le gouverneur, ne me fait point souffrir. — Je vois bien, reprit le prince d'assez mauvaise humeur, que le manteau est à nous, & le mal pour moi seul ».

L'abbé de Br...., agent du clergé, se vantoit un jour en compagnie que par ses étourderies il s'étoit fait cinquante mille livres de rente. Quelqu'un répondit d'un grand sang-froid : « Elles ne vous ont pas été assez payées ».

Un jeune seigneur ayant trouvé dans une compagnie sa maîtresse qui venoit de lui faire une infidélité d'éclat, voulut la déshonorer, en montrant des lettres passionnées que la dame lui avoit écrites : comme il se préparoit à en lire une des plus emportées, la dame, sans se déconcerter, lui dit : lisez seulement, je n'en rougirai point, il n'y a que le dessus de la lettre qui me fasse honte. Cette injure délicate, & néanmoins très-vive, étourdit tellement l'amant disgracié, qu'il sortit sur le champ sans pouvoir répliquer.

L'auteur de la bibliothèque des Amans eut pour censeur l'auteur du Sopha. M. de Crébillon étoit d'avis de retrancher le mot boudoir par-tout où il se trouveroit dans le manuscrit des odes érotiques. M. le maréchal crut devoir en appeler à la loi du talion, & dit à son censeur : « Où placerai-je, monsieur, votre sopha, si vous ôtez le boudoir » ?

Une jeune paysanne des environs d'Apt en Provence, étoit occupée à veiller dans un champ au soin de son troupeau. Le marquis de M...., qui chassoit dans ce même lieu, crut pouvoir s'amuser de l'ignorance qu'il supposoit à cette bergère : « Combien de fois par jour, lui dit-il, défends-tu tes agneaux du loup ? Hélas ! monsieur, lui répondit-elle en feignant un air très-humble, je ne l'ai jamais vu qu'aujourd'hui ».

L'abbé Duperron ayant vaincu Duplessis Mornai, qu'on appelloit le pape des huguenots, Henri IV dit au duc de Sully : « Votre pape a été terrassé. Sire, répondit le duc, vous l'appelez pape en riant... Preuve qu'il l'est, c'est qu'il fera l'abbé Duperron cardinal ». En effet, la victoire qu'il remporta lui valut le chapeau ».

Un vieux libertin voulant reprocher à un jeune homme qu'il étoit trop adonisé, lui dit par dérision : « Quand viendras-tu me voir, ma petite mignone ? — Je ne saurois vous le dire, lui répondit le jeune homme, car ma mère m'a défendu de voir des gens de mauvaise vie ».

Un petit-maître, d'une figure agréable & d'une taille avantageuse, s'étant proposé d'humilier une femme charmante, qui ne faisoit pas attention à ses mines, lui dit un jour, en se pavanant, que la petitesse de sa taille déparait ses attraits : pour vous, monsieur, répondit la dame choquée de cet impertinent propos, vous ressemblez aux maisons à plusieurs étages, dont l'appartement le plus haut est toujours le plus mal meublé.

Un prince étranger, jeune & plein d'esprit, mais disgracié de la nature, entendoit dire derrière lui, dans un jardin public : regardez donc, c'est un Esope. Se tournant aussi-tôt, il répondit : « Vous avez raison, car je fais parler les bêtes ».

Une dame voyant dans une compagnie un homme qui éclatoit de rire à tout propos, & sans paroître même en avoir aucune envie, dit à quelqu'un qui étoit à côté d'elle : Cet homme rit toujours de toutes ses forces & jamais de tout son cœur.

Une femme de qualité avancée en âge, & qui aimoit un homme de la cour, lui donna une terre considérable ; cette donation lui fut disputée par une dame jeune, belle, qui étoit héritière de la donatrice, cependant le don fut confirmé par arrêt. La jeune dame en l'abordant lui dit d'un ton railleur : « Il faut avouer, monsieur, que vous avez acquis cette terre-là à bon marché ». Il est vrai, madame, mais puisque vous savez ce qu'elle me coûte, je vous l'offre au même prix.

Un fat disoit, dans une compagnie nombreuse, qu'il donneroit volontiers dix pistoles pour chaque pucelle qu'on lui montreroit. Une demoiselle qui connoissoit la forfanterie du personnage, lui dit qu'elle pourroit lui en montrer une pour rien. Que je serois curieux, dit-il, de la connoître ?

816

REP   REP

Eh, bien, répondit la demoiselle, regardez votre épée.

Le roi avoit accordé le cordon bleu à un homme qui n'étoit pas d'aussi bonne maison qu'on le croyoit. Il ne lui étoit pas aisé de trouver les titres dont il avoit besoin: la médisance vouloit qu'il se fût adressé à des gens habiles qui avoient eu l'art de lui fournir ce qui lui en manquoit. Un gascon dit sur cela: « Il fait ses preuves ».

Un duc ayant quelque dispute pour le pas avec un maréchal de France: Je ne comprends pas, dit-il, sur quoi il peut fonder sa prétention, car, il ne doit pas ignorer qu'au sacre du roi qui est la plus grande de toutes les cérémonies, & dans les séances du parlement, nos rangs sont réglés, & les maréchaux n'ont rien à disputer; il est vrai qu'ils nous commandent à l'armée; mais aussi, lui répliqua-t-on c'est pour cela sans doute, que vous ne vous y trouvez jamais.

On sait tous les excès auxquels se livra le cardinal Dubois. Ils altérèrent si fort sa santé, qu'il tomba dangereusement malade; & il ne s'agit de rien moins que de lui faire une amputation des plus douloureuses. On manda à cet effet le plus habile chirurgien de l'hôtel-dieu. Dès que le cardinal le vit entrer, il dit: « Mon ami, ne vas pas me traiter comme tes gueux de l'hôtel-dieu? —Monseigneur, répondit fièrement le chirurgien, tous ces gueux-là sont des ministres pour moi ».

Un marchand ayant fait naufrage sur un vaisseau, laissa par sa mort de grands biens à un jeune fils qu'il avoit. Le fils dans la suite voulut continuer le même négoce & courir les mers. Un de ses amis lui représenta en vain ce qui venoit d'arriver à son père; & sans lui cacher que son grand père avoit péri de la même manière, il lui dit, qu'il devoit apréhender un sort pareil, Mais le jeune homme sans s'étonner: je vous prie dit-il à son ami, de m'aprendre où sont morts votre grand père? dans leurs lits répondit l'autre; & comment ajouta le premier, osés-vous après cela coucher dans un lit?

Lorsque Louis XIV partit pour aller faire le siège de Mons, madame de Maintenon dit à M. de Louvois: Nous répondez-vous de la vie du roi? Non, dit ce ministre; mais je réponds de sa gloire.

Le marquis de Spinola montrant à notre ambassadeur, des bottes de François I, que l'on conserve comme un monument de la gloire de Charles-Quint: vous seriez bien embarassé, dit-il, en se moquant, de nous en faire voir autant en France, de quelqu'un de nos rois. Le moyen, répondit l'ambassadeur, il faudroit pour cela les pouvoir prendre à la guerre, & vous sçavez que l'on ne prend pas les gens où ils ne vont point.

Un évêque chargeant un jour son secrétaire de faire relier un recueil de ses mandemens, lui dit qu'il craignoit que le volume ne fût trop gros: —Non, monseigneur, répondit le secrétaire, quand on l'aura bien relié & bien battu, tout cela sera fort plat.

Madame d'Argenson, la femme du comte, secrétaire d'état, à qui l'on demandoit lequel elle aimeroit mieux, de l'abbé Cherier ou de son frère Mareuil, répondit que « quand elle étoit avec l'un des deux, elle aimoit mieux l'autre.

M. le prince de Condé faisoit voir à Boileau son armée qui étoit toute composée de jeunes gens, dont le plus âgé n'avoit pas dix huit ans. Eh bien! lui dit ce prince, qu'en pensez-vous. —Monseigneur, je crois qu'elle sera bonne quand elle sera majeure.

Un homme veuf, qui avait pris une seconde femme, ne cessoit de louer devant elle, les graces, l'esprit, les talens de la première. Un jour que cet époux peu galant recommençoit le panégyrique devant plusieurs personnes, sa femme présente, il crut s'appercevoir qu'elle murmuroit tout bas. Pardonne-moi, lui dit il, les regrets je les donne à la défunte; elle les mérite. Ah! monsieur, répondit celle-ci, un peu piquée, personne, je vous jure, ne la regrette plus que moi.

Saint François de Sales ayant été en conférence pour une affaire de piété avec une dame de la cour, quelqu'un lui demanda si cette dame étoit belle? il répondit qu'il n'en savoit rien. —Et ne l'avez-vous point vue, repartit l'autre? —Oui, dit le saint, je l'ai vue, mais je ne l'ai pas regardée.

Mademoiselle, fille de monsieur qui est mort en Espagne, auroit bien voulu ne pas aller en ce pays-là, soit qu'elle eût un pressentiment de ce qui devoit lui arriver, ou un inclination secrete pour monseigneur le dauphin. Le roi, après avoir conclu le mariage de cette princesse, lui faisant compliment sur ce qu'elle alloit être une grande reine; « Vous voyez ma nièce, lui dit-il, ce que je fais pour vous: quand ce seroit pour ma propre fille, je ne pourrois faire davantage. —Il est vrai, monsieur, que vous ne pourriez faire davantage pour votre propre fille; mais vous auriez pu faire plus pour votre nièce, si vous l'aviez voulu ».

Le successeur de Vendôme, dans un gouvernement de province, accepta la bourse de mille louis qui lui fut présentée, suivant l'usage & pour la forme, à son entrée. Mais, lui dirent les magistrats, votre prédécesseur l'avoit refusée. *Oh!* répliqua le nouveau gouverneur, *ce M. de Vendôme étoit un homme inimitable.*

Un des directeurs de la compagnie des Indes de France

France demandoit un jour à la Bourdonnais comment il avoit si mal fait les affaires de la compagnie, & si bien les siennes. « C'est, répondit-il, que j'ai fait mes affaires selon mes lumières, & celles de la compagnie selon vos instructions ».

Le maréchal d'Humières allant en ambassade en Angleterre, mena avec lui l'abbé de L... & l'abbé de V..., ecclésiastiques des moins réguliers. Quelqu'un dit au duc de la Ferté que le maréchal auroit pu mieux choisir; & que les abbés ne donneroient pas grande opinion de notre clergé. Le duc répondit: « Il les mène en Angleterre pour y prouver les libertés de l'église gallicane ».

La reine d'Angleterre, Henriette de France, étant arrivée à Londres, le roi son époux lui fit voir son cabinet qui étoit un des plus riches de l'Europe, & lui fit remarquer entr'autres un très-beau portrait de Calvin, peint par Vandick, la plume à la main sur un livre, & les yeux attachés au ciel; la reine étoit appliquée sans rien dire; le roi lui demanda à quoi elle pensoit? — « Je pense, sire, répondit cette princesse, que ce n'est pas merveille, si Calvin n'a fait rien qui vaille, puisqu'il ne regardoit pas à ce qu'il faisoit ».

Quelques chevaliers de Malthe raisonnoient un jour du danger dont ils sembloient être menacés par les turcs, qu'on disoit venir fondrement sur eux avec cent mille hommes. L'un de ces chevaliers se nommoit Samson, & avoit le malheur d'être de fort petite stature & tout ratatiné. Il arriva que quelqu'un de la compagnie dit en plaisantant: Messieurs, quelle raison y a-t-il de s'allarmer? N'avons-nous pas un Samson parmi nous? il sera seul suffisant pour détruire toute l'armée des turcs. Ce discours ayant excité une grande risée, le gentilhomme nain répliqua aussi-tôt: « Vous avez raison, monsieur; mais, pour réussir plus sûrement, je devrois avoir une de vos mâchoires; & alors je ferois des miracles ».

Un homme sage ne doit jamais donner à un enfant de raison qui puisse être retorquée contre lui. Un enfant s'étoit levé fort tard; son père, pour le rendre plus diligent, lui dit « Mon fils, vous ne connoissez pas encore le prix & les avantages de la diligence. Savez-vous qu'un homme diligent s'étant un jour levé fort matin, trouva une bourse pleine de louis dans son chemin? Mais, mon père, répondit l'enfant, celui qui l'avoit perdue s'étoit levé encore plus matin ».

Un particulier ayant été admis à voir trois jeunes princesses dans une cour étrangère, les fixa alternativement. L'une d'elles s'en étant apperçue lui demanda à laquelle il donnoit la préférence? « Je supplie vos altesses, répondit l'étranger, de me permettre de garder le silence sur un chapitre aussi délicat: je sais ce qu'il en a coûté au berger

Encyclopediana.

Pâris pour avoir prononcé sur le mérite de trois divinités....

Le pape Alexandre VI demandoit à Jérôme Donat, ambassadeur de Venise, de qui les vénitiens tenoient les droits & les coutumes de la mer? A quoi l'ambassadeur répondit sur le champ: que votre sainteté me montre les titres du patrimoine de saint Pierre, & vous trouverez au dos une donation faite aux vénitiens de la mer Adriatique.

Une dame se plaignoit amèrement dans une compagnie de ce qu'on l'accusoit d'avoir eu six enfans d'un homme de condition qu'elle nommoit. « Que craignez-vous, madame, lui dit quelqu'un qui la connoissoit bien, les gens bien nés ne savent-ils pas qu'il ne faut jamais croire que la moitié de ce que l'on dit »?

Un paysan se confessoit à son curé d'avoir volé un mouton à un fermier de son voisinage: Mon ami, lui dit le confesseur, il faut restituer ou vous n'aurez point l'absolution. Mais, répartit le villageois, je l'ai mangé; tant pis, vraiment, tant pis, lui dit le pasteur, vous serez le partage du diable; car dans la grande vallée où nous paroîtrons aux yeux de Dieu, tout parlera contre vous, jusqu'au mouton. Quoi! répliqua le paysan, le mouton se trouvera dans ce lieu-là? j'en suis bien-aise. La restitution en sera donc facile, puisque je n'aurai qu'à dire au fermier: « Voisin, reprenez votre mouton ».

Deux jeunes gens demandoient une fille en mariage à son père, l'un étoit riche & l'autre pauvre, & le père l'ayant donnée au dernier, quelques-uns de ses amis lui demandèrent pourquoi il ne l'avoit pas donnée à celui qui étoit riche? parce que, leur dit-il, le riche qui n'a point d'esprit pourra devenir pauvre; mais le pauvre, qui est un homme judicieux & sage, pourra facilement devenir riche ».

Une femme galante disoit à un ivrogne: Croiriez-vous, monsieur, que depuis dix ans que je suis veuve, il ne m'a pas pris la plus petite démangeaison de mariage? — Croiriez-vous, madame, que depuis que je me connois, je n'ai jamais eu soif?

Un fat, fort content de sa figure, conduisoit dans une maison un jeune homme de sa connoissance, dont la physionomie peu spirituelle ne prévenoit point en sa faveur. Celui qui le conduisoit, croyant faire une bonne plaisanterie, dit à la compagnie, qui se levoit pour le recevoir: « Vous voulez bien que je vous présente M. N..., qui n'est pas si sot qu'il le paroit. C'est, mesdames, reprit aussi-tôt le jeune homme, la différence qu'il y a entre nous deux ».

On a remarqué que les actrices chantantes de

l'opéra font rarement une brillante fortune, au lieu qu'il n'est aucune des premieres danseuses qui n'arrive au spectacle dans un char superbe. On prétend qu'un étranger ayant proposé ce problème à résoudre à M. d'Alembert, celui-ci répondit : « C'est une suite nécessaire des loix du mouvement ».

Croiriez-vous, disoit un chanoine dans une compagnie, que saint Piat, après avoir eu la tête coupée, la prit & la porta l'espace de deux lieues, oui deux lieues tout entieres ? car cela est sûr. Il ajouta cependant qu'il avoit eu de la peine à se mettre en marche : je le crois bien, répondit une dame, il n'y a, en pareille occasion, que le premier pas qui coûte.

REPAS. Les Abyssins ne boivent, ni ne parlent jamais qu'après le *repas*. Le roi & les grands seigneurs s'imaginent qu'il est au dessous de leur dignité de porter eux-mêmes les morceaux à la bouche ; ils ont des pages qui déchirent la viande avec les doigts, & la leur mettent dans la bouche. Ce qu'ils ont de louable, c'est qu'avant le repas, ils ne se contentent pas d'une légere priere, ils font réciter tout le pseautier ; mais pour n'être pas si longtemps, ils distribuent les pseaumes à plusieurs, qui en même temps récitent chacun le sien.

Chez les Nogaïs, il n'y a point de pauvres qui meurent de faim. Si quelqu'un n'a rien à manger, il va où l'on mange, s'assied librement sans rien dire, mange comme les autres, & ensuite se retire.

Chez les Chinois les festins passent en fait de cérémonie tout ce qu'on peut s'imaginer. Ce n'est point pour manger qu'on est invité, mais pour faire des grimaces. On ne met pas un morceau à la bouche, & on ne boit pas une goutte de vin, qu'il n'en coûte cent contorsions. Il y a, comme dans nos musiques, un officier qui bat la mesure, afin que tous les conviés s'accordent en même temps à prendre dans les plats, à porter à la bouche, à élever les petits bâtons qui servent de fourchettes ou à les placer régulierement & à propos dans leur lieu. Chacun a sa table particuliere, sans nappe, sans serviette, sans couteau, sans cuilliere ; car tout est coupé, & on ne touche à rien qu'avec deux petits bâtons ferrés d'argent, dont les chinois se servent fort adroitement.

On commence le *repas* par boire du vin pur, qu'on apporte en même temps à tous les conviés dans une petite tasse de porcelaine ou d'argent, & qu'on prend toujours avec les deux mains. Chacun l'éleve en l'air, & presqu'à la hauteur de la tête, en s'invitant par gestes à boire les premiers. Il suffit de présenter la tasse à la bouche, & de l'y tenir jusqu'à ce que les autres ayent bu ; car pourvû qu'on garde les formalités apparentes, il est libre de boire ou de ne pas boire.

Après le premier coup, on sert sur chaque table une grande porcelaine de viandes, où tout est en ragout. Alors chacun est attentif aux signes du maître d'hôtel, qui regle tous les mouvemens des conviés ; selon qu'il les détermine, ils appliquent les deux mains sur les deux petits bâtons, ils les élevent en l'air, les présentent d'un certain sens, & après un long exercice, ils les enfoncent dans la porcelaine, d'où ils prennent adroitement un morceau, qu'il faut manger, de maniere qu'on ne se hâte pas trop, & qu'on ne soit pas aussi trop lent ; car ce seroit une incivilité de précéder les autres, ou de les faire attendre. On recommence ensuite l'exercice des bâtons, qu'on remet enfin sur la table, dans la situation où ils étoient auparavant.

Un moment après, on sert encore du vin, & on boit avec toutes les cérémonies précédentes. Après quoi, on apporte un second plat, auquel on touche comme au premier, & ainsi de suite, jusqu'à ce qu'on ait couvert la table de vingt ou vingt-quatre porcelaines. Quand tous les plats sont servis, on cesse d'apporter du vin, & l'on peut manger avec plus de liberté, prenant indifféremment dans les plats ; ensorte néanmoins que tout le monde se suive, & que l'ordre se garde exactement. On commence alors à donner du ris & du pain, car jusques-là on n'a mangé que de la viande. On présente aussi des bouillons clairs de chair ou de poisson, afin de les mêler avec le ris, si on le juge à propos. On est ainsi à table, sérieux, graves, & sans parler pendant trois ou quatre heures.

Quand le maître-d'hôtel s'apperçoit qu'on ne mange plus, il fait signe de se lever, & on se retire durant un quart d'heure ou dans un jardin, ou dans une salle pour s'entretenir. On revient ensuite se remettre à la table, qu'on trouve garnie de toutes sortes de confitures & de fruits secs, qui servent à boire du thé.

Ces manieres gênantes empêchent tout le monde de manger, & on ne se sent d'appétit que lorsqu'on est hors de table.

Après le *repas*, une bande de farceurs viennent à leur tour donner la comédie, qui, par sa longueur, fatigue autant que celle qu'on a joué auparavant à table. (*Mém. de la Chine.*)

Quand les moscovites sont en festin, la femme de celui qui régale ne mange point avec les hommes. Parée de ses plus beaux habits, elle entre pendant le festin dans la salle, avec quelques suivantes, & met dans la main du plus considérable des conviés, un verre d'eau-de-vie, après y avoir mouillé le bout de ses lévres. Pendant qu'il boit, elle se retire promptement, & ayant pris un autre habit, elle fait la même civilité au second, & ainsi de suite ; puis se retirant vers la muraille, les yeux baissés, les bras pendans sur les côtés, elle reçoit un baiser de chacun des conviés ; cela ne se pratiquoit cependant que chez les gens qui font figure. (*Voy. du Sept.*)

Les persans commencent leurs *repas* par les fruits & les confitures, après quoi on sert les viandes.

Les anciens grecs établirent fort sagement que les femmes n'assistassent point aux festins ; car les hommes étant accoutumés à y parler plus librement, il étoit bien difficile qu'il ne leur échappât des plaisanteries contraires à la pudeur. Ils auroient donc offensé les chastes oreilles du sexe, & s'ils eussent voulu les ménager, ils eussent perdu une bonne partie de la gaieté qu'ils cherchoient à table. Si quelque femme se trouvoit à un festin, c'étoit une femme à tout faire ; elle déclaroit par-là que non-seulement il n'y avoit rien que l'on ne pût dire en sa présence, mais aussi qu'elle étoit fort résignée à souffrir tout patiemment.

Quoiqu'on trouve parmi les anciens grecs jusqu'à quatre ou cinq repas par jour, les plus réglés ne mangeoient pour l'ordinaire qu'une ou deux fois. Platon étant arrivé en Italie & en Sicile, & ayant remarqué qu'on y faisoit deux grands repas par jour, ne put s'empêcher de dire que des gens accoutumés à cette sorte de vie dès leur jeunesse, ne pourroient jamais parvenir à quelque degré de prudence & de sagesse. Les latins avoient deux repas, le dîner & le souper ; mais le premier étoit un repas particulier, où chacun mangeoit seul, à peu-près comme dans nos déjeûnés ; on n'invitoit jamais à ce repas, mais seulement au souper, qui se faisoit vers les trois heures après midi.

L'empereur Géta demeura une fois trois jours de suite à table sans se lever, & on lui servoit des viandes selon l'ordre de l'alphabet ; de manière qu'à chaque service le nom des mets commençoit par la même lettre.

Augustin Chigi, intendant des finances du pape, donna un jour à Léon X & aux cardinaux un repas d'une magnificence extraordinaire. On faisoit jetter à chaque service dans le tybre tout ce qui se levoit de dessus la table, néanmoins la vaisselle étoit d'argent. On servit en dernier lieu quantité de langues de perroquets apprêtées en cent manières différentes.

Philippe le Bel, roi de France, par une ordonnance de 1294, défendit de donner dans un grand repas plus de deux mets & un potage au lard ; & dans un *repas* ordinaire plus d'un mets & un entre-mets, entendant que toute grosse viande fut comptée pour un mets, mais non le fromage, s'il n'étoit en pâte, ou cuit à l'eau.

Charles IX passa ces étroites bornes, permettant trois services, chacun de six plats en entrées, en viandes ou poisson, & en dessert : mais il ordonna que dans le premier les potages passeroient pour plats ; que pour le second, chaque plat ne seroit que d'une seule sorte de viande point doublée ; par exemple, qu'on n'y pourroit mettre qu'un chapon, ou un lapin, ou une perdrix, mais bien trois poulets ou trois pigeonneaux, quatre grives, douze alouettes ; tout cela sous peine de deux cents livres d'amende aux contrevenans pour la première fois, & au cuisinier de dix livres d'amende, & de huit jours de prison au pain & à l'eau ; peine qui devoit être doublée à la seconde fois, & aller jusqu'au fouet & au bannissement à l'égard des cuisiniers.

Le maire de Londres, le jour de son entrée, qui est le 29 octobre, donne dans l'hôtel-de-ville un magnifique repas, où les rois sont toujours invités ; & ils se trouvent quelquefois avec les principaux seigneurs & les principales dames de la cour. En 1356, un maire, nommé Picard, avoit quatre rois à sa table, savoir, Edouard III, roi d'Angleterre ; Jean, roi de France, David I, roi d'Ecosse, & Hugues de Lusignan, roi de Chypre. Les rois de France & d'Ecosse étoient alors prisonniers en Angleterre.

RESSEMBLANCE. L'histoire des seigneurs de Scissome, rapportée par Pasquier, peut servir à nous prouver que la nature prend quelquefois plaisir à se copier. « Nicolas & Claude de Roussi, frères jumeaux, l'un seigneur de Scissome, & l'autre d'Origny, naquirent le 7 avril 1548, avec une telle *ressemblance*, que leurs nourrices furent contraintes de leur donner des bracelets de diverses couleurs, pour reconnoître leurs nourrissons : conformité qu'ils apportoient du ventre de leur mère, non seulement en ce qui étoit de la taille & des traits du visage, mais aussi de leurs mœurs, gestes, ports, volontés & inclinations : ce qui fut cause à leur père & mère de les faire habiller de mêmes parures, & eux-mêmes étoient fort empêchés de les distinguer. Notre roi Charles neuvième prenoit souvent plaisir, au milieu de cinq cents gentilshommes, de les mettre tous deux ensemble & les considérer longuement, pour y trouver après quelque marque de différence. Mais après les avoir fait passer & repasser dans la foule, & se représenter à lui, il ne les put jamais, ni aucun de la troupe, discerner au vrai. Le seigneur de Scissome étoit grand ami des seigneurs de Fervaques. Les femmes des ces deux seigneurs abusées, prirent le seigneur d'Origny pour son frère aîné, &c. Je veux remarquer en eux deux choses de très-grande admiration ; l'une, qu'ayant été comme gentilshommes duits dès leur jeunesse en toutes sortes d'exercices honnêtes, entr'autres au jeu de paulme, auquel ils s'étoient rendus grands maîtres, le seigneur d'Origny se trouva surpasser son frère, qui faisoit, de fois à autre, des parties mal-à-propos ; à quoi, pour remédier, il sortoit du jeu, feignant d'aller à quelque nécessité de nature; & peu après, faisoit entrer son frère en sa place, qui étoit des regardans; lequel relevoit & gagnoit la partie, sans que nul, ni des joueurs, ni de ceux qui résidoient à la galerie, y connussent rien du changement. L'autre, qu's'étant, le sieur d'Origny, voué à la recherche de la vicomtesse d'Esclavole; belle, riche & vertueuse dame, pour l'épouser; cette même dévotion entra aussi-tôt en l'ame de Scissome, qui ne savoit que son frère s'y fût engagé; mais en ayant eu avis, changea de propos au profit & avantage de d'Origny, qui l'épousa. Aussi les mêmes accidens qui arrivèrent à l'un pendant le cours de sa vie, arrivèrent à l'autre; mêmes maladies, mêmes blessures à même instant; qu'en mêmes endroits de leurs corps; & lorsque Scissome tomba malade de la maladie dont il mourut, au trentième an de son âge, le seigneur d'Origny se trouva au même-temps atteint de même maladie; vrai est qu'il en réchappa par l'industrie de son médecin. L'autre, maltraité par le sien, étant allé de vie à trépas; & le seigneur d'Origny en ayant eu la nouvelle, tomba en telle syncope, qu'on estimoit qu'il fut mort; toutefois il en réchappa. Un bon peintre les représenta tous deux dans un tableau tels qu'ils étoient, c'est-à-dire, très-semblables de corpulence & de visage ».

Des courtisans de l'empereur Auguste, lui présentèrent un jeune grec qui lui ressembloit traits pour traits. On rapporte, à ce sujet, que l'empereur, après l'avoir long-temps examiné, lui demanda en plaisantant, si sa mère étoit venu à Rome? Non, seigneur, lui répondit le jeune grec, qui sentit où tendoit la question, mais mon père y est venu plusieurs fois.

Il y a quelques années que l'on vit à Rome deux jumeaux d'environ douze ans, dont la taille, le teint, les traits, & toute la figure paroissoient exactement les mêmes. On prenoit plaisir à leur faire porter des habits de la même forme & de la même couleur, ce qui donnoit souvent lieu à des aventures singulières & divertissantes. Ils avoient reçu la même éducation; & plusieurs personnes qui les ont observés, témoignent qu'ils faisoient à peu-près les mêmes réponses aux mêmes questions; d'où l'on concluoit que leur façon d'envisager les objets étoit la même, & qu'ils ne se ressembloient pas moins dans leur manière de ressentir & de concevoir, que dans les traits du corps qui formoient leur ressemblance extérieure.

Deux frères qui logeoient ensemble se ressembloient parfaitement, & portoient le même nom. Un homme demande à parler à l'un des deux. Lequel voulez-vous voir, dit le portier?... celui qui est conseiller?... ils le sont tous deux... Celui qui est marié?... ils le sont tous deux?... Celui qui a une jolie femme?... ils en ont tous deux... Eh bien! c'est donc celui qui est cocu... Ma foi,

monsieur, je crois qu'ils le sont tous deux... Voilà, dit l'homme, deux frères, bien destinés à se ressembler.

RETZ, (Jean François Paul de Gondi cardinal de) né en 1613, mort à Paris le 24 août 1679.

On a de la peine à comprendre, dit M. le président Hénault, comment un homme qui passa sa vie à cabaler, n'eût jamais de véritable objet. Il aimoit l'intrigue pour intriguer; esprit hardi, délié, vaste & un peu romanesque, sachant tirer parti de l'autorité que son état lui donnoit sur le peuple; & faisant servir la religion à sa politique; cherchant quelquefois à se faire un mérite de ce qu'il ne devoit qu'au hasard, & ajustant souvent après coup les moyens aux évènemens. Il fit la guerre au roi; mais le personnage de rebelle étoit ce qui le flattoit le plus dans sa rébellion; magnifique, bel esprit, turbulent, ayant plus de saillies que de suite, plus de chimères que de vues; déplacé dans une monarchie, & n'ayant pas ce qu'il falloit pour être républicain, parce qu'il n'étoit ni sujet fidèle, ni bon citoyen; aussi vain, plus hardi & moins honnête homme que Cicéron; enfin plus d'esprit, moins grand & moins méchant que Catilina. Ses mémoires sont très agréables à lire; mais conçoit-on qu'un homme ait le courage, ou plutôt la folie de dire de lui-même plus de mal qu'en eût pu dire son plus grand ennemi. Ce qui est étonnant, c'est que ce même homme, sur la fin de sa vie, n'étoit plus rien de tout cela, & qu'il devint doux, paisible, sans intrigue & l'amour de tous les honnêtes gens de son temps, comme si toute son ambition d'autrefois n'avoit été qu'une débauche d'esprit, & des tours de jeunesse dont on se corrige avec l'âge: ce qui prouve bien qu'en effet il n'y avoit en lui aucune passion réelle.

Paul de Gondi coadjuteur de son oncle premier archevêque de Paris, lui succéda dans son archévêché, & fut nommé cardinal.

On lui reprochoit un jour qu'il faisoit trop de dépense; ce qui n'étoit que trop vrai, car il la faisoit excessive; il répondit fort étourdiment: « J'ai bien supputé; César à mon âge, devoit six fois plus que moi ». Cette parole, très-imprudente en tout sens, fut rapportée au cardinal Mazarin qui s'en moqua, & il avoit raison.

Le coadjuteur joua un des principaux rôles dans la guerre de la Fronde. Il leva même un régiment à ses dépens qu'on nomma le régiment de Corinthe, parce que ce prélat étoit archevêque titulaire de Corinthe. Ce régiment ayant été battu par un petit détachement de l'armée royale, on appela cet échec la première aux corinthiens. C'est ainsi que dans ces temps de trouble on joignoit l'esprit de révolte à celui de plaisanterie. Un jour que ce même prélat vint prendre séance au parlement avec un poignard dans fa poche, quelqu'un en apperçut la poignée & s'écria: « Voilà le bréviaire de notre archevêque ».

Le chapeau de cardinal, que le coadjuteur par la fuite arracha en quelque forte des mains de la régente, fembla fatisfaire fon ambition, mais diminua la confiance que le peuple avoit en lui. On le crut raccomodé avec la cour, qui néanmoins craignit toujours fes intrigues, & fe faifit de l'occafion qui fe préfenta de fe rendre maître de fa perfonne. On le fit d'abord conduire au château de Vincennes. Peu après l'archevêque de Paris étant mort, les amis du coadjuteur introduifirent dans l'affemblée du chapitre un homme chargé de fa raccuration, pour prendre poffeffion en fon nom de l'archevêché de Paris dont on vouloit qu'il fé démit. Cette démarche ne fervit qu'à aigrir de plus en plus la cour contre le coadjuteur. On le transféra au château de Nantes, d'où il trouva le moyen de fe fauver, & il fe retira à Rome. En 1661, le cardinal Mazarin, fon plus grand ennemi, étant venu à mourir, le cardinal de *Retz*, ennuyé de la vie errante qu'il menoit, accablé d'ailleurs de chagrin & de dettes, follicita fon rappel : mais pour y parvenir, il fallut fe réfoudre à donner une démiffion de fon archevêché. Ce ne fut qu'à cette condition qu'il eut la liberté de rentrer dans le royaume. Lorfqu'après que cette grace lui fut accordée, il vint fe jetter aux pieds du roi: « Monfieur le cardinal, lui dit le roi en le relevant, vous avez les cheveux blancs ». *Sire*, lui répondit le cardinal, *on blanchit aifément lorfqu'on a le malheur d'être dans la difgrace de votre majefté.*

Ce cardinal, dans les dernières années de fa vie, parut fi dégoûté du monde & de fes vanités, qu'il voulut remettre au pape fon chapeau de cardinal. Il s'étoit réduit à une dépenfe très-médiocre, afin de pouvoir acquitter plus de trois millions de dettes qu'il paya avant fa mort. Le grand prince de Condé paffa également fes derniers jours dans la retraite à Chantilli. Il avoit accordé dans un coin de fon parc un petit hermitage à D. Lopin, d'une bonne famille de Dijon, & qui avoit toujours été attaché à la maifon de Condé. Ce religieux s'occupoit à cultiver des fleurs. Un jour que le cardinal de *Retz* étoit allé à Chantilli, M. le prince le mena vers l'habitation de D. Lopin. Ils voulurent pour s'amufer éprouver la patience de ce religieux, & feignant de parler de chofes qui les intéreffoient beaucoup, ils marchoient à droite & à gauche fur les fleurs de l'hermitage. D. Lopin parut d'abord chagrin de voir foulées aux pieds des fleurs qu'il avoit pris tant de foin à cultiver. Il fut tenté plufieurs fois d'en faire fes plaintes, mais le refpect le retenoit toujours. A la fin la patience lui échappa. Il avoit apperçu à un certain gefte & à

un certain fourire que c'étoit un complot formé entre le prince & le cardinal. « Eh, meffeigneurs, s'écria t-il, c'eft bien le temps d'être d'accord entre vous quand il s'agit de faire de la peine à un pauvre religieux ? Il falloit l'être autrefois pour le bien de la France & pour le vôtre ». Ces mots, ou plutôt ces réflexions du bon religieux en firent faire de très-profondes au prince & au cardinal, qui ne purent s'empêcher de fe rappeler avec amertume le fouvenir des troubles paffés.

Le cardinal de *Retz* compofa les mémoires que nous avons de lui dans fa retraite de Commerci. Il avoit eu la foibleffe d'y parler de fes aventures galantes. Quelques religieufes à qui il confia fon manufcrit original, retranchèrent en le copiant tous les traits qui deshonoroient les mœurs de ce cardinal, & c'eft fur une de ces copies que fut faite la première édition des mémoires, où l'on trouve en effet plufieurs lacunes.

Jamais grand feigneur n'a fait tant de dépenfe, n'a tant emprunté, ni fi bien rendu que M. le cardinal de *Retz*. La dernière fois qu'il partit pour Rome, il fit affembler fes créanciers : & examinant ce qu'il leur devoit, il leur témoigna qu'il n'avoit qu'une fomme à leur donner dans un certain temps ; & que M.... qui étoit préfent, en vouloit bien être caution. Tous les créanciers fe retirèrent là-deffus, & lui dirent qu'ils ne venoient pas lui demander de l'argent, qu'ils en avoient encore à fon fervice, & entre autres une dame fe leva en lui offrant cinquante mille écus, qu'elle le prioit d'accepter pour les befoins de fon voyage, & des affaires qu'il pourroit avoir à Rome. Le cardinal confus de la générofité de tant de gens, leur témoigna fa reconnoiffance. Et fe tournant vers un marchand qui étoit là il y a, dit-il, ce pauvre chapelier à qui je dois beaucoup, je rougis de ne pouvoir le fatisfaire comme je voudrois & comme il le mérite. Moi, monfeigneur, répondit le chapelier, il eft vrai que je fuis pauvre, mais je n'ai pas moins de cœur que les autres, ni moins d'attachement pour votre perfonne, je ne vous demande rien ; & voilà encore trois chapeaux rouges que je prie votre éminence d'emporter avec elle. Tout le monde fut furpris d'une bonté d'ame fi fingulière dans un artifan, & monfieur le cardinal ne put s'empêcher de pleurer & de remercier Dieu, qui tournoit fi favorablement pour lui les cœurs de tant de differentes perfonnes. On a exécuté depuis avec une fidélité fans exemple, toutes les intentions du cardinal après fa mort, & aucun créancier n'a rien perdu : on lui fit cette épitaphe :

Ille inquietus hîc quiefcit Gondius.

REVENANS. Saint Louis fut fi édifié au récit

qu'on lui faifoit de la vie auftère & filentieufe des difciples de faint Bruno, qu'il en fit venir fix à Paris & leur donna une maifon avec des jardins & des vignes, au village de Gentilli. Ces religieux voyoient de leurs fenêtres le palais de Vauvert, bâti par le roi Robert, abandonné par fes fucceffeurs, & dont on pouvoit faire un monaftère commode & agréable par la proximité de Paris : le hazard voulut que des *revenans*, s'avisèrent de s'emparer de ce vieux château. On y entendoit des hurlemens affreux. On y voyoit des fpectres traînant des chaînes, & entr'autres un monftre vert avec une grande barbe blanche, moitié homme, moitié ferpent, armé d'une groffe maffue, & qui fembloit toujours prêt, la nuit, à s'élancer fur les paffans. Que faire d'un pareil château. Les chartreux le demandèrent à faint Louis ; il leur donna avec toutes fes appartenances & dépendances. Les *revenans* n'y revinrent plus. Le nom d'enfer refta feulement à la rue, en mémoire de tout le tapage que les diables y avoient fait.

Ardivilliers eft une terre affez belle en Picardie, aux environs de Breteuil : il y revenoit un efprit, & ce maître lutin y faifoit un bruit effroyable. Toute la nuit c'étoient des flammes qui faifoient paroître le château tout en feu ; c'étoient des hurlemens épouvantables, & cela n'arrivoit qu'en certain temps de l'année, vers la Touffaint perfonne n'ofoit y demeurer que les fermiers, avec qui cet efprit étoit apprivoifé. Si quelque malheureux paffant y couchoit une nuit, il étoit étrillé d'importance, les marques en demeuroient fur fa peau pendant plus de fix mois. Les payfans d'alentour voyoient bien d'autres objets, car tantôt quelqu'un avoit vu de loin une douza'ne d'autres efprits en l'air fur ce château, ils étoient tout de feu, & ils danfoient un branle à la payfanne : une autre fois on avoit trouvé dans une prairie, je ne fais combien de préfidens, confeillers en robes rouges ; mais fans doute ils étoient encore tout en feu. Là ils étoient affis & jugeoient à mort un gentilhomme du pays, qui avoit eu la tête tranchée il y avoit bien cent ans. Un autre avoit rencontré la nuit un gentilhomme, parent d'un préfident, maître du château ; il fe promenoit avec la femme d'un autre gentilhomme des environs ; on nommoit la dame, ce parent & cette dame étoient vivans ; on ajoutoit qu'elle s'étoit laiffée cajoler, & qu'enfuite, elle & fon galant, avoient difparu. Ainfi plufieurs perfonnes avoient vu, ou tout au moins, oui-dire des merveilles du château d'Ardivilliers. Cette farce dura plus de quatre ou cinq ans, & fit grand tort au préfident qui étoit contraint de laiffer fa terre à très-vil prix : mais enfin il réfolut de faire ceffer la lutinerie, perfuadé par beaucoup de circonftances qu'il y avoit de l'artifice de quelqu'un en tout cela. Il va à fa terre vers la Touffaint, couche dans fon château, fait demeurer dans fa chambre

deux gentilhommes de fes amis, bien réfolus au premier bruit, ou, à la première apparition, de tirer deffus avec de bons piftolets. Les efprits qui favent tout, furent apparemment ces préparatifs, pas un d'eux ne parut. Ils rédoutèrent celui du préfident, qu'ils reconnurent avoir plus de force & de fubtilité qu'eux. Ils fe contentèrent de remuer des chaînes dans une chambre au-deffus de la fienne, au bruit defquelles la femme & les enfans du fermier vinrent au fecours de leur feigneur. Ils fe jetèrent à genoux pour l'empêcher de monter dans cette chambre. Hé ! monfeigneur, lui crioient-ils, qu'eft-ce que la force humaine contre des gens de l'autre monde ? Monfieur de Fécaucour, avant vous, a voulu tenter la même entreprife, il en eft revenu avec un bras tout difloqué. Monfieur de Warfelles penfoit auffi faire le brave, il s'eft trouvé accablé fous des bottes de foin, & le lendemain il en fut bien malade. Enfin ils alléguèrent tant de pareils exemples au préfident, que fes amis ne voulurent pas qu'il s'expofât à ce que l'efprit pourroit faire pour fa défenfe, ils en prirent feuls la commiffion : ils montèrent tous deux à cette grande & vafte chambre où fe faifoit le bruit, le piftolet dans une main & la chandelle dans l'autre ; ils ne voyoient d'abord qu'une épaiffe fumée que quelques flammes redoubloient en s'élevant par intervalles. Ils attendent un moment qu'elles s'éclairciffent, l'efprit s'entrevoit confufément, au milieu. C'eft un pantalon tout noir qui fait des gambades, & qu'un autre mélange de flammes & de fumée dérobe encore à leur vue. Il a des cornes, une longue queue ; enfin c'eft un objet qui donne de l'épouvante. L'un des deux gentilhommes fent un peu diminuer fon audace à cet afpect. Il y a quelque chofe là de furnaturel, dit-il à l'autre, retirons-nous : mais cet autre plus hardi ne recule pas. Non, non, répondit-il, cette fumée put la poudre à canon, & ce n'eft rien d'extraordinaire ; l'efprit même ne fait fon métier qu'à demi de n'avoir pas encore fouffié nos chandelles. Il avance à ces mots, pourfuit le fpectre, le fixe pour lui lâcher un coup de piftolet, le tire & ne le manque pas : mais il eft tout étonné qu'au lieu de tomber, ce fantôme fe retourne & fe met devant lui. C'eft alors qu'il commence lui-même à avoir un peu de frayeur. Il fe raffure toutefois, perfuadé que ce ne pouvoit être un efprit, & voyant que le fpectre ne l'ofoit attendre, & évitoit de fe laiffer faifir, il réfolut de l'attraper pour voir s'il fera palpable, ou s'il fondra entre fes mains. L'efprit étant trop preffé, fort de la chambre & defcend par un petit efcalier qui étoit dans une tour ; le gentilhomme defcend après lui & ne le perd point de vue, traverfe cours & jardins, & fait autant de tours qu'en fait le fpectre, tant qu'enfin ce fantôme étant parvenu à une grange qu'il trouva ouverte, fe jetta dedans, & s'y voyant enfermé, aima mieux difparoître que de fe laiffer prendre ; il fondit contre le mur même où le gentilhomme pensoit l'arrêter, & le laissa fort confus. L'ayant vu ainsi fondre, il appela du monde & se fit apporter de quoi enfoncer la porte de l'endroit où le spectre s'étoit évanoui; il découvrit que c'étoit une trappe qu'on fermoit au verrouil, après qu'on y étoit passé. Il descendit dedans, trouva le pantalon & de bons matelats qui le recevoient doucement, quand il s'y jetoit la tête la première; il l'en fit sortir. Ce qui rendoit l'esprit à l'épreuve du pistolet, étoit une peau de buffle ajustée à son corps. Ce fourbe avoua toutes ses souplesses, & en fut quitte pour payer à son maître les arrérages de cinq années, sur le pied de ce que la terre étoit affermée avant les apparitions. Il y a deux choses à admirer dans cette histoire, les tours d'adresse de l'esprit, & l'intrépidité du gentilhomme: l'absence du fermier donna peut-être lieu de penser qu'il étoit le héros de la pièce.

Un fermier retournant du marché de Southam, dans le comté de Warwik, fut assassiné. Le lendemain un homme vient trouver la femme de ce malheureux, & lui demande avec empressement si son mari n'est pas revenu la veille. Non, réplique cette femme, & je suis dans une inquiétude mortelle. Elle ne sçauroit égaler la mienne, répond cet homme. Cette nuit, étant dans mon lit parfaitement éveillé, votre mari m'est apparu; il m'a montré des coups de poignard dont son corps est percé, il m'a indiqué la marnière où l'on a jetté son cadavre, & il m'a nommé l'assassin, qui est un tel. L'alarme se répand dans tout l'endroit; on cherche la marnière, & l'on y trouve le corps percé de blessures. On saisit la personne accusée par l'esprit, on la traîne devant le lord Raymond, chef de la justice de Warwick. On l'auroit jetté dans un cachot, si le lord Raymond, plus éclairé que les autres juges, ne se fût opposé à cette violence. « Il me semble, leur dit-il, Messieurs, qu'on ne doit pas décider si précipitamment sur le témoignage de l'esprit prétendu. Je vous dirai que toutes ces histoires d'apparitions me paroissent un peu incroyables; nous n'avons, d'ailleurs, aucune loi par laquelle il soit permis d'arrêter un homme sur le rapport d'un esprit. Quoi qu'il en soit, si cet esprit a révélé à l'accusateur l'auteur du crime, il ne doit pas manquer de nous en instruire également. Crieur, continua le lord Raymond, sommez l'esprit de paroître devant nous. Le crieur appele trois fois; & l'esprit ne répondant point: « Messieurs, reprit le lord, le prisonnier, sur le rapport de tous les témoins que vous avez entendus, est un homme d'une conduite irréprochable; jamais il n'eut aucun démêlé avec l'homme assassiné; je le déclare innocent: mais qu'on arrête l'accusateur: sur tous les indices circonstanciés qu'il a donnés de l'assassinat, je soupçonne très-fortement qu'il en est coupable ». On saisit cet homme, on l'interroge; il se coupe dans ses réponses, il avoue enfin qu'il est l'auteur du crime.

Un homme fort âgé, dont l'esprit étoit baissé, avoit néanmoins de temps en temps des saillies heureuses. Quelqu'un disoit à cette occasion, que c'étoit un vieux château où il revenoit des esprits.

REVENU. Le comte de ..... n'avoit que mille écus de rente & donnoit trois mille livres à son coureur. « J'ai trouvé, disoit-il, le moyen d'avoir toujours une année de mon *revenu* devant moi ».

RICHELIEU, (Armand du Plessis, cardinal, duc de) né à Paris le 5 septembre 1585, mort dans la même ville le 4 décembre 1642.

Le grand écuyer Cinqmars, favori de Louis XIII, crut quelque temps pouvoir balancer dans l'esprit du roi la fortune de *Richelieu*; mais un jour que ce favori s'abandonnoit à des discours outrageans contre ce ministre, Louis lui imposa silence. « Je vous aime beaucoup, lui dit ce prince, & je n'aime point M. le cardinal. Cependant si vous lui rompez en visière, n'attendez pas que je prenne votre parti contre lui; mes affaires sont en telle situation que je ne puis me passer de mon ministre: je ne le gâterai jamais pour l'amour de qui que ce soit ». C'est ce même Cinqmars qui, quelque temps après, porta sa tête sur un échafaud pour avoir conspiré contre l'état par haine pour *Richelieu*.

Le cardinal de *Richelieu* envoyant faire compliment au duc d'Epernon, & savoir en quel état il étoit, le duc, qui dans ce moment disoit ses prières, répondit au gentilhomme, qui vint de la part du cardinal: « Vas, dis à ton maître que je fais son métier & qu'il fait le mien ». En effet le cardinal étoit celui qui disposoit du gouvernement des armées.

Le cardinal de *Richelieu* avoit pris un tel ascendant sur l'esprit de Louis XIII, que la résolution ayant été prise de secourir le duc de Mantoue contre les espagnols qui avoient envahis ses états, il se fit donner un pouvoir si extraordinaire de généralissime de l'armée, que M. d'Epernon dit que le roi ne s'étoit réservé de tout son pouvoir, que celui de guérir les écrouelles.

Le cardinal de *Richelieu* montant le grand degré de Fontainebleau accompagné d'une cour brillante, le duc d'Epernon qui descendoit suivi de peu de personnes, & dont le crédit déclinoit, lui dit: « Vous montez, & je descends; ce ministre lui répondit: « Si Dieu m'avoit donné plus de santé & de force, je monterois plus vîte que vous ne descendez ».

Le cardinal de *Richelieu* avoit coutume de dire

à fes amis que le roi Louis XIII lui coûtoit plus à gouverner que tout le royaume.

Le cardinal de *Richelieu* venoit d'affifter à une cérémonie où un cordelier avoit prêché. Surpris de n'en avoir point impofé au prédicateur, pour l'intimider un peu, il lui demanda comment il avoit pu parler avec tant d'affurance. « Ah ! monfeigneur, répond le cordelier, c'eft que j'ai appris mon fermon devant un carré de choux, au milieu duquel il y en avoit un rouge, & cela m'a accoutumé à parler devant vous ».

Le cardinal de *Richelieu* difoit, qu'il y avoit deux fortes de perfonnes qui ne devoient jamais pardonner, les prêtres & les femmes, parce qu'au lieu d'impúter à générofité ce pardon qu'ils feroient à leurs ennemis, on l'imputeroit à foibleffe.

Ce miniftre, avide de toutes fortes de gloire, recherça celle du bel efprit jufque dans la crife des affaires publiques & des fiennes. Boifrobert, l'un de fes favoris, lui ayant parlé d'une affemblée de gens de lettres, qui fe tenoit chez Valentin Conrard, le cardinal propofa de lui-même de réunir ces meffieurs en un feul corps, qui pourroit s'affembler régulièrement fous une autorité publique, & qu'il honoreroit de fa protection. Dans les premières délibérations qui fe firent en conféquence des ordres du miniftre, on agita quel nom devoit porter l'académie, & quel feroit le genre de fes occupations. La décifion en fut remife au cardinal. « La valeur des françois, difoit-on à ce miniftre, & leurs grandes actions font demeurées dans une efpèce d'oubli, parce que les françois n'avoient pas poffédé l'art de les rendre illuftres par leurs écrits ; mais aujourd'hui il fe rencontre, heureufement pour la France, des hommes capables de faire lire avec plaifir ce que nous avons vu exécuter avec étonnement ». L'académie, par cet article, s'engagea à tirer de cet oubli, honteux à la nation, les grands hommes qu'elle avoit produits, & les chofes mémorables qu'ils avoient faites.

Lorfque la belle tragédie du *Cid*, de Pierre Corneille, parut, *Richelieu*, que toute gloire étrangère chagrinoit, enjoignit à la nouvelle académie de donner des obfervations critiques fur cette pièce. Mais ces obfervations en firent voir les défauts fans ternir fon éclat. Le public continua de l'admirer en dépit de *Richelieu*.

Ce miniftre donnoit dans fon palais des pièces de théâtre auxquelles il travailloit quelquefois. La première pièce qu'il fit repréfenter, fut la tragédie de *Mirame*, de Défmarets. Il avoit pour cette pièce une tendreffe qui marquoit affez qu'il pouvoit en être le père. Mais l'énorme dépenfe qu'il fit pour ce fpectacle ; & tout fon pouvoir, ne purent empêcher que ce drame ne tombât. Après la première repréfentation, le cardinal s'étoit retiré

à Ruel. Défmarets & Petit coururent l'y joindre. Il leur dit en les voyant entrer : « Eh bien ! les françois n'auront jamais du goût pour les belles chofes : Ils n'ont point été charmés de *Mirame* ».

La comédie des *Thuileries*, attribuée aux cinq auteurs qui travailloient fous les ordres du cardinal, fut repréfentée en 1635 dans le palais de ce miniftre. Il en avoit arrangé lui-même toutes les fcènes. Corneille, un des cinq auteurs, plus docile à fon génie que fouple aux volontés du premier miniftre, crut devoir changer quelque chofe dans le troifième acte qui lui fut confié. Cette liberté eftimable déplut beaucoup au cardinal qui lui dit, qu'*il falloit avoir un efprit de fuite*. Il entendoit par efprit de fuite la foumiffion qui fuit aveuglement les ordres d'un fupérieur.

Ces ridicules dans le cardinal furent en quelque forte effacés par la grandeur de l'homme d'état. Indépendamment de l'extinction des petits tyrans qui défoloient la France, de l'abaiffement de la maifon d'Autriche & du parti proteftant, on lui doit les progrès que les françois de ce fiècle firent dans les fciences & dans les arts par la protection fignalée qu'il leur donna. L'établiffement de l'académie françoife, de l'imprimerie royale, du jardin du roi, font autant de trophées élevés à fa mémoire.

Richelieu paffa les derniers jours de fa vie dans les fouffrances & les douleurs d'une maladie aiguë. Lorfqu'enfin il vit fon dernier moment arrivé, il parut attendre la mort avec beaucoup de fermeté & de courage. Il preffa fes médecins de lui dire fincèrement ce qu'ils penfoient de fon état, & combien il avoit encore à vivre. Tous lui répondirent qu'une vie fi précieufe & fi néceffaire au monde intéreffoit le ciel, & que Dieu fera un miracle pour le guérir. Peu fatisfait de ce galimathias, *Richelieu* appelle Chicot, médecin du roi, & le conjure de lui dire en ami, s'il doit efpérer de vivre ou fe préparer à la mort. *Dans vingt-quatre heures*, lui répond ce médecin en homme d'efprit, *vous ferez mort ou guéri*. Le cardinal parut très-fatisfait de cette fincérité : il remercia Chicot, & lui dit, fans fe montrer ému, qu'il entendoit bien ce que cela vouloit dire. Dès ce moment, *Richelieu* ne s'occupa plus que de fa fin prochaine. Il reçut le faint viatique avec les fentimens de la piété la plus vive. *O mon juge !* dit le prélat en regardant le faint ciboire ; *condamnez moi fi j'ai eu d'autre intention que de bien fervir le roi & l'état*. Lorfqu'il eut rendu les derniers foupirs, on s'empreffa d'aller porter cette nouvelle au roi : *Voilà*, dit-il froidement, *un grand politique de mort*.

Le cardinal de *Richelieu* laiffa en mourant à fa fucceffion, recueillie par madame d'Aiguillon, fa feule & unique héritière, environ vingt millions. Mais, peu de temps après la mort de ce cardinal, on lui fit plus de quatre-vingt procès, pour réparations

réparations & autres suites de tous les grands & nombreux bénéfices qu'il avoit eus ; lesquels procès, faute par madame d'Aiguillon de s'être accommodée à des conditions même onéreuses pour elle, ont causé par la suite la perte totale de cette succession.

RICHESSES. Un financier avoit amassé de très-grands biens aux dépens de l'état, & il disoit à un sage : Il faut, je crois, bien de la force d'esprit pour mépriser les *richesses* ? Vous vous trompez, lui répondit le sage, il suffit de regarder entre les mains de qui elles passent.

On demandoit à un arabe ce qu'il lui sembloit des *richesses*. Il répondit : « C'est un jeu d'enfant ; on les donne, on les reprend ».

Philoxène de Cythère, poëte fameux, ayant acquis de grandes *richesses* en Sicile, s'apperçut que le luxe & la mollesse, qui en sont inséparables, commençoient à le gagner : « Par tous les dieux, dit-il, perdons nos *richesses*, plutôt qu'elles ne nous perdent ». Aussi-tôt il renonça à tout ce qu'il possédoit ; quitta la Sicile, & alla dans une agréable retraite mettre ses mœurs en sûreté, sous les auspices d'une pauvreté volontaire.

RIDICULES. La comédie nous représente les caractères *ridicules*, afin que le spectateur s'y corrige de ses défauts, comme on ôte de devant un miroir les taches de son visage. Il y a bien des originaux que la comédie n'a point encore exposé à la risée du public. Nous en citerons quelques-uns qui retiennent leurs places ; c'est l'histoire & les mémoires du temps qui nous les fourniront.

L'abbé de Marolles nous rapporte dans ses mémoires, que son père, très bon gentilhomme, s'étonnoit qu'un homme comme lui, qui avoit tant couru de périls à la guerre, fût réduit à mourir dans son lit. Quoi, disoit-il, ce n'est pas les armes à la main qu'il faut que je quitte la lumière ? Il se faisoit alors apporter sa-pertuisane, & s'en servoit pour se soutenir au lieu de bâton. Il observoit la même cérémonie toutes les fois qu'il se faisoit saigner, sous prétexte qu'un homme de guerre ne devoit répandre son sang que les armes à la main.

Milord Lanesbrouw, dont parle Pope dans ses épîtres morales, étoit si passionné pour la danse, que l'âge & la goutte ne purent lui ôter ce plaisir. Il dansoit même au milieu des accès les plus cruels de la goutte, & comme on le pense bien, il n'alloit pas beaucoup de mesure. A la mort du prince de Dannemarck, époux de la reine Anne, il demanda à cette reine audience particulière : c'étoit pour lui représenter qu'elle feroit très-bien de danser, afin de conserver sa santé & dissiper son chagrin.

Encyclopédiane.

Un médecin écossois, nommé Douglas, étoit si passionné pour Horace, que ce poëte multiplié dans près de quatre cents éditions de tout-âge & de tout pays, composoit sa bibliothèque.

Un marchand, qui avoit passé d'Angleterre dans une des isles de l'Amérique, y acquit une fortune assez considérable ; mais il crut qu'il ne pourroit pas être heureux, s'il né la partageoit avec une femme de mérite : & comme il n'en trouvoit dans l'isle aucune qui lui convînt, il prit le parti d'écrire à un de ses correspondans à Londres, dont il connoissoit l'exactitude & la probité. Comme il n'avoit d'autre style que celui du commerce, il écrivit à son ami une lettre, dans laquelle, après avoir parlé de plusieurs affaires, il vint à l'article de son mariage. Voici la teneur de cet article. « *Item*, voyant que j'ai pris la résolution de me marier, & que je ne trouve pas ici un parti convenable pour moi, ne manquez pas de m'envoyer par le premier vaisseau chargé pour cette place, une jeune femme des qualités & de la forme suivantes. Quant à la dot, je n'en demande point ; qu'elle soit d'une honnête famille, entre vingt & vingt-cinq ans, d'une taille moyenne & bien proportionnée, d'un visage agréable, d'un caractère doux, d'une réputation sans tache, d'une bonne santé, & d'une constitution assez forte pour supporter le changement de climat, afin de n'être pas obligé d'en chercher une autre par le défaut subit de celle-ci ; ce qu'il faut prévenir autant que faire se pourra, vu la grande distance & le danger des mers. Si elle arrive conditionnée comme ci-dessus, avec la présente lettre, endossée par vous, ou du moins avec une copie bien attestée, crainte de méprise ou de tromperie, je m'engage à faire honneur à ladite lettre, & à épouser la porteuse à quinze jours de vue. En foi de quoi j'ai signé celle-ci, &c. ». Le correspondant de Londres lut & relut cet article extraordinaire, qui traitoit la future épouse sur le même pied que les balles de marchandises qu'il devoit envoyer à son ami ; il admira la prudente exactitude & le style laconique de cet américain, & il songea à le servir selon son goût. Après plusieurs recherches, il crut avoir trouvé la femme qu'on demandoit, dans une demoiselle aimable, mais sans fortune, & qui accepta la proposition. Elle s'embarqua sur un vaisseau avec les marchandises, & bien pourvue de certificats en bonne forme, endossés par le correspondant. Elle étoit comprise dans l'envoi, en ces termes : « *Item*, une fille de vingt-un ans, de la qualité, forme & condition comme par ordre, ainsi qu'il conste par les attestations qu'elle produira ». Avant le départ de la demoiselle, le correspondant avoit fait partir des lettres d'avis par d'autres vaisseaux, pour informer son ami qu'il lui envoyoit, par le bâtiment, une jeune personne telle qu'il l'avoit demandée. Les lettres d'avis, les marchandises, la de-

M m m m m

moiselle, tout arriva heureusement au port. Notre américain se trouva au débarquement, & vit une personne très-aimable, & qui, l'ayant entendu nommer, lui dit : « Monsieur, j'ai une lettre-de-change sur vous, j'espère que vous y ferez honneur ». Elle lui remit en même-temps la lettre de son correspondant, sur le dos de laquelle étoit écrit : *La porteuse d'icelle est l'épouse que vous m'avez donné ordre de vous envoyer.* « Mademoiselle, dit l'américain, je n'ai jamais laissé protester mes lettres-de-change, & je vous jure que je ne commencerai point par celle-ci ; je me regarderai comme le plus heureux des hommes, si vous me permettez de l'acquitter ». Cette première entrevue fut bientôt suivie des noces ; & ce mariage est devenu un des plus heureux de la colonie.

Un gentilhomme montroit à un amateur sa collection de tableaux, & s'arrêtant vis-à-vis un petit tableau : Voilà, s'écria-t-il, un morceau sans prix. L'amateur l'observa quelques instans, & cherchoit à y découvrir les beautés dont le gentilhomme paroissoit extasié, lorsque celui-ci lui dit : « Monsieur, le mérite de ce morceau n'est pas en lui-même, mais dans la manière dont il a été fait. Le peintre a tracé le tout avec son pied, & il tenoit le pinceau avec les orteils. Je l'ai acheté fort cher, car les talens particuliers méritent récompense ».

Taupes pour nos propres défauts, linx pour ceux des autres, a dit le poëte ; nous n'appercevons jamais le *ridicule* que dans autrui. On a rapporté, à ce sujet, un fait assez plaisant. Un prince donnoit un grand repas à toute sa cour ; on avoit servi le souper dans un vestibule, & ce vestibule donnoit sur un parterre. Au milieu du souper, une femme croit voir une araignée : la peur la saisit ; elle pousse un cri, quitte la table, fuit dans le jardin, & tombe sur le gazon. Au moment de sa chûte, elle entend rouler quelqu'un à ses côtés, c'étoit le premier ministre du prince. Ah ! monsieur, lui dit-elle, que vous me rassurez, & que j'ai de graces à vous rendre ! je craignois d'avoir fait une impertinence. Eh ! madame, qui pourroit y tenir ? répond le ministre : mais, dites-moi, étoit-elle bien grosse ? — Ah ! monsieur, elle étoit affreuse. — Voloit-elle, ajouta-t-il, près de moi ? — Que voulez-vous dire ? une araignée voler ! Eh ! quoi, reprit-il, c'est pour une araignée que vous faites ce train-là ? Allez, madame, vous êtes une folle ; je croyois que c'étoit une chauve-souris.

M. le Verrier, fameux financier, affectoit de passer pour savant, pour homme à bonnes fortunes, & pour ami des grands seigneurs. Il avoit le ridicule de porter toujours à la messe un gros livre grec, dont la reliure étoit barriolée, pour se faire remarquer de plus loin : aussi l'appelloit-on dans le monde, le traitant renouvellé des grecs.

On dit que ce même financier, allant chez M. de Pont-Chartrain, depuis chancelier, pour s'intéresser dans quelque nouvel armement, ce ministre lui dit : » mais, monsieur, on n'arme pas pour la Grèce. »

Édouard Howard, comte de Suffolk, se crut né poëte, parce qu'il avoit du goût pour les vers, & quelque dérangement de cerveau ; mais malheureusement sa folie n'étoit pas du genre poétique, & il fit beaucoup de vers, sans pouvoir en faire de bons. Il lisoit un jour de ses poésies à un homme de lettres ; & comme il en étoit à la description d'une belle femme, il l'arrêta tout à coup, & dit : monsieur, je ne suis pas comme la plupart des poëtes : je ne chante pas des beautés imaginaires ; j'ai toujours mes modèles sous les yeux. « Et sur le champ, il tire la sonnette, & dit à un de ses gens : « faites-moi venir Beaux-yeux. » Une fille parut. « Beaux-yeux, dit le comte, regardez monsieur en face. » Elle regarda, & se retira. Deux ou trois autres odaliques de ce serrail parurent à leur tour, & étalèrent aux yeux de l'homme de lettres les charmes divers par lesquels elles étoient caractérisées dans les vers de milord.

RIGAUD, (Hyacinthe), né à Perpignan, l'an 1659, mort le 23 décembre 1747.

Quelques portraits commencèrent la grande réputation dont *Rigaud* a toujours joui. Il peignit, entr'autres, dans sa jeunesse, un jouaillier nommé Marteron, & le portrait passa successivement au fils & au petit-fils du jouaillier. Ce dernier voulant s'assurer s'il étoit réellement de *Rigaud*, prit le parti de le lui faire voir. *Rigaud* ne reconnut point son ouvrage, & dit que le tableau pouvoit être de Vandyck ; mais enfin il se rappella qu'il avoit autrefois peint un nommé Marteron, & pria qu'on lui permît de retoucher la draperie qu'il trouvoit indigne de lui.

Rigaud alla exprès en Roussillon, pour peindre sa mère, & pour emporter avec lui l'image de celle qui lui avoit donné le jour.

Pendant qu'il peignoit Louis XV, encore enfant, le jeune monarque lui demanda s'il étoit marié, & s'il avoit le bonheur d'être père : — « je suis marié, répondit *Rigaud*, en soupirant ; mais je n'ai point d'enfans, grace à Dieu ». — Le roi, surpris de ces derniers mots, lui en demanda l'explication. — Si j'avois des enfans, sire, répliqua-t-il, je ne saurois leur laisser de quoi vivre, vôtre majesté devant hériter après ma mort de tout ce que j'ai pu gagner par mon travail ». — Le jeune monarque l'assura qu'il se feroit expliquer la chose ; & qu'il en parleroit à M. le régent & au cardinal Dubois, alors premier ministre. Louis XV annonça dès l'enfance la bonté de son cœur ; il daigna être sensible au discours de son peintre, & l'on fit, pour *Rigaud* ce qu'on n'avoit encore fait pour personne : on lui conserva le même révenu qu'il avoit sur l'hôtel-de-ville, malgré la rigueur du réglement donné en 1722, au sujet de la propriété des billets de banque.

Dans le cours de sa vie brillante, *Rigaud* a peint cinq monarques, tous les princes du sang royal de France; & les personnes les plus distinguées de l'Europe.

Sa coutume étoit d'écrire exactement sur un registre, les noms, les qualités & l'âge de tous ceux qu'il peignoit, avec l'année & le prix du tableau.

Un étranger vint lui demander le portrait de son père, fait depuis plus de quarante années, & qui devoit encore être chez lui: *Rigaud* le conduisit dans une salle où il avoit rassemblé plusieurs portraits qui lui étoient restés; l'étranger reconnut le portrait, ouvrit sa bourse; & *Rigaud*, ayant regardé derrière la toile dans quelle année il l'avoit peint, n'en voulut recevoir que cinquante francs, prix qu'il exigeoit à l'époque de ce tableau.

Rigaud se maria par une avanture assez singulière. Une dame ayant envoyé son domestique pour avertir quelque barbouilleur de venir mettre en couleur son plancher, le laquais alla s'adresser à Rigaud, qui, charmé de la méprise, voulut s'en amuser, promit de se rendre à l'heure indiquée, & n'y manqua pas en effet. La dame voyant paroître un homme de bonne mine, habillé magnifiquement, se douta du quiproquo de son domestique, en fit des excuses à *Rigaud*, & le reçut d'une manière très-distinguée. L'artiste, enchanté de l'esprit & de la beauté de cette dame, demanda la permission de venir quelquefois lui faire sa cour. Enfin, la sympathie agit entre ces deux personnes; on parla bientôt de mariage, & leur union fut des plus heureuses.

Quoique *Rigaud* eût naturellement l'esprit très-galant, il n'a jamais aimé à peindre les femmes: « si je les représente telles qu'elles sont, disoit-il, elles ne se trouveront pas assez belles; si je les flatte trop, elles ne seront point ressemblantes ».

Une dame qui avoit beaucoup de rouge, & dont il faisoit le portrait, se plaignit de ce qu'il n'employoit pas d'assez belles couleurs, & lui demanda dans quel endroit il les achetoit: — » je crois, madame, répondit-il, que nous nous fournissons au même marchand ». (*Anec. des beaux arts*).

RIGUEURS. Un jeune auteur dramatique s'attacha à une actrice qui jouoit les premiers rôles dans le tragique. Il ne soupira pas en vain, & il conquit celle qui l'avoit conquis. Au lieu que dans les pièces de cet auteur elle avoit fait feinte de prendre du poison, elle lui en fit prendre réellement dans les plaisirs qu'elle lui procura. Il fut obligé de mettre dans sa confidence un suppôt de Saint-Côme, & bientôt il y mit le public. L'actrice

piquée, se plaignit de son indiscrétion. Vous avez tort de vous plaindre, lui dit le jeune auteur, je n'ai pas publié vos faveurs, mais vos *rigueurs*.

ROBERT LE DIABLE. Robert dit le Diable, duc de Normandie, étant un jour à la fenêtre, vit danser dans la rue la fille d'un pelletier, nommée Harlotte; (ce nom signifie en Anglais fille de joie).-« Le duc trouva cette fille jolie, & voulut avoir accointance avec elle. La nuit venue, qu'elle devoit coucher avec Robert, elle lui fut menée jusqu'en sa chambre; & quand elle se fut dépouillée de ses habits, elle entra dans le lit avec sa chemise: puis sentant que le duc, qui s'étoit couché le premier, vouloit approcher d'elle, la prit par le collet, & la fendit tout au long. Quoi reconnu par le duc, il lui demande pour quel sujet elle fait cela, & qu'elle ne se dépouille par dessus sa tête? Elle répondit gaillardement & promptement, que ce n'étoit pas chose honnête, que ce qui touchoit à ses pieds & jambes, passât devant son visage. Quand il eut satisfait à son amour, elle s'endormit, & tressaillit incontinent après, avec un grand soupir: de quoi, lui ayant demandé la cause :..., monseigneur, dit-elle, j'ai songé que de mon corps issoit un arbre, lequel étendoit ses rameaux si grands & si hauts vers le ciel, qu'il ombrageoit toute la Normandie. Étant parvenue au terme de l'enfantement, elle accoucha heureusement d'un fils qui fut nommé Guillaume: aussitôt que la sage-femme l'eut reçu, il fut mis sur un peu de paille blanche, sans langes ni drapeaux. Il commença alors de pétiller, & tirer à lui la paille avec les mains, tant qu'enfin il en eut les poings & les bras pleins. Quoi voyant la sage-femme: par ma foi, dit-elle, cet enfant commence bien jeune à acquérir & à amasser ». C'est ainsi que les annalystes Anglais rapportent ce fait.

ROCHEFOUCAULD, (François, duc de la), né en 1613, mort en 1680.

Ce seigneur passa des jours pleins de trouble & d'agitation, durant la guerre de la fronde. Il fut un des premiers qui se rangea du parti des princes contre le ministère du cardinal de Richelieu. Rendu à lui-même, il cultiva les lettres & la philosophie, & sa maison devint le rendez-vous de tous ceux qui savoient penser. Il a écrit les *mémoires de la régence* d'Anne d'Autriche, avec l'énergie de Tacite; ils sont entre les mains de tout le monde; mais l'on sait par cœur ses *réflexions & maximes*, où il a fait un portrait achevé de l'homme. Le pinceau du peintre est délicat & plein de finesse.

Quoiqu'il n'y ait qu'une vérité dans ce livre, qui est que l'amour-propre ou l'amour de soi est le mobile de toutes nos actions, cependant cette vérité se trouve sous tant d'aspects variés, qu'elle est toujours piquante.

Ce fut en partie à l'instigation de la belle du-chesse de Longueville, que le duc de la Roche-foucauld entra dans les querelles de la fronde. Il se signala dans cette guerre, & sur-tout au combat de Saint-Antoine. Appercevant un jour un portrait de la princesse de Longueville, il écrivit au bas ces deux vers tirés de la tragédie d'Alcyonée.

Pour mériter son cœur, pour plaire à ses beaux yeux,
J'ai fait la guerre aux rois; je l'aurois faite aux dieux.

L'auteur des *maximes* ne fut point de l'académie françoise. L'obligation de haranguer publiquement le jour qu'il auroit été reçu, fut le seul obstacle qui l'éloigna de cette académie. Le duc de la *Rochefoucauld*, avec tout le courage qu'il avoit montré dans plusieurs occasions des plus vives, & avec toute la supériorité que sa naissance & son esprit lui donnoient sur des hommes ordinaires, ne se croyoit pas capable de soutenir la vue d'un auditoire, & de prononcer seulement quatre lignes en public, sans éprouver une sorte de défaillance.

ROHAN, (Henri, duc de,) mort des blessures qu'il avoit reçues à la bataille de Rhinfeld, le 13 avril 1638.

Le duc de Rohan que les protestans avoient mis à leur tête, fut un des plus grands capitaines de son siècle.

Voltaire a dit de lui:

Avec tous les talens le ciel l'avoit fait naître.
Il agit en héros, en sage il écrivit;
Il fut même grand homme en combattant son maître,
Et plus grand lorsqu'il le servit.

Henri IV, sous les yeux duquel le duc de Rohan commença ses premières campagnes, aima ce seigneur avec tendresse, & ce qui fait le plus bel éloge de cet homme illustre, c'est qu'il conserva toujours une estime singulière pour notre bon, pour notre grand Henri: « certes, disoit-il quelquefois après la mort de ce prince, quand j'y pense, le cœur me fend: un coup de pique donné en sa présence, m'eût plus contenté que de gagner maintenant une bataille. J'eusse bien plus estimé une louange de lui, en ce métier dont il étoit le premier maître de son temps, que toutes celles de tous les capitaines qui restent vivans ».

Rohan, devenu après la mort de ce monarque, chef des calvinistes en France, & chef aussi redoutable par son génie que par son épée, soutint au nom de ce parti trois guerres contre Louis XIII. La première, terminée à l'avantage des protestans, s'alluma lorsque ce prince voulut rétablir la religion romaine dans le Béarn; la seconde, à l'occasion du *blocus* que le cardinal de Richelieu mit devant la Rochelle; & la troisième, lorsque cette place fut assiégée pour la seconde fois.

Le duc de Rohan s'appercevant, après la prise de cette place, que les villes de son parti cherchoient à faire des accommodemens particuliers avec la cour, réussit à leur procurer une paix générale, à des conditions plus avantageuses. Le seul sacrifice un peu considérable que les huguenots se virent obligés de faire, fut celui de leurs fortifications, ce qui les mit hors d'état de recommencer la guerre. Quelques esprits chagrins, mécontens de voir tomber leurs forteresses, accusèrent leur général de les avoir vendus & trahis. Ce grand homme, indigné d'une si odieuse ingratitude, présenta son sein découvert à ces enragés, en leur disant: « frappez, frappez; je veux bien mourir de votre main, après avoir mille fois hasardé ma vie pour votre service ».

La paix de 1629 ayant éteint le feu de la guerre civile, le duc de Rohan inutile à son parti & désagréable à la cour, se retira à Venise. Il y a une anecdote assez singulière tirée des mémoires de la duchesse de Rohan, Marguerite de Béthune, fille de l'illustre Sully. Le duc de Rohan étant à Venise, il lui fut proposé, « qu'en donnant deux cens mille écus à la Porte, & en payant un tribut annuel de vingt mille écus, le grand seigneur lui céderoit le royaume de Chypre, & lui en donneroit l'investiture ». Le duc de Rohan avoit dessein d'acheter cette Isle pour y établir les familles protestantes de France & d'Allemagne. Il négocia chaudement cette affaire à la Porte par l'entremise du patriarche Cyrille, avec lequel il avoit de grandes correspondances; mais différentes circonstances, & particulièrement la mort de ce patriarche, la firent manquer.

Quoique ce seigneur ait toujours eu les armes à la main, il a néanmoins laissé des mémoires & plusieurs écrits très-propres à former de bons militaires. Dans son *Parfait Capitaine*, il fait voir que la tactique des anciens peut fournir beaucoup de lumières pour la tactique des modernes. On ne remarquoit dans cet homme illustre ni ambition, ni hauteur, ni vue d'intérêt. Il avoit coutume de dire que, « la gloire & l'amour du bien public ne campent jamais, où l'intérêt particulier commande ».

ROI. Le pouvoir des premiers rois de la Grece étoit extrêmement limité. Leur titre se réduisoit presque à une sorte de prééminence sur les autres citoyens de l'état. Leurs prérogatives consistoient à assembler le peuple chacun dans leur district. Ils opinoient les premiers, écoutoient les plaintes, & jugeoient les différens qui survenoient entre leurs sujets; ils commandoient les troupes en

temps de guerre, & avoient la suprême inten
dance de la religion ; ils préſidoient aux ſacrifices,
aux jeux & aux combats ſacrés ; ils faiſoient la
fonction de ſacrificateurs. Les grecs étoient ſi intimement convaincus que le ſouverain ſacerdoce
ne pouvoit être exercé que par les rois, que même
dans les villes qui changèrent le gouvernement monarchique en républicain, celui qui préſidoit aux
myſtères & aux affaires de la religion, avoit le titre
de roi, & ſa femme celui de reine. Il en étoit de
même chez les romains ; malgré leur averſion pour
le nom de roi, il y avoit à Rome un roi des ſacrifices.

O rois ! craignez les plaintes des malheureux ;
elles pénètrent les cieux, elles changent la face des
empires ; il ne faut qu'un ſoupir de l'innocence
opprimée pour remuer le monde.

Un jeune roi, à ſon avénement au trône, avoit
trouvé des tréſors immenſes dans les coffres de ſon
père ; la main de la magnificence s'ouvrit, & les
richeſſes du prince ſe répandirent ſur ſon peuple.
Un courtiſan en fit des reproches au prince : ſi
l'ennemi venoit ſur vos frontières, quels moyens
auriez-vous de lui réſiſter, après avoir diſtribué
votre argent à vos ſujets ? Alors, répondit le
roi, je le redemanderai à mes amis.

Je m'aſſis un jour, dit le ſage Sadi, à la porte
d'une moſquée de Damas, & auprès du tombeau
du prophète Jean : que la paix ſoit avec lui : un
roi d'Arabie, fameux par ſes cruautés & ſes in-
juſtices, vint faire ſa prière au tombeau du prophète. Ainſi, tout ce qui eſt homme, dans quelque rang qu'il ſoit placé, quelque ſoit ſa fortune,
a toujours des graces à demander à Dieu. Ce roi
me regarda, & me dit : prie pour moi, & puiſſent
tes prières me faire obtenir les ſecours dont j'ai
beſoin : la crainte d'un ennemi puiſſant agite mon
ame. Je lui répondis : fais grace au foible, ſoulage le pauvre, rends la juſtice à tous, & tu ne
craindras point d'ennemis. Vois-tu venir le jour
de la juſtice divine ? le vois-tu ? O fils d'Adam !
la nature vous crie que vous êtes tous les membres d'un même corps.

Un roi de Perſe avoit étendu la main d'iniquité
ſur les biens de ſes ſujets ; il leur marquoit du
mépris, & il les tenoit dans un cruel eſclavage. Impatiens d'un joug ſi humiliant & ſi rude, la plûpart abandonnèrent leur patrie, & cherchèrent
aſyle chez l'étranger. Les revenus du prince dimi-
nuèrent avec le nombre de ſes ſujets ; il ſe
trouva bientôt ſans défenſeurs ; ſes voiſins en
profitèrent, & il fut détrôné. Un roi doit nourrir ſon peuple de ſa propre ſubſtance ; parce qu'il
tient ſon royaume de ſon peuple. Tout citoyen eſt
ſoldat ſous un roi juſte.

Un jeune roi de Perſe s'abandonnoit à la diſſipation & à tous les plaiſirs que lui préparoient les

courtiſans. Un jour il chantoit dans un feſtin ces
paroles. « Je jouiſſois du moment qui eſt paſſé,
je jouis encore du moment qui paſſe, & je commence à jouir de celui qui ſuccède ; content &
tranquille, l'eſpérance d'aucun bien, la crainte
d'aucun mal, ne me donnent d'inquiétude. » Un
pauvre, aſſis ſous la fenêtre de la ſalle du feſtin,
entendit le roi, & lui cria : ſi tu es ſans inquiétude
pour ton ſort, n'en as-tu jamais pour le nôtre ? Le
roi fut touché de ce diſcours ; il s'approcha de
la fenêtre, regarda quelque temps le pauvre avec
attention, & ſans lui parler, lui fit donner une
ſomme conſidérable. Il ſortit enſuite de la ſalle
du feſtin, en faiſant des réflexions ſur ſa vie paſſée :
elle avoit été oppoſée à tous ſes devoirs ; il en eut
honte : il prit en main les rênes du gouvernement ;
qu'il avoit juſqu'alors abandonnées à ſes favoris.
On le vit travailler aſſidument, & en peu de
temps, il rétablit l'ordre & le bonheur dans l'empire. Depuis qu'il étoit occupé de l'adminiſtration
de ſes états, on lui faiſoit ſouvent des plaintes de
la licence & du déſordre dans leſquels vivoit le
pauvre qu'il avoit enrichi. Enfin, il le vit un jour
à la porte du palais : il étoit couvert de lambeaux,
& il revenoit demander l'aumône. Le roi le montrant à un des ſages de ſa cour, lui dit : vois-tu
les effets de la bonté ? Tu m'as vu combler cet
homme de richeſſes, vois-tu quel en eſt le fruit !
Mes bienfaits ont corrompu ce pauvre ; ils ont
été pour lui une ſource de nouveaux vices &
d'une nouvelle miſère. Cela eſt vrai, lui répondit le ſage, parce que tu as donné à la pauvreté ce
que tu ne devois donner qu'au travail. (Extrait
du premier chapitre de Sadi, intitulé : Des mœurs
des rois.)

Oramgzeb, qui eſt mort empereur des mogols
en 1707, ſortoit d'une longue maladie, & travailloit plus que ſa foibleſſe ne pouvoit lui permettre. Un miniſtre lui repréſenta combien cet
excès de travail lui étoit dangereux, & quelles
ſuites il pouvoit avoir. Oramgzeb lui lança un
regard mépriſant & indigné ; & ſe tournant vers
les autres courtiſans, il leur dit ces mots, où
reſpire toute la hauteur de ſon ame. « N'avouèz-
vous pas qu'il y a des circonſtances où un roi
doit haſarder ſa vie, & périr les armes à la
main, s'il le faut, pour la défenſe de la patrie ? Et ce vil flatteur ne veut-pas que je con-
ſacre mes veilles au bonheur de mes ſujets. Croit-
il donc que j'ignore que la divinité ne m'a conduit ſur le trône que pour la félicité de tant de
millions d'hommes qu'elle m'a ſoumis ? Non,
non, Oramgzeb n'oubliera jamais le vers de Sadi :
Rois, ceſſez d'être rois, ou regnez par vous-mêmes.
Hélas ! la grandeur & la proſpérité ne nous tendent
déjà que trop de pièges ! Malheureux que nous
ſommes ! tout nous entraîne à la molleſſe ; les femmes par leurs careſſes, les plaiſirs par leurs attraits. Faudra-t-il que des miniſtres élèvent encore

leur voix perfide pour combattre la vertu toujours foible & chancelante, & les perdre par de funestes conseils »?

Un calife, qui faisoit jetter de l'or dans une citerne, s'écrioit: fasse le ciel que je vive assez pour la remplir! A ces mots, son favori frémit d'indignation & veut s'éloigner. Le calife l'arrête: où vas-tu, lui dit-il? Pardonnez-moi, seigneur, répond le favori; je me suis ressouvenu d'avoir accompagné votre aïeul en ce même lieu; la citerne étoit pleine; en la voyant, il soupira, des larmes coulèrent de ses yeux, & il dit: O dieu de Mahomet! fais-moi vivre assez, pour employer ces richesses à rendre mes sujets heureux.

Un roi d'Arabie fit récompenser un de ses officiers avec magnificence, non pas que cet officier eût de grands talens, non qu'il eût rendu de grands services, mais il remplissoit ses devoirs avec exactitude. L'exactitude est dans les officiers du prince, dit le sage Sadi, la marque la plus certaine d'un empire bien gouverné.

Le seul éloge digne d'un roi, est celui qui sort de la bouche d'un homme libre: « Malheur aux souverains qui commandent à des peuples esclaves, disoit un roi d'Orient, que la passion de la gloire enflammoit! hélas! les douceurs d'une juste louange, dont les dieux & les héros sont si avides, ne sont pas faites pour eux. O peuples assez vils pour avoir perdu le droit de blâmer publiquement vos maîtres, vous avez perdu le droit de les louer! L'éloge de l'esclave est suspect; l'infortuné qui les régit ignore toujours s'il est digne d'estime ou de mépris. Eh! quel tourment pour une ame noble, que de vivre livrée au supplice de cette incertitude ».

Un roi mourut sans laisser d'héritiers, & par son testament, il donna sa couronne à celui qui, après sa mort, entreroit le premier dans la ville. Un pauvre santon, sorte de religieux turc, parut aux portes lorsque le roi venoit d'expirer, & il fut couronné. Il eut à soutenir des guerres intestines & étrangères, à ranimer le commerce, à diminuer les impôts, à faire fleurir les arts, & à pourvoir à la subsistance de son peuple; il étoit rempli de soins & dévoré d'inquiétudes. Un de ses compagnons vint le voir & lui dit: Graces soient rendues au Dieu tout-puissant, qui vous a élevé à un si haut point de gloire & de puissance! Ah! mon ami, lui dit le roi; au lieu de rendre graces à Dieu de mon élévation, demande lui pour moi le courage & la patience; plains-moi, au lieu de me féliciter; dans mon ancienne condition je ne souffrois que de mes besoins; & je souffre aujourd'hui du besoin de chacun de mes sujets.

Un roi de Perse avoit un fils très-difforme, mais doué des vertus les plus éminentes. Cependant son père le haïssoit & avoit accordé son amitié à ses autres enfans, qui brilloient par leurs qualités extérieures. La guerre s'éleva, l'armée du roi commandée par ses enfans, murmuroit sur l'incapacité de ses généraux & commençoit à plier. Le jeune prince qui avoit en bravoure tout ce qui lui manquoit en beauté, dit alors à ses amis: allons, en combattant, nous ne risquons que nos jours; en fuyant nous exposons l'armée & le royaume. Il marche à l'ennemi & revient vainqueur. Son père reconnut sa faute, & le déclara son héritier. Ses frères, jaloux & irrités, tentèrent de l'empoisonner. Il découvrit leur complot & leur dit: Qu'espérez-vous de ma mort? Si l'aigle n'existoit pas, ce seroit le hibou qui régneroit sur les oiseaux? Le roi, instruit de leur crime, les condamna à mourir, & dit à leur frère qui demandoit leur grace: « Dix pauvres dorment sur le même fumier, & deux rois ne peuvent être assis sur le même trône ».

Un prince demandant à un philosophe le moyen de régner long-temps: « C'est, dit-il, de faire du bien à tous, & de se fier à peu ».

Agis, roi de Sparte, enquis de quelqu'un qui le voyoit sans aucune suite, comment un roi pouvoit être en sûreté sans avoir des gardes, répondit: Qu'il n'y avoit rien à craindre pour lui, quand il traitoit ses sujets, comme un bon père traite ses enfans.

Jean II, roi de Portugal, avoit coutume de dire que le prince qui se laisse gouverner est indigne de régner. Lorsqu'il eut perdu son fils unique, qu'il aimoit tendrement: « Ce qui me console, dit-il, c'est qu'il n'étoit pas propre à régner; & Dieu, en me l'ôtant, a montré qu'il veut secourir mon peuple ».

L'empereur Charles V passant par un village d'Arragon, où, selon la coutume du pays, il y avoit un roi de Pâques, se présenta devant l'empereur & lui dit: « C'est moi, seigneur, qui suis le roi ». A quoi Charles V répondit: « En vérité, mon ami, vous avez pris un malheureux emploi ».

Christophe III, roi de Danemarck, étant mort sans enfans en 1448, le sénat jetta les yeux sur Adolphe, comte de Holstein, qui, par un exemple de désintéressement bien rare, refusa la couronne en recommandant Christian, son neveu, fils de Théodoric, comte d'Oldembourg. Le sénat députa sur le champ vers le comte pour le prier de marquer lui-même le choix du sujet le plus propre à les bien gouverner. « J'ai trois fils, dit le comte d'Oldembourg, l'un est passionné pour le jeu & les femmes; l'autre est d'un caractère si violent qu'il ne respire que la guerre, & il a des motifs qui la lui feroient entreprendre; le troisième est d'un caractère modéré, il ne respire que la paix, & n'a peut-être pas son égal en valeur, en générosité, en bonté ». Ces ambassadeurs ayant fait leur rapport, le sénat élut celui dont le père avoit fait un si bel éloge, & ce fut sous de si heureux auspices que commença la maison qui règne sur le Danemarck ».

Chez un peuple d'Arabie, le jour que le *roi* montoit sur le trône, on donnoit des gardiens à toutes les femmes grosses du pays, & l'enfant qui venoit le premier au monde étoit le prince héritier.

ROLLIN, (Charles) né l'an 1661, mort en 1741.

Rollin avoit été reçu maître coutelier, lorsqu'un bénédictin des Blancs-Manteaux, dont il servoit souvent la messe, découvrit en lui des dispositions pour les lettres. Ce bon religieux obtint une bourse dans un collège pour ce jeune homme, & le fit étudier.

Il étoit très-lié d'amitié avec le célèbre avocat Cochin qui avoit été du nombre de ses disciples ; & comme il s'intéressoit à ses succès, il lui promit un jour de l'aller entendre au châtelet dans une de ses causes les plus célèbres. Cochin avoit à reprocher à la mémoire d'une mère d'avoir confié à des mains infidèles l'éducation de sa fille ; il prit de là occasion d'insérer dans son discours l'éloge de son illustre ami & ancien professeur. Le public, le tribunal, & sur-tout le chef furent enchantés de cette digression. Il n'y eut que celui qui en étoit l'objet qui se plaignit « d'avoir été pris en trahison par quelqu'un dont il ne se seroit pas défié ».

Les ouvrages de *Rollin*, ont réussi dans les pays étrangers comme en France. Le duc de Cumberland & les princesses ses sœurs, en avoient toujours les premiers exemplaires. C'étoit à qui les auroit plutôt lus & à qui en rendroit le meilleur compte. Une dame disoit : Je ne sais comment fait M. *Rollin* : par tout ailleurs les réflexions m'ennuient, & je les saute à pieds joints. Elles me charment dans son livre ; & je n'en perds pas un mot.

Le prince royal, depuis roi de Prusse, faisoit l'honneur à M. *Rollin*, d'être en grand commerce de lettres avec lui : mais quand à son avenement au trône, il eut la bonté de lui en faire part comme à quelques autres savans du premier ordre, *Rollin* lui marqua qu'il respecteroit désormais ses grandes occupations, & que n'ayant plus de conseils à prendre que de sa propre gloire, il n'auroit plus l'honneur de lui écrire.

Rollin, pensoit si modestement de lui-même qu'il ne cessoit de s'étonner de ce qu'il étoit devenu auteur ; & loin d'avoir jamais rien tiré de ses ouvrages, dont le prodigieux débit auroit fait la fortune de tout autre, il ne s'étoit embarrassé en les donnant au libraire, que de la manière dont il le dédommageroit, s'ils n'avoient pas assez de cours.

RONSARD, (Pierre) né le 25 février 1525, mort le 27 décembre 1585.

Ronsard fut le premier en France qui fit de grandes pièces de poésie. Comme il avoit du génie & de l'érudition, on s'empressa de son vivant de lui donner le titre de *Prince des poésies*. Il fut recherché des personnes les plus illustres par leur mérite ou leur naissance ; & ce qui sans doute n'a pas peu contribué à l'accueil que chacun s'empressoit de lui faire, c'est qu'il étoit d'une physionomie agréable & prévenante, qu'il aimoit les arts, chantoit agréablement, & savoit s'annoncer par des procédés généreux. Ses poésies sont peu lues aujourd'hui, parce qu'il n'a pas su s'élever au-dessus du mauvais goût de son siècle. *Ronsard*, dit Boileau :

Réglant tout, brouilla tout, fit un art à sa mode,
Et toutefois long-temps eut un heureux destin.
Mais sa muse en françois parlant grec & latin,
Vit dans l'âge suivant, par un retour grotesque,
Tomber de ses grands mots le faste pédantesque.

Art. poët. chant I.

Ronsard remporta à Toulouse le premier prix des jeux floraux qui est une églantine ; mais cette fleur qui est en argent ayant paru une récompense trop au-dessous du mérite de l'ouvrage & de la réputation du poëte, la ville de Toulouse fit faire une Minerve d'argent massif & d'un prix considérable qu'elle lui envoya. On accompagna ce beau présent d'un decret, par lequel *Ronsard* fut déclaré par excellence *le prince des poëtes*.

Il fut honoré de l'estime de Henri II & de François II. Charles IX, qui aimoit la poésie, s'entretenoit souvent avec lui, & lui écrivoit en vers. On connoît ceux-ci qu'il composa à la louange du poëte & de la poésie en général.

L'art de faire des vers, dût-on s'en indigner,
Doit être à plus haut prix, que celui de régner.
Tous deux également nous portons des couronnes ;
Mais roi je les reçois, poëte tu les donnes.

Marie Stuard, reine d'Ecosse, détenue en Angleterre, charmoit ses ennuis par la lecture des ouvrages de ce poëte. Elle lui témoigna le plaisir qu'elle y avoit pris, en lui envoyant plusieurs beaux vases d'orfévrerie, entre lesquels il y en avoit un où le mont Parnasse étoit représenté avec ces mots :

A *Ronsard*, l'Apollon de la source des muses.

Brantôme rapporte que Châtelard, gentilhomme françois, décapité en Ecosse, pour avoir osé témoigner à la reine un amour insensé, n'eut point d'autre préparation à la mort, que la lecture d'un poëme de *Ronsard*. « Le jour venu, dit cet historien, ayant été mené sur l'échafaud, avant de mourir, prit en ses mains les hymnes de *Ronsard*, & pour son éternelle consolation, se mit à lire tout entièrement l'hymne de la mort qui est très-bien faite, & propre pour ne point abhorrer la mort, ne s'aidant autrement d'autre livre spirituel, ni de ministre, ni de confesseur ».

Ronsard, après avoir chanté pendant dix ans les charmes de *Caffandre*, sa première maîtresse, fit des vers à la louange d'Hélène de Sugères. Cette demoiselle pria à cette occasion le cardinal du Perron de faire une préface au commencement des poésies galantes de *Ronsard*, & de faire entendre au public que ce poëte n'avoit jamais conçu pour elle qu'un amour honnête. Hélène de Sugères étoit une des filles de la reine qui avoit le plus de vertu, mais le moins de beauté. Aussi le cardinal lui répondit assez malignement : « Au lieu de préface, je vous conseille de faire mettre votre portrait au commencement du livre ».

Jamais personne n'a tant promis que la reine Catherine de Médicis ; aussi *Ronsard* lui dédia-t-il l'hymne de la promesse.

Ronsard, dégoûté de la cour, entra dans les ordres, & accepta la cure d'Evailles dans le Verdômois : il y prit les armes contre les huguenots. Il s'en excusa depuis, en disant que n'ayant pu défendre les paroissiens avec la clé de saint Pierre que les calvinistes ne respectoient, ni ne craignoient, il avoit pris l'épée de saint Paul.

Lorsque *Ronsard* mourut, on lui fit un service très-solemnel où une partie du parlement & plusieurs seigneurs assistèrent. Le roi y envoya sa musique. Du Perron, qui fut depuis cardinal, prononça son oraison funèbre. Cette pompe fut honorée d'un concours si grand, que le cardinal de Bourbon & plusieurs autres princes & seigneurs furent obligés de s'en retourner, n'ayant pu fendre la presse.

ROSÉE, (Mademoiselle) né à Leyde, l'an 1632, morte en 1682.

Au lieu d'employer des couleurs ou le crayon, cette fille ingénieuse se servoit de soie de toutes les nuances, qu'elle avoit eu grand soin d'éplucher & de séparer dans des boîtes particulières. On a de la peine à concevoir comment elle pouvoit appliquer les brins de soie presque imperceptibles, imiter la couleur de chair, & fondre & mêler les nuances les plus délicates. Elle a peint, de cette nouvelle manière, le portrait, le paysage & l'architecture. Dans les ouvrages de cette fille inimitable, la soie étoit si artistement disposée, qu'il falloit approcher de bien près pour se convaincre que cette peinture n'étoit pas faite au pinceau.

ROTROU ; (Jean) né en 1609, mort en 1650.

Rotrou étoit revêtu de toutes les magistratures de la ville de Dreux, lorsqu'elle fut affligée d'une maladie épidémique. Pressé par ses amis de Paris de mettre sa vie en sûreté, & de quitter un lieu si dangereux, il répondit que sa conscience ne lui permettoit pas de suivre ce conseil, parce qu'il n'y avoit que lui qui pût maintenir le bon ordre dans ces circonstances. Il finissoit sa lettre par ces mots : ce n'est pas que le péril où je me trouve ne soit fort grand ; puisqu'au moment où je vous écris, les cloches sonnent pour la vingt-deuxième personne qui est morte aujourd'hui. Ce sera pour moi quand il plaira à Dieu.

Rotrou se préparoit à donner son *Vinceslas*, lorsqu'il fut arrêté & conduit en prison pour une dette qu'il n'avoit pu acquitter. La somme n'étoit pas considérable ; mais *Rotrou* étoit joueur & par conséquent vis-à-vis de rien. Il envoya chercher les comédiens, & leur offrit pour vingt pistoles sa tragédie ; le marché fut bientôt conclu. *Rotrou* sortit de prison ; sa tragédie fut jouée, mais avec un tel succès, que les comédiens crurent devoir joindre au prix qu'ils avoient payé, un présent honnête.

Rotrou étoit joueur, mais il avoit une manière singulière pour s'empêcher de perdre tout son argent à la fois, & afin de s'en conserver pour les besoins de la vie. Quand les comédiens lui apportoient l'argent de quelqu'une de ses pièces, il le jettoit ordinairement sur un tas de fagots qu'il tenoit renfermés. Lorsqu'il avoit besoin d'argent, il étoit obligé de secouer ces fagots pour en faire tomber quelque chose, & la peine que cela lui donnoit l'empêchoit de prendre tout à la fois, & lui faisoit toujours laisser quelque chose en réserve.

Le grand Corneille disoit : *Rotrou* & moi ferions subsister des saltimbanques ; pour marquer que l'on n'auroit pas manqué de venir à leurs pièces, quand bien même elles auroient été mal représentées.

Tous les poëtes se liguèrent contre le Cid ; il n'y eut que *Rotrou* qui refusa de se prêter à la jalousie du cardinal de Richelieu : aussi le grand Corneille l'appelloit-il son père.

ROUSSEAU, (Jean-Baptiste) mort en 1741.

Rousseau étoit si honteux de sa naissance, qu'il ne vouloit pas même porter le nom de son père. Il se fit appeller quelque temps Verniettes ; & c'est sur ce faux nom, dit Saurin, que quelques uns de ses amis même firent cette anagramme : *Tu te renies.*

A la première représentation du Flatteur, où l'on prétend que *Rousseau* s'est peint, son père, qui étoit entré à la comédie pour son argent, fut sensible, autant qu'on peut le juger, aux applaudissemens qu'on donnoit à son fils ; il ne put contenir sa joie, & il fit connoître à ceux qui l'environnoient qu'il étoit le père de l'auteur. La pièce finie, ce bon-homme tout ému cherchoit avec empressement à embrasser son fils. Il l'arrêta au sortir du théâtre, & lui fit un discours touchant, qu'il finissoit par ces mots : *Enfin je suis votre père. Vous mon père !* s'écria *Rousseau* ; & dans le même moment il s'enfuit, & laissa ce pauvre père pénétré de douleur & fondant en larmes.

Rousseau ayant été banni du royaume, à l'occasion des fameux couplets, trouva un asyle auprès du comte du Luc de Vintimille, qui étoit ambassadeur de France en Suisse. Ce seigneur ayant été nommé plenipotentiaire pour la paix qui fut conclue à Bade en 1714, avec l'empereur, *Rousseau* l'y accompagna. Un jour qu'on causoit familièrement chez le prince Eugène, quelqu'un dit qu'il venoit de chez M. le comte du Luc, où *Rousseau* avoit récité de très-jolis vers qu'il avoit composés presque à l'instant. Quoi ! s'écria aussitôt le prince, nous avons ici ce grand poëte ! Il m'a donné occasion, ajouta-t-il tout de suite, de faire une réflexion bien juste. Ce fut quelques jours après la triste affaire de Denain, que je lus son ode à la Fortune ; j'y trouvai mon portrait au naturel dans cette strophe :

> Montrez-nous, héros magnanimes,
> Votre vertu dans tout son jour.
> Voyons comment vos cœurs sublimes
> Du sort soutiendront le retour,
> Tant que la fortune vous seconde,
> Vous êtes les maîtres du monde,
> Votre gloire nous éblouit ;
> Mais au moindre revers funeste
> Le masque tombe, l'homme reste,
> Et le héros s'évanouit.

Après cet entretien, le prince Eugène marqua un grand desir de voir *Rousseau*, qu'il goûta au point de se l'attacher & de l'emmener avec lui à Vienne.

Rousseau ne fut que trois ans auprès du prince Eugène. Le fameux comte de Bonneval & le marquis de Prié ayant eu une contestation assez vive, le prince voulut que *Rousseau*, qui en avoit été le témoin, lui en rendît compte. Il le fit

Encyclopédiana.

d'une manière peu favorable à M. de Prié, que M. le prince Eugène protègeoit ouvertement. *Rousseau*, par trop de sincérité, perdit les bonnes grâces de son protecteur, qui lui dit qu'il pouvoit aller à Bruxelles, où on lui donneroit une place honnête qu'il n'a jamais eue.

En 1717, le duc d'Orléans, régent du royaume, fit écrire à *Rousseau*, par le marquis de la Fare, qu'il pouvoit revenir à Paris, où il seroit en toute sûreté. Mais *Rousseau* demanda qu'on fît examiner une seconde fois l'affaire pour laquelle il avoit été condamné ; ce que le prince ne jugea pas à propos d'ordonner.

M. le duc d'Aremberg, qui faisoit son séjour le plus ordinaire à Bruxelles, donna une pension de quinze cens livres à *Rousseau*. Le poëte croyant dans la suite avoir à se plaindre de son bienfaiteur, refusa l'argent lorsqu'on le lui apporta : je l'acceptois avec plaisir, dit-il à l'intendant de ce seigneur, quand je me flattois d'être des amis de M. le duc. Présentement que je ne le suis plus, je ne veux plus le recevoir.

L'illustre & malheureux *Rousseau* vint secrètement à Paris en 1738, & trouva un asyle dans la maison d'Aved, fameux peintre de portrait & son intime ami. Aved ne sachant ce qu'il devoit croire de tout ce que publioit la malignité sur le prétendu libertinage de *Rousseau*, voulut l'épier quand il se croyoit seul dans sa chambre, & surprit ce grand poëte à genoux, adressant au ciel de ferventes prières. Le généreux Aved fit le portrait de *Rousseau*, qui lui témoigna sa reconnoissance par ce sonnet :

> Tandis que tu peignois mon image fidelle,
> De toi-même encor mieux tu traçois le portrait,
> Dans ces soins prévenans qui, suivant ton souhait,
> Ont si bien combattu ma fortune cruelle.
>
> Un mouvement si noble, un si généreux zèle,
> A mon cœur attendri te peignant trait pour trait,
> Me faisoient admirer dans un tableau parfait
> De là vraie amitié le sensible modèle.
>
> L'art te fit, cher Aved, un don bien précieux ;
> Il t'apprit le secret de surprendre les yeux,
> Et de rendre le vrai jaloux de ta peinture.
>
> Le pinceau de Timante est ce que tu lui dois ;
> Mais le cœur que sans lui te forma la nature,
> Est un présent plus rare & plus beau mille fois.

Dans ce voyage que *Rousseau* fit à Paris, il vit Rollin presque tous les jours, & ne voulut pas repartir sans lui avoir fait la lecture de son testament. Il y désavouoit, en termes les plus forts, ces monstrueux couplets, qui furent l'origine de ses malheurs, & continuoit de les attribuer à Saurin. Rollin l'arrêta tout court en cet endroit : il lui représenta vivement que le témoignage de sa conscience suffisoit pour le disculper ; mais que ne pouvant avoir aucune preuve équivalente, pour en charger nommément un autre, il se rendroit coupable d'un jugement téméraire au moins, & peut-être d'une calomnie affreuse. Le poëte n'eut rien à répondre, & Rollin se sut bon gré de lui avoir fait effacer cet article.

Voltaire, qui avoit tant de sujet d'être indisposé contre J. B. *Rousseau*, racontoit devant un homme d'esprit que son valet-de-chambre, parent du poëte lyrique, lui demandoit souvent excuse des vers germaniques de son cousin. « Etoit il d'une naissance aussi commune, répliqua celui qui écoutoit ? — Quoi ! vous ne savez pas quel étoit son père ? — Non, en vérité, je le croyois fils de Pindare ou d'Alcée ».

On dissertoit devant *Rousseau* sur les poëmes que nous nommons opéra. « Ah ! s'écria-t-il, s'il est possible de faire un bon opéra, il ne l'est pas qu'un opéra soit un bon ouvrage ».

Lorsque *Rousseau* & la Motte se furent réconciliés, on demanda au premier si Gâcon n'entroit pas dans leur traité. « Belle demande, dit-il, quand les généraux des deux armées ennemies sont d'accord, la paix n'est-elle pas censée faite avec les goujats » ?

Voici l'épitaphe que lui fit Piron :

Cy-gît l'illustre & malheureux *Rousseau*,
Le Brabant fut sa tombe & Paris son berceau :

   Voici l'abrégé de sa vie

   Qui fut trop longue de moitié :
   Il fut trente ans digne d'envie
   Et trente ans digne de pitié.

ROUSSEAU, (Jean-Jacques) né à Genève en 1712, mort à Ermenonville, à dix lieues de Paris, en 1778.

Rousseau, fils d'un horloger qui aimoit à lire Plutarque & Tacite, puisa dans ces auteurs le goût de l'étude, de la littérature & de la philosophie. Il fut obligé fort jeune d'abandonner la maison paternelle, & se trouvant *fugitif en pays étranger, sans ressource, il changea,* comme il le dit lui-même, *de religion pour avoir du pain.*

Il avoit des talens pour la musique, & ayant sollicité vainement une place à la chapelle du roi, il alla à Chambéry pour y enseigner le chant. Revenu à Paris en 1741, il eut beaucoup de

peine à gagner sa vie : *tout est cher ici,* écrivoit-il en 1743, *& sur-tout le pain.*

Cependant il parvint à être nommé secrétaire d'ambassade auprès de M. de Montaigu, ambassadeur de France à Venise ; mais il ne put se maintenir long-temps dans cette place.

Il revint dans la capitale, & obtint une commission par le crédit de M. Dupin, fermier-général.

Enfin en 1750, il travailla à la question proposée par l'académie de Dijon, *Si le rétablissement des sciences & des arts a contribué à épurer les mœurs ?* & il remporta le prix en soutenant la négative avec beaucoup d'éloquence.

Son *Discours sur les causes de l'inégalité parmi les hommes & sur l'origine des sociétés,* ajouta beaucoup à sa gloire.

Il se distingua encore par son charmant opéra du *Devin du village,* dont il fit les paroles & la musique.

Ses romans philosophiques, où il a mis tant de sensibilité, ses ouvrages de controverse, où il montre la raison dans toute sa puissance ; & ses vues patriotiques, dans lesquelles il développe la fierté de son ame & l'élévation de son génie, lui ont fait autant d'admirateurs qu'il y a d'êtres en état de l'entendre. Son *Contrat social* a mis le comble à sa renommée, & lui a mérité ce fameux décret du 21 décembre 1790, par le quel l'assemblée nationale voulant rendre un hommage solemnel à la mémoire de J. J. *Rousseau,* & lui donner, dans la personne de sa veuve, un témoignage de la reconnoissance françoise, décrète ce qui suit :

Article I. « Il sera élevé à l'auteur d'Emile & du Contrat social une statue portant cette inscription : *La nation françoise libre,* à J. J. Rousseau. Sur le piédestal sera gravée sa devise : *Vitam impendere vero* ».

Art. II. « Marie-Thérèse le Vasseur, veuve de J. J. *Rousseau,* sera nourrie aux dépens de l'état : à cet effet, il lui sera payé annuellement, des fonds du trésor public, une somme de douze cents-livres ».

Passons à quelques traits épars caractéristiques qui peuvent faire connoître particulièrement cet homme de génie, considéré dans sa vie privée.

Lorsque le programme de l'académie de Dijon parut, J. J. *Rousseau* vint consulter Diderot sur le parti qu'il prendroit. « Le parti que vous prendrez, dit le philosophe, c'est celui que personne ne prendra. — Vous avez raison, répliqua Jean-Jacques ».

Il échappa à un des amis de J. J. *Rousseau* de dire dans la conversation, que les hommes étoient

méchans. « Les hommes, oui, répliqua le philosophe, mais l'homme est bon ».

Rousseau venant d'herboriser à la campagne,
arriva chez des dames les mains pleines de plantes
qu'on appelle gramen. On se mit à rire en le voyant
entrer : « Il n'y a pas là de quoi rire, dit le philosophe, je tiens dans mes mains les plus grandes
preuves de l'existence de Dieu ».

Avant de jouer le Pygmalion de J. J. Rousseau,
les comédiens députèrent vers lui deux de leurs
camarades pour obtenir son agrément. Il faisoit
déjà nuit ; Rousseau ne voulut point ouvrir, &
leur dit à travers la porte : revenez demain. On y
retourna pour avoir sa réponse qui fut telle : « Je
n'acquiesce point à cela, mais je ne m'y oppose
point : je ne ferai aucune démarche pour ou contre. Je vous avertis qu'on m'a enlevé cet ouvrage,
qu'on l'a imprimé furtivement, qu'il y a beaucoup de fautes, & que je ne veux point de part
d'auteur ».

J. J. Rousseau demeurant alors à un cinquième
étage, rue Plâtrière, s'obstina à ne point payer
de capitation. Il alléguoit que le bureau de la ville,
qui avoit le département de l'opéra, lui devoit
soixante mille livres pour son Devin du village. On
étoit sur le point d'envoyer garnison chez lui, lorsque le receveur, averti à temps, porta le cas
litigieux au tribunal du prévôt des marchands.
On y décida qu'on remettroit les trois livres douze
sols de capitation à l'auteur d'Emile. Le philosophe opiniâtre avoit défendu à sa femme & à ses
amis de payer pour lui, sous peine d'encourir son
indignation. On lui objectoit que la garnison n'a-
voit point de respect pour les grands écrivains,
tels qu'ils fussent. « Hé bien ! répondoit-il, si l'on
s'empare de ma chambre & de mon lit, j'irai m'asseoir au pied d'un arbre, & là j'y attendrai la
mort ».

On a cru jusqu'à présent que J. J. Rousseau copioit de la musique pour vivre, & on a été dans
l'erreur. Ce grand homme, si singulier à la vérité,
conservoit soigneusement les petites sommes
que ce travail lui rapportoit, & s'en servoit pour
soulager des personnes honnêtes dont il connoissoit les pressans besoins. Tout se fait à la longue.
Ce secret, si bien gardé pendant sa vie, a transpiré
piré après sa mort : c'est un fleuron de plus à
ajouter à sa couronne. Rousseau, ayant à peine de
quoi vivre, a donc, à force d'épargnes, trouvé
le moyen d'empêcher les autres de mourir. Peut-
on citer à présent ces riches qui, abondant de
tout, même en prodiguant tout, donnent difficilement & seulement pour faire rougir ceux qui
reçoivent ?

Des gens dignes de foi assurent que J. J. Rousseau, dans sa dernière retraite, prenoit soin d'une
bonne femme du village, & qu'on a trouvé cette

pauvre paysane accablée de la mort du citoyen de
Genève, à genoux devant le tombeau de son
bienfaiteur. Les particuliers qui l'ont prise sur le
fait, lui ayant demandé pourquoi elle étoit à
genoux : « Hélas ! dit-elle, je pleure & je prie.
—Mais, ma bonne, M. Rousseau n'étoit point catholique. — Il m'a fait du bien, je pleure, & je
prie ». Ce fut avec toutes les peines du monde
qu'on arracha de la tombe cette bonne femme qui
fondoit en larmes.

Rousseau de Genève assistoit à une représentation
de l'opéra d'Orphée de Gluck : après la pièce,
quelqu'un lui demanda ce qu'il pensoit de la musique. Notre philosophe répondit avec atendrisse-
ment : « J'ai perdu mon Eurydice ».

J. J. Rousseau a dit à un de ses amis : « Remarquez que les peuples, dont les vins sont estimés,
ne connoissent point ces plaisirs vifs & bruyans
qui doivent accompagner une heureuse vendange.
Il n'y a dans ces pays que des riches propriétaires,
& la richesse est toujours triste, parce qu'elle est
intéressée, & que l'intérêt est l'ennemi de la joie.
Ces hommes d'or affligent de leur présence assidue ceux qu'ils tiennent à leurs gages. Le rire qui
veut de la liberté, n'ose se déployer sous des
yeux que la cupidité rend sévères. Voulez-vous
voir un tableau réjouissant ? transportez-vous dans
les vignobles, dont le produit, peu recherché
des gourmets, est consommé sur les lieux mêmes.
C'est-là que le travail est mêlé d'une folle joie.
Chaque paysan est propriétaire, il boira sa vendange ; & l'on travaille gaîment toutes les fois
que l'on travaille pour soi ».

On a dit à propos des Confessions satyriques
du philosophe de Genève, que Jean-Jacques eût
mis tout le tort du côté de ses ennemis, s'il fût
mort sans confessions.

On rapporte que dans un cercle de gens de lettres, où l'on faisoit l'éloge du célèbre philosophe
de Genève, le chantre de Ververt (Gresset)
ajouta, c'est dommage qu'il soit un peu ours. A
quelque temps de-là, J. J. Rousseau, passant par
Amiens, fut voir Gresset : après un quart-d'heure
de visite, pendant lequel le poëte avoit été obligé
de faire tous les frais de la conversation, le philosophe dit en s'en allant à l'académicien : « Convenez, monsieur, qu'il est moins aisé de faire
parler un ours, qu'un perroquet ».

Rousseau de Genève, après avoir entendu l'opéra
d'Iphigénie, dit à plusieurs personnes : « M. Gluck
a renversé ma théorie & changé toutes mes idées.
Cet homme de génie vient d'exécuter ce que je
n'avois pas cru possible ».

J. J. Rousseau a dit vingt fois à M. Diderot ce
qu'il a écrit à M. de Malesherbes : « Je me sens
le cœur ingrat ; je hais les bienfaiteurs, parce
que le bienfait exige de la reconnoissance, que la

reconnoiffance eft un devoir, & que le devoir m'eft infupportable ».

J. J. Rouſſeau renverſé en 1776, ſur le chemin de Meſnil-Montant, par un énorme chien danois qui précédoit un équipage, reſta ſur la place, tandis que le maître de la berline le regardoit avec indifférence. Il fut relevé par des payſans & reconduit chez lui, boiteux & ſouffrant beaucoup. Le poſſeſſeur de la voiture ayant appris le lendemain quel étoit l'homme que ſon chien avoit culbuté, envoya un domeſtique pour demander au bleſſé ce qu'il pourroit faire pour lui : « Tenir déſormais ſon chien à l'attache », reprit le philoſophe.

Un homme de lettres prétendoit que M. de Buffon avoit dit & prouvé avant J. J. Rouſſeau, que les mères devoient nourrir leurs enfans : « Oui, nous l'avons tous dit, répondit M. de Buffon ; mais M. Rouſſeau ſeul le commande & ſe fait obéir.

ROY, (Pierre-Charles) poëte françois, né en 1683, mort en 1764.

Roy avoit de la littérature, poſſédoit bien la mythologie, & n'étoit pas dépourvu de goût ; mais il falloit que ſa verve, pour enfanter quelques ſaillies, fût excitée par la ſatyre à laquelle il étoit porté naturellement. Ce malheureux penchant pour l'épigramme l'exclut de l'académie, lui attira l'inimitié des gens de lettres, & pluſieurs ſcènes fâcheuſes de la part de quelques bourus qui n'entendoient pas raillerie.

Un ami de Roy ne voulut pas un ſoir s'en retourner avec lui à minuit, parce que, diſoit-il, c'étoit l'heure des coups de bâton.

L'opéra d'Achille & Deidamie fut compoſé par Danchet & Campra dans un âge fort avancé. Lors de la première repréſentation, quelqu'un demanda à Roy ce qu'il en penſoit ? « Peſte, dit-il, ce ne ſont pas là des jeux d'enfans ».

Le ballet des Elémens, celui des Sens, & la tragédie de Callirhoé, ſont les trois opéra qui ont le plus contribué à faire connoître le nom du poëte Roy ſur la ſcène lyrique. On ſe rappelle encore avec plaiſir ce morceau de poéſie majeſtueuſe par lequel commence le prologue du ballet des Elémens.

Les temps ſont arrivés. Ceſſez, triſte cahos,
Paroiſſez, élémens ; Dieux, allez leur preſcrire
    Le mouvement & le repos :
Tenez-les renfermés chacun dans ſon empire.
Coulez, ondes, coulez. Volez, rapides feux.
Voile azuré des airs, embraſſez la nature :

Terre enfante des fruits, couvre-toi de verdure,
    Naiſſez, mortels, pour obéir aux Dieux.

Le célèbre Rameau préféroit aux poëmes de Roy ceux de Cahuzac, dont les talens étoient inférieurs, mais qui avoit peut-être plus de docilité pour ſe prêter aux caprices du muſicien. Cette préférence anima la verve du poëte Roy contre Rameau, & lui fit compoſer cette allégorie ſanglante, où l'Orphée de notre muſique eſt déſigné ſous le nom de Marſyas. Roy n'épargnoit pas davantage le poëte protégé. Le lendemain de la première repréſentation des Fêtes de Polymnie, opéra de Cahuzac qui ne réuſſit point, Roy étoit à la meſſe aux Petits-Pères ; un enfant de trois ans ſiffloit entre les bras de ſa bonne ; le poëte ſe tourne & dit d'un grand ſang-froid : « Empêchez cet enfant de crier ; ce n'eſt pas Cahuzac qui dit la meſſe ».

Roy, pour ſatisfaire ſes petites animoſités, avoit compoſé un grand nombre de ces brevets de Calotes, dont il exiſte une collection qu'on ne lit plus. Ce poëte, non content d'avoir pincé pluſieurs membres de l'académie françoiſe en particulier, attaqua le corps entier par une allégorie ſatyrique, connue ſous le nom du Coche. Cette ſatyre lui ferma pour toujours les portes de l'académie ; mais il s'en conſola avec le cordon de ſaint Michel, diſtinction que la faveur accorde quelquefois au mérite.

Comme Roy n'épargnoit perſonne, on ſe plaiſoit auſſi à répandre ſur lui le ſel de l'épigramme. Lorſqu'il eut publié ſon poëme ſur la maladie du roi à Metz, il courut dans le temps cette épigramme :

Notre monarque, après ſa maladie,
Etoit à Mets, attaqué d'inſomnie ;
Ah ! que de gens l'auroient guéri d'abord !
Le poëte Roy dans Paris verſifie,
La pièce arrive, on la lit, le roi dort :
De ſaint Michel la muſe ſoit bénie.

Le poëte Rouſſeau avoit autrefois marqué cette muſe au front par ce couplet :

Qu'entends-je ? C'eſt le roitelet
Qui fait plus de bruit qu'une pie ;
Mais, plus il force ſon ſifflet,
Plus il ſemble avoir la pépie.

Ce poëte ſortant un jour de la comédie françoiſe, fit une chute, parce qu'il s'étoit embarraſſé dans la robe d'une dame. Comme celle-ci lui fit des excuſes : « Il n'y a pas de mal, lui dit Roy, les auteurs ſont accoutumés à tomber ici ».

Roy avoit fait une épigramme contre un homme de robe tout contrefait. Celui-ci rencontra le poëte, & lui dit : « Coquin ; je te ferai mourir sous le bâton ». Roy répondit : » Monsieur, vous voulez donc me casser la cheville du pied ».

Le poëte Roy passoit pour avoir reçu plus d'une fois des coups de bâton pour ses vers satyriques. On lui demandoit à l'opéra s'il ne donneroit pas bientôt quelque ouvrage nouveau à ce spectacle. « Vraiment oui, dit il, je travaille à un ballet ». (c'étoit l'année galante) Une voix s'écria derrière lui : « Un balai, monsieur ! prenez garde au manche ». Voyez MONCRIF.

RUBENS, (Pierre-Paul) peintre célèbre, né à Cologne en 1577, mort à Anvers en 1640. *Rubens* encore enfant & au milieu des exercices de la jeune noblesse, se sentit échauffé du génie de la peinture. Les leçons d'Otto Venius achevèrent de développer en lui ses heureuses dispositions. *Rubens* avoit un esprit élevé, facile & plein de feu ; il possédoit parfaitement l'histoire & les belles lettres. Ses compositions sont savantes, & ses allégories rendues avec beaucoup d'imagination. Quel artiste a porté plus loin l'intelligence du clair-obscur, & a mis dans ses tableaux plus d'éclat & en même-temps plus de force, plus de vérité, plus d'harmonie ! Il avoit pour maxime de ne point trop agiter ses teintes par le mélange ; afin de conserver dans ses plus grands tableaux le caractère des objets & la fraîcheur des carnations. Son goût de dessin tient plutôt du naturel flamand que de la beauté de l'antique. *Rubens* consultoit principalement la nature ; c'est à cette source féconde des arts qu'il a puisé cette variété surprenante de caractères que l'on remarque dans ses ouvrages. Cet homme illustre joignoit aux talens pour la peinture les qualités essentielles du cœur & de l'esprit ; on recherchoit, on ambitionnoit même son amitié. Sa figure étoit noble, ses manières affables, ses procédés généreux. La maison, ou plutôt le palais qu'il occupoit à Anvers, étoit enrichi des plus belles productions de la peinture, de la sculpture & de la gravure. C'étoit un temple consacré aux beaux-arts, dont Rubens, par ses talens & par son caractère bienfaisant, étoit le génie tutélaire.

A l'imitation de Raphaël, *Rubens* entretenoit des jeunes gens à Rome & dans la Lombardie, qui lui dessinoient les monumens les plus remarquables, soit en peinture, soit dans les autres arts relatifs au dessin.

Rubens s'étoit formé d'habiles élèves, tels que Vandick, Jordans, Van-Uden, Snyders, qui l'aidoient beaucoup dans ses ouvrages. Les rivaux de sa gloire en prirent occasion pour diminuer sa réputation. Ils répandirent qu'il ne pouvoit se passer de ses élèves pour les paysages & les

animaux. *Rubens* quelque temps après exposa en public plusieurs paysages & différentes chasses de la plus grande force, & peints entièrement de sa main.

Ses ennemis n'ayant pas réussi de ce côté, osèrent critiquer ses différens caractères de tête. *Rubens* peignit alors sa *descente de croix* que l'on voit dans la cathédrale d'Anvers, & où l'on remarque tout ce que la tristesse & la douleur ont de plus touchant exprimé sur le visage de Marie. Cette tendre mère, remplie de l'inquiétude la plus vive, semble craindre encore que l'on ne blesse son fils mort que l'on descend de la croix : c'est ainsi que *Rubens* répondoit à ses ennemis. « Fais bien, dit un proverbe espagnol, tu auras des envieux ; fais mieux, tu les confondras ».

Corneille Schut s'étoit toujours déclaré contre les productions de ce maître. *Rubens* apprend que son ennemi manque d'ouvrage, il lui en procure aussi tôt.

Marie de Médicis choisit *Rubens* pour peindre, dans une des galeries du palais du Luxembourg, à Paris, les principaux événemens de sa vie. Cette galerie contient vingt-quatre tableaux que l'on regarde avec raison comme un poème épique en peinture, composé avec autant de génie que de sagesse. Ce grand ouvrage fut exécuté à Anvers, excepté deux tableaux que *Rubens* peignit à Paris. La reine, qui prenoit beaucoup de plaisir à la conversation de cet artiste, ne le quitta point tout le temps qu'il employa à finir ces deux tableaux. Ce fut dans ces momens que *Rubens* fit plusieurs portraits de cette princesse. On a écrit que *Rubens* devoit peindre dans la galerie parallèle l'histoire de Henri IV, & qu'il en avoit déjà fait plusieurs esquisses ; mais on ignore jusqu'à présent si ces esquisses existent quelque part.

Rubens fut marié deux fois ; il avoit épousé en secondes noces Hélène Forment, femme d'une rare beauté, qui lui a quelquefois servi de modèle pour peindre la vertu & les graces. Il étoit logé à Anvers dans une maison superbe dont il orna la façade de peintures à fresque. Entre la cour & le jardin de cette maison, il avoit fait élever un sallon en rotonde qu'il enrichit de statues, de bustes & de vases antiques, de tableaux des plus grands maîtres & d'un médailler précieux. Il reçut chez lui la visite de plusieurs princes souverains ; & tous les étrangers venoient lui rendre hommage comme au génie des beaux arts. *Rubens* se prêtoit d'autant plus volontiers à ces visites, qu'elles ne le dérangeoient en rien de ses occupations. Il travailloit même avec une telle facilité, qu'il avoit l'habitude, pendant qu'il peignoit, de se faire lire les ouvrages des plus célèbres écrivains & des poëtes sur-tout. Ce génie fécond étoit d'ailleurs si persuadé des secours que la plus riche imagination peut tirer de la poésie, qu'il s'étoit fait un recueil des plus beaux morceaux extraits des poëtes : il les lisoit souvent avant de se mettre à l'ouvrage. Il n'ignoroit pas que c'étoit le génie d'Homère qui avoit échauffé celui du célèbre Phidias, lorsqu'il donna à son Jupiter ce caractère sublime qui faisoit l'admiration de l'antiquité.

Rubens, qui jouissoit de la plus grande considération, fut choisi par l'infante Isabelle pour négocier une paix avec l'Angleterre. Il fit voir par le succès de son entreprise, qu'il y a des génies qui ne sont déplacés nulle part. Le monarque anglois, Charles I, fut si content de l'esprit & des talens du négociateur, qu'il le créa chevalier, ajouta un canton à ses armes, & lui fit présent de sa propre épée, cérémonie qui se fit dans le palais de Wite-hall. Ce fut lors de son séjour en Angleterre que *Rubens* peignit son tableau de saint Georges. Il en fit une copie de sa propre main, qui est aujourd'hui dans le cabinet de M. le duc d'Orléans. La figure du saint Georges est le portrait de Charles. La princesse qui se voit dans le même tableau, offre celui d'Henriette de France, épouse de ce monarque.

Quoique *Rubens* ait été employé à d'autres négociations qui furent très-avantageuses à sa fortune, ce grand artiste néanmoins ne faisoit pas difficulté de convenir que c'étoit à son art qu'il devoit toutes ses richesses. Un alchimiste anglois vint un jour lui rendre visite, & promit de partager avec lui les trésors du grand œuvre, s'il vouloit construire un laboratoire, & payer quelques petits frais. *Rubens*, après avoir écouté patiemment les extravagances du souffleur, le mena dans son attelier : « Vous êtes venu, lui dit-il, vingt ans trop tard ; car, depuis ce temps, j'ai trouvé la pierre philosophale avec cette palette & ces pinceaux ».

On a beaucoup gravé d'après *Rubens* ; mais très-peu de graveurs ont rendu son style aussi bien que Pontius, Vorsterman, Bolswert, Withouc.

D. Jean, duc de Bragance, qui fut depuis roi de Portugal, sachant que *Rubens* étoit à la cour d'Espagne, écrivit à quelques seigneurs castillans de ses amis, pour les prier d'engager ce peintre à l'aller voir. *Rubens* partit pour cet effet avec un train magnifique. Le duc, naturellement avare, en eut avis, & en fut tellement épouvanté, qu'il envoya un gentilhomme à sa rencontre, pour lui dire que le duc son maître, ayant été obligé de partir pour une affaire importante, le prioit de n'aller pas plus avant, & d'accepter un présent de cinquante pistoles, pour le dédommager de la dépense qu'il avoit faite en chemin. *Rubens* refusa le présent, & répondit fièrement au gentilhomme qu'il n'avoit pas besoin de ce petit secours, puisqu'ayant résolu de ne demeurer que quinze jours à la cour du duc de Bragance, il avoit apporté deux mille pistoles, pour faire les frais de son voyage.

RUSE. On a rapporté le trait suivant, pour prouver que l'américain n'est pas aussi stupide que le fier européen est porté à le croire. Un voyageur espagnol avoit rencontré un indien au milieu d'un desert ; ils étoient tous deux à cheval. L'espagnol qui craignoit que le sien ne pût faire la route, parce qu'il étoit très-mauvais, demanda à l'indien, qui en avoit un jeune & vigoureux, de faire un échange. Celui-ci refusa, comme de raison. L'espagnol lui cherche une mauvaise querelle : ils en viennent aux mains ; mais l'espagnol bien armé, se saisit facilement du cheval qu'il desiroit, & continue sa route. L'américain le suit jusques dans la ville prochaine, & va porter ses plaintes au juge. L'espagnol est obligé de comparoître & d'amener le cheval ; il traite l'indien de fourbe, affirme que le cheval lui appartient, & qu'il l'a élevé tout jeune. Il n'y avoit point de preuves du contraire ; & le juge perplex alloit renvoyer les plaideurs hors de cour & de procès, lorsque l'indien s'écria : le cheval est à moi, & je le prouve. Il ôte aussi-tôt son manteau, & en couvre subitement la tête de l'animal. Puisque cet homme assure avoir élevé ce cheval, commandez-lui, s'adressant au juge, de dire duquel des deux yeux il est borgne. L'espagnol ne veut point paroître hésiter, & répond à l'instant : de l'œil droit. L'indien découvre la tête du cheval : il n'est point borgne, dit-il, ni de l'œil droit, ni de l'œil gauche. Le juge, convaincu par une preuve si ingénieuse & si forte, lui adjugea le cheval, & l'affaire fut terminée.

Un avocat, homme de beaucoup d'esprit, faisoit la cour à une demoiselle qu'il se proposoit d'épouser, lorsqu'un officier se déclara son rival ; & croyant l'épouser, lui dit qu'il falloit se battre en duel, ou lui laisser le champ libre : mais l'avocat accepta le défi, & promit de se trouver à l'heure & à l'endroit convenus. Il ne manqua pas de s'y rendre ; il dit à son adversaire qu'il ignoroit absolument l'art de l'escrime, & qu'il avoit apporté deux pistolets bien chargés dont il lui donna le choix. Paroissant se piquer de sentimens généreux, le jurisconsulte dit à son rival de tirer le premier ; le militaire cède à ses instances, & voit tomber à ses pieds l'homme qui excitoit sa jalousie. Alors il craint les poursuites de la justice, & se hâte de prendre la poste, & d'aller se cacher dans le fond de sa province. Au bout de quelque temps, il rencontre une personne de Paris qui alloit souvent dans la maison de la demoiselle, & qui lui demande quelle a pu être la raison de son départ précipité ? Quoi ! répond l'officier, vous ne savez pas mon affaire ? c'est moi qui ai tué l'avocat un tel. — Que dites-vous ! s'écrie l'autre, votre heureux rival se porte à merveille ; il vient d'époufer votre ancienne maîtreffe. C'eft donc à vous qu'il a joué le fingulier tour de feindre être bleffé à mort, afin de fe délivrer d'un concurrent trop dangereux » ? — Le militaire fut d'abord furieux d'avoir été pris pour dupe, & finit par rire de la fupercherie : l'avocat lui avoit préfenté deux piftolets chargés feulement à poudre.

Un médecin de Londres, nommé Broun, établi au Barbadet, avoit une fucrerie & des nègres. On lui vola une fomme confidérable ; il affembla fes nègres : mes amis, leur dit-il, le grand ferpent m'eft apparu pendant la nuit ; il m'a dit que le voleur auroit dans ce moment une plume de perroquet fur le nez. Le coupable porte fur le champ la main à fon nez : « C'eft toi qui m'as volé, dit le maître, le grand ferpent vient de m'en inftruire ; & il reprit fon argent.

Un homme qui n'avoit plus que quelques jours à refter à Paris, & à qui l'argent commençoit à manquer, s'avifa, pour en gagner, d'annoncer au public qu'il montreroit une chofe furprenante, extraordinaire, un animal curieux & tel qu'on n'en avoit jamais vu : c'étoit, difoit-il, un cheval qui avoit la tête où les autres ont la queue, & la queue placée directement à l'endroit où devoit être la tête. Il prenoit un prix très-modique, & demandoit à tous ceux qui fortoient s'ils avoient été contens, & s'ils avoient trouvé qu'il eût annoncé la vérité. Comme on n'avoit garde de dire le contraire, la foule des curieux groffiffoit à chaque inftant. La recette devint fi confidérable, que n'ofant defirer davantage, il s'évada un beau matin. Dès que l'on fut fûr de fon départ, ceux qui avoient été admirer la prétendue merveille, connoiffant qu'il n'y auroit plus de moyen d'augmenter le nombre des dupes, & de fe confoler de s'être laiffés attraper, avouèrent la vérité ; ils avoient vu une vieille roffe dans une écurie, attachée au ratelier par la queue.

RUSES DE GUERRE. Frontin, capitaine romain, qui vivoit fous Vefpafien, nous a laiffé quatre livres de ftratagêmes de guerre des anciens. Nous nous contenterons de rapporter quelques anécdotes relatives à cet objet, tirées de nos hiftoires modernes.

Biron enlève aux ligueurs, Fécamp, fort de Normandie extrêmement important. Bois-Rofé, un des officiers qui ont laiffé prendre la place, médite de la rendre à fon parti ; & il fe croit affuré du fuccès, lorfqu'il eft parvenu à faire recevoir, dans la garnifon que les royaliftes ont mife dans leur conquête, deux foldats qu'il a gagnés. La manière dont il s'y prend pour réuffir eft fingulière.

Le côté du fort, qui donne fur la mer, eft un rocher de fix cent pieds de haut, coupé en précipice. La mer en lave continuellement le pied à la hauteur d'environ douze pieds, excepté quatre ou cinq jours de l'année, où la mer le laiffe à fec l'efpace de trois ou quatre heures. L'un des deux foldats corrompus fe tient tout le temps de la baffe marée fur le haut du rocher, où il attend le fignal dont on eft convenu.

Bois-Rofé, ayant pris le temps d'une nuit fort obfcure, aborde avec cinquante hommes choifis & deux chaloupes au pied du rocher. Il s'étoit muni d'un gros cable égal en longueur à la hauteur du roc, & y avoit fait de diftance en diftance des nœuds, & paffé de courts bâtons, où on pouvoit appuyer les pieds & les mains. Le foldat qui fe tient en faction n'a pas plutôt reçu le fignal, qu'il jette du haut du précipice un cordeau auquel ceux d'en-bas lient un gros cable qui eft guindé en haut par ce moyen, & attaché à l'entre-deux d'une embrafure avec un fort lévier, paffé par une agraffe de fer faite à ce deffein.

Bois-Rofé fait prendre les devants à deux fergens dont il connoît la réfolution, & ordonne aux cinquante foldats de s'attacher de même à cette efpèce d'échelle, leurs armes liées autour de leur corps, & de fuivre la file, fe mettant lui-même le dernier de tous, pour ôter, à ceux qui pourroient être tentés d'être lâches, tout efpoir de retour. La chofe devient d'ailleurs bientôt impoffible ; car, avant qu'ils foient feulement à moitié chemin, la marée, qui a monté de plus de fix pieds, a emporté les chaloupes & fait flotter le cable.

La néceffité de fe tirer d'un pas difficile, n'eft pas toujours un garant contre la peur ; elle tourne la tête à celui-là même qui conduit la troupe. Ce fergent dit à ceux qui le fuivent qu'il ne peut plus monter & que le cœur lui manque. Bois-Rofé, à qui ce difcours paffe de bouche en bouche, & qui s'en apperçoit parce que perfonne n'avance plus, prend fon parti fans balancer. Il paffe par deffus le corps de tous les cinquante qui le précédent, en les avertiffant de fe tenir fermes, & arrive jufqu'au premier qu'il effaie d'abord de ranimer. Voyant qu'il n'en peut venir à bout par la douceur, il l'oblige, le poignard dans les reins, de monter. Enfin, avec toute la peine & le travail qu'on s'imagine, la troupe fe trouve au haut du rocher un peu avant la pointe du jour, & eft introduite par les deux foldats dans le château, où elle commence par maffacrer fans miféricorde le corps-de-garde & les fentinelles. Le fommeil livre la garnifon à Bois-Rofé, qui s'empare du fort. Ce fait eft fi extraordinaire, qu'on a cru devoir le rapporter tel qu'il fe trouve dans les nouveaux mémoires de Sully.

Quelques maraudeurs françois complottent, avant l'ouverture de la campagne (1702), de furprendre le fort de Schenk, où les habitans du pays ont mis ce qu'ils ont de plus précieux. Pour réuffir, les foldats fe féparent en deux troupes, dont l'une feint d'être hollandoife. Elles marchent par différens chemins, & compaffent fi bien leur marche, qu'elles fe rencontrent à la vue du fort. Elles paroiffent fe charger avec beaucoup d'animofité & de vigueur : les faux hollandois piient, plufieurs fe laiffent tomber comme morts, le refte prend la fuite vers le fort, priant en flamand qu'on leur fauve la vie. On leur ouvre la porte, ils s'en rendent les maîtres, introduifent leurs camarades, & font un butin immenfe.

Pendant le fiège de Turin, en 1706, par les françois, le duc de Savoie fit entrer dans la place des munitions qu'il confia au courant de la rivière, après les avoir enfermées dans des peaux. Une partie de chaque peau étoit pleine de vent, & l'autre partie contenoit précifément le poids néceffaire, pour que ces peaux puffent fe foutenir entre deux eaux.

Dans la dernière guerre contre l'Angleterre, une frégate angloife s'étant approchée à la vue de Calais, fit les fignaux de détreffe, pour attirer quelques bâtimens & fe faifir de la chaloupe & des matelots qui venoient généreufement à fon fecours. Cet indigne ftratagème trouva des cenfeurs & des vengeurs même parmi la nation ennemie. En effet, de pareilles *rufes* outragent la nature, & tendent à empêcher les effets d'une charité fecourable.

Vieilleville étoit à Toul en 1552. Son caractère ne lui permettant pas d'être oifif, il forme le projet de furprendre Pont-à-Mouffon. Un efpion, qui joignoit beaucoup d'intelligence, de fineffe, d'activité, à un air de bonne foi & de fimplicité capables d'en impofer aux plus foupçonneux, eft l'inftrument dont il fe détermine à fe fervir. Cet homme, vil & adroit, qui étoit parvenu par des voies très-fingulières à gagner la confiance d'Alphonfe, d'Arbolongua efpagnol, & de Fabrice Colonne, romain, commandant pour Charles-Quint dans la place, les avertit un jour que Vieilleville doit partir le lendemain, à la pointe du jour, pour Condé fur la Mozelle, & qu'il n'amènera avec lui, pour fon efcorte, qu'environ cent vingt chevaux. Auffi-tôt Fabrice prend les armes, fort de la ville à la tête de trois cent chevaux d'élite, & s'avance fur le chemin que devoit tenir Vieilleville.

L'officier françois paroît en effet avec les forces qu'on lui fuppofoit. Se voyant chargé par Fabrice, il recule, au petit pas, jufques à un bois où il a placé fes embufcades. Elles tombent toutes à la fois fur Fabrice, lui tuent prefque tous fes gens, & le font lui-même prifonnier. A l'inftant, Vieilleville fubftitue les enfeignes des ennemis aux fiennes, & prend la route de Pont-à-Mouffon. Pour mieux tromper les impériaux, il fe fait précéder par fon confident Saligny, qui porte fa cornette,

fes banderolles, fes armes, & fait retentir tous les lieux de ces mots agréables : *Victoire ! Vieilleville eft prifonnier ; Fabrice l'amène avec quarante françois.*

La *rufe* réuffit. Aux premières apparences de fuccès, d'Arbolongua fort de la ville ; &, trompé par la vue de fes drapeaux, fe livre à Vieilleville, qui le force de prendre fa propre cornette, & de concourir à la furprife de fa place, en criant, *victoire !* De cette manière, les françois entrent fans réfiftance dans Pont à-Mouffon. Don Alphonfe, malgré tous les foins que prennent les vainqueurs pour le confoler, donne les marques du plus violent défefpoir, & eft trouvé mort le lendemain dans fon lit.

Les efpagnols, chaffés de Maëftrich en 1576 par les habitans, étoient reftés les maîtres de Wich, foible partie de la place, féparée de l'autre par la Meufe. Les vaincus, humiliés d'un affront qu'ils ne pouvoient attribuer qu'à leur négligence, cherchèrent à le réparer fur le champ. Il n'y avoit d'autres obftacles que quelques canons placés fur le pont, qui joignoit les deux villes. Ils s'avifent, pour éviter ce danger, de mettre devant eux les femmes de Wich. Avec ce rempart, ils entrent fur le pont, & couverts de ces étranges boucliers, ils font feu fur les citoyens qui, ne pouvant fe défendre fans tirer fur leurs parentes, ou du moins fur les femmes de leur parti, quittent leur pofte, fe réfugient dans leurs maifons, & abandonnent le champ de bataille aux efpagnols. Ceux-ci, par ce ftratagème, fe trouvèrent maîtres de la ville fans avoir effuyé aucun rifque.

Les françois affiégeoient Turin en 1640, & ils étoient eux mêmes affiégés dans leur camp par les efpagnols. Comme la difette des vivres étoit très-grande dans la ville, un des ingénieurs de l'armée efpagnole imagina de mettre dans des mortiers d'une nouvelle efpèce, des boulets creux & remplis de farine, qui, étant pouffés par une plus forte charge qu'à l'ordinaire, paffoient par-deffus la tête des affiégeans, & alloient tomber dans la ville. Mais ce fecours, plus ingénieux qu'utile, fut bientôt abandonné, parce qu'il fourniffoit peu & trop chèrement.

Les anglois avoient fait en 1694 des armemens confidérables pour détruire les villes maritimes de France. Après avoir ruiné Dieppe, ils fe portèrent vers le Havre. Ceux qui commandent dans la place, s'avifent de faire des amas de bois, à quelque diftance de la ville, à deffein d'y mettre le feu & d'y attirer les bombes. Cet arrangement eft à peine exécuté, que le bombardement commence à neuf heures du foir, & continue toute la nuit. Les monceaux de bois ayant été allumés à propos, les uns après les autres, toutes les bombes font lancées de ce côté-là. Il n'y a que celles qui font envoyées par des canoniers peu intelligens, qui

tombent

tombent dans la place, où il y a à peine cinq ou six maisons endommagées. L'amiral Berckley, trompé par les apparences, se retire le lendemain, bien convaincu qu'il ne laisse qu'un tas de ruines, où il avoit vu la veille une ville florissante.

Pierre I assiégeoit Derpt, ville d'Estonie en 1704. Pendant ce siège, il intercepte une lettre, qui lui apprend que les assiégés attendent de moment en moment un secours qui doit se jetter dans la place. Il ordonne aussi-tôt à trois ou quatre de ses régimens de prendre des uniformes & des drapeaux suédois. Le corps prétendu suédois attaque les tranchées ; les russes, après les avoir défendues quelque temps, s'enfuient : la garnison ne se doutant point du stratagême sort pour achever la déroute, alors les vainqueurs & les vaincus se réunissent, fondent avec impétuosité sur des gens qui ne sont pas préparés à les recevoir, & en font un grand carnage. Le petit nombre de ceux qui rentrent dans la ville ne se trouve pas en état de la défendre, & est obligé bientôt après de capituler.

RUYTER, amiral hollandois, l'homme le plus habile & le plus redoutable qu'on ait encore vu sur les mers, a plusieurs fois sauvé sa patrie. L'Espagne, pour prix de ses services, lui donna le brevet de duc pour lui & pour sa postérité. L'expédition n'en fut faite qu'après sa mort, & ses enfans le refusèrent par une modestie bien respectable dans un état républicain, où le titre de *citoyen* est préféré à tous les titres d'honneur des monarchies. *Ruyter* avoit commencé par être valet & mousse de vaisseau ; blessé à la bataille d'Agouste, il mourut en 1676.

Louis XIV eut assez de grandeur d'ame pour être affligé de sa mort. On lui représenta qu'il étoit défait d'un ennemi dangereux ; il répondit qu'on ne pouvoit s'empêcher d'être sensible à la mort d'un grand homme.

SADI, poëte & philofophe, né à Schiras, ville de Perfe, l'an de l'Egire 571, & qui revient à l'année 1193 de l'ère chrétienne.

Sadi fut un fage qui, par fes actions & fes écrits, excita fes compatriotes à chercher leur bonheur dans la pratique de la vertu.

Un homme avoit quitté la fociété des derviches, & s'étoit retiré dans celle des fages: Quelle différence, demandoit-on à Sadi, trouvez-vous entre un fage & un derviche? « Tous deux, répondit-il, traverfent un grand fleuve à la nage avec plufieurs de leurs frères; le derviche s'écarte de la troupe pour nager plus commodément, & arrive feul au rivage; le fage au contraire nage avec la troupe, & tend quelquefois la main à fes frères ».

Un homme opulent difoit par dérifion devant le philofophe Sadi, que l'on voyoit fouvent l'homme d'efprit à la porte de l'homme riche, & jamais le riche à la porte de l'homme d'efprit : « C'eft, répondit le philofophe, parce que l'homme d'efprit fait le prix des richeffes, & que le riche ignore le prix des lumières ».

Ce n'eft point, répétoit-il fouvent, la voix timide des miniftres qui doit porter à l'oreille des rois les plaintes des malheureux; il faut que le cri du peuple puiffe directement percer jufqu'au trône.

Il quitta fa patrie que les turcs défoloient, & voyagea pendant quarante ans. Les corfaires de Tripoli le firent prifonnier, & il fut condamné à travailler aux retranchemens, & à fouiller la terre. Il fut racheté par un marchand d'Alep, qui lui donna fa fille en mariage avec une dot de cent fequins. Cette fille étoit d'un mauvais caractère, & lui caufoit des chagrins continuels. Comme il s'en plaignoit, elle lui dit un jour : « N'es tu pas celui que mon père a racheté pour dix pièces d'or »? Oui, lui répondit-il, mais il m'a vendu pour cent fequins.

Ce fage avoit un ami qui fut tout-à-coup élevé à une grande place. Tout le monde alloit faire compliment à fon ami; il n'y alla point. Comme on en paroiffoit furpris, il dit : « La foule va chez lui à caufe de fa dignité; moi, j'irai quand il ne l'aura plus, & je crois que j'irai feul ».

Je me promenois avec mon ami (c'eft Sadi qui parle) pendant la plus grande chaleur du jour, fous un berceau d'arbres élevés qui formoient une voûte de verdure impénétrable aux rayons du fo-leil. Un ruiffeau ferpentoit entre ces arbres, & entretenoit la fraîcheur d'un gazon épais qui invitoit à fe repofer. Je vis l'injufte fur ce gazon; il dormoit. Grand Dieu ! difois-je, le fouvenir des malheureux qu'il a faits ne trouble donc pas le repos de l'injufte ? Mon ami m'entendoit & me dit : « Dieu accorde le fommeil aux méchans, afin que les bons foient tranquilles ».

SAGE, (Alain René le) né en 1677, mort en 1747.

Il fe fit connoître par des traductions, enfuite par des romans de caractère, tels que le Diable Boiteux, Gilblas, Gufman d'Alfarache, le Bachelier de Salamanque, &c. Il eft le premier qui ait bien faifi le genre des pièces de l'opéra-comique; & il en a compofé un grand nombre, feul ou en fociété. Il fit auffi des comédies, entr'autres Turcaret, qui eft une fatyre fanglante contre les traitans dont il avoit à fe plaindre.

Le Sage étoit devenu abfolument fourd dans fa vieilleffe; cependant il ne difcontinuoit point d'aller à la repréfentation de fes comédies, & n'en perdoit prefque pas un mot. Il difoit même qu'il n'avoit jamais mieux jugé ni du jeu, ni de fes pièces, que depuis qu'il n'entendoit plus les acteurs.

SAGE ou philofophe. Fontenelle a dit : « Le fage tient peu de place & en change peu ».

Il y a trois fortes de fages qui doivent paroître bien différens.

Les premiers font des hommes divins qui, dès leur jeuneffe, fe conduifent bien par leur feule réflexion.

Les feconds, font ceux qui deviennent fages aux dépens des autres, & à qui les fautes d'autrui donnent matière à réflexion, pour ne pas tomber dans les mêmes erreurs : à ceux-là le raifonnement n'a pas fuffi, il leur a fallu l'expérience du malheur des autres.

Les troifièmes, incapables de fe conduire par eux-mêmes, & manquant de raifon pour profiter des égaremens d'autrui, ne deviennent fages qu'à leurs propres dépens. La fageffe coûte fouvent à ceux-là le repos & leur fortune.

Un homme fage fe doit reconnoître à la conduite : celui qui m'exhorte me doit montrer l'exemple; je ne crois point à la morale qui n'eft point perfuadée par la pratique de la vertu.

On confeilloit à un père d'attendre que fon fils

fût plus *sage* pour le marier. « Votre conseil, répondit-il, ne doit point être suivi ; car si mon fils devient *sage*, il ne se mariera pas.

Alexandre le Grand envoya cent talens en présent à Phocion. Celui-ci demanda à ceux qui les apportoient pourquoi Alexandre adressoit ce présent à lui seul entre tant de personnes qui étoient à Athènes. C'est, lui répondirent-ils, parce que les Athéniens l'estiment être le plus *sage* d'entre eux. — Que ne me laisse-t-il donc, répliqua-t-il, conserver cette qualité, & pourquoi veut-il qu'en acceptant ses présens, je cesse d'être *sage* ?

On demandoit à un *sage* lequel de tous les animaux étoit le plus redoutable à l'homme ? Entre les sauvages, dit-il, c'est le calomniateur ; entre les domestiques, c'est le flatteur.

Simonide interrogé, ce qui étoit le plus à souhaiter, les richesses ou la sagesse ? « Je suis, répondit-il, fort en doute là-dessus, je vois beaucoup de *sages* venir faire la cour aux riches ».

SAIGNÉE. L'imbécillité désigna, pendant plus de six cens ans, sous le nom burlesque de *minution*, la *saignée* périodique que chaque religieux essuyoit forcément, aux quatre saisons de l'année. Malade ou sain, aucun n'étoit à l'abri du coup de lancette ; le sang devoit même couler, jusqu'à ce que le supérieur fît appliquer la compresse. C'est ainsi que du temps de Saint Louis les *saignées* étoient très-fréquentes, au point que ce prince fut obligé d'imposer des loix aux religieuses de l'Hôtel-Dieu de Pontoise, par lesquelles il ne leur fut permis de se faire *saigner* dorénavant que six fois par an ; savoir : à Noël, au commencement du carême, à Pâques, à la saint Pierre, dans le mois d'août & à la Toussaint. On trouve les mêmes ordonnances, dans les statuts des chartreux, faits par le vénérable Guigne, leur cinquième prieur.

Il y avoit encore des ordres religieux, dans lesquels c'étoit une règle & une discipline du cloître de se faire *saigner* tous les ans au moins une fois ; c'étoit une fête pour le couvent, lorsque l'époque de la *saignée* arrivoit. La *saignée* est encore une règle de pratique dans les couvens cloîtrés des religieuses. Envain leur a-t-on fait, à ce sujet, des représentations ; elles sont en pure perte : les religieuses regardent les *saignées* comme un besoin indispensable de leur état.

Une femme trouvoit mauvais qu'on saignât plusieurs fois de suite son mari ; comme à la troisième *saignée*, le médecin lui dit qu'elle voyoit pourtant bien que son mari étoit soulagé, elle répondit naïvement : eh ! monsieur, il ne falloit faire que cette troisième *saignée*.

Un paysan, condamné à être pendu, envoya quérir un chirurgien, pour se faire saigner. » Je n'ai jamais été *saigné*, lui dit-il : on dit que la première *saignée* sauve la vie ».

Le maréchal de..., étant en voyage, se trouva mal, & fut obligé de s'arrêter dans le village pour se faire saigner : on avertit le chirurgien du lieu ; son air n'inspiroit pas beaucoup de confiance : cependant le maréchal consentit de s'en servir. Comme le chirurgien étoit prêt de le piquer, le maréchal retira un peu le bras : il me semble, monseigneur, dit le cadédis, que vous craignez la *saignée* ? Ce n'est pas la *saignée* que je crains, répondit-il, c'est le saigneur.

Un chirurgien, après avoir soigné pendant plus de deux mois, & guéri la femme d'un berger, qui avoit une maladie très-dangereuse, n'exigea rien pour ses soins, ni même pour les remèdes qu'il avoit fournis, parce qu'il connoissoit l'état de misère où étoit réduite cette famille : cependant le berger désiroit bien exprimer sa reconnoissance ; il se rappella que son bienfaiteur usoit du tabac. Il acheta une tabatière de buis, & grava sur le couvercle la figure d'une demoiselle assise, qu'un chirurgien saignoit, avec cette légende autour : *Je te blesse pour te guérir.* Il offrit ensuite la tabatière à son Esculape, qui la reçut avec beaucoup de plaisir. Plusieurs personnes qui l'ont vu, ont jugé cet ouvrage digne de nos meilleurs artistes. (*Affiches de Montpellier*, 1774.)

Beautru étant tombé malade, de la maladie dont il mourut, & ses médecins ayant opiné pour la *saignée*, il ne voulut jamais la laisser faire. Le roi, qui l'aimoit, ayant appris sa résistance, lui fit dire qu'il l'exhortoit très-fort à se laisser saigner. Beautru répondit à celui qui étoit envoyé par le roi : *Je n'aime pas les saignées de par le roi.*

» Il est d'usage, en Savoye, dit Menage, que celui qui est *saigné* reçoit des présens. Un jeune homme qui s'étoit fait saigner, en ayant reçu un de sa maîtresse, lui écrivit : *Je vous remercie de votre présent pour la plaie de mon bras.... mais celle du cœur !* »

SAILLIE. Ce mot, qui vient du latin *salire*, sauter, signifie le passage brusque d'une idée à une autre, dont le rapport trop éloigné n'étoit pas d'abord apperçu. Les *saillies* tiennent le même rang dans les opérations de l'esprit, que l'humeur ou la boutade dans les affections du cœur. Ces transitions subites & inattendues, ne supposent pas toujours une grande étendue de lumières ; mais elles caractérisent l'esprit. Les gens gais ont des *saillies* de plaisanteries ; les méchans, de méchancetés ; les personnes naïves, de naïvetés.

M. le président de la M*** joignoit aux manières les plus douces & les plus flatteuses, une sorte d'esprit que cet extérieur rendoit plus piquant ; il étoit fort gros. Un jour, au parterre de l'Opera, quelqu'un incommodé de sa taille & de son voisinage, dit tout haut : » quand on est fait d'une certaine manière, on ne devroit pas venir ici. Monsieur, lui répondit le président, il n'est pas donné à tout le monde d'être plat ».

Une duchesse railloit la maréchale de...., dont le mari n'avoit point encore été fait duc, de n'avoir point le tabouret chez la reine : c'est dommage, » disoit-elle, que cette belle & majestueuse marquise se fatigue à rester de bout ». Madame, répondit la maréchale, je suis appuyée sur mon bâton.

Le régent de France, qui aimoit beaucoup Fontenelle, s'amusoit un jour à lui conter ses exploits galans. Le philosophe lui dit en souriant : » monseigneur fait toujours des choses au-dessus de son âge ».

Le docteur Bouvart ayant été appelé par le grand aumônier, celui-ci lui dit qu'il souffroit comme un *damné* ; « quoi ! déjà, monseigneur » , reprit le malin Esculape.

M. Voisin ayant été nommé chancelier, le parlement alla en corps pour le complimenter, ayant à sa tête le président de Novion ; en l'absence de M. de Mêmes, qui étoit retenu par sa goutte ; le chancelier les assura de sa protection. Le président de Novion, se retournant vers sa compagnie : » messieurs, dit-il, remercions M. le chancelier, il nous *accorde* plus que nous ne lui demandons ».

Curieux de passer pour peintre, un méchant barbouilleur répétoit toujours qu'il alloit faire blanchir le plancher de sa salle, & qu'il la peindroit ensuite. Quelqu'un lui dit : « croyez-moi, commencez par la peindre, & vous la blanchirez après ».

Il y avoit, à la table d'un intendant de province, un père jésuite, accompagné d'un frère de sa société. Le frère mal instruit des usages du grand monde, trouvant un ragoût excellent, y trempoit son pain. A cette action rustique, le père voulut lui donner, par dessous la table, un coup de pied, pour l'avertir de ne pas continuer ; mais par malheur il s'y prit si mal-adroitement, qu'au lieu de frapper la jambe de son compagnon, il attrapa celle de l'intendant, qui lui dit avec précipitation : » eh ! mon père, prenez garde à ce que vous faites, ce n'est pas moi qui sauce ».

Un petit-maître fatigant par son excessive fatuité, se plaignoit d'un grand mal de tête qui le vexoit horriblement ; il ajoutoit d'un air charmant que c'étoit *le mal des beaux esprits*. Une dame lui dit : » vous avez donc la maladie des autres » ?

Un juge dit un jour à un chanoine, qui étoit venu plusieurs fois à son audience à midi : » monsieur l'abbé, il paroît que vous dormez la grasse matinée » ? Monseigneur, répondit le chanoine, c'est que nous n'avons pas la ressource de l'audience ».

Un officier demandant une grace à M. de Louvois, lui représenta qu'on l'avoit accordée à d'autres qui n'avoient pas tant de service que lui. Que voulez-vous, lui dit ce ministre, il n'y a qu'heur & malheur dans ce monde-ci. Je ne croyois pas, repartit l'officier, que servir le roi ce fût jouer au lansquenet.

Un faiseur de critiques périodiques disoit dans une compagnie, qu'il distribuoit la gloire. » Oui, monsieur, répondit quelqu'un, & si généreusement, que vous n'en gardez pas pour vous ».

SAINT-AMANT (Marc-Antoine Gérard, sieur de), poëte françois, né vers la fin de 1594, mort en 1661.

Ses poésies ont été recueillies en 3 volumes. On y rencontre quelques boutades assez heureuses ; mais ce poëte étoit totalement dépourvu de goût. Dans son *Moïse sauvé*, au lieu d'embellir son poëme des grandes circonstances qu'un tel sujet lui présentoit, il s'amuse à des détails puérils, & met en quelque sorte, comme le dit Boileau, les poissons aux fenêtres par ces deux vers :

Et là près des remparts que l'œil peut transpercer,

Les poissons ébahis le regardent passer.

L'ode *sur la solitude*, estimée le meilleur ouvrage de ce poëte, offre parmi les descriptions les plus agréables & les plus riantes, les objets les plus dégoûtans, des crapauds, des limaçons qui bavent, enfin, le squelette d'un pendu.

Sous un chevron de bois maudit

Y branle le squelette horrible

D'un pauvre amant qui se pendit

Pour une bergère insensible.

Quoiqu'il y ait beaucoup de défauts dans toutes les poésies de *Saint-Amant*, il savoit néanmoins les réciter avec tant d'agrément qu'il les faisoit entendre avec plaisir ; aussi le poëte Gombauld disoit de lui :

Tes vers sont beaux quand tu les dis ;

Mais ce n'est rien quand je les lis.

Tu ne peux pas toujours en dire ;

Fais-en donc que je puisse lire.

On attribue à *Saint-Amant* un mot assez plaisant. Il se trouva un jour dans une compagnie où étoit un homme qui avoit les cheveux noirs, & la

barbe blanche. Comme cette différence paroiſſoit aſſez biſarre à la compagnie, & que chacun
en demandoit la raiſon, *Saint-Amant* ſe tourna
vers cet homme : » apparemment, monſieur, lui
dit-il, vous avez plus travaillé de la mâchoire que
du cerveau ».

SAINT - EVREMONT, (Charles de Saint-
Denis, ſeigneur de) né en Normandie en 1615,
mort à Londres en 1703.

Cet écrivain n'avoit proprement que de l'eſprit ; car on ne peut lui accorder ni du génie, ni
du ſentiment, ni de l'érudition, ni peut-être
un vrai talent. Mais, comme l'obſerve un auteur
illuſtre, une morale voluptueuſe, des lettres écrites à des gens de cour dans un temps où ce mot
de *cour* étoit prononcé avec emphaſe par tout le
monde, des vers médiocres qu'on appelle des
vers de ſociété, compoſés dans des ſociétés illuſtres, tout cela contribua à faire rechercher dans
leur temps les ouvrages de *Saint-Evremont.* C'étoit
l'auteur à la mode. Le libraire Barbin payoit des
écrivains pour lui faire du *Saint-Evremont.*

On lit encore quelquefois ce qu'il a écrit ſur
les Grecs & les Romains, ſur la paix des Pyrennées, ſur la converſation du maréchal d'Hocquincourt avec le P. Canaye. Ce dernier écrit
eſt aſſaiſonné d'une bonne plaiſanterie.

Saint-Evremont reprochant un jour à Cinthio,
acteur Italien, qu'il n'y avoit pas aſſez de vraiſemblance dans les pièces de leur théâtre. S'il
y en avoit davantage, répondit-il, on verroit de
bons comédiens mourir de faim avec de bonnes
comédies.

Saint-Evremont commence une de ſes lettres
à mademoiſelle de Lenclos de cette manière :
» Votre vie, ma chère, a été trop illuſtre pour
n'être pas continuée de même juſqu'à la fin. Que
l'enfer de M. de la Rochefoucault ne vous épouvante pas : c'étoit un enfer médité dont il vouloit
faire une maxime. Prononcez donc le mot d'a-
mour hardiment, & que celui de vieilleſſe ne
ſorte jamais de votre bouche «.

Un auteur a pris occaſion de ces paroles, pour
accuſer *Saint-Evremont* d'irréligion. Pour juſtifier
cet écrivain, il ſuffit de dire que le duc de la
Rochefoucault, s'entretenant un jour avec mademoiſelle Lenclos, lui dit : *que l'enfer des femmes
c'étoit la vieilleſſe.* Cet éclairciſſement ne laiſſe point
de difficulté.

Saint-Evremont rempliſſoit ſa maiſon de chiens,
de chats, &c. ſans en être dégoûté par leur
malpropreté, diſant que pour divertir les ennuis
de la vieilleſſe, il falloit avoir devant les yeux
quelque choſe de vif & d'animé.

Saint-Evremont explique dans un de ſes ouvrages, ce que c'eſt qu'une précieuſe, & il n'oublie pas la définition que mademoiſelle de Lenclos
en donna à la reine de Suède, que les précieuſes
étoient les janſéniſtes de l'amour.

SAINT-PIERRE, (Charles Irénée de Caſtel
de) auteur de pluſieurs écrits politiques, né au
château de *Saint-Pierre* en Normandie en 1653,
mort en 1743, à 86 ans.

Un deſir ardent de rendre les hommes heureux,
& un courage d'eſprit peu commun, conduiſirent
la plume de l'abbé de *Saint-Pierre.* Il contribua
beaucoup à délivrer la France de la tyrannie de la
taille arbitraire, & il n'a pas tenu à lui que la
mode affreuſe de s'aſſembler en compagnies réglées
pour s'égorger, ne déshonorât plus l'humanité.
Tous ſes écrits offrent des vues patriotiques.

Le cardinal Dubois diſoit des écrits de l'abbé
de *Saint-Pierre*, que c'étoient les rêves d'un homme
de bien. Ses mœurs furent douces, & ſa probité
d'une exactitude rigoureuſe.

L'abbé de *Saint-Pierre* fit ſes études au collège
de Caën avec M. Varignon, qui s'eſt rendu depuis célèbre par ſes connoiſſances dans les mathématiques. Varignon, peu favoriſé des biens de la
fortune, ne pouvoit continuer ſes études. L'abbé
de *Saint-Pierre*, frappé des diſpoſitions que ce
jeune homme avoit pour les mathématiques, le
logea avec lui, & toujours plus touché de ſon
mérite, il réſolut de lui faire une fortune qui le
mit en état de ſuivre pleinement ſes talens & ſon
génie. Cependant cet abbé, cadet de Normandie,
n'avoit que dix-huit cents livres de rente ; il en
détacha trois cents, qu'il donna par contrat à
Varignon. Ce peu, qui étoit beaucoup par rapport au bien du donateur, étoit beaucoup auſſi
relativement aux beſoins du donataire : l'un ſe
trouva riche, & l'autre encore plus d'avoir enrichi ſon ami.

Un des projets que l'abbé de *Saint-Pierre* avoit
le plus à cœur, & ſur lequel il ne ceſſoit d'inſiſter,
c'étoit l'établiſſement de ce qu'il appelloit *diète
européenne.* Ce devoit être un tribunal compoſé
de plénipotentiaires de toutes les puiſſances de
l'Europe, où, ſans épuiſer les états d'hommes &
d'argent, tous les différends entre les ſouverains
ſeroient terminés. On a attribué ce projet à
Henri IV, & l'abbé de *Saint-Pierre* ne négligeoit
rien pour le faire croire.

M. de Fontenelle écrivoit en 1740 au cardinal
de Fleuri, pour lui ſouhaiter une heureuſe année.
Il le félicitoit de la paix qu'il venoit de conclure
entre les turcs & les chrétiens, & l'invitoit, comme excellent médecin des maladies des nations,
à calmer la fièvre qui commençoit à gagner en
Europe les eſpagnols & les anglois. Le cardinal
lui répondit ſur le même ton de plaiſanterie par

une lettre obligeante, & lui difoit en raillant, qu'il faudroit que les princes priffent quelque dofe de l'élixir du projet de paix perpétuelle de l'abbé de *Saint-Pierre.* Fontenelle montra cet article à l'abbé, qui, croyant que le cardinal voudroit fe fervir de fon projet, le lui envoya avec cinq articles préliminaires. Le cardinal lui répondit : « Vous en avez oublié un, c'eft d'envoyer une troupe de miffionnaires pour y préparer l'efprit & le cœur des princes contractans ».

L'abbé de *Saint-Pierre* étoit perfuadé que les chofes importantes ne pouvoient être remifes trop fouvent fous les yeux du lecteur. *Il y a d'excellentes chofes dans vos ouvrages,* lui difoit-on quelquefois ; *mais elles y font trop répétées.* Il demandoit qu'on lui en citât quelques-unes, & on n'étoit pas embarraffé. « Vous les avez donc retenues, ajoutoit-il ? Voilà juftement ce que je me propofois en les répétant, & fans quoi vous ne vous en fouviendriez plus aujourd'hui ».

Un jour étant allé voir une femme de beaucoup d'efprit, il la trouva feule : elle ne le connoiffoit que depuis quelques mois, & ne l'avoit même vu qu'en compagnie ; auffi fut-elle d'abord un peu embarraffée du tête-à-tête. L'embarras ceffa bientôt : habile & prompte à démêler les caractères & les différens tours d'efprit, elle avoit déja faifi celui de l'abbé de *Saint-Pierre,* & lui parla en conféquence. Mis fur ce qu'il favoit & aimoit, il parla fort bien lui-même. Lorfqu'il fortit, cette dame le remerciant du plaifir qu'elle avoit pris à l'entendre, il lui dit avec fon ton & fon air fimple : « Je fuis un inftrument, & vous en avez bien joué ».

L'abbé de *Saint-Pierre* avoit acheté une charge à la cour, & la marquife Lambert lui demandoit s'il fe trouvoit mieux de cette vie de la cour que de la vie retirée qu'il menoit auparavant à Paris. « J'étois bien, répondit-il à cette dame, dans ma cabane du fauxbourg Saint-Jacques, occupé aux fciences ; mais je me trouve encore un peu mieux dans une vie affez diffipée. J'ai augmenté mon bonheur de quelque chofe, du moins je le crois ; & après tout, il ne m'importe fi ce n'eft de le fentir & de le croire ». On peut fe rappeler ici cette maxime du fage de Lesbos : *Le plus malheureux de tous les hommes eft celui qui croit l'être.*

L'abbé de *Saint-Pierre* s'étoit déclaré par fes maximes & par fa conduite contre le célibat des prêtres : mais le bon abbé refpecta toujours le lit conjugal. Il fe choififfoit de jolies chambrières. Lorfqu'elles lui donnoient des enfans, il avoit foin de leur faire apprendre quelque métier. Il les deftinoit de préférence à celui de perruquier, parce que les têtes à perruque, difoit-il, ne manqueront jamais.

M. de Voltaire lui demanda, quelques jours avant fa mort, comment il regardoit ce paffage ; il lui répondit : « Comme un voyage à la campagne ».

SALADIN ou **SALAHEDDIN**, fultan d'Egypte & de Syrie, mort en 1172 à Damas, à 57 ans.

Saladin fut un des plus grands conquérans du douzième fiècle. La douceur, l'humanité, la bienfaifance, la religion, la juftice, la libéralité formoient fon caractère particulier. Sa figure imprimoit encore plus d'amour que de refpect ; fon regard n'avoit point cette fierté qui annonce quelquefois les maîtres du monde ; fes difcours étoient fimples, polis, naturellement éloquens ; mais fon imagination ne s'éleva jamais à la poéfie, & rarement à ces figures hardies, à ces métaphores fi familières aux Orientaux.

Il cultiva un genre d'étude bien frivole & très-eftimé par les dévots mufulmans, celui de connoître toutes les traditions mahométanes, les explications de l'alcoran, les fentimens divers des interprêtes, les opinions différentes des écoles, & fe plaifoit à difputer fur ces matières avec les prêtres & les cadis.

Saladin, élevé fur le trône d'Egypte, mérita l'amour de fes nouveaux fujets par des établiffemens utiles. Il mit un frein à la rapacité des juifs & des chrétiens employés dans les fermes des revenus publics & dans les fonctions de notaire. Après avoir donné plufieurs loix fages, il conquit la Syrie, l'Arabie, la Perfe & la Méfopotamie, & marcha vers Jérufalem qu'il vouloit enlever aux chrétiens. Renaud de Châtillon, feigneur de Krak, ville forte fur la frontière de la Syrie, avoit violé une trève faite entre les mufulmans & les chrétiens. Une caravane paffoit d'Egypte en Syrie ; il fit mettre aux fers tous ceux qui la compofoient. *Saladin* envoya demander la liberté des prifonniers. Renaud n'eut aucun égard à fa demande ; il traita même avec mépris le député, & accabla d'injures les mufulmans de fa fuite. *Saladin* en fut tellement irrité, que, prenant Dieu à témoin de l'infidélité des chrétiens, il jura fur le champ qu'il leur feroit la guerre de tout fon pouvoir, & fit vœu de tuer Renaud de fa main. Il marcha contre les chrétiens en 1188, & leur livra bataille auprès de Tibériade avec une armée de plus de cinquante mille hommes. Le combat dura trois jours, & fut très-fanglant : mais enfin les chrétiens accablés par le nombre, & épuifés par la foif & la fatigue, furent entièrement défaits.

Tandis qu'on pourfuivoit les fuyards, & qu'on maffacroit par une barbarie politique les templiers & les hofpitaliers, ennemis implacables des mahométans, *Saladin* fit dreffer à la hâte une tente au milieu du champ de bataille, & amener auprès de lui les principaux prifonniers, parmi lefquels étoient Gui de Lusignan, roi de Jérusalem, & Renaud de Châtillon. Le sultan reçut le roi avec bonté, le consola de sa disgrace, le fit asseoir à sa droite, & s'entretint avec lui par le moyen d'un interprète. S'étant apperçu que ce prince étoit fort altéré, il ordonna qu'on apportât une boisson rafraîchie dans de la neige. Après avoir bu, Lusignan présenta la coupe à Renaud. « Arrêtez, lui dit *Saladin*, je ne veux point que ce perfide boive en ma présence, car je ne puis lui faire grace ». C'étoit une loi de l'hospitalité, inviolablement observée par les arabes, d'accorder toute sûreté à ceux des prisonniers auxquels ils avoient donné à manger ou à boire. « Enfin, ajouta le sultan, en s'adressant à Châtillon, le ciel, vengeur des attentats, t'a mis en ma puissance; souviens-toi de tes infractions aux traités, des cruautés exercées envers les musulmans, même en temps de paix, de tes brigandages, de tes blasphèmes contre le prophète, de ton entreprise sacrilège contre les deux villes saintes de la Mecque & de Médine. Il est temps de punir tant de crimes, & d'accomplir mon serment. Je l'ai juré, tu mourras de ma main. Cependant il te reste encore une ressource pour éviter la mort, c'est d'embrasser ma religion que tu voulois détruire ».

Renaud, indigné qu'on le crût capable de cette lâcheté, osa braver le sultan par des paroles fières & outrageantes. *Saladin*, emporté par la colère, se lève, le saisit, le traîne au milieu de l'assemblée, & l'étend par terre d'un coup de sabre. Sa tête sanglante roula jusques aux pieds du roi qui pâlit de frayeur, craignant le même sort pour lui-même. « Rassurez-vous, lui dit le sultan, la perfidie ne retombe que sur son auteur. Je me venge d'un traître; mais je sais respecter les droits de l'humanité envers ceux qui ne l'ont point violée ». En effet, il traita ce prince & les autres prisonniers avec une générosité qui n'avoit pas encore eu d'exemple dans cette partie du monde.

Toutes les personnes, sans distinction de rang, d'âge, de pays, de religion, trouvoient un accès libre auprès de lui : les musulmans, les chrétiens, les étrangers, les pauvres, les riches, tous étoient admis à son tribunal, & jugés selon les loix, ou plutôt selon l'équité naturelle. Son neveu, Teki-Eddein, ayant été cité en jugement par un particulier, il le força de comparoître. Un certain Omar, marchand d'Akhlat, ville indépendante de *Saladin*, eut même la hardiesse de présenter une requête contre ce monarque devant le cadi de Jérusalem, à l'occasion d'un esclave dont il réclamoit la succession que le sultan avoit recueillie. Le juge étonné avertit *Saladin* des prétentions de cet homme, & lui demanda ce qu'on devoit faire. *Ce qui est juste*, répliqua le sultan. Il comparut au jour nommé, défendit lui-même sa cause, la gagna; & loin de punir la témérité de ce mar-

chand, il lui fit donner une grosse somme d'argent, voulant le récompenser d'avoir eu assez bonne opinion de son intégrité, pour oser réclamer sa justice dans son propre tribunal, sans craindre qu'elle y fût violée.

Ses sujets, qui connoissoient sa bonté, ne craignoient pas de l'importuner, à toutes les heures, de leurs querelles particulières. Un jour ce prince, après avoir travaillé tout le matin avec ses émirs & ses ministres, s'étoit écarté de la foule pour prendre quelque repos. Un esclave vint dans cet instant pour lui demander audience; *Saladin* lui dit de revenir le lendemain : *Mon affaire*, répondit l'esclave, *ne souffre aucun délai*, & lui jetta son mémoire presque sur le visage. Le sultan ramassa ce papier sans s'émouvoir, le lut, trouva la demande juste, & accorda ce qu'on sollicitoit; ensuite se tournant vers ses officiers qui paroissoient surpris de tant de bonté : » Cet homme, leur dit-il, ne m'a point offensé; je lui ai rendu justice, & j'ai fait mon devoir ».

Une autre fois, tandis qu'il délibéroit avec ses généraux sur les opérations de la guerre, une femme lui présenta un placet. *Saladin* lui fit dire d'attendre. » Et pourquoi, s'écria-t-elle, êtes-vous notre roi, si vous ne voulez pas être notre juge » ? *Elle a raison*, répondit le sultan; il quitta l'assemblée, s'approcha de cette femme, écouta ses plaintes, & la renvoya satisfaite.

Le grand *Saladin* conquit la Syrie, l'Arabie, la Perse & la Mésopotamie. Maître de tant de pays, il songea bientôt à conquérir le royaume de Jérusalem... Gui de Lusignan rassembla, dans la Galilée, les chrétiens divisés que le péril réunissoit, & marcha contre *Saladin* : ils furent tous tués ou pris. Le roi captif, qui ne s'attendoit qu'à la mort, fut étonné d'être traité par *Saladin* comme aujourd'hui les prisonniers de guerre le sont par les généraux les plus humains.

Le vainqueur, arrivé aux portes de Jérusalem, qui ne pouvoit plus se défendre, accorda à la reine, femme de Lusignan, une capitulation qu'elle n'attendoit pas.

Lorsqu'il fit son entrée dans la ville, plusieurs femmes vinrent se jetter à ses pieds, en lui redemandant, les unes leurs maris, les autres leurs enfans, ou leurs pères qui étoient dans ses fers : il les leur rendit avec une générosité qui n'avoit pas encore eu d'exemple dans cette partie du monde.

Au bruit des victoires de *Saladin*, toute l'Europe fut troublée. Le pape Clément III remua la France, l'Allemagne, l'Angleterre, mais un empereur & deux rois puissans ne purent prévaloir contre ce ſultan. Il mourut à Dimas, admiré des chrétiens même. Il avoit fait porter, dans ſa maladie, au lieu de drapeau qu'on élevoit devant ſa porte, le drap qui devoit l'enſevelir, & celui qui tenoit cet étendard de la mort, crioit à haute voix : » Voilà tout ce que *Saladin*, vainqueur de l'Orient, remporte de ſes conquêtes ». On dit qu'il laiſſa, par ſon teſtament, des diſtributions égales d'aumônes aux pauvres mahométans, juifs & chrétiens ; voulant faire entendre, par cette diſpoſition, que tous les hommes ſont frères, et que, pour les ſecourir, il ne faut pas s'informer de ce qu'ils croient, mais de ce qu'ils ſouffrent. Auſſi n'avoit-il jamais perſécuté perſonne pour ſa religion. Il avoit été à-la-fois conquérant, humain & philoſophe.

SALLE DE **WESTMINSTER**. C'eſt bien moins par ſa vaſte étendue, que par les oppoſitions marquées de quelques événemens, dont elle a été le théâtre, que cette *ſalle* mérite qu'on en faſſe mention.

Elle fut bâtie en 1097 par Guillaume, dit le Roux, fils de Guillaume le conquérant, qui la deſtina pour donner des fêtes publiques. Elle a deux cents ſoixante-douze pieds de longueur ſur ſoixante-quatorze de largeur. Quelque critique ayant trouvé qu'elle étoit trop ſpacieuſe, le monarque qui le fut, déclara qu'elle n'étoit pas de la moitié auſſi grande qu'il l'eût ſouhaité, & qu'après celle qu'il avoit eu intention de faire, elle n'auroit pu paſſer que pour une chambre à coucher. Richard II la fit élargir en 1397 ; ce prince y a traité dix mille perſonnes.

Cette *ſalle* eſt le premier endroit où les rois d'Angleterre ſe placent ſur le trône ; ce fut celui où Richard fut dépoſé. Elle a preſque toujours ſervi aux banquets royaux, & tout ce qu'il y avoit de plus grand dans l'Europe & dans les trois royaumes, y a été régalé par les rois : cependant Henri III, en y raſſemblant ſix mille gueux, qu'il avoit entrepris de raſſaſier, en avoit fait précédemment un hôpital. Dans le tems où les parlemens s'y aſſembloient encore, un affreux débordement d'eau y pénétra & on la paſſoit en bateau. Les jours de couronnement, le champion d'Angleterre, armé de toutes pièces, y entre à cheval, & en jettant ſon gant à terre, il fait un défi à quiconque oſera conteſter le droit du nouveau ſouverain. On vit, en 1316, ou en 1317, ſous le règne d'Edouard II, une femme vêtue en courtiſanne, montée ſur un cheval, entrer dans cette *ſalle*, tandis que le roi y donnoit un feſtin à ſa cour, ſe promener autour de la table, jeter devant le roi un écrit, dans lequel on frondoit ſes mauvaiſes mœurs, & où il étoit accuſé d'injuſtice, tourner la bride, ſaluer les aſſiſtans l'un après l'autre & s'en aller.

On prétend que cette *ſalle* n'eſt qu'un débris du palais qu'Edouard le confeſſeur éleva près de l'abbaye, & qu'acheva Guillaume II. Ce palais fut réduit en cendres vers le milieu du ſeizième ſiècle, ſous le règne de Henri VIII, & l'on ne put ſauver de l'incendie que cette grande *ſalle* où le parlement s'aſſemble, & quelques chambres voiſines ; entr'autres celle qu'on nomme vulgairement la chambre peinte de Saint-Edouard. C'eſt dans les termes les plus poétiques que l'auteur de la Henriade parle de l'aſſemblée auguſte du parlement anglois.

Aux murs de Weſtminſter on voit paroître enſemble
Trois pouvoirs étonnés du nœud qui les raſſemble ;
Les députés du peuple & les grands & le roi,
Diviſés d'intérêt, réunis par la loi ;
Tous trois membres ſacrés de ce corps invincible,
Dangereux à lui-même, à ſes voiſins terrible.
Heureux lorſque le peuple inſtruit dans ſon devoir,
Reſpecte autant qu'il doit le ſouverain pouvoir !
Plus heureux, lorſqu'un roi doux, juſte & politique
Reſpecte autant qu'il doit la liberté publique !

SALVATOR ROSE, né à Naples, l'an 1615, mort en 1673.

Salvator commença par éprouver la miſère ; il ſe vit réduit à expoſer ſes tableaux dans les places publiques.

Lorſque ſon talent l'eut enrichi, ſa maiſon devint une eſpèce d'académie où s'aſſembloient pluſieurs perſonnes illuſtres dans les beaux arts. On y repréſentoit ſouvent des comédies de ſa façon, & dont il jouoit les principaux rôles : les ſalles de ſa maiſon, érigées en ſalles de ſpectacles, étoient garnies de verdure diſpoſée d'une manière pitoreſque : le ſable & les fleurs qui couvroient le parquet, le rendoient tout-à-fait ſemblable à un lieu champêtre.

Un jour que *Salvator* touchoit un très mauvais clavecin, je vais, dit-il, le faire valoir au moins mille écus ; & il peignit ſur le couvercle un ſi beau morceau, que ce clavecin, à demi délabré, fut vendu la ſomme qu'il avoit dite.

Un cavalier fort riche lui marchandoit depuis long-temps un grand payſage, & en demandoit toujours le prix, que *Salvator* augmentoit de cent écus à chaque demande. Le cavalier lui en témoignant ſa ſurpriſe, il répondit : — » Vous aurez bien de la peine à vous accommoder avec moi, malgré toutes vos richeſſes » ; &, dans le même inſtant, il creva le tableau.

Un cardinal étant venu voir *Salvator*, cet artiſte lui montra des tableaux d'hiſtoire, qu'il avoit finis depuis

depuis peu ; mais le cardinal n'y faifoit qu'une légere attention : attaché particulièrement à regarder quelques payfages, il lui en demanda le prix : — » Eh quoi ! s'écria *Salvator*, me demandera-t-on toujours des payfages, des marines, & de femblables bagatelles, comme fi je ne favois pas peindre des fujets plus confidérables ? « — Le cardinal, pour l'appaifer, lui dit qu'il achèteroit un grand tableau, & deux payfages : — » fi vous achetez le grand, pour avoir les petits, reprit *Salvator*, j'en veux un million ». —

Salvator pouvoit faire un tableau dans un feul jour. Le connétable Colonne reçut un des ouvrages de cet artifte, & lui fit préfent d'une bourfe pleine de pièces d'or. Le peintre, pour reconnoître cette générofité, fe hâta de lui envoyer un fecond tableau, qui lui valut un pareil préfent : pendant quatre fois confécutives, même preftefle de pinceau, même reconnoiffance de la part de l'artifte, & même générofité de la part du Mécène. Enfin, à la cinquième fois, le connétable ne voulut plus continuer un jeu qui pouvoit le ruiner ; il envoya deux bourfes à *Salvator*, auffi bien garnies que les premières, & lui fit dire qu'il n'étoit pas auffi facile au connétable Colonne de remplir des bourfes, qu'à *Salvator* de faire promptement de bons tableaux, & qu'il lui cédoit l'honneur du combat.

L'humeur enjouée de cet artifte ne le quitta pas même dans la maladie qui termina fes jours. Il difoit que fon nom de *Salvator* étoit comme un gage affuré de falut, & que Dieu ne permettroit jamais au démon de perfécuter un homme qui s'appelloit *Sauveur*.

Ses dernières paroles furent une plaifanterie. On l'exhortoit, au lit de la mort, à époufer une de fes maitreffes, de laquelle il avoit eu plufieurs enfans ; mais dont la conduite lui étoit fufpecte avec raifon. Voyant que les motifs les plus forts ne pouvoient l'ébranler, un de fes amis s'avifa de lui dire : — » Seigneur *Salvator*, vous n'avez point d'autre parti à prendre que d'époufer cette femme, fi vous voulez être admis dans le féjour des élus. — Eh bien, répondit *Salvator*, s'il faut avoir des cornes pour entrer en paradis, je confens à me marier » —

C'eft le fujet de cette épigramme de Rouffeau :

Avec fcandale un peintre en fon taudis,
Entretenoit gentille chérubine.
• Vous, pour le fûr, & votre concubine,
• Dit frère Luc, de Dieu ferez maudits.
• Mariez-vous, les anges ébaudits,
• Fête en feront fur le célefte cintre.
» Epoufons donc, puifqu'il faut, dit le peintre,
» Etre cocu pour gagner paradis ».
Encyclopédiana.

SALUTATION. La façon de faluer des turcs eft la plus naturelle : ils regardent celui qu'ils veulent faluer, en portant la main fur leur cœur. Nous autres, nous faluons en baiffant la tête, courbant le dos, & *hauffant le cul*, dit la fatyre Ménippée.

Aux cérémonies de l'ordre du faint-Efprit & à celles du parlement, on faifoit des révérences comme les femmes les ont toujours faites fans baiffer la tête.

Les amis de Socrates, témoignant être irrités de ce que quelqu'un qu'il avoit falué ne lui avoit pas rendu fon falut ; pourquoi fe fâcher, leur dit Socrate, de ce que cet homme n'eft pas fi poli que moi ?

Un jeune homme vint lire à Piron une tragédie qui alloit bientôt être jouée. Après quelques vers, Piron ôta fon bonnet & continua ce manège à tout moment. L'auteur de la pièce étonné de ce gefte perpétuel, lui en demanda la raifon : » C'eft, dit l'auteur de la Métromanie, que j'ai pour habitude de faluer les gens de ma connoiffance. »

Un gros financier paffa fièrement devant fix officiers fans les faluer. Ils furent piqués de fon impolitefle, & l'un d'entr'eux lui adreffant la parole, s'écria : » Monfieur, on voit bien que vous n'êtes pas aujourd'hui fi intéreffé qu'à votre ordinaire. Pourquoi ? dit le financier ; — c'eft, lui répartit le militaire, que pour un coup de chapeau vous en auriez eu fix ».

SAMUEL BERNARD, né à Paris, l'an 1615, mort en 1687.

Bernard, père de *Samuel*, étoit peintre en miniature ; il peignit en ce genre toutes les batailles de Louis XIV, & les portraits de la famille royale ; mais une chofe digne particulièrement d'être remarquée, c'eft qu'il époufa Madeleine Clérulier, dont la mère, établie rue Saint-Denis, étoit fameufe pour faire des mouches que les dames fe couvroient alors le vifage, afin de relever la blancheur de leur teint. De ce mariage naquit le fameux *Samuel Bernard*, qui fut fi connu en Europe, par fes immenfes richeffes.

SANG. *Sa circulation.* Chaque battement de cœur eft d'une feconde. Il en arrive foixante en une minute, ce qui fait trois mille fix cens par heure, & quatre-vingt-fix mille quatre cens par jour.

A chaque battement du cœur, il fort du ventricule gauche, deux onces de fang pour entrer dans la grande artere. Donc, puifque le cœur bat trois mille fix cens fois par heure, il en fort par heure fept mille deux cens onces de fang, au poids de la faculté.

Or, selon les plus experts dans cette matière, toute la masse du sang, contenu dans le corps d'un homme, ne va ordinairement qu'à vingt-quatre livres. Ainsi, en divisant six cens par vingt-quatre, on trouvera que toute la masse du sang, passe par le cœur vingt-cinq fois par heure, & par conséquent six cens fois par jour.

Le cœur, qui est le plus important de nos muscles, a besoin, pour faire un seul mouvement de contraction, d'une force équivalente à plusieurs milliers de livres ; car c'est ainsi qu'on évalue en méchanique les forces mouvantes.

Par exemple, pour pousser le sang dans la grande artère, le cœur a besoin d'une force de cent mille livres pesant. Pour soutenir avec le bras étendu un poids de cinquante-cinq livres, suspendu à sa jointure avec le coude, on a besoin d'une force de soixante mille. Si un homme qui pèse cent cinquante livres, veut sauter à la hauteur seulement de deux pieds, il a besoin d'une force deux mille fois plus grande que son poids, c'est-à-dire, d'une force de trois cens mille pesant.

Ç'a été à l'aide de l'expérience, de sa raison & de ses lectures, que le célèbre Harvée découvrit la plus importante de toutes les fonctions, celle de laquelle émanent toutes les autres, la circulation du sang ; quelques anatomistes l'avoient simplement entrevue, d'une manière même très-confuse & très-vague ; elle n'est plus, graces à Harvée, un être de raison. Il a allumé le flambeau de la conviction qui éclaire les esprits les moins crédules. Voici ce que dit à ce sujet l'auteur d'un poëme intitulé, l'*Inoculation*, qui a paru il y a quelques années.

Harvée, environné d'expériences sûres,
Pénètre de nos corps le dédale incertain,
Perce de nos vaisseaux les profondeurs obscures :
Il découvre aux mortels qu'ils portent dans leur sein
Mille ruisseaux de sang divisés dans leur course,
Et par divers canaux remontant vers leur source.
Là leurs flots comprimés dans un double bassin
S'en échappent encore, & reprennent sans cesse
Le cours que leur traça l'éternelle Sagesse.
Nous admirions Harvée, & ses lâches rivaux
Contre lui de la haine, allumoient les flambeaux.

SANG-FROID. Plusieurs de ceux qui vont à la guerre, dit le Spectateur anglois, s'accoutument à ne point réfléchir. Ils envisagent la mort avec tant d'indifférence, qu'ils conservent le même sang-froid au milieu des actions les plus chaudes. Témoin ce que dit un officier françois, qui n'avoit pas trop bonne opinion de son général, & qui, après avoir reçu un coup mortel dans une bataille, s'écria : Je voudrois bien vivre une heure de plus, pour voir comment cet étourdi se tirera d'affaire.

L'abbé Privat de Molières, grand partisan des tourbillons de Descartes, n'en étoit pas moins un homme d'un mérite distingué. Peu favorisé de la fortune, il travailloit l'hiver dans son lit, & se garantissoit par là des rigueurs de la saison. Isolé dans sa chambre, au collège royal, où il professoit la philosophie, un voleur vint un jour frapper à sa porte : l'abbé ouvre ; le coquin entre hardiment, & demande la bourse à notre philosophe. Celui-ci, plus attaché à son travail qu'à son argent, dit avec son sang-froid ordinaire : « Ouvrez un des tiroirs de mon bureau, & prenez ce que vous trouverez ». Le voleur se trompant de tiroir, mêloit les manuscrits qui y étoient renfermés. Privat de Molières s'appercevant du désordre que ce malheureux lui causoit, lui dit gravement : « Eh ! monsieur, vous vous trompez de tiroir, & vous m'allez donner bien du travail ». Le voleur plus avide d'argent que de papiers, se saisit du petit pécule de l'abbé, & s'en va sans fermer la porte. Notre savant lui crie : « Monsieur le voleur, soyez au moins honnête, fermez donc la porte ». Privat de Molières étoit de l'académie des sciences. On a sû qu'il donnoit aux gens qui servent la compagnie, des étrennes plus considérables que les membres les plus riches Il n'avoit pourtant pour tout revenu que les honoraires de sa chaire & ses messes, & ce qu'il pouvoit retirer du papier marbré, auquel il travailloit quand il étoit las de méditer.

Jean Frédéric, électeur de Saxe, étant tombé entre les mains de Charles Quint, répondit généreusement à ce prince qui le menaçoit de lui faire couper la tête : « Votre majesté impériale peut faire de moi tout ce qu'elle voudra, mais elle ne me fera jamais peur. En effet, il le montra bien lorsqu'on vint lui annoncer son arrêt de mort, car il en fut si peu troublé, qu'il dit au duc Ernest de Brunswick, avec qui il jouoit aux échecs : *Achevons notre partie.*

Un espagnol qui n'avoit qu'un œil, & qui étoit dans la galerie d'un jeu de paume, à voir jouer, eut l'autre œil crevé d'un coup de balle. Sans s'émouvoir, il ôta son chapeau à la compagnie, & ne fit que dire *buenas noches*, c'est-à-dire, bon soir.

M. le Prince, peintre célèbre, dont les tableaux peuvent être placés à côté des meilleurs, de Teniers & de Wouvermans, s'étoit embarqué pour Saint-Pétersbourg. Notre artiste employoit les momens oisifs du passage à suivre tour-à-tour dans leurs fonctions, le mousse, le matelot, & le pilote. Comme il avoit l'heureux don de plaire, chacun se faisoit un plaisir de l'instruire. M. le Prince, pour payer son apprentissage dans la marine, exécutoir pour tout l'équipage des airs agréables sur le violon ; car il joignoit à son rare talent un goût décidé pour la musique. Ses leçons de pilotage furent malheureusement interrompues par l'attaque d'un corsaire anglois qui s'empara du bâtiment qu'il montoit. A la veille de perdre sa petite pacotille, la présence d'esprit & le *sang froid* philosophique ne l'abandonnèrent point. Tandis que ces fiers insulaires, d'un air avide & rébarbatif, toisoient les galons de son habit & de son chapeau, pesoient l'or de sa montre, ouvroient & bouleversoient ses malles, il en tira son violon, & en joua sur le champ. Charmés de l'entendre, comme les lions & les tigres aux accens de la lyre d'Orphée, ses ravisseurs sourirent, lui laissèrent la jouissance de ses effets, & finirent par le prier de les faire danser le soir même au son de son instrument, en réjouissance de leur capture. Leur joie & l'infortune du peintre ne durèrent pas long-temps. Au premier port, le navire fut réclamé, & déclaré n'être pas de bonne prise, & M. le Prince continua sa route.

Tectamène, après avoir été condamné à la mort par les Ephores, ne cessoit de rire ; quelqu'un qui trouvoit ce rire hors de saison, lui demanda s'il avoit du mépris pour les loix de Sparte. « Non, dit-il ; mais j'ai de la joie d'avoir été condamné à une amende que je puis payer moi-même sans rien emprunter ».

M. de Montesquieu disputoit sur un fait avec un conseiller du parlement de Bordeaux, qui avoit de l'esprit, mais la tête un peu chaude. Celui-ci, à la suite de plusieurs raisonnemens débités avec fougue, dit « Monsieur le président, si cela n'est pas comme je vous le dis, je vous donne ma tête. — Je l'accepte, répond froidement Montesquieu, les petits présens entretiennent l'amitié.

Un fou rencontra en 1779 un abbé dans la rue Vivienne : « J'ai toujours eu envie de tuer un prêtre, s'écria-t-il en tirant son épée d'un air furieux ». L'abbé, sans se déconcerter, lui dit froidement : « Remettez votre épée dans le fourreau ; je ne suis encore que diacre, & vous manqueriez votre objet ».

Frédéric Moul travailloit à traduire Libanius, lorsqu'on vint lui dire que sa femme, qui languissoit depuis quelque temps, étoit bien malade, & qu'elle vouloit lui parler : « Un instant, un instant, je n'ai plus que deux périodes à traduire, & puis j'y cours ». Un second commissionnaire vint lui annoncer qu'elle est à l'extrémité : « Je n'ai plus que deux mots, & j'y vole ». Un moment après on lui rapporte qu'elle vient de souffler l'ame : « Hélas ! j'en suis très-marri, c'étoit la meilleure femme du monde ». Après cette courte oraison funèbre, il continua son travail.

Un gentilhomme fit un de ces traits qui devroit être répété dans toutes les histoires. On lui avoit proposé un duel ; la loi de Dieu, les loix de l'état le lui défendoient, & il avoit constamment refusé. Son agresseur, chez qui la passion étouffoit tout autre sentiment, & faisoit taire la raison, résolut de l'y engager malgré lui. Un jour il se trouve dans une rue écartée où devoit passer le gentilhomme, & tirant de sa poche deux pistolets, il lui en présenta un. Celui-ci, contraint de défendre sa vie, prend l'arme qu'on lui présente, & propose à son adversaire de tirer le premier. Il l'accepte ; mais dans l'agitation étrange où il étoit, il manqua son coup. Rechargez, si vous voulez, & tirez encore, lui dit le gentilhomme, avec un *sang-froid* qui auroit pu le désarmer, s'il n'eût été aveuglé par la passion. Il ne se le fit pas dire deux fois, & tire un second coup qui porta dans les habits. Maintenant ce seroit à mon tour, reprit le gentilhomme généreux ; mais je frémirois d'attenter à la vie d'un de mes concitoyens : oubliez ce qui peut vous avoir indisposé contre moi : j'oublie volontiers la violence de votre procédé ; embrassons-nous, & qu'il me soit permis de croire que vous me comptez au nombre de vos amis. Ces paroles ouvrirent enfin les yeux à son fougueux agresseur ; il se jetta à ses pieds, & lui jura une amitié dont il ne s'est jamais départi.

SANTERRE, (Jean-Baptiste) né en 1651, mort en 1717.

Appliqué sans cesse à chercher des couleurs, qui pussent faire durer ses ouvrages, & les rendre, pour ainsi dire, éternels, *Santerre* avoit toujours coutume de regarder, en marchant dans les rues, toutes les enseignes des boutiques, afin de connoître les couleurs que le temps détruisoit le moins.

Un des plus fameux tableaux de ce peintre, est celui d'Adam & Eve ; & l'on remarque qu'il les a représentés sans nombril comme ayant été créés.

Naturellement porté à la galanterie, *Santerre* forma une académie de jeunes filles, auxquelles il enseignoit son art, & elles lui servoient de modèles.

Dans la chapelle du château de Versailles, on voit une Sainte-Thérèse peinte par *Santerre* ; elle est si belle, & l'expression en est si vive, que ce tableau paroît dangereux aux personnes trop susceptibles. On prétend même que plusieurs ecclésiastiques ont évité de dire la messe à l'autel de cette chapelle.

SANTEUIL, (Jean-Baptiste) né en 1630, mort en 1697.

Quand *Santeuil* étoit extrêmement content de quelqu'une de ses poésies, il disoit qu'il alloit faire tendre des chaînes aux ponts, de peur que les autres poëtes, en passant, ne se jettassent dans la rivière.

Quoique *Santeuil* ait été souvent pressé de se faire ordonner prêtre, il n'a jamais été que sou-diacre. Cela ne l'empêcha pas de prêcher dans un village, un jour que le prédicateur avoit man-qué. A peine fut-il monté en chaire qu'il se brouilla. Il se retira en disant : Messieurs j'aurois bien d'au-tres choses à vous dire, mais il est inutile de vous prêcher davantage, vous n'en deviendriez pas meilleurs.

Un jour un religieux de Saint-Victor, confrère de *Santeuil*, lui montra des vers où se trouvoit le mot *quoniam*, qui est une expression tout-à-fait prosaïque. *Santeuil* pour le railler lui récita tout un pseaume où se trouve vingt fois le mot *quoniam*. Confitemini Domino *quoniam* bonus ; *quoniam* misericordia ejus ; *quoniam* salutare suum &c. Le religieux piqué lui répliqua fort ingénieu-sement sur le champ par ce mot de Virgile.

Insanire licet quoniam tibi.

Santeuil disoit que quoiqu'il n'y eût point de salut hors de l'église pour personne, il étoit excepté de cette règle, parce qu'il étoit obligé d'en sortir pour faire le sien, y entendant chanter ses hymnes avec trop d'amour propre.

Le prieur de Saint-Victor ayant su que *Santeuil* & l'abbé Bouin, qui étoient tous deux novices, jouoient continuellement, leur défendit le jeu. *Santeuil* fut mis en prison pour avoir désobéi le jour même. L'abbé Bouin alla lui proposer de jouer à travers la chatière qui étoit à la porte ; ils s'assirent à terre chacun de son côté, & mi-rent l'argent au milieu du trou. A peine *Santeuil* eut pris les cartes, qu'il s'écria : J'ai gagné ? j'ai quinte, quatorze & le point ; Bouin se saisit aus-sitôt de l'argent & s'enfuit sans rien dire. *Santeuil* cria de toutes ses forces au voleur, au voleur, au voleur. Ces cris attirèrent toute la maison dans le lieu où on les entendoit. Le prieur qui fut d'abord au fait de ce dont il s'agissoit, se mit à gronder son prisonnier, qui, au lieu de l'écouter, ne cessoit de crier comme auparavant, que Bouin étoit un fripon, qu'il avoit emporté son argent) en ajoutant perpétuellement : j'avois quinte, quatorze & le point. Le supérieur, qui dans le fond de l'âme rioit de l'extravagance de *Santeuil*, eut toutes les peines du monde à le calmer, & fut contraint de l'enfermer plus étroitement.

Un abbé, homme de qualité & de mérite, ayant paru médiocrement admirateur de quelques vers que *Santeuil* lui montra, le Poëte lui dit des choses très-désobligeantes. Le lendemain l'abbé, pour adoucir le chagrin qu'il lui avoit causé, lui envoya dix pistoles. *Santeuil*, en les recevant,

dit au laquais qui les lui apportoit : Vous direz à votre maître que je suis fâché de ne lui avoir dit que des injures, & qu'une autrefois je le bat-trai, parce que sans doute il m'enverra beaucoup plus d'argent.

Un gentilhomme angevin se plaignoit à un pro-cureur de Paris, d'avoir été trompé par un moine. Quoi ! monsieur, lui dit *Santeuil*, qui étoit présent à l'entretien, un homme de votre âge ne connoît pas les moines. Il y a quatre choses dans le monde, poursuivit-il, dont il faut se défier, du visage d'une femme, du derrière d'une mule, du côté d'une charrette, & d'un moine de tous les côtés.

Santeuil ayant été un soir souper en ville, & retournant tard dans son couvent, rencontra dans une rue détournée deux voleurs qui lui prirent sa bourse. Ils lui demandèrent ensuite s'il avoit une montre ; non, répondit-il. Tant pis, repri-rent les voleurs, car si vous en aviez eu vous sauriez qu'il est heure indue pour vous. A quel-ques pas de là, deux autres voleurs lui deman-dèrent encore la bourse. Messieurs, leur répondit *Santeuil* je l'ai donné à garder à deux honnêtes messieurs qui ont bien voulu s'en charger il n'y a qu'un instant : les voleurs entendirent à demi mot, & furent partager avec leurs camarades l'argent du poëte.

Une femme aimable, à qui il devoit quelqu'ar-gent, le rencontrant un jour dans une maison, lui demanda pourquoi on ne le voyoit plus : » *Est ce à cause*, ajouta-t-elle, *que vous nous devez* ? Non, madame, reprit le victorin, ce n'est pas ce qui m'en empêche, & vous êtes cause que vous n'êtes pas payée. *Comment donc* ? interrompit la dame : C'est, poursuivit le poëte, que lorsque je vous vois, j'oublie tout ».

Dans un des chapitres tenus à Saint-Victor, pour l'admission des hymnes de *Santeuil*, un religieux dit qu'il ne convenoit pas de chanter dans l'église les hymnes d'un homme qui avoit si peu d'ordre dans ses actions. *Santeuil* répartit aussi-tôt : » Ne regardez pas l'ouvrier, regardez l'ouvrage ; le tabernacle de notre autel est beau ; vous l'avez reçu, vous l'avez loué ; c'est cependant un pro-testant qui l'a fait. Il en est ainsi de mes hymnes ».

Un certain prédicateur prêchoit à Saint-Merry, & ne satisfaisoit pas son auditoire. *Santeuil*, qui étoit présent, dit : » il fit mieux l'année passée ». Quelqu'un lui répondit : Il ne prêcha pas ; » Et c'est en cela qu'il fit mieux, répliqua *Santeuil* ».

Santeuil fit un jour des vers pour un écolier, & celui-ci lui demandant à qui il avoit cette obli-gation, le victorin répondit : » Si on te demande qui a fait ces vers, tu n'as qu'à dire que c'est le diable ». Voici le sujet sur lequel travailloit l'éco-lier : » Un jeune enfant, fils d'un boucher, prend;

dans un moment de colère, un couteau, & égorge son cadet ; la mère, en furie le jette dans une chaudière d'eau bouillante. Hors d'elle-même, elle se pend, & le père, saisi d'horreur de ce spectacle, en meurt de douleur ». Il s'agissoit de rendre ses accidens en peu de vers. Santeuil les rendit ainsi.

Alter cum puero , mater conjuncta marito

Cutello , limphâ , fune , dolore cadunt.

Santeuil, mécontent d'un peintre qui avoit mal fait son portrait, alla chez l'artiste pour se plaindre d'être si peu ressemblant. Il ne trouva qu'une jeune personne, fille du peintre, & lui dit en colère : » — Je crois que votre père se moque de moi, il m'a représenté comme un fou ». — La jeune fille, croyant très-bien parler, lui répondit : — » Je vous assure, monsieur, qu'il vous a peint tel que vous êtes ».

Une femme avoit étalé, vis-à-vis la porte de l'Oratoire, des estampes & des images, parmi lesquelles étoit le portrait de Santeuil. M. l'abbé Boileau le voyant passer, s'arrêta ; & après quelques momens de conversation, en lui faisant remarquer que son portrait étoit à la gauche de celui d'arlequin, il s'avisa de lui dire qu'il méritoit bien d'avoir la droite. Santeuil piqué de la raillerie, poussa tout en colère ; & si vivement l'abbé, en lui disant qu'il ne méritoit, ni d'avoir la droite, ni d'avoir la gauche, qu'il le fit tomber sur une femme qui vendoit des oranges. Le panier d'oranges fut renversé, une partie fut écrasée par les carrosses, l'autre par les passans. La marchande sauta au collet de l'abbé, & Santeuil, qui le vit ainsi pris, lui dit, en riant de toute sa force : » Adieu, camarade, te voilà encore mieux placé que mon portrait «.

Santeuil étant retourné à Saint Victor à onze heures du soir, le portier refusa de lui ouvrir, parce que, disoit-il, on le lui avoit défendu. Après bien des négociations & des pourparlers, Santeuil fit glisser un demi louis sous la porte, & elle lui fut ouverte. Il étoit à peine entré qu'il feignit d'avoir oublié un livre sur un banc où il s'étoit assis pendant qu'on le faisoit attendre. L'officieux portier sortit pour l'aller chercher, & on ferma aussitôt la porte. Maître Pierre, qui étoit à demi nud frappa à son tour, & Santeuil lui ayant fait les mêmes questions & les mêmes difficultés qui lui avoient été faites, disoit toujours qu'il ne lui ouvriroit pas, que monsieur le prieur le lui avoit défendu. Eh ! M. de Santeuil, répliqua le portier, je vous ai ouvert de si bonne grace ; je t'ouvrirai de même si tu veux, dit Santeuil, il ne tient qu'à toi, & ensuite il fit semblant de s'en aller. Le portier l'ayant appellé, lui dit :

j'aime mieux encore vous rendre votre argent. Santeuil le prit & lui ouvrit la porte.

On fit beaucoup d'épitaphes pour Santeuil ; voici la meilleure :

Ci gît le célèbre Santeuil ;

Poëtes & fous , prenez le deuil.

SARCASME. Trait de raillerie, aiguisé par un esprit caustique & méchant. Si on rit quelquefois d'un mot satyrique & piquant, on déteste presque toujours celui qui le dit.

Quand M. de la Poplinière fit voir à M. le maréchal de Saxe la cheminée par laquelle M. le duc de Richelieu entroit chez sa femme, il dit : « J'ai vu beaucoup d'ouvrages à cornes, mais je n'en ai jamais vu comme celui-ci ».

Un jeune bourgeois de Paris qui avoit une femme très-jolie & un peu plus que coquette, alla un matin chez un vieux payeur des rentes de l'hôtel-de-ville, pour toucher une année qui lui étoit due. Il le trouva dans son cabinet, où il s'occupoit à feuilleter des papiers à l'aide de ses lunettes qui étoient d'une prodigieuse grandeur. Qu'y a-t-il pour votre service, dit le payeur au bourgeois ? Celui-ci lui apprit de quoi il s'agissoit, & là-dessus le vieillard prit un gros registre qu'il parcourut avec une lenteur extrême. Le rentier, homme impatient & vif, n'y put tenir, & cédant à sa vivacité : « Parbleu, monsieur, lui dit-il, vos grandes lunettes vous servent bien mal. Monsieur, monsieur, lui répondit froidement le flegmatique payeur, ne nous reprochons pas s'il vous plaît ce que nous portons ».

On parloit dans une compagnie de la métempsycose : quelqu'un qui contoit faire une bonne plaisanterie, répondit qu'effectivement il se souvenoit d'avoir été le veau d'or. Vous n'en avez perdu que la dorure, lui répartit une dame.

Le marquis de *** avoit, dans un combat donné en Flandres, fait une retraite précipitée. Quelque temps après, on montra à Louis XIV plusieurs chevaux anglois que l'on disoit excellens pour la course. Sire, répartit le comte de ***, je sais un meilleur coureur que tous les anglois ; c'est le cheval du marquis de ***.

Une fille se plaignoit d'approcher de trente ans, quoiqu'elle en eût davantage. Consolez-vous, mademoiselle, lui dit quelqu'un, vous vous en éloignez tous les jours.

Un gentilhomme parlant fort-haut à M. le prince de Guémené, contre le cardinal de Richelieu : parlez plus bas, lui dit le prince, voilà de ces créatures qui pourroient bien vous entendre. C'étoit des pauvres qui venoient demander l'aumône.

Un abbé de cour se vantoit d'avoir converti un calviniste. Vous l'avez converti, lui répondit quelqu'un ; mais par qui l'avez-vous fait instruire ?

En 1668, M. d'Humières venoit d'être élevé à la dignité de maréchal, à la sollicitation du vicomte de Turenne, qui ne put résister aux charmes & à l'esprit de la marquise d'Humières. Le jour même, Louis XIV demandant au chevalier de Grammont s'il savoit bien qui il venoit de faire maréchal de France : oui, sire, lui dit-il, c'est madame d'Humières.

Une fille qui se piquoit d'être belle, quoiqu'elle eût les yeux un peu louches & assez rudes, se vantoit avec orgueil dans une compagnie, qu'un duc & pair lui avoit fait long-temps les yeux doux. Quelqu'un lui dit : Avouez, mademoiselle, qu'il y a fort mal réussi.

Un jour qu'on donnoit l'Alceste du chevalier Gluck, une personne s'écria au second acte : « Ah ! mademoiselle le Vasseur, vous m'arrachez les oreilles ». Son voisin lui répliqua : « Ah ! monsieur, quelle fortune ; si c'est pour vous en donner d'autres ! »

Une vieille coquette qui faisoit l'agréable, quoiqu'elle fût effroyablement laide, disoit devant sa nièce, qui étoit une fille de douze ans, & fort avancée pour son âge : si le roi vouloit me faire enfermer dans un couvent, & qu'il me laissât le choix, je dirois qu'on me mène aux C***. « Non, ma bonne, lui dit sa nièce, je crois que vous feriez mieux de vous mettre aux Quinze-Vingts ».

SAUMAISE, (Claude de) né l'an 1588, mort en 1653.

La reine de Suède parlant de *Saumaise* disoit, qu'elle admiroit encore plus sa patience que son érudition, par rapport à ce qu'il avoit à souffrir de l'humeur impérieuse de sa femme, Anne Mercier.

Malgré l'emportement qui règne dans les ouvrages de *Saumaise*, c'étoit un homme facile, communicatif & tout-à-fait doux dans le commerce. Il se laissoit dominer par une femme hautaine & chagrine, qui se vantoit d'avoir pour mari ; non pas pour maître, *le plus savant de tous les nobles, & le plus noble de tous les savans.*

Saumaise fut choisi pour défendre Charles I roi d'Angleterre contre ses ennemis. Voici comme il commence cette apologie : Anglois qui vous renvoyez les têtes des rois comme des balles de paume, qui jouez à la boule avec des couronnes, & qui vous vous servez des sceptres comme des marotes.

SAUT DE LA PUCELLE. Un jeune homme, d'une naissance inférieure au comte de Gowrie, grand seigneur d'Ecosse, fréquentant habituellement cette maison, ne put s'empêcher de se prendre de passion pour sa fille, & de la lui donner à connoître, en lui faisant une cour assidue ; mais celle-ci se gardoit bien de lui laisser, par sa conduite, aucun sujet d'encouragement. Cet amant logeoit précisément dans la tour opposée à celle de sa maitresse : or, un jour que celle-ci se trouva, sans doute, intérieurement pressée des mêmes feux que son amant, elle trouva moyen, peu avant la fermeture des portes, de se glisser dans son appartement. Une de ces vieilles fureteuses de duegnes, dont l'office, dans ces temps-là, étoit d'être aux aguets des intrigues amoureuses dans les chateaux, s'en apperçut, &, comme elle n'avoit pas été consultée ni mise du complot, par des présens, elle ne manqua pas d'en aller avertir la comtesse, qui, pour couper tout espoir & toute possibilité de retraite aux amans, se hâta d'aller les surprendre ; mais les oreilles de la jeune fille étoient prestes. Elle entendit les pas de la vieille comtesse, courut au sommet de la tour, & prit un élan désespéré de *neuf pieds quatre pouces d'espace*, au dessus d'une profondeur *de soixante pieds*, ayant par ce moyen, attrapé les créneaux de l'autre tour, elle redescendit aussitôt & se fourra dans son lit, où la mère fut bien surprise de la trouver, & ne manqua pas de lui faire réparation pour son injuste soupçon. On imagine bien que la belle enfant ne jugea pas à propos de répéter davantage le même saut : ainsi, pour éviter d'être tentée de s'y exposer, dès la nuit suivante, elle prit le parti de décamper avec son amant, & ils se marièrent.

Une des tours de l'ancien manoir de Ruthuen, dans la haute Ecosse, jadis l'habitation des Gowrie, est appelée *le saut de la pucelle*, nom qui lui vient de l'aventure précédente.

SAUVAGE. Voici quelques particularités qu'on a recueillies, concernant le *sauvage* d'Otahiti, amené en Angleterre.

Il y a trois ordres de citoyens à Otahiti ; les nobles, la bourgeoisie & le peuple. Le *sauvage* qui est ici, est de cette dernière classe & s'appelle Omiha. Sa taille est un peu au-dessus de la médiocre. D'ailleurs, il est assez bien fait, & doué d'une mémoire si facile, qu'on n'a jamais besoin de lui dire deux fois les noms & les usages des choses. L'hôtel du lord Sandwich est la première grande maison qu'on lui a fait voir. Il se trouvoit dans le cabinet d'assemblée deux ou trois personnes, lorsqu'il y entra ; mais à peine les regarda-t-il, tant il étoit occupé à considérer les meubles. Lorsqu'on le présenta au docteur Solander, qu'il avoit vu dans son pays, il courut à lui de la manière la plus affectueuse, & l'embrassa si étroitement, qu'il le soulevoit de terre. Le docteur l'ayant repris doucement, il mit fin à ces démonstrations, & se contenta de répéter plusieurs fois, *How d'ye do* ; (Comment vous portez-vous ?) C'étoient les seuls mots anglois qu'il sût alors. Il a fait quelque difficulté pour se mettre à genoux devant le roi : *Quand je serai à genoux*, dit-il, *s'il alloit me manger ?* Comme il étoit chez le roi, un des seigneurs de la cour tira sa montre, que le *sauvage* parut observer avec beaucoup de plaisir. Ce seigneur lui ayant dit de la garder, il s'en défendit long-tems. A la fin il y consentit : mais il dit d'un air embarrassé, en regardant tous ceux qui l'entouroient : *Je ne l'ai pas volée au moins.* Les premiers jours, lorsqu'on lui disoit de s'asseoir, il alloit se coucher tout de son long sur un sopha. On eut beaucoup de peine à lui apprendre l'usage d'une chaise. Il mange de la soupe & des légumes, tant qu'on veut ; il paroît aimer sur-tout le vin & les liqueurs ; il préfère celui de Madère. Son corps & ses membres sont toujours en mouvement, ce qui fait croire qu'il a besoin d'exercice. On compte lui abandonner un parc où il pourra se promener & chasser à la manière de son pays. Quant à ses facultés intellectuelles, elles sont très-bornées ; on ne le voit jamais occupé que des plaisirs des sens. Le roi a bien voulu se charger de pourvoir à la dépense de cet indien, pendant tout le tems qu'il restera en Angleterre. Il y a quelques jours qu'il assista à un enterrement dans la ville d'Oxford. Il ne lui fut pas possible de rester à cette triste cérémonie jusqu'à la fin. Il fondoit en larmes, comme si le mort eût été son plus proche parent, ou son meilleur ami. Lorsqu'il vit le cimetière, & qu'on lui eut dit que c'étoit en cet endroit-là qu'on enterroit les morts, il demanda si tous ceux qui étoient enterrés étoient morts de l'inoculation. Sur la réponse qu'on lui fit que cette opération, au contraire, étoit un préservatif contre une maladie dangereuse : *J'aurois cru*, reprit-il, *à la peur qu'on en a, que tout le monde en mouroit.*

Le premier coup d'œil jetté sur la société civile, ne laisse aucun doute que la femme ne soit inférieure à l'homme pour la force ; mais cette foiblesse de la femme ne vient-elle pas de la tranquillité de ses occupations, & dans l'état de nature ayant les mêmes besoins que l'homme, n'auroit-elle pas aussi la même force & la même activité pour y satisfaire ? L'histoire d'une fille *sauvage*, publiée en 1755, autorise cette question. Cette fille, âgée pour lors de neuf à dix ans, étoit entrée sur la brune dans le village de Songi en Champagne, au mois de septembre 1731. Elle avoit les pieds nuds, le corps couvert de haillons & peau, les cheveux sous une calotte de callebasse, le visage & les mains noirs comme une négresse ; elle étoit armée d'un bâton court & gros par le bout en forme de massue. Un paysan effrayé de cette figure, lâcha sur elle un dogue armé d'un collier à pointe de fer. La *sauvage* le voyant appro-

cher en fureur, l'attendit de pied ferme, tenant sa petite masse d'armes à deux mains, dans la posture de ceux qui, pour donner plus d'étendue aux coups de leur coignée, la lèvent de côté, & voyant le chien à sa portée, elle lui déchargea un si terrible coup sur la tête, qu'elle l'étendit mort à ses pieds... On remarqua qu'elle avoit les doigts des mains, sur-tout les pouces, extrêmement gros par proportion au reste de la main ; elle a dit elle-même depuis, que ces pouces plus gros & plus forts lui étoient bien nécessaires pendant sa vie errante dans les bois, parce que lorsqu'elle étoit sur un arbre, & qu'elle en vouloit changer sans descendre, elle appuyoit ses deux pouces sur une branche, & s'élançoit sur l'arbre voisin comme un écureuil... Cette *sauvage*, quelques jours avant qu'elle fût prise, fut apperçue nageant & plongeant dans la rivière, d'où elle sortit quelque temps après, tenant un poisson dans chacune de ses mains, & une anguille entre ses dents. Rendue à la société civile, elle a néanmoins toujours conservé une forte inclination pour se jetter dans l'eau, où elle pêchoit à la main & nageoit comme un poisson malgré le froid & la gelée.

Un petit *sauvage* avoit été amené de l'Amérique en France. Son maître qui le croyoit bien content, lui demanda ; hé bien ! aimes-tu mieux à présent ton pays que le nôtre ? Oui. — Eh, pourquoi ? — C'est que je ne puis manger que quand tu manges, & je ne puis dormir que quand tu dors.

Un *sauvage* de l'Amérique, à qui Louis XIV fit montrer toutes les curiosités de Versailles, avoit tout examiné en gardant un profond silence ; mais à peine eut-il apperçu le tableau de Raphaël, où saint Michel terrasse le diable, qu'il s'écria : « Ah ! le beau *sauvage* ! »

Sauvages *du Canada.*

On lit dans les gazettes angloises de 1761, que deux partis d'Indiens, de tribus différentes du Canada, se rencontrèrent par hasard sur les bords d'une rivière : l'un d'eux demanda à ceux du parti opposé qui ils étoient, & ce qu'ils faisoient. Ceux-ci se nommèrent, dirent qu'ils alloient à la chasse des castors, & firent à leur tour la même question aux autres, qui répondirent que leur nom étoit une chose indifférente, mais qu'ils étoient chasseurs d'hommes. Eh bien ! leur répliqua l'autre parti, nous sommes des hommes ; n'allez pas en chercher plus loin. Les deux partis convinrent de descendre dans une petite isle de la rivière ; ils détruisirent leurs canots pour s'ôter les moyens de retraite, & se mirent à combattre, jusqu'à ce qu'enfin il ne resta plus qu'un petit nombre des chasseurs de castors, & un seul chasseur d'hommes, à qui on laissa la vie, pour qu'il allât apprendre à ceux de sa nation qu'il avoit rencontré une tribu d'Indiens qui chaſſoient mieux les hommes qu'eux-mêmes.

SCALIGER, (Joſeph-Juſte), né l'an 1540, mort en 1609.

Scaliger étant appellé par les Hollandois, pour être profeſſeur chez-eux, alla prendre congé de Henri IV, auquel il expoſa, en peu de mots, le ſujet de ſon voyage. Tout le monde s'attendoit à quelque choſe d'important de la part du roi ; mais on fut bien ſurpris, lorſqu'après lui avoir dit : » Eh bien ! monſieur Scaliger, les hollandois vous veulent avoir, & vous font une groſſe penſion ; j'en ſuis bien aiſe ».

Scaliger a paſſé une partie conſidérable de ſa vie à éclaircir les anciens auteurs. Bayle fait à ce propos une réflexion fort juſte. Je ne ſais, dit-il, ſi on ne pourroit pas dire que Scaliger avoit trop d'eſprit & trop de ſcience pour faire un bon commentaire ; car, à force d'avoir de l'eſprit, il trouvoit, dans les auteurs qu'il commentoit, plus de fineſſe & de génie qu'ils n'en avoient. effectivement ; & ſa profonde littérature étoit cauſe qu'il voyoit mille rapports entre les penſées d'un auteur & quelque point rare de l'antiquité ; de ſorte qu'il s'imaginoit que ſon auteur avoit fait quelque alluſion à ce point d'antiquité, & ſur ce pié-là, il corrigeoit un paſſage.

Chaque peuple donne au latin la prononciation de ſa langue naturelle ; c'eſt ce qui fit dire plaiſamment par Scaliger, à un gentilhomme écoſſois, qui lui faiſoit un diſcours latin, dans la prononciation de ſon pays : monſieur, vous me pardonnerez ſi je ne vous réponds point, je n'entends pas l'écoſſois.

SCANDERBEG. (George Caſtriot) Il étoit fils d'un deſpote, ou d'un petit roi d'Albanie ; lorſque le ſultan Amurath, s'étant ſaiſi de l'Albanie, il éleva cet enfant qui reſtoit ſeul de quatre frères. Il le chériſſoit ; il le faiſoit combattre auprès de ſa perſonne. Georges Caſtriot ſe diſtingua tellement, que le ſultan & les janniſſaires lui donnèrent le nom de Scanderbeg, qui ſignifie ſeigneur Alexandre.

Enfin, l'amitié prévalut ſur la politique. Amurath lui confia le commandement d'une petite armée, contre le deſpote de Servie, qui s'étoit rangé du parti des chrétiens, & faiſoit la guerre au ſultan ſon gendre. C'étoit avant ſon abdication. Scanderbeg, qui n'avoit pas alors vingt ans, conçut le deſſein de n'avoir plus de maître & de régner.

Il fut qu'un ſecrétaire, qui portoit les ſceaux du ſultan, paſſoit près de ſon camp. Il l'arrête, le met aux fers, le force de ſceller un ordre au gouverneur de Croye, capitale de l'Épire, de remettre la ville & la citadelle à Scanderbeg. Après avoir fait expédier cet ordre, il aſſaſſine le ſecrétaire & ſa ſuite. Il marche à Croye ; le gouverneur lui remet la place ſans difficulté. La nuit même il fait avancer les Albanois, avec leſquels il étoit d'intelligence Il égorge le gouverneur & la garniſon ; ſon parti lui gagne toute l'Albanie : les Albanois paſſent pour les meilleurs ſoldats de ce pays. Scanderbeg les conduiſit ſi bien, ſut tirer tant d'avantages de l'aſſiette du terrein-âpre & montagneux, qu'avec peu de troupes il arrêta toujours de nombreuſes armées turques. Les muſulmans le regardoient comme un perfide ; mais il n'avoit trompé que ſes ennemis. Il avoit repris la couronne de ſon père, & la méritoit par ſon courage.

SCARRON, (Paul) né l'an 1610, mort en 1660.

Voici le portrait que Scarron fait de lui-même. « Lecteur qui ne m'as jamais vu, & qui peut-être ne s'en ſoucie guère, à cauſe qu'il n'y a pas beaucoup à profiter à la vue d'une perſonne faite comme moi, ſache que je ne me ſoucierois pas auſſi que tu me viſſes, ſi je n'avois appris que quelques beaux eſprits factieux ſe réjouiſſent aux dépens du miſérable, & me dépeignent d'une autre façon que je ne ſuis fait : les uns diſent que je ſuis cul-de-jatte ; les autres que je n'ai point de cuiſſes, & que l'on me met ſur une table, dans un étui, où je cauſe comme une pie borgne ; & les autres que mon chapeau tient à une corde qui paſſe dans une poulie, & que je le hauſſe & baiſſe pour ſaluer ceux qui me viſitent. Je penſe être obligé en conſcience de les empêcher de mentir plus long-temps. J'ai trente ans paſſés : ſi je vais juſqu'à quarante, j'ajouterai bien des maux à ceux que j'ai déjà ſoufferts depuis huit ou neuf ans. J'ai eu la taille bien faite, quoique petite ; ma maladie l'a racourcie d'un bon pied. Ma tête eſt un peu groſſe pour ma taille. J'ai le viſage aſſez plein pour avoir le corps déchaîné ; des cheveux aſſez pour ne point porter perruque. J'en ai beaucoup de blancs en dépit du proverbe. J'ai la vue aſſez bonne, quoique les yeux gros ; je les ai bleus : j'en ai un plus enfoncé que l'autre, du côté que je penche la tête : j'ai le nez d'aſſez bonne priſe. Mes dents autrefois perles quarrées ſont de couleur de bois, & ſeront bientôt de couleur d'ardoiſe ; j'en ai perdu une & demie du côté gauche, & deux & demie du côté droit, & deux un peu égrignées.— Mes jambes & mes cuiſſes ont fait premièrement un angle obtus, & puis un angle égal, & enfin un aigu. Mes cuiſſes & mon corps en font un autre ; & ma tête ſe penchant ſur mon eſtomach, je ne reſſemble pas mal à un Z. J'ai les bras racourcis auſſi bien que les jambes, & les doigts auſſi bien que les bras : enfin, je ſuis un racourci
de

de la misère humaine. Voilà à-peu-près comme je suis fait. Puisque je suis en si beau chemin, je te vais apprendre quelque chose de mon humeur ; j'ai toujours été un peu colère, un peu gourmand, & un peu paresseux. J'appelle souvent mon valet sot, & un peu après, monsieur ; je ne hais personne ; Dieu veuille qu'on me traite de même. Je suis bien aise quand j'ai de l'argent, je serois encore plus aise si j'avois de la santé. Je me réjouis assez en compagnie ; je suis assez content quand je suis seul, & je supporte mes maux assez patiemment ».

La reine-mère de Louis XIV lui fit une pension de quinze cents livres : c'est pour cela qu'il prenoit toujours la qualité de malade de la reine.

Scarron avoit fait donation à ses parens du peu de bien qu'il avoit ; mais ses parens le lui rendirent. Il le vendit à M. Nublé, qui lui en donna six mille écus, sans savoir précisément ce qu'il valoit ; & Scarron fut content du marché. Nublé visita ce bien qui étoit près d'Amboise, & à son retour à Paris ; étant allé voir Scarron, il lui dit : vous avez cru votre domaine ne valoit que dix-huit mille francs, il en vaut vingt-quatre par l'estimation que j'en ai fait faire ; & M. Nublé l'obligea de prendre encore deux mille écus qu'il lui donna pour achever cette somme.

Quelques jours avant son mariage avec mademoiselle d'Aubigné, il dit à un de ses amis : « Je ne ferai pas de sottises à ma femme ; mais je lui en apprendrai beaucoup ». Il n'avoit alors de mouvement libre que celui des yeux, de la langue & de la main.

Lorsqu'il fut question de dresser le contrat de mariage, Scarron dit qu'il reconnoissoit à l'accordée deux grands yeux fort mutins, un très-beau corsage, une paire de belles mains, & beaucoup d'esprit. Le notaire demanda quel douaire il lui assuroit : « L'immortalité, répondit Scarron. Le nom des femmes des rois meurt avec elles : celui de la femme de Scarron vivra éternellement ». Cette épouse, par sa modestie, réforma les saillies indécentes de son mari, & ne rendit sa maison que plus agréable.

Lorsque la reine Christine vint à Paris, elle désira de voir Scarron ; Ménage le lui présenta. « Je vous permets, lui dit cette princesse, d'être amoureux de moi, la reine de France vous a fait son malade ; moi je vous crée mon Roland ». Vous faites bien, madame, lui dit le poëte, de me donner ce titre, puisqu'autrement je l'aurois pris. Christine, en voyant madame Scarron, dont la beauté étoit alors dans tout son éclat, dit alors à la comtesse de Brégy : « Ne le savois-je pas, qu'il ne falloit pas moins qu'une reine de Suède pour rendre un homme infidèle à cette femme-là » ? Elle ordonna au mari de lui écrire ; & lui

Encyclopédiana.

dit qu'elle n'étoit pas surprise qu'avec la plus aimable femme de Paris, il fût, malgré ses maux, l'homme de Paris le plus gai.

Dans sa dédicace de dom Japhet d'Arménie, Scarron parle ainsi au roi : « Je tâcherai de persuader à votre majesté qu'elle ne se feroit pas grand tort si elle me faisoit un peu de bien, je serois plus gai que je ne suis ; si j'étois plus gai que je ne suis, je ferois des comédies enjouées : si je faisois des comédies enjouées, votre majesté en seroit divertie : si elle en étoit divertie, son argent ne seroit pas perdu. Tout cela conclut si nécessairement, qu'il me semble que j'en serois persuadé, si j'étois aussi bien un grand roi, comme je ne suis qu'un pauvre malheureux.

Scarron aimoit à lire ses ouvrages à ses amis à mesure qu'il les composoit ; il appelloit cela *essayer ses livres.*

Scarron dit que la plus ancienne de toutes les plaintes, c'est celle des poëtes sur le malheur du temps & sur l'ingratitude de leur siècle.

Scarron fut un jour surpris d'un hoquet si violent, que ceux qui étoient auprès de lui craignirent qu'il n'expirât : cependant ce symptôme diminua. Le fort du mal étant passé, *si jamais,* dit-il, *j'en reviens, je ferai une belle satyre contre le hoquet.* Ses amis s'attendoient à toute autre résolution que celle-là ; mais il fut dispensé de tenir parole : il ne revint point de cette maladie, & le public a perdu la satyre qu'il se proposoit de composer. Peu avant que de mourir, comme ses parens & ses domestiques étoient touchés de son état, & fondoient en larmes, il ne s'attendrit point de ce spectacle, comme les autres feroient en pareil cas. 'Mes enfans,' leur dit-il, 'vous ne pleurerez jamais tant pour moi, que je vous ai fait rire.

Louis XIV regrettant Poisson comme un très-grand acteur : oui, dit brusquement Despréaux, qui se trouva là par hasard avec Racine, il jouoit très-bien dans dom Japhet, & telles autres comédies de Scarron, oubliées même de la province. Comme cela s'étoit dit devant madame de Maintenon ; Racine jugea en devoir avertir Despréaux, qui répondit tout franchement : Hé ! quel est l'homme qui ne fait point de fautes.

Despréaux méprisoit extrêmement Scarron : votre père, dit-il un jour à M. Racine le fils, avoit la foiblesse de lire quelquefois le Virgile travesti, & de rire ; mais il se cachoit bien de moi.

Scarron avoit si fort mis le burlesque à la mode, que les libraires ne vouloient plus imprimer que des ouvrages de cette nature : d'où vient qu'en 1649, on imprima une pièce mauvaise, mais sériée se pourtant, avec ce titre qui fit justement horreur à tous les honnêtes gens : *La Passion de Notre-Seigneur, en vers burlesques.*

SCIPION l'africain (Publius Cornelius) surnommé l'ancien, mort l'an 189, avant notre Ere chrétienne.

Scipion l'africain étoit fils de Publius Cornelius Scipion, consul dans la seconde guerre punique. Il n'avoit point encore dix-huit ans que, par une action de la plus grande bravoure, il sauva la vie à son père à la bataille du Tesin. Il se porta au milieu d'un gros d'ennemis dont son père étoit enveloppé, & l'épée à la main, écarta tout ce qui le pressoit. Il le dégagea de cette sorte dans le tems qu'il alloit être pris ou tué. On voulut lui donner la couronne civique en mémoire de ce qu'il avoit sauvé la vie à un citoyen, & même à son général ; mais comme ce général étoit son père, il ne voulut pas être récompensé pour avoir satisfait à un devoir indispensable.

Lorsqu'Annibal eut remporté la fameuse bataille de Cannes, plusieurs officiers romains qui avoient échappé au carnage, à la tête desquels étoient Cecilius Metellus, désespérant du salut de la république, avoient pris la résolution de quitter l'Italie, & de s'embarquer sur les premiers vaisseaux qu'ils trouveroient pour se retirer chez quelque roi ami des romains. *Scipion*, encore jeune, & à qui la gloire de terminer cette guerre étoit réservée, n'eut pas plutôt appris ce funeste dessein, que tirant son épée : *que ceux qui aiment la république*, s'écria-t-il, *me suivent*. Il court aussi-tôt vers la tente où ces officiers étoient assemblés, & leur présentant la pointe de son épée : » Je jure le premier, dit-il, que je n'abandonnerai point la république, & que je ne souffrirai pas qu'aucun autre l'abandonne. Grand Jupiter ! je vous prends à témoin de mon serment, & je consens, si je manque à l'exécuter, que vous me fassiez mourir moi & les miens, de la mort la plus cruelle. Faites le même serment que moi, Cecilius ; & vous tous qui êtes ici assemblés. Quiconque refusera d'obéir, perdra sur le champ la vie ». Ils jurèrent tous ; & le courage patriotique d'un seul homme sauva peut-être la république.

Scipion fut créé édile à l'âge de vingt-un ans. On ne pouvoit cependant alors entrer en charge qu'à vingt-sept ans. Aussi lorsque *Scipion* se présenta pour demander l'édilité curule, les tribuns du peuple s'opposèrent à sa nomination, apportant pour raison qu'il n'avoit pas l'âge compétent pour l'exercer. « Mais si tous les citoyens veulent me nommer, répondit *Scipion*, j'ai assez d'âge ». Sur le champ toutes les tribus lui donnèrent leurs suffrages avec tant de zèle & d'unanimité, que les tribuns se désistèrent aussi-tôt de leurs prétentions.

Son père & son oncle ayant perdu la vie en combattant contre les Carthaginois, il fut envoyé en Espagne à l'âge de vingt-quatre ans. Il en fit la conquête en moins de quatre années, battit l'armée ennemie, & prit Carthage la neuve en un seul jour. *Scipion*, pour inspirer de la confiance à ses troupes, avoit, à l'exemple d'Alexandre le Grand, feint un commerce avec la divinité dont il prétendoit tirer son origine ; mais c'étoit principalement par ses vertus que ce grand homme pouvoit espérer de faire croire aux gens sages qu'il y avoit en lui quelque chose de divin. Parmi les prisonniers que les Romains firent à la prise de cette ville, se trouvoit une vierge espagnole, dont la rare beauté surpassoit l'éclat de sa naissance. Elle étoit éperduement aimée d'un prince celtibérien, nommé Allucius, auquel elle étoit fiancée. *Scipion* vit sa belle prisonnière, & l'admira. Il étoit alors jeune, sans engagement & victorieux : *& juvenis, & cœlebs, & victor*, comme le remarque un historien, Valère - Maxime. Mais *Scipion* savoit également vaincre les ennemis des Romains & ses propres passions. Il fit venir devant lui Allucius, l'amant chéri de la belle Espagnole. « Nous sommes jeunes vous & moi, lui dit *Scipion* ; ce qui fait que je puis vous parler avec plus de liberté. Ceux des miens qui m'ont amené votre épouse future, m'ont en même-temps assuré que vous l'aimiez avec tendresse : & sa beauté ne m'a laissé aucun lieu d'en douter. Si, comme vous, je songeois à prendre un engagement, je souhaiterois que l'on favorisât une passion si honnête & si légitime. Je me trouve heureux de pouvoir, dans la conjoncture présente, vous rendre un pareil service. Celle que vous devez épouser, a été parmi nous, comme elle auroit pu être dans la maison de ses père & mère : je vous l'ai réservée pour vous en faire un présent digne de vous & de moi. La seule reconnoissance que j'exige de vous pour ce don, c'est que vous soyez ami du peuple romain ». Allucius, pénétré de joie & de reconnoissance, embrassoit les genoux de *Scipion*, & imploroit les dieux de récompenser un si grand bienfait, puisque lui-même il n'étoit pas en état de le faire autant qu'il l'auroit souhaité, & que le méritoit son bienfaiteur, *Scipion* fit ensuite venir les père & mère & les autres parens de la jeune espagnole. Ils avoient apporté une grande somme d'argent pour la racheter ; mais quand ils virent qu'on la leur rendoit sans rançon, ils le conjurèrent, avec de grandes instances, de recevoir d'eux cette somme comme un présent & témoignèrent que, par cette nouvelle grace, il mettroit le comble à leur joie & à leur reconnoissance. *Scipion* ne pouvant résister à des prières si vives & si pressantes, leur dit qu'il acceptoit ce don, & le fit mettre à ses pieds. Alors s'adressant à Allucius : « J'ajoute, lui dit-il, à la dot que vous devez recevoir de votre beau-père, cette somme que je vous prie d'accepter comme un présent de noces ». Après tant de bienfaits, Allucius crut devoir se vouer entièrement au service des Romains. Il vint trouver Scipion avec un corps de quatorze cents cavaliers. Pour rendre encore plus durables les marques de sa reconnoissance, il fit graver sur un bouclier d'argent l'action de Scipion, & lui en fit présent. Ce bouclier, que ce général emporta avec lui en retournant à Rome, fut englouti par les eaux au passage du Rhône, avec une partie du bagage. Il étoit demeuré dans ce fleuve jusqu'en 1665, que quelques pêcheurs le trouvèrent. Il est aujourd'hui dans le cabinet du roi de France.

Scipion, après avoir mis fin à la guerre d'Espagne, par une grande bataille qu'il donna dans la Bétique, porta la guerre en Afrique. Il battit Hannon, un des meilleurs généraux carthaginois, vainquit Siphax, roi de Numidie, & le fit prisonnier. De si heureux succès engagèrent les Carthaginois à rappeler en Afrique leur général Annibal que la fortune abandonnoit en Italie. Les deux généraux eurent une entrevue qui fut inutile, Scipion n'ayant pas voulu entrer dans aucune négociation; c'est pourquoi les deux armées étant proches, on en vint bientôt aux mains. Après un long & sanglant combat, où Annibal & Scipion firent des prodiges de valeur, la victoire se déclara pour Rome, qui dicta à sa rivale les conditions qui lui plurent. Scipion fut honoré du triomphe, & reçut alors le surnom d'Africain.

Cet illustre citoyen ayant été élu consul une seconde fois, passa en Asie, où, de concert avec son frère, il défit Antiochus l'an 189 avant Jésus-Christ. Ce roi, avant le combat qui décida de son sort, fait proposer à Scipion de lui rendre sans rançon son fils encore jeune pris au commencement de cette guerre, & lui offroit de partager avec lui les revenus de son royaume. Mais le général romain, insensible à tout intérêt personnel, avoit rejeté ces offres avec une fierté vraiment romaine. Cependant, lorsqu'il fut de retour à Rome, il trouva l'envie acharnée contre lui. On l'accusa d'avoir détourné à son usage une portion du butin fait en Asie, & d'avoir entretenu de secrètes correspondances avec Antiochus. Il fallut que le vainqueur d'Annibal, de Syphax & de Carthage, qu'un homme, à qui les Romains avoient offert le consulat & la dictature perpétuelle, se réduisit à soutenir le triste rôle d'accusé. Il le fit avec cette grandeur d'ame qui caractérisoit toutes ses actions. Comme ses accusateurs, faute de preuves, se répandoient en reproches contre lui, il se contenta le premier jour de faire le récit de ses exploits & de ses services, défense ordinaire aux illustres accusés. Elle fut reçue avec un applaudissement universel. Le second jour fut encore plus glorieux pour lui. Les tribuns du peuple étoient montés dès le matin dans la tribune aux harangues; l'accusateur, tranquille, exerçoit son office, & se préparant à accuser; & d'une grande multitude

de cliens & d'amis, & dès qu'on eut fait silence pour l'entendre: « Tribuns du peuple, dit il, & vous, citoyens, c'est à pareil jour que j'ai vaincu Annibal & les Carthaginois; venez, Romains, allons dans les temples rendre aux dieux de solemnelles actions de graces ». On le suivit en effet au capitole, & les tribuns restèrent seuls avec les crieurs qu'ils avoient amenés pour l'accuser.

Un certain Petilius avoit été suscité par Caton pour lui faire rendre compte de l'argent qu'il avoit reçu dans la province d'Antioche; Scipion se présenta au sénat avec son registre, & dit que ce livre contenoit la recette & la dépense. On lui demanda qu'il déposât ce registre. Aussitôt Scipion le prend & le déchire en mille pièces devant le sénat.

Scipion, las de combattre l'ingratitude des hommes, s'étoit retiré sur la fin de ses jours à sa maison de campagne à Literne, où, à l'exemple des anciens Romains, il cultivoit la terre de ses mains victorieuses.

Scipion avoit une valeur réfléchie, & étoit persuadé qu'il est du devoir d'un général de ne hazarder sa vie que dans une action décisive. Quelqu'un le voyant agir en conséquence, lui disoit qu'il n'étoit point soldat; non, dit-il, mais capitaine.

On a reproché à Scipion d'être grand dormeur, non pour autre raison, dit Montagne, sinon qu'il fâchoit aux hommes qu'en lui seul il n'y eût aucune chose à redire. « Parmi tant d'admirables actions de Scipion, personnage digne de l'opinion d'une géniture céleste, ajoute le même auteur, il n'est rien qui lui donne plus de grace que de le voir nonchalamment & puérilement baguenaudant à amasser & choisir des coquilles, & jouer à cornichon, va devant, le long de la marine avec Lælius; & s'il faisoit mauvais temps, s'amusant & se chatouillant à représenter par écrit en comédies les plus populaires & basses actions des hommes; & pleine de cette merveilleuse entreprise d'Annibal & d'Afrique, visitant les écoles en Sicile, & se trouvant aux leçons de la philosophie, jusqu'en avoir armé les dents de l'aveugle envie de ses ennemis à Rome ».

Les comédies dont parle Montagne dans ce passage, sont sans doute celles de Térence, auxquelles Scipion & Lælius, suivant Suétone, eurent beaucoup de part. On a révoqué en doute cette anecdote de Suétone; mais elle plaisoit à Montagne, & ce philosophe déclare expressément dans ses ouvrages qu'on lui feroit déplaisir de le déloger de cette créance.

SCUDÉRI, (Georges) né l'an 1603, mort en 16...

L'aventure qui lui arriva à l'occasion de son poëme d'*Alaric*, en est la preuve. Voici comme Chevreau la rapporte. La reine Christine m'a dit cent fois qu'elle réservoit à M. *Scudéri* pour la dédicace qu'il lui feroit de son *Alaric*, une chaîne d'or de mille pistoles. Mais comme le comte de la Gardie, dont il est parlé fort avantageusement dans ce poëme, essuya la disgrace de la reine, qui souhaitoit que le nom du comte fût ôté de cet ouvrage, & que je l'en informai, il me répondit que quand la chaîne d'or seroit aussi grosse & aussi pesante que celle dont il est fait mention dans l'histoire des Incas, il ne détruiroit jamais l'autel où il avoit sacrifié. Cette fierté héroïque déplut à la reine, qui changea d'avis; & le comte de la Gardie, obligé de reconnoître la générosité de M. *Scudéri*, ne lui en fit pas même un remerciment.

Ce qu'on lit dans le Voyage de Bachaumont & de Chapelle, sur le gouvernement de *Notre-Dame de la Garde* en Provence, qu'avoit M. *Scudéri*, est trop singulier pour ne pas trouver ici sa place. Une fine & maligne raillerie y règne comme dans tout le reste de ce Voyage. Après avoir dit que quelques unes des précieuses de Montpellier croyoient M. *Scudéri* :

Un homme de fort bonne mine,
Vaillant, riche, & toujours bien mis,
Sa sœur, une beauté divine,
Et Pélisson, un Adonis :

On ajoute plus bas :

Mais il faut vous parler du fort,
Qui sans doute est une merveille :
C'est Notre-Dame de la Garde,
Gouvernement commode & beau,
A qui suffit pour toute garde,
Un suisse avec sa hallebarde,
Peint sur la porte du château.

Ce fort est sur le sommet d'un rocher presque inaccessible, & si haut élevé, que s'il commandoit à tout ce qu'il voit au-dessous de lui, la plupart du genre humain ne vivroit que tous son plaisir.

Aussi voyons-nous que nos rois,
En connoissant bien l'importance,
Pour le confier, ont fait choix,
Toujours de gens de conséquence ;
De gens pour qui, dans les allarmes,
Le danger auroit eu des charmes,
De gens prêts à tout hasarder,
Qu'on eût vu long-temps commander,
Et dont le poil poudreux eût blanchi sous les armes.

Une description magnifique qu'on a faite autrefois de cette place, nous donna la curiosité de l'aller voir. Nous grimpâmes plus d'une heure avant que d'arriver à l'extrémité de cette montagne, où l'on est bien surpris de ne trouver qu'une méchante mazure tremblante, prête à tomber au premier vent. Nous frappâmes à la porte, mais doucement, de peur de la jetter par terre ; & après avoir heurté long-temps, sans entendre même un chien aboyer dans la cour :

Des gens qui travailloient là proche,
Nous dirent : Messieurs, là-dedans
On n'entre plus depuis long-temps :
Le gouverneur de cette roche,
Retournant en cour par le coche,
A depuis environ quinze ans
Emporté la clef dans sa poche.

La naïveté de ces bonnes gens nous fit bien rire, sur-tout quand ils nous firent remarquer un écriteau que nous lûmes avec assez de peine ; car le temps l'avoit presque effacé.

Portion de gouvernement,
A louer tout présentement.

Plus bas, en petit caractère :

Il faut s'adresser à Paris,
Ou chez Conrart le secrétaire,
Ou chez Courbé l'homme d'affaire,
De tous Messieurs les beaux esprits.

Scudéri avoit beaucoup voyagé, & se piquoit fort de noblesse. Voici comme il s'en exprime dans une préface : « Tu couleras aisément, dit-il au lecteur, par-dessus les fautes que je n'ai point remarquées, si tu daignes apprendre qu'on m'a vu employer la plus longue partie de l'âge que j'ai à voir la plus belle & la plus grande partie de l'Europe, & que j'ai passé plus d'années dans les armes, que d'heures dans mon cabinet, & beaucoup plus usé de mèche en arquebuse qu'en chandelle : de sorte que je sais mieux ranger les soldats que les paroles, & mieux quarrer les bataillons que les périodes.

Dans l'épître dédicatoire d'une de ses pièces au duc de Montmorenci ; il dit : « Je veux apprendre à écrire de la main gauche, afin que la droite s'emploie à vous servir plus noblement ». Et dans un autre il dit, « qu'il est sorti d'une maison où l'on n'a jamais eu de plume qu'au chapeau ».

SCUDÉRI, (Madeleine de) sœur du précédent, née en 1607, morte à Paris en 1701.

Mademoiselle *Scudéri* remporta le premier prix d'éloquence que l'académie françoise ait donné ; elle fut de l'académie de Ricovrati de Padoue. Christine, reine de Suède, l'honora de son portrait, & d'un brevet de pension ; le cardinal Mazarin lui donna aussi une pension par son testament ; le chancelier Boucherat lui en établit une autre sur les sceaux en 1683 ; Louis XIV lui en accorda une de deux mille livres. Du temps de mademoiselle *Scudéri*, on étoit passionné pour les romans ; ce n'étoit même que par cette voie qu'un auteur s'avançoit dans le monde. Le maréchal de Roquelaure avoit un portrait de mademoiselle *Scudéri*, représentée en vestale, entretenant le feu sacré, avec ce mot *fovebo*, gravé au bas de l'autel qui soutenoit ce feu, pour marquer qu'elle entretenoit toujours une aimable liaison avec ses illustres amis, le duc de Montausier, Conrart, &c.

Sarrasin & Pélisson étoient tous deux extrêmement attachés à mademoiselle *Scudéri*. On prétend qu'elle donna la préférence au dernier, dont la laideur ne laisseroit pas soupçonner qu'elle s'attachât à la matière : elle lui déclara sa passion par ces vers qu'elle fit sur le champ :

    Enfin, Acanthe, il faut se rendre,

    Votre esprit a charmé le mien ;

    Je vous fais citoyen du Tendre,

    Mais de grace n'en dites rien.

Ces vers en occasionnèrent d'autres, ceux-ci en particulier, dont on ignore l'auteur :

    La figure de Pélisson

    Est une figure effroyable ;

    Mais quoique ce vilain garçon

    Soit plus laid qu'un singe & qu'un diable,

    Sapho lui trouve des appas :

    Mais je ne m'en étonne pas,

    Car chacun aime son semblable.

On disoit à mademoiselle *Scudéri* que Versailles étoit un lieu enchanté. Oui, dit-elle, pourvu que l'enchanteur y soit. Elle vouloit parler du roi.

Duperrier fit voir un jour à Ménage une lettre très bien écrite, qui finissoit par *votre très-humble & très obéissante servante*. Ménage lui dit que cela ne valoit rien, & que ce n'étoit point le style d'une dame. Duperrier soutint le contraire. Le lendemain Ménage reçut un billet de mademoiselle *Scudéri*, qui finissoit de la même manière. Cela le surprit, & il fit voir le billet à Duperrier, qui alla faire part à mademoiselle *Scudéri* de leur différend. « Il est vrai, dit-elle, qu'on n'écrivoit pas ainsi autrefois ; mais aussi les femmes ne doi-

vent-elles plus être si fières depuis qu'elles ne sont plus si vertueuses ».

On rapporte une aventure assez singulière qui lui arriva dans un voyage en Provence avec son frère Georges. Ils couchèrent au Pont-Saint-Esprit. On les avoit placés dans une chambre à deux lits. Avant de s'endormir, *Scudéri* parla de Cyrus, & demanda à sa sœur ce qu'ils feroient du prince Mazard, un des héros du roman. Mademoiselle *Scudéri* étoit d'avis de l'empoisonner ; mais après quelques contestations, il fut arrêté qu'on le feroit assassiner. Des marchands logés dans une chambre voisine, ayant entendu la conversation, crurent que ces deux étrangers complotoient la mort de quelque grand prince, dont ils déguisoient le nom sous celui de Mazard. On avertit la justice. Le frère & la sœur furent arrêtés & mis en prison. Ce ne fut qu'avec beaucoup de peine qu'ils réussirent à se justifier.

Despréaux appelloit les romans de mademoiselle *Scudéri*, une *boutique de verbiage* : C'est un auteur, disoit-il, qui ne sait ce que c'est que de finir. Ses héros & ceux de son frère n'entrent jamais dans un appartement que tous les meubles n'en soient inventoriés. Vous diriez que c'est un procès-verbal dressé par un sergent.

SÉGRAIS, (Jean Renaud de) né en 1624, mort en 1701.

Ségrais savoit mille choses agréables, & il les racontoit d'une manière qui faisoit autant de plaisir que les choses mêmes. Quand une fois il avoit commencé, il ne finissoit pas aisément : M. de Matignon disoit, à ce sujet, qu'il n'y avoit qu'à monter *Ségrais* & le laisser aller.

Lorsque M. Foucault étoit intendant à Caen, sa maison étoit le rendez-vous de tout ce qu'il y avoit de personnes de mérite & de qualité. M. *Ségrais* y étoit reçu avec distinction, lorsque sa santé lui permettoit de s'y trouver. Il y avoit pour lui une place de réserve, auprès d'une tapisserie, derrière laquelle un homme de confiance étoit caché, qui écrivoit ce qu'il disoit ; c'est de là qu'a été tiré le *Segraisiana*.

Pour faire entendre que les poëtes n'étoient plus si recherchés qu'autrefois, M. de *Ségrais* disoit souvent que le siècle étoit devenu prosaïque.

Ségrais disoit que le titre d'académicien étoit le cordon bleu des beaux esprits.

Quoique *Ségrais* fût de l'académie, & qu'il eût passé sa vie à la cour, il ne put jamais perdre l'accent de son pays ; ce qui donna lieu à mademoiselle de Montpensier, de dire à un gentilhomme, qui alloit faire le voyage de Normandie avec *Ségrais* : *Vous avez là un fort bon guide*, il sait parfaitement la langue du pays.

On voulut charger *Ségrais* de l'éducation de M. le duc du Maine. Il s'en défendit sous prétexte de sa surdité. On lui dit qu'il ne s'agissoit pas d'écouter le prince ; mais de lui parler. Il répondit qu'il savoit, par expérience, que dans un pays comme celui de la cour, il falloit de bons yeux & de bonnes oreilles.

SÉNÈQUE le philosophe, (*Lucius Annæus Seneca*), né vers l'an 13 de Jésus-Christ, mort l'an 65.

Le père de *Sénèque*, qui avoit reconnu dans son fils le goût des lettres, cultiva avec soin ses heureuses dispositions ; il le destina à l'éloquence du barreau qui étoit, chez les romains, la voie ouverte au mérite, pour s'élever aux honneurs. *Sénèque* débuta avec éclat ; son éloquence fut admirée, & il devint bientôt l'orateur à la mode. Mais la crainte d'exciter la jalousie de Caligula l'obligea de quitter une carrière si brillante & si dangereuse sous un prince bassement envieux, & qui avoit juré de détruire tous les exemplaires d'Homère, de Virgile & de Tite-Live. La dernière fois que *Sénèque* plaida au sénat, en présence de Caligula, on vit le prince au milieu des applaudissemens que l'on donnoit à l'orateur, changer de couleur. Il quitta l'assemblée dans le dessein de sacrifier cet homme si éloquent à sa barbare jalousie. *Sénèque* avoit un visage pâle & défait, qui annonçoit une foible santé, & ce fut ce qui lui sauva la vie. Une concubine de l'empereur lui persuada de se reposer du soin de sa vengeance sur la pthisie dont *Sénèque* étoit attaqué ; elle lui représenta qu'il étoit inutile de hâter la mort d'un homme qui ne pouvoit vivre long-tems. Caligula porta sa jalousie sur d'autres objets, & *Sénèque* fut oublié. Aussi ce philosophe dit quelque part, dans ses ouvrages, qu'il est des gens dont la maladie a retardé la mort, & qui ont conservé la vie, parce qu'ils sembloient devoir bientôt la perdre.

Sénèque pouvoit aspirer à toutes les charges publiques, & ses parens sollicitèrent pour lui la questure. Lorsqu'il l'eut obtenue, on espéroit qu'il monteroit plus haut, lorsque ses liaisons avec la belle Julie, que Messaline avoit accusée d'adultère, le fit reléguer dans l'isle de Corse ; mais un exil, ordonné par l'infâme Messaline, ne put être regardé comme une flétrissure, & les mœurs austères de *Sénèque* le justifient assez. Ce philosophe soutint d'abord sa disgrace avec courage, & c'est dans ce lieu de son exil qu'il composa ses *livres de consolation*, qu'il adressa à sa mère. Dans une lettre qu'il lui écrivit, après avoir cherché à la distraire de ses sollicitudes maternelles avec cet art qu'il possédoit si parfaitement, il finit par lui marquer qu'il n'est pas aussi à plaindre qu'elle le croit « Peut-on n'être pas content, ajoute-t-il, quand l'esprit, libre de toute peine

étrangère, ne s'occupe que de lui même ? Je m'amuse tantôt à des ouvrages de littérature, tantôt avide du vrai, je médite sur la nature de l'homme & celle de l'univers. Je prends l'essor vers les objets divins ; je jouis de ce spectacle délicieux. Mon esprit ne perd point de vue son immortalité ; & je le nourris de tout ce que la nature a de plus curieux & de plus intéressant ».

Cette consolation que *Sénèque* chercha d'abord en lui même, cette constance stoïque qui le soutient dans les premiers tems de son exil, l'abandonna au bout de trois ans. Il songea aux moyens de revoir ses dieux pénates, & ces moyens démentent un peu ses maximes. Il eut recours à un certain Polybe, vil affranchi de Claude. Il lui écrivit une lettre dans laquelle il le comble d'éloges ; il exalte les prétendues vertus de l'empereur, sa prudence, sa valeur, sa clémence, & ne rougit pas de mettre au rang des dieux, celui qui étoit à peine digne d'être compté parmi les hommes ; mais son encens fut rejetté, & *Sénèque* auroit fini ses jours dans son exil, si Agrippine, qui avoit su s'élever au trône, n'avoit jetté les yeux sur cet illustre exilé, pour lui confier l'éducation de son fils Néron.

Agrippine avoit associé à *Sénèque*, pour le même emploi, Burrhus, officier non moins considéré par ses vertus. La mère de Néron, qui s'étoit rendue coupable de plusieurs forfaits, pouvoit espérer, par ce choix, de se concilier l'estime des romains. Le méchant fait bien, d'ailleurs, qu'il est de son intérêt qu'il y ait des bons, afin d'en faire ses dupes, & Agrippine, comme l'événement l'a justifié, n'avoir rien de plus à craindre que d'avoir un fils qui lui ressemblât.

Cette princesse s'étoit rendue la maîtresse de l'empire ; & non contente d'exercer le pouvoir de l'empereur, son fils, elle vouloit encore en partager les honneurs. Ce jeune prince donnoit audience aux ambassadeurs d'Arménie ; Agrippine s'avança pour monter sur le trône avec lui. Tous les assistans furent déconcertés. *Sénèque* seul eut assez de présence d'esprit pour avertir l'empereur de se lever, & d'aller au-devant de sa mère. Ainsi, par une apparence de respect, on sauva une indécence qui auroit choqué tout l'empire.

Tout le temps que Néron suivit les conseils de son précepteur, il fut l'amour de Rome. *Sénèque* étoit incapable de se plier aux vices de son maître. » J'aimerois mieux, disoit-il, vous offenser par la vérité, que vous plaire par la flatterie ».

Néron ayant fait construire une tente octogone, d'un prix & d'une richesse extraordinaire, tous les courtisans s'empressèrent de l'our la magnificence & le bon goût du prince. » Seigneur, lui dit ingénieusement *Sénèque*, une telle dépense montre moins vos richesses que votre pauvreté : car si vous perdiez cette tente, vous ne pourriez en avoir une pareille «.

Sénèque avoit reconnu de bonne heure dans Néron un cœur cruel ; mais sachant qu'il est des naturels pervers que l'on ne peut entièrement changer, il s'étoit efforcé de corriger celui de son élève, de le modérer, de l'adoucir. Il avoit composé, dans cette vue, son *Traité de la clémence* ; & *Sénèque*, voyant ce prince près de sacrifier plusieurs romains à ses soupçons, lui dit avec courage : ». Quelque nombre de personnes que vous fassiez tuer, vous ne pouvez tuer votre successeur ».

La censure d'un philosophe devoit être bien incommode à un prince qui n'écoutoit plus que ses passions ; & Néron, qui avoit trempé ses mains dans le sang de sa propre mère, ne reconnoissoit plus de bornes à ses fureurs. Il avoit ordonné à l'un de ses affranchis d'empoisonner *Sénèque*. Mais ce funeste projet n'ayant pu être exécuté, Néron enveloppa son précepteur dans la conjuration de Pison. Ce philosophe fut dévoué à la mort comme les autres conjurés. Lorsque le centurion lui signifia l'ordre de l'empereur, il demanda, sans se troubler, son testament, afin d'y ajouter quelques legs en faveur de ses amis présens. Le centurion lui en refusa la permission : « Eh bien ! dit *Sénèque*, en se retournant vers ses amis, puisqu'on m'empêche de vous témoigner ma reconnoissance pour vos bons offices, je vous laisse le seul bien qui me reste, mais le plus précieux, l'image de ma vie. Le souvenir que vous en conserverez, honorera nos sentimens, & rendra notre amitié respectable aux siècles à venir «. Les amis de *Sénèque* s'attendrirent à un tel adieu ; ce philosophe les consola par ses discours, & les rassura par sa fermeté. » Où sont, leur disoit-il, ces maximes de sagesse & ces réflexions qui, depuis tant d'années, ont dû vous armer contre les malheurs ? La cruauté de Néron vous étoit-elle inconnue ? Après s'être rendu coupable de la mort de sa mère & de son frère, il ne lui restoit plus que d'y joindre le meurtre de celui qui a instruit & élevé son enfance ».

La sensibilité de *Sénèque* se réveilla lorsqu'il embrassa sa chère Pauline qu'il avoit toujours tendrement aimée. Il la conjura de modérer sa douleur, & de chercher dans le souvenir de la vie & des vertus de son époux, un soulagement honorable au malheur de le perdre. La vertueuse Pauline répondit qu'elle étoit résolue de mourir avec lui, & elle demanda, à l'officier qui étoit présent, de l'aider à exécuter ce dessein. *Sénèque*, qui, suivant les principes de la philosophie stoïque, regardoit la mort volontaire comme un refuge honorable

pour le sage, applaudit au désir de Pauline. » Je vous avois montré, lui dit-il, ce qui pouvoit adoucir pour vous les amertumes de la vie. Vous préférez une mort généreuse : je ne vous envierai point cet exemple de vertu. Nous mourrons l'un & l'autre avec une égale constance, & vous avec encore plus de gloire «. Aussitôt ils se font en même-temps ouvrir les veines. *Sénèque*, dont le corps étoit usé par la vieillesse & par un régime austère, ne perdoit son sang qu'avec lenteur, ce qui l'obligea de se faire ouvrir encore les veines des jambes & des jarrêts. Ses douleurs furent longues & violentes. Craignant alors d'accabler son épouse par le spectacle de ses maux, ou d'être accablé lui-même par la vue de sa chère Pauline mourante, il lui persuada de passer dans une autre chambre. Cette épouse obéit. *Sénèque* avoit demandé qu'on fît venir ses secrétaires. Son génie enflammé, sans doute, par la présence de l'éternité qui alloit s'ouvrir pour lui, prend l'essor, & il dicte des discours que nous serions très-curieux d'avoir, mais que Tacite a malheureusement supprimé, parce que, dans son-temps, ils étoient entre les mains de tout le monde. Cependant les douleurs de *Sénèque* amenant lentement la mort, il pria Statius Annæus, son médecin & son ami, de lui préparer de la ciguë. Il prit ce poison, mais sans aucun effet, parce que son corps étoit déjà refroidi, & les vaisseaux affaissés, arrêtèrent le passage & l'activité de la liqueur. Il se fit porter dans un bain chaud pour faciliter l'action du poison. En y entrant, il prit de l'eau, & faisant allusion à l'usage de terminer les festins par des libations, il arrosa ceux de ses domestiques qui étoient le plus près de lui, & dit d'une voix foible : *Faisons nos libations à Jupiter libérateur*. Il fut ensuite porté dans une étuve dont la vapeur l'étouffa.

Néron, qui avoit appris la funeste résolution de Pauline, & qui craignoit que la mort de cette vertueuse romaine ne le rendît encore plus odieux, avoit envoyé plusieurs de ses affranchis pour bander ses plaies ; mais il en étoit sorti tant de sang, qu'il lui en resta, sur le visage, une noble pâleur qu'elle garda toute sa vie.

Suivant une anecdote, rapportée par Tacite, le dessein de la plupart de ceux qui conduisoient la conjuration de Pison, étoit de placer *Sénèque* sur le trône, comme l'homme le plus capable de faire le bonheur des romains. Cet historien cite même un mot assez vif d'un des conjurés. Néron touchoit des instrumens, & Pison aimoit à jouer la tragédie. » Que gagnerons-nous, disoit ce conjuré, à nous défaire d'un joueur de flûte, pour avoir un acteur de tragédie » ? Mais ne faisons point injure à la philosophie, en accusant *Sénèque* d'avoir donné son consentement aux conjurés. Le seul soupçon qu'on a contre lui, c'est que, retiré depuis quelque temps dans ses maisons de campagne pour plaire à Néron, qui trouvoit sa pré-sence incommode, il s'étoit rapproché de Rome au jour précis où la conjuration devoit s'exécuter. Un autre reproche mieux fondé, qu'on peut lui faire, est d'avoir dans une de ses épîtres morales, élevé son sage au-dessus de la divinité même, par la raison que dieu tire sa perfection de la nature, & que le sage ne doit la sienne qu'à son choix libre & volontaire.

SENTENCE. Proposition universelle, mais courte, sensée, énergique, & qui renferme quelque vérité morale. On peut distinguer la *sentence* de la maxime, en ce que celle-ci est un avertissement aux hommes sur ce qu'ils doivent faire; l'autre, un jugement sur ce qu'ils font ordinairement. La maxime est un précepte de conduite, & la *sentence* est une vérité de spéculation.

Nous ne citerons que quelques-unes de ces *sentences*.

Jamais l'innocence & le mystère n'habitèrent long-temps ensemble.

La patience est amère; mais son fruit est doux.

La véritable éducation consiste moins en préceptes qu'en exercices.

La raison nous trompe plus souvent que la nature.

Le silence donne du poids aux pensées, & du crédit aux paroles.

Les grandes pensées viennent du cœur.

Le doute est l'école de la vérité.

La véritable politesse consiste à marquer de la bienveillance aux hommes.

On ne plaint jamais dans autrui que les maux dont on ne se croit pas soi-même exempt.

Nul ne peut être heureux, s'il ne jouit de sa propre estime.

Il faut une ame saine pour sentir les charmes de la retraite.

L'amitié plaint les maux; mais l'amour les ressent.

Le véritable amour est le plus chaste de tous les liens.

La félicité est la fortune du sage; & il n'y en a point sans vertu.

Les grandeurs du monde corrompent l'ame; l'indigence l'avilit.

Les petites fortunes coûtent beaucoup de peines; mais les grandes se font à peu de frais.

Le goût du jeu, fruit de l'avarice & de l'ennui,

ne prend que dans un esprit & dans un cœur vuides.

La vanité ne respire qu'exclusions & préférences: exigeant tout, & n'accordant rien, elle est toujours inique.

Toute méchanceté vient de foiblesse.

Le foible est inquiet; le grand homme est tranquille.

C'est le foible qui trompe, & le puissant commande.

La férocité appartient à l'ignorance, qui ne connoît de droit que la force.

Le plaisir des sens est une fleur, dont le parfum s'évapore, & dont l'éclat s'éteint sous la main qui la cueille.

Les passions violentes sont antant de tigres qui nous déchirent.

Tel est le sort de l'humanité; la raison nous montre le but, & les passions nous en écartent.

Les vertus éclatantes conduisent à la gloire; les talens cachés mènent à la fortune.

L'attachement peut se passer de retour, jamais l'amitié: elle est un échange, un contrat comme les autres, mais elle est le plus saint de tous.

On aime mieux son égal que son maître.

Le plus méchant des hommes est celui qui s'isole le plus, qui concentre le plus son cœur en lui-même. Le meilleur est celui qui partage également ses affections à tous ses semblables.

L'amour de la patrie est une passion dans le peuple; mais c'est un vertu dans le philosophe.

Les hommes pardonnent quelquefois la haine, & jamais le mépris.

Le plus malheureux de tous les hommes, est celui qui croit l'être.

Un philosophe voyant un Athénien qui, dans un mouvement de colère, maltraitoit son esclave: « Voilà, dit-il, un esclave qui en frappe un autre ». Parole sensée, qui nous fait comprendre le prix d'une ame qui sait se posséder.

SENTINELLE. La *sentinelle* a toujours été regardée comme une personne publique. Elle peut tuer impunément quiconque l'insulte; elle le doit même, selon les loix de la guerre. Un événement arrivé au siège de Montpellier, sert de preuve à cette vérité.

« Le conseil étant fini, dit Puiségur, & M. de Marillac sortant à cheval par la porte du logis du roi, son cheval en reculant marcha sur le pied de la *sentinelle*, laquelle frappa de la fourchette sur

la

la croupe du cheval; ce qui donna une fecouffe à M. de Marillac, qui fe tourna, & battit la *fentinelle*.

« Ce foldat étoit de la compagnie de M. de Goas, qui, l'ayant fu, le fit relever & arrêter prifonnier, & s'en alla au logis de M. de Marillac, en réfolution de lui faire mettre l'épée à la main. Le roi le fut, & envoya chercher M. de Goas & querir M. de Marillac; auquel il fit une grande réprimande, lui difant que la *fentinelle* le devoit avoir tué, & que de fix jours il ne feroit aucune fonction de fa charge de maréchal-de-camp, & qu'il ne commanderoit point dans l'attaque que feroient les gardes. Ce foldat, qui avoit été arrêté prifonnier, fut mis au confeil de guerre, & condamné à être dégradé des armes à la tête du régiment, & à l'eftrapade, pour n'avoir pas tué M. de Marillac. Sa majefté lui fit grace de tout; néanmoins M. de Goas ne s'en voulut plus fervir dans fa compagnie ».

SÉRAC. Le baron de *Sérac* fe vantoit d'une chofe fort finguliere, & fort glorieufe, de s'être trouvé dans trois batailles rangées, d'y avoir combattu main à main contre trois rois, favoir, les rois de Pologne, de Suède & de Danemarck, & d'en avoir remporté des marques, leur ayant enlevé à l'un fon bonnet, à l'autre fon écharpe, & au troifième un de fes piftolets.

SÉVIGNÉ, (Marie de Rabutin, marquife de) née en 1626, morte à Grignan en 1696.

Comme cette dame écrivoit du premier trait de plume, on doit s'attendre à trouver dans fes lettres des fautes de langage & bien des incorrections; mais ce font ces défauts là même qui contribuent à donner à fon ftyle cet air négligé qui plaît, qui enchante. Cette dame avoit dans la converfation cette même vivacité que l'on apperçoit dans fes lettres. Son efprit gai & enjoué l'entraînoit même quelquefois un peu trop loin, & croyant vous deviner, elle vous prêtoit fouvent plus de fineffe qu'on n'en montroit; mais on avoit du moins la fatisfaction de ne pas voir tomber à terre un bon mot qui fe difoit en fa préfence. Madame de *Sévigné* n'étoit pas belle; mais elle avoit de ces phyfionomies qui plaifent par mille agrémens que l'on ne peut décrire; fes yeux étoient petits & brillans. Son front avancé, fa bouche plate, fes cheveux blonds & épais. Elle avoit le plus beau teint du monde; le fon de fa voix étoit agréable, fon oreille jufte. Personne ne favoit mieux qu'elle faire valoir le vaudeville du jour.

Madame de *Sévigné*, alors mademoifelle de Rabutin, avoit époufé en 1644 Henri, marquis de *Sévigné*, qui fut tué en duel en 1651, par le chevalier d'Albret, & elle en eut Charles, marquis de *Sévigné*, & Françoife Marguerite. Cette

Encyclopédiana.

fille fut mariée au comte de Grignan en 1669. Madame de *Sévigné* s'étoit flattée qu'en mariant fa fille avec un homme de la cour, elle pafferoit fa vie avec elle; mais M. de Grignan reçut un ordre du roi pour fe rendre en Provence, où dans la fuite il commanda prefque toujours en l'abfence de M. le duc de Vendôme, qui en étoit gouverneur.

C'eft à cette féparation que nous fommes redevables de ces lettres, où madame de *Sévigné* peint avec tant d'énergie & de vivacité fa tendreffe pour une fille aimable, & la douleur qu'elle reffent d'en être féparée. Son cœur, plein d'un fentiment qui déborde, redit toujours la même chofe, & n'a jamais achevé de dire. Elle paroît principalement occupée des moyens de revoir fa fille, foit à Paris, où madame de Grignan venoit la trouver, foit en Provence, où elle alloit la chercher. Cette mère fi fenfible fut la victime de fa tendreffe. Dans fon dernier voyage à Grignan, en 1696, elle fe donna tant de foins pendant une longue maladie de fa fille, qu'elle en contracta une fièvre continue qui l'emporta le 14 janvier de la même année.

On a remarqué que quand madame de *Sévigné* difoit fes lettres, fon ftyle fi vif, fi ferré, devenoit lâche; & Coibinelli lui difoit qu'elle ceffoit alors d'avoir de l'efprit.

Cette dame eft affez connue par fes faillies. Elle fe trouvoit à l'office à Saint-Paul; le *Credo* y fut chanté en mauvaife mufique: « Ah! que cela eft faux, s'écria madame de *Sévigné* ». Puis fe tournant vers ceux qui l'écoutoient: « Ne croyez pas que je renonce à la foi: je n'en veux pas à la lettre, ce n'eft qu'au chant ».

Cette dame recherchoit volontiers les personnes enjouées, & qui fe livroient fans contrainte à leur gaieté naturelle. Elle difoit quelquefois qu'elle ne craignoit rien tant que les gens qui avoient de l'efprit tout le jour.

Elle décidoit la difpute de Boileau & de Perrault fur les anciens & les modernes, en difant: « Les anciens font plus beaux; mais nous fommes plus jolis ».

Elle difoit affez plaifamment, en parlant des amoureux: « Il faut tout leur pardonner, ainfi qu'aux gens des Petites-Maifons ».

La connétable Colonne & la duchesse Mazarin passant à Arles, chacune avec un petit-coffre de pierreries, madame de *Sévigné*, qu'elles allèrent voir chez M. de Grignan, s'apperçut qu'elles étoient en linge fale. Elle leur envoya le foir une douzaine de chemifes, avec un billet qui commençoit ainfi: « Vous voyagez en héroïnes de romans, avec force pierreries, & point de linge blanc ».

Elle avoit figné le contrat de mariage de fa fille

avec le comte de Grignan. Lorsqu'elle compta la dot qui étoit considérable : «Quoi ! s'écria-t-elle, faut il tant d'argent pour obliger M. de Grignan de coucher avec ma fille ? » Après avoir un peu réfléchi, elle se reprit, en disant : « Il y couchera demain, après demain, toutes les nuits, ce n'est pas trop d'argent pour cela ».

Cette dame s'informant à Ménage de sa santé, il lui dit : Madame, je suis enrhumé. — Je la suis aussi, lui dit-elle. — Il me semble, reprit Ménage, que, selon les règles de notre langue, il faudroit dire, je le suis. — Vous direz comme il vous plaira, ajouta-t-elle ; mais pour moi je croirois avoir de la barbe si je disois autrement.

Madame de *Sévigné* disoit : « L'ingratitude attire les reproches, comme la reconnoissance attire de nouveaux bienfaits ».

Je tenois un jour, dit Ménage, une des mains de madame de *Sévigné* avec les deux miennes. Lorsqu'elle l'eut retirée, M. Pelletier me dit : Voilà le plus bel ouvrage qui soit jamais sorti de vos mains.

Je ne puis souffrir, disoit madame de *Sévigné*, que les vieilles gens disent : Je suis trop vieux pour me corriger ; je pardonnerois plutôt à une jeune personne de tenir ce discours. La jeunesse est si aimable, qu'il faudroit l'adorer, si l'ame & l'esprit étoient aussi parfaits que le corps ; mais quand on n'est plus jeune, c'est alors qu'il faut se perfectionner, & tâcher de regagner par les bonnes qualités, ce qu'on perd du côté des agréables.

Madame de *Sévigné* étoit, depuis long-temps, auprès d'une tante fort malade. Elle disoit : Ce qui me feroit souhaiter d'être loin d'ici, ce seroit afin d'être sincèrement affligée de la perte d'une personne qui m'a toujours été si chère ; & je sens que si je suis ici, la liberté qu'elle me donnera, m'ôtera une partie de ma tendresse & de mon bon naturel.

Madame de *Sévigné* disoit au comte de Bussi : Sauvons nous avec notre bon parent Saint-François de Sales ; il conduit les gens en paradis par de beaux chemins.

SFORCE, (Jacques) né en 1369, mort en 1424.

Paul Jove, en la vie du grand *Sforce*, dit que ce fut le hasard, ou plutôt la providence, qui fit *Sforce* le maître de l'Italie : il n'étoit que simple laboureur. Un jour, qu'il revenoit des champs, il entendit battre le tambour pour enrôler des soldats : incertain du parti qu'il prendroit, il dit, en jettant sa coignée dans un arbre, si elle tombe je continuerai mon métier, sinon je servirai. Il jeta sa coignée qui resta dans l'arbre. Pour lors il s'enrôla, & devint par la suite un des plus heureux guerriers d'Italie, sur une partie de laquelle lui & ses successeurs, ont dominé long-temps.

SHAKESPEARE, (Guillaume) poëte tragique anglois ; né en 1564 ; mort en 1616.

Le père de *Shakespeare*, qui étoit à la tête d'une manufacture de laine, & chargé d'une nombreuse famille, vouloit se procurer, dans Guillaume, l'aîné de ses enfans, un serviteur utile ; c'est pourquoi il préféra de lui apprendre sa profession au lieu de le faire étudier ; mais la jeunesse fougueuse de *Shakespeare* le déroba bientôt aux soins paternels & à la tendresse d'une femme, fille d'un riche fermier, qu'il avoit épousée à l'âge de dix-sept ans. Il se lia d'abord avec quelque jeunes libertins qui complotèrent, entr'eux, de voler les daims d'un parc voisin de Stratfort. Le propriétaire du parc les poursuivit en justice avec chaleur, & *Shakespeare*, pour se venger, composa contre lui une balade remplie de traits piquans. On croit que ce fut son essai poétique. Cette pièce satyrique aigrit tellement celui qui le poursuivoit, que, pour éviter son ressentiment, le jeune poëte fut obligé de se retirer à Londres. Une troupe de comédiens, qui reconnut dans *Shakespeare* beaucoup de feu & de vivacité, chercha à se l'associer, & bientôt il se distingua parmi eux, comme un génie du premier ordre : mais les talens de l'acteur furent toujours inférieurs à ceux du poëte. Le rôle où il brilloit le plus étoit celui de spectre. On a pu aussi remarquer que dans notre Molière l'auteur effaçoit l'acteur. Il ne réussissoit même que dans certains rôles à manteau.

Plusieurs des pièces de *Shakespeare* furent représentées devant la reine Elisabeth, qui honora le poëte des marques de sa faveur. Le comte de Soupthampton, célèbre dans l'histoire de ce temps par son amitié pour le malheureux comte d'Essex, envoya un jour à *Shakespeare* un présent de mille guinées, pour lui faciliter l'acquisition d'une terre qu'il desiroit. Ce trait de générosité seroit regardé comme une fable dans tout autre pays qu'en Angleterre.

Shakespeare passa les dernières années de sa vie dans le lieu de sa naissance. Son caractère philosophique lui fit trouver plus de douceur dans cette solitude, & dans le commerce d'un petit nombre d'amis choisis, qu'il n'en avoit goûté dans la capitale au milieu des applaudissemens publics. Il avoit fait une connoissance particulière avec un vieux gentilhomme nommé *Combe*, très connu par ses richesses & par son caractère usurier. Un jour qu'ils étoient en compagnie d'amis, *Combe* dit en riant à *Shakespeare*, qu'il s'imaginoit qu'il avoit dessein de faire son épitaphe, en cas qu'il vînt à mourir ; & que, comme il ne sauroit point ce qu'on diroit de lui quand il seroit mort, il le prioit de faire cette épitaphe à présent. *Shakespeare* composa aussitôt quatre vers dont voici le sens :

» Ci-gît dix pour cent ; il y a cent à parier contre dix que son ame est sauvée. Si quelqu'un demande qui repose dans cette tombe ? Ho ! ho ! répond le diable, c'est mon Jean de Combe ». Ce petit trait malin piqua tellement le bon-homme, qu'il ne le pardonna jamais au poëte.

On trouve dans les pièces de *Shakespeare* de ces traits qui font voir que ce poëte savoit joindre à l'élévation du génie, la délicatesse & même la finesse d'esprit. Dans la tragédie de *César*, Décius, en parlant du dictateur, dit : » Il se plaît à entendre dire, qu'on surprend les lions avec des filets, & les hommes avec des flatteries, &c ; mais quand je lui dis qu'il hait les flatteurs, il m'approuve, & ne s'apperçoit pas que c'est en cela que je le flatte le plus ».

Dans *Timon*, le personnage qui est en scène avec ce misantrope, se répand, pour lui plaire, en invectives contre l'ingratitude des hommes. Il s'écrie d'un ton courroucé : » Je suis transporté de fureur, je ne puis couvrir cette monstrueuse ingratitude d'aucune façon «. *Timon* répond : » *Laisse-la toute nue, on ne la verra que mieux*.

Garrick, le plus célèbre acteur anglois, reçut la lettre suivante :

» Monsieur, la ville de Stratford-sur-Avon, qui a eu la gloire d'avoir vu naître, dans son sein, l'immortel *Shakespeare*, auroit voulu joindre celle de compter au nombre de ses citoyens, celui qui honore si parfaitement la mémoire de ce grand homme, par la supériorité avec laquelle il rend ses chefs d'œuvres. Les maire, échevins & bourgeois de cette communauté, s'empressent de joindre un foible témoignage de leurs sentimens, aux applaudissemens que le public accorde depuis long-temps à vos rares talens : ils vous prient de recevoir des lettres d'association à leur communauté, qu'ils vous envoient dans une boîte, faite de bois de mûrier que *Shakespeare* a planté de sa propre main ; ils se flattent que vous leur ferez l'honneur de les accepter. Signé, W. Hunt, secrétaire de la ville, par ordre des maire, échevins & bourgeois «.

La même ville a établi une fête en l'honneur de *Shakespeare*, laquelle fut célébrée dans le mois de septembre, & aura lieu tous les sept ans. M. Garrick en a accepté l'intendance, à la prière particulière de la communauté. L'année de l'ouverture de la fête, en 1742, on a dédié, à la mémoire de *Shakespeare*, un édifice élégant, auquel on a donné le nom de *Shakespeare's hall*. C'est une souscription qui en a fourni les frais.

SILENCE. L'art de parler, dit Plutarque, est la première connoissance que l'on donne aux enfans : il vaudroit mieux, selon moi, commencer par leur apprendre à se taire. On se repent souvent

d'avoir parlé, on ne s'est jamais repenti d'avoir gardé le *silence*.

Au milieu d'un cercle d'amis, le philosophe Cléanthe gardoit un profond *silence* : » Pourquoi vous taisez-vous, lui dit quelqu'un ? Y a-t-il rien de plus agréable, que de s'entretenir avec ses amis ? — Et c'est pour cela même, reprit Cléanthe, que je laisse mes amis goûter un si doux plaisir ».

SINGES. L'adresse du *singe* est connue de tout le monde. Il est dit, dans l'histoire générale des Voyageurs, que ceux qui vont à la chasse des *singes*, sur les côtes de l'Afrique, ne réussissent jamais à leur tendre le même piège. Ces animaux ne connoissent pas moins leurs ennemis : S'ils voient un *singe* de leur troupe blessé d'un coup de flèche, ils s'empressent de le secourir. La flèche est-elle barbue, ils la distinguent fort bien à la difficulté qu'ils trouvent à la tirer ; & pour donner au moins à leur compagnon la facilité de fuir, ils en brisent le bois avec les dents. Un autre est-il blessé d'un coup de balle, ils reconnoissent la plaie au sang qui coule, & mâchent des feuilles pour la panser. Lorsqu'ils se sentent les plus forts, les chasseurs courent grand risque d'avoir la tête écrasée à coups de pierres, ou d'être déchirés en pièces. Les nègres s'imaginent que les *singes*, qu'ils croient si industrieux, ont la faculté de parler, & s'ils n'usent pas de cette faculté, disent-ils, c'est de peur qu'on ne les fasse travailler.

Proche d'Amadabad, ville du royaume de Guzarate, dans l'empire du grand Mogol, on voit une très-grande quantité de *singes*, pour qui les Banjanes ou idolâtres ont tant de respect & de considération, qu'ils leur ont fait bâtir des hôpitaux, où l'on porte & où l'on traite avec grand soin ceux de ces animaux qui sont malades ou estropiés.

Un jeune paysan apportant de la part de son maître, un panier de poires à son seigneur, trouva deux gros *singes* sur l'escalier, qui avoient des habits bleus brodés d'or, & une épée à leur côté ; ils se jettèrent sur son panier pour avoir du fruit. Le paysan, qui n'avoit jamais vu de tels animaux, leur ôta son chapeau civilement, & les laissa faire ce qu'ils voulurent. Quand il eut fait son présent, le maître de la maison lui demanda, pourquoi ne m'as-tu pas apporté le panier plein ? Monsieur, dit le paysan, il étoit tout plein ; mais messieurs vos enfans m'en ont pris la moitié. Les domestiques, qui avoient été témoins de la scène, découvrirent sa naïveté, & apprêtèrent à rire à toute l'assemblée.

Le P. Cabasson, Jacobin, qui demeuroit aux isles de l'Amérique, avoit élevé un petit *singe*, qui s'affectionna tellement à lui, qu'il ne le quittoit jamais, de sorte qu'il falloit l'enfermer avec soin toutes les fois que le père alloit à l'église. Il s'échappa une fois, & étant allé se cacher au-dessus de la chaire du prédicateur, il ne se montra que quand son maître commença à prêcher. Pour lors il s'assit sur le bord, & regardant les gestes que faisoit le prédicateur, il les imitoit dans le moment avec des grimaces & des postures qui faisoient rire tout le monde. Le père Cabasson, qui ne savoit pas le sujet d'une pareille immodestie, entreprit d'abord l'auditoire avec assez de douceur; mais voyant que les éclats de rire augmentoient au lieu de diminuer, il entra dans une sainte colère. Ses mouvemens, plus animés qu'à l'ordinaire, firent augmenter les postures & les grimaces du singe, & le rire de l'assemblée. A la fin, quelqu'un avertit le prédicateur de regarder au-dessus de sa tête ce qui s'y passoit. Il n'eut pas plutôt apperçu le manège de son singe, qu'il ne put s'empêcher de rire comme les autres, & comme il n'y avoit pas de moyen de prendre cet animal, il aima mieux abandonner le reste de son discours, n'étant plus en état de continuer, ni les auditeurs de l'écouter.

SIXTE V, pape, & l'un des hommes célèbres du seizième siècle, né en 1521, mort en 1590.

Son père, qui étoit un vigneron fort pauvre, ne pouvant le nourrir, l'avoit mis très-jeune entre les mains d'un laboureur, qui lui donna le soin de conduire ses brebis. Il s'acquitta mal de cet emploi; on le punit en lui faisant garder les cochons. Un jour qu'il conduisoit ces animaux, il apperçut un religieux de l'ordre de Saint-François qui, se trouvant entre plusieurs chemins, ne savoit lequel prendre. Félix, c'étoit son nom, courut à lui; & non-seulement lui indiqua la route d'Ascoli, où ce religieux alloit prêcher le carême, mais voulut encore l'accompagner. Les réponses vives & ingénues de cet enfant prévenoient en sa faveur. Le religieux lui permit de le suivre, & le conduisit au couvent des cordeliers d'Ascoli. Félix y obtint bientôt, à force de prières & de larmes, l'habit de frère convers. On lui apprit à lire & à écrire; il étudia la grammaire, & montra de si heureuses dispositions, qu'on le reçut enfin au nombre des novices. Son humeur altière & chagrine le fit haïr de ses inférieurs, de ses égaux & de ses supérieurs. Ceux-ci le punirent souvent, & furent plusieurs fois sur le point de le chasser de l'ordre. On a rapporté ce trait de son caractère violent. Quelques religieux, pour le mortifier, contrefaisoient le cri de cochon aussitôt qu'ils l'appercevoient. Frère Félix souffrant impatiemment cette plaisanterie cruelle, dit tout haut qu'il casseroit la tête à celui qui lui feroit cette insulte. Il se saisit aussi-tôt d'un gros bâton où étoient attachées les clefs de l'église. Le neveu du provincial, peu effrayé de ces menaces, s'avisa de répéter les mêmes cris. Frère Félix courut

à lui, en lui disant: Puisque tu imites si mal le cri du cochon, c'est à moi à te l'apprendre, & lui déchargea en même-temps le paquet de clefs sur la tête. Le coup fut si violent, que le pauvre religieux tomba presque mort. Félix fut mis en prison; mais comme il avoit été le premier insulté, il obtint enfin sa grace.

On a lieu de s'étonner, en lisant son histoire, que, malgré les brigues & les efforts de ses ennemis, malgré la pétulance & l'indocilité de son caractère, il ait su, par son mérite & son adresse, franchir tous les obstacles, & s'élever de grade en grade jusqu'au général: il obtint ensuite un évêché, puis le cardinalat. Il avoit changé son nom de *Félix Peretti* en celui de *Montalte*, & l'on peut croire que ce changement de nom, en faisant oublier les premières années de sa vie, ne contribua pas peu à son élévation. Lorsqu'il se vit revêtu de la pourpre, la thiare devint l'objet de sa sourde ambition. Mais pour surprendre les cardinaux en état de s'opposer à son élévation, & flatter ceux qui pouvoient espérer de régner sous son nom, il changea son humeur, & affecta une manière de vivre qui sembloit l'éloigner de la connoissance des affaires. Il ne sortoit de la retraite qu'il s'étoit choisie que pour aller voir des malades. Il caressoit tout le monde; distribuoit des aumônes aux pauvres, donnoit modestement son avis dans dans les consistoires où il étoit appelé, fuyoit les charges & les honneurs, panchoit dans toutes les occasions pour le parti le plus modéré, affectoit d'être dépourvu d'esprit & de lumières: les cardinaux, dupes de son artifice, ne l'appelloient que *l'âne de la Marche*, & *la bête Romaine*.

Montalte s'efforçoit sur-tout de paroître succomber sous le poids de l'âge & des infirmités; il se donnoit beaucoup plus d'années qu'il n'en avoit, tenoit son corps courbé sur un bâton; & sa tête appuyée sur une épaule. Ses yeux paroissoient presqu'éteints, ses jambes trembloient sous lui. Lorsqu'il étoit obligé de faire quelques visites, il s'arrêtoit à plusieurs reprises sur l'escalier pour prendre haleine; quand il étoit entré dans les appartemens, il différoit de parler, comme pour avoir le temps de respirer. Il racontoit en détail toutes ses infirmités, & faisoit de temps en temps des retraites pour se préparer, disoit-il, à la mort qu'il sentoit prochaine. Lorsque Grégoire XIII mourut, plusieurs brigues se formèrent; le cardinal de Montalte les favorisa toutes, ou plutôt ne tint à aucune. Il flatta chaque cardinal en particulier, & lui fit espérer qu'il lui donneroit sa voix. Ce manège lui réussit; on le mit sur les rangs; il le sut, & feignit de l'ignorer. Lorsque les cardinaux Alexandrin, d'Est & de Médicis lui annoncèrent que les suffrages pourroient bien se réunir en sa faveur, il lui prit une toux à faire croire qu'il alloit rendre le dernier foupir. Il leur dit qu'il n'avoit pas affez de force pour foutenir un fi pefant fardeau; que fon peu d'expérience dans les affaires le rendoit incapable de fe charger de celles de l'églife, à moins de trouver du fecours dans fes collègues; qu'il ne pourroit jamais fe réfoudre à monter fur le trône de faint Pierre, s'ils ne l'affuroient de ne point l'abandonner, & de gouverner conjointement avec lui. Il tint plufieurs fois le même difcours, & répondoit à ceux qui lui promettoient leur voix : « Si vous me faites pape, vous vous placerez vous-mêmes fur le faint fiége; nous partagerons enfemble le pontificat; je n'en aurai que le nom & le titre, & vous en aurez l'autorité ». Tous les cardinaux abufés fe flattèrent d'avoir part au gouvernement, & de jouir du moins de la plus grande liberté fous un pontife auffi facile & auffi complaifant. Le cardinal Farnèfe, entr'autres, approuvant fon élection, difoit, « que Montalte n'avoit pas affez d'efprit pour faire de mal, ni affez de difcernement pour faire du bien ».

L'élection du pape fe fit le 24 avril 1585; Montalte eut le plus grand nombre de voix. Lorfqu'il fe vit affuré de fon élection, il fortit de fa place, fans attendre la fin de la cérémonie; & jettant au milieu de la falle le bâton fur lequel il s'appuyoit auparavant, il fe redreffa, parut d'une taille plus grande qu'à fon ordinaire, & entonna le *Te Deum* d'une voix fi forte, que la voûte de la chapelle en retentit.

Il prit le nom de *Sixte V*, en mémoire de Sixte IV qui avoit été cordelier comme lui. Lorfqu'il fortit du conclave, le peuple accourut en foule, & chacun fe demandoit en le voyant, où étoit le pape, ne reconnoiffant point dans le nouveau pontife le cardinal de Montalte qu'il avoit coutume de voir tomber en foibleffe dans les rues. Quelqu'un lui témoignant fon étonnement de ce qu'il n'étoit plus fi courbé : « Avant d'être pape, répondit-il, je cherchois les clefs du paradis, & pour les trouver, je me courbois & baiffois la tête; mais depuis qu'elles font entre mes mains, je ne regarde que le ciel ».

Les premiers jours de fon pontificat furent marqués par l'horreur des fupplices; & il exerça la juftice avec une févérité qui décéloit moins fon amour pour le bon ordre, que fon humeur fanguinaire. Un gentilhomme efpagnol ayant reçu dans l'églife un coup de hallebarde d'un fuiffe, s'en vengea en le frappant rudement avec un bâton de pélerin. Le fuiffe en mourut. *Sixte* fit dire au gouverneur de Rome qu'il vouloit que juftice fût faite avant qu'il fe mît à table, & qu'il vouloit dîner de bonne heure. L'ambaffadeur d'Efpagne & quatre cardinaux allèrent le fupplier, non d'accorder la vie au meurtrier, mais de lui faire trancher la tête, parce qu'il étoit gentilhomme. *Sixte*

répondit : « Il fera pendu; je veux bien cependant adoucir la honte dont fe plaindroit fa famille, en lui faifant l'honneur d'affifter à fa mort ». En effet, il fit planter la potence devant fes fenêtres, & s'y tint jufqu'après l'exécution; puis fe tournant vers fes domeftiques : « Qu'on m'apporte à manger, leur dit-il; cette juftice vient encore d'augmenter mon appétit ». En fortant de table, il s'écria : « Dieu foit loué du grand appétit avec lequel je viens de dîner ».

Le lendemain on vit Pafquin (ftatue à laquelle on attachoit des infcriptions fatyriques) avec un baffin rempli de chaînes, de haches, de potences, de cordes & de roues, répondant à Morforio, (nom d'une autre ftatue) qui lui demandoit où il alloit : « Je porte un ragout pour réveiller l'appétit du faint Père ».

Plufieurs gouverneurs ou juges qui paroiffoient avoir trop de clémence, furent renvoyés de leurs places par fes ordres. Il n'accordoit fa faveur qu'à ceux qui penchoient vers la févérité. Lorfqu'il alloit par la ville, il regardoit tout le monde en face, & s'il appercevoit quelqu'un d'une phyfionomie févère, il le faifoit appeller, s'informoit de fa condition, lui donnoit, felon fes réponfes, quelques charges de judicature, & lui déclaroit que le véritable moyen de lui plaire étoit de fe fervir de l'épée à deux tranchans à laquelle Jéfus-Chrift eft comparé, & qu'il n'avoit lui-même accepté le pontificat que fuivant le fens littéral de l'évangile : *Je ne fuis pas venu apporter la paix, mais le glaive* : paroles qu'il répétoit toujours avec complaifance.

Un jeune homme, qui n'avoit que feize ans, fut exécuté à mort pour avoir fait quelque réfiftance à fes fbires. Toute la ville eut pitié de fon fort. Les ambaffadeurs & les cardinaux intercédèrent pour lui, mais en vain. Les juges même lui ayant repréfenté qu'il étoit contraire à la loi de faire mourir un coupable fi jeune, l'inflexible pontife leur répondit froidement qu'il donnoit dix de fes années au criminel pour le rendre fujet à la loi.

Il avoit défendu que l'on portât des armes dans Rome. Cinq ou fix particuliers, qui contrevinrent à cette défenfe, furent pris & pendus. Un gentilhomme de Spolette, qui avoit mis l'épée à la main contre un autre gentilhomme, fut condamné à perdre la tête. Huit cardinaux ayant demandé fa grâce, *Sixte* ordonna qu'on l'expédiât promptement, pour n'être plus étourdi de ces follicitations.

C'eft ce même pape, qui, apprenant que la reine Elifabeth venoit de faire trancher la tête à Marie d'Ecoffe, fa prifonnière, s'écria dans une forte d'enthousiasme : « O heureuse femme ! qui a goûté le plaisir de faire sauter une tête couronnée ! »

Castelli, chanoine & tréforier de Sainte-Marie Majeure, qui avoit rendu de grands services au cardinal de Montalte, comptoit sur sa reconnoissance. Ce chanoine avoit un neveu qui venoit d'enlever une fille avec laquelle il s'étoit marié depuis, du consentement des deux familles. Ce jeune homme fut poursuivi & pendu par ordre du pape, malgré les prières de Castelli, de la femme & de tous les parens : le juge, qui ne l'avoit pas condamné, fut fouetté.

Un autre jeune homme, pour avoir seulement arrêté une jeune fille en pleine rue, & l'avoir embrassée malgré elle, fut condamné à cinq ans de galère, quoiqu'il l'eût épousée quelques jours après. L'épouse du jeune homme & ses parens coururent se jetter aux pieds du pape pour obtenir la grace du coupable. Ils représentèrent à sa sainteté que la conduite du jeune homme & le mariage qu'il venoit de contracter leur donnoient toute la satisfaction qu'ils pouvoient desirer. Vous êtes satisfaits, leur répondit Sixte ; mais la justice qui a été offensée la première, ne l'est pas ». Il voulut que la sentence fût exécutée.

Il avoit établi la peine de mort coutre l'adultère, & fit couper la tête à plusieurs gentilshommes des plus grandes maisons d'Italie, convaincus de ce crime.

Un poëte, nommé Matère, avoit composé des vers, dans lesquels une dame romaine avoit été insultée. Le pape en demanda la raison à ce poëte, qui s'excusa sur la nécessité de la rime. Il lui dit que le nom de Fontana, qui finissoit un de ces vers, l'avoit obligé de terminer le suivant par Putana, sans avoir eu dessein d'appeller ainsi cette dame ; mais seulement pour donner plus de grace & d'harmonie à sa pièce.

Vous méritez, seigneur Matère,
De ramer dans une galère ;

lui répondit le pape, en deux vers italiens, & cette sentence fut exécutée.

La sévérité de ce pape paroîtra bien cruelle. Ce fut néanmoins à cette sévérité que Rome dut la satisfaction de voir le libertinage exclu de ses murs. Avant Sixte, les loix trop foibles contre les grands, ne mettoient pas les jeunes filles à l'abri des entreprises de la témérité & de l'impudence. Mais sous le règne de ce nouveau pape, elles purent jouir en sûreté de leur vertu, & se promener dans les rues de Rome avec autant de tranquillité que dans l'enceinte d'un couvent. On blâmera néanmoins Sixte d'avoir donné dans ses états un libre accès à la troupe infame des délateurs, en permettant les accusations publiques. Il avoit même ordonné qu'un mari qui n'iroit pas se plaindre à lui des débauches de sa femme, seroit puni de mort.

Ce même pape recevant la haquenée en signe de vassalité pour le royaume de Naples, ne put s'empêcher de dire : En vérité, un compliment & une haquenée ne valent pas un royaume. Il manifestoit assez par ces paroles son ambition & ses prétentions.

La passion dominante de ce pontife étant d'éterniser sa mémoire, il employa une partie de ses nouveaux revenus à embellir Rome de fontaines & d'édifices superbes. Il fonda un hôpital de cinquante mille livres de rentes, plusieurs collèges & la bibliothèque du Vatican. Il fit exhumer, réparer, élever ce prodigieux obélisque de soixante & douze pieds de haut, ouvrage des anciens rois d'Egypte. Ce fut aussi par son ordre qu'on plaça au haut des colonnes Trajane & Antonine les statues de saint Pierre & de saint Paul, fondues en bronze & dorées ; ornemens cependant qui ne font pas honneur au goût de Sixte ; car y a-t-il rien de plus bizarre que de voir la statue d'un apôtre du christianisme au haut d'un monument chargé des actions militaires d'un empereur payen ?

Le magnifique dôme de saint Pierre est encore un monument de la grandeur de Sixte. Mais ce qui dénote principalement l'élévation de son ame, est l'estime particulière qu'il conserva toute sa vie pour la reine Elisabeth & Henri le Grand. Ces deux souverains méritèrent souvent ses louanges, en sachant lui résister. Aussi disoit-il quelquefois en parlant d'eux, qu'il ne voyoit dans le monde chrétien qu'un homme & une femme dignes de régner, & à qui il pût communiquer les grands desseins qu'il avoit contre les Turcs pour le bien de la chrétienté.

Il pensoit bien différemment de Henri III, dont la dévotion ne se bornoit qu'à des pratiques extérieures, pendant qu'il négligeoit les affaires de son état. « Il n'est rien, dit-il, que ce prince n'ait fait pour être moine, & moi pour ne l'être pas ».

La plupart des politiques de ce siècle se sont moins occupés de ce qui est nécessaire à régler & perfectionner l'espèce humaine, que des moyens de l'accroître : mais Sixte V regardoit comme un vrai mal de multiplier les hommes, si leur subsistance n'étoit assurée. Ce pontife avoit en conséquence ordonné aux curés de ne faire aucun mariage sans le certificat d'un juge établi pour prendre d'exactes informations sur les facultés des contractans ; & au cas que ce magiſtrat les jugeât en péril de devenir pauvres, & par conſéquent hors d'état de nourrir les enfans qu'ils pourroient avoir, il étoit défendu aux curés de paſſer à la célébration de mariage ; il voulut qu'on bannît de Rome ceux qui ſe trouvoient dans le cas de déſobéiſſance. Sa maxime étoit, qu'il valoit mieux détruire une ville, que de la remplir d'habitans malheureux.

Suivant une autre de ſes maximes, deux choſes ſont abſolument néceſſaires pour conſerver le peuple dans l'obéiſſance, *le pain & le fer* : maxime néanmoins qui ſeroit mieux dans la bouche d'un deſpote que dans celle d'un vicaire de Jéſus-Chriſt.

SOCRATE, philoſophe athénien, né l'an 469, & mort vers l'an 400 avant Jéſus-Chriſt.

Il étoit fils d'un ſculpteur & d'une ſage-femme : il fit avec beaucoup de ſuccès trois ſtatues, repréſentant les trois Graces ; mais il abandonna ſon talent, diſant qu'il s'étonnoit « qu'un ſculpteur appliquât tout ſon eſprit à faire, qu'une pierre brute devînt ſemblable à un homme, & qu'un homme ſe mît peu en peine de n'être pas ſemblable à une pierre brute ».

Il s'appelloit *l'accoucheur des eſprits*, parce qu'il s'appliquoit à leur faciliter la naiſſance de la penſée.

Il refuſa toujours de ſe rendre aux invitations de grands & des riches, parce que, diſoit-il, il ne vouloit pas recevoir plus qu'il ne pouvoit rendre.

Une des qualités les plus marquées de *Socrate*, étoit une tranquillité d'ame que nul accident, nulle perte, nulle injure, nul mauvais traitement ne pouvoient altérer. On a dit que ce philoſophe étoit naturellement fougueux & emporté, & que ſa modération à laquelle il étoit parvenu, étoit l'effet de ſes réflexions & des efforts qu'il avoit faits pour ſe vaincre lui-même, & pour ſe corriger. Il avoit exigé de ſes amis de l'avertir quand ils le verroient prêt de ſe mettre en colère : au premier ſignal, il baiſſoit le ton, ou même ſe taiſoit. Se ſentant un jour de l'émotion contre un eſclave : « Je te frapperois, dit-il, ſi je n'étois en colère ». Une autre fois ayant reçu d'un brutal un vigoureux ſoufflet, il ſe contenta de dire en riant : « Il eſt fâcheux de ne ſavoir pas quand il faut s'armer d'un caſque ».

Il trouva dans ſa propre maiſon une ample carrière pour exercer la patience dans toute ſon étendue ; & Xantippe, ſon épouſe, la mit aux plus rudes épreuves par ſon humeur bizarre, emportée & violente. Il paroît qu'avant de la choiſir pour compagne, il n'avoit pas ignoré ſon caractère. Il diſoit lui-même qu'il l'avoit priſe exprès ;

perſuadé que, s'il venoit à bout de ſouffrir ſes emportemens, il pourroit vivre avec les perſonnes les plus difficiles. Les traits ſuivans feront connoître que ce grand homme avoit parfaitement réuſſi dans ſon choix.

Il donnoit à ſouper à Euthidème, ſon ami. Pendant le repas, Xantippe lui chercha querelle, cria, tempêta, ſuivant l'uſage, ſe leva toute furieuſe, & renverſa les plats qui étoient ſur la table. Euthidème étonné de ce fracas, profitoit du bruit pour s'eſquiver doucement par la porte, quand *Socrate* le retenant : « Ne vous troublez point, lui dit-il, l'autre jour, que je mangeois chez vous, une poule, en volant ſur la table, ne renverſa-t-elle pas tout ? nous n'en fûmes cependant pas plus émus ». La tranquillité du mari mettoit le comble à la fureur de l'épouſe : « Toujours, diſoit-elle avec un ton de déſeſpoir ; toujours il rentre à la maiſon avec le même air & le même viſage qu'il avoit en ſortant ».

Un jour, pour l'outrager d'une manière ſenſible, elle lui arracha ſon manteau de deſſus les épaules, au milieu de la rue, & le jetta dans la crotte. Les amis du ſage lui conſeilloient de ſe venger ſur le champ de cette épouſe inſolente, & de lui faire ſentir une bonne fois qu'il portoit un bâton. « C'eſt-à-dire, meſſieurs, répondit *Socrate*, qu'un mari & une femme aux priſes, ſeroient pour vous un ſpectacle fort amuſant ; mais je ne ſuis pas d'humeur de vous donner la comédie à mes dépens ».

Socrate, après avoir long-temps ſouffert les criailleries de ſa femme, ſortit de ſa maiſon, & s'aſſit devant ſa porte pour ſe délivrer de ſon importunité ; cette femme, indignée de voir que tous ſes cris n'étoient pas capables d'ébranler ſa tranquillité, lui verſa de l'eau ſale ſur la tête. Ceux qui étoient témoins de cette action, rioient du pauvre *Socrate* : mais ce philoſophe ſouriant auſſi, leur dit : « Je me doutois bien qu'après un ſi grand tonnerre nous aurions de la pluie ».

Alcibiade s'étonnoit que *Socrate* pût réſiſter aux cris éternels de cette femme : « J'y ſuis tellement accoutumé, lui répondit-il, que ſes clameurs ne font pas plus d'impreſſion ſur moi que le bruit d'une charrette ».

L'oracle déclara *Socrate* le plus ſage de tous les Grecs.

Ce ſage prétendoit être inſpiré par un démon ou génie familier ; ce démon n'étoit autre que la pure raiſon dégagée de toutes paſſions.

Socrate diſoit, qu'il aimoit mieux écrire les ſentimens ſur le cœur des hommes que ſur les peaux des animaux : c'eſt ne ſe rendre utile, pour ainſi dire, qu'à ſes voiſins. Il ſemble néanmoins qu'un philoſophe doit travailler non-ſeulement à l'instruction de tous les hommes de son siécle, mais même pour la postérité ; qu'il doit écrire ses sentences & les mettre sur le papier , afin de les faire passer dans le cœur des hommes présens, absens & à venir.

Il employoit beaucoup l'ironie dans ses discours, comme un moyen de piquer l'amour-propre de ses adversaires.

Il fonda un école de morale , & il enseigna la vertu tirée de la loi naturelle & indépendante de tout culte , de toute croyance surnaturelle.

Sa doctrine arma les prêtres de son pays , & il fut accusé par Mélitus d'athéisme.

Il convainquit les honnêtes gens de son innocence ; mais des juges corrompus , gagnés par les préjugés du peuple , & par l'orgueil des chefs, le condamnèrent à mourir.

Il lui eût été aisé de se justifier & de se sauver ; il préféra de mourir , & but le poison de la ciguë avec une sorte d'indifférence : il attendit la fin de sa vie en dissertant sur l'immortalité de l'ame.

Quelques pères de l'église disent de ce sage qu'il fut martyr de Dieu. Erasme étoit tenté de s'écrier en lisant le récit de sa mort : *O saint Socrate ! priez pour nous.*

SOLDAT. Le simple soldat, confondu dans la foule, voit rarement ses belles actions, éclairées par la gloire , & c'est une raison de plus pour les admirer lorsqu'elles viennent à notre connoissance.

Si vous voulez procurer à la patrie de bons défenseurs, a dit l'ami des hommes , n'avilissez pas les gens de guerre. Les Suédois ayant en 1741 déclaré la guerre à la Russie ; on proposa dans l'assemblée des états , de condamner les contrebandiers , à être enrôlés pour la vie. Et que deviendra la dignité du nom de soldat ? dit un député de l'ordre des paysans. Ce mot plein d'élévation , arrêta la promulgation de la loi.

Louis XV, passant devant les grenadiers à cheval, dit au lord Stanley qui étoit à sa portée : » Milord, vous voyez les plus braves gens de » mon royaume : il n'y a pas un qui ne soit » couvert de blessures, le lord répondit : Sire, » que doit penser votre majesté, de ceux qui les » ont blessés ? Ils sont tués, repartit un grenadier. »

Le grand Condé , parlant de l'intrépidité de quelques soldats, disoit , qu'étant devant une place où il y avoit une palissade à brûler , il fit promettre cinquante louis, à qui seroit assez brave pour faire réussir ce coup de main. Le péril étoit si apparent, que la récompense ne tentoit point. Monseigneur, lui dit un soldat plus courageux que les autres, je

vous quitte des cinquante louis que vous me promettez , si votre altesse veut me faire sergent de ma compagnie : le prince qui trouva de la générosité dans ce soldat, de préférer l'honneur à l'argent, lui promit l'un & l'autre. Animé par le prix qui l'attendoit à son retour, il résolut d'affronter une mort si glorieuse : il prend des flambeaux, descend dans le fossé , va à la palissade , & la brûle , malgré une grêle de mousqueterie, dont il ne fut que légèrement blessé. Toute l'armée témoin de cette action , le voyant revenir, crioit *vivat*, & le combloit de louanges ; quand il s'apperçut qu'il lui manquoit un de ses pistolets ; on promit de lui en donner un autre, non, dit-il, il ne me sera point reproché que ces marauts-là profitent de mon pistolet. Il retourne sur ses pas, essuie encore cent coups de mousquet, prend son pistolet , & le rapporte.

SOLLICITEUSE. Une duchesse avoit au parlement un procès , qui devoit être bien-tôt rapporté. Elle alla voir un conseiller, qu'on lui dit être son rapporteur, & qu'elle ne connoissoit point. Elle entre chez lui , & trouve dans l'antichambre sur son passage un gros chat , qui, par des mouvemens flatteurs , sembloit l'inviter à le carresser ; ce qu'elle fit, quoiqu'elle eût une aversion naturelle pour ces animaux là. Elle lui passa deux ou trois fois la main sur la tête, & le flatta. Dans ce moment le conseiller averti de la visite de la dame , parut, & demanda à la duchesse, ce qui lui procuroit l'honneur de la voir chez lui : vous êtes mon rapporteur, lui dit-elle, & je viens vous recommander mon affaire : madame , lui répondit-il , vous avez pris le change. J'ai un frère conseiller au parlement comme moi , & c'est lui qui est chargé du rapport de votre procès. *Comment donc*, s'écria la duchesse d'un air chagrin , en sortant avec précipitation , *vous n'êtes pas mon rapporteur, & j'ai carressé votre chat !*

Une comtesse assez belle , pour prévenir en faveur d'un mauvais procès le juge le plus austère, fut solliciter pour un colonel, contre un marchand. Ce marchand étoit alors dans le cabinet de son juge, qui trouvoit son affaire si claire & si juste, qu'il ne put s'empêcher de lui promettre gain de cause. A l'instant même, la charmante comtesse parut dans l'antichambre , le juge courut au devant d'elle ; son abord , son air , ses yeux , le son de sa voix , tant de charmes enfin le sollicitèrent si bien , qu'en ce premier moment , il fut plus homme que juge , & il promit à la comtesse, que le colonel gagneroit sa cause. Voilà le juge engagé des deux côtés. En rentrant dans son cabinet il trouva le marchand désolé : je l'ai vûe , s'écria le pauvre homme hors de lui-même , je l'ai vûe, celle qui sollicite contre moi, qu'elle est belle ! ah ! monsieur, mon procès est perdu ! mettez-vous en ma place, répondit le juge encore tout interdit,

ai-je

ai je pu lui refuser ce qu'elle me demandoit ? En difant cela, il tira d'une bourse cent piftoles; c'étoit à quoi pouvoient monter toutes les prétentions du marchand, & les lui donna; la comtefse fçut la chofe, & comme elle étoit vertueufe jufqu'au fcrupule; elle craignoit d'avoir trop d'obligation à un juge fi généreux, & lui renvoya fur l'heure les cent piftoles. Le colonel, auffi galant que la comtefse étoit fcrupuleufe, lui rendit les cent piftoles. Et ainfi chacun fit ce qu'il devoit faire: le juge craignit d'être injufte; la comtefse craignit d'être reconnoiffante, le colonel paya, & le marchand fut payé.

SOLON, l'un des fept fages de Grèce, & légiflateur d'Athènes, né dans cette ville, vers l'an 639 avant Jéfus-Chrift.

Solon fentoit bien le vice de fa légiflation; & lorfqu'on lui demandoit fi les loix qu'il avoit données aux Athéniens, étoient les meilleures, il fe contentoit de répondre, » qu'il leur avoit donné » les meilleures de celles qu'ils pouvoient fup- » porter ».

Le vœu de ce légiflateur, étoit que les fautes & les crimes des magiftrats fuffent punis fans délai; mais que les peines dues au gens du peuple fuffent tardives. » On eft toujours maitre, difoit- » il, de punir ceux-ci, & le retardement peut » rendre impoffible la punition des premiers ».

Une loi fage, & qui devoit accoutumer les Athéniens à fentir les maux les uns des autres, comme membres d'un même corps, étoit celle qui permettoit à tout le monde d'époufer la querelle de quiconque aura été outragé. On lui demandoit un jour, quelle ville lui fembloit la plus heureufe; il répondit, que » c'éto t celle dont les » citoyens étoient fi unis, qu'ils fentoient l'injure » faite à un d'eux auffi vivement, que s'ils l'a- » voient reçue eux-mêmes ». Pour rendre encore les citoyens plus fenfibles aux maux publics, il décerna la peine d'infamie, & le banniffement contre ceux qui, dans une fédition, fe tiendroient tranquilles.

Ce légiflateur, pour bannir l'oifiveté de fa république, avoit chargé l'aréopage de veiller fur les arts, de demander à chaque citoyen, compte de fa conduite, & de punir ceux qui ne travailloient point. Auffi du temps de Solon ne voyoit-on point dans Athènes de ces malheureux, qui en mendiant, déshonorent leur ville.

Ses loix féviffoient contre ceux qui, négligeant de fe marier, refufoient à l'état le fecours de leur poftérité. Si une héritière avoit un mari impuiffant, il lui étoit permis d'affocier à fon lit le parent du mari qu'elle aimoit le mieux. C'étoit la punition que le légiflateur avoit impofée à ceux qui, con-

noiffant leur foibleffe, époufoient des héritières pour jouir de leurs biens.

D'autres difpofitions prouvent encore, que Solon regardoit la réforme des mœurs, comme la principale bafe d'une bonne légiflation. Il ne porta aucune loi contre les facrilèges, ni contre les parricides, » parce que, difoit-il, le prémier a » été inconnu jufqu'ici à Athènes; & la nature a » tant d'horreur du fecond, que je ne crois pas » qu'elle puiffe s'y déterminer ».

Solon avoit pour maxime, qu'on ne doit point eftimer un homme heureux avant fa mort; maxime, dont Créfus reconnut la vérité. Solon qui employa plufieurs années à voyager & à s'inftruire, s'étoit rendu à la cour de ce prince; qui chercha à l'éblouir par une magnificence étudiée. Créfus lui ayant un jour fait voir toutes fes richeffes, lui demanda d'un air fatisfait, s'il avoit jamais connu d'homme plus heureux que lui. » Oui, prince, » lui répondit le fage, & c'eft un nommé Tellus, » fimple citoyen d'Athènes, qui, après avoir vu » fa patrie toujours floriffante, & fes enfans gé- » néralement eftimés, eft mort en combattant » pour fa patrie ». Créfus, furpris de cette réponfe, demanda à Solon, fi du moins après ce Tellus, il avoit connu un autre homme, dont le bonheur fût égal au fien. Solon répondit, » qu'il pouvoit » encore lui citer deux frères nommés Cléobis, » & Biton qui avoient été un parfait modèle d'a- » mitié fraternelle, & qui avoient eu pour leur » mère la pitié la plus tendre. Un jour de fête, » comme elle devoit aller au temple de Junon, » dont elle étoit prêtreffe, fes bœufs tardant à » venir, Cléobis & Biton fe mirent eux-mêmes » au joug, & traînèrent le char. Cette mère ravie » de joie, pria Junon d'accorder à fes enfans ce » qui étoit le plus avantageux aux hommes. Après » le facrifice, ils allèrent fe coucher, au milieu de » leur fommeil, ils terminèrent leur vie par une » mort douce & tranquille, non moins célèbre » que celle des plus grands capitaines ». Eh quoi, reprit Créfus, vous ne me compterez donc pas au nombre des hommes heureux ? » Roi de Lydie, » s'écria Solon, Dieu nous a donné à nous autres » grecs, un efprit ferme & fimple, qui ne nous » permet pas d'eftimer ce qui n'eft qu'éclatant, » ni d'admirer un bonheur, qui peut n'être que » paffager. Celui-là feul nous paroît heureux de » qui Dieu a continué la félicité jufqu'au dernier » moment de la vie; car le bonheur d'un homme » qui vit encore, & qui flotte au milieu des écueils » de cette vie, nous paroît auffi incertain que la » couronne, pour celui qui court dans la carrière: » Ne vous y trompez pas, grand roi, on trouve » dans une fortune médiocre beaucoup d'hommes » heureux, & ils ont cet avantage fur les richés, » qu'ils font moins expofés aux revers de la for- » tune, & peuvent moins contenter leurs defirs,

» impuiſſance qui eſt pour eux une faveur des » Dieux ».

Créſus, dont l'orgueil ne pouvoit reconnoître la vérité de ce diſcours, en parut eſtimer moins *Solon* ; & le célèbre *Eſope* qui étoit à la cour de *Lydie*, ayant pris le ſage de Grèce en particulier, lui dit : » *Solon*, il ne faut ou ne jamais approcher des rois, ou bien ne leur dire que des choſes agréables ». *Dis plûtot*, reprit *Solon*, qu'il faut ou ne les pas approcher, ou leur dire des choſes qui leur ſoient utiles.

Cependant *Créſus* ayant été vaincu & fait priſonnier par *Cyrus*, reconnut lui-même la vérité des maximes de *Solon*. Au milieu des tourmens que lui faiſoit ſouffrir ſon barbare vainqueur, il s'écria ſouvent : *O Solon*, *Solon* ! *Cyrus* ſurpris lui envoya demander quel dieu ou quel homme il invoquoit. *Créſus* lui rapporta les diſcours du philoſophe de Grèce. Des maximes ſi pleines de ſageſſe, & qui étoient confirmées par un auſſi grand exemple, touchèrent le roi de Perſe qui, prenant des ſentimens plus humains, conſola ſon malheureux priſonnier, & lui donna un rang dans ſa cour.

Solon répétoit ſouvent qu'un empire eſt chancelant, ſi le magiſtrat n'obéit aux lois, & le peuple au magiſtrat. Il ajoutoit que les loix reſſembloient aux toiles d'araignées qui n'arrêtent que les mouches.

Solon voyant un de ſes amis plongé dans la douleur, & ne pouvant le conſoler, le conduiſit au haut de la citadelle d'Athènes. Quand ils y furent arrivés, il lui dit de jetter les yeux ſur toutes les maiſons qu'on découvroit à l'entour : « Songez, ajouta-t-il enſuite, quels ſoucis dévorans, quelles peines cruelles, quels chagrins, quels maux habitent ſous ces toits, & ſupportez des malheurs que vous partagez avec tant d'autres ».

Solon avoit toujours refuſé de ſe prêter aux vûes de *Piſiſtrate*, qui s'étoit emparé du gouvernement d'Athènes. On l'avertit un jour qu'il avoit tout à craindre du tyran ; & comme on lui demandoit ſur quoi il ſe raſſuroit : *Sur ma vieilleſſe*, répondit-il. Ceci rappelle une pareille réponſe de *Caſtricius*, magiſtrat de Plaiſance du temps de *Sylla*. Il ne vouloit pas permettre qu'on donnât des ôtages au conful *Cneïus Carbon* qui crut l'intimider, en lui diſant qu'il avoit beaucoup d'épées ; & moi beaucoup d'années, répondit *Caſtricius*.

SOMNAMBULES.

Un gentilhomme françois avoit coutume de ſe lever la nuit en dormant, & de faire voler ſon faucon. Un ſoir, couchant dans une hôtellerie, il avertit un cocher, qui étoit dans la même chambre, que cela pourroit bien lui arriver. Le cocher, qui étoit un malin drôle, lui dit qu'il étoit dans le même cas, & qu'il ſe levoit ſouvent la nuit pour fouetter ſes chevaux à toute outrance, croyant les dégager d'un bourbier. Le gentilhomme ſe lève en chemiſe, prend ſon faucon, & le jette en criant très-fortement : *Hapaſa, hapaſa, hapa* ! Le cocher ſe ſaiſit auſſi-tôt de ſon fouet, & d'en décharger les coups les plus ſerrés ſur le gentilhomme, en criant comme s'il étoit embourbé : il maltraita exceſſivement ce pauvre *ſomnambule*, mais il le guérit pour toute ſa vie. Ce remède, à ce que l'on aſſure, a eu un pareil ſuccès dans de ſemblables occaſions.

Henri de Heer avoit connu un homme qui étoit *ſomnambule* dès ſa jeuneſſe. Quand il n'avoit pu venir à bout pendant la journée de quelques vers auxquels il travailloit, il ſe levoit dans le ſommeil, ouvroit ſon bureau, ſe mettoit à écrire, & liſoit à haute voix ce qu'il avoit écrit ; enſuite il ſe mettoit à rire de joie d'avoir ſi bien réuſſi, & il vouloit que quelqu'un, qui couchoit dans la même chambre, rît avec lui. Après cela, il enfermoit ſes papiers, ſe remettoit au lit, continuoit à dormir, & le lendemain ne ſachant rien de tout ce qui s'étoit paſſé, il étoit fort ſurpris de trouver ſes vers achevés de ſa propre main ; & l'ami, qui avoit été témoin de ce manège, avoit beaucoup de peine à lui perſuader ce qu'il avoit vu. Le même homme ſe maria, & continua à être *ſomnambule*. Étant endormi, il emportoit quelquefois ſon enfant hors du berceau, & le promenoit par toute la maiſon. Lorſqu'il étoit dans cet état, ſa femme pouvoit tirer de lui tous ſes ſecrets : il avoit les yeux ouverts, mais il proteſtoit après ſon réveil que les objets n'avoient fait aucune impreſſion ſur lui. Étant devenu vieux, il ceſſa d'être *ſomnambule*.

L'écolier dont parle *Clauderus*, ſe levoit dans le ſommeil, faiſoit ſes devoirs, ſe remettoit au lit, & trouvoit le lendemain cette beſogne faite, ſans ſe ſouvenir de rien.

M. *Muſitani* dit avoir eu un ami *ſomnambule*, à qui il a vu faire les choſes ſuivantes. Au milieu de la nuit, il ſe levoit de ſon lit, & alloit dans une maiſon voiſine qui étoit ruinée, & où il n'y avoit que les gros murs & quelques poutres mal aſſurées. Il montoit au plus haut de cette maiſon, ſautoit d'une poutre à l'autre, quoiqu'il y eût au-deſſous un profond abîme. Une certaine nuit, qu'il faiſoit clair de lune, M. *Muſitani* ayant apperçu ſon ami qui couroit ainſi, l'attendit au retour, & ſitôt qu'il fut rentré il le fouetta rudement. Il réitéra ce remède quelqu'autres nuits de ſuite, & par ce moyen guérit ſon ami.

J'ai entendu parler, dit le père de ſaint Romuald, feuillant, d'une fille qui s'alloit baigner toutes les nuits dans la Seine en rêvant ; ce qu'elle continua juſqu'à ce que ſon père, en étant averti, l'attendit une fois ſur le chemin, & la fouetta ſi bien, pour lui faire perdre cette coutume, qu'elle s'éveilla, fort surprise de se voir nue au milieu de la rue.

SONGES. Il n'est que trop ordinaire de trouver des personnes qui ajoutent foi aux rêves ; & on cite en leur faveur plusieurs *songes* qui ont reçu leur accomplissement ; mais il seroit bien plus étonnant, si l'on ne pouvoit point en citer, vu le grand nombre de ceux qui rêvent.

On lit ce *songe* dans le livre des histoires mémorables de Simon Goulard.

Un jeune homme de Dordrecht, en Hollande, ayant dissipé tout son bien, ne savoit plus de quel côté tourner pour vivre. Comme il songeoit souvent à sa mauvaise conduite, il fit un rêve singulier : il songea, qu'étant à se promener seul aux environs de la ville, il fut abordé par un homme, qui lui dit qu'il connoissoit le mauvais état de ses affaires ; mais que s'il vouloit suivre son conseil, il lui procureroit un moyen de sortir de l'embarras où il étoit ; que pour cet effet, il devoit aller à Kemper, & qu'il trouveroit dans cette ville la fin de ses peines, sans lui spécifier autre chose. Ce jeune homme ne fut pas plutôt éveillé, que ce rêve & ce voyage se présentèrent à lui ; & quoiqu'il n'ajoutât pas beaucoup de foi à la prédiction, il prit le parti d'aller dans cette ville. Il ne fut pas plutôt arrivé à Kemper, que ne sachant à qui s'adresser, & ne connoissant personne, il se repentoit déjà du voyage, lorsqu'il fut abordé par un homme, qui lui demanda la cause du chagrin qui paroissoit sur son visage. Ce jeune homme, quoique honteux, lui raconta son rêve & son histoire ; à quoi l'autre répondit, que s'il falloit ajouter foi à toutes les idées qui nous passent dans l'imagination, il devroit aussi voyager, & aller à Dordrecht pour réparer ses affaires ; que dans cette ville, il devroit chercher un jardin, dans lequel il trouveroit un trésor caché sous un églantier ; & comme il lui désigna l'endroit où étoit la maison, ce jeune homme reconnut que c'étoit la sienne même, seul bien qui lui restoit de son père, & qui étoit même un peu endetté.

Il ne fit pas semblant de s'arrêter à tout ce que cet homme disoit ; il l'applaudit même sur sa façon de penser, & changeant de propos, il se retira, après l'avoir remercié de ses conseils. Il ne fut pas plutôt arrivé dans sa ville, qu'il creusa dans son jardin sous l'églantier, où il trouva en effet une grosse somme, qui lui servit à payer toutes ses dettes, & à racheter tous les biens qu'il avoit aliénés.

Grotius, dans ses lettres, rapporte qu'un certain homme, qui ne savoit pas un mot de grec, vint voir M. Saumaise le père, qui étoit conseiller au parlement de Dijon, & lui montra de certains mots qu'il avoit entendus la nuit en rêvant, & qu'il avoit écrits en caractères françois à son réveil. Il demanda à M. Saumaise s'il ne savoit pas ce qu'ils indiquoient. Saumaise lui répondit que cela signifioit : Vas-t'en, ne vois-tu pas la mort qui te menace ? Cet homme quitte aussi-tôt sa maison, & elle tomba la nuit suivante.

Peiresc, savant antiquaire, rêva une nuit qu'il étoit à Nîmes, où un orfèvre lui présentoit une medaille d'or de Jules-César, dont il lui demandoit quatre écus. S'étant éveillé, il s'en alla à Nîmes, & comme il se promenoit par la ville, il rencontra un orfèvre, à qui il demanda s'il n'avoit point quelques curiosités. L'orfèvre lui dit qu'il avoit une medaille de Jules-César ; interrogé sur le prix, il demanda quatre écus, que M. Peiresc lui donna, voyant ainsi, avec plaisir, son rêve accompli.

Quand Amilcar, capitaine des Carthaginois, eut assiégé Syracuse, il se persuada avoir entendu une voix en dormant, qui l'assura qu'il souperoit en ladite ville le jour suivant. A son réveil, il fait donner l'assaut, espérant se rendre maître de la ville, pour y souper selon l'oracle de son *songe* ; il y soupa véritablement, mais comme captif & non comme vainqueur, ayant été pris prisonnier dans la chaleur du combat.

La peste ayant gagné dans l'armée de Charles-Quint, ce prince apprit en *songe* que le meilleur remède étoit la décoction d'une espèce de chardon nain qui croît dans les montagnes, & que l'on appella depuis chardon carolin.

SOPHOCLE, poëte tragique grec, né à Athènes, l'an 495 avant Jésus-Christ, mort en 406, âgé de 85 ans.

Sophocle eut pour élève & pour rival, le tendre, le touchant Euripide. On accusoit celui-ci d'en vouloir à toutes les femmes, depuis qu'il avoit éprouvé l'infidélité de la sienne, & de n'avoir laissé échapper dans ses drames aucune occasion de médire du beau sexe. Mais *Sophocle* pensoit-il mieux des femmes ? On lui disoit un jour, que celles qu'il introduisoit sur la scène, étoient sages & honnêtes, au lieu qu'Euripide donnoit à ses personnages de femmes, les caractères les plus méchans. » Euripide, répondit malignement *Sophocle*, représente les femmes comme elles sont, & moi comme elles doivent être ».

Cet illustre tragique conserva son génie jusques dans un âge avancé. Des enfans ingrats osèrent néanmoins l'accuser d'être tombé en enfance. Ils le déférèrent aux magistrats comme incapable de régir ses biens. Pour toute défense il lut à ses juges quelques morceaux de l'*Œdipe à Colonne*, qu'il composoit alors ; les juges & le peuple le ramenèrent chez lui en triomphe.

Sophocle remporta dix-huit fois le prix de la tragédie, fur tous fes concurrens. On ajoute que le dernier qui lui fut adjugé pour fa dernière tragédie, le fit mourir de joie. Il avoit compofé cent vingt drames; mais il ne nous en eft parvenu que fept, parmi lefquels l'*Œdipe* eft regardé comme fon chef d'œuvre, & un modèle du vrai tragique. Les autres pièces qui ont auffi de grandes beautés, font *Ajax*, *Electre*, *Antigone*, *Clolon*, les *Trachinés* & *Philoctète*.

On rapporte un beau trait, auffi honorable à la mémoire de *Sophocle*, qu'à celle d'Euripide. Celui-ci étant mort, *Sophocle* parut fur le théâtre en habit de deuil, & voulut que fes acteurs jouaffent fans couronne.

SOT. Ce mot a différentes fignifications en françois, qu'il n'eft pas befoin d'expliquer, & que la réponfe fuivante fera connoître. Une jeune princeffe avoit vu un très beau tableau chez un ambaffadeur d'Angleterre, & l'avoit fort loué. Cet ambaffadeur qui paffoit pour être très-galant, fe faifit auffitôt de cette occafion pour faire fa cour à la princeffe, lui envoya le tableau, & la pria inftamment de le garder. Elle le montra au prince fon mari, qui l'examina avec beaucoup d'attention : qu'en dites vous, monfieur, lui dit-elle, de ce préfent, que M. l'ambaffadeur m'a fait ? » Tout ce que je puis dire là-deffus, madame, lui répondit-il, en admirant la beauté de ce tableau, c'eft qu'il faut que cet ambaffadeur foit un grand fot, ou que je le fois.

Fontenelle à dit plus d'une fois » que de bonnes chofes vont tous les jours mourir dans l'oreille d'un fot ! »

M. de Turenne difoit, en parlant des généraux auxquels il avoit affaire, qu'un *Sot* l'embarraffoit quelquefois plus qu'un habile homme.

Certain jeune marquis, las de voler de conquête en conquête, voulut faire une fin, & fe maria. En fortant de l'églife, fa nouvelle époufe lui dit, qu'elle efpéroit qu'il étoit revenu de toutes fes erreurs, & qu'il feroit déformais fage. » Oui, madame lui répondit-il, je vous affure que voilà la dernière fottife que je ferai. »

SOUFFLET. Un chapelier préfentoit fa requête à un duc & pair, pour être payé de fes fournitures ». Eft-ce que vous n'avez rien reçu, mon ami, fur votre partie » ? — Je vous demande pardon, monfeigneur, j'ai reçu un *foufflet* de monfieur votre intendant ».

Un prélat prenoit par mégarde un bouillon gras un vendredi ; après qu'il en eut avalé une gorgée, un de fes domeftiques lui dit : monfeigneur, c'eft aujourd'hui maigre : le prélat lui donna un *foufflet*, en lui difant, vous m'avertiffez ou trop tôt ou trop tard.

Une jeune femme difoit à fon mari, toutes les fois, qu'elle fortoit, qu'elle alloit au fermon : quand elle revenoit, elle imaginoit un texte, & faifoit l'analyfe d'un difcours. Mais le mari foupçonneux, la fuivit un jour, & s'affura qu'elle le trompoit. Il lui en fit des reproches, & finit par, lui donner un *foufflet*. La femme furieufe, menace fon mari, & va trouver un avocat, qui lui confeille de ne point pourfuivre cette affaire, n'ayant pas de témoins pour la foutenir. Elle rentre donc chez elle : fon mari la plaifante fur fa confultation, & lui demande fi elle a tiré bon parti de fon *foufflet* ! *Comme je n'en ai pu rien faire,* répondit-elle avec un gefte expreffif, *je vous le rends ?*

SPECTRE. Un homme cauftique, aigre, médifant, étoit tourmenté de la goutte ; il fouffroit beaucoup ; mais fon mal ne l'empêchoit pas de médire des autres. Un de fes voifins, qu'apparemment il avoit peu ménagé, réfolu de fe venger de fes farcafmes, fe mafqua en nègre, & vint le trouver un foir qu'il étoit feul : il monte, pouffe la porte, & entre précipitamment dans fa chambre, s'approche du lit en grinçant des dents, & ne difant mot. Le malade épouvanté, & plus que furpris de cette vifite, demande, crie, qui va là ? qui eft-ce ; & dans le moment, il fe fent enlever par celui qu'il croit un *fpectre* venu de l'autre monde, pour le faire mourir plutôt. Il eft vrai que le prétendu *fpectre* ne le ménaga guères : il le prend par les bras, par les jambes, & l'emporte tout tranfi au milieu de la cour, donnant en defcendant les degrés, les parties malades de part & d'autre contre les murs. Quand il l'eut jeté fur le pavé, non, fans l'avoir beaucoup fait crier, il fe mit à le regarder, & à lui faire peur ; mais ne l'épouvanta pas long-temps ; car, le moment d'après qu'il s'apprêtoit à s'en recharger pour recommencer fa promenade, il le vit fe relever & s'enfuir auffi promptement que s'il n'avoit jamais eu de goutte : en effet, il ne l'avoit déja plus alors, & il ne l'eut jamais depuis.

SPINOLA, (Ambroife), général efpagnol, de l'illuftre maifon de *Spinola*, mort en 1630.

Spinola, né grand capitaine, ainfi que les Lucullus & les Condé, dut tout à la nature & rien à l'expérience. On demandoit au prince Mauria quel étoit le premier capitaine de l'Europe ; il répondit que *Spinola* étoit le fecond.

Ce général paffant en 1604 par Paris, y fut reçu avec les diftinction dues à un grand général, qui venoit de montrer la plus grande capacité au fiége d'Oftende. Henri IV lui demanda quelles feroient fes occupations durant la campagne qu'il alloit ouvrir dans les Pays-Bas. Quoique *Spinola* fût parfaitement inftruit de l'éloignement de ce prince pour l'Efpagne, & du vif intérêt qu'il prenoit aux Hollandois, il fe décida à lui dire franchement ses projets, très-convaincu qu'il ne seroit pas cru. En effet, Henri écrivit secrètement, & sans perdre un instant, au prince Maurice, ce qu'il savoit de *Spinola*, en lui conseillant de se préparer à des entreprises diamétralement opposées ; ce qui fut au grand détriment des provinces unies. *Spinola* exécuta de point en point ce qu'il avoit dit, & tout lui réussit. Henri fut également surpris & fâché. » Les autres, dit-il à cet occasion, trompent en disant des mensonges ; mais *Spinola* m'a trompé, en disant la vérité ».

Spinola, dans son voyage d'Anvers à Madrid, en 1627, voulut voir le siége de la Rochelle, qui fixoit l'attention de l'Europe entière. Louis XIII le reçut avec la distinction due à un si grand capitaine, & lui montra lui-même les travaux. Le cardinal de Richelieu le pria d'indiquer les moyens qu'il croyoit les plus propres pour assurer & hâter la reddition de la place. Il répondit qu'il falloit *fermer le port* ; ce que l'on fit peu de temps après, par cette digue devenue si célèbre ; & *ouvrir la main*, c'est-à-dire, donner libéralement de l'argent aux soldats pour leur faire supporter les rigueurs de l'hiver. Il ajouta, en se tournant vers le roi que la présence de sa majesté rendoit la noblesse de France infatigable & invincible. » De mes grands chagrins, continua-t-il, c'est que le roi mon maître n'a pu être témoin de ce que j'ai fait pour son service ; je mourrois content, si j'avois eu cet honneur une seule fois ».

La cour d'Espagne qui vit avec chagrin, que la France délivrée des guerres civiles, seroit très-redoutable à ses voisins, médita d'envoyer une flotte au secours des assiégés. On proposa à *Spinola* le commandement des troupes de débarquement. » J'ai vu les opérations, répondit cet homme illustre, & j'ai donné mes avis sur ce qu'il y avoit à faire ; ainsi je ne puis me charger de ce qu'on desire de moi ».

Ce grand général avoit très-heureusement servi l'Espagne en Allemagne & en Flandre. Il fut envoyé en Italie en 1630, pour former le siége de Casal. Des ordres imprudens qui lui venoient régulièrement de Madrid, & dont il ne lui étoit pas permis de s'écarter, sous quelque prétexte que ce pût être, le firent échouer devant cette place. Il en mourut comme désespéré, répétant jusqu'au dernier soupir ces paroles espagnoles : *Me han quitado la honra*, ils m'ont ravi l'honneur.

Spinola pensoit, que pour que l'Espagnol eût une hardiesse, & une fermeté digne de son pays, il falloit qu'il fût confondu dans un escadron ou dans un bataillon. Aussi disoit-il souvent, qu'un *Espagnol seul*, quoiqu'il fût bon soldat, n'étoit propre qu'à faire sentinelle.

STANISLAS, roi de Pologne, grand duc de Lithuanie, duc de Lorraine & de Bar, né à Léopold le 20 octobre 1677 ; mort en Lorraine le 23 février 1766.

Stanislas avoit coutume de dire qu'une seule vertu, vaut mieux qu'un siècle d'aïeux. Ce seroit mal répondre à un sentiment si sublime, que de s'occuper à prouver l'ancienneté de sa maison. Ce grand prince ne se rappelloit la gloire de ses ancêtres, que pour s'exciter à l'héroïsme. Son éducation fut pleine & laborieuse. Convaincu par les évènemens pénibles de sa vie, que l'on change plutôt ses desirs que l'ordre des choses, il n'enchaîna jamais son bonheur à la fortune, & l'attendit du plaisir seul à faire du bien. Rendre les hommes heureux, étoit le principe de toutes ses actions. Son peuple ne l'appelloit pas autrement que *Stanislas le bienfaisant*, titre qui ne peut être comparé qu'à celui de *bien-aimé*. Ce prince, après nous avoir donné pendant sa vie l'exemple de toutes les vertus, nous instruit encore après sa mort dans les écrits qu'il a laissés, & qui ont été rassemblés en quatre volumes in-8° & in-12, sous le titre d'*Œuvres du philosophe bienfaisant*. Cet ami des hommes avoit une physionomie des plus heureuses, & qui annonçoit toute la candeur de son ame. Comme il avoit beaucoup d'esprit & de lumières, il protégea d'une manière particulière les sciences & les arts, qu'il cultivoit lui-même avec succès. S'il n'avoit été qu'un simple particulier, on le loueroit ici de ses talens pour la mécanique.

En 1704. *Stanislas* fut député par l'assemblée de Warsovie, auprès de Charles XII, roi de Suède, qui venoit de conquérir la Pologne, & de détrôner Frédéric Auguste. *Stanislas* étoit alors âgé de vingt-sept ans, Palatin de Posnanie, & avoit été ambassadeur extraordinaire auprès du grand-seigneur en 1699. Charles témoigna plusieurs fois la satisfaction & l'étonnement que lui causoient l'air plein de noblesse, & le mérite supérieur du jeune député. Il dit un jour en sortant d'une longue conférence avec *Stanislas*, qu'il n'avoit jamais vu d'homme si propre à concilier tous les partis ; & il ajouta : *Voilà celui qui sera toujours mon ami*. On s'apperçut bientôt après que ces paroles signifioient : » Voilà celui que je donnerai pour roi à la Pologne.

Le primat de Pologne étoit accouru pour faire tomber le choix du conquérant, sur un Lubomirski. Il représenta que *Stanislas* Leszczynski étoit trop jeune ; mais il est à-peu-près de mon âge, répliqua séchement Charles XII ; & aussitôt il envoya le comte de Hoorn, signifier à l'assemblée de Warsovie, qu'il falloit élire un roi dans cinq jours, & qu'il falloit élire *Stanislas* Leszczynski. Le cardinal Primat, ne voulut point se trouver à l'assemblée. L'évêque de Posnanie vint présider à sa place, & proclama, le 2 juillet 1704, *Sta-*

niſlas *I*, rôi de Pologne, & grand duc de Lithuanie. Ce ne fut néanmoins que le 24 ſeptembre de l'année ſuivante qu'il fut couronné par l'archevêque de Léopold, & en préſence du roi de Suède, qui voulut être témoin de cette cérémonie.

Le nouveau roi ſuivit Charles XII en Saxe, où il y eut en 1706, après pluſieurs combats, un traité de paix conclu entre les deux rois d'une part, & le roi Auguſte qui renonça à la couronne de Pologne, & reconnut pour légitime ſouverain de cet état *Staniſlas*. Mais tous les trophées du conquérant du Nord ayant été renverſés en un ſeul jour à la bataille de Pultava le 28 juin 1709, Auguſte oublia bientôt ſes engagemens. La Pologne ſe vit de nouveau déchirée par ſes propres mains & par celles des moſcovites vainqueurs de Charles XII. *Staniſlas*, touché des malheurs des Polonois, & ne pouvant plus ſe flatter de jouir d'une paix qui lui laiſsât les moyens de rendre ſon peuple heureux, ambitionna la ſeule gloire qui lui reſtoit, celle de ſacrifier une couronne à ſa patrie. Il avoit écrit à Charles XII pour avoir ſon conſentement; & comme ce roi refuſoit d'approuver une telle démarche, *Staniſlas* alla à Bender, où Charles s'étoit retiré après ſa défaite. *Staniſlas*, pour mieux couvrir ſa marche, ſe diſoit un Suédois envoyé vers ſon ſouverain. Il ignoroit que Charles avoit été fait priſonnier, & il fut lui-même arrêté par les Turcs. Le monarque ſuédois, dans la captivité, agiſſoit & penſoit encore en roi & en vainqueur. Il fit dire à *Staniſlas* de ne faire aucun traité avec Auguſte, & lui promit de le rétablir inceſſamment ſur le trône où il l'avoit déjà placé: mais ces promeſſes furent vaines. Charles déſeſpérant de pouvoir armer les Turcs contre les Moſcovites, demanda ſa liberté, & l'obtint facilement; il repaſſa dans ſes états: ce roi aſſigna pour retraite à *Staniſlas* le duché des Deux-Ponts, & lui céda les revenus de cette province.

Après la mort de Charles, tué devant Friderikſhall en 1718, le duché des Deux-Ponts retourna à un prince de la maiſon palatine. *Staniſlas* obligé d'en ſortir, ſe retira à Weiſſembourg dans l'Alſace françoiſe. Le roi Auguſte ayant fait à cette occaſion porter des plaintes à la cour de France par M. Sum; le duc d'Orléans, alors régent, répondit à l'envoyé ces paroles remarquables: «Monſieur, mandez au roi votre maître que la France a toujours été l'aſyle des rois malheureux.

Staniſlas vécut dans ſa retraite juſqu'en 1725, que la princeſſe Marie ſa fille, le ſeul des enfans qui lui reſtoit, épouſa Louis XV. Après la mort du roi Auguſte, la France voulut porter de nouveau *Staniſlas* ſur le trône de Pologne. Mais l'on

ſait que cette tentative eut le ſuccès que *Staniſlas* avoit prévu, qu'il avoit même annoncé. Le parti qui l'avoit proclamé roi, fut obligé de céder aux forces réunies de l'empereur Charles VI & de l'impératrice de Ruſſie.

Staniſlas I, roi de Pologne, duc de Lorraine, mourut dans un âge avancé des ſuites du feu qui avoit pris par accident à ſa robe-de-chambre. Ce prince racontant un jour les grands périls dont la Providence l'avoit préſervé juſqu'alors. «Il ne me manquoit plus, diſoit-il, que d'être brûlé».

Lorſque le Candide de Voltaire parut, le roi de Pologne, duc de Lorraine, ſe le fit lire. A l'endroit où l'on raſſemble tant de princes à Veniſe, il fut fâché d'y voir Théodore. «Je trouve, dit-il, que l'auteur eût mieux fait d'amener tous ces monarques à Lunéville, je les aurois bien reçus».

STELLA, (Jacques) peintre, né à Lyon, l'an 1596, mort en 1657.

Extrêmement conſidéré à Rome, tant par le long ſéjour qu'il y avoit fait, que par ſon propre mérite, *Stella* fut élu chef de ſon quartier, & chargé de faire fermer le ſoir une des portes de la ville, dont il gardoit les clefs. Quelques perſonnes déſirèrent qu'il leur fît ouvrir à une heure indue; il refuſa de leur accorder une demande qui bleſſoit ſon devoir; & ces perſonnes réſolurent de s'en venger. Afin de ſe ſatisfaire d'une manière qui les flattât davantage, ce ne fut point ſa mort qu'ils jurèrent, mais ſon déshonneur; ils payèrent de faux témoins, l'accuſation fut intentée, & l'on arrêta auſſi-tôt *Stella* avec ſon frère & ſes domeſtiques.

Pendant que *Stella* étoit en priſon, il s'amuſa à deſſiner ſur le mur, avec du charbon, une Vierge tenant l'enfant-Jéſus, qu'on trouva ſi belle, que le cardinal Barberin vint exprès dans la priſon pour la voir. Les priſonniers tiennent toujours depuis en cet endroit une lampe allumée, & y font leurs prières.

Le crime qu'on imputoit à *Stella*, étoit d'entretenir un commerce ſecret avec une femme, dont la famille étoit très-conſidérée. Mais ſon innocence ne tarda point à être reconnue; il ſortit avec honneur de cette fâcheuſe affaire; ſes accuſateurs, ainſi que leurs faux témoins, furent publiquement fouettés par les rues.

SUICIDE. Plutarque rapporte des filles miléſiennes, qu'autrefois elles furent tellement tranſportées de fureur, qu'elles s'étrangloient preſque toutes ſans qu'on pût les en empêcher. On leur défendit, ſous des peines effroyables, de le faire, & elles s'en moquoient; car quelle plus grande peine pouvoit-on inventer que la mort qu'elles ſe donnoient à elles-mêmes ? On les gardoit à vue, mais elles trouvoient les moyens de mourir entre les bras de leurs gardes. Enfin, on ordonna que la première qui s'étrangleroit seroit traînée toute nue en plein jour par les rues de la ville. Cette ordonnance arrêta leur fureur, & la crainte de paroître toutes nues, même après leur mort, les retint dans leur devoir.

Robek délibéra avant de se tuer. Il délibéra même si posément, qu'il eut la patience de faire un livre, un gros livre, bien long, bien pesant, bien froid ; & quand il eut établi, selon lui, qu'il étoit permis de se donner la mort, il se la donna avec la même tranquillité.

Milord Saarboroug a quitté la vie avec le même sang froid qu'il avoit quitté sa place de grand écuyer. On lui reprochoit dans la chambre des pairs, qu'il prenoit le parti du roi parce qu'il avoit une belle charge à la cour. Messieurs, dit-il, pour vous prouver que mon opinion ne dépend pas de ma place, je m'en démets dans l'instant. Il se trouva depuis embarrassé entre une maîtresse qu'il aimoit, mais à qui il n'avoit rien promis, & une femme qu'il estimoit, mais à qui il avoit fait une promesse de mariage : il se tua pour se tirer d'embarras.

Une dame d'un certain âge, seule, riche & sans enfans, avoit reçu dans sa maison un ouvrier qui travailloit en journée, & qui étoit chargé d'une femme & d'un petit enfant. C'étoient d'honnêtes gens fort rangés & fort laborieux ; mais leur travail suffisoit à peine à leur subsistance: La femme de l'ouvrier alla, au bout de quelques jours, trouver la maîtresse de la maison, & la pria de lui permettre de laisser son enfant auprès d'elle, pendant qu'elle sortiroit pour une affaire très-pressée. La dame y consentit : mais, ma bonne dame, insista la pauvre femme, je vous le recommande bien ; ne le laissez manquer de rien, jusqu'à ce que je revienne, je vous en conjure. La dame l'assura qu'elle en auroit soin, & la mère sortit : on ne la revit pas de la journée, ni le père non plus. Trois jours se passent sans qu'on entende parler d'eux : enfin on découvrit qu'ils s'étoient jettés tous deux dans la Tamise. La dame s'est regardée comme engagée par sa parole à prendre soin de l'enfant qu'on lui avoit confié, & elle s'est chargée de son éducation.

Philippe Mordant, cousin-germain de ce fameux comte de Pétersborough, si connu dans toutes les cours de l'Europe, étoit un jeune homme âgé de vingt-sept ans, beau, bien fait, riche, né d'un sang illustre, pouvant prétendre à tout, & passionnément aimé de sa maîtresse. Il prit à ce Mordant un dégoût de la vie ; il paya ses dettes, écrivit à ses amis pour leur dire adieu, & même fit des vers, dont voici les derniers traits en françois :

L'opium peut aider le sage ;
Mais, selon mon opinion,
Il lui faut, au lieu d'opium,
Un pistolet & du courage.

Il se conduisit selon ses principes, & se dépêcha d'un coup de pistolet, sans en avoir donné d'autre raison, sinon que son ame étoit lasse de son corps, & que quand on est mécontent de sa maison, il faut en sortir. Il sembloit qu'il eût voulu mourir, parce qu'il étoit dégoûté de son bonheur.

Richard Smith donna un étrange spectacle au monde, pour une cause fort différente. Richard Smith étoit dégoûté d'être réellement malheureux : il avoit été riche, & il étoit pauvre ; il avoit eu de la santé, & il étoit infirme. Il avoit eu une femme, à laquelle il ne pouvoit faire partager que sa misère : un enfant au berceau étoit le seul bien qui lui restoit. Richard Smith & Bridget Smith, d'un commun consentement, après s'être tendrement embrassés, & avoir donné le dernier baiser à leur enfant, ont commencé par tuer cette pauvre créature, & ensuite se sont pendus aux colonnes de leur lit. Je ne connois nulle part, ajoute M. de Voltaire, qui rapporte ces faits, aucune horreur de sang-froid qui soit de cette force ; mais la lettre que ces infortunés ont écrite à M. Brindlay, leur cousin, est aussi singulière que leur mort même. Nous croyons, disent-ils, que Dieu nous pardonnera, &c. Nous avons quitté la vie, parce que nous étions malheureux sans ressource, & nous avons rendu à notre fils unique le service de le tuer, de peur qu'il ne devînt aussi malheureux que nous, &c. Il est à remarquer que ces gens, après avoir tué leur fils, par tendresse paternelle, ont écrit à un ami, pour lui recommander leur chat & leur chien. Ils ont cru apparemment qu'il étoit plus aisé de faire le bonheur d'un chat & d'un chien dans le monde, que celui d'un enfant, & ils ne vouloient pas être à charge à leur ami.

Une angloise, à qui l'extrême misère avoit tourné la tête, ne voyoit pour elle d'autre parti que d'aller se jetter dans la Tamise. Elle exécuta cet affreux projet ; mais un homme qui se trouva près de là, l'arracha des bras de la mort. Il s'attendoit à quelques remercîmens de la part de cette malheureuse femme, lorsqu'elle lui dit d'un air assez tranquille : Puisque vous m'avez privé de la seule ressource qui me restoit, vous êtes obligé de m'en indemniser ; je suis dans la plus affreuse misère ; vous voulez que je vive, vous me nourrirez donc ?

Les papiers anglois de 1762, font mention

qu'au mois de décembre, un pauvre homme, ayant été ramasser du bois mort dans la forêt de Hydepark, vit un gentilhomme bien mis, ayant une épée à son côté & une cocarde à son chapeau, qui se promenoit d'un air triste & rêveur. Ce pauvre homme croyant que c'étoit un officier qui venoit là pour se battre en duel, se cacha derrière un rocher. Le gentilhomme s'approcha de cet endroit, ouvrit un papier qu'il lut avec l'air fort ému, & qu'il déchira. Il tira ensuite un pistolet de sa poche, regarda l'amorce, & battit la pierre avec une clef. Après avoir jetté son chapeau à terre, il appuya le pistolet sur son front; l'amorce prit; le coup ne partit point. L'homme qui s'étoit caché, s'élança sur l'officier, & lui arracha son pistolet; mais celui-ci mit l'épée à la main, & voulut en percer son libérateur, qui lui dit tranquillement : « Frappez, je crains aussi peu la mort que vous ; mais j'ai plus de courage : il y a plus de vingt ans que je vis dans les peines & dans l'indigence, & j'ai laissé à Dieu le soin de mettre fin à mes maux ». Le gentilhomme, touché de cette réponse, resta un moment immobile, répandit un torrent de larmes, & tira sa bourse qu'il donna à cet honnête vieillard. Il prit ensuite son nom & son adresse, & lui fit jurer de ne faire aucunes perquisitions à son sujet, si le hazard les faisoit rencontrer encore.

On a dit que si les François se tuoient en aussi grand nombre que les Anglois, ils savoient mettre de la galanterie jusques dans cette sottise tragique.

Un carabinier, poussé par quelque désespoir amoureux, voulut passer dans l'autre monde, mais sans s'en appercevoir. Il attacha une ficelle par l'un des bouts à la détente de sa carabine, & par l'autre à son orteil. En cet état, il se couche avec le bout du canon appuyé contre son front, comptant bien sans raison que le moindre mouvement pendant son sommeil feroit partir le coup & le délivreroit de la vie. Il dormit ou ne dormit pas; mais le coup partit, & remplit son projet. On le trouva renversé dans son lit avec la cervelle emportée.

Le suicide mérite quelques observations, parce qu'il devient assez commun, tant en France qu'en Angleterre. On pourroit croire, à cause qu'il étoit commun chez les Grecs & chez les Romains, dans le temps de leur grandeur; on pourroit croire, dis-je, qu'il annonce le courage d'une nation. Mais remontons au principe : on verra que c'étoit l'honneur ou la crainte de l'infamie, qui portoit les Grecs & les Romains à disposer d'eux-mêmes; & ce sont nos vices qui nous conduisent-là. Le Romain se tuoit, parce qu'il avoit succombé dans une action; l'Anglois se tue, parce qu'il a été malheureux au jeu : celui-là, parce qu'il avoit encouru la disgrace du public;

celui-ci, parce qu'il n'ose paroître avec la noblesse : l'ancien héros, parce qu'il avoit perdu quelque portion de sa gloire : le moderne, parce qu'il ne peut plus acheter d'ortolans, ni de vin de Champagne : le premier, parce qu'il avoit perdu une bataille ou une province; le dernier, parce qu'on va saisir son équipage : le Romain, parce qu'il agissoit sur de faux principes de religion : l'anglois, parce qu'il n'en a aucune.

Une jeune personne au désespoir d'être abandonnée de son amant, que l'infidélité portoit même à épouser sa rivale, se rendit chez lui la veille du mariage, tâcha, par ses larmes & les plus tendres reproches, de lui rappeller ses sermens de n'être qu'à elle. Le voyant persister dans son inconstance, cette héroïne en amour s'arma de deux pistolets, dont elle s'étoit munie, lui brûla la cervelle avec l'un, en s'écriant : Voilà pour un parjure ; & elle se tua ensuite avec l'autre, en disant : Et voilà pour me punir de l'avoir trop aimé.

Terminons l'article du *suicide* par cette belle pensée de Rousseau. — Que font dix, vingt, trente ans pour être immortel ? La peine & le plaisir passent comme un ombre ; la vie s'écoule en un instant : elle n'est rien par elle-même ; son prix dépend de son emploi. Le bien seul qu'on a fait, demeure, & c'est par lui qu'on est quelque chose. O homme ! ne dis donc plus que c'est un mal pour toi de vivre, puisqu'il dépend de toi seul que ce soit un bien ; & que si c'est un mal d'avoir vécu, c'est une raison de plus pour vivre encore. Ne dis pas non plus qu'il t'est permis de mourir ; car autant vaudroit dire qu'il t'est permis de n'être pas homme, qu'il t'est permis de te révolter contre l'auteur de ton être, & de tromper ta destination.

SUISSE. La Suisse abondante en hommes qu'elle est hors d'état de nourir, s'est vue depuis long-temps obligée de les envoyer au service des différens princes, qui veulent les soudoyer ; c'est ce qui a pu donner lieu à ce proverbe ? *Point d'argent, point de suisses.*

L'empressement de tous les souverains à avoir des soldats de cette nation, fait le plus bel éloge de leur valeur. François I sut un jour rendre aux *suisses* la justice qu'ils méritoient. Ce prince, prisonnier à la bataille de Pavie, en 1525, fut conduit après l'action, à travers le champ de bataille où il devoit être gardé. Les Impériaux lui firent observer que tous ses gardes *suisses* s'étoient fait tuer dans leur rang, & qu'ils étoient couchés morts les uns près des autres. *Si toutes mes troupes avoient fait leur devoir comme ces braves gens,* dit le prince attendri à ce spectacle, *je ne serois pas votre prisonnier, mais vous seriez les miens.*

La franchise, & la naïveté formant le principal caractère

caractère du *suisse* ; on lui reproche, non, sans quelque raison, d'être obstiné, & peu sobre.

Paris, dit Scarron, dans son *roman comique*, a un rieur d'office dans chacun de ses quartiers. Dans les troupes, chaque compagnie a ordinairement le sien ; c'est une espèce de bel esprit qui fait des chansons d'armées, & qui divertit ses camarades. Les *suisses* ont aussi de ces plaisans, qu'ils nomment *loustics* ; mais comme ils ne sont point en état de faire beaucoup de dépense en esprit, ils n'en ont qu'un par régiment. Sa charge n'est pas fort difficile à remplir ; car, il suffit qu'il ouvre la bouche, pour que l'on croie qu'il a dit quelque plaisanterie. Un jour que tout le régiment des gardes *suisses* alloit à Versailles pour une revue, le *loustic* étoit dans les premiers rangs, il ouvrit la bouche, & ses camarades qui étoient à ses côtés ayant ri, le ris courut de rang en rang jusqu'aux derniers du régiment. Quelqu'un demanda à un de ceux qui étoient à la queue, ce qu'ils avoient tous à rire, & le soldat lui répondit ingénument : le *loustic* l'être là haut, qui l'haver dit quet chose qui être trôle.

M. Bontems avoit placé un *suisse* à une porte du parc de Versailles, avec ordre de ne laisser entrer personne. Louis XIV se présente, le *suisse* ne voulut pas le laisser passer, il disoit que M. Bontems le lui avoit défendu ; on avoit beau lui crier que c'étoit le roi. — Moi voir bien, répondit-il, mais il n'entrera pas ; monsieur Bontems me l'a défendu. Il fallut aller quérir monsieur Bontems, pour faire entrer le roi.

Dans un soupé qui fut poussé bien avant dans la nuit, on demanda à un *suisse* quelle heure il étoit. Il regarde à sa montre, & vit qu'il étoit plus de minuit, messieurs, dit-il, il est déja demain.

Deux *suisses* déserteurs alloient avoir la tête cassée. Louis XIV qui les vit passer leur accorda la vie. Ces deux *suisses* coururent aussitôt après sa majesté lui demander pour boire.

Un particulier de la rue Montmartre, étoit allé un dimanche, pour entendre la messe à la chapelle de Saint-Joseph. Comme il s'étoit un peu amusé en chemin, & qu'il y avoit long-temps que cette messe étoit sonnée, il s'adressa à un *suisse* des gardes, qui étoit près du bénitier, & lui demanda si Dieu étoit levé : par ma foi, lui dit le *suisse*, moi l'y saffe pas s'il avoir couchir ici.

Quelques momens après, une femme vint s'adresser au même *suisse*, & lui demanda où en étoit la messe : ce *suisse* lui répondit : au deuxième trinquemann, mondame.

Madame de *Montespan*, qui venoit de succéder à la duchesse de la Vallière dans le cœur de Louis XIV, alla voir une de ses amies qu'elle ne trouva point. Elle recommanda bien au *suisse* de dire à la

dame du logis, qu'elle étoit venue pour la voir : Me connois-tu bien ? lui dit-elle. — Oh ! traiment oui, mondame, répondit-il ; vous l'y avoir acheté la charge de mondame la Fallière.

Dans une lettre que M. Racine écrit à Boileau, du camp près de Namur, en 1692, il lui dit, je vous ai vu rire volontiers, de ce que le vin fait faire aux ivrognes. Hier un boulet de canon emporta la tête d'un de nos *suisses* dans la tranchée. Un autre *suisse* son camarade, qui étoit auprès de lui, se mit à rire de toute sa force, en disant, ho ho, cela est plaisant ; il reviendra sans tête dans le camp.

Un *suisse* avoit été posté à la porte d'une salle d'assemblée. Il lui fut ordonné de ne laisser entrer que ceux qui auroient des billets. Un homme de qualité se présente avec sa compagnie, le *suisse*, qui ne lui vit point de billets, lui dit brusquement : entrer dedans point ; jamais on ne put le fléchir, que lorsque l'homme de qualité s'avisa de lui dire : moi ne vouloir pas entrer dedans, mais vouloir sortir dedans. Ah pour sortir bon, dit le *suisse*, mais pour entrer point ; & alors il le pousse lui-même dans la salle. Combien de personnes ressemblent à ce *suisse*, & ne s'arrêtent qu'au mot !

On demandoit à un *suisse*, si son maître y étoit. Il n'y est pas. — Quand reviendra-t-il ? lorsque monsieur, répondit le *suisse*, a donné ordre de dire qu'il n'y est pas ; on ne sait pas quand il reviendra.

SULLY, (Maximilien de Béthune, baron de Rosny, duc de) *maréchal de France, premier ministre sous Henri IV, né à Rosny en 1559, mort le 21 septembre 1641.*

Sully, après avoir passé sa jeunesse au milieu des armes, fut élevé au ministère, & conserva toujours à la cour l'antique frugalité des camps. Sa table n'étoit pour l'ordinaire que de dix couverts. On n'y servoit que les mets les plus simples, & les moins recherchés. On lui en fit souvent des reproches ; il répondoit toujours par les paroles d'un ancien : *Si les convives sont sages, il y en a suffisamment pour eux ; s'ils ne le sont pas, je me passe sans peine de leur compagnie.*

Tous les jours il se levoit à quatre heures du matin, été & hiver. Les deux premières heures étoient employées à lire, & à expédier les mémoires qui étoient toujours mis sur son bureau ; c'est ce qu'il appelloit *nétoyer le tapis*. A sept heures il se rendoit au conseil, & passoit le reste de la matinée chez le roi, qui lui donnoit ses ordres sur les différentes charges dont il étoit revêtu. A midi il dînoit. Après dîner, il donnoit une audience réglée. Tout le monde y étoit admis. Les ecclésiastiques de l'une & de l'autre religion étoient d'abord écoutés. Les gens de villages & *autres personnes simples, qui appréhendoient de l'approcher*, avoient leur tour immédiatement après. Les qualités étoient un titre pour être expédié le dernier. Il travailloit ensuite ordinairement jusqu'à l'heure du souper. Dès qu'elle étoit venue, il faisoit fermer les portes. Il oublioit alors toutes les affaires, & se livroit au doux plaisir de la société avec un petit nombre d'amis. Il se couchoit tous les jours à dix heures; mais lorsqu'un événement imprévu avoit dérangé le cours ordinaire de ses occupations; alors il reprenoit sur la nuit le temps qui lui avoit manqué dans la journée. Telle fut la vie qu'il mena pendant tout le temps de son ministère. Henri, dans plusieurs occasions, loua cette grande application au travail. Un jour qu'il alla à l'arsenal où demeuroit *Sully*, il demanda en entrant où étoit ce ministre: On lui répondit qu'il étoit à écrire dans son cabinet. Il se tourna vers deux de ses courtisans, & leur dit en riant: *Ne pensez-vous pas qu'on alloit me dire qu'il est à la chasse ou avec des dames?* Une autrefois étant allé à l'arsenal dès sept heures du matin, il trouva *Sully* avec ses secrétaires, occupé à travailler devant une table toute couverte de lettres & de papiers. *Et depuis quand êtes-vous là?* lui dit-il le roi. Dès les trois heures du matin, répondit *Sully*. Eh bien, Roquelaure, dit Henri IV, en se tournant vers lui, *pour combien voudriez-vous mener cette vie-là?*

La mâle liberté avec laquelle *Sully* parloit à Henri IV, est connue de tout le monde. Dans le temps des guerres civiles en 1591, *Sully*, à la tête des royalistes, avoit formé le projet d'attirer le duc de Mayenne dans la ville de Mantes. Le chef des ligueurs s'avançoit déjà, croyant avoir des intelligences sûres dans la place. *Sully* qui avoit tout préparé pour le bien recevoir, voulut en informer le roi. Ce prince, impatient de se trouver partout où il y avoit des périls & des combats, accourut aussitôt dans la ville, suivi de quarante hommes. *Sully* l'apprend, court au-devant de lui, & d'un air fort ému: Pardieu, sire, lui dit-il, vous avez fait-là une belle levée de boucliers, qui infailliblement empêchera le service que nous voulions vous rendre. Hé, quoi! n'avez-vous pas acquis assez de gloire, & d'honneur en tant de combats & de batailles, où vous vous êtes trouvé, plus que mille autres de ce royaume, sans vouloir faire ainsi le carabin? La colère de Rosny étoit fondée; on sut l'arrivée du roi, & les ennemis se retirèrent.

Lorsque Henri IV se croyoit paisiblement possesseur de sa couronne, on l'inquiéta par le récit d'une prétendue révolte des religionnaires. Henri IV fit venir *Sully*: Hé bien, monsieur l'opiniâtre, lui dit-il, vous voilà à la veille de la guerre. — Tant mieux, sire, car ce ne peut être que contre les Espagnols. — Non, c'est contre de plus prochains appuyés de tous vos Huguenots. — Tous les Huguenots qui vous a mis cela dans la fantaisie?

je réponds déjà de plusieurs, qu'ils n'en ont pas eu l'idée, & je répondrois bien de presque tous les autres qu'ils ne l'oseroient. (Henri IV se tournant vers la reine) Ne vous le disois-je pas bien, ma mie, qu'il n'en croiroit rien? Il lui est avis que personne n'oseroit me regarder sans me déplaire, & qu'il ne tient qu'à moi que je donne la loi à tout le monde. — Cela est vrai, répondit *Sully*, vous le pourrez quand il vous plaira; il y a de la foiblesse à se laisser intimider pour des bagatelles. Il est question, par le mémoire qui vous a été présenté, de dix ou douze misérables: pardieu, sire, je crois que messieurs se moquent de vous & de moi, de vouloir vous faire marcher pour de telles niaiseries; c'est un homme qui cherche quelques centaines d'écus, & puis c'est tout. — Vous direz ce qu'il vous plaira; mais il faut que j'y aille, ou que vous partiez dans deux jours, pour y donner ordre. — S'il vous plaît, sire, me laisser faire à ma fantaisie, j'en viendrai bien à bout sans tant de bruit & de dépenses. — Pardieu! vous êtes l'homme le plus têtu que je vis jamais. Hé bien! que voulez-vous dire? — Que je ne demande, sire, que le prévôt de Moret, & vingt archers pour vous en rendre compte. — Vous le voulez & moi aussi; s'il en arrive inconvénient, je m'en prendrai à vous ». Cette affaire se termina comme *Sully* l'avoit prédit.

Henri IV, dans un moment de foiblesse, avoit fait une promesse de mariage à mademoiselle d'Entragues, sa maîtresse. Le roi la montra à *Sully*, pour lui demander son avis. *Sully* la prit, la lut, & la mit en pièces sans rien dire. *Comment, morbleu!* dit Henri IV, *que prétendez-vous donc faire? je crois que vous êtes fou. Il est vrai, sire,* lui répartit Sully, *je suis un fou; & plût à Dieu que je le fusse tout seul en France.*

Malgré cette austérité dont *Sully* usoit envers son maître, Henri IV ne l'en aimoit pas moins; & cette vive amitié entre le monarque & le sujet est sans doute un des plus beaux spectacles que présente l'histoire. « Mon ami, lui mandoit un jour ce bon roi, venez me voir; car il s'est passé ce matin quelque chose dans mon sein, pour quoi j'ai affaire de vous ». Il lui écrivit une autre fois de Fontainebleau: « Il m'est arrivé un déplaisir domestique qui me cause le plus grand chagrin que j'aie jamais eu. J'achèterois beaucoup votre présence; car vous êtes le seul à qui j'ouvre mon cœur, & par les conseils duquel je reçoive du soulagement ». Henri IV sut qu'un des fils de *Sully* étoit malade; il lui envoya aussitôt son premier médecin, & lui écrivit: « Vous savez que je ne vous aime pas assez peu pour que je n'y allasse moi-même, si ma présence étoit nécessaire ».

On aime sur-tout à suivre ces âmes naïves &

guerrières au milieu de la joie qu'inspire la plus tendre familiarité. Un jour que *Sully*, qui étoit surintendant des finances, venoit présenter les étrennes au roi, il le trouva encore au lit avec la reine. Le roi voulut qu'il entrât, & qu'il lui montrât les étrennes : c'étoient des jettons d'or & d'argent pour leurs majestés, pour les dames d'honneur & filles de la reine. « Rosni, (ainsi que le roi le nommoit) leur baillez-vous leurs étrennes sans les venir baiser ? Vraiment, sire, répondit-il, depuis que vous le leur avez commandé, je n'ai eu que faire de les en prier. Or çà, Rosni, me direz-vous la vérité ? Laquelle baisez-vous de meilleur courage, & trouvez-vous la plus belle ? Ma foi, sire, répondit le surintendant, je ne vous le saurois dire ; car j'ai bien d'autres choses à faire qu'à penser à l'amour, ni de juger quelle est la plus belle. Je les baise comme des reliques en présentant mon offrande. Eh bien, ne voilà t-il pas, dit Henri, en éclatant de rire, un prodige financier que Rosni, de faire de si riches présens du bien de son maître pour un baiser » ? Ensuite, quand ceux devant qui il ne voulut pas tout dire, eurent été congédiés, poussant doucement la reine qui dormoit ou faisoit semblant de dormir, parce qu'elle étoit fâchée : « Réveillez-vous, dormeuse, lui dit-il, & ne me grognez plus. Vous croyez que Rosni me flatte aux petites brouilleries que nous avons ensemble. Vous en penseriez tout autrement, si vous saviez les grandes libertés qu'il prend à me dire mes vérités ; de quoi encore que je me mette en colère, si ne lui en veux-je pas de mal pour cela. Car tout au contraire, je croirois qu'il ne m'aime plus, s'il ne me remontroit ce qu'il estime être pour la gloire & l'honneur de ma personne, l'amélioration de mon royaume & le soulagement de mes peuples : car, voyez-vous, ma mie, il n'y a point d'esprits si droituriers qui ne trébuchassent tout-à-fait, s'ils n'étoient relevés, lorsqu'ils choppent, par les admonitions de leurs loyaux serviteurs ou bien intimes & prudens amis ».

Il n'y a rien, disoit Sully, *dont il soit plus difficile de se défendre que d'une calomnie travaillée de main de courtisan.* C'est ce qu'il pensa éprouver en 1605. Plusieurs seigneurs de la cour, qui ne desiroient rien tant que la perte d'un homme qu'ils trouvoient toujours opposé à leurs desirs, parce que rarement ces desirs étoient conformes à l'intérêt des peuples, avoient tout préparé pour sa ruine. Libelles, lettres anonymes, avis secrets & artificieux, tout fut mis en usage. Henri conçut, pour la première fois, des soupçons contre *Sully,* & ils sembloient être permis à un prince qui avoit éprouvé tant d'ingratitude de la part des hommes. Cependant voyant que rien de ce qu'on avoit avancé contre son ministre ne se vérifioit, il commença à faire des réflexions. Ce prince étoit vif, mais il étoit bon, & revenoit facilement

sur lui-même. Il envoya plusieurs personnes à *Sully,* pour l'engager à ouvrir son cœur : mais *Sully* étoit résolu de se taire, jusqu'à ce que le roi lui parlât lui-même. Il croyoit avoir à se plaindre de ce prince, qui enfin ne pouvant plus soutenir cet état d'incertitude & de froideur, chercha un éclaircissement. Etant à Fontainebleau, comme *Sully* prenoit congé de Henri, le roi lui dit : « Venez-çà, n'avez-vous rien à me dire ? Non, répondit *Sully* : Oh ! si ai bien moi à vous, reprit le roi. Aussi-tôt s'éloignant avec lui dans une des allées du parc, & faisant mettre deux suisses à l'entrée du lieu où ils se rendoient, le roi commença par embrasser *Sully* deux fois ; ensuite il lui dit : « Mon ami, je ne saurois plus souffrir (après vingt-trois ans d'expérience & de connoissance de l'affection & sincérité de l'un & de l'autre) les froideurs, retenues & dissimulations dont nous avons usé depuis un mois ; car pour vous dire la vérité, si je ne vous ai pas dit toutes mes fantaisies, ainsi que j'avois accoutumé, je crois que vous m'avez celé aussi beaucoup des vôtres ; & seroient telles procédures aussi dommageables à vous qu'à moi, & pourroient aller journellement en augmentant, par la malice & l'artifice de ceux qui envient autant ma grandeur, qu'ils sauroient faire votre faveur auprès de moi... & pour cette cause, j'ai pris la résolution de vous dire tous les beaux contes qu'on m'a faits de vous, les artifices dont on a usé pour vous brouiller avec moi, & ce qui m'en est resté sur le cœur ; vous priant de faire le semblable, sans craindre que je ne trouve rien de mauvais de toutes les libertés dont vous pouvez user.... car je veux que nous sortions d'ici vous & moi, le cœur net de tout soupçon, & contens l'un de l'autre..... & partant, comme je veux vous ouvrir mon cœur, je vous prie de ne me déguiser rien de ce qui est dans le vôtre ». Après un entretien également nécessaire à tous deux, & dans lequel *Sully* se justifia pleinement, le roi parut sincèrement affligé d'avoir pu douter de l'attachement de son plus fidèle serviteur. *Sully,* pénétré jusqu'au fond du cœur du noble repentir de son maître, alloit se jetter à ses pieds, & lui donner cette marque soumise de respect qu'un sujet doit à son roi. Ah ! ne le faites pas, lui dit Henri, vous êtes homme de bien : on nous observe, on croiroit que je vous pardonne. Ce prince sortit aussi-tôt de l'allée en tenant *Sully* par la main, & demanda à tous les courtisans assemblés quelle heure il étoit ; on lui répondit qu'il étoit une heure après midi, & qu'il avoit été fort long-temps. *Je vois ce que c'est,* dit ce prince, *il y a en a auxquels il a ennuyé plus qu'à moi. Afin de les consoler, je veux bien vous dire à tous que j'aime Rosni plus que jamais ; & vous, mon ami,* poursuivit-il, *continuez à m'aimer & à me servir comme vous avez toujours fait...*

Sully, dans le cours de son administration,

s'oppofa avec beaucoup de vigueur à une foule d'edits burfaux, portant création de mille petits droits qui auroient infailliblement deffèché différentes branches de commerce. Ces édits d'ailleurs n'étoient fouvent que des gratifications que l'importunité des courtifans arrachoit à la bonté du roi. Ce prince envoya un jour à fon miniftre jufqu'à vingt-cinq édits pareils. Sully n'en approuva aucun, & fortit pour aller lui faire des repréfentations à ce fujet; il rencontra la marquife de Verneuil, qui lui fit des reproches de ce qu'il s'oppofoit ainfi à la bonne volonté du roi: « Tout ce que vous dites, madame, lui répondit Sully, feroit bon, fi fa majefté prenoit l'argent dans fa bourfe. Mais lever cela de nouveau fur les marchands, artifans, laboureurs & pafteurs, il n'y a aucune apparence. Ce font eux qui nourriffent le roi & nous tous. Ils ont bien affez d'un maître, fans avoir encore tant de gens à entretenir ».

Ces paroles fuffiroient feules pour peindre le caractère & la politique de Sully. Une de fes maximes étoit, que *le labour & le pâturage font les deux mammelles de l'état.*

Il regardoit avec raifon les grandes villes comme les tombeaux des états, parce qu'elles ne fe forment jamais qu'aux dépens des campagnes. Il defiroit fur-tout que la nobleffe habitât dans fes terres.

Il penfoit encore que *la multitude effrénée des offices eft la marque affurée de la décadence prochaine des états.*

Il avoit eu fouvent lieu pendant fon adminiftration de fe convaincre que tout ce qui porte un caractère de nouveauté effarouche en général les compagnies toujours attachées à leurs anciens ufages, à leurs anciennes formalités; auffi il dit dans fes mémoires: « Que fi la fageffe defcendoit, elle aimeroit mieux fe loger dans une feule tête que dans celles d'une compagnie. »

Ce grand homme, né au milieu des guerres de religion, eut plufieurs fois lieu de déplorer les maux que produifoit le fanatifme. Il répétoit fouvent que la compaffion & la douceur étoient les feuls moyens qui fervoient véritablement la religion, & les feuls qu'elle enfeignoit. Le zèle n'étoit, felon lui, qu'un entêtement ou un emportement déguifé fous un beau nom.

Il vécut & mourut dans la religion proteftante. Le pape lui avoit adreffé un bref rempli de louanges fur la fageffe de fon miniftère, & finiffoit fa lettre, comme un bon pafteur, par prier Dieu qu'il ramenât fa brebis égarée, & conjuroit le duc de Sully de fe fervir de fes lumières pour entrer dans la bonne voie. Le duc lui répondit fur le même ton. Il affura le faint Père, qu'il prioit Dieu tous les jours pour la converfion de fa fainteté, ou, ce qui revient au même, qu'il adreffoit

fes très-ardentes prières au Dieu tout-puiffant, afin qu'il lui plaife, étant le père des lumières, d'affifter & d'illuminer fa béatitude, & lui donner de plus en plus entière connoiffance de la vérité.

Après la mort tragique de Henri IV, Sully s'étoit retiré du miniftère, & vivoit dans la retraite. Comme il n'avoit pu, à caufe de fa religion, être reçu d'aucun ordre, il s'en étoit fait un pour lui-même. On a trouvé, lors de l'inventaire de fes effets, plufieurs chaînes d'or fervant à cet ufage. Il portoit à fon cou, fur-tout depuis la mort de Henri, une chaîne de diamans, où pendoit une grande médaille d'or, fur laquelle étoit empreinte l'image de ce grand prince. De temps en temps il la prenoit, s'arrêtoit à la contempler, & la baifoit; il ne la quittoit jamais.

SUPERSTITION. Depuis que le regne de la *fuperftition* eft paffé, il eft plus difficile de conduire les hommes en frappant leur imagination, & en leur en impofant.

L'expérience cependant prouve encore qu'on peut fe fervir avec fuccès de la religion pour échauffer les efprits: on fait quel parti en tirent les ruffes. Les allemands mêmes, malgré les progrès qu'ils ont faits dans la philofophie, font encore très-fufceptibles d'être animés par l'efprit de parti, & affez enclins à la *fuperftition*. Le peuple eft par-tout fuperftitieux: qui dit peuple, ne dit qu'une multitude d'infenfés, qu'un mélange confus de toutes fortes d'âges, de fexes, d'humeurs & de conditions; il ne faut donc pas être furpris, fi fes décifions ne font pas conformes à la vérité, ou plutôt fi elles font monftrueufes. De-là eft venu que les fages, dans tous les temps, n'ont point héfité à préférer leur jugement particulier à celui de la populace, & que les plus modérés l'ont accufé d'extravagance & de fureur.

On a vu le peuple dans tous les fiècles la dupe de tous les impofteurs & de toutes les profeffions; il fuffit de lui préfenter le faux avec quelque adreffe pour qu'il le faififfe & l'adopte.

Marius menoit avec lui une femme fcythe, & feignoit d'apprendre d'elle, quel devoit être le fuccès de fes entreprifes.

Le fameux Cavalier, chef des camifards, avoit une femme dont les paroles étoient écoutées comme des oracles.

Sertorius avoit une biche dreffée à s'approcher de fon oreille. Néron portoit une petite ftatue, voulant perfuader qu'elle lui prédifoit l'avenir; & le dictateur Sylla avoit toujours fur lui un petit Apollon, à qui il adreffoit des prières en public, comme fi cette divinité ne pouvoit lui manquer au befoin.

La caufe de l'erreur du peuple eft le peu de

jugement, ce qui l'empêche de saisir le vrai, & par conséquent l'expose à croire tout. A l'infidélité des sens que le peuple a coutume de consulter, il faut ajouter la force des passions qui le dominent, & qui éteignent presqu'en lui les étincelles de raison qu'Adam lui a laissées : d'où vient que non-seulement ils sont remplis d'erreurs, mais qu'ils sont encore infectés des vices que ces erreurs produisent.

L'esprit de *superstition* avoit fait imaginer qu'il y avoit dans l'homme un os d'une nature toute particulière, qui n'avoit aucun poids, qui étoit incorruptible & incombustible, quelque violent que fût le feu auquel on l'exposât. C'étoit par cet os que la résurrection, lors du jugement dernier, devoit s'opérer, & un tel usage le faisoit respecter. Mais quel étoit cet os privilégié ? c'est ce que personne n'avoit encore pu découvrir. Chaque anatomiste avoit cherché en vain à le trouver. Le célèbre Vesale, plus sage & plus instruit, se contenta de dire qu'il laissoit sur l'existence de cet os la question à décider aux théologiens, offrant de leur faire un cours d'ostéologie, pour les mettre à portée de parvenir à cette belle découverte. Cette conduite, très-louable, étoit en outre très-prudente. D'un côté, le bruit des chaines des cachots, où l'inquisition avoit fait languir l'immortel Galilée, pour avoir réformé le systême de Copernic sur la terre, retentissoit encore à ses oreilles ; d'un autre côté, en adoptant le préjugé qui régnoit, il sentoit que c'étoit donner une preuve de sa foiblesse & de son ignorance. Il prit donc le parti le plus sage, en laissant la fusée à dévider aux théologiens.

Pourquoi Riolan, venu long-temps après lui, & dans un siècle plus éclairé, dans un temps & dans un pays où il eût pu s'expliquer librement & sans risque sur le ridicule de ce préjugé, se conduisit-il bien différemment ? Pourquoi eût-il la foiblesse de consulter le bourreau, pour savoir de lui, si quand un criminel étoit brûlé, il ne restoit pas quelque partie de son corps sans être consumée par le feu ? La réponse fut affirmative, comme on s'en doute bien, & Riolan n'eut rien à répliquer. Au surplus, en lisant les ouvrages anatomiques de ce médecin, on voit qu'il étoit en général fort crédule, &, par une conséquence nécessaire, fort superstitieux ; car là *superstition* est une suite naturelle de la trop grande crédulité.

Le roi de Portugal s'étant joint aux ennemis de Philippe V, Berwick est chargé de défendre l'Espagne de ce côté-là. Il campe avec un corps de troupes sur la rivière de Sabugal, que les portugais, les anglois & les hollandois veulent passer avec des forces considérables. A peine se sont-ils mis en mouvement, qu'on démêle dans leur contenance un air d'effroi qui est suivi d'une retraite faite avec beaucoup de précipitation. Ils sont pour-

suivis ; & on apprend avec étonnement des prisonniers la raison d'une conduite si extraordinaire. Voici les propres expressions du seul historien qui ait recueilli ce fait merveilleux.

« Saint Antoine de Padoue est le patron du royaume de Portugal, & les portugais ont une grande dévotion à ce saint, à qui ils se croient redevables du gain de plusieurs batailles. Ils prétendent que, lorsqu'ils secouèrent le joug de la domination espagnole pour se soumettre à la maison de Bragance, ils eurent des preuves certaines que ce saint les protégeoit & les favorisoit. Ils demandèrent alors à leur roi que saint Antoine de Padoue fût déclaré pour toujours généralissime de leurs armées ; & le roi se vit comme forcé de satisfaire leurs desirs. Il fit assembler son conseil, auquel furent appellés tous les grands du royaume : on proposa la demande de la nation.

Il y en eut qui représentèrent que saint Antoine n'ayant jamais servi dans les armées pendant sa vie, on ne pouvoit lui donner ce grade après sa mort ; qu'il suffisoit qu'il fût le patron & le protecteur du Portugal pour l'être aussi des troupes. Cette raison ne contenta pas la nation : elle persista dans sa demande. Le roi, pour contenter tout le monde, se détermina à faire passer saint Antoine par tous les grades militaires, pour le faire arriver enfin à celui de généralissime.

Pour cet effet, il fit une promotion d'officiers généraux, dans laquelle saint Antoine fut fait brigadier des armées ; ensuite, à une seconde, il fut fait maréchal de camp ; &, à une troisième, lieutenant-général. Après quoi, il fut déclaré à perpétuité généralissime des armées portugaises. On composa sa maison, on nomma ses officiers, & il fut ordonné qu'on porteroit à l'armée le buste de ce saint, pour être toujours à côté du général, & que l'ordre seroit donné en son nom. La chose s'est toujours pratiquée depuis.

Lors donc que les ennemis étoient sur le bord de la rivière, prêts à passer, un boulet de canon emporta le buste du saint. Les portugais consternés, comme des troupes qui perdent un général en qui elles ont mis toute leur confiance, prirent l'allarme, & ne songèrent plus qu'à se sauver. Le roi de Portugal eut beau faire, il ne put jamais les rassurer ni les rallier. Il fallut se laisser entraîner au torrent : mais, chagrin de cette espèce de déroute, le roi quitta une armée dont il étoit mécontent, & retourna à Lisbonne ».

Avant que d'élire les magistrats, ou de livrer une bataille, il falloit, chez les romains, consulter l'appétit des poulets sacrés.

Auguste, cet empereur qui gouverna avec tant de sagesse, & dont le regne fut si florissant, restoit immobile & consterné lorsqu'il lui arrivoit par mégarde de mettre le foulier droit au pied gauche, & le foulier gauche au pied droit.

Dans le royaume de Loango, on regarderoit comme le préfage le plus funefte pour le roi, fi quelqu'un le voyoit boire ou manger ; ainfi, il eft abfolument feul & fans aucun domeftique, quand il prend fes repas. Les voyageurs, en parlant de cette *fuperftition*, rapportent un trait bien barbare d'un roi de Loango. Un de fes fils, âgé de huit ou neuf ans, étant entré imprudemment dans la falle où il mangeoit & dans le moment qu'il buvoit, il fe leva de table, appella le grand-prêtre qui faifit cet enfant, le fit égorger, & frotta de fon fang les bras du père, pour détourner les malheurs dont ce préfage fembloit le menacer. Un autre roi de Loango fit affommer un chien qu'il aimoit beaucoup, & qui, l'ayant un jour fuivi, avoit affifté à fon dîner.

SUZE, (Henriette de Coligny, comteffe de là) née à Paris en 1618, morte en 1673.

Madame *de la Suze* avoit les charmes de fon fexe, elle en avoit auffi les foibleffes. Elle cultiva la poéfie : elle excella fur-tout dans l'élégie. L'efprit y prend par-tout le ton & la tournure du fentiment le plus délicat. Cette moderne Sapho devint les délices des beaux efprits de fon temps qui en firent le fujet de leurs éloges.

Nul d'entre les mortels ne la peut égaler ;
Le maître des neuf fœurs ne feroit point fon maître ;
Pour faire des captifs, elle n'a qu'à paroître,
Et pour faire des vers, elle n'a qu'à parler.

On a fur-tout retenu ce quatrain que M. de Fieubet, fecrétaire des commandemens de la reine, fit à l'occafion d'un tableau qui repréfentoit cette charmante comteffe portée fur un char au milieu des airs.

Quæ Dea fublimi rapitur per inania curru ?
An Juno ; an Pallas, num Venus ipfa venit ?
Si genus infpicias, Juno ; fi fcripta, Minérva ;
Si fpectes oculos, mater amoris erit.

En voici la traduction, ou plutôt la paraphrafe :

Quelle déeffe ainfi vers nous defcend des cieux ?
Eft-ce Vénus, Pallas, ou la reine des dieux ?
    Toutes trois en vérité :
    C'eft Junon par fa naiffance,
    Minerve par fa fcience,
    Et Vénus par fa beauté.

On a rapporté dans le *Menagiana*, cette plaifan-

terie de fociété. Ménage fe trouvant un jour avec la comteffe de la Suze, s'étoit donné la liberté de lui prendre les mains. La comteffe les retira en lui difant ce vers de Scarron :

Les patineurs font gens infupportables.

Ménage répondit auffi-tôt par le vers qui fuit dans le même poëte :

Même aux beautés qui font très-patinables.

La jaloufie de M. dé *la Suze* contre fa femme, lui fit prendre la réfolution de l'emmener dans une de fes terres ; on prétend que la comteffe, pour éviter de l'y fuivre, abjura la religion proteftante qu'elle profeffoit comme fon mari ; ce qui donna occafion à ce bon mot de la reine de Suède, que madame de *la Suze* s'étoit faite catholique, pour ne voir fon mari ni en ce monde ni en l'autre. La défunion augmenta entre eux, ou par le changement de religion, ou par la jaloufie continuelle du comte ; ce qui infpira à la comteffe le deffein de fe démarier, en quoi elle réuffit, ayant offert à fon mari vingt-cinq mille écus pour n'y pas mettre d'oppofition ; ce qu'il accepta. Le mariage fut ainfi caffé par arrêt du parlement. On dit encore un bon mot à ce fujet ; favoir, que la comteffe avoit perdu cinquante mille écus dans cette affaire, parce que, fi elle avoit attendu encore quelque temps, au lieu de donner vingt-cinq mille écus, elle les auroit reçus de fon mari pour fe défaire d'elle.

SWIFT, (Jonatham), écrivain, né en 1667, mort en 1745.

Swift, furnommé le Rabelais d'Angleterre, n'avoit pas tant de gaîté que notre curé de Meudon, mais on a trouvé en lui plus de force, plus de génie. Il poffédoit fur-tout ce genre de plaifanterie qui paroît encore tenir moins à l'efprit qu'au caractère, & que les Anglois appellent *humour*. Le comte d'Orréri, qui a beaucoup vécu avec *Swift*, le dépeint comme un homme, qui favoit bien ce qu'il valoit ; mais *Swift* avoit attention, fans doute, de ne pas laiffer appercevoir ce fentiment d'amour-propre dans fa converfation : autrement, qui auroit pu foutenir fa fociété ? Ses entretiens rouloient principalement fur la politique qu'il étudia par goût, il les affaifonnoit, ainfi que fes écrits, de traits cauftiques & piquants. Il eut de l'ambition, & les obftacles que l'on oppofa à fon avancement, allumèrent fouvent fa bile facile à irriter. Conftant d'ailleurs, & fincère dans fes amitiés, il étoit fans nul déguifement dans fes inimitiés. Son humeur bizarre, fes emportemens outrés, fon defpotifme envers ceux qui étoient obligés de vivre avec lui, le firent fouvent regarder comme un homme fâcheux & infupportable. Il ne paroiffoit d'une bonne fociété qu'avec fes amis particuliers ; encore ne fe livroit-il qu'à de certaines heures.

L'orgueil avoit mis *Swift* au-deſſus de l'envie ; on lui a cependant rendu cette juſtice, qu'il rendoit hommage au mérite par-tout où il le rencontroit ; & jamais il n'étoit ſi content que lorſqu'il avoit pu le tirer de l'obſcurité. Il ſe faiſoit même un point d'honneur de le faire paroître au grand jour, dans l'aſpect le plus avantageux. On en cite un exemple. Le doyen conduiſit un jour le docteur Parnell, célèbre poëte Anglois, à l'audience du comte d'Oxford, grand tréſorier & premier miniſtre : mais au lieu de préſenter le poëte au premier miniſtre, il conduiſit celui-ci, ſa baguette de grand tréſorier à la main, chercher Parnell dans la foule qui étoit à ſon lever, & lui demander ſon amitié de la manière la plus polie & la plus obligeante. Le doyen s'applaudit d'avoir ſoutenu ainſi l'honneur des talens ; perſuadé, diſoit-il, que le génie eſt ſupérieur au rang & à la dignité.

Swift ignoroit la muſique ; on rapporte néanmoins qu'il avoit aſſez d'oreille pour ſaiſir & rendre en ridicule les airs les plus difficiles. Un virtuoſe, nommé *Roſſengrave*, étoit nouvellement venu d'Italie. A la prière de quelques amateurs, il avoit joué le matin, dans un endroit public, un morceau de caprice qu'on avoit écouté avec admiration. Quelqu'un à qui on en parloit le ſoir, témoigna du regret de ne s'y être pas trouvé. *Vous allez d'entendre tout-à-l'heure*, s'écria le docteur ; & ſur le champ il ſe mit à chanter avec une imitation ſi vraie & ſi bouffonne, que la compagnie éclata de rire. Un ſeul des auditeurs, homme d'un certain âge, garda toujours ſon ſérieux. On en fut ſi ſurpris, qu'on lui en demanda la raiſon : *c'eſt*, répondit-il gravement, *que je l'ai entendu jouer ce matin à M. Roſſengrave lui-même.* Cette réponſe ſtoïque dut, comme on le penſe bien, piquer *Swift*, dont le plaiſir étoit, non pas de rire lui-même, mais de faire rire les autres.

Il avoit ſur la converſation des principes qui, quoique raiſonnables en eux-mêmes, pourroient paroître ſinguliers par ſa manière peu commune de les préſenter. La converſation, diſoit-il, eſt un capital, où chacun a ſa part comme dans tout autre commerce qui ſe fait en commun, & comme dans les mets que l'on ſert à toute une compagnie. Je ne parle jamais plus d'une minute de ſuite, & quand j'ai fini, j'attends au moins une autre minute, que quelqu'un prenne la parole ; mais ſi perſonne ne relève la converſation, je ſuis alors en droit de recommencer.

Sa façon de voyager tenoit de la ſingularité de ſon caractère. Il ſe ſervoit ordinairement de voitures publiques, mais plus ſouvent il alloit à pied,

& il logeoit dans les plus minces auberges avec les valets, les voituriers & les gens du menu peuple. Il prenoit plaiſir à converſer avec ces ſortes de gens ; & l'eſpèce d'habitude qu'il contracta avec eux, l'accoutuma ſans doute aux expreſſions ſales, groſſières & indécentes, qui ſont ſemées dans tous ſes écrits.

Il avoit épouſé en 1716 une demoiſelle nommée Jonshon, fille de l'intendant du chevalier Temple. Il l'a célébré dans ſes ouvrages, ſous le nom de *Stella*. Quoique cette demoiſelle joignît à tous les avantages de la figure, les dons de l'eſprit & les qualités du cœur, elle ne put jamais obtenir de ſon biſarre époux, qu'il la reconnût publiquement pour ſa femme ; ce qui étoit encore plus cruel pour cette jeune perſonne naturellement vertueuſe, c'eſt qu'elle étoit obligée de ſe ſoumettre à toutes les apparences du vice aux yeux des perſonnes qui ignoroient ſon état. Elle mourut vers la fin de 1727, victime du ſot orgueil de *Swift*, qui ne ceſſa de la pleurer morte, après avoir rougi d'elle pendant ſa vie.

Quand on examine la conduite du docteur *Swift*, dit milord d'Orreri, on s'apperçoit qu'il a regardé les femmes, plutôt comme des buſtes, que comme des figures entières. Cependant cet homme ſi difficile avoit uſurpé une ſorte d'empire ſur le beau ſexe. Sa maiſon étoit devenue une académie de femmes qui l'écoutoient du matin juſqu'au ſoir, avec une patience & une aſſiduité ſans exemple, & qu'elles n'auroient pas eu pour l'amant le plus redouté, fût-ce le grand-ſeigneur. Le public eſt redevable aux dames de la publication de la plupart de ſes vers. Sans elles ils n'auroient jamais vu le jour. Auſſitôt qu'il avoit achevé quelque pièce, il la communiquoit à ſon ſénat-femelle, qui décidoit ſur le champ, & en prenoit copie. *Swift*, naturellement ſédentaire, travailloit beaucoup, & aucune de ſes aréopagiſtes n'oſoit l'interrompre. Il les congédioit ſans façon, lorſqu'il ne vouloit pas tenir aſſemblée.

Miladi Calwrigt, femme du vice-roi d'Irlande, dit au docteur *Swift*, avouez que l'air de ce pays-ci eſt bon ». *Swift* ſe jetta à ſes genoux, en s'écriant : de grâce, ne dites pas cela en Angleterre, ou bien ils y mettront un impôt.

Un jeune procureur ſe trouvant en compagnie avec le docteur *Swift*, voulut faire parade de ſon eſprit, & demanda d'un air ſuffiſant au doyen de Saint-Patrice : » Monſieur, ſi le clergé & le Diable avoient un procès enſemble, qui des deux auroit l'avantage ? Le Diable indubitablement, répondit *Swift*, parce qu'il s'eſt aſſuré de tous les gens de robe ».

On a coutume en Angleterre, de nommer douze

prédicateurs , pour prêcher devant le parlement , lorsqu'il est assemblé. Le docteur *Swift* fut chargé de cette fonction , & prêchant un jour sur la vanité ; il remarqua que l'homme en général , à quatre choses dont il peut s'enorgueillir , 1°. de sa naissance , & de son rang , 2°. de sa fortune , 3°. de sa figure , 4°. de son esprit.

Il partagea son sermon en quatre parties , & après avoir expliqué les trois premières , il finit par dire : nous devrions passer à présent à l'examen de notre quatrième point ; mais comme dans cette assemblée chrétienne , il n'y a personne qui soit dans le cas de pouvoir tirer vanité des avantages de son esprit ; il seroit inutile pour votre édification , mes très-chers frères , de vous y arrêter , & nous terminerons le discours par une courte application.

Ce trait , dont la causticité n'étoit pas enveloppée du voile de la politesse, fit perdre au doyen de saint Patrice , sa place.

Les poësies de *Swift* consistent en satyres , épitres , lettres , contes , &c. Elles sont d'un goût singulier & assaisonnées , ainsi que ses autres écrits , du sel d'une plaisanterie vive & piquante , mais qui ne se fait pas toujours bien sentir aux étrangers. Il a écrit des ouvrages de politique & d'histoire , & des romans allégoriques & satyriques. On connoît ses *voyages de Gulliver*, où règne une critique ingénieuse de l'espèce humaine , & son *conte du tonneau* qui est une satyre amère , contre la cour de Rome , le Luthéranisme & le faux zèle des Presbytériens.

La misantropie de *Swift* l'avoit porté à démontrer la fausseté de cette définition de l'homme, *animal rationale*. Il faisoit voir qu'il falloit dire simplement *rationis capax*. Il laissa par son testament une somme considérable , pour la fondation d'un hôpital de foux de toute espèce, fondation , qu'il regardoit d'une grande utilité pour les trois royaumes de la Grande-Bretagne.

SYLLA , dictateur romain , mort l'an 78 avant Jesus-Christ , à l'âge de 60 ans.

Sylla, fit ses premières campagnes en Afrique , sous Marius, qui trouva dans ce jeune ambitieux un compagnon de sa gloire , & bientôt un rival. *Sylla* termina la guerre des Romains contre Jugurtha , & marcha contre les autres ennemis de la république. Il mit lui-même un prix à ses services ; il demanda la préture : il eut soin d'accompagner ses sollicitations de largesses envers le peuple. C'est ce que lui reprocha malignement César Strabon , homme d'esprit , & loué par Cicéron pour ses bonnes plaisanteries. *Sylla* le menaçoit d'user contre lui du pouvoir de sa charge : *vous parlez juste*,

lui repliqua-t-il en riant : *votre charge est bien à vous , puisque vous l'avez achetée.*

Sylla, pour se rendre agréable au peuple, lui donna en spectacle , un combat de cent lions , qui lui avoient été envoyés d'Afrique , avec des gens du pays exercés à combattre contre ces terribles animaux. Et comme dans ces sortes de spectacles le péril des combattans accroît l'intérêt des spectateurs , *Sylla* fit combattre des lions déchaînés , ce qui n'avoit point encore été pratiqué avant lui.

Sylla, après avoir passé à Rome la première année de sa préture , obtint le gouvernement de la province d'Asie , & eut la glorieuse commission de placer sur le trône de Cappadoce Ariobarzane , élu roi de la nation , du consentement des Romains. Avant que de quitter son gouvernement , il reçut une ambassade du roi des Parthes , qui demandoit à faire alliance avec la république : Il se comporta en cette occasion avec tant de hauteur , & en même-temps avec tant de noblesse, qu'un des assistans s'écria : *Quel homme ! c'est sans doute le maître de l'univers , ou il le sera bientôt.*

Sylla poursuivit le cours de ses victoires , & marcha à la rencontre des généraux de Mithridate. Il remporta sur eux une célèbre bataille à Chéronée. Après la victoire il érigea , dit Plutarque , sur le champ même de bataille , un trophée où étoient écrits en lettres grecques : *à la valeur d'Homoloïcus & d'Anaximadus*, deux capitaines auxquels il devoit ce grand succès. Ce qu'il y a de plus magnanime dans cette action , c'est que ces deux guerriers étoient Grecs & non Romains.

Cneius Pompeius , connu depuis sous le nom de *grand Pompée* , étoit venu trouver ce général avec trois légions de la marche d'Ancône. Comme malgré ces secours , les ennemis de *Sylla* lui étoient encore supérieurs en forces , il eut recours à l'adresse & aux intrigues. Il les fit consentir à une suspension d'armes , à la faveur de laquelle il gagna , par des émissaires secrets , un grand nombre de soldats ennemis. C'est à cette occasion que le consul Carbon , qui marchoit contre lui , disoit , que dans le seul *Sylla* il avoit à combattre un lion , & un renard ; mais qu'il craignoit bien plus le renard que le lion.

L'armée qui lui étoit opposée , avoit été divisée en plusieurs corps , qui lui livrèrent plusieurs combats. Mais la fortune de *Sylla* le fit partout triompher. Une dernière bataille qu'il gagna proche les portes de Rome , décida du sort des partisans de Marius. Il entra dans Rome en conquérant. Ce jour-là même , il fit massacrer dans le Cirque , six mille prisonniers qui s'étoient rendus à lui , & auxquels il avoit promis la vie. Les sénateurs étoient alors assemblés dans le temple de Bellone,

Bellonne, qui donnoit sur le Cirque. Tout le sénat s'étant troublé aux cris effroyables que jettoient ces malheureux qu'on égorgeoit, *Sylla*, sans changer de visage, & avec un sang froid qu'on n'attendroit point d'un tyran endurci dans le crime dès l'enfance, dit aux sénateurs : » Ne détournez point votre attention, pères conscripts : c'est un petit nombre de séditieux que l'on châtie par mon ordre. »

Ce carnage fut le signal des meurtres, dont la ville fut remplie les jours suivans. Dans cette désolation générale, un jeune sénateur nommé Caïus Métellus, fut assez hardi pour oser demander à *Sylla* en plein sénat, quel terme il mettroit à la misère de ses concitoyens : » Nous ne demandons point, lui dit-il, que tu pardonnes à ceux que tu as résolu de faire mourir ; mais délivre nous d'une incertitude pire que la mort, & du moins apprends-nous ceux que tu veux sauver ». *Sylla*, sans paroître s'offenser de ce discours, répondit *qu'il n'avoit point encore déterminé le nombre de ceux à qui il devoit faire grace* : Fais-nous connoître du moins, ajouta un autre sénateur, qui sont ceux que tu as condamnés ». *Sylla* repartit froidement qu'il le feroit ; & c'est ainsi que fut annoncée cette horrible proscription, qui fait encore aujourd'hui frémir l'humanité après tant de siècles.

Sylla fit afficher dans la place publique les noms de quarante sénateurs, & de seize cens chevaliers qu'il proscrivoit. Deux jours après, il proscrivit encore quarante autres sénateurs, & un nombre infini de citoyens. L'édit de proscription punissoit la compassion de l'humanité comme un crime ; il y avoit peine de mort contre tout citoyen qui recevroit un proscrit, & lui donneroit un asyle, sans excepter ni frère, ni père, ni fils. Le meurtre au contraire étoit récompensé, & le prix de chaque tête étoit fixé à tel talens. Le même édit déclaroit infames & déchus du droit de bourgeoisie les fils & les petits fils des proscrits. » *Sylla*, s'écrie à cette occasion Salluste, est le seul, depuis que le genre humain subsiste, qui ait préparé des supplices à ceux mêmes qui ne sont pas encore nés, ensorte qu'avant que leur vie leur soit assurée, la vexation est déja toute prête, & les attend par avance. ∎

　Toutes les provinces d'Italie furent également en proie au meurtre & au carnage. On vit des enfans dénaturés, les mains encore sanglantes du meurtre de leur père, demander le prix de la proscription. Catilina se distingua dans cette boucherie. Ce scélérat, qui, pour s'emparer du bien de son frère, l'avoit fait mourir depuis long-temps, demanda comme une grace à *Sylla*, auquel il étoit attaché, de mettre ce frère au nombre des proscrits, afin de couvrir par cette voie, l'énormité de son crime. *Sylla* lui ayant accordé sa demande, Catilina, pour lui en marquer sa recon-

Encyclopédiana.

noissance, alla assassiner à l'instant Marius Gratianus, un des proscrits, & lui en apporta la tête.

Les grands biens étoient devenus les plus grands crimes. Quintus Aurélius, citoyen paisible, & qui se félicitoit de n'être connu, ni de Marius, ni de *Sylla*, appercevant son nom sur les tables fatales : *Ah ! malheureux*, s'écria-t-il, *c'est ma terre d'Albe qui me proscrit*, & à quelques pas de-là il fut massacré.

Sylla ne régnoit que par la force ; il voulut colorer sa tyrannie de quelque nom respecté. Il fit déclarer de sa part au peuple, qu'il étoit à propos de nommer un dictateur, & que si on vouloit le charger lui-même de ce fardeau, il consentiroit encore à rendre ce service à la république. Il fut nommé dictateur par le peuple, pour un temps indéterminé. Auparavant on avoit toujours limité à six mois la durée de cette magistrature.

Ce nouveau dictateur parut dans la place publique, avec l'appareil le plus capable d'inspirer la terreur. Il étoit précédé de vingt-quatre licteurs, qui portoient la hache au milieu des faisceaux. Une garde nombreuse l'entouroit, & répandoit par-tout la crainte. Il voulut que l'on créât des consuls. Lucrétius Osella se mit sur les rangs. Le dictateur lui défendit de prétendre à cette charge. Osella, fier des services qu'il avoit rendus à la république, & se voyant un grand nombre d'amis qui le soutenoient de leur crédit, crut pouvoir mépriser impunément cette défense. Mais pendant qu'il continuoit ses poursuites auprès des citoyens dans la place, le dictateur, qui de dessus son tribunal voyoit ce qui se passoit, envoya vers lui un centurion qui le tua sur le champ. A ce meurtre la foule s'émeut ; on arrête le centurion, & on l'amène aux pieds de *Sylla*. *Laissez-le aller en liberté*, dit le dictateur : *il n'a fait qu'exécuter mes ordres.*

Un homme qui se jouoit ainsi de la vie de ses concitoyens, ne devoit pas ménager leurs biens. *Sylla* de dessus son tribunal, faisoit vendre les dépouilles des proscrits ; mais le plus souvent il les distribuoit à ses affranchis, à des femmes perdues, à des histrions. Un jour que ce dictateur présidoit aux ventes, un mauvais poète s'avisa de lui présenter une pièce de sa façon. *Sylla* lut la pièce, & prenant aussitôt une partie des effets qu'il faisoit vendre, il les donna au versificateur ; mais sous la condition expresse qu'il ne feroit plus de vers, plaisanterie assez fine, & dont on riroit dans toute autre circonstance. Elle est rapportée par Cicéron dans son plaidoyer pour le poète Archias.

Sylla pendant sa dictature augmenta l'autorité du sénat, tempéra le pouvoir du peuple, & régla celui des tribuns. On doit encore lui rendre cette justice, que ses autres réglemens, quoique tyranniquement exécutés, menèrent les Romains à la liberté. Lorsqu'il vit son ouvrage achevé,

V v v v v

abdiqua la dictature. Le jour même de son abdi-cation, après avoir renvoyé ses licteurs & ses gardes, il se promena tranquillement sur la place, accompagné d'un petit-nombre d'amis. Il n'y eut qu'un jeune homme, qui, lorsque *Sylla* se retiroit, l'attaqua par des discours injurieux. Celui qui tant de fois avoit accablé du poids de sa colère les plus grands personnages, & les villes les plus puis-santes, souffrit avec la plus grande tranquilité les emportemens de ce jeune audacieux, & se contenta de dire seulement en entrant chez lui : » Voilà un jeune homme qui empêchera qu'un autre qui se trouvera dans une place semblable à la mienne, ne songe à la quitter ».

Sylla passa le reste de ses jours dans sa maison de campagne de Cumes, où il cherchoit à se distraire de ses cruautés passées, par le divertissement de la chasse & de la pêche, & par des repas apprêtés par la dissolution & la débauche. Au milieu de ses plaisirs, une maladie cruelle qu'on nomme *pé-diculaire*, vint terminer ses jours à l'âge de soixante ans. *Sylla* avoit pris solemnellement le sur-nom d'*Heureux* (*Felix*) *titre qu'il eut porté plus justement*, dit Velleius, *s'il eut cessé de vivre le jour qu'il cessa de combattre les ennemis de la patrie.*

SYDNEY, (Algernon), républicain Anglois, mort en 1683, à l'âge d'environ 66 ans. Il étoit fils cadet de Robert.

Rome n'a peut-être jamais enfanté de républi-cain plus ardent, plus fier, qu'Algernon *Sydney*. Il fit la guerre à Charles ; il se ligua sans être d'au-cune secte, ni même d'aucune religion avec les enthousiastes féroces qui se saisirent du glaive de la justice, pour égorger ce prince infortuné ; mais lorsque Cromwel se fut emparé du gouverne-ment, *Sydney* se retira, & ne voulut point auto-riser par sa présence la tyrannie de cet usurpateur. Son courage étoit ferme, intrépide ; son caractère franc, mais violent, emporté & incapable de souffrir la contradiction.

Au mois de juin 1659 il avoit été chargé spécia-lement par le conseil d'état d'Angleterre, de né-gocier la paix entre les rois de Suède & de Dane-marck. Pendant le séjour que le colonel *Sydney* fit à la cour de Danemarck, Terlon, ambas-sadeur de France, arracha d'un livre de la bi-bliothèque du roi, ces deux vers, que le colonel y avoit écrit :

— Manus hæc inimica tyrannis

Ense petit placidam sub libertate quietem.

Terlon n'entendoit pas un mot de latin, s'étant fait expliquer le sens de ces paroles, il les regarda avec raison comme une satyre du gouvernement établi en Danemarck par le secours des Français.

Les discours de *Sydney* sur le gouvernement ont été traduits en françois par Samson. C'est de tous les ouvrages politiques, celui où les principes des gouvernemens libres sont soutenus avec le plus de force & de chaleur. Le gouvernement, dit *Sydney*, n'est pas établi pour l'avantage de celui qui gouverne, mais pour le bien de ceux qui sont gouvernés, & la puissance n'est pas un avantage, mais une charge.

» La liberté est la mère des vertus, de l'ordre & de la durée d'un état ; au lieu que l'esclavage ne produit que des vices, de la lâcheté & de la misère.

» Les malheurs & les cruautés qui procèdent de la tyrannie, sont plus grands que tous maux qui peuvent procéder d'un gouvernement populaire ou mixte.

» Ce qui n'est pas juste, ne peut avoir force de loi, & ce qui n'est pas loi, n'engage à aucune obéissance.

» Un pouvoir au-dessus des loix ne peut subsis-ter avec le bien du peuple ; & celui qui ne reçoit point son autorité de la loi, ne peut être légitime souverain.

» Toutes les nations libres ont droit de s'as-sembler, quand & où elles veulent, à moins qu'elles ne se soient volontairement dépouillées de ce droit.

» Le soulèvement général de toute une nation, ne mérite point le nom de rebellion.

» C'est le peuple pour qui & par qui le sou-verain est établi, qui peut seul juger s'il remplit bien ses devoirs ou non ».

Après la mort du protecteur Cromwel, *Sydney* eut l'imprudence de retourner en Angleterre à la sollicitation de ses amis. Il avoit obtenu un pardon particulier ; mais la haine ardente & inflexible qu'il avoit voué à la monarchie, le rendit suspect & redoutable à Charles II. On voulut le perdre, & on l'accusa d'avoir trempé dans une conspira-tion contre la personne du roi. Et comme on man-quoit de preuves contre lui, on se saisit de ses *discours*, qui n'avoient jamais été publiés, & on les dénonça comme séditieux. Des juges corrom-pus le déclarèrent coupable de haute trahison. Les conséquences qu'ils avoient tirées de ses écrits pour le perdre, n'étoient point des conséquences qui résultassent des faits, puisque ces écrits n'avoient point été publiés, ni même communiqués à per-sonne. D'ailleurs comme ils étoient composés de-puis plusieurs années, ils ne pouvoient servir à prouver une conspiration présente. On avança ce-pendant que *Sydney* étoit non-seulement cou-pable des crimes dont on le chargeoit, mais qu'il devoit nécessairement l'être, parce que ses prin-cipes l'y conduisoient ; on auroit pu conclure avec autant de fondement, qu'il étoit né traître. Il fut condamné à être pendu & écartelé. Jeffreys son juge & son ennemi personnel, en lui annonçant cette horrible sentence, l'exhortoit d'un ton de mépris à subir son sort avec résignation ; Sydney en avançant la main, lui dit : *Tâte mon pouls, & vois si mon sang est agité.* Le supplice fut cependant adouci, & l'on se contenta de trancher la tête à Sydney. Il avoit défendu sa cause avec noblesse ; il envisagea la mort avec toute l'intrépidité d'un homme qui s'étoit proposé Brutus pour modèle ; il ne demeura que quelques minutes sur l'échafaut ; car il y parla peu, ne fit que de très-courtes dévotions, & du premier coup la tête lui fut emportée.

SYMPATHIE. François le Port de la Porte, chevalier baron de Vésins, la Tour-Landry & le Pordic, étoit fils posthume du baron de Vésins. Son père, étant décédé, sa mère le perdit peu de jours après l'avoir mis au monde. Il fut ravi d'entre les bras de sa nourrice, &, par on ne sait quelle aventure, transporté en Hollande, où il apprit le métier de cordonnier. S'étant rendu habile dans sa profession, il passa en Angleterre, & il travailloit à Londres dans le temps que monsieur de la Tour-Landry, gentilhomme François, son allié, voisin & ami de feu son père, se trouvant aussi à Londres, entra dans une boutique pour prendre la mesure d'une paire de bottes. Le jeune cordonnier ignoroit la noblesse de son extraction, & le lieu de sa naissance, il ne lui restoit que le nom de Vésins, qui lui avoit été conservé par une providence singulière.

Le maître cordonnier lui ayant dit, Vésins, prenez la mesure de monsieur, le gentilhomme rappelle en son esprit la catastrophe de Vésins, considère attentivement ce jeune homme, admire son port, sa physionomie, sa taille avantageuse, son air aisé, ses manières nobles. Cependant Vésins se met en devoir de prendre la mesure des bottes, & alors quelques gouttes de sang lui tombent du nez. Monsieur de la Tour-Landry l'observe de plus près, & lui demande d'où il est. Le jeune homme répond qu'on lui avoit dit qu'il étoit François de nation, & d'une famille distinguée, mais qu'il n'en savoit pas davantage. Le gentilhomme répliqua, que dès que les bottes seroient faites,

il souhaitoit que ce fût Vésins qui les apportât : il le fit, & en les chaussant, il coula de son nez quelques gouttes de sang, comme à la première fois. Monsieur de la Tour-Landry en fut frappé, & il se souvint que messieurs de Vésins naissoient avec un seing entre les deux épaules ; il fit dépouiller le jeune cordonnier, & ayant vû cette marque, il n'hésita plus à le reconnoître pour le baron son parent, & le vrai héritier de la maison de Vésins. Il le fit habiller selon sa qualité, & lui ayant donné un équipage convenable, il le ramena à Vésins, où il fut reconnu par sa nourrice, il le fit rentrer dans tous ses biens, & lui donna sa fille en mariage. Le baron se voyant comblé d'honneur & de richesses, & voulant en marquer sa gratitude à la divine providence, il fonda dans son bourg de Vésins en Anjou, au diocèse de la Rochelle, il fonda dis-je un hôpital, sous le titre de Saint-François, son patron, & il en donna le soin à six frères de la charité, qui y doivent entretenir vingt malades. L'acte de fondation est du sept septembre 1634, & elle a été confirmée par les lettres-patentes du roi Louis XIII, en 1637 régistrées au parlement de Paris, la même année.

Un ami de monsieur de l'abbé de Langeac, de la maison de la Rochefoucault, comte de S. Julien de Brioude, & doyen de S. Gal de Langeac, fut un jour lui demander à dîner. Cet ami étoit absent depuis plus de quinze ans. Après qu'on eut servi, la gouvernante vint demander à M. le doyen s'il souhaitoit autre chose. L'étranger ne la vit pas parce qu'elle étoit derrière la chaise, mais le cœur lui manqua, & en même-temps à la gouvernante. Elle sortit pour prendre l'air, & dès le moment l'étranger revint à lui, & recommença à manger. Dès qu'on eût servi le dessert, M. le doyen appella la gouvernante, & lui demanda la clef de son cabinet, pour aller chercher quelques liqueurs. Le cœur palpita à l'étranger, & la gouvernante changea de couleur, sans que ni l'un ni l'autre pussent en découvrir la cause. Le doyen accourut vers son ami, & un laquais prit soin de faire revenir la gouvernante, qui ayant eu la curiosité de demander le nom de l'étranger qu'elle n'avoit point encore envisagé, fut se jetter à son cou, & l'embrassa tendrement. C'étoit la nourrice de l'ami du doyen, & il y avoit trente ans qu'ils ne s'étoient rencontrés.

T.

TACITE, (Cornelius Tacitus) hiftorien latin. Il fut créé conful fous Nerva, l'an 93 de Jéfus-Chrift ; il époufa la fille du célèbre Agricola. On fait peu de chofe de fa vie, on ne fait rien de fa mort.

Tacite eut pour ami & compagnon de fes travaux, Pline le jeune. Ils jouiffoient à Rome d'une égale réputation ; voici un petit fait qui le prouve affez.

Tacite fe trouvoit un jour affis au fpectacle à côté d'un inconnu, qui, après une converfation affez longue fur des matières de littérature, voulut connoître celui à qui il parloit : « Vous me connoiffez, lui dit Tacite, & même par des écrits ». Etes-vous Tacite ou Pline, reprit avec vivacité cet inconnu ?

L'empereur Tacite fe difoit defcendu de cet hiftorien ; & il ordonna qu'on feroit chaque année dix copies de fes ouvrages pour les placer dans les bibliothèques publiques. Il fembleroit que cette utile précaution auroit dû les faire arriver entiers jufqu'à nous. Cependant nous n'avons encore que des fragmens de fon hiftoire & de fes annales, qu'il ne compofa que dans un âge avancé. Il a écrit la vie de fon beau-père Agricola, & c'eft un des plus beaux & des plus précieux morceaux de l'antiquité. Nous avons auffi de Tacite un ouvrage qu'il a fait exprès fur les mœurs des germains. Il eft court cet ouvrage, dit le préfident de Montefquieu, mais c'eft l'ouvrage de Tacite qui abrégeoit tout, parce qu'il voyoit tout.

Tacite, difoit Voltaire, aimoit encore mieux la fatyre que la vérité. Il veut rendre tout odieux, jufqu'aux actions indifférentes ; & fa malignité nous plait prefque autant que fon ftyle, parce que nous aimons la médifance & l'efprit.

TAMERLAN, ou TIMOUR-LENE, c'eft-à-dire, Timour le Boiteux, empereur des Mogols & conquérant de l'Afie, né dans la Tranfoxane, province de la grande Tartarie, l'an de l'ère chrétienne 1335, & de l'égire 736, mort à Otrar l'an de Jéfus Chrift 1405, & de l'égire 806.

Une émeute s'étant élevée dans la ville d'Ifpahan que Tamerlan s'étoit foumife, on vit auffi-tôt couler des fleuves de fang. Ce cruel defpote avoit taxé chacun de fes régimens à lui apporter un certain nombre de têtes perfanes. Des officiers du divan étoient les contrôleurs & les dépofitaires de ces têtes. Ces ordres parurent fi cruels à des tartares même, que quelques-uns s'avisèrent d'acheter des contrôleurs nommés, les têtes qui leur manquoient pour faire le compte. Ils les portoient à leurs colonels, comme s'ils les euffent coupées eux-mêmes. Ces têtes fe vendoient d'abord fort cher ; mais le maffacre ayant augmenté, elles fe donnoient enfuite pour rien. On en compta plus de foixante & dix mille.

Un fameux docteur, nommé Ifmaël Kemal, fut enveloppé dans ce maffacre. Son malheureux fort confirma les perfans & les tartares dans l'opinion où ils font, qu'aucun mortel ne peut ici-bas fuir fa deftinée. Tamerlan, qui connoiffoit ce docteur de réputation, avoit dit qu'on épargnât fa perfonne & fa maifon. Cet ordre ayant été fu dans la ville, plufieurs habitans fe fervirent de ce nom pour éviter la mort. Un colonel entr'autres avoit déjà fauvé la vie à deux habitans fous la fauve-garde de ce nom. Un troifième étant tombé entre fes mains, & fe difant encore Ifmaël Kemal, cet officier irrité, & le prenant pour un impofteur, le maffacra : c'étoit cependant Ifmaël Kemal lui-même. Tamerlan, à qui on rapporta cet événement, y parut fenfible.

Tamerlan eut la générofité de déclarer un des fils de Bajazet fultan, en lui difant : « Reçois l'héritage de ton père ; une ame royale fait conquérir des royaumes, & les rendre ».

Tamerlan avoit fu fixer la fortune à fon char par une valeur intrépide qui lui avoit gagné l'eftime de fes fujets, & le rendoit redoutable à fes ennemis. Le roi de Carifme, Ifoup Sophi, ayant rompu l'alliance qu'il avoit folemnellement jurée à Tamerlan, il vit auffi-tôt fes états attaqués par ce conquérant ; mais défefpérant de pouvoir lui réfifter, il lui avoit envoyé un héraut pour le défier à un combat particulier. Il y avoit lieu de croire qu'un prince auffi puiffant que Tamerlan ne voudroit pas commettre fa fortune au fort de ce combat. Ioup, par ce moyen, s'imaginoit que l'honneur de ce défi lui refteroit tout entier fans aucun rifque. Il ne connoiffoit point l'intrépide Tamerlan. Ce prince non feulement accepta le défi, mais dans le moment même il fe fit armer, & ordonna qu'on lui amenât fon cheval. Les émirs fe jettèrent à genoux pour le détourner de fon deffein : « Que reftera-t-il à faire à vos capitaines, s'écrioient-ils, fi leur empereur fait l'office de foldat ? » Mais vous, leur répliqua le valeureux Kan, ignorez vous qu'un général doit être foldat dans l'occafion ? Il fauta auffi-tôt fur fon cheval. Leifeddin, un des généraux le plus dans sa confidence, transporté de colère & de zèle, prit son cheval par la bride pour l'arrêter. Dans le moment, le fier monarque tirant son cimeterre, jura qu'il lui abattroit la tête s'il ne le laissoit aller. Il fallut obéir. *Tamerlan* se rendit jusqu'aux pieds des murailles de la ville de Carisme ; mais le lâche Iscuph ne parut point, & préféra d'exposer sa ville aux horreurs d'un siège où il périt de chagrin.

Dans l'excès de confiance que lui inspiroit la rapidité de ses victoires, il disoit souvent que comme il n'y avoit qu'un soleil dans le ciel, il n'y avoit qu'un monarque sur la terre.

TASSE, (Torquato Tasso, ou le) poëte italien, né le 11 mars 1544 à Sorrento, dans le royaume de Naples, mort à Rome le 15 avril 1595.

Le Tasse montra dès son enfance un goût décidé pour la poésie, & chercha à se former des protecteurs malgré les remontrances de son père, qui connoissoit par expérience le danger qu'il y a de cultiver la poésie, & de s'attacher aux grands. A dix-sept ans il avoit composé son poëme de *Renaud*, & commença à vingt-deux sa *Jérusalem délivrée*, le plus beau poëme épique, & peut-être le seul dont l'Italie puisse se glorifier.

A l'âge de vingt sept ans, *le Tasse* suivit en France le cardinal d'Est, & fut présenté au roi Charles IX. Ce prince le favorisa d'une bienveillance particulière ; il lui accorda même une grace qu'il lui avoit refusée à tout autre. Un homme s'étoit rendu coupable d'un crime digne de mort ; mais ce coupable étoit un poëte de réputation. *Le Tasse*, autant en faveur des muses, que par compassion pour le poëte, alla demander sa grace au roi. Il se rendit au Louvre ; mais il apprit en arrivant que le roi venoit d'ordonner que la sentence fût exécutée en peu de jours, & qu'il avoit déclaré là-dessus sa volonté. Cette déclaration d'un prince qui ne revenoit guère de ses résolutions, n'étonna point *le Tasse*. Il se présenta au roi avec un visage ouvert : « Sire, lui dit-il, je viens supplier votre majesté de laisser périr par les loix un malheureux qui a fait voir par sa chûte scandaleuse, que la fragilité humaine met à bout tous les enseignemens de la philosophie ». Le roi frappé de cette réflexion du *Tasse*, & de cette manière de demander grace, lui accorda la vie du criminel. Cette anecdote n'est rapportée que par des historiens italiens.

Le Tasse avoit trente ans lorsqu'il publia sa *Jérusalem délivrée*, & il étoit alors à la cour d'Alphonse, duc de Ferrare, son protecteur. Ce poëte, né avec un cœur sensible, conçut pour Eléonore d'Est, sœur du duc, une violente passion, que la princesse de son côté ne voyoit point avec indifférence. *Le Tasse*, suivant les

historiens de sa vie, avoit tout pour plaire, un caractère doux & complaisant, une figure prévenante, mille agrémens dans la conversation, une imagination brillante, & beaucoup d'élévation dans l'ame : il joignoit à tout cela ce qui ne se rencontre pas toujours dans un poëte, une bravoure extraordinaire. Ayant confié le secret de ses amours à un ami qui le trahit, il se battit contre cet indiscret & contre trois de ses frères, qui eurent assez peu de générosité pour se mettre quatre contre un. Mais le poëte se défendit avec tant de valeur, qu'il blessa deux de ses adversaires, & donna le temps d'arriver à ceux qui accouroient pour les séparer.

Cependant le duc, instruit du sujet de cette querelle, & offensé de ce qu'on eût osé lever les yeux sur sa sœur, fit arrêter *le Tasse*, dont le reste de la vie ne fut plus qu'un tissu d'amertumes. Il souffrit l'exil, la prison, la plus extrême pauvreté, la faim même. Ces mauvais traitemens & sa folle passion, joints aux critiques outrées que lui suscitèrent les rivaux de sa gloire, altérèrent sa santé. Ils le jettèrent dans une mélancolie qui, pendant plusieurs années, fit regarder comme insensé un homme qui s'étoit élevé par la force de son génie au-dessus de ses contemporains.

Enfin, au bout de vingt années, l'envie fut lasse de le persécuter ; son mérite surmonta tout. On lui offrit des honneurs & de la fortune. Clément VII voulant honorer l'auteur de la *Jérusalem délivrée*, d'une manière particulière, le fit appeler à Rome. Le pape avoit résolu dans une congrégation de cardinaux de lui donner la couronne de laurier & les honneurs du triomphe, cérémonie très-sérieuse & très-recherchée alors en Italie. Les deux cardinaux Aldobrandins, neveux du pape, qui se faisoient une gloire d'admirer & d'aimer *le Tasse*, allèrent avec un grand nombre de prélats & de personnes de toutes conditions le recevoir à un mille de Rome. Il fut conduit à l'audience du pape. *Je désire*, lui dit le pontife, *que vous honoriez la couronne de laurier qui a jusqu'ici honoré tous ceux qui l'ont portée.* Le couronnement devoit se faire au capitole. Les deux cardinaux neveux se chargèrent de l'appareil. Le triomphe du *Tasse* alloit être complet ; mais le poëte, qui avoit été malheureux toute sa vie, tomba dans une langueur mortelle au moment de ces préparatifs, & mourut la veille du jour destiné à la cérémonie, comme si la fortune eût voulu se jouer de lui jusqu'à la fin de ses jours.

L'auteur des *observations sur l'Italie*, rapporte un fait assez singulier, & qui prouve que la providence fait mêler quelques consolations à l'amertume dont la jalousie contemporaine empoisonne souvent la vie des hommes illustres. Les montagnes, aux environs de Gayette, étoient du temps du *Taſſe*, le repaire de troupes de bandoliers, formées de déſerteurs des armées qui, pendant une partie du ſeizième ſiècle, s'étoient diſputé le royaume de Naples. Ces bandoliers vivant de pillage, & vrais ſucceſſeurs des leſtrigons, compoſoient une eſpèce de république peu inquiétée, tolérée même, dit-on, par les vice-rois eſpagnols. Tant qu'ils tinrent ce poſte, les voyageurs ne ſe hazardoient à portée d'eux, qu'en caravanes armés & nombreuſes. Une de ces caravanes avec laquelle le *Taſſe* paſſoit, fut attaquée. Un des bandoliers ayant ſur le champ de bataille entendu nommer l'auteur de la *Jéruſalem*, le chercha, le joignit, & le préſenta au chef de la troupe. Il en fut reçu avec reſpect & vénération ; ſon bagage lui fut rendu ; on y ajouta un préſent ; & le chef lui-même, à la tête d'une eſcorte, le conduiſit hors de la portée de tout danger.

Le Taſſe, quoique malheureux, fit néanmoins toujours paroître beaucoup de douceur & de généroſité. Quelqu'un lui propoſant de ſe venger d'un homme qui lui avoit rendu pluſieurs mauvais offices : « Je ne veux, dit-il, lui ôter ni le bien, ni la vie, ni l'honneur ; je voudrois ſeulement lui ôter ſi mauvaiſe volonté ».

TELL, (Guillaume) payſan de la Suiſſe, dont il devint le libérateur.

En 1307 *Geſler*, homme bizarre & cruel, qui commandoit dans la Suiſſe au nom de la maiſon d'Autriche, fit mettre un chapeau au bout d'une perche que l'on planta ſur la place d'Altorf, avec ordre aux paſſans de ſaluer ce chapeau avec autant de reſpect que le gouverneur même. Un laboureur, nommé *Guillaume Tell*, homme dont l'ame étoit au-deſſus de ſa fortune, ayant manqué à cette formalité, *Geſler* le manda pour le punir de ſa déſobéiſſance. Le payſan s'excuſa, en diſant qu'il n'avoit aucune connoiſſance de cette loi, à laquelle il ſe feroit conformé. Peu content de cette réponſe, le miniſtre autrichien ordonne au laboureur d'abattre d'un coup de flèche une pomme ſur la tête de celui de ſes enfans qu'il aimoit le plus, ajoutant que, s'il manquoit ſon coup, il lui feroit donner la mort. Ce père malheureux, n'ayant pu adoucir ſon juge ni par ſes pleurs, ni par ſes prières, prit la flèche & la décocha ſi adroitement, qu'il abattit la pomme à cent vingt pas de diſtance ſans faire de mal à ſon fils. La joie du père fut égale au dépit du gouverneur, qui, toujours dans le deſſein de perdre *Guillaume*, lui ſuſcita une autre querelle ſur ce qu'il avoit une deuxième flèche dans ſon carquois. Il voulut ſavoir à quel uſage elle étoit deſtinée : « A te tuer toi-même, » lui répondit le laboureur ; ce qu'il exécuta, tandis que le gouverneur donnoit ſes ordres pour le faire conduire en priſon. Pluſieurs citoyens

ſe réunirent à *Guillaume* ; & cette alliance fut le fondement de la république Helvétique, qui s'eſt ſoutenue avec tant de gloire depuis plus de quatre cens ans.

Cet événement eſt le ſujet d'une tragédie intéreſſante de M. Lemiere.

Dans cette pièce après le dénouement, un des conjurés dit à *Guillaume Tell*, au ſujet des troupes que devoit envoyer l'Empereur *Albert*, pour venger la mort du gouverneur :

La mort ou la victoire

TELL *répond.*

C'eſt un vœu trop commun.

Une partie du public entendit : » c'eſt un peu trop commun ; » ce qui excita un murmure aſſez fort. L'acteur répéta à haute & intelligible voix le demi vers tel qu'il étoit, & le public l'applaudit.

Les Suiſſes, très-ſatisfaits de voir mettre au théâtre l'époque de leur liberté, & le héros qui la leur a procurée, ſe déclarèrent pour la pièce d'une façon très-flatteuſe pour l'auteur.

Mlle. Arnoult étant venue à une des repréſentations de cette tragédie, & n'y voyant preſque perſonne, dit à quelqu'un qui l'accompagnoit : » on dit ordinairement, point d'argent, » point de Suiſſe ; mais ici il y a plus de Suiſſes » que d'argent ».

TENIERS, (David) dit le jeune, né à Anvers, l'an 1610, mort en 1694.

La quantité de tableaux peints par *Teniers* le jeune eſt ſurprenante ; auſſi diſoit-il quelquefois en plaiſantant : » --- Pour raſſembler tous » mes ouvrages, il faudroit une galerie de deux » lieues de longueur ».

Dom *Jean* d'Autriche voulut que *David Teniers* lui apprît à peindre : ce prince vivoit familiérement avec l'artiſte, & logeoit même ſouvent dans ſa maiſon. Pour lui marquer ſa reconnoiſſance d'une manière auſſi rare que diſtinguée, dom *Jean* d'Autriche peignit l'un du fils de *Teniers*.

Pluſieurs princes l'honorèrent encore de leur amitié, & le comblèrent de bienfaits : l'archiduc *Léopold Guillaume* lui donna ſon portrait attaché à une chaîne d'or, & le fit gentilhomme de ſa chambre. La fameuſe *Chriſtine*, Reine de Suède, donna auſſi ſon portrait à *Teniers* : le prince d'Orange, *Guillaume*, & l'évêque de Gand, enfin tous les Seigneurs qui ſe piquoient de quelque goût pour la peinture, firent un accueil favorable à ce célèbre artiſte.

Louis XIV n'aimoit pas le genre de ce peintre agréable. On plaça dans son cabinet plusieurs tableaux de *Teniers*; mais, ce prince ne les eut pas plutôt apperçus, qu'il s'écria : — qu'on m'ôte ces magots de devant les yeux.

TERENCE, (*Publius Terentius Afer*) poëte comique latin, né à Rome l'an 560. On croit qu'il mourut sur mer lors de son retour de grèce où il avoit fait un voyage, à l'âge de 35 ans.

Térence alla présenter son *Andrienne* à l'édile. Le poëte modeste arrive mesquinement vêtu & son rouleau sous le bras. On l'annonce à l'inspecteur des théâtres; celui-ci étoit à table. On introduit le poëte; on lui donne un petit tabouret, & le voilà assis au pied du lit de l'édile. Ce magistrat lui fait signe de lire, il lit; mais il n'eut pas plutôt recité quelques vers, que l'édile, sans doute homme de goût, oublia bientôt que *Térence* n'étoit qu'un affranchi. Il le fait placer à sa table & près de lui. Après le repas il acheva d'entendre cette lecture, & témoigna sa satisfaction au poëte.

L'*Eunuque*, qui est une des six comédies de *Térence*, eut un si grand succès, qu'elle fut jouée deux fois en un jour, le matin & le soir; ce qui n'étoit peut-être jamais arrivé à aucune pièce.

La fable des comédies de *Térence* est grecque, & la scène se passe à Scyros, à Andros & dans Athènes. Ce poëte avoit beaucoup étudié Ménandre. Comme nous n'avons que quelques fragmens de ce comique grec, nous ignorons tout ce que *Térence* lui doit. Mais ne seroit-ce point par un effet de cet amour propre qui tend toujours à diminuer le mérite d'un grand homme en le partageant, que l'on faisoit courir le bruit, du temps de *Térence*, que *Lælius* & *Scipion* l'Africain l'aidoient dans la composition de ses pièces? Ce ne sont point de chefs d'œuvres tels que ceux de cet illustre poëte qui peuvent être l'ouvrage de plusieurs mains.

Madame *Dacier* a traduit en françois les comédies de *Térence*; mais cette dame avoit plus d'érudition que de goût; & celui qui n'a lû le comique latin que dans la traduction, peut dire qu'il ne le connoît pas.

La comédie de l'*Andrienne*, attribué à Baron, ayant été fort estimée, quoique peu connue, Monsieur Despreaux disoit qu'il trouvoit Baron bien hardi de s'être exposé à montrer de la raison aux hommes, en leur traduisant *Térence*.

TERRASSON, (Jean) de l'académie royale des sciences de Paris, & de l'académie françoise, mort en cette ville en 1750, âgé de 84 ans.

L'ignorance où étoit l'abbé *Terrasson* sur la plupart des choses de la vie, lui donnoit une naïveté que bien des gens taxoient de simplicité; ce qui a fait dire qu'il n'étoit homme d'esprit que de profil. Madame la marquise de *Lassay* qui étoit de sa société, répétoit volontiers qu'il n'y avoit qu'un homme de beaucoup d'esprit qui pût être d'une pareille imbécillité.

Il s'enrichit par le système, & dans son opulence rien ne lui déplaisoit tant que les fréquentes demandes d'argent que son cocher lui faisoit pour le foin, la paille & l'avoine. Il consulta sur cela mademoiselle Falconet, sœur de l'illustre Falconet, médecin; & parmi les différentes questions qu'il lui faisoit à ce sujet : mademoiselle, lui dit il, *est-ce que les chevaux mangent la nuit*?

L'abbé *Terrasson* se soumettoit de bonne grace aux plaisanteries que sa naïveté & son ignorance sur la plupart des choses de la vie lui attiroient. *Il n'y a pas de mal à cela*, disoit il, *il faut que justice se fasse.*

Il aimoit à entendre les gens du monde dont les connoissances étoient un peu étendues, juger les ouvrages nouveaux, lorsque leurs décisions ne portoient que sur les choses qui sont du ressort du goût. » J'admire, disoit il, leur pénétration sur de certaines convenances, ce sentiment délicat qui leur fait démêler une infinité d'agrémens & de défauts que le siècle a établis. Je les écoute comme un voyageur considère un pays où il se trouve étranger, & dont le climat lui plaît. Mais quand ils veulent faire notre métier, juger le fond des choses, ils parlent, ils décident; je tâche de me distraire, & cela me fait prendre patience «. En effet, ce philosophe pratique ne laissoit jamais appercevoir ni mépris, ni ennui.

Les révolutions du système de Law lui avoient procuré une opulence passagère; mais ses nouvelles richesses sembloient l'embarrasser. Il se demandoit quelquefois à lui-même des besoins, des goûts nouveaux, & il ne lui en venoit point. Enfin il désespéroit d'en acquérir, lorsque ce superflu s'évanouit entièrement : *Me voila tiré d'affaire*, dit-il, *je revivrai de peu; cela m'est plus commode.*

L'abbé *Terrasson* avoit su conserver au milieu de ses richesses la simplicité de mœurs qu'elles ont coutume d'ôter; il n'étoit cependant pas sans défiance de lui-même; *je réponds de moi*, disoit-il, *jusqu'à un million* : ceux qui le connoissoient, ajoute un de ses illustres amis, auroient répondu de lui par-delà.

Ce philosophe désiroit que les gens de lettres moins répandus & moins distraits vécussent davantage entr'eux. Ce desir étoit celui d'un sage rempli d'amour pour les lettres, & qui prévoyoit bien que ceux qui les cultivent ayant moins d'intérêt de se nuire, seroient plus unis, & par conséquent plus respectés.

L'abbé *Terraffon*, content de l'approbation de quelques amis éclairés, étoit fort tranquille sur les jugemens des autres. On lui demandoit un jour ce qu'il penfoit d'une harangue qu'il devoit prononcer : » elle eft bonne, répondit-il, je dis » très-bonne. Tout le monde ne penfera peut- » être pas comme moi, mais cela ne m'inquiéte » guères. »

Ce qui l'occupoit le moins étoient les démêlés des princes & les affaires de l'état. Il avoit coutume de dire, » qu'il ne faut pas fe mêler du gou- »_vernail dans un vaiffeau où l'on n'eft que paf- » fager ».

L'abbé *Terraffon* fort âgé, s'étant apperçu qu'en converfation il perdoit, comme dit Montaigne, le *mémoire de fes rédites*, s'avifa d'un expédient dont il fit confidence à M. de Moncrif. « Je viens, lui dit-il, de me furprendre vous répétant des inutilités que je vous avois dites & redites peut-être n'n'y a une heure : je prends le parti de renoncer à l'ufage de ma mémoire ». Il appella alors fa gouvernante : — « Venez, made- moifelle Luguet, je vous charge de vous fouvenir pour moi quand j'aurai compagnie. Il me femble que je puis raifonner encore paffablement ; mais pour les faits récens, je ne fuis pas content de mon efprit ». Effectivement par la fuite lorfqu'on lui faifoit quelque queft on : *Demandez à ma gou- vernante*, & la gouvernante répondoit.

L'abbé *Terraffon*, malgré fon grand âge & fes infirmités, conferva toujours le caractère diftinc- tif de fon efprit. Il évaluoit en riant la diminution des facultés de fon ame. » Je calculois ce matin, difoit-il un jour à M. Falconet fon ami, que j'ai perdu les quatre cinquièmes de ce que je pouvois avoir de lumières acquifes. Si cela continue, il ne me reftera feulement que la réponfe que m'a fait au moment de mourir ce bon M. de Lagny à notre illuftre confrère Maupertuis ». Ce M. de Lagny étoit de l'académie des fciences, & poffédoit fu- périeurement la fcience du calcul. Etant à l'ex- trémité, fa famille l'entouroit, & lui difoit les chofes les plus touchantes ; mais il ne donnoit aucune marque de connoiffance. M. de Mauper- tuis furvint ; je vais le faire parler, dit-il : *M. de Lagny, le quarré de douze.....* Cent quarante-quatre, répondit le mourant d'une voix foible, & depuis il ne parla plus.

Le roman politique & moral, intitulé *Séthos*, de l'abbé *Terraffon*, ne fera point oublier *Té- lémaque*. Il eft plein d'un grand nombre de carac- tères, de traits de morale, de réflexions fines. Mais le mélange de phyfique & d'érudition que l'auteur y a répandu ne peut être du goût des François.

Dans fa *differtation contre l'Iliade*, ce philo- fophe, égaré par une fauffe métaphyfique, analyfe froidement ce qui devoit être fenti avec transport. Ses réflexions favorables au fyftème de Law déplurent également à Boivin, de l'aca- démie des infcriptions. Cet homme de lettres adoroit les anciens, & fur-tout Homère, & il étoit furieux contre le calculateur. Anglois dont le fyftème l'avoit ruiné. Egalement occupé de ces deux paffions, il s'écria un jour avec un ton vraiment comique : » Ne trouvez-vous pas » cet abbé *Terraffon* bien plaifant ? Il a fait deux » livres, l'un pour prouver qu'Homère n'a pas » le fens commun, & l'autre pour démontrer » que le fyftème eft la plus belle chofe du » monde. »

TERREUR. Un particulier de *Tarafcon*. en Provence, ayant fait creufer dans fa cave qui étoit proche du Rhône, trouva un mur avec une porte de fer qu'il fit ouvrir. C'étoit l'entrée d'un caveau très-profond, dans lequel il entendit un bruit fi effroyable, qu'il n'ofa porter fa cu- riofité plus loin. Cependant, les magiftrats de la ville en ayant eu connoiffance, promirent la liberté à un homme condamné aux galeres, pourvu qu'il voulut fe réfoudre à parcourir ce fouterrain jufqu'au bout. Cet homme, muni de tout ce qui pouvoit le raffurer, y entra ; mais à peine en avoit il traverfé la moitié, qu'il re- vint pâle & tremblant, criant qu'on le pendit plutôt que de mourir d'une mort inconnue. Il difoit avoir entendu des coups redoublés, avec des roulis fi étonnans, qu'il s'imaginoit à cha- que inftant que tout tomboit en diffolution au- tour de lui. On lui laiffa reprendre fes efprits jufqu'au lendemain, & on lui offrit de nouveau fon pardon & même de l'argent, afin qu'il ten- tât de nouveau l'aventure. Il defcendit donc, & eut le courage de pouffer jufqu'au fond, où fe rencontra une feconde porte de fer, à laquelle il heurta fans qu'on lui fit de réponfe. Enfin, la curiofité des magiftrats les porta à offrir une fomme confidérable à quiconque iroit ouvrir cette nouvelle porte. Six ouvriers de bonne volonté s'enfévéliffent dans cette efpèce d'abyme, en- foncent la porte, & trouvent qu'elle conduifoit dans la ville de Beaucaire, & que ce caveau n'é- toit autre chofe qu'une communication d'une ville à l'autre, ignorée depuis long-temps. A l'égard du bruit qui avoit tant effrayé d'abord, il étoit caufé par les eaux du Rhône, qui dans fon ex- trême rapidité rouloit, en paffant fur cette voûte qui le traverfoit, des cailloux & des pierres. C'eft par cette voûte, creufée dans le roc fous le Rhône, qu'on prétend que *Charles-Martel* fit paffer fon armée pour vaincre les Sarrafins.

TESTAMENS. Du temps de Saint *Louis*, le clergé connoiffoit de l'exécution des teftamens, appofoit le fcellé, faifoit les inventaires, exigeoit, la foudre de l'excommunication à la main, l'ac- compliffement des volontés du teftateur.

Tout

..Tout chrétien étoit obligé de léguer en faveur de l'église une portion de ses biens, c'est-à-dire, une dixième partie. L'omission de cette bonne œuvre déceloit le mépris du salut ; & quiconque y manquoit, étoit privé de l'absolution, du viatique, & de sépulture. Enfin tout le genre humain étoit obligé de faire des donations à l'église. Un de nos modernes historiens rapporte qu'une pauvre femme n'ayant rien à donner, porta un petit chat à l'offrande, disant qu'il serviroit à prendre les souris de l'église, & qu'il étoit de bonne race.

Un ancien Romain fit un testament remarquable : je laisse, dit-il, à *Artenice* le soin de nourrir ma mère, à *Caricsene* la charge de marier ma fille, & si l'un des deux vient à mourir, je substitue en sa place celui qui survivra. Ces deux amis s'acquittèrent fidèlement de l'emploi que le testateur leur donna.

Je *Philippe* dernier comte de *Pembroke* & de *Montgommery*, chevalier pour le comté de *Berks* étant, comme on m'en assure, très-foible de corps, mais d'une mémoire parfaite ; car je me ressouviens d'avoir donné, il y a cinq ans, ma voix pour dépêcher le vieux *Canterbury*, & depuis un an, je n'ai pas oublié d'avoir vu mon maître sur l'échaffaud : cependant comme la mort me poursuit & me menace, & que j'ai toujours cédé à ceux qui me menaçoient, je fais à présent l'acte de ma dernière volonté, & mon testament :

In primis, pour mon ame, j'avoue avoir souvent entendu parler d'ame. Quant à ce que sont ces ames, & à leur destination, Dieu le sait ; pour moi, je ne le sais guères. On me parle à présent d'un autre monde, où je n'ai jamais été, & je ne connois pas un pouce du terrein qui y conduit. Lorsque le Roi régnoit, je faisois porter à mon fils une soutane, ayant envie d'en faire un évêque, & j'étois de la religion de mon maître : ensuite sont venus les Ecossais, qui m'ont fait Presbytérien. Depuis Cromwel, je suis devenu indépendant. Voilà, je crois, les trois principales religions du royaume. Si quelqu'une des trois peut sauver une ame, je la réclame : c'est pourquoi si mes exécuteurs me trouvent une ame, je la remets à celui qui me l'a donnée.

Item. Je donne mon corps, car je ne peux pas le garder : vous voyez que les chirurgiens me déchirent par morceaux. Ensévelissez-moi donc ; j'ai assez de terres, d'églises, pour cela : sur-tout ne me mettez pas sous le porche de l'église ; car enfin, je suis homme de naissance, & je ne voudrois pas être inhumé où le colonel *Pride* est né.

Item. Je ne veux point de monument, car il *Encyclopédiana.*

me faudroit une épitaphe & des vers ; & pendant ma vie, on ne m'a que trop fait de vers.

Item. J'entends que mes chiens soient partagés entre tous les membres du conseil d'Etat. J'ai assez fait ce qu'ils ont voulu. J'ai travaillé tantôt avec les Pairs, tantôt avec les communes : ainsi, quelque chose qui arrive de moi, j'espère qu'ils ne laisseront pas mourir de besoin mes pauvres chiens.

Item. Je donne mes deux meilleurs chevaux de selle au comte de *Denbigh*, à qui je crois que les jambes vont bientôt manquer. Quant à mes autres chevaux, je les donne à Mylord *Fairfax*, afin que, quand *Cromwel* & son conseil lui ôteront sa commission, il puisse avoir quelques chevaux à commander.

Item. Je donne toutes mes bêtes fauves au comte de *Salisbury*, étant bien certain qu'il les gardera soigneusement, puisqu'il a refusé dernièrement au Roi un daim de son parc.

Item. Je donne mes Chapelains au comte de Stampfort, attendu qu'il n'a jamais fait usage d'aucun, n'en ayant connu d'autres que son fils, Mylord Grey, qui, étant en même temps spirituel & charnel, engendrera plus d'un monstre.

Item. Je donne *rien* à Mylord *Say* ; & je lui fais ce legs, parce que je sais qu'il le distribuera fidèlement aux pauvres.

Item. Attendu que j'ai menacé le sieur *Henri Mildmey*, & que je ne l'ai cependant point battu, je donne cinquante livres sterling au laquais qui l'a rossé.

Item. Je donne à *Thomas May*, à qui j'ai cassé le nez dans une mascarade, cinq schelings. Je comptois lui donner davantage : mais tous ceux qui ont vu son *Histoire du Parlement*, penseront que cinq schelings sont encore trop.

Item. Je donnerais à l'auteur du libelle contre les dames, intitulé, *nouvelles de l'exchange*, trois sols pour inventer une façon de barbouiller encore plus obscène, qu'on a vu jusqu'ici. Mais puisqu'il insulte & noircit indignement je ne sais combien de gens, je charge de son paiement le même laquais qui a payé les arrérages de *Henri Mildmey* : il lui apprendra à distinguer les femmes respectables.

Item. Je donne au lieutenant-général *Cromwel* une de mes paroles, attendu qu'il n'a gardé aucune des siennes.

Item. Je donne aux riches citoyens de Londres, ainsi qu'aux Presbytériens & à la noblesse, avis de prendre garde à leur peau ; car, par ordre de l'Etat, la garnison de Wittehall s'est fournie de poignards, & au lieu de chandelles, se sert de lanternes sourdes.

Item. Je rends l'ame:

Concordat cùm originali.

NATHANIEL BRIND.

» Je legue, difoit dans fon teftament un vieux » avare Irlandois, nommé *Tolam*, à ma belle » fœur, quatre vieux bas qu'on trouvera fous » mon lit, à droite; à mon neveu Tarles, deux » vieux autres bas; au lieutenant *John-Stein*, » un bas bleu avec mon manteau rouge; à ma » coufine, une vieille botte avec une poche de » flanelle rouge; à Hannach, ma cruche caffée ». Affemblés chez le teftateur après fa mort, Hannach dit aux autres légataires » Je vous aban- » donne mon legs ». L'un d'eux, qui fe trou- voit auprès, donna un coup de pied à la cru- che, & la caffa. A la vue de quelques pièces qui en fortirent, chaque héritier fe faifit avec empreffement de fon legs, qu'il trouva plus pré- cieux qu'il ne penfoit; car chacun des haillons du défunt avoit été & étoit le dépofitaire de fon tréfor.

Un homme riche, qui étoit un vieux garçon, étant atteint d'une maladie dangereufe, fit fon teftament; il y fit à fes domeftiques des legs qui ne feroient payables qu'au cas qu'il revînt en fanté; ils le foignerent fi bien, qu'il guérit parfaitement, il leur paya leurs legs: il difoit enfuite que c'étoit une folie de faire à des do- meftiques des legs, en cas de mort dans une ma- ladie; ils ont, dit-il, toujours la mort de leur maître devant les yeux, comme le but où ils afpirent. S'il y avoit un remede unique pour le guérir, qui dépendît d'eux, ils ne le lui donne- roient pas, de peur que les legs ne devinffent caduques.

Un bourgeois de la rue des cordeliers, grand nouvelifte, écoutoit très-affidûment un abbé, très-fougueux ennemi des Anglois; cet homme l'enchantoit par fes récits véhémens. Il avoit toujours à la bouche cette formule : » Il faut lever trente mille hommes, il faut embarquer trente mille hommes, il faut débarquer trente mille hommes, il en coûtera peut-être trente mille hommes pour s'emparer de Londres; bagatelle ». Le bourgeois tombe malade, penfe à fon cher abbé, qu'il ne peut plus entendre dans l'allée des larmes, & qui lui avoit infailliblement pré- dit la deftruction prochaine de l'Angleterre au moyen de trente mille hommes; or, pour lui mar- quer fa reconnoiffance, (car ce bon bourgeois haïffoit les Anglois fans favoir pourquoi), il lui laiffa un legs & mit fur fon teftament; » je laiffe à monfieur l'*abbé Trente mille hommes*, douze cent livres de rente; je ne le connois pas fous un autre nom, mais c'eft un excellent citoyen qui m'a certifié au Luxembourg que les Anglois, ce peuple féroce qui détrône fes fouverains,

feroit bientôt détruit ». Sur la dépofition de plu- fieurs témoins qui atteftèrent que tel étoit le fur- nom de l'abbé, qui fréquentoit le Luxembourg depuis un temps immémorial, & qui s'étoit montré fidèle *Antagonifte* de ces fiers républi- cains, le legs lui fut délivré.

Martin Heimskeck, peintre hollandois, laiffa par fon teftament de quoi marier une fille tous les ans, à condition que le jour des noces, le marié & la mariée iroient danfer fur fa foffe : cela s'exécute ponctuellement.

THALÈS, L'un des fept fages de la Grèce, né à Milet la première année de la trente-cin- quième Olimpiade. Il mourut à l'âge de 90 ans.

Thalès, fut d'abord engagé par fa famille à s'occuper du gouvernement de fa patrie; mais il crut que les avis d'un citoyen libre feroient plus utiles à la fociété que les ordres d'un ma- giftrat. Il quitta l'adminiftration des affaires pour s'adonner entièrement à la philofophie. Il fit plu- fieurs voyages, felon la coutume des anciens, afin de profiter des lumières de ce qu'il y avoit alors de gens inftruits. Sa morale étoit pure & févère : il fe montra toujours le plus grand en- nemi de la tyrannie. On lui demandoit un jour ce qu'il avoit vu de plus étrange dans fa vie; *un vieux tyran*, répondit-il.

Thalès eft à la tête de la fecte ionique, ainfi appellée de la patrie de fon fondateur, Milet en ionie. Selon lui l'eau eft le principe des chofes, tout en vient, & tout s'y réfout. Mais par cette eau, il n'entendoit autre chofe que la matière première, ou le cahos des anciens. Il n'admettoit qu'un feul monde; il le regardoit comme l'ouvrage d'un Dieu; d'où il concluoit qu'il étoit très-parfait. Dieu eft l'ame du monde; il eft incompréhenfible; rien ne lui eft caché. Il voit au fond de nos cœurs. L'ame eft immortelle; il y a des démons ou génies. Ces génies font nos ames féparées de nos corps; ils font bons fi les ames ont été bonnes, méchans fi elles ont été mechantes.

Démétrius de Phalère nous a tranfmis quelques axiomes de fa morale, tels que ceux-ci.

Il faut fe rappeller fon ami quand il eft abfent.

Ne pas accorder fa confiance fans choix.

Apprendre aux autres ce qu'on fait de mieux.

Avoir pour fon père les égards que l'on exige de fes enfans.

C'eft l'ame & non le corps qu'il faut foigner.

L'ignorant eft infupportable.

L'intempérance en tout eft nuifible.

La félicité du corps consiste dans la santé, & celle de l'esprit dans le savoir.

Ce philosophe interrogé sur l'art de bien vivre, répondit : « Ne faites point ce que vous blâmeriez dans un autre ».

Thalès vécut dans le célibat. Comme on lui demandoit pourquoi il se refusoit au doux nom de père : *Je ne veux point avoir d'enfans*, répondit-il ; *parce que je les aime*. En effet, que de peines, que de soucis, que de chagrins tourmentent un cœur paternel tendrement attaché à ses enfans ! Le légiflateur Solon, qui regardoit la propagation de l'espéce d'un œil politique, n'approuvoit point le célibat volontaire de *Thalès*. Ce philosophe, pour toute réponse à Solon, s'avisa un jour de lui envoyer un messager lui porter une fausse nouvelle de la mort de son fils ; ce père tendre est aussi-tôt plongé dans la douleur la plus profonde : alors *Thalès* vint à lui, & l'abordant d'un air triomphant : « Eh bien, trouvez-vous encore qu'il soit fort doux d'avoir des enfans ?

On raconte de lui que pour montrer à ses concitoyens que la philosophie pouvoit être utile même pour acquérir des richesses, il acheta le fruit de tous les oliviers du terroir de Milet, avant qu'ils fussent en fleur. Il avoit prévu que l'année seroit d'une grande fertilité ; aussi fit-il un gain considérable, qu'il distribua aussi-tôt pour se remettre à philosopher.

Thalès s'étoit appliqué à l'astronomie ; & un jour qu'il étoit bien occupé à consulter les astres, il se laissa tomber dans un fossé : « Hé ! comment, s'écria une bonne vieille, connoîtrez-vous ce qui se passe dans le ciel, si vous n'appercevez seulement pas ce qui est à vos pieds ? »

Un sophiste voulant embarrasser *Thalès* de Milet, lui fit des questions captieuses, auxquelles il répondit sur le champ avec précision.

Quelle est la plus ancienne des choses ? — C'est Dieu, parce qu'il a toujours été.

Quelle est la plus belle ? — Le monde, parce que c'est l'œuvre de Dieu.

Quelle est la plus grande ? — L'espace ; car il contient tout ce qui a été créé.

Quelle est la plus constante ? — L'espérance, qui reste seule à l'homme quand il a tout perdu.

La meilleure ? — La vertu, puisque sans elle il n'y a rien de bon.

La plus légère ? — La pensée qui, en un moment, se transporte au bout de l'univers.

La plus forte ? — La nécessité, qui fait braver tous les accidens de la vie.

La plus facile ? — C'est de donner un conseil.

La plus difficile ? — C'est de se connoître soi-même.

La plus sage ? — Le temps ; car il apprend à le devenir.

THÉMISTOCLE, général athénien, mort à Magnésie, l'an 464 avant Jésus-Christ.

Thémistocle, né avec une ardeur extrême pour la gloire, étoit courageux, entreprenant ; le repos seul sembloit l'inquiéter. Après la célèbre bataille de Marathon, remportée par Miltiade, sa santé parut s'altérer ; & lorsque ses amis lui en demandèrent la cause ; il leur avoua que les trophées de Miltiade ne le laissoient point dormir. Grand homme d'état, son génie, toujours prévoyant, toujours fécond en ressources, le rendit supérieur aux événemens ; personne n'a possédé à un plus haut degré l'art si souvent nécessaire de rappeler les hommes à leurs passions, pour les porter à ce qu'ils doivent faire.

Les grecs, après la journée de Marathon, se livroient à la joie d'avoir humilié Darius. Mais *Thémistocle*, qui ne regardoit cette victoire que comme l'annonce d'un orage prochain, employa son crédit sur les athéniens, & plus encore leur ancienne jalousie contre Égine, république de la Grèce, alors la plus puissante sur mer, pour les porter à construire une flotte qui devoit être le salut de la patrie dans la nouvelle guerre qu'il prévoyoit contre les perses. En effet, Xerxès, successeur de Darius au trône de Perse, ne tarda point à réunir ses forces pour venger l'affront que les perses avoient reçu à la bataille de Marathon. Eurybiade spartiate fut élu amiral des grecs durant cette guerre. *Thémistocle*, dans une occasion critique, osa être d'un sentiment opposé à cet amiral, & lorsque celui-ci, irrité de cette résistance, le menaça de le frapper, *frappe*, lui cria *Thémistocle*, *mais écoute*. L'intrépide athénien eut tout l'honneur du combat naval qui se donna à Salamine : mais ce qui le flatta le plus, comme il l'avoua depuis, ce furent les acclamations publiques qu'il reçut aux jeux olympiques.

La manière dont Athènes fut instruite de la principale part que *Thémistocle* avoit eue à cette fameuse journée de Salamine, mérite d'être remarquée. Tous les capitaines avoient été obligés de déclarer, par des billets placés sur l'autel de Neptune, ceux qui avoient le plus contribué à la victoire. Chacun, après s'être donné la première part, adjugea la seconde à *Thémistocle* ; & le peuple crut alors devoir décerner la première récompense à celui que chacun des capitaines en avoit regardé comme le plus digne après lui. Nous sommes, par la vanité, & sur-tout par l'ignorance, dit un auteur moderne, tellement nécessités à nous estimer préférablement aux autres, que le plus grand homme dans chaque art est pareillement celui que chaque artiste regarde comme le premier après lui.

Thémistocle, chargé par les athéniens de lever des subsides considérables sur les alliés de la république, s'acquitta facilement de sa commission sur les villes riches, parce qu'on pouvoit leur enlever une contribution plus forte que celle demandée : mais les habitans d'Andros, réduits à l'indigence, ne craignirent point de résister à ses ordres. Le général athénien leur déclara qu'il venoit accompagné de deux puissantes divinités, *le besoin & la force*, qui, disoit-il, entraînent toujours la persuasion à leur suite. — « *Thémistocle*, lui répondirent les habitans d'Andros, nous nous soumettrions, comme les autres alliés, à tes ordres, si nous n'étions aussi protégés par deux divinités non moins puissantes que les tiennes, l'indigence & le désespoir qui méconnoissent la force ».

Thémistocle, après une célèbre victoire, marchant sur les dépouilles des ennemis, dit à celui qui le suivoit : « Ramasse ces dépouilles pour toi, car tu n'es pas *Thémistocle* ».

Ce général avoit un fils qui avoit beaucoup d'empire sur sa mère. Ce petit garçon que vous voyez-là, disoit-il un jour en riant à ses amis, c'est l'arbitre de la Grèce ; car il gouverne sa mère, sa mère me gouverne, je gouverne les athéniens, & les athéniens gouvernent les grecs. Oh ! quels petits conducteurs, ajoute un auteur moderne, on trouveroit souvent aux plus grands empires, si du prince on descendoit par degrés jusqu'à la première main qui donne le branle en secret !

Le poëte Simonide, demandant à *Thémistocle* quelque chose de contraire aux loix, il le renvoya, en lui disant : Si dans tes poëmes tu faisois des vers contre la mesure, passerois-tu pour un bon poëte ? & si je faisois quelque chose de contraire à la disposition des loix, devroit-on m'estimer un bon prince ?

Thémistocle préféra pour marier sa fille, un citoyen pauvre, mais instruit, à un autre qui étoit riche, mais ignorant. « J'aime mieux pour mon gendre, ajoutoit-il, un homme qui ait besoin de bien, que du bien qui ait besoin d'un homme ».

Les athéniens, à qui la supériorité des talens de *Thémistocle* portoit ombrage, le bannirent par le jugement de l'ostracisme : il se retira en Asie. Artaxercès Longue-main, qui eût dû être son plus cruel ennemi, si le mérite n'avoit des droits sur tous les cœurs, lui avoit offert un asyle. Ce prince lui donna le gouvernement de Magnésie. La guerre s'étant élevée entre les perses & les grecs, le roi le chargea du commandement général de ses ar-

mées ; mais le généreux athénien refusa constamment de porter les armes contre son ingrate patrie, & afin de ne pas se rendre plus long-temps coupable d'un refus envers Artaxercès son bienfaiteur, il se donna la mort.

THÉODOSE LE GRAND, (Flavius Theodosius magnus) empereur, né dans une ville de la Galice en Espagne. Il mourut à Milan le 17 janvier 395 agé de cinquante ans.

Théodose mérita le surnom de *Grand* par ses victoires sur les gots, les alains, & l'usurpateur Maxime, & par son zèle pour la foi catholique. Dans les trois premières années de son règne, il ne condamna personne à mort. Il ne fit usage de son pouvoir que pour rappeller les exilés, relever par ses libéralités les familles ruinées, il faisoit grace aux coupables dont les crimes pouvoient être oubliés. Il avoit rendu une loi par laquelle il étoit ordonné aux magistrats de visiter les prisons à l'approche des fêtes de Pâques, & de délivrer les prisonniers qui ne se seroient pas rendus coupables des crimes spécifiés par cette même loi. Ce fut en portant cette ordonnance qu'il dit ces paroles mémorables : *Plût à Dieu qu'il fût en mon pouvoir de ressusciter les morts.*

Il avoit commis des juges à l'examen d'une conspiration qu'on prétendoit formée contre sa personne. Comme il les exhortoit à procéder avec équité & avec douceur : « Notre premier soin, » dit un des commissaires, doit être de songer à » la conservation du prince ». *Songez plutôt à sa réputation*, répond Théodose ; *l'essentiel pour un empereur n'est pas de vivre long-temps, mais de bien vivre.*

Théodose avoit donné pour précepteur à Arcadius son fils aîné, Arsene, diacre de l'église romaine, non moins recommandable par son mérite que par sa naissance. Un jour l'empereur étant entré dans la chambre du prince pour assister à ses études, il le trouva assis, & Arsene debout. Il se fâcha contre Arsene de ce qu'il en usoit ainsi, lui dit de s'asseoir, & ordonna au jeune prince d'être debout & découvert quand son précepteur lui parleroit, ajoutant qu'il le croiroit indigne du trône Impérial, s'il ne rendoit à chacun ce qui lui est dû.

Les cruelles guerres que *Théodose* eut à soutenir contre l'usurpateur Maxime, l'avoient mis dans la nécessité d'imposer sur ses peuples un nouveau tribut qui fit soulever les habitans d'Antioche. Ils renversèrent les statues de l'empereur, de l'impératrice Flaccille, & des princes leurs enfans, & se portèrent aux dernières extrémités. *Théodose* ne fut pas plutôt instruit de cette révolte, que, n'écoutant que son premier ressentiment, il voulut que cette ville rebelle fût détruite, & ses habitans ensevelis sous ses ruines.

Les passions dans ce prince étoient vives & violentes ; mais ses réflexions & sa piété le ramenoient aussitôt à la douceur ; il se contenta d'ôter à la ville d'Antioche ses privilèges qu'il lui rendit à la prière du saint évêque Flavien. Si deux années après *Théodose* se rendit coupable du massacre de Thessalonique qui s'étoit également révoltée contre son souverain, c'est qu'il eut le malheur de trouver à sa cour un de ces hommes perfides & habiles à se revêtir de toutes les apparences des vertus pour surprendre la confiance du prince. Un conducteur de chars de Thessalonique, coupable d'un crime infâme, avoit été mis en prison par les ordres de Botheric, gouverneur de l'Illyrie. Le temps des courses du cirque approchoit, & le peuple de Thessalonique passionné pour les spectacles, & qui croyoit ce cocher nécessaire à ses plaisirs, s'attroupa pour demander son élargissement. Sur le refus du commandant, il se mutina. La sédition fut violente ; plusieurs magistrats y perdirent la vie, & Botheric donnant ses ordres pour contenir cette troupe de mutins, fut lui-même massacré. *Théodose*, d'un tempéramment toujours vif & violent, fut enflammé de colère à la nouvelle de cet attentat. Un de ses favoris & de ses ministres, nommés Rufin, homme d'un esprit insinuant, mais pervers & caché, lui représenta qu'il étoit nécessaire de donner un exemple capable d'arrêter pour toujours les séditions, & de maintenir l'autorité du prince dans la personne de ses officiers. Les ordres en conséquence furent expédiés pour faire passer tous les thessaloniciens au fil de l'épée. C'étoit confondre l'innocent avec le coupable, & renverser toutes les loix divines & humaines qui veulent que le souverain ne verse le sang de ses sujets coupables qu'avec le glaive de la justice. L'histoire ajoute que *Théodose* revenu à lui-même, & touché de repentir, avoit envoyé de nouveaux ordres pour revoquer les premiers ; mais la rapidité avec laquelle ils furent exécutés, ne lui laissa pas le temps de réparer sa faute. La perfidie qu'on apporta dans leur exécution, semble ajouter encore à l'atrocité de l'action. Les officiers chargés de la lettre du prince, avoient annoncé pour le lendemain une course de chars. Le peuple qui ne savoit pas qu'il couroit à la mort, se rendit en foule dans le cirque. Des soldats placés dans différens postes s'approchent, aussitôt au signal qu'on leur donne. Ils poussent un grand cri, & se jettent avec fureur sur la multitude. On frappe, on égorge, on tue les enfans sur le sein de leurs mères. Des étrangers, des citoyens paisibles qui n'avoient eu aucune part à la sédition, sont enveloppés dans le massacre. Au milieu de ces horreurs, on remarqua une action généreuse que l'histoire a transmise. Un esclave voyant son maître saisi par les soldats, l'arrache de leurs mains, & pour lui donner le temps de s'échapper, il se livre lui-même, & reçoit la mort avec joie. Le massacre

dura trois heures. Sept mille hommes y périrent.

Théodose avoit imité David dans son péché, il l'imita également dans sa pénitence. Lorsque le cœur déchiré de remords, ce prince religieux se présenta pour entrer dans l'église de Milan, il souffrit qu'Ambroise, archevêque de cette ville, lui en refusât l'entrée. Rien ne fut comparable à la fermeté héroïque du saint évêque, que la profonde humilité de l'empereur, qui, se sentant coupable, se soumit à une pénitence publique comme le moindre de ses sujets.

Théodose, convaincu par sa propre expérience que l'innocence n'est que trop souvent la victime des passions ou des erreurs d'un juge, ordonna par une loi que les sentences de mort & de confiscation de biens n'auroient leur exécution que trente jours après qu'elles auroient été prononcées. Son objet étoit de laisser à la raison le temps de revenir à l'examen, & de réformer les jugemens dans lesquels elle n'auroit pas été consultée. Au reste cette loi de *Théodose* ne faisoit qu'étendre aux jugemens rendus par le prince, ce qui se pratiquoit à l'égard des sentences prononcées par les tribunaux. Le sénat romain sous le règne de Tibère avoit ordonné que les sentences de condamnation ne seroient mises à exécution qu'après un délai de dix jours.

Si quelque sage réglement peut encore faire pardonner à *Théodose* son crime envers ses sujets de Thessalonique, c'est cette loi par laquelle il défend aux juges de punir les paroles qui n'attaquoient que sa personne. « Si quelqu'un, écrivoit-» il au préfet du prétoire, s'échappe jusqu'à diffa-» mer notre nom, notre gouvernement & notre » conduite, nous ne voulons pas qu'il soit sujet à » la peine ordinaire portée par les loix, ou que » nos officiers lui fassent souffrir aucun traite-» ment rigoureux. Car, si c'est par légéreté qu'il » a mal parlé de nous, il faut le mépriser ; si c'est » par une aveugle folie, il est digne de compas-» sion ; & si c'est par malice, il faut lui pardon-» ner ». On renverse tout, a dit le président de Montesquieu, si l'on fait des paroles un crime capital, au lieu de les regarder comme le signe d'un crime capital.

THÉOPHRASTE, disciple d'Aristote florissoit vers l'an 322 avant J. C., il est le premier qui ait rassemblé une nombreuse bibliothèque, ses héritiers en eurent peu de soin & sachant qu'Eumene roi d'Attale avoit envie de la faire transporter à Pergame, ils l'enterrèrent. Long-temps après ces mêmes livres furent vendus à Appellicon, tous rongés de vers. Celui-ci les fit transcrire le mieux qu'il pût, Lucius Sylla, s'étant rendu maître d'Athènes, les fit transporter à Rome suivant Strabon.

THOU, (Jacques Augufte de) né à Paris, l'an 1553, mort en 1617.

Cette hiftorien étoit fi modefte, qu'en apprenant la mort de Pierre Pithou, il fut prêt à déchirer fon hiftoire, n'ayant plus, difoit il, perfonne qui pût le diriger dans fa compofition, comme avoit fait juiques-là ce favant.

Dans un voyage que je fis en Languedoc avec M. de Schomberg, dit M. de Thou, j'allai voir l'évêque de Mende à fa campagne qu'on appelle Chanac. Nous y fûmes régalés avec magnificence. Nous remarquâmes qu'on ne fervoit aucune pièce de gibier à laquelle il ne manquât ou la tête ou la cuiffe, ou l'aile ou quelqu'autre partie, ce qui donna occafion de faire dire agréablement au prélat, qu'il falloit pardonner à la gourmandife de fon pourvoyeur qui goûtoit le premier tout ce qu'il apportoit. Quand nous eûmes appris que ces pourvoyeurs étoient des aigles, nous fouhaitâmes d'examiner les chofes de plus près. Nous vîmes ce qu'on nous avoit dit, que les aigles font leurs aires dans le creux de quelque roche inacceffible. Auffi-tôt que les bergers s'en font apperçus, ils bâtiffent au pié de la roche une petite loge qui les met à couvert de la furie de ces aigles, lorfqu'ils portent leur proie à leurs petits. Quand les bergers voient que le père & la mère fe font retirés pour retourner à la chaffe, ils grimpent vîte fur la roche, & en rapportent ce que les aigles ont apporté à leurs petits. Ils laiffent à la place les entrailles de quelques animaux : mais comme ils ne le peuvent faire fi promptement que les pères ou l'Aiglon n'en aient déjà mangé une partie, cela eft caufe qu'on fert le gibier mutilé, mais d'un goût fupérieur à tout ce qui fe vend au marché. Lorfque l'Aiglon eft affez fort pour s'envoler, ce qui n'arrive que tard parce qu'on l'a privé de fa nourriture, les bergers l'enchaînent, afin que le père & la mère continuent à lui porter de leur chaffe, jufqu'à ce que le père le premier & enfuite la mère l'oublient entièrement. Alors les bergers l'emportent chez eux ou le laiffent là.

Il arriva en 1598 à de Thou une aventure fort fingulière à Saumur où il finiffoit l'affaire de la foumiffion du duc de Mercœur. Il y avoit alors dans cette ville une folle que ce magiftrat n'avoit jamais vûe, & dont il n'avoit pas même entendu parler. Cette folle n'étoit point gardée par fa famille, couroit çà & là, & fervoit de jouet au peuple. Cherchant la nuit un lieu où elle pût fe retirer, elle entra par hafard dans la chambre du préfident de Thou, qui dormoit alors, & qui n'avoit fermé fa porte ni à la clé ni aux verrous, fes domeftiques couchant dans des chambres à côté de la fienne. La folle qui connoiffoit la maifon entra fans faire de bruit

dans la chambre du préfident de Thou, & fe mit à fe déshabiller auprès du feu, elle plaça fes habits fur des chaifes autour de la cheminée pour les fécher, parce qu'on lui avoit jetté de l'eau. Lorfqu'elle eut un peu féché fa chemife, elle fe coucha fur les piés du lit qui étoit fort étroit, & commença à dormir profondément. De Thou s'étant quelque temps après tourné dans fon lit, fentit un poids extraordinaire fur fes piés, & voulut le fecouer ; la folle tomba, & par fa chûte réveilla de Thou qui, ne fachant ce que ce pouvoit être, douta pendant quelque temps s'il ne rêvoit point. Enfin entendant marcher dans fa chambre, il ouvrit les rideaux de fon lit ; & comme les volets de fes fenêtres n'étoient point fermés & qu'il faifoit un peu clair de Lune, il vit une figure blanche marchant dans fa chambre. Appercevant en même temps les haillons qui étoient près de la cheminée, il s'imagina que c'étoit des gueux qui étoient entrés pour le voler. La fille s'étant alors un peu approchée du lit, il lui demanda qui elle étoit ; elle lui répondit qu'elle étoit la reine du ciel : il connut alors à fa voix que c'étoit une femme, il fe leva, & ayant appellé fes domeftiques, il fit mettre cette femme dehors puis fe recoucha. Le matin il raconta ce qui lui étoit arrivé à Schomberg, qui, quoique très-courageux, lui avoua qu'en pareil cas il auroit eu beaucoup de peur. Schomberg le conta au roi qui dit la même chofe. Quelque temps après ce prince étant à Vêpres le jour de Pâques, lorfqu'on vint à entonner le *Regina Cœli lætare*, il fe leva & fe fouvenant de l'aventure du préfident de Thou, il le chercha des yeux dans l'églife.

Les Anglois pour marquer le cas qu'ils font de l'hiftoire de M. de Thou, ont déchargé le libraire qui en a annoncé une belle édition, de tous les droits, taxes, impofitions qui fe lèvent fur le papier & fur l'imprimerie : or ces droits font très-forts en Angleterre.

THRASYMEDES, jeune athénien, ravit la fille de Pififtrate dont il étoit amoureux. Il la furprit fur mer dans le temps qu'elle offroit un facrifice à Neptune. Le frère de cette fille nommée Hyppias, pourfuivit le raviffeur, le prit avec fa proie, les ramena à Athènes, & accufa *Thrafymedes* de rapt. Le jeune Athénien au lieu de demander grace, dit à Pififtrate, qu'il le traitât comme bon lui fembleroit, parce que s'étant déterminé à enlever fa fille, il s'étoit auffi préparé à fouffrir telle mort qu'on voudroit, s'il étoit pris. Pififtrate admirant fa conftance, lui fit grace, & lui donna fa fille en mariage.

TIBERE, (*Claudius Tiberius Nero*) empereur romain, mort l'an 37 à 78 ans.

Tibère, après la mort d'Auguste qui l'avoit nommé son successeur à l'empire, prit en mains les rênes de l'état. Mais ce rusé politique, pour faire légitimer par le sénat son élévation au trône, feignoit de refuser la puissance souveraine. On le prioit, on le pressoit, il répondoit par des discours étudiés sur la grandeur de l'Empire, sur la modération dans laquelle il lui convenoit de se renfermer. Peut être aussi vouloit-il par cette modestie apparente découvrir les sentimens des premiers citoyens. Cependant il exerçoit hautement dans tout l'Empire les actes de souveraineté. Cette conduite si contraire au langage qu'il tenoit dans le sénat, souleva l'indignation de quelques sénateurs ; & si nous en croyons Suétone, un d'eux lui dit en face ce mot assez vif : » La plupart tardent à exécuter ce qu'ils » ont promis ; mais pour vous, César, vous » tardez à promettre ce que vous exécutez d'a- » vance ».

Tibère, à l'exemple d'Auguste, rejetta toujours le nom de seigneur ou de maître. Il disoit souvent : » Je suis le maître de mes esclaves, le » général des soldats, & le chef des autres ci- » toyens ».

Ce prince, dans le commencement de son regne, fit paroître un grand zèle pour la justice, & il y veilloit par lui même. Il se rendoit souvent aux tribunaux assemblés, & se mettant hors des rangs, pour ne point ôter au préteur la place de président qui lui appartenoit, il écoutoit la plaidoirie. L'amer Tacite ajoute que *Tibère* ne faisoit ainsi respecter les droits de la justice que pour diminuer ceux de la liberté. L'avarice n'étoit point le vice de ce prince ; & il eut toujours attention que les peuples ne fussent point foulés par des impositions trop onéreuses. Un préfet d'Egypte ayant envoyé au trésor impérial une somme plus forte que celle que devoit fournir sa province, *Tibère*, au lieu de lui en savoir gré, lui écrivit qu'il falloit tondre les brebis, & » non par les écorcher ».

Un ancien préteur, nommé Propertius Celer, avoit demandé la permission de quitter le rang de sénateur qui lui étoit onéreux. *Tibère*, instruit que sa pauvreté n'étoit pas l'effet de sa mauvaise conduite, & qu'il avoit eu peu de bien de son père, lui fit don d'un million de sesterces (de cent vingt mille livres.)

Cette libéralité encouragea un certain Allius pareillement ancien préteur, mais qui avoit dissipé son bien par la débauche, à supplier l'empereur de payer ses dettes. Préteur, lui dit *Tibère* qui sentoit où tout cela pouvoit aller, *vous vous êtes éveillé bien tard*. Cependant il ne lui refusa point sa demande ; mais il exigea qu'il lui remît le montant de ses dettes ; & dans l'ordonnance qu'il lui délivra sur son trésor, il fit

exprimer qu'il donnoit *telle somme à Allius dissipateur*, c'étoit prudemment joindre la sévérité à l'indulgence.

Ce prince, par un établissement sage, donna de l'activité à la circulation des espèces, & du mouvement au commerce que le désordre des affaires avoit interrompu à Rome & dans les provinces. Il fit un fond de banque de cent millions de sesterces. (douze millions cinq cens mille livres), où chacun pût venir emprunter pour trois ans sans intérêt telle somme qu'il lui conviendroit, sous la condition d'hypothéquer le double de valeur en biens fonds. Moyennant cette ressource, l'argent recommença à circuler, & le commerce fut rétabli entre les citoyens.

Ce prince remédioit autant qu'il lui étoit possible, par ses soins & ses largesses, aux inconvéniens qui naissoient de la stérilité des terres ou des difficultés de la navigation. Tacite rapporte que dans une disette il fixa le prix du bled, & donna aux marchands une gratification de deux sesterces par boisseau.

Les sénateurs en corps avoient témoigné à *Tibère* leur desir de donner son nom au mois de novembre dans lequel il étoit né. Ils lui représentoient que deux mois de l'année portoient déjà les noms l'un de Jules César, & l'autre d'Auguste. (Juillet & août) *Tibère*, qui n'aimoit pas une flatterie trop servile, leur répondit par ce mot également vif & plein de sens : » Que ferez-vous donc, sénateurs, si vous avez » treize Césars » ?

Des ambassadeurs d'Ilion étoient venus lui faire des complimens de condoléance sur la mort de Drusus son fils. Comme ils avoient tardé à venir : » Je prends aussi beaucoup de part, leur » dit *Tibère*, à la douleur que vous a causée » la perte d'Hector ».

Le luxe s'étoit beaucoup accru à Rome du temps de *Tibère*, & les édiles avoient proposé dans le sénat le rétablissement des loix somptuaires. Ce prince, qui voyoit bien que le luxe est quelquefois un mal nécessaire, s'y opposa : » L'état ne pourroit subsister, disoit-il, dans la » situation où sont les choses. Comment Rome » pourroit-elle vivre ? comment pourroient vi- » vre les provinces ? Nous avions de la fru- » galité lorsque nous étions citoyens d'une seule » ville ; aujourd'hui nous consommons les ri- » chesses de tout l'univers ; on fait travailler » pour nous les maîtres & les esclaves. ».

Tibère changeoit rarement les principaux officiers de son empire. Il disoit pour raison que les mouches rassasiées ne piquent pas si fort.

Ces derniers traits annoncent un homme d'esprit, & ceux que nous avons rapportés plus haut , un prince libéral. Tous les crimes dont *Tibère* se couvrit sur la fin de son règne, n'effacerent point en lui cette derniere qualité.

Tibère donna bientôt après des preuves de sa cruauté. Archelaüs , roi de Cappadoce, avoit refusé de rendre aucun service à ce prince pendant une espèce d'exil où il avoit été à Rhodes sous l'empire d'Auguste. *Tibère* parvenu à l'empire, ne jugea pas indigne d'un empereur de venger les injures faites à un simple commandant d'Auguste. Il joignit même la perfidie à la méchanceté. Il invita Archelaüs de se rendre à Rome , & employa les plus flatteuses promesses pour l'y attirer. A peine ce prince fut-il arrivé, qu'on lui intenta deux frivoles accusations , & qu'on le jetta dans une obscure prison , où il mourut accablé de chagrin & de misère. Ces barbaries ne furent que l'avant-coureur des plus grands forfaits. Il fit mourir Julie sa femme & fille d'Auguste , Germanicus, Agrippa , Drusus , Séjan. Ses parens, ses amis, ses favoris furent tour-à-tour sacrifiés à sa jalouse fureur. Mais ce tyran raffiné ne leur arrachoit la vie qu'après leur avoir ôté l'honneur , & c'étoit à l'ombre des loix & dans le sanctuaire même de la justice où ces malheureuses victimes croyoient se sauver, qu'il les égorgeoit. Les tribunaux étoient tombés sous ce prince dans un tel état d'avilissement, qu'ils étoient devenus les instrumens de sa tyrannie. On vit les plus illustres d'entre les sénateurs faire le métier infâme de délateurs. Leurs basses adulations étoient portées à un point qu'elles fatiguoient même *Tibère* , & l'on rapporte qu'en sortant du sénat, il lui arrivoit souvent de s'écrier : *O les lâches qui courent au-devant de l'esclavage !*

Les femmes mêmes, dit Tacite, n'étoient pas exemptes de péril ; & comme on ne pouvoit pas les accuser d'avoir tenté d'envahir la puissance souveraine, on leur faisoit un crime de leurs larmes. Viria , dame fort âgée, mère de Fusius Geminus , fut mise à mort pour avoir pleuré son fils.

Un écrivain qui avoit donné des louanges à Brutus , & avoit appellé Cassius le dernier des Romains, fut regardé comme criminel de lése-majesté , & envoyé au supplice.

Suivant un ancien usage des Romains , les filles qui n'étoient pas nubiles , ne devoient pas être mises à mort. *Tibère* trouva l'expédient de les faire violer auparavant par le bourreau.

Ce monstre mettoit tout son esprit à inventer des tourmens qui fissent long-temps souffrir sans ôter la vie ; & sa cruauté étoit devenue si ingénieuse à cet égard, que l'on regardoit la mort comme une grace de sa part. Il le pensoit si

bien qu'ayant appris qu'un accusé nommé Carnulius s'étoit tué lui-même, il s'écria : *Carnulius m'a échappé.*

Dans une autre occasion, faisant la revue des prisonniers, comme l'un d'entr'eux lui demandoit pour toute faveur une prompte mort, il lui répondit : *Je ne suis pas encore reconcilié avec toi.*

Tibère , sur la fin de ses jours, n'osant jetter les yeux sur Rome où tout lui retraçoit ses crimes , où chaque famille lui reprochoit la mort de son chef, où chaque ordre pleuroit le meurtre de ses plus illustres membres , alla s'ensevelir dans l'isle de Caprée. Il oublia dans sa retraite toutes les affaires , pour ne s'occuper que de ses débauches. Des serrails où il n'y avoit pas une seule femme , étoient destinés à ses prostitutions. Les poëtes les plus lascifs faisoient ses lectures ordinaires , & l'infâme *Tibère* en faisoit encore réaliser les peintures devant ses yeux pour ranimer en lui le feu de la luxure prêt à s'éteindre. Il inventa même des espèces nouvelles de lubricités, & des noms pour les exprimer. Mais il n'y a qu'une plume telle que celle de Suétone qui ait pu s'abaisser à tracer toutes les infamies par lesquelles ce vieillard impur a décrié pour jamais le nom de l'isle de Caprée.

Pendant le cours de cette vie infâme , les Daces & les Germains s'emparèrent de la Mœsie , & les Germains désolèrent les Gaules. Artabane, roi des Parthes , après lui avoir enlevé l'arménie , l'insulta impunément par des lettres injurieuses où il lui reprochoit ses parricides , ses meurtres, ses débauches & sa lâche oisiveté, & finissoit par l'exhorter à expier, par une mort volontaire, la juste haine des Romains. Le bouc de Caprée se réveilla enfin, mais ce fut pour se donner un successeur à l'Empire digne de lui. Il se détermina en faveur de Caïus Caligula, dans lequel il avoit remarqué des vices capables de faire oublier les siens : » J'élève, disoit-il , en la personne de ce jeune prince , un serpent pour le peuple Romain, & un Phaëton pour le reste du monde ».

Tibère tomba malade à Mizène dans la Campanie , & on le crut mort pendant quelque temps. A cette première nouvelle, Caligula son successeur désigné s'étoit assuré des officiers & des troupes qu'il avoit pu joindre. Mais lorsqu'il faisoit ses préparatifs pour s'avancer vers Rome, il apprit que *Tibère* respiroit encore. Le jeune prince se voyoit par sa précipitation imprudente entre le trône & le tombeau, lorsque Macron son favori, endurci au crime, & connoissant tout le danger qu'il y avoit de reculer, ordonna que l'on jettât sur le vieil empereur des coussins & des matelats pour l'étouffer.

Tibère avoit composé des mémoires sur sa vie, qui existoient du temps de Suétone. Ce prince se piquoit de savoir écrire, & s'occupoit très-férieusement du choix de ses expressions. Il consulta un jour Ateius Capito sur un mot qu'il ne croyoit pas latin. Ce grammairien bassement flatteur, lui dit, que quand le mot dont il s'agissoit n'auroit point été usité jusqu'alors, son autorité le feroit admettre. Un autre grammairien fut plus franc : » César, lui dit-il, vous pouvez donner le droit de bourgeoisie aux hommes, mais non pas aux mots ».

TIMON, surnommé le Misantrope à cause de la haine qu'il portoit au genre humain. Il étoit d'Athènes, & vivoit vers l'an 420 avant Jesus-Christ.

Timon étoit un de ces hommes qui, à force de singularité, parviennent à se rendre célèbres. Il haïssoit tous les hommes, les uns, disoit-il, parcequ'ils sont méchans, & les autres à cause de leur complaisance pour les méchans.

Il parut n'aimer que le jeune Alcibiade en qui il remarquoit des passions vives & turbulentes. Comme on lui demandoit raison de cette amitié extraordinaire : » C'est, répondit-il, parce que je » prévois que l'ambition de ce jeune homme cau-» sera la ruine des athéniens.

Un jour qu'Alcibiade venoit de haranguer le peuple, *Timon* l'aborda, & lui frappant dans la main : » Courage, mon ami, je te sais gré du » crédit que tu acquiers ; deviens l'homme à » la mode, tu me feras raison de nos insensés » d'Athéniens ».

Quelqu'un l'ayant invité à un festin, lui dit : » Voici un repas qui doit vous être agréable ». *Oui*, lui répondit Timon, *si tu n'y étois pas*.

Il parut un jour, contre son ordinaire, dans l'assemblée du peuple auquel il dit à haute voix : » Qu'il avoit un figuier auquel plusieurs citoyens » s'étoient pendus ; qu'il vouloit le couper pour » bâtir en sa place ; & qu'il leur donnoit avis que » s'il y avoit quelqu'un parmi eux qui voulût s'y » pendre, il eut à se dépêcher promptement ».

Son sépulcre étoit sur le bord de la mer, & cette espèce de fou avoit lui-même composé son épitaphe dans laquelle il faisoit des imprécations contre ceux qui la liroient.

Callimaque de Cyrène, poëte grec, fait dire à *Timon* dans une épitaphe qu'il avoit composée pour ce Misantrope : » C'est dans ces lieux que, » pour me dérober au commerce des humains, » j'ai choisi mon habitation. Qui que tu sois, passe ; » accable moi, si tu veux, d'invectives & d'im-» précations, mais passe ».

Encyclopédiana.

TINTORET (Jacques Robusti, surnommé le) né à Venise, l'an 1512, mort en 1594.

Le surnom du *Tintoret* fut donné à ce peintre, parcequ'il étoit fils d'un teinturier. Le Titien, qui l'eut pendant quelque temps au nombre de ses élèves, entrant un jour dans l'endroit où il travailloit, apperçut des cartons remplis de dessins, & de figures coloriées, & demanda qui les avoit faits. Le *Tintoret* n'osoit s'en avouer l'auteur, craignant qu'il n'y eût des fautes considérables ; il vint enfin humblement & d'une voix tremblante déclarer la vérité. Le Titien alors fut jaloux, dit-on, des progrès du jeune peintre, par lequel il appréhenda de se voir surpasser quelque jour : il se retira sans rien dire, & chargea l'un de ses élèves, de lui signifier qu'il eût à sortir sur le champ de sa maison.

Le *Tintoret*, loin d'en vouloir au Titien pour son mauvais procédé, ne cessa jamais d'estimer les talens de son premier maître. Ne voulant point perdre de vue deux modèles qu'il se proposoit, il écrivit ces mots sur les murs d'une petite chambre où il se tint renfermé pendant plusieurs années, ne songeant qu'à se perfectionner dans la peinture : *il disegno di Michel-Angelo, ed il colorito di Titiano*, (le dessin de Michel-Ange & le coloris du Titien.)

On peut reprocher au *Tintoret* de s'être quelquefois trop négligé. Annibal Carrache disoit de ce peintre : « Ses ouvrages sont tantôt au dessus » du Titien ; & tantôt fort au dessous du rien ».

A Venise il étoit comme passé en proverbe, que le *Tintoret* avoit trois pinceaux, dont il se servoit au gré de ses caprices, l'un d'or, l'autre d'argent, & le troisième de fer.

Le *Tintoret* a représenté la *Piscine miraculeuse* ; ce tableau est composé avec toute l'extravagance & l'indécence possible : une femme lève la chemise de sa compagne pour faire voir à Jésus-Christ le mal qu'elle a au milieu de la cuisse.

La confrérie de saint-Roch, à Venise, possède ce tableau.

Le *Tintoret* refusa d'être fait chevalier de saint Michel, par les mains de Henri III., roi de France, voyant avec quelle facilité Henri prodiguoit cet Ordre.

Le *Tintoret* n'étoit pas plus intéressé qu'ambitieux. Jaloux d'acquérir de la gloire, & cherchant toutes les occasions de donner carrière à ses talens, il proposoit souvent de peindre les plus grands ouvrages, pour le seul débourse des couleurs.

Comme il étoit question de décorer certaine église d'un excellent tableau, on exigea que plusieurs peintres fameux fissent chacun un dessin,

& l'on se proposoit de choisir le meilleur. Le jour fixé pour recevoir les esquisses de tous les concurrens, le *Tintoret* apporta un tableau entièrement fini, & le mit à l'endroit qu'il s'agissoit de remplir. Surpris de son extrême diligence, ses rivaux se plaignirent, & soutinrent que c'étoit manquer à la convention. Mais ils eurent beau dire, le tableau resta toujours à sa place, en dépit même des personnes qui avoient proposé le concours, & qui, desirant un ouvrage d'un autre genre, déclarèrent au *Tintoret* qu'il n'avoit qu'à le reprendre, attendu qu'il n'en seroit point payé. — « Hé bien! leur répondit-il, je vous en fais présent ».

Des peintres flamands lui montrèrent un jour des têtes dessinées avec la plus grande patience. Le *Tintoret* leur demanda combien elles leur avoient coûté de temps; ils convinrent qu'ils avoient été quinze jours à les faire. Alors il prit un pinceau trempé dans du noir, fit en quatre coups une figure rehaussée de blanc, & leur dit: — » Voilà comme nous travaillons, nous « autres vénitiens ». — Les flamands sentirent toute la force du reproche.

TITE LIVE, (Titus Livius) historien latin, né à Padoue, mort l'an 17 de Jesus-Christ, la quatrième année du règne de Tibère.

Asinius Pollion a reproché à cet historien d'avoir employé dans son histoire plusieurs expressions de sa province. Si ce reproche est fondé, comme il y a lieu de le croire, nos critiques modernes, qui ne peuvent appercevoir cette *patavinité* du style de *Tite-Live*, doivent du moins avouer qu'ils sont bien éloignés de connoître toute la délicatesse de la langue latine.

Tite-Live de son vivant jouissoit de toute sa réputation. Il étoit bien venu à la cour d'Auguste. Ce prince ayant lu les louanges que l'historien avoit données à Pompée, se contenta d'en plaisanter, & de traiter *Tite Live* de partisan de Pompée: modération non moins louable que la sincérité de l'historien.

On sait, sur le rapport de Pline le jeune, qu'un citoyen de Cadix charmé de la réputation & de la gloire de *Tite-Live*, dont il entendoit toujours parler, vint à Rome des extrémités du monde alors connu pour le voir, le vit & s'en retourna. Il faut, ajoute Pline, être sans goût, sans littérature, sans émulation, pour n'être pas piqué de cette curiosité la plus agréable, la plus belle, la plus digne d'un homme qui pense.

Parmi les monumens élevés à Padoue à la gloire des illustres padouans, on en remarque un érigé à la mémoire de *Tite Live*. Le peuple de Padoue le regarde avec complaisance comme le tombeau de cet illustre historien, & se glorifie de posséder

ses cendres. Mais nous aimerions mieux qu'il pût se vanter d'avoir son histoire, dont il ne nous reste que trente-cinq livres de cent quarante, qu'il avoit composés. Freinshemius a inutilement travaillé à consoler le public de cette perte par ses fragmens.

TITE, (Titus Vespasianus) Empereur Romain, né le 30 décembre l'an 40 de Jesus-Christ, mort le 13 septembre 81.

Tite avoit cultivé la musique, l'éloquence & la poésie; & les historiens parlent avec éloge de plusieurs poëmes qu'il avoit composés en grec & en latin. Suétone ajoute qu'il écrivoit par le moyen des abréviations avec une si grande vélocité, qu'il pouvoit suivre une personne qui lisoit. Quelquefois, pour se récréer avec ses secrétaires, il s'amusoit à imiter toutes les signatures qu'on lui présentoit: aussi disoit-il souvent que la volonté seule lui avoit manqué pour être un grand faussaire.

Tite étant en Sicile, des députés de la ville de Tarse lui présentèrent une requête sur des objets pour eux d'une grande importance. *Titus* leur répondit qu'il s'en souviendroit lorsqu'il seroit à Rome, & qu'il se rendroit lui-même leur agent auprès de son père. Cette réponse paroissoit favorable & obligeante; mais Apollonius de Thyane, qui l'avoit entendue, n'en fut pas content. Usant de toute la liberté que donne la philosophie: » Seigneur, dit-il à *Titus*, si j'accusois devant vous quelques-uns de ceux-ci d'avoir conspiré contre votre personne & contre l'empire, quel traitement éprouveroient-ils de votre part? — Je les ferois périr sur le champ, répondit le prince. — Eh quoi! reprit le philosophe, n'est-il pas honteux de tirer vengeance dans le moment, & de différer les graces; de décider par vous-même du supplice, & d'attendre des ordres pour dispenser de bienfaits? » *Titus* fut frappé de cette remontrance; &, dans l'instant, il accorda aux citoyens de Tarse ce qu'ils lui demandoient.

Ce prince, avant d'obtenir le sceptre impérial, servit sous Vespasien son père, & se fit estimer par une valeur jointe à une modestie rare. Il termina la guerre des Romains contre les juifs par la ruine de Jérusalem l'an de Jesus-Christ 70. A son retour à Rome, il triompha avec son père qui l'admit aux principales fonctions du gouvernement, & le déclara par son testament seul héritier de l'empire. Il en prit possession après la mort de Vespasien le 4 juin de l'an 79 de Jesus-Christ. Le premier acte public que l'on vit de lui fut un acte de bonté. Il confirma les gratifications & les privilèges accordés par les empereurs ses prédécesseurs. Avant lui il falloit que les particuliers qui avoient reçu quelques bienfaits, en obtinssent la confirmation du nouveau prince; ce qui les exposoit à bien des difficultés.

Le nouvel empereur prit possession du grand pontificat; mais en recevant cette dignité sacrée, il déclara qu'il la regardoit comme un engagement à conserver ses mains pures, & à ne les jamais souiller du sang d'aucun citoyen.

Tite se ressouvint toujours de cet engagement, & pendant son regne qui malheureusement fut trop court, il n'ordonna la mort de personne. Deux citoyens d'une naissance illustre, sembloient néanmoins avoir mérité les plus grands supplices: Ils avoient conspiré contre leur prince, dans l'espérance de s'élever au trône. *Tite* se contenta de les faire réunir auprès de sa personne; & après leur avoir parlé moins en juge qu'en père, il leur promit de leur accorder tout ce qu'ils pourroient souhaiter. Comme la mère de l'un deux étoit absente de Rome, il dépêcha à cette dame un courier pour calmer ses inquiétudes, & l'assurer que la vie de son fils ne couroit aucun risque; & pour montrer à ses ennemis qu'il savoit oublier les injures comme les pardonner; il les invita à souper familièrement avec lui. Le lendemain assistant à un spectacle de gladiateurs, il les fit asseoir à ses côtés. Lorsque, selon l'usage, on lui apporta les armes des combattans, il les remit entre les mains de ceux qui venoient de former des desseins contre sa vie.

Domitien, son frère, ne cessoit de lui tendre des embuches; il excitoit les légions à la révolte: l'empereur ne se vengea de ce frère coupable qu'en le faisant son collègue dans le consulat.

Sous ce bon prince, il ne suffit plus d'être calomnié pour être traité en criminel. Il regardoit avec raison les délateurs comme la peste d'un état, & les chassa tous de Rome. Ce prince, le meilleur des hommes, ne croyoit pas même que l'on pût se rendre criminel de leze-majesté envers lui. « Je ne puis être outragé ni insulté, disoit il: car je ne fais rien de condamnable, & les discours qui n'ont d'autre appui que le mensonge, ne me paroissent dignes que de mépris ».

Tite, avant d'être élevé à l'empire, avoit conçu l'amour le plus violent pour Bérénice, veuve du roi de Chalcide. L'esprit, la beauté, les graces de cette princesse juive & la noblesse de ses sentimens justifioient l'attachement de *Tite* qui vouloit l'associer à son lit. Mais ce prince instruit que ce mariage déplairoit aux romains qui ne connoissoient d'autre noblesse que celle de leur sang, & ne regardoient les rois & les reines que comme des esclaves couronnés, sacrifia son penchant à la raison d'état. Il éloigna

Bérénice pour toujours. Ce triomphe d'un amant sur lui-même méritoit d'être célébré par le plus tendre de nos poëtes.

Tite, à l'exemple de Vespasien son père, prit un soin particulier de réparer les anciens édifices, ou d'en construire de nouveaux. Il achéva le fameux amphithéâtre commencé par Vespasien, & en fit la dédicace. Cette fête dura cent jours. Les jeux qu'il fit célébrer réunirent toutes les différentes espèces de spectacles. Le même lieu successivement rempli d'eau & mis à sec, présentoit des combats navals & des combats sur terre. Il y eut aussi des combats de gladiateurs & des combats de bêtes. On vit une femme attaquer un lion, & le tuer. En un seul jour, cinq mille bêtes sauvages furent employées à divertir le peuple, que *Tite* consultoit toujours avant de lui donner une fête.

Sous le règne de cet empereur, l'empire fut exposé à plusieurs calamités. La plupart des villes de la Campanie furent englouties par les éruptions du mont Vésuve. Rome elle-même fut dévorée par une peste & un incendie. Durant toutes ces calamités, *Tite* se montra un prince généreux & tendre; il déclara, par une ordonnance publiquement affichée, que toutes les pertes occasionnées par l'incendie seroient sur son compte. Il consacra aux temples & aux édifices publics tous les ornemens de ses maisons de plaisance. Il fut si jaloux de cette gloire, qu'il voulut se la réserver à lui seul; & il refusa les dons que lui offroient les villes, les rois, & même de riches particuliers, pour diminuer le poids d'une dépense si énorme.

Devoit-on espérer moins d'un prince qui ne refusoit qu'à regret une grace qu'il ne pouvoit accorder, & qui cherchoit à adoucir ses refus par des paroles obligeantes? *Un sujet, disoit il, ne doit jamais sortir mécontent de la présence de son prince.*

Les annales du genre humain ont consacré pour toujours ce mot célèbre de cet ami des hommes, qui ne comptoit ses heures que par des bienfaits. Un jour qu'il n'avoit rencontré aucune occasion d'obliger quelqu'un: *Mes amis, dit il à ceux qui soupoient avec lui, j'ai perdu ma journée.*

Une maladie dont il fut attaqué, l'emporta en peu de jours. Prêt à rendre les derniers soupirs, il leva vers le ciel des yeux presqu'éteints, & sembla se plaindre de mourir dans un âge si peu avancé, plainte bien pardonnable sans doute à un prince qui ne jouissoit de la vie que pour faire du bien.

TITIEN Vecelli, (Tiziano Vicellio) né l'an 1477, mort en 1576.

Le *Titien* est un des hommes qui a le plus joui

de la vie. Son opulence lui procuroit la satisfaction de recevoir à sa table jusqu'à des cardinaux, & de les traiter avec splendeur. Son caractère doux & toujours égal, & son humeur enjouée, le faisoient aimer & rechercher de tout le monde. Son mérite le rendoit encore respectable; & sa santé, qu'il a conservée jusqu'à l'âge de quatre-vingt-dix-neuf ans, a semé de fleurs tous les instans de sa vie.

Voici de quelle manière il travailloit ordinairement: après avoir ébauché son tableau, il le retournoit contre la muraille & sembloit l'oublier pendant quelque temps; il le reprenoit dans la suite, &, l'esprit moins rempli de son idée, il l'examinoit avec des yeux critiques, y corrigeoit ce qui lui déplaisoit, & le terminoit enfin.

Le *Titien*, avant de jouir de sa grande réputation, s'occupa long-temps à graver en bois les premiers desseins de ses tableaux.

Le *Titien* s'étant lié avec l'Arioste, ces deux grands hommes employèrent leurs talens à se faire mutuellement honneur. Le *Titien* fit le portrait de ce poète fameux, & l'Arioste a fait l'éloge du *Titien*, dans son poème de *Roland*.

Le *Titien* eut le bonheur de se faire aimer de l'Arétin, de ce poète satyrique, dont les rois craignoient l'esprit mordant & briguoient l'amitié. L'Arétin, touché du peu de fortune de notre peintre, consacroit souvent sa plume à publier ses talens, & le fit connoître à l'empereur Charles-Quint. Lorsque notre artiste travailloit, il avoit quelquefois un lecteur; c'étoit l'Arétin lui-même.

On prétend que le *Titien* laissoit souvent ouverte la porte de l'endroit où il travailloit, feignant d'avoir oublié de la fermer; ses élèves venoient aussitôt copier ses ouvrages, tandis que l'un d'entr'eux faisoit le guet. Mais le *Titien* ne leur sut point mauvais gré de leur entreprise; il retouchoit les copies qu'on vendoit ensuite, dit-on, pour d'excellens originaux.

Dans ses ouvrages, le *Titien* a quelquefois blessé la vraisemblance & le costume. Il n'a point fait difficulté d'introduire dans la *Présentation de Jésus-Christ au temple*, des pages vêtus à l'espagnole, & de mettre l'aigle d'Autriche sur les boucliers des soldats romains.

Dans ce même tableau, presque tous les juifs sont habillés en nobles vénitiens.

Le *Titien* a fait trois fois le portrait de Charles-Quint; & cet empereur disoit qu'il avoit reçu trois fois l'immortalité des mains du *Titien*.

Cet artiste ayant fait un grand tableau qui représentoit les hommes illustres de la maison d'Autriche, Charles V voulut absolument que le *Titien* s'y peignît lui-même.

L'empereur l'annoblit, ainsi que sa famille & tous ses descendans: il le décora ensuite de l'ordre de Saint-Jacques, & le créa comte palatin.

En peignant pour la troisième fois le portrait de son auguste protecteur, le *Titien* laissa tomber un de ses pinceaux, que l'empereur s'empressa de ramasser: l'artiste se jettant alors aux genoux de ce prince, s'écria: — « Seigneur, je suis indigne d'un pareil service. — Charles V lui répliqua: le *Titien* mérite d'être servi par César. »

Quand Henri III, roi de France, passa par Venise, à son retour de Pologne, il voulut connoître le *Titien*, & alla jusques chez lui pour le voir. Le *Titien* lui montra tous ses ouvrages; & comme il s'apperçut que ce prince considéroit avec beaucoup de plaisir quelques-uns de ses tableaux, il le supplia de vouloir bien les accepter.

La vue de cet artiste s'étant beaucoup affoiblie vers la fin de ses jours, il voulut retoucher quelques-uns de ses tableaux, qui ne lui paroissoient plus d'un coloris assez vigoureux; mais ses élèves craignirent qu'il ne gâtât les chef-d'œuvres qu'avoit produit son pinceau, & mêlèrent dans les couleurs dont il se servoit, de l'huile d'olive, qui ne sèche point: par ce moyen, ils effaçoient, en l'absence du *Titien*, l'ouvrage de sa vieillesse.

Le *Titien* se maria, dit-on, à l'âge de quatre-vingt-dix-neuf ans, avec une fille qui en avoit à peine quinze; & l'on attribue sa mort à ce mariage si disproportionné.

Il a peint sa femme toute nue, sous la figure de Vénus, il l'a aussi représentée en vierge avec l'enfant Jésus & le petit saint Jean: elle est, disent les connoisseurs, également bien dans les deux tableaux.

TOMPSON, (Jacques) poète anglois, mort en 1748.

Tompson, auteur du poème des *Saisons*, & de plusieurs autres ouvrages de poésie, étoit quelquefois, par son peu de fortune, réduit aux derniers expédiens. Quin, célèbre acteur anglois, informé que cet illustre écrivain venoit d'être arrêté à Londres par un de ses créanciers, va le trouver, & lui dit: « Monsieur, je viens vous remercier; j'allois mourir d'une maladie de langueur, lorsque je me suis fait lire votre poème des *Saisons*: mais il m'a fait tant de plaisir, que pour marque de ma reconnoissance, je vous avois mis dans mon testament pour deux cents livres sterlings; actuellement que ma santé est rétablie, grâce en partie à votre charmant ouvrage, & peut-être pour plus long-temps que je ne l'espérois, j'ai cru qu'il valoit mieux vous payer ce petit legs de mon vivant, que d'en donner plus tard la peine à mon exécuteur-testamentaire. Voilà donc ma dette, dont vous me permettrez de m'acquitter; »

& après avoir glissé sur la table un billet de banque de cette somme, il disparut sans laisser même à *Tompson* le temps de lui répondre.

TOST. Ce mot, en anglois, signifie *rôtir*. Il se dit plus particulièrement de l'action de boire à la santé des belles à la mode. Voici l'anecdote qui y donna lieu. Une maîtresse du roi d'Angleterre venoit de se baigner; un des courtisans avala par galanterie une tasse d'eau du bain de la déesse; chacun en but à son tour: le dernier dit: je retiens la rôtie; faisant allusion à l'usage du temps, de boire avec une rôtie au fond du verre: origine du *tost* anglois.

TRAJAN, (Marcus Ulpius Crinitus Trajanus) empereur romain, né l'an 52 de Jésus-Christ, mort l'an 117.

Trajan est le prince le plus accompli dont l'histoire ait jamais parlé. Ce fut un bonheur d'être né sous son règne: il n'y en eut point de si heureux, ni de si glorieux pour le peuple romain. Grand homme d'état, grand capitaine, ayant un cœur bon, qui le portoit au bien; un esprit éclairé, qui lui montroit le meilleur; une ame noble, grande, belle; avec toutes les vertus, n'étant extrême sur aucune; enfin, l'homme le plus propre à honorer la nature humaine, & représenter la divine.

Trajan étoit encore en Germanie, lorsque Nerva qui l'avoit désigné pour son successeur, vint à mourir. Il fut unanimement reconnu empereur par les armées de la Germanie & de la Mœsie. L'année suivante, il fit son entrée à Rome. Quoiqu'il en fût sorti simple particulier, & qu'il y revînt empereur, il sembloit qu'il n'étoit arrivé aucun changement dans sa fortune. Il étoit à pied, & tout le monde avoit la liberté de l'approcher. Il saluoit ses anciennes connoissances, & prenoit plaisir à en être reconnu. Il monta au capitole, environné de tout un peuple qui le combloit de bénédictions. Il se rendit ensuite au palais impérial, où il entra du même air que s'il eût revu sa demeure privée. Il fit mettre sur le frontispice de cet édifice, *palais public*. On pouvoit en effet regarder cette demeure comme celle de tous les citoyens. On n'y trouvoit nulle porte fermée, nulle difficulté de la part des gardes. Le moindre particulier avoit la liberté d'aborder le prince, & de lui parler. *Trajan* écoutoit tout le monde avec la même attention que s'il n'eût aucune autre affaire. Il se prêtoit même aux conversations familières de ceux qui n'avoient rien à lui communiquer. Ses amis, car il en avoit, tout empereur qu'il étoit, lui ayant un jour représenté qu'il étoit trop bon & trop indulgent. «Je veux me comporter, répondit-il, à l'égard de tout le monde, de la même manière que je souhaiterois qu'un empe-

reur se comportât envers moi lorsque je n'étois que simple particulier».

Les premiers soins de *Trajan* furent de rétablir la discipline militaire. Le mérite sous lui ne craignit pas de se montrer au grand jour.

Les citoyens en qui il avoit reconnu les sentimens les plus nobles, les plus généreux, étoient ceux qui avoient le plus de droit à sa faveur. Il pensoit que l'élévation du cœur qui rend un homme ennemi du despote, l'attache inviolablement à son empereur.

Quelques courtisans, jaloux du crédit de Sura, le plus cher de ses favoris, l'accusèrent de tramer des desseins contre la vie de son prince. Il arriva que ce jour-là même Sura invita l'empereur à souper chez lui. *Trajan* y alla, & en entrant dans la maison, il renvoya toute sa garde. Il prit les bains avant de souper, & se fit raser par le barbier de Sura, & se mit ensuite à table à côté de son ami.

Un magistrat qu'il avoit mis en place lui ayant demandé la permission de passer le reste de ses jours à sa campagne, *Trajan* qui souhaitoit l'avoir auprès de lui, céda néanmoins à ses instances. Il l'accompagna jusqu'au moment qu'il devoit s'embarquer sur mer, & l'embrassa tendrement en se séparant de lui.

Trajan ne se regardoit que comme le premier magistrat de l'empire, & se croyoit en cette qualité comptable envers ses sujets, qu'il regardoit plutôt comme ses concitoyens, de l'administration qui lui avoit été confiée. La première fois qu'il créa un préteur, il dit, en lui remettant, selon l'usage, une épée entre les mains, ces mots célèbres que tout le monde a retenus: « Recevez de moi cette épée, & servez vous en sous mon règne, ou pour défendre en moi un prince juste, ou pour punir en moi un tyran».

Plusieurs héritiers s'étoient inscrits en faux contre un testament, & avoient intenté action à ce sujet contre un certain Eurythmus. Lorsque ces héritiers sçurent que cet Eurythmus étoit un affranchi de *Trajan*, ils voulurent par respect se désister de leur accusation. L'empereur en fut instruit: « Pourquoi, leur dit-il, vous désister? Mon affranchi n'est point Polyclete, ni moi Néron ».

Il rendit les ordonnances les plus sévères contre la troupe infame des délateurs, il abolit tous les prétendus crimes de lése-majesté. «O temps heureux, s'écrie Tacite, en parlant du règne de ce sage empereur, où l'on n'obéit qu'aux loix, où l'on peut penser librement, & dire librement ce que l'on pense, où l'on voit tous les cœurs voler au-devant du prince, où sa vue seule est un bienfait! »

Les tribunaux étoient toujours ouverts à quiconque croyoit avoir à se plaindre des agens & des intendans de l'empereur ; & le fisc, dit Pline, dont la cause n'est jamais mauvaise que sous un bon prince, perdoit souvent son procès. Trajan avoit coutume de dire « que le fisc est dans l'état ce qu'est dans le corps humain la rate, qui ne peut croître sans que les autres membres en souffrent, & tombent dans l'amaigrissement ». Si cette expression n'est pas conforme à l'expérience, elle fait connoître du moins les sentimens patriotiques qui animoient ce bon prince.

Trajan rendit à son peuple cette multitude de maisons de plaisances, de palais, de jardins superbes que l'avidité des premiers Césars avoient envahis. Cet empereur ne se permettoit de magnificence que dans les monumens publics. Le plus célèbre est la nouvelle place qu'il bâtit dans Rome, & qui porta son nom. Pour en préparer le sol, il fallut couper une colline de cent quarante-quatre pieds de haut. Il l'environna de galleries & de beaux édifices. Il avoit ordonné que l'on érigeât au milieu cette colonne magnifique qui subsiste encore, qu'il ne vit jamais, & qui lui fut dédiée par le peuple & le sénat lorsqu'il étoit occupé à la guerre contre les Parthes.

Trajan faisoit la guerre aux daces. Son fils, qui l'accompagnoit, eut le malheur de tuer par un écart de son cheval, le fils unique d'une pauvre veuve. Cette mère affligée se jette aux pieds de l'empereur, & lui demande justice. Trajan descend de cheval pour l'écouter ; touché de ses larmes, il la console, & ne sachant comment reparer assez son malheur, après lui avoir accordé tout ce qu'elle demandoit, il lui donna encore son propre fils. C'est le sujet d'un tableau qui représente Trajan donnant son fils à une mère affligée, qui tient dans ses bras le corps de celui que la nature lui avoit enlevé.

Le guerrier n'étoit pas moins grand en lui que le prince ; & peut-être aucun empereur romain n'a fait de conquêtes plus difficiles. Il exécuta le projet de César, & fit avec succès la guerre aux parthes, nation belliqueuse, & pour laquelle fuir étoit combattre. Il n'y avoit qu'un prince aussi courageux que Trajan qui pût réussir dans une entreprise où les dangers étoient toujours présens, & les ressources éloignées. il étendit ses conquêtes en Orient, châtia les Juifs, & vainquit une multitude de nations barbares & inconnues dont on pouvoit à peine retenir les noms à Rome. La mort l'arrêta au milieu de ses conquêtes.

Ses cendres enfermées dans une urne d'or, furent portées à Rome, & elles y entrerent en pompe sur un char triomphal, précédées du sénat, & suivies de l'armée. On les plaça sous la fameuse colonne qui porte son nom, & ce fut encore une distinction pour Trajan, que d'avoir sa sépulture dans la ville, où jamais personne n'avoit été inhumé.

Ses sujets lui avoient donné le surnom d'optimus très-bon, surnom qu'il mérita par toute sa conduite, & qui devroit être le titre spécial de tout prince chargé par le devoir de sa place de représenter la divinité.

TRAVAIL. Le travail est à la société ce que le mouvement est à l'univers.

Le travail abrege le temps & le rend éternel, en le retraçant à nos yeux ; il n'est perdu que pour l'oisiveté.

> La nature est inépuisable,
> Et le travail infatigable,
> Et un dieu qui la rajeunit.
>
> VOLTAIRE.

TRISTAN (François), surnommé l'Hermite, né au château de Souliers, dans la province de la Marche, en 1601, comptoit parmi ses ayeux le fameux Pierre l'Hermite, auteur de la première croisade ; placé auprès du marquis de Verneuil, bâtard de Henri IV, il eut le malheur de tuer un garde-du-corps, avec lequel il se battit en duel. Il passa en Angleterre, & de-là vint en Poitou, où Scévole de sainte-Marthe le prit chez lui. C'est dans cette école qu'il puisa le goût des lettres. Le maréchal d'Humières l'ayant vu à Bordeaux, le présenta à Louis XIII, qui lui accorda sa grace ; & Gaston d'Orléans le prit pour un de ses gentilshommes ordinaires. Le jeu, les femmes & les vers remplirent ses jours ; mais ces passions ne firent pas sa fortune. Il fut toujours pauvre ; & si l'on en croit Boileau, il passoit l'été sans linge & l'hiver sans manteau. Il mena une vie agitée & remplie d'événemens, dont il a fait connoître une grande partie dans son page disgracié, roman qu'on peut regarder comme ses mémoires. Tristan s'est sur-tout distingué par ses pièces dramatiques. Elles eurent toutes, de son temps, beaucoup de succès ; mais il n'y a que la tragédie de Mariamne, qui soutienne aujourd'hui la réputation de son auteur.

Tristan fut reçu à l'académie françoise en 1648, & mourut à l'hôtel de Guise, en 1655. On prétend qu'il fit lui-même son épitaphe que voici :

Eblouï de l'éclat de la splendeur mondaine,

Je me flattai toujours d'une espérance vaine,

Faisant le chien couchant auprès d'un grand seigneur :

Je me vis toujours pauvre, & tâchai de paroître ;

Je vécus dans la peine attendant le bonheur,

Et mourus sur un coffre en attendant mon maître.

Montmort lui fit cette autre épitaphe :

Elie, ainſi qu'il eſt écrit,
De ſon manteau comme de ſon eſprit
Récompenſa ſon ſerviteur fidéle.
Triſtan eût ſuivi ce modèle ;
Mais Triſtan qu'on mit au tombeau
Plus pauvre que n'eſt, un prophète,
En laiſſant à Quinault ſon eſprit de poëte,
Ne pût lui laiſſer un manteau.

TRUBLET. (Nicolas Charles Joſeph) mort en 1770. Il a fait des eſſais de littérature & des mémoires en faveur de Fontenelle & Lamothe.

C'eſt de cet abbé que Voltaire a dit, pour ſe venger d'un petit mot de ſatyre qui lui étoit échappé :

L'abbé Trublet alors avoit la rage
D'être à Paris un petit perſonnage :
Au peu d'eſprit que le bon-homme avoit,
L'eſprit d'autrui par ſupplément ſervoit :
Il entaſſoit adage ſur adage,
Il compiloit, compiloit, compiloit.

L'abbé *Trublet* ſe trouvant dans une compagnie aſſez nombreuſe où ſe trouvoient deux beaux eſprits & deux hommes très-riches, dit aux premiers qui s'attaquoient l'un à l'autre : « Voyez un peu comme ces deux meſſieurs ſe ménagent, ſe flattent, ſe reſpectent ! Bel exemple à ſuivre ! Ils ne donnent point de ſcènes aux gueux ; n'en donnez pas aux ſots ».

TURENNE, (Henri de la Tour d'Auvergne, vicomte de) né à Sedan le 11 ſeptembre 1611, & tué à l'armée d'un coup de canon le 27 juillet 1675.

Turenne montra dès ſa plus tendre jeuneſſe le goût le plus décidé pour l'art de la guerre où il devoit un jour acquérir tant de gloire. Cependant la délicateſſe de ſon tempérament ſembloit s'oppoſer à ce qu'il embraſſât ce parti, & on ne le lui diſſimuloit point. Le jeune *Turenne* n'ayant alors que dix ans, prit une réſolution aſſez étrange pour faire ceſſer ce diſcours ; il s'échappa la nuit pendant une ſaiſon aſſez rigoureuſe, & courut ſur le rempart de Sedan, comptant y reſter juſqu'au lendemain. Auſſitôt qu'on s'apperçoit de ſon abſence, on le cherche dans toutes les principales maiſons de la ville ; mais inutilement. Son gouverneur déſeſpérant de le rencontrer, paſſe, pour s'en retourner, à travers les batteries du rempart. Mais quelle fut ſa ſurpriſe de voir le Vicomte couché ſur l'af-

fut d'un canon, & profondément endormi ! Ce ne fut qu'avec beaucoup de peine qu'on le détermina à venir au château ; il vouloit abſolument paſſer la nuit où on l'avoit trouvé. La crainte que l'on eût qu'il ne ſe livrât à quelques autres tentatives imprudentes, empêcha qu'on ne lui parlât davantage de la délicateſſe de ſon tempérament.

Le Vicomte fit ſes premières campagnes ſous le prince Maurice de Naſſau ſon oncle maternel. Ce prince qui paſſoit à juſte titre pour un des plus grands capitaines de ſon ſiécle, voulut que ſon neveu commençât par prendre le mouſquet, & qu'il ſervît comme un ſimple ſoldat avant que de l'élever à aucun grade. Il fut fait maréchal-de-camp à 23 ans, maréchal de France à 32, & maréchal-général des camps & armées du roi à 48.

L'abbé Fouquet, favori du cardinal Mazarin, ayant oſé s'émanciper, juſqu'à montrer ſur une carte, l'endroit où M. de *Turenne* devoit paſſer une riviere, ce maréchal lui donna ſèchement ſur les doigts, & lui dit : M. l'abbé, votre doigt n'eſt pas un pont.

Le déſintéreſſement & la généroſité tiennent un des premiers rangs parmi les vertus militaires de cet homme illuſtre. Lors de la campagne de 1673, un officier général lui propoſa, dans le comté de la Mark, un gain de quatre cents mille livres, dont la cour ne pouvoit jamais rien ſavoir. » Je vous ſuis fort obligé, répondit-il ; mais comme j'ai ſouvent trouvé de ces occaſions, ſans en avoir profité, je ne crois pas devoir changer de conduite à mon âge.

A-peu-près dans le même tems, une ville fort conſidérable lui offrit cent mille écus, pour qu'il ne paſſât point ſur ſon territoire. » Comme votre ville, dit-il, aux députés, n'eſt point ſur la route où j'ai réſolu de faire marcher l'armée, je ne puis prendre l'argent que vous m'offrez.

Les ſuccès glorieux de cette campagne de 1673 procurèrent au général un accueil des plus flatteurs à Verſailles. Louis XIV ne lui refuſa point ſes louanges, & lui dit que le marquis de S. Abre ne ſerviroit plus ſous lui, parce que dans ſes lettres au miniſtre, il avoit blâmé quelques-uns de ſes partis qu'il avoit pris. » Pourquoi ne m'a-t-il point parlé ? répondit le vicomte ; je l'aurois écouté avec plaiſir, & j'aurois profité de ſes conſeils ». Il excuſa enſuite S. Abre, en fit l'éloge, lui obtint des récompenſes, & ſe fit promettre qu'on ne le priveroit point d'un officier d'un mérite auſſi diſtingué.

Les fatigues de la campagne de 1674 avoient cauſé de grandes maladies dans l'armée Françoiſe. On vit partout *Turenne* tenir aux ſoldats des diſcours paternels, & toujours la bourſe à la main. Lorſque ſon argent étoit épuiſé, il empruntoit du premier officier qu'il rencontroit, & le renvoyoit à son intendant pour être payé. Celui-ci soupçonnant qu'on exigeoit quelquefois plus qu'on n'avoit prêté à son maître, lui insinua de donner à l'avenir des billets de ce qu'il empruntoit. » Non, non, dit le Vicomte ; donnez tout ce qu'on vous demandera. Il n'est pas possible qu'un officier aille vous redemander une somme qu'il n'a point prêtée, à moins qu'il ne soit dans un extrême besoin ; & dans ce cas il est juste de l'assister ».

Un officier étoit au désespoir d'avoir perdu, dans un combat, deux chevaux, que la situation de ses affaires ne lui permettoit pas de remplacer. Turenne lui en donna deux des siens, en lui recommandant fortement de n'en rien dire à personne. » D'autres, lui dit-il, viendroient m'en demander, & je ne suis pas en état d'en donner à tout le monde. » Cet homme modeste vouloit cacher, sous un air d'économie, le mérite d'une bonne action.

Une autrefois Turenne apperçut dans son armée un officier d'une naissance distinguée, mais pauvre & très mal monté. Il l'invita à dîner, le tira en particulier après le repas, & lui dit avec bonté : » J'ai, monsieur, une prière à vous faire : vous la trouverez peut-être un peu hardie ; mais j'espère que vous ne voudrez pas refuser votre général. Je suis vieux, continua-t-il, & même un peu incommodé. Les chevaux vifs me fatiguent, & je vous en ai vu un lui lequel je crois que je serai fort à mon aise. Si je ne craignois de vous demander un trop grand sacrifice, je vous proposerois de me le céder ». L'officier ne répondit que par une profonde révérence, & alla dans l'instant prendre son cheval qu'il mena lui-même dans l'écurie de Turenne. Ce général le lendemain lui en envoya un des plus beaux & des meilleurs de l'armée.

On a beaucoup loué la continence de Scipion l'Africain, Turenne donna la même exemple de vertu à son armée ; mais avec cette modestie qui accompagnoit toutes ses actions. Après la prise du fort de Solré dans le Hainaut en 1637, les premiers soldats qui entrèrent dans la place, y ayant trouvé une très belle personne, la lui amenèrent comme la plus précieuse portion du butin. Turenne feignant de croire qu'ils n'avoient cherché qu'à la dérober à la brutalité de leurs compagnons, les loua beaucoup d'une conduite si honnête. Il fit tout de suite chercher son mari, en lui disant publiquement : Vous devez à la retenue de mes soldats l'honneur de votre femme.

La campagne de 1675 fit le plus grand honneur à Turenne : & cet habile général avoit su non-seulement profiter des fautes des ennemis, mais encore les prévoir. Lorsqu'après la victoire sur les Allemands commandés par le duc de Lor-

raine & par Caprara, les officiers de son armée se rassembloient autour de lui pour le féliciter sur cette victoire qui étoit le fruit de ses savantes manœuvres, messieurs, leur dit Turenne, avec des gens comme vous on doit attaquer hardiment, parce qu'on est sûr de vaincre..

Autre trait de sa modestie. Un homme également borné & indiscret lui rappellant la journée de Rhetel en 1650 où il s'étoit laissé battre par le maréchal du Plessis-Praslin, lui demandoit comment il avoit perdu cette bataille ; Turenne lui répondit simplement : par ma faute.

M. de Turenne aimoit tendrement le fils de M. d'Elbœuf, qui à quatorze ans étoit un prodige de valeur. Il l'envoya saluer M. de Lorraine, qui lui dit : » mon petit cousin, vous êtes trop heureux de voir & d'entendre tous les jours M. de Turenne, vous n'avez que lui de parent & de père, baisez les pas par où il passe & faites vous tuer à ses pieds.

Le grand Condé donnoit toujours ses ordres par écrit aux officiers-généraux qui ne pouvoient se refuser d'obéir. Le grand Turenne au contraire ne leur donnoit presque point d'ordre : ce général s'en rapportoit à leur prudence.

La réputation de la plus exacte probité qu'il s'étoit acquise, faisoit regarder sa parole, même par les nations étrangères, comme le plus sûr garant qu'elles pussent obtenir. Une armée Françoise s'étoit approchée du lac de Constance, sous prétexte de mettre à contribution quelques terres de la maison d'Autriche. Les Suisses, auxquels l'ambition de Louis XIV étoit suspecte, craignirent une invasion rapide & imprévue dans leurs possessions. Ils envoyèrent dans l'instant des députés à Turenne pour lui dire qu'avec d'autres ils croiroient n'avoir jamais assez pris de précautions pour leur sûreté ; mais qu'avec lui ils ne demandoient que sa parole, qu'il n'entreprendroit rien contre eux.

Turenne étoit bon. Un jour qu'il visitoit son camp, quelques officiers qui le précédoient demandèrent à des soldats qu'ils virent très-embarrassés, ce qu'ils faisoient là : » Nous cachons, répondirent-ils, jusqu'à ce que le général soit passé, des vaches que nous avons dérobées ». Turenne, qui étoit assez près pour entendre la conversation, ajouta tout de suite : » Il pourra passer bientôt : mais une autre fois, pour n'être pas pendus, je vous conseille de vous mieux cacher. »

Un jeune gentilhomme de l'arrière-ban qui arrivoit au camp, demanda à Turenne lui-même où il mettroit ses chevaux. Un rire universel & insultant suivit cette question singulière. La plaisanterie eût sans doute été poussée plus loin, si le général,

général, avec le sérieux & la bonté qui lui étoient ordinaires, n'eût pris la parole. » C'est donc, dit-il, une chose bien étonnante, qu'un homme qui n'est jamais venu à l'armée en ignore les usages ? N'y a-t-il pas bien de l'esprit à se moquer de lui, parce qu'il ne sait pas des choses qu'il ne peut savoir, & qu'au bout de huit jours il saura aussi bien que vous ». ? Il ordonna en même temps à son écuyer d'avoir soin des chevaux de ce gentilhomme, & de l'instruire des autres usages.

On n'oubliera point ici le trait qui lui mérita le titre glorieux de *père des soldats*. L'armée de France faisoit une pénible retraite pendant laquelle *Turenne* étoit jour & nuit en action pour mettre les troupes à couvert des insultes des impériaux. Dans le cours de cette marche le vicomte étant retourné sur ses pas pour voir si tout étoit en ordre, apperçut un soldat qui, n'ayant plus la force de se soutenir, s'étoit jetté au pied d'un arbre pour y attendre la fin de ses maux. *Turenne* aussi-tôt descend de cheval, aide ce soldat à se relever, lui donne sa monture, & l'accompagne lui-même à pied jusqu'à ce qu'il eût pu joindre les chariots où il le fit placer.

Ce général s'apperçut un jour en se retournant que plusieurs cavaliers baissoient la tête à cause de quelques boulets qui venoient d'une éminence, & qu'ils se redressoient d'abord, crainte de réprimande. *Non, non*, dit-il, *il n'y a pas de mal ; cela mérite bien une révérence.*

Voici comme *Turenne* dans une lettre faisoit part d'une des plus signalées victoires qu'il eût remportées : » Les ennemis sont venus nous attaquer, nous les avons battus, Dieu en soit loué ; j'ai eu un peu de peine, je vous souhaite le bon soir, je me mets dans mon lit ».

Il avoit en 1673, pendant les plus grandes rigueurs de l'hiver, entrepris de chasser de la Westphalie l'armée des ennemis. Un jour qu'épuisé de veilles & de fatigues, il s'étoit couché derrière un buisson, des fantassins qui voyoient en passant que la neige tomboit sur lui, coupèrent des branches d'arbres pour lui faire une hute. Des cavaliers arrivèrent qui la couvrirent de leurs manteaux. *Turenne* s'éveille dans cet instant, & demande à quoi on s'amuse, au lieu de marcher. » Nous voulons, répondirent les soldats, conserver notre père ; c'est notre plus grande affaire, si nous venions à le perdre, qui nous ramèneroit dans notre pays ? »

Ce général étoit dans l'usage de visiter souvent son camp. Sa vigilance redoubloit lorsque ses soins devenoient plus nécessaires. Durant l'expédition rapide de la conquête de la Franche-Comté en 1674, il s'approcha un jour d'une tente où plusieurs jeunes soldats qui mangeoient ensemble,

Encyclopédiana.

se plaignoient de la pénible & inutile marche qu'ils venoient de faire. » Vous ne connoissez pas notre père, leur dit un vieux grenadier tout criblé de coups ; il ne nous auroit pas exposés à tant de fatigues, s'il n'avoit pas de grandes vues que nous ne saurions pénétrer ». Ce discours fit cesser toutes les plaintes, & on se mit à boire à la santé du général. *Turenne* avoua depuis qu'il n'avoit jamais senti de plaisir plus vif.

Dans cette campagne de 1674, on traça un camp assez près de Strasbourg. Toute l'armée convaincue qu'on y attendroit les Allemands, travailla avec une grande ardeur à s'y retrancher. Un vieux fantassin seul se reposoit. *Turenne* lui demanda pourquoi il ne travailloit pas comme les autres. *C'est, mon général*, lui répondit le soldat en souriant, *que vous ne demeurerez pas long-temps ici.* Le vicomte, charmé de l'intelligence de cet homme, lui donna de l'argent, lui recommanda le secret, & le fit lieutenant.

Turenne dut être flatté de cette saillie d'un autre soldat de son armée. Ce soldat se faisoit appeller du nom de ce général qui lui témoigna qu'il s'en offensoit : *Morbleu, mon général*, dit le grivois, *j'ai la folie des noms ; si j'avois su un plus beau nom que le vôtre, je l'aurois pris.*

Une autre fois que *Turenne* se promenoit au quartier-général, il entendit deux soldats parler de lui dans une tente où ils buvoient. L'un disoit que le comte eût été un parfait général, s'il étoit aussi brave qu'il étoit prudent. *Turenne* fit observer le soldat, & se l'étant fait montrer, il attendit l'occasion de le punir de son indiscrétion. Un jour qu'il falloit reconnoître une place, il le fit appeller, & sans lui dire autre chose, sinon qu'il eût à l'accompagner, il le mena jusqu'au bord du fossé de la place assiégée. Le soldat avoit la peur peinte sur le visage ; & le vicomte en le congédiant, lui dit : *Retourne boire avec tes camarades, mais n'y parle pas mal d'un homme aussi brave que toi.*

Ce général savoit pénétrer les sentimens qu'on vouloit lui cacher. Un militaire fort modeste avouoit franchement qu'il avoit peur quand il alloit au feu ; mais il ajoutoit que ce mouvement machinal ne l'empêchoit pas de faire son devoir avec honneur, & qu'il étoit transporté de joie quand il pouvoit prévenir les ordres de son général. Cet homme vrai fut commandé un jour pour attaquer un poste, & laissa entrevoir dans le chemin quelque inquiétude. Un camarade, fort fanfaron, qu'on lui avoit donné, croyant surprendre l'estime de *Turenne*, vint le prier de lui donner un autre officier qui pût le seconder dans le coup de main qu'il s'agissoit d'exécuter. *Celui qui est envoyé avec moi*, disoit-il, *est un homme à lâcher pied dans l'action, & même il avoue ingénument*

Z zzzz

son peu de courage. » Eh , monsieur, répond auſſi-tôt *Turenne* , ſi vous n'aviez pas plus de peur que lui , vous ne ſeriez pas ici. Retournez promptement où je vous ai envoyé ; vous courez riſque de ne vous y pas trouver à temps. Votre poltron pourroit bien vous ôter la gloire de l'action ». Ce qui , ajoute Furetière qui rapporte cette anecdote , ſe trouva véritable.

Turenne étoit parvenu à être le maître abſolu de ſes plans de campagne. Louis XIV voyant un officier-général qui alloit rejoindre l'armée en Alſace , le chargea de dire à M. de *Turenne* , qu'il ſeroit charmé d'apprendre un peu plus ſouvent de ſes nouvelles , & qu'il le prioit de l'inſtruire de ce qu'il auroit fait.

Les traités des Pyrénées ayant en 1659 mis fin à la guerre ſanglante qui duroit depuis ſi long-temps entre l'Eſpagne & la France , les deux rois de ces grandes monarchies ſe virent dans l'iſle des Faiſans , & ſe préſentèrent mutuellement les Seigneurs les plus recommandables de leur cour. Comme *Turenne* , toujours modeſte , ne ſe montroit pas , & étoit confondu dans la foule , Philippe demanda à le voir. Il le regarda avec attention , & ſe tournant vers Anne d'Autriche , ſa ſœur : *Voilà* , lui dit-il , *un homme qui m'a fait paſſer bien de mauvaiſes nuits.*

On aime à voir ces héros donner au milieu de la ſociété & dans ſon domeſtique des exemples de douceur & de modération. Son carroſſe s'étoit trouvé un jour arrêté dans les rues de Paris. Un jeune homme de condition qui ne le connoiſſoit pas , & dont le carroſſe étoit à la ſuite du ſien , deſcend tout bouillant de colère , & vient la canne haute faire avancer le cocher du vicomte de *Turenne*. Il jure , il tempête. Le vicomte regardoit tranquillement cette ſcène , lorſqu'un marchand étant ſorti de ſa boutique , un bâton à la main , ſe mit à crier : *Comment ! on maltraite ainſi les gens de M. de Turenne !* Le jeune Seigneur à ce nom ſe crut perdu , & vint à la portière du carroſſe de *Turenne* lui demander pardon. Il le croyoit bien en colère. Mais le vicomte s'étant mis à ſourire : Effectivement , monſieur , lui dit-il , vous entendez fort bien à châtier mes gens : quand ils feront des ſottiſes , ce qui leur arrive ſouvent , je vous les enverrai ».

M. Rouſſeau de Genève a rapporté cette autre anecdote. Un jour d'été qu'il faiſoit fort chaud , le vicomte de *Turenne* , en petite veſte blanche & en bonnet , étoit à la fenêtre dans ſon anti-chambre. Un de ſes gens ſurvient , & trompé par l'habillement , le prend pour un aide de cuiſine avec lequel ce domeſtique étoit familier. Il s'approche doucement par derrière , & d'une main qui n'étoit pas légère , lui applique un grand coup ſur les feſſes. L'homme frappé ſe retourne à l'inſtant. Le valet voit en frémiſſant le viſage de ſon

maître : il ſe jette à genoux tout éperdu. *Monſeigneur , j'ai cru que c'étoit George. — Et quand ç'eût été George* , s'écrie *Turenne* en ſe frottant le derrière , *il ne falloit pas frapper ſi fort.*

Le maréchal de la Ferté , homme vif & emporté , ayant trouvé à l'armée un garde du vicomte de *Turenne* hors du camp , lui demanda ce qu'il faiſoit , & ſans attendre ſa réponſe , s'avança ſur lui , & le chargea à coups de canne. Ce garde vint ſe préſenter tout en ſang à ſon maître , & exagéroit fort les mauvais traitemens qu'il avoit reçus du maréchal : mais le vicomte de *Turenne* feignant de s'en prendre au garde même : « Il faut , lui dit il , que vous ſoyez un bien méchant homme pour l'avoir obligé à vous traiter de la ſorte ». Il envoya auſſi-tôt chercher le lieutenant de ſes gardes. Il lui ordonna de mener ſur le champ ce garde au maréchal de la Ferté , & de lui dire qu'il lui faiſoit excuſe de ce que cet homme lui avoit manqué de reſpect , & qu'il le remettoit entre ſes mains pour qu'il lui impoſât tel châtiment qu'il lui plairoit. Cette modération étonna toute l'armée. Le maréchal de la Ferté , qui en fut lui-même ſurpris , s'écria avec une eſpèce de jurement qui lui étoit ordinaire : « Cet homme ſera-t-il toujours ſage , & moi toujours fou ? »

La phyſionomie peu avantageuſe de *Turenne* , & la ſimplicité de ſon extérieur , donnèrent lieu à quelques mépriſes aſſez ſingulières. Un jour qu'il étoit venu au ſpectacle , il s'étoit placé ſur le devant d'une première loge. Deux jeunes gens du prétendu bon ton , entrèrent un moment après , dans cette même loge , & s'imaginant que la figure du vicomte ne pouvoit que déparer le ſpectacle , ils lui propoſèrent de leur céder le premier banc. *Turenne* ne jugeant pas à propos de pouſſer la complaiſance auſſi loin , reſta tranquillement à ſa place. L'un d'eux , pour ſe venger de ce refus , eut l'inſolence de jetter ſur le théâtre le chapeau & les gants que *Turenne* avoit poſés ſur le bord de la loge. Cette impertinence excita dans le parterre des clameurs d'indignation auxquelles ces jeunes étourdis ne comprirent rien d'abord ; mais un jeune homme de qualité , qui étoit ſur le théâtre , ayant ramaſſé le chapeau & les gants de *Turenne* , les lui remit avec cette politeſſe & ce reſpect que s'attirent le rang & le mérite. Confus alors de leur ſottiſe , nos étourdis voulurent ſe ſauver ; mais le vicomte les retint , & leur dit avec beaucoup de douceur : « Reſtez , reſtez , en nous arrangeant , il y aura aſſez de place pour nous tous ».

Une autre fois ſe promenant ſeul ſur les boulevards de Paris , ſans ſuite & ſans aucune marque de diſtinction , il paſſa près d'une compagnie d'artiſans qui s'amuſoient à jouer à la boule. Une conteſtation s'étant élevée entre eux au ſujet d'un coup qui paroiſſoit difficile à décider , ils appel-

èrent sans façon M. de *Turenne*, & lui demandèrent de juger le coup. Le vicomte, qui s'amusoit
apparemment de ces méprises, n'eut garde de se
faire connoître : il prit sa canne, mesura les distances, & jugea en faveur de l'un d'eux. Celui
qu'il avoit condamné se fâcha, lui dit même quelques injures. *Turenne*, sans faire paroître la moindre émotion, & croyant avoir pu se tromper, se
mettoit bonnement en devoir de mesurer une seconde fois, lorsqu'il fut abordé par quelques
officiers qui le cherchoient. Le terme de *monsei-*
gneur qu'ils lui adressèrent, ouvrit les yeux aux
joueurs ; l'artisan qui l'avoit injurié, se jetta à ses
genoux pour lui demander pardon. *Mon ami*, lui
dit simplement *Turenne* en le quittant, *vous avez*
eu tort de croire que je voulusse vous tromper.

Le maréchal de *Turenne* étoit assez grand homme
pour avouer ses foiblesses & en rougir. Louis XIV,
qui l'estimoit beaucoup, lui avoit confié le secret
d'une négociation dont *Madame* étoit chargée auprès du roi d'Angleterre, Charles II son frère.
Turenne, qui étoit l'amant de la marquise de
Coaquin, & sa dupe, eut la foiblesse de lui révéler ce secret que *Monsieur* ignoroit, mais qu'il
fut bientôt par l'indiscrétion de la marquise. Ceci
donna lieu à plusieurs tracasseries dont le roi se
plaignit au maréchal. Quelque temps après, le
chevalier de Lorraine étant venu un soir voir M.
de *Turenne*, & ayant par occasion rappellé ce fait
dans la conversation, le vicomte l'interrompant,
lui dit : « Chevalier, si vous voulez parler de
cela, commençons donc par éteindre les bougies »

Si *Turenne* avoit un défaut, c'étoit l'entêtement
pour sa maison. Il le portoit jusqu'à donner la serviette à son neveu quand celui-ci mangeoit chez
lui, disant : *C'est l'aîné de ma maison.*

M. de *Turenne*, la veille du jour qu'il avoit
arrêté pour donner la bataille, monta à cheval
à deux heures, après avoir mangé. Il avoit bien
des gens avec lui : il les laissa tous à trente pas
de la hauteur où il vouloit aller : il dit au petit
d'Elbœuf : » mon neveu, demeurez-là ; vous ne
faites que tourner autour de moi ; vous me
feriez reconnoître. Il trouva M. d'Hamilton
près de l'endroit où il alloit, qui lui dit : monsieur, venez par ici, on tirera par où vous allez. — Monsieur, lui dit M. de *Turenne*, je
m'y en vais, je ne veux point du tout être
tué aujourd'hui, cela sera le mieux du monde ».
Il tournoit son cheval, il apperçut Saint-Hilaire
qui lui dit le chapeau à la main : monsieur, jettez les yeux sur cette batterie que j'ai fait mettre-
là ». Il retourna deux pas & sans s'être arrêté,
il reçut le coup, qui emporta le bras & la main
qui tenoit le chapeau de M. Saint-Hilaire, &
perça le corps après avoir fracassé le bras du héros. Ce gentilhomme le regardoit toujours : il
ne le vit point tomber ; le cheval l'emporta où

il avoit laissé son neveu : il n'étoit pas encore
tombé, mais il étoit penché, le nez sur l'arçon ;
dans le moment le cheval s'arrête, il tombe
entre les mains de ses gens ; il ouvre de grands
yeux & la bouche, & demeure tranquille pour
jamais : il avoit une partie du cœur emportée.

Montecuculli, son rival, instruit d'un événement dont il pouvoit retirer le plus grand avantage, répéta plusieurs fois avec une douleur mêlée d'admiration : *Il est mort un homme qui faisoit*
honneur à l'homme.

Les généraux françois, qui ne savoient quel
parti prendre, délibéroient beaucoup, & ne
concluoient rien. Les soldats, dont ces incertitu-
des aigrissoient le désespoir, crièrent de tous
côtés : *Lâchez la Pie*, elle nous conduira. C'étoit
le nom du cheval que le vicomte de *Turenne*
montoit ordinairement.

M. de Luxembourg eut le commandement des
troupes à la place du maréchal de *Turenne*, &
n'acquit pas beaucoup de gloire. Le grand Condé
disoit à cette occasion : » Luxembourg a mieux
fait l'éloge de M. de *Turenne* que Mascaron &
Fléchier ». Ces deux orateurs avoient prononcé
son oraison funèbre.

Madame de Sévigné rapporte dans ses lettres
que quelques jours après la mort de *Turenne*, un
fermier de Champagne vint demander à son Seigneur la résiliation du bail de sa ferme, ou une diminution considérable. On lui demanda pourquoi ? Il répondit » que du temps de M. de *Tu-*
renne on pouvoit recueillir avec sûreté, & compter sur les terres de ce pays-là ; mais que depuis sa mort tout le monde quittoit, croyant
que les ennemis vont y entrer ». Voilà, ajoute
madame de Sévigné, des choses simples & naturelles qui font son éloge aussi magnifiquement
que les Fléchier & les Mascaron.

Madame de Sévigné, dans une autre de ses
lettres, cite un trait qui montre à quel point cet
homme illustre avoit porté le désintéressement.
M. de *Turenne*, dit cette dame, avoit quarante
mille livres de rente de biens de succession : &
M. Boucherat a trouvé que, toutes ses dettes
payées, il ne lui restoit que dix mille livres de
rente ; c'est deux cens mille francs pour tous ses
héritiers, pourvu que la chicane n'y mette pas
le nez. Voilà, continue-t-elle, comme il s'est
enrichi en cinquante années de service ».

Ce général ne partoit jamais pour ses campagnes qu'il n'eût fait avertir auparavant les ouvriers & les marchands qui avoient fait quelques
fournitures pour sa maison, de remettre leurs
mémoires entre les mains de son intendant. La
raison qu'en apportoit cet homme bon, généreux,
équitable, c'est qu'il ne savoit pas s'il reviendroit
de la campagne,

TURLUPINADE. Ce mot vient de turlupin, farceur célèbre qui faisoit rire le peuple par de fausses pointes, & par de plaisantes équivoques. Les gens de goût rejettent ces plaisanteries, c'est pour eux une espèce de fausse monnoie à laquelle les mauvais plaisans essayent envain de donner cours.

Il étoit un temps que les *turlupinades* régnoient à la cour de France.

Toutefois à la cour les turlupins restèrent.

BOILEAU.

Le roi des turlupins étoit M. d'Armagnac. Ce seigneur se trouvant un jour avec M. le duc Henri Jules, depuis prince de Condé, il lui demanda pourquoi on disoit guet-à-pens, & non pas guet-à-inde. Par la même raison, répondit le prince, qu'on ne dit pas : Monsieur d'Armagnac est un turlu*chêsne*, mais un turlu*pin*.

Voilà sans doute l'origine ou la filiation des calambourgs qui ont eu, de notre temps, tant de cours dans certaines sociétés.

Le maréchal de * * * n'étoit pas en état de faire ses preuves pour être cordon bleu, il lui manquoit un degré. Le roi témoigna à M. d'Armagnac qu'il avoit peine à surmonter cet obstacle. Bon ! dit ce seigneur, vous pouvez bien, sire, faire sauter un degré au maréchal de * * * puisqu'il y en a à qui votre majesté fait franchir l'escalier entier.

Ménage contoit volontiers la *turlupinade* suivante.

Trivelin monté sur un beau cheval d'Espagne bien harnaché, se laisse gagner par le sommeil. A peine est-il descendu de cheval, qu'il se jette au pied d'un arbre & s'endort, après avoir eu néanmoins la précaution d'engager la bride autour de son bras. Des voleurs surviennent, dégagent adroitement le cheval qu'ils emmènent, & laissent la bride au dormeur, Trivelin s'étant éveillé & ne trouvant plus son cheval, se tâtoit en disant : ou je suis Trivelin, ou je ne le suis point. Si je suis Trivelin, que je suis malheureux ! car j'ai perdu un beau cheval ; mais si je ne suis pas Trivelin, que je suis heureux ! car j'ai gagné une belle bride. Il s'arrête à ce dernier sentiment & se livre aux plus doux transports de la joie.

Un homme, dont le nez étoit fort camard, étant venu à éternuer en présence d'un turlupin ; celui-ci le salua & ajouta : Dieu vous conserve la vue. Celui qui venoit d'éternuer, surpris de ce vœu, lui demanda pourquoi il le faisoit ? Parce, répondit le railleur, que votre nez n'est pas propre à porter des lunettes.

Des dames très-âgées demandoient à M. d'Aubigné, qu'elles trouvèrent dans une des salles du vieux louvre, ce qu'il faisoit-là. Vous voyez, mesdames, en les regardant, que j'admire des antiquités.

Le commandeur Forbin de Janson, étant à un repas avec le célèbre Boileau, entreprit de le turlupiner sur son nom. Quel nom, dit-il portez vous là ? *Boileau* ; j'aimerois mieux m'appeller *Boivin*. Ce poëte lui repondit sur le même ton : & vous, monsieur, quel nom avez vous choisi ? *Janson* ; je préférerois d'être nommé *Jeanfarine* ; la farine ne vaut-elle pas mieux que le son ?

On doit mettre au rang des turlupins, ceux qui plaisantent sur les défauts que la nature a donnés. Un conseiller borgne étoit en dispute avec un de ses confrères qui étoit boiteux. Ils prirent pour juge un de leurs amis, qui, pour les assurer de son intégrité, leur dit ce proverbe : je ne suis pour le borgne ni pour le boiteux.

Le même conseiller borgne, voulant décider seul une contestation épineuse, un autre espèce de turlupin lui dit ; croyez moi, empruntez les lumières d'un de vos confrères, deux yeux valent mieux qu'un.

TYRAN. Un religieux, dit le poëte Sadi, étoit respecté dans Bagdad pour sa piété, & le peuple & les grands avoient confiance en lui. Hoschas Joseph, *tyran* de Bagdad, vint le trouver, & lui dit : Prie Dieu pour moi. O Dieu ! s'écrie le religieux, en élevant les mains au ciel, ôte de la terre Hoschas Joseph. Malheureux ! tu me maudis, lui dit le *tyran*. — Je demande au ciel, répondit le religieux, la plus grande grace qu'il puisse accorder à ton peuple & à toi.

Damoclès, l'un des familiers de Denys le *Tyran*, lui ayant dit, lorsqu'il étoit en la plus grande splendeur de son état, qu'il étoit très-heureux : Veux-tu, dit le *tyran*, que je te fasse jouir de mon bonheur un jour seulement ? Ce que Damoclès lui ayant accordé, il le fit servir à table comme il avoit accoutumé d'être, avec toutes les somptuosités & magnificences dont il se put aviser ; mais il fit cependant mettre une épée pendant à plomb sur sa tête, attachée au plancher d'en-haut à un seul poil de queue de cheval. Ce que Damoclès ayant apperçu, fut fort content de faire son dîner court, & de passer le reste du jour en son premier état. Voilà, lui dit alors Denys, comment notre vie est heureuse, qui avec nos satellites armés, ne dépend que d'un filet.

Polybe raconte que Nabis, *tyran* de Lacédémone, avoit une machine qui étoit l'image d'une femme parée de riches habits ; elle marchoit & agissoit dès qu'on avoit fait jouer un ressort ; elle ressembloit à la femme du *tyran*. Quand il avoit besoin d'argent, il faisoit venir dans son palais les plus riches de Sparte, & leur expofoit fa fituation, & les prioit de lui prêter de l'argent. S'il ne les perfuadoit pas, il leur difoit : je n'ai point le talent de la parole, je n'ai pu vous gagner ; mais voici une belle dame qui aura plus d'éloquence que moi ; il faifoit approcher l'automate qui embraffoit ceux qu'il vouloit tourmenter, elle les ferroit & piquoit tellement par les pointes dont fes bras étoient hériffés, qu'ils imploroient la miféricorde du *tyran*, & lui accordoient ce qu'il leur avoit demandé ; alors la machine lâchoit prife, & le *tyran* faifoit des remercîmens fort honnêtes.

Néron donna aux miniftres de fa tyrannie, en quinze ans qu'il régna, la valeur de cinquantecinq millions d'écus couronnés, & fit bâtir un palais doré fuperbe, qui occupoit une grande partie de Rome : ce monument fut détruit après fa mort, en haine de la mémoire d'un tel tyran.

Après qu'Olivier Cromwel eut ufurpé l'autorité fouveraine, & que le jeune Charles eut abandonné l'Angleterre, un gentilhomme auroit beaucoup rifqué de fortir du royaume fans en avoir obtenu la permiffion du protecteur, qui redoutoit les cabales des nobles. Ceux-ci crurent que le plus fûr pour eux étoit de lui faire leur cour.

Un jeune feigneur, entièrement dévoué aux intérêts de Charles, étant venu lui faire la révérence, le protecteur lui dit, avec fon fang-froid ordinaire : je vous fais gré de votre vifite ; venez me voir le plus fouvent que vous pourrez, mais point de commerce avec Charles Stuard. Je vous jure fur mon honneur, reprit le jeune homme, que je ne le vois point.

Etant revenu peu de temps après, Cromwell lui arracha fon chapeau des mains, & en ayant détaché la coëffe avec un couteau, il trouva dedans plufieurs lettres adreffées aux amis de Charles. Quelle honte ! s'écria Olivier ; eft-ce ainfi que les gentilhommes anglois refpectent l'honneur ? Ne m'avez-vous pas promis de ne point voir Charles Stuard ? Je ne l'ai point vu, lui dit le gentilhomme. — Voilà qui eft bien, reprit Cromwell ; mais, qui a fouffé la bougie ? eft-ce vous ou Charles ? —— Il y a toute apparence que Cromwell avoit un efpion auprès de lui, qui lui apprit que le roi avoit éteint les lumières, quand le jeune lord l'avoit été voir depuis la défenfe de Cromwell.

V.

VADÉ, (Jean Joseph) né en 1720, mort en 1757.

Il avoit de l'esprit, de la gaieté, de l'originalité qui suppléerent à son peu d'application à l'étude, & à la lecture des anciens. Il inventa le genre Poissard plus naturel que le Burlesque, & plus amusant, parce qu'il peint les mœurs & les saillies du peuple. Il a fait des opéras comiques, des parades, des chansons, des lettres, des contes & autres ouvrages singuliers en prose & en vers qui ont eu du succès. Il étoit le meilleur acteur de ses petites farces qui le faisoient rechercher & desirer dans les sociétés de plaisir.

Il venoit de quitter un fat qui faisoit le beau parleur, & qui en lui racontant ses bonnes fortunes, disoit toujours : j'ai é ú la comtesse d'***; j'ai é ú la belle madame de ***. Ennuyé de sa fatuité & de sa prononciation affectée, *Vadé* lui dit : » que me dites-vous là! Jupiter fut plus heureux que vous, car il *a é ù I o* ».

VALEUR. La *Valeur* est la force réunie au courage. Dans quelle ville la valeur étoit-elle plus honorée qu'à Sparte ? Une troupe de Lacédémoniens, passant devant la ville de Corinthe, qui avoit des remparts, quelques Lacédémoniens demanderent : quelles femmes habitent cette cité ? ce sont, leur répondit-on, des Corinthiens. Ne savent-ils pas, reprirent-ils, ces hommes vils & lâches, que les seuls remparts impénétrables à l'ennemi, sont des citoyens déterminés à la mort ?

Marcus Brutus qu'on vouloit détourner d'aller au combat, dit : quel mal peut-il m'en arriver ? Je ne puis que vaincre ou mourir ; & sur ce que quelques-uns lui conseilloient après sa défaite de se sauver, par la fuite : Il faut, dit-il, se sauver avec les mains & non pas avec les pieds.

Un soldat françois se battant, l'épée à la main avec un de ses camarades, en reçut un coup mortel, & cependant ayant encore assez de force pour le renverser sous lui & le désarmer : va, lui dit-il, je te donne ce que tu m'ôtes & il tomba mort.

On a rapporté cette saillie de valeur d'un général d'armée. Les ennemis s'avançoient ; des nouvelles de leurs forces supérieures pouvoient décourager l'armée qui leur étoit opposée : le général l'appréhendoit : aussi lorsqu'on vint lui annoncer que les ennemis s'approchoient & qu'il étoit nécessaire d'envoyer reconnoître leur nombre ;

nous les compterons, dit-il, quand nous les aurons défaits.

Un officier représentoit au maréchal de Gassion qu'il lui étoit impossible de se retirer en présence d'une armée supérieure à la sienne. Le maréchal répondit j'ai dans ma tête, & je porte à mon côté, tout ce qu'il faut pour surmonter les obstacles que vous prévoyez.

La nourriture influe plus qu'on ne pense sur la valeur des troupes, & tout le monde peut reconnoître la vérité de ce mot d'un médecin Anglois, qui disoit qu'avec une diete de six semaines il rendroit un homme poltron. Le prince Maurice étoit si convaincu de ce principe, qu'il employoit toujours à quelque action de vigueur, les Anglois lorsqu'ils arrivoient de chez eux, & tandis qu'ils avoient la pièce de bœuf dans l'estomac : c'étoit son expression.

Les françois attaquent & battent, en 1690, le prince de Waldeck à Fleurus, près de Charleroi. Durant cette action, un lieutenant-colonel d'un régiment françois, dont le nom auroit bien mérité d'être conservé, se trouve prêt à charger. Ne sachant comment animer les siens, très-mécontens d'être entrés en campagne sans être habillés, il leur dit : » mes amis, voici de quoi vous consoler, puisque vous avez le bonheur d'être en présence d'un régiment vêtu de neuf. Chargeons vigoureusement, habillons-nous ». Cette plaisanterie, qui marque un grand fonds de mépris pour l'ennemi, fait un tel effet sur l'esprit des soldats, qu'ils se précipitent sur le régiment, le détruisent, & s'habillent tous complétement sur le champ.

M. de Chevert, dont l'ardeur comme l'expérience sembloit croître avec les années, fut chargé de chasser l'ennemi des sommités d'une montagne couverte de bois. C'est en y pénétrant qu'il fixa sur le marquis de Bréhant des regards enflammés & que le saisissant par la main : » jurez-moi, lui dit-il, foi de chevalier, que vous & votre régiment vous vous ferez tuer jusqu'au dernier plutôt que de reculer. » Au moment de l'attaque les officiers du même corps le firent prier de prendre sa cuirasse ; mais en leur montrant les grenadiers : » & ces braves gens en ont-ils !

VALEUR DOMESTIQUE. Il y a une *valeur domestique privée*, & qui n'est pas de moindre prix que la valeur militaire. Lorsque le duc d'Orléans & le duc de Bourgogne se disputoient la régence sous Charles VI que quelques accès de démence avoient mis hors d'état de gouverner, Philippe de Villiers l'Isle - Adam , gouverneur de Pontoise, se déclara partisan du dernier. Il entra secrétement à la faveur de la nuit dans la ville de Paris avec huit cents chevaux, & y commit beaucoup de désordres. Tannegui du Chatel qui en étoit prévenu, entendant le bruit, courut prendre le Dauphin Charles VII dans son lit, l'enveloppa dans sa robe de chambre, le sauva à la Bastille, delà à Melun.

Nicole, ami du docteur Arnaud, son compagnon d'armes pour la cause de la religion, mais né d'ailleurs avec un caractère doux & accommodant, lui représentoit qu'il étoit las de faire la controverse & qu'il vouloit se reposer : » vous reposer, lui dit Arnaud ! eh ! n'aurez-vous pas l'éternité entière » ?

VAN-DYCK, (Antoine) peintre, né l'an 1599, mort en 1641.

Van-dyck étoit le plus habile des élèves de Rubens. Un soir que ce maître étoit sorti pour aller prendre son air, selon sa coutume, *Van-dyck* & ses camarades entrèrent secrétement dans le cabinet de Rubens pour y observer sa manière d'ébaucher & de finir. Comme ils s'approchoient de plus près pour mieux examiner, un d'entr'eux, poussé par un autre, tomba sur ce tableau ; il effaça le bras de la Madelaine, la joue & le menton de la sainte Vierge, que Rubens venoit de finir. On craignit les suites de cette imprudence, & tous les élèves étoient fort embarrassés sur ce qu'ils devoient faire, lorsque l'un d'eux plus décidé, dit : » Il faut, sans perdre de temps, risquer le tout pour le tout. Nous avons encore environ trois heures de jour ; que le plus capable de nous prenne la palette, & tâche de réparer ce qui est effacé. Pour moi je donne ma voix à *Van-dyck* ». Tous applaudirent à ce choix, excepté *Van-dyck*, qui enfin pressé par leurs prières, & craignant lui même la colère de Rubens, se mit à l'ouvrage. Il réussit si bien, que le lendemain Rubens, en examinant son travail de la veille, dit en présence de ses élèves qui trembloient de peur : » Voilà un bras & une tête qui ne sont pas ce que j'ai fait hier de moins bien. » Ce tableau qui est un des plus beaux de ce maître, est une descente de croix qui se voit encore aujourd'hui dans l'église de Notre-Dame d'Anvers.

Van-Dyck alla exprès à Harlem, pour y voir Hals ; qu'il eut beaucoup de peine à trouver chez lui, parce que Hals étoit presque toujours au cabaret. Enfin *Van-Dyck* ne pouvant le joindre, prit le parti de lui faire dire que quelqu'un l'attendoit pour se faire peindre ; dès que Hals fut arrivé dans sa maison, lieu du rendez vous, *Van-dyck* lui dit qu'il étoit étranger, qu'il vouloit son portrait ; mais qu'il n'avoit

que deux heures à lui donner. Hals prit la première toile venue, &, après avoir peint pendant quelque temps, il pria *Van-dick* de se lever pour voir ce qu'il avoit fait. Le modèle parut fort content de la copie, parla de choses indifférentes, & dit ensuite, sans affectation, que la peinture lui paroissoit assez aisée, & qu'il avoit envie d'essayer à l'instant ce qu'il seroit capable de faire. Il prit alors une autre toile, & pria Hals de se mettre à la place qu'il venoit de quitter. Hals voulut bien laisser satisfaire l'étranger ; mais quelle fut sa surprise, lorsque *Van-dick* l'eût prié de se lever à son tour & de voir l'ouvrage qu'il venoit d'achever ! Vous êtes *Van-dick*, s'écria t-il en l'embrassant ; & les deux artistes se lièrent de la plus vive amitié.

Van-dick se retira en Angleterre, attiré par les bienfaits de Charles I, qui le fit chevalier du Bain, & le gratifia d'une pension & d'un logement. Un jour qu'il faisoit le portrait de Charles, ce prince s'entretenoit avec le duc de Nortfolck, & se plaignoit assez bas de l'état de ses finances. *Van-dick* paroissoit attentif à cet entretien. Le roi l'ayant remarqué, lui dit en riant : *Et vous, chevalier, savez-vous ce que c'est que d'avoir besoin de cinq ou six mille guinées ?* Oui, sire, répondit le peintre, » un artiste qui tient table ouverte à ses amis, & bourse ouverte à ses maîtresses, ne sent que trop souvent le vuide de son coffre fort.

La reine, épouse de ce monarque, se faisoit peindre. Elle avoit des mains admirables. Comme *Van-dick* s'y arrêtoit long-temps, la reine qui s'en apperçut, lui demanda pourquoi il s'appliquoit plus à rendre ses mains que sa tête ; » C'est, dit-il, madame, que j'espère de ces belles mains une récompense digne de celle qui les porte ».

VAUBAN, (Sébastien le prêtre de) maréchal de France, né en 1633, mort en 1707.

Vauban conduisit toujours les siéges auxquels Louis XIV se trouva. Ce fut à celui de Mastrict en 1673, qu'il commença à se servir d'une méthode singulière pour l'attaque des places, qu'il avoit imaginée par une longue suite de réflexions, & qu'il a depuis toujours pratiquée. Jusques-là il n'avoit fait que suivre avec plus d'adresse & de conduite les régles déjà établies ; mais alors il en suivit d'inconnues, & fit changer de face à cette importante partie de la guerre. Les parallèles & les places d'armes parurent au jour. Depuis cette époque il a toujours inventé sur ce sujet, tantôt les cavaliers de tranchée, tantôt un nouvel usage des sappes & demi-sappes, tantôt les batteries en ricochet ; & par-là il avoit porté son art à une telle perfection, que le plus souvent, ce qu'on n'auroit jamais osé espérer, devant les places les mieux défendues, il ne perdoit pas plus de monde que les assiégés.

En 1677, Louis XIV ayant avec lui son frère & cinq maréchaux de France, faisoit le siége de Valenciennes. Vauban dirigeoit toutes les opérations. Le roi tint un conseil de guerre pour attaquer les ouvrages de dehors. C'étoit l'usage que ces attaques se fissent toujours pendant la nuit, afin de marcher aux ennemis sans être apperçu, & d'épargner le sang du soldat. Vauban proposa de faire l'attaque en plein jour. Tous les maréchaux de France se récrièrent contre cette proposition: Louvois la condamna. Vauban tint ferme, avec la confiance d'un homme certain de ce qu'il avance. » Vous voulez, dit-il, ménager le sang du soldat : vous l'épargnerez bien davantage quand il combattra de jour sans confusion & sans tumulte, sans craindre qu'une partie de nos gens tire sur l'autre, comme il n'arrive que trop souvent. Il s'agit de surprendre l'ennemi; il s'attend toujours aux attaques de nuit : nous le surprendrons en effet, lorsqu'il faudra qu'épuisé des fatigues d'une veille, il soutienne les efforts de nos troupes fraîches. Ajoutez à cette raison, que s'il y a dans cette armée des soldats de peu de courage, la nuit favorise leur timidité; mais que, pendant le jour, l'œil du maître inspire la valeur, & élève les hommes au-dessus d'eux-mêmes ». Le roi se rendit aux raisons de Vauban, malgré Louvois & cinq maréchaux de France. Les mousquetaires, par leur valeur, s'emparèrent de la contrescarpe, tous les ouvrages furent emportés en plein jour, & la ville capitula lorsqu'on s'y attendoit le moins. (Siècle de Louis XIV.)

Au siége de Cambrai qui suivit celui de Valenciennes, Vauban n'étoit pas d'avis qu'on attaquât la demi-lune de la citadelle. Du Metz, brave homme, mais chaud & emporté, persuada au roi de ne pas différer davantage. Ce fut dans cette contestation que Vauban dit au roi : Vous perdrez peut-être à cette attaque tel homme qui vaut mieux que la place. Du Metz l'emporta; la demi-lune fut attaquée & prise : mais les ennemis étant revenus avec un feu épouvantable, ils la reprirent, & le roi y perdit plus de quatre cens hommes, & quarante officiers. Vauban, deux jours après, l'attaqua dans les formes, & s'en rendit maître sans y perdre que trois hommes. Le roi lui promit qu'une autre fois il le laisseroit faire.

Vauban étoit au siége de Namur au commencement de l'année 1703, il donnoit ordre à des réparations nécessaires lorsqu'il apprit que le roi l'avoit honoré du bâton de maréchal de France. Ce citoyen, zélé pour le service de l'état, s'étoit lui-même refusé quelques années auparavant à cette élévation. Il craignoit que cette dignité empêchât qu'on ne l'employât avec des généraux du

même rang, & n'occasionnât des difficultés contraires au bien du service. Vauban aimoit mieux être plus utile, & moins récompensé.

En 1706 la Feuillade avoit été chargé du siége de Turin. Comme cette opération étoit importante & difficile, Vauban offrit de servir comme volontaire dans l'armée, & uniquement pour donner ses conseils à la Feuillade. Ce jeune homme qui avoit peu de talent & beaucoup d'orgueil, le refusa; & dit audacieusement : J'espère prendre Turin à la Coehorn; c'étoit le nom du directeur général des fortifications des Provinces-Unies, & le rival de Vauban. Cependant la Feuillade s'y prenoit si mal, qu'il ne fut pas plus avancé après deux mois, que le premier jour. Louis XIV consulta sur ce siége Vauban, qui offrit encore d'aller conduire les travaux. Mais, monsieur le maréchal, lui dit le roi, songez-vous que cet emploi est au-dessous de votre dignité? » Sire, répondit Vauban, ma dignité est de servir l'état. Je laisserai le bâton de maréchal de France à la porte, & j'aiderai peut-être le duc de la Feuillade à prendre la ville ». Ce vertueux citoyen fut refusé, parce que l'on craignit de donner un dégoût au général qui étoit gendre de Chamillard, ministre de la guerre. Turin avoit été investi le 13 mai, on ouvrit la tranchée la nuit du 2 au 3 juin, mais le siége fut levé le 7 septembre.

Vauban, que la dignité de maréchal de France sembloit avoir rendu inutile, s'en consola avec ses savantes oisivetés; c'étoit le nom qu'il donnoit à des écrits qu'il avoit composés sur les fortifications, sur le commerce & l'agriculture.

Son projet d'une dixme royale a été souvent réimprimé. Cette dixme, suivant le système de l'auteur, devoit être levée en nature de fruits dans tout le royaume au profit du roi, & devoit tenir lieu de toutes les autres impositions. Ce projet avantageux, mais qui souffroit bien des difficultés, n'a pas été adopté.

L'académie des sciences, lors de son renouvellement en 1699, avoit demandé Vauban pour un de ses honoraires; & qui méritoit mieux cette place qu'un homme qui avoit rappellé du ciel les mathématiques pour les occuper aux besoins des hommes? La mort le surprit lorsqu'il étoit prêt de finir un ouvrage sur les fortifications: plusieurs de nos places, lors de la campagne de 1706, ne s'étant pas défendues comme il auroit souhaité, il vouloit défendre, par ses conseils, toutes celles qui seroient attaquées à l'avenir.

VAUCANSON, mort en 1783 agé d'environ 70 ans.

Vaucanson naquit méchanicien; étant enfant,

ii

Il orna une chapelle que sa mère lui avoit donnée de petits anges qui agitoient leurs ailes, & de prêtres automates qui imitoient quelques fonctions eccléfiaftiques. Lorfque cet homme induftrieux revint à Paris, après trois mois d'abfence, il profita d'une maladie cruelle & longue pour s'occuper de fon flûteur. Sans aucune correction, fans aucun tatonnement, fa machine toute entiere réfulta de la combinaifon des pieces qu'il avoit fait exécuter en fortant de fon lit. N'ofant avoir de témoins de fon premier effai, il écarta même, fous prétexte d'une commiffion, un ancien domeftique qui lui étoit attaché depuis long-temps; mais celui-ci avoit vu des préparatifs, il épioit le fecret de fon maître; il ne put donc fe refoudre à obéir. Caché près de la porte il écoute avec attention. Bientôt il entend les premiers fons de la flûte: à l'inftant il s'élance dans la chambre, tombe aux genoux de *Vaucanfon*, qui lui paroît alors plus qu'un homme, & tous deux s'embraffent en pleurant de joie.

Vaucanfon inventa & exécuta dans fa jeuneffe, un automate qui jouoit à la fois du tambourin & du galoubet, comme les fucceffeurs de nos anciens troubadours. Enfuite il fit deux canards qui croaffoient, barbotoient, mangeoient, alloient chercher le grain, le faififfoient dans l'auge. Ce grain éprouvoit dans leur eftomac une forte de trituration, il paffoit enfuite dans les inteftins. Ce n'étoit pas la faute de *Vaucanfon* fi les médecins avoient mal deviné le méchanifme de la digeftion, ou fi la nature opéroit fes fonctions par des moyens d'un autre genre que ceux qu'il pouvoit imiter. Ses machines étoient des preuves fuffifantes de fon génie. Il fit de fes rares talens un ufage plus utile. Confulté par le gouvernement, dans une difcuffion où l'on faifoit valoir l'intelligence peu commune que devoit avoir un ouvrier en étoffe de foie, il repondit par une machine avec laquelle un âne exécutoit une étoffe à fleurs. Il avoit quelques droits de tirer cette petite vengeance des ouvriers de Lyon qui, dans un voyage qu'il fit dans ce pays, le pourfuivirent à coups de pierres, ayant oui dire qu'il cherchoit à fimplifier les métiers.

Au milieu de ces travaux utiles, *Vaucanfon* fuivoit en fecret une idée, à l'exécution de laquelle Louis XV s'intéreffoit; c'étoit la conftruction d'un automate dans l'intérieur duquel devoit s'opérer tout le méchanifme de la circulation du fang; mais les lenteurs qu'éprouva l'exécution des ordres du fouverain, dégoutèrent notre favant académicien.

Ce favant illuftre conferva toute fon activité jufqu'au dernier moment de fa vie. Il s'occupoit encore quelques jours avant de mourir, à faire exécuter la machine qu'il avoit inventée.

Encyclopédiana.

pour compofer fa chaine fans fin. « Ne perdez pas une minute, difoit-il à fes ouvriers; je ne vivrai peut-être pas affez long-temps pour expliquer mon idée en entier ».

VAUGELAS (Claude Favre de) né l'an 158, mort en 1650.

Voiture qui étoit fort ami de *Vaugelas*, le railloit quelquefois fur le trop de foin qu'il employoit à fa traduction de Quinte-Curfe. Il lui difoit qu'il n'auroit jamais achevé, que pendant qu'il poliroit une partie, notre langue venant à changer, l'obligeroit à refaire toutes les autres: à quoi il appliquoit plaifamment ce qui eft dit dans Martial de ce barbier qui étoit fi long-temps à faire une barbe, qu'avant qu'il l'eut achevée, elle commençoit à revenir.

Eutrapelus Tonfor, dum circuit ora Luperci,
Expungitque genas, altera barba fubit.

Ainfi, difoit-il, *altera lingua fubit*. Au refte cette traduction reçut de grands applaudiffemens; & c'eft à fon fujet que Balzac dit que l'Alexandre de Quinte-Curfe étoit invincible, & celui de *Vaugelas* inimitable.

Le cardinal de Richelieu, ayant fouhaité que l'académie-françoife travaillât tout de bon à un dictionnaire; on lui témoigna que l'unique moyen d'avancer ce travail, étoit d'en charger principalement M. de *Vaugelas*, & de lui faire rétablir pour cet effet par le roi une penfion de deux mille livres dont il n'étoit plus payé. Le cardinal ayant goûté cet expédient, *Vaugelas* l'alla auffitôt remercier. Le miniftre le voyant entrer dans fa chambre s'avança vers lui, & lui dit: eh bien, monfieur, vous n'oublierez pas du moins dans le dictionnaire le mot de penfion; non, monfeigneur, répondit *Vaugelas*, & encore moins celui de reconnoiffance.

Vaugelas difoit qu'une mauvaife raifon fait ordinairement moins de tort qu'un mauvais mot, parce qu'il n'y a que les gens à réflexion qui connoiffent la fauffeté d'un raifonnement; au lieu qu'un mauvais mot eft remarqué de tout le monde.

Vaugelas fe forma fur l'hiftoire romaine de Coeffeteau, & ne vouloit prefque point recevoir de phrafe qui n'y fut employée. Balzac dit à ce fujet, qu'au jugement de M. de *Vaugelas* il n'y avoit point de falut hors l'hiftoire romaine, non plus que hors de l'églife romaine. Il lut dans la fuite les traductions de d'Ablancourt, & il les prit pour modèles de la fienne.

VAYER, (François La Mothe le) né en 1588, mort en 1672.

« La Mothe le *Vayer*, selon M. de Voltaire, est beaucoup plus hardi que Bayle dans son scepticisme, & moins réservé dans ses libertés cyniques. Mais le *Vayer* semble nous prévenir lui-même à cet égard dans un de ses ouvrages où il dit que les plus grands auteurs ont besoin d'être ■■■■■ favorablement ; & il ajoute : « Les livres d'un homme font à mon sens de fort mauvais garans de ses inclinations, & je n'ai jamais cru qu'on pût former un bon jugement des mœurs d'une personne par ses écrits ».

Saint-Sorlin Desmarets, non moins connu par son fanatisme que par le poëme de Clovis, voyant passer un jour dans la galerie du Louvre La Mothe le *Vayer* : Voilà, dit-il, un homme qui n'a point de religion. Notre philosophe se tourna vers lui, & daigna lui dire : mon ami, j'ai tant de religion, que je ne suis point de ta religion.

Quoique le *Vayer* aimât beaucoup la tranquillité, la retenue dont il faisoit profession parût l'abandonner, lorsque Vaugelas publia ses remarques sur la langue. Il craignoit, s'il les adoptoit, d'être dans une espèce de nécessité de repasser tout ce qu'il avoit écrit ; il prit donc le parti d'attaquer ces remarques, qu'il prétendoit être pour la plûpart ou fausses, ou inutiles ; il ressembloit à ces bons religieux qui, accoutumés à leur ancienne discipline un peu relâchée, ne peuvent souffrir qu'on vienne la réformer & les réduire à un genre de vie plus régulier & plus austère. *Histoire de l'académie.*

La Mothe le *Vayer* ayant fait un livre d'un dur débit, son libraire lui en fit des plaintes. Ne vous mettez pas en peine, lui dit-il, je sais un secret pour le faire acheter. Il employa ses amis pour le faire défendre. Dès qu'il fut défendu, tout le monde voulut l'avoir, & on fut bientôt obligé d'en faire une seconde édition.

Le père Mersenne, minime, savoit employer ingénieusement les pensées des autres. C'est pourquoi La Mothe le *Vayer* l'appelloit *le bon Larron.*

La Mothe le *Vayer* parloit volontiers d'un écrivain scrupuleux, lequel fut vingt-quatre heures à rêver comment il feroit pour éviter de dire *ce seroit*, à cause de la ressemblance des deux premières syllabes.

Les relations des pays éloignés faisoient le plus grand amusement de le *Vayer*. Dans sa dernière maladie, & ayant la mort sur les lèvres, son ami Bernier vint le voir. Dès qu'il l'eut reconnu : *Quelles nouvelles avez-vous du grand Mogol ?* lui demanda-t-il. Ce furent ses dernières paroles, il expira peu de temps après.

Le *Vayer* avoit un fils abbé que la mort lui enleva à l'âge de 25 ans. C'est à cet abbé que Boileau a adressé sa quatrième satyre. Il fit imprimer les œuvres de son père, dont il y a une dernière édition de 1756, en 16 grands vol. *in-8°.*

VENDÔME, (Louis Joseph Duc de) ■■■■■■ marós en Espagne le 11 juin 1712, âgé de cinquante-huit ans. Il étoit arrière-petit-fils de Henri IV, & de Gabrielle d'Estrées.

Lors de la journée de Steinkerque, en 1692, le maréchal de Luxembourg parcourant les rangs pour animer tout le monde à bien faire, dit à Vendôme : *Pour vous, je n'ai rien à vous recommander.* » Monsieur le maréchal, repliqua Vendôme, mort ou vif, je serai loué aujourd'hui des honnêtes gens ».

Lorsqu'il fut à la tête des armées, le moindre soldat, comme il est dit dans le portrait de ce général, auroit sacrifié sa vie pour lui. Il faisoit durant l'hiver de 1705 le siége de Verue. La neige combloit tous les jours la tranchée ; la gelée rendoit la terre aussi dure que les pierres ; les soldats tomboient morts de froid à chaque instant ; l'armée savoit qu'il y alloit de la gloire de son général, qu'elle appelloit son père, de prendre la place : mais l'on n'entendit pas un murmure.

Il reçut un jour un éloge bien flatteur & bien naïf en même temps d'un jeune Seigneur qu'il avoit envoyé en cour pour annoncer la victoire qu'il venoit de remporter à Luzara en 1702. Ce jeune Seigneur s'embarrassa dans le récit qu'il en fit. Madame la duchesse de Bourgogne qui étoit présente, rioit de tout son cœur ; Louis XIV ne perdoit rien de sa gravité. Le jeune Seigneur ayant fini son récit comme il put, dit au roi : Sire, il est plus facile à M. de Vendôme de gagner une bataille, qu'il n'est aisé de la raconter ».

On a eu souvent lieu de louer sa présence d'esprit. Des troupes qui étoient à ses ordres plioient dans une occasion, & les officiers faisoient de vains efforts pour les retenir : Vendôme se jette aussitôt au milieu des fuyards, & crie à leurs chefs : *Laissez faire les soldats, ce n'est point ici, c'est là,* montrant un arbre éloigné de cent pas, *que ces troupes vont & doivent aller se reformer.* Ces paroles qui marquoient aux troupes que le général n'étoit pas mécontent de leur valeur, & qu'il s'en rapportoit à leur expérience, eurent le succès désiré.

Dans le temps que ce général commandoit l'armée des deux couronnes dans la Lombardie, la désertion étoit considérable parmi les Italiens. En vain la peine de mort étoit exécutée contre tous les déserteurs, rien ne pouvoit fixer les soldats sous leurs drapeaux. A la fin, le général connoissant mieux le foible des Italiens, fit pablier que tous ceux qui déserteroient, seroient pendus à l'instant & sans l'assistance d'aucun prêtre. Cette punition, comme on l'avoit prévu, fit plus d'impression sur ces lâches, que la mort même. Ils avoient bien voulu risquer d'être pendus ; mais ils ne voulurent pas courir le risque d'être pendus sans confession.

En 1710 le duc de Vendôme fut envoyé au secours de Philippe V, roi d'Espagne. Ce général n'eut pas plutôt passé les Pyrénées, qu'il vit les grands délibérer sur le rang qu'ils lui donneroient. » Tout rang m'est bon, leur dit-il, je ne viens point vous disputer le pas, je viens sauver votre roi ».

Lors de la journée de Villaviciosa en 1710, les armées de Philippe & de l'archiduc s'étant rencontrées, on se disposa de part, & d'autre à une action sanglante & peut-être décisive. Comme les courtisans conjuroient Philippe de ne pas s'exposer & avec lui tout le royaume : » Allons, sire, lui dit Vendôme, quand vous serez à la tête de tant de braves gens, vos ennemis ne vous résisteront pas ».

La victoire ne tarda point à se décider en faveur de Philippe. Lorsque les troupes ennemies furent entièrement dissipées, ce prince, au milieu du champ de bataille, témoigna à Vendôme qu'il avoit un besoin extrême de dormir. Sire, lui dit le duc, je vais vous faire arranger le meilleur & le plus beau lit qu'un roi ait jamais eu. Dans le même instant on plaça sous un arbre les drapeaux qu'on venoit de prendre. Le roi se jetta dessus tout botté, & y dormit quatre ou cinq heures.

Philippe V, plein de reconnoissance pour Vendôme, disoit qu'il lui devoit la couronne. Ce général qui avoit des rivaux jaloux de ses succès, répondit au roi en lui renvoyant l'honneur de la victoire : Votre majesté a vaincu ses ennemis, j'ai vaincu les miens. On peut se rappeler ici ce proverbe espagnol : » Fais bien, tu auras des envieux : fais mieux tu les confondras ».

Louis XIV apprenant l'événement de la journée de Villaviciosa, où une armée vaincue jusqu'alors venoit de vaincre, parce qu'elle avoit été menée au combat par Vendôme : Voilà, dit-il, ce que c'est qu'un homme de plus.

Lorsque ce libérateur de l'Espagne eut fini sa carrière à Vignaros, Philippe V lui donna en pleurant sa sépulture à l'Escurial au milieu des rois ses prédécesseurs. Il l'avoit décoré pendant sa vie du titre & des honneurs de premier prince du sang d'Espagne.

Ce monarque disoit un jour au duc de Vendôme : » Il est surprenant qu'étant le fils d'un père dont le génie étoit si borné, vous excel-

liez dans la science militaire. Mon esprit, répondit Vendôme, vient de plus loin. Il vouloit faire entendre qu'il ressembloit à Henri IV dont il avoit l'honneur de descendre.

VENGEANCE. On a dit que la vengeance étoit douce ; oui, pour une ame foible & incapable de supporter l'injure.

La vengeance est souvent aussi funeste à celui qui l'exerce qu'à celui qui l'éprouve ; c'est un fer aiguisé par les deux bouts, que l'on appuiroit entre son cœur & celui de son ennemi.

Protagore avoit donné en mariage sa fille à son ennemi ; on lui demandoit pourquoi ? il répondit : c'est que de toutes les femmes qui sont dans le monde, je lui donne la plus méchante, & que je ne pouvois plus cruellement me venger.

Un gentilhomme Anglois, qui étoit à Madrid, en se retirant une nuit chez lui, eut le malheur d'être insulté par des inconnus, qui le forcèrent de mettre l'épée à la main. Il se défendit vaillamment, & l'un d'eux tomba à ses pieds, noyé dans son sang. Ignorant à qui il avoit eu affaire, notre Anglois se réfugia sous le portail d'une église qui pouvoit, dans le besoin, lui servir d'asyle ; mais en s'appuyant contre la porte, il ne fut pas peu surpris de s'appercevoir qu'elle n'étoit pas fermée : il entre, & son étonnement redouble à la vue d'une foible lumière, & sur-tout d'une femme vêtue de blanc, qui sortoit d'un tombeau, avec un couteau ensanglanté à la main. Le phantôme s'approcha de lui, & lui demanda, d'une voix qui lui parut terrible, ce qu'il venoit faire dans ce lieu. Ne doutant pas que ce ne fût un esprit, il ne déguisa rien de ce qui lui étoit arrivé. » Étranger, lui dit cette femme, (car c'en étoit réellement une) comme vous je suis coupable d'un meurtre. Je suis religieuse d'une famille noble. Un lâche scélérat, qui m'avoit déshonorée, s'en étoit vanté ; ma main a lavé mon affront dans son sang : mais, peu satisfaite de l'avoir immolé à ma vengeance, j'ai obtenu du porte-clefs de cette église la permission d'entrer dans son tombeau, & je viens de lui arracher ce cœur perfide, pour le traiter de la manière qu'il le mérite. » A ces mots, elle mit le cœur en pièce avec son couteau, & en foula aux piés tous les morceaux. Quelque romanesque que paroisse cette aventure on prétend qu'elle est véritable.

Les habitans de Corfou sont d'un naturel fort vindicatif, comme il paroît par cette histoire. Deux familles avoient pris querelle entre elles pour une chose assez légère d'abord, mais qui alla si loin, que plusieurs personnes furent tuées de part & d'autre, & surtout du côté de celle qui avoit offensé le parti le plus puissant. Une de ces personnes venant à mourir ne laissa qu'un jeune fils, à qui on proposa, dès qu'il fut devenu grand, d'épouser la fille d'un des ennemis de son pére, pour faire finir ces querelles, & pour rétablir la paix entre les deux familles. Il agréa la proposition après plusieurs sollicitations; on fit le contrat de mariage, & ils se marierent avec de grandes marques de joye; mais peu de temps après ayant conduit la nouvelle mariée dans sa maison, & ayant invité à un souper ses pére & mere, ses sœurs, ses freres, & ses autres parens, il les obligea de passer la nuit chez lui, & les massacra tous impitoyablement, sans ménager sa propre femme.

Un françois de Xaintonge appellé Roubias, passant par Damas en revenant de Jerusalem, rencontra un juge du lieu, qui lui donna sans sujet un soufflet si violent, qu'il l'abattit à ses piés. Le françois dissimulant cet affront, résolut de s'en venger. Pour cela il s'absenta trois ans de cette ville, & ayant bien appris la langue Turique, il se déguisa en Dervis. Ces religieux portent une cimeterre au côté, avec un couteau à la ceinture, disant que c'est pour faire observer les commandemens de leur grand prophete. Ce faux Dervis revint donc à Damas, où il assistoit tous les jours à l'audience du juge, ce qu'il fit pendant trois ans, attendant une occasion propre pour faire son coup, jusqu'à ce qu'un jour entendant une sentence de ce juge contre un orphelin, à qui l'on demandoit quelque héritage, il s'approcha de lui, & lui donna un si grand coup de couteau au front, qu'il le jetta mort à ses pieds, puis se mit froidement sur son siége, disant que le jugement qu'il avoit prononcé étoit injuste, & qu'il falloit revoir le procès. Tout le monde y consentit par le respect qu'on lui portoit, & l'arrêt fut donné en faveur de l'orphelin. Le corps du juge fut porté en sa maison, & on loua beaucoup l'assassin. Cet homme croyant s'être suffisamment vengé se retira sans bruit, & s'en alla à Tripoli, où un François lui reprocha qu'il l'avoit vû en habit de Dervis, ce qu'il confessa, & en dit la raison inconsidérément. La chose ayant été rapportée à quelques Turcs, on le prit, on le visita, pour voir s'il étoit circoncis; comme on vit qu'il ne l'étoit point, on le remena à Damas, où Vincent le Blanc, qui rapporte ceci, le vit exécuter à mort.

Deux familles nobles & puissantes de la ville de Terni dans la marche d'Ancone, se portoient une haine irréconciliable, qui passoit des peres aux enfans, & causoit souvent des meurtres. Une de ces deux familles, résolue à faire périr l'autre tout d'un coup, fit assembler secretement plusieurs de ces braves, qui sont toujours prêts à se défaire de ceux que l'on veut. Quand leur monde fut prêt, ils allerent tous une nuit trou-

ver le gouverneur, dont ils se saisirent, aussi bien que de ses gardes, puis le conduisant par force à la maison de leurs ennemis, ils l'obligerent le poignard sur la gorge, d'ordonner qu'on lui ouvrît, ce qu'on ne fit point difficulté de faire. Entrant alors dans ces maisons, ils égorgerent tout le monde, jusqu'aux femmes & aux enfans, & même aux chevaux; ils contraignirent ensuite le gouverneur de leur faire ouvrir les portes de la ville, & se retirerent chacun de leur côté. Quelques-uns cependant furent arrêtés & mis à mort.

Après la conquête du pays de Galles par les Anglois, ce courageux peuple se révolta. Dans un combat où la victoire le favorisa, les femmes firent cruellement éclater leur rage contre leurs ennemis, ce trait ne peut être rapporté qu'en latin : *quorum genitalia mulieres Wallensium post conflictum absciderunt, & membrum pudendum in ore cujuslibet interempti posuerunt, testiculosque à mento dependere fecerunt.*

Le fanatique Telton qui tua le duc de Buckingham, favori de Charles II roi d'Angleterre, étoit si vindicatif, qu'ayant un jour appellé en duel un gentilhomme qui l'avoit offensé, & croyant que la qualité de son ennemi lui feroit peut-être refuser le cartel, il lui envoya un de ses doigts qu'il se coupa lui-même. Je veux, disoit-il, qu'il sache de quoi est capable, pour venger une injure, un homme qui peut se mettre lui-même par morceaux.

Borise Godounove, grand duc de Moscovie, étant tourmenté de la goutte, invita, par de grandes promesses, ceux qui y sauroient quelques remédes, de les lui déclarer. La femme d'un Boïard, irritée des mauvais traitemens de son mari, & désirant de s'en venger, usa du stratagême de la femme de Sganarelle. Elle publia que son mari avoit un spécifique excellent pour la goutte; mais qu'il n'aimoit point assez sa majesté pour le lui donner. On envoya querir cet homme. Il eut beau protester son ignorance, on le fouetta jusqu'au sang, & on le mit en prison. Les plaintes qu'il fit contre sa femme, ne servirent qu'à le faire maltraiter plus rudement. Enfin, on lui fit dire qu'il envoyât son remede ou qu'il se préparât à mourir. Ce malheureux, voyant sa perte inévitable, feignit d'avouer qu'il savoit quelques remédes, mais qu'il n'avoit osé les employer pour sa majesté, & que si on vouloit lui donner quinze jours pour les préparer, il s'en serviroit. Les ayant obtenus, il envoya à Czirback, à deux journées de Moscou, sur la riviere d'Occa, d'où il se fit amener un chariot de toutes sortes d'herbes, bonnes & mauvaises, & en prépara un bain pour le grand duc, qui y recouvra la santé.

On se confirma alors dans la pensée, que le refus du Boïare ne provenoit que de sa malice, c'est pourquoi on le fouetta encore plus fort que les deux premières fois. Le prince lui fit ensuite présent de quatre cens écus, & de dix-huit paysans pour les posséder en propre, avec des défenses très-rigoureuses d'en avoir du ressentiment contre sa femme. Il se soumit à cet ordre, car on rapporte qu'ils vécurent depuis dans une amitié parfaite (*Olearius.*)

Un Seigneur Romain qui avoit un fort beau parc où il entretenoit plusieurs cerfs, avoit défendu à ses domestiques d'en tuer. Un d'eux eut le malheur de contrevenir à cet ordre, en tirant quelqu'autre pièce de gibier qu'il manqua, il tua par mégarde un de ces cerfs qui étoit caché dans des broussailles ; ce pauvre garçon appréhendant la colère de son maître s'enfuit à Gênes, où s'étant embarqué il fut pris par les Algériens ; le Seigneur Italien instruit quelque temps après, que son domestique est esclave à Alger, va trouver le cardinal Janson qui étoit pour lors à Rome, & le prie instamment d'écrire au consul François de racheter ce malheureux, quelque somme que dût couter sa rançon : le cardinal touché de cette générosité ne put s'empêcher de le louer, il écrivit au consul qui en effet racheta l'esclave & le renvoya à Rome. Le gentilhomme vint remercier son éminence, remboursa sa rançon, & quelques jours après fit assassiner ce pauvre domestique qu'il n'avoit voulu ravoir que pour se venger de sa désobéissance, quelque involontaire qu'elle fût.

Un Italien, qui venoit d'avoir une querelle contre un de ses voisins, tomba malade si dangereusement qu'on n'en espéroit plus rien. Son ennemi l'apprend, va chez lui, demande à le voir, & sur ce qu'on lui dit qu'il est à l'extrémité, court vîte dans sa chambre, en disant tout bas : il ne mourra que de ma main. Arrivé près de son lit, il lui donne un coup de poignard, & se sauve. Le malade perdit une grande quantité de sang ; mais cette perte lui fut salutaire, & lui rendit la vie & la santé. *Tres. Chron.*

Murat rapporte, dans ses lettres, qu'une Angloise, étant au lit de la mort, fit appeller son mari, & qu'après avoir ému sa sensibilité par le détail de ses souffrances, elle le conjura de lui pardonner, dans ce dernier moment, une faute dont elle étoit coupable envers lui. Le mari lui ayant promis ce qu'elle désiroit, elle lui avoua qu'elle lui avoit fait infidélité. Je vous le pardonne, dit le mari, mais j'attends pareillement de vous le pardon du mal que je vous ai fait. L'Angloise le lui ayant promis de tout son cœur : c'est, lui dit cet époux, que m'étant aperçu de ce que vous venez de m'avouer, je vous ai empoisonnée ; ce qui est la cause de votre mort.

Une jeune fille, dont l'usurpateur Cromwel avoit tué l'amant dans une bataille, médita de le sacrifier à ses manes. Pendant deux ans, elle s'exerça à percer le portrait de Cromwel à coups de pistolet, bien résolue d'essayer sur lui même à la première occasion. Lorsqu'il fut proclamé protecteur, il fit une entrée superbe dans Londres ; cette fille se trouva sur son passage, & lacha son coup, qui alla porter sur le cheval du fils de Cromwel. Tout le monde s'arrêta, & le protecteur étonné, jetta des regards menaçans sur le balcon d'où le coup étoit parti : mais cette fille ne broncha pas, & d'un air ferme & intrépide lui cria : c'est à toi, tyran, que s'adressent mes coups, & je serois inconsolable que mon bras eût mal servi mon juste ressentiment, si je n'étois bien persuadée que d'autres frapperont plus sûrement que moi. Cromwel reprenant tout d'un coup un visage tranquille, & affectant un souris méprisant, la traita de folle, & ordonna froidement qu'on continuât la marche. (*Lett.*)

VÉNITIENS. Il n'y a peut-être pas de pays au monde où l'on soit plus libre qu'à Venise, pourvu qu'on ne se mêle point des affaires du gouvernement, sur lequel il faut observer un silence respectueux. On risque même à le louer, presque autant qu'à le blâmer. Un sculpteur Génois, s'entretenant avec deux François, ceux-ci se répandoient en invectives contre le sénat & la république, & le titre de pantalons fut donné plusieurs fois aux sénateurs. Le Génois défendit les *Vénitiens* le mieux qu'il lui fut possible. Le lendemain il eut ordre de la part du conseil de se présenter. Il arriva tout tremblant. On lui demanda s'il reconnoîtroit les deux personnes avec qui il avoit eû conversation sur le gouvernement de la république. A ce discours, sa peur redoubla, il répondit qu'il n'avoit rien dit qui ne fût en faveur du sénat. On lui ordonna de passer dans une chambre voisine, où il vit les deux François morts & pendus au plancher. Il crut sa perte assurée, mais on le ramena devant les sénateurs ; celui qui présidoit lui dit : taisez-vous une autrefois, mon ami, notre république n'a pas besoin d'un défenseur de votre espèce.

Un François se promenant un jour à Venise dans la place de Saint Marc, heurta, par mégarde un de ces nobles dont Venise est remplie. Le noble le prit gravement par le bras, & le pria de lui apprendre quelle bête il croyoit la plus lourde & la plus pésante. Le François étonné d'une pareille question, resta quelque temps sans répondre : mais le *Vénitien*, sans rien perdre de sa gravité, lui ayant redemandé la même chose, le François répondit bonnement qu'il croyoit que la bête la plus lourde étoit un Éléphant. Hé bien, dit fièrement le *Vénitien*, apprenez monsieur l'Éléphant, qu'on ne heurte point un noble *Vénitien*.

Comme les gondoliers *Vénitiens* passent la plus grande partie de leur vie presque en tête-à-tête avec la noblesse, les plus honnêtes citadins, & les étrangers de distinction, qui tous les jours abordent à Vénise; ils fournissent souvent à la conversation par des plaisanteries; on leur permet même, en ce genre, des libertés; en voici un exemple. Les rues de Vénise sont éclairées la nuit par de très-petites lanternes, suspendues comme celles qui éclairent les rues de Paris. Un noble, passant dans une rue où un gondolier étoit occupé à en suspendre une, lui dit de la tenir plus haute: elle l'est assez, réplique le gondolier, pour les cornes de nous autres; toutefois, si votre excellence la juge trop baffe, je la releverai. L'excellence passa, & s'empressa de régaler ses amis du mot du gondolier. *Observations sur l'Italie.*

Le même observateur rapporte que ces gondoliers ont le privilège exclusif dont jouissoit M. de Roquelaure à la cour de Louis XIV. On leur fait honneur de tous les bons mots, dont des raisons de décence ou de politique, ne permettent pas aux véritables pères de se déclarer; tel étoit celui que l'on citoit, lors de l'exaltation d'un Pape. Depuis la rupture éclatante entre la république & Benoît XIV, ce pape n'avoit donné le chapeau à aucun *Vénitien*: nous avons été long-temps sans chapeau, faisoit-on dire à un gondolier: *Ma habbiamo adesso il capelliere.*

VENTRILOQUE, est un homme qui est supposé parler du ventre, & non de la bouche comme à l'ordinaire; mais si l'on fait quelques observations, on se convaincra que l'art du *Ventriloque* est dû à un jeu particulier des muscles du larynx ou du gosier, jeu que tout homme bien organisé, pourra acquérir par un exercice constant & soutenu, joint à une volonté opiniâtre & bien déterminée d'y plier ses organes.

Saint-Gilles, épicier à Saint-Germain en Laye, a porté fort loin l'art du *ventriloque.* Il se promenoit un jour avec un vieux militaire, qui marchoit toujours tête levée, & avec de grands écarts de poitrine. Il ne paroit & il ne falloit jamais parler avec lui que de batailles, de marches, de garnisons, de combats singuliers &c. Pour reprimer un peu cette fureur assommante de parler toujours de son métier, Saint-Gilles s'avisa de lui servir un plat du sien. Arrivés à un endroit de la forêt assez découvert, le militaire crut entendre qu'on lui crioit du

haut d'un arbre: *on ne sait pas toujours se servir de l'épée qu'on porte.* Qui est cet impertinent? apparemment, dit Saint-Gilles, quelque pâtre qui déniche des oiseaux: passons notre chemin: c'est un drôle, reprit le militaire en branlant la tête avec un visage dur & réfrogné. *Approche, tu as peur.* Oh! pour cela non, dit le militaire, enfonçant son chapeau sur sa tête & se disposant à l'attaque. Qu'allez-vous faire, dit Saint-Gilles en le retenant! on se moquera de vous. *La bonne contenance n'est pas toujours signe de courage*, continua la voix toujours en descendant. Ce n'est pas là un pâtre, Saint-Gilles? Je te ferai bientôt repentir de tes impertinences: *Témoin Hector fuyant devant Achille*, cria la voix du bas de l'arbre. alors, le militaire, tirant son épée, vint l'enfoncer à bras raccourci, dans un buisson qui étoit au pied. Il en sortit un lapin, qui se mit à courir à toutes jambes. *Voilà Hector* lui cria Saint-Gilles, avec sa voix ordinaire, *& vous êtes Achille.* Cette plaisanterie désarma & confondit le militaire. Il demanda à St.-Gilles ce que tout cela signifioit. Deux choses, lui dit-il, la première qu'avant de former une attaque, il faut bien savoir à qui l'on a affaire; la seconde, que vous venez de faire là une action de Dom Quichote. St.-Gilles lui avoua ensuite qu'il avoit deux voix qui faisoient de lui deux personnes; une à l'ordinaire avec laquelle il lui parloit actuellement, & une autre qui l'éloignoit de lui-même à une grande distance, & dont il s'étoit servi dans toute la scène dont ils venoient d'être les acteurs l'un & l'autre. Il lui fit remarquer en même temps que cette voix sortoit de lui-même, malgré la grande distance d'où elle paroissoit venir. Le militaire s'en rappella le timbre, & convint que c'étoit une illusion où il eût toujours demeuré sans la bonne foi de Saint-Gilles.

Le baron de Mengen, *Ventriloque* de la première classe, qui faisoit, il y a quelques années sa résidence à Vienne en Autriche, a pensé faire tourner bien des têtes avec le talent qu'il avoit de varier & de multiplier en quelque sorte sa voix. Ce baron, qui servoit en qualité de lieutenant-colonel sous les ordres du feu prince de Deux-Ponts, général au service de l'impératrice, reine de Hongrie, voulut un jour amuser ce prince par une scène que son art pour contrefaire toutes sortes de voix lui avoit fait imaginer. Il tira de sa poche une petite figure ou espèce de poupée avec laquelle il se mit à converser assez vivement à-peu-près en ces termes: *Mademoiselle, il me revient de vous des nouvelles très-peu satisfaisantes.* — Monsieur, la calomnie est aisée. — *Ne vous écartez pas du droit chemin; je vous y ferois rentrer par des voies désagréables.* — Monsieur, il est aisé d'y rentrer quand on n'en fort pas. — *Vous êtes une petite coquette, vous agacez les hommes tant que vous pouvez.* — Monsieur, quand on a un grain de beauté, on est exposé à l'envie & à la persécution. — *Vous faites la petite raisonneuse ?* — Monsieur, il n'est pas toujours permis d'attaquer, il l'est toujours de se défendre. — *Taisez-vous ;* sur ces mots il l'enferme dans sa poche. Alors la poupée s'agite & murmure : voilà comme les hommes font faits, continue-t-elle, parce qu'ils sont les plus forts, ils s'imaginent qu'autorité est justice. Un officier Irlandois qui se trouvoit là, se persuada si bien que la Poupée étoit un animal dressé à ce manége par le baron de Mengen, qu'il se jetta brusquement sur la poche où elle étoit pour en découvrir la vérité. Alors la petite figure se sentant pressée outre mesure, se mit à crier au secours, comme si on l'eût étouffée, & elle ne cessa ses cris effrayans, qu'au moment qu'on eut lâché prise. Alors, pour convaincre l'officier qu'il avoit bien donné dans le panneau, monsieur le baron de Mengen lui laissa tirer de sa poche une petite figure revêtue d'un manteau, sous lequel il n'y avoit que du bois. Tous les yeux des spectateurs étoient fixés sur le visage de monsieur le baron de Mengen : néanmoins ils n'apperçurent aucun mouvement pendant les réponses de la poupée, & la voix bien articulée paroissoit uniquement procéder de la petite figure. Ce qui ajoutoit singuliérement au merveilleux de la chose, c'est que la réponse, suivant le témoignage de ces messieurs, heurtoit, ou du moins sembloit heurter quelquefois la question ou le reproche. Comme il arrive dans les contestations animées, où la réponse commence, quand l'objection dure encore.

On divertit un jour monsieur le cardinal de Richelieu aux dépens d'un évêque qui étoit avec lui. Après que le gentilhomme qui le devoit faire lui en eut demandé la permission, il se mit auprès du lit & nomma le nom de l'évêque avec la gorge seulement, sans remuer les lèvres, (il y a plusieurs personnes qui savent faire cela, & il semble que la voix que l'on entend vienne de bien loin) : l'évêque qui étoit près du feu avec monsieur le cardinal, fut étonné de s'entendre appeler ; il ne put s'empêcher de le faire connoître à son Eminence : mais comme cette voix n'avoit pas continué, il se remit de sa surprise : ce ne fut pas pour long-temps, le lutin avoit résolu de lui faire pièce ; il l'appella une seconde fois. Je demande pardon à votre Eminence, dit l'évêque ; mais il faut que je parle à mon père qui m'appelle ; il est mort depuis quelques jours, il a peut-être quelque chose à m'ordonner : Voyez, demandez-lui ce qu'il veut, dit monsieur le cardinal, l'évêque se jettant à genoux avec son chapelet à la main, auquel pendoient plusieurs me-

dailles d'or, parlez, dit-il, mon cher père, voulez-vous m'ordonner quelque chose. C'est pour ton salut, dit l'esprit prétendu, que je te viens parler, attache-toi plutôt à convertir les hérétiques, qu'à demeurer à la cour ; commence par celui qui est appuyé contre ce lit, & lui jette ton chapelet au cou. L'évêque se léve tout tremblant, s'approche du gentilhomme qui lui faisoit la pièce, l'exhorte à se convertir, lui dit pour cela quantité de bonnes choses, & cherchoit un temps favorable pour lui jetter son chapelet au cou. Ce n'étoit pas le dessein du gentilhomme que de l'en empêcher ; c'étoit son dessein au contraire de profiter des medailles d'or. Enfin l'évêque prit son temps, & lui ayant passé ce chapelet, vous ne pouvez plus, dit-il, vous en défendre. Hélas non, Monseigneur, répond le gentilhomme, je suis tout converti présentement.

VÉRITÉ. La *Vérité* fuit l'oreille des rois & la bouche des courtisans : elle est souvent un breuvage amer, mais il est toujours salutaire quand l'amour l'apprête, & quand la franchise le présente.

Jusqu'à quel point doit-on tromper un ignorant pour lui faire recevoir une *Vérité* ? C'est ce que nous n'entreprendrons point de fixer. Un Dominicain de Rome damnoit un étranger, parce qu'il soutenoit que la terre tournoit autour du soleil. Vous ne songez donc plus, lui disoit le Dominicain, que Josué arrêta le Soleil ? Eh ! mon révérend Père, répondit l'étranger, c'est aussi depuis ce temps là que le Soleil est immobile.

Un jeune prince très-puissant régnoit dans les Indes, il étoit d'une fierté qui pouvoit devenir funeste à ses sujets & à lui-même. On essaya en vain de lui représenter que l'amour des sujets est toute la force, & toute la puissance du souverain. Ces sages remontrances ne servirent qu'à faire périr leurs auteurs dans les tourmens. Un bramine ou philosophe, dans le dessein de lui inculquer cette vérité, sans toutefois s'exposer au même péril, imagina le jeu des échecs, où le roi, quoique la plus importante de toutes les pièces, est impuissant pour attaquer & même pour se défendre contre ses ennemis, sans le secours de ses sujets & de ses soldats. Le monarque étoit né avec beaucoup d'esprit ; il se fit lui-même l'application de cette leçon utile, changea de conduite, & par-là prévint les malheurs qui le menaçoient. La reconnoissance du jeune prince lui fit laisser au bramine le choix de la récompense. Celui-ci demanda autant de grains de bled qu'en pourroit produire le nombre des cases de l'échiquier, en doublant toujours depuis la première jusqu'à la soixante-quatrième ; ce qui lui fut accordé sur le champ, &

sans examen. Mais il se trouva, par le calcul, que tous les trésors & les vastes états du prince ne suffiroient point pour remplir l'engagement qu'il venoit de contracter. Alors notre philosophe saisit cette occasion pour lui représenter combien il importe aux rois de se tenir en garde contre ceux qui les entourent, & combien ils doivent craindre que l'on n'abuse de leurs meilleures intentions.

Kamhi, empereur de la Chine avoit toujours soin de faire servir sur sa table des vins d'Europe. Un jour cet empereur ordonna à un Mandarin, son plus fidèle favori, de boire avec lui. Le prince s'enyvra & tomba ensuite dans un profond sommeil. Le Mandarin, qui craignit les suites de cette intempérance, passa dans l'antichambre des eunuques, & leur dit que l'empereur étoit ivre; qu'il étoit à craindre qu'il ne contractât l'habitude de boire avec excès; que le vin agiroit encore davantage sur son humeur déjà trop violente, & que, dans cet état, il n'épargneroit pas même ses plus chers favoris; pour éviter un si grand mal, ajouta le Mandarin, il faut que vous me chargiez de chaînes, & que vous me fassiez mettre dans un cachot, comme si l'ordre étoit venu de l'empereur. Les eunuques approuvèrent cette idée pour leurs propres intérêts. Le prince, surpris de se trouver seul à son réveil, demanda ce qu'étoit devenu son compagnon de table? On lui répondit qu'ayant eu le malheur de déplaire à sa majesté, on l'avoit conduit par son ordre dans une étroite prison, où il devoit recevoir la mort.

Le monarque parut quelque temps rêveur & donna enfin ordre que le Mandarin fût amené. Il parut chargé de chaînes, & se jetta aux pieds de son maître comme un criminel qui attend l'arrêt de sa mort. Qui t'a mis dans cet état, lui dit ce prince? quel crime as-tu commis? mon crime, je l'ignore répondit le Mandarin; je sais seulement que votre majesté m'a fait jetter dans un noir cachot pour y être livré à la mort. L'empereur tombe dans une profonde rêverie, il parut surpris & troublé. Enfin, rejettant sur les fumées de l'ivresse, une violence dont il ne conservoit aucun souvenir, il fit ôter les chaînes au Mandarin, & l'on remarque que depuis il évita toujours les excès du vin.

VERNET, (Joseph) peintre célèbre, né à Avignon en 1712, mort à Paris en décembre 1789.

Personne n'a représenté avec plus de chaleur & de vérité les marines, le calme & la tempête, les agitations de la mer, & les reflets de la lumière sur une onde tranquille. Aucun peintre n'a mis plus de fraîcheur dans ses teintes, n'a exprimé avec plus d'art les différentes heures du jour, & n'a mieux entendu la perspective aërienne. Nul artiste n'a fait un plus grand nombre de chefs-d'œuvres, & n'a répandu plus de variété, plus de richesses, plus d'intérêt dans ses compositions, & plus d'esprit dans ses groupes de figures. Il s'étoit exposé dans sa jeunesse aux plus grands dangers pour observer la nature; il consultoit le ciel, lorsqu'il étoit en feu, & la mer lorsqu'elle étoit agitée. Dans un voyage il se fit attacher au mât du vaisseau, pour contempler le ciel fulminant, les flots écumans, l'épouvante de l'équipage: & lorsque les matelots & les passagers trembloient à chaque instant d'être engloutis dans les abîmes, ou d'être foudroyés par le tonnerre, Vernet dans l'extase s'écrioit, quel sublime spectacle! Que cela est beau! Que cela est ravissant! & il dessinoit.

Pendant son séjour à Rome, il examina tous les sites de l'Italie; il étoit toujours en présence de la nature dans ce beau climat. Il s'attacha surtout à saisir les différents effets de lumière & de clair-obscur que les vapeurs de l'atmosphère, & les accidents des nuages occasionnent dans les différentes parties du jour. Des yeux exercés reconnoissent dans ses tableaux & dans son coloris l'heure & le temps qu'il a choisis. Il s'étoit même fait pour son usage une sorte de recueil d'échantillons de lumières, & de couleurs qu'il consultoit toujours avec succès.

Les ouvrages de ce maître ornent les palais de tous les souverains, & les cabinets de tous les amateurs.

Il a peint les différents ports de mer de France; & c'est une des plus belles suites de peinture & des plus considérables qui existent dans le monde.

Un habitant de la campagne à qui on montroit un *matin* un *lever du soleil*, un paysage éclairé du soleil couchant, tels que *Vernet* sait les réaliser, dit sans étonnement, & par le pur instinct du sentiment: « Eh c'est ce que nous voyons tous les jours dans nos campagnes.

La reine, étant allée voir l'exposition des tableaux au salon du Louvre & ne voyant point *Vernet*, entre les artistes qui lui faisoient leur cour, le fit appeler & lui dit: « M. *Vernet*, je vois que c'est toujours vous qui faites ici la pluie & le beau-temps.

On a beaucoup gravé d'après ce maître.

VERTOT, (René Aubert de) né l'an 1655, mort en 1735.

L'abbé de *Vertot*, fut d'abord capucin. Il passa ensuite dans d'autres ordres; & changea souvent de bénéfice. On appelloit cela les révolutions de l'abbé de *Vertot*.

L'histoire

L'histoire des révolutions de Suède, fut si estimée à Stocholm même, que l'envoyé qui étoit sur le point de passer en France, fut chargé par ses instructions de faire connoissance avec l'auteur, & de l'engager à entreprendre une histoire générale de Suède. Cet envoyé qui croyoit trouver l'abbé Vertot à Paris dans les meilleures compagnies, & répandu dans le plus grand monde, surpris de ne le voir nulle part, s'informa où il étoit. Ayant appris alors que ce n'étoit qu'un curé de village de Normandie, il rendit compte de sa commission, d'une manière qui fit échouer le projet.

On reproche à cet historien d'avoir trop négligé l'étude des hommes, & de ne s'être pas mis assez au fait des affaires politiques qu'il avoit à traiter.

L'abbé de Vertot ne se donnoit pas toujours la peine de consulter les mémoires qu'on lui envoyoit. Ayant un siège fameux à décrire & les instructions qu'il attendoit ayant tardé trop long-temps, il écrivit l'histoire du siège, moitié d'après le peu qu'il en savoit, moitié d'après son imagination. Les mémoires arrivèrent enfin. J'en suis fâché, dit-il, mais mon siège est fait.

Le père Bouhours, bon juge en fait de style, assuroit qu'il n'avoit rien vu en notre langue qui, pour le style, fût au-dessus des révolutions de Suède & de Portugal ; & le célèbre Bossuet, plus capable encore d'en juger, dit un jour au cardinal de Bouillon, que c'étoit une plume taillée pour la vie du maréchal de Turenne.

Lorsque l'abbé de Vertot apportoit à l'Académie des inscriptions dont il étoit membre, des parties détachées de ses ouvrages historiques, il les lisoit lui-même. Mais à peine en avoit-il quelques pages, que s'unissant insensiblement à son sujet, il prenoit enfin réellement la place du héros, s'abandonnant à toute l'impétuosité de son courage, & alloit jusqu'à perdre la respiration. On l'a vu de même s'attendrir & verser des larmes avec la mere de Coriolan aux pieds de son fils.

Ce qui n'est peut-être pas moins digne de remarque, c'est que l'abbé de Vertot avoit près de quarante-cinq ans quand il composa le premier morceau d'histoire qu'il a donné au public, & qu'il en avoit plus de soixante & dix quand il acheva celle de Malthe, qui a terminé sa course littéraire. Eloge de l'abbé de Vertot.

VERTU. La vertu est cette force morale qui nous fait vaincre nos passions, & même nos affections les plus naturelles, lorsque l'honneur ou le devoir l'exige. La vertu, dit un sage, n'appartient qu'à un être foible par sa nature, &

fort par sa volonté : c'est en cela que consiste le mérite de l'homme juste.

La jouissance de la vertu est toute intérieure ; & la première récompense de l'homme vertueux est le plaisir d'avoir bien fait. La miséricorde divine, dit le philosophe Sadi, avoit conduit un homme vicieux dans une société de religieux dont les mœurs étoient saintes & pures ; il fut touché de leurs vertus ; il ne tarda pas à les imiter & à perdre ses anciennes habitudes : il devint juste, sobre, patient, laborieux & bienfaisant. On ne pouvoit nier ses œuvres, mais on leur donnoit des motifs odieux ; on vantoit ses bonnes actions, & on méprisoit sa personne ; on vouloit toujours le juger par ce qu'il avoit été, & non par ce qu'il étoit devenu. Cette injustice le pénétroit de douleur ; il répandit ses larmes dans le sein d'un vieux solitaire plus juste & plus humain que tous les autres. « O mon fils ! lui dit le vieillard, tu vaux mieux que ta réputation : rends graces à Dieu. Heureux celui qui peut dire : mes ennemis & mes rivaux censurent en moi des vices que je n'ai pas ! Que t'importe, si tu es bon, que les hommes te poursuivent, & même te punissent comme méchant ? N'as-tu pas, pour te consoler, deux témoins éclairés de tes actions ? Dieu & ta conscience ».

Les hollandois avoient formé un établissement considérable dans l'isle Formose. Le chinois Conixa, armé en 1662, pour les en chasser & prend, à la descente, Hambrock leur ministre, qui est choisi entre les prisonniers pour aller au fort de Zélande déterminer les assiégés à capituler. Incapable de déguiser ses sentimens, il les exhorte au contraire à tenir ferme, & leur prouve qu'avec beaucoup de constance ils forceront l'ennemi à se retirer : la garnison qui ne doutoit pas que cet homme généreux, de retour au camp, ne fût massacré, fait les plus grands efforts pour le retenir ; ces instances sont tendrement appuyées par ses deux filles qui étoient dans la place. « J'ai promis, dit-il, d'aller reprendre mes fers, il faut dégager ma parole ; jamais on ne reprochera à ma mémoire ; que pour mettre mes jours à couvert, j'aie appesanti le joug & peut-être causé la mort des compagnons de mon infortune » Après ces mots, il reprend, accompagné de sa seule vertu, le chemin du camp chinois.

L'histoire des conquêtes des portugais dans le Nouveau-Monde, nous fournit un exemple de fermeté & de vertu. Le Père de Lantieuse, franciscain, ayant été pris par les indiens, avec plusieurs officiers, demanda qu'on le laissât partir pour aller traiter lui-même de l'échange des prisonniers. Le roi de Cambaie paroissant inquiet du retour, le religieux détacha son cordon, & le lui mit en main, comme le gage le plus assuré de sa foi. Sa négociation fut infructueuse; il revint dans les fers. Le roi fut si frappé de cette fidélité, & conçut une si haute opinion d'un peuple qui produisoit des hommes capables de cet acte de *vertu*, qu'il renvoya tous les prisonniers sans rançon.

La ville de Manolque, dans le treizième siècle, a été témoin d'un trait de *vertu* qui mérite d'être rapporté. François I étant allé dans cette ville, logea chez un particulier dont la fille lui avoit présenté les clefs de la ville. C'étoit une personne d'une rare beauté, & d'une *vertu* plus rare encore. S'étant apperçue qu'elle avoit fait sur l'esprit du roi une impression que ce monarque n'avoit pu cacher, elle alla mettre un linge soufré dans un réchaud, & en reçut la fumée au visage pour se défigurer; ce qui lui réussit, au point qu'elle devint méconnoissable. François I fut d'autant plus frappé de ce trait de *vertu*, qu'ici la vanité de subjuguer un roi, étoit un piège dangereux dans un âge où l'envie de plaire est déjà si forte & si naturelle. Le monarque voulant lui donner une marque de son estime, lui assura une somme considérable pour sa dot.

« Je préfère, disoit un philosophe, ma famille à moi, ma patrie à ma famille, & le genre humain à ma patrie ». C'est là devise de l'homme vertueux.

VESPASIEN (Titus Flavius) empereur romain, né l'an 9 de Jésus-Christ, mort l'an 79.

Vitellius étoit encore sur le trône, que *Vespasien* fut salué empereur par les armées d'Orient. Il s'étoit transporté en Egypte, pour y régler les mouvemens en sa faveur, lorsqu'il apprit à Alexandrie la mort de son rival. Le nouvel empereur ne se fit pas d'abord aimer des habitans de cette ville. Les alexandrins, amis du faste, & de la dépense, ne trouvoient dans *Vespasien* qu'un homme simple, frugal, & qui les fatiguoit encore par des impositions nouvelles; mais ce prince sut bientôt gagner leur affection, par une petite scène qui mérite d'être rapportée. Deux hommes du peuple, l'un aveugle, l'autre perclus d'une main, se jettèrent à ses genoux, & le supplièrent de les guérir. Ils étoient avertis, disent-ils, par leur dieu Sérapis, que le nouvel empereur avoit ce pouvoir, s'il vouloit appliquer sa salive sur les yeux de l'aveugle, & presser de son pied la main de celui qui étoit estropié. *Vespasien*, ennemi de tous ces petits moyens de surprendre l'admiration du peuple, rejetta d'abord leur demande. Ces malheureux insistèrent. Les courtisans qui croient ou qui feignent de croire que rien n'est impossible à leur prince, appuyèrent les prières des deux malades. *Vespasien* parut ébranlé par leurs instances; mais après un moment de réflexion, il ordonna à plusieurs médecins d'examiner si l'a-

veugle, & le paralytique qui se présentoient pouvoient être guéris par des secours humains. Les médecins, après leur examen, répondirent en général, que dans celui qui se plaignoit de ne point voir, les organes de la vision n'étoient pas détruits, & que la main de l'autre avoit souffert une espèce de luxation qu'une pression forte pouvoit corriger; & prenant aussi-tôt le langage de courtisan : « La volonté des dieux est peut-être que le prince soit manifestement reconnu le ministre de leurs bienfaits envers les hommes ». Ils firent d'ailleurs observer à l'empereur que le ridicule de cette guérison manquée ne pouvoit retomber que sur ces misérables; mais que si au contraire, elle réussissoit, son succès tourneroit à la gloire du prince. *Vespasien*, persuadé par ce discours, consentit enfin à faire des miracles. Il ordonna qu'on lui amenât les malades, & se fiant à sa bonne fortune, il fit, d'un air assuré & en présence d'une multitude attentive, les opérations qui lui avoient été demandées; aussi-tôt l'aveugle voit, & la main estropiée reprend ses fonctions. Suétone, Dion, Tacite rapportent ces faits, & ce dernier historien, pour confirmer la vérité de son récit, ajoute que du temps qu'il écrivoit, c'est-à-dire, sous le règne de Trajan, ceux qui avoient été témoins de ces guérisons subites, persistoient à les attester, quoiqu'ils n'eussent plus d'intérêt à en imposer.

Le roi des parthes lui ayant écrit avec cette inscription : *Arsace, roi des rois, à Vespasien*; au lieu de réprimer cet orgueil, il se contenta de le mépriser, & répondit simplement : *Flave Vespasien à Arsace, roi des rois*.

Ce prince vivoit familièrement avec les sénateurs, les invitoit à sa table, & alloit manger chez eux. Il permettoit à ses amis de le railler, & lorsqu'on affichoit des plaisanteries sur lui, il en faisoit afficher aussi pour y répondre.

Vespasien n'étant encore que simple particulier, & vivant fort à l'étroit, avoit marqué beaucoup d'avidité pour l'argent. C'est ce qui lui fut reproché par un vieil esclave, qui, le voyant devenu empereur, lui demanda avec les prières les plus vives & les plus pressantes, d'être mis gratuitement en liberté. Comme *Vespasien* le refusoit, & exigeoit de l'argent : « Je le vois bien, dit l'esclave, le renard change de poil, mais non de caractère ».

Les députés d'une ville ou d'une province étant venus lui annoncer que, par délibération publique on avoit destiné un million de sesterces (cent vingt-cinq mille livres) à lui ériger une statue colossale : « Placez-la ici sans perdre de temps, leur dit-il, en présentant sa main formée en creux; voici la base toute prête ».

L'histoire de son règne fait mention de plusieurs

autres traits pareils. Un de ses officiers le follicitoit de donner une intendance à quelqu'un qu'il difoit être son frère; le prince fe douta qu'il y avoit un marché. Il manda fecrétement le candidat lui-même, qui avoua au prince qu'il avoit promis une certaine fomme à celui qui l'aidoit de fa faveur : le prince fe fit payer cette fomme, & accorda fur le champ l'emploi fouhaité. Cependant le folliciteur, qui ne favoit rien de ce qui s'étoit paffé, étant revenu à la charge : « Je te confeille, lui dit Vefpafien, de te pourvoir d'un autre frère; car celui que tu croyois ton frère, eft le mien ».

Dans un voyage qu'il faifoit en litière, il remarqua que fon muletier s'étant arrêté fous le prétexte de ferrer fes mules, un particulier qui follicitoit une affaire, avoit profité de l'occafion pour préfenter fa requête. Combien as-tu gagné à ferrer la mule? dit Vefpafien au muletier : & il l'obligea de lui donner la moitié de la fomme. C'eft à cette anecdote rapportée par Suétone, que l'on a fait remonter l'origine de notre expreffion proverbiale, ferrer la mule.

Vefpafien avoit mis un impôt fur les urines. Tite, fon fils, qui avoit des fentimens plus élevés, témoigna qu'il défapprouvoit une exaction fi fordide. Lorfque Vefpafien eut reçu le premier argent de cet impôt, il le porta au nez de fon fils, & lui ayant demandé s'il fentoit mauvais : « Eh bien, ajouta-t-il, vous favez pourtant de quelle origine vient cet argent ».

Vefpafien achetoit fouvent des marchandifes pour les revendre plus cher. Mais il fit enforte qu'une partie de fes extorfions fût attribuée à Cénis une de fes concubines. Cette femme, qui avoit un efprit d'intérêt fi ordinaire aux perfonnes de fon état, vendoit les charges & les commiffions à ceux qui les follicitoient, les abfolutions aux accufés, innocens ou coupables, & les réponfes mêmes de l'empereur.

On imputoit encore à Vefpafien d'employer à deffein dans les finances les hommes les plus avides, pour les condamner lorfqu'ils fe feroient enrichis. Ce prince ne regardoit les financiers que comme des éponges qu'il pouvoit preffer après les avoir laiffé fe remplir.

Vefpafien, dès le commencement de fon règne, s'étoit appliqué à rétablir l'ordre parmi les gens de guerre, dont les excès & les infolences défoloient les villes & les provinces. Il avoit eu foin fur-tout de remédier à la molleffe, l'écueil de la difcipline militaire. Un jeune officier qu'il avoit nommé récemment à un grade militaire, étant venu l'en remercier, tout parfumé, & lui dit d'un ton févère : J'aimerois mieux que vous fentiffiez l'ail : & il révoqua les provifions de la charge qu'il lui avoit donnée.

Vefpafien, naturellement porté à la clémence, ne connut point ces défiances ombrageufes qui amènent l'injuftice & la cruauté. Ses amis l'exhortant un jour à éloigner de fa perfonne Méfius Pompofianus, parce que le bruit couroit que fon horofcope lui promettoit l'empire; il le fit conful, & ajouta en riant : « S'il devient jamais empereur, il fe fouviendra que je lui ai fait du bien. Je plains, difoit-il quelquefois, ceux qui confpirent contre moi, & qui voudroient occuper ma place; ce font des fous qui afpirent à porter un fardeau très-pefant ».

Un Démétrius affectoit de blâmer hautement la conduite de Vefpafien; il pouffoit même l'infolence jufqu'à fe préfenter devant ce prince fans lui rendre aucun des honneurs dûs à fon rang. L'empereur fe contenta de lui dire : « Tu fais tout ce qui eft en toi pour que je t'ôte la vie; mais je ne tue point un chien qui aboie ». Vefpafien fe contenta de faire enfermer ce cynique dans une ifle.

On pourroit peut-être reprocher à Vefpafien la mort du fénateur Helvidius Prifcus, & celle du gaulois Sabinus, & d'Epponine fa femme. Helvidius étoit un homme d'une exacte probité, mais dur, févère, & qui, fans égard pour le rang de Vefpafien, lui réfifta fouvent dans le fénat avec la plus grande audace. L'empereur à la fin fatigué de fes excès, & qui pouvoit craindre qu'Helvidius ne tentât de fe former un parti, le livra à la juftice du fénat. Il fut envoyé en exil; & peu de temps après l'empereur donna ordre qu'on le fît mourir. Une réponfe d'Helvidius pourra faire connoître le caractère de ce fier romain. Vefpafien, dans un inftant d'emportement, le menaçoit de la mort. « Vous ai-je dit, lui répondit Helvidius, que je fuffe immortel? Vous ferez votre métier de tyran en me donnant la mort; moi celui de citoyen en la recevant fans trembler ».

Le fort du gaulois Sabinus & d'Epponine fa femme, a plus de droit d'intéreffer les ames fenfibles par les circonftances que rapporte l'hiftoire.

On les amena prifonniers à Rome, & ils parurent devant l'empereur. Epponine parla à Vefpafien avec courage; elle tâcha de l'attendrir, & lui préfentant fes enfans : « César, lui dit-elle, j'ai mis au monde ces triftes fruits de notre difgrace, & je les ai allaités dans l'horreur des ténèbres, afin de pouvoir vous offrir un plus grand nombre de fuppliants ». Vefpafien verfa des larmes; mais la politique romaine, cruelle à l'égard de tous les étrangers qui avoient favorifé les rebelles à l'empire, combattit fa clémence. Il envoya Sabinus & Epponine au fupplice, & ne fit grace qu'à leurs enfans. Cette généreufe gauloife reprenant alors tout fon courage, & infultant par fes reproches un prince qu'elle n'avoit pu fléchir par ses larmes, elle lui déclara qu'elle ne se reprochoit que ses prières, & qu'elle avoit vécu avec plus de satisfaction dans l'obscurité d'un tombeau, que lui sur le trône.

Vespasien étoit parvenu jusqu'à l'âge de soixante-dix ans sans éprouver aucune incommodité ; mais une violente douleur dans les intestins qu'il ressentit alors, sembloit annoncer que sa fin étoit prochaine. Tout le monde s'inquiétoit à son sujet ; lui seul paroissoit tranquille. On débitoit, comme un présage de mauvais augure pour le prince, que le mausolée des Césars s'étoit tout d'un coup ouvert « Ce prodige ne me regarde point, dit Vespasien : je ne suis point de la race d'Auguste. » Une comète ayant paru au ciel avec une longue chevelure ; il dit gaiement à ceux qui s'en entretenoient : « Si cet astre menace quelqu'un, c'est le roi des Parthes qui a de longs cheveux, & non pas moi qui suis chauve ».

Cependant son mal augmentoit tous les jours ; il connut lui-même le danger où il étoit, & dit à ses amis, par une raillerie assez fine de l'adulation des Romains, qui déifioient leur empereur après leur mort : *Je sens que je deviens dieu.*

Sa maladie ne l'empêcha pas de travailler aux affaires du gouvernement avec le même zèle & la même assiduité. Il répondit aux représentations qu'on lui faisoit à ce sujet, qu'*il falloit qu'un empereur mourût debout.*

On a comparé Vespasien à Auguste Il fit fleurir, à son exemple, les arts dans son empire. Il distribua des récompenses aux gens de lettres & aux artistes qui s'étoient distingués dans leur art. Un ingénieur avoit imaginé de son temps un moyen de transporter, à peu de frais, au capitole, des colonnes d'une grandeur énorme. Vespasien loua l'invention, & il accorda une gratification à l'auteur, sans permettre cependant que l'on se servît de ses machines. *Il faut*, dit-il, *que les pauvres puissent gagner leur vie.*

VEUVE CONSOLÉE. Autrefois que les femmes n'aimoient que leur mari, elles avoient de la douleur de le perdre ; mais aujourd'hui la ressource est grande, le sacrement n'est pas ce qui gagne le plus l'amitié d'une femme. Une dame ayant perdu son époux, son confesseur *ad honores* vint la voir le lendemain de son enterrement ; il la trouva jouant au piquet avec un jeune homme bien fait : ce confesseur fut fort surpris : quoi ! dit ce bon père, vous venez de perdre monsieur votre mari, & vous en avez si peu de déplaisir ? où est cette tristesse que vous devriez du moins faire paroître ? Vraiment, mon père, répondit cette dame, si vous étiez venu une demi heure plutôt, vous m'auriez vue toute baignée de pleurs ; mais cette douleur que vous me reprochez si vive ment,

je l'ai jouée contre monsieur, & je la viens de perdre.

VIC, (Dominique de) mort en 1610.

Dominique de *Vic*, gouverneur d'Amiens, de Calais, & vice-amiral de France, s'informoit dans tous les lieux où il commandoit, des marchands & des artisans qui jouissoient d'une bonne réputation ; il les visitoit comme un ami, & alloit lui-même les prier à dîner. C'est ce même de *Vic*, dont l'histoire rapporte deux traits bien touchans. Ayant eu en 1586 le gras de la jambe droite emporté d'un coup de fauconneau, & ne pouvant plus monter à cheval, quoique sa blessure fût bien guérie, sans ressentir les douleurs les plus vives, il s'étoit retiré dans ses terres en Guyenne ; il y vivoit depuis trois ans, lorsqu'il apprit la mort de Henri III, les embarras où étoit Henri IV, & le besoin qu'il avoit de tous ses bons serviteurs ; il se fit couper la jambe, vendit une partie de son bien, alla trouver ce prince, & lui rendit des services signalés à la bataille d'Ivri & dans plusieurs autres occasions. Deux jours après l'assassinat de ce bon roi, de *Vic* passant dans la rue de la Ferronnerie, & regardant l'endroit où cet horrible attentat avoit été commis, fut si saisi de douleur, qu'il tomba presque mort, & mourut le lendemain.

VIEILLARD. Que reste-t-il à un *vieillard* de la vigueur de sa jeunesse & de sa vie passée ? Un soldat cassé de fatigues & chargé d'années, vint un jour demander à César congé de se faire mourir : » tu penses donc être en vie, répondit César ? »

Vieillesse est maladie, & maladie est vieillesse.

Rabelais dit en son almanach, que vieillesse sera incurable cette année à cause des années passées.

Caton le censeur, voyant un *vieillard* de mauvaise vie : — » mon ami, lui dit-il, la vieillesse, d'elle-même, est assez laide ; n'y ajoutez pas celle du vice.

Un vieux gentilhomme s'entretenoit avec un de ses anciens amis sur quelques anciennes aventures qu'ils avoient eues ensemble : *Oh mon ami*, lui dit-il, *c'étoit-là le bon temps !* Oui, répliqua l'autre, *mais nous n'étions pas alors aussi tranquilles que nous le sommes aujourd'hui.*

Le cardinal d'Armagnac, évêque de Rhodez, faisant sa visite dans son diocèse l'an 1554, trouva un bon *vieillard* en la caducité de son âge, qui pleuroit sur le seuil de sa porte, & s'étant enquis de la cause de ses larmes, il répondit que c'étoit de douleur, de ce que son père l'avoit battu. Le cardinal étonné d'entendre qu'il avoit encore son père, lui demanda pourquoi il l'avoit battu ; c'est , répondit le bon homme , parce que j'ai passé devant mon grand père sans le saluer. A ces mots le prélat fut si surpris , & en même temps si touché , qu'il se mit à pleurer , & voulut voir ce prodige. Etant donc monté dans une chambre , il trouva deux *vieillards* , dont l'un ne se pouvoit remuer , & l'autre , quoiqu'extrêmement vieux , paroissoit néanmoins être dans sa jeunesse , en comparaison de celui qui étoit son père.

Un jeune spartiate voyant des hommes qui se faisoient porter à la campagne , dans des litières , s'écria : à Dieu ne plaise que je sois jamais assis en un lieu d'où je ne puisse me lever devant un *vieillard* !

Jamais la vieillesse n'a été plus honorée que par les spartiates ; aussi le Lacédémonien Lysandre disoit , que la vieillesse n'avoit nulle part de domicile si honorable qu'à Sparte. Un *vieillard* cherchoit une place aux jeux Olympiques , & personne ne se dérangeoit ; il ne fut pas plutôt au quartier des Lacédémoniens , que tous les jeunes gens se levèrent par respect ; ce qui ayant été reçu avec de grandes acclamations : grands Dieux ! s'écria ce *vieillard* , tous les grecs connoissent la vertu , mais il n'y a que les Lacédémoniens qui la pratiquent !

On n'a pas oublié la réponse d'un vieux gentilhomme de la cour de Louis XIV au jeune monarque , qui lui demandoit lequel il préféroit de son siècle ou de celui-ci » Sire j'ai passé ma jeunesse à respecter les *vieillards* , & il faut que je passe ma vieillesse à respecter les enfans. »

Patrix étant revenu d'une extrême maladie à quatre-vingts ans , & ses amis s'en réjouissant avec lui , & le conjurant de se lever : » Hélas , messieurs , leur dit-il , ce n'est pas la peine de se r'habiller.

Le chevalier Gascoin , dont parle Wilcherli dans une de ses lettres , avoit été , pendant sa jeunesse , fort bien venu des femmes. Pour se procurer cette même satisfaction étant vieux , il s'avisa de mener toujours avec lui un jeune homme ; si je me présentois seul chez les dames , disoit-il à ses amis , elles ne manqueroient pas de me refuser la porte , uniquement , parce que mes visites seroient sans conséquence.

Philippe Herbelot , né à Doulerans le Château , étoit âgé de neuf ans , lorsque Henri IV mourut. Il servit plusieurs années sous le règne de Louis XIII ; reçut plusieurs blessures dans différentes actions , & parvint au grade de premier sergent de sa compagnie. Il quitta les armes pour s'établir à Châteaudun où il exerça le métier de sellier jusqu'à la cent deuxième année de son âge.

Monsieur de Vendôme revenant de l'armée , fut obligé de s'arrêter à Châteaudun parce que sa voiture s'étoit rompue. On s'adressa à la boutique du *vieillard* Herbelot pour la remettre en état. Lorsqu'il sut que cette voiture appartenoit à monsieur de Vendôme , il voulut y aller lui-même , quoiqu'il eût deux compagnons. Tandis qu'il travailloit , quelqu'un de ceux qui étoient présens , instruisit monsieur de Vendôme du grand âge de ce bon *vieillard*. Ce Seigneur lui fit plusieurs questions. Herbelot y répondit avec beaucoup de gaîté & de bon sens. Monsieur de Vendôme fort satisfait , lui promit de parler au roi en sa faveur.

Un an après , le marquis Dangeau qui avoit des terres aux environs de Châteaudun , fut chargé de le faire venir à la cour : il lui avoit mandé de choisir une voiture commode , mais le bon *vieillard* se contenta de prendre un cheval pour porter son petit bagage , & fit le voyage à pied , accompagné de son fils : il se rendit à Marly chez le marquis Dangeau , qui le présenta à Louis XIV. En abordant sa majesté , il mit un genou en terre ; le roi lui présenta lui même la main pour le relever , lui fit beaucoup de questions sur sa vie à l'armée & ailleurs ; sa majesté l'engagea à prendre un établissement à Paris , & lui dit de revenir à la cour. Tant que vecut ce monarque , il daigna prendre soin de ce bon *vieillard*.

En sortant de chez le roi , il fut présenté aux dames qui avoient demandé à le voir ; madame la dauphine coupa de ses cheveux pour en faire un bracelet , d'autres dames en voulurent faire autant : » Tout beau , mesdames , s'écria plaisamment le *vieillard* , cela n'est permis qu'à madame. » Quelqu'un lui ayant demandé s'il avoit l'ouïe bonne ; il répondit : » J'entends fort bien , quand on me dit , tiens ; mais je suis sourd , quand on me dit , donne ».

A l'avénement de Louis XV au trône , il alla à Vincennes , accompagné de son fils. Il étoit pour lors âgé de cent quatorze ans. Il eut l'honneur de complimenter le maréchal de Villeroi , dont il étoit connu , & qui se chargea de le présenter à sa majesté ; ce monarque lui assura sur sa cassette une pension viagère , dont une partie retourna à son fils : » Quel bonheur , s'écriat-il dans les transports de sa reconnoissance , d'avoir eu l'avantage de voir les quatre derniers rois de France ; j'ai la consolation de voir le commencement du règne de Louis XV , ce qui me comble à mon contentement ! Il ne me reste après cela rien à désirer au monde ; fasse le ciel que les jours du jeune roi se multiplient beaucoup au-delà des miens , que le cours de ses années soit tissu de toute sorte de bonheur & de gloire ; qu'enfin il termine sa carière d'une manière aussi glorieuse que son bi-saïeul, dont je n'oublierai jamais la bonté avec laquelle il recevoit tous les ans le bouquet que j'avois l'honneur de lui présenter : la grace qu'il m'a faite pendant dix ans avant sa mort, de me mettre au nombre de ses pensionnaires, demeurera éternellement gravée dans mon ame ».

Louis XIV, quelque temps avant son décès avoit accordé une loterie en sa faveur, qui devoit bientôt s'ouvrir.

Les selliers l'avoient adopté cette même année pour leur doyen le jour de la fête de saint Éloi, lui ayant donné la première portion de pain béni, ils l'invitèrent à dîner, le firent asseoir à la première place, & bûrent à sa santé, le nommant leur doyen avec de grandes acclamations.

Il fut très-gracieusement accueilli du duc d'Orléans, régent, qui l'assura de sa protection. Une personne de la part du prince lui apporta un présent digne de la généreuse bienfaisance de son altesse royale.

Les mœurs de Philippe Herbelot étoient aussi pures que son tempérament étoit sain & vigoureux. Il est mort à Paris dans la cent quinzième année de son âge.

Il y a des peuples entiers qui se procurent la mort pour se délivrer des infirmités de la vieillesse & des chagrins de la vie. Lorsque les sauvages de la baie de Hudson viennent à un âge tout à fait décrépit, & qu'ils sont hors d'état de travailler, ils font faire un festin & y convient toute leur famille. Après avoir fait une longue harangue dans laquelle ils invitent leurs amis à se bien comporter, & à vivre en union les uns avec les autres, ils choisissent celui de leurs enfans qu'ils aiment le mieux ; ils lui présentent une corde qu'ils se passent eux-mêmes autour du cou, le prient de les étrangler pour les tirer de ce monde, où ils ne sont plus qu'à charge aux autres. L'enfant ne manque pas aussitôt d'obéir à son père & l'étrangle le plus promptement possible.

VILLARS, (Louis-Hector duc de) pair & maréchal de France, grand-d'Espagne, mort à Turin le 17 juin 1734, à l'âge de 82 ans.

Villars, officier plein d'ardeur & de confiance, nuisit d'abord à son avancement par l'austère franchise avec laquelle il s'expliquoit. On lui reprocha plus d'une fois de n'avoir pas une modestie digne de sa valeur ; mais on ne pouvoit s'empêcher de reconnoître qu'il étoit doué d'un génie heureux pour la guerre. Comme il n'eut jamais cette souplesse nécessaire pour se faire des amis & des protecteurs, il ne commença que très-tard à jouir de sa renommée.

Lors de la bataille de Fridlingue, gagnée par les François en 1702, Villars n'étoit encore que lieutenant général. Après la victoire remportée, comme Villars marchoit à la tête de son infanterie à travers un bois, une voix cria : Nous sommes coupés. A ce mot tous les régimens se dispersèrent dans un désordre affreux. Il court à eux, & leur crie : Allons, mes amis, la victoire est à nous, vive le roi. Les soldats répondent, vive le roi en tremblant, & recommencent à fuir encore.

Les François remis de leur frayeur, proclamèrent Villars maréchal de France sur le champ de bataille ; & le roi quinze jours après confirma ce que la voix des soldats lui avoit donné.

En 1703, le maréchal de Villars étant parti d'Alsace pour joindre l'électeur de Bavière, s'approcha de Kentzingen dont il vouloit se rendre maître. Quelques religieux lui apportèrent des contributions. Il les renvoya, avec ordre de dire à la garnison de mettre bas les armes, sous peine d'être passée au fil de l'épée, & que, si elle osoit tirer un seul coup, tout seroit mis à feu & à sang dans la ville. Le commandant intimidé par ces menaces, se rendit sans coup férir. On trouva dans la ville qui étoit assez bien fortifiée, outre une nombreuse artillerie, beaucoup de munitions de guerre & de bouche. Villars, charmé de faire remarquer ce tour de son métier aux officiers généraux, leur dit : » Avouez, messieurs, que si cette place ne se fût pas rendue, il nous eût été impossible de la prendre, n'ayant pas de canons ; & nous n'aurions pu aller par conséquent plus loin. Il faut quelquefois que la hardiesse supplée à la force. Des menaces faites à propos à un ennemi qui se croit supérieur & hors d'insulte, ne peuvent que le surprendre, & lui donner souvent des allarmes qui l'obligent à accorder des choses qu'on ne sauroit obtenir autrement ».

Le comte de Styrum, à la tête d'un corps d'environ vingt mille hommes, alloit se joindre à la grande armée ennemie que commandoit le prince de Bade, auprès de Donavert. Il faut les prévenir, dit le maréchal à l'électeur de Bavière ; il faut tomber sur Styrum, & marcher tout à l'heure ». L'électeur temporisoit : il répondoit qu'il en devoit conférer avec ses généraux & ses ministres. C'est moi qui suis votre ministre & votre général, lui repliqua Villars. Vous faut il d'autre conseil que moi quand il s'agit de donner bataille ? » Le prince occupé du danger de ses états, reculoit encore : « Eh bien ! lui dit Villars, si votre altesse électorale ne veut pas saisir l'occasion avec ses Bavarois, je vais combattre avec les François ». Et aussitôt il donna l'ordre pour l'attaque. Le prince entraîné par cette saillie, attaqua, avec Villars,

Styrum dans les plaines d'Hochstet, & remporta la victoire.

Un an après, en 1704, les François perdirent dans les mêmes plaines une célèbre bataille contre Marlboroug & le prince-Eugène. *Villars* étoit alors dans les Cévennes, où les Huguenots, pouffés au désespoir, avoient pris les armes. On lui avoit marqué la veille de cette journée la disposition des deux armées, & la manière dont le maréchal de Talard, qui commandoit les François, vouloit combattre. On a rapporté que le maréchal de *Villars* écrivit en réponse au président de Maisons, son beau-frère, que si le maréchal de Talard donnoit bataille en gardant cette position, il seroit infailliblement défait. On a ajouté que cette lettre fut montrée à Louis XIV.

Le maréchal de *Villars* avoit mis à prix la tête du chef des camisards, hérétiques qui s'étoient révoltés dans les Cévennes. Ce rebelle, témoin du supplice de ses compagnons, reconnoissant que tôt ou tard il lui faudroit subir le même sort, prit un parti qui lui réussit. Il connoissoit la générosité & la clémence du maréchal. S'étant présenté à ce général, qui ne le connoissoit que de nom, il lui demanda s'il étoit vrai qu'il eût promis mille écus à celui qui le livreroit mort ou vif? Le maréchal ayant répondu que oui : « Cette récompense me seroit due, continua le camisard, si mes crimes ne m'en avoient rendu indigne; mais j'ai tant de confiance en la clémence du roi, & en votre générosité, que je ne crains point de vous apporter moi-même cette tête criminelle dont vous pouvez disposer ». Il étoit à genoux, en disant ces mots. Le maréchal, l'ayant fait relever, lui fit compter sur le champ les mille écus, & expédier une amnistie générale pour lui & pour quatre-vingt personnes de sa suite.

Un jour on conduisoit un déserteur à l'endroit où il devoit être fusillé; dans le moment même, le maréchal de *Villars* vint à passer en chaise. Le malheureux soldat demande, pour dernière faveur, à parler à son général. Monsieur de *Villars* en est instruit & le fait approcher : *mon général*, lui dit le soldat en sanglottant, *vous allez à Versailles, je vous supplie de dire au roi l'embarras dans lequel il m'a trouvé.* Le maréchal trouva cette naïveté si plaisante qu'il fit suspendre l'exécution, & n'eut rien de plus pressé que de la rendre au roi. Sa majesté en rit beaucoup & fit grace au déserteur.

Marlboroug croyant, après le succès d'Hochstet, pouvoir tout entreprendre, avoit en 1705 formé le projet de pénétrer dans la Champagne. *Villars*, qu'on venoit de lui opposer, le mit dans l'impossibilité de rien tenter; il réussit même à le faire décamper : c'étoit beaucoup alors. Malboroug qui estimoit assez le maréchal de *Villars* pour vouloir en être estimé, lui écrivit : *Rendez-moi la justice de croire que ma retraite est la faute du prince de Bade qui n'est pas venu me joindre, & que je vous estime encore plus que je ne lui suis fâché contre lui.*

En 1708, *Villars*, à la tête d'une petite armée, fit échouer tous les projets du duc de Savoie qui vouloit entrer dans le Dauphiné. » Il faut, dit un jour ce prince éclairé, que le maréchal de *Villars* soit sorcier, pour savoir ce que je dois faire; jamais homme ne m'a donné plus de peine, ni plus de chagrin ».

Après la campagne, Louis XIV dit à ce général : *Vous m'aviez promis de défendre Lyon & le Dauphiné; vous êtes homme de parole, & je vous en sais bon gré.* » Sire, répondit le maréchal, j'aurois pu mieux faire si j'avois été plus fort. »

Lors de la journée de Malplaquet en 1709, le maréchal de *Villars* se trouva assez grièvement blessé pour se faire administrer les sacremens. On proposa de faire cette cérémonie en secret. Non, dit le maréchal, puisque l'armée n'a pu voir mourir *Villars* en brave, il est bon qu'elle le voye mourir en chrétien.

Villars survécut à cette blessure, & fut choisi pour rétablir en Flandres les affaires de la France. On prétend que la duchesse de *Villars* voulut dissuader son mari de se charger d'un fardeau aussi dangereux, mais que le maréchal rejetta ce conseil timide. « Si j'ai, disoit-il, le malheur d'être battu, j'aurai cela de commun avec les généraux qui ont commandé en Flandres avant moi : si je reviens vainqueur, ce sera une gloire que je ne partagerai avec personne ».

Villars eut bientôt cette gloire si flatteuse. Il tomba inopinément le 12 juillet 1712 sur un camp de dix sept bataillons retranchés à Denain sur l'Escaut, pour le forcer. L'entreprise étoit difficile; mais *Villars* ne désespéra pas d'en venir à bout. » Messieurs, dit-il à ceux qui étoient autour de lui, les ennemis sont plus forts que nous; ils sont même retranchés; mais nous sommes François : il y va de l'honneur de la nation : il faut aujourd'hui vaincre ou mourir; & je vais vous en donner l'exemple ». Il se met aussitôt à la tête des troupes qui, excitées par son exemple, font des prodiges, & battent les alliés commandés par le prince Eugène.

Cette victoire inespérée causa la plus grande joie à la France. La première fois que le maréchal, de retour à Paris de sa glorieuse campagne, vint à l'opéra, la demoiselle Antier faisoit le rôle de gloire dans le prologue d'Armide, lui présenta dans les balcons du théâtre où il étoit, une couronne de laurier. On se rappelle que la même chose est arrivée pour le maréchal de Saxe, après la célèbre journée de Fontenoi.

Villars avoit su vaincre & profiter de sa victoire. Il emporta aux ennemis plusieurs places considérables. En 1713, il fit le siege de Fribourg. La ville étant sur le point d'être prise d'assaut, le gouverneur l'abandonna à la discrétion du maréchal, & se retira dans le château. Les malades & les blessés étoient restés dans la ville : quoique *Villars* fût en droit de l'abandonner au pillage, & même de faire passer les habitans au fil de l'épée, il établit un ordre parfait, & ne fit point couler de sang. A l'égard des malades & des blessés il les fit porter sur l'esplanade, où ils étoient exposés au feu de l'artillerie du château. Le gouverneur ne put tenir contre un pareil spectacle, & se rendit.

Louis XV ayant en 1734 déclaré la guerre à la maison d'Autriche, le maréchal de *Villars*, quoiqu'âgé de quatre-vingt-deux ans, fut choisi pour commander en Italie les troupes réunies de France, d'Espagne & de Sardaigne. Un officier considérable lui représentant au siege de Pizzighittone qu'il s'exposoit trop : « Vous auriez raison, si j'étois à votre âge, répondit le maréchal ; mais à l'âge où je suis, j'ai si peu de jours à vivre, que je ne dois pas les ménager, ni négliger les occasions qui pourroient me procurer une mort glorieuse que doit ambitionner un vieux général d'armée.

L'affoiblissement de ses forces ne lui ayant permis de faire qu'une campagne, il partit pour s'en retourner en France; mais une maladie mortelle l'arrêta à Turin. » Dieu vous fait de grandes graces, lui dit son confesseur. Vous avez mené une vie où vous vous occupiez plus de votre gloire que de votre salut. Dieu pouvoit vous la faire perdre dans les fréquens dangers où vous vous exposiez. Cependant il vous a conservé jusqu'à présent; il vous donne le temps de vous reconnoître, & la grace de vous repentir de vos fautes. Ce sont là des faveurs qu'il n'accorde pas à tout le monde. Voilà le maréchal de Berwich qui n'a pas eu le même bonheur que vous ; il vient d'être tué au siege de Philisbourg d'un coup de canon, en visitant les travaux de la tranchée «. *Quoi ! répond Villars, le maréchal de Berwich est mort de cette maniere? Je l'avois toujours dit qu'il étoit plus heureux que moi.* Il expira un moment après.

On devoit sans doute s'attendre aux plus belles actions de la part d'un homme que la gloire seule sembloit enflammer. Il disoit souvent qu'il n'avoit eu que deux plaisirs bien vifs en sa vie, celui de remporter un prix au collège & celui de gagner une bataille.

On le pressoit en 1677 de prendre une cuirasse pour une action qui, selon toutes les apparences, devoit être vive & meurtriere. » Je ne crois pas, répondit-il tout haut, en présence de son régiment, ma vie plus précieuse que celle de ces braves gens ».

Dans une de ses campagnes, ayant laissé tomber le fourreau de son épée, quelqu'un s'empressa de le ramasser. Un officier qui connoissoit bien l'activité de ce général, lui dit : Monsieur le maréchal, vous n'en avez pas besoin, puisque vous avez toujours l'épée à la main contre les ennemis de la France ».

Villars témoigna souvent son mépris pour ces agréables de cour toujours portés à se regarder comme des personnages importans. Cette conduite lui suscita des ennemis, & il ne l'ignoroit pas. Un jour prenant congé du roi devant toute la cour pour aller commander l'armée : » Sire, lui dit-il, je vais combattre les ennemis de votre majesté, & je vous laisse au milieu des miens ».

Le maréchal de *Villars* avoit acquis ses richesses par des contributions dans le pays ennemi. Des courtisans du duc d'Orléans régent du royaume, devenus riches par ce bouleversement de l'état appelé *système*, sembloient se glorifier de leurs richesses : *Pour moi, leur dit Villars, je n'ai jamais rien gagné que sur les ennemis.*

On a mis au bas du portrait du maréchal de *Villars*, dont le nom de baptême est Hector.

Hic novus Hector adest contra quem nullus Achilles.

VINCI, (Leonard de) peintre né l'an 1445, mort en 1513.

A peine Léonard commençoit-il à étudier la peinture, que Verrochio, son maître, le crut en état de travailler à un ange qui restoit à finir dans un de ses tableaux. Le jeune Léonard s'en acquitta avec tant d'art, que cette figure effaçoit toutes les autres : Verrochio, honteux, désespéré de se voir ainsi surpassé par son élève, ne voulut plus manier le pinceau, & renonça pour toujours à la peinture.

Le sénat de Florence, ayant fait bâtir une salle spacieuse dans le palais public, ordonna par un décret solemnel, qu'elle seroit ornée d'une peinture faite de la main de Léonard.

Il se proposa un jour de peindre une assemblée de paysans, dont l'innocente gaieté & les ris naïfs se communiquassent aux spectateurs. Pour parvenir à ce qu'il avoit en vue, il rassembla quelques gens de bonne-humeur, qu'il invita à dîner ; & lorsque le repas les eut tous disposés à la joie, il les entretint de contes plaisans qui les égayerent encore davantage : cependant il étudioit leurs gestes, examinoit avec attention les mouvemens de leur visage ; &, dès qu'il fut libre, il se retira dans son cabinet, où il dessina si parfaitement de mémoire, cette scene comique

que, qu'il étoit impossible, en la voyant, de s'empêcher de rire.

Le plus fameux tableau de Léonard, c'est celui de la *Cène*, qu'il peignit dans le réfectoire des dominicains à Milan; lorsqu'il travailloit à cette admirable composition, il commença par les apôtres; son génie s'étant épuisé à donner une expression étonnante à chaque tête, il ne trouva rien d'assez beau, d'assez frappant, pour rendre ce caractère divin, qui doit annoncer le fils de Dieu; & prit le parti de ne faire que l'ébaucher.

Dans la chapelle du Rosaire à Milan, on voit de Léonard un tableau des plus bizarres: le purgatoire est au fond d'un puits, & la sainte-Vierge en retire des âmes avec un chapelet qui tient lieu de chaîne.

Vinci fit plusieurs portraits à Florence, entr'autres celui de la femme d'un riche particulier; il employa quatre mois à perfectionner ce portrait: pendant toutes les séances qu'il exigea de la dame, il eut toujours soin de faire trouver auprès d'elle plusieurs musiciens qui jouoient de divers instrumens, afin de lui inspirer de la gaieté.

François I vit ce tableau à Florence, & l'estima tellement, qu'il en donna quatre mille écus.

Dans une de ses expéditions en Italie, ce prince admira aussi, à Milan, plusieurs ouvrages de Léonard, & le pressa de le suivre en France. Léonard, quoique âgé de soixante-dix ans, crut devoir se rendre à des invitations si flatteuses; mais il fut à peine en France, qu'il y tomba malade. Le roi, qui connoissoit tout son mérite, ne dédaigna point de le visiter très-souvent. Comme quelques seigneurs de sa cour paroissoient surpris qu'il traitât avec tant de distinction un simple particulier, ce monarque leur dit ces belles paroles: — « Ne vous étonnez pas de l'honneur que je rends à ce grand peintre: je puis faire, en un jour beaucoup de seigneurs comme vous; mais il n'y a que Dieu seul qui puisse faire un homme pareil à celui que je vais perdre ». —

Un jour que la maladie de Léonard étoit devenue plus fâcheuse, on lui annonça que le roi entroit dans sa chambre: sensible aux marques de bonté qu'il recevoit d'un si grand prince, il rassembla le reste de ses forces pour se mettre sur son séant, & pour témoigner sa reconnoissance au monarque; mais cet effort fut le dernier de sa vie, il tomba en foiblesse, tandis que François I. s'empressoit lui-même de le secourir; & mourut entre les bras de ce prince qui l'honora de ses larmes.

Cette scène si intéressante est le sujet d'un superbe tableau de M. Menageot, peintre du roi & directeur de l'académie de peinture à Rome.

Encyclopédiana.

Le fameux *traité de la peinture*, est le seul ouvrage de Léonard de *Vinci*, qui soit imprimé; encore ne l'a-t-il été que par les soins d'un françois, en 1651, cent-trente-quatre ans après la mort de son auteur.

Annibal Carrache, lut une copie manuscrite de ce fameux traité, vers l'an 1600, & fut fâché de n'avoir pas eu plutôt connaissance des leçons admirables qu'il renferme; « parce qu'elles lui auroient épargné, (disoit-il) vingt années de travail, s'il les avoit lues dans sa jeunesse ».

VIRGILE, (Publius Maro) poëte latin, né dans un village près de Mantoue, de parens obscurs, le 15 octobre de l'an 70 avant Jésus-Christ, mort à Brindes en Calabre le 22 septembre de l'an 19 avant la même époque.

Virgile avoit le teint brun; ce qu'il tenoit peut-être de son père natif d'un pays chaud. Il étoit d'une haute taille, & on peut croire que c'est lui-même qu'il dépeint sous le nom de *musée* au sixième livre de l'Énéide. Ses infirmités & ses études le firent vieillir de bonne heure. Il avoit un embarras dans la langue qui l'empêchoit de s'énoncer avec facilité. Son caractère étoit doux, modeste & même timide. Il se déroboit très-souvent à la multitude qui accouroit pour le voir.

La première églogue de *Virgile* est un hommage de son ame sensible & reconnoissante. Il la composa pour remercier Auguste de la grâce qu'il lui avoit faite de le rétablir dans son patrimoine dont il avoit été dépouillé par la distribution faite aux soldats vétérans de ce prince, des terres du Mantouan & du Crémonois.

Auguste donnoit souvent des spectacles dans un tems où il pleuvoit toutes les nuits. *Virgile* composa à ce sujet cette épigramme: Il y fait César égal à Jupiter.

Nocte pluit totâ: redeunt spectacula mane:

Divisum imperium cum Jove, Cæsar habet.

« Il pleut toute la nuit, & le matin l'on voit renaître les spectacles. César partage l'empire avec Jupiter ».

Virgile fit afficher ce distique à la porte du palais d'Auguste, sans marquer qui l'avoit composé. L'empereur en parut content, & donna une récompense à un certain Bathyle qui, voyant que personne ne se présentoit, s'étoit déclaré l'auteur de ces vers. Alors *Virgile* fit afficher de nouveau à la porte du palais ces mots répétés quatre fois: *Sic vos non vobis.* Il les proposa comme des vers à remplir, ainsi que nous le pratiquons à l'égard de nos bouts-rimés. Quelques jours après, comme tous les poëtes paroissoient avoir renoncé à cette espèce de défi, *Virgile* afficha une seconde fois le

C c c c c c

distique *Noxte pluit totâ*, & mit au deſſous ces cinq vers :

> *Hos ego verſiculos feci ; tulit alter honores.*
>
> *Sic vos non vobis nidificatis aves.*
>
> *Sic vos non vobis vellera fertis oves.*
>
> *Sic vos non vobis mellificatis apes.*
>
> *Sic vos non vobis fertis aratra boves.*

Ils ſervirent à faire connoître le véritable auteur de l'épigramme, & à couvrir de confuſion le plagiaire.

Mécène, le favori d'Auguſte, fut le protecteur & l'ami de *Virgile*. Il lui donna toutes ſortes d'accès auprès d'Auguſte. Mais *Virgile*, & ce trait ſeul fait ſon éloge, ne profita des premiers momens de ſa faveur, que pour faire connoître le mérite naiſſant du jeune Horace. *Virgile* vit dans ce jeune poëte un génie propre à réuſſir à la cour, & ne craignit point de ſe donner en ſa perſonne un rival dangereux.

> . . . . *Optimus olim*
>
> *Virgilius, poſt hunc Varius dixêre quid eſſem.*

Le bon *Virgile*, dit Horace à Mécène dans une de ſes odes, & enſuite Varius vous dirent qui j'étois.

On peut remarquer que *Virgile* fut non-ſeulement l'ami d'Horace ; mais encore de Gallus, de Pollion & de tous ceux qui avoient quelque réputation dans les belles-lettres. Perſonne n'étoit plus réſervé que lui lorſqu'on l'attaquoit. Un certain Filiſtus, bel eſprit de cour, prenoit plaiſir à l'agacer continuellement dans la converſation, à lui faire monter le rouge au viſage, à le railler juſqu'en préſence d'Auguſte. « Vous êtes muet, lui dit-il un jour ; & quand vous auriez une langue, vous ne vous défendriez pas mieux ». *Virgile* piqué ſe contenta de répondre : « Mes ouvrages parlent pour moi ». Auguſte applaudit à la repartie, & dit à Filiſtus : « Si vous connoiſſiez l'avantage du ſilence, vous le garderiez toujours ».

Cornificius, autre Zoïle, déchiroit *Virgile*. On en avertit le poëte qui répondit ſimplement : « Cornificius m'étonne. Je ne l'ai jamais offenſé ; je ne le hais point. Mais il faut que l'artiſte porte envie à l'artiſte, & le poëte au poëte. Je ne me venge de mes ennemis qu'en m'éclairant par leur critique ».

Le ſeul trait de ſatyre que *Virgile* ſe ſoit permis eſt celui-ci :

Qui Bavium non odit, amet tua carmina, Mævi.

Bavius & Mævius, critiques ſubalternes, avoient de plus cherché à jetter du ridicule ſur *Virgile*, en parodiant pluſieurs de ſes vers.

L'empereur Auguſte faiſoit ſouvent aſſeoir *Virgile* auprès de lui, & prenoit plaiſir à lui entendre réciter ſes poéſies. Lorſque le poëte paroiſſoit un peu fatigué, Mécène prenoit ſa place, & le ſoulageoit.

On pourroit peut-être blâmer *Virgile* d'avoir mis trop ſouvent en pratique cette maxime de Platon qui eſt de *ſervir les Dieux ſelon le goût de la patrie*. Il ne flatta que trop dans ſes poéſies la folie d'Auguſte de ſe faire reſpecter comme un dieu par les ſujets de ſon empire.

Lorſque ce prince apprit que *Virgile* travailloit à ſon Enéide, il l'engagea ſouvent à lui en lire les premiers livres. Mais le poëte qui n'étoit jamais content de ſon travail, différoit le plus qu'il pouvoit. Il avoit inſéré ingénieuſement dans ſon ſixième livre l'éloge du jeune Marcellus, fils d'Octavie, ſœur d'Auguſte, gendre de l'empereur & ſon ſucceſſeur déſigné. Ce prince, âgé de vingt ans, & qui, par ſes vertus, paroiſſoit devoir remplir un jour l'eſpérance des Romains, étoit mort à Bayes par la faute du médecin d'Auguſte qui avoit ordonné le bain froid mal-à-propos. *Virgile* ayant récité ce morceau à Auguſte & à Octavie, leurs larmes coulèrent, leurs ſanglots interrompirent pluſieurs fois la lecture, & permirent à peine de d'achever. Cependant Octavie voulant marquer ſa reconnoiſſance & ſon admiration au poëte, elle lui fit compter dix ſeſterces, c'eſt-à-dire, quatre cens livres de notre monnoie pour chaque vers de cet éloge ; car le *ſeſtercium*, ſelon Budée, valoit environ quarante livres tournois.

Virgile penſoit qu'il n'y avoit point de lecture qui ne pût apporter quelque profit. Comme on lui demandoit un jour pourquoi il perdoit ſon temps à lire un poëte ſuranné tel qu'Ennius, il répondit : « Je tire de l'or du fumier, *aurum de ſtercore* ».

On a remarqué qu'il eſt le ſeul des poëtes épiques qui ait joui de ſa réputation pendant ſa vie. L'eſtime & la vénération que les Romains lui portèrent, étoient telles qu'un jour qu'il parut au théâtre, après qu'on y eut récité quelques-uns de ſes vers, tout le peuple ſe leva avec des acclamations, honneur qu'on ne rendoit alors qu'à l'empereur.

Il mourut aſſez riche pour faire des legs conſidérables à Tucca, à Varius, à Mécène & à l'empereur même. Lorſqu'il ſe ſentit proche de ſa fin, il demanda ſon porte-feuille avec empreſſement, afin de brûler l'Enéide dont il n'étoit pas ſatisfait. Ses amis s'y étant oppoſés, il chargea par ſon teſtament, Tucca & Varius ou de brûler ſon poëme, ou de le corriger. Il eſt aſſez vraiſemblable que Virgile fentoit lui-même que les fix derniers chants de fon poëme, bien inférieurs aux fix premiers, avoient befoin d'être retouchés : mais Augufte empêcha qu'on n'y fît aucun changement. Cet empereur compofa même au fujet de cet ordre que *Virgile* avoit donné en mourant, des vers qui dénotent les fentimens qu'il conferva toute fa vie pour le fublime chantre de l'Enéide.

Son corps fut porté près de Naples, ainfi qu'il l'avoit ordonné par fon teftament ; & l'on mit fur fon tombeau ces deux vers qu'il avoit lui-même compofés :

Mantua me genuit, Calabri rapuére, tenet nunc

Parthenope : cecini pafcua, rura, duces.

« J'ai chanté les bergers, les laboureurs & les héros : Mantoue me donna la vie, Brindes la mort, Naples la fépulture ».

VIRGINITÉ. S'il eft impoffible, dit Salomon, de connoître dans la mer le fchemin d'un vaiffeau, dans l'air celui d'un aigle, fur un rocher celui d'un ferpent ; il fera auffi impoffible de découvrir le chemin que fait un homme, quand il preffe amoureufement une fille. Le fage qui a prononcé cet oracle, & à l'expérience duquel on peut bien s'en rapporter, connoiffoit la difficulté, pour ne pas dire l'impoffibilité qu'il y avoit d'être certain de l'intégrité d'une fille. C'eft néanmoins à cet état que la plupart des hommes attachent beaucoup d'importance. » Les hommes, dit à ce fujet M. de Buffon, ont voulu trouver dans la nature ce qui n'étoit que dans l'imagination ».

Un jeune médecin de Montpellier difoit à une fille de Paris qui avoit une groffe fievre : » J'ai, ma mie, une poudre fpécifique contre votre mal. Si vous êtes vierge, elle vous guérira infailliblement ; fi au contraire vous ne l'êtes pas, & que vous ofiez en faire ufage, elle vous fera très-nuifible ; voyez, confultez-vous, & fur-tout ne me trompez pas ». La malade, après un peu de réflexion, lui dit : donnez-moi, je vous prie, quelqu'autre remede, & fi vous y mettez de votre poudre, n'en mettez pas beaucoup.

Quel contrafte dans les goûts & dans les mœurs des différentes nations ! après le cas que nous voyons que font la plupart des hommes de la virginité, imagineroit-on que certains peuples la méprifent & regardent comme un ouvrage fervile la peine qu'il faut prendre pour emporter cette fleur ? Que la fuperftition ait porté certains peuples à céder les premices des vierges aux prêtres de leurs idoles, ou à en faire une efpèce de facrifice à l'idole même ; que les prêtres des royaumes de Cochin & de

Calicut jouiffent de ce droit ; que chez les Canarins de Goa, les vierges foient proftituées de gré ou de force par leurs plus prochés à une idole de fer, on peut, on doit même gémir fur l'erreur de ces peuples : mais enfin les vues de religion qui les portent à ces excès, femblent les excufer.

Mais qu'au royaume d'Aracan & aux ifles Philippines un homme fe croie déshonoré, s'il époufoit une fille qui n'eût pas été dépucelée par un autre ; que dans la province de Thibet les mères cherchent des étrangers, qu'elles prient inftamment de mettre leurs filles en état de trouver des maris ; qu'à Madagafcar les filles les plus débauchées foient le plutôt mariées ; ce font là de ces groffières contrariétés avec lefquelles ni nos mœurs ni nos idées ne peuvent en aucune manière fe lier. Que les ufages des anciens étoient bien différens ! ils avoient tant de refpect pour les vierges, que lorfqu'elles étoient condamnées au dernier fupplice, on ne les faifoit mourir, qu'après que le bourreau les avoit déflorées.

Curdeli, un des meilleurs poëtes qu'ait eu l'Italie, a compofé le fonnet fuivant, à l'occafion d'un mariage ; c'eft proprement un épitalame. C'eft la virginité qui parle, & qui s'adreffe à la nouvelle mariée :

Del letto marital quefta è la fponda ;

Più non lice feguirti : io parto : addio.

Ti fui cuftode dall' età la più bionda,

E per te gloria accrebbi al regno mio.

Spofa, è Madre or farai, fe il ciel feconda

L'infufa fpeme, ed il commun defrio ;

Già vezzeggiando ti carpifce, è sfronda

I gigli amor, che di fua mano ordio.

Diffe ; è difparye in un balen la Dea,

E iuvan trè volte la chiamò la bella

Vergine, che di lei par anche ordea.

Scefe fratanto, è sfolgorando in vifo

Fecondita, la man le prefe, è diella

Al caro fpofo, è il duol cangiofi in vifo.

» C'eft ici le lit nuptial : te voilà parvenue au rivage. Adieu, je me retire ; il ne m'eft pas permis de te fuivre plus loin. Je t'ai gardée tous les inftans de ta jeuneffe la plus tendre, & tu n'as pas peu fervi à accroître la gloire de mon règne. Mais tu vas être époufe, & tu feras mère, fi le Ciel feconde l'efpoir de la providence & le defir commun de nos peuples. Déja le folâtre amour ravage les lys, & éparpille les feuilles de la rose qu'il a fait éclorre : adieu. Ainfi la déeffe parla, & difparut comme l'éclair. La jeune innocente qui la voyoit s'éloigner, & qui la regrettoit encore, la rappella trois fois en vain. Mais la Fécondité defcendit du ciel, & fe préfenta devant elle dans tout fon éclat. Elle faifit une de fes mains qu'elle mit dans celles de fon époux, & le plaifir prit la place de la douleur ».

Il n'y a que ceux qui entendent l'italien qui puiffent juger de la beauté de ce fonnet ; la traduction n'en approche pas.

VOISENON, (Claude Henri de Fufée de) né en 1708, mort en 1775.

Cet abbé, homme de lettres eftimable, fut fouvent en butte à la fatyre, & toujours il la dédaigna. Un poëte lui montra un jour une épigramme contre lui, & ofa demander fon avis. L'abbé de *Voifenon* prend fon papier, le lit avec attention, & à plufieurs reprifes, il écrit en titre *contre l'abbé Voifenon*, corrige quelques fautes de ftyle, puis rendant cet écrit au fatyrique, il lui dit en riant : préfentement cette épigramme eft bien, vous la pouvèz montrer, elle vous fera honneur ». Le jeune poëte ne put réfifter à ce trait de modération ; il déchira fes vers, & demanda excufe à l'abbé de *Voifenon* dont il recherchà depuis les confeils & l'amitié.

Cet abbé de petite taille étant malade, fon médecin lui ordonne expreffément de prendre une pinte d'une certaine tifanne. Le lendemain le docteur revient, & demande quel effet le remede produit : aucun, répondit-on. — Avez-vous tout pris, dit le médecin à l'abbé. — Non, que la moitié. — Le docteur fe facha vivement. — Alors le malade lui dit d'une voix douce & languiffante : » Eh ! mon ami, ne vous emportez pas, comment voulez-vous que j'avale une pinte, quand je ne tiens que chopine ? »

Le prince de Condé avoit invité l'abbé de *Voifenon* à dîner : celui-ci, un peu diftrait, oublia le jour & n'y fut pas. Quelque temps après, un-ami, rencontrant l'abbé, lui dit que le prince étoit en colère contre lui : l'abbé convint de fon tort, & ne manqua pas de fe trouver à un jour d'audience pour faire fes excufes. Dès que le prince apperçut l'abbé, il tourna le dos fans le regarder. Ah ! monfeigneur, s'écria-t-il ; je vois bien qu'on m'a trompé. Un Condé n'a jamais fui devant fes ennemis ».

L'abbé de *Voifenon* fut nommé miniftre de l'évêque de Spire, ce fut à l'occafion de fon entrée dans le corps diplomatique, que Duclos lui dit : » Je vous félicite, mon cher confrère, vous allez donc enfin avoir un caractère.

Quoique tout entier au monde, il ne manquoit cependant pas de religion. Il difoit fon breviaire exactement & marquoit les renvois avec des couplets de Chanfons. Cet homme fingulier tomba malade affez férieufement pour penfer à fe confeffer ; il envoya chercher le célèbre père de Neuville. » Mon père, lui dit-il, en le voyant près de fon lit, *je ne veux point aller en enfer, c'est un logement trop incommode.* — » Vous avez raifon, mon cher abbé : cependant fi vous perfiftiez à faire vos opéras comiques, cela pourroit bien vous arriver. Mais ce n'eft point le tout d'aller en enfer ; ah ! mon cher ami, vous y feriez hué ».

L'abbé de *Voifenon* a confervé fon humeur gaie jufqu'au dernier inftant. Peu de temps avant fa mort, il fe fit approcher fon cercueil de plomb qu'il avoit déjà fait préparer : Voilà donc, dit-il, ma dernière rédingotte » ? & fe tournant vers un laquais dont il avoit eu quelquefois fujet de fe plaindre : » J'efpère, ajouta-t-il, qu'il ne te prendra point envie de me voler celle-là ».

VOITURE, (Vincent) poëte François, né en 1598, mort en 1648.

Voiture fut ce qu'on appelle un bel efprit dans un temps où ce mérite étoit affez rare. Balzac, fon contemporain, & dont nous avons auffi un volume de lettres, avoit adopté un ftyle élevé, pompeux, emphatique. Voiture en choifit un qu'il crut plus fin, plus délicat, plus agréable, mais qui n'étoit pas moins éloigné du langage de la nature. Il fut fe faire une réputation de fon vivant auprès des femmes, des jeunes gens & des lecteurs fuperficiels à qui les bluettes d'une imagination enjouée & les petites fineffes du bel efprit peuvent en impofer. Les grands même recherchoient cet auteur à la mode. *Voiture* acquit dans leur commerce les agrémens d'un homme de cour & la vanité ridicule d'une coquette. C'eft auffi ce que lui reprochoit en riant madame de Sablé fon amie. Elle lui difoit qu'il avoit une vanité de femme ; ce qui le caractérifoit affez bien.

Voiture étoit l'oracle de l'hôtel de Rambouillet. Le miniftère l'employa en différentes occafions, & on lui procura des penfions de la cour. Toutes ces diftinctions étoient bien capables de donner de la vanité à un homme qui en avoit déjà beaucoup par lui-même. Lorfqu'il s'oublioit, ce qui lui arrivoit affez fouvent, & qu'il vouloit trancher du grand Seigneur, on cherchoit par des plaifanteries malignes à lui rappeller fa naiffance. Madame Defloges jouant au jeu des proverbes avec lui, & voulant en rejetter quelques-uns des fiens : *Cela ne vaut rien,* dit-elle, *percez-nous en d'un autre.* Il étoit fils d'un marchand de vin.

Voiture ne buvoit que de l'eau. Un officier à table avec lui, & qui avoit une revanche à prendre, lui chanta cet impromptu le verre à la main.

> Quoi ! Voiture, tu dégénère !
> Hors d'ici, magrébi de toi,
> Tu ne vaudras jamais ton père,
> Tu ne vends du vin, ni n'en bois.

Ceux qui vouloient mortifier *Voiture*, lui épargnoient d'autant moins ces sortes de plaisanteries, que l'on n'ignoroit pas qu'il y étoit très-sensible : aussi le maréchal de Bassompierre disoit : *Le vin qui fait revenir le cœur aux autres, fait pâmer Voiture.*

Ce poëte n'en étoit pas cependant toujours quitte pour de pareilles plaisanteries. Un Seigneur de la cour s'étant offensé d'un trait malin que *Voiture* lui avoit lancé, voulut lui faire mettre l'épée à la main. Mais le bel esprit qui n'étoit nullement brave, se tira d'affaire par une arlequinade. » La partie n'est pas égale, dit *Voiture* à ce Seigneur ; vous êtes grand, je suis petit. Vous êtes brave, je suis poltron. Vous voulez me tuer, eh bien, je me tiens pour mort ». Il fit rire son ennemi, & le désarma.

Il y avoit du temps de *Voiture* un poëte qui lui disputoit la gloriole du bel esprit & d'homme à bonnes fortunes, & qui étoit encore plus propre que lui pour être à la mode, puisqu'il avoit des parens à la cour ; c'étoit Benserade. Ils avoient chacun leurs partisans, leurs prôneurs, leurs enthousiastes. Point de société, point de si mince cotterie qui ne s'échauffât sur leur mérite. On se rappelle qu'en 1651 il y eut une fermentation générale à la cour & à la ville au sujet des deux sonnets de Job & d'Uranie, le premier de Benserade, le second de *Voiture*. On avoit donné à ceux qui s'étoient déclarés pour le sonnet d'Uranie, le nom d'Uranins, & aux autres celui de Jobelins. On n'épargna rien de part & d'autre, intrigues, sarcasmes, critiques pour favoriser le parti qu'on avoit embrassé. Il sembloit, à la chaleur qu'on mettoit dans cette ridicule dispute, que c'étoit la faction des Guelphes & des Gibelins. Mais ces deux sonnets qui firent alors tourner toutes les têtes, sont maintenant oubliés. On ne rappelle ici que la duchesse de Longueville favorisoit les Uranins, que pour citer ce bon mot d'une personne très spirituelle.

> Le destin de Job est étrange
> D'être toujours persécuté
> Tantôt par un démon, & tantôt par un ange.

VOLTAIRE, (Marie François Arrouet de) né à Paris le 20 février 1694, mort dans la même ville le 30 mai 1778. Il a été enterré à Sellieres, abbaye entre Nogent & Troyes, où l'abbé Mignot son neveu l'a fait transporter pour éviter le scandale que le clergé vouloit faire à Paris pour se venger de cet illustre écrivain.

Voltaire n'apporta qu'un foible souffle de vie en naissant, & pendant plus de six mois sa nourrice annonçoit tous les matins qu'il étoit à l'agonie. L'abbé de Château-neuf, l'ami de Chaulieu, des princes de Vendôme & de Conti, & l'amant de Ninon, fut le parain & le précepteur en quelque sorte de *Voltaire*, qui dut la vie, & peut-être ses talens à ses soins & sa tendre inquiétude.

Cet abbé lui apprit à trois ans la moitié d'un poëme de J. B. Rousseau contre la crédulité religieuse, & lui enseigna l'art des vers.

Voltaire fit ses études au collège des Jésuites, & se forma le goût & l'esprit dans les entretiens des PP. Tournemine & Porée dont il étoit le disciple assidu. A douze ans il composa pour un officier invalide une pièce de vers, intitulée *Etrennes du nouvel an au Dauphin*. Le prince charmé de cet ingénieux placet fit donner vingt louis à l'officier.

Le P. Porée écoutant son jeune élève discourir sur les querelles des rois : disoit, *cet enfant fait déjà peser dans ses petites balances les grands intérêts de l'Europe.*

Le père de *Voltaire* se proposa de lui acquérir une charge de conseiller au parlement, ou quelqu'autre office honorable ; mais la réponse constante du fils fut : » je ne veux point d'une considération qui s'achete, je saurai m'en faire une qui ne me coûte rien ».

Voltaire composa à dix-sept ans sa tragédie d'Œdipe, & ne put alors la faire jouer. Il passa en Hollande en qualité de page du marquis de Château-neuf, ambassadeur. Il ne tarda point à faire en effet un *tour de page* en voulant enlever la fille de madame des Noyers. Ce qui obligea l'ambassadeur de le renvoyer à Paris.

Voltaire avoit un frère aîné qui se livroit aux controverses des Jansénistes, comme lui aux élans de la poésie. Ce qui faisoit dire à leur père. *j'ai pour fils deux fous, l'un en prose & l'autre en vers.*

Cependant *Voltaire* de retour à Paris, n'eût d'autre parti à prendre pour appaiser son père irrité des peu de paroître se prêter à ses intentions, & pour s'initier dans les mystères de la chicane, il se mit en pension chez le procureur Allain rue Percée près la place Maubert. Ce fut là qu'il se lia d'une amitié constante avec Thiriot qui avoit le goût de la littérature & des spectacles.

Il parut en 1716, au commencement de la régence, une satyre dite les *j'ai vu*, qui finissoit par ce vers.

J'ai vu ces maux, & je n'ai pas vingt ans.

On crut qu'elle étoit de *Voltaire*. Sur ce soupçon il fut arrêté & mené à la bastille où il resta plus d'un an sans encre & sans papier.

Ce fut dans cet affreux repaire que *Voltaire* traça le plan de son immortelle Henriade; il y composa même de mémoire plusieurs chants, entr'autres le second auquel il n'eut rien à retoucher.

L'auteur des *j'ai vu* se fit connoître, & *Voltaire* qui avoit été puni d'un prétendu délit qu'il n'avoit pas commis, eut pour tout dédommagement la faveur de faire sa cour au régent qui voulut bien l'assurer de sa protection. Le prisonnier lui répondit : « je trouverois fort bon si le roi vouloit désormais se charger de ma nourriture, mais je supplie votre altesse de ne plus se charger de mon logement ».

Enfin Œdipe fut joué en 1718, & occupa le spectacle trois mois de suite; *Voltaire* pour parvenir à cette grace des comédiens, fut obligé de gâter son sujet, en y introduisant, d'après leur avis, un amour très-déplacé.

Fontenelle, neveu de Corneille, crut devoir donner un éloge & une leçon à l'auteur d'Œdipe, en lui faisant dire que sa tragédie étoit écrite avec trop de feu. *Voltaire* le remercia & lui dit que pour se corriger, il liroit ses pastorales qui sont très-froides. On aimoit à répéter dans les sociétés.

Nos prêtres ne sont point ce qu'un vain peuple pense,
Notre crédulité fait toute leur science.

Ces deux vers firent à *Voltaire* des ennemis d'autant plus furieux qu'ils prévirent ce qu'ils avoient à craindre de ce génie naissant. La calomnie lui attribua les Philippiques, horrible & scandaleuse satyre que la Grange Chancel avoit composée, pour satisfaire à la haine de la maison du Maine contre le régent.

Voltaire persécuté par sa renommée erra de châteaux en châteaux; il séjourna tantôt à Sully, tantôt à Vauvillars; il passa ensuite à Bruxelles avec madame de Rupelmonde, fille du maréchal d'Allegre. Il vit l'infortuné Rousseau qu'il appelloit son maître. Il est rare que deux poëtes, comme deux belles, soient long-temps unis. Ces deux amis se séparerent bientôt avec une haine implacable. *Voltaire* dit à Rousseau qui lui avoit

lû son ode à *la postérité*: *Savez-vous, notre maître, que je ne crois pas que cette ode arrive jamais à son adresse.*

Voltaire avoit une maîtresse pour qui il composa la tragédie d'Artemire, il les fit recevoir & paroître sur la scène en 1720. Elles furent sifflées dès le premier acte. Le poëte amant s'élance sur le théâtre & harangue si bien le public qu'il obtient des applaudissemens pour la pièce & pour l'actrice. Mais, la toile tombée, il retira l'une & l'autre, qui ne reparurent plus.

Le président des Maisons avoit rassemblé dans son château de Maisons près de Paris une compagnie brillante, & pour rendre la fête complette *Voltaire* y avoit été invité, & devoit y faire jouer sa tragédie de Mariamne. La fameuse le Couvreur s'étoit chargée du principal rôle, mais au milieu de ces apprêts, la petite vérole s'empare du jeune *Voltaire*. Tout fuit: la le Couvreur seule reste auprès du poëte, en attendant le médecin Gervasi qui le guérit en employant des rafraîchissants au lieu de cordiaux. Le malade paya son Esculape par une charmante pièce de vers.

On joua Mariamne à Paris en 1724 la veille des rois. Lorsque dans la catastrophe, Mariamne prend la coupe du poison, un plaisant cria la *reine boit!* cela fit rire & manquer l'effet du dénoûment. Il fallut le changer; & la pièce eut alors 40 représentations de suite.

Voltaire avoit fini son poëme de la Henriade, & le lisoit à des juges séveres qui l'arrêtoient à chaque vers. Lassé un jour de leur critique minucieuse, il jetta l'ouvrage au feu. Le président Henault, un des auditeurs, retira heureusement cet ouvrage des flammes, & nous le conserva aux dépens de ses belles manchettes de dentelles. L'abbé des Fontaines trouva le moyen de se procurer une copie informe de la Henriade dont il farcit les lacunes de ses mauvais vers. Il en fit faire deux éditions qui lui procurerent beaucoup d'argent; il eut la malhonnêteté d'y ajouter des notes critiques, & cependant l'ouvrage obtint une grande célébrité. Thiriot présenta cet abbé à *Voltaire* qui lui pardonna, & qui fit plus encore en sollicitant ses amis & les ministres en sa faveur pour le sauver d'une accusation de mauvaises mœurs qui l'envoyoit à Bicêtre.

Des Fontaines avoua qu'il lui devoit l'honneur & la vie; & se lia ensuite avec Rousseau pour tourmenter son bienfaiteur.

Le chevalier de Rohan Chabot étant à dîner chez le duc de Sully avec *Voltaire*, trouva mauvais que le jeune poëte ne fût pas de son avis. « Quel est cet homme, demanda-t-il, qui parle si haut? » *Monsieur le chevalier*, repartit *Voltaire*, *c'est un homme qui ne traîne pas un grand nom, mais qui fait honorer celui qu'il porte.* Le chevalier se leva & sortit. Mais à quelques jours de là il fit guetter *Voltaire* lorsqu'il étoit encore chez le duc de Sully ; & l'ayant attiré dans la rue sous quelques prétextes, il le fit frapper par des coquins en sa présence. *Voltaire* voulut prendre M. de Sully à témoin de cet assassinat & en poursuivre la vengeance. Le duc s'y refusa. *Voltaire* ne le revit plus : il se renferma quelque temps pour prendre des leçons d'escrime, puis il alla trouver le chevalier de Rohan, dans la loge d'une actrice, & lui dit : » monsieur, si quelque affaire d'usure ne vous a point fait oublier l'outrage dont j'ai à me plaindre, j'espère que vous m'en ferez raison ». Le chevalier accepte le défi pour le lendemain, & assigne lui-même le rendez-vous à la porte St. Antoine ; mais le soir il porte l'allarme dans sa famille. Pour écarter ce rival on lui cherche des torts. Le plus sûr fut de montrer à M. le duc régent du royaume, & qui comme on sait étoit borgne, les vers que *Voltaire* avoit adressés à sa maîtresse, la marquise de Prie.

   Io, sans avoir l'art de feindre,

     D'Argus sut tromper tous les yeux ;

       Nous n'en avons qu'un seul à craindre,

       Pourquoi ne nous pas rendre heureux ?

Aussitôt *Voltaire* fut arrêté & envoyé à la bastille où il resta six mois, mais avec assez de liberté pour voir ses amis, & se livrer à l'étude des langues, sur tout de l'anglois. Il ne recouvra la liberté qu'à condition de sortir du royaume. Il passa en Angleterre où il put voir encore des hommes tels que Newton, Clarke, Wolston, Bolinbroocke, Pope, Collins, Toland. Il y fit imprimer la Henriade qui eût le plus grand succès, & qui lui rapporta beaucoup d'argent.

Après trois ans de séjour à Londres, il revint à Paris mystérieusement & se logea au fauxbourg St. Marceau pour être moins connu ; mais on ne put douter de son retour, après la publication du pamphlet sur la guerre des Jansénistes & des Molinistes, intitulé : *Sotises des deux parts.*

Il travailla avec un égal succès pour sa fortune & pour sa renommée. Il surprit le foible d'une lotterie de M. Pelletier des Forts contrôleur général & sut en profiter ; il s'intéressa dans le commerce du Levant, & dans les vivres ; il écrivit en même temps l'histoire de Charles XII ; il composa sa tragédie de Brutus, bientôt après vinrent Zaïre, la mort de César, le Temple du goût & d'autres ouvrages littéraires. Tout lui réussit.

Nous ne prétendons pas tracer ici la vie chronologique de ce grand homme, il faudroit citer tous ses momens & les ouvrages sans nombre qui lui attirèrent autant d'admirateurs enthousiastes que de persécuteurs fanatiques. Sa Pucelle d'Orléans, ses pièces fugitives, ses contes philosophiques, Alzire, Merope, Mahomet, ses autres pièces dramatiques, son histoire générale, ses écrits polémiques, ses relations avec le roi de Prusse : & avec beaucoup de souverains, ses actes de bienfaisance, son activité généreuse pour la défense des Calas, des Sirven, des Labarre, des esclaves de St. Claude, &c. Tous ces titres de génie & de grandeur d'ame *ont fait de l'univers le temple de sa gloire.*

L'histoire a déjà gravé plusieurs tableaux en son honneur : nous devons seulement, suivant le plan de l'Encyclopédiana, rapprocher quelques traits épars & fugitifs.

Lorsque *Voltaire* entra dans la carrière, tous les genres sembloient être épuisés : le grand, le sublime, par Corneille ; le tendre, le touchant, par Racine ; le fort, le terrible par Crébillon. Il falloit donc que *Voltaire* se frayât une nouvelle route & il le fit. Il réunit ces trois genres, qui avoient chacun à part illustré trois grands hommes ; & il y ajouta une harmonie, un coloris, jusqu'alors inconnus dans notre poésie ; & une sorte de philosophie encore moins connue sur la scène. Jusques-là, on s'étoit borné à rendre les grands crimes odieux ; *Voltaire* fait plus, il rend la vertu aimable : chacun de ses drames est le panégyrique de l'humanité. Il en est peu, s'il est permis de le dire, dont on ne sorte plus honnête-homme qu'on n'y étoit entré. Un tel genre, qui rassemble tous les autres, ajoute à leur perfection, & manquoit à celle du théâtre ; seul, il pouvoit assurer à l'auteur une gloire immortelle.

Voltaire au sortir du college, ayant été envoyé aux écoles de droit par son père, fut si choqué de la manière dont on y enseignoit la jurisprudence, que cela seul le tourna entièrement du côté de la poésie. Sa tragédie d'Œdipe fut jouée en 1718. Le jeune poëte qui étoit fort dissipé & plongé dans les plaisirs de son âge, ne sentit point le péril, & ne s'embarrassoit point que sa pièce réussit ou non. Il badinoit sur le théâtre & s'avisa de porter la queue du grand-prêtre dans une scène où ce même grand-prêtre faisoit un effet très-tragique. Madame la maréchale de Villars qui étoit dans la première loge, demanda quel étoit ce jeune homme qui faisoit cette plaisanterie, apparemment pour faire tomber la pièce ; on lui répondit que c'étoit l'auteur même. Elle l'appella aussi-tôt, & l'embrassa, en le montrant au public.

Le succès de l'Œdipe de *Voltaire* fut si brillant que le maréchal de *Villars* lui dit » que la nation lui avoit bien de l'obligation de ce qu'il lui consacroit ainsi ses veilles ».

Monseigneur, répartit *Voltaire*, elle m'en auroit bien aavantage si je savois écrire comme vous
savez parler & agir.

Après la représentation de *Zaïre*, un Seigneur
qui conduisoit une dame jeune & belle, lui dit : »
monsieur, voici deux beaux yeux auxquels vous
avez fait répandre bien des larmes : » ils s'en
vengeront sur bien d'autres, repliqua *Voltaire*.

Le prince de Conti fit des vers pour *Voltaire*,
très-jeune alors. C'étoit dans le temps d'*Œdipe*.
L'auteur de cette tragédie dit un jour au prince : »
monseigneur, vous serez un jour un grand poète ;
il faut que je vous fasse donner une pension par
le roi. » Dans un souper, il dit encore au
même prince : » sommes-nous ici tous princes ou
tous poètes » ?

Les ennemis de *Voltaire* s'efforcerent de faire
tomber *Oreste*. Un cinquieme acte plus fait pour
le théâtre Grec que pour le nôtre, favorisa la
cabale. Barbares, leur dit *Voltaire*, c'est du
sophocle ! madame de Graffigny lui répondit en
parodiant un vers de Molière :

Excusez-nous, monsieur, nous ne sommes pas Grecs.

A la représentation d'une tragédie de *Voltaire*, qui n'eut pas un grand succès, l'abbé
Pellegrin se plaignit hautement de ce que notre
grand poëte lui avoit dérobé beaucoup de vers : »
comment, disoit-il, à *Voltaire*, vous qui êtes
si riche vous prenez ainsi le bien des autres » ?
— Quoi ! je vous ai volé, reprit l'auteur de la
Henriade ? je ne m'étonne donc plus de la chûte
de ma pièce. »

Voltaire faisant jouer aux Délices près de Geneve, sa *Rome-Sauvée*, le président de Montesquieu, qui étoit spectateur, s'endormit profondément : M. de *Voltaire*, lui jetta son chapeau à la tête en lui disant, » Il croit être à
l'audience. »

Un jeune homme qui se disposoit à étudier
en médecine, fit part de son dessein à M. de
Voltaire ». Qu'allez-vous faire, lui dit-il, en
riant ? Vous mettrez des drogues que vous ne
connoissez point, dans un corps que vous connoissez encore moins ».

Voltaire étant encore très jeune, avide du plaisir
de s'instruire, faisoit à chaque instant des questions. Despreaux lui reprocha un jour cette indiscrétion avec une impatience mêlée de dureté.
Dans un âge plus avancé, il avoit pris les ques-
tionneurs dans une telle aversion, qu'il lui est
arrivé plus d'une fois de se lever brusquement,
& de quitter la place. Il disoit à un homme de
Genève, qui lui avoit fourni l'idée & le modèle
de l'interrogant bailli dans le *Droit du Seigneur*.
« Monsieur, je suis très-aise de vous voir ; mais

je vous avertis que je ne sais rien de ce que vous
m'allez demander ».

Dans des momens d'humeur, *Voltaire* se refu-
soit absolument à la foule du monde qui venoit à
Ferney, attirée par la seule curiosité de le voir.
« Qu'on dise que je n'y suis pas, crioit-il avec
emportement, me prennent-ils pour la bête du
Gévaudan ? »

M. de *Voltaire* a dit : « Au théâtre il vaut mieux
frapper fort, que de frapper juste ».

Un homme de beaucoup d'esprit accusoit devant *Voltaire* un de leurs amis communs, de ne
lui avoir pas facilité les moyens d'une place qui
étoit depuis long-temps l'objet de ses vœux. Il
me donnoit toujours pour raison, disoit-il à l'illustre vieillard, qu'une puissance supérieure lui
lioit les mains. « Il disoit vrai, répliqua *Voltaire* ;
& savez-vous quelle étoit cette puissance supérieure ? — Non. — C'étoit moi-même. — Et
pourquoi, s'il vous plaît ? — C'est qu'avec vos
talens, on est tout ce qu'on veut, & que celui
que je vous ai préféré, ne peut être que ce que
je le ferai ; avec moi il faut se presser, demain je
ne serai plus ».

Un bel esprit avoit envoyé à *Voltaire* une tragédie, pour la soumettre à son jugement. Il la
lut, & la posant ensuite sur sa table : « La difficulté, dit-il, n'est pas de faire une tragédie
comme celle-ci, mais de répondre à celui qui l'a
faite ».

Voltaire faisoit un jour l'éloge du fameux médecin Haller devant un flatteur, qui vivoit avec
cet homme célèbre. Le flatteur dit sur le champ :
« Ah ! monsieur, il s'en faut bien que M. Haller
parle de vos ouvrages comme vous parlez des
siens » ! *Voltaire* répliqua : « Il peut se faire que
nous nous trompions tous deux ».

Aucun homme au monde n'a été tant loué &
tant critiqué que l'illustre auteur de la *Henriade*.
Que de lettres, que de réflexions, que de commentaires, que de volumes enfin ! Aussi M. de
Voltaire a-t-il dit : « J'ai valu de bons honoraires
à plus d'un auteur ».

Il n'y a que trop de gens oisifs qui courent les
châteaux, sous prétexte d'en connoître les seigneurs : ils s'établissent, sans façon, le plus long
domicile. *Voltaire*, en les voyant arriver, faisoit
quelquefois cette prière : « Mon Dieu, délivrez-
moi de mes amis, je me charge de mes ennemis ».

Voltaire étant à Colmar, vivoit beaucoup avec
le président & la présidente de Klinglin. Ils avoient
le plus bel enfant du monde, qui fut frappé tout-
à-coup d'une paralysie aux cuisses & aux jambes :
« C'est, dit le grand poëte, en baisant ce petit
- infortuné,

infortuné, la tête de l'amour sur le corps de Lazare ».

Trois dames charmantes vinrent rendre visite à *Voltaire*, & embrassèrent de bon cœur le Virgile françois. *Voltaire* les supplia de s'asseoir, & leur dit : « Les Graces debout sont fort bien, assises encore mieux, couchées que sont-elles » !

Tout le monde connoît ces vers de la Henriade :

Sur un autel de fer, un livre inexplicable
Contient de l'avenir l'histoire irrévocable.

Un des amis de *Voltaire* lui demanda pourquoi cet autel étoit de fer ? Hé ! morbleu, répondit *Voltaire*, voudriez-vous qu'il fût de coton ?

Vers de Voltaire à mademoiselle Gaussin, jouant dans Alzire.

Ce n'est pas moi qu'on applaudit,
C'est vous qu'on aime & qu'on admire ;
Et vous damnez, charmante Alzire,
Tous ceux que Gusman convertit.

Deux amis, en passant par Geneve, allèrent faire une visite à *Voltaire*, qui, comme on sait, n'aimoit pas à être contredit. Un de ces messieurs dit : « Que ne puis-je, au lieu de cinq heures, passer cinq mois avec cet homme étonnant ! — Mon ami, répondit l'autre, je n'y passerois pas cinq jours ; car enfin j'aime aussi à avoir raison quelquefois ».

Voltaire arrivant secrétement à Paris, fut arrêté aux barrières par les commis des fermes. Ils lui demandèrent s'il n'avoit rien dans sa voiture qui fût sujet aux droits : « Messieurs, leur répondit-il, il n'y a que moi ici de contrebande ».

Voltaire donna *Mahomet* au théâtre françois, en 1742 ; le comédien le Grand fut chargé du rôle d'Omar. Cet acteur, doué d'un très-bel organe, mais de peu d'esprit & d'intelligence, prononçoit, du ton le plus plat & le plus bas, les deux derniers vers de la harangue, qui peint l'effet terrible de la présence de Mahomet sur le peuple & le sénat de la Mecque :

Mahomet marche en maître, & l'olive à la main ;
La trève est publiée, & le voici lui-même.

Voltaire indigné, apostropha ainsi l'acteur maladroit. « Oui, *Mahomet arrive*, dites-vous, c'est comme si vous disiez : *rangez-vous, voilà la vache* ».

Lorsqu'on mit au théâtre françois, en 1730, la tragédie de *Brutus*, *Voltaire* chargea Sarrasin

du rôle de Brutus. A une répétition de la pièce, la mollesse du ton de cet acteur dans son invocation au dieu Mars, & le peu de fermeté, de grandeur & de majesté qu'il mettoit dans son jeu, impatientèrent *Voltaire*. « Songez donc, lui dit-il avec une ironie sanglante, que vous êtes Brutus, le plus ferme de tous les consuls de Rome ; & qu'il ne faut pas parler au dieu Mars comme si vous disiez : *Ah ! bonne Vierge, faites-moi gagner à la loterie un lot de cent francs !*

Un jour Lekain répétoit chez M. de *Voltaire*, rue Traversière, la tragédie de Mahomet ; il y jouoit Séide. Une jolie demoiselle représentoit Palmire ; elle n'avoit que quinze ans : mais quoique très-intéressante, elle étoit très-éloignée d'exhaler les imprécations que Palmire vomit contre Mahomet, avec la force & l'énergie que son rôle exigeoit. M. de *Voltaire* lui dit avec douceur : « Mademoiselle, figurez-vous que Mahomet est un imposteur, un fourbe, un scélérat qui a fait poignarder votre père, qui vient d'empoisonner votre frère, & qui, pour couronner ses bonnes œuvres, veut absolument coucher avec vous. Si tout ce petit manège vous fait un certain plaisir, vous avez raison de le ménager comme vous faites ; mais si cela vous répugne à un certain point, voilà comme il faut s'y prendre. Alors le grand homme joignant l'exemple au précepte, répète lui-même cette imprécation, & parvient à faire de cette demoiselle une actrice très-tragique.

Voltaire a ainsi jugé nos grands acteurs : « Baron étoit plein de noblesse, de graces & de finesse ; Beaubourg étoit un énergumène ; Dufresne n'avoit qu'une belle voix & un beau visage ; Lekain seul a été véritablement tragique ».

Voltaire estimoit beaucoup la personne & les ouvrages du célèbre abbé Métastase. Lorsqu'on lui envoya, quelque temps avant sa mort, le projet de la nouvelle édition des œuvres de cet illustre italien : « Je désirerois, dit-il à l'éditeur, que mon nom pût être placé à la tête des souscripteurs, en dépit de l'alphabet ».

Voltaire plaisantoit quelquefois sur le style de certains auteurs, style tout hérissé d'épithètes. « Je voudrois, disoit-il, leur faire entendre que l'adjectif est le plus grand ennemi du substantif ; encore qu'ils s'accordent en genre, en nombre & en cas ! »

Voltaire séjournant chez dom Calmet, abbé de Sénones, dont il estimoit les profondes connoissances, le consultoit, profitoit d'une bibliothèque très-bien fournie dans la partie de l'histoire, & employoit les jeunes moines à lui faire des extraits. Notre grand poëte mangeoit au réfectoire. Il se mit un jour à la suite d'une procession ; comme il étoit foible, il s'appuyoit sur son secrétaire, qui étoit protestant. Le marquis d'Argens, devant lequel on racontoit cette singulière anecdote, dit, sur le ton de la plaisanterie : « Voilà la première fois qu'on a vu l'incrédulité appuyée sur l'hérésie ».

Un ouvrier en satyres écrivit un jour à *Voltaire* : « Monsieur, j'ai fait imprimer un libelle contre vous ; il y en a quatre cents exemplaires : si vous voulez m'envoyer quatre cents livres, je vous remettrai tous les exemplaires fidèlement ». *Voltaire* lui répondit : Je me donnerai bien de garde d'abuser de votre bonté : ce seroit un marché trop dangereux pour vous ; le débit de votre livre vous vaudra beaucoup davantage.

Le fait suivant est presque incroyable. Un académicien, vers 1730, crut faire honneur à l'académie, en proposant *Voltaire* pour remplir une place vacante. M. de Boze éleva la voix, pour dire, « que l'auteur de la Henriade, de l'Œdipe & de Brutus, ne pourroit jamais devenir un sujet académique ».

Voltaire se trouvant dans un sallon, accablé par le grand nombre de spectateurs, sortit en disant : « On étouffe, mais sous des roses ».

Voltaire assuroit avec une bonne foi rare & piquante, que sa tragédie de Zulime qu'il avoit refaite sous le nom de Fanime, ne pouvoit jamais être une bonne pièce. « C'est, disoit-il, une femme qui court après son amant, arrive, apprend qu'il est marié, fait remettre ses chevaux, & repart ».

Un grand seigneur faisoit à *Voltaire* la rente viagère d'une somme considérable que ce grand poëte lui avoit prêtée. Faute de paiement, *Voltaire* fit assigner le seigneur, & vint dîner chez lui le jour même qu'il lui avoit envoyé le billet doux. Grand tapage, plaintes réitérées. « Ne nous mêlons, ni vous ni moi, de ces bagatelles-là, dit froidement *Voltaire*, cela regarde nos gens d'affaires ».

Nanine eut le plus grand succès. L'auteur en sortant, demanda malicieusement à Piron ce qu'il en pensoit ? Celui-ci, qui démêla l'artifice, répondit gaiement : « Je pense que vous voudriez bien que ce fût Piron qui l'eût faite ». *Voltaire* reprit : « Je vous estime assez pour cela ».

Lorsqu'on arrêta *Voltaire* à la porte de Francfort, il remit furtivement quelques papiers à son secrétaire, que celui-ci cacha dans sa culotte. Enfermé dans la chambre, il fut curieux de savoir ce que c'étoit, & ne trouva qu'un nouveau chant de la Pucelle, & des morceaux de philosophie. Dans ce moment critique, il avoit oublié ses bijoux, ses lettres de change, ses papiers de famille, & pensoit à des ouvrages de littérature.

Voltaire, dans un moment d'humeur contre J. J. Rousseau, dit en plaisantant : « Je voudrois arracher les bonnes pages du roman de Julie ».

Voltaire comparoit la nation angloise à un muids de cette forte bière qui lui sert de boisson. L'écume, disoit-il, est en dessus, la lie au fond, & le milieu est le meilleur ».

On proposoit un jour à *Voltaire* de faire le commentaire de Racine ; il répondit : il n'y a qu'à mettre au bas de toutes les pages, beau, pathétique, harmonieux, inimitable.

Dans un repas où se trouvoit *Voltaire*, la conversation tomba sur l'antiquité du monde. On lui demanda là-dessus son avis : « Moi, dit-il, je crois que le monde ressemble à une vieille coquette qui déguise son âge ».

Des anglois s'étant rendus à Ferney, pour faire visite à *Voltaire*, il ne fit que se montrer, & s'écria dans leur langage : « Vous voyez un pauvre homme ». Puis s'adressant à un enfant, il lui dit : « Vous serez quelque jour un Malborough ; pour moi je ne suis qu'un chien de françois ».

Personne au monde n'a eu la prodigieuse facilité d'écrire en vers, comme l'avoit l'auteur de la Henriade. On lui a vu refaire plusieurs fois & en peu de temps le rôle de Cicéron dans Rome sauvée. On lui a vu faire deux fois le cinquième acte de Zulime, après avoir jetté son manuscrit au feu. L'admirable Zaïre a été composée en dix-huit jours.

Lorsque le grand acteur Lekain jouoit sur le théâtre de Ferney, *Voltaire* assistoit à presque toutes les représentations. Il se plaçoit derrière la scène, mais de manière à être vu du plus grand nombre des spectateurs. Cet illustre vieillard prenoit autant d'intérêt à la représentation, que s'il fût agi de lui-même dans la pièce. Il paroissoit très-fâché quand les acteurs faisoient quelque faute ; & quand ils rendoient bien leur rôle, sa satisfaction éclatoit tant de bouche que par des gestes expressifs. Les malheurs imaginaires des héros de la tragédie lui arrachoient des signes d'une compassion véritable, & il versoit souvent des pleurs en aussi grande abondance, qu'une jeune personne qui assiste pour la première fois au spectacle.

Voltaire lut un jour sa tragédie de Mérope à M. l'abbé de Voisenon. Celui-ci transporté de joie, s'écria : « C'est un chef-d'œuvre, c'est la meilleure de vos pièces. — Eh bien, lui répondit *Voltaire*, les comédiens l'ont refusée ».

Mérope est absolument sans intrigue d'amour. *Voltaire* auroit voulu purger le théâtre de tout ce qui n'est pas passion & aventure tragique : « Electre amoureuse, disoit-il à ses amis, est un monstre orné de rubans sales ».

On vantoit à *Voltaire* le bonheur dont on jouit

dans les champs. « Oui, dit-il, c'est le premier des plaisirs insipides ».

Lorsque le secrétaire de *Voltaire* lui apportoit ses lettres, il y avoit toujours des gens qui réclamoient ses bons offices. « Est-ce que je m'intéresse à monsieur un tel ? — Oui, monsieur, vous lui avez déjà écrit que vous souhaitiez de lui rendre service. — Mais, parlez-moi clair, est-ce que je m'y intéresse beaucoup ? — Oui, monsieur. — Dans ce cas, répondez avec chaleur ».

Madame..... venue aux environs de Geneve, desira voir *Voltaire* ; & pour se donner plus d'importance, elle lui fit dire qu'elle étoit nièce de l'abbé Terray. A ce mot, le vieillard de Ferney répondit : « Dites à madame .... que je n'ai plus qu'une dent, & que je la garde contre son oncle ».

Voltaire dut être bien flatté, lorsqu'un voyageur lui raconta, qu'en rencontrant au pied du mont Athos un vieux solitaire, & le vieillard apprenant que ce voyageur étoit françois, s'approcha de lui avec empressement, & ne lui fit que cette seule question : « *Voltaire* vit-il encore ?

Voltaire ayant chez lui à Ferney le marquis de Villette, dont il avoit toujours aimé & encouragé l'esprit, s'apperçut avec complaisance de ses assiduités auprès de mademoiselle de Varicourt. Un jour, en présence de M. le marquis de Villette, il lui proposa cent mille écus pour la dot de cette jeune demoiselle, recommandable par sa naissance, son ingénuité, ses graces, & qu'il aimoit en père. « Je suis sûr, disoit-il, que madame Denis, ma nièce, sera de mon avis ; car elle regarde *Belle & Bonne* comme sa fille, (*Belle & Bonne* est le nom d'amitié que *Voltaire* avoit donné à mademoiselle de Varicourt) : or, quant à mes autres parens, j'ai une bonne succession à leur laisser, & vous conviendrez qu'ils n'ont pas long-temps à attendre. M. le marquis de Villette ne voulut jamais consentir à cette générosité.

Un homme connu emprunta pour ses besoins seize mille livres à *Voltaire*, avec promesse de lui remettre au bout de quinze jours un contrat pour sa sûreté. Quinze mois se passèrent sans que le prêteur fût nanti. Impatient de ces lenteurs qui avoient mauvaise grace : « Monsieur, lui dit un jour l'auteur de la Henriade, & d'un ton brusque, je vous donne les seize mille livres, mais dorénavant je ne vous prête pas un sou sans hypothèque ».

On apporta un jour à *Voltaire* un volume d'une nouvelle édition de ses œuvres. A l'ouverture de ce livre, il tomba sur son épître au chevalier de B. qui commence ainsi :

Croyez qu'un vieillard cacochime
Agé de soixante-&-douze ans.

Voltaire entra en fureur, & déchira le feuillet en s'écriant : « Barbare, dis donc *chargé*, & non point *âgé* ; fais une image & non pas un extrait baptistaire ».

Un officier de marine, dont les sentimens religieux étoient connus, disoit beaucoup de mal de la Pucelle devant M. le comte de.....». Mais l'avez vous lu ce poëme que vous improuvez tant ? — Non. — Il faut le lire. — Dieu m'en préserve ! Écoutez-en du moins un morceau, & vous verrez qu'il s'en faut beaucoup qu'il soit aussi scandaleux qu'on l'a dit. — Voyons. Le comte débite sur le champ, & du ton le plus sérieux :

O, mes amis, vivons en bons chrétiens,
C'est le parti, croyez-moi, qu'il faut prendre.

Eh bien, monsieur ? — Oh ! répond l'officier, quand *Voltaire* le veut, je sais bien qu'il fait des merveilles.

Un anglois, homme de beaucoup d'esprit, se trouvant à Ferney, & y jouissant de la familiarité de *Voltaire*, celui-ci, après le dîner, le fit passer par un petit sallon où il y avoit une tête de Newton. « Connoissez-vous ce buste, dit-il à l'étranger avec véhémence ? C'est le plus grand génie qui ait existé : quand tous les génies de l'univers seroient rangés, il conduiroit la bande.

Voltaire a dit de madame Dacier : « Elle fuit les graces, & les graces la fuient ».

Voltaire s'entretenant avec un Anglois, lui fit cette remarque : » quand je vois un de vos compatriotes, rusé & aimant les procès, je dis, voilà un Normand qui est venu avec Guillaume le conquérant ; quand je vois un homme doux & poli, en voilà un qui est venu avec les Plantagenets : un brutal, voilà un Danois, car votre nation, aussi bien que votre langue, est un galimathias de plusieurs autres.

Voltaire se trouvant à la toilette du roi de Prusse, encore jeune, fit cet impromptu, en s'adressant à Maupertuis.

Amis, vois-tu ces cheveux blancs
Sur une tête que j'adore ?
Ils ressemblent à ses talens ;
Ils sont venus avant le temps,
Et comme eux ils croîtront encore.

Voltaire a dit très philosophiquement : » quand vous allez chez un ministre le matin, demandez au valet-de-chambre des nouvelles de la garderobe ».

La reine d'Angleterre fit faire à *Voltaire* une souscription immense pour la Henriade. Revenu à Paris avec ses fonds, il mit son argent à une loterie établie par M. Desforts ; alors contrôleur général , & il fut heureux ; cela lui fit dire : » pour faire sa fortune dans ce pays-ci, il n'y a qu'à lire les arrêts du conseil. »

Je ne sais si la terre manque d'hommes , a dit *Voltaire*; mais je sais qu'elle manque d'hommes heureux.

Voltaire s'entretenant un jour à Ferney avec quelqu'un qu'il aimoit beaucoup , de la littérature & des réputations de Paris , demandoit ce qu'on pensoit d'un jeune homme qui débutoit avec beaucoup de succès. » On trouve , lui dit son ami, qu'il écrit bien, qu'il a du goût, mais qu'il manque de chaleur & de sensibilité. Cela ne fait rien , répondit *Voltaire*, la sensibilité & la chaleur viendront. » Ce mot, quand on y réfléchit bien , est d'un grand sens. C'est le mot d'un poëte illustre qui avoit repassé sur tous les âges de son génie , & qui se souvenoit très-bien de l'âge où il avoit osé écrire d'après son ame , où il avoit osé la répandre entière dans ses ouvrages. C'est peut-être l'époque de *Zaïre*, il avoit alors quarante ans.

On a beaucoup retranché de choses à une scène du *Roland* , dont M. de *Voltaire* faisoit le plus grand cas : quelques amis le pressoient vivement de voir cet opéra ; il leur répondit : cela m'est impossible , Quinault me l'a défendu. »

Lekain avant son début à la comédie Françoise , pria *Voltaire* de lui permettre de déclamer devant lui quelques lambeaux de rôles qu'il avoit déjà joué, & lui proposa le grand couplet de Gustave au second acte : » Point, point de Piron , s'écria *Voltaire* , je n'aime point les mauvais vers. Dites-moi tout ce que vous savez de Racine.

Quelqu'un disoit devant *Voltaire*, que l'illustre auteur de l'histoire naturelle n'avoit presque point trouvé de censeurs , & qu'il sembloit que la richesse & la fermeté de son pinceau en avoit imposé à la critique. » C'est qu'on n'a pas eu le temps encore , répondit-il , de se lasser de sa gloire , mais plus sa réputation s'étendra, moins on l'en laissera jouir. Les hommes s'ennuient de la même idole. Ceux même qui l'ont exposée à la vénération , présentent bientôt un objet nouveau aux hommages de la multitude »,

Madame la duchesse de Luxembourg ,dit en présence des personnes les plus distinguées, du nombre desquelles étoit *Voltaire* : » je souhaiterois de grand cœur que nos différends avec l'Angleterre pussent s'accommoder », Madame, reprit *Voltaire*, en montrant l'épée de M. le maréchal de Broglie , voilà ce qui arrangera tout.

On apporta à *Voltaire* une estampe intitulée : le déjeûner de Ferney. L'auteur de cette gravure y est représenté à table , dans toute sa plénitude & beau comme un ange. L'Homère françois y est dans un coin, maigre comme la mort & laid comme le péché. En jettant les yeux sur cette caricature , le patriarche de Ferney s'écria : » c'est le lazare au dîner du riche. »

Voltaire envoyant à un acteur , dès cinq heures du matin , les corrections qu'il avoit faites au rôle de Poliphonte , son laquais lui représenta que ce comédien seroit encore endormi : » Va toujours , dit *Voltaire* , les tyrans ne dorment jamais ».

On doit au roi de Prusse la réfutation de Machiavel. Ce prince l'avoit envoyée à *Voltaire* pour la faire imprimer. Il lui donna rendez-vous dans un petit château appellé Meuse , auprès de Clèves. *Voltaire* dit au monarque en l'abordant : » si j'avois été Machiavel ; & si j'avois eu quelques accès auprès d'un jeune roi (Frédéric le Grand , commençoit alors sa brillante carrière) , la première chose que j'aurois faite , auroit été de lui conseiller d'écrire contre moi ».

Dans une société brillante, quelqu'un dit à *Voltaire* : » Ah ! monsieur, que vous devez être content de vos ouvrages ! » je suis , dit-il , comme le mari d'une coquette dont tout le monde jouit, excepté lui ».

Voltaire a dit : » je respecte Montesquieu jusques dans ses chûtes , parce qu'il se relève pour monter au ciel ».

Les Anglois , faisoit-on remarquer à *Voltaire* , préfèrent Corneille à Racine : » c'est , répondit-il , que les Anglois ne savent pas assez la langue Françoise pour sentir les beautés du langage de Racine & l'harmonie de sa versification : Corneille doit leur plaire davantage , parce qu'il a des choses plus frappantes , & Racine , aux François , parce qu'il a plus de douceur & de tendresse.

Voltaire se repentoit d'avoir fait Mahomet beaucoup plus méchant qu'il ne le fut effectivement ; mais il disoit : » si je n'en avois fait qu'un héros politique , la pièce étoit sifflée.

A propos de ces rimes de société dont les amans sont si prodigues envers leurs maîtresses, *Voltaire* disoit : » les mauvais vers font les beaux jours des amans ».

Voltaire ne donna pas l'enfant prodigue sous son nom. Cette comédie eut le plus grand succès. L'auteur écrivit à Mlle. Quinault : » vous savez garder les secrets d'auteur comme les vôtres ; si l'on m'avoit reconnu , la pièce auroit été sifflée. Les hommes n'aiment point que l'on réussisse en deux genres ; je me suis fait assez d'ennemis par Œdipe & la Henriade ».

Voltaire en parlant de l'efprit des loix, a dit de fon illuftre auteur : » le genre humain avoit perdu fes titres ; Montefquieu les a retrouvés & les lui a rendus ».

Voltaire a dit de Marivaux ; c'eſt un homme qui connoît tous les fentiers du cœur humain, mais il n'en fait pas la grande route ».

En venant à Paris *Voltaire* s'arrêta dans un village pour changer de chevaux, & mit pied à terre un inſtant. Voici ce qu'il a raconté à ce ſujet à pluſieurs de ſes amis ». J'apperçus à quelques pas un vieillard vénérable, à-peu-près de mon âge, & qui aſſurément étoit plus ingambe que moi. J'approchai de lui & l'examinant de plus près, je crus le connoître & je lui dis : monſieur, je vous demande bien pardon : mais vous reſſemblez beaucoup à un enfant que j'ai vu il y a ſoixante dix ans. Cet homme me demanda où, quand & comment j'avois vu cet enfant : & quand je lui eus tout expliqué, il me dit ; c'étoit moi, & après m'être nommé à mon tour, nous nous embraſſâmes.

On devoit jouer chez *Voltaire*, à Ferney, en 1762, l'orphelin de la Chine. Le duc de *** qui d'ailleurs étoit très-aimable, s'étoit chargé de former le ſieur Cramer, libraire de Geneve, qui devoit faire le rôle de Gengiskan. *Voltaire* s'apperçut, à la première répétition, que M. le Duc n'avoit fait de ſon élève qu'un plat & froid déclamateur. Il perſifla Cramer, qui eut bientôt oublié les leçons de ſon maître. Quinze jours après, il revint répéter ſon rôle avec *Voltaire*, qui, s'appercevant d'un grand changement dans ſon jeu, cria avec joie à madame Denis : *ma nièce, Dieu ſoit loué ! Cramer a dégorgé ſon duc.*

Le fond du caractère de *Voltaire* étoit naturellement bon & ſenſible, & prévaloit en lui ſur les ſentimens d'une vengeance étrangère à ſon cœur. Le fait ſuivant va le prouver. Lorſque les perſécutions commencèrent à s'élever contre le citoyen de Geneve, l'auteur de Mérope lui écrivit pour lui offrir un aſyle. On connoît la réponſe un peu cynique du philoſophe : « je ne vous aime point, je ne veux ni de votre aſyle ni de votre eſtime ». Le premier mouvement de *Voltaire* fut terrible, car c'étoit ſa manière de ſe fâcher. Quelques années après, on crut voir aux environs de Ferney le citoyen de Geneve, on ſe preſſa de l'annoncer à *Voltaire*, qui, les larmes aux yeux, dit avec abondance de cœur : » qu'on le faſſe venir, il n'a plus de torts dès qu'il eſt chez moi ».

Voltaire ne tira d'autre vengeance d'un homme qui avoit paſſé une partie de ſa vie à le calomnier, qui étoit tombé dans l'indigence, & qui lui offrit de rétracter ſes calomnies par un acte public, que de refuſer la rétractation, & d'envoyer à ce malheureux un préſent de cinquante louis.

Voltaire n'a pas paſſé une ſeule année de ſa vie ſans avoir un accès de fièvre le jour de la ſaint Barthélemi. Il ne recevoit jamais perſonne à pareil jour ; il étoit dans le lit. L'affoibliſſement de ſes organes, l'intermittence & la vivacité de ſon pouls, caractériſoient cette criſe périodique. On s'y attendoit ; on ne l'approchoit qu'en tremblant, & l'on ſe gardoit bien de lui en parler, dans la crainte d'ajouter à ſa douleur.

La tragédie de Mahomet fut repréſentée à Lille. Dans un entr'acte, on apporta à *Voltaire* une lettre du roi de Pruſſe, qui lui apprenoit la victoire de Molwitz. Il la lut à l'aſſemblée, on battit des mains : « Vous verrez, dit-il, que cette pièce de Molwitz fera réuſſir la mienne. »

Quelqu'un parloit à *Voltaire* de la mort du célèbre acteur Lekain, & regrettoit beaucoup ce comédien : « Cela eſt bien encore plus fâcheux pour moi, reprit *Voltaire* ; c'eſt Elie qui perd ſon Elyſée ».

A la rentrée du théâtre, on donna Alzire. *Voltaire* y étoit en petite loge : mais l'enthouſiaſme le trahit dans un moment où, très-ſatisfait du jeu de M. Larive, qui faiſoit le rôle de Zamore, il s'écria : « Ah ! que c'eſt bien » ! A ce cri, le public reconnut l'auteur, & interrompit la pièce à force d'acclamations, juſqu'à ce que *Voltaire* ſe fût montré.

Bellecourt, accompagné de pluſieurs de ſes camarades, vint préſenter les hommages de la comédie françoiſe à *Voltaire*. Ce grand homme répondit le plus affablement du monde au diſcours de l'acteur, & lui dit enſuite, ainſi qu'aux autres comédiens, après leur avoir parlé de ſa ſanté : « Je ne puis vivre déſormais que pour vous & par vous ».

M. Turgot vint voir un jour *Voltaire* chez le marquis de Villette, & ce jour-là la goutte tourmentoit beaucoup ce miniſtre, & ne lui laiſſoit pas un libre uſage de ſes jambes. « Vous voilà donc, M. Turgot, lui dit *Voltaire* ? Eh ! comment vous portez vous ? — J'ai beaucoup de peine à marcher, je ſouffre. — Ah ! meſſieurs, s'écria *Voltaire* avec enthouſiaſme, toutes les fois que je vois M. Turgot, je crois voir Nabuchodonoſor. — Oui, les pieds d'argile, répondit le miniſtre. — Et la tête d'or, la tête d'or, répliqua *Voltaire*.

A la première viſite que *Voltaire* fit à M. d'Argental, il lui dit : « Ah ! mon ami, je ſuſpens mon agonie pour vous venir voir ».

Le lendemain de ſon arrivée à Paris, *Voltaire* préſenta madame la marquiſe de Villette à pluſieurs dames de la cour qui étoient venues le voir. Ce grand homme leur dit : « Meſdames, voilà *Belle & Bonne* ; elle a eu pitié de ma vieilleſſe ; c'eſt à elle que je dois le bonheur de vous voir, & le peu d'exiſtence qui me reſte ».

Quelque temps avant la mort de *Voltaire*, on donna en sa présence une représentation d'*Alzire* ; (c'étoit l'ouverture du théâtre) l'enthousiasme fut général : M. le chevalier d'Escure présenta au grand homme sortant de sa loge, cet impromptu charmant :

Ainsi chez les Incas, dans leurs jours fortunés,
Les enfans du Soleil dont nous suivons l'exemple,
Aux transports les plus doux étoient abandonnés,
Lorsque de ses rayons il éclairoit leur temple.

Voltaire répondit sur le champ par ces deux vers de *Zaïre* :

Des chevaliers françois tel est le caractère ;
Leur noblesse en tout-temps me fut utile & chère.

Madame Vestris demandoit à *Voltaire* s'il écrivoit encore, & s'il étoit vrai qu'il retouchât Irene. « J'ai travaillé pour vous toute la nuit, répondit-il, comme un jeune homme de vingt ans ».

On sait qu'à quatre-vingt-quatre ans, *Voltaire* passoit des nuits à corriger sa tragédie d'Irene. Lorsque le mouvement de l'enthousiasme étoit passé, il disoit à ses amis : « Ne me trouvez-vous pas bien enfant ? »

Une dame fort vieille & très-coquette, rendit une visite à *Voltaire* dans tout son étalage ; & prenant occasion de quelque phrase galante qu'il lui disoit, & de quelques regards qu'il jettoit en même-temps sur sa gorge fort découverte : « Comment, M. de *Voltaire*, s'écria-t-elle, est-ce que vous songeriez encore à ces petits coquins-là ? — Petits coquins, reprit avec vivacité le malin vieillard, petits coquins, madame ; ce sont bien de grands pendards ! »

Pendant sa dernière maladie, *Voltaire* ne cessoit de demander à madame la marquise de Villette un notaire, dans l'intention sans doute de lui laisser des marques de son souvenir, aussi bien qu'à plusieurs de ses amis. Cette jeune dame, trop attendrie pour s'occuper d'elle-même, trop noble pour penser à de nouveaux bienfaits, après ceux qu'elle avoit reçus, ne manqua envers lui que de cette complaisance. Cependant la mort qui éteignoit par degrés le grand homme, n'avoit pu éteindre encore sa sensibilité. Il voulut écrire, & les derniers traits que traça sa main, fut une lettre à son ami d'Alembert, dans laquelle il lui disoit, que n'ayant plus que quelques momens à vivre, il lui recommandoit madame la marquise de Villette.

VOYAGEUR. Qu'avez-vous vu en Grèce, disoit quelqu'un à un voyageur qui en revenoit ? « J'ai vu, répondit-il, le temps qui démolit en silence ».

U.

USURIER. Un fameux *usurier*, qui voyoit tous les jours ses profits diminuer, alla trouver un célèbre prédicateur pour le prier de prêcher vivement contre l'usure. Celui-ci, qui le croyoit converti, lui dit d'un ton saintement animé : Ah ! mon frère, que je me réjouis de ce que la grace opère dans votre cœur ! Vous n'y êtes pas, lui répondit froidement l'*usurier*. Je vous fais cette demande, parce qu'il y a tant d'*usuriers* dans la ville, que je ne gagne rien : si vous pouviez les corriger par vos prédications, tout le monde viendroit à moi.

Un autre *usurier*, ou peut-être le même, étoit à l'article de la mort. Son confesseur l'exhortoit de son mieux, & pour rendre son exhortation plus pathétique, lui montroit un crucifix. Le moribond le regarde fixement. Son confesseur, qui le croit touché, lui présente ce crucifix qui étoit d'argent. Le malade le soulève, & dit en le rendant : « Monsieur, je ne puis pas prêter grand'chose là-dessus ». On pourra conclure de ce fait, que l'on meurt comme l'on a vécu.

W.

WALLER, (Edmond) poëte anglois, né en 1605, mort en 1687.

Waller changeoit de façon de penser selon le temps & les circonftances, & il eft peu de poëtes qui aient autant flatté leurs fouverains. Ce défaut eft d'autant plus remarquable dans Waller, qu'il n'en eft peut-être point qui aient vécu fous tant de princes différens.

Waller avoit comblé de louanges l'ufurpateur Cromwel pendant fa vie, & compofa en vers fon éloge funèbre qui, malgré fes défauts, paffe pour un chef-d'œuvre. Lorfque Charles II, après la mort de l'ufurpateur, remonta fur le trône, le poëte courtifan ne manqua pas d'aller lui préfenter une pièce de vers où l'encens étoit prodigué au nouveau monarque. Charles, après avoir lu ces vers, reprocha malignement au poëte que les louanges qu'il lui donnoit, étoient bien inférieures, à celles qu'il avoit données à Cromwel. Sire, lui répondit Waller, nous autres poëtes, nous ne réuffiffons jamais mieux que dans les fictions.

Ce poëte avoit vécu dans la plus grande familiarité avec l'ufurpateur Cromwel. Il rapportoit à ce fujet qu'au milieu de leurs entretiens, il venoit quelquefois un domeftique dire à Cromwel que tel ou tel demandoit à lui parler; fur quoi il fe levoit, & alloit au-devant d'eux leur parler à la porte. Il fe fervoit ordinairement de ces formules : le feigneur le révèlera, Dieu y aidera, & autres femblables; & quand il revenoit à Waller, il s'excufoit en difant : coufin Waller, je fuis obligé de parler à ces gens-là à leur mode. Il reprenoit enfuite la converfation où elle avoit été interrompue. Ce trait peut être ajouté à ceux qui ont été raffemblés pour tracer le caractère du fameux ufurpateur.

Waller aimoit les plaifirs; mais jamais ce goût pour la diffipation ne corrompit en lui l'efprit; & au milieu même de la cour libertine de Charles II, il s'éleva avec force contre le duc de Buckingham qui prêchoit l'athéifme : » Milord, lui dit-il un jour, je fuis beaucoup plus âgé que vous, & je crois avoir entendu plus d'argumens en faveur de l'athéifme que vous; mais j'ai vécu affez long-temps pour reconnoître qu'ils ne fignifient rien, & j'efpère qu'il en arrivera autant à votre grandeur ».

Ce poëte fut membre de divers parlemens, après le rétabliffement de Charles II fur le trône, & il conferva toute la vigueur de fon efprit jufque dans un âge très-avancé. Waller, dit Burnet dans fon hiftoire, charmoit encore tout le monde à l'âge de quatre-vingts ans lorfqu'il opinoit dans la chambre. Mais content de faire admirer fon efprit, ajoute cet hiftorien, il ne s'occupoit qu'à dire de jolies chofes, fans s'embarraffer du tour que prenoient les affaires.

Jacques II fit venir Waller dans fon cabinet, & lui montrant un portrait, lui demanda comment il le trouvoit : Sire, répondit Waller, j'ai la vue un peu trouble, & je ne fais de qui eft ce portrait. Le roi reprit : C'eft la princeffe d'Orange ». Elle reffemble, repliqua Waller, à la plus illuftre femme du monde ». Qui appellez-vous ainfi » ? La reine Elifabeth, ,, Je fuis furpris, M. Waller, que vous penfiez de cette manière; il faut pourtant que j'avoue qu'elle avoit de bons confeillers. » Mais, fire, repliqua Waller, votre majefté a-t-elle jamais connu un fou qui en ait choifi de fages?

WALPOLE, (Robert) comte d'Oxford, miniftre d'Angleterre, mort en 1745, âgé de 61 ans.

Ce miniftre difoit que l'argent étoit la meilleure drogue de fa boutique, & qu'elle lui réuffiffoit toujours pour adoucir les mauvaifes humeurs des oppofans.

Ayant un jour, un bill important à faire paffer, & pour lequel il avoit befoin des fuffrages du clergé, il engagea l'archevêque de Cantorbery à repandre le bruit de fa mort prochaine : tous les prétendans à fes riches bénéfices s'emprefferent alors d'opiner fuivant les defirs du miniftre, & le bill fut accepté auffitôt : l'archevêque de Cantorbery reparut bien portant, & fit connoître l'aftuce du miniftre.

A l'avénement de Georges II à la couronne de la Grande-Bretagne, l'argent de la nation étoit employé d'une manière peu économe & peu fidèle; ce défordre excita des plaintes générales. En conféquence, le roi réfolut d'examiner lui-même les comptes avec le chevalier Robert Walpole, alors à la tête des finances. Comme il croyoit avec raifon une pareille affaire très-inftante, il donna rendez-vous à fon miniftre pour le lendemain matin. Le prince entra dans fon cabinet vers les neuf heures, & le chevalier Walpole parut peu de temps après, avec trois chariots chargés de papiers que l'on fe mit à décharger devant la porte du palais. Où font les papiers, dit le roi, en voyant entrer fon miniftre ? Sire, on eft occupé à les déballer,

baller, la briéveté du temps ne m'a pas permis d'en raffembler davantage. Pour aujourd'hui, je n'en ai pu faire apporter à votre majefté que trois chariots ; mais jeudi prochain, avec la grace de Dieu, j'efpère bien en avoir de quoi charger fept autres voitures. — Comment ! dix chariots de papiers, s'écria le roi qui ne pouvoit revenir de fon étonnement. Allons, allons, qu'on remporte tout cela ; je ferois plus aifément les fonctions de dix généraux d'armée que d'un feul contrôleur-général.

La reine Caroline ayant eu le deffein d'enclore de murs le parc de Saint-James, & d'en faire un jardin pour le palais, pria Sir Robert Walpole de lui dire combien il en coûteroit pour cela. « Une bagatelle, répondit Sir Robert. Une bagatelle ! dit la reine ; pour moi, je fuis perfuadée qu'il faudra des fommes confidérables, & je voudrois que vous puffiez me dire à quoi le tout pourra fe monter. Mais, madame, reprit Sir Robert, je crois qu'il ne vous en coûtera que trois couronnes. Sir Robert, dit la reine, je n'y veux plus fonger ».

Un particulier de Londres ayant préfenté au minifre Walpole le projet d'une taxe fur les chiens : votre projet eft beau, lui répondit le minifre, mais je me garderai bien de l'adopter, car tous les chiens du royaume aboieroient après moi.

WATTEAU, (Antoine) né l'an 1684, mort en 1721.

Qui croiroit que Watteau, fi aimable, fi gracieux dans tous fes ouvrages, étoit mifanthrope & toujours plongé dans une noire mélancolie. Sa déplorable fanté, lorfqu'il n'étoit même qu'à la fleur de fon âge, & le fpectacle d'une mort prochaine, augmentoient encore fa mauvaife humeur.

Watteau vécut plufieurs années ignoré & dans la mifère ; il fe vit même réduit pendant quelque temps à peindre à Paris des décorations. Il travailla enfuite dans la boutique d'un maître peintre, dont il copioit les ouvrages, & chez lequel il faifoit des tableaux qui fe vendoient au plus modique prix.

Le curé du village de Nogent, qui l'exhortoit à fon heure dernière, lui préfenta, felon l'ufage, un crûcifix, que Watteau trouva très-mal fculpté : « — Otez-moi ce crucifix, s'écria t-il : comment un artifte a-t-il pu rendre fi mal les traits d'un Dieu » ?

Ce curé avoit une phyfionomie agréable : Watteau, qui le connoiffoit depuis long-temps, le peignoit dans fes tableaux, & lui faifoit repréfenter le perfonnage peu noble de Gilles : auffi en mourant, l'artifte crut-il devoir lui en demander pardon.

Encyclopédiana.

WEYMAR. Le duc de Saxe-Weymar, un des plus illuftres élèves du grand Guftave, forme, après la mort de fon maître, des liaifons intimes avec la France. Ce capitaine illuftre, le cardinal de Richelieu, le maréchal de la Force, le P. Jofeph, le cardinal de la Valette & le marquis de Feuquières, s'affemblent durant l'hiver de 1636 pour arrêter le plan de la campagne. Le père Jofeph, qui n'a jamais vu la guerre, n'eft pas le dernier à dire fon avis, & à combattre quelquefois celui des plus habiles généraux. Sa hardieffe à contredire & à décider déplaît à Weymar. Un jour que le capucin, qui formoit volontiers des projets, montre fur la carte les places qu'il faut prendre : « Tout cela feroit bien, monfieur Jofeph, lui dit Weymar, fi on prenoit les villes avec le bout du doigt ».

WHISTON, (Guillaume) né en 1667, mort en 1755.

Whifton étoit favant, & fur-tout grand mathématicien ; mais il avoit la foibleffe de vouloir être le réformateur de l'églife, c'eft-à-dire, de la rendre à la pureté primitive des deux premiers fiècles. En travaillant à expliquer les prophéties de l'ancien & du nouveau teftament, il imagina avoir calculé jufte le temps précis du commencement des mille ans, où tous les biens devoient être communs, & où les juifs fe réuniroient à l'évangile ; mais fon calcul fe trouva faux, & il eut le chagrin de furvivre à fa prédiction. Il retoucha fes calculs, réforma fon erreur, & furvécut encore : enfin, fe croyant, après un troifième travail, bien certain de fon fait, il publia que le règne des mille ans commenceroit à l'année 1766, qu'il étoit bien affuré de ne pas voir. On rapporte à ce fujet une anecdote affez fingulière. Pour fubvenir à fes befoins, Whifton fe détermina à vendre un petit bien de patrimoine : celui à qui il le propofa étoit bien inftruit combien il étoit attaché à fa prédiction, & il affecta le plus grand étonnement, lorfque le vendeur lui en demanda la valeur de trente années de revenu : « Je ne fuis point furpris, lui dit-il, que les autres poffeffeurs de terre exigent des acheteurs un prix pareil à celui que vous me demandez ; ils font de vrais ignorans, & ne favent pas calculer : mais vous, monfieur Whifton, le plus grand & peut-être l'unique calculateur des trois royaumes, vous favez bien qu'avant la moitié de ce terme, tous les biens feront communs, & les propriétés particulières de chaque homme ne vaudront pas un demi fchelling ». Le favant Whifton garda un inftant le filence ; il embraffa enfuite l'acheteur, & le marché fut conclu, en conféquence du prochain règne des mille ans.

WYCHERLEY, (Guillaume) né en 1640, mort en 1715.

Wycherley eſt un des plus célèbres poëtes comiques de l'Angleterre. Il avoit beaucoup d'eſprit & un goût décidé pour les plaiſirs ; c'eſt ce qui lui fit de bonne heure abandonner l'étude sèche des loix pour ſe livrer à des occupations plus agréables & plus à la mode. Il ſe fit connoître dans le monde par une comédie intitulée : *l'Amour dans un bois*, & le ſuccès de cette pièce lui donna pour amis les plus beaux eſprits de la cour & de la ville.

Un jour que Wycherley alloit en carroſſe du côté de Saint-James, il rencontra près de Pall-Mall la ducheſſe de Cléveland dans ſa voiture, qui, mettant la tête hors de la portière, lui cria tout haut : « Vous Wycherley, vous êtes un fils de p;. . . . » & en même-temps elle ſe cacha, & ſe mit à rire de toute ſa force. Wycherley fut d'abord un peu ſurpris de ce compliment, mais il comprit bien qu'il faiſoit alluſion à un endroit de ſa comédie, où il dit : « Quand les parens ſont eſclaves, leurs enfans ſuivent leur deſtinée : les beaux génies ont toujours des p. . . pour mères. »

Wycherley, revenu de ſa ſurpriſe, ordonna à ſon cocher de fouëtter ſes chevaux & d'atteindre le carroſſe de la ducheſſe ; en l'abordant : « Madame, lui dit-il, vous m'avez donné un nom qui appartient généralement aux gens heureux. Votre grandeur voudroit-elle ſe trouver ce ſoir à la comédie de Wycherley. Eh bien, reprit elle, ſi je m'y trouve, que lui arrivera-t-il d'heureux ? C'eſt, répondit le poëte, que j'aurai l'honneur de vous y faire ma cour, quoiqu'en même-temps je manque à une belle perſonne, qui m'a donné rendez-vous ailleurs. Quoi ! dit la ducheſſe, vous avez l'infidélité de manquer à une belle femme qui vous a favoriſé à ce point, pour une autre qui ne l'a point fait, & qui n'y ſonge pas ? Oui ; reprit Wycherley, dès que celle qui ne m'a point favoriſé, eſt la plus belle des deux ; mais quiconque, continua-t-il, demeurera conſtamment attaché à votre grandeur, juſqu'à ce qu'il en ait trouvé une plus belle, eſt ſûr de mourir votre captif ». La ducheſſe de Cléveland rougit, & ordonna à ſon cocher d'avancer.

Le ſoir, la ducheſſe ſe trouva à la comédie : elle ſe plaça, ſuivant ſa coutume, dans la loge du roi. Wycherley ſe mit directement au-deſſous d'elle, & l'entretint pendant tout le temps du ſpectacle. Tel fut le commencement d'un commerce qui fit dans la ſuite beaucoup de bruit. Ce qu'il y a de plus ſingulier dans cette aventure, c'eſt qu'elle obtint au poëte les bonnes graces du duc de Buckingham, qui aimoit infructueuſement cette dame, & qui étoit perſuadé que Wycherley étoit l'amant favoriſé. Le duc déſeſpéré d'adorer une ingrate, qui étoit ſa couſine, la fit eſpionner, & nomma publiquement tous ceux qu'il crut être ſes rivaux, ſans oublier le poëte. Wycherley averti à temps, & voyant qu'il étoit perdu, ſi ce bruit parvénoit aux oreilles du roi, fit repréſenter au duc le tort extrême qu'il alloit faire à un homme qui n'avoit pas l'honneur d'être connu de lui, qui le reſpectoit & qui ne l'avoit jamais offenſé. Le duc, lorſque les amis du poëte voulurent commencer ſa juſtification, s'écria : « Ce n'eſt point Wycherley que je blâme, c'eſt ma couſine ». Cependant il ſe laiſſa fléchir, & conſentit qu'on lui amenât le poëte, & le retint à ſouper. Il fut ſi charmé de ſon eſprit, que dans une eſpèce d'enthouſiaſme, il dit : *Ma couſine a raiſon*, & depuis ce moment il ſe déclara le protecteur & l'ami du poëte qu'il avoit voulu perdre. Wycherley devint ſous-lieutenant de la compagnie du duc & un des ſous-écuyers, emplois qui lui rapportoient au-delà de trente-ſix mille livres de rente de notre monnoie.

Wycherley reçut de grandes marques de faveur du roi Charles II, juſques-là que ce prince lui rendit viſite dans une maladie, & lui conſeilla d'aller paſſer l'hiver à Montpellier, conſeil qu'il accompagna d'un préſent de cinq cents livres ſterling, pour le défrayer. Dans la ſuite, il ſe brouilla avec le roi, au ſujet d'un mariage qu'il contracta avec la comteſſe Drogheda, qui lui fit donation de tout ſon bien ; mais cette donation fut conteſtée & annullée, &c. Wycherley, ruiné par ce coup, fut mis en priſon à la requête de ſes créanciers ; il y reſta ſept ans, & n'en ſortit que par la généroſité de Jacques II, qui, ayant aſſiſté à la repréſentation de ſon Miſanthrope, (Plain dealer) en fut ſi ſatisfait, qu'il paya les dettes de l'auteur.

Le comte de Rocheſter diſoit du lord Dorſet, « que c'étoit le meilleur homme avec la muſe la plus maligne, » & l'on peut appliquer ce bon mot à Wycherley. Il étoit doux, humain, obligeant tout le monde, & ne voulant de mal à perſonne ; mais il frondoit les vices avec une âcreté qui pourroit faire penſer qu'il en vouloit moins aux défauts qu'aux hommes qui les laiſſoient paroître.

X.

XÉNOPHON, capitaine & hiſtorien grec, diſciple de Socrate ; né à Athènes, mort vers l'an 360 avant Jéſus Chriſt, à l'âge de 90 ans.

Xénophon fut un capitaine brave, courageux, fertile en expédiens. Il joignoit au talent de commander des hommes libres ; & qui pouvoient être un jour ſes juges, l'art non moins néceſſaire de les perſuader : mais *Xénophon* nous intéreſſe encore plus comme hiſtorien. Les rhéteurs ont loué la pureté & l'élégance de ſon ſtyle ; le dialecte attique qu'il emploie, ajoutent-ils, reſpire une douceur ſi aimable, qu'on diroit que les graces même conduiſoient ſa plume. On l'a ſurnommé l'*Abeille grecque*, & la *Muſe athénienne*. Les philoſophes admireront avec plus de raiſon dans *Xénophon* la ſageſſe de ſes maximes politiques & militaires. Sa *Cyropédie*, par exemple, offre les vues les plus importantes ſur l'éducation nationale. Le diſciple de Socrate y enſeigne l'art de créer la valeur & de l'entretenir. Sa *retraite des dix mille* apprend aux militaires plus que des manœuvres : elle peut même être utile à tous ceux que leur état appelle à manier les eſprits de la multitude, & à calculer la valeur des nations. Aux yeux de ce génie profond, ainſi qu'on le peut voir dans tous ſes écrits politiques, la ſcience du gouvernement n'eſt point l'art ſi ordinaire de prendre les hommes tels qu'ils ſont, mais l'art plus difficile, plus important de les former tels que l'on veut qu'ils ſoient.

Lorſque Socrate le vit pour la première fois, il fut frappé de la candeur qui régnoit ſur ſa phyſionomie, & réſolut dès ce moment de le mettre au rang de ſes diſciples. Il s'informa d'abord de lui *où ſe vendoient pluſieurs denrées néceſſaires à la vie* ; le jeune homme ayant répondu fort ſérieuſement à cette demande, le philoſophe lui fit cette nouvelle queſtion, *où ſe formoient les gens vertueux ? Xénophon* héſita de répondre ; alors Socrate lui dit : *Suivez-moi, & venez l'apprendre.* *Xénophon* étudia avec Platon ſous ce grand maître, & il régna entre ces deux célèbres diſciples de Socrate, une rivalité qui n'a pas peu contribué à la perfection de leurs ouvrages.

Xénophon avoit embraſſé le parti des armes. Il alla au ſecours de Cirus le jeune dans ſon expédition contre ſon frère Artaxercès. Ce jeune prince ayant été tué dans le combat, les Grecs, qui avoient marché à ſon ſecours, & qui étoient éloignés de la Grèce de plus de cinq cens lieues, préférèrent néanmoins de retourner dans leur patrie, ou de mourir libres, aux établiſſemens les plus avantageux qu'ils pouvoient eſpérer en Perſe. Ces Grecs étoient au nombre de dix mille. *Xénophan*

& ſes collègues les ramenèrent en Grèce à travers des pays inconnus, malgré les plus grands obſtacles, & après avoir remporté autant de victoires qu'ils rencontrèrent de peuples différens ſur leur route. Les anciens ne pouvoient ſe laſſer d'admirer cette fameuſe retraite ; & long-temps après, Antoine pourſuivi par les Parthes, à-peu-près dans un pareil danger, s'écria, plein d'admiration pour un courage ſi invincible : *Q retraite des dix mille !*

Xénophon, de retour en Grèce, ſe mit au ſervice d'Agéſilas, roi de Lacédémone. Ce prince, qui ſe connoiſſoit parfaitement en mérite, eut pour le capitaine athénien une conſidération particulière. Il lui fit partager ſes victoires en Aſie. Rappellé par l'ordre des Ephores au ſecours de Sparte, en guerre contre les Thébains, il conduiſit avec lui *Xénophon*, qui ſe diſtingua également par ſa prudence & par ſon courage. Lorſque la guerre fut terminée, il ſe retira avec deux fils qui lui reſtoient à Scyllonte, ville d'Elide, près de celle d'Olympie. Ce guerrier philoſophe y paſſa le reſte de ſes jours dans l'exercice des vertus & dans les doux loiſirs des muſes. Les Thébains ayant déclaré une nouvelle guerre aux Lacédémoniens, les Athéniens embraſſèrent le parti de ces derniers, & *Xénophon* envoya auſſi-tôt ſes deux fils à Athènes, pour ſervir dans ſes armées. Gryllus, ſon fils aîné, ſe diſtingua d'une manière particulière dans la bataille de Mantinée, & ſi l'on en croit Pauſanias, ce fut lui qui porta le coup mortel au célèbre Epaminondas, général des Thébains. Mais Gryllus ne ſurvécut pas à une action ſi glorieuſe, il fut tué dans le combat. La nouvelle en fut portée à ſon père, dans le temps qu'il offroit un ſacrifice. Il ôta alors la couronne de fleurs qu'il avoit ſur la tête ; mais lorſque le courier eut ajouté que ce jeune homme étoit mort glorieuſement les armes à la main, il prit auſſi-tôt cette couronne ; & continuant ſon ſacrifice, il dit tranquillement : « Je ſavois bien que mon fils étoit mortel ».

XERCÈS, roi de Perſe, monta ſur le trône l'an 485 avant Jéſus-Chriſt.

Xercès écrivit à Léonidas, roi de Lacédémone : « Rends les armes.—Viens les prendre, répondit le fier Spartiate ». Après la défaite des Perſes aux Thermopyles, *Xercès* s'en retournant en Aſie, & ſe trouvant ſur mer dans un grand péril, à cauſe d'une tempête ; épouvanté de ce danger, il demanda au pilote s'il y avoit quelqu'apparence de ſe ſauver ; il lui répondit qu'il n'y en avoit point, ſi l'on ne déchargeoit le vaiſſeau de quelques-uns de ceux qui étoient dedans. *Xercès* parla auſſi-tôt de la forte à plusieurs princes qui y étoient. « Mes amis, c'eſt aujourd'hui que vous pouvez témoigner ſi vous aimez votre prince, & ſi vous en avez quelque ſoin ; car il eſt à préſent en votre puiſſance de me ſauver ». Auſſi-tôt que *Xercès* eût parlé, ils ſe jettèrent tous dans la mer, & par ce moyen, le vaiſſeau étant déchargé, le roi arriva ſans péril en Aſie. Auſſi-tôt qu'il fut à terre, il donna une couronne d'or au pilote, pour avoir ſauvé le roi, & enſuite lui fit couper la tête, pour n'avoir point ſauvé les princes qui ſe jettèrent dans la mer.

Xercès ayant couvert l'Héleſpont de ſes vaiſſeaux, voulut faire ſur cette mer un pont de bateaux, que la tempête emporta, lorſqu'il fut fait à moitié ; il fit donner trois cents coups de fouet à la mer, & y fit jetter une paire de fers de ceux qu'on mettoit aux pieds des criminels & des eſclaves, afin de lui apprendre, diſoit-il, à reſpecter ſes ordres.

Ce prince avoit une armée de dix-huit cens mille hommes, où il n'y avoit perſonne qui fût d'une taille auſſi grande, & qui eût un port & une mine auſſi avantageuſe que lui : on dit de cette armée que c'étoit un corps ſans ame, puiſqu'elle périt entièrement. La vanité, l'orgueil de ce prince, ſes ridicules, ſes délires, ſont aſſez connus par l'hiſtoire grecque. On a dit mille fois qu'il avoit envoyé un cartel au mont Athos, dans lequel il le menaçoit de le faire abattre, pour ſe venger de ce que quelques-uns de ſes ſoldats avoient péri en le voulant traverſer. Toutes ces folies ne prouvent rien, ſi ce n'eſt que ce monarque étoit enivré de ſa puiſſance, & abruti par la baſſe adulation de ſes courtiſans.

D'où vient ne trouve-t-on que dans Plutarque, le ſeul trait qui faſſe honneur à l'homme, dans la vie de ce monarque ? A la vue de cette armée innombrable qu'il traînoit après ſoi, *Xercès* ne put retenir ſes larmes. Artaban, un de ſes favoris, oſa lui en demander la cauſe : *Hélas !* répondit ce prince, *de dix-huit cens mille hommes que voilà, il n'en eſt peut-être pas un qui dans peu ne ſoit la proie de la mort.* « Hé bien, lui répliqua le favori, tâchez au moins de rendre aux hommes la vie ſupportable, & ne les conduiſez point au trépas ».

XIMENÈS, (François) premier miniſtre d'Eſpagne, né l'an 1437, mort en 1517.

L'Eſpagne compte *Ximenès* au nombre de ſes plus grands hommes. Il s'étoit élevé par ſon mérite de l'état de ſimple religieux à l'épiſcopat & à la régence du royaume. Il fut dans tous ces poſtes exact à remplir ſes devoirs, & ſcrupuleux obſervateur de la règle & de la juſtice. Son génie étoit fait pour dominer ; il avoit l'ame grande & fière. Il étoit le plus grand politique de ſon ſiècle, le plus habile miniſtre, le meilleur citoyen, le ſujet le plus fidèle. L'équité, la probité, la nobleſſe des ſentimens le guidèrent toujours dans toutes ſes actions. Il étoit magnifique, libéral, défenſeur de l'innocence, protecteur des talens & des vertus. Il étoit attentif aux beſoins du peuple, & prompt à ſecourir les malheureux. L'Eſpagne lui doit la conquête d'Oran. Il fonda la célèbre univerſité d'Alcala où il naturaliſa les ſciences utiles & les arts qui ornent l'eſprit, & poliſſent les mœurs. Il fonda dans la ville de Tolède un aſyle pour retirer les filles de condition. C'eſt lui qui fit imprimer à grands frais la fameuſe bible Polyglote de Complut qui a ſervi de modèle à celles qui ont été faites depuis. (*Abrégé chronologique de l'hiſtoire d'Eſpagne.*)

En 1492, lorſque *Ximenès* étoit gardien du couvent de Salceda, Iſabelle, reine de Caſtille, le choiſit pour ſon confeſſeur ; ce fut le pronoſtic le plus ſûr de ſon élévation. En effet l'archevêché de Tolède étant venu à vaquer quelque temps après, la reine y nomma ſon confeſſeur, qui cependant n'accepta cette dignité éminente qu'après une longue réſiſtance. Iſabelle avoit fait expédier les bulles du nouvel archevêque, ſans qu'il en fût inſtruit auparavant. Un vendredi qu'il venoit de confeſſer la princeſſe, on l'avertit de ſe rendre au palais ; la reine le reçut avec bonté, le fit aſſeoir auprès d'elle ; & après quelques diſcours indifférens, lorſqu'il y penſoit le moins, elle lui préſenta ſes bulles de l'archevêché de Tolède qu'elle venoit de recevoir, & lui dit : *Mon père, voyez ce que mande ſa Sainteté par ces lettres apoſtoliques...* Il prit ces lettres avec reſpect ; & après les avoir baiſées, il lut l'inſcription conçue en ces termes : *A notre vénérable frère François Ximenès de Ciſneros, élu archevêque de Tolède.* Il parut troublé, & rendant à la reine ce paquet qu'il ne voulut pas décacheter : *Madame,* lui dit-il, *ces lettres ne s'adreſſent pas à moi.* Enſuite il ſe leva bruſquement de ſon ſiège ſans prendre congé, pour ſortir de la chambre & ſe retirer. La reine crut qu'il falloit laiſſer paſſer ce premier trouble, qu'une aventure ineſpérée avoit jetté dans ſon eſprit ; elle ſe contenta de lui dire : *Mon père, vous me permettrez bien de voir ce que le pape vous écrit ;* & le laiſſa ſortir du palais, ne jugeant pas qu'il fût de ſa gravité de le rappeller. *Ximenès* ſe hâta de s'éloigner, de ſorte qu'on ne le trouva plus à ſon couvent de Madrid où quelques ſeigneurs ſe rendirent de la part de la reine, pour lui perſuader d'accepter la dignité à laquelle il étoit appellé. Ces ſeigneurs prirent des chevaux de poſte, & l'atteignirent à trois lieues de la ville ; ils le preſſèrent en vain par tous les motifs capables de faire impreſſion ſur lui ; & il fallut qu'un bref du pape lui ordonnât d'accepter ſans délai l'archevêché.

On diſoit aſſez publiquement qu'un bon religieux, comme *Ximenès*, ſeroit trop heureux de jouir d'une partie du revenu de son églife, & que le furplus pouvoit être utilement employé à quelques projets utiles du gouvernement ; mais le nouvel archevêque déclara hautement « qu'il ne confentiroit jamais à aucune condition qui fût contraire aux faints canons, & aux libertés de fon églife & qu'il ne fouffriroit pas qu'un bien qui doit fervir à nourrir les pauvres, fût deftiné à d'autres ufages ». Plufieurs perfonnes penfoient que *Ximenès*, malgré fa réfiftance, avoit cherché à fe faire nommer à l'archevêché de Tolède ; mais ce dernier trait peut prouver le contraire ; un homme qui a follicité un bénéfice, eft ordinairement de meilleure compofition.

Ce fut en 1500 qu'il pofa les fondemens du collège qu'il avoit deffein de fonder à Alcala. Quoiqu'il eût affuré d'abord un revenu honnête aux profeffeurs, il réunit par la fuite au collège plufieurs bénéfices. Il difoit quelquefois, qu'il avoit donné à ces bonnes gens de quoi dîner affez largement, qu'il étoit jufte, afin qu'ils n'euffent aucune inquiétude, de leur fournir auffi de quoi fouper ».

Il purgea fon diocèse des ufuriers & des lieux de débauche, caffa les juges qui rempliffoient mal leurs charges, mit en leur place des perfonnes dont il connoiffoit l'intégrité & le défintéreffement. Il tint un fynode à Alcala, & un autre à Talavera, où il fit des réglemens très-fages pour le clergé régulier & féculier. Ferdinand & Ifabelle lui confièrent le foin de réformer les ordres religieux. Ce ne fut pas fans beaucoup de difficulté que les dominicains, les auguftins & les carmes fe foumirent à la réforme. Les cordeliers qui en avoient le plus de befoin s'y oppofèrent avec une efpèce de fureur. Ils eurent recours à toutes fortes de moyens pour perdre *Ximenès*, jufqu'à mettre un poignard entre les mains de fon propre frère pour le faire périr. Il étoit cordelier, & s'appelloit Bernardin de Cifneros. Leur général vint de Rome pour détruire *Ximenès* dans l'efprit de la reine. Le moine fougueux, dans une audience qu'il obtint d'Ifabelle, ofa noircir la réputation d'un prélat autrefois fon confrère, & qui étoit le confeffeur & le miniftre de la reine. La princeffe étonnée de l'imprudence du francifcain, le laiffa parler fans l'interrompre, & lui adreffa enfuite ces fières paroles : « Savez vous qui vous êtes, & à qui vous parlez » ? *Oui, madame*, repliqua l'infolent cordelier : *Je fais que je parle à Ifabelle qui, comme moi, n'eft que cendre & pouffière*. Il difparut auffi-tôt, & fortit du royaume. Les cordeliers furent réformés comme les autres moines.

En 1507, *Ximenès* fut honoré de la pourpre romaine par le pape Jules II ; & Ferdinand le catholique lui confia l'adminiftration des affaires d'état. Son premier foin fut de décharger le peuple de plufieurs fubfides onéreux ; & de ramener les Maures à la religion chrétienne. Il en baptifa plus

de trois mille dans une place fpacieufe, où il fit brûler les livres de l'alcoran. On loueroit ici le zèle de ce nouveau miniftre, s'il n'avoit jamais employé les armes pour faire changer de religion à des peuples qu'il falloit auparavant éclairer. Il entreprit en 1509, la conquête de la ville d'Oran, dans le royaume d'Alger. Il paroît néanmoins que l'ambition d'étendre la domination d'Efpagne chez les Maures, & de fe faire un nom, entra pour beaucoup dans les projets de *Ximenès*. Ferdinand, qui étoit occupé à une guerre contre les Vénitiens, n'avoit pas goûté le projet du cardinal ; & ce miniftre qui l'avoit fort à cœur, fe chargea feul de fournir aux frais de l'expédition, & de la conduire. Mais au moment du départ, plufieurs officiers, mécontens d'avoir pour chef un général qui portoit la foutane fous la cuiraffe, refufèrent de s'embarquer. Les efprits étoient difpofés à la révolte, *Ximenès* fort de fa tente pour les ramener ; mais à peine a-t-il commencé à parler aux rebelles, qu'un foldat l'interrompt en criant : *De l'argent, point de harangue*. *Ximenès* s'arrête, cherche des yeux l'infolent, l'apperçoit, le fait arrêter & pendre fur le champ en fa préfence ; puis il continua de parler. La rébellion étant calmée par cet exemple de févérité, la flotte, compofée de 80 vaiffeaux, fortit de Carthagène le 16 mai 1509, & débarqua heureufement fur les côtes d'Afrique.

Le lendemain les troupes furent rangées en ordre de bataille ; *Ximenès* parut à la tête de l'armée, revêtu de fes habits pontificaux, monté fur une mule, entouré d'une troupe de prêtres & de religieux ; F. Fernand, de l'ordre de St. François, monté fur un cheval blanc, avec l'épée & le baudrier fur l'habit de cordelier, ainfi que tous les autres pères & religieux, portoit la croix archiépifcopale comme l'étendard fous lequel l'armée devoit combattre. *Un fpectacle fi nouveau*, dit Fléchier, *frappa les foldats & les officiers d'un certain étonnement qui redoubla leur ardeur & leur religion*. Mariana dit qu'il les fit rire, ce qui paroît plus vraifemblable.

Le fuccès de cette comédie héroïque fut plus heureux qu'on avoit lieu de l'efpérer ; les efpagnols, après une attaque des plus violentes, enfoncèrent la cavalerie des Maures, & en firent un horrible carnage. Oran fut le fruit de cette victoire. Les efpagnols, maîtres de cette ville, paffèrent tous les habitans au fil de l'épée, fans diftinction d'âge ni de fexe. *Ximenès* la peupla de religieux, leur affigna des fonds pour leur fubfiftance, & proclama Ferdinand feigneur de la ville d'Oran ; déclarant toutes fois qu'elle releveroit pour le fpirituel de l'archevêché de Tolède.

Ximenès, au retour de cette expédition, non moins barbare que glorieufe, fut accueilli par Ferdinand, qui alla même au-devant de fon miniftre jufqu'à quatre lieues de Séville, & mit pied à terre pour l'embraffer : mais ces marques extérieures d'amitié étoient elles bien fincères ? On fait que Ferdinand, jaloux peut-être de l'autorité que le cardinal acquéroit, avoit écrit à Pierre Navarre, général de *Ximenès* : « Empêchez le bon homme de repasser en Espagne ; il faut user autant qu'on le pourra sa personne & son argent ».

Ferdinand qui desiroit depuis long-temps de pourvoir de l'archevêché de Tolède son fils naturel D. Alphonse d'Arragon, sollicita plusieurs fois *Ximenès* de lui céder cet archevêché, & de passer à celui de Sarragosse : mais l'inflexible prélat lui répondit toujours « qu'il ne changeroit point d'épouse ; qu'il retourneroit plûtôt à sa première vocation ; qu'il reprendroit sans peine la pauvreté & la retraite d'un religieux, mais qu'il ne laisseroit la jouissance de son revenu qu'à son église, & aux pauvres à qui seuls ils appartenoient. »

L'histoire fait mention que *Ximenès* prévoyant une stérilité extraordinaire, fit construire des greniers publics à Tolède, à Alcala & à Torrélagula, & les fit remplir de bled à ses dépens. Ce bienfait fit un telle impression sur les cœurs, que pour en conserver la mémoire, on en fit graver l'éloge dans la salle du sénat de Tolède & dans la place publique.

Lorsque Ferdinand sentit sa fin s'approcher, il donna une nouvelle preuve de l'estime qu'il avoit pour son ministre en le nommant, par son testament, régent du royaume de Castille pendant l'absence de l'archiduc Charles. Le fier régent sembla oublier l'humilité avec laquelle il avoit refusé autrefois l'archevêché de Tolède ; il gouverna le royaume par les principes despotiques adoptés dans les cloîtres. Il se vantoit de ranger avec son cordon tous les grands à leur devoir, & d'écraser leur fierté sous ses sandales. Les premiers seigneurs d'Espagne, révoltés d'une telle conduite, lui demandèrent hautement, de quel droit il gouvernoit le royaume ? *En vertu du pouvoir que m'a donné le testament du feu roi.* Mais, ajoutèrent-ils, Ferdinand n'étant qu'administrateur du royaume pour la reine, n'a pu vous conférer la qualité de régent. *Ximenès* les conduisit alors sur un balcon, & faisant faire en leur présence la décharge d'une forte batterie de canons qui étoit vis-à-vis : *Eh bien ! voilà,* leur répondit l'intrépide régent, *voilà mes droits ; osez-vous les contester ?*

Les nobles députèrent en Flandres auprès de Charles, successeur de Ferdinand, pour se plaindre du régent. *Ximenès*, pour toute justification, demanda au prince des pouvoirs sans bornes, & les obtint. Il s'en servit pour gouverner avec encore plus de sévérité. Ce cardinal, qui s'étoit conservé dans le ministère jusqu'à l'âge de 80 ans, mourut néanmoins hors de la faveur.

Y.

YEUX. On dit faire *les* yeux *doux à une belle*, pour exprimer qu'un tel cavalier est amoureux d'une demoiselle, qu'il la courtise.

Une dame qui avoit le regard rude, se trouva dans un compagnie : un cavalier qui étoit du nombre, demanda à son voisin qui elle étoit ; c'est, répondit-il, la marquise de..... à qui le duc de..... a fait les *yeux* doux : il y a bien mal réussi, répliqua le questionneur.

Dans une comédie italienne, on demande à arlequin comment sont les *yeux* de sa maîtresse.... mais..... ils sont grands, ils sont vifs, ils sont brillans, cela fait de fort beaux *yeux*, dit-il, pour des *yeux*.

La renne, si utile en Norwège & dans tout le Nord pour tirer les traîneaux, a sur les *yeux* une espèce de membrane, à travers laquelle elle voit ; lors même que pendant la grande chûte de la neige, elle est obligée de fermer entiérement les *yeux*.

Les naturalistes accordent au papillon jusqu'à 34650 *yeux*, & plusieurs ont observé dans un seul œil de papillon 17325 eminences taillées à facettes, qu'ils regardent comme autant de crystallins. Il est bien malheureux pour ces pauvres phalènes de ne pouvoir avec tant d'*yeux* distinguer la lumière d'une chandelle, à laquelle ils viennent si souvent se brûler.

Les *yeux* du caméléon ont deux mouvemens tout-à-fait indépendans l'un de l'autre : l'un se trouve en devant, pendant que l'autre est tourné en arrière ; l'un regarde en haut, pendant que l'autre regarde en bas, & ces mouvemens opposés sont en même-temps extrêmes.

Un paysan prétendoit avoir naturellement imprimés autour de ses prunelles ces mots : *Sit nomen Domini benedictum*. Ce qu'il y a de plus étonnant, c'est que tous les autres paysans les lisoient dans ses *yeux*. Le bruit de cette singularité se répandit bientôt jusqu'à Paris ; & sur ce que l'homme en question offrit d'y venir satisfaire la curiosité du public, on lui manda de partir, en lui promettant même de lui rembourser les frais de son voyage. Cependant on eut beau attendre, il ne vint pas ; apparemment que dans l'intervalle l'inscription s'étoit effacée par quelque accident.

Dans une compagnie où étoit une grande fille dont les *yeux* étoient fort rouges, assez belle d'ailleurs, un blondin qui lui faisoit beaucoup la cour, la cajola sur ses *yeux*, & alla jusqu'à dire que c'étoit un trône, où l'amour faisoit sa résidence ordinaire. Parbleu, dit un vieux abbé qui entendoit cela, si l'amour réside dans ces *yeux*-là, il doit donc être en habit de président, qui prononce en robe rouge.

Un poëte a envoyé à madame de *** ces vers sur les *yeux* bleus & les *yeux* noirs :

Les yeux jaloux du prix de la beauté,
Vantoient entr'eux le pouvoir de leurs armes :
Dans leur langueur les bleus avoient des charmes :
Les noirs piquoient par leur vivacité.
Sans triompher ni les uns ni les autres,
Leur différend partageoit les esprits ;
Mais quand chacun en jugea par les vôtres,
Ce fut aux bleus que l'on donna le prix.
Si peu content de cette préférence,
Quelqu'un de leurs rivaux prend la défense,
Et porte d'eux un autre jugement :
A ses raisons je n'ai rien à répondre.
Charmante Iris, montrez-vous seulement ;
D'un seul regard vous saurez les confondre.

Homère appelle une belle fille, *une beauté aux yeux noirs, qui inspirent la tendresse.* Anacréon veut qu'on peigne sa maîtresse avec des *yeux* noirs, & Bathylle avec des *yeux* & des sourcils noirs. Tel est aussi le Lycas d'Horace :

Nigris oculis nigroque crine decorum.

OD. 29.

Les *yeux* noirs sont tellement estimés par les Grecs actuels, que les hommes même en prennent quelquefois leur surnom. M. Guys, dans ses lettres sur la Grèce, dit en connoître plusieurs qu'on appelle *Macromati*, c'est-à-dire, en langue vulgaire, *aux yeux noirs.*

Il y a dans une brochure intitulée : *l'Art d'aimer*, un discours assez singulier, prononcé à Florence dans l'académie des Apathistes, relatif à la préférence des *yeux* bleus sur les noirs. Cette question est agitée avec autant d'intérêt & d'apparat, que s'il s'agissoit d'un problème de morale ou de physique très-intéressant. Voici enfin la conclusion de l'auteur : s'il faut absolument résoudre ce problème, dit-il, je le ferai en deux mots. Sans m'arrêter à la couleur des *yeux*, soit qu'ils soient bleus, soit qu'ils soient noirs, ceux qui tourneront vers moi les regards les plus favorables, auront la préférence.

Sous le règne des rois de la première race, l'usage du supplice emprunté des Grecs de crever les *yeux*, étoit fort en vogue, sur-tout parmi les tyrans, qui dévastoient l'Occident. Louis l'aveugle, roi de Provence, fut appellé ainsi, parce qu'ayant dépouillé de ses états Bérenger, roi d'Italie, & étant ensuite tombé entre ses mains, celui-ci lui fit crever les *yeux*; mais on ignore la manière dont Louis fut aveuglé. Cette barbarie s'exerçoit de trois manières différentes, où en crevant les *yeux* simplement, ou en les arrachant, ou en les brûlant. Dans ce cas-ci, on forçoit le patient de regarder fixément dans un bassin d'acier poli que l'on présentoit au soleil. Les rayons de cet astre se réunissant dans le bassin, réfléchissoient avec tant d'ardeur, qu'en peu de temps la vue étoit éteinte; il en restoit cependant encore assez pour mettre la signature sur un papier. Charier croit que le malheureux Louis fut aveuglé de cette manière. Il se fonde sur ce que depuis ce funeste accident, on voit des chartes signées de la main de ce prince, ce qui semble prouver que sa vue n'étoit pas entièrement éteinte.

On a dit que Démocrite s'étoit crevé les *yeux*, soit pour s'adonner avec moins de distraction à l'étude, soit pour n'être pas séduit par la beauté des femmes. Bien des auteurs regardent, & avec raison, ce fait comme apocriphe. Démocrite aura perdu la vue par quelque accident, & comme c'étoit un philosophe singulier, on aura voulu qu'il se soit lui-même crevé les *yeux*, pour n'être pas témoin des sottises de ses semblables. Quoi qu'il en soit, à la Chine il y a beaucoup d'anachoretes qui se crevent les *yeux*, & disent pour raison qu'ils ferment deux portes à l'amour, pour en ouvrir mille à la sagesse.

Les esquimaux, peuple de la baie d'Hudson, se servent d'une espèce de garde-vue, qu'ils appellent *yeux* de neige, & voici ce que c'est. Ce sont de petits morceaux de bois ou d'yvoire, de forme égale, proprement travaillés, dont ils se couvrent l'organe de la vue, & qu'ils attachent derrière la tête. Ils ont chacun deux fentes de la longueur précise de l'œil, mais étroites, & au travers desquelles on voit très-distinctement. Cette invention les préserve de l'aveuglement de neige, maladie grave & douloureuse qu'occasionne l'éclat de la lumière réfléchie sur ce météore. Ces instrumens augmentent la force de la vue, & deviennent à ces peuples si habituels, que quand ils veulent regarder des objets éloignés, ils s'en servent comme de téléscopes.

YVROGNE. Un buveur intrépide voyoit sa maison qui alloit être engloutie par une inondation. Il court vite à sa cave, en tire la seule pièce qui y restoit, & après l'avoir fait transporter en haut: Mes amis, leur dit-il, l'inondation augmente, ne perdons point de temps, vuidons cette pièce de vin, & pour nous sauver nous aurons la futaille.

Z

Z.

ZÉNON, philosophe grec, mort vers l'an 264 avant Jésus-Christ, à l'âge de 98 ans.

Zénon, disciple de Cratès & de tous les philosophes qui voulurent l'instruire, professa lui-même la philosophie à Athènes sous le portique. Cet endroit décoré des tableaux de Polignote & des plus grands maîtres, étoit appellé ΣΤΟΑ, mot grec qui signifie *galerie*, *portique*, origine du nom de *Stoïciens*, donné aux disciples de Zénon. Sa morale étoit sévère. Ce philosophe, semblable à ces législateurs rigides qui dictent pour tous les hommes des loix qui ne peuvent convenir qu'à eux seuls, forma son sage d'après lui-même. Un vrai stoïcien (& nous faisons en même-temps le portrait de Zénon) vit dans le monde comme s'il n'y avoit rien en propre. Il chérit ses semblables, il chérit même ses ennemis ; il n'a point ces petites vues de bienfaisance étroite qui distingue un homme d'un autre. Ses bienfaits, comme ceux de la nature, s'étendent sur tous. Son étude particulière est l'étude de lui-même : il examine le soir ce qu'il a fait dans la journée, pour s'exciter de plus en plus à faire mieux. Il avoue ses fautes : le témoignage de sa conscience est le premier qu'il recherche. Comme la vertu est sa seule récompense, il fuit les louanges & les honneurs, & se plaît dans l'obscurité. Les passions, les affections même n'ont aucun empire sur lui.

Zénon fut appellé à la philosophie d'une manière particulière : il étoit négociant. Dans un voyage qu'il fit sur mer, son vaisseau fut jetté par les vents dans le port du Pyrée, port d'Athènes, & fit naufrage. Les marchandises périrent. Le commerçant, fort affligé de sa perte, se retire à Athènes, entre chez un libraire, & prend un livre pour se dissiper. Il le lit, & plein de cette lecture, il oublie bientôt le commerce de la pourpre pour l'étude de la morale : il demande au libraire où demeuroient les illustres personnages dont parloit Xénophon. Cratès le cynique passa par hasard en ce moment. Le libraire le montra à Zénon, & l'exhorta à le suivre. Il commença en effet dès ce jour à être son disciple. Il étoit pour lors âgé de trente ans, & n'en sentit que mieux tout le prix & toute l'utilité de la philosophie : aussi se félicitoit-il lui-même souvent sur son malheur, & disoit que jamais navigation n'avoit été aussi heureuse pour lui que celle où il fit naufrage.

Zénon admiroit l'élévation que Cratès montroit dans sa conduite & dans ses discours ; mais il ne put jamais se faire au mépris des bienséances que les cyniques affectoient dans leur école. Cratès voulant l'y accoutumer, lui donna à porter

en plein jour un pot de lentilles à travers une place publique. Zénon se couvroit le visage pour n'être pas reconnu. Cratès court aussi tôt à lui, & prenant son bâton, en décharge un grand coup sur le pot, & le casse, & voilà toutes les lentilles qui se répandent sur l'apprentif philosophe. Celui-ci honteux & confus, va pour se cacher. *Pourquoi t'enfuis-tu, petit phénicien*, lui cria Cratès ? *tu n'as reçu aucun mal.* Zénon, content de cette leçon, sortit de l'école de Cratès quelque temps après, & publia un ouvrage intitulé, *de la République*. Il l'avoit composé lorsqu'il étoit encore disciple du philosophe cynique.

Zénon, après avoir encore pris pendant dix ans les leçons de Stilpon, ouvrit lui-même une école sous le portique. Il eut un grand nombre de disciples ; car, quoique sa morale fût très-sévère, il savoit tempérer par le charme de son éloquence, l'austérité de ses leçons. Il recommandoit sur-tout à ses disciples, le silence : « Souvenez-vous, leur disoit-il quelquefois, que la nature nous a donné deux oreilles & une seule bouche, pour nous apprendre qu'il faut plus écouter que parler ».

Il avoit remarqué qu'un de ses disciples étoit enclin à la critique. Pour le corriger de ce défaut, un jour que ce jeune homme lui apportoit un ouvrage d'Antisthène où il reprenoit plusieurs pensées de Sophocle, Zénon lui présenta un discours de Sophocle, & lui demanda s'il ne croyoit pas qu'il contînt de fort belles choses. Le disciple lui répondit que ne l'ayant pas lu, il n'en savoit rien. « N'avez-vous donc pas honte, lui dit Zénon, de vous souvenir de ce qu'Antisthène peut avoir dit de mal, & de négliger d'apprendre ce que Sophocle a dit de bien ».

Le corps, les jouissances, la gloire, les dignités, disoit ce sage, sont des choses hors de nous & de notre puissance ; elles ne peuvent donc que nuire à notre bonheur, si nous nous y attachons.

Zénon jouit d'une longue vie sans avoir jamais ressenti aucune incommodité. Agé de 98 ans, il pouvoit attendre tranquillement sa fin ; mais il n'en eut pas la patience. S'étant laissé tomber au sortir du portique, il crut que la mort l'appelloit. *Me voilà*, dit-il froidement, *je suis prêt à te suivre*, & de retour dans sa maison, il se laissa mourir de faim.

Zénon avoit obtenu pendant sa vie la bienveillance même des rois. Ptolémée, roi d'Egypte, étoit en correspondance avec lui, & Antigone, roi de Macédoine, avoit été entendre ses leçons sous le portique. On demandoit à ce prince pourquoi il admiroit tant *Zénon* Il répondit : ». que c'étoit parce que ce philosophe, malgré les grands préfens qu'il avoit reçus de la cour de Macédoine, n'en étoit devenu ni plus orgueilleux, ni plus humilié.

,, Les Athéniens lui firent ériger, après fa mort un monument public, non moins honorable pour ce peuple que pour le philofophe. Le décret qui décernoit ces honneurs extraordinaires, portoit, « que c'étoit afin que tout le monde fût que les Athéniens avoient foin d'honorer les gens d'un mérite diftingué & pendant leur vie & après leur mort ».

On admettoit dans l'école de *Zénon*, qu'il n'y avoit rien de honteux dans les chofes naturelles, principe vrai en foi, mais dont la malignité s'eft plû à tirer des conféquences odieufes, pour tourner en ridicule la philofophie de *Zénon*. Son domeftique abufant d'un autre principe de cette philofophie, qui étoit que nous fommes foumis à une deftinée inévitable, fuivoit fon penchant pour le vol, *Zénon* le châtia, Ce domeftique lui difoit pour excufe, qu'il étoit deftiné à dérober. *Oui*, lui répondit *Zénon*, *& à être battu*».

ZEUXIS, peintre grec, floriffoit vers l'an 400 avant Jéfus-Chrift.

Zeuxis fut le rival de Timanthe, de Parrhafius & d'Appollodore, dont il avoit été le difciple. Il les égala dans le deffin, & les furpaffa dans la pratique du coloris & du clair-obfcur que Pline appelle *la porte de l'art*, & qui en eft proprement *la magie*. On a beaucoup loué la vérité & le relief avec lequel il rendoit les objets.

Zeuxis avoit. repréfenté des raifins dans une corbeille avec une fi grande vérité, dit-on, que les oifeaux féduits venoient becqueter fes grappes peintes, Parrhafius lui difputant le prix de la peinture, Zeuxis produifit ce tableau qui avoit trompé les animaux même. Parrhafius lui en oppofa un de fa compofition. Zeuxis impatient de le voir, s'écria : *Tirez donc le rideau*; & c'étoit ce rideau qui faifoit le fujet de fon tableau. On ajoute que Zeuxis s'avoua vaincu, parce qu'il n'avoit trompé que des oifeaux, & que Parrhafius l'avoit féduit lui-même. Voila les petites hiftoriettes avec lefquelles Pline amufe fon lécteur, & prétend prouver le talent fupérieur de Zeuxis.

Perrault, dans fon *Parallèle des anciens & des modernes*, rapporte quelques autres furprifes pareilles, & peut-être encore plus fingulières, mais qui ne prouvent pas davantage l'excellence des talens de l'artifte. « Il y a quelque temps, dit-il, qu'on avoit mis fécher dans la cour de M. le Brun, (premier peintre du roi) un tableau nouvellement peint, où il y avoit fur le devant un grand chardon repréfenté d'après nature. Une bonne femme vint à paffer avec fon âne, qui, ayant vu le chardon, entre brufquement dans la cour, renverfe la femme qui tâchoit de le retenir par fon licou; & fans deux forts garçons qui lui donnèrent chacun quinze ou vingt coups de bâton pour le faire retirer, il auroit mangé le chardon : je dis mangé, parce qu'étant nouvellement fait, il auroit emporté toute la peinture avec fa langue. Une infinité d'oifeaux fe font tués contre le ciel de la perfpective de Ruel, en voulant paffer outre, fans qu'on en ait été furpris. Cent fois, ajoute encore Perrault, des cuifiniers ont mis la main fur des perdrix & fur des chapons naïvement repréfentés pour les mettre à la broche : qu'en eft-il arrivé ? on a ri, & le tableau eft demeuré à la cuifine ».

Pline donne à Zeuxis une louange plus noble, plus délicate & plus capable de faire connoître les talens fublimes de cet artifte, lorfqu'en parlant de fon tableau de Pénélope, il dit *qu'il avoit peint les mœurs de cette reine*.

Zeuxis ne fe piquoit pas d'achever promptement fes ouvrages; & comme quelqu'un lui reprochoit fa lenteur, il répondit qu'à la vérité il étoit long-temps à peindre, mais qu'il peignoit pour l'éternité.

Ses tableaux étoient fi recherchés, qu'il acquit des richeffes immenfes en très-peu de temps; & dans fes dernières années il ne vendit plus fes tableaux, parce qu'aucun prix, difoit-il, n'étoit capable de les payer.

Appollodore, autrefois le maître de Zeuxis, & devenu fon rival, cherchoit à critiquer fes ouvrages. L'élève, pour répondre à ces critiques, déploya tout fon art dans la repréfentation d'un athlète. Il avoit mis au bas du tableau un vers grec qui fignifioit : *On le critiquera plus facilement qu'on ne l'imitera*. Tous ces traits prouvent que fi Zeuxis étoit le premier artifte de fon fiècle, il n'étoit pas le plus modefte.

Pline & Lucien ont donné la defcription de plufieurs de fes tableaux. Il paroit que le plus important étoit fon *Hélène*, qu'il peignit pour être placé dans le temple de Junon à Crotone. Zeuxis avant de compofer ce tableau, fit venir devant lui les plus belles filles de la ville, & en choifit cinq qui lui offroient chacune des beautés différentes. L'artifte, en raffemblant ces beautés dans fon *Hélène*, préfenta aux Grecs étonnés cette beauté fuprême qui ne fe trouve point dans la nature, ou qui ne s'y trouve que difperfée dans fon tout.

Les Crotoniates, jaloux de la belle Grecque que le pinceau de Zeuxis avoit fait naître parmi eux, ne la firent d'abord voir que difficilement & pour de l'argent; ce qui donna lieu à quelques mauvais plaifans d'appeller ce portrait, *Hélène la courtifane*.

Nicomaque ne pouvoit se lasser d'admirer ce chef-d'œuvre. Il passoit réguliérement une heure ou deux chaque jour à le considérer. Un de ces hommes froids, & incapables d'éprouver la moindre émotion à l'aspect du beau, remarquoit des défauts dans la composition de ce fameux tableau. *Prenez mes yeux*, dit Nicomaque au censeur, & *vous verrez que c'est une divinité.*

Zeuxis se plaisoit beaucoup à faire ostentation de son extrême opulence. Il aimoit à paroître vêtu magnifiquement, sur-tout dans les occasions d'é-clat: aux jeux Olympiques, il se montroit à toute la Grèce, couvert d'une robe de pourpre, avec son chiffre tracé en lettres d'or sur l'étoffe.

Zeuxis mettoit au pied de son lit le portrait de sa maîtresse, nommée Lucia, & ne s'endormoit qu'après avoir long-temps considéré cette précieuse image, afin de l'avoir présente à son imagination jusques dans le sommeil.

Verrius Flaccus, cité par Festus, rapporte que le dernier tableau de Zeuxis fut le portrait d'une vieille qui le fit tant rire qu'il en mourut.

F I N.

www.ingramcontent.com/pod-product-compliance
Lightning Source LLC
Chambersburg PA
CBHW070611270326
41926CB00011B/1659